Ferdinand Justi

Handbuch der Zendsprache

Ferdinand Justi

Handbuch der Zendsprache

ISBN/EAN: 9783741166280

Hergestellt in Europa, USA, Kanada, Australien, Japan

Cover: Foto ©Andreas Hilbeck / pixelio.de

Manufactured and distributed by brebook publishing software
(www.brebook.com)

Ferdinand Justi

Handbuch der Zendsprache

HANDBUCH

DER

ZENDSPRACHE

VON

FERDINAND JUSTI.

ALTBACTRISCHES WOERTERBUCH.

GRAMMATIK. CHRESTOMATHIE.

LEIPZIG, 1864.

VERLAG VON F. C. W. VOGEL.

LONDON, 60 PATERNOSTER ROW E. C. — TRUEBNER & CO.

HERRN

Dr. JOHANN GILDEMEISTER

PROFESSOR ZU BONN

GEWIDMET.

VORREDE.

Die unter dem Namen des Zarathustra gehenden heiligen Schriften der Parsen gehören unstreitig zu den wichtigsten Religionsbüchern, welche uns das Alterthum hinterassen hat, theils wegen der in ihnen enthaltnen für jene entrückten Zeiten Staunen erregenden Reinheit religiöser Vorstellungen, theils wegen der Aufschlüsse, welche dieselben für die Geschichte der vorderasiatischen Religionen, besonders der jüdischen, versprechen. Wenn wir auch zugeben müssen, dass die letztere manche durch die jüdischen Schulen in Mesopotamien vermittelte Einflüsse auf die Parsireligion gehabt habe, so hat sich doch der Monotheismus dieser letztern unabhängig von äussern Einflüssen entwickelt, weil er für das System so nothwendig ist, dass wir mit demselben zugleich die Genuinität des ganzen aufgeben müssten. Ist aber Monotheismus der echte Grundzug der Parsireligion, so müssen wir, da jener immer das Resultat der Denkthätigkeit eines Einzelnen oder einer religiösen oder philosophischen Schule, nicht aber ein ursprünglich angestammter Besitz einer ganzen Nation, am wenigsten bei den Indogermanen, bei welchen zu allen Zeiten ein polytheistischer Zug hervorbricht, ist, auch eine Persönlichkeit oder eine von einer solchen ausgehende Schule annehmen, als deren Werk jene reinere Religionsform anzusehen ist. Es liegt kein Grund vor, an der Persönlichkeit des Zarathustra als Schöpfers des parsischen Religionssystems zu zweifeln, und auch das scheint ziemlich sicher gestellt, dass er dem medischen Stamme der Magier, welche forthin die Träger der religiösen Entwicklung wurden, entsprossen war und seine Lehre am Hofe des Herrschers von Bactrien verkündigte. Wenn wir nach der Analogie andrer Religionen schliessen dürfen, so wäre auch des Zarathustra Auftreten durch eine Art religiöser Aufregung vorbereitet gewesen, welche er durch Begründung einer neuen das Alte aufhebenden Lehre zu ihrem Höhepunkt und zugleich zur Ruhe gebracht hätte. Die aus den Urzeiten des arischen Stammes herrührende Naturreligion verschwand vor der neuen Lehre, und ihre Götter theilten das Schicksal so mancher heidnischen Gottheit, welche das Christenthum in die Hölle stiess. So gut wie der Monotheismus ist auch die Annahme eines bösen Princips ein Resultat der Speculation, welche die Existenz des Bösen in der vollkommnen Schöpfung Gottes zu erklären sucht, und hier hat sich der Parsismus sicher nicht entlehnend verhalten, da der Satan der Bibel erst durch persische Einflüsse die Gestalt gewonnen hat, in welcher er aus der jüdischen in die christliche Religion übergegangen ist.

Reizen schon derartige Beziehungen, welche in einem Wörterbuche nicht weiter erörtert werden können und für welche auf die Auseinandersetzungen von Tychsen in den Commentationes Societ. regiae scientiarum Gotting. XI, 112. XII, 3. Gesenius im Commentar über den Jesaia zu XXIV, 21. Herder zur Religion und Theologie XI (der Cotta'schen Ausgabe), der jedoch viel zu weit geht, Rhode, die heilige Sage und das gesammte Religionssystem des Zendvolks 419. Gebser, de explicatione scripturae sacrae praesertim novi testamenti e libro Zend-avesta. Jenae 1824. zu verweisen genügen mag, den Forschungstrieb, jenes merkwürdige Denkmal des menschlichen Geistes, der vor Jahrtausenden tief in Asien „dem Dunkel Licht abgerungen" hat, immer genauer kennen zu lernen, so ist daneben auch dasjenige von Interesse, was den nächsten Zweck dieses Werkes bildet, die in den heiligen Parsibüchern enthaltne Sprache. Dieselbe ist sogar immer noch dasjenige Moment, welches zunächst unsre Aufmerksamkeit beschäftigen muss, da erst durch eine tiefere Kenntniss derselben ein richtiges Verständniss der Religion möglich wird; jeder, welcher eines der chinesischen Religionsbücher in der Ursprache gelesen hat, wird beurtheilen können, wie der Stoff mit der Form, in welche er sich kleidet, verwachsen ist; fast ebenso verhält es sich mit dem Avesta: es findet sich eine Menge von Ausdrücken und Fügungen, welche in einer Uebersetzung, sei sie auch noch so treu, einen befremdlichen Eindruck machen, weil ein Wort, das einem solchen in einer andern Sprache entspricht, schon überhaupt nie denselben Ideenkreis anregt, geschweige hier, wo alles so eigenthümlich ist, dass bei geringerer Bekanntschaft mit der Redeweise vieles absurd erscheint — und es hat Gelehrte gegeben, welche die Echtheit der heiligen Bücher wegen angeblichen Mangels an Vernünftigkeit bestritten — was bei fortgesetzter Beschäftigung als höchst fein und consequent erkannt zu werden pflegt. Erst wenn man gelernt hat, in der bactrischen Sprache oder ihrer Weise conform zu denken — und diess ist eben nur durch die Beschäftigung mit der Ursprache möglich — wird man die Ideen und Lehren Zarathustras genügend würdigen können. Ich habe daher auf viele dem Bactrischen eigne Züge aufmerksam gemacht und die Redeweise in unsrer geschmeidigen Muttersprache, in welcher man wegen der grossen Freiheit ihres Satzbaues fremde Sprachweisen besser als in andern europäischen Sprachen nachahmen kann, der bactrischen möglichst genau angepasst. Eine genauere Besprechung der hier einschlagenden Erscheinungen gehört in eine ausführliche Grammatik; zum vorläufigen Verständniss vieler Uebersetzungen sei nur auf einige sehr durchgreifende syntactische Eigenthümlichkeiten aufmerksam gemacht, welche sich nirgend auf indogermanischem Gebiete in dieser Ausdehnung finden. Es können alle tempora praeterita ohne weitere Zusätze für die befehlende oder wünschende Form gebraucht werden, selbst die gegenwärtige und vergangne Bedeutung fällt nicht nothwendig mit der Form des praesens oder praeteriti zusammen, und die Bedeutungen des perfect und imperfect haben sich fast immer herumgedreht, da das letztre wie das lateinische perfect verwendet wird. Nicht selten finden sich Collectivconstructionen, d. h. es stehen Wörter, welche zusammengehören, in verschiednem numerus, Subjecte im singular haben ihre Praedicate im plural, solche im dual ihre Praedicate im singular oder plural, solche im plural ihre Praedicate im singular neben sich, wie sich diess noch im Neupersischen findet (Vullers institutiones l. Persicae II, 92 sqq.). Der dreizehnte Yasht enthält eine Menge Eigennamen, welche meist zu zweien neben einander stehn; da beide im Genetiv construiert sind, so lässt sich schwer entscheiden, ob das zweite Wort Attribut oder der Name des Vaters oder eines Ahnen ist; ich habe mich, da sich viele wirkliche Patronymika an der zweiten Stelle finden, sowie nach Analogie der classischen Sprachen und des Neupersischen (*daçtân i çâm* Vullers instit. l. Pers. II, 6) für das letztre entschieden, wenn gleich in diesem Falle ein verbindendes *yaṭ*, das neupersische *i*, zu erwarten wäre.

Ueber die Methode, welche ich bei der Bearbeitung des Wörterbuches befolgt habe, brauche ich nicht viel zu sagen, weil sie diejenige ist, welche jeder Philologe alsbald für die richtige erkennen muss; hat ein solcher sich zur Aufgabe gestellt, irgend ein in unbekannter Sprache verfasstes Schriftdenkmal aufzuhellen, so wird er sorgfältig alle etwanigen Nachrichten über dasselbe sammeln und Puncte aufsuchen, von denen aus er eine Entzifferung mit Erfolg beginnen kann; er wird sich Glück wünschen, wenn er eine Uebersetzung selbst aus später Zeit benutzen kann; wir besitzen nun zum Avesta eine treffliche Uebersetzung, in welche selbst reichhaltige Erklärungen eingeflochten sind, wir besitzen ferner eine ziemlich grosse Literatur, welche auf die heiligen Schriften Bezug hat, aus denselben Stellen übersetzt und, wie Friedrich Windischmann gezeigt hat, in grösstmöglichem Einklang mit den Urtexten steht; in Indien verblassten die alten Götter des Veda oder übernahmen im Brahmanismus andre Rollen, die Philosophie zersetzte den alten sinnlichen Glauben, aber die Parsen verehren noch heute ihren Ormazd wie vor Jahrtausenden, befolgen noch heute die Vorschriften des alten Gesetzbuches, wenn auch die Zeit und eine andre Beschaffenheit der Bildung viele Erweiterungen oder Beschränkungen geboten haben. Es wird daher das erste Erforderniss, welches zu einer haltbaren Erklärung der Zendbücher verlangt wird, das sein, die Ansicht derjenigen zu hören, welche jener Religion zugethan waren und mit der bekannten den Orientalen eigenthümlichen Pietät gegen religiöse Ueberlieferungen sorgfältig von Geschlecht zu Geschlecht überliefert haben, was sie als ihren kostbarsten Besitz, für den sie selbst ihr Vaterland verliessen, betrachteten. Die Huzvâreshübersetzung des Vendîdâd und Yaçna, welche uns durch Spiegel's Ausgabe zu benutzen steht, macht in hohem Grade den Eindruck von Zuverlässigkeit; sie gibt das gleiche Wort der Urtexte fast immer durch das gleiche Wort im Huzvâresh wieder, ausser, wie sich von selbst versteht, wo die Bedeutung des erstern wesentlich eine andre ist. Nur selten sind die Fälle, in denen sie verschiedne Wörter für dasselbe altbactrische Wort setzt, z. B. wird *vîranãm pourutâç* vd. 18, 59. durch *fanzand kebad* (viele Nachkommen), aber y. 61, 27. durch *vîrân pûrrubashnish* (Fülle von männlichen Nachkommen); *perenâñô* vd. 19, 168. durch *patkârîm, paitiperenô* vd. 10, 11. durch *pûrtînam*, obwohl beides dem Sinne nach dasselbe ist, übersetzt. Auch im Sinne verschieden übersetzt sie das altbactrische *gaozaçta* vd. 3, 4. durch *jâmyadman* (ein Kleid in der Hand haltend), aber y. 61, 4. durch *baçriayadman* (Fleisch in der Hand haltend); vielleicht schwebte dem Uebersetzer eine Stelle wie *gaomata zaçta vaçtravata* yt. 13, 50. vor, vielleicht aber rührt die Verschiedenheit der Uebersetzung von einem neuern Gebrauch her, zumal da *gao* so häufig vorkommt und überall durch „Vieh“ oder „Fleisch“ übersetzt wird, dass wir nicht annehmen können, die Uebersetzung beruhe auf Willkür oder Unkenntniss. Die Huzvâreshübersetzung gewinnt aber gewiss nur an Zuverlässigkeit in unsern Augen, wenn sie zuweilen gesteht, der Sinn eines Wortes sei nicht überliefert, wie bei *pawran*, *aiwizu*, *jazhu*, *vîzu*. Wo verschiedne Erklärungen überliefert sind, wird diess stets sorgfältig, oft mit Angabe des Namens der Lehrer, bemerkt. Es kommen allerdings Fälle vor, wo die Huzvâreshübersetzung nach Art der indischen Vedacommentatoren zur Etymologie flüchtet, um ein Wort zu erklären, z. B. übersetzt sie *raocâo qêñg aççnãm ukshâ aûurus* y. 49, 10. durch *pann rôshnish i khurshêt dar yôm ôsh zaki arûç dar bâmê ashân pann dâshak bnâ kant* mit dem Licht der Sonne am Tag die Morgenröthe dieses Lichte*) beim Morgenroth von ihnen ein Zeichen gibt; hier kann erstens das Setzen von *ôsh* für das altbactrische *ukhshâ* (Mehrer), zweitens das von *arûç* (weiss, hell) für *aûurus* (giengen auf) nur aus verunglückten etymologischen Versuchen, ein dunkles Wort dennoch zu erklären, abgeleitet werden, und doch wird es nicht schwer sein, trotz dieser Entstellung den ursprünglichen Sinn der Stelle „die Lichter, die Sonne, die Mehrerin der Tage, giengen auf" wieder zu erkennen, wenn wir uns denken, zu *arûç* sei ein Verbalbegriff, etwa „sie wurden (licht)" zu ergänzen, und *ukhshâ* sei dann fälschlich mit *ushâ* verwechselt worden, da letztres dem Sinne der ganzen Stelle sehr nahe liegt. Ein ähnlicher Fall liegt vd. 8, 12 vor, wo *bareñti vâ* (oder es weht, nemlich ein Wind) übersetzt wird *ayôf pann burand vât damak* oder es ist ein Blasen eines hohen Windes, indem *burand*, neupersisch *buland*, mit *bareñti* identificiert wird; man kann dieses Versehn daraus erklären, dass *bareñti*, wie die vorhergehenden Verbalformen in einer nur hier vorkommenden Fügung, nemlich als impersoneller Plural, es weht, gebraucht ist; der Sinn der Stelle war überliefert und ist auch richtig wiedergegeben, aber der Uebersetzer sah in den Wörtern *bareñti*, *çnaêzheñti* Nominalformen. Merkwürdig ist die Uebersetzung von *pârem marezem* (scelus magnum) vd. 4, 153. durch *frôttum marj* (sehr tiefe Sünde), indem hier *pâra* (Sünde) mit *apara*, *mareza* (gross) mit dem neuern *marj*, *marzh* verwechselt ist. Solche selten sich findende Mängel der Huzvâreshübersetzung können ihrer sonstigen Brauchbarkeit äusserst wenig Abbruch thun, und ich habe, da ich mich beim Studium der Parsenschriften immer mehr von deren Nutzen für die Exegese überzeugt habe, stets die Erklärung derselben zum Ausgangspunct meiner Interpretation gemacht, habe aber begreiflicher Weise meist unterlassen, jene Erklärungen anzuführen, was nur in dem Falle geschehen ist, wenn ich mich veranlasst sah, von denselben abzuweichen, oder wenn es mir darum zu thun war, mich auf ihre Autorität ausdrücklich zu berufen, endlich wenn ich selbst nichts über eine Stelle zu sagen vermochte und glücklichern Forschern wenigstens eine Grundlage für ihre Untersuchungen darbieten wollte.

Das nächste wichtige Hülfsmittel sind die Werke der europäischen Gelehrten, besonders der Hyde, Anquetil (Kleuker), Rhode, Rask, Burnouf, Bopp, Brockhaus, M. J. Müller, Spiegel, Westergaard, Benfey, Windischmann, Kossowitsch, Haug, welche in ausgedehnterem Maasse zum Verständniss der Parsenschriften beigetragen haben; da es sich von selbst versteht, dass ich dieselben für mein

*) Im Wörterbuch S. 56a, Z. 4. v. u. habe ich das Wort *kharôç* gelesen und Hahn übersetzt. Auch diese Erklärung kann richtig sein, ich glaube aber, dass die obige Lesung vorzuziehen ist.

Buch ausgebeutet habe, glaubte ich unterlassen zu dürfen, die Uebersichtlichkeit durch Massen von Citaten zu beeinträchtigen, zumal schon Brockhaus in seiner Ausgabe des Vendidad sade alles zusammengestellt hat, was bis zum Jahre 1850 seit Burnouf's Bahn brechendem Werke über das Avesta geschrieben worden war; seitdem sind die Ausgaben der heiligen Schriften durch Spiegel (1853—1858) und Westergaard (1852—1854) — der Vendidad erschien zuerst von Spiegel, das übrige zuerst von Westergaard — erschienen, und das Zendstudium ist dadurch in eine neue Periode getreten, da man jetzt zuerst correcte Texte und obendrein bei Spiegel die Huzvâreshübersetzung bekam. Auch darf hier die Ausgabe des Bundehesh durch Westergaard (1851) erwähnt werden, da diess merkwürdige Buch auf eine Menge Stellen der Urtexte Licht wirft. Von grossem Nutzen war mir die Uebersetzung des ganzen Avesta durch Spiegel, denn ich halte dieselbe trotz der Widersprüche, welche gegen sie erhoben worden sind, für das bedeutendste, was nächst Burnouf's Commentaire für die Erklärung des Avesta geschrieben worden ist.

Um einiges über die Einrichtung des Wörterbuchs zu sagen, so habe ich versucht, die etymologische Anordnung mit der alphabetischen zu vereinigen; die letztre ist oft gescholten worden, und ein Orientalist, der an die wissenschaftliche Anordung sanskritischer und arabischer Wörterbücher gewöhnt ist, findet in unsern Schulwörterbüchern, um mit Pott zu reden, nichts als Rechenknechte; aber diese Anordnung hat doch manches für sich; bequem muss ein Lexicon gewiss vor allen Dingen sein; man will nicht lange blättern, um die Bedeutung eines Wortes zu erfahren, und es gibt so manche Fälle, dass ein Wort etymologisch dunkel ist und sich nicht leicht einer Wurzel anschliessen lässt. Man weiss, welche unsägliche Mühe es kostet, sich ohne Massmann's Index im Graff'schen althochdeutschen Sprachschatz auszukennen. Ich habe daher bei sonst rein alphabetischer Anordnung immer die zusammengesetzten Wörter unter dem Worte, welches das zweite Glied bildet, aufgeführt, unter einem Worte aber, welches das vordere Glied bildet, diejenigen Zusammensetzungen, welche mit ihm als vorderem Gliede gebildet sind, nicht aufgezählt, da sie doch unmittelbar folgen oder vorhergehn oder wenigstens, wenn dieses vordere Glied eine Aenderung erlitten hat, nicht weit vor oder nach dem simplex sich finden. Dagegen habe ich die Verba mit Praefixen sämmtlich unter den einfachen Verbis aufgeführt, wie diess in Sanskritwörterbüchern überall stattfindet, schon weil die Praefixe nie so innig wie Zusammensetzungen mit dem Verbum verschmolzen sind, sondern oft durch eine grosse Anzahl Wörter von ihm getrennt sein können. Zuweilen habe ich mich zum bessern Verständniss des etymologischen Zusammenhanges genöthigt gesehn, Wörter anzunehmen, welche in den Texten nicht zu belegen sind; diese kann man sogleich daran erkennen, dass keine Stellen unter ihnen citiert sind, denn ich habe bei schwierigen oder minder häufigen Wörtern alle Stellen, wo sie sich finden, bei häufigen die grosse Mehrzahl derselben angeführt, ausserdem aber jede Form der Flexion, welche in den Texten vorkommt, genau verzeichnet. Bei jedem Worte habe ich die Etymologie beigegeben; wenn dieselbe dunkel war, wenigstens die des entsprechenden Sanskritwortes angeführt, oft auch überhaupt auf eine etymologische Erklärung verzichtet, wo ich nichts als unsichre Vermuthungen hätte bringen können. Die Vergleichungen mit andern Sprachen habe ich auf das

Sanskrit und die eigentlich arischen Dialecte, Persisch, Afghanisch, Balutschi, Kurdisch, Armenisch, Kleinasiatisch, Ossetisch ausgedehnt, weil solche Zusammenstellungen förderlich sind für die Erkenntniss der Lautgeschichte und oft auch belehrende Bedeutungswechsel darthun, in vielen Fällen sogar die Bedeutung eines altbactrischen Wortes bestätigen oder an die Hand geben. Das Albanesische habe ich weggelassen, obwohl es auch ein Ausläufer der arischen Sprachen und speciell ein Nachkomme des Lykischen zu sein scheint. Ich habe bei diesen Vergleichungen sehr selten Schriften citiert, denen ich dieselben entnommen habe, weil ich diese doch immerhin nebensächliche Partie des Wörterbuchs nicht über Gebühr ausdehnen wollte und weil die Richtigkeit der Vergleichungen meist so sehr ins Auge springt, dass jeder mit dem Etymologisieren vertraute keines besondern Hinweises auf eine Begründung bedarf; nur bei zweifelhaften Zusammenstellungen habe ich Bücher angeführt, unter denen namentlich die zahlreichen Abhandlungen von Friedrich Müller in Wien das reichste Material bieten. Die bucharischen Wörter, welche mit den neupersischen bis auf die Aussprache identisch sind, stammen aus Klaproth's Asia polyglotta, die mazenderanischen aus B. von Dorn und Mirsa Muhammed Schafy Beiträge zur Kenntniss der iranischen Sprachen I. Theil; die aus dem Qaladschi und Sergerischen aus H. Brugsch Reise der königl. preuss. Gesandtschaft nach Persien. Die seltsamen Wörter aus dem letztern Dialect sind, wie ich sogleich vermuthete und wie auch Brugsch im 2. Bande S. 500 nachträglich bemerkt, ein Rothwelsch der dortigen Zigeuner (Zerker), welches sich zum neupersischen verhält wie das Ababdeh-Rothwelsch zum Arabischen. Der Serger war aus Köshkin zwischen Teheran und Hamadan und fügte in jede Sylbe des neupersischen Wortes ein z mit einem Vocale ein. Die hin und wieder angeführten zigeunerischen Wörter sind wie auch die von dem Zigeuner aus Köshkin verunstalteten immer solche, welche dieses indische Idiom aus dem Persischen entlehnt hat. Für die kurdischen Dialecte wurden ausser den ältern Werken besonders Lerch's Glossare, für das Ossetische die Arbeiten von Georg Rosen, Sjögren und Schiefner benutzt. Die Namen der Sprachen, welche ich abgekürzt anführe, findet man unter den Abkürzungen. In der Schreibung der Wörter habe ich mich dem Brockhaus'schen Alphabete (Zeitschrift der deutschen morgenländischen Gesellschaft XVII, 539) angeschlossen, nur in einem Falle habe ich mir im Interesse der etymologischen Deutlichkeit eine Abänderung erlaubt. Das neupersische Sin wird jetzt wie dentales *s* ausgesprochen, ist aber das alte *ç*; ich habe deshalb dieses *ç* für dasselbe beibehalten und auch in den nicht arabischen Alphabeten, wie im armenischen und ossetischen, so geschrieben statt des *s*, welches letztre im Neupersischen für das punctierte sâd verwendet ist; das Pârsi, welches zum Theil mit Zendbuchstaben geschrieben wird, setzt das altbactrische Zeichen für *s* meist da, wo im Neupersischen und Altbactrischen *sh* steht, das Huzvâresh unterscheidet *s* und *sh* meist gar nicht. Im Ossetischen habe ich bis auf eben erwähntes *ç* für das *s* bei Sjögren und Rosen das Sjögren'sche lateinische Alphabet (Mémoires de l'académie impériale des sciences de St. Pétersbourg VIme série t. VII) beibehalten; mein armenisches Alphabet — abweichend von der gewiss richtigern Bezeichnung Friedrich Müller's, die aber mit ihren Zeichen meinen übrigen Alphabeten nicht ganz conform ist — ist folgendes: *a b g d e z ê ^{e} th zh i l k̄ ds k h ths gh j m y n sh o c p ch rh ç v t r ts u ph kh ô.* Dass ich das Lepsius'sche Alphabet nicht angewendet habe, hat seinen Grund darin, dass unsre Handschriften und Ausgaben des Avesta vor der Hand unmöglich machen, dasselbe durchzuführen. Lepsius hat in seiner überaus scharfsinnigen Abhandlung über das ursprüngliche Zendalphabet (Abhandlungen der Berliner Akademie 1863) nachgewiesen, dass der Perser für mehrere Buchstaben des Bactrischen kein Organ besass, und dass dadurch die bactrischen Handschriften, welche ja alle von Persern abgeschrieben wurden, viele Buchstaben zusammenwerfen, welche der Perser nicht unterschied oder von denen er einen Theil nicht kannte, die im Bactrischen wohl gesondert auseinander lagen; so wird das Zeichen für kurzes *e* (geschlossnes *e*, bei Lepsius mit einem Punct unten) mit dem für die Länge desselben, das Zeichen des aspirierten *g*, welches dem *ç* ähnlich sieht, mit dem nichtaspirierten, das des ursprünglich gutturalen *n* (bei mir *ṅ*) mit dessen aspirierter Form, das für *r* mit dessen aspirierter Form zusammengeworfen, das aspirierte *m* wird bald mit einem besondern Zeichen, bald getrennt (*hm*) geschrieben; das *l* mit seiner Aspiration ist ganz weggefallen, da dieser Buchstab dem alten Perser fremd war; das Zeichen für den Halbvocal *y* ist mit dem aus *y* entstandnen hellen *sh* (bei Lepsius *z* mit dem slawischen Palatalhäkchen oben*)) zusammengefallen, das ganze Anusvârasystem ist bis auf *ã* und *ñ*, welches letztre ursprünglich der Anusvâra von *â* war, zu Grund gegangen. Bevor also, wenn es ja noch möglich ist, aus unsern Handschriften die ursprüngliche Gestalt des Zendalphabets ermittelt und die genauere Bezeichnung und Unterscheidung der Buchstaben ermöglicht ist, würde es nur zu Verwirrungen führen, schon jetzt von dem ziemlich allgemein angenommnen Alphabete abzuweichen; musste ich aber aus diesem Grunde für das Altbactrische das Brockhaussche Alphabet beibehalten, so forderte es die Gleichförmigkeit der Umschreibung, auch für die übrigen Sprachen ein jenem angepasstes System zu befolgen, trotz dem dass das Kurdische von Lerch und die arischen Sprachen überhaupt von Friedrich Müller, bei letztern wenigstens im Grossen und Ganzen mit dem Lepsiusschen Standardalphabet umgeschrieben sind. Noch eins sei in Bezug auf die Umschreibung des Altbactrischen erwähnt. Das Zendalphabet besitzt für das *v* (Lepsius' *w*) zwei Zeichen, je nachdem es im Anlaut oder Inlaut steht; in letzterm Falle wird es mit doppeltem *u* geschrieben, so dass also *avi* durch *auui* ausgedrückt wird; wenn nun vor oder hinter diesem inlautenden *v* noch ein *u* steht, so wird dasselbe nicht ausgedrückt, da man sonst drei *u* hinter einander schreiben müsste; steht nun dieses Zeichen für inlautendes *v* im Anlaut, so ist nicht *v*, sondern *u* der Anlaut und das Zeichen ist *uv* zu lesen, z. B. *uvaêibya*. Ebenso muss man im Inlaut oft *uv* lesen, wo nur *v* geschrieben steht, z. B. *çrvara* lies *çruvara*, *açtvañt* lies *açtuvañt*, *anvarsti* lies *anuvarsti*, wie denn der Verwandlung eines Vocales in seinen Halbvocal immer die Zwischenstufe

*) Ich bemerke hier, dass Lepsius' Erklärung des neuern *izashn*, bei Neriosengh *ijiçni*, bei Anquetil *Izeschné*, welche er S. 349 in der Note gibt, auf einem Versehn beruht; das *z* in diesem Worte ist nicht aus dem *y* in *yaçna* entstanden, sondern entspricht dem *z* der altbactr. Wurzel *yaz*; *izashn* ist von *iz* (= *yaz* durch Samprasâraṇa) mit dem Affix *ashn*, das im Huzvâresh sehr häufig ist, abgeleitet.

vorausgegangen zu sein scheint, dass beide, der Vocal und der Halbvocal, gesprochen wurden; man denke an die vielen Fälle, wo im Veda das Metrum verlangt, auf letztre Weise, z. B. *tvam* immer *tuvam* zu lesen. Dasselbe was hier über *v* gesagt ist, gilt auch für *y*; steht das Zeichen des inlautenden *y* im Anlaut, so ist *iy* zu lesen, z. B. *iyada*, im Inlaut muss es in vielen Fällen ebenso gelautet haben, z. B. *airyáoṅha* lies *airiyáoṅha*, von *yáoṅh* und *airi*.

Marburg.

Ferdinand Justi.

Vergleichende Uebersicht

der

Westergaard'schen und Spiegel'schen Versabtheilungen.

W.	Sp.
Yaçna.	
I.	I.
1	1
2	5
3	7
4	10
5	13
6	16
7	20
8	24
9	26
10	33
11	34
12	38
13	40
14	41
15	44
16	45
17	46
18	47
19	48
20	50
21	56
22	60
23	65
II.	II.
1	1
2	10
3	12
4	16
5	19
6	23
7	26
8	31
9	34
10	43
11	44
12	48
13	50
14	54
15	58
16	59
17	60
18	62
III.	III.
1	1
2	5
3	9
4	15
5	21
6	24
7	27
8	30
9	34
10	38
11	40
12	47
13	48
14	52
15	54
16	55
17	58
18	59
19	60
20	61
21	62
22	65
23	66
24	68
IV.	IV.
1	1
2	4
3	5
4	8
5	10
6	11
7	12
8	13
9	16
10	19
11	22
12	25
13	29
14	31
15	38
16	39
17	42
18	44
19	45
20	47
21	48
22	49
23	50
24	53
25	54
V.	V.
wie XXXVII.	
VI.	VI.
1	1
2	3
3	8
4	11
5	15
6	18
7	23
8	26
9	34
10	36
11	39
12	41
13	45
14	48
15	49
16	50
17	51
18	52
19	54
20	55
VII.	VII.
1	1
2	2
3	4
4	8
5	13
6	16
7	19
8	22
9	26
10	30
11	32
12	39
13	40
14	43
15	45
16	46
17	49
18	50
19	51
20	52
21	53
22	55
23	56
24	58
25	62
26	65
VIII.	VIII.
1	1
2	4
3	5
4	9
5	10
6	13
7	15
8	17
IX.	IX.
1	1
2	5
3	9
4	11
5	17
6	21
7	22
8	25
9	28
10	29
11	34
12	40
13	41
14	44
15	46
16	48
17	54
18	60
19	64
20	67
21	69
22	71
23	74
24	75
25	78
26	81
27	83
28	85
29	87
30	93
31	97
32	101
X.	X.
1	1
2	4
3	6
4	8
5	11
6	13
7	15
8	18
9	23
10	26
11	28

W.	Sp.
12	31
13	35
14	39
15	42
16	45
17	52
18	56
19	60
20	62
XI.	XI.
1	1
2	7
3	11
4	16
5	17
6	18
7	20
8	23
9	24
10	25
17	XII, 1.
18	4
XII.	XIII.
1	1
2	6
3	9
4	14
5	18
6	20
7	23
8	25
9	27
XIII.	XIV.
1	1
2	4
3	7
4	10
5	13
6	16
7	18
XIV.	XV.
1	1
2	3
3	5
4	7
XV.	XVI.
1	1
2	4
3	8
XVI.	XVII.
1	1
2	5
3	11
4	19
5	26
6	34
7	42
8	45
9	50
10	53
XVII.	
1—10	56
11	62.
12—14	70—71.
	VI, 41-47.
15—16	VI. 48-49.
17—18	50-54.
	XXVI, 1-2.

W.	Sp.
19	XVII, 72-74.
XVIII.	
1—2	L, 7.
3—8	XLVI.
XIX.	XIX.
1	1
2	3
3	4
4	5
5	6
6	9
7	12
8	16
9	21
10	24
11	27
12	28
13	31
14	34
15	38
16	44
17	46
18	50
19	53
20	56
XX.	XX.
1	1
2	2
3	3
4	8
XXI.	XXI.
1	1
2	2
3	4
4	6
XXII.	XXII.
1	1
2	5
3	8
4	12
5—19	13
20	14
21	17
22	20
23	24
24	26
25	29
26	30
27	32
XXIII.	XXIII.
1	1
2	3
3	5
4	6
5	9
XXIV.	XXIV
1	1
2	5
3	8
4	11
5	13
6	15
7	18
8	21
9	25
XXV.	XXV.
1	1
2	5

W.	Sp.
3	9
4	12
5	16
6	18
7	19
8	23
XXVI.	XXVI.
1	1
2	3
3	7
4	10
5	14
6	18
7	21
8	23
9	27
10	30
11	34
XXVII.	XXVII.
1	1
2	3
XXVIII	XXVIII
1	0
2	1
3	2
etc.	
XXXV.	XXXV.
1	1
2	4
3	7
4	10
5	13
6	16
7	19
8	22
9	24
10	26
XXXVI.	XXXVI.
1	1
2	4
3	7
4	10
5	12
6	14
XXXVII.	XXXVII.
1	1
2	3
3	6
4	9
5	12
XXXVIII.	XXXVIII.
1	1
2	4
3	7
4	10
5	13
XXXIX.	XXXIX.
1	1
2	4
3	7
4	10
5	13
XL.	XL.
1	1
2	4
3	7
4	10

W.	Sp.
XLI.	XLI.
1	1
2	3
3	6
4	9
5	12
6	15
XLII.	
1	19
2	21
3	23
4	26
5	30
6	33
XLIII.	XLII.
etc.	
LII.	LI.
1	1
2	5
3	8
4	11
LIII.	LII.
LIV.	LIII
LV.	LIV.
1	1
2	3
3	9
4	15
5	18
6	20
7	23
LVI.	LV.
1	1
2	3
3	5
4	7
LVII.	LVI.
1	1, 0
2	1
3	5
4	10
5	2, 1
6	2
7	3, 1
8	2
9	4, 1
10	2
11	5, 1
12	3
13	6, 1
14	4
15	7, 1
16	4
17	6
18	9
19	8, 1
20	4
21	9, 1
22	5
23	10, 1
24	2
25	5
26	8
27	11, 1
28	4
29	4
30	12, 1
31	3
32	5

Sp.
13, 1
3
6
LVII.
1
5
6
9
13
16
19
21
LVIII.
1
2
3
6
8
12
13
LIX.
1
2
3
7
8
9
12
16
17
19
LX.
1
5
8
13
16
LXI.
1
5
7
9
12
16
18
21
24
27
LXII.
1
3
LXIII.
1
2
LXIV.
1
7
11
15
19
22
26
29
33
38
41
46
55

W.	Sp.
14	56
15	61
LXVI.	LXV.
1	1
2	4
3	8
LXVII.	LXVI.
1—4	1
5—7	2
LXVIII.	LXVII.
1	1
2	4
3	7
4	9
5	11
6	14
7	16
8	20
9	27
10	30
11	32
12	37
13	40
14	43
15	46
16—19	51
20	52
21	54
22	58
23	65
LXIX.	LXVIII.
1—2	1
3	2
LXX.	LXIX.
1	1
2	5
3	10
4	13
5	16
6	18
7	21
LXXI.	LXX.
1	1
2	3
3	7
4	10
5	16
6	21
7	27
8	31
9	40
10	47
11	54
12	57
13	61
14	65
15	67
16	71
17	74
18	79
19—22	88
23	89
24	95

Vispered.

W.	Sp.
I.	I.
1	1
2	2
3	8

W.	Sp.
4	11
5	14
6	19
7	23
8	27
9	30
II.	II.
1	1
2	1
3	1
4	4
5	8
6	12
7	16
8	21
9	25
10	29
11	32
III.	III.
1	1
2	16
3	18
4	20
5	25
6	30
	IV.
7	1
IV.	V.
1	1
2	4
V.	VI.
1	1
2	5
3	6
VI.	VII.
VII.	VIII.
1	1
2	9
3	14
4	17
5	21
VIII.	IX.
1	1
2	4
IX.	X.
1	1
2	6
3	11
4	17
5	23
6	25
7	29
X.	XI.
XI.	XII.
1	1
2	8
3	14
4	17
5	17
6	18
7	21
8—11	21
12	21
13	25
14	30
15	33

W.	Sp.
16	34
17-18	35
	XIII.
19	1
20	4
21	7
XII.	XIV.
1	1
2	5
3	8
4	9
5	13
XIII.	XV.
1	1
2	4
XIV.	XVI.
1	1
2	7
	XVII.
3	1
4	3
XV.	XVIII.
1	1
2	6
3	10
4—5	13
XVI.	XIX.
1	1
2	5
3	7
4	9
XVII.	XX.
XVIII.	XXI.
1	1
2	4
XIX.	XXII.
1	1
2	6
XX.	XXIII.
1	1
2	6
3	10
XXI.	XXIV.
1	1
2	3
3	8
4	12
XXII.	XXV.
1	1
2	3
XXIII.	XXVI.
1	1
	XXVII.
2	1

Vendidad.

W.	Sp.
I.	
1	1
2	4
3	5
4	9
5	13
6	17
7	21

W.	Sp.
8	25
9	29
10	33
11	37
12	41
13	45
14	49
15	53
16	59
17	63
18	67
19	72
20	76
21	81
II.	
1	1
2	4
3	7
4	11
5	14
7	17
8	20
12	23
16	26
17	28
18	31
19	37
21	42
22	46
23	52
24	57
25	61
26	65
27	70
28	74
29	80
30	87
31	93
33	97
34	101
35	106
36	110
37	116
38	123
39	129
40	131
41	133
42	137
43	140
III.	
1	1
2	6
3	10
4	11
5	15
6	18
7	21
8	25
9	28
10	31
11	34
12	38
13	41
14	44
15	49
16	55
17	57
18	58
19	60
20	63
21	68
22	72
23	75
24	79
25	84
26	87
27	89
28	91
29	93
30	96
31	99
32	105
33	111
34	116
35	118
36	122
37	126
38	130
39	135
40	137
41	142
42	149
IV.	
1	1
2	4
3	13
4	16
5	24
6	26
7	28
8	30
9	32
10	34
11	36
12	39
13	42
14	45
15	48
16	51
17	54
18	58
19	63
20	67
21	70
22	73
23	75
24	76
25	77
26	79
27—28	81
29	82
30	85
31	87
32	89
33	90
34	93
35	95
36	96
37	99
38	102
39	104
40	106
41	109
42	112
43	115
44	118
45	123
46	128
47	130
48	134
49	137
50	143
51	146
52	149
53	152
54	154
55	156
V.	
1	1
2	8
3	12
4	13
5	16
6	20
7	21
8	24
9	30
10	35
11	38
12	42
13	45
14	47
15	50
16	52
17	54
18	56
19	57
20	61
21	64
22	69
23	70
24	72
25	74
26	79
27	83
28	87
29	93
30	97
31	101
32	105
33	109
34	111
35	114
36	116
37	120
38	121
39	123
40	126
41	129
42	130
43	132
44	135
45	136
46	140
47	144
48	145
49	146
50	148
51	149
52	152
53	155
54	156
55	158
56	159
57	161
58	163
59	165
60	169
61	172
62	175
VI.	
1	1
2	3
3	5
4	7
5	9
6	10
7	12
8	13
9	15
10	16
11	18
12	20
13	24
14	25
15	29
16	30
17	34
18	35
19	39
20	40
21	44
22	45
23	49
24	50
25	53
26	54
27	56
28	61
29	63
30	65
31	66
32	69
33	72
34	73
35	73
36	74
37	75
38	78
39	79
40	80
41	83
42	84
43	85
44	92
45	93
46	95
47	98
48	100
49	101
50	102
51	105
VII.	
1	1
2	3
4	5
5	6
6—9	7—25
10	26
11	27
12	28
13	29
14	33
15	35
16	37
17—22	41—58
23	59
24	60
25	65
26	66
27	69
28	72
29	73
30	78
31	81
32	83
33	84
34	89
35	92
36	94

W.	Sp.
37	96
38	99
39	102
40	104
41	105
42	110
43	114
44	118
45	122
46	123
47	124
48	125
49	126
50	127
51	129
52	132
55	137
56	138
57	140
58	143
59	148
60—69	151—171
70	172
71	175
72	181
73	183
74	184
76	189
77	190
78	193
79	194

VIII.

W.	Sp.
1	1
2	4
3	8
4	11
5	14
6	16
7	17
8	18
9	21
10	23
11	29
12	32
13	35
14	38
15	40
16	41
17	45
18	47
19	49
20	52
21	60
22	63
23	65
24	68
25	71
26	74
27	77
28—30	78—97
31	98
32	102
33	107
34	108
35	111
36	113
37	117
38	121
39	125
40	127
41	131
42	134
43	137
44	140
45	143
46	146
47	149
48	152
49	155
50	158
51	161
52	164
53	167
54	170
55	173
56	176
57	179
58	182
59	187
60	190
61	193
62	196
63	199
64	202
65	205
66	208
67	211
68	214
69	217
70	220
71	225
73	229
74	233
75	237
76	242
77	245
78	245
79	246
80	248
81	251
82	254
83	257
84	258
85	259
86	260
87	261
88	262
89	263
90	264
91	265
92	266
93	267
94	268
95	269
96	270
97	271
98	272
99	278
100	280
101	287
102	291
103	294
104	300
105	303
106	304

IX.

W.	Sp.
1	1
2	4
3	9
4	11
5	12
6	13
7	14
8	14
9	16
10	22
11	24
12	31
13	35
14	40
15	43
16	49
17	56
18	64
19	70
20	76
21	82
22	88
23	94
24	102
25	108
26	113
27	118
28	119
29	120
30	123
31	125
32	130
33	133
34	137
35	141
36	145
37	146
38	151
39	154
40	157
41	159
42	162
43	164
44	166
45	167
46	169
47	172
48	175
49	177
50	183
51	187
52	188
53	190
54	191
55	192
56	193
57	196

X.

W.	Sp.
1	1
2	3
3	7
4	10
5	10
6	12
7	13
8	16
9	16
10	18
11	19
12	22
13	22
14	24
15	25
16	26
17	30
18	32
19	38

XI.

W.	Sp.
1	1
2	4
3	7
4	9
5	13
6	17
7	21
8	25
9	26
10	32
11	33
12	34
13	40
14	41

XII.

W.	Sp.
1	1
2	5
3	9
4	13
5	17
6	21
7	25
8	28
9	31
10	34
11	37
12	40
13	43
14	45
15	48
16	50
17	53
18	55
19	58
20	60
21	63
22—24	65

XIII.

W.	Sp.
1	1
2	3
3	6
4	10
5	13
6	15
7	18
8	21
9	24
10	26
11	31
12	36
13	39
14	42
15	45
16	48
17	49
18	51
19	53
20	55
21	57
22	59
23	61
24	63
25	66
26	69
27	72
28	75
29	80
30	82
31	84
32	88
33	90
34	92
35	97
36	100
37	102

W.	Sp.
38	102
39	106
40	112
41	115
42	117
43	121
44	124
45	126
46	135
47	143
48	153
49	163
50	166
51	167
52	170
53	171
54	172
55	173
56	174
XIV.	
1	1
2	4
3	6
4	7
5	9
6	16
7	20
8	26
9	32
10	41
11	48
12	54
13	57
14	60
15	64
16	67
17	70
18	73
XV.	
1	1
2	4
3	9
4	11
5	16
6	18
7	22
8	25
9	30
10	34
11	36
12	38
13	40
14	43
15	49
16	51
17	51
18	56
19	58
20	61
21	63
22	65
23	68
24	70
25—26	76
27	78
28	81
29	84
30	86
31	89
32	92
33	94
34	97

W.	Sp.
35	100
36	102
37	105
38	108
39	110
40	112
41	113
42	115
43	117
44	122
45	123
46	127
47	129
48	131
49	134
50	135
51	137
XVI.	
1	1
2	3
3	9
4	10
5	11
6	12
7	15
8	21
9	22
10	22
11	22
12	26
13	30
14	33
15	36
17	39
18	41
XVII.	
1	1
2	3
3	6
4	10
5	13
6	17
7	19
8	24
9	26
10	29
11	30
XVIII.	
1	1
2	5
3	7
4	9
5	11
6	14
7	18
8	21
9	22
10	25
11	27
12	29
13	32
14	33
15	34
16	37
17	41
18	43
19	43
20	46
21	46
22	48
23	51
24	52

W.	Sp.
25	52
26	53
27	58
28	64
29	67
30	70
31	74
32	77
33	78
34	79
35	82
36	83
37	84
38	87
39	88
40	89
41	92
42	93
43	94
44	98
45	99
46	100
47	102
48	103
49	104
50	107
51	108
52	112
53	113
54	114
55	115
56	117
57	118
58	120
59	120
60	122
61	122
62	124
63	125
64	127
65	129
66	133
67	133
68	135
69	136
70	137
71	140
72	142
73	144
74	147
75	149
76	150
XIX.	
1	1
2	5
3	7
4	11
5	16
6	20
7	24
8	27
9	29
10	35
12	39
13	42
14	46
15	49
16	54
17	58
18	60
19	63
20	67
21	70

W.	Sp.
22	73
23	76
24	80
25	82
26	85
27	89
28	90
29	94
30	98
31	102
32	105
33	108
34	110
35	114
36	120
37	123
38	127
39	129
40	133
41	137
44	140
45	141
46	143
47	147
XX.	
1	1
2	11
3	12
4	15
5	18
7	19
8	21
9	23
10	25
11	26
12	29
XXI.	
1	1
2	3
3	9
4	15
5	20
6	23
7	27
8	30
9	31
10—12	32
13	33
14—16	34
17—23	35
XXII.	
1	1
2	5
3	8
4	12
5	16
6	20
7	22
8	23
9	24
10	26
11	30
12	34
13	38
14	38
15	39
16	40
17	44
18	48
19	52
20	54

Verzeichniss der Abkürzungen.

A. bedeutet Âfrîgân oder Âfringân (Westergaard p. 318).
afgh. — afghanisch oder pashtu.
alb. — albanesisch.
altb. — altbactrisch.
altp. — altpersisch der Keilinschriften oder in Wörtern, welche die Alten überliefert haben.
Anâhita — Friedrich Windischmann, die persische Anâhita oder Anaïtis, in den Abhandlungen der bairischen Akademie VIII, 85.
Anquetil — Zend-Avesta, ouvrage de Zoroastre, contenant les idées théologiques, physiques et morales de ce législateur . . . traduit en François sur l'original Zend . . . par M. Anquetil du Perron. 3 Voll. 4° Paris 1771. Uebersetzt von J. F. Kleuker. 2. Aufl. Riga 1777.
armen. — armenisch.
Avesta — Avesta die heiligen Schriften der Parsen. Zum ersten Male im Grundtexte samt der Huzvâresh-Uebersetzung herausg. von Dr. Friedrich Spiegel. 2 Voll. Wien und Leipzig 1853. 1858.
Avgh. — Friedrich Müller, über die Sprache der Avghânen (Paχto) in den Sitzungsberichten der Wiener Akademie XL, 3. XLII, 3. Wien 1862. 1863.
Av. übers. — Avesta die heiligen Schriften der Parsen aus dem Grundtexte übersetzt von Dr. Friedrich Spiegel. 3 Bände. Leipzig 1852. 1859. 1863.
awarisch — A. Schiefner Versuch über das Awarische in den Mémoires de l'académie impériale des sciences de St. Pétersbourg VIIme série, t. 5. n° 8.
bal. — balutschisch.
Beitr. — Beiträge zur vergleichenden Sprachforschung auf dem Gebiete der arischen, celtischen und slawischen Sprachen, herausg. von Kuhn und Schleicher. Berlin 1858 ff.
Beitr. zur arm. Lautl. — Friedrich Müller Beiträge zur Lautlehre der armenischen Sprache, über das armenische Verbum und Nomen in den Sitzungsberichten der Wiener Akademie XXXVIII, 3. XLI, 3. XLII, 249. 327. XLIV, 1.
Benfey — Th. Benfey in den Göttinger gelehrten Anzeigen 1852, 1953. 1853, 57.
Böhtlingk und Roth — Sanskritwörterbuch herausg. von der kaiserlich. Akademie der Wissenschaften, bearbeitet von O. Böhtlingk und R. Roth. St. Petersburg 1855 ff.
Bopp — Franz Bopp vergleichende Grammatik des Sanskrit, Send, Griechischen u. s. w. 2. Aufl. Berlin 1856—1861.
Brockhaus — Vendidad sade. Die heiligen Schriften Zoroaster's Yaçna, Vispered und Vendidad. Nach den lithographirten Ausgaben von Paris und Bombay mit Index und Glossar herausg. von Dr. Hermann Brockhaus. Leipzig 1850.
Brugsch — H. Brugsch Reise der königl. preussischen Gesandtschaft in Persien 1860 und 1861. Leipzig 1862. 1863.
buchar. — bucharisch.
bulb. — bulbassi (richtiger bilbâçi).
Bund. — Bundehesh liber pehlvicus. E vetustissimo codice Havniensi descripsit, duas inscriptiones regis Saporis primi adjecit N. L. Westergaard. Havniae 1851.
Burnouf — E. Burnouf Commentaire sur le Yaçna, l'un des livres religieux des Parses. T. I. Paris 1833.
Chodzko — A. Chodzko études philologiques sur la langue kurde (dialecte de Soléimanié) im Journal asiatique Vme série t. 9. p. 297.

Desâtîr bedeutet The Desatir or sacred Writings of the ancient Persian Prophets in the original tongue . . . carefully publ. by Mulla Firuz bin Kaus. 2 Voll. Bombay 1818.
dig. — digorisch.
DMG. — Zeitschrift der Deutschen morgenländischen-Gesellschaft, herausgeg. von H. Brockhaus. Leipzig 1847 ff.
Dorn — B. von Dorn grammatische Bemerkungen über das Pushtu oder die Sprache der Afghanen in den Mémoires de l'académie impér. des sciences de St. Pétersbourg VIme série, t. V, p. 1.
Eran — Friedrich Spiegel Eran, das Land zwischen Indus und Tigris. Berlin 1863.
Essays — Martin Haug Essays on the sacred language, writings and religion of the Parsees. Bombay 1862.
Et. F. — A. F. Pott Etymologische Forschungen. 1. Ausg. 1833. 2. Ausg. 1859.
Ewald — H. von Ewald über das Afghanische oder Puschtu in der Zeitschrift für die Kunde des Morgenlandes II, 285.
Extr. — Extracts (Westergaard p. 485).
Fr. — Miscellaneous fragments (Westergaard p. 331).
G. — Gâh (Westergaard p. 325).
Garzoni — P. Maurizio Garzoni grammatica e vocabolario della lingua kurda. Roma 1787.
gil. — gilanisch.
Gosche — R. Gosche de Ariana linguae gentisque Armeniacae indole prolegomena. Berolini 1847.
Haug G. — Martin Haug die fünf Gâthâs oder Sammlungen von Liedern und Sprüchen Zarathustra's, seiner Jünger und Nachfolger, in den Abhandlungen für die Kunde des Morgenlandes I, II. Leipzig 1859. 1862.
hedr. — den kurdischen Dialect von Hedrus.
Herabk. — Ad. Kuhn die Herabkunft des Feuers und des Göttertrankes. Berlin 1859.
Hoefer — Zeitschrift für die Wissenschaft der Sprache, herausg. von A. Hoefer. Berlin 1845 ff.
Hyde — Thomas Hyde veterum Persarum et Parthorum et Medorum religionis historia. 2. ed. Oxonii 1760.
hzv. — huzvâresh oder pehlvi.
J. L. Z. — Jenaische Literatur-Zeitung.
J. Müller — Marc Joseph Müller Essai sur la langue pehlvie im Journal asiatique IIIme série, t. 7. p. 289.
Journ. asiat. — Journal asiatique. Paris 1822 ff.
J. St. Indische Studien herausg. von Albrecht Weber. Berlin 1850 ff.
kappad. — kappadokisch.
Klaproth — J. Klaproth Asia polyglotta. 2. Aufl. Paris 1831.
K[2, 5, 9, 12, 25]. — Kopenhagener Handschriften des Avesta (s. Westergaard, preface p. 7. 14).
Koss. — К. Коссовичъ, четыре статьи изъ Зендавесты, Санктпетербургъ 1861.
Kuhn Z. — Zeitschrift für vergleichende Sprachforschung auf dem Gebiete des Deutschen, Griechischen und Lateinischen herausg. von Kuhn und Aufrecht. Berlin 1852 ff.
kurd. — kurdisch.
kurm. — kurmandschi.
L[11]. — Londoner Handschriften des Avesta (s. Westergaard preface 7. 15).
laghm. — laghmanisch.
Lassen — Chr. Lassen über die Sprache der Baluceen in der Zeitschrift für die Kunde des Morgenlandes IV, 419.
Lepsius — R. Lepsius das ursprüngliche Zendalphabet in den Abhandlungen der Berliner Akademie 1863.
Lerch — Peter Lerch Forschungen über die Kurden und die iranischen Nordchaldaeer. St. Petersburg 1857. 1858.
lorist. — loristanisch.
Masson — Charles Masson Narrative of various journeys in Balochistan, Afghanistan, the Panjab und Kalát. London 1844.
maz. — mazandaranisch.
Meninski — Franciscus a Mesgnien Meninski Thesaurus linguarum orientalium turcicae arabicae persicae . . . nimirum Lexicon turcico-arabico-persicum. Viennae Austriae 1680.
Mithra — Fr. Windischmann Mithra. Ein Beitrag zur Mythengeschichte des Orients, in den Abhandlungen für die Kunde des Morgenlandes I. Leipzig 1859.
Mordtmann — A. D. Mordtmann über die altphrygische Sprache in den Sitzungsberichten der bair. Akademie 1862. p. 12.
N. — Nyayish (Westergaard p. 313).
Naigh. — R. Roth Jâska's Nirukta samt den Nighaṇṭavas. Göttingen 1852.

Ner. bedeutet Neriosengh's Sanskrit-Uebersetzung des Yaçna herausg. und erläutert von Dr. Friedrich Spiegel. Leipzig 1861.

Nir. Erl. — R. Roth's Erläuterungen in Naigh.

Np. L. — Friedrich Müller Beiträge zur Lautlehre der neupersischen Sprache und des neupers. Verbums in den Sitzungsberichten der Wiener Akademie XXXIX, 389. XLIII, 1. XLIV, 220.

oss. — ossetisch.

Oss. — Friedrich Müller über die Stellung des Ossetischen im eranischen Sprachkreise, und Beiträge zur Lautlehre des Ossetischen, in den Sitzungsberichten der Wiener Akademie XXXVI, 1. XLI, 148.

O. St. — A. J. Sjögren ossetische Studien in den Mémoires de l'académie impériale des sciences de St. Pétersbourg. VIme série, t. 7. livr. 6.

P[3] — Pariser Handschrift des Avesta (s. Westergaard preface 14).

Parsigr. — Friedrich Spiegel Grammatik der Parsisprache nebst Sprachproben. Leipzig 1851.

Petermann — H. Petermann Grammatica linguae Armeniacae. Berolini 1837.

phryg. — phrygisch.

qal. — qaladschi (s. Brugsch I, 337. 338).

Rask — Emanuel Rask Remarks on the Zend language and the Zendavesta, in den Transactions of the Royal Asiatic society of Great Britain and Ireland. Vol. III, p. 524.

rgv., Rigveda — Rigvedasanhita the sacred hymns of the Brahmans ed. by Max Müller. London 1849 ff.

Rosen — Georg Rosen über die ossetische Sprache in den Abhandlungen der Berliner Akademie 1845. p. 321.

russ. — russisch.

S. — Sirôzah (Westergaard p. 335).

Sâmav. — Die Hymnen des Sâmaveda, herausg. übersetzt und mit Glossar versehn von Th. Benfey. Leipzig 1848.

Schiefner oss. — A. Schiefner ossetische Sprüchwörter und ossetische Texte, im Bulletin de l'académie impériale des sciences de St. Pétersbourg t. IV. 19. Sept. 1862. t. V, 26. Juni 1863.

serg. — sergerisch (Brugsch I, 339. II. 499).

skr. — Sanskrit.

Somacult — Fr. Windischmann über den Somacultus in den Abhandlungen der bair. Akademie IV, 125.

soran. — Dialect der soranischen Kurden.

Spiegel H. — Fr. Spiegel Einleitung in die traditionellen Schriften der Parsen. 1. Theil. Huzvâresh-Grammatik. 2. Theil. Die traditionelle Literatur. Wien und Leipzig 1856. 1860.

Spiegel Interpr. — Fr. Spiegel zur Interpretation des Vendidad. Leipzig 1853.

Spiegel Ir. Stammv. — Fr. Spiegel über die iranische Stammverfassung in den Abhandlungen der bair. Akademie VII.

südoss. — südossetisch.

tag. — tagaurisch.

tscherem. — tscheremissisch.

tschetsch. — tschetschenzisch.

über d. 19. fargard — Fr. Spiegel über den 19. Fargard des Vendidad in den Abhandlungen der bairischen Akademie VI. VII.

udisch — A. Schiefner Versuch über die Sprache der Uden in den Mémoires de l'académie impériale des sciences de St. Pétersbourg t. VI, n° 8.

uigurisch — J. Klaproth über die Sprache und Schrift der Uiguren in: Verzeichniss der chinesischen und mandschuischen Handschriften in Berlin. Paris 1822.

Vâj. S. spec. — A. Weber Vâjasaneya Sanhitae specimen cum comm. Bero lini 1847.

vd. — vendidad.

vend. sade — Vendidad sadé l'un des livres de Zoroastre lithographié d'après le manuscrit Zend de la bibliothèque royale et publié par M. Eugène Burnouf. Paris 1829— 1843. vgl. Brockhaus.

Windischmann Voc. — Fr. Windischmann Vocabularium Zendicum (ein Index besonders der in den Yasht sich findenden Wörter, jedoch sehr selten mit Angabe der Bedeutung; er ist aus Windischmann's Nachlass der Münchener Bibliothek verkauft (cod. orient. 349. 94. Bl. in fol.) und mir von Herrn Prof. Carl Halm zur Benutzung anvertraut worden).

Vullers — J. A. Vullers Lexicon persico-latinum etymologicum. Bonnae ad Rhenum 1855 ff.

Vullers Fr. — J. A. Vullers Fragmente über die Religion des Zoroaster. Bonn 1831.

Vullers instit. — J. A. Vullers institutiones linguae Persicae. 2 Voll. Gissae 1840. 1850.

Westerg. — Zendavesta or the religious books of the Zoroastrians ed. and translat. with a dictionary, grammar . . . by N. L. Westergaard. Vol. I. The Zend texts. Copenhagen 1852.

Wilson — John Wilson the Parsi religion as contained in the Zandavasta . . . unfolded, refuted and contrasted with Christianity. Bombay 1843.

y. bedeutet Yaçna.
yt. — Yasht.
Zendst. — Friedrich Müller Zendstudien in den Sitzungsberichten der Wiener Akademie XL, 615. XLIII, 1.
zig. — zigeunerische aus dem Persischen entlehnte Wörter.
Z. K. d. M. — Zeitschrift für die Kunde des Morgenlandes herausg. von Ewald, Lassen u. s. w. Göttingen und Bonn 1837—1850.
Z. St. — Fr. Windischmann Zoroastrische Studien. Abhandlungen zur Mythologie und Sagengeschichte des alten Iran. Nach dem Tode des Verfassers herausgegeben von Friedrich Spiegel. Berlin 1863.

WÖRTERBUCH.

A.

1. a. Pronominalstamm a) der ersten Person, enthalten in *azem*, *ahma*, *ahmâka* b) der dritten Person, enthalten in *aêm*, *ahmâi*, *ahmâț*, *ahê*, *ahmi*, *ayâo*, *âbya*, *aêibis*, *âis*, *aêibyô*, *aêshãm*, *aêshu*, *aya*, *âya*, *aṅhâi*, *aqyâi*, *aṅhaț*, *aṅhâo*, *aṅhê*, *âbis*, *âbyô*, *aiwyô*, *âoṅhãm*, *âhva* (s. bei *aêm*), *âaț*, *ahmya*, *aț*, *atha*, *adha*, *athra*.

2. a, vor Vocalen *an* oder *ã*, vor v auch *e* oder *é*, negierende Partikel, welche mit Nomen zusammengesetzt erscheint.

Skr. *a*, *an*, altp. *a*. hzv. parsi *a*, *an*, arm. *an*, oss. *a* (selten, z. B. *aragma* spät, eig. nicht früh) meist wird *ana*, *anac*, *ane* gebraucht.

aiṅhê s. *aêm*.

aiti (von 1. *a* b.) 1) Adverbium, in Verbindung mit Verbis, z. B. *aitibar*. 2) Praeposition, über etwas hinaus, in Verbindung mit Nomen negierend.

Skr. *áti*, altp. *atiy* (hinüber) arm. *ti* oder *t*, z. B. *tkar* (un-stark, schwach) *tikin* (Herrin, eig. oberes Weib).

aiti-sê liest Westergaard vd. 13, 138 ff. statt *aêtê shê* (s. *aêsha*).

aithivaṅț s. *âithivaṅț*.

aithyêjaṅha (von 2. *a* + *ithyêjaṅh*) adj. unvergänglich, hzv. *çéjômand*, Ner. *amṛtyumant*. acc. sg. m. *aithyêjaṅhem* vd. 7, 136. 19, 104. dual acc. m. °*jaṅha* y. 2, 44. 6, 36. yt. 10, 145. dat. °*jaṅhaêibya* y. 1, 34. 3, 48. 4, 39. 7, 40. pl. nom. m. °*jaṅha* y. 26, 10. yt. 13, 82. 19, 15.

aithyêjôṅhvaṅț (von 2. *a* + *ithyêjôṅhvaṅț*) adj. unvergänglich acc. m. *aithyêjaṅhuṅtem avi ahûm* yt. 22, 16. 34. 24, 62.

aidyu m. Reiter, hzv. *açbâr*, Ner. *açvacârin*. pl. acc. *aidyûs* y. 40, 8. gen. *aidyunãm* yt. 13, 154. *aidyûnãm* y. 39, 4.

aidhya (von *adha*) adj. dortig (von jenseits gedacht). masc. acc. *yaț tum aidhim aêtênôis çaocayaca kerenavaṅtem*, *baoçavaçca varakhedhrâoçca varôzhiṅtem urvarô-çtrayãçca kerenavaṅtem*, wenn du einen dortigen (einen Menschen auf der Erde) gesehen hast Zauberei treiben, Ungerechtigkeit und Bestechung treiben, Baumfällung machen, yt. 22, 13.

ainika (von *an*) m. 1) Angesicht, nom. *ainikô* yt. 10, 143. acc. °*kem* (vom Pferd) yt. 14, 9. 2) Fronte des Heeres, in Zusammensetzung mit *perethu*.

Skr. *ánîkâ*, kurd. *ani*, oss. *jenich* (Klaproth), *nükh* (Sjögren)?

ainizhbereta s. *anizhbereta*.

ainita (von 2. *a* + *inita*) adj. unbedrängt, acc. m. *vaçôyaonem ainitem* (so stellt Windischmann her statt *vaçô yao nai inatãm*) yt. 10, 60. pl. acc. f. *ainitâo* yt. 13, 34. 51.

ainiti (von 2. *a* + *initi*) f. Sanftmuth, instr. *hadâ ainiticâ* y. 57, 12.

ainidhaț (von *anya* + *daț*) adv. anderwärts, *idhațca ainidhațca* y. 56, 13, 2.

ainim s. *anya*.

ainisti (von 2. *a* + *isti*) f. Mangel, acc. *ainistîm duçithrem* yt. 10, 110. gen. *paitistâtéê ainistôis* yt. 13, 130.

ainy° s. *any°*.

aipi s. *ap*.

aipi 1) adv. a) selbst, gerade, *avaț aipi yatha*, selbst nur soviel als, vd. 6, 16. 8. 65. *aț aipî tâis*, durch sie gerade, y. 30, 11. b) in Verbindung mit Verbis, z. B. *aipi-jaç*. 2) Praeposition, a) c. acc. um, nach, auf, in, *aipi tem varem*, um den Garten, vd. 2, 92. *aipî zãthem*, nach, nächst der Geburt, vd. 10, 35. y. 47, 5. *vîçpãmca aipi imãm zãm*, auf der ganzen Erde, y. 56, 13, 2. *daregheméiț aipi zrvânem*, die lange Zeit hindurch, y. 61, 8. *aipî daibitânâ*, nach (euern) Betrügereien, y. 32, 3. *avê aipi*, auf jene hin, yt. 10, 45. b) c. instr. *avâis aipî*, hin zu denen, y. 32, 15. c) c. loc. *kemciț aipi nmânê*, an jedem Hause, yt. 5, 102.

Skr. *ápi*, altp. *apiy*.

aipicare (von car) m. Nachfolger, *aipicare nãma ahmi*, ich heisse Nachfolger (von Vayu), yt. 15, 45.

aipicithîț (von *aipi* + *ciț* + *îț*) adv. nachher, nach, hzv. *akhar*, Ner. *paçcât*, y. 29, 4.

aipijaitê s. *jan*.

aipițbaoghe (von *țbuj*) m. Verfolger, *aipițbaoghe nãma ahmi*, ich heisse Verfolger (von Vayu) yt. 15, 45.

aipidaqyu (von *aipi* + *daqyu*) adj. auf dem Land seiend, acc. *mithrem aipi-daqyûm* yt. 10, 144.

aipidvânara (von *aipi* + *dv°*) adj. wolkenreich, gen. f. *khshapô tãthrayâo aipidvãnarayâo*, in einer finstern wolkenreichen Nacht, yt. 11, 4.

aipivaṅhu (von *aipi* + *vaṅhu*) m. n. pr. eines Kavi, wahrscheinlich des *Kai Armîn* bei Firdosi, also des Sohnes des *Kavâta* acc. *Karaêm aipivohûm* yt 19, 71. gen. *kavôis aipivaṅhéus* yt. 13, 132.

aipishûta s. *shu*.

aipya (von 1. *ap*) n. böser Zufall, gen. pl. *kahmi kahmiciṭ vâ aipyanãm, kahmi kahmiciṭ vâ erethyanãm thwaêshô biwivâo*, wo auch immer vor Zufällen, wo auch immer vor Unglück bebende Furcht ist yt. 11, 5.

Skr. *ápya*.

aipyayana (von *aipi* + *ayana*) adj. umhergehend, Spiegel: verborgen, acc. f. *drujem °yanãm* yt. 4, 6.

aipyûkhdha (von *aipi* + *ukhdha*) adj., unterbrochen, mit Auslassungen, nom. fem. *aipyûkhdha* y. 19, 8.

aibi oder **aiwi**, erstere Form im 2. Theile des Yaçna, 1) adv. a) oben *ahmaṭ hyaṭ aibî*, wegen dessen was oben (ist), y. 40, 2 (nach der Huzv. Glosse das Gesetz), b) dazu, *aiwica aparem*, dazu einen andern, vd. 15, 133. c) herzu, *aiwica* (scil. *bara*) bringe herbei, vd 2, 91. Sehr häufig in Verbindung mit Verbis, z. B. *aiwi-jam; aibî ahvâhû dakhstem dâvôi*, die gib als Kennzeichen in beiden Welten, y. 50, 9. 2) praepos., über, super, de, a) c. dat., *çtaotôibyô aibî*, höher als (andres) Lob, y. 35, 27. b) c. loc. *aibî thwâhû gaêthâhû*, in Bezug auf, über deine Welten, y. 42, 7.

Skr. *abhí*, altp. *abiy*, *abis*, hzv. *af*, parsi *awa°*, neup. *af°*.

aibigairya s. *gar*.

aibigaya (von *aibi* + *gaya*) adj., über das Leben wachend, Beiwort des *Aiwiçrûthrema*. acc. *aibigâim* y. 2, 23. *aiwiçrûthremem yazamaidê*, *aibigâim yazamaidê*, G. 4, 5. dat. *aibigayâi* y. 1, 16. 3, 30. voc. *aibigaya* y. 1, 54.

aibigara (von 1. *gar*) f. Ergreifung, instr. *aya aibigara* vsp. 25, 1.

aibijareta (von *jar*) f. Lobpreisung, inst. *aya aibijareta* vsp. 25, 1.

aibijaretar (von *jar*) m. Lobpreiser, nom. *aibijareta* vsp. 6, 1. *°tâ* y. 15, 1. voc. *°tarecа* yt. 3, 1. pl. nom. *aibijaretârô* y. 35, 6.

aibijareti (von *jar*) f. das Rauschen (vom Wasser) hzv. übers. Herzumachung, Ergreifung; acc. *apãm aibijaretîmca* y. 61, Schluss, y. 69, 18. 70, 26.

aibideresta s. *darez*.

aibîbairista (von *bar*, Superlativ) adj., der, welcher am meisten (nothwendig) gegeben werden muss; acc. m. *bâgem aibîbairistem*, den Theil welcher gegeben werden muss, y. 50, 1, cit. y. 16, 7. Es ist die Rede von der Herrschaft in der Welt, die nur dem zu geben sei, der alles mit Gerechtigkeit vertheilt; hzv. *bahr afar-rubashnish*, Glosse: den Theil welchen ich gebe (dem) welchem er für sein gutes Herrschen ziemt.

aibyaç s. *aêm*.

airita; der Hund ist *airitô pañtânem yatha jahika*, vd. 13, 155. Spiegel: am Weg befindlich wie eine Buhlerin. Nach einer brieflichen Mittheilung vom 22. Oct. 1863 ist diese Uebersetzung rein conjectural; die Huzv.-Uebersetzung hat *pann râç rék* (am Weg Sand, nach den Parsen aber wäre *rék* = *dûr*, ferne) und diess glaubte Spiegel metaphorisch fassen zu können: Sand, d. h. häufig am Wege befindlich. Nach dieser Erklärung müste *airitô* das Partic. perf. pass. von *ar*, in activer Bedeutung sein und mit *pañtânem* zu einem Compositum verbunden werden, dessen vorderes Glied das andre regiert. Die Hzv.-Glosse scheint mir auf die Bedeutung „beschmutzend" zu führen, es wäre dann das hzv. Wort *airît*, unrein, welches sich in der Glosse zu y. 31, 3 findet, zu vergleichen.

airima n. Einsamkeit, loc. *airimê gâtûm hê nishidhaêta*, sie (er) soll sich an einem Ort abgeschlossen setzen, vd. 9, 133. 137. 16, 21. hzv. übers.: an den Ort der *arméshl*, d. h. der Frauen, welche todt geboren haben; man sieht aber nicht ab, warum auch ein Mann, wie in vd. 9, 133, dort sitzen soll. Benfey und Roth vergleichen skr. *iraṇa*, *íriṇa*, gr. *ἐρῆμος*.

airimaiti (von *iri*) f. Unreinigkeit; gen. pl. *maghanãm airimaitinãm*, Löcher der Unreinigkeit, d. h. voll Unreinigkeit, vd. 14, 18.

airimêaṅhad (von *airima* + 1. *had*) adj., sitzend in Einsamkeit, abgesondert, nom. f. pl. *airimêaṅhadhô*, yt. 13, 73.

airista (von 2. *a* + *irista*) adj. unversehrt, acc. m. (in adverbialem Sinne) *avañtem airistem hamatha yatha paraciṭ*, so unverletzt wie vorher, yt. 5, 65.

Skr. *árishta*.

airîrica (von 2. *a* + *irîrica*) adj. unverletzt, pl. gen. f. *yô nô airîricinãm irîrikhshâiti gaêthanãm*, welcher zu verletzen trachtet unsre nicht verletzten Güter y. 64, 27. *tanunãm* y. 64, 29.

airya (von *ar*) 1) adj. treu, ergeben, gesetzlich, arisch, nom. m. *airyanãm airyô*, ein Arier unter Ariern yt. 8, 6. s. *khshviwiishu*. pl. n. f. *airyâo daṅhâvô*, die arischen Gegenden, yt. 8, 9. 56. acc. f. *airyâo daṅhâvô* yt. 8, 56. dat. f. *qiryâbyô daṅhubyô* yt. 10, 4. dat. m. *airyâbyô* (lies *airyaêibyô*) *pâdaêibyô*, yt. 4, 6. abl. f. *airyâbyô daṅhubyô*, yt. 8, 61. gen. f. *airyanãm daqyunãm*, vd. 19, 132. yt. 5, 42. 13, 10. 87. 143. 2) m. Arier. pl. nom. *airê*, yt. 5, 69. *janât tem kava huçrava vîçpê airê razuraya*, es wollten ihn schlagen Kava H. und alle Arier im Walde (deshalb bittet Aurvaçâra den Vayu, dass er davonkommen möge) yt. 15, 32. gen. *airyanãm airyô* ein Arier unter Ariern yt. 8, 6. *airyanãm qarenô mazdadhâtanãm*, die Majestät der vom Mazda geschaffnen Arier, yt. 18, 0. 9. S. 1, 9.

Skr. *aryá*, *ârya*, altp. *ariya*, *ario* in vielen von den Alten überlieferten n. pr., *Aridatha* (Esther 9, 8) vgl. Raoul Rochette, Mémoires de l' acad. des Inscript. et belles lettres XVII, p. 39. hzv. *ér*, parsi *er*, arm. *ari*, oss. *ir*. vgl. Sjögren, ossetische Sprachlehre 396. Pictet und Spiegel in Kuhn's Beiträgen zur vergl. Sprachf. I, 91. 131.

airyana (von *airya*) adj., arisch, nom. n. *airyanem qarenô*, die arische Majestät, yt. 18, 5. acc.

airyanem qarenô yt. 18, 1. S. 2, 9. *airyanem vaêjô*, s. *vaêjaṅh*, vd. 1, 4. loc. *airyênê vaêjahi*, s. *vaêjaṅh*, yt. 1, 21.

Hzv. *êrân*, auf der Inschrift von Kirmanshah *êlân*, parsi *êrânî*, np. *êrân*, *îrân*, lykisch *Ârina*, bei Stephanus Byz. *Ἄρνα* der alte Name von Xanthus.

airyaman (von *airya*) 1) adj. folgsam, nom. m. *airyamâ*, der folgsame, y. 48, 7. 2) m., a) Gehorsam, hzv. *êrmanash*, Ner. *âdêçakatâ*. nom. sg. *â airyêmâ ishyô jañtû*, der wünschenswerthe Gehorsam möge kommen, y. 53, 1. instr. *maṭ airyamnâ* y. 32, 1. ohne *maṭ*: y. 33, 3. gen. *airyamanaçcâ* y. 33, 4. 45, 1. b) das als Genius personificirte Gebet, welches in y. 53 enthalten ist und mit *â airyêmâ ishyô* beginnt; nom. *airyama yô ishyô* vd. 22, 52 ff. *â-airyêmâ-ishyô*, das Gebet A., vd. 20, 29. acc. *airyamanem ishîm*, y. 53 Schluss, vsp. 2, 29. yt. 2, 7. 3, 5. G. 1, 6. Fr. 4, 1. S. 2, 3. dat. *airyamainê* (*nmânem*) zur Wohnung für den Genius des Gebetes A., vd. 22, 23. gen. *airyamanô ishyêhê*, vsp. 1, 27. yt. 2, 2. S. 1, 3. *airyamanô ishyêhê hañdâta* (die Theile des Gebetes A.) vsp. 27, 2. voc. *airyama yô ishyô* vd. 22, 25. nom. dual. (dvandva), *yaṭ açti añtare ahuna airyamana*, was (enthalten) ist von der Gâtha Ahunavaiti an bis zum Gebet A., vsp. 27, 2. Das Gebet wird ferner citiert: vd. 20, 26. und wird vd. 10, 22 zu den *cathrusâmrûta* gezählt. Die Parsen recitieren es bei der Hochzeitsceremonie. Man vgl. Spiegel in der Zeitschrift der DMG. 17, 62.

Vgl. skr. *aryamán*, den armen. Namen *Armeneak* und irisch *airmine* (observance, culte).

airyava (von *airyu*), m. Nachkomme des Airyu, gen. sg. *manuscithrahê airyavahê* yt. 13, 131.

airyu, der *Êraj* des Firdosi, in den Desatir (I, 44) *Yershâd* genannt, der jüngste Sohn des Thraêtaona, von seinem Bruder Tûr erschlagen. Davon *airyava*.

airyôshayana (von *airya* + *shayana*), m. Sitz der Arier, acc. *viçpem airyôshayanem* yt. 10, 13.

aiwi s. *aibi*.

aiwiaojaṅh (von *aiwi* + *aojaṅh*), adj. übermächtig, nom. m. *aiwiaojâo* (*â dim bavaiti*) yt. 8, 22. 28.

aiwiawra (von *aiwi* + *awra*) adj. nebelig, abl. f. *tâthrayaçciṭ haca khshafnô* . . . *aiwiawrayâo* yt. 14, 31.

aiwiereti (von *iri*), f. Koth, hzv. *rît*, acc. der Beziehung oder des Werkzeugs: *upaêtem aiwieretîm*, befleckt mit Koth, vd. 7, 31.

aiwikareta (von 2. *kar*) adj., aufmerkend, hzv. *meim nekîrîtar*. nom. pl. m. *yôi aiwikareta dusmatahê*, welche aufmerken auf schlechte Gedanken, y. 70, 31.

aiwiqarenaṅh (von *aiwi* + *q*°) 1) adj., sehr majestätisch, nom. m. *aiwiqarenâo nâma ahmi* (von Vayu), yt. 15, 48. 2) n. pr. m., gen. *aiwiqarenaṅhô* yt. 13, 117 (al. *vaêdha qanaṅhô*).

aiwikhshôitau (von 1. *khshiṭ*) n. das Wohnen, dat. *aiwikhshôithnê*, zum Bewohnen vd. 2, 63. 99. *aêibis taṭ vaṅhêus aiwishôithnê* (lies *aiwikhsh*°), dann ist sie für diese (Menschen) zum Wohnen des Guten, sie gereicht zur Wohnung des Guten, vd. 3, 81. Hzv. hat: für sie (ist) diese gut zu ihrer Wohnung (*mânashu*), d. h. er wünscht Saamen (Nachkommen).

aiwigaiti (von *gam*), f. Ankunft, acc. *paçca hamô aiwi-gaitîm*, nach des Sommers Ankunft, vd. 9, 13. *paçca zimô içôis aiwigaitîm*, nach Ankunft des Wintereises, vd. 9, 13.

aiwigâta (von 1. *gâ*), m. Ankunft, Eintritt, nom. *temaṅhâm vâ aiwigâtô*, oder der Finsterniss Eintritt (ist da), vd. 8, 12.

aiwigâma (von *gam*) m. 1) Winter, hzv. *dimaçtân*, loc. *aiwigâmê* vd. 5, 34. 15, 121. 2) Jahr, pl. gen. *aiwigâmanãm* vd. 2, 131, *thriçatem* °*manãm*, 30 Jahre lang, yt. 15, 12. 19, 29. *hazaṅrem* °*manãm*, yt. 9, 10.

Hzv. *ôgâm*, parsi *ôgãm*, digor. *yewghayun*, tag. *iwghuin*, *iwghud*; vgl. np. *hangâm*, arm. *angam*.

aiwighzhâra (von *ghzhar*) m. Zufluss, acc. (statt des nom., weil hinter dem Verbum) *aiwighzhârem*, yt. 8, 42. s. 2. *ghzhar*.

aiwighnikhta s. *ghnij*.

aiwijaitê s. *jan*.

aiwizu (von *aiwi* + 1. *zu*), adj., eben zum Bellen gekommen, Name des Hundes in seiner frühsten Lebenszeit, hzv. erklärt, dass das Wort dunkel sei (*vâ rôshanak*); nom. *çpâ* °*zus*, vd. 5, 104.

aiwizûzuya (von *zu*) adj., sprechen könnend, sprechend, hzv. *meim guftâr*, pl. gen. *aiwizûzuyanãm*, y. 8, 9.

aiwitacina (von *tac*) adj., laufend, Spiegel: angreifend, gen. *ustrahê* °*cinahê*, yt. 14, 11.

aiwitara (von *aiwi*) adj., der nächste, der andre; pl. abl. f. *aiwitarâbyô haca daṅhubyô*, aus andern Gegenden, yt. 17, 14. Vgl. Skr. *abhitarám* (näher hinzu).

aiwiti (von 2. *i*) f. Nähe, abl. *aêshãm parô mashyâka aiwitaêdhca çpasitiêdhca garinãm nâmãn dâdharc*, wegen ihrer Nähe und Aufsicht haben die Menschen den Bergen die Namen gegeben, yt. 19, 6.

Vgl. skr. *abhîti*.

aiwitô (von *aiwi*), 1) adv., ringsum, *yaṭ ˈmê aiwitô urvaêçiñti çtaraçca mâoçca hvareca*, wo mir rings umhergehn Sterne Mond und Sonne, yt. 12, 25. 2) postpos., um, ringsum, *yim* (lies *yãm*) *aiwitô histeñti*, yt. 5, 98. *yim aiwitô*, yt. 19, 66.

Skr. *abhitas*.

aiwithûra (von *taurv*) adj., anstürmend, mächtig, hzv. *aparvêj* (i. e. np. *pêrôz*) Ner. *adhikaçakti*, °*kta*; nom. m. *aiwithûrô* (von Mithra) yt. 10, 5. pl. nom. f. *aiwithûrâoçca* (von den Fravashi) y. 4, 11. 24, 28. vsp. 12, 33. acc. f. *aiwithûrâo*, y. 64, 47. yt. 13, 75. gen. f. °*ranãm* y. 1, 47. 22, 33. yt. 13, 0. 156.

aiwithyô (von *aiwi*) adv., darüber hinaus, hinweg, *aiwithyô buyata*, und *mâ aiwithyô buyata*, wendet euch (nicht) ab von, vd. 18, 41. 42.

aiwidaqyu (von *aiwi* + *daqyu*), adj., bei dem Land seiend, acc. m. *mithrem* °*yûm*, yt. 10, 144.

aiwidâtôtarsti (von *aiwidâta* (*aiwi* + 2. *dâ*) + *tarsti*), adj., einer welchem Schrecken beigesellt ist; schrecklich, gen. masc *açpahê kaoırvô-dâmahê* *daghahê aiwidâtô-tarstôis*, (in Gestalt) eines Rosses mit schwarzem Schweife, mit einem schrecklichen Brandmal, yt. 8, 21. 27.

aiwidâna (von 2. *dâ*) s. *zaranyôaiwidâna*.

aiwideresta (von *darez*), adj., mächtig, zuverlässig. pl. instr. n. *aiwiderestâis avêbis*, yt. 13, 146.

aiwidrukhta (von *druj*), 1) partic. perf. pass., belogen, gebrochen (vom Vertrag), nom. m. *aiwidrukhtô*, vd. 4, 24 ff., *nôiṭ kahmâi aiwidrukhtô*, von keinem betrogen, yt. 10, 17. 2) n., Belügen, Lüge, acc. *viçpem aiwidrukhtem*, jede Lüge, yt. 10, 105. acc. der Beziehung: als ob er sich dem Gottesurtheil unterzöge *mithrahêca aiwidrukhtem*, mit Belügung des Mithra, vd. 4, 155.

aiwidrukhti (von 1. *druj*) f. Belügung, vgl. *anaiwidrukhti*.

aiwidhâiti (von 2. *dâ*), f. Gebot, pl. acc. *aiwidhâitisca*, y. 9, 82.

aiwinapti (von *nap*), f. Feuchtigkeit, acc. des Instr., *upaêtem aiwinaptîm*, befleckt mit Feuchtigkeit, vd. 7, 31. hzv. versteht Saamen (*shuçr*) darunter.

aiwinaçañṭ (von 2. *naç*), adj., würdig, hzv. *arjanik*, Superl. acc. m. *aiwinaçãçtemem*, y. 70, 9.

aiwiniti (von *nî*), f. Herumführung, instr. *aiwiniticiṭ çpânem*, dadurch dass man einen Hund herumführt, vd. 8, 43.

aiwivaêdhayana s. 1. *vid* + *aiwi*.

aiwivañti (von *vam*), f. Ausspeiung, acc. des Instr., *upaêtem aiwivañtîm*, befleckt durch Ausspeiung, mit Ausgespienem, vd. 7, 31.

aiwivanyâo (von *van*), adj., überwindend, nom. masc. *yaṭ bavâni aiwivanyâo azhîm dahâkem* (*gañdarewem, aurva hunavô* etc.), dass ich überwinden möge den Azhi dahâka (den Gañdarewa, die Aurva-Hunu), yt. 5, 34 (38. 54.), statt des Plural: *yaṭ bavâma aiwivanyâo takhmem taçem*, yt. 5, 58. nom. sg. *â-dim bavaiti aiwivanyâo*, er überwindet ihn, yt. 8, 22. *viçpê bavaṭ aiwivanyâo*, er überwand alle, yt. 19, 77.

aiwivaraiti (von *vâr*), f. Regen, Beregnung, instr. *paçca â-thritîm aiwivaraiti*, nach dreimaliger Beregnung, vd. 6, 83.

aiwivarena (von 2. *var*) n. Ueberdeckung, Bekleidung, pl. acc. *añtema aiwivarena*, an (des Lagers) äusserste Bekleidung, vd. 7, 27. *raoćâo aiwivarena hê zemê paiti nidaithîta*, man soll ihn auf die Erde setzen gegen die Lichter (Sterne) zur Bedeckung, d. h. so dass ihn die Sterne mit ihrem Glanz überdecken, ihn bescheinen, vd. 6, 106. vgl. 7, 122.

aiwivarsta s. *varez*.

aiwivaçtra (von *aiwi* + 1. *v°*), adj. bekleidet, davon *anaiwivaçtra*.

aiwivâreñṭ (von *vâr*) adj., beregnet werden könnend; davon: *anaiwivâreñṭ*.

aiwiviçti (von *vid*) f. Verkündigung, Kundgebung, dat. *aiwiviçtayaêca*, vsp. 10. 11.

aiwiçaçta s. *çañh*.

aiwiçravana (von *çru*), adj., hörend, nom. m. *yêzi añhaṭ °vanô daênãm*, vd. 3, 138.

aiwiçrûthra (von *çrû*) n. Wachsamkeit, davon:

aiwiçrûthrema, m. n. pr. der Tageszeit (des Gâh) vom Erscheinen der Sterne bis Mitternacht, und des Genius derselben; mit diesem in Verbindung und als seine Schützer werden genannt die Fravashi nebst Verethraghna, dem Schlagen aus der Höhe, Frâdaṭviçpãmhujyâiti und Zarathuströtema; vgl. Hyde p. 166.

Acc. *aiwiçrûthremem aibigâim* y. 2, 23. G. 4, 5. dat. *°remâi aibigayâi* y. 1, 16. 3, 30. G. 4, 1. voc. *°rema aibigaya*, y. 1, 54. hzv. *aipçrûçrim, aibçrûçrim*, parsi *iviçrûtrem*.

aiwishayana (von 2. *kshi*) m. Besitzer, voc. *°yana*, yt. 10, 77.

aiwishaçtar (von 1. *had*) m. einer welcher sitzt, nom. *aurvatãm aiwishaçta*, y. 11, 8.

aiwishâc (von *hac*) adj., sich anfügend, acc. f. *hvô aiwishâcim*, die sich wohl anfügende (Ashi), y. 51, 4.

aiwisqaretha (von *aiwi* + *qaretha*) adj. geniessbar. nom. f. *°tha*, vd. 6, 71.

aiwistâra (von *çtar*) m. Bedeckung mit etwas schlimmem, Plage, acc. pl. *agha aiwistâra*, schlechte Plagen. vd. 1, 40. *dañhéus aiwistâra*, Landplagen, vd. 1, 71. *taozhyâca dañhéus aiwistâra*, Reif (pruinas), die (üble) Bedeckung des Landes, vd. 1, 80.

aiwismareta s. 2. *mar*.

aiwisti (von *çtâ*) 1) m. Bewacher, Lehrer, nom. *aiwistis*, y. 9, 76 (hzv. fasst es als Abstractum). 2) f. Bewachung, Belehrung. dat. *aiwistêê*, zu bewachen, yt. 13, 67.

Vgl. hzv. *ôçtât* (Lehrer), parsi *vçtâṭ*, np. *uçtâd*, kurd. *oçtâ*.

aiwishuti (von 2. *hu*) f. Zubereitung, dat. *°tayaêca*, vsp. 10, 11.

aiwyaç s. *aêm*.

aiwyâiti s. 2. *i*.

aiwyâoñha (von *yâoñh*) f. Gürtel, acc. *aiwyâoñhãm*, vd. 18, 23.

aiwyâoñhana (von *yâoñh*) n., Gürtel, der Kosti, durch dessen Anlegung der Parse in die Gemeinde tritt. Dieselbe geschieht im siebenten (in Indien) oder im zehnten Jahre (in Kirmân), vgl. Spiegel, Avesta II, XXI. acc. *aiwyâoñhanem*, y. 9, 81. yt. 1, 17. *aiwyâoñhanem vâ aiwyâoñhayamnô*, umgürtet, yt. 1, 17. hzv. *aifiâginân*, vgl. np. *pérâhan*.

aiwyâoñhi, denom. von *aiwyâoñha*, med. pot. sg. 3. *aiwyâoñhayaêta*, hzv. *aifiâginît*, er soll sich umgürten, vd. 9, 131. partic. sg. nom. m. *aiwyâoñhanem aiwyâoñhayamnô*, mit dem Gürtel gegürtet, yt. 1, 17.

aiwyâkhstar (von *akhs*), m. Aufseher, hzv. *afarnikâçdâshtar*, nom. *aiwyâkhstaca*, vd. 2, 13. y. 56, 7, 3. yt. 10, 103. acc. *°stâremca*, yt. 10, 103. pl. nom. *°staraçca* yt. 19, 18.

aiwyâkhsthra (von *akhs*), n. Beaufsichtigung, dat. *aiwyâkhsthrâica*, y. 57, 5. 70, 54. yt. 5, 6.

aiwyâma (von *yâ*), adj., hilfreich, pl. gen. m. *aiwyâmanãm*, y. 26, 9. yt. 13, 82. 19, 15. Superlat. pl. acc. m. *aiwyâmatemã*, y. 14, 8. vsp. 3. 27.

aiwyâvaṅh (von *av*), n. Abwehr, instr. °*vaṅha*, y. 54, 12.

aiwyâçta s. *yâoṅh*.

aiwyô s. 2. *ap*.

aurnna, adj., wild (von Thieren), hzv. *aramak*, Ner. *asamavâyin* (nicht in Heerden lebend), gen. m. *maêshahê kehrpa aurunahê*, im Körper (in der Gestalt) eines wilden Widders, yt. 14, 23. pl. nom. m. *aurunâ*, y. 34, 9. acc. *aurunaca gairishâcô*, die bergkletternden wilden Thiere, yt. 8, 36.

Vgl. skr. *aruṇá*, welches auch *vyâkula* bedeutet.

aurusha, adj., glänzend, weiss, hzv. *ârûç* (Ner. *âtmâ* ist falsch); die Bedeutung weiss folgt u. a. aus Bund. 58, 7, wo *ârûç razur* das bactr. *çpaêtitem razurem* wiedergibt, nom. m. *aurushô*, yt. 13, 81, acc. *tistrîm aurushem*, yt. 8, 2. *paçûm aurushem*, yt. 8, 58. gen. *açpahê kehrpa aurushahê*, yt. 8, 18. 20. 14, 9. dual. nom. *aurusha aurvañta*, yt. 10, 136. pl. nom. *aurvañtô aurusha*, y. 56, 11, 2. yt. 10, 68. *aurusha*, yt. 5, 7.

Skr. *arushá*, hzv. *ârûç*, *âlûç* (Bund. 57, 14. 16), parsi *arôç*; digor. *orç* (weiss, meist vom Ross) *uorç-tsarc* (blond, von *tsarc* Haut) tag. *urç*.

aurushabâzu (von *a*° + *bâzu*) adj., weissarmig, gen. f. *kainînô aurushabâzvô*, yt. 22, 9.

aurushâçpa (von *aurusha* + *açpa*) adj., mit weissen Rossen versehen, acc. m. *mithrem aurushâçpem*, yt. 10, 102.

aurva (von *ar*) adj. behende, schnell, reisig, trefflich; sg. nom. m. *aurvô* yt. 15, 54. y. 10, 9. *aurvô kavâ uça* yt. 5, 45. *yô hudaênô uçô ava aurvô vîçpôdrvjem râmayêhê*, der du als Gläubiger in dem Orte, als trefflicher, alle Druj zur Ruhe bringst, yt. 4, 10. gen. *kahmâi . . . aurvahê*, welchem Helden. yt. 10, 109. gen. *yimahê khshathrahê aurvahê*, im Reich des trefflichen Yima y. 9, 17 (in der Parallelstelle yt. 15, 16 steht *yimahê khshathrê urva*); voc.: *vayô aurva yazamaidê*, wir preisen dich, o schnelle Luft, yt. 15, 57. plur. nom. m. *aurva*, yt. 10, 14. 19, 72. *aurvâoṅhô*, yt. 5, 85. *aurva hunavô*, die reisigen Hunus, yt. 15, 57. Superlativ sg. nom. *aurvô nâma ahmi*, *aurvôtemô nâma ahmi*, ich heisse der schnelle, der schnellste, yt. 15, 46. acc. *aurvanãm aurvôtemem*, yt. 15, 57.

aurvañt (von *ar*) 1) adj., schnell, stark, acc. *aurvañtem*, y. 10, 26 yt. 5, 131. fem. nom. *frâ* (scil. *shûçat*) *aurvaiti*, hervor (ging) die starke Ardviçûra, yt. 5, 7. pl. nom. *aurvañtô*, als starke, als Helden, y. 9, 71 (huzv. Uebers. hat *min arvand*, auf Rossen, Ner. *çastrimantaḥ*, mit Geschossen) yt. 5, 132. acc. pl. *asta aurvañtô*, yt. 9, 30, s. *thaurva*. 2) m. a) Kriegsross, dual. nom. *aurvañta*, yt. 10, 136 (Verbum im Plural) acc. *aurvañta*, yt. 5, 131; hier ist ein Wortspiel mit *urvatha* (Freund) beabsichtigt, indem der eine *aurvañt* ein *bipaitistâna*, der andre ein *cathwarepaitistâna* genannt wird. Plur. nom. *aurvañtô*, y. 56, 11, 2. yt. 10, 68. 125. *aurvañtô açpa*, yt. 10, 42. gen. *aurvatãm*, y. 11, 8. (Huzv. erklärt: Kampfrosse). b) n. pr. eines Bergzuges, wohl des Ὀρόντης oder Elvend bei Hamadan, pl. nom. *asta aurvañtô frâvañkavô*, acht (Gipfel) Arvand Frâvañku, yt. 19, 3.

Der Name Arvand, der auch in Lykien als Oroandes erscheint, gilt auch für den Jaxartes, Bund. 59, 2. 51, 5. Neriosengh zu y. 1, 15. und für den Tigris, Schahnameh ed. Mohl I, 94, v. 325; vgl. Windischmann, Z. St. 181. Spiegel, Av. übers. III, 109. 236. — vgl. auch *urvañt*.

Skr. *árvant*, hzv. *arvand*, np. *arvand*, *alvand*, (vgl. *arghûdan*) armen. *erivar*.

aurvatôderezitaka (von *aurvañt* + *derezi* + *taka*) adj., stark und schnell laufend; ich werde geben *hazaṅrem açpanãm aurvatôderezitakanãm*, vd. 22, 8.

aurvatôçaênêkaofa (von *aurvañt* + *çaênya* + *kaofa*) adj., stark und hochhöckerig; ich werde geben *hazaṅrem ustranãm aurvatôçaênêkaofanãm*, vd. 22, 10.

aurvataçpa (von *aurvañt* und *açpa*), starke Rosse besitzend, 1) adj., Beiwort der Sonne, des Apãmnapât, sing. nom. *apãm napâo* °*açpô*, yt. 19, 51. neutr. *hvare* °*açpem* yt. 10, 90. 6, 1. acc. m. °*açpem*, y. 2, 21. yt. 2, 9. 5, 72. *aurvataçpem bavâhi yatha hvare*, sei versehen mit starken Rossen wie die Sonne, yt. 23, 6. neutr. *hvarekhshaêtem* °*açpem* y. 17, 22. 25, 15. yt. 12, 34. N. 1, 6. dat. n. *hvarekhshaêtâi* °*açpâi*, y. 67, 61. N. 1, 1. gen. n. *hvarekhshaêtahê* °*açpahê*, y. 22, 26. yt. 6, 0; *hû* °*açpahê*, yt. 10, 13. *hvareca khshaêtahê* °*açpahê*, y. 1, 35. 3, 49. voc. m. °*açpa*, y. 64, 53. u. vd. 21, 20.

2) n. pr. eines Nachkommen des Naotara; sein Sohn ist Vîstâçpa. Im Bundehesch lautet der Name *Rurâçp*, im Pârsi *lahurâçp*, np. *lahurâçp*, *lohrâçp*, Desatir *lînâçp*; nom. °*açpô*, yt. 5, 116. acc. °*açpem* yt. 5, 109. 113. 19, 87. gen. °*açpahê* yt. 5, 105. 9, 30. 17, 50. *aurvataçpâca?* yt. 24, 34. 46.

Huzv. *arvandaçp* (Ner. *vegavadaçva*, *pradhânâçva*) parsi *aurvataçpa*.

aurvatha (von 2. *a* + *urvatha*), m. Feind (huzv. Uebers. *adôçt*), acc. *aurvathem*, A. 1, 16. *aurvathemcit* ist wohl yt. 12, 3. 5 zu lesen, wo die Hss. *urvathãmcit* bieten; abl. *aurvathât parô dusmainyaot*, yt. 1, 24. plur. abl. *aurvathaêibyaçca parô tbishyañbyô*, (gebt die Erlangung des richtigen Pfades, wo man geschützt ist) vor den feindlichen Peinigern, y. 67, 40. *aurvathaêibyô parô tbishyañbyô*, yt. 13, 69. gen. *aurvathanãm*, y. 56, 10, 10. yt. 10, 11. 94. 13, 31. *hamarathanãm aourvatanãm*, yt. 24, 19. (lies *hamarethanãm aurvathanãm*).

aurvaçâra (von *aurva* + *câra*), m. n. pr., nom. *aurvaçârô daṅhupaitis*, yt. 15, 31.

aêiti s. 2. *i*.

aêitha (von *âithi*, scheint durch *vrddhi* gebildet) adj., schrecklich, plur. loc. *aêithâhuca paiti* an schreckliche Orte (führt die Seele) yt. 22, 25.

aêibis, aêibyô s. *aêm*.

aêurus s. *ir*.

aêkha, m. Krankheit, acc. *hãmçtaretem aêkhem*, die ausgebreitete Krankheit, yt. 18, 2. 6.

Vgl. skr. *îkh*, *êkh* (*ínkhati*, mit *pra*: zittern)?

aêzakha, m. n. pr. eines Berges, nom. *aêzakhaçca*, yt. 19, 4.
Vgl. skr. *ej*, also von vulkanischen Erschütterungen benannt? np. *ézhak* heisst scintilla ignis.

aêzanh, n. Versteck? acc. und loc. *inja mê urvaêçayaêtem aêzô, jaçaêtem aêzahi, yatha kathaciṭ âç zaoshô mana yaṭ ahurahê mazdâo daênayâoçca mâzdayaçnôis*, hier eilten beide fort in mein Versteck, kamen in das Versteck, wie und wo es mein, des Ormazd und des Gesetzes Wille war, yt. 19, 82.

1. **aêta** s. 1. *aêsha*.

2. **aêta**, m. n. pr., gen. *aêtahê mâyavahê*, des Aêta, eines Abkömmlings des Mâyu, yt. 13, 123.
Vgl. skr. *éta*, bunt, schillernd?

aêtadha (von 1. *aêsha*), adv. dann, dort, so, hzv. Uebers. meist *étun*, vd. 9, 168. 173. 5, 137 (dann), vd. 5, 41 (dort), vd. 3, 58 (so) *avadha aêtadha*, dann dort, vd. 4, 143.

aêtaru, adj. ansehnlich, s. *pairiaêtaru*.
Vgl. 2. *aêta* und skr. *éta*.

aêtavañṭ (von 1. *aêsha*), adj., so viel, so, acc. neutr. adverbial: vd. 6, 63 (folgt *yavaṭ*) vd. 6, 68. 7, 81 (so, auf diese Weise), gen. *aêtavatô*, ebenso, A. 1, 4. *bis aêtavatô*, zweimal so viel, vd. 13, 83. instr. fem. *aêtavaitya* (correlativ mit *yatha*), y. 19, 32.

aêtahmâyu (von *aêsha* + *âyu*, ersteres hat das Einschiebsel mehrerer cas. obl. angefügt und letztres ist adverbial oder suffixartig gebraucht, wie in *viçpâyu*, *çatâyu* u. s. w. So ist Spiegels mir brieflich mitgetheilte Erklärung), adj., jeder; nom. f. *aêtahmâyus paiti varsta skyaothna*, so begeht sie jedesmal Sünde, vd. 15, 35. *aêtahmâyus paiti harethrem* (scil. *barâṭ*), jedesmal erhält sie (von ihm) Nahrung. vd. 15, 63.

aêtênôis scheint 2. Sg. pot. eines verbi denominativi zu sein, dessen Stammwort mit 2. *aêta* (Skr. *éta*) verwandt ist; *yaṭ tum aidhim aêtênôis*, wenn du einen dortigen (d. h. einen Bewohner der Erde) gesehen hast, yt. 22, 13.

aêtyavañṭ s. *âithivañt*.

aêthyêjanh liest Westergaard statt *aithyêjanh* an allen bei diesem Wort citirten Stellen ausser yt. 19. 15.

aêthra (von 2. *i*? Mittel zum (richtigen) Wandel?), n. Lehre.

aêthrapaiti (vom vorigen und 1. *paiti*), m. Herr der Lehre, Lehrer, der an Rang geringste der Priesterschaft, Spiegel, Av. übers. II, XV. sg. nom. *aêthrapaitis*, y. 64, 36. gen. °*paitôis*, yt. 13, 105. dual. acc. *añtare aêthrya aêthrapaiti*, zwischen Schüler und Lehrer, yt. 10, 116. pl. nom. °*patayô*, vd. 4, 127. gen. °*paitinãm*, y. 26, 22. 67, 39.
Hzv. *hêrpat* (Ner. *ervada*), parsi *hêrbaṭ*, np. *hêrbed*.

aêthrya (von *aêthra*), m. Schüler, der die heiligen Bücher versteht, hzv. übers. *hâvusht*, Ner. *çishya*. Dual. acc. *aêthrya* (s. das vorige Wort) yt. 10, 116. pl. gen. *aêthryanãm*, y. 26, 22. 24. 67, 39. yt. 10, 119.
Vgl. *çatôaêthrya*.

aênanh (von *in*) 1) n. Rache, Strafe, hzv. *kîn*, Ner. *nigraha*, instr. *mazista aênanha* (so ist aus *mazista yêñti* (Westergaard vermuthet *mazistaya iñti*) zu emendiren, da es durch *pann zak mahêçt kîn* übersetzt wird) vd. 18, 123. dat. *aênanhê*, zur Rache, Strafe, y. 45, 7. 64, 45. 32, 16. gen. *aênanhô*, y. 31, 13. 2) m. der Rachsüchtige, der Bösewicht, als concrete Fassung der unter 1. angeführten Abstracta, acc. *aênanhem*, y. 34, 4. dat. *aênanhê*, y. 45, 8. gen. *aênanhô*, y. 31, 15. plur. gen. *aêshãm aênanhãm*, y. 30, 8. 32, 7.
Skr. *énas*; vgl. *paouruaênâo*.

aênanhaiti, denominat. des vorigen, 3. sg. praes., er hasst, y. 9, 92.

aênanhâo (von *aênanh*), adj. rachgierig, nom. sg. °*nhâo*, y. 9, 86.

aêni s. 2. *i*.

aênômananh (von *aênanh* + *mananh*), n. Rachsucht, instr. sg. *yaṭ* °*mananha paitiashnavaiti*, wenn er ihn rachsüchtig angreift, vd. 4, 56.

aêm, nom. sg. m. des Pronominalstamms *a*, entstanden wie skr. *ayám* durch Antritt der Partikel *am* vermittelst eines bindenden *y*; letzteres verwandelte das zweite *a* in *ê* und schwand; *aêm* findet sich vd. 1, 53. y. 61, 19. 29, 8. yt. 10, 37. Spiegel liest vd. 13, 124 *aêm*, Westergaard *haêm* (s. *haya*); statt „man": *âaṭ yêzi-sê aêm baraiti*, denn wenn m a n ihn h i e r bringt, y. 61, 24. Der nom. sg. steht statt des Plurals: *yêñhê aêm anhen, yêñhê aêm heñti*, (dieses Hauses,) zu welchem diese gehörten und gehören, vsp. 12, 28; ähnlich y. 4, 10. Die vollere Form von *aêm* ist enthalten in *hvô... ayêm*, dieser, y. 43, 12.

Vom Stamme *a* werden ferner gebildet: dat. m. *ahmâi*, vd. 2, 4. 8, 24. y. 7, 62. 9, 10. 19, 34. neutr. *ahmâi*, y. 49, 2. 57, 5. adverbial: *ahmâiciṭ*, dafür, vd. 14, 70. y. 44, 5. fem. *anhâi* vd. 3, 109. yt. 15, 37. *anhâi viçê*, y. 59, 2, *aqyâi*, ihr (der Kuh) y. 31, 9. 10. 47, 6 (cit. vd. 11, 20). abl. m. *ahmâṭ* vd. 13, 22. 4, 130. 5, 111. *ahmaṭ haca*, von diesem (Berg) aus, yt. 19, 2. Neutr. *ahmâṭ kahmâṭciṭ naêmanãm*, nach welcher Gegend immer, vd. 8, 249. *viçpem â ahmâṭ yaṭ*, bis dahin dass, vd. 19, 79. Yima liess die Erde auseinandergehen *aêva thriskva ahmâṭ maçyêhim yatha para ahmâṭ aç*, um ein Drittel grösser als sie vorher war, vd. 2, 37. *nôiṭ vanhô ahmâṭ skyaothnem verezyêiti*, der thut kein bessres Werk (als) vd. 16, 40. *ahmâṭ* fürderhin, y. 13, 12. deshalb, y. 33, 6. N. 4. 8. *ahmaṭ*, in Folge dessen, y. 34, 9. *ahmaṭ haca nmânâṭ*, y. 10, 15, *ahmaṭ* y. 43, 13, von nun an yt. 9, 4. *ahmaṭ â*, von hier y. 60, 16. *ahmaṭ hyaṭ aibî* (s. *aibî*) y. 40, 2. Die alte Form des abl. ohne das Einschiebsel *hma*, *âaṭ*, s. besonders; abl. fem. *anhâṭ* y. 56, 6, 1. *anhaṭ haca viçaṭ* y. 59, 4. *anhaṭ haca*, nachher, vd. 15, 3. Der genetiv tritt für den abl. ein: *haca anhâo zemaṭ* yt. 17, 20. abl. m. f. n. *dûrâṭ haca ahmâṭ nmânaṭ*, *dûrâṭ haca anhâṭ viçaṭ*, *dûrâṭ haca ahmâṭ zañtaoṭ*, *dûrâṭ haca anhâṭ danhaoṭ*, y. 56, 6, 4.

Gen. masc. *ahê*, y. 56, 1, 5. 7. yt. 10, 4. y. 10, 17. vd. 22, 38. 3, 71. *ahê daênaya*, nach deinem (eigentl. ejus) Gesetz, vsp. 6, 6. *ahyâ anhéus* y. 34, 6. *ahyâ* (collectiv) y. 48, 1. *ahyâ*, des (Reinen), y. 46, 5. *ahyâ* y. 31, 12. 32, 1. 36, 8 (des Feuers) *aqyâcâ* y. 32, 1. *aiñhê* y. 9, 15. 56, 1, 6. yt. 19, 95. *frâ aiñhê vîçaiti...yahmâi*, ihm naht sich (Mithra) welchem, yt. 10, 46. *aiñhê ayãn*, an diesem Tag, yt. 11, 5.

Neutr. *ahê*, vd. 1, 4. *ahê nmânahê*, in diesem Haus, vd. 3, 10. 8, 24. *ahyâ* y. 29, 10. 34, 10. *ahyâ rafedhrahyâ* y. 28, 1. *ahyâ*, in jenem, in jener Zeit, y. 43, 15. *ahyâ feraçêm* y. 42, 9. *taṭ ahyâ yâ taṭ upâjamyâma*, mögen wir also kommen, y. 7, 63. *aiñhê* vd. 18, 83. yt. 14, 34. *â tê aiñhê çtuyê*, ich preise dich dafür (als Busse) y. 1, 59. *aiñhê aiwyâçtô*, mit diesem (Gürtel) umgürtet, y. 9, 82. *aiñhê* hiedurch, y. 67, 1 (hzv. Uebers. *pavan zak*, daher Westergaard unrichtig *aiñuhê*). Fem. *aiñhâo* y. 67, 46. yt. 10, 95. y. 11, 21. 64, 44. vd. 2, 107. 14, 18. *aiñhâo khshapô*, in dieser Nacht, yt. 11, 5. *aiñhâoçca* y. 64, 19. 1, 45. *aiñhâoçe tanvô*. y. 9, 65. *aiñhâo* (local) vd. 19, 15. *aiñhâ*, yt. 24, 42. 50 (lies *aiñhâo?*) Locativ m. *ahmi* vd. 5, 122. 6, 1 (hier statt des fem.) y. 64, 26. yt. 12, 8. 19, 68. *yahmî urvaêçê...jaçô...ahmî vohû manaiñhâ*, bei welchem Ende er kommen wird mit guter Gesinnung, *ahmî* nimmt das Relativum wieder auf, y. 42, 6. Neutrum: *ahmi* vsp. 14, 15. *ahmi... yim*, dann wann, yt. 15, 50. *ahmî*, dort (an der Brücke Cinvaṭ) y. 50, 12. fem. *aiñhê vîçi*, *aiñhê daiñhvô* y. 9, 86. vsp. 14, 15. Instr. fem. *âya* vd. 5, 14. 7, 138. *aya* (scil. *guñda*) vd. 3, 110. *aya aibigara*, vsp. 25, 1. *paiti âya zemâ*, auf der Erde, y. 9, 46. yt. 13, 97. 10, 98. *ayaca* yt. 24, 5 (s. *dishâna*) *aya añtare ukhti*, wegen dieses Ausspruchs, y. 19, 40. *aya ratufritâ* (letztres locativ) y. 54, 18. Dual. instr. fem. *âbyâ*, y. 32, 15. gen. masc. *ayâo*, vd. 13, 115. y. 31, 10. 43, 15. *ayâo narâo*, vd. 4, 134. *ayâo mainivâo* y. 30, 5. *ayâo ãçayâo* y. 31, 2. *âoçcâ*, von ihnen, über sie, y. 30, 3. *âo?* yt. 8, 1. neutr. *ayâo* y. 33, 9.

Plural. instr. *aêibis* vd. 3, 81. y. 9, 71 (hier statt des dativ) neutr. *âis*, s. besonders. Fem. *vaiñuhim âbîs ashîm*, den guten durch sie (entstehenden) Segen, y. 38, 5. Dat. m. *aêibyô* y. 1, 33. 42, 6. 28, 10. vd. 3, 140. vsp. 10, 20. *aêibyaçciṭ* yt. 5, 59. *aiwyaçca yaokhstibyô* (instrumental) yt. 10, 82. fem. *âbyô* yt. 13, 46. 8, 47. *âbyô tanubyô* (statt *aêshãm t°*) y. 10, 22. *daênâbîs abyaçcâ* y. 52, 5. *aibyaçciṭ* (lies *âbyaçciṭ*) yt. 15, 41. statt des instr.: *âbyô dôithrâbyô* yt. 10, 82. abl. m. *aêibyô* y. 34, 9. neutr. *aêibyô nmânaêibyô* vd. 5, 125. 9, 156. fem. *âbyô* y. 17, 4. 67, 62. *âbyô*, von diesen (Speisen) vd. 3, 95 (Westergaard *âbya*), cit. yt. 24, 35, wo fälschlich *aêibyô*. Genetiv m. *aêshãm* y. 32, 7. vd. 2, 141. 4, 3. 7, 70. neutr. *aêshãm* (partitiv) y. 34, 1. *aêshãm* vsp. 19, 7. y. 35, 25. *kva aêshãm*, wohin vd. 8, 182 ff. fem. *âoñhãm* vd. 5, 14. 13, 167. y. 67, 17. yt. 13, 2. *âoñhãmciṭ* vsp. 24, 2. *âoñhãm dâmanãm* yt. 10, 92. *daqyunãm* y. 19, 51. statt des neutr.: *âoñhãm açaiñhãmca shôithranãmca* y. 1, 45. *vîçpanãm âoñhãm ashaonãm ashaoninãmca idha yazamaidê fravashîm* yt. 13, 148. Locativ masc. *aêshu parô*, vor ihnen, yt. 19, 95. *aêshva* y. 8, 6. fem. *âhva* yt. 8, 9. y. 10, 31. vd. 17, 6. *âhû* s. *âda*.

Von dem durch die Partikel *na* vermehrten Stamme *ana* gehen folgende Casus aus: Instr. masc. *ana yaçna* yt. 5, 91. *ana vaca* vd. 19, 32. y. 10, 61. *vî anâ çarem mruyê*, dem sage ich ab die Herrschaft, y. 13, 17. *anâ mãthrâ*, y. 28, 5. neutr. *ana bareçmana* y. 2, 7. *ana* hiemit y. 67, 16. dadurch yt. 10, 23. *ana* vd. 19, 32. *açti zî ana arwvaṭ ukhdhata yatha yaṭ*, denn es ist durch das (Gebet) in dem Grad Preiswürdigkeit, oder: mit dem (Gebet), y. 19, 25. Plural. instr. masc. *anâis vî âmrvîtâ* er entsagte ihnen, y. 13, 22. *anâis yânâis* y. 28, 9. neutr. *anâis â* deshalb y. 32, 15. 52, 8. *anâis â manahîm ahûm mereñgeduyê* weil sie die geistige Welt tödten wollen, y. 52, 6.

Vom Stamme i werden gebildet: der zur Partikel gewordne nom. neutr. *iṭ*, *îṭ* (s. besonders), nom. sg. fem. *îm zâo* y. 19, 15. 70, 69. vd. 2, 21. dual. nom. neutr. *cithrâ î*, dieses beides ist offenbar, y. 31, 22. *î* y. 34, 2. 52, 6. acc. *yathâ tû î ahura mazdâ mêñhâcâ*, wie du, o Ahura Mazda, beide gedacht hast. y. 14, 13. 39, 10 (die Tradition bezieht den Dual auf die beiden Welten), *yé î dâyâṭ*, welcher beides (den mãthra und die Milch) verkünden könnte, y. 29, 7. *î* beides (Avesta und Zend) y. 43, 2. *mêñcâ î mãzdazdâm*, y. 52, 5. plural. acc. masc. *hyaṭ îs âdebaomâ*, y. 30, 6. (Westergaard *yyaṭ*), *îs hêm aibî môiçt*, y. 45, 12. *îs*, illos y. 43, 14. 32, 13. 52, 8. 9. 31, 18. *yé îs çêñhô*, wer bei ihnen in der Lehre ist, y. 50, 14.

Vom Stamme *ima* werden folgende Casus gebildet: Neutr. nom. sg. *imaṭ* vd. 5, 64. 18, 62. vsp. 6, 7. acc. *imaṭ* vd. 19, 49. y. 2, 6. yt. 10, 95. *imaṭ nmânem* vd. 11, 9; es folgt *imaṭ âtarem*, *imaṭ âpem*, *imaṭ zãm*, *imaṭ gãm*, *imaṭ urvarãm*, *imaṭ narem*, *imaṭ nâirikãm*, überall missbräuchlich statt *imem* und *imãm*. acc. masc. *imem* vd. 18, 109. 19, 142. y. 9, 64. fem. *imãm* vd. 2, 32. 3, 39. 20, 14. vsp. 12, 13. y. 65, 1. 2, 7. dual. acc. m. *ima açmana hâvana* vsp. 12, 11. Plural. nom. masc. *imê* yt. 10, 42. *imê aêtê vaca*, diess sind die Worte, vd. 10, 25. neutr. *imâo nâmênîs* yt. 1, 11. 16. fem. *imâoçe tê çrvâo*, diese Nägel (seien) für dich (eine Lanze) vd. 17, 28. *imâoçe* (*tê*) y. 10, 56. *imâo* yt. 5, 15. acc. masc. *imã haomã* vsp. 12, 8. *imã haomãçca* y. 4, 2. 24, 2. *imã vacô* yt. 13, 20. vd. 9, 33. 11, 9. *imê vaca* vd. 9, 169. neutr. *ima haomya* vsp. 12, 8. *ima humatâca* y. 4, 5. *imâ vacâo* y. 35, 24. *imâo raocâo* y. 57, 23. 67, 66. fem. *imâo nô âtarem yazaêta*, mit ihnen (den gâthâs) preise man unser Feuer, vd. 12, 7. *imâo çrvâo* vd. 17, 26. *imâo* vsp. 12, 14. y. 2, 59. *imâo açâoçca shôithrâoçca* y. 2, 59 (vgl. *âoñhãm açaiñhãm* y. 1, 45), *imâo imâo*, alle diese (Zaothras) yt. 5, 95.

Durch den Zutritt von *hyaṭ* wird *aêm* relativ: *ahmaṭ hyaṭ* weshalb, y. 35, 13.

Von den aufgezählten Stämmen dieses Pronomens stammen folgende Wörter: *ana*, *ahmya*, *âis*, *iñja*, *itê*, *iṭ*, *itha*, *ithra*, *idha*, *idhaṭ*, *iyaṭ*, *iyada*, *î*, *ît*, *îdadha*, *îm*.

Skr. *idám*, *ayám* u. s. w. altp. *ima*, hzv. *ê*, parsi *é*, np. *în*, *im* (*im-açt*)) *z-é-râ*, *éshân* (altp. *aêshãm*) armen. *na*, *ayn* (vgl. Petermann p. 174) kurd. *am*, osset. *ay*.

1. **aêva**, adj. num., einer, sg. nom. m. *aêvô* vd. 3. 44. 5, 85. y. 29, 8. yt. 14, 20. 15, 28. *yô nô aêvô*, der du (wenn du) von uns allein (bist) y. 11. 24. fem. *aêva* vd. 18, 73. yt. 21, 5. neutr. *oium* yt. 21. 5. acc. m. *ôyum narem* einen einzigen Mann, yt. 1. 19. 8, 55. *oim* yt. 14. 37. *ôim maghem*, vd. 16. 27. *ôim gaokerenem pairi* um den einen Gaokerena herum, vd. 20. 17. neutr. *yatha aoim vîrôvaçtrem* vd. 8, 71. fem. *aêvãm vâ avi khshapanem*, yt. 8, 11. *aêva danare* (s. diess) vd. 16, 16. instr. m. *aêva thrishva*, um ein Drittel, vd. 2, 37. *aêva cakhra* yt. 10, 136. fem. *ôyâ ciçtî*, durch seine einzige Weisheit. y. 46, 2. gen. m. *aêvahê* A. 1b, 7 ff. *çûnahê aêvahê*, eines Hundes, vd. 13, 79. *aêvahê aghahê* einem Schlechten, vd. 18, 27. fem. *aêvaṅhâo* y. 64, 19. loc. neutr. *aêvahmi* yt. 21, 1.

Vgl. skr. *ê-ka*, altp. *aiva*, hzv. *êvak* (Spiegel *ênak*) parsi *ê*, *êv*, *yak*, np. *yak*, *ê* (am Ende der Substantiva) sergisch *yezêkizi* (Brugsch) afgh. *yav*, fem. *yava*, bal. *yak*, kurd. *ek*, *yek*, zaza *yau*, armen. südoss. *iv*, dig. *yeuc*, tag. *yu*.

2. **aêva**, Pronominaladverbium, so, yt. 23, 2. *kva aêva*, wie folgt, auf diese Art, vd. 3. 137. *aêva-tê* so (spreche ich) dir aus (um es zu rühmen) yt. 13, 1. In der Parallelstelle yt. 13, 19 steht *itha tê; aêvâ* (hzv. übers. *êtun*, Ner. *evam*) y. 29, 6.

Skr. *evá*, vgl. lykisch *evainu*, *eveiya* etc. (übersetzt durch τοῦτο).

aêvatha (von 2. *aêva*) adv. so, vd. 5, 54 hzv. *êtun*.

aêvadaça, Westergaard **aêvañdaça** (von *aêvadaçan*) adj., der elfte, nom. sg. *aêvañdaçô çpanaṅhâo*, elftens heisse ich heilig. yt. 1, 8. *aêvañdaçô* yt. 19, 2. *aêvadaçô kamara*, als elftes der Gürtel, vd. 14, 40. acc. *aêvadaçem* (Spiegel °*daçô*) vd. 5, 87. neutr. *aêvôdaçem* vd. 1, 49.

aêvadaçan (von 1. *aêva* + *daçan*) elf. Davon *aêvadaça*.

aêvôgâya (von 1. *aêva* + *gâya*), n. ein Schritt, acc. °*gâim*, vd. 9, 14.

aêvôdaça s. *aêvadaça*.

aêvôdâta (von 1. *aêva* + 2. *dâta*) adj. zuerst oder einzig geschaffen, Beiwort des Urstieres oder der Urkuh (denn das Thier vereinigte beide Geschlechter), welche zuerst auf der Erde lebte und von Aṅrô mainyu getödtet ward. Ein Mythus von diesem Wesen liegt in y. 29 vor und wird Bund. 11, 20—12, 17 erzählt. Vgl. Windischmann, Z. St. 63. Spiegel, Av. übers. III, LV. gen. *gêusca* °*dâtayâo* yt. 7, 0. S. 1, 12. *gâum* (lies *gêus*) °*dâtahê urunô*, S. 2, 12.

Hzv. *ayôdât*, *êvakdât*, Bund. 11, 20. 12, 2. 63, 13.

aêvôpâdha (von 1. *aêva* + *pâdha*), n. ein Fuss, acc. °*pâdhem*, yt. 18, 4.

aêvômâhya (von 1. *aêva* + *mâoṅh*) adj. einmonatlich, acc. °*mâhîm*, einen Monat lang (ein Subst. in der Bedeutung „Zeit" ist zu ergänzen) vd. 5, 136.

aêvôçaredhôfyaêsta (von 1. *aêva* + 2. *çaredha* + *fyaêsta*), am meisten von einer Gattung besitzend, n. pr. des Vaters des Thriṭ, gen. *thritô* °*fyaêstahê*, des Thriṭ (des Sohnes) des A., yt. 13, 125.

aêçma (von *id*) m. Brennholz, nom. sg. (statt des acc.) *yô aêçmô baraṭ* wer Brennholz bringt, vd. 8. 246. acc. *aêçmem* y. 61, 24. 70, 36. yt. 14, 55. vd. 18, 62. loc. *dâityô aêçmê buyâo* sei richtig in Betreff des Brennholzes, d. h. sei damit versehn, y. 61, 5. plural. nom. oder acc. *tâ aêçma*, vd. 7, 72. acc. *ashaya dadhãmi aêçma baoidhi* y. 7, 3. *aêçmã* y. 3, 7. vd. 8, 237. *aêçmãn* vd. 5, 9. 14, 25. *aêçmãçca* y. 4, 2. 22, 10. 22. vsp. 12, 17. abl. *pairi aêçmaêibyô* vom Brennholz weg, vd. 16, 4. 25. gen. *aêçmanãm* vd. 19, 80. 7, 81. 14, 5. 18, 49. *paiti mãm raocaya aêçmanãm* mache mich brennen am Feuerholz vd. 18, 44. *aêçmanãmciṭ* A. 1, 5.

Skr. *idhmá*, hzv. *êçum*, parsi neup. *hêzam*, buchar. *hizem*, qal. *hüzum*, kurm. *hezing*, zaza *eizimi* (*h* ist eine Art scriptio plena, vgl. Friedrich Müller, Beitr. zur np. Lautl. 10).

aêçmôzaçta (von *aêçma* + *z*°) adj., Brennholz in der Hand habend, nom. sg. °*zaçtô* vd. 3, 4. y. 61, 4 = yt. 10, 91.

1. **aêsha**, pronomen demonstr., dieser, zusammengesetzt aus dem Stamme *aê*, den wir in 2. *aêva* treffen, und dem Stamme *ta*. Sing. nom. masc. *aeshô* vd. 4, 24. 19, 72. *aêsha yô ratus*, dieser Raspi, vd. 5, 78. *aêsha yô apereṅâyûkô*, dieser Knabe, vd. 15, 50. neutr. *aêtaṭ* vd. 4, 54. adverbial: jetzt, nun, y. 27, 1 (cit. yt. 1, 32) Ner. *atra*, hzv. Uebers. *êtun*; also y. 67, 1. yt. 12, 4. *yathaca* . . . *aêtaṭ* yt. 11, 7. fem. *aêshâ* y. 13, 29. *aêsha* vd. 3, 47. y. 19, 4. *aêsha yuyôçemi* dieses Instrument zum Säen, vd. 14. 43. *yaṭ aêsha* (scil. *fraçaçtis*) *ahurahê mazdâo*, nemlich für den Ormazd, vsp. 10, 26. acc. m. *aêtem* vd. 5, 45. 8, 5. yt. 4, 10. 14, 55. neutr. *aêtaṭ* vd. 8, 242. y. 19, 16. yt. 19, 47. fem. *aêtãm* vd. 8, 235. *aêtãm â yâtumanahê*, zu diesem (Zustand) eines Zauberers, y. 8, 9. *aêtãm khshapanem*, dieselbe Nacht, yt. 22, 1. instr. *ava aêta ahuta* vd. 6, 88. *aêta vaca* vsp. 9, 1. *aêta yaçna* . . . *aêta paiti yaçna*, auf diess Opfer hin, yt. 5, 132. fem. *aêtaya paitivaca* y. 21, 6. dat. neutr. *aêtahmâi* vd. 9, 155. 13, 84. abl. *aêtahmâṭ puthrâṭ mimarekhshaṅuha* vd. 15, 46. gen. *aêtahê* vd. 3, 50. 4, 69. neutr. *aêtahê*, dafür. vd. 5, 166. *aêtahê paiti*, id., vd. 18, 135. fem. *aêtaṅhâo* vd. 2, 57. *aêtayâo* vd. 16, 30. yt. 5, 91. 14, 55. *aêtayâo urvarayâo* vd. 8, 239. 14, 8 (collectiv, es folgt der Plural *yâo*), *aêtayâoçciṭ* yt. 5, 93. loc. *aêtahmi* vd. 7, 141. 17, 4. y. 19, 9. yt. 13, 20. neutr. *aêtahmi* yt. 19, 46. Dual. gen. *aêtayâo vehrkayâo*, vd. 13, 116. Plural. nom. *aêtê* vd. 2, 79. 3, 58. 4, 4. *tê aêtê* vd. 5, 128. *aêtê yôi mazdayaçna* vd. 5, 35 u. oft. *imê aêtê vaca*, diess sind die Worte, vd. 10, 25. *aêtê mazdayaçna* (letztres vocativ) A. 1, 3. *aêtê-sê*, diese sind seine (Eigenschaften), Westergaard *aiti-sê*. so sind seine Eigenschaften, vd. 13, 138 ff. neutr. *aêtê raocâo* . . . *yô* (sic) vd. 2, 130. acc. m. *aêtê pathâo*, diese Wege, vd. 3, 53. 5, 141. *aêtê dakhma*, vd. 5, 150. *vîçpaêca aêtê* . . . *yazamaidê*, y. 70, 54. *yaṭ vâ aêtê zaêna*, *aêtê* bezieht sich auf *khrafçtrem*, welches

collectiv zu fassen ist, vd. 16, 29. neutr. *aêtâo*, vd. 3, 62. 7, 32. 34. *aêtâciț* (*agha*) vd. 3, 140. *aêta* vsp. 14, 9. yt. 22, 14. *azem aêta zaota vîçâi*, ich als Zaotar verpflichte mich hiezu, vsp. 4, 1. *cvaț aêtê çtairisca barezisca*, auf wie viele — diese Decken und Matten — (setzt sie sich) vd. 7, 26. *upama aêtê çtairisca* [*barezisca* ist zu ergänzen] vd. 7, 27. gen. masc. *aêtaêshãm* vd. 2, 135. yt. 3, 10. *aêtañhãm açtãm*, vd. 8, 238. vd. 6, 12. 13 (hier folgen subst. masc. und ein fem.) neutr. *aêtaêshãm*, vd. 15, 5. *aêtañhãm*, vd. 13, 1. loc. m. *aêtaêshva varefshva*, vd. 2, 130. *dakhmaêshva*, vd. 7, 128.

Skr. *etád*, altp. *aita*.

2. **aêsha** (von *ish*) 1) adj. wünschend, den Wunsch erlangend, froh, nom. sg. m. *aêshô*, froh, y. 9, 67. wünschend vd. 13, 129. y. 44, 7. gen. f. *aêshayâo?* yt. 24, 41. pl. nom. *aêshâcâ thwâ*, dich begehrend, y. 41, 10. 2) m. Wunsch, nom. sg. *aêshô* y. 28, 9. acc. *aêshem*, y. 67, 41. 28, 7. 42, 10. instr. *aêsha*, mit, nach Wunsch, y. 69, 2. loc. *aêshê*, nach dem Wunsche, y. 28, 4.

Skr. *ésha*, *éshâ*.

Vgl. *râkhshaêsha*, *hacaṭaêsha*, *anaêsha*.

3. **aêsha**, ein Maass.

Huzv. *ésh*.

aêshaça (von *ish*), adj. wünschend, acc. pl. m. *aêshaçâ*, y. 52, 9.

aêshista (superl. von 2. *aêsha*), adj. am meisten suchend, nom. sg. *yô aêshistô*, yt. 13, 107.

aêshu s. *aêm*.

aêshôdrâjañh (von 3. *aêsha* + *drâjañh*), adj., die Länge eines Aêsha habend, acc. neutr. °*drâjô*, vd. 19, 63.

aêshãm s. *aêm*.

aêshma (von *ish*) m. 1) Zorn, nom. sg. *aêshemô*, y. 29, 1. 47, 7. acc. *tôi zî dâtâ hamaêçtrô aêshemem mahyâ*, denn sie sind geschaffen gegen den Zorn meines Feindes, y. 47, 12.

2) n. pr. eines Erzdaêva, der als Dämon des Zorns und Gegner des Çraosha gilt. Er ist der Asmodäus des Buches Tobit (Windischmann, Z. St. 138 ff.) vgl. Spiegel, Av. übers. III, XLVIII. Ner. *kopadeva*. sg. nom. *aêshmô* y. 56, 10, 7. yt. 10, 97. 19, 95. acc. *aêshmem khrvîdrûm*, vend. sade 490 (Westergaard vd. 19, 43) yt. 18, 2. *paitiperenê aêshmem khrvîdrûm*, ich bekämpfe den Aêshma mit schrecklicher Waffe, vd. 10, 23. *aêshemem* y. 48, 4. 56, 4. 2. 23, 2. 30, 6. *aêsemem*, Fr. 9, 2. statt des nom., weil hinter dem Verbum: *aêshmem khrvîdrûm*, yt. 19, 46. instr. *aêshma* y. 10, 18 = yt. 17, 5. dat. *aêshmâi* y. 43, 20. abl. *aêshmâț* y. 56, 10, 6 = yt. 10, 93. gen. *aêshmahê* y. 56, 10, 7 = yt. 10, 93. *aêshmahê khrvîdraos*, vd. 10, 27. 9, 37. y. 27, 2. yt. 11, 15. 13, 138.

Huzv. *khishm shedâ khrudrush* (Bund. 67, 14) parsi np. *khashm*, *khishm*, vgl. georgisch *eshmani* (Teufel)?

aêshmôkarsta (von *aêshma* + 2. *karsta*) adj. von Aêshma verursacht, gen. n. °*karstahê ṭbaêshañhô* yt. 13, 138.

aêshmôdrûta (von *aêshma* + *drûta*) adj., von Aêshma ausgehend, gen. *nôiț aêshmôdrûtahê drukhsmanañhô araçyâț*, nicht beschädigt ihn (die Waffe) des von Aêshma ausgehenden Drukhs-geistigen, yt. 1, 18.

aêshmôvared (von *aêshma* + *vared*), m. Helfer des Aêshma, eine Art Dämonen, gen. pl. °*varedhãmca*, yt. 13, 138.

aêshva s. *aêm*.

aoi s. *avi*.

aoighimataçtîra m. n. pr., gen. *araregéus erezratô aoighimataçtîrahê*, s. *araregâo* yt. 13, 125.

aoiwra (von *avi-bar*) n. pr. einer Art von Dämonen, welche die Menschen im Schlaf beunruhigen, etwa Nachtmahr, Alp? Spiegel: Saamenverlust. gen. pl. *aoiwranãm* yt. 13, 104.

aourvata (von *aurva*) f., Vollkommenheit, acc. sg. *aourvatãm urunê*, *ashavanem ashahê ratûm*, *yazamaidê*, wir preisen die Vollkommenheit für die Seele, den reinen Herrn des Reinen, G. 4, 5.

aokhta, 1) aorist 2) partic. perf. pass. von *vac*.

aokhtônâman (von *aokhta* + *n*°) adj., einer dessen Name genannt, gepriesen wird; acc. m. °*nâmanem mithrem*, y. 2, 15. 6, 6. *vanañtem* yt. 20, 1. *yazatem* S. 2, 16. instr. °*nâmana yaçna*, mit Opfer, wobei der Name (des Gepriesenen) genannt wird, yt. 10, 30. 54. 8, 11. gen. *âthraçca* °*nâmanô* vsp. 10, 23. *mithrahê* y. 1, 9. *yazatahê* y. 22, 33. 65. 5. yt. 10, 0.

aokhdhra (von *vac*), Wort, vgl. *fraçpâyaokhedhra*.

aog (verwandt mit *vaz*, skr. *vah*, vgl. skr. *ogha*) kommen; med. praes. 1. pl. *aogemadaêcâ*, wir kommen, vend. sade 532. y. 7, 60. 41, 13. partic. praes. *paityaogeț* s. besonders.

aogañh (von *aog*) n., Hülfe, Huzv. übers. Freundschaft; acc. *aogô*, y. 29, 10.

aogazdâo (von *aogañh* + 4. *dâo*), adj., hülfreich, superl. pl. nom. m. *aogazdaçtema*, vd. 7, 67. 68. Windischmann Voc. vergleicht zweifelnd skr. *ava-gâh*.

aogare (Nebenform von *aogañh*) n. Hülfe, nom. sg. *drujô aogare*, *drujô khshathrem âoñhâț*, der Drukhs würde Hülfe, würde das Reich sein, yt. 13, 12.

aogedâ von *vac*.

aocañh, n. Vergänglichkeit, davon *anaocañh*.

aocayata von *vac*.

aoj, sprechen, hzv. übers. *guftan*; Praes. 3. sg. (collectiv statt des plur.) *yim mashyâka avi duzhvacañhô duzhakem nãma aojaiti*, welchen schlechtredende Menschen Duzhaka nennen, vd. 13, 3. Ebenso, aber *kahrkatâç* statt *duzhakem*, vd 18, 35 *yãm* (*pairikãm*) *mashyâka avi duzhvacañhô huyâiryãm nãma aojaiti*, yt. 8, 51. Praes. conj. med. *aojâi*, ich will verkünden, y. 49, 11. pot. 3. sg. *aojîta zî zarathustra*, Zarathustra sprach, yt. 24, 11. Aor. med. 1. sg. *aojî*, ich (Zarathustra) sprach, y. 42, 8. Partic. praes. med. sg. nom. m. *aojanô*, vd. 2, 34. 3, 67. 9, 182. *yô . . . aojanô*, welcher (ist) sprechend, welcher sich ausgiebt, y. 8, 6. *uiti aojanô* yt. 10, 53. *uityaojanô* yt 8, 10. *uiti vacébîs aojanô*, yt. 5, 76. fem. *uiti aojemna*, yt. 22, 42. *uiti vacébîs aojana*, yt. 17,

17. dual. n. m. *nityaojanâo*, so sprechen (Çraosha und Rashnu) yt. 10, 42. pl. n. f. *nityaojanâo* yt. 13, 66.
Vgl. Windischmann J. L. Z. 1834, S. 136.

aojaṅh (von 2. *vaz*) n. Kraft. sing. nom. *aojô* yt. 19, 68. nom. oder acc. (hinter dem Verbum) *aojô* y. 59, 5. acc. *aojô* yt. 8, 24. 10, 23. 106. y. 9, 58. vd. 1, 4 (an Kraft) *aojaçca* y. 70, 38. yt. 13, 1. 10, 146. *nôiṭ mashyô gaêthyô çatê aojô mainyêtê dusmatem*, nicht denkt ein irdischer Mensch hundertfach (locat.) mit Kraft (d. h. mit hundert Kräften) soviel übelgedachtes, yt. 10, 106. vgl. yt. 10, 107. instr. *aojaṅha*, Citat der hzv. Glosse zu vd. 15, 35. y. 9, 78. 10, 5. yt. 2, 12. *yôi hyãn açti aojaṅha aojista* (*açti* scheint spätere Glosse zu *hyãn*). welche an Kraft die kräftigsten sind, yt. 8, 55. *aojaṅhâ* y. 49, 3. gen. *drvahêca paiti aojaṅhô*, für seine feste Kraft, yt. 13, 134. plur. acc. *aojâo* y. 56, 4, 3. *aç aojâo*, er war (kam) zu Kräften, y. 35, 8. *aojâoçca* y. 9, 71.

Skr. *ójas*, hzv. *oj*. parsi *aozhî*, arm. *oyzh*, *ouzh*.

Vgl. *airiaojaṅh*, *ashaojaṅh*, *ashâaojaṅh*. *bâzusaojaṅh*, *mithrôaojaṅh*.

aojaṅha (von *aojaṅh*) adj. kräftig, acc. *aojaṅhem*, yt. 10, 140.

aoji (von *aojaṅh*) adj., kräftig, *aoji nãma ahmi*, ich heisse der kräftige, yt. 15, 46.

aojista (superl. von *aojôṅhvaṅṭ*) sehr kräftig, sehr stark, nom. m. *aojistô nãma ahmi*, ich heisse der kräftigste, yt. 15, 46. *aojistô* yt. 10, 98. y. 9, 47. 29, 3. acc. *aojistem* y. 56, 6, 2. yt. 23, 3. neutr. (adverbial) *aojistem* vd. 3, 65. instr. *kem aojista mahrka*, womit, als der grössten Todsünde, vd. 17, 2. plur. nom. f. *aojistâo*, yt. 13, 17. 26. acc. f. *aojistâo* yt. 13, 75. gen. m. *aojistanãm açti aojistô*, yt. 10, 141.

aojôi s. *âja*.

aojôṅhvaṅṭ (von *aojaṅh*) adj., kräftig, nom. neutr. *aojôṅhvaṭ*, y. 42, 8. 16. acc. m. *aojôṅhvaṅtem* y. 34, 4. 56, 5, 2. neutr. *aojôṅhvaṭ* y. 28, 6. 31, 4. vd. 20, 22. plur. fem. *aojaṅhaitîs* yt. 13, 32. compar. *aojyâo*, superl. *aojista*, s. besonders.

Vgl. hzv. *ôjômand*.

aojôrâman (von *aojaṅh* + *râman*) adj., an Kraft, Macht anmuthig, superl. acc. fem. *aojôrâmistãm*, vd. 1, 4.

aojya (von *aoj*), n. Gespräch, loc. pl. *aojyaêshû*, y. 45, 12.

aojyâo (Compar. von *aojôṅhvaṅṭ*) kräftiger, sehr kräftig, plur. fem. *aojyêhîs* yt. 13, 17. 64.

aota (von 2. *vâ*?) 1) adj., kalt, nom. sg. *aotô vâtô*, vd. 2, 16. yt. 10, 50. 12, 23. acc. *va garememca vâtem aotemca*, beides heissen und kalten Wind, yt. 9, 10. abl. *yô paoiryô cakhrem urvaêçayata daêvâaṭca aotâṭ mashyâaṭca*, welcher zuerst das Rad (die Herrschaft) weglaufen liess von den Daêvas und kalten (ungläubigen, vgl. Weber, literar. Centralblatt 1863, p. 646) Menschen, yt. 13, 89. 2) n. Kälte, nom. *aotem*, y. 9, 17 = yt. 15, 16. acc. *aotem* yt. 19, 69.

aotâṭ s. *vaṭ*.

aothra (von *av*) n. Schuh, hzv. *môk*, plur. acc. *zaranya aothra paitismukhta*, bekleidet mit goldnen Schuhen yt. 5, 78; *nizaṅga aothra paitismukhta*, bekleidet an den Füssen mit Schuhen, yt. 5, 64. gen. *aothranãm* vd. 6, 56.

Armen. *ôd*. — Vgl. *gâaothra*, *zaranyôaothra*.

aoderescâ? y. 50, 12: *hyaṭ* (Westergaard *yyaṭ*) *hôi îm caratasçâ aoderescâ zôishenû râzâ*, als sie (die Dämonen) ihn anzugreifen kamen mit unreiner Gewalt? von *ava* und *daresh*, *aoderes* acc. instrumenti, mit Angriff? Huzv.-Uebers. ist unrichtig, da sie in unserm Worte *aota* (kalt) findet.

aodha (von 1. *vad*) m. Gewässer, plur. loc. *upa aodhaêshu raṅhayâo*, an den Gewässern der Raṅha, vd. 1, 77. yt. 12, 18. (Huzv.-Uebers. umschreibt das Wort *odhâi*.)

aonya. m. Zinn, hzv. *anuk*, abl. *aonyaṭ haca parôberejyâṭ*, vom Zinne hinweg, welches mit Kupfer verschmolzen wird, vd. 8, 254 (Westergaard 8, 86), *aonyaṭ haca takhairyâṭ*, vom flüssigen Zinne hinweg, vd. 8, 254 (Westergaard 8, 93).

Vgl. skr. *aváni*, *avanî* (Erde)? hzv. *anuk*, semit. *anak*, *anuk*, armen. *anag*.

aom s. 1. *ava*.

aomana s. *av*.

aomem lies *haomem*, Fr. 9, 2.

aoya (von *av*) adj., geneigt, acc. f. *tê aoyãm* (Westerg. *avayãm*) *dãmahi*, wir machen dich geneigt, y. 67, 1.

aora (von 2. *ava*), adv. abwärts, *aora âraocayêiti*. vd. 2, 131. *nôiṭ aora nôiṭ aora avôiriçyaṭ*, er gelangte nicht abwärts, yt. 5, 62. *aora upashaêta*, freuet euch hier unten, yt. 13, 147. *aorâcâ*, hinweg, hinab, y. 52, 7.

Skr. *ávara*, vgl. afgh. *var* (Verbalpraefix).

aoshaṅh (von *ush*, eigentl. combustion, Burnouf) n. Tod, acc. *aoshô* vd. 19, 8. 10 (hier lesen einige Hss. und Spiegel *aoshem*), y. 48, 1. *aoshem*, Citat der Huzv.-Glosse zu vd. 8, 236, s. *çaoçunjayô*; *kem aojista mahrka mashyâka daêvô aoshô* (Spiegel *aoshê*) *yazâitê*, womit als der stärksten Todsünde, verehrt der Mensch die Daêvas zum Verderben, vd. 17, 2. Dieser Satz hat einige Schwierigkeiten; man muss annehmen, *mashyâka* sei der Plural, das Praedicat stehe aber im Sing., was sich öfter findet (vgl. Spiegel, Interpr. 46), oder *mashyâka* sei in *mashyâkô* zu emendiren; ferner muss man wohl *daêva* lesen (acc. plur.), wie diese Emendation auch yt. 1, 6 vorzunehmen ist; *aoshô* wird von der Hzv.-Uebers. durch „mit Worten" wiedergegeben, indem sie das Wort von *vash* ableitet; allein da nicht von Wortsünden die Rede ist, scheint diese Erklärung unhaltbar.

Hzv. *ôsh*, np. *hôsh*. — Vgl. *anaosha*, *dûraosha*.

aoshaṅhaṅṭ (von *aoshaṅh*) adj., 1) sterblich, todesreif, nom. m.: die Huzv.-Glosse zu vd. 2, 16 sagt (Spiegel, Avesta I, Huzvareshtext p. 9, Zeile 2 v. u.) Jam und Kahuç waren beide unsterblich; wegen ihrer Sündhaftigkeit sind sie sterblich geworden . . . wegen des Kahuç ist es aus dieser Stelle deutlich: *ahmi dim paiti fraṅherezaṭ*, *ahmi hô bavaṭ aoshaṅhâo*; die Stelle ist in unsern Texten nicht nachweisbar; acc. neutr.: an derselben Stelle heisst es: wegen des Jam ist es aus dieser Stelle

deutlich: *môshu taṭ akerenaoṭ aoshañhaṭ hva hizva.* vgl. Windischmann, Z. St. 203. gen. fem. (local.) *aoshañhaithyâoçe tanvô*, an dem mit Untergang begabten Körper, vd. 4, 145. 148. 2) tödtlich, mordlustig, hzv. *oshkhvâçtar*, compar. nom. sg. (collectiv) *aoshôtaraçca*, vd. 13, 120. (Das Affix *tara* ist hier nach Abwerfung der Sylbe *aṭ* angetreten).
Huzv. *ôshômand.*

aoshañṭ (von *vash*, partic. praes.) sprechend? *ameshâ çpeñtâ aoshañtâ*, yt. 24, 40. dat. *hê aoshañtê*, Fr. 8, 1.?

aoshêtê s. *vash.*

aoshnara (nach Windischmann Z. St. 153 von *aosh* = *a* + *aosh*, unsterblich, + *nara*, der unsterbliche Mensch [?]) m. n. pr. eines Helfers des Çoçiosh, vielleicht der *Narey* (Sohn des *Vîvañhâo*) des Bundehesch, vgl. Windischmann, Z. St. 111. 153. 158. 198. 199. 248. Bund. 64, 6. nom. *aoshnarô* yt. 23, 2. gen. *aoshnarahê* yt. 13, 131.

aosta, Lende? hzv. *rân*, instr. *aostaca*, vd. 7, 150. Vgl. skr. *ôshṭha*? armen. *ouç*?

1. **aka** 1) adj., schlecht, nom. sg. *akô* (Aûra mainyu) y. 19, 39. 46, 4. von Mithra, insofern er für die Mithraträger böse ist: yt. 10, 29, *akaçca mainyus* (Aûra mainyu) y. 32, 5. acc. neutr. *akemcâ manô* (schlechte Gesinnung) y. 33, 4. *akemciṭ manô*, den Akoman (ein Erzdaêva, Gegner des Vohu manô und von diesem am Weltende getödtet) yt. 19, 96. statt des nom. (weil hinter dem Praedicatsverbum) *akemca manô* yt. 19, 46. instr. m. *akâ varanâ* y. 41, 1. neutr. *akâ manañhâ* durch schlechte Gesinnung, y. 32, 5. *akâ vacañhâ*, y. 32, 5. *aka manañha* vd. 19, 12 (Akoman) dat. m. *akâi* y. 42, 5. abl. n. *akâṭ manañhô* (Akoman) y. 32, 3. 46, 5. plur. instr. *akâis qarethâis* y. 48, 11. Compar. *akatara ashyâo*, superl. *acista* s. besonders. — 2) n. das Böse, das Schlimme, acc. *akem* Schaden y. 33, 2. *akemca*, das Schlechte, y. 30, 3. *hyaṭ dâo akêm akâi*, das Schlechte für den Schlechten, y. 42, 5. abl. *akâṭ ashô*, was schlechter als das Schlechte ist, y. 58, 12. *aṭ ahmâi akâṭ ashyô*, aber dem (welcher gibt) schlechtres als das Schlechte, y. 50, 6. plur. acc. *akâ mraot*, er sagte (ihnen) Böses, d. h. verkündete Strafe, y. 32, 12. instr. *akâis* y. 45, 11.
Skr. *aka* (von *a* + *ka* Freude) hzv. *akoman* (Bund. 1, 12), np. *ak.*
Vgl. *asrka.*

2. **aka** (von *ac*) m. Klammer, instr. *aka* . . . *khshathrem vairîm* mit einer Klammer von Metall (*khshathrem vairîm* ist appositiv zu *aka*) yt. 10, 125.
Skr. *añká.*

akatara (compar. von 1. *aka*) adj., sehr schlimm, acc. *akatarem çraoshyanãm*, den schlimmsten für die Strafbaren, yt. 10, 26.

akatasha (von 1. *aka* + *tash*) m. n. pr. eines Daêva, acc. *akatashem daêum* vd. 10, 23; statt des nom. vend. sade 490 (Westergaard vd. 19, 43). Die Hss. schwanken zwischen *aka*° und *agha*°.
Huzv. *akatash.*

akana, (von *ac*?) n.? Steigbügel, Spiegel: Stachel, vgl. *zaini*; instr. *zainis maṭ akana*, vd. 14, 36.

akayadha (von 2. *a* + *kayadha*) n. pr. m., gen. *akayadhahê pîdhanãm* (Spiegel *pudh*°), des Akayadha aus dem Geschlechte der Pîdhas, yt. 13, 127.

akarana (von 2. *a* + 1. *karana*) adj. unbegrenzt, endlos, nom. f. *akarana çtis*, yt. 8, 48. acc. f. *ustatâtem akaranem* (sic), das unbegrenzte Wohlbefinden, vsp. 21, 5. neutr. *akaranem* (s. *driwi*), *zrvânem akaranem*, die unendliche Zeit, N. 1, 8. gen. *nizbayañuha tû thwâshahê qadhâtahê zrvânahê akaranahê*, rufe du an das selbsterschaffne Firmament und die anfangslose Zeit, vd. 19, 44. loc. *zruni akaranê*, in der anfangslosen Zeit, vd. 19, 33.
Huvz. *akenârak*, parsi *akanâra* (Ner. *ananta*) osset. *anekharon.*

akarsta (von *a* + 3. *karsta*) adj., ungeackert, unbebaut, nom. sg. fem. *akarsta*, vd. 3, 79. plur. gen. *akarstanãm*, vd. 7, 93.

akâoçcôiṭ s. *âk*°.

aku (von *ac*), m. Spitze, plur. nom. *akavô*, yt. 1, 18.

akôdâo (von 1. *aka* + 3. *dâo*) adj. Schlechtes wissend, plur. instr. *akôdâobîs* (Westerg. *akôdâbis*) y. 13, 14.

akôyâ (von 1. *aka*) adj., schädlich, nom. n. *hyaṭ* (Westerg. *yyaṭ*) *akôyâ dregvâitê*, was schädlich ist für den Schlechten, y. 50, 8. Die Tradition übersetzt Tödter, Schläger.

akhtara, m. Gestirn, hzv. parsi np. *akhtar.* Davon *apâkhtara.*

akhti (von *añj*) f. 1) Unreinheit hzv. übers. *ayâkish*, nom. sg. *akhtis* vd. 2, 16 yt. 12, 23. *akhtis pourumahrkô* yt. 10. 50. *akhtisca* vd. 7, 145. *nôiṭ haomô akhtis nôiṭ mahrkô*, Hasma — (ihm ist) weder Unreinheit noch Tod, vd. 6, 86. instr. *craṭ* . . . *naçus akhtica* . . . *frâshnaoiti*, auf wie viel setzt sich die Naçus mit Unreinheit, vd. 5, 85. 6, 65. plur. gen. *akhtinãm* vd. 7, 149. y. 70, 78 (Krankheit). 2) Plage (weil Unreinheit den guten Wesen eine solche ist), nom. sg. und acc. plur. *yê â akhtis ahmâi, yêm akhtôyô dâoñhê*, wer da ist als Plage für es (das Feuer), dem gibst du Plagen, y. 36, 3.
Vgl. skr. *aktú*, armen. *axt.*

akhtya (vom vorigen) m. n. pr. einer Art Sphinx, nom. *akhtyô*, yt. 5, 82. acc. *akhtîm*, ib.

akhsh, sehn.
— *aiwi* 1) beaufsichtigen, Caus. praes. 3. pl. *aiwyâkhshayêiñti*, yt. 13, 59. 60. pot. 3. sg. *mãnayen ahê yatha* . . . *aiwyâkhshayôiṭ*, gleichwie . . . schützt, yt. 1, 19. imperat. 3. sg. *aiwyâkhshayatû*, y. 57, 12. 2) regieren, praes. 3. pl. *aiwyâkhshayêiñti*, vd. 1, 78.
Vgl. skr. *îksh*; altp. *patiyakhsaiy* (ich beaufsichtige).

akhshaêna (von 2. *a* + *khshaêna*) adj., nicht mager, dauerhaft, plur. gen. *gavãm akhshaênanãm*, vd. 22, 12.

akhshafni (von 2. *a* + *khshapan*), adj., nachtlos, hell; acc. neutr. der Vogel ist *akhshafni khshafnîm içemnô, açûiri çûirîm içemnô*, wünschend das Nächtliche nachtlos, das Bewehrte wehrlos, yt 14, 20.

akhshayañț (von 2. *a* + *khshayañț*), adj., machtlos, gen. sg. *khshayañtaçca akhshayañtaçca*, y. 35, 12.

akhshayamna (von 2. *a* + *khshayamna*) adj., ohnmächtig, nom. *akhshayamnô*, yt. 19, 96. *khshayamnem asharanem dâyata, akhshayamnem drvañtem*, machet den Reinen mächtig, ohnmächtig den Bösen, y. 8, 12; fem. *akhshayamnãm* y. 60, 16.

akhshnûiti (von 2. *a* + *khshnûiti*), fem., Nichtbesänftigung. acc. °*tîm paiti*, yt. 10, 111.

akhshnûta (von 2. *a* + *khshnûta*), adj., unzufrieden, nicht besänftigt, nom. °*tô*, vd. 9, 157. gen. °*tahê*, yt. 10, 109.

akhstaț s. *â-çtâ*.

aqafna (von 2. *a* + *qafna*), adj., den Schlaf nicht bedürfend, nom. *aqafnô*, vd. 19, 68. acc. *aqafnem*, yt. 10, 7. N. 1, 6.

aqafnya vom vorigen), adj., schlaflos, wachsam, acc. fem. *aqafnyãm*, y. 61, 12. yt. 19, 39.

aqar (von 2. *a* + 1. *qar*) adj., keine Speise erhaltend, plur. nom. *yôi histeñti aqarô*, welche (Hunde) ohne Speise dastehn, vd. 13, 76.

aqarañț (von 2. *a* + *qarañț*) adj., nicht essend, plur. gen. *naêcis aqareñtãm*, keiner der nicht essenden, vd. 3, 112.

aqareta (von 2. *a* + *q*°), adj., unverwüstlich, Beiwort der Majestät, besonders der priesterlichen, hzv. *agerept*. Ner. *agrhîta* (unergreifbar), acc. neutr. *aêtaț qarenô yaț aqaretem* yt. 19, 47. *aghrem aqaretem qarenô mazdadhâtem*, yt. 19, 45. gen. *aqaretahêca qarenaṅhô*, y. 1, 42. 3, 56. yt. 19, 0. 97. S 1, 25. loc. *aêtahmi paiti aț aqaretê*, nemlich um diese unverwüstliche Majestät kämpften sie, yt. 19, 46.

aqaçta (von 2. *a* + *qaçta* adj., nicht gekocht, plur. gen. *yavanãm aqaçtanãm*, vd. 7, 93 (von der Huzv.-Uebers. nicht übersetzt).

aqâthra von 2. *a* + *q*°), adj., glanzlos, voc. f. *aqâthrê*, vd. 18, 72.

aqâsha von 2. *a* + *q*°), n. das Nichtessen, loc. *aqâshê*, vd. 3, 115.

aqyâ s. *aêm*.

agata s. *gam*.

agusta (von 2. *a* + *gusta*), adj., nicht, noch nicht gehört, dual. acc. n. *agustâ*, y. 31, 1.

ageni, Bezeichnung einer Flüssigkeit, nach den Glossen Blut, plur. acc. *vâo agenyâo*, euch Wasser Ageni, y. 38, 13.

Vgl. skr. *agni*?

agha (von *añgh*), 1) adj., böse, acc. m. *aghem*. A. 1, 16. *aghem shudhemca tarshnemca*, yt. 19, 96. *aghem urvânem*, vd. 19, 100. *azhîm dahâkem aghem gaêthanyô*, bös für die Welten, y. 9, 26. yt. 5, 31. 9, 14. fem. *aghãm daoithrîm*, bösen Betrug, vd. 19, 142. yt. 19, 57. instr. f. *agha daêna diçyâț*, wer ein böses (sündliches) Gesetz lehrt, vd. 18, 22. gen. m. *aghahê*, für einen Bösen, vd. 18, 27. plur. nom. neutr. *agha*, vd. 3, 68. 70. f. *aghâo côighnâo*, y. 56. 6. 4 acc. m. *agha*, vd. 1, 40. yt. 19, 87. neutr. *agha* vd. 1, 44. instr. m. *daêvâis aghâis* y. 13. 14. gen. m. *aghanãmca* yt. 13, 104. *aghanãm mãthranãm*, yt. 10, 20.

2) n. das Böse, das Uebel, nom. *aghem zemô jaṅheñtu*, die Uebel (collectiver sing.) des Winters möchten kommen, vd. 2. 47. Westergaard (Weber, indische Studien III, 437) übersetzt: es werden die Länder Noth leiden; aber die Huzv.-Uebers. gibt *zemô* durch *dimaçtân* wieder und versteht die Stelle vom Regen Malkôçân; vgl. Spiegel, Interpr. p. 22. acc. *aghemca vîmanôhîm*, das Uebel des Zweifels, des Unglaubens, vd. 1. 28. *aghemca uparôrimanôhîm*, das Uebel übergrossen Zweifels, vd. 1, 62.

Skr. *aghá*, vgl. np. *âk*.

aghatasha s. *akatasha*.

aghadaêna (von *agha* + 1. *d*°) mit bösem Gesetz versehn, ungläubig, *hazaṅrayaokhstyô bavâhi yatha azhôis dahâkâi aghadaênâ*, sei tausendkräftig wie der ungläubige Drache Dahaka, yt. 23, 3.

Vgl. hzv. *akdîn* (ungläubig).

aghana (von *añgh*), n. Beengung, Strick, instr. *aghana*, mit Stricken, yt. 4, 6.

aghavañț (von *agha*), adj., böse, übel, gen. m. *aghavatô*, vd. 7, 69.

aghâvarez von *agha* + *varez*), adj., Sünden wirkend, nom. sg. *aghâvarcs*, yt. 10, 52.

aghishi (von *agha*?, f. Schlechtigkeit, gen. *aghishyâo* vd. 20, 14. (Westerg. *aghashyâo*), voc. *aghishê*, vd. 20, 20. (Westerg. *aghashê*).

Huzv. *aighash*.

aghûiri, f. eine Krankheit, voc. *paitiperenê aghûirê*, ich bekämpfe dich, o Aghûiri, vd. 20, 23. Açpendiarji (bei Wilson p. 340) erklärt das Wort (wohl unrichtig) durch indifference.

aghôçti f. eine Krankheit, vielleicht von *agha* + *çti*, das böse Ding? Spiegel vgl. np. *âyashtah* (in quinatus), nom. sg. *aghôçtisca*, vd. 7, 145.

aghzhaonvamna (von 2. *a* + *ghzh*°), adj., unvergänglich, nom. neutr. *khshathrem aghzhaonvamnem*, y. 28, 3.

1. **aghra**, adj., der erste, acc. f. *aghrãm uçaitîm ushâoṅhem*, yt. 14, 20.

Skr. *ágra*. — vgl. *anaghra*, *thriçãçayôaghra*.

2. **aghra**, fem. eine Krankheit, acc. *paitiperenê aghrãm*, vd. 20, 23; Açpendiarji (bei Wilson p. 340 erklärt das Wort (wohl unrichtig) durch regret.

aghraêratha (von 1. *aghra* + *ratha*), den Wagen an der Spitze (des Heeres) habend, n. pr. m. eines Nachkommen des Naru, eines Bruders des Fraṅraçya; er ist der Vater des Huçravaṅh und ward von Fraṅraçya ermordet; vgl. Windischmann, Z. St. 111. Am Ende der Welt tritt er als Helfer des Çôçiosh auf, Windischmann 245. gen *aghraêrathahê naravahê*, des A., des Nachkommen des Naru, yt. 13, 131. 19, 77. *aghraêrathahêca*, yt. 9, 18. 22. 17, 38. Im Schahnameh *Aghrêraș*.

aghrava (von 1. *aghra*), adj., dem Kopf angehörig; nom. sg. das Ross, welches bei Nacht das auf der Erde liegende Rosshaar sieht, *katârô aghravô vâ bunavô vâ*, ob es ein Kopf- oder Schweifhaar ist, yt. 14, 31.

aghru (von 2. *a* + *gareu*), adj., unverheirathet, hzv. übers. *agerept*, Ner. *agrhîta*, plur. nom f. *aghravô*, y. 9, 74. acc. *aghravô*, yt. 17, 59.

Skr. *ágru*, fem. *agrû*.

aghrya (v. 1. *aghra*), adj., 1) den Kopf betreffend, acc. f. *aghryãm paiti uçnâitîm*, zugleich mit der Waschung des Kopfes, vd. 8, 277. 2) vorzüglich, acc. m. *aghrîm çtaorem arejô*, für ein vorzügliches Zugthier als Preis, vd. 7, 108. 114. *aghrîm çtaorem*, vd. 7, 115. *aghrîm* yt. 10, 140. gen. *ustrahê aghryêhê*, vd. 9, 147.

Skr. *ágrya*, hzv. *aqrâi*, *agré*.

aghrisya s. *ghriç*.

añuha s. *añhra*.

añuhareçtâta (von 2. *a* + *qareçtâț*) adj., nicht essend, acc. *añuhareçtâtem*, vd. 4, 141.

añra (von *añh?*) adj., schlagend, hzv. *ganâ*, Ner. *hantar*, dann böse, vgl. *añra mainyu*. Sing. nom. *yaț mainyû dâmãn daidhîtem*, *yaçca çpeñtô mainyus yaçca añrô*, seit die zwei Unsichtbaren Geschöpfe schufen, der heilige Geist und der böse, y. 56, 7, 6. yt. 13, 76. *çpeñtaçca mainyus añraçca* yt. 19, 44. 46. *katârém â añrô vâ, hvô vâ añgrô* (die Hss. werfen beide Lesarten zusammen) an wem haftet der Böse, oder ist der böse (welcher), y. 43, 12. acc. *yém añrém* y. 44, 2. plural. acc. *añgréñg* y. 42, 15.

añrômainyava (von *añra mainyu*, welches bei der Bildung dieses Wortes als Compositum gedacht wird, vgl. Justi, über die Zusammensetzung der Nomina, p. 30. 129.) adj., dem Añra mainyu angehörig, von ihm geschaffen, Sing. nom. n. *kaț taț dãma añrômainyava*, welches ist das ahrimanische Geschöpf (Westergaard vermuthet *°mainyu*; ich: *°mainyaom*) vd. 13, 13. plur. gen. *°mainyavanãm yeredhãm*, Höhlen der ahrimanischen Thiere, vd. 3, 36 74. *°mainyavanãm khrafçtranãm*, vd. 16, 29. *añra mainyavô* (s. *manisti*) yt. 24, 37. *añrômainyava* vermuthet Westergaard statt *añrômainyus* vd. 19, 28.

añh, werfen; Causale, praes. 3. sing. *añhayêiti* yt. 10, 20. 21. partic. perf. pass. *açta*, wovon *hvaçta* (s. besonders); impf. 3. sg. *añhaț* yt. 8, 6.

— *para*, wegwerfen, ausschütten, Conjunctiv impf. 3. sg. *yêshyañtîm âpem parâoñhâț*, (so dass) er (der Drache) das Wasser herausstürzte (durch das Umwerfen des Kessels), yt. 9, 38 = yt. 19, 40. hzv. übers. *çâtanut*, Ner. *parâjagâma*, vgl. Windischmann, Z. St. p. 40.

Skr. *as*, *ásyati*.

añha (von *ah*), f. Sinn, Verstand, Huzv.-Uebers. *ahuminashnik*, Denken des ahu oder Gewissens; instr. sg. *frâ* (scil. *râhî*) *añhâyâ* (Westergaard *añhâoyâ*) ich gebe euch mit Verstand, y. 12, 6. (So ist Spiegels mir brieflich mitgetheilte Erklärung dieser schwierigen Stelle); *anhayâ?* y. 32, 16.

añhaithya (von 2. *a* + *haithya*), adj., verborgen, acc. (adverbial): *añhaithîm*, vd. 5, 52. Die Huzv.-Uebers. bezieht es auf *naçûm* und erklärt: die begrabnen Leichen; andere sagten: *arjânikânn*, was Darab durch *nâpâk* (unrein) übersetzt; acc. masc. *draogem vâcem añhaithîm* yt. 19, 33.

Skr. *asatyá*.

añhaoshemna (von 2. *a* + *haoshemna*) adj., nicht vertrocknend, nicht verdorrend, dual. nom. *añhaoshemnê âpaurvairê*, yt. 19, 32. acc. *yaț kerenaoț añhaoshemnê âpaurvairê*, dass er machte nicht verdorrend Wasser und Bäume, y. 9, 15. *yaț kerenavâni añhaoshemnê âpaurvairê*, yt. 15, 16.

añhaț s. *ah*.

añhâi lies *añhâo* vd. 18, 133.

añhâiti s. *ah*.

añhu (von *ah*), m. 1) Herr, hzv. *ahu*, Ner. *svâmin*, sing. nom. *añhus*, vd. 2, 141. *añhusca ratusca* vsp 19, 8. *ahû* y. 29, 6. (Huzv.-Uebers. *ahunikish* Herrschaft) *yathâ ahû vairyô, athâ ratus ashâțcîț hacâ*, wie es der Herr Willens ist, also (ist es) der Meister aus Reinheit, y. 27 Schlussgebet; es ist der erste Vers des Gebetes yathâ ahû vairyô, welches unzählige Mal in den Texten mit diesen Anfangsworten citiert wird; *yahmi paiti ... vîçruyata ahu ratusca*, in welchem verkündigt ward der Herr und Meister (d. h. jene beiden Worte des Gebetes) yt. 13, 91. acc. *ahûmca ratûmca*, vsp. 2, 5. 13, 7. y. 27, 1. yt. 13, 92. statt des nom. (hinter *açti*): vsp. 2, 18. *yaț dim ahûmca ratûmca âdadhaț*, wenn man es (das Gebet yathâ ahû vairyô) zum Herrn und Meister macht (mit Anspielung auf die Worte *ahû* und *ratus*) y. 19, 29. gen. m. und f. *añhêuscâ añharaçcâ*, dem Hausherrn und der Hausfrau, y. 32, 11.

2) Welt, hzv. *khân*, Ner. *bhuvana*, sing. nom. *añhus* y. 28, 11. yt. 13, 12. 22, 2. *añhus açtrâo*, die sichtbare, bekörperte Welt, y. 19, 24. vd. 1, 4. 15, 1. acc. *ahûm* vd. 2, 47. 19, 104. y. 19, 3. 54, 22. 30, 6. 50, 19. *vîçpem ahûm* vd. 18, 39. *ahûm bîs*, beiden Welten, Westerg. *ahûbîs* y. 31, 19. 43, 2. 16. dat *añhuê* vd. 2, 59. y. 64, 3. yt. 10, 5. 5, 1. 8, 15. *parôaçnâi añhê* für die jenseitige Welt, y. 54, 8. vd. 9, 166. *ahmâicâ ahuyê*, für diese Welt, y. 7, 62 *añhvê* yt. 13, 146. *ahuyê* y. 40, 4. abl. *añhaoț* yt 22, 16. vd. 19, 104. 7, 136. gen. *añhêus* y. 33, 1. 44, 2. 9, 4. *añhêus açtvatô*, vd. 7, 128. 18, 49. *añhêus* in der Welt, y. 47, 2. yt. 10, 137. *ahêca añhêus yô açtvatô*, für diese sichtbare Welt, yt. 10, 93. *ahyâ añhêus açtratô manañhaçcâ* y. 42, 3. *añhêus* vd. 5, 121, vgl. *hañhu*. loc. *açtraiti añhvô*, vd. 19, 89. 97. *aêtahmi añhvô* y. 19, 9. *ahmi añhrô yaț açtvaiñti*, vd. 5, 122. 7, 141 (*aêtahmi*), *açtvaiñti añhvô*, yt. 10, 44. *añhva açtvaiñti* vd. 9, 2. *añheu açtvaiti* yt. 6, 3. *añhê* (sic) *açtvaiti* yt. 24, 38. *idha añhô ashava*, der du rein bist hier in der Welt, y. 70, 71. Dual. dat. *ahubyâ*, y. 35, 9. *vaêibya ahubya* yt. 10, 93. y. 56, 10, 5; Huzv. fügt hinzu: *dar 57 shant*, in 57 Jahren, weil nemlich Çôçiosh in 57 Jahren die Herstellung der Todten bewerkstelligt, vgl. Windischmann Z. St. 242. gen. *ahvâo* für beide Welten, y. 28, 2 *añhâo* vd. 18, 133. loc. *ubôyô añhvô* y. 41, 5. *añhuyaos*, in beiden Welten, vsp. 12, 21. y. 17, 11. 24, 14. plural. gen. *añhvãm* (s. *pairithna*) vd. 18, 45. *añhunãm?* yt. 24, 30. loc. *ahvâhû* y. 50, 9.

3) Ort überhaupt, nom. *vahista añhuî* (fehlerhaft), Fr. 3, 2. acc. *ahûm*, einen Ort (im Himmel) vd. 5, 174. y. 34, 15. 45, 13. *vahistem ahûm*, den besten Ort, das Paradis. vd. 19, 120. vsp. 8, 8. 26, 5. y. 11, 27. 17, 14. 67, 36. yt. 12, 36. 23, 8. *vahistem*

aṅhaim Fr. 3, 2. *acistem ahûm*, den schlimmsten Ort, die Hölle, vd. 3, 120. *acistem aṅhaim* Fr. 3, 2, *ahûmca* den Ort, y. 26. 11. dat. *vahistâi aṅuhê* yt. 21, 33. *acistâi aṅuhê* vd. 5, 177. abl. *aṅhaot* y. 19, 11. 70, 68. gen. *aṅhêus* vd. 19, 147. *vahistahê aṅhêus* yt. 13, 134. vsp. 8, 9. local. y. 70, 71. *parâiti vahistahê aṅhêus*, er geht zum Paradis, vd. 18, 55. *vahistô aṅhêus* (zwei Khorda-avesta Hss. haben *vahistahê*) y. 59, 18.

Skr. *ásu*, hzv. *ahu*.

Vgl. *parâhu*, *hvaṅhvi*.

aṅhuthwa (von *aṅhu*), n. Herrschaft, acc. *aṅhuthwemca* yt. 8, 1.

aṅhuya (von *aṅhu*) f. Herrschaft, acc. *aṅhuyãmca* y. 3, 19. vend. sade 528.

aṅhuyâiti (denominat. des vorigen) 3. sg. praes. *cvat hô nâ aṅhuyâiti*, wieviel beherrscht, d. h. besitzt, erhält dieser Mann, A. 3, 4. *aṅhuyêiti* A. 3, 6.

aṅhuyu (von *aṅhu*) m. n. pr., gen. *aṅhuyâos*, yt. 13, 118.

aṅhen s. *ah*.

aṅhô (entweder loc. sg. von *aṅhu* oder Conj. impf. 2. sg. von *ah*; die Huzv.-Glosse zu vd. 5, 33 (bei Westerg. 5, 9) sagt: das Gute, was dem Menschen nicht anerschaffen ist, das erlangt er auch nie, wie aus der Stelle erhellt: *yairimaçô aṅhô aêtahê*.

1\. **aṅhva** (von *aṅhu*) f. das eigne Selbst; die Huzv.-Glosse zu vd. 5, 67 erklärt: *aṅhvãm* und *daênãm* sind beide dasselbe (s. 2. *daêna*) sing. nom. *upa thwâ verezvaçca manô verezvaitica hakhshôit aṅuha*, dir möge folgen ein dem Wunsch gemässer Sinn, eine dem Wunsch gemässe Seele, vd. 18, 60. y. 61, 28. acc. *aṅhvãm*, das Innre, yt. 1, 2. *yô hvãm aṅhvãm yaozhdâiti*, wer sich selbst reinigt, vd. 5, 67. In der Parallelstelle vd. 10, 39 steht statt *hv° a°* das gleichbedeutende *daênãm*; abl. *zarazdâitôit aṅhuyat haca*, aus dem Gedächtnisse, vsp. 16, 13. yt. 10, 9. loc. *ashâtô açti aṅhaya*, er ist betrübt in seiner Seele, yt. 10, 105.

2\. **aṅhva** (von *aṅh.*), f. Wurfgeschoss, abl. *thakhtayât parô aṅhuyât*, vor dem gezielten Geschoss, yt. 13, 46.

aṅhvâo (partic. perf. act. von *ah*), plur. gen. *aṅhushãmca*, der gewesenen, y. 61, 22.

aṅh° s. *aêm*.

ac, añc, 1) gehn, 2) biegen, krümmen.

Skr. *ac*, *ácati*, hzv. *aujîtan*, np. *anjîdan*.

Vgl. 2. *aka*, *aku*, *añka*, *nyâoñc*, *nyâka*, *paourvâñc*, *parãs*, *frãs*, *rîzhrañc*, *hunairyâoñc*.

acaêtar (von *â-ci*), m. Bestrafer, acc. *acaêtârem*, yt. 10, 26.

aciçta s. 2. *cit*.

acista (superl. von *aka*) adj., sehr schlecht, der schlechteste. Sing. n. *acistô* y. 30, 4. neutr. *acistem manô* (Ahriman), y. 30, 6. acc. m. *âca acistem âca ahûm*, hin zum schlechtesten Ort, vd. 3, 120. *acistem mañtâm* y. 33, 4. neutr. *acistem vaênaṅhê gãm* (acc. c. inf.), das für die Kuh am schlechtesten zu schende, was schlecht zu sehn ist für die Kuh, y. 32, 4. dat. *tem vâ ahûm drvañtô skyaothnâis qâis qâdaêna niçirinuyât acistâi aṅuhê*, an den Ort übergibt die Bösen wegen ihrer Sünden ihr eignes Selbst (oder Gesetz) zum schlimmsten Orte, vd. 5, 177. abl. *haca acistât aṅhaot* y. 70, 68. gen. n. *acistahyâ manaṅhô*, y. 32, 13. Dual. nom. m. *yêzica hê dva yaçka ava acistô* (lies *acista?*) *jaçât*, wenn sie zwei böse Krankheiten befallen, vd. 7, 173. Plural acc. n. *acistâ* y. 32, 4. abl. m. *acistaêibyô*, vd. 14, 71. gen. n. *thrayãm acistanãm*, von den drei schlechtesten Dingen (wendet euch ab), vd. 18, 42.

acistâverezyaṅh (von *acista* + *v°*) n., das böseste Thun, acc. *°verezyô*, y. 30, 5.

aj s. 2. *az*.

ajaidhyamna (von 2. *a* + *jaidhyamna*), adj., nicht gebeten werdend; dat. m. Tistrya gibt Gnade *jaidhyañtâi ajaidhyamnâi* dem betenden, dem nicht wieder gebetenen (d. h. ohne dass er den Betenden wieder um etwas bittet) y. 8, 49.

ajaçta (von 2. *a* + *jaçta*) adj., nicht anzuflehen, d. i. verflucht, Spiegel: sündhaft, plur. acc. *paitistâtêê ajaçtaca zôizhdistaca apayañtamahêca aṅrahê mainyêus khrafçtra*, zur Vertreibung der verfluchten sehr hässlichen Khrafçtras des verwerflichen Aṅra mainyu, yt. 20, 1.

Vgl. hzv. *yajaçtak*, parsi *gazaçta* (von altbactr. *vî* + *jaçta*).

ajyamna (von 2. *a* + *jyamna*), adj., unversiegbar, nicht versiegend, nom. n. *avi mit qairyêitê ajyamnem*, man isst immerfort unvergängliche (Speise) vd. 2, 67. acc. *tê kerenava mithwairê ajyamnem*, mache paarweise unversiegbar, vd. 2, 78. *qarethem ajyamnem* y. 9, 16. yt. 13, 50. dual. nom. *ajyamna*, yt. 19, 32.

ajyâiti (von 2. *a* + 1. *jyâiti*), f. Vergänglichkeit, acc. *ajyâitîmcâ*, y. 30, 4.

azhana, m.? Name einer Krankheit, gen. *azhanahê*, vd. 20, 14. statt des voc. vd. 20, 20.

azhahva, m.? Name eine Krankheit, gen. *azhahvahê*, vd. 20, 14. statt des voc. vd. 20, 20.

azhi (von *añgh*) m. 1) Drache, Schlange, nom. *azhisca* (collectiv, Verbum im plur.) yt. 5, 90. acc. *azhîm* vd. 1, 8. *azhîm çrvarem* y. 9, 34 = yt. 19, 40. gen. *azhôis* y. 9, 93. plural. nom. *azhaya*, vd. 18, 129. gen. *azhinãm* vd. 14, 9. 2) der Drache Dahâka, s. das nähere bei *dahâka*. nom. *azhis*, yt. 19, 48. *azhis thrizafâo duzhdaênô* yt. 19, 47. *azhis dahâkô*, yt. 19, 92. *azhis thrizafâo dahâkô* yt. 5, 29. 15. 19. acc. *azhîm dahâkem* y. 9, 25. yt. 5. 34. 9, 14. 15, 24. 19, 37. statt des nom. (weil hinter dem Verbum): *azhîmca dahâkem* yt. 19, 46. gen. *azhôis dahâkâi* (lies *dahâkahê*) vd. 1, 69. statt des nom. *azhôis dahâkâi aghadaêna*, yt. 23, 3. voc. *azhi thrizafem dahâka* yt. 19, 50.

Skr. *áhi*, hzv. *aj*, arm. *ôths*.

azhikarsta (von *azhi* + 2. *k°*) adj., von der Schlange verursacht, gen. neutr. *azhikarstahê tbaêshaṅhô* yt. 13, 131.

azhiçithra (von *azhi* + *ç°*) adj., von der Schlange stammend, nom. (ohne Flexion) *azhiçithra* yt. 3, 8.

acc. (ohne Flexion): yt. 3, 11. *azhicithra azhicithrôtema* yt. 3, 15. gen. plur. *azhicithranãm*, yt. 3, 10.

azhivâka, Name einer Krankheit, gen. *azhivâkahê* vd. 20, 14. statt des voc. vd. 20, 20.

1. **az**, fügen, rüsten.

— *ni*, befestigen, gürten, Pot. 3. pl. *nyâzayen*, sie sollen befestigen, vd. 13, 83. med. impf. 3. sg. *nyâzata*, gürtete sich, yt. 5, 127.

Skr. *ah*, *âhati*, vgl. np. afgh. *niyâz*, kurd. *niyâzh*, armen. *niaz*.

2. **az** 1) führen, treiben, praes. 3. sg. *gãm varatãm azaiti*, er führt das Vieh in die Irre, vd. 5, 119. pot. 3. sg. med. *azaêta*, vertreibt (die Strafe) vd. 18, 135. 149. *asaêta* möge führen Fr. 3, 2. imper. 1. sg. *yatha . . . azâni*, dass ich vertreibe, yt. 5, 34. 9, 30. impf. 3. pl. *azen peshanâo*, sie liefern Schlachten, yt. 13, 37. *kadâ ajên* wann werden sie wegtreiben, y. 47, 10. partic. praes. med. nom. sg. (collectiv) *açrû azânô histeñti*, stehn Thränen vergiessend, yt. 10, 38. partic. praes. passivi, sing. nom. f. *vareta azemna*, die in die Irre geführte, yt. 10, 86. acc. *azemnâm* yt. 10, 86. 2) gehn, praes. 3. sg. *azaiti*, yt. 10, 38. pot. 3. sg. *yaṭ . . . varaithîm pañtãm azôiṭ*, wenn den falschen Weg geht, vd. 3, 36.

— *ava*, herbeiführen (von feindlichen Heeren), pot. 3. sg. *avâzôiṭ* vd. 18, 31.

— *upa*, hinbringen, praes. 3. sg. *yathra bâṭ upâzaiti*, wohin man (ihn) bringt, y. 10, 16. *pañca çata upâzananãm upâzoiṭ açpahê astraya*, *pañca çata çraoshôcaranaya*, vd. 3, 125. Die Tradition übersetzt: man schlage 500 Schläge, leitet also *upâzôiṭ* und *upâzana* von *jan* ab, was aber nicht angeht. Da irgend eine Busse mit diesen Worten vorgeschrieben und das Tödten böser Thiere als verdienstlich hingestellt wird, so liegt die Vermuthung nahe, *upâzana* in diesem Sinne zu erklären, also etwa zu übersetzen: man bringe 500 Einbringungen (böser Thiere, welche getödtet sind) mit dem Pferdestachel, 500 (Einbringungen böser Thiere, welche getödtet sind) mit der Çraoshôcarana. Vgl. auch Spiegel, Av. übers. I, 294. Der Sinn, welchen die Tradition findet, würde bei dieser Erklärung im wesentlichen erhalten bleiben.

— *para*, führen, herbeiführen, praes. 3. pl. *parâzeñti*, yt. 13, 68. pot. 3. sg. *yatha . . . para gãm azôiṭ varetãm* als ob er die Kuh in die Irre führte, vd. 18, 31.

Skr. *aj*, *âjati*, altp. *patiy-ajatâ*, armen. *adsel*.

3. **az** verlangen; davon *azda*, *azhdyâi*, *âzhu*, *âzi*.

azaosha (von 2. *a* + *zaosha*) m. Nicht-Wille, instr. *azaosha*, mit Nicht-Willen, unabsichtlich y. 1, 58.

azatha (von 2. *az*) m. Führer, die Trad. übers. (unrichtig): Ergreifer. plur. nom. *azathâ . . . qyâtâ* y. 49, 7.

azan, m. Tag, sing. abl. *açnâaṭca*, bei Tag, yt. 5, 15. loc. *açni* vd. 4, 3 *naêmê açni*, innerhalb des Tages, vd. 4, 123. *paiti açni*, am Tag, vd. 4, 126. yt. 1, 9. G. 3, 7. plur. gen. *açnãm* vd. 4, 126. y. 61, 12. 45, 3. 49, 10. vgl. auch *ashan*.

Skr. *áhan* (von *dah?*)

azaremya (von 2. *a* + *zarema*) adj., nicht gehemmt, instr. m. *azaremya vaca mruyâo*, Fr. 1, 1.

azareçô (von 2. *a* + *zaresh?*) nom. sg.? yt. 24, 45.

azareshyañṭ (von 2. *a* + *z°*) adj., nicht alternd, acc. m. *ahûm azareshiñtem*, yt. 19, 11. 89.

azâta (von 2. *a* + *z°*) adj., noch nicht geboren, plur. gen. *narãm azâtanãm*, vsp. 12, 21. y. 24, 14. yt. 13, 17. *azâtanãmca* y. 64, 22. yt. 5, 42. 19, 22.

1. **azi** (von 2. *az*) f., eine Kuh, welche ziehn kann, nach der Trad.: eine dreijährige Kuh, acc. *azîm gãm*, y. 43, 6. instr. *gâvâ azî*, y. 45, 19. gen. *géus paiti azyâo*, für eine Kuh, vd. 9, 150. *mé urvâ géuscâ azyâo*, meine und der Kuh Seele y. 24, 5 (Ner. *ajinâmnyâḥ*, erklärt *trivarshikî gâus*), *géus azyâo* y. 34, 14.

Skr. *ahí*, hzv. *az*.

2. **azi** (von 2. *az?*) f., Name eines Wassers, nach den Glossen: Schleim; plur. acc. *apaçcâ vâo azîscâ*, y. 38, 13.

azinavañṭ, adj., Windischmann, Z. St. 197. vermuthet: der mit einem Fell bekleidete und vgl. skr. *ajína*. Nom. sg. *takhmô urupa azinavâo* yt. 15, 11. acc. *takhmem urupa azinavañtem*, yt. 19, 28. *azinavañtem* (so vermuthet Westergaard) *bavâhi yatha takhmô urupa*, yt. 23, 2. K[25] liest *zénaṅhutem*, K[12] *zinaṅhutãm*, P[13] *zaênaṅhuhañtem*. Letztres enthält die vorzuziehende Lesart *zaênaṅhuñtem* (von *zaênôṅhvañṭ*), sei bewehrt wie Takhmô urupa. Vielleicht ist überhaupt *azinavañṭ* in *zaênôṅhvañṭ* zu emendiren, da Tahmuraṣ auch in spätern Schriften „gerüstet“ heisst, z. B. im Mujmil ut tewarikh (Journal asiatique 1841, févr. p. 166): „die Bedeutung von *zîbâvand* (dem Beinamen des Tahmuraṣ) ist die: ein Mann, der vollständige Rüstung trägt; man nennt ihn (den Tahmuraṣ) auch *dévband*.“ Hamza liest *zîbâvand* und Spiegel (Av. übers. III, LVII) schlägt die Emendation *zînâvand* vor, welches „bewaffnet“ bedeuten würde.

azem, nom. sg. des persönlichen Pronomens 1. Person, vd. 5, 55. y. 9, 4. yt. 10, 1. *azêm* y. 42, 14. acc. *mãm*, vd. 3, 88. 18, 18. 22, 6. y. 9, 7. yt. 1, 6. *mãmciṭ* yt. 10, 1. *mâ* y. 9, 8. 31, 5. 29, 1. 33, 7. 45, 1. 42, 7. 9. 43, 12. 48, 1. yt. 8, 11. *taêciṭ mâ môreñdãn* y. 32, 11. dativ. *maibyô* y. 28, 2. 45, 3. 31, 4. 42, 14. 47, 8. 50, 10. vd. 20, 22. *maibyaçciṭ* s. *âtare*; *maibyâcâ* y. 28, 7. 48, 8. *mâvayaciṭ arshânô* Männer für mich (passend) vd. 18, 76. *mâvayaca . . . paitijamyâo*, zu mir gelange, y. 67, 4. *mâvayaca* mir y. 67, 37. *mâvayaciṭ* yt. 14, 38. *mâvaya* (lies *mâvôya*) yt. 24, 33. *mâvôya* für mich, y. 70, 56. yt. 5, 93. 15, 16. *uzvarezâi mâvôya mithômatanãm* zur Sühne meiner falschen Gedanken, vsp. 23, 9. 27, 2. *mâvôya upamruyê tanuyê thrimâica*, ich rufe dich an für meinen Leib um Nahrung, y. 9, 84. *imâoçe tâmciṭ mâvôya*, diese Dinge (gib) du mir, y. 10, 60. *mê* vd. 19, 50. 18, 25. 5, 63. 7, 129. y. 11, 16. *mê paitiaokhta* y. 9, 5. *mê*, von mir (beim passivum) yt. 5, 77. *môi* y. 13, 6. 42, 1. 29, 8. 1. 31, 5. 33, 8. 50, 22. (citirt y. 16, 4, wo aber *mê*) *môi* yt. 10, 69 (s. *môiṭ*) gen. *mana* vd. 19, 28. y. 10, 11. yt. 1, 2. 25. *anyô mana yaṭ zarathustrâi* (lies *maṭ yaṭ zarathustrâṭ?*) vd. 2, 3.

mané y. 45, 19. *yé urvânem méñ gairîm . . dadê*, der ich meine Seele dem Himmel übergebe, y. 28, 4. *méñcâ î mãzdazdûm*, beherziget mir (die Worte) y. 52, 5. *rîduyê vohû manaňhâ méñcâ daidyâi yêhyâ mâ ereshis*, lass mich wissen durch Vohumanô, was mir nützlich ist, y. 31, 5. *mê* (bei *rîç* gehorchen) vd. 2, 8. *içaitê mê*, es verlangt mich, ich wünsche, vd 8, 284. *mê urvarâo* meine Pflanzen, vd. 5, 60. *mé . . . aoshem* meinen Tod, vd. 19, 10. *mé âpô* meine Wasser, vd. 7, 37. *mê* y. 49, 1 (Westerg. *mé*) *môi* y. 43, 1 (cit. vd. 19, 36) *çraotâ môi* höret mich, y. 33. 11 (cit. yt. 24. 31, wo aber *çraota mê*), *môi paçéus* meines Viehs, y. 49, 1. Plural. nom. *vaêm* vsp. 12, 28. yt. 10, 34. y. 30, 9. *vaêm yôi daêva* vd. 18, 115. acc. *ahma yã ameshé çpeňté*, yt. 1, 24. *pereçâcâ nâo yâ tôi êhma parstâ*, frag uns die Fragen, welche du an uns hast, y. 42, 10 (cit. A. 3, 3. wo *pereçaca . . . tê ahmâ parsta*). *ahmâkéňg* (s. *ahmâka*); *nô* y. 1, 4. 9, 85. yt. 10, 75. *mâcis pôurvô bûidhyaêta nô*, niemand möge uns zuerst bemerken (beim Anfang) y. 9, 70. *nô daçta*, gebt uns, y. 67, 56. *nô* oder dativ) y. 51, 10. *nâ* yt. 15, 32 (Westerg. *nâo*) y. 57, 12, *né* y. 69, 16. 57, 4. 13. *né â* y. 43, 1. *tãm né qarethâi fshuyô*, dieses (Vieh) (gebe) uns zur Nahrung der fleissige, y. 47, 5. *nâo* y. 57, 15. 14, 3. 39, 2. *nâo aňtare* bei uns, y. 33, 7. instr. *êhmâ paourutemâis*, durch uns als die ersten, y. 34, 1. *êhmâ râtôis khshmâratãm*, durch uns sei euch eine Gabe y. 29, 11. dat. *ahmaibyâcâ* y. 28, 6. 40, 9. *ahmâi* y. 46, 1. 3. *nô* vd. 19, 103. vsp. 14, 13. y. 7, 58. 54, 3. 8, 3. 69, 5. yt. 10, 86. *nô âthraom* vsp. 3, 31. *kadha-nô* yt. 8, 5. *né* vsp. 14, 11. 9. 7, 62. y. 29, 4. 50, 1. *nâo* y. 36, 5. yt. 14, 36. *yé nâo istô* y. 16, 8. 55, 1. vsp. 18, 5. *vare nâo* das für uns erwünschte, y. 30, 2. abl. *nô*, von uns weg, vd. 13, 22. *né* y. 32, 15. gen. *ahmâkem* y. 15, 2. vsp. 6, 4. 13, 6. y. 15, 2. yt. 10, 33. 11, 17. *nô* y. 64, 26. *nô urunê* y. 54, 4. *né* y. 44, 8. 9. 55, 5. 29, 8.

Skr. *ahám*, altp. *adam*, hzv. *m* (pron. suff.), parsi *m* (ebenso), np. *man*, *m*, buchar. *man* (eigentl. der gen. sg.), talish *ez*, afgh. *zah*, bal. *ma* (plur. *mâ*), kurd. *men*, kurm. *ez*, arm. *eç*, oss. *az*, phryg. *ios* (Inschrift von Borlu).

azôbâo, adj., heftig: davon: *duzhazôbâo*.

azda (partic. perf. pass. von 3. *az*), verlangt, sing. voc. *azdâ*, du verlangter, y. 49, 1.

azdébis (vgl. 1. *açti*) m.? Knochen, Körper, Huzv.-Uebers. *tan*; plural. acc. *kva narãm iriçtanãm azdébîs barâma*, wohin sollen wir der todten Männer Knochen tragen, vd. 6, 101. *tanvaçca azdébîsca* y. 54, 1. *azdebîs paiti*, an seinem Körper, vd. 4, 144. 147. instr. *azdébîscâ* (Westerg. *azdibîscâ*) *ustânâiscâ* mit unsern Körpern und Leben, y. 37, 7 = 5, 7.

azbâiti (von *zbâ*) f., s. *nãmaazb°*.

azra (von 2. *az*) f.? Jagd, hzv. übers. *neshikar*.

Vgl. skr. *ghâsáajra*. Davon

azrôdadha (von 2. *dâ*) adj., Jagd machend, acc. f. *vehrkãm azrôdaidhîm* vd. 18, 131.

aňkaça, m. n. pr. dual. gen. *hvarezâo aňkaçayâo ashaonâo fravashîm yazamaidê*, wir preisen die Fravashi des reinen Hvarez und Aňkaça (zwei Brüder?) yt. 13, 124.

aňku (von *ac*), m. Haken. Davon *frâraňku*, *hamaňkuna*?

aňkupaçmana (vom vorigen + *paçman*) adj., mit Haken befestigt, plur. *°paçmanâo* yt. 17, 10 (dunkle Stelle).

aňgusta, m. Zehe, dual. acc. *adhairi aňgusta*, unter die (grossen?) Zehen, vd. 8, 224. 9, 112. instr. *niyereptaêibya aňgustaêibya*, mit niedergestemmten Zehen (d. h. während er sich auf die Zehen erhebt) besprenge seine Sohle) vd. 8, 220. plur. acc. *dashinã aňgustã* vd. 8, 226. *hôyã aňgustã* vd. 8, 227.

Skr. *angushṭhá*, hzv. *anguçt*, parsi *aňgust*, np. buchar. *angasht*, afgh. *guratah*? zaza *engisht*, südoss. *angurst* (Fingerhut), vgl. dig. *anguldse*. vgl. *dareghô-aňgusta*.

aňgra, vollere Schreibung von *aňra*.

aňgra (von *aňra*, *aňgra*) f. Bosheit, instr. *aňgrayâ*, in Bosheit, y. 47, 10.

aňgh 1) beugen, quälen, beengen 2) sich beugen, gehn (von Schlangen).

Skr. *aňh*, *áňhate*. Davon *agha*, *aghana*, *aňra*, *azhi*, *âzaňh*.

aňj salben, beschmieren; skr. *aňj*, *aňjáti*, *anákti*, armen. *ôdsanel*. Davon: *akhti*.

aňṭ, binden, skr. *ant*, *ántati*, vgl. *âithi*, *âthri*?

aňta, m., Ende, skr. *ánta*.

aňtara (von *aňtare*) adj., der innere, acc. *aňtarem aredhem nmânahê*, in der Mitte des Hauses, vd. 6, 89. abl. *vîçpa çtidhâta raocâo aora âraocayêiti aňtarâṭ*, alle creatürlichen Lichter leuchten unten in der Nähe (bei uns) vd. 2, 131 (spätre Glosse); s. *aňtarenaêma*.

Skr. *antara*, hzv. *anderûn*, parsi *heňdurun*, np. buchar. afgh. *anderûn*, *enderûn*, vgl. oss. *andar*.

aňtare (von *aňta*?) 1) adv., einander, vd. 9, 28. verbalpraefix z. B. vor *car*. 2) praepos. a) c. acc. in, zwischen, unter, gegen, *aňtare naréus*, unter den Männern, vd. 5, 85. *aňtare aredhem* in der Mitte, vd. 5, 57. 9, 120. yt. 5, 90. *aňtare môurumca bâkhdhîmca* zwischen Merv und Balkh, vd. 1, 26. *thrâyô yim aňtare vita aňtare thrâyô magha frakârayôis*, drei (Furchen) mache, innerhalb welcher getrennt drei Löcher sind, vd. 9, 25. *aňtareca drvaňtem* gegen den Bösen, y. 19, 39. *nâo aňtare* bei uns y. 33, 7. *hîs aňtare* bei ihnen yt. 13, 45. *aňtareca vohukhshathrãm vahistôistîm* in der (Gatha) V. und V. vsp. 23, 6. *aňtareca zãm aňtareca açmanem* im Himmel und auf Erden, y. 60, 1 ff. yt. 21, 16. *aňtare zãm açmanemca* zwischen Erde und Himmel. y. 67. 49. yt. 8, 8. b) c. instr., durch, mittelst, bei, *aňtare urvaitya* durch Uebereinkunft, vd. 4, 15. *aňtare mazdayaçnâis* A. 1, 7 ff. c) c. loc. *yêzi taṭ frajaçâṭ aňtare çairê varezânê*, wenn nun sie in den Wochen liegt, vd. 15, 54.

Skr. *antár*, altp. *aňtar*, hzv. *dar*, parsi *aňdar*, np. etc. *dar*, *der*, *ender*, armen. * énd*.

aňtareukhti (vom vor. + *ukhti*) f. das Aussprechen.

instr. *aya añtareukhti* wegen dieses Aussprechens, y. 19, 40.

añtarekañha (von *a°* + *kañha*) m. n. pr. eines in Kañha liegenden Berges, nom. *añtarekañhaçea.* yt. 19, 4. vgl. Windischmann Z. St. 14, 16.

añtaredaqyu (von *a°* + *daqyu*) adj., innerhalb des Landes seiend, acc. *mithrem* . . . *°daqyûm*, yt. 10, 144.

añtaredañhu (von *a°* + *dañhu*), m. n. pr. eines Berges, nom. *°dañhus*, yt. 19, 2.

añtarenaêma (v. *a°* + *naêma*) adj., auf der innern Seite befindlich, nur im abl. gebräuchlich: *añtarenaêmâț* innerhalb vd. 2, 92. y. 56, 9, 4. *antarâț naêmâț navakhshaparem*, innerhalb der 9 Nächte vd. 5, 132. *añtarâț naêmâț barethrishva* innerhalb der Mütter vd. 5, 150. *añtarâț naêmâț yâredrâjô* innerhalb eines Jahres, vd. 6, 3.

Hzv. *andarnîmak.*

añtaremâoñha (von *a°* + *mâoñh*) n. interlunium, Neumond, acc. *añtaremâoñhem* y. 2, 32. yt. 7, 4. dat. *°mâoñhâi* y. 1, 24. 3, 38. plur. acc. *°mâoñhâoçea*, während der Neumonde, yt. 7, 4.

Hzv. *andarmâh.*

añtaresta (von *a°* + *çtâ*) adj., zwischen etwas stehend, plur. acc. n. *vohû yazamaidê yâ añtarestâ yêçnyâca*, welche zwischen (Himmel und Erde) stehn, yt. 13, 153.

Skr. *antarastha.*

añtaré (=*añtare*) adv. als verbalpraefix vor *mrû.*

añtema (von *añta*) adj., der äusserste, plur. acc. *añtema aiwicarena*, vd. 7, 27.

Skr. *antimá*, vgl. dig. *andemo, endäma*, tag. *attemä, ettämä.*

añdâo, adj., blind, nom. sg. *añdâoçca* yt. 5, 93.

Skr. *andhá.*

añdra s. *iñdra.*

ataurvayañț (von 2. *a* + *taurvayañț*) adj., nicht verletzend, nom. *mithrem* . . . *ataurvayô*, den Mithra (welcher ist) nicht verletzend, yt. 10, 60.

atauneretha (von 2 *a* + *t°*) m. ein Nicht-Sünder, plur. gen. *tauperethanãmca atauperethanãmca*, vd. 18, 124.

ataunmâthra (von 2. *a* + *t°*) adj., nicht im heiligen Wort lebend, nom. *zaota atanmãthrô* y. 10, 138.

atâra (von 1. *a* b)) pronom. demonstr., nom. sg. *kataraçciț yatârô frâyazâitê amô hutâstô, atârô verethra hacaitê*, jeder, wo der wohlgebildeten Stärke geopfert wird, ist vom Sieg begleitet, yt. 14, 44.

1. **aț** (von 1. *a* b)) adv. dann, y. 11, 24. 28, 10. 43, 16. 57, 22. nemlich yt. 19, 46. *aț* . . . *aț* sowohl als auch y. 17, 55.

2. **aț** gehn, skr. *at*, *átati*, vgl. *âthravana, âthra.*

ațca (von 1. *aț*), adv., atque, *ațcâ hyaț* als y. 30, 4. *ațcâ* darauf, y. 29, 9. 48, 3.

ațciț (von 1. *aț*) adv. so, y. 49, 3. *ațciț* deshalb (*yaț*, weil) yt. 17, 5. *yațciț* . . . *ațciț*, wenn gleich, so doch, yt. 10, 21.

ať-tâ-vakhshyãm *hâitîm yazamaidê*, wir preisen das Capitel, welches mit *aț tâ vakhshyâ* beginnt, y. 30 Schluss.

ať-fravakhshyãm *hâitîm yazamaidê*, wir preisen das Capitel, welches mit *aț fravakhshyâ* beginnt, y. 44, Schluss.

ațbaêsha (von 2. *a* + *țbaêshañh*), adj., ungeplagt; *nemô vohu adharîm ațbaêshem yazamaidê*, wir preisen das Gebet *vohu-adharîm-ațbaêshem* vsp. 24, 12. *yaț nemô adharîm ațbaêshem*, das Gebet *adharîm-ațbaêshem*, yt. 11, 2.

Skr. *adveshá;* vgl. *advaêsha.*

ațbista (von 2. *a* + *țbista*) adj., ohne Groll, nom. *ațbistô*, vd. 9, 156. 18, 57. y. 61, 26. yt. 10, 120. voc. *ațbista* yt. 12, 8. plur. fem. *ațbistâo* yt. 13, 34. 51.

ať-mâ-yavãm *hâitîm yazamaidê*, wir preisen das Capitel, welches mit *aț mâ yavâ* beginnt, y. 48, Schluss.

atha (von 1. *a* b)) adv., dann, vd. 5, 34. 7, 77. ferner yt. 11, 3. 6. *athâ* nun, y. 52, 3. so y. 14, 12. 29, 1. *atha* so (im Nachsatz) vd. 10, 38. *athâ athâ*, so y. 13, 18. *yatha* . . . *atha* vd. 13, 56 mit Auslassung von *yatha*: vd. 13, 60. *yathâ* . . . *athâ* wie . . . so y. 57, 13.

Skr. *átha.*

athanâ (von *atha* + 2. *na*) adv., dann; *athanâ* . . . *yathanâ* yt. 16, 3.

atharvan s. *âtarvan.*

athra (von 1. *a* b)) adv., dort, vd. 2, 40 (oder *ithra*) vd. 5, 28. 60. 2, 80. 13, 167. yt. 8, 33. 19, 69. *athrâ* y. 31, 12. *athra* von dort, y. 10, 28. *athrâ* dorthin, y. 45, 16.

Skr. *átra*, qal. *atta.*

athrañt, adj., gemischt, geknetet, hzv. übers. *çarisht* (i. e. np. *çirishtah*), plur. gen. *yavanãm athrentãm*, vd. 7, 93.

ad essen, praes. 3. sg. conjunct., *paoiryêhêca nâ myazdahê adhâiti* . . . *yaț maidhyôzaremyêhê*, von dem ersten Myazd esse der Mann, dem für Maidhyôzaremya bestimmten, A. 1, 7.

Skr. *ad, átti*, armen. *outel*, vgl. phryg. *ἀττάλη* (Kehle).

1. **ada** s. *âda.*

2. **ada** (von 1. *a* b) + *da?*) pronom. demonstr., plural. instr. *adâis* dann, künftighin (nach der Trad. bei der Auferstehung) y. 47, 1. *gavôi adâis tâis skyaothanâis* . . . *fraêshyamahî*, durch diese Thaten erbitten wir nun für das Vieh, y. 35, 10. Die Trad. erklärt *adâis* durch „Futter", indem sie es von 1. *dâ* ableitet; *adâis* deinceps y. 29, 2. vgl. *adhâț.*

adaêvayaçna (von 2. *a* + *daêvay°*), m. kein Verehrer der Daêvas, plur. gen. *daêvayaçnanãmca adaêvayaçnanãmca*, vd. 18, 124.

adaçta s. 1. *dâ* + *â.*

adaçtê s. 2. *dâ* + *â.*

adahma (von 2. *a* + *dahma*) adj., gottlos, nom. *adahmô* yt. 10, 138. plur. gen. *dahmanãmca adahmanãmca* vd. 18, 124.

adâ s. *adha.*

adañț (von 2. *a* + *dañț*) adj., nicht gebend, nom. *adãç* nicht gebend (ist) y. 45, 5.

adâityôañharethra (von *adhâitya* + *harethra*) 1) n. nicht richtiger Schutz, acc. *adâityôañharethrem irishyâț* (wenn das Kind) durch schlechte Fürsorge

(Nahrung) Schaden leidet, vd. 15, 52. 2) adj., nicht richtigen Schutz habend, plur. gen. °*aṅharethranãm*, vd. 14, 70.

adâtha (von 2. *a* + 2. *dâtha*), m. ein nicht (d. i. böses) Geschöpf, acc. *dâthemcâ adâthemcâ*, y. 45, 17.

adâhû s. *âda*.

1. **adereta** (von 2. *a* + 1. *dereta*), adj., nicht gemäht, plur. gen. *yavanãm aderetanãm* vd. 7, 93.

2. **adereta** (von 2. *a* + 3. *dereta*), adj., nicht geachtet. Davon:

aderetôṭkaêsha (von *ṭkaêsha*), adj., das Herkommen nicht achtend, plur. nom. *yôi* °*ṭkaêsha* (Hss. °*ṭkaêshô*), vd. 16, 41. *vîçpê aderetôṭkaêsha* (Hss. °*ṭkaêshô*) vd. 16, 42.

adénaba (von 2. *a* + *d*°) adj., ohne Stützen, von den Sternen; plur. acc. *adénabâoçcâ* y. 43, 4.

adruj (von 2. *a* + 1 *druj*), adj., nicht lügend, plur. gen. *adrujãm*, yt. 10, 80.
Skr. *adrúh*.

adrujyañṭ (von 2. *a* + *drujyañṭ*), adj., nicht durch Lüge peinigend, gen. *adrujyañtô* y. 31, 15.

advaêsha (von 2. *a* + *draêshaṅh*) adj., ohne Peinigung (durch Ahriman), nom. *advaêshô*, y. 29, 3.
Skr. *advcshá*.

advâo (von 2. *a* + *dva*) adj., zweifellos, nom. *advâo*, y. 31, 2. — Vgl. tag. *anúdan*.

adha (von 1. *a* b)) adv., dann, vd. 1, 11. 7, 178. ebenso, ferner vd. 2, 135. sodann yt. 10, 93. *frâyêbîsca adhaca ahmâṭ* (Westerg. *frâyêbiscadhca ahmâṭ*) mit noch mehr als diesem, vsp. 9, 3. *adhaciṭ* (Westerg. *aṭ ciṭ*) *ahmâṭ yatha apemem aṅhaṭ*, so auch fernerhin bis zuletzt, wo sein wird, y. 10, 51. *adhâ* y. 13, 18. *adâ* y. 30, 10.
Skr. *ádha*, altp. *adâ*.

adhairi (von *adhara*), praepos. c. acc., unter, *adhairi hakhem*, unter die Fusssohle vd. 8, 219. *adhairi pâdhem géus arshnô* yt. 17, 55.
Hzv. *ér*, parsi *azhér* (*azh* ist altb. *haca*), np. *z-ér*, *zîr*, bel. *îr*, südoss. *dalia*.

adhairizema (vom vor. + *zem*) adj., unter der Erde befindlich, plural. *yim vîçpâis paitismarenti* ... *adhairizemâisca upairizemâisca*, an welchen gedenken alle (Geschöpfe) unter und über der Erde, yt. 8, 48.

adhairidaqyu (von *a*° + *daqyu*) adj., unter dem Lande seiend, acc. *mithrem adhairidaqyûm* yt. 10, 144.

adhaoya (von 2. *a* + *daoya*), adj. unbeirrt, nom. *adhaoyô*, yt. 10, 82. 12, 1.

adhaoyamna (von 2. *a* + *daoyamna*), adj., nicht beirrt werdend, nom. *adhaoyamnô*, yt. 10, 24. 27. 46. acc. °*yamnem* yt. 10, 61. 141. voc. °*yamna* yt. 10, 31.

adhaoyôkhratu (von *adhaoya* + *khratu*) adj., mit unbeirrtem Verstand versehn, nom. °*khratus* yt. 12, 1.

adhara, adj., der untere, acc. *vâtem* ... *adharem uparem*, S. 2, 22. abl. *adharâṭ naêmâṭ*, unten, vd. 14, 23. gen. *vâtahê* ... *adharahê uparahê*, S. 1, 22.
Skr. *ádhara*, oss. *dalag*.

adharadâta (vom vor. + 2. *dâta*), adj., untengesetzt, instr. n. *nemaṅha adharadâta âjaçâni uparadâta*, mit untengesetztem Gebet will ich kommen und mit obengesetztem, yt. 10, 118.

adhavi (von 2. *a* + *davi*) adj., unbetrogen, Spiegel: nicht betrügend, nom. *adhavîs nãma ahmi* yt. 1, 14. *adhavis* yt. 10, 143. neutr. *nemô adhavîm aṭbaêshem*, das Gebet *adhavîm aṭbaêshem*, yt. 11, 2.

adhâitya (von 2. *a* + *dâitya*), adj., ungesetzlich, acc. n. *adhâitîm* etwas ungesetzliches, vd. 4, 129. plur. gen. *adhâityanãm*, vsp. 18, 3.

adhâityôkhratu (vom vor. + *khratu*), adj., nicht recht bei Verstand, nom. °*khratus*, vd. 13, 80. yt. 24, 44.

adhâo s. *âda*.

adhâṭ (von 2. *ada*) adv. nachher, vd. 4, 14. 5, 28. 6, 102. 8, 281. yt. 8, 32. 17, 18. *adhâṭ bûta haca vaṅhaoṭ manaṅhaṭ*, welche nach dem Vohumanô geschaffen sind, vsp. 12, 23. *adhâṭ* von dort, yt. 10, 13.

adhutavâo, m. n. pr. eines Berges, nom. *adhutavâoçca*, yt. 19, 6.

adhka (v. 2. *aṭ*?), m. Hülle, Kleid, acc. *adhkem vaṅhânem*, mit einem Uebergewand, yt. 5, 126.
Skr. *átka*.

adhwaozhen s. *dwaozh*.

adhwan m. Weg, acc. *hû paiti adhwanem*, zum Weg der Sonne, vd. 2, 31. yt. 12, 3. *hâthrômaçaṅhem adhwanem*, eine Strecke von der Grösse eines Hâthra, vd. 2, 65. 101. 13, 52.. yt. 8, 23. *adwânem* y. 43, 3. *tém advânem* y. 34, 13. gen. *adhwanô*, ihrer Bahn, yt. 13, 58. Plur. nom. (von einem Thema *adhu*): *uç vô apâm adhavô apaitieretâo jaçâoñti*, eurer Wasser Pfade werden ungestört hervorgehn, yt. 8, 29.
Skr. *ádhvan*.

an athmen.
Skr. *an*, *ánati*, *ániti*, vgl. np. *ân*. Davon *ainika*, *âyu*.

1. **ana**, Pronominalstamm, bildet Casus von *aêm*.

2. **ana** 1) praepos. c. acc. auf, *ana barezis çayamnanãm*, von denen welche auf dem Lager liegen, vd. 18, 53. *ana tâ vaidhîm ayâo*, *ana bitîm*, *ana thritîm*, auf sie (die Felder) giesst er Wasser, auf (sie) zum zweiten, dritten Male, vd. 5, 16.
2) in Zusammensetzungen negirend, vgl. *anaqaretha*, *anazâtha*, *anamarezhdika* u. s. w.

anaidhya s. *anyaidhya*.

anairya (von 2. *a* + *airya*) adj., ungesetzlich, unarisch, plur. acc. m. *anairyâca daṅhéus aiwistâra*, unarische Plagen des Landes, vd. 1, 71. fem. *anairyâo daṅhâvô* yt. 18, 2. *anairyâo daṅhus*, yt. 19, 68.
Skr. *anárya*, hzv., parsi, np. *anér*, vgl. *anérân*, armen. *taneran*?

anaiwighnikhta (von 2. *a* + *aiwighnikhta*), adj., noch nicht benagt, nom. f. *yêzi aêsha naçus anaiwighnikhta çûnô vâ kerefsqarô vayô vâ kerefsqarô*, vd. 7, 75. 8, 117.

anaiwidrukhta (von 2. *a* + *aiwi*°), adj., nicht betrogen, nom. m. °*drukhtô* yt. 10, 5.

anaiwidrukhti (von 2. *a* + *aiwi*°) f. Freiheit

vom Belogenwerden, vom Leiden, instr. °*drukhti* y. 64, 41.

anaiwivaçtra (von 2. *a* + *aiwi°*) adj., unbekleidet, dual. nom. *anaiwivaçtra* vd. 8, 26.

anaiwivârĕñt (von 2. *a* + *aiwivârĕñt*) adj., nicht beregenbar, nicht beregnet werden könnend, plur. acc. °*vârĕñtis* (*azdêbîs*) vd. 6, 104.

anaiwiçravana (von 2. *a* + *aiwi°*) adj., nicht hörend, nom. °*çravanô* vd. 3, 139.

anaiwisqaretha (von 2. *a* + *aiwisq°*) adj., nicht geniessbar, nom. fem. *anaiwisqaretha*, vd. 6, 67.

anaiwyâçta (von 2. *a* + *aiwyâçta*), adj., nicht bedeckt, nom. *nâ* . . . *anaiwyâçtô* (die Hss. °*çta*), ohne den Gürtel Kosti, nicht umgürtet, vd. 18, 115. 120. *anaiwyâçtô daênãm*, ohne das Gesetz angezogen zu haben (Huzv. Uebers. nicht nach dem Gesetz umgürtet) vd. 18, 2. fem. *anaiwyâçtis*, ohne Beischlaf, vd. 18, 73.

anaêsha (von 2. *a* + 2. *aêsha*) adj., 1) nicht wünschend, acc. neutr. ich stand bei einem Leichnam *anaêshem manô*, *anaêshem vacô*, *anaêshem skyaothnem*, ohne dass ich es wünschte in Gedanken, Worten oder Werken, vd. 8, 283. 2) ohne Begehr, nom. *anaêshô*, ohne Begierden, y. 45, 2. acc. *anaêshem râdem*, einen unmächtigen Herrn, y. 29, 9.

anaocañh (von 2. *a* + *aocañh*) adj., unvergänglich, Ner. *anaçvara*, dual. nom. *çpâdâ anaocañhâ* y. 43, 15.

anaosha (von 2. *a* + *aoshañh*) adj., unsterblich, plur. nom. *anaoshâoñhô* (von den Rossen Mithras) yt. 10, 125.

Parsi *anaosa*.

anaqareta (von 2. *ana* + *qareta*) f. Glanzlosigkeit, acc. *anaqaretãm* (Westerg. *ana qaretãm*) yt. 5, 50.

anaqaretha (von 2. *ana* + *qaretha*) adj., ohne Speise, dual. nom. mache 9 Löcher da, wo die trockenste Erde ist, *anaqaretha paçuvîra*, (wo) nicht essen Vieh und Menschen, vd. 10, 34.

anaghra (von 2. *a* + 1. *aghra*) adj., anfangslos, ungeschaffen, nom. f. *anaghra ashaono çtis* yt. 8, 48. plural. nom. n. *anaghra raocâo* die Fixsterne, vd. 2, 131. acc. *anaghra raocâo* vd. 11, 3. 19, 119. y. 17, 41. yt. 12, 35. gen. *anaghranãm raocañhãm* y. 1, 45. yt. 13, 57. *anaghranãm*, am Tage der anfangslosen Lichter, am Tage Anérân, (d. i. den 30. des Monats), A. 1b, 9. 10. loc. *anaghraêshva raocôhva* im vierten Himmel, dem Sitze des Urlichtes, yt. 22, 15. *anaghraêshva temôhva*, in der vierten Hölle, dem Sitze der Urfinsterniss, yt. 22, 33.

Parsi *anérân*, vgl. indoskyth. *onir*, np. *anaghr roshan*.

anazavakhtema, adj., voc. °*tema*, A. 1, 4. Spiegel übers. zweifelnd: o sündlosester; nach einer brieflichen Mittheilung zieht er die Lesart von L[11] *anazavaçtema* vor und denkt an Verwandtschaft mit *ãzañh*, dessen *ã* wegen der Länge des Wortes zu *a* werde.

anazâtha (von 2. *ana* + *z°*), adj., ungeboren, dat. *anazâthâi ashaonê* für den noch nicht gebornen Reinen, vd. 21, 1.

anapishûta (von 2. *a* + *aipishûta*), adj., ohne Nachlässigkeit gesprochen, nom. f. *anapishûta* y. 19, 6. Die Trad. erklärt: „man ruht nicht"; es gilt also die Gebete genau und ohne etwas auszulassen herzusagen; loc. m. *anapishûtê* (vgl. *anapyûkhdha*) vsp. 18, 9. plur. gen. f. *anapishûtanãm* y. 19, 7.

anapyûkhdha (von 2. *a* + *aipyûkhdha*), adj., ohne Unterbrechung gesprochen, nom. f. *anapyûkhdha* y. 19, 6. Die Trad. erklärt: man spricht (das Gebet) nicht in der Mitte eines andern Avesta (einer andern Stelle); loc. m. *anapyûkhdhê anapishûtê*, wenn er (der Yaçna) unverstümmelt und fehlerlos gesprochen wird, vsp. 18, 9. plur. gen. f. *anapyûkhdhanãm* y. 19, 7. *tisrô paoiryô yazamaidê*, *anapyûkhdhô anapishûtô*, *tisra paoirya yazamaidê*, *anapyûkhdha anapishûta*, wir preisen von den drei (Gebeten) das erste (yathâ ahû vairyô), das ohne Fehler und Nachlässigkeit gesprochne, wir preisen die drei ersten (Gebete, das yathâ ahû vairyô, das ashem vohû und das yêñhê hãtãm), die ohne Fehler und Nachlässigkeit gesprochnen, vsp. 15, 4. 5. (die Endungen im ersten Theile des Satzes unrichtig).

anafshma (von 2. *a* + *afçman*), f. Ungemessnes, Unmetrisches, acc. sg. *yathrâ vê afshmânî çêñhânî nôiț anafshmãm*, wo euch in den metrischen Worten (in den Liedern) nicht Unmetrisches (sein wird) y. 45, 17 (der acc. steht, weil man das Verb. *ah* hinzudenkt).

anabdâta (von 2. *a* + *abdâta*), adj., nicht umbunden, nom. *anaiwyâçtô anabdâtô* (Hss. °*ta*), ohne Kosti und Band, vd. 18, 115. 120. acc. n.? *anabdâtem* yt. 24, 23.

anamana (von 2. *ana* + *man*), adj., gleichgesinnt, dat. *anamanâica* yt. 5, 8.

anamarezhdika (von 2. *ana* + *mar°*) adj., unbarmherzig, gen. *gadhahê anamarezhdikahê* yt. 13, 136.

anareta (von 2. *a* + *areta*), adj., unrecht wandelnd, plur. instr. *daêvâis anaretâis*, y. 13, 14.

Skr. *anṛta*.

anaretha (von 2. *a* + *aretha*), adj., unrecht, loc. n. *anarethê*, auf unrechte Weise, y. 64, 35.

Skr. *anartha*.

anavaurukhti, f. Segenswunsch gegen die Dämonen, bzv. übers. *arauk* und erklärt *anérangish*; gen. °*tôis* y. 69, 12. vsp. 10, 10.

anavañhabdemna (von 2. *a* + *avañh°*) adj., nicht schlafend, nom. *anavañhabdemnô* y. 56, 7, 4. yt. 10, 103.

anasha (von 2. *a* + *asha*), adj., unrein (vom Getreide), mit den Hülsen, plur. gen. *yavanãm anashanãm*, vd. 7, 93.

anashavan (von 2. *a* + *ashavan*), adj., unrein, nom. m. *zaota anashava* yt. 10, 138. *ashemaoghô anashava* vd. 5, 113. 9, 188. *ashemaogha anashava* yt. 3, 7. statt des acc.; yt. 3, 10. acc. *ashemaoghem anashavanem* vd. 4, 141. gen. *anashaonô* für einen unreinen vd. 18, 27. y. 9, 99. plur. nom. *yôi anashavanô* vd. 16, 43. gen. *anashaonãm* yt. 13, 105.

anashita (von 2. *a* + *nashita*) adj., nicht erlangt habend, nicht versehn, gesegnet mit, plur. nom. f. *frazaiñti anashitâo maêthanyâo*, die mit Nachkommen nicht gesegneten Häuser, yt. 10, 38.

anahuna (von 2. *a* + 3. *ahuna*) adj., nicht versehn mit dem Herrn, plur. gen. *uçaghanãm* . . . *anahunãm aratunãm çimanãm* der schrecklichen Uçaghas, welche nicht versehn sind mit Herr und Meister, d. h. das Gebet, in welchem *ahû* und *ratus* vorkommen (das yathâ ahû vairyô), verachten, yt. 13, 105. acc. *anahunâca aratusca* (Hss. *ratusca*), gegen die Verächter des Gebetes yathâ ahû vairyô, vsp. 11, 3. 12, 35.

anâiriti (von *iri?*) adj., unrein, plur. abl. *anâiritibyaçca* von unreinen Thieren (reinige er) vd. 14, 71.

anâkhrûidha (von *khru*), adj., scharf, vom Gesicht.

anâkhrûidhadôithra (vom vor. + *dôithra*) adj., mit scharfem Gesicht versehn; nom. m. (ohne Flexion) °*dôithra* yt. 15, 54.

1. **anâkhsta** (von 2. *a* + 2. *âkhsta*), adj., nicht angegriffen, nom. m. *anâkhstô râkhs*, Fr. 9, 1.

2. **anâkhsta** (von 2. *a* + 1. *âkhsta*), n. Friedlosigkeit, nom. (ohne Flexion) *anâkhsta* yt. 3, 8. acc. (ohne Flexion) *anâkhsta* yt. 3, 11. *anâkhsta anâkhstôtema*, die friedloseste Friedlosigkeit, yt. 3, 15.

anâkhsti (von 2. *a* + *âkhsti*) f. Unfriede, acc. *anâkhstîm* y. 59, 8. gen. *anâkhstôisca* yt. 10, 29.

anâzareta (von 2. + *âzareta*), adj., nicht gepeinigt werden könnend, plur. f. *anâzaretâo* yt. 13, 30. 31. 63.

anâdrukhta (von 2. *a* + *âdrukhta*), adj., unbelogen, nom. °*tô* yt. 10, 23. Fr. 9, 1.

anâdrukhti (von 2. *a* + *âdrukhti*), f. 1) Abwesenheit der Lüge, abl. *para anâdrukhtôiṭ*, wegen Abwesenheit der Lüge, yt. 19, 33. 2) Segenswunsch gegen die Lüge, gen. *anâdrukhtôis*, y. 69, 12. vsp. 10, 10.

anâp (von 2. *a* + 2. *ap*), adj., wasserlos, acc. f. *gãm anâpem*, Fleisch ohne Wasser, vd. 5, 154.

anâpa (von 2. *a* + 2. *ap*), n. Wasserlosigkeit, wasserloses Land, acc. *anâpem*, vd. 3, 14.

anâperetha (von 2. *a* + *âp*°), adj., Hzv. übers. *anâpuharak* unsühnbar, acc. n. *anâperethem skyaothnem*, vd. 3, 146. plur. acc. n. *anâperetha skyaothna*, vd. 1, 44.

anâmâta (von 2. *a* + *âmâta*), adj., unfähig, nom. *anâmâtô*, vd. 7, 98.

anâmãthwa (von 2. *a* + *âmãthwa*) adj., für das Denken unerfasslich, plur. fem. *anâmãthwâo* (von den Fravashis), yt. 13, 32.

anâçtareta (von 2. *a* + *âçtareta*) adj., unbefleckt, acc. n. *yaozhdayãn anâçtaretem* (scil. *aṅhen*), sie werden rein sein, ohne Befleckung, vd. 8, 64.

anâçtuta (von 2 *a*. + *â*°), adj., nicht preisend, nom. *anâçtutô* vd. 3, 139.

anâçtravana (von 2. *a* + *âçtravana*), adj., unbefleckt, acc. *kehrpem anâçtravanem bavâhi*, sei unbefleckt am Leibe, yt. 23, 3. Burnouf las *anâhiçteretlıwanem*.

anâshê (von 2. *a* + *nâshê*), zum nicht wiederkehren, y. 43, 14.

anâhita (von 2. *a* + *âhita*) 1) adj., unbefleckt, nom. acc. sg. m. *anâhitem anâhitô*, dem unbefleckten (Mithra) der unbefleckte (Haoma opferte) yt. 10, 88. abl. n. *anâhitâṭ parô bareçman*, vor unbefleckten Opferreisern, yt. 10, 88. fem. *anâhitayâṭ parô zaothrayâṭ* yt. 10, 88. plur. abl. m. *anâhitaêibyô parô vaghzhebyô* yt. 10, 88. *bânubyô raokhshnibyô anâhitaêibyô*, yt. 8, 2. 2) f. n. pr. des Genius der von Ahura-mazda ausgehenden, alle Welt befruchtenden Gewässer, aus welchen alle irdischen Wasser fliessen und in welche dieselben wieder zurücklaufen. Diese Urquelle der Gewässer soll sich auf dem Berge Hukairya befinden. Anâhita ist eine der wenigen höhern Wesen, welchen im Avesta eine bestimmte leibliche Gestalt beigelegt wird. Ihr Cultus war weit ausgebreitet, es werden in Babylon, Susa, Ekbatana, Damaskus, Sardes, Konkabar, Hierocaesarea, Hypaepa, Zela, Akilisene, ihre Tempel erwähnt, und man hat in neuerer Zeit in den Ruinen von Susa Statuetten aus Terra cotta von ihr gefunden, an denen besonders starke Brüste bemerkt werden (vgl. yt. 5, 127). Man vgl. Windischmann, die persische Anâhita, in den Abhandlungen der bair. Akad., Band VIII, p. 85 ff. Spiegel, Av. übers. III, XVII. Bund. 22, 10. 25, 15. — nom. *ardvî çûra anâhita* y. 64, 16. yt. 5, 4. 7. 96. 12, 24. acc. *ardvîm çûrãm anâhitãm* vsp. 2. 20. y. 64, 1. yt. 5, 1. 9. 62. 13, 4. N. 4, 9. gen. *aredvyâo âpô anâhitayâo* vend. sade 96. vsp. 1, 18. yt. 5, 0. 1, 21. voc. *ardvi çûra anâhitê* yt. 5, 9.

Altp. *anahata*, np. *nâhid* (Planet Venus, Weib mit starken Brüsten). wovon arab. *nâhiduń*; armen. *anahit*; bei den Alten Ἀναῖτις, babylonisch *anakhitu*.

anâhiçterethwana s. *anâçtravana*.

anizhbereta (von 2. *a* + *nizhbereta*) adj., nicht hinweggebracht, acc. pl. *anizhbereta* (Westerg. *ainizh*°) vd. 8, 120. 123.

aniyada s. *anyada*.

anu 1) prae- oder postpos. c. acc. längs, nach, in, *hvãm anu ustîm* nach ihrem Willen, vd. 2, 41. *anu zafanô* yt. 10, 38 *çaṅhemciṭ anu*, dem Lob gemäss (wie das Lob war, so wird der Lohn sein) yt. 10, 138. *anu mãthrem* nach dem heiligen Wort, yt. 5, 93. 2) adv. häufig als Verbalpraefix, z. B. *anu-i*.

Skr. *ánu*, altp. *anuv*, parsi *an* (in Compos.), armen. *ев*, *n*.

anukhti (von *anu* + *ukhti*) f. gemässes Sprechen, dat. *anukhtêê daênayâo* yt. 5, 18. 105. 19, 79. 84. *anukhtayaêca daênayâo* y. 8, 16.

anuzvarsta (von 2. *a* + *uzv*°) adj., nicht gesühnt, abl. n. *anuzvarstâṭ paiti paurvâṭ*, nach nicht gesühnter früherer (That), ohne die frühere gesühnt zu haben, vd. 4, 67. plur. nom. n. *anuzvarsta* vd. 15, 2.

anudadhayaṭ s. 1. *dâ* + *anu*.

anupaêta (von 2. *a* + *upaêta*) adj., rein (von Mädchen) plur. f. *kainînô yâo anupaêta mashyânãm*, Mädchen, die noch keinen Mann erkannt haben, yt. 15, 39. *kainîna anupaêta mashyânãm* yt. 17, 54. 55. (lies *upaêtâo?*)

anupayata (von 2. *a* + *upayata*) adj., nondum subacta puella, acc. *kanyãm açkeñtãm anupayatãm*, vd. 16, 64.

anupôithwa (von *anu* + *pôithwa*), adj., fett, gen. *varâzahê anupôithwahê* yt. 10, 70. 127. 14, 15.

anupoithwañṭ (wie oben) adj., reichlich, dick, acc. f. *puçãm anupôithwaitîm* yt. 5, 128.

anumaiti (von *anu* + *maiti*), f. gemässes Denken, dat. *yatha azem hacayêni zarathustrem anumaitê daênayâo*, dass ich gewinne den Z. zur Befolgung des Gesetzes, yt. 5, 18. ähnlich yt. 5, 105. *yaṭ (qarenô) upanhacaṭ zarathustrem anumatêê daênayâo, anukhtêê daênayâo, anvarstêê daênayâo*, welche (Majestät) sich heftete an Z., zum Denken, Reden und Handeln nach dem Gesetz, yt. 19, 79, ebenso von Vîstâçpa: yt. 19, 84. *anumatayaêca daênayâo* y. 8, 16.
Skr. *ánumati*.

anumaya (von 2. *mâ*) m. Kleinvieh, acc. *anumaêm arejô* für ein Stück Kleinvieh als Preis, vd. 7, 117. *anumaêm*, ib. gen. *anumayêhê* vd. 2, 60. 9, 158. plur. acc. *bis hapta paçvô anumaya*, 14 Stück Kleinvieh, vd. 14, 67. gen. *anumayanãm* yt. 5, 21. 21, 5. *hazanrem anumayanãm*, vd. 18, 137. 22, 14.
Huzv. *anumâi*; vgl. phryg. *μᾶ?*

anumayômaza (von *anumaya* + *maza*) adj., vom Werth eines Stückes Kleinvieh, nom. °*mazô*, vd. 4, 136.

anuyamna (von 2. *a* + *uyamna*) adj., nicht mangelnd, plur. neutr. *uyamna anuyamnâis daçta* machet das mangelnde zu nicht mangelnden (gloss. gewährt den Hülflosen Schutz) vsp. 18, 5.

anuvarstavañṭ (von *anu* + *varstavañṭ*) adj., nachwirkend, Superl. plur. nom. f. *yâo . . . anuvarstavaçtemâo fraççiñbanãm* welche (Fravashis) die nachwirkendsten der Stege sind (d. h. welche die Anlegung von Stegen gern sehn und dafür Segen geben?) yt. 13, 26.

anuçanh (von 2. *a* + *uçanh*) adj., unfreiwillig, acc. n. (adverb.) *yaṭ anuço vifyêiti*, wenn er unfreiwillig Saamen lässt, vd. 8, 74. *anuçô* ungern (scheint die Sonne) vd. 9, 161. *anuçô* widerwillig (fliehen die Daêvas) y. 56, 7, 10. yt. 9, 4.

anuçañṭ (von 2. *a* + *uçañṭ*) adj., widerwillig, acc. *anuçeñtem* yt. 17, 19.

anuçkañta (von 2. *a* + *uçkañta*) adj., nicht ausgegraben, loc. absol. *yaṭ anhâo zemô nikâñtê çpânaêca iriçtê naraêca iriçtê naêmem yâredrâjô anuçkañtê*, wenn in dieser Erde ein todter Hund oder Mensch eingegraben ist, ohne wieder ausgegraben zu sein (*yaṭ* leitet die Rede oder die loc. absol. ein) vd. 3, 123.

anãzanh (von 2. *a* + *ãzanh*) adj., unbeengt, nom. n. *anãzô* yt. 10, 44.

anya, pronom. adj., ein anderer, sing. nom. m. *anyô* vd. 13, 24. hzv. gl. zu vd. 5, 33. y. 49, 1. *anyô . . . anyô* der eine . . . der andere, y. 9, 32. *nôiṭ paitiraêthwayêiti, anyô ahmâṭ yô*, nicht verunreinigt er einen, ausser demjenigen welcher vd. 5, 111. *kahmâi apereçe . . . anyô mana*, mit wem ausser mir unterhieltest du dich, vd. 2, 3 *yimai apereçê . . . anyô thwaṭ*, mit Yima unterhielt ich mich ausser dir, vd. 2, 6. *nôiṭ môi vâçtrâ khshmaṭ anyô* nicht ist mir Futter ausser von euch, y. 29, 1. er war der siegreichste *anyô zarathustrâṭ* ausser Z., yt. 19, 36. In den angeführten Stellen (ausser der letzten) scheint *anyô* adverbial zu stehn, vgl. jedoch Westergaard, preface p. 9, note 4. *cvaṭ haca anyô anyaêibyô*, wie viel von einander abstehend, vd. 9, 14. *anyô ainîm*, eins das andre (es ist von Mädchen die Rede) y. 52, 5. *anyô anyêhê urvânem*, sie blikken einander in die Seele, yt. 13, 84. neutr. *anyaṭ* ausser yt. 14, 46. *mâ frâdaêçayôis anyaṭ pithrê* verkünde es nicht ausser dem Vater, yt. 4, 10. acc. m. *paitidânem ainim . . . khrafçtraghnem ainim . . . urvarãm ainim* (lies *ainyãm?*) (er trägt) den einen Pedâm, den einen Khrafçtratödter, die eine Pflanze, d. h. bald einen P., bald einen Khr., bald einen Zweig, vd. 18, 2. 5. 7. *anyêm* y. 34, 7. 57, 15. *anyêm ahmâṭ* ausser zu dem, nicht aber zu dem, y. 44, 11. *kêmnâ . . . anyêm thwahmâṭ âthraçcâ mananhaçcâ* wen anders (schuf er) als dich das Feuer und den Geist, y. 45, 7. fem. *anyãm* vd. 6, 4. neutr. *anyaçciṭ* (aus *anyaṭciṭ*) yt. 13, 73. instr. m. *anya udra upâpa* ausser dem Wasserhund, vd. 13, 48. dat. *anyahmâi* yt. 17, 58. gen. *anyêhê* vd. 7, 6. 3, 93. yt. 13, 84. dual. *anya* (verb. im plur.) vd. 5, 83. plur. nom. *anya çpâ* andre Hunde, vd. 13, 120. *anyê* y. 10, 18. yt. 5, 69. statt des acc. *anyê yazatâonhô* yt. 10, 54. *anyâoçciṭ arshânô* vd. 18, 77. fem. *anyâo* y. 19, 51. *anyâoçciṭ* yt. 15, 54. *anyâoçca avaretâo* yt. 17, 7. neutr. *anya* vd. 3, 68. 70. *heñti anyâoçca açâoçca shôithrâoçca çrîrâoçca* . . (könnte auch acc. sein) vd. 1, 81. acc. m. *anya magha* vd. 9, 16. *anyê ameshâo çpeñta* yt. 10, 139. *daça paiti anyê ratavô* es ist gleich 10 andern Gebeten, y. 19, 8. *anyêñg* y. 43, 11. *anyâoçciṭ* yt. 19, 87. 89. fem. *anyâo (çtunâo)* die andern (Säulen, statt: die andern Häuser mit Säulen) yt. 10, 28 *anyâo âpô* vd. 5, 70. yt. 5, 78. neutr. *anyâcâ* y. 43, 3. *anyâis dâmãn* y. 22, 27. yt. 2, 1. instr. neutr. *anyâis çravâis* vd. 5, 68. dat. m. *yûtô anyaêibyô mazdayaçnaêibyô* vd. 5, 157. abl. *haca anyaêibyô maghaêibyô* vd. 9, 120. *anyaêibyô* yt. 22, 7. gen. *anyaêshãm* vd. 19, 84. 18, 144. yt. 1, 31. 3, 3. 13, 17. *anyãm dakhstanãm* vd. 2, 86. fem. *anyaêshãm* y. 19, 7. yt. 21, 6. *anyãm avaretanãm* vd. 19, 87. 9, 155.

Skr. *anyá*, altp. *aniya*, hzv. parsi *han*, vgl. parsi *ainâ* (alias) afgh. *nûr?* armen. *ayl*, oss. *inne*.

Vgl. *ainidhaṭ*.

anyaidhya (Spiegel **anaidhya**) (von 1. *anyadha*) 1) adj., anderwärtig, acc. n. *khshvasgâim anyaidhîm*, sechs Schritt anderwärts, d. h. nach den Seiten, vd. 6, 80. 2) f. Zustand des anders seins, des bei

Seite liegens, nom. *cvañtem drâjô zrvânem añhâo zemô anyaidhya*, wie lange Zeit ist der Zustand des brach liegens dieser Erde, wie lange muss sie unbebaut bleiben, vd. 6, 1. *yâredrâjô añhâo zemô anyaidhya*, ein Jahr lang soll die Erde brach liegen, vd. 6, 2. hzv. übers. *anâpîtân* und erklärt: unpassend zu irgend welchem Geschäft.

anyajaça (von *anya*+*jaça*) adj. anderswoher kommend, nom. *yavaṭ aêshô çpâ anyajaçô*, bis der Hund von anderswoher kommend (ist), bis ein andrer Hund hinzukommt, vd. 15, 132.

1. **anyadha** (von *anya*) adv. anderswie, davon: *anyaidhya*.

2. **anyadha** (von 2. *a* + *iyadha*) adv. nicht hier, anderswo, *yadacâ* (das *y* ist mit dem aus 2. *i* zusammengesetzten Zeichen geschrieben, weshalb *iyadacâ* zu lesen ist) *anyadacâ* (lies *aniyadacâ*) y. 35, 4.

anyava m. n. pr. Sohn des Anyu, gen. *vîvareshvatô ainyavahê*, des Vîvareshvañṭ, des Sohnes des Ainyu, yt. 13, 122. *vohuperecahê ainyavahê* yt. 13, 124.

anyâtha (von *anya*) adv. ausserdem, *yê mâ nâ marekhshaitê anyâthâ ahmâṭ*, wer mich ausserdem (d. h. wenn ich zu den Schlechten gehöre) tödtet, y. 59, 10.

anyôṭkaêsha (von *anya* + *ṭkaêsha*) adj., ein andres Herkommen befolgend, nom. f. *°ṭkaêsha* vd. 12, 63. dat. m. *°ṭkaêshâi* vd. 15, 6.

anyôvarena (von *anya* + 1. *varena*) adj., andersgläubig, nom. f. *yaṭ kãmciṭ vâ taokhmanãm parairithyêiti yatha anyôvarena anyôṭkaesha*, wenn ein andersgläubiges oder ein andres Herkommen befolgendes der Familienglieder stirbt, vd. 12, 63. dat. m. *°varenâi* vd. 15, 6.

anvarsti (von *anu* + *varsti*) f. gemässes Handeln, dat. *anvarstêê daênayâo* yt. 5, 18. 19, 79. 84. *anvarstayaêca daênayâo* y. 8, 16.

1. **ap**, erreichen, zum Ziel kommen, praes. conj. 3. sg. *apâiti*, vd. 4, 155. pot. 1. plur. *mâ apaêma paurvâvayôiṭ*, nicht mögen wir erlangen (dass) er zuvorkomme, vsp. 25, 4. *apaêmâ* mögen wir erlangen, y. 42, 3. imperat. 2. sg. *apâ nô dareghôjyâitîm* gib uns langes Leben, (hzv. übers. *bnâ-m yafinê*, Ner. *avâpaya*) y. 33, 5. Causale praes. 1. sg. *apaya* ich werde dich fassen, dahin bringen, yt. 19, 50. 3. sg. *apayêiti* er erreicht (sein Ziel) yt. 14, 20. *yaṭciṭ tanûm apayêiti*, wenn er auch den Leib (mit seinem Speerwurf) trifft, yt. 10, 21. 3. pl. *apayêiñti*, sie erreichen nicht (das Ziel) y. 56, 11, 4. yt. 10, 20. imperat. 1. sg. *yatha apayêni* yt. 5, 42. impf. conj. 3. sg. *apayâṭ* möge er uns gelangen lassen yt. 10, 86. partic. praes. gen. sg. m. *nôiṭ skyaothnâis apayañtahê* dessen welcher nicht mit Thaten (das Gesetz) ausführt, y. 9, 99.

— *avi*, erreichen, kommen, causale, imper. 2. sg. *nãm avi apaya*, yt. 16, 2.

— *paiti*, ankommen, causale impf. 3. sg. *yaṭ aêm paitiapayaṭ* bis er ankommt, yt. 8, 38.

— *pairi*, auslangen, umstrecken, causale imper. 2. sg. *pairi apaya bâzuwê*, lange aus, suche beizukommen mit den Armen, yt. 10, 105.

— *fra*, erreichen, gelangen, causale praes. 1. sg. *yêzi jum frapayêmi* yt. 5, 63. imper. 2. sg. *frâ . . . apaya* yt. 19, 48. 50.

Skr. *âp*, *âpati*, *âpnóti*, hzv. *yâftan* (eigentl. denom. von altb. *âyapta*), parsi *ayâftan*, np. buch. *yâftan*, afgh. (aus dem pers.) *yâftédal*, dig. *yáfun*, tag. *yáfün*.

Vgl. *âf*.

2. **ap**, f. Wasser, Sing. nom. *âfs* vd. 2, 58. 5, 23. yt. 14, 39. *maçyâo âfs* . . . *frâdavaiti* vd. 5, 71. *ardvî nãma âpa* das Wasser Ardvîçûra (Westerg. verm. *âfs*) vd. 7, 37. acc. *âpem* y. 23, 2. vd. 5, 50. 19, 75. 2, 65. vsp. 12, 13. yt. 13, 22. *yaozhdâta bun âpem*, gereinigt ist das Wasser, vd. 11, 6. *tarô apemca* vd. 15, 33. *para âpem* y. 19, 3. *âpem kerenaoiti* (wo man trocknes Land) befeuchtet, vd. 3, 14. *apemca* vsp. 12, 17. 21. yt. 8, 2. instr. *apâca* vd. 5, 156. 8, 116. abl. *apaṭ* vd. 3, 56. 6, 63. 19, 18. y. 64, 23. yt. 19, 92. *apâaṭca* vsp. 8, 18. gen. *apaçca* y. 1, 15. *âpô* vd. 6, 65. 69. 71. yt. 13, 86. *iriçtem uzbarôit âpô* (statt des abl.) man trage den Todten aus dem Wasser, vd. 6, 58. *taraçca âpô nâvayâo* über fliessendes Wasser, vd. 14, 69. *maçô vâ âpô* (local), yt. 11, 4. der Hund fällt *âpô nâvayâo* in fliessendes Wasser, vd. 13, 102. *apô* vd. 6, 104. 21, 15. loc. *apaya* yt. 8, 43. *aipi dâityayâo*, dem Wasser der Dâitya yt. 1, 21. *aipya* vd. 6, 54 (s. *naçu*). Dual. s. *âpaurvairê*. Plural. nom. *âpô* vd. 5, 58. vsp. 24, 2. y. 13, 23. 64, 12. 26. yt. 10, 14. 8, 7. 13, 78. 65. *yêzica âpô vañuhîs bareshnûm vaghdhanem paitijaçaiti*, wenn das gute Wasser oben an das Haupt kommt, vd. 8, 131. *apaçca* (kann auch voc. sein) y. 8, 8. acc. *âpô* vd. 5, 70. 6, 3. 7, 37. 19, 5. y. 2, 49. 17, 21. 64, 21. 67, 15. yt. 5, 78. 13, 79. *âpô* in das Wasser (sollen sie gehn) vd. 6, 59. *âpô* mit Wasser vd. 16, 27. *gêus maêçmana nôiṭ âpô* er wasche sich mit Kuhurin, nicht mit Wasser; vd. 8, 119. 122. An einer frühern Stelle steht der instr. Sing. *apâca*; *çareta âpô* kalt an Wasser, vd. 1, 10. *apaçca* vsp. 19, 8. y. 2, 59. vd. 6, 6. *apaçcâ* y. 37, 1. 5, 1. *apô* y. 67, 56. 38, 7. dat. *aiwyô* vd. 12, 7. 14, 8. vsp. 12, 5. Fr. 7, 1. *aiwyô zaothrâo frabarôis*, den Wassern bring Zaothras, y. 64, 39. statt des instr. vd. 4, 128. gen. *apãm* vd. 5, 71. 6, 64. 97. 12, 30. 18, 125. yt. 13, 53. *apãmca* y. 51, 5. yt. 15, 1. voc. *âpô* y. 64, 33. N. 3, 11. yt. 24, 8 (wo *âpa*).

Skr. *áp*, altp. *api*, hzv. *âp*, parsi *âw*, np. buchar. *âb*, gil. *aph*, tâtî *âv*, talish *ôv*, afgh. *ûbah*, bal. *âph* (Lassen), *hap* (Masson), kurd. kurm. *âv*, zaza *aúka*.

Vgl. *anâp*, *anâpa*, *afsccithra*, *afstacin*, *avôqarena*, *awezhdâna*, *awzhdâta*, *âthwya*, *âfaṭ âfsbyârikhti*, *upâpa*, *urvâpa*, *tacaṭap*, *nyâpa*, *paityâpa*, *fraṭâpa*, *frââpa*, *frâpa*, *viâpa*, *vîrâpa*, *hvâpa*.

1. **apa** 1) praepos. c. abl., von, *apâca paurvaêibyo* (seien fern gehalten) von den beiden ersten, vd. 15, 133.

2) adv., oft als verbalpraefix; mit verdunkeltem Auslaut: *apô* . . . *apayañtâ* y. 32, 9.

Skr. *ápa*, altp. *apa°*, hzv. *ap°*, parsi *awé*, np. *abê°*, *bî*, kurm. *be*, zaza *ve*, armen. *apa*.

2. **apa** (von 1. *ap*), m? Wunsch, hzv. übers. *ayâpakish*, loc. *apê ameshanãm çpeñtanãm*, nach dem Wunsche der Amesha çpentas, y. 19, 20 *yâ mê daênãm . . . zaraçca dâț apaêca aotâț*, welche mir sich einpräge das Gesetz und nach Wunsch preise yt. 9, 26. Indessen ist an dieser Stelle wohl *apâca aotâț* zu lesen, weil die Wurzel *vaț* nur mit *apa* erscheint.

apaitiereta (von 2. *a* + *paitiereta*) adj. nicht bestürmt, nicht gefährdet, plur. nom. f. *apaitieretâo* yt. 8, 29.

apaitizañta (von 2. *a* + *p°*) adj., nicht begütigt, nom. *°zañtô* yt. 10, 39.

apaitibuçti (von 2. *a* + *p°*) f. Zustand des nicht bemerkt werdens, instr. (adv.) *apaitibuçti*, unbemerkt, vd. 13, 28. 113.

apaitisqarethâo (von 2. *a* + *paiti* + 2. *qaretha*), adj., einer dessen Glanz nicht angefochten wird? nom. *apaitisqarethâo bavâni*, yt. 24, 38.

apairiâthra (von 2. *a* + *p°*) adj., nicht abnehmend, acc. *khratûm . . . apairiâthrem*, y. 61, 11.

apairivavañț (von 2. *a* + *p°*) adj., nicht danebenschlagend, sup. pl. nom. f. *yâo apairivavaçtemâo çnaithishãm varethanãmca*, welche (Fravashis) die am wenigsten danebenschlagenden der Waffen und Abwehrmittel sind, yt. 13, 26.

apaêtar (von 1. *apay*) m. Wegführer, nom. *avaț apaêta nãma ahmi, yaț vâ dãma apayêmi*, desshalb heisse ich Wegführer, weil ich die Geschöpfe wegführe, yt. 15, 43.

apaosha (von *ush*) m. n. pr. des Daêva, welcher in der Gestalt eines Rosses (vgl. J. Grimm deutsche Mythologie 946) den Regen bringenden Tistrya in seinem Werke stört und die Rolle des vedischen Vṛtrá spielt, vgl. Bund. 16. nom. *apaoshô* yt. 8, 21. 22. acc. *apaoshem* yt. 8, 28. *taurvayêiti mahrkathem daêum apaoshem*, er überwindet zum Tode den Daewa A., yt. 18, 2. *bareñti mahrkathem daêum apaoshem*, sie bringen zum Tode den Daêva A., yt. 18, 6.

Hzv. *apavash*.

apakava (von 2. *ku*) adj., zanksüchtig, nom. *apakavô* der Zanksüchtige, ein Zanksüchtiger, vd. 2, 80. yt. 5, 93.

apakhraoçaka (von *khruç*) m. Schreier, plur. nom. *apakhraoçaka* yt. 5, 95.

Vgl. Skr. *apakroça*.

apakhshathra (von 1. *apa* + *khshathra*) m. Afterkönig oder Feind des Königthums, acc. *haomô temeiț yim kereçânîm apakhshathrem nishâdhayaț*, Haoma stürzte den Kereçâni, den Feind des Königthums, y. 9, 75.

apakhshira (von 1. *apa* + *khshîra*) adj., milchlos, gen. fem. *parshaṭgavâo dâzgarôgavâo apakhshîrayâo dańhéus*, des Parshaṭgâu und des Dâzgarôgâu (zwei Brüder?) in der milchlosen Gegend, yt. 13, 127.

apagaiti (von *gam*) f. Weggehn, Fortkommen; dat. der Verscheucher flieht sie an *apagatêê* um schnelles Fortkommen hinter dem Verfolgten; ebenso heisst es vom Verscheuchten *apagatêê* um schnelles Fortkommen vor dem Verfolger, yt. 13, 35.

apagadha (von 1. *apa* + *gadha*) m. schlechte Krankheit, gen. *apagadhahê*, vd. 21, 8.

apagaya (von 1. *apa* + *gaya*) m. Zerstörung des Lebens, Tod, Huzv. Glosse zu y. 41, 7. sagt: nun von dir unser Leib und unsre Seele ist, d. h. *mân apagayêhê ar dehavannît*, Ner. übersetzt es: *kila me apajîvatvam mâ bûyât;* ähnlich zu y. 45, 4: *frôt murt deharunnt*, d. h. *apagayêhê deharunnt*, Ner. *adhô mṛtah, apajîvô bhavati*. Ebenso zu y. 48, 10. vgl. *ava apanem gayêhê* (er schlug ihn) mit Zerstörung des Lebens, yt. 19, 44.

apaghzhâra (von *ghzhar*) m. Abfluss, nom. *apaghzhârô* y. 64, 19. yt. 13, 8. 19, 56. acc. *upa gudhem apaghzhârem* yt. 15, 27. plur. acc. *apaghzhâra* yt. 8, 46. gen. *yêńhê* (statt *yêńhâo*) *hazańrem apaghzhâranãm*, welche (Ardvî çûra) 1000 Abflüsse hat (die irdischen Wasser fliessen alle aus der himmlischen Quelle Ardvî çûra) y. 64, 17. yt. 5, 101. *apaghzhâranãm* y. 64, 18. yt. 13, 7.

apańharsti (von *harez*) f. das Erlassen, dat. *khshayêitê apańharstêê*, er vermag zu erlassen, vd. 5, 78.

apazadhańh (von 1. *apa* + *zadhańh*), n., gen., die Drukhs stürzt herzu (hinweg) *ereghaitya frashnaos apazadhańhô* auf boshafte Weise, die Knie vor, den Hintern zurück, ärschlings; so will auch die Huzv.-Uebers. die Stelle erklären, wenn sie *apaj kuni* (np. *kun*) übersetzt, vd. 7, 4. 8, 228.

apatita (von 2. *a* + *patita*) adj., nicht bereut, plur. nom. n. *caiti tâ skyaothna varsta yâ ańhus açtvâo verezyêiti, fraêta, apatita, anuzvarsta, ańhaț haca skyaothnâvareza atha bavaiñti peshôtanva*, wieviel Begehungssünden, welche die Körperwelt begeht, (durch welche, wenn sie) begangen, nicht bereut, nicht gesühnt (sind), nachher Sünder und Verbrecher entstehn, vd. 15, 1—3.

apadaidhya s. 2. *dâ*.

apadiça (von *diç*) adj., lehrend, acc. *apadiçem* yt. 19, 42. s. *nya*.

apana (von 1. *apa*) 1) adj. entfernt, und zwar nach oben, also erhaben, superlat. *apanôtema*, s. besonders; 2) n. Entferntsein, acc. *tem janâț* (lies *janaț?*) . . . *kereçâçpô ava apanem gayêhê*, Kereçâçpa schlug ihn zur Vernichtung des Lebens (d. h. zu Tod) yt. 19, 44.

apanasta (von 1. *naç*) n.? Vertreibung, gen. *yaçkahê apanastahê*, zur Vertreibung der Krankheit, vd. 21, 6.

apanôtema (superl. von *apana*) adj., der höchste, nom. *yô ashahê apanôtemô*, der höchste in Reinheit, y. 56, 1, 11. 69, 22. 70, 96. acc. *apanôtemem rathwãm*, den obersten der Herrn, y. 70, 9. n. *upa dvarem khshathrôçaokem apanôtemem* an dem Thore Khsh., dem obersten (in Kańha), yt. 5, 54. f. *ashâț apanôtemãm* vd. 19, 47. y. 26, 6. yt. 13, 80. gen. m. *ashâț apanôtemahê* vsp. 10, 27. y. 1, 2. loc. f. *apanôtemaya paiti vacaçtaçtâ*, im höchsten Gebet, y. 57, 22.

1. **apay** (denom. von 1. *apa*) wegbringen, praes. 1. sg. *apayêmi* ich bringe weg, yt. 15, 43. (s. *apaêtar*) 3. sg. *apayêiti*, führt fort, bringt weg, yt. 14, 57. entfernt, macht unmächtig, yt. 17, 19. *aṅhéuscâ aṅharaçcâ apayêiti* (so dass) man dem Hausherrn und der Hausfrau nimmt, y. 32, 11. impf. 3. pl. *apô mâ îstîm apayañtâ*, nicht mögen sie (mein) Gut wegbringen, y. 32, 9. partic. *apayañt* davon *apayañtama*.

2. **apay** s. 2. *ap*.

apayañtama (von *apayañt*) adj., verwerflich, gen. m. *paitistâtéé ajaçtaca zôizhdistaca apayañtamahêca aṅrahê mainyêus khrafçtra* zur Abwehr der verfluchten unreinen Khrafçtras des sehr verwerflichen Ahriman, yt. 20, 1.

apayata s. *yam*.

apayati (von 1. *ap* causale) f. Erlangung, dat. *apayatêê* y. 64, 45. yt. 1, 24.

apayûkhta s. *yuj*.

apara (von 1. *apa*), adj., der hintere, spätere, nom. *yaçtâ daêvēñg aparô mashyãçcâ*, er gelange zu den Daêvas, dann zu den Menschen, y. 44, 11. acc. *aparem* den zweiten (Theil) vd. 4, 123. das zweite (Gebet) y. 9, 45. yt. 19, 81. *aparem yaçnem* den zweiten Theil des Yaçna vsp. 24. 13. *aparem yaçnem haptaṅhâitîm* den 2. Theil des Yaçna II., vsp. 23, 10. *aiwica aparem paitica aparem*, dazu einen weitern und hierzu einen (noch) weitern (Hund) vd. 15, 133. *aparemca tkaêshem* den zweiten § des yathâ ahû vairyô G. 3, 7. neutr. adv. dann vd. 8, 185. nachher y. 31, 20. abl. m. *aparaṭ haca urvaêçâṭ* vom hintern Ende an yt. 24, 29. gen. *aparahê yaçnahê yaçnem*, den Yaçna des zweiten Yaçna (i. e. den Yaçna haptaṅhâiti) vsp. 24, 13. fem *aparayâo* (der künftigen) yt. 13, 134. plur. nom. *aparaciṭ* die nachfolgenden y. 9, 8. *apara* (scil. *çafâoṅhô*) ihre Hinterhufe yt. 10, 125. *apara karshayen jainis haca mashyâkaêibyô* dann jagten diese weg die Jainis sammt den (bösen) Menschen, yt. 19, 80. acc. f. *aparâo*, die spätern, y. 51, 9. — *apara* wieder? yt. 24, 48.

Skr. *ápara*, altp. *apara*, hzv. *apanik*, parsi *awaré*.

aparairithyañṭ (von 2. *a* + *parairithyañṭ*) adj. nicht sterbend, plur. acc. *aparairitheñtô* (lies °*thiñtô*?) y. 23, 2. yt. 13, 11.

aparazâta (von *apara* + *z*°) adj., nachgeboren, gen. m. *jâmâçpahê aparazâtahê . . . maidhyômâoṅhahê aparazâtahê . . . urvataṭnarahê aparazâtahê*, yt. 13, 127. vgl. Windischmann Mithra 81.

aparadâta (von 2. *a* + *p*°) adj., nicht verlobt, acc. fem. *paradâtãm vâ aparadâtãm vâ* vd. 15, 32.

aparôapâkhtara (von *apara* + *ap*°) adj., nordwestlich, nom. (ohne Flexion) *vâtô* °*tara* yt. 3, 17, acc. (ebenso) *vâtô* °*tara*, yt. 3, 17.

apavaiti s. *vaṭ*.

apaçkaraka (von *çkar*) m. Springer (böse Wesen) plur. nom. *apaçkaraka* yt. 5, 94.

apaçtanaṅh m. n. pr.? gen. *apaçtanaṅhô* yt. 19, 42 (s. *nya*).

apasha (von *apãç*) adv. rückwärts, yt. 10, 20. *çnathem apasha apayanvaiñti*, sie wenden den Schlag rückwärts, yt. 14, 46.

apâkhtara (von 1. *apa* + *akhtara*) adj., ohne Gestirne, oder: wo die Sterne untergehn? nördlich; abl. n. *apâkhtaraṭ haca naêmâṭ*, *apâkhtaraêibyô haca naêmaêibyô* vd. 19, 1. yt. 22, 25. loc. *apâkhdhrê apanaçyêhi* yt. 3, 17. plur. acc. *apâkhdhra naêma*, die nördlichen Gegenden, yt. 4, 9. *apâkhdhra apanaçyêhi* vd. 8, 62 (cit. in einer Rivaiet bei Spiegel Av. übers. II, LXXXVII). abl. *apâkhdhraêibyô* vd. 7, 4. dat. *apâkhdhraêibyô* vd. 8, 44. vend. sade 229 (Westerg. vd. 7, 3).

Hzv. *apâkhtar*, im plural die 7 Planeten, vgl. Spiegel, II. II, 103. DMG. 6, 83. Bund. 12, 17 ff. np. *vâkhtar*, *bâkhtar* (Westen). — vgl. *pourvôapâkhtara*, *aparôapâkhtara*.

apâtha (von 1. *apa*) adv. nachher, hinfüro, *paiti apâtha* yt. 19, 48.

apâvaya m. Streit, Abneigung, nom. *apâvayô*, vd. 2, 82.

apipyûshi (von 2. *a* + *pipyûshi*) adj., noch nicht gesäugt habend, ohne Milch, acc. f. *apipyûshîm* vd. 15, 26. plur. gen. *apipyûshinãm* yt. 24, 50.

apivaiti s. *vaṭ*.

apishman (von 2. *a* + *pishman*) adj. a) unzubereitet, b) kunstlos, nom. *mithrô . . . apishmo*, Mithra der kunstlose (sieht nicht alle Lüge, denkt der Lügner) yt. 10, 105.

apishmaqara (von *apishman* a) + *qar*) adj. unzubereitetes, ungekochtes essend, nom. °*qarô*, vd. 13, 145.

Hzv. *apîshmân-khôr*.

aputhra (von 2. *a* + *puthra*) adj., 1) kein Kind habend, nom. f. *aputhra*, kinderlos, vd. 3, 82. dat. m. *aputhrâi* vd. 4, 132. 2) noch kein Kind (geboren) habend, d. h. ein solches tragend, acc. f. *gadhwãm yãm aputhrãm* eine trächtige Hündin, vd. 15, 17. *nâirikãm yãm aputhrãm*, vd. 15, 26.

Skr. *apúthra* (kinderlos), hzv. *apuç* (gravida), np. *apuçtan* (id., von altb. *tanu*).

aputhrôjan (von *aputhra* + *jan*) adj., die Schwangern schlagend, gen. f. *haca aputhrôjanyâo jahikayâo* über, wegen der Buhlerin, welche die Schwangern schlägt, yt. 17, 57.

aputhrya (von *aputhra*) n. Niederkunft, acc. *aputhrîm nijaçâṭ* sie kommt nieder, vd. 5, 137. 7, 153.

apuyañṭ (von 2 *a* + *puyañṭ*) adj., nicht faulend, nom. *apuyãn* yt. 24, 45. acc. *ahûm apuyañtem* yt 19, 11. 89.

apema (superl. v. 1. *apa*) adj., der letzte, nom. fem. *apémâ* die letzte (Strafe) y. 43, 19. neutr. *apémem* das Ende (der Welt) y. 44, 3. acc. n. *apémem vacô* bis zum letzten Wort (Tod) y. 52, 7. *apémem*, das Ende y. 50, 14. zuletzt y. 47, 4. *adhacîṭ ahmâṭ yatha apemem . . . aṅhaṭ* so auch fernerhin bis zuletzt, wo sein wird y. 10, 51. *yathâcâ aṅhaṭ apemem aṅhus* und wie zuletzt die Welt sein sollte y. 30, 4. yt. 1, 26. (wo *yathâca . . . apémem . . .*); loc. m. *dâmôis urvaêçê apémê* bei der endlichen Auflösung der Schöpfung, y. 42, 5. *apêmê aṅhêus urvaêçê* y. 50, 6.

Skr. *apamâ*, vgl. hzv. *afdum*.

aperetôtanu (von 2. *a* + *peretôtanu*) adj. noch nicht ausgewachsen, plur. gen. *gavãm aperetôtanunãm* vd. 22, 12.

aperena; die Huzv.-Gl. zu vd. 8, 64 spricht am Ende von dem Kommen der Verstorbenen an gewissen Tagen; „in den 10 Tagen sollen sie nicht dasein, wie aus der Stelle hervorgeht *yatha makhshyâo pereneṁ* (Westerg. *apereneṁ*), *yatha vâ aperenahê* (Westerg. *perenahê*); vgl. *yatha makhshyâo pareneṁ*, wie der Flügel einer Mücke, vd. 8, 219?

aperenâyu (von 2. *a* + *p°*) m. Kind, nom. *aperenâyus* vd. 13, 158. *aperenâyu ahmi* yt. 19, 43. plur. nom. *aperenâyô* (Westerg. verm. *°yavô*) *taurunu* yt. 17, 54. 55.

aperenâyûka (vom vorigen) m. Knabe, nom. *aêsha yô aperenâyûkô* das Kind, vd. 15, 50. 16, 18. *frapithwô aperenâyûkô*, Jünglinge in Ueberfluss, vd. 3, 10 *aperenâyûkaçca* vd. 3, 36. fem. *°âyûkê* y. 23, 5. acc. m. *°âyûkem* vd. 9, 153. 13, 62. 15, 131. gen. *âyûkahê* vd. 13, 125. 15, 125. plur. gen. *°âyûkanãm* y. 26, 27. 67, 39.

Huzv. *apûrnâik*, parsi *apârnâi*, np. *burnâ*, *barnâ*. Vgl. *dreôupereuâyaka*.

apô s. 2. *ap* und 1. *apa*.

1. **apãm** (von 1. *apa*) adv. nachher, y. 9, 76. 10, 1. yt. 13, 94. 95.

2. **apãm** s. 2. *ap*.

apãç (von 1. *apa* + *ac*) adv. rückwärts, *apãç* . . . *darezayêiti* er macht kraftlos (*apãç* verwandelt die Bedeutung des Verbi in die gegentheilige) yt. 10, 48. 14, 63.

Skr. *apâñc*.

afnaṅhañt (von 2. *ap?*) adj., Spiegel: mit Wasser versehen; acc. *mãoṅhem afnaṅhañtem* yt. 7, 5. Vielleicht ist Skr. *âpnas* zu vergleichen?

afraourviçvañt (von 2. *a* + *fr°*) adj., unauflöslich, acc. n. *fraraskayô* . . . *yâo* . . . *afraourvîçvaṭ kerenvaiñti*, welche unauflöslich machen, d. h. für immer dauernde Werke thun, yt. 13, 26.

afraokhshyañt (von 2. *a* + *fr°*) adj., nicht wachsend, plur. nom. f. *afraokhshyêiñtis* yt. 13, 55.

afrakataçya (von *tac?*) acc. *arezôshamanem afrakataçim* yt. 19, 42.

afrakadha (von 2. *a* + *fr°*) m.? Nicht-vernichtung. Davon:

afrakadhavañt adj., unvernichtbar, acc. f. *afrakadhavaitîm*, yt. 13, 100.

afrakavaṅh (von 2. *a* + *frakava*) adj., nicht zanksüchtig, superl. plur. fem., die Fravashis, *yâo afrakavaçtemâo apaçravayamnanãm* yt. 13, 26.

afraṅhareza (von 2. *a* + *fraṅhareza*) adj., nicht ausgegossen, nicht ausgelassen, abl. *afraṅharezâṭ pairi khshudrâṭ*, ohne Saamen ausgelassen zu haben, vd. 16, 38. (Westerg. 16, 16).

afrajyamna (von 2. *a* + *fr°*), nicht versiegend (vgl. *ajyamna*), plur. acc. f. *khâo paiti afrajyamnâo* yt. 13, 14.

afrazaiñti (von 2. *a* + *fr°*) adj., ohne Nachkommenschaft, nom. m. *afrazaiñtis* y. 11, 4. 12.

afrapata (von 2. *a* + *frapata*) n.? das Nicht-vorwärtsstürzen; dat. *nôiṭ*, *apaya afrapatâi zãm paiti ahuradhâtãm*, wo nicht, so will ich dich fassen zum Nicht-stürzen (dass du nicht mehr stürzen kannst) auf die von Ahura geschaffne Erde, yt. 19, 50.

afraçaṅh (von *çaṅh*, anlaut. *a* steht für *â*), n. Lehre, gen. *afraçaṅhãmca gâthrem* den Glanz der Lehren, G. 3, 6.

afraçaṅhañt s. *çaṅh*.

afraçâoṅhâo (von *çaṅh*, anlaut. *a* steht für *â*), m. Lehrer, nom. *dâyâo mê yâ mê aṅhaṭ afraçâoṅhâo*, gib mir, wodurch mir sein wird ein Lehrer *vahistem ahûm* (der mich belehrt) über den besten Ort, y. 61, 16.

afrashîmañt (von 2. *a* + *fr°*) adj., nicht vorwärts wandelnd (von Gestirnen). plur. nom. m. *afrashîmañtô* yt. 13, 57.

afrâtaṭkushi (von 2 *a* + *fr°*) adj., nicht aus den Höhlen hervorkommend, plur. fem. *afrâtaṭkushîs* (von den Wassern) yt. 13, 53.

afrithyañt (von 2. *a* + *frithyañt*), adj., nicht verwesend, nom. *afrityô* yt. 24, 45. acc. *ahûm afrithyañtem* yt. 19, 11. 89.

afreraiti (von 2. *a* + *fréreti?*) f., Gottlosigkeit? instr. *nâca jôisca* (al. *zôisca*) *mizhdahê afreraiti gereuyêiti* der Mann erhält durch seine Gottlosigkeit übeln Lohn? yt. 24, 30.

afrya (von 2. *a* + *frya*) adj., unfreundlich.

afryôzaotar (vom vor. + 1. *zaotar*) m., unfreundlicher Zaotar, plur. nom. *mâ qyâtha dazhzaotârô mâ afryôzaotârô*, seid nicht üble, nicht unfreundliche Zaotars, yt. 24, 12.

afç, (Fortbildung von 1. *ap?*) messen. Vgl. Skr. *âpsas* (Gestalt, Naigh. 3, 7. Nir. 5, 13 Erl. 63) *apsantu* (ved. desider. von *âp*, rgv. I, 100, 5). Von dem partic. perf. pass. *afçta* stammt der Name Avesta, hzv. *apaçtak*, parsi *awaçtâ*, syr. *abestaga*. Vgl. Benfey, D. M. G. XII, 573.

afçman (von *afç*) n. Abgemessnes, Stück, Hauptstück, hzv. übers. *patmân*, Ner. *pramâṇa*; pl. acc. *kâis hê afçmãn*, welches sind seine Hauptstücke (der acc. steht, weil das Verbum *ah* zu ergänzen ist) y. 19, 45.

Vgl. *anafshma*, *zairimyafçman*, *thriafçma*, *thryafçman*, *perethuafçma*, *naptafçmana*, *vîçpôafçmana*.

afçmana (von *afçman*) adj., metrisch, acc. n. *vîçpemca afçmanem* alles metrische y. 70, 15. acc. pl. *hâitisca afçmanâca*, die Hâs und die metrischen Stücke, vsp. 15, 7.

Vgl. np. *afçânah*, *afçân*, und Spiegel D. M. G. XI, 191.

afçmanivâo (von *afçman*) adj., metrisches hersagend, nom. er opfere Kleinvieh *afçmanivâo*, metrisches, den Spruch hersagend, vd. 18, 138. Huzv.-Uebers. lässt das Wort aus und hat statt dessen *zaki varâz*, diesen Eber, was ich nicht zu erklären vermag. Er sang *gâthâo afçmanirãn* die Gâthâs in Versen? Huzv. übers. *vratman gaithr*, Ner. *pramâṇarân*, y. 56, 3, 3.

afshuyañt (von 2. *a* + *fshuyañt*) adj., unthätig, plur. nom. *afshuyañtô* y. 48, 4.

afshman (von *afçman*) adj., metrisch, loc. n. *afshmâni çeñhâni* y. 45, 17.

afsha (von 2. *a* + *fshâ?*) m. das Entgehen, der Verlust, loc. *adhâṭ paiti afshê* (Spiegel *âfshé*, Westerg. *afsê cikayaṭ*, dann büsse er den Verlust (des Gutes, welches der Dieb nahm) vd. 13, 29. Die Huzv.-Uebers. hat wohl unrichtig „dann wenn er fleissig *(fshâ)* büsst."

afsçithra (von 2. *ap* + *cithra*) adj. Wassersamen enthaltend, Beiwort von Sternen, acc. *tistrîm . . . afsçithrem* yt. 8, 4. plur. nom. *upa avê çtârô yôi afsçithra*, yt. 12, 29. acc. *vîçpê çtârô afsçithra* S. 2, 13. dat. *afsçithraêibyô* zu den Sternen yt. 8, 46. gen. *afsçithranãm* yt. 8, 39. S. 1, 13. loc. *afsçithraêshva* unter den Sternen, yt. 8, 45. voc. *afsçithrâoñhô* vd. 21, 33.

Vgl. parsi *çtâra i âw cihara* (Spiegel Av. übers. 1, 258).

afstacin (von 2. *ap* + *tacin*) adj., Wasser fliessen lassend, plur. acc. *yairîscâ afstacinô* die Berge welche Wasser entsenden y. 41, 21. Ner. fasst es als n. pr.

Hzv. *aftacin*.

abakhta (von 2. *a* + 1. *bakhta*) adj., ohne Hülsenfrucht, plur. gen. *yavanãm . . . abakhtanãm* vd. 7, 93.

abañha (von 2. *a* + *bañha*) adj., ohne Trunkenheit, nom. *abañhô* vd. 19, 68.

abare s. *bar* + *â*.

abareshnu (von 2. *a* + *bareshnu*) adj., ohne Haupt; Hzv.-Gl. zu vd. 2, 16. (Westerg. vd. 2, 6) sagt: dass er (Yima) die Gâthâs in die Körper der Menschen gemacht hat, ist aus der Stelle klar: *abareshnva paçcaêta*, sie (die Dämonen) sind ohne Haupt, vgl. Windischmann Z. St. 22.

abifra (von 2. *a* + *bifra*) adj. gewiss, instr. *dôishî môi yâ vê abifrâ* du sorgst für mich durch euer Gewisses, y. 33, 13.

abda (von 2. *a* + 2. *bda*) adj., so beschaffen, dass man den Fuss nicht sieht, daher tief, hoch (wie lat. altus) vgl. Windischmann, Mithra 81. nom. fem. *abdaca* (scil. *âfs*) das tiefe Wasser vd. 2, 59. plur. acc. n. *dâmãn . . . pouruca abdaca* viele und hohe Geschöpfe, yt. 19, 10. Superl. *abdôtema*.

abdâta (von *bdâ* + *â*), mit dem Band versehn. Davon *anabdâta*.

abdôtema (superl. von *abda*), sehr tief, ganz verborgen, loc. *zazâitêê gaêthayâica* (Westerg. *gaêthyâica*) *yôi abdôtemê*, um ihn (den Dahâka) hinzuwerfen (zu denen) welche im verborgensten (Theile) der Welt sind; Spiegel (nach einer briefl. Mitth.) emendirt *gaêthayâica* und fasst den Dativ im Sinne des Genetiv; man könnte indessen auch den Dativ übersetzen: zu denen welche für die Welt im verborgnen sind, d. h. der Welt nicht mehr schaden können; yt. 5, 34. 9, 14. 15, 24. 17, 34.

abyaç s. *aêm*.

am gehn. Skr. *am*, *ámati*.

ama (von *am*) 1) adj., stark, gen. f. *kainînô amayâo* yt. 22, 9. plur. acc. m. *mazistê amã*, die grössten, starken (Anhänger des Gesetzes) vsp. 3, 28. 2) m. Andrang, Stärke, nom. *amô* yt. 14, 7. 44. acc. *amem* y. 2, 25. 9, 55. yt. 10, 33. 13, 42. 14, 61. *amemca* yt. 14, 2. instr. *ama* yt. 14, 3. y. 54, 9. 56, 1, 6. *amaca* y. 56, 10, 2. dat. *amâi* yt. 10, 26. A. 1, 14. *amâica* y. 9, 84. *amavatô amâi* zur Stärke für den Starken vsp. 10, 17. gen. *amahê* yt. 15, 51. *amahêca* vd. 18, 128. y. 1, 19. 3. 33. plur. acc. *amã* y. 14, 6. 9.

Skr. *áma*. — Vgl. *ashama*.

amainimna (von 2. *a* + *mainimna*) adj., nicht an etwas denkend, gen. *kahmâi . . . amainimnahê* wem (soll ich geben die Herrschaft) ohne dass er daran denkt, yt. 10, 109.

amaênighna (von *ama* + 1. *nighna*) n. das Schlagen mit Kraft, nom. *amaênighnem tarôyârem* yt. 19, 54.

amaênijan (von *ama* + *nijan*) adj., kräftig niederschlagend, plur. fem. *amaênijanô* yt. 13, 33. (al. *hamaên°*).

amayava (von 2. *a* + *mayava*) adj., gehaltlos, gen. f. *khshayaçca amayavayâoçca* y. 70, 75.

Vgl. Skr. *amâyá?* armen. *amayi?*

amara (von 2. *a* + 2. *mar*) adj., nicht recitierend, nom. *amarô* vd. 18, 12.

amavañṭ (von *ama*) adj., stark, nom. *amavâo* y. 9, 67. yt. 10, 100. 12, 6. 14, 12. 17, 16. *amava* (vom Thema *amavan*) vsp. 18, 11. yt. 10, 107. 14. 59. 23, 2. *maza amava* gross und kraftvoll (ist Mithra, Zwischensätzchen) yt. 10. 64. fem. *amavaiti* vd. 19, 59. y. 64, 13. yt. 5, 15. 96. 24, 22. acc. m. *amavañtem* y. 53 Schluss, yt. 10, 6. 25. 112. 12, 5. G. 1, 6. fem. *amavaitîm* y. 2, 57. 64, 42. yt. 5, 15. 9, 2. 17, 1. S. 2, 25. neutr. *amavaṭ nmânem* y. 56, 4, 2. gen. m. *amavatô* vsp. 10, 17. fem. *amavaithyâo* vsp. 10, 18. neutr. *amavatô* yt. 10, 96. 8, 8. voc. fem. *amavaitê* yt. 17, 7. plural. nom. f. *amavaitîs* yt. 13, 29. dat. m. *amavaṭbyô* vsp. 10, 20, Comparat. plur. fem. *amavaçtarâo* yt. 13, 64. Superl. nom. m. *amavaçtemô* yt. 14, 3. neutr. *amavaçtemem* yt. 1, 1. acc. m. *vazrem amavaçtemem* yt. 10, 96. 132.

Skr. *ámavant*, hzv. *amâvand*, parsi *amavañṭ*, armen. *amour?*

amashya (von 2. *a* + *mashya*) adj., menschenleer, plur. acc. m. Dahâka wünscht *yatha azem amashyã kerenavâni* dass ich menschenleer mache, yt. 5, 30. 15, 20.

amahrka (von 2. *a* + *mahrka*) adj., ohne Tod, acc. *amahrkem bavâhi*, sei ohne Tod, yt. 23, 7=24, 4 (wo °*ka*).

amithwa (von 2. *a* + *mithwa*) adj., ohne Lüge, acc. *amithwem* yt. 10, 140.

amuyamna (von 2. *a* + *muyamna*) adj., nicht beschädigt, nicht zu Schanden werdend, nom. f. *amuyamna* yt. 17, 17. gen. f. *çañhaçca paiti amuyamnayâo* für seinen unvergänglichen Ruhm, yt. 13, 133. plur. acc. *amuyamna* vsp. 8, 4. yt. 11, 15 (hier liest Westerg. *mravayâoçca*, s. diess), fem. *amuyamnâo* yt. 13, 35.

Vgl. altp. Ἀμυΐτη, hzv. *amûikîr* (unbeschädigt).

amerekhti (von 2. *a* + *merekhti*) f. Unsterblichkeit, nom. *juyô amerekhtis* yt. 19, 11. 89. acc. *amerekhtîm* yt. 9, 9 = 17, 29. *paiti amerekhtîm fravazaiti* (Mithra) führt zur Unsterblichkeit (weil ihm Ormazd opferte) yt. 10, 124.

amerekhshyañt (von 2. *a* + *m*°) adj., nicht getödtet werden könnend, acc. f. *amerekhshyêitîm*, yt. 19, 94.

amereza (von 2. *a* + *m*°) adj., unverwischbar, unvergänglich, plur. nom. *amereza gayêhê çtûna*, unvergänglich sind des Lebens Grundsäulen, Citat der Huzv. Glosse und Nerioseughs zu y. 9, 4.

ameretâṭ (von 2. *a* + *meretâṭ*) f. 1) Unsterblichkeit, acc. *ameretâtem* y. 34, 1. gen. *ameretâtaçcâ* y. 31, 6. 32, 5. loc. *ameretâitî ashaonô urvâ aêshô*, in Unsterblichkeit (zu sein) wünscht des Reinen Seele, y. 44, 7. *ameretâitî* y. 47, 1. plur. acc. *ameretâtaçcâ* y. 31, 21. 2) n. pr. eines Amesha çpeñta, welcher die Aufsicht über die Pflanzen führt, der Ἀμάνδατος des Strabo (die Hss. lesen Ἀνάδατος) vgl. Spiegel. Av. übers. III, XI. Windischmann, Anâhita 120. Z. St. 283. nom. *ameretatâç* y. 56, 10, 4 (lies *ameretâç*) = yt. 10, 92 (wo *ameretâta*). acc. *ameretâtem* y. 17, 18. 70, 57. *ameretatâtem* yt. 2, 8 instr. *haurvâtâ ameretâtâ* y. 43, 18. gen. *ameretâtô* yt. 2, 3. Meist mit *haurvaṭ* oder *haurvatâṭ* als dvandva verbunden, wobei nach altb. Regel beide Wörter im Dual stehen; nom. *haurvâta ameretâta* yt. 1, 25. *haurvâtâ ameretâtâ* y. 44, 5. 10. *haurvâoçcâ* . . . *ameretatâoçcâ* y. 34, 11. acc. *haurvâtâo ameretâtâo* y. 57, 20. *haurvâtâ ameretâtâ* y. 46, 1. *haurvâoçcâ ameretâtâoçcâ* yt. 4, 1. acc. c. inf. *çarôi bûzhdyâi haurvâtâ ameretâtâ*, damit in der Herrschaft seien Haurvaṭ und Ameretaṭ y. 43, 17. *haurvata ameretâta* y. 6, 51. gen. *haurvatâoçca nô ameretâtâo* vsp. 10, 23. *hauvatâo ameretâtâo* y. 69, 8. *ameretâtâoçcâ utayûitî haurvatâo druonô*, als Hülfe für A., als Lob für H., y. 33, 8. dat. *haurvaṭbya ameretaṭbya* y. 1, 5. yt. 21, 7.

3) das von Ameretâṭ überwachte, Pflanze, Holz, dual. acc. *haurvata ameretâta*, Wasser und Holz, y. 3, 2. 7, 1. 52.

Huzv. *amandat*, parsi np. *amerdâd*, *murdad*. In diesen neuern Sprachen auch Name des Monats Juli.

ameresbyañt (von 2. *a* + *mereshyañt*) adj. unsterblich, acc. m. *ahûm amereshiñtem* yt. 19, 11. 89. dual. nom. *amereshiñta paçuvîra* yt. 19, 32. acc. *yaṭ kerenaoṭ amereshiñta paçuvîra* weil er unsterblich machte Vieh und Menschen y. 9, 15. *yaṭ kerenavâni mâvôya khshathrâṭ amereshiñta paçuvîra*, yt. 5, 16. plur. f. *bun gaêthâo amereshiñtîs* yt. 19, 12.

amesha (von 2. *a* + *mesha*) adj., unsterblich, nom. n. *hvare yaṭ ameshem* yt. 6, 1. acc. neutr. *hyaṭ çpeñtem ameshem*, was heilig unsterblich ist y. 37, 10. = 5, 10. *hvarekhshaêtem ameshem* y. 25, 15. yt. 6, 1. N. 1, 6. gen. m. *gayêhê ameshahê* y. 9, 4. yt. 10, 55. neutr. *hû ameshahê* yt. 10, 13. *hvarekhshaêtahê ameshahê* y. 22, 26. yt. 6, 0. plur. dat. *ameshaêibyô* y. 21, 3. Meist erscheint das Wort vor *çpeñta* und bezeichnet mit diesem die unsterblichen Heiligen oder die 7 obersten Genien, mit welchen man längst die indischen Âdityás (R. Roth, DMG. 6, 69) und die hebräischen Erzengel (Buch Tobit 12, 15. Sacharja 3, 9. 4, 10. woher Apoc. 5, 6) verglichen hat. Ahura Mazda ist unter ihnen der erste und Schöpfer derselben, die 6 übrigen sind: Vohumanô, Ashavahista, Khshathravairya Çpenta ârmaiti, Haurvaṭ und Ameretâṭ; diese 6 werden yt. 17, 2. Söhne des Ormazd genannt. In einem spätern (nicht altbactrischen) Stücke werden 33 Amesha çpeñta erwähnt, vgl. Spiegel Av. übers. II, 40. III, 4. Ner. übersetzt die beiden Wörter durch *amarâḥ guravaḥ*. Acc. sg. *ameshem çpeñtem* y. 14, Schluss. plural. nom. *ameshâ çpeñta* vd. 19, 34. vsp. 12, 23. yt. 24, 32. *ameshâo çpeñta* y. 56, 10, 2. 59, 9. yt. 10, 51. 90. 11, 14. 7, 3. *ameshâ çpeñtâ* y. 28 Einl., acc. *ameshâ çpeñtâ* y. 2, 11. 6, 2. 35, 1. *ameshâo çpeñta* vd. 19, 43. yt. 10, 139. *ameshé çpeñté*, vd. 19, 65. y. 69, 1. 21, 3. vsp. 3, 26. yt. 6, 4. 17, 18. 1, 24. *ameshé çpeñté ashaonãm* (sic) y. 70, 6. *ameshéçca çpeñté* G. 2, 6. *çpeñtéñg ameshéñg* y. 39, 8. *ameshã çpeñtã* y. 41, 36. *ameshãçca çpeñtã* y. 14, 8. dat. *ameshaêibyô çpeñtaêibyô* vd. 19, 84. y. 67, 59. vsp. 10, 21. yt. 7, 1. *hathra ameshaêibyô çpeñtaêibyô* vsp. 9, 2. *ameshaêibyaçca çpeñtaêibyô* vsp. 12, 19. y. 4, 4. abl. *ameshaêibyô çpeñtaêibyô* yt. 4. 3. gen. *ameshanãm çpeñtanãm* vd. 12, 8. 19, 106. y. 1, 6. 15, 1. 19, 20. 26, 8. vsp. 6, 3. yt. 1, 3. 10, 89. 11, 17. 22. 13, 81. 157. 19, 15. voc. *amesha çpeñta* vsp. 6, 1. y. 8, 5. *ameshâ çpeñtâ* vsp. 6, 5. y. 12, 4. 57, 13.

Huzv. *amshuçpand*, parsi *amesâçpenṭ*, np. *imshâçpand*.

amêhmaidî s. hmé.

amôjata (von *ama* + *jata*) adj., kräftig geschlagen. acc. *vâdhem jaiñti amôjatem* yt. 10, 52.

amyazdavan (von 2. *a* + *my*°) adj. ohne Myazda, acc. *amyazdavanem* A. 1, 7.

amrakhçañṭ (von 2. *a* + *mr*°) adj., nicht sterbend, nom. sg. *amrakhçãn*, yt. 24, 45.

amru n. pr. eines heiligen Vogels, welcher den Fruchtbaum im See Vourukasha schüttelt, dass der Saame herabfällt, welchen Camru über die Erde verbreitet, vgl. Spiegel, Av. übers. 3, 131. Windischmann Z. St. 167. gen. *amraos* yt. 13, 109.

aya s. *aêm*.

ayaozhdi (von 2. *a* + *yaozhdi*) f. Unreinheit, instr. *ayaozhdya* vd. 7, 65. 71. 3, 48. 6, 67.

ayaozhdayañ (von 2. *a* + *yaozhdayãn*, s. diess), *ayaozhdayãn aithen*, sie sind unrein, vd. 7, 60. 188.

ayaos s. *âya*.

ayaṅh, n. Metall, Eisen, eisernes Gefäss, instr. *ayaṅha*, vermittelst eines eisernen Kessels, y. 9, 35. yt. 19, 40. *ayaṅhaca* Westerg. *ayaṅhêca*, dativ) vd. 5, 121 (die parallel stehenden Wörter sind Genetive), *ayaṅhâ* y. 32, 7. y. 50, 9. abl. *ayaṅhô* y. 9, 38. yt. 19, 40. gen. *ayaṅhô* yt. 10, 96 (statt des instr.) yt. 13, 3.

Skr. *áyas*, vgl. hzv. *açîn*, talish *âçin*, zig. *abçin*, kurd. bal. *açin*, oss. *afçän*, woraus parsi, np., buchar. afgh. *âhan* entstand; auch im brahvi findet sich das pers. *ahín* (Masson 400). — Vgl. *paitiayaṅh*.

ayaṅha (von *ayaṅh*, m.? Eisen, gen. *pairis-qakhtem ayaṅhahê*, rings von Eisen umgeben, y. 11, 22.

Skr. *âyasá*.

ayaṅhaêna (von *ayaṅh*) adj., metallen, eisern, nom. masc. *ayaṅhaênis* (diese Endung findet sich an allen adj. auf *aêna*) vend. sade 252 Westerg. vd. 7, 75) acc. sie sollen die Leichen festmachen mittelst *ayaṅhaênem*, eiserner Stücke, Gewichte vd. 6, 96. *ayaṅhaênem* in ein eisernes Gefäss vd. 9, 40, in einem Gefäss vd. 16, 14. instr. *ayaṅhaêna* yt. 10, 129. dual. dat. *ayaṅhaênaêibya hâvanaêibya* vsp. 11, 2. 12, 35. plur. acc. *ima ayaṅhaêna hâvana* vsp. 12, 12. G. 4, 5. *ayaṅhaênaca hâvana* y. 22, 6. instr. *ayaṅhaênâis karetâis* vd. 4, 144. gen. *yadhanãm ayaṅhaênanãm* yt. 10, 131. voc. *ayaṅhaênaca hâvanaa* (kann auch dual. sein) vsp. 11. 13.

ayaṅhâ s. 2. *i* + *â*.

ayaṅhôzaya (von *ayaṅha* + *zaya*) adj., mit Waffen von Eisen, Stahl versehen, gen. *varâzahê °zayêhê* yt. 10, 70.

ayaṅhôzaçta (von *ayaṅha* + *zaçta*) adj., eisenhändig, gen. *varâzahê °zaçtahê* yt. 10, 70.

ayaṅhôduma (von *ayaṅha* + *duma*) adj., eisenschwänzig, gen. *varâzahê °dumahê*, yt. 10, 70.

ayaṅhôpaitisqarena (von *ayaṅha* + *p°*) adj., mit eisernen Backen versehen, gen. *varâzahê °paitisqarenahê* yt. 10, 70.

ayaṅhôpâdha (von *ayaṅha* + *p°*) adj., eisenfüssig, gen. *varâzahê °pâdhahê* yt. 10, 70.

ayazhâna, Spiegel **ayawâna**, f. Gespann? nom. *ayazhâna paitidarezâna* (Westerg. *pairid°*), ein Gespann, das zusammen befestigt ist, die Huzv.-Uebers. hat „ein Gespann, befestigt; es ist von der Deichsel aus an das Joch gebunden". vd. 14, 44.

ayazemna (von 2. *a* + *yazemna*) adj., nicht preisend, sing. nom. *ayazemnô* vd. 18, 11. plur. *ayazemna* yt. 24, 12.

ayañt s. 2. *i*.

ayañtu s. 2. *i* + *â*.

ayata s. *ayapta*.

ayana (von 2. *i*), f. Gang, das Gelangen, acc. *vahistahê aṅhêus vahistãm ayanãm*, das beste Gelangen zum Paradis, vsp. 8, 9. loc. (m.) *ayênê* yt. 3, 4.

Skr. *áyana*. — Vgl. *aipyayana*, *raêthwayana*, *haithyôayana*.

ayapta, *yô yadhwãm yãm aputhrãm . . . ayaptâca* (Westerg. *ayatâca*: *taêca* (sic), wer eine trächtige Hündin (schlägt) — gegangen oder nicht gegangen (so die Huzv.-Uebers., welche *rafta arafta* hat) vd. 15, 134. Der Text scheint verdorben.

ayamaitê s. *yam* + *â*.

ayara (von *ayare*) adj., auf den Tag bezüglich, als subst. m. die Tagesgenien, plur. acc. *ayara* vend. sade 68. gen. *ayaranãmca* y. 1, 16. 3, 60. A. 1, 1.

ayare (von *ir?*) n. Tag, acc. *ayare* vd. 2, 133. *ayarê* y. 42, 7. instr. *viçpâ ayarê* mit jedem Tage, Tag für Tag, y. 42, 2. gen. *aṅhê ayãn . . . aṅhâo khshapô* yt. 1, 18. 11. 5. *hamahê ayãn* y. 56. 12, 3. yt. 8, 54. 24, 41. 10, 117. (wo amahê). loc. *ayãn* vd. 8, 12. plur. acc. *viçpâis ayãn khshafnaçca* y. 56, 7 8. yt. 1, 11.

Vgl. *thriayara*, *biayara*.

ayarebara (von *ayare* + *bara*) m. Tagereise, pl. gen. *kaçcit cathwareçatem ayarebaranãm*, jeder ist 40 Tagereisen (lang) y. 64, 18. yt 5. 4. 101. 13, 7.

ayawâna s. *ayazhâna*.

ayaçaṅha }
ayaçata } s. 1. *iç*.
ayaçôis }

ayaçka (von 2. *a* + *yaçka*) adj., ohne Krankheit, acc. *ayaçkem barâhi*, sei ohne Krankheit, yt. 23, 7 = 24. 4 (wo *ayaçka*).

ayaçnya (von 2. *a* + *yaçnya*) adj., nicht opferwürdig, acc. *ratus myazdavâo amyazdavanem ratunaêm ayaçnîm daçti*, der Myazdaversehene Raspi macht nicht opferwürdig (erlaubt nicht den Yaçna zu celebrieren) einem, welcher ohne myazda mit einem Raspi kommt. A. 1, 7. fem. *ayaçnyãm* yt. 13, 90. plur. acc. *ayaçnya* yt. 19, 81.

ayâo s. *aêm* und 2. *i*.

ayâthrema m. n. pr. eines Gâhânbâr oder eines der sechs grossen Jahresfeste, welche zum Andenken der Schöpfung gefeiert werden. Ayâthrema, an welchem die Schöpfung der Pflanzen gefeiert wird, fällt auf die Tage Açtâd — Anêrân (26. — 30.) des Monats Mihr (September). Vgl. Hyde 164. Vullers, Fr. 24. Burnouf, p. 296 ff. Spiegel, Av. übers. II, 4. acc. *ayâthremem* vsp. 2, 1. y. 2, 38. dat. *ayâthremâi* y. 1, 29. 3, 43. gen. *ayâthremahê* vsp. 1, 5. A. 1, 2. 10. *ayâthremahê* (ist der Gâhânbâr) des A., A. 1 b, 10.

Huzv. *ayaçrim*, parsi und np. *ayaçrem*, *ayâsrem*.

ayâra s. *viçpôayâra*.

ayêm s. *aêm*.

ayêni s. 2. *i*.

ayêhyê m. n. pr. eines bösen Wesens, einer Drukhs; die Trad. sieht darin einen Namen des Ahriman; vgl. Spiegel Av. übers. III, L. A. Weber in Spiegel Eran 240. Gen. (ohne Flexion): *pakhrustahi ayêhyê* vd. 21, 35.

Vgl. skr. *ayâsya*.

ayôaghra (von *ayaṅh* + *aghra*) m. eiserner Pfeil. Vgl. Skr. *ayo'gra*. — Vgl. *thriçãç-ayôaghra*.

ayôaçti (von *ayaṅh* + 1. *açti*) m. n. pr. eines

Sohnes des Pourudhâkhsti, gen. *ayôaçtôis pourudhâkhstayanahê* yt. 13, 112.

ayôkhaodha (von *ayaṅh* +. *haodha*) adj., mit Eisenhelmen bedeckt, plur. fem. *ayôkhaodhâo* yt. 13, 45.

ayôkhshuçta (von *ayaṅh* + *khshuçta*) n.? Metall, besonders flüssiges, acc. *ayôkhshuçtem* vsp. 23, 1. yt. 17, 20. *khshathrem vairîm yazamaidê*, *ayôkhshuçtem yazamaidê*, yt. 2, 7. gen. *khshathrahê vairyêhê ayôkhshuçtahê* yt. 2, 2. S. 1, 4.

Huzv. *ayôkshuçt* (Bund. 76, 15), parsi *ayôkhsaçta*.

ayôzaya (von *ayaṅh* + *zaya*) adj., mit Eisen bewehrt, plur. f. *ayôzayâo* yt. 13, 45.

ayôverethra (von *ayaṅh* + *verethra*) adj., mit eisernen Trutzwaffen versehn, plur. fem. *ayôverethrâo* yt. 13, 45.

ayôçaêpa (von *ayaṅh* + *çaêpa*) adj., zur Eisenschmelze gehörig, abl. m. *piçraṭ haca ayôçaêpâṭ* von der Eisenwerkstätte hinweg, vd. 8, 254. (Westergaard 89).

ayãn s. 2. *i.*

ar 1) gehn, praes. 3. pl. med. *yatha . . . erenvaññtê* damit zukommen mögen, y. 51, 10. Passiv impf. 3. sg. *erenâvi*, ward gebracht, ward gethan y. 9, 10. 12. Huzv. übers. *kant*, Ner. *cakrishe* und *cakre*. 2) ehren (vom Begriff besuchen ausgehend), praes. conj. 3. pl. *tem arâoñti* Fr. 4, 1. vgl. jedoch 2. *mar*. — Partic. *areṭ* s. besonders.

— *uç*, hervorgehn, auferstehn, praes. conj. 3. pl. *uç iriçta paiti arâoñti*, die Todten werden auferstehn, Fr. 4, 3.

— *paiti*, gegen etwas gehn, med. praes. 3. sg. *thwâ çavâ paitî eretê* er tritt auf gegen deinen Nutzen, y. 43, 12. Huzv. übers. *patyârinît*.

— *fra* 1) kommen, vorwärts gehn, Med. praes. 3. pl. *kadâ frô frâreñtê* wann werden sie vorwärts schreiten y. 45, 3. impf. 3. sg. act. *uç mê frêrenaoṭ* er brachte, gab mir y. 11, 16 (also causal). 2) ehren, preisen, praes. 3. pl. *frêritâo frêrenavaiñti* sie ehren die geehrten yt. 13, 46. impf. 3. sg. *yim Zarathustrô frêrenaoṭ* welchen Z. pries, yt. 13, 146. Passiv. partic. perf. *frêrita*, plur. nom. f. *yathraca mazistâo frêritâo*, wo die (Fravashis) am meisten geehrt sind, yt. 13, 25.

Skr. *ar ṛṇóti*, armen. *yarhnel* (aor. *ari*).

1. **ara** s. *âra*.

2. **ara** m. n. pr., gen. *berezisnaos arahê*, des Berezisnu, (des Sohnes) Aras yt. 13, 110. *kaçupatéus arahé*, des Kaçupatu, (des Sohnes) Aras yt. 13, 110. Vgl. skr. *ára* (schnell)?

araêka (von 2. *a* + *raêka*) adj., nicht recht, schlecht. Benfey: sich nicht trennend, in Gesellschaft lebend; Fr. Müller np. L. 2, 9: ungestreift; hzv. übers. *arak*; Beiwort der Ameisen oder Termiten, plur. gen. *maoirinãm araêkanãm*, vd. 14, 15.

araṅha s. *raṅha*.

aratu (von 2. *a* + *ratu*) adj., nicht versehn mit dem Meister, plur. acc. *aratusca*, s. *anahuna*, vsp. 11, 3. 12, 35. gen. *aratunãm* yt. 13, 105.

aratukhshathra (von 2. *a* + *ratukhshathra*) adj., dem Eheherrn nicht gehorchend, dat. f. *aratukhshathrayâi* yt. 22, 36.

arathwya (von 2. *a* + *r°*) adj., zu unrechter Zeit stattfindend, schlecht, acc. *arathwîmca yaremâum* vd. 1, 75. plur. acc. m. *arathwya dakhsta* vd. 1, 71. neutr. *arathwya skyaothna* vd. 3, 141. *khshathra* yt. 24, 47. *arathwya?* yt. 24, 48. falsche Lesart: yt. 24, 47. gen. *arathwyanãm* vsp. 18, 3.

arathwyômanaṅh (von *arathwya* + *m°*) adj., ungebührliches denkend, acc. *°manaṅhem* A. 1, 16. plur. gen. *°manaṅhãm* y. 60, 15.

arathwyôvacaṅh (von *arathwya* + *v°*) adj., ungebührliches redend, acc. *°vacaṅhem* A. 1, 16. plur. gen. *°vacaṅhãm* y. 60, 15.

arathwyôskyaothna (von *arathwya* + *sk°*) adj., ungebührliches thuend, acc. *°skyaothnem* A. 1, 16. plur. gen. *°skyaothnanãm* y. 60, 15.

arapa (von 2. *a* + *rap*) adj., unerfreulich, plur. acc. *â môi arapâ* zu den mir unerfreulichen, y. 48, 1.

arava (von 2. *a* + *rava*) adj., unfreundlich, wild.

aravaostra (von *arava* + *ustra*) m. n. pr., gen. *aravaostrahê erezvatô daṅhêus*, des A., (des Sohnes) das Erezvaṭ-daṅhu, yt. 13, 124.

araçka (von *aresh*) m. Neid, nom. *araçkô* y. 9, 18 = yt. 15, 16.

Vgl. skr. *îrshyâ*. Huzv. *arask*, *rask*, auch n. pr. eines Daêwa Bund. 67, 5. parsi *aresk*, np. *arashk*, *rashak*. Vgl. Plutarch de flum. 63: *γεννᾶται ἐν Ἀράξῃ βοτανὴ ἀράξα καλουμένη τῇ διαλέκτῳ τῶν ἐγχωρίων, ἥτις μεθερμηνευομένη λέγεται μισοπάρθενος.*

arâiti (von 2. *a* + *râiti*) 1) f. Geiz, acc. *arâitîm* y. 59, 8. 2) m. n. pr. des Daêva des Geizes, gen. *arâtôisca* yt. 13, 137.

arâitivâo (vom vorigen) adj., geizig, nom. *arâitivâo* y. 64, 30.

arâityaotô? *paçca arâityaotô yatha yaṭ hazaṅrem yârem vahistem ahâm* yt. 24, 5. An der Parallelstelle yt. 23, 8 steht *paçca âfrînem aipijaçaiti*. Nach Vollendung von 1000 Jahren (gelange) zum Paradis?

arâo (von 2. *a* + 1. *râ?*) adj., nicht spendend? Spiegel: feindselig, nom. *arâoçca* yt. 5, 93.

arâoñtê s. 1. *râ*.

areg zittern, beben. Partic. praes. *ereghañṭ* s. besonders. Vgl. skr. *ṛghâyáti*, *ṛ́ghâvant*.

1. **arej** gewinnen; Partic. praes. *arejãnṭ*.

Skr. *arj*, *árjati*. Vgl. *arejaṭaçpa*.

2. **arej** verdienen, werth sein, praes. 3. sg. *arejaiti* wiegt auf, yt. 21, 5. 6. impf. 3. sg. (Subject steht im plur. neutr.) *yâcâ vohû cashmãm arejaṭ manaṅhâ* was werthvoll erscheint in den Augen durch Vohumanô y. 49, 10.

Skr. *arh*, *árhati*, np. *arzîdan*, vgl. parsi *arzmañṭ*, armen. *yarg*, *yargel*, oss. *argh*.

arejaona (von 2. *arej?*) m. n. pr., gen. *arejaonahê*, yt. 13, 117.

arejaṅh (von 2. *arej*) n. Preis, nom. *kathwadaênu arejô*, eine Eselin ist sein Lohn, vd. 7, 110. acc. er heile ihn *nitemem çtaorem arejô* für ein kleines

Zugthier als Preis, vd. 7, 106. ähnlich vd. 7, 107 ff. 114. gen. (vom Thema *areja* *vaevañtô arejahê* von hohem Werth, y. 10, 55.

Huzv. *arj*, vgl. parsi *arzânî* (dignus) np. *arz*, *arj*, kurm. *erzân* (billig), armen. *arzhan*, oss. *argh*.

arejañhaṭ (von *arejañh*) m. n. pr. eines frommen Turaniers, gen. *arejañhatô tûrahê fravashîm yazamaidê* yt. 13, 113.

1. **arez** sich strecken, gerad sein, nach etwas streben, vgl. das verwandte *raz*.

Skr. *arj*, *ṛñjáti*, *ṛ́jyati*, altp. *ararada* (2. sg. impf., verlass den Weg nicht, eigentl. bieg nicht ab).

2. **arez** weiss sein.

Skr. *arj* = *râj*, *rájati*.

1. **areza** (von 1. *arez*) m. Schlacht, acc. *arezem*, yt. 10, 36. loc. *arezê* yt. 10, 36. plur. abl. *yô vîçpaêibyô haca arezaêibyô varamnâo paitijaçaiti*, welcher (Çraosha) aus allen Schlachten siegreich hervorgeht y. 56, 5, 3. Huzv. übers. welcher von allen verständigen (Thaten) und von allen Schlachtentscheidungen kommt zur Versammlung der Amshaçpand.

2. **areza** s. *marcja*.

arezañh (von 2. *arez*) n. der helle Tag, loc. *arezahi*, am frühen Tag, yt. 10, 8. plur. *arezahva* vd. 21, 9. 10.

arezazhi (von 1. *arez?*) f. Lanze (Spiegel), Pfeil (Windischmann), plur. acc. *arezazhîs bareñtîs* yt. 13, 45.

arezahê, Westergaard **arezahi**, (von *arezañh?*) n. n. pr. des westlichen Karshvare, als dessen Gebieter Bund. 68, 4. *Ashâshagjihaṭ éçrañdinâ* (die Lesart (mit Zendbuchstaben geschrieben) scheint verdorben) genannt wird; acc. *arezahê* vd. 19, 129. yt. 10, 15. *tarô arezahê çavahê* yt. 10, 133. *upa karshvare yaṭ arezahê* yt. 12, 9. abl. *haca karshvare yaṭ arezahê*, vom Karshvare A. aus, yt. 10, 67. plur. dat. (im Dvandva) *arezahêibyô çavahêibyô* (Westerg. °*hibyô*) vsp. 11, 1. 12. 35.

Skr. *rájasî* (Windischmann Mithra 34)? hzv. *arzahê*, *arzâ*, parsi *arzahê*, np. *arzah*.

arezûra m. n. pr. 1) eines Dämons, welchen Gayômart tödtete.

2) eines Berges am Thor der Hölle, der wie es scheint als der versteinerte Leichnam des Dämons galt; gen. *arezûrahê paiti kameredhem* an den Kopf des Arezûra, vd. 19, 140. *arezûrahê grîvaya* am Rücken, Nacken des Arezûra vd. 3, 23. Huzv. übers. am *Arzûr grîvak*, am Thor der Hölle; Bund. 22, 16 sagt: *Arzûr grîvak*, ein Berg an den Pforten der Hölle, wo die dêvs immerfort zusammenlaufen. Bund. 21, 17 steht *Arzur puçt*, Rücken des A. (sonst *pust* geschrieben, wie 48, 8 *muçt* für *must*, 17, 7.) Der Berg ist also eine Art Blocksberg, welcher die Rolle des Demâvend der spätern Sage spielt. Man vgl. das deutsche *Hunsrück*. Man vgl. Windischmann, Z. St. 5.

Hzv. *arzûr*, parsi *arzûr*, (Spiegel Parsigr. 134, 7).

arezôshamana (patron. von *arezôshama*, v. 1. *areza* + *shama?*) m. n. pr. eines von Kereçâçpa erschlagnen Feindes; Spiegel, Av. übers. III, 177 vermuthet eine Beziehung zum Vogel Kamek; acc. *arezôshamanem* yt. 19, 42.

arezôshûta (von 1. *areza* + *shûta*) adj., auf das Schlachtfeld geeilt, gen. *vaçmanô °shûtahê* yt. 10. 36.

arezya (von 1. *areza*) adj., auf die Schlacht bezüglich, gen. fem. *yô açgatô arezyayâo havaêibya bâzubya tanuyê varô aêshistô* welcher beim Fortgang der Schlacht mit seinen Armen für den Leib am meisten Raum schafft, yt. 13, 107.

arezvâo (von 1. *areza*) m. n. pr., gen. *arezvâo çrûtôçpâdhô*, des Arezvâ, (des Sohnes) des Çrûtôçpâdh, yt. 13, 115.

areta (partic. perf. pass. von *ar*) vollkommen; plural. acc. *aretâ* y. 52, 9. dat. *dregvôdebyô déjîṭ aretaêibyô* y. 52, 6.

Skr. *ṛtá*, altp. *arta-khsatra*; Hesych. ἀρτάδες οἱ δίκαιοι ὑπὸ μάγων. ἀρταῖοι οἱ δίκαιοι παρὰ Πέρσαις. Steph. Byz. v. Ἀρταία. Bötticher, Arica, Halle 1851, 13 n° 15. Ἀρταῖοι = Perser Herodot. 7, 61. vgl. phryg. Ἀρτάμας, Ἄρτεμις, Gosche 28. lyk. *Artaleiasa*. Fellows, an account of discoveries 1840, Tafel 36, n° 7. armen. *ardar*, oss. *aldar* (Herr)? vgl. Pott, etymologische Forschungen (1. Ausg.) I, LXII. LXX.

aretôkerethana (von *areta* + *kerethana*) adj., mit wahren Handlungen versehn, acc. °*kerethanem* vsp. 2, 1. gen. *hamaçpathmaêdyêhê aretôkerethanahê* vsp. 1, 7.

areṭ, schwache Form des partic. praes. von *ar* in den Zusammensetzungen *ughrâreṭ*, *zaoyâreṭ*, *takhmâreṭ*, *vazâreṭ*, *hvâreṭ*.

aretha (von *ar*) n. 1) Nutzen, Gesetz (der höchste Nutzen), Gesetzlichkeit, nom. *maçyô arethem* der grösste Nutzen vd. 7, 176. gen. *arethahya* des Gesetzes (hzv. übers. *dînâ*, Ner. *nyâya*) y. 43, 5. dual. acc. *arethâ* die beiden Gesetze (die Glossen erklären: Avesta und Avestacommentar) y. 33, 8. plur. acc. *arethâ kâmahyâ* die richtige Lenkung des Willens y. 42, 13. dat. (statt instr.) *arethaêibyô perethaêibyô* yt. 4, 6 (var. lect.). 2) Lage einer Sache, Gebiet, acc. *añtare arethem* in dem Bezirk (über der Sonne) yt. 5, 90. loc. *ahmi arethê yahmi gaêthê* in diesem Umkreis, in welchem die Weltkreise (bekleidet sind) yt. 12. 8.

Skr. *ártha*. — Vgl. *anaretha*, *vyaretha*.

arethamañṭ (von *aretha*) adj. gesetzmässig, rechtlich, voc. masc. *rashnvô arethamaṭ bairista*, o R., rechtlicher, helfendster, yt. 12. 7.

arethna (von *ar?*) m.? Schweiss, plur. instr. *arethnâisca* yt. 5, 90.

1. **ared** 1) wachsen. 2) fördern, schenken, impf. 3. sg. *aredaṭ* er gewähre y. 49, 11. partic. *eredaṭ* (in Compos.).

Skr. *ardh*, *ṛ́dhyati*, *ṛdhnóti*.

2. **ared**, aufwallen, quälen.

Skr. *ard*, *árdati*.

aredu (von 1. *ared*) adj., hoch. Windischmann: aufwallend (vgl. ἄρδω), Beiwort der Anâhita; fem. nom. *ardvî nâma âpa* vd. 7, 37. *ardvî çûra anâhita*

y. 64, 16. acc. *aredvîm çûrãm anâhitãm* vsp. 2, 20. y. 64, 1. gen. *areduyâo âpô anâhituyâo* vsp. 1, 18. *bãshnubyô areduyâo* in den Tiefen der Ardviçûra vd. 2, 51. voc. *ardvi çûra anâhitê* yt. 5, 9. Man vgl. *anâhita*.

aredus (von 2. *ared*) n. Sünde der vorbedachten Rache, Anquetil: blesser de manière que la plaie ne soit pas guérie qu' au bout de 2 jours c'est l'Arédosch. Vgl. Spiegel, Parsigr. 157. Z. 4. Windischmann Anâhita 112. nom. *aredus*, Aredussünde, vd. 4, 56. instr. *aredusha çnatha* vd. 4, 79. plur. gen. *aredushãm* der Aredussünden vd. 4, 57.

Hzv. *ardûsh*, parsi *ardûsh*, np. *ardush*.

aredra (von 1. *ared*) m. 1) Gabe, Darbringung, Lohn, gen. *aredragyâcâ* der Darbringung y. 49, 8. plur. acc. *kâ thwôi ashâ âkâo aredrêñg ishyâ* wie soll ich bei dir, Asha vahista, den offenbaren Lohn verlangen y. 47, 8. *âkâo aredrêñg* offne Darbringungen y. 49, 4. 2) Opfrer, Spender, nom. *aredrô* y. 42, 3. 45, 9. dat. *aredrâi* dem Gebenden yt. 5, 19. 9, 5. 15, 1. plur. nom. *aredrâ* y. 34, 7. fem. (von den Fravashis) *aredrâo* yt. 13, 32. acc. *aredrâo* yt. 13, 75. instr. *athrâ tâ aredrâis idî* geh dorthin mit den Opfrern, y. 45, 16. gen. *yô aredranãm aredrô* der Freigebigste unter den Freigebigen yt. 10, 65.

aredha (von 1. *ard?*) m. Seite, acc. *añtare aredhem*, in vd. 5, 57. yt. 17, 60. *dashinem hê upa aredhem* auf seiner rechten Seite yt. 10, 100. *vairyaçtârem hê upa aredhem* auf seiner linken Seite yt. 10, 100. *vîçpê hê upa aredhem* (sic) yt. 10, 100. loc. *dashinem hê aredhê ... hê hâoôya aredhê* yt. 10, 126.

Skr. *ardha*, südoss. *ardag*, dig. *ardäg*, tag. *ärdäg*.

aredhômanusha (von *aredha* + *manus*) m. n. pr. eines Berges, welcher in der Nähe des Zeredha liegt (vgl. *Zeredha*); gen. *pâreñtarem aredhômanushahê* unterhalb des Berges A., yt. 19, 1.

arena (von *ar*) adj., rühmlich, plur. nom. n. *viçpaya arena* in allem das rühmliche, y. 19, 47 (hzv. übers. alle Tag und Nacht, Ner. *samagraṃ dinaṃ*).

arenañt (partic. praes. eines Verbi, zu welchem skr. *ṛṇá* und lat. *reus* (?) gehören) das was schuldig ist, geschuldet wird.

arenatcaêsha (vom vor. + *caêsha*) adj., die Schuld bezahlend, acc. m. *arenatcaêshem* yt. 10, 35.

arem postpos., wegen, *vâçtrât arem* wegen (ihrer) Thätigkeit, y. 50, 14.

Vgl. skr. *áram?*

arema (von *ar?*) m. Arm oder Hand.

Vgl. skr. *îrmá?* np. *arm* (Arm), osset. *arm* (Hand).

aremôshûta (von *arema* + *shûta*) adj., vom Arm geschleudert, Spiegel: von der Schleuder geworfen; *âçânô aremôshûtô* yt. 13, 72.

aresh stossen, stechen, verwandt mit *rash*; partic. praes. *areshyañt*, acc. *ahmi yim yâçta daiñhéus . . . pateñtem vâ . . . areshiñtem vâ*, dann wann der Befehlshaber einer Gegend gegen den einstürzenden, verwundenden (Feind steht) yt. 15, 50. plur. gen. sie peinigt die Peinigungen (*tbaêshâo*) *areshyañtãm ahmâica nmânâi* derer welche dieses Haus stossen, verletzen, y. 51, 7.

Skr. *arsh*, *ṛsháti*.

arémpitu, m.? Mittag, plur. acc. *arémpithwâ*, y. 43, 5 (Ner. *rapîthvanakâlaṃ*); verkürzt daraus ist *rapithwa*.

arzay, Verb. denom. von 1. *areza*, kämpfen, partic. praes. plur. fem. *arzayêiñtîs* yt. 13, 33.

armêshad, Spiegel **ârmaêshad** (von *airima* + 1. *had*) adj., einsam sitzend (möglich wäre *armaê* von *arema* abzuleiten und zu übersetzen: sitzend auf die Hand, den Arm gestützt); hzv. übers. unrichtig *arméskt*; dat. *armaêshâidhê* y. 61, 22.

Vgl. tag. *ärmäçt* (adv., nur, bloss, allein)?

armaêsta (von *airima?* + *çtâ*) adj., stehend (vom Wasser), acc. f. *âpem armaestãm* yt. 6, 2. gen. *âpô yat armaêstayâo* Teichwasser, vd. 6, 65. plur. nom. *âpô armaêstâo* yt. 8, 41. acc. *âpô yâo zemâ armaêstâo* y. 67, 15. *armaêstâo anyâo âpô kerenaot* sie machte die einen Wasser stehend (die andern liess sie fliessen) yt. 5, 78.

Hzv. *arméskt* (vgl. Bund. 53, 17), bedeutet auch eine Frau die durch die Geburt eines todten Kindes verunreinigt ist, vgl. Bund. 54, 11. Spiegel bei Windischmann Z. St. 100, Av. übers. II, XLV. parsi *arméskt* (weniger gut *arméçt*).

arshadha s. 1. *arshan*.

1. **arshan** (von *varesh*) m. Mann, Männchen (von Thieren) nom. *arsha* yt. 10, 86. *açpô arsha* yt. 14, 31. *arsha huçrava* der Mann (Held) Huçrava yt. 5, 49. 9, 21. 15, 32. 17, 41. acc. *arshânem* yt. 19, 52. dat. *arshânâi* (Thema *arshâna*) yt. 17, 58. abl. *arshadhaca viptô arshadhaca vaêpayô* (Westerg. *arshaca*) vd. 8, 102. gen. *ustrahê paiti arshnô* für ein Kameelmännchen vd. 9, 147. *açpahê arshnô* vd. 14, 51. *varâzahê arshnô* yt. 10, 70. 14, 15. *géus arshnô* yt. 17, 55. *géus kehrpa arshânahê* (Thema *arshâna*) yt. 14, 7. plur. nom. *arshânô* Männer vd. 18, 76. *aêibis tat vañhéus arshânô*, diesen sind dann männliche Thiere des guten (treffliche, oder in Fülle) vd. 3, 83. acc. *arshâna* männliche Wesen, yt. 5, 120. gen. *arshnãm* vd. 7, 38. 18, 78. y. 64, 7. yt. 5, 2. 14, 12. *açpanãm arshnãm* yt. 5, 21. 25. 29. 33. etc.

Vgl. *varshni* und skr. *vṛ́shan*. Vgl. *byârshan*, *çyâvarshan*.

2. **arshan** (mit dem vor. identisch) m. n. pr. eines Kavi, des zweiten Sohnes des Kavi Kavâta, bei Firdosi *Kai Arish*, im Mujmil (Journ. asiat. 1841. févr. p. 171) *Kai Arshish*; acc. *kavaêm arshnem* yt. 19, 71. gen. *kavôis arshnô* yt. 13, 132. vgl. lyk. *Ἀρααοις* (Fellows, an account of discoveries in Lycia. London 1841, p. 202)?

arshukhdha (von *ars* + *ukhdha*) 1) adj., wahr gesprochen, nom. m. *arshukhdhô vâkhs* y. 59, 8. yt. 11, 3. acc. *arshukhdhem vâcem* y. 7, 65. gen. *arshukhdhahê vâkhs* y. 8, 1. plur. nom. oder acc. *imê heñti arshukhdha vâcô* y. 10, 57. acc. *vâcô arshukhdha* y. 70, 53. *vaca arshukhdha* vsp. 8, 1. 23, 2. neutr. *tâ bâ asha, tâ arshukhdha*, diess ist richtig, diess ist wahr gesprochen, yt. 5, 77. dat. (statt instr.) *arshukh-*

dhaêibyaçca vâghzhibyô vsp. 7, 2. yt. 3, 18 *râkhshibyô* y. 17, 4. gen. n. *arshukhdhanãm vacanhãm* vsp. 14, 8. 2) n. wahre Rede, acc. *arshukhdhem* vsp. 15, 1.

arshôkara (von 1. *arshan* + *kara*) m. Bewirker der Mannheit, acc. *arshôkarem* yt. 14, 28.

arshnavañt (von 1. *arshan*) adj., besprungen, trächtig, von Pferden, hzv. übers. *gâshan*, Ner. *sabîja*, plur. acc. fem. *açpâo arshnavaitîs*, trächtige Stuten, y. 43, 18.

arshmanañh (von *ars* + *manañh*) n. wahre Gedanken, instr. *arshmanañha* y. 19, 47.

arshya (von *ârs?* oder vgl. skr. *ṛshi?*) m. n. pr., gen. *arshyêhê ryâkhanahê*, des Arshya (des Sohnes) des Vyâkhna, yt. 13, 108. Vgl. *rañha arshya*.

arshskyaothna (von *ars* + *skyaothna*) n. wahre Thaten. instr. *arshskyaothna* y. 19, 47.

ars s. *erez*.

arstât (von *ars*) f. n. pr. des Genius der Aufrichtigkeit, vgl. Spiegel, Av. übers. III. XXXVI. acc. *arstâtem* vsp. 8, 10. y. 2. 30. yt. 10. 139. 17, 37. G. 5, 7. *arstâtem frâdatgaêthem* (sic) S. 2, 26. *arstâtemca* yt. 2, 10. 13, 18. gen. *ârstâtô* yt. 11, 16. 21. *arstâtô frâdatgaêthahê* (sic) S. 1, 26. *arstâtaçca* y. 1, 23. 3, 37. yt. 2, 5. 12, 0. 40.

Hzv. *ashtât*, parsi *ashtâd*.

1\. **arsti** (von *ars*) f. = *arstât*, hzv. übers. *ashtât*; gen. *yãmca arstôis* und der Arsti (von oben stammendes Schlagen) y. 56, 13, 5. = yt. 11, 19.

2\. **arsti** (v. *aresh*) m. f. Speer, Lanze, nom. *arstis* vd. 14, 34. hzv. übers. *arst* und erklärt es mit *nîjak* (np. *nîzah*) yt. 10. 20. 13, 72. acc. *tãm arstîm* yt. 10, 21. gen. *arstôis* yt. 10, 24. plur. nom. *arstayaçca* vd. 17, 28. 29. hzv. übers. *astar* (Dolch, als ob *astra* dastünde), *arstayaçcit* yt. 10, 39. gen. *arstinãm* yt. 10, 130.

Skr. *ṛshtí*, altp. *arstis*, hzv. *arst*.

Vgl. *tizhyarsti*, *dareghaarstaya*, *perethwarsti*, *berezyarsti*, *vîzhyarsti*.

arstkaêsha (von *ars* + *tk°*) adj., das wahre Herkommen beobachtend, acc. *arstkaêshem bavâhi yatha rashnus* yt. 23, 7.

arsdâta (von *ars* + 2. *dâta*) adj., wahrhaftig geschaffen, nom. *arsdâtô* y. 9, 49. neutr. *kat açti mãthrahê çpeñtahê arsdâtem* was ist das wahrhaft geschaffne des heiligen Wortes yt. 12, 1.

arsvacañh (von *ars* + *vacañh*) 1) n. wahres Wort, instr. *arsvacañha* y. 19, 47. 2) adj., wahr sprechend, nom. *arsvacô* (Thema °*vaca*) vd. 9, 5. acc. *arsvacañhem* yt. 10, 7. voc. *arsvacô* yt. 3, 2. Superl. acc. *arsvacaçtemem* vsp. 3, 14. voc. °*vacaçtema* A. 1, 4. plur. acc. *vacaçtemã* vsp. 3, 27. y. 14, 8.

arsvañt (von *ars*) m. n. pr., gen. *arsvatô* yt. 13, 109. Vgl. *paitiarsvañt*, *vyarsvañt*.

arsvarçaya (von *ars* + *varçaya*) adj.? acc. *arsvarçaêm karshaêm frakârayêiti*, *arsvarçaêm framraomi narem asharanem* yt. 4. 7. Spiegel: richtige Kreise soll er ziehn, richtige will ich dem reinen Mann sagen.

av, 1) gehn, sich wenden zu, praes. 1. sg. *avâmî* ich wende mich (zu dir) y. 43, 7. Die Trad. übers. ich denke auf deine Hülfe. Conj. praes. 3. sg. *yô avâiti* yt. 13, 16. *yô khshathrishva avâiti* welches (Kameel) zu den Frauen geht, gern bei ihnen ist, yt. 14, 12. Conj. impf. 3. pl. *avân* y. 56, 10, 2. Huzv. übers. *çâtanud*; *yô âkhstisca uvaitisca drujô çpaçyô çpênistahê avân ameshâo çpeñta avi . . zãm* welcher (Çraosha) die Friedensschlüsse und Verträge der Drukhs und des Ormazd bewacht, (durch welche) die Amesha çpeñta auf der Erde wandeln, yt. 11, 14. *nizbayamaha . . . avâon ameshâo çpeñta avi zãm*, preise die Amesha çpeñta (welche) wandeln auf der Erde, vd. 19, 43. *tat dim ahurô mazdâo avãn dâta tat âpô urvarâoçca* dann wandeln zu ihm der Schöpfer Ormazd, Wasser und Pflanzen, yt. 8, 7. *avi dim ahurô mazdâo avãn ameshâo çpeñta* yt. 8, 38. 2) schützen, med. partic. praes. instr. m. *avamana ahura mazda* mit dem schützenden Ormazd, yt. 13, 146.

— *paiti*, hingehn, Conj. praes. 3. sg. *paitiavâiti* yt. 8, 20. 26.

— *pairi*, dazwischen treten, sich ins Mittel legen, impf. 3. dual. *añtare pairiavâtem* yt. 13, 77.

Skr. *av*, *ávati*.

1\. **ava**, Pronomen demonstr., jener, sing. nom. neutr. *aom añhê açti uzvarezem*, das ist die Sühne dafür vd. 18, 85. acc. m. *aom mereghem* vd. 18, 51. *aom* yt. 5, 131. 8, 50. *aom narem* yt. 1, 24. *aom vazrem* yt. 10, 132. *upa aom mâoñhem* yt. 12, 33. *aom puthrem* yt. 17, 58. *aomca çâkem* yt. 14, 29. fem. *avãm* vd. 19, 47. yt. 8, 55. y. 26, 3. 43, 19. neutr. *aom çrum* das Bleigefäss vd. 9, 24. *aom hazañrem* (statt des nom., weil hinter dem Verbum) yt. 10, 128 ff. *aom qarenô* yt. 19, 35. instr. m. die Sonne geht *ava patha* auf ihrer Bahn, yt. 13, 16. *avâ manañhâ* (er ist) von der Gesinnung, mit der Gesinnung versehn y. 33, 6. abl. f. *haca avañhât drujat* vd. 19, 39. *tawrat* vd. 19, 69. *viçat* vd. 19, 40. gen. m. *avañhêca ushnô* y. 1, 45. 3, 59. 19, 16. *avañhaêca ushnô* yt. 13, 28. *avañhêca yânahê* yt. 16, 6. *avañhê* G. 2, 8. fem. *avañhâo* vd. 10, 30. y. 17, 46. yt. 8, 51. *haca avañhâo jahikayâo* über, wegen der Buhlerin. yt. 17, 58. neutr. *avañhê hâ* y. 19, 20. plur. *avê çtârô* vd. 9, 161. neutr. *avê avrâo* yt. 14, 41. acc. m. *avê çtârô* yt. 12, 28. *avê* yt. 8, 12. y. 56, 11, 5. *avê aipi* yt. 10, 45. *avôi fraca yaokhmaidê* yt. 4, 1. fem. *paiti avâo gaêthâo* zu diesen Hürden vd. 13, 28. *avâo* yt. 5, 93. *avâo* (*ashis*) y. 42, 4. *avañhâo fravashayô*, *yâo* y. 23, 1. neutr. *ava dakhsta* yt. 5, 93. *ava baêshaza* vsp. 10, 6. *avâo dâmãn* vsp. 8, 17. *avâo thaêshâo* yt. 1, 10. *avaca vavcâo* yt. 21, 16. *viçpâis avê karshvãn* yt. 5. 30. 15, 20. instr. m. *avâis* y. 32, 15. neutr. *avâis urvâtâis* y. 43, 15. dat. f. *mat avâbyô dakhshtâbyô* vd. 13, 60. gen. m. *avaêshãmca* yt. 10, 45. neutr. *avaêshãm* y. 29, 3.

Altp. *ava*, hzv. *ô*, parsi *ôi*, np. *ô*, buchar. *u*, kurd. *au* arm. *iur* (vgl. Fr. Müller in Benfeys Orient und Occident II, 576) oss. *ui*.

2\. **ava** 1) adv., als praef. vor Verbis gebraucht,

âraoeçâmâ . . . avâ (scil. *vaocâmâ*) y. 38, 14. 2) praep. und postpos. 1) c. acc., hin zu, in, *ava* vd. 5, 128. 9, 126. *ava dim* in sie (die Erde) vd. 2, 33. *avâ drûjô avô bavaiti* zu den Drujas kommt Verderben, y. 30. 10. *vadharayô ava* yt. 17, 13. *tẽñg â ava* hin zu denen y. 43, 13. *yêñhê vâkhs . . . uç ava vaocâo ashnaoiti, ava pairi imãm zãm jaçaiti* yt. 10, 85. 2) c. instr., der gepresste Haoma wird nicht verunreinigt, *ava aêta ahuta* bis zu dem nicht gepressten, d. h. wohl aber der nicht gepresste, vd. 6, 88.

Skr. *áva*, hzv. *ô* (Zeichen des Dativ), parsi *awa*⁰, oss. *a*⁰, *av*⁰, afg. *v* (Dativpraefix).

3. **ava** (von 2. *ava?*) m. Fall, nom. *avô* y. 30, 10 loc. *aêibyô añhéus avôi añhaṭ apêmem*, denen wird das Ende der Welt zum Fall gereichen y. 44, 3.

avaêji s. *yavaêji*.

avaêza (von 2. *a* + *vaêza*) adj., sündlos, nom. *avaêzô* A. 1, 13.

Vgl. np. *avézhah?*

avaêtâṭ (von 2. *ava?*) f. Ungebührlichkeit, hzv. übers. *anâkrubashn*, Ner. *anyâyapravṛtti*, nom. *avaêtâç vacô* Ungebührlichkeit in Bezug auf Reden, von den Spottreden, mit welchen die Seele von den Teufeln in der Hölle geplagt wird, y. 31, 20.

avaêna (von 2. *a* + *vaên*) adj., nicht sehend, nom. *avaênô qarenô fraêstô yô yimô . . . barâçaṭ* nicht mehr sehend die Majestät taumelte der grösste Yima yt. 19, 34.

avaêçu s. *yavaêçu*.

avaoirista (von *urviç*) n. Sünde eines unüberlegten, zornigen Verwundens, Anquetil: frapper et blesser c'est l'Eoûévereschté, de 60 tanks. Vgl. Spiegel, Parsigr. 157, Z. 4. nom. sg. *avaoiristem* vd. 4, 55. acc. *yô narem avaoiristem avaourvaêçayêiti* wer an einem Manne das A. vollzieht, vd. 4, 71.

Hzv. *ôkvarst* (*k* ist Stütze des *ô*), parsi *avâurisht*.

avakañta (von 1. *kan*, partic. pass.) m. Keller, plur. loc. *avakantaêshva* vd. 15, 108.

avakana (von 1. *kan*) m. Grube, Keller, nom. *aêshô avakanô* vd. 15, 110 (interpol. Stelle), acc. *aêtem avakanem* vd. 15, 110. *avakanem avakanayen* vd. 8, 18. 15, 129.

avaqy⁰ s. *avañh*.

avakhshañṭ (von 2. *a* + *vakhshañṭ*) adj., abnehmend (an Licht), fem. abl. *tãthrayaçciṭ haca khshafnô avakhshaityâo* yt. 14, 31.

avaghnâna s. *jan* + *ava*.

avañh (von *av*) n. Schutz, acc. *avô* y. 29, 9. 32, 14. yt. 13, 49. *avaçca* yt. 13, 1. instr. *avañhâ* y. 49, 5. dat. *avañhê* vd. 18, 43. vsp. 12, 33. y. 4, 11. 24, 28. 49, 7. 67, 29. yt. 10, 5. 12, 4. *avañhaêca* yt. 1, 9. *mazê avaqyâi* y. 57, 20. *âca nô jamyâṭ avi* (von einer Hs. ausgelassen) *avaqyâi* yt. 10, 78 (von einem verstärkten Thema). gen. *avañhô* y. 48, 12. 49, 1. plur. acc. *avâoçca* yt. 4, 1. instr. *avêbîs* yt. 13, 146.

Skr. *ávas*, altp. verb. denom. *patiyâvahaiy* (ich flehte um Schutz). — Vgl. *avare*, *cithrâvañh*.

avañhan (von *avañh*), n.? Hülfe, Schutz, dat. *avañhânê* y. 33, 5.

avañhabdaêta s. *qabdâ*.

avañhabdemna s. *qabdâ*.

avañhu (von 2. *a* + *vañhu*) adj., nicht gut, plur. acc. (statt instr.) *duêvâis ayhâis avañhûs* y. 13, 14. Superl. plur. instr. *avañhutemâis* y. 13, 15.

avacañh (von 2. *a* + *vacañh*) adj., ohne Stimme, nom. m. *avacâo* vd. 13, 80.

avacicithushîm s. *cikithwâo*.

avacina (von 1. *ava* + *cina*), pronom. adj., ein solcher.

avacinômazañh (vom vor. + *mazañh*), n. ein solcher Werth, acc. *avacinômazô*, von solchem Werth (wie im folg. Vers angegeben wird) vd. 5, 169. So die Tradition, welche den Sprachgesetzen nicht widerstrebt, indem das pronom. *cina* auch an andre pronom. antritt; Fr. Müller (Zendst. II, 8) übersetzt: von der Grösse eines Avacina, indem er letztres für den Namen eines uns unbekannten Maasses hält. Aber es ist schwer anzunehmen, dass der Tradition die Bekanntschaft mit einem Maass abhanden gekommen sei, da sie in solchen Dingen gerade sehr zuverlässig ist.

avacôurvaiti (von 2. *a* + *vacôurvaiti*) adj., einer dessen *vacô urvaiti* ungültig ist, acc. m. *myazdavâo ratus amyazdavanem ratunaêm avacôurvaitim daçti*, der myazdaversehene Destur macht den ohne Myazda mit einem Ratu (kommenden) zu einem, dessen vacô urvaiti ungültig ist (d. h. wenn er auch das Gebet *vacô urvaitis* spricht, so hat diess doch keine Wirkung, wenn er ohne Myazda kommt) A. 1, 8.

avajana (von *jan*) adj., tödtend, acc. *avajanem* Fr. 8, 2.

avajaçti (von *jad*) f. Bitte, acc. des Instr. *avajaçtîm . . . âpô jaidhyôis* y. 64, 39.

avazâiti s. 1. *vaz* + *â*.

1. **avañṭ** (von 1. *a* h)) pronom. adj., dieser, ein solcher, nom. *avâo* vd. 3, 67. 9, 182. yt. 10, 46. fem. *avaiti* y. 19, 15. neutr. *avaṭ aipi yatha* selbst nur so viel als vd. 6, 16. so gross als vd. 17, 20. *avaṭ hvare* vd. 9, 161. *avaṭ hvarekhshaêtem* yt. 10, 118. *avaṭ* vd. 7, 176. y. 13, 11. 19, 2. 31, 6. *yavaṭ . . . avaṭ* wie lange . . . so lange y. 28, 4. *avaṭ* ferner (hzv. übers. *étûn*) y. 29, 10. dort yt. 8, 47. acc. m. *avañtem* (adverbial) yt. 5, 65. neutr. *avaṭ* y. 48, 12. vd. 15, 7. yt. 19, 93. *tat avaṭ âyaptem* yt. 15, 4. *avaṭ karshvare* vd. 19, 129. *avaṭ mîzhdem* vd. 9, 166. vsp. 23, 3. wir preisen *barezistem avaṭ yâ aṭ hvarê avâcî* das höchste (der Gestirne) welches Sonne heisst y. 57, 23. *avaṭ . . . anyaçciṭ* yt. 13, 73. instr. m. *avata*, so yt. 14, 60 (an der Parallelstelle yt. 5, 69 steht aber *avatha*); plur. abl. *haca avaṭbyô çtarebyô* yt. 5, 85.

Hzv. *and*, parsi *anṭ*, np. *and*, dig. *aval*, tag. *val*.

2. **avañṭ** (partic. praes. von *av*), m. Freund, acc. *yâ âfritis avañtemciṭ bañdayêiti*, der Segen welcher den Freund bindet, vd. 22, 19. (hzv. hat *dôçt*).

avatha (von 1. *ava*) adv. so, nun, deshalb vd. 19, 108. 5, 113. 119. 8, 6. 12, 66. vend. sade 133 (Westerg. vd. 2, 32). yt. 5, 69. ebenso vd. 15, 126. nun yt. 5, 62. *uiti avatha mañhânô* yt. 19, 47. *yatha*

. . . *avatha* yt. 10. 118. *avatha . . . yatha* deshalb weil, yt. 13, 129. 142.
Altp. *avathâ*.

avathât (vom vor.) ja, also, Ner. *evam*, y. 16, 9. 55. 2.

avathra (von 1. *ava*) dort, vd. 1, 9. 138.
Dig. *ortha*, tag. *orthâ*, *narthâ*.

avadha (von 1. *ava*) dort, yt. 22, 20. 13, 25 (es folgt *yathra*).

avadhât (vom vor.), hieher yt. 8, 35, dort yt. 19, 66.

avaderena (von 1. *dar*) m. Trennung, Entreissung, *avi mê âzis parôit pairithnem añhvãm avaderenãn çadayêiti*, es würde mir Azi vorher mit Kampf die Welten entreissen, vd. 18, 45.

avanemna (von 2. *a* + *vanemna*) adj., nicht geschlagen werdend, *pañcadaça avanemna*, fünfzehntens heisse ich „nicht geschlagen", yt. 1. 8. gen. *vanatô avanemnahê*, dem schlagenden, nicht geschlagnen, yt. 10, 109. f. *avanemnayâo* yt. 13, 133. instr. pl. *avanemnâisca* yt. 8, 55. gen. *avanemnanãm* yt. 24, 6. = N. 3, 10.

avapaçti (von *pat*) f., das Herabfallen, gen. wer erhält Erde und Gestirne *avapaçtôis* vor dem Herabfallen y. 43, 4.

avamereiti (von 1. *mar*) f. das Sterben (von bösen Wesen), acc. *paçca avamereiti* yt. 22, 36.

avaya s. *aoya*.

avare, Nebenform von *avañh*, nom. *ahurâ nû nâo avarê* o Ahura, nun sei uns Schutz, y. 29, 11.

avaregâo (vom vor. + 1. *gâo*) m. n. pr., gen. *avaregêus erezvatô aoighimataçtîrahê* des Avaregâo des reinen (des Sohnes) des Aoighimataçtîra; Spiegel: des reinen Av., und des Aoighman, des Turaniers (er liest *târahê*) yt. 13, 125.

avareta (von *var* + *â*?) f. Gut, Besitzthum, hzv. übers. *khvâçtak*, plur. nom. *avaretâo* yt. 17, 7. plur. gen. *anyãm avaretanãm* vd. 19, 87. 9, 155. *nôit ahurô mazdâo yâoñhayanãm avaretanãm paitiricyâ daithê* nicht lasse ich unbenutzt liegen, werfe ich weg, (ich) Ormazd, die auf Kleider bezüglichen Besitzthümer (d. h. Kleidungsstücke), hzv. übers. *kût khvâçtak* kleine Besitzthümer), Açpendiârji: Schatz-Besitzthümer, vd. 5, 168. *yat nâ kaçcikãmcina yâoñhayanãm* (sic) *avaretanãm nairê ashaonê nôit dadhâiti*, wenn ein Mann ein werthloses von den Kleidungsstücken einem reinen Manne nicht gibt, vd. 18, 81. Aus der Huzv.-Uebers. dieser Stelle scheint das *kût* in die Uebersetzung der vorigen Stelle eingedrungen zu sein. Vgl. Fr. Müller, Zendst. II, 7.
Vgl. *baratavareta*.

avaretha (von 2. *a* + *varatha*) adj., schutzlos, plur. acc. f. *avarethâo*, yt. 10, 27.

avarethra (von 2. *a* + *varethra*) adj., nicht einzuschränken.

avarethrabañh (vom vor. + *bañh*?) m. n. pr., gen. *avarethrabañhô râstareraghañtôis*, des A., (des Sohnes) das Râstarevaghañt yt. 13, 106.

avarôit s. *ri*.

avavañt (von 1. *ava*), pron. adj., ein solcher, so gross, nom. f. *yâ açti avavaiti maçô* welche so gross ist y. 64, 12. neutr. *açtica yarenô . . . avavat yatha*, yt. 19, 68. *avavatcit yatha heô pereçahê* so viel als du selbst fragst, Citat der Huzv.-Glosse zu vd. 7, 136. *avavat*. so, yt. 8, 6. *avavatcit yatha* soweit als yt. 14, 33. acc. m. *avâoñtem* als solchen, diesen, yt. 8, 50. adverbial: *avavañtem ashavaghnyâi tãm cithãm daêçayô* schreibe dieselbe Strafe vor wie für den Mord eines Reinen vd. 5, 47. *avavañtem mazô* vd. 7, 129. *avâoñtem yêçnyata* so gross an Anbetungswürdigkeit yt. 10, 1. neutr. *avavat* yt. 5, 15. in dem Grad y. 19, 24. instr. f. *avavaitya bãzaçca* so weit der Breite nach y. 19, 15. 70, 69. neutr. *jaiñti mãm ahuna vairya avavata çnaithisha yatha açma* er schlägt mich mit dem Ahû vairyô, welches eine solche Waffe ist wie Steine yt. 17, 20. *avavata aojañha yatha yat pañca narô* mit solcher Kraft wie 5 Männer, Cit. der Hzv.-Gl. zu vd. 15, 35. gen. masc. (statt fem.) *kaininô . . . kehrpa avavatô çrayâo* eines an Körper so schönen Mädchens yt. 22, 9 (*avavatô* geht auf *kaininô*); plur. gen. masc. (statt fem.) *kaininô . . . kehrpa avavatãm çraya*, puellae cum corpore talium pulcro, Mädchen mit ihrem schönen Leibe, yt. 17, 11.
Hzv. *avâvand*.

avaçôkhshathra (von 2. *a* + *v*[u]) adj., nicht nach Wunsch herrschend, nom. °*khshathrô* y. 8, 13. acc. °*khshathrem* y. 19, 58. 20, 10.

avaçaçta (partic. von *çcad* + *ava*), betrügend.

avaçaçtôfravashi (vom vor. + *fravashi*) adj., betrügend, beleidigend (?) die Fravashis: plur. gen. *uçayhanãm avaçaçtôfravashinãm* yt. 13, 105.

avaçpasti (von *çpaç*) f. Erblickung. instr. *nôit dim yava . . . drvâo . . . ashibya avaçpasticina avi avaçpashnaot* nicht wird ihn ein Schlechter mit den Augen erblicken. yt. 11, 5.

avaçyât s. *çâ*.

avahisti (von *çtâ*) f. Begegnung, dat. *yat dim kaçcit paiti avahistêê* bis einer ist zu seiner Begegnung, bis einer entgegenkommt, vd. 8, 282.

avahya (von 2. *ava* + 2. *hya*?) m. n. pr. gen. *avahyêhê çpeñtahê* des Avahya (des Sohnes) des Çpeñta yt. 13, 123.

avahmya (von 2. *a* + *v*[u]) adj., nicht zu verehren, acc. f. *avahmyãm* yt. 13. 90. plur. acc. m. *avahmya* yt. 19, 81.

avâuruçta (von 2. *rud* + *ava*) adj., beschliessend, plur. acc. neutr. *gâthanãm avâuruçta yazamaidê* wir preisen das was die Gâthâs beschliesst, Spiegel liest *avâuruçtîm* und übersetzt: die Nichtverstümmelung der Gâthâs, y. 70, 80.

avâoñtem (contrahirt aus *avavañtem*) s. *avavañt*.

avâcî s. 1. *vac*.

avâzôit s. 2. *az* + *ava*.

avâraostri m. n. np. von Frashaostras Bruder, gen. *avâraostrôis* yt. 13, 103. *vohunemañhô avâraostrôis*, des Vohunemañh (des Sohnes) des Avâraostri, yt. 13, 104.

avâçtra (von 2. *a* + *vâçtra*) adj., der Weide verderblich, acc. n. *avâçtrem* vd. 13, 169. gen. n. *avâçtrahê* vd. 7, 68, yt. 13, 130.

avâçtrya (von 2. *a* + *vâçtrya*) adj., unthätig, nom. *avâçtryô* y. 31, 10.

avâçtry (verb. denom. vom vorigen), unthätig, unmächtig machen, im medium unmächtig werden, med. praes. 3. sg. *avâçtryêitê* vd. 9, 35. impf. 3. sg. *avâçtryata* yt. 1, 29.

avi (die Hss. lesen sehr oft **aoi**) 1) adv., oft als Verbalpraefix, *avi bâdha fratereçaiti* yt. 10, 134. 2) praepos. und postpos., a) c. acc. in, zu, gegen yt. 10, 9. *avi zãm* y. 56, 10, 2. vd. 19, 43. *avi gaêthãm* y. 56, 10, 3. 9, 27. *gaêthãm avi frapataiti* welche die Hürden anfällt vd. 18, 131. *avi daoshatarem hiñdûm* bis zum westlichen Indien (i. e. Assyrien) vend. sade 122 (Westerg. vd. 1, 19), *mâzdayaçnis avi vîçô* gegen Dörfer der Mazdaverehrer vd. 18, 31. *vîçpâis avi karshvãn* y. 64, 19. yt. 5, 30. *avi naçûm* vd. 5, 52. *tem avi* y. 64, 31. *avi ameshanãm çpeñtanãm gâtvô* (sic) zu den Thronen der Amshaçpand vd. 19, 106. *cîm avi yaçnô* an wen ist die Anrufung gerichtet y. 21, 3. *avi ahûm* vd. 2, 47. *avi jafnavô* in den Schlünden vd. 5, 1. *avi zrayô vourukashem* y. 64, 14. yt. 5, 3. b) c. dat. *avi dâmabyô* yt. 9, 9. *avi tanuyê* vd. 7, 172. *avi avaqyâi* yt. 10, 78. c) c. abl., von weg, *avi kuçrâṭ* von den Zacken weg y. 10, 30. d) c. gen. *vîçô avi naotaranãm* im naotarischen Clane, yt. 15, 35. *avi apãmca urvaranãmca* hin zu den Wassern und Pflanzen, vd. 6, 97. e) c. loc. *avi madhemê vâ raçtrê vâ* inmitten des Grases vd. 15, 113.

aviama (von *avi* + *ama*) adj., zu Kraft gekommen, nom. *yatha paoirîm vîrem aviamô aêiti* (von dem Alter) in welchem zuerst ein Mann zu Kraft kommt (*vîrem* ist von *paoirîm* attrahiert) yt. 8, 14. gen. *aviamahê* yt. 8, 13. plur. f. *aviamâo* yt. 13, 35.

avitanya (von *tan*) m. Ausbreiter, *thrityô avitanyô* drittens heisse ich Ausbreiter yt. 1, 7.

avimãm s. 4. *mâ*.

avimithrana (von *avi* + *mithra*) m. Feind des Mithra.

avimithranaya (vom vor.) adj., einem Feind des Mithra gehörig, plur. fem. *daiñhâvô avimithranayâo* yt. 10, 101.

avimithri (von *avi* + *mithra*) m. Feind des Mithra, Lügner, nom. *avimithris* yt. 10, 20.

aviyâo (von *avi* + *yâoñh?*) adj., zu Thätigkeit gekommen, zu dem Alter gelangt, in welchem der Mann selbst für seinen Unterhalt arbeitet, nom. *yatha paoirîm vîrem aviyâo baraiti* (in dem Alter) in welchem zuerst ein Mann selbständig wird, yt. 8, 14 (*vîrem* statt *vîrô* ist von *paoirîm* attrahiert).

aviçpasta s. 2. *çpaç*.

avémîra (von 3. *ava* + *mîr*) adj., sterbend, umkommend, plur. nom. neutr. *mãzâ khshathrâ vazdañhâ avémîrâ* durch Bosheit gehn grosse Reiche zu Grund, y. 48, 10. hzv. übers. *frôt murt deharanuît* Ner. *adhô narake mrtyurbhûyât*.

avöi s. 3. *ava*.

avôirithenitem s. *irith*.

avôurvaiti (von *avañh* + *urvaiti*) adj., Schutz bringend, segensreich, plur. nom. f. *avôurvaitis* yt. 8, 40.

avôqarena (von 2. *ap* + *qarena*) f. Viehtränke, Quelle, hzv. übers. *apkhvar* (np. *âb khavr*) Ner. *garâñ vasatîçca*, plur. acc. *avôqarenâoçca* y. 2, 59. gen. *avôqarenanãmca* y. 1, 45. 3, 59.

avôdâta (von *avañh* + 2. *dâta*) adj., zum Schutz gemacht, *avôdâtem* yt. 24, 23.

awzhdâta (von 2. *ap* + 2. *dâta*) adj., in das Wasser gelegt, nom. n. *awzhdâtemca qarenô* die in das Wasser gelegte Majestät yt. 8, 34.

awzhdâna (v. 2. *ap* + 3. *dâna*) adj., n. pr., nom. sg. fem. *âfs yâ awzhdânva* (sic) *nãma* yt. 19, 62. plur. acc. *vairîscâ awzhdânâoñhô yazamaidê* y. 41, 21.

awra (von 2. *ap* + 1. *bar?*), f. n., Wolke, nom. (neutr.) *awrem* y. 9, 101. plur. nom. (fem.) *awrâo* yt. 8, 40. (neutr.) *awrê awrâo* yt. 14, 41.

Skr. *abhrá*, altp. Ἀβραδάτας (vgl. Hitzig DMG. 9, 760), hzv. *abar*, parsi *awar*, np. *abr*, buchar. *âbr*, afgh. *awrah*, kurd. *awreh* (Klaproth 81), *evel* (Lerch 2, 28), tag. *arragh*.

1. **aç**, vermehrt den Praesensstamm mit *nu*, vor welchem *ç* zu *sh* wird: vordringen, gelangen, gehn.

— *ava*, erreichen, praes. 3. sg. *avaashnaoiti* yt. 10, 24.

— *uç*, hinaufdringen, praes. 3. sg. *uç ava raocâo ashnaoiti* yt. 10, 85. impf. 3. sg. *uç ava raocâo ashnaoṭ* yt. 10, 89.

— *paiti*, angreifen, praes. 3. sg. *paitiashnaoiti* vd. 4, 56.

— *fra*, hingehn, hervorgehn, praes. 3. sg. *frâshnaoiti* sie setzt sich auf vd. 5, 85. 87. 15, 59. pot. 3. sg. *ṭbaêshô frâsticina frâshnuyâṭ* die Peinigung wird (nicht) vorwärtsschreiten, yt. 11. 5. Conj. impf. 3. sg. *yêzi aperenâyûkô frâshnavâṭ* wenn das Kind geboren wird, vd. 16, 18. Conj. aor. 3. sg. *frâshnvâṭ* es würde gehn, vd. 1, 4.

Skr. *aç*, *açnóti*.

2. **aç** essen, skr. *aç*, *açnâti*, vgl. np. *âsh*. Davon *kahrkâç?*

3. **aç** s. *ah*.

aça (von 1. *aç*) f. Schnelligkeit, instr. *açaya* y. 56, 11, 2. yt. 10, 68.

açañh (von 1. *aç*) n. Ort, Stelle, hzv. *çrâk*, Ner. *sthâna*; nom. *açô* yt. 24, 29? acc. *açô* vd. 1, 2. yt. 4, 10. 13, 67. dat. *açañhaêca* vd. 9, 191. abl. (collectiv) *haca açañhaṭca* (von den Orten) vd. 9, 190. loc. *açahi* vd. 8, 271. yt. 13, 67. plur. nom. *açâoçca* vd. 1, 81. acc. *açâo* yt. 8, 33. S. 1, 28. *açâoçca* y. 2, 59. instr. (statt dat.) *açêbis* yt. 13, 38. gen. *açañhãm* vd. 1, 5. 2, 53. y. 1, 45. 3, 59.

Vgl. skr. *âçâ*, parsi *asasn*, kleinasiat. *asus* in *Halicarnassus* (Ort der Meer-Karier), *Aliassus* (Stadt am Halys), *Thebasa* (Flügelstadt, Mordtmann, Sitzungsberichte der bair. Akademie 1860. I. Heft 2).

1. **açan** (von 1. *aç*) m. 1) Stein, acc. *açânem* yt.

14, 59. plur. nom. *açânô* yt. 1,18. *açânô aremôshûtô* (lies °*shûta*) yt. 13, 72. *açnaca fradakhshanya* Schleudersteine vd. 17, 28. 29. acc. *açânô* vd. 9, 29. 19, 13. loc. *açânaêshva* (Thema *açâna*) auf Steine (sollen sie die Todten legen) vd. 6, 105. 2) Himmel (weil dieser von Stein (Sapphir) gemacht ist), plur. acc. *açênô*, hzv. übers. *açmân*, y. 30, 5.

Skr. *áçan*, vgl. altp. *athañgaina*, παρασάγγης (von den Meilensteinen), hzv. *çang*, np. *çang*, bal. *çing*.

2. **açan** (von 1. *aç*) m. Radspeiche, plur. nom. *açânaçca vîçpôbâma* (an welchem Wagen) ganz glänzende Radspeichen sind, yt. 10, 136.

açana (von 1. *aç*) adj., nahe, abl. *açanâț* von nahe y. 44, 1. *açnâațca* von nahe her yt. 22, 13. loc. *âçanaêca* von nahe, in der Nähe yt. 17, 2. *açnê raghdhanâț* in der Nähe des Kopfes, yt. 22, 2. *açnê kameredhâț* yt. 22, 20.

açabana 1) m. n. pr. zweier Turanier, acc. *karemca açabanem*, *varemca açabanem*, den Kara Açabana und den V. A. (Açabana ist wohl der Familienname) yt. 5, 73. 2) f. n. pr. der Frau des Pourudhâkhsti, gen. *açabanayâo nâiryâo pourudhâkhstôis* yt. 13, 140.

Windischmann Z. St. 224 vergleicht hzv. *ashâbê* (wild, von Thieren) Bund. 36, 1.

açaya f. n. pr. eines Berges, nom. sg. *açayaca* yt. 19, 4.

Vgl. skr. *âçayá?*

açareta (von 2. *a* + *çareta*) adj., unverletzt, nom. m. *açaretô* vd. 19, 12.

açâcayañț (von 2. *a* + *çâcayañț*) adj., nicht lehrend, nom. sg. *açâcayô* vd. 18, 12.

açâra (von 2. + *çâra*) adj., ohne Oberhaupt, nom. pl. *yôi açârô* (Thema *açâr*) *airyâkhshayêiñti* welche ohne Oberhaupt regieren, vd. 1, 78. *abareshava paçcaêta açâra mashyâkaêibyô* (die Dämonen) sind dann ohne Haupt und Kopf den Menschen gegenüber, vd. 2, 16 (Westerg. 2, 6).

açikhshañț (von 2. *a* + *cikhshañț*) adj., nicht lernend, nom. *açikhshô* vd. 18, 12.

açista oder **âçista** (superl. von *âçu*) nom. *âçistô* y. 9, 47. yt. 10, 98. 14, 19. *açistô* y. 59, 6. fem. *açista* y. 59, 4. neutr *açistem* y. 59, 5. *âçistem* vd. 13, 75. *âçistem* (adverbial) vd. 8, 241. acc. masc. *âçistem* y. 56, 6, 2. *açistem* y. 34, 4. dual. acc. n. *astê âçistê* yt. 19, 46. plur. nom. *açistâ* y. 30, 10.

açîsti (von *açista*) f. Schnelligkeit, plur. acc. *açîstis* y. 43, 9.

açurunvañț (von 2. *a* + *çurunvañț*) adj., nicht hörig, gen. sg. (collectiv) *çurunvataçcâ açurunvataçcâ* den hörigen und nicht hörigen y. 35, 12.

açûiri (von 2. *a* + *çûiri*) adj., wehrlos, acc. neutr. *açûiri çûirim içemnô* wehrlos das bewehrte wünschend, yt. 14, 20.

açûna (von 2. *a* + *çûna*) adj., ohne Mangel, plur. acc. *açûnâ* y. 28, 10

1. **açûra** (von 2. *a* + 1. *çûra*) adj., nicht stark, gen. *açûrahyâ* y. 29, 9.

2. **açûra** s. *tizhiaçûra*.

açeñga (von 2. *a* + *çeñga*) adj., verwünschend, vgl. skr. *açás*.

açeñgôgâo (von *açeñga* + 1. *gâo*), adj., die Kühe verwünschend, Beiwort des Çnâvidhaka. Spiegel: mit steinernen Händen (vgl. altp. *athañgaina* und altb. *gâo*) acc. *çnâvidhakem açeñgôgâum* yt. 19, 43. (nach Spiegels Uebersetzung müsste man °*gaom* lesen).

açôshôithra (von *açañh* + *sh°*), n. Orte und Gegenden, plur. acc. *açôshôithraôçca* yt. 8, 42.

açkeñda (von 2. *a* + *çkeñda*) adj., eine deren Magdthum nicht gebrochen ist, Spiegel: gesund; acc. f. *kanyãm açkeñdãm* vd. 11, 64.

açgaț (von *zgâ* + *â*) f. Fortgang, gen. *açgatô* yt. 13, 107.

açciț s. *ah*.

açu m. Schienbein, Wade, acc. *açûm* vd. 8, 201. Vgl. *hvaçcra*.

1. **açta** (von 1. *aç*) m. Gesandter, nom. *açtô* vd. 19, 112. yt. 19, 92.

Vgl. np. *firiçtah*.

2. **açta** liest Westergaard vd. 13, 111 (Westerg. 13, 39) statt *açti*, Huzv.-Uebers. hat *ît*.

3. **açta** s. 1. *açti*.

açtairya (von *çtar* + *â?*), m. Name einer Krankheit, gen. *açtairyêhê* vd. 20, 14. statt des voc.: vd. 20, 20.

açtareta (von 2. *a* + *çtareta*) adj., unbestürzt, unerschrocken, plur. acc. *açtaretaca* vsp. 8, 4. yt. 11, 15.

açtarema (von *çtar* + *â*) m.? Plage, hzv. übers. *çtartish* (Bestürzung), plur. gen. *açtaremanãmca* y. 70, 78.

açtâtôratu (von 2. *a* + *çt°*) adj., nicht mehr unter Aufsicht stehend, acc. f. *kainînem çtâtôratûm vâ açtâtôratûm vâ* ein Mädchen welches unter elterlicher Aufsicht steht oder nicht, vd. 15, 31.

1. **açti** oder **açta** (von *kah?* vgl. slav. *kostj*) m. 1) Knochen acc. *açtem* vd. 5, 52. 6, 16. plur. acc. *açta* vd. 5, 32. 15, 11. *açtaca* vd. 19, 26. yt. 13, 11. *açtêçca* yt. 10, 72. gen. *açtãm* vd. 6, 64. *açtãm ahmarstanãm* vd. 15, 10. *açtãmca* vd. 6, 12. 13. 2) Knochen oder Horn, Instrument von Knochen, instr. *ishunãm . . . açti ayañhaêna çpareqha hukeretanãm*, von Pfeilen welche wohlgemacht sind mit Knochen und eisernen Widerhaken yt. 10, 129. gen.? *thanvaretinãm açtiyô* (das *y* ist das im Anlaut gebrauchte) *gavaçnahê çnâvya jya hukeretanãm* von Bogen welche wohlgemacht sind von Knochen, mit einer Sehne von Gedärmen aus Rinderdärmen, yt. 10, 125. plur. nom. (statt acc.) *tighrâoñhô açtayô* an die scharfen knöchernen Pfeile yt. 1 ?, 113 (oder vielleicht an die scharfen Daumenschützer von Horn, die Angulitra?). 3) der Inbegriff der Knochen, der Körper, nom. *çâzistô açtis*, der förderlichste Körper, der beste Beistand, hzv. *dôçt burtar tan*, y. 31, 22. *açtô* sein Leib y. 50, 12. dat.? *paiti açti* (sic) *gêus* für (unsern?) Leib und den des Stieres yt. 15, 1. Spiegel: gegen den Feind des Stieres; gen.

paҫca aҫtaҫca baodhaṅhaҫca vîurvîstîm nach der Trennung des Leibes und der Seele vd. 8, 252. y. 54, 8. *aҫtôis* des Körpers y. 14, 4. plur. nom. *vâzista aҫtayô* (damit wir Freunde des Ormazd sein mögen und) lebenskräftige Körper y. 69, 14. vgl. Windischmann Z. St. 89. *haithyâ aṅhen aҫtayô drujô nmânê* sie sind offenbare Körper in der Wohnung der Drukhs, d. h. sie kommen in die Hölle, vd. 8, 310. *drûjô demânâi aҫtayô* für die Hölle bestimmt y. 45, 11. 4) der mit Körper begabte, acc. *aҫtîm* y. 33, 2. plur. gen. *aҫtanãm* Menschen, Wesen? vd. 14, 70. hzv. übers. *pâkhҫtân* (?).

Skr. *asthân*, *ásthi*, hzv. *aҫt*, np. *aҫta-khrân*, vgl. *aҫtah khuҫtah* (Kern im Obst), buchar. *aҫtukhvân*, kurd. *haҫti*, armen. *oskr* (aus *koҫ-r* umgestellt = slav. *kostj?*), osset. *staj*.

Vgl. *uzdêbis*, *ayôaҫti*, *gayadhâҫti*, *thaurvôaҫti*, *nanârâҫti*, *parôaҫti*, *vohvaҫti*.

2. **aҫti** in *aҫtimaҫaṅh* s. *istimaҫaṅh*.

3. **aҫti** s. *ah*.

1. **aҫtu** (von *ah*) m. Körper, instr. (statt gen.) *nôiṭ aҫtû nôiṭ ustânahê cinmânî* nicht aus Liebe zum Körper noch zum Leben y. 13, 13. hzv. übers. *tan*, Ner. *tanoḥ*; plur. acc. *aҫtavô* yt. 14, 36. — *aҫtu* yt. 19, 32, Spiegel: für den Leib, s. aber *ah*.

2. **aҫtu** s. *ah*.

aҫteñtâṭ (von 1. *aҫti?*) f. Körper, nom. *athâ tû nê gayaҫca aҫteñtâoҫca dyâo* du sei uns Leben und Körper, y. 41, 7.

aҫtôkâna (von 1. *aҫti* + *kâna?*) m. n. pr. gen. *peshôcaṅhem aҫtôkânem*, des P., (des Sohnes) des Aҫtôkâna, yt. 5, 113.

aҫtôbid (von 1. *aҫti* + *bid*) adj., den Knochen zerbrechend, acc. m. *yô narem aҫtôbidhem ýarem jaiñti* wer einem Manne eine Wunde schlägt, so dass ein Knochen zerbricht, vd. 4, 99.

aҫtôvîdhôtu (von 1. *aҫti* + *vîdhôtu*) m. n. pr. des Dämon des Todes, welcher den Menschen das Leben entzieht und an der Brücke Cinvaṭ die Ansprüche Ahrimans geltend macht, vgl. Spiegel, Av. übers. III, XLVIII. nom. *aҫtôvîdhôtus* vd. 5, 25. 31. statt des acc. vd. 4, 137.

Hzv. *aҫtîvahat* (Bund. 11. 2), *aҫtvâdât* etc.; vgl. *vîdâtu*.

aҫtvañt (von 1. *aҫtu*) adj., mit Körper versehen, bekörpert, hzv. *aҫtômand*, Ner. *srshṭimant*) nom. m. *aҫtvâo* vd. 1, 4. 3, 115. yt. 13, 12. 129. *aҫtvâo gayô* Fr. 4, 3. neutr. *aҫtvaṭ ashem ýyâṭ* mit Körper versehen möge die Reinheit sein y. 42, 16. acc. m. *ahûm aҫtvañtem* vd. 2, 47. 18, 39. y. 19, 3. 56, 7, 5. yt. 10, 51. 13, 9. 129. 19, 94. *hyaṭ aҫtvañtem dadâo ustanem* als du die Lebenskraft mit Körper umkleidetest y. 31, 11. fem. *aҫtvaitîm gaêthãm* y. 9, 27. 56, 10, 3. yt. 5, 34. 19, 94. dat. m. *aṅhê aҫtvaitê* yt. 8, 15. 10, 5. y. 64, 3. vd. 2, 59. *aṅhvê aҫtvaitê* yt. 13, 146. *aҫtvaitê ustânâi* y. 34, 14. fem. *aҫtvaithyâi gaêthayâi* (local) y. 9, 10. abl. m. *aҫtvataṭ haca aṅhaoṭ* yt. 22, 16. gen. m. *aҫtvatô* (sc. *aṅhêus*) y. 70, 8. *aṅhêus aҫtvatô* vd. 7, 128. y. 9, 4. yt. 10, 93. *ahêca aṅhêus yô aҫtvatô* y. 56, 10, 5. *aҫtvataҫcâ* y. 28, 2. fem. *ҫtôis aҫtvaithyâo* yt. 13, 89. *aҫtvaithyâo gaêthayâo* yt. 5, 89. 13, 41. loc. m. *aҫtvaiñti* vd. 8, 253. yt. 10, 44; die ältre (bessere) Form ist *aҫtvaiti* vd. 19, 97. 89. y. 19, 9. plur. acc. f. *gaethâo aҫtvaitis* vd. 8, 62. 18, 116 yt. 3, 17. 19, 41. dat. *gaêthâbyô aҫtvaitibyô* y. 64, 38. gen. *gaêthanãm aҫtvaitinãm* vd. 2, 1. 129. yt. 10, 74.

Windischmann Mithra 45 vgl. Skr. *asthanvánt* (?), hzv. *aҫtômand*, armen. *aҫtovads* (Gott).

aҫtvaṭereta (vom vor. + *ereta*) der hohe unter den Körperbegabten, m. n. pr. des Sohnes der Viҫpataurva, der sonst auch *Ҫaoshyañṭ* heisst, vgl. Spiegel, Av. übers. 3, LXXV. nom. *aҫtvaṭeretô* yt. 13, 129. 19, 92. *yô aṅhaṭ . . . aҫtvaṭeretaҫca nãma* yt. 13, 129 (der Name wird hier etymologisch erklärt) gen. *aҫtvaṭeretahê* yt. 13, 110. 117. 128. 19, 95.

aҫtvaṭithyêjaṅha (von *aҫtvañṭ* + *ithyêjaṅh*) m., Zerstörer des Bekörperten, acc. *°ithyêjaṅhem* yt. 13, 129.

aҫna s. *azan*.

aҫnaêraêsha (von *aҫana* + *raêsha*) adj., in der Nähe verwundend, hzv. übers. *min nazdig rêsh*; was der Sinn der Worte sein soll, ist mir unklar; nom. sg. der Hund ist wie ein Dorfbewohner *aҫnaêraêshô* vd. 13, 140, wie eine Buhlerin *aҫnaêraêshô* vd. 13, 154.

aҫnavañt m. n. pr. eines Berges in Atropatene, auf welchem das Feuer Adar-gusaҫp, nachdem es Huҫrava bis zur Ueberwältigung des Fraṅraҫê begleitet hatte, seinen Sitz nahm. Der Berg ist der heutige Takht i Sulciman, vgl. Spiegel, Av. übers. III, XV. 199. Eran 61. Windischmann Z. St. 10. Bund. 22, 4. 24, 2, Wilson 230. Nom. *aҫnavâoҫca* yt. 19, 5. acc. *aҫnavañtem gairîm* S. 2, 9. *aҫnavañtahê garôis* N. 5, 5. S. 1, 9.

Huzv. *aҫnavand*.

aҫnya (von *azan*) 1) adj., auf den Tag bezüglich, gen. m. *aҫnyêhê paҫcaêta anyêhê rathwô* nach der zweiten Abtheilung des Tages, vd. 7, 6. 2) m. Tagesgenien, Gâhs, plur. acc. *aҫnya* vend. sade 68. y. 2, 12. dat. *aҫnyaêibyô* y. 1, 7. 3, 21. 65, 4. gen. *aҫnyanãmca* y. 1, 46. A. 1, 1.

Hzv. *aҫnê*.

aҫpa (von 1. *aҫ*) m. Ross, Hengst, f. Stute, nom. *aҫpô arsha* yt. 14. 31. 39. 16. 10. *aҫpô* Glosse zu vd. 6, 54. y. 11, 7. yt. 13, 52. *aҫpaҫca* y. 11, 2. *aҫpa* (lies *aҫpô?*) yt. 24, 29. gen. *aҫpahê* vd. 3, 125. 9, 148. yt. 8, 18. 21. 19, 68. loc. *aҫpaêca paiti* yt. 10, 101. dual. acc. *vaya aҫpa vîraca* beides Ross und Reiter yt. 10, 101. abl. *âҫyaṅha aҫpaêibya* schneller als Rosse (der Dual steht wegen des Comparativs, der zwei verglichene Gegenstände voraussetzt) y. 56, 11. 4. plur. nom. *aurvañtô aҫpa* yt. 10, 42. *aҫpa* yt. 24, 48. *aҫpâoṅhô* yt. 17, 12. fem. *hazaṅrem aҫpâo baraiti* es wird ihm ein Tausend Stuten, yt. 18, 5. acc. f. *daҫa aҫpâo arshnavaitîs* zehn Stuten sammt Hengsten, oder: belegte Stuten?

y. 43, 18 gen. m. *açpanãm* vd. 18, 31. 22, 8. yt. 5, 21. 8, 24. 10, 11 113. fem. *açpinãm* A. 1b, 9. (al. *açpanãm*), loc. *açpaêshu* yt. 5. 50. 15. 53.

Skr. *áçva*, altp. *har-açpa*, hzv. np. talish kurd. armen. *açp*, np. buchar. *açb*, kurm. *haçp*, tâti *aç*, bal. *haçp*. vgl. zaza *verisht be eçpâr* (stieg aufs Pferd) afgh *âç*. fem. *âçpah*, dig. *afçe*, tag. *yefç*.

Vgl. *murushâçpa*, *aurvaṭaçpa*, *arejaṭaçpa*, *âçuaçpa*, *erezrâçpa*. *kadrvôaçpa*, *kereçâçpa*, *khshôiwrâçpa*, *cathwaraçpa*, *jâmâçpa*, *tûmâçpa*, *dâzgarâçpa*, *drvâçpa*, *pourushaçpa*, *frawthaṭaçpa*, *frînâçpa*, *yukhtaaçpa*, *yukhtâçpa*, *vaêvaṭaçpa*, *reñjaṭaçpa*, *razhâçpa*. *vîrâçpa*, *vîstâçpa*, *çyâvaçpi*. *haêcaṭaçpa*, *hazaṅrôaçpa*, *habâçpa*, *haredhaçpa*, *hitâçpa*, *hvaçpa*.

açpacina (von *açpa* + *cinaṅh*) adj., Pferde sammlend, nährend, plur. acc. n. *khshathra açpacina* yt. 5, 130. yt. 17, 7 (Spiegel: vieles kochende)

Vgl. altp. *açpacana* und *Ἀσπαθίνης*.

açpâyaodha (von *açpa* + *âyaodha*) m. Name des Zairivairi, nom. *açpâyaodhô zairivairis* yt 5. 112. statt des acc. Arejaṭaçpa opfert, *yaṭ barâni aiwivanyâo* . . . *vîstâçpem açpâyaodhô zairivairis* dass ich überwinden möge den Vistaçpa (und seinen Bruder Açp. Z., yt. 5. 117.

açpena von *açpa*) adj., auf die Rosse bezüglich, vgl. Spiegel, Sitzungsberichte der bair. Akad. 1861, II 208. dual. dat. *fshaonibya vâthwâbya*, *açpenibya* Westerg. *açpi°*) *yaonibya* (lies *yévibya?*) für die fetten Herden und für die Getreidefrüchte der Pferde yt. 2, 3. S. 1, 7. (der Dual. steht, weil beide angerufne Gegenstände als Dvandva gedacht werden), plural. acc. *açpenâca* (Westerg. *açpi°*) *yavînô* (lies *yév°?*) yt. 2, 8. S. 2, 7. *açpenâcâ* (Westerg. *açpi°*) *yévînô* y. 41, 22. Die Hzv.-Uebers. hat: Vermehrer des Getreides, Ner. *upacitiṃca dhânyânâm*, die np. Glosse zu S. 1, 7: Vermehrer des Getreides, d. i. wer alles Futter vermehrt.

açpén von 2. *a* + *çpén*) n. Freude, hzv. *âçânish*, acc. *açpéñciṭ çâdrâciṭ* in Freude und Leid y. 34, 7.

açperena, m. ein Gewicht, soviel als ein Dirhem; die Hzv.-Uebers. umschreibt *açpurnak* und erklärt: *cigûn dûdûê* wie ein Dudu (aramäisch *zûzâ*) vgl. Fr. Müller, Zendst. II, 8.

açperenômaza (vom vorigen + *maza*) adj., von der Grösse eines A., nom. m. *°mazô*, vd. 4, 136. Hzv.-Gl.: man soll einen A. geben.

açperenômazaṅh (von *açperena* + *mazaṅh*) n. Grösse eines A., acc. *°mazô* von der Grösse eines A., vd. 5, 170.

açpôkehrpa (von *açpa* + *kehrp*) 1) f. Rossgestalt, acc. *açpôkehrpãm* in der Gestalt eines Rosses yt. 8, 8. 2) adj., rossgestaltig, acc. *°kehrpem* yt. 2, 13. Spiegel bezieht es auf *daênãm*.

açpôgara (von *açpa* + 1. *gar*) adj., Rosse verschlingend, acc. *açpôgarem* y. 9. 34. = yt 19, 40.

açpôdaênu (von *açpa* + *daênu*) f. Stute, nom. *°daênu*, vd. 7, 112 (Westerg. *açpa°*).

açpôpadhômakhsti (von *açpôpadha?* + *makhsti*) m. n. pr. gen. *°makhstôis* yt. 13. 116.

açpôçtaoyâo (von *açpa* + *çtaoyâo*) adj., grösser als ein Pferd, plur. fem. *çrîra vâ aṅhen bâzva, aurusha açpôçtaoyêhîs* schön sind ihre Arme, glänzend, grösser als Pferde (das fem. ist auffallend) yt. 5, 7. *katha khâo açpôçtaoyêhîs apãm tacâoñti* wenn werden die Quellen der Wasser, welche stärker sind als Pferde, fliessen, yt. 8, 5. ähnlich yt. 8, 42.

açpôçtâna (von *açpa* + *çtâna*) m. Pferdestall, nom. sg. *aêshô açpôçtânis* vd. 15, 78. acc. *aêtem °çtânem* vd. 15, 78. plur. loc. *°çtânaêshva* vd. 15, 76.

Skr. *açvasthâna*, hzv. *açpçtân*, armen. *açpaçtân*.

açpya (von *açpa*) adj., vom Pferde, acc. *açpaêm vareçem* Pferdehaar, yt. 14, 31 = 16, 10. fem. *açpyãm îstîm*, *açpyãm vâthwãm* yt. 8, 19. plur. gen. n. *açpyanãm payaṅhãm* von Pferdemilch, vd. 5, 152.

Skr. *açvyá*.

açma s. *mareja*.

açman oder **açma** (von 1. *aç*) m. 1) Stein, plur. nom. *açma katômaçâo* yt. 17, 20. acc. *ima açma* vsp. 12, 10. 2) Himmel, weil dieser aus Sapphirstein gebaut ist; vgl. die finnische Vorstellung, wonach Ilmarinen den Himmel schmiedet, Kalewala Rune 10, v. 279. Roth, Kuhn Z. II, 44. acc. *para açmem* vor dem Himmel, y. 19, 3. *açmanem* vd. 19, 118. vsp. 8, 20. y. 17, 38. 23, 2. 41, 23. yt. 13, 22. 17, 57. *aom açmanem* yt. 13, 2. *yaṭ añtare zãm açmanemca* yt. 10, 95.

Skr. *áçman*, altp. *açman*, hzv. *açmân*, parsi *âçmâ*, np. buchar. brahvi *âçmân*, talish *ôçmôn*, kurd. *açman*, kurm. *azmân* (Lerch), zaza *âçmye*, afgh. *çamâ*, vgl. kappadokisch *Asbamaeus* (Lassen DMG. 10, 377); drang ausser dem brahvi auch in viele tatarische Sprachen, vgl. Klaproth, Sprachatlas XXX; vgl. phryg. Aemonea, Comana (Mordtmann 33).

Vgl. *upaçma*.

açmana (von *açman*) adj., steinern, Hzv. übers. *açîmîn* (silbern), dual. nom. *açmana hâvana*, zwei steinerne Mörser vd. 14, 46. (unter den Geräthen des Ackerbauers genannt), acc. *açmana hâvana* vsp. 11, 2. G. 4, 5. *açmanaca hâvana* y. 22, 6. dat. *ayêçê yêsti açmanaêibya hâvanaêibya ayaṅhaênaêibya hâvanaêibya* ich wünsche herbei mit Preis die beiden steinernen und eisernen Mörser vsp. 11, 2 ähnlich vsp. 12, 35.

açmôqanvañṭ (von *açman* + *q°*) m. n. pr. nom. *°qanvâo* yt. 1, 31 = yt. 22, 37. gen. *açmôqanvatô* yt. 13, 96.

açraosha (von 2. *a* + *çraosha*) adj., nicht hörend, plur. nom. *vîçpê aderetôṭkaêshô* (lies *°ṭkaêsha*) *yôi açraoshô* (lies *açraosha*) alle sind Verächter des Glaubens, welche nicht darauf hören, vd. 16, 42. *vîçpê açraoshô* (lies *açraosha*) vd. 16, 43.

açrâvayañṭ (von 2. *a* + *çr°*) adj., nicht recitierend, nom. sg. *yô çaêtê ayazemnô açrâvayô* wer liegt ohne zu preisen und zu recitieren vd. 18, 11.

açrâvayaṭgâtha (vom vor. + *g°*) adj., die Gâthas nicht recitirend.

Vgl. *dahmôaçrâvayaṭgâtha*.

açru (von 1. *daç*) n. Thräne, plur. acc. *açrâ axânô* Thränen vergiessend, yt. 10, 38. (vgl. vd. 3, 37.)

Skr. *áçru*, np. *arç*, afgh. *aoshah*.

açrusta (von 2. *a* + *çrusta*) adj., nicht gehört, plur. acc. n. *açrustâ* was nicht gehört wird, y. 42, 12.

açrusti (von 2. *a* + *çrusti)* f. das Nichthören, acc. *açrustîm*, y. 59, 8. *thwaṭ açrustîm* y. 33, 4. dat. *açrustêê* yt. 2, 13. gen. *açrustôis* y. 43, 13. *açrustôis nôiṭ ahmi* nicht gehöre ich zu den nicht hörenden, y. 10, 49.

açrvâtem s. *çru*.

açverethrajan (von *ash* + *vo*) adj., sehr siegreich, superl. nom. sg. *açverethrajãçtemô* y. 9, 47. yt. 10, 98.

ash (Bopp. 177 = Skr. *ati*. [vgl. *aiti*], indem *i* abfiel, ging *t* in *sh* über, wie im altp. *akunaus* [diess Gesetz wäre aber für das Altb. nur in diesem Fall geltend] Windischmann Münchener gelehrte Anzeigen XLI, p. 43 = ἀρι, ἐρι) adv. sehr, erscheint nur in Zusammensetzungen.

asha (von *akhsh*, eigentl. durchsichtig?) 1) adj., rein, nom. m. (ohne Flexion) *asha nãma ahmi* ich heisse rein yt. 1, 15. acc. *yaomca ashem anâpem* reines Getreide ohne Wasser vd. 5, 154. Hzv. übers. *khutak; ashem ahurem mazdãm yazamaidê* als rein preisen wir Ormazd, vsp. 15, 1. *mãthrem ashem* yt. 13, 91. neutr. *ashem ameshé çpeñté yazamaidê* als etwas reines preisen wir die unsterblichen heiligen vsp. 15, 1. *ashem ashem vohu* das reine (Gebet) Ashem vohu yt. 1, 0. instr. neutr. *asha* y. 49, 6. 8. gen. m. *ashahyâ* des Reinen y. 53, 1. 28, 4. neutr. *ashahyâ* y. 42, 9. *ashahê* (gen. partit.) yt. 19, 93. voc. m. *ashâ* y. 31, 13. 35, 7. 42, 2. 47, 12. plur. nom. *asha* yt. 10, 16. neutr. *tâ bâ asha* das ist rein, richtig yt. 5, 77. *ashâ* y. 45, 9. acc. neutr. *ashâ yâcâ* und was rein (ist), gib y. 33, 14. *ashâ vîçpéñg skyaothnâ* die gänzlich reinen Handlungen y. 28, 1. *ashâ* y. 45, 9. gen. m. *yavanãm ashanãm* vd. 7, 93. voc. m. *ashâ* o ihr reinen (Amshaçpand) y. 34, 7. 57, 15. 2) n. Reinheit, nom. *ashem* y. 13, 5. 59, 2. 5. 29, 11. 42, 16. 48, 3. acc. *ashem* vd. 3, 99. 7, 193. yt. 13, 25. y. 28, 11. 27, Schluss, 50, 20. in Bezug auf Reinheit yt. 19, 79. mit Reinheit yt. 21, 7. instr. *asha* vsp. 2, 11. 14, 10. *ashâ* y. 45, 13. 60, 17. 30, 1. 31, 16. 33, 6. 43, 1. *ashâca* y. 8, 4. *hadâ ashâcâ* y. 57, 12. *ashâ añtare* mit Reinheit, Gerechtigkeit y. 50, 1.; binde Barsom zusammen *paitis ashâ hû adhwanem* mit Reinheit gegen den Weg der Sonne yt. 12, 3. dat. *yôi ashâi vaonare* welche zum Nutzen der Reinheit schlugen y. 26, 12. *ashâi* y. 45, 10. abl. *ashâṭ* aus Reinheit vd. 4, 124. y. 45, 19. *â ashâṭ* in Bezug auf R., y. 67, 41. *ashâṭ apanôtemãmca* vd. 19, 47. *ashâṭ hacâ* aus R. stammend y. 44, 4. *ashâṭ-ciṭ hacâ* y. 29, 6. *ashâaṭcâ* y. 32, 4. 35, 26. *ashâṭ haca yaṭ vahistâṭ* vsp. 2, 3. *ashâṭcîṭ hacâ vañhéus* y. 27. Schluss. gen. *ashahê* vd. 4, 116. 8, 62. vsp. 1, 1. 7, 4. y. 9, 27. *vañhéus ashahyâ* y. 14, 16. 39, 13. *ashahyâ* y. 31. 6. *ashahê apanôtemô* y. 56, 1, 11. *ashahyâ gaêthâo* y. 31, 1. *ashahê vañhéus* yt. 13, 77. *ashahê vahistahê* vsp. 26, 4. loc. *ashaya* vd. 3, 54. 8, 246. vsp. 10, 14. y. 7, 1. 65, 1. *ashaya vañhuya* vd. 3, 118. 14, 5. yt. 17, 5. A. 1 b, 7. *ashaêcâ* y. 32, 6. plur. acc. *ashâ* y. 44, 8. 3) n. die personificierte Reinheit, der Amshaçpand Ardibehesht, der dem Feuer vorsteht; Ner. *agnînâṃ patiḥ;* meist steht *vahista* neben *asha* und an vielen Stellen ist die Bedeutung „Reinheit" ebensowohl annehmbar als das n. pr., nom. *ashem* y. 31, 4. *ashemcâ* y. 33, 11. *ashem vahistem* y. 56, 10, 4. yt. 1, 25. ohne Flexion: *tûirya asha vahista*, viertens heisse ich Ashavahista beste Reinheit) yt. 1, 7. *asha vahista* yt. 3, 14. statt des voc. *mazdâ ashemcâ* o Mazda und Asha y. 48, 6. acc. *ashem* y. 29, 2. *ashemcâ* y. 28, 9. 54, 19. *ashem vahistem* yt. 2, 7. vd. 18, 37. y. 10, 25. 2, 18. 14, Schluss. *ashemca vahistem* yt. 19, 46. (statt des nom. weil hinter dem praedicat); instr. *ashâ* y. 29, 7. *ashâcâ* mit Asha (kam Armaiti) y. 30, 7. *aṭcîṭ ahmâi mazdâ ashâ añhaitî* sie (die Kuh) wird ihm, o Mazda, durch Asha zu Theil, y. 49, 3. *asha* y. 10, 19. *âaṭ yaṭ asha vahista fradaidhîsa, zarathustra, raocâo qanvaitîsca verezô* dann durch Ashavahista vermehre, o Zarathustra, die Lichter, die glänzenden Werke, yt. 3, 1. *ashâ vahistâ* mit Ashavahista y. 28, 8. *ashâca yâ vahista* Fr. 1, 1. *ashâcâ* durch Asha y. 67, 65. dat. *ashâi* y. 13, 11. 30, 8. *ashâicâ* y. 29, 8. *ashâi vahistâi* vd. 19, 38. y. 1, 5. *ashâica vahistâi* y. 35, 15. abl. *angô ashâṭ* y. 49, 1. *ashâṭ hacâ* von Asha y. 50, 5. gen. *ashaqyâcâ* y. 7, 64. 30, 10. 46, 6. *ashahê vahistahê* yt. 2, 2. y. 1, 12. 69, 7. *ashahêca* vsp. 22, 11. voc. *ashâ* y. 29, 3. 28, 3. 5. 34, 12. 45, 17. 48, 7. 50, 11. *yêzî ashâ vêñhaitî* wenn man, o Asha, vernichtet y. 47, 1. *asha çraêsta* y. 59, 19. *asha vahista* y. 59, 19. 4) n. das von Ashavahista beschützte Feuer, instr. *asha vahista* mit Feuer yt. 17, 20. 5) n. pr. des zweiten Monats (April), gen. (local) *ashahê vahistahê* A. 1 b, 7. 6) das Gebet ashem vohû, nom. *ashem çtutô* das Gebet ashem vohû yt. 21, 2. acc. *ashem* yt. 21, 3. *ashemca vahistem*, das ashem vohû N. 4, 8. *ashem vahistem* vsp. 2, 14. gen. *ashahê vahistahê* y. 20 Schluss, *ashahê vahistahê çtaothwahê* vsp. 1, 12.

Fr. Müller (Beitr. zur Lautl. d. arm. Spr. p. 19) vgl. Skr. *áccha;* ist oss. *ätzäg* verwandt? vgl. hzv. *antrahist*, *ashrahist*, parsi *ardabehest*, np. *ardibahisht*.

Vgl. *anasha*, *rîdhusasha*.

ashaêta (von 2. *a* + *shaêta*) adj., arm, dat. *ashaêtâi* vd. 4, 133.

ashaokhshayañṭ (von *asha* + *vakhshayañṭ*) das reine mehrend, (so die Trad.), dual. *ashaokhshayañtâo çaredyayâo* y. 33, 9.

ashaojañh (von *ash* + *aojañh*) adj., sehr kräftig, acc. *ashaojañhem* y. 9, 26. yt. 5, 34. gen. f. *ashaojañhô* y. 56, 7, 2. compar. nom. f. *ashaojaçtara* vd. 9, 175. superl. nom. f. *ashaojista* Fr. 8, 2. acc. f. *ashaojaçtemãm drujem* y. 9, 27. yt. 5, 34. 9, 14. 14, 40.

ashaon° s. *ashavan*.

ashaova adj., ungläubig, nom. *ashaocô* yt. 8, 59. 60.

ashaqâthra (von *asha* + *q*°) adj., reinen Glanz habend, acc. m. *ashaqâthrem* y. 2. 54. 25, 22. gen. °*qâthrahê* y. 1. 41. 3, 55. 22, 31. yt. 19, 0. 97. pl. acc. *garayô* °*qâthrâo* vsp. 2, 22. y. 70, 50. S. 2, 28. gen. °*qâthranãm* vd. 19, 92. vsp. 1, 20. y. 1, 41. S. 1. 28.

ashakhrathwa (von *asha* + *khrathwa*) m. richtiger Verstand, instr. *yêzi açti ashakhrathwa* wenn (der Hund) recht bei Sinnen ist vd. 13, 111.

ashaṅhac (von *asha* + *hac*) adj., mit Reinheit sich verbindend, nom. f. *gâ* (*ashis vaṅuhi*) *ashaṅhâkhs* y. 55, 5 7 acc. m. *ashaṅhâcim* y. 41, 6 gen. sg.? *ashaṅhâcâ* y. 57, 10.

ashacithra (von *asha* + *c*°) adj., aus Reinheit stammend, Trad.: durch Reinheit kennbar (vgl. Bund. 34, 12 mit y. 8, 11. 22, 11.) plur. nom. n. *ashacithra* (als n. pr.) yt. 1, 7. acc. n. *ashacithra* vd. 11. 8 vsp. 12. 17. y. 8, 11. 19, 3. yt. 5, 89. 13, 88. statt des nom. vd. 11, 6. gen. n. *ashacithranãm* yt. 21, 1. loc. *ashôcithraêshu* yt. 11, 3.

Vgl. *drvôashacithra*.

ashacinaṅh (von *asha* + *c*°) adj. reines begehrend, gen. m. *ashacinaṅhô* vsp. 12, 21. y. 24, 14. plur. acc. *ashacinaṅhô* y. 17, 11. (Trad. gen. sg.) y. 40, 7.

ashadruj (von *asha* + 1. *druj*) adj., die Reinheit belügend, acc. m. *mithaokhtem vâcim ashadrujem* y. 59, 8.

ashan m. Himmel, abl. *ashaâaṭca* (früher) als der Himmel, vsp. 8, 18. gen. *yãmca* (*fravashîm*) *ashnô* yt. 13, 86. *ashnô yaoratô fravashîm* yt. 13, 96. *ashnô berezatô çûrahê* dem hohen mächtigen Himmel S. 1, 27. *avaṅhê ashnô* y. 19, 16. yt. 13, 42. *avaṅhêca ashnô* y. 1, 45. 3, 59. *avaṅhaêca ashnô* yt. 13, 28.

ashanaç (von *asha* + 2. *naç*) adj., Reinheit erlangend, acc. m. *khratûm ahunâçem ashanâçem vahistanâçem vahistahê aṅhêus* den Verstand welcher uns den Ort, die Reinheit und das Beste des Paradises erlangen lässt, vd. 18, 17. instr. n. *nemaṅha ashanâça* yt. 13, 50.

ashanemaṅh (von *asha* + 1. *nemaṅh*) m. n. pr. dual. gen. *ashanemaṅhâo vidaṭgavâo aṅhâo daṅhêus* der beiden (Brüder) Ashanemaṅh, der Rindvertheiler in diesem Lande, yt. 13, 127.

ashapaoirya (von *asha* + *paoirya*) adj., in Reinheit der erste, plur. instr. *ashapaoiryâisca dâmêbis* y. 19, 55. gen. *ashapaoiryanãm dâmanãm* vsp. 22. 11.

ashapâta (von *asha* + *p*°) adj., vom Reinen beschützt, acc. *ashapâtem* yt. 24, 42.

ashama (von *ash* + *ama*) adj., sehr kräftig, gen. fem. *kainînô kehrpa . . . ashamayâo* yt. 5, 64. 126. 13, 107.

ashay° s. 2. *khshi* + *â*.

ashavakaresta (von *ashavan* + 1. *karsta*) adj., die Reinen überwältigend, gen. n. *ashavakarestahê ṭbaêshaṅhô* yt. 13, 105. 129.

ashavakhshnvaiti (von *ashavan* + *khshn*°) adj., die Reinen zufrieden stellend, dat. m. *ashavakhshnvaityâi mashyâi* yt. 18, 4.

ashavagha (von *ashavan* + *gha*) adj., den Reinen schädlich, gen. *ashavaghahê* vd. 18, 27. plur. gen. *ashavaghanãmca* y. 60, 13.

ashavaghnya (von *ashavajan*) n. Mord eines Reinen, acc. *ashavaghnîm* vd. 3, 144. dat. *ashavaghnyâi* vd. 5, 47.

ashavajan (von *ashavan* + *jan*) adj., Reine tödtend, nom. *ashavaja* y. 64, 29. plur. nom. *ashavajanaçca* yt. 10, 38. 45. acc. *ashavajanô* yt. 10, 76.

ashavajaça (von *ashavan* + *jaça*) adj., rein wandelnd, nom. *yatha vashi . . . frapârayâoṅhê urvânem tavô . . . peretâm vahistahê aṅhêus ashavajaçô* wenn du willst (dass) du hinüberwandeln lässest über die Brücke die Seele, (so dass) sie rein wandelt ins Paradis, y. 70, 71.

ashavazaṅh (von *ashavan* + 1. *zan*) adj., rein geboren, hzv. *âarûb-zâk*, Ner. *muktijanani*, gen. *haomahê ashavazaṅhô* y. 10, 3. S. 1, 30. voc. *haoma ashâum ashavâzô* y. 10, 41. 11, 25.

ashavazdaṅh (von *asha* + 2. *vazdaṅh*) m. n. pr. 1) des Sohnes des Çâyuzhdri, nom. *ashavazdâo* yt. 5, 72. gen. *ashavazdaṅhô* [*çâizhdrôis ashaonô fravashîm yazamaidê*] *thritahê çâizhdrôis ash*° *fr*° *yaz*° (das eingeklammerte ist von Westerg. ergänzt), yt. 13, 113. 2) des Sohnes des Pourudhâkhsti, im Bund. *ashavand peç i porudakhsta* (Bund. 69, 8); er hilft dem Çoçiosh bei der Wiederbelebung der Todten, vgl. Windischmann Z. St. 249. nom. *ashavazdaçca* yt. 5, 72. gen. *ashavazdaṅhô pourudhâkhstayanahê* yt. 13, 112.

ashavañṭ (von *asha*) adj., mit Reinheit versehn, gen. n. *hadhishaçca ashavatô* vsp. 10, 24. superl. nom. (ohne Flexion) *ashavaçtema nãma ahmi* yt. 1. 12. voc. m. *ashem ashavaçtema* o an Reinheit reinster, A. 1, 4.

ashavaṭkaêsha (von *ashavan* + *ṭk*°) adj., reinen Wandel führend, plur. acc. *dâma . . . ashavaṭkaêsha* y. 70, 23.

ashavaṭbaêsha (von *ashavan* + *ṭbaêshaṅh*) adj., Reine peinigend, plur. gen. *ashavaṭbaêshãm* y. 60, 13.

ashavadâta (von *ashavan* + 2. *dâta*) adj., rein geschaffen, plur. acc. *dâma . . . yâ ashavadâta* y. 70, 22.

ashavan (von *asha*) adj., rein, nom. *ashava* vd. 19, 9. y. 9, 5. vsp. 14, 9. yt. 11, 3. 13, 24. *ashava bavâhi* yt. 23, 4. *ashavâ* y. 13, 22. 57, 9. 31, 17. 43, 12. 45, 6. statt acc. *ashava* vd. 19, 51. 115. fem. *ashaoni* vd. 22, 9. yt. 16, 7. 9, 5. *mainyava çtis ashaoni* vd. 2, 20. Cit. der Hzv.-Gl. zu vd. 2. 41. neutr. *ashava* y. 67, 49. acc. m. *ashavanem* vd. 1, 18. 19, 41. 86 y. 20, 2. 31, 10. 41, 28. yt. 11, 1. *narem ashavanem* yt. 4, 3. *ashavanem* (collectiv) zu den Reinen (sprach er) y. 19, 56. *ashavanem tê ashaonaṭ aravomi* ich nenne dich reiner als den reinen y. 70. 62. statt des nom. *ashavanem* (lies *ashava*) y. 19, 53. fem. *ashaonîm* vd. 9, 134. 19, 41.

vsp. 2, 15. y. 2, 22. 13, 28. 64, 4. A. 2, 3. neutr. *ashava* vsp. 22, 10. *dãma ashava* yt. 6, 2. *avavaṭ ashava* so viel reines, yt. 10, 2. dat. m. *ashaonê* vd. 5, 62. 19, 66. y. 32, 10. yt. 13, 153. *ashaonaêca* yt. 10, 2. *ashâunê* y. 33, 3. 42, 8. 46, 5. *ashâunaêcâ* y. 42, 4. *qaêtavê ashâunê ashavabyô* zur reinen Verwandtschaft für die Reinen y. 52, 4. fem. *ashaonyâi* yt. 22, 18. neutr. *ashaonê* vd. 19, 95. y. 46, 4. abl. m. *ashaonaṭ* y. 70, 62. yt. 10, 2. gen. m. *ashaonô* vd. 3, 149. 10, 11. vsp. 1, 2. yt. 21, 5. *ashaonaçca* y. 57, 10. *ashaonaêca* y. 8, 3 = yt. 17, 5. (schlechte Lesart, Westerg. verm. *ashaonaçca*, Spiegel hat *ashaonahêca*), *nerãç ashaonô ashacinaṅhô* die Männer welche des reinen Reinheit begehren y. 40, 7. fem. *ashaonyâo* vsp. 1, 13. y. 22, 28. yt. 2, 2. 13, 139. 5, 0. 16, 0. 20. neutr. *ashaonô ahmi* ich bin dem reinen (zugethan) y. 10, 50. loc. *kaṅhaya . . . ashavanaya* yt. 5, 54. voc. m. *ashâum* vd. 2, 1. 4. 19, 21. yt. 10, 74. 137. 12, 7. y. 1, 50. *ashãum zarathustra* steht vd. 19, 3. statt des acc., wohl durch ein Versehen, welches durch die Häufigkeit dieser Verbindung herbeigerufen ward. Anders Schlottmann, J. St. I, 365. fem. *ashaonê* vd. 19, 62. *ashaoni* yt. 16, 2. dual. acc. m. *ashavana* Cit. der Hzv.-Gl. zu vd. 7, 136. y. 2, 44. yt. 10, 145. dat. *ashavanaêibya* y. 1, 34. 3, 48. gen. *zrayaṅhâo çpentôkhratavâo ashaonâo fravashîm yazamaidê* wir preisen den Frohar der (Brüder) Zrayaṅh und Çpeñtôkhratu der reinen yt. 13, 115. *hvarezâo añkaçayâo ashaonâo fr° y°* wir preisen den Frohar des Hvarez und Añkaça yt. 13, 124. plural. nom. m. *ashavanô* vd. 19, 110. y. 11, 1. 64, 54. yt. 13, 25. 82. 19, 15. G. 2, 6. *ashavanaçca* vd. 7, 177. *haoma ashava* (nach *heñti*) vsp. 10, 13. *ashavanô* (nach *qyâmâ*) y. 40, 11. fem. *âpô ashaonîs* y. 64, 26. acc. m. *yâirya ashavana* vsp. 2, 1. *çaredha ashavana* vsp. 2, 12. *ashavana* y. 2, 12. 6, 3. *ashavanô yazata* vend. sade 68. y. 2, 63. 15, 14. *ashavanô dâmãn* vsp. 8, 17. (fehlerhaft), *ashâunô* y. 42, 15. *vîçpâo garayô ashaqâthrâo pouruqâthrâo mazdadhâta ashavana yazamaidê* S. 2, 28. fem. *ashaonîs* y. 2, 49. A. 2, 3. *ashavanê fravashê*? y. 23, 5. (dual. kann es nicht wohl sein); neutr. *dâma . . . ashaoni ashavabyô yahmyâca ashavabyô* (alle) Geschöpfe, welche rein sind unter den reinen, offenbar (s. 2. *yahmya*) unter den reinen y. 70, 24. dat. m. *ashavabyô* vd. 6, 91. 14, 19. y. 30, 11. vgl. *ashâvaoyô*; fem. *ashaonibyô* vd. 19, 127. y. 23, 3. 70, 55. A. 2, 1. abl. m. *ashavabyô* vd. 3, 56. 57. fem. *ashaonibyô* vsp. 12, 21. gen. m. *ashaonãm* vsp. 1, 15. 6, 4. y. 48, 10. vd. 14, 72. 18, 150. 19, 84. 100. yt. 10, 66. 13, 0. *ashâunãm* yt. 22, 39. G. 2, 6. fem. *ashaoninãm* vsp. 1, 10. 12, 30. y. 21, 2. yt. 13, 143. voc. *ashâum* (formell sing.) y. 1, 60. — *yaṭ imãm daênãm âçtaota dusmainyum çizhdyô daêvãn apa ashavãn* als er dieses Gesetz pries, den Feind vertreibend, die Daêvas, von den Reinen (lies *ashavabyô*? Spiegel: die unreinen) yt. 19, 84.

Hzv. *âarûb* (? *b* ist Stütze des *û*) oder *ashô*, parsi *ashô*, np. *hâlûb*.

Vgl. *anashavan*.

ashavafrazaiñti (vom vor. + *fr°*) f. reine Nachkommenschaft, acc. *°frazaiñtîm* y. 9, 72.

ashavafrathwarsta (von *ashavan* + *fr°*) adj., rein geschaffen, plur. acc. *dâma °frathwarsta*) y. 70, 22.

ashavafrâyasta (von *ashavan* + *fr°*) adj., rein opfernd, plur. acc. *dãma °frâyasta* y. 70, 23.

ashavaçta (von *ashavañt*) m. Reinheit, acc. *ashavaçtemca* yt. 10, 33. instr. *ashavaçta* y. 54, 13. dat. *ashavaçtâica* vsp. 6, 4. 13, 6. y. 15, 2. 67, 5. *ashavaçtâi* y. 11, 26. yt. 10, 5. gen. *ashavaçtahê* vd. 18, 128. plur. gen. (concret) *ashavaçtanãm* der reinen y. 67, 10.

ashavaçtema s. *ashavañt*.

ashavaçtôdâo (von *ashavaçta* + 4. *dâo*) adj., Reinheit gebend, nom. *°dâo* yt. 10, 65.

ashaçairyãs m. n. pr. gen. *ashaçaredhahê ashaçairyãs* des Ashaçaredha (des Sohnes) des Ashaçairyãs yt. 13, 114.

ashaçara (von *asha* + *çara*) adj., als Kopf (höchstes) die Reinheit habend, sehr rein, instr. u. *ashaçaramanaṅha, ashaçara vacaṅha, ashaçara skyaothna* yt. 11, 4.

ashaçaredha (von *asha* + 2. *çaredha*) m. n. pr. gen. *ashaçaredhahê ashaçairyãs* yt. 13, 114. *ashaçaredhahê zairyãs* yt. 13, 114.

ashaçavaṅh (von *asha* + *ç°*) m. n. pr. gen. *ashaçavaṅhô* yt. 13, 116.

ashaçtu (von *asha* + *çtu*) m. n. pr. des Sohnes des Maidhyômâoṅha, gen. *ashaçtrô maidhyômâoṅhôis* yt. 13, 106.

ashaçtembana (von *asha* + *çt°*) m. n. pr. eines Berges, nom. *ashaçtembanaçca* yt. 19, 5.

ashaskyaothna (von *asha* + *sky°*) m. n. pr. des Sohnes des Gayadhâçti, gen. *ashaskyaothnahê gayadhâçtayanahê* yt. 13, 114.

ashahunara (von *asha* + *h°*) adj., mit reinen Tugenden begabt, acc. *ashahunarem* yt. 10, 25.

ashâaojaṅh (von *asha* + *aojaṅh*) adj., mit reiner Kraft versehn, gen. m. *ashâaojaṅhô* y. 42, 4.

1. **ashâiti** (von 2. *a* + *shâiti*) f. Unfreundlichkeit, gen. *avavaṭ ashâtôis* yt. 22, 20.

2. **ashâiti** s. *shâ* + *â*.

ashâista (von 2. *a* + *shâista*) adj., der unangenehmste, nom. neutr. *ashâistem* vd. 3, 22. 26. 29. 32. 35.

ashâta (von 2. *a* + *shâta*) adj., betrübt, nom. *ashâtô* yt. 10, 105. 19, 34.

ashâdâo (von *asha* + 4. *dâo*) adj., reines gebend voc. *ashâdâo* y. 28, 6.

ashâfrâd (von *asha* + *fradh*) adj., Reinheit fördernd, gen. m. *khratéus ashâfrâdô* y. 34, 14. (Westerg. *ashâ frâdô*, aber die Trad. fasst es als compos.).

ashâyaona (von *asha* + *yaona*) adj., rein wohnend, acc. m. *ashâyaonem* yt. 3, 4.

ashâvairya (von *asha* + *vairya*) adj., reines wünschend, gen. f. *ashâvairyâoçcâ çtôis* (aus *°vairyayâoçcâ* verkürzt?) y. 57, 10.

ashâvaṅhu (von *asha* + *v°*) m. n. pr. gen. *ashâvaṅhéus bivañdaṅhahê* des A., (des Sohnes) des Bivañdaṅha yt. 13, 110.

ashâvaoyô, *frâ naruyô ashâvaoyô thwarstahê zrûâyaṭ shushuyãm* ich würde zu den reinen Männern zur bestimmten Zeit kommen, yt. 8, 11. 10, 55. 74. *garô nmânem uruyô* (lies *naruyô*) *açti ashâvaoyô* Garothman ist für die reinen Männer, yt. 3, 4. *yãmca* (*fravashîm*) *çtaoyô ashâvaoyô* die Fravashi welche für die reinen Geschöpfe ist yt. 13, 86. Spiegel, von dem diese Uebersetzungen, welche nach seiner Mittheilung auch mit denen von Edal Daru übereinstimmen, stammen, theilt mir brieflich (vom 22. Dez. 1863) mit, dass er *ash°* für den plur. dat. hält; *oyô* ist aus *uyô* für *vyô* (= *byô*, vgl. *gâcthâvyô*) entstanden. Aehnlich verhält es sich mit *naruyô*, welches man bei *nar* (Mann) nachsehe. Das *â* in *ashâvaoyô* bliebe freilich unerklärt.

ashâhura (von *asha* + *ahura*) m. n. pr. des Sohnes des Jisti, gen. *ashâhurahê jîstayonahê* yt. 13, 113.

1. **ashi** (von *akhsh*) n.? Auge, dual. acc. *ashi* yt. 11, 2. instr. *ashibya* y. 9, 91. yt. 11, 5. *ashibyâ* y. 32, 10.

Skr. *ákshi*, hzv. *ash*, laghm. *anc*, armen. *ackh*.

Vgl. *khshvasashi*.

2. **ashi** (wie *asha*) f. 1 Reinheit, nom. *ashis* y. 9. 10. acc. *ashîm* y. 53. 1. *ashîmca* vsp. 19, 5. y. 14, 19. yt. 13, 87. *âfrînentu ahmya nmânê vaṅuhîm ashîm* sie mögen hier im Hause segnen mit guter Reinheit yt. 13, 157. instr. *ashicâ* y. 31, 4. *ashica* vd. 4, 125. gen. *ashôis* vsp. 10, 4. y. 59, 7. 47, 8. 49, 3. 9. *ashôis baêshaza hacimnâo* yt. 13, 32. 2) Segnung, Ner. *bhakti*, vgl. Spiegel, Ner. zu y. 28, 7. nom. *ashis* y. 47, 9. *tâ khshathrahyâ yâ vaṅhéus ashis manaṅhô* das von dem Reiche, was eine Segnung des Vohumanô ist y. 33, 13. acc. *ashîm* y. 28, 7. 42, 16. 45, 10. *vaṅuhîm ashîm* um den guten Segen, y. 50, 21. instr. *ashî* y. 42, 12. plur. nom. *ashayô* y. 51, 10. *ashayaçca* y. 59, 2. acc. *ashîs* y. 42, 1. 4. 12. 28, 4. 31, 12. *ashayô* y. 51, 8. (Ner. *puṇyam*). 3) die verkörperte Reinheit und Segnung, der Genius Ashi, vgl. Spiegel, Av. übers. III, XXXV. nom. *ashis* yt. 18, 4. *ashis pouruçâthra* yt. 19, 51. *ashis vaṅuhi* y. 10, 3. 3, 57. yt. 10, 66. 13, 107. *ashisca vaṅuhi* yt. 8, 38. statt des voc. *ashis vaṅuhi* yt. 17, 7. 21. acc. *vaṅuhîm ashîm* vsp. 5, 2. y. 67, 54. 38, 5. 42, 5. *ashîm vaṅuhîm* vsp. 8, 2. y. 2, 56. 14, 2. 17, 36. yt. 17, 1. *ashîmca vaṅuhîm* y. 56, 1, 8. yt. 18, 3. gen. *ashôis vaṅhuyâo* y. 1, 43. vd. 19, 131. yt. 11, 16. 21. 17, 0. 62. *ashôisca vaṅhuyâo* y. 59, 15. vsp. 12, 34. *vaṅhuyâoçca ashôis* y. 55, 5. voc. *ashi* yt. 17, 6. Ner. *lakshmî uttamâ*.

Hzv. *ashiscang î shapîr*, *ariscang*; parsi *ashhi*, *asheshing*.

ashiri f., eine Krankheit, voc. *paitiperenê ashirê* (Westerg. *ishirê*) ich bekämpfe dich, Ashiri, vd. 20, 23.

ashivañṭ (von *ashi*) adj., rein, nom. *ashivâo* y. 55, 6. 7. 50, 5. gen. *ashivatô* y. 1, 22. G. 5, 2. plur. acc. *ashivañtô* y. 57, 17.

ashethwa, Westerg. **ashithwa** (von *akhsh?*) n. Sorgfalt, Mühe; die Trad. übersetzt „viel Mühe", was auf Zusammensetzung mit *ash* zu deuten scheint; allein dann bleibt mir der zweite Theil des Wortes unerklärlich.

ashethwôzga (vom vor. + *zgâ*) adj., viel Mühen erduldend, superl. plur. acc. m. *ashithwôzgatemã* y. 14, 5.

ashemaogha (von *asha* + *mugh*) die Reinheit störend, beschädigend, 1) adj., sehr schädlich, von der Schlange: nom. *ashemaoghô* vd. 5, 113. 12, 66. von schlechten, Streit und Zank verursachenden Menschen: nom. *ashemaoghô* vd. 21, 2. y. 64, 30. gen. *ashemaoghahêca* y. 60, 14. *ashemaoghahê* y. 9, 99. plur. gen. *ashemaoghanãmca bizañgranãm* y. 9, 62. 2) m. n. pr. des Daêva des Streites und Zankes, vgl. Hyde 180. nom. *ashemaoghô* vd. 9, 188. ohne Flexion: *°maogha* yt. 3, 7. acc. *ashemaoghem* vd. 4, 141. yt. 15, 51. ohne Flexion: *°maogha* yt. 3, 10. 14. *°maoghahêca* y. 17, 49. 67, 25. plur. gen. *uçaghanãm . . . ashemaoghanãm* yt. 13, 105.

Ner. *asmoga*, hzv. *âarmôk*, *ashmôg* (vd. 12, 66), *ashmôk* (vd. 21, 2), parsi *asmôi*, np. *âçmôgh*, vgl. afgh. *shirmukh* (Wolf)?

ashem yahmâi usta *nãma fravashîm yazamaidê* wir preisen die Fravashi dessen welcher „Heil der Reinheit" heisst, yt. 13, 120.

ashem yêńhê raocâo *nãma fravashîm yazamaidê* wir preisen die Fravashi dessen welcher „Reinheitglänzend" heisst, yt. 13, 120.

ashem yêńhê vareza *nãma fravashîm yazamaidê* wir preisen die Fravashi dessen, welcher „Reinheit wirkend" heisst, yt. 13, 120.

ashemmereñcô *yatha kava huçrava* yt. 24, 2; ist etwa *ashem varezô* oder dgl. zu lesen? yt. 23, 7. steht dafür *ayaçkem amahrkem*.

ashem vohû, die Anfangsworte des zweiten unter den heiligsten Gebeten, vgl. Spiegel, Av. übers. II, LXXXII. Nach vd. 10, 16. gehört es zu den thrisâmrûtas; das zweite Wort wird auch in den superl. erhoben, s. *asha vahista*. Das Gebet findet sich y. 27 Schluss und lautet: *ashem vohû vahistem açtî; ustâ açtî ustâ ahmâi, hyaṭ ashâi vahistâi ashem*, Reinheit ist das beste Gut; Heil ist, Heil ihm, nemlich dem an Reinheit besten Reinen. Vgl. eine Erklärung aus den Rivayet bei Spiegel, H. II, 166. Es wird überaus oft am Anfang oder Schluss von Abschnitten citirt, zu liturgischen Zwecken, z. B. vd. 19, 61. 73. 18, 97. 20, 1. yt, 10, 0.

Hzv. *ashemvohuk* (Bund. 49, 16).

ashôish (von *asha* + *ish*) adj., reines wünschend, nom. *ashôishô* y. 41, 35.

ashôurvatha (von *asha* + *ur°*) m. n. pr., gen. *ashôurvathahê* yt. 13, 116.

ashôûhan (von *asha* + *han*) adj., in der Reinheit sich befindend, plur acc. *ashôûhânô* yt. 13, 151.

ashôcithra s. *ashacithra*.

ashôzusta (von *asha* + *zusta*) m. n. pr. eines Vogels, welcher die abgeschnittnen Nägel frisst und durch Recitirung des Avesta die Daêvas verscheucht, vgl. Bund. 46, 17. Windischmann Z. St. 93. voc. *ashôzusta* vd. 17, 26. 28.

ashôṭkaêsha (von *asha* + *tk°*) adj., der reinen Sitte zugethan, nom. *ashôṭkaêshô* yt. 10, 84.

ashôpaoirya (von *asha* + *p°*) m. n. pr. gen. *°paoiryêhê* yt. 13, 117.

ashôbaêshaza (von *asha* + *b°*) adj., mit Reinheit heilend, nom. *ashôbaêshazô* yt. 3, 6.

ashômîzhda, Westerg. **°mizhda**, (von *asha* + *mîzhda*), adj. reinen Lohn bringend, acc. oder nom. pl. f. *ashômîzhdâo* y. 54, 7.

ashôraocaṅh (von *asha* + *r°*) m. n. pr., gen. *ashôraocaṅhô frânyêhê* yt. 13, 97.

ashôçtûiti (von *asha* + *çtûiti*) f. heiliges Gebet, nom. *aêva ashôçtûitis* das eine heilige Gebet Ashem vohû yt. 21, 5. plur. gen. *ashôçtûitinãm* vd. 19, 73.

ashôçtûta (von *asha* + *çtûta*) n. heiliges Gebet, plur. gen. *ashôçtûtanãm* yt. 21, 6. 8. 10. 12.

ashemanôjan (von 2. *a* + *shemanôjan*, diess von *shamana* + *jan*) adj., das Ziel nicht treffend, plur. nom. *ashemanôjanô* yt. 10, 40.

ashemanôvîd (von 2. *a* + *shemanôvîd*, diess von *shamana* + 2. *vîd*) adj., das Ziel nicht erreichend, plur. nom. *ashemanôvîdhô* yt. 10, 39.

ashu° s. 1. *aç*.

ashya (von *asha*) 1) adj., Beiwort des Çraosha, rein, heilig, nom. *ashyô* vd. 9, 194. 19, 133. 18, 51. yt. 10, 41. 11, 3. acc. *ashîm* vd. 18, 48. 19, 53. vsp. 8, 2. y. 56, 1, 1. 11, 5. yt. 11, 1. instr. *ashya* yt. 13, 146. dat. *ashyâi* vsp. 12, 18. y. 4, 4. abl. *çraoshâdha ashyâdha* (Westerg. *çraoshâṭ ashyâṭ*) y. 59, 9. gen. *ashyêhê* vd. 18, 33. y. 1, 22. 56, 1, 1. yt. 11, 0. voc. *ashya* vd. 18, 48. 74. y. 56, 10, 5. 2) f. Reinheit, Heiligkeit, acc. *ashyãmca* y. 3, 19. *nôiṭ ughrãm ashyãm* nicht (vermag er etwas) zum tüchtigen reinen Wandel vd. 3, 113. *vaṅhvim ashyãm* vsp. 25, 3.

Hzv. *âarâi*, np. *çerôsh ashô*, Hitzig (DMG. 9, 760) vergleicht Ἀσία, Ἀσιαδάτας (letztres wohl von Skr. *átya?*).

1. **ashyâo** (compar. von *asha*) reiner, acc. n. *yê dâṭ manô vahyô . . . ashyaçca* wer den Sinn besser und reiner macht, y. 47, 4.

2. **ashyâo** (compar. von *aka*) schlechter, nom. n. *akâṭ ashô* schlechteres als das schlechte y. 58, 12. acc. n. *akâṭ ashyô* y. 50, 6.

asaêta s. 2. *az*.

asaka (von *ash* + 1. *aka*) adj., sehr schlimm, acc. f. *asakãm drujem* yt. 19, 95.

askare? *hapta heñti hãminô mâoṅha, pañca zayana askare*, sieben sind Sommer, fünf Wintermonate, vd. 1, 10. Einige Hss. ziehen es fälschlich zum folgenden *taêca*. Haug (Bunsen, Aegyptens Stelle in der Weltg. V, 2, 127) erklärt es (sicher unrichtig) für einen aorist von *ah*. *Askarem* (Anquetil: je découvre, déclare, publie, instruis publiquement) hiess der 19. Noçk (Vullers, Fr. 39), doch scheint dies Wort das hzv. *ashkârak*, np. *âshkâr* zu sein, welches von *âvish* + *kar* abzuleiten ist.

asqare (von *ash* + 1. *qar*) adj., viel fressend, superl. plur. dat. *asqaretemaêibyô* vd. 3, 66. 9, 181.

asqarenaṅh (von *ash* + *q°*) adj., sehr glänzend, nom. *asqarenâo* vd. 19, 54. 22, 7. yt. 12, 2. acc. *mãthrem çpeñtem asqarenaṅhem* y. 2, 50. 25, 18. S. 2, 29.

askhrâqanu (von *ash* + *khra* + *qanu*) adj., sehr an Verstand glänzend, superl. plur. acc. *çaoshyañtaçca askhrâqanutemã* y. 14, 18. vsp. 3, 27. Die Trad. übers. viel Verstand bewirkend.

askhrathwañṭ (von 1. *ash* + *khratu*) adj., sehr verständig, superl. nom. sg. *baghanãm açti °waçtemô* yt. 10, 141.

1. **asta** (von *ah?*) 1) n. Heimath, Ort, Raum; davon *rouruasta*, 2) m. der Heimathgenosse, Freund, nom. *astô* yt. 13, 146.

Skr. *ásta*. hzv. *ast*.

2. **asta** (von 1. *aç*) n. Geschoss, acc. *astem* yt. 19, 46. dual. acc. *astê* yt. 19, 46.

Skr. *ástâ*, armen. *ashtê?*

astakaozhda (von *astan* + *k°*) adj., achtkantig, achtzackig, acc. f. *puçãm astakaozhdãm* yt. 5, 128.

astaithivañṭ (von *astâiti*) adj., achtzigfach, nom. *astaithivâo* yt. 10, 116.

astadaça (vom folg.) adj., der achtzehnte, *astadaça baêshazya* achtzehntens (heisse ich) der heilkräftige yt. 1, 8.

Skr. *ashṭâdaçá*, hzv. *astdahum*, np. *ashtdahum*, afgh. *âtahlaçum* u. s. w.

astadaçan (von *astan* + 2. *daçan*) achtzehn.

Skr. *ashṭâdaçan*, np. *hashtdah*, *hashdah*, *hazhdah*, afgh. *âtahlaç*, bal. *hazhdah*, kurd. *hastdah*, armen. *outheutaçn*, südoss. *aṣṭdas*, dig. *açteç*, tag. *çtäç*.

astan, acht, nom. *asta*, vd. 16, 22. *asta râtayô*, acht Freunde (des Mithra, vgl. Windischmann Mithra 54), acc. *asta aurvañtô* yt. 9, 30. *asta ahuna vairya fraçrâvayôis* sprich acht Gebete ahû vairyô vd. 11, 25.

Skr. *ashṭán*, hzv. *hast*, parsi *hast*, np. *hasht*, buchar. *häsht*, serg. *hezeshtaze*, zig. (in Syrien) *haisht*, afgh. *âtah*, bal. *hasht*, (brahvi *hasht*) kurm. zaza *heisht*, armen. *outh*, oss. *aṣt*.

astamâhya (von *astan* + *mâoṅh*) adj., achtmonatlich, acc. *astamâhîm* (ein Wort für Zeit ist zu ergänzen) vd. 5, 136.

astaçata (von *astan* + *çata*) achthundert, acc. *astaçata* vd. 4, 47. 13, 38. instr. *°çatâis* vd. 4, 31.

Skr. *ashṭaçata*, np. *hashtsad*, afgh. *âtahçû*, oss. *aṣtçädiy*.

astâiti (von *astan*) f. achtzig, acc. *astâitîm* vd. 8, 263. nach 80 Tagen: A. 1 b, 11.

Skr. *açîtí*, hzv. *ashtât*, parsi *hastâṭ*, np. *hashtâd*, afgh. *âtiyâ*, kurd. *ahstê*, (lies *hastê*, bei Garzoni), kurm. *heishtê*, arnen. *outhçoun*. Im Osset. ist ein anderes Zählsystem; brahvi *ashtâd* (nicht aus dem bal.).

astâbifra (von *astan* + 1. *bifra*) n., acht Eigenschaften, nom. *çûnahe aêvahê astâbifrem* ein Hund hat acht Eigenschaften. vd. 13, 124.

astema (von *astan*) adj., der achte, nom. *astemô* vd. 14, 38. yt. 19, 2. zum 8. Male: yt. 14. 23. *astemô yaṭ ahmi çiçtis*, achtens heisse ich Weisheit yt. 1, 7. acc. *astemem* vd. 5, 91. neutr. *astemem açô* vd. 1, 37. *astemem* (adverb.) vd. 4, 67.

Skr. *ashṭamá*, hzv. *ashtum*, parsi *hastum*, np. *hashtum*, afgh. *âtahum*, oss. *açtem*.

astra (von 1. *aç*) f. Stachel, Dolch, die Glossen erklären: scharfer Dolch, nom. *astra* vd. 14, 28. collectiv: yt. 10, 113. acc. *astrãm* vd. 2, 18. *astrãm mairîm kâshayêiti* er führt den Schlangenstachel (wie ein Priester) vd. 18, 28. instr. *astraya* vd. 2. 33. *açpahê astraya* mit dem Pferdestachel (schlage er zur Busse ahrimanische Geschöpfe) vd. 3, 125 und oft, vgl. Spiegel Av. übers. I, 294. plur. nom. *astrâo* die Dolche yt. 10, 113.

Skr. *áshṭrâ*, hzv. *astar*. — Vgl. *khshvaêwayaṭastra*, *vazemnôastra*.

astrañhad (von *astra* + 2. *had*) adj., mit dem Dolch tödtend, acc. *mithrem astrañhâdhem* yt. 10. 112.

asdânu (von *ash* + 1. *dânu*) adj., stark fliessend, plur. gen. f. *apãm* . . . *asdânunãm yavanãm* der Wasser, welche stark fliessen für das Getreide, yt. 8, 29. Spiegel: viele Körner besitzend, liest also *asdânanãm*, von 2. *dâna*, und bezieht es nicht auf *apãm*.

asdâmôyâtumañt (von *ash* + *dâman* + *y°*) adj., sehr zauberkräftig für die Geschöpfe, plur. gen. *°yâtumatãm* vd. 20, 4 *asdâmô* ist interpoliert, auch die Hzv.-Uebers. hatte nur *yâtumatãm* vor sich, was sie übersetzt durch *bahrômand* (reich), wozu die Glosse: vermögend wie Pâtçrûb; vd. 20, 11 fehlt *asdâmô* überall.

aspairika (von *ash* + *p°*) adj., den Pairikas sehr ergeben, acc. *pitaonem aspairikem* yt. 19, 41.

aspacina s. *açpacina*.

asfrabereiti (von *ash* + *fr°*) f. viel Darbringungen, instr. *asfraberetica* yt. 10, 77.

asfrâyasti (von *ash* + *fr°*) viel Opfer, instr. *asfrâyasti* yt. 10, 77.

asbaôurva (von *ash* + *baourva*) adj., viel Speise habend, plur. acc. n. *khshathra* . . . *asbaourva* yt. 5, 130. 17, 7.

asbâzu (von *ash* + *b°*) adj., mit grossen Vorderbeinen (eigentl. Armen), nom. *ustrô* . . . *asbâzâus* yt. 14, 12.

asbereṭ (von *as* + *bar*) adj., viel aushaltend, plur. nom. f. *asberetô* yt. 13, 23.

asmîzhda, Westerg. **asmizhda**, (von *as* + *mîzhda*) adj., viel Lohn bringend, plur. fem. *asmîzhdâo* y. 51, 7.

asyêsti (von *as* + *yêsti*) f. viel Opfer, instr. *asyêstica* wegen der vielen Opfer, y. 67, 29.

asvañdara (von *as* + *v°*) adj., viel erlangend, acc. n. *asvañdarem* yt. 19, 9.

asvarecañh (von *as* + *v°*) adj., sehr glänzend, nom. *asvarecâo* yt. 19, 57. 23, 2. *asvarecô* (Thema *°ca*) *kara uça* yt. 5, 45.

ah, sein, praes. 1. sg. *ahmi* vd. 2, 10. y. 9, 6. yt. 10, 54. 8, 15. *ahmî* y. 13, 25. 32, 8. 34, 5. 45, 2. 2. sg. *ahi* vd. 19, 22. y. 9, 3. 78. yt. 10, 29. 12, 9 ff. 17, 22. 22, 10. *ahî* y. 32, 7. 34, 11. 50, 3. 3. sg. *açti* vd. 19, 31. y. 9, 86. yt. 5, 129. 10, 82. 14, 34. *açtica* yt. 19, 68. *fravashê kê açti parairiçti* die Fravashis (der Frauen) welche gestorben ist, y. 23, 5. *açtî* y. 57, 9. 35, 18. 3. dual. *idha haurvata ameretâta*, *yô* (sic) *çtô mîzhdem ashâunãm parôaçti jaçeñtãm* hier ist Khordad und Amerdad (Fülle und Unsterblichkeit) welche der Lohn sind für die Reinen, welche zur Körperlosigkeit gelangen, yt. 1, 25. *çtô* yt. 13, 12. 1. plur. *mahi* vsp. 12, 28. *mahî* y. 39, 5. *mahê?* (s. *kurô*) Fr. 2, 2. 2. plur. *çtâ* y. 32, 3. 34, 6. 3. pl. *heñti* vd. 18, 76. 19, 13. vsp. 12, 28. *heñtî* y. 33, 10. *heñtica* y. 16, 5. *yôi heñti* (der Besieger derer) welche sind (Uebelthäter; so die Trad.) y. 43, 16. welche sind (weise) y. 44, 6 (cit. y. 60, 17), *duzhdâo yôi heñtî* schlecht (unter denen) welche da sind y. 50, 10. *yôi âoñharecâ heñticâ* (und die) welche waren und sind y. 50, 22. (cit. y. 16, 5) : praes. conj. 3. sg. *añhaitî* y. 30, 11. 31, 22. 49, 3. *yâ nôiṭ vâ añhaṭ añhaiti vâ* was nicht sein kann und was sein wird y. 31, 5. *añhaitî* y. 52, 7. *añhâiti*, er gehört (dem Siege, er siegt) yt. 10, 117. pot. 1. sg. *qyêm* y. 42, 8. 49, 9. 2. sg. *qyâo* y. 41, 7. (subject im plur. neutr.) 3. sg. *qyâṭ* y. 8, 13. 35, 9. *hôis* s. besonders. y. 40, 10 (mit acc. plur.) 42, 15. 43, 17. *hyâṭ* yt. 8, 56. 10, 120. 13, 71. y. 32, 14. 1. plur. *qyâmâ* y. 30, 9. 40, 11. 2. plur. *mâ qyâtha* yt. 24, 12. *qyâtâ* y. 49. 7. 3. plur. *qyên* y. 50, 4. *yôi hyãn açti* (*açti* scheint Glosse) *aojaïsha aojista* welche an Kraft die stärksten sind, yt. 8, 55. *hyâre* vd. 17, 28. imperat. 3. sg. *açtû* vsp. 10, 31. 14. 4. y. 13, 6. 52, 8. *qairyañti açtu uyê qaretha ajyamna* (lies *çtô* 3. dual. indic.) es waren die essbaren Speisen unversiegbar, yt. 19, 32. 3. plur. *heñtû* y. 33, 7. 52, 8. Imperf. 3. sg. *âç* vd. 9, 188. y. 19, 2. yt. 14, 59. 19, 36. *aç* vd. 2, 37. 9, 175. y. 13, 24. 31, 9. 34, 8. yt. 19, 79. Cit. der Hzv.-Gl. zu vd. 2, 4. *dûirê vohû aç manô* Vohumanô weilt ferne (von ihnen) y. 34, 8. *yê maibyâ yaos ahmâi açcîṭ vahistâ* y. 45, 18 (s. *yaos*). 3. pl. *âç* yt. 14, 46. impf. conj. 2. sg. *añhô* (s. besonders), 3. sg. *añhaṭ* vd. 1, 53. 2, 53. 5, 86. y. 10, 51. 29, 4. 61, 16. *kâ têm ahyâ mainis añhaṭ* was soll ihn dafür für Strafe treffen y. 43, 19. 3. plur. *añhen* vd. 2, 79. 5, 37. 13, 115 (hier lies *añhaṭ?*) y. 31. 1. mit dem Subject im dual. vd. 5, 83. *añhen* y. 39, 3. vsp. 12, 28. y. 47, 12. *yadâ zevîm añhen* wenn anzurufen sind y. 31, 4. in der Frage: vd. 2, 130. *yôi hen kehrpa çraêsta* yt. 5, 34. = 9, 14. = 15, 24. perfect. 3. sg. *âoñha* y. 9, 17. yt. 15, 16. 3. plur. *âoñhare* y. 9, 74. 23, 1. yt. 13, 150. *âoñharê* y. 33, 10. 43, 20. *âoñharecâ* y. 44, 7. perfect. conj. 3. sg. *âoñhâṭ* vd. 13, 165. yt. 13, 12. *yêzi* . . . *âçtârayêiñtîm âoñhâṭ* wenn er verunreinigen würde vd. 5, 13. 20. *yêzi çraêshyañtîm âoñhâṭ* vd. 8, 109. 3. dual.

âoṅhâtem würden (nicht) existieren yt. 13, 12. 1. pl. *âoṅhâma* vsp. 14, 11. *âoṅhâmâ* y. 32, 1. 48, 8. 3. pl. *yatha nô âoṅhãm* (lies *âoṅhãn?*) *skyâtô* (Westerg. *skâtô*) *manâo* damit unsre Herzen froh seien y. 59, 17. partic. praes. *haṅṭ* s. besonders. partic. perf. act. plur. gen. *âoṅhushãm* der Menschen welche waren yt. 13, 21. *aṅhushãmca* y. 64, 22. partic. fut. gen. neutr. und nom. masc. *gaêthanãm âoṅhairyêhê yaṭ âoṅhairyô zîzanen* dem Zukünftigen der Welt, welches der Zukünftige erzeugen wird; nach der Trad. wird die künftige Zeit, in welcher die kommenden Dinge erscheinen, angerufen, vsp. 1, 8. acc. *âoṅhairîm* vsp. 2, 1.

— *paiti*, dabei sein, Folge leisten, hzv. übers. *mekiranntan*, praes. 3. sg. *paitiaçti* (Spiegel *paidhyêçti*) vd. 22, 38.

Skr. *as*, *ásti*, altp. *açtiy*, hzv. *açt* (Spiegel, H. 1, 102), np. bal. *açt*, afgh. *é* (2. sg.), *yâi* (2. pl.) Ewald 302. kurd. *hem* (sum), armen. *ê* (est), dig. *yeç*, tag. *ú*, *iç*.

Vgl. *aṅhu*, *açtu*, 1. *asta*, *ahu*, *paitiaçti*, *paityâçti*.

ahu s. *aṅhu*.

ahuta (von 2. *a* + *huta*) adj., nicht ausgepresst, instr. m. *ava aêta ahuta* ausser diesem nichtausgepressten (Haoma) vd. 6, 88.

1. **ahuna** (von *ahu?*) m. n. pr. eines Berges, nom. *ahunaçca* yt. 19, 5.

2. **ahuna**, Abkürzung von *ahunavaiti*, dual. acc. *yaṭ açti añtare ahuna airyamana*, was zwischen der Gâtha Ahunavaiti und dem Gebet airyémâ ishyô ist (d. h. die Gâthas und der Yaçna haptaṅhâiti, die Capitel 28—53 des Yaçna) vsp. 27, 2.

3. **ahuna** m. das Gebet yathâ ahû vairyô, das Honover; nom. *ahunô vairyô* Cit. der Glosse zu vd. 2, 32; yt. 11, 3. 21, 4. 19, 81. y. 56, 9, 5. acc. *ahunem vairîm* vd. 11, 8. 19, 5. 74. vsp. 2, 13. y. 9, 44. 19, 38. *ahunemca vairîm* vd. 17, 18. *cathwârô ahunem vairîm* vd. 18, 97. instr. *ahuna vairya* yt. 17, 20. abl. *çrâvayamnâṭ paiti ahunâṭ vairyâṭ* beim Hersagen des Ahû vairyô yt. 10, 91. *ahunâṭ vairyâṭ* A. 3, 5. gen. *ahunahê vairyêhê* vsp. 1, 11. 11, 3. y. 8, 1. 19, 4. plur. acc. *pañca ahuna vairya fraçrâvayôis yathâ ahû vairyô* sprich 5 Ahûvairyô: yathâ . . . vd. 11, 7.

Vgl. *anahuna*.

ahunavañt, fem. *ahunavaiti*, Name der ersten Gâtha (y. 28—34), acc. *ahunavaitîm gâthãm* vsp. 2, 16. y. 34 Schluss, A. 2, 3. G. 2, 5. gen. *ahunavaityâo gâthayâo* vd. 19, 128. vsp. 1, 14. y. 34 Schluss, A. 2, 1.

Hzv. *ahunvat*, in den jüngern Dialecten der nach der Gâtha benannte erste der 5 Schalttage.

ahunaç (von *ahu* + 2. *naç*) adj., den Ort erlangend, acc. m. *khratûm ahunâçem ashanâçem vahistanâçem vahistahê aṅhéus* den Verstand welcher uns erlangen lässt den Ort, die Reinheit und das Gute des Paradises vd. 18, 17.

ahumañṭ (von *ahu*) adj., das Wort *ahû* enthaltend, acc. m. *ahumeñtem ratumeñtem* das *ahû* und *ratus* enthaltende (Gebet yathâ ahû vairyô) vsp. 2, 18. neutr. *vacô . . . yat ahumaṭ* y. 19, 16. gen. *ahumatô ratumatô* vsp. 1, 16.

ahumerec (von *ahu* + *merec*) adj. die Welt verwüstend, nom. *ahumerekhs paityârenô* yt. 8, 59.

ahura (von *ahu*) m. 1) Herr, Hzv. *khutâi*, Ner. *svâmin*, nom. *dvadaçô ahurô*, zwölftens heisse ich Herr yt. 1, 8. *ahurô* yt. 14, 37. 59. *ahurô kava huçrava* der Herr König Huçrava yt. 19, 77. ohne Flexion: *ahura nãma ahmi* ich heisse Herr yt. 1, 12. acc. *aṅhéus ahurem* als den Herrn der Welt y. 31, 8. *ahurem berezañtem* (vom Apãm napâo) yt. 19, 52. *berezañtem ahurem* y. 2, 21. 69, 19. yt. 2, 9. *ahurem* y. 31, 10. yt. 10, 25. gen. *ahurahê* y. 1, 15. 3, 29. *berezatô ahurahê nafedhrô apãm* G. 3, 2. *ahurahê* yt. 10, 69. 13, 63. voc. *bereza ahura* y. 64, 53. plur. nom. *ahurâoṅhô*, Herrscher, yt. 5, 85. 14, 39. von den himmlischen Herrn, den Amshaçpand: *mazdâoçcâ ahurâoṅhô*, Mazda und die Herren y. 30, 9. 31, 4. 2) n. pr. des höchsten Gottes, welcher zwar unter die Amshaçpand und Yazata gerechnet, aber als Schöpfer und Gebieter derselben dargestellt wird. Er heisst auch *çpeñtô mainyus*, der heilige Geist. Roth in Baur und Zeller, theolog. Jahrb. 8, 286. DMG. 6, 70. Spiegel, Av. übers. III, III. nom. *ahurô* y. 29, 4. 42, 3. 44, 4. 47, 3. *ahurô mazdâo* vd. 5, 50. vsp. 2, 3. 18. y. 11, 16. 19, 38. 31, 2. yt. 8, 25. 10, 121. 15, 2. *ahurô mazdâoçca* y. 33, 11. statt des acc. *nizbayêmi ahurô mazdâo* vd. 19, 51. statt des voc. *vîçpê tê ahurô mazdâo hvapô vaṅuhîs dâmãn* alle deine, o wohlwirkender Ormazd, Geschöpfe, y. 70, 47. acc. *ahurem* y. 28, 8. *ahurem mazdãm* vd. 2, 1. 19, 58. vsp. 2, 4. y. 14, 1. 17, 1. 35, 1. 56, 1, 10. 69, 2. yt. 1, 1. 10, 1. instr. *ahuraca?* yt. 8, 36. *ahura mazda* yt. 13, 146. dat. *ahurâi* y. 29, 5. 30, 1. *ahurâi mazdâi* vd. 19, 14. (neben *dathushô*) 84. y. 13, 3. 28, 5. yt. 13, 87. *ahurâica mazdâi* y. 4, 4. 67, 58. yt. 10, 53. gen. *ahurahê* y. 65, 2. *ahurahyâ* y. 45, 15. *ahurahê mazdâo* vd. 4, 4. 19, 45. vsp. 18, 5. y. 1, 1. 4, 12. 19, 37. 70, 11. yt. 1, 0. 10, 0. 13, 157. *mazdâo ahurahê* vd. 8, 249. *ahurahyâ mazdâo* y. 32, 1. 35, 19. *mazdâo ahurahyâ* y. 28, 4. *tôi vârâi râdeñtê ahurahyâ zaoshê mazdâo* die geben nach Wunsch und Wille des Ormazd, y. 33, 2. voc. *ahurâ* y. 28, 6. (cit. vd. 19, 36. 20, 22) y. 42, 16. 43, 1. 32, 6. 34, 4. *yâzhem . . . ahurâ . . . dâtâ*, gebt ihr, o Ahura (ihr bezieht sich auf die Amshaçpand) y. 29, 10. 11. *aêibyô çaçtî ahurâ*, sie befehligt er (Khshathra), o Ormazd, y. 30, 8. *ahura mazda* vd. 2, 1. 13, 115. 19, 58. vsp. 3, 21. y. 17, 54. yt. 1, 1. 10, 74. 121. *ahura mazdâ* y. 7, 59. 14, 13. 35, 7. *vâo . . . ahura mazdâ ashemcâ*, euch, o Ormazd, und den Asha, y. 28, 9. dual. (vgl. Justi, die Zusammensetzung der Nomina p. 83) nom. *mithra ahura* Mithra und Ormazd yt. 10, 113. N. 1, 7. acc. *ahura mithra* y. 2, 44. *mithra ahura* yt. 10, 145. y. 6, 36. 2, 44. dat. *ahuraêibya mithraêibya* y. 1, 34. 3, 48. 3) Name des ersten Tages im Monat, gen. *ahurahê mazdâo* y. 1. 36.

Skr. *ásura*, altp. *auramazdâ*, hzv. *Ôharmazd*, *Hôrmazd* (auf Münzen und Gemmen; in den Uebersetzungen und im Bundehesch ist das semit. *anhôma* oder *anhûma* im Gebrauch, welches schon

Rask (536) mit *Elôhîm* identificierte: der Etymologie nach entspricht *ahura* (von *ahu*, diess von *ah*) eher dem hebr. *Jahve*), parsi *hôrmezda*, np. *ormuzd* (s. Vullers, v. *urmaz*), lykisch *Aουρεμεζ*, armen. *ormizd*, *aramazd*, *ôrômazd*, mongolisch *Khurmuçta-tãñgri* (Klaproth p. 125. Schmidt, Forschungen im Gebiet der Völker Mittelasiens p. 148. J. Müller 336), bei den Alten *Ὠρομάζης*, vgl. Windischmann Z. St. 261 ff. Vgl. *âhuirya*.

ahuraṭkaêsha (vom vorigen + *ṭk°*) adj., die Vorschriften des Ormazd befolgend, nom. *ahuraṭkaêshô* vsp. 6, 7. y. 1, 65. 9, 43. 13, 1. yt. 13, 89. acc. *ahuraṭkaêshem* yt. 13, 90. fem. *ahurôṭkaêshãm* y. 64, 2. yt. 5, 1. 13, 4.

ahuradhâta (von *ahura* + 2. *dâta*) adj., von Ormazd geschaffen, Beiwort des Verethraghna und der Erde, nom. *ahuradhâtô* yt. 10, 70. 14, 1. acc. *ahuradhâtem* vd. 19, 125. vsp. 2, 24. y. 17, 31. yt. 10, 33. 80. 14, 1. *yatha verethraghnem ahuradhâtem* yt. 23, 7. fem. *ahuradhâtãm* vd. 19, 71. 13, 165. yt. 6, 2. 13, 9. instr. m. *ahuradhâta* yt. 10, 67. gen. *ahuradhâtahê* vsp. 1, 22. y. 1, 19.

ahurâni (von *ahura*) f. 1) Tochter des Ahura, ein Genius der Wasser, acc. *ahurânîm* y. 67, 14. voc. *ahurânê ahurahê* y. 65, 2. 9. 67, 1. 3. 6. 11. 27. 45. Fr. 7, 1. 2. 2) Wasser, Wassertrift, plur. acc. *ahurânis ahurahê* y. 67, 30. N. 1, 10. *apô* . . . *ahurânis ahurahyâ* y. 38, 8 (vgl. Windischmann Z. St. 99). Die Huzv.-Uebers. umschreibt nur.

ahurôṭkaêsha s. *ahuraṭkaêsha*.

ahûmmereñc (von *ahu* + *merec*), adj., die Welt verwüstend, gen. *paiti ahûmmereñcô* gegen den Verwüster der Welt, y. 9, 99. *yô juñta daêvayâo drujô ahûmmereñcô*, welcher ein Tödter ist der daêvischen Drukhs, welche die Welt verwüstet, y. 56, 7, 2. Vgl. *ahumerec*.

ahûmçtuṭ (von *ahu* + *çtu*), adj., die Welt preisend, gen. *çaênahê ahûmçtûtô fravashîm yazamaidê* des Çaêna, welcher die Welt preist, Fravashi preisen wir, yt. 13, 97. Es scheint n. pr.

ahêmuçta, Spiegel **ahûmuçta** adj., todeswürdig, nom. *ahêmuçtô* y. 45, 4. Huzv. übers. *frôt murt deharaunt* und glossiert *apagayêhê deharaund*, Ner. *adhô mṛtaḥ*, Glosse: *apajîcô bhavati*.

ahê s. *aêm*.

ahâkhsta (von 2. *a* + *ham* + *çtâ?*) adj., unzählig, instr. plur. *ahãkhstâisca* vsp. 9, 3. *ahãkhstaghnâi* (lies *ahãkhstâi*) *ahãkhstôtemôahãkhsta* zu unzähligen und unzählige mal unzählige yt. 24, 19. *yô aêshãm daêvanãm hazanrâi hazanrô paitis, baêvarâi baêvanô, hapañkhstai hapañkhstayô* (sic) *paitis nâmêni ameshanãm çpeñtanãm haurvatâtô zbayôiṭ* wer gegen diese Daêvas, die 1000 mal 1000, die 10000 mal 10000, die unzählige mal unzähligen, die Namen der Amshaçpand (besonders) der Haurvatâ anruft yt. 4, 2.

ahãkhstaghna (vom vorigen + *ghna*) n. Tödtung von unzähligen, pl. instr. *pañcaçaghnâi çataghnâisca, çataghnâi hazanraghnâisca, hazanraghnâi baêvareghnâisca baêvareghnâi ahãkhstaghnâisca*, mit 50 mal Hunderttödtungen, mit 100 mal Tausendtödtungen, mit 1000 mal Zehntausendtödtungen, mit 10000 mal Unzähligentödtungen (der Begriff der Tödtung ist am Multiplicator, der bloss die Zahl sein sollte, nochmals ausgedrückt) vd. 7, 137. 139. yt. 5, 54. 58. 117. 8, 61. 9, 31. 10, 43. 13, 48. Meine Erklärung ist unsicher; Spiegel schreibt mir (22. Oct. 1863): „ich habe mir schon gedacht, ob nicht in den Formeln *pañcaçaghnâi çataghnâis* u. s. w. eine Multiplication ausgedrückt sein könnte, und *ghna* gar nicht tödtend hiesse. Allein es fehlen mir eben auch für diese Vermuthung alle Analogieen." Vielleicht wäre bei dieser muthmasslichen Erklärung doch eine Ableitung von *ghna* (*jan*) möglich, wenn man diess in der Bedeutung schlagen, den Tact schlagen, zählen, nähme; im litauischen bildet man multiplicativa mit *syk* (von *seikéti* messen) Schleicher, lit. Grammatik, p. 154.

ahãmbaodhemna (von 2. *a* + *hãmbaodhemna*) adj., nicht bei Sinnen, nom. *yaṭ çpâ °baodhemnô barâṭ* wenn ein Hund nicht bei Sinnen ist vd. 13, 97.

ahma (von 1. *a* a)) pronom. adj., unser, nom. pl. *ahmâ rafnañhô* als unsre Erfreuer, y. 40, 9.

ahmaṭ s. *aêm*.

ahmarsta (von *a* + *marsta*) adj., nicht zu benagend, plur. gen. *açtãm ahmarstanãm* (gen. partit.) nicht zu benagende Knochen, vd. 15, 10.

ahmâi s. *aêm*.

ahmâka (von *ahma* + *ac*) pronom. adj., unser, acc. neutr. *ahmâkem* (dient als plur. gen. von *azem*): nom. neutr. *ahmâkem nãma* unser Name yt. 1, 3. plur. acc. m. *ahmâkêñg* y. 44, 9. *ahmâkêñg urunô* y. 39, 2. *mashyêñg ahmâkêñg* uns Menschen y. 32, 8. instr. *ahmâkâis azdêbîsca* y. 37, 7 = 5, 7. Skr. *asmâka*, parsi *êmâ*, np. *mâ*, np. Dialecte *emâ*.

ahmâṭ s. *aêm*.

ahmi s. *aêm* und *ah*.

ahmêumaidê s. *hmê*.

ahmya (von *aem*, resp. 1. *a* b)), adv., hier, vd. 3, 23. 24. 6, 17. y. 2, 7. 59, 9. vsp. 2, 1. *ahmya nmânê* hier im Hause, y. 26, 22. 61, 7. vd. 13, 60. *ahmya zaothrê* hier mit Zaothra y. 2, 6. *ahmya râshê* yt. 10, 125. *yahmya* . . . *ahmya* yt. 24, 48.

Dig. *amiy*, tag. *am*.

ahyâ s. *aêm*.

ahyâçûm *hâitîm yazamaidê* wir preisen das Capitel 28. des Yaçna, welches mit *ahyâ yâçâ* beginnt, y. 28, Schluss.

ahvaṇṭ, adj., eifrig, hzv. *tukhshakish* (mit Eifer) Ner. *vyavasâyatayâ*, nom. *ahvâo* y. 29, 5.

Â, ÂI, ÂO.

â 1) adv. *âtaṭ* herzu vd. 5, 2. *âtaṭ qarenô yazamaidê* dazu preisen wir die Majestät vsp. 22, 8. *yavaṭ â* solange ich da bin (wie im griech. πάρα u. dgl.) y. 42, 8. Sehr oft als Verbalpraefix gebraucht, z. B. *âdâ; âdim pereçaṭ* er fragte ihn, y. 9, 3. oft wird *â* zu *a* verkürzt. 2) prae- und postpos., a) c. acc., an, in, bis, *â* bis zu yt. 21, 4. *katârem â añrô* an wem haftet der Böse y. 43, 12. *â khshathrem* im Reich y. 33, 5. *raocâo â* bis zu den Sternen vd. 2, 31. *ahûm â* vd. 19, 104. *âpem â* zum Wasser vd. 7, 65. *âtaṭ hañjamanem* zur Versammlung vd. 2, 43. *â nemê* bis zum Preise y. 43, 1. *âca acistem âca ahûm* hin zum schlimmsten Ort vd. 3, 120. *vahistem â ahûm â* vd. 18, 69. *âmaidhyãnaçcit*, Spiegel *âmaidhyaçciṭ*, *ânerebarezaçciṭ* vd. 6, 59. *âthritîm* dreimal vd. 8, 42. y. 56, 12, 3. *âdhbitîm* Westerg. *âṭ-bitîm* zweimal vd. 10, 9. *âkhtûirîm* viermal vd. 10, 21. *têñg â avâ* weg zu denen y. 43, 13. *vahmâ â* zum Gebet y. 42, 2. b) c. instr. zu, wegen, bei, mit, *anâis â* deshalb y. 32, 15. *âdânâis* zum Schaffen y. 30, 7. *tâis â* bei ihnen (ist) y. 34, 11. *âyêçê yêsti âfravashi* ich rufe herbei mit Preis den Frohar y. 23, 3. *â manañha* mit Wuth yt. 10, 71. c) c. dat, zu, für, *fradathâi â* (scil. *dyâṭ*) y. 44, 9. *vahmâi â* y. 45, 10. *âzañgaêibyaçciṭ* bis an die Füsse (sollen sie ins Wasser gehn) vd. 6, 59. *yaêibyaçcâ tôi â* für welche diese sind y. 39, 3. *â âthrê* für das Feuer y. 42, 9. *mazô magâi â* grosses für grosses y. 29, 11. d) c. abl., von, zu, in Bezug auf, *viçpem â ahmâṭ yaṭ* bis dass vd. 19, 79. *â vahistâṭ añhaoṭ* bis zum besten Orte y. 19, 11. *manyêus â vahistâṭ kayâ* y. 33, 6. *â ashâṭ* in Bezug auf Reinheit y. 67, 41. *â dareghâṭ qâbairyâṭ* y. 59, 12. *ahmaṭ â* von hier y. 60, 16. *kathâ drujem nîs ahmaṭ â nîs nâshâmâ* wie sollen wir die Drukhs von hier wegschaffen y. 43, 13. *â* bis zu y. 26, 33. e) c. gen. bei, zu, von, samt, *â kushitôis* zur Wohnung y. 30, 10. *hôi â* bei, in ihm y. 33, 1. *â . . . vîcithahyâ* y. 30, 2. *aêshãm tôi â añhaṭ* denen bei dir möge es gehn y. 30, 7. *aêshãmcîṭ â* unter, von ihnen (will ich unterschieden sein) y. 32, 8. *nemañhô â* samt dem Gebet y. 57, 9. *khratêus khshmâkahyâ â* in euerm Verstand y. 48, 6. f) c. loc. in, *â khshathrôi* y. 34, 3. *thrê â* y. 31, 9. *â paithî* am Wege y. 49, 4. — *jañtu â-airyêmâ-ishyô . . . yaçkem* es schlage das Gebet â-airyêmâ-ishyô die Krankheit vd. 20, 29.

Skr. *â*, altp. hzv. parsi *â*°.

âaṭ (von *aêm*, alter abl. ohne das Einschiebsel *hma*), adv. hierauf, dann, vd. 19, 42. *âṭ utâ* nun y. 35, 16. (Trad. sie beide) *âṭ* (Ner. *evam*) y. 35, 24. *cayô âaṭ* wie beschaffen ferner vd. 2, 130. *ithâ âṭ* hier nun y. 5, 1. 37, 1. *ahmâkêñg âaṭ urunô* y. 39, 2. *âaṭ yaṭ* dann als (im Nachsatze folgt *âaṭ*) yt. 10, 1. In den folg. Stellen scheint *âaṭ* noch als wirklicher Ablativ zu stehn: *âaṭ haca* Fr. 3, 2. (vgl. das sonstige *ahmâṭ haca*), *yatha âaṭ añhaoṭ baodhôbakhtica yatha mâraya yaṭ ahurâi mazdâi* damit aus diesem Orte Austheilung von Bewusstsein (komme), wie es (bei) mir, Ormazd, ist (?) yt. 24, 33.

Skr. *ât.*

1. **âi**, interj., *âi mithra* yt. 10, 42. *âi çraosha* vd. 18, 48. y. 56, 10, 5. *âi ashâum zarathustra* vd. 18, 1. yt. 1, 26. *âi añra mainyô* vd. 19, 32.

Skr. *âi*, hzv. *âi*, np. *ai*, armen. *ay*, oss. *ay*, *cy*.

2. **âi**, praep., zu; vgl. *âiti?* *yaṭ vâ âpem âi anâpem kerenaoiti* oder wenn einer Wasser zu Wasserlosigkeit macht (d. h. allzu feuchten Boden entwässert) vd. 3, 14. 78. vgl. *âiskata.*

1. **âiti** (vgl. das vor.) adv., verbalpraef., hinzu, *âiti magha âiti barôis* bringe zu den Löchern vd. 9, 29. *ava tâ âiti magha âiti jaçôiṭ* er komme heran zu den Löchern vd. 9, 31. *âiti nirâzayañti* yt. 24, 36.

2. **âiti**, **âitê**, **âiṭ** } s. 2. *i*.

âithi (von *añt?*) f. Verderben, Schrecken, nom. *avi dîs aêm khshayamnô âithîm baraiti thwyãmca* gegen sie bringt er mächtig Verderben und Schrecken yt. 10, 37. *kadâ vaêdâ yêzî cahyâ khshayathâ yêhyâ mâ âithis dvaêthâ* wie werde ich wissen, ob ihr über den herrscht, dessen Verderben und Schrecken gegen mich (gerichtet ist) y. 47, 9. plur. *khshayãç . . . yêhyâ mâ âithîscîṭ dvaêthâ* du herrschest über den, dessen Verderben und Schrecken gegen mich (gerichtet ist) y. 32, 16. Die Trad. fasst beide Sätze ganz anders, indem sie *dvaêtha* fälschlich von *dva* (zwei) ableitet und durch „Zweifel" erklärt, woraus die Bedeutung "offenbar" für *âithi* folgt.

Vgl. *aêitha.*

âithivañt (vom vor.) adj., schrecklich, acc. *âithivañtem* yt. 22, 17. *aithivañtem* yt. 22, 35. *aêtyavañtem* yt. 24, 63.

âidhi? yt. 8, 48. Westergaard verm. *âiti* bewegt sich.

âidi, **âidûm** } s. 2. *i*.

âiniva (v. *in* + *â*) m. Bedränger, *âiniva nãma ahmi* ich heisse der Bedränger (der Daêvas) yt. 15, 46.

1. **âis** Nebenform von *anâis* (von *aêm*), *âis* von ihnen (zuerst), hzv. *min narmanshân*, y. 43, 11. *çraotâ gêus âis vahistâ* höret mit den Ohren das beste y. 30, 2. (Koss. audito auribus suis optima) *pairî âis* vor diesem, früher y. 49, 10.

2. **âis** (vgl. 2. *âi*, *âiti*) adv. herzu, indem man herzutritt, *athâ thwâ âis yazamaidê* so preisen wir dich herzugehend, (so die Trad.) y. 14, 14. 39, 11. *yathâ âis ithâ vareshaitê* wie es zu(-kommt) so thut

er (Trad. betrachtet, überlegt habend) y. 33, 1. *yêzî âis nôit urvânê aibîderestâ* wenn ich herzutretend (prüfend) am nicht sichtbaren festhalte y. 31, 2. *yê âis ashem nipâoṅhê* wenn ich, wie es zukommt, die Reinheit bewahre, y. 28, 11 (Trad. wie eben). *âis daidîtû vîzhibyô* gebe er für die Clane (als Verstärkung des Dativ? Trad. beim Kommen) y. 52, 8.

âiskata m. n. pr. eines Berglandes, die Wasser brechen hervor *âiskatem* nach Aiskata, yt. 10, 14. *iskatâca upairiçaêna* findet sich yt. 19, 13. *ari skata* y. 10, 29. Letztre Stelle scheint die einzig richtige Lesart zu enthalten; *âiskata* wäre dann in *âi skata*, zu den Schluchten, zu bessern und *i* in *iskatâca* ist entweder zu streichen oder als Vorschlag zu betrachten, welcher wie in den neuern Dialecten die Aussprache der Gruppe *sk* bequemer machen soll. Uebrigens liest Spiegel und Westergaard yt. 10, 14 *â isk°*.

âo s. *aêm.*

âoṅuharena (von 1. *qar* + *â*) adj., das woraus man isst, plur. nom. *tâ tasta °rena* vd. 7, 183.

âoṅh m. Mund, instr. *âoṅhâ* y. 28, 11. *âoṅhâcâ* y. 49, 11. gen. *âoṅhô* y. 31, 3.

Skr. *âs.* — Vgl. *éeâoṅh.*

âoṅha s. *ah.*

âoṅhairya s. *ah.*

âoṅhana s. *âh.*

âoṅhare s. *âh.*

âonharena liest Spiegel für *âoṅuharena.*

âoṅhâtem, âoṅhât, âoṅhâma, âoṅhushâm s. *ah.*

âoṅhâm s. *aêm* und *ah.*

âka adj., offenbar, hzv. *ashkârak*, loc. f. *cinvatô peretâo âkâo* an der Brücke Cinvat, der offenkundigen, y. 50, 13. plur. nom. *âkâoçcôit* (Spiegel *ak°*) *âhûirê mazda jaçeñtãm* offenbar mögen (zum Paradies) kommen die Anhänger Ahuras, o Mazda, y. 59, 19. acc. *âkâ çtêñg* offenbare Wohnungen y. 49, 2. *âkâo aredrêñg* offne Darbringungen y. 49, 4. *kâ thwôi ashâ âkâo aredrêñg ishyâ* was soll ich bei dir, o Asha, als offenbaren Lohn verlangen y. 47, 8.

âkayayañta s. *kâ.*

âkereti (von 1. *kar*) f. Vollendung, nom. diess ist in der Welt bekannt als die gute *âkeretis* Vollendung (nach der Trad. ist von der Auferstehung die Rede) y. 47, 2.

âkhtûirîm (von *â* + *tûirya*, *kh* ist von dem vor *t* abgeworfnen *ca* übrig geblieben) adj., viermal zu sprechen, vom Gebet ahû vairyô, acc. m. *âkhtûirîm* y. 9, 44. yt. 19, 81.

Vgl. *tûirya* und *â.*

âkhrûra m. n. pr. des Sohnes des Huçrava, gen. *âkhrûrahê haoçravaṅhanahê* yt. 13, 137.

Vgl. skr. *akrûra* Spiegel, Beitr. 4, 65. Eran 250.

âkhçaṅh (von *khçâ*) n. Belehrung, hzv. *amôkhtashn*, Ner. *çikshâ*, acc. *âkhçô* y. 45, 2.

âkhshnûsca s. *âshn°.*

1. **âkhsta** (von *çtâ?*) adj., friedsam, plur. nom. neutr. *athanâ âkhsta buyãn, yathanâ buyât hvâyaonâoṅhô pañtânô* dann sollen friedsame (Verhältnisse) sein, damit von selbst geschützt seien die Wege yt. 16, 3. acc. der König opfert *âkhsta içemnô daṅhavê* Friedsamkeit für das Land wünschend yt. 16, 19.

Vgl. 2. *anâkhsta.*

2. **âkhsta** (von *çtâ* + *â*) adj., angegriffen.

Vgl. 1. *anâkhsta.*

âkhsti (von *çtâ?*) f. Friede, nom. *âkhstis* y. 59, 8. acc. *âkhstîm hãmvaiñtîm* den siegreichen Frieden vsp. 8, 3. yt. 2, 6. 11, 15. 15, 1. abl. *âkhstaêdha* in Uebereinstimmung vd. 3, 5. gen. *âkhstôis* yt. 10, 29. 2, 1. S. 1, 2. plur. acc. *âkhstisca* yt. 11, 14. dat. *âkhstibyaçca* vsp. 12, 34.

Hzv. *âstis, âstia*, np. *âshti.*

Vgl. *anâkhsti.*

âgerepta (partic. von *garew* + *â*) n. Angriff, eine bestimmte Art Sünde, Anquetil: avoir dessein de frapper quelqu'un avec un sabre, c'est l'aguerefté, de 48 tanks; nom. *âgereptem* vd. 4, 54. acc. *yô narem âgereptem âgêurvayêiti* vd. 4, 58. 70.

Hzv. *âgerept*, parsi np. *agirift.*

âgairi (von 2. *gar*) adj. freundlich.

âgairimaiti (vom vor. + *maiti*) adj. von freundlicher Gesinnung, nom. f. *ashis âgairimaitis* yt. 17, 6.

âca = *â ca.*

âcikaiti f. gen. *daênayâoçca . . . yatha brâthrem vâ brata vâ hakhaya vâ daênãmca âcikatôisca bavat yô?* yt. 24, 10.

âja (von *jan* + *â*) m. Schlagen, hzv. *zanashn*, Ner. *apaghâta*, loc. *âjôi* beim Schlagen (Spiegel *aojôi*) y. 32, 7.

Haug G. 1. 167 vgl. skr. *âji;* diess Wort ist aber von skr. *aj* abzuleiten und die altbactr. Derivata dieser Wurzel zeigen stets *z.*

âzhu (von 3. *az*) m. n. pr. des Daêva der Gier, vgl. *âzi*, nom. *azhus* y. 52, 7.

âzhdyâi (infin. von 3. *az*) *ashahyâ âzhdyâi gerezdãm* ergreifet (den Ormazd) zur Erlangung der Reinheit, y. 50, 17.

âzaiñti (von 2. *zan*) f. Wissen, Verständniss, Erklärung.

Altp. *âzañdâ*, vgl. hzv. *zand* (Commentar zum Avesta, daher der Name Zend), armen. *azd, azdem*, oss. *zond.*

Vgl. *pourvâzaiñti, maṭâzâiñti.*

âzañgaêibyaçcit von *â z°*, s. *â.*

âzareta (von *zar* + *â*) gepeinigt; vgl. *anâzareta.*

âzâta (von *â* + *zâta*) 1) adj., frei, edel, acc. f. *âzâtãm hutaoçãm* yt. 9, 26. gen. f. *âzâtayâo* yt. 5, 64. 13, 107. 22, 9.

2) m. n. pr. des Sohnes des Karaçna, gen. *âzâtahê kareçnayanahê* yt. 13, 108.

Np. *âzâdah*, kurd. *azâ*, armen. *azat.*

Vgl. *hvâzâta.*

âzâra (von *zar*) m.? Bedrückung, np. *âzâr* (udisch *ozar* Seuche, Schiefner 75). Vgl. *hvâzâra.*

âzi (von 3. *az*) m. n. pr. des Daêva der Gier, vgl. *âzhu*. nom. *âzis daêvôdâtô* vd. 18, 45, acc. *âzim* yt. 18, 1. gen. *âzôis* y. 17, 46. 67, 22 (Ner. *lobha*).

Hzv. *âj*, np. *âz.*

âzi = *â zi.*

âzizanañt s. 1. *zan.*

âzûiti (von 2. *zu* + *â*) f., Opfergabe, Fettigkeit, hzv. *carpish*, nom. *âzûitisca* vd. 9, 190. acc. *âzûitîm* y. 38, 6. *âzûitîmca* yt. 12, 3. dat. *khshvîdhaêca âzûtayaêca* zur Süssigkeit und Fettigkeit, y. 67, 4. gen. *âzûtôis* des Wachsthums y. 29, 7. dual. acc. *khshvîdha âzûiti* (Westerg. *khshvîdha âzûta*) y. 17, 45. 67, 20. plur. acc. *âzûitisca* vd. 13, 78. °*scâ* y. 48, 5. Skr. *âhuti.*

âzûitidâo (vom vor. + 1. *dâo*) adj., Fettigkeit, Segen gebend, nom. °*dâo* yt. 10, 65.

âzyâona (von *zyâ*) m. Schaden, hzy. *ziyân*, Ner. *hânitâ*, acc. *âzyâonem*, Westerg. °*nîm* y. 13, 12.

âtaț = *â taț.*

âtar (von *ad*, für *ad-tar?* eigentl. der Fresser, Verzehrer; nach altb. Lautgesetzen erwartet man *açtar* bei dieser Derivation, das Wort scheint demnach in eine vorbactr. Periode zurückzugehn) m. Feuer; es stammt von Ahura Mazda und heisst dessen Sohn. Man unterscheidet nach y. 17, 62 ff. und Bund. 39, 20 ff. fünf Arten von Feuer, nemlich *berezicavanh*, *vohûfryâna*, *urvâzista*, *vâzista*, *çpénista* (s. diese Wörter), vgl. Spiegel Av. übers. III, XIII. 199. nom. *âtars* vd. 5, 29. 8, 249. 18, 43. 8, 305 (Feuer in den Bäumen). y. 61, 18. yt. 10, 3. 127. *âtarsca* yt. 13, 77. *âtars mazdâo ahurahê* yt. 19, 47. *frapithwô âtars* vd. 3, 10. statt des voc.: *âtars* y. 61, 6. 9. 36, 7. N. 5, 5. S. 1, 9. *tava âtars puthra ahurahê mazdâo* y. 4, 52. *nemaçe-tê âtars*, Verehrung dir o Feuer N. 5, 4. acc. *âtarem* vd. 5, 119. 7, 65. 15, 131. y. 9, 2. 14, 4. 17, 20. 63. 25, 19. *avi âtaremca* yt. 12, 3. statt des nom. (hinter dem praedicat): *âtarem* vd. 3, 54. 5. 142. 8, 39. 40. 63. *âtaremca ahurahê mazdâo puthrem* yt. 19, 46. *çaocinavañtem bavâhi yatha âtarem* yt. 23, 6. = yt. 24, 4. (wo *raokhshnem avâhi yatha âthrem*); *âtarém* y. 34, 4 = N. 5, 18 (wo *âtarem*); instr. *âthrâ* y. 31, 19. 46, 6. 50, 9. *âthrâcâ* y. 31, 3. 57, 12. dat. *âthrê* vd. 5, 9. 19, 80. 16, 8. y. 69, 9. 42, 9. cit. N. 6, 4. *avi dim aiwiraocayêiti âthrê ahurahê mazdâo puthrem* er lässt ihn (den Baum) anzünden am Feuer dem Sohne des Ormazd, vd. 5, 10. *âthraêca* vsp. 12, 19. y. 24, 12. abl. *âthraț* vd. 3, 56. 8, 237. 9, 195. 11, 32. A. 3, 5. *thwahmâț âthraçcâ* y. 45, 7 (*ç* aus *ț* wie in *anyaçciț?*), gen. *âthrô* vd. 8, 248. 14, 19., y. 61, 29. 42, 4. yt. 13, 85. 22, 41. N. 5, 4. *tava âthrô ahurahê mazdâo puthra* für dich o Feuer, Sohn des Ormazd (*âthrô* von *tava* attrahiert) vsp. 12, 17. *ahyâ âthrô* y. 36, 1. statt des dativ: *âthrô* vd. 15, 126. *âthraçca* vsp. 10, 23. y. 1, 12. A. 3, 2. voc. *âtare* Cit. der Huzv.-Gl. zu vd. 7, 136. y. 64, 52. 36, 4. *âtaré* y. 57, 19. plur. acc. *viçpê âtarô* y. 25, 21. S. 2, 9. *viçpaêca âtarô* y. 70, 52. dat. *maț viçpaêibyô âtarebyô* y. 1, 38. 2, 48. N. 5, 6. gen. *âthrãm* vd. 2, 21.

Im Skr. würde nach obiger Etymologie *attár*, zu vergleichen sein; altp. *âtṛina* (n. pr.), *âtṛiyâdiya*; hzv. *âtâsh* (vom altb. nom. *âtars*) *âtun* (vom Thema *âtar*, dessen *r* wie gewöhnlich zu *n* ward), parsi *âtash*, *âdâr* (vgl. *âdarân* u. *âtashân* in einem Patet bei Spiegel Parsigr. 157, 10), np. *âtesh*, *tesh*, *azar* (auch Name des 9. Monats (November) und 9. Monatstages), buchar. *âtesh*, tâlish *ôtesh*, feileh *tesh*, kurd. *aghir*, *âr*, *êr*, der Monat heisst *adar* (Lerch I, XV), zaza *adir*, afgh. *aur*, bal. *azar*, arm. *atoun*, *atr*, vgl. *ayrel* (brennen), *atragoyn* (feurig, altb. *gaona*), oss. *arth*; vgl. hzv. *atunpatakân* (Atropatene), np. *azarbâdagân*, *azarbâyigân*, arabisiert *azarbaijân*, armen. *atrpatakan*, so genannt von den vielen berühmten Feuerstätten, s. Windischmann Z. St. 10 ff.

âtara adj., schlecht, hzv. *çarîtar*, Ner. *nikṛshṭatama*, plur. instr. *âtarâis* y. 13, 16. gen. *âtaranãm* y. 59, 7. *thrâ paiti âtarô daêum kavañdem?* yt. 24, 26. (oder zu *âtar?*)

Vgl. skr. *ấtura.*

âtarathra (von *atara*) adv. dann yt. 10, 9. correlat. mit *yatâra* yt. 13, 47.

âtare *vîtare maibyâ vîtare maibyâ vîmraoț* . . . *âtare vîtare maibyaçîț vîtare maibyaçîț* yt. 2, 14. Man lese: *âtare-vîtaremaibyâ vîtaremaibyâ v°* . . . *âtarevîtaremaibyaçîț vîtaremaibyaçîț* den beiden An- und Wegstürmenden entsage er, den An- und Wegstürmenden entsage er?

âtareqarenañh (von *âtar* + *q°*) m. n. pr. eines Sohnes des Vîstâçpa, gen. *âtareqarenañhô* yt. 13, 102.

âtarecarana (von *âtar* + *carana*) adj., zum Feuer gehörig, plur. acc. Werkzeuge *âtarecarana* vd. 14. 20.

âtarecares (von *âtar* + *cares*) adj., zum Feuer gehend, zum Feuer geeignet, *yaț vâ aêtem âtarem uzdareza aêtayâo urvarayâo âtarecares* wenn mit dem Feuer zusammen sind solche Pflanzen welche zum Feuer gehn, vd. 8, 239.

âtarecithra oder **âtarscithra** (von *âtar* + *cithra*) 1) adj., Feuersaamen habend, plur. acc. m. *âtarscithrêça yazatê* die Feuersöhne, die Izeds vsp. 19, 2. gen. f. *urvaranãm yaț âtarecithranãm* der Feuersaamen enthaltenden (zum Brennen geeigneten) Pflanzen vd. 8, 238. 2) m. n. pr. a) eines Menschen, welchen Ârmaiti bei der Auferstehung aus den pollutiones nocturnae bilden soll, acc. *âtarecithrem* vd. 18, 112. b) eines Sohnes des Vistâçpa, gen. *âtarecithrahê* yt. 13, 102.

âtarezañtu (von *âtar* + *zañtu*) m. n. pr. a) eines Menschen, welchen Ârmaiti bei der Auferstehung aus den pollutiones nocturnae bilden soll, acc. *âtarezañtûm* vd. 18, 112. cit. in Vâj gegen das Spiel des Satans (Spiegel Av. übers. III, 249). b) eines Sohnes des Vîstâçpa, gen. *âtarezañtéus* yt. 13, 102.

âtaredaqyu (von *âtar* + *d°*) m. n. pr. eines Menschen, welchen Ârmaiti bei der Auferstehung aus den pollutiones nocturnae bilden soll, acc. *âtaredaqyûm* vd. 18, 112.

âtaredañhu (von *âtar* + *d°*) m. n. pr. eines Sohnes des Vîstâçpa, gen. °*dañhéus* yt. 13, 102.

âtaredâta (von *âtar* + 1. *dâta*) 1) adj., vom Feuer gegeben, gib ihm *kãmciț vâ âtaredâtahê nãma* irgend einen vom Feuer hergenommenen Namen vd. 18, 112. plur. acc. *âtaredâta vâthwa* vsp. 22, 9. 2) m. n. pr. a' eines Menschen, welchen Ârmaiti bei der Auferstehung aus den pollutiones nocturnae bilden soll, acc. *âtaredâtem* vd. 18, 112. b) eines Sohnes des Vîstâçpa, gen. *âtaredâtahê* yt. 13, 102.

âtarepâta (von *âtar* + *pâta*) m. n. pr. eines Sohnes des Vîstâçpa, gen. *âtarepâtahê* yt. 13, 102.
Vgl. altp. *Ἀτροπάτης*, np. *âzarbâd*.

âtarevakhsha (von *âtar* + *vakhsh*) m. Titel des Mobed, welcher den Feuerdienst besorgt (Spiegel, Av. übers. II, XVII), nom. *âtarevakhshô* vsp. 3, 30. y. 16 Schluss, acc. *°vakhshem* vsp. 3, 3. G. 3, 5. dat. (Thema *°vakhsh*) *âtarevakhshê* vd. 5, 161. gen. *°vakhshahê* yt. 24, 15.
Hzv. *âtarvaksh*.

âtarevazana (von *âtar* + *vazana*) adj., das Feuer fortführend, acc. ein Geräth *âtarevazanem* vd. 14, 22.

âtarevanu (von *âtar* + *vanu*) für das Feuer schlagend, siegend, m. n. pr. eines Sohnes des Vîstâçpa. gen. *âtarevanaos* yt. 13, 102.

âtareçaoka (von *âtar* + 2. *ç°*) m. Feuerbrand, plur. gen. *âtareçaokanãm* vd. 8, 253.

âtareçavanh (von *âtar* + *ç°*) m. n. pr. eines Sohnes des Vîstâçpa, gen. *âtareçavanhô* yt. 13, 102.

âtarscithra s. *âtarecithra*.

âtrya (von *âtar*) n. Asche? gen. *ava hê yâtâm barayen âtryêhê vâ çairyêhê vâ* an seinen Ort mögen sie bringen von der Asche oder den Schlacken vd. 8, 19. Die Stelle ist in der Hzv.-Uebers. nicht vorhanden.
Vgl. armen. *ajiun*?

âtryôpaitiiriçta (vom vor. + 2. *p°*, eigentl. der Leichnam, das Todte vom Feuer? n.? Asche, hzv. *âtâsh atunçtar* (zu *çtar* vgl. np. *çtar* in *khakiçtar*), acc. *âtryôpaitiiriçtem* vd. 5, 148.

ât s. *âat*.

âthitim s. *âdhbitim*.

âthadhca (vgl. *atha*?) adv. dann yt. 19, 12.

âthaiti? Fr. 8, 2.

âtharvan (von *âtar*) m., Feuerpriester, der allgemeine Name des Priesterstandes, Ner. *âcârya*, bei Strabo *πύραιθος*. Höchst wahrscheinlich ist, dass sich *âtharvan* nur dadurch von dem bekannten Worte Magier unterscheidet, dass jenes der Amts-, dieses der Stammname des Priestergeschlechts war, welches in Medien seinen Sitz hatte, von wo es in das östliche Eran einwanderte (vgl. y. 41, 34. 35), und welches die heiligen Lehren unter sich fortpflanzte. Man vgl. die hebr. Leviten. nom. *âthrava* vd. 5, 86. 13, 60. y. 9, 76. 19, 46. yt. 13, 89. 16, 17. *âthrava paoirim aêtâo pathâo frayañtu* ein Priester möge zuerst auf diesen Wegen gehn, vd. 8, 49. *âthrava çanhaitê* er nennt sich einen Priester vd. 18, 3. *âthrava nãma ahmi* yt. 1, 12. *âthrava hãmônâfô* yt. 24, 10. acc. *âthravanem* vd. 7, 105. 18, 4. vsp. 3, 16. y. 10, 43. G. 4, 7. *athaurunem* yt. 2, 12. dat. *athaurunê* vd. 5, 161. 13, 125. yt. 13, 88. *athaurunaêca* yt. 19, 7. *âthravanâi* yt. 14, 46. 4, 10. gen. *athaurunô* y. 14, 7. yt. 19, 53. 24, 16. *thrâyô ɔavâhi yatha athaurunô* sei dreifach (durch deine Kinder vertreten) im Stand der Priester (der Krieger, der Landbauenden) yt. 23, 5. voc. *âthraom* vsp. 3, 31. *tûm nô âthraom zaotaç-tê* du, unser Priester, als Zaotar (verpflichte, stelle) dich vsp. 3, 29. plur. nom. *âthravanô* yt. 5, 86. 91. 13, 147. acc. *athaurunãçca* vsp. 3, 29. *°çcâ* y. 14, 9. gen. *athaurunãmcâ* y. 41, 34.
Skr. *âtharvan*, hzv. *âçrûk*, parsi *açrûi*, np. *âtôrbân*.

âthra (von *at*) n. Gang.
Vgl. *pairiâthra*, *duzhâthra*.

âthravañt (von *âtar*) adj., mit Feuer versehn, acc. n. *âthravat* vd. 3, 9. superl. nom. m. (ohne Flexion) *âthravaçtema nãma ahmi* yt. 1, 12.

âthravana (von *âthra*?) f. Fuss, hzv. *regrman*, nom. *avat aipi yatha nars âthravana* nur soviel als eines Mannes Fuss vd. 8, 65.

âthravôputhri (von *âtharvan* + *puthra*) f. Kinder welche Priester werden sollen, acc. *°puthrîm* y. 10, 44.

âthri (von *añt*?) f. Strafe, nom. *âthris* y. 45, 8. Vgl. *âithi*, und np. *âçârah*?

âthritîm (von *â* + *thritya*) dreimal, s. bei *â*.

âthwya (von 2. *ap*), Wasserbewohner, m. n. pr. einer Familie, welche von Yima abstammte; zehn Generationen waren es bis auf den Âthwya, dessen Sohn Thraêtaona ist; von diesen 10 nennt der Bundehesch (77. 17) *Çyâktônâ*, *Bôrtônâ*, *Çyâktônâ*, *Çpêttônâ*, *Gefrtônâ*, *Ramaktônâ*, *Vanrojrghesni*, und *Pôrtônâ*, also nur acht Personen. Dass diese Namen echt sind, geht schon daraus hervor, dass sie sich zum grössten Theil als Uebersetzungen altbactr. Namen kundgeben: *Çyâktônâ* würde altb. *çyâvagâo* lauten, *Bôrtônâ bawrigâo* (*bawri* ist freilich nur in der Bedeutung Biber zu belegen, bedeutet aber ursprünglich braun), *Çpêttônâ çpaêtôgâo*; *Gefrtônâ* altb. *yarewôgâo*, *Ramaktônâ vâthwôgâo*; am sichersten ist *Pôrtônâ* bezeugt, da es yt. 23, 4. 24, 2 heisst *pourugô*, *pourugâcô yatha âthwyânôis*; die Gattin des letztern heisst bei Firdosi *Firanek*, im Mujmil *Ferîrang*, eine Tochter des *Tahôr* von *Beçlâ* in *Mâcîn*. Vgl. Roth DMG. 2, 221. Windischmann, Z. St. 157. In unsern Texten wird nur der Vater des Thraêtaona genannt, nom. *âthwyô* y. 9, 22.
Skr. *âptya*, hzv. *âçpiân*, up. *âtbîn* (Firdosi), im Mujmil ut tevarikh (Journ. asiat. 1841 Febr. 169) *atfiâl* oder *âbtîn*, in den Desatir *âtbîr*.

âthwyâna (vom vor.) adj., den Athwias gehörig, acc. *thraêtaonem âthwyânem* Fr. 2, 2. gen. *thraêtaonahê âthwyânô* Fr. 2, 1. *âthwyãnô* yt. 13, 131. 19, 36. *yatha âthwyânôis* wie Thraêtaona? yt. 23, 4. 24, 2. gen. fem. *viçô puthrô âthwyânôis viçô çûrayâo thraêtaonô*, Frêdûn der Sohn des âthwyanischen Heldenhauses yt. 5, 33. 9, 13. 15, 23.

âthwyôzi m. n. pr. Nachkomme eines Âthwya? gen. *neremyazdahê âthwyôzôis* des Neremyazda des Athwyaniden? yt. 13. 110.

1. **âda** (von 1. *dâ*) m. Gabe, instr. *vañhéus âdâ*

gaidî komm mit der Gabe des Guten y. 48, 1. pl. nom. *kahmâicit hâtãm jîjishãm vahistãm âdâ ubôibyâ ahubyâ* für jedes der lebenden Geschöpfe ist die Gabe des besten in beiden Welten bereit y. 35, 23 (hzv. *paharum dahashn*, Ner. *utkrshtatarâ dâtih*). acc. *vañhâscu adhâo* die guten Gaben y. 51, 8.

Vgl. *zavôâda*.

2. **âda** (v. 2. *dâ*) a) n. That, dat. *marezhdâtâ môi âdâi kahyâicit paitî* verzeiht mir für jede meiner (bösen) Thaten y. 33, 11. b) f. Schöpfung, Ort, plur. loc. *âhû at paitî adâhû kereshvâ* an diesen Orten bringe hervor y. 40, 1.

3. **âda** (von 3. *dâ*) f. Wissen, acc. *âdãm* vsp. 5, 2. y. 67, 54.

âdaqyu (von *â* + *d*°) adj., einheimisch, acc. *mithrem âdaqyûm* yt. 10, 144. plur. gen. *âdaqyunãmca* y. 26, 28. vsp. 19, 6.

âdadat s. 2. *dâ* + *â*.

âdarana (von 2. *dar* + *â*) m. n. pr. eines Berges, nom. *âdaranaçca* yt. 19, 3.

âdaré s. 2. *dâ* + *â*.

âdâta s. 2. *dâ* + *â*.

âdât s. 2. *dâ* + *â*.

âdânâis = *â d*°.

âdidhaya s. *dî* + *â*.

âdim = *â* + *dim* (*dî*).

âdisti (von *diç*) f. Lehre, nom. *âdistis* y. 43, 8.

âdu? *tat é e âdû verezyôtûcâ it* hzv. übers. das lasse er sie wissen, d. h. lehre es ihnen, Ner. *tat prabodhatve dadantu anyeshãm*, Spiegel: das möge er aussprechen und danach handeln, y. 35, 17. *é* ist Mund, *e* Bindevocal und *âdû* scheint mit *éc* einen imperativ 3. sg. eines denominativen Verbi zu bilden, *écâdû* er mache durch den Mund d. h. spreche?

âdebaoma s. *debu*.

âdãm s. 2. *dâ* + *â*.

âdra (von 2. *dar*?) adj., fromm, plur. acc. *âdréñg*, hzv. *roshan* (die offenbaren) y. 29, 3.

âdrukhta s. 1. *druj* + *â*.

âdrukhti (von 1. *druj* + *â*) f. Lüge.

Vgl. *anâdrukhti*.

âdha (von *ât*) adv. dann, A. 1, 5; A. 1, 6 steht *adha*.

âdhu (von 4. *du*) m. Leben, hzv. *gân*.

Vgl. gr. θυμός.

âdhûfrâdhana (vom vor. + *frâdhana*) adj., das Leben fördernd, acc. f. *âdhûfrâdhanãm* (von Ardviçûra) y. 64, 4. yt. 5, 1. 13, 4.

âdhbitîm (v. *â* + *bitya*, *dh* ist aus dem *d* in *dvitya* zu erklären, welches *bitya* zu Grund liegt), zweimal, vd. 10, 9. Westerg. liest *âtbitîm*.

âdhwaozhen s. *dhwaozh* + *â*.

ânu s. *é*.

ânushac (von *â* + *anu* + *hac*) adj. festhaltend, nom. *ânushakhs ârmaitis* der welcher an der Weisheit festhält, y. 31, 12.

ânerebarezaçcit von *â* und *n*°.

âp° s. 2. *ap*.

1. **âpa** (von 1. *ap*) m. Kunst.

Vgl. skr. *âpas*; vgl. 1. *hvâpa*.

2. **âpa** (von 1. *ap*) n.? Erreichung.

Vgl. *duzhâpa*.

3. **âpa** = 2. *ap* in Zusammensetzungen; s. auch 2. *ap*.

âpaurvairê (von 2. *ap* + *urvara*, beides im dual) f. Wasser und Pflanzen, nom. dual. *âpaurvairê* yt. 19, 32. acc. *âpaurvairê* y. 9, 15. yt. 15, 16. G. 4, 5.

âpana (von 1. *ap*) m.? Erreichung, plur. instr. *âpanâis* vollständig y. 28, 10.

âpereti (von *par* + *â*) f. Sühne, nom. *âperetis* vd. 3, 133. 8, 79. 18, 135.

âperetha (von *â* + *peretha*) adj., sühnbar.

Vgl. *anâperetha*.

âf erreichen, med. praes. 3. pl. *nôit avê paçkât âfeñtê* sie erreichen sie nicht, y. 56, 11, 5.

Vgl. 1. *ap*.

âfañt (von 2. *ap*) adj., wasserreich, acc. *frathwarstem paiti âfeñtem* auf dem geschaffnen wasserreichen, d. i. in der Luft, vd. 21, 22. yt. 8, 35. 13, 54. 46. plur. nom. *âfeñtô* (von Bergen) yt. 10, 14. 13, 9 (hier liest Westerg. *âfeñtâo*).

Vgl. skr. *âpavant*.

âfravashi von *â* + *fr*°.

âfrastar (von *parç* + *â*) m. Schüler oder Lehrer, nom. *âfrastâ* y. 50, 11.

âfri (von *frî*) n. Segen.

âfriti (von *frî*) f. Segensspruch, nom. *âfritis* vd. 18, 27. instr. *uta tê âfrînâmi çrîra dahma âfriti fritha dahma âfriti* ich will dich segnen mit schönem frommen Segensspruch, mit liebem frommen Segensspruch vd. 22, 16. acc. *dahmãm vañuhîm âfritîm* vsp. 2, 28. y. 2, 58. 70, 86. S. 2, 30. abl. *âfritôit* vd. 7, 105. 9, 146. gen. *âfritôis* vsp. 1, 26. 10, 9. y. 1, 44. 3, 58. 69, 12.

âfrivacañh (von *âfri* + *v*°) adj., segnende Worte führend, nom. m. *âfrivacâo* yt. 23, 1. plur. nom. *âfrivacañhô* y. 11, 1. superl. nom. m. *âfrivacaçtemô* yt. 11, 3.

âfrivana (von *frî*) n. Segenswunsch, nom. *imat âfrivanem* diess ist der Segenswunsch vd. 18, 62. y. 61, 29. plur. instr. *âfrivanaêibis* Fr. 8, 1.

âfrîtar (von *frî*) m. Segensprecher, voc. *âfrîtareca* yt. 3, 1.

âfrîna (von *frî*) m. Segen, acc. *âfrînem kerenavât* yt. 23, 2. *paçca âfrînem* nach dem, in Folge von dem Segen yt. 23, 8. *âfrîn* yt. 24, 3.

Hzv. *âfrîn*, *âfrîn*, np. *âfrîn*.

âfryêidyâi (denom. verb. von *âfri*, infinitiv) um Segen zu spenden y. 70, 62.

âfshé s. *afsha*.

âfs s. 2. *ap*.

âfsbyârikhti (von 2. *ap* + *bi* + *ârikhti*) f. doppelte Besprengung mit Wasser, nom. *yarat aêsha âfsbyârikhti upathwarsta frabarât* wo die doppelte Besprengung mit Wasser, nachdem sie zu Stand gebracht, hervorkommt, vd. 14, 59.

âbûstis s. *bûsti*.

âbereta (von 1. *bar*) n.? Herzubringen, *aêshãm erezatem zaranim niberethê âberetê baraiti* sie bringt ihnen hinweg und herzu Silber und Gold (nemlich im Handel) yt. 17, 14.

âbereṭ (von *bar* (*bereṭ*) + *â*, Bopp 75 von 2. *ap* + *b°*) m. Titel des Mobed, der das Wasser herbeibringt, acc. *âberetem* vsp. 3, 7. G. 3, 5. dat. *âberetê* vd. 5, 161. gen. *âberetô* yt. 24, 15.

Hzv. *âberet.*

âbya s. *aêm.*

âmaidhyãçciṭ von *â* und *maidhya* (s. *â*).

âmarezen s. *marez.*

âmâta s. 1. *mâ* + *â.*

âmôyaçtra, Westerg. **âmoyaçtra**, (von *mir*? dann aber würde es eher *âmôyuçtra* heissen?) n. Hülfe, Trad. häufige (grosse) Versammlung (bei der Auferstehung und dem zukünftigen Körper), plur. acc. *âmôyaçtrâ baranâ* Hülfe bringend (mögen sein Mazda und die Herren) y. 30, 9.

âmãthwa (von *â* + *mãthwa*) adj., mit dem Denken erfassbar.

Vgl. *anâmãthwa.*

âmãm *yâçaṅuha* = *â mãm y°* y. 9, 7.

âmru° s. *mrû* + *â.*

âya s. *aêm.*

âyaoja (von *yuj*) adj., kräftig, nom. *âyaojô nãma ahmi* yt. 15, 47.

âyaodha (von *yud*) m. Kämpfer.

Vgl. skr. *yodha*; vgl. *açpâyaodha.*

âyaṭ s. 2. *i.*

âyapta (partic. von 1. *ap* + *â*) n. Gnadengabe; man bittet die Unsterblichen um ein *âyapta* und erhält von ihnen einen *yâna* vgl. yt. 17, 25. 26; nom. *âyaptem* yt. 24, 46. *ciṭ* . . . *âyaptem* y. 9, 10. *taṭ âyaptem* y. 9, 12. yt. 10, 33. acc. *avaṭ âyaptem* yt. 5, 18. *taṭ avaṭ âyaptem* yt. 5, 19, *âyaptem* yt. 13, 24. 17, 25. 24, 38. *qahmi âyaptem* (lies: *âyaptê*?) nach eignem Wunsche vsp. 16, 12. instr.? *visceithrem dim ayaçata âyapta khshathra vairya* ein Mittel wünschte er sich durch die Gunst Khshathravairyas vd. 20, 12. plur. acc. *âyaptâ* Gaben y. 28, 2. 52, 1. *âyapta vaṅhéus manaṅhô* (den Segen welches sind) die Gaben des guten Sinnes y. 28, 7. *âyapta* yt. 24, 25? *pourus âyaptâo* yt. 8, 49. gen. *âyaptanãm* yt. 8, 49. 13, 135.

Hzv. *âyâft*, parsi *âyâfta*, s. bei 1. *ap.*

Vgl. *baraṭâyapta.*

âyu (von *an*) n. 1) Zeit, Leben, instr. *dareghem âyû* lange an Zeit, lange Zeit y. 31, 20. gen. *taṭ ayaos* von dem Alter yt. 8, 14. 2) am Ende von Zusammensetzungen affixartig gebraucht (vgl. Justi, die Zusammens. der Nom. p. 3).

Skr. *âyu.* — Vgl. *aêtahmâyu, aperenâyu* (*aperenâyûka*), *zrûâyu, daregâyu, dahmâyu, perenâyu, baêvarâyu, vîçpâyu, çatâyu, hazaṅrâyu.*

âyûta (von 2. *yu*) m. n. pr., gen. *âyûtahê* yt. 13, 118.

âyêçê s. *yâç.*

âyôi s. 2. *i.*

âr reinigen (von den ahrimanischen Uebeln, Trad.);

— *uç*, med. imperat. 2. sg. *uç môi uzâreshvâ* reinige mich, y. 33, 12. cit. vsp. 14 Schluss N. 5, 1. 6, 3.

Vgl. skr. *âr, âryati* (preisen)?

âra (von *ar*) 1) adj., vollkommen, hzv. *bundak*; nom. n. *yâcâ ashâ arém vaêdyâi* die Reinheiten welche zu wissen etwas Vollkommnes ist y. 43, 8. acc. n. *ashem ârém* vollkommne Reinheit y. 42, 10. loc. *ârôi* vollkommen (adv.) y. 49, 5. 2) n. Vollkommenheit, acc. *yé hôi arém mainyañtâ* wer ihm Vollkommenheit zuschreibt, ihn hoch achtet y. 44, 11. loc. *né âraêcâ* zu unsrer Vollkommenheit y. 55, 5. *ârôi hâkurenem* Machung in die Vollkommenheit, Vollendung y. 33, 9. *ârôi zî hudâoṅhô* in Vollkommenheit seid ihr die Weisen y. 34, 3.

Vgl. Skr. *âram.*

ârâçtaya (von *ârâçti*) m. n. pr. Sohn des Ârâçti, gen. *maidhyômâoṅhahê ârâçtayêhê* des Mediomâh, des Sohnes des Ârâçt, yt. 13, 95.

ârâçti (von *rád*?) m. n. pr. des Sohnes des Çpetaraçp (Bund. 79, 5. 10.).

âri (von *âra*) f. Fülle, gen. *kuthrâ ârôis â fçeratus* wo ist der Herr der Fülle y. 50, 4. *ârôis â çeñdâ* (nicht) verleihen sie die Fülle y. 50, 14.

ârikhti (von 1. *ric*) f. Besprengung.

Vgl. *âfshyârikhti.*

ârôima *qarenaṅhê*, lies: *ârôi mâ q°*? yt. 24, 38.

ârmaêshad s. *armaêshad.*

ârmaiti (von *âra* + *maiti*) f. 1) hoher, vollkommner Sinn, Weisheit, nom. *ârmaitis* y. 31, 9. 59, 8. 50, 20. 43, 11. (Spiegel hier: *ârmatôis* (Antheil) an der Weisheit); acc. *ârmaitîm* y. 46, 3. instr. *ârmaitî* mit Wissen y. 31, 4. 42, 10 nebst Weisheit: y. 46, 1. plur. acc. *ârmaitîs* y. 31; 12. *ârmatayô* y. 38, 4. 2) n. pr. der personificierten Weisheit, eines weiblichen Amshaçpand, als Gattin oder Tochter des Ormazd dargestellt; unter ihrem Schutze steht die Erde; Ner. übersetzt *sampûrṇamânasa, pṛthivîpati*, bei Strabo *δημιουργὸς σοφίας*, vgl. Spiegel, Av. übers. III, X. Windischmann Z. St. 283. nom. *ârmaitis* y. 28, 3. 30, 7. 34, 11. 42, 6. 16. 43, 6. 44, 4. *ârmaitiscâ* y. 33, 11. *nemaçcâ yâ ârmaitis îzhâcâ* Preis (dir) die du Ârmaiti und Fülle (bist) y. 48, 10. *ârmaitis çpeñta* yt. 17, 16. *çpeñta ârmaitis* y. 56, 10, 4 = yt. 10, 92. (wo *ârmaiti*), *çpeñtâ ârmaitis* y. 50, 4. 11. *ârmaitisca çpeñtaca* vd. 8, 60. *çpeñta* (scil. *ârmaitis*) vd. 19, 45. acc. *ârmaitîm* y. 5, 13 (= 37, 13). 43, 7. *çpeñtãmca ârmaitîm* vsp. 2, 10. y. 13, 6. *çpeñtãm ârmaitîm* y. 32, 2. 34, 9. 48, 2. *ârmaitîm çpeñtãm* vsp. 3, 21. yt. 1, 32. G. 4, 9. *çpeñtãm vaṅuhîm ârmaitîm* y. 17, 16. *vaṅuhîm çpeñtãm ârmaitîm* yt. 24, 50. instr. *ârmaitî* y. 33, 12. *ârmaitica çpeñtaya* yt. 1, 28. 13, 3. dat. *çpeñtayâi ârmatéê* vd. 18, 108. 19, 38. y. 1, 5. gen. *ârmatôis* y. 43, 10. 44, 10. 46, 2. 50, 21. 52, 3. *vaṅhuyâo ârmatôis* y. 14, 17. 39, 14. *çpeñtayâo ârmatôis* y. 69, 8. *çpeñtahéca* (sic) *ârmatôis* yt. 1, 27. voc. *ârmaitê* y. 28, 7. 42, 1. 47, 5. 50, 2. *çpeñta ârmaitê* vd. 18, 108.

çpeñtâ ârmaitê y. 33, 13. 3) die von Ârmaiti beschützte Erde, acc. *maêthanem yãm ârmaitîm çpeñtãm* unsre Wohnung, die Erde y. 17, 53. gen. *çpeñtayâo ârmatôis* vd. 18, 127. statt des abl. vd. 3, 119. voc. *çpeñta ârmaitê* vd. 2, 34.

Vgl. Skr. *arámati;* hzv. *çpandaumat*, parsi *çpañdârmat*, *açfendarmad*, np. *açpandârmuz*, armen. *çpandaramet* (Bacchus, Fr. Müller, Beitr. zur arm. Lautl. III, 8) Haug G. I, 224. vgl. armen. *armtikh* (Frucht), Spiegel Beitr. 1, 131. den Namen Armenier (altp. *arminiya*).

ârmaitipaoirya (vom vor. + *p°*) adj., an Weisheit hervorleuchtend, plur. gen. *°paoiryanãm* y. 21, 2.

ârstya (von 2. *arsti?* doch vgl. russ. *gorstj*) m. Daume.

ârstyôbarez (vom vor. + *barez*) f., Dicke eines Daumens, instr. *yim upairi vis raodhat ârstyôbareza zairitem* auf welchem das grünliche Gift daumensdick floss y. 9, 35 = yt. 19, 40. Die Hzv.-Glosse sagt: „es ist grünlich; dieses kommt aus dem Kopfe herab **khshvaêpaya vaênaya bareshna,** diess stürzt aus ihrem Rachen herab; einige sagen; beides ist dasselbe" u. s. w. Die altb. Worte lauten bei yt. 19, 40. *khsvaêpaya vanaya baresna* oder *khsara paya vainiti barenus;* dieselben sind in den Texten nicht nachweisbar; die beiden ersten scheinen loc. m. zu sein, das dritte der loc. sg. von *bareshnu;* Burnouf (Journ. asiat. 1845. april 273) liest *khshvaêpaya vainiti* [*vanaiti*] *barenus* und übersetzt: der wüthende erschlägt ihn mit einem Schlag. Nach dem Zusammenhang der Glosse ist eher zu übersetzen: auf dem glatten (vgl. *khshvaêwa*) sichtbaren (? d. h. dem glatt auzuschenden) Haupt (der Schlange).

âvâo wohl **avâo** sie, illac, zu lesen yt. 14, 12.

âvish (von 1. *vid*) adv. offenbar; *âvis* y. 33, 7.
Skr. *âvís*, hzv. np. etc. *âsh* in *âshkarak*, *âshkâr*.

âviçti (von 1. *vid*) f. Kundmachung, Benachrichtigung, acc. *dâityãm âviçtîm* vsp. 13, 3. dat. *âviçtayaêca* vsp. 10, 11.

âvîshya (von *âvish*) adj., offenbar, instr. n. *âvîshyâ* y. 49, 5. plur. acc. *yâ fraçâ âvîshyâ pereçaitê* welche Fragen er als offenkundige fragt, y. 31, 13.

âvôya (von *â* + *voya*) f. Wehe, *âvôya mê bagha asha vahista yaçkanãm yaçkôtema janât* wehe mir, der Gott Asha vahista schlägt die grösste der Krankheiten yt. 3, 14. *âvôya itha yathana ahmâi* yt. 19, 63. *katha tê dareghem âvôya añhat* ist es dir, wehe! lange geworden yt. 22, 34. *âvôya athra ava didhaêm* Wehe seh ich dort? yt. 24, 43.

âç s. *ah.*

âçana s. *açana.*

âçita (von *âçu*) adj., rasch, nom. m. *âçitô* y. 10, 39.

âçitôgâtu (vom vor. + *gâtu*) adj., schnellen Gang habend, acc. f. *âçitôgâtûm* y. 61, 12. = yt. 19, 36.

âçista s. *uçista.*

âçu (von 1. *aç*) adj., schnell, nom. *âçus* yt. 5, 131. *âçusca açpô* yt. 13, 52. *yô âçunãm âçus* der schnellste der schnellen yt. 10, 65. acc. *âçûm* y. 56, 5, 2. neutr. *âçu* bald, schnell y. 61, 10. *âçû* Schnelligkeit y. 43, 4. abl. n. *âçaot* vsp. 8, 14. loc. *âçuyâca* schnell (adv.) y. 64, 58. Fr. 8, 1. plur. gen. *âçunãm* yt. 10, 65. Comparat. *âçyâo*, superl. *âçista*, s. besonders.

Skr. *âçú.*

âçuaçpa (vom vor. + *açpa*) adj., schnelle Rosse besitzend, acc. *âçuaçpem* yt. 17, 12. plur. nom. *âçuaçpa* yt. 17, 54. superl. nom. *âçuaçpôtemô* yt. 5, 98.

âçuaçpi (vom vor.) f. Besitz schneller Rosse, acc. *âçuaçpîm* yt. 5, 86. 98. 10, 3.

âçukairya (von *âçu* + *k°*) adj., rasch wirkend, acc. f. *âçukairyãm* yt. 16, 1.

âçukhshvaêwa (von *âçu* + *khshv°*) adj., rasch dahingleitend, acc. *tistrîm âçukhshvaêwem* yt. 8, 37.

âçuyaçna (von *âçu* + *y°*) adj., schnell opfernd, nom. *âçuyaçnô* yt. 10, 89. acc. *âçuyaçnem* yt. 10, 89.

âçyâo (compar. von *âçu*) nom. f. *yâ âçaot âçyayâo* (lies *âçyâo?*) welche schneller als das schnelle ist vsp. 8, 14. dual. nom. m. *âçyañha* (von den Rossen des Çraosha; der dual. steht, weil der Comparativ 2 verglichene Dinge voraussetzt, nach Spiegel (Sitzungsberichte der bair. Akad. 1861. II, 201), weil von je zwei Paaren der vier Rosse die Rede ist) y. 56, 11, 4.

âçkiti (von *shi* = 2. *khshi?*) f. Vollendung, hzv. *kantarish*, Ner. *vikramatâ;* acc. *âçkitîm* y. 43, 17.

âçtaothwana (von *çtu* + *â*) n. Lob, Preis, acc. *âçtaothwanemcâ* y. 14 Schluss.

âçtareta s. *çtar* + *â.*

âçtavana (von *çtu*) adj., gelobend, bekennend, gen. *âçtavanahê* vd. 3, 142. plur. dat. *âçtavanaêibyô* vd. 3, 140.

Hzv. *âçtubân*, np. *uçtuvân.*

âçtâya s. *çtâ* + *â.*

âçtâra (von *çtar*) m. Befleckung. — Huzv. parsi *âçtâr.*

âçtâri (verb. denom. vom vorigen) beflecken, praes. 3. sg. *âçtârayêiti* vd. 5, 13. 4, 24 ff. med. praes. 3. sg. *evat aêtaêshãm skyaothnanãm âçtârayêitê* mit welcher Sünde befleckt er sich vd. 13, 55. ff. *âçtâraiti* lies *âçtârayêiti?* yt. 24, 37. 3. pl. *âçtareñti*, Westerg. *âçtriñti*, vermuthet aber *âçtârayañti*, sie sündigen vd. 15, 39. conj. 3. pl. *naçuçpaêm âçtârayâoñtê apaçca* mit Todtenbegräbniss beflecken sie das Wasser vd. 6, 6. *apãm âçtârayâoñtê* vd. 6, 64. perf. conj. 3. sg. *yêzi . . . naçus narem âçtârayañtîm âoñhât* wenn der Leichnam den Menschen verunreinigen würde vd. 5, 13. (vgl. über diese periphrastische Bildung Spiegel Beitr. 2, 36).

Hzv. *âçtârinîtan.*

âçtuta (von *â* + *çtuta*) adj., lobend, preisend, nom. *yêzi añhat âçtutô daênãm* wenn er das Gesetz preist vd. 3, 138. *âçtutaçca* als Lobpreiser, y. 13, 26.

Vgl. *anâçtuta.*

âçtûiti (von *çtu*) f. Lobpreisung, nom. *âçtûitis* y. 13, 29.

âçtravana (von *çtar* + *â*) n. Befleckung. Vgl. *anâçtravana*.

âçtriâti s. *âçtâri*.

âçna (von 1. *açan*) adj., himmlisch, von den Himmlischen geschenkt, nom. *âçnô khratus* der himmlische Verstand yt. 10, 107. *âçnaçcit khratus* yt. 10, 107. fem. *âçna frazaiñtis* von den Himmlischen bescheerte Nachkommenschaft y 59, 14. acc. m. *âçnem khratûm* y. 25, 18. yt. 17, 2. fem. *âçnãm frazaiñtim* y. 61, 13. 67, 12. yt. 10, 3. *âçnãmcit frazaiñtim* y. 67, 35. yt. 10. 108. gen. m. *âçnahê khrathwô* y. 22, 39. yt. 2, 1. S. 1, 29. fem. *âçnayâoçca paiti . . . frazañtôis* yt. 13, 134. plur. acc. n. *âçnaca manâo* die himmlischen Geister vsp. 12, 16. fem. *âçnâo* yt. 13. 74.

Hzv. parsi *âçn*.

âçnâtar (von *çnâ*) m. Titel des Mobed, welcher die Waschungen vornimmt (Spiegel, Av. übers. II, XVII), acc. *âçnatârem* vsp. 3, 9, 6. 3, 5. dat. *âçnâthrê* vd. 5. 161. gen. *âçnâthrô* yt. 24, 15.

Hzv. *âçnâtâr*.

âçnôiṭ s. *nôiṭ*.

âçnôurvan (von *âçna* + *urvan*) adj., mit himmlischen Seelen (von den Fravashis) plur. fem. *âçnôurvãnô* yt. 13, 40.

âshuûsca s. *zhau*.

âskyâç s. 1. *khshi*.

âh 1) sitzen. praes. 3. pl. *âoñhañti* yt. 17, 10. *âoñhañti* yt. 17, 11. (letztres besser), med. pot. 2. sg. *upa nô yaçnem âhisa* setze dich her zu unserm Opfer y. 67, 28. yt. 10, 32; mit der Praesensverstärkung *na*: 3. sg. *âçnaoiti* sie lässt sitzen, weilen (die Seelen) vd. 19, 10.) (hzv. *njdahinât*); *âçnaoiti* (Mithra) setzt sich. steigt auf die Hara vd. 19, 92. yt. 10, 13. perf. 3. pl. *âoñhâirê* yt. 10, 45. partic. praes. med. *âoñhana*, nom. m. *âoñhânô* sitzend (bezieht sich auf den acc. *thwãm*) vd. 3, 94. 19, 37. yt. 24, 35 (wo *âoñhâdhô*); acc. f. *âoñhanãm* yt. 22, 14. 2) bleiben, sein, med. praes. 3. sg. *yaonê âçtê* (dass) er immer bleibt vd. 4, 125. *âçtê* ist vd. 5, 166. *upamitim âçtê qarcñti* es ist zu warten (bis) sie essen vd. 5, 154. activ. 3. pl. *âoñheñti* sind y. 9, 73.

— *uç*, hinaufsetzen, impf. 3. sg. *yâo uzâoñhaṭ aêcô mainyus*, yt. 8, 39.

Skr. *âs*, *âste*, *âsate*.

Vgl. *eredvôâoñhana*.

âhita adj., unrein.

Skr. *âsita*. — Vgl. *anâhita*.

âhiti (von *âhita*) f. Schmutz, nom. *âhitis* y. 10, 15. yt. 10, 50. 12, 23. acc. *âhitîm* vd. 11, 31. instr. *âhitica* vd. 5, 85. 6, 65. gen. *âhityâo* vd. 20, 14.

Vgl. hzv. *âhôk*, parsi np. *âhô*.

âhitya (vom vor.) adj., befleckt, acc. m. *añtare âhitîm rânem* zwischen den (von Blut) befleckten Schenkel (der Frau) vd. 16, 38. Lies *âhitem*?

âhishahyâ s. *âhushu*.

âhûiri oder **âhûirya** (von *ahura*) adj., 1) von Ahura stammend, ihm gehörig, ihm ergeben: nom. *âhûiris frashnô* die ahurischen Fragen y. 56, 10, 4. *âhûiris ṭkaêshô* y. 56, 10, 4. 59, 6. *gafyô âhûiris* yt. 15, 28. fem. *âhûiris* y. 8, 16. 13, 28. acc. m. *âhûirîm frashnem* vsp. 2, 32. y. 70, 58. *âhûirîm ṭkaêshem* y. 70, 59. yt. 13, 148. fem. *daênãm yãm âhûirîm* vd. 2, 3. yt. 8, 59. neutr. *upa imaṭ nmânem yaṭ âhûiri* y. 10, 3. gen. m. *âhûiryêhê* vd. 18, 33. y. 3, 61. 56, 1, 1. yt. 11, 0. (von Çraosha). yt. 13. 99. (von Vistâçpa). yt. 13, 106. (von Karaçna). *âhurôis frashnahê* vsp. 1, 30. fem. *daênayâo yaṭ âhurôis* y. 59, 3. yt. 13, 99. plural. nom. *âkâoçcôiṭ âhûirê mazda juçeñtãm* offenbar mögen die Verehrer des Ahura, o Mazda, kommen, y. 59, 19. acc. neutr. *âhûiryâ nâmênî . . . yazamaidê* wir preisen ihn mit ahurischen Namen y. 5, 6 = 37, 6. gen. m. *âhûiryanãm* (Amshaçpand) y. 26, 9. yt. 13, 82. 19, 15. 2) dem Herrn angehörig, plur. nom. m. *âhûiryâoñhô* yt. 14, 39.

Vgl. skr. *âsurá*, *âsuri*.

âhushu, Spiegel **âhisha** (nach erstrer Lesart von *hush*, nach der andern von 2. *hic*) m. Austrocknung; die Trad. übersetzt befleckt; loc. *â mâ aêshemô... âhushuya* gegen mich ist Aêshma in Austrocknung, mich macht unfruchtbar Aêshma. y. 29, 1.

âhôithwôi s. *hôithwa* und *qrêhma*.

âhva s. *aêm*.

I.

1. **i,** Pronominalstamm, von welchem ausser mehreren Formen von *aêm* (s. diess) folgende Wörter abstammen: *iñja*, *itê*, *itha*, *ithra*, *idha*, *idhaṭca*, *idhâṭ*, *iyadha*, *î*, *îṭ*, *idadha*, *îm*.

Skr. *i*.

2. **i,** gehn, kommen, praes. 3. sg. *aêiti* vd. 3, 82. 5, 9. y. 10, 36. yt. 8, 14. 3. pl. *yêiñti*, Spiegel *yêyañtê* (von *yâ*) y. 56, 6, 4. Hzv. übers. „sie gehn". imperat. *aêni* vd. 3. 89. *ayêni* (entstanden aus *ayani*, wo *aya* aufgelöster guṇa ist) y. 45, 1. 49, 9. 2. sg. *idî* y. 45, 16. 3. pl. *yañtu* y. 64, 32. imperf. conj. 2. sg. med. *yathâ ayañhâ âdânâis paourvyô* wie (damals) als du kamst zur Schöpfung zuerst y. 30, 7. 3. pl. act. *ayãn* yt. 24, 30. perfect. 3. pl. *îêyiñ* (*yi* mit dem Doppel-*i* geschrieben) y. 41, 35. partic. praes. nom. *ana tâ raidhîm ayâo* über sie geht er Wasser zu giessen vd. 5, 17. *ayâo* yt. 13, 16. acc. masc. (adv.) *yaṭ pâdha ayañtem frajaçãn* wenn sie zu Fuss gehend herbeikommen vd. 6, 54. 8, 229. *ayañtem* herbeikommend yt. 5, 68. y. 45, 5.

— *aiwi*, herzukommen, zurücklegen, praes. 3. sg. *aiwyâiti* herzukommt yt. 10, 95 (kann auch von *yâ* abgeleitet werden), partic. perf. med. acc. m. *yim* . . . *pañtãm aiwitem* ihn der den Weg zurückgelegt hat, yt. 22, 17.

— *anu*, nachgehn, praes. 3. sg. *yaraṭ anu aipi âiti garayô visaçtare* wenn nun nachgeht den Bergen ein Reisender yt. 19, 7.

— *ava*, hingehn, praes. 3. sg. *hvare ava patha aêiti* die Sonne geht auf ihrer Bahn yt. 13, 16. 3. pl. *çtârô ava patha yêiñti* yt. 13, 16.

— *â*, kommen, med. praes. 1. sg. *âyôi* ich komme y. 31, 2. act. 3. sg. *âiti* vd. 11, 30. yt. 8, 33. 46. *âitî* y. 31, 14. med. *âitê* y. 31, 9. imperat. 2. sg. *âidhi* yt. 5, 85. med. 2. pl. *â mâ âidûm* kommt zu mir y. 33, 7. activ. 3. pl. *ayañtu* y. 13, 156. imperf. *yê âyaṭ ashaçanem divamnem* welcher kommt den reinen zu betrügen y. 31, 20. conj. *âyâṭ* y. 45, 6. (oder von *yâ*).

— *upa*, kommen, praes. 3. sg. *upâiti* vd. 8, 285. 288. 15, 30. es naht, übereilt vd. 13, 75. *vaçô upâiti apãm* (die Wohnung) naht sich dem Wunsch der Wasser, d. h. das Wasser kann sie befeuchten vd. 12, 8. *upa tãm vanãm aêiti* er geht zum Baum, vd. 5, 8. impf. 3. sg. *upâiṭ* y. 9, 1. partic. perf. pass. nom. f. *paoiryâ upaêta*, *paoiryâ nishaçta thriçatem upâzananãm upâzôiṭ* (ist sie) zum erstenmal beschlafen, zum erstenmal besessen, so bringe er 30 Upâzana vd. 16, 37. nom. oder acc. neutr. *yêzi añhaṭ upaêtem* wenn (das Kleid) befleckt ist vd. 7, 31.

— *uç*, hervorgehn, imperat. 1. sg. *uzayêni pâirayêni* vd. 22, 4. *yatha azem uzayêni haca kavôis huçravañha* dass ich (siegreich) hervorgehe von Kavi Huçrava yt. 15, 32. impf. conj. *uç haca baodhô ayâṭ* heraus geht das Bewusstsein, vd. 7, 3. partic. praes. gen. f. *uzaitayâoçca* vd. 6, 72. (besser: *uzâithyâoçca*, von 2. *zu* + *uç*).

— *paiti*, 1) herzugehn, praes. 3. pl. *paitî* . . . *yañtî* gehn entgegen y. 48, 11. imperat. 1. sg. *yathâ* . . . *ayêni paiti* damit ich mich (euch) nähere y. 34, 6. 3. pl. *tem ni thaêshâo paitiyañtu* über ihn mögen Plagen kommen y. 64, 31. 2) zurückgehn, bereuen, praes. 3. pl. *aêshô zî narô paityêiñti açtôvîdhôtus peshanaiti* denn dieser Mann — wenn man bereut — bekämpft den A., vd. 4, 137. partic. perf. pass. *paitita* s. besonders.

— *para*, weggehn, vorübergehn, praes. 3. sg. *parâiti* vd. 13, 22. 50. 18, 55. (geht ins Paradis) *parâiti* übertritt, eigentl. geht (neben dem rechten Weg) vorbei vd. 15, 7. 34. er geht weg: vd. 9, 157. imperat. 2. sg. *para âidhi* (mit *â*) eile hinweg vd. 22, 23. 38. impf. 3. sg. *para âiṭ* eilte hinweg vd. 22, 38.

— *fra*, gehn, hervorgehn, begehn, praes. 3. sg. *frasha aêiti* yt. 14, 37. *fraca âiti* yt. 10, 118. 3. pl. *frâyêiñti* yt. 19, 95. imperat. 3. pl. *frasha frayañtu* sie mögen vorwärts gehn y. 10, 40. mögen (zu uns) gelangen y. 10, 60. *âthrava* (collectiv) . . . *frayañtu* vd. 8, 49. partic. praes. plur. nom. *frâyañtô* gehend yt. 24, 42. partic. perf. pass. pl. acc. *fraêta* begangne (Sünden) vd. 15, 2.

— *hãm*, kommen, zusammenkommen, praes. 3. pl. *â vê* . . . *hémyañtê* zu euch kommen y. 50, 3. partic. plur. acc. *avi hãmyañta raçmaoyô* yt. 10, 8. 47. *añtare hãmyañta raçmaoyô* yt. 15, 49.

Skr. *i*, *éti*, altp. *i*, *aîsa* (aor.), hzv. *ayitan*, *uzayitan*, parsi *âêt* (geht), kurm. *der-é* (abit), *na'im* (non venio), kurd. *ayeud* (eunto).

iz, 1) verlangen, den Wunsch aussprechen. hzv. *kâmak dêmarranaêt*, praes. 1. sg. *izyâ* ich wünsche y. 33, 6. *tâ vañhéus çaré izyâ manañhô* desshalb wünsche ich den Schutz des Vohumanô yt. 48, 3. 3. sg. *izyêiti* er verlangt y. 61, 20. spricht den Wunsch aus yt. 19, 51. 24, 29? *uzyêiti* (Westerg. verm. *izy*°) yt. 24, 30. *izyatica* (al. *izyañtica*) yt. 24, 30. 2) fortgehn, praes. 3. pl. *haca ahmâṭ nmânâṭ izyêñti* (welche) von dieser Wohnung fortgingen y. 23, 5.

Skr. *îh*, *îhate*.

izaêna adj., aus Thierfellen gemacht, hzv. *pôçtîn*, nom. *yêzi añhaṭ izaênis* (s. *ayañhaêna*) vd. 7, 35. acc. n. *vaçtrem izaênem* vd. 8, 65. 68. 71. vgl. Bund. 35, 20.

Vgl. skr. *ajína*; man darf auf ein altb. Wort *iza* (Ziege) schliessen.

iñja (von 1. *i*) adv. hier yt. 19, 48. 82.

iñdra (von *in*) m. n. pr. eines Daêva, des Gegners des Asha vahista, von dem er bei der Auferstehung getödtet wird (Bund. 76, 7); Windischmann, Z. St. 110 hält den Bund. 67, 18 erwähnten Dév *Ida*, welcher den Menschen, wie sie essen, einen Stoss mit dem Knie gibt, für vielleicht identisch mit Iñdra. Die Hss. lesen auch **añdra**, was sogar besser zu sein scheint, wenn wir hzv. *andar* in Betracht ziehn; nom. *iñdrô*, *añdrô* vend. sade 490 (Westerg. vd. 19, 43), acc. *iñdrem*, *añdrem* vd. 10, 17.

Vgl. skr. *indra*, hzv. *andar*, *ander*.

ita (von 2. *i*) n. Gang.

Skr. *itá*. vgl. *duzhita*.

iti (von 2. *i*) f. Gang, Wandel.

Skr. *iti*. — vgl. *raçéiti*.

itê (von 1. *i*) ein vereinzelter dativ. fem., hzv. *narman; itê viçê* für diesen Clan y. 67, 42.

iṭ (von 1. *i*) eben, gerade yt. 22, 10.

Skr. *id*. — Vgl. *îṭ*.

itha (von *iṭ*) adv. so, wie, nun, *aiwigâmê itha hama* im Winter wie im Sommer vd. 15, 124. *yathâ* . . . *ithâ* wie, so y. 33, 1. *ithâ âṭ* hier nun y. 5, 1. 37, 1. *ithâ* hier in der Welt y. 44, 3. *nôiṭ ithâ* nicht also y. 46, 4. *itha itha yathana ahmâi* yt. 19, 57. *itha* so yt. 10, 105. nun vd. 4, 135. 7, 136. y. 10, 58.

Skr. *itthá*; np. *îçâ*?

ithya (von 2. *i*) adj. vergänglich.

Vgl. *âithya*.

ithyêjañh (von *ithya* + ?) 1) adj., vergänglich, verderblich, nom. *ithyêjâo* y. 64, 32. vd. 18, 22. gen. *ithyêjañhô marshaonahê* yt. 6, 4. *ithyêjañhaçca marshaonahê* yt. 13, 130. 2) n. Verderben, nom. *bûiti*-

daêrô ithyêjô marshaonem daozhâo. der Daêva Bûiti, das tödtliche Verderben, der böse vd. 19, 4. *ithyêjô* Verderben y. 34, 8. *ithyêjô marshaonem zaurva* die todbringende Vergänglichkeit, das Alter, vend. sade 490 (Westerg. vd. 19, 43) abl. *ithyêjañhaț* aus dem Verderben yt. 10, 22. plur. nom. *ithyêjâo rôighnâo* verderbliche Hindernisse y. 56, 6, 4.

Hzv. *çéj*, parsi *çéz*. — vgl. *aithyêjañha*, *açtraț-ithyêjañha*

ithyêjôñhvañț (vom vor.) adj., vergänglich, abl. *ithyêjañhataț haca añhaoț* yt. 22, 16. 34 = 24, 62 (wo *ithyêjañhataț*). *ithyêjañhataț* vd. 10, 104. 7, 136.

ithra (von 1. *i*) adv. nun vd. 2, 40. yt. 10, 69. *ithra . . . ithra* yt. 8, 15. *jamyãn ithra* hieher mögen kommen y. 59, 7.

Np. *îdar*, bal. *idhir*.

id, brennen.

Skr. *idh*, *iddhé*. — vgl. *aêçma*.

idi s. 2. *i*.

idha (von 1. *i*) adv. hier yt. 10, 60. vd. 3, 82. 9, 193. 13, 60. hieher vd. 3, 89. 4, 118. 19, 103. von hier vd. 2, 52. y. 10, 1. *idha yaț* da wo yt. 13, 27. *idhâ* hier vsp. 18, 5. y. 17, 8. *idâ* hier y. 29, 8. wie Skr. *iti* gebraucht: 21, 1.

Skr. *ihá*, altp. *idâ*.

idhaṭca (vom vor.) adv. hier, y. 56, 13, 2.

idhâț (von *idha*) adv. hier y. 67, 54.

in, drängen, treiben, zwängen, partic. perf. pass. *inita*.

— *paiti*, bedrängen, *kô thwãm mazista aênañha* (s. diess) *inaoiti* wer drängt dich mit dem grössten Hass vd. 18, 123. Westerg. liest *mazistaya inti* [*initi?*]; partic. praes. plur. gen. *inatãm*, s. *vaçôyaona*.

Skr. *in*, *inóti*.

inita (partic. pass. von *in*), bedrängt.

Vgl. *ainita*.

initi (von *in*) f. Bedrängung, instr. *initi?* s. bei *in*.

Vgl. *ainiti*.

ima Pronominalstamm, s. *aêm*.

iyañț (von 1. *i*, die Sylbe *iy* ist mit dem Zeichen des inlautenden *y* geschrieben) pronom. adj., ein solcher, gen. m. *yâre nars qiaothrahê iyatô* ein Jahr lang für einen (solchen) baarfüssigen Mann (zu begehn), Glosse zu Erklärung von *huskôzemôtema* vd. 5, 138.

Skr. *íyant*.

iyadha (von 1. *i*, die Sylbe *iy* wie in *iyañț* geschrieben) adv. hier, *iyadacâ aniyadacâ* (s. 2. *anyadha*) hier und anderswo (eigentl. nicht hier) y. 35, 4.

ir, sich erheben, aufgehn (von Gestirnen), perfect. 3. pl. act. *raocâo qéñg açnãm ukhshâ aêurus*, die Lichter (Sterne), die Sonne, die Mehrerin der Tage, gingen auf (zu euerm Preis) y. 49, 10. Die Hzv.-Uebersetzung scheint in *aêurus* fälschlich das neuere *kharôç* (Hahn) zu sehn und zu übersetzen: das Licht der Sonne am Tage, die Morgenröthe, — dieser Hahn am Morgen von ihnen ein Zeichen gibt [meldet sie an]. Die schwierige Form *aêurus* ist durch guṇa gebildet, die Reduplication scheint wegen des vocalischen Anlauts abgefallen zu sein; die Endung *us* ist ohne Analogie. Man könnte vielleicht das skr. impf. von *ar*, *âiyarus*, vergleichen?

— *uç*, aufgehn, praes. 3. sg. *hvarekhshaêtem uzyôraiti* (wenn) die Sonne aufgeht vd. 19, 93. imperat. 2. sg. *uzira* vd. 21, 20. 22. 33. (hier mit einem plural in Beziehung), impf. conj. 3. sg. *kudha-nô avi uzyarâț* wann wird uns (Tistrya) aufgehn yt. 8, 5. 42. infinit. *uziredyâi* (befiehl mir nicht) mich zu erheben y. 42, 12. *uziredyâi azém çaredanâo* (causal) ich will aufmuntern die Häupter y. 42, 14. partic. praes. acc. m. (causal) *yim . . . uzyôireñtem* den (Tistrya) welcher aufgehn lässt, hervorbringt, yt. 8, 36.

Skr. *îr*, *írte*, *írate*.

1. **iri** oder **ri** beschmutzen.

— *aipi*, beschmutzen, partic. perf. med. *yaț vâ pistrô aipiiritô gâtus* wenn eine Wunde angeschmutzt ist dem Hause, d. h. wenn das Haus durch eine Verwundung verunreinigt ist vd. 5, 165.

— *avi*, cacare, participialperf. *avi dim irita* er bekothet ihn (den Baum) vd. 5, 6.

Skr. *ri*, *rîyáte?* hzv. *rîtan*, *ré* (Unrath), *rîman* (id.), parsi *rîman*, np. *rîdîdan*, *rîman*; *pâlîdan?* bal. *riyagh* (merda), dig. *run*, tag. *rin* (ansteckende Seuche)?

2. **iri** oder **rî** rufen? vgl. *paitiirita*, *rî*.

irikhta (von *iric*) m. das Hervorkommen, gen. (local) *hakereț irikhtahê çadhayaca* (Westerg. *çad°*) einmal im Hervorkommen und im Weggang (erscheinen) Sonne, Mond und Sterne, d. h. sie gehn nur einmal des Jahres auf und unter, indem im Paradis ein Jahr wie ein Tag ist) vd. 2, 132.

Vgl. *huirikhta*.

iric einbrechen, hervorkommen, praes. 3. sg. *yaț dim dâmôis upamanô huirikhtem bâdha irinakhti* wenn der Schwur des Weisen mit gutem Hervorkommen hervorkommt yt. 10, 68.

— *paiti*, angreifen, verderben, praes. 3. sg. *kô rashnûm paitiirinakhti* wer die Wahrheit verletzt yt. 14, 47.

Vgl. Skr. *ṛkṇa?*

Vgl. *zañtuiric*, *dañhuiric*, *nmânôiric*, *vîçôiric* *shôithrôiric*.

iriñg m. Stern? Skr. *ṛkshá?* vgl. Kuhn in Höfer I, 159.

Vgl. *haptôiriñga*.

irith 1) zergehn, zerfliessen, activ: beflecken, praes. 3. sg. *irithyêiti* (Fett) zergeht, zerfliesst, vd. 6, 17 conj. impf. *irithyâț* (wenn) er befleckt? yt. 24, 44. *yô tanûm irithyâț* wenn einer seinen Leib befleckt, vd. 16, 33. 2) sich auflösen, sterben, conj. impf. *irithyâț* wenn einer stirbt vd. 5, 85. perfect. 3. pl. act. *irîrithare* vd. 5, 14. partic. perf. act. plur gen. *irîrithushãm* vsp. 12, 21. y. 24, 14. pass. *iriçta* s. besonders.

ava, daliegen, partic. praes. acc m. *açpaêm vareçem zemâț arôiritheñtem* ein auf der Erde liegendes Pferdehaar yt. 16, 10; in der Parallelstelle yt. 14, 31. steht *çayanem*.

— *â*, zufliessen, perf. 3. pl. *âtê irîrithare* dir flossen zu y. 10, 32.

— *para*, sterben, praes. 3. sg. *parairithyêiti* vd. 5, 1. 12, 1. yt. 22, 1. 3. pl. *parairithiñti* vd. 6, 1. impf. 2. sg. *katha ashâum parairithyô*, *katha ashâum apajaçô* wie, o reiner, bist du gestorben, wie bist du gekommen yt. 22, 16. impf. conj. 3. sg. *yaț parairithyâț* vd. 5, 128. partic. praes. *parairithyañț*, nom. sg. *pourrô ashava parairithyô* ein früher verstorbner Reiner yt. 22, 16. partic. perf. med. nom. fem. *kê açti parairiçtê* y. 23, 5. gen. m. *parairiçtahê* vd. 19, 90. 6, 16. plur. gen. *parairiçtanãm* y. 26, 22.

— *hãm*, zusammenfliessen, vereinigen, partic. perf. *zaothranãm . . . hãmiriçta* (lies °*iriçtanãm*?) *aêtayâo urvarayâo*, Zaothras in welche (Wohlgerüche) von dieser Pflanze gestreut sind vd. 14, 8. 18, 143.

Das verb. *irith* scheint aus 1. *iri* durch *th* erweitert zu sein; vgl. arm. *erthal*.

irithyãçtâț (vom partic. praes. von *irith* + *tâț*) f. Sterblichkeit, abl. *nî pairi irithyãçtâtaț haraitê* er siegt über die Sterblichkeit, wird unsterblich (es wird auf den Gebrauch angespielt, dem Sterbenden das Gebet yathâ ahû vairyô ins Ohr zu sagen, Spiegel, Av. übers. II, XXXII.) y. 19, 26.

iriçta (partic. perf. von *irith*) adj., 1) todt, acc. *iriçtem* vd. 3, 44. yt. 13, 9. *aêtem iriçtem* vd. 8, 5. gen. *iriçtahê* vd. 7, 124. 125. *iriçtahê mashyêhê* vd. 5, 3. *aêtahê yaț iriçtahê* für den Todten vd. 5, 36. loc. *iriçtê* vd. 3, 123. plur. nom. *iriçta* Fr. 4, 3. vd. 3, 27. 40. *narô iriçta* vd. 3, 30. *yaț iriçta paiti uçehistãn* wenn die Todten auferstehn yt. 19, 11. acc. *çpânaca iriçta*, *naraca iriçta* vd. 8, 38. *tâ nara iriçta* vd. 7, 2. abl. *iriçtaêibyô* vd. 8, 29. gen. *iriçtanãm* vd. 6, 60. y. 17, 43. 70, 94. yt. 13, 17. 22, 39. *idha iriçtanãm* y. 26, 21. 2) zusammenhängend (vgl. *irith* + *hãm*), gen. neutr. (partitiv) wer dir gibt *gava iriçtahê* was mit Vieh zusammenhängt, hzv. *ô gôsht gômêjît*, Ner. *gosanıçlishța*, y. 10, 38.

Hzv. parsi *rigt*, np. *riçtâkhêz* (hzv. *riçtâkhêj*, parsi *riçtâkhêzh*).

Vgl. *țbaêshôiriçta*.

iriçtôkasha (vom vor. + 1. *kash*) adj., den Todten tragend, gen. *nars yaț iriçtôkashahê* vd. 3, 50.

irish (vgl. **rish**) 1) verwunden, praes. 3. pl. *irishiñti* vd. 15, 39. praes. conj. 3. sg. *yêzi irishyêiti* wenn sie (der Leibesfrucht) Schaden zufügt vd. 15, 38. impf. conj. 3. sg. *mâ irishyâț* vd. 7, 99. 3. pl. *nôiț dim irishyãn* (damit) sie ihn nicht verwunden vd. 15, 133. 2) sich verwunden, Schaden nehmen, praes. conj. 3. sg. *yêzi taț paiti irishyêiti* wenn er sich dadurch beschädigt vd. 13, 104. 15, 13. impf. conj. 3. sg. wenn der Hund *irishyâț* Schaden nimmt, vd. 13, 103. 15, 13. 3. pl. *yêzi irishyãn* vd. 15, 66. partic. praes. gen. *para hê irishiñtô raêshem cikayaț* er büsse des Verwundeten Wunde vd, 7, 101. 13, 87. 15, 53. = yt. 24, 44. (wo einmal *hâi* statt *hê*); plur. gen. *irishiñtãm* vd. 15, 39. partic. perf. pass. *irista*; davon: *airista*.

irîrica (von *iric*) m.? Verletzung.

Vgl. *airîrica*.

irîrithare s. *irith*.

ivîza (von *iz*?) m. Streben.

ivîzi (verb. denom. vom vor.) streben, hzv. übers. herzubringen; imperat. 2. pl. *irizayathâ* strebet y. 52, 7.

1. **iç** 1) wünschen, med. praes. 3. sg. *içaitê* (Westerg. *içaiti*, activ) er verlangt, vd. 13, 54. 1. plur. *içâmaidê* y. 35, 21. act. 3. plur. *içeñti* yt. 10, 45. pot. 2. sg. *mâ içôis* yt. 1, 24. 3. sg. *içôiț* man wünsche (ihn) y. 70, 61. med. *âaț vô kaçeiț mashyânãm . . . qarenô aqaretem içaêta athaurunô hô râtanãm, raokhshni khshnûtem ishâonhaêta athaurunô hô râtanãm* dann soll jeder von euch Menschen die unverwüstliche Majestät wünschen dem Priester mit Gaben, dieser verlange nach der leuchtenden Befriedigung mit Gaben yt. 19, 53. imperf. 3. sg. *içaț* yt. 19, 56. 82. 3. pl. *içen* yt. 13, 92. partic. praes. act. *içañț*, nom. *içô* yt. 19, 56. 82. med. nom. *içemnô* yt. 14, 20. 16, 17. vd. 7, 193. 13, 100. (willig) *içmanô* y. 46, 6. fem. *içemna* yt. 16, 15. acc. m. *içemnem* yt. 15, 53. infinit. (mit der Bedeutung des adj. verbale, wie oft) *kaț môi urvâ içê* welchen (Schutz) soll meine Seele wünschen, y. 49, 1. 2) nehmen, praes. med. 3. dual. *içôithê* sie sollen (den Todten) nehmen vd. 8, 25. 3) impersonell, med. praes. 3. sg. *içaitê* (Westerg. *içaêta*) *mê yaozhdâitîm* es verlangt mich nach Reinigung vd. 8, 284.

— *â*, nehmen, pot. 2. sg. *ayaçôis* nimm vd. 9, 41. 19, 70. med. *ayaçaêsa* yt. 14, 35. 55. impf. med. 2. sg. *pôithwem bayâo*, *imaț nmânem bereziçtânem . . . ayaçanha* sei wachsend, nimm (suche) dir ein grosssäuliges Haus yt. 24, 9.

— *upa*, suchen, pot. 3. pl. *upôiçayen* vd. 13, 99. imperat. 3. pl. *upa . . . içeñtu* sie mögen uns suchen, nach uns verlangen yt. 13, 145.

Skr. *ish*, *iechâti* (vgl. 1. *ish*).

2. **iç**, vermögen, med. praes. conj. 1. sg. *yavaț içâi* so lange ich vermag y. 28, 4. *yavaț tavâcâ içâicâ* so lange ich kann und vermag y. 49, 11. *mâ yavaț içâi* so viel ich über mich vermag y. 42, 9. partic. med. *içâna* s. besonders.

Skr. *iç*, *îshțe*.

iça f. Deichsel.

Skr. *îshâ*, *içâ*. vgl. *hãmiça*.

içațvâçtra (von *içañț* + *v*°) Weide wünschend, m. n. pr. des ältesten Sohnes des Zarathustra von seinem Weibe Padokhshah; er ist das Oberhaupt der Priester und starb 100 Jahre nach dem Kommen des Gesetzes, Bund. 79, 17. Windischmann Z. St. 161. 243. gen. *içațvâçtrahê* y. 23, 4. 26, 17. yt. 13, 98.

Hzv. *içatvaçtar*.

içâna (von 2. *iç*) mächtig, herrschend, acc. *içânem hazanrâi âyaptanãm* welcher mächtig ist über 1000 Gnadengaben yt. 8, 49.

Vgl. *khshayamnôiçâna*.

içi m Eis, gen. *paçca zimô içôis aiwigaitîm* nach des Wintereises Ankunft, vd. 9, 13.

Parsi *yah*, np. *yakh*, buchar. *yekh*, afgh. *yakh*, kurd. *yekh*, dig. *yekh*, südoss. tag. *ikh*.

içekhshathra (von 2. *iç* + *khsh°*) adj. mächtig herrschend, nom. und superl nom. *içekhshathrô nãma ahmi, içekhshathrôtemô nãma ahmi* yt. 1, 13.

içôyan (von 1. *iç*) adj., erwünscht, nom. sg. m. *haithyô draêshâo hyaṭ içôyâ dregvâitê, aṭ ashâunê rafenô qyêm* offenbar will ich sein als erwünschter Plager dem Schlechten, aber als Freude dem Reinen y 42, 8.

içvant (von 2 *iç?*) m. n. pr. gen. *içvatô varâzahê* des starken Varâza yt. 13, 96.

içvan (von 2. *iç*) adj., vermögend, nom. m. *içvâ* y. 42, 14. *içvâcîṭ hãç* wenn er vermag y 46, 4.

1. **ish** 1) wünschen, praes 1 sg. *ishyâ* y. 47, 8. *ishaçâ* y. 31, 4 3. sg. *ishaiti* vd. 5, 9 conj praes. 3. pl. *ishâoñtî* y. 7, 58. 44, 7. pot. med. 2. sg. *iskaêsa* (so vermuthet Westerg. statt *isaêta*) yt. 24, 12. act. 3. sg *ishaçôiṭ* y. 49, 2. impf. 3. sg. *ishaṭ* vend. sade 133. Westerg. vd. 2, 32) aor. 2. pl. *araṭ . . . hyaṭ vê istâ vahistem* das beste was ihr euch wünscht y. 48, 12. partic. praes. nom. sg. *ishyãç* willig y. 49, 9. *ishaçãç* mit Verlangen y. 50, 19. plur. acc. *isheñtô* y. 30, 1. 46, 6. partic. perf. pass. *ista* s. besonders. 2) erwünscht sein, praes. 3. plur. die Reinheiten *isheñti mê* sind mir erwünscht y. 45, 9. 3) auf etwas suchend blicken, sehn, bemerken, praes. 3. sg. *ishaiti* yt. 22, 2. 20.

— *paiti*, 1) begehren, imperat. 2. pl. *paitishata* y. 56, 6. 3. impf. conj. 3. sg. *yê . . . paitishâṭ* y. 43, 2. 3. pl. *yatha paitishãn* y. 59, 9. 2) beneiden, praes. 3. sg. (collectiv) *paitishaiti* vd. 7, 148. partic. praes. acc. *ahmi . . . yim . . . paitishiñtem thrimahê, paitishiñtem baêshazyêhê* gegen den welcher beneidet Nahrung und Heilmittel, yt. 15, 50. *paitishiñtem amahê, paitishiñtem thrimahê, p° baêshazyêhê* yt. 15, 51. *paitishañtem* yt. 24, 52.

— *pairi*, nach etwas herumsuchen, sich mit etwas versehen, praes. conj. 3. pl. *yaêibyô . . . pairishâoñti* Westerg. *pairisheñti*) wodurch sie sich (mit Holz) versehen können vd. 14, 25. *yêzi nôiṭ pairishâoñtê* (med.) wenn sie sich nicht umsehn vd. 6, 13. caus. med. impf. 3. pl.? *pairishayañta* sie sollen sich umsehn vd. 6, 12. partic. perf. pass. *pairista* s. besonders.

— *fra*, bitten, loben, praes. 1. sg. *frô vâo fraêshyâ* ich bitte von euch y. 48, 6. 1. pl. *fraêshyâmahi* wir loben vd. 20, 18. vsp. 25, 2. *fraêshyâmahî* y. 60, 1. 71, 1. wir bitten y. 35, 10.

Skr. *ish*, *icchâti* vgl. 1. *iç*); die Formen, welche mit *ishaç°* beginnen, scheinen desiderativ zu sein; indem *sh* ausfiel, entstand 1. *iç*, dessen *ç* dem Skr. *ch* entspricht.

2. **ish**, werfen, senden, partic. praes. med. plur. nom. fem. *aêshemnâo* aussendend (die Wasser) yt. 13, 66.

— *upairi*, aufwerfen, impf. conj. 3. pl. *upairi* (Spiegel *pairi*) *dakhma aêshyãn* sie sollen Dakhmas aufwerfen vd. 8, 4.

— *fra*, vertreiben, praes. 3. sg. *fraêshyêiti* er vertreibt (den Vogel) yt. 14, 36.

Skr. *ish*, *íshyati*, altp. *frâisayam* (misi).

ishatha (von 1. *ish*) n. Erwünschtes, plur. acc. *ishathâ* y. 44, 1.

ishare (von 2. *ish*) n. Schnelligkeit, acc. (adv.) *ishare hâ nistâta* sofort eingesetzt seiend yt. 10, 109. *ishare paçcaêta* gleich danach vd. 18, 115. *ishare paçcaêta parairiçtîm* sogleich nach dem Tode vd. 7, 3.

isharestâṭ (vom vor. + *tâṭ*) Schnelligkeit, instr. (adv.) *isharestâitya* bald, in Kurzem vd. 5, 14. 21. 8, 110.

ishaç° s. 1. *ish*.

ishaça (von 1. *ish*) m.? Wunsch, acc. *ishaçem*, s. *jiṭ*. vd. 5, 14. 21. 8, 110.

ishâoñhaêta (verb. denom. von einem nomen *ishâo* wünschend, pot. med. 3. sg.?) er wünsche (s. 1. *iç*) yt. 19, 53.

ishirô s. *ashiri*.

ishu (von 2. *ish*) m. Pfeil, nom. die Naçus zergeht *yatha ishus qâthakhtô* wie ein abgeschossner Pfeil, hzv. *tîr i khutâkht*, vd. 9, 171. *ishus qâthakhtô* yt. 13, 72. plur. nom. *isharô* yt. 1, 18. *ishavaçca* vd. 17, 28. 29. *ishavaçciṭ* yt. 10, 39. acc. *ishavô* yt. 10, 101. gen. *ishunãm* yt. 10, 129.

Skr. *íshu*, altp. *içu* (statt *isu*).

Vgl. *ushu*, *khsheiwiishu*.

ishud f. 1) Schuld, hzv. *afâm* (np. *vâm*), Ner. *ṛṇa*, acc. *tâ tû . . . ishudem çtûtô* diese du (verkünde) als die Schuld des Lobsängers y. 34, 15. plur. acc. *yâo ishudô* y. 31, 14. 2) eine Anrufung durch welche man sich dem Himmel gegenüber als Schuldner bekennt, plur. nom. *tâo ishudô* y. 64, 37.

ishudy (denom. verb. des vor.), sich als Schuldner bekennen, praes. 1. pl. *ishûidyâmahî* y. 14, 15. 36, 12. 38, 12.

Vgl. Skr. *ishudhyáti*.

ishusqâthakhta (von *ishu* + *q°*) m. n. pr. eines Dämonen, nom. (statt acc.) *ishusqâthakhtô peshanaiti* er bekämpft den J. vd. 4, 138. Hzv. übers. *nar tîr u khudakht*; ist vielleicht ein Krankheitsdév gemeint? Krankheiten denkt man sich oft als durch Pfeile der Bösen verursacht, vgl. Grimm, deutsche Mythologie 1854. p. 1110. Griech. *ἰός* Pfeil und Gift.

ishya (partic. fut. pass. von 1. *ish*) adj., erwünscht, theuer, nom. m. *airyêmâ yô ishyô* y. 53, 1. acc. *airyamanem ishîm* y. 53, Schluss. fem. *yãm hôi ishyãm* seine geliebte (Tochter) y. 50, 17. plur. acc. *ishyêñg* y. 32, 16.

isavaêca (nom. sg.) Name eines Berges yt. 19, 4. al. *raêçaraca*.

iskata s. *âiskata*.

1. **ista** (partic. perf. pass. von 1. *ish*) gewünscht, nom. *istô* vsp. 18, 6. *istaçca* yt. 13, 152. acc. n. *istêm* y. 40, 11. plur. nom. f. *yâo nô istâo urvôibyô*

welche unsern Seelen erwünscht sind y. 55, 3. neutr. *istâ khshathrâ* die erwünschten Reiche y. 45, 16.

2. **ista** (von 1. *ish*, aus ursprünglichem *istar* abgeschwächt) adj., gnädig, hzv. *khrâçtar*, Ner. *abhîpsayitar*, nom. *yé nâo istô* welcher uns gnädig ist y. 16, 8. 9. 55, 1.

isti oder **îsti** (von 1. *ish*) f. 1) Wunsch, nom. *kâ îstis* was ist euer Begehr (für das Handeln) y. 34, 5. *îstis* y. 43, 10. 47, 8. *vahistâ îstis* y. 52, 1. acc. *vahistãm îstîm* vsp. 26, 4. instr. *istî* mit Verlangen y. 59, 7. *istôis* y. 50, 2. 18. yt. 24, 46. 2) Güter, Reichthum, nom. *îstis* y. 59, 14. acc. *îstîm* y. 32, 9. 45, 2. 64, 42. 67, 34 (gebt Güter) yt. 5, 98 (acc. der Beziehung) yt. 10, 33. *vîryãm îstîm* Reichthum an Männern yt. 8, 15. gen. *maqyâo istôis* von meinen Gütern y. 45, 18. plur. acc. *îstîsca* yt. 5, 26.

Skr. *ishṭí*.

Vgl. *ainisti*, *puthrôisti*, *pouruîsti*, *vahistôisti*, *hâisti*.

istimaçañh (von *istya* + *m°*) n. Grösse eines Ziegelsteins, hzv. *khastak maçâi*, acc. *istimaçô* von der Grösse eines Ziegelsteins, vd. 13, 83.

istya (verwandt mit *yaz*, vgl. Böhtlingk und Roth v. *íshtakâ*) m. gebrannter Ziegelstein, Backstein, gen. *istyéhê* vd. 8, 20.

Skr. *íshṭakâ*, hzv. *khastak*, np. *khisht*, buchar. *khesht*, afgh. *khisht*, *khishta*.

Vgl. *zemôistva*.

Î

1. **î** s. *aêm*.

2. **î** (von 1. *i*) Verstärkungspartikel, *hyaṭ î maińimadicâ* das wollen wir denken y. 35, 8. *yathâ î çrâvayaêmâ* damit wir es verkünden y. 48, 6.

Skr. *î*; vgl. *îm*.

îêyñ s. 2. *i*.

îzha (von 1. *ish*) f. und n. Vermehrung, Fülle, Speise, nom. *îzhâca* vd. 9, 190. *nemaçcâ yâ ârmaitis îzhâcâ* y. 48, 10 (cit. vd. 9, 33) acc. n. *humâim îzhem* das gute Wachsthum y. 42, 6. dat. *dâidî nerãç . . . daregâi îzhâi* lass die Männer lange kräftig sein y. 40, 8. gen. *îzhayâo* wegen der Fülle y. 49, 8. *îzhayâo . . dôithrâbya* mit den Augen des Segens yt. 19, 94. plur. acc. *îzhâo* Güter y. 67, 56. Fülle y. 38, 4. neutr. *îzha* y. 69, 13. *îzhâcâ* (möge er besitzen) y. 48, 5. *îzhâciṭ* y. 50, 1.

Vgl. skr. *íḍ*.

îzhya (von *îzha*) adj., als Nahrung dienend, pl. acc. n. *îzhyâca* vsp. 14, 12. compar. plur. nom. masc. *îzhyôturaca* sehr gut mit Nahrung versehn vsp. 14, 11.

îṭ (von 1. *i*, vgl. *iṭ*) Verstärkungspartikel, *verezyôtû îṭ . . . râtôyôtû îṭ* y. 35, 17. *aêibyô yôi îṭ athâ verezyãn yathâ îṭ açtî* denen welche ebenso handeln mögen, wie es (gut) ist y. 35, 18. *vaṅhûscâ îṭ vaṅhîscâ îṭ* y. 39, 7. *îṭ* y. 42, 10. 43, 19c (hier hat die Hzv.-Uebers. *îṭ* (ist), was wohl in *êtun* zu verbessern ist, obwohl auch Ner. *îṭ* gelesen hat, da er *asti* übersetzt) *îṭ*, Westerg. *îm* y. 43, 19e. *aṭ îṭ peręçâ* y. 43, 20. *â îṭ âvaênâ* sieh du darein y. 45, 2.

Skr. *íd*. — Vgl. *zîṭ*.

îdadha (von *îṭ?*) adv. hier y. 64, 32.

îm (von 1. *i* = *î*, welches durch Verlust des Nasals daraus entstand), Verstärkungspartikel, ersetzt öfters ein pronom. demonstr., *yatha îm mazistem cinaçti* wenn man (ihm) dem grössten sich ergibt y. 19, 30. *nû îm* nun y. 44, 1. *îm* eum y. 45, 8. 50, 12. *îm* nun vd. 16, 38 (Westerg. 16, 16), *yôi îm frashém kerenaon ahûm* y. 30, 9. *yôi îm vé nôiṭ ithâ mãthrem vareshentî* welche von euch hier nicht nach dem heiligen Wort handeln y. 44, 3. *yé îm dâṭ* der ihn (*vahistem*) schuf y. 44, 4. *yô îm* welcher y. 44, 11.

îr, in Bewegung setzen, imper. 3. sg. *îratû* er stürze, werfe hin y. 52, 8.

— *ni*, ausgiessen, verschütten, hzv. *remîtanatan*, med. praes. 1. sg. *mâ tê nîré* nichts von dir verschütte ich, will ich verschütten y. 10, 55.

Skr. *îr*, *îrte*.

îra (von 1. *ish?*) n. Glück, acc. *tâo îrem yahmya jaçentî tâo . . . yazamaidê*, diese, ein Glück, wohin sie kommen, preisen wir yt. 13, 27.

Vgl. skr. *íḍ*, *íḍâ*, *írâ*.

îsh (von 1. *ish*) 1) m. der Wünschende, gen. *îshô* y. 49, 4. 2) f. das Wünschen, acc. *vaṅhîm îshem* das gute Wünschen y. 38, 5.

Skr. *ísh*. — Vgl. *ashôîsh*.

îshan (von 1. *ish*) adj., wünschend, nom. m. *ithyêjâo îsha yô îdadha* (Westerg. *î dadha*) der verderbliche, wünschende (d. h. der Verderben wünschende) (möge kommen zu dem) welcher hier ist, y. 64, 32. plur. gen. *îshanãm* y. 32, 12.

îshâkhshathra (von *îsh* + *khshathra*) m. unumschränkter Herrscher, acc. *îshâkhshathrem* y. 29, 9.

îs s. *aêm*.

îsti s. *isti*.

îstivañṭ (von *îsti*) adj. Reichthum gebend, acc. *mãthrem îstivañtem* (al. *mistivañtem*) yt. 7, 5.

U.

u, Pronominalstamm der dritten Person; davon: 1. *ava*, *uiti*, *uta*, *vâ*.

Vgl. skr. *u*.

uiti (von *u*) adv., so, auf diese Weise yt. 14, 54. vd. 2. 34. 19, 2. 18, 1. nun vd. 4, 130. nemlich y. 67, 56. *yôi* . . . *yâoçca uiti* qui et quae vsp. 10. 22. *uitî* y. 38. 10. 44, 2. *uiti mraot* yt. 10. 137. *uityaojanâo* so sprechend yt. 10. 42.

ukhta (partic. perf. pass. von 1. *vac*) gesprochen.

Skr. *uktá*.

Vgl. *duzhûkhta*, *mazdâoukhta*, *mithaokhta*, *hadhaokhta*, *hizaokhta*, *hûkhta*.

ukhti (von 1. *vac*) f. das Aussprechen.

Skr. *ukti*, armen. *oukt*.

Vgl. *añtarcukhti*, *anukhti*, *urvâkhsukhti*.

ukhdha (aus *ukhta* erweicht) 1) adj., gesprochen, acc. n. *imat ukhdhem vacô* yt. 11, 4. 24, 20. *vahistôistôis gâthayâo çraothrem ukhdhem vacô* yt. 24. 53. plur. acc. n. *ukhdhâ vacâo* y. 35, 24. 2) n. Rede, Gebet, acc. *gavê ukhdhem* für den Stier die Rede! y. 10, 63 = yt. 14, 61. gen. *vaṅhéus ukhdhahê zaothrâbyô* mit den Zaothras guter Reden y. 67, 8. *ukhdhaqyâcâ* y. 33, 14. in Reden, in Worten y. 44. 8. *ukhdhaqyâca* yt. 13, 88. plur. nom. *ukhdhâ* Gebete y. 43, 8. Reden y. 44, 2 (cit. y. 19, 42) acc. *ukhdhâ* die Gebete y. 42, 5. *tâ ukhdhâ* y. 32, 9. *vohû manaṅhâ ukhdhâ* Gebete des guten Sinnes y. 50, 20. instr. *ukhdhâis* y. 28, 6. 43, 10. 45, 14. 50, 21. *hizvâ ukhdhâis* mit lauten Gebeten y. 46, 2. 50, 3. abl. *ukhdhôibyô* y. 35, 27. gen. *ukhdhanãm ukhdhôtemem* das preiswürdigste der Gebete y. 19, 24. (*ukhdhôtemem* ist superlat. des Subst., was am meisten Gebet ist.)

Vgl. *aipyûkhdha*, *arshukhdha*, *erezhukhdha*, *hugâshayatukhdha*.

ukhdhata (vom vor.) f. Preiswürdigkeit, nom. *açti zî ana avarat ukhdhata*, *yatha yat* denn es ist an ihm in dem Grad eine Preiswürdigkeit, wie y. 19, 24.

ukhdhavacaṅh (von *ukhdha* + *v*°) n. gesprochenes Wort, plur. acc. *çrîra ukhdhavacâo* schöne gesprochne Worte, Citat der Hzv.-Gl. zu vd. 2, 32.

ukhdhôvacaṅh (von *ukhdha* + *v*°) adj., Worte als ausgesprochnes habend, Gebete aussprechend, acc. °*vacaṅhem* vsp. 3, 18. G. 4, 8. gen. *ukhdhavacaṅhô* yt. 24, 17.

ukhsh, besprengen, beträufeln.

Skr. *uksh*, *ukshắti*.

1. **ukhshan** (von *ukhsh*) m. 1) Stier, acc. *gaom pairi ukhshânem* von einem Stier vd. 19. 70. gen. *gêus paiti ukhshnô* für einen Stier vd. 9, 149. 2) n. pr. des Sohnes des Vidiçravaṅh, gen. *ukhshânô vîdiçravaṅhô* yt. 13, 119.

Skr. *ukshán*, Petermann 35. vgl. armen. *ezn*; das Wort drang in viele tatarische, finnische und kaukasische Sprachen, lesghisch *os*, *is*, wotjakisch *osh*, siriänisch *ūsh*, ostjakisch *ûges*, etc. vgl. Pictet, les origines Indo-européennes I. 334.

Vgl. *kereçaokhshan*, *çrîraokhshan*.

2. **ukhshan** (von *vakhsh*) m. 1) Wachsthum, dat. *ukhshnê khrathwê* für das Wachsthum des Verstandes (*khrathwê* ist attrahiert) vd. 4, 124. 2) Vermehrer, nom. sg. *gêñg açnãm ukhshâ* y. 49, 10 (die Trad. verwechselt das Wort mit *usha*, Morgenröthe). plur. nom. *yôi ukhshânô açnãm* (wann werden kommen) die Mehrer der Tage (die Heiligen, welche lebendig aufbewahrt werden um bei der Herstellung der Todten zu helfen) y. 45, 3.

ukhshyañt (partic. praes. von *vakhsh*) wachsend.

ukhshyaturvara (vom vor. + *urvara*) 1) f. wachsende Pflanze, acc. dual. (dvandva) *tacatâpa ukhshyaturvara* y. 17. 15. 67, 21. 2) adj., die Pflanzen wachsen lassend, nom. *ukhshyaturvarô* yt. 13, 44. acc. °*urvarem* yt. 10, 61. 13, 43.

ukhshyatereta (von *ukhshyañt* + *e*°) m. n. pr. eines zukünftigen Propheten, welcher aus dem Saamen des Zarathustra, der bei der Vermählung mit Hvôwi zur Erde fiel und von Anâhita aufbewahrt wird (vgl. yt. 13, 62), erzeugt werden wird; der Name ist erhalten in dem neuern *Oshêdar-bâmi* (vgl. altb. *bâmya*), lautet aber Bund. 80. 6. *khorshêdar*; gen. *ukhshyateretahê* yt. 13, 128.

Vgl. *thrimithwañt*.

ukhshyatnemaṅh (v. *ukhshyañt* + 1. *n*°) m. n. pr. des Bruders des vorigen, der neuere *Oshêdarmâh*, Bund. 80, 6. *khorshêtmâh*. gen. *ukhshyatnemaṅhô* yt. 13, 128.

Vgl. Oppert, Journ. asiat. 5. série tom. 19, p. 528. Spiegel, Av. übers. III, LXXII.

ukhshyêiñti (fem. von *ukhshyañt*) n. pr. der Frau des Çtaotarvahista, gen. *ukhshyêiñtyâo nâiryâo çtaothrô vahistahê* yt. 13, 140.

ukhshyãçtâț (von *ukhshyañt* (nom. sing.) + *tât*) f. Wachsthum, plur. nom. *yâo hê ukhshyãçtâtô*, *tâo nerefçãçtâtô* wie sein (des Mondes) Wachsthum, so ist sein Abnehmen, yt. 7, 2. *ukhshyãçtâtaçcit* yt. 7, 2.

ughra (von 2. *vaz*) 1) adj., stark, gewaltig, nom. *ughrô* yt. 10, 5. *ughraçca* yt. 10, 66. ohne Flexion: *ughra* (durch *a* in *amava* veranlasst?) *vazaiti khshathrahê* mächtig an Herrschaft fährt er einher yt. 10, 107. fem. *ughra* yt. 19, 39. *ughra bâzâus* yt. 10, 75. neutr. *ughremca* yt. 10, 66. *ughrem* yt. 10, 127. acc: masc. *ughrem* vsp. 2, 28. *mãthranãm ughrem mãthranãm ughrôtemem* yt. 3, 5. *ughrem vaêm* die starke Luft yt. 15, 5. *ughrem* . . . *bavâhi* sei stark yt. 23, 3. fem. *ughrãm* vd. 3, 113. 114. neutr. *ughrem khshathrem* yt. 10, 109. *ughrem* . . . *qarenô* yt. 19, 45. *ughrem* y. 2, 55. 6, 46. adv. *ughrem* stark, fleis-

sig, vd. 3, 98. instr. m. *ughraca* yt. 13, 47. dat. *ughrâi* y. 8, 2. S. 1, 30. gen. *ughrahêca* vsp. 1, 26. y. 1, 44. *paitistâtêê ughrahê bâzâus* yt. 13, 136. pl. nom. m. *ughra* yt. 14, 46. fem. *ughrâo fravashayô* (vgl. skr. *ugra* als Beiwort der *Nakshatra*, A. Weber, Abhandl. der Berliner Akad. 1861, 385. 1862, 95) *ughrâoçca* vsp. 12, 33. y. 4, 11. yt. 10, 66. acc. m. *ughra kareta* yt. 10, 42. *ughrêñg* zu euch starken y. 49, 7. fem. *ughrâo* vd. 19, 125. y. 64, 48. yt. 13, 69. 31. gen. m. *mashyânãm ughranãm aojistô* yt. 19, 38. fem. *fravashinãm ughranãm* y. 1. 47. 3, 65. 22, 33. yt. 13, 0. 156. loc. fem. *ughrâhu peshanâhu* yt. 13, 17. superl. acc. masc. *ughrôtemem* yt. 3, 5. 2) f. eine Krankheit. acc. *paitiperenê ughrãm* vd. 20, 23. Açpendiarji (bei Wilson 340): tyranny [?].
Skr. *ugrá*.

ughrazaosha (vom vor. + *z*°) adj., starken Willen habend, von den Fravashis, plur. fem. *ughrazaoshâo* yt. 13, 31.

ughrâreṭ (von *ughra* + *areṭ*) adj., gewaltig andringend, plur. nom. f. *fravashayô ughrâretô* yt. 13, 23.

1. **uz** s. *uç*.

2. **uz**, beachten, erheben, preisen, praes. 1. plur. *yathâ thwâ . . . uzêmôhî* wie wir dich erheben, hzv. *vâtâ ujam*, Ner. *ucâir' uttishṭhâmi*, y. 45, 9. Westerg. *uzêmôhû*, wonach es plur. loc. von *uzemaṅh* (= *uzema*) sein würde; doch hat diese Lesart, wie ersichtlich ist, die Trad. gegen sich. Spiegel (nach einer briefl. Mitth. vom 20. Oct. 1863) hält auch die Lesart *uzîm*° von K 5. für nicht unmöglich; *uzîmôhî* wäre dann von 2. *i* abzuleiten. skr. *udîmasi*.
Skr. *ûh*, *ôhate*.

uzait° s. 2. *i* + *uç*.

uzaêna s. *huzaêna*.

uzayara (von *ir*) m. das Aufgehn, der Aufgang. acc. *uzayarem* vd. 21, 24. instr. *uzayara uzira* geh auf vd. 21, 20.

uzayeirina (vom vor.) m. Name eines Gâh oder Tagesabschnitts, vom Anfang der Dämmerung bis die Sterne erscheinen; der Beschützer desselben ist apãm napâo unter Mitwirkung des Frâdaṭvîra und Daqyuma, vgl. Bund. 60, 14. Hyde 166. Haug Essais 151. Spiegel, Av. übers. III. XLI. acc. *uzayêirinem* y. 2, 19. G. 3, 5. dat. *uzayêirinâi* y. 1, 13. 3, 27. G. 3, 1. voc. *uzayêirina ashâum* y. 1, 53.
Hzv. *uzairin*.

uzava (von *uç* + 2. *zu*?) m. n. pr. des Sohnes des Tûmâçpa, bei Firdosi Zab; im Mujmil ut tewarikh (Journ. asiat. 1841. Febr. p. 170, 171) heisst es, zâb heisse bei den Persern *zav* und *zah*, auch der Zabfluss soll nach ihm genannt sein; vgl. Windischmann Z. St. 149. Spiegel, Av. übers. III, 136. gen. *uzavahê* yt. 13, 131.

uzi? *vaêdhaṅhô nôiṭ uzôis* Glosse zu vd. 1, 60. K² setzt noch *dahâkâi* hinzu, also *azhôis dahâkâi*? Windischmann Z. St. 145. vermuthet eine geographische Bestimmung.

uzira s. *ir*.

uzirañh (v. *ir*) n. Abend, pl. loc. *uzirôhva* vd. 21, 9.

uzukhshy° s. *vakhsh*.

uzustâna (von *uç* + *ustâna*) adj. leblos, instr. sie kommt nieder *uzustâna* (Westerg. *uzustana*) mit einem leblosen (Kinde) vd. 5, 137.

uzûithya (von 3. *zu*) n. das Emporeilen, das Erhabensein über etwas, loc. *uzûithyôi . . . khrûnyâṭ* er ist erhaben über die Bedrückung y. 45, 5.

uzûithyâoçca s. 2. *zu* + *uç*.

uzema (v. 1. *uz*) m.? Liebe, acc. *uzemem* y. 43, 7.

uzgaçta s. *zgath*.

uzgereptôdrafsha (von *u*° + *dr*°) adj., Banner erhebend, gen. f. °*shayâo* yt. 1, 11. 13, 136. plur. f. °*shâo* yt. 13, 37.

uzgerembyô s. *garew* + *uç*.

uzgereçna (von 2. *garez* + *uç*) adj., ergreifend, zermalmend.

uzgereçnôvaghdhana (vom vor. + *v*°) adj., mit zermalmendem Kopf, nom. n. *yâvarenem* °*vaghdhanem*, eine Handmühle, deren Kopf zermalmt, die Hzv.-Uebers. hat: deren Kopf sich dreht, vd. 14, 47.

uzjên s. 1. *zan*.

uzdaêza (von *diz*) m. 1) Anhäufung, plural. nom. *dakhma uzdaêza uzdista* die Dakhma-Anhäufungen, wörtlich: die als Dakhma angehäuften Anhäufungen vd. 7, 138. *dakhma uzdaêza kiryêiñtê* (wo am meisten) Dakhma-Anhäufungen gemacht werden vd. 3, 30. acc. *dakhma uzdaêza vikañti* (wo) man Dakhma-Anhäufungen einebnet vd. 3, 43. 2) Ort wo man Getreide anhäuft, Getreideschober, nom. *aeshô uzdaêzis* vd. 15, 102. acc. *aêtem uzdaêzem* vd. 15, 102. plur. loc. *uzdaêzaêshva* vd. 15, 100.
Vgl. skr. *dehî* Aufwurf, Wall, np. *dizh* (Bréal, Journ. asiat. V, 19, 496); skr. *uddehikâ* (Termite).

uzdaqyu (von *uç* + *d*°) adj., auswärtig, pl. gen. *uzdaqyunãmca* vsp. 19, 6. y. 26, 29.

uzdareza (von *darez*) n. das Verbundensein, hzv. *hambaçt*, instr. *yaṭ vâ aêtem âtarem uzdareza aêtayâo urvarayâo* wenn mit diesem Feuer in Verbindung sind solche Pflanzen, d. h. wenn diese als Brennstoff im Feuer liegen vd. 8, 239.

uzdâqyama s. 2. *dâ* + *uç*.

uzdâna (von 2. *dâ* + *uç*) m. Erhöhung, auf welche ein Todter gelegt ist, hzv. *vârâ-dahêçt*, erklärt durch *açtudân* (Knochenbehälter), acc. *uzdânem hê adhâṭ kerenaoṭ* mache für ihn einen erhöhten Platz (um ihn darauf zu legen) vd. 6, 102 (Westerg. liest *uzhd*°), *apa aêtem uzdânem barayen* sie mögen die Erhöhung (des Scheiterhaufens) fort bringen vd. 8, 236.

uzbaodha (von *uç* + *baodhaṅh*) adj., exanimis, acc. fem. *uzbaodhãm* vd. 5, 41.

uzbâzu (von *uç* + *b*°) adj., mit erhobnen Armen, nom. *uzbâzus* yt. 10, 124.

uzya (von 2. *uz*) m. n. pr. des Sohnes des Vaṅhudhâta, gen. *uzyêhê vaṅhudhâtayanahê* yt. 13, 119.

uzyamana s. 1. *vaz*.

uzyarâṭ s. *ir*.

uzyêiti falsche Lesart für *izyêiti* yt. 24, 30.

uzyôraiti s. *ir*.

uzraoca (von *ruc*) f. das Leuchten. dat. *frâ thwãm paiti apâtha nôiṭ apaya uzraocayâi* du sollst hinfüro nicht dich gelangen lassen (kommen) zum Leuchten, yt. 19, 48.

uzvareza (von *varez* + *uç*) n. Sühne, nom. *cis aiihê açti uzvarezem* was ist dafür die Sühne vd. 18, 83. *aom aiihê açti uzvarezem* vd. 18, 85. dat. *uzvarezâi* zur Sühne vsp. 23, 9.

uzvarsta s. *varez* + *uç*.

uzvarsti (von *varez* + *uç*) f. Aussöhnung, plur. nom. oder acc. *adhaca* (Westerg. *aṭca*) *heñti peretôtanunãm skyaothnanãm uzvarstayô* so sind es Aussöhnungen (so gilt es als Sühne) der sündlichen Thaten, Cit. der Hzv.-Glosse zu vd. 7, 136 (Westerg. 7, 53).

uta (von *u*), conjunct., und, auch, y. 9, 72. yt. 2, 15. *uta . . . uta* y. 11, 4. yt. 10, 18. *âṭ utâ* y. 35, 16. *athâ vê utâ qyâmâ* dass wir auch euer seien y. 40, 11. Die Hzv.-Uebers. hat für *athâ* und für *utâ êtun; uta amem* und Kraft, yt. 14, 2.

Skr. *utá*, altp. *utâ*, hzv., parsi, np. etc. *u*, afgh. *va*, *o*, armen. *ev*.

utayûiti (von *uta* in der Bedeutung „weiter" und 2. *yu*) 1) adj., fortdauernd, kräftig, nom. fem. *aṭ kehrpem utayûitis* (Spiegel °*tis*) *dadiṭ ârmaitis ãnmâ* und dem Körper gab Beständigkeit die kräftige Ârmaiti, die Trad. übersetzt: dem Körper gab Ârmaiti Kraft ohne Bestürzung (ohne Beschämung), aber die Hss. lesen alle *utayûitis*, wenigstens findet sich in den Ausgaben keine Variante; y. 30, 7. 2) m. n. pr., gen. *utayutôis* yt. 13. 126. 3) f. Fortdauer, Kraft, acc. *utayûitîm* y. 47, 6. loc. *utayûtâ* y. 44, 7. instr. *utayûitî* kräftig, ewig (geschaffen) y. 33, 8. dual. nom. *utayûitî terîshî* Stärke und Kraft y. 34, 11. *terîshî utayûitî* y. 44, 10. 50, 7. acc. *utayûitî terîshî* (Westerg. °*shîm*) *yaṭ tôi vaçemî* Kraft und Stärke wünsche ich dir y. 42, 1.

utavañṭ (von *uta*) adj., darüber hinausgehend, instr. *çatavata çatêvata utavata utêvata*, hundertfach und noch mehr, yt. 2, 15.

uthra, Westerg. **utha** (von 1. *vad?*) n. unreine Flüssigkeit, acc. *uthrem* vd. 16, 40.

Hzv. *uç*, vgl. *ûtha*.

ud oder **vad**, fliessen, quellen, baden.

Skr. *ud*, *unátti*.

udara (von *ar* + *uç* in der alten Gestalt *ud*, die im bact. verschwand), m. Bauch.

Skr. *udára*.

udarôthrãça, Spiegel **udarôthrusta** (vom vor. + *thrãç*) adj., auf dem Bauch kriechend, pl. gen. *azhinãm udarôthrãçanãm* (°*thrustanãm*) vd. 14, 9. 18, 144.

udra (von *ud*) m. Fischotter? Spiegel: Wasserhund; im Sad der porta 62 wird das Wort durch canis aquarum und castor gegeben, vgl. aber *bawri*; acc. *udrem yim upâpem* vd. 14, 2. instr. *anya udra upâpa* ausser dem Wasserudra, vd. 13, 48. gen. *udrahê* vd. 13, 169. dual. nom. *dva udra upâpa* vd. 13, 167.

Skr. *udrá*, hzv. *udrak*.

udrajana (vom vor. + *jan*) adj., den Urda tödtend, nom. *udrajanô* vd. 13, 173.

udrya (von *udra?*) m. n. pr. eines Berges, nom. *udryaçca* yt. 19, 6.

una f. Locke, plur. loc. *unâhva* vd. 17, 5. Die Hzv.-Uebers. hat *ûnahr* (bloss umgeschrieben).

Vgl. skr. *ûrṇâ?*

upa 1) adv., als Verbalpraefix, z. B. *upa-mrû*. 2) praepos. a) c. acc., zu, gegen, bei, bis, *upa rapithwãm* gegen Mittag vd. 2, 31. *upa dakhmem* hin zum Dakhma (parallel steht *avi*) vd. 5. 52. *upa çkembem* (Westerg. *çkañbem*) vd. 8. 26. *upa tãm kehrpem* zu diesem Körper vd. 5, 3. *upa qareñtem* bei dem essenden, vd. 13, 76. *upa ushâoñhem* bei der Morgenröthe vd. 18, 36. *upa berezañtem ahurem* yt. 5, 72. *upa karshvare yaṭ arezahê* (oder locativ?) über dem Keshvar Arezahê (als Schutzgeist) yt. 12, 9. *upa frashôkeretîm* bis zur Auferstehung y. 61, 8. *upa* bis zu yt. 10, 67. b) c. loc., über, *upa . . . garô nmânê* über dem Garotman (als Schützer) yt. 12, 37.

Skr. *úpa*, altp. *upâ*, parsi *pa*, *ba*, np. *bah*, *ba°*, kurm. *be*.

upairi 1) adv. von oben herab, oben, *upairi puçãm bañdayata* oben band sie sich den Kopfputz yt. 5, 128. *upairi* von oben herab yt. 13, 31. 2 praepos., a) c. acc. auf, über, *yim upairi* auf welchem (Drachen) y. 9. 35. *yim upairi çruyê çinaṭ* auf welchem im Horn ruhte (Stärke, d. h. in dessen Hörnern Stärke ruhte) yt. 14, 7. *upairi harãm berezaitîm* auf der hohen Hara yt. 10, 50. *upairi zãm vîcareñti* yt. 5, 89. *upairi tâo* über diesen yt. 8. 48. *upairi çpânem* über den Hund (so dass ein Hund nicht daran reicht) vd. 6, 103. *upairi iriçtem* über den Todten (wirft er ein Kleid) vd. 8, 65. *upairi anyâo âpô* über (besser als) andre Wasser vd. 5, 70. b) c. instr., auf, über, *upairi âya zemâ* auf dieser Erde y. 13, 10. *upairi anyâis çravâis* über (besser als) andre Worte vd. 5, 68.

Skr. *upári*, altp. *upariy*, hzv. *apar*, parsi *awar*, np. *bar*, afgh. *par*, bal. *bor*, kurm. *ber*, armen. *ver*, oss. *far* (vgl. *far-açt*, 9), vgl. phryg. *ὑφοῦ* (super).

upairikairya (vom vor. + *k°*) adj., in der Höhe wirkend, plur. fem. *upairikairyâo* yt. 13, 31.

upairizema (von *upairi* + *zem*) adj., über der Erde befindlich, plur. neutr. *upairizemâisca* (vgl. *adhairizema*) yt. 8, 48.

upairidaqyu (von *upairi* + *d°*) adj., über dem Land befindlich, acc. *mithrem upairidaqyûm* yt. 10, 144.

upairinaêma (von *u°* + *n°*) n. obere Seite, abl. *upairinaêmâṭ* (Westerg. *upairi n°*) von oben her vd. 6, 104.

upairiçaêna (von *u°* + *çaêna*) über den Adlern, höher als die Adler fliegen, m. n. pr. eines Berges. welcher sich nach Bund. 59 von Sakastene bis Susiana erstreckt, auf welchem aber auch noch der Mervrut und Hilmend entspringen (Bund. 52, 8. und daselbst am Rande); vgl. Windischmann Z. St. 6. 166 plur. nom. *iskatâca* [lies *skatâca*] *upairiçaêna* die

Höhlenberge U., yt. 14, 21. acc. *avi skata upairi-çaêna* zu den Schluchten des U., y. 10, 29. Hzv. übers. zu den Schluchten des Pârçîn.

Hzv. *pârçîn.*

upairiçpâiti (von *upairi* + 1. *çpâ*) f. Ueberwurf, die Riemen, welche den Pferden über den Rükken gelegt und an die Deichsel befestigt werden, Deichselriemen, loc. *hãmiçãmca . . . dereta hukereta upairiçpâtâ aka baçtãm khshathrem vairîm,* an die Deichsel welche mit einer gespaltnen (doppelten) wohlgemachten Klammer von Metall an die Deichselriemen befestigt ist, yt. 10, 125.

upaêta (von 2. *i*) eine welche einen Mann erkannt hat.

Vgl. *anupaêta.*

upaoshañuhva (von *upa* + *ushañh*) f. Osten, pl. acc. *hâ hama pâirê çâitê frâpayâo dañhéus â upaoshañuhvâoçca*, sie (die Kette des Alburz) ganz umgibt das wasserumfluthete Land gegen Osten, yt. 19, 1.

upañhañh, n. Anbetung, hzv. *névakish* (Güte), plur. acc. *humaya upañhâo cishmaidê* wir lehren die wohlverordneten Anbetungen vsp. 14, 5.

Skr. *upâsâ* (religiöse Betrachtung) von *âs* würde verglichen werden dürfen, wenn man eine Kürzung des Vocales von *âh* annehmen dürfte; ohne diese müsste dem *upâsâ upâoñha* entsprechen.

upañhareza (von *harez*) adj., zu giessen, nom. neutr. *yaomaêzem paçcaêta upañharezem ayañhaênem* Kuhurin ist dann zu giessen in ein eisernes Gefäss vd. 9, 40.

upañharsti (v. *harez*) f. Ausgiessung, dat. *upañharstayaêca* vsp. 10, 12.

upata (von *upa*) adj. hoch, acc. f. *upatãm caretãm*, Windischmann Z. St. 12: auf der langen Rennbahn, yt. 19, 77; lies *upa tãm? upatãm manôthrîm* (Spiegel liest *upa tãm*) yt. 5, 127.

upathwarsta s. *thwareç* + *upa.*

upathwereça (von *thwareç*) m. Abschneidung, pl. acc. *ahê nmânahê upathwereçãn upathwereçayãn* dieser Wohnung Abschneidung mögen sie abschneiden, sie mögen diese W. abschneiden vd. 8, 24.

upadayâṭ s. 2. *dâ* + *upa.*

upadarana (von 2. *dar*) n. Bedeckung, Schutz.

Vgl. *dâuruupadarana.*

upaberethwa (von 1. *bar*) adj., tragbar, comparat. acc. m. *yêzi aêtem iriçtem upaberethwôtarem arazanãn* wenn sie merken dass der Todte leicht zu tragen ist vd. 8, 5. acc. n. *yêzi aêtem* (lies *aêtaṭ*) *nmânem upaberethwôtarem arazanãn* (es müssen wohl bewegliche Wohnungen, Zelte, sein) vd. 8, 8.

upabda (von *upa* + 2. *bda*) m. Fuss (Windischmann), Gipfel (Spiegel), loc. *upa upabdê harayâo* am Fuss der Hara, yt. 5, 21. 9, 3. 17, 24.

upama (von *upa*) adj., der oberste, höchste, nom. *upamô* G. 1, 6. neutr. *upamem paiti raghdhanahê upamâṭ vareça hisku baraâṭ* (bis) das oberste des Kopfes vom obersten Haar an trocken ist vd. 8, 124. 9, 124. acc. *çraoshem . . . upemem* yt. 11, 18. neutr. *upemem khshathrem* yt. 5, 22. instr. *yaçna . . . upamaca* yt. 11, 18. plur. acc. *dvadaça vitâra upema* zwölf Vitâras oben vd. 14, 62.

Skr. *upamá.*

upamana (von 1. *mâ*) 1) n. Gleichniss, nom. *daênayâo mâzdayaçnôis upamanem* ein Gleichniss des Gesetzes yt. 10, 126. 2) m. n. pr. eines Yazata, welcher mit Âfriti und Mithra zusammen erscheint; die Tradition fasst ihn als den Genius des Schwures oder Fluches (über die Bösen?), Windischmann: Fluch, Spiegel: Schwur; nom. *ughraçca dâmôis upamanô* der gewaltige Schwur des Weisen yt. 10, 66. *dâmôis upamanô* yt. 10, 68. 127. statt des instr. *huthra dâmôis upamanô* yt. 12, 4. 10, 9. acc. *dâmôis upamanem* vsp. 2, 28. y. 2, 58. 70, 93. instr. *ughraca dâmôis upamana* yt. 13, 47. dat. *dâmôis upamanâi* y. 8, 2. S. 1, 30. gen. *dâmôis upamanahê* vsp. 1, 26. y. 1, 44. Ner. gibt *upam°* falsch durch „vorzüglich“, glossiert aber richtig *çâpam ity arthaḥ*; seine weitre Glosse, welche sich in der Huzv.-Uebers. nicht findet, lautet: „der Wunsch (*âçî*) der Guten ist zwiefach, einmal in Gedanken, zweitens in Worten; der Wunsch in Worten ist sehr kräftig und der Wunsch in Gedanken ist sehr kräftig; dreimal in jeder Nacht schreitet der Guten Wunsch über der bekörperten Welt zum Schutz, das Glück (*lakshmî*, y. 14, 2 von Ashis vañuhi), das man durch reinen Wandel erlangt, beschützt der Wunsch der Guten.“ Vgl. Spiegel, Av. übers. III, XLIII.

Skr. *upamâna.*

upamitya (von 1. *mâ* partic. fut. pass. oder adj. verb.) zu warten, zu bleiben, acc. *cvaṭ drâjô upamitîm âçtê gareñti* wie lange sitzt man zu warten bis sie essen dürfen vd. 5, 154. *cvaṭ drâjô upamitîm âçtê . . . yâtô gâtus* wie lange ist zu warten (bis) sie wieder an dem Ort sein dürfen vd. 5, 157. *aojistem dim mazdayaçna upamitîm barezañhãm* am kräftigsten sollen diese Mazdaverehrer ihn bleiben lassen vd. 3, 65.

upamereta s. 1. *mar* + *upa.*

upayata (von *yam* + *upa*) adj., subactus.

Skr. *upayata.* — Vgl. *anupayata.*

upayana (von 2. *i*) f. Lehre, Studium, acc. *dareghãm upayanãm* y. 2, 53. 25, 18. 70, 18. gen. *dareghayâo upayanayâo* y. 1, 40. 3, 54. yt. 11, 17. 22. S. 1, 29.

Skr. *upâyana.*

upara (von *upa*) adj., der weitere, obere, acc. *râtem adharem uparem* S. 2, 22. *uparemciṭ haranem* beim Fortschreiten des Morgens y. 10, 5. dat. *uparâi amâi* yt. 10, 26. A. 1, 14. *uparâi khshathrâi* A. 1, 14. abl. n. *hê uparâṭ naêmâṭ* über derselben (Grube) vd. 8, 20. *uparâṭ naêmâṭ* oben vd. 14. 23. gen. *câtahê adharahê uparahê* S. 1, 22.

Skr. *úpara.*

uparaodha (von *upa* + *r°*) adj., hohen Wuchs habend, superl. nom. sg. *uparaodhistô* yt. 10, 126.

uparatâṭ (von *upara* + *tâṭ*) f. Erhabenheit, Ueberlegenheit, ein Genius, der oft neben dem Sieg angerufen wird: acc. *ramaiñtîmca uparatâtem* vsp. 2. 24. y. 56. 13, 4. yt. 5, 86. 10, 33. 11, 19. gen. *ramaiñtyâoçca uparatâtô* der schlagenden (siegenden) Ueberlegenheit vsp. 1. 22. y. 1. 19. 3, 33. yt. 1, 27. 14, 0. *amaraithyâo uparatâtô* vsp. 10, 19. pl. acc. *qarenaòhaçca uparatâtô* yt. 5. 86.

uparadâta (von *upara* + 2. *dâta*) adj., oben gesetzt. instr. n. *nemaòha adharadâta âjaçâni uparadâta* mit unten und oben gesetztem Lob will ich kommen yt. 10, 118.

uparanaêma (von *upara* + *n*°) n. die obere Seite, abl. *uparanaêmâṭ* oben yt. 14. 19.

uparôkairya (von *upara* + *k*°) adj., oben, in der Höhe wirkend, nom. *uparôkairyô* (v. *kereçâçpa*) mit hoher Wirksamkeit begabt (Burnoufs Erklärung haut de taille scheint durch einen Fehler in Neriosenghs Uebersetzung veranlasst zu sein, wo das Wort durch *utkṛshṭakâyah* gegeben ist; man muss aber °*kâryah* lesen, wie aus der Hzv.-Uebers. *uparkâr*) hervorgeht und wie y. 22, 27 wirklich *uparikârya* steht) y. 9, 33. *rayus yô uparôkairyô* yt. 15, 4. *rayô* (vocativ) *yô uparôkairyô* yt. 15. 3. acc. *raêm uparôkairîm* y. 25, 16. yt. 15, 5. *tistrîm uparôkairîm* yt. 8, 4. *uparôkairîm* (vom Gebet airyémâ) Fr. 4. 1. neutr. *karaêm qarenô asrañdarem uparôkairîm* yt. 19, 9. gen. *cayaos uparôkairyêhê* vd. 19. 44. y. 22. 27. yt. 15, 0.

uparônmâna (von *upara* + *nmâna*) adj., oben wohnend, acc. °*nmânem* yt. 10, 140.

uparôvîmanôhya (von *upara* + *vîm*°) adj. aus übergrossem Zweifel bestehend, acc. *aghem uparôvîmanôhîm* das Uebel des übergrossen Zweifels vd. 1, 62.

upavâza (von 1. *vaz*) adj. herbeibringend, nom. *upavâzô* A. 1, 4.

upavâva (von 2. *vâ*) adj., herzuwehend. *vâtô upavâvô çadhayêiti* ein Wind kommt entgegen geweht yt. 22, 7. 25.

upaçayana (von *çî*) m.? das Zulegen, loc. *dâityô upaçayênê buyâo* (o Feuer) sei richtig in der Zulage, d. h. habe stets Nachschürung durch Holz y. 61, 5.

upaçta (v. *çtâ*) f. 1) Hülfe, Beistand, nom. *upaçtaca* yt. 13, 99. acc. *upaçtãm* yt. 5, 63. 13, 1. 12. 14, 36 (scil. bringt). 2) weibliche Geschlechtstheile.

Skr. *upástha*, vgl. *upasthâna*, altp. *upaçtâ*, Hesych.: ὀπαστὸν τὸ ἐφόδιον Πέρσαι.

Vgl. *dareghôupaçta*.

upaçtâbara (v. vor. + 1. *bar*) adj., die Geschlechtstheile darbietend, die Trad. gewiss unrichtig: Schutz, d. h. schlechten Schutz bringend; dat. fem. *paiti jahikayâi upaçtâbairyâi* y. 9, 101.

upaçtarena (von *çtar*) n. Decke, loc. *zaranaênê paiti upaçtarenê*, yt. 15, 2.

Skr. *upastáraṇa*.

upaçtûiti (von *çtu*) f. Lobpreisung, nom. *upaçtûitis* yt. 14, 42. acc. *upaçtûitîm* yt. 24, 29.

Skr. *úpastuti*.

upaçnâiti (von *çnâ*) f. Abreibung, Waschung, dat. er wasche seinen Leib *ṭhriçatathrem upaçnâitêê* mit dreimaliger Waschung vd. 8, 276. *pañcadaça upaçnâitêê* vd. 8, 279.

upaçputhri (von *upa* + *puthra*) f. Schwangerschaft, acc. *yaṭ nâirika upaçputhrîm jaçâṭ* wenn eine Frau schwanger wird vd. 5, 135.

upaçma (von *upa* + *açman*) adj., unter dem Himmel lebend, acc. f. *gãm upaçmãmca* Vieh unter dem Himmel y. 70, 46. plur. nom. n. *yâca upaçma* yt. 8. 48. acc. m. *vatarô upaçma* vsp. 2, 1. gen. *upaçmanãm* vsp. 1, 1. yt. 13, 74.

upashaêta s. *shâ*.

upashiti (von 1. *khshi*) f. das Wohnen, dat. *upashitêê* zum Wohnen yt. 13, 30.

upashakhta s. *hac* + *upa*.

upâiti }
upâiṭ } s. 2. *i*.

upâzana (von 2. *az*) n. Einbringung, nemlich von getödteten ahrimanischen Thieren; die Trad. übersetzt Schläge, worunter aber nicht körperliche Züchtigung, sondern Schlagen von unreinen Wesen verstanden zu sein scheint; das Erlegen einer bestimmten Anzahl solcher Wesen wird als Sühne für Sünden vorgeschrieben; vgl. Spiegel, Av. übers. I, 294. DMG. 6, 445. plur. acc. *pañca upâzana* vd. 4, 60. *daça upâzana* vd. 4, 61. 75. *pañcadaça upâzana* vd. 4. 62. 75. 81. gen. *vîçaiti upâzananãm* yt. 10, 122. *thriçatem* °*zananãm* vd. 4. 63. 75. 81. 6, 19. 16, 36. yt. 10, 122. *pañcâçatem* °*zananãm* vd. 4, 64. 75. 81. 6. 24. 16, 37. *haptâitîm* °*zananãm* vd. 4, 65. 75. 81. 6, 29. 16, 30. *navaitîm* °*zananãm* vd. 4. 66. 75..81. 6, 34. *dayê çaitê* °*zananãm* vd. 4, 69. 75. 78. 81. 6, 39. 16, 32. *tisharô çata* °*zananãm* vd. 4, 38. *cathwârô çata* °*zananãm* vd. 6, 44. 8, 303. *pañca çata* °*zananãm upâzôiṭ* vd. 3, 125. *khshvas çata* °*zananãm* vd. 4, 41. 6, 49. *hapta çata* vd. 4. 44. 15, 137. *asta çata* vd. 4, 47. *nava çata* vd. 4, 50. *hazaṅrem* °*zananãm* vd. 3, 129. 4. 53. 6. 53. 13, 12. *baêvare upâzananãm* vd. 14, 4.

upâpa (von *upa* + 2. *ap*) adj. 1) im Wasser befindlich, nom. *baevris upâpô* yt. 5, 129. *karô maçyô upâpô* vend. sade 489 (Westerg. vd. 19, 42) yt. 14. 29. *gañdarewô upâpô* yt. 15, 28. *upâpô yazatô* (vom Apãm napâṭ) yt. 19, 52. acc. *udrem upâpem* vd. 14, 2. fem. *gãm upâpãm* Vieh unter dem Wasser y. 70, 46. instr. *anya udra upâpa* ausser dem Wasserudra vd. 13, 48. plur. nom. n. *yâca upâpa* yt. 8, 48. acc. m. *vatarô upâpa* vsp. 2, 1. gen. *vatarô upâpanãm* vsp. 1, 1. *vazaghanãm upâpanãm* Frösche die im Wasser leben vd. 14, 13. 18. 145. *upâpanãm* der Wasserthiere yt. 13, 74. 2) wasserhaltig, plur. nom. *awrâo upâpâo* yt. 14, 41.

upâçti (von *âh*) f. Darbringung, dat. *upâçtayaêca*, Westerg. *upâistayaêca* vsp. 10, 12.

Skr. *upâsti*.

upôiçayen s. 1. *iç*.

ufy° s. 1. *vap*.

ub zusammenhalten.

Skr. *ubh*, *ubháti*. *umbháti*.

uba (vom vor.) beide. dual. nom. f. *ubê* y. 34, 11.

dat. *ubôibyâ ahubyâ* y. 35, 9. 23. loc. *ubôyô aṅhvô* y. 41, 5.

Skr. *ubhá*, bal. *bai*, vgl. np. *ilân?*

ubj niederhalten, vertilgen; 3. sg. praes. conj. med. „durch das Gebet geht das eine mit dem andern vorüber: *yaṭ hê avaṭ paourum ubjyâitê* (Westerg. *ubajyâitê*), weil es ihm jenes frühere (die Sünde?) vernichten wird, Citat der Hzv.-Gl. zu vd. 7, 136 (Westerg. 7, 54).

Skr. *ubj, ubjáti.*

ubda (partic. perf. pass. von 1. *vap*) gewoben.

Skr. *uptá.*

ubdaêna (vom vor.) adj., gewoben, hzv. *tatak* (i. e. np. *dadah*) von wilden Thieren, also hären; nom. *yêzi aṅhaṭ ubdaênis* vd. 7, 36. acc. *vaçtrem ubdaênem* vd. 8, 65. vgl. Bund. 36, 1.

uyamna s. *û.*

uyê (von *dva*, = *duyê*), beide, doppelt, *yô nô aêvô aṭ tê uyê thrâyôidyâi tûrahê meñdaidyâi khshvîdem haptazhdyâi nava daçemê yôi vé yaêthma* (der Raçpi spricht zum Zaotar, indem er ihm die Haomaschale in die rechte Hand gibt:) der du uns nur ein (Deçtur bist, so die Trad.) — eure Hülfleistungen (nemlich eure, der andern Priester, der Assistenten des Zaotar?) sollen dir das zwiefache verdreifachen, das vierfache verfünffachen, das sechsfache versiebenfachen, die neun zum zehnten (machen)? y. 11, 24. Dass der Raçpi einmal den Zaotar und das andre Mal die Priester anredet, kann nicht auffallen, wenn man sich vorstellt, dass er sich während des Hersagens dieser Worte nach verschiednen Seiten wendet; was die Stelle eigentlich bedeute, bleibt mir unklar; vielleicht hilft zur Aufhellung des Sinnes die Stelle y. 28, 9: *yôi vé yôithemâ daçemê çtûtãm* welche euch hülfreich sind beim Zehnten der Lobsänger; acc. *uyê* beides (es folgen plurale) yt. 5, 26.

uraṅh (von 2. *var*) n. Brust.

Skr. *úras.*

Vgl. *çpityura?*

uru (von 2. *var*) adj., breit, gross.

Skr. *urú*, südoss. *warakh*, dig. *urukh*, tag. *orakh.*

uruidhyâṭ s. 4. *rud.*

uruzd fliessen, Fortbildung der Wurzel 4. *rud.*

uruzda (vom vor.) f.? Unreinigkeit, hzv. *rûi.*

Vgl. *frâuruzda, niuruzda* (*nyuruzda*).

uruzdapâka, Westerg. **uruzdipâka** (vom vor. + *pac*) adj., Unreinigkeit verbrennend, kochend (vom Feuer) acc. *uruzdapâkem* vd. 8, 254.

1. **uruth** (vgl. 1. *rudh*) wachsen, partic. praes. acc. n. *urutheñtem* (Thema °*theñta* wie im Prakrit und Gothischen) *khshathrem zazâiti* (welcher) das Reich wachsend macht yt. 5, 130. partic. perf. med. nom. f. *uruçta* vd. 19, 59. = yt. 24, 22.

— *fra*, emporwachsen, partic. perf. med. pl. gen. f. *urvaranãm frâuruçtanãm* yt. 18, 6.

2. **uruth** (vgl. 3. *rud*) weinen, impf. 3. pl. *uruthen* vd. 3, 107. med. *urutheñta*. vend. sade 490 (Westerg. vd. 19, 45).

urutha (von 1. *uruth*) n. Wachsthum, Aufwachsen, nom. *uruthem* vd. 9, 190.

uruthma (von 1. *uruth*) m. Wachsthum, plur. acc. *yavanãm uruthmãn* das Wachsthum der Feldfrüchte vd. 19, 87.

Vgl. *huruthma.*

uruthmi (von 1. *uruth*) 1) adj., wachsend, plur. acc. f. *urvarâo uruthmîsca* y. 70, 41. 2) f. Wachsthum, plur. acc. *çrîrâo uruthmîs* yt. 13, 55. abl. *yaṭ nôiṭ . . . çtayaṭ urvarâo uruthmibyô* so dass er die Pflanzen nicht am Wachsthum hemmen konnte yt. 13, 78.

uruthmya (vom vor.) adj., wachsend, plur. gen. f. *urvaranãm uruthmyanãm* vd. 19, 58. yt. 24, 22.

uruthware (von 1. *uruth*) n. Wachsthum, nom. *uruthware* vd. 3, 97. acc. *uruthware* vd. 4, 134. pl. acc. *yô nars ashaonô haca uruthwãn baêshazyâṭ* welcher heilt zum Wachsthum des reinen Mannes (d. h. so dass er fürderhin gesund bleibt oder noch gesunder wird) vd. 7, 121., interpol. aus yt. 3, 6. *uruthwãçca* (*ç* ist euphonisch) yt. 13, 11 (Windischmann Z. St. 314: Blut); loc. *uruthwôhva* (Thema *uruthwaṅh* oder °*wan*) vd. 5, 150.

Hzv. *uçparrâ* (wachsend) scheint durch Umstellung und Verhärtung des *w* zu *p* aus *uruthware* entstanden zu sein.

urud fliessen s. 4. *rud.*

urud (vom vor.) f.? Fluss, loc. *urûidhi* vd. 13, 102. 15, 18.

Vgl. skr. *ródha*, hzv. parsi *rôt, rût*, np. buchar. afgh. *rûd*, kurd. *ru*, zaza *rô*, phryg. Ῥόδιος Il. 12, 20.?

urudûyata s. 1. rud.

urunya (von 2. *var?* das flache?) f. Untertasse, bei Wilson 330 *merkindân*; es ist das Gefäss, in welchem das, was vom Haoma übrig bleibt, gereinigt wird; nom. *urunya raêthwis bajina* vd. 14, 30.

urunyôvâidhkaêca (nom. sg.) n. pr. eines Berges yt. 19, 5.

urupan? (verwandt mit *urupi?*) m. n. pr. eines Sohnes des Vîvaṅhâo und ältern Bruders des Yima; er bändigte den Ahriman und ritt 30 Jahre lang auf ihm, bis ihn dieser auffrass; er wurde von Yima, welcher den Ahriman überlistete, wieder aus dem Bauch des Bösen geholt; vgl. Spiegel H. II, 317. Av. übers. III, LVI. Windischmann Z. St. 196 ff. nom. *takhmô urupa azinavâo* yt. 15, 11. *azinavañtem* (s. diess Wort) *bavâhi yatha takhmô urupa* yt. 23, 2. acc. *takhmem urupa azinavañtem* yt. 19, 28.

Der Name lautet bei Neriosengh *tahmûrapha*, parsi *takhmûraf*, np. *tahmûraç, tahmûraṣ*, in den Desâtir *tahmûrad.*

urupi (von *rup*) m. Name einer Hundeart, hzv. übers. *karbâ aigh rapûk* (letztres scheint Igel zu bedeuten), nom. *çpâ urupis* vd. 5, 108. *aêshô çpâ yô urupis* vd. 5, 109. gen. *urupôis* (Hss. *urupis*, vgl. Westergaard, preface 9. not. 4) *tizhidâtahê* vd. 13, 48.

Hzv. *rûpah* (übersetzt das altb. *raozha*) vgl. Bund. 30, 15. 18. np. buchar. *rûbâh*, türkisch-zig. *ruv* (Wolf), afgh. *lîvah?* (oder = gr. λῖς?) kurd. *rûvi* (Fuchs), bulb. *rivi*, zaza *lu?* oss. *rubaç;* findet sich auch in tatar. Sprachen z. B. tscherem. *rübüsh* (v. d. Gabelentz Z. K. d. M. 4, 14).

urnçta s. 1. *uruth.*

urusha (von 1. *gar?* adj., geniessend, hzv. *khôrtar*, Ner. *bhoktar*, plur. dat. *urushaêibyô* für die (das Opfer) geniessenden. y. 29, 7.

uruyâpa von *uru* + 2. *ap*, *y* steht für *v*) adj., breitfluthig, gen. *uruyâpahê* yt. 8, 8.

Vgl. *urvâpa.*

uruyô lies *uuruyô* yt. 3, 4.

urutâta? gen. *urutâtahê* yt. 24, 47.

urûdhayañt von 1. *rud?*) f. n. pr. eines Mädchens, gen. *kanyâo urûdhayañtô* yt. 13, 141.

urûdhu (von 1. *rud?* m. n. pr. eines Sohnes des Pourudhâkhsti, gen. *urûdhaos pourudhâkhstayanahê* yt. 13, 112.

urûraoçt s. 1. *rud.*

• **urûrudhusa** s. 1. *rud.*

1. **urva** lies *aurvahê* s. diess Wort) yt. 15, 16.

2. **urva** von *uru?*) f. n. pr. eines Landes, über dessen Lage man nicht einig ist; Kiepert (Verhandl. der Berl. Akad. vom 15. Dez. 1856. p. 634) sucht es in der Gegend von Telbes, Haug verlegt es nach Kabul (Kabul aber ist Vaêkereta), Spiegel (Münchener gel. Anzeigen April 1859. p. 364) entscheidet sich nicht; sollte Medien gemeint sein? wenigstens lässt sich das Wort, welches die Hzv.-Uebers. als bekannteres dem alten Urva beifügt, *Madyân* lesen. Dass Medien im Altp. *mâda* heisst, lässt sich kaum dagegen anführen; acc. *urvãm pourusâçtrãm* vd. 1. 38.

urvaiti (von *urvat*) 1) f. Uebereinstimmung, Vertrag, instr. *çûra urvaiti dâtanãm çravañhãm* o Held, in Uebereinstimmung mit den gegebnen Gebeten yt. 10, 3). plur. *urvaitîsca* yt. 11, 14. 2) adj., zu Stand bringend, plur. nom. fem. *aurvâo* . . . *avô urvaitîs hapta karshrãn*, Gewölke, welche Schutz bringen den 7 Keshvars yt 8, 40.

urvaitya (vom vor.) n. Uebereinkunft, inst. *añtare urvaitya* durch Uebereinkunft, als Sühne vd. 14, 15. 17. 19. 21. 23.

urvaithya von *urvat*) adj., vollendet? plur. acc. *mazista urvaithya* die grössten, vollendeten (Mâthras) G. 2, 7.

urvaêza adj., schlank.

urvaêzômaidhya (vom vorigen + *m*°) adj., mit schlanker Taille, plur. fem. *kaininô* . . . *urvaêzômaidhyâo* yt. 17, 11.

urvaêuañt (von *uru* + *e*°) adj., weithin scheind, plur. fem. *urvaêuaitîs* yt. 13, 33.

urvaêça (von *urviç*) m. 1 Auflösung, Ende, acc. die Gestirne wandeln *dûraêurvaêçem adhvanô*, *urvaêçem nâshemna yim froshôkeretôiṭ* zum fernen Ende der Bahn, um zu erreichen (bis sie einst erreichen) das Ende bei der Auferstehung yt. 13, 58. abl. *aparaṭ haca urvaêçâṭ fratarem urvaêçem* yt. 24, 29. loc. *urvaêçê* y. 42, 5. 6. 67, 67. *uçtemê urvaêçê* bei der endlichen Auflösung y. 70, 66. yt. 21, 15. *apêmê añhêus urvaêçê* (dem vergilt er nicht) bis zum letzten Ende der Welt (d. h. erst dann) y. 50, 6. 2) Punct, Stelle, Fleck, acc. *urvaêçem* yt. 14, 29.

Vgl. *dûraêurvaêça*

urvañt (von *urvaṭ*) adj., tüchtig, stark, gen. *urvatô* yt. 11, 2. 14, 11. 19. plur. acc. *zevîstayêñg urvatô* den freundlichen, tüchtigen y. 49, 7.

urvañta, Westerg. **urvata** (von *urvaṭ*) m. Vollendung. acc. *urvañtem* (Westerg. *urvatem*) als Vollendung y. 31, 3.

urvataṭnara (von *urvatañṭ* + *nara*) sich mit den Männern befreundend? m. n. pr. 1) des dritten Sohnes des Zarathustra, von seinem Weibe Çagar, welcher in dem von Yima angelegten Garten (in Varjemkaut) herrscht, als Stammvater und Haupt der Ackerbauer gilt und bei der Auferstehung als Helfer des Çoçiosh fungieren wird; vgl. Bund. 69, 4. 5. 79, 18. nom. *urvataṭnarô* vd. 2, 143. gen. °*narahê* yt. 13, 98. 2) eines Nachkommen des vorigen? gen. *urvataṭnarahê aparazâtahê* des nachgebornen U., yt. 13, 127.

urvaṭ. eine Umstellung von *vareṭ*, *u* ist Vorschlag; sich befreunden, übereinkommen, zu Stand bringen; partic. praes. *urvatañṭ*, davon *urvataṭnara*.

urvatji s. 1. *ji.*

urvatha (von *urvaṭ*) 1) adj., freundlich, acc. *mashîm urvathem* yt. 1, 24. plur. nom. *urvathâ* y. 50, 14. acc. f. *âpô* . . . *urvathâo* yt. 8, 47. *urvathãmciṭ* lies *aurvathemciṭ*? yt. 12. 3. 5. 2) m. Freund, nom. *urvathô* y. 10, 25. 43, 2. 31. 21. 44. 11. 45, 11. 49, 6. 56, 11. acc. *urvathem* y. 10, 25. 70, 61. yt. 1, 24. *urvathem urvathâṭ* einen Freund (besser) als (andre) Freunde y. 70, 62. 3) n. Freundschaft, hzv. *dôçtish*, acc. *yatha urvathem* als Freundschaft y. 19, 36.

Vgl. *aurvatha*, *ashôurvatha*, *drvôurvatha.*

urvadha (von 1. *rud*) adj., wachsend, nom. f. *urvadhaca* yt. 19, 67. vgl. Windischmann Z. St. 3.

urvan m. Seele, Ner. *âtman*, die mit freiem Willen begabte Individualität, welche nach dem Tode Rechenschaft ablegen muss und in den Himmel oder in die Hölle kommt, vgl. den Sadder Bundehesch bei Spiegel II. II, 172. nom. *urva* vd. 13, 22. 19, 48. yt. 13, 50. 81. 22, 1. 19. *hara urva?* yt. 24, 12. *gêus urva*, Seele des Stieres oder der Kuh; Ormazd schuf Anfangs ein Rind, welches Ahriman tödtete; aus dem Leibe desselben gingen die Getreidearten hervor, die Seele ging in den Himmel, wo sie über die Sünde der Welt klagte, bis ihr die Fravashi des Zarathustra gezeigt ward, vgl. Bund. 10, 8 ff. 11, 20 ff. 28, 5. Spiegel, Av. übers. III, XXIII. In dem Yasht, welcher an die Stierseele gerichtet ist, heisst sie *drvâçpa*; *gêus urvâ* y. 29, 1. (hzv. *gôshurûn*); *urvâ* y. 50, 13. 29, 5. 34, 2. 43, 8. 45, 11. 69, 17. 44, 7. *môi urvâ* y. 49, 1. acc. *urvânem* vd. 13, 7. 19, 94 y. 17, 25. yt. 13, 84. *haom urvânem* yt. 6, 4. *urvãnem* y. 28, 4. *dahmem urvânem* (des Udra) fromme Seele vd. 13, 173. *urvânemca* y. 54, 1. *gêus urvânem* y. 39, 1. G. 4, 6.

gêus hudhâoṅhô urvânem S. 2, 14. *drvatãm aghem urvânem* vd. 19, 100. instr. *urunaca* yt. 21, 4. dat. *urunê* vd. 14, 5. 19, 89. y. 61, 11. yt. 24, 32. A. 1 b, 7. *urunaêca* y. 9, 53. 61, 17. yt. 17, 22. *aourvatãm urunê* G. 4, 5. *gêus urunê* y. 1, 6. 69, 9. Fr. 6, 1. gen. *urunô* vsp. 12, 6. y. 1, 47. *gêusca urunô* vsp. 10, 23. *urunaçca* y. 62, 4. *urunô fravashîm* die Fravashi der Seele (des Stieres) S. 2, 12. plur. nom. *urvânô* vd. 19, 105. *urvãnô* y. 17, 43. 33, 9. 44, 2. (cit. 19, 43). 59, 17. 48, 11. *iriçtanãm urvãnô yâo ashâunãm fravashayô* yt. 22, 39. acc. *iriçtanãm urvânô yazamaidê yâo ashâunãm fravashayô* y. 70, 94. *urvânô* vd. 19, 100. *urvãnô* y. 26, 21. yt. 13, 148. *urunô* y. 39, 2. yt. 13, 74. 154. *urunaçcâ* y. 41, 26. 48, 10. dat. *urvôibyô* vsp. 12, 19. y. 4, 4. 24, 12.

Hzv. *rubân*, parsi *ruãn*, *rvãn*, np. *ruvân;* kurd. *roh* scheint aus dem Arab. entlehnt.

Vgl. *âçnôurvan*, *usheurv*, *khraozhdaṭurvan*, *hurunya*.

urvara f. Pflanze, nom. *urvara* (collectiv) vd. 5, 42. 8, 304. acc. *urvarãm* vd. 3, 13. 8, 134. 19, 116. y. 3, 13. vom Bareçma vd. 18, 7. *imãm urvarãm bareçmainîm* vsp. 12, 17. statt des nom. (nach dem Verb.) vd. 11, 6. abl. *haca urvarayâṭ* vd. 11, 32. *urvarayâaṭca* (früher) als die Pflanzen vsp. 8, 18. gen. *urvarayâo* y. 19, 17. yt. 13, 86. *aêtayâo urvarayâo* von diesen Pflanzen vd. 8, 239. 14, 8. *çareta urvarayâo* kalt für die Pflanzen vd. 1, 10. voc. *urvairê* vd. 19, 60. plur. nom. *urvarâo* vd. 5, 60. vsp. 24, 2. y. 13, 23. yt. 13, 10. *urvarâoçca* yt. 13, 93. 8, 7. acc. *urvarâo* vd. 11, 30. 20, 15. y. 2, 45. 70, 41. 47, 6. yt. 13, 78. 79. *urvarâoçca* vd. 6, 6. vsp. 19, 8. y. 5, 1. 43, 4. abl. *pairi urvarâbyaçca* entfernt von den Pflanzen vd. 16, 4. gen. *urvaranãm* vd. 2, 74. 5, 60. 6, 97. 18, 126. 19, 58. yt. 7, 4 (partitiv). 12, 17. *urvaranãmca* y. 51, 5. loc. *urvarâhu* yt. 10, 145. 22, 7.

Vgl. skr. *urvârâ* (Saatfeld); hzv., parsi, np. *urvar*. Vgl. *vîurvara*, *âpaurvairê*, *ukhshyaṭurvara*.

urvarôcithra (vom vor. + *cithra*) adj., Bäumen Saamen bringend, Beiwort von Sternen, vielleicht eines Sternbildes? plur. acc. *upa avê çtârô yôi urvarôcithra* yt. 12, 31. *vîçpê çtârô urvarôcithra yazamaidê* S. 2, 13. gen. *çtârãm afscithranãm zemaçcithranãm urvarôcithranãm* S. 1, 13.

urvarôbaêshaza (von *urvara* + *b*°) m. ein mit Pflanzen heilender Arzt, Kräuterdoctor, nom. *urvarôbaêshazô* yt. 3, 6. plur. acc. (statt des nom., weil hinter dem Verb.) °*baêshazêçca* vd. 7, 119.

urvarôçtraya (von *urvara* + *çtr*°) m. Abschneiden, Ausrotten von Pflanzen, pl. acc. *urvarôçtrayãçca* yt. 22, 13 = 24, 37. 59 (wo °*çtrãmca*).

urvâiti (v. *urvaṭ*) f. Gesetz, gen. *urvâtôis* y. 45, 5.

urvâidyâo (vgl. *urvadha*) adj., sich befreundend, nom. *yathâ vâo yazemnaçcâ urvâidyâo* damit ich opfernd mich mit euch befreundend (sei) y. 34, 6.

urvâkhra m. Kälte? acc. *aotem urvâkhremca* yt. 19, 69.

urvâkhshaya (von *urvâkhs*) m. n. pr. eines Sohnes des Thrita und Bruders des Kereçâçpa, von Hitâçpa erschlagen; er ist der symbolische Ausdruck für die innere Kraft des Menschen, für den wohlthuenden Einfluss der Zeit, welche Sorgen stillt und Leidenschaften besänftigt, für das Gefühl der Liebe (Westergaard, J. St. 3, 425); nom. *urvâkhshayô* y. 9, 31. gen. *brâthrô urvâkhshaya* ((sic) yt. 15, 28. statt des nom. *yatha urvâkhsahê* (sic) yt. 23, 3.

1. **urvâkhs** (Erweiterung der Wurzel *urvâz* durch *s*) wachsen, sich wohlbefinden, froh sein: impf. 3. sg. *yâ hâ keretâ ashâṭcîṭ urvâkhshaṭ* wodurch der aus Reinheit wohl thuende sich wohl befindet, y. 34, 13. *yathâ nê â vohû jimaṭ manaṅhâ* (Citat aus y. 43, 1) *â vohû urvâshaṭ âyemaṭ tâ* bis er zu uns kommen wird durch Vohumanô, damit das Gute uns erfreue und so komme y. 69, 16. *kâ mê urvâ vohû urvâshaṭ* wie soll meine Seele das Gute geniessen y. 43, 8.

2. **urvâkhs** (vom vor.) f.? Fröhlichkeit, Freundlichkeit.

urvâkhsaṅhva (vom vor. + *aṅhva*) adj., ein frohes Dasein habend, instr. *urvâkhsaṅuha gaya jighaêsa* lebe ein frohes Leben vd. 18, 61. y. 61, 29.

urvâkhsukhti (von 2. *urvâkhs* + *ukhti*) f. freundliche Rede, instr. *urvâkhsukhtî* y. 32, 12 (Neriosenghs Glosse polemisiert gegen das Thieropfer).

urvâz, wachsen, mehren, erfreuen; laut sprechen, med. partic. praes. nom. m. *urvâzemnô* sprechend yt. 10, 73. plur. nom. pass. *urvâzemna* geliebt werdend yt. 10, 34.

Skr. *varh*, *vṛhati*.

urvâza (von *urvâz*) adj., freundlich, fem. instr. *urvâzistahyâ urvâzayâ* mit der Freundlichkeit des Freundlichsten y. 36, 5 (Wortspiel mit dem Namen des Feuers *urvâzista*) s. Windischmann Z. St. 89. plur. acc. n. *urvâzâ* y. 30, 1. superl. *urvâzista* 1) sehr glücklich, nom. *urvâzistô* y. 36, 4. 2) f. Freundschaft, acc. *frashaostrâi urvâzistãm ashahyâ dâo* du gibst dem Frashaostra die Freundschaft der Reinheit y. 48, 8. Hzv. übers. *urvâjashn* und erklärt: im Handeln und Werkethun mache ihn feurig; 3) m. Name des Feuers, welches in den Pflanzen wohnt und „welches immer trinkt, aber nicht isst“ Bund. 40, 4. Neriosenghs Glosse zu y. 17, 65. Windischmann Z. St. 87. acc. *âtarem urvâzistem* y. 17, 65. gen. *âthrô urvâzistahê* (*fravashîm*) yt. 13, 85.

urvâzeman (von *urvâz*) m. Erfreuer, nom. sg. *urvâzemâ* y. 32, 1.

urvâṅṭ (von *uru* + *vãṅṭ*), adj., weitwehend, pl. nom. fem. *yâhva urvâitis aurâo* unter welchen weitwehende Gewölke sind yt. 8, 10.

urvâta (von *urvaṭ*) n. Uebereinkunft, Lehre, Gesetz, gen. *thwahyâ urvâtahyâ* deines Gesetzes y. 34, 8. dual. acc. *urvâtâ* die beiden Lehren, d. h. die schriftliche und mündliche Ueberlieferung, die Trad. erklärt es durch Avesta und Zend; diess ist insofern richtig, als mündliche Ueberlieferungen und Erklärungen der heiligen Texte gewiss so alt sind als diese, wenn auch das schriftliche Zend d.

i. die Uebersetzungen in spätre Dialecte, wie wir sie besitzen, natürlich in den Texten selbst nicht erwähnt werden kann. Haug Essais 121 zieht falsche Folgerungen; plur. instr. *urvâis urvâtâis* nach jenen Gesetzen y. 43, 15. *urvâtâis drûjô* mit den Lehren der Drukhs y. 31, 1.

urvâdaûh (vgl. *urvadha*) n. Liebe, instr. Ormazd schuf die irdischen Güter *daregôjyâtôis urvâdaûhâ* aus Liebe zum langen Leben, d. h. damit der gute Mensch lange leben könne, y. 42, 2.

urvâna (von 1. *ru*?) adj., weit, offen, sichtbar, loc. *yêzi âis nôiṭ urvânê adrâo aibîderestâ vaqyâo* wenn ich nun an dem nicht sichtbaren zweifellos festhalte als guter (so komme ich zu euch) y. 31, 2. Die Trad. gibt die Stelle folgendermassen: wenn er durch Betrachten (*âis*) nicht weiss — wenn er durch Betrachtung die Grösse des Gesetzes nicht sieht — so ist durch Unzweifelhaftigkeit (um den Zweifel zu beseitigen?) das Lehren das Beste. — Spiegel Beitr. II, 234 hält unser Wort für eine Infinitivbildung.

urvâpa von *uru* + 2. *ap*, vgl. *uruyâpa*) adj., breitfluthig, gen. *paçnê varôis caêcaçtahê jafrahê urvâpahê* (Westerg. *urvyâpahê*) hinter dem tiefen breitfluthigen See Caêcaçta, yt. 5, 49 vgl. Windischmann Z. St. 13, wo wahrscheinlich gemacht wird, dass der Name des *Urumia* (von hzv. *maya* Wasser) auf unser Wort zurückgeht; plur. nom. *varayô . . . urvâpâoûhô* yt. 10, 14.

urvâçna (von *urvâz*) f. eine Art Räuchermittel, gen. *upa aêtem nmânem baodhayâṅ urvâçnayâo* man räuchere die Wohnung mit Urvâçna aus vd. 8, 7. Holz von *urvâçnayâo* vd. 8, 247. 14, 6. 18, 141.

urvâçman (von *urvâz*) m. Erfreuer, instr. *asha hacaitê urvâçmana* hängt zusammen mit Asha dem Erfreuer, y. 10, 19. Hzv. übers. *urvâshman* (vgl. Bund. 34, 18) und erklärt: er erhält im Vergnügen; *yêzi mãm drvô tafnus para urvâçmana barahê* yt. 24, 50. Name einer Krankheit?

urvikaodha von *uru* + *kh°*) adj., mit weitem Helme gerüstet, *urvikhaodhô* yt. 9, 30. s. *thaurva*.

urvîverethra (von *uru* + *r°*) adj., mit breiten Waffen versehn, *urvîverethrô* yt. 9, 30. s. *thaurva*.

urviç gehn, fortgehn, praes. 3. pl. *urvaêçiñti* sie wandeln, yt. 12, 25. pot. 3. dual. *urvaêçayaêtem* sie eilten, kamen (in das Versteck) yt. 19, 82. med. impf. 3. sg. *cakhrem urvaêçayata* er liess fortlaufen (entriss) das Rad (der Herrschaft) yt. 13, 89. impf. conj. 3. sg. *yô . . . ra urvaêçayâṭ karana* welcher angreifen soll beide Flügel (der Feinde) yt. 5, 131.

— *aiwi*, herbeikommen, imper. 2. sg. med. *frâ mãm aiwiurvaêçayaûha* komm zu mir yt. 17, 15.

— *ava*, losgehn, angreifen, impf. conj. 3. sg. *nôiṭ aora, nôiṭ aora avôiriçyâṭ* nicht abwärts, nicht abwärts gelangte er yt. 5, 62. causale praes. 3. sg. *yô narem avaoiristem avaourvaêçayêiti* wer an einem Manne das Avaoirista vollzieht vd. 4, 73.

— *ni*, hinabgehn, imperat. 1. sg. *niurvaêçyâni* soll ich (in die Erde) hinabkriechen yt. 17, 57. 2. sg. *niurvaêçê* yt. 17, 60.

— *pairi*, umgeben, bedecken, causale praes. 3. sg. *daêma pairiurvaêçayêiti* sie (die Stierseele) verhüllt ihr Angesicht yt. 14, 56. partic. perf. med. nom. sg. n. *pairiurvaêstem* (das Gebet) bedeckt (der Bösen Sinne) yt. 11, 2.

— *para*, sich trennen, praes. 3. sg. *kutha para . . . patha urvaêçaiti* wie trennt man sich vom Pfade yt. 4, 5.

— *fra*, hervorkommen, hervorbringen, weggehn, praes. 3. sg. *fraoiriçaiti* springt hervor vd. 9, 158. *fraoirisaiti* man entsagt yt. 21, 17. *âfs cithãm fraoiriçyêiti* das Wasser bringt Strafe zu Wege vd. 8, 301. 305. med. *fraoiriçyêitê* kommt herzu yt. 10, 9. 3. pl. *fraoiriçiñtê* gehn vorwärts yt. 13, 47. 48. pot. 3. sg. *peshacô fraoiriçyôiṭ* er baue Brücken vd. 14, 69. caus. praes. conj. 3. sg. *kadha fraourvaêçayâiti* wann wird er uns hinbringen yt. 10, 86. imperat. 1. sg. *fraourvaêçayêni* dass ich gelangen möge yt. 9, 31. partic. praes. pass. plur. voc. *hâvana fraoriçimna frashâvayamna* ihr umgestürzten und wieder aufgerichteten Mörser vsp. 14, 13 (Anquetil: avant que de mettre le Hom dans ce vase, on le renverse d'abord, ensuite on le redresse), hzv. übers. *frôt vartashn.*

— *vi*, sich trennen, sich auflösen, impf. conj. 3. sg. *nôiṭ açtaca nôiṭ ustânemca nôiṭ baodhaçca viurviçyâṭ* nicht (wenn) sich trennt Knochen, Lebensvermögen und Bewusstsein vd. 19, 26.

— *hãm*, zerfliessen (vgl. *hãmurviçya*).

Windischmann Mithra 37 vergleicht skr. *urushyáti* was kaum möglich ist wegen des *sh*; skr. *varç*, *vrçyáti* hat nur die Bedeutung „wählen".

Vgl. *daûhâurvaêça*.

urviçta (vom vor.) m. Ende, Auflösung, Name eines Dämonen der höllischen Heerscharen, instr.? *bûjaṭ . . . haca urviçta* (Spiegel *urvaçta*) yt. 4, 4.

urvistra (von *urviç*) 1) adj., fertig machend, zerstörend, erschütternd, acc. *urvistrem* yt. 22, 17. 35. 2) n. Vernichtung, nom. *urvistrem âpô urvarâoçca* Vernichtung dem Wasser und den Pflanzen yt. 8, 23. acc. *çâdrem urvistremca nimrâitê* er ruft Wehe und Vernichtung yt. 8, 23.

urvikhshna (von *uru* + *kashna*) n.? ein breites Diadem.

Vgl. *zaranyôurvikhshna*.

urvîçara (von *uru* + *çara*) adj., dickköpfig, acc. *çpânem çîzhdrem urvîçarem* den Hund, den stachlichten grossköpfigen, vd. 13, 3. *urvîçarem* vd. 13, 10. Wilson 328: the sharp smallheaded dog! so scheint auch die Hzv.-Uebers. das Wort zu fassen, welche mir übrigens unklar ist.

urvôûhan (von *urvan* + *han*) adj., in den Seelen befindlich, plur. acc. *urvôûhânô* yt. 13, 151.

urvyâpa s. *urvâpa*.

uvaêibya s. *uva*.

1. **uç**, vor hellen Lauten oft **uz** (aber keineswegs durchgängig); über die Form **ud** s. *udara*. 1) adv., heraus, *uç-ca* nach oben yt. 13, 2. häuf. Verbalpraefix, *uçca uçraocayêiti* vd. 2, 131. *uçca uzdânayaṭ* yt. 5, 61. *âdim uçca pairimarezaṭ* yt. 17, 22. *uçca dadhâiti*

yt. 24, 46. *uç . . . uçbarayen* vd. 5, 125. 126. *hyaṭ* (Westerg. *yyaṭ*) *uç . . . uzjên* vd. 5, 126. 2) praepos., aber nur in Zusammensetzungen gebraucht.
Skr. *ud*, hzv. *uz*°, *uj*°, np. *z*° (z. B. *zûdûdan*).

2. **uç** (von *vaç*) n. Verstand, Wille nom. *us* y. 52, 4. instr. *uça* gern, reichlich yt. 10, 108.

3. **uç** s. 3. *vaṅh.*

uçaiti s. *vaç* und 3. *vaṅh.*

uçagha (von 1. *uç* + *agha*) adj., ausnehmend sündig, plur. gen. *uçaghanãm* yt. 13, 105.

uçaṅh (von *vaç*) n. Wille, acc. (adv.) *yaṭ uçô vifyêiti* wenn einer freiwillig Saamen lässt vd. 8, 77. *uçaçca* yt. 24, 34. 46.
Vgl. *anuçaṅh.*

uçañṭ (partic. praes. von *vaç*) wollend, willig.
Vgl. *anuçañṭ.*

uçadhaṅh, acc. *bravaremca uçadhaçca nurtu* vd. 1, 24. Spiegel streicht *nurtu* als Glosse oder Zusatz, und übersetzt fressende Thiere; ebenso Bréal (Journ. asiat. V, 19, 484): les animaux dévorants; Wilson 155 hat: Ahriman created a multitude of ants (sonst *maoiri!*) which destroyed its (d. h. Bâkhdhi's) pavilions, und 155: ants to carry off its corn and grain; Haug (Bunsen, Aegyptens Stelle in der Geschichte V, 130): schwirrende Insecten und Giftpflanzen; er vergleicht skr. *óshadhi*; Windischmann (Münchener gelehrte Anzeigen 1855, I, no. 4. p. 29) übersetzt fressende und beissende Insecten, indem er zu *bravarem* das skr. *bharv*, zu *uçadhaç*, welches er *uçdhaçca* liest, skr. *uddaṅça*, zu *nurtu* skr. *nṛtû* stellt. Es ist kaum möglich hinter den Sinn dieser Worte zu kommen; die Hzv.-Uebers. hat: es sind viele *gurckâṭ?* Man könnte an np. *gurzeh* (wildes Thier) denken, aber *ât* bleibt dann unerklärt, oder an *gûr* (Onager Bund. 47, 14. ein gutes Thier) und *ckât* Gipfel und Bergesel erklären? Windischmanns Deutung von *nurtu* dünkt mir wahrscheinlich zu sein, das Wort ist aber sicher als Glosse anzusehen und wir hätten somit für die vorhergehenden Wörter den allgemeinen Sinn: Wurm, Insect; *bravara* könnte nach dem, was Kuhn (Beitr. 1, 356) gesagt hat, von skr. *bhram* abgeleitet werden, näher liegt jedoch skr. *bharv* und *uçadhaṅh* entstammt wohl der Wurzel *ad* (essen, fressen), also nagende und fressende (Thiere), Glosse: Insekten (acc. sg. n. collectiv).

uçadhan oder **uçan** (von *vaç*) m. n. pr. des ältesten Sohnes des Kavâta; er gilt als Bezwinger der Daêvas und hat eine verunglückte Himmelfahrt unternommen (Bund. 81, 14) sowie prachtvolle Paläste gebaut; über sein Verhältnis zum indischen *Uçdnas*, sowie zu Daedalus, Wieland und dem Schmid Kâveh bei Firdosi vgl. ausser Roth DMG. 2, 226. besonders die gründliche Beleuchtung der betreffenden Verhältnisse von Spiegel Beitr. IV, 41 ff. nom. *Kava uça* yt. 5, 45. 14, 39. 23, 2. acc. *kavaêm uçadhanem* yt. 19, 71. gen. *kavôis uçadhanô* yt. 13, 132. *uçadhânô mazdayaçnahê* yt. 13, 121.
Vgl. skr. *uçánas* (Weber, Vâj. S. spec. II, 68.), hzv. *kahôç* (Glosse zu vd. 20, 2.), parsi *kahôç*, np. bei Firdôsi *kaikâûç*, bei Abulfeda *kaikavûç*.

uçayaṭ s. 2. *i* + *uç*.

uçij (von *vaç*) m. n. pr. einer Art von Dämonen, welche mit den Karapas die Kuh dem Aêshma gaben, nom. sg. (collectiv) *uçikhscâ* y. 43, 20. (hzv. lässt das Wort stehen und erklärt: Dêvs).
Vgl. skr. *uçij.*

uçinemaṅh (von 2. *uç* + 1. *n*°) m. n. pr. des Gatten der Frêni, gen. *uçinemaṅhô* yt. 13, 118. *uçenemaṅhô* yt. 13, 140.

uçefriti (von 1. *fri*) f. Weihung, plur. gen. *uçefritinãm myazdanãm* Myazdas der Weihungen, d. h. geweihte Myazdas vd. 18, 30.

uçén (von *vaç*) scheint ein partic. praes. zu sein, welches nicht mehr flectiert wird, wie es dgl. mehrere gibt; wünschend, hzv. *khâançand*, Ner. *santushṭa; maqyâo cistôis thwâ îstis uçén mazdâ* meines Wissens Wunsch (ist) wünschend dich, o Mazda y. 43, 10. *yé né uçén côreṭ* welcher für uns dienstbar machte (hzv. *pann khâançandish*, Ner. *santushṭyâ*) y. 44, 9.

uçémahî s. *vaç.*

uçkañta (von 1. *kan*) ausgegraben.
Vgl. *anuçkañta.*

uçka (von 1. *uç*) adj., hoch, abl. n. *vayus . . . uçkâṭ yâçtô* yt. 15, 54. *uçkâṭ yâçtayâo* eines aufgeschürzten (Mädchens) yt. 5, 64. 13, 107.
Vgl. skr. *útka*, *uccâ.*

uçjiti (von 1. *uç* + *j*°) adj. ein erhabnes Leben führend, voc. m. *uçjîti* yt. 23, 1.

uçtô s. *ahêmuçta.*

uçtâna (von *tan* + *uç*) adj., ausgestreckt, plur. instr. *uçtânâis zaçtâis* y. 29, 5.
Skr. *uttâná.*

uçtânazaçta (vom vor. + *z*°) adj., die Hände ausstreckend, zum Beten, nom. *uçtânazaçtô* y. 28, 1. 49, 8. yt. 10, 53. 83. 84. (hier einmal statt des dual. °*zaçta*).
Skr. *uttânáhasta.*

uçtema (superl. von 1. *uç*), adj., der äusserste, endliche, acc. n. *uçtememcîṭ* zuletzt, am Ende vsp. 10, 31. loc. m. *uçtemê urvaêçê* bei der endlichen Auflösung y. 70, 66. *uçtemê urvaêçê gayêhê* yt. 21, 15.
Skr. *uttamá.*

uçtryamna s. *çtar* + *uç.*

uçna (von 1. *uç?*) f. Zustand des Obenseins, acc. *uçnãm aêiti vaêdhya* er geht oben an in Weisheit y. 10, 36. Westergaard liest *aêiti-vaêdhya;* es wäre dann zu übersetzen: (du machst den Sinn der Armen von gleicher Grösse wie den der Hohen (*uçnãm* gen. pl. von *uçan?*)) an glänzender Weisheit? Allein dann müsste wohl im Text *yatha*, nicht *yaṭ* stehn; auch die Hzv.-Uebers. ist dagegen, indem sie *aêiti* durch „geht" übersetzt.

uçnâiti (v. *çnâ* + *uç*) f. Waschung, acc. *aghryãm paiti uçnâitim* zugleich mit der Waschung des Kopfes vd. 8, 277.

uçnâka (von *uçna* + *ac?*) m. n. pr., gen. *uçnâkahê* yt. 13, 117.

uçpaêsta von *piç* + *uç* ausgelernt habend, pl. gen. *tirônakathwahê uçpaêstanãm çaênanãm* des T., unter den ausgelernten Çaênas yt. 13, 126. Vgl. Spiegel, Av. übers. III, LIV.

uçpãçnu von 1. *uç* + *pãçnu*), staublos, m. n. pr. des Vaters des Çpiti und Erezrâçpa, gen. *çpitôis uçpãçnaos* yt. 13, 121. *erezrâçpahê uçpãçnaos* yt. 13, 121.

uçmahi s. *vaç*.

uçmânara (von *uçman* (von *vaç*) + *nara*? m. n. pr. des Sohnes des Paêshata, gen. *uçmânarahê paêshatahê* yt. 13, 97. *uçmânarahêca paêshatainhô paitiçrîrahê*, des U., des Sohnes des P., des sehr schönen yt. 13, 120.

uçyât s. *vaç*.

uçraocaiti, uçraocayêiti s. *ruc*.

uçrûrayâo s. *çrar*.

uçvaoiri von 1. *uç* + *vaoiri*) f. kleine Frucht, plur. gen. sie esse *hãmvaoirinãm uçvairinãm* grosse und kleine Früchte, vd. 5, 153.

uçvahî s. *vaç*.

ush leuchten, brennen, braten, partic. pass. perf. gen. *paçéus ustahê* (s. *garebus*) A. 1, 3.

Skr. *ush*, *ôshati*.

usha (vom vor.) f. n. pr. Aurora, acc. *ushãm* G. 5, 5.

Skr. *ushâ*, hzv. *ôsh*.

ushaoma m. n. pr. eines Berges, nom. *ushaomaçca* yt. 19, 5.

ushanh (von *ush*) f. Frühlicht, Morgenröthe, acc. *ushâonhem* vd. 18, 36. yt. 5, 62. 14, 20. 15, 55. G. 5, 5. *vîçpem* (sic) *paiti ushâonhem* jeden Morgen vd. 18, 2 (hzv. erklärt: um Mitternacht). plur. acc. *ushâo* y. 43, 5. gen. *ushanhãm para frêretâit* yt. 22, 41. loc. *ushahva* vd. 21, 11.

Skr. *ushas*. — vgl. *upaoshanhva*.

ushaçtara (vom vor.) adj., östlich, instr. *haca ushaçtara hindva avi daoshatarem hiñdûm* vom östlichen zum westlichen Indien (d. h. von Indien bis Assyrien) vend. sade 122 (Westerg. vd. 1, 19), abl. *ushaçtarât* vd. 19, 19. loc. *ushaçtairê hindvô* y. 56, 11, 6. yt. 10, 104. plur. abl. *ushaçtaraêibyô* vd. 19, 19.

Hzv. *oshaçtar*, parsi *hôsaçtar*.

ushahina (von *ushanh*) m. Name eines Gâh oder Tagesabschnitts, von Mitternacht bis die Sterne verschwinden; der Beschützer desselben ist Çraosha unter Mitwirkung des Berejya und Nmânya, vgl. Bund. 60, 16. Hyde 166. Haug Essais 151. Spiegel Av. übers. III, XLI. acc. *ushahinem* y. 2, 26. G. 5, 5. dat. *ushahinâi* y. 1, 20. 3, 31. G. 5, 1. voc. *ushahina ashâum* y. 1, 55.

Hzv. *ushahin*, parsi *Oshen*.

ushi, uski (von *ush*) n. Verstand, acc. *ava padhô ava zaçtê ava ushi* (Westerg. *usi dârayadhwem*) haltet bereit Füsse, Hände und Verstand vsp. 18, 1. *pairi ushi vârayadhwem* yt. 1, 28. *ushi dharahê mazdâo yazamaidê* yt. 1, 31. *ushi pairidârayêiñti* yt. 14, 56. *ushi* yt. 11, 2. *pairi-shê uski verenâidhi* beschatte seinen Verstand y. 9, 88. *uranê uski* (gib) der Seele Verstand y. 61, 11. instr. *dakhshat ushyâ* er lehrte durch den Verstand y. 42, 15.

Hzv. *hôsh*, *hush*, np. *hôsh*, armen. *yoush*, *oush*; vgl. afgh. *hushyâr*, *hushyâr* (intelligent)?

ushidarethra (von *ushi* + *d*°) n. das im Verstand, im Sinn Behalten, acc. *ushidarethrem* S. 1, 29. 2, 29 (c. acc.) *uskidarethrem* das Behalten (des heiligen Wortes) y. 22, 29. 25, 18.

ushidarena (von *ushi* + 2. *d*°), Verstand tragend, m. n. pr. eines Berges in Sejeçtân, von welchem die eranischen Könige herabkommen, im Bund. *Hoshdâshtar* (Ner. *hoçadâstar*); ursprünglich ist der Berg wohl mythisch und erst später an eine wirkliche Localität versetzt, vgl. Bund. 23, 8. Spiegel, II. II, 108. Windischmann Z. St. 2. 7. nom. *ushidarenô* yt. 19, 1. acc. *gairîm ushidarenem* yt. 1, 31. *uskidarenem* y. 2, 54. 25, 22. gen. *garôis ushidarenahê* yt. 19, 0. 97. S. 1, 26. *uskidarenahê* y. 1, 41. 3, 55. Ner. glossiert an ersterer Stelle: *sa girih yaç caitanyaṃ manushyâṇâṃ sthâne dadhâti* (vgl. *ushidâo*) *rakshatica*.

ushidâo (von *ushi* + 5. *dâo*) Verstand (in die Menschen) setzend, m. n. pr. eines Berges, welcher nach yt. 19, 66. nach Sejeçtân versetzt wird und wie es scheint mit dem vorigen identisch oder wie es nach yt. 19, 2. wahrscheinlich ist, dem Ushidarena benachbart ist; Windischmann Z. St. 2. 3. hält ihn für den *Hôçindam* des Bundehesh; dieser heisst aber in den Texten *Hiñdva*; nom. *uskidhâo* yt. 19, 2. 66. acc. *aom gairîm ushidãm* yt. 1, 31.

ushu m. Pfeil, gen. *ushaos* (lies *ishaos*?) yt. 10, 24.

ushuru, usheuru (von *ushi* + *uru* = *urvan*) n. (Dvandva) Verstand und Seele, Trad. übers. verständig; acc. sg. *çêñghâs . . . cakhrayô usheurû* Lehren führt er aus für Verstand und Seele (acc. der Beziehung) y. 34, 7. dual. acc. *yé ushuruyê çyaçcit dahmahyâ* welcher Verstand und Seele des Frommen belehrt y. 32, 16.

ushôithemau (von *ush*?) n. Glanz, hzv. *khvârish*, acc. *ushôithemâ* y. 47, 6.

usi, uski s. *ushi*.

uskidar° s. *ushidar°*.

1. **usta** (von 1. *uç* + *çtâ*) 1) adj., gesund? acc. *arezôshamanem . . . ustem* yt. 19, 42. Spiegel übers. begehrt, liest also wohl *istem*? 2) f. Heil, Wohlsein nom. *usta* yt. 10, 91. 137. 8, 29. vsp. 21, 1. Heil! (dieser Kardeh des Vispered ist der Gâtha ustavaiti geweiht), *usta itha tê nare* heil dir, o Mann vd. 7, 136. *usta ameshaêibyô çpeñtaêibyô yazamaidê* Heil sei den Amshaçpand (welche) wir preisen vsp. 15, 3. *usta buyât* Heil sei y. 61, 3. *usta tê* Heil dir y. 9, 78. *ustâ* y. 30, 11. *ustâ açtî ustâ ahmâi* (aus dem Gebet ashem vohû y. 27, Schluss, citiert) vd. 19, 62. y. 20, 2. *ustâ ahmâi yahmâi ustâ kahmâicit* Heil dem, der zum Heile gereicht für jeden y. 42, 1. (cit. vd. 10, 10. y. 21, 4. yt. 22, 2.). *ustâ yô* Heil dem welcher yt. 13, 94. *hyat ustâ yé* was zum Heil gereicht dem welcher y. 50, 8. Oft zwischen die

Wörter eines Satzes gestellt: yt. 22, 16. y. 33, 10. 50, 16. *yéñg uçcahî ustâ çtôi* mit denen wir, Heil uns! zufrieden sind beständig y. 45, 16. instr. *ustâcâ* bene y. 41, 11. *ustâca* mit Heil, Glück y. 8, 10.

Skr. *uttha.* — Vgl. *ashem usta nãma.*

2. **usta** s. *ush.*

ustaqarenaṅh (von 1. *usta* + *q°*) m. n. pr. eines Berges, nom. *ustaqarenâoçca* yt. 19, 5.

ustatâṭ (von 1. *usta* + *tâṭ*) f. Glück, acc. *ustatâtem* vsp. 21, 3. y. 21, 7. 70, 72. yt. 8, 29. 13, 93. 22, 2. dat. *ustatâitê* yt. 24, 33. wie der Wind die Welt *çaoshyañtica aiwica ustâ tê* (lies *ustatâitê?*) *jâmayêiti* fördert und zu Glück gelangen lässt, A. 3, 6. Westerg. liest *aiwica ashâiti* (s. *shâ* + *â*); instr. *ustatâitya vîçpem asharanem vîçpâi ashaonê para cinaçti* er gibt mit diesem Glückwunsch (nemlich dem Worte *ustâ* im Ashem vohû) jeden Reinen für jeden Reinen, y. 20, 2. vgl. Spiegel, Av. übers. II, 101. *ustatâitya vîçpem asharanem heñtemca barañtemca bûshyañtemca* y. 21, 7. *ustatâityaca vîçpem asharanem yazamaidé* mit dem Glückwunsch (dem Ashem vohû) preisen wir jeden Reinen vsp. 21, 5.

ustana s. *ustâna.*

ustanavañṭ (von *ustâna*) adj., mit Lebenskraft begabt, lebendig, nom. *ustanavâo* (als Erklärung von *açtvâo*) yt. 13, 129. plur. gen. *ustanavatãm* yt. 14, 20.

ustabereti (von 1. *usta* + *b°*) f., glückliche Ernährung, acc. *°beretîm* vend. sade 528. y. 59, 11. 61, 1. 20. instr. *°bereti* y. 67, 43.

ustavañṭ (von 1. *usta*) 1) adj., glücklich, nom. sg. f. *ustavaitica* yt. 19, 67. 2) f. n. pr. gen. *ustavaityâo* yt. 13, 139. 3) mit dem Worte *ustâ* versehn, als fem. Name der Gâtha, welche mit *ustâ* beginnt (y. 42 — 45) und des ersten Capitels derselben, acc. *ustavaitîm gâthãm* vsp. 2, 21. y. 45 Schluss; 70, 72. yt. 22, 2. A. 2, 3. G. 2, 5. *ustavaitîm hâitîm yazamaidê* wir preisen das 42. Capitel des Yaçna y. 42, Schluss. gen. *ustavaityâo gâthayâo* vd. 19, 128. vsp. 1, 19. y. 45 Schluss. A. 2, 1.

Hzv. *ustmat* (die Gâtha).

ustâahura (von 1. *usta* + *ahura*) m. fördernder Herr, hzv. *nêvakish-khutâi*, acc. *kém hôi ustâahurem, yé* wen hast du ihm zum fördernden Herrn gemacht y. 29, 2.

ustâzañta (von 1. *usta* + *zañta*) m. n. pr. gen. *°zañtahê* yt. 13, 116.

ustâna (von *uç* + *çtâ*) m. Lebenskraft, hzv. *gân, khayâ*, Ner. *jîva;* es sind die Functionen des Körpers, welche die Sinne in Thätigkeit halten und Krankheiten von ihm abwehren, vgl. den Sadder Bund. bei Spiegel II. II, 172 (*jân*); acc. *ustanem* (hzv. *khayâ*) vsp. 6, 5. y. 33, 14. *ustanem* (hzv. *gân*, erklärt durch *khayâ*) y. 12, 6. *ustanem* (hzv. *gân*) y. 14, 10. 15, 3. 31, 11. *ustânem* (hzv. *khayâ*) vd. 18, 12. 19, 26. *ustânem buñjayâṭ* dass sie ihre Lebenskraft reinigt (hzv. *khayâ*) vd. 7, 176. *ustânemca* (hzv. *gân*) vd. 5, 32. dat. *ustânâi* (hzv. *gânômand*) y. 34, 14. instr. *ustânâ* (hzv. *gânômand*) y. 42, 16. gen. *ustânahê* (hzv. *gân*) y. 13, 13. yt. 19, 44. A. 1, 14. *dareghôjîtîm ustânahê* langes Leben für die Lebenskraft (hzv. *gân*) y. 9, 66. plur. acc. *ustânãçca* (hzv. *gân*) y. 54, 1. instr. *ustânâiscâ* mit unsrer Lebenskraft (hzv. *gân*) y. 37, 7. = 5, 7.

Vgl. skr. *utthâna.* — Vgl. *vîkereṭustâna.*

ustânacina (vom vor. + *cinaṅh*) m.? Liebe zum Leben, gen. *°cinahya* yt. 19, 48.

usti (von *vaç*) f. 1) Verlangen, Willen, acc. *ustîm* vd. 2, 41. 2) Gegenstand des Wunsches, Reichthum, hzv. *nêvakish*, Ner. *sundaratva*, nom. *ustis* y. 47, 4.

ustra m. 1) Kameel, acc. *ustremcâ* y. 43, 18. gen. *ustrahê* vd. 9, 147. yt. 14, 11. 19, 68. plur. nom. *ustrâoṅhô* yt. 17, 13. gen. *ustranãm* vd. 22, 10. 55. yt. 8, 24. 9, 30. A. 1b, 10. 2) m. n. pr., gen. *ustrahê çadhanaṅhô* des Ustra, (des Sohnes) des Ç., yt. 13, 115.

Skr. *úshṭra*, hzv. *ustar*, np. *ushtur, shutur*, buchar. *ushtur*, afgh. *ûsh, ûgh*, bal. *hushter*, kurd. *vushter*, westkurd. *hushtur*, lorist. *ushter*, armen. *ught, ughti.*

Vgl. *aravaostra, acâraostri, frashaostra, vohuustra.*

ustrôdaênu Westerg. **ustradaênu** (vom vor. + *daênu*) f. Kameelstute, nom. *°daênu* vd. 7, 113.

uçtrôçtâna (von *ustra* + *çtâna*) m. Kameelstall, nom. *aêshô ustrôçtânis* vd. 15, 70. acc. *aêtem °çtânem* vd. 15, 70. plur. loc. *°çtânaêshva* vd. 15, 68.

Skr. *ushṭrasthâna*, hzv. *ushtarçtân.*

usyâṭ? *yô avadhâṭ fravazâiti khshôithnyâṭ his usyâṭ* Spiegel: welches sie (die Wasser) dort vorwärts führt von dem glänzenden leuchtenden (Orte) yt. 8, 35. lies *huçaoshyâṭ?*

Û.

û, mangeln, partic. med. praes. pl. acc. n. *uyamna aunyamnâis daçta* machet das Mangelnde zu nicht Mangelndem, d. h. gewährt den Hülflosen Schutz, vsp. 18, 5.

ûtha (vgl. *uthra*) m. 1) Fettigkeit, hzv. erklärt *carpashn*, acc. *ûthem* vd. 6, 17. 2) Nutzen, hzv. *çût*, Ner. *lâbha*, dat. *kaêibyô ûthâi vohû jimaṭ manaṅhâ* für wen zum Nutzen kommt man (d. h. kommst du?) mit Vohumanô y. 45, 3.

Hzv. *ûç.*

ûthôtâṭ vom vor. + *tâṭ*) f. Mark, Fettigkeit, hzv. *ûthrubashnish*, erklärt durch *mazg* (Gehirn), nom. *ûthôtâç* vd. 6, 17.

ûna (von *â*) 1 adj., mangelnd, acc. n. *yâ ûnem perenem kerenaoiti* welcher (Segen) das mangelnde voll macht vd. 22. 17. 2) f. Verminderung, acc. *janyôis ûnãm* die Verminderung der Janyi (d. h. welche durch die J. geschicht) y. 10, 42.

Skr. *ûnâ*.

ûra (von 1. *var?*) f. Schaar, plur. acc. *ûrâo* yt. 10, 14. (al. *vrâo*, mit dem *v* des Inlauts geschrieben, also *urrâo*, zu lesen?).

Skr. *vrâ*.

E.

e erscheint vor *v* statt 2. *a*.

erekhta (von *iric?*) n. Vergehen, hzv. *fréftak* und *venâçkartar*, Ner. *krûrakarmakrt* und *uçanisa*; acc. *yaêshãm erekhtem* ihre Vergehen (weisst du) y. 32, 7. *çpeñtô erekhtem* (du bist) der heilige gegenüber dem Vergehen, oder concret: gegen den Sünder, y. 43. 2.

erekhsha adj., verwundend, nom. *erekhshô* yt. 8, 6.

Skr. *ṛksha* (Rgv. VIII, 24, 27. nach Böhtlingk und Roth von skr. *riç* oder *vraçc*).

ereghañṭ (partic. praes. von *areg*) arg, böse, instr. *ereghata haca duzhaṅha* aus der argen Hölle yt. 19, 44. *ereghatacit haca* (diess nur in K 12. Or.) *duzharâṭ* (frei) von dem argen Schlechten yt. 4, 8. fem. *ereghaitya* auf höllische Weise (stürzt die Drukhs herbei) vd. 7. 4. 8, 228. gen. *ereghatô* (von der Hölle) vd. 19, 147. plur. gen. f. *makhshinãm ereghaitinãm* vd. 14, 17.

Hzv. *érang*, np. *arghand*. Vgl. phryg. Ἀργυῖτας. ἡ Λάμια.

erezhukhdha (von *erez* + *ukhdha*) adj. 1) wahrgesprochen, nom. m. *erezhukhdhô vâkhs* yt. 19, 96. *aêshô zî vâkhs erezhukhdhô* yt. 21, 4. dat. *erezhukhdhâi vacaṅhãm khshayamanô* er herrscht über das wahrgesprochene der Worte y. 31, 19. abl. *erezhukhdhâṭ paiti vacaṅhaṭ* mit wahren Worten, mit richtig gesprochenem Gebet yt. 5, 76, plur. gen. *pouruvacãm erezhukhdhanãm* y. 9, 79. 2) wahre Worte redend, dat. *erezhukhdhâi* y. 43, 19.

Vgl. *arshukhdha*.

erezhûca (von 1. *erezu* + *ac?*) f. richtiger Wandel, hzv. übers. *râçt zîvashnish*, acc. *eres môi erezhûcãm vaṅhéus vafus manaṅhô* der Untergang der Menschen (d. h. der jüngste Tag) (möge) mir (sein) auf ein gutes Leben, nach einem guten Leben, d. h. bei der Auferstehung möge ich als einer befunden werden, welcher ein frommes Leben geführt hat, y. 47, 9.

erezhji (von *erez* + 1. *ji*) adj., recht lebend, dat. *erezhijyôi* y. 29, 5. 52, 9. plur. acc. *erezhjis ashâ* für die in Reinheit recht lebenden y. 49, 2.

erez (von 1. *arez?*) adj., richtig, gerade, neutr. (adv.) *eres* richtig y. 30, 3. Ner. *satyam*; *eres didyaṭ* richtet zurecht y. 43, 10. *eres môi vaocâ* y. 43, 1. (cit. vd. 19, 36).

Vgl. *ars*.

erezata (von 2. *arez*) n. Silber, nom. *evaṭ yavaṭ erezatem* wie theuer wenn er Silber (d. h. von Silber) ist vd. 14, 50. *hakereṭ erezatem* einmal eine silberne (Glocke, eigentl. einmal ein Silber) vd. 14, 49. acc. *erezatem* yt. 5, 129.

Skr. *rajatá*, armen. *ardsath*; das Wort drang in verschiedne nichtarische Sprachen, z. B. awarisch *'arac* (Schiefner 37) vgl. Klaproth 105.

erezataêna (vom vor.) adj., silbern, nom. *yêzi aṅhaṭ erezataênis* vd. 7, 187. instr. *erezataêna haca tasta* aus der silbernen Tasse y. 10, 54. plur. nom. *hê apara erezataêna* (scil. *paitismukhta*) ihre Hinterhufe sind silbern (d. h. mit Silber) beschlagen yt. 10, 125.

erezatôfrashna (von *erezata* + 1. *frashna*) adj., mit silbernem Helme, acc. °*frashnem* yt. 10, 112.

erezatôçaêpa (von *erezata* + *çaêpa*) adj., zur Silberschmelze gehörig, abl. m. *priçraṭ haca erezatôçaêpâṭ* von der Silberwerkstatt hinweg vd. 8, 254. (Westerg. 8, 88).

erezi (von 1. *arez*) adj., richtig, nom. f. *erezica* die richtige yt. 19, 67. gen. n. *erezôis khâo* yt. 14, 29.

erezifya (von 1. *arez*) sich streckend, 1) m. n. pr. eines Berges, vielleicht die Sariphi Montes des Ptolemaeus, welche sich zwischen Margiana und Ariana (d. h. Môuru und Haraêva) lagern; so Burnouf, 436. Spiegel Av. übers. III, 49 denkt an den *Iraj* des Bundehesh (23, 4), der zwischen Hamadan und Kharizm (!) liegt; nom. *erezifyaçca fraorepô* yt. 19, 2. abl. *erezifyâṭ paiti garôiṭ* yt. 5, 45. 2) m. Falke.

Skr. *ṛjipyá* (besonders vom Falken), altp. Hesych. ἄρξιφος ἀετὸς παρὰ Πέρσαις, armen. *ardsiu* (Adler), georg. (aus dem armen.) *artzivi*.

erezifyôparena (vom vor. + *parena*) adj., mit Falkenfedern geschmückt, hzv. übers. *aruçpar* (weissfederig), plur. nom. *isharaçeiṭ erezifyôparena* yt. 10, 39. vd. 17, 28. acc. *isharô* °*parena* yt. 10, 101.

erezisha m. n. pr. eines Berges, wohl der Iraj (s. bei *erezifya*), vgl. Windischmann Z. St. 7. nom. *erezishô* yt. 19, 2.

1. **erezu** (von 1. *arez*) adj., sich streckend, gerad gehend, recht, wahr, nom. m. *erezus* y. 33, 6. gen. *erezâus* y. 50, 13. voc. *erezvô* vd. 5, 54. 10, 38. 18, 18. y. 9, 43. yt. 5, 89. 12, 2. Fr. 4, 1. plur. nom. neutr. *erezvâ* y. 33, 1. acc. m. *â erezûs pathô* y. 33, 5. *erezûs pathô* y. 42, 3. 52, 2.
Skr. *ṛjú*.

2. **erezu** (von 1. *arez*) m. Finger, gen. *erezvô* vd. 6, 16. 17, 20. dual. acc. *dva erezu* vd. 9, 13. plur. nom. *erezavô* vd. 6, 88. *aravaṭ tadha yatha eathwârô erezavô* vd. 9, 121. acc. *eathwârô erezavô* vd. 9, 13.
Vgl. *baẽrezu*.

erezura (von 1. *erezu?*) m. n. pr. eines Berges, der *Arjûr bûm* (s. *bumya*) des Bundehesh (21, 20. 23, 9), welcher in Hrum liegen soll. Hrum ist entweder Europa oder was wahrscheinlicher ist, das Land der Amazonen, wie bei Firdôsi, an dessen Ostseite nach der Hzv.-Glosse zu vd. 1, 77 die Ranha fliesst. Vgl. Windischmann Z. St. 5. 7. 14. nom. *erezurô* yt. 19, 2.

erezuçtavañh (von 2. *erezu* + *çtavañh*) adj., fingerlang, acc. m. *°çtavañhem* vd. 6, 31.

erezra (von 2. *arez*) adj., hellroth.
Skr. *ṛjrá*.

erezrâçpa (vom vor. + *açpa*) m. n. pr. des Sohnes des Uçpâçnu; gen. *erezrâçpahê uçpâçnaos* yt. 13, 121.

erezvañṭ (von *erez*) 1) adj., rein, gen. f. *erezvaithyô* yt. 5, 64. 13, 107. gen. m. *araregéus erezvatô* yt. 13, 125. *aravaostrahê erezvatô dañhéus* des A., des reinen der Gegend; vielleicht ist *erezvaṭ-dañhu* n. pr. des Vaters; yt. 13, 124.

erezvâo (von *erez*) adj., richtig (an Alter), reif, plur. gen. *yatha paoirîm vîrem erezushãm adaçtê* (von dem Alter) wo ein Mann zuerst zu den reifen gehört, die rechte Reife hat, yt. 8, 14.

erezvâna (von *erez*) adj., rein, plur. acc. n. *tâ erezvâna* y. 39, 5.

ereta (von *ar*) hoch, erhaben.
Vgl. *areta, açtvaṭereta, ukhshyaṭereta*.

eretô s. *ar*.

erethé (von *ar*) f. Rechtlichkeit, Genius derselben gen. *erethé vañhuyâo* y. 1, 43. 3, 57. 7, 48. yt. 17, 0. 62. S. 1, 25. hzv. übers. *raç*, Ner. *citta*.
Vgl. *réthi*.

erethya (von *ar*) n. Zufall, besonders böser, Unglück, plur. gen. *erethyanãm* (s. *aipya*) yt. 11, 5.

erethri (von *ar*) f. Erziehung.
Vgl. *duserethri*.

erethwa (von *erethé?*) adj., rechtlich, wahrhaftig, nom. m. *hvô nâ fraçrûitlyâi erethwô* dieser Mann ist zum Loben wahrhaftig, dass man lobend von ihm spricht, y. 45, 13. plur. acc. *erethwéñg* y. 28, 10. vgl. *eredhwa*.

erethwôdrafsha s. *eredhwôdrafsha*.

eredaṭ (partic. praes. von *ared*) mächtig.

eredaṭfedhri (vom vor. + *patar*) f. n. pr. der jungfräulichen Mutter des Messias, des Çoçiosh, gen. *kanyâo eredaṭfedhryô* yt. 13, 142.

eredvafshu (von *eredhwa* + 2. *fshu*) adj., hochgewachsen, Spiegel: mit grossen Brüsten, gen. f. *kainînô eredvafshuyâo* yt. 22, 9. 24, 56. (wo *eredrafshuyâo*).

erḝdhwa (von *ared*) 1) adj., erhoben, erhaben, instr. n. *erethwa* (wohl aus *eredhwa* verhärtet, wie *erethwôdrafsha*) *çnaithisha* mit erhóbner Waffe y. 56, 7, 5. plur. nom. f. *eredhwâo* y. 13, 76. 2) m. n. pr., gen. *eredhwahê* yt. 13, 119.
Altp. *arda°*, np. *ard°* (*ardiçtân*); osset. *urdag* (aufsteigender Pfad) gehört zu skr. *ûrdhvá*.

eredhwan (von *ared*) m. Erheber, Förderer, nom. *mithrô vîçpé mazdayaçnanãm eredhwâca kerethwâca* Mithra ist aller Mazdayaçnas Förderer und Bewirker y. 10, 120.

eredhwôâoñhana Westerg. **eredwô°** (von *eredhwa* + *âoñhana*) adj. hochliegend, acc. *eredhwôâoñhanem vaghdhanem* vd. 5, 38.

eredhwôzañga (von *eredhwa* + *zañga*) adj., aufrecht auf den Füssen stehend, thätig, nom.: das was dem Menschen angeschaffen ist, das kommt ihm durch Thätigkeit zu (d. h. das erlangt er, wenn er thätig ist) *anyô eredhwôzañgô qarenô* Hzv.-Glosse zu vd. 5, 33. acc. *eredhwôzañgem* (Mithra) yt. 10, 61. fem. *hãmvaretîm eredhwôzañgãm* y. 61, 12. yt. 19, 39.

eredhwôdrafsha (von *eredhwa* + *dr°*) adj., mit hohen Bannern, acc. *bâkhdhîm . . . °drafshãm* vd. 1, 22. gen. f. *haênayâoçca erethwôdrafshayâo* yt. 1, 11. (al. mit *dh*), *eredhwôdrafshayâo* yt. 13, 136.

eredhwôbis (von *eredhwa* + 2. *bis*) adj., Beiwort des Baumes Harviçptokhma, Windischmann Z. St. 168. nom. f. *yâ hubis eredhwôbis yâ vaocê vîçpôbis nãma* welcher (Baum) Gutheil, Hochheil, Allheil heisst yt. 12, 17.

1. **erenava** (von *ar*) m. Renner, Pferd, hzv. *açp*, acc. *erenâum* y. 9, 71.

2. **erenava** (vgl. *arenaṭcaêsha*) adj., verpflichtet, schuldig, plur. acc. *çavañharâca erenavâca* die (dem Dahâka) nützenden und verpflichteten yt. 5, 34.
Vgl. skr. *ṛṇaván*.

erenâvi s. *ar*.

erenvañṭ (von *ar*) adj., erhebend, dat. neutr. *né âraêcâ erenvataêcâ* zu unsrer Vervollkommnung und Erhebung y. 55, 5. 7.

erenvañte s. *ar*.

ereshi (von *erez?* Trad. von 2. *a* + *rash*) f. Nutzen, nom. *yêhyâ mâ ereshis* wessen (wovon) mir Nutzen (zukommt) yt. 31, 5.

ereshya (von *erez*) adj., wahrhaftig, plur. nom. oder acc. (nach *qyâmâ*) *ereshyâ* y. 40, 11.

ereshva (von 1. *erezu*) adj., recht, wahr, nom. *ereshvô* y. 50, 5. 11. plur. acc. n. *ereshvâ* y. 43, 9. instr. *ereshvâis ukhdhâis* y. 28, 6. voc. m. *ereshvâoñhô* y. 29, 3.

ereshvacañh (von *erez* + *v°*) adj., wahr redend, nom. m. *ereshvacâo* y. 31, 12.

eres s. *erez*.

eresratu (von *erez* + *ratu*) m. rechter Führer,

acc. *cresratûm* y. 50, 5. Westerg. *eres ratûm*, aber die Hzv.-Uebers. spricht für Composition.

cresvacaṅh (vgl. *creshvacaṅh*) n. wahre Rede, plur. acc. *cresvacâo* y. 48, 9 (Trad. übers. der recht redende Frashaostra).

evîñdau (von *e* + 2. *vid*) adj., nichts nehmend, plur. acc. *evîñdinô* vd. 13, 77.

eviçtôkayadha (von *e* + *viçta* + *k°*) adj., unbekannt mit Sünden, acc. *°kayadhem* vsp. 3, 23. G. 4, 9.

eviçpôqafna (von *e* + *vîçpa* + *qafna*) m. nicht völliger Schlaf, inst. *eviçpôqafna* vd. 13, 135.

evîta (von *e* + 2. *vîta*) adj., nicht gut, schlecht.

evîtôkharedha (vom vor. + *kh°*) adj., Schaaren von Schlechten anführend, hzv. *daçtak î çarîtarân*, Ner. *vargaṃ nikṛshṭanâṃ*, gen. f. *janyôis evîtôkharedhayâo* y. 10, 42.

evidhvâo (von *e* + *v°*) adj., nicht kennend, unweise, nom. *tâm drvâo evidhvâo* diese möge der Böse nicht kennen vsp. 25, 4. *evîdvâo* der unweise y. 31, 12. 17. Hzv. übers. *gannak minôi* (Ahriman).

evîça (von *e* + 2. *viç*) adj., keinen Hausstand habend, dat. *evîçâi* vd. 4, 132.

everezika (von *e* + *verezika*) adj., nicht arbeitend, voc. f. *drukhs everezikê* vd. 18, 72.

everezyan (von *e* + *verezyan*) adj., nicht thuend, nicht arbeitend, nom. *everezyô* vd. 18, 12. plur. dat. *everezinibyô* vd. 3, 141.

É.

é (vgl. *âoṅh*) m. Mund, hzv. *pumeman*, Ner. *mukha*. Diese Bedeutung wird dem Worte *é* so durchgängig beigelegt, dass wir sie nicht bezweifeln können. Auch Spiegel (in einem Briefe vom 22. Oct. 1863) spricht sich dafür aus; instr. (ohne Flexion) *aṭ é vaocaṭ* darauf sprach mit dem Mund y. 29, 6. mit Flexion: *kaçté vohû manaṅhâ yé î dâyâṭ éeâ vâ maretaêibyô* wer ist dir mit guter Gesinnung, welcher es den Sterblichen mit dem Mund geben (verkünden) könnte y. 29, 7. *éeâ nâ* durch den Mund y. 46, 2. *hyaṭ aênaṅhê dregvatô éeâ nâ ishyéñg aṅhayâ* was zur Strafe des Schlechten (gereicht), (das verkünde man) mit dem Munde denen, welche wegen ihres Verstandes erwünscht sind (nemlich zu ihrer Aufmunterung)? y. 32, 16.

éeâoṅh (synonymes Compos. von *é* + *âoṅh*) m. Mund, instr. *manyéus hacâ thwâ éeâoṅhâ* vom Himmel her durch deinen Mund y. 28, 11.

éeâdû s. *âdu*.

énakhsh (desiderat. von 2. *naç*) erlangen, impf. 3. sg. med. *pouruaênâo énakhstâ yâis çrâvayêitê* der Sündhafte erlangt das was verkündigt wird (als seine Strafe, *yâis* vom folgenden *tâis* attrahiert) y. 32, 6.

éneiti s. *qîti*.

émavañṭ = *amavañṭ*, kraftvoll, acc. *émavañtem* y. 34, 4. *aêshem émavañtem* kraftvollen Wunsch, d. h. Kraft nach Wunsch y. 42, 10 = A. 3, 3. fem. *émavaitîm* y. 43, 14. neutr. *hazô émavaṭ* y. 33, 12. plur. nom. *émavañtaçcâ* y. 41, 10. gen. *émavañtãm* y. 42, 10. (cit. A. 3, 3, wo *émavañtem*).

éviçti (von *e* + *viçti*) f. Unkenntniss, instr. *éviçti* y. 34, 9.

éhma s. *azem*.

O. Ô.

oim, ôyâ, ôyum s. *aêva*.

Ã.

Ueber diesen wie *ō* zu sprechenden Laut, der a mit Anusvâra darstellt, vgl. Lepsius 333.

ãithya (von 2. *a* + *ithya*) adj., unerschütterlich, unvergänglich, plur. acc. f. *ãithyâo* yt. 10, 28. Vgl. skr. *nítya* (Windischmann Mithra 31).

ãkhna (von *ac?*) f. Zügel, vgl. ἀγκύλη, plur. acc. *ãkhnâo drazhaiti vâshahê* sie hält die Zügel des Wagens yt. 5, 11.

ãkhnaṅha, patronym. m., Sohn des Ãkhnaṅh? gen. *vohuustrahê ãkhnaṅhahê* yt. 13, 122.

âkhma m. Schulter?

âkhmôfrâna (vom vor. + *frâna*) m. Schulterknochen?

âkhmôfrânômaçaṅh (vom vor. + *maçaṅh*) adj., so viel als auf die Schulter geht, plur. instr. °*maçêbîs* A. 1, 5.

âgama m. Kette, Geschmeide?

âgamapaidhis (vom vor. + *paidhya*) adj., mit Fussspangen versehn, plur. nom. f. *aêshãm kainînô âoṅhañti âgamôpaidhisa* ihre Jungfrauen sitzen da mit Fussspangen yt. 17, 11.

âzaṅh (von *añgh*) n. Enge, Angst, Sünde, acc. *avi âzô* vd. 18, 25. *âzaçca* y. 8, 18. dat. *âzaṅhê* yt. 13, 39. A. 1, 18. abl. *âzaṅhaṭ* yt. 10, 22. 23. loc. *âzahiciṭ* yt. 13, 146. plur. abl. *âzaṅhaĉibyô* (al. *âzaṅhibyô*) yt. 10, 23. gen. *âzaṅhãm* yt. 13, 41. loc. *âzahû* yt. 24, 51. *vîçpê haoma* . . . *yaêciṭ âzahu deretâoṅhô* alle die Haomapflanzen, welche gehalten sind in den Engpässen y. 10, 53. hzv. *tangîsh.*

Skr. *áṅhas*, vgl. oss. *ungag* (enge).

Vgl. *anazavakhtema*, *anâzaṅh*, *vîtarâzaṅh.*

âzôjata (vom vor. + *jata*) adj., durch Angst geschlagen, plur. nom. °*jata* vd. 7, 5.

âzôbûj (von *âzaṅh* + *buj*) adj., von Sünden reinigend, acc. m. *khrutûm âzôbûjem* vd. 18, 16. fem. *frazaiñtîm âzôbûjem* schuldreinigende Nachkommen (der Sohn kann des Vaters Sünde durch Gebet vergessen machen) y. 61, 14. gen. f. *frazañtôis âzôbûjô* yt. 13. 134.

ânmau (von 2. *a* + *nam?*) n. Macht, Beständigkeit, acc. *ânmâ* y. 30, 7. Die Trad. hat: ohne Bestürzung; dat. *ânmainê* zu Kraft (wachsen) y. 43, 20. loc. *ânmainî* y. 44, 10.

âça m. Theil, Antheil, Gut, hzv. *dâmtannashn*, Ner. *prâpti*, dual. gen. *ayâo âçayâo* dieser Güter y. 31, 2.

Skr. *áṅça.*

âçashu (scheint die Wurzel *shu* mit praefigiertem *âça* zu sein, also zu Theil werden) eintreten, med. partic. perf. plur. nom. n. *hyaṭ âçashutâ ameretâitî yâ daibitânâ fraokhtâ* wenn das eintritt in der Unsterblichkeit (d. h. am jüngsten Tag), was als trügerisch verkündet ward (nemlich von den Ungläubigen) y. 47, 1.

âçus n. Stengel der Haomapflanze, acc. sg. *âçus* y. 10, 4.

Vgl. skr. *aṅçú.* — vgl. *nâmyâçus.*

âçta (von *añgh*) m. Bedrücker, plur. acc. *âçtêñg* y. 45, 18.

âçtaṅh (von *añgh*) n. Bedrückung, acc. sg. *â âçtaçcâ* zu Bedrückung (bringe sie) y. 43, 14.

âçtar (von *añgh*) m. Bedrücker, nom. *âçtâ* y. 34, 8. *yê nâo âçtâ daidîtâ* welcher sich gibt, aufführt als unser Bedrücker y. 45, 18. *âçta avaçpayama vâ davôça vâ apa qaêtêus vâ bavâṭ?* yt. 24, 44.

K.

ka Stamm des Interrogativpronomens, welcher durch Anfügung von *ciṭ* an die Flexionsaffixe indefinit wird; sing. nom. masc. *kô* vd. 2, 138. 3, 39. 18, 33. yt. 10, 108. 14, 47. *kaçe-thwãm* quis te y. 9, 10. *kaç-tê* Westerg. *kaç-tê* wer (ist) dir (*tê* bedeutunglos, sog. dat. ethicus) y. 29, 7. *kaçciṭ* aliquis vd. 8, 282. y. 13, 24. quilibet vsp. 3, 25. yt. 5, 101. *âaṭ vô kaçciṭ mashyânãm uiti mraoṭ ahurô mazdâo* dann jeder von euch Menschen, so sprach Ormazd, (verlange) yt. 19, 58. *kaçcîṭ* jeder y. 48, 5. *kaçciṭca* y. 64, 18. *kê* y. 43, 16. (cit. vd, 8, 56.) y. 29, 1. 43, 5. 7. 12. *kê* . . . *thwaṭ* wer (anders) als du (bewirkte) y. 43, 3. fem. *kâ* y. 34, 5. 43, 19. 9, 10. vd. 3, 124. 14, 65. yt. 21, 6. 8. 10. 12. 14. 16. relativ gebraucht (wie im altp. *tuwm kâ khsâyathiya ahy*, Beh. IV, 5, 14) *kê açti* . . . *parairiçti* y. 23, 5. *kâciṭ* (*tanu*) y. 17, 55. *âpem aêshemnâo havâi kâciṭ nâfyâi* (die Fravashis) senden das Wasser aus, eine jede zu ihrer Verwandtschaft yt. 13, 66. neutr. *kaṭ* vd. 3, 97. 13, 1. y. 19, 53. 34, 5. 12. yt. 1, 1. *kaṭ açti frameretis* welches (oder wie) ist die Recitirung y. 70, 2. *kaṭ tôi* . . . *avaṅhô* quid tibi auxilii, was hast du für Hülfe y. 48, 12. *kaṭ* . . . *cahyâ avaṅhô* was des Schutzes (*cahya* wiederholt die Frage, die schon in *kaṭ* liegt) y. 49, 1. *kaṭ zî açti* . . . *dâityôtemô yaçnaçca* welches (oder wie) ist der richtigste Yaçna yt. 8, 57. *kaṭ* wann vd. 7, 2. y. 28, 5. yt. 8, 9. *kaṭ mâo ukhshyêiti* wie lange wächst der Mond yt. 7, 2. *kaṭ* wie y. 47, 2. wie ὅτι als Einleitung einer Frage vd. 5, 160. 7, 59. 65. 72. 8, 39. *kaṭ ashava vanaṭ drvañtem* soll der reine den Bösen schlagen yt. 1, 28. relativ: *vîçpê âfrînâmi ke* (vgl. ap. *kaḥ*) *açti vohu ashava* y. 67, 49. acc. masc. *kem* vd. 17, 2. *kem idha tê zaothrâo bavaiñti* zu wem (kommen) die dir (dargebrachten) Zaothras yt. 5, 94. *kemciṭ paiti cathrushanãm* nach jedem der vier Winkel vd. 2, 61. 6, 66. *kemciṭ* jeden vd. 7, 128. *kemciṭ aipi nmânê* an jeder Wohnung (*nmâna* ist neutr.!) yt. 5, 102. *kêm* y. 29, 2. fem. *kãm* y. 45, 1. (cit. yt. 22, 20. 24, 65. wo zweimal *kâm*) *kãmciṭ* yt. 4, 6. neutr. *kaṭ* y. 34, 12. instr. masc. *kâ açti ithyêjâo marshuonô* durch wen ist (wirkt) der vergängliche tödtliche (es folgt *yô*, durch den, welcher) vd. 18, 21. *kâciṭ vâ gaonanãm* (*paçûm* ein Stück Vieh) von irgend einer Farbe yt. 8, 58. neutr. *kâ* wie y. 69, 17. 43, 8. 47, 8. *kâciṭ* . . . *dvaêshaṅhâ* durch jeden Hass y. 45, 8. dat. masc. *kahmâi* vd. 2, 2. y. 29, 1. *ayâo kahmâi* wem von beiden (statt *katarahmâi*, was nicht vorkommt) y. 43, 15. *hôi . . . jañtû . . . ahmâi yahmâi vashî kahmâicit*, ihm möge (Gehorsam) kommen, ihm welchen nur immer du willst y. 43, 16. *kahmâicit* für jeden vd. 13, 99. y. 19, 27. *para kahmâicit* ausser irgend einem vd. 7, 77. *kahmâicit* y. 21. 4. 43. 16. (cit. vd. 8, 59) *kahmâicit hâtãm* y. 35, 23. fem. *âdâi kahyâicit* y. 33, 11. neutr. *kahmâicit* yt. 13. 41. abl. neutr. *kahmât* vd. 15, 55. *yahmât kahmât naêmanãm* von welcher Seite her auch vd. 8, 248. *ahmât kahmâtcit* von überall daher vd. 8. 249. gen. masc. *kahê* vd. 19. 28. statt des fem. yt. 13, 50. *kahê kahyâcit* eines jeden y. 60, 15. *kahyâ ahî* y. 42, 7. *kañhê kañhê apaghzharanãm* an jedem der Canäle yt. 5, 101. *kahyâcit hâtãm âtarâis* allen schlechten der Wesen (der gen. *kahyâcit* ist statt des dativ attrahiert von *hâtãm*) y. 13, 16. *kahyâcit khrafçtranãm avajanyât* irgend welche der Khrafçtras tödte er (*kahyâcit* attrahiert von *khr°* statt des acc.) vd. 16, 28. fem. *kañhâoçcit* yt. 21, 5. *hazañrem kañhâoçcit vãthwanãm* 1000 Herden von was es sei (das fem. scheint zu stehn, weil *vãthwa* fem. ist) A. 1 b, 11. loc. n. *kahmi* yt. 21, 1. *kahmi kahmicit* in jedem yt. 11, 5. plural. nom. masc. *kôi* y. 47, 11. *kôi nmânahê*, Westerg. verm. *kva nmânê*, Spiegel: welche im Hause sind (relativ) yt. 2, 11. *kôi* erinnert an oss. *khai* (irgendwo) Rosen 385. *kaya* (aus *kê* aufgelöst) *ratavô* welches sind die Herren y. 19, 50. *kaya aêtê vaca* welches sind diese Worte vd. 10, 7. 13. 19. acc. masc. *kêñg* y. 47, 11. neutr. *kâis hê afçmãn* welches sind seine Hauptstücke y. 19, 45. dat. masc. *kaêibyô* y. 43, 6. 45, 3. gen. masc. *kãmcit aêçmanãm* von allen Brennhölzern vd. 18, 49. mit Umtauschung des Frag- und Relativpronomens: *yôi peshyêiñti aêibyô kãm* (für *kôi p° aêibyô yaêshãm*) wer wird die von ihnen *yaêshãm* wie oft demonstrativ gebraucht) bekämpfen y. 43, 20. *kãmcit vâ taokhmanãm parairithyêiti* wenn irgend Verwandte (einer der Verwandten) sterben (stirbt) vd. 12, 63. fem. *kãmcit urvaranãm* vd. 8, 7. 247. 14, 6.

Skr. altp. *ka*, hzv. *ka* (nur in *katâr*, *katâm* erhalten), parsi *ka*, *ki*, *ke* (meist relativ), np. *kih* (relat. und interrog.), afgh. *kah* (meist wenn), *kum* (aus *katâm*?), bal. *kî* (quis), kurd. *kih kî*, armen. *ó*, *óv* (Petermann 178), südoss. *ki*, dig. *kha*, *khay*, tag. acc. *khäy* (nom. *tyi*, altb. *ci*).

kaitya (von 2. *kan*?) adj., zu begehren, lieblich? instr. m. *kaitya vaca* Fr. 9, 2.

kain° s. *kanya*.

kainika (v. *kainin*) f. erwachsene Jungfrau, nom. *kainikê* y. 23, 5. plur. gen. *kainikanãmca* y. 67, 39.

Hzv. *kanîk*, parsi *kanîk*, vgl. qal. *kennék* (Tochter, Mädchen).

kainin (von 2. *kan*! das liebliche ist niedlich, klein) f. Mädchen, nom. *kainica* vd. 15, 48. = yt. 24. 28. acc. *kaininem* vd. 15, 30. gen. *kaininô* yt. 5, 64. 126. 13, 107. 22, 9. plur. nom. *kainina anupaêta* yt. 17, 54. 55. *kaininô* y. 9, 74. yt. 15, 39. 17, 11. *kaininô . . . khshathra* yt. 5, 87. acc. (statt nom., weil hinter dem praedic.) *kaininô qatô puthrem* Mädchen und selbst Knaben vd. 12, 27. dat. *kainibyô* y. 52, 5.

Vgl. *kanya*.

kairya (von 1. *kar*) adj., wirkend.

Vgl. skr. *kârya*.

Vgl. *âçukairya*, *upairikairya*, *uparôkairya*, *moshukairya*, *rathakairya*, *hukairya*.

kaurva oder **kaourva**, adj., schwarz, Spiegel: kahl; gen. *açpahê . . . kaurvahê* yt. 8, 21. = 27. vgl. Bund. 16, 16. 17., wo Apavas als schwarzes (*çyâ*) Ross erscheint.

Vgl. skr. *karbu*, *karburá*, *karvará*.

1. **kaêta** m. Wurm, plur. nom. *kaêtaca* das Gewürm yt. 8, 5.

Vgl. skr. *kîṭá*, np. *kit* (Biene).

2. **kaêta** (von **kit* = *cit*) adj., bemerklich.

Skr. *kéta*. — Vgl. *dûraêkaêta*.

kaêna (von **ki* = 2. *ci*) f. Strafe, nom. *kaênâ* y. 30, 8. Kereçâçpa bittet, *yat kaêna nijaçâni* (Spiegel scheint *nijanâni* zu lesen) *azem brâthrô urvâkhshaya* dass ich als Rache (d. h. Rächer) hingehe meines Bruders Urvâkhshaya yt. 15, 28.

Hzv. *kîn* (Bund. 78, 4 concret: Rächer), parsi *kîna*, np. *kîn*, *kînah*, armen. *khên*, *khinel*.

kaêva m. n. pr. des Vaters des Frînâçpa, gen. *frînâçpahê kaêvahê* yt. 13, 122.

Vgl. *vîtkaêri*.

kaoiriça (vgl. *kairis*?) m. n. pr. eines Berges in Airyana vaêjô, im Bundehesch (24, 1) *kôirâç* (so ist statt *kôdrâç* zu lesen). nom. *kaoiriçaçca* yt. 19, 2.

kaourvôgaosha (von *kaurva* + *g°*) adj., schwarzohrig, gen. *açpahê °gaoshahê* yt. 8, 21.

kaourvôdûma (v. *kaurva* + *duma*) adj., schwarzschwänzig, gen. *açpahê kaurvahê kaourvôdûmahê* yt. 8, 21.

kaourvôbaresha (von *kaurva* + *baresha*) adj., mit schwarzem Rücken, gen. *açpahê kaurvahê kaourvôbareshahê* yt. 8, 21.

kaozhda m. Kante, Zacke.

Vgl. skr. *kubjá*? armen. *kouz*. — Vgl. *astakaozhda*.

kaofa (von *kup*) m. 1) Berg, nom. *cathwârô vîdhvana kaofô* die vier Berge V. (gehört *vîdhvana kaofô* als n. pr. zusammen?) yt. 19, 3. plur. gen. *kaofanãm* yt. 14, 21. 2) Höcker des Kameels.

Altp. *kaufa* (Berg), hzv. *kôf* (Berg, Höcker), parsi *kôh*, np. *kôh* (Berg), *kôhah*, *kûheh* (Höcker). buchar. *koh*, aegyptisch zig. *koh*, afgh. *kûh*, kurd. *kew*, lorist. *kiu*, zaza *koi*, oss. *kuph* (Hügel, Schiefner 11, 8, 45).

Vgl. *aurvatôçaênêkaofa*, *çtvikaofa*.

kaosha (von *kush*?) m. n. pr. des Vaters des Fraoraoçtra, gen. *fraoraoçtrahê kaoshahê* yt. 13, 122.

Skr. *koshá* (Name eines Priestergeschlechtes).

kakahyu m. n. pr. eines Berges, Kaukasus? nom. *kakahyusca* yt. 19, 4.

kaquzhi m. n. pr. eines bösen Sternes? Hzv. sieht darin einen Namen des Ahriman, *pakhrusta hi kaquzhi* vd. 21, 35.

kaqeredha Westerg. **kaqar°** adj., boshaft, hzv. *kâçtar*, nom. f. *jahi kaqaredhaini* (Thema *°dhan*) yt. 3, 9. statt des acc. yt. 3, 12. 16. gen. masc. fem.

kaçeredhahêca kaçereidhyâoçca y. 60, 7. plur. gen. masc. fem. *kaçeredhanãm kaçereidhinãmca* y. 60, 6. Vgl. afg. *kakar* (polluted, stained, smeared)? armen. *khakor* (stercus)?

kañha (von *kah?*) f. n. pr. eines Ortes „viele Parasangen östlich vom See Vourukasha" (Bund. 70, 3), im äussersten Nordosten, nahe bei dem Garten des Yima (*Varjemkant*), gegründet von Çyâvarshan; hier herrscht mit Khorshêtcihar (d. h. *Hvarecithra*) der Sohn des Vistâçpa, Pashutan (*Peshôtanus*), Bund. 53, 5. 68, 19. 70, 3. 79, 19. Es scheint diese Localität, welche auch die Chinesen unter dem Namen *kang* kennen (Neumann, asiat. Studien 171. Ritter, Asien VII, 657) und welche als eine Art irdischen Paradises bei den Persern gilt, eine eranische Colonie mitten in Turan, nördlich vom Jaxartes, zu sein, vgl. Bréal im Journ. asiat. V, 19, 495. Spiegel, im Ausland 1862. p. 292 (Eran 139). Windischmann Z. St. 15. 112. loc. *kañhaya berezañtya ashavanaya* yt. 5, 54. 57.

Vgl. *añtarekañha*.

Hzv. *kang-déj*, bei Firdôsi *Gang dizh*.

kata (von 1. *kan*) m. 1) ein erhöhter oder von der Erde ausgegrabner Behälter für Leichen, bevor sie zum Dakhma gebracht werden können, der Zadmarg der Parsen, nom. *aêshô zî açti dâityô kata* (lies *katô?*) vd. 5, 40. plur. nom. *aêtê kata* vd. 5, 37. acc. *kata* vd. 5, 37. 2) Haus, acc. *katem* vd. 2, 69.

Hzv. *katak*, np. *kadah*, *gadah*, afgh. *kaḍah?*

katarstema s. *parôkatarstema*.

katâra (von *ka*) adj. pronom., uter, nom. *katâro* ob es (das Haar) ist (ein Kopf- oder Schwanzhaar) yt. 14, 31. *katârô pôurvô âmayâoñtê* welcher von beiden ist der erste (an dem) sie sich versuchen sollen vd. 7, 95. *katârô ayâo vehrkayâo . . . añhen* welcher von beiden Wolfsarten ist vd. 13, 115. (statt *añhen* ist wohl *añhaṭ*, wie nachher in der Antwort steht, zu lesen; oder ist *katârô* collectiv gefasst?), *kataraçciṭ* jeder von beiden y. 9, 19. yt. 14, 43. 44. 19, 46. 24, 47. neutr. *katârem* welches von beiden y. 31, 17. acc. m. *katârem â añrô* an wem haftet der Böse y. 43, 12. *çuyãmca katarcmciṭ* yt. 15, 1.

Skr. *katara*, hzv. *katâr*, parsi *kadâr*.

kati (von *kata*) m. Hausherr, Ner. *gṛhastha*, pl. nom. *katayô* y. 9, 73.

Hzv. *katîk*.

katu m. n. pr. des Vaters des Vohunemañh und des Vohvazdañh, gen. *vohunemañhô katéus* yt. 13, 114. *vohvazdañhô katéus* yt. 13, 114.

katômaçañh (v. *kata* + *m°*) adj., von der Grösse eines Kata, plur. nom. *katômaçañhô heñti* (Steine haltend —) von der Grösse eines Kata sind sie — vd. 19, 13. *açma katômaçâo* yt. 17, 20.

kaṭ môi urvãm *hâitîm yazamaidê* wir preisen das mit *kaṭ m° u°* beginnende (49.) Capitel des Yaçna, y. 49, Schluss.

katha (von *ka*) adv. wie, wo, wann, *katha* wie vd. 9, 20. y. 60, 16. 64, 34. yt. 22, 16. *kathâ* y. 42, 7. 43, 2. 45, 1. *katha* wann yt. 8, 5. *kathâ* y. 43, 17. wo y. 29, 2. *yatha kathaca* wie nur immer vd. 2, 41. *mâ adha kathacina paitijimê* (Westerg. *paitijimê*) nie möge ich dazu gelangen vsp. 25, 4. *kathaca . . . yathaca* yt. 1, 26. *yatha kathaca hê zaoshô* wie auch immer sein Wille ist yt. 4, 8.

Skr. *kathâ*.

kathwa m. Trad. Esel, (*khamnâ*); vielleicht Maulthier? In Anquetils Pehlvi-persischem Glossar ist pehlvi (huzvâresh) *kotina* (was ich nicht zu belegen vermag) np. *açtar*. Pictet, les origines Indo-Européennes I, 356 leitet *kathwa* von skr. *kaṭu* ab.

kathwadaênu (vom vor. + *d°*) f. Weibchen des Kathwa, nom. sg. *kathwadaênu* vd. 7, 110.

kad vernichten.

Skr. *kad* (*cakâda kadanam*). — Vgl. *frakadha*.

kadrva adj., schwarzgelb.

Skr. *kâdru*.

kadrvôaçpa (vom vor. + *açpa*) m. n. pr. eines Berges bei der Stadt Tûs (dem Geburtsort Firdôsi's), auf welchem der Var Çovbar liegt, Bund. 22, 4. 55, 12. nom. *kadrvôaçpaçca* yt. 19, 6.

Hzv. *kondcrâçp*.

kadha (von *ka*) adv. wie vd. 19, 103. wann yt. 10, 86. *kadha-nô* yt. 8, 5. *kadâ* wie y. 29, 9. 47, 9. wann y. 45, 3. 47, 10.

Skr. *kadha°*, np. *kai*, oss. *khad*.

1. **kan**, graben.

— *aipi*, ausfüllen (von Löchern), pot. 3. sg. *aipikanyâṭ* vd. 14, 18.

—*ava*, graben, ausgraben, pot. 2. sg. *avakanôis* vd. 17, 13. 3. pl. *avakanayen* vd. 8, 18. *thris mayhem* vd. 8, 118. med. impf. 3. sg. *avakanem avakañta* vd. 15, 110.

— *uç*, ausgraben, praes. 3. sg. *yaṭ uçkañti* wenn man ausgräbt vd. 3, 40. partic. perf. pass. *uçkañta* (s. besonders).

— *ni*, eingraben, pot. 3. pl. *nica kanayen* vd. 7, 32. partic. perf. pass. *nikañta* (s. besonders).

— *vî*, einebnen (Dakhmas), ausfüllen (Höhlen), praes. 3. sg. *yaṭ vîkañti* wenn man (Dakhmas) einebnet vd. 3, 43. (Höhlen) ausfüllt vd. 3, 74. causal. impf. conj. 3. sg. *yatha* (Westerg. *yaçca*) . . . *vîkânayâṭ* wenn er einebnet vd. 7, 129.

— *ham*, reiben, einreiben, pot. 3. pl. *zemô hañkanayen* vd. 7, 35. 9, 123.

Skr. *khan*, *khánati*, altp. *kan*, hzv. *kantan*, parsi *kantan*, np. *kandan*, vgl. np. *khandaq*, hzv. *kandak*, *nckân*, parsi *nigân*, np. *nigân*, *afgandan*; osset. *kakhin* (Rosen 401)?

2. **kan**, begehren, bitten, perf. 3. sg. *cakana* wer bat (veranlasste) dich yt. 22, 11. 12. 3. pl. *câkhnarê* begehren y. 43, 13. partic. fut. pass. *kaitya* (s. besonders).

Skr. *kan*, *kánati*.

kana (von *ka* + 2. *na*) ein verstärktes pronom. interrog., die Partikel *na* tritt hinter die Casusaffixe; nom. masc. *kaçnâ* wer y. 43, 3. acc. *kémnâ* y. 45, 7. instr. *kana vaca* vd. 19, 28. *kana yaçna* vd. 19, 57. yt. 5, 90. 15, 54.

kannka (vgl. *kainika*) f. n. pr. eines Mädchens. gen. *kannkayâo ashaonyâo* yt. 13, 141.

kanya (vgl. *kainin*) f. Mädchen, Tochter, nom. *kâ yâ kainê* wie soll diess Mädchen beschaffen sein vd. 14, 65. *aêsha yâ kainê* vd. 15, 33. acc. *kanyãm* vd. 14, 64. gen. *kanyâo* (im Gegensatz zu *nâiri*) yt. 13, 14. *puthrô kainê çyâvarshânahê* der Sohn der Tochter des Çyâvarshan yt. 9, 18. plur. acc. *kainyô* (sic) yt. 17, 59.

Skr. *kanyâ*, *kanyá*, zaza *keina* (filia), vgl. oss. *kanag* (klein), und skr. *kánîyâṅs*, *kanishṭhá*.

kapô *nô arsha gavaithîm apayâṭ* yt. 10, 86. Man könnte an np. *kâridan*, *kâbîdan* (ackern) denken, und übersetzen: unser Pflüger (der uns an den Pflug spannt) möge uns zum Stall gelangen lassen; besser ist aber wohl *kadha nô* zu emendiren, wann wird uns der männliche (Mithra) zum Stall bringen.

kapaçti Spiegel vermuthet „Gift", vgl. np. *kabaçt*, *kabaçtah* (apis, venenum, pulpa colocynthidis, aristolochia, Meninski), *perenê kapaçtis* ich vertreibe das Gift? vd. 11, 29. *nôiṭ haêna*, *nôiṭ vôighna*, *nôiṭ pâma*, *nôiṭ kapaçtis* yt. 8, 56. = 14, 48.

kafa m. Schleim, Schaum, acc. *kafem* yt. 14, 13. Skr. *kapha*, np. *kaf* (udisch *khaf*, Schiefner 84a).

kam, lieben, wünschen.

Skr. *kam*, altp. *kam* (*kamana*), armen. *kamim*.

kamar, krumm, gewölbt sein.

Skr. *kmar*, *kmárati*.

kamara (vom vor.) f. 1) Gürtel, nom. *aêvaduçô* (Westerg. *aêvandaçô*) *kamara* als elftes der Gürtel vd. 11, 40. 2) Gewölbe, camera.

Hzv. np. *kamar*, buchar. *gemer*, kurm. *kemér*, afgh. *kamar*, armen. *kamar*, vgl. armen. *kamourch* (gewölbte (?) Brücke).

kameredha (vom vor. + 2. *dâ*) n. in camerae modum exstructus, concameratus (Koss.), Kopf, Schädel (von bösen Wesen, im Gegensatz zu *vaghdhana*), acc. *kameredhem* an den Kopf (des Arezûra) vd. 19, 140. den Kopf vd. 3, 66. 9, 180. y. 9, 97. 56, 4, 3. 56, 12, 4. abl. *açnê kameredhâṭ* beim, auf dem Kopf yt. 22, 20. loc. *kameredhê* vd. 19, 53. *kameredhê paiti daêvanãm* yt. 10, 128. 6, 5. *mashîm drvañtem çâçtârem kameredhaêca peshanaiti* er bekämpft den schlechten tyrannischen Menschen auf den Schädel (indem er ihm den Schädel zerbricht?) vd. 4, 140. pl. acc. *kameredhâo* yt. 10, 37.

Hzv. parsi *kamâr*, vgl. armen. *gamk* (Schädel), phryg. κίμερος, νοῦς (Hesych.)?

Vgl. *thrikameredha*.

kamnanmaêzãm *hâitîm yazamaidê* wir preisen das mit *kãm nemôi zãm* beginnende (45.) Capitel des Yaçna, y. 45, Schluss.

kamna adj., gering, schlecht, acc. n. *kamnem vañhanem* vd. 4, 139.

Hzv. *kem*, *kim*, np. afgh. buchar. bal. *kam*, talish *kom*, oss. *kyim*.

kamnânar (vom vor. + *nar*) adj., wenig Männer habend, nom. m. *kamnânâ ahmî* ich habe wenig Männer (nach der Trad. Krieger, Spiegel: Schüler des Zarathustra) y. 45, 2.

kamnafshva (von *kamna* + 2. *fshu*) f. wenig Besitzthum, nom. *mâ kamnafshvâ* mein (ist) geringes Besitzthum y. 45, 2.

kambista (superl. von *kamna*, *b* scheint als Stütze des *m* eingeschoben zu sein, das Affix *na* fiel vor *ista* ab wie immer) sehr wenig, acc. n. (adv.) *kambistem* am wenigsten vd. 3, 53. 5, 141.

Hzv. *kameçt*.

kaya s. *ka* und *kâ*.

kayadha (Benfey (Sâmaveda, Glossar s. v.) vergleicht vedisch *kayâd*, Variante von *kravyâd*, menschenfressend) adj., lasterhaft, die Trad. erkl. unzüchtig lebend, abl. m. *pairi zîzîyusaṭca kayadhâṭ* vor dem schadenfrohen lasterhaften yt. 1, 19. 13, 71. gen. m. und f. *yô vananô kayadhahê yô vananô kâidhyêhê* welcher schlägt die lasterhaften Männer und Frauen, y. 56, 7, 2. *kayadhahêca kayêidhyâoçca* y. 60, 9. plur. gen. *kayadhanãm* yt. 10, 2. *kayadhanãmca kayêidhinãmca* y. 60, 8.

Vgl. *akayadha*, *eviçtôkayadha*.

1. kar, machen, praes. 1. sg. *kerenaomi* vd. 21, 26. yt. 24, 49. 2. sg. *kerenûishi* y. 10, 37. 3. sg. *kerenaoiti* vend. sade 490. vd. 4, 13. 22, 7. y. 10, 35. yt. 10, 28. 17, 20. *ayaozhdâta kerenaoiti* vd. 8, 128. 9, 45. *yatha çpâ vehrkahê kerenaoiti* wenn ihn der Hund mit dem Wolf erzeugt vd. 13, 115. 3. plur. *kerenvaiñti* yt. 13, 26. Conj. praes. 2. sg. *kerenavâhi* vd. 21, 20. yt. 24, 3. pot. 3. sg. *kerenuyâṭ* vd. 14, 70. imperat. 1. sg. *kerenavâni* yt. 5, 30. yt. 17, 57. *kutha hîs kerenavâni haca drujaṭ* wie soll ich sie von der Drukhs wegthun, vor der Drukhs schützen vd. 19, 39. *yaṭ kerenavâni* yt. 15, 16. med. *kerenavânê* vd. 2, 93. yt. 19, 43. *yêzi mãm yastô kerenavânê* wenn du mich gepriesen machst (lies *kerenavâhê*, 2. sg. conj. med.) yt. 15, 56. 2. sg. *kerenava* vd. 2, 61. *kerenûidhi* y. 9, 89. med. *kereshvâ* y. 40, 1. imperf. 3. sg. *kerenaoṭ* Cit. der Hzv.-Gl. zu vd. 2, 41. vd. 2, 97. y. 9, 15. man mache vd. 16, 102. praedicat zu *aêtê mazdayaçna* vd. 5, 45. 3. pl. *kerenâun* yt. 10, 51. *vaêm yôi kerenâun* (oder *kerenaon*) y. 30, 9. conj. 3. sg. *kerenavâṭ* vd. 15, 50. yt. 19, 89. *yô kerenavâṭ yim yazaitê mithrem yim vourugaoyaoitîm khshnûtô aṭbistô hyâṭ* welcher macht (dass) dem weitflurigen Mithra, welchem er opfert, dass der zufrieden und ohne Pein ist yt. 10, 120. *âfrînem kerenavâṭ* (lies °*vâni?*) yt. 23, 2. 3. pl. *yêzi nôiṭ kerenavãn* vd. 5, 45. *yaṭ kerenavãn* yt. 19, 11. perfect. 3. sg. med. *cakhrayô* (skr. *cakré*, *ê* ist in *aya* aufgelöst und das zweite *a* verdunkelt) y. 34, 7. 3. pl. act. *câkhrare* sie machten (Worte) vd. 4, 128. partic. plur. nom. *keredushâ* die wirkenden y. 29, 3. aor. *côreṭ* (skr. *acakrat*, *cô* contrahiert aus *caka*, dessen *k* ausfiel) y. 43, 7. 44, 9. partic. praes. acc. m. *kerenavañtem* yt. 22, 13. Causale praes. 3. sg. *kârayêiti* y. 19, 32. 20, 1. er erzeugt vd. 3, 99. man erzeugt (durch Anbau) vd. 3, 13. 77. impf. *kârayaṭ* y. 19, 38. 3. pl. *mâ kârayen* nicht sollen sie bebauen hzv. Uebers. von 3. *kar*. vd. 6, 3. Passivum 3. sg. *kiryêtê* (die Strafe) wird vollzogen yt. 10, 109. 3. pl. *kiryêiñtê* vd. 3, 30. partic. perf. *ke-*

reta (s. besonders). Intensivum praes. 1. pl. *carekeremahî* wir wollen ererben y. 57, 9. 11.

— *â*, zu etwas machen, impf. 2. sg. med. *âkerenavô* y. 9, 46.

— *paiti*, entgegen wirken, impf. 3. sg. *môshu taṭ paiti akerenaoṭ* (*a* = *â*) schnell wirkte er (Ahriman) dagegen vd. 2, 16 (Westerg. 2, 6).

— *fra*, hervorbringen, impf. 3. sg. *frakairê frakerenaoṭ* vend. sade 489 (Westerg. vd. 19, 41), Cit. der Hzv.-Gl. zu vd. 8, 299 (wo *fravairi*).

— *hañ*, vollenden, abschliessen; verkündigen, praes. 1. sg. causale *hañkârayêmi* ich melde (das Opfer) an vsp. 1, 1. y. 1, 1. und oft. partic. perf. pass. *hañkereta* (s. besonders).

Skr. *kar*, *kṛṇómi*, altp. *kar*, hzv. *kantan*, parsi np. *kardan*, buchar. *kerdan*, maz. *kiren*, afgh. *kaval*, bal. *kartan* (*kan* fac, *kitha* fecit, *kunam* facio, *kunand* faciunt, vgl. brahvi *kanning* faciens), kurm. *kim*, kurd. *kerem* und *cekem* (facio), leki *mekâm* (facio), lorist. *eikunam* (facio), *beken* (fac), hedr. *kam*, zaza *kén'a* (facio), phryg. ἀκουναβ (feci, Inschrift von Borlu), armen. *karel*, südoss. *khanin*, dig. *khanun*, tag. *khänün*. Zu *hañ-kar* vgl. altp. ἄγγαροι (reitende Boten), hzv. *hangartinîtan*, parsi *añgârtan*, np. *angârdan*.

2. **kar** gedenken, aufmerken.

— *aiwi*, aufmerken.

— *pairi*, den Blick wegwenden, periphrast. impf. 3. pl. *mâ hê bareçma pairikeretem pairikereñtis narô aiñhen* die Männer sollen den Blick nicht vom Bareçma abwenden (wenn sie die Zweige schneiden, vgl. die Stelle des Vajarkart bei Spiegel, Av. übers. II, LXVIII) vd. 19, 64.

Skr. *kar*, *cakármi*, hzv. *nekîr* (Aufmerksamkeit), parsi *nigaresn*, np. *nigirîdan* (verb. den.), arm. *ḱorlil?*

3. **kar** (vgl. *kareṭ*), schneiden, theilen, *pairithnem kereneñtê* führen (verletzen mit) Krieg vd. 19, 90. pot. 3. sg. *yatha yaṭ kameredhem kerenuyâṭ* als ob er den Kopf abschnitte vd. 18, 26. (hzv. übers. *kant*); causale praes. 3. sg. *karshâim kârayêiti* yt. 4, 5.

— *â*, zimmern, impf. 1. sg. *âkerenem* ich zimmerte (baute diese Welt) vd. 22, 3.

— *pairi*, ringsum einschneiden, causale pot. 2. sg. *pairikarem pairikârayôis* (mit dem Messer) ziehe Umkreise vd. 17, 47. 24.

— *fra*, durch Schneiden ziehn, schaffen (von Bösen, wie *kareṭ*) impf. 3. sg. *frakerenaoṭ* (Ahriman) schuf vd. 22, 6. Causale praes. 3. sg. *thrikarsem frakârayêiti framraomi* drei Kreise soll er ziehn, will ich sprechen yt. 4, 7. pot. 2. sg. *karshaçciṭ frakârayôis* zieh eine Furche vd. 9, 21. impf. 3. sg. *nava karshâo frakârayaṭ* vd. 22, 58.

Skr. *kar*, *kṛṇóti*, *kṛntáti*, hzv. *krinîtan*, parsi *krinîdan*, np. *kirnîdan*, armen. *ḱarhel*, dig. *khalun*, *fakhalun*, tag. *fäkhalün*.

1. **kara** (von 1. *kar*) machend, am Ende von Zusammensetzungen.

Vgl. *arshôkara*, *darshikara*, *frashôkara*, *maêghôkara*, *maodhanôkara*, *marshôkara*, *vîdaêvôkara*, *vîmanakara*, *çatôkara*.

2. **kara** (von 1. *kara?*) m. n. pr. acc. *karem açabanem* yt. 5, 73.

3. **kara** m. n. pr. eines Fisches, welcher nach der Hzv.-Glosse zu vsp. 1, 1. und Bund. 58, 4. das Haupt (*rat*) der Wasserthiere ist, welcher nach yt. 16, 7. in der Rañha, nach spätern Schriften im See Vourukasha sich aufhält, wo er den weissen Haoma vor der Eidechse des Ahriman schützt. Bund. 42, 18 hat er noch neun Collegen bei diesem Geschäft; vgl. den Minokhired bei Spiegel Parsigr. 142, 18. H. II, 113. Av. übers. III, LIV. Kuhn, Herabk. 124. Anquetil übers. espèce d'esturgeon; nom. *karô maçyô* yt. 14, 29. 16, 7. statt des acc. vend. sade 489 (Westerg. vd. 19, 42).

Hzv. parsi *kar* (*mahik*).

1. **karana** (von 3. *kar*) m. Seite, Ende, acc. *dashinem upa karanem* auf der rechten Seite yt. 10, 99. *upa karanem añhâo zemô* yt. 12, 20. dual. nom. *karana* die beiden Enden, d. h. Anfang und Ende (des Himmels) yt. 13, 3. acc. *ra karana* beide Enden (der Erde) yt. 10, 95. die beiden Flügel des Heeres yt. 5, 131. *yâo raçmanô . . . frakarana* (lies *frâ k°*) *çciñdayêiñti* yt. 13, 39. plur. nom. *vîçpê karanô* (Thema *karan?*) alle Enden (der Schlachtreihe) yt. 10, 36. *yaozeñti vîçpê karanô zrayâ vourukashayâ â vîçpô maidhyô yaozaiti* es bewegen sich alle Enden im See V., die ganze Mitte bewegt sich y. 64, 15. yt. 5, 4. 13, 7. *yaṭ bavâni aiwivanyâo gañdarewem . . . upa yaozeñti karana zraya vourukashaya* dass ich überwinde den Gandarwa am See Vourukasha — (dessen) Enden sich bewegen (Zwischensatz) yt. 5, 38.

Hzv. *kanâr*, parsi *kanâra* (Ner. *taṭa*), np. (türk.) *kanâr*, buchar. *kerânch*, afgh. *karân*, kurd. *kener*, zaza *kenâr*, dig. *kharon*, tag. *khäron*.

Vgl. *akarana*, *cathrukarana*, *dârêkarana*.

2. **karana** (von 2. *kar*) n. Schutzmittel (der Beine), Beinkleid, Hzv. *rânbân*. nom. *karanem* vd. 8, 68.

Vgl. afgh. *kanṛêî*, hindustani *kharanr*, pattens?

3. **karana** (von 1. *kar*) n. Machung.

Skr. *káraṇa*. — Vgl. *garemôçkarana*.

karapan m. ein Tauber, der gegen die heiligen Lehren taub ist, Ner. *açrotar*, nom. *karapâ* y. 32, 12. collectiv: die Tauben y. 43, 20. plur. nom. *karapanô kârayaçeâ* (hzv. *kik u karaf*, erklärt *aparun*, die Schlechten) y. 45, 11. 47, 10. 50, 14. yt. 4, 8 (vgl. *nayu*), acc. *karapanô* Fr. 2, 2. gen. *karafnãmca* y. 9, 61. yt. 1, 10. 5, 13. 10, 34. 13, 135.

Vgl. skr. *kṛpaṇá?* hzv. *karaf*, np. *gar*, *garângôsh* (udisch *khar*, Schiefner 84), afgh. *kar*, armen. *ḱoul?*

karapôtañh n. Zustand eines Karapan, pl. acc. *yâ karapôtâoçcâ kevîtâoçcâ* y. 32, 15.

karaçna (von *kareç?*) der schlanke, m. n. pr., gen *karaçnahê zbaurvaithinahê* des Karaçna, des Tochtersohnes des Zbaurvañt yt. 13, 106.

1. **kareta** (von *kareṭ*) m. Messer, Sachs, nom. *karetô* vd. 14, 34. (hzv. *kart*, erklärt *shamshêr*) yt. 13, 72. acc. *karetem* yt. 14, 27. instr. *kareta* (Westerg. *kereta*) s. *nayu* yt. 4, 8. plur. nom. *kareta* yt. 1, 18. 10, 42. *karetaciṭ* yt. 10, 40. *karetayaçca* (Thema

karetâ vd. 17. 28. 29. (hzv. übers. *çagîu*) steinern), instr. *karetâis* vd. 4, 144. gen. *karetanãm* yt. 10, 131.

Vgl. skr. *kartanî*, *kartarî*; hzv. *kart*. np. *kârd*, buchar. *gârd*. kurd. *ker*, kurm. *khêr*. zaza *kârdi*, oss. *khard*. armen. *karth*? (Aus den eran. Sprachen stammt das slav. *korda*, ungar. *kard*, altnord. *kordi* etc.).

2. **kareta** (von 2. *kar*), bemerkend.

Vgl. *aiwikareta*.

3. **kareta** (von 1. *kar*). — Vgl. *frashôkareta*.

karetôdâçu (von 1. *kareta* + *d*°) adj., mit Messern verwundend, nom. m. *aêshô mereghô yô karetôdâçus* yt. 22, 41.

karetôbaêshaza (von 1. *kareta* + *b*°) m. Chirurg, nom. sg. *karetôbaêshazô* mit dem Messer heilend yt. 3, 6. plur. acc. (statt des nom., weil nach dem praedicat) *karetôbaêshazêçca* vd. 7, 119.

kareṭ schneiden, imperat. 3. sg., partic. praes. nom. masc. *mâca* . . . *kereñtô mazdayaçna mâca kereñtô irishyâṭ* nicht soll er an Mazdayaçnas schneiden, nicht sie schneidend verwunden; gleich darauf: praes. 3. sg. und partic. *yêzi kereñtê* (Westerg. verm. *kereñti*, *mazdayaçna yêzi kereñtô irishyâṭ* wenn er an M. schneidet, schneidend sie verwundet, und nachher: *vaçô kereñtu mazdayaçna vaçô kereñtô baêshazyâṭ* so schneide er nach Belieben an M., nach Belieben schneidend heile er sie, vd. 7, 97 ff. conj. impf. 3. sg. *yaṭ kereñtâṭ* vd. 7, 97. causale praes. 3. sg. *yô raçmanô kereñtayêiti* welcher die Heersäulen zerschneidet yt. 14. 62. partic. perf. pass. *karsta* s. bes.

— *aipi*, zerreissen, praes. 3. sg. *aipikereñtaiti* yt. 10, 72.

— *aiwi*, ausrotten, praes. 3. sg. *aiwikereñtaiti* Westerg. *aipik*°) y. 70, 37. 3. plur. *aiwikereñteñti* Westerg. *aipik*°) y. 70, 34. 35. 36.

— *apa*, abschneiden, praes. 3. sg. *apa* . . . *kereñtaiti* vd. 13, 27.

— *ara*, schneiden, aor. conj. 3. sg. *arakerethyâṭ* man schneide vd. 4, 144.

— *avi*, zerschneiden, causale praes. 3. sg. *avi raçmanô kereñtayêiti* yt. 14, 62.

— *upa*, schneiden, pot. 3. pl. *upakereñtayen* vd. 13, 90.

— *fra*, 1) zerschneiden, impf. 3. pl. *fraca kereñten* sie sollen zerschneiden vd. 7, 32. 2) schaffen (von bösen Wesen), impf. 3. sg. *frâkereñtaṭ* vd. 1, 7. 20, 14. *fraca kereñtaṭ* y. 9, 27. yt. 5, 34. pass. partic. perf. *frakereçtâ*, *frâkereçta*, *frakarsta* (s. besonders).

— *vî*, zerschneiden, vernichten, partic. praes. *vîkereñṭ*.

Skr. *kart*, *kṛntáti*, hzv. *kart* (in *kartak*), armen. *kertel*, oss. *khardin*. dig. *khardun*; vgl. kurd. *kerendi* (Sichel).

karena (von 3. *kar*, Spalt) m. Ohr (der bösen Wesen), dual. acc. *karena* yt. 11, 2.

Skr. *kárṇa*.

karenâo (vgl. *karapan*) adj., taub, nom. sg. *karenâoçca* yt. 5, 93.

karep, sich fügen, richtig sein; partic. perf. pass. *kerepta* (s. besonders).

Skr. *kalp*, *kálpate*.

Vgl. *kehrp*.

kareç, schlank, mager sein.

Skr. *karç*, *kṛ́çyati*.

kareçnayana (von *karaçna*) m. n. pr. Sohn des Karaçna, gen. *vîrâçpahê kareçnayanahê* . . . *âzâtahê kareçnayanahê* . . . *frâyôdhahê kareçnayanahê* yt. 13. 108.

karesh, ziehn, schleppen, Furchen ziehn, bebauen, pot. 3. pl. *apara karshayen jainis hara mashyâkaêibyô* die andern zogen sich zurück — die Jaini samt den (bösen) Menschen yt. 19, 80. pass. partic. perf. *karsta*, s. besonders. partic. fut. nom. f. *karshya* vd. 3. 80. acc. *zãm karshyãm* vd. 14, 57.

— *ara*, bringen, praes. 3. pl. *arakarsheñti* vd. 5, 17.

— *pairi*, ziehn, pot. 3. sg. *pairikarshem pairikarshôiṭ* er ziehe eine Furche vd. 19, 72.

— *yao* (von 1. *yara*), Getreide bauen, praes. 3 sg. *yaṭ aghrem paiti yaokarsti* wenn man eifrig Getreide baut vd. 3, 98.

Skr. *karsh*, *kárshati*, *kṛsháti*. hzv. *kishtan*, parsi *kaçant* (sermut), np. *kashîdan*, *kishtan*, maz. *bekeshiyeh* (zog), afgh. *kisht*, *kisht* (a sown field), kurm. *dikshîniim*, armen. *kharshel*, südoss. *khuçin*, dig. *koçun*.

Vgl. *kash*.

karesnaz m. Führer? plur. nom. *yûshmaoyô parô karesnazô hvîra bâun* vor euch (in eurer Gegenwart) sind die Führer heldenreich (tapfer?) yt. 13, 38.

1. **karsha** (von *karesh*) m. Kreis, Furche; die Flexion dieses Wortes ist sehr undeutlich; zum Theil sind wohl verderbte Lesarten der Grund davon; acc. *karshaçca* (Thema *karshanh*? neutr.) *frakârayôis* zieh eine Furche vd. 9, 21. *yêzi mê mãthrem framrava* . . . *karshâim kârayêiti* wenn man mein Wort sprechend einen Umkreis zieht yt. 4, 5. *karshaêm* yt. 4, 7 (Thema *karshaya*), gen. *karshayâo* (fem.) vd. 9, 32. plur. acc. *dvadaça karsha frakârayôis* zieh zwöf Furchen vd. 9, 24. *naca karshâo frakârayaṭ* vd. 22, 58.

Vgl. skr. *karshû*, hzv. np. *keish*, buchar. *kishâvarz* (Ackerbauer).

Vgl. *thrikarsha*, *navakarsha*.

2. **karsha** (von *karesh*) m. das Ziehen.

Skr. *karshá*. — Vgl. *dânôkarsha*.

karshi von *karesh*) f. Kreis, gen. (local) *pourunarayâo karshyâo* y. 11, 10. Scheint zu 1. *karsha* zu gehören.

karshivañṭ (vom vor.) m. Ackersmann, instr. die Erde, *yâ karshya karshivata* welche zu bebauen ist durch den Ackersmann vd. 3, 80.

karshôrâza (von 1. *karsha* + *râz*) adj., einen Kreis, eine Versammlung bildend, veranstaltend, acc. m. *mithrem karshôrâzem* yt. 10, 61. fem. *frazaiñtîm karshôrâzãm* y. 61, 13.

karshya s. *karesh*.

karshvan f. oder **karshvare** n. (v. *karesh*) Name der sieben Theile der Welt, der indischen Dvipas, deren Entstehung der Bundehesh (20, 9 ff.) erzählt:

über die Erde heisst es in der Dîn (die Stelle ist also aus einem verlornen altbactr. Text übersetzt): dreiunddreissig Arten (?); an dem Tag als Tishtar Regen machte und als die Meere dadurch entstanden, zerbrach die ganze Welt (*çvak* übers. altb. *açanh*), sieben Stücke wurden daraus; das Stück, welches so gross war als die (ganze) Hälfte, war zwischen sechs Stücken, die sechs Stücke (lagen) um dasselbe, und diese Stücke sind so gross als Qanirâç. Darauf wurden sie Keshvar genannt, und jedes wurde ein Kreis wie es ein Stück gewesen war. Auf der östlichen Seite [von Qanirâç] ist das Keshvar Çavai, im Westen das K. Arzai — zwei Theile — auf der Südseite die Keshvars Fradatafsh und Vidadafsh — 2 Theile — auf der Nordseite die K. Vorbarst und Vorjarst — 2 Theile; das in der Mitte ist Qanirâç und Qanirâç begrenzt das Meer, denn ein Theil dieses Meeres . . . Ferakhkant ist herumgeschlungen. Zwischen Vorbarst und Vorjarst ist ein hoher Berg gewachsen, denn von einem Keshvar in's andre kann man nicht gehn. Vgl. Bund. 14, 5 ff. Wenn die Vorstellung von den 7 Welttheilen auch aus Indien stammt (vgl. Spiegel DMG. 6, 85), so hat sie doch schon früh in Eran Eingang gefunden, da sie sich schon in den Gâthas findet (y. 32, 3). Eine Aufzählung der Keshvars findet sich vd. 19, 129. Vgl. Bréal im Journ. asiat. V, 19. 493. Spiegel, Av. übers. III, LIII. Windischmann Z. St. 66, 67. acc. *avaṭ karshvare* vd. 19, 129. *imaṭ karshvare* y. 56, 12, 3. yt. 10, 15. *karshvare* yt. 12, 9 ff. *haca karshvare yaṭ arezahi upa karshvare aṭ* (lies *yaṭ*) *qanirathem bâmîm* yt. 10, 67. *viçpem imaṭ karshvare yaṭ qanirathem* yt. 21, 14. gen. *ahêca karshvare yaṭ qanirathahê* und für das Keshvar Q. vsp. 11, 1. 12, 35. pl. *viçpâis avi karshvãn yâis hapta* y. 64, 19. yt. 10, 64. 89. ohne *viçpâis*: yt. 8, 33. *viçpâis avê karshvãn yâis hapta* yt. 5, 30. 15, 20. *viçpâis haca karshvãn yâis hapta* y. 60, 16. *pairi yâis hapta karshvãn* . . . *apataṭ* er stürzte um die 7 Keshvars herum yt. 19, 82. *vî hapta karshvãn jaçaiti* geht hin durch die sieben K. yt. 10, 85. *hapta karshvãn* yt. 8, 40. loc. *viçpâhu karshvôhu* yt. 10, 16.

Hzv. parsi *kêshvar*, np. *kishvar*.

Vgl. *haptôkarshvare*.

karsiptan (von *karshi* (*karsha*) + *paṭ?*) m. n. pr. eines Vogels (nach den Parsen ein Sperber), welcher der Herr (*ratu*) der Vögel ist (Hzv.-Gl. zu vsp. 1, 1. Bund. 57, 20) und welcher in Varjemkant, dem Garten Yimas, das Gesetz ausbreitete, welches er in seiner Sprache spricht (Bund. 46, 11); er heisst auch *cak* (skr. *cakra* anas casarca) Bund. 57, 20. nom. *vis karsipta* (Westerg. *viskaripta*) vd. 2, 139.

Hzv. *karshipt*, *kapisht*.

1. **karsta** (partic. perf. med. von *kareṭ*) schneidend, vergewaltigend.

Vgl. *ashavakaresta*.

2. **karsta** (partic. perf. pass. von *kareṭ*) geschaffen (durch böse Wesen).

Vgl. *aêshmôkarsta*, *azhikarsta*, *gadhôkarsta*, *jaêkarsta*, *daêvôkarsta*, *nâfyôkarsta*, *çâçtôkarsta*.

3. **karsta** (partic. perf. pass. von *karesh*) angebaut, plur. gen. *karstanãm yavanãm* vd. 7, 93.

Vgl. *akarsta*.

karsti (von *karesh*) f. das Pflügen, dat. *karstayê* um zu pflügen, vd. 6, 10.

Skr. *kṛshṭí*, np. *kisht* (auch Name des 12. Noçk des Avesta, Vullers Fr. 31), buchar. *kishti* (Schiff, vgl. unser Pflug von *plu*, und ähnliche Uebergänge bei Kuhn, in Webers J. St. I, 353).

karstu? *garô* . . . *nemânê*, *yaṭ çrîrem karstu viçpôpatha* yt. 24, 28. *garô nemânâi yaṭ karsti viçpôpaêçô*, Garothman welches er macht, gemacht ist (?) schön und glänzend? yt. 24, 33.

kavaca s. *kva*.

kavañda s. *kuñda*.

1. **kavan, kavya, kavi** (von *çku*), m. König, ein Titel welcher nur einer mit Kavâta beginnenden Dynastie beigelegt wird. Diese Kavi oder keyanische Dynastie, deren erster König nach einigen Quellen der Sohn, nach andern der Enkel des letzten Peshdadiers (*paradhâta*) Uzava ist, bestieg den Thron, als das Reich durch einen Einfall des Frañraçya in Verwirrung gerathen war. Kavi findet sich vor folgenden Namen: Kavâta, Uçan, Arshan, Piçanañh, Aipivañhu, Byârshan, Çyâvarshan, Huçravañh, Vîstâçpa, vgl. Bund. 81, 13. Windischmann Z. St. 148 ff. Spiegel, Av. übers. III, LXII. nom. *kava huçrava* yt. 9, 18. 15, 32. *kava vîstâçpô* yt. 5, 108. *kavaçâ vîstâçpô* y. 52, 2. *kavâ vîstâçpô* y. 13, 24. 45, 14. 50, 16. *yatha kava çyâvarsânô* yt. 23, 3. acc. *kavaêm vîstâçpem* yt. 5, 105. 117. *kavaêm* yt. 19, 71. (Aufzählung der Kavis), *kavaêm huçravañhem* S. 2, 9. gen. *kavôis* y. 23, 4. N. 5, 5. *kavôis vîstâçpahê* yt. 5, 132. *kavôis huçravañhê* yt. 9, 18. *haca kavôis huçravañha* yt. 15, 32. plur. nom. *kavê* yt. 19, 72.

Skr. *kaví*, hzv. parsi np. *kai*, vgl. den armen. *kaypak* (Gosche 28).

2. **kavan, kavi** (v. *çku*) m. ein Blinder in Sachen des Gesetzes, Ner. erklärt *adarçaka*, nom. (collectiv) *kavâ* y. 48, 20. plur. gen. *kaoyãm* y. 9, 61. yt. 1, 10. 5, 13. 10, 34. 13, 135.

Hzv. *kîk* (Neriosengh *kika*), vgl. np. *kôr*, armen. *koyr*?

kavaya s. *kâvaya*.

kavâta m. n. pr. des Sohnes des Uzava, nach andern des Kai Kâmeh, des Sohnes Uzavas; er ist der erste Kayanier und Vater des Uçan, Arshan, Piçanañh und Aipivañhu, vgl. Mujmil ut tewarikh in Journ. asiat. 1841, févr. 171. acc. *kavaêm kavâtem* yt. 19, 71. gen. *kavôis kavâtahê* yt. 13, 132.

Hzv. *kabât*, np. *kaiqabâd*.

kavâraçman? (von 1. *kavi* + *raçman?*) m. n. pr. gen. *kavâraçmô* yt. 13, 103.

kavi (von *çku*) 1) adj., weise. 2) m. n. pr. gen. *kavôis* yt. 13, 119. *garstahê kavôis* des Garsta, des Sohnes des Kavi yt. 13, 123. *paurustôis kavôis*, des P., des Sohnes des Kavi yt. 13, 114.

Vgl. *parakavi*.

kaç, ansehen, erblicken.

— *â*, bemerken, impf. 3. sg. *âkaçaṭ* vd. 22, 5.

Skr. *kâç*, *kâçate*. hzv. vgl. *âkâç*, parsi np. *âgâh*, armen. *akah*, dig. *khaçun*, tag. *khäçün*.

kaça (vom vor.?) adj. hütend?

Vgl. *varakaça*.

kaçu adj., gering, klein, acc. neutr. *kaçu draonô* vd. 13, 129. gen. *kaçéus aênaṅhô* y. 31, 13. *kaçéuscîṭ* auch im kleinen y. 46, 4. compar. dat. *kaçyaṅhê çaṅhâi daiḍhâiti* er verkleinert vd. 15, 6. plur. gen. f. *kaçyaṅhãm* vd. 5, 71. 72. superl. acc. masc. *kaçistem* (scil. *yaçnem*) yt. 1, 24. gen. *kaçistahê* vd. 6, 16. 17, 20.

Vgl. skr. *kaçú* (n. pr.)? hzv. *kaç*, parsi *keh*, np. *kih*, bal. *kassun* (small, Masson 397)? afgh. *kashr*, tag. *khäçtär* (jünger).

kaçukhratu (vom vor. + *khratu*) m. geringer Verstand, nom. sg. *taêca yâ kaçukhratus* die, zu welchen geringer Verstand (gekommen ist, welche nur geringen Verstand besitzen) vd. 7, 148.

kaçudânu (von *kaçu* + 1. *dânu*) adj. schwach fliessend, plur. gen. f. *apãm* . . . *kaçudânunãm vâçtranãm* der Wasser, welche dünn fliessen für die Wiesen yt. 8, 29. Spiegel scheint *kaçudânunãm* (von 2. *dâna*) zu lesen, da er „kleine Körner besitzend" übersetzt.

kaçupatu (von *kaçu* + *p°*) m. n. pr. eines Sohnes des Ara, gen. *kaçupatéus arahê* yt. 13, 110.

kaçupâshna (von *kaçu* + *p°*) adj., mit kleinen Fersen, gen. *nars* . . . *kaçupâshnahê* yt. 14, 17.

kaçyapa, m. Schildkröte (Scorpion?) plur. gen. *kaçyapanãm* vd. 14, 11.

Skr. *kaçyápa*, *kacchapa*, np. *kashaf*.

kaçvi (von *kaçu*) f. 1) Kleinheit, Zwerggestalt (ein von den Daêvas geschaffnes Uebel) nom. *mâ kaçvis* nicht sei da Kleinheit vd. 2, 83. *makaçvîs*, lies *mâ kaçvis* kein Zwerg (concret) yt. 5, 92. 2) Name eines Daêva, nom. (statt acc.) *kaçvis daêvô* vend. sade 490 (Westerg. 19, 43).

kaçvîka (vom vor.) adj., klein, lumpig, acc. fem. *kaçvikãmeina yâoṅhuyanãm ururetanãm* vd. 18, 81. *kaçvikãmeiṭ* vd. 18, 86. *kaçvikãmeina* Cit. d. Gl. zu vd. 4, 2.

1. **kash** (durch Ausfall des *r* aus *karesh* entstanden) schleppen, führen, causale praes. 3. sg. *astrãm mairîm kâshayêiti* er führt den Schlangenstachel vd. 18, 9.

Vgl. *iriçtôkasha*, *naçukasha*.

2. **kash**, binden.

Skr. *kac*, *kâcatê*; die altb. Wurzel ist aus *kakhsh*, i. e. *kac* + *s* entstanden.

1. **kasha** (von 1. *kash*) m. Achsel, verschieden von *çupti*, die Drukhs springt von der *çupti* auf den *kasha*, acc. *dashinem kashem* vd. 8, 151.

Vgl. skr. *káksha*? hzv. np. *kash*, armen. *kashu*.

2. **kasha** m. Ufer.

Vgl. skr. *kaccha*, *káksha*. — Vgl. *vourukasha*.

kashna (von 2. *kash*) m. Binde, Diadem.

Vgl. *urvîkhshna*.

kah gehn.

Skr. *kas*, *kásati*.

kahê | **kahm°** | **kahy°** } s. *ka*.

kahrkatâç (vielleicht von *kahrka* skr. *kṛka* + *tan*, den Kehlkopf, hier: den Kamm ausdehnend; auch skr. *kṛkavâku* könnte verwandt sein) m. Schimpfname des Parôdars (Hahnes), nom. *yim mashyâka avi duzhvacaṅhô kahrkatâç nâma aojaiti* welchen schlechtsprechende Menschen K. nennen vd. 18, 35. 52.

Vgl. kurd. *kurka*, zaza *kerge*, oss. *khark* (Henne)?

kahrkana m. n. pr. eines Geschlechtes, pl. gen. *hufravâkhs kahrkananãm* (wir preisen die Fravashi) des Hufravâkhs aus dem Geschlechte der Kahrkana, yt. 13, 127.

Vgl. skr. *kṛkaṇa* (Rebhuhn und n. pr.).

kahrkâça (von *kahrka* (s. bei *kahrkatâç*) Huhn, + *aç* fressen?) m. Geier, nom. *kahrkâçô* yt. 14, 33 = 16, 13. gen. Thraêtaona erscheint *mereghahê kehrpa kahrkâçahê* yt. 5, 61. plur. gen. *kahrkâçãm* vd. 3, 66. 9, 181.

Hzv. *karkâç* (Bund. 31, 11. 47, 11.).

kahrkâçôparena (vom vor. + *parena*) adj., mit Geierfedern geschmückt, pl. gen. m. *ishunãm °parenanãm* yt. 10, 129.

kahrpuna m. Eidechse, plur. gen. *baêvare azhinãm çpakanãm kahrpunanãm avajanyâṭ* er tödte 10000 Schlangen, hundleibige, Eidechsen vd. 14, 10.

Hzv. *karpuk*, *karpug* (auch cancer im Zodiacus, Bund. 6, 7), np. *karbâ*.

kahv schwirren (Windischmann) blinken (Spiegel), impf. conj. 3. pl. *astrâo kahvãn* vd. 10, 113.

kâ wünschen, praes. 1. sg. *hvô manyéus â vahistâṭ kayâ* ich (*hvô* demonstrat. für *azem*) begehre nach dem himmlischen Paradis y. 33, 6. *tem pañtãm hathrayen hathra kaya aṅhâ* (lies *aṅhâo*?) *verethraghnem yaṭ daênayâo* yt. 24, 42.? partic. perf. act. dat. sg. *cakushê* welcher wünscht y. 13, 24. 40. pass. *kâta*.

— *pairi*, verlangen, Spiegel: auswählen, causale impf. med. 3. pl. *thriçatem upâzananãm pairiâkayayañta* 30 Schläge sollen sie verlangen (als Sühne, um sich zum Opfer würdig zu machen) yt. 10, 122.

Skr. *kâ* (*káyamâna*).

kâidhya s. *kayadha*.

kâoṅh (das obige *kâ* durch *h* (*s*) fortgebildet oder skr. *kâs*?), med. praes. 1. plur. *upa thwâ kâoṅhâmaidê* (Zarathustra spricht zum Sohne des Kava Vîstâçpa) yt. 24, 22.

kâta (partic. perf. pass. von *kâ*) 1) adj., geliebt, medial: liebend. 2) m. n. pr. des Vaters des Vohudâta, gen. *vohudâtahê kâtahê* yt. 13, 124.

Vgl. *khratukâta*.

kâtha (von *kâ*) n. Wunsch, loc. *kâthê aṅhaṭ* er befindet sich in dem Wunsch (nach dem reinen) y. 46, 4.

kâthê (von *ka*) adv. wie y. 43, 2.

kâna (von *kâ*?) m.? Liebe, Wunsch?

Vgl. *uçtôkâna*.

kâma (von *kam*) m. Wunsch, acc. *kâmem* y. 28,

10. dat. *harâi kâmâica* nach ihrem Wunsch yt. 13, 33. gen. *kâmahyâ* des Willens. y. 42, 13. loc. *kâmê* y. 32, 13.

Skr. *kâma*, altp. *kâma* vgl. *kamana* (ergeben), hzv. *kâmak*, parsi *kãm*, np. *kâm*, afgh. *kâm* vgl. kappad. *komana* (Lassen DMG. 10, 377), armen. *kamkh*.

kâmya (vom vor.) n. Begierde.

Vgl. skr. *kâmya*. — Vgl. *khshathrôkamya*.

kâra (von 1. *kar*) m. That, Handlung.

Skr. *kâra*, altp. *kâra*, np. afgh. buchar. etc. *kâr*.

kârayô-vâ *paêmanyô-vâ khshviptyô-vâ yatha yaṭ tê fravaocâma* yt. 24, 13. vgl. *kâravaiti vâ khshviptavaiti vâ paêmavaiti vâ frazaiñtivaiti vâ azem idha fraçnayêni* yt. 24, 49.

kâravañṭ (von *kâra*) adj., reich an Thätigkeit, nom. (statt acc.) fem. *kâravaiti* vd. 21, 27. yt. 24, 49 (s. das vorige Wort).

1. **kâvaya** (von 1. *kavan*) adj., königlich, nom. n. *ughremca kavaêm qarenô* die gewaltige königliche Majestät (welche als Nimbus oder Heiligenschein sich auf die arischen Könige niederlässt) yt. 10, 66. *ughrem yô kavaêm qarenô* yt. 10, 127. *kavaêm qarenô* yt. 19, 68. acc. *ughrem kavaêm qarenô* y. 2, 55. 6, 46. yt. 19, 8. *nemem kavaêm qarenô* yt. 1, 21. *hathra kavaêm qarenô* yt. 12, 4. *kavaêm qarenô* yt. 19, 9. gen. *kâvayêhêca qarenaṅhô* y. 1, 42. 3, 56. 7, 47. yt. 19, 0. 97. N. 5, 5.

Skr. *kâvyâ*, vgl. np. *kayâ kharah*.

2. **kâvaya** (von 2. *kavan*) 1) adj., den Kavi, den blinden gehörig, nom. m. *kâvayaçcîṭ khratus* blinder, verkehrter Verstand y. 32, 14.

2) m. = 2. *kavan*, nom. sg. (collectiv) *karapanô kâvayaçcâ* die Tauben und Blinden y. 45, 11.

kiṭ s. 2. *ciṭ*.

kima, acc. die Seele des Bösen irrt um den Kopf *kimãm gâthwyãm vacô çrâvayô* das Gebet *kê mãm* aus der Gâtha (y. 45, 1.) aussprechend, yt. 22, 20.

1. **ku** pronom. Stamm, vgl. *ka*.

Vgl. 3. *ku*, *kutha*, *kuthra*, *kuda*, *kudaṭ*, *kudô*, *kva*.

2. **ku** s. *çku*.

3. **ku** (von 1. *ku*) adv. wo, *kû* y. 50, 4. 52, 9.

Skr. *ku*, oss. *khu*.

kuiriç m. Halsberge, hzv. *grîvpân*, erklärt: das was Helm und Panzer verbindet, nom. *kuiris* (Westerg. *kuiriç*) vd. 14, 38.

Pictet, les origines Européennes II, 227. vgl. skr. *kukâla*.

kukhshnvâna (partic. von 1. *khshnu*) betend, zufrieden stellend, nom. *kukhshnvãnô* betend yt. 13, 24. *naremca ashavanem kukhshnvãnô* den reinen Mann zufrieden stellend yt. 22, 13. 24, 59 (wo *â* statt *ã*). dat. *kukhshnvãnâi* yt. 8, 49.

kukhshnvîsa (von 1. *khshnu*, desiderat.) adj., zufrieden zu stellen suchend, plur. nom. *kukhshnîsa* (lies *kukhshnvîsa?*) Fr. 7, 2.

kuñda m. n. pr. eines Daêva, acc. *kuñdem* vd. 19, 138. yt. 24, 26. wo aber **kavañdem**; *perenê kuñdi* (Westerg. *kundê*) ich bekämpfe den Kundi vd. 11, 27.

Skr. *kâvandha* (Tonne, der tonnenähnliche Wolkendämon, vgl. Kuhn, Herabk. 134), vgl. np. *karandah*, *gavandah* (Sack).

kuñdizha (vom vor. + 1. *zan?*) m. n. pr. voc.? *perenê kuñdizha* ich bekämpfe dich, o K. vd. 11, 27.

kutaka adj., klein, plur. gen. *maoirinãm kutakanãm* vd. 14, 15.

Hzv. *kutak*, np. *kûdak*, afgh. *kôtâh*.

kutha (von 1. *ku*) adv. quomodo, vd. 2, 93. 5, 35. 19, 39. yt. 4, 5. 10, 121. 17, 57.

Oss. *khud*.

kuthra (von 1. *ku*) adv. wohin y. 45, 1. wie y. 64, 35. *kuthrâ* wo y. 34, 7. 43, 15. 50, 4.

Skr. *kútra*.

kudaṭ (von 1. *ku* + *daṭ*) adv. irgendwo, irgendwie.

kudaṭshâitya (vom vor. + *shâitya*) adj., irgendwie annehmlich, acc. n. *açô râmôdâitîm nôiṭ kudaṭshâitîm* (ich machte) den Ort zu einer angenehmen Schöpfung, welcher nirgends annehmlich ist; der Sinn ist: ich bewirkte, dass auch eine öde, unwirthbare Gegend für die Bewohner Anziehungskraft besitzt; mit andern Worten: ich schuf die Liebe zur Heimath, weil, wie es gleich nach unsrer Stelle heisst, sonst alle Menschen in das herrliche Airyanem vaêjô gegangen wären; vd. 1, 2.

kudadhaya (v. *kuda* (*kudâ*) + *daya*) adj., eigentl. wo-feldig, von wo stammend, acc. neutr. (adv.) *kudadhaêm vâtô vâiti yim yava vâtem nâoṅhâbya hubaoidhitemem jigaurva* woher weht dieser Wind, den ich als den wohlriechendsten jemals gerochen habe yt. 22, 8. vgl. yt. 22, 26 (wo *kudadaêm*) yt. 24, 55.

kudâ (von 1. *ku*) adv. wann y. 29, 10.

Skr. *kúha*, dig. *khud*, tag. *khuy*.

kudô (dasselbe wie *kudâ* mit verdunkeltem *a*) adv. jemals, y. 39, 5.

kudhôzâta (vom vor. + *zâta*) adj., jemals geboren, plur. gen. *kudhôzâtanãmciṭ narãm nâirinãmca* yt. 13, 154. y. 39, 5 (wo *kudô°*).

kunâiri (v. 1. *ku* + *nâiri*) f., was für ein Weib, d. h. schlechtes Weib, Beischläferin, nom. *daêvanãm kunâiris* vd. 8, 100.

kup, aufwallen.

Skr. *kup*, *kúpyati*.

kurugha m. eine Krankheit, gen. *kurughahê* vd. 20, 14. statt des voc. vd. 20, 20.

kurô? *thraêtaonem yazamaidê, gudhera kurô kurô tarewani karapanô rathwyaçnãm bakhtâ mahê* Fr. 2, 2.

kuçra (von *kush?*) m. Winkel, Ecke, abl. *avi kuçrâṭ* weg aus den Winkeln (der Berge) y. 10, 30.

Vgl. *vikuçra*, *hañkuçra*.

kuçrôpathan (vom vor. + *pathan*) m. Weg der Winkel, d. i. winklichter Weg, abl. *avi kuçrâṭ kuçrôpatâṭ* y. 10, 30.

kush zerreissen, tödten.

— *fra*, tödten, praes. 3. sg. *fraca kushaiti* vd. 5, 111.

Skr. *kush*, *kushṇâti*, hzv. vergl. *kushinitan*, np. buchar. bal. kurd. *kushtan*, zaza *kishten*.

kushi m. Bauch, Höhle.

Skr. *kukshí*. — Vgl. *frâtaṭkushi*.

kû s. 3. *ku.*

ke s. *ka.*

1. **kereta** (von 1. *kar*) gemacht, nom. f. *kereta* (wohl) geschaffen vd. 19, 98. neutr. *keretem* verarbeitet yt. 5, 129. gen. m. *keretahê* yt. 24, 47.
Skr. *kṛtá*, altp. *karta*, hzv. *kart*, parsi np. *kard*, armen. *°kert.*
Vgl. *khshathrôkereta*, *zaranyôk°*, *tanuk°*, *dahmôk°*, *dâityôk°*, *dusk°*, *yaçnôk°*, *huk°*.

2. **kereta** (von *kareṭ*) f. Schneiden.
Vgl. *geredhôkereta*, *zeredhôkereta.*

keretar (von 1. *kar*) m. Thäter, Ausführer, nom. *yâ* (*daênâ*) *hû keretâ ashâţcîţ urvâkhshaţ* durch welches (Gesetz) der welcher recht thut aus Reinheit, sich wohl befindet y. 34, 13.
Skr. *kartár.*

kereti (von 1. *kar*) f. Vollziehung, dat. *keretêê* yt. 10, 109.
Skr. *kṛti.*
Vgl. *frashôkereti*, *yaçnôkereti*, *rânyôçkereti*, *vohûkereti.*

kerethana (von 1. *kar*) n. Handlung.
Vgl. *aretôkerethana.*

kerethwan (von 1. *kar*) m. Bewirker, nom. *mithrô vîçpê mazdayaçnanãm credhwâca kerethwâca* Mithra ist überall Erheber und Bewirker der Mazdaverehrer yt. 10, 120.
Skr. *kṛtvan.*

keredushâ s. 1. *kar.*

keredharisa *nãma ahmi* ich heisse Zerreisser (Spiegel) yt. 15, 46.

kerena s. *gaokerena.*

kerepta (partic. von *karep*) gestaltet, gebildet.
Vgl. *hukerepta.*

kerefs s. *kehrp.*

kerefsqar (vom vor. + 1. *qar*) adj., fleischfressend, gen. masc. *çûnô vâ kerefsqarô*, *vayô vâ kerefsqarô* vd. 7, 75. 78. plur. nom. *çûnô vâ kerefsqarô vayô vâ kerefsqarô* vd. 6, 94. 97. *vayô* . . . *kerefsqarô aci uzvazaitê* Vögel fliegen auf vend. sade 229 (Westerg. vd. 7, 3); gen. *vayãm kerefsqarãm* vd. 3, 66. 9, 181.
Hzv. *karpkhvâr.*

keremu f. Wurm, pl. nom. *yô pairikâo titârayêiti yâo çtârô keremâo pateñti añtare zãm açmanemca zraya vourukashaya amavatô* welcher (Tistrya) die Pairikas vertreibt, welche als Wurm-Sterne (Sternschnuppen) fallen zwischen Erde und Himmel am See Vourukasha dem starken yt. 8, 8.
Skr. *kṛmi*, hzv. vgl. Bund. 36, 18. 20. *kereym*, *kraêm* (genitale, Anquetil: serpent)? np. *kirim*, buchar. *girm*, kurd. *kermi*, armen. *sheram*, oss. *khalm.*

kereça (von *kareç*) 1) adj., mager, schlank, lang, acc. f. *tãm kereçem* (lies *kereçãm?*) *upatãm caretãm yãm dareghãm* auf der schmalen hohen Rennbahn, der langen? yt. 19, 77. 2) m. Abmagerer, Peiniger? plur. acc. *kereçaçca* (Thema *kereç?*) yt. 11, 6.
Skr. *kṛçá.*

kereçaokhshan (v. vor. + 1. *ukhshan*) m. n. pr. eines Sohnes des Vîstâçpa, gen. *kereçaokhshnô* yt. 13, 101.

kereçavazda (von *kereça* + 1. *vazdanh?*) adj., peinigende Bosheit habend? Spiegel: von Füllen gefahren, acc. *frañraçyânem bañdayaţ kereçavazdem* yt. 19, 77.

kereçâni (von *kareç*, vgl. A. Weber, J. St. I, 314) m. n. pr. eines Feindes von Haoma, der von letzterm erschlagen ward, dessen Geschäft es war, das Wachsthum und den Regen zu hindern, acc. *haomô temcîţ yim kereçânîm apakhshathrem nishâdhayaţ* Haoma stürzte den Afterkönig, den Kereçâni y. 9, 75. Ner. *hûmas tâñçiţ ye kalaçiyâkûḥ aparâjyân nishîdayati* und glossiert: *yeshâṃ prabodhaḥ tarçâkadînîḥ* deren Glaube der Christenglaube ist, wozu eine spätre Hand bemerkt: *tarçâkah phirangi* (Franken); zu dieser sonderbaren Erklärung gab gewiss die Aehnlichkeit von *kereçâni* und *Christus* die Veranlassung.
Skr *kṛçânu.*

kereçâçpa (von *kereça* + *açpa*) m. n. pr. eines Helden aus dem Geschlecht der Çâma; er und Urvâkhshaya, dessen Ermordung durch Hitâçpa er rächt, sind Söhne des Thrita. Er tödtete den Drachen Çrvara, den Gañdarewa, gieng aber einer sündlichen Liebe zur Pairika nach. Ueber Kereçâçpa und seine Thaten vgl. Spiegel DMG. III, 251. Windischmann Z. St. 41 ff. 111. nom. *kereçâçpô* y. 9, 35. yt. 5, 37. 15, 27. 19, 38 (er ergreift die von Yima gewichne Majestät, d. h. führte eine Zwischenregierung) yt. 19, 44. *kereçâçpaçca* y. 9, 31. acc. *kereçâçpem* yt. 19, 39. *yâ upañhacaţ kereçâçpem* welche (Pairika) sich an K. hieng vd. 1, 36. statt des nom. yt. 23, 3. gen. *çâmahê kereçâçpahê* yt. 13, 61.
Hzv. *kerçâçp*, np. *Gershâçb.*

kereçvan, pl. acc. *kereçvãnô* var. lect. für (*maêghô-*)*kara ashavanô* yt. 8, 33.

kevîtanh (von 2. *kavan*) n. Zustand eines Blinden, plur. acc. *yâ karapôtâoçca kevîtâoçca* y. 32, 15.

kevîdha (von *çku*, *kavi?*) adj., sehend, weise? Windischmann M. 88 vgl. skr. *kovida* [?].
Vgl. *parôkevîdha.*

kevîna (von 2. *kavan*) adj., den Kavis, Blinden zugehörig, nom. sing. *kevînô* y. 50, 12.

1. **kesha** (von 1. *kar*) m. Verfertigung, hzv. *kantârish.*
Vgl. *baêshazakesha.*

2. **kesha** (von *kash*) n. Kreis, plur. nom. *ahmi arethê yahmi gaêthê kesa vista* in diesem Umkreis in welchem die Weltkreise bekleidet sind? yt. 12, 8. acc. *vaçtrâoçca keshâo bâminvâo* Kleider, glänzende Reife (Ringe) yt. 17, 14.

kehrp (von *karep*) f. Körper, Fleisch, Ner. *mûrti*, nom. *kerefs* yt. 10, 60. statt des acc. *kerefs paiti uiçirinuyâţ* das Fleisch übergebe man vd. 3, 66. 9, 181. *vîçpemca kerefs ahurahê mazdâo yazamaidê* y. 70, 11. acc. *kehrpem* y. 9, 92. 30, 7. yt. 11, 21. 8, 13. *kehrpemca* vd. 21, 25. *avãm kehrpem* yt. 13. 60. *aêtem* (lies *aêtãm?*) *kehrpem* vd. 5, 45. *tãm kehrpem* vd. 5, 3. *berekhdhãm kehrpem* y. 50, 17. *çrîrem kehrpem bavâhi* sei von schönem Leibe yt. 23, 3. *çraêstem kehrpém kehrpãm* y. 57, 22. 36, 14. instr. *kehrpa* yt. 5, 61. 13, 107. *yôi hen kehrpa çraêsta* welche am Leib die schönsten sind yt. 5, 34. *çraêsta kehrpa* yt. 15, 40. *géus kehrpa* vd. 19, 126. wie ein *vîs dûraêkaranô ayañhô kehrpa qaênahê raocahinô* weitsaumiges Kleid, mit dem Körper des besten Eisens (aus dem besten Eisen bestehend), ein lichtes yt. 13, 3. Westerg. *ayañhôkehrpa;* gen. *kehrpô* yt. 10, 90. *yaṭ dim mazaos kehrpô tûrahê* vd. 13, 110. plur. acc. *kehrpaçca* vsp. 12, 14. y. 54, 1. yt. 13, 81. gen. *kehrpãm* y. 57, 22.

Vgl. skr. *kálpa*, hzv. *karp*, parsi *keref*, armen. *kerp*, vgl. parsi np. afgh. *kalbût*.

Vgl. *açpôkehrp*, *kerefsqar*, *tanukehrp*, *makhshikehrp*, *hukehrp*.

ké, **kém**, **kéñg**, **kôi**, **kãm** } s. *ka*.

kãçava (vgl. *kaçu*) adj., sehr klein, Beiwort des Zarehsees, aus welchem am Ende der Tage Çoçiosh hervorsteigen wird, nachdem der in dem Wasser bewahrte Saame des Zarathustra die in dem See badende Jungfrau Eredaṭfedhri befruchtet hat; dass mit dem See Kãçava der Zareh gemeint ist, geht aus yt. 19, 66 hervor, es ist nur bemerkenswerth, dass der Bundehesh (27, 16) angibt, sein Wasser sei salzig, während das des Zareh süss ist; nom. neutr. *zrayô yaṭ kãçûm* (lies *kãçaom?*) *haêtumatem* yt. 19, 66. abl. *haca apaṭ kãçuyâṭ* yt. 19, 92. besser: *haca apaṭ kãçaoyâṭ* vd. 19, 18.

Hzv. *kiânçâi*.

kãçôtafedhra (vom vor.? + *tafedhra*) adj., in geringem Maasse schmelzend, instr. *iskatâca upairiçaêna kãçôtafedhra vafra* die Schluchten des Parçin mit wenig schmelzendem Schnee yt. 19, 3.

kãçtra n. Glocke, nom. *kãçtrem paitishareзem varezayañtem* eine Glocke welche ertönt am arbeitenden (Stier) vd. 14, 48.

Vgl. skr. *kañsá*, *kâñsya;* hzv. *kaç*.

kva (von 1. *ku*) adv. wo vd. 6, 92. 19, 89. yt. 22, 1. wohin vd. 6, 92. *yatha kavaca* wohin immer vd. 1, 55. *kva açti . . . dâityô gâtus* wo ist der passende Ort (es folgt *yô*) vd. 13, 49. *upa kvaciṭ añhâo zemô* überall auf der Erde yt. 12, 22. *kva aêshãm* wohin von diesen (Körpertheilen) vd. 8, 132. *kva* wie yt. 14, 42. vd. 19, 144. *kva* wie (ist das erste) vd. 3, 2. 7. *kva aêva* wie folgt, auf diese Art vd. 3, 137. 7, 30. 19, 15. *kvaciṭ* jemals y. 23, 5.

Skr. *kvà*, parsi kurm. *ku*, np. *keh*.

kviriñta m. n. pr. einer Localität, wo Dahâka opfert; acc. *upa kviriñtem duzhitem* auf dem schwer zugänglichen Kviriñta yt. 15, 19. Spiegel: an der schlechten Wüste; zunächst denkt man an Kelenk diç, wo nach Mujmil (Journ. asiat. 1841. März 295) Dahâka residiert, in der Nähe von Babylon. Mir scheint es besser auf das Karina des Isidor von Charax, das heutige Kerend, zu passen, welches auf der Höhe des Zagrospasses zwischen Holvan und Kirmânshâh liegt und bei welchem der Fluss Kirind entspringt, welcher bei Shahr und Rudbar in den Gâmâsab fliesst, nachdem er sich mit donnerndem Schall durch die Zagroskette einen Durchbruch gemacht hat (vgl. Chesney, the expedition for the survey of the rivers Euphrates and Tigris I, 194).

Q.

Der Laut *q* ist dadurch entstanden, dass von der ursprünglichen Gruppe *sv* der Zischlaut schwand, nachdem er das *v* aspiriert hatte; *q* wäre also besser durch aspiriertes *v* zu geben, wie dies Lepsius 342 thut. Das altbactr. Zeichen ist durch den Aspirationstrich unten aus *v* gebildet, die heutige Aussprache ist aber von der des *kh* nicht eben verschieden.

qa, pronom. adj., sein, der eigne, nom. masc. und fem. *qé urvâ . . . qaêcâ daênâ* die eigne Seele und das eigne Selbst y. 45, 11. instr. n. *qâ aojañha* y. 9, 78. dat. fem. *qaqyâi tanuyê* y. 30, 2. neutr. *qâi pairi géurvayêitê* (Spiegel *qâis*) er macht zu seinem Eigenthum vd. 4, 3. gen. m. *qahê gayêhê* y. 9, 4. yt. 8, 11. 10, 55. (meines Lebens). fem. *qaqyâo* vsp. 6, 5. y. 14, 10. 33, 14. loc. *qahmi dãm qahmi cithrê qahmi ratavô qahmi âyaptem* (sic) nach eigner Weisheit, Veröffentlichung, Oberherrschaft, nach eignem Willen vsp. 16, 7. plur. instr. *qâis* y. 50, 14. 16, 6. 45, 4. vd. 5, 177. vestris y. 31, 20. *qâis hizubîs* y. 48, 4. loc. *qaêshu dâmôhu* Fr. 4, 2.

Vgl. *hva*, skr. *svá*, altp. *uvâ°* vgl. hzv. *khvat* (Spiegel *khôt*), parsi *qaṭ*, np. *khvad*, gil. *khû*, afgh. *khpul*, bal. *wath*, kurm. *kho*, *khove*, kurd. *khû*, armen. *inkhn*, oss. *khe*, *khi*.

qaini (von 1. *qan*) adj., glänzend, schön, instr. *gâtu qaini çtareta maṭ barezisa* mit einem schönen Throne, der mit einem Teppich belegt ist vd. 14, 68. vgl. *qaêu*.

qairyau (von 1. *qar*) adj. essbar, acc. n. *yaṭ kerenaoṭ . . . . qairyãn qarethem ajyamnem* weil er machte die essbare Speise unversiegbar (die Glossen erklären: wenn man einmal ass, so war das doppelte des Gegessnen wieder da) y. 9, 16. Koss.

p. 46: (quo-que) fruerentur (animantia) cibum non deficientem (von *qar* impf. conj.); *yaț hê aṅhaț qairyãn qarethem ajyamnem* damit ihm zu essen sei unversiegbare Speise yt. 13, 50. *yaț kerenavâni . . . qairyãn qarethem ajyamnem* yt. 15, 16. dual. nom. neutr. *qairyañti açtu* (lies *çtô?*) *uyê qaretha ajyamna* die Speisen waren beides essbar und unversiegbar yt. 19, 32.

qaê (von *qa*) selbst, nur in Zusammensetzungen. Vgl. skr. *svay-ám*.

qaên adj., glänzend, schön, instr. n. *kemcit aipi nmânê gâtuçaitê qaêni çtaretem hubaoidhîm barezis hrañtem* in jedem Hause, dem hundertsitzigen schönen, ist gebreitet ein wohlriechender Teppich mit schöner Borte yt. 5, 102.
Vgl. *qaini*.

qaêta (von *qaê*) adj., angehörig, plur. acc. *pathô vaṅhéus qaêtêṅg manaṅhô* y. 34. 12.

qaêtâț (von *qaê* + *tâț*) f. Selbstheit, acc. *qaêtâtem* y. 20, 1. instr. *qaêtâtâ* y. 14, 16. 39, 13. (Glosse: dass ich von dir frei bin und doch in dir stehe).

qaêti (von *qaê*) f. das Selbst, instr. *qaêthyâcâ* von selbst y. 33, 7.

qaêtu (von *qaê*) 1) n. ein ethischer Begriff, der den Zustand der Angehörigkeit bezeichnet, in welchen der Mensch sich den Göttern gegenüber gestellt hat, wie ein Verwandter oder ein Familienmitglied dem Oberhaupt der Familie gegenüber; Verwandtschaft; hzv. *khrêshish*, Ner. *svâdhînatâ*; vgl. Spiegel, DMG. 17, 58. instr. *qaêtâ* durch Verwandtschaft y. 33, 3. dat. *qaêtavê qaêtâtem* (er übergibt dem Ormazd) sein Selbst (sich) zur Angehörigkeit y. 20, 1. *qaêtavê* zur Angehörigkeit y. 45, 5. *qaêtaovê ashâunê* der reinen Angehörigkeit y. 52, 4. gen. *vaṅhéus qaêtéus qaêtâtâ* durch die Angehörigkeit des selbstständigen Zustandes y. 14, 16. 39, 13. *qaêtéus* Angehörigkeit y. 45, 1. yt. 24, 44. *qaêtéuscâ* Verwandtschaft y. 33, 4. 2) m., concret, der Angehörige, der Verwandte, nom. *qaêtus* y. 48, 7. *aqyâcâ qaêtus yâçaț* ihn verlange der Verwandte, d. h. der dem Ormazd ganz angehörige y. 32, 1. plur. acc. (concretum in der Mehrzahl für das Abstractum) *qaêtûs* Verwandtschaft (möge sein, *qyâț*) y. 40, 10.

qaêtumaithîm *hâitîm yazamaidê* wir preisen das mit *aqyâcâ qaêtus* beginnende (32.) Capitel des Yaçna, y. 32, Schluss.

qaêtva (von *qaêtu*) n.? Verwandtschaft.

qaêtvadatha (vom vor. + *datha*) 1) m. f. Verwandter, nom. *qaêtvadathaçca qaêtvadathisca* (Westerg. °*dathêçca*) hzv. übers. (ausser zweien, welche sind) Verwandte Mann und Frau vd. 8, 36. acc. *qaêtvadathem* den welcher in der Verwandtschaft heirathet vsp. 3, 18. G. 4, 8. gen. *qaêtvadathahê* yt. 24, 17. 2) f. Heirath unter Verwandten; bekanntlich ist ein solcher Act bei den Persern verdienstlich, wie schon die Alten, Diogenes Laert., Strabo, sowie die chinesischen historischen Sammlungen der Dynastie Wei berichten; ein eigner, der 18. Noçk handelte über den *khêtudaç* Vullers Fr. 38. acc. *qaêtvadathãm* y. 13, 28.

Hzv. *khrêtûkdaç*, parsi *qaêtrôdatha* (im Patet Aderbat), *qêtuç* (Spiegel, Parsigr. 28).

qaêna (von *qaê*) adj., eigen; dann: gut, trefflich (vgl. das deutsche edel, urspr. eigenthümlich). Ner. *uttama;* instr. n. *yâis çrûri qaênâ ayaṅhâ* (was er tödtliches lehrt) mittelst des besten Stahles denen, von welchen er gehört wird, y. 32, 7. gen. *ayaṅhô kehrpa qaênahê* yt. 13, 3.

qaêpaithya (von *qaê* + *paithya*) adj., eigen, hzv. *nafshman*, nom. *qaêpaithê nô daṅhus* yt. 13, 66. *aêshãm qaêpaithê hizva* sie haben ihre eigne Zunge yt. 19, 95. *yâ hava daêna qaêpaithê tanvô* das eigne Selbst, das deinem Körper zugehörige yt. 22, 11. acc. n. *paitis nmânem qaêpaithîm* zu seiner Wohnung yt. 5, 62. instr. m. *qaêpaithyaca vareça* mit dem eignen Haar vd. 6, 95. loc. *asha hacaitê qaêpaithê ashaya vaṅhuya* hängt zusammen mit Asha durch seine Reinheit und Güte yt. 17, 5. plur. acc. f. du bringst auf der Lügner *qaêpaithyâoçe tanvô* eigne Leiber Furcht yt. 10, 23.
Vgl. altp. *uvâipasiya*, afgh. *khpul, khpulah*.

qaqy° s. *qa*.

qaṅh schlagen, causale praes. 3. sg. *vaçmanô qaṅhayêiti* yt. 14, 62.

— *avi*, zerschlagen, caus. praes. 3. sg. *avi vaçmanô qaṅhayêiti* yt. 14, 62.

— *paiti*, zerschlagen, caus. praes. 3. sg. *kameredhem jaghnvâo paiti qaṅhayêiti* y. 56, 4, 3.

qaṅhar f. Schwester, nom. *qaṅha* vd. 12, 17. 14, 66. yt. 17, 16. acc. *qaṅharem* vd. 12. 18. yt. 17, 2.
Skr. *svásar* (nach A. Weber (Kuhn Z. 5, 235) vor *su* + **astar* die freundliche), parsi *khrah*, np. *khrâhar*, talish *hôve*, afgh. *khuvar*, bal. *ghwâr*, kurd. *khor*, *khuh*, *khuhek* (Garzoni), *hoêng* (Lerch), zaza *ware*, armen. *khoyr*, dig. *khore*, tag. südoss. *kho*.

qaj umgeben.

— *pairi*, umgeben, partic. perf. pass. acc. m. *pairisqakhtem ayaṅhahê* rings umgeben von eisernem Bollwerk y. 11, 22.
Skr. *svañj*, *svájate*.

qañdrakara adj., freundlich, nom. °*karô* vd. 13, 139. 153. W. Voc. hat „*su-andra-karô*" ohne weitere Erläuterung.

qata (von *qa?*) n. Selbst?
Vgl. *yaonôqata*.

qatô (von *qa*) adv. von selbst vd. 19, 49. 113. selbst vd. 15, 37. *cathwârô qatô zarañti* vier schreien von selbst vd. 18, 28. *kainînô qatô puthrem* Mädchen und selbst Knaben vd. 12, 27.
Skr. *svátas*, vgl. dig. *khoadeg*, tag. *khädäg*.

qadhâta (von *qa* + 3. *dâta*) sein eignes Gesetz habend, 1) adj., Beiwort des Firmamentes, der Sterne, nom. neutr. *thwâshem qadhâtem* yt. 10, 66. N. 1, 8. acc. m. *miçvânem gâtûm qadhâtem* S. 2, 30. gen. m. *miçvânahê gâtvahê qadhâtahê* vd. 19, 122. yt. 1, 1. S. 1, 30. neutr. *thwâshahê qadhâtahê* vd. 19, 44. plur. nom. n. *qadhâtaca raocâo* vd. 2, 131.

acc. *anaghra raocâo qadhâtâo* yt. 17, 41. vd. 19, 119. yt. 12, 35. S. 2, 30. gen. *anaghranãm raocañhãm qadhâtanãm* y. 1, 45. 3, 59. S. 1, 30. 2) m. n. pr. (König, Herr). gen. *vañhudhâtahê qadhâtahê* des V., (des Sohnes) des Qadhâta yt. 13, 119.

Das Wort *qadhâta* findet sich in der Bedeutung Herr, Gott nicht nur in den eranischen, sondern auch in nichtarischen Sprachen wieder (vgl. Klaproth Sprachatlas XXVIII) altp. *tigrakhuda* (Westergaard)? hzv. *khotâi*, parsi *qadhâi*, *qudhâi*, np. *khudâ*, talish *khudô*, vgl. afgh. *khavand* (Herr = np. *khudâvand*), bal. *khuthâ* (Gott), kurd. *khudi*, kurm. *khodé*, südoss. *khutzaw*, dig. *khôtsau*, tag. *khutsay* (vgl. Sjögren O. St. § 18) vgl. lyk. *kode?* (Obelisk von Xanthus, Nordost 38. 62.)

Vgl. *dareghôqadhâta*, *pourvôqadhâta*.

1. **qan** (vgl. 2. *qar*) glänzen; partic. praes. *qanvañt* (s. besonders).

— *apa*, glanzlos, erfolglos machen, praes. 3. pl. *çnathem apasha apaqanvaiñti* yt. 14, 46.

2. **qan**, tönen, sausen, klirren; partic. praes. *qanañt*.

Skr. *svan*, *svánati*, parsi *qântan* (nennen), np. *khanîdan*, *khvândan*, afgh. °*khvân* (singing, reading), bal. *wántan*, südoss. *khonin*, dig. *khonun*, tag. *khonün*.

qanaṭcakhra (von *qanañt* + 1. *c*°) adj. klirrende, sausende Räder (Wagen) habend, acc. f. *drvâçpãm* . . . *qanaṭcakhrãm* yt. 9, 2. *ashîm vañuhîm* . . . *qanaṭcakhrãm* yt. 17, 1. plur. acc. n. *khshathra qanaṭcakhra* yt. 5, 130. 17, 7.

qaniratha (von *qaini* + *ratha?*) n. n. pr. des mittelsten Karshvare, welches die Menschen bewohnen; der Meister von Qaniratha ist Zarathustra (Bund. 68, 8); es zerfällt nach Bund. 68, 14 in die Theile: Kangdij, wo Pashutan, Çavkavata (lies Çaokavaçta), wo Aghraêratha, Pêshyâuçi, wo Qembya (Khuñbya), Varjamkant, wo Urvataṭnara herrscht, Rat Navtak, Eranvéj, die Wüste der Tâcik und Kesmiri (Kaçmîra); nach andern Büchern in Erân, Tûrân, Mâzandarân, Cinaçtân, Rûm, Çind, Turkeçtân (Spiegel, über den 19. Fargard III, 406) vgl. Windischmann Z. St. 112. Neriosengh übersetzt *jambudvîpa*; acc. *qanirathem bâmîm* vd. 19, 128. y. 56, 12, 3. yt. 10, 15. *vîçpem imaṭ karshvare yaṭ qanirathem* yt. 21, 14. *tarô imaṭ karshvare yaṭ qanirathem bâmîm* yt. 10, 133. *upa karshvare aṭ* (lies *yaṭ*) *qanirathem bâmîm* yt. 10, 67. 12, 15. gen. *qanirathahê* vsp. 11, 1. 12, 35.

Hzv. parsi np. *qaniraç*.

qaniçakhta (von *qaini* + *çakhta*) adj., glänzend gerüstet, acc. n. *ughrem khshathrem qaniçakhtem* (Westerg. vermuthet *qanithakhtem*) die gewaltige, glänzend gerüstete Herrschaft yt. 10, 109. 111.

qanu (von 1. *qan*) adj., glänzend.

Vgl. *askhrâqanutema*.

qanvañṭ (partic. praes. von 1. *qan*) glänzend, 1) adj., nom. neutr. *qênvaṭ us* y. 52, 4. acc. m. *açmanem qanvañtem* vd. 19, 118. vsp. 8, 20. S. 2, 27. instr. *ashâ* . . . *qênvâtâ* y. 32, 2. gen. *gayêhê qanvatô* y. 9, 4. yt. 8, 11. 10, 55. *ashnô qanvatô* yt. 13, 96. plur. acc. f. *qanvaitîs verezô* die glänzenden Werke, i. e. die Lichter der Sterne vsp. 22, 7. y. 17, 42. 2) n. pr. eines am Westende des Alborz befindlichen Berges und Wassers, acc. *qanvañtem avi gairîm* yt. 8, 6. 38. instr. *qanvata paiti niraṭ* yt. 8, 38. 3) m. n. pr. eines Mannes, gen. *qanvatô* yt. 13, 117.

Vgl. *açmôqanvañṭ*.

qap schlafen; partic. perf. med. nom. *qaptô* schlafend vd. 18, 101.

Skr. *svap*, *svápiti*, hzv. *khvaftan*, parsi *qaftan*, np. *khuftan*, buchar. *khuften*, bal. *waftan*.

qafna (vom vor.) 1) adj., schlafend, Schlaf liebend, nom. *qafnô* vd. 18, 158. 2) m., a) Schlaf, acc. *qafnem* vsp. 8, 16. y. 43, 5. abl. *paçca yaṭ qafnâṭ frabûidhyamnô* vd. 18, 106. *qafnâdha* yt. 21, 11. 13. b) Schlafgebet, plur. gen. eine Hersagung des Gebetes Ashem vohû wiegt auf *çatem qafnanãm*, *hazañrem gêus qarcitinãm* 100 Schlafgebete, 1000 Darbringungen von Fleischspeisen yt. 21, 5. c) Schlafdämon, Alp, *aghanãm qafnanãm* yt. 13, 104.

Skr. *svápna*, hzv. *khvâb*, np. buchar. *khvâb*, gil. *khvâv*, afgh. *khûb*, bal. *whâv*, kurm. *khaun*, zaza *kau*, armen. *khoun*.

Vgl. *aqafna*, *eviçpôqafna*.

qafnâ (von *qa* + 1. *ap?*) adv. sua sponte, Ner. *svayam*, y. 30, 3.

qafrîrâo, nom. sg. eignen Segen habend? (von Çatavaêça) yt. 24, 38. oder lies *qafrêrâo* (von *fra* + *ar*) selbst vorwärts gehend?

qafç (Fortbildung von *qap* durch *ç*) schlafen, imper. 2. plur. *qafçata* yt. 22, 42.

Np. *khuçpîdan*, buchar. *khushîdan*, südoss. *khuçin*, dig. *khoççun*, tag. *khuççün*.

qafçan (vom vor.) m. Schlafen, nom. *qafça dareghô* langes Schlafen vd. 18, 40.

qabdâ (von *qap* + 2. *dâ*) einschlafen.

— *ava*, sich zum Schlaf anschicken, pot. 3. sg. med. *avañhabdaêta* vd. 4, 126. partic. praes. med. nom. *avañuhabdemnô* einschlafend yt. 21, 11. vgl. *anavañhabdemna*.

— *ni*, einschlafen, causale praes. 3. sg. *niqabdayêiti* er schläfert ein vd. 18, 39.

1. **qar** essen, fressen, verzehren, praes. 2. plur. *qarata* vd. 7, 141. 3. plur. *qareñti* vd. 5, 154. med. *yatha qareñtê* wenn man isst y. 9, 58. *qareñtê* vd. 7, 142. imperat. 3. sg. *qaratu* vd. 3, 62. 2. plur. *qarata* y. 8, 4. (cit. in der Hzv.-Gl. zu vd. 8, 64); imperf. conj. 3. sg. *qarâṭ* vd. 5, 63. 147. (in der Frage), partic. praes. *qarañṭ*, acc. m. *upa qareñtem* bei dem essenden vd. 18, 76. med. *yé cikhshnushô gâus bagâ qaremnô* (Westerg. *qâremnô*) welcher lehrte Stücke Fleisch zu essen y. 32, 8. vgl. Windischmann Z. St. 26. passiv. 3. sg. *qairyêtê* vd. 5, 127. partic. perf. *qareta* (s. besonders).

— *avi*, essen, pass. 3. sg. *avi miṭ zairigaonem miṭ qairyêitê ajyamnem* immerfort wird gegessen die

immer goldfarbne unvergängliche (Frucht) vd. 2, 67.
— *paiti*, essen, praes. 3. sg. *paiti qaretha qaraiti yatha âthrava* Spiegel: er isst was sich gerade darbietet, Hzv.-Uebers. erklärt: er setzt sich beim Essen vd. 13, 126.
— *fra*, verzehren, praes. 3. sg. *frâ vâ qaraiti* vend. sade 229 (Westerg. vd. 7, 3) *frañharaiti* vd. 5, 3. 3. pl. *frañhareñti* vd. 5, 27. yt. 5, 93. pot. 2. sg. *â tû mê aêtayâo zaothrayâo frañharôis* yt. 5, 91. imperat. 3. pl. *mâ mê aêtayâo zaothrayâo frañhareñtu* yt. 5, 92. impf. conj. 3. sg. *frañharât* vd. 7, 59. 178. 189. yt. 10, 120. partic. perf. med. plur. gen. *frañharetanãm* vd. 5, 48. causale impf. 3. sg. *frañhârayata* A. 1, 4.
Skr. *hvar*, *hvárati*, hzv. *khvartan*, parsi *qardan*, *khvardan*, np. *khvardan*, buchar. *khôrden*, gebri *khârden*, talish *khârdi*, afgh. *khvaṛal*, bal. *wártan*, kurd. *dekhâm* (edo), *khârin*, kurm. *dokhúm*, *khoar* (er ass); dig. *khorun*, tag. *kharün*.

2. **qar**, leuchten.
Skr. *svr*, *suráti*.

3. **qar**, tadeln, verletzen.
Skr. *svar*, *svaráyati*.

qara (von 3. *qar*) m. Wunde, acc. *qarem* y. 56, 4, 2. *yô nairem vîkhrûmeñtem qarem jaiñti* vd. 4, 85. *taeaṭvohunîm qarem* vd. 4, 93. *açtôbidhem qarem* vd. 4, 99.
Vgl. skr. *svâru;* hzv. parsi *khor* (eine besondre Art Sünde, Anquetil: blesser de manière que la plaie ne soit guérie qu'au bout de 3 jours, c'est le khor; de 240 tanks) vgl. np. *khurah*, armen. *vêr*.

qarezu (von 1. *qar?*) adj., süss (von Speisen), superl. plur. nom. *qarezista* vd. 2, 77.

qareñti (von 1. *qar*) f. das ernährende, Speise, plur. acc. *vîçpâo qareñtîs* vd. 3, 90. *qareñtîs pereçmanaêshu* unter den Speisen bettelnden vd. 3, 93 (cit. yt. 24, 36).

1. **qareta** (von 2. *qar*) f. Glanz.
Vgl. *anaqareta*.

2. **qareta** (von 1. *qar*) verzehrt, zerstört; *yaṭ paiti kava huçrava tãm kereçem upatãm qaretãm* (*caretãm* yt. 19, 77) *yãm dareghãm nava frâthwereçâmi* ("*çâma* yt. 19, 77) *razurem?* yt. 5, 50. s. *careta*.
Vgl. *aqareta*.

qareti (von 1. *qar*) f. das Essen, nom. *qaretis* das Geniessen (Trinken) (des Haoma) y. 10, 14. instr. *açûnâ qarethyâ* mangelfrei an Speise y. 28, 10. dat. *qaretéê* zum Geniessen (des Haoma) y. 9, 7. plur. gen. *gêus qaretinãm* Fleischspeisen yt. 21, 5.
Vgl. armen. *hortik*.

1. **qaretha** (von 1. *qar*) n. f. Speise, nom. *qarethem* (kann auch acc. sein, da *açti* vorhergeht) yt. 22, 18. acc. *qarethem* vd. 5, 62. 16, 11. y. 3, 1. 9, 16. 10, 64. yt. 13, 50. 14, 61. *qarethemca* y. 54, 4. dat. *qarethâi* y. 10, 65. 47, 5. *qarethâi â* zur Speise y. 34, 11. gen. *qarethahê* vd. 5, 121. *gêus qarethahê arejô* (er heile) um den Preis von Viehfutter vd. 7, 117. *vâçtryaêta gêus qarethahê* er sättige mit Fleisch (und andrer) Speise vd. 14, 72. dual. nom. *qaretha* yt. 19, 32. plur. nom. *vaçô qarethâo añhen* vd. 6, 91. 7, 192. *çaraçcañtis qarethâo* vd. 3, 94. acc. *qarethâo* vd. 3, 62. 19, 136. *qaretha qâçta* vd. 7, 141. *aêtê garema qaretha* an diesen heissen Speisen vd. 15, 12. (Spiegel *garemôq°*). instr. *qarethâis* y. 48, 11. dat. *qarethaêibyô* vd. 3, 59. gen. *qarethanãm* vd. 2, 76. 5, 147. 13, 78. 15, 10. yt. 22, 18.
Vgl. hzv. *khvarashn*, parsi *qaresn*.
Vgl. *aiwisqaretha*, *dusqaretha*, *paçusqaretha*, *mainyusqaretha*, *yutôqaretha* (s. *yûta*).

2. **qaretha** (von 2. *qar*) n. Glanz.
Vgl. *apaitisqarethâo*, *dusqaretha*.

qarethôbairya (von 1. *paretha* + *bairya*) adj., Speise tragend, plur. gen. f. *urvaranãmca qarethôbairyanãmca* vd. 3, 13. 77.

qarena (von 1. *qar*) n. Nahrung.
Vgl. *avôqarena*, *paitisqarena*.

qarenañh (von 2. *qar*) n. Glanz, Majestät, nom. *qarenô* y. 59, 13. yt. 10, 66. 127. 17, 22. 19, 35. *airyanem qarenô* yt. 18, 5. *qavaêm qarenô* yt. 19, 68. (die königliche Majestät, welche sich als Nimbus auf die arischen Könige niederlässt). *qarenaçca* yt. 13, 65. *anyô eredhvôzañgô qarenô?* Cit. der Hzv.-Gl. zu vd. 5, 33. nom. oder acc. *qarenaçca* y. 59, 2. acc. *qarenô* (der arischen Länder) vd. 19, 132. vsp. 22, 8. y. 2, 55. yt. 13, 1. 17, 15. *taṭ qarenô* das Licht (die Sonne) yt. 6, 1. *hathra karaêm qarenô* yt. 12, 4. *karaêm qarenô* yt. 19, 9. 35. *airyanem qarenô* yt. 18, 1. *qarenô* mit Glanz yt. 14, 41. *zarathustrahê qarenô* S. 2, 25. *qarenaçca* y. 67, 32. 56. 70, 38. yt. 10, 108. 24, 34. 46. instr. *ahê raya qarenañhaca* y. 56, 1, 5. yt. 10, 4. 5, 11. *qarenañhaca* yt. 5, 89. 10, 67. 13, 2. *qarenañha* yt. 14, 3. *qarena* (Westerg. vermuthet *qarenañha*) yt. 10, 141. dat. *ârôima qarenañhê* yt. 24, 38. gen. *qarenañhô* y. 1, 42. yt. 5, 96. 17, 0. 62. *qarenañhaçca* yt. 5, 86. 13, 134. plur. acc. *qarenâo* y. 50, 18. yt. 10, 27. 14, 36. gen. *qarenañhãmca* y. 59, 7.
Vgl. hzv. *khvârish*, parsi *qarahê*, *qârî*, np. *khurah*.
Vgl. *ashqarenañh*, *ûtareq°*, *ustaq°*, *dusq°*, *pouruq°*, *frâdaṭq°*, *barôq°*, *varedaṭq°*, *haomôq°*.

qarenañha (vom vor.) adj., majestätisch, nom. (ohne Flexion) *qarenañha nãma ahmi* yt. 1, 12.

qarenazdâo (von *qarenañh* + 4. *dâo*) adj., Glanz gebend, nom. *qarenazdâo* yt. 24, 38.

qarenâo *nãma ahmi* ich heisse der Majestätische yt. 15, 48.

qarenôñhvañt (von *qarenañh*) adj., glänzend, majestätisch, nom. *qarenañhâo* yt. 8, 5. 19, 67. 23, 1. fem. *qarenañhaitica* yt. 19, 67. acc. m. *qarenañhuñtem bavâhi* yt. 23, 3. *qarenañhañtem* yt. 7, 5. *qarenañheñtem* vd. 1, 50. 19, 126. 130. y. 2, 46. 6, 37. 25, 12. instr. *vaca qarenañhvañta* yt. 15, 56. dat. *qarenañhaitê* y. 13, 4. gen. *qarenañhañtô* y. 1, 1. 3, 49. 17, 12. yt. 1, 0. 8, 56. plur. nom. *qarenañhañtô* yt. 8, 1. acc. *qarenañhañta* S. 1, 13. superl. nom. *qarenô qarenañhaçtemô* yt. 19, 79. *qarenañhaçtemô* yt. 14, 3. 15. 16. y. 9, 14. ohne Flexion: *qarenañhaçtema nãma ahmi* yt. 1, 12. neutr. *qare-*

nanhaçtemem yt. 1, 1. 13, 152. acc. m. *qarenanhaçtemem* vd. 19, 52. yt. 19, 35.
Vgl. parsi *qarahêmant*.
qarenôdâo (von *qarenanh* + 4. *dâo*) adj., Majestät verleihend, nom. *qarenôdâo* yt. 10, 16.
qareçtât (von *qarant* + *tât*) f. Essen.
Vgl. *anharectâta*.
qawrîra (von *qa* + *bar?*) adj., von selbst Früchte tragend, plur. gen. f. *urvaranãm qawrîranãm* vsp. 24, 1. yt. 13, 55.
Hzv. *khvafrîr*.
qaçura (v. *qa* + *çura* = 1. *çûra*, vgl. Miklosich, die nominale Zusammensetzung im Serbischen, Wien 1863. p. 4. Pictet, les origines Indo-Européennes II, 370) m. Schwiegervater, dual. acc. *ãñtare zâmâtara qaçura* zwischen Schwiegersohn und Schwiegervater (Schwiegereltern) yt. 10, 116.
Skr. *çvâçura* (statt *sv°*), np. *khuçur*, afgh. *aukhai*, kurd. *kaçû* (Garzoni), armen. *keçour*, *keçrayr* (mit *hair*, Vater), *çkeçour*, *çkeçray*.
qaçta s. *qâsh*.
Vgl. *aqaçta*.
qâaothra (von *qa* + *aothra*) adj., eigne, d. i. natürliche Schuhe habend (vom Hund) acc. *qâaothrem* vd. 13, 106. Vgl. Bund. 32, 10. gen. *yâre nars qâaothrahê iyatô* ein Jahr lang für einen barfüssigen Mann (zu begehen, als Erklärung von *huskôzemôtema*) Glosse zu vd. 5, 138.
qâiri (von 3. *qar*) f.? Tadel.
Vgl. np. *khrâr*, *khrârî*.
qâirizem (vom vor. + *zem*) f. schlechtes, unfruchtbares Land, n. pr. des Landes Khorasmien an den Ufern des Oxus, acc. *qâirizemca* yt. 10, 14.
Altp. *uvârazmi*, hzv. *khvârejm* (Bund. 23, 5), np. *khvârazm* (arab. (in der Hamâça) *khuvârrazm*, *khuvârazm*), vgl. über die oriental. Ableitungen des Wortes: Vullers s. v.
qâkhshathra (von *qa* + *khshathra*) m. n. pr. gen. *qakhshathrahê* yt. 13, 117.
qâzaêna (von *qa* + 2. *zaêna*) n.? eigne, d. i. natürliche Waffen acc. *katha aêtê yôi çpâna qâzaênem* . . . *bavãn* wann haben diese Hunde ihre eignen Waffen, d. h. wann sind sie so ausgewachsen, dass sie sich selbst wehren können vd. 15, 122.
qâtacina (von *qa* + *tacina*) adj., von selbst zu durchlaufen, plur. nom m. *qâtacina vazura* yt. 16, 3.
qâthakhta (von *qa* + *thakhta*) adj., selbst (d. h. gut) zielend, nom. *ishus qâthakhtô* vd. 9, 171. yt. 13, 72.
Vgl. *ishusqâthakhta*.
qâthra (von 1. *qan*) n. Glanz, nom. *qâthrem* y. 42, 2. 52, 6. nom. oder acc. (hinter dem praedic.) *qâthremca* y. 59, 2. ohne Flexion: *vîçpa qâthra nãma ahmi*, *pouru qâthra nãma ahmi* yt. 1, 14. acc. *qâthrem* y. 61, 10. *qâthremca* y. 8, 17. loc. *qâthrê* (Westerg. *qâthré*, acc. eines Thema *qâthranh*) y. 28, 2. 49, 5. plur. nom. *qâthrâ* y. 13, 5. 31, 7. 33, 9.
Vgl. altp. Χοάθρας.
Vgl. *aqâthra*, *ashaqâthra*, *pouruqâthra*, *vîçpôqâthra*.
qâthravañt (von *qâthra*) adj., glanzvoll, nom. *qâthravâo nãma ahmi* yt. 1, 14. neutr. *qâthravat* y. 59, 13. fem. *qâthravaiti* y. 59, 14. G. 5, 5. plur. fem. *qâthravaitîs* yt. 13, 32. acc. *qâthravaitîs tanvô* mit glanzvollen Körpern y. 59, 18.
qâthravana (von *qâthra*) adj., glänzend, nom. f. *qâthravana* yt. 9, 1.
qâthrôdiçya (von *qathra* + *diçya*) adj., den Glanz kennen lehrend, gen. *qâthrôdiçyêhê* y. 59, 15.
qâthrônahya (von *qâthra?*) n.? Reichthum, acc. *daçta gêus qâthrônahîm* gebet Reichthum an Fleisch N. 3, 10. yt. 24, 6.
qâthrôyan (von *qâthra*) adj., glänzend, nom. sg. m. *qâthrôyâ nâ* y. 42, 2.
1. **qâdaêna** (von *qa* + 2. *daêna* f. das eigne Selbst, nom. *qâdaêna* vd. 5, 177.
2. **qâdaêna** (von *qa* + 1. *daêna*) 1) adj. der eignen Lehre zugethan, abl. *qâdaênât ashaonat* yt. 10, 2. plur. instr. *qâdaênâis* y. 54, 14 (vgl. *frâvâiti*). 2) m. n. pr. eines Sohnes des Frashaostra, gen. *qâdaênahê frashaostrayanahê* yt. 13, 104.
qâdraona (v. *qa* + *draonanh*) n. eigner Erwerb, eignes Brot, acc. *katha aêtê yôi çpâna qâzaênem qâdraonem bavãn* wann haben diese Hunde die Fähigkeit sich selbst zu wehren und sich selbst Brot zu suchen vd. 15, 122, vgl. Bund. 32, 10.
qâpaithina (von *qa* + *pathan*) adj., von selbst zu begehn, wegsam, plur. nom. *pañtânô qâpaithina* yt. 16, 3.
qâpaithya (von *qa* + *paithya*) adj., eigen, abl. n. *qâpaithyât khshathrahyâ çarô* das Haupt deines Reiches y. 31, 21.
Vgl. *qaêpaithya*.
qâpara (von *qa* + *par*) adj., ausdauernd, tüchtig, acc. f. *qâparãm* y. 2, 57. 6, 47. *zãm qâparãm* y. 10, 8. *frazañtîmca qâparãm* y. 64, 43. *ashîm vanuhîm qâparãm* yt. 13, 157. S. 2, 25. plur. fem. *qâparâo* yt. 13, 32.
Hzv. *khvâpar*, südoss. *qabar*, tag. *qäbär*.
qâbairya (v. *qa* + *bairya*) n. Erhaltung, abl. *â dareghât qâbairyât* zu langer Erhaltung y. 59, 12.
qâbarezis (von *qa* + *b°*) n. die eigne Matte, acc. *qâbarezis nidaithita* man lege ihn auf seine Matte vd. 6, 106.
qâraokhshna (von *qa* + *r°*) adj., 1) von selbst leuchtend, acc. *raocanem qâraokhshnem añtarenaêmât* ein Fenster, welches selbst leuchtet (Licht bringt) darinnen vd. 2, 92. 2) mit eignem Licht, nom. neutr. *qâraokhshnem nmânem* y. 56, 9, 4.
qâremnô s. 1. *qar*.
qâçaoka (v. *qâ* + 1. *çaoka*) adj., von selbst nützend, acc. f. *drvâçpãm qâçaokãm* yt. 9, 2.
qâçta (partic. perf. pass. von *qâsh*) 1) gekocht s. bei *qâsh*. 2) f. Speise, acc. *qâçtãm* y. 11, 5.
Vgl. *aqaçta*.
qâçtairis (von *qa* + *çtairis*) n. das eigne Lager, acc. *qâçtairis nidaithita* man lege ihn auf sein Lager vd. 6, 106.
qâçtâiti (von *qa* + *çtâiti*) adj., eignen, d. i. guten (vgl. *qaêna*) Bestand habend, betreten und belebt, acc. f. *pathãm qâçtâitîm* belebte Strassen N.

1, 8. Fr. 5, 2. (Spiegel: Annehmlichkeit der Wege). gen. *pathayâo qâçtâtayâo* Fr. 5, 1.

qâçtra (von *qâsh*) adj., schmackhaft, schmackhaft machend, nom. f. *qâçtraca* (von Ardviçûra) yt. 19, 67. sonst immer in Verbindung mit *râman* (s. diess), acc. *râma qâçtrem* vsp. 2, 26. *râmaca qâçtrem* vd. 3, 5. gen. *râmanaçca qâçtrahê* vsp. 1, 24.

qâçtravañt (vom vor.) adj., mit schmackhaftem, schmackhafter Speise verseh. gen. n. *haoishaçca qâçtravatô* vsp. 10, 24.

qâsh, essen, kochen, partic. perf. pass. *qâçta*, acc. fem. *gâmca qâçtem* gekochtes Fleich vd. 5, 154. 7, 141. plur. acc. *garetha qâçta* vd. 7, 141. *qâçta garethâo* vd. 19, 136. gen. *yaranãm qaçtanãm* vd. 7, 93.

Skr. *svâd*, *svâdate* (Burnouf 221. Mémoire sur 2 inscriptions cunéiformes p. 65), hzv. *khrâçtan*, parsi *qâçtan*, np. buchar. *qhrâçtan*, maz. *khraçten*, afgh. *khrâçtal*, kurd. *khoaçten*, alle mit der Bedeutung wünschen, eigentl. wohl Geschmack finden.

qâsha (vom vor.) f. das Essen, instr. *qâshaya* vd. 3, 115.

Vgl. armen. *khach* (Kraft)?

qâshar (von *qâsh*) m. Geniesser, Trinker (des Haoma), hzv. *khvartar*, Ner. *sektar*, acc. *qâshârem* y. 11, 11.

qita (von *qaê*, aus *qayata*?) f. Eigenthümlichkeit, plur. acc. *qitâoçca* yt. 4, 1.

qiti (von *qaê*, vgl. *qaêti*) f. instr. *qiti* von selbst yt. 10, 68. *qiticâ êuiti* Spiegel: von selbst, so viele es sind yt. 30, 11. Die Hzv.-Uebers. hat ein undeutliches Wort, welches dadurch schwer zu enträthseln ist, dass es zum Theil mit Zendbuchstaben geschrieben ist; Koss. 157 vermuthet die Bedeutung unumquodque; Ner. hat *çikhâyâḥ*, für *qiticâ abhilâshuka*.

qiç sich auf die Füsse machen, impf. 3. sg. der Drache *qîçat*, hzv. *kheiçt*, erklärt: war auf den Füssen y. 9, 36. = yt. 19, 40. 3. pl. *qîçen* (die Daêvas) machen sich fort vd. 3, 105.

Hzv. *qkriçtan*.

qêñg (von 2. *qar*; Spiegel (in einem Briefe vom 22. Oct. 1863) fasst *qêñg* als rein lautliche Umwandlung aus *hvare* [*hv* = *q* in vielen Fällen]; s. denselben in Kuhn, Beitr. II, 229) n. indeclinabile, Sonne, nom. *qêñg* y. 49, 10. acc. *qêñg çtaremcâ* y. 43, 3.

Müller, Beitr. III, 84. vergleicht armen. *khaghdeay*, Chaldäer, Astronom (?).

qêñgdareça (vom vor. + *dareç*) adj., die Sonne sehend, loc. n. *qêñgdareçôi khshathrôi* y. 42, 16.

qênvañt s. *qanvañt*.

qtâ? *barôithrôtaêzhem qtâ frashaçaiti çraoshô ashyô* mit scharfer Waffe kommt hervor der heilige Çraosha, Cit. der Hzv.-Gl. zu vd. 18, 33. Ist *qtâ* ein Hzv.-Wort? *khutâi* Herr?

qy° s. *ah*.

qyaona m. n. pr. eines Stammes im Norden von Eran, gen. *mairyêhê qyaonahê arejaṭaçpahê* des verderblichen qyaonischen Arejaṭaçpa yt. 9, 30. 17, 50. plur. nom. (statt acc.) *qyaonâoñhô* yt. 19, 87. plur. gen. f. *qyaoninãm daqyunãm* yt. 9, 31. 17, 51.

qyaonya (vom vor.) adj., qyaonish, gen. m. *yatha azem fraoureaêçayêni hunaya varedhakanãmca qyaonyêhêca dañhârô* dass ich gelange durch gute Wissenschaft zu den Gegenden der Varedhaka und des Qyaonischen (Arejaṭaçpa?) yt. 9, 31. 17, 51.

KH.

kha (von 1. *kan*) f. 1. Quelle, plur. nom. *khâo* yt. 8, 5. acc. *apãmca khâo* yt. 41, 19. *khâo paiti apãm* vd. 13, 167. *âpô khâo paiti thraotôçtâtaçca yazamaidê* wir preisen die Wasser in Quellen und in Strömen y. 70, 40. *khâo paiti afrajyamnâo* yt. 13, 14. 2. Quelle, Fundgrube, plur. nom. *verethraghnô . . . erezôis khâo* Behram die Quelle des Rechten yt. 14, 29. 31. *merezuca khâo astânahê* das Mark (welches ist) die Fundgrube der Lebenskraft yt. 10, 71. *ashahê khâo ahi* du bist der Reinheit Fundgrube y. 10, 11 (Ner. *khaniḥ*).

Skr. *khâ*, vgl. hzv. *khân*, np. *khânî*, kurd. *kani* (georgisch *kani*), lorist. *khene*, afgh. *kân*, armen. *kaukh*.

khaodha (von *khad*) m. Helm, Hut.

Np. *khôd*, oss. *khud*.

Vgl. *ayôkhaodha*, *urvikhaodha*, *zaranyôkhaodha*.

khad, schlagen. — *vi*, durch Schlagen auseinandertreten lassen, imperat. 2. sg. *vikhadha* vd. 2, 95. impf. 3. sg. *vîkhadhat* vend. sade 133. (Westerg. vd. 2, 32).

Skr. *khad*, *khâdati*.

khayu? gen. *khayêus* (al. *qêus*) yt. 24, 1.

khara m. Esel, acc. *kharemca yim asharavanem* den reinen Esel y. 41, 28. Es ist von dem dreibeinigen riesenhaften Esel die Rede, welcher im See Vourukasha steht; er ist mit einem goldnen Horn zur Tödtung der schädlichen Thiere versehn und scheint das Vorbild des Einhorns zu sein, das sich auf Baudenkmalen als Ornament findet; vgl. Bund. 44, 4 ff. und Windischmann Z. St. 91. Wilson 48.

Skr. *khara* (wohl von *skhal*, *skhâlati*, vgl. das altdeutsche *skelo*, Schelk), parsi np. buchar. afgh. kurd. *khar* (chaldäisch *kâr*), bal. *har*, kurm. *ker*, zaza *her*, (aber *ârgosh* Haase), talish *khâ*, karisch *âla* (Pferd), dig. *kharag*, tag. *kharäg*.

kharedha m.? Schaar, hzv. *daçtak*, Ner. *varga*. Np. *kirâh?*
Vgl. *evîtôkharedha*.

khavza, Spiegel **khwaza** m. Gefäss, nom. *daêvanãm kharzô* er ist ein Gefäss der Daêva (vgl. skr. *çrîbhâjana*) vd. 8, 99. hzv. umschreibt nur.
Vgl. skr. *kubja*, np. *kûzah*, arm. *kouz*.

khiz, sich erheben, springen.
— *pairi*, aufstehn, imperat. 2. sg. med. *pairikhaêzañuha* (Spiegel °*khshaêzañuha*, Westergaard °*haêzañuha*) vd. 21, 18.
Np. *khâçtan* (imperat. *khiz*), kurd. *bi-ksim* (ich werde springen), südoss. *khizin*.

khiv, speien.
Vgl. skr. *kshîv*, *kshêvati*, np. *khayû*.

khud verbergen, bedecken.
Vgl. skr. *kûha*, *kuhû* (*akuha*).

khuñbya (von *khumba*) m. n. pr. des Vaters des Fradhâkhsti; er herrscht nach Bund. 69, 1. in Pêshyânçi und ist ein Helfer des Çoçiosh (Bund. 69, 2) und hat seinen Namen daher, dass er in einer Grube (*khumba*) erzogen ward, gen. *fradhâkhstôis khuñbyêhê* (al. *humbyêhê*) yt. 13, 138.
Hzv. *gemby*.

khumba m. Topf, irdenes Gefäss, nom. *daêvanãm khumbô* er ist ein Topf der Daêva (vgl. *kharza* und skr. *kumbha* Buhler) vd. 8, 99. abl. *khumbaṭ haca zemainipacikâṭ* vom Töpferofen weg vd. 8, 254. (Westerg. 8, 84), *khumbaṭ haca yâmôpacikâṭ* vom Glasofen weg vd. 8, 254. (Westerg. 8, 85).
Skr. *kumbha*, hzv. *khumb*, np. *khunb*, *khum*, buchar. *khum*.

kedhra 1) Hode? np. *kîr?* davon *bikhedhra*. 2)? davon *varakhedhra*.

khânya (von *kha*) adj., die Quellen betreffend, acc. f. *âpem khãnyãm* Quellenwasser, Brunnenwasser yt. 6, 2. plur. nom. *âpô . . . khãyâo* yt. 8, 41. acc. *âpô . . . khãnyâo* y. 67, 15.

khneñta m. n. pr. eines Flusses und Flussgebietes, dessen Hauptstadt Vehrkâna ist; der Fluss ist der heutige Gurgânrûd, der seinen Namen von der eben genannten Stadt hat, bei Ghermeecsme bei Shâhâbâd entspringt und bei Gumishtape in das caspische Meer fliesst, vgl. Spiegel, Eran 123. acc. *khneñtem yim vehrkânôshayanem* das Flussgebiet Khneñta, den Sitz von Vehrkâna vd. 1, 42.
Hzv. *khnãn*.

knâth, sich beugen, anbeten (von bösen Menschen), praes. 3. sg. *pairikãm yãm khnâthaiti* die Pairika welche man anbetet vd. 1, 36. 19, 18. hzv. übers. *uzdês* (Götzenverehrung).
Fr. Müller (Beitr. zur armen. Lautl. 3, 9) vergl. armen. *ḱonarh*, welches auf ein altb. **knathra* zurückgeht.

khra (von 2. *kar*) m. Verstand.
Vgl. *khratu*; *askhraqanutema*.

khraoidhi; sie sollen die Wunde des Verwundeten büssen mit der Busse des Baodhôvarsta; wenn er das Hausvieh verletzt oder die Menschen verwundet *yô daiti khraoidhi baraiti* (lies *yô adhâityôkhratus baraiti?*) Cit. der Hzv.-Gl. zu vd. 13, 96.

khraozhdañṭ (partic. praes. von *khraozhdâ*) hart, fest, stark; compar. instr. fem. *khraozhdyêhyâ fraçrâiti* mit sehr kräftiger Stimme y. 9, 45. yt. 19, 81. superl. acc. fem. *khraozhdistãm* vd. 19, 47. y. 26, 5. *khraozhdistãmca* (*fravashîm*) yt. 13, 80. gen. m. *khraozhdistahê* (von Ormazd), die Trad. erklärt: den festesten im Wirken und im Gesetz, y. 1, 2. plur. acc. *khraozhdistêñg açênô* die sehr festen Himmel y. 30, 5.

khraozhdaṭurvan (von *khraozhdañṭ* + *urvan*) adj., die Seele verhärtend, im Zustand fortwährender Sünde befindlich, nom. *khraozhdaṭurva* (die Welt würde sein) in Seelenverhärtung vd. 5, 14.

khraozhdâ (von *khrush* + 2. *dâ*) verhärten, impf. 3. sg. *yêñg yê urvâ qaêcâ khraozhdaṭ daênâ* welche ihre eigne Seele und ihr eigner Zustand verhärtet y. 45, 11. partic. *khraozhdañṭ*.

khraozhduçma Westerg. **khraozhdiçma** (v. *khraozhdva* + *zem*) m. harte Erde, loc. *khraozhduçmê* vd. 8, 19. 17, 13. plur. gen. *kãmciṭ vâ khraozhduçmanãm* (Westerg. *khrâzhdiçm°*) vd. 9, 30.

khraozhdva (von *khraozhdâ*) adj., hart, gen. n. *khraozhdvahê* vd. 13, 83. plur. gen. f. *khraozhdvanãm* (einen Baum) von den harten (als einen solchen nennt die Hzv.-Uebers. *rûtûṭ*) vd. 5, 5. masc. *khraozhdvanãm aêçmanãm* vd. 7, 82. 14, 5. 18, 140.

khraoçya (von *khruç*) adj., grauenvoll, angstvoll, instr. neutr. *khraoçyâca* wegen des Grauens vd. 13, 24. compar. nom. fem. *khraoçyôtaraca nô ahmâṭ raoyôtaraca harô urva parâiti parôaçnâi añhê* dessen Seele geht angstvoll und krank von dieser unsrer (Welt) hin zur überirdischen Welt vd. 13, 22.

khratu (von 2. *kar*) m. Weisheit, Verstand, nom. *âçnô khratus* die himmlische Weisheit yt. 10, 107. *khratus* y. 31, 9. 32, 14. *khstvô yaṭ ahmi khratus* sechtens bin ich die Weisheit yt. 1, 7. acc. *khratûm* vd. 18, 15. vsp. 22, 6. y. 25, 18. 28, 1. 32, 9. 61, 11. yt. 1, 31. yt. 24. 41. *âçnem khratûm* yt. 2, 6. 17, 2. *gaoshôçrûtem khratûm* die mit Ohren vernommne Weisheit (vgl. Spiegel Parsigr. 183) yt. 2, 6. instr. *khratû* y. 47, 10. 44, 6. dat. *ukhshnê khrathwê* für das Wachsthum des Verstandes (*khrathwê* statt *khratêus* ist attrahiert) vd. 4. 124. 125. gen. *khrathwô* y. 22, 29. *âçnahê khrathwô* yt. 2, 1. *gaoshôçrûtahê khrathwô* yt. 2, 1. *khratêus* y. 34, 14. 42, 6. 45, 18. yt. 24, 41. statt des abl. y. 32, 4. loc. *khratâu* y. 47, 4. plur. nom. *khratavô* y. 44, 2 (cit. y. 19, 41.) 45, 3. acc. *khratûsca* y. 31, 11.
Skr. *kratu*, hzv. *khart*, parsi *khard*, np. afgh. *khirad*, buchar. *khered*. armen. *ḱrat*.
Vgl. *adhaoyôkhratu*, *adhâityôkhr°*, *ashakhr°*, *askhrathwanṭ*, *kaçukhratu*, *maçyôkhr°*, *çpeñtôkhr°*, *hukhr°*.

khratukâta (vom vor. + *kâta*) adj., Verstand liebend, nom. *khratukâtô* yt. 13, 16.

khratugûṭ (von *khratu* + 2. *gu*) adj., an Verstand wachsend, mächtig, gen. *mashyêhê . . . khratugûtô* yt. 8, 36.

khratucinaṅh (von *khratu* + *cinaṅh*) adj., begierig durch Verstand durch göttliche Beilegung?) zu sühnen, plur. nom. *khratucinaṅhô* vd. 4, 119. 122.

khratumaṅt (von *khratu*) adj., verständig, nom. *khratumâo* yt. 1, 7. superl. acc. f. *khrathwistãm* vd. 19, 47. y. 26, 5. yt. 13, 80. gen. masc. *khrathwistahê* y. 1, 2.

khratusdôithra (von *khratu* + *d°*) n. Geistesauge, dual. instr. *khratusdôithrâbya* yt. 19, 94.

khrathw (verb. denom. von *khratu*) verständig sein. partic. med. gen. *khrathwemnahê* vd. 4, 12.

khrathwa (von 2. *kar*) n. Wissen, Verständigkeit, acc. *khrathwem* yt. 18. 1. instr. *khrathwâ* durch seinen Verstand, y. 31, 7. 47, 3. 52, 3. *khrathwa frathaṅjayêiti* yt. 17, 2. *hava khrathwa* vd. 15, 7. *khrathwâca* yt. 1, 26.

Vgl. *duskhrathwa*, *parakhrathwa*, *vîçpôkhrathwa*.

khrathwista s. *khratumaṅt*.

khrapaiti (von *khra* + *pâiti*) adj., den Verstand als Schutz habend. instr. f. *râitî* . . . *khrapaitî* y. 40, 2.

khrafç, schlecht, erbärmlich sein.

Vgl. skr. *krap*, *krápate*.

khrafçtra (vom vor.) 1) adj., schlecht, erbärmlich, plur. nom. *khrafçtrâ* verderbte Menschen y. 34, 9. acc. *khrafçtrâ* y. 28, 5. instr. *para daêvâisca khrafçtrâis* y. 19, 3. voc. *khrafçtrâ* y. 34, 5. 2) m. ein böses kriechendes Thier, besonders Motten, Läuse, Getreidewürmer, Ner. *kshudrajantu*, acc. *khrafçtrem* (collectiv) vd. 16. 28. plur. nom. *khrafçtra* vd. 17, 7. es folgt *yim*), acc. *khrafçtra* yt. 20, 1. instr. *yatha zôizhdistâis khrafçtrâis* wie die unreinen Khrafçtras vd. 7, 4. 8, 228. vgl. Spiegel, Av. übers. II, XLIII. 223.

Hzv. *kharfaçtar*, parsi *kharvaçtar*, np. *kharfaçtar*, *kharâçtar*.

khrafçtraghna (vom vor. + *ghna*) n. die Waffe welche die Khrafçtras tödtet, acc. *khrafçtraghnem* vd. 14, 29. 18, 5. (hier vom Kosti oder *aiwyâoṅhana* gebraucht).

khrâoṅhayêiti yt. 10, 36 lies *thrâoṅhayêiti*.

1. **khru**, furchtbar sein, verletzen, partic. praes. acc. *khrvaṅtem* furchtbar yt. 22, 17. 35. partic. med. gen. *zimô khrûtahê* des verletzenden (Trad. verwundenden) Winters vd. 7, 69.

Vgl. armen. *krokel*.

2. **khru** (vom vor.) 1) adj., furchtbar. 2) m. etwas Greuliches, Greuel, acc. *mustimaçaṅhem khrûm* einen faustgrossen Greuel (Fleck) yt. 14, 33.

3. **khru** m. n. pr. eines Daêva, *perenê khrû* ich bekämpfe den (oder: dich, o) Khru vd. 11, 27.

khruzhdâ (von *khrush* + 2. *dâ*) hart, böse sein.

khruzhdi (vom vor.) f. Bosheit, instr. Zarathustra war nicht verwundet *aka manaṅha khruzhdya ṭbaêshôparstanãm* (s. diess) vd. 19, 12.

khruzhdra (von *khruzhdâ*) adj., hart, plur. gen. dass ich ihm beantworte *frashna* . . . *navaca navaitimca khruzhdranãm ṭbaêshôiriçtanãm* seine Fragen, die 99 der harten mit Pein verbundenen yt. 5, 82. *khruzhdranãm aêçmanãm* vd. 19, 80. 134.

khrud zittern, in Angst sein, praes. 3. sg. *khraôdaitî* y. 50, 13. Die Trad. verwechselt diese Wurzel mit *khruç*.

Skr. *khrudh*, *krúdhyati*.

khruç rufen, lärmen, pot. 3. sg. *avaêzô dim paçcaêta khraoçôiṭ* der Sündlose rufe ihm darauf zu A. 1. 13. part. praes. gen. pl. zu schlagen sind alle *khraoçeṅtãm* der lärmenden Wesen (vgl. *upakhraoçaka*) y. 52, 8 causale praes. 3. sg. *khraoçyêiti* (wer) durch Schreien in Furcht jagt vd. 15, 17.

Skr. *kruç*, *króçati*, hzv. *khruçtan*, np. *kharôshîdan*.

khrush (Fortbildung von 1. *khru* durch *sh*) furchtbar sein, verletzen.

khrûidha s. *anâkhrûidhadôithra*.

khrûzhdiçma s. *khraozhdaçma*.

khrûta s. 1. *khru*.

khrûn (Fortbildung von 1. *khru* durch *n*) bedrücken, verwunden.

khrûnera (von *khrûn*) f. Wunde, hzv. *rêsh*, acc. *khrûnerãmcâ* y. 52, 8.

khrûnya (v. *khrûn*) m. Bedrückung. abl. *khrûnyâṭ* y. 45, 5.

khrûma (von 1. *khru*) adj., greulich, acc. f. *khrûmîm* . . . *varaithîm* (die Kuh geht) greulich auf dem Irrwege yt. 10, 38. plur. nom. f. *khrûmâo shitayô* greulich sind die Häuser yt. 10, 38. *khrûmâo açêbis frazaiṅti dâunanãm* furchtbar (sind die Fravashis) den Orten mit Nachkommen (d. h. wo Nachkommen wohnen) der Dânus yt. 13, 38.

khrûra (von 1. *khru*) adj., verwundend, schrecklich, *haênayâoçca khrûrem drafshem bareṅtayâo* yt. 1, 11. 13, 136. *yâo aç khrûrem drafshem gereunãn* y. 56, 10, 7. plur. instr. (statt dat.) *khrûrâis* y. 47, 11.

Skr. *krûrá*.

Vgl. *âkhrûra*.

khrvighni Westerg. **khrvîghnû** (von 3. *khru* + *jan?*) m. n. pr. eines Daêva, *perenê khrvighni* ich bekämpfe den (oder: dich o) Khrvighni vd. 11, 27.

khrvish (Fortbildung von *khrush*, Spiegel, nach einer briefl. Mittheilung) quälen, partic. praes. gen. *khrvîshyatô* y. 9, 95. *çpâdhahê khrvîshyaṅtahê* (Thema: °*yaṅta* wie im Prakrit und Gothischen) der Verwundung drohenden Kriegsschar yt. 10, 36. plur. fem. *khrvîshyêiṅtis* die furchtbaren (Fravashis) yt. 13, 33. *khrvîshyêitis* (acc.) yt. 10, 9. 47. 15, 49.

khrvîdru (von 2. *khru* + 2. *dru*) adj., mit furchtbarer Waffe, Lanze, Ner. *hiṅsâçastra*. Beiwort des Aêshma, nom. *aêshmô khrvîdrus* yt. 19, 95. acc. *khrvîdrûm* vend. sade 490 (Westerg. vd. 19, 43) *aêshmem khrvîdrûm* vd. 10, 23. statt nom. *aêshmemca khrvîdrûm* yt. 19, 46. instr. *aêshma hacaiṅtê khrvîdrvô* (Westerg. verm. °*drva*) hängen zusammen mit Aêshma dem furchtbar bewaffneten y. 10, 18. = yt. 17, 5. gen. *aêshmahê khrvîdraos* y. 27, 2. vd. 9, 37. 10, 27.

Hzv. *khrudrush*.

khwaza s. *khavza*.

khçâ (Fortbildung von *cash* durch *â*), lehren, praes. conj. 1. sg. *khçâi* ich will lehren y. 28, 4. perf. 3. sg. med. *cakhçê* y. 64, 36. partic. perf. pass. instr. *khçâta vaca* mit der gelernten Rede (nach den Glossen: mit dem Avesta) y. 64, 34.

khshaêta (von 2. *khshiţ*) 1) adj., glänzend (*shêd* = *rôshanî* Mujmil im Journ. asiat. 1841, févr. p. 167), nom. *yimô khshaêtô* vd. 2, 43. acc. *yimem khshaêtem* yt. 19, 31. dat. *khshaêtâi* yt. 10, 143. *yimâi khshaêtâi* vd. 19, 132. abl. *yimaţ haca khshaêtâţ* yt. 19, 35. gen. *nars* . . . *khshaêtahê* yt. 8, 13. 14, 17. *hvareca khshaêtahê* y. 3, 49. plur. acc. n. *khshaêta raocâo* yt. 3, 1. 2) n. Reichthum, abl. *khshaêtâţ* (vgl. *shaêta*) yt. 13, 67. 3) m. Herrscher, hzv. *khutâi*, Ner. *svâmin*, acc. *khshaêtem* (vom Apãm napâo) y. 2, 21. 6, 13. 69, 19. yt. 2, 9. 5, 72. 19, 52. plur. gen. *khshaêtanãm* (Amshaçpand) y. 26, 8. yt. 13, 82. 19, 15.

Hzv. *shêt*, np. *shêd*, vgl. *shêdah* (Fuchs, rothes Pferd).

khshaêtar (von 2. *khshi*) m. Herrscher, nom. *khshaêtâ* y. 41, 4.

khshaêtôputhri (von *khshaêta* + *puthra*) f., glänzende Kinder, acc. *khshaêtôputhrîm* y. 9, 72.

khshaêna (von 3. *khshi*) adj., mager, abgezehrt. Skr. *kshîṇá*. — Vgl. *akhshaêna*.

khshaotha adj., feucht; n. pr. eines Berges am östlichen Ende des Alborz, abl. *khshaothaţ haca garôiţ* yt. 8, 6. 37.

khshaodanh (v. *khshud*) n. Schwall, instr. *khshaodanha* mit Schwall yt. 10, 14.

Skr. *kshódas*.

khshathra (v. 2. *khshi*) 1) n. Reich, nom. *khshathrem* vd. 20, 22. y. 29, 11. 35, 13. 31, 6. 28, 3. 34, 5. yt. 13, 12. *khshathremca ahurâi* dem Ahura gehört das Reich vd. 8, 51. *taţ tava khshathrem* es ist dein Reich y. 19, 35. *aêshô khshathremcâ* (euch gehört) Wille und Herrschaft y. 28, 9. *khshathremca* (kann auch acc. sein) y. 59, 2. acc. *khshathrem* y. 31, 4. 50, 2. in Bezug auf Herrschaft: yt. 19, 79. *khshathrem ahurâi cinaçti* er gibt (lehrt) die Worte *khshathremcâ ahurâi* (aus dem Gebet yathâ ahû vairyô); zugleich: er gibt das Reich dem Ahura, d. h. er macht den Ormazd zum Herrscher über sein Leben y. 19, 35. *karapâ khshathremcâ îshanãm drujem* der Karapan (Taube) unter denen welche die Drukhs zur Herrschaft wünschen y. 32, 12. *yatha azem upemem khshathrem bavâni* dass ich zur höchsten Herrschaft gelange yt. 5, 22. 26. 46. *vohu khshathrem yazamaidê* wir preisen das gute Reich vsp. 23, 1. *vohuca khshathrem* y. 37, 12. *vohû khshathrem vairîm* das gute unumschränkte Reich y. 16, 7. 50, 1. *vohû khshathrem* (dein) gutes Reich y. 41, 3. instr. *khshathrâ* y. 34, 11. *ahyâ khshathrâcâ mazênâcâ havapanhâisca* y. 37, 3 = 5. 3. *arathwya khshathra* mit böser Herrschaft? yt. 24, 47. *vohû hvô khshathrâ ashem* . . . *haptî* er fördert samt dem guten Reiche das Reine y. 31, 22. dat. *khshathrâi* vd. 2, 20. 23. (hzv. *khutaish*) *khshathrâi* zu einem Reich yt. 5, 49. 15, 32. *uparâi khshathrâi* A. 1, 14. abl. *khshathrâţ* y. 35, 26. 45, 4. *mârôya khshathrâţ* yt. 15, 16. *anhê khshathrâţ* in Folge seiner Herrschaft y. 9, 15. *khshathrâţ haca* von seinem Reiche aus y. 32, 2. *khshathrâţ khshayamnâo* yt. 15, 54. *khshathryâţ* (lies *khshathrâţ?*) yt. 16, 10. gen. *yimahê khshathrahê* (lies *khshathrê*) y. 9, 17. *khshathrahyâ* y. 31, 21. 43, 9. *ughra vazaiti khshathrahê* gewaltig in Herrschaft fährt er dahin yt. 10, 107. *khshathrahêca* yt. 13, 135. *vanhêus khshathrahyâ îstis* der Wunsch nach deinem guten Reiche y. 47, 8. *tâ khshathrahyâ* das von dem Reiche y. 33, 13. loc. *mana khshathrê* in meinem Reiche vd. 2, 16. *qahmi khshathrê* nach eigner Herrschaft vsp. 16, 10. *yimahê khshathrê* yt. 15, 16 - y. 9, 17. (wo *khshathrahê*), *â khshathrôi* y. 34, 3. *khshathrôi* y. 32, 6. 42, 13. 16. pl. *khshathrâ* y. 45, 16. *thwâ khshathrâ* y. 50, 4. acc. *khshathrâ* y. 42, 6. 43, 9. 50, 6. 16. *maça khshathra* yt. 5, 130. *yaona khshathra* (s. *yaona*) yt. 5, 87. instr. *khshathrâis* zu Reichen (vereinigten sie sich) y. 45, 11. 2) f. Königthum, gen. *khshathrayâo* vd. 2, 19. 3) m. Herrscher, König, nom. *khshathrô* y. 8, 13. gen. *khshathrahyâ* y. 42, 8. 4) n. a) n. pr. des dritten Amesha çpeñta, der über die Metalle herrscht, vgl. Spiegel Av. übers. III, X. Meist hat er das Beiwort *vairya;* nom. *khshathrem vairîm* y. 56, 10, 4. yt. 1, 25. *khshathrem* y. 30, 8. 33, 11. acc. *khshathrem vairîm* vsp. 23, 1. y. 17, 15. instr. *viscithrem dim ayaçata âyapta khshathra vairya* ein Mittel wünschte er sich als Gunst von *Khshathra vairya* vd. 20, 12. *khshathrâca yâ vairya* Fr. 1, 1. *khshathrâ* y. 30, 7. 47, 11. 67, 65. dat. *khshathrâi vairyâi* y. 1, 5. gen. *khshathrahê vairyêhê* y. 69, 8. yt. 2, 2. b) das von Khshathra vairya beschützte Metall; Metallinstrument; acc. (instrumenti) *aka khshathrem vairîm* mit einer Klammer von Metall yt. 10, 125. *tighra khshathra vairya* mit einem spitzen Metallinstrument vd. 9, 21. dat. *khshathrâi vairyâi* mit dem Messer (hzv. *pann astar*) vd. 17, 17. plur. acc. *khshathra vairya* Metalle vd. 16, 14. c) der nach Khshathra vairya benannte Monat August, gen. (local) *khshathrahê vairyêhê* A. 1 b, 9.

Skr. *kshatrá*, altp. *khsatra* (*artakhsatra*), hzv. *shatan*, armen. *ashkarh;* der Name *khshathra vairya* lautet hzv. *Shatvîr*, *Shatarvar*, parsi *Sahrêvar* (Ner. *saharevara*, erklärt: *saptadhâtûnâṃ patiḥ*), np. *Shahrêvar*, *Shehryâr*.

Vgl. *apakhshathra*, *içekhsh°*, *îshâkhsh°*, *qâkhsh*, *darcghôkhsh°*, *duskhsh°*, *nãmôkhsh°*, *ratukhsh°*, *vaçôkhsh°*, *vohukhsh°*, *hamôkhsh°*, *hukhsh°*.

khshathrata (v. vor.), f. Herrschaft, nom. *khshathrata?* Fr. 8, 2.

khshathri (fem. von *khshathra*, die Herrin (des Hauses)?) f. Weib, hzv. *rakad;* plur. gen. *khshathrinãm* vd. 7, 39. 40. y. 64, 21. yt. 5, 5. 13, 8. loc. *khshathrishu* yt. 14, 12. *khshathrishva* vd. 18, 77. yt. 14, 12.

Vgl. westafgh. *shatsah*, ostafgh. *ghatsah*, *ghakh*, *ghaẓhah?*

khshathrôkâmya (von *khshathra* + *k°*) n. Begierde nach Herrschaft, instr. *khshathrôkâmya* y. 9, 75.

khshathrôkereta (von *khshathra* + 1. *k°*) adj., für einen Herrscher verfertigt, gen. n. *nmânahê khshathrôkeretahê* yt. 17, 60. 18, 3.

khshathrôcinaṅh (von *khshathra* + *c°*) m. n. pr. des Sohnes des Khshôiwrâçpa, gen. *khshathrôcinaṅhô khshôiwrâçpanahê* yt. 13, 112.

khshathrôdâo (v. *khshathra* + 4. *dâo*) adj., Herrschaft verleihend, nom. *°dâo* yt. 10, 16. 65.

khshathrônaptar (von *khshathra* + *n°*) adj., Königsgeschlecht habend, einer, von dem Könige abstammen, gen. *khshathrônafedhrô nairyôçaṅhahê* N. 5, 6. = S. 1, 9. getrennt: acc. *khshathrem nafedhrem nairyôçaṅhem* y. 17, 68. S. 2, 9. Ner. übersetzt: Nabel (Ursprung) der Könige und glossiert: sein Könignabelsein ist, dass von ihm der Saame des Ursprungs der Könige herkam; vgl. Spiegel, Av. übers. III, 199. Windischmann Z. St. 216.

khshathrôçaoka (von *khshathra* + 1. *çaoka*) n. n. pr. einer Pforte oder eines Palastes in Kaṅha, acc. *upa dvarem khshathrôçaokem* yt. 5, 54. 57.

1. **khshathrya** (von *khshathra*) adj., königlich, hzv. *khutâi*, Ner. *svâmin*, nom. *haomô . . . khshathryô* y. 56, 8, 2. yt. 9, 17. 10, 88. ohne Flexion: *khshathrya nâma ahmi* ich heisse der königliche yt. 1, 15. plur. acc. *ahurahê mazdâo ... âfrînâmi khshathryãn daṅhupaiti* Spiegel: ich flehe für die herrschenden Fürsten des Ormazd A. 1, 14. superl. nom. *khshathryôtemô nãma ahmi* yt. 1, 15.

Skr. *kshatriya*.

2. **khshathrya** (von *khshathri*) adj., mit Frauen versehn, hzv. *rakadâvand*, Ner. *nârîṇâṃ*, Beiwort des Apãm napâo, vgl. Windischmann Z. St. 178 ff. acc. *berezaṅtem ahurem khshathrîm* y. 2, 21. 6, 13. 69, 19. yt. 2, 9. 5, 72. 19, 52. voc. *bereza ahura khshathrya* y. 64, 53.

khshan, hauen, verwunden, partic. perf. pass. *khshata*, *shata*.

Skr. *kshaṇ*, *kshaṇôti*, altp. vgl. *akhsatâ*, armen. *ashḷuṭ*.

Vgl. *hushata; ghzhan*.

khshap, bedecken.

Vgl. skr. *kshapayati?* gr. σκέπας, Pott, Et. F.² II, 609.

khshap, khshapan (vom vor.) f. 1) Nacht, nom. *khshapa* yt. 12, 23. 10, 50. acc. *hamrãm taraçca khshapanem* vd. 18, 11. *uçãm vâ ari khshapanem dayê vâ pañcaçatem vâ çatem vâ* yt. 8, 13. *khshapanem* yt. 14, 13. 22, 1. abl. *khshafnâaṭca* bei Nacht yt. 5, 15. gen. *khshapô* vd. 19, 91. *hamayâo khshapô* yt. 8, 54. y. 56, 12, 3. *aiṅhê ayãn . . . aiṅhâo khshapô* yt. 1, 18. *khshafnô thrityâo* in der 3. Nacht yt. 5, 62. für den abl.: *tâthrayaçciṭ haca khshafnô* yt. 14, 31. loc. *khshafnê* vd. 4. 8. 18, 43. *paiti khshafnê* vd. 4, 126. yt. 1, 9. *naêmê khshafnê* innerhalb der Nacht vd. 4, 123. plur. nom. *khshafna* vd. 19, 79. *thrâyô khshafna* vd. 9, 135. 16, 22. acc. *khshapâçâ* y. 43, 5. *vîçpâis ayãnca khshafnaçca* alle Tage und Nächte y. 56, 7, 8. *daça pairi khshafnô* zehn Nächte lang yt. 13, 49. *paoiryâo daça khshapanô* yt. 8, 13. gen. *khshafnãm* vd. 4, 126. *khshafnãmca* y. 61, 12. sie stossen ihn zurück in die Hölle und geben ihm die Strafe *tishrãm khshafnãm* der drei Nächte, Hzv.-Gl. zu vd. 7, 136; diese Strafe wird denen zu Theil, an welchen bei der Auferstehung trotz der bisherigen Höllenstrafen noch ein sündlicher Fleck haftet, und sie übertrifft alle andern Strafen an Schmerzhaftigkeit, vgl. den Sadder Bundehesch bei Spiegel II. II, 176. loc. *khshapôhva* vd. 21. 10. 11. 2) Zeit plur. acc. *tâo khshapanô* die Zeit (deines Lebens) vd. 18, 61. y. 61, 29.

Skr. *kshap*, altp. *khsapa-vâ* (bei Nacht), hzv. *shap*, parsi *saw*, np. *shab*, buchar. *sheb*, tâti *sher*, maz. *shû*, tâlish *shav*, afgh. *shapah*, bal. *shaf*, kurd. *shav*, kurm. *shev*, bulbassi *shov*, zaza *shau*, syrisch-zig. *shor*, südoss. *akhçav*, dig. *akhçava*, tag. *ekhçäv*.

khshapara = *khshapan* in Zusammensetzungen. Vgl. *khshvaskhshapara, thrikhsh°, nacakhsh°, bikhsh°*.

khshapâyaona (von *khshap* + *yaona?*) adj., bei Nacht umherlaufend (Spiegel) hzv. *rîriyâ ayôkhtar;* nom. der Hund ist *khshapâyaonô* wie ein Dieb vd. 13, 144. wie ein Raubthier vd. 13, 149.

khshafnya (von *khshapan*) adj., nächtlich, acc. n. der Vogel ist *akhshafni khshafnîm içemnô açâiri çâirîm içemnô* wünschend nachtlos das Nächtliche, wehrlos das Bewehrte yt. 14, 20. *yaêibyô aêm hãmpacaitê khshafnîmca* (Westerg. *khshâfnîmca*) *çâirîmca* welchen dieses (Feuer) kocht Nachtessen am Bratspiess, y. 61, 19.

1. **khshaya** (von 2. *khshi*: 1) adj., mächtig, nom. *khshayô* (er ist) mächtig yt. 13, 18. pl. acc. *dâoçtâ khshayâçâ* mache mächtig y. 28, 7. 2) m. Herrschaft, Herrscher, nom. *khshayô* y. 32, 5.

Altp. vgl. *khsâyathiya*, das neuere *shâh*, oss. *akhçin* (regina Schiefner 306).

2. **khshaya** (v. 1. *khshi*) m. Wohnung, nom. *khshayô*, hzv. *shîn* y. 31, 20.

Skr. *kshâya*.

khshayaṅṭ s. 2. *khshi*.

Vgl. *akhshayaṅṭ*, *vaçêkhshayaṅṭ*.

khshayamna s. 2. *khshi*.

Vgl. *akhshayamna*, *hamôkhshathrôkhshayamna*.

khshayamnôiçâna (v. vor. + *içâna*) adj., mächtig herrschend, plur. voc. *khshayamnôiçâna* y. 64, 58.

khshar, fliessen, strömen.

Skr. *kshar*, *ksharati*.

khshâudra (von *khshudra*) adj., von Saamenfrüchten, plur. gen. f. *aêva danare khshâudrinãm* (scil. *qaretinãm?*) ein Danare Saamenfrüchte vd. 16, 16.

khshâfnya s. *khshafnya*.

1. **khshi**, wohnen, praes. 3. sg. *shaêtî* er wohnt y. 33, 5. *yim skyêiti* wenn bei ihm wohnt (das Opfer) yt. 14, 47. med. *shaêitê* y. 45, 16. 3. pl. *skyêiñti* yt. 10, 38. *skyañtî* y. 13, 10. 5, 5. = 37, 5. *yôi raṅhêus â manaṅhô skyêiñti yâoçca aiti* qui et quae cum Bahmane una habitant vsp. 10, 22. 12, 22. *yôi v°*

â m° skyañti yâoçca uiti y. 4, 9. *yôi v° â m° skyañti* y. 24, 26. 39, 9.

— *â*, bewohnen, praes. 3. sg. *yêñg â shaêti aharô* y. 42, 3. partic. praes. nom. *akâṭ âskyâç manaṅhô* der aus der Wohnung des Akoman stammt y. 46, 5.

— *upa*, wohnen, praes. 3. sg. *upashaêti* (welche) wohnte y. 23, 5.

Skr. *kshi, kshéti, kshiyáti*, armen. *shinel*.

2. **khshi**, herrschen, mächtig sein, vermögen, praes. 1. sg. *yadâ . . . khshayâ* wenn ich herrsche y. 49, 9. 2. sg. *khshayêhî* y. 43, 15. *khshayêhi* yt. 10, 29. 3. sg. med. *khshayêtê . . . apaṅharstêê* er vermag zu erlassen vd. 5, 78. *maçô khshayêtê* sie vermag an Grösse yt. 5, 96. 2. pl. act. *khshayathâ* y. 47, 9. 3. pl. *khshayêiñti* herrschen yt. 17, 7. pot. 2. sg. med. *khshaêsa* herrsche y. 8, 10. 3. sg. act. *yavata khshayôiṭ* y. 9, 20. med. *khshayaêta* er hat befohlen y. 13, 18. *khshayêta, khshayêti* yt. 24, 47. imperat. 1. sg. *khshayêni* damit ich herrsche Fr. 4, 2. 3. pl. med. *khshêñtãm* y. 47, 5. imperf. 3. sg. med. *khshayata* er überwand, brachte unter seine Herrschaft yt. 19, 26. 28. 31. 3. plur. *mâ khshêñtâ* nicht mögen sie herrschen y. 47, 5. impf. conj. 3. sg. *khshayâṭ* Fr. 4, 2. partic. praes. nom. *khshayãç* y. 45, 5. 50, 5. du bist herrschend y. 32, 16. 42, 10. acc. *khshayañtem* Macht übend yt. 10, 35. gen. *ahurahê khshayatô* yt. 13, 63. 78. *khshayañtaçca akhshayañtaçca* y. 35, 12. plur. acc. *khshayañtô* y. 29, 2. voc. *khshayañtô* y. 29, 2. partic. praes. med. nom. *khshayamnô* mächtig y. 31, 19. König y. 19, 57. 20, 9. mächtig yt. 10, 23. 37. 14, 47. *yatha hîm janâma khshayamnô* (lies *khshayamna?*) *akhshayamnãm* damit wir (die Drukhs) schlagen, wir als mächtige die unmächtige y. 60, 16. fem. *mâ khshayamna jaçôiṭ* nicht darf sie kommen vd. 9, 134. *tâm tâ aêibyô khshayamna niçrinavâhi* du vermagst ihnen diess zu verleihen yt. 5, 87. *khshayamna tanuyê qarenô ahi dâtem* du vermagst dem Leibe Glanz zu verleihen yt. 17, 15. acc. m. *khshayamnem asharanem dâyata akhshayamnem dvañtem* machet den reinen mächtig, den bösen unmächtig y. 8, 12. *khshayamnem* yt. 8, 49. 10, 35. plur. nom. *khshayamna merçgheñtê* sie können herumstreifen vd. 18, 116. *khshayamna* ? yt. 24, 35. fem. *khshayamnâo* die ihr es vermögt y. 67, 56. *yatha anyâoçciṭ khshathrâṭ khshayamnâo* yt. 15, 54. acc. m. *khshayamnêñg* Herrscher y. 32, 15.

— *aiwi*, herrschen, mächtig sein, partic. praes. med. voc. sg. *aiwishayamna* yt. 10, 77.

— *â*, erwerben, praes. 3. sg. *ccuṭ hô nâ ashayêiti* was erwirbt der Mann A. 3, 4. impf. med. 3. sg.? *ashayata vâçtryatha puthra frashaostra* yt. 24, 11.

— *fra*, herrschen, praes. 3. sg. *frakhshayêiti* yt. 19, 66.

Skr. *kshi, kshâyati*, hzv. np. *shâyiçtan*, armen. *shkhel*.

3. **khshi**, verderben, partic. perf. pass. *khshaêna* (s. besonders).

— *fra*, forttreiben, causale praes. 3. sg. *dunmãn frashâopayêiti* er treibt die Dünste fort yt. 8, 33.

Skr. *khshi, kshiṇáti*.

4. **khshi** (vom vor.) f. das Hinschwinden, gen. *khshayaçca amayavayâoçca* y. 70, 75.

khshiz s. *khiz*.

1. **khshiṭ** (Fortbildung von 1. *khshi*), wohnen.

2. **khshiṭ** (Fortbildung von 2. *khshi*), herrschen, glänzen.

3. **khshiṭ** (Fortbildung von 3. *khshi*), verderben.

khshîra (von *khshar*) n. Milch.

Skr. *kshîrá*, hzv. *shîr*, parsi *sîr*, np. etc. *shîr*, kurd. *sheir*, dig. *akhshir*, tag. *akhçir*.

Vgl. *apakhshîra*.

khshu (Fortbildung von *gaṅh*, skr. *gas?*) essen, geniessen.

khshuis (vom vor.) n. Milch, acc. *khshuisca* vd. 13, 78.

Vgl. skr. *kshú* (Speise).

khshud, stossen, zerstampfen, in Bewegung gerathen, partic. perf. pass. *khshuçta* (s. besonders).

Skr. *kshud, kshódati*, np. *shuçtan*.

khshudra (vom vor.) n. Saame, acc. *avãm* (sic) *khshudrem . . . yãm . . . zarathustrahê* yt. 13, 62. instr. *khshudraca* yt. 19, 58. A. 1b, 12. abl. *afraṅharezâṭ pairi khshudrâṭ* ohne den Beischlaf auszuüben vd. 16, 38 (Westerg. 16, 16), loc. *ari khshudrê* (Spiegel *khshudrâo*) *khshathrishva hãmverenvaiñtê* vd. 18, 77. pl. acc. *khshudrâo* vd. 7, 38. 8. 106. 18, 101. y. 64, 7. yt. 5. 2. 13, 5. *yô nâirikãm khshudrâo ari fraṅharezaiti* wer ein Weib beschläft vd. 15, 23. 16, 39. *yô nâirikãm para khshudrâo ari fraṅharezaiti* vd. 15, 26. gen. *khshudranãm* vd. 8, 106.

Skr. *kshudrá*, hzv. *shuçr*; vgl. np. *shôhar* und hzv. *shôi*.

Vgl. *pairistâkhshudra*.

khshub in Aufregung gerathen.

Skr. *kshubh, kshóbate*, hzv. np. *âshuftan*.

khshufç (Fortbildung von *khshub*) in Aufregung gerathen, impf. conj. 3. pl. *yaṭ . . . açpanãm çrifa khshufçãn* wenn der Rosse Nüstern schnauben yt. 10, 113.

khshuçta (partic. perf. pass. von *khshud*) zerstampft, weich, loc. f. *yatha nâ mashyâka khshûiçtê zemê vîshârayêiñtê* wie die Menschen weiche Erde auseinandergehn lassen vd. 2, 96. instr. n. *ayaṅhâ khshuçtâ* durch weiches (geschmolznes) Eisen (gibst du Weisheit den Kämpfern, durch das Feuer), d. h. indem du das Eisen (die Waffen) der Gegner unwirksam machst y. 50, 9.

Vgl. *ayôkhshuçta*.

khshûiçta s. *khshuçta*.

khshêñtâ, khshêñtãm s. 2. *khshi*.

khshôithni (von 2. *khshiṭ*) adj., glänzend, nom. f. *ashis vaṅuhi çrîra khshôithni* yt. 13, 107. acc. *khshôithnîm* y. 2, 57. yt. 5, 15. G. 5. 5. S. 2, 25. *ashîm vaṅuhîm yazamaidê khshôithnîm berezaitîm huraodhãm* yt. 17, 1. abl. *yô aradhâṭ fravazaiti khshôithnyâṭ his usyâṭ* yt. 8, 35. gen. *frazañtôis . . . khshôithnyâo* yt. 13, 134. *kainînô . . . khshôithnyâo* yt. 22, 9.

khshôithra = *shôithra? naêdha thwãm hãmpathyêiti drujô çpaiti athra khshathrâṭ khshayamna* *khshôithra mâ thwâ daêna mâzdayaçnis açpahê çparôiṭ* yt. 24, 35.

khshôiwra (von *khshvip*) adj., schnell.

khshôiwrâçpa (vom vor. + *açpa*) m. n. pr. des Sohnes des Khstâvana, gen. *khshôiwrâçpahê khstâvaênyêhê* yt. 13, 111.

khshôiwrâçpana (v. vor.) m. Sohn des Khshôiwrâçpa, gen. *khshathrôcinaṅhô khshôiwrâçpanahê* yt. 13, 112. *frênyâo nâiryâo khshôiwrâçpanahê*, die Frêni, die Frau des Khshathrôcinaṅh yt. 13. 140.

khshôistê liest Spiegel vd. 2, 96 statt *khshâiçtê*.

khshãnman (von *khshan*?) n. Betrübniss, hzv. *ashâît manashnish*, dat. die Seele des Rindes weinte *yé anaêshem khshãnmênê râdem* weil sie zur Betrübniss (kam) über den unmächtigen Herrn, y. 29, 9.

khshnaothra (von 1. *khshnu*) n. Befriedigung, nom. *oium khshnaothrem* ein Gebet zur Befriedigung yt. 21, 5. dat. *khshnaothrâica* zur Befriedigung vsp. 5, 6. y. 3. 69. A. 1, 1. plur. nom. *khshnaothra* Befriedigung sei yt. 1, 0. 10, 0. *khshnaothra yaçnâica* . . . Khshnaothra (sei) zum Preis für y. 56, 1, 1. acc. *âvaêdhayamahi çraoshahê* . . . *khshnaothra* wir thun sie kund dem Çraosha als Khshnaothra y. 4. 50.

Armen. *shnorh.*

Vgl. *hukhshnaothra.*

khshnaothwa (von 1. *khshnu*) adj., würdig befriedigt zu werden, superl. acc. m. *khshnaothwôtemem* yt. 13. 152.

khshnaothwata (vom vor.) f. Würdigkeit befriedigt zu werden, instr. *arâoñtem khshnaothwata* (ich schuf ihn) so gross an Würdigkeit yt. 8, 50.

khshnaoma (von 1. *khshnu*) n. Befriedigung, Vergnügen, instr. *mazista khshnaoma* vd. 3, 39.

Hzv. *shnum.*

khshnâ (Fortbildung von 2. *zan*) wissen, desid. partic. praes. plur. nom. f. *avaṭ avô zîshnâoṅhemnâo* jene Hülfe kennen zu lernen yt. 13, 49. 73.

1. **khshnu**, 1) zufrieden sein. pot. 2. sg. *khshnuyâo* sei zufrieden, gnädig yt. 10, 32. *khshnuyâo nô yaçnem* sei zufrieden mit unserm Opfer y. 67, 27. causale praes. 3. sg. *khshnâvayêiti* vd. 9, 162. yt 6, 4 10, 139. *mazista khshnaoma khshnâvayêiti* vd. 3, 39. pass. partic. perf. *khshnûta* (s. besonders). 2) schärfen.

Skr. *kshṇu*, *kshṇâuti*, vgl. hzv. *shnâyinîtan.*

2. **khshnu** (verdunkelt aus *khshnâ* wie im slav. und litauischen) kennen.

Vgl. altp. *khsnâçatiy*, hzv. *shnâkhtan*, parsi *snâzeṭ* (3. sg. praes.), np. *shinâkhtan*, armen: *janacel*, vgl. Fr. Müller Beitr. zur armen. Lautl. I, 19.

3. **khshnu** (vom vor.) 1) adj., weise, nom. m. *yêzi aêm baraiti ashava khshnus* wenn dieser (Herrscher) ein reiner und weiser ist yt 13, 63. 2) m. Weisheit, acc. *khshnûm* y. 47, 12. 52, 2.

khshnush (Fortbildung von 1. *khshnu*) zufriedenstellen, praes. conj. med. 1. sg. *khshnaoshâi* (wie) soll ich zufriedenstellen y. 45, 1. impf. 3. sg. *yé khshnâus* y. 45, 13. *khshnâus* y. 45, 1. *nôiṭ tâ îm khshnâus raêpayô kevînô* nicht daher ihn befriedigte der Vaêpaya und der Kevîna (collectiv) y. 50, 12. 3. pl. *khshnaoshen* y. 30, 5. med. partic. praes. nom. *khshmâkem vârem khshnaoshemnô* in euerm Wunsche finde ich Befriedigung y. 45, 18.

khshnûiti (von 1. *khshnu*) f. Befriedigung.

Vgl. *akhshnûiti*, *hukhshnûiti.*

khshnûta (von 1. *khshnu*) 1) befriedigt, nom. *khshnûtô* vd. 18, 57. 19, 133. y. 61, 25. yt. 8, 43. 10, 28. 87. *khshnûtô ashâunãm urvãnô pârayêiñti* zufrieden gehn die Seelen der Reinen (nom. sg. statt des plur.) vd. 19, 105. gen. *khshnûtahêciṭ* yt. 10, 111. plur. fem. *khshnûtâo* yt. 13, 34. 156. 157. 2) geschärft. 3) m. n. Befriedigung, nom. *khshnûtaçca* y. 59, 2. acc. (neutr.) *raokhshni khshnûtem* . . . *pouru khshnûtem* yt. 19, 53.

Hzv. *khushnût*, parsi *khashnûṭ*, np. *khushnûd.*

Vgl. *akhshnûta*, *tizhizhnûta*, *hukhshnuta.*

khshnûṭ (von 2. *khshnu*) f. Weisheit, hzv. *shnâkhtarish*, Ner. *prabodha*, acc. *khshnûtem* y. 31, 3. *yãm khshnûtem rânôibyâ dâo* die Weisheit welche du deinen Kämpfern gibst y. 50, 9.

khshnûman (von 1. *khshnu*) n. Zufriedenstellung, dat. *khshnûmainê* y. 3, 3. 65, 3.

Np. *khûshnûman.*

khshnvaiti (von 1. *khshnu*, vgl. *khshnûiti*) f. Befriedigung.

Vgl. *asharakhshnvaiti.*

khshnvish (Fortbildung von *khshnush*) erfreuen, praes. 1. sg. *yâ khshnvishâ géusca urvânem* wodurch ich erfreue die Seele des Rindes y. 28, 1.

khshmaibyâ, **khshmaṭ**, **khshmâ** } s. *tûm.*

khshmâka (aus *yûshmâka*) pronom. adj., vester, acc. fem. *khshmâkãm huciçtîm* eure Weisheit y. 34. 14. *khshmâkãm* y. 43, 17. neutr. *khshmâkem* y. 45, 18. s. auch *tûm*; instr. neutr. *khshmâkâ khshathrâ* durch euer Reich y. 34, 15. dat. m. *khshmâkâi vahmâi* y. 49, 10. gen. m. *khratéus khshmâkahyâ â manaṅhâ* durch den Geist (der) in euerm Verstand (ist) y. 48, 6.

khshmâvaṅṭ (aus *yûshmâvaṅt*) adj., euresgleichen, gen. *nemaṅhô â yathâ nemê khshmâvatô* samt dem Gebet wie das Gebet für euresgleichen y. 57, 9. *yaçnem khshmâvatô* y. 33, 8. *khshmâvatô vahmê* y. 34, 2. *nemaṅhô khshmâvatô* y. 43, 1. *tãm daênãm yâ khshmâvatô ahurâ* y. 48, 6. plur gen. *khshmâvatãm vahmâi â* zu euerm Preis y. 45, 10. loc. *khshmâvaçû* y. 34, 3.

khshmâvôya s. *tûm.*

khshmâvya-géus-urvãm *hâitîm yazamaidê* wir preisen das mit *khshmaibyâ géus urvâ* beginnende (29.) Capitel des Yaçna, y. 29, Schluss.

khshvaêpa s. *ârstyôbarez.*

khshvaêwa (von *khshvip*) adj., glatt, sanft, nom. *khshvaêwô* sanft (d. h. ohne sich nach der Seite zu bewegen) fliegend yt. 8, 6. 37. plur. nom. *azhayô* *khshvaêwâoñhô* glatte Schlangen, hzv. *shafak* vd. 18, 129.

Vgl. *âçukhshvaêwa*.

khshvaêway (verb. denom. vom vor.) dahinfahren, gerade aus gehn; partic. praes. *khshvaêwayañt*.

khshvaêwayaṭastra (vom vor. + *astra*) adj., dahinfahrende, blitzende Dolche besitzend, plur. acc. n. *khshathra °astra* yt. 5, 130. 17, 7.

khshvazhaya (v. *khshvas*) adv. sechsmal. *khshvazhayaciṭ* vd. 8, 45.

khshvawra s. *khshviwra*.

khshvas, sechs, nom. *khshvas*, vd. 4, 5. 16, 22. acc. *khshvas* vd. 2, 88. 7, 36. *khshvas* sechsmal vd. 7, 36. vend. sade 253. (Westerg. vd. 7, 75) s. *çata*.

Skr. *shásh*, hzv. *shash*, parsi *sas*, np. *shash*, buchar. *shesh*, serg. *shizishtaze*, syrisch-zig. *sheish*, afgh. *shpag*, bal. (brahvi) *shash*, kurd. *shesh*, armen. *vets*, südoss. *akhsaz*, dig. *akhçaz*, tag. *akhçäz*.

khshvasashi (vom vor. + 1. *ashi*) adj., sechsflügig, acc. *khshvasashîm* y. 9, 25. yt. 5, 34. 9, 14.

khshvaskhshapara (v. *khshvas* + *khsh°*) n. sechs Nächte, abl. *paçca khshvaskhshaparâṭ* vd. 9, 140.

khshvasgâya (v. *khshvas* + *g°*) n. sechs Schritte, acc. *khshvasgâim* vd. 6, 66. 80.

khshvasti (v. *khshvas*) f. sechzig, acc. *khshvastîm* vd. 8, 265. 12, 4. am Schluss von 60 Tagen: A. 1b, 8.

Skr. *shashṭí*, parsi *saçt*, np. *shaçt*, *shast*, afgh. *shpêtah*, kurd. *shesht*, armen. *vathçoun*.

khshvastivañṭ (vom vor.) adj., sechzigfach, nom. m. *khshvastivâo* yt. 10, 116.

khshvasdaça (von *khshvasdaçan*) adj. num., der sechzehnte, nom. (ohne Flexion) *khshvasdaça hâta marenis* sechzehntens heisse ich Berechner der Verdienste yt. 1, 8. acc. neutr. *khshvasdaçem* vd. 1, 76.

Skr. *shoḍaçá*, np. *shânzadahum*, afgh. *shpâraçum*, armen. *vetstaçanerord*, dig. *akhçazdeçeymag*.

khshvasdaçan (von *khshvas* + *d°*) sechzehn.

Skr. *shóḍaçan*, np. *shânzadah*, afgh. *shpâraç*, armen. *veshtaçan*, dig. *akhçazdeç*.

khshvasmâhya (v. *khshvas* + *mâoñh*) adj., sechsmonatlich, acc. *khshvasmâhîm* (eine Zeit) von 6 Monaten vd. 5, 136.

khshvasçata (von *khshvas* + *çata*) sechshundert, instr. *khshvasçatâis hazanremca* yt. 5, 95.

khshvasçatôzima (vom vorigen + *zima*) m. 600 Jahre (Winter), plur. nom. *°zima* vd. 2, 23.

khshvip, werfen, giessen; partic. perf. pass. *khshvipta*.

Skr. *kship*, *kshipáti*.

khshvipta (vom vor.) n. Milch (von Kühen).

khshviptavañṭ (vom vor.) adj., reich an Milch, hzv. *shîrômand*, nom. (statt acc.) f. *khshviptavaiti* vd. 21, 27. yt. 24, 49. 13. (hier *khshviptyô-vâ*).

khshviwi (von *khshvip*) adj., schwingend, rasch, plur. fem. *khshviwyô* yt. 13, 37.

khshviwiishu (vom vor. + *ishu*) adj., schwingende, rasche Pfeile habend, nom. *yatha tighris mainivaçâo yim añhaṭ erekhshô khshviwiishus khshviwiishvatemô airyanãm airyô* wie ein Pfeil, ein himmlischem Willen folgender, welchen schleudert ein verwundender, rasche Pfeile, sehr rasche Pfeile habender Arier unter den Ariern yt. 8, 6. acc. *çtaotârem khshviwiishûm* yt. 17, 12. *mithrem khshviwiishûm* yt. 10, 102. superl. nom. *khshviwiishvatemô* yt. 8, 6.

khshviwivâza (v. *khshviwi* + 1. *vaz*) adj., rasch fliegend, acc. *tistrîm khshviwivâzem* yt. 8, 37.

khshviwra, Westerg. **khshvawra** (von *khshvip*) n. Geläufigkeit, acc. *khshviwrem hizvãm* Geläufigkeit der Zunge y. 61, 11.

Vgl. skr. *kshiprá*.

khshvîdem das sechsfache y. 11, 24. s. *uyê*.

khshvîdha (von *khshn*) n. Milch, Süssigkeit, hzv. *shîrîn*, *shîrînish*, Ner. *gâulya*, acc. *khshvîdemcâ* y. 29, 7. dat. *khshvîdhaêca* (sic) *âzûtayaêca* zur Süssigkeit und Fettigkeit y. 67, 4. dual. acc. *khshvîdha âzûiti* (Westerg. *âzûta*) Süssigkeit und Fett y. 17, 45. 67, 20.

Ostafgh. *shaudah* (milk).

khstâ s. *çtâ*.

khstâvaênya (von *khstâvana*) m. Sohn des Khstâvana, gen. *pourudhâkhstôis khstâvaênyêhê* yt. 13, 111. *khshôiwrâçpahê khstâvaênyêhê* yt. 13, 111.

khstâvañṭ (von *khstâ*) adj., unterstützend, acc. m. *mâoñhem khstâvañtem* yt. 7, 5.

khstâvana (von *khstâ*) m. n. pr. des Vaters des Pourudhâkhsti und Khshôiwrâçpa.

khstâvi (von *khstâ*) m. Held, Kämpe, plur. nom. *takhma khstâvayô* yt. 13, 37. 38.

khstûm s. *khstva*.

khstãmi? *khstãmi-caṭca madhakahêca tûn* vd. 1, 58. Hzv. *cikâmcâi madagv-cikâmcâi râvâr atâ; cikâmcâi* kann nur die enclit. Partikel *caṭca* übersetzen, *khstãmi* ist also nicht übersetzt; *madagv* scheint der Name des Hundes Madhaka zu sein, vd. 7, 67 steht *narmanshân tûn madagv-ci âyâbârishôtar* sie sind dem Madhaka hülfreich; wenn *khstãmi* von *khstâ* abzuleiten ist, so könnte die Stelle vielleicht heissen: sie stärken die Kraft des Hundes Madhaka; *tûn* scheint aber gar kein altb. Wort zu sein; dann wäre *khstãmi* nom. sg. neutr., sie sind eine (gereichen zur) Stärkung des Madhaka.

khstva (von *khshvas*) adj., numer., der sechste, nom. *khstvô* vd. 4, 11. yt. 19, 2. zum 6. Male yt. 14, 17. *khstvô yaṭ ahmi khratus* sechstens bin ich die Weisheit yt. 1, 7. fem. *khstvî* vd. 14, 37. acc. masc. *khstûm* vd. 5, 95. y. 9, 69. neutr. *khstûm* vd. 1, 29. adverb. vd. 4, 65. gen. m. *khstvahê myazdahê* A. 1, 12.

Skr. *shashṭhá*, parsi np. *shashem*, afgh. *shpakam*, armen. *vetserord*, oss. *akhçäzem*.

G.

Die gutturale Media und ihre Aspirata fallen in den Handschriften zusammen, da letztre dem persischen Organ fremd ist; die Aspirata wird durch ein Zeichen ausgedrückt, welches mit dem für *ç* Aehnlichkeit hat. S. Lepsius, das ursprüngliche Zendalphabet.

gaiñti f. Gestank, nom. *aêsha gaiñtis* vd. 7, 144. plur. acc. *gaiñtisca* yt. 22, 25.

Skr. *gandhá*, hzv. np. buchar. afgh. *gand*.

Vgl. *duzhgaiñti, vishagaiñti*.

gairi (von 5. *gar*?) m. Berg, nom. *gairis* yt. 19, 1. acc. *gairîm* vd. 22, 53. y. 2, 54. 25, 22. *aom gairîm* yt. 1, 31. *çaokañtem gairîm mazdadhâtem* N. 1, 8. *qanvañtem ari gairîm* yt. 8, 6. 38. abl. *garôiṭ* yt. 5, 45. 8, 6. gen. *garôis* y. 1, 41. 3, 55. *garôis ushidarenahê* yt. 19, 0. 97. loc. *gara paiti* auf den Bergen y. 10, 10. plur. nom. *garayô ŷâtacina* yt. 16, 3. *garayô* yt. 10, 14. 19, 2. 7. (hier werden 2244 Berge gezählt), acc. *vîçpâo garayô ashaqâthrâo* vsp. 2, 22. y. 2, 54. S. 2. 28. *vîçpâoçca garayô* y. 70, 50. *garayô* y. 10, 7. *garayaçca yôi berezañtô* yt. 13, 9. *gairîs* yt. 14, 41. *gairîsca* y. 41, 21. *avi çpitagaona* (Westerg. *çpita gaona*) *gairi* zu den weissfarbigen Bergen y. 10, 30. dat. *gairibyô* vd. 2, 51. gen. *gairinãm* vd. 2, 54. 5, 2. 19, 92. vsp. 1, 20. y. 9, 82. yt. 8, 24. 14, 21. 19, 6. S. 1, 28.

Skr. *girí*, hzv. *gar*, np. *ghar*, *jar* (vgl. georgisch *gora*), afgh. *ghar*, *gharah*, altarmen. Ἀρταγῆραι, armen. *leahrn*, vergl. lyk. *senagorawe* (Obelisk von Xanthus, Südost 14. Sharpe bei Fellows, an account of discoveries in Lycia, London 1841. 516).

gairimaçaṅh (vom vor. + *maçaṅh*), *gairimaçô aṅhô aêtahê* Cit. der Hzv.-Gl. zu vd. 5, 33.

gairishac (von *gairi* + *hac*) adj., bergkletternd, an den Bergen sich aufhaltend, plur. nom. f. *âpô gairishâcô* Bergwasser yt. 19, 66. acc. m. *gairishâcô* die in den Bergen lebenden Thiere yt. 8, 6.

Hzv. *gairiçac* (Bund. 29, 5).

gairya (von 2. *gar*) m. Himmel, hzv. *garôtman*, acc. *yê urvãnem mêñ gairîm* ... *dadê* der ich meine Seele dem Himmel übergebe y. 28, 4.

gaêth, kommen.

— *pairi*, kommen, med. praes. 1. sg. *pairî* (Westerg. *pairê*) *gaêthê khshmâvatô vahmê* ich komme zu euerm Gebet, hzv. *bnâ dâmtanunm*, Ner. *samâgacchâmi*, y. 34, 2.

gaêtha (von *gi*) f. der Inbegriff des Lebenden, 1) Welt, acc. *gaêthãm* y. 9, 27. 56, 10, 3. yt. 19, 94. *nazdistãm gaêthãm* die nächste (diesseitige) Welt y. 49, 3. dat. (local) *gaêthayâi* y. 9, 10. plur. nom. *gaêthâo* die lebenden Wesen y. 42, 6. yt. 19, 12. vsp. 2, 11. acc. *gaêthâo* vd. 2, 13. 18, 116. y. 8, 7. 31, 3. *gaêthâoçca* y. 54, 1. dat. *gaêthâbyô* y. 64, 38. yt. 11, 1. *gaêthâvyô* y. 9, 26. yt. 5, 34. 9, 14. abl. *gaêthâbyô* yt. 19, 93. gen. *gaêthanãm* vd. 13, 108. vsp 1, 8. y. 9, 27. 64, 27. 54, 17. yt. 8, 29. *dâtare gaêthanãm* vd. 2, 1. 9, 1. yt. 10, 74. *yâtem gaêthanãm* den Wandel in der Welt vd. 19, 96. *gaêthanãm thrâtâca* vd. 2, 13. loc. *gaêthâhû* y. 42, 7. *gaêthâhva* y. 9, 59. 2) irdisches Besitzthum, die Hürde, acc. *gaêthãm* die Hürden vd. 18, 131. plur. nom. *gaêthâo* Güter y. 34, 3. acc. *paiti arâo gaêthâo* zu diesen Hürden vd. 13, 28. *gaêthâo* Güter y. 45, 8. *gaêthâoçca* Habe, Besitz y. 57, 5. Güter y. 31, 11. dat. *gaêthâbyô* bei den Hürden vd. 13, 111. abl. *gaêthâbyô* von den Hürden hinweg vd. 13, 28.

Altp. *gaitha*, hzv. *gêhân*, parsi *gêhãn*, np. buchar. *jîhân*, *gîhân*.

Vgl. *drvôgaêtha*, *frâdaṭgaêtha*, *varedaṭgaêtha*, *çarôgaêtha*.

gaêthu (von *gaêth*?) adj.? gen. *ustrahê* ... *gaêthâus mashyôvaṅhahê*, Spiegel: eines Kameeles, das mit einer Waffe [*gaêçâus*?] Menschen verzehrt [°*gaṅhahê*?] yt. 14, 11.

gaêthôjan (von *gaêtha* + *jan*) adj., verderblich für die Hürden, compar. nom. sg. (collectiv) *gaêthôjataraçca*, hzv.: tödtlicher für die Welt, d. h. von schlechterer Art, vd. 13, 120.

gaêthôfrâdhana (von *g°* + *frâdhana*) adj., die Welt fördernd, acc. f. *gaêthôfrâdhanãm* y. 64, 5. yt. 5, 1. 13, 4.

gaêthômereñcya (von *gaêtha* + *m°*) m. n. pr. eines Dämonen.

gaêthômereñcyâna (vom vor.) m. Nachkomme des G., gen. *arâtôisca gaêthômereñcyânahê* yt. 13, 137.

gaêthya (von *gaêtha*) adj., irdisch, nom. *mashyô gaêthyô* yt. 10, 106. acc. *gaêthîm yazatem* S. 2, 30. y. 17, 6. *gaêthîmca* y. 19, 56. *gaêthîm* vsp. 2, 6. 8, 20. yt. 10, 107. fem. *gaêthyãmca* y. 35, 2. dat. *khshnâvayêiti mainyavaca yazata gaêthyâica* (lies *gaêthyâca*? yt. 6, 4. *gaêthyâica* s. *abda*. gen. f. *gaêthyayâo* vsp. 2, 6. 8, 20. plur. nom. m. *gaêthya* Fr. 1, 2. neutr. *gaêthê kesha* yt. 12, 8. acc. m. *gaêthyâca* y. 17, 52. 70, 19. *ratavô gaêthya* vsp. 2, 1. neutr. *gaêthê* (in dem Kampfe) um die irdischen (Güter) yt. 5, 73. dat. m. *gaêthyaêibyaçca* y. 1, 49. gen. *yazatanãm gaêthyanãm* y. 3, 20. *gaêithyanãmca* yt. 19, 22. *ratavô gaêthyanãm* vsp. 1, 1.

Vgl. hzv. *gêtî*, np. *gêtî*, bal. *kidda-gâr* (Schöpfer).

gaêvani m. n. pr. des Sohnes des Vohunemaṅh, gen. *gaêvanôis vohunemaṅhô* yt. 13, 115. Bund. 69, 7 heisst *Gîw* ein Sohn *Godarzas*, im Mujmil ist Peshen ein Sohn des Gîv, des Sohnes Keshvâd.

gaêça?

Vgl. *vâitigaêça*.

gaêçu m. Lanzenträger, Titel oder Beiwort des Kereçâçpa; nom. *thrishûm aêtaêshâm akhtinãm jañayô dreñjayêiti*, *aostaca paiti dumnaca thrivataca* *gaêçus*, ein Drittel von deren Unreinigkeiten spricht Jãnaya aus: mit der Lende auf die Hände, dreimal Gaêçus (ein Zauberspruch?) vd. 7, 150. Die Hzv.-Uebers. lässt *thrivata* aus und gibt *gaêçus* durch *gaç*, welches vd. 19, 13. *açânô* (Steine) übersetzt; verstehe ich die schwierige Glosse, so lautet sie: um ein Drittel davon möchte er (sie, die Jahi) mehr sein; und ihre (eorum) Zauberei vermag nicht es um ein Drittel (*çrîtak?*) mehr zu machen; weiter lautet die Uebersetzung: mit der Lende zur Hand und dieser gaç oder (?) géç, d. h. nicht das Zeichen des Zaubrers durch diess Schneiden (?) mehr macht (ergreift, als ein Drittel?). So viel ist wohl klar, dass die Trad. hier eine Waffe in *gaêçus* findet. In den folgenden Stellen muss das Wort persönlich gefasst werden: *âaṭ anyô uparôkairyô yava gaêçus gadhavarô* dann der andre (Kereçâçpa) ein junger Mann von hoher Wirksamkeit, ein keulentragender Gaêçu; die Trad. sagt folgendes: und der andre, von hoher Wirksamkeit ein Mann, ein Géçûr (Ner. *gâsûro*), ein Keulentragender, Kereçâçpa; d. h. Werke mit der Keule er viel that; Mayudât sagt: ein Gesetz (Sitte?) der Araber ist es, deshalb ist er géçûr genannt; Maiçushnaçp spricht: diess ist nicht zu verwundern, denn auch die Türken führen einen géç, y. 9, 33. gen. *kereçâçpahê yaṭ gaêçâus gadhavarahê* yt. 13, 61. *kereçâçpahê gaêçâus gadhavarahê* yt. 13, 136. *gaêçu* scheint in diesen Stellen den Träger eines *gaêçu*, mag diess nun Keule oder Lanze, wie das keltische *γαῖσον*, bezeichnen, zu bedeuten. Ueber das schwierige Wort ist bereits vielfach gehandelt, vgl. Burnouf im Journ. asiat. 1845. April 263. Benfey in den Göttinger gel. Anzeigen 1852, 1971. Kossowitsch z. d. St., Spiegel, Interpr. 19., Münchener gel. Anzeigen 1851. p. 819. Windischmann Z. St. 39. 320. Bickell in Kuhn Z. 12, 438. vgl. Pictet, les origines Indo-européennes II, 207.

gaoidhya (von 1. *gâo* + 2. *dâ*) f. Fleischschale, hzv. *goshtdân*, nom. *gaoidhê* vd. 14, 28.

gaokerena, m. n. pr. einer Pflanze, des weissen Haoma; er wächst bei dem Baume Harviçptokhma im See Vourukasha und wird gebraucht bei der Bildung der unsterblichen Körper zur Zeit der Auferstehung; Ahriman schuf zu seinem Verderben eine grosse Eidechse, aber dieselbe vermag nicht an seine Wurzel zu kommen, weil 99999 Fravashis und der Fisch Kara (im Bundehesh 10 Fische) sie abhalten, vgl. Bund. 19, 18. 42, 11. 64, 3. Spiegel. H. II, 113. Parsigr. 142, 16—18. Kuhn, Herabk. 119. Windischmann Z. St. 89. 107. 169. 251. acc. *ôim gaokerenem pairi* um den einen G. herum vd. 20, 17. *gaokerenem* yt. 1, 30. S. 2, 7. gen. *gaokerenahê* yt. 1, 30. 2, 3. S. 1, 7.

Skr. vgl. *gokarṇî*; hzv. *gôkarn*, *gôkart*.

gaocithra (von 1. *gâo* + *cithra*) adj., Stiersaamen enthaltend, vom Monde, vgl. Bund. 19, 20 ff. acc. *mâoñhem gaocithrem* yt. 7, 3. 12, 33. y. 17, 23. dat. *gaocithrâi* yt. 7, 1. gen. *gaocithrahê* y. 1, 35. 3, 49. yt. 7, 0. voc. *gaocithra* vd. 21, 31.

gaojan (von 1. *gâo* + *jan*) adj., das Vieh tödtend (vom Winter), gen. masc. *gaojanô* vd. 7, 69.
Skr. *gohán*.

gaozaçta (von 1. *gâo* + *z°*) adj., Fleisch in der Hand habend, nom. *gaozaçtô* vd. 3, 4. (hzv. übers. Kleider in der Hand habend) yt. 10, 91. = y. 61, 4 (wo *gâuzaçtô*).

gaotema m. n. pr. gen. *yô nâidhyañhô gaotemahê parô ayâo parstôiṭ arâiti* welcher von der Bekämpfung des Betrügers Gaotema hervorgehend kommt (ihn besiegt habend) yt. 13, 16. Spiegel (Av. übers. III, 114) hält *gaotema* für appellativ: Landmann, und übersetzt zweifelnd: welcher gegen die Verächter vor den Rücken des Landmanns geht; Windischmann Mithra 29. findet den *Gâutamá Nodhás* des Veda, und vermuthet, es sei jener Brahmane Cangrahac gemeint, welcher sich zur persischen Religion bekehrte. Beides ist nicht haltbar, weil Gaotema nicht mit skr. *gâutama* identisch ist und *nâidhyâo* noch weniger mit Nodhas verglichen werden kann; Cangrahac, skr. *Çankara âcârya*, aber ist erst in das erste Jahrhundert vor, oder gar in das 14. nach Christus zu setzen (vgl. Troyer im Journ. asiat. 1841. Nov. 401); übrigens vgl. man über Cangrahac Anquetil, T. I, 2me part., p. 51. Desatir I, 190. Haug (Essais 188) übersetzt ganz ungenau: who, before Gotama had such an intercourse (with God, obtained revelation), was born, und bezieht die Stelle voreilig genug auf Buddha; vgl. A. Weber im liter. Centralblatt 1868, p. 645.

Vgl. skr. *gótama*.

gaodaya (von 1. *gâo* + 5. *dâ?*) adj., viehzüchtend, gen. *gaodayêhê nars* vsp. 1, 31.

gaodâyu (v. 1. *gâo* + 5. *dâ?*) adj., viehzüchtend, acc. *gaodâyûm narem* vsp. 2, 34. loc. *gaodâyô* bei dem Viehzüchter y. 29, 2.

gaodhana (von 1. *gâo* + *dana*) n. Reichthum an Vieh, acc. *gaodhanem avi hañtacinâo* Reichthum an Vieh zum Herumlaufen, vd. 21, 29. = yt. 24, 49.
Skr. *godhana*.

gaona m. 1) Farbe, Art, acc. *navanãm açpanãm gaonem* neunerlei Art Rosse vd. 22, 54. plur. acc. *gaonaca* Farbe (des Leibes) yt. 13, 11. gen. *gaonanãm* Farben yt. 8, 58. 2) Vermehrung, Reichthum, acc. *gaonem* vd. 3, 85.

Skr. *guṇá*, altp. *Ἀλογούνη*, hzv. *gûn*, parsi *gûna*, np. *gûnah*, afgh. *ghûn*, *gûn*, armen. *goyn*, oss. *gun* (*nivgun* glücklich); vgl. irisch *gon* (Schiefner 86).

Vgl. *zairigaona*, *vohug°*, *çpitig°*, *haomôg°*, *haosrôg°*, *hamag°*, *haretôviçpôgaona*.

gaopiu (von *gup*) adj. beschützend.
Skr. *gopín*.

gaopivañhu (vom vor. + *vañhu*) m. n. pr. gen. *gaopivañhêus* yt. 13, 111.

gaoma (von 1. *gâo*) m.? Fleisch.

gaomaêza (von 1. *gâo* + *m°*) n. Urin eines Rindes, nom. *gaomaêzem upañharezem* vd. 9, 40. acc. *gaomaêzem* vd. 19, 70. 75.
Hzv. *gômêj*, parsi *gômêz*.

gaomañṭ (von 1. *gâo*¹ 1) adj., mit Fleisch versehn, acc. *myazdem gaomeñtem* vd. 8, 64. instr. *gaomata zaçta* Fleisch in der Hand habend yt. 13, 50. voc. *haoma gaoma*, hzv. übersetzt *carp* Fett, Ner. *gâulya* y. 17, 45. für *khshvîdha*) Syrup; Spiegel: o süsser Haoma y. 10, 31. plur. abl. f. *skitibyaçca haca gaomaitibyaçca* yt. 22, 16. 2) m. n. pr. des Sohnes des Zavanôraozhdya, gen. *gaomatô zavanôraozhdyêhê* yt. 13, 125.

Skr. *gómant*, vgl. altp. *Gaumâta*, lyk. *Gomateyai* Fellows, an account of discoveries in Lycia, 1841. Tafel 36, n° 7.)

gaomaṭ vd. 11, 32. lies *gaoṭ*.

gaomayañṭ (von *gaoma*) adj., mit Feisch versehn, vergl. Spiegel DMG. 17, 73. nom. f. *gaomavaiti* y. 67, 3. acc. f. *gaomavaitîm* yt. 18, 1. *zaothrãm gaomavaitîm* y. 65, 1. neutr. *gaomavaṭ* vd. 3, 9. plur. fem. acc. *zaothrâo gaomavaitis* vsp. 12, 17. y. 22, 5. dat. (statt instr.) *gaomavaitibyô zaothrâbyô* yt. 5, 8. gen. *zaothranãm gaomavaitinãm* vd. 14, 8. 18, 143. yt. 5, 63.

gaoya (v. 1. *gâo*) adj., auf Rinder bezüglich, acc. f. *gaoyãm îstîm*, *gaoyãm vâthwãm* yt. 8, 17.

Vgl. *gâvya*.

gaoyaoiti (von 1. *gâo* + *yaoiti*) f. Trift, Weide, dat. *gaoyaotêê* zur Trift (macht er die tiefen Ebenen) yt. 10, 112. plur. acc. *gaoyaoitîsca* y. 2, 59. yt. 8, 42. gen. *gaoyaoitinãm* y. 1, 45. 3, 59.

Skr. *gávyûti* (*goyûti*), hzv. *gôyût*.

Vgl. *vaçôgaoyaoiti*, *vourugaoyaoiti*.

gaoçûra (von 1. *gâo* + 2. *çûra*) 1) f. Lanze, plur. dat. (statt instr.) *verethraghnô ari imaṭ nmânem gaoçûrâbyô qarenô pairivereuvaiti* Behram bedeckt dieses Haus durch seine Lanzen mit Glanz yt. 14, 41. 2) adj., mit Lanzen, Waffen versehn, acc. n. *nmânem* . . . *gaoçûrem ayaçaṅha*, nimm ein wohlgerüstetes Haus yt. 24, 9. plur. nom. *aêshãm nmânâo hudhâtâo gaoçûrâoṅhô histeñti asha pauvrâo dareghôupaçta* für (in Bezug auf) ihre wohlbegründeten, an Reinheit vorzüglichen Häuser stehn sie da als Lanzenbewaffnete mit langem Beistand yt. 17, 8.

Vgl. hzv. *gâçûr*, Neriosengh's *gâsûra* (Spiegel, Ner. 57); Spiegel (in einem Briefe vom 22. Dez. 1863) macht auf Zâl's Lanze *gâwçar* (Shahnameh ed. Macan 137. 142) aufmerksam.

gaoçpeñta (von 1. *gâo* + *çpeñta*, uneigentliche Composition) m. heiliger Stier, voc. *nemaçe-tê gaoçpeñta*, hzv. *tôrâ î afzûnîk*. vd. 21, 1.

Hzv. *gôçpand*, parsi *gôçpend*, np. buchar. *gôçfand*, tâti *guçpen*, maz. *guçen*, alle mit der Bedeutung Kleinvieh, Ziegen, Schaafe.

gaosha (von *gush*) m. 1) Ohr (der guten Wesen), acc. *gaoshem* vd. 8, 142. 13, 27. instr. *gaoshaciṭ* ins Ohr, leise yt. 10, 85. dual. dat. *gaoshaiwê* yt. 16, 7. instr. *gaoshaiwê* yt. 10, 107. gen. *gaoshayâo* yt. 10, 23. plur. acc. *gaosha* yt. 10, 48. (könnte auch dual. sein, aber das Subject ist mehrheitlich); instr. *çraotâ gêus âis* höret mit den Ohren (die Partikel *âis* scheint hier eine ähnliche Rolle zu spielen, wie *bis* in *ahûm bis*) y. 30, 2.

2) Ecke.

Skr. vgl. *ghósha*; altp. *gausa*, vgl. *γουσαναστάδης* bei Procop und J. Müller p. 343. hzv. parsi np. *gôsh*, buchar. *gûsh*, talish *gush*, bal. *gosh*, kurm. *gôh*, kurd. *giu*, bulb. *geh*, afgh. *ghwag*, westafgh. *ghwazh*, tag. *guç*, dig. *ghoç*, die Ecke lautet np. afgh. *gôshah*.

Vgl. *kaourrôgaosha*, *cathrug*°, *zairig*°, *çruṭg*°, *ha zaṅrôg*°.

gaoshâvare (vom vor. + 2. *var*) n. Ohrschmuck. Hzv. np. *gôshvâr*.

Vgl. *frâgaoshâvare*, *maṭgaoshâvare*.

gaoshômaçaṅh (von *gaosha* + *maçaṅh*) adj., so gross, dass es an das Ohr reicht, plur. instr. *gaoshômaçêbîs* A. 1, 5.

gaoshôçrûta (von *gaosha* + *çr*°) adj., mit Ohren gehört. Beiwort der Weisheit, welche Zarathustra als himmlische Weisheit (*âçnô khratus*) offenbart wurde und die er nun als vernehmbare den Menschen verkündete, vgl. Spiegel, Parsigr. 183. acc. *gaoshôçrûtem khratûm* y. 25, 18. S. 2, 2. gen. *gaoshôçrûtahê khrathwô* y. 22, 29. yt. 2, 1. S. 1, 2.

Hzv. *gôshôçrût* (Umschreibung?).

gaṅh (vgl. *khsku*) essen, praes. 3. pl. *gaṅheñti* vd. 7, 140.

— *nizh*, verzehren, praes. 3. pl. *nizhgaṅheñti* (von Motten und Getreidewürmern) vd. 17, 9. *yâ taṭ yaṭ haomahê draonô nizhgâoṅheñti niskidhaiti* welche das, was man als Draona des Hom isst, verhindert (vgl. Windischmann, Somacultus 139) y. 10, 44 (Westerg. liest *nigâoṅheñti*).

Skr. *ghas*, *ghásati*.

gañdarewa m. 1) n. pr. eines feindlichen Wesens von ungeheurer Grösse, welches am See Vourukasha sitzt und den weisen Haoma verderben möchte; Gañdarewa fand sein Ende durch Kereçâçpa; bei Firdosi ist er als Kandarav zum Minister des Sohak geworden (Mohl, livre des rois I, 102, 405 etc.); vgl. Spiegel Parsigr. 138, 42. Kuhn, Herabk. 132. Spiegel, Av. übers. III, LXVIII. 155. Windischmann Z. St. 35. 39. nom. *uiti açti gafyô âhûiris, uiti aêvô gafyô paitis, uiti gañdarewô upâpô*, so gehört die Tiefe dem Ahura, so gibt es nur einen Herrn der Tiefe, so (gehört) Gañdarewa am Wasser (dem Ahura) yt. 15, 28. acc. *gañdarewem yim zairipâshnem* yt. 5, 38. 19, 41. 2) n. pr. eines Frommen, gen. *parshañtahê gañdarewahê fravashîm yazamaidê* wir preisen die Fravashi des Parshañta (des Sohnes) des G., yt. 13, 123.

Skr. *gandharvá*, parsi *gañdarf*, np. *kandarv*.

gata (partic. perf. med. von *gam*).

Skr. *gatá*.

gatôareza (von *data* + 1. *areza*) m. Schlachtgänger? gen. *gatôarezahê* yt. 19, 42.

gaṭ, geṭ Partikel zum Hervorheben, *gaṭ* y. 42, 1. *maibyô zbayâ ashem vohuyâ ashem gaṭ tê* für mich flehe ich um Reinheit, in Güte, nemlich um deine Reinheit y. 50, 10.

Vgl. skr. *gha*. — vgl. *peregeṭ*.

1. **gadha** 1) fem. Keule, acc. *gadhãm* yt. 10, 101. plur. gen. *gadhanãm* yt. 10, 131. 2) m. Mörder, Räuber, nom. *gadhô* y. 64, 29. acc. *gadhem* y. 9, 69. gen. *gadhahê* y. 9, 95. yt. 11, 5. 13, 136.

Skr. *gadâ*; hzv. *gat*, tag. *gâd* (betrügerisch).

2. **gadha** m. eine Krankheit, gen. *gadhahê* vd. 21, 8.

Skr. *gada*; vgl. oss. *agáz ú* sei gesund.

Vgl. *apagadha*.

gadhavara (von 1. *gadha* + 1. *bar*) m. eine Keule tragend, nom. *gaêçus gadharavô* y. 9, 33. gen. *gaêçâus gadhavarahê* yt. 13, 61.

gadhôkarsta (von 1. *gadha* + 2. *karsta*) adj., durch Räuber verursacht, gen. n. *gadhôkarstahê ṭbaêshanhô* yt. 13, 136.

gadhôtu (von 1. *gadha*) m. Diebesschaar, plur. acc. *gadhôtâsca* yt. 11, 6.

gadhwa f. Hündin, hzv. *karbâ*, Fr. Müller (Beitr. zur armen. Lautl. III, 4) übersetzt Katze und vergleicht arm. *katou*; es ist aber wohl nicht statthaft die Existenz der Katze in Persien so früh anzunehmen, da dieselbe erst im Mittelalter bei uns und in Asien von Africa aus eingeführt wurde. nom. *aêsha gadhwa* vd. 15, 18. *gadhwa* Fr. 2, 2. (s. *kurô*), acc. *gadhwãm aputhrâm* eine trächtige Hündin vd. 15, 17. *yôi gadhwãm* (kann auch plur. gen. sein) *pairibavaiti*, welche (Thiere) an der Hündin entstehen vd. 14, 71. dual. acc.? *frâ mê gadhwa zazayãn* sie sollen meine beiden Hündinnen herbeibringen vd. 8, 120. plur. gen. *gadhwãm* vd. 14, 71. *bis hapta puthranãm gadhwãm uzjâmôiṭ* er ziehe 14 Junge von Hündinnen auf; Westerg. liest *puthrãm*, scheint also *gadhwãm* als acc. sg. zu fassen und zu übersetzen: 14 junge Hündinnen (der sg. steht collectiv, wie bei uns „14 Mann") ziehe er auf, vd. 14, 68.

Vgl. awarisch *ghuaži* (Hündin, Schiefner 43)?

gap, gähnen, klaffen.

Vgl. *jap*.

gafya (vom vor.) m. Abgrund, Tiefe, nom. *uiti açti gafyô* (al. *gufyô*) *âhûiris* so gehört die Tiefe dem Ahura yt. 15, 28.

gafyôpaiti (vom vor. + 1. *paiti*) m. Herr der Tiefe, nom. *uiti aêvô gafyôpaitis* so gibt es nur einen Herrn der Tiefe yt. 15, 28.

gam (vgl. *jam*) gehn, pot. 1. sg. *jaghmyãm* yt. 8, 11. 10, 55. partic. perf. act. acc. fem. *jaghmûshîmca* hilfreich vsp. 12, 17. y. 25, 9. gen. *jaghmûshyâo ashôis* vsp. 10, 28. superl. nom. sg. m. *ashahê jaghmûstemô* in der Reinheit der hülfreichste y. 56, 1, 11. 69, 32. acc. *jaghmûstemem* y. 70, 9. partic. perf. med. nom. *gatô* weggegangen (möge sein) y. 8, 14.

— *aiwi*, ankommen, impf. 3. pl. *hyaṭ aibî gemen* wenn sie kommen y. 45, 11. impf. conj. 3. sg. *yadhâṭ aiwiciṭ jaghmaṭ* wenn (die Drukhs) anstürmt yt. 19, 12.

— *â*, kommen, impf. 3. sg. *âgemaṭ* y. 69, 16. *kâ . . . âgemat* wie soll (meine Seele) erlangen y. 43, 8. partic. perf. med. nom. *agatô* herbeikommen vd. 19, 103.

— *fra*, hervorgehn, impf. 3. sg. *frâghmaṭ* yt. 5, 62.

— *hãn*, sich versammeln, partic. perf. med. nom. fem. *perenê îm zâo heñgata* voll ist die Erde gesammelt, ist angefüllt, vd. 2, 29.

Skr. *gam*, *gâmati*, *gánti*, *jaganti*, altp. *gam* (*âjamiyâ*, *hañgmatâ*), hzv. *matan* (aus *gmatan*), parsi *madan*, np. buchar. *âmadan*, kurd. *âvadan*, armen. *gnal*.

gaya (von *gi*) m. Leben, nom. *gayaçcâ* y. 41, 7. *açtvâo gayô dârayêitê* bekörpertes Leben wird forterhalten (nach der Auferstehung der Todten) Fr. 4, 3. acc. *gaêmcâ* y. 30, 4. *vaṅhêus gaêm mananhô* y. 42, 1. instr. *gaya jiguêsa* lebe dein Leben vd. 18, 61. y. 61, 29. *çraêsta gaya jvaiñti* sie leben das schönste Leben vd. 2, 136. *yavata gaya jvâva* so lange wir beide leben yt. 15, 40. gen. *gayêhê* (scil. *marathnô*) vsp. 24, 3. y. 67, 63. yt. 13, 86. *gayêhê* y. 70, 66. yt. 10, 71. 19, 44. 21, 15. *qahê gayêhê qanvatô ameshahê* (den schönsten) mit seinem glänzenden unsterblichen Leben (Leibe) y. 9, 4. *qahê gayêhê . . . upathwarstahê jaghmyãm* zu der meinem Leben bestimmten (Zeit) würde ich kommen (d. h. zu der Zeit, welche mir die göttliche Weltordnung bestimmt hat) yt. 8, 11. 10, 55. *gayêhyâ* y. 50, 19. *gayahê* yt. 3, 17.

Skr. *gáya*, vgl. hzv. *gân*, parsi *jãn*, np. bal. *jân*.

Vgl. *aibigaya*, *apagaya*, (*maratan*).

gayadha (vom vor. + 1. *dâ*?) adj. Leben gebend?

gayadhâçti (vom vor. + 1. *açti*) m. n. pr. des Sohnes des Pourudhâkhsti, gen. *gayadhâçtôis pourudhâkhstayanahê* yt. 13, 112. *frênyâo nâiryâo gayadhâçtôis* yt. 13, 140.

gayadhâçtayana (vom vor.) m. Sohn des Gayadhâçti, gen. *ashaskyaothnahê gayadhâçtayanahê* yt. 13, 114.

gayôdâo (von *gaya* + 4. *dâo*) adj., Leben gebend, nom. *gayôdâo* yt. 10, 65.

1. **gar** 1) verschlingen, 2) ergreifen, gerund. *aibigairyâ daithê* ich ergreife, hzv. *bnâ nehagamashnish yehabannam*, Ner. *adhikam* (= *bnâ*) *grhanam karomi* y. 12, 2.

— *â*, ergreifen, causale praes. 1. sg. *â thwâ âtarem gârayêmi* N. 6, 2. vgl. *ghar*.

Skr. *gar*, *giráti*, np. *âghârdan*, armen. *klanel*, vgl. *ker*.

2. **gar**, singen, lobpreisen, praes. 3. pl. med. *gereñtê* sie lobpreisen vsp. 5, 3.

— *aiwi*, lobpreisen, *aêsha aibigereñtê* nach Wunsch lobpreist man y. 69, 2.

Skr. *gar*, *grṇâti*, afgh. *gharêdal* (to thunder)? armen. *grgrhel*, dig. *ghur* (vox).

3. **gar**, wachen, perf. partic. act. acc. m. *jaghâurvâoṅhem* den wachsamen yt. 10, 7. N. 1, 6. med. nom. sg. *hâ ahûm hakaṭ raocanhem* (Westerg. *raocanem*) *fraghrâtô nigabdayêiti* diese (Bûshyãçta) schlä-

fert die Welt ein, wenn sie aufgewacht ist am Morgen vd. 18, 39. causale praes. 3. sg. *fraghrârayêiti* er weckt auf vd. 18, 51. *jaghârayañtem?* yt. 24, 41.
Skr. *gar, jâgárti*, armen. *yarhnel*.
4. **gar** brennen, leuchten.
Skr. *ghar, jígharti*, vgl. oss. *ghar* (warm).
5. **gar**, herabfallen; schwer sein.
Skr. *gal, gálati*.
6. **gar** (von 5. *gar*) n. Ehrwürdigkeit, gen. *garô demânê* y. 50, 15. *garô nmânê* yt. 10, 32. s. *demâna* und *nmâna*.
1. **gara** (von 5. *gar*) m. Ehrfurchtsbezeigung, plur. instr. *garôibis çtâtãm* y. 34, 2.
2. **gara** (von 1. *gar*) m. Gift.
Skr. *gará*.
1. **garañh** (von 1. *gar*) n. Kehle, acc. *ateiṭ azem tanûm aguzê adhairi maêshahê garô* ich berge meinen Leib unter des Widders Kehle yt. 17, 56.
Skr. *gala*, np. *galû*, afgh. *ghâṛah*, bal. *gut* [*guṭ?*], kurd. *galeh*, kurm. *gherû*, oss. *qur*.
2. **garañh** (von 5. *gar*) n. Ehrerbietung, acc. *garô* y. 41, 1. *garô deretem* haltend (bewahrend) Ehrwürdigkeit, bzw. Halter des Garôtman vd. 21, 21.
garayô s. *gairi*.
garavana (von *garew?*) n. das Halten? s. *rayôgaravana*.
garâfa m. Kerker? loc. *garâfê* yt. 15, 52.
Vgl. armen. *kalankh*?
1. **garez** klagen, klagend bitten, med. praes. 1. sg. *tâ ukhdhâ manyêus mahyâ mazdâ ashâicâ yâshmaibyâ gerezê* mit dem Gebete meines Geistes flehe ich zu euch, o Mazda und zu Asha y. 32, 9. *gerezôi tôi* ich klage es dir y. 45, 2. act. 3. sg. *gerezaiti* yt. 10, 53. *gerezãm gerezaiti* yt. 17, 57. impf. 3. sg. (nach der 3. Classe) *jîgerezaṭ* er wünscht das Weinen, d. h. Krieg (so die Trad.) y. 32, 13 (oder desiderativ?). med. impf. 3. sg. *gerezhdâ* y. 29, 1. partic. praes. med. gen. *gerezânahê* yt. 10, 85. plur. nom. f. *gerezânâo* yt. 13, 157. acc. *gerezânâo* yt. 19, 80.
Skr. *garj, gárjati*, hzv. np. buchar. *giriçtan*, vgl. hzv. *garzîtan*, afgh. *garhêdal*, bal. *gîrai* (du weinst) kurm. *digrîm* (ich weine).
2. **garez** (vgl. 1. *gar*) ergreifen, med. imper. 2. pl. *gerezdûm* y. 50, 17.
— *uç*, ergreifend zermalmen.
1. **gared**, (vgl. 1. *gar*) ergreifen.
— *aiwi*, ergreifen, praes. 1. pl. *aiwigeredhmahi* vsp. 20, 1. y. 61, Schluss.
— *ava*, beginnen, praes. 1. pl. *avageredhmahi* vsp. 21, 1.
2. **gared** (vgl. 2. *gar*) heulen.
garenu m. eine Krankheit, nom. *garenusca* vd. 7, 145. gen. *garenaosca* yt. 13, 131.
Vgl. skr. *gará*, np. *gar* (Krätze).
garefsh (Fortbildung von *garew*) greifen.
— *hañ*, ausgreifen, weitergreifen, imperat. 1. sg. med. *hañgerefshânê* ich will ergreifen yt. 19, 47. 49. partic. nom. *hañgerefshemnô* yt. 10, 105.

gareba (von *garew*) f. Ergreifung, acc. *garebãm* y. 34, 10.
garebus (von *garew* n. Stück, acc. *paçêus garebus anamayêhê* um ein Stück Kleinvieh vd. 9, 153. *paçêus garebus yô ustahê frâaruzdapayañhô, yêzi taṭ yagata* (gebt den Myazd) von einem Stück gebratnen, mit reiner Milch versehnen Vieh, wenn es geht A. 1, 3.
Hzv. (umschreibt) *garbûsh*.
garema (von 4. *gar*) 1 adj., warm, heiss, nom. *garemô* heisser (Wind, Gluthwind) vd. 2, 16. yt. 10, 50. 12, 23. acc. *garememca câtem aotemca* yt. 9, 10. plur. acc. *garema garetha* (Spiegel *garemôg*°) vd. 15, 12. gen. *garemanãm câ garethanãm* oder heisse Speisen vd. 15, 10. 2) n. Hitze nom. *garemem* y. 9, 17. 15, 16. plur. acc. *garemâ* y. 42, 4.
Skr. *gharmá*, altp. *garma-pada*, hzv. *garm, garmâi*, parsi np. *garmâ*, np. *garm*, buchar. *germâ*, talish *göm*, afgh. *ghârmah*, kurd. *germeh*, kurm. zaza *germ*, bal. *garam*, phryg. *Germa*, armen. *cherm*, oss. *qarm*, vgl. *gharmkhanun*.
garemañṭ (von 2. *gara*) adj., giftig, plur. gen. *garemañtãm* y. 9, 85.
gareman (von 1. *gar*) n. Gurgel, plur. loc. *yêzi açta garemôhva vîdhâoñtê* wenn sie die Knochen in die Gurgel bringen vd. 15, 11.
garemu (von 4. *gar*) m. Hitze, acc. *garemâum* vd. 1, 75.
garemôvarañh (von *garema* + *varañh*) adj., warmes darbringend, acc. *garemôvarañhem* A. 1, 9.
garemôçkarana (von *garema* + 3 *karana*) adj., Wärme machend, plur. acc. Werkzeuge *garemôçkarana* vd. 14, 21.
garew, ergreifen, praes. 3. sg. *yô gerewnâiti* (kann auch Conjunctiv sein) yt. 10, 13. *gerewyêiti*, *gerewyaitê* (lies *géurvayêiti?*) yt. 24, 30. perfect. 3. sg. *jigaurva* ich habe ergriffen (mit der Nase, d. h. gerochen) yt. 22, 8. 26. partic. perf. pass. acc. *gereptem* Extr. 2. dat. *gereptâi* Extr. 1. gen. *gereptahê* Extr. 3. voc. *gerepta* Extr. 4. causale pot. 3. sg. *mâ . . . géurvayôiṭ* yt. 8, 59. imperat. 2. sg. *géurvaya* y. 9, 87. 88. imperf. 3. sg. *géurvayaṭ* yt. 5, 65. impf. conj. 3. sg. *yêzi-shê géurvayâṭ* wenn er ergreift yt. 8, 60. partic. perf. act. compar. *jâgerebustara* (s. besonders).
— *apa*, fahren lassen, causale impf. 3. sg. *aṭ âtars zaçta paiti apagéurvayaṭ* da öffnete das Feuer seine Hände (liess die Majestät fahren) yt. 19, 48. *aṭ azhis gava paiti apagéurvayaṭ* yt. 19, 50.
— *ava*, in etwas gerathen (passiv), partic. perf. pass. acc. *ãzô avi avagereptem* in die Enge gerathen vd. 18, 25.
— *avi*, erreichen, causale impf. conj. 3. pl. *zafra avagéurvayãn* sie werden in die Hölle fahren yt. 11, 6.
— *â*, ergreifen, angreifen, causale praes. 3. sg. *âgéurvayêiti* y. 56, 11, 6. yt. 10, 104. partic. perf. pass. *âgerepta* (s. besonders).
— *aç* erheben, impf. conj. 3. pl. *yâo uç . . . ge-*

reiwnãn y. 56, 10, 7. yt. 10, 93. pot. 3. sg. (1. Classe) *uzgerewyât parô bâzuwê* ehe man die Arme erhebt yt. 13, 46. partic. praes. nom. *âat tem vâtem nâoñhaya uzgerembyô* dann den Wind mit der Nase aufnehmend yt. 22, 8. 26. 24, 55 (*b* ist Stütze des *m*, welches aus *w* entstand). causale imperat. 2. pl. *uzgéurvayata* yt. 13, 147. impf. conj. 3. sg. *uzgéurvayât* vd. 19, 77. partic. perf. pass. nom. *uzgereptô drafshô* yt. 8, 56. acc. *uzgereptemcit çnathem* yt. 14, 46. abl. *uzgereptât* vd. 5, 75. gen. f. *uzgereptayâo* yt. 4, 4. dual. instr. *uzgereptaêibya pâshnaêibya* vd. 8, 220.

— *ni*, niederstemmen, partic. perf. pass. dual. instr. *nigereptaêibya añgustaêibya* während die grossen Zehen niedergestemmt sind vd. 8, 220.

— *pairi*, zu etwas machen, causale praes. 3. sg. *gâi pairi géurvayêiti* (Hzv.-Glosse: d. h. er legt es an einen sichern Ort) vd. 4, 3.

— *para*, aufnehmen, causale praes. 3. sg. *yat mashyô mashyânãm khshudranãm paragéurvayêiti* wenn ein Mann Saamen von Männern aufnimmt vd. 8, 106.

— *fra*, hervorgreifen, praes. 3. pl. *fragereweñti* (lies *fragereuneñti?*) yt. 10, 104. causale pot. 3. pl. *frâ ameshâ çpeñtâ gâthâo géurvâin* die Amshaçpand mögen die Gâthas annehmen, Westerg. *géurvâni* (ich will beginnen die G., o ihr A.) y. 28, 0.

— *vi*, aufnehmen, ergreifen, partic. perf. pass. nom. fem. *vîgereptâcit* vsp. 8, 15.

— *hañ*, ergreifen, erreichen, praes. 3. sg. (conj.) *hañgerewnâiti* lenkt mit ihm yt. 10, 68. 143. impf. 1. sg. *hyat thwâ hêm cashmainî hêñgrabem* als ich dich im Auge ergriff (ins Auge fasste) y. 31, 8. causale praes. 3. sg. *hañgéurvayêiti* y. 10, 4. impf. 3. sg. *âdim hathra hañgéurvayat* yt. 19, 51. med. *hañgéurvayata* yt. 19, 35. impf. conj. 3. pl. *hañgéurvayãn* vd. 6, 63.

Skr. *grabh*, *gṛbhṇâmi*, altp. *garb*, hzv. *griftan*, parsi *gereftan*, np. *giriftan* buchar. vgl. *mâhi-gir* (Fischer), bal. *gîr* (nimm), kurm. *digrim* (prehendo), lorist. *tigarim*, kurd. *girten* (Chodzko 346), *geraút* (*gerepta*), armen. *grauel*.

garewa (vom vor.) m. 1) Mutterleib, uterus, plur. acc. *garewãn* vd. 7, 39. y. 64, 8. yt. 13, 5. 2) Foetus, acc. *garewem* vd. 15, 37.

Skr. *gárbha*, hzv. *gafr*, np. *jarv*.

garsta m. n. pr. des Sohnes des Kavi, gen. *garstahê kavôis* yt. 13, 123.

Vgl. skr. *ghṛshṭi?*

gava s. 2. *gâo*.

gavaithi (von 1. *gâo*) f. Stall, acc. *gavaithîm* yt. 10, 86.

gavadaênu, Westerg. **gavôdaênu** (von 1. *gâo* + *daênu*) f. Kuh, nom. *gavadaênu* vd. 7, 111.

gavadâta (von 1. *gâo* + *dâta*) adj., vom Stier hervorgebracht, gen. *gaomaêzem gavadâtayâo*, *bis âpem mazdadhâtayâo* mit Urin von dem durch den Stier gelassnen (scil. *apô* Wasser?), zweimal mit Wasser von dem Mazdageschaffnen (Wasser) vd. 19, 75. hzv. *pann gômêj tônâândât*.

gavayan (von 1. *gâo?*) m. n. pr. gen. *gavayânô fravashîm yazamaidê* yt. 13, 96.

Vgl. skr. *gavayá?*

gavaçna (von 1. *gâo* + *çna*) m. Sehne, Darm eines Rindes, gen. *gavaçnahê* yt. 10, 128.

gavashayana (von 1. *gâo* +*sh*°) m. Sitz der Rinder (vom Keshvar Qaniratha) acc. *gavashayanem* yt. 10, 15.

gavashiti (von 1. *gâo* + *sh*°) m. Wohnplatz der Rinder (vom Keshvar Qaniratha) acc. *gavashitîmca* yt. 10, 15.

gavâz (von 1. *gâo* + 2. *az*) m. Peitsche, Ochsenstecken, plur. nom. *gavâzista garâzô* vd. 14, 45.

Np. *gâvzân*, armen. *gauzan*.

gavâzista (vom vor.) adj., Rinder antreibend, plur. nom. *gavâzista* vd. 14, 45.

gavâçtrya (von 1. *gâo* + *vâçtrya*, für *gavavâçtrya*) n. Geschäft, hzv. *kâr*, Ner. *kârya*.

gavâçtryavarez (vom vor. + *varez*) adj., Geschäfte ausrichtend, superl. plur. acc. m. *ashithwôzgatemã gavâçtryavarstemã* y. 14, 5.

gavôçtâna (von 1. *gâo* + *çtâna*) m. Rinderstall, nom. *aêshô gavôçtânis* vd. 15, 86. acc. *gavôçtânem* vd. 15, 86. plur. loc. *gavôçtânaêshva* vd. 15, 84.

Skr. *gosthâna*, hzv. *gôçtân*.

1. **gâ**, gehn, imper. 2. sg. *gaidî* y. 28, 6. 48, 1. imperf. 3. sg. *gât* y. 45, 6.

Skr. *gâ*, *jígâti*, np. *gâdan*, armen. *gal*.

2. **gâ**, singen, partic. fut. pass. *gâthwya* (s. besonders).

Skr. *gâ*, *gáyati*, vgl. armen. *thsayn*.

gâu (von 1. *gu?*) m. n. pr. des Flusses Polytimetus und seines Gebietes; im Bund. (52, 5.) heisst der Fluss *zishmend* und fliesst in den *Hrejand* (Oxus), acc. *gaomca çughdhem* nach Gâu und Sogd yt. 10, 14. *gâum yim çughdhôshayanem* das Flussgebiet des Gâu, wo Çughdha liegt, vd. 1, 14. hzv. übers. *garâi çûrîk-mânashn*.

gâuzaçta (vgl. *gaozaçta*) adj., Fleisch in der Hand haltend, nom. *gâuzaçtô* y. 61, 4. hzv. *baçria-yadman*.

gâuri m. n. pr. gen. *gâurôis* yt. 13, 118.

Vgl. skr. *gâuri* (ein Angiraside), kurd. *gaure* (gross).

gâurvayana (vom vor.?) m. Sohn des Gâuri? gen. *yûstahê gâurvayanahê* yt. 13, 118.

1. **gâo** (von 1. *gu*) 1) m. f. Rind, Stier, Kuh, nom. *gâus* Vieh y. 59, 4. Cit. der Hzv.-Gl. zu vd. 2, 32. Kuh y. 11, 3. 13, 5. yt. 10, 38. *gâusca* Vieh y. 11, 2. *gâus hudhâo* die wohlgeschaffne Kuh y. 6, 51. *frapithwô gâus* vd. 3, 10. acc. *gaom* Stier vd. 19, 70. *gâum* (lies *géus?*) S. 2, 12. *gãm* Vieh vd. 5, 119. 18, 31. y. 9, 91. 5, 1. 37, 1. 70, 46. Kuh y. 13, 23. 32, 10. 46, 3. 50, 5. yt. 13, 22. *para gãm* vor dem Urrind y. 19, 3. *azîm gãm* y. 43, 6. statt des nom. *yaozhdâta bun gãm* vd. 11, 6. instr. *gavaca pourumahrkô* tödtlich dem Vieh vd. 1, 16. *gava irîçtahê* von dem was mit dem Vieh zusammenhängt y. 10, 38. *gavâ azî* y. 45, 19. dat. *gavê* für die Kuh vd. 5, 62. vsp. 1, 31. 2, 34. *gavê nemô* y. 10, 62. 64. 65. yt. 14, 61. *gavê* für das Vieh yt. 10, 14.

garê hudhâoṅhê der wohlgeschaffnen Kuh yt. 24, 41. *gavôi* für die Kuh y. 29, 2. Vieh y. 33, 3. 35, 10. 47, 5. abl. *gaoṭca* (früher) als die Kuh (al. *gaodhaca*, *gaothaṭca*) vsp. 8, 18. *haca gaoṭ* weg vom Vieh vd. 11, 32 (vgl. Westergaard, preface p. 9, Note 3). gen. *géus* Vieh vd. 2, 72. 4, 129. Stier yt. 8, 16. des Urrindes y. 67, 63. vsp. 24, 3. yt. 13, 86. Kuh vd. 7. 34. y. 19, 18. *géusca* Vieh yt. 10, 28. 13, 52. Kuh y. 14. 18. *géusca* des Viehes y. 57, 10. *géus qarethahê arejô* für den Preis von Viehfutter vd. 7. 117. *géus paiti ukhshnô* für einen Stier vd. 9, 149. *tâ géus* das vom Vieh, d. h. das Vieh, vd. 7, 189. *géusca tashnô* für den Leib des Stieres vsp. 10, 23. *géusca aêvôdâtayâo* der Urkuh yt. 7. 0. 7. *géusca pourugaredhayâo* yt. 7, 0. 7. *géusca nãma mazdadhâtem* yt. 8, 2. *géus kehrpa arshânahê* yt. 14, 7. *géus caeahyêhêca* yt. 15. 1. *géus arshnô* yt. 17, 55. *géus kehrpa* vd. 19, 126. *gaos drafshô* das Banner mit dem Stierkopf y. 10, 39. *gâus* y. 32, 14. voc. *gaos hudhâo* o wohlgeschaffne Kuh vd. 21, 1. plur. acc. er hält ab *gâo frôretôis* die Kühe vom Vorwärtsgehn. Westerg. *gâofrôretôis* y. 45, 4. instr. *gaobîs* mit dem Vieh y. 13, 10. gen. *gacãm* Rinder vd. 22, 12. Kühe vd. 2, 64. yt. 5, 21. A. 1b, 8. Stiere yt. 8, 24. *gacãm arshnãm* vd. 22, 56. *gacãmca* vd. 22, 56. 2) m. f. Fleisch vom Rind, nom. (statt acc.) *gâus hudhâo* Fleisch von der wohlgeschaffnen Kuh (vgl. Spiegel DMG. 17, 73.) y. 3, 2. acc. *gãm* vd. 5. 154. *gãmca gâçtem* gekochtes Fleisch vd. 7, 141. *imãmca gãm jîcyãm* Fleisch von lebenden Wesen vsp. 12, 17. instr. *gava* yt. 3, 18. 10, 6. gen. *géus* vd. 14, 72. *géus maṭ garethanãm* nebst Fleischspeisen vd. 13, 78. *géus draonô* y. 11, 20. *gâus bagâ* Stücke Fleisch, d. h. Fleisch in Stücken y. 32, 8. gen. partit. *géus* vd. 7, 191.

Skr. *gô*, hzv. *gô*, parsi np. *gâv*, buchar. *gâo*, talish *gô*, afgh. *ghuâ*, bal. *gôkh*, kurm. zaza kurd. *gâ*, armen. *kov*, dig. *ghog*, *ghok*, tag. *gug*.

Vgl. *avaregâo*, *açĕñgôgâo*, *dâzgarôgâo*, *parshaṭgâo*, *pourugâo*, *yaêtusgâo*, *vîdaṭgâo*.

2. **gâo** (von 1. *gâ*?) m. Hand (der bösen Wesen) dual. acc. *gava* yt. 11, 2. 19, 50. *hãm gava nidarezayadhwem* bindet ihre Hände yt. 1, 28. instr. *gavaêibya* y. 9, 90. plur. acc. *gavô* yt. 10, 48. 14, 63.

Hzv. *gâb*, vgl. lyk. *gveadê*, (χειροὶ Obelisk von Xanthus, Nordost 2).

Vgl. *dareghôgava*.

gâoṅh s. *gaṅh*.

gâofrôreti (von 1. *gâo* + *fr°*) f. das Vorwärtsgehn der Kühe, gen. *gâofrôretôis* (der Schlechte hält sie ab), vom Vorwärtsgehn der Kühe, d. h. macht, dass ihre Kühe nicht vorwärts gehn; die Trad. will *gâo frôretôis* lesen, y. 45, 4.

gâtu (von 1. *gâ*) m. 1) Ort, Haus, nom. *gâtus* vd. 3, 50. 5, 165. 157. (s. *yâiti*). *dâityô gâtus* der richtige Ort, Dâdgâh, vd. 13, 49. acc. *gâtûm* vd. 8, 19. 15, 117. y. 28, 5. yt. 17, 57. *airimê gâtûm* vd. 16, 22. 9, 133. 137. *miçrânem gâtûm* S. 2, 30. *dâitîm gâtûm* Ort, wo das gebrauchte Feuer gereinigt wird vd. 8, 251. vgl. Spiegel Av. übers. II, LXIV. Haug Essais 8. instr. *hiskupãçnu gâtu nidhayaêta* trockner Staub werde gestreut auf den Ort vd. 16, 5. abl. *haca gâtaoṭ* yt. 1, 17. gen. *miçrânahê gâtrahê* vd. 19, 122. yt. 1, 1. S. 1, 30. loc. *gâtrô* yt. 22, 14. *hamya gâtrô* yt. 13, 53. 55. *hamê gâtrô* yt. 13, 57. plur. acc. *gâtavô* vd. 2, 25. *âpô gâtava râmôidhwem* o Wasser, erfreuet euch an eurem Ort y. 64, 33. *çtareta gâtus çayamnô* vd. 3, 86. dat. *upairi gâtubyô gereptâi mãthrâi çpeñtâi* Extr. 1. ähnlich Extr. 2. 3. 4. loc. *gâtushva* vd. 6, 93. yt. 15, 53. 2) Thron, Sitz, instr. *gâtu qaini çtareta maṭ barezisa* vd. 14, 63. loc. *gâtrô* yt. 15, 2. *haca gâtvô* von deinem Thron yt. 16, 2. *haca gâtvô zaranyôkeretô* von seinem goldnen Thron vd. 19, 102. *avi gâtrô* (lies *gatavô* acc. pl.?) *zaranyôkeretô* vd. 19, 106. plur. nom. *gâtava* yt. 17, 9. acc. *gâtus paiti âoṅhañti* yt. 17, 10. 3) Gang.

Skr. *gâtú*, altp. *gâthu*, hzv. *gâç*, parsi np. armen. *gâh*. afgh. *jâh*, *jâi*, *jâ*, buchar. *jâ*, zaza *ja*, dig. *ghau*, tag. *gau* (Dorf)?

Vgl. *âçitôgâtu*, *yâtôgâtu*, *hâmôgâtu*.

gâtha (von 2. *gâ*) f. 1) Hymnus, heiliges Lied: es gibt deren fünfe, nemlich die *gâtha ahunavaiti* (y. 28—34), *ustavaiti* (y. 42—45), *çpeñtâmainyu* (y. 46—49), *vohukhshathra* (y. 50.), *vahistôisti* (y. 52.). acc *gâthãm* A. 2, 3. vsp. 2, 16. gen. *ahunavaityâo gâthayâo* vsp. 1, 14. vd. 19, 128. *ustavaityâo gâthayâo* vsp. 1, 19. *çpeñtâmainyéus gâthayâo* vsp. 1, 21. *vohukhshathrayâo gâthayâo* vsp. 1, 23. *vahistôistôis gâthayâo* vsp. 1, 25. plur. nom. *gâthâo* y. 10, 56. acc. *gâthâo* y. 28, 0. 56, 3, 2. 70, 25. 42, 1. vd. 18, 24. A. 2, 3. G. 1, 6. statt des nom. (nach *heñti*) y. 54. 3. *gâthâoçca* y. 9, 2. Fr. 7, 2. yt. 22, 13. dat. *gâthâbyô* vd. 19, 127. y. 54, 2. 70, 55. A. 2, 1. gen. *gâthanãm* vd. 12, 6. vsp. 12, 17. y. 3, 17. 19, 7. 70, 2. loc. *imê vaca yôi heñti gâthâhva bisâmrûta* vd. 9, 169. 2) Name der fünf letzten Tage des Jahres, vgl. Hyde 164. Vullers Fr. 23. gen. *vahistôistôis gâthayâo* am Gah Vahistôisti A. 1b. 12.

Skr. *gâthâ*, hzv. *gehân* (Bund. 76, 5), *gâçân*, np. buchar. *gâh*.

Vgl. *açrâvayaṭgâtha*, *vîdusgâtha*.

gâthra (von 2. *gâ*) n. Stimme, Stimmorgan; Gesang.

Vgl. *berezigâthra*.

gâthrôrayañt (vom vor. + *rayañṭ*) adj. die Gesänge befleckend, plur. gen. *açaghanãm gâthrôrayañtãm* yt. 13, 105.

gâthwya (partic. fut. pass. von 2. *gâ*) 1) zur rechten Zeit gesprochen, instr. *haca ana gâthwya vaca* y. 10, 61. *hathra ana gâthwya vaca* y. 64, 59. yt. 24, 39. N. 4, 8. 2) aus einem der Hymnen stammend, acc. f. *kimãm gâthwyãm vacô çrâvayô* das Gebet aus der Gâtha, welches mit *ké mãm* beginnt (y. 45) recitierend yt. 22. 20.

gâma (von 1. *gâ*) m. Fuss, Schritt, instr. *thwâsha gâma* yt. 10, 52. dual. acc. *gâma frabaraṭ* yt. 22, 15. plur. acc. *gâmãn* vd. 9, 19.

Hzv. np. afgh. *gâm*, parsi *gãm*, kurd. *gâv*.

gâmôbereti (vom vor. + *b°*) f. Schritt, acc. *paçca tûirîm gâmôberetîm* nach dem vierten Schritt vd. 18, 115. 120.

gâya (von 1. *gâ*) n. Schritt, als Maass = drei Fuss.
Skr. *°gâya*.
Vgl. *aêvôgâya*, *khshvasg°*, *thrig°*, *thriçatag°*, *daçag°*, *navag°*, *pañcadaçag°*, *pañcâçatag°*, *vîçaitig°*.

gâyûra s. *tâyûra*.

gâvayana (von 1. *gâo*) n. Kuhstall, hzv. *gôçtân*, acc. *nmânem gâvayanem* eine Wohnung und einen Kuhstall vd. 14, 60. *gavãm gâvayanem* als Stall für das Rindvieh vd. 2, 64. 100. Spiegel *gâvyanãm*, hzv. *tôrâân gôçfandân râi* für das Rind und Vieh, vgl. Spiegel. I. St. III, 437.

gâvya (von 1. *gâo*) adj., von der Kuh stammend, plur. gen. neutr. *payanhãm gâvyanãm* (sie geniesse) Kuhmilch vd. 5, 152.
Skr. *gavyá*, vgl. *gaoya*.

gi leben, pot. med. 2. sg. *gaya jigaêsa* vd. 18, 61. y. 61, 29.
Vgl. 1. *ji*; armen. *keal*, vgl. phryg. *kezemi*, *ketzei* (Inschrift von Afium Karahissar und Ilgün).

1. **gu** tönen, brüllen.
Skr. *gu*, *gávate*.

2. **gu**, vermehren, praes. 3. sg. *gûnaoiti* yt. 10, 16.

3. **gu**, beschmutzen, cacare.
Skr. *gu*, *gavâti*.

guz, verbergen, bewahren, praes. 3. sg. *haom tanûm gaozaiti* (wenn) man seinen Leib bewahrt (vor Unreinheit) yt. 4, 5.
— *â*, verbergen, med. praes. 1. sg. *aguzê* ich verberge yt. 17, 55. 56.
— *fra*, verbergen, causale impf. 3. pl. med. *fraguzayañta* yt. 17. 55.
Skr. *guh*, *gûhati*, altp. *gud*.

guzôvareta s. *gûthôvareta*.

guñda m. f. Aehre. nom. *guñdô* Aehren vd. 3, 108. dat. *nmânê aiñhâi guñdayâi* im Hause für diese Aehren, d. h. in der Scheune vd. 3, 109.
Hzv. *gundak* (umschrieben?), vgl. np. *gundkiyâ*. Fr. Müller (Beitr. zur arm. Lautl. III, 5) übersetzt Ueberfluss und vgl. armen. *gound*.

gudha m. n. pr. eines Canals (*apaghzhâra*) der Rañha, acc. Kereçâçpa opfert *upa gudhem* (al. *gaodhem*) *apaghzhârem rañhayâo* yt. 15, 27.

gup, verbergen, beschützen.
Vgl. lyk. *gopa* (Grab).

gufra (vom vor.) adj., 1) tief, verborgen gen. n. *zrayañhô gufrahê* des tiefen See's yt. 19, 51. plur. nom. f. *gufrâoçca* tiefe (Orte, d. h. Ebnen) vd. 1, 81. voc. m. *çtâra gufra* ihr verborgnen Sterne, hzv. *zufar*, vd. 21, 33. 2) beschützend, acc. *mithrem ahurem gufrem* Mithra den schützenden Herrn yt. 10, 25. plur. acc. f. *gufrâo* (*fravashayô*) yt. 13, 30.

1. **gush**, hören, imperat. 2. sg. med. *gûshahvâ* y. 48, 7. 2. plur. *gûshôdûm* y. 44, 1. impf. 3. sg. *gûshatâ* y. 29, 8. aor. 3. sg. med. *gûstâ* man höre y. 31, 19. *mâ cis . . . gûstâ* nicht möge einer hören y. 31, 18. *ahurâi mazdâi manaçca gûsta çâçnâoçca* welcher des Ormazd Gedanken hörte und die Gebote yt. 13, 87. *zarathustrâi mãthremca gûsta çâçnâoçca* yt. 13, 95. partic. praes. *gûshayañt* (caus.) part. perf. pass. *gûsta*.
— *apa*, taub sein, causale praes. 3. sg. *apa gaosha gaoshayêiti* er macht ihre Ohren taub yt. 10, 48. 14, 63.
Skr. *ghush*, *ghóshati*, hzv. *nigushîtan*, np. *niyûshîdan*, parsi *niyokhsîdan*, armen. *zgoushanal*, oss. *qusin*.

2. **gush** (vom vor.) m.? Ohr, plur. instr. *gêus*, s. *gaosha*.

gûzra (von *guz*) adj., verborgen, plur. nom. m. *gûzrâ çêñhâoñhô* y. 47, 3.

gûtha (von 3. *gu*) m. Schmutz.
Skr. *gûtha*, hzv. *gûh*, np. *gûh*, kurd. *gû*.
Vgl. *maṭgûtha*.

gûthôvareta (vom vor. + *vareṭ*) adj., im Schmutz wandelnd, lebend, hzv. *gûhvart*, plur. gen. *pazdunãm gûthôvaretanãm* (Westerg. *guzôv°*) vd. 14, 16.

gecô yâgere Cit. der Hzv.-Gl. zu vd. 5, 146. ?

geṭ s. *gaṭ*.

gena s. *ghena*.

gem s. *gam*.

gereza (von 1. *garez*) f. das Weinen, acc. *paoiryãm gerezãm gerezaiti* yt. 17, 57. *bityãm gerezãm gerezaiti* yt. 17, 58.
Skr. *garjâ*.

gerezdar (von 2. *garez*) m. Ergreifer, hzv. *giriftar*, Ner. *grhîtar*, nom. *gerezdâ* y. 49, 9.

geredikhiva (von 2. *gared* + *khiv*) adj., heulend speiend, nom. *geredikhivô nãma ahmi* ich heisse der heulend speiende yt. 15, 47.

geredyôkhadha (von 2. *gared* + *khad?*) adj., heulend peitschend, Spiegel: heulend sprechend, nom. *geredyôkhadhô nãma ahmi* ich heisse der heulend sprechende yt. 15, 47.

1. **geredha**, m. Höhle, abl. *haca geredhâṭ* vd. 3, 24. plur. gen. *fraêstem geredhãm* am meisten Höhlen vd. 3, 33. 74.
Skr. *grha*, hzv. vgl. *griçtak* (= *çûrak*), afgh. *gîrah?*

2. **geredha** (von 2. *gared*) adj. heulend, nom. *geredhô nãma ahmi* ich heisse der heulende yt. 15, 47.

geredhôkereta (von 1. *geredha* + 2. *kereta*) f. Schneidung, Grabung von Höhlen, plur. nom. *taêca narô geredhôkeretâoçca* diese Männer — Höhlengrabungen (sind ihnen zu machen), vd. 7, 61. hzv. übers. „diese Männer sind eine Grabung von Höhlen; Aprak sagt: eine Höhle ist für sie zu graben, das Bewusstsein ist abzuschneiden"; der letzte Satz bezieht sich wohl auf das noch folgende *zeredhôkeretâoçca*, sie verdienen die Abschneidung des Herzens; die Hzv.-Uebers. lässt dieses Wort aus, vielleicht ist es eine alte Variante, welche sich aus demselben Grunde erhalten hat, aus dem man in der vedischen Literatur abweichende Lesarten nebeneinander bestehen liess.

gerepta s. *garew*.

gëurv° s. *garew*.

géusha (von *gush*) adj., hörend, plur. nom. *géushâ* y. 50, 3. Westerg. *géus â* gegen die Trad.).

géus s. *gaosha*, *gâo*, 2. *gush*.

gouru adj. widerwärtig.

Vgl. skr. *ghorá?*

gouruzaothra (vom vor. + *zaothra*) adj., dessen Opfer widerwärtig sind, plur. gen. *gouruzaothranãm* yt. 10, 113.

gram, ergrimmt, zornig werden, partic. perf. med. nom. *grañtô* yt. 10, 18. 19. 23. 39. 43. 70. 127. 14, 15. gen. *grañtahê* yt. 10, 69.

grava (von *garew?*) m. Rohr, Stab, acc. *gravem* vd. 9, 41. gen. *gravahê* vd. 9, 42.

Hzv. *grûb*, np. *garr*.

gravâratu (vom vor. + *ratu?*) m. n. pr. des Vaters des Frâdaṭnara, gen. *frâdaṭnarahê gravâratéus* yt. 13, 122.

grah fressen, verschlingen.

Skr. *gras*, *grásati*.

grîva m. Nacken, loc. *yaṭ arezûrahê grîvaya* . . . *yaṭ ahmya daéca hañdrareñti*, dass auf dem Nacken des Arezûra . . . dass da die Daêvas zusammenlaufen vd. 3, 23. vgl. *Arezûra*.

Skr. *grîvá*.

gru (von *garew?*) m. Vorschrift, plur. acc. *grûsca*, Westerg. *graûçca*, y. 9, 82.

gréhma (von *grah*) m. Bestechung, hzv. *gerâmak*, Ner. *lamcâ*, in der Glosse zu y. 32, 14. durch hzv. *pârak* (np. *pârah*) erklärt: nom. *yâ khshathrâ gréhmô hishaçaṭ* welche Herrschaften die Bestechung (d. h. concret der Bestechliche) verlangt y. 32, 13. *ahyâ gréhmô â hôithwô nî kârayaçeîṭ khratus nî dadaṭ* ihn — der bestechliche in wichtigen Dingen — bringt Nachtheil sein verkehrter (blinder) Verstand y. 32, 14. Hzv. übers. „der welcher durch Bestechung die Grösse nach dem Sinne der Blinden hingibt"; Glosse „wer die Macht zerstückelt, und die, welche nach dem Sinne derer sind, welche in Bezug auf den Preis des Herrn nicht reden und hören." plur. nom. *yâis gréhmâ ashâṭ varatâ* welchem Bestechungen lieber sind als Reinheit y. 32, 12.

Vgl. skr. *grâsa*.

GH.

ghana (von *jan?*) adj. tödtend, gen. *uç aúhâ varenô barâhi ghanahé paéma hâirishinãm* . . . *apipyûshinãm* bringe weg die Milch der noch nicht gesäugt habenden Frauen von der Bedeckung des tödtenden (Ahriman)? yt. 24, 50.

Vgl. hzv. *ganâk* (*minôi*), parsi *ganâ?*

ghanânâo? yt. 24, 29.

ghar ergreifen.

— *â*, ergreifen, pot. 3. sg. *kahê nô nãma âghairyâṭ* wessen Name unter uns wird man ergreifen (nehmen zum Aussprechen) yt. 13, 50. 73. Vielleicht ist *gh* nur phonetish für *y* eingetreten und die Form zu 1. *gar* zu ziehen.

Skr. *har*, *hárati?*

ghim (vgl. *gam*) kommen, partic. perf. med. nom. n. *yaṭ açti* . . . *bareshnarô arañhé ashnô ghimatem*, welche Versammlung) kommt auf die Gipfel des Himmels G. 2, 8. Da das Zeichen für *gh* auch Abbreviatur ist, könnte man *hañjaghmatem* lesen (von *gam*).

1. **ghena** (von 1. *zan*) f. Weib, nom. *genâ* y. 45, 10. plur. nom. *yâoçcâ tôi genâo* welches deine Frauen sind y. 38, 2. Die Frauen des Ormazd sind die im folgenden genannten Kräfte oder Eigenschaften desselben; acc. *ghenâo* vsp. 2, 17. G. 4, 9. *ghenâoçca* y. 2, 25. yt. 2, 10. S. 2, 7. G. 4, 10. instr. *genâbis* y. 38, 1. (cit. vd. 11, 16) gen. *ghenãnãm* vsp. 1, 15. (weibliche Genien) y. 1, 18. 3, 32. 14, 2. *ashaonãm fravashinãm*, *ghenãnãm vîrôrãthwanãm* yt. 2, 5. G. 4, 2.

Skr. *gná* (nach Böhtlingk und Roth von *jnâ*), hzv. parsi np. *zan*, buchar. maz. kurd. *zen*, talish *zhon*, qal. *zîné*, afgh. *jinî*, bal. *jannik* (filia), kurm. *zhin*, vgl. lyk. *ginawe*, (Fellows an account of discoveries in Lycia 1841, p. 487). phryg. *κνου* (Inschrift von Borlu), armen. *kin*.

Vgl. *çraoghena*.

2. **ghena** s. *ghna*.

ghzhan (eine Erweichung von *khshan*) hauen, verletzen, partic. praes. pass. *ghzhâonvamna*.

Vgl. *aghzhâonvamna*.

1. **ghzhar** (eine Erweichung von *khshar*) strömen, überströmen, kochen, causale partic. praes. plur. abl. *perenaêibyô paiti ghzhârayaṭbyô* (er opferte) bei überströmender Fülle yt. 15, 2.

— *aipi*, kochen, partic. praes. plur. gen. f. *aipighzhanrvatãm payañhãm* heisse Milch (geniessen sie) vd. 5, 151.

— *â*, aufwallen, causale praes. 3. sg. *hô zrayô âghzhârayêiti* er lässt den See aufwallen yt. 8, 31.

— *vi*, überfliessen, causale praes. 3. sg. *hô zrayô vîghzhârayêiti* er lässt den See überfliessen yt. 8, 31. *yâ perenemciṭ vîghzhârayêiti* welcher (Segen) das volle überfliessen lässt vd. 22, 18. partic. praes. acc. f. *perenãm vîghzhârayêiñtim* zu überfliessender Fülle vd. 19, 136. yt. 5, 132. 12, 3.

2. **ghzhar** (vom vor.) adj., kochend, strömend, plur. gen. f. *katha khâo açpôçtaoyêhîs apãm ghzhârãm aiwighzhârem çrîrâoçca açôshôithrâoçca* . . . *âtaciñtîs â vareshajîs rakhshyêñtê* wann (kommen) die Quellen, welche grösser (stärker) als Rosse sind, der Zufluss der strömenden Wasser, zu den schö-

nen Orten und Wohnplätzen laufend, zu den Knospen (so dass) sie wachsen yt. 8, 42.

ghzhareghzhareñti (vom vor. + *ghzh°*) f. Auskochung des kochenden? nom. *tê histeñti ghzhareghzhareñtis* diese Dinge stehen als Auskochung (zum Auskochen) da (im See) vd. 5, 57.

ghzhareñti (von 1. *ghzhar*) f. Wallung, Kochen.

ghzrad (Fortbildung von *ghzhar* durch *d*) strömen.

— *â*, aufwallen, causale praes. 3. sg. *zrayô âghzrâdhayêiti* er lässt den See aufschäumen yt. 8, 31.

— *vi*, überschäumen, causale praes. 3. sg. *zrayô vîghzrâdhayêiti* yt. 8, 31.

ghna (von *jan*) 1) adj. schlagend, tödtend, plur. gen. *baêvare ghenãnãm* 10 000 Tödter yt. 10, 27. 2) fem., das Tödten, acc. *ghenãm* yt. 10, 71.

Skr. *ghna*, hzv. *ghan*, *gannâk* (*minôi*, Ahriman), parsi np. *ganâ*.

Vgl. *ahãkhstaghna*, *khrafçtraghna*, *zaradhaghna*, *dâstâghna*, *pañcaçaghna*, *baêvareghna*, *yâtughna*, *vadhaghna*, *vâraghna*, *verethraghna*, *çataghna*, *hazanraghna*.

ghnâna (von *jan*) m. ein Narcoticum zum Ersticken des Foetus, acc. *ghnânem* vd. 15, 45.

ghnij (Fortbildung von *jan* durch *j*) benagen.

— *aiwi*, benagen, partic. perf. pass. nom. f. *yêzi naçus aiwighnikhta çûnô vâ kerefsqarô vayô vâ kerefsqarô* wenn die Leiche von einem fleischfressenden Hund oder Vogel benagt ist vd. 7, 78. 8, 115. *aiwighnikhta* Cit. der Hzv.-Gl. zu vd. 5, 112.

Vgl. *anaiwighnikhta*.

ghnita (von *jan*) m. Schlagen.

Vgl. *daêvôghnita*.

ghnya (von *ghna*) adj., tödtlich, nom. sg. (collectiv) *yatha ghnyô gaêthâbyô* wenn die für die Hürden tödtlichen Wölfe (kommen) vd. 13, 118.

ghrâ s. 3. *gar*.

ghriç (vgl. 3. *gar*) erwachen.

— *â*, *yatha açpa aghrisyâ* (al. *adhrisya*) *aparaṭ haca urvaêçâṭ fratarem urvaêçem nâsemca* (lies *nâshemna?*) *ghanânâo druja paourvainîsca* wie ein Ross, wenn es sich erhebt (gerund.?), vom hintern Ende aus das vordere Ende erreicht, sei tödtend die Drujas, die vornehmsten? yt. 24, 29.

— *fra*, erwachen, med. partic. praes. nom. *nâ qafnâdha fraghriçemnô framadhyamnô* der Mann, vom Schlaf erwachend, sich erhebend, yt. 21, 13.

ghsi (von *gañh?*) n. pr. eines Daêva, *bûjaṭ haca ghsi* yt. 4, 4. In der Parallelstelle yt. 4, 2. steht *basi*.

C.

1. **ca**, enclit. Partikel, und; es tritt oft hinter das Verbalpraefix, z. b. *fraca kereñtaṭ* y. 9, 27.

Vgl. *aṭca*.

Skr. *ca*, altp. *câ*, hzv. *ci*, *cî*, parsi *ca*.

2. **ca** (vgl. 3. *ci*) pronom. indef., irgènd einer, nom. n. *caṭ* (s. besonders), dat. *yahmâi nôiṭ cahmâi naêmanãm karana pairivaênaoithê* nicht nach irgend einer der Himmelsgegenden werden die beiden Enden gesehn yt. 13, 3. gen. n. *kaṭ cahyâ avañhô* welchen irgend eines Schutzes, d. h. welchen Schutz irgend eines Wesens y. 49, 1. *cahyâ* über etwas (herrschen) y. 47, 9.

caiti (von *ka*) indecl. wieviel, *caiti* vd. 5, 60. 4, 4. 15, 1.

Skr. *káti*.

cairi, cairê s. *car*.

caêcaçta m. n. pr. eines See's in Atûnpâtakân (Atropatene), 50 Parasangen vom Var Haoçravañha entfernt, Bund. 55, 7. 10. 56, 6. Nach Bund. 25, 7. liegt er auf dem Gebirge Açprôz; Huçrava erschlug hier den Afrasiab, der sich hier versteckt hatte, vgl. Mujmil ut tevarikh im Journ. asiat. 1841. März 300 (der Name lautet hier *Ciçen*). Ebenso zerstörte Huçrava hier einen Götzentempel, Bund. 41, 15. Bei den ältern muhammedanischen Schriftstellern heisst der See *khajent*, bei Firdosi *khinjaçt* (lies *cêcaçt*), bei Yakut *Urmia*. Vgl. Windischmann Z. St. 13. 86. Spiegel Av. übers. III, LXV. Eran 25. acc. *caêcaçtem vairîm* S. 2, 9. gen. *caêcaçtahê varôis mazdadhâtahê* N. 5, 5. S. 1, 9. *paçnê varôis caêcaçtahê jafrahê urvyâpahê* yt. 5, 49. 9, 18. 21. 17, 38. 41.

Hzv. np. *cêcaçt*.

caêsha (von *cis*) m. Bezahlung, Erstattung.

Vgl. *arenaṭcaêsha*.

caêshman (von *cis?*) n. Suchen, Aufmerken?

Vgl. *raocaçcaêshman*, *hvarecaêshman*.

cakana s. 2. *kan*.

caku m. Schleuderkeule, welche die Vertheidiger auf die Belagrer werfen, pl. nom. *cakavô* yt. 1, 18.

cakushê s. *kâ*.

cakusa (vgl. *caku*) m.? Wurfscheibe, plur. gen. *cakusanãm* yt. 10, 130.

1. **cakhra** (von *car*, Schleicher, slavische Formenlehre 94) n. 1) Rad, acc. *cakhrem* yt. 19, 43. instr. *aêva cakhra zaranaêna* mit einem goldnen Rade yt. 10, 136. 2) Rad der Herrschaft, acc. *cakhrem* (vgl. *aota*) yt. 13, 89. instr. *rathwya cakhra hacimnô* versehen mit dem Rade der Herrschaft, yt. 10, 67.

Skr. *cakrá*, up. (udisch) *carkh*, afgh. *tsarkh*, arm. *jakarak* (vgl. *jakrel*).

Vgl. *qanaṭcakhra*, *zaranyôcakhra*, *berezicakhra*.

2. **cakhra** (= 1. *cakhra?*) m. n. pr. eines Landes, jetzt *Carkh* in Khoraçân; als Plage desselben wird erwähnt, dass man hier Leichen verbrenne; acc.

cakhrem çûrem asharanem das hehre reine Cakhra vd. 1, 64.

Hzv. *cakhr*, np. *carkh*.

cakhçê s. *khçâ*.

cag, zutheilen, gewähren: wünschen; imperat. 1. pl. *cagemâ* wir wollen wünschen y. 38, 9.

caged schwacher Participialstamm vom vor.) adj., wünschend, plur. nom. *cagedô* y. 50, 20.

cagvâo (v. *cag*) adj., gewährend, nom. *rafedhrêm cagvâo* y. 45, 2.

cañra m. Klaue, gespaltner Huf.

Afgh. *cangâl?*

cañrañhac vom vor. + *hac*) adj., auf Klauen gehend, wie das Rind, das Kameel, nom. f. *gâus yâ cañrañhâkhs* yt. 10, 38. plur. acc. *ratarô cañrañhâca* vsp. 2, 1. *cañgrañhâcaçca* y. 70, 46. gen. *ratarô cañrañhâcãm* vend. sade 94. vsp. 1, 1. *cañrañhâcãm* yt. 13, 74.

Hzv. *crakarcân* (Bund. 29, 4).

cañh? vgl. *peshôcañha*.

cazd (aus *cash* durch *d* erweitert) verständig sein.

cazdañh (vom vor.) n. Verständniss.

cazdôñhvañt (vom vor.) adj., verständig, hzv. *recârtar*, Ner. *vivektar*, acc. *cazdôñhvañtem* y. 43, 5. plur. dat. *cazdôñhvadebyô* (Westerg. *cazdôññhvadebyô*) für die verständigen y. 31, 3.

catura (von *cathware*) adj., viermalig, instr. *catura fraçnana* mit viermaliger Waschung vd. 19, 75.

caturezîzanañt (von *cathware* + *zîzanañt*) adj. vier Junge werfend, vom Biber, plur. gen. masc. (!) *caturezîzanatãm* yt. 5, 128.

caṯ (von 2. *ca*) verallgemeinernde Partikel, hzv. *cikâmcâi*, *frâyêbis-cadhca ahmâṯ* mit noch mehrern als diesen vsp. 9, 3. *khstâmcaṯca* vd. 1, 58.

cathrukarana (von *cathware* + 1. *karana*) adj., vierseitig, instr. *frâgaoshâcara . . . cathrukarana* yt. 5, 127. 17, 10.

cathrugaosha (von *cathware* + *g°*) adj., viereckig, Beiwort von Varena (s. diess); nach der Hzv.-Gl. zu vd. 1, 68 heisst es so, weil 4 Thore oder Wege in dasselbe führen: acc. *varenem cathrugaoshem* vd. 1, 68. *upa varenem cathrugaoshem* yt. 9, 13. plur. loc. *upa varenaêshu cathrugaoshaêshu* yt. 5, 33.

cathrucashma (von *cathware* + *cashman*) adj., vieräugig d. h. mit 2 Augen und 2 Flecken neben denselben, acc. m. *çpânem cathrucashmem* vd. 8, 41. vgl. Kuhn in Haupt's Zeitschrift für deutsches Alterthum 6, 125. J. St. 2, 296.

cathrudaça (v. *cathrudaçan*) adj., der vierzehnte, nom. *cathrudaçô ãmaṯ cithraêstrô* vierzehntens heisse ich der Leidlose yt. 1, 8. acc. n. *cathrudaçem* vd. 1, 67.

Skr. *caturdaça*, np. *cahârdahum*, afgh. *tsarârlaçum*, armen. *corekhtaçanerord*, dig. *tsuppardeçeymag*.

cathrudaçan (von *cathware* + *d°*) vierzehn.

Skr. *câturdaçan*, np. *cahârdah*, afgh. *tsavârlaç*, armen. *corekhtaçan*, dig. *tsuppardeç*.

cathrupistra (von *cathware* + 2. *pistra*) adj., vier Gewerbe, Beschäftigungen enthaltend, von ihnen redend, nom. neutr. das Gebet yathâ ahû vairyô ist *cathrupistrem* y. 19, 44. d. h. es berücksichtigt die ganze zoroastrische Staatseinrichtung der 4 Stände, vgl. Spiegel Av. übers. II, 99.

cathrumâhya (von *cathware* + *mâoñh*) adj., viermonatlich, acc. *cathrumâhîm* (eine Zeit) von 4 Monaten vd. 5, 136.

cathruyukhta (von *cathware* + *yukhta*) adj., mit einem Viergespann versehn, acc. *vâshem cathruyukhtem* (*y* ist mit dem Zeichen für das anlaut. *y* geschrieben) *arejô* (er heile) für einen vierspännigen Wagen als Preis vd. 7, 109.

cathruratu (von *cathware* + *r°*) adj., vier Herren (nemlich den *nmânôpaiti*, *viçpaiti*, *zañtupaiti* und Zarathustra) habend, nom. f. *ragha cathruratus* y. 19, 51.

cathrushu (von *cathware*) m. ein Viertheil, acc. *cathrushûm* vd. 6, 69. 16, 7. y. 19, 13.

cathrus (von *cathware*) adv. numer. viermal, vend. sade 252 (Westerg. vd. 7, 75).

cathrusâmrûta (vom vor. + *âmrûta*) adj., viermal zu sprechen, von gewissen Gebeten, als dem Gebet *yathâ ahû vairyô, mazdâ aṯ môi* (y. 34, 15) und *â airyêmâ ishyô* (y. 52); plur. nom. *cathrusâmrûta* vd. 9, 169. 10, 5. 7. 20.

cathware, vier, nom. *cathwârô* vd. 6, 88. 18, 28. 76. y. 56, 11, 2. yt. 19, 3. 10, 125. *cathwârô khshafna* vd. 16, 21. *cathwaraçca* yt. 19, 7. acc. *cathwârô* yt. 5, 120. *cathwârô erezvô* vd. 9, 13. *cathwârô akana vairya* vd. 11, 33. 18, 97. gen. *kemciṯ paiti cathrushanãm* nach jedem der vier Winkel vd. 2, 61.

Skr. *catvâras*, hzv. parsi *cihâr*, np. *cahâr*, *câr*, buchar. *cahar*, serg. *caharzatade*, afgh. *tsalôr*, bal. *cyâr*, *câr* (brahvi *câr*), kurd. *carâr*, kurm. *câr*, zaza *cehér*, armen. *khark*, dig. *tsuppar*, tag. *tsüppär*.

Vgl. *tûra*, *tûirya*.

cathwaraçpa (vom vor. + *açpa*) m. n. pr. gen. *cathwaraçpahê* yt. 13, 122.

Skr. *caturaçva*.

cathwarezañgra (von *cathware* + *z°*) adj., vierfüssig, nom. *vehrkô cathwarezañgrô* vd. 18, 87. plur. gen. *vehrkanãm °zañgranãm* y. 9, 62. yt. 1, 10.

Hzv. *cihârzang*.

cathwarepaitistâna (von *cathware* + *p°*) adj., auf vier Füssen stehend, nom. f. die ganze Mutterschaft setzt sich auf ihn *cathwarepaitistânaca*, die vierfüssige, nemlich die Hündinnen vd. 15, 59. acc. m. *aurvañtem °paitistânem* yt. 5, 131. gen. f. *gêus °paitistanayâo* y. 19, 18. (Glosse: die eingeborne Kuh).

cathwareçata (von *cathware* + *daçan*) vierzig, nom. *cathwareçatemca* yt. 19, 7. acc. *cathwareçatem* vd. 8, 267. 12, 44. yt. 5, 101. *cathwareçatem aiwigâmanãm* alle 40 Jahre vd. 2, 134. *cathwareçatem ayarebaranãm* 40 Tagereisen lang y. 64, 18. *pañcâca cathwareçatemca* nach Ablauf von 45 Tagen A. 1b, 7.

Skr. *catvâriñçâṯ*, parsi *cihil*, *cêl*, np. *cahal*, syrisch-zig. *cel*, afgh. *tšalvšsht*, bal. *chil*, kurd. *cehl*, armen. *kharhaçoun*.

cathwareçathwâo (vom vor.) vierzigfach, nom. °*çathwâo* yt. 10, 116.

cad täuschen.

— *ava*, täuschen, partic. perf. med. *avaçcaçta*.

Skr. *chad*, *châdáyati?*

Vgl. *avaçcaçtôfravashi*.

cadhca s. *caṭ*.

cap, vernichten.

Vergl. skr. *cap*, *capáyati?* afgh. *caval*, *câvdal*, *tšappa*, dig. *nitsafun*, tag. *nütsafün*.

camru m. n. pr. des Herrn (Rat) der Vögel, welcher den Saamen, den Amru schüttelt, über die Erde ausstreut, vgl. Bund. 46, 5. 9. 59, 8. Spiegel Av. übers. III, 131. gen. *camrûos* yt. 13, 109.

Hzv. *cîmrôsh*, *câmrôsh*, parsi *camrôs*.

cayañh (von 1. *ci*) n. Anhäufung, Ausbreitung, acc. *yôi çéraoshem dãn cayaçcâ* welche Gehorsam geben (leisten) und Ausbreitung (des Gesetzes) y. 44, 5.

car, 1) gehn, praes. 3. dual. *yaṭ caratô dva* wenn zwei (Hunde) kommen vd. 13, 163. *carataçcâ* y. 50, 12. imperat. 1. sg. *kathâ* . . . *carânî* wann werde ich gehn y. 43, 17. 2. sg. *mâ cairê* geh nicht fort, Ner. *pracara*, hzv. *çâtannaê*, y. 10, 39 (für *cairya*, nach der 4. Classe? Westerg. *cairi*), impf. conj. 3. sg. *nôiṭ* . . . *carâṭ* nicht soll herumgehen y. 9, 76. 2) auf die Weide gehn, weiden.

— *aipi*, nachfolgen.

— *añtare*, vertheilen, praes. 3. sg. *añtarecaraitî* y. 50, 1.

— *â*, herbeischreiten, praes. 3. sg. *âcaraiti* yt. 10, 112. 137. 8, 8. 46.

— *para*, ankommen, partic. praes. plur. gen. *paracareñtãm* y. 61, 21.

— *fra*, vorschreiten, praes. 3. sg. *fracaraiti* yt. 18, 3. med. *fracaraitê* er geht hervor yt. 10, 113. 3. dual. med. *fracarôithê* y. 9, 19. praes. conj. 3. sg. *yô fracarâiti* y. 56, 10, 3. pot. med. 3. sg. *yêñhê nmânê ashis fracaraêta* in wessen Haus die Ashi kam yt. 13, 107. imper. 1. sg. med. *yatha fracarânê* damit ich einhergehe y. 9, 59. impf. 3. sg. *frô* . . . *caraṭ* y. 45, 4. 3. plur. med. *fracareñta* vd. 2, 40. partic. praes. *frâtaṭcarañṭ* (s. besonders).

— *vi*, herumgehn, wandeln, praes. 3. pl. *vîcareñti* yt. 5, 89. 13, 49. imperat. 3. plur. *vîcareñtu* yt. 13, 156.

— *hãm*, kommen, imper. 2. sg. med. *mê tûm hãmcarañuha* komm her zu mir yt. 17, 60.

Skr. *car*, *cárati*, hzv. *vecârtan* (sterben), np. *carîdan*, afgh. *calêdal* (to go), *tšarêdal* (to pasture), kurm. *dicerînim* (ich weide), vgl. armen. *jarak;* dig. *tsarun*, tag. *tsärün*.

carañṭ (vom vor., partic. praes.), schreitend, fem. *carâiti* (s. besonders).

Vgl. *frâtaṭcarañṭ*, *ravaçcaraṭ*.

carana (von *car*) n. Werkzeug.

Skr. *cárana*. Vgl. *carâna*.

Vgl. *âtarecarana*, *çraoshôcarana*.

carâiti (von *car*, die bewegliche, schaffende?) f. Mädchen, Frau, nom. *carâiti* vd. 3, 82 (s. *huraodha*). *carâitis* yt. 22, 10. plur. nom. *carâitis zîzanâitis* yt. 5, 87. gen. *carâitinãm* unter den Mädchen yt. 22, 10.

Hzv. *carâtik*.

carâitika (von *car*) f. Haspel, hzv. *carâtik* (von Açpendiarji durch „Mädchen" erklärt), nom. *carâitika* vd. 5, 171.

Vgl. np. *cihraḥ-i dâk*.

carâna (vergl. *carana*) m. Feld, hzv. *kantârish* (Bebauung, Bearbeiten), acc. *zemô* . . . *carânem* das Feld (die Stelle) des Landes (wo der Haoma wächst) y. 10, 9.

Vgl. *yavôcarâni*.

carekarethra (von 1. *kar*) n. Hülfsmittel, plur. acc. *carekarethrâ* y. 29, 8.

careta (von *car*) f. Rennbahn (Windischmann)? acc. *caretãm* yt. 19, 77. An der Parallelstelle yt. 5, 50 steht *qaretãm*.

Vgl. *caretu*.

caretar (von *car*) m. einer welcher schreitet.

Vgl. *frashôcaretar*.

caretu (von *car*) m. Rennbahn, hzv. *açprâç*.

caretudrâjañh (vom vor. + *dr*°) n. Länge einer Rennbahn oder genauer: eine Strecke, welche ein Ross durchlaufen kann, ohne Schaden zu leiden, etwa eine Parasange, hzv. *açprâçdrâvâ*, acc. *caretudrâjô* eine Rennbahn lang vd. 2, 61. 97.

careman (von *car?*) n. Fell, plur. acc. *caremâo* von Fellen (gemacht) yt. 5, 129.

Skr. *cárman*, np. kurd. *carm*, afgh. *tšarman*, kurm. *cerm*, tag. *tsar*, *tsarm*, dig. *tsare*.

cares (von *car*) 1) adj., wandelnd, gehend. 2) m. Kreis.

Vgl. *âtarecares*, *yârecares*.

1. **cash**, 1) essen, 2) zu essen geben, lehren (vgl. Spiegel, Av. übers. II, CXIX).

Vgl. *khçâ*.

Skr. *cash*, *cáshati*, hzv. *câshîtan*, parsi *câsîdan*, np. *câshîdan*, vergl. hzv. np. *câsht*, afgh. *tsaghal*, *tšdght*, kurd. *casht*, armen. *jashel*.

2. **cash**, sehn.

Skr. *caksh*, *cáshṭe*.

cashan (von 1. *cash*) n. das Lehren.

Vgl. *vourucashan*.

cashâna (von 1. *cash*) m. Lehrer, plur. acc. *cashânãçcâ* y. 14, 7.

cashman (von 2. *cash*) n. Auge, abl. *cashmanaṭ haca* vd. 3, 46. 7, 62. 9, 158. loc. *cashmainî vyâdareçem* ich sah mit (in) dem Auge y. 44, 8. *hyaṭ thwâ hém cashmainî héñgrabem* als ich dich mit dem Auge erblickte y. 31, 8. dual. gen. *cashmanâo* yt. 10, 23. pl. acc. *cashmãm* y. 49, 10. *cashméñg* (Thema *cashma*) mit den Augen (siehst du) y. 31, 13.

Vgl. skr. *cákshus;* hzv. *cashm*, parsi *casm*, np. *cashm*, buchar. *ceshm*, talish, gil. *cesh*, gebri *cem*, afgh. *cashm*, bal. *cam*, kurd. kurm. bulb. *câv*, zaza *cim*, lorist. *ciu*, dig. *tsäçte*, *tsaçte*, tag. *dsäts* (umgestellt).

Vgl. *cathrucashman*, *drvôcashman*, *baêvarec°*, *verezic°*.

câkhshni (von *khshnâ?*) m. n. pr. gen. *câkhshnôis* yt. 13, 114. Windischmann (Z. St. 161) vergleicht den *Casnus* des Bundehesh (79, 5. 6), welcher der Vater des Haêcataçpa ist.

câkhmarê s. 2. *kan*.

câta (von *câṭ*) adj., zum Brunnen gehörig, gen. fem. *âpô yaṭ câtayâo* Brunnenwasser vd. 6, 72.

câṭ (von 1. *kan*) m.? Brunnen, loc. *câiti* in den Brunnen vd. 13, 102. 15, 18.

Hzv. *câh*, np. buchar. *câh*, afgh. *tsâh*, bal. *câth*.

1. **ci** 1) sein Augenmerk auf etwas richten, suchen, impf. 2. sg. *taibyô khshathrem cinaç* hast du dir dein Reich gesucht y. 43, 6. 2) sammeln, partic. praes. *cinvañt* (s. besonders).

— *fra*, sammeln, imperat. 2. sg. *âpem frâtaṭcaya* vd. 2, 65. impf. 3. sg. *âpem frâtaṭcayaṭ* vd. 2, 101.

— *vi*, aussuchen, unterscheiden, praes. 2. plur. *vîcayathâ* ihr unterscheidet y. 45, 15. pot. 3. sg. *yé vîcinôiṭ* y. 45, 17. med. *vîcinaêta* (collectiv) sie sollen aussuchen vd. 16, 3. 24. infin. *vîcidyâi* (sag es mir) zur Unterscheidung, dass ich es erkenne y. 31, 5. *yâ . . . eres vîcidyâi* was richtig unterschieden werden soll y. 48, 6.

— *hañ*, aneinanderfügen, impf. 3. sg. *yatha gâmâu hañcayata* wie man die Füsse aneinanderfügt vd. 9, 19.

Skr. *ci*, *cinóti*, hzv. *cinîtan*, np. *cîdan*, vgl. parsi *cînet* (3. sg. praes.), np. *guzîdan* (= *vi-ci*), kurm. *cinim* (ich ernte), leki *cinin*.

2. **ci**, büssen, impf. 3. pl. *cikaên* sie sollen büssen vd. 15, 39.

— *paiti*, büssen, impf. conj. 3. sg. *paiti âfshê cikayaṭ* er büsse den Verlust vd. 13, 29.

— *para*, büssen, impf. conj. 3. sg. *para hê irishiñtô raêshem cikayaṭ* vd. 7, 101. 15, 53. yt. 24, 44.

Skr. *ci*, *cáyate*.

3. **ci**, Pronominalstamm (vgl. 2. *ca*), interrogat., nom. *cis* quis y. 42, 7. yt. 14, 34. vd. 9, 187. 18, 83. *cis aêsha nâirika paoirîm qarethanãm qaráṭ* (*cis* ist von *aêsha* attrahiert) welche Speise soll die Frau zuerst essen vd. 5, 147. *cisca* quis yt. 22, 10. *yô cis* wenn einer, welcher y. 9, 86. *nôiṭ zî cis* Fr. 8, 1. *mâ cis* ne quis vd. 3, 44. *yêçtê cisca çpéñistô* der ich von allen der heiligste bin (*ca* macht *cis* indefinit) y. 42, 16. neutr. *ciṭ* y. 9, 10. 19, 2. meist als enclitische verallgemeinernde Partikel gebraucht, deren Bedeutung aber so abgeblasst ist, dass oft kaum ein Nachdruck auf das Wort übergeht, an welches sie sich anschliesst; *cimâdhaçciṭ* vd. 7, 99. *açtica îm zâo araiti bãzô yacaiti fráthaçciṭ* diese Erde ist so gross in der Tiefe wie in der Breite y. 19, 15. *kataraçciṭ* y. 9, 19. (s. besonders). acc. masc. *cim* vd. 19, 140. *cim framraoṭ* zu wem sprach er y. 10, 56. 20, 8. *cîm* y. 21, 3. *cîm hakha hashê baraitê* wen bringt der Freund dem Freunde y. 61, 21. fem. *cim* yt. 10, 71. abl. fem. *cyañghaṭ* warum y. 43, 12. plur. nom. *cayô aêtê raocâo añhen*, *yô* wie beschaffen sind die Lichter, welche vd. 2, 130. *cayô aêtê maêçma ãñhen* wie soll dieser Urin sein vd. 8, 32. acc. neutr. *cîcâ* y. 46, 5. *yâcica* quaecumque vd. 3, 148.

Hzv. *cis* (etwas), parsi *cis*, *ci*, np. *cih*, afgh. *cih*, bal. *ci*, kurd. *ci*, oss. *ci*.

Vgl. *naêci*, *naraci*, *mâci*, bei 3. *mâ*, *yaci*.

cikithwâo, **cikôiteres** s. 2. *ciṭ*.

1. **cikhshnusha** (von 1. *khshnu*) adj., zufrieden zu stellen suchend, nom. *cikhshnushô qyâṭ* y. 42, 15. *qyêm* y. 44, 9.

2. **cikhshnusha** (von 2. *khshnu*) adj., zu lehren suchend, nom. *yé mashyéñg cikhshnushô . . . gâus bagâ qaremaô* (Westerg. *qâremnô*) welcher (uns) Menschen lehrte Fleisch in Stücken zu essen (vergl. Windischmann Z. St. 26) y. 32, 8. voc. *yé daserethrîs cikhshnushâ* o du welcher belehrt die schlecht erzogenen y. 48, 1.

cicithushîm s. 2. *ciṭ*.

1. **ciṭ** (v. 3. *ci*) enclit. Partikel (s. bei 3. *ci*) *taêciṭ* ii vd. 1, 57. *âoñhãmciṭ* earum vsp. 24, 2. *azemciṭ* y. 8, 15. *yaṭciṭ* quod y. 56, 11, 6. *dareghemciṭ aipi zrvâuem* y. 61, 8. *ashâṭciṭ hacâ* y. 29, 6. *paçca ciṭ ahê yatha azâni* dass ich nach ihm vertreibe yt. 9, 30.

Skr. *cid*, altp. *ciy*, hzv. vgl. *câi*.

2. **ciṭ**, geben, darbringen, verkündigen, denken, praes. 3. sg. *cinaçti* (wenn) man sich (ihm) ergibt y. 19, 30. *dâmãn cinaçti* er lehrt (ihn) den Geschöpfen y. 19, 30. praes. conj. 3. sg. med. *vañhâu côithaitê açtîm* (wer) den Körper im Guten belehrt y. 33, 2. 1. plur. *yaṭ cinathâmaidé* da wir mittheilen vsp. 14, 12. imperf. 3. sg. med. *yé . . ciçtâ* welcher verkündigt y. 50, 5. impf. conj. 3. sg. *yé mâ côithaṭ* der mir lehrt y. 45, 9. perfect. 3. plur. *cikôitares* (Westerg. *cikôiteres*) sie denken, halten y. 32, 11. imperat. 2. sg.? *thwâ cicîthwâ* (Westerg. *cîcî thwâ*) offenbare, zeige dich, hzv. *rak pêtâkîn*, Ner. *tvaṃ* (sic) *parakâçaya*, y. 42, 2. partic. nom. masc. *cikitharâo* (Westerg. *cicithwâo*) mit Wissen (der Straffälligkeit), schuldbewusst vd. 18, 134. 135. Die Hzv.-Gl. erklärt: „er spricht: ich will die Schuld büssen“ (d. h. die Strafe komme über mich).

— *ava*, kennen, wissen, partic. perf. acc. fem. *avacicithushîm* schuldbewusst vd. 18, 134.

— *â*, verkündigen, impf. 3. sg. med. *ké vâo aciçtâ* wer hat euch verkündet y. 50, 11.

— *para*, sich ergeben, lehren, praes. 3. sg. *paracinaçti* man lehrt y. 19, 29. *para . . . cinaçti* man ergibt sich y. 19, 31. er übergibt y. 20, 1.

— *fra*, lehren, partic. praes. nom. *fracinaç* er (ist) lehrend, er lehrt y. 32, 5. (*akaçcâ mainyus* ist Subject).

Skr. *cit*, *cétati*, *cikétti*.

citha (von 2. *ci*) f. Strafe, Busse, nom. *citha* vd. 3, 69. acc. *cithãm* vd. 3, 151. 5, 47. 8, 301. instr. *cikayaṭ baodhôvarstahê cithaya* vd. 7, 101. 13, 30. yt. 21, 44. plur. acc. *thrishâm aêtahê cithâo* die Strafen dieses (Mannes) um ein Drittel vd. 5, 78.

gen. *thris çatâis hadha cithunãm* mit 300 Strafen vd. 4, 25.

cithi (von 2. *ci*) f. Strafe, Busse, acc. *cithîm* vd. 14, 5.

citheuâ (von 1. *ciṭ* + 2. *na*) Fragpartikel, num, hzv. *cigun akarj*, Ner. *katham kadâciṭ* y. 43, 20.

cithra (von 2. *ciṭ*) 1) adj., offenbar, hell, nom. neutr. *cithrem* offenbar y. 10, 17. *cithrem vô bavâo* yt. 24, 8. *cithrem buyâo tûmciṭ* yt. 24, 9. *cithrem* es ist offenbar Fr. 3, 2. acc. m. *cithrem* den hellen (Tistrya) yt. 8, 4. *cithrem ahurem mazdãm* zu dem offenbaren Ormazd yt. 3, 4. voc. *cithrâ môi . . . cîzhdî* lehre mir, o offenbarer y. 43, 16. (cit. vd. 8, 57). dual. nom. neutr. *cithrâ* y. 31, 22. plur. nom. f. *cithrâo* offenkundig yt. 10, 112. *cithrâo* (kann auch acc. sein, nach *heñti*) y. 33, 7. neutr. *cithra vô buyârcs maçãnâo* offenbar möge euch sein Grösse yt. 24, 7. N. 3, 11. acc. neutr.? *nâ îm viçpâ cithré zî mazdâoṅhô dûm* alles offenbare habt ihr Weisen geschaffen y. 44, 1. 2) n. a) Zeichen, Kennzeichen, instr. und nom. *yaṭ hê cithra dakhstem bavaiti, yaṭ hê dakhsta cithrem bavaiti*, so lange an ihr ein Zeichen mit Merkmalen, ein Merkmal mit Zeichen ist vd. 16, 34. plur. acc. *vahista cithra* vsp. 26, 2. instr. *cithrâis* mit Kennzeichen y. 13, 17. b) Offenbarkeit, Verkündigung, loc. *qahmi dãm qahmi cithrê* nach eigner Weisheit, nach eigner Veröffentlichung vsp. 16, 7. 8. c) Gesicht, nom. *yahê paiti cithrem vîdhâtem viçpâis avi karshvãn* dessen Gesicht auf alle Keshvar gerichtet ist y. 10, 64. acc. *erezvaithyô raêvaṭ cithrem* rein am glänzenden Gesicht yt. 5, 64. d) Saame, Ursprung, nom. *cithrem* y. 57, 3. yt. 22, 40. 8, 4. *çtâ cithrem* ihr seid der Saame y. 32, 3. acc. *cithrem* yt. 13, 87.

Skr. *citrá*, altp. *citra*, hzv. *cihar*, Inschriften: *citar*, np. *cihar*, *cahar*, *cihrah*, afgh. *tsihar*.

Vgl. *azhicithra*, *afsc°*, *ashac°*, *âtarec°*, *urvarôc°*, *gaoc°*, *zemaçc°*, *temaçc°*, *daêvôc°*, *duc°*, *dusc°*, *drvôashac°*, *frâc°*, *bizañgrôc°*, *manasc°*, *raêvaçc°*, *visc°*, *vehrkôc°*, *çighûirêc°*, *çpac°*, *huc°*, *hvarec°*.

cithravaṅt (vom vor.) adj., eine mit dem weissen Flusse behaftete Frau, nom. *cithravaiti* vd. 16, 1. acc. *cithravaitîm* vd. 15, 23. 16, 39. 18, 134. 136. gen. *cithravaityâo* vd. 16, 11.

Hzv. *ciharômand*.

cithrâavaṅh (von *cithra* + *avaṅh*) adj., offenbaren Schutz gewährend, acc. *âtarem cithrâavaṅhem* y. 34, 4. plur. gen. *narãm . . . cithraavaṅhãm* N. 3, 10 = yt. 24, 6 (wo *cithravaṅhãm*).

cithrâya (von *cithra*) m. Saame, acc. *jata karapanô cithrâim jâmâca merctô* geschlagen (ist die Drukhs), die Karapas, an Saamen und Verwandtschaft, gestorben (ist sie, lies *mereta?*) yt. 4, 8.

cithrôdakhsta (von *cithra* + *d°*) m. offenbares Kennzeichen, nom. *cithrôdakhstô* vd. 1, 53.

cithrôpaitidaya (von *cithra* + *p°*) m. offenbares Merkmal, nom. *cithrôpaitidayô* vd. 1, 54.

cina (von 3. *ci* + 2. *na*) 1) Fragpronomen, acc. n. *cinem qarethem frabarât* worauf soll er die Speise bringen vd. 16, 13. 2) *cina* wird enclitisch zur Verallgemeinerung gebraucht, z. B. *açaçpusticina* yt. 11, 5. *kaçcikãmcina yâoṅhuyanãm* vd. 18, 81.

Vgl. *kathacina* (*katha*) *daêvacina*, *davacina*, *frâsticina*.

cinaṅh (v. 1. *ci*) n. Liebe, Begierde, Aufsuchen.

Dig. *cinc*, tag. *tsin?*

Vgl. *açpacina*, *ashacinaṅh*, *ustânacina*, *khratucinaṅh*, *khshathrôcinaṅh*, *tãthrôcina*, *nâiricinaṅh*, *shaêtôcinaṅh*, *haomacina*.

cinathâmaidê, **cinaçti** } s. 2. *ciṭ*.

cinahmi s. *cish*.

cinman (von 1. *ci*) n. Liebe, Freude, dat. *hãm hîs cinmânê baraṅuha* trage sie (die Opfer) in deine Liebe (nimm sie liebevoll an) yt. 10, 32. *hâtãm cinmânê* für die Freude der lebenden Wesen, d. h. für das Feuer, den Asha vahista A. 1b, 7. loc. *para ahmâṭ yaṭ hem aêm draoyem vâcem aṅhaithîm cinmani paitiburaṭ* ehe dass er (Yima) das lügnerische unwahre Wort in seine Liebe brachte (zu lieben anfieng) yt. 19, 33. *nôiṭ ustânahê cinmânî* nicht aus Liebe zum Leben y. 13, 13.

cinvaṅt (partic. praes. von 1. *ci*) 1) begierig, acc. neutr. adv. statt nom. masc. *cinvaṭ* vd. 18, 12 (hzv. *kâmak*). 2) Beiwort der Brücke zwischen Himmel und Erde, etwa: Brücke des Versammlers; der Ort, wo sie von der Erde hinweggführt, ist nach Bund. 22, 15 der Berg Cekât i dâitik, welcher in der Mitte der Welt liegt und dessen Namen „Gerichtsberg“ zu bedeuten scheint; an der Brücke wachen Hunde und Mithra, Çraosha und Rashnu richten die Seelen; es ist längst bemerkt, dass sowohl die Hunde wie die Brücke selbst in der indischen Mythologie sich wiederfinden, vgl. Sâmaveda II, 3, 1, 3, 2. Rigveda X, 14, 11. Windischmann Z. St. 4. Kuhn Z. II, 312. nom. *cinvatô peretus* (*cinvatô* ist genetiv), hzv. hat *cashuvatarg*, Ner. *candorc uttâre* y. 45, 11. acc. *tarô cinvaṭperetûm*, hzv. *ciyâratarg*, vd. 19, 101. *cinvaṭperetûm* vsp. 8, 6. S. 1, 30. 2, 30. vd. 19, 96. 101. statt des nom. hinter *aṅhaṭ* vd. 13, 8. *cinvaṭperetûm havaṅhôdãm* vd. 18, 16. *cinvatô peretûm* y. 45, 10. *tarô cinvatô peretûm* y. 70, 71. *peshûm . . . yim cinvatô* yt. 24, 42. loc. *cinvatô peretâo* y. 50, 13.

Hzv. *ciyâvatarg*, *cashuvatarg* lässt sich nicht auf das altbactr. Wort zurückführen, in *ciya* scheint jedoch die Wurzel *ci* vorzuliegen; parsi *cañdôr puhal* (Ner. *candorapula*, y. 3, 61), np. *cinvad pul*. Bund. 22, 15. steht *cinvar puhar*, was vielleicht in *candôr puhar* zu emendieren ist.

civish (Fortbildung von *cis*, wie *khrvish* von *khrush*, *zerish* von *zush*, das *v* entwickelte sich vielleicht durch Einfluss des Gutturals und Palatals im Anlaut, wie im Latein; so ist Spiegels mir brieflich (22. Oct. 1863) mitgetheilte Erklärung), geben, ertheilen, passiv. impf. 3. sg. *byaṭ cevistâ . . . mizhdem* wo der Lohn gegeben wird y. 34, 13. aor. 3. sg. *tâ vê . . . ashâicâ çavâis civîshî* dieser Nutzen ward euch und dem Asha zugetheilt, y. 50, 15.

1. **ciçta** (von 2. *ciț*) m. Lehrer, hzv. *cashîtar*, nom. *ciçtô* vd. 2, 10.

2. **ciçta** (von 2. *ciț*) f. Weisheit, nom. *razista ciçta* yt. 13, 7. acc *razistãm ciçtãm* yt. 10, 126. 16, 1. N. 1, 8. gen. *razistayâo ciçtayâo* vd. 19, 131. y. 22, 28. yt. 11, 16. 21. 16, 0. 20. voc. *razistê ciçtê* yt. 16, 12.

Skr. *cittá*.

Vgl. *pouruciçta*.

ciçtâ s. 2. *ciț*.

ciçti (von 2. *ciț*) f. Weisheit, nom. *ciçtis* y. 47, 11. yt. 1, 7. wer hier folgsam ist *yathâ ciçtis*, wo die Weisheit ist, *añhaț maêthâ* der wird dort sein in Wohnung y. 30, 9. acc. *ciçtîm* y. 25, 17. 50, 16. *vañhrimca ciçtîm* vsp. 5, 2. instr. *ciçtî* y. 46, 2. 50, 21. *ciçtîca* yt. 1, 26. gen. *ciçtôis* vsp. 10, 4. y. 36, 11. 43, 10. yt. 11, 16. 21. *vañhuyâo ciçtôis* y. 47, 5. *ciçtôis vañhuyâo* vd. 19, 131. y. 1, 43. 3, 57. yt. 17, 0. 62.

Skr. *cítti*.

Vgl. *huciçti*.

ciçtivañț (vom vor.) adj., mit Weisheit begabt, nom. *ciçtivâo* yt. 1, 7. compar. acc. m. *ciçtivaçtarem* y. 10, 37.

cish, **cîsh**, geben, verkündigen, praes. 1. sg. *cinahmî* y. 13, 3. 1. plur. *cîshmahicâ* wir theilen zu y. 35, 14. 41, 2. A. 1, 6. *cîshmahî* wir bringen dar y. 14, 14. 39, 11. med. *cîshmaidê* wir lehren vsp. 14, 5. pot. 3. sg. *cîshyâț* er bringe dar A. 1, 6. imperat. 2. sg. *môi* . . . *cîzhdî* lehre mir y. 43, 16 (cit. vd. 8, 57). impf. 1. sg. *côishem* ich verleihe y. 45, 18. 2. sg. *côis* gib y. 46, 5. *yãm dâo âthrâcâ ashâcâ côis* was du gibst durch das Feuer und Asha, gib (deinen Kämpfern) y. 31, 3. 3. sg. *côist* theilte zu y. 50. 15. *hyaț côist* wer ihn verkündet y. 44, 10. *yãm côist* welche man ihm zutheilt y. 49, 3. partic. med. nom. *caêshemnô*, var. lect. statt *jaêsh°* yt. 19, 93

— *fra*, lehren, bereiten, impf. 3. dual. *fracaêshaêtem* yt 8, 38.

— *vi*, zubereiten, pot. 3. plur. *upairi dakhma aêshyãn vî dakhma caêshyãn* vd. 8, 4.

cîca s. 3. *ci*.

cîcarena (von *car*); adj., plur. acc. f. *thrityãm puthâo paiti cîcarenâo* am dritten Tag ist die Seele an den auseinandergehenden Pfaden (d. h. auf dem Punct, wo der Weg zum Himmel und der zur Hölle sich trennen, vgl. Rigveda X, 18, 1.) yt. 24, 54. Es ist gewiss *vîcarenâo* zu emendieren.

cîcashâna (von 1. *cash*) f. Genuss, plur. nom. *imâo heñti cîcashânâo* diess sind (deine) Genüsse (von den Speisen, welche man beim Opfer dem Haoma vorsetzt) y. 10, 57.

cîcî thwâ } s. 2. *ciț*.
cîcithwâ }

cizhdî s. *cish*.

1. **cu**, Interrogativstamm, vgl. 2. *ca*, 3. *ci*.

2. **cu**, adv., wie, *cû* vd. 5, 68.

cevistâ s. *civish*.

côiț (von 1. *ca* + *iț*) Partikel, nemlich, *athâ athâ côiț* so, auf diese Weise y. 13, 18.

côithaitê } s. 2. *ciț*.
côithaț }

côireț s. 1. *kar*.

côishem, **côis**, **côist** s. *cish*.

cyañghaț s. 3. *ci*.

cvañț (von 1. *ca*), pronom., quantus, qualis; nom. *cvâç* als welcher y. 20, 8. 19, 57. neutr. *cvaț mîzhdem* was für ein Lohn vd. 8, 252. A. 3, 4. *cvaț yavaț erezatem* wie theuer, wenn sie (die Glocke) von Silber ist vd. 14, 50. acc. m. *cvañtem* vd. 7, 5. y. 19, 58. 20, 10. statt des neutr. *cvañtem zrvânem* Cit. der Hzv.-Gl. zu vd. 2, 41. *cvañtem drâjô zrvânem* vd. 6, 1. neutr. *cvaț* A. 3, 4. *cvaț drâjô* wie weit vd. 3, 56. wie lange vd. 5, 154. *cvaț qarethem* wieviel Speise vd. 16, 15. *cvaț* . . . *âçtârayêitê* mit wieviel (Strafen) behaftet er vd. 4, 24. *yavaț cvaçca hê* (Westerg. verm. *yavaț cvaț tahê*) so viel als vd. 6, 63. *cvaț* . . . *yatha* so viel als vd. 9, 14. *cvaț aêtañhâo âpô* . . . *frâshnaoiti* auf wie viel von diesem Wasser setzt sich (die Drukhs) vd. 6, 65. *cvaț upamãnayãn* vd. 12, 2. plur. nom. *cvañtô* quales vd. 5, 37.

Hzv. *cand*, parsi *cañț*, np. *cand*, gebri *cen*, afgh. *tsanî*, kurm. zaza *cend*, kurd. *can*.

J.

1. **jaiñti** s. *jan*.

2. **jaiñti** (von *jan*) f. das Tödten, instr. *paçca jaiñti daêvanãm* nach dem Schlagen der Daêvas yt. 10, 133.

1. **jaiti** (von *jan*) f. das Schlagen, instr. *kahmâi frazaintîm hathra jaiti nijanâni* wem soll ich die Nachkommen niederschlagen yt. 10, 110.

2. **jaiti** (von 1. *zan*? vgl. *jâma*) f. Haus, Familie, acc. *fracaraiti añtare jaitîm fracaraiti añtare aredhem nmânahê* sie (er) geht zum Hause, geht in die Mitte der Wohnung yt. 18, 3. 4. *aêvôpâdhem nidathaitê ashis vañuhi* . . . *añtare jaitîm*, *fracaraiti añtare aredhem nmanahê* yt. 18, 4. voc. *jaitê tê narãm jaitê tê nâirikãm jaitê tê puthra uçzayãoñtê tanukereta* o Haus (Familie) von deinen Männern und Frauen mögen erzeugt werden aus dem Leibe entsprossne Kinder yt. 23, 1. = yt. 24, 1. wo *jivaiti* und *puthrô*.

Skr. *jâti*?

jaidyâi s. 2. *ji*.

jaidhi s. *jam.*

1\. **jaini** s. *jan.*

2\. **jaini** (von *jan*) f. weiblicher Dämon, Feindin des Haoma, nom. *jainis* yt. 19, 80. gen. *avañharezâmi janyôis* (Thema *janyi*) *ûnãm mairyayâo* ich weise zurück die von der Jaini ausgehende Verminderung y. 10, 42. plur. acc. *janayô* vd. 20, 25. gen. *jaininãm* y. 10, 53.

jainimahrka (vom vor. + *m°*) m. durch die Jaini bewirkter Tod, gen. *jainimahrkahê* vd. 21, 7.

jainiyaçka (von 2. *jaini* + *yaçka*) m. durch die Jaini bewirkte Krankheit, Hexenschuss? gen. *jainiyaçkahê* vd. 21, 7.

jainyâvaraṭ? *yêñhê hapta çata ustranãm jainyâvaraṭ* Spiegel: der 700 lebende (?) Kameele hat yt. 9, 30.

jaiwi (von *jab*) adj., tief.

Vgl. skr. *gabhîrá.*

jaiwivafra (vom vor. + *vafra*) adj., tiefen Schnee habend, gen. m. *zemô* (Westerg. emend. *zimô*) *jaiwivafrahê* vd. 7, 69.

jaêkarsta (von *jahi* + 2. *karsta*) adj., von der Jahi verursacht, gen. *jaêkarstahê ṭbaêshañhô* yt. 13, 142.

jaghâuru (von 3. *gar*) adj., wachsam, acc. *arezôshamanem . . . jaghâurûm* yt. 19, 42. *mithrem jaghâurûm adhaoyamnem* (rufen wir an) yt. 10, 141. fem. *hãmvaretîm . . . jaghâurûm* yt. 19, 39. y. 61, 12.

jaghâurvâo s. 3. *gar.*

jaghârayañtem s. 3. *gar.*

jaghn° s. *jan.*

jaghnista s. *jaghnvâo.*

jaghnvâo (partic. perf. act. von *jan*) schlagend, nom. *jaghnvâo* zerschlagend y. 56, 4, 3. *yô . . . naêdha manyêtê jaghnvâo* der nicht meint getödtet zu haben (d. h. der noch nicht genug glaubt getödtet zu haben) yt. 10, 71. Superl. nom. *drujem jaghnistô* yt. 11, 3. voc. *jaghnista* yt. 12, 8. pl. nom. *yôi heñti dusmatem jaghnista* welche (Worte) die falschen Gedanken am besten schlagen y. 70, 28.

Skr. *jaghnivas, jaghanvas.*

jaghm° s. *jam.*

jaghrud (von 3. *gar?*) f. n. pr. eines Mädchens, gen. *kanyâo jaghrûdhô* yt. 13, 141.

1\. **jañh**, zerstören.

Skr. *jas, jásate.*

2\. **jañh** (vgl. *jak*), springen, kommen (von bösen Wesen) imper. 3. pl. *aghem zemô jañheñtu* es werden die Uebel des Winters (nach der Hzv.-Uebers. des Regens Malkôçân) kommen vd. 2, 47. *aghem* steht collectiv, vgl. Spiegel, Interpr. 23.

Skr. *jas, jasati (gatikarmâ)*? hzv. np. *jaçtan.*

jazhu (von 2. *zu*) m. ein Hund in der frühsten Lebensperiode, der kaum laufen kann, Spiegel: der zum Leben gekommen ist, hzv. übersetzt nicht, sondern erklärt: *jazhus iwizus vîzus vâ rôshanak* (sind nicht klar); nom. *çpâ jazhus* vd. 5, 102. gen. *jazhâus* vd. 13, 48.

jañtar (von *jan*) m. Mörder, Erleger, nom. *jañta* vd. 1, 69. y. 56, 7, 2. acc. *jañtârem parôdusmainyûm* den Erleger des vorderen Feindes, d. h. der den Feind von vorn, nicht nur auf der Flucht, bei seiner Verfolgung erlegt yt. 17, 12.

Skr. *hantár*, altp. *jañtar*, hzv. *zatar*, parsi *zadar* (*zadârî* interfectio).

jañtu s. *jan* und *jam.*

jata (partic. perf. pass. und med. von *jan*) 1) geschlagen, erschlagen, nom. *jatô* vd. 9, 193. 13, 173. fem. *jata* geschlagen (wird die Drukhs sein) yt. 4, 8. plur. nom. *jata* yt. 10, 113. 2) medial, schlagend, plur. nom. *jatâoñhô* die schlagenden (Kämpfer) yt. 14, 43. fem. *tâo dañhâvô hathra jatâo nijaghneñti* sie (die Fravashis) schlagen hier die Länder schlagend yt. 13, 48.

Skr. *hatá*, hzv. *zat*, parsi *zaṭ*, np. *zadah.*

Vgl. *amôjata, ãzôj°, jyaj°, zurôj°, ṭbaêshôj°, daêvôj°, mashyôj°, yâtuj°, raçmôj°, vaêmôj°, vehrkôj°, çpôj°.*

jatañra? *jatañrô perenâo vîdhârayôis avi pathãm* Spiegel: vertheile da die . . . Federn nach den Wegen hin yt. 14, 44.

jatara m. n. pr. eines Berges, nom. *jataraçca* yt. 19, 6.

jad, flehen, bitten, praes. 1. sg. *jaidhyêmi* y. 9, 64. 64, 46. *jaidhyâmi* (conjunctiv ?) y. 64, 42. 2. sg. *yô mãm zâvare nôiṭ jaidhyêhi* (kann auch conj. sein) der du nicht Kraft für mich wünschest y. 11, 9. 3. plur. *jaidhyañti* yt. 5, 98. praes. conj. 3. plur. *jaidhyâoñti* yt. 5, 86. pot. 1. sg. *jaidhyã* (Spiegel *jaidhyãm*) vd. 3, 5. 2. sg. *jaidhyôis* y. 64, 39. impf. 3. sg. *jaidhyaṭ* yt. 5, 18. 15, 3. med. *jaidhyata* yt. 24, 8. 3. plur. act. *jaidhyen* yt. 5, 58. 15, 40. partic. praes. nom. *jaidhyañtô* (Thema *jaidhyañta* wie im Prakrit) yt. 5, 53. dat. *jaidhyañtâi* yt. 5, 19. 8, 49. 9, 5. plur. nom. *jaidhyañtô* yt. 10, 11. med. nom. *moshu jaidhyamnô* bald freiend y. 9, 74. passiv. plur. fem. *jaidhimnâo* y. 67, 56. perf. pass. plur. acc. n. *yaṭ nâ . . . jaçta . . . nôiṭ dadhâiti* wenn ein Mann die erbetnen (Kleider) nicht gibt vd. 18, 81. 86 (ohne *nôiṭ*).

— *paiti*, befragen, praes. 3. plur. *paitijaidhyêiñti* vd. 19, 96.

Skr. vgl. *gad, gádati*, hzv. *zâyîtan*, np. *jaçtan*, dig. *avjedun* (drohen)?

Vgl. *ajaidhyamna, ajaçta.*

jan, schlagen, tödten, praes. 3. sg. *jaiñti* vd. 4, 79. 85. 93. 99. 5, 23. yt. 3, 10. 10, 52. 14, 36. 17, 20. pot. 2. sg. *mâ janyâo* yt. 10, 2. 3. sg. *janyâṭ* vd. 18, 31. conj. praes. 3. sg. *janaiti* vd. 5, 111. yt. 3, 5. *jânâiti* pflegt zu schlagen (Spiegel; vielleicht *zânâiti* zu lesen? wird aufmerksam) yt. 2, 11. imperat. 1. sg. *janâni* vd. 19, 17. 18. yt. 5, 22. 15, 28. 3. sg. *jañtu* es schlage (das Gebet Airyémâ die Krankheiten) vd. 20, 29. 1. pl. *yatha . . . janâma* y. 60, 16. (kann auch conj. imperf. sein), impf. 3. sg. *janaṭ* vd. 13, 6. y. 9, 25. 34. yt. 3, 10. 10, 2. *yatha dim janaṭ* wenn er den erschlägt, Cit. der Hzv.-Gl. zu vd. 7, 136. 3. plur. *janen* yt. 14, 56.

impf. conj. 3. sg. *janât* yt. 3, 14. 9, 18. 19, 44. 1. pl. *janâma* (s. imperat.). partic. perf. act. *jaghnvâo* (s. besonders). infin. *jaidyâi* y. 32. 14 (s. 2. *ji*). passiv. praes. conj. 3. pl. *janyâoñtê* sie werden weggeschlagen werden yt. 8, 61. 14, 43. aor. 3. sg. *yaṭ azhis dahâkô jaini* als der Drache Dahâka geschlagen ward yt. 19, 92. *yim baraṭ fraṅraçê tûrô yaṭ drvâo jaini, gâus jaini, yim baraṭ kava huçrava yaṭ tûrô jaini fraṅraçê* welche trug der Turanier Afrasiab, als der Böse getödtet, als die Kuh getödtet ward, welche Kava Huçrava trug, als der Turanier Afrasiab getödtet ward yt. 19, 93. partic. perf. *jata* (s. besonders).

— *aipi*, schlagen, verjagen, pot. 3. sg. *aipijanyâṭ* yt. 10, 98 (Hss. °*janyâo*). partic. perf. pass. *yaṭ çkeñdô aipijatô* vd. 5. 165. loc. *idha mithnâṭ daêva aipijaitê nmânê aûhâi gaññdayâi* hier kann man bleiben in dem Aehrenhause, welches geschlagen ist in Bezug auf die Daevas, d. h. von welchem die Daêvas fortgeschlagen wurden vd. 3, 109. med. nom. sg. der Hund *aipijatô gãm yatha rathaêstâo* schlägt für die Kuh (acc. der Beziehung) wie ein Krieger, Hzv.-Uebers. erklärt, er schütze sie vor Wölfen vd. 13, 132.

— *ava*, tödten, beissen, pot. 3. sg. med. *avajanaêta* man tödte vd. 16, 28. *ava . . . janaêta* er soll schlagen vd. 8, 233. activ. *avajanyâṭ* er schlage vd. 19, 138. 14, 9. 3. pl. *ava hê janayen* vd. 8, 234. impf. conj. 3. sg. *avaghnâṭ* vd. 13, 88. *yô avajaghnâṭ* (3. Classe) yt. 13, 105. partic. praes. med. *udrahê avaghnânô* der Tödter eines Udra vd. 13, 169.

— *avi*, umhauen, praes. conj. 3. sg. *avi dîm janaiti*, wenn er den (Baum) umhaut vd. 5, 10.

— *upa*, anschlagen, anstossen, pot. 3. sg. *yaṭ hê nôiṭ upajanyâṭ* dass es nicht anstosse vd. 5, 38.

— *ni*, niederschlagen, praes. 1. sg. med. *nighnê* y. 10, 50. 3. sg. act. *nijaiñti* er zerstört vd. 18, 87. tödtet yt. 10, 71. *gadhãm nijaiñti* er schlägt mit der Keule auf sie yt. 10, 101. 3. plur. *nijaghneñti* yt. 13, 48. praes. conj. 3. sg. med. (mit passiver Bedeutung) *para ahmâṭ yaṭ . . . jatô nijanâitê* bevor er erschlagen ist vd. 13, 173. imperat. 1. sg. *yatha azem nijanâni* yt. 15, 3. *yatha azem aom çpâdhem nijanâni* yt. 14, 58. *nijanâni* yt. 5, 54. 9, 31. 10, 101. 1. plur. *nijanâma* (kann auch impf. conj. sein) yt. 5, 58. impf. conj. 3. sg. *ni . . . janâṭ* y. 9; 77. *yaṭ nâo nôiṭ nijanâṭ* yt. 15, 32. perf. 3. pl. med. *karetaeiṭ yôi nighrâirê* (lies *nighnâirê?*) *çaraha mashyâkanãm* Messer welche niederschlagen auf die Köpfe der Menschen yt. 10, 40. partic. perf. pass. nom. *nijâtô* geschlagen vd. 9, 193. neutr. *yaṭ mê avavaṭ daêvayaçnanãm nijatem* dass von mir so viel Daêvaverehrer niedergeschlagen sind yt. 5, 77. infin. *nijênê buyê* ich sei tödtend A. 1, 17.

— *paiti*, schlagen, praes. 3. sg. *paitijanaiti* (s. *nayn*) yt. 4, 8. participialperfect. 3. sg. *yatha rathaêstâo . . . paitighnita* wie ein Krieger erschlägt, ficht yt. 13, 67.

Skr. *han*, *hánti*, altp. *jan*, hzv. *zatan*, parsi np. *zadan*, buchar. *zâdan*, afgh. vgl. *avghân* (der den Afghanen von den Nachbarn beigelegte Name, Spiegel, Ir. Stammv. 676), bal. *jittan*, (*jatha* er schlug), armen. *zenoul*.

jana (vom vor.) adj., schlagend, acc. *daêvm janem* den Daêva schlagend vd. 19, 135. plur. nom. *jana* yt. 14, 56.

Skr. *haná*.

Vgl. *udrajana*, *vâreñjana*.

janara (von *jan?*) m. n. pr. des Vaters des Vareçmapa, gen. *vareçmapahê janarahê* yt. 13, 115.

janyi s. 2. *jaini*.

jap (vgl. *gap*) gähnen, klaffen.

jafra (vom vor.) adj., klaffend, tief, gen. *jafrahê* yt. 5, 49. 8, 8. fem. *raṅhayâo jafrayâo* yt. 14, 29. pl. nom. *jafra varayô* yt. 10, 14. acc. f. *yatha huberetô baraiti pathanâo jafrâo gaoyaotêê* wo er wohlverehrt die tiefen Ebnen zur Trift macht yt. 10, 112. gen. m. *vairyanãm jafranãm* vend. sade 489 (Westerg. vd. 19, 42). yt. 19, 51.

Afgh. *zharar*.

jab, gähnen.

Skr. *jabh*, *jâbhate*.

jam, kommen, gehn, pot. 3. sg. *jamyâṭ* y. 58, 12. *jamyâṭ mithra ahura berezañta* (nom. dual.) yt. 10, 112. *atha jamyâṭ yatha âfrînâmi* so geschehe es (amen), wie ich den Segen gesprochen habe yt. 23, 8. 3. plur. *jamyãn* y. 59, 7. med. *jamyâris* y. 59, 2. praes. conj. 3. sg. *yadâ jamaitî* y. 30, 8. imperat. 2. sg. *jaidhi* y. 9, 94. 3. sg. *jañtû* y. 43, 16. (cit. vd. 8, 58.) fut. 3. sg. *jêñghaitîrâ* y. 31, 14. causale praes. 3. sg. *yô mãm jâmayêiti* welcher mich gehn macht, vertreibt yt. 17, 20. *jâmayêiti* fördert A. 3, 6.

— *aiwi*, erlangen, pot. 3. sg. *aibî jamyâṭ* y. 42, 3.

— *â*, kommen, pot. 2. sg. *âca nô jamyâo* y. 67, 29. 3. sg. *âca nô jamyâṭ* y. 56, 1, 9. yt. 10, 5. 77. 78. imper. 3. sg. *â . . . jañtû* y. 53, 1.

— *upa*, hinzukommen, pot. 1. plur. *upâ jamyâmâ* y. 7, 63.

— *uç*, zum Vorschein kommen, pot. 3. sg. *uç nû . . . jamyâṭ* y. 59, 2. 3. plur. *uzjamyãn* y. 54, 15. causale pot. 3. sg. *uzjâmôiṭ* er ziehe auf (junge Hunde) vd. 14, 68.

— *paiti*, herzukommen, pot. 2. sg. *mazistâi yâoñhãm paiti jamyâo* y. 57, 19. *paitijamyâo* y. 36, 4. 67, 4. 3. sg. *paitijamyâṭ* y. 7, 58.

— *pairi*, kommen, pot. 1. plur. *pairi thwâ jamyâma* mögen wir zu dir kommen y. 59, 20.

— *vi*, kommen, pot. 3. sg. *kathâ têñg â vî* (Westerg. *vê*, hzv. übers. aber *bnâ*) *jamyâṭ* wie kommt zu ihnen y. 43, 11.

— *hem*, zusammenkommen, praes. 3. dual. med. *hyaṭ hêm . . . jamaêtê* y. 43, 15.

Vgl. skr. *gam*.

jaya (v. 2. *ji*) m. Eroberung, Gewinn, dat. *jayâi cinvaṭ ustânem* begierig zu gewinnen die Seele vd. 18, 12.

Skr. *jayá*.

jayañt (partic. praes. von 2. *ji*) überwältigend. Vgl. *dusmainyûjayañt.*

jar, knistern, rauschen; rufen, anrufen. Skr. *jar*, *járate*, afgh. *zharal*, südoss. *jurin*, dig. *zarun*, tag. *zarün*.

jara (von *jar*) adj.? bittend, rufend?

jarez (vgl. 1. *garez*) klagen, heulen.

jareza (vom vor.) das Weinen, Klagen.

jarezya (vom vor.) adj., klagend, acc. m. *jarezîm baraiti vâcem* er führt eine klagende Rede, beklagt (den Todten) vd. 3, 37.

jaresti (von *jarez*) f. Schall?
Np. *jariçt.*
Vgl. *vourujaresti.*

jarôdañhu (von *jara* + *dañhu*) m. n. pr., gen. *jarôdañhêus pairistîrahê* des J., (des Sohnes) des P., yt. 13, 110.

jarôvañhu (von *jara* + *vañhu*) m. n. pr. gen. *jarôvañhêus frâyazañtanahê* des J., (des Sohnes) des Frâyazañta yt. 13, 113.

javañt (partic. praes. von *ju*) leben, nom. *rashnâ javãç* recht lebend y. 45, 4. vgl. *jvañt.*

javara (von *ju*) adj., lebend, nom. *vañhêus manyêus skyaothananãm javarô* lebend mit Thaten des guten Sinnes (die Trad. verwechselt das Wort mit *zâvare*) y. 47, 8.

jaç (verhält sich zu *jam* wie skr. *gam* zu *gach*) kommen, gehn, praes. 3. sg. *jaçaiti* vd. 19, 95. yt. 10, 24. *yâ dim jaçaiti* welche zu ihm kommt vsp. 8, 15. 3. pl. *jaçeñti* vd. 8, 12. yt. 13, 27. *narem* ... *ashavanem jaçeñti ahmya nmânê* ... *paiti tarôpithwem daithyâṭ* (als ob) er einem reinen Manne, welcher hier in die Wohnung kommt (der plural steht, weil *narem* collectiv gefasst ist, das Relativum ist nach der Huzv.-Uebers. zu ergänzen), schlechte Speise gäbe; Westerg. liest *jaçeñtô* (gen. sg. des partic. praes.), vd. 13, 60. praes. conj. 3. sg. *jaçâiti* yt. 12, 6. 13, 20. 19, 58. *yatha jaçâiti* wie man kommt yt. 4, 1. *yô tê jaçâiti* wer von den deinen kommt yt. 4, 1. 3. pl. *jaçâoñti* yt. 1, 9. 13, 70. werden weggehn yt. 8, 61. pot. 3. sg. *jaçôiṭ* (*tâ*) das wird kommen (sing. statt plural. beim neutr. plur.) y. 45, 8. 3. dual. *jaçaêtem* yt. 19, 82. 1. plur. *môiṭ vaêghâi jaçaêma* mögen wir seiner Wucht nicht begegnen yt. 10, 69. imperat. 1. sg *jaçâni* yt. 1, 9. 12, 4. 2. sg. *jaça* yt. 1, 33. 3. plur. *jaçeñtu* sie mögen zu uns kommen y. 10, 40. 64, 23. yt. 13, 145. med. *jaçeñtãm* y. 59, 19. imperf. 2. sg. *ashem jaçô* komm zur Reinheit (d. h. (nach der Glosse) verkünde sie) y. 42, 12. 3. sg. *jaçaṭ* y. 9, 10. 30, 7. welchen Lohn ihnen Zarathustra versprach, nemlich *garô demânê ahurô mazdâo jaçaṭ paourvyô* dass im Paradis Ormazd zuerst (zu ihnen) kommt y. 50, 15. 3. plur. *jaçen* vd. 1, 55. yt. 13, 1. imperf. conj. 3. sg. *jaçâṭ* yt. 19, 11. 3. plur. *yaṭ jaçãn* wenn kommen vd. 4, 118. partic. praes. nom. *jaçô* (scil. *añhuṭ*) er wird kommen y. 42, 6 (cit. y. 67, 67). *jaçô* yt. 13, 41. acc. *jaçeñtem* y. 54, 18. gen. *jaçeñtô* (Spiegel *jaçeñti*) vd. 13, 60. gen. fem. *jaçôithyâo* yt. 21, 5. plur. gen. *jaçeñtãm* yt. 1, 25.

— *aipi*, hingehn, kommen, praes. 3. sg. *paçca âfrînem aipijaçaiti* (lies *aipijaçâhi?*) *vahistem ahûm* nach diesem Segen wandle ins Paradis yt. 23, 8.

— *apa*, weggehn, impf. 2. sg. *apajaçô* yt. 22, 16. impf. conj. 3. sg. *apajaçâṭ* möchte umkommen vd. 2, 52. wenn er mit dem Leben davonkommt vd. 7, 102.

— *ava*, hingehn, praes. conj. 2. sg. *avajaçâi* (für °*jaçâhi*) vd. 19, 58. imperat. 2. sg. *avajaça* komm herzu (d. h. wenn du kommst) yt. 1, 17. *avajaça* yt. 5, 85. partic. praes. plur. nom. *arezahi avajaçeñtô* yt. 10, 8.

— *â*, herbeikommen, praes. 3. sg. *aêtãm â yâtumanahê jaçaiti* er kommt in den (Zustand) eines Yâtu y. 8, 9. imper. 1. sg. *âjaçâni* yt. 10, 118. impf. 3. sg. *âjaçaṭ* (Hss. °*çâṭ*) yt. 14, 2. med. *â . . . jaçatâ* sie komme y. 28, 3. impf. conj. 3. sg. *yaṭ âjaçâṭ* yt. 11, 6. *avi âjaçâṭ* yt. 17, 10. *avi âjaçâṭ* befällt (von Krankheiten, vgl. unser Gicht) vd. 7, 173.

— *âiti* hinzutreten, pot. 3. sg. *âitijaçôiṭ* vd. 9, 31. 126. 132.

— *upa*, hinzukommen, pot. 3. sg. *upajaçôiṭ* (bis) man hinzukommt vd. 6, 60. impf. 3. sg. *pereçmanêñg upâ jaçaṭ* y. 30, 6.

— *uç*, hervorkommen, praes. 3. sg. *uzjaçaiti* yt. 10, 19. *naêdha dunmãn uzjaçaiti* noch steigt es auf mit Nebeln (noch steigen Nebel auf) yt. 10, 50. 3. pl. *uzjaçeñti* vd. 1, 57. praes. conj. 3. pl. *uç . . . jaçâoñti* yt. 8, 29. impf. conj. 3. sg. *yaṭ uzjaçâṭ* bis (das Kind) geboren ist vd. 15, 50. 3. plur. *uzjaçãn* vd. 15, 64. partic. praes. acc. *uzjaçeñtem* yt. 8, 36.

— *ni*, herunter, herbei kommen, praes. 3. sg. *nijaçaiti* vd. 5, 28. 33. imper. 1. sg. *nijaçâni* dass ich herkomme (als Rächer) yt. 15, 28. impf. 3. plur. *nijaçen* kommen (in die Schlacht) yt. 13, 37. impf. conj. 3. sg. *aputhrãm nijaçâṭ* sie kommt nieder vd. 5, 137.

— *paiti*, herzukommen, entgegengehn, praes. 3. sg. *paitijaçaiti* vd. 13, 2. y. 56, 5, 3. Subject im plural: vd. 8, 131. *paiti hê jaçaiti* vd. 8, 134. *paiti hamerethâi jaçaiti* yt. 10, 69. impf. 3. sg. *paitijaçaṭ* vd. 2, 44. 45. praes. conj. 3. dual. *kaṭ paitijaçâtô* vd. 9, 191. impf. conj. 3. plur. *paitijaçãn* yt. 5, 132.

— *pairi*, herumgehn, herbeikommen, praes. 3. sg. *ava pairi imãm zãm jaçaiti* (seine Stimme) geht herab um diese Erde herum yt. 10, 85. 1. pl. med. *thwâ pairî jaçâmaidê* wir kommen zu dir y. 14, 16. 39, 13. *pairi j*° y. 36, 1. 9. praes. conj. 1. sg. *pairicâ jaçâi* ich komme zu ihnen y. 50, 22. (cit. y. 16, 6.) *tem pairijaçâi* y. 69, 1. yt. 10, 6. *pairijaçâi* y. 49, 8. *yê vâo pairijaçâi* der ich zu euch komme y. 28, 2. impf. 3. sg. *ava pairi imãm zãm jaçaṭ* yt. 10, 89. *pairijaçaṭ* yt. 17, 26. *mâ pairijaçaṭ* y. 42, 7. 9.

— *para*, vorbeikommen, Spiegel: hinkommen, praes. 3. sg. *parajaçaiti* yt. 10, 101.

— *fra*, kommen, praes. 3. sg. *frajaçaiti* er kommt herauf vd. 5, 28. 32. impf. conj. 3. sg. *frajaçâṭ* (statt des plur., collectiv) vd. 6, 93. *yêzi taṭ frajaçâṭ añtare çairê varezânê* wenn sie nun in den

Wochen liegt vd. 15, 54. *yêzi frajaçâṭ* wenn sie niederkommt vd. 15, 68. *frajaçâṭ* wenn er (an ihr Kleid) kommt vd. 16, 38. 3. pl. *frajaçãn* wenn sie kommen vd. 6, 97. *yaṭ naçâum frajaçãn* wenn sie einem Todten sich nahen vd. 6, 54.

— *vi*, hingehn, kommen, auseinandergehn, praes. 3. sg. *vîjaçaiti* y. 64, 19. *vî hapta karshvãn jaçaiti* er geht durch die 7 Keshvar yt. 10, 85. *vî âhva yaṭ jaçaiti* wenn er in diesen (Wassern) kommt yt. 8, 9. praes. conj. 3. sg. *vîjaçâiti daêna* das Gesetz wird sich verbreiten yt. 13, 94. *vî . . . vîjaçâiti* er gehe hin yt. 13, 44. impf. conj. 3. sg. *vîjaçâṭ vîçpâis avi karshvãn yâis hapta* yt. 10, 89. *vîjaçâṭ* wird kommen yt. 24, 38. partic. praes. plur. nom. fem. *awrâo . . . perethu aipi vîjaçâitîs* yt. 8, 40.

— *han*, zusammenkommen, zu Ende kommen, praes. 3. plur. med. *kva tâ dâthra paiti hañjaçeñtê* wo kommen die Gerichte (über die Seele des Abgeschiedenen) zusammen vd. 19, 89. praes. conj. med. 3. pl. *yaṭ hañjaçâoñtê* wenn zusammenkommen vd. 7, 118. yt. 14, 43. *tem ithra hañjaçâoñtê* zu dem mögen sie kommen (um ihn als Arzt anzuwenden) vd. 7, 120. pot. 3. dual. *hyaṭ hêm . . . jaçaêtem* als zusammenkamen y. 30, 4. impf. 3. plur. med. *heñjaçeñta* (die Winter) giengen zu Ende vd. 2, 20. 23. impf. conj. 3. sg. *yêzi hê hãm tafnô jaçâṭ* wenn sie in Fieber verfällt vd. 7, 172.

jaça (vom vor.) adj., gehend.

Vgl. *anyajaça, askarajaça*.

jaçta (partic. perf. von *jad*) gebeten.

Vgl. *ajaçta*.

jah (vgl. 2. *jaṅh*) kommen, impf. conj. 3. sg. *aêtaṭ jahâṭ ahurem mazdãm* es (das Gebet) möge zu Ormazd gelangen N. 1, 1.

jahi (von 2. *jaṅh*) f. Name der Drukhs der Unzucht, durch welche die Menstruation entstand, vgl. Bund. 9, 8. Das Wort scheint, wie viele Namen böser Wesen, indeclinabel; nom. *jahi* (es folgt *yô*) vd. 18, 124. *yâ jahi mereñcaitê* welche (quos) J. tödtet vd. 21, 2. *jahi yâtumaiti* yt. 3, 9. acc. *jahi* yt. 3, 12. 16. gen. *pakhrasta hi yâtumaiti jahi* vd. 21, 35.

Hzv. *jahi*, parsi *jeh*. — Vgl. *jaêkarsta*.

jahika (vom vor.) f. 1) Buhlerin, nom. *jahika* vd. 13, 153. yt. 8, 59. 17, 54. dat. *jahikayâi* y. 9, 101. als Gegensatz von *nâirikayâi* yt. 22, 36. gen. *jahikayâo* vd. 13, 125. *haca aputhrôjanyâo jahikayâo* wegen der die Schwangern schlagenden Buhlerin yt. 17, 57. 2) Buhlerei, acc. *yaṭ nâ jahika* (Westerg. verm. *jahikãm*) *frapataiti* wenn ein Mann Unzucht treibt vd. 18, 115.

jâ s. *jâthwan*.

jâgerebustara (comparat. des partic. perf. act. von *garew*) am meisten ergreifend, nom. *hâuca ayâo narâo vohu manô jâgerebustarô aṅhaṭ* dieser unter beiden Männern ergreift den guten Sinn am meisten vd. 4, 131.

jâthwan (von *jan*) m. der Schlagende, nom. *kê verethrem jâthwâ* (Westerg. *jâ thwâ*) wer ist der siegreich Schlagende y. 43, 16. Die Trad. spricht für Westergaards Lesart, nach welcher *jâ* ein nom. sg. von *jan* (von *jan*) Schläger sein müsste; vgl. *pôi*.

jâma (von 1. *zan* ? *j* macht diese Ableitung unsicher, vgl. jedoch 2. *jaiti*) n. Verwandtschaft, plur. acc. *jata karapanô cithrâim jâmâca* geschlagen (ist die Drukhs und) die Karapas, an Samen und Verwandtschaft yt. 4, 8.

Vgl. skr. *jâmi*.

jâmay s. *jam*.

jâmâçpa (von *jâma*? + *açpa*) m. u. pr. 1) des Bruders des Frashaostra und Avâraostra; er ist Vater der Hvôvi und des Haṅhaurus und Minister des Vistâçpa; vor seinem Namen findet sich häufig 1. *dê* (der weise, dem *hakim* der spätern Schriften entsprechend), nom. *jâmâçpô* yt. 23, 2. (statt dat.) yt. 23, 2. 24, 3. 5, 68. instr. *dêjâmâçpâ hvôgvâ* durch den weisen J. (aus dem Hause) Hvôgva y. 45, 17. *dêjâmâçpâ* y. 48, 9. gen. *jâmâçpahê hvôvahê* yt. 13, 103. voc. *dêjâmâçpâ hvôgvâ* y. 50, 18. dual. nom. *yâvarenâ frashaostrâ jâmâçpâ* y. 13, 24. dat. *frashaostraêibya jâmâçpaêibya* dem Fr. und dem J. yt. 24, 11. 2) eines Nachkommen des vorigen? gen. *jâmâçpahê aparazâtahê* yt. 13, 127.

Hzv. np. *jâmâçp*, in den Desatir *jamîçâ*.

jâmâçpana (vom vor.) m. Sohn des Jâmâçpa, gen. *haṅhaurushô jâmâçpanahê* yt. 13, 104.

1. **ji** (vgl. *jîv*) leben, desider. praes. 3. plur. *jîjisheñti* sie wünschen (uns) das Leben zu erhalten y. 39, 2.

— *urvaṭ*, das Leben stärken, imperf. 1. sg. *urvaṭjaêm açtaca* ich stärkte ihre Knochen yt. 13, 11. 3. sg. *urvaṭjayaṭ* yt. 13, 28. 3. plur. *urvaṭjayen* yt. 13, 22.

2. **ji** überwältigen, erobern, partic. praes. *jayañṭ* (s. besonders), inf. *hyaṭcâ gâus jidyâi mraoî . . . urô* und den Schutz von welchem gesagt ist er habe überwältigt den Stier (d. h. den falschen Schutz des Ahriman, welcher den Urstier tödtete?) y. 32, 14. Spiegel liest *jaidyâi* (von *jan*), was besser zu sein scheint, da die Hzv.-Uebers. *zanashn* hat, übrigens im Sinne nicht wesentlich von *jidyâi* verschieden ist.

Skr. *ji, jâyati*.

3. **ji**, verlangen, lieben, desider. med. imperat. 2. sg. *jijishañuha* suche dich zu befreunden vd. 15, 42. praes. conj. 3. sg. *yêzi jijishâitê* wenn sie sich befreundet vd. 15, 43. (Westerg. *°ti*). Die Hzv.-Uebers. leitet beide Formen von 1. *ji* ab.

Vgl. skr. *jinv, jinvati*.

jigaurva s. *garew*.

jighaêsa s. *gi*.

jiṭ (adverbial gebrauchtes partic. praes. von 2. *ji*), meine ganze Welt würde in kurzem *ishaçem jiṭ ashem khraozhdaṭarva* den Wunsch nach Reinheit erdrückend und verhärteter Seele sein vd. 5, 14. 21. (hzv. *zaṭ khvâçtar i âarûish*); mit 2. *dê*: *dregvôdebyô dêjiṭ aretaêibyô* man bewältige (scil. *hyâṭ?*) vollkommen die Schlechten, Hzv. übers. der Deçtur (*dê*) der Schlechten ist vollkommen besiegt y. 52, 6. *aêshaçâ déjîṭ aretâ peshôtanvô* welche wünschen, dass man bewältige vollkommen die Sünder; Hzv. übers. von ihnen ist begehrt, dass die Deçturs geschlagen seien vollkommen, . . . sie sind tanafurs y. 52, 9.

jim (vgl. *jam*) kommen, praes. 3. sg. *jimaiti* y. 47, 2. imperf. 3. sg. *hyaṭ môi . . . jimaṭ* als zu mir kam y. 42, 4. *jimaṭ* y. 45, 3. 47, 11. 1. plur. *jimama tê* wir wollen zu dir kommen yt. 24, 32.

— *â*, kommen, erreichen, impf. 3. sg. *parâ hyaṭ* (Westerg. *yyaṭ*) *môi âjimaṭ* ehe für mich gekommen ist y. 42, 12. *nê â . . . jimaṭ* (bis) er zu uns kommt y. 43, 1. *yathâ nê â jimaṭ* damit es uns gelinge y. 69, 16.

— *upa*, kommen, impf. 3. plur. *upâ jimen* zu ihm werden kommen (Khordad und Amerdad) y. 44, 5.

jima (vom vor.) 1) kommend, plur. nom. *yahmâi zavêñg jimâ keredushâ* zu welchem auf (sein) Rufen kommen die wirkenden y. 29, 3. 2) n. das Kommen, Art des Kommens, loc. *mâ adha kathacina paiti jimê* nicht (möge er zuvorkommen) irgend wie in einer Art des Kommens, d. h. in keiner Weise vsp. 25, 4.

jira (von 3. *ji*) adj., eifrig, acc. *arezôshamanem . . . jirem zbaremnem* yt. 19, 42.

Skr. *jirá*.

Vgl. *daêmajîra*, *pourujira*.

jivaiti s. 2. *jaiti*.

1. **jish** (Fortbildung von 1. *ji* durch *sh*) leben.

Vgl. *jîsti*.

2. **jish** (Fortbildung von 2. *ji* durch *sh*) bewältigen, partic. praes. med. nom. m. *vîstâçpô ashahê haênayâo jaêshemnô* (al. *caêsh°*) Vîstâçpa, als er für die Reinheit das Heer (der Bösen) bewältigte yt. 19, 93.

jigerezaṭ s. 1. *garez*.

jîjish (von 1. *ji*, desider.) adj., zu leben wünschend, Ner. *jîvanim icchat*, plur. gen. *hadhbîs jîjishãm* y. 21, 2. *kahmâicîṭ hâtãm jîjishãm* y. 35, 23.

jiti (von 1. *ji*) f. Leben, acc. *jîtîm* y. 61, 10. plur. nom. *mâtarô jitayô* (Benennung eines Wassers, Glosse: Milch) y. 38, 15. (cit. vend. sade 545).

Vgl. *uçjîti*, *dareghemj°*, *dareghôj°*, *merezuj°*, *vohuj°*, *huj°*.

jîv (vgl. 1. *ji*) leben.

Skr. *jîv*, *jîvati*, altp. *zîvâ*, vgl. hzv. parsi *zîvaçtan*, np. *zîçtan*.

jîvya (vom vor.) adj., lebendig, acc. fem. *gãm jîvyãm* Fleisch von lebenden Wesen (als Opferspeise), Ner. erklärt *dugdha* (Milch), weil in späterer Zeit (Neriosengh lebte im 15. Jh.) Milch an die Stelle des Fleisches trat, vgl. Wilson 231. Spiegel DMG. XVII, 72. y. 22, 3. 24, 3. 8, 12. vsp. 12, 17.

Vgl. skr. *jîvya*.

jîstay (verb. denom. von *jîsti*) leben, partic. praes. med. nom. *jîstayamnô* (er möge sein) lebend, er lebe y. 8. 6.

jîsti (von 1. *jish*) 1) f. das Leben 2) m. n. pr. des Vaters des Asbâhura.

jîstayana (vom vor.) m. Sohn des Jisti, gen. *ashâhurahê jîstayanahê* yt. 13, 113.

1. **ju** (vgl. *jîv*) leben, praes. 3. sg. *vîçpô anhus jvaiti* vd. 3, 115. 1. plur. *jvâmahî* y. 31, 2. 3. plur. *jvaiñti* vd. 2, 136. praes. conj. 2. sg. *jvâhi* y. 61, 29. vd. 18, 61. imperat. 2. sg. *jva* A. 1, 18. imperf. 1. dual. *yavata jvâva* so lange wir leben yt. 15, 40. partic. praes. *javañṭ* (s. besonders), *jvañṭ* nom. *jva* yt. 13, 18. acc. *upa jvañtem* vd. 9, 168. plur. acc. *jvañtô* y. 31, 3. gen. *jvañtãm* vsp. 12, 21. y. 24, 14.

Vgl. afgh. *zavâk*, *zhwandâna* (Leben), armen. *zauak* (proles).

2. **ju** s. 2. *zu*.

jeñghaitî s. *jam*.

jênara (von *jan*) f. Verletzung, acc. *jênarãm* y. 52, 8.

jêni (vgl. 1. *ghena*) f. Weib, plur. voc. *narô athâ jênayô* y. 52, 6.

jôis? vgl. *jôya?* *nâca jôisca* (al. *zôisca*) *mizhdahê afreraiti gerewyêiti* übeln (tödtlichen?) Lohn erhält der Mann wegen seiner Gottlosigkeit? yt. 24, 30.

jôya (von *jan*) adj., tödtlich, hzv. *zanashn*, Ner. *vighâta*, plur. acc. *yâ jôyâ çêñghaitê* was er tödtliches lehrt, d. h. was er lehrt, bringt ihm den Untergang beim jüngsten Gericht y. 32, 7.

jâthwa (von *jan*) adj., 1) tödtend, plur. nom. *jâthwa vehrka* vd. 13, 114. compar. nom. m. *jâthwôtarô* vd. 13, 115. 2) todeswürdig, compar. plur. acc. masc. *tâoçca tê mraomi jâthwôtara* diese, sage ich dir, sind eher zu tödten als vd. 18, 129.

jânaya (vgl. 2. *jaini*) m. n. pr. eines Dämonen, nom. *jânayô* vd. 7, 149. Hzv. übers. *jahi*.

jâfnu (von *jap*) f. die Tiefe, plur. nom. *vîçpâo jâfnavô* yt. 18, 6. acc. *jâfnavô* yt. 14, 21. *avi jâfnavô* vd. 5, 1. 2. loc. *jâfnushva* vd. 2, 55. y. 10, 53.

jya f. Bogensehne, instr. *jya* yt. 10, 128. plur. nom. *jyâo* yt. 10, 113.

Skr. *jyâ*, np. *zah*, bal. *zaiha*.

jyajata (vom vor. + *jata*) adj., durch die Sehne geschnellt, plur. nom. *ishavaçciṭ . . . jyajatâonhô* yt. 10, 39.

jyamna s. *jyâ*.

Vgl. *ajyamna*, *afrajyamna*.

jyâ altern, verkommen, partic. med. *jyamna*, *frajyamna*.

Skr. *jyâ*, *jinâti*.

1. **jyâiti** (von *jîv*, vgl. Benfey, Göttinger gel. Anz. 1852, 1224) f. Leben.

Vgl. *ajyâiti*, *daregôjy°*, *duzhjy°*, *frâdaṭvîçpãmhujy°*, *vîçpôhujy°*, *vîçpãmhujy°*, *hujy°*.

2. **jyâiti** (von 3. *ji?*) m. der Begehrende? nom. *jyâitis peretâs* (Westerg. *perethûs*) *vahmahyâ yûshmâkahyâ* begehrend (bin ich) nach den Brücken eures Preises, nach den Glossen: ich wünsche das Paradis zu erreichen, um euch vollkommen loben zu können, y. 49, 7. Hzv. übers. *pann dâmtanmashn*, Ner. *yat prâpnomi*.

jyâtu (von *jîv*, vgl. *jyâiti*) f. Leben, acc. *jyôtûm*

y. 31, 15. 32. 11. abl. *jyâtéus* y. 45, 4. 52, 9. gen. *jyâtéus* y. 32, 9. 15.

Skr. *jîvâtu*.

jva (von 1. *ju*) adj., lebend, gesund, nom. *jvô* vd. 5, 116. 12, 66. *jvaçcit* vd. 5, 173. acc. *yêzi jum frapayêmi* wenn ich lebend (adverb.) erreiche (die Erde) yt. 5, 63. *ahûm ... jûmca* yt. 13, 9. gen. fem. *jayô amerekhtis* Unsterblichkeit für das Lebendige yt. 19, 11. 89. *yatha vîçpem imat yat jayô aňhus* wie alles das was die Welt des Lebendigen (ist, bildet, d. h. die Seele sieht alles das, was sie bei Leibesleben gethan hat) yt. 22, 2. 20. plur. nom. *jvâ* y. 44, 7. fem. *jvâo* y. 62, 3. (unecht, von den Herausgebern gestrichen), gen. *jvanãm* yt. 13, 17.

Vgl. *merezujva*.

jvañt s. 1. *ju*.

jvôdakhsta (von *jva* + *d°*) adj., läufig, acc. *yêzi vaçen jvôdakhstem maêthmanem* wenn sie einen läufigen (Hund) zur Begattung (bringen) wollen vd. 15, 127.

ZH.

zhnâtar (von 2. *zan*) m. Erkenner, Wisser, nom. *zhnâta nãma ahmi* ich heisse Erkenner yt. 1, 13. *zhnâtâca* yt. 1, 12.

Skr. *jnâtár*.

zhgar, fliessen.

— *fra*, hineinströmen, praes. 3. sg. *yat his ari frazhgaraiti* wenn in sie einströmt y. 64, 16. yt. 5, 4. 13, 7.

Vgl. *ghzhar?* afgh. *zaghlédal*, *zaghlaral?*

zhnu m. Knie, acc. *zhnûm* vd. 8, 195. plur. acc. *zanva* yt. 1, 28. *âshnâsca* (Westerg. *âkhshnûsca*) bis an die Knie y. 56, 2, 4. dat. *âzhnubyaçcit* bis an die Knie vd. 6, 59.

Skr. *jânu*, hzv. *shnuk*, im Bund. *zânuk*, np. afgh. *zânû*, bal. *khond* (Lassen 468), vgl. brahvi *zanu*, kurd. *ezhnû*, kurm. *zânê*, armen. *dsounr*, *dsounka*.

Vgl. *frashnu*.

zhnôista (superlat. eines adj. von 2. *zan*) der kennendste, nom. (ohne Flexion) *zhnôista nãma ahmi* ich heisse der kennendste yt. 1, 13.

Z.

zaini m. Sattel, hzv. *zîn*, nom. *zainis* vd. 14, 36. Hzv. parsi np. kurd. *zîn*, zaza *zién*, (brahvi *zén*), türkisch zig. *zen* (saddle, vgl. den Namen Zigeuner von *zîngar* Sattelmacher).

zainiparsta (vom vor. + *parstaňh*) adj., vom Sattel aus, d. h. zu Ross kämpfend, acc. *zainiparstem* Extr. 2. dat. *°parstâi* Extr. 1. gen. *°parstahê* Extr. 3. voc. *°parsta* Extr. 4.

zairi (von 2. *zar*) adj., gelb, goldfarbig, gen. *vazrem . . . zarôis ayaňhô frahikhtem amavatô zaranyêhê* die Keule, mit gelbem Erz beschlagen, mit starkem, goldnem (Bronze?) yt. 10, 96. 132.

Skr. *hári*, altp. vgl. *δαρεικός*, np. afgh. *zar*, buchar. kurd. bal. *zer* (Gold), kurm. *zérân* (Goldstücke), vgl. lyd. *zelras* (Lassen, DMG. 10, 383), armen. *zarhik*, *zarhek*, vgl. neusyr. *zargôr* (Journ. of the American Orient. Soc. V, 125).

zairigaona (vom vor. + *gaona*) adj., gelbfarbig, goldfarbig, nom. *zairigaonô* y. 9, 52., statt des voc. y. 10, 31. neutr. *zairigaonem* die goldfarbige (Frucht wird gegessen) vd. 2, 67. plur. gen. f. *urvaranãm zairigaonanãm* der goldfarbigen (mit goldnen Früchten begabten) Pflanzen vd. 18, 126. yt. 7, 4. 18, 6.

zairigaosha (von *zairi* + *g°*) adj., mit gelben Ohren, acc. *çpânem zairigaoshem* vd. 8, 41. gen. *açpahê °gaoshahê* yt. 8, 18. 14, 9. *géus °gaoshahê* yt. 14, 7.

Hzv. *zarfagosh*, Name eines Hundes, welcher an der Brücke Cinvad den Ahriman abwehrt; vgl. Spiegel Av. übers. I, 143. II. II, 124.

zairica (von *zairi*, der gelbe?) m. n. pr. des Daêva der Hungersnoth, des Gegners Ameretât's; er wird gewöhnlich mit **tairica** (der in den Texten nicht nachweisbar ist), dem Gegner Haurvatât's genannt; beide werden von den genannten Amshaçpand am jüngsten Tage getödtet (Bund. 76, 8), vgl. Hyde 180. acc. (ohne Flexion) *zairica* vd. 10, 18. vend. sade 490 (Westerg. vd. 19, 43).

zairici f. n. pr. einer frommen Frau, gen. *zairicyâo* yt. 13, 139.

zairita (von 2. *zar*) 1) adj., gelb, grüngelb, nom. neutr. *vis . . . zairitem* das grüngelbe Gift y. 9, 35. yt. 19, 40. acc. m. *azhîm zairitem* y. 9, 34. yt. 19, 40. *çpânem zairitem* vd. 8, 41. gen. *azhôis zairitahê* y. 9, 93. 2) m. n. pr. eines Mannes aus dem Hause des Zarathustra, gen. *dâoňhahê zairitahê* des weisen Zairita yt. 13, 98.

Skr. *hárita*, altp. vgl. *Ζάρητις Ἄρτεμις Πέρσαι*

(Hesych), hzv. *zart*, np. bal. afgh. syrisch-zig. *zard*, buchar. zaza *zerd*, armen. *zard* (Schmuck)?

zairidôithra (von *zairi* + *d°*) adj., goldaugig, nom. *haomô zairidôithra* (wegen der gelben Blüthen) y. 56, 8, 2. yt. 10, 88. 9, 17.

zairina (von *zairi*) adj., gelblich, acc. fem. *perenê bûshyãçta yâ zairinãm* (Westerg. *zairina*) ich bekämpfe die gelbliche B. vd. 11, 28. *bûshyãçtem zairinem* (lies *zairinãm?*) yt. 18, 2.

Skr. *hárița*, hzv. parsi np. afgh. *zarîn*, dig. *çugh-zarinæ*, tag. *çüzgharin* (Gold); das Wort findet sich auch in nichtarischen Sprachen, z. B. syrjänisch *zarni*, morduinisch *zarnc*, ostjakisch *sarņa* (Klaproth 347. Castrén, Versuch einer ostjakischen Sprachlehre, ed. Schiefner, p. 112).

zairipâshna (von *zairi* + *p°*) adj., goldfersig, acc. *gañdarewem yim zairipâshnem* yt. 5, 38. 19, 41.

zairimya, n. die Tiefe; Haus? (vgl. *zairimyafçman*).

Skr. *harmyá*, vgl. zaza *zére* (das Innere, herein)?

zairimyañura (vom vor. + 1. *qar*) adj., in der Tiefe essend, Name eines Daêva oder, da er dem Hund gegenüber genannt wird, eines ahrimanischen Thieres, Spiegel (Av. übers. I, 190) vermuthet des Hamsters; acc. (attrahiert vom folg. *yim*, statt des nom.) *daêum yim zairimyañurem nãma* vd. 13, 15. acc. *daêum yim zairimyañurem* vd. 13, 18. Hzv. hat *zârîmnyâr* (lies *zârîmkhvar?*)

zairimyafçman (von *zairimya* + *afçman?*) adj., nom. masc. der Hund ist *zairimyafçma thryafçma yatha vaêçô* vd. 13, 141. Spiegel: Haus und Nahrung (von *thrâ*) sind ihm das höchste wie einem Dorfbewohner; die Hzv.-Uebers. lautet: „er ist schmal an Maass, d. h. in die Weite macht er seinen Kopf [streckt seinen Kopf vor], krumm an Maass, d. h. schnell macht er [ergreift er] (wenn) man etwas hinwirft, wie ein Bauer;" ich kann beide Uebersetzungen nicht mit dem Texte vereinigen; in *thryafçma* ist sicher das Zahlwort *thri* enthalten.

zairimyâka (von *zairimya* + *ac*) m. Schimpfname des Zairimyañura, acc. *yim mashyâka avi duzhvacañhô zairimyâkem nãma aojaiti* welchen die Menschen im Schimpf Z. nennen vd. 13, 15.

zairimyâvañț (vgl. *zaremaya*) adj. das Grün hervorbringend, acc. *mâoñhem . . . zairimyâvañtem* yt. 7, 5.

zairivairi (von *zairi* + 1. *vairi*) m. n. pr. eines Sohnes der Aurvațaçpa und jüngern Bruders des Vîstâçpa, welcher in der Schlacht gegen Arejațaçpa fiel; nom. *açpâyaodhô zairivairis* yt. 5, 112. statt des acc. *yaț bavâni aiwivanyâo . . . vîçtâçpem açpâyaodhô zairivairis* (Arejațaçpa bittet) dass ich überwinde den V. und den Ritter Z. yt. 5, 117. gen. *zairivarôis* yt. 13, 101.

Np. *zarîr*.

zairyãs m. n. pr. gen. *ashaçaredhahê zairyãs* des A., (des Sohnes) des Z.? yt. 13, 114.

zaurura (von *zaurva*) adj., über 40 Jahre alt, nom. sg. *zaururô* vd. 3, 63. 64.

Np. *zâl*, afgh. *zâŗ*, bal. *zâl* (uxor, eigentl. anus), armen. *dser*.

zaurva (von 1. *zar*) f. Alter, Greisenalter, nom. *zaurva* y. 9, 18. yt. 15, 16. vend. sade 490 (Westerg. vd. 19, 43), acc. *va zaurvãmca merethyûmca* yt. 9, 10.

Skr. vgl. *jarás*, *jarú*, hzv. *zarmân*, np. *zarmân*, *zarbân*, vgl. afgh. *zaŗvâlî*.

1. **zaêna** (vgl. *zayana*) m. Winter, *yaț vâ hama . . . yaț vâ aêtê zaêna* im Sommer wie im Winter vd. 16, 29. (lies *zayênê?*); *hama zaêna* Sommer und Winter yt. 1, 28. (Spiegel); besser *hãm zaena* (s. *zhnu*).

2. **zaêna** (von *zi*) n. Waffe, instr. *zaêna* yt. 10, 141. plur. gen. *zaênãm* yt. 10, 96 = 132 (wo *zayanãm*).

Armen. *zên*.

Vgl. *qâzaêna*, *huzaêna*.

1. **zaênañh** (vgl. *zaêna*) n. Waffe.

2. **zaênañh** (von *zi*) n. Wachsamkeit, instr. *zaênañha* vd. 13, 135. y. 56, 7, 4. yt. 10, 103. Hzv. *zênâvandish*.

zaêni (von *zi*) adj. wachsam, nom. *yaçca hê vâcim paiti zaênis añhaț* und wenn (der Hund) bei Stimme wachsam ist (wenn er wacht und bellt) vd. 13, 112.

zaênibudhra (vom vor. + *b°*) adj., wachsame, d. h. scharfe Witterung habend (vom Hund), acc. *zaênibudhrem* vd. 13, 107.

zaênu (von *zi*) adj., wacker, nom. masc. *zaênus* yt. 13, 67.

zaênôñhvañț (von 1. *zaênañh*) adj. bewaffnet, acc. *zaênañhvañtem* yt. 10, 61. *zaênañhvañtem bavâhi* (s. *azinavañț*) yt. 23, 2.

zaêman (von *zi*) n. Wachsamkeit, Eifer, acc. *zaêmâcâ* y. 43, 5. *hanaêmâcâ zaêmâcâ* mögen wir uns würdig bezeigen mit Eifer, in Eifer y. 41, 9.

Skr. *hemán*.

zaozaomî s. 1. *zu*.

zaozizuyê s. 1. *zu*.

1. **zaotar** (von 1. *zu*) m. Titel des obersten Priesters, welcher die Liturgie vorträgt und unter dessen Leitung die übrigen Priester (später statt derselben der raçpi) ihre Functionen verrichten, vgl. Spiegel, Av. übers. II, XVII. nom. *azem aêta zaota* vsp. 4, 1. *azem yô zaota* vsp. 13, 2. *zaota* y. 58, 10. 64, 33. vsp. 6, 1. yt. 10, 137. 89. 4, 8. 17, 61. *zaotâ* y. 15, 1. *yê zaotâ* der ich als Zaotar y. 33, 6. *zaotaç-tê* (Thema *zaota*) vsp. 3, 31. acc. *zaotârem* yt. 5, 132. 10, 89. G. 3, 5. dat. *zaothrê* vd. 5, 161. y. 67, 37. *zaothrê hanaêsa* du eignest dich zum Z. y. 58, 9. voc. *zaotarcca* yt. 3, 1. plur. nom. *zaota* (Thema *zaota*) yt. 10, 120.

Skr. *hótar*, hzv. *zôt*.

Vgl. *afryôzaotar*, *duzhzaotar*.

2. **zaotar** (von 2. *zu*) m. Treiber, hzv. *zôt*, Ner. *grhîtar*, acc. *gâus zaotârem zavaiti* die Kuh flucht ihrem Treiber y. 11, 3.

zaothra (von 1. *zu*) f. 1) Weihwasser; seine Consecration, die gewöhnlich der Zubereitung des Haoma vorhergeht, geschieht in der Dämmerung (Gah Uzayêirina) unter gewissen Ceremonien, vgl. Spiegel, Av. übers. II, XCII. nom. *aêsha zaothrâ* y. 67, 2. acc. *imãm zaothrãm* y. 2, 7. 65, 1. yt. 10, 120. 9, 3.

instr. *zaothrê* vsp. 2, 1. y. 2, 6. 10. 15, 5. vd. 7, 191. 18. 138. abl. *zaothrayâṭ* yt. 10, 88. gen. *aêtayâo zaothrayâo* yt. 5, 91. voc. *zaothrê* y. 67, 4. *zaothra* y. 2, 1. 3. plur. *imâo zaothrâo* y. 67, 47. acc. *zaothrâo* y. 10, 137. 22, 5. yt. 13, 84. 10, 32. 5, 93. *zaothrâo fraberôiṭ* (Westerg. °*barôis*) vd. 19, 80. *zaothrâo baraêta* vd. 12, 7. *imâo yaêtushisca zaothrâo* vsp. 12, 14. *zaothrâoçca* y. 4, 2. 24, 2. *aiwyô zaothrâo fraberôis* bringe vom Wasser Zaothra herbei y. 64, 39. dat. (statt instr.) *zaothrâbyô* vsp. 7, 2. y. 17, 4. 56, 1. 8. 67, 7. 31. yt. 1, 9. 5, 8. 10, 4. 31. *zaothrâbyaçca* yt. 3. 18. gen. *zaothranãm* vd. 14, 8. 18, 143. vsp. 10, 1. y. 67, 29. yt. 5, 63. 10, 77. 122. 17, 54. voc. *zaothrâoçca* y. 8, 5. 2) mit Weihwasser verbundne Darbringung.

Skr. *hótra*, hzv. *zôhar*, parsi np. *zôr*, armen. *zoh*.

Vgl. *gôurazaothra*, *baraṭz°*, *barôz°*, *vîz°*, *hadhaz°*.

zaothravac (vom vor. + 2. *v°*) m. das bei der Darbringung des Weihwassers gesprochne Wort, acc. *zaothravâcim* yt. 5, 123.

zaothrôbara (von *zaothra* + 1. *bar*) adj., opfernd, dat. *zaothrôbarâi* yt. 5, 19. 9, 5. 15, 1. 20.

zaothrôbarana (von *zaothra* + *b°*) adj., das Weihwasser enthaltend, dat. *tastâi zaothrôbaranâi* vsp. 11, 2. 12, 35.

zaoya (von 2. *zu*) adj., kräftig, stark, gen. *yatha karaca jaçen zaoyêhê yâtumañtem?* vd. 1, 55. plur. nom. fem. *zaoyâo vañhathwaêshu* yt. 13, 23. *tâo zaoyâo tâo verethraghnyaêshu* sie sind stark in siegreichen Schlachten yt. 13, 27. acc. *zaoyâoçca fravashayô* yt. 13, 118.

zaoyâreṭ (vom vor. + *areṭ*) adj., stark andringend, plur. nom. fem. *zaoyâretô* yt. 13, 23.

zaosha (von *zush*) m. 1) Wille, Wunsch, nom. *zaoshô* vd. 2, 41. yt. 4, 8. 17, 11. 19, 82. acc. *zaoshem* vd. 2, 41. nach Wunsch yt. 4, 8. instr. *zaosha* mit Willen y. 1, 58. *çrîra zaosha* yt. 5, 7. dat. *harâi . . . zaoshâica* nach ihrem Gefallen yt. 13. 33. *zaoshâi ahurahê mazdâo* yt. 8, 35. abl. *zaoshâṭ* y. 46, 5. loc. *qahmi zaoshê* vsp. 16, 9. *varâi . . . zaoshê* nach Wunsch . . . und Wille (des Ormazd) y. 33, 2. *thwahmî zaoshê* nach deinem Willen y. 33, 10. plur. acc. *ahyâ zaoshêñg* nach seinem Wunsch y. 47, 4. *taraçca . . . zaoshã* über (Ahrimans) Gelüste hinweg yt. 10, 118. 2) n. pr. des Vaters des Pourubañha, gen. *pourubañhahê zaoshahê* yt. 13, 124.

Skr. *jôsha*, vgl. hzv. *doshashn*.

Vgl. *azaosha*, *ughraz°*, *fraz°*, *haz°*, *hvarchaz°*.

zakhsh (Fortbildung von *zah*) auslöschen.

zakhshathra (vom vor.) n. Auslöschung, acc. *uta zakhshathrem daomnô* auf (des Feuers) Auslöschung sinnend yt. 19, 47.

zaqya (von *zah*) adj., werth ausgelöscht, vernichtet zu werden, plur. nom. *zaqyâcâ vîçpâoñhô* y. 52, 8.

zagath s. *zgath*.

zazi? (von 2. *zan*) n.? Erlangung, hzv. *giriftar*, loc. *zazê buyê* möge ich sein im Erlangen, möge ich erlangen y. 61, 17. = A. 1, 17.

zazaran (von 2. *zar*) m. Peiniger, gen. *zazaranô* y. 9, 95.

zazarâna (von 2. *zar*) m. Peiniger, nom. *zazarânô* yt. 11, 5.

zazâiti (von *zâ*) f. Hinwerfung, dat. *zazâitêê* yt. 5, 34. 9, 14. 15, 24.

zazustema s. *zazva*.

zazva (von 1. *zu*) adj., eilend, stark, plur. nom. *aurvañtô zazvâoñhô* yt. 5, 132. superl. nom. sg. *zazustemô khshayô* der ist sehr stark, mächtig yt. 13. 18.

zañga m. der obere Fuss, acc. *zañgem* vd. 8, 207. plur. dat. *âzañgaêibyaçciṭ* bis an die Füsse (des Todten und des Trägers) vd. 6, 59.

Skr. *jánghâ*, hzv. *zang*, afgh. *zângûn*, (Knie), oss. *zenge* (Klaproth 95).

Vgl. *eredhwôzañga*, *nizañga*.

zañgra m. Fuss, hzv. übers. *zang*.

Vgl. *cathwarezañgra*, *bizañgra*.

zañta (von 2. *zan*) m. Annehmung.

Vgl. *ustâzañta*.

zañtava (von *zañtu*) adj., der Genossenschaft gehörig, plur. voc. *zañtavaca* vsp. 14, 14.

zañtu (von 1. *zan*) m. eine Genossenschaft, nach Neriosengh (zu y. 14, 1) eine Vereinigung von 30 Männern und Frauen: vgl. Spiegel, Ir. Stammv. 681. acc. *zañtûm* yt. 10, 18. *zañtûmca* vd. 8, 295. y. 61, 15. yt. 10, 87. instr. *haca zañtu* vd. 10, 11. dat. *zañtavê* yt. 13, 66. abl. *haca ahmâṭ zañtaoṭ* y. 56, 6, 4. yt. 1, 17. loc. *ahmi zañtvô* vsp. 14, 15. y. 9, 86. gen. *zañtêus* vd. 7, 108. *zañtêus zañtupaitîm* vsp. 3, 17. plur. gen. *zañtunãm* y. 8, 15. 23, 1. (local) yt. 10, 18. *zañtunãmca* yt. 13, 150.

Skr. *jantú*, vgl. medisch *Ἀριζαντοί*, hzv. parsi *zand* (Neriosengh *janda*), np. *zindân* (Burg, Kerker), armen. *zendân* (scheint dem np. entlehnt zu sein), vgl. lykisch *Xanthus* (auf einer Münze mit *z* geschrieben).

Vgl. *âturezañta*, *thriz°*, *haz°*.

zañtuiric (vom vor. + *iric*) adj., Verderber der Genossenschaft, plur. nom. *mâ buyama tê shôithrôiricô . . . mâ zañtuiricô* mögen wir nicht dein Land, deine Genossenschaften verwüsten yt. 10, 75.

zañtupaiti (von *zañtu* + 1. *paiti*) m. f. Herr einer Genossenschaft, nom. *zañtêus zañtupaitis* yt. 10, 18. 83. acc. *zañtêus zañtupaitîm* vd. 7, 108. vsp. 3, 17. *zañtêus zañtupaitîm nâirikãm* vd. 7. 112. dat. *zañtêus zañtupaitêê* yt. 10. 17. gen. *zañtêus zañtupatôis* vd. 10, 11. y. 14, 1. yt. 24. 16. voc. *zañtupaiti* y. 9, 83. plur. acc. *zañtunãm zañtupaitis* yt. 10, 18.

Hzv. *zandpat*.

zañtuma (von *zañtu*) 1) adj., zur Genossenschaft gehörig, voc. *zañtuma* (Mithra) yt. 10, 115. plur. acc. f. *fravashayô zañtumâo* yt. 17, 72. 26, 2. yt. 13, 21. 2) m. a) Haupt einer Genossenschaft, nom. *zañtumô* y. 19, 50. *zañtumaçca* y. 19, 52. b) n. pr. eines Genius, welcher die Genossenschaften schützt und mit Frâdaṭfshu und Asha vahista dem Gah Rapithwina vorsteht, acc. *zañtumemca* y. 2, 17. G.

2, 6. 9. dat. *zañtumâica* y. 1, 11. 3, 25. A. 3, 1. G. 2, 1. gen. *zañtumahê* G. 2, 8.

zañtushan (von *zañtu* + *han*) adj., in der Genossenschaft sich befindend, plur. acc. *zañtushânô* yt. 13, 151.

zañda m. Hexenmeister, Hzv.-Uebers. erklärt: „zand ist ein Gesandter der Zaubrer, durch den Zand kann man Zauber machen;" plur. nom. *zañda* vd. 18, 116. gen. *zañdãm* y. 60, 11.

zad, cacare.

Skr. *had, hádate.*

zadhañh (vom vor.) n. podex, instr. *frâ thwãm zadañha paiti uzukhshâne* ich werde dir im Hintern aufwachsen (das Feuer spricht) yt. 19, 50.

Vgl. *apazadhañh.*

1. **zan** 1) erzeugen, gebären, praes. 3. pl. *zîzanañti* yt. 13, 15. impf. 3. pl. *zîzanen* vsp. 1, 8. 2, 1. impf. conj. 3. sg. *yatha hâ tem zîzanât* weil sie den gebären wird yt. 13, 142. partic. praes. plur. nom. fem. *carâitis zîzanâitis* yt. 5, 87. 2) med., geboren werden, praes. 3. sg. *zânaitê* nascitur y. 11, 18. praes. conj. 3. plur. *zayâoñtê* y. 11, 19. yt. 23, 5. 24, 1. imperf. 3. sg. *zayata* vd. 1, 69. partic. perf. *zâta* (s. bes.), partic. fut. plur. gen. *zãhyamnanãmca* vsp. 12, 27.

— *â*, gebären, partic. praes. plur. instr. (statt dat.) fem. *âzîzanâitibis* y. 9, 72.

— *uç*, med., geboren werden, praes. 3. sg. *uç nâ zayêitê* yt. 13, 16. 3. plur. *uçzayêiñtê* vd. 2, 134. praes. conj. 3. plur. *uçzayâoñtê* yt. 23, 1. impf. 2. sg. *uçzayañha* y. 9, 43. 3. sg. *uçzayata* y. 9, 13. 3. dual. *uçzayôithê* y. 9, 31. aor. 3. sg. (Subject im plur. neutr.) *hyaṭ uç . . . uzjên* wenn entstehn y. 45, 12.

Skr. *jan, jájanti, jáyate,* hzv. *zâtan,* parsi *zâdan,* np. *zâdan,* afgh. *zêzhaval,* med. *zêzhelal,* kurm. *zâ* (warf Junge), armen. *dsnanim,* vgl. oss. *zanäg* (Kind).

2. **zan,** erkennen, kennen.

— *ava,* merken, aufmerksam werden, impf. conj. 3. pl. *avazanãn* vd. 8, 28. 6, 94. 8, 5.

— *paiti,* anerkennen, annehmen, praes. 2. plur. *paiti zânatâ* ihr nehmt an y. 29, 11. 3. plur. *paitizâneñti* sie nehmen auf yt. 13, 46. impf. conj. 3. sg. *kô paitizanâṭ* yt. 13, 50. partic. perf. pass. *paitizañta* (s. besonders).

Vgl. 2. *zâ;* skr. *jnâ, jânâti,* np. vgl. *farzân,* hzv. *farjânak,* talish *beznim* (ich weiss), kurd. *zânem,* kurm. *nézânim* (nescio), zaza *zâna* (scio), bal. *zâth* (er weiss), armen. *dsanontsanel* (causale), südoss. *zonin,* dig. *zónun,* tag. *zónün.*

zanu s. *zhnu.*

zaf (vgl. *jap*) gähnen, klaffen.

zafan (vom vor.) n. Mund, gen. *ana zafanô takahê* yt. 10, 38.

Vgl. *thrizafan.*

zafare (von *zaf*) n. Rachen (Spiegel: Hölle), hzv. übers. *zufar,* was von *zafar* (Mund) verschieden, aber doch mit ihm verwandt scheint; acc. *zafare tafçãn aya maçô hãmurviçyâoñhô çadayêiti* im Rachen werden (die Dews) erhitzt dadurch (*guñda*) in der Grösse (so sehr dass) sie zerfliessend vergehn vd. 3, 110.

Vgl. *zaranyôzafare.*

zafra (von *zaf*) n. Mund, Rachen, loc. *zafrê* yt. 19, 50. plur. acc. *zafra* yt. 11, 2. *zafra avigêurvayãn* sie werden in den Rachen (der Hölle) fahren yt. 11, 6.

Hzv. parsi np. *zafar.*

zamere? *upaisi vâo zamerena duyê* (l. *zem erenaduyê?*) Spiegel: zu euch (komme ich), um in die Erde zu jagen (den Schlechten); Westergaard: *upa thwâ azem mairê anudaUhayaṭ* yt. 1, 29.

zay° s. 1. *zan,* 2. *zâ.*

zaya (von *zi*) 1) m. a) Waffe, instr. *kana zaya* vd. 19, 28. *ana zaya* vd. 19, 32. *zaya?* Fr. 8, 2. plur. nom. *mana zaya* vd. 19, 31. acc. *zaya* vd. 2, 17. gen. *zayanãm* vd. 19, 52. yt. 10, 132. = 96 (wo *zaênãm*). b) Geräthschaft, plur. acc. *viçpê zaya* vd. 14, 26. 2) adj., bewehrt, superl. nom. m. *zayôtemô* yt. 14, 1.

Skr. vgl. *heti;* hzv. *zaê.*

Vgl. *ayañhôzaya, ayôzaya, zaranyôzaya, çatôzaya.*

zayana (vgl. 1. *zaêna*) 1) adj., winterlich, plur. nom. *daça mâoñhô zayana* 10 Wintermonate vd. 1, 9. 2) m. Winter, acc. *hãminemca zayanemca* im Sommer und Winter y. 64, 20. yt. 13, 8. loc. *aṭ hama aṭ zayênê* y. 17, 55.

1. **zar,** altern.

Skr. *jar, jíryati,* vgl. afgh. *zaṛédal,* armen. *dseramal,* oss. *zarond.*

2. **zar** 1) gelb sein 2) zürnen 3) peinigen, pot. 1. plur. *nôiṭ . . . zaraṇaêmâ* y. 28, 9.

— *â,* peinigen, causale praes. 3. plur. *âzârayêiñti* yt. 13, 30. partic. perf. pass. *âzareta.*

Skr. *hṛṇîyáte,* hzv. *âjârtan,* parsi np. *âzardan,* afgh. *zhaṛal* (weinen).

3. **zar,** ergreifen, vereinigen, zugethan sein.

Skr. *har, hárati.*

zara (von 3. *zar*) m. Bund, hzv. *demân,* Ner. *samaya,* acc. *zarem* y. 43, 13.

zarañh (von 3. *zar*) n. Ergebenheit, acc. *yâ mê daênãm . . . zaraçca dâṭ* welche (Hutaoça) mir (dat. eth.) gegen das Gesetz Ergebenheit machen möge yt. 9, 26. 17, 46.

zarazdâiti (vom vor. + 2. *dâiti*) 1) f. Ausübung der Ergebenheit, nom. *zarazdâitis* y. 42, 11. acc. *zarazdâitîm* y. 25, 18. S. 2, 29. abl. *fraoretfrakhshni avi manô zarazdâtôiṭ añhuyaṭ haca* zum gläubigen Gemüth aus Ergebenheit von innen heraus (aus der Seele) vsp. 16, 13. yt. 10, 9. 51. 13, 47. 92. 21, 3. dat. *zarazdâtayaêca* Westerg. °*dâtaêca,* vsp. 18, 7. gen. *zarazdâtôis* y. 22, 29. S. 1, 29. 2) m. n. pr. des Sohnes des Paêshatañh, gen. *zarazdâtôis paêshatañhô* yt. 13, 115.

zarazdâ (von *zarañh* + 2. *dâ*) adj., ergeben, plur. nom. *aêibyô yôi zarazdâo añhen mazdâi* y. 31, 1. superl. plur. nom. *yathra narô . . . ashem heñti zarazdâtema* yt. 13, 25.

zarathustra (die Erklärung dieses Namens hat

die meisten Erklärer des Avesta beschäftigt, ohne dass man bis jetzt zu einem befriedigenden Resultat gelangt ist; die verschiednen Versuche eine Etymologie zu finden, von denen fünf mehr oder weniger verunglückte allein Haug angehören, findet man besprochen von Fr. Müller, Zendstudien I. Wien 1863 (Sitzungsberichte der Akademie) p. 635. Der Verfasser erklärt das Wort durch „muthige Kameele besitzend;“ vgl. jedoch Literarisches Centralblatt 1863, p. 614) m. n. pr. des Sohnes des Pourushaçpa, geboren an dem Fluss Dareja in Airyana vaêjô; da letztres neben Atropatene liegt, so stellt sich die Ueberlieferung, Z. sei in Ragha geboren, als richtig heraus und die, wonach er aus Atropatene stammt (vgl. z. B. Abulfeda, ed. Fleischer p. 150), steht mit jener nicht in Widerspruch, ist nur etwas ungenau. Zarathustra begab sich nach Bactrien und verkündigte hier seine Lehre unter der Regierung des Vistâçpa. Nach dem Schahnameh wurde er bei einer Erstürmung Bactras durch die Turanier am Feueraltar ermordet, vgl. Hyde 27. Wilson 398. Vullers Fr. 103. Spiegel, Av. übers. II, IX. Haug, Essais 253. Windischmann Z. St. 44 ff. 260 ff. Der Stammbaum Zarathustra's findet sich Bund. 79, 4. nom. *zarathustrô* vd. 2, 1. 19, 5. 9. y. 8, 15. 9, 3. 19, 50. 29, 8. 33, 14. 42, 8. 16. yt. 5, 104. 9, 25. 13, 41. (Haupt der Menschen, vgl. Bund. 57, 7. Glosse zu vsp. 1, 1) yt. 13, 146. 16, 2. 17, 45. *zarathustraçca* y. 13, 19. ohne Flexion: *zarathustra* yt. 24, 1. acc. *zarathustrem* vd. 5, 64. vsp. 2, 6. 15, 2. y. 9, 1. 69, 4. 41, 23. 45, 13. 50, 12. yt. 5, 18. 8, 44. 13, 152. 19, 79. G. 4, 6. dat. *zarathustrâi* vd. 1, 1. 19, 8. 22, 1. vsp. 2, 3. 14, 2. y. 28, 6. 45, 19. 64, 38. yt. 10, 1. *kahmâi paoiryô mashyânãm aperesse . . . anyô mana yaṭ zarathustrâi* mit wem unterhieltest du dich zuerst unter den Menschen ausser mir, dem Z., vd. 2, 3. statt des gen. yt. 19, 82. ohne Flexion: *zarathustra* yt. 24, 42. abl. *zarathustrâṭ* yt. 19, 36. *ahmâi paoiryô mashyânãm aperesê . . . anyô thwaṭ yaṭ zarathustrâṭ* mit ihm unterhielt ich mich zuerst unter den Menschen ausser dir, dem Z. vd. 2, 6. gen. *zarathustrahê* vsp. 10, 5. 12, 21. y. 23, 4. 52, 1. 3. yt. 5, 42. 13, 62. 87. 17, 5. = y. 8, 3. voc. *zarathustra* vd. 5, 51. 68. vsp. 24, 5. y. 9, 6. 43. 64, 39. 70, 1. yt. 2, 14. 17. 22. *zarathustrâ* y. 45, 14.

Hzv. *zartusht*, parsi *zarthust*, *zarathust*, np. *zardusht* (sehr oft *ibrahîm z°*), *zârdusht*, in den Desatir *hertûshâd* (I, 176), armen. *zradesh zradusht*, bei den Alten Ζωρόαστρος, Ζωροάστρης, (hier scheint *th* ausgefallen zu sein), Ζαθραύστης.

zarathustri (vom vor.) 1) adj., zarathustrisch, dem Zarathustra anhängend, nom. masc. *zarathustris* vsp. 6, 7. y. 1, 65. 13, 1. yt. 13, 89. *karaca vîstâçpô zarathustris* y. 52, 2. fem. *zarathustris* y. 8, 16. 19, 51. *qaêthvadathãm . . . yâ zarathustris* y. 13, 28. neutr. *dâtem zarathustri* yt. 11, 3. vd. 19, 57. acc. fem. *zarathustrîm* vd. 2, 3. yt. 8, 59. neutr. *dâtem zarathustri* y. 2, 52. 6, 43. 25, 18. S. 2, 29. abl. *rajôiṭ zarathustrôiṭ* y. 19, 51. gen. fem. *zarathustrôis* yt. 13, 99. neutr. *zarathustrôis* y. 1, 40. 7, 45. 23, 4. plur. nom. masc. *mazdayaçna zarathustrayô* vsp. 5, 4. acc. neutr. *rîçpa çravâo zarathustra* y. 56, 1, 12. 69, 23. gen. neutr. *çravañhãmca zarathustrinãm* vsp. 14, 8. voc. masc. *zarathustrayô* vsp. 18, 1. 2) m. Sohn des Zarathustra, gen. *zarathustrôis* yt. 13, 98.

Vgl. hzv. *zartushtân*, parsi *zartushtar*, np. *zartushtân*.

zarathustrôtema (superl. des vor.) 1) m. der dem Zarathustra an Würde zunächst kommende Hohepriester, der *deçtûr i deçturân*, acc. *zarathustrôtememca* y. 2, 24. G. 4. 6. dat. *°temâica* y. 1, 17. 3, 31. G. 4, 1. gen. *°temahê* vsp. 10, 6. G. 4. 9. *âhurôis zarathustrôtemahê* vsp. 1, 30. Hzv.-Uebers. erklärt: „für die Menschen in Bezug auf gute Handlungen der maupat der maupate, oberste Mobed“. 2) adj., den Hohenpriester beschützend, ihm angehörig, voc. *zarathustrôtema* (Mithra) yt. 10, 115. plur. acc. fem. *fravashayô °temâo* y. 17, 72. 26, 2. yt. 13, 21. Hzv. *zartushttum*.

zarathustrôfraokhta (von *zarathustra* + *fr°*) adj. von Z. gesprochen, plur. nom. *yôi heñti °fraokhta* y. 1, 33. 2, 43.

zaradhaghna (von *zaredhaya* + *ghna*) adj., das Herz schlagend.

zaradhaghnya (vom vor.) n. Schlagen, Verletzen des Herzens, dat. *zaradhaghnyâi* vd. 1, 57. (die Stelle ist undeutlich).

zaranaêna (von *zaranya*) adj., golden, nom. m. *yêzi añhaṭ zaranaênis* vd. 7, 186. (Westerg. *zaren°*) acc. *vâshem zaranaênem* yt. 10, 124. *tastem* y. 10, 54. *paitidânem* yt. 5, 123. fem. *çufrãm zaranaênîm* vd. 2, 18. *puçãm* yt. 5, 128. neutr. *kukuirim barezô . . . zaranaênem* yt. 5, 96. 12, 24. *vañhânem zaranaênem* yt. 5, 126. instr. masc. *zaranaêna cakhra* yt. 10, 136. *frâgaoshâvara zaranaêni* (vgl. den nom.) yt. 5, 127. fem. *çuwraya zaranaênya* vd. 2, 32. 91. loc. masc. *zaranaênê paiti gâtvô* yt. 15, 2. neutr. *zaranaênê paiti upaçtarenê* yt. 15, 2. plur. nom. masc. *zaranaêna paitismukhta* golden (d. h. mit Gold) beschlagen yt. 10, 125.

zaranu, zarenu (von 2. *zar*) m.? 1) Gold. 2) Zorn.

zaranumañṭ (vom vor.) adj., bändigend, acc. *zaranumañtem bavâhi yatha yaṭ-açti zaranumatô mashyânahê* yt. 24, 4. = yt. 23, 4. wo *urvathô bavâhi yazatanãm yatha zarônem mashyânãm* mögest du ein Freund der Yazatas sein wie ein Bändiger der Menschen.

zaranuman (von *zaranu*) adj., golden, Windischmann zornvoll, acc. *mithrem zaranumanem* yt. 10, 47.

zaranya (von 2. *zar*) 1) n. Gold, nom. *kakereṭ zaranim* einmal Gold (d. h. aus Gold bestehend, von der Schelle) vd. 14, 49. *evaṭ yavaṭ zaranim* wie theuer, wenn sie (von) Gold ist vd. 14, 52. acc. *zaranim* yt. 5, 129. *zaranim* yt. 17, 14. instr. *çrvaêna aêshãm çafâoñhô zaranya paitithwarstâoñhô* bleiern sind ihre Hufe, mit Gold beschlagen y. 56, 11. 3. 2) adj., golden, gen. neutr. *ayañhô zaranyêhê* mit

Golderz (Bronze?) yt. 10, 96. plur. acc. (des Instr.) *zaranya aothra* yt. 5, 78.

Vgl. skr. *hiraṇya*.

zaranyapakhasta (vom vor. + *pakhsta*) adj., goldgestickt, plur. nom. *haraṅtô °pakhasta* (lies *°pakhsta?*) *pâdhâoṅhô* yt. 17, 9.

zaranyâvaṅt (von *zaranya*) adj., golden, acc. fem. *âpem zaranyâvaitîm* vd. 4, 155. hzv. *zarômand*.

zaranyôaiwidâna (von *zaranya* + *aiwidâ°*) adj., mit goldner Schabrake bedeckt, gen. *açpahê °dânahê* yt. 8, 18. 20. 14, 9.

zaranyôaiwyâoṅhana (von *z°* + *aiwyâ°*) adj., mit goldnem Gürtel, Kosti, gegürtet, acc. *vaêm °aiwyâoṅhanem* yt. 15, 57.

zaranyôaothra (von *z°* + *aothra*) adj., mit goldnen Schuhen gekleidet, acc. *vaêm °aothrem* yt. 15, 57.

zaranyôurvîkhshna (von *z°* + *urvîkhshna*) adj., mit goldnem Diadem geschmückt, nom. fem. *zaranyôurvîkhshna* (entweder ist *yâ* zu ergänzen oder das Wort ist auf *ardvi çûra* zu beziehen) yt. 5, 64.

zaranyôkereta (von *z°* + *kereta*) adj. aus Gold gefertigt, nom. statt loc. *haca gatvô °keretô* vd. 19, 102. statt des plur. acc. *avi gâtvô* (lies *gâtavô?*) *°keretô* vd. 19, 106.

zaranyôkhaodha (von *z°* + *khaodha*) adj., mit goldnem Helm bedeckt, acc. *vaêm °khaodhem* yt. 15, 57.

zaranyôcakhra (von *z°* + *cakhra*) adj., mit einem goldnen Rad versehn (man vgl. das Rad, welches auf den alten Sculpturen die Gottheiten umgibt), acc. *vaêm °cakhrem* yt. 15, 57.

zaranyôzafare (von *z°* + *zafare*) adj., mit goldnem Mund (d. i. das Ende des Pfeiles, welches an die Sehne gesetzt wird) versehn, plur. gen. *ishunãm °zafrãm* yt. 10, 129.

zaranyôzaya (von *z°* + *zaya*) adj., mit goldnen Waffen versehn, acc. *vaêm zaranyôzaêm* yt. 15, 57.

zaranyôpaêça (von *z°* + *paêça*) adj., aus Gold gebildet, instr. *°paêça* yt. 17, 10. acc. fem. *°paêçîm* vd. 2, 18.

zaranyôpiça (von *z°* + *piça*) adj., goldgestaltig, nom. m. *zaranyôpiçô* yt. 10, 13.

zaranyôpuça (von *z°* + *puça*) adj., mit goldnem Kopfputz versehn, acc. *vaêm °puçem* yt. 15, 57. *zaranyôpuçem hitâçpem* yt. 19, 41.

zaranyôminu (von *z°* + *minu*) adj., mit goldnem Geschmeid versehn, acc. *vaêm zaranyôminem* yt. 15, 57.

zaranyôvaçtra (von *z°* + *vaçtra*) adj., in goldne Kleider gehüllt, acc. *vaêm °vaçtrem* yt. 15, 57.

zaranyôvasha (von *z°* + *vâsha*) adj., auf goldnem Wagen fahrend, acc. *vaêm zaranyôvashem* yt. 15, 57.

zaranyôvârethman (von *z°* + *v°*) adj., mit goldnem Panzer gerüstet, acc. *mithrem °vârethmanem* yt. 10, 112.

zaranyôçaêpa (von *z°* + *çaêpa*) adj., zur Goldschmelze gehörig, abl. *piçrat haca °çaêpât* vd. 8, 254 (Westerg. 8, 87).

zaranyôçaora (von *z°* + *çaora*) adj., mit goldner Klinge versehn, acc. *karetem °çaorem*, Spiegel: mit goldnem Griffe, yt. 14, 27.

zaranyôçrva (von *z°* + *çrva*) adj., goldne Hörner habend, gen. *gêus kehrpa zaranyôçrvahê* vd. 19, 126. yt. 8, 16. 14, 7.

zaraçta m.? eine Waffe, plur. gen. *zaraçtanãm* yt. 10, 130. (die andern Hss. haben *arstinãm*).

zarezdau (vgl. *zaredhaya*) n. Herz, acc. *vâcem baraiti . . . ahyâ zarezdâcâ* (Hzv. *rebahmeman*) er wendet seine Stimme an sein Herz y. 31, 12.

zareta (von 2. *zar*) m. Bedrücker, nom. *zaretô* yt. 11, 5.

zaredhaya n. Herz, acc. (statt des nom., weil das Verb. *ah* zu ergänzen) *adha zimahê maidhîm adha zimahê zaredhaêm* da ist des Winters Mitte, des Winters Herz, vd. 1, 11. Die Hzv.-Uebers. erklärt: „im Monat Bahman (Januar) und im Monat Shatvin (August!) ist es, wo des Winters Herz ist, d. h. er am stärksten ist, nemlich ungeachtet dessen dass er ganz und gar [überhaupt] strenge ist, so ist er nachher doch in dieser Zeit am strengsten.“ Vgl. das np. *dil*, welches ebenfalls Mitte bedeuten kann, z. B. *dil i âçmân* die Erde.

Skr. *hṛdaya*, parsi np. buchar. bal. kurd. *dil*, afgh. *zṛah*, zaza *zer*, ostkurd. *zik*, armen. *sirt*, südoss. *zarda*, dig. *zerde*, tag. *zärdä*.

zarenaênis s. *zaranaêna*.

zarenumaṅt (von *zaranu*) 1) adj., golden (Windischmann geschämig) nom. f. *zarenumaitica* yt. 19, 67. 2) m. Goldgrube, n. pr. eines Var (Sees) bei Hamadan, vgl. Bund. 53, 12. 56, 1. acc. *zarenumaṅtem çûrem yazamaidê* N. 1, 8. Fr. 5, 2. gen. *zarenumaṅtô çûrahê* Fr. 5, 1.

Hzv. *zarinumend*.

zarenumaini (von *zaranu*) adj., golden, nom. m. *kahrkâçô zarenumainis* der goldfarbige Geier yt. 14, 33. 16, 13. Bund. 47, 11. steht *karkâç i zarmân* (Geier des Alters?).

zarema (von 2. *zar*) m. 1) Hemmnis, Abschnitt 2) das Grün, Gold.

Vgl. *azaremya*, *thrizaremaya*, *maidhyôzaremaya*.

zaremaya (vom vor.) 1) adj. grün, golden, gen. *qarethanãm . . . zaremayêhê raoghnahê* Speisen von dem goldnen (grünen) Fett yt. 22, 18. Die Seligen trinken im Jenseits als Nectar ein lieblich schmeckendes Oel, vgl. den Minokhired bei Spiegel H. II, 140, 44. 2) n. das Grün, nom. wenn der Mond scheint, *misti urvaranãm zairigaonanãm zaremaêm paiti zemât uzukhshyêiti* so wächst durch den Thau das Grün der goldfruchtigen Bäume auf der Erde yt. 7, 4.

Vgl. armen. *zarm* (ortus, semen, proles)?

1. **zaresh** (Fortbildung von 3. *zar*) ziehen, partic. praes. pass. nom. *yô vazaiti zarashyamnô* welcher gezogen hinkommt yt. 14, 20. partic. perf. pass. *zarsta* (s. besonders).

— *ni*, zerren, praes. 3. sg. *nizareshaiti* vd. 19, 100. vgl. Spiegel, II. 11, 65).

— *fra*, schleppen, partic. perf. pass. nom. f. *frazarsta* yt. 10, 38.

vi, zerren, schleppen.

2. **zaresh** (Fortbildung von 1. *zar*) altern, partic. praes. *zareshyañt*, alternd.

Vgl. *azareshyañt*.

zarôna, s. *zaranumañt*.

zarzdista (von *zarezdan* + *çtâ*) adj., im Herzen befindlich, nom. *âzhus zarzdistô* y. 52, 7.

zarnumana (von *zarana*) m. Peiniger, nom. *zarnumanô* yt. 11, 5.

zarsta von 1. *zaresh*) gezogen, gewachsen.

Vgl. *huzarsta*.

zarstva m. Stein, hzv. *çag*, Windischmann Voc. vermuthet stannum, Mithra 35 eine geringe Art Metall; gen. *zarstrahê* vd. 8, 20. loc. *zarstvê* vd. 8, 26. pl. nom. *zarstraciț . . . fradakhshanya* Schleudersteine yt. 10, 39.

zarstvaêna (vom vorigen) adj., steinern. hzv. *çagîn*, nom. *yêzi añhaț zarstraênis* vend. sade 253 (Westerg. vd. 7, 75), acc. sie sollen die Leiche fest machen *zarstraênem* an steinerne Gewichte vd. 6, 96.

zava (von 1. *zu*) m. Ruf, das Rufen, plur. acc. *â môi . . . zavêñg jaçatâ* sie möge kommen auf mein Rufen y. 28, 3. *yahmâi zavêñg* zu welchem auf seinen Ruf (kommen) y. 29, 3.

Skr. *hâva*, np. *zârah*.

zavana (von 1. *zu*) m. das Anrufen.

Skr. *hâvana*.

zavanôraozhdya vom vor. + *r*°) m. n. pr., gen. *gaomatô zavanôraozhdyêhê raozhdyayâo dañhêus* des G. (des Sohnes) des Z., in der raozhdischen Gegend, Spiegel: des G., der auf Anrufung Bewässerung verleiht für die zu bewässernde Gegend, yt. 13, 125.

zavanôçâçta (von *zavana* + *çâçta*) adj. durch Rufen um Hülfe gebeten, nom. f. *zavanôçâçta* yt. 5, 9. N. 4, 9.

zavanôçu (von *zavana* + *çu*) 1) m. Nutzen, welcher aus der (auf die) Anrufung folgt, pl. nom. *cithra vô zavanôçavô* offenbar sind euch (Grösse) und Nutzen, den ihr dem Anrufenden gewährt N. 3, 11. ähnlich: *maçâuâo zavanôçavô cithrem vô bavâo* yt. 24, 8. 2) adj., Nutzen in Folge der Anrufung bietend, nom. masc. *zavanôçva* yt. 10, 76. acc. *zavanôçûm* yt. 19, 52.

zavanôçrûta von *z*° + *çrûta*) adj., auf den Ruf hörend, nom. *zavanôçrûtô* yt. 13, 44. acc. *mithrem* °*çrûtem* yt. 10, 61. 13, 43. vergl. Windischmann Mithra 50.

zavareca s. *zâvare*.

zavavañț, *izyêiti zavavaț* (Westerg. verm. *avavaț*) *izyatica mazdyaçnîț rohu* yt. 24, 30.

zavôâda (von *zava* + 1. *âda*) adj. Gebetgaben gebend, Gaben gebend, wenn man ihn anruft, voc. masc. *vañhuyâ zavôâdâ* o du, der in Güte Gaben den Bittenden verleiht y. 33, 12.

zaçta (von *zah?*) m. Hand (der guten Wesen), nom. *hâmca zaçtô nizhbarâț* bis ihre Hand herauskommt vd. 5, 167. instr. *zaçta drajimnô* vd. 19, 13. *gaomata zaçta* Fleisch in der Hand habend yt. 13, 50. *zaçtâ* y. 42, 4. loc. *zaçtaya* yt. 10, 96. dual. nom. *zaçta* vd. 8, 128. acc. *zaçta* vd. 8, 127. 9, 179. 16, 19. y. 61, 21. yt. 19, 48. *zaçtê* vsp. 18, 1. instr. *zaçtôibyâ* y. 33, 2. 46, 2. *zaçtaêibya* vd. 2, 95. 8, 129. 18, 44. yt. 10, 91. abl. *zaçtaêibya* vd. 5, 39. loc. *zaçtayô* vd. 19, 53. y. 56, 12, 4. 43, 14. *daden zaçtayô* sie gaben in die Hände, lieferten aus y. 30, 8. pl. acc. *zaçtê* yt. 13, 147. instr. *zaçtâis* y. 29, 5. dat. (statt instr.) *zaçtaêibyô* vd. 6, 63.

Skr. *hâsta*, altp. *daçta*, hzv. parsi neup. syrischzig. *daçt*, buchar. kurd. kurm. bulb. maz. *deçt*, afgh. *lâç*, lorist. talish gil. *deç*, armen. *daçtak* (np. *daçtah*).

Vgl. *aêçmôzaçta*, *ayañhôz*°, *uçtânaz*°, *gaoz*°, *gâuz*°, *bareçmôz*°, *hâvanôz*°.

zaçtavañț (vom vor.) adj., thätig, acc. n. *zaçtavaț* y. 29, 9.

zaçtâista (von *zaçta* + *ista*) n. thätiger, mächtiger Schutz, hzv. *tubân khvahashnish*, instr. *zaçtaistâ* y. 49, 5. plur. instr. *zaçtâistâis* y. 34, 4.

zaçtâmarsta (von *zaçta* + 1. *marsta*) adj. durch Handschlag geschlossen, nom. *bityô zaçtâmarstô* der zweite (Vertrag) geschieht durch Handschlag vd. 4, 7. hzv. *yadman musht; aêshô mithrô aiwidrukhtô yô* °*marstô* (hzv. *yadman muçt*) dieser gebrochne Vertrag, der durch Handschlag geschlossen ist vd. 4, 26. acc. *mithrem yim* °*marstem* (hzv. *y*° *musht*) vd. 4, 39.

zaçtrôfrâna (v. *zaçta* + *frâna*) m. Handgelenk?

zaçtôfrânômaçanh (vom vor. + *m*°) adj. so viel man mit der Hand fortbringen kann, plur. instr. °*maçêbis* A. 1, 5.

zaçtômaçanh (v. *zaçta* + *m*°) n. Grösse, Werth eines Handschlags, acc. *zaçtômaçô* vd. 4, 15.

zaçtômiti (von *zaçta* + *miti*) adj., handlang, handgross, acc. f. *adha aêsha nâirika zaçtômitîm âpem fraûharâț* dann wenn die Frau aus der Hand Wasser geniesst, hzv. *tubanikish-maya* (das kräftige Wasser) vd. 7, 178.

zah, erlöschen, pot. 3. sg. *mâ yavê frazahîț* möge nie erlöschen (der Glanz) y. 59, 13.

Vgl. skr. **has*, Kuhn J. St. I, 362.

1. **zâ**, loslassen, fortgehn (wachsen) lassen, praes. 1. sg. *zazâmi* ich bringe hinweg vd. 5, 55. 3. sg. *uruthoñtem khshathrem zazâiti* er macht das Reich wachsen yt. 5, 130. 3. plur. med. *zazeñtê* welche sich fortgehn machen, wachsen y. 30, 10. praes. conj. 2. sg. (in der Frage) *zazâhi* pflegst du hinweg zu bringen vd. 5, 50.

— *ava*, vernichten, impf. 3. sg. (collectiv) *yôi . . . avazazaț* welche vernichten y. 34, 9.

— *uç*, austreiben, praes. 3. plur. *yaț bâ paiti fraêstem uçzazeñti paçvaçca çtaorâca* wo man am meisten (zur Weide) hinaustreibt Vieh und Zugthiere, hzv. übers. wo geboren werden, vd. 3, 17.

— *fra*, aussenden, senden impf. conj. 3. plur.

frâ mê gadhwa zazayãn sie sollen die Hunde bringen vd. 8, 120. causale praes. 1. sg. *frazayayâmi* ich giesse aus vd. 5, 56. conj. praes. 2. sg. *frazayayâhi* giessest du aus vd. 5, 52.

Skr. *hâ, jihîtê.*

2. **zâ** (vgl. 2. *zan*) kennen, kennen lehren, imperat. 2. sg. *zdî* y. 31, 17. impf. conj. 3. sg. *mithrô zayâţ zarathustrem* M. kannte den Z., Cit. bei Neriosengh zu y. 9, 3.

zâiri (von *zairi*) adj. gelb, nom. *haomaçca zâiris* vd. 19, 66. acc. *haomem zâirîm* y. 10 Schluss, y. 41, 30. S. 2, 30. voc. *haoma zâirê* vsp. 12, 11. y. 9, 54. 94.

zâo s. *zem.*

zâta (von 1. *zan*) geboren, nom. *zâtô* vd. 19, 143. yt. 13, 94. plur. gen. *zâtanãm* y. 9, 14. yt. 5, 42. 15, 16. *zâtanãmca* vsp. 12, 27. y. 4, 10. 24, 27. 64, 22. yt. 19, 22. *zâtanãmcîţ* y. 39, 5.

Skr. *jâtá*, hzv. *zât*, np. *zâdah*, talish *zuvâ*, afgh. *zai*, bal. *zâth*.

Vgl. *azâta, aparazâta, âz°, kudhôz°, frapterejâta, hadhôzâta, hvâz°.*

zânaitê s. 1. *zan.*

zânudrâjanh, nom. f. *acrahê zî asharaghahê zânudrâjâo açti âfrîtis* für einen Schädlichen ist der Segenswunsch von der Grösse eines Knie's? vd. 18, 27. Hzv. hat *zânk-drâjâ*, dessen erster Theil wohl mit *zânuk* (Knie, np. *zânû*) identisch ist; Spiegel: von der Grösse einer Waffe zum Schlagen.

zâmay (denomin. von *zâmi*) zum Gebären bringen.

— *ni*, zum Gebären bringen, praes. 3. plur. *yaţ mashya ... aghrarô nizâmayêiñti* (Ashi weint) wenn Männer unverheirathete Frauen zum Gebären bringen yt. 17, 59.

zâmâtar (v. 1. *zan*) m. Schwiegersohn, dual. acc. (dvandva) *añtare zâmâtara qaçura* zwischen Schwiegersohn und Schwäher yt. 10, 116.

Skr. *jámâtar*, hzv. np. (afgh.) *dâmâd*, gil. *zamâ*, bal. *jâñwâth*, kurd. *zavâ.*

zâmi (von 1. *zan*) f. Geburt.

Skr. *jâmí*. — Vgl. *huzâmi.*

zâmiti (von *zâmay*) f. Geburt, Gebären.

Vgl. *huzâmiti.*

zâvare (von 2. *zu*) n. Stärke, Kraft, acc. *zâvare* y. 9, 71. 87. 11, 9. 56, 10, 8. yt. 10, 11. 23. 13, 1. 16, 7. *zavareca* y. 70, 38. yt. 10, 146. vend. sade 560.

Vgl. *zura.* Altp. *zura*, hzv. *zavâr*, *zôr*, *zôrish*, np. afgh. bal. kurd. zig. armen. (udisch) *zôr.*

zâvishi s. 1. *zu.*

zi, treiben, eifrig sein, wachsen; werfen; impf. conj. *yô mãm taţ draonô zinâţ* (Westerg. *zanâţ*) wer mir das Draono wegwirft, entzieht y. 11, 17. hzv. *zanînît* (vielleicht ist *zinît* zu emendieren?) Ner. *jaghâna.*

Skr. *hi*, *hinóti*, altp. *di*, hzv. *zinîtan.*

zighru (v. 1. *gar*?) adj., zulaugend, gen. *ntayutôis vîţkaêrôis zighraos çaênahê* des U. (des Sohnes) des V., des zulangenden Çaêna yt. 13, 126.

zizhdâ (von *zish* + 2. *dâ*) beflecken.

zinake (von *zi*) m. Hinwegnehmer, nom. *zinake nãma ahmi* ich heisse Hinwegnehmer yt. 15, 45.

zim (von *zi*?) m. Winter, Winterkälte, gen. *zimô* vd. 9, 13. 2, 47. (Westerg. *zemô*, vgl. 2. *jaṅh*) vd. 7, 69. *parô zimô* vor dem Winter vd. 2, 57. (Spiegel *zemô*); *paçca zimô* (Spiegel *zemô*) *içôis aiwiyaitîm* nach Ankunft des Wintereises vd. 9, 13. *peretô zemô* (hzv. an der Brücke des Winters, besser wohl von *zem* Erde) y. 50, 12.

zima (vgl. das vor. Wort) m. 1) Winter, gen. *zimahê* vd. 1, 11. loc. *zimê* yt. 5, 120. 2) Jahr.

Vgl. *zyâo.* Skr. *híma*, hzv. *zim*, hzv. parsi *damaçtân*, np. *zimaçtân*, buchar. *zimeçtân*, afgh. *zimai*, ostafgh. *zhimai*, kurd. *zaveçtân*, kurm. *zeriçtân*, bulb. *ziçtân*, armen. *dsiun*, südoss. *zimag*, dig. *zimäg*, tag. *zümäg.*

Vgl. *khshraçatôzima, thriçatôz°, naraçatôz°, hazaṅrôz°.*

zish (vgl. *zi*?) fliessen, unrein sein, partic. perf. *zôista* (s. besonders).

Vgl. skr. *jish, jéshati?*

zî, Partikel, denn, vd. 1, 3. vsp. 2, 18. 14, 9. yt. 10, 2. 14, 12 (*zi*). *âzî demânem* denn zur Wohnung y. 31, 18. *yôi zî* welche y. 44, 7. in der Frage wie lat. nam: *kaţ zî açti* quidnam est yt. 8, 57. *kô mãm zî mainyêtê yazatem* wer achtet mich als einen Ized yt. 10, 108. certe vd. 2, 132. 4, 130. y. 33, 10. *yâ zî vîçâ vahistâ* was nur das beste ist y. 46, 5. in der Antwort *zî* also y. 52, 4. im Nachsatz *zî* nemlich yt. 8, 51. *nû zîţ* (aus *zî îţ*) denn nun y. 44, 8.

Skr. *hi*, armen. *zi.*

zîzanañţ s. 1. *zan.*

Vgl. *caturezîzanañţ.*

zîzanem s. 1. *zan.*

zîzîyusaţ s. *zyâ.*

zîţ (von *zî* + *îţ*) s. *zî.*

zîshnâoṅhemna s. *khshnâ.*

1. **zu**, 1) anrufen, beten, praes. 1. sg. *hyaţ mâ zaozaomî* da ich für mich erflehe y. 42, 10. aor. pass. 1. sg. *barethryâţ haca zârishî* (Westerg. *zârisi*) von deinen Ahnen ward ich angerufen; die Hzv.-Uebers. erwähnt als Ansicht einiger Lehrer die Erklärung: und deinen Ahnen zum Preis bin ich, deshalb auch du opfre, vd. 19, 22. infin. pass. *yô upamô, yô madhemô, yô fratemô zaozîzuyê tarô mãthrem pañca gâthâo* welches (Gebet) der oberste, mittelste und vorderste ist um gebetet zu werden (welches als das oberste ... gebetet werden soll) durch das heilige Wort und die fünf Gâthas hindurch G. 1, 6. partic. perf. pass. voc. *zûtâ* y. 49, 1. 2) fluchen (1. Classe) praes. 3. sg. *zavaiti* y. 11, 3. 7. 11. 3. pl. *zavañti* y. 11, 1. *cathwârô qatô zavañti* vd. 18, 28 (scheint interpoliert, da es den Zusammenhang unterbricht).

2. **zu**, eilen, stark sein, imper. 2. sg. *moshu mê zava* (Westerg. *java*) *araṅhê* eile mir rasch zu Hülfe yt. 5, 63.

— *uç*, hervoreilen, hervorquillen, partic. praes. gen. fem. *uzâithyâoçca*, des hervorquillenden (Wassers) vd. 6, 72.

— *fra*, tragen, mitbringen, praes. 3. sg. *frazavaiti* bringt mit sich yt. 14, 13.

Skr. *jû*, *jávati*, vgl. hzv. *zût*, np. afgh. *zûl*, bal. *zîth*, kurd. *zû*, phryg. *ζευμάν* (Quelle).

zura (vgl. *zâvare*) m. Gewalt.

zurôjata vom vor. + *jata*) adj., mit Gewalt geschlagen, gen. *çyâvarshânahê zurôjatahê narahê* des mit Gewalt getödteten Helden Çyâvarshâna yt. 9, 18. 19, 77. plur. nom. *zurôjata* vd. 7, 5.

zush, lieben; partic. perf. pass. *zusta* (s. bes.).

— *fra*, lieben, partic. perf. pass. acc. m. *arezô-shamanem . . . frazustem* yt. 19, 42.

Skr. *jush*, *jushâte*.

zusta (vom vor.) geliebt.

Skr. *júshṭa*, altp. *daustar*, hzv. parsi np. bal. (udisch) *dôçt*.

Vgl. *ashôzusta*, *daêvôzusta*, *barôzusta*.

zentu von 2. *zan*) m. Wissen.

Vgl. *hazañtu*.

zem (v. 1. *zan?*) f. Erde, tellus und humus, nom. *zâo* vd. 3, 79. 14, 58. 2, 21. y. 19, 15. acc. *zãm* vd. 3, 39. 13. 165. 19, 43. 2, 32. 9, 134. y. 10, 8. 14, 3. yt. 10, 85. 89. 13, 9. *zãmcâ* y. 43, 4. *zãm hudhâoñhem yazatem* S. 2, 28. *paro zãm* y. 19, 3. statt des nom. *yaozhdâta* (bun) *zãm* vd. 11, 6. instr. *paiti âya zemâ* auf dieser Erde y. 9, 46. yt. 10, 98. *zemâ paiti* y. 9, 67. yt. 5, 15. *âpô yâo zemâ armaêstâo* die Wasser (aquas) welche auf der Erde stehn y. 67, 15. *zemâ* vd. 5, 14. 7, 138. abl. *paiti zemâț* auf Erden yt. 7, 4. *haca zemaț* yt. 17, 19. *zemaț* yt. 17, 13. 20. vd. 11, 32. *zemâț* yt. 13, 10. *zemâț hãmraêthwayêiti* vermischt mit der Erde yt. 10, 72. *zemâț çayamnem* auf der Erde liegend yt. 14, 31. *zemâațca* vsp. 8. 18. gen. *zemô* vd. 14, 18. 7, 35. 2, 95. 19, 15 (local). y. 1, 45. 11, 21. 19, 17. S. 1, 28. yt. 10, 95. 13, 86. *zemô . . . fradarata* (Westerg. *fradh°*) er reinige sich mit Erde (kann auch plur. acc. sein) vd. 9, 122. *çareta zemô* kalt an Erde vd. 1, 10. *zemô uzdâthayen* sie sollen von der Erde aufheben vd. 7, 186. *peretô zemô* an der Brücke der Erde, d. i. Cinvaț; die Trad. übers. des Winters y. 50, 12. loc. *zemi paiti* auf die Erde y. 10, 55. *zemê* vd. 7, 124. *zemê paiti* vd. 6, 106. *huskê zemê* auf trockne Erde vd. 6, 63. 68. *mashyâka khshûiçtê zemê vîshâvayêiñtê* (wie) die Menschen weiche Erde auseinandergehn lassen vd. 2, 96. plur. nom. *zemô* das Land, die Erde, wo der Todte liegt vd. 7, 124. acc. *zemô* y. 10, 9. *zemaçca* vd. 6, 6. Landstriche vsp. 19, 8. y. 2, 59. yt. 13, 28. gen. *zemãmca* y. 1, 45. 3, 59.

Skr. *jám*, hzv. *damîk*, parsi *zamî*, *jamî*, np. *zamî*, ostafgh. *zmakah*, westafgh. *mazkah*, zaza *zimé*, vgl. phryg. *zemele* (Lassen DMG. 10, 375), oss. *zaňkhâ*, tag. *zakh* (vgl. Fr. Müller Oss. 14.), arm. *tsamakh*.

Vgl. *adhairizema*, *upairiz°*, *khraozhduçma*, *niçma*, *yaozhdâtôzema*, *vareduçma*, *huskôzema*.

zemainipacika (von *zemaênya* + *pacika*) adj. zur Töpferei gehörig, abl. *khumbaț haca zemainipacikâț* vom Töpferofen hinweg vd. 8, 254. (Westerg. 8, 84).

zemaênya (von *zem*) adj., irden, nom. *yêzi añhaț zemaênis* wenn (das Gefäss) irden ist vd. 7, 188, von einem Kleid vd. 7, 31 (interpoliert).

Np. *zamîn*, gebri *zerîn* (Erde).

zemaka (von *zima*) m. n. pr. eines Daêva des Winters, nom. (statt acc.) *zemakô peshanaiti*, hzv. *dameçtân*, vd. 4, 139.

zemana (v. 1. *zan?* m. Zeugungskraft? Werth?

Vgl. *nastâzemana*.

zemargûz (von *zem* + *guz*) adj., sich in die Erde verbergend, plur. nom. *zemargûzô baraț añrô mainyus*, *zemargûzô baraoñti daêva* Fr. 4, 3. acc. *tûm zemargûzô âkerenavô vîçpê daêva* du bewirktest, dass alle Daêvas sich in die Erde verbargen y. 9, 46. (vgl. Spiegel Av. übers. III, LXXI.) *zemargûza avazaț vîçpê daêva* er brachte es dahin, dass die D. sich verbargen yt. 19, 81.

zemaçcithra (v. *zem* + *cithra*) adj., den Saamen der Erde bewahrend; scheint Name eines Sternbildes zu sein, plur. nom. *upa avê çtârô yôi zemaçcithra* yt. 12. 30. acc. *vîçpê çtârô zemaçcithra* S. 2, 13. gen. *çtârãm afscithranãm zemaçcithranãm* S. 1, 13.

zemôistva (vgl. *istya*) m. Lehmstein, hzv. *damîkîn*, loc. *zemôistvê* vd. 8, 26.

zemfrathañh (von *zem* + *fr°*) 1) n. die Länge der Erde, instr. *zemfrathañha* nach der Länge (Breite) der Erde y. 59, 7. 2) adj., so lang, breit als die Erde, nom. masc. *zemfrathâo* yt. 10, 95. neutr. *zemfrathô maêthanem* yt. 10, 44.

zemb, zermalmen, vernichten.

— *hãm*, vernichten, causale imper. 2. plur. med. *hãm zanva zembayadhwem* yt. 1, 28.

Skr. *jabh*, *jambháyati*.

zemvareta m. Name einer harten Erdart, acc. *zemvaretem* vd. 9, 30.

Vgl. *varedva?*

zeredha (von 2. *zar?*) m. n. pr. eines Berges im Quellenland des Karun und Zinderud, bei Isfahan; nach Bund. 21, 18 ist er mit dem Manus identisch. nach yt. 19, 1. aber nur diesem benachbart; nom *zeredhô gairis* yt. 19, 1.

Hzv. *zerit*, np. *koh i zerd*.

zeredhôkereta (von *zaredhaya* + 2. *kereta*) f. Ausschneidung des Herzens, plur. nom. *°keretâoçca* vd. 7, 61 vgl. *geredhôkereta*.

zevish (Fortbildung von *zush*, vgl. *civish*), lieben, freundlich sein.

zevistaya, zevîstya (vom. vor.) adj., freundlich, acc. *yathâ thwâ zevîstîm uzêmôhî* wie ich dich den freundlichen erhebe y. 45, 9. plur. nom. *yûzhem zevîstayâoñhô* ihr freundlichen y. 28, 9. acc. *zevîstayêñg* y. 49, 7. fem. *fravashayô . . . zevîstayâo zevîstayanãm daqyunãm* die Fravashis, die freundlichen der befreundeten Gegenden yt. 13, 21.

zevya (von 1. *zu*) m. das Anrufen, acc. *yadâ zevîm añhen* wenn anzurufen sind y. 31, 4.

zênôñhvañț s. *azinavañț*.

zôizhda (v. *zizhdá*) adj., unrein, hässlich, superlat.

plur. acc. *khrafçtra zôizhdistava* yt. 20, 1. *yatha zôizhdistâis khrafçtrâis* vd. 7, 4. hzv. *rîmantum*.
Vgl. parsi *zist*, np. *zisht*.

zôishnu (von *zish*) adj., unrein, instr. *zôishenû vâzâ* y. 50, 12. dat. fem. *avi tanuyê zôishnuyê* auf ihren unreinen Leib vd. 7, 172.

zôista (von *zish*) unrein.
Vgl. *vîzôista*.

zâtha (von 1. *zan*) m. Geburt, acc. *aipî zâthem* nach der Geburt, y. 47, 5 (cit. vd. 10, 35); *zâthemca* vd. 21, 24. dat. *zâthâi* y. 64, 8. yt. 13, 5. abl. *para zâthâṭ* y. 19, 19. loc. *zâthaêca* bei der Geburt vd. 21, 19. yt. 13, 93. 17, 18. *aňhéus zâthôi* bei der Weltschöpfung y. 42, 5. 47, 6.
Np. *zâd*, armen. *jet*.

zâthar (von 1. *zan*) m. Erzeuger, nom. *zâthâ* y. 43, 3.
Vgl. skr. *janitár*.

zâthwa (von 1. *zan*) n. Geburt.
Vgl. skr. *jantvà*.
Vgl. *haozâthwa*.

zâhy° s. 1. *zan*.

zgath, gehn, fliessen.
— *aipi*, zergehn, praes. 3. sg. *aipi . . . zgathaitê* (Westerg. *zagathaitê*) die Leichenunreinigkeit zergeht vd. 9, 171.
— *uç*, ausschlagen (vom Pferd), partic. perf. med. nom. *uzgaçtô* yt. 5, 131.

zgad, gehn, fliessen.
— *fra*, hervorfliessen, fortfliessen, praes. 3. sg. *frazgadhaiti* yt. 5, 96. 12, 24. impf. 3. sg. med. *frazgadhata* yt. 19, 56. 82.

zgâ, gehn, fliessen.
Vgl. armen. *zgnam?*

zgereçnôvaghdhana s. *uzger°*.

zta, gen. fem. *aňhâo dim ztayâo frérenta çadhayêiti yâ hava daêna* yt. 22, 9. Die Hs. ist zerstört, aber der Zug für *z* sieht eher wie *v* aus; vielleicht *vîtayâo* zu ihr, die von ihm (dem Wind) angegangen (angeweht) ist, kommt ihr eignes Gesetz?

zdî s. 2. *zâ*.

zbaurvaithîna (von *zbaurvaňṭ*) m. Tochtersohn des Zbaurvaňṭ, gen. *karaçnahê zbaurvaithinahê* yt. 13, 106.

zbaurvaňṭ (von *zbar*) m. n. pr. gen. *zbaurvatô* yt. 13, 106.

zbar, sich krümmen, partic. praes. acc. *ahmi yim zbareňtem* dann wenn er sich krümmt yt. 15, 50. med. *arezôshamanem . . . jirem zbaremnem* den geschmeidigen yt. 19, 42.
Skr. *hvar*, *hvárati*; vgl. np. *zuvârîdan* (veterascere).

zbaretha (vom vor.) m. Fuss (der bösen Wesen), dual. instr. *zbarethaêibya* y. 9, 90. hzv. *zbâr*.

zbâ, rufen, preisen, praes. 1. sg. *zbayêmi* y. 26, 1. 70, 55. yt. 13, 21. 12, 3. S. 2, 30. *zbayâ* y. 33, 5. 45, 14. 50, 10. 3. sg. *zbayêiti* yt. 13, 24. 10, 83. 1. plur. *zbayamahi* yt. 12, 5. 15, 1. med. *zbayêmahê* (es muss imper. 2. sg. sein) yt. 12, 3. praes. conj. 2. sg. *yô mãm zbayéhi* yt. 17, 17. pot. 2. sg. med. *zbayaêsa* yt. 15, 49. 3. sg. act. *zbayôiṭ* yt. 4, 2. imperf. 3. sg. *zbayaṭ* yt. 13, 28. partic. praes. dat. *zbayêňtê* y. 20, 5. 48, 12 (Spiegel *zbayaňtê*) yt. 13, 40. 24 (Westerg. *zbayaňtê*). *zbayaňtâi* yt. 15, 20. 17, 2. plur. gen. *zbayaňtãm* yt. 17, 17. partic. perf. pass. *zbâta*.
— *ava*, anflehen, praes. 3. dual. *avazbayatô* yt. 13, 35.
— *â*, anrufen, praes. 1. sg. *âzbaya* vsp. 7, 3. y. 16, 2. praes. conj. med. 1. sg. *âca thwâ zbayâi* yt. 10, 77.
— *upa*, anrufen, bitten, praes. 3. sg. *upazbayêiti* yt. 13, 69. imper. 2. sg. *upazbaya* yt. 24, 43. impf. 3. sg. *upa ushâoňhem upazbayaṭ ardvîm çûrãm* gegen die Morgenröthe rief er an die Arduisur yt. 5, 62. med. *upazbayata* yt. 24, 38.
— *ni*, 1) anrufen, preisen, praes. 1. sg. *nizbayêmi* vd. 19, 51. pot. 2. sg. med. *nizbayaisa* yt. 24, 24. imper. 2. sg. med. *nizbayaňuha* vd. 19, 42–49. 2) wegbeschwören, impf. 1. sg. *kãmciṭ thwãmca drujemca nizhbaêm* yt. 4, 6.
Skr. *hvâ*, *hváyâmi*, hzv. *zbayîtan*, parsi *zhbaêm* (praes.) vgl. armen. *nzovkh* (Fluch, Eid).

zbâta (vom vor.) angerufen.
Vgl. *huzbâta*.

zbâtar (von *zbâ*) m. Lobredner, nom. *zbâta* vsp. 6, 1. *zbâtâ* y. 15, 1. voc. *zbâtarca* yt. 3, 1.

zyâ, schaden, partic. perf. act. abl. *zîzîyusaṭca kayadhâṭ* von dem schädlichen Frevler yt. 1, 19. 13, 71 (*y* ist mit dem Zeichen des anlautenden *y* geschrieben).
Skr. *hâ*, *jahâti*.

zyâo (von *hi?*) m. Winterfrost, nom. *çtakhrô mrûrô zyâo* vd. 2, 48. *zyâoçciṭ* vd. 1, 12. acc. *zyãm* vd. 1, 8. 80.

zyâna (von *zyâ*) m. Schaden, dat. *zyânâi* y. 64, 44. plur. gen. *zyânãm* yt. 1, 24.
Hzv. *ziyân*, parsi *zyãn*, np. afgh. (udisch) *zyân*, dig. *zhian*.

zyâni (von *zyâ*) f. Schaden, dat. *zyânayaêca* vor Schaden y. 13, 8.

1. **zrayaňh** (von *zri*) m. n. pr. dual. gen. *zrayaňhâo çpeňtôkhratarâo ashaonâo* der beiden (Zwillingsbrüder) Zrayaňh und Çpeňtôkhratu der reinen yt. 13, 115.

2. **zrayaňh** (von *zri*, das ausgedehnte) n. See, Meer, nom. *zrayô yaṭ kâçûm* (der Zarehsee) yt. 19, 66. *zrayô vourukashem* vd. 5, 69. 21, 15. yt. 8, 20. acc. *zrayô* vd. 5, 53. 19, 117. vsp. 8, 19. y. 64, 14. yt. 5, 3. 8, 31. *avaṭ zrayô* yt. 13, 59. abl. *zrayaňhaṭ* vd. 5, 51. yt. 8, 23. gen. *zrayaňhô* y. 41, 28. yt. 5, 42. 8, 32. 19, 51. (scil. *vourukashahê*). loc. *zraya vourukashaya* yt. 8, 8. 5, 38. *zrayâ vourukashayâ* y. 64, 15. yt. 5, 4. 13, 7.
Skr. *jráyas*, altp. *daraya*, *zaraka* (Drangiana, das *z* ist hier ostéranisch), hzv. *zraê*, parsi *daryâw*, *zreh*, np. *daryâ*, *zareh*, afgh. *daryâ* (aus dem np.?) bal. *daryâ*, buchar. kurm. (brahvi, türk. tatar.) *deryâ*, syrisch-zig. *daíreh*, türkisch-zig. *deryâv* (udisch *däriya*).
Vgl. *perethuzrayaňh*.

zrayana (vom vor.) adj., zum See gehörig, acc. f. *âpem zrayanãm* yt. 6, 2.

zrâd, rasseln.
Skr. *hrâd, hrâdate*.

zrâdha (vom vor.) m. Kettenpanzer, nom. *zrâdhô* vd. 14, 38.
Hzv. *zrâê*, parsi *zreh* (*zîn u zreh* Rüstung), np. *zirah*, (arab. *zerad*), afgh. *zgharah?* armen. *zrah*, kurd. *zerîk*.

zri, gehn, sich ausdehnen.
Skr. *jri, jráyati*.

zrûâyu (von *zrvan* + *âyu*) n. bestimmte Zeit, acc. *zrûâyu* zur bestimmten Zeit yt. 10, 55 = 8, 11 (wo *zrûâyaṭ*).

zrvan, zrvâna (v. 1. *zar*) n. 1) Zeit, Alter, nom. *aêtem zî âçistem zrvânem upâiti* ihn übereilt die Zeit (das Alter) am schnellsten vd. 13, 75. acc. *zrvânem* y. 9, 36. yt. 8, 28. vd. 7, 5. *cvañtem drâjô zrvânem* wie lange Zeit vd. 6, 1. *avaiti bãzô cvañtem zrvânem* (Westerg. *avata*) von solcher Grösse, wie lange Zeit (die geistige Schöpfung geschaffen war) Cit. der Hzv.-Gl. zu vd. 2, 41. *dareghemciṭ aipi zrvânem* yt. 19, 26. 31. *dareghemciṭ pairi zrvânem* lange Zeit yt. 13, 53. *dareghemciṭ aipi zrvânem* die lange Zeit hindurch (bis zur Auferstehung) y. 61, 8. dat. *thwarstâi zrânê* zur passenden Zeit yt. 5, 129. 2) mit *akarana*, die unendliche Zeit, die kosmische Macht der Zeit und des Schicksals, welche im Avesta wenig hervortritt, weil sie nur die Rolle einer Zuschauerin spielt, später dagegen, um den Dualismus einem einzigen Wesen unterzuordnen, eine Stellung über Ormazd und Ahriman einnahm. Elisaeus (ed. Venet. 828) erzählt, dass der grosse Gott Zrovân geopfert und gesagt habe: „wenn vielleicht mir werden wird ein Sohn, Ormizd mit Namen, wird er schaffen Himmel und Erde"; er empfieng zwei Söhne im Mutterschoosse, den einen weil er „vielleicht" gesagt, den andern, weil er geopfert hatte. Er gelobte dem, welcher zuerst zur Welt kommen würde, das Reich zu geben, und Ahriman, finster und böse, drängte sich heraus; Zrovân, der sein Wort halten wollte, gab ihm das Reich, doch nicht für immer; man vgl. Brockhaus 361. Spiegel DMG. 5, 228. Av. übers. II, 217. Haug, Essais 9. acc. *zrvânem akaranem* S. 2, 21. N. 1, 8. gen. *zrvânahê akaranahê* vd. 19, 44. yt. 24, 24. S. 1, 21. loc. *zrani akaranê* vd. 19, 33.
Parsi *zurvãn*; die Gottheit heisst bei Elisaeus *zrovan*, bei Berosus *zerovanus*, bei Theodorus von Mopsuestia (bei Photius) ζαρουαμ.

zrvôdâta (vom vor. + 2. *dâta*) adj., von der Zeit geschaffen, plur. gen. *pathãm zrvôdâtanãm* vd. 19, 95. yt. 24, 27.

T.

ta, pronom. demonstr., dieser, der; nom. masc. fem. vom Stamme *ha* gebildet; nom. masc. *hô* y. 56, 7. 9. vd. 2, 32. 128. 19, 2. *ô* . . . *hô* vd. 3, 99. *hô vâkhs* yt. 10, 89. adverbial: *jana hô çaithin nôiṭ janen* die Schlagenden hier fallen, schlagen nicht mehr) yt. 14, 56. *haçciṭ* yt. 13, 69. 14, 20. 19, 1. *hê* (hzv. *zak*) *ptâ* er (ist) der Vater y. 57, 10. *hêca* vsp. 14, 4. *hêcâ* . . . *hê* er . . . er y. 57, 12. *hâ* (lies *hô* oder *hâu*? *vañhus çraoshô* vsp. 14, 4. fem. *hâ* vd. 5, 66. 7, 37. 19, 100. y. 19, 6. 9, 12. 32, 2. 46, 6. neutr. *taṭ* y. 42, 10. vd. 13, 1. meist adverbial oder als verbindende Partikel gebraucht, *taṭ* dann, deshalb yt. 10, 113. *aêibis taṭ vañhêus aiwikhshôithni* vd. 3, 81. *nâ taṭ parairithyêiti* ein Mann stirbt (hzv. *êtun*) vd. 5, 1. *âthritîm taṭ* (al. *tadha*) *aêtâo pathâo vîcâdhayañtu* dreimal sollen sie (den Hund) diese Wege führen vd. 8, 42. *taṭ . . . hyaṭ* so . . . wie vsp. 10, 31. *taṭ ahyâ yâ taṭ upajamyâma* mögen wir also dazu kommen y. 7, 63. *hvô taṭ nâ* dieser Mann y. 50, 19. *taṭ mâoñhem paitivaênem* (wenn) ich nun den Mond ansehe yt. 7, 3. *nis taṭ paiti drukhs nâshâitê* dann flieht die Drukhs y. 19, 12. *âpô frâtaṭ-caretayâo* des laufenden Wassers vd. 6, 79. (s. *frâtaṭcarañṭ*), *hathra âpem frâ-taṭ-caya hâthrômaçaêm* dort sammle das Wasser in der Länge eines Hâthra an vd. 2, 65. acc. masc. *tem* vd. 2, 40. 5, 174. *temciṭ* y. 9, 75. *tem ari* y. 64, 31. *têm* y. 29, 7. 42, 13 (scil. *yânem*? Trad. diesen Lohn) *yaç-têm* y. 45, 6. *têm ahûm* y. 31, 20. *têm mainyûm* y. 33, 9. *têm angêm* y. 34, 7. *têm* . . . *fravashîs* (*têm* statt *tâo*, aus den vorhergehenden Versen) y. 37, 8. 5, 8. fem. *tãm* vd. 5, 8. y. 10, 44. 43, 10. vsp. 25, 4. *tãm kehrpem* vd. 5, 3. neutr. *taṭ* vd. 19, 36. y. 43, 1. 35, 21. 48, 8. (scil. *ashem*, den Asha). yt. 19, 96. *taṭ mãthrem* Cit. der Hzv.-Gl. vd. 2, 16. *taṭcâ* y. 48, 7. *taṭ araṭ âyaptem* yt. 15, 4. *taṭ nmânem* vd. 22, 3. *taṭ yaṭ haomahê draonô* das Brot des Hom y. 10, 44. *yaç-taṭ mîzhdem* wer diesen Lohn y. 43, 19. *taṭ ayaos yatha pavirîm vîrem* von dem Alter, wo ein Mann zuerst (zu Kraft kommt) yt. 8, 14. instr. masc. *tâ vaca* vd. 5, 64. *tâ zaçtâ* y. 42, 4. neutr. *tâ* hiemit, deshalb y. 36. 9. 50, 12. 69, 16. 48, 3. also y. 46, 3. dadurch vd. 9, 171. *tâciṭ* vd. 13, 117. gen. masc. *yavaṭ cvaṭ tahê* . . . *hañgêurvayãn* so viel sie von dem (Leichnam) fassen können vd. 6, 63 (Spiegel *cvaṭca hê*). dual. nom. masc. *tâ* y. 30, 3. *tâo* yt. 8, 22. 13, 78. acc. *tâ dregvatô erezâus* an beide, den schlechten und guten (so die Trad.; ein solcher Wechsel der Casus findet sich hie und da; doch könnte man *tâ* auch als instr. neutr.

nemlich, also, oder noch besser als pl. acc. neutr., an die (Thaten) des schlechten und guten, auffassen) y. 50, 13. neutr. *tâ* (die geistige und irdische Schöpfung) y. 31, 7. 32, 5. *tê kerenava mithwairê ajyamnem* diese Paare mache zu etwas unversiegbarem (mache unversiegbar) vd. 2, 78. pl. nom. masc. *tê* vd. 4, 115. 18, 77. y. 11, 24. 30, 1. yt. 19, 44. (von zweien). *tôi* y. 32, 15. 39, 3. 47, 12. *taêcit* vd. 13, 113. *taêcit* y. 32, 11. *taêca* vd. 1, 10. 7, 61. *tê aêtê* diese vd. 5, 128. *tê aêshãm çraoê* diese — auf ihren Nagel vd. 7, 70. *taêcit yôi katayô* die Hausväter y. 9, 73. *aiwica tê varefshva* herbei (bringe) die welche in den Varas sind (das demonstr. trat in den Casus des ausgelassnen relat.) vd. 2, 91. statt des acc. *vîçpê tê ratavô* (diese 3 Wörter sind gewissermaassen ein Eigenname, ich wünsche herbei die vîçpê tê ratavô) vsp. 2, 2. *yôi vîçpê tê apayêiñti* welche alle erreichen (*yôi tê* gehört zusammen und ist ähnlich gesetzt wie das gothische *thaiei*) y. 56, 11, 4. *haomô taêcit yôi . . . âoñheñti . . . bakhshaiti* Hom gibt denen welche sitzen (*taêcit* ist von *yôi* attrahiert und steht für *taêibyô* oder *tâis*, wie y. 9, 71 *aêibis* steht) y. 9, 73. vgl. y. 9, 74. *tê* (statt acc. lies *tê*?) yt. 10, 48. fem. *tâo* y. 54, 5. 64, 37. 31, 14. yt. 13, 27. *tâo zaoyâo tâo verethraghnyaêshu* sie sind stark, sie (sind es) in siegreichen Schlachten yt. 13, 27. *haomô tâoçcit yâo âoñhare . . . bakhshaiti* (s. oben den nom. masc.) y. 9, 74. neutr. *tâ* y. 54, 9. vd. 19, 89. 5, 57. *tâ vaçtra* vd. 5, 160. *tâ . . . yâ* (verb. im sg.) y. 45, 8. *tâo . . . yâo* y. 59, 2. *tâoçca imâo nâmênis* diess sind meine Namen yt. 1, 16. oft steht das neutr. für masc. und fem., wenn der plur. als unbestimmte Menge aufgefasst wird (Spiegel, nach briefl. Mitth. vom 22. Dez. 1863) *tâ naçus* vd. 9, 171. *tâ gêus* das vom Vieh, d. h. das Vieh vd. 7, 191. acc. masc. *tã* y. 16, 6. 69, 1. 50, 22. *têñg* y. 32, 1. 43, 11. fem. *tâo* y. 38, 3. yt. 10, 78. *tâo pathâo* vd. 8, 39. *tâo vîçô* vd. 13, 113. *tâo khshapanô* vd. 18, 61. *tâ* (lies *tâo*?) yt. 10, 48. neutr. *tâ* vd. 5, 53. yt. 5, 89. y. 69, 17. *tâ* (scil. *vâçtra*) vd. 5, 16. *tâ* (*skyaothna*) vd. 3, 148. *tâca* yt. 13, 153. *tâcâ vîçpâ* (Trad. versteht den Ahriman und Genossen) y. 34, 10. *tâcît* y. 43, 3. 45, 19. *tâ* (*vohû*) y. 43, 8. *tâo çravâo* vd. 4, 127. *tâoçca mê nãma zbayaêsa* yt. 15, 48. statt des masc. (bei unbestimmter Menge) *kat tâ haoma yaozhdayãn añhen* vd. 6, 84. *tâ nara* vd. 7, 65. *tâ nara iriçta* vd. 7, 2. *tâoçca* (von Wölfen und Hunden) vd. 18, 129. instr. masc. *tâis* y. 42, 14. *tâis â* (ist) bei ihnen y. 34, 11. neutr. *tâis* y. 38, 11. 30, 11. wegen dieser (Fragen) y. 43, 7. *yâis çrâvayêitê yêzî tâis athâ* wenn mit dem was verkündet ist, dann (Ormazd rechnet, *yâis* statt *yâ* ist von *tâis* attrahiert) y. 32, 6. dat. masc. *taêibyô* y. 34, 1.

Skr. *ta*.

taibyô s. *tûm*.

tairica s. *zairica* und *tauru*.

tauru (von *taurv*) m. n. pr. eines Erzdaêva, nom. *taurvi* vend. sade 490 (Westerg. vd. 19, 43). acc. (ohne Flexion) *tauru* vd. 10, 18. hzv. übers. *taric*; diess Wort entspricht aber kaum unserm *tauru*, sondern dem vorigen Worte, welches sich nicht in den Texten nachweisen lässt.

tauruna, adj. jung, nom. *çpâ tauruno* vd. 5, 98. acc. *çpânem yim taurunem* vd. 13, 45. Nach den spätern Schriften ist *tauruna* (hzv. *tarôk*) eine der zehn Hundearten; acc. *puthrem taurunem* y. 10, 21. plur. nom. *aperenâyô tauruna* yt. 17, 54. 55.

Skr. *táruṇa*, hzv. *tarôk* (vgl. Bund. 30, 14), parsi *turôk* (*çag bacah*), np. *tarânah*, armen. *tharm*, dig. *tharun*.

taurv, überwinden, peinigen (von der Pein, welche die guten Wesen den bösen bewirken), partic. praes. *taurvañt* (s. besonders); causale praes. 3. sg. *taurvayêiti* yt. 8, 8. 18, 2. 2. pl. *taurvayata* yt. 13, 38. imperat. 1. sg. *yatha azem taurvayêni* yt. 1, 6. 14, 4. 1. pl. *yatha taurvayama* yt. 10, 34. impf. 2. dual. *taurvayatem* yt. 13, 78. impf. conj. 3. sg. *taurvayât* yt. 15, 56. *yat mãm naêcis taurvayât* yt. 1, 6. *yô vîçpa taurvayât* welcher alles überwinden wird yt. 13, 142. 1. plur. *yâ . . . taurvayâmâ* damit wir zerstören y. 28, 6. partic. praes. nom. *yêzi vashi . . . taurvayô* wenn du überwinden willst yt. 1, 10. acc. *taurvayañtem* G. 1, 6. fem. *taurvayêiñtîm* y. 51, 6. plur. nom. *taurvayañta* yt. 5, 13. (s. *berezañt*).

Skr. *turv*, *tûrvati*, hzv. *tarvînîtan*, parsi *tarvînîdan*.

taurvañt (partic. praes. v. vor.) peinigend, überwindend, nom. *taurvâo* y. 9, 59.

Vgl. *tbaêshôtaurvañt*, *verethrotaurvañt*.

taurvan (von *taurv*) adj. überwindend.

Vgl. *vîçpataurvan*.

taurvayañt (partic. praes. caus. von *taurv*), verletzend, überwindend.

Vgl. *ataurvayañt*, *tbaêshôtaurvayañt*.

taurvâta (von *taurv*) m. n. pr. des Vaters des Frâcya.

taurvâti (vom vor.) m. Sohn des Taurvâta, gen. *frâcyêhê taurvâtôis* yt. 13, 115.

taêgha (von *tij*) m. Schärfe.

Np. *têgh*, armen. *têg*.

Vgl. *bitaêgha*.

taêta, s. *ayapta*, *vidya*.

taêzha (von *tij*) m. Axt, hzv. *têj*.

Vgl. skr. *têjas*. — Vgl. *barôithrôtaêzha*.

taêra m. n. pr. eines Gipfels der Hara in der Mitte der Welt, welchen die Sonne umkreist wie das Wasser die Erde, vgl. Bund. 22, 8 (wo *têrak arburj* zu lesen ist). 13, 5. nom. *taêraçca* yt. 19, 6. acc. Haoshyañha opfert *upa taêrem harayâo yukhtayâo paitiayañhô* an dem Taêra der Hara, der aus Eisen zusammengefügten yt. 15, 7. *taêremeâ haraithyâo berezô yazamaidê* wir preisen den Gipfel Taêra an der Haraiti y. 41, 24.

Hzv. *têrak*, np. *têrah*.

taokhman (von *tuc*) n. 1) Keim, Saame, acc. *yãm upairi urvaranãm vîçpanãm taokhma nidhayat* auf welchen (Baum) man aller Pflanzen Saamen niedergelegt hat yt. 12, 17. *hathra taokhma upabara* dorthin bringe den Saamen vd. 2, 62. 2) Verwandtschaft, Verwandter, pl. gen. (m.? weil persönlich) *yaṭ kãmciṭ vâ taokhmanãm parairithyêiti* wenn irgendeiner der Verwandten stirbt (*kãmciṭ* statt *kaçciṭ* von *taokhmanãm* attrahiert) vd. 12, 63.

Skr. *tókman*, altp. *taumâ*, hzv. parsi *tôkhm*, parsi *tukhma*, np. *tukhm*. *tokhm*, *tukhmah*, afgh. *tokhm*, armen. *tohm*, vgl. dig. *thukhe*, tag. *thükh* (Kraft, nach Klaproth Blut). Der Baum, von welchem in der oben bemerkten Stelle yt. 12, 17 geredet wird, heisst im Bundehesh 19, 15. *harviçptokhmak*, 43, 14. *kebadtokhmak* (Allsaame und Vielsaame).

taozhya (von *tush?*) m. Reif, pruina, plur. acc. *taozhyâca* vd. 1, 80. Haug übers. Erdbeben, was nicht passt, weil solche an der Rañha (Jaxartes) nicht vorkommen. Die Hzv. - Uebers. lässt das Wort aus.

tak, eilen, laufen, fliessen.

Skr. *tak*, *tákati*.

taka (vom vor.) 1) adj., laufend, gen. neutr. *açrû azânô histeñti anu zafanô takahê* sie stehn Thränen vergiessend längs des laufenden Mundes, d. h. so dass ihr Mund von den Thränen überlaufen wird yt. 10, 38. 2) n. Lauf, dat. *yaṭ nôiṭ âpô takâi çtayaṭ* so dass er die Wasser nicht am Lauf hemmen konnte yt. 13, 78.

Vgl. *aurvatôderezitaka*.

takathra (von *tak*) n. Schnelligkeit.

Vgl. *derezitakathra*.

takhairya (von *tak*) adj., flüssig, abl. *aonyaṭ haca takhairyâṭ* vd. 8, 254. (Westerg. 8, 93).

takhma (von *tak*) adj., schnell, stark, kräftig, nom. masc. *takhmô* yt. 10, 127. 13, 67. *takhmô urupa* yt. 15, 11. *takhmô kava vîstâçpa* yt. 19, 87. *takhmanãm takhmô* yt. 10, 65. *vâtô takhmô* vd. 19, 45. *takhmô nãma ahmi* ich heisse der Kräftige yt. 15, 46. fem. *takhma* vd. 19, 98. acc. *takhmem* yt. 10, 61. 117. vsp. 2, 28. y. 61, 23. *vañhéus takhmem* im guten tüchtig yt. 10, 140. *takhmemcâ* y. 42, 4. gen. *takhmahê* vd. 18, 33. vsp. 1, 26. y. 1, 44. 56, 1, 1. yt. 11, 0. 13, 98. 103. 111. 137. 14, 36. *carâzahê takhmahê* yt. 10, 70. voc. *rayô takhma yazamaidê* dich, o kräftiger Luft, preisen wir yt. 15, 57. plur. nom. masc. *takhma* yt. 13, 37. 38. 19, 72. *narô takhma* yt. 13, 27. fem. *takhmâo* yt. 13, 32. acc. *takhmâo* yt. 13, 75. gen. masc. *takhmanãm* vd. 20, 6 (Glosse: wie Kereçâçpa) y. 26, 9. yt. 13, 82. 19, 15. fem. *apãm takhmanãm* vd. 18, 125. superl. nom. masc. *takhmôtemô nãma ahmi* yt. 15, 46. acc. *raêm takhmanãm takhmôtemem* yt. 15, 57.

Vgl. skr. *tákvan;* altp. *ciṭratakhma*, np. *tahm*, bal. *tikhin?*

Vgl. *hãmôtakhma*.

takhmâreṭ (vom vor. + *areṭ*) adj., stark andringend, plur. nom. fem. *takhmâretô* yt. 13, 23.

takhmôtâshyâo (von *takhma* + *tâshyâo*) adj., stärker als das starke, nom. fem. °*tâsyayâo* (Westerg. verm. °*tâshyâo*) vsp. 8, 14.

takhsh (Fortbildung von *tac* durch *sh*) laufen lassen, praes. 1. sg. med. *takhshê* y. 10, 54. 3. plur. act. *yôi aurvañtô hita takhsheñti* welche angeschirrte Renner laufen lassen yt. 9, 71.

tañh, bewegen, schütteln.

Skr. *tañs*, *tàñsati*.

1. **tac,** laufen, eilen, fliessen, praes. 3. pl. *taceñti* yt. 13, 10. *taciñti* vd. 5, 58. praes. conj. 3. plur. *tacâoñti* yt. 8, 5. pot. 3. sg. *frasha tacôiṭ* er eile vorwärts vd. 8, 281. impf. 3. sg. *tacaṭ* er laufe vd. 8, 280. partic. praes. acc. m. *yaṭ aêtê mazdayaçna tacañtem frajaçãn* wenn die Mazdayaçnas fliessend (d. h. schwimmend) herzukommen vd. 6, 54. 8, 229. fem. *âpem tacañtãm* (Thema *tacañta*) vd. 19, 87. *âpem taciñtãm* yt. 6, 2. plur. nom. *taciñtô* schwimmend yt. 10, 20. causale praes. 3. plur. *vohunîm tâcayêiñti* yt. 14, 54.

— *apa*, zurücklaufen, weichen, impf. 3. sg. *apatacaṭ* y. 9, 30. yt. 19, 40. 56. 3. plur. *apatacin* vd. 5, 42.

— *â*, hinzulaufen, imperat. 1. sg. *yatha . . . âtacâni çûrem umânem drvatô* yt. 5, 38. partic. praes. plur. nom. f. *khâo . . . âtaciñtis* yt. 8, 42.

— *upa*, herbeikommen, impf. 3. sg. *upatacaṭ* yt. 5, 64.

— *pairi*, herumlaufen, laufen, impf. 3. sg. *pairitacaṭ* yt. 17, 26. 31. 35. partic. perf. med. nom. sg. *pairitakhtô paurvaêibya* er läuft vorwärts vd. 13, 161.

— *fra*, hervorlaufen, ausströmen, praes. 3. sg. *fratacaiti* y. 64, 13. yt. 5, 15. 96. *yaṭ hîs avi fratacaiti* wenn sie (die Ardvi çûra) in sie ausströmt y. 64, 16. yt. 5, 4. 3. plur. *frataceñti* y. 64, 12. yt. 5, 15. 96. *frataceñti* yt. 13, 54. impf. 3. plur. *fratacin* yt. 13, 78. causale impf. 3. sg. *frasha anyâo fratâcayaṭ* andre (Wasser) liess sie fliessen yt. 5, 78.

— *han*, kommen, zusammenkommen, praes. 3. sg. *avi tem avi hãntacaiti* zu ihm kam er yt. 19, 67. partic. praes. (causale?) *hãmtâciṭ* (s. *hãmtâciṭbâzu*).

Skr. *tañc táñcati*, *tvañc*, *tváñcati*, hzv. np. *tâkhtan* (vgl. *vetâkhtan*, np. *gudâkhtan* schmelzen, hzv. np. *andâkhtan* von *han* + *tac*, np. *pardâkhtan* von *pairi* + *tac*), vgl. parsi *thagî* (celeritas), afgh. *tashtêdal? dangal?* oss. *thajin*.

2. **tac** (vom vor.) 1) adj. laufend, loc. fem. *taci aipya naçâum* einen Leichnam im fliessenden Wasser, hzv. übers. laufend (*tacâk*) d. h. schwimmend wie ein todter Fisch kommen die Leichen auf dem Wasser, vd. 6, 54. 2) m.? Lauf, loc. *vâidhîm taci apãm* einen Fluss (welcher ist) im Lauf seiner Wasser (d. h. mit laufendem Wasser) vd. 14, 54.

tacañh (v. 1. *tac*) n. Lauf, loc. *yavaṭ . . . nmâna pairi tacahi barãn* wenn sie um die Häuser laufen können vd. 15, 123.

tacañṭ (partic. praes. von 1. *tac*) laufend.

Vgl. *frâstacañṭ*.

tacaṭap (vom vor. + 2. *ap*) f. fliessendes Wasser, dual. acc. *tacaṭâpa ukhshyaṭurvara* fliessendes Wasser und wachsende Pflanzen y. 17, 45. 67, 21.

tacaṭâpa (v. vor.) adj., Wasser strömen lassend, nom. *tacaṭâpô* yt. 13, 44. acc. *tacaṭâpem* yt. 10, 6. 13, 43.

tacaṭvohuni (von *tacañṭ* + *vohuni*) adj. Blut fliessen lassend, acc. *tacaṭvohunîm qarem* eine Wunde, bei welcher Blut fliesst vd. 4, 93.

tacare (von 1. *tac*) n. Lauf, acc. *yaç-tava mazdâo kerenaot tacare nôit tacare añtare arethem upairi hvarekhshaêtem* damit dir Ormazd einen Lauf mache, nicht einen Lauf in der Höhe über der Sonne (sondern dass du auf der Erde strömst) yt. 5, 90.

tacin (von 1. *tac*) adj., fliessend.

Vgl. *afstacin*.

tacina (vom vor.) nur in Zusammensetzungen.

Vgl. *qâtacina*, *vît°*, *hañt°*.

tañcista (von *tac*) adj., sehr fest, sehr stark, nom. *tañcistanãm açti tañcistô* yt. 10, 141. acc. *tañcistem dâraêkaêtem* yt. 5, 73. plur. acc. f. *tañcistâo* yt. 13, 75. gen. masc. *tañcistanãm* yt. 10, 141. Das Wort scheint als superlat. von *takhma* neben *takhmôtema* gebraucht zu werden.

Vgl. *tãsyâo*.

tañjista (Spiegel (briefliche Mitth. vom 22. Dez. 1863) vermuthet eine Identität mit dem vor., dessen *c* erweicht wäre; auch im skr. steht *tañc* neben *tañj*) sehr fest, stark, nom. *tañjistô* y. 9, 47. acc. *tañjistem* y. 56, 6, 2. *tañjistemca* vd. 3, 65. dat. *tañjistâi haomâi* y. 11, 20. Die Hss. schwanken beständig zwischen *c* und *j*.

Vgl. hzv. np. *tang*, armen. *thanthsr*.

taṭ s. *ta*.

taṭ-thwâ-pereçãm *hâitîm yazamaidê* wir preisen das mit *taṭ thwâ pereçâ* beginnende (43.) Capitel des Yaçna, y. 43, Schluss.

tadha (von *ta*) adv. dann vd. 5, 137. 8, 118. yt. 19, 51. da yt. 13, 76. *yâo peshanâhu tadha nijaçen khshviwyô tadha yôi takhma khstâvayô dânubyô azen peshanâo* welche in die Schlachten eilend kommen, wo die kräftigen Kämpfer gegen die Dânus die Schlachten liefern (*yôi* macht *tadha* relativ, wie gothisch *ei* in *tharei*) yt. 13, 37.

Skr. *tadá*.

tan, ausstrecken, führen.

— *uç*, ausstrecken, partic. praes. med. *uçtâna* (s. besonders).

— *pairi*, hinwegführen, praes. 1. sg. *pairi dim tanva urvânem* ihm bringe ich hinweg die Seele, seine Seele bringe ich hinweg (Westerg. *tanava*) y. 19, 14. *pairi tê tanva urvânem* ich bringe deine Seele hinweg (Westerg. *tanava*) y. 70, 68 pot. 1. sg. med. *pairitanuya* y. 19, 15. 70, 69.

— *fra*, fortkommen, praes. 3. plur. *fraçtanvañti* yt. 10, 20.

Skr. *tan*, *tanóti*, hzv. *tanâtan*, np. *tanûdan*, armen. *tanil*.

tanaçu? *hadha nara taṭ mara hadha nâ tanaçus* yt. 12, 8 *yateiṭ ahi . . . upa hadhana hadhanâ tanaçus* yt. 12, 38.

tanu (von *tan*) f. Leib, nom. *tanus* vd. 7, 129. 9, 125. acc. *tanûm* vd. 4, 57. 5, 41. 9, 3. yt. 10, 21. 122. *haom tanûm* yt. 4, 5. *ukhshyâ ustâ tanûm* wachs, Heil dir! am Leibe y. 33, 10. 67, 65. *tanvêm* y. 45, 8. dat. *tanvê* yt. 17, 10. *tanuyê* vd. 7, 172. 13, 54. yt. 13, 107. 16, 17. 17, 22. *frâdhatica ashahê tanuyê* yt. 6, 1. *qaqyâi tanuyê* für sich selbst y. 30, 2. *nidhâtem tanuyê manô* yt. 14, 38. abl. *tanvaṭ* vd. 19, 69. *tanaoṭ* vd. 20, 10. 11. gen. *tanvô* vd. 10, 11. 16, 20. vsp. 8, 15. y. 9, 65. yt. 2, 12. 10, 108. 14, 29. *avatha mârayaciṭ tanvô avatha mâvayaciṭ tanuyê vîçpê tereçeñti dusmainyus amemca* ebenso zittern alle Feinde vor meinem Leibe, vor der Stärke von meinem Leibe yt. 14, 38. *tanvô vîçpayâo* yt. 16, 7. *mãthrôhitahê tanvô* A 3, 5. *yêzica thwaêshâi tanvô* wenn sie zum Schrecken für den Leib (kommen) yt. 13, 20. *tanvô parâ* y. 52, 6. *tanvaçciṭ* vsp. 6, 5. *tanvaçcîṭ* y. 14, 10. 33, 14. plur. acc. *tanvô* vsp. 8, 13. y. 59, 18. yt. 10, 23. *tanvaçca* y. 54, 1. 57, 5. dat. *tanubyô* y. 10, 22. A. 1, 14. *drvatâtem tanubyô* y. 56, 10, 8. yt. 10, 11. gen. *tanunãm* y. 17. 55. 64, 29. yt. 21, 5. *thris fraçnâiti tanunãm* vd. 12, 6. loc. *tanushu* Fr. 4, 3.

Skr. *tanû*, *tanú*, hzv. parsi np. afgh. bal. *tan*, kurm. *ten*.

Vgl. *peretôtanu*, *peshôt°*, *vîtaretôt°*, *vîçpôt°*, *çraot°*.

tanukereta (vom vor. + 1. *kereta*) adj., aus dem Leibe gezeugt, plur. nom. *puthra tanukereta* yt. 23, 1. = 24, 1. (wo *puthrô tanukehrpa*).

tanukehrpa s. das vor. Wort.

tanudruj (von *tanu* + 2. *druj*) m. f. leibliche Drukhs, pl. nom. *vîçpê drvañtô tanudrujô* alle diejenigen schlechten sind leibliche (sichtbare) Drujas vd. 16, 41.

tanuperetha (von *tanu* + *p°*) 1) adj., Anfüllung des Leibes habend, so sündhaft, dass man das Leben verwirkt hat; eine Hzv.-Glosse zu vd. 16, 44. erklärt das Wort durch *margarzân* (todeswürdig); vgl. *tanûm pairyêitê* vd. 4, 57. In den spätern Schriften z. B. den Rivayet ist jedoch *margarzân* ein noch höherer Grad von Sünde als *tanavîr* (tanuperetha); dieselben Schriften geben als Geldbusse für letztre Sünde 1200 Dirhem an (vgl. Spiegel, H. II, 87.) plur. nom. *vîçpê anasharanô yôi tanuperethô* (lies *°peretha?*) alle sind unrein welche Tanafursünder sind vd. 16, 44 gen. *tanuperethanãmca* vd. 18, 124. 2) f. ein Gebet zur Vernichtung von Tanafursünden, plur. gen. *cvaṭ tanuperethanãm* wieviel Gebete (soll man sprechen) vd. 12, 3.

Hzv. *tanafuur*, np. *tanavîr*.

Vgl. *atanuperetha*.

tanumazaûh (von *tanu* + *m°*) n. ein Stück so gross als der Leib, acc. *yaçca mê aêtahê . . . parôdarshahê tanumazô* (Westerg. *tanu mazô*) *gêus dathaṭ* wer ein Stück Fleisch so gross als der Leib des Hahnes (einem reinen Mann) gibt vd. 18, 67.

tanumãthra (von *tanu* + *m°*) adj., einer dessen Leib der Mãthra ist, der im heiligen Worte lebt, nom. *tanumãthrô* yt. 5, 91. *zaota . . . tanumãthrô* yt. 10, 137. acc. *°mãthrem* (von dem Menschen, welchen Armaiti aus den pollutiones nocturnae bildet) vd. 18, 111. *mithrem °mãthrem* yt. 10, 25. gen. *çraoshahê °mãthrahê* vd. 18, 33. y. 3, 61. 56, 1, 1. 56, 13, 2. yt. 11, 0. *vîstâçpahê* yt. 13, 99. *kavaçnahê* yt. 13, 106.

Vgl. *atanumãthra*.

tanus (vgl. *tanu*) n. Leib, loc. *tanushîcâ* y. 42, 7.

Skr. *tánus*.

tanûra (ein semit. Wort) m. Schmelzofen, abl. *tanûraṭ* (Westerg. *tanuraṭ*) vd. 8, 254 (Westerg. 8, 91).
Hzv. np. hebräisch, arab. türkisch *tanûr*, buchar. *tanur*, afgh. *tanârah*.

tanya (v. *tan*) 1) adj., ausgebreitet, gen. f. *thritô aêrôçaredhôfyaêstahê tanyêhê tanyayâo danhêus* des Thriṭ, (des Sohnes) des A., des Ausbreiters der ausgebreiteten Gegend yt. 13, 125. 2) m. Ausbreiter, gen. *tanyêhê* yt. 13, 125.

tanva (von *tanu*) adj. leiblich, gen. f. *tanuyâoçca paiti drvatâtô* für seine leibliche Gesundheit yt. 13, 134.
Skr. *tânva*.

tap, brennen, leuchten, causale praes. sg. *tâpayêiti* (die Sonne) scheint yt. 6, 1. 7, 4. *tâpayêiti mãm* (Zarathustra) macht mir heiss yt. 17, 20. partic. perf. pass. *tafta* (s. besonders).
— *â*, bescheinen, causale praes. 3. sg. *âtâpayêiti* vd. 9, 161.
Skr. *tap*, *tápati*, hzv. *tâpîtan*, np. *tâftan*, armen. *tapil*, vgl. np. *âftâb*, afgh. *tâb*, kurd. *tau*, osset. *anthaf*.

tafedhra (vom vor.) n. Schmelzung.
Vgl. *kãçôtafedhra*.

tafta, (partic. pass. perf. von *tap*) jähzornig, nom. sg. *mâ taftô* (Westerg. *mataftô*) nicht ein jähzorniger (soll das Opfer bringen) yt. 5, 92.
Vgl. afgh. *tâdah* (heiss), oss. *thaft* (Hitze).

tafnaṅh (von *tap*) n. Hitze.

tafnôṅhvañṭ (vom vor.) adj., mit Hitze versehn, acc. *mâoṅhem tafnaṅhañtem* yt. 7, 5.

tafnu (von *tap*) m. 1) Hitze, pl. acc. *âthrô tafnus* (welcher zurückhielt) des Feuers Hitze vd. 20, 10. 2) Fieberhitze, Fieber, nom. *tafnusca* vd. 7, 145. ohne Flexion *tafnu* yt. 3, 8. acc. (ohne Flexion) *tafnu* yt. 3, 11. *paitistâtêê tafnu* vd. 20, 13. gen. *tafnaosca* yt. 13, 131. loc. *tafnô* vd. 7, 172. voc. *tafnu thwãm paitiçaṅhâmi* vd. 20, 19. plur. acc. *tafnus* yt. 24, 50.
Hzv. *tap*, np. *tab*, afgh. *tap*, *ṭap*, kurm. *tâ*.

tafnôtema adj., was am meisten Fieber ist, acc. (ohne Flexion) *tafnu tafnôtema* yt. 3, 15.

tafç (Fortbildung von *tap* durch *ç*) heiss werden, impf. 3. sg. *tafçaṭ* y. 9, 36. yt. 19, 40. impf. conj. 3. plur. *zafare tafçãn* (die Daevas) werden heiss werden im Rachen vd. 3, 110.
Np. *tafçîdan*.

tam, vergehn, ersticken.
Skr. *tam*, *támyati*.

taya (von *tâ*) adj., heimlich, verborgen, plur. acc. *yâ fraçâ pereçaitê tayâ* welche Fragen er als verborgne fragt y. 31, 13. Die Glossen erklären *tayâ* durch „sündlicher Weise."

tar, übergehn, über die Grenzen, Enden in etwas eindringen, überwinden, intens. impf. 3. sg. *yaṭ titâraṭ* als (Ahriman in die reine Schöpfung) eindrang yt. 13, 77. causale praes. 3. sg. *titârayêiti* sucht niederzuschlagen, yt. 8, 8. 39. partic. praes. acc. *titârayañtem* G. 1, 6.
— *vi*, überschreiten, partic. perf. med. *vîtareta* (s. besonders).
Skr. *tar*, *tárati*, altp. *viyatarayam* (ich überschritt), vgl. hzv. *vetârtan*, np. *guzashtan guzardan* (sterben), armen. *vtarel*.

tara (vom vor.) adj., überwindend, befreiend von.
Skr. *tará*. — Vgl. *ṭbaêshôtara*.

taradhâta (von *tarô* + 2. *dâta*) adj., über andre hinaus, höher als andre geschaffen, die Trad. übers. falsch „peinigend;" nom. neutr. *kaṭ açti mãthrahê çpeñtahê . . . taradhâtem anyâis dâmãn* was ist im heiligen Wort höher geschaffen als andre Geschöpfe yt. 12, 1. acc. masc. *vaêm . . . taradhâtem anyâis dâmãn* y. 25, 16. *taradhâtem anyâis dâmãn âçnem khratûm* yt. 2, 6. neutr. *kavaêm qarenô . . . asvañdarem taradhâtem anyâis dâmãn* yt. 19, 9. gen. m. (Thema °*dhâṭ*) *vayaos . . . taradhâtô anyâis dâmãn* y. 22, 27. yt. 15, 0. *taradhâtô anyâis dâmãn âçnahê khrathwô mazdadhâtahê* yt. 2, 1. S. 1, 2.

tarep, zuwenden, einem zukommen lassen, impf. conj. 3. sg. *terefyâṭ* y. 11, 17.
Skr. *tarp*, *tŕpyati*, vgl. hzv. *tarftinîtan*.

tarewani? s. *kurô*.

tareç, zittern, sich fürchten, praes. 3. plur. *tereçeñti* yt. 14, 38. partic. perf. med. nom. *tarstô* y. 9, 39. 56, 7, 9. yt. 9, 4. dual. acc. *hathra tarsta thrâoṅhayêiti* zusammen machte er sie beide erschrocken beben (nemlich Ross und Reiter) yt. 10, 101. plur. nom. *tarsta* y. 56, 7, 10. yt. 9, 4. causale praes. 3. sg. *thrâoṅhayêiti* (Westerg. *khr*°) yt. 10, 36. *thrâoṅhayêiti* yt. 10, 101.
— *avi*, zittern, causale praes. 3. sg. *avithrâoṅhayêiti* er macht zittern (verscheucht) von der einen Seite yt. 10, 41.
— *paiti*, zittern, causale praes. 3. sg. *paitithrâoṅhayêiti* er macht zittern (verscheucht) von der andern Seite yt. 10, 41.
— *fra*, sich fürchten, praes. 3. sg. *fratereçaiti* vd. 19, 109. yt. 10, 97. 24, 27. *avi bâdha fratereçaiti* yt. 10, 134. 3. plur. *fratereçeñti* vd. 19, 108. yt. 10, 69. 97. 24, 27. impf. conj. 3. plur. *fratereçãn* sie werden sich fürchten yt. 11, 6.
Skr. *tras*, *trásati*, altp. *tarç*, hzv. *tarçîtan*, parsi np. *tarçîdan*, maz. *terçîden*, bal. *tarçîtan*, kurm. *terçîa* (erschrak), zaza *terçe* (erschrick), südoss. *tharçin*, dig. *tharçun*, tag. *tharçün*.

taresh, dürsten.
Skr. *tarsh*, *tŕshyati*, armen. *antharsham*.

tarêm (von *tar*) adv., mit Hintansetzung, mit Verachtung, *tarêm mãçtâ yôi îm tarêm mainyañtâ* Verachtung (komme zu denen) welche ihn verachten y. 44, 11. hzv. *tarmînashnish*, Ner. *hînamânasatâ*.

tarô (von *tar*) 1) praeposit. mit acc., a) entgegen *taraçca* yt. 10, 118. b) durch, *haurvãm taraçca khshapanem* die ganze Nacht hindurch vd. 18, 11. *tarô mãthrem* durch den Mãthra hindurch G. 1, 7. c) über, *tarô* y. 70, 71. vd. 19, 101. yt. 10, 13. *taraçca* vd. 19, 100. *taraçca âpô* über das Wasser vd. 14, 69. *tarô yâre* über ein Jahr lang vd. 5, 115. 8,

107. *tarô dukhstem* über das Zeichen vd. 15, 33. *tarô peretûmcit* über die Brücke y. 19, 10. 2) adv. aussen, vor der Thür, *taraçca* vd. 3, 94.

Skr. *tirás*, altp. *tara°*, hzv. *tar*, parsi np. *tar°*, afgh. *tar*, armen. *tar*.

tarôidita (vom vor. + *dîta*) f. Verachtung, nom. sg. *tarôiditê aṅrahê mainyéus* Verachtung sei dem Ahriman, vend. sade 3. yt. 1, 0. N. 1, 2.

tarôṭbaêsha (von *tarô* + *ṭbaêshaṅh*) adj., von Leiden befreit, nom. m. *tarôṭbaêshô nãma ahmi* yt. 15, 47.

tarôpithwa (von *tarô* + *p°*) n. schlechte Nahrung, acc. *°pithwem* vd. 13, 55. *paiti tarôpithwem daithyâṭ yatha âthrava hãmônâfô* yt. 24, 9. (aus vd. 13, 60?).

tarômaiti (von *tarô* + *m°*) f. Hochmuth, hzv. *tarmînashnish*, acc. *tarômaitîm* y. 59, 8. *tarêmaitîm*, Westerg. *taramaitîm* y. 33, 4.

Vgl. hzv. *tarmînashn*, parsi *tarmanisn; tarmat* ist Bund. 67, 3. der Dew des Hochmuths, welcher am Ende der Tage von Armaiti getödtet wird (Bund. 76, 8).

tarômata (von *tarô* + *m°*) n. Verachtung, nom. (ohne Flexion) *taromata* yt. 3, 8. acc. (ohne Flexion) *tarômata* yt. 3, 11. 15.

tarôyâra (von *tarô* + *yâre*) adj., über das Jahr hinaus dauernd, acc. *amaêniqhnem tarôyârem* yt. 19, 54.

tarshu (von *taresh*) m. Thau? *vaêm hãmraêthwayêni vîçpa tarshuca khshudraca maçanaca vaṅhanuca çrayanaca* ich will mich mit beidem versehn: mit allem Thau und Saamen in Grösse, Güte und Schöne yt. 19, 58. *yatha . . . vîçpa tarshuca khshudraca maçanaca vaṅhanaca çrayanaca paraduithyâṭ* als ob er gegeben hätte allen Thau und Saamen in Grösse . . . A. 1 b, 12. Spiegel übers. mit allem geschaffnen, indem er *tarshvâo* herbeizieht und *tarshu* als subst. neutr. oder adj. neutr. erklärt mit der Bedeutung des gegenwärtig geschaffnen, im Gegensatz zu *khshudra*, dem noch künftig entstehenden (briefl. Mitth. vom 22. Dez. 1863).

tarshna (von *taresh*) m. Durst, nom. *tarshnô* vd. 7, 173. acc. *va shudhemca tarshnemca* yt. 9, 10. 19, 96 (von Chordad und Amertat getödtet). *shudhem tarshnemca* yt. 19, 69.

Skr. *tṛshṇâ*, hzv. *tâshn*, parsi *tisnâi*, np. *tish*, *tishnah*, buchar. *teshneh*, kurm. *ti*, kurd. *tenia*.

tarshvâo (von *tash* mit eingeschobnem *r*) adj., gebildet habend, acc. *tarshvâoṅhem vîçpa vohu* den Bildner aller Güter y. 69, 3.

tarsta s. *tareç*.

tarsti (von *tareç*) f. Schrecken.

Vgl. *aiwidâtôtarsti*.

tava s. *tûm*.

tavan (von 3. *tu*) adj., vermögend, nom. *naêcis aqarenãtãm tava* keiner der nicht essenden vermag etwas vd. 3, 112. Spiegel *tva*.

tavi (vgl. *tâyu*) m. Dieb, Ner. *stena*, nom. *taviscâ* y. 29, 1.

tash, schneiden, zimmern, schaffen, machen, impf. 2. sg. *tashô* creavisti y. 31, 11. 43, 6. *yé gãm tashô* y. 50, 7. (cit. y. 64, 61.) 3. sg. *tashaṭ* y. 29, 1. 7. med. *tâst* y. 43, 7. perf. 1. sg. *tatashâ* y. 29, 6. 3. sg. *tatasha* y. 1, 4. yt. 19, 52. aor. 3. sg. *tatashaṭ* y. 10, 26. partic. perf. pass. nom. *tastô* y. 48, 9. acc. n. *tâstem dâuru* ein gehauenes Stück Holz vd. 13, 82.

— *avi*, spalten, praes. 3. sg. (2. Classe) *avi dim tâsti* vd. 5, 10.

— *ham*, zimmern, schaffen, impf. 3. sg. *hêmtashaṭ* y. 46, 3. impf. conj. 3. sg. (2. Classe) *hãmtâshaṭ* yt. 5, 120. impf. med. 3. sg. *hãmtâsta* y. 56, 4, 2. partic. perf. pass. acc. masc. *vâshem . . . hãmtastem* yt. 10, 143.

Skr. *taksh*, *tákshati*, altp. *takhs*, hzv. *tashîtan*, parsi *tâsîdan*, armen. *tashel*.

tasha (vom vor.) m. Axt, acc. *tashem* vd. 14, 24.

Vgl. skr. *taksha*, *takshaṇî;* hzv. np. *tesh*.

tashan (von *tash*) m. 1) Bildner, Schöpfer, nom. *tashâ géus* (Ormazd, hzv. *gôçpand* (*i*) *tashîtar*, Ner. *ghaṭayitâ gopaçûnâm*) y. 29, 2. *géus tashâ* y. 31, 9. 45, 9. (hzv. und Ner. wie eben). 2) Körper, stets mit *géus*, Leib des Urrindes, aus welchem, nachdem er durch Ahriman getödtet war, die Getreidearten geschaffen wurden, während die Seele (*urvan*) in den Himmel gieng; hzv. übers. *gôçpandân tanu*, Ner. *gos tanu*, acc. *géus tashânemcâ* y. 39, 1. dat. *géus tashnê* y. 1, 6. 69, 9. Fr. 6, 1. S. 1, 14. gen. *géusca tashnô* vsp. 10, 23.

Skr. *tákshan*.

1. **tasta** s. *tash*.

2. **tasta** (von *tash*) n. Schaale, Tasse, instr. *tasta* y. 10, 54. dat. *tastâi* (Westerg. *tâstâi*, hzv. aber *tasht*) vsp. 11, 2. plur. nom. *tasta* vd. 7, 183. *tâ tasta* vd. 7, 183. *tastaca* vd. 19, 30. acc. *tastaca* vd. 5, 122. 125. hzv. *tasht*, np. *tasht*, *ṭusht*, *ṭâsh*, bal. *tás*.

tasti (von *tash*) f. Zubereitung.

Vgl. *vacaçtasti*.

tâ (vgl. *tan*) wegführen; fortgehn.

tâciṭ s. *tu*.

tâta (von *tâ*) adj., fortgehend, fliessend, plur. nom. fem. *tâtâo âpô* yt. 5, 15. 8, 47.

tâṭ (von *tan*) f. das Machen, zu Stand bringen; dat. *yavaêca tâitê* für das ewig Machen, für alle Ewigkeit, y. 61, 16. Das Wort wird nur als Affix gebraucht, und in unserm Beispiel liegt derselbe Fall vor wie in *hvareca khshaêtahê*, aber es geht aus demselben hervor, dass wir es mehr mit einer Zusammensetzung als mit einer Anbildung zu thun haben. Auch dem Skr.-Affix *tâti* wird die besondre Bedeutung „Machen, Zustand" beigelegt, s. Pâṇini IV, 4, 143. 144. Die Hzv.-Uebers. übersetzt *tâṭ* durch *rubashnish* (das Gehn), Ner. durch *pravṛtti*.

Skr. *tâti* (s. *arishtátâti*, *devátâti*).

Vgl. *ameretâṭ*, *arstâṭ*, *avaêtâṭ*, *isharestâṭ*, *ukhshyãçtâṭ*, *uparatâṭ*, *ustatâṭ*, *ûthôtâṭ*, *gaêtâṭ*, *qareçtâṭ*, *drvatâṭ*, *nerefçãçtâṭ*, *paurvatâṭ*, *pourutâṭ*, *fratematâṭ*, *yavaêtâṭ*, *raçãçtâṭ*, *haurvatâṭ*, *hunaretâṭ*.

1. **tâya** (von] *tâ?*) f. Macht, instr. *tâyâ* mächtig y. 36, 4.

2. **tâya** (von *tâ*) m. Diebstahl, abl. *tâyâatâ* (Spiegel *tâyâtcâ*) y. 13, 7.

1. **tâyu** (von *tâ*) m. Dieb, nom. *tâyus* vd. 4, 2. 13, 28. y. 64, 29. statt acc. *tâyus rehrkemea* vd. 13, 50. acc. *tâyûm* y. 9, 69. 10, 14. yt. 12, 7. *tâyûmca* yt. 12, 8. gen. *tâyaos* vd. 13, 125. plur. gen. *tâyunãmca* y. 60, 10. yt. 6, 4.

Skr. *tâyú*. — Vgl. *taya, tavi.*

2. **tâyu** (von *tâ*) n.? platt gebacknes Brot, Kuchen.

tâyûra (vom vor.) adj., von Kuchen, plur. gen. f. *dva danare tâyûirinãm* (scil. *qaretinãm*) zwei Danare Kuchen, hzv. übers. *du danar zak tîr-rakhmâ* zwei Danare Mangelbrot (np. *tîr* lignum vel cylindrus quo pistores massam farinariam attenuant, Vullers) vd. 16, 16. Spiegel liest *gâyûirinam* und leitet dies von *gaya* ab, übers. daher Speise, die von lebenden Wesen herkommt.

târarena (von *ta* + 1. *varena*) 1) m. ein solcher Glaube, instr. *târarenâcâ* y. 13, 24. 2) adj., so glaubend, instr. *yâvarenô aç zarathustrô. . . . târarenâcâ tkaêshâcâ* wie Z. war, von solchem Glauben und Sitte (bin auch ich) y. 13, 24.

tâ-vé-urvâtâm *hâitîm yazamaidê* wir preisen das mit *tâ vé urvâtâ* beginnende (31.) Capitel des Yaçna y. 31, Schluss.

tâst s. *tash.*

tâsta (partic. perf. pass. von *tash*) geschaffen, gemacht.

Vgl. *mainyutâsta, hutâsta.*

tighra (von *tij*) adj., spitz, instr. n. *tighra khshathra vairya* mit einem spitzen Metallinstrument vd. 9, 21. plur. nom. *arstayaçcit . . . tighra* yt. 10, 39. statt acc. *tighrâoṅhô açtayô* yt. 10, 113. acc. *tighra nimata* vd. 3, 121.

Vgl. hzv. *tih* (vd. 3, 121).

tighri (von *tij*) m. Pfeil, nom. *tighris* yt. 8, 6. 37.

Skr. *tîra* (aus dem pers.?), altp. *tigra* (Tigris, Μῆδοι γὰρ τίγριν καλοῦσι τὸ τόξευμα Eustathius Dionys. 976. s. Pott in Kuhn, Z. 6, 254. Plinius VI, 31. aramaeisch *diglath*, arab. *dijlaḥ* von hzv. *digrat* Bund. 50, 16. 51, 12. 17. Spiegel H. II, 110. hebr. *khiddekel* (mit *khid* schnell zusammengesetzt), armen. *digrath*, kurd. *dgel*, Pott Z. K. d. M. III, 45. vgl. Oppert Journ. asiat. IV, 17, 421), np. buchar. bal. *tîr.*

tij, spitz sein.

Skr. *tij*, *téjati*, afgh. *tîžhal.*

tizhiarsti (von *tizhin* + *arsti*) 1) f. spitze Lanze, nom. *tizhiarstis nãma ahmi* ich heisse spitze Lanze yt. 15, 48. 2) adj., mit spitzer Lanze versehn, nom. (ohne Flexion) *tizhiarsti nãma ahmi* ich heisse spitzlanzig yt. 15, 48. acc. *tizhiarstîm* yt. 10, 102. 17, 12.

tizhiaçûra (von *tizhin* + 2. *açûra*) adj., scharfklauig, gen. *varâzahê tizhiaçûrahê* (Windischmann verm. *tizhiçrvahê* yt. 10, 70. 127. 14, 15.

tizhizhnûta (von *tizhin* + *khshnûta*) adj. spitz zugeschärft, acc. *tashem . . . tizhizhnûtem* vd. 14, 24.

tizhidâta (von *tizhin* + 5. *dâta*) adj., mit scharfem Gebiss, gen. *urupâis tizhidâtahê* vd. 13, 48.

tizhidâra (von *tizhin* + *dâra*) adj., scharf schneidend, acc. *tashem tizhidârem* vd. 14, 24.

tizhidâthra (von *tizhin* + *d°*) adj., scharfzahnig, acc. *tizhidâthrem* vd. 13, 107.

tizhidãçtra (von *tizhin* + *d°*) adj., mit spitzen Hauzähnen versehn, gen. *varâzahê tizhidãçtrahê* yt. 10, 70. 127. 14, 15.

tizhin (von *tij*) adj., spitz, scharf.

Vgl. hzv. *têj*, parsi *têzh*, np. *têz*, buchar. *tîz*, afgh. *têz.*

tizhinavañt (von *tizhin*) adj., scharf, acc. *tizhinavañtem bavâhi yatha mithrem* sei scharf wie Mithra yt. 23, 6. = 24, 4. (wo *tizhvañtem bavât y° m°*).

tizhiçrva (von *tizhin* + *çrva*) adj., scharfklauig, gen. *bûzahê tizhiçrvahê* yt. 14, 25. vgl. *tizhiaçûra.*

tizhyarsti (von *tizhin* + *arsti*) m. n. pr. eines Sohnes des Vistâçpa, gen. *tizhyarstôis* yt. 13, 101.

tiñja (von *ta*, vgl. *iñja*) adv. da, dort yt. 19, 50.

titar° s. *tar.*

tish, glänzen.

Skr. *tvish*, *tvéshati*, vgl. A. Weber, Abhandl. der Berliner Acad. 1861, 290.

tisharô s. *thri.*

tistrya (von *tish*) m. 1) n. pr. des Sirius, welcher der Herr der Sterne, speciell der Anführer des östlichen Sternheeres ist; als Regen bringender Stern (Ner. *vrshṭinakshatra* y. 1, 35) hat er mit Apaosha und der Pairika Duzhyâirya zu kämpfen, vgl. Bund. 7, 6. 16, 5. Spiegel, Av. übers. III, XXI. Windischmann Z. St. 280. nom. *tistryô* yt. 8, 5. 20. *tistryaçca* yt. 8, 22. statt des acc. *tistryô raêvâo qarenaṅhâo yazamaidê* N. 1, 8. statt des gen. *tistryô çtârahê* yt. 10, 143. acc. *tistrîm* vd. 19, 126. y. 17, 24. yt. 8, 1. 22. 12, 27. 18, 7. N. 1, 8. statt des nom. *tistrîm çtârem raêvañtem qarenaṅhañtem* yt. 18, 5. gen. *tistryêhê* y. 27, 5. yt. 8, 0. 56. *tistryêhêca* y. 1, 35. 3, 49. 2) Name des Monats Tîr (Juni), gen. *tistryêhê* im Monat Tîr, A. 1 b, 8.

Vgl. skr. *tishyá*, *tishyà*; hzv. *tishtar*, parsi *tistar*, np. *teshtar.*

tistryêni (vom vor.) f. Begleiterin des Tistrya, plur. acc. *tistryênyô* N. 1, 8. *tistryênyaçca* yt. 8, 12.

tisr° s. *thri.*

tîra? Skr. *tîra*?

Vgl. *aoighimatuçtîra, pairist°, frat°, baêshataçt°.*

tîrônakathwa (vom vor. + *n°*) m. n. pr., gen. *tîrônakathwahê uçpaêstanãm çaênanãm* des T., unter den ausgelernten Çaênas yt. 13, 126.

1. **tu** (vgl. *ta*) pronom. demonstr., nom. neutr. *tum mãm cakana yum humanô* das veranlasste mich: das gute Denken yt. 22, 12. acc. m. *tum aidhim* den, einen dortigen yt. 22, 13. *tum* (scil. *gâtûm*?) *nishidhôis* setz dich dahin yt. 22, 13.

2. **tu** (vom vor.) auffordernde Partikel, *upa tû nô idha yâo ashaonãm môshu içeñtu fravashayô* verlangen mögen nach uns hieher die Fravashis der Reinen yt. 13, 145. *ari tû dim diçyata* strafet

ihn (die Trad. fasst es als plural gebrauchtes pronom. der 2. Person) y. 8, 8.

Skr. *tú.*

3. **tu,** vermögen, können, praes. 1. sg. *yavaṭ içâi tavâcâ* y. 28, 4. vgl. y. 49, 11. impf. 3. pl.? *tûn* (s. *khstãmi*) vd. 1, 58. impf. conj. 3. plur. *tavãn* vd. 6, 105. 9, 154. perf. 3. sg. *yêzi tûtava* vd. 6, 70. A. 1, 5. partic. perf. med. *tuta.*

— *aiwi*, stark sein, perf. pot. 2. sg. *mâ aiwitûtuyâo* y. 9, 90.

— *fra*, vermögen, pot. *mâ fratuyâo* y. 9, 90. impf. 3. sg. *frâtavaṭ* yt. 24, 51.

Skr. *tu, tavîti, tâuti,* armen. *tevel,* vgl. hzv. *tubân,* parsi *tuvãn,* np. buchar. *tuvân.*

tuc, stark sein, erzeugen.

Vgl. Skr. *túc,* dig. *thukhe,* tag. *thükh.*

tuta (partic. perf. von 3. *tu*) mächtig, stark.

Vgl. *rayôtuta.*

tuthruyê, tuthrushãm s. *thru.*

tudhaçkaêca (nom.) ein Berg yt. 19, 4.

tumciṭ s. *tûm.*

tura (von *taurv*) m. Feind, plur. nom. *yaṭ mãm tura pazdayañta . . . naotaraca* weil mich verfolgen die sehr jugendlichen Feinde yt. 17, 54. 55.

Vgl. 1. *tûra.*

tuç, husten, impf. 3. pl. *tuçen* vd. 3, 106.

Afgh. *ṭûkhaval.*

tuça m. n. pr. eines Sohnes des Naotara, welcher den Palast Khshathrôçaoka erstürmte und am jüngsten Tag dem Çoçiosh bei der Belebung der Todten helfen wird, Bund. 69, 7. Spiegel, Av. übers. III, LXIV. 50. Mujmil im Journ. asiat 1841. févr. 160. nom. *takhmô tuçô rathaêstârô* yt. 5, 53. acc. *takhmem tuçem rathaêstârem* yt. 5, 58.

Hzv. *toç,* np. *ṭûç.*

1. **tush,** 1) schaden 2) abscheeren, causale praes. 3. sg. *yô . . . dim upataoshayêiti* wenn man sich scheert (Locken und Bart) vd. 17, 5.

Armen. *touzhel?*

2. **tush** sich beruhigen.

Skr. *tush, túshyati.*

tusnâmaiti (vgl. *tûsnâmaiti*) f. n. pr., gen. *tusnâmaityâo* yt. 13, 139.

tusnishad (von *tûsna* + 1. *had*) adj., stille, beruhigt sitzend, plur. fem. *tusnishâdhô* yt. 13, 29.

1. **tûirya** (von *eathware*, aus *catûirya*) adj. numer., der vierte, nom. *tûiryô* vd. 4, 9. 18, 113. y. 9, 40. 19, 52. ohne Flexion *tûirya asha vahista* viertens heisse ich beste Reinheit yt. 1, 7. fem. *tûirya* vd. 14, 35. neutr. *tûirîm* vd. 3, 16. adverbial yt. 22, 15. 33. acc. masc. *tûirîm* vd. 5, 99. 13, 91. y. 9, 67. fem. *paçca tûirîm gâmôberetîm* (könnte auch adverb. acc. neutr. sein) vd. 18, 115. neutr. *tûirîm* vd. 1, 21. *âkhtûirîm* viermal vd. 10, 21. gen. m. *tûiryêhê myazdahê* A. 1, 10. instr. neutr. *tûiryâ* zum 4. Male vd. 16, 16. plur. instr. fem. Hzv.-Glosse zu vd. 7, 136. sagt, um in das Paradis zu kommen, müssten die guten Werke die bösen um ein Tanafur überwiegen; „andre sagen: vier Tanafur müssen es sein; nemlich jene welche die Stelle *yô tûiryâhis* (welche um vier . . .) passend finden, d. h. wegen vier Tanafur."

Skr. *túrya, turîya.*

Vgl. *âkhtûirya.*

2. **tûirya** (vgl. das vor. Wort) m. f. Neffe, Nichte, nom. masc. *tûiryô* Neffe vd. 12, 48. fem. *tûirya* vd. 12, 48. masc. *tûiryô puthrô* ein Anverwandter im vierten Glied vd. 12, 53. fem. *tûirya dughdha* eine Anverwandte im vierten Glied vd. 12, 53. masc. *tûiryô puthrô vâ puthrê* ein Anverwandter im fünften Glied vd. 12, 58. fem. *tûirya dughdha vâ dughdhairi* eine Anverwandte im fünften Glied vd. 12, 58. vgl. über diese Verhältnisse Spiegel, J. St. III, 450.

Afgh. *turah* (Oheim).

3. **tûirya** (von 1. *tûra*) adj., turanisch, nom. *mairyô tûiryô frañraçê* yt. 5, 41. 19, 56. acc. *tûirîm frañraçyânem* y. 11, 21. yt. 9, 18. plur. gen. f. *tûiryanãm daqyunãm narãm ashaonãm fravashayô yazamaidê* yt. 13, 143. *tûiryanãm daqyunãm* Cit. der Hzv.-Gl. zu vd. 5, 121. yt. 5, 54.

tûtuc f.? Teppich, plur. loc. *tûtukhshva* vd. 6, 105. Spiegel nach Roths Vorschlag vgl. np. *tûshak,* was vielleicht ein türkisches Wort ist, Vullers s. v.

tûn s. *khstãmi* und 3. *tu.*

tûm pronom. der 2. Person, du, nom. *tûm* vd. 5, 50. y. 9, 43. yt. 10, 23. *tû tûm* y. 58, 10. *imâoçc tûmciṭ* diese Dinge — nemlich du (bist mein) y. 10, 60. *tumciṭ* yt. 10, 105. *tû* vd. 19, 43. y. 8, 10. 34, 13. *dâoç-tû* mache y. 28, 7. *tû î* y. 39, 10. *ereshvâis tû ukhdhâis* (gib) du durch (deine) wahrhaftigen Reden y. 28, 6. *hyaṭ tâ zaçtâ yâ tû* als mit der Hand, mit welcher du (Hülfe bringst, die Segnungen schufst) y. 42, 4. *tû ahurâ* y. 48, 7. *yêñgçtû* quos tu (*ç* eingeschoben) y. 45, 14. *hukhshathraç-tû nê khshaêtâ* du bist unser guter Herrscher y. 41, 4. *uçehista tu* vd. 18, 54. *tvêm* y. 45, 19. 28, 11. acc. statt des nom. *thwãm* yt. 24, 43. acc. *thwãm* vd. 20, 19. 3, 94. y. 9, 10. 35, 25. *thwãm . . . thwâ* yt. 15, 54. *thwãm ahurânîm* y. 67, 14. *thwãmca* yt. 4, 6. *thwâ* vd. 11, 32. y. 1, 56. 9, 84. 43, 1. 10. 28, 5. 14, 16. 35, 27. 39, 13. yt. 10, 77. *upa thwâ* bei dir vd. 18, 58. *hamem thwâ hakhma* y. 59, 20. *thwâ ahurânê* y. 67, 6. *thwâ thwâ* zu dir (kommen wir) y. 36, 2. *thwâ . . . uçbîbarâmi* Fr. 7, 2. *tê* y. 1, 59. *tê ahurânê añhê aoyãm dãmahi* wir machen dich, Ahuratochter, hiedurch geneigt y. 67, 1. instr. *thwâ* durch dich (Feuer) y. 31, 19. *parstem thwâ* y. 42, 10. dat. *taibyô* dir y. 43, 6. 18. 30, 8. 52, 3. *taibyâcâ* y. 50, 2. *tê* vd. 3, 95. 17, 26. y. 10, 38. *usta itha tê nare* Heil dir, o Mann vd. 7, 137. *nemaçe-tê* N. 5, 4. *nemaçe-tê* N. 6, 1. *aêva-tê* so dir (sprich) yt. 13, 1. *itha-tê* yt. 13, 19. *kutha tê azem kerenavâni yâ mê aokhta ahurô mazdâo* wie soll ich dir (dat. eth.) den Garten machen, wie mir Ormazd sagte (d. h. nach Ormazd's Befehl) vd. 2, 93. *yô tê jaçaiti ameshanãm çpeñtanãm* (dem) welcher dir kommt zu den Amshaçpand yt. 4. 1. *tôi* y. 29, 2. 57, 19. 43, 11. 42, 1. 39, 11. 14, 14. *aêshãm tôi â añhaṭ* es gehe ihnen bei dir so y. 30, 7. abl. *thwaṭ* y. 33, 4.

43, 3. *anyô thwaṭcâ* ein andrer als du, ausser dir y. 49, 1. *yâ té içânuaidê* was wir von dir wünschen y. 35, 21. gen. *tava* vd. 4, 4. y. 19, 35. yt. 23, 1. *tavaca* vsp. 11, 2. *tava géus hudhâoṅhô urunê* Fr. 6, 1. *tavâ* y. 42, 14. 50, 18. 52, 9. *tê* y. 33, 5. *â tê . . . çtuyê* (kann auch acc. sein) y. 1, 59. *tê gaêthâo* deine Welten vd. 2, 15. *tê ghenâo* vsp. 3, 21. *barethrîm tê* deine Mutter y. 10, 8. *ashem gaṭ tê* y. 50, 10. *tê narô khshathra khshayêiñti* deine Helden beherrschen die Reiche yt. 17, 7. *tôi* y. 34, 4. *tôi kehrpém* y. 57, 22. loc. *thwôi* y. 31, 9. 34, 11. 47, 8. *thwôi daênâ* das in dir (seiende) Gesetz, dein Gesetz y. 43, 11. *thwôi . . . aogemadaêcâ* zu dir kommen wir y. 7, 59. *thwé â* bei dir y. 31, 9. dual. gen. *yavâkem géus hudhâoṅhô urunê* Fr. 6, 1. plur. nom. *yûzhem* vd. 7, 141. y. 64, 57. 28. 9. yt. 13, 34. *yûzhemciṭ* yt. 24, 8. N. 3, 11. *vô yûzhem yôi mazdayaçna* euch die ihr Mazdayaçnas seid vd. 7, 179. *yûs* y. 32, 3. *tâis yûs skyaothanâis ashem khshmaibyâ daduyê* durch diese Thaten verdient ihr euch Reinheit y. 45, 15. *khshmâ* ihr y. 49, 5. *vé* y. 50, 20. acc. *vâo* y. 28, 3. 67, 56. 38, 8. 29, 5. (mit zu euch erhobnen Händen bitte ich den Ahura) 31, 20. *vâo pairijaçâi* y. 28, 2. *vâo vîçpéñg* y. 31, 2. *vô* vsp. 3, 25. y. 64, 41. *jamyâṭ vô* y. 58, 12. *vô dvaraiti* gegen euch lauft vd. 18, 38. *yêzi vô didvaêsha* y. 1, 61. *yô vô yazâitê* y. 67, 30. *vé* y. 45, 15. 38, 10. *aṭ vé khshmaibyâ* ich weiss euch (mangelfrei, *khshm°* dat. eth.) y. 28, 10. instr. *khshmâ ukhdhâis* mit von euch gesprochnen Reden y. 42, 11. *vâo* y. 42, 13. *vâo vîçpâis* y. 34, 5. *vé* y. 33, 8. dat. *yûshmaibyâ* y. 32, 9. *yûshmaoyô parô* vor euch, in eurer Gegenwart yt. 13, 38. *khshmaibyâ* euch (den Amshaçpand) y. 29, 1. 45, 15. *khshmaibyâcâ* y. 52, 5. *khshmâvôya* y. 20, 6. *vô* yt. 8, 29. *vé* y. 67, 56. 15, 1. 28, 9. 45, 13. 50, 2. vsp. 6, 5. abl. *yûshmaṭ* y. 67, 57. *anyém yûshmaṭ* einen andern als euch y. 34, 7. 57, 15. *khshmaṭ* y. 29, 1. *zarem hacâ khshmaṭ* in den Bund, der von euch (ausgeht) y. 43, 17. *zayâoñtê haca vô* von euch mögen erzeugt werden yt. 23, 5. *vé* y. 11, 24. gen. *yûshmâkem* vsp. 6, 2. 13, 4. y. 15, 1. 34, 5. 67, 47. yt. 3, 2. *yûshmâkem géus hudhâoṅhô urunê* Fr. 6, 1. *khshmâkem* y. 50, 2. *vâo* y. 33, 8. *maṭ vâo padâis* mit Gesängen für euch y. 49, 8. *vâo ahmî* euch gehöre ich y. 34, 5. *vô* yt. 8, 29. *vô . . . mithrem* yt. 13, 18. *âaṭ vô kaçciṭ mashyânãm . . . içaêta* dann wünsche ein jeder von euch Menschen yt. 19, 53. *yêṅhâo vô aêshô ustrôçtânis aṅhaṭ* welcher (Frau) unter euch dieser Kameelstall gehört vd. 15. 70. *vîçê vô* ich huldige euch vsp. 6, 1. *vé* y. 57, 11. 52, 5. *vé mãthrâ* y. 28, 7. *taṭ aṭ vé* das eurige y. 35, 21. *mâ cis vé* nicht einer von euch y. 31, 18. *vé . . . hañdâtâ* eure Theile y. 41, 18. *tém . . . vé* diesen, den euren y. 52, 4.

Skr. *tvám*, altp. *tuvm*, parsi *tû*, *tô*, np. buchar. *tû*, afgh. *tuh*, bal. *thâu*, kurm. *tu*, *te*, plural. kurd. *eeva*, parsi *sumâ*, np. bal. *shumâ*, zaza *shimá*, dig. *du*, tag. *dû*, armen. *dou*.

tûma (von 3. *tu*, oder aus *takhma* enstanden?) adj. stark.

tûmâçpa (vom vor. + *açpa*) m. n. pr. des Sohnes Manuscithras und Vaters des Uzava, der spätre *ṭahmâçp*, s. Bund. 81, 12.

tûmâçpana (vom vor.) m. Sohn des Tûmâçpa, gen. *uzavahê tûmâçpanahê* yt. 13, 131.

1. **tûra** (von *taurv*) m. Feind, Turanier, nom. *frañraçê tûrô* yt. 19, 57. 93. gen. *arejaṅhatô tûrahê fravashîm yazamaidê* yt. 13, 113. *frârâzôis tûrahê fravashîm yazamaidê* yt. 13, 123. *tûrahê* (s. *mazu*) vd. 13, 110. *hyaṭ uç ashâ naptyaêshû nafshucâ tûrahyâ uzjén fryânahyâ aojyaêshû* wenn Reinheit bei den (turanischen) Familien und Geschlechtern entsteht durch die Reden (bei den Reden) des turanischen Fryâna y. 45, 12. Die Trad. versteht die Stelle von der Annahme des Gesetzes in Turan, wo sich nach verschiednen Stellen der Texte Mazdayaçnas oder Fromme befanden, z. B. die Familie Fryâna; plur. acc. *dânavô tûra vyâkhna* die turanischen Dânus, die sich versammelnden yt. 5, 73. gen. *dânunãm tûranãm* yt. 13, 38.

Hzv. *tûr*, *tûrân*, np. *tûrân*, vgl. skr. *turushka*; über den Namen der Türken vgl. Z. K. d. M. II, 70. Die Sage leitet den Namen von dem zweiten Sohne des Thraêtaona, dem Tûr, welcher im Einverständniss mit Çalm, seinem ältern Bruder, den jüngsten, Eraj, erschlug, vgl. Bund. 78, 6. Merkwürdig ist, dass in der finnischen Kalewala das feindliche Land *Turja* genannt wird, welches man auf das norwegische Lappland deutet.

2. **tûra** (vgl. 1. *tûirya*) adj. pronom. vierfach, gen. *tûrahê* (s. *uyê*) y. 11, 24.

tûsna (von 2. *tush*) adj., stille, zufrieden.

Vgl. skr. *tûshnîm*.

tûsnâmaiti (vom vor. + *maiti*) f. zufriedner Sinn, nom. *tûsnâmaitis vahistâ* zufriedner Sinn ist das beste y. 42, 15.

tem s. *ta*.

temaṅh (von *tam*) n. Finsterniss, acc. *temô* in die Finsterniss vd. 3, 119. gen. *temaṅhô* y. 31, 20. *temaṅhô dvareñtê* stürzen sich in die Finsterniss y. 56, 7, 10. *temaṅhô dvarâoñtê* yt. 9, 4. abl. *temaṅhâdha* yt. 10, 141. plur. nom. *temâo* yt. 10, 50. 12, 23. gen. *temaṅhãm* vd. 8, 12. y. 70, 75. yt. 6, 4. loc. *temôhva* vd. 19, 100. *anaghraêshva temôhva* in die anfangslosen Finsternisse, in die vierte Hölle yt. 22, 33.

Skr. *tàmas*, hzv. *tam*, *tum*, vgl. np. *tam* (Staar am Auge).

temaṅha (vom vor.) adj., finster, acc. *ahûm temaṅhem* vd. 5, 176. 18, 152. gen. *aṅhéus temaṅhahê* vd. 19, 147.

Skr. *tâmasa*.

temaṅhaêna (von *temaṅh*) adj., finster, acc. *ahûm temaṅhaênem* vd. 5, 175. 18, 152. fem. *drujem temaṅhaênîm* yt. 19, 95.

temaçcithra (von *temaṅh* + *cithra*) adj., aus der Finsterniss stammend, acc. *ahûm temaçcithrem* vd. 5, 175. 18, 152. pl. gen. *daêvanãm temaçcithranãm* vd. 8, 250. yt. 6, 4.

temôñhvañț (v. *temañh*) adj., finster, nom. *akhtyô temañhâo* yt. 5, 82. acc. *akhtîm temañhañtem* yt. 5, 82.

tevîshi (von 3. *tu*) f. Kraft, Zunehmen, acc. *tevîshîm* y. 33, 12. 47, 6. *tevîshîmca* vd. 21, 25. dual. nom. *utayûitî tevîshî* y. 34, 11. acc. *utayûitî tevîshî* y. 42, 1. *tevîshî utayûiti* y. 44, 10. 50, 7. plur. acc. *tevîshîsca* y. 54, 1. *imâo tevîshîsca* vsp. 12, 14.

Skr. *távishî*, vgl. skr. *tavasha*, np. *tûsh*.

té s. *tûm*.

téñg }
tém } s. *ta*.

tê }
tôi } s. *ta* und *tûm*.

tãthra (von *tam*) 1) adj., finster, acc. f. *tãthryãm aipi khshapanem* yt. 14, 13. gen. f. *khshapô vâ tãthrayâo* yt. 11, 4. abl. f. *tãthrayaçeiț haca khshafnô* yt. 14, 31. 16, 10. 2) n. Finsterniss, plur. loc. *tãthraêshu* vd. 7, 196.

Vgl. hzv. parsi np. *târîk*, buchar. *tireh*, afgh. *tôr* (np. *târ*), kurd. *târi*, südoss. *thar*, dig. *thaliṇe*, tag. *thalüṇ*.

tãthravañț (vom vor.) adj., finster, im moralischen Sinne, ungläubig, acc. *tãthravañtem* yt. 5, 109. 9, 31. 17, 51. 19, 87.

tãthrôcina (von *tãthra* + *cinañh*) adj., Finsterniss liebend, nom. *tãthrôcinô* vd. 13, 143. 148.

tãshyâo (comparat. zu *tañcista*, *takhma*) stärker, plur. fem. *tãshyêhîs* yt. 13, 64.

Vgl. *takhmôtãshyâo*.

tva s. *tavan*.

Ț.

țkaêsha (von *kish* = *cish* mit vorgesetztem *ț*, was mit dem öfter als Praefix erscheinenden 2. *dé* verwandt scheint?) 1) m. Herkommen, practische Ausübung der gesetzlichen Vorschriften, nom *âhûiris țkaêshô* y. 56, 10, 4. 59, 6. acc. *âhuirîm țkaêshem* vsp. 2, 33. y. 70, 59. A. 1, 12. *zarathustrahê țkaêshem* y. 17, 10. instr. *târavenâcâ țkaêshâcâ* y. 13, 24. gen. *âhurôis țkaêshahê* vsp. 1, 30. 2) adj., dem Herkommen treu, nom. *țkaêshô* y. 9, 32. *țkaêshô dregvâo* der böse dem Herkommen ergebne, der böse Richter (man könnte auch *țkaêshôdregvâo* lesen) y. 48, 2. acc. *zarathustrem paoirîm vahistem âhuirîm çuçruma țkaêshem* den Z. hörten wir als den ersten, den besten, ahurischen, gesetztreuen yt. 13, 148. *zarathustrem . . . añhéus . . . ahûmca ratûmca paoirîmca țkaêshem yazamaidê* den Z., den Herrn und Meister der Welt, den ersten gesetztreuen preisen wir yt. 13, 152. dat. *țkaêshâi* y. 48, 3. plur. acc. *paoiryãn țkaêshê* (s. *paoiryôțkaêsha*) yt. 13, 150. gen. *paoiryanãm țkaêshanãm* y. 23, 4. 26, 10. yt. 13, 17. 149. 3) m. Abschnitt, Vers, Paragraph eines Gebetes acc. *thritîm țkaêshem* y. 19, 31. *țkaêshem* y. 20, 1. *aparemca țkaêshem* den zweiten Vers (des *yathâ ahû vairyô*) G. 3, 7. plur. nom. *thrâyô țkaêsha vîçpem vaeô* (Westerg. *vaçô*, aber Hzv. übers. *gubashn*) *yêçnîm* drei Verse sind (aus drei Versen besteht) die ganze preiswürdige Rede (des Gebetes *yêñhê hâtãm*) y. 21, 3. *thrâyô țkaêsha* diess sind die drei Verse (des *ashem vohû*) y. 20, 6. acc. *pañca țkaêsha* die 5 Theile (wohl die kleinen Sätze, aus denen das Gebet yathâ ahû vairyô besteht) y. 19, 36.

Hzv. parsi np. *késh*, armen. *khêsh*.

Vgl. *aderetôțkaêsha*, *anyôțk°*, *arsțk°*, *asharațk°*, *ashôțk°*, *ahurațk°*, *paoiryôțk°*, *pañcațk°*.

țbaêsha (von *țbish*) m. Peinigung, gen *țbaêshahyâca* y. 17, 48. 67, 24.

țbaêshañh (von *țbish*) n. Peinigung, welche die Bösen gegen die Guten veranstalten, nom. *țbaêshô* yt. 11, 5. acc. *țbaêshô* y. 9, 59. yt. 1, 28. 11, 5. instr. *țbaêshañha* vd. 18, 123. abl. *țbaêshañhaț* y. 57, 4. yt. 13, 57. gen. *țbaêshañhô* yt. 13, 105. plur. acc. *țbaêshâo* y. 9, 60. 64, 31. 51, 6. yt. 1, 10. 10, 34. 76. 13, 38. 142. G. 1, 6. instr. *vî nô țbaêshêbîs* (bring) uns weg von Peinigungen y. 9. 85.

Skr. *dvéshas*, hzv. *bêsh*, parsi *bés*.

Vgl. *dubaêshañh*, *dvaêshañh*, *vaêshañh*; *ațbaêsha*, *paityaogețțbaêshañh*, *vîtaretb°*, *vîțb°*.

țbaêshavañț (von *țbaêsha*) adj., peinigend, plur. gen. *țbaêshavatãm* y. 9, 60. 85. yt. 5, 13. 13, 33. 14, 4.

țbaêshôiriçta (von *țbaêshañh* + *iriçta*) adj., mit Pein verbunden, plur. gen. *khruzhdranãm țbaêshôiriçtanãm* yt. 5, 82.

țbaêshôñhvañț (von *țbaêshañh*) adj., peinigend, plur. gen. *țbaêshañuhatãm* yt. 10, 76.

țbaêshôjata (von *țbaêshañh* + *j°*) adj., durch Peinigungen geschlagen, plur. nom. *°jata* vd. 7, 5.

țbaêshôtaurvañț (von *țbaêshañh* + *t°*) adj., die Peinigungen besiegend, nom. *°taurvâo nãma ahmi* yt. 1, 14.

țbaêshôtaurvayañț (von *țbaêshañh* + *t°*) adj., die Peinigungen überwindend, superl. nom. neutr. *țbaêshôtaurvayaçtemem* yt. 1, 2.

țbaêshôtara (von *țbaêshañh* + *tara*) adj., von Peinigung befreiend, nom. *tarôțbaêshô nãma ahmi*, *țbaêshôtarô nãma ahmi* ich heisse der von Peinigung befreite, der von Peinigung befreiende yt. 15, 47.

țbaêshôparsta (von *țbaêshañh* + *parstañh*) n. peinigender Angriff, plur. gen. Zarathustra war nicht verwundet *aka manañha khruzhdya țbaêshôparstanãm* durch Akoman (und) die Bosheit (Härte) seiner peinigenden Angriffe vd. 19, 12. Man kann *aka m°* auch von *°parstanãm* abhängig machen:

durch die Bosheit der von Akoman (ausgeführten) Angriffe.

ṭbi, peinigen, vgl. *ṭbish.*

ṭbish (das *ṭ* scheint das bei *ṭkaêsha* erwähnte Praefix zu sein, die Wurzel wäre *bish* für *vish*, skr. *dvish*, dessen *d* abfiel (vgl. *vaêshaṅh*), in dem ältern Dialect aber erhalten ist) peinigen, imper. 2. sg. med. *aêtahê thnaçaṭ ṭbishaṅuha* Cit. der Hzv.-Gl. zu vd. 7, 136. partic. praes. acc. *ṭbishyañtem* A. 1, 16. abl. *ṭbishyañtaṭ pairi* vd. 8. 60. plur. acc. *viçpê ṭbishyatô* yt. 19, 54. dat. *ṭbishyañbyô* yt. 13, 31. abl. *aurvathaêibyô parô ṭbishyañbyô* y. 67, 40. yt. 13, 69. *parô ṭbishyañbyô* vor den Peinigern, eher als die P., yt. 10. 75. gen. *ṭbishyatãm* yt. 10, 76. 13, 31. 14, 34. *ṭbisaêtãm* yt. 24, 19. *ṭbishyañtãm* y. 56, 10, 9. 10. yt. 10, 11. partic. perf. pass. nom. *ṭbistô* grollend vd. 9, 157. yt. 10, 28. gen. *ṭbistahê* yt. 10, 111. *ṭbistahêciṭ* yt. 10, 109. plur. nom. n. *ṭbistâo* yt. 24, 51. causale praes. 3. sg. *ṭbaêshayêiti* vd. 18, 123. impf. conj. 3. sg. *ṭbaêshayâṭ* yt. 3, 14.

— *upa*, peinigen, partic. perf. pass. nom. *upaṭbistô* grollend yt. 10, 18. 19, 39.

ṭbishis n. Glied am Finger, nom. *fratemem ṭbishis* vd. 6, 16. hzv. übers. *bujak.*

ṭbista s. *ṭbish.*

Vgl. *aṭbista.*

ṭbuj (von *ṭ* (s. *ṭkaêsha*) und *buj*) sich biegen, eilen.

— *aipi*, verfolgen.

TH.

thaurva (von *thru?*) adj., dauerhaft? nom. (statt acc.) *yatha azâni peshanê asta aurvañtô viçpa thaurvôaçtôis puthrô viçpa thaurvô* (besser *vi pathaurvô*) *urvi khaodhô* (besser *urvikhaodhô*) *urvi verethrô* (besser *urviv°*) *çtûi manôthrîs* (besser *çtûim°*) dass ich vertreibe in der Schlacht die acht starken alle (gänzlich) des Thaurvôaçti Söhne, die ganz ausdauernden, breitbehelmten, breitbewaffneten, starkköpfigen? yt. 9, 30 = 17, 50. *puthrô* und seine Attribute stehen im nom. sg. statt im acc. plur.

thaurvôaçti (vom vor. + 1. *açta*) m. n. pr., gen. *thaurvôaçtôis* (s. das vor. Wort) yt. 9, 30. = 17, 50.

thakhta (von *thañj*) angespannt, bereit, abl. fem. *thakhtayâṭ parô aṅhuyâṭ uzgereuyâṭ parô bâzuwê* vor dem angespannten (zielenden) Geschoss, bevor man die Arme erhebt yt. 13, 46. plur. fem. *thakhtâo* die bereit stehenden (Frohars) yt. 13, 45.

Vgl. *qâthakhta, huthakhta.*

thañj anfügen, bändigen; sich anfügen, praes. 3. plur. *thañjayêiñti* schirren sich an yt. 17, 12. praes. conj. 3. plur. *yahmâi . . . thañjayâoñti* yt. 10, 136. *tê mê vâshem thañjayâoñti* die sollen sich mir an den Wagen fügen yt. 19, 41. imper. 1. sg. *thãjayêni* dass ich bändige yt. 5, 50.

— *fra*, festigen, praes. 3. sg. *frasha khrathwa frâthañjayêiti* yt. 17, 2.

thanvana (von *tan*, vgl. Kuhn, Z. II, 237. Roth Nir. Erl. 58) m.? Bogen, abl. *huthakhtaṭ haca thanvanâṭ* yt. 10, 39.

thanvara f. **thanvare** n. Bogen, nom. *tûirya thanvara* viertens der Bogen vd. 14, 35. *thanvareca* vd. 17, 28. 29.

Skr. *dhânvan*, hzv. *çnavar.*

thanvareti (vom vor.) f. Bogen, plur. gen. *thanvaretinãm* yt. 10, 128.

tham (= *çam*) heilen.

thamanaṅh (vom vor.) n. Heilung.

thamanaṅhvañṭ (vom vor.) adj., heilkundig, Hzv. übers. beschützend (*pahurêjomand*) nom. neutr. *thamanaṅhañtem* (Thema °*hañta*) yt. 12, 1. acc. masc. *tistrîm . . . thamanaṅhañtem* yt. 8, 49. neutr. *qarenô thamanaṅhañtem* yt. 19, 9. plur. nom. maşc. *thamanaṅhañta* yt. 19, 72. gen. *thamanaṅuhatãm* (Hzv.-Glosse: wie Çpeñtôdâta) vd. 20, 1.

thâtairi f. Windischmann: Futter, Nahrung, Spiegel: Brunnen, plur. acc. *thâtairyô* yt. 10, 14.

thâtu? *viçpê â tê â thâtus tê â ratûs* yt. 24, 18.

thãj s. *thañj.*

thnaç? impf. 3. sg. wenn die guten Werke um ein Tanafur mehr sind als die schlechten, und wenn er den Yasht verrichtet hat, so kommt er ins Paradis: *aêtahê thnaçaṭ* (Westerg. *thnaça* imperat. 2. sg.) *ṭbishaṅuha*, Cit. der Hzv.-Gl. zu vd. 7, 136.

thraêtaona m. n. pr. des Sohnes des Âthwya (s. *âthwya*): ursprünglich scheint Thr. eine dem Indra ähnliche Gottheit gewesen zu sein, wie der vedische Tritá, auf persischem Boden aber erscheint er als Heros, welcher die Schlange Dahâka fesselt, so dass dieselbe erst am jüngsten Tage wieder los wird; er theilte das Reich unter seine drei Söhne: Tûr erhielt die turanischen, Çalm die çairimischen und Eraj (Irej) die eranischen Lande; der letztere ward dann von seinen Brüdern getödtet; vgl. Benfey, Sâmav. s. v. tritá, Roth DMG. II, 216. Bund. 78, 3. nom. *takhmô thraêtaonô* yt. 5, 61. *thraêtaonô* vd. 1, 69. y. 9, 24. yt. 5, 33. 9, 13. 14, 40. 15, 23. 17, 33. 19, 92. 23, 2. *viçô puthrô âthwyânôis viçô çûrayâo thraêtaonô* der Sohn aus dem âthwyanischen Hause, dem Heldenhause, Frêdûn, yt. 19, 36. acc. *thraêtaonem âthwyânem* Fr. 2, 2. gen. *thraêtaonahê âthwyânô* yt. 13, 131. *âthwyânô* Fr. 2, 1

Vgl. skr. *trâitana*. *tritá* (letztrer gleicht dem Thr. in sachlicher Hinsicht), hzv. *Frêtûn*, parsi np. *Frêdûn*, in den Desatir *priçdûm*, armen. *hrodan*, (Fr. Müller, Beitr. zur arm. Lautl. 22).

thraota (von *thru*) m. Strom.
Skr. *srota*, vgl. *srótas*, hzv. *çrâu*.
thraotôçtâc s. das folg. Wort.
thraotôçtât (von *thraota* + *çtâ*) adj., in Flüssen befindlich, plur. nom. f. *thraotôçtâtô âpô* yt. 13, 10. *âpô thraotôçtâtaçca* yt. 8, 41. acc. *âpô khâo paiti thraotôçtâtaçca* die Wasser in Quellen und die fliessenden y. 70, 40. *âpô . . . °çtâtaçca* y. 67, 15. gen. *apãm thraotôçtâcãm* (lies *°çtâtãm?* Spiegel *thraostôçtâcãm*) vd. 18, 125.
thraosta (von *thrush*) n. Mehrung, instr. *thrityâo khshafnô thraosta* mit der Mehrung, Vollendung der dritten Nacht, d. h. wenn die 3. Nacht vorbeigeht yt. 5, 62. 22, 7. 25. 24, 55.
thrak, marschieren, ziehn; partic. perf. med. plur. gen. *thrakhtanãm raçmanãm* yt. 14, 63.
Skr. *trañk trâñkati*, *trakh*, *trákhati* (beide unbelegt), gothisch *thragjan*.
thrayaçca } s. *thri*.
thrayãm }
thrâ, schützen, ernähren, imperat. 2. plur. med. *thrâzdûm* y. 34, 7. 57, 13. 14. 15. causale praes. 3. plur. *thrâyêñti* yt. 13, 146. infin. *ashâ vohû manañhâ thrâyôidyâi drigûm yûshmâkem* mit Reinheit, mit guter Gesinnung will ich ernähren eure Armen y. 34, 5.
Skr. *trâ*, *trâyate*, hzv. *çrâitan*.
thrâiti (vom vor.) f. Nahrung, acc. *thrâitîm* y. 61, 10.
Vgl. hzv. *çrâyashn*, np. afgh. *çarâi*, *çerâi* (Haus), armen. *çrah*.
thrâoñh s. *tareç*.
thrâta (Nebenform von *thrâtar*) adj., beschützend, superlat. nom. *thrâtôtemô* yt. 11, 3. 24, 18. (statt des plural.?)
thrâtar (von *thrâ*) m. f. Beschützer, Ernährer, nom. *thrâta nãma ahmi* yt. 1, 13. *thrâtâ* y. 49, 1. *thrâtâca* vd. 2, 13. 15. yt. 1, 12. fem. *thrâtri* yt. 9, 5. acc. masc. *thrâtârem* y. 70, 61. dual. acc. *paiti thrâtâra yazata* gegen die beiden schützenden Ized (weht er die Feinde zusammen, damit jene sie tödten) yt. 10, 41.
Skr. *trâtár*.
thrâthra (von *thrâ*) n. Schutz, Erhaltung, nom. *thrâthrem* yt. 19, 69. *khshvas mâoñhô çûnô thrâthrem* sechs Monate lang (dauere) des Hundes Pflege vd. 15, 125. acc. *thrâthrem* vd. 15, 50. 13, 54. (concret Schützer), dat. *thrâthrâi* yt. 13, 10. 43. 44. 19, 48.
Skr. *trâtra*.
1. **thrâya** (von *thri*) adj., dreifach, nom. *thrâyô bavâhi yatha athaurunô, thrâyô b° y° rathaêstârahê, thrâyô b° y° vâçtryêhê fshuyañtô* sei dreifach wie der Priester, Krieger und Landbauer, d. h. durch deine Kinder vertreten im Stand der Priester, Krieger und Landbauenden (vgl. Göttinger gel. Anzeigen 1868, S. 1893) yt. 23, 5.
2. **thrâya** (von *thrâ*) m. Ernährung.
thrâyavan (von 1. *thrâya*) adj., einem der drei (priesterlichen) Orden (Hêrpat, Maupat und Deçtûr) angehörig, dat. *âthravanâi vâ thrâyaonê* yt. 4, 10. 14, 46. plur. nom. *âthravanô thrâyaonô* yt. 5, 86.
thrâyô s. *thrâya* und *thri*.
1. **thrâyôidyâi** s. *thrâ*.
2. **thrâyôidyâi** (von *thrâya* + *dyâi*, infin. von 2. *dâ*) sie sollen verdreifachen y. 11, 24. (s. *uyê*).
thrâyôdrighu (von 2. *thrâya* + *drighu*) adj., die Bettler ernährend, acc. *marezhdikem thrâyôdrigûm* yt. 2, 7. S. 2, 4. dat. *marezhdikâi thrâyôdrigavê* yt. 2, 2. S. 1, 4. superl. voc. *marezhdikavaçtema thrâyôdareghutema* A. 1, 4.
thri, numer., drei, plur. nom. *thrâyô* y. 11, 1. *thryaçca thriçãçca* 33 (kann auch acc. sein, da *heñti* vorgeht). y. 1, 33. 3, 47. yt. 24, 18. fem. *thrâyô khshafna* vd. 9, 135. 16, 21. acc. *thrâyô kata* vd. 5, 36. *thrâyô magha* vd. 9, 16. fem. *tisharô* vd. 2, 88. *tisrô paoiryô yazamaidê tisra paoirya yazamaidê* von dreien das erste, die drei ersten (Gebete) preisen wir vsp. 15, 4. statt des masc. *tisharô* (scil. *pairikara*) vd. 17, 17. *tisharô çata* vd. 2, 90. 4, 38. gen. masc. *thrayãm* vd. 15, 134. 18, 28. neutr. *thrayãm* vd. 18, 41. fem. *tishrãm khshafnãm* Cit. der Hzv.-Gl. zu vd. 7, 136. *tisranãm* vsp. 15, 6. dat. (statt instr.) *thribyô* vd. 2, 39.
Skr. *tri*, hzv. *çi*, parsi *çi*, *çé*, *çe*, np. *çih*, buchar. *çi*, syrisch-zig. *çih*, serg. *sezchtaze*, afgh. *daré*, bal. *shai*, kurd. *çeh*, kurm. *çîçé*, armen. *erh*, dig. *artha*, tag. *ärthä*.
thriafçma (vom vor. + *afçman*) adj., aus 3 Versen bestehend, nom. neutr. *aêtat vaeô thriafçmem* y. 19, 44. (vom Gebet *yathâ ahû vairyô*).
thriayara (vom *thri* + *ayare*) n. drei Tage, acc. *thriayarem* vd. 9, 194. 13, 173. yt. 5, 62. 10, 122.
thrikameredha (von *thri* + *k°*) adj., dreiköpfig, Beiwort der Schlange Dahâka (vgl. skr. *triçîrshán* von Ahi) acc. *thrikameredhem* y. 9, 25. yt. 5, 34.
Hzv. *çikamâri*.
thrikarsha (von *thri* + *k°*) n. drei Kreise, acc. *thrikarshem* yt. 4, 7.
thrikhshapara (von *thri* + *khshapare*) n. drei Nächte, acc. *thrikhshaparem* vd. 5, 41. 9, 194. yt. 5, 62. 10, 122. abl. *paçca °khshaparât* vd. 9, 136.
thrigâya (von *thri* + *g°*) n. drei Schritte, acc. *thrigâim* vd. 3, 57. 6, 75. 16, 10. 18, 96. *avavat yatha thrigâim* vd. 8, 29.
thrizhat (von *thris*) n. ein Drittel, nom. *thrizhatca udha gêus apajaçât* ein Drittel des Viehs wird umkommen vd. 2, 52.
thrizhvat (von *thris*) adv. dreimal vd. 9, 129.
thrizañtu (von *thri* + *z°*) adj. drei Stämme in sich begreifend, acc. f. *raghãm thrizañtûm* vd. 1, 60. In Ragha waren nach y. 19, 51. nur drei Herrn, Hausherr, Clanfürst und Herr der Genossenschaft, Zarathustra stand als geistliches Oberhaupt über diesen dreien; unser Wort bezieht sich also auf die drei Arten des Verbands (*patvand* in der Glosse), welche in der staatlichen Einrichtung Raghas existierten. Vgl. Spiegel, Av. übers. II, 212. Ir. Stammv. 684. Windischmann Z. St. 48.

thrizafan (von *thri* + *z°*) adj., mit drei Rachen versehn, Beiwort des Dahâka, nom. *thrizafâo* yt. 5, 29. 19, 47. acc. *thrizafanem* y. 9, 25. yt. 9, 14. 5, 34. voc. *azhi thrizafem dahâka* yt. 19, 50.

Vgl. hzv. *çizafar.*

thrizaremaya (von *thri* + *zarema*) adj., aus drei Abschnitten bestehend, von der Nachtzeit, acc. *thrizaremaêm ratûm* während der aus drei Theilen bestehenden Zeit (der Nacht) vd. 18, 23. Hzv. übers. 3 *zarmâi ratish.*

thrita (von *thri*) m. n. pr. 1) eines heilkundigen Mannes aus dem Hause Çâma, welches von Thrita aus durch Çama (Çehem oder Shem), Turak, Shédâçp und Sur von Yima und dessen Frau Pericihre abstammen soll; seine Söhne sind Urvâkhshaya und Kereçâçpa. Die Reihenfolge seiner Nachkommen ist in den spätern Schriften etwas in Verwirrung gekommen. indem z. B. der Mujmil richtig den Gershaçp zu seinem Sohne, das Beiwort desselben aber, altb. *naremanâo*, zum Namen eines Sohnes des Gershaçp macht. von welchem durch Çâm und Zâl der berühmte Ruçtam stammt; vgl. Roth DMG. II, 225. Spiegel Av. übers. I, 255. II, 71. III, LXVI. nom. *thritô* vd. 20, 11. y. 9, 30. 2) eines Sohnes des Çâyuzhdri, nom. *thritaçca* yt. 5, 72. gen. *asharazdaṅhô thritahê çâizhdrôis* yt. 13, 113.

Skr. vgl. *tritá* (nur lautlich identisch); hzv. *çrît* (Neriosengh çrîta), np. *asrit.*

thriti (fem. des vor.?) n. pr. einer Tochter des Zarathustra und der Patishaya Padokhsha), gen. *thrityâo* yt. 13, 139. Bund. 79, 20. heisst sie *çrît.*

thritya (von *thri*) adj. numer., der dritte, nom. *thrityô* vd. 4, 8. 14, 34. 18, 99. y. 9, 28. neutr. *thritîm* (als die Majestät wich) zum dritten Male yt. 19, 38. *thritim* vd. 3, 12. zum dritten Male (adv.) vd. 7, 97. acc. masc. *thritîm* vd. 5, 101. *thritîm yânem* y. 9, 66. *paçûm* vd. 13, 90. fem. *thrityãm* yt. 17, 59. 22, 5. neutr. *thritîm* vd. 1, 17. instr. n. (adv.) *thrityâ* vd. 16, 38 (Spiegel *thrityâi*). dat. m. *thrityâi* vd. 18, 48. gen. m. *thrityêhê myazdahê* A. 1, 9. fem. *thrityâo* (lies *thrityayâo*) *khshapô* vd. 19, 91. yt. 22, 7. *khshafnô thrityâo* (lies *°tyayâo*) yt. 5, 62. plur. acc. f. *thrityâo daça khshapanô* in den dritten zehn Nächten yt. 8, 18.

Skr. *tṛtîya*, altp. *tṛitiya.*

thriṭ (von *thri*?) m. n. pr., gen. *thritô aêvôçaredhôfyaêstahê tanyêhê tanyayâo daṅhêus* yt. 13, 125.

thridaça (von *thridaçan*) adj., numer., der dreizehnte, nom. *thridaçô çeiştô* dreizehntens heisse ich der beste yt. 1, 8.

Skr. *trayodaçá*, np. *çîzdaham*, afgh. *diyârilaçum*, armen. *erekhtaçanerord*, dig. *arthandeçeymay*, tag. *ärthündäçäm.*

thridaçan (v. *thri* + 2. *daçan*) numer., dreizehn.

Skr. *tráyodaçan*, np. *çîzdah*, afgh. *diyârlaç*, bal. *çaiñzdah* (brahvi *çeñzda*), kurd. *çezdah*, armen. *erekhtaçan*, dig. *arthandeç*, tag. *ärthündäç.*

thripadha (von *thri* + 2. *p°*) n. drei Fuss (= ein Schritt), acc. *thripadhem* vd. 9, 15.

Vgl. skr. *tripada.*

thribda (von *thri* + 1. *bda*) n. drei Fesseln, pl. instr. *tistryô . . . pairikãm âdarezayêiti bibdâisca thribdâisca aranemnâisca vîçpabdâisca* Tistrya befestigt die Pairika mit doppelten, dreifachen, unbezwinglichen, mit allen Fesseln yt. 8, 55.

thrima (von *thrâ*) m. Nahrung, Macht, nom. *thrimô* vd. 21, 29. yt. 24, 49. acc. *thrimemca* yt. 1, 22. dat. *thrimâica* y. 9, 84. gen. *thrimahê* yt. 15, 50.

thrimâhya (von *thri* + *mâoṅh*) adj., dreimonatlich, acc. *thrimâhîm* (eine Zeit) von drei Monaten vd. 5, 136.

thrimithwañṭ (von *thri* + *m°*) 1) adj., aus drei verbundnen Theilen bestehend. 2) n. Drillinge, gen. *thrimithwatô çpitâmahê fravashîm yazamaidê* wir preisen die Fravashi der çpitamischen (zarathustrischen) Drillinge yt. 13. 98. Bund. 80, 6. sagt: „die Söhne des Zartusht, Khôrshétdar (Ukhshyaṭereta), Khôrshétmâh (Ukhshyaṭnemaṅh), Çôçiôsh (Çaoshyañṭ) sind von der Hvôv, wie es heisst: Zarthusht näherte sich dreimal der Hvôv, jedesmal dieser Saame zur Erde fiel; der Ized Nérioçang nahm diesen Saamen und zur Aufbewahrung gab er ihn der Anâhita bis zu der Zeit, wo er sich mit der Mutter vermischt.“ Die Jungfrau Eredaṭfedhri wird in dem See Kãçava baden und der dort ruhende Saame wird sie befruchten; vgl. Windischmann Mithra 80.

thrivañṭ (von *thri*) adj., numer., dreifach, dreimalig, instr. *thrivataca* (s. *gaêçu*) vd. 7, 150.

1. **thriçata** (von *thri* + *daçan*), numer., dreissig, acc. *thriçatem* vd. 4, 63. 8, 268. 12, 4. yt. 15, 12. 10, 122. pl. gen. *thriçatanãm baevranãm* yt. 5, 129.

Skr. *thriṅçát*, parsi np. etc. *çî*, afgh. *dérash*, armen. *ereçoun.*

2. **thriçata** (vom vor.) adj. numer., der dreissigste, acc. *thriçatem* am dreissigsten (Tag) A. 1b, 10.

Skr. *thriṅçá*, np. *çiyum*, afgh. *dérashum*, armen. *ereçnerord.*

thriçatagâya (v. 1. *thriçata* + *gâya*) n. dreissig Schritt, acc. *thriçatagâim* vd. 3, 57. 17, 12.

thriçatathwa (v. 1. *thriçata*) adj., dreissigmalig, acc. neutr. *thriçatathwem* dreissigmal vd. 8, 276.

thriçatôzima (von *thri* + *çata* + *zima*) n. 300 Jahre, plur. neutr. *thriçatôzima . . . heñjaçeñta* 300 Winter (Jahre) giengen vorüber vd. 2, 20.

thriçathwâo (von 1. *thriçata*) adj., dreissigfach, nom. *thriçathwâo* yt. 10, 116.

thriçãç Nebenform von 1. *thriçata*) numer. dreissig, plur. acc. (nach *heñti*) *thryaçca thriçãçca* dreiunddreissig, y. 1, 33. 3, 47.

thriçãçayôaghra (v. vor. + *ayôaghra*) n. dreissig eiserne Pfeile, plur. instr. *maṭ thriçãçayôaghrâis* vd. 14, 36.

thriçãçfradakhshainya (von *thriçãç* + *fr°*) n. dreissig Schleudersteine, plur. instr. *maṭ thriçãçfradakhshainyâis* vd. 14, 37.

thrishva (von *thri*) m. ein Drittel, acc. *thrishûm* vd. 5, 78. y. 61, 12. beim 3. Theile (der Nacht) yt. 12, 3. *yaṭ vâ thrishûm* vd. 6, 69. 16, 7 y. 19, 13.

instr. *aêva thrishva* um ein Drittel vd. 2, 37. *dva thrishva* (statt *vaêibya thrishubya*) vd. 2, 37. dat. *thrishvâi* vd. 18, 43. 46. 48. loc. *thrishvê* y. 11, 21. dual. acc. *dva thrishva* yt. 5, 22. 15, 8. 19, 26. pl. acc. *raocahinô avi thrishva* glänzend auf den Dritteln (der Erde) yt. 13, 3. dat. (statt instr.) *thribyô thrishvaêibyô* um 3 Drittel vd. 2, 39.

Vgl. hzv. *çruishutak*.

thris (von *thri*) adv. numer., dreimal, vd. 7, 35. 12, 6. *thriscit* y. 19, 10. yt. 24, 41. *thris çatâis* vd. 4, 25. *thris vâ shâmãn* drei Tropfen vd. 5, 149. *thris mâoṅhô* drei Monate vd. 7, 35. *thris maghem* drei Löcher vd. 8, 118. 16, 26. *thrîscit* dreimal N. 1, 1.

Skr. *tris*, hzv. *çrîsh*.

thrisâmrûta (vom vor. + *âmrûta*) adj., dreimal zu sprechen, von gewissen Gebeten, als dem Gebet *ashem vohû* (y. 27, Schluss) *yê çevistô* (y. 33, 11.) *hukhshathrôtemâi* (y. 35, 13) *duzhvarenâis* (y. 52, 9); plur. nom. *thrisâmrûta* vd. 9, 170. 10, 4. 7. 14.

Hzv. *çrîshâmrût*.

thru, 1) fliessen 2) zufliessen lassen, versorgen, ernähren, perf. 3. sg. med. *tuthruyê* er erhielt y. 1, 4. partic. perf. act. acc. fem.? *tuthrushãm frazaiñtîm* wachsende Nachkommen y. 61, 13.

Skr. *sru*, *srávati*. — Vgl. 2. *çru*.

thrush (Fortbildung des vor.), ernähren, aufziehn, participialperfect 2. sg. *yaêthâo vîçpâo* ... *yâo vohû thraostâ manaṅhâ* alle Güter, welche du durch Vohumanô pflegtest y. 34, 3. *yayâo shkyaothanâis ashem thraostâ* durch deren Thaten du die Reinheit nährtest y. 45, 7. 3. sg. *aêta humaya thraosta vohu manaṅha* diese heilsamen Dinge pflegte (Ormazd) durch Vohumanô vsp. 14, 10. partic. perf. pass. *thraosta* (Substantivum) s. besonders.

thrãf sich sättigen, nähren.

Skr. *tarph*, *tṛpháti*, *tṛmpháti*; vgl. *tarep*.

thrãfaṅh (vom vor.) n. Nahrung, acc. *uyê thrãfaçca fraçaçtisca* beides Nahrung und Lobpreis yt. 5, 26. 19, 32.

thrãfedha (von *thrãf*) f. Sättigung, acc. *thrãfedhãm* Sättigung yt. 13, 42. concret vom Gesetz, zur Ernährerin yt. 13, 100.

thrãfedhaṅh (von *thrãf*) n. Nahrung, acc. *thrãfdhô* an Nahrung, durch Nahrung kräftig y. 9, 67. *thrãfedhô açti paitizañtô* er nimmt Nahrung an y. 56, 6, 5.

thrãç, gehn, von Schlangen.

thryakhsti (von *thri* + *yakhsti*) f. drei Zweige, plur. acc. *yô paoiryô bareçma fraçterenata thryakhstîsca* welcher zuerst das Barçom zusammenband mit drei Zweigen y. 56, 2, 3.

thryafçman (von *thri* + *afçman*) adj.? nom. *thryafçma* (s. *zairimyafçman*) vd. 13, 141. 156.

thryaçca s. *thri*.

thwa (von *tûm*) adj. pronom., dein, instr. *thwâ âthrâ* y. 50, 9. *thwâ hunarâ* y. 42, 5. neutr. *thwâ manaṅhâ* y. 31, 11. abl. *thwahmât* y. 45, 7. 46, 5. statt des persönl. pronom. *thwat:* y. 28, 11b. dat. *â thwahmâi âthrê* y. 42, 9. gen. *thwahyâ âoṅhô* y. 31, 3. *thwahyâ mãthrãnô* y. 32, 13. *vîdushô* y. 34, 9. *âthrô* y. 42, 4. fem. *kâ tôi ashôis thwaqyâo* welches (ist der Wunsch) nach deiner Heiligkeit y. 47, 8. neutr. *thwahyâ urvâtahyâ* y. 34, 8. loc. m. *thwahmî* (statt des persönl. pronom. *thwôi*) y. 47, 7. *thwahmî* y. 47, 4. *thwahmî zaoshê* y. 33, 10. *thwahmî* . . . *uipâoṅhê* y. 48, 10. neutr. *thwahmî* y. 41, 10. *thwahmî khshathrôi* y. 32, 6. 42, 13. *thwahmî vîcithrôi* y. 32, 8. plur. nom. *thwôi dûtâoṅhô* y. 32, 1. *thwôi çtaotaraçcâ* y. 41, 12. neutr. *thwâ khshathrâ* y. 50, 4. acc. neutr. *thwâ khshathrâ* zu deinem Reiche y. 42, 6. *thwâ çavâ paitî eretê* er tritt auf gegen deinen Nutzen y. 43, 12. loc. fem. *thwâhû* y. 42, 7.

Skr. *tvá*.

thwaêsha (von *thwish*) m. Furcht, Schreckniss, nom. *thwaêshô* yt. 11, 5. statt des gen. (local) *maçô vâ âpô maçô vâ thwaêshô* bei einem grossen Wasser, einem grossen Schreckniss yt. 11, 4. dat. *thwaêshâi* yt. 13, 20. abl. *thwaêshât* y. 56, 7, 9. yt. 9, 4. 17, 25.

Vgl. skr. *tveshá*.

thwakhsh, schaffen, eifrig sein, praes. 3. pl. med. *thwakhsheñtê* (die Wasser) eilen hervor yt. 10, 14. partic. praes. med. nom. masc. *thwakhshemnô* vd. 22, 52. yt. 5, 65.

Skr. *tvaksh*, *tvákshati*.

thwakhsha (vom vor.) adj., eifrig, schnell, dat. *thwakhshâi haomâi* y. 11, 26.

Hzv. *tukhshâk*, parsi *tukhsâ*, np. *tukshâ*.

thwakhshaṅh (von *thwakhsh*) n. Thätigkeit, acc. *hyat hîm dâtâ khshayañtô* . . . *gaodâyô thwakhshô* damit er (der Herr) ihr (der Kuh) gebe, o ihr Mächtigen, Thätigkeit bei dem Viehzüchter y. 29, 2. instr. *thwakhshaṅhâ* y. 33, 3. 45, 12.

thwakhshista (superl. zu *thwakhsha*), sehr rüstig, thätig, nom. *thwakhshistô* y. 9, 47. yt. 10, 98. acc. *thwakhshistem* y. 56, 6, 2.

thwat s. *tûm*.

thwayaṅhañt (partic. praes. eines denomin.? vgl. *thwya*) schrecklich, plur. gen. *duzhitanãmca thwayaṅhatãm* yt. 13, 20.

thwarekhsh (Fortbildung von *thwareç*) schaffen.

thwarekhstar (vom vor.) m. Bildner, plur. nom. *dâtaraçca marekhstaraçca thwarekhstaraçca* yt. 19, 18.

thwareç schneiden, bilden, schaffen, praes. 3. sg. *thwereçaiti* schneidet ab vd. 3, 151. 3. dual. *thwereçatô* y. 56, 1, 4. impf. 2. dual. med. *thwarôzhdûm* y. 29, 1. partic. perf. pass. *thwarsta* (s. besonders).

— *avi*, spalten (Holz), praes. 3. sg. *avi dim thwereçaiti* vd. 5, 10.

— *upa*, abschneiden, praes. 3. sg. *upathwarsti* er haut um vd. 9, 7. 3. plur. *yô* . . . *upathwereçeñti* (Westerg. verm. °*thwereçaitê*) vd. 17, 4. imper. 2. sg. med. *upathwereçaṅuha* vd. 17, 10. causale impf. 3. pl. *upathwereçãn upathwereçayen* vd. 13, 88. conj. impf. 3. pl. *upathwereçãn upathwereçayãn* vd. 8, 24. partic. perf. pass. nom. fem. *yavat aêsha âfsbyârikhti upathwarsta frabavât* wo doppelte Besprengung mit Wasser, nachdem sie zu Stand gebracht, hervorkommt vd. 14, 59. gen. neutr. *upathwarstahê* zu der (meinem Leben) festgesetzten (Zeit) yt. 8, 11. = 10, 55.

— *uç*, abschneiden, praes. 3. sg. *uç . . . thwereçaiti* vd. 13, 27.

— *ni*, graben, pot. 2. sg. *paoirîm upa maghem nithwereçôis* vd. 9, 13.

— *paiti*, daranmachen, partic. perf. pass. plur. nom. *çraêna çafâoṅhô, zaranya paitithwarstâoṅhô* bleiern sind ihre Hufe, mit Gold beschlagen y. 56, 11, 3.

— *fra*, 1) abschneiden, praes. 1. sg. *frâthwereçâmi* yt. 5, 50. impf. oder imperat. 1. plur. *frâthwereçâma* yt. 19, 77 (beides dunkle Stellen). impf. 2. sg. *â gêus frâthwareçô* (lies °*thwereçô?*) *draonô* du mögest ausschneiden von dem Fleisch ein Stück y. 11, 20. 2) schaffen, zu Stand bringen, praes. 3. sg. *aokhtô ratus aokhtô çraoshâvarezô cithãm frâthwereçaiti* der Ratu und der Çraoshâvareza, welche sprechen (den vendidad), bestimmen ihr die Strafe vd. 7, 180. pot. 3. sg. med. *âaṭ vô yâzhem yôi mazdayaçna cithãm frâthwereçaêta* dann würde sie euch, die ihr den Mazda verehrt, Strafe zu wege bringen vd. 7, 179. impf. 1. sg. *frâthwereçem* ich habe geschaffen vd. 1, 5. 3. sg. *frâthwereçaṭ* yt. 10, 50. 13, 87. partic. perf. pass. *frathwarsta* (s. besonders).

Die Wurzel *thwareç* scheint der skr. *tvakhsh* = *taksh* zu entsprechen, also mit *thwakhsh* verwandt zu sein; die Einfügung eines *r* findet auch in *tarshrâo* sowie in mehrern armenischen Wörtern statt, vgl. Petermann p. 64. Andrerseits findet sich das *r* in der gewiss verwandten slavischen Wurzel *tvar*, sodass umgekehrt das *ç* in *thwareç* ein Zusatz sein könnte. Burnouf verglich skr. *tvar* und *tvaksh*.

thwarçaṅh (v. vor.) n. Abschnitt, acc. *paoiryêhê yaçnaêta hazaṅrôzimahê thwarçô* nach dem Abschnitt (Verlauf) des ersten Jahrtausends, Cit. der Hzv.-Gl. zu vd. 2, 41.

thwarsta (partic. perf. pass. von *thwareç*) 1) begrenzt, gen. neutr. *thwarstahê zrûâyu* zur festgesetzten Zeit yt. 8, 11 = 10, 55. 2) bestimmt, passend, dat. neutr. *vaçtrâo . . . keretem thwarstâi zrânê vareмâo vaênañtô barâzañti fréna erezatem zaranim* Kleider . . gemacht (der sing. in Beziehung zum plur. neutr. findet sich auch sonst) zur passenden Zeit (d. h. als die Biberfelle am schönsten waren) aus Fellen (welche) dem sie schenden reichlich glänzen (deren Glanz in die Augen sticht) wegen des Silbers und Goldes yt. 5, 129. Windischmann liest *vanañtô* und übers.: welche die Jäger hochschätzen.

Vgl. *çûrôthwarsta*.

thwarstôkehrpa (vom vor. + *kehrp*) adj., auf einen geschaffnen Körper bezüglich, loc. masc. *para avaṅhê hâ thwarstôkehrpaya apê ameshanãm çpeñtanãm dâhîm* vor der Schöpfung der Sonne nach der Amshaçpand Wunsch einen Körper (für sie) zu schaffen y. 19, 20.

thwâ s. *tûm* und *thwa*

thwâkhsha s. 2. *thwâsha*.

thwâvañt (v. *tûm*) adj., dir gleich, deinesgleichen, nom. *thwâvãç* deinesgleichen y. 31, 16. dir ähnlich y. 42, 3. der dir ähnliche y. 47, 3. *thwâvãç çaqyâṭ* deinesgleichen möge mich belehren, d. h. du mögest mich belehren y. 43, 1. *ereshvâ khshathrâ thwâvãç açistis mazdâ* Reiche der Wahrheit (besitzt) deinesgleichen (d. h. besitzest du), Schnelligkeit, o Mazda y. 43, 9.

Skr. *tvâvant*.

1. **thwâsha** (von *thwakhsh?*) n. der unendliche Raum des Himmels, nom. *thwâshem* yt. 10, 66. acc. *thwâshem* vd. 3, 149. N. 1, 8. gen. *thwâshahê* vd 19, 44. yt. 24, 24.

Hzv. *çpâsh*.

2. **thwâsha** (v. *thwakhsh*) adj., schnell, acc. neutr. (adv.) *thwâshem* schnell y. 11, 20 (Spiegel *thwâkhshem*) yt. 10, 53. 13, 39. instr. masc. *thwâsha yâma* yt. 10, 52.

1. **thwi**, erschrecken, partic. praes. *thwyañṭ* (s. besonders).

2. **thwi**, gehn, praes. 3. sg. *pathãm zrvôdâtanãm upa thwayêiti* yt. 24, 27 = vd. 19, 95 (wo aber *jaçaiti*).

thwiçra (von *tish* mit dem im Skr. sich findenden *v*) adj., glänzend, voc. *thwiçrâ* y. 31, 13.

thwish (Fortbildung v. 1. *thwi* durch *sh*) fürchten.

thwé s. *tûm*.

thwôi s. *tûm* und *thwa*.

thwôrestar (von *thwareç*) m. Schöpfer, nom. sg. *thwôrestâ* y. 29, 6. dual. (dvanda) acc. *pâyû thwôrestâra* y. 56, 1, 4. *pâyûcâ thwôrestârâ* y. 41, 22.

Nach dem bei *thwareç* gesagten würde skr. *tvashtar* zu vergleichen sein.

thwãm s. *tûm*.

thwya (von 1. *thwi*) f. Furcht, Schrecken, acc. *thwyãm* yt. 10, 23. 37.

thwyañṭ (partic. praes. von 1. *thwi*) erschreckend, furchtbar, superl. plur. loc. neutr. *thwyãçtemaêshu açaṅhãm* an den schrecklichsten Orten vd. 2, 53. Die Hzv.-Gl. nennt als einen solchen Ort Içpahân.

D.

1. **da** (erweicht aus *ta*) Pronominalstamm, der, er, acc. masc. *mâ dem pereçô* yt. 22, 17. (lies *dim?*) Vgl. 1. *di*.

2. **da** (vom vor.) enclit. Particel, *vaêçmen-da* zum Hause griech. οἴκονδε yt. 10, 86. *aêshãm vañtâoñhô tâ da mainyâoñhô gâtus paiti âoñhañti* yt. 17, 10.

daiñti s. 2. *dâ*.

daiti s. *khraoidhi*.

daitika s. *daidika*.

daitê, *dim ukhdhô daitê* Cit. der Hzv.-Gl. zu vd. 8, 26.

daith° s. *dath*.

daidika Westerg. **daitika** m. Fussgänger, hzv. *datik*, Ner. *pañkticârin*, plur. gen. *daidikanãm* yt. 13, 74. *daidikanãmca* y. 39, 4. yt. 13, 154.

daiditâ, daidit, daidyata s. 1. *dâ*.

daidyaṭ s. 2. *dâ*.

daidyâi s. 1. und 2. *dâ*.

daidhîta, daidhîtem, daidhîs s. 2. *dâ*

daidhê s. 1. *dâ*.

daidhyañṭ s. *di*.

daidhyãm s. 2. *dâ*.

daibitar (von *dab*) m. Betrüger, nom. *daibitâ* y. 48, 2.

daibitâna (von *dab*) n. Betrügerei, plur. nom. *yâ daibitânâ fraokhtâ* was als Betrügerei (als trügerisch) verkündigt wurde (nemlich von den Bösen, welche leugnen, dass eine Auferstehung statt finden werde) y. 47, 1. acc. *skyaomãm aipî daibitânâ* y. 32, 3.

daibitya (von *dai* (= 2. *dê?*) + *bitya*) adj. numer., der zweite, acc. neutr. *daibitîm* zum zweiten Male y. 44, 1. Das *d* könnte auch der in *bitya* verlorne Anlaut sein und man müsste in diesem Falle eine Distraction durch *a* annehmen, welche sich in jüngern Sprachen häufig findet.

daibish (Nebenform von *ṭbish* in den Gâthas) peinigen, praes. 3. pl. *daibisheñtî* y. 32, 1. partic. praes. dat. *daibishyañtê* y. 34, 4.

daibishvañṭ (vom vor.) adj., subst. Feind, Plager, gen. *daibishvatô* y. 28, 6.

daiwi (von *dab*) 1) f. Betrug, Verführung, nom. *daiwis* vd. 2, 82. 118. 2) m. n. pr. des Daêva der Verführung, nom. (statt acc.) *daiwis daêvô* vend. sade 490 (Westerg. vd. 19, 43).

daêdôist s. *diç*.

1. **daêna** (von *di*) f. Gesetz, nom. *daêna* vd. 3, 142. 10, 36. yt. 11, 3. *daêna mâzdayaçnis* yt. 17, 16. 24, 52. *daênâ* y. 31, 20. 43, 11. 50, 13. 44, 2. (cit. y. 19, 43); acc. *daênãm* y. 13, 27. 17, 9. 43, 10. 14, 2. 43, 9. 48, 5. 52, 2. vd. 2, 3. 19, 5. 23. vsp. 8, 11. yt. 8, 59. 16, 1. 19, 84. N. 1, 8. *anaiwyâçtô daênãm* vd. 18, 2. *hvô daênãm* der (handelt) nach dem Gesetz y. 47, 4. instr. *daênâ* y. 53, 1. 44, 11. 48, 4. 50, 21. *daêna* y. 53, 1. cit. Fr. 9, 1. (wo *dînâ*); *agha daêna diçyâṭ* vd. 18, 22. *âkhstaêdha daênaya* in Uebereinstimmung mit dem Gesetz vd. 3, 5. *aya daênaya* y. 56, 10, 3. yt. 10, 92. dat. *daênayâi* y. 45, 7. 50, 17. vd. 2, 8. yt. 16, 17. des Gesetzes wegen y. 56, 10, 2. *vyâni daênayâi* das Verständniss für das Gesetz yt. 10, 64. gen. *daênayâo* vd. 3, 97. 9, 6. vsp. 7, 4. y. 69, 11. yt. 11, 16. 21. 16, 0. 20. G. 2, 7. *daênayâoçca* vsp. 14, 8. voc. *daênê mâzdayaçnê* y. 8, 5. yt. 8, 23. 29. pl. nom. *daênâo* die Gesetzeslehren y. 45, 6. acc. *daênâo* y. 33, 13. 34, 13. yt. 13, 74. *daênâoçcâ* y. 31, 11. instr. *daênâbîs* nach den Gesetzen y. 52, 5. dat. *daênâbyô* nach dem Gesetz y. 7, 61. 40, 3.

Hzv. parsi. *dîn*, np. *dîn* (der 24. Tag des Monats), armen. *den*.

Vgl. *aghadaêna, duzhd°, hâmôd°, kud°*.

2. **daêna** (von *di?*) f. das Selbst, der eigne Zustand, Hzv. erklärt zu vd. 10, 37. *daênãm* sei dasselbe wie *añhvãm*; nom. *qaêcâ daênâ* der eigne Zustand y. 45, 11. acc. *daênãm erezvô yaozhdaithisa* reinige, o Reiner, dich selbst vd. 10, 38. *hvãm daênãm* sich selbst vd. 10, 37. instr. *daênaca* yt. 21, 4. gen. *havayâo daênayâo* für seinen eignen Zustand vd. 10, 38.

Vgl. *qâdaêna*.

daênâvazañh (von 1. *daêna* + *v°*) m. n. pr., gen. *daênâvazañhô* yt. 13, 117.

daênu (von 5. *dâ*) f. Weibchen (bei Thieren), pl. gen. *daênunãm* A. 1b, 7 ff.

Skr. *dhenú*.

Vgl. *açpôdaênu, ustrôd°, kathwad°, gavad°*.

daênôdiça (von 1. *daêna* + *diç*) m. Gesetzlehrer, nom. *daênôdiçô* y. 56, 10, 2. yt. 11, 14.

daênôçac (von 1. *daêna* + 1. *çac*) m. Lehrer des Gesetzes, instr. *daênôçâca* y. 19, 48. plur. gen. *daênôçâcãm* vend. sade 538. = yt. 13, 155.

daêman (von *di*) n. Gesicht, acc. *daêma* yt. 10, 48. 14, 63. *daêma hô pairiurvaêçayêiti* (die Stierseele) wendet ab ihr Angesicht yt. 14, 56.

Np. armen. *dêm*, afgh. *lêmah*.

daêmajîra (vom vor. + *jira*) adj., mit lebhaften Augen, lebhaft an den Augen, nom. *ustrô daêmajîrô* yt. 14, 12.

daêmâna (von *di*) n. Sehkraft, plur. acc. *çrîra dadhâiti daêmâna* er gibt schöne Sehkraft yt. 10, 107.

daêva (von *div*) m. f. Name der bösen Geister unter der Herrschaft des Ahriman; man unterscheidet Erzdaêvas oder solche welche specielle Feinde der Amshaçpand sind, Akômanô, Iñdra, Nâoñhaithya, Tauru (Tairica) und Zairica, Çaurva; zu ihnen wird wohl auch Aêshma gehören; ausserdem werden genannt unsichtbare Daêvas, varenische, mâzanische, vgl. Spiegel, Av. übers. III,

XLVI. Die Hzv.-Uebers. hat für *daêva* stets das aramäische *shêdâ*, Nçr. *deva;* nom. *daêvô* vd. 17, 2. 19, 4. yt. 1, 6. 8. 21. 2. 11. 15. 56. *daêvanãm daêvô* (Ahriman) vd. 19. 1. *daêvaçca* yt. 8. 22. statt des plur. acc. *nâçmi* (Westerg. *nâiçimî*) *daêvô* ich vertreibe die Dêvs y. 31, 1. ohne Flexion: *daêva* yt. 3. 7. (collectiv), *aêmcit yô daêva* vd. 2. 16. fem. *hâ daêvi drukhs* vd. 18, 74. acc. m. *daêum* yt. 8, 28. 18. 2. vd. 19, 135. 138. 13. 15 (attrahiert), ohne Flexion *daêva* yt. 3, 10. fem. *daêvîm drujem* y. 9, 26. yt. 5, 34. 14, 40. instr. m. *daêva* vd. 19, 69. abl. *daêvâatca* (collectiv) yt. 13, 89. 142. *pairî daêvâatçâ ţbaêshaûhaţ mashyâaţcâ* vor der Pein von Devs und Menschen y. 57, 4. gen. *daêvahêca* (collectiv) y. 67. 26. fem. *yô jañta daêvayâo drujô* y. 56, 7, 2. plur. nom. *daêva* vd. 19, 10. 90. y. 56, 7, 10. yt. 9, 4. 10, 69. *daêvâ* y. 43, 20. *kô . . . mainyava daêva frabavaiñti* wer wird ein geistiger Daêva (*kô* steht collectiv) vd. 8, 101. *daêvâoñhô* y. 10, 1. fem. *daêvayô* y. 10, 1. acc. masc. *daêva* (Hss. *daêvô*) yt. 1, 6. *paiti daêva mâzainyãn* vd. 17, 28. 29. y. 9, 46. *nâçta daêva* vd. 18, 37. *daêvâcinâ* (hinter dem Verbum) y. 30, 6. *daêvêñg* y. 32, 5. 44, 11. 48, 4. *daêvêsca* yt. 11, 6. *daêvãn* yt. 19, 84. instr. *daêvâis* y. 13, 14. 19, 3. *daêvâiscâ* y. 29, 4. statt des dat. y. 47, 1. *daêvâiscâ khrafçtrâ mashyâiscâ* ihr verderbten mit (unter) den Devs und Menschen y. 34, 5. abl. *daêvaêibyô* yt. 5, 26. 9, 4. *parô daêvaêibyô* (aus Furcht) vor den D. y. 56, 7, 9. *mâzainyaêibyô hadha daêvaêibyô* y. 56, 7, 8. gen. *daêvanãm* vd. 8, 99. 9. 38. 19. 53. y. 9. 60. yt. 10. 34. voc. *daêvâ* y. 32, 1.

Skr. *devá*, hzv. *dêv°*, parsi np. *dêv*, buchar. *dív*, bal. *dairâng* (bezaubert), kurm. *dev*, zaza *dau*, armen. *dev*, alban *διφ* (Blau, DMG. 17, 662); syrisch *dairô* (*δαιμόνιον* Pesh.).

Vgl. *nâiçhdaêva*, *vâtôdaêva*, *vîdaêva*.

daêvaiñti s. 2. *dav*.

daêvayaçna (von *daêva* + *y°*) m. Verehrer der Daêvas, nom. (statt acc.) *daêvayaçnô* vd. 7, 97. vgl. Spiegel Beitr. 1, 137. acc. *°yaçnem* Cit. der Hzv.-Gl. zu vd. 7, 136. yt. 5, 109. gen. *°yaçnahê* yt. 9, 30. loc. *daêvayaçnê* Cit. der Hzv.-Gl. zu vd. 7, 117. pl. *°yaçnâoñhô* yt. 5, 94. acc. *°yaçna* A. 1, 17. dat. *°yaçnaêibyô* vd. 7, 95. gen. *°yaçnanãm* vd. 18, 124. 19, 86. yt. 5, 77. 11, 4. *vaçmôyô dreatãm °yaçnanãm* yt. 5, 68.

Hzv. *dêvyaçn*. — Vgl. *adaêvayaçna*.

daêvayâza (von *daêva* + *yaz*) adj., subst. m. Anbeter der Daêva, nom. *daêvayâzô* (collectiv) vd. 8, 98. 19, 145. 7, 137. yt. 11, 6. 14, 54.

daêvavañţ (von *daêva*) adj., den Devs ergeben, plur. instr. *daêvavaţbîs* y. 13, 16.

daêvôkarsta (von *daêva* + 2. *karsta*) adj., von den Devs geschaffen, gen. n. *°karstahê ţbaêshaûhô* yt. 13, 137.

daêvôghnita (von *daêva* + *ghnita*) adj., die Devs schlagend, plur. acc. *vaca arshukhdha vârethraghnis daêvôghnita yazamaidê* vsp. 23. 2. *vâca arshukhdha yaz°*, *vârethraghnîs daêvôghnita yaz°* G. 2, 6.

daêvôcithra (von *daêva* + *c°*) adj., von den D. abstammend, voc. fem. *naçê °cithrê* verschwinde, o Daêvaentstammte (Drukhs) vd. 8, 61.

daêvôjata (von *daêva* + *j°*) adj., von den Devs geschlagen, abl. fem. *haca avaûhâţ taneuţ yaţ daêvôjatayâţ* vd. 19, 69.

daêvôzusta (von *daêva* + *zusta*) adj., den D. befreundet, pl. nom. *vakhsheñtê °zustâ* sie wachsen auf, leben als Freunde der Devs y. 32, 4. Trad. „heissen".

daêvôtema (Superlativbildung von *daêva*) adj., am meisten ein Daêva, nom. *daêvanãm daêvôtemô daêvô* vend. sade 490 (Westerg. vd. 19, 43.) acc. (ohne Flexion) *daêvanãm daêvôtema* yt. 3, 14.

daêvôţbi (von *daêva* + *ţbi*) m. n. pr. eines Mannes aus der Familie Zarathustras, gen. *daêvôţbôis takhmahê* yt. 13, 98.

daêvôdâta (von *daêva* + 2. *dâta*) adj., von den Devs geschaffen, nom. *daêvôdâtô* y. 9, 18. *naçus °dâtô* vd. 19. 146. *âzis °dâtô* vd. 18, 45. fem. *°dâta* yt. 10, 50. 12, 23. acc. masc. *zyãmca °dâtem* vd. 1, 8. *zyãm* vend. sade 490 (Westerg. vd. 19, 43) fem. *vîçpãm °dâtem* (lies *°dâtãm*, scil. *çtîm*) yt. 13, 90. abl. m. *°dâtâţ* y. 56, 10, 7. gen. *zimô °dâtahê* vd. 7, 69. *âzôis* y. 17. 46.

daêvôdruj (von *daêva* + 2. *druj*) f., devische Drukhs, voc. *naçê daêvôdrukhs* vd. 8, 61.

daêvôfrakarsta (von *daêva* + *fr°*) adj., von den D. geschaffen, gen. fem. *daêvôfrakarstayâo* yt. 13, 130. voc. *naçê °frakarstê* schwinde, o Devgeschaffne (Drukhs) vd. 8, 61.

daêvôfradâta (von *daêva* + *fr°* adj., von den Devs hervorgebracht, voc. fem. *naçê daêvôfradâitê* vd. 8, 61.

daêç° s. *diç*.

daêça (vgl. *diçu*) m. ein gespenstiges Thier, Werwolf? Spiegel: Traumgesicht (von *diç*), plur. gen. *aghanãmca daêçanãm* yt. 13, 104.

daoithri (v. *dab*) f. Betrügung, acc. *aghãm daoithrîm daomnô* yt. 19, 57. *aghãm daoithrîm adâunta* vd. 19, 142.

daozhañh von *duz*, 1) n. Betrug 2) m. Betrüger, nom. *daozhâo* der betrügende vd. 19. 4.

daozhañha (vom vor.) adj., trugvoll, gen. masc. *añhêus . . . daozhañhahê* (in die Hölle) vd. 19, 147.

daoya (v. *dab*) adj., einer den man täuschen kann.

Skr. *dábhya*. — Vgl. *adhaoya*.

daoyamna s. *dab*.

Vgl. *adhaoyamna*.

daosha f. Nacht, Abend.

Skr. *doshá*, np. *dôsh*, bal. *dûshî* (am Abend).

daoshatara (vom vor.) adj., westlich, acc. *daoshatarem hiñdûm* (Assyrien) vend. sade 122. (Westerg. vd. 1. 19); loc. *daoshatairê* (scil. *hiñdrô*) y. 56, 11, 6. yt. 10. 104. Spiegel liest *daoshaçtairê*.

Hzv. *dôshaçtar*.

daqyu (vgl. *dañhu*) f. Gau, ein Bezirk, welcher mehrere Zañtus umfasst, acc. *daqyûm* y. 31, 18. yt. 10, 18. *tãm daqyûm* yt. 10. 112. *daqyûm â* yt. 1,

17. *daqyûmca* vd. 8, 295. y. 61, 15. gen. *daqyéus* y. 31, 16. 45, 1. local y. 45, 4. dual. acc. *añtare daqyu* yt. 10, 117. plur. gen. *daqyunãm* yt. 5, 21. 46. 9, 31. 10, 18. 29. 13, 143. 144. y. 8, 15. 19, 5. 41, 35. 47, 10. local y. 23, 1. *âoñhãm daqyunãm* yt. 5, 98. *airyanãm daqyunãm* vd. 19, 132. *tûiryanãm daqyunãm* Cit. der Hzv.-Gl. zu vd. 5, 121. yt. 13, 143. *mithrem vîçpanãm daqyunãm dañhupaitîm* y. 2, 45. yt. 10, 145. *daqyunãm dañhupatôis* y. 1, 35. *çaoshyañtô daqyunãm* vsp. 12, 29. y. 47, 12 (Glosse: den Gauen Unsterblichkeit bewirkend).

Vgl. *aipidaqyu*, *aiwid°*, *añtared°*, *adhairid°*, *âtared°*, *âd°*, *uzd°*, *upairid°*, *pairid°*.

daqyuma (vom vor.) 1) adj., zum Gau gehörig, den Gau schützend, voc. *mithra* . . . *daqyuma* yt. 10, 115. plur. acc. f. *fravashayô daqyumâo* y. 17, 72. 26, 2. yt. 13, 21. 2) m. a) Herr eines Gaues, nom. *daqyumô* y. 19, 50. gen. *ahurôis daqyumahê* dem ahurischen Gaufürsten vsp. 1, 30. b) n. pr. eines Genius, welcher die Gaue schützt und mit Apãm napâo und Frâdaṭvîra dem Gâh Uzayêirina vorsteht, acc. *daqyumemca* G. 3, 6. dat. *daqyumâica* y. 1, 14. 3, 28. G. 3, 1. gen. *daqyumahê* G. 3, 7.

Vgl. np. *dihqân*, armen. *dehkan*, das alte Δηϊόκης und den Namen *Dejoces*, Spiegel, Eran 314.

dakhma m. Knochenbehälter, hzv. *açtudân* oder *âzân*, Name der runden mit 11 Fuss hohen Mauern umgebnen Leichenstätten, auf denen die Todten den Raubvögeln ausgesetzt werden; eine Beschreibung nach Anquetil und den Rivayet giebt Spiegel, Av. übers. II, XXXV. acc. *dakhmem* vd. 5, 52. loc. *dakhmê* vd. 7, 126. plur. nom. *dakhma* vd. 3, 30. acc. *dakhma* vd. 3, 30. 5, 150. gen. *dakhmanãm* vd. 5, 48. 7, 129. loc. *dakhmaêshva* vd. 7, 128. 138.

Np. *dakhm*, *dakhmah*.

dakhsh, Zeichen geben, lehren, impf. 3. sg. *dakhshaṭ* er lehrte (mit Verstand) y. 42, 15.

— *fra*, lehren, imper. 2. sg. *frô* . . . *fradakhshayâ* y. 33, 13. partic. perf. pass. *fradakhsta* (s. bes.).

dakhshâra (vom vor.) n.? Zeichen, plur. acc. *ayarê dakhshâra* die Zeichen in Bezug auf den Tag y. 42, 7.

dakhsta (von *dakhsh*) f. n. 1) Zeichen, Werkzeug, acc. *taṭ dakhstem* y. 34, 6. 50, 9. *bis hapta âthrô dakhstem* vierzehn Feuerwerkzeuge vd. 14, 19. *mâ tarô dakhstem pârayâṭ* nicht überschreite sie das Zeichen, den Bereich, der den unreinen Frauen bestimmt ist vd. 15, 33. plur. dat. *maṭ avabyô dakhstâbyô* vd. 13, 60. 2) böses Zeichen, wie Lahmheit, krummer Wuchs und andre von Ahriman geschaffne Missgestaltungen, acc. *yôi heñti dakhstem* vd. 2, 86. plur. acc. *dakhsta* vd. 1, 71. *ava dakhsta* (acc. der Beziehung) yt. 5, 93. gen. *dakhstanãm* vd. 2, 86. 3) Zeichen der Frau, Menstruation, nom. *dakhstem* vd. 16, 34. acc. *dakhstem uzverezyâṭ* vd. 16, 30. instr. *dakhsta* vd. 16, 34.

Hzv. vgl. *dâshak*, parsi *dâsa*, *dast*.

Vgl. *cithrôdakhsta*, *jvôd°*, *parad°*.

dakhstavañṭ (vom vor.) adj. mit bösen Zeichen versehn, nom. f. *dakhstavaiti* menstrua patiens mulier vd. 5, 164. 16, 1. acc. *°vaitîm* vd. 15, 23. 16, 39. 18, 134. gen. *°vaityâo* vd. 16, 11. plur. nom. m. *ava dakhsta dakhstavañta* mit solchen bösen Zeichen versehne yt. 5, 93.

Vgl. hzv. np. *dashtân* (Ner. *rajasvalarudhira*), mendäisch *dashtan*.

dagha (von *daz*) m. Brandmal, gen. *daghahê* yt. 8, 21. Windischmann: Schweif (gothisch *tagl*).

Skr. *dâha*, np. *dâgh*, *dagh* (udisch *dagh* Stempel).

daúra s. *dañgra*.

daúh, belehren, pass. praes. 1. sg. *dîdañhê* (als) ich belehrt ward y. 42, 11.

Skr. *dañs*, *dañsáyati* (unbelegt).

daúhaṅh (v. vor.) n. Weisheit, Geschicklichkeit.

Skr. *dáñsas*. — Vgl. *hizvôdañhañh*.

daúhaoya (von *dañhu*) m.? Distrikt? loc. *bawrôis paiti dañhaoyê* yt. 5, 29. Windischmann: im Gestrüpp von Bawri.

daúhava (von *dañhu*) 1) adj., zum Gau gehörig, plur. voc. *hâvana dañhavaca* vsp. 14, 14. 2) m.? Gegend, plur. acc. *dañhava* y. 9, 76.

daúhâurvaêça (von *dañhu* + *urviç*) m. Durchwandrer der Gegend, Hzv.-Uebers. versteht darunter eine Art Priester, acc. *dañhâurvaêçem* vsp. 3, 19. G. 4, 8. gen. *dañhâurvaêçahê* yt. 24, 17.

daúhista (Superlativbildung, vgl. *dañhañh*) adj. der weiseste, pl. loc. *dañhistaêshva* unter den weisesten (sei dem Zarathustra die Herrschaft) yt. 24, 42. Vielleicht *dañhushva* zu lesen?

daúhu (vgl. *daqyu*) f. Gau, ein Bezirk, welcher mehrere Zañtus in sich befasst, Ner. erklärt zu y. 14, 1. ein Verein (*grâma*) von 50 Männern und Frauen, vgl. Spiegel, Ir. Stammv. 682. nom. *dañhus* yt. 13, 66. acc. *dañhaom* yt. 10, 26. *vîçpãm dañhaom* yt. 10, 2. instr. *haca dañhu* vd. 10, 11. dat. *dañhavê* vd. 4, 12. yt. 13, 66. 16, 19. abl. *haca dañhaoṭ* yt. 1, 17. 14, 33. *haca añhâṭ dañhaoṭ* y. 56, 6, 4. gen. *dañhéus* vd. 2, 87. 123. yt. 13, 18. 69. 10, 27. *añhâo dañhéus* yt. 13, 127. y. 67, 46. *aêtañhâo dañhéus* (local) vd. 9, 194. 2, 57. *dañhéus dañhupaitîm* vsp. 3, 17. *mîzhayâo dañhéus* yt. 13, 125. *raozhdyayâo dañhéus* yt. 13, 125. *tanyayâo d°* yt. 13, 125. *apakhshîrayâo d°* yt. 13, 127. loc. *añhê dañhvô* y. 9, 86. vsp. 14, 15. plur. nom. *dañhâvô* yt. 10, 101. *airyâo dañhâvô* yt. 8, 9. 56. acc. *dañhâvô* vend. sade 480 (Westerg. vd. 19, 41) yt. 10, 48. 78. 13, 48. *dañhus* yt. 8, 9. *anairyâo dañhus* yt. 19, 68. dat. *dañhubyô* yt. 10, 4. 29. 8, 47. abl. *dañhubyô* yt. 17, 14. *airyâbyô dañhubyô vôighnâo jaçâoñti* die Plagen werden von den arischen Ländern weggehn yt. 8, 61. voc. *dañhavô* yt. 8, 29.

Skr. *dásyu* (vgl. ṛgv. I, 51, 8. Burnouf Nott. XC. Brockhaus 367); da skr. *dásyu* mit *dâsá* verwandt ist, so scheint auch *dañhu* eigentlich einen unterworfnen Landstrich, eine Herrschaft zu bezeichnen; altp. *dahyâus* (nom. sg.), hzv. *dahyâ°*, parsi *dahi*, np. *dih*, syrisch-zig. *deh*, afgh. *dih*, bal. *daih*, *dih*, zaza *dau*, armen. *deh*.

Vgl. *añtaredañhu*, *âtared°*, *jarôd°*, *baraṭd°*.

daṅhuiric (vom vor. + *iric*) adj., den Gau verwüstend, plur. nom. *mâ buyama tê shôithrôiricô ... mâ daṅhuiricô* nicht seien wir Verwüster der Felder, nicht der Gaue yt. 10, 75.

daṅhupaiti (von *daṅhu* + 1. *paiti*) m. f. Herr eines Gaues, nom. *daṅhupaitis* vd. 19, 23. yt. 10, 78. 14, 37. 15, 31. *daṅhéus daṅhupaitis* yt. 10, 83. 24, 48. *daṅhéus vâ °paitis* yt. 10, 18. acc. *daṅhupaitîm* y. 2, 45. yt. 10, 145. *daṅhéus daṅhupaitîm* vsp. 3, 17. vd. 7, 109. fem. *daṅhéus daṅhupaitîm nâirikãm* vd. 7, 113. dat. m. *daṅhéus daṅhupatéê* yt. 10, 17. gen. *daṅhupatôis* vd. 10, 11. *haca daṅhéus daṅhupatôis* y. 1, 35. *daṅhéus °patôis* y. 14, 1. yt. 24, 16. voc. *daṅhupaiti* yt. 23, 1. y. 9, 83. plur. nom. *°patayô* yt. 5, 85. 10, 8. acc. *daqyunãm daṅhupaitîs* yt. 10, 18. *khshathryãn °paiti* A. 1, 14 (lies *°paitîs?*) gen. *°paitinãm* yt. 5, 85.

Hzv. *dahyupat*, parsi *dahivad*, armen. *dehpet*.

daṅhupâperetâna (von *d°* + *pâp°*) n. Kampf um die Gaue, loc. *añtare °pâperetânê* yt. 10, 8. 47. 15, 49.

daṅhufrâdaṅh (von *d°* + *fr°*) m. n. pr., gen. *°frâdaṅhô* yt. 13, 116.

daṅhufrâdhana (von *d°* + *fr°*) adj., die Gaue, Gegenden fördernd, acc. f. *°frâdhanãm* y. 61, 6. yt. 5, 1. 13, 4.

daṅhumaza (von *d°* + *maza*) adj., die Grösse, den Werth eines Gaues habend, nom. *mithrô . . . daṅhumazô* vd. 4, 11. 22. 34. acc. *mithrem yim °mazem* vd. 4, 51.

daṅhumaçaṅh (von *d°* + *m°*) n. Grösse, Werth eines Gaues, acc. *°maçô* vd. 4, 23.

daṅhuçaçti (von *d°* + *çaçti*) f. Herrschaft über den Gauen, Reich, hzv. *ruçtak*, acc. *yâ mê frâdhayât nmânemca vîçemca zañtûmca daqyûmca daṅhuçaçtîmca* welche mir fördern möge das Haus, den Clan, die Genossenschaft, den Gau, das Reich y. 61, 15. 67, 13. *daṅhuçaçtîmca* yt. 10, 87.

daṅhuçrûta (von *d°* + *çr°*) m. n. pr. gen. *°çrûtahê* yt. 13, 116.

daṅhushan (v. *daṅhu* + *han*) adj., in den Gauen sich befindend, plur. acc. *daṅhushânô* yt. 13, 151.

daz, brennen, verbrennen, praes. 3. sg. *dazhaiti* er verbrennt y. 70, 37.

— *apa*, verbrennen, impf. conj. 3. sg. *yêzi aêtê garema garetha çtamanem apadazhât* wenn er an diesen heissen Speisen den Mund verbrennt vd. 15, 12.

— *han*, aufbrennen, vollständig verbrennen, praes. 3. sg. *hañdazhaiti* vd. 5, 32.

Skr. *dah*, *dáhati*, hzv. *dazîtan*.

dazda (von *dath?*) n. Gabe, plur. nom. *dazdâ* y. 27, Schluss (im Gebet *yathâ ahû vairyô*).

dazdê s. 1. 2. *dâ*.

dazdyâi s. 1. 2. *dâ*.

dañgra (von *daṅh*) adj., weise, nom. *frazaiñtîm hô verezyât daṅrô dañtô hizaokhdhô* er erzeuge eine Nachkommenschaft, eine weise, verständige, wohlsprechende (der nom. steht statt des acc.) yt. 15, 40. gen. fem. *frazañtôis daṅrayâo* yt. 13, 134. dual. voc. *dañgra* y. 45, 17.

Skr. *dasrá*.

dañtan (von 1. *daç?*) m. Zahn.

Skr. *dánta*, np. buchar. *dandân*, afgh. *dan*, kurd. kurm. *dedân*, bulb. *didan*, zaza *dendân*, bal. *dathãn*, arm. *atamn*, südoss. *dandag*, dig. *dendag*, tag. *dändag*.

Vgl. *rîmitôdañtan*.

dañtô s. 3. *dâ*.

dañt (partic. von 1. *dâ*) gebend.

Vgl. *adañt*.

daṭ (von 1. *da*) enclit. Partikel mit örtlicher Bedeutung.

Vgl. *aiwidhaṭ*, *kudaṭ*.

1. **dath** (aus der reduplic. Wurzel 1. *dâ* entstanden) geben, praes. 3. sg. med. *dathaitê* yt. 24, 50. imperat 1. sg. *dathâni* vd. 22, 8. imperf. 3. sg. *dathaṭ* yt. 5, 18. 14, 29. N. 4, 8. y. 11, 17.

— *paiti*, geben, imper. 1. sg. *paitidathâni* soll ich geben yt. 10, 109. pot. 3. sg. *yatha paiti tarôpithwem daithyâṭ* als ob er schlechte Nahrung gäbe vd. 13, 56.

— *para*, geben, impf. 3. sg. *yaçca paradathaṭ* vd. 18, 64. pot. 3. sg. *paradaithyâṭ* A 1b, 7. partic. praes. nom. sg. *umânem hô manyaêta paradathô* der glaube, eine Wohnung (damit) zu schenken vd. 18, 65.

— *fra*, geben, praes. 3. sg. *fradathaiti* vd. 4, 15. 17. 19. 21. 23. pot. 2. sg. *fradaithyâo* gib vd. 18, 112.

Vgl. dig. *tatun*, tag. *dättün*.

2. **dath** (aus der reduplic. Wurzel 2. *dâ* entstanden) machen, schaffen, praes. med. 1. sg. *aibigairyâ daithê* ich ergreife y. 13, 2. *paitiricyâ daithê* ich (Ormazd) lasse liegen vd. 5, 168. 3. sg. act. *dathaiti* yt. 19, 11. pot. 3. plur. med. *myazdem daithyâres* Fleisch mögen sie zubereiten vd. 8, 64. impf. 1. sg. *dathem* vd. 13, 106. 3. sg. *dathaṭ* vd. 19, 33. 18, 67. vsp. 14, 9. yt. 5, 89. er wird machen yt. 19, 94. 3. plur. *dathen* yt. 19, 19. perf. 3. sg. *dadâtha* y. 70, 48. partic. praes. med. nom. *dathânô* schaffend yt. 19, 58. gen. *dathânahê* y. 9, 99. pl. nom. *frashem dathâna* fördernd y. 54, 22.

— *aiwi*, auferlegen, pot. med. 3. sg. *aiwidaithîta* A. 1, 13.

— *uç*, aufheben, aufrichten, pot. 3. pl. *uzdaithyãn* vd. 5, 36. causale impf. 3. pl. *uzdâthayen* sie sollen aufheben vd. 7, 186.

— *ni*, niedersetzen, praes. 3. sg. med. *pâdha nidathaitê* yt. 17, 6. 18, 4. pot. 3. sg. med. *nidhaithîta* (Westerg. *°thîta*) man soll niedersetzen vd. 6, 106. 8, 242. 3. plur. act. *nidaithyãn* vd. 5, 41. 6, 63. 68. imperat. 1. plur. *nidathâma* vd. 6, 92. impf. 1. sg. *nidathem* ich setzte hin, schuf vd. 13, 109. 3. sg. *nidathaṭ* setzte nieder y. 10, 27.

— *para*, ablegen (Rechenschaft) pot. 3. sg. *paradaithyâṭ* vd. 19, 89.

— *fra*, schaffen, impf. 3. sg. *fradathaṭ* yt. 8, 44. 10, 82. 19, 35. y. 54, 15. 3. pl. *fradathen* vd. 19, 34. *fradathãm* lies *°dadhãm* (von 2. *dâ*) Fr. 4, 1.

— *yaozh*, s. besonders.

datha (von 1. *dath*) f. das (zur Ehe) Geben. Vgl. *qaêtvadatha.*

dathra (von 1. *dath*) n. das Geben, nom. *yêhyâ tû dathrem* dessen Geber (concret gefasst) du bist, y. 34, 13.

dadaiti (von 1. *dâ*) f. Uebergabe, instr. *pairî qaêtéus airyamanaçcâ dadaitî* nachdem ich die Selbstheit und den Gehorsam übergeben, mitgetheilt habe y. 45, 1. (s. jedoch Spiegel DMG. 17, 68.)

dadaṭ s. 1. 2. *dâ.*

dadarâna s. 2. *dar.*

dadâiti s. 1. *dâ.*

dadâo s. 1. 2. *dâ.*

dadâtu dadâṭ s. 1. *dâ.*

dadâtha s. 2. *dath* und 1. *dâ.*

dadus (von 2. *dâ*) adj., erschaffen, plur. acc. *dathushô dadushô* die vom Schöpfer geschaffnen (Geschöpfe) y. 57, 18. instr. *dadâzhbîs raocêbîs* samt den geschaffnen Lichtern y. 57, 18.

dadeñtê, dadeu s. 1. *dâ.*

dademaidê s. 1. 2. *dâ.*

dademahi, dadê s. 1. *dâ.*

dadãnçi (von 1. *daç*) adj., bissig, gen. *ustrahê dadãnçôis* yt. 14, 11.

dadãç s. 1. *dâ.*

dadrâna s. 2. *dar.*

dadha s. 2. *dâ.*

dadhaôis s. *dab.*

dadhaṅh (von 2. *dâ*) n. Wesen, Geschöpf, acc. *dadhô* y. 10, 25.

dadhâ s. 2. *dâ.*

dadhâiti, dadhâṭ s. 1. 2. *dâ.*

dadhâhi s. 2. *dâ.*

dadhãm s. 1. 2. *dâ.*

dadhãmi s. 1. *dâ.*

dadhvâo (partic. perf. act. v. 2. *dâ*) m. 1) Schöpfer, nom. *dadhvâo* vd. 2, 42. 7, 135. 22, 22. yt. 5, 17. 10, 50. 15, 2. acc. *dadhvâoṅhem* y. 6, 1. 17, 19. 69, 3. S. 2, 8. *mãm yim dadhvâoṅhem* vd. 18, 19. abl. *haca dathushaṭ mazdâo* yt. 5, 7. gen. *dathushô* y. 1, 1. 4, 12. 17, 12. 57, 18. yt. 13, 78. 157. ablativisch vd. 19, 14. 2) Name des Monats Ormazd (December) gen. *dathushô* im Monat Ormazd A. 1b, 11. 3) Name des Tages Ormazd (des ersten im Monat) gen. *dathushô* am Tage Ormazd A. 1b, 7. 8. (parsi *dae*, np. *dai*).

dana (von 2. *dâ*) n. Reichthum.
Skr. *dhâna.* — Vgl. *gaodhana.*

danare n. ein Maass für Speisen, acc. *aêva danare* ein Danare vd. 16, 16. *dva danare* zwei Danare vd. 16, 16.
Hzv. *dânar;* Bund. 62, 8. bedeutet dànarê einmal.

dapta s. *dab.*

dafshnya (von *dab*, vgl. *daibish?*) m. Betrüger, plur. nom. *dafshnyâ* y. 52, 8.

dab, betrügen, pot. 2. sg.? *mâ mãm drvô paiti dadhaôis* nicht betrüge mich, o schlechter? yt. 24, 50. impf. 3. sg. med. *debenaotâ* (Westerg. *debn°*) y. 32, 5. 3. plur. act. *daben* y. 52, 1. partic. praes. gen. fem. *haênayâo dawãithyâo* y. 9, 63. (Westerg. *dav°*) partic. perf. med. nom. f. *dapta* y. 10, 48. passiv. part. praes. *daoyamna* (s. besonders), fut. *daoya* (s. besonders), causale praes. 3. sg. *dâbayêitî* y. 42, 6.
Skr. *dabh*, *dabhnóti*, armen. *dauel*, dig. *davun*, tag. *davün.*

dabaêshaṅh (von *daibish*) n. Pein, plur. acc. *dabaêshâo* y. 28, 6. (Westerg. *dabaishâo*).
Vgl. *ṭbaêshaṅh.*

dam blasen, athmen.
Skr. *dham*, *dhámati*, np. *damîdan* (vgl. *hamdam*, phryg. ἀδάμνα Geliebter?), afgh. *damal*, dig. *damun.*

day, ertheilen.
— *â*, zurückgeben, antworten, pot. 3. sg. *paiti-sê âdhayôit* er antworte, wiederhole vd. 9, 34.
Skr. *day*, *dáyate.*

daya (von 5. *dâ?*) m. Feld, plur. acc. *çkaitîm yãm gavaca dayaca pourumahrkem* eine für Vieh und Feld verderbliche Bremse vd. 1, 16.
Vgl. *kudadhaya.*

dayâ s. 2. *dâ.*

dayâo, dayâṭ s. 1. *dâ.*

1\. **dar**, trennen, schneiden, pot. 3. sg. *yatha nizhdare dairyâṭ* (Westerg. *nizhdare-dairyâṭ*) als ob er herausrisse vd. 18, 87. 98. 107. partic. perf. pass. instr. *dereta . . . aka* mit gespaltner Klammer yt. 10, 125. plur. gen. *yavanãm deretanãm* gemähter Feldfrucht vd. 7, 93.
Skr. *dar*, *dṛṇâti*, np. *darîdan*, *darûdan*, afgh. *dâṛal*, kurm. *derâñd* (zerriss), zaza *dirnâ* (id.).

2\. **dar**, halten, erhalten, perf. 3. sg. *aiwistêê didhâra* hat zu bewachen yt. 13, 67. med. *yé ashem dadrê* welcher an der Reinheit festhält y. 50, 8. partic. perf. med. nom. *dadarânô* wenn er (das Gebet) behält y. 19, 26. acc. *dadharânem* welcher festhält vsp. 2, 8. pl. nom. *dadrâna* (das Gebet) behaltend y. 54, 21. infinitiv *ashem deredyâi* damit ich die Reinheit aufrecht erhalte y. 42, 1. passiv. praes. 3. sg. *dârayêitê* wird forterhalten Fr. 4, 3. partic. perf. plur. nom. masc. *deretâoṅhô* y. 10, 53. causale praes. 2. sg. *dârayêhi* du hältst zurück (kann auch conj. sein) y. 11, 13. *qarenô dârayêiñti* sie bewahren den Glanz yt. 7, 3. impf. 2. sg. *têñg dârayô* die halte zurück y. 32, 1. 3. sg. *dârayaṭ* hielt zurück vd. 20, 8. 11. erhält y. 31, 7. partic. praes. *dârayañṭ* (s. besonders).
— *ava*, bereit halten, causale imperat. 2. pl. med. *ava padhô ava zaçtê ava ushi dârayadhwem* haltet bereit Füsse, Hände und Verstand vsp. 18, 1.
— *upa*, aufrecht erhalten, erhalten, causale impf. 3. plur. *yaṭ upadârayen* yt. 13, 29.
— *ni*, niederfallen, impf. 3. sg. *nidâraṭ* yt. 19, 34.
— *pairi*, zurückhalten, causale praes. 3. pl. *ushi pairidârayêiñti* yt. 14, 56. *°vârayêiñti* steht yt. 10, 48.
— *vi*, erhalten, sich erinnern, auseinander halten, verbreiten, perf. 3. sg. *vîdidhâra* yt. 13, 28. partic. med. nom. *vîdidhâremnô* sich erinnernd yt. 22, 7. 25. 24, 55. causale praes. 3. sg. *vîdhârayêiti* yt. 10, 28. 48. 14, 36. *tarô cinvaṭperetûm vîdhârayêiti haêtô*

mainyavanãm yazatanãm über die Brücke Cinvat hält sie dieselbe (die Seele) aufrecht auf dem Wege der himmlischen Yazatas vd. 19, 101. *pâdha vîdhârayêiti* er lässt ihre Füsse ausschreiten yt. 14, 63. pot. 2. sg. *vîdhârayôis* yt. 14, 44. impf. 1. sg. *vîdhâraêm* ich erhalte yt. 13, 2. 3. sg. *yaṭ . . . vîdhârayaṭ* yt. 13, 28. 3. plur. *vîdhârayen* y. 23, 2. yt. 13, 22.

Skr. *dhar*, *dhârati*, altp. *dar* (vgl. *Dârayavus* und Herodot. VI, 98), hzv. parsi np. *dâshtan*, maz. *dâshten*, afgh. *daral*, bal. *dâr*, (halte, brahvi *danning* tragen), kurd. °*dâr*, armen. *tanil*, oss. *darun*.

3. **dar**, ehren; partic. perf. med. und pass. *dereta* (s. besonders).

Skr. *dar*, *driyáte*.

darûja? plur. acc. *yô hê aoshañtê moshuca tû duzhdâo âçuyâca aramiryaêsaêiti darûjãn â havô?* Fr. 8, 1.

daregâyu (von *daregha* + *âyu*) n. langes Leben, acc. *daregâyû* y. 28, 6. 41, 10.

Vgl. skr. *dîrghâyu*.

daregu s. *drighu*.

daregôjyâiti (v. *daregha* + *jy°*) f. langes Leben, acc. °*jyâitîm* y. 33, 5. gen. °*jyâtôis* y. 42, 2.

daregha (von *darez*) adj., lang, lange, nom. *dareghô* vd. 18, 40. fem. *zâo yâ daregha akarsta çaêta* die Erde welche lange unbebaut lag vd. 3, 79. vgl. vd. 3, 82. neutr. *dareghem havañhem* yt. 17, 22. *katha tê dareghem abaraṭ* ist es dir lange geworden yt. 22, 16. acc. f. *dareghãm*, y. 2, 53. *dareghãm dareghôjîtîm* y. 67, 35. neutr. *dareghem* y. 59, 15. *dareghemciṭ aipi zrvânem* y. 61, 8. adverbial *daregêm* y. 30, 11. *dareghem* vd. 23, 52. y. 9, 74. *daregemcâ* y. 41, 11. dat. *dareghâi* yt. 10, 79. 24, 32. *dareghâi îzhâi* y. 40, 8. abl. *dareghâṭ* lange y. 59, 12. gen. m. *daregahyâ* y. 42, 13. fem. *dareghayâo* y. 1, 40. *dareghayâoçca* yt. 13, 135. loc. n. *dareghê havañhê* y. 61, 17. voc. m. *daregha aiwishayana* o langer Besitzer, d. h. Besitzer auf lange Zeit yt. 10, 77. plur. nom. *dareghâciṭ bâzava* yt. 10, 104. dat. n. *dareghaêibyô hakhedhraêibyô* yt. 13, 30.

Skr. *dîrghá*, altp. *drañga*, hzv. *darg*, *dêr*, parsi *dêrañg*, *dêr*, np. *dirang*, afgh. *lari?* kurd. *direng*, zaza *derg*, oss. *dargh*.

dareghaarstaya (vom vor. + *arsti*) adj., langschaftig, acc. *mithrem dareghaarstaêm* den Mithra mit langem Schaft (Speer) yt. 10, 102. *çtaotârem* yt. 17, 12. plur. nom. *arstayaçciṭ . . . dareghaarstaya* yt. 10, 39.

dareghemjîti (von *daregha* + *j°*) adj., langlebig, voc. m. *dareghemjîti* yt. 23, 1.

dareghôañgusta (von *daregha* + *añg°*) adj., mit langen Zehen begabt, pl. nom. *kainînô* °*añgustâo* yt. 17, 11.

dareghôupaçta (v. *daregha* + 1. *up°*) adj., mit langer Hülfe schützend, plur. nom. masc. °*upaçta* yt. 17, 8.

dareghôqadhâta (von *daregha* + *q°*) adj., lange Herrschaft habend, acc. f. *vayãm dareghôqadhâitîm* die Zeit mit langer Herrschaft N. 1, 1. neutr. *zrvânem* °*qadhâtem* die Zeit mit langer Herrschaft, welche lange herrscht, nemlich 9000 oder 12000 Jahre (vgl. Spiegel, Av. übers. III, 201, n. 1.) N. 1, 8. S. 2, 21. gen. *zrvânahê* °*qadhâtahê* S. 1, 21.

dareghôkhshathra (v. *daregha* + *khsh°*) n. lange Herrschaft, acc. °*khshathrem* A. 1, 14.

dareghôgava (von *daregha* + 2. *gâo*) adj., langhändig, nom. fem. *aêsha bûshyãçta dareghôgava* vd. 18, 38. *bûshyãçta* °*gava* yt. 10, 97. 22, 42. statt des acc. *perenê bûshyãçta yâ* °*gava* vd. 11, 29.

Hzv. *dêrañggûb*.

dareghôjîti (von *daregha* + *jîti*) f. langes Leben, acc. °*jîtîm* y. 9, 66. A. 1, 14. *dareghãm* °*jîtîm* y. 67, 35. gen. °*jîtôis* yt. 13, 135.

dareghôfratemathwa (von *daregha* + *fr°*) n. lange Oberherrschaft, nom. oder acc. (hinter dem Verb.) °*fratemathwemca* y. 59, 3.

dareghôbâzu (von *daregha* + *b°*) 1) m. langer Arm, gen.? °*bâzâus nâshu* y. 38, 15. 2) adj., langarmig, nom. *dareghôbâzus* yt. 17, 22.

Skr. *dîrghabâhu*.

dareghôyasta (von *daregha* + *y°*) adj., schon lange gepriesen, acc. *ahurem mazdãm* °*yastem* yt. 22, 14. = 24, 60 (wo °*yastîmca*).

dareghôrãrômau (von *daregha* + *r°*) adj., lange sich vergnügend, pl. nom. f. °*rãrômanô* yt. 13, 29.

dareghôvârethman (von *daregha* + *v°*) adj., lange abwehrend, acc. fem. *ashîm* °*vârethmanem* y. 51, 3. (Trad. *dêr pann kâmak* lange erwünscht) plur. acc. f. °*vârethmanô* y. 51, 9.

dareghôshiti (von *daregha* + *shiti*) f. lange Wohnung, instr. °*shiti* y. 67, 42.

dareghôhakhedhrayana (von *daregha* + *hakhedhra*) adj., lange Freundschaft hegend, nom. fem. *drvâçpãm yazamaidê* . . . °*hakhedhrayana*, die Drvâçpa preisen wir (welche) lange freundlich ist yt. 9, 1.

dareja f. n. pr. eines Flusses in Airyanem vaêjô, an welchem die Wohnung des Pourushaçpa lag, vgl. Bund. 53, 5. Windischmann Z. St. 98. 103. 160. loc. *darejya paitizbarahi nmânahê pourushaçpahê* (hzv. übers. auf dem an der Drâja gelegnen (Berg) Zebar, in der Wohnung des P.) vd. 19, 15. 38.

darez, fest machen, fest halten, partic. praes. med. *derezâna* (s. besonders), aor. 3. sg. *dârest* er erhält aufrecht y. 48, 2. participialperf. 3. sg. *derestâ aênañhem* (das Feuer) fesselt den Hasser y. 34, 4 (Trad. bereitet Strafe). desider. impf. 2. sg. *dîderezhô* du wünschtest fest zu machen, du lehrtest y. 43, 15.

— *aipi*, halten, fesseln, causale imperat. 2. plur. med. *aipi derezvanem darezayadhwem* yt. 1, 28.

— *aiwi*, festhalten, fest machen, participialperfect. 1. sg. *yêzi aibîderestâ vaqyâo* wenn ich als guter festhalte an y. 31, 2. 2. plur. *khshmâ . . . aibîderestâ* ihr mögt unterweisen y. 49, 5.

— *apãç* kraftlos machen, causale praes. 3. sg. *apãç gavô darezayêiti* yt. 10, 48. 14, 63.

— *â*, binden, causale praes. 3. sg. *âdarezayêiti* yt. 8, 55. pot. 3. sg. *yatha . . . âdarezayôiṭ* yt. 8, 55.

— *ni*, befestigen, causale praes. conj. 3. plur. med. *nidarezayâoñtê* vd. 6. 98. imperat. 2. pl. med. *hãm gava nidarezayadhwem* yt. 1, 28. impf. 3. pl. act. *nidarezayen* vd. 6, 95. 13, 84. 15, 131 (abhalten), *frâ . . . nidarezayen* vd. 13, 85.

— *paiti*, an etwas befestigen, partic. praes. med. (im passiven Sinne) nom. *ayawâna paitiderezâna* Westerg. *ayazhâna pairidarezâna* vd. 14, 44.

— *han*, befestigen, causale impf. 3. plur. *hañdarezaeiț hañdarezayen* sie sollen ihn fesseln vd. 9, 178. med. *hañdarezayañta* vd. 9, 179.

Skr. *darh, dṛ́ṅhati.*

darezista (Superlativ zu *derezra*) adj., sehr fest, nom. *derezrô nãma ahmi, darezistô nãma ahmi* yt. 15, 46. plur. loc. n. *darezistôtemaêshvaea* (doppelter superlat.) in den engsten (Kleidern, Hzv. übers. *drôjîntakshtum*, Spiegel liest *draêzist°* und übers. in den schlechtesten) vd. 3, 60.

dareñga (von *darez?*) adj., durch Verwandtschaft verbunden?

Vgl. *çuptidareñga.*

dareta (v. 2. *dar*) adj., im Gedächtniss haltend, acc. *çpeñtãmea ârmaitîm daretem* vsp. 2, 10.

darethra (von 2. *dar*) n. Erhaltung, Einprägung, dat. *añhéus darethrâi ashahyâ* y. 45, 3. *darethrâi mãthrahê çpeñtahê* yt. 1, 31.

Vgl. *uskidarethra, ushid°.*

1. **darena** (von 1. *dar*) f. Spalte, Riss, Schlucht, plur. loc. *yâ darenâhu . . . frazarsta* welche (Kuh) in die Engpässe geschleppt wird yt. 10, 38.

Skr. *dâraṇa.*

2. **darena** (von 2. *dar*) adj., haltend, tragend.

Skr. *dhâraṇa.* — Vgl. *ushidarena, uskid°.*

darew, verbinden.

Skr. *darbh, dṛbháti.*

dareç erblicken, sehn, imper. 1. sg. *kaț thwâ dareçânî* wann werde ich dich sehn y. 28, 5. 1. plur. *dareçâma* mögen wir sehn y. 59, 20. impf. 1. sg. *dareçem* y. 42, 5. perf. 1. sg. *dâdareça* y. 9, 4. yt. 22, 10. partic. fut. pass. plur. neutr. *yâ dareçatâ* die schönen Lobgebete) y. 30, 1. *dareçya* (s. besonders). desiderat. impf. med. 3. sg. *hyaț* (Westerg. *yyaț*) *mâ dîdareshatâ* wenn er mich ausersieht y. 45, 7.

— *â* 1) sehn, impf. 1. sg. *eashmainî vyâdareçem* ich habe mit Augen gesehn y. 44, 8. 2) zeigen, condit. 3. sg. *â qaêthyâeâ mazdâ dareshateâ* von selbst, o Mazda, möge man zeigen y. 33, 7.

Skr. *darç*, np. *daç, diç*, armen. *teçanel.*

2. **dareç** adj., blickend, nom. *dareçea* yt. 19, 94.

dareça (von 1. *dareç*) m. das Sehn, abl. *dareçâț* y. 32, 13.

Vgl. skr. *darçá.*

dareçya (partic. fut. pass., adject. verb. von 1. *dareç*) zu sehn, zu erblicken.

Skr. *dṛ́çya.* — Vgl. *hvaredareçya.*

daresh, wagen; partic. fut. pass. *dareshata* (s. besonders).

— *upa*, sich an etwas wagen, praes. 3. plur. *naêdha vîçpê hathra daêva mahrkathâi upadarezhuvañti* und nicht die Daêvas alle sich an ihn wagen um ihn zu tödten yt. 8, 44.

Skr. *dharsh, dhárshati, dṛshnôti*, altp. *dars.*

dareshata (vom vor.) adj., furchtbar, acc. *çraoshem . . . dareshatem* y. 56, 5, 2.

darshi (von *daresh*) adj., heftig, stark, nom. *vâtô darshis* yt. 8, 33. 18, 5. *vâtaçca yô darshis* yt. 8, 34. acc. *vâtem darshîm* vsp. 8, 19. y. 41, 24. gen. *vâtahê dareshôis* yt. 14, 2.

darshikara (vom vor. + 1. *kara*) adj., kräftig handelnd, plur. nom. *°kara* yt. 19, 72.

darshidru (von *darshi* + 1. *dru*) adj., mit starker Waffe versehn, hzv. *shkaft-zîn*, Ner. *camatkârasya çastrasya*, gen. *çraoshahê darshidraos* vd. 18, 33. y. 3, 61. 4, 50. 56, 1, 1. yt. 11, 0. *vîstâçpahê* yt. 13, 99. *karaçnahê* yt. 13, 106.

darsinika (von *daresh?*) m. n. pr. eines Feindes, gen. *darsinikahê* yt. 9, 30. 17, 50.

darsta (von 1. *dareç*) m. Seher, einer welcher sieht.

Vgl. *dûraêdarsta, pourud°.*

darsti (von 1. *dareç*) f. das Sehen, gen. *darstôis* (sie sind erwünscht) zum Sehen y. 33, 6.

Skr. *dṛshṭi.*

1. **dav,** reinigen.

— *fra*, sich reinigen, impf. 3. sg. med. *fradhavata* er reinige sich vd. 9, 122.

Skr. *dhâv, dhâvati.*

2. **dav** (vgl. *dab*), betrügen, causale praes. 3. pl. *yâ mainyañti davayañti* (Spiegel *daêvaiñti*, von *div*) wodurch sie meinen, betrügen, d. h. zu betrügen meinen y. 10, 43. partic. praes. gen. fem. *haêmayâo davãithyâo* (Spiegel *daw°*, von *dab*) y. 9, 63.

dava (vom vor.) adj., betrügerisch, schlecht, plur. acc. *nôiț avâçtryô davãçeinâ humaretôis bakhstâ* nicht theilte der Unthätige dem Schlechten (etwas) von der Lehre mit y. 31, 10.

davaiçnê Cit. der Hzv.-Gl. zu vd. 7, 117. lies *daêvayaçnê.*

davi (von 2. *dav*) m. Betrug.

Vgl. *adhavi.*

davôça? s. *ãçtar.*

dawãithyâo s. *dab* und 2. *dav.*

dawra (von *dab*) adj., geringfügig.

Skr. *dabhrá.*

dawramaêshi (vom vor. + *maêsha*) m. n. pr., gen. *°maêshôis* yt. 13, 122.

1. **daç,** beissen.

Skr. *dãnç, dáçati.*

2. **daç,** gesund, reich sein.

Skr. *daṅç, dáṅçati?* (unbelegt).

daçagâya (von 2. *daçan* + *g°*) n. zehn Schritte acc. *°gâim* vd. 17, 11.

daçatha (von 2. *daç.*) m. Reichthum?

daçathavañț (vom vor.) adj., reich? plur. nom. f. *daçathavaitîs* yt. 13, 29.

1. **daçan** (von 2. *daç*) n. Besitzthum, acc. *daça* vd. 13, 28.

2. **daçan**, numer., zehn, nom. *daça* vd. 1, 9. acc. *daça* vd. 8, 270. 12, 54. yt. 13, 49. 8, 13 (fem.) 21,

6. *daça paiti anyê* es ist gleich 10 andern y. 19, 8. *daçâ* y. 43, 18. gen. *daçanãm* yt. 8, 24.

Skr. *dáçan*, hzv. parsi np. *dah*, buchar. *deh*, serg. *dezehtaze*, afgh. *laç*, bal. *dah*, kurd. *dah*, kurm. *deh*, zaza *deç*, armen. *taçn*, dig. *deç*, tag. *dâç*.

Vgl. *aêvadaçan*, *astad°*, *khshvasd°*, *cathrud°*, *cathwareçata*, *thridaçan*, *thriçata*, *thriçâç*, *dvadaçan*, *pañcad°*, *pañcâçata*, *navadaçan*, *vîçaiti*, *haptadaçan*.

daçamâhya (vom vor. + *mâoñh*) adj., zehnmonatlich, acc. *daçamâhîm* (eine Zeit) von 10 Monaten vd. 5, 136.

daçema (von *daçan*) adj. num., der zehnte, nom. *daçemô* vd. 14, 39. yt. 19, 2. zum zehnten Male yt. 24, 27. *daçemô yaṭ ahmi çpañô* zehntens bin ich die Heiligkeit yt. 1, 8. acc. *daçemem* vd. 5, 87. neutr. *daçemem* vd. 1, 45. loc. m. *daçemê* (s. *uyê*) y. 11, 24. *yôi vê yôithemâ daçemê çtûtãm* welche euch hülfreich sind beim zehnten der Lobsänger (die wollen wir nicht peinigen, vielleicht ist der Sinn: selbst die nicht, welche auch den geringsten der 10 Geistlichen (vgl. y. 11, 24) unterstützen?) y. 28, 9.

Skr. *daçamá*, hzv. np. *dahum*, afgh. *laçum*, armen. *taçnerord*, dig. *deçeymag*, tag. *dâçam*.

daçta, daçti, daçtê s. 1. 2. *dâ*.

daçmau (von 1. *dath?*) m. Gabe?

Vgl. *parôdaçma*.

daçva s. 1. 2. *dâ*.

daçvare (von 2. *daç*) n. Gesundheit, hzv. *dâmuçtish*, nom. *daçvarecu* vd. 9, 190. *daçvare* y. 10, 17. acc. *daçvare* Gesundheit (des Haoma, d. h. die von H. gegeben wird) y. 9, 56. 67, 47. *avaṭ daçvare* vsp. 23, 3. *daçvarem* Fr. 9, 2. instr. *daçvara* y. 54, 10. dat. *daçvare baêshazâira* y. 67, 5.

dash, taugen, tüchtig sein.

Skr. *daksh*, *dákshati*.

dashina (vom vor.) adj., dexter, acc. m. *dashinem gaoshem* vd. 8, 143. 13, 88. *dashinem upa karanem* (er fährt) am rechten Ende (der Erde) yt. 10, 99. *dashinem* (scil. *karanem*) den rechten (Flügel) yt. 5, 131. fem. *dashinem çuptîm* vd. 8, 148. 9, 59. 60. *çraonîm* vd. 8, 178. *paidhyãm* vd. 13, 90. *ahurahê upa dashinãm* yt. 13, 63. instr. *dashina* rechts vd. 3, 84. 19, 77. yt. 17, 22. abl. *dashinâṭ* von rechts, vd. 3, 149. plur. acc. m. *dashinã* vd. 8, 226.

Skr. *dákshiṇa*, hzv. *dashn*, armen. *ash?* Fr. Müller, Beitr. zur armen. Lautl. III, 8 vgl. *dashn* (Bündniss).

dah, verderben.

Skr. *dâs*, *dâsati*.

dahaka (vom vor.) adj., verderblich, plur. nom. *dahakâca* verderbliche Wesen y. 11, 19.

dahake (von *dah*) adj., verderblich, nom. *dahake nãma ahmi* ich heisse der verderbliche yt. 15, 45.

dahâka (von *dah*) adj., verderblich, immer in Verbindung mit *azhi*, der verderbliche Drache, Name eines Tyrannen, welcher von Vatersseite durch mehrere Generationen von Tâj (Bund. 37, 19), dem Sohne des Fravâk (Urenkel des Mashia), von mütterlicher Seite her von Ahriman selbst abstammt und 1000 Jahre lang die Erde bedrückte, bis ihn Thraêtaona an den Demavend fesselte, wo ihn Çâma Kereçâçpa am Ende der Tage tödten wird, vgl. Roth DMG. II, 229. Vullers Fr. 57. J. Müller 299. 300. Windischmann Z. St. 37. 118 155. Bund. 69, 19. nom. *azhis thrizafâo dahâkô* yt. 5, 29. acc. *azhîm dahâkem* y. 9, 25. yt. 14, 40. dat. *jañta azhôis dahâkâi* vd. 1, 69. voc. *azhi thrizafem dahâka* yt. 19, 50.

Medisch *Ἀστυάγης* (s. Daniel 14 (nach LXX), Windischmann Z. St. 138. 277), hzv. *ajdahâk*, parsi *azh i dahâk*, np. *azhdahâ*, *azhdarhâk*, arabisiert *Sohhâk*, in den Desatir *dizâkh*, afgh. *azhdahâ* (Drache), buchar. *ajder*, armen. *azhdahak*.

dahma (von *dah*) 1) adj., (den Daêvas) verderblich, d. h. fromm, nom. *dahmô* yt. 23, 1. = 24, 1 (wo *dahmi*), ein frommer yt. 10, 137. fem. *dahmi nâirikê* y. 23, 5. acc. m. *dahmem* yt. 24, 44. *dahmem urvânem* die fromme Seele vd. 13, 173. *narem* vsp. 2, 28. *âfritîm dahmãm* den frommen Segensspruch vsp. 2, 28. y. 60, 4. *dahmãm vañuhîm âfritîm* S. 2, 30. instr. f. *çrîra dahma âfriti* vd. 22, 16. abl. f. *dahmayâṭ parô âfritôiṭ* um einen frommen Segensspruch vd. 7, 105. gen. m. *dahmahêca* y. 60, 4. 1, 44. vsp. 1, 26. *dahmahyâ* y. 32, 16. gen. *dahmayâo âfritôis* vsp. 1, 26. plur. nom. m. *dahma* yt. 10, 16. *dahmaca ashavanaçca* vd. 7, 177. gen. *dahmanãm* vd. 18, 124. y. 67, 47. 2) fem. das (den Daêvas) verderbliche Gebet, plur. gen. *dahmanãm* vd. 7, 177. *cvaṭ dahmanãm cvaṭ tanuperethanãm* wieviel Dahma, wieviel Tanafurgebete vd. 12, 3. loc. *para kahmâiciṭ dahmanãm dahmâhu vaêthâhu dahmaca ashavanaçca* ausser jedem der Gebete, (welche aussprechen) die frommen und reinen unter den wissenswerthen Gebeten vd. 7, 177.

Hzv. *dahmân*.

Vgl. *adahma*.

dahmâyu (vom vor. + *âyu*; letzteres steht affixartig) adj., gut, nom. *dahmâyus harethrê buyâo* sei gut in Nahrung y. 61, 6.

dahmôaçrâvayaṭgâtha (v. *dahma* + *âçr°*) adj., einer welcher keine Dahmagebete und Gâthas hersagt, nom. *mâ °gâthô* (Westerg. *madahmô açr°*) yt. 5, 92.

dahmôkereta (von *dahma* + 1. *k°*) adj., fromm, Hzv. erklärt: von guten erzeugt; vielleicht bedeutet das Wort einen, der mit dem Kosti umgürtet, gleichsam confirmiert ist (s. Spiegel Av. übers. II, XXIII.) acc. *aperenâyûkem °keretem* vd. 13, 62. plur. gen. *°keretanãm* y. 26, 27.

dahmôpairiñharsta (von *dahma* + *p°*) adj., mit Gebeten ausgesucht, geprüft, plur. dat. (statt instr.) fem. *°pairiñharstâbyô zaothrâbyô* y. 67, 31. N. 1, 10. gen. f. *°pairiñharstanãm* vd. 14, 8. 18, 143.

dahmôpairista (von *dahma* + *p°*) adj., mit (unter) Gebeten gesichtet, plur. acc. f. *zaothrâo °pairistâo* y. 64, 39.

dahmôyaozhdâta (von *dahma* + *y°*) adj., mit Dahmagebeten gereinigt, plur. gen. f. *zaothranãm °yaozhdâtanãm* vd. 14, 8.

1. **dâ**, geben, verkünden, sich geben, darstellen, praes. 1. sg. *dadhãmi* y. 7, 1. 65, 1. med. *dadê* ich übergebe y. 28, 4. *daidhê* ich gebe (Schutz) yt. 5,

130. 3. sg. act. *daçti* y. 10, 44. *yô çpânem tarôpithwem daçti* wer einem Hund schlechte Speise gibt vd. 13, 55. *dazdî* y. 45, 8. 50, 6. *yaç . . . nôiṭ dâitî* y. 43, 19. *dadhâiti* man gibt vd. 3, 118. 15, 10. 18, 29. gibt ab, stellt dar vsp. 8, 15. y. 9, 72. 64, 9. yt. 10, 3. 107. statt des plur. yt. 10, 3. *dadâiti* y. 33, 14. med. *yé . . . dâitê* y. 43, 19. med. *dazdê* (passivisch) wird gegeben (Lohn) y. 50, 19. *daçtê* wird gegeben (nemlich Thun, Sprechen und Opfern) y. 34, 1. 1. plur. *dademahi* vsp. 13, 7. *dademahî* y. 14, 14. 39, 11. *dademahicâ* y. 41, 2. med. *dademaidê* vsp. 14, 9. y. 41, 6. 57, 1. 3. plur. med. *dadeñtê* y. 31, 14. pot. 3. sg. *daidîṭ* y. 42, 14. 16. 45, 2. *hyaṭ* (Westerg. *yyaṭ*) *dyâṭ* da er gibt y. 42, 10. med. *daidîtâ* (passiv.) y. 42, 2. *daidyata* man gebe A. 1, 4. imper. 2. sg. *dazdi* y. 10, 28. yt. 5, 18. 10, 33. 15, 3. med. *daçvâ* y. 33, 12. 3. sg. act. *dadâtû* y. 52, 8. 2. plur. *daçta* y. 67, 56. yt. 24, 6 = N. 3, 10. imperf. 1. sg. *dadhãm* soll ich geben yt. 8, 15. 2. sg. *dadâo* y. 43, 15. 3. sg. *dadhâṭ* yt. 24, 31. *dadâṭ* y. 32, 10. 50, 21. 38, 10. 30, 7. *yé hôi dadaṭ* welcher ihm geben soll y. 29, 9. (alle diese Formen der 3. sg. können auch conjunctiv sein). 3. plur. *daden* y. 30, 8. partic. praes. nom. *nôiṭ dadãç* nicht (sei) gebend, gib nicht y. 48, 9. futur. 1. sg. *dâoñhâ* y. 43, 18. 34, 1. 2. sg. med. *yé â akhtis ahmâi yém akhtôyôi* (Spiegel *akhtôyô*) *dâoñhê* wer da (ist, adest) als Plage für es (das Feuer), dem gibst du Plagen y. 36, 3. aor. 2. sg. *dâo* y. 31, 3. 42, 1. 2. 46, 3. 48, 8. 3. sg. *dâṭ* y. 52, 3. *yezi hôi dâṭ* ob ihm wohl gewähre y. 52, 1. med. *hyaṭ hîm dâtâ khshayañtô . . . gaodâyô thwakhshô* damit er (der Herr) ihr (der Kuh) gebe, o ihr mächtigen, Thätigkeit bei dem Viehzüchter y. 29, 2. 1. plur. *dâmâ* y. 34, 3. 2. plur. *dâtâ* gebet y. 34, 6. 42, 13. 29, 10. 34, 14. *dâtâca aêtê mazdayaçna* gebet, ihr M., A. 1, 3. (all diese Formen der 2. plur. können auch imperat. sein). *hyaṭ môi ashâ dâtâ vahyô* wie ihr mir das Beste durch Reinheit (wegen reiner Werke) gebt y. 31, 5. 3. plur. *dãn* sie werden geben y. 44, 10. *tôi daêvéñg dãn* die ergeben sich den Devs y. 48, 4. med. *dâtâ* sie gaben y. 43, 20. Conj. 2. sg. *dâis* gib y. 42, 10. pot. 2. sg. *dâyâo* y. 61, 9. *dayâo* y. 56, 10, 8. *dôis* y. 50, 2. 3. sg. *dâyâṭ* y. 45, 10. *yé î dâyâṭ* welcher es verkünden könnte y. 29, 7. *dayâṭ* (wenn) es gibt, da ist vd. 3, 105. *kahmâi nô taṭ dâthrem dayâṭ* wem von uns will er das schenken yt. 13, 50. 2. plur. *dâyata* y. 64, 41. 67, 37. N. 3, 11. imper. 2. sg. *dâidî* y. 7, 62. 57, 20. 28, 6. 7. 40, 4. 50, 2. 7. med. *dâhvâ* y. 49, 2. partic. nom. *dã* (ist) gegeben habend, hat uns gegeben y. 46, 1. perfect. 3. sg. med. *daidhê* yt. 10, 79. 80. 3. plur. act. *dâdhare* yt. 19, 6. partic. perf. pass. *dâta* (s. besonders); infinitive: *dazdyâi* y. 35, 11. 43, 1. *taṭ vé . . . daidyâi çavô* den Nutzen müsst ihr gewähren y. 50, 20. *dyâi* ich werde geben y. 29, 8.

— *aiwi*, übergeben, praes. 1. plur. *aibîdademahicâ* y. 35, 14. A. 1, 6.

— *anu*, zugeben, impf. 3. sg. *upa thwâ azem mairê anudadhayaṭ . . . ârmatôis dôithrâbya arâçtryata mairyô* dich nenne ich (als den, welcher) zugeben möge (dass) durch die Augen der Armaiti der tödtliche (Drache? Ahriman?) unwirksam werde (?) yt. 1, 26. vgl. Göttinger gelehrte Anz. 1863. p. 1890.

— *â*, geben, *adaçta?* yt. 24, 39.

— *ni*, beigeben, partic. perf. pass. nom. neutr. *ahmâi varenâi nidâtem* diesem Glauben ist beigegeben y. 48, 3.

— *pairi*, übergeben, praes. 1. sg. *pairi vé dadhãmi* euch übergebe ich y. 14, 10. vsp. 6, 5. *pairi tê dadhãmi* y. 10, 41. 3. sg. *pairî . . . dadâitî* y. 45, 1. (s. Spiegel DMG. 17, 68. und *dadaiti*). 1. plur. *pairî . . . dademahî* y. 57, 16. *pairica dademahi* vsp. 12, 17. y. 4, 3. 54, 2. aor. pot. 2. sg. *pairi mê tûmciṭ dayâo* schenke du mir y. 11, 27.

— *para*, verloben, partic. perf. pass. acc. f. *paradâtãm vâ aparadâtãm vâ* vd. 15, 32.

— *fra*, geben, perf. 2. sg. *fradadâthâ* y. 7, 61. 40, 3.

— *vi*, geben, praes. 3. sg. med. *vîdâitê* er gibt y. 46, 6. aor. 3. sg. *yâ . . . vîdâṭ* damit er gebe y. 52, 4. partic. aor. nom. *vîdãç* vorsorgend (eigentl. vertheilend) y. 33, 3. partic. perf. pass. nom. f. *thwâ âthrâ . . . vañhâu vîdâtâ rânayâo* durch dein Feuer ward die Entscheidung des Kampfes gegeben y. 31, 19.

Skr. *dâ*, *dádâti*, *dâti*, altp. *dâ*, hzv. *dâtan*, parsi bal. neup. *dâdan*, buchar. *dâden*, afgh. *lal*, kurd. *dedim* (do), zaza *dâna* (do), armen. *tal*.

2. **dâ**, setzen, machen, schaffen, praes. 2. sg. *yâ . . . dâhî* (kann auch conjunctiv sein) damit du machst y. 52, 9. *dadhâhi* yt. 10, 30. 3. sg. *yô dañhaom amâi dadhâiti* welcher das Land zu Macht bringt yt. 10, 26. *dadhâiti* vd. 15, 6. *daçti* yt. 2, 13. A. 1, 7. med. *dâitê* y. 31, 11. 1. plur. med. *dademaidê* wir machen (dich) y. 35, 25. 3. dual. med. *dazdê* y. 30, 4. 3. plur. act. *daiñtî* man macht y. 32, 15. conj. 3. plur. *kôi . . . râmãn dâoñtê* y. 47, 11. pot. 1. sg. *daidhyãm* vd. 1, 3. *kathâ . . . dyãm zaçtayô* wie soll ich in die Gewalt bekommen y. 43, 14. 2. sg. *daidhîs* yt. 24, 48. 3. sg. *yâis rapeñtô daidîṭ* durch welche man (uns) fröhlich macht y. 28, 2. *yâ . . . eres daidyaṭ* welches (Gesetz) zurecht richtet y. 43, 10. *dyâṭ* y. 44, 9. med. *yé nâo âçtâ daidîtâ* y. 45, 18. 3. dual. *daidhîtem* y. 56, 7, 6. yt. 13, 76. *yaṭ mainyû daidhîtem* als die beiden unsichtbaren schufen yt. 13, 76. 3. plur. *yédhî zî mê nôiṭ daidhîta upaçtãm fravashayô* yt. 13, 12. imperat. 2. plur. *daçta* vsp. 18, 4. imperf. 1. sg. *dadhãm* vd. 1, 2. yt. 4, 1. 10, 1. 2. sg. *dadâo* y. 31, 9. 11. 3. sg. *dadhâṭ* vd. 21, 9. y. 31, 21. *dadâṭ* y. 45, 7. aorist. 2. sg. *frashém . . . dâo* du lässest wachsen y. 34, 15. *dâoçcâ* du hast geschaffen y. 14, 13. 39, 10. *dâoç-tû* mache du y. 28, 7. 3. sg. *dâṭ* y. 44, 4. *yé gãmcâ . . . dâṭ* y. 5, 1. 37, 1. *kaçnâ dâṭ* wer schuf y. 43, 3. *yé dâṭ* y. 47, 4. 48, 7. yt. 9, 26. *yâ . . . dâṭ* durch den man schaffe y. 29, 10. med. *dâtâ* er mache y. 49, 6. 2. plur. act.

dâtâ y. 57, 13. med. *dâm* ihr schuft y. 44, 1. 3. plur. act. *yôi . . . çéraoshem dãn* welche Gehorsam leisten y. 44. 5. pot. 3. sg. *dâyâṭ* er möge schaffen y. 21, 5. 34, 12. 42. 1. *yâ máo qâthré dâyâṭ* durch den man uns zu Glanz bringt y. 49, 5. 2. plur. *dâyata* machet y. 8, 12. imperat. 2. sg. *dâidî* mache y. 40, 7. perfect. 3. sg. *dadhâ* y. 13, 23. *dadha* y. 1, 4. yt. 19, 52. partic. *dadhvâo* (s. besonders); infinitive *dazdyai* wir wollen machen y. 27, 1. *daidyâi* y. 31, 5. partic. perf. pass. *dâta* (s. besonders).

— *aiwi*, umgeben, partic. perf. pass. *aiwidhâta*.

— *avi*, sich an etwas machen, praes. 3. sg. *aoi tê aoi tanvô dadhâiti aoi tê athaurunem jânâiti athaurunem yatha rathaêstârem* an deinen Körper hängt sie sich, deinen Priester schlägt sie — Priester wie Krieger yt. 2, 12.

— *â*, machen, herbeimachen. hineinsetzen, praes. 3. sg. med. *erezushãm adaçtê* yt. 8, 14. imperf. *yaṭ . . . âdadaṭ* wenn man ihn macht y. 19, 29. aor. 1. sg. *thwahmî âdãm* in te pono y. 47, 7. *taṭcâ . . . thwahmî âdãm nipâoṅhê* das will ich setzen in deinen Schutz y. 48, 10. 3. sg. *âdâṭ* er bringt herzu y. 31. 18. *apémem drûjô demânê â dâṭ* er macht sein Ende (nimmt sein Ende) in der Hölle y. 50, 14. perfect. 3. plur. *aṭ tôi vîçpéñg añgréñg ashâunô âdaré* dann macht man dir alle Bösen zu Heiligen y 42, 15. passiv. praes. 1. sg. *â . . . dayâ* (Westerg. *dyâi*) y. 42, 8. partic. perf. abl. masc. *âdâtâṭ* bis zum hergebrachten (Vidhatus, bis zum Tode) yt. 13, 11.

— *upa*, sich unterwerfen, aor. pot. 3. sg. *nôiṭ . . . upadayâṭ* nicht würde sich unterwerfen yt. 13, 13.

— *uç*, errichten, emporheben, impf. 3. sg. med. *nmânem uzdaçta* vd. 3, 8. 15. 63. *uzdaêzem uzdaçta* vd. 15, 102. (besser: *uzdista*, von *diz*). *haomãn uzdaçta* den Hom emporhob (eine Opferceremonie) yt. 10, 90. passiv. partic. perf. acc. *haomem ashaya uzdâtem* y. 22, 2. *haomã yaṭ uzdâtem* vsp. 12, 1. fem. *uzdâtãm* vsp. 12, 17. y. 3, 13. *zaothrãm ashaya uzdâtãm* y. 65, 1. neutr. *uzdâtem* yt. 12, 3. abl. m. *uzdâtâṭ paiti haomâṭ* vd. 9, 195. yt. 10, 91. plur. acc. (statt des nom., nach *heñti*) *ashaya uzdâta* vsp. 10, 14. fem. *zaothrâo uzdâtâo* vsp. 12, 17. neutr. *uzdâtâ paitî* mit aufgehobnen (Darunbroten) y. 13, 11. gen. masc. *haomanãm uzdâtanãm* vsp. 10, 1. 2. partic. fut. plur. acc. (statt nom., nach *heñti*) *haoma uzdâqyamna* (Westerg. *uzdâhy°*) vsp. 10, 14. gen. *uzdâqyamnãm* (Westerg. *uzdâhy°*) vsp. 10, 2.

— *ni*, hinsetzen, niedersetzen, imper. 2. sg. med. *nî . . . daçva* lege sie nieder yt. 10, 32. imperf. 3. sg. *nidadhâṭ* setzt (die Füsse) nieder yt. 22, 15. *nî kâvayaçcîṭ khratus nî dadaṭ* ihn bringt herunter (bringt in Nachtheil) der Verstand der Blinden (der verkehrte Verstand) y. 32, 14. med. *nî . . . daçta* er machte yt. 13, 100. aor. 1. plur. *nidâmâ* deponamus y. 44, 8. causale impf. 3. sg. *nidhayaṭ* man hat niedergelegt yt. 12, 17. pass. praes. 3. plur. *nidhayêiñtê* vd. 3, 30. pot. 3. sg. *nidhayaêta* es werde (Staub) gestreut vd. 16, 5. imperat. 3. sg. *nî . . . nidyâtãm* depulsus esto y. 47, 7. partic. perf. *nidhâta* (s. besonders).

— *fra*, hervorbringen, pot. 2. sg. med. *fradaidhîsa* bringe vor, mehre (die Lichter) yt. 3, 1. impf. 1. sg. *frâdadhãm* yt. 10, 1. *fradathãm* (lies *frâdadhãm*?) Fr. 4, 1. aor. 3. sg. *fradhâṭ* er wird fördern yt. 13, 95. fut. pot. 2. sg. *fradâhîsa* du mögest mehren yt. 3, 2. partic. perf. pass. *fradhâta* (s. besonders).

— *vi*, ausbreiten, hinsetzen, vergelten, praes. 3. sg. *yé hôi nôiṭ vîdâitî* der ist es, dem er nicht vergilt y. 50, 6. conj. 3. plur. med. *yêzi vîdhâoñtê* wenn sie (die Knochen in die Gurgel) bringen vd. 15, 11. aor. 1. sg. *thwahmî vî . . . çéñghô vîdãm* y. 32, 6. conj. 1. sg. *vîdâ* ich will bewirken y. 48, 1. pot. *yâ vé ashîs . . . çarôi vîdâyâṭ* welche eure Segnungen zum Nutzen lenken wird y. 42, 12. partic. perf. pass. nom. masc. (statt neutr.) *nôiṭ mê nmânem vîdhâtô* (Westerg. *vîdâtô*) *histeñti* nicht würden mir die Wohnungen feststehn vd. 13, 165. neutr. *yêñhê nmânem vîdhâtem* dessen Wohnung gebaut ist y. 56, 9, 2. *yêñhê maêthanem vîdhâtem* yt. 10, 44. *yahi paiti cithrem vîdhâtem* in dem der Saame ausgebreitet ist yt. 10, 64.

— *hañ*, zusammensetzen, partic. perf. pass. plur. acc. neutr. *airyamanô iskyêhê hañdâta* die Theile des Gebetes *â airyémâ yô ishyô* vsp. 27, 2. *hañdâta* die Theile (der Gâthas) yt. 24. 28. vsp. 17, 3. 19, 9. *hañdâtâ* y. 41, 18. 34, Schluss. 45, Schluss. 49, Schl. 50, Schl. 52, Schl. gen. *çtaotanãm hañdâtanãm* den zusammengesetzten Gebeten vsp. 1, 9.

Skr. *dhâ*, *dádhâti*, altp. *dâ*, hzv. *dâtan*, parsi *nihâdhan* (*ni* + *dâ*), np. *nihâdan*, afgh. *lal*, kurd. *dâinam*, kurm. *dainim*, armen. *dnel* (aor. *edi*), dig. *idâyun*, tag. *idâin*.

Vgl. *yaozhdâ*.

3. **dâ**, wissen, partic. praes. nom. sg. (Thema *dañta*) *frazaiñtîmca hô verezyâṭ danrô dañtô hizaokhdhô* er erzeuge eine Nachkommenschaft, eine verständige, weise, beredte (die nominative stehen statt des acc. fem.) yt. 15, 40. plur. nom. *yâ mashyâ acistâ dañtô*, Ner. welcher Mensch schlechtes wissend ist, d. h. (welcher) betrügt, y. 32, 4.

Altp. *dâ*, hzv. *dâneçtan*, parsi vergl. *dâna* (np. *dânâ*), np. buchar. *dâniçtan*.

4. **dâ**, theilen.

Skr. *dâ*, *dáti*.

5. **dâ**, saugen, trinken.

Skr. *dhâ*, *dháyati*, vgl. np. *dâyah*. afgh. *dâyî* (a nurse), kurd. *dâyeq*, zaza *daike*, kurm. *da* (Mutter).

1. **dâiti** (von 1. *dâ*) f. Gabe, acc. *dâitîm* yt. 1, 24. instr. *dâiti paiti* in (dessen) Verleihung y. 64, 41.

Skr. *dâti*.

2. **dâiti** (von 2. *dâ*) f. Machung.

Vgl. *zarazdâiti*, *frâshmôd°*, *mazd°*, *râmôd°*.

dâitî, dâitê s. 1. *dâ*.

dâitya (von 3. *dâta*) 1) adj., gesetzlich, richtig, nom. *dâityô* y. 61, 5. vd. 5, 40. *dâityô gâtus* vd. 13, 49. *yatha nâ dâityô dâityâi bairyêtêca* gleichwie ein (todter) Mann richtig von einem richtigen (dazu bestellten Manne) getragen wird vd. 5, 127. acc. *narem dâitîm* yt. 1, 24. *yaçnem* yt. 8, 56. *gâtûm* vd. 8, 251. fem. *dâityãm* vsp. 13, 3. neutr. *dâitîm* vd. 14, 70. yt. 5, 2. *dâitîm paêma* y. 64, 10. dat. (statt instr., beim passiv.) masc. *dâityâi* vd. 5, 127. plur. gen. *dâityanãm* vsp. 18, 2. superlat. nom. *dâityôtemô* y. 67, 17. yt. 8, 56. 14, 48. 2) fem. n. pr. eines Flusses, welcher in Eran véj entspringt und durch Gopeçtan (Dagheçtan) fliesst; er ist der Meister (*rat*) alles Fliessenden; vielleicht ist der Araxes gemeint und der Berg, welcher einen gleichen Namen mit dem Fluss Dâitya führt, der *Cekât dâitik* (Gerichtsberg), von wo die Brücke Cinvaț abführt, wäre dann der Ararat; vgl. Bund. 51, 19. 58, 4. gen. *nemô aipi dâityayâo* Preis dem Wasser der Dâitya yt. 1, 21. *paçnê âpô dâityayâo* yt. 5, 112. 9, 29. *âpô vañuhîs frayazaêta vañhuyâo dâityayâo* man preise die guten Gewässer der guten Dâitya vd. 19, 5. *airyanem vaêjô vañhuyâo dâityayâo* das arische Quellenland der guten D. vd. 1, 6. *airyênê vaêjahi vañhuyâo dâityayâo* vd. 2, 42. 43. yt. 5, 17. 104. 15, 2.

Hzv. *dâtik*, np. *dâd°*, der Fluss heisst im Bund. *dâtik rût*, in der Hzv.-Uebers. des Vend. *dâitê*, *dâiti*. Vgl. *adhâitya*.

dâityâpairista (vom vor. + *p°*) adj., richtig untersucht, plur. acc. *dâyata dâityâpairista* gebt richtig untersuchte (Holzscheite) Cit. der Hzv.-Gl. zu vd. 5, 9. für das Hausfeuer sind *dâityâpairista* zu machen (richtig untersuchte Holzscheite anzulegen) Cit. der Hzv.-Gl. zu vd. 5, 14.

dâityôkereta (von *daitya* + 1. *kereta*) adj., richtig (nach den Vorschriften) behandelt, acc. *bikhedhrem dâityôkeretem* vd. 19, 70. dual. nom. *hâvana dâityôkereta* vd. 14, 31.

dâityôpithwa (von *dâitya* + *pitu*) n. richtige Nahrung, nom. *°pithwem* vd. 13, 79.

dâidî s. 1. 2. *dâ*.

dâis s. 1. *dâ*.

dâuru (von 1. *dar*) n. 1) ein Stück Holz, acc. *tâstem dâuru* ein behauenes Stück Holz vd. 13, 82. 2) Speer, acc. *dâuru* yt. 19, 42.

Skr. *dâru*, hzv. parsi, np. bal. kurd. *dâr*, armen. *darh*, *tharh*.

dâuruupadarana (vom vor. + *upad°*) n. Schutz, Schatten eines Baumes, loc. *dâuruupadaranê* vd. 8, 1.

1. **dâo** (von 2. *dâ*) f. Schöpfung, gen. *dâo* y. 45, 6. Vgl. *hudhâo*.

2. **dâo** (von 3. *dâ*) f. Weisheit, acc. (statt loc.) *qahmi dãm* nach eigner Weisheit vsp. 16, 7.

Vgl. *duzhdâo*, *mazdâo*, *vañhudâo*, *hudhâo*.

3. **dâo** (von 3. *dâ*) adj., weise, acc. *dãm ratûm* y. 43, 16. (cit. vd. 8, 57), plur. nom. *dâoñhô* (sie sind) wissend, sie kennen y. 52, 2.

Vgl. *akôdâo*.

4. **dâo** (von 1. *dâ*) adj., gebend.

Vgl. *aogazdâo*, *ashavaçtôdâo*, *âzâitid°*, *qarenazd°*, *qarenôd°*, *khshathrôd°*, *gayôd°*, *puthrôd°*, *frakhstid°*, *baêshazadhâo*, *vanhudhâo*, *vañhazd°*, *vãthwôd°*, *havañhôd°*.

5. **dâo** (von 2. *dâ*) adj. machend, setzend.

Vgl. *ushidhâo*, *ravazdâo*.

dâoñha (von 3. *dâ*) adj., weise, gen. *dâoñhahê zairitahê* yt. 13, 98.

Vgl. *duzhdâoñha*.

dâoñhaoț s. 1. *dâhi*.

dâoñhâ, dâoñhê s. 1. *dâ*.

dâoñhôiț s. 1. *dâhi*.

dâomau (von 3. *dâ*) n. Weisheit.

Vgl. *hudhâoman*.

dâoñtê, dâoçca, dâoçtû s. 2. *dâ*.

dâkhsti (von *dash?*) f. Geschicklichkeit?

Vgl. *pourudhâkhsti*, *fradhâkhsti*.

dâzhu (von *daz*) m. Schmerz, hzv. *dart* (np. *dard*), acc. (ohne Flexion) *paitistâtêê dâzhu* vd. 20, 13. voc. (ohne Flexion) *dâzhu thwãm paitiçañhâmi* vd. 20, 19.

dâzgara adj., Windischmann Z. St. 247. vgl. skr. *dahara*, Spiegel übers. helfend.

dâzgarâçpa (vom vor. + *açpa*) m. n. pr. des Vaters des Bûjra.

dâzgarâçpi (vom vor.) m. Sohn des Dâzgarâçpa, gen. *bûjrahê dâzgarâçpôis* yt. 13, 106.

dâzgarôgâo (von *dâzgara* + 1. *gâo*) m. n. pr. des Bruders des Parshațgâo, dual. gen. *parshațgavâo dâzgarôgavâo* des P. und des D. yt. 13, 127.

dâț s. 1. 2. *dâ*.

1. **dâta** (von 1. *dâ*) gegeben, nom. *dâtô* gegeben (sei ihm) A. 1, 6. neutr. *dâtem tê qarenô* yt. 17, 22. acc. neutr. *dâtem* yt. 17, 15. abl. neutr. *dâtâț draonâț* vd. 5, 76. gen. n. *dâtahê* vom geschenkten, dargebrachten (Westerg. *dâta-hê*) yt. 14, 48. plur. nom. n. *dâtâ* y. 34, 2. gen. n. *dâtanãm* yt. 10, 33.

Skr. *dattá*, hzv. np. *dâd*.

Vgl. *âtaredâta*, *hadhadâta*.

2. **dâta** (von 2. *dâ*) adj., geschaffen, nom. m. *vañhus dâtô* y. 9, 50. fem. *dâta aç* geschaffen war Cit. der Hzv.-Gl. zu vd. 2, 41. neutr. *yôi heñti dãma dâtem* welche sind ein geschaffnes Geschöpf vd. 13, 1. 13. acc. n. *yâtem . . . dâtem* den geführten Wandel vd. 19, 97. plur. nom. m. *tôi zî dâtâ* sie sind geschaffen y. 47, 12. neutr. *dâta* das Geschaffne y. 69, 5. *dâtâ* y. 53, Schluss. 54, 20. *yâ dâtâ* durch den die Schöpfungen sind y. 33, 1. acc. n. *vaêdo dâtâ* y. 33, 8. *dâtâ* die Geschöpfe y. 57, 24. *dâtâo dâmãn* yt. 24, 43. *paurvâo dâtâo dãmãn* y. 17, 11. dat. u. *dâtôibyaçcâ* den Geschöpfen y. 50, 14.

Skr. *dhita*, *hitá*, hzv. np. *dâd*.

Vgl. *aêvôdâta*, *adharad°*, *arsd°*, *avôd°*, *awzhd°*, *ashavad°*, *ahuradhâta*, *uparadâta*, *gavad°*, *daêvôd°*, *dâmid°*, *paoiryôd°*, *frazhdâta*, *baghôdâta*, *mazdadhâta*, *vañhudhâta*, *vahmaêdâta*, *vohud°*, *çpeñtôd°*, *hudhâta*.

3. **dâta** (von 2. *dâ*) n. 1) Satzung, Gesetz, nom. *dâtem zarathustri* yt. 11, 3. *cû açti maçyô . . . aêtem* (lies *aêtaț*) *dâtem yim* (lies *yaț*) *vîdôyûm zarathustri upairi anyâis çravâis maçanaca* . . . wie (in welchem Grade) ist grösser dieses zarathustrische gegen die Devs gerichtete Gesetz als andre Worte an Grösse vd. 5, 68. *aêtem dâtem yim vîdôyûm zarathustri* vd. 5, 69. acc. *dâtem vîdôyûm* y. 70, 17. 2. 51. 25, 18.

vd. 19, 57. S. 2, 29. *dâtemca* (personificiert) yt. 10, 130. instr. *dâta* nach dem Gesetz y. 21, 1. gen. *dâtahê vîdaêvahê, dâtahê zarathustrôis* der Vendidâd, das zarathustrische Gesetz y. 1, 40. 3, 54. S. 1, 29. *dâtahê vîdaêvahê* yt. 11, 17. 22. plur. acc. *mazdâo dâtâ mraot gayêhyâ skyaothanâis vahyô* er verkündete Mazda's Gesetze als das beste des Lebens durch Thaten y. 50, 19. instr. *dâtâis* durch das Gesetz y. 48, 7. *yâis dâtâis paouruyâis ahurahyâ* nach den alten Satzungen des Ahura y. 45, 15. = yt. 14, 5 (wo *paoiryâis ahurahê*). 2) Gericht, plur. instr. *havâis dâtâis* von seinen Gerichten (abgewiesen) yt. 10, 84.

Altp. *dâta*, hzv. *dât*, parsi *dât*, np. afgh. *dâd*, armen. *dat*, vgl. np. *dâtâbar*, chaldäisch *detâbêr*, armen. *datavor;* syr. *detô*.

Vgl. *qadhâta, paradhâta, çtidhâta, haithyôdâta.*

4. **dâta** (Nebenform von 1. *dâtar*) m. Schöpfer, nom. *dâtô* yt. 1, 8. vd. 2, 10. statt des voc. *dâtô anhen* Trad. Schöpfer des Guten; Westerg. liest *dâtôvanhen;* ist *dâta vanhrãm* zu lesen? vd. 19, 58. yt. 24, 29. nom. (ohne Flexion) *dâta nãma ahmi* ich heisse Schöpfer yt. 1, 13. acc. *ashava dãma dâtem* den Schöpfer der reinen Geschöpfe vd. 19, 51. 115.

5. **dâta** (von 4. *dâ*) f. Gebiss, plur. loc. *dâtâhva* vd. 15, 11.

Vgl. *tizhidâta.*

dâtaênya (von 1. *dâta*) adj., gebend.

Vgl. *vâçtrôdâtaênya.*

1. **dâtar** (von 2. *dâ*) m. Schöpfer, nom. *dâta* yt. 8. 7. *dâtâ anhéus* y. 49, 11. *dâtâca* yt. 1, 12. acc. m. *dâtârem* y. 17, 3. 43, 7. gen. *nemaçe-tê dâthrô bakhtem* Preis dir, Geschenk des Schöpfers vd. 21, 1. voc. *dâtare* vd. 5, 50. yt. 10, 74. plur. nom. *dâtaraçca* yt. 19, 18.

Skr. *dhâtar*, hzv. *dâtâr*, parsi *dâdhâr*, np. *dâdâr*.

2. **dâtar** (von 1. *dâ*) m. Geber, nom. *dâta vanhrãm* vd. 22, 2. 24. fem. *dâthris* yt. 5, 19. 9, 5. *avajaça . . . dâthris âyaptem* komm herbei als Geberin der Gunst yt. 5, 132. voc. f. *dâthrê* yt. 17, 6. plur. nom. *vohunãm dâtârô* (von den Amshaçpand) vsp. 12, 22. fem. *yâo dâthris verethrem zbayañtê* welche Geberinnen (des Sieges sind) dem um Sieg flehenden yt. 13, 24. acc. m. *vohunãm dâtârô* y. 64, 47.

Skr. *dâtar.*

dâtâ s. 1. 2. *dâ.*

dâtôbaêshaza (von 3. *dâta* + *baêshaza*) adj., mit dem Gesetz heilend, nom. *dâtôbaêshazô* yt. 3, 6.

dâtôrâza (von 3. *dâta* + *râz*) adj., das Gesetz ordnend, nom. *dâtôrâzô* y. 9, 32.

dâtôvanhen s. 4. *dâta.*

dâtôçaoka (von 1. *dâta* + 1. *çaoka*) adj., Nutzen verleihend, acc. *mithrem dâtôçaokem* yt. 10, 25. fem. *°çaokãm* yt. 17, 1.

1. **dâtha** (von 1. *dâ*) m. Gabe, Geschenk, acc. *dâthém* als Geschenk y. 49, 2. plur. acc. *dâthéñg* Gaben y. 32, 10.

2. **dâtha** (von 2. *dâ*) m. Geschöpf, acc. *dâthemcâ adâthemcâ* Geschöpfe und Nichtgeschöpfe, d. h. gute und böse Geschöpfe y. 45, 17. plur. acc. *dâthéñg* y. 28, 10. *hyat* (Westerg. *yyat*) *dâthéñg vîcayathâ athâ adâthãçcâ* die ihr gute und böse Geschöpfe unterscheidet y. 45, 15. dat. *dâthaêibyô* y. 50, 5.

1. **dâthra** (von 2. *dâ*) n. 1) Gericht, Belohnung und Bestrafung beim jüngsten Gericht, plur. nom. *dâthra* vd. 19, 89. 2) das Schaffen, loc. *yêhê* (lies *yêñhâo?*) *dâthrê* bei ihrem (der Armaiti) Schaffen vsp. 22, 11. yt. 1, 32.

Vgl. skr. *dhâtra;* hzv. *dâçar.*

2. **dâthra** (von 1. *dâ*) n. Geschenk, acc. *dâthrem* yt. 13, 50. plur. gen. *yâo ishudô dadeñtê dâthranãm hacâ ashaonô* welche Schulden (die göttlichen Wesen) bezahlen für die Geschenke des Reinen (d. h. für die guten Werke, welche sie zu Dank verpflichtet haben) y. 31, 14.

Skr. *dâtrá*, hzv. *dâçar.*

dâthris, dâthrê s. 2. *dâtar.*

dâdara, Spiegel **dâdru**, Name einer weichen Erdart, acc. *dâdarãm*, Spiegel *dâdrûm* vd. 9, 30.

dâdhare s. 1. *dâ.*

dâdhmainya (von *dam*) adj., athmend, plur. gen. *vazaghanãm dâdhmainyanãm* Eidechsen, welche athmen, nach Hzv.-Uebers. welche auf dem Land leben können, im Gegensatz zu *upâpa;* Benfey: sich blähende Frösche, vd. 14, 12. 18, 145.

1. **dâna** (von 2. *dâ*) n. 1) das Schaffen, Schöpfung plur. instr. *â-dânâis* y. 30, 7. 2) Ort, wohin man etwas legt, wo etwas liegt.

Skr. *dhâna*, hzv. np. *°dân*, parsi *°dãn*, dig. *°done*, tag. *don.*

Vgl. *vaghdhana.*

2. **dâna** (von 2. *dâ?*) f. Körnlein.

Skr. *dhânâ*, hzv. *dânek*, np. afgh. *dânah*, bal. *dân*, kurd. *dane* (udisch *dana*).

Vgl. *asdânu, kaçudânu.*

3. **dâna** (von 1. *dâ*) n. das Geben.

Skr. *dâna.*

Vgl. *awezhdâna.*

4. **dâna** m. n. pr. des Vaters des Vareshava.

dânayana (vom vor.) m. Sohn des Dâna, acc. *vareshaomca dânayanem* yt. 19, 41.

1. **dânu** (von 4. *dâ*) n. Fluss, hzv. *rût.*

Skr. *dânu.* — Vgl. *asdânu, kaçudânu, frazdânava.*

2. **dânu** (von 3. *dâ*) adj., weise.

Vgl. *hudânu.*

3. **dânu** m. n. pr. eines turanischen Stammes, plur. acc. *dânavô tûra vyâkhna* yt. 5, 73. dat. *dânubyô* gegen die Danus yt. 13, 37. gen. *dânunãm* yt. 13, 38.

Skr. *dânu.*

dânudrâjanh (von 1. *dânu* + *dr°*) n. Länge eines Flusses, Hzv. *rût-drâdâi*, instr. *°drâjanha* nach der Länge eines Flusses y. 59, 7. yt. 13, 32. Windischmann Z. St. 317. Mithra 36. Länge der Steppe vgl. skr. *dhánvan.*

dânôkarsha (von 2. *dâna* + 2. *karsha*) adj., Körnlein schleppend, plur. gen *maoirinãm °karshanãm* vd. 14, 14. 18, 146. vgl. Bund. 47, 20.

dâman (von 2. *dâ*) m. f. n. Geschöpf, nom. *dāma* vd. 13, 1. *dâma* yt. 1, 25. acc. *dāma* vd. 19, 17. *dāma dâtem* (collectiv) den Schöpfer der Geschöpfe vd. 19, 51. 115. *dāma ashava* (collectiv, es folgt *yâo heñti*) yt. 6, 2. dual. acc. *va dāma* beide Geschöpfe (des Ormazd und Ahriman) yt. 15, 43. plur. nom. *dâmān* yt. 13, 93. 24, 51. 13, 76. (hier kann es acc. sein, nach *heñti*), acc. *vañuhîs dâmān* y. 70, 47. *dâmān ashaonîs* y. 17, 11. *avâo dâmān asharanô* jene reinen Geschöpfe (lies *ashaonîs?*) vsp. 8, 17. 22, 4. *vîçpâo dâmān çavañhaitis* allen Geschöpfen nützlich vd. 19, 124. *ima açma paoirya dâmān* diese Steine, die ersten Schöpfungen (aus Stein ist der Himmel geschaffen) vsp. 12, 10. *dâmān dadèmaidê* wir übergeben den Geschöpfen vsp. 14, 9. *dâmān* y. 19, 30. 45, 6. yt. 10, 142. 13, 76. 19, 10. *anyâis dâmān* y. 22, 27. 25, 16. yt. 2, 1. *dâmān çraêstâis* die schönsten Geschöpfe yt. 10, 143. 22, 9. *yâis* ... *dâmān* vsp. 14, 11. *vîçpâoçc-tâo dâmān* yt. 8, 43. *dâma* ... *ashaonîs* y. 70, 21. *mê dāma* vd. 19, 21. *mana dāma* vd. 19, 28. instr. *dâmêbîs* y. 19, 55. dat. *dâmabyô* yt. 9, 9. y. 19, 33. *manaçpaoiryaêibyô dâmabyô* y. 19, 29. abl. *dâmabyô* y. 8, 14. yt. 9, 10. gen. *dâmanām* vd. 3, 66. 5, 109. 9, 181. y. 17, 3. yt. 8, 48. 10, 54. *âoñhām dâmanām* yt. 10. 92. 19, 18. *mainivâo dâmān* y. 9, 47. *paoiryô mazdâo dâmān* y. 56, 1, 2. loc. *dâmahva* vd. 21, 20. *dâmôhu* yt. 10, 6. 92. Fr. 4, 2.

Skr. *dhâman*, hzv. *dâm*, parsi *dām*, vgl. np. *dâm* (Insecten, Vögel?) armen. *toun*, (Fr. Müller, Beitr. zur armen. Lautl. I, 4).

Vgl. *duzhdâma*, *maṭdâman*.

dâmâ s. 1. 2. *dâ*.

1. **dâmi** (von 2. *dâ*) f. Schöpfung, gen. *dâmôis* y. 42, 5. 50, 10.

2. **dâmi** (von 3. *dâ*) f. Weisheit, acc. *dâmîm* vsp. 22, 11. *çpeñtāmca ârmaitîm dâmîm* die heilige Armaiti, die Weisheit y. 34, 10. *dâmîm yazamaidê yām ârmaitîm* die Weisheit preisen wir, welche Armaiti (ist) yt. 1, 32. gen. (concret) *dâmôis upamanô* der Schwur des Weisen (s. *upamana*) yt. 10, 66.

dâmidâta (vom vor. + 2. *dâta*) adj., mit Weisheit versehen, nom. *dâmidâtô* yt. 14, 54. acc. *°dâtem* yt. 10, 61. y. 10, 26. (hier liest Westerg. *dâmadhâtem*), voc. f. *dâmidâitê* yt. 17, 60.

dâyañh (von 5. *dâ*) n. Erhaltung, Nahrung.

Vgl. *dregudâyañh*.

dâyata, dâyâo, dâyâṭ s. 1. 2. *dâ*.

dâra (von 1. *dav*) f. Schneide, Schärfe.

Skr. *dhârâ*.

Vgl. *tizhidâra*, *vayôd°*, *çatôd°*.

dârana (von 2. *dar*) n. Schutz, acc. *yô hîm daçti dâranem* wer sich (die Amshaçpand) zum Schutz nimmt yt. 2, 13.

Skr. *dhâraṇâ*.

dârayañṭ (von 2. *dar*) haltend, lenkend.

dârayaṭratha (vom vor. + *ratha*) m. n. pr., gen. *°rathahê* yt. 13, 108.

dâresta (von *darez*) f. Abwehr, nom. *dâresta* yt. 11, 2.

dârst (denom. Verb.) erhalten, bekommen, praes. 3. sg. med. *dârstaitê* er erhält (Lohn) y. 42, 13.

dâçmaini (von 2. *daç*) adj., Gesundheit bringend, plur. nom. m. *dâçmainis* (*vâcô*) y. 10, 59.

dâsta 1) adj., tragend, 2) m. böser Geist?

Vgl. *çpârôdâsta*.

dâstayâna (vom vor. + *y°*) m. n. pr. eines Feindes.

dâstayâni (vom vor.) m. Sohn des Dâstayâna, gen. *yô janat* ... *hunavaçca dâstayânôis* welcher erschlug die Söhne des D., yt. 19, 41.

dâstâghna (von *dâsta* + *ghna*) m. n. pr. des Vaters des Parôdaçma.

dâstâghni (vom vor.) m. Sohn des Dâstaghna, gen. *parôdaçmahê dâstâghnôis* yt. 13, 125.

dâha (von *dah*) m. n. pr. eines scythischen (turanischen) Stammes, die Δάοι, Δάαι des Herodot, die Dahae des Plinius, die chines. *ta hia*, vgl. Spiegel Eran 109. Windischmann Z. St. 230. 155. vgl. skr. *dâsá*, np. *dâh*.

1. **dâhi** (von 2. *dâ*) f. Schöpfung, acc. *dâhîm* yt. 13, 77. *para dâhîm* y. 19, 20. abl. *para dâoñhôiṭ* (al. *dâoñhaoṭ*, von *dâhu*) y. 19, 16.

Skr. *dhâsí*.

2. **dâhi** (von *dâha*) adj., dahisch, plur. gen. fem. *dâhinām daqyunām* yt. 13, 144.

Vgl. skr. *dâsa*; Bund. 38, 5 *dây matâ* (dahische Länder).

dâhista (superlat. zu 3. *dâo*) sehr weise, plur. nom. f. *tâo* ... *peshanâhu upaçtām heñti dâhistâo* sie wissen am besten Hülfe zu bringen in Schlachten yt. 13, 17.

dâhî s. 2. *dâ*.

dâhvâ s. 1. *dâ*.

1. **di** (vgl. *da*) pronom. demonstr., der, er; es steht immer an zweiter Stelle oder enclitisch; acc. *dim* vd. 3, 65. yt. 10, 1. in Bezug auf *magha* vd. 17, 14. auf *tanûm* vd. 6, 94. *dim* (für dat. oder gen.) vd. 4, 56. *yô dim upataoshayêiti* wer sich scheert vd. 17, 5. *yatha dim ishaṭ* wie es wünschte vend. sade 133 (Westerg. vd. 2, 32), *tem dim mruyâo* den nenne (Athrava) vd. 18, 14. *avi dim* (nemlich *vanām*) vd. 5, 6. *ava dim* (nemlich *zām*) vd. 2, 33. *viscithrem dim ayaçata* er wünscht für sich eine Arzenei vd. 20, 12. *yaêshām dim frâyôrohunān* vd. 3, 95. *avi tâ dim diçyata* strafet sie (*dim* für den plural.) y. 8, 8. *paiti dim pereçaṭ zarathustrô ardvîm çûrām* yt. 5, 90. *vîcicaêshva dim* ... *nidaithyām* vd. 8, 27. *apa dim adhâṭ vyêiti zrayañhaṭ haca* yt. 8, 23. *â-dim* (nemlich *qarenô*) *hathra hañgêurvayaṭ* yt. 19, 51. neutr. *â diṭ frañhârayata* damit soll er speisen (zu essen geben) A. 1, 4. plur. acc. *dîs* vsp. 12, 17. yt. 10, 37. 13, 47.

Altp. *dim*, *dis* (enclitisch), afgh. *dah*, *dai* (Dorn 93).

2. **di** (von *dî*) f. Einsicht.

Skr. *dhî*. — Vgl. *berezaidhi*.

diz, aufwerfen, bedecken.

— *uç*, aufwerfen, partic. perf. pass. plur. nom. *yôi baraiñti uzdaêza uzdista* (die Dakhmas) welche aufgeworfen (errichtet) sind vd. 7, 138. impf. 3. sg. med. *yô aêtem uzdaêzem uzdista* vd. 15, 102.

— *pairi*, anhäufen, causale impf. conj. 3. plur. *pairidaêzãn pairidaêzayãn* sie sollen Umhäufungen umhäufen, anhäufen vd. 3, 58. 5, 145.

Skr. *dih*, *dégdhi* (vgl. *deha*, *dehî*), altp. *didâ* (Festung). hzv. *dij*, np. *diz*, armen. *dêz*.

diṯ (neutr. von 1. *di*) adv., eben, quidem, *yatha yaṯ diṯ vîçpô añhus* wie eben die ganze Welt y. 19, 24.

did° s. *dî*.

dim s. 1. *di*.

div (Nebenform von 2. *dav*) betrügen, praes. 3. plur. *daêvaiñti* (Westerg. *davayañti*) y. 10, 43. part. med. (passiv.) acc. *divamnem* y. 31, 20.

diwzh (Fortbildung von *dab* oder *div* durch *zh*) betrügen, infin. *nôiṯ diwzhaidyâi ahurô* nicht ist zu betrügen Ahura y. 44, 4.

diwzha (vom vor.) m. Betrug, hzv. *fréfashn*, abl. *diwzhaṯ haca* betrügerischer Weise vd. 18, 3.

diç, zeigen, unterweisen, lehren, strafen, imperat. 3. sg. *diçyatu* yt. 24, 33. 2. plur. *diçyata* straft sie y. 8, 8. impf. conj. 3. sg. *diçyâṯ* man verspreche vd. 9, 166. *agha daêna diçyâṯ* welcher schlechtes Gesetz lehrt vd. 18, 22. fut. 1. sg. *dishâ* (wie) soll ich kennen lehren y. 42, 7. pot. 3. sg. *dishyâṯ hê añhê avaṯ mîzhdem parôaçnâi añuhê* man wird ihm dafür den Lohn im Jenseits zeigen (geben) A. 1 b, 7. redupl. aor. 3. sg. med. *daêdôist* er zeige (mir den geliebten Körper, gebe mir seine Tochter) y. 50, 17. causale praes. 3. plur. *daêçayêiñti* yt. 13, 53. 55. imperat. 1. plur. *daêçayama tê* wir wollen dich lehren yt. 24, 32. impf. 2. sg. *daêçayô* du sollst vorschreiben vd. 5, 47. 3. plur. *daêçayen* yt. 13, 57. impf. conj. 3. sg. *daêçayâṯ* er lehre yt. 24, 42. *ahmâi daênãm daêçayâṯ* yt. 11, 14.

— *fra*, lehren, zeigen, causale praes. pot. 2. sg. *mãthrem fradaêçayôis* yt. 4, 10. 14, 46. impf. 1. sg. *frâdaêçaêm* vd. 2, 6. 2. sg. *frâdaêçayô* vd. 2, 3.

— *hañ*, lehren, zuweisen, causale imperat. 2. sg. med. *hañdaêçayañuha* yt. 19, 48. 50.

Skr. *diç*, *dideshti*,' dig. *avdiççnu*, tag. *avdiyçûn*, das phryg. *edaes* erklärt Gosche für eine Form von *diç*.

diçu (von 1. *daç*) m. reissendes Thier, nom. *diçus* vd. 13, 149. gen. *diçaos* vd. 13, 125.

Hzv. *diç*.

diçya (von *diç*) n. Lehre.

Vgl. *qâthrôdiçya*.

dish° s. *diç*.

dishâna? *katha çîçraya ayaca tê dishânaya ṯbistâo heñti vîçpâo . . . dâmãn* yt. 24, 51.

disti (von *diz*) m. f. Herd, Holzstoss, hzv. *diç* (von Ner. zu y. 9, 36 durch *kaṭâha* übersetzt), acc. *aêtãm distãm* den Holzstoss vd. 8, 235 abl. *distaṯ* vd. 8, 251 (Westerg. 8, 92).

disti f. ein Mass, die Hälfte einer Vitaçti betragend, acc. *maghem avakanôis distîm khraozhdaçmê vîtaçtîm vareduçmê* grabe ein Loch, eine Disti tief in harter, eine Vitaçti in weicher Erde vd. 17, 13.

dî oder **did** sehn, praes. 2. sg. *dôishî* du siehst, sorgst (für mich) y. 33, 13. Die Trad. übers. gib; impf. conj. 3. sg. *hô didhâṯ* er wird blicken yt. 19, 94. imperat. 1. pl. *daidhyama* yt. 24, 58. partic. praes. plur. nom. *daidhyañtô* yt. 10, 45. gen. die Mädchen sind so schön *yatha daidhyatãm zaoshô* wie es der Wunsch der sie ansehenden ist (wie es die ansehenden wünschen können) yt. 17, 11.

— *apa*, ansehn, imperat. 2. sg. *apadhaidhya* yt. 17, 15.

— *ava*, sehn, impf. 1. sg. *âvôya athra avadidhaêm* Weh seh ich da yt. 24, 43.

— *â*, auf etwas hinsehn, praes. conj. 3. sg. *yô . . . âdidhâiti* welcher beschaut yt. 10, 13. 51. 96. perf. 1. sg. *vîçpanãm zaçta âdidhaya* ich (Feuer) sehe allen auf die Hände y. 61, 21.

— *paiti*, ansehn, pot. 3. sg. *nâirika âthrê raokhshnãn paitididhyâṯ* die Frau könnte sonst in das glänzende Feuer sehn (und es verunreinigen) vd. 16, 8. partic. perf. pass. dat. *nemô paitiditâi nemô paitidîti* Preis dem geschauten, Preis dem Schauen yt. 7, 1.

Skr. *dhî*, *dîdhîte*, altp. *di*, hzv. *dîtan*, parsi np. *didan*, buchar. *dîden*, maz. *bedîmeh* (vidi), *bedîych* (vidit), afgh. *lidal*, bal. *dîtha* (vidi), kurd. *dîdem* (video), kurm. zaza *dî* (vidit), armen. *ditel*, vgl. *aradi-k* (ecce).

dîta (vom vor.) f. das Blicken.

Vgl. *tarôidîta*.

dîdaiñhê s. *dah*.

dîdadha (von 1. *da*) adv., dort, *ithyêjâo yañtu yô dîdadha* verderblich mögen (die Plagen) kommen (zu dem) welcher dort ist y. 64, 32.

Vgl. afgh. *dilta* (here)?

dîdereghzhô s. *darez*.

dînâ s. 1. *daêna*.

dîdraghzhañh (von *draghzh*) n. Befestigung, acc. *yôi â vañhéus mananhô dîdraghzhô duyê* die ihr bebewirken sollt die Befestigung des guten Sinnes y. 47, 7.

dîv, leuchten.

— *â*, bemerken, praes. 3. plur. *nôiṯ ashahyâ âdîvyêiñtî haêcemnâ* (welche) nicht folgen dem Reinen, wenn sie ihn bemerken (die Construction ist wie die griech. οὐδ' ἔλαθ' Αἴαντα κλέπτουσα) y. 43, 13.

Skr. *div*, *dîvyati*, vgl. armen. *tiu* (Tag).

dîshâ s. *diç*.

1. **du**, 1) denken (von bösen Wesen), impf. 3. pl. med. *dâñta*, Spiegel *dâoñta* vd. 19, 142. partic. praes. med. nom. *zakhshathrem daomnô* auf (des Feuers) Auslöschung sinnend yt. 19, 47. *aghãm daoithrîm daomnô* üblen Betrug sinnend yt. 19, 57. 2) sprechen (von bösen Wesen), impf. 3. sg. med. *davata* vd. 19, 2. y. 9, 76. yt. 17, 19. partic. praes. nom. f. *uiti aojemna*, *uiti daomna* yt. 22, 42.

— *â*, 1) sich berathen, impf. 3. pl. med. *adâuñta*

sie beriethen sich vd. 19, 141. 147. 2) sprechen, impf. 3. sg. med. *adavata* yt. 3, 14. 22, 35. *paiti ahmâi adavata* vd. 19, 20.

— *paiti*, antworten, impf. 3. sg. med. *paitidavata* vd. 19, 7. 18, 74. *paiti ahmâi adavata* vd. 19, 20.

— *fra*, 1) überlegen, impf. 3. sg. med. *fradavata* vend. sade 490 (Westerg. vd. 19, 43.) 2) übertönen, praes. 3. sg. *yatha maçyâo âfs kaçyañhãm apãm avifrâdavaiti* wie ein grösseres Wasser kleinere Wasser übertönt (so Windischmann Voc.) vd. 5, 71.

— *vi*, hin und her überlegen, impf. 3. sg. med. *vîdavata* vend. sade 490 (Westerg. vd. 19, 43).

Vgl. skr. *dhvan*, *dhvânati?* hzv. *dvîtan*.

2. **du** (Nebenform von 1. *dâ*) geben, infinit. *tâis yûs skyaothanâis ashem khshmaibyâ daduyê* durch diese Thaten sollt ihr euch Reinheit geben (verdienen) y. 45, 15. *dâvôi* gib y. 28, 2.

— *aiwi*, geben, infinit. *aibî* ... *dâvôi* gib y. 50, 9.

3. **du** (Nebenform von 2. *dâ*), machen, infinit. *dâvôi* mache y. 43, 14. *dûyê* ihr sollt bewirken y. 47, 7.

4. **du**, bewegen.

Skr. *dhû*, *dhûnóti*, vergl. np. *zidûdan* (Spiegel, Beitr. 2, 472).

dug, melken.

Skr. *duh*, *dógdhi*, np. *dôkhtan*, *dôshîdan*, bal. *doshtan*, kurd. *dushim*.

dughdhar (vom vor.) f. Tochter, nom. *dughdha* vd. 12, 2. 14, 66. 19, 45. *tûirya dughdha* vd. 12, 53. *dugedâ* y. 44, 4. acc. *dughdharem* vd. 2, 10. yt. 17, 2. loc. *dughdhairi* vd. 12, 58. plur. gen. *dugedrãm* y. 52, 3.

Skr. *duhitár*, hzv. *dûkht* (vergl. *dughda* Name der Mutter des Zarathustra, Bund. 80, 14, np. *doghdô*) np. *dukhtar*, buchar. *dokhter*, afgh. *lûr*, kurd. *dôt*, (Mädchen), armen. *douçtr*, °*douht*.

ducithra n. Unglück, acc. *kahmâi* . . . *ainistîm ducithrem azem bakhshâni* wem soll ich Mangel und Unglück zutheilen yt. 10, 110. Westerg. verm. *duzhâthrem*.

duzhainya (von 1. *dush?*) adj., schlecht, böse, Trad. schlechte Gänge führend, plur. gen. *maoirinãm duzhainyanãm* (Westergaard *duzhaininãm*) vd. 14, 15.

1. **duzhaka** m. n. pr. der Stadt Kabul.

2. **duzhaka** m. Schimpfname des Hundes Vañhâpâra, Hzv. übers. *zûdak*, was die Parsen durch Igel erklären, vgl. Bund. 30, 15. 49, 1. acc. *duzhakem* vd. 13, 3.

duzhakôshayana (von 1. *duzhaka* + *sh*°) adj., Duzhaka als Sitz, Stadt habend, acc. *vaêkeretem yim* °*shayanem* das (Flussgebiet) Vaêkereta, in welchem die Stadt Kabul liegt vd. 1, 34.

duzhañh (v. *duz?*) n. Hölle, instr. *ereghata haca duzhañha* aus der bösen Hölle yt. 19, 44.

Hzv. *dushaqv*, parsi *duzhakh*, np. *dôzakh*, afgh. *dôghagh*, armen. *dzhoñkh*.

duzhazôbâo (v. 3. *dush* + *a*°) m. Tyrann, nom. *duzhazôbâo* y. 45, 4.

duzhava (von 1. *dush*) adj., böse, abl. *duzhavât* vom Bösen (frei) yt. 4, 8.

duzhâthra (v. 3. *dush* + *âthra*) n. böser Gang, Elend, acc. *duzhâthremca* y. 8, 18.

duzhâpa (von 3. *dush* + 2. *âpa*) adj., schwer zu erlangen, acc. (statt nom. weil hinter dem Verb.) *yaêshãm añhaṭ duzhâpem einwaṭperetãm* vd. 13, 8.

duzhita (von 3. *dush* + *ita*) adj. 1) schwer zugänglich, acc. *upa kvirinitem duzhitem* yt. 15, 19. plur. gen. *pathãm duzhitanãm* yt. 13, 20. 2) unnahbar, schlimm (von Hunden), comparat. nom. sg. (collectiv) *duzhitôtaraçca* vd. 13, 120.

Skr. *duritá*.

duzhûkhta (von 3. *dush* + *ukhta*) 1) n. schlecht Gesprochnes, schlechte Rede, acc. *duzhûkhtem* y. 70, 29. vd. 3, 67. yt. 10, 106. gen. *duzhûkhtahê* y. 70, 32. plur. acc. *duzhûkhtâcâ* y. 12, 3. abl. *duzhûkhtaêibyaçca* yt. 21, 17. gen. *duzhûkhtanãmca* vsp. 23, 8. 2) adj., böses redend, böse Rede enthaltend, dat. f. *jahikayâi duzhûkhtayâi* yt. 22, 36. gen. m. (collectiv) *duzhûkhtahê nôiṭ ahmi* ich gehöre nicht zu den bös redenden y. 10, 47. neutr. *duzhûkhtahê vacañhô* vd. 18, 42.

Skr. *durukta*.

duzhgaiñti (v. 3. *dush* + *gaiñti*) adj., stinkend, nom. *vâtô duzhgaiñtis* yt. 22, 25. compar. nom. °*gaiñtitarô* yt. 22, 25. Superlat. acc. °*gaiñtitemem* yt. 22, 26.

duzhjyâiti (von 3. *dush* + 1. *jyâiti*) f. schlechtes Leben, gen. *duzhjyâtôis* y. 45, 8.

duzhzaotar (v. 3. *dush* + 1. *zaotar*) m. schlechter Zaotar, plur. nom. *duzhzaotârô* yt. 24, 12.

duzhdaêna (von 3. *dush* + 1. *daêna*) adj., einem schlechten Gesetz ergeben, nom. *duzhdaênô* (Ahriman) Fr. 4, 2. *azhis duzhdaênô* yt. 19, 47. acc. °*daênem* yt. 5, 109. 9, 31. 19, 87. dat. °*daênâi* y. 64, 24. gen. °*daênahê* yt. 22, 36. pl. acc. °*daênêñg* y. 48, 11.

Hzv. *dushdîn*.

duzhdâo (von 3. *dush* + 2. *dâo*) adj., schlechtes wissend (und ausübend) nom. *duzhdâo* vd. 19, 2. y. 56, 10, 7. 50, 10. yt. 5, 82. 17, 19. acc. *duzhdem* (Thema °*da*) yt. 5, 82. voc. *duzhda* vd. 11, 32. 39. 19, 16. plur. nom. °*dâoñhô* vd. 19, 10. 90. y. 30, 3. acc. *duzhdã* (Thema °*da*) vd. 19, 43.

Vgl. hzv. *dushdânâk*, parsi *dusdaha*, np. *duzd*.

duzhdâoñha (von 3. *dush* + *d*°) adj., schlechtes wissend, gen. *zimô duzhdâoñhahê* vd. 7, 69.

duzhdâman (v 3. *dush* + *dâman*) adj., schlechte Geschöpfe schaffend, nom. *duzhdâmô* vd. 19, 20. gen. °*dâmanô* y. 60, 5.

duzhdôithra (von 3. *dush* + *d*°) n. das böse Auge, der böse Blick, nom. (ohne Flexion) °*dôithra* yt. 3, 8. acc. (ohne Flexion) °*dôithra* yt. 3, 11. superlat. acc. (ohne Flexion) *duzhdôithra duzhdôithrôtema* der böseste Blick yt. 3, 15.

duzhnidhâta (v. 3. *dush* + *n*°) adj., übelgeartet, Spiegel: dem Raub ergeben, nom. *duzhnidhâtô* vd. 13, 146.

duzhbereti (von 3. *dush* + *b°*) f. Ertragung von Uebel, dat. *mâ urvathem frâyavayôis çnathâi, mâ duzhberetéé* yt. 1, 24.

duzhbereṭ (von 3. *dush* + 1. *bar*) adj., übel tragend, plur. acc. *yatha duzhberentô baraiti* wenn sie welche übel tragend trägt (Mithra, passivisch) yt. 10, 48.

duzhyâirya (von 3. *dush* + *yâre*) adj., Misswachs habend, nom. fem. *pairikayâo yâ duzhyâirya* der Pairika, welche Misswachs bringt yt. 8, 51. dat. f. *daiihavê duzhyâiryâica* (für °*yayâica?*) yt. 8, 36.

Altp. *dusiyâra*.

duzhyêsti (v. 3. *dush* + *y°*) f. schlechtes Opfer, instr. °*yêsti* yt. 10, 108.

duzhvacaṅh (von 3. *dush* + *v°*) adj., schlechtredend, dat. °*vacaṅhê* y. 64, 24. gen. °*vacaṅhô* yt. 22, 36. plur. nom. *yim mashyâka avi duzhvacaṅhô duzhakem nâma aojaiti* welchen schlechtredende Menschen mit dem Namen D. nennen (d. h. D. schelten) vd. 13, 3. vgl. yt. 8, 51. acc. °*vacaṅhô* y. 48, 11.

Vgl. skr. *durvacas*.

duzhvaṅdru (von 3. *dush* + *vaṅdru*) adj., böses begehrend, plur. acc. °*vaṅdraro* yt. 19, 87.

duzhvarena (von 3. *dush* + 1. *v°*) m. schlechter Glaube, pl. instr. °*varenâis* y. 52, 9. (cit. vd. 10, 16.).

duzhvarsnaṅh (von 3. *dush* + *v°*) adj., subst. Uebelthäter, pl. acc. *duzhvarsnaṅhô* zu den Uebelthätern (mögen kommen) y. 52, 8.

duzhvarsta (von 3. *dush* + *v°*) 1) n. schlecht Gethanes, schlechte That, acc. *duzhvarstem* vd. 3, 67. y. 70, 30. yt. 10, 105. gen. °*varstahê* y. 70, 33. plur. acc. °*varstâcâ* y. 12, 3. instr. °*varstâis* y. 48, 4. abl. °*varstaêibyaçca* yt. 21, 17. gen. °*varstanãmca* vsp. 23, 8. 2) böses thuend, böse That enthaltend, dat. f. *jahikayâi duzhvarstayâi* yt. 22, 36. gen. m. (collectiv) °*varstahê nôiṭ ahmi* ich gehöre nicht zu den Böses thuenden y. 10, 48. neutr. °*varstahê skyaothnahê* vd. 18, 42. pl. gen. °*varstanãm skyaothnanãm* vsp. 18, 3.

Vgl. hzv. *dushliuvarst*.

duzhvarstâvarez (vom vor. + *varez*) adj., subst. Uebelthäter, nom. °*vares* yt. 19, 96. plur. gen. °*varezãm* yt. 13, 39. A. 1, 18.

duz, plagen, betrügen.

Skr. *duh*, *dóhati*.

dunman (von 4. *du*) n. Nebel, Dunst, aus welchem die Wolken entstehn, nom. *dunma* vd. 21, 3. plur. nom. *dunmãn hãmhisteñti* Dünste sammeln sich yt. 8, 32. acc. *dunmãn* vd. 5, 51. yt. 8, 33. *naêdha dunmãn uzjaçaiti* noch steigt es mit Dünsten auf yt. 10, 50. 12, 23.

Vergl. skr. *dûmá*, hzv. *dût* (Rauch), np. *dûd*, oss. *duç*.

dunmôfrita (v. vor. + *fr°*) adj., dunstgenährt; Spiegel: Dünste vorwärts treibend (liest °*fraota?*), nom. *vâtô dunmôfritô* yt. 13, 14.

duma (von 4. *du*) m. Schwanz, acc. *dumemciṭ hê upathwereçayen* vd. 13, 92.

Hzv. *dum*, np. *dum*, *dumb*, *dunb* (*b* ist Stütze des Nasals), wovon arab. *ẕanab;* bal. *dumb*, kurd. *du*, kurm. *duv*, armen. *dmak*, südoss. *dimag*, tag. *dümäg*.

Vgl. *ayaṅhôduma*, *kaourrôdûma*.

dumna m.? Hand, hzv. *yadman*, instr. *aostaca paiti dumnaca thrivataca gaêçus* vd. 7, 150.

duruka m. Name einer Krankheit, gen. *durukahê* vd. 20, 14. statt voc. vd. 20, 20. Mit Rücksicht auf das dig. *dor*, tag. *dur* (Stein), welches wohl nicht das arabisch-persische *durr*, *dur* (margarita, unio) ist, könnte man vermuthen, dass *duruka* Steinkrankheit (valetudo calculorum) bedeute.

1. **dush**, verderben, schlecht werden.

Skr. *dush*, *dúshyati*.

2. **dush** (Fortbildung von 2. *du*) geben.

— *vi*, vertheilen, partic. praes. med. dat. *vîdushemnâi îzhâciṭ* dem Vertheiler der Gaben y. 50, 1.

3. **dush**, (von 1. *dush*) Partikel, schlimm, übel; erscheint nur als vorderes Glied von Zusammensetzungen und verwandelt sein *sh* vor Vocalen, Mediae, *n*, *y*, *v* in *zh*, vor dumpfen Consonanten, Zischlauten, *m* und *h* in *s*.

Skr. *dush*, hzv. *dush*, parsi *dus*, np. *dush*, arm. *dzh*, *tzh*, *thsh*.

dushiti (von 1. *dush*) f. Elend, loc. *dushitâcâ* (Westerg. *dusitâcâ*) *mahrkaêca* (Westerg. *marakaêcâ*) in Elend und Tod (bringt er das Haus) y. 31, 18.

Vgl. skr. *dúshṭi*, np. *dusht*.

duskereta (von 3. *dush* + 1. *kereta*) n. übel Gethanes; nom. *duskeretem* (Westerg. °*kereta*, plur.) vd. 21, 23. = yt. 24, 49.

Skr. *dushkṛtá*.

1. **dusqaretha** (von 3. *dush* + 1. *q°*) n. schlechte Speise, nom. *dusqarethem* y. 31, 20.

2. **dusqaretha** (v. 3. *dush* + 2. *q°*) adj., schlechten Glanz habend, nom. neutr. °*qarethem . . . qâthrem* y. 52, 6.

dusqarenaṅh (von *dush* + *q°*) adj., schlechten Glanz habend, ruchlos, nom. masc. *dusqarenâo* yt. 10, 105. 19, 95.

duskhratbwa (v. 3. *dush* + *khr°*) n., schlechter Verstand, schlechter Sinn, instr. °*khrathwâ* y. 48, 4.

duskhshathra (v. 3. *dush* + *khsh°*) m. schlechter König, plur. nom. °*khshathrâ* y. 47, 5. 10. acc. °*khshathrêñg* y. 48, 11.

duscithra (von 3. *dush* + *c°*) adj., bössaamig, bösen Ursprung habend, acc. f. °*cithrãm* yt. 19, 95. gen. f. *paêsisô* °*cithrayâo* yt. 19, 94.

dusmainyava (von 3. *dush* + *m°*) adj., schlechte Gesinnung hegend, feindselig, plur. acc. *dusmainyava* A. 1, 17. gen. *dushmainyavanãm* y. 56, 10, 9. *dusmainyavanãm* yt. 10, 11. A. 1, 15.

dusmainyu (v. 3. *dush* + *m°*) adj., subst. Feind, acc. *dusmainyûm* yt. 18, 1. °*mainyum* yt. 19, 84. abl. °*mainyaoṭ* yt. 1, 24. 14, 57. plur. nom. *vîçpê* °*mainyus* yt. 14, 38. acc. *vîçpê* °*mainyûs* yt. 10, 34.

Vgl. hzv. *dushmînushn;* np. *dushman*, ostafgh. *doshmen*, westafgh. *doshmen*, kurd. *dusman*, kurm.

düshmén, (awarisch tscheremissisch *tushman*, udisch *dushman*).

Vgl. *parôdusmainyu*.

dusmainyûjayañt (v. vor. + *j*°) adj., den Feind überwältigend, acc. *dusmainyûjayañtem bavâhi yatha verethraghnem* sei ein Besieger der Feinde wie Behram yt. 23, 7.

dusmata (von 3. *dush* + *m*°) 1) n. schlecht Gedachtes, schlechter Gedanke, acc. *dusmatem* vd. 3, 67. y. 70, 28. yt. 10, 106. gen. *dusmatahê* y. 70, 31. plur. acc. °*matâcâ* y. 12, 3. abl. *pairi dusmataêibyaçca* yt. 21, 17. gen. °*matanãmca* vsp. 23, 8. 2) böses denkend, böse Gedanken enthaltend, gen. masc. (collectiv) *dusmatahê nôiṭ ahmi* ich gehöre nicht zu den Böses denkenden y. 10, 46. neutr. *dusmatahêca manaṅhô* vd. 18, 42.

Hzv. *dushmat* (Name einer Hölle).

Vgl. *frâyôdusmata*.

dusmanaṅh (von 3. *dush* + *m*°) adj., schlecht denkend, dat. °*manaṅhê* y. 64, 24. gen. °*manaṅhô* yt. 22, 36. plur. acc. °*manaṅhô* y. 48, 11.

Skr. *durmanas*.

dusçaṅha (von 3. *dush* + *ç*°) adj., übele Worte, wie Zaubersprüche u. dgl., sprechend, nom. °*çaṅhô* y. 10, 34. gen. *mê ahê dusçaṅhahê* dessen der gegen mich Böses hersagt y. 10, 33.

dusçaçti (von 3. *dush* + *ç*°) 1) f. üble Lehre, nom. *dusçaçtis* y. 44, 1. 2) adj., üble Lehre lehrend, nom. *dusçaçtis* y. 32, 9.

dusskyaothna (v. 3. *dush* + *sky*°) 1) n. schlechte That, instr. *dusskyaothanâ* y. 34, 9. dat. °*skyaothanâi* y. 64, 24. 2) adj., böses thuend, dat. °*skyaothanâi* y. 31, 15. gen. °*skyaothnahê* yt. 22, 36. pl. acc. °*skyaothanêñg* y. 48, 11.

dushãmçâçta (von 3. *dush* + *hãmçâçta*) adj. ungehorsam, dem Gatten nicht unterwürfig, dat. fem. °*çâçtayâi* yt. 22, 36.

dûta, m. Bote, acc. *thwahyâ mãthrânô dûtém* den Boten deines Lobpreisers y. 32, 13. pl. nom. *thwôi dûtâoṅhô* y. 32, 1.

Skr. *dûtá* (von *du*, *dávati* gehn?) vgl. hzv. *dûbâk*.

dûm s. 2. *dâ*.

dûra, adj., fern, abl. neutr. (adv.) *dûrâṭ* von ferne y. 44, 1. yt. 10, 90. 5, 68. 24, 51. *dûrâṭ fraçrûtãm* die weitberühmte y. 64, 11. yt. 5, 3. *dûrâṭ haca ahmâṭ nmânâṭ . . . dûrâṭ haca aṅhâṭ daṅhaoṭ* y. 56, 6, 4. loc. *dûirê açahi* an einem fernen Ort vd. 8, 271. adv. *dûirê* fern y. 34, 8. yt. 14, 13. *dûraêca* von ferne yt. 17, 2.

Skr. *dûrá* (von *du*, *davati*?), altp. *dura*, hzv. parsi np. buchar. kurd. *dûr*, afgh. *lira*.

dûraêurvaêça (vom vor. + *urv*°) 1) m. fernes Ende, acc. die Gestirne wandeln *dûraêurvaêçem adhwanô urvaêçem nâshemna yim frashôkeretôiṭ* zum fernen Ende ihrer Bahn, das Ende zu erreichen bei der Auferstehung yt. 13, 58. 2) adj., fernes Ende habend, acc. *dûraêurvaêçem paiti pañtãm* yt. 8, 35.

dûraêkaêta (von *dûra* + 2. *kaêta*) adj., fernhin bemerklich, acc. *tañcistem dûraêkaêtem ahmya gaêthê peshanâhu* den starken fernhin bemerklichen hier in den Kämpfen der Welt yt. 5, 73.

dûraêkarana (von *dûra* + 1. *k*°) adj., mit weit abstehenden Enden, nom. *vîs dûraêkaranô* yt. 13, 3.

dûraêdareç (von *dûra* + *d*°) adj., fernsehend, superlat. nom. (ohne Flexion) °*darstema* yt. 1, 12. voc. °*darstema* yt. 12, 7.

dûraêdarsta (v. *dûra* + *d*°) adj., fernhin sehend, nom. (ohne Flexion) *dûraêdarst anãma ahmi* yt. 1, 12.

dûraêpaiti s. das folg. Wort.

dûraêpâra (von *dûra* + *p*°) adj., dessen Grenzen, Ufer weit von einander liegen, acc. f. *raṅhãm dûraêpârãm* yt. 23, 4. = 24, 2. (wo *araṅhãm dûrêpaitinãm*) abl. f. *zemaṭ* °*pârayâo* yt. 17, 19. gen. *raṅhayâo* °*pârayâo* yt. 14, 29. *zemô yaṭ* °*pârayâo* (local) vd. 19, 15. yt. 10, 95. 99. ohne *zemô:* yt. 5, 38.

Skr. *dûrapâra*.

dûraêfradhâta (von *dûra* + *fr*°) adj., in der Ferne geschaffen, aus der Ferne stammend, nom. *âthrava dûraêfradhâtô* yt. 16, 17.

dûraêçûka (von *dûra* + 1. *ç*°) 1) m. Vermögen weithin zu sehn, acc. *yãm hê dûraêçûkem dûirê frazavaiti hitahê tãthryãm aipi khshapanem* es trügt bei sich, wenn es angespannt (gesattelt) ist, die Kraft weithin zu sehn, selbst in dunkler Nacht yt. 14, 13. 2) adj., weithin leuchtend, nom. (ohne Flexion) *dûraêçûka nãma ahmi* yt. 1, 15. acc. *tistrîm* °*çûkem* yt. 8, 4. plur. fem. °*çûkâo* (al. °*çrîkâo*) yt. 13, 30.

dûraêçrîka (v. *dûra* + *çr*°) adj., weithin schön, plur. acc. f. °*çrîkâo* (al. °*çûkâo*, °*çrûtâo*) yt. 13, 30. Windischmann Z. St. 317: weit gehend.

dûraêçrûta (von *dûra* + *çr*°) adj., weitberühmt, acc. *tarô peshûm dûraêçrûtem* yt. 24, 42. gen. °*çrûtahê* yt. 13, 119. plur. acc. f. °*çrûtâo* (al. °*çrîkâo*, °*çûkâo*) yt. 13, 30.

Skr. *dûreçruta*; vgl. hzv. *durâçrô* (Sohn des Manuscithra Bund. 78, 17).

dûraosha (von *dûra* + *aoshaṅh*) adj., den Tod fern haltend, Beiwort des weissen Haoma, nom. *haomô dûraoshô* y. 9, 5. 10. 11, 15. acc. *dûraoshem* y. 10, Schluss. 32, 14. 41, 32. S. 2, 30. voc. *dûraosha* y. 9, 64.

Hzv. *dûraosh*, *dûrôsh* (vgl. Bund. 64, 4).

debu (scheint eine Erweiterung von *dab* zu sein) betrügen.

— *aipi*, betrügen, causale impf. 3. sg. *mâ evîdvâo aipidebâvayaṭ* nicht möge ein Unwissender (fürderhin) Trug ausüben y. 31, 17. Trad. leitet das Wort von *bû* ab.

— *â*, hintergehn, impf. 1. plur. *hyaṭ* (Westerg. *yyaṭ*) *îs âdebaomâ* da wir sie (die Daêvas) hintergiengen, d. h. ihnen nicht zufielen, wie sie glaubten y. 30, 6.

debenaotâ s. *dab*.

debãz (= *bãz* mit dem Praefix *de* = 2. *dê*) vermehren, praes. 3. sg. *debãzaiti* y. 43, 6.

debâzaṅh (v. vor., vgl. *bãzaṅh*) n. Grösse, instr. *debãzaṅhâ* y. 46, 6.

debnaotâ s. *dab.*
dem s. *da.*
dema (vgl. *déma*) f. Wohnung.
Vgl. *varedema.*
demâna (von *man* + Praefix *de* = 2. *dé*) n. Wohnung; das Wort steht in den Gâthas für das gewöhnliche *nmâna;* acc. *demânem* y. 31, 18. dat. *demânâi* y. 45, 11. abl. *haca demânâț* yt. 16, 2. (in einem Gebet), gen. *demânahyâ* y. 31, 16. loc. *acistahyâ demânê manañhô* (er gehört) in die Wohnung des schlechtesten Geistes y. 32, 13. *â demânê* in der Wohnung (des Bahman, d. h. auf der Erde) y. 32, 15. *demânê* y. 48, 11. *demânê garô* im Garotman y. 44, 8. 49. 4. *garô demânê* y. 50, 15.
dereza (von *darez*) f. Bande, Fessel, instr. *fratû îs . . . derezâ* er werfe sie in Fesseln y. 52, 8. pl. loc. *jaininãm upa derezâhu* y. 10, 53.
derezâna (von *darez*) adj., stark, Hzv. übers. *shkuft* (furchtbar).
derezânôpethra (vom vor. + *p*°) adj., harte Sühne habend, acc. *pârem* °*perethem*, die hart zu sühnende Schuld, d. h. die Schuld von Sünden, welche harte Strafen nöthig machen, vd. 3, 147.
derezi (von *darez*) adj., stark, rüstig.
Vgl. *aurvatôderezitaka.*
derezitakathra (vom vor. + *t*°) adj., mit starker Schnelligkeit begabt, nom. °*takathrô* vd. 3, 149.
derezirathra (von *derezi* + *r*°) adj., mit starken Wagen versehn, acc. m. °*rathem* yt. 17, 12.
derezra (von *darez*) adj., fest, nom. *derezrô* yt. 15, 54. *derezrô nãma ahmi, darezistô nãma ahmi* yt. 15, 46. *derezraçca vâkhshô* yt. 13, 52. acc. *mãthranãm derezrem, mãthranãm derezrôtemem* yt. 3, 5. plur. nom. *vâcô yôi derezra âç* yt. 14, 46. acc. f. *derezrâo* yt. 13, 75.
derezvan (von *darez*) m. das Fesseln, die Fessel, acc. *aipi derezvanem darezayadhwem* fesselt sie in Fesseln yt. 1, 28. plur. acc. *derezvãn* in Fesseln yt. 11, 2.
1. **dereta** (von 1. *dar*) geschnitten, gemäht.
Vgl. *adereta.*
2. **dereta** (von 2. *dar*) 1) gehalten, plur. nom. *yaêciț âzahu deretâoñhô* (s. *dareta*) y. 10, 53. 2) adj., haltend, nom. neutr. *hvarekhshaêtem garô deretem* die Sonne, welche Ehrwürdigkeit trägt vd. 21, 21. Trad. übers. Träger des Garotman.
3. **dereta** (von 3. *dar*) geehrt.
Vgl. *aderetôțkaêsha.*
deretar (von 2. *dar*) m. Halter, nom. *kaçnâ deretâ* wer hält (die Erde) y. 43, 4.
Skr. *dhartár*, vgl. hzv. *dâshtar.*
deredyâi s. 2. *dar.*
derewda (von *darew*) m. Flechten, plur. acc. *derewdaca* yt. 13, 11.
Vgl. skr. *drbdhi.*
deres (von *daresh*) n.? Leiden, Ner. *dârayitâ* (wonach es von 1. *dar* käme). nom. *deresvâ* y. 29, 1.
1. **dé** (v. 3. *dâ*) adj., weise, hzv. übers. *daçtûbar*, pl. acc. *çaoshyañtô déñg* zu den weisen Nützenden (gelange er) y. 44, 11.

2. **dé**, ein Praefix, welches A. Weber (Liter. Centralblatt 1861, p. 457) mit skr. *adhi* zusammenstellt; Spiegel (nach einer briefl. Mitth.) bezweifelt die Identität beider Wörtchen; vor einigen Wörtern erscheint *dé* als *de*, und auch das vor Conson. anlautende *ț* scheint dasselbe zu sein.
déusmanahya (von 3. *dush* + *m*°) adj., schlecht denkend, dat. *yimô ashâtô déusmanahyâica hô çtaretô nidâraț upairi zãm* Yima (taumelte) unerfreut zu den schlecht denkenden, fiel bestürzt auf die Erde yt. 19, 34.
déusçravañh (v. 3. *dush* + *çr*°) adj., von schlechtem Ruf, nom. *déusçravâo hacimnô* sei beständig von schlechtem Ruf, (Westerg. *déusçravâohacimnô*) y. 11, 4. 12.
déjâmâçpa s. *jâmâçpa.*
déjiț s. *jiț.*
déñg s. 1. *dé.*
dénaba m.? Stütze.
Vgl. *adénaba.*
déma (vgl. *dema*) n. Wohnung.
Vgl. *hadéma.*
dôiéçnatheñti *çnathahê?* vergl. *duyê* (von *dva*)? Fr. 8, 2.
dôithra (von *di*) n. f. (im dual. und pl.), Auge, acc. *dôithrem* y. 11, 16. gen. *dôithrahê* y. 1, 35. 3, 49. dual. instr. *dôithrâbya* yt. 1, 29. 19, 94. plur. dat. *dôithrâbyô* yt. 10, 107. *âbyô dôithrâbyô* y. 67, 62. yt. 10, 82. (statt des instr.).
Hzv. *dôçar.*
Vergl. *anâkhrâidhadôithra, khratusd*°, *zairid*°, *duzhd*°, *vîd*°, *verezid*°. *vourud*°, *çpitid*°, *hud*°.
dôishi s. *di.*
dôis s. 1. *dâ.*
dôrest s. *darez.*
dã s. 1. *dâ.*
dãthra (von 1. *daç?*) n. Zahn.
Vgl. *tizhidãthra.*
1. **dãn** s. 2. *dâ.*
2. **dãn** (Nebenform von 2. *dâ*) machen. praes. 1. plur. *dãnmahi* (Spiegel *dãmohi*) y. 67, 1.
dãm s. 2. 3. *dâo.*
dãmi (von 2. *dâ*) m. Schöpfer, nom. *hvô khrathwâ dãmis ashem* er war durch seinen Verstand Schöpfer der Reinheit y. 31, 7. *kaçnâ dãmis* y. 43, 4. *tâcâ khshathrâ mazdâo dãmis ahurô* und die Reiche (deren) Schöpfer Ormazd (ist) y. 44, 7. acc. *dãmîm* y. 31, 8.
dãçu (von 2. *daç*) m. Verwundung.
Vgl. *karetôdãçu.*
dãçtra (von 2. *daç*) n. Hauzahn.
Vgl. *tizhidãçtra.*
dãçtva (von 1. *daç*) f. Hülfe, Trad. Lehrer (hzv. *daçtûbar*, Ner. *âdeça*, gloss. *guru*), acc. *dãçtvãm* y. 45, 7.
dãhista (von 3. *dâ*) adj. (superlat. zu 3 *dâo*) sehr weise, acc. *çraoshâvarezem dãhistem* vsp. 3, 14. voc. *dãhista* A. 1, 4. plur. acc. *dãhistê* vsp. 3. 26. *dãhistã* y. 14, 8.

dyâi s. 1. 2. *dâ.*

dyâṭ s. 2. *dâ.*

dyu (von *div*) n.? Betrug, gen. *pataṭ dyaos daêvanãm draojistô anrô mainyus* es stürzte der in Betrug lügenhafteste der Daevas, Ahriman yt. 3, 13. Spiegel: während (von vorne) zusieht Ahriman; er liest wohl *paitidayus.*

dyũm s. 2. *dâ.*

draêzista s. *darezista.*

draogha (von 1. *druj*) 1) adj., lügnerisch, acc. *draoghem vâcem* yt. 19, 33. 2) m. Lüge. nom. *draoghô* (persönlich) vd. 19, 146. acc. *âpem . . . draoghem vîthus apâiti* (als ob) er das Wasser mit Lüge wissentlich angienge, d. h. sich dem Gottesurtheil mit Wasser unterzöge, obwohl er sich bewusst ist, gelogen zu haben vd. 4, 155.

Skr. *drógha*, altp. *darauga*, hzv. parsi *darôg*, np. *darôgh*, buchar. *dorôg*, maz. *durâv*, afgh. *drôh*, brahvi (aus dem bal.) *darogh*, kurd. *draú*, kurm. *deraú.*

draoghôvac (vom vor. + 2. *vac*) m. lügnerische Rede, nom. *draoghôvâkhs draojista* (Westergaard *°vâkhsdraojista*) die lügnerische Rede, die sehr verlogne yt. 3, 9. statt acc. yt. 3, 12. 16.

Vgl. skr. *droghavâc.*

draojista (superlativ) sehr lügnerisch, nom. *draojistô* yt. 3, 13. ohne Flexion *draojista* yt. 3, 9. (s. *draoghôvac*), acc. (ohne Flexion) *draojista* yt. 3, 12. plur. instr. *draojistâis* y. 13, 15.

1. **draonaṅh** n. 1) Brot, acc. *kaçu draonô* ein kleines Brot vd. 13, 129. *draonô* yt. 19, 7. 2) Schaubrot von runder Form, in der Grösse eines Thalers, vgl. Spiegel, Av. übers. II, LXXII. nom. *draonô* als Darunopfer y. 33, 8. acc. *taṭ yaṭ haomahê draonô* das für Hom bestimmte Darunbrot y. 10, 44. abl. (Thema *draona*) *uzgereptâṭ paiti draonâṭ* (der Priester kann die Strafe erlassen) um ein emporgehobnes Schaubrot vd. 5, 75. 3) Stück, Portion, acc. *draonô* y. 11, 16. *taṭ draonô* y. 11, 17. *géus draonô* ein Stück Fleisch y. 11, 20.

Skr. vgl. *dróṇa;* hzv. parsi np. *darûn.*

Vgl. *qâdraona.*

2. **draonaṅh** (von *dru*) n. Lauf.

Vgl. skr. *dráviṇas.* — Vgl. *vîrôdraonaṅh.*

draoman (von 1. *dru*) n. Anlauf, pl. abl. *aêshmahê parô draomébyô* vor den Anläufen des A. y. 56, 10, 7. = yt. 10, 93. loc. *daêvanãm parô draomôhu* vor den Anläufen, wegen der Anläufe der Devs yt. 13, 57.

draosha (von *drukhsh*) m. Täuschung, acc. *draoshem* vd. 3, 143. Hzv.-Gl.: wenn einer weiss: stehlen ist nicht erlaubt zu thun, aber glaubt, es sei eine gute That, wenn er den Reichen bestiehlt und das Gestohlne dem Armen gibt.

Hzv. *drôshak.*

draoshisvâo m. n. pr. eines Berges, nom. *°vâoçca* yt. 19, 4.

drakhta (von *draj*) inne habend, besitzend.

drakhtôhunara (vom vor. + *h°*) adj., Fertigkeiten besitzend, abgerichtet (von Hunden), plur. gen. *°hunaranãm* vd. 13, 21. 117.

draghzh (Fortbildung von *draj* durch *zh*) festhalten.

draj, ergreifen, festhalten, praes. 2. sg. *drazhahi* so hältst du ihn fest (mit den Steinen, Ormazd spricht) vd. 19, 15. 3. sg. *drazhaiti* hält (die Zügel) yt. 5, 11. partic. praes. med. nom. *zaçta drazhimnô* vd. 19, 13. *zaçtayô drazhimnô* vd. 19, 53. y. 56, 12, 14. *zaçtaya drazhemnô* yt. 10, 96. fem. *drazhimna* yt. 5, 123. partic. perf. med. *drakhta* (s. besonders).

— *hãn*, zusammen befestigen, zusammennähen, partic. perf. pass. nom. *vîs . . . handarakhtô* yt. 13, 3.

drafsha, m. Banner, nom. *drafshô* yt. 8, 56. 14, 48. *gaos drafshô* das Kuhbanner, Banner mit dem Bilde eines Rindes y. 10, 39. Glosse: wie das Stierbanner an diesem Ort steht, so dringe nicht heran auf meinen, des Sünders, Leib; acc. *drafshem* y. 56, 10, 7. yt. 1, 11. 10, 93. *khrûrem drafshem* yt. 13, 136. abl. *haca drafshayâo perethu uzgereptayâo* (verderbte Lesart?) yt. 4, 4.

Skr. *drapsá* (das Banner flattert wie die Funken des Feuers sprühen, vergl. ṛgveda I, 94, 11. und Pictet, les origines Indo-européennes II, 229), hzv. *drafsh*, np. *dirafsh* (*dirafshîdan* zittern, glänzen), armen. *drôsh.*

Vgl. *eredhwôdrafsha*, *uzgereptôdr°*, *perethudr°.*

drafshaka (vom vor.) m. Fähnchen.

drafshakavañṭ (vom vor.) adj., mit Fähnchen versehn, acc. *puçãm drafshakavaitîm* yt. 5, 128.

dramna? loc. *dramnê barezistê razûirê* vd. 13, 23. Hzv. übers. *dramnê* nicht; vielleicht partic. med. (passivisch) von *drâ?* in dem (vom Wolf) durchstreiften grossen Walde.

drâ, laufen; partic. praes. med. *dramna* (s. besonders).

Skr. *drâ*, *drâti.*

drâjaṅh (von *draj?*) n. 1) Länge, Dauer, acc. *cvaṭ drâjô* wie weit vd. 3, 56. *nava vîbâzva drâjô* 9 V. lang vd. 9, 8. *cvañtem* (für *cvaṭ*) *drâjô zrvânem* wie lange an Zeit vd. 6, 1. 2) Verlängerung, Erhaltung, dat. *drâjaṅhê* um zu erhalten y. 9, 82.

Vergl. hzv. *drâj*, np. buchar. *dirâz*, bal. *drâzh*, kurm. *derêz*, armen. *tarads.*

Vgl. *aêshôdrâjaṅh*, *carctudr°*, *zânudr°*, *dânudr°*, *frabdôdr°*, *frâbâzudr°*, *frârâthnidr°*, *byâred°*, *mâzdrâjahya*, *yâredrâjaṅh*, *vîtaçtidr°*, *vîbâzudr°*, *hizudr°.*

drâjista (Superlativbildung von *draj*) sehr lange, acc. n. *drâjistem* am längsten y. 17, 55.

drâtha (von *drâ?*) m. n. pr., gen. *drâthahê* yt. 13, 109.

Vgl. *paitidrâtha.*

drigh, arm sein, betteln.

Windischmann (Jenaische Liter. Zeitung 1834, n° 137. p. 133) vergl. skr. *darbh*, welches mit der Wurzel verwandt sein soll, auf welche *daridrâ* zurückgeht.

drighu (vom vor.) adj., arm, nom. *dareghusciṭ* yt. 10, 84. acc. *drigûm* y. 34, 5. *dareghem thrâtô-*

temô welcher den Armen am meisten ernährt yt. 11, 3. dat. *drigavê* (Westerg. *dregavê* für den Armen y. 52, 9. gen. *drighaos* (Westerg. *dareghaos*) y. 10, 35. 36. *drighaoçca* (Westerg. *dareghaosca*) *drîvayâoçca* für arme Männer und Frauen y. 56, 4, 2. plur. dat. *daregubyô vâçtârem cinaçti* er lehrt (die Worte des Gebetes yathâ ahû vairyô) *dar° v°*, mit dem Nebensinn: er gibt den Armen Speise y. 19, 35. *khshathremcâ ahurâi â yim dregubyô dadaṭ vâçtârem* und das Reich (gibt man) dem Ahura, wenn man den Armen Speise gibt y. 27, Schluss (dritter Vers des Gebetes yathâ ahû vairyô), cit. Fr. 9, 2. (wo *deregubyô*).

Hzv. np. (afgh.) *daryôsh*, vgl. afgh. *darîgh?*

Vgl. *thrâyôdrighu.*

driwi (v. *drigh* mit Ausfall des *gh*) 1) f. Bettel, nom. *driwis* vd. 2, 82. gen. *akaranem driwyâo* mit Bettel ohne Ende vd. 7, 4. 8, 228. Hzv. übers. unendliche Stücke, und erklärt: Stück an Stück gebunden ist; Windischmann (Münchener gel. Anzeigen XLI, p. 38): die ohne Ende bettelt, d. h. umherschwärmt, um etwas zu erhaschen. 2) n. pr. des Daêva des Bettel's, nom. *driwis daêvô* vend. sade 490 (Westerg. vd. 19, 43.)

Vgl. hzv. *driwi* (n. pr. einer Vorfahrin des Dahâka, Bund. 77, 16.).

driwika (von *drigh*) n. Armuth, plur. acc. *driwikâca* vd. 1, 32.

drîta (von 1. *dar?*) m. Leiden, Ner. *nrçaṅsa*, instr. *drîtâ ayañtem* der mit Leiden herbeikommt y. 45, 5.

Vgl. hzv. *dart*, np. bal. *dard*, kurd. *derd?*

drîvayâoçca s. *drighu.*

1. **dru**, laufen, stürzen (von den bösen Geistern), partic. praes. *drvañṭ* (s. besonders), causale impf. conj. 3. sg. *yâo drâvayâṭ* welche er (Aêshma) laufen lässt, aussendet y. 56, 10, 7. yt. 10, 93. partic. perf. med. *drûta* (s. besonders).

Skr. *dru*, *drávati.*

2. **dru**, (von 1. *dar*, vgl. *dâuru*) n. 1) Holz, gen. *draosca* vd. 5, 121. 2) Speer.

Skr. *drú.* — Vgl. *khrvîdru*, *darshidru.*

drukhsh (Fortbildung von 1. *druj* durch *sh*) betrügen, belügen.

drukhs s. 2. *druj.*

drukhsmanaṅh (v. 2. *druj* + *m°*) adj., drukhsgeistig, dessen Geist von der Drukhs besessen ist, gen. *°manaṅhô* yt. 1, 18.

drukhsvîdruj (v. 2. *druj* + *v°*) adj., der Drukhs feindlich, nom. m. *hâu drukhsvîdrukhs* er nimmt der Drukhs die Macht vd. 19, 145.

druc n.? Waffe, instr. *yô druca paurvãnca ashâi ravô yaêshê*, *yô druca paurvãnca ashâi ravô vîvaêdha* (Westerg. liest *druja*) welcher mit einer in viele eindringenden Waffe der Reinheit einen weiten Weg bahnte, verkündigte yt. 13, 99.

1. **druj**, lügen, belügen, praes. 3. plur. *druzheñti* yt. 10, 45. impf. conj. *kô mãm druzhâṭ* yt. 10, 108. partic. praes. acc. *drujiñtem* yt. 10, 107.

— *aiwi*, belügen, praes. 3. sg. *aiwidruzhaiti* vd. 4, 36. yt. 10, 18. 14, 47. 3. plur. *aiwidruzheñti* yt. 10, 3. praes. conj. 3. plur. *aiwidruzhâoñti* yt. 5, 90. partic. perf. pass. *aiwidrukhta* (s. besonders).

— *â*, belügen, partic. perf. pass. *âdrukhta.*

Skr. *druh*, *drúhyati*, altp. *duruj*, hzv. *drujîtan*, parsi *drûzhîdan*, armen. *drzhel*, °*drouzh.*

2. **druj** (vom vor.) f. Name meist weiblicher Dämonen, welche an Rang unter den Daêvas stehn und zu welchen Naçus, auch wohl Jahi u. a. gerechnet werden, vgl. Spiegel, Av. übers. III, L: nom. *drukhs* vd. 19, 4. yt. 3, 17. 19, 12. statt des acc. vd. 9, 168. 173. statt des gen. y. 48, 3 b. *hâ daêvi drukhs* diese devische Dr. vd. 18, 74. *vîçpa drukhs* yt. 2, 11. acc. *drujem* y. 30, 8. (collectiv) vd. 7, 193. 18, 70. y. 33, 4. 60, 16. 43, 13. 47, 1. yt. 19, 14. 65. 93. *daêvîm drujem* y. 9, 26. *kãmciṭ thwãmca drujemca* yt. 4, 6. *mainyavîm drujem* yt. 11, 3. dat. *drujê vanaêma* auf die Dr. wollen wir schlagen vd. 20, 21. abl. *drujaṭ* vd. 19, 39. yt. 1, 19. gen. *drujô* vd. 10, 30. yt. 13, 12. *drûjô* y. 45, 11. 31, 1. 48, 11. *drujô umânê* vd. 8, 310. *drujô . . . çpênistahê* (die Verträge) zwischen der Dr. (Ahriman?) und Ormazd yt. 11, 14. *bizañgrôcithrayâo drujô* yt. 13, 129. *drûjaccâ* y. 32, 3. als masc. ist es = Ahriman: *drûjô* y. 45, 6. statt des abl. *drûjô hacâ* y. 52, 6. *drûjô âyêçê* ich verlange von der Drukhs y. 52, 6. voc. *drukhs* vd. 7, 193. 18, 70. 19, 3. plur. nom. *drujô* vd. 3, 24. acc. *drûjô* y. 30, 10. *druja?* yt. 24, 29.

Skr. *drúh*, hzv. parsi *drûj*, np. *daruj*; vgl. thusch *drosh* (Götzenbild).

Vgl. *daêvôdruj*, *vîdruj*, *vîçpôdruj.*

drujaçka (vom vor.) adj., den Drujas anhängend, plur. gen. *drujaçkanãm* vd. 19, 139. yt. 24, 26.

Hzv. *drûjaçk.*

drujemvana (von 2. *druj* + 1. *van*) adj., die Drukhs besiegend, nom. *°vanô* y. 9, 59.

druzhyañṭ (partic. praes. von 1. *druj*) lügend.

Vgl. *parôdruzhyañṭ.*

drusta (von *drukhsh*) adj., subst. Lügner; nom. *mâ drustô* (Westerg. *madr°*) yt. 5, 92.

drûta (von 1. *dru*) gelaufen, laufend.

Vgl. *aêshmôdrûta.*

drûm s. *drva.*

dregu s. *drighu.*

dregudâyaṅh (vom vor. + *d°*) f. Name einer Flüssigkeit, die Glossen erklären: Fruchtwasser, Ner. *âpo yâḥ antargarbhasthâne*, plur. acc. *dregudâyaṅhô* y. 38, 13.

dregvañṭ (scheint mit *drvañṭ* identisch, doch bleibt die Einfügung des *g* vor *v* räthselhaft, vgl. Spiegel DMG. XVII, 55) adj., schlecht hvz. *darvand*, Ner. *durgatimant*; nom. *dregvâo* y. 31, 17. 43, 12. 45, 4. 6. 46, 5. *yê dregvâo* (Ahriman) y. 30, 5. acc. *dregvañtem khshayô* die Herrschaft für den Schlechten (nach den Glossen: Ahriman) y. 32, 5. *hyaṭ vîçeñtâ dregvañtem avô* wenn sie den Schlechten als einen Schutz annehmen y. 32, 14. *dregvañtem* y. 45, 5. 47, 2. 50, 9. instr. *dregvâtâ* y. 48, 9. neutr. *dregvâtâ* y. 13, 17. dat. m. *dregvâitê* y. 31, 15. 33, 2. 42, 4. 8. 45, 6. *dregvataêcâ* y. 33, 1. neutr. *dreg-*

vâitê y. 46, 4. abl. *ahmât manyéus* . . . *dregvatô* y. 46, 4. gen. *dregvatô* vsp. 21, 4. y. 31, 18. 32, 10. 42, 15. 50, 13. plur. nom. *dregvañtô* y. 45, 1. acc. *dregvatô* y. 44, 7. 48, 3. 11. instr. *yé dregvôdibîs aêshemem vâdâyôit* welcher den A. samt den Bösen zurückschlägt y. 29, 2. statt dat. *dregvôdebîs* y. 47, 11. dat. *dregvôdebyô* y. 30, 11. 31, 14. 52, 6. gen. *dregvatãm* y. 30, 4. loc. *dregvaçû* y. 29, 5. 43, 14. voc. *vâo dregvañtô* y. 31, 20.

dreñj, halblaut recitieren, beten, causale praes. 3. sg. *thrishûm aêtaêshãm akhtinãm jãnayô dreñjayêiti* ein Drittel dieser Unreinigkeiten nimmt J. in Anspruch, hzv. übers. spricht aus; Spiegel liest *dreñjaiti* und übers. hält, vd. 7, 149. pot. 2. sg. *dreñjayôis* vd. 9, 33. yt. 13, 20. impf. conj. 2. sg. *yêzi* . . . *framrava* . . . *dreñjayâo vâ* yt. 4, 5. 3. sg. *yaçca dreñjayât frâ vâ dreñjayô çrâvayât* y. 19, 9. 3. plur. *vîçpem â ahmât yat* . . . *dreñjayãn* bis sie gesprochen haben vd. 4, 127. partic. praes. nom. *imâo nâménîs dreñjayô framrava* yt. 1, 11. *yaçca dreñjayô framrava* yt. 1, 16. *dreñjayô* yt. 19, 12.

— *â*, aussprechen, praes. 3. sg. *âdreñjayêiti* y. 19, 31. pot. 2. sg. *âdreñjayôis aom çrum paurvanaêmât ahê gravahê* (und) bete gegen das Bleigefäss hin vor dem Stab vd. 9, 41.

— *fra*, aussprechen, partic. praes. nom. *frâ vâ dreñjayô* y. 19, 9.

Hzv. *drañjîtan*, parsi *dreñjîdan;* vergl. Spiegel DMG. IX, 180.

dreçvan (von *dareç*) adj., sehend.

Vgl. *parôdreçvan*.

drva (von 2. *dar*) adj., fest, gesund, nom.? *mâ mãm drvô paiti dadhaois*, *yêzi mãm drvô tafnus para urvâçmana barahê*, *ana mâtrãm dathaitê* . . . *ârmaitîm* wenn du zu mir, dem gesunden (statt acc.?) Fieber . . . bringst, so gibt er als Heilerin die A.? yt. 24, 50. acc. *drûm* gesund yt. 5, 65. *drûm kerenaoiti* er macht fest (das Band) vd. 22, 19. gen. *drvahêca* yt. 13, 134. pl. acc. *drvâ haurvâ ashivañtô* alle gesunden Reinen y. 57, 17.

Skr. *dhruvá*.

drvaêna (von 2. *dru*) adj., hölzern, nom. *yêzi añhat drvaênis* wenn (das Gefäss) von Holz ist vd. 7, 188.

drvañt (v. 1. *dru*) laufend, stürzend, (von bösen Geistern), daher schlecht, böse; nom. *drvâo* vd. 5, 113. 12, 66. 21, 2. y. 8, 13. 70, 68. yt. 11, 5. 22, 19. *nôit avâo zaothrâo paitivîçê, yâo mâvôya frañuhareñti añdâoçca karenâoçca drvâoçca mûrâoçca arâoçca rañhâoçca ava dakhsta dakhstavañta* nicht nehme ich an jene Zaothras, welche mir opfern der Blinde, Taube, Schlechte, Verderbliche, Karge, Heulende, die mit Zeichen geschlagnen yt. 5, 93. *drvâo jaini* yt. 19, 93. *drvô* (lies *drvâo*) yt. 22, 34. acc. *drvañtem* vd. 4, 140. y. 8, 12. 9, 26. 19, 39. dat. *drvaitê* y. 70, 63. *drvataêca* yt. 10, 2. fem. *drvaityâi* yt. 22, 36. statt des masc. *haca mashyâi drvatayâi çâçtayâi* von dem schlechten feindseligen Menschen yt. 4, 4. neutr. *drvaitê* für das Böse vd. 19, 95. abl. m. *drvatat* yt. 10, 2. 93. y. 56, 10, 6. *pairi drvatat* yt. 1, 19. fem. *pairi varenyayâtca drvãithyât* yt. 1, 19. gen. m. *drvatô* vd. 9, 36. y. 8, 18. 9, 97. 51, 13. yt. 10, 118. *tat drvatô drvatãm urvatô paitidâresta* es (das Gebet) ist für den Tüchtigen eine Schutzwehr gegen den Bösen unter Bösen yt. 11, 2. collect. *drvatô nôit ahmi* nicht gehöre ich zu den Bösen y. 10, 50. fem. *drvaityâoçca* yt. 11, 2. voc. m. *drvô* yt. 22, 34. (einmal steht hier *drujô* statt *drvô*), plur. nom. *drvañtô* vd. 19, 10. 90. 16, 41. yt. 10, 38. 45. *yôi naçukereta drvañtô* vd. 7, 67. acc. *drvañtô* vd. 5, 177. fem. *drvaitîs* vd. 20, 25. abl. f. *pairi drvaitibyô haênébyô* y. 56, 10, 6. yt. 10, 93. gen. m. *drvatãm* vd. 8, 250. 5, 174. 18, 151. 19, 86. y. 60, 14. yt. 3, 4. 4, 5. *raçmôyô drvatãm* die Heersäulen der Bösen yt. 5, 68.

Hzv. *darvand*, parsi *darvañt*.

drvatât (von *drva* + *tât*) f. Gesundheit, acc. *drvatâtem* vsp. 5, 2. y. 9, 65. 56, 10, 8. yt. 10, 11. 13, 24. 14, 29. *tanvô drvatâtem* (gebt) Gesundheit des Leibes y. 67, 32. gen. *drvatâtô* yt. 13, 134.

drvafshu (v. *drva* + 3. *fshu*) m. gesundes Vieh, gen. *drvafshaos drvôvîrahê drvôashacithrahê* (wir preisen) das gesunde Vieh, den gesunden Mann, das gesunde Reinsaamige y. 17, 55. pl. acc. *drvôgaêthâo drvafshavô drvôvîrâ drvâ haurvâ ashivañtô* (wir wollen behüten) die gesunden (wohlgehaltnen) Güter, das gesunde Vieh, die gesunden Männer, alle gesunden Reinen y. 57, 17.

drvâçpa (von *drva* + *açpa*) f. n. pr. der Stierseele (*géus urvâ*), welche diesen Namen führt, weil sie die Gesundheit der Thiere, namentlich der Pferde fördert, vgl. Spiegel, Av. übers. III, XXIV. 74. Windischmann Z. St. 64. nom. *drvâçpa* yt. 9, 5. acc. °*pãm* yt. 9, 1. 6. S. 2, 14. gen. °*payâo* yt. 9, 0. 33. S. 1, 14. voc. °*pa* yt. 9, 4.

drvôaperenâyuka (von *drva* + *ap*°) adj., die Kinder (Jungen der Thiere?) gesund erhaltend, acc. f. *drvâçpãm yazamaidê* . . . °*aperenâyukãm* yt. 9, 1.

drvôashacithra (von *drva* + *ash*°) n. das gesunde von Reinheit Abstammende, gen. °*cithrahê* y. 17, 55.

drvôurvatha (v. *drva* + *urv*°) adj., die Freunde gesund erhaltend, acc. f. *drvâçpãm* °*urvathãm* yt. 9, 1.

drvôgaêtha (von *drva* + *g*°) f. wohlbehaltner Besitz, plur. acc. °*gaêthâo* y. 57, 17.

drvôcashman (von *drva* + *c*°) adj., gesunde Augen habend, acc. *tistrîm* °*cashmanem* yt. 8, 12. N. 1, 8.

drvôpaçva (von *drva* + *paçu*) adj., das Vieh gesund erhaltend, acc. f. *drvâçpãm* . . . *drvôpaçvãm* yt. 9, 1.

drvôvareta (von *drva* + *v*°) adj., fest bewehrt, acc. f. *drvâçpãm* . . . °*varetãm* yt. 9, 2.

drvôvîra (von *drva* + *v*°) m. gesunder Mann, gen. °*vîrahê* y. 17, 55. plur. acc. °*vîrâ* y. 57, 17.

drvôçtaora (von *drva* + *çt*°) adj., Zugthiere gesund erhaltend, acc. f. *drvâçpãm* °*çtaorãm* yt. 9, 1.

drvôçtâiti (von *drva* + *çt*°) adj., fest stehend, acc. f. *drvâçpãm* °*çtâitîm* yt. 9, 2.

dva, numer., zwei, dual. nom. *dva* vd. 1, 9. 5, 83. 7, 132. 13, 163 (scil. Hunde). yt. 19, 3. *yim dvâcina pithê hacimna bûdha uçtânazaçtô zbayêiti avañhê* welchen beide Eltern (? so Spiegel; Haug G. II, 215: jedes Ehepaar; Windischmann: welchen die Thürgeherin (aus *dvarcina*) vom Topf (oder von der Speise) gefolgt) vereint wahrlich mit erhobnen Händen anflehn (der sing. wie oft neben dem dual. des Subj.) um Schutz yt. 10, 84. fem. *duyaêca hazañrê* 2000 yt. 19, 7. *duyaêca çaitê* 200 yt. 19, 7. neutr. *uyê* yt. 19, 32. s. auch besonders; *vaêm* (Thema *vaya* = skr. *dvayá;* kann auch acc. sein, weil *heñti* vorhergeht) y. 54, 4. acc. m. *dva* yt. 14, 45. *dva thrishva* um zwei Drittel vd. 2, 38. yt. 5, 22. *dva anrvañta* yt. 5, 131. *va karana* die beiden Enden (der Erde) yt. 10, 95. 15, 12. die beiden Flügel (des Heeres) yt. 5, 131. *va shudhemca tarshnemca* beides Hunger und Durst yt. 9, 10. fem. *duyê navaiti* achtzehn vd. 14, 70. *duyê çaitê* 200 vd. 4, 69. 13, 65. *aêvãm vâ ari khshapanem duyê vâ* yt. 8, 11. neutr. *va dãma* beiderlei Geschöpfe yt. 15, 43. *va zaurvãmca merekhtimca* beides Alter und Tod yt. 9, 10. *dva danare* vd. 16, 16. *vaya* (Westerg. verm. *uyê*) *açpa vîraca* yt. 10, 101. *vaêm* vd. 18, 115. yt. 19, 58. instr. n. *vaêibya* (Westerg. *uvaêibya*) *çnaithizhibya* y. 56, 11, 5. dat. m. *vaêibya ahubya* für beide Welten y. 56, 10, 5. yt. 10, 93. abl. *dvaêibya* vd. 2, 134. 8, 36. neutr. *vaêibya* Cit. der Hzv.-Gl. vd. 13, 84. gen. masc. *dvayâo* vd. 18, 28. *vayâo* yt. 10, 2. 13, 76.

Skr. *dvá*, hzv. parsi *du*, np. maz. etc. *du*, serg. *dozolaze*, afgh. *duvah*, bal. *do*, *du*, kurd. *duh*, *du*, zaza *di*, *du*, armen. *erk* (? vgl. Bopp. 451. Windischmann, Abhandl. der bair. Akad. IV, 2, p. 30. Fr. Müller, Sitzungsberichte der Wiener Akad. XXXV, 196.), dig. *dua*, tag. *duä*.

Vgl. *advâo*, *uyê*, *bi°*, *vayô°*.

dvaidi (vom vor.) n. Zweifelhaftes, acc. *dvaidî* y. 29, 5.

Vgl. skr. *dvídhâ*.

dvaêtha (von *ṭbi*) f. Schrecken, nom. *khshayãç* . . . *yêhyâ mâ âithiscîṭ dvaêthâ* du bist mächtig über den, dessen Verderben und Schrecken gegen mich (gerichtet ist) y. 32, 16. 47, 9.

dvaêsha (von *dvish*) m. Peinigung.

Skr. *dvésha*. — Vgl. *advaêsha*.

dvaêshañh (= *ṭbaêshañh*) 1) n. Peinigung, Hass, instr. *dvaêshañhâ* y. 43, 11. 45, 8. 2) m. concret, ein Plager, Peiniger, nom. *dvaêshâo* y. 42, 8.

dvaêstva (von *dvish*) n. Anfeindung, Peinigung.

Vgl. *vîdvaêstva*.

dvadaça (v. *dvadaçan*) adj. numer., der zwölfte, nom. *°daçô* vd. 14, 40. yt. 19, 2. *dvadaçô ahurô* zwölftens heisse ich Herr yt. 1, 8. acc. n. *dvadaçem* vd. 1, 59.

Skr. *dvâdaçá*, hzv. *dvâzdahum*, np. *duvâzdahum*, afgh. *dûlaçum*, armen. *erkotaçanerord?* dig. *duadeçeymáj*, tag. *duädäçem*.

dvadaçan (von *dva* + 2. *daçan*), numer. zwölf, acc. *°daça* vd. 9, 24.

Skr. *dvâdaçan*, hzv. *dvâzdah*, parsi *duâzhda*, np. *duvâzdah*, serg. *duzuyazadezehtaze*, afgh. *dûlaç*, bal. *duâzdah* (brahvi *duâzdâ*), kurd. *duanzdah*, armen. *erkotaçan?* dig. *duadeç*, tag. *duädäç*.

dvafsha, m. Betrüger, hzv. *fréft*, Ner. *pratârita*, plur. acc. *â* . . . *dvafshêñg* zum Betrug (concret zu den Betrügern) y. 43, 14.

dvafshañh n. Betrug, acc. *îratû îs dvafshô hvô derezâ* er werfe sie in Fesseln durch ihren Betrug (acc. instrumenti, in die Fesseln, welche sie andern durch ihren Betrug anlegen wollten?) y. 52, 8.

dvar (umgestellt aus 1. *dru*) laufen, stürzen, von bösen Wesen, Ner. übers. *pra-cal;* med. praes. 3. sg. *vô dvaraitê* gegen euch stürzt vd. 18, 38. 3. plur. *temañhô dvareñtê* y. 56, 7, 10. conj. praes. 3. plur. *dvarâoñtê* yt. 9, 4. impf. conj. act. 3. sg. *dvarâṭ* wird enteilen yt. 3, 17.

— *apa*, weglaufen, imper. 2. sg. *apa drukhs dvâra* vd. 8, 62. impf. 3. sg. *apadvaraṭ* yt. 17, 19. *hê apadvaraṭ* lief weg von ihm vd. 19, 6. med. *apadvarata* yt. 3, 7.

— *â*, herbeilaufen, med. impf. 3. pl. *advareñta* vd. 19, 141.

— *upa*, hinzulaufen, imper. 2. sg. *upadvâra* vd. 19, 3.

— *nis*, herauslaufen, praes. 3. sg. *paitiyãç nizhdvaraiti* entgegenkommend stürzt er heraus yt. 8, 21. 26.

— *pairi*, herumlaufen, impf. 3. sg. *hê pairidvaraṭ* vd. 19, 4. partic. praes. nom. fem. *âca pairica dvaraiti* yt. 8, 54.

— *fra*, hervorstürzen, praes. 3. sg. *fradvaraiti* yt. 10, 52. 22, 42. impf. 3. sg. *fradvaraṭ* vd. 19, 1. yt. 19, 47. impf. conj. 3. pl. *fradvarãn* sie werden davonlaufen yt. 11, 6.

— *han*, zusammenlaufen, hin und her laufen, praes. 3. sg. die Seele des verstorbnen Sünders *açnê kameredhâṭ hañdvaraiti* irrt umher an dem Kopfe yt. 22, 20. 3. plur. *hañdvareñti* vd. 3, 24. (die Hzv.-Uebers. erklärt: um Paederastie zu treiben); vd. 7, 137. impf. 3. sg. *frasha hãmdvaraṭ* stürzte voran yt. 19, 49. 3. plur. med. *aêshemem héñdvareñtâ* (Westerg. *héñdvâr°*), Ner. *duragacchan* (giengen schlecht, d. h. als schlechte Wesen, hinzu) mit A. vereinigten sich y. 30, 6.

Hzv. *dubârçtan*, *dubârîtan*, parsi *dvârîdan*, np. (bei den Parsi) *duvârîdan*.

dvara n. 1) Thür, Thor, loc. *dvarê* (Westerg. *dvare*, beide Herausgeber führen keine Varianten an) vd. 3, 93. 2) Pforte, Palast, acc. *upa dvarem* yt. 5, 54. 57. *mareza dvarem* baue einen Palast vd. 2, 92. *marezaṭ dvarem* er baute einen P. vd. 2, 128.

Skr. *dvâr*, *dvâra*, altp. *duvarâ*, parsi np. bal. *dar*, buchar. kurd. *der*, serg. *dezer*, qal. *berr*, afgh. *var*, armen. *dourh*, oss. *duar*.

dvarethra (von *dvar*) n. Fuss, von bösen Wesen, dual. acc. *dvarethra* yt. 11, 2.

dvâcina s. *dva*.

dvish (= *ţbish*), peinigen, perf. 1. sg. *yêzi thwâ didhvaêsha* y. 1, 56. *yêzi vô d°* y. 1, 61. 1. plur. *yaţ thwâ didvîshma* wenn wir dich gepeinigt, beleidigt haben y. 67, 2.

dvãn, tönen.

— *uç*, anrufen, causale impf. 3. sg. *uçca uzdvãnayaţ* yt. 5, 61.

Skr. *dhvan*, *dhvánati*.

dvãnara (vom vor.) f. Wolke.

Vgl. *aipidvãnara*.

dvãnman (von *dvan*) n. Gewölk, plur. dat. (neben instr.) *dvãnmaibyaçcâ* y. 43, 4.

dvâç, stürzen, springen, von der Drukhs Naçus, hzv. übers. *dubârîtan*.

— *apa*, hinwegstürzen, praes. 3. sg. *aêsha drukhs yâ naçus apadvâçaiti* vd. 8, 44. vend. sade 229 (Westerg. vd. 7, 3.).

— *upa*, auf etwas springen, praes. 3. sg. *upadvâçaiti* vd. 3, 47. 7, 2. 8, 132.

— *fra*, herzustürzen, praes. 3. sg. *fra . . . dvâçaiti* vd. 5, 86.

Skr. *dhvaṅs*, *dhvaṅsati* (? Lassen Z. K. d. M. VI, 34).

dwaozh, treiben.

— *â*, antreiben, impf. 3. plur. ich segne die Stärke und den Sieg, *dva pâtâra dva nipâtâra dva nishar-târa*, *dva adhwaozhen dva vidhwaozhen dva fradhwaozhen*, die beiden Schützer, Beschützer, Beschirmer, sie mögen antreiben, wegtreiben, forttreiben yt. 14, 45.

— *fra*, forttreiben, s. eben.

— *vi*, wegtreiben, s. eben.

N.

1. **na**, adv., nicht, *yé îţ . . . nâ dâitê* wenn man nicht gibt (Trad. unrichtig von *nar*) y. 43, 19.

Skr. *ná*, altp. vgl. *naiy*, np. afgh. *nâ*, *nah*, bal. *na*, kurd. *ne*, dig. *ne*, tag. *nä*.

2. **na**, enclit. partikel, hervorhebend, *kém nâ* quemnam y. 45. 7. (cit. vd. 8, 52); *kana yaçna* yt. 5, 90.

Altp. *na* (*tyanâ*).

Vgl. *kana*, *cithena*, *yathana*.

3. **na**, 1) pronomin. Stamm des plur. 2. Person, s. bei *tûm*; 2) adject. pronom., unser, plur. nom. n. *nâ manâo* y. 44, 2 (cit. 19, 41).

nairimanaṅh s. *naremanaṅh*.

nairya (von *nar*) 1) adj., männlich, mannhaft, nom. f. *ughra nairê hãmvaretis* yt. 10, 66. 19, 38. acc. *nairyãm* vsp. 8, 14. y. 61, 11. 67, 12. S. 2, 22. instr. *hathra nairyaya hãmvareti* yt. 10, 71. abl. *nairyayâţ parô hãmvaretôiţ* yt. 19, 33. gen. *nairyayâo hãmvaretôis* S. 1, 22. s. auch *nairyôçaṅha*. 2) m. Mann (sexual), nom. *yêzi nairyô aṅhaţ* vd. 8, 185. *çtrica nairyaçca* vd. 2, 134. 13, 168. 18, 64.

Skr. *nárya*, vgl. np. *narah*, bal. (brahvi) *naryãn* (Hengst).

nairyônãman (vom vor. + *n°*) 1) n. männlicher, kraftvoller Name, plur. nom. *°nâmanâo* (die Form scheint unrichtig) yt. 4, 3. 2) adj., männlichen Geschlechts, plur. nom. *nairyônâmanô* vd. 13, 168. 14, 2.

nairyôçaṅha (von *nairya* + *ç°*) m. n. pr. eines Boten des Ormazd, s. Spiegel Av. übers. III, XLIII. Windischmann Z. St. 215. nom. *nairyôçaṅhô* vd. 19, 111. *°çaṅhaçca* yt. 10, 52. statt des dat. *nairyôçaṅhô aocayata yô dadhvâo ahurô mazdâo* dem N. rief der Schöpfer Ormazd vd. 22, 22. acc. *nairîm çaṅhem* vsp. 8, 2. y. 70, 92. *nairîmca çaṅhem* y. 56, 1, 8. *khshathrem nafedhrem nairyôçaṅhem* y. 17, 68. S. 2, 9. gen. *nairyôçaṅhahê* N. 5, 6. *nairyêhê çaṅhahê* yt. 13, 85. *nairyêhêca ç°* vsp. 12, 34. voc. *nairyôçaṅha vyâkhna* vd. 22, 22.

Skr. vgl. *nárâçáṅsa*, hzv. *nairyôçang* (Umschreibung des altbactr.), *narçeh*, (Inschriften) vgl. *Naçuns*, armen. *nerçeh*.

nairyãmhãmvaretivaňţ (von *nairya hãmvareti*, als Compos. aufgefasst) adj. mit männlicher Kraft versehn, acc. *°hãmvaretivaňtem* yt. 19, 42.

naêci (von 1. *na* + 3. *ci*) adj. pronom. keiner, nom. *naêcis* Niemand y. 64, 44. yt. 3, 4. nicht einer vd. 3, 112. y. 42, 6. yt. 1, 6. *cis açti uzvarezem* was ist die Sühne, *naêcis açti uzvarezem* keine Sühne gibt es vd. 18, 119. gib mir, *yatha azem nijanâni aṅrahê mainyêus dâmanãm*, *naêcis avaţ yô çpeňtahê* dass ich erschlage Geschöpfe des Ahriman, nicht das (eines) des heiligen (Geistes; Ormazd selbst spricht) yt. 15, 3. (Westerg. verm. *avê yôi*); *naêcis khshayâţ* ... *aňrô mainyus* Arimanius nullus regnet Fr. 4, 2. acc. *naêcim* keinen vd. 13, 54. *naêcîm tém anyém yûshmaţ* keinen andern als euch y. 34, 7. (cit. y. 57, 15); neutr. *aêshãm . . . naêciţ vîdvâo* von diesen keineswegs (einer) weiss y. 32, 7.

Skr. vgl. *nákis*, dig. *nieci*.

naêza, 1) adj., unrein, acc. *naêzem naçûm* den unreinen Leichnam vd. 16, 40. 2) m. Unreinheit, nom. *naêzuçca* vd. 7, 145. acc. *avavaţciţ yatha çûkayâo naêzem* einen Fleck wie von einer Nadel, einen Fleck so klein wie eine Nadel yt. 14, 33. (Spiegel: wie eine Nadelspitze, wohl mit Hinblick auf np. *nîzah*); gen. *naêzahêca* yt. 13, 131.

Vgl. lyk. *Odniezowaou* (rein? n. pr., Fellows, an account of discoveries in Lycia, London 1841. p. 488, n. 9), südoss. *niz* (Krankheit), dig. *néz*, tag. *niyz*?

naêdha (von 1. *na* + *aêdha*, erweitert aus *iṭ*) adv. nicht, und nicht, *nôiṭ* . . . *naêdha* vd. 13, 25. 2, 121. 122. y. 10, 44. *naêdha cim* vd. 2, 122. *thrayãm naêdha cis* vd. 18, 28. *nôiṭ* . . . *nôiṭ* . . . *nôiṭ* . . . *naêdhâ* . . . *nôiṭ* . . . *naêdhâ* . . . *nôiṭ* . . . *nôiṭ* y. 19, 41. ff. *nôiṭ* . . . *naêdha* weder noch y. 29, 6. *nôiṭ* . . . *naêdâ* y. 44, 2. *naêdha cim ghenãm çadhayêiti* yt. 10. 71. *naêdhaciṭ* und nicht yt. 19, 95.

naênaêçtar m. Verbreiter, Ausbreiter, plur. nom. *naênaêçtârô* y. 35, 6. Trad. ich überliefere von Mann zu Mann.

naênizhaiti s. *nij*.

naêma (von *nam*) n. Seite, Gegend, Theil, acc. *naêmem* vd. 3, 123. 6, 69. Hälfte vd. 8, 290. 16, 7. y. 19, 13. dat. *ahmâi naêmâi* von diesem Ort yt. 10, 19. abl. *naêmâṭ* vd. 14, 23. 19, 1. 19. yt. 22, 7. *añtarâṭ naêmâṭ* zwischen vd. 8, 133. 300. loc. *naêmê açni* innerhalb des Tages vd. 4, 123. *naêmê khshafnê* innerhalb der Nacht vd. 4, 123. dual. abl. Hzv.-Uebers. zu vd. 13, 84: sie sollen ihn anbinden *vaêibya naêmaêibya* von beiden Seiten; plur. acc. *apâkhdhra naêma* yt. 4, 9 (var. lect.). dat. *naêmaêibyô* vd. 8, 44. abl. *naêmaêibyô* vd. 7, 4. 19, 1. 19. yt. 10, 41. 22, 7. gen. *naêmanãm* vd. 8, 248. yt. 13, 3. *yahmâi naêmanãm* wo des Orts yt. 10, 19.

Skr. *nêma*, hzv. *nîmak*, parsi np. afgh. *nîm*, vgl. up. *nîmrôz*, kurd. *nîmeh rô* (à midi), *nîveh shev* (à minuit), zaza *narrója*, kurm. *nîv* (Hälfte).

Vgl. *añtarenaêma*, *adharanaêma*, *upairin°*, *nistaren°*, *paurvan°*.

naêshaṭ s. *nî*.

naotairya (von *naotara*) adj., Name einer Familie oder Dynastie, zu welcher u. a. Tuça, Aurvaṭaçpa, Vistâçpa gehören, nom. *naotairê* (man könnte die Form auch für nom. plur. halten; das daneben stehende *hrôcô* aber, und der kurz vorhergehende plur. *naotairyâoñhô* scheinen für den sing. zu sprechen) yt. 5, 98. plur. nom. *naotairyâoñhô* yt. 5, 98.

naotairyãna (vom vor.) m. Nachkomme des Naotara, nom. *viçtaurus yô naotairyãnô* yt. 5, 76. gen. *viçtavaraos naotairyânahê* yt. 13, 102.

naotara (von 1. *nava*) sehr jugendlich 1) adj., plur. nom. *naotara* yt. 17, 54. 55. 2) m. n. pr. eines Sohnes des Manuscithra und Vaters des Tuça. Er ward von Afraçiab getödtet, vgl. Bund. 78, 17. Spiegel Avesta übers. III, LXII. Der Name findet sich nur im plural zur Bezeichnung der Familie des Naotara; gen. *hutaoça yâ pourubrâthri viçô avi naotaranãm* yt. 15, 35.

Hzv. *nôdar*, np. *nôdar*.

naoma s. *nâuma*.

nakathwa n. pr.?

Vgl. *tirônakathwa*.

nakhturu, Westerg. **nakhtru**, adj., nächtlich, plur. loc. *nakhturushu tãthraêshu* vd. 7, 196.

Vgl. skr. *náktam*.

nañhusmâoçca (nom.) n. pr. eines Berges yt. 19, 4.

naz, verbinden; partic. perf. pass. *nazda*.

Skr. *nah*, *náhyati*.

nazda (von *naz*) nahe, comparat. acc. neutr. (adv.) *nazdyô mãm upahista* tritt näher zu mir yt. 17, 21. superlat. acc. f. *nazdistãm* y. 33, 4. *nazdistãm gaêthãm* die diesseitige Welt y. 49, 3. neutr. *yô hê añhaṭ nazdistem umânem uzdaçta* welcher der ist, welcher die nächste Wohnung aufbaute vd. 15, 63. *nazdistem umânem* vd. 8, 295. abl. m. *nazdistâṭ* vend. sade 489 (Westerg. vd. 19, 41.) *yô âtarem nazdistaṭ haca dâitîm gâtûm avi arabaraiti* wer ein Feuer von dem Zimmerofen an den richtigen Ort bringt, bzw. übers. *min nazdig bnû shapçtân* (np. *shabiçtân*), wonach es scheint, als ob im altbactr. Text das Wort für *shapçtân* ausgefallen sei, vd. 8, 254. (Westerg. 8, 96); fem. *nazdistayâṭ apaṭ haca* y. 64, 23. plur. acc. *nazdista* y. 1, 33. yt. 24, 18.

Skr. vgl. *nédîyañs*, *nédishṭha* (welche man von *nid* ableitet)? hzv. *nazdîg*, *nazdêçt*, parsi *nazdîk*, np. *nazd*, *nazdîk*, buchar. *nazdik*, afgh. *nizhd*, bal. *nazik*, kurd. *nezik*, kurm. *nizdik*, *nizik*, zaza *nezdí*.

Vgl. *nabânazdista*.

nath, schneiden.

— **vi**, abschneiden, causale impf. 3. pl. *vînâthayen* vd. 9, 180. *pâçtôfrathañhem hê kameredhem vînâthayen* nach der Breite der Haut sollen sie ihm den Kopf abschneiden vd. 3, 66.

nad, verschmähen, partic. praes. plur. acc. *airyamanaçcâ nadeñtô* die Verschmäher des Gehorsams y. 33, 4.

Skr. *nind*, *nindati*; Spiegel, DMG. XVII, 67. vgl. *nad*, *nádati*.

nadhô s. *çaoçuñcayô*.

nana adj. pronom., ein jeder, Trad. übers. Männer und Weiber, nom. *nanâ* y. 47, 4.

nanâra?

nanârâçti (vom vor. + 1. *açti*) m. n. pr., gen. *nanârâçtôis paêshatañhô* des N. (des Sohnes) des P., yt. 13, 115.

nap, feucht sein, partic. perf. med. plur. gen. *aêçmanãm naptanãm* vd. 7, 76. *yavanãm*, *vâçtranãm* vd. 7, 87.

Vgl. das *Naphtha*, up. *nift*.

napaṭ (vom vor.? s. Windischmann, Z. St. 182.) m., bildet die Casus von den Themen *nap*, *napa*, *napan*, *napâṭ* und *naptar*; Nachkomme, Enkel; nom. *napô* Enkel vd. 12, 31. 37. statt des acc. vd. 12, 37. fem. *napti* Enkelin vd. 12, 31. 37. statt des acc. vd. 12, 37. Sonst immer in Verbindung mit *apãm*, Sohn der Gewässer; man hat auch übersetzt „Nabel der Gewässer", Spiegel: Feuchtigkeit der Gewässer, allein die Trad. scheint sich für unsre Erklärung zu entscheiden, s. Windischmann Z. St. 179. *apãm napâṭ* ist eine, ursprünglich mit dem vedischen *apâm nápât* (d. i. das aus den Wassern (Wolken) entsprungne Blitzfeuer) identische Wassergottheit, welche die arische Majestät bewahrt und der irdischen Fruchtbarkeit vorsteht, vgl. Windischmann Z. St. 177 ff. Spiegel Av. übers. III, XIX. LIV. nom. *apãm napâo* yt. 19, 51. *napâo* (scil. *apãm*) yt. 13, 95. *apãm napâoçe* yt. 8, 34. acc. *apãm naptârem* y. 70, 91. vsp. 8, 23. *apãm napâtem* y. 2,

21. 6, 13. 69, 19. yt. 2, 9. 19, 52. G. 2, 8. als Localität, an welche *apãm napâo* geknüpft war: yt. 5, 72. abl. *apãm nafedhraṭ* yt. 8, 4. gen. *nafedhrô apãm* y. 1, 15. 3, 29. yt. 2, 4. voc. *apãm napô* y. 64, 53. Im plural. Geschlecht, Verwandte, loc. *nafshucâ* y. 45, 12.

Skr. *nápât*, altp. *napâ*, hzv. *nap*, vgl. np. buchar. *nabîrch*, vgl. Kuhn I. St. I, 326. Benfey in Kuhn Z. IX, 111 (von 1. *pâ*).

Vgl. *khshathrônaptar*.

napti f. Verwandtschaft, Nachkommen.

Vgl. *navanapti*.

naptya (vom vor.) 1) n. Familie, plur. loc. *naptyaêshû* unter den Familien y. 45, 12. 2) m. n. pr. eines Sohnes des Vîstâçpa, gen. *naptyêhê* yt. 13, 102.

nafshucâ s. *napaṭ*.

nabi f. Nabel, Verwandtschaft.

Skr. *nâbhi* (von *nah*), hzv. *nâfak*, np. kurd. *nâf*, kurm. *nävik*, bal. *nápag*.

nabânazdista (vom vor. + *n*°) adj., subst. die nächsten Anverwandten, vgl. Roth DMG. 6, 243. plur. gen. *nabânazdistanãm* vd. 4, 25 ff. y. 1, 47. 3, 65. 7, 55. 22, 33. 26, 18. yt. 13, 0. 149.

Skr. *nâbhânédishṭha*, hzv. parsi *nabânazdist*.

nam, sich wenden, beugen, impf. 1. sg. med. *kãm nemôi zãm* welches Land soll ich preisen (eig. vor welchem L. mich verneigen) y. 45, 1. (cit. yt. 22, 20); praes. 3. sg. *nemaiti* yt. 24, 51.

— *apa*, sich wegwenden, entweichen, impf. 3. sg. med. *qarenô apanemata* yt. 19, 35.

— *fra*, sich beugen, praes. conj. 3. plur. med. *frâ ahmaṭ parô . . . daêva . . . nemâoñtê* yt. 9, 4. imper. 1. sg. med. *yatha azem nôiṭ frânemânê* yt. 9, 4. causale praes. 3. sg.? *frânâmaitê* y. 56, 7, 9. conj. *frânâmâitê* wird sich beugen yt. 19, 95. indic. 3. plur. *frâ parstîm nâmayêiñti* sie machen die Schlachtreihe nieder yt. 14, 56.

— *vi*, auseinanderbeugen, zerstreuen, causale praes. 3. plur. *vî maidhyãnem nâmâyêiñti* sie zerstreuen das Centrum des Heeres yt. 13, 39.

Skr. *nam*, *námati*, südoss. *namin*, dig. *namun*, tag. *nämün*.

namarazista? Spiegel: sehr verzeihend (von *marez*), acc. f. *ciçtãm* °*razistãm* yt. 16, 1. Lies *nimarezistãm?*

nay° s. *nî*.

nayu? acc. *nâméni aêshãm drujanãm nayûm kereta paiti janaiti jata karapanô cithrâim jâmâca meretô çuoca* die Namen derselben (der Amshaçpand), wenn sie gegen die Drujas vorgebracht worden sind, tödten, getödtet sind die Karapas an Saamen und Verwandtschaft, todt (ist) ihre Zauberei? yt. 4, 8. Spiegel (nach einer briefl. Mitth.) liest mit einem kleinen Bombayer Cod. *nâméni ameshanãm çpeñtanãm naçîm* (lies *naçûm*) *keretê* (lies *kareta*) *paiti janaṭ jata keretu* (lies *keretô?*) *cithrem* . . . und übers.: die Namen dieser A. schlagen die Naçu mit einem Messer, geschlagen, zerschnitten an Saamen und Verwandtschaft, gestorben (ist sie).

nar, nara, m. homo, Mann, Mensch, nom. *nâ* vd. 3, 3. 86. 8, 2. 19, 72. y. 10, 13. 32, 10. 35, 16. yt. 10, 120. 11, 3. 13, 70. *nâca* y. 56, 6, 5. *paitisa hê hô nâ añtarâṭ naêmâṭ brvaṭbyãm* (die Naçu stürzt) auf ihn — dieser Mann (ist gemeint) — zwischen seine Brauen vd. 8, 133. 9, 49. *hukhshathraç-tâ nê nâ vâ nâirî vâ khshaêtâ* als guter Herrscher mögest du über uns — Mann und Frau — herrschen yt. 41, 4. *urvâzistô hvô nâ yâ paitijamyâo* dieser Mann ist glücklich dadurch dass du kommst y. 36, 4. *ahmâi . . . qâthrôyâ nâ . . . daidîtâ* der glanzvolle Mann — möge ihm gegeben werden y. 42, 2. *narô* yt. 17, 54. vd. 4, 137. 15, 41. acc. *narem* vd. 19, 41. 86. yt. 1, 19. *haca narem* weg vom Manne vd. 11, 32. *frâ naçus narem bavaiti* die Naçu entfernt sich von dem Manne vd. 9, 119. *narém narem* Mann für Mann y. 30, 2. *narem ashavanem* dem reinen Manne yt. 4, 3. *para narem ashavanem* vor dem reinen Menschen, d. i. Gayômart (vgl. Bund. 8, 7. 13. *gabnâ î âarâb*) y. 19, 3. statt des nom. (hinter dem verb.) *narem* vd. 3, 51. 11, 6. instr.? *nara* yt. 12, 8. dat. *nairê* y. 19, 47. 61, 3. vd. 5, 62. 8, 252. *nairê ashaonê* yt. 13, 153. *narôi* y. 28, 8. gen. *neres* y. 34, 2. 29, 9. *nars* vd. 3, 36. 4, 54. y. 3, 58. vsp. 1, 26. yt. 8, 13. *thrishûm nars ashaonô* ein Drittel der reinen Menschen vd. 18, 128. mache die Grube *maidhyôi nars vareduçmê* bis zur Mitte (Taille) eines Mannes, in welcher Erde vd. 8, 19. 15, 130. *nars pañcadaçanhô* eines fünfzehnjährigen Jünglings yt. 14, 17. *narahê* yt. 9, 18. loc. *nairi* vd. 7, 132. *naraêca* vd. 3, 123. voc. *nare* y. 9, 3. *usta tê nare* vd. 7, 136. *nara* vd. 3, 88. yt. 23, 1. dual nom. *nara* vd. 2, 134. 5, 83. *dva nara* vd. 8, 25. abl. *nerebya* vd. 2, 134. gen. *ayâo narâo* unter beiden Männern vd. 4, 134. plur. nom. *narô* vd. 2, 79. 136. 3, 30. y. 69, 15. 47, 10. yt. 13, 25. *taêca narô* vd. 7, 62. *naraçca* vd. 6, 1. yt. 24, 30. *naraca* vd. 3, 27. *naracîṭ* yt. 5, 86. acc. *nerãs* y. 40, 7. 44, 7. (cit. G. 3, 6. wo *nars*), *neréus* vd. 18, 31. yt. 19, 52. *añtare neréus* vd. 5, 85. *narés* yt. 24, 52. *naraçca* (Westerg. *naraca*) vd. 8, 38. *nara* vd. 7, 2. *tâ nara* (*tâ* ist neutral, weil man sich eine unbestimmte Menge denkt) vd. 7, 59. *nôiṭ dim nara avaçyâṭ* nicht beschädigt diese Männer (*dim* steht abundierend, fast wie ein Accusativzeichen) yt. 1, 18. dat. *nerebyô* vd. 4, 128. 14, 19. yt. 8, 1. 13, 30. *nerebyaçcâ* y. 53, 1. *nerebyaçca* Fr. 1, 1. *frâ nuruyô ashâvaoyô thwarstahê zrûâyu shushuyãm* so würde ich zu der (mir) bestimmten Zeit zu den reinen Männern kommen (s. Spiegel, Av. übers. III, 65) y. 10, 55. 74. 8, 11 (wo *zrûâyaṭ*); die Form *nuruyô* erklärt Spiegel (briefl. Mitth. vom. 22. Dez. 1863) für entstanden durch Ausfall des zweiten *e* von *nerebyô*; das *b* erweichte zu *v* (vgl. *gaêthâvyô*), welches vocalisiert wurde und vermöge Assimilation oder Umlaut auch das erste *e* in *u* verwandelte; auch yt. 3, 4. ist *nuruyô* für *uruyô* zu lesen; abl. *nerebyô* vd. 3, 56. 57. 6, 91. gen. *narãm* vd. 2, 63. 4, 25. 14, 72. vsp. 8, 15. yt. 1, 19. 8, 44. 10, 48. partitiv (als Subject): vd. 8, 39. *narãm ashaonãm* yt. 4, 1. 13, 143. *na-*

râmca y. 67, 39. voc. *narô* y. 8, 4. 52, 6. yt. 14, 54. loc. *nâshû?* s. besonders.

Skr. *nár*, *nára* (von *an?*), hzv. parsi np. afgh. bal. *nar*, oss. *nal*.

Vgl. *aoshnara*, *kamnânar*, *pourunar*, *framennara*, *frâdaṭnara*.

narava (von *naru*) m. Nachkomme Naru's, gen. *aghraêrathahê naravahê* yt. 13, 131. 9, 18. 17, 38.

naru, m. n. pr. eines Vorfahren des Aghraêratha; nach dem Bund. (79, 1) ist Aghraêratha ein Bruder des Afraçiab und Karçêvaz; ihr Vater ist Psheg, der Sohn des Zaêshm, des Sohnes des Tûrak, des Çpaênaçp, des Durvshaçp, des Tûra, des Thraêtaona; der Name Naru fehlt also; kaum ist wohl anzunehmen, dass *naru* die Frau des Psheg, *narava* also ein metronym. sei. — Uebrigens vgl. man skr. *nala*.

narepi m. Lehrer, hzv. *daçtûbâr*, plur. acc. *tôi narepîs* deinen Lehrern (bringt man Wunden) y. 52, 9.

narefç, abnehmen (vom Mond) praes. 3. sg. *nerefçaitî* y. 43, 3. (cit. yt. 7, 2. wo °*ti*).

Hzv. *narfçîtan*.

naremanaṅh (von *nar* + *m*°) adj., mannherzig, heldenmüthig, nom. *kereçâçpô naremanâo* (so von Westergaard emendiert aus *nairim*°) der mannhafte K. y. 9, 39. yt. 5, 37. 15, 27. Die Glossen erklären, er habe das Herz am rechten Fleck gehabt; spätre Schriften machen aus dem Worte ein n. pr., Nariman, Sohn des Gershaçp und Vater des Çâm.

Skr. *nṛmáṇas*.

narôvaêpaya (v. *nara* + *v*°) adj., paederastisch, plur. acc. n. *skyaothna yâ narôvaêpaya* vd. 1, 44.

1. **nava**, adj., neu, nom. f. *nava âfs*, *nava zâo*, *nava* (lies *navâo?*) *urvarâo*, *nava baêshazâo*, *navata baêshazakesha* vd. 21, 14. instr. n. *nava* von neuem yt. 8, 5.

Skr. *náva*, hzv. *nûk*, np. *nau*, *nû*, buchar. *naue*, afgh. *nuc*, bal. *nou*, kurm. *nuh*, vgl. kappad. *Νῶρα*, *Νηρουαανός* (Neustadt, Mordtmann, Sitzungsber. der bair. Akad. 1861. II, 25), armen. *nor*, südoss. *novag*, dig. *neuag*, tag. *noog*.

2. **nava** (von 1. *na*) adv., nicht, minime, *nava hê açti citha* nicht gibt es hiefür eine Strafe (die Sünde ist zu gross) vd. 3, 135. 8, 81. *nava uzgereptâṭ* (scil. *draonâṭ*) vd. 5, 75. *nava azem hunâmi* nicht gebäre ich vd. 18, 75. *nava ahmi* nicht bin ich y. 11, 15. *nava* nicht aber yt. 5, 50.

1. **navaiti** (von *navan*) f. eine Neunheit, dual. acc. *duyê navaiti açtanãm* 18 Knochen vd. 14, 70.

2. **navaiti** (von *navan*) f. neunzig, acc. *navaitîm* vd. 4, 66. 8, 262. yt. 5, 82. pl. acc. *navaitisca* vd. 22, 6. yt. 13, 59.

Skr. *navati*, hzv. *nuvat*, parsi *nawaṭ*, np. *nuvad*, afgh. *nevî*, bal. *navai*, kurd. *nud*, kurm. *nôt*, arm. vgl. *inuçoun*.

navaitivaṅṭ (vom vor.) adj., neunzigfach, nom. *navaitivâo* yt. 10, 116.

navakarsha (von *navan* + 1. *k*°) n. neun Furchen, Kreise, acc. *navakarsem* yt. 4, 7.

navakhshapara (v. *navan* + *khshapare*) n. neun Nächte, acc. °*khshaparem* vd. 5, 129. 132. abl. *paçca navakhshaparâṭ* vd. 19, 80. 9, 144.

navagâya (von *navan* + *g*°) n., neun Schritte, acc. °*yâim* vd. 6, 80.

navaci (von 2. *nava* + 3. *ci*) adj. pronom., keiner, nom. *navacis mainyava yazata* kein himmlischer Ized yt. 6, 3.

navata (von 1. *nava*) adj., neu, plur. nom. *navata baêshazakesha* vd. 21, 14.

navadaça (von *navadaçan*) adj. numer., der neunzehnte, nom. (ohne Flexion) *navadaça yaṭ ahmi dâtô* neunzehntens heisse ich Schöpfer yt. 1, 8. acc. n. *navadaçem* vd. 1, 63.

Skr. *navadaçá*, np. *nuvâzdahum*, afgh. *nôlaçum*, armen. *inneutaçnerord*, dig. *noudeçeymag*, tag. *nudäçüm*.

navadaçan (v. *navan* + 2. *daçan*) numer. neunzehn.

Skr. *návadaçan*, hzv. np. *nuvâzdah*, afgh. *nôlaç*, bal. *nozdah*, (brahvi *nozda*), kurd. *nuzdah*, armen. *inneutaçn*, dig. *noudeç*, tag. *nudäç*.

navan, numer., neun, nom. *nava khshafna* vd. 16, 22. 19, 79. *nava* (s. *uyê*) y. 11, 24. acc. *nava* vd. 2, 87. yt. 4, 7. *navaca yaçkê* vd. 22, 6. *nava upa maghem* an 9 Löchern vd. 5, 156. *nava çata* 900 vd. 4, 50. *navaca çata* vd. 22, 6. yt. 13, 59. 60. *frashna navaca navaitîmca* seine 99 Fragen yt. 5, 82. gen. *navanãm açpanãm gaonem* 9 Arten von Rossen vd. 22, 54. instr. *nava çatâis* vd. 4, 33.

Skr. *návan*, hzv. *nahû*, parsi np. *nuh*, buchar. *nüh*, serg. *nozohtaze*, afgh. bal. *nuh*, kurd. *nah*, *neh*, zaza *nau*, armen. *inn*, *inounkh*, dig. *nou*", tag. *nu*°.

navanapti (von *nava* + *napti*) f. Verwandtschaft im 9. Glied, dat. *navanaptayaêciṭ hê urvânem parameren̄caiti* er tödtet seine Seele bis ins neunte Glied vd. 13, 7.

navanimata (von *navan* + *n*°) adj., neun Arten Gras enthaltend, acc. n. *nmânem* °*nimatem* (Westerg. °*nematem*) vd. 14, 60.

navapadha (von *navan* + 2. *p*°) 1) n. neun Fuss (= 3 Schritt), acc. °*padhem* vd. 9, 20. 2) adj., neun Fuss umfassend, acc. *upa navapadhem* zu dem 9 Fuss umfassenden Platz vd. 9, 29.

navapikha (von *navan* + *p*°) adj. neunknotig, acc. *graom* °*pikhem* vd. 9. 41.

navamâhya (von *navan* + *mâoṅh*) adj., neunmonatlich, acc. *navamâhîm* (eine Zeit) von 9 Monaten vd. 5, 136.

navayakhsti (von *navan* + *y*°) f. neun Zweige, plur. acc. *yô paoiryô bareçma fraçtereṅata . . . navayakhstîsca* welcher zuerst das Barçom zusammenband mit neun Zweigen (wie es beim Draona für die Könige und den Hohenpriester geschieht) y. 56, 2, 3.

navaça (von *navan*) m. das neunfache Product, plur. acc. *navaca yaçkê navaitisca navaca çata navaca hazaṅra navaçêçca baêvãn* die 99999 Krankheiten vd. 22, 6. *navaca navaitisca navaca çata nava hazaṅra navaçêçca baêvãn* yt. 13, 59 — 62.

navaçatôzima (von *nava çata* (als Compos. gefasst) + *zima*) m. 900 Winter, plur. nom. °*zima* vd. 2, 26.

navahâthra (von *nawan* + *h°*) adj., 9 H. lang, acc. n. *nmânem navahâthrem* (ist sinnlos und, da es die Hzv.-Uebers. auslässt, wohl zu streichen) vd. 14, 60.

navâza (von 1. *nava* + 1. *zan?*) adj., neugeboren? Westerg. frischgefallner (Schnee, wonach es wohl von 2. *az* käme); nom. *vafrô* (Spiegel *vifrô*) *navâzô* yt. 5, 61. 23, 4.

navâzâna adj.,? plur. nom. *yathaca hukerepta fstâna yathaca añhen navâzâna*, Spiegel: damit wohlgehalten, damit niederwallend seien die Brüste (er liest *nivâzâna* von 1. *vaz?*) yt. 5, 127.

navâṭ (von 1. *na*, ältere Form von 2. *nava*) adv., nicht, *yêzi tûtava navâṭ tûtava* je nachdem man kann oder nicht kann vd. 6, 70. *navâṭ taṭ yayata* geht es nicht an A. 1, 4.

1. **naç**, verschwinden, praes. 3. sg. *naçyêiti* y. 10, 15. imper. 2. sg. *naçê* verschwinde, flieh, vd. 8, 61. impf. conj. 3. sg. *naçyâṭ* yt. 3, 17. partic. praes. plur. nom. *naçyañtô* sich entfernend (vom Verstand des Ormazd) y. 32, 4. fut. conj. 3. sg. *vîçpa drukhs nâshâiti* yt. 2, 11. passiv. partic. perf. nom. *nastô* vernichtet yt. 10, 105. partic. fut. plur. gen. *nâshâtanãm aojañha* durch die Kraft der zu vertreibenden yt. 2, 13. 15. causale praes. 1. sg. *nâiçîmi* (Spiegel *nâçmi*) ich vertreibe y. 13, 1.

— *apa*, verschwinden, praes. 3. sg. *apanaçyêiti* y. 10, 43. conj. 2. sg. *apâkhdhra apanaçyêhi* verschwinde nach Norden vd. 8, 62. *apâkhdhrê apanaçyêhi* yt. 3, 17. imper. 2. sg. *apa drukhs naçê* verschwinde, o Drukhs vd. 8, 62. impf. 3. sg. med. *apanaçyata* er verschwindet völlig yt. 3, 9. 12. conj. impf. 3. sg. *apanaçyâṭ* wird verschwinden yt. 3, 17.

— *nis*, hinwegschwinden, wegschaffen, fut. conj. med. 3. sg. *nis taṭ paiti drukhs nâshâitê* dann verschwindet die Drukhs yt. 19, 12. imperat. 1. plur. *kathâ drujem nis ahmaṭ â nîsnâshâmâ* wie sollen wir die Drujas von hier wegschaffen y. 43, 13. (cit. y. 60, 16. wo *katha* . . . °*nâshâma*).

— *vi*, verschwinden, imper. 2. sg. *apa drukhs vînaçê* verschwinde o Dr. vd. 8, 62. impf. conj. 3. sg. *vînaçyâṭ* vergeht yt. 3, 17. causale praes. 1. sg. *vî nê nâçâ* ich treibe von uns (Westerg. *vê nînâçâ* ich vertreibe euch) y. 32, 15.

Skr. *naç*, *náçyati*, hzv. *neçînîtan* (causale), parsi *naçêṭ*, *vanâçeṭ*, *vanâçañṭ* (vgl. hzv. *venaç*, parsi *vanâh*, np. *gunâh*), armen. *vnaçem*.

2. **naç** erlangen, impf. 3. sg. *nãçaṭ* y. 50, 16. (böser Glanz) erreiche, gelange zu y. 52, 6. fut. 3. sg. *nâshâiti* s. *mara*. pot. 1. pl. *yatha îzha vâcim nâshîma* damit wir Vermehrung durch das Wort erlangen (hzv. verkündigen) y. 69, 13. partic. *nâshañṭ*; partic. pass. dat. *paiti azhôis* . . . *kehrpem nâshemnâi ashaonê haoma zâirê vadare jaidhi* gegen den Leib der Schlange komm, o goldner Haoma, mit einem Mittel zur Erhaltung des Reinen (Gerundivconstruction) y. 9, 94. med. plur. nom. *nâshemna* um zu erreichen yt. 13, 58. *nâshemea* (lies *nâshemna?*) yt. 24, 29. infin. *nâshê*; pass. partic. perf. *nashita* (s. besonders).

— *aiwi*, zu erlangen verdienen, würdig sein, praes. 3. pl. med. *aiwinâçeñtê yaçnãçca* y. 23, 5. partic. *aiwinaçañṭ*.

— *â*, gelangen, impf. 3. sg. *anãçaṭ parâ* y. 52, 7.

— *fra*, bringen, causale impf. 3. sg. med. *frânâshayata* A. 1, 5.

Vgl. *énakhsh*, skr. *naç*, *naksh*, *nákshati*, vgl. afgh. *néval* (praes. *naçai*)?

naçista (Superlativbildung eines adj. von 1. *naç*) sehr verderblich, voc. *naçista* yt. 12, 8.

naçu (von 1. *naç*) m. f. 1) Leiche, Leichnam, nom. *naçus* vd. 5, 13. *aêsha naçus* vd. 6, 67. 7, 75. acc. *naçâum* vd. 5, 17. 7, 65. *taci aipya naçâum* eine Leiche in fliessendem Wasser vd. 6, 54. *naçûm* vd. 5, 52. 8, 23. *naêzem naçûm* vd. 16, 40. gen. *paçca naçâvô nizhbereiti* vd. 6, 71. plur. nom. *yêzi aêtê naçâvô çpôberetaca* . . . *naçus narem âçtârayañtîm âoñhâṭ* wenn diese Leichname, welche von Hunden fortgetragen werden, als Leichenunreinigkeit den Menschen verunreinigten vd. 5, 13. 20. acc. *naçâvô* vd. 6, 68. gen. *âoñhãm naçunãm* vd. 5, 14. 2) Leichenunreinigkeit, die Befleckung, welche durch Berührung einer Leiche verursacht wird, nom. *naçus* vd. 5, 13. 20. *naçus zgathaitê* vd. 9, 171. *nôiṭ haomô hutô akhtis nôiṭ mahrkô nôiṭ naçus avaberetu* der ausgepresste Hom, — (ihm ist) nicht Schmutz, nicht Tod, nicht zugebrachte Leichenbefleckung (er kann durch Leichen nicht verunreinigt werden) vd. 6, 87. 3) n. pr. des Leichengespenstes, der Drukhs Naçus, nom. *naçus* vd. 9, 119. 19, 146. *drukhs yâ naçus* vd. 7, 2 u. oft; statt acc. *naçus* vd. 9, 168. *janâni naçus daêvôdâtem* vd. 19, 17. *kutha naçus apayaçânê* vd. 19, 40. acc. *naçûm* vd. 10, 12. yt. 4, 2. instr. *naçu* vd. 9, 174. gen. *avañhâo naçâvô* vd. 10, 30. s. *nayu*.

Hzv. *neçâi*, *nuçâi* (in den Bedeut. 1. 2.), *naçus* (n. pr.); ebenso bei den neuern Parsen *naçâ* und *naçush*, vgl. Spiegel Av. übers. II, XLII. vgl. ap. *nâveç*.

Vgl. *hãmnaçu*.

naçukasha (vom vor. + 1. *kash*) m. Leichenträger, plur. nom. °*kasha* vd. 8, 29. 31.

Hzv. *nuçâikash*.

naçukereta (von *naçu* + 1. *k°*) adj., zu einer Naçu gemacht, durch Leichen verunreinigt, plur. nom. *yôi naçukereta drvañtô* vd. 7, 67. 68.

naçupâka (von *naçu* + *pac*) adj., Leichen brennend, acc. *âtarem naçupâkem* das Feuer, welches durch Brennen von Leichen unrein geworden ist vd. 8, 230. 251. An letztrer Stelle (v. 251) ist dann das geläuterte neunte Feuer gemeint, welches aber noch *naçupâkem* genannt wird, weil es von dem wirklich verunreinigten Leichenfeuer abstammt; vgl. Spiegel DMG. XVII, 70. abl. *naçupâkaṭ* (Westerg. °*pakâṭ*) vd. 8, 243.

Hzv. *naçuçpâk*.

naçumañt (von *naçu*) adj. Leichenunreinigkeit enthaltend, acc. f. *naçumaitîm âpem* vd. 7, 195.
Hzv. *naçâiômand.*

naçuçpaya (von *naçu* + *çpaya*) m. das Begraben der Todten, hzv. *naçâinikânish*, acc. *naçuçpaêm* vd. 3, 145. *naçuçpaêm âçtârayêiñtê zemaçca* sie beflecken die Erde mit Begraben der Todten vd. 6, 6. plur. nom. *agha skyaothna yâ naçuçpaya* Sünden, welche (sind) das Begraben der Todten (man kann hier *naçuçpaya* auch als adj. bahuvrîhi auffassen, in welchem Falle es neutr. sein würde) vd. 1, 48.

naçuçpâo (von *naçu* + 1. *çpâ*) adj, die Todten begrabend, nom. *naçuçpâo* y. 64, 30.

naçuspacya (von *naçu* + *pacya*) m. das Verbrennen der Todten, plur. nom *agha skyaothna yâ naçuspacya* Sünden, welche (sind) das Verbrennen der Todten (es gilt hier dasselbe, was zu *naçuçpaya* bemerkt ward) vd 1, 66.

naçka, m. Name der 21 Theile des Avesta, deren Namen folgende sind (vgl. Vullers Fr. 15—42): 1) çitud yasht 2) çitud ghar 3) vahisht mânsrah 4) bagh 5) duvâzdah hâmâçt 6) nâdir oder nâdûr 7) pâcam 8) ratushtai 9) barash 10) kashakçirah 11) vashtaçp shâh 12) khasht 13) çafand 14) jarasht 15) baghân yasht 16) Nayârum 17) Açparum 18) devaçeruјed 19) Açkarem 20) vendîdâd 21) Hadôkht; s. Haug, Essays 125. Jeder Theil entspricht einem der 21 Worte des Gebetes *yathâ ahû vairyô*. Der 1. Noçk scheint enthalten in y. 57—71, soll aber nach Anquetil 33 Capitel enthalten; der 15. Noçk scheint den uns erhaltnen Yasht zu entsprechen: der Name des 21. Noçk findet sich als *hadhaokhta* in den Texten, und das eine unter den Yasht befindliche Opfergebet an Çraosha heisst *Çrôsh-yasht hadôkht.*

Burnouf schlug eine Ableitung des Wortes *naçka* von 1. *naç* (textes destructeurs des ennemis d'Ormazd) oder von *naz* (vgl. skr. *sûtra*) vor, Journal asiat. 1846. janv. p. 22; Spiegel DMG. IX, 191. und Haug Essays 125. halten das Wort für semitisch (aramäisch *naçakh*); hzv. *naçg*, np. *noçk*.

naçkôfraçâoñh (vom vor. + *çâñh*) adj., die Noçk lesend, plur. nom. *naçkôfraçâoñhô* y. 9, 73.

nashita (partic. perf. med. von 2. *naç*) erlangt habend.
Vgl. *anashita.*

nasta s. 1. *naç*.

nastazemana (vom vor. + *z°*) adj., dessen Zeugungskraft verloren ist, hzv. übers. der nichts mehr werth ist, nom. *nastazemanaçca* vd. 13, 166.

nâ s. 1. 2. *na*.

nâi s. *vaçôyaona*.

nâidhyañh (von *nad*) 1) n. Verachtung 2) concret, m. Verächter, gen. *nâidhyañhô yaotemahê* yt. 13, 16.

nâidhyâo (vom vor). adj., subst. Verächter, acc. *yatha aojâo nâidhyâoñhem* (Çraosha schlägt den Aêshma) als einen seine Stärke verachtenden (Aeshma, der sich verächtlich über Çraosha's Stärke äussert) y. 56, 4, 3. *hyat aç aojâo nâidyâoñhem* ... *âçtâ* als zu Kraft kam als Verächter der Bedrücker (der acc. steht für den nom. wegen *aç*) y. 34, 8.

nâiri (fem. von *nar*) f. Weib, Frau, nom. *nâirî* y. 35, 16. 42, 4. *nâ vâ nâiri vâ* yt. 11, 4. gen. *nâiryâo* für dein Weib y. 11, 6. der Frau, Gattin yt. 13, 140. plur. nom. *naraçca nâiryaçca* yt. 24, 30. *nâiribyaçca* Fr. 1, 1. *nâiribyaçcâ* y. 53, 1. gen. *nâirinãm* vd. 2, 70. 8, 34. vsp. 19, 6. y. 26, 22. *nâirinãm ashaoninãm* yt 13, 143.
Skr. *nârî*. — Vgl. *kunâiri, vaçôjãnnâiri.*

nâirika (vom vor.) f. Weib, nom. *nâirika* vd. 5, 135. 16, 1. *nâirikaca* vd. 3, 36. *dahmi nâirikê* y. 23, 5. *frapithwô nâirika* vd. 3, 10. statt des abl. *haca nâirika paitiiriçtê* vd. 10, 11. acc. *nâirikãm* vd. 4. 121. 19, 41. 86. vsp. 3, 20. G. 4, 9. *yaozhdâta bun nâirikãm ashaonîm* vd. 11, 6. dat. *nâirikayâi* vd. 15, 126. yt. 22, 18. gen. *nâirikayâo* vd. 16, 11. plur. gen. *nâirikãm* yt. 23, 1.
Hzv. parsi *nâirîk.*

nâiricinañh (von *nâiri* + *c°*) adj., begierig mit einer Frau zu sühnen (vgl. dieselbe Sitte bei den Afghanen Spiegel, Eran 145), plur. nom. *°cinañhô* vd. 4, 119. 121.

nâirithwana (von *nâiri*) n. Heirath, Ehe, instr. *nâirithwana upavâdhayaêta* man verheirathe sie vd. 14, 66.

nâirivañt (von *nâiri*) adj., mit Frauen versehn, acc. n. *nâirivat* vd. 3, 9. dat. m. *adhaca* (Spiegel *yatca*) *uiti nâirivaitê* was den verheiratheten betrifft vd. 4, 130.

nâiçtdaêva (von *nâiçt* (verkürztes partic. causale von 1. *naç?*) + *daêva*) adj., subst. Vernichter der Daevas, nom. *nâiçtdaêvô* yt. 13, 89.

nâuiti, die Dêvs fressen und begatten sich auf den Dakhmas, wie ihr Menschen gekochte Speisen zubereitet und gekochtes Fleisch esset, *nâuiti hâ aêtê yôi mashyâka qareñtê framanyêiñti;* die Hzv.-Uebers. hat: sehet zu (*vînâk hanmanît*) ihr, die ihr Menschen seid, bedenket im Sinne, esset und bedenket das beste (?). Spiegel fasst *hâ* als Interjection und emendiert *nâuiti* in *vaênata*, da beide Wörter in Hzv.-Schrift gleiche Zeichen haben würden, indem *v* und *n* beide durch einen verticalen Strich ausgedrückt werden; *â* ist indess um ein Häkchen kürzer als *aê* (*âi*); auch würde wohl das auslaut. *i* plene geschrieben sein; die Hzv.-Uebers scheint allerdings eine Form von *vaên* vor sich gehabt zu haben; soll der Vergleich zwischen den Daevas und den Menschen durchgeführt werden, so müssten wir an unsrer Stelle einen Sinn erwarten, welcher auf die Begattung sich bezöge; also etwa: Begattung (aber es müsste *nâuitis* heissen?) ist es (welche) die Menschen essen denken, d. h. auf welche sie nach dem Essen denken: vd. 7, 142.

nâuma oder **naoma** (von *nava*) adj. numer., der neunte, nom. *nâumô* vd. 14, 39. *nâumô ciçtivâo* neuntens heisse ich der weise yt. 1, 7. *naomô* zum 9. Male yt. 14, 25. der neunte yt. 19, 2. acc. *nâumem* vd. 5, 89. neutr. *nâumem* vd. 1, 41. instr. fem.

(adv.) *naomayâciṭ haca khshathryâṭ* (lies *khshathrâṭ?*) neunfach vom Reiche (entfernt) yt. 16, 10. *naomayâciṭ haca dañhaoṭ* yt. 14, 33. 16, 13. *nâumayaciṭ* neunmal vd. 8, 47. (vgl. *khshvazhayaciṭ*).

Skr. *navamá*, altp. *navama*, hzv. parsi *nâhum*, np. afgh. *nuhum*, armen. *innerord*.

nâoñha f. oder **nâoñhan** n. Nase, instr. *nâoñhaya* yt. 22, 8. 26. abl. *nâoñhanaṭ haca* vd. 3, 46. 9, 158. dual. instr. *nâoñhâbya* mit den Nasenlöchern yt. 22, 8. 26. yt. 24, 55 (wo *nâoñhubya*).

Skr. *násâ*, altp. *nâha*, hzv. *nâi*, vgl. afgh. *nâr*, *nârî* (a bird's beak, nose)?

nâoñhaithya m. n. pr. des Daêva, welcher zum Hochmuth verführt und der specielle Gegner der Armaiti ist; doch wird er nach Bund. 76, 8. von Afaçt (d. h. dem personificierten Avesta), Taromat dagegen von Armaiti getödtet werden; acc. (statt nom.) *nâoñhaithîm daêvô* vend. sade 490 (Westerg. vd. 19, 43). acc. *nâoñhaithîm daêum* vd. 10, 17.

Skr. *nâsatya* (von den Açvin), hzv. *nâkhît*.

nâth s. *nath*.

nâfañh (vgl. *nabi*) f. Geschlecht, acc. *nâfô* yt. 13, 87.

Vgl. *hâmônâfa*.

nâfya (vom vor.) n. Verwandtschaft, acc. *nâfîm* yt. 24, 37. dat. die Frohars senden Wasser aus, jede *harâi* . . : *nâfyâi* für ihre Verwandtschaft yt. 13, 66.

Hzv. *nâf*.

nâfyôkarsta (vom vor. + 2. *karsta*) adj. von Verwandten verursacht, gen. neut. °*karstahê ṭbaêshañhô* yt. 13, 120.

nâfyôṭbish (von *nâfya* + *ṭbish*) adj., die Verwandten peinigend, dat. °*ṭbishê* (Westerg. °*ṭbisê*) y. 64, 25.

Hzv. *nâfbêsh*.

nâméni s. *nâman*.

nârshni adj., büssend, plur. acc. n. *avaêzô dim paçcaêta nârshni skyaothna aiwidaithîta ratus ratunaêm atha ratunayô ratûm* der Sündlose lege ihm darauf Werke der Busse auf, der Herr dem Untergebnen, der Untergebne dem Herrn A. 1, 13.

nâvaya (von *çnâ*) adj., fliessend, nom. f. *âfs nâvaya* yt. 14, 39. 16, 3. plur. nom. *âpô nâvayâo* yt. 10, 14. 13, 10. acc. *apô nâvayâo* in fliessendes Wasser vd. 13, 102. 15, 18. *taraçca âpô nâvayâo* über fliessendes W. vd. 14, 69. 18, 147. gen. *apãm nâvayanãm* yt. 8, 24. 11, 4.

Skr. *nâvyà*, vgl. skr. *nâu*, altp. *nâvi*, etc.

nâçâ s. 1. *naç*.

nâçeñtê s. 2. *naç*.

nâsh s. 1. 2. *naç*.

nâshû? *daregôbâzâus nâshû paitî vyâdâo paitî çêñdâo mâtarô jîtayô* y. 38, 15. Hzv. übers. „welche mit langem Arm führen (von 2. *naç?*) dieser Welt Körper, ohne zu geben, ohne zu sprechen (Spiegel (nach einer briefl. Mitth. vom 22. Dez. 1863) möchte, wenn man diese Erklärung annehmen will, *çêñhâo* lesen), diese *mâtarô jîtayô*, Milch;" Ner. „die mit Langarmigkeit hervorströmenden (Wasser) ohne zu geben ohne zu sprechen (Glosse: die Wasser im Weltkörper), die *mâtaro jîtayo* heissen (Glosse: Milch)"; nach diesen Fassungen könnte *nâshû* voc. plur. von *nâshu* laufend (eigentl. erreichend) sein, dessen Bildung aber, wie Spiegel a. a. o. bemerkt, ohne Analogie wäre; Haug Essays 105. hält *nâshû* für den loc. plur. von *nar*, es wäre also zu übersetzen: (welche) mit langem Arme bei den Menschen (sind) schaffend (gebend), spendend, die Lebensmütter.

nâshê s. 2. *naç*.

Vgl. *anâshê*.

ni adv., als Verbalpraefix meist in der Bedeutung „nieder" gebraucht, jedoch auch ohne den Sinn des Verbi wesentlich zu ändern; *nî tê mruyê madhem nî amem* . . . *nî taṭ yatha fracarânê* ich preise deine Wissenschaft, deine Stärke, diess, damit ich herumgehn kann y. 9, 59.

Skr. *ni*, altp. *ni*, hzv. *ne*°, parsi np. *ni*°, dig. *ni*°, tag. *nü*.

niuruzda s. *nyuruzda*.

nikañta (von 1. *kan*) 1) partic. pass., eingegraben, loc. *yaṭ añhâo zemô nikañtê çpânaêca iriçtê naraêca iriçtê naêmem yâredrâjô anuçkañtê* wenn auf dieser Erde ein todter Hund, ein todter Mensch eingegraben, ein halbes Jahr lang nicht ausgegraben ist vd. 3, 123. ohne *naêmem* vd. 3, 127. 2) n. Eingrabung, loc. *yaṭ bâ paiti fraêstem çairê nikañtê çpânaca iriçta naraca iriçta* wo am meisten in Eingrabung sind todte Hunde und Menschen vd. 3, 27. *yaṭ bâ paiti fraêstem uçkanti yahmya çairê nikañtê çpânaca iriçta naraca iriçta* wenn man am meisten ausgräbt, wo in Eingrabung sind todte Hunde und Menschen vd. 3, 40. *cvañtem drâjô zrvânem çairê mashyêhê iriçtahê zemê nikañtê hvaṭ zemô bavaiñti* wie lange ist es, dass bei Eingrabung eines todten Menschen in die Erde die Erde rein wird vd. 7, 124. *paçca pañcâçatem çaredhãm çairê mashyêhê iriçtahê zemê nikañtê hvaṭ zemô bavaiñti* vd. 7, 125.

nikhma?

Vgl. *fratarenikhma*.

nikhsta (von *ni* + *çtâ*) adv., ausserhalb, *nikhsta ahmâṭ vazata âtars* ausserhalb dieses fuhr das Feuer yt. 10, 127.

1. **nighna** (von *jan*) n. das Schlagen.

Vgl. *amaênighna*.

2. **nighna** m. n. pr. der Stadt Ninivch, loc. *yaṭciṭ ushaçtairê hiñdvô âgêurvayêiti yaṭciṭ daoshatairê nighnê yaṭciṭ çanakê rañhayâo yaṭciṭ vîmaidhîm añhâo zemô* er umfasst was im östlichen (d. h. ostwärts liegenden) Indien, was im westlichen Ninivch (vgl. vend. sade 122, Westerg. vd. 1, 19. wo statt *nighna hindûm* steht, Assyrien heisst also das westliche Indien), was auf der Steppe der Rañha, was an dem Ende der Erde ist, d. h. das ganze Land zwischen Indien, Jaxartes, Assyrien und dem Meer yt. 10, 104. *yaṭciṭ ushaçtairê hiñdvô âgêurvayêiti yaṭciṭ daoshatairê nighnê* (die Trad. fasst *nighnê*

sicher unrichtig als 3. sg. von *jan*, was schon formell nicht möglich ist) y. 56, 11, 6.

Auf den assyr. Keilinschriften lautet der Name *Ninua*; man könnte vermuthen, dass man diess Wort dem bactr. Idiom mundgerecht gemacht und wie es oft geschieht (s. Pott im Philologus 2. Suppl.-Band 1862. p. 253. ff.) durch eine einheimische Etymologie (von *jan* + *ni*) entstellt habe.

nighniñti (von *jan*) f. das Niederschlagen, instr. *paçca nighniñti* yt. 10, 133.

nighrâirê yt. 10, 40. lies *nighnâirê* (*jan*).

nijaghnvâo (partic. perf. act. von *jan* + *ni*) niederschlagend, superl. voc. *rashnvô tâyûm nijaghnista* yt. 12, 7.

nijatha (von *jan*) n. Niederlage, nom. *mãnayen ahê yatha nâ çatemca hazañremca baêvarecа pairistanãm nijathem hyâṭ* gleichwie ein Mann die Niederlage ist von hundert, tausend, zehntausend Kraftlosen (d. h. diese niederschlagen kann) yt. 13, 71.

nijan (von *jan*) adj., niederschlagend.

Vgl. *amaênijan*, *hamaên°*.

nijênê s. *jan*.

nizh, wegbringen, vernichten, intens. 3. sg. *yô vîçpâis naênizhaiti çimâo* welcher gänzlich vernichtet die Schrecken yt. 8, 43.

Vgl. skr. *nij*, *nénekti?*

nizhdare (von 1. *dar*) n. das Herausreissen, acc. (der Beziehung oder des Instrum.) *yatha nizhdare dairyâṭ* als ob er herausrisse vd. 18, 87. Westerg. *nizhdared°*, vgl. Spiegel, Interpr. 29.

nizhbaêm s. *zbâ*.

nizhbarañṭ (von 1. *bar* + *nis*) wegschaffend, superlat. nom. *mãthrô çpeñtô mainyavîm drujem nizhbairistô* das heilige Wort schafft am meisten hinweg die unsichtbare Drukhs yt. 11, 3.

nizhbereta (von 1. *bar* + *nis*) 1) weggebracht, nom. *nizhberetô* vertrieben (möge sein) y. 8, 14. fem. *nizhbereta* vd. 6, 67. 73. pl. acc. *frâ mê gadhwa zazayãn nizhbereta noiṭ anizhbereta nizhberetâṭ haca paurvaêibya* sie sollen meine beiden Hunde herbeiführen, die weggebrachten; die noch nicht weggebrachten (führe man herbei) nach ihrer Wegführung zu den beiden erstern (zurück)? vd. 8, 120. 123. 2) n. Wegführung, abl. *nizhberetâṭ haca* vd. 8, 120.

Vgl. *anizhbereta*.

nizhbereti (von *bar* + *nis*) f. Heraustragung, instr. *paçca naçâvô nizhbereiti* vd 6, 71. dat. *nizhberetêê* y. 60, 16. *nizhberetayaêca* zur Vertreibung y. 60, 5.

nizañga (von *ni* + *z°*) m. der untere Fuss, dual. acc. *nizañga* yt. 5, 64.

nitema (Superlativbildung von *ni*) der unterste, geringste, nom. *nitemô* zu unterst, unten (vorher gieng *fratemem* zu oberst) vd. 2, 88. 90. *nitemaciṭ* y. 10, 14. acc. m. *nitemem* ganz klein vd. 7, 106. *nitememciṭ aperenâyûkem* ein kleines Kind vd. 9, 153. pl. acc. *khshvas vîtâra nitema* 6 Vitâra unten vd. 14, 62. *ayañhaênem vâ çrum vâ nitema khshathra cairya* auf einem eisernen oder bleiernen Gefäss oder solchen vom geringsten Metall vd. 16, 14. gen. *nitemanãmca* yt. 24, 23. *nitemanãmciṭ* yt. 24, 23. loc. *nitemaêshva* yt. 15, 53.

Hzv. *nitum*.

nithakhtar (v. *thañj*) m. Anspanner, Trad. übers. beauftragt mit Aufbewahrung (der Rosse), nom. *aurvatãm nithakhta* y. 11, 8.

nidaitis s. *nidhaithis*.

nidadhâṭ s. 2. *dâ*.

nidâta s. 1. *dâ*.

nidâmâ s. 2. *dâ*.

nidâra (von 2. *dar*) m. Erhalter? nom. *nidârô* yt. 24, 30.

nidhaithis (von 2. *dath*) n. Hinsetzung, acc. *âaṭ vohu manô nidhaithis* (Spiegel *nidaitis*) *çûrôthwarstanãm raocañhãm* dann (mache) der Mensch eine Hinlegung (der Kleider) den hehr geschaffnen Lichtern vd. 19, 78. Trad. übers. er neue, rufe an die Lichter.

nidhay° s. 2. *dâ*.

nidhâiti (von 2. *dâ*) f. Ablegung, instr. *maṭ vaçtranãm nidhâiti* vd. 6, 56.

nidhâta (von 2. *dâ*) 1) niedergelegt, anerschaffen, nom. neutr. *nidhâtem* yt. 10, 64. acc. *nidhâtem tanuyê manô* yt. 14, 38. *dakhstem . . . paiti nidhâtem* (statt des nom. nach *heñti*) vd. 2, 86. 2) n. Niederlegung, Schatz, Reichthum, loc. *evañtem drâjô zrvânem çairê mashyêhê iriçtahê zemê nidhâitê raocâo aiwivarena . . . zemô baraiñti* in wie langer Zeit ist bei Niederlegung eines Todten auf die Erde, gegen die Lichter zur Bedeckung, die Erde rein vd. 7, 122. 126 (wo *hraṭ* vor *zemô* und *dakhmê* statt *zemê*); *qaêpaithê nô dañhus nidhâtaêca haoshâtaêca* unser eignes Land (sei) in Reichthum und Freude yt. 13, 66.

Vgl. *duzhnidhâta*.

nidhâtôpitu (von vor. + *p°*) adj., mit Nahrung versehn, pl. acc. n. *khshathra °pitu* yt. 5, 130. 17, 7.

nidhâtôbarezista (von *nidhâta* + *b°*) adj., mit einem Giebel versehn, acc. n. *nmânem dadhâhi °barezistem* yt. 10, 30. plur. acc. *°barezistâo nmânâo* yt. 10, 30.

nidhâçnaithis (von 2. *dâ* + *ni* und *çnaithis*) adj., die Waffen, den Streit niederlegend, entfernend, acc. fem. *daênãm nidhâçnaithishem* y. 13, 27.

nipaçnaka (von *paç?*) m. einer welcher in Bande wirft, Dränger, Spiegel: Verfolger, plur. nom. *nipaçnaka* yt. 5, 95.

nipâiti (von 1. *pâ*) f. das Schützen, dat. *nipâtayaêca* y. 57, 5. 70, 54. yt. 5, 6. *nipâtayâi?* yt. 24, 43.

nipâoñha (v. 2. *pâ*) m. Schutz, loc. *taṭcâ thwahmî âdãm nipâoñhê* diess stelle ich in deinen Schutz y. 48, 10.

nipâtar (von 2. *pâ*) m. Beschützer, nom. *nipâta* yt. 10, 54. 80. acc. *nipâtârem* yt. 14, 57. fem. *nipâthrîm* yt. 5, 89. 24, 14. dual. acc. *dva nipâtâra* yt. 14, 45. plur. nom. *nipâtaraçca* yt. 19, 18.

nifrâvay° s. *fru*.

niberetha (von 1. *bar*) n. Wegbringung, Ausführung (im Handel), loc. *aêshãm erezatem zaranim niberethê âberetê baraiti* yt. 17, 14.

nimata, nemata (v. *nema*) m. Gras, nom. *nimatô* (Westerg. *nematô*) *tarô yâre* Gras das vor einem Jahr (abgestorben ist), jahraltes Gras vd. 9, 171. gen. *nimatahê* vd. 5, 121. plur. acc. *vîçpa avi tighra nimata* hin zu allen spitzen Gräsern (es ist von einem Ort der Qual die Rede) vd. 3, 121.

Hzv. *nemat*, vgl. np. *nemad* (grober Teppich).

Vgl. *navanimata*.

nimatôaiwivarana (vom vor. + *aiwiv°*) n. Bedeckung durch Gesträuch, loc. *nimatôaiwivaranê* (Westerg. *nem°*) vd. 8, 1.

nimadhaka s. *nemetka*.

nimraoka (von *mruc*) m. Abfluss, Wasserleitung, plur. acc. *vîçpéçca çrîré nimraoké* yt. 8, 46.

nimraomnô, **nimruyê** } s. *mrû*.

nira n. Wassèr, abl. *yaṭ paitiapayaṭ . . . qanvañtem avi gairîm qanvata paiti niraṭ* bis er ankommt an dem leuchtenden Berge (n. pr.) zu dem leuchtenden Wasser (n. pr.) yt. 8, 38.

Skr. *nîrá*.

nivakhtar? nom. *upabaraṭ âyaptem bakhtaca nivakhtaca* es brachte Gnade der Beglücker und ... yt. 24, 38. Westerg. verm. *bakhtica nivakhtica*.

nivañda (v. *vañd*, 2. *vid*) m. Begehrer, Räuber? abl. *nivañdâṭ* yt. 14, 57.

nivayaka (von *vî*) m. Verscheucher, plur. nom. *nivayaka* yt. 5, 95.

nivavañt adj., nom. f. das Mädchen kommt die Seele abzuholen *nivavaiti* vd. 19, 99. Hzv. übers. *vecârashnômand*, mit Entscheidung versehn, und glossiert: es wird offenbar, welcher von wem und welches von wem; Windischmann Voc. „cf. *niba* der Keilschriften, schön"; Koss. liest. *navavaiti* juventute praedita, eine Emendation, welche auch Haug anzunehmen scheint, da er Essays 216 with the nine knotted hook übersetzt.

nivaçteka adj. tönend? (Spiegel); gebogen?

nivaçtekôçrva (vom vorigen + *çrva*) adj. mit krummen Hörnern versehn? gen. *maêshahê °çrvahê* yt. 14, 23.

nivâiti f. Entscheidung, Kampf, hzv. *vecarashnish*, Ner. *vibhakti*, nom. *aṭciṭ* (Spiegel *adhaciṭ*) *ahmâṭ yatha apemem manivâo añhaṭ nivâitis* so auch fernerhin bis am Ende der Entscheidungskampf der beiden Unsichtbaren (des Ormazd und Ahriman) sein wird y. 10, 51. Windischmann von 1. *van*, Spiegel von 2. *vâ* (vgl. skr. *nirvâṇa* der Buddhisten). Nach der Trad. wäre es mit *nivavañt* verwandt.

Vgl. *hathrânivâiti*.

nivika m. n. pr. eines Feindes, gen. *hunavô nivikahê* yt. 19, 41.

niçaya (von *çî*) m. n. pr. der Stadt Nisaea im obern Thale des Murghâb; sie soll zwischen Bâkhdhi und Môuru liegen, was seine Richtigkeit hat, sobald es in Bezug auf die Strasse gesagt ist, welche von Balkh erst südwestlich nach Herât hin, und dann am Thal des Murghâb nordwärts führt, vgl. Kiepert, Verhandl. der Berliner Akad. 1856. p. 627. acc. *niçâim* vd. 1, 26.

Vgl. altp. *niçâya* (in Medien); hzv. *neçâi*.

niçta (von *ni* + *çtâ*) adj., zurückgedrängt, plur. nom. *niçta daêva* zurückgedrängt sind die Devs vd. 18, 37. Trad. von 1. *naç*.

niçtûiti (von *çtu*) f. das Preisen, nom. *niçtûitis* yt. 14, 42.

niçpâo (von 1. *çpâ*) m. Niederkehrer, Niederwerfer, nom. *niçpâo nãma ahmi* yt. 15, 45.

niçma (von *ni* + *zem?*) m. Tiefe, gen. *dva erezu niçmahê* 2 Finger tief vd. 9, 13.

niçrîti, **niçrûta** } s. *çri*.

nishaçta, **nishâdhayaṭ** } s. 1. *had*.

nishâçi s. *hãç*.

nis (vgl. *ni*) adv., heraus, hinweg, oft als Verbalpraefix, z. B. vor 1. *bar*.

Skr. *nis*.

nisañhareti (von 2. *har*) f. Schirmen, Schützen, dat. *nisañharetayaêca* y. 57, 5. 70, 54. yt. 5, 6.

nisañharethrîm s. *nishãretar*.

nisañhaçti s. 1. *had*.

nistayêiti s. *çtâ*.

nistara (von *nis*) adj., der äusserste, acc. n. *ava nistarem karshayâo* an das äusserste (den Rand) der Furchen vd. 9, 32.

nistaretôçpaya (v. *nistaretа*(*çtar*) + *çpaya*) adj., Verbergung des Befleckten habend, schmutzlos, acc. n. *nmânem dadhâhi nistaretôçpaêm* yt. 10, 30. plur. acc. *°çpayâo nmânâo* yt. 10, 30.

nistarenaêma (von *nistara* + *n°*) n. die äussere Seite, abl. *nistarenaêmâṭ* ausserhalb, auswendig vd. 17, 19. y. 56, 9, 4.

nistâta s. *çtâ*.

nishãretar (von 2. *har*) m. Beherrscher, Schirmherr, nom. *nishãreta* yt. 10, 54. 80. acc. fem. *nisañharethrîm* (al. *nishãrethrîm*) yt. 24, 14. dual. acc. *dva nishãretâra* yt. 14, 45. pl. nom. *nishãretaraçca* yt. 19, 18.

nî, führen, praes. 3. sg. *nayêiti* führt fort vd. 5, 25. 31. 3. plur. *imê nô aurvañtô açpa para mithrâṭ nayêiñti* diese unsre Kampfrosse werden von Mithra hinweggeführt (lies *nayêiñtê?*) yt. 10, 42. Spiegel legt die Worte dem Rashnu und Çraosha in den Mund und übers.: diese führen unsre Rosse hinweg; aor. 3. sg. *naêshaṭ* (das Gesetz) führt euch y. 31, 20.

— *ava*, wegführen, imper. 1. sg. *avanayêni* yt. 19, 44.

— *upa*, herzuführen, imper. 1. sg. *upanayêni* yt. 9, 18.

Skr. *nî*, *náyati*, altp. *nî*, hzv. *nâyinîtan* (denom.), parsi *nîêt* (ducit).

nîdaçta, **nîdyâtãm** } s. 2. *dâ*.

nîrê s. *îr*.

nud, bewegen.

— *fra*. sich hervorbewegen, erheben, partic. praes. med. nom. *nâ qafnâdha fraghriçemnô franudhyamnô* yt. 21. 13.

Skr. *nud*, *nudáti*.

nura, **nûra** (von *nû*) adj., augenblicklich, schnell, acc. fem. (adv. *nûrãm* jetzt yt. 8, 15. 13, 54. neutr. adv.) *nurem* yt. 5. 50. 19. 77. *nûrem* schnell yt. 5, 63. jetzt, nun yt. 14, 54. *â nûremcît* zu jedem jetzigen, d. h. jederzeit y. 31. 7. *nûremca* jetzt y. 61. 16.

Südoss. *nir*, *énir*, dig. *nur*, tag. *nür*.

nurtu n. Gewürm, acc. *bravaremca uçadhaçca nurtu* vd. 1, 24.

nû aus 1. *nava?* adv., eben, gerade, nun, *nû* vd. 2. 96. 7. 127. y. 29. 11. 44. 1. *açista nû* y. 59, 4. *para nû* vd. 9, 190. 13, 170. *écâ nû* y. 46, 2. 32, 16. *nûcît* jetzt y. 50, 1.

Skr. *nú*, *nû*, np. *nûn*.

nûra, s. *nura*.

nem s. *nam*.

nema (von *nam*) m.? Gras (vgl. *nimata*).

nemaqy (verb. denom. von 1. *nemaṅh*), anbeten, praes. 1. plur. *nemaqyâmahi* vd. 20. 18. *nemaqyâmahî* y. 14. 15. 36. 12. 38, 12. partic. praes. plur. fem. acc. *heñtû nemaqaitîs . . . râtayô* y. 33, 7.

1. **nemaṅh** (von *nam*) n. Gebet, Anbetung, nom. *nemô* vd. 19. 60. y. 9, 9. *nemô vé gâthâo* y. 28 Einleit. *gavê nemô* y. 10. 62. yt. 14. 61. *nemaçe-té* vd. 21, 1. *nemaçe-tôi* y. 57. 19. *nemaçcâ* Anbetung (sei) y. 48, 10 (cit. in einer Rivayet bei Spiegel Av. übers. II, LXXXVII). *nemem* (Thema *nema*) *karaêm qarenô nemô airyênê vaêjahi* yt. 1. 21. *nemé* (Westerg. *nemé*) y. 57. 4. acc. *nemô* yt. 10. 90. 14. 36. vsp. 24, 12. *nemé* y. 43, 1. *hyaṭ nemé* (Westerg. *nemé*) *huceithrem* y. 57. 1. *nemé* (Westerg. *nemé*) y. 57. 9. *nemô vohû nemô vahistem zarathustra gaêthâbyô* (verrichte) ein gutes, ein sehr gutes Gebet für die Welten, o Z., yt. 11, 1. *kuthrâ nemô ayênî* wohin soll ich mit Gebet gehn hzv. *pann nyâyishn* y. 45, 1. instr. *nemaṅha* vd. 2. 35. y. 57, 19. yt. 10, 118. 13, 50. mit lautem Gebet (Gegensatz von *gaoshacîṭ*) yt. 10, 85. *nemaṅhaca* yt. 10, 6. *nemaṅhâ* y. 13, 11. 28, 1. 34, 3. 49. 6. 8. 50, 5. *nâmistahyâ nemaṅhâ* mit des Preiswürdigsten Anbetung y. 36. 5. dat. *nemaṅhê* y. 57, 5. 7. gen. *nemaṅhô* y. 57, 3. 42. 9. 43. 1. *çtaotâis nemaṅhô â* mit Lobgesängen zur Anbetung y. 44. 8. loc. *nemahî* y. 57, 6.

Skr. *námas*, hzv. *nemâj*, parsi *namâzh*, up. *namâz*, syrisch-zig. (udisch) *namaz*, afgh. *namûnṭ*, bal. *nimâz*, kurd. *nevésia* (Garzoui), kurm. *neméz*, zaza *nemâj*.

Vergl. *ashanemaṅh*, *ukhshyaṭn°*, *uçin°*, *vourun°*, *vohun°*.

2. **nemaṅh** n. Schuld, aes alienum, acc. *nemô* vd. 4, 1. gen. *nemaṅhô* vd. 4, 2. vgl. Spiegel Interpr. 33.

Vgl. lettisch *nôma* (Zins)?

3. **nemaṅh** (verb. denom. vom vor.) borgen, ausleihen, partic. praes. dat. *nemaṅheñtê* einem borgenden Manne vd. 4. 1.

nemaṅhana von 1. *nemaṅh* adj., mit Gebet verbunden, hzv. *nyâyishômand*, instr. f. *ashica nemaṅhana* (Spiegel *nemaṅha*) vd. 4. 125.

nemata s. *nimata*.

nemeṭka m. Name einer Holzart, etwa Grünendes? nom. (ohne Flexion) *aêtem aêçmem yô vaocê nemeṭka nâma* jenes Holz, welches N. heisst yt. 14. 55. Spiegel liest *nimadhaka* und vermuthet: feuchtes.

nemôi s. *nam*.

nemôbara (von 2. *nemaṅh* + 1. *bar*) adj., subst. m. Gläubiger, gen. *yô nairê nemaṅheñtê nôiṭ nemô paitibaraiti, tâyus nemaṅhô bavaiti hazaṅha nemôbarahê* wer einem borgenden Manne die Schuld nicht erstattet, ist ein Dieb der Schuld, durch Raub an dem Gläubiger vd. 4, 1.

nemôvaṅhu (von 1. *nemaṅh* + *v°*) m. n. pr. des Sohnes des Vaêdhaya, gen. *°vaṅhéus vaêdhayanahê* yt. 13. 109.

nemôvañta (von *nema* + 1. *vañta*) f. Flechtwerk von Strauchwerk, pl. loc. *nemôvañtâhva* vd. 15, 117.

nere° s. *nar*.

nerefçâçtâṭ (vom partic. praes. von *narefç* + *tâṭ*) f. das Abnehmen (des Mondes) plur. nom. *nerefçâçtâtô* yt. 7. 2.

nerebarezaṅh (von *nar* + *b°*) n. Höhe eines Mannes, acc. *â-nerebarezaçcîṭ* mannshoch vd. 6, 59.

neremyazdana (von *nar* + *myazda*) m. n. pr. gen. *neremyazdanahê âthwyôzôis* yt. 13, 110.

nôiṭ (von 1. *na* + *ôiṭ* = *iṭ* Spiegel, Beitr. II, 37) adv. nicht, *nôiṭ . . . nôiṭ* neque neque vd. 5. 12. *nôiṭ* vd. 2, 22. 19, 8. *nôiṭ . . . naêdha* y. 19, 41. *nava hê açti citha . . . nôiṭ hê açti yaozhdâthrem* vd. 3, 135. *nôiṭ carâṭ* ne percurrat y. 9, 76. *moshu taṭ âç nôiṭ dareghem* (Westerg. *âçnôiṭ*) gleich darauf war es, nicht lange vd. 22, 52. yt. 5, 65 *haçcîṭ vâ nôiṭ vâ* (Westerg. *vânôiṭ*) dieser oder keiner yt. 14, 29. *nôiṭ pairyaoghzhâ* y. 42, 12. *yêzi nôiṭ* wo nicht, wenn nicht vd. 16, 17. *nôiṭ* wo nicht (als eignes Sätzchen) yt. 19, 50. *nôiṭ anaipipâremnâi* wo nicht, wenn er sie nicht sühnt vd. 8. 309.

nâman (v. 2. *zan*) n. Name, nom. *ahmâkem nâma* unser Name yt. 1. 3. acc. *nâma* vd. 18, 112. *taṭ nâma* yt. 1, 5. *gêusca nâma mazdadhâtem* yt. 8, 2. adverbial wie im skr., mit dem n. pr. im nom., *vîzareshô daêvô nâma* der Dev Namens V. vd. 19, 94 *aredvî nâma âpa* vd. 7, 37. *vairis yô huçravâo nâma* yt. 19, 56. *haraithyô paiti barezayâo yaṭ vaocê hukairîm nâma* auf dem Alborz, so weit er Hukairya heisst yt. 10. 88. *frakhstya nâma ahmi* ich bin der Namens Fragwürdige, ich heisse der Fragwürdige yt. 1, 7. *baêshazya nâma ahmi* yt. 1. 12. *vayus bâ nâma ahmi* yt. 15, 43. *duzhakem nâma aojaiti* vd. 13, 3. plur. nom. *nâméni* yt. 4, 8. *imâo nâménis* yt. 1. 19. *tâoçca imâo nâménis* diess (sind) meine Namen yt. 1. 16. acc. *tâoçca mê nâma zbayaêsa* bei diesen Namen rufe mich an yt. 15, 48. *nâméni* yt. 4, 2. *nâméni âpô yazamaidê nâméni urvarâo yaz°* wir preisen mit ihren Namen die Wasser, die Pflanzen yt. 13, 79. *nâmênî* mit Namen y. 5, 6. = 37, 6. *nâmêni* mit (gutem) Namen, in gutem Ruf (von einem Mädchen, dieTrad. scheint darin einen Ausdruck für Fertigkeit im Spinnen zu sehn) vd. 14, 66. *imâo nâmênis* yt. 1, 11. *nâmãn* y. 38, 10. yt. 19, 6. instr. *çrîrâis nâmãn* mit ihren schönen Namen vsp. 7, 3. y. 16, 2. *qâis nâmênis* y. 50, 22 (cit. y. 16, 6). gen. *nâmanãm* y. 36, 8.

Skr. *nâman*, altp. *nâma*, hzv. np. bal. *nâm*, parsi *nãm*, afgh. *nôm*, kurm. *nâv*, zaza *namé*, armen. *anoun*, dig. *nôn*, tag. *nôm*, vgl. *nam* (Ruf).

Vergl. *aokhtônãman*, *ashem-yahmâi-ushta-nãman*, *ashem-yêñhê-raocâo-nãman*, *ashem-yêñhê-vareza-nãman*, *nairyônãman*, *çrînãman*.

nāmaazbâiti (vom vor. + *azbâiti*) f. namentliche Anrufung, nom. *nãmaazbâitis* yt. 14, 42.

nāmista (Superlativbildung v. *nãman*) adj., sehr würdig des guten Namens, gen. *nãmistahyâ nemañhâ* mit des preiswürdigsten Verehrung y. 36, 5.

nāmôkhshathra (von *nãman* + *khsh*°) adj. mit Ruhm die Herrschaft führend, nom. °*khshathrô nãma ahmi* yt. 1, 13. superl. nom. °*khshathrôtemô nãma ahmi* yt. 1, 13.

nāmya (von *nam?*) adj., zart, feucht, hzv. *narm*, Ner. *mṛdu*.

Hzv. np. *nam*, vgl. buchar. *shebnam* (np. *shabnam*).

nāmyāçus (vom vor. + *âçus*) adj., mit zarten, feuchten Stengeln versehn (v. m Haoma), nom. *nãmyãçus* y. 9, 52.

nāçaṭ s. 2. *naç*.

nāçvâo (v. 2. *naç*) adj., zu erlangen wünschend, nom. *nãçvâo* y. 50, 13.

nman (aus *man* + *ni* entstanden) bleiben, auf Jemand warten, imper. 2. sg. *yêzica ahi paurvanaêmâṭ âaṭ mãm avi nmânya, yêzi paçkâṭ âaṭ mãm avi apaya* wenn du vorne bist, so erwarte mich, wenn hinten, so komm zu mir yt. 16, 2.

nmâna (vom vor.) n. Haus, Wohnung, Ner. ein Haus, welches 5 Männer und Frauen enthält (zu y. 14, 1.) Spiegel, Ir. Stammv. 681. nom. *nmânem* y. 56, 9, 2. yt. 5, 101. 17, 6. acc. *nmânem* vd. 3, 8. 5, 128. 8, 6. 14, 60. y. 61, 15. 56, 4, 2. yt. 5, 65. 10, 18. *taṭ nmânem* diese Wohnung (die Welt) vd. 22, 3. *upa imaṭ nmânem* y. 10, 3. *imaṭ nmânem* vd. 11, 9. yt. 24, 9. in Bezug auf, für diese Wohnung y. 59, 13. *avi imaṭ nmânem* yt. 14, 41. instr. *haca nmâna* vd. 10, 11. dat. *nmânâi* yt. 10, 28. 15, 1. y. 51, 7. abl. *haca nmânaṭ* vd. 11, 32. *nmânâṭ* y. 10, 15. 23, 5. *haca ahmâṭ nmânâṭ* y. 56, 6, 4. yt. 13, 157. gen. *nmânahê* vd. 19, 15. local: vd. 19, 143. y. 9, 43. *ahê nmânahê* in dieser Wohnung vd. 3. 10. 5, 123. dieser W. vsp. 12, 25. *nmânahê nmânôpaitîm* vd. 7, 106. vsp. 3, 17. loc. *nmânê* vd. 3, 109. vsp. 14, 15. yt. 13, 107. *nmânê nmânê* in jedem Haus vd. 5, 36. *ahmi nmânê* vd. 5, 135. y. 9, 86. *ahmya nmânê* hier im Hause y. 61, 7. *yêñhê nmânya* y. 56, 6, 5. pl. acc. *nmânâo* yt. 17, 8. vd. 5, 122. *nmânâo avaçtaya* richte Wohnungen ein vd. 2, 68. *nmâna* vd. 9, 132. y. 56, 13, 6. *yaozhdâta bun nmâna* vd. 11, 5. abl. *nmânaêibyô* vd. 5, 125. gen. *nmânanãm* y. 8, 15. yt. 10, 18. local: y. 23, 1. *aêshãmciṭ nmânanãm* vd. 13, 163. *nmânanãmca* yt. 13, 150. loc. *nmânaêshu* vd. 2, 56. *nmânâhu* (fem.!) y. 61, 2. yt. 10, 91. — In Verbindung mit *garô* die Wohnung des Ormazd, oberhalb der 3 Paradise, das Garôtmân, welches 24 mal 24000 Farsangen über der Erde ist; s. auch bei *demâna*; nom. *garô nmânem* yt. 3, 4. acc. *garô nmânem* vd. 19, 107. 121. vsp. 8, 7. yt. 3, 4. 13, 24. instr. *haca raokhshna garô nmâna* yt. 19, 44. dat. *garô nemânâi* yt. 24, 33. abl. *garô nmânâṭ* yt. 10, 123. gen. *garô nmânahê* S. 1, 30. loc. *garô nmânê* yt. 10, 32. 12, 37. *garô nemânê* yt. 24, 39. *garô çpeñtahê nemânê* yt. 24, 28.

Vgl. altp. *mâniya*; hzv. *mân*, vgl. parsi *mãnesn*, np. kurd. *mân*; hzv. *garôtmân*, parsi *garôthmãn*.

Vgl. *uparônmâna*, *fratemônm*°, *madhemônm*°.

nmânañhan (v. vor. + *han*) adj., in den Wohnungen weilend, plur. acc. *nmânañhânô* yt. 13, 151.

nmânavañṭ (von *nmâna*) adj., mit Häusern versehn, nom. f. *nmânavaiti* G. 5, 5.

nmânôiric (von *nmâna* + *iric*) adj., Verderber des Hauses, plur. nom. *mâ buyama tê shôithrôiricô . . . mâ nmânôiricô* mögen wir nicht dein Land, deine Familien verwüsten yt. 10, 75.

nmânôpaiti (von *nmâna* + 1. *p*°) m. f. Herr eines Hauses, nom. *nmânôpaitis* vd. 12, 25. yt. 17, 10. *nmânahê nmânôpaitis* yt. 10, 18. 84. fem. *nmânôpathni* vd. 12, 25. acc. °*paitîm* einen Hausherrn, Ehemann yt. 5, 87. 15, 40. *nmânahê* °*paitîm* vd. 7, 106. 13, 56. vsp. 3, 17. *âtarem nmânôpaitîm* y. 17, 69. *nmânahê* °*paitîm nâirikãm* vd. 7, 100. fem. *nmânahê nmânôpathnîm* vsp. 3; 19. G. 4, 8. dat. m. *nmânahê nmânôpatêê* y. 51, 7. yt. 10, 17. 15, 1. gen. *nmânahê* °*patôis* y. 14, 1. yt. 24, 16. *haca nmânahê* °*patôis* vd. 10, 11. fem. *nmânahê* °*pathnyâo* yt. 24, 17. voc. °*paiti* y. 9, 83. *nmânahê* °*paitê* vd. 18, 43. plur. acc. *nmânanãm* °*paitis* yt. 10, 18.

Hzv. *mânpat*, parsi *môbad* (Ner. *moibada*), np. *môbad* (arab. *maubaẓan*, syr. *maubedô*), arm. *movpet*, *mogpet*; vgl. Spiegel Avesta II, XV. lyk. *mofat* (Obelisk von Xanthus Nordost 56)?

nmânya (von *nmâna*) 1) adj. zum Haus gehörig, das Haus schützend, voc. *mithra nmânya* yt. 10, 115. plur. acc. f. *nmânyâo* y. 17, 72. 26, 2. yt. 13, 21. voc. m. *hâvana nmânyaca* vsp. 14, 14. 2) m. a) Herr des Hauses nom. *nmânyô* y. 19, 50. *nmânyaçca* y. 19, 52. b) n. pr. eines Genius, welcher die Familien schützt und mit Çraosha und Berejya dem Gah Ushahina vorsteht, acc. *nmânîm* y. 2, 27. *nmânîmca* G. 5, 6. dat. *nmânyâica* y. 1, 21. 3, 35. G. 5, 1. gen. *nmânyêhê* G. 5, 6.

Hzv. *nemânê*.

nya (von *ni*) n. Führung? dat. *arezôshamanem . . . apadiçem nyâi dâuru apaçtanañhô yatôarezahê* den Ar., welcher anwies zur Führung des Speeres den A., den Schlachtgänger? yt. 19, 42.

nyâoñc (von *ni* + *ac*) adj., sich hinwegwendend, verschwindend, plur. nom. *nyâoñcô* vd. 19, 145. yt. 11, 6. *nyâoñcô apatacin* (bis dass) sie (scil. *daêva?*) sich wegwendend entlaufen; Hzv. übers. (bis dass) die verborgnen, bösen, entlaufen; Glosse: die Opposition des Winters vergangen ist vd. 5, 43.

Skr. *nyáñc*. — Vgl. *vîrônyâoñc*.

nyâka (von *ac*, der gebückte) m. f. Ahn, Ahne, nom. *nyâkô* Grossvater vd. 12, 31. statt des acc. vd. 12, 31. fem. *nyâkê* Grossmutter vd. 12, 31. statt des acc. vd. 12, 31.

Altp. *nyâka*, hzv. *nyâk*, parsi *nyâk* (Oheim), np. *niyâ*, afgh. *nyâ*, *nîkah*.

nyâzata s. 1. *az*.

nyâpa (von *ni* + 2. *ap*) adj., stromabwärts, herabfliessend, acc. n. *thrigâim nyâpem* drei Schritt stromabwärts vd. 6, 80. *yayata dunma frâápem nyâpem* der Nebel geht —, hinauf das Wasser, herab das Wasser vd. 21, 3.

nyâçâitê s. *yâç*.

nyuruzda (von *ni* + *uruzda*) adj., mit Schmutz bedeckt, Hzv. umschreibt nur, erklärt aber *kimeçt* (sehr gering), superl. pl. loc. n. *nyuruzdôtemaêshvaca* in den schmutzigsten (Kleidern) vd. 3, 61.

Hzv. *niuruzdidâtum* (umschrieben).

P.

1. **paiti** (von 1. *pâ*) m. Herr, nom. *paiti* (lies *paitis*? Spiegel fasst es als postpos., was aber weniger gut scheint wegen des Parallelismus der Satzglieder) yt. 10, 80. acc. *paitîm* y. 2, 59. gen. *patôis çpeñtâ daênâ* durch das heilige Gesetz des Herrn (Ormazd) y. 44, 11. voc. *paiti* y. 17, 54.

Skr. *páti*, hzv. *pat*, parsi *°vat*, np. *°bad*, *°bud*, armen. *pet*.

Vgl. *aêthrapaiti*, *gafyôp°*, *zañtup°*, *dañhup°*, *nmânôp°*, *baêvarep°*, *vaêdhyâp°*, *viçp°*, *viçpôp°*, *shôithrap°*, *hamidhp°*.

2. **paiti** adj., einzeln, hzv. *grît grît*, plur. gen. *yavaț ahmâi yamanãm paitinãm çairinãm* vd. 8, 259. *paitinãm urvaranãm* vd. 8, 260.

3. **paiti** 1) adv. hinzu, *aiwica aparem paitica aparem* dazu einen spätern und hinzu noch einen spätern (Hund) vd. 15, 133; oft als Verbalpraefix, z. B. *paiti ahmâi adavata* vd. 19, 20. *yaț bâ paiti nâ ashava frayaț* dass ein reiner Mann einhergeht vd. 3, 3. *yaț bâ paiti nâ ashava nmânem uzdaçta* vd. 3, 8. 13. 118. *âidhi paiti avajaçu* yt. 5, 85. ohne Verbum wie griech. πάρα für πάρεστι: *ahmâi nê çazdyâi baodañtô paitî* zu dieser unsrer Belehrung mögen sein, die es wissen y. 30, 2. 2) praepos. und postpos. a) c. acc., auf, an, zu, zugleich mit, bei, für, *paiti avâo gaêthâo* zu diesen Hürden vd. 13, 28. *zãm paiti ahuradhâtãm* vd. 19, 71. *raocanem paiti* in das Fenster vd. 7, 35. *hâ paiti adhwanem* vd. 2, 31. *aghryãm paiti uçnâitîm* zugleich mit der Waschung des Kopfes vd. 8, 277. *paiti vareshajîs* an den Knospen y. 10, 12. *çatem paiti gâthanãm* (es gilt) für 100 Gâthas y. 19, 7. *vâcim paiti* bei Stimme vd. 13, 112. *thwâ paiti* zu dir yt. 10, 80. *hukhshnûitîm paiti* zur Befriedigung yt. 10, 109. *yaț paiti* dafür dass yt. 19, 77. *khâo paiti* bei den Urquellen yt. 13, 14. *bareshnus paiti gairinãm* vd. 2, 24. y. 9, 82. b) c. instr., auf, *paiti zemâ* vd. 5, 14. *zemâ paiti* y. 61, 12. c) c. dat., an, für, mal, *âtâi kahyâicit paitî* y. 33, 11. *paiti âthrê* am Feuer vd. 16, 40. *hazañrâi hazañrô paiti* (Westerg. *pairi*; *baêvarâi baêvanô paiti* 1000 mal 1000, 10000 mal 10000 yt. 3, 10. d) c. abl., auf, bei, für, um, nach, *anuzvarstâț paiti paurvâț* nach nicht gesühnter früherer (That, ohne die frühere gesühnt zu haben) vd. 4, 67. *uzgereptâț paiti draonâț* für den Preis eines erhobnen Draona vd. 5, 75. *çaocañtaț paiti âthraț* vd. 9, 195. *haraithyâț paiti barezañhaț* von der hohen Haraiti herab yt. 10, 51. *uzdâtaț paiti haomâț* yt. 10, 91. *raokhshnâț paiti garô nmânâț* auf dem glänzenden Garotman yt. 10, 123. *qanvata paiti viraț* yt. 8, 38. *fraçtaretâț paiti bareçman* yt. 15, 2. A. 3, 5. *apayâkhtâț paiti vazrâț* vd. 18, 71. e) c. gen., auf, für, gegen, *aêtahê paiti* dafür, vd. 22, 8. *paitiva hê* ihm gegenüber vd. 5, 83. *paiti azhôis* gegen die Schlange y. 9, 39. wir preisen den Stern Vanañț *amahêca paiti hutâstahê* für seine wohlgebildete Stärke yt. 8, 12. vgl. yt. 13, 133. 19, 74. *yêñhâo paiti* auf welcher (Erde) yt. 13, 10. Zarathustra opferte dem Behram *verethraghnahê paiti manahi*, *verethraghnahê paiti vacahi*, mit Gedanken an V., mit Reden an V. yt. 14, 28. f) c. loc., an, in, auf, gegen, wegen, *ahmi paiti nairi* wegen dieses Mannes vd. 7, 132. *paiti açni paiti khshafnê* vd. 4, 126. *kameredhê paiti daêvanãm* vd. 19, 53. *yêçnê paitî* y. 50, 22 (cit. y. 16, 1.). — S. auch *paitis*.

Skr. *práti*, altp. *patiy*, hzv. *pat°*, parsi *pad°*, *paê*, np. *pad°*, *paz°*, *pê°*, zaza *pa*, armen. *pat*.

paitiajâthra (von *jam* + 3. *paiti* + *â*) n. das Herbeikommen, acc. *paitiajâthrem* y. 41, 34.

paitiayañh (von 3. *p°* + *ayañh*) adj., eisern, gen. fem. *upa taêrem harayâo yakhtayâo paitiayañhô* an dem Taêra der Hara, der eisern zusammengefügten, der aus Eisen gefügten yt. 15, 7.

paitiarsvañț (von 3. *p°* + *a°*) sehr gerecht, m. n. pr., gen. *paitiarsvatô* yt. 13, 109.

paitiaçti s. *paitiâçti*.

paitiirita (von 2. *iri*) gerufen? loc. *thwâ paitiiritê viçpô hâvanânô* yt. 24, 15.

1. **paitiiriçta** (von 3. *paiti* + *iriçta*) adj., durch Leichen verunreinigt, nom. masc. fem. (statt instr. oder abl.) *haca nâ paitiiriçtô haca nâirikê paitiiriçtê* weg von dem verunreinigten Mann, von der verun-

reinigten Frau vd. 10, 11. nom. f. *aêsha yâ °iriçta* vd. 9, 31. 120. *anuçô aêsha yâ paitiiriçta avaț hvare âtâpayêiti* diese Unreine — ungern bescheint sie die Sonne vd. 9, 161. acc. masc. *paitiiriçtem* vd. 9, 3. 162.

2. **paitiiriçta** (partic. perf. med. von *irith* + *paiti*) verstorben.
Vgl. *âtryôpaitiiriçta.*

paitiiriçti (von *irith*) f. das Absterben, instr. *nôiț hê anyô urva haom urvânem paitiiriçti bãzaiti* nicht kann seiner Seele eine andre Seele nach dem Tode helfen vd. 13, 24. *naêdha çpâna peshupâna paitiiriçti bãzaiti* nicht können ihr helfen die beiden Hunde an der Brücke nach dem Tode vd. 13, 25.

paitiereta (partic. perf. pass. von *ar* + *paiti*) bestürmt.
Vgl. *apaitiereta.*

paitiereti (von *ar* + *paiti*) f. Bestürmung, Angriff, dat. *çtârãm . . . paitieretêê* yt. 8, 39.

paitieren (von *ar* + *paiti*) adj., sich entgegenwerfend, gen. *varâzahê paitierenô* yt. 10, 70. 127. 14, 15.

paitighnita s. *jan.*

paitijaiti (von *jan*) f. Tödtung, acc. *paitijaitîm* y. 56, 10, 9. yt. 10, 11. 94. 24, 25. A. 1, 15.

paitizañta (v. 2. *zan* + *paiti*) annehmend (nemlich die Verehrung), nom. *frithô paitizañtô* (wo er) liebreich, annehmend (ist) vd. 19, 133. yt. 8, 43. *yêñhê nmânya çraoshô . . . thrãfedhô açti paitizañtô* in wessen Haus Çerosh die Opfernahrung annimmt y. 56, 6, 5. *yêñhâdha çraoshô . . . paitizañtô* y. 56, 13, 7. yt. 11, 20. pl. nom. f. *paitizañtâo* yt. 13, 147.
Vgl. altp. Πατιζείθης, Παζάται.
Vgl. *apaitizañta.*

paitizañti (von 2. *zan*) f. Weisheit, plur. nom. *paitizañtayaçca* y. 59, 2.

paitizbarañh (von *zbar*) n. Steigung, Höhe, loc. *darejya paitizbarahi nmânahê pourushaçpahê* auf dem an dem (Fluss) Dareja (gelegnen) Berge, in der Wohnung des P., vd. 19, 15. 38. Die Hzv.-Uebers. fasst, wie es scheint, *paitizbarahi* als n. pr., indessen findet sich der Name *zbar* nicht im Bundehesch, wo doch an mehren Stellen (z. B. 53, 6. 58, 6.) Gelegenheit gewesen wäre, ihn zu nennen; nur *bâr* (Höhe) findet sich an den erwähnten Stellen.
Skr. *pratihvarâ.*

paitita (von 2. *i* + *paiti*) adj. rückgängig gemacht, bereut, nom. f. *paitita hê citha* die Strafe ist gebeichtet vd. 3, 69. nom. neutr. *paititem* es ist bereut vd. 3, 71. *paititem hê manô* er hat bereut in Bezug auf Gedanken vd. 7, 130. 13, 19. Hzv.-Glosse zu vd. 7, 136 sagt: an allen Orten, wo er das Avesta (die Stelle aus dem Avesta) *paititem* spricht. Westerg. schreibt *patita* statt *paitita*, indem er das Wort von *pat* ableitet, vgl. dagegen Spiegel Av. übers. II, LIX. CXIX.
Hzv. *patît*, parsi *patita*, np. *patet.*
Vgl. *apatita.*

paititareti (von *tar*) f. Vertreibung, dat. *paititaretayaêca* y. 17, 47. 67, 24. yt. 8, 51.

paititavâo (von 3. *tu*) adj., subst. m. Bestärker, nom. *paititavâo* yt. 10, 48. 14, 63.

paititi (von 2. *i*) f. 1) das Entgegenlaufen, Zurücklaufen, acc. *apãm paititîmca* y. 61, Schluss. y. 69, 18. *paititîmca* y. 70, 26. 2) Reue, nom. *kaț añhê açti paititis* vd. 18, 135.

paitidaya (von *di*) m. 1) Merkmal. 2) Aufseher, acc. *yim ratûm paitidaêmca viçpaêshãm çtârãm fradathaț ahurô mazdâo* yt. 8, 44.
Vgl. hzv. *pêtâk*, parsi np. *pêdâ*, kurd. *peida.*
Vgl. *cithrôpaitidaya.*

paitidayus s. *dyu.*

paitidara (von 2. *dar*) m. Erhaltung, plur. gen. er mehrt das Gesetz *hazañrem paitidaranãm* um 1000 Erhaltungen; Hzv. übers. als ob man durch die Hände von 500 Männern Reinheit der Kinder machte; der Sinn soll wohl sein, man vermehre das Gesetz in dem Grade, als ob man Kinder von 500 Männern in Reinheit erziehen liesse; vd. 3, 103.

paitiderezâna s. *darez.*

paitidâna (von 2. *dâ*) m. ein Stück Tuch, welches der Parse beim Beten vor den Mund befestigt, die πάρα des Strabo, s. Spiegel Av. übers. II, XLVIII. nom. *paitidânô* vd. 14, 28. 39. acc. *°dânem* vd. 18, 2. *zaranaênem paitidânem vañhvi histaiti drazhimna* den goldnen Penom tragend steht die gute (Ardviçûra) da yt. 5, 123.
Hzv. *padâm*, np. *panâm*, *penôm*, armen. *phandam*, *phadam.*

paitidâresta (von *darez*) f. Schutzwehr, nom. *taț drvatô drvatãm urvatô paitidâresta* es (das Gebet) ist für den Tüchtigen eine Schutzwehr gegen den Schlechten unter den Schlechten yt. 11, 2.

paitididhyâț s. *dî.*

paitidîti (von *dî*) f. das Hinblicken, instr. *paitidîti* vd. 18, 125. 126. 127. statt des dat. *nemô paitidîtâi nemô paitidîti* Preis dem geschauten, Preis dem Schauen yt. 7, 1.

paitidra (von 2. *dar*) f. Abwehr, Schutz, acc. *paitidrãm* yt. 6, 3.

paitidrâtha (von 3. *paiti* + *dr°*) m. n. pr., gen. *paitidrâthahê* yt. 13, 109.

paitidvaêshayañta (von 3. *paiti* + *dvaêshayañț*, partic. causale von *dvish*) f. Widerstandsfähigkeit gegen Peiniger, instr. *°dvaêshayañtaca* yt. 22, 11.

paitiparsti (von *pareç*) f. Unterricht, acc. *paitiparstîmca mãthrahê çpeñtahê* yt. 10, 33.

paitiparstôçravañh (v. *paitiparsta* (*pareç*) + *çr°*) adj., Unterricht im göttlichen Wort habend, acc. *°çravañhem* im göttlichen Wort unterrichtet vd. 18, 111. plur. nom. *°çravañhô* im göttlichen Wort unterrichtend yt. 5, 91. (cit. im vâj gegen das Spiel des Satan, Spiegel Av. übers. III, 249).

paitipaçti (v. *paç* = 1. *çpaç*) f. Anblicken, instr. *paitipaçti* vd. 18, 128. Spiegel setzt es = skr. *pratipatti*, nimmt aber eine Umdrehung der Bedeutung an; Roth liest mit den vend. sades *paitiparsti* (von skr. *sparç*) Berührung; die Hzv.-Uebers. hat ein mir undeutliches Wort: *panu reatman-upmashn.*

Spiegel Av. übers. II, 223 verbessert seine Uebersetzung: wenn er zu ihnen hingeht.

paitipâyu (von 1. *pâ*) m. Beschützer, nom. *paitipâyus nâma ahmi* yt. 1, 14.

paitiputhra (von 3. *paiti* + *p°*) adj., samt den Jungen, plur. gen. f. *°puthranãm* A. 1 b, 7.

paitipereçva (von 3. *paiti* + *pereçva*) m. Gegenfrage.

Vgl. *maṭpaitipereçva*.

paitifrakhstar (von *frakhsh*) m. Befrager, nom. *paitifrakhstaca daênayâo* der Befrager um das Gesetz yt. 13, 91. acc. *paitifrakhstâremca* yt. 13, 92.

paitifraça (v. *pereç*) m. Untersuchung, Richten, Strafe.

Hzv. *pâtfrâç*, parsi np. *pâdafrâh*.

Vgl. *maṭpaitifraça*.

paitibaêshaza s. *paitibishi*.

paitibishi (von 3. *paiti* + *b°*) adj., gegen die Plagen gerichtet, nom. *paitibises* (*vâkhs*) Fr. 9, 1. (Westerg. *paiti bises*). pl. nom. m. die Worte sind *paitibishis baêshazya* gegen die Plagen gerichtet, heilsam (Westerg. *paiti bishis*) y. 10, 59. gen. *paitibishinãm* (Spiegel *°baêshazanãm*) vsp. 10, 3.

paitibuçti (von *bud*) f. das Bemerken.

Vgl. *upaitibuçti*.

paitiraêthwa (v. *raêtu*) m. mittelbare, d. h. durch Berührung eines unmittelbar Verunreinigten bewirkte Verunreinigung, acc. *paitiraêthwem* vd. 10, 12. 19, 40.

Hzv. *patrît*.

paitiraethwi (verb. denom. v. vor.) 1) mittelbar verunreinigen, praes. 3. sg. *paitiraêthwayêiti* vd. 5, 87. 12, 64. 19, 69. 2) vermischen, praes. 3. sg. *paitiraêthwayêiti* vd. 18, 124.

paitiricyâ s. 2. *ric*.

paitirema (v. 3. *paiti* + *r°*) m. Hass, acc. *paitiremem* y. 47, 7.

paitivañha (von 3. *vañh?*) m. n. pr., gen. *paitivañhahê* yt. 13, 109.

paitivac (von 1. *vac*) f. Antwort, instr. *aêtaya paitivaca* y. 21, 6.

paitivacista (Superlativbildung vom vor.) sehr gern antwortend, acc. *mãm yim paitivacistemca parstem* mich der sehr gern antwortet, wenn er gefragt ist vd. 18, 19.

paitivara (von 3. *paiti* + 2. *vara*) m. die obere Brust, acc. *paitisa hê paitivarem* an seine obere Brust, vd. 8, 160. 9, 67.

paitivîra (von 3. *paiti* + *vîra*) adj., von Menschen bewohnt, acc. n. *qanirathem . . . paitivîrem* yt. 21. 14.

paitiçañha (von *çañh*) m. Verwünschung, Vernachlässigung, acc. (instrumenti) *rashnaosca paitiçañhem* mit Vernachlässigung der Gerechtigkeit vd. 4, 155.

paitiçcapti (von *cap*) f. Vernichtung, dat. *paitiçcaptayaêca* y. 17, 47. 67, 24. yt. 8, 51.

paitiçyôdûm s. *çâ*.

paitiçrira (v. 3. *p°* + *çr°*) adj, sehr schön, gen. *uçmânarahêca paêshatañhô paitiçrîrahê* yt. 13, 120.

paitish° s. 1. *ish*.

paitishâo (von *shâ*) adj., erfreut, nom. *thwãm juçâiti ahurô mazdâo paitishâo dâmãn dathânô* zu dir wird Ormazd erfreut kommen, Geschöpfe schaffend yt. 19, 58.

paitis (Nebenform von 3. *paiti*) praep. c. acc., gegen, zu, *paitis garô nmânem* yt. 3, 4. *paitis . . . hû adhwanem* yt. 12, 3.

Altp. *patis*, hzv. *patish*, parsi *padas*.

1. **paitisa** (v. vor.) adv. gegenüber, von vorn vd. 8, 185. *paitisa hê paitisqarenem aêshãm* (sie springt) nach vorn auf ihre Backen vd. 8, 139. *paitisa hê . . . añtarâṭ naêmâṭ brvaṭbyãm aêshãm* sie springt von vorn zwischen ihre Brauen vd. 8, 133.

2. **paitisa** (von 1. *ish* + *paiti*) m. n. pr. des Daêva der Verleumdung, nom. *paitisô daêvô* vend. sade 490. (Westerg. vd. 19, 43).

paitisqarena (von 1. *qar*) n. Kinnbacken, acc. *paitisa hê paitisqarenem* vd. 8, 139. abl. *paitisqarenâṭ fravâkhshaṭ haca* vd. 3, 46. 9, 158.

Vgl. hzv. *patiskhvâr*.

paitista (von *çtâ*) f. Stätte, acc. *paitistãm* yt. 6, 3. pl. gen. er mehrt das Gesetz *çatem paitistanãm* um 100 Stätten, die Trad. leitet es unrichtig von *paitistâna* ab, vd. 3, 102. Der Sinn soll wohl sein, dass er dem Gesetz an 100 Stätten Geltung verschaffe.

Skr. *pratishṭhâ*.

paitistâiti (von *çtâ*) f. Widerstehen, dat. *paitistâtêê* vd. 20, 13. vsp. 23, 8. y. 6, 4. 59, 7. yt. 13, 104. 120. 129. 20, 1. *paitistâtayaêca* y. 17, 46. 67, 24. yt. 8, 51.

paitistâṭ s. *çtâ*.

paitistâna (von *çtâ*) m. Fuss, loc. mache die Grube *maidhyôi paitistânê* bis zum mittlern Fuss, einen halben Fuss tief vd. 8, 19. 15, 130.

Vgl. skr. *pratishṭhâna*; hzv. *patishtân*.

Vgl. *cathwarepaitistâna*, *bip°*, *maidhyôp°*, *hvp°*.

paitismar° s. 2. *mar*.

paitismukhta s. *muc*.

paitishareza (von *harez*) adj., entlassend, nom. n. *kãçtrem paitisharezem varezayañtem* eine Glocke, welche (ihren Laut) entlässt (tönt) am arbeitenden (Stiere) vd. 14, 48.

paitishahya (von *paitis* + *h°*) m. n. pr. eines Gâhânbâr oder eines der sechs grossen Jahresfeste, welche zum Andenken der Schöpfung gefeiert werden. Paitishahya, an welchem die Schöpfung der Erde gefeiert wird, fällt auf die Tage Açtâd — Anérân (26.—30.) des Monats Shahrévar (August), vgl. Hyde 164. Vullers Fr. 24. Burnouf p. 296 ff. Spiegel, Av. übers. II, 4. acc. *paitishahîm hahîm* vsp. 2, 1. *paitishahîm* y. 2, 37. dat. *°hahyâi* y. 1, 28. 3, 42. gen. *paitishahyêhê* vsp. 1, 4. A. 1, 2. 9. ist der Gâhânbâr des P.: A. 1b, 9.

Hzv. *paitishah*, parsi np. *péteshém*.

paityaogeṭ (schwache Form des partic. praes. von *aog* + *paiti*) herzukommend, hzv. *patîrakdâmtannashnish*, Ner. *pratiravaṃ gamana*; das Wort wird adverbial (indecl.) gebraucht; *paityaogeṭ tâ* *ahmâi jaçôiṭ dvaêshaṅhâ* herzukommend kommt ihm jenes durch die Peinigung y. 45, 8.

paityaogeṭṭbaêshaṅh (v. vor. + *ṭb°*) n., begegnender Hass, d. h. ein Hass, der auf den feindlichen Hass erwidert wird, dat. (vom verstärkten Thema *°ṭbaêshahya*, vgl. *avaqyâi* v. *avaṅh*) *pairikayâo paitituretayaêca paityaogeṭṭbaêshahyâica* zu der Pairika Wegtreibung und zur Vergeltung ihres Hasses y. 17, 48. 67, 24. yt. 8, 51.

paityâpa (von 3. *paiti* + 2. *ap*) adj., stromaufwärts, acc. n. *navagâim paityâpem* neun Schritt stromaufwärts vd. 6, 80. adverbial *paityâpem* y. 64, 23.

Hzv. *pâtyâp*, np. *pâdyâb*, *°yâv* eine Waschungsceremonie, bei welcher die Hände und der Unterarm, das Gesicht und die Füsse gewaschen werden, s. Spiegel Av. übers. II, LXXXV.

paityâmraoṭ s. *mrû*.

paityâra (von *ar*) m. Opposition, eine Schöpfung der bösen Geister, welche dieselben als Gegensatz und feindliche Macht gegen gute Schöpfungen hervorbringen, nom. *paityârô* vd. 19, 144. ohne Flexion *paityâra* yt. 3, 7. acc. *paityârem* vd. 1, 4. 7. u. s. w. vd. 16, 23. ohne Flexion *paityâra* yt. 3, 10. plur. acc. *hâ aêtê paityâra* sie (die Drukhs vermehrt) die Oppositionen vd. 9, 176. gen. *paityâranãm* yt. 3, 14.

Hzv. *patyârak*, parsi np. *patyâr*.

paityârena (vom vor.) m. Feind, Widersacher, nom. *paityârenô* yt. 8, 59.

paityârôtema (Superlativbildung von *paityâra*) sehr widersacherisch, acc. (ohne Flexion) *paityâranãm paityârôtema* die heftigste der Oppositionen yt. 3, 14.

paityâçtar (von *ah* + *paiti*) m., einer welcher der Bitte entgegenkommt, Erhörer, acc. *paityâçtâremcâ* y. 35, 25.

paityâçti (von *ah* + *paiti*) f. Folgsamkeit, Gehorsam, acc. *vaṅhéus paithyâçtîm manaṅhô* in Gehorsam gegen Vohumanô y. 52, 3. *paitiaçtîmca* um Gehorsam (von Seiten der Untergebnen?) A. 1, 14. dat. *paityâçtayaêca* (Westerg. *paitiâçt°*) vsp. 18, 7.

paityêiñti s. 2. *i*.

paithimna s. *path*.

paithi s. *pathan*.

paithya (von 1. *paiti*) n. 1) Herrschaft, Schutz, loc. *yâ fedhrô vîdâṭ paithyaêcâ vâçtryaêibyô aṭcâ qaêtaovê* damit er gebe die Väter zum Schutz für die Thätigen und die Ergebenheit (die Ergebnen); der Sinn scheint zu sein, dass Pourucigta verspricht, in der Frömmigkeit der Väter zu beharren und dieselbe auf ihre etwaigen Nachkommen zu verpflanzen (die Thätigen und Ergebnen), die im Wandel ihrer Ahnen ein vor dem Bösen schützendes Vorbild erblicken sollen? y. 52, 4. 2) affixartig gebraucht wie das lat. *pote*, *pte* (in *utpote*, *suapte*, *quippe*, *ipse*); vgl. das litauische *pàts* Schleicher, litauische Grammatik p. 199. Pott, Et. F. 2. Ausg. II, I, p. 856 ff.

Vgl. altp. *uvâipasiya*. — Vgl. *qâpaithya*.

paithyâçti s. *paityâçti*.

paidhya (von *pâdha*) f. Fuss, acc. *paidhyãm* vd. 13, 27. *dashinem hê paidhyãm upakereñtayen* am rechten Fuss sollen sie ihn schneiden vd. 13, 90. *hôyãm hê paidhyãm* vd. 13, 91. pl. acc. *paidhyâoçca* yt. 13, 11.

Vgl. *ãgamôpaidhis*.

paidhyêçti vd. 22, 38. lies *paitiaçti* (s. *ah*).

pairi 1) adv., herum, oft als verbalpraefix gebraucht, z. B. vor 1. *bar*. 2) praepos. und postpos. a) c. acc., um, während, *nmâna pairi* um die Häuser vd. 15, 123. *daça pairi khshafnô* 10 Nächte lang yt. 13, 49. *gaom pairi ukhshânem* vd. 19, 70. b) c. instr., vor, bei, mit, *pairi âis* vor diesem, früher y. 49, 10. *pairi qaêtéus* . . . *dadaitî* bei, mit Mittheilung der Selbstheit y. 45, 1. c) c. dat. für, *yaêshû aç pairî pourubyô ithyêjô* worin für viele Verderben war y. 34, 8. d) c. abl., vor, von weg, über, *ṭbishyañtaṭ pairi* vor dem Hasser (schütze uns) vd. 8, 60. *nipâtû pairî ṭbaêshaṅhaṭ* (das Gebet) schütze vor Pein y. 57, 4. *pairi drvataṭ mahrkâṭ* yt. 10, 93. gebt ihm die Erlangung des rechten Pfades *pairi* . . . *vôighnâbyô* gegen die Hindernisse y. 67, 40. *pairi* . . . *drujaṭ* yt. 13, 71. *pairi dusmataêibyaçca* von schlechten Gedanken yt. 21, 17. *pairi urvarâbyaçca* entfernt von den Pflanzen vd. 16, 4. *dashinâṭ pairi* von rechts her vd. 3, 149. *nî pairi irithyãçtâtaṭ haraitê* er siegt über die Sterblichkeit y. 19, 26. e) c. loc., unter, bei, *dregvaçû pairî* y. 29, 5.

Skr. *pári*, altp. *pariy*, hzv. *pêr* (in *pêrâmûn*), parsi *pêramûn*, np. *pêrâmûn*, *par°* (*pardâkhtan*, altb. *tac*), armen. *par°*, *phar°*.

pairiaêtaru (vom vor. + *aêt°*) adj., sehr angesehen, gen. *vaêçéusca pairiaêtaréusca yaozhdathô* einen sehr angesehenen Dorfbewohner reinige vd. 9, 152.

pairiaṅharsta s. *pairiṅharsta*.

pairiabaom s. *bû*.

pairiâthra (von *pairi* + *â°*) adj., abnehmend.

Vgl. *apairiâthra*.

pairika (v. *par*) f. Name einer Classe von bösen weiblichen Wesen, welche, wie es scheint, durch leibliche Schönheit die Menschen verführen, wie diess dem Kereçâçpa begegnete; ihr Sitz scheint besonders Kabul (s. *vaêkereta*) gewesen zu sein; s. *duzhyâirya* und *mûs*; in der pers. Mythologie sind die Pairikas zu schönen Feen geworden, vgl. Spiegel Av. übers. III, L. nom. *pairika* yt. 8, 54. acc. *pairikãm* vd. 1, 36. 11, 30. 19, 18. yt. 8, 55. dat. *haca pairikâi* (lies *pairikayâi*?) yt. 4, 4. gen. *pairikayâo* yt. 8, 51. y. 17, 46. 67, 23. (Hss. *°yâi*), plur. nom. *pairikâo* yt. 1, 6. *pairikâoçca* yt. 8, 44. acc. *pairikâo* yt. 8, 8. 39. (hier als böse Sterne gedacht), *pairikâoçca* vd. 20, 25. yt. 1, 6. 11, 6. 15, 12. 19, 29. gen. *pairikanãm* vd. 8, 250. y. 9, 61. yt. 1, 10. 3, 5. 6, 4. 10, 26. 34. 13, 104. *pairikanãmca* yt. 13, 135. S. 2, 13.

Vgl. altp. Παρικάνιοι (so benannt von ihrer Verehrung der P.?), hzv. *parîk* (auch n. pr. eines Lehrers vd. 8, 64. bei Spiegel p. 110, Z. 5. vd. 5, 134. bei Spiegel p. 61, Z. 13), parsi *fryãn* (plur.), np. afgh. *parî*, buchar. *peri*, armen. *parik*, *youshka-parik* (Centaur), auch *hambarou* (Sirene) wird im Nor barhgirkh, Venedig 1837. II, p. 633 dazu gezogen; alb. *περί*.

Vgl. *aspairika*.

pairikara (v. 1. *kar*) m. Umkreis, acc. (collect.) *pairikarem* vd. 17, 17. 24.

Skr. *parikara*.

pairikarsha (von *karesh*) m. Furche, acc. *pairikarshem pairikarshôiṭ* vd. 19, 72.

pairikavañṭ (von *pairika*) adj., subst., von Pairikas besessen, ihr Anhänger, plur. gen. *pairikavatãm* yt. 11, 6.

pairikereta (v. 2. *kar*) n. Abwendung des Blicks, acc. *mâ pairikeretem pairikereñtis añhen* sie sollen den Blick nicht abwenden (vom Barsom, wenn sie es schneiden, vergl. die Stelle des Vajarkart bei Spiegel, Av. übers. II, LXVIII) vd. 19, 64.

pairiga (von 1. *gâ*) m.? passende Zeit.

pairigâvacañh (vom vor. + *vacañh*) adj., zu passender Zeit sprechend, nom. *pairigâvacâo* y. 56, 8, 4.

pairiñharsta (partic. perf. pass. von *harez* + *pairi*) ausgesucht, geprüft, plur. gen. fem. *zaothranãm pairiñharstanãm* (Westerg. *pairigharstanãm*) vd. 14, 8. 18, 143. *zaothranãm pairiañharstanãm* yt. 5, 63. dat. (statt instr.) *zaothrâbyô pairiañharstâbyô* yt. 5, 8. 124.

Vgl. *dahmôpairiñharsta*.

pairicithiṭ (von *pairi* + *ciṭ* + *iṭ*) adv. praepos., vor, *yâ vâverezôiṭ pairicithiṭ daêvâiscâ mashyâiscâ* (die Worte) welche er gethan hat vor Devs und Menschen y. 29, 4.

pairijathan (von *jam?*) m. Verehrer, acc. *humâim pairijathanem* (Westerg. °*thnem*) den dienstwilligen Verehrer (des Ormazdgesetzes) vsp. 3, 19. G. 4, 8. gen. *humâyêhê pairijathnô* vsp. 10, 7. yt. 24, 17.

pairithna (v. *pareth*) m. Kampf, acc. *paçca fraçakhtahê mashyêhê paçca pairithnem kereneñtê daêva* nach dem Hingang des Menschen führen Krieg die Daêva (um die Seele) vd. 19, 90. *avi mê âzis parôiṭ pairithnem añhrãm aradereñtu çadayêiti* zu mir würde Azi vorher (d. h. bevor du es thust, Holz bringst) mit Kampf zur Entreissung der Welten kommen vd. 18, 45. *mê idha . . . hâo pairika . . . vîçpahê añhêus parôiṭ pairithnem añhvãm arahiçidhyâṭ âca pairica dravaiti* diese Pairika würde mir hier vorher in der ganzen Welt Kampf gegen die Welten bewerkstelligen, indem sie umherläuft yt. 8, 54.

Vgl. skr. *pṛtanâ*.

pairidaêza (von *diz*) m. Umhäufung, plur. acc. *pairidaêzãn pairidaêzayãn* sie sollen Umhäufungen umhäufen, anhäufen vd. 3, 58. 5, 145.

Np. afgh. *firdaeç*, armen. *partêz*, hebr. (aus dem pers.) *pardês*; vgl. Photius bei Bötticher, Arica 24, n° 77.

pairidaqyu (von *pairi* + *d°*) adj., um das Land herum seiend, acc. *mithrem pairidaqyûm* yt. 10, 144.

pairidarezâna s. *darez* + *paiti*.

pairifrâça (von *pareç*) m. Herumfragen, instr. *usta tê nôiṭ pairifrâça* (Westerg. *pairi fr°*) *erezhukhdhem pereçahi vâcem* heil dir (der du) nicht durch Herumfragen fragst nach der rein gesprochenen Rede (d. h. du, Haoma, sagst nichts, was nicht Ormazd in seinen Antworten auf die Fragen verkündet hätte) y. 9, 80.

pairimaiti (von *man*) f. schlechte hochfahrende Gesinnung, gen. *pairimatôiscâ* (scil. *añhaṭ*) der gehört der schlechten Gesinnung an y. 32, 3.

pairimata (partic. perf. pass. von *man* + *pairi*) n. Hochmuth, nom. (ohne Flexion) *pairimata* yt. 3, 8. acc. (ohne Flexion) *pairimata* yt. 3, 8. 11, 15.

pairivavañṭ (von 1. *van*) adj., daneben schlagend, nicht treffend.

Vgl. *apairivavañṭ*.

pairivâra (von 2. *var*) m. Umzäunung, Schutz, nom. *pairivâraçca* Schutz, Wall yt. 1, 19. 13, 71. acc. (collectiv) *pairivâremca* vd. 2, 69.

Skr. *parivârâ*, armen. *parhouar*; vgl. hebr. *parvar* (Kön. II, 23, 11.)

pairiçpâiti (von 1. *çpâ*) f. Umherstreuung, instr. *pairiçpâiti* vd. 6, 64.

pairish° s. 1. *ish* + *pairi*.

pairis, Nebenform von *pairi* in Zusammensetzungen.

pairisqakhta s. *qaj*.

pairista (partic. perf. pass. von 1. *ish* + *pairi*) 1) untersucht, geprüft; da dieser Ausdruck namentlich von Holz, welches zu den heiligen Feuern ganz trocken sein muss, gebraucht wird, so scheint das Wort die Bedeutung trocken angenommen zu haben; plur. gen. *aêçmanãm pairistanãm* vd. 14, 5. 18, 140. *pairistanãm* A. 1, 4. 2) kraftlos, plur. gen. *pairistanãm* kraftloser (Männer) yt. 13, 71.

Vgl. *dahmôpairista*, *dâityâp°*, *raocaçp°*, *hup°*.

pairistâkhshudra (vom vor. + *khsh°*) adj., eingetrockneten Saamen habend, ohne Saamen, nom. *vîçpem â ahmâṭ yaṭ pairistâkhshudrô bavâṭ* so lange bis er keinen Saamen mehr hat vd. 3, 63. 64. *narô °khshudrô* yt. 17, 54. *çûnis °khshudraçca* vd. 13, 166.

pairistay (verb. denom. von *pairista*) austrocknen, praes. 3. sg. *thrishûm apãm pairistayêiti* ein Drittel des Wassers macht er vertrocknen vd. 8, 125.

pairistira (von *pairis* + *t°*) m. n. pr. des Vaters des Jarôdañhu, gen. *jarôdañhêus pairistîrahê* yt. 13, 110.

pairishanâna (von *han*) adj., anreizend, anfachend, dual. acc. Werkzeuge *âtarecarana pairishanâna* welche zum Feuer gehn und es anfachen vd. 14, 20.

pairishâvani (von *pairis* + *h°*) adj., subst., um Hâvani seiend, von den 33 Dingen, die zum Opfer gebraucht werden, nemlich den heiligen Gefässen und Instrumenten, dem Fleisch, Haoma, Parahaoma, Brot, den Reisern, Blumen und Wohlgerüchen, vgl. Spiegel, Av. übers. II, 40. plur. acc. (nach *heñti*) *thryaçca thriçâçca nazdista pairishâvanayô* y. 1, 33. 2, 43. yt. 24, 18.

pairyaoghzhâ s. *yukhsh.*

paurva (von *par*) adj., 1) vorne, der vordere, nom. f. *yâ paurva vâshê vazaiti* welche vorn auf dem Wagen führt yt. 5, 11. acc. f. *paurvãm* y. 64, 39. instr. m. *paurva frabda* mit vorgestelltem Fuss vd. 18, 91. abl. neutr. *paurvâṭ* vd. 4, 67. dual. instr. *paurvaêibya* vorwärts vd. 13, 131. abl. *apâca paurvaêibya* von den zwei erstern (Hunden) vd. 15, 133. *haca paurvaêibya* vd. 8, 125. plur. nom. *paurva* frühere (Herbads) vd. 4, 127. zuerst y. 9, 69. yt. 10, 9. 13, 47. fem. oder neutr. *paurvâo dâtâo dâmãn* die als frühere geschaffnen Geschöpfe y. 17, 11. acc. f. *paurvâo* yt. 13, 30. abl. m. *paurvaêibyô* vd. 9, 18. 2) vorzüglich, reichlich, nom. f. *âfs paurva* reichlich fliessendes Wasser vd. 2, 58. instr. n. *paurva hê nemô baraiti paurva qarenâo vîdhârayeiti* reichlich bringt er Anbetung, reichlich verbreitet er seine Majestät yt. 14, 36. plur. nom. m. *yôi paurva mithrem druzheñti* welche besonders den Mithra belügen yt. 10, 45. *paurva mashyâkâoñhô* viele Menschen (Windischmann: die frühern M.) yt. 10, 80. neutr. *nmânâo asha paurvâo* Häuser, vorzüglich durch Reinheit yt. 17, 8. comparat. voc. *paurvatare* o erster (Zarathustra steht an der Spitze der Menschen) y. 70, 1.

Skr. *pûrva*, vgl. np. *pûrau*, armen. *parhau* (altes Weib).

Vgl. *hupaurva.*

paurvata m. f. Berg, dual. nom. (masc.) *dva hamañkuna paurvata* yt. 19, 3. plur. loc. (fem.) *âhva paurvatâhva* y. 10, 31.

Skr. *pârvata* (von *pârvan*). — Vgl. *pouruta.*

Vgl. *vaçnôpaurvata.*

paurvatâṭ (von *paurva* + *tâṭ*) f. Vorrang, Vorausgehn, acc. *paurvatâtem* N. 3, 10 = yt. 24, 6. *mãthrahê paurvatâtem* (er besitzt) den Vorrang des Mãthra, d. h. kannte es zuerst y. 56, 8, 5. *paurvatâtem* den Vortritt (des guten Geistes gib mir, dem Zarathustra) y. 33, 14. instr. *yaçnyanãm paurvatâtâ* zuerst unter den zu preisenden y. 5, 4. 37, 4. gen. *paurvatâtô* für das Vorausgehn vsp. 10, 19.

paurvanaêma (von *paurva* + *n°*) n. vordere Seite, abl. *paurvanaêmâṭ* vorne yt. 16, 2. *paurvanaêmâṭ ahê gravahê* vorn an diesem Stab vd. 9, 42. *°naêmâṭ hû* voraus der Sonne yt. 10, 13. *yêñhê °naêmâṭ* vor welchem voraus yt. 10, 70. *°naêmâṭ pataṭ* es stürzte nach vorn, hervor yt. 3, 13.

paurvanya (von *paurva*) adj., vordere, erste, acc. neutr. *paurvanîm* als das erste (brachte er den Gürtel) y. 9, 81.

paurvâvayôiṭ s. 1. *vî.*

paurvãnc (von *paurva* + *ac*) adj., vordringend, instr. n. *druca paurvãnca* mit einer durchbohrenden Waffe yt. 13, 99.

paêmaini (von *paêman*) adj. fem. säugend, nom. (statt acc.) *puthrâca paêmainica* vd. 15, 134. 135. *paêmanyô vâ* yt. 24, 13 lies *paêmavaiti.*

paêman (von 2. *pâ*) n. Milch der Weiber, acc. *paêma* yt. 24, 50. *hâ khshathrinãm paêma* sic (reinigt) die Milch der Weiber y. 64, 21. vd. 7, 40. *dâitîm vathwîm paêma* y. 64, 10. yt. 5, 2. 13, 5.

Hzv. parsi *pîm*; vgl. finnisch *piimo*, esthnisch *piim.*

Vgl. *hacaṭpaêmainya.*

paêmavañṭ (vom vor.) adj., reich an Milch, nom. (statt acc.) fem. *paêmavaiti* vd. 21, 27. yt. 24, 49.

paêça (von *piç*) m. Gestalt, nom. *mâ paêçô yô vîtaretôtanus* nicht eine Gestalt, welche das Maass des Körpers überschreitet vd. 2, 85. yt. 5, 92 (wo *maê*).

Vgl. *zaranyôpaêça, vîçpôpaêça, çtehrpaêça.*

paêçañh (von *piç*) n. Gestalt; Schmuck.

Skr. *péças*; vgl. hzv. *pêsh* (vd. 2, 85).

Vgl. *vîçpôpaêçañh, çtehrpaêçañha.*

paêçañhanu (vom vor.) f. n. pr., gen. *kanyâo paêçañhanva* yt. 13, 141.

paêshata (von *pish*) m. n. pr. des Vaters des Uçmânara, gen. *uçmânarahê paêshatahê* yt. 13, 97.

paêshatañh (von *pish*) m. n. pr. des Vaters des Nanârâçti, Zarazdâti und Uçmânara (scheint also mit dem vor. identisch), gen. *nanârâçtôis paêshatañhô* yt. 13, 115. *zarazdâtôis paêshatañhô* yt. 13, 115. *uçmânarahêca paêshatañhô paitiçrîrahê* yt. 13, 120.

paêsis f. n. pr. der Unholdin der Verwesung (Windischmann Mithra 84), gen. *paêsisô duscithrayâo* yt. 19, 94. Windischmann verm. *paêsacyô* und vgl. skr. *piçâcî*; Spiegel: die Gebilde des schlechten Saamens.

paoiri (vgl. *paoirya*) adj., der erste, nom. *paoiris* yt. 10, 142. 143. plur. nom. f. *paoirîs* yt. 13, 65. *paoiris âpô* die zuerst (geschaffnen) Wasser yt. 19, 66. acc. *paoiris vôighnâo* yt. 19, 67. *paoirîs ârâo* yt. 10, 14.

paoirya (von *par*) adj., der erste, nom. *paoiryô* vd. 4, 6. 14, 34. 18, 78. y. 9, 10. 56, 1, 2. 31, 7. yt. 10, 13. 13, 87. 89. *paoiryô gairis* yt. 19, 1. *añhus paoiryô* y. 28, 11. *mañtô paoiryô* (Westerg. *pouruyô*) y. 31, 7. *kahmâi paoiryô* (lies *paoiryâi*, Westergaard, Preface 9, n. 4.) *mashyânãm apereçe* mit wem als dem ersten unter den Menschen unterhieltest du dich vd. 2, 2. neutr. *paoirîm* vd. 3, 2. 39. *paoirîm hañdareza* vd. 8, 242. *paoirîm qarenô* die Majestät (entfernte sich) zuerst yt. 19, 35. acc. m. *paoirîm* vd. 4, 13. 5, 105. y. 9, 64. *paoirîm hâthrem* vd. 8, 280. *çraoshem paoirîmca* yt. 11, 18. *paoirîmca ṭkaêshem* yt. 13, 152. fem. *paoiryãm* yt. 17, 57. 24, 54. *paoiryãm çtîm* die erste Schöpfung vsp. 21, 2. neutr. *paoirîm* vd. 1, 5. *paoirîm* zuerst (den Namen) yt. 4, 3. primum vd. 5, 147. 7, 97. instr. m. *paoiryâca yaçna* yt. 11, 18. neutr. *paoirya* zuerst y. 23, 1. *paoiryâ upaêta* vd. 16, 36. dat. m. *paoiryâi* yt. 13, 88. *paoiryâi thrishvâi* vd. 18, 43. *paoiryâi nidarezayen aperenâyûkem* vd. 15, 131. gen. *paoiryêhê* A. 1, 7. neutr. *paoiryêhêca . . . hazañrôzimahê* Glosse zu vd. 2, 41 (Westerg. 2, 20); plur. acc. *paoiryãn ṭkaêshê* yt. 13, 150. *tisrô paoiryô yazamaidê . . .*

tisra paoirya yazamaidê vsp. 15, 4. fem. *paoiryâo* yt. 8, 13. neutr. *paoirya dâmãn* vsp. 12, 10. gen. m. *paoiryanãm ţkaêshanãm* y. 23, 4. yt. 13, 17.
Vgl. np. buchar. kurd. *pîr?* zaza *pîli?*
Vgl. *ashapaoirya*, *ashôp°*, *ârmaitip°*, *manaçp°*.

paoiryêni (vom vor.) adj. subst. fem. Genossin des ersten Sternes (des Tistrya), plur. acc. *tistrîmca yazamaidê tistryênyaçca yaz°*, *upa paoirîmca yaz° paoiryênyaçca yaz°* wir preisen den Tistrya und seine Genossinnen, den ersten (Stern) und seine Genossinnen yt. 8, 12.

paoiryôţkaêsha (von *paoirya* + *ţk°*) m. Anhänger des ersten Herkommens, Bezeichnung der Frommen, welche vor Zarathustra lebten und im Besitz einer richtigen religiösen Erkenntuiss waren, welche aber, da sie dieselbe nicht weiter verbreiteten, jedesmal mit ihrem Tode erlosch; vgl. Spiegel I. St. III, 450. nom. *paoiryôţkaêshô* (von Zarathustra, der die Reihe derselben abschliesst und die Reihe der Ahuraţkaêshas beginnt) yt. 13, 90. plur. gen. *paoiryôţkaêshanãm* y. 1, 47. 3, 65. 4, 55. 22, 33. yt. 13, 0. 156. A. 3, 2.
Hzv. *pûrâtkêsh*, *pôryôtkêsh*.

paoiryôdâta (von *paoirya* + 2. *dâta*) adj., zuerst geschaffen, acc. *açmanem °dâtem* vsp. 8, 20. plur. nom. n. *yâo heñti paoiryôdâta* vsp. 8, 17. (Spiegel *paourvôdâta*).

paoiryôfrathwarsta (von *paoirya* + *fr°*) adj., zuerst gebildet, acc. *açmanem °frathwarstem* vsp. 8, 20. plur. nom. n. *yâo heñti °frathwarsta* vsp. 8, 17. (Spiegel *paourvôfr°*).

paouru (vgl. *paourva*) adj., vollkommen, reichlich, nom. *nâ paourus* ein vollkommner Mann y. 42, 15. fem. *paourus* y. 46, 6. plur. nom. m. *paourûs* viele y. 64, 43. acc. fem. *urvarâo paouiris pouruçatâo* vd. 20, 16. superl. plur. instr. *êhmâ paourutemâis* y. 34, 1.

paourunaênaňh (vom vor. + *aênaňh*) adj., sündhaft, nom. masc. *paourunaênâo* y. 32, 6.

paourva (von *par*) adj., der frühere, vordere, vollkommne, nom. *paourvô* früh vd. 18, 55. acc. n. (adv.) *paourvm* vorn, von vorn, vd. 8, 130. *paitisa hê paourum* (besprenge) sie von vorn vd. 8, 186. gen. f. *paouruyâo dâo* y. 45, 6.
Altp. *parura*.

paourvanya (vom vor.) adj., der frühere, plur. acc. f. *druja paourvainîsca* (lies *paurv°?*) yt. 24, 29.

paourvôdâta }
paourvôfrathwarsta } s. *paoiryô°*.

paourvôvaçna (von *paourva* + *v°*) adj., den vollen Willen habend, instr. n. *paourvôvaçna skyaothna* mit wissentlicher That vd. 16, 33; statt dessen steht yt. 24, 26. *paourvô vaçta snaothna*.

paourvya (von *paourva*) adj., der erste, nom. *aňhus paouruyô* yt. 1, 26. *paouruyô* y. 31, 7. 30, 7. 50, 3. 43, 3. zuerst y. 43, 11. 45, 9. fem. *paouruyê* y. 43, 19. neutr. *paourvîm* der Beginn y. 43, 2. acc. m. *paourvîm* y. 29, 10. 31, 8. neutr. *paourvîm* zuerst y. 28, 1. 42. 5. 8. 44, 3. 50, 2. am Anfang vsp. 10, 31. gen. m. *paouruyêhyâ* y. 53, Schluss. 54, 20. 57, 24. 70, 82. 33, 1. *aňhêus paouruyêhyâ* y. 47, 6. dual. nom. *paouruyê* y. 30, 3. acc. *paouruyê* y. 44, 2. plur. nom. *thwâ . . . paouruyê* dir (nahen wir) zuerst y. 36, 1. instr. n. *paouruyâis dâtâis* y. 45, 15 = yt. 14, 5 (wo *paoiryâis*).
Skr. *pûrvyá*, altp. *paruriya*.

paoshista (von *push* = *pû*, Superlativbildung) sehr stinkend, hzv. *pûtaktum*, von den Devs, plur. instr. *paoshistâis* y. 13, 15.

pakhruma (vgl. 1. *khru?*) adj., sicher, Hzv. *kaut* (gemacht, gebaut), Windischmann Z. St. 24 traurig; plur. loc. *pakhrumaêshu nmânaêshu* vd. 2, 56.

pakhrustaňh (nach der Hzv.-Uebers. von *khrush; pa* stünde dann für *apa*) n. Peinigung, loc. geh auf, o Stern, *pakhrustahi* zur Peinigung (böser Sterne) vd. 21, 35. Westerg. *pakhrusta* (nom. von *°star* Peiniger) *hi* (*ahi?*).

pakhsh (Fortbildung von *paç?*) sticken, acu pingere; partic. perf. *pakhsta;* vgl. *zaranyapakhsta*, *pouruçpakhsta*.

paňtaňha (von *pañcan*) m. ein Fünftel, acc. *yaţ râ paňtaňhem* y. 19, 13. (Spiegel *pañgtaňhâm*) vd. 6, 69. 16, 7.

pac, kochen, pot. 3. plur. *paçâm hê pacayen* yt. 8, 58. 14, 50. impf. 3. sg. med. *pacata* y. 9, 35. yt. 19, 40.
— *fra*, verbrennen, impf. conj. 3. sg. *yadhôiţ frâ naçâm pacâţ* als ob er den Leichnam verbrennte vd. 16, 40.
— *hãm*, verbrennen, praes. conj. 3. sg med. *hãmpacâitê* y. 61, 19. impf. conj. 3. pl. *naçûm hãmpacãn* vd. 8, 231.
Skr. *pac*, *pácati*, hzv. np. buchar. *pukhtan*, afgh. *pakhaval*, bal. *pash* (koche), kurd. *pezinm* (coquo), *pât* (coctus), kurm. *depéze* (es kocht), zaza *paujéna* (coquo), vgl. phryg. *βεκός*, armen. *hats*, südoss. *ficin*, dig. *fitsun*, tag. *fitsũn*.

pacika (vom vor.) adj., brennend.
Vgl. *zemainip°*, *yâmôp°*.

paeya (von *pac*) m. das Kochen.
Vgl. *naçuspacya*.

pazdâ (von *pad* + 2. *dâ*) 1) mit den Füssen auftreten, praes. 3. sg. *pazdayêiti* (wer) mit den Füssen auftritt (um zu erschrecken) vd. 15, 17. 2) verfolgen, impf. 3. plur. med. *pazdayañta* yt. 17, 54.

pazdu m. Insect, Spiegel: Maus, plur. gen. *pazdunãm* vd. 14, 16.
Hzv. *pazud* (lies *pazdu?* oder ist das letzte Zeichen Izâfet?), np. *pazdak* (Getreidewurm)?

pañcaţkaêsha (von *pañcan* + *ţk°*) adj. aus 5 Theilen, Sätzen bestehend, vom Gebet *yathâ ahû vairyô*, acc. *vâcem pañcaţkaêshem* yt. 13, 90.

pañcadaça (v. *pañcadaçan*) adj., 1) der fünfzehnte, nom. (ohne Flexion) *pañcadaça aranemna* fünfzehntens bin ich der nicht geschlagne yt. 1, 8. acc. n. *pañcadaçem* vd. 1, 72. instr. n. *pañcadaça* fünfzehnmal vd. 8, 279. 9, 123. 2) fünfzehnjährig, gen. fem. *°daçayâo* yt. 22, 9. dual. nom. m. *pañcadaça* y. 9, 19.
Skr. *pañcadaçá*, np. *pânzadahum*, afgh. *panzahla-*

gum, armen. *hngetaçanerord*, dig. *findtèçcymag*, tag. *fündtägem*.

pañcadaçagâya (von *pañcadaçan* + *g*°) n. 15 Schritt, acc. °*gâim* vd. 16, 10.

pañcadaçaṅh (von *pañcadaçan*) adj., fünfzehnjährig, gen. °*daçaṅhô* yt. 8, 13. 14, 17.

pañcadaçan (von *pañcan* + 2. *daçan*) numer., fünfzehn, acc. *pañcadaça* vd. 4, 62. 12, 49. Tage: yt. 7, 2.

Skr. *páñcadaçan*, np. *pânzadah*, afgh. *panzahlaç*, bal. *phânzdah* (brahvi *pânzda*), kurd. *panzdah*, armen. *hngetaçan*, dig. *findteç*, tag. *fündtäç*.

pañcadaçya (vom vor.) adj., der fünfzehnte, acc. *paçca pañcadaçîm çaredhem* vd. 14, 66.

pañcan, numer., fünf, nom. *pañca* vd. 1, 10. 5, 84. 15, 4. acc. *pañca* vd. 4, 60. 70, 25. *pañca çata* 500, vd. 3, 125. *gâthâo pañca* G. 1, 6. y. 56, 3, 2. *pancâca cathwareçatemca* nach Ablauf von 45 Tagen A. 1b, 7. *pañcâca haptâitîm* am 75. Tage A. 1b, 9. 12. gen. *pañcanãm ahmi* ich gehöre zu den Fünfen (dem, welcher gut redet, denkt und handelt, welcher hört und rein ist) y. 10, 45.

Skr. *páñcan* (vgl. Fr. Müller Beitr. II, 398), hzv. *panj*, parsi *pañc*, *pañja*, *pañzh*, np. *panj*, buchar. *penj*, afgh. *panzah*, bal. *panc* (brahvi *panj*), kurd. *penj*, kurm. zaza *pâñdj*, *pêñdj*, armen. *hing*, oss. *fondz*.

pañcamâhya (vom vor. + *mâoṅh*) adj., fünfmonatlich, acc. °*mâhîm* (eine Zeit) von 5 Monaten vd. 5, 136.

pañcayakhsti (von *pañcan* + *y*°) f. fünf Zweige, plur. acc. *yô paoiryô bareçma fraçterenata pañcayakhstîsca* welcher zuerst das Barçom zusammenband mit 5 Zweigen (wie es beim gewöhnlichen Draonaopfer geschieht) y. 56, 2, 3.

pañcaratu (von *pañcan* + *r*°) adj., fünf Herren enthaltend, von ihnen redend, nom. neutr. das Gebet *yathâ ahû vairyô* ist *pañcaratu* y. 19, 44. d. h. es berücksichtigt die ganze zoroastrische Staatseinrichtung der 5 Herren (Herr des Hauses, des Clanes, der Genossenschaft, der Gegend und Zarathustrôtema) vgl. Spiegel Av. übers. II, 99.

pañcaçaghna (von *pañcâçata* + *ghna*) n. Tödtung von fünfzigen, dat. *pañcaçaghnâi çataghnâisca* vd. 7, 137. 139. yt. 5, 54. 58. 117. 10, 43. 13, 48. s. *ahãkhstaghna*.

pañcaçatagâya (von *pañcâçata* + *g*°) n. 50 Schritt, acc. °*gâim* vd. 17, 12.

pañcaçathwâo (von *pañcâçata*) adj., fünfzigfach, nom *pañcaçathwâo* yt. 10, 116.

pañcâçata (von *pañcan* + 2. *daçan*) numer., fünfzig, nom. *pañcâçatem* vd. 5, 84. acc. °*çatem* vd. 4, 64. 7, 125. 8, 266. 12, 33. yt. 8, 11. instr. *pañcaçatbisca* vsp. 9, 3.

Skr. *pañcâçát*, hzv. parsi np. *panjâh* (syrisch-zig. *penja*), afgh. *panzôç*, bal. *panjâh*, kurd. *penjah*, armen. *yiçoun*.

pañcâçadvara (vom vor. + 1. *vara*?) fünfzig Var (durch seine Grösse) anfüllend ? f. Name eines Fisches, acc. *vâçîmcâ yãm pañcâçadvarãm* den Fisch P. y. 41, 27. Bund. 43, 5. sagt, der Karmâhik und die ahrimanische Eidechse hätten beide Platz in dem zwischen ihnen liegenden Raum, nicht aber der Fisch, welcher ist *vâç î pancâçatvaran*; Zeile 10: vom *vâçi pancâçatvarân* heisst es: er geht im See Vourukasha und seine Länge (*drâvâi gâi*?) ist so gross als ein Mann in raschem Lauf durchlaufen kann [ohne Schaden zu nehmen?], alles weicht ihm an Körpergrösse, unter seiner Herrschaft leben die meisten Wassergeschöpfe.

pañcôhya (von *pañcan* + 2. *hya*) adj., zu fünfen angeschirrt, gen. f. *gêus pañcôhyayâo* yt. 13, 10. 43. 19, 69.

pañt° s. *pathan*.

patar (von 1. *pâ*) m. Vater, nom. *pita* (Hss. *pitô*) vd. 12, 1. 10. von Ormazd y. 11, 16. yt. 17, 16. *pita puthraçca* y. 9, 19. *patâ* y. 43, 3. *ptâ* y. 57, 10. 44, 11. 46, 2. *pataca* yt. 13, 83. acc. *pitarem* vd. 12, 2. yt. 10, 117. *patarem* y. 31, 8. *ptarêm* y. 44, 4. dat. *kê uzemem côreṭ puthrem pithrê* (Westerg. *pithrê*) wer schuf die Liebe dem Vater zum Sohne y. 43, 7. *pithrê* yt. 4, 10. 14, 46. dual. nom. *pithê* (al. *pitha*, s. *dva*) yt. 10, 84. plur. nom. *yêzi aêshãm patarô* (Westerg. *ptarô*) *isharestâitya* Cit. der Hzv.-Gl. zu vd. 7, 182. acc. *fedhrô* vd. 19, 43. y. 52, 4.

Skr. *pitár*, altp. *pitar*, hzv. *pit*, parsi *ped*, np. *padar*, buchar. *peder*, maz. *pär*, tâtî *pier*, tâlish *peh*, afgh. *plâr*, bal. *pith*, kurd. *pier*, zaza *pî*, arm. *hayr*, dig. *fide*, tag. *füd*.

Vgl. *eredaṭfedhri*, *vaṅhuf*°, *çrûtaṭf*°, *huf*°.

patara (von *paṭ*) n. Flügel.

Skr. *páttra*, armen. *phetour*. — Vgl. *hupatareta*.

patu scheint synonym mit 1. *paiti*.

Vgl. *kaçupatu*.

patita s. *paitita*.

pateretа (von *patara*) adj., beflügelt, dual. instr. *vayaêibya pateretaêibya* mit einem Paar Vögel yt. 10, 119.

patôis s. 1. *paiti*.

paṭ, fallen, laufen (von bösen Wesen), praes. 3. plur. *pateñti* yt. 8, 8. von den Waffen Mithras yt. 10, 128. pot. 3. plur. *patayen* stürzen fort yt. 19, 80. impf. 3. sg. *pataṭ* yt. 8, 13. partic. praes. acc. *ahmi* ... *yim çâçta daṅhêus hamôkhshathrô pateñtem* dann wann der König, der Herrscher des Landes, gegen den einstürzenden (Feind, scil. ist, steht) yt. 15, 50. gen. fem. *haênayâo pataithyâo* y. 9, 63.

— *ava*, weglaufen, impf. 3. sg. *avapataṭ* yt. 19, 58.

— *avi*, fallen lassen, participialperfect 3. sg. *avi dim paitita* auf den (Baum) lässt er fallen (von dem Aas) vd. 5, 6.

— *â*, herumlaufen, herzustürzen, pot. 3. plur. *yôi apatayen* welche herumliefen y. 9, 46. impf. 3. sg. *yô apataṭ* . . . *gaêthâo* welcher gegen die Welten stürzt yt. 19, 41. *apataṭ* yt. 19, 82.

— *uç*, hervorstürzen, praes. 3. pl. *uç tâciṭ çpâna pateñti* zum Vorschein kommen Hunde vd. 13, 117.

impf. 3. sg. *uçpatat* yt. 19, 57. causale imper. 1. sg. *uçpatayêni* ich will hervorstürzen lassen yt. 19, 44.

— *pairi* ringsum fallen, vom Winter, praes. 3. sg. *pairipataiti* vd. 1, 12.

— *fra*, 1) auffliegen, impf. conj. 3. pl. *frâ . . . patãn* vd. 5, 12 (Hzv. übers. kommen). 2) anfallen, auf etwas hingehn, praes. 3. sg. *yaêthãm avi frapataiti* vd. 18, 131. *âpem avi frapataiti* steigt zum Wasser vd. 18, 132. conj. 3. plur. *frapatâoñti* werden fortstürzen yt. 8, 61. 3) herumlaufen, praes. 3. sg. *yat nâ jahika frapataiti* wenn ein Mann Unzucht treibt (Westerg. verm. *jahikãm*, wenn er zur Buhlerin läuft) vd. 18, 115. 120.

— *vi*, hinwegstürzen, imperat. 3. plur. *vîs . . . pateñtu vî daêvâoñhô vî daêvayô* hinweg sollen sie stürzen, hinweg die männlichen, hinweg die weiblichen Devs y. 10, 1.

— *hãm*, angreifen, praes. 3. sg. Çraosha *hãmpataiti* greift an das sündliche Leben der Menschen vd. 19, 139. yt. 24, 26.

Skr. *pat*, *pátati*, altp. *pat*, hzv. *patîtan*, *patinîtan*, *ôftâtan* (mit *ava*), parsi *ôftet* (er fällt), np. *fitâdan*, *uftâdan*, armen. *thôthaphel* (? Müller, Sitzungsberichte der Wiener Akad. XXV, 389), dig. *baftaun* (zulegen, vermehren)?

path, anfüllen, praes. conj. 3. sg. *paithyâiti* vd. 5, 174. *tem ahûm paithyâiti* er wird den Ort anfüllen (d. h. sich in ihm befinden) vd. 18, 150. 3. plur. *paithyâoñti* füllen an, liegen in Fülle da, werden aufgeschichtet yt. 10, 113. med. *paithyâoñtê* yt. 24, 28. partic. praes. pass. *paithimnô* welcher voll ist, besitzt y. 56, 8, 5.

— *hãm*, besitzen? praes. 3. sg. *hãmpathyêiti* yt. 24, 35.

pathan m. f., Weg, Pfad, nom. *pañta vîcinaêta* ein Weg (ist es, den) man aussuchen soll vd. 16, 3. acc. *pañtânem* vd. 13, 155. *pañtãm* vd. 3, 36. 4. 116. 21, 22. yt. 10, 3. 38. 86. 8, 7. 22, 17. 24, 42. *pathãm* y. 31, 9. *avi pathãm* yt. 14, 44. *yaçe-thwâ pathãm jaçâiti* wenn dir auf den Weg kommt yt. 13, 20. *pathãm qâçtâitîm* Fr. 5, 2. N. 1, 8. instr. *patha* yt. 4, 5. 13, 16 *yôi patha uzbareñtê* wenn man auf den Weg hinausträgt vd. 8, 38. dat. (loeal) *paithê* yt. 17, 58. abl. *pañtat* vd. 8, 254. (Westerg. 8, 94); gen. *pathô* y. 67, 41. *pathayâo qâçtâtayâo* Fr. 5, 1. loc. *â paithî* y. 49, 4. plur. nom. *pañtânô* yt. 13, 84. 16, 3. acc. *pathô* y. 34, 12. 33, 5. 42, 3. 50, 13. yt. 8, 33. 10, 45. 68. 13, 57 *çrîrâo pathô* yt. 13, 53. *añtarât naêmât aêtê patha* vd. 8, 300. *pathâo* yt. 24, 54. *aêtê pathâo* vd. 3, 53. 5, 141. *kat tâo pathâo frayãn* sollen auf diesen Wegen gehn vd. 8, 39. gen. *pathãm* vd. 19, 95. y. 41, 20. yt. 11, 4.

Skr. *panthán*, *páth*, altp. *pathim* (acc.), oss. *fandag*, tag. *fãndãg*.

Vgl. *kuçrôpathan*, *pouru°*, *visp°*, *vîçpôp°*.

pathana (vom vor., viis calcatus) 1) adj., weit, breit, nom. f. *dûrât pathana qâthravana dareghôhakhedhrayana* (welche) von weitem sich ausbreitet, die glänzende, freundliche, yt. 9, 1. acc. f. *zãm pathanãm* y. 10, 8. yt. 13, 9. abl. *haca zemat yat pathanayâo* yt. 17, 19. gen. *zemô yat pathanayâo* vd. 19, 15 (loeal). yt. 10, 95. ohne *zemô*: yt. 5, 38. 2) f. Ebene, plur. acc. *pathanâo* yt. 10, 112.

Huzv. *pâhan*, np. *pahan*, afgh. *plan*, oss. *fathan*, tag. *fäthän*.

pathanya (von *pathan*) m. Wegelagerer, Buschklepper? plur. acc. *yô janat hunavô yat pathanya nava* welcher erschlug die neun Söhne, die Wegelagerer, Spiegel: die Nachkommen der 9 Räuber yt. 19, 41.

pathma (von *path*) m. Speicher, hzv. *anbâr*, Ner. *samûha*, plur. acc. *kvô têñg frô gâo pathmêñg huciçtôis carat* der gelangt zu den Kühen, zu den Speichern der Weisheit y. 45, 4.

pathmainya (vom vor.?) f. Kost, Vorrath.

Vgl. *hupathmainya*.

pad, gehn, conj. praes. 3. sg. *paidhyâiti* (wenn) er geräth vd. 13, 102. 15, 18. 4, 150. partic. praes. med. plur. nom. f. *paidhimnâo* zukommen lassend yt. 13, 42.

— *ni*, verweilen, praes. 3. pl. med. *nipaidhyêiñtê* vd. 5, 82. imper. 2. sg. med. *nipaidhyañuha* yt. 17, 57. partic. praes. nom. *framrava uç vâ histô nî vâ paidhyamnô* sie spricht aufstehend oder verweilend yt. 1, 17.

— *hãm*, kommen, praes. conj. 3. sg. *hãm . . . paidhyâiti* yt. 15, 53.

Skr. *pad*, *pádyate*, hzv. *pâyîtan*, np. *pâyîdan* (vgl. np. *pâyiçtan*).

1. **padha** (vom vor.) m. Wort, Gesang, pl. instr. *padebîs* mit den Worten y. 50, 16. Hzv. übers. unrichtig *patish* (Herrschaft); *uiat padâis* mit Gesängen y. 49, 8. dat. *mat padhebyaçca* mit Gesängen vsp. 16, 2. Extr. 5. (Thema *pad*).

Skr. *padá*.

2. **padha** (s. *pâdha*) m. Fuss, in *açpôpadhômakhsti*, *thripadha*, *navapadha*.

padhem, **padhô** s. *pâdha*.

pafrê s. *par*.

pay° s. 1. *pâ*.

paya (von 1. *pâ*) m. Weide.

Vgl. *çtaorôpaya*.

payañh (v. 2. *pâ*) 1) n. Milch, pl. gen. *payañhãm* (sie geniesse) Milch vd. 5, 152. 2) m. die Milch süss machend, acc. *maidhyôzaremaêm payañhem*. Hzv. übers. *pîmînîti* und erklärt: die Milch werde durch Mêtokzarmê *maymântar* (? süsser, oeliger) vsp. 2, 1. gen. *payañhô* vsp. 1, 2.

Skr. *páyas*, afgh. *paiî*, phryg. πι-κέριον (Butter), vgl. np. *pînû*.

Vgl. *frânruzdapayañh*.

payañhra (vom vor.?) milchend (vom Vieh)?

payañhrômakhsti (vom vor. + *m°*) reich an milchendem Vieh? m. n. pr., gen. *°makhstôis* yt. 13, 116.

payôfshuta (von *payañh* + *fshuta*) m. Milchkäse, hzv. *pîm-paoîr*, plur. acc. *payôfshûta* vd. 7, 191.

par, 1) anfüllen (9. Classe), hzv. *anbâshtan*, imper. 2. sg. *perenâ* y. 28, 10. intens. imper. 2. sg. *mâ pafrê* fülle mich an, d. h. fördre, schütze mich, hzv. *pânakish*, aber Ner. *me rakshâṃ kuru*, y. 48, 1. (cit. vd. 11, 10). 2) bekämpfen, kämpfen (9. Cl.). hzv. *patkârîtan*, *pûrtîntan*, conj. praes. 3. sg. med. *kutha naçu perenâitê* wie kämpft man mit der Naçus vd. 9, 174. imper. 1. sg. *kutha perenânê* vd. 9, 168. 3) weggehn, verlaufen (10. Cl.), hzv. *çâtannînîtan*, praes. 3. pl. die Gerichte *pârayêiñti* gehen vor sich vd. 19, 89. die Seelen gehen zufrieden vd. 19, 105. imper. 1. sg. *pârayêni* ich will hinübergehn vd. 22, 4. 3. pl. *pârayañtu* abeant yt. 13, 157. impf. conj. 3. sg. bis er *pârayâṭ* hinweggeht vd. 9, 156. *mâ pârayâṭ* nicht überschreite sie vd. 15, 33. passiv. praes. 3. sg. *tanûm pairyêitê* (der Mann) wird am Körper ausgefüllt, d. h. verwirkt sein Leben (vgl. *tanuperetha*) vd. 4, 57.

— *aipi*, sühnen (causale), partic. praes. med. dat. dies ist die Strafe *aipipâremnâi idha ashaonê*, *nôiṭ anaipipâremnâi* für den sühnenden Reinen; wo nicht, für den, welcher nicht sühnt vd. 8, 309. 14, 74.

— *nî*, bringen, verbreiten, causale praes. 3. pl. *yâo mâvôya nipârayêiñti* (die Zaothras) welche man mir bringt yt. 17, 54. med. *nipârayêiñtê* verbreiten yt. 6, 1. impf. 3. pl. med. *nipârayañta* sollen sie ausbreiten vd. 19, 87.

— *paiti*, bekämpfen (9. Classe), praes. 1. sg. med. *paitiperenê* vd. 10, 11. 20, 23. 24.

— *fra*, wegbringen (5. Cl.) praes. 3. sg. *ratus myazdavâo amyazdavanem ratunaêm vâremnem çtaorem fraperenaoiti añtare mazdayaçnâis* der mit Myazd versehne Ratu führt weg das Opferthier dem ohne Myazd mit einem Ratu kommenden, d. h. macht das Opfer ungültig A. 1, 10. ebenso *yâtem gaêthanãm fraperenaoiti* er entfernt die Glücksgüter der Welt A. 1, 11. *âhûirîm ṭkaêshem fraperenaoiti* entfernt den ahurischen Wandel A. 1, 12. causale praes. conj. 2. sg. med. *yatha vashi frapârayâoṅhê* wenn du willst (dass) du hinüberwandeln lässest y. 70, 71. imper. 1. sg. act. *frapârayêni* ich bringe y. 19, 10. passiv. praes. 3. sg. *âaṭ qarenô frapairyêiti* (lies °*tê*?) Cit. der Hzv.-Gl. zu vd. 5, 33.

— *hãm*, fortbringen, fördern, intens. praes. conj. 3. sg. *yô hãmpâfrâiti* welcher fördert, Hzv. übers. *anbârît* vd. 4, 134.

Skr. *par*, *pṛṇâti;* vgl. oss. *aparin* (wegwerfen), *niparin* (überlassen)? vgl. troisch Πάρις und skr. *pariparin*.

para 1) adv., vorher, *hamatha yatha parâciṭ* ganz wie vorher vd. 6, 71. *parâ* vorher, d. h. zuerst, besonders yt. 13, 25. oft in Verbindung mit verbis, z. B. *parairith*. 2) praepos. und postpos., a) c. acc. vor, *para açmem para âpem* y. 19, 3. *parâ hyaṭ* ehe y. 42, 12. 47, 2. b) c. instr., vor, *para daêvâis* y. 19, 3. c) c. dat., ausser, *para kahmâiciṭ* ausser irgend einem vd. 7, 177. d) c. ablativ., vor, wegen, *para avaṅhê ashnô dâoṅhôiṭ* y. 19, 16. *para ahmâṭ* früher yt. 13, 53. y. 9, 46. vd. 2, 37. 7, 127. 8, 175. 13, 172. *para ahmâṭ yaṭ* ehe vd. 13, 173. *para mithrâṭ* yt. 10, 42. *ahmaṭ para* (es stürzten die Devs) vor ihm yt. 19, 80. *para anâdrukhtôiṭ* wegen des Segenswunsches gegen die Drukhs yt. 19, 33. *magavabyô . . . parâ* bei den Himmlischen y. 50, 15. e) c. gen., vor, weg von, *parâ mazé yâoṅhô* vor dem grossen Geschäft y. 30, 2. *tanvô parâ* weg vom Körper y. 52, 6.

Skr. *parâ*, altp. *parâ*, hzv. *pêsh*, parsi *pês*, np. *pêsh*, buchar. kurd. *pîsh*, kurm. *pĕsha*; oss. *ra* (? Bopp III, 504), armen. *herhi?*

parairithyañṭ s. *irith* + *para*.

Vgl. *aparairithyañṭ*.

parairiçta s. *irith* + *para*.

parairiçti (von *irith*) f. das Sterben (von guten Wesen), acc. *paçca parairiçtîm* vd. 19, 108. yt. 22, 18. *iskare paçcaêta parairiçtîm* bald nach dem Tod vd. 7, 3.

parakañti (von 1. *kan*) f. das Graben, dat. *parakañtayaêca* um zu graben vd. 6, 10.

parakavi (von *para* + 1. *kavi*) adj., das Zukünftige wissend, superl. voc. *rashnvô* °*kaviçtema* yt. 12, 7.

parageṭ (von *para* + *gaṭ*) praepos. c. abl. *parageṭ* (Westerg. *peregeṭ*) *dvaêibya* ausser zweien vd. 8, 36.

paradakhsta (von *para* + *d*°) adj., keine Zeichen an sich habend, nom. f. *jahika paradakhsta* yt. 17, 54.

paradathô s. 1. *dath*.

paradâta s. 1. *dâ* + *para*.

Vgl. *aparadâta*.

paradhâta (von *para* + 3. *dâta*) adj., der zuerst das Gesetz (des Regierens) ausübte, vgl. Abulfeda ed. Fleischer p. 66. Spiegel Av. übers. III, LVI. Hzv.-Glosse zu vd. 20, 7. nom. *haoshyaṅhô paradhâtô* yt. 5, 21. 9, 3. acc. *haoshyaṅhem paradhâtem* yt. 19, 26. plur. gen. *paradhâtanãm* vd. 20, 7 (Hzv.-Gl. wie Hoshang).

Hzv. *pêshdât*, parsi *pêsdâṭ*, np. *pêshdâd*.

parapathwañṭ (von *paṭ*) adj., fliegend, gen. *ushaos parapathwatô* des fliegenden Pfeiles yt. 10, 24.

paramereta (von *para* + 1. *mereta*) adj., vor dem Tod, nom. *kô parameretô daêvô kô paçcameretô mainyava daêva frabavaiñti* wer wird bereits vor dem Tod, wer nach dem Tod ein geistiger Daêva vd. 8, 101.

paraçafa (von *para* + *ç*°) m. Vorderhuf, plur. nom. *tê paraçafâoṅhô zaranaêna* ihre Vorderhufe sind golden yt. 10, 125.

paraçkhrathwa (von *para* + *khr*°) n. das Vorauswissen (der Folgen dessen, was man thut), acc. °*khrathwem* vsp. 22, 2. vend. sade 551 (wo *pereçakhratûm*).

Hzv. *pêshkhartish*.

parahaoma (von *para* + *h*°) m. der aus der Hompflanze gepresste Saft, acc. *parahaomemca* y. 3, 5. 62.

Hzv. *parâhôm*.

parahikhti (von 1. *hic*) f. Ausgiessung, instr. *paçca âpô parahikhti* vd. 6, 71.

parâhu (von *para* + *ahu*) m. die jenseitige Welt acc. *parâhûm* y. 45, 19.

paru (von *par*) adj., voll, gross, gen. neutr. *paraos çrîrahê* der schönen Fülle yt. 13, 9. *paraos* gross y. 46. 4. plur. nom. *paravô mashyâka* ... *baraiti* viele Menschen tragen vd. 18, 1. acc. *yahmaṭ haca paravô çnaodhôvafra çnaêzhâṭ* weshalb es mit vollem Schneefall schneien wird vd. 2, 50.

Skr. *purú*, altp. *paru*; vgl. *pouru*.

pareq (Fortbildung von *par* durch *q*) kämpfen praes. 2. dual. med. *yahmi paiti pareqâithê çpeñtaçca mainyus añraçca* um welche (Majestät) kämpften Ormazd und Ahriman yt. 19, 46.

Vgl. np. *parkhâsh*.

parcñdi s. *pârcñdi*.

pareṭ oder **pareth** (Fortbildung von *par*) 1) kämpfen, praes. 3. pl. med. *yaṭ narô* . . . *peretcñtê verethraghnyaêshu* wo die Helden siegend kämpfen yt. 13, 27. *yâo peretcñtê* yt. 13, 45. impf. 3. sg. med. *yô mãm* . . . *acpaêshu paiti peretata* welcher zu Ross gegen mich kämpfte yt. 5, 50. 19, 77. 2) hineilen, fliehen, impf. 3. plur. *perethen* sie fliehen vd. 3, 108. partic. praes. med. plur. nom. *peretamana* dahineilend yt. 17, 13.

— *para*, kämpfen, praes. 3. sg. *âca paraca perethaiti* er kämpft wiederholt (Westerg. *perecaiti*, Spiegel übers. fragt herum) yt. 14, 47.

Armen. *yaghthel*.

parena m. n. 1) Feder, nom. *parenô* yt. 14, 36. acc. *parenem* yt. 14, 35. instr. *ana parena* yt. 14, 35. plur. acc. *parenâo* (neutr.) yt. 14, 44. (Westerg. *perenâo*). 2) Flügel, nom. (neutr.) *yatha makhshyâo parenem* wie der Flügel einer Mücke vd. 8, 219. vgl. *aperena*.

Skr. *parṇá* (für *ptarṇa*?), hzv. np. *par*, kurd. *per*, zaza *per* (Feder) *pel* (Flügel).

Vgl. *erezifyôparena*, *kahrkâçôp°*, *peshôp°*.

parenañh (von *par*) n. Fülle.

parenu (von *par*) m. Vollkommenheit, plur. acc. *parenavô* yt. 14, 36.

parenôñhvañṭ (von *parenañh*) adj., anfüllend. acc. *parenañhuñtem viçpãm hujyâitim urvthcñtem khshathrem zazâiti* (ich schütze) den, welcher anfüllt mit gänzlichem Wohlbefinden und das Reich wachsen macht yt. 5, 130.

pareç, fragen, praes. 1. sg. *pereçâ* y. 31, 14. 43, 1. ff. (cit. vd. 19, 36). med. *pereçê* yt. 12, 1. 2. sg. act. *pereçahi* y. 9, 80. yt. 22, 17. med. *pereçahê* Cit. der Hzv.-Gl. zu vd. 7, 136. 3. sg. med. *pereçaitê* y. 31, 12. conj. 2. sg. *mâ pereçâoñhê* yt. 10, 2. 3. sg. *pereçâitê* (Westerg. *°ti*) vd. 15, 43. imperat. 2. sg. act. *pereçâcâ* y. 42, 10. med. *pereçañuha* vd. 15, 42. impf. 2. sg. act. *mâ dem pereçô yim pereçahi* frage ihn nicht, den du da fragst yt. 22. 17. 3. sg. *pereçaṭ* vd. 2, 1. 19, 58. y. 29, 2. 42, 7. 70, 1. 9, 3. yt. 1, 1. *yaṭ mãm pereçaṭ* wenn er mich fragt yt. 5, 82. conj. 3. sg. *yô pereçâṭ* wer befragt vd. 18, 15. participialperf. 3. sg. *parstâ* er fragt y. 48, 2. partic. praes. nom. *pereçãç* y. 50, 5. *pereçô* yt. 22, 10. 24, 33. plur. acc. med. *pereçmanêñg upâjaçaṭ* zu den fragenden, d. h. fragend kam y. 30, 6 loc. *pereçmanaêshu* unter den bettelnden vd. 3, 93. passiv. aor. 3. sg. *yêhyâ vahmê vohû frashî manañhâ* zu dessen Preis vom guten Geist gefragt wird y. 44, 6. *yâcâ ukhdhâ frashî* die Gebete, nach welchen gefragt wurde (der sg., weil das subj. neutral ist) y. 43, 8. partic. perf. *parsta* (s. besonders).

— *â*, sich unterhalten, ein Gespräch führen, impf. 1. sg. med. *apereçê* vd. 2, 4. 2. sg. *apereçe* vd. 2, 2. 3. sg. *apereçaṭ* vd. 18, 70. 3. dual. act. *apereçayatem* y. 13, 19.

— *paiti*, 1) fragen, praes. conj. 2. sg. med. *yêzi paitipereçâoñhê* wenn du fragst vd. 18, 20. imper. 2. sg. med. *paiti mãm pereçañuha* vd. 18, 18. impf. 3. sg. *paiti dim pereçaṭ* vd. 9, 164. (Westerg. *pereçata* med.) yt. 5, 90. 10, 121. 14, 49. 2) peinlich verhören, periphrast. fut. 1. sg. *nôiṭ dim yava azem bitîm râcim paitipereçemnô bva*, ihn (der einem Reinen Fleisch schenkt) werde ich (beim Gehen in das Jenseits) nicht zum zweiten Male verhören; Hzv.-Gl. „nemlich einmal wird jeder gefragt" vd. 18, 68.

— *para*, fragen, praes. 3. sg. *âca para pereçaiti* yt. 14. 47. s. *pareṭ*.

— *ham*, 1) fragen, aor. imper. 2. sg. med. *hêm ferashvâ* du mögest befragen y. 52, 3. partic. perf. pass. acc. *ahurem mazdãm hãmparstemca* den Ormazd, den man befragt yt. 22, 14. = 24, 60 (wo *°parstîmca*). 2) sich befragen, berathen, praes. 3. pl. med. *hãmpereçeñtê* vd. 19, 10. participialperf. 2. sg. *hyaṭ hîm hêmfrastâ* wenn du dich befragt hast y. 46, 3.

Skr. *prach*, *prcchâti*, altp. *parç*, hzv. *punçîtan*, parsi *purçîdhan*, np. *purçîdan*, maz. *parçien*, afgh. *pukhtêdal*, vgl. *pûshtan*, kurd. *purçen*, kurm. *depürçim* (ich frage), zaza *perçena* (ich frage), armen. *hartsanel*, *haytsel* (s. Fr. Müller, Beitr. zur arm. Lautl. III, 11.), südoss. *farçin*, dig. *farçun*, tag. *farçün*.

1. **paresh** (Fortbildung von *par* durch *sh*) bekämpfen, participialperf. 2. sg. *parsta* du hast bekämpft vd. 11, 34—40. (v. 40 folgt *thwâ añra mainyus*); partic. praes. *parshañṭ*, perf. med. *parsta*.

2. **paresh**, triefen.

Skr. *parsh*, *párshate*.

parê (vgl. *parô*) praepos. c. gen., vor, *parê magaonô* y. 33, 7.

parô (= *para* mit verdunkeltem Auslaut) 1) adv. früher, y. 67, 57. 2) praepos. und postpos., a) c. acc., vor, *parô çpaçânô* (Westerg. *tarô*, aber hzv. *pêsh*) vd. 13, 77. b) c. instr. vor, *ana parô* vd. 21, 23. yt. 24, 49. c) c. abl., vor, für, ausser, *parô ṭbishyañbyô* yt. 10. 75. *parô bareçman* yt. 10, 88. *parô daêvaêibyô* yt. 9, 4. y. 56, 7, 9. *dahmayâṭ parô âfritôiṭ* für einen frommen Segensspruch vd. 7, 105. 9. 146. *parô ṭbaêshañhaṭ* vor, wegen der Pein yt. 13, 57. *ahmâṭ parô* vor ihm (fliehen) y. 56, 7, 10. *frâ ahmâṭ parô* . . . *daêva* . . . *nemâoñtê* die Daêvas mögen sich vor ihm beugen yt. 17, 25. *yaêshâmca parô* . . . *airitaêdhca* wegen ihrer Nähe yt. 19, 6. *nairyayâṭ parô hãmvaretôiṭ* ausser der männlichen Stärke yt. 19, 38. d) c. gen., vor, neben, ausser, *parô zimô* vd. 2, 57. *parô nmânahê* vd. 13. 133. *parô yavahê* neben der Feldfrucht vd. 3, 90.

mashyânãm parô vor den Menschen vd. 15, 33. c) c. loc., vor, *parô draomôhu* yt. 13, 157.

parôarejaṅh (von *parô* + *ar°*) adj., werthvoll, comparat. nom. neutr. *°arejaçtarem* y. 64, 56.

parôaçti (von *parô* + 1. *a°*) n. das andre Leben, Spiegel: Körperlosigkeit, acc. *ashâunãm parôaçti jaçeñtãm* der Reinen, wenn sie ins andre Leben wandeln, yt. 1, 25. *parôaçti* yt. 21, 5.

parôaçna (von *parô* + *açana*) adj., nicht nahe, d. h. jenseitig, dat. *parôaçnâi* (Westerg. *parô açnâi*) *aṅuhê* für die jenseitige Welt vd. 9, 166. y. 54, 8. A. 1b, 7. *parâiti °açnâi aṅuhê* (die Seele) geht hinüber ins Jenseits vd. 18, 22.

parôiṭ (von *para* + *iṭ*) adv., vorher (hzv. übers. *pêsh*) vd. 18, 45. yt. 8, 54.

parôkatarstema (von *parô* + *k°*) adj., Hzv. übers. zuerst wünschend, Ner. zuerst Thaten vollbringend, acc. *yânãm parôkatarstemem* y. 56, 6, 2.

parôkevîdha (von *parô* + *k°*) adj., ins weite schauend, umsichtig, acc. *mithrem parôkevîdhem* yt. 10, 102. *çtaotârem °kevîdhem* yt. 17, 12.

parôdarsh (von *para* + *daresh*) zuerst (die Flügel) aufrecht haltend, ausbreitend? Hzv.-Uebers. erklärt den Namen: „weil er zuerst die Flügel ausbreitet (*par* (Flügel) *shkâpît*) und dann schreit"; *parô* scheint also ein kürzeres Wort für *parena* zu sein? m. Name des Hahnes, dessen Scheltname *kahrkatâç* ist; der Hahn ist dem Çraosha heilig und wird im Bundehesh (48, 14 ff.) als das wichtigste Hausthier neben dem Hunde bezeichnet, denn bei seinem Schrei entfliehen die Daêvas; nom. *mereghô yô parôdars* vd. 18, 34. yt. 22, 41. statt acc. *mereghem fraghrârayêiti parôdars nãma* vd. 18, 51. gen. *parôdarshahê* (Thema *°darsha*) vd. 18, 67.

Hzv. *parôdarç*, *°darsh*.

parôdaçma (von *parô* + *daçman*) m. n. pr. des Sohnes des Dâstâghna, gen. *parôdaçmahê dâstâghnôis mîzha mîzhayâo daṅhêus* yt. 13, 125.

parôdusmainyu (von *parô* + *d°*) m. der vordere Feind, der Feind von vorn, acc. *jañtarem °mainyûm* ihn welcher den Feind von vorn schlägt (nicht erst auf der Flucht) yt. 17, 12.

parôdruzhyañṭ (von *parô* + *dr°*) adj., voraus lügend, plur. nom. das Gewürm denkt an Tistrya *parôdruzhiñtô* vorauslügend, d. h. es gibt vor, die Erfüllung seiner Wünsche durch Tistrya sicher zu hoffen yt. 8, 5.

parôdreçvan (von *parô* + *dr°*) adj., voraus sehend, plur. nom. Menschen und (gute) Thiere denken an Tistrya *parôdreçvânô* vorausschend, d. h. im festen Glauben auf Erhörung ihrer Gebete yt. 8, 5.

parôpavâo (von *parô* + *p°*) m. ein Wächter von vorn, nom. *°pavâo* yt. 10, 46.

parôberejya (von *parô* + 2. *b°*) adj., mit Kupfer versetzt? abl. m. *aonyaṭ haca parôberejyâṭ* vom Zinn hinweg, welches mit Kupfer verschmolzen wird, d. i. von der Bronze hinweg, Hzv. übers. vom schweren (d. i. erdigen?) Zinn, vd. 8, 254. (Westerg. 8, 86).

Parsi *barinz*, np. *birinj*, kurd. *pirinjok*, armen. *pghinths*, scheint ein abendländisches Wort, s. Pott, Z. K. d. M. 4, 264.

parãs (von *para* + *ac*) adv. rückwärts, hinweg, *parãs apataçaṭ* er wich aus y. 9, 39.

Skr. *párâñc*.

parshañta (partic. praes. von 1. *paresh*, durch *a* erweitert wie im Prakrit und Gothischen) m. n. pr., gen. *parshañtahê gañdarewahê* des P. (des Sohnes) des G., Spiegel: des triefenden Gañdarewa yt. 13, 123.

parshaṭgâo (v. *parshañṭ* (1. *paresh*) + 1. *gâo*) für die Kühe kämpfend, m. n. pr., gen. *parshaṭgêus frâtahê* yt. 13, 96. dual. gen. (dvandva) *parshaṭgavâo dâzgarôgavâo* des P. und (seines Bruders) D. yt. 13, 127.

parshuya (von 2. *paresh*) adj., triefend, plur. nom. f. *âpô parshuyâo* die Hagelwasser (Spiegel) Regenwasser (Windischmann). Hzv. übers. *kataçîk* (?) y. 67, 15. yt. 8, 41.

Vgl. armen. *heghouk*.

parshvanika (von *parshu* (= dem vor.) + *ainika*) adj., mit einem Gesicht, das (vom Brunstsaft?) trieft, gen. *varâzahê parshvanikahê* yt. 10, 70. 127. 14, 15.

1. **parsta** (von *pareç*) gefragt, nom. n. *parstem* y. 42, 10. (cit. A. 3, 3.) acc. m. *parstem* vd. 18, 19.

2. **parsta** s. 1. *paresh*.

parstaṅh (von 1. *paresh*) n. Bekämpfung, Abwehr, nom. *parstaçca* yt. 1, 19. Kampfwaffe yt. 13, 71. acc. *âkhstîmca hãmvaiñtîm yazamaidê parestaçca mravayâoçca hamaêçtâra* yt. 11, 15.

Vgl. *zainiparsta*, *ṭbaêshôparsta*.

1. **parsti** f. Rücken, instr. *parsti hê upadvãçaiti* auf seinen Rücken springt sie vd. 8, 163.

Skr. *pṛshṭhá*, hzv. np. buchar. *pusht*, afgh. *pûshtî*, kurd. *pist*, kurm. *pisht*.

2. **parsti** (v. 1. *paresh*) f. Bekämpfung, acc. *frâparstîm nâmayêiñti* sie beugen die Bekämpfung, den Widerstand in der Schlacht yt. 14, 56. abl. *parstôiṭ* yt. 13, 16.

parstôvacaṅh (von 1. *parsta* + *v°*) adj., einer welcher um die Worte (Gebete) gefragt wird, plur. nom. *°vacaṅhô* yt. 5, 91.

pavaiti (von *pâ*) f. Fäulniss, instr. *cvaṭ naçus pavaitica* (Westerg. *pavitica*) *frâshnaoiti* auf wie viele setzt sich die Naçus mit Fäulniss vd. 5, 85. 6, 65.

pavâo (von 1. *pâ*) m. Wächter, nom. *avâo pavâo paçcapavâo parôpavâo* der Wächter, Wächter von hinten und von vorn yt. 10, 46.

pawrau m. Gipfel, plur. acc. *avi pawrâna* hin zu den Gipfeln y. 10, 30. Die Trad. übersetzt die Stelle nicht, da der Sinn derselben nicht überliefert sei.

paç, binden.

— *ava*, fesseln, impf. conj. 3. sg. *fshêbîs azdebîs paiti avapaçâṭ* man fessle (eiserne) Fesseln an seinen Körper vd. 4, 147.

Skr. *paç*, *pâçâyati*, hzv. *pashînîtan*.

paçu (vom vor.) m. Vieh, und zwar wie es scheint das kleinere Hausvieh, also ziemlich dasselbe wie *anumaya*; wenigstens steht das Wort oft neben *çtaora* (Zugvieh); wenn es dagegen *vîra* gegenübergestellt wird, so scheint es ein allgemeinerer Ausdruck für Thier zu sein; Windischmann (Jenaische Liter. Zeitung 1834, p. 135) übers. Wild; acc. *paçûm* vd. 13, 86. yt. 5, 89. 8, 58. gen. *paçéus* vd. 2, 60. A. 1, 3. *ké môi paçéus* (*thrâtâ*) y. 49, 1. *paçéus garebus anumayêhê* um ein Stück Kleinvieh vd. 9, 153. statt des abl. *paçéus vîrâaṭcâ* y. 31, 15. dual. instr. *paçubya* mit einem Paar Vieh yt. 10, 119. dat. *paçubya vîracibya* für Vieh und Menschen vd. 6, 71. gen. *paçvâo vîrayâo* vsp. 8, 16. yt. 13, 10. pl. nom. *paçvaçca çtaorâca* yt. 5, 89. 8, 5. acc. *paçûs* y. 57, 16. 44, 9. *paçavô* vd. 9, 155. *bis hapta paçvô anumaya* 14 Stück Kleinvieh vd. 14, 67. *paçvaçca* vd. 2, 22. gen. *paçvãm* vd. 2, 21. 8, 34. 39.

Skr. *paçú*, hzv. *pâi*, afgh. *pçah*, kurd. *paç*, im Vocabular. Katharinae *puç*, lorist. *peç*, tâlish *päç*, kurm. *pez*, zaza *peç*, südoss. *foç* (Herde), dig. *fuçe*, tag. *füçe* (Schaaf).

paçuka (vom vor.) m. Vieh, plur. gen. *paçukanãm* yt. 13, 74. *ahmâkéñg urunô paçukanãmcâ* unsre und des Viehes Seelen y. 39, 2.

paçumaza (von *paçu* + *maza*) adj., die Grösse, den Werth eines Stückes Vieh habend, nom. *thrityô paçumazô* der dritte Vergleich wird mit dem Werth eines Viehes geschlossen vd. 4, 8. *paçumazô* vd. 4, 16. 28. acc. *mithrem yim paçumazem* vd. 4, 42.

paçumaçañh (von *p*° + *m*°) n. Grösse, Werth eines Viehes, acc. °*maçô* vd. 4, 17.

paçuvañt s. *puçavañt*.

paçuvaçtra (von *p*° + *vâçtra*) n. Viehfutter, acc. *paçûm paçuvaçtarem* (Westergaard verm. °*vaçtrem*) yt. 5, 89.

paçuvîra (von *p*° + *v*°) m. (dvandva) dual. nom. *paçuvîra* vd. 10, 34. yt. 13, 12 (al. *paçvîra*, lies *paçuvîra*) 19, 32. acc. *paçuvîra* y. 9, 15. yt. 10, 113. 15, 16. getrennt: dat. *paçubya vîraeibya* vd. 6, 71. gen. *paçvâo vîrayâo* vsp. 8, 16. yt. 13, 10. 43.

Skr. *paçuvîra* (Ner.).

paçushaurva (von *paçu* + 2. *haurva*) m. Name eines Hundes, Schäferhund, *çag i ramah*, nom. *çpâ paçushaurvô* vd. 5, 92. 13, 164. statt des dat. *çpâ* °*haurvô dâityô gâtus* vd. 13, 49. acc. *çpânem yim* °*haurum* vd. 13, 36. loc. (statt dat.) *çûnê yim* °*haurvê* vd. 13, 26. 15, 10. plur. nom. (statt acc.) °*haurvâoñhô* yt. 11, 7. gen. °*haurvãm* vd. 13, 21. 117.

Hzv. *paçushaur* (vgl. Bund. 30, 12), np. (in Parsenschriften) *paçûçhûr*, *pashhûr*.

paçushaçta (von *paçu* + *h*°) m. Viehürde, nom. *aêshô paçushaçtis* vd. 15, 94. acc. °*haçtem* vd. 15, 94. plur. loc. °*haçtaêshva* vd. 15, 92. *maidhyôi* °*haçtaêshva* mitten in den Hürden vd. 15, 129.

Hzv. *pâhaçt*.

paçkâṭ (von 1. *apa* + *ac* mit Ablativaffix) 1) adv. nachher vd. 9, 158. yt. 8, 38. hinten yt. 16, 2. hinterher yt. 10, 86. 13, 39. 2) postpos. und praepos., hinter, nach, a) c. acc. *avê paçkâṭ* hinter ihnen her y. 56, 11, 5. *vîtârem paçkâṭ hamerethem* yt. 17, 12. b) c. gen. *hê paçkâṭ* yt. 19, 47. *çpâdhem yô mê paçkâṭ vazaiti* das Heer, welches mich verfolgt yt. 14, 58.

Skr. *paçcât*, südoss. *fasta*, dig. *fashtie*, tag. *füçtä*.

paçca (von 1. *apa* + *ac*) 1) adv. nachher, *paçca vazeñti* sie bringen dann weg yt. 5, 95. *paçca fraçnâtaêibya zaçtaêibya* dann, mit gewaschnen Händen vd. 8, 129. *paçca hê paourum* hinten (besprenge) ihn zuerst vd. 8, 185. *paçca* nachher vd. 19, 90. 2) praepos., nach, hinter, a) c. acc., *paçca pañcadaçîm çaredhem* vd. 14, 66. *paçca thrisâmrûta vaca* vd. 10, 10. *paçca âfrînem* yt. 23, 8. *paçca hê vaghdhanem* hinten an seinen Kopf, an seinen Hinterkopf vd. 8, 136. b) c. instr., *paçca aiwivareiti* vd. 6, 83. *paçca yaozhdâiti* vd. 5, 160. *paçca vîtakhti* vd. 2, 58. c) c. abl. *paçca thrikhshaparâṭ* vd. 5, 156. *paçca navakhshaparâṭ* vd. 19, 80. e) c. gen. *paçca nmânahê* hinter dem Hause vd. 13, 133. *paçca cîṭ ahê* nach ihm, ferner yt. 9, 30.

Altp. *pasâ*, hzv. parsi np. *paç*, buchar. *peç*, afgh. *paç*, kurd. *pashi*, kurm. *pash*, *päshe*.

paçcaêta (vom vor.) 1) adv. dann, nachher, vd. 5, 152. y. 56, 7, 6. yt. 10, 43. dann (im Nachsatz) vd. 6, 6. *athra paçcaêta* yt. 8, 33. 2) prae- und postpos., nach, c. acc. *ishare paçcaêta parairiçtîm* sogleich nach dem Tod vd. 7, 3. *cvañtem paçcaêta zrvânem* nach wie langer Zeit vd. 7, 5. *paoiryêhê paçcaêta hazañrôzimahê thwarçô* vd. 2, 20 (Westerg.).

paçcapavâo (von *paçca* + *p*°) m. Wächter von hinten, nom. *paçcaparâo* yt. 10, 46.

paçcamereta (von *p*° + 1. *mereta*) adj., nach dem Tod, nom. *kô paramerctô daêvô kô paçcamerctô mainyava daêva frabavaiñti* vd. 8, 101.

paçcâithya (von *paçca*) adj., hinten befindlich, hinten wehend, acc. *vâtem paçcâithîm* S. 2, 22. gen. *vâtahê paçcâithyêhê* S. 1, 22.

paçnê, praepos., hinter, a) c. acc. *paçnê âpem frazdânaom* yt. 5, 108. b) c. gen. *paçnê varôis piçanañhô* yt. 5, 37. *paçnê varôis caêcaçtahê* yt. 5, 49. *paçnê âpô dâityayâo* yt. 5, 112.

paçman (von *paç*) n. Bindung, Befestigung.

Vgl. *añkupaçmana*.

pashiskyaothna s. *piskyaothna*.

1. **pâ**, schützen, abhalten, praes. 3. sg. *pâiti* vd. 11, 8. yt. 3, 3. 14, 12. impf. 3. sg. *pâṭ* hält ab y. 32, 13. 45, 4. med. *pâta-nô* . . . *mazdâoçca ârmaitisca* es schütze uns M. und A. vd. 8, 60. fut. 1. sg. med. *pâoñhê* yt. 8, 1. partic. praes. nom. pl. *pâoñtô* yt. 10, 45. causale impf. conj. 3. sg. *yâ îm pâyâṭ* was ihn abhält y. 45, 8. pass. partic. perf. *pâta*.

— *ni*, bewahren, schützen, praes. 1. sg. *nipayêmi* yt. 5, 89. 2. sg. *nipâhi* yt. 10, 78. 3. sg. *nipâiti* er bewahrt y. 56, 7, 4. yt. 10, 103. imper. 3. sg. *nipâtû* y. 57, 4. pot. 2. sg. *nipayâo* y. 56, 10, 5. yt. 10, 93. fut. 1. sg. med. *yé ashem nipâoñhê manaçcâ vohû* y. 28, 11. causale pot. 2. sg. *nipâyôis* yt. 1, 24.

Sk. *pâ*, *pâti*, altp. *pâ*, vgl. hzv. *pânak*, parsi *pânâî*, np. *pâyîdan*, afg. *pâlal*, armen. *pahel*.

2. **pâ** tränken, säugen, partic. perf. act. acc.

fem. *pipyûshîm* eine Frau, welche Milch hat vd. 15, 26.

Skr. *pâ*, *pibati*.

Vgl. hzv. *pôyashn* (Durst), arm. *ëmpel*.

3. **pâ**, trocknen.

Skr. *pâ*, *pâyati*.

pâiti (von 1. *pâ*) f. Schutz, instr. *naêdha mainyu paiti* (al. *pâiti*) *uçpacaț* nicht sichert er sie durch himmlischen Schutz [?] Spiegel; noch kehrt er zornig wieder zurück, Windischmann yt. 10, 19. (also von 3. *paiti*). plur. acc. *pâtayaçca* zum Schutz yt. 24, 43.

Vgl. skr. *pâti*. — Vgl. *khrapaiti*.

pâitivâka (von 1. *vac* + *paiti*) m. Antwort, loc. *verethraghnahê paiti fravâkê*, *verethraghnahê paiti pâitivâkê* yt. 14, 28. 31.

pâidhi s. *pâdha*.

pâirivâza (von *pâra?* + 1. *vaz*) adj., an den Seiten herumfahrend, umherkreisend, gen. *varâzahê* °*vâzahê* yt. 10, 127. 14, 15.

pâzinaṅh m. n. pr., gen. *pâzinaṅhô* yt. 13, 117.

pâta (von 1. *pâ*) geschützt.

Vgl. *ashapâta*, *âtarep°*, *çraoshôp°*, *hup°*.

pâtar (von 1. *pâ*) m. Beschützer, nom. *pâta* yt. 10, 80. *pâta nãma ahmi* yt. 1, 13. dual. acc. *pâtâra* yt. 14, 45.

Skr. *pâtár*, np. *pâd*.

pâthmainya (von einem subst. n. *pâthman*, von *path*) adj., ansammelnd, superlat. nom. *urunaêca pâthmainyôtemô* für die Seele am meisten sammelnd (ist Haoma) y. 9, 53. Die Glosse erklärt: Schätze für die Seele kann man sich am besten durch dich (Hom) verschaffen, weil das Gelangen in das Paradis durch dich geschieht.

pâthra (von 1. *pâ*) n. Schutz, dat. *pâthrâi* y. 54, 17. yt. 5, 6.

Skr. *pâtra*.

pâthravañț (vom vor.) adj., schützend (von den Gâthas) plur. acc. (nach *heñti*) *pâthravaitisca* y. 54, 3.

pâda (von *pad*) n.? Land, plur. abl. *airyâbyô* (lies *airyaêibyô?*) *pâdaêibyô* aus den arischen Ländern yt. 4, 6.

Skr. *padá*.

pâdha (von *pad*) m. Fuss, acc. *pâdhem* yt. 17, 55. *yaț paçéus anumayêhê padhem* (Thema *pad*) *vaênâiti* so dass man des Kleinvieh's Fuss sehn kann, d. h. durch die Fluth wird die Weide so zerstört, dass man statt des Grases die Fusstritte des Viehes sieht (s. Windischmann, Münchener gel. Anzeigen 41, 37) vd. 2, 60. instr. *pâdha ayañtem* zu Fuss gehend vd. 6, 54. loc. (Thema *pâd*) *çtavanô* (Westerg. *çtanvô*) *vâ pâiti* (Westerg. *paiti*) *pâidhi davaiçnê vâ* Cit. der Hzv.-Gl. zu vd. 7, 117; Spiegel schreibt mir (22. Dez. 1863): „aus meinen Hss. kann ich zur Aufhellung der Glosse nichts beitragen; aber nach dem Texte Açpendiarjis (*tanuô vâ puêtê paêtê deuyaçnuo vâ*) glaube ich verbessern zu dürfen: *tanvô vâ pûitê pâidhi daêvayaçnê vâ:* am eiternden Fusse eines Körpers oder an einem Daêvayaçna". Es ist in den vorhergehenden Versen von Heilungen die Rede. dual. acc. *pâdha* yt. 10, 48. 17, 6. instr. *pâdhaêibya* vd. 6, 95. dat. *pâdhawê* yt. 16, 7. abl. *pâdhaêibya* vd. 5, 39. *géurvaya hê pâdhavê* (lies °*wê?*) *zâvare* aus dessen Füssen nimm die Kraft hinweg y. 9, 87. gen. *pâdhayâo* yt. 10, 23. plur. *pâdhâoṅhô* yt. 17, 9. acc. (Thema *pad*) *padhô* vsp. 18, 1.

Skr. *pâda*, altp. *nipadiy*, *patipadam*, hzv. *pâi*, parsi *pâê*, np. *pâi*, *pâ*, buchar. *pâi*, afgh. *pshah*, *shpah* (vgl. albanes. *shpe*), bal. *pâth* (Lassen), *pâd* (Masson), kurd. *pé*, kurm. *pê*, *pe*, zaza *pâi*, armen. *hetkh* (Fusstapfe), *yet* (nach), dig. *fad* (Spur), tag. *fäd*.

Vgl. 2. *bda*; *aêvôpâdha*, *ayaṅhôp°*, *berezip°*.

pâpa (von 1. *pâ*) adj., schützend.

pâperetâna (von *pareț*) n. das Kämpfen.

Vgl. *daṅhupâperetâna*.

pâpôvacaṅh (von *pâpa* + *v°*) adj., schützende Worte sprechend (von Haoma), nom. *pâpôvacâo* y. 56, 8, 4.

pâman (von 3. *pâ*) n. Trockenheit, eine Krankheit, vielleicht Krätze, Aussatz? nom. *pâma* yt. 8, 56. 14, 48. Spiegel: Schuld (?).

Skr. *pâman*.

pâyaoja adj., zum Schutz stark (Spiegel, also von *pâya* Schutz und *aojaṅh?*), nom. *pâyaojô* yt. 15, 47.

pâyu (von 1. *pâ*) m. Schützer, nom. *pâyusca* yt. 1, 12. acc. *pâyûm* zum Schützer y. 45, 7. (cit. vd. 8, 52); dual. acc. *pâyû thwôrestâra* den Schützer und den Schöpfer (Mithra und Ormazd?) y. 56, 1, 4. *pâyûcâ thwôrestârâ* y. 41, 22.

Skr. *pâyú*.

pâra (von *par*) m. 1) Ufer, Seite, Ende, loc. *hâ hama pâirê çâiti frâpayâo daṅhéus* diese (Hara) liegt zur Seite (d. h. umgibt) die wasserumfluthete Gegend yt. 19, 1. 2) Rest, Schuld, acc. *pârem* Schuld vd. 3, 147. *pârem marezem avahistâț* er lädt grosse Schuld auf sich vd. 4, 153.

Skr. *pârá*, hzv. *pârak*, up. *pârah*, afgh. *pâr*, kurm. *pûra*.

Vgl. *dûraêpâra*, *pâirivâza*.

pâray° s. *par*.

pâreñtare (von *pâra*) adv., seitwärts, *thrâyô añtareca ava añtare pâreñtare magha frakârayôis* drei (Furchen) mache ineinander, welche jene innen (haben, umschliessen, die) seitwärts der Löcher sind (die zunächst um die 9 Löcher gezogen sind) vd. 9, 28. Zum Verständniss der Stelle sehe man Anquetils Grundriss des Reinigungsortes, der bei Kleuker und Spiegel (Av. übers. I.) wiederholt ist; *pâreñtare haca anyaêibyô maghaêibyô* seitwärts von den andern Löchern vd. 9, 120. *zeredhô gairis pâreñtarem aredhômanushahê* der Berg Zeredha seitwärts vom A. yt. 19, 1.

Spiegel (H. II, 419) vgl. hzv. *frôț*, parsi *frôț*, np. *furôd*.

pâreñdi f. 1) n. pr. eines weiblichen Genius, welcher die Herrschaft über Schätze hat, Ner. zu y. 14, 2. erklärt *nikhâtarakshakâ*; nom. *pârendica* *raoratha* yt. 10, 66. 8, 38. *pâreñdica* yt. 24, 8. acc. *pâreñdim* y. 14, 2. 38, 6. (Westerg. *par°*) S. 2, 25. *vecim pâreñdim* (Westerg. *par°*) vsp. 8, 13. gen. *pâreñdyâo* S. 1, 25. 2) das von Pâreñdi beschützte, Schatz, plur. acc. *pâreñdis* A. 1, 4.

Hzv. *pârend*, vgl. np. *paran?*

pâshna m., Ferse, dual. instr. *pâshnaêibya* vd. 2, 95. *uzgereptaêibya pâshnaêibya* während seine beiden Fersen aufgehoben sind vd. 8, 220.

Skr. *pârshṇi*, (von *sphur*, Kuhn Z. III, 325), hzv. *pâshnak*, np. *pâshnah*, afgh. *pânarah*, bal. *pânzig* (Masson), zaza *pâshná*.

Vgl. *kaçupâshna*, *zairip°*.

pi fett machen.

— *fra*, 1) ausbreiten, praes. 3. sg. *frapinaoiti* er breitet aus (das Gesetz) vd. 3, 101. 2) sich verbreiten, praes. 3. sg. *aêtaṭ yarenô frapinaoiti avi zrayô vourukashem* yt. 19, 51.

Skr. *pîv*, *pîvati*, vgl. *pinv*, *pinvati*.

pikha m. Knoten (am Rohr).

Hzv. *pikhak*. — Vgl. *navapikha*.

pikhsh (Fortbildung v. *piç* durch *sh*) schmücken.

— *fra*, schmücken, partic. perf. pass. acc. *karetem . . . frapikhshtem* yt. 14, 27.

pitaona m. n. pr. eines bösen Wesens, welches von Kereçâçpa getödtet ward, acc. *pitaonemca aspairikem* yt. 19, 41.

pitar s. *patar*.

pitu (von *pi*) m. Speise, acc. *pitûm* y. 9, 36. yt. 19, 40. loc. *dâityô pithwi bayâo* sei richtig in Nahrung (vom Feuer) y. 61, 5.

Skr. *pitú*, hzv. *pit*, südoss. *fid* (Fleisch).

Vgl. *tarôpithwa*, *dâityôpithwa*, *nidhâtôpitu*, *frapitu*.

pitha f. Tod? hzv. *ôsh*, Ner. *mṛtyu*, voc. *hôis pithâ tanvô parâ* sei, o Tod, von diesem Körper (ferne)? y. 52, 6. Die Trad. übers. vor diesem Körper fällt der Tod.

pithê s. *patar*.

pipyûshi (von 2. *pâ*) säugend.

Vgl. *apipyûshi*.

pivañh (von *pi*) n. Fett, acc. *vaêm yôi daêva hakaṭ vaêm avimirâmahi hizvaçca pivaçca* wir Daêvas magern ihm ab beides zugleich, Zunge und Fett vd. 18, 115.

Skr. vgl. *pîvan*; np. *pîh* (udisch *phi*), osset. *fiu*, tag. *fîr*.

piç, schmücken.

— *uç*, auslernen, partic. perf. pass. *uçpaêsta* (s. besonders).

Skr. *piç*, *piñçáti*, np. *abêçtan*; vgl. phryg. *Pessinus* (Mordtmann 36); armen. *hinçel*.

piça (vom vor.) m. Gestalt.

Vgl. *zaranyôpiça*.

piçanañh oder **piçina** (von *piç*) m. n. pr. 1) des dritten Sohnes des Kavi Kavâta, der *Kai Pishîn* des Shâhnâmah, acc. *kavaêm piçinem* yt. 19, 71. gen. *kavôis piçanañhô* yt. 13, 132. 2) eines Var im östlichen Sejestan, südöstlich von Kandahar, jetzt *Pishin*, *Pishing*, gen. *paçnê varôis piçinañhô* (Kereçâçpa opferte) hinter dem Var P. yt. 5, 37.

piçra (von *piç*) m. Werkstätte, Windischmann Voc.: Schmelzofen, Schmelztigel? abl. *piçraṭ* vd. 8, 254. (Westerg. 8, 87).

pish, reiben, schlagen; zubereiten; partic. praes. gen. masc. *mereghahê . . . pishatô uparanaêmâṭ* eines Vogels, welcher oben schlägt (verwundet) yt. 14, 19.

Skr. *pish*, *pinâshṭi*, altp. *pis*, hzv. vgl. *nepishtan* (vgl. hebr. chald. *nishterân*), np. *nibishtan* (schreiben, urspr. einhauen), buchar. *naishten*, afgh. *yéshal*, bal. *navishtan* (brahvi *navishta*), tâlish *nevishtei*, kurd. *benevîsum*, zaza *nusena* (scribo), kurm. *deneviisinim*, dig. *finççun*, tag. *fiççün*.

pishman (vom vor.) n. Zubereitung, Kunst.

Vgl. *apishman*.

pishyañṭ s. *kvarépishyañṭ*.

1. **pistra** (von *pish*) m. 1) Quetschung, Wunde, hzv. *pishak*, nom. *pistrô* vd. 5, 165. acc. *pistrem* vd. 13, 26. 2) Zerstampfung, Mahlen, nom. *yaṭ pistrô dayâṭ* wenn es Mahlen gibt, wenn (Getreide) gemahlen wird vd. 3, 107.

2. **pistra** (von *piç*) n. Gewerbe, Beschäftigung der einzelnen Stände, pl. nom.? *kâis pistrâis* welches sind die Gewerbe y. 19, 46.

Vgl. hzv. *péshak*, parsi *pésa* (Ner. *varṇa* Kaste), np. *pêshah*.

Vgl. *cathrupistra*.

piskyaothna m. n. pr. eines Sohnes des Vistâçpa, gen. *piskyaothnahê* (Spiegel liest mit Anquetil *pashiskyº*) yt. 13, 103.

Altp. *Πισσούθνης* (ein Sohn des Hystaspes! Thukyd. I, 115).

pidha, Spiegel **pudha**, m. n. pr. einer Familie, plur. gen. *akayadhahê pidhanãm* des A. aus der Familie P. yt. 13, 127.

pukhdha (von *pañcan*) adj. numer., der fünfte, nom. *pukhdhô* vd. 4, 10. 14, 36. y. 19. 50. zum 3. Mal yt. 14, 15. ohne Flexion: *pukhdha viçpa vohû mazdadhâta* fünftens heisse ich „alles Gute vom Mazda geschaffne“ yt. 1, 7. neutr. *pukhdhem* vd. 3, 19. acc. m. *pukhdhem* vd. 5, 97. 13, 92. y. 9, 68. neutr. *pukhdhem* vd. 1, 25. *pukhdhemciṭ nâ aredushãm tanûm pairyêitê* bei der fünften (acc. der Beziehung) der Aredussünden wird der Mann erfüllt am Körper, d. h. verwirkt das Leben vd. 4, 57. gen. m. *pukhdhahê myazdahê* A. 1, 11.

Die Bildung dieses Wortes ist verschieden von der im Skr. und den eranischen Sprachen, welche alle das Affix *ma*, *m* anwenden.

puthra 1) m. Sohn, nom. *puthrô* vd. 12, 2. 19, 22. y. 9, 13. yt. 5, 72. 14, 59. *tûiryô puthrô* Anverwandter im 4. Glied vd. 12, 53. *puthraçca* y. 9, 19. statt acc. *puthrô* yt. 9, 30. acc. *puthrem* vd. 7, 114. Nachkommen vd. 3, 86. Sohn vd. 12, 10. y. 10, 21. 43, 7. yt. 10, 117. 5, 18. 17, 58. dat. *puthrâi* yt. 4. 10. 14, 46. ohne Flexion *paitiaokhta zarathustra puthra kava vîstâçpa* sprach Z. zum Sohn des K. V. yt. 24, 1. vgl. *âaṭ aokhta zarathustrô kavôis vîstâçpahê* yt. 23, 1. gen. *puthrahê* vd. 16, 40. A. 3. 2. für deinen Sohn y. 11, 6. *âthrô ahurahê mazdâo puthrahê* vd. 5, 10. loc. *tûiryô puthrô vâ puthrê* ein

Anverwandter im 5. Glied vd. 12, 58. voc. *âthrô ahurahê mazdâo puthra* (für dich) das Feuer, o Sohn des Ormazd (Spiegel *puthrem*) vd. 15, 126. *puthra* y. 64, 52. *tara âthrô ahurahê mazdâo puthra* (*âthrô* für *âtare*, von *tara* attrahiert?) vsp. 12, 17. y. 3, 8. *puthra frashaostra* yt. 24, 54. dual. nom. *puthra* y. 9, 31. yt. 5, 72. pl. nom. *puthrâoṅhô* vend. sade 490 (Westerg. vd. 19, 42) yt. 5, 85. 14, 59. *puthra* yt. 23, 1. = 24, 1. (wo *puthrô*), *daça puthra* yt. 23, 5. acc. *barethrishva puthrê vîdhârayen* sie erhalten die Kinder im Mutterleibe y. 23, 2. yt. 13, 22. *puthrê* yt. 13, 11. 15. *puthrãs* yt. 24, 34. 46. 2) f., schwanger, nom. (statt acc.) *puthrâca paêmaini* schwanger und Milch habend vd. 15, 134. acc. *puthrãmca hê dadhâiti* er schwängert sie vd. 15, 32. *puthrãm gadhwrãm* vd. 14, 68.

Skr. *putrá*, altp. *putra*, hzv. *puçr*, *puç*, vgl. *Shahpuhar* (Sapores), parsi *pusar*, *pur*, np. *puçar*, *pûr* (arab. *fûr*), afgh. (aus dem np.?) *puçar*, laghm. *pulte*, bal. *potra*, armen. *ordi*, südoss. *fürth*, dig. *furth*, tag. *fürth*.

Vgl. *aputhra*, *âthravôputhri*, *upap°*, *khshaêtôp°*, *paitiputhra*, *haeatp°*, *huputhri*.

puthran (vom vor.) m. Familienvater, dat. *pourum framraomi puthrânê ahmât yatha aputhrâi* ich ziehe den Familienvater vor dem, welcher kinderlos ist vd. 4, 132.

puthravañt (von *puthra*) adj., mit Söhnen versehn, acc. neutr. *puthravat* vd. 3, 9.

Skr. *putravánt*.

puthrôisti (von *puthra* + 1. *isti*) f. Bestreben, Kinder zu bekommen, acc. *puthrôistîm* Hzv.-Gl. zu vd. 3, 114.

puthrôdâo (von *puthra* + 4. *dâo*) adj., Söhne gebend, nom. *°dâo* yt. 10, 65.

Skr. vgl. *putradá*.

puyañt (von *pû*) faulend.

Vgl. *apuyañt*.

puça, f. Kopfputz, wie es scheint eine achteckige Krone, acc. *puçãm* yt. 5, 128.

Skr. *puccha*, np. *bush*, armen. *poc*.

Vgl. *zaranyôpuça*.

puçavañt (vom vor.) adj., mit einem Kopfputz versehn, hzv. *paçinômand* (mit einem Zopf), nom. f. *puçavaiti* vd. 19, 99 (Spiegel *paçuvaiti*).

puçâoṅhô vend. sade 489 (Westerg. 19, 42) lies *paçrâoṅhô?* So lässt sich nach Anquetil's Uebersetzung vermuthen; aber die Form *paçrâoṅhô* wäre unerhört, von einem Thema *paçra* aus *paçu*.

pû, stinken, faulen, praes. 3. sg. *puyêiti* (die Leichname) stinken (collectiv, Subject im plur.) vd. 6, 61. partic. perf. med. loc. *pûitê pâidhi* (s. *pâdha*) Cit. der Hzv.-Gl. zu vd. 7, 117. partic. praes. act. *puyañt* (s. besonders).

Skr. *pûy*, *pûyate*, vgl. hzv. *pûtak*, parsi *pût*, armen. *phovt*, dig. *ambuynu*, tag. *ämbiyn*.

pûiti (vom vor.) f. Fäulniss, gen. *aghishyâo* (Westerg. *agashyâo*) *pûityâo* der schlechten Fäulniss vd. 20, 14.

pûitika (vom vor.) u. n. pr. eines See's mit salzigem Wasser, welcher durch den Var Çatvis vom Vourukasha getrennt ist und in welchem das verunreinigte Wasser geläutert wird und zum Vourukasha abfliesst, von wo das gereinigte Wasser in Dünsten aufsteigt und als Regen zur Erde kommt; nach Bund. 26, 15. ist Pûitika an den See Vourukasha gekettet, man hat sich also wohl den Aral unter ihm zu denken; acc. *avi zrayô pûitikem* vd. 5, 53. abl. *pûitikât* vd. 5, 58.

Hzv. *pûtîk*.

peregeṭ s. *parageṭ*.

pereta (partic. perf. med. von *par*) zu Ende gekommen, erfüllt.

peretu (von *par*) f. Brücke, nom. *cinvatô peretus* y. 46, 11. acc. *tarô peretûmcit* über die Brücke (Cinvaṭ) y. 19, 10. loc. *peretô zemô* an der Brücke der Erde, d. h. Cinvaṭ, Trad. an der Br. des Winters y. 50, 12. *cinvatô peretâo* y. 50, 13. plur. acc. *peretûs* y. 49, 7 (Westerg. *perethûs*, aber Hzv. übers. *vetarg*) y. 41, 19. yt. 11, 4. *perethwô* vd. 2, 87. 89.

Hzv. *puhar*, parsi *puhal*, np. *pûl*, buchar. afgh. *pul*, gil. *purd*, zig. (aus dem pers.) *pkhurd*, kurd. *per*, kurm. *pir*, zaza *pird*.

Vgl. *cinvatperetu*, *huperetu*.

peretôtanu (von *pereta* + *t°*) adj., 1) den Leib als angefülltes habend, pl. gen. n. *peretôtanunãm shyaothnanãm* Thaten, welche den Körper anfüllen, d. h. welche so gross sind, dass eine Körperstrafe nicht mehr eintreten kann, das Leben verwirkt ist, Cit. der Hzv.-Gl. zu vd. 7, 136. 2) ausgewachsen.

Vgl. *aperetôtanu*.

peretha (von *par*) m. 1) Anfüllung, Vollendung, That, pl. dat. (statt instr.) *arethaêibyô perethaêibyô* mit gesetzlichen Thaten? yt. 4, 6. 2) Sühne. 3) Kampf (in dieser Bedeutung auch von *pareth* ableitbar) plur. acc. *parâ hyaṭ mâ yâ mêñg perethâ jimaitî* ehe dass er nicht (nicht gehört zum Begriff ehe, weil hierin eine Negation liegt) zu meinem Kampf kommt, nemlich zu dem Kampf, welchen die himmlischen und höllischen Geister um die Seele kämpfen y. 47, 2.

Vgl. *âperetha*, *tanup°*, *derezânôp°*.

perethu (von *frath*) adj., breit, nom. n. *maêthanem ... perethu aipi vourunastem* eine breite, weiten Raum bietende Wohnung yt. 10, 44. acc. f. *zãm perethwîm* y. 10, 8. yt. 13, 9. neutr. (adv.) *haca drafshayâo perethu uzgereptayâo* yt. 4, 4. *perethu aipi vîjaçâitis* weithin sich verbreitende (Wolken) yt. 8, 40. *perethu* vd. 9, 122. loc. f. *perethwca aṅhâo zemô* auf der breiten (Fläche) dieser Erde vd. 9. 7. plur. nom. f. *perethwîs* yt. 10, 14.

Skr. *pṛthú*, armen. *harth*; vgl. np. *pahlû* (wovon der Name Pehlevi, Spiegel H. I, 19).

perethuainika (vom vor. + *ain°*) adj., mit breiter Front, Burnouf: aux larges bataillons, gen. f. *haênayâo perethuainikayâo* y. 9, 63. yt. 5, 131. 4, 4. 1, 11. *haênayâoçca °ainikayâo* yt. 13, 136.

perethuafçman (von *perethu* + *a°*) mit weiten

Maassen, m. n. pr.? gen. *vareçmôraocâo perethuafçmô* (sic) des V. (des Sohnes) des P.? yt. 13, 126.

perethuarsti (von *p°* + 2. *arsti*) 1) f. breite Lanze, instr. *°arsti nãma ahmi* ich heisse „mit breiter Lanze" yt. 15, 48. 2) adj., mit breiter Lanze bewaffnet, nom. *°arstis nãma ahmi* yt. 15, 48.

perethuzrayañh (von *p°* + 2. *zr°*) adj., breite Seen bildend, acc. f. *apemca °zrayañhem* yt. 8, 2. Skr. *pṛthujráyas.*

perethudrafsha (v. *p°* + *dr°*) adj., mit breiten Bannern versehn, gen. f. *haênayâoçca °drafshayâo* yt. 1, 11. 13, 136.

perethufrâka (v. *p°* + *fr°*) adj., voll fliessend, vorwärtsgehend, acc. f. *perethufrâkãm* y. 64, 2. yt. 5, 1. 13, 4. dat. f. *daênayâi °frâkayâi* das Gesetz, welches sich weit verbreitet yt. 10, 64.

perethuyaona (von *p°* + *y°*) adj., weithin abwehrend, plur. nom. f. *°yaonâo* yt. 13, 29.

perethuvaêdhayana (v. *p°* + *v°*) adj., auf breiter Warte stehend, acc. *mithrem °vaêdhayanem* yt. 10, 7. N. 1, 6.

perethuvara (v. *p°* + 2. *vara*) adj., breitbrüstig, nom. *°varô* yt. 15, 54.

perethuvîra (v. *p°* + *v°*) adj. mit einer breiten Schaar von Männern versehn, d. h. sie schenkend? acc. f. *°vîrãm* yt. 17, 1.

perethuçafa (von *p°* + *ç°*) adj., breithufig, pl. nom. *°çafâoñhô* yt. 10, 47.

perethuçraoni (von *p°* + *çr°*) adj., breithüftig, nom. masc. *°çraonis* yt. 15, 54.

perethwarsti (von *perethu* + 2. *arsti*) m. n. pr. eines Sohnes des Vîstâçpa, gen. *perethwarstôis* yt. 13, 101.

1. **perena** (von *par*) adj., 1) voll, acc. n. *yâ ânem perenem kerenaoiti* vd. 22, 17. *perenemcit* das volle vd. 22, 18. *perenemca bareçma* yt. 10, 138. pl. nom. m. *perenâoñhô* y. 43, 13. 2) f. n. Fülle, acc. (fem.) *perenãm* vd. 19, 40. yt. 5, 132. loc (neutr.) *perenê paçvãm* (die Erde ist) in Fülle des Viehs, voll von Vieh vd. 2, 24. plur. abl. (neutr.) *perenaêibyô paiti ghzhâraṭbyô* yt. 15, 2. *yatha makhshyâo perenem* (lies *parenem*) s. *aperena, parena.*

Skr. *pûrṇá.*

2. **perena** s. *parena.*

Vgl. *huperena.*

perenâyu (von 1. *perena* + *âyu*) adj., 1) volljährig, nom. m. (ohne Flexion) *perenâyu* yt. 19, 43. plur. gen. *perenâyunãm* y. 8, 9. 2) vollkommen (*âyu* affixartig), nom. m. *perenâyus hurethrê buyâo* sei (o Feuer) vollkommen in Schutz y. 61, 6. fem. *daêna perenâyus* vd. 3, 151.

Hzv. *pûrnâi.* — Vgl. *aperenâyu.*

perenin (von 2. *perena*) adj., beflügelt, subst. Vogel, dat. *vîçpê tereçeñti pereninê* alle zittern vor dem Vogel yt. 14, 38. pl. nom. *pereninô* yt. 10, 119.

perenê s. *par* und 1. *perena.*

perenômâoñha (von 1. *perena* + *mâoñh*) n. Vollmond, acc. *°mâoñhem* y. 2, 33. yt. 7, 4. dat. *°mâoñhâi* y. 1, 25. 3, 39. plur. acc. *°mâoñhâoçca* während der Vollmonde yt. 7, 4.

Skr. *pûrṇamâ,* hzv. *pûrmâh.*

pereçakhratu s. *paraçkhrathwa.*

pereçan (von *pareç*) n. das Fragen.

pereçany (verb. denom. vom vor.) fragen, praes. 3. sg. *pereçanyêiti* er fragte yt. 8, 15.

pereçu m. Rippe, Seite, acc. *dashinem pereçâum* vd. 8, 172.

Skr. vgl. *pârçvá,* hzv. *pahru* (aus *paçru* umgestellt), np. *pahlû,* maz. *pelî* (bei), afgh. *palav* (Rand), bal. (brahvi) *pehlû* (breast), kurm. *pârçû,* oss. *farç.*

Vgl. *hipereçu.*

pereçumaçañh (vom vor. + *m°*) adj., so gross wie eine Rippe, acc. *açtem °maçañhem* vd. 6, 31.

Hzv. *pahrumaçâi.*

pereçka f. Preis, nom. *yatha açpahê arshnô pereçka* so viel als der Preis eines Hengstes ist vd. 14, 51.

pereçva (von *pareç*) m. Frage.

Vgl. *maṭpereçva.*

pesh, bekämpfen, praes. 3. sg. *peshanaiti* (Spiegel *peshnaiti*) vd. 4, 137. 3. plur. (4. Classe) *yôi peshyêiñti aêibyô kãm* wer wird gegen die kämpfen y. 43, 20.

Vgl. 1. *paresh.*

1. **pesha** (v. vor.) adj., widerstrebend, verstockt, sündhaft, acc. *peshemeiṭ çârem* yt. 14, 46.

2. **pesha** m. Eule.

Np. *push.*

peshana (von *pesh*) 1) adj., feindselig, acc. *peshanemca* yt. 5, 109. 19, 87. (Spiegel fasst es als n. pr.). 2) f. n. Schlacht, instr.? *yim nirazaiti nivañdâṭ apayêiti dusmainyaoṭ â peshana haca* welchen (d. h. mich) er wegführt vom Räuber, wegbringt vom Feinde in der Schlacht? yt. 14, 57. loc. *yatha azâni peshanê asta aurvañtô* dass ich vertreibe in der Schlacht die acht starken yt. 9, 30. *yatha azâni peshanê . . . arejaṭaçpahê* yt. 9, 30. plur. acc. *peshanâo* yt. 13, 37. loc. *ahmya gaêthê peshanâhu* yt. 5, 73. 109. *peshanâhu* yt. 13, 23. 27. 67. *ughrâhu peshanâhu* yt. 13, 17. neutr. *peshanaêshuca* yt. 5, 131.

Vgl. np. *pashan?* — Vgl. *vanaṭpeshana.*

peshu (vgl. *peretu?*) m. Furth, acc. *huskem peshûm* eine trockne Furth yt. 5, 77. 78. *tarô peshûm dûraêçrûtem* über die berühmte Furth yt. 24, 42. plur. acc. *peshavô* vd. 14, 69 (hzv. *puhar*).

Hzv. *push.*

peshupâu (vom vor. + 1. *pâ*) adj., die Furth (hier die Brücke Cinvaṭ) bewachend, dual. nom. *çpâna peshupâna* die beiden Hunde, welche die Brücke bewachen vd. 13, 25.

peshôcañha, Spiegel **peshôciñha** (von *pesha* + *c°*) m. n. pr. eines Feindes, acc. *°cañhem* yt. 5, 113.

1. **peshôtanu** (v. 1. *pesha* + *t°*) 1) f. sündlicher Leib, Leib des Sünders, dat. *peshôtanuyê* vd. 4, 69. 5, 134. 13, 65. loc. *peshôtanvi* auf seinen sündlichen Leib, Cit. der Hzv.-Gl. zu vd. 7, 136 (Wes-

terg. °*tanvê*). 2) adj., sündhaften Leib habend, leiblicher Sünder, im Gegensatz zu *khraozhdaṭurran*; nom. *peshôtanus* yt. 10, 97. *aṅhus* °*tanus* die Welt würde ein Gefäss der körperlichen Sünde sein vd. 5, 14. plur. nom. oder acc. *skyaothnâvareza atha bavaiñti peshôtanva* sie werden zu Sündern und Verbrechern vd. 13, 105. 15, 3. 8.

2. **peshôtanu** (von 2. *pesha* + *tanu*) m. n. pr. eines Sohnes des Vistâçpa, welcher in Kaṅha herrscht und, selbst unsterblich, am jüngsten Tage als Helfer des Çoçiosh bei der Belebung der Todten auftreten wird, Bund. 68, 19. Windischmann Z. St. 244. nom. *ayaçka amahrka bavâhi yatha peshôtanus* sei ohne Krankheit und unsterblich wie Pashutan yt. 24, 4.

Np. *bashûtan*, *pashûtan*.

peshôparena (von 2. *pesha* + *p*°) adj., Eulenfedern habend, gen. *mereghahê peshôparenahê* yt. 14, 35.

peshôçâra (von 1. *pesha* + *ç*°) m. Haupt, Anführer der Sünder, nom. *peshôçârô* y. 11, 15. acc. °*çârem* y. 11, 14.

pédvaêpa m. Ufer? vgl. skr. *dvîpá*? loc. *paiti pédvaêpê raṅhayâo* yt. 5, 81.

pouru (von *par*) adj., voll, zahlreich, nom. *pourus* vd. 3, 110. acc. n. *pouru khshnûtem* yt. 19, 53. *pouruca* volles, Fülle y. 70, 48. *pouru* in Fülle y. 61, 10. yt. 13, 10. plur. nom. *pouru baêshaza* viele Aerzte vd. 7, 118. acc.? *narô pouru* yt. 24, 12. neutr. *pouruca* yt. 19, 10. *yô dadhâiti kukhshnvãnâi pourus âyaptâo* welcher dem, der ihn befriedigt, viele Gnadengeschenke gibt; *pourus* scheint sich auf *yô* zu beziehen statt auf *âyaptâo*, yt. 8, 49. dat. m. *pourubyô* y. 34, 8. gen. *pourunãm* yt. 10, 66. loc. *pourushû* y. 49, 2.

Skr. *purú* (s. *paru*), hzv. *pûr*, parsi np. buchar. *pur*, afgh. *pûrah*, kurd. *pur*, kurm. *pür*, zaza *pîru*, armen. *li*, oss. *bire*, *bieure*.

pouruaçpa (vom vor. + *açpa*) adj., zahlreiche Rosse besitzend, nom. *pouruaçpô yatha pourushaçpahê* yt. 24, 2. acc. *pouruaçpem bavâhi yatha pourushaçpem* sei ein Besitzer vieler Rosse wie Porshaçp yt. 23, 4.

pouruâzaiñti (von *p*° + *âz*°) f. völliges, vollkommnes Wissen, acc. °*âzaiñtîm* y. 56, 8, 5.

pouruisti (von *p*° + *î*°) f. voller Reichthum, acc. °*îstîm* yt. 18, 1.

pouruqarenaṅh (von *p*° + *q*°) adj., voll Majestät, nom. °*qarenaṅhô* (Thema °*qarenaṅha*) vd. 19, 9. acc. fem. °*qarenaṅhem* yt. 18, 1. voc. m. °*qarenaṅha* N. 5, 6. S. 2, 9. plur. voc. °*qarenaṅha* N. 3, 11. = yt. 24, 7 (wo °*qarenaṅhô*). yt. 24, 24.

pouruqâthra (von *p*° + *q*°) adj., voll glänzend, nom. (ohne Flexion) *pouruqâthra nãma ahmi* (Westerg. *pouru q*°) yt. 1, 14. acc. *pouruqâthrem bavâhi yatha râmanô qâçtrahê* sei glänzend wie Raman qâçtra yt. 23, 7. plur. acc. *garayô pouruqâthrâo* vsp. 2, 22. y. 2, 54. S. 2, 28. gen. *gairinãm* °*qâthranãm* vsp. 1, 20. y. 1, 41. S. 1, 28.

pourugâo (von *p*° + 1. *gâo*) adj., reich an Rindern, nom. *pourugô* (sic) *bavâhi yatha âthwyânôis* yt. 23, 4. = 24, 2. wo °*gâvô*; man vgl. den Namen des Vaters Thraêtaona's, Pûrtônâ, der eine Uebersetzung von *pourugâo* ist, Bund. 78, 1. 3.

pouruciçta (von *p*° + 2. *c*°) f. n. pr. einer Tochter des Zarathustra und der Patishaya (Padokhsha); sie war die Gattin des Jâmâçpa, Bund. 79, 20. Hzv.-Gl. zu y. 52, 4b; nom. *pourucıçtâ* y. 52, 3. gen. *pourucıçtayâo* yt. 13, 139.

Hzv. *pûrciçt*.

pourujira (von *p*° + *j*°) adj., sehr thätig, nom. *pourujirô yatha aosnarô* (sei) sehr thätig wie Aoshnara yt. 23, 2. gen. *aoshnarahê pourujîrahê* yt. 13, 131. plur. nom. die Zeichen, *yâ nôiṭ pourujira fradakhsta vîçpanãm* welche nicht als thätige (effectvolle?) verkündet sich unter allen yt. 5, 93.

pouruta m. n. pr. einer Provinz im Norden von Arachosien, die *Παρυῆται*, *Παρουῆται* der Alten, acc. die Wasser brechen hervor nach *pourutemca* yt. 10, 14.

Vgl. *paurvata*.

pourutâṭ (von *p*° + *tâṭ*) f. Fülle, nom. *vîranãm pourutâç* vd. 18, 59. y. 61, 27.

pourudarsta (von *p*° + *d*°) adj., vollkommen sehend, nom. (ohne Flexion) *pourudarsta nãma ahmi* yt. 1, 12 superlat. nom. (ohne Flexion) *pourudarstema nãma ahmi* yt. 1, 12.

pourudhâkhstayana (von *pourudâkhsti*) m. Sohn des Pourudhâkhsti, gen. *ayôaçtôis pourudhâkhstayanahê* . . . *vohvaçtôis p*° . . . *gayadhâçtôis p*° . . . *ashavazdaṅhô p*° . . . *urûdhaos p*° yt. 13, 112.

pourudâkhsti (von *p*° + *dâkhsti*) m. n. pr. des Vaters der s. v. praecod. aufgeführten Männer, gen. °*dhâkhstôis* yt. 5, 72. 13, 140. °*dhâkhstôis khstâvaênyêhê* des P., des Sohnes des Khstâvana yt. 13, 111.

pourunar (von *p*° + *nar*) m. viele Männer, acc. °*narem* y. 10, 37. plur. gen. °*narãm* yt. 14, 34.

pourunara (von *p*° + *nara*) adj., viele Männer habend, gen. f. (local) *pôurunarayâo karshyâo* im Kreise von vielen Männern y. 11, 10.

pourupathan (v. *p*° + *p*°) m. viele Wege, acc. °*pañtãm* yt. 8, 38.

pourufraourvaêça (von *p*° + *fraourvaêça*) adj., vielbestiegen, acc. f. *harãm pourufraourvaêçãm* die vielbestiegne Hara (weil über dieselbe die Seelen in das Paradis gehn, Windischmann) yt. 12, 23. Spiegel: die sehr emporstrebende.

pourufraourvaêçya (wie eben) adj., vielbestiegen, Spiegel: sehr weithin reichend, acc. f. *harãm* °*fraourvaêçyãm* yt. 10, 50.

pourubaêvare (von *p*° + *b*°) adj., viel zehntausende, plur. nom. f. *pourubaêvanô* yt. 13, 65. acc. *urvarâo paouruis* °*baêvanô* viele Myriaden Pflanzen vd. 20, 16.

Hzv. *pûrbêvar*.

pourubaêshaza (v. *p*° + *b*°) adj., sehr heilkräftig, voc. °*baêshaza* N. 5, 6. S. 2, 9. plur. voc. *yazata* °*baêshaza* N. 3, 11. = yt. 24, 7 (wo °*baêshazô*).

pourubaokhshna (von °*p* + *b*°) adj., sehr rein,

gen. *thwâ upamruyê thrimâi yaṭ pourubaokhshnahê* ich rufe dich an um sehr reine Nahrung y. 9, 84.

pourubañha (von *p°* + *b°*) m. n. pr., gen. *°bañhahê zaoshahê* des P. (eines Abkömmlings) von Zaosha yt. 13. 124.

pourubrâthri (von *p°* + *brâtar*) adj. fem., die mit vielen Brüdern versehene (so Spiegel) oder: die Tochter des Pourubrâtar? nom. *hutaoça yâ pourubrâthri* yt. 15, 35.

pourumañṭ (von *pouru*) adj., zahlreich, loc. *pourumaiti hañjamainê* in zahlreicher Versammlung y. 11, 10.

pourumahrka (von *p°* + *m°*) adj., voll Tod, Tod bringend, nom. *pourumahrkô* der Tod bringende (Ahriman) vd. 1, 7. 19, 1. 22, 6. yt. 10, 97. *akhtis °mahrkô* yt. 10, 50. 12, 23. acc. *pourumahrkem* yt. 18, 2. fem. *°mahrkem çkaitim* eine tödtliche Bremse vd. 1, 16. gen. m. *ashemaoghahê °mahrkahê* y. 17, 49. 60, 14. *añrahê mainyêus °mahrkahê* y. 60. 5.

Hzv. *pûrmarg.*

pouruyaokhsti (von *p°* + *y°*) adj., vielkräftig, acc. m. *mithrem °yaokhstîm* yt. 10, 61.

pouruvac (von *p°* + 2. *vac*) m. viele Worte, plur. gen. *apivatahi pouruvacãm erezhukhdhanãm* y. 9, 79.

pouruvâçtra (von *p°* + *v°*) adj., reich an Weideland, nom. f. *°vâçtra* yt. 19, 67. acc. *urvãm °vâçtrãm* vd. 1, 38. plur. nom. m. *°vâçtrâoñhô* (von Bergen) yt. 10, 14. 13, 9.

Hzv. *pûrvâçtar.*

pouruvâthwa (von *p°* + *v°*) f. zahlreiche Herde, acc. *gaomavaitîm °vâthwãm* yt. 18, 1.

pouruçata (v. *p°* + *ç°*) adj., viele hundert, pl. nom. f. *pouruçatâo* yt. 13, 65. acc. *paouruis pouruçatâo* viele vielhundert (Pflanzen) vd. 20, 16.

pouruçaredha (v. *p°* + 2. *çaredha*) adj., vielartig, nom. *°çaredhô* in vielen Arten (wächst du, Hom) y. 10, 31. acc. f. *°çaredhãm* y. 64, 42. gen. m. *gâum* (lies *gêus*) *pouruçaredhahê urunô* der Seele des vielartigen Viehs S. 2, 12. fem. *gêusca °çaredhayâo* yt. 7, 0. S. 1, 12. Das Vieh hat diese Bezeichnung zum Unterschied von dem eingebornen Rind (*aêvôdâta*), aus welchem das Vieh vieler Arten geschaffen wurde vgl. Bund. 28, 4 ff. plur. nom f. *pouruçaredhâo* (Westerg. *°çaredhayâo*) *urvarâo* vielartige Pflanzen yt. 13, 10.

Hzv. *pûrçartak.*

pouruçaredhôvarshua (vom vorigen + ?) adj., subst. m., plur. nom. *°varshnâca* yt. 11, 19. Hzv. übers. Wirker (*varjîtar*, also von *varez*) vieler Art: Spiegel: behaarte Wesen vieler Art (also von *vareça*); Haug (G. I, 202) Schlangen (von *varesh*, Ausspritzer von Gift); letztre Ableitung scheint vorzuziehen, aber man darf den Sinn der Hzv.-Uebers. beibehalten, etwa: Erzeuger (eigentl. Besaamer) vieler Arten, vielleicht von vielartigen kleinen Insecten, welche sich in grosser Menge fortpflanzen.

pouruçaredhôvîrôvâthwa (von *pouruçaredha* + *vîra* + *vâthwa*) adj., eine Versammlung von vielerlei Nachkommen gebend (von weiblichen Genien) pl. gen. f. *ghenãnãm pouruçaredhôvîrôvâthwanãm* vsp. 1, 15.

pouruçpakhsta (v. *pouru* + *pakhsta*) adj., reich gestickt, acc. *adhkem vañhanem pouruçpakhstem* yt. 5, 126.

pouruçpakhsti (von *pouru* + *çp°*) 1) f. viele Unterdrückung, acc. *pouruçpakhstîm ṭbishyañtãm* die volle Unterdrückung der Hasser y. 56, 10, 9. yt. 10, 11. 94. 24. 25. A. 1, 15. 2) adj., völlig unterdrückend, acc. fem. *drvâçpãm yazamaidê pouruçpakhstîm*, die Drv. preisen wir, welche völlig (die Feinde) unterdrückt yt. 9, 1.

pouruçpâdha (von *p°* + *çp°*) adj., mit vielen Heeren versehn, acc. *khshathrem °çpâdhem* yt. 10, 109. plur. fem. *°çpâdhâo* yt. 13, 37.

pourushaçpa (von *pouru* + *açpa*) m. n. pr. des Sohnes des Çpêtâraçp (des Sohnes Haêcaṭaçpa's) und Vaters des Zarathustra; sein Bruder heisst Arâçti (Vater des Maidhyômâoñha), seine Gattin Dughdâ, Bund 79, 5. 80. 14. nom. *pourushaçpô* y. 9, 42. acc. *pouruaçpem bavâhi yatha pourushaçpem* sei reich an Rossen wie P. yt. 23, 4. gen. *pourushaçpahê* vd. 19, 15. 143. y. 9, 43. yt. 5, 18. *pouruaçpô yatha pourushaçpahê* reich an Rossen wie P. yt. 24, 2.

Hzv. *pôrshaçp*, np. *pûrishaçb.*

pourusqâthra (von *pouru* + *q°*) adj., sehr glänzend, nom. f. *ashis pourusqâthra* yt. 19, 54. 18, 4. acc. f. *îstîm pourusqâthrãm* y. 67, 34. yt. 10, 108.

pourusti m. n. pr., gen. *pourustôis kavôis* des P. (des Sohnes) des Kavi yt. 13, 114.

pouruhazañra (von *p°* + *h°*) adj., viele tausend, plur. nom. f. *°hazañrâo* yt. 13, 65. acc. *paouiris pouruhazañrâo* viele vieltausend (Pflanzen) vd. 20, 16.

pourva, pôurva (vgl. *paurva*) adj., der frühere, nom. *pourvô ashava parairithyô* ein früher verstorbner Reiner yt. 22, 16. *pourvô drvô* (lies *drvâo?*) *avameretô* ein früher verstorbner Böser yt. 22, 34. *mâcis pôurvô bûidhyaêta nô* nicht möge er uns früher bemerken (beim Angang) y. 9, 70. *katârô pôurvô âmayâoñtê* welcher (ist) der erste (an welchem) sie sich versuchen sollen vd. 7, 95. *daêvayaçnaêibyô pôurvô âmayañta yatha mazdayaçnaêibyaçciṭ* an den Devanbetern sollen sie eher sich versuchen als an den Mazdaverehrern vd. 7, 96. *yatârô pourvô frâyazâitê amô* wo man vor allem opfert der Stärke yt. 14, 44. *pourvô* der frühere yt. 5, 61. *frâ pourvô vâtãm* (lies *vâtãn?*) *vazaiti* er führt zuerst die Winde yt. 8, 33. acc. *ahmâṭ pourum* früher als jenen vd. 4, 130. *pourumca* den ersten Theil (des heiligen Wortes) vd. 4, 123.

pourvôapâkhtara (vom vor. + *ap°*) adj., nordöstlich (Osten ist das vordere, frühere) nom. (ohne Flexion) *°apâkhtara vâtô* yt. 3. 9. acc. (ohne Flexion) *°apâkhtara vâtô* yt. 3, 12. 16.

pourvôqadhâta (von *pourva* + *q°*) adj., früher herrschend, nom. (statt acc. *nizbayêmi merezu pourvôqadhâtô yûidhistô mainivâo dâmãn* ich rufe an die Milchstrasse, welche früher herrschte, das streitbarste unter den Geschöpfen der beiden Unsichtbaren vend. sade 489 (Westerg. vd. 19, 42).

pourvya (von *pourva*) adj., der frühere, erste, nom. *pourvyô mañtô* (Spiegel *paoiryô*) y. 31, 7.

pôi? *yêzî ahyâ ashâ pôi maṭ khshayêhî* y. 43, 15. Hzv. übers. „ob zu dieser (Zeit) aus Reinheitsverbindung [wegen des Verbundenseìn's mit Reinheit] offenbar (*pann pêtakish*) du in der Herrschaft bist"; Glosse: „in dieser Zeit ist die vollkommne Herrschaft;" Neriosengh: „ob dann durch Reinheit mit Offenbarheit verbunden (*prakaṭatayâ sañçlishṭaḥ*) du Herrscher bist;" Glosse: „in dieser Zeit bist du der vollkommne Herrscher"; demnach fasst man *pôi* als „offenbar" auf; *kê verethrem jâthwâ* (Westerg. *jâ thwâ*) *pôi çêñghâ yôi heñtî* y. 43, 16. Hzv. übers. „wer durch Sieghaftigkeit ist der Schläger (der Sündlichen) durch den Schutz deiner Lehre" (hienach scheint die Lesart Westergaard's *jâ thwâ* besser zu sein, denn *thwâ* wird von *thwa* tuus abgeleitet und auf *çêñghâ* bezogen]; Glosse: „welche durch dein Gesetz Strafer der Sünder sind." Fast ebenso übers. Neriosengh, welcher *panu pânak* (*pôi*) durch *rakshayâ* wiedergibt, wonach eine Ableitung von 1. *pâ* vorläge.

pôithwa (von *pitu* mit Gunierung?) adj., wachsend, nom. n. *pôithwem buyâo* (lies *buyâṭ?*) *imaṭ nmânem* wachsend sei diess Haus yt. 24, 9. plur. nom. m. *pôithwa vehrka* vd. 13, 114.

Vgl. *anupôithwa*.

pôurusha (von *pôurva?*) adj., alt, hzv. *pîr*, nom in den Dakhmas befindet sich Auflösung, Krankheit, Fieber ... *pôurushô açti vareçô* und altes Haar (Abfälle von Haaren sind unrein) vd. 7, 145; Westerg. liest *pôurushu açti vareçô*, was ich nicht verstehe; die Hzv.-Uebers. hat *pîr êtûnn* (lies *ît?*) *varç*, ferner altes Haar.

pâçta m. Haut, Fell.

Hzv. np. afgh. bal. kurm. *pôçt*.

pâçtôfrathañha (vom vor. + *frathañh*) adj., die Breite der Haut habend, acc. n. *pâçtôfrathañhem hê kameredhem vînâthayen* nach der Breite der Haut sollen sie ihm den Kopf abschneiden (d. h. wohl da, wo die Haare beginnen?) vd. 3, 66 (vgl. Windischmann Z. St. 297.) vd. 9, 180. *yatha yaṭ hê pâçtôfrathañhem kameredhem kerenuyâṭ* als ob er ihm nach der Breite der Haut den Kopf abschnitte vd. 18, 26.

pâçnu f. Staub, nom. *aêsha pâçnu* vd. 7, 127. *pâçnu* vd. 9, 125. acc. *pâçnûm* vd. 8, 20.

Skr. *pâñçú*, *pâñsú* (von *pañs*), vgl. bal. *phoph?* armen. *phoshi*.

Vgl. *upâçnu*.

pâçnvâo (v. vor.) adj., staubig, acc. m. *pañtâm pâçnvâoñhem* vd. 3, 37.

ptarém, **ptâ** } s. *patar*.

F.

fedhrô s. *patar*.

feraçâo (von *pareç*) adj., fragend, plur. dat. *mê urvâ gêuscâ azyâo hyaṭ* (Westerg. *yyaṭ*) *mazdãm dvaidî feraçâobyô* (Westerg. °*çâbyô*) meine und der dreijährigen Kuh Seele (fleht), da wir um Zweifelhaftes den Mazda befragen (d. h. von ihm Auskunft erlangen; der dat. *feraç*° bezieht sich auf die genetive *mê* und *gêus*) y. 29, 5.

feraçém s. *fraça*.

feraçya s. *fraçya*.

ferashvâ s. *pareç* + *ham*.

feçaratu s. *fçeratu*.

fyaêsta (Superl. eines adj. von *fyâ*) fett, reich.

Vgl. *aêvôçaredhôfyaêsta*.

fyañhu (von *fyâ?*) m. Schlossen, acc. *fyañhumca* yt. 8, 33. *yêñhê* (für *yêñhâo*) *cathwârô arshâna hãmtâshaṭ ahurô mazdâo vâtemca vâremca maêghemca fyañhumca* für welche Ormazd vier männliche Wesen machte, Wind, Regen, Wolke, Schlossen yt. 5, 120. Davon ein denominatives verb.:

fyañhu, Schlossen regnen, med. praes. 3. plur. *fyañhuñtaêca* yt. 5, 120. partic. praes. gen. f. *khshafnô fyañhvañtyâo* yt. 16, 10.

fyâ (vgl. *pi*) fett, dick werden.

Skr. *pyâ*, *pyâyate*.

fra, adv., vor, hervor, vorwärts, fort; nur als erster Theil von Nominalzusammensetzungen und als Verbalpraefix erscheinend; in letzerm Falle wird das *a* gedehnt, *ca* und das adverbial verwendete neutrum *taṭ* lehnen sich oft an: *frâ tê mrûtê* er sagt es mir vsp. 3, 30 und oft; *frâ tê fraçnayêni* ich will für dich (um deinetwillen) reinigen vd. 21, 28. *fraoreñta ahurô mazdâo . . . frâ vohu manô, frâ ashem vahistem* es sind huldreich Ormazd, huldreich V. und Ashavahista y. 56, 10, 3. yt. 10, 92. *frâca framerethwaca* yt. 2, 14. (hier ist das *fra* der Zusammensetzung durch Vorsetzung von *frâca*, eine Art Gemination, verstärkt); vgl. *frâtaṭ*, *frô*, *frôiṭ*.

Skr. *prá*, altp. *fra*, hzv. *far*, parsi *far*, *fra*, np. *far*, armen. *hra*, osset. *ar*, *är*, *er*, *ra*.

fraêta s. 2. *i*.

fraêti s. *frâiti*.

fraêsh° s. 1. *ish*.

fraêsta (superl. zu *frâyâo*) der meiste, nom. *fraêstô* der mächtigste (Yima) yt. 19, 34. neutr. *fraêstem* vd. 1, 12. acc. n. (adv.) *fraêstem* vd. 3, 13. 17. 5, 139. yt. 13, 105. plur. nom. *fraêstâoñhô âoñhâmâ* mögen wir die mächtigsten sein (Glosse der Hzv.-Uebers.: dem Frashaostra und meinen Schülern gib die Herrschaft der Welt bis zum Ende) y. 48, 8.

Skr. *préshṭha?* hzv. parsi *frêhêçt.*

fraoiriçya (von *urvi̇ç* + *fra*) adj., hingehend, superl. plur. nom. f. *yâo aradha para fraoiriçistâo* welche dorthin vorher (besonders) hingehen yt. 13, 25.

fraourvaêça (von *urviç*) m. Fortgang.

Vgl. *pourufraourvaêça*, °*fraourvaêçya*, *hufraourvaêça.*

fraourvaêstra (von *urviç*) adj., fördernd, acc. *ayâthremem fraourvaêstremem* vsp. 2, 1. y. 2, 38. dat. *ayâthremâi* °*çtremâi* y. 1, 29. 3, 43. gen. *ayâthremahê* °*çtremahê* vsp. 1, 5.

fraourviçvañt (von *urviç*) adj., auflösbar.

Vgl. *afraourviçvañt.*

fraokhta (partic. perf. pass. von 1. *vac* + *fra*) gesprochen, nom. *fraokhtô* yt. 21, 4. loc. n. *fraokhtaêca* im Sprechen vsp. 18, 8 (s. *fraokhti*). plur. nom. n. *fraokhtâ* y. 47, 1.

Skr. *proktá.*

Vgl. *zarathustrôfraokhta*, *mazdôfr°.*

fraokhti (von *vac* + *fra*) f. das Sprechen, dat. *fraokhtayaêca* (Westerg. *fraokhtaêca*) vsp. 18, 8.

fraokhshyañt (partic. praes. von *vakhsh* + *fra*) wachsend.

Vgl. *afraokhshyañt.*

fraokhshyêiñti s. *vakhsh* + *fra.*

fraota (partic. perf. pass. von *fru*) getrieben; s. *dunmôfrita.*

fraoth, schnauben, partic. *fraothañt.*

Skr. *proth*, *próthati.*

fraothaṭaçpa (v. *fraothañt* + *a°*) adj., mit schnaubenden Rossen versehn, pl. acc. n. *khshathra* °*açpa* yt. 5, 130. 17, 7.

fraothman (von *fraoth*) n. Schnauben, feurige Bewegung.

Vgl. *ravôfraothman.*

fraoraoçtra (von 1. *rud?*) m. n. pr. des Sohnes des Kaosha, gen. *fraoraoçtrahê kaoshahê* yt. 13, 122.

fraoriçinna s. *urviç.*

fraoreti (v. 2. *var* + *ra*) f. Bekenntniss, Glaube, acc. *fraoretîm hâitîm yazamaidê*, *fraoretîmcâ âçtaothwanemcâ daênayâo mâzdayaçnôis yazamaidê* den Hâ (das Capitel) „Glaubensbekenntniss" (y. 13. 14. wegen der Worte *fravarânê* . . . am Anfang) preisen wir, das Bekenntniss und Lob des mazdayaçnischen Gesetzes preisen wir y. 14, Schluss.

Hzv. *frôrt*, Ner. *phravaraitim.*

Vgl. *vîçtôfraoreti.*

fraoreṭ (schwache Form des partic. praes. von 2. *var* + *fra*), indeclinabile, Bekenntniss ablegend, gläubig. *yaêcâ* . . . *khshnaoshen ahurem fraoreṭ mazdãm* welche zufrieden stellen den Ahura, gläubig an Mazda y. 30, 5. *fraoreṭ yaçnãçcâ* gläubige Opfer y. 52, 2.

fraoreṭfrakhshan (v. vor. + *fr°*) n., gläubiges Wachsthum, loc. *fraoreṭfrakhsni avi manô* Gemüth, welches (sich befindet) im Wachsthum des Glaubens yt. 10, 9. 51. 13, 92. vsp. 16, 13.

fraorepa m. n. pr. eines Berges, nom. *erezifyaçca fraorepô* der Erezifya-Fraorepa yt. 19, 2.

Vgl. skr. *várpas?*

frakadha (von *kad*) m. Vernichtung.

Vgl. *afrakadha.*

frakara (v. 1. *kar*) m. Bewirkung, loc. *nazdistâṭ dañhâvô yaozhdâthryâṭ haca frakairê frakerenaoṭ vâçtrê verezyôiṭ paçusqarethem gavê qarethem* vend. sade 489 (Westerg. vd. 19, 41); *fravairi* (lies *frakairê*) *frakerenaoṭ vâçtrê verezyôiṭ* Cit. der Hzv.-Gl. zu vd. 8, 299.

Skr. *prakará.*

frakarana *çeiñdayêiñti* lies *frâ karana çe°.*

frakarsta (partic. perf. pass. von *kareṭ* + *fra*, s. *frâkereçta*) geschaffen.

Vgl. *daêrôfrakarsta.*

frakava (von 2. *ku*) m. Zank, der Zanksüchtige, nom. *frakavô* vd. 2, 80. yt. 5, 93.

Vgl. *afrakavañh.*

frakereçtôfraçâna (von *frakereçta* + *fr°*) adj., Schaden verursachend, gen. *gadhahê frakereçtôfraçânahê* yt. 13, 136.

1. **frakhsh** (Fortbildung von *pareç*) fragen.

2. **frakhsh** (aus *uc* + *fra* mit Zutritt von *sh?*) wachsen.

frakhshaoçtra (v. *khshud*) n. das Fliessen, Strömen, acc. *apãmcâ frakhshaoçtrem* y. 41, 33.

frakhshan (von 2. *frakhsh*) n. Vielheit, Uebermass, dat. *frakhshnê* zumeist, Hzv. *kebad*, Ner. *pracuram* y. 43, 7. loc. *aṭ âtars zaçta paiti apagéurvayaṭ frakhshni ustânacinahya yatha azhis biwivâo âoñha* da öffnete das Feuer seine Hände aus Uebermass der Liebe zum Leben, als der Drache es erschreckte yt. 19, 48. vgl. yt. 19, 50. *yahmâi frakhshni avi manô mithrô jaçaiti* welchem zum Wachsthum für den Geist Mithra kommt yt. 10, 24. 46.

Vgl. *fraoreṭfrakhshan.*

frakhsti (v. 2. *frakhsh*) f. Vielheit, Wachsthum, instr. *adhâṭ anyaêshãm ashaonãm frakhsti yazâi fravareta* mehr als die übrigen Reinen will ich preisen als Bekenner yt. 1, 31. 22, 37.

frakhstidâo (vom vor. + 4. *dâo*) adj., Wachsthum gebend, nom. °*dâo* yt. 10, 65.

frakhstya (partic. fut. pass. von 1. *frakhsh*) der zu befragende, nom. (ohne Flexion) *frakhstya nãma ahmi* ich heisse der zu befragende yt. 1, 7.

fragâthra (von 1. *gâ*) n. das Absingen, acc. *fragâthremca* vsp. 4, 4. 15, 7. y. 54, 24.

fraghrâta }
fraghrârayêiti } s. 3. *gar.*

frañhareti (von 1. *qar* + *fra*) f. das Essen, instr. *paçca frañhareiti* nach dem Essen yt. 21, 9.

frañhareza (von *harez* + *fra*) m. Ausgiessung.

Vgl. *afrañhareza.*

frañharetar (von 1. *qar* + *fra*) m. Esser, nom. *nâ frañhareta* der essende Mann yt. 21, 7.

frañhâd (von 1. *had?*) f. n. pr., gen. *kanyâo frañhâdhô* yt. 13, 141.

frañraçyau (von *hraç*) m. n. pr. des Sohnes des

Pesheng oder Psheg, welcher durch Zaêshm, Turk Çpaên, Turaçp, Durvashaçp (nach Bund. 79, 1.) oder durch Râyish, Zadshem (nach dem Mujmil) von Tur, dem Sohne des Thraêtaona abstammt; wegen der Verpflichtung zur Blutrache für den Mord des Eraj (*Airyu*), welchen Tur und Çalm, dessen Brüder, vollzogen hatten, besteht der alte Kampf zwischen Eran und Turan, welcher mit wechselndem Glücke geführt wird; einmal hatte sich Fraṅraçyan, der König von Turan, des eranischen Reiches bemächtigt und beherrschte es 12 Jahre lang, bis ihn Kavi Kavâta zu einem Vertrag nöthigte, nach welchem er hinter dem Oxus zurückbleiben musste; an diesen Fluss scheint man den Berg Dâr çpét bakér setzen zu müssen, welchen Fraṅraçyan zum Bollwerk machte (Bund. 23, 13). Einen neuen Anlass zum Kriege gab die Ermordung des Çyâvarshâna durch Fraṅraçyan (s. *çyâvarshâna*), und der turanische König wurde von Huçrava, dem Enkel des ermordeten, getödtet. Uebrigens muss *fraṅraçyan*, obwohl ursprünglich n. pr., ein Titel mehrerer turanischer Könige sein, da Ein König kaum so lange gelebt haben kann, wie die von Fraṅraçyan berichteten Sagen voraussetzen, man müsste denn annehmen, dass ihm ein übermenschlich hohes Alter beigelegt wurde, wie diess oft in Sagen wiederkehrt, z. B. bei Ruçtem, bei Marko, der sich beklagt, nur 300 Jahre gelebt zu haben, Vuk, narodne srpske pjesme II, 245, 70. s. J. Grimm, deutsche Mythologie 365. — nom. *mairyô tûiryô fraṅraçê* yt. 5, 41. 19, 56. 82. *fraṅraçê tûrô* yt. 19, 57. 93. acc. *tûirîm fraṅraçyânem* y. 11, 21. yt. 9, 18. 22. 17, 38. 19, 97.

Hzv. *frâçiyâp*, parsi *frâçyâk*, np. *afrâçîâb*, vgl. Phriapites, nach Ssubhi Bey (DMG. XVII, 786) eine gräcisierte Form des Namens.

fraca, von *fra* und dem enclit. *ca* und, *fravaocâma fraca vaocâ* (s. 1. *vac*) y. 69, 6. *fraca âiti* (s. 2. *i*) yt. 10, 118.

fracare (von *car*) m. Vorangeher, nom. *fracare nâma ahmi* ich heisse der vorangehende yt. 15, 45.

fracarethwa (von *car*) n. das Vorwärtsgehen, loc. die Fravashis sind *vaçôyaonâo fracarathwê* nach Willen abwehrend beim Vorwärtsgehn yt. 13, 34.

fracarethwâo (vom vor.) adj., herzutretend, nom. *cîm baraitî fracarethwâo ârmaêshâidhê* was bringt der herzutretende dem einsam sitzenden y. 61, 22.

fracinathware (von 1. *ci* + *fra*) n. Auswahl, acc. *tûm bareçma ayaçaêsha . . . fracinathware vicinathware* nimm das Barçom, eine Auswahl, eine Auslese yt. 15, 55.

fracinaç s. 2. *ciț*.

frajâthwa (von *jan*) n. Vernichtung, instr. *frajâthwaca* yt. 2, 14.

frajyamna (partic. praes. med. v. *jyâ* + *fra*) verkommend.

Vgl. *afrajyamna*.

frajyâiti (von *jyâ*) f. Untergang, nom. *nôiț erezhijyôi frajyâitis* nicht sei Untergang dem rechtlebenden y. 29, 5.

frazhdâta (von *frâs* + 2. *dâta*) adj., hervorragend, nom. n. *kaț açti mâthrahê çpeñtahê frazhdâtem* yt. 12, 1.

frazaiñti (von 1. *zan*) f. Nachkommenschaft, nom. *frazaiñtis* y. 59, 14. acc. °*zaiñtîm* y. 61, 13. 64, 43. 67, 12. yt. 10, 3. °*zaiñtîmca* yt. 15, 40. instr. *frazaiñti* yt. 10, 38. gen. *frazañtôis* yt. 13, 134.

Hzv. *farzand*, parsi *frazañț*, np. buchar. *farzand* Vgl. *afrazaiñti*, *ashavafr°*.

frazaiñtivañț (vom vor.) adj., mit Nachkommen gesegnet, nom. (statt acc.) f. *frazaiñtivaiti* vd. 21, 27. yt. 24, 49.

frazaosha (von *fra* + *z°*) adj., hervorstrebend, hervorwallend, acc. *frazaoshem adhkem* yt. 5, 126.

frazâbaodhaṅh (von 1. *zâ* + *fra* und *baodhaṅh*) adj., das Leben fortbringend, lebensgefährlich, acc. m. *frazâbaodhaṅhem çnathem* vd. 4, 106. 5, 119. 13, 36. 14, 2.

frazdânava (von *frâs* + 1. *dânu*) m. n. pr. eines Var, welcher in Sejestan liegt (wohl der Âbiçtâde-See, in welchen die Gewässer, die nördlich von Ghvashta, südlich von Ghazna und östlich von Makkar fliessen, münden); der Bundehesh (55, 17) berichtet von ihm: „wenn ein freier Mann etwas Reines hineinwirft, so behält er es, unreines wirft er wieder aus;“ nach dem Bahman Yasht (Spiegel H. II, 132) wird in diesem Var der Prophet Oshédar geboren werden; acc. Vistâçpa opferte der Ardviçûra *paçnê âpem frazdânaom* yt. 5, 108.

Hzv. *frazdân*.

fratara (Comparativbildung von *fra*) adj., fortgehend, höher, hoch, acc. *fratarem urvaêçem* das vordere Ende yt. 24, 29. *vâtem . . . fratarem* den Wind, welcher vorne ist S. 2, 22. *fratarem hâvanem* beim Beginn des Morgens y. 10, 4. instr. *fratara haca nmâna verezyân* sie sollen (den Ort) etwas höher als die (übrige) Wohnung machen vd. 16, 6. gen. *vâtahe . . . fratarahê* S. 1, 22. loc. *fratairê gâtvô* auf einem hohen Thron yt. 22, 14. plur. dat. *fratarebyô raocâo vîtarebyô ushâoṅhem* für die zu den Lichtern fortschreitenden, für die zur Morgenröthe hinüberschreitenden yt. 15, 55. compar. loc. *fratarôtarê gâtvô* yt. 22, 14.

fratarenikhma (vom vor. + *n°*)? plur. neutr.? *âaț yaț tûm barân dâtâo dâmân fratarenikhma* yt. 24, 43.

fratarevitaçti (von *fratare* + *v°*) f. eine weitere Vitaçti, nom. *avavaț yatha fratarevitaçtis* eine Vitaçti weit hinweg vd. 8, 243.

fratira (von *fra* + *t°*) m. n. pr., dual. (dvandva) gen. *fratîrâo baêshataçtîrâo* (Spiegel °*turâo*) des Fr. und (seines Bruders) B. yt. 13, 125.

fratema (Superlativ zu *fratara*) adj., der erste, vorderste, nom. *fratemô* G. 1, 6. neutr. *fratemem thishis* das vorderste Glied (des Fingers) vd. 6, 16. 17, 20. acc. m. *çraoshem fratemem* yt. 11, 18. *fratemem* den Anführer yt. 5, 50. neutr. (adv.) *fratemem daṅhéus* oben in der Gegend vd. 2, 87. instr.

m. *yaçna fratemaca* yt. 11, 18. plur. acc. *fratemã* die obersten. Häupter y. 8, 15.

Skr. *prathamá*, altp. *fratama* (hebr. *partemîm*), hzv. *fratum*, parsi *fradum*, afgh. *vranbai* (Fr. Müller, Avgh. II, 14.), armen. *phartham*.

fratemaiâṭ (vom vor. + *tâṭ*) f. Herrschaft, plur. acc. *fratemaiâtô* yt. 13, 95.

fratemathwa (von *fratema*) n. Herrschaft.

Vgl. *dareghôfratemathwa*.

fratemadhâṭ (von *fratema* + 2. *dâ*) m. Vorgesetzter, Fürst, plur. acc. *fratemadhâtô* yt. 10, 18.

fratemônmâna (von *fratema* + *nm°*) n. ein vornehmes Haus, gen. *°nmânahê* vd. 13, 56.

fraṭ scheint eine Nebenform von *fra*, wie *viṭ* von *vi*.

fraṭâpa vom vor. + 2. *ap*) adj., das Wasser vermehrend, acc. *fraṭâpem* yt. 10, 61. Windischmann schlägt vor, *frâtaṭâpem* zu lesen.

fraṭbuyê s. *bû*.

frath, ausbreiten.

Skr. *prath*, *práthate*.

frathañh (vom vor.) n. Breite, acc. *avavaitya bãzaçca frathaçca* soviel in der Tiefe und Breite y. 19, 15. 70, 69. *yavaiti frathaçciṭ* wie gross an Breite y. 19, 15.

Vgl. *zemfrathañh*, *pãçtôfrathañha*, *baêvrezufrathañha*, *yavôfrathañh*, *çpâfratha*.

frathaçvañh (von *frath* + *çavañh*) n. sich ausbreitender Nutzen, acc. *ashava frathaçvô yazamaidê* vsp. 22, 11.

frathwarsta (partic. perf. pass. von *thwareç*) gebildet, geschaffen, acc. *frathwarstem* vd. 21, 22. plur. nom. *frathwarsta* Fr. 1, 2.

Vgl. *asharafrathwarsta*, *paoiryôfr°*, *paourvôfr°*.

fradaidhîsa s. 2. *dâ*.

fradakhshana (von *dakhsh?*) f. Wurfgeschoss, Hzv. übers. Hammer; nom. *fradakhshana çnâvarebâzura* eine Armschleuder vd. 14, 37.

fradakhshanya (vom vor.) adj., zur Schleuder gehörig, plur. nom. *açna fradakhshanya* Schleudersteine vd. 17, 28. 29. *zarstvaeiṭ . . . fradakhshanya* yt. 10, 39.

fradakhsta (von *dakhsh*) gezeigt, plur. nom. neutr. *fradakhsta* yt. 5, 93. acc. *zdî nê vañhéus fradakhstâ manañhô* lehre uns die Zeichen des guten Sinnes y. 31, 17.

Vgl. *çpeñtafradakhsta*.

fradakhstar (von *dakhsh*) m. Lehrer, nom. *fradakhstâ* y. 50, 3. acc. *yatha fradakhstârem manañhê manañhô kârayêiti* wie man es (das Gebet *yathâ ahû vairyô*) zum Lehrer für den Geist macht durch das Wort *manañhô* y. 19, 32. *fradakhstâremcâ* y. 35, 25.

fradatha (von 2. *dath*) n. Förderung, nom. *fradathemca* vd. 9, 190. acc. *fradathem* vd. 9, 187. vsp. 23, 5. yt. 18, 6. instr. *fradatha* y. 54, 11. *fradatha qarenañhaiticu* die durch Förderung glänzende yt. 19, 67. dat. *fradathâi* y. 4, 10. 27, 3. vsp. 12, 25. *fradhatâi â* (scil. *dyâṭ*) y. 44, 9. loc. (statt dat.) *fradathê* y. 67, 5.

fradadâthâ s. 1. *dâ*.

fradadhafshu (von 2. *dâ* + *fra* und 3. *fshu*) n. n. pr. des einen südlichen Karshvare, als dessen Gebieter Bund. 68, 6. *Çu . . . aitauidi huçpaçnyân* (die Lesart ist lückenhaft) genannt wird; acc. *fradadhafshu* vd. 19, 129. yt. 10, 14. *tarô fradadhafshu vîdadhafshu* yt. 10, 133. *upa karshvare fradadhafshu* yt. 12. 11. plural. dat. (im Dvandva) *arezahêibyô çavahêibyô fradadhafshubyô* vsp. 11. 1. 12, 35.

Hzv. *fradatfshu*, np. *fradadâfsh*.

fradâhîsa s. 1. *dâ*.

fradiva (von *div*) f. Täuschung, Betrug, nom. *vareçâ hîcâ fradivâ hyâṭ*, *vîçeñtâ dregvañtem avô* eine offenbare Täuschung wird es sein, (wenn) man den Bösen zum Schutz annimmt y. 32, 14.

fradhâkhsti (von *fra* + *dhâkhsti*) m. n. pr. des Vaters des Jâmâçp, gen. *fradhâkhstôis khuñbyêhê* des Fr. (des Sohnes) des Khuñbya yt. 13, 138.

fradhâta (von 2. *dâ* + *fra*) 1) geschaffen, plur. nom. f. *fradhâtâo* (zwar) geschaffen yt. 13, 53. 55. 2) n. Förderung, loc. *fradhâtaêca* um zu fördern yt. 13, 68.

Vgl. *daêrôfradhâta*, *dûraêfr°*.

fradhidaya (von *dî*) vorsichtig, m. n. pr., gen. *fradhidayêhê* yt. 13, 97.

fradhemna s. *frâd*.

fradhwaozhen s. *dwaozh*.

frapata (von *paṭ*) m. das Vorwärtsstürzen.

Vgl. *afrapata*.

frapitu (von *fra* + *pitu*) m. Ueberfluss, gen. *âaṭ paçcaêta ahê nmânahê frapithwô gâus frapithwô ashem frapithwô vâçtrem frapithwô çpâ frapithwô nâirika frapithwô aperenâyûkô frapithwô âtars frapithwô vîçpãmhujyâitis* nachher dann sind diesem Hause Vieh, Reinheit, Futter, Hunde, Frauen, Knaben, Feuer, Mittel zum Wohlleben in Ueberfluss (eigentl. des Ueberflusses) vd. 3, 10. Die Aehnlichkeit dieses Wortes mit Skr. *prapitvá* ist nur scheinbar.

frapterejan adj., geflügelt, plur. nom. n. *yâca frapterejãn* yt. 8, 48.

frapterejâta adj., geflügelt, hzv. *vâyandik*, acc. f. *gãm frapterejâtãm* geflügeltes Gethier, Vögel y. 70, 46. plur. acc. *vatarô °jâta* vsp. 2, 1. gen. *vatarô °jâtãm* vsp. 1, 1. yt. 13, 74. Der erste Theil des Wortes *fraptere* scheint Flügel zu bedeuten (von *paṭ*), der zweite kann nicht wohl identisch mit *zâta* sein, wenigstens ist mir sonst kein Fall bekannt, in welchem *z* durch Einfluss eines unmittelbar vorhergehenden *r* (*e* hinter *r* ist nur eine Art Schwa) in *j* verwandelt würde; vielleicht stammt *jâta* von *jan* und das Wort bedeutete dann flügelschlagend?

frafraothra (von *fru*) n. das Fliegen, acc. *vayãmcâ frafraothrem* das Fliegen der Vögel y. 41, 33.

frafrâ } s. *frâ*.
frafrâo }

frafrâvay° s. *fru*.

frafshu (von *fra* + 3. *fshu*) n. Fülle von Vieh,

nom. *frafshu* (Spiegel *frawshu*, Westerg. *frafsu*) vsp. 14, 3.

frabaretar (von 1. *bar*) m. Titel eines Priesters (Maubad), celui qui porte tout ce qui est nécessaire (Anquetil), s. Spiegel, Av. übers. II, XVII. acc. *frabaretârem* vsp. 3, 5. G. 3, 5. dat. *frabarethrê* vd. 5, 161. gen. *frabaretas* (Westerg. verm. *frabaretus*) yt. 24, 15.
Hzv. *frabartar*.

frabavara s. 1. *bar* + *fra*.

frabereti (von 1. *bar*) f. Darbringung.
Vgl. *asfrabereti*, *hufrabereti*.

frabda (von *fra* + 2. *bda*) m. der obere Fuss, acc. *frabdem* vd. 8, 213. instr. *frabda* vd. 18, 91.
Skr. *prápada*, hzv. *farpad*.

frabdôdrâjanh (vom vor. + *dr°*) n. Länge des Oberfusses, acc. *yaṭ nâ paurva frabda frabdôdrâjô framaêzaiti* wenn ein Mann mit vorstehendem Fuss sich längs des obern Fusses bepisst vd. 18, 91.

framainya (von *man*) m. Bedenkung, dat. *fravâkâi uta framainyâi* yt. 16, 3.

framananh (von *fra* + *m°*) adj., freundlich gesinnt, plur. nom. *framananhaçca* yt. 10, 34.
Skr. *pramanas*.

framareta s. 2. *mar*.
Vgl. *huframareta*.

framaretar (von 2. *mar*) m. Sprecher (Benennung des Zaotar) nom. *framareta* vsp. 6, 1. *framaretâ* y. 15, 1. acc. *rathwãm framaretârem* der die Herren ausspricht (die heil. Schriften kennt und recitiert) vsp. 2, 8.

framarethra (von 2. *mar*) n. das Aussprechen, acc. *framarethremca* vsp. 4, 3. 15, 7. y. 54, 24.

framaremna s. 2. *mar*.
Vgl. *huframaremna*.

framita s. 1. *mâ*.

framukhti (von *muc*) f. Ablegung, instr. *maṭ aothranãm framukhti* mit Ablegung der Schuhe vd. 6, 56. Spiegel *framrukhti*, auch in den von ihm verzeichneten Varianten steht überall r vor u, bei Westerg. findet sich zweimal kein r; der Sprachgebrauch entscheidet sich für die Form ohne r, s. *muc*.

framennara (von *man* + *fra* und *nara*) adj., die Menschen bedenkend, acc. f. *nairyãm hãmvaretîm framennarãm* vsp. 8, 14. *khshôithnîm framennarãm* G. 5, 5.

framennarôvîra (von *man* + *fra* und *nara* + *vîra*) adj., Menschen und Helden (männliche Helden?) bedenkend, acc. f. *nairyãm hãmvaretîm °vîrãm* vsp. 8, 14. *khshôithnîm °vîrãm* G. 5, 5.

framereti (von 2. *mar*) f. Aussprechung, nom. *frameretis* y. 70, 2. instr. *framereti* vsp. 23, 7. dat. *frameretayaêca* zum Aussprechen (Westerg. *framaretaêca*) vsp. 18, 8.

framerethwa (von 1. *mar*) n. Tödtung, instr. *frâca framerethwaca* yt. 2, 14.

framrava s. *mrû*.

framru (von *mrû*) adj., sprechend; das Wort scheint indeclinabel, die Hzv.-Uebers. gibt es bald durch den imperat. od. conjunct., bald durch einen Relativsatz; *framru* sprechend (Hzv. welcher spricht) vd. 3, 5. Hzv. er spricht: vd. 8, 49. Hzv. sprich: vd. 19, 61. sprechest du y. 64, 40. (Westerg. *framrû*).

framrukhti s. *framukhti*.

framrûiti (von *mrû*) f. das Sprechen, instr. *framrûitî* y. 8, 9.

framrv° s. *mrû* + *fra*.

fraya (von *fra*) m. das Schreiten, instr. *frasha fraya vahistem â ahûm* mit, bei seinem Vorwärtsschreiten zum Paradis vd. 7, 133. *frasha frayâi* (lies *fraya*?) *vahistem â ahûm â* vd. 18, 69.

frayana (von *frâ*) f. Weg, plur. nom. *cithrâo . . . frayanâo* offenkundig (sind Mithra's) Wege yt. 10, 112.

frayôiṭ | s. *frâ*.
frayãn |

frayãnmahi s. *frî*.

frayãhathawdhca s. *hathwa*.

1. **frava** (von *fru*) m. Waschung, plur. instr. *fravâis* vd. 9, 122.

2. **frava** m. n. pr., gen. *fravahê* yt. 13, 117.

fravairi s. *frakara*.

fravaêgha (von *fra* + *v°*) adj., vorwärts schlagend, acc. *vazrem fravaêghem* yt. 10, 96. statt des nom. (hinter dem prädicat) yt. 10, 132.

fravaêdha (von 1. *vid*) m. Verkündiger, dat. *paoiryâi fravaêdhâi paoiryâi fravaêdhayamnâi* dem ersten Verkündiger, dem, welchem zuerst verkündet ward yt. 13, 88.

fravakhshyâ s. 1. *vac*.

fravazanh (von *fra* + *v°*?) adj., hervorströmend? plur. acc. f. *apô . . . fravazanhô*, hzv. übers. Regenwasser y. 38, 7. vgl. Bund. 53, 17.

fravaṭ s. *fru*.

fravareta (von 2. *var* + *fra*) m. Bekenner, nom. *fravaretaçca* als ein Bekenner y. 13, 26.

fravaretar (verhält sich zum vor., wie 4. *dâta* zu *dâtar*) m. Bekenner, nom. *fravareta* yt. 1, 31. 22, 37.

fravarsta s. *varez* + *fra*.

fravashi (die Ableitung ist dunkel; Schlottmann leitete das Wort von *vakhsh* (so auch Neriosengh, wenn er *vrddhi* übersetzt, und Burnouf 270), später von *vac* ab, s. dessen Buch Hiob, Berlin 1851. p. 91. 147. beides geht nicht wohl an, weil man nach der Parsi- und np. Gestalt des Wortes annehmen muss, dass die Wurzel desselben ein *r* zeigte: das *sh* könnte aus *rt* entstanden sein, wie vielleicht in *peshu* neben *peretu*; ist diese Erklärung, welche auch Haug (Essays 186) annimmt, richtig, so stammt *fravashi* von *vareṭ* mit einer allgemeinern Bedeutung von „sein“ und bedeutet die vorher seienden, gleichsam dis ἰδέαι, welche vor der realen Existenz vorhanden sind) f. die Fravashi, le type divin de chacun des êtres doués d'intelligence, son idée dans la pensée d'Ormuzd, le génie supérieur qui l'inspire et veille sur lui (Burnouf); der Ursprung der Fravashis liegt in dem Glauben an die Fortexistenz der Seelen der Todten, der Manen oder indischen *pitaras*, der persische Glaube erweitert aber diese Vorstellung, indem er annimmt, jedes Wesen, gleichviel ob verstorben, lebend oder noch ungeboren, habe seine Fravashi, welche bei der Geburt mit dem Leibe sich verbindet und nach dem Tode am Thron Gottes Fürbitte für den Todten einlegt; wenn der Minokhired berichtet, die Fravashis seien Sterne, so trifft diess mit der indischen Vorstellung zusammen, wonach die seligen Menschen in Sterngestalt glänzen. Nach dem Sadder Bundehesh (Spiegel, II. II, 172. Z. 5. v. u. 173, Z. 7. v. u.) ist die Fravashi das fünfte himmlische Wesen im Körper, welches dem Menschen seine Nahrung gedeihen lässt und mit der Seele (*urvan*) und dem Bewusstsein (*baodhaṅh*) nach dem Tode Rechenschaft ablegen muss. Schwierig ist die Frage ob auch die Bösen eine Fravashi besitzen; in den heiligen Schriften wird hievon nichts erwähnt, der Sadder Bund. berichtet, dass die Fravashi eines Bösen sammt Seele und Bewusstsein in die Hölle wandre. Als zeitbestimmende Genien bewachen die Fravashis den Gâh Aiwiçrûthrema, s. Roth in Baur und Zeller, theolog. Jahrb. VIII, 292. Erskine in den Transactions of the Bombay literary society II, 318. Vullers, Fr. 53. Spiegel DMG. VI, 84. Av. übers. III, XXIX. Haug Essays 186. — acc. *fravashîm* Cit. der Hzv.-Gl. zu vd. 2, 16. vd. 19, 46. vsp. 19, 5. y. 17, 7. 14, 18. yt. 2, 5. 13, 80. 148. *fravashîmca* y. 54, 1. yt. 8, 2. instr. *âyêçê yêsti â-fravashi* ich wünsche herbei mit Preis die Fravashi y. 23, 3. 4. dat. *fravashêê* vsp. 12, 21. y. 1, 47. 3, 6. 23, 6. 67, 63. Fr. 2, 1. plur. nom. *fravashayô* y. 17, 43. 64, 23. yt. 10, 3. 66. 100. 8, 34. 13, 1. 51. 145. vsp. 24, 2. *jamyãn . . . vaṅuhîs fravashayô* y. 59, 7. *kva ithra zi heñti iriçtanãm urvãnô yâo ashâunãm fravashayô*, wo sind die Seelen, die Fravashis der Todten yt. 22, 39. acc. *fravashayô* vd. 19, 125. vsp. 8, 5. y. 2, 25. 17, 30. 23, 1. vend. sade 68. yt. 13, 18. 21. 69. 74. 143. *âyêçê yêsti vîçpaya asharanê fravashê?* y. 23, 5. *fravashîs* yt. 13, 75. dat. *fravashibyô* vsp. 12, 19. 33. y. 4, 4. yt. 13, 46. *mat fravashibyô* y. 23, 3. abl. *fravashibyô* vsp. 12, 21. gen. *fravashinãm* y. 1, 18. 22, 33. yt. 13, 0. 89. 156. *fravasnãm* yt. 2, 15.

Hzv. *fravâsh*, *frôhâr*, parsi *fravas*, *frôhar*, np. *fûrvar*.

Vgl. *avaçaçtôfravashi*.

fravâka (von 1. *vac*) n. das Hersagen, Aussprechen, nom. *kahmi tê aêvahmi paiti vacô vîçpanãm vohunãm . . . fravâkem* worin allein (ist enthalten) das Aussprechen alles Guten deines Wortes yt. 21, 1. *vîçpem vacô fravâkem* das ganze Hersagen des Wortes y. 19, 37. 20, 7. acc. *fravâkem* y. 19, 57. 20, 9. dat. *fravâkâi* zum Hersagen vsp. 18, 12. yt. 1, 31. um hersagen zu können yt. 16, 3. loc. *fravâkê* Ausspruch yt. 14, 28. *fravâkaêca* beim Hersagen vsp. 18, 7.

Windischmann Z. St. 228. vgl. den Fravâk, den Sohn des Çiâmak, des Sohnes Meshia's, zu dessen Zeiten man, wie es bei Enosh im A. T. heisst, anfing, den Namen Gottes anzurufen.

fravâkhsh (von *rakhsh*) m. 1) stärkerer Schössling, Ast, hzv. *tâk*, Ner. *mallava* (lies *pallava*), plur. acc. *vîçpêçca paiti fravâkhshê* (Thema °*khsha*) an allen Aesten y. 10, 12. 2) penis, hzv. *kîr*, abl. *paitisqarenât fravâkshat haca* von den Wangen, von den Geschlechtstheilen aus vd. 3, 46. 9, 158. gen. *fravâkhshaçca* der Geschlechtstheile (Wachsthum) yt. 13, 11.

fravâkhsha (von *rakhsh?*) m. Lehm, Thon.

fravâkhshaêna (vom vor.) adj., von Lehm, Thon, hzv. *shûîn* (vgl. np. *shû*), nom. *yêzi aṅhat fravâkhshaênis* (vgl. *ayaṅhaêna*) wenn (das Gefäss) von Thon ist vd. 7, 188. acc. sie sollen die Leichname an Füssen und Haaren befestigen *fravâkhshaênem* an Lehmstücke, Lehmsteine (damit die Thiere dieselben nicht fortschleppen) vd. 6, 96.

fravâkhshôiț s. *vakhsh*.

fravâza (von 1. *vaz*) m. das Befördern, instr. *fravâza vazaiti* er befördert durch Beförderung (das Gesetz) vd. 3, 100.

Skr. *pravâhá*.

fravâra (von 2. *var*) m. Hof, acc. (collectiv) *fravâremca* vd. 2, 69.

Skr. *pravârá*, hzv. *fravâr*, vgl. np. *furrâr*.

fravi (von *fru*) f. Fortgang, Leben, Gedeihen, gen. *vîçpayâo fravôis gaêthayâo* des Fortgangs der ganzen Welt y. 56, 7, 3. yt. 10, 103.

fraviçta s. 2. *vid*.

fravôizdûm s. *vith*.

fravôividê s. 1. *vid*.

frawshu s. *frafshu*.

fraç, vorwärtsbringen.

— *â*, fördern? imper. 1. sg. *âfraçâni daṅhubyô* ich werde die Gegenden fördern vend. sade 144 (Westerg. vd. 3, 27).

fraça (von *pareç*) n. Frage, acc. *hyaț mâ pairi jaçaț ahyâ fraçêm* (Spiegel *feraçêm*) als es mir zukam in Bezug auf die Frage, mit der Frage danach y. 42, 9. plur. acc. *yâ fraçâ* y. 31, 13.

Skr. *prcchá*.

fraçaçta (von *çaṅh*) m. Lobpreis, instr. *avaoñtem fraçaçta* so gross (schuf ich ihn) an Lobpreis yt. 8, 50. dat. *fraçaçtâi* yt. 16, 3.

fraçaçti (von *çaṅh*) f. 1) Gebot, acc. *ashahê paiti fraçaçtîm* nach dem Gebot der Reinheit vd. 4, 117. 2) Lobpreisung, nom. *fraçaçti . . . âfritôis* Preis sei dem Segenswunsch y. 7, 69. 8, 1. *yêṅhê . . . vaṅuhi fraçaçta* (lies °*çti?*) dessen Preis gut ist yt. 10, 60. acc. *fraçaçtîm* y. 38, 6. 48, 7. dat. *fraçaçtayaêca* zum Lobpreis vsp. 5, 6. y. 3, 69. yt. 10, 0. A. 1, 1. plur. acc. *uyê thrâfaçca fraçaçtisca* yt. 5. 26. *fraçaçti* ist nach Anquetil I, 2, 105 auch der Name des mit Fleisch belegten heiligen Brotes.

Skr. *práçasti*.

fraçaçtôtema (Superlativbildung von *fraçaçta*) der am meisten zu preisende, acc. *fraçaçtôtemem* yt. 13. 152.

fraçâna (von *çâ*) m. Schaden.
Vgl. *frakereçtôfraçâna*.

fraçâçta (von *çâñh*) gelehrt, gezeigt.
Vgl. *mazdôfraçâçta*.

fraçâçtar (von *çâñh*) m. Herrscher, nom. *fraçâçtaca* yt. 13, 88.

fraçkemba (von *çkemb*) m. Pfeiler. acc. (collectiv) *fraçkembemca* vd. 2, 69.
Vgl. *baêvarefraçkemba*.

fraçciñbana (von *çciñb* = *çkemb*) m.? Balken, Steg über einem Wasser, pl. gen. *fraçciñbananãm* yt. 13, 26. *thriçatem fraçciñbananãm fraçciñbayôiț* 300 Stege lege er (über das Wasser) vd. 18, 147.
Vgl. *hazañrôfraçciñbana*.

fraçciñbi (denom. verb. vom vor.) Stege legen, pot. 3. sg. *fraçciñbayôiț* vd. 18, 147.

fraçtairya s. *çtar*.

fraçtanvañti s. *tan* + *fra*.

fraçtareta (partic. perf. pass. von *çtar*) 1) zusammengebunden, von den Reisern des Bareçman, nom. n. *fraçtaretem* vsp. 6, 7. acc. *fraçtaretem* vd. 3, 54. abl. *fraçtaretâț* vd. 9, 195. y. 56, 1, 2. gen. *fraçtaretahê* vsp. 11, 2. pl. gen. *fraçtaretanãm* vsp. 14, 8. 2) n. ein Bündel, plur. gen. *hazañrem fraçtaretanãm* vd. 18, 142. *baêvare fraçtaretanãm bareçmainê fraçtairyâț* 10000 Bündel binde man zum Barçom zusammen vd. 14, 7.

fraçnana (von *çnâ*) n. das Waschen, instr. *catura fraçnana fraçnayôiț* er wasche sich mit viermaligem Waschen vd. 19, 75.

fraçnâiti (von *çnâ*) f. Waschung, instr. *paçca fraçnâiti* nach der Waschung vd. 5, 160. *thris fraçnâiti tanunãm* mit dreimaliger Waschung des Körpers vd. 12, 6. dat. *pañcadaça fraçnâtêê* fünfzehnmal (schreite er?) zur Waschung vd. 8, 279. *thriçatathwem fraçnâtêê* vd. 8, 276.

fraçparegha (von *çpareg*) m. zarter Schössling, hzv. *çpîk*, Ner. *çâkhâ*, plur. acc. *vîçpêçca paiti fraçpareghê* an allen Schösslingen y. 10, 12.

fraçparena (von *çpar*) adj., fortschreitend, gen. *ustrahê fraçparenahê* yt. 14, 11.

fraçpâo (von 1. *çpâ*) m. Wegfeger, Hinwegkehrer, nom. *fraçpâo nãma ahmi* yt. 15, 45.

fraçpâta (von 1. *çpâ*) m. ein Narcoticum zum Ersticken (Abtreiben?) des Foetus, acc. *fraçpâtem* vd. 15, 45.

fraçpâț (von 1. *çpâ*) n.? Schemel? loc. *zaranaênê paiti fraçpâiti* yt. 15, 2. 7. 11. 15.

fraçpâyaokhedhra (von? + *aokedhra*) adj., zweifellos, frei von Widerspruch (Trad.), acc. f. *daênãm fraçpâyaokhedhrãm* yt. 13, 27.

fraçpâvarez (von *çpâ* + *fra* und *varez*?) n. Austreibung, acc. *yaț haêthyâjañhem vacãm fraçpâvarez frâca framerethwaca frajãthwaca* (er entsage denen, welche anstürmen) zur mehr offenbaren Austreibung der Worte (des guten Sinnes) vermittelst Tödten und Schlagen yt. 2, 14.

fraçya (von *pareç*) n. das zu fragende, Fragen, dat. *kathâ ayarê dakhshâ frâ feraçyâi dîshâ* wie soll ich die Zeichen des Tages beim Fragen kennen lehren y. 42, 7. plur. acc. *nôiț fraçyâ eâkhnarê* sie begehren das nicht, wonach (der reine Geist) fragt y. 43, 13.
Skr. *pṛcchya*.

fraçraothra (von *çru*) n. Gebet, Beten, acc. *fraçraothrem* vsp. 2, 13. *fraçraothremca* vsp. 4, 2. 15, 7. y. 54, 24. gen. *ahunahê vairyêhê fraçraothrahê* vsp. 1, 11.

fraçrûiti (von *çru*) f. Stimme, Absingen, instr. *fraçrûiti* y. 9, 45. yt. 19, 81. *thris fraçrûiti gâthanãm* mit dreimaliger Absingung der Gâthas vd. 12, 6.

fraçrûta (partic. perf. pass. von *çru* + *fra*) 1) hergesagt, gen. n. *fraçrûtahê* vsp. 14, 6. 2) berühmt, acc. *fraçrûtem* yt. 10, 47. fem. °*çrûtãm* y. 64, 11. yt. 16, 1. *dûrâț fraçrûtãm* yt. 5, 3. 8, 2. 13, 6. plur. nom. f. °*çrûtâo* yt. 13, 29. neutr. °*çrûtâ* y. 49, 8. acc. f. °*çrûtâo* yt. 13, 30.

fraçrûtar (von *çru*) m. n. pr. des Bruders des Viçrûtar? gen. *fraçrûtârahê* (Thema °*târa*) yt. 13, 121.

frasha (v. *frãs*) adj. 1) vorwärts gehend, gefördert, acc. *dathaiti frashem . . . añhus* (lies *ahûm*?) fördert die Welt yt. 19, 11. *frashem ahûm dathâna* die Welt fördernd y. 54, 22. vgl. Windischmann Z. St. 237. *yaț kerenavãn frashem ahûm* damit sie die Welt vorwärts gehen machen yt. 19, 11. *vaêm yôi îm frashêm kerenaon ahûm* y. 30, 9. *frashêm . . . dâo* du machst wachsen y. 34, 15. instr. *frasha khrathwa frâthañjayêiti* sie festigt mit vorwärts gehendem Verstand (man kann *frasha* auch als Verstärkung von *frâ* fassen) yt. 17, 2. plur. nom. fem. *frashâoçca* vd. 1, 81. acc. n. *dâmãn . . . pouruca frashaca* yt. 19, 10. superl. nom. neutr. *haithyâvarstãm hyaț vaçnâ frashôtemem* wie es dem Willen der wohl thuenden nach am förderlichsten ist y. 45, 19. 49, 11. 64, 61. N. 1, 2. Fr. 9, 2 (wo *haithyâo carestãm hyaț vaçnâ frasôtemem*). 2) im instr. neutr. als adv. gebraucht, vorwärts, gleichsam ein verstärktes *fra*; *frasha pâdhaêibya* über die beiden Füsse, höher als diese vd. 5, 39. *frasha fraya* vd. 7, 133. *frasha frayâi* vd. 18, 69. *frasha fratâcayaț* yt. 5, 78. *frasha frayôiț* man gehe herzu vd. 6, 58. *frasha hãmrâzayata* yt. 19, 47. *frasha frayañtu* y. 10, 40. *frasha tacôiț* er eile vorwärts vd. 8, 281.

frashaêka (von 1. *hic*) m. Vergiessung, acc. *frashaêkem frashiñcañti* sie vergiessen (Blut-)Ströme yt. 14, 54.

frashaostra (von *frasha* + *ustra*) m. n. pr. eines Sohnes des Fradhâkhsti und Bruder des Jâmâçpa und Avâraostri, aus dem Hause Hvôgva; nom. *frashaostrô* y. 70, 1. *frashaostrô hvôgvô* y. 50, 17. *çpitâmô ferashaostraçcâ* y. 52, 2. ohne Flexion? *frashaostra* yt. 24, 11. dat. *narôi frashaostrâi* y. 28, 8. *frashaostrâi* y. 48, 8. gen. *frashaostrahê hvôvahê* yt. 13, 103. ohne Flexion? *puthra frashaostra* o Sohn des Fr. yt. 24, 54. voc. *frashaostrâ* y. 45, 16. dual. (Dvandva) nom. *yôvarenâ frashaostrâ jâ-*

mâçpâ wie Fr. und J. y. 13, 24. dat. *frashaostraêilya jâmâçpaêibya* yt. 24, 11.
Hzv. *frashôstar* Ner. *pheraçaustara*).

frashaostrayana (vom vor.) m. Nachkomme des Frashaostra, gen. *haskyaothnahê °strayanahê* yt. 13, 101. *qâdaênahê °strayanahê* yt. 13, 104.

frashavakhshya (von *frasha* + 1. *v°*) n. Wachsthum. dat. *°vakhshyâi* y. 59, 7.

frashâopayêiti s. 3. *khshi*.

frashâvakhsha (von *frasha* + 1. *v°*) m. n. pr., gen. *frashâvakhshahê* yt. 13, 109.

frashi (von *frasha*) f.? Fortgang.

frashiñcaññti s. 1. *hic*.

frashî s. *pareç*.

frashîmaññt (von *frashi*) adj., vorwärtsgehend.
Vgl. *afrashîmaññt*.

frashumaka m. After, abl. *frashumakat haca* vom After aus vd. 3, 46. 9, 158.
Kaum ist wohl an eine Ableitung von skr. *kshu*, niesen, zu denken, dessen Bedeutung euphemistisch aufzufassen wäre.

frashôkara (von *frasha* + 1. *k°*) adj., subst. m. Bewirker des Fortgangs, acc. *frashôkarem* yt. 14, 28.

frashôkareta (von *frasha* + 3. *k°*) m. n. pr. eines Sohnes des Vistâçpa; der Name scheint auf *frashôkereti* anzuspielen; gen. *frashôkaretahê* (al. *°karahê*) yt. 13, 102.

frashôkereti (von *frasha* + *k°*) f. das Fortdauernmachen, die Herstellung der todten Leiber ins ewige Leben, die Auferstehung, Ner. *vrddhikaritâ*, *akshaya* (Glosse zu y. 45, 3a); acc. *upa çûrãm frashôkereitîm* bei der hehren Auferstehung vd. 18, 110. bis zur hehren Auferstehung y. 61, 8. abl. *frashôkeretôit rañhuyâo* yt. 13, 58. *hadha çûrayâo rañhuyâo frashôkeretôit* nebst der hehren guten Auferstehung (d. h. selbst nach dem Ende dieser Welt soll das Feuer brennen) y. 61, 8.
Hzv. *frashkard*, parsi *fraségard*, arm. *hrashakert*.

frashôcaretar (von *frasha* + *c°*) adj., subst., Vorwärtsschreiter, Bewirker der Neumachung, der Auferstehung, hzv. *frashkard kardâr*, Ner. *akshayatrakârin*; plur. gen. *frashôcarethrãm çaoshyaññtãm* vsp. 12, 21. y. 24, 14. yt. 13, 17. 19, 22. Windischmann Z. St. 237.

1. **frashna** m.? Helm.
Vgl. *erezatôfrashna*.

2. **frashna** (von *pareç*) m. Frage, Fragen, nom. *âhuiris frashnô* y. 56, 10, 4. acc. *âhuirîm frashnem* (Westerg. *frasnem*) vsp. 2, 32. gen. *âhurôis frashnahê* (Westerg. *°snahê*) vsp. 1, 30. plur. acc. *frashna* yt. 5, 82. loc. *frasnaêshu* yt. 11, 3. *vîçpaêshû frashnaêshû* y. 13, 19.
Skr. *praçna*, hzv. *pungashn*, np. *pursish*, kurm. *pûrç*, armen. *harts*.
Vgl. *çpeññtôfrashna*.

frashnu (von *fra* + *zhnu*) m. vorgebeugtes Knie; gen. die Drukhs stürzt herbei (hinweg) *ereghaitya frashnaos* auf boshafte Weise, die Knie vor vd. 7, 4. 8, 228.
Vgl. skr. *prajñu*.

frastâ s. *pareç*.

frasti (von *pareç*) f. das Fragen, plur. acc. *frastayô* y. 38, 4.

frashãmvareta (von *frãs* + *h°*) m. n. pr. eines Sohnes des Vistâçpa, gen. *°varetahê* yt. 13, 102.

frahikhta (partic. perf. pass. von 1. *hic*) übergossen, überzogen, acc. m. *vazrem zarôis ayañhô frahikhtem* die Keule, mit gelbem Metall überzogen yt. 10, 96. statt des nom. (weil hinter dem prädicat) yt. 10, 132.

frahmi (vom *hmê* + *fra*, Spiegel, briefl. Mitth.) n. Sinn, hzv. *fuâj mînashn*, Ner. *prakṛshṭaṃ* (=*fuâj*) *manaḥ* (daher Westergaard's Lesart *fra-mê* nicht richtig); acc. *frahmî mathâ* sie wenden ihren Sinn y. 32, 4. Bei der Bildung des Wortes muss, wie mir Spiegel bemerkt, der Wurzelvocal vor dem Affix *i* ausgefallen sein.

frâ (Fortbildung von *par* durch *â*) 1) gehn, impf. 3. sg. *yat bâ paiti nâ ashava frayat* wo ein reiner Mann einhergeht vd. 3, 3. impf. conj. 3. plur. *frayãn* vd. 3, 53. 5, 141. 8, 39. 2) füllen.
— *fra*, kommen, praes. 1. sg. *frô cinvatô frafrâ peretûm* ich komme vorwärts zur Brücke Cinvat y. 45, 10. pot. 3. sg. *frasha frayôit* man gehe herzu vd. 6, 58. impf. 2. sg. *yô frafrâo* der du gekommen bist vd. 7, 136. vgl. vd. 19, 103. wo statt dessen *agatô* steht.

frââpa (von *fra* + 3. *âpa*) adj, hinauffliessend, acc. n. *yayata dunma frââpem nyâpem* der Nebel geht — hinauf das Wasser, herab das Wasser vd. 21, 3. 4.

frâiti (von *frâ*) f. das Vorwärtsgehn, acc. *apãm vañuhinãm frâitîmca* (Westerg. *fraêtîmca*) *paitîtîmca aibijaretîmca âyêçê yêsti* ich wünsche herbei mit Preis der guten Wasser Vorwärtsgehn, Zurücklaufen, Rauschen y. 61, Schluss. vgl. y. 69, 18. 70, 26. (hier fehlt *apãm*, ist aber wohl hinzu zu denken).

frâidhi (von *frâdh*) f. Förderung, Wohlthat, hzv. *frâçînânish*, Ner. *vrddhidâti*, acc. *frâidîm* y. 52, 6.

frâuruzda (von *fra* + *ur°*) adj., frei von Unreinigkeit.

frâuruzdapayañh (vom vor. + *p°*) adj., mit reiner Milch versehn, reine Milch gebend, gen. *paçéus . . . °payañhô* A. 1. 3.

frâka (von *fra* + *ac*) adj., vorwärtsgehend, fliessend.
Vgl. *perethufrâka*.

frâkereçta (partic. perf. pass. von *karet* + *fra*, s. *frakarsta*) geschaffen (vom Bösen), nom. f. *frâkereçta* y. 10, 15.

frâkhshnena (von 2. *frakhsh*) adj., vollkommen, besonders, acc. n. *tarû rafenô frâkhshnenem* deine vollkommne Erfreuung y. 42, 14. loc. (adv.) *frâkhshnenê* besonders y. 29, 11. 42, 12.

frâgaoshâvara (von *fra*, + *g°*) n. herabhängender Ohrschmuck, instr. *frâgaoshâvara* yt. 5, 127. 17, 10.

frâghmaṭ s. *gam*.
frâcithra (von *fra* + *c°*) sehr hell? m. n. pr., gen. *frâcithrahê berezratô* yt. 13, 124.
frâcya m. n. pr. des Sohnes des Taurvâta, gen. *frâcyêhê taurvâtôis* yt. 13, 115.
Vgl. skr. *prâcya?*
frâta (partic. perf. med. von *frâ*) m. n. pr. des Vaters des Parshaṭgâo, gen. *parshaṭgéus frâtahê* yt. 13, 96.
frâtaṭ (s. *fra*) ist durch Anlehnung des adverbial gebrauchten neutr. von *ta* an *fra* entstanden und mit diesem von gleicher Bedeutung.
frâtaṭkushi (vom vor. + *k°*) adj., aus den Höhlen kommend.
Vgl. *afrâtaṭkushi*.
frâtaṭcaya s. 1. *ci*.
frâtaṭcarañṭ (von *frâtaṭ* + *c°*) adj., vorwärts eilend, gen. f. *âpô frâtaṭcaretayâo* (sic) vd. 6, 79. plur. nom. f. *âpô frâtaṭcaretô* yt. 13, 14. °*caretaçca* yt. 8, 41. acc. *âpô frâtaṭcaretaçca* y. 67, 15.
frâdañh (von *frâdh*) n. Förderung.
Vgl. *dañhufrâdañh*.
frâdañṭ (part. praes. von *frâdh*) fördernd, dat. *frâdheñtê* vd. 21, 1.
frâdaṭgaêtha (vom vor. + *g°*) adj., die Welt fördernd, nom. *mazdâo frâdaṭgaêthô* y. 54, 16. *haomô* yt. 8, 33. neutr. *ashemcâ °gaêthem* y. 33, 11. acc. m. °*gaêthem* y. 2, 28. 10, Schluss. 17, 2. *çraoshem* y. 56, 1, 1. yt. 11, 1. *haomem* y. 41, 31. fem. *daênãm °gaêthãm* vsp. 8, 11. *arstâtem* y. 2, 30. yt. 13, 18. dat. m. °*gaêthâi* vsp. 12, 2. *verethraghnê frâdaṭgaêthâica* y. 67, 5. gen. mas. °*gaêthahê* y. 1, 22. fem. °*gaêthayâo* y. 1, 23. 3, 37. yt. 11, 16. neutr. °*gaêthahê* yt. 12, 40. *arshukhdhahê vacañhô yaṭ frâdaṭgaêthahê* S. 1, 18.
frâdaṭqarenañh (von *fr°* + *q°*) m. n. pr., gen. *frâdaṭqarenañhô* yt. 13, 128.
frâdaṭnara (von *frâdhañṭ* + *n°*) m. n. pr. des Sohnes des Gravâratu, gen. °*narahê gravâratéus* yt. 13, 122.
frâdaṭfshu (von *fr°* + 3. *fshu*) adj., das Vieh fördernd, n. pr. eines Genius, welcher mit Ashavahista und Zañtuma dem Gâh Rapithwina vorsteht; acc. *frâdaṭfshûm* (Spiegel °*fshaom*) y. 2, 17. 6, 9. G. 2, 6. dat. *frâdaṭfshavê* y. 1, 11. 3, 25. G. 2, 1. A. 3, 1.
frâdaṭvañhu (von *fr°* + *v°*) m. n. pr. des Sohnes des Çtivañṭ, gen. °*vañhéus çtivatô* yt. 13, 121.
frâdaṭvîra (von *fr°* + *v°*) adj., die Männer fördernd, n. pr. eines Genius, welcher mit Apãm napâo und Daqyuma dem Gâh Uzayêirina vorsteht; acc. *frâdaṭvîrem* y. 2, 20. G. 3, 6. dat. °*vîrâi* y. 1, 14. 3, 28. G. 3, 1.
frâdaṭviçpãmhujyâiti (von *fr°* + *v°* s. Burnouf 265. Justi, Zusammensetzung der Nomina 106) adj., alles fördernd, was zum guten Leben gehört, n. pr. eines Genius, welcher mit den Fravashis, dem Schlagen aus der Höhe (*vanaiti uparatâṭ*), dem Siege und mit Zarathustrôtema dem Gâh Aiwiçrûthrema vorsteht; acc. *frâdaṭviçpãmhujyâitîm* y. 2, 24. G. 4, 6. dat. *frâdaṭviçpãmhujyâitéê* y. 1, 17. 3, 31. G. 4, 1.
frâdadhâm s. 2. *dâ*.
frâdereçra (von *dareç*) adj., sichtbar, strahlend, nom. *frâdereçrô* yt. 13, 2. 81. acc. *tistrîm frâdereçrem* yt. 8, 2. neutr. *taṭ nmânem frâdereçrem* (die Welt) vd. 22, 3. plur. nom. m. *aurvañtô frâdereçra* y. 56, 11, 2. yt. 10, 68.
frâdh (aus 2. *dâ* + *fra* entstanden?) erweitern, fördern, praes. 3. sg. *frâdhaticu* yt. 6, 1. 24, 15. A. 3, 6. 3. plur. med. *yêñhê skyaothnâis gaêthâo asha frâdheñtê* durch dessen Thaten die Welten an Reinheit sich erweitern, wachsen vsp. 2, 11. y. 19, 49. 42, 6 (wo *skyaothanâis . . . ashâ frâdeñtê*); conj. praes. 3. sg. *yô çûrem frâdhâiti* welcher das Starke fördert yt. 10, 142. *mâdha nô ahmi frâdhâiti âpô vañuhis* nicht mögen ihm nützen unsre guten Wasser y. 64, 26. 28. pot. 2. sg. med. *frâdhaêsa* mögest du dich erweitern, wachsen y. 10, 11. 3. sg. act. *yâ . . . frâdôiṭ* welches (Gesetz) fördert y. 43, 10. impf. 3. sg. *frâdaṭ* y. 45, 13. partic. praes. *frâdhañṭ*, *frâdañṭ* (s. besonders), med. gen. *fradhemnahê* vd. 4, 12. infin. *vâçtrem frâdañhê* zur Förderung der Weide y. 43, 20. causale imperat. 1. sg. *frâdhayêni* ich will ausbreiten vd. 2, 15. 2. sg. *frâdhaya* vd. 2, 13. impf. 3. plur. *yahmya . . . frâdhayen* yt. 10, 14. conj. impf. 3. sg. *yâ mê frâdhayâṭ* y. 61, 15. 67, 13. passiv. partic. praes. nom. *yaṭ baçtô añhaṭ frâdhayamanô* wenn ein Gefesselter fortgebracht wird yt. 15, 52.
— *pairi*, fördern, causale impf. 3. sg. *pairi-shê frâdhayaṭ pañtãm* ihn fördert auf dem Wege yt. 8, 7.
Vgl. hzv. *frâkhinîtan*.
frâdha (vom vor.) adj., fördernd, nom. *frâdô* (Ormazd) welcher fördert y. 45, 12.
frâdhana (von *frâdh*) n. Förderung.
Vgl. *âdhûfrâdhana*, *gaêthôfr°*, *dañhufr°*, *rãthwôfr°*, *shaêtôfr°*.
frâna (von *frâ*) m. Bein, Knochen.
Vgl. die altp. Namen *Viñdafrâna*, *Pharnakes*.
Vgl. *ãkhmôfrâna*, *zaçtôfrâna*.
frânaçu (von *fra* + *n°*) adj., frei von der Verunreinigung durch Leichen, acc. *frânaçûm kerenaoiti* er befreit von der Leichenbefleckung vd. 9, 162.
frânya m. n. pr. des Vaters des Vohuraocañh, Vareçmôraocañh und Ashôraocañh, gen. *vohuraocañhô frânyêhê . . . ashôraocañhô fr° . . . vareçmôraocañhô fr° . . .* yt. 13, 97. (al. *frânyênahê*).
frâpa (von *fra* + 2. *ap*) adj., zum Wasser gehörig, gen. *çatavaêçahê frâpahê* den Ç., den Vorsteher des Wassers yt. 8, 0. 62. fem. *frâpayâo dañhéus* des wasserumflutheten Landes (der Erde?) yt. 19, 1.
Skr. *prâpa*.
frâpayâo m. n. pr. eines Berges, nom. *frâpayâoçca gairis* yt. 19, 6.
frâbâzu (von *fra* + *b°*) m. Name eines Maasses, das Doppelte einer Frârâthni.

frâbâzudrâjaṅh (vom vor. + *dr°*) n. Länge eines Frâbâzu, acc. *°drâjô* vd. 7, 79. 83. 90.

1. **frâyazañta** partic. fut. pass. v. *yaz*) opferwürdig. Vgl. *hufrâyazañta*.

2. **frâyazañta** (gleich dem vor.) m. n. pr. des Vaters des Frênaṅh und Jarôvaṅhu, gen. *frâyazañtahê* yt. 13, 113.

frâyazañtana (vom vor.) m. Sohn des Frâyazañta, gen. *frênaṅhô frâyazañtanahê* yt. 13, 113. *jarôvaṅhêus °tanahê* yt. 13, 113. *frênyâo nâiryâo °tanahê* der Frêni, des Weibes der Fr. (des Frênaṅh oder des Jarôvaṅhu) yt. 13, 140.

frâyañṭ (partic. praes von 2. *i*).

frâyata (partic. perf. med. von *yam* + *fra*) vollkommen, abl. m. *yô nâ mazistem yaçnem yazâitê kaçistem yaçnâṭ frâyatâṭ ahmu yã ameshê çpeñtê* welcher Mann als (angeblich) grösstes Opfer opfert das kleinste von dem vollkommnen Opfer für uns Amshaçpand yt. 1, 24.
Skr. *prayata*.

frâyaṭratha (von *frâyañṭ* + *r°*) schnell gehende Wagen habend, m. n. pr., gen. *frâyaṭrathahê* yt. 13, 108.

frâyavayôis s. 2. *yu*.

frâyasta (partic. perf. pass. von *yaz* + *fra*) geopfert.
Vgl. *ashavafrâyasta*, *hufrâyasta*.

frâyasti (von *yaz*) f. Opferung, Opferpreis, acc. *frâyastîmca* vsp. 4, 5. 15, 7. y. 19, Schluss. 54, 24.
Vgl. *usfrâyasti*, *hufr°*.

frâyastwa (von *yaz*) opferwürdig, plur. acc. oder nom. n. *frâyastwa* yt. 13, 153.

frâyâo (von *frâ?* comparativ zu *fraêsta*) mehr, sehr viel, acc. n. *yêṅhê azem frâyô zbayañtãm çraêstem çuçruyê vâcem* dessen Stimme ich als die schönste höre unter den viel rufenden yt. 17, 17. plur. acc. fem. *frâyahîs ahê umânahê fradathâi* (wir thun sie kund) die sehr vielen, zur Förderung des Hauses; die Trad. übers. „zur Füllung dieser Wohnung, zur Förderung . . .“ y. 4, 10. 24, 27. vsp. 12, 25. instr. m. *frâyêbîsca adhaca ahmâṭ*, Westerg. *frâyêbis-cadhca ahmâṭ* mit noch mehr als diesem vsp. 9, 3.

frâyukhta (partic. perf. pass. von *yuj* + *fra*) zugerichtet.
Vgl. *hufrâyukhta*.

frâyçiñti s. 2. *i*.

frâyôdusmatâ (von *frâyâo* + *d°*) adj., sehr übel denkend, dat. f. *°matayâi* yt. 22, 36.

frâyôdha (von *yud*) m. n. pr. des Sohnes des Karaçna, gen. *frâyôdhahê karaçnayanahê* yt. 13, 108. Besser ist wohl *frâyaodhahê* zu lesen.

frâyôvohu (von *frâyâo* + *v°*) n. überflüssig vorhandnes Gut, plur. gen. *tê âbyô* (Westerg. *âbya*) *bairyêiñtê yaêshãm dim frâyôvohunãm* es werden dir von den (Speisen) der in Ueberfluss vorhandnen Güter gebracht vd. 3, 95. (cit. yt. 24, 35).

frâyôhumata (von *frâyâo* + *h°*) adj., sehr gut denkend, nom. *°matô* y. 56, 6, 5. 13, 7. yt. 11, 20. acc. *°matem* vsp. 3, 22. fem. *°matãm* vsp. 3, 20. G. 4, 9. dat. f. *°matayâi* yt. 22, 18. gen. m. *°matahê* vd. 18, 128.

frâyôhûkhta (von *frâyâo* + *h°*) adj., sehr gut redend, nom. *°hûkhtô* y. 56, 6, 5. 13, 7. yt. 11, 20. acc. *°hûkhtem* vsp. 3, 22. fem. *°hûkhtãm* vsp. 3, 20. G. 4, 9. dat. f. *°hûkhtayâi* yt. 22, 18. gen. m. *°hûkhtahê* vd. 18, 128.

frâyôhvarsta (von *frâyâo* + *hv°*) adj., sehr gut handelnd, nom. *°hvarstô* y. 56, 6, 5. 13, 7. yt. 11, 20. acc. *°hvarstem* vsp. 3, 22. fem. *°hvarstãm* vsp. 3, 20. G. 4, 9. dat. f. *°hvarstayâi* yt. 22, 18. gen. m. *°hvarstahê* vd. 18, 128.

frâraṅha (von *raṅh*) adj., lobopfernd, dat. *frâraṅhâica* yt. 5, 8.

frârâiti (von 1. *râ*) f. Freigebigkeit, instr. *hadâ frârâitîcâ vîdushyâcâ*, Westergaard *vîdishyâcâ*, hzv. übers. durch Freigebigkeit durch Schenken (also von 2. *dush*) y. 57, 12. *tâ . . . frârâiti* (Westerg. *°râitê*, dat. partic. von 1. *râ*) *tâ vîdushê uzjamyãn* deshalb mögen (die Gâthas) zum Vorschein kommen mit Freigebigkeit, deshalb für den weisen (hzv. übers. Geben) y. 54, 14. *frârâiti vîdushê yazamaidê yaṭ açti añtare qâdaêmâis ashaonîs* vsp. 24, 11. Letztre Stelle scheint darauf hinzuweisen, dass nicht nur hier, sondern auch an den übrigen Stellen die Worte *fr°* und *vîd°* nur Citate aus einem nicht mehr vorhandnen Theile des Avesta sind, und man dürfte letztre Stelle übersetzen: wir preisen die Worte (das Gebet?) *frârâiti vîdushê* welches enthalten ist in dem Stück *qâdaêmâis ashaonîs*.

frârâzi (von *râz?*) m. n. pr. eines frommen Turaniers, gen. *frârâzôis tûrahê* yt. 13, 123.

frârâthni (v. *fra* + *r°*) f.? Name eines Maasses, das doppelte einer Vitaçti.

frârâthnidrâjaṅh (vom vor. + *dr°*) n. Länge einer Fr., acc. *°drâjô* ein Fr. lang vd. 7, 76. 79. 87.

frâreñtê s. *ar*.

frâvañku (von *añku?*) m. n. pr. von Bergen, pl. nom. *asta aurvañtô frâvañkavô* die acht (Gipfel) Arvand Frâvanku yt. 19, 3.

frâvareça (von *fra* + *v°*) adj., an den Haaren zusammengebunden? plur. nom. *jata paithyâoñti frâvareça* erschlagen werden sie aufgerichtet an den Haaren yt. 10, 113. Vielleicht wurden die abgeschlagnen Köpfe aufgeschichtet.

frâvîrâta (von *fra* + *vîra*) f. Fülle an Männern, männlichen Nachkommen, nom. *frâvîrâtâca* vsp. 14, 3.
Hzv. *frâcîr*.

frâvôiṭ s. *fru*.

frâshman (von *frâs*) n. Vorwärtsgehn.

frâshmi (von *frâs*) adj., fördernd, vom weissen Haoma gebraucht, weil er das Lebendige unsterblich macht; nom. *haomô frâshmis* y. 56, 8, 2. yt. 8, 33. 9, 17. 10, 88. acc. *haomem frâshmîm* y. 10, Schluss. 41, 31. S. 2, 30.
Hzv. *frâshm* (Ner. *phraçmem*, y. 56, 8, 2. aber *prakrshtâbhidhâna*).

frâshmôdâiti (von *frâshman* + 2. *dâiti*) f. Vorwärtsmachung, immer in Verbindung mit *hû*, mit welchem es Westergaard componiert; ich ziehe vor *hû* als gen. aufzufassen, da die Compositionen die Form *hvare* zeigen; in Verbindung mit *hû* bezeichnet *fr°* die Zeit von Mitternacht bis zum Aufgang oder Erscheinen der Sonne (*hû vakhsha*), also das Tagesgrauen, vgl. Spiegel, DMG. XVII, 56. acc. *paçca hû frâshmôdâitîm* nach Mitternacht (wo die Sonne heranzunahen beginnt) vd. 7, 147. y. 56, 4, 2. 56, 7, 5. yt. 4, 9. 5, 94. 10, 95. abl. *haca hû vakhshâṭ* (Westerg. *hôvakhshâṭ*) *â hû frâshmôdâtôiṭ* vom Aufgang der Sonne bis nach Mitternacht (d. h. den ganzen Tag über) yt. 5, 91.

Hzv. *hûfrâshmôkdât* (Umschreibung).

frita (partic. perf. pass. von *frî*) geliebt, nom. *fryô fritô* y. 56, 13, 7. yt. 11, 20. acc. f. *fritãm* geliebt (vom Vieh und von der Weide) oder freundlich (dem Vieh) yt. 13, 100. plur. nom. f. *fritâo* yt. 13, 147. vgl. *frîta*.

friti (von *frî*) f. Segen, Gebet.

Skr. *prîti*. — Vgl. *ratufriti*.

frith, faul, stinkend werden, praes. 3. sg. (collectiv) *yêzica aêtê naçâvô frithyêitica* und wenn diese Leichen stinkend geworden sind vd. 6, 61. partic. praes. *frithyañṭ*; vgl. *afrithyañṭ*.

fritha (von *frî*) 1) adj., lieb, nom. *frithô* liebend, gütig vd. 19, 133. yt. 8, 43. acc. f. *frithãm* liebreizend yt. 22, 14. 24, 60 (wo *fritãm*). instr. f. *fritha dahma âfriti* mit liebem frommem Segensspruch vd. 22, 16. compar. acc. f. *frithôtarãm* liebreizender yt. 22, 14. 24, 60 (wo *fritôtarãm*). 2) n. Liebe, instr. *fritha* mit Liebe (hzv. übers. der Freude der Geschöpfe wegen thue es) vd. 2, 34. *frya fritha paitizañta* geliebt, mit Liebe aufgenommen yt. 15, 36.

1. **frî**, lieben, liebend erheben, preisen, praes. 1. plur. *frînâmahi* vd. 20, 18. yt. 12, 5. 3 (hier erwartet man den imper. 2. sg.) *fryãnmahî* y. 38, 12. conj. praes. 1. sg. *frînâi* y. 48, 12. impf. conj. 3. sg. *frînâṭ* yt. 13, 50. partic. praes. med. pl. oder dual. nom. *frînemnâ ahurâi â* (meine und des dreijährigen Rindes Seele) flehen zu Ormazd y. 29, 5 (Westerg. *frénemnâ*) partic. perf. pass. *frita*, *frîta* (s. besonders).

— *â*, 1) segnen, praes. 1. sg. *âfrînâmi* ich gelobe y. 61, 1. wünsche, erbitte y. 67, 42. yt. 1, 33. segne yt. 1, 23. 14, 45. 10, 146. 23, 8. y. 8, 17. 51, 1. *âfrînâmi tava* yt. 23, 1. *âfrînâmi dareghem jva* ich bete, mögest du lange leben A. 1, 18. *âfrînâmi vavanvâo vanaṭpeshênê buyê* ich bete, siegreich möge ich sein in siegreicher Schlacht A. 1, 16. 3. sg. *â hê frînaiti* (das Feuer) segnet ihn y. 61, 25. 3. pl. *âfrîneñti* yt. 13, 51. imper. 1. sg. *âfrînâni* vd. 22, 16. 3. plur. *âfrîneñtu* mögen Segen spenden yt. 13, 157. impf. conj. *ahmâi âtars âfrînâṭ* ihn wird das Feuer segnen vd. 18, 57. yt. 24, 38. partic. perf. pass. *âfrita*. 2) fluchen, praes. 1. sg. *âfrînâmi* y. 8, 18.

Skr. *prî*, *prîṇâti*, np. *âfrîdan* (Fr. Müller np. L. 25).

2. **frî** (vom vor.) f. Gebet, plur. nom. *tâo fryô* y. 64, 37.

Vgl. skr. *âprî*.

frîta (von 1. *frî*, vgl. *frita*) geliebt.

Vgl. *dunmôfrîta*.

frîna (von 1. *frî*) m. Lobgebet, loc. *frînê* (Westerg. *frénê*) unter Lobgebeten vd. 5, 167.

Skr. *priṇá*, hzv. *âfrîn*, *âfuîn* (s. *âfrîna*).

Vgl. *hufrîna*.

frînâçpa (v. *frîna* (als partic., geliebt?) + *açpa*) m. n. pr. des Sohnes des Kaêva, gen. *frînâçpahê kaêvahê* yt. 13, 122.

fru, gehn, causale gehn machen, wegbringen, pot. 3. sg. *mayâo frâvôiṭ* fördert die Künste yt. 19, 80 (die Form ist vielleicht eine Zusammenziehung von *frâvayôiṭ*), partic. praes. gen. f. *gêus paiti fravaityâo* für eine gehende (pflügende) Kuh vd. 9, 151. partic. perf. pass. *fraota* (s. *dunmôfrîta*); causale praes. 3. sg. *frâvayêiti* er macht weggehn, d. h. löscht aus vd. 5, 119. 12, 69. pot. 3. sg. *yatha âçistem frâvayôiṭ* damit er es schnell auslösche vd. 8, 241.

— *uç*, hinausgehn, causale vernichten, pot. 3. sg. *avacaṭ yatha yaṭ idha anairyâo daṅhus hakaṭ uçca uçfrâvayôiṭ* (die Majestät ist) soviel dass man hier die nicht arischen Länder auf einmal vernichten könnte yt. 19, 68.

— *ni*, hingehn, causale praes. 3. pl. *tâo dim avi nifrâvayêiñti* sie (die Fravashis) bringen ihn fort yt. 13, 70.

— *fra*, vorwärtsgehn, praes. 3. sg. *frafravaiti* y. 9, 101. causale praes. 1. sg. *frafrâvayâmi* ich bringe weg vd. 5, 56. conj. praes. 2. sg. (in der Frage) *frafrâvayâhi* bringst du weg vd. 5, 52.

Skr. *pru*, *právate*, hzv. *fravîtan*.

fréna (von *frâ*) n. Menge, instr. *fréna* wegen der Menge vd. 5, 14. yt. 10, 20. 21. reichlich yt. 5, 129.

frénaṅh m. n. pr. eines Sohnes des Frâyazañta, gen. *frénaṅhô frâyazañtanahê* yt. 13, 113.

fréni (von 1. *frî?*) f. n. pr. 1) der Tochter des Zarathustra und der Padokhshah, gen. *frényâo* yt. 13, 139. 2) der Frau des Uçenemaṅh, gen. *frényâo nâiryâo uçenemaṅhô* yt. 13, 140. 3) der Frau des Frâyazañtana (s. diess Wort), gen. *frényâo nâiryâo frâyazañtanahê* yt. 13, 140. 4) der Frau des Khshathrôcinaṅh, des Sohnes des Khshôiwrâçpa, gen. *frényâo nâiryâo khshôiwrâçpanahê* yt. 13, 140. 5) der Frau des Gayadhâçti, gen. *frényâo nâiryâo gayadhâçtôis* yt. 13, 140.

frénemna s. 1. *frî*.

frénê s. *frîna*.

frér° s. *ar* + *fra*.

fréreñta (von *ar* + *fra?*) m. das Entgegenkommen, instr. *aṅhâo dim ztayâo* (s. *zta*) *fréreñta çadhayêiti yâ hava daêna* yt. 22, 9.

fréreti (von *ar* + *fra*) f. 1) das Kommen, abl. *âaṭ ushaṅhãm para fréretôiṭ uêshô mereghô . . . vâcem çuruneoiti* dann vor dem Kommen der Morgenröthen spricht dieser Vogel yt. 22, 41. 2) Nachkommen gegen seine Pflicht, Frömmigkeit, instr. *fréretica* y. 8, 4.

Vgl. *afreraiti*.

frô (verdunkelt aus *fra*) adv., verbalpraefix, *frô*

mâ çîshâ lehre mich y. 28, 11. *frô môi fravôizdûm* y. 33, 8. *frô mâ çâçtâ* y. 44, 6. *frô . . . frârentê* y. 45, 3.

frôiṭ (von *fra* + *iṭ*) adv., *frôiṭ mê . . . framrâidhi* nenne mir yt. 1, 5.

frôreti (von *ar* + *fra*) f., das Vorwärtsgehn, hzv. *farrâmashn*, gen. er hält ab *gâo frôretôis* die Kühe vom Vorwärtsgehn y. 45, 4. Westerg. liest *gâofrôretôis* (der Schlechte hält sie ab) vom Vorwärtsgehn der Kühe, d. h. macht, dass ihre Kühe nicht vorwärts gehn; diese Erklärung scheint besser als die erstre zu sein.

frôçyâṭ s. *çâ*.

frôhakafra (von *fra* + *h°*) m. n. pr., gen. *frôhakafrahê merezîshmyêhê çaênanãm* des Fr., des Sprossen des M. unter den Çaênas yt. 13, 126.

frãs (von *fra* + *ac*) adv., vorwärts, *frãs ayañhô fraçparaṭ* hervor sprang er vom Kessel y. 9, 38. *nôiṭ airyâo dañhâvô frãs hyâṭ haêna* nicht wird gegen die arischen Länder ein Heer vorschreiten yt. 8, 56. 14, 48.

Skr. *prâñc*, hzv. *faâj*, parsi *frâz*, *frâzh*, np. *farâz*, oss. *râzey* (vorn)?

frãsta (von 3. *az?*) befohlen, hzv. *framût*, Ner. *prârocat*, plur. n. *hyaṭ* (Westerg. *yyaṭ*) *thwâ . . . frãstâ* da von dir befohlen ist y. 42, 14.

frãstacañṭ (von *frãs* + *t°*) adj., hervorstürzend, nom. *°tacô* yt. 10, 71.

frãsti (von 1. *aç* + *fra*) f. Vorwärtsschreitung, instr. *nôiṭ . . . ṭbaêshô frãsticina frâshnuyâṭ* nicht wird Peinigung vorwärts schreiten yt. 11, 5.

frya (von 1. *frî*) 1) adj., subst., geliebt, Freund, nom. *fryô* y. 70, 64. 45, 2. 6. *nâ fryô* vd. 3, 86. *fryô fritô* als geliebter Freund y. 56, 13, 7. yt. 11, 20. fem. *frya fritha paitizañta* die geliebte mit Liebe aufgenommene (Frau) yt. 15, 36. acc. *frîm* yt. 24, 51. dat. *fryâi* y. 42, 14. 43, 1. 45, 2. *fryâi vañtarê* dem geliebten Freunde vd. 3, 86. gen. *fryêhê* y. 14, 4. plur. nom. *frya* y. 69, 14. *fryâ* y. 43, 1. yt. 17, 10. 2) n. pr. zweier Männer, gen. *fryêhê* yt. 13, 110. 119.

Skr. *priyá*. — Vgl. *afrya*.

fryâna (von 1. *frî*) adj., befreundet, n. pr. eines frommen turanischen Hauses, eines Menschen aus diesem Hause, gen. *fryânahyâ* des Fryâna y. 45, 12. pl. gen. *yôistô yô fryânanãm* yt. 5, 81. *yôistahê fryânanãm* yt. 13, 120.

Vgl. *vohufryâna*.

fryãmahi s. 1. *frî*.

fçêratu (von *fçê* Nebenform von 3. *fshu?*) + *ratu*) f. Herrschaft über das Vieh, welche Ameretâṭ und Haurvatâṭ ausüben', nom. *°ratus* y. 50, 4. acc. *°ratûm* y. 33, 12. *raiñhîmcâ °ratûm* (Westerg. *fçaratûm*) y. 37, 13. 5, 13. gen. *vañhuyâo fçeratvô* y. 14, 17. 39, 14.

fshaoni (von 1. *fshu*) 1) adj., fett, acc. f. *drvâçpãm fshaonîm* yt. 9, 2. dual. dat. f. *fshaonibya vâthwâbya açpinibya yaonibya* (dvandva) für die fette Herde und für die Rossweide y. 2, 3. S. 1, 7. 2) n. Fettigkeit, dual. (dvandva) acc. *fshaoni vâthwa* Fettigkeit und Herden yt. 2, 8. 9, 9. S. 2, 7. *uyê fshaonica vâthwâca* yt. 5, 26.

fshaonay (verb. denom. des vor.) mästen. praes. 2. sg. *nãm fshaonyêhê* du mästest mich (für deinen eignen Bauch) y. 11, 6.

fshañh (v. *paç*) n. Fessel, pl. instr. *fshêbîs* vd. 4, 147. Hzv. *fshesh*.

fsharema m. Schaam, abl. *fsharemâṭ* aus Schaam vd. 15, 33.

Hzv. np. afgh. *sharm*.

fshâ gehn.

Skr. *psâ*, *psâti* (*gatikarma* Naigh. 2,14).

fshâna (vom vor.) m. das Gehen.

fshânay (verb. denom. v. vor.) in Gang bringen. — *vî*, zu Fall bringen, praes. 3. pl. *vî maidhyãnem fshânayêiñti* sie fällen das Centrum yt. 14. 56.

1. **fshu**, 1) thätig sein, partic. praes. nom. *vâçtryô fshuyãç* der thätige Landmann (Name des dritten Standes, s. *vâçtrya*) y. 11, 18. acc. *vâçtrîm fshuyañtem* vd. 18, 46. dat. *vâçtryâi fshuyañtê* vd. 5, 161. *fshuyañtê* für den thätigen (sei nicht Untergang) y. 29, 5. gen. *vâçtryêhê fshuyañtô* vd. 13, 125. voc. *fshuya vâçtrya* vd. 18, 46. pl. acc. *vâçtryãçcâ fshuyañtô* y. 14, 9. loc. *fshuyaçû* unter den thätigen y. 48, 4. 2) gedeihen, fett werden, partic. perf. med. *fshuta* (s. besonders).

Man hat skr. *psú* (Gestalt) zu dieser Wurzel gestellt (s. Burnouf, Journ. asiat. 1840 p. 327), indessen spricht die Bedeutung nicht für diese Etymologie, zumal da *psú* selbst erst aus einer vollern Gestalt zusammengedrängt scheint; vielleicht ist *fshu* aus *apa* + *çu* (nützen) entstanden. Uebrigens scheint hzv. *afzûtan*, parsi *awazâcṭ* (3. sg. praes.), np. *afzûdan* dem altb. *fshu* zu entsprechen, und mit dem hievon abgeleiteten *afzûnik* übersetzt die Hzv.-Uebers. *çpeñta*, welches von dem mit *çu* verwandten *çpan* abzuleiten ist.

2. **fshu** (vom vor.) m. Gedeihen, Besitz.

Vgl. hzv. *fshâ* (thätig), *fshush* (Nahrung).

Vgl. *eredvafshu*, *kamnafshvan*, *varetafshu*.

3. **fshu** (aus *paçu* verkürzt) m. Vieh, hzv. *ramak*.

Vgl. np. buchar. *shûbân*, afgh. *shpûn*, kurd. *sherân*, armen. *shpet*.

Vgl. *drvafshu*, *fradadhafshu*, *frâdaṭfshu*, *frafshu*, *maṭfshu*, *vîdadhafshu*, *haurvafshu*.

fshuta (von 1. *fshu*) dick.

Vgl. *payôfshuta*.

fshuya (von 1. *fshu*) m. Gedeihen, nom. *yarê verezyâtãm tãm nê yarethâi fshuyô* für das Vieh werde gewirkt, in Bezug auf es (durch es) ist Gedeihen für unsre Nahrung y. 47, 5. plur. acc. *fshuyãn hathwaca* yt. 24, 46.

fshuyañṭ s. 1. *fshu*.

Vgl. *afshuyañṭ*.

fshûmâo (von 2. *fshu*) adj. fruchtreich, subst. m. Vermehrer, nom. *fshûmâo açtî* (welcher) fruchtreich ist y. 57, 9. 12. *fshûmâo nãma ahmi* yt. 1, 18.

fshûsha (von 1. *fshu*) 1) m. Frucht, plur. acc. *fshûshê* (dessen) Früchte y. 57, 9. 2) fruchtreich (s. das folgende Wort).

fshûshômãthra (vom vor. + *m°*) 1) der fruchtreiche Mãthra, Name, wie es scheint, eines Theils der heiligen Schriften, nach Anquetil das 57. Capitel des Yaçna (*taṭ çôidhis taṭ verethrem*), nom. *fshûshaçca mãthrô* y. 56, 9, 6. acc. *fshûshômãthrem* vsp. 2, 30. *fshûshem mãthrem* G. 2, 6. *fshûshômãthrem hadhaokhtem* y. 58, 13, gen. *fshûshômãthrahê* vsp. 1, 28. 2) den fruchtreichen Mãthra habend (in ihm gepriesen?), nom. (ohne Flexion) *fshûshômãthra nãma ahmi* yt. 1, 13.
Hzv. *fshûshmânçar*.

fshêñghi (von 1. *fshu?*) n. Gut, Besitz, plur. acc. *ahurem vaňhêus fshêñghî manaňhô* zum Herrn über die Güter des guten Sinnes yt. 31, 10.

fsheñghya (v. vor.) adj., nützlich, nom. *fshêñghyô* y. 48, 9.

fstâna (von *tan* + *apa?*) m. 1) Knoten, Warze. 2) Brustwarze, acc. *dushinem fstânem* vd. 8, 166. dual. nom. *fstâna* yt. 5, 127.
Vgl. skr. *stana*; hzv. np. afgh. *piçtân*, arm. *çtin*.
Vgl. *çatafstâna*.

B.

bairista (superl. v. *barañt*) adj., bringend, nemlich Hülfe, voc. *rashnvô arethamaṭ bairista* o Rashnu, tugendhafter, helfender yt. 12, 7.
Vgl. *aiwibairista*, *nizhb°*.

bairya (von 1. *bar*) adj., tragend.
Vgl. *qarethôbairya*, *qâbairya*.

baêerezu (von *bi* + 2. *erezu*) n. zwei Finger, acc. *baêerezu* Cit. der Hzv.-Gl. zu vd. 18, 6.

baêerezufrathañh (vom vor. + *fr°*) adj., zwei Finger breit, acc. m. *baêerezufrathaňhem* (vom Paitidâna) Cit. der Hzv.-Gl. zu vd. 18, 4.

baêerezuçtavañh (von *baêerezu* + *çt°*) adj., zwei Finger lang, acc. *açtem °çtavaňhem* vd. 6, 36.

baêvarâyu (von *baêvare* + *âyu*, affixartig) adj., zehntausendfältig, nom. *baêvarâyus* (so stellt Windischmann her aus *baêvarôis* der Hss.) yt. 10, 117.

baêvare (vgl. *bûiri*), numer., zehntausend, eine Myriade, nom. (fem.) *baêvanê* zu zehntausenden yt. 13, 64. acc. *baêvare* vd. 3, 104. 14, 4. y. 67, 50. yt. 10, 82. *baêvare anumayanãm* yt. 5, 21. 9, 3. *baêvareca* yt. 13, 71. *baêvare ghenãnãm* yt. 10, 27. dat. *baêvarâi baêvarôtemôbaêvara* zu zehntausenden und zehntausend mal zehntausend yt. 24, 19. pl. acc. *navaçêça baêvãn* 90000 vd. 22, 6. *baêvarâi baêvanô paiti* zehntausend mal zehntausend yt. 3, 10. 13. instr. *baêvarebisca* vsp. 9, 3.
Hzv. *bêvar*, parsi *baêvar*, *biwar*, np. *bêvâr*, *bêvar*, armen. *biur*.

baêvareghna (von *baêvare* + *ghna*) n. Tödtung von Zehntausenden, dat. und plur. instr. *hazaňraghnâi baêvareghnâisca baêvareghnâi ahãkhstaghnâisca* (s. diess) vd. 7, 137. 139. yt. 5, 54. 58. 117. 8, 61. 9, 31. 10, 43. 13, 48.

baêvarecashman (v. *b°* + *c°*) adj., mit 10000 Augen versehn, von Mithra (vgl. K. W. Justi, sionitische Harfenklänge 436), nom. (Thema *°cashmana*) *baêvarecashmanô* yt. 10, 141. acc. *°cashmanem* y. 2, 15. yt. 10, 7. dat. *°cashmainê* yt. 10, 91. gen. *°cashmanô* y. 1, 9. 65, 6. yt. 10, 0. 146. Die Hzv.-Gl. zu y. 1, 9 erklärt, es sässen 500 Genien immer bei Mithra, welche ihm berichteten, was sie sähen.
Hzv. *bêvarcashm*.

baêvarepaiti (von *b°* + 1. *p°*) 1) m. Herr über 10000, plur. nom. *°patayô* yt. 14, 59. 2) adj., 10000 Heerführer habend, plur. gen. *dâunnãm °paitinãm* yt. 13, 38.

baêvarefraçkemba (von *b°* + *fr°*) adj., von 10000 Pfeilern getragen, nom. n. *nmânem °fraçkembem* yt. 5, 101.

baêvarebaêvare, numer. 10000 mal 10000? plur. gen. fem. *°baêvaranãm* vd. 5, 60.

baêvaremizhda (von *b°* + *m°*) adj., mit 10000 Pflöcken versehn, acc. n. *nmânem °mizhdem* vd. 18, 66. *çatayâre bavaremistem baêvarevaêdhayanem* yt. 24, 45.

baêvarevaêdhayana (von *b°* + *v°*) adj., mit 10000 Warten versehn, acc. n. *nmânem °vaêdhayanem* vd. 18, 66. *°vaêdhayanem* yt. 24, 45.

baêvarevâra (von *b°* + 1. *v°*) m. zehntausendfältiger Regen, nom. *°vâraçcit* vd. 21, 5.
Hzv. *bêvarvârân*.

baêvareçpaçana (von *b°* + *çpaçan*) m. Zehntausendspäher, von Mithra, nom. *°çpaçanô* yt. 10, 24. 27. 46. 82. *°çpaçânô* yt. 10, 60. 69. 141. 17, 16.

baêvarôis zehntausendfältig yt. 10, 117. s. *baêvarâyu*.

baêshaz (denom. von *baêshaza*) heilen, pot. 2. sg. *baêshazyôis* vd. 22, 7. imper. 1. sg. *baêshazâni* vd. 22, 21. impf. med. 3. sg. *baêshazyataca* yt. 8, 43. impf. conj. 3. sg. *baêshazyâṭ* vd. 7, 104. 21, 9. yt. 3, 6.
Skr. *bhishajyáti*, hzv. *bêshajinîtan*, arm. *bzhshkem*.

baêshaza 1) n. a) Heilmittel, nom. *baêshazemca* vd. 9, 190. acc. *baêshazem* vd. 13, 99. vsp. 23, 4. plur. nom. *baêshazâo* vd. 21, 14. acc. *baêshaza* yt. 8, 60. gen. *hazaňrem baêshazanãm*, *baêvare baêshazanãm* y. 67, 50. yt. 1, 26. *baêshazanãm* yt. 13, 135. y. 10, 23 (wo *yâbyô* folgt). b) Heilkraft, acc. *baêshazem* y. 9, 56. instr. *baêshaza* vsp. 10, 4. y. 54, 10. 59, 7. yt. 13, 32. c) Heilkunde, instr. *baêshaza ahmi baêshazyôtemô* ich bin der durch Heilkunde heilendste yt. 14, 3. dat. *yaṭ . . . baêshazâi fravazâoñtê* vd. 7, 94. gen. *baêshazanãm baêshazahê baêshazyô* unter den Aerzten ist er in der Heilkunde der (am besten) heilende yt. 3, 6. d) Heilung, nom. *baêshazem* y. 10, 17. acc. *baêshazem* y. 67, 47. dat. *baêshazâi* y. 10, 22. 67, 5. 2) adj., heilend, nom. n. *mãthranãm baêshazem* er ist das heilende unter den Mãthras yt. 3, 5. 3) m. Arzt, nom. *baêshazô* yt. 14, 34. plur. nom. *pouru baêshaza* vd. 7, 118. gen. *baêshazanãm* vd. 7, 120. yt. 3, 6.

Skr. *bhishaj* (Benfey von *abhi* + *sañj*, ebenso Pictet, les origines Indo-européennes II, 647), *bheshajá*, hzv. *béshaj*, *béshaz*, np. *bizishak*, *bijishak* (umgestellt), armen. *bzhishk*.

Vergl. *ashôbaêshaza*, *urvarôb°*, *karetôb°*, *dâtôb°*, *pourub°*, *mãthrôb°*.

baêshazakesha (von *b°* + 1. *k°*) m. Verfertigung von Heilmitteln, pl. nom. *uvrata °kesha* vd. 21, 14.

baêshazadhâo (von *b°* + 1. *dâo*) adj., subst. m. Geber der Heilmittel, nom. *°dhâo* y. 10, 23.

baêshazya (von *baêshaza*) 1) adj., heilsam, heilbringend, nom. *baêshazyô* y. 9, 50. 56, 8, 2. yt. 10, 88. der (am besten) heilende yt. 3, 6. ohne Flexion: *astadaça baêshazya* achtzehntens bin ich der heilende yt. 1, 8. *baêshazya nãma ahmi* yt. 1, 12. acc. *baêshazîm* yt. 7, 5. 20, 1. fem. *baêshazyãm* yt. 17, 1. 13, 4. 5, 1. 9, 2. 10, 15. y. 64, 2. instr. m. *vaca . . . baêshazya* yt. 15, 56. gen. *baêshazyêhê* yt. 15, 50. 51. *haomahê baêshazyêhê* y. 10, 16. plur. nom. m. *baêshazya* yt. 14, 46. y. 10, 59. fem. *baêshazyâo* yt. 8, 47. acc. m. *imê vaca framrva baêshazya* vd. 10, 10. *vaca arshukhdha vârethraghnis baêshazis yazamaidê* yt. 18, 8. *haptôiriñga baêshazya* S. 1, 13. fem. *baêshazyâo* vd. 20, 15. yt. 13, 30. comparat. plur. fem. *baêshazyôtarâo* yt. 13, 64. superl. nom. *baêshazyôtemô* yt. 3, 6. der beste Arzt vd. 7, 120. *baêshaza ahmi baêshazyôtemô* yt. 14, 3. ohne Flexion *baêshazyôtema nãma ahmi* yt. 1, 12. neutr. *baêshazyôtemem* yt. 1, 2. acc. m. *mãthranãm baêshazem*, *mãthranãm baêshazyôtemem* yt. 3, 5. plur. nom. oder acc. m. (nach *heñti*) *baêshazyôtemaca* (Hss. *°tememca*) vd. 9, 118. 2) n., Heilung, dat. *baêshazyâi* yt. 10, 5.

Vgl. *mãthremçpeñtembaêshazya*.

baêshataçtîra m. n. pr., dual. (dvandva) gen. *fratirâo baêshataçtirâo* (Spiegel *°turâo*) des Fr. und (seines Bruders) B. yt. 13, 125.

baoidhi (von *bud*) f. Wohlgeruch, acc. *baoidhîm* vd. 8, 248. vsp. 12, 17. y. 4, 2. instr. *baoidhi* yt. 24, 38. *aêçmã âyêçê . . . baoidhi* Holz wünsche ich mit Wohlgerüchen y. 3, 7. *dâityô baoidhi buyâo* (parallel stehn locative) sei richtig mit Wohlgerüchen (versorgt) y. 61, 5. plur. acc. *baoidhisca* yt. 22, 7. gen. *vohûgaonanãm baoidhinãm* Wohlgerüche von Vohûgaona vd. 19, 80.

Hzv. parsi np. afgh. *bôi*, buchar. *bûi*, kurd. *bien*, lorist. *bu*.

Vgl. *hudhabaoidhi*, *hubaoidhi*, *hubaoidhya*, *habaoidhita*.

baoidhitem s. *bôiṭ*.

baourva m. Speise; vergl. skr. *bhárvati atti* Naigh. II, 8.

Vgl. *asbaourva*.

baokhtar (von *buj*) m. Reiniger, acc. *yâ tanvô baokhtârem dadhâiti* welche (Kraft) einen Reiniger des Leibes abgibt (darstellt) vsp. 8, 15.

Vgl. hzv. *bokhtakish* (Reinigung).

baokhshna s. *baoshna*.

Vgl. *pourubaokhshna*.

baoca? Spiegel verm. rein; nom. (ohne Flexion) *baoca nãma ahmi* yt. 15, 47.

baodha (von *bud*) m. Geruch, nom. *baodhô* yt. 13, 46. 24, 51.? acc. *baodhem* vd. 19, 108. yt. 24, 27.

Vgl. *baoidhi*, *barôbaodha*.

baodhañh (von *bud*) n. Bewusstsein, Name der vierten seelischen Kraft im Menschen, welche nach dem Sadder Bund. (Spiegel II. II, 172) die Aufgabe hat, Verstand (*ʿaql*), Einsicht (*fahm*), Wissen (*khird*), Urtheil (*hôsh*) und Gedächtniss (*ḥifẓ*) zu beobachten und die Functionen der Glieder in Ordnung zu halten; nom. *baodhô* vd. 7, 3. 13, 166. *baodhaçca* vd. 19, 26. acc. *baodhaçca* vd. 19, 96. y. 26, 11. 54, 1. gen. *baodhañhaçca* vd. 8, 252. y. 54, 8.

In den neuern Dialecten fiel *baodhañh* mit *baoidhi* zusammen, da die Affixe abfielen und der Dental zu *i* wurde.

Vgl. *uzbaodha*, *frazâbaodhañh*.

baodhôñhvañt (vom vor.) adj., mit vollem Bewusstsein, acc. f. *nâirikãm baodhañhaitîm* vd. 18, 134.

baodhôbakhti (v. *baodhañh* + *b°*) f.? instr. *baodhôbakhtica* yt. 24, 23. lies *baghôbakhtaca?*

baodhôvarsta (von *baodhañh* + *v°*) 1) adj., mit Wissen, Bewusstsein gethan, plur. nom. n. *vîçpa humata . . . baodhôvarsta*, *vîçpa dusmata . . . nôiṭ baodhôvarsta* Fr. 3, 1. 2) n.? Strafe für eine wissentlich begangne Sünde, welche nach neuern (gewiss im Alterthum nicht begründeten) Angaben darin bestehen soll, dass der Sünder gliedweise zerschnitten wird, gen. *baodhôvarstahê* vd. 7, 101. 13, 30. yt. 24, 44. *baodhô* (lies *baodhôvarstem?*) *hyâṭ* yt. 24, 28.

Hzv. *bôtakvarsht*.

baodhôvîdhvâo (von *baodhañh* + *v°*) adj., mit vollem Bewusstsein, nom. *°vîdhvâo* vd. 18, 134. Hzv. erklärt: „er sieht, dass sie menstruierend ist".

baon s. *bâ*.

baoçu m. Ungerechtigkeit, plur. acc. *baoçavaçca* yt. 22, 13. yt. 24, 37. (wo *baoçayâca*). 24, 59 (wo *baoisyaca*).

baoshna (von *buj*, vergl. *baokhshna*) f. Reinheit, plur. acc. *baoshnâoçca* yt. 4, 1.

1. **bakhta** (von *baj?*) adj., mit Hülsen versehn, plur. gen. *yavanãm bakhtanãm* vd. 7, 93.

Vgl. np. *bakhtah* (dessen Haut abgezogen ist)?

Vgl. *abakhta*.

2. **bakhta** (partic. perf. pass. v. *baz*) 1) geschenkt, geschaffen. 2) n. a) Geschenk, nom. (statt voc.) *nemaçê-tê dâthrô bakhtem* Anbetung dir, Geschenk des Schöpfers vd. 21, 1. b) Schicksal, nom. *bakhtem daênê mâzdayaçnê* Schicksal (d. h. Untergang), ma-

zdayaçnisches Gesetz (d. h. du bist verloren, o Gesetz) yt. 8, 23. instr. *bakhta* zufällig vd. 5, 28.
Hzv. parsi np. etc. *bakht*, armen. *baht*.
Vgl. *baghôbakhta*, *shôithrôb°*.
bakhtar (von *baz*) m. Vertheiler, nom. *upabarat âyaptem bakhtaca nivakhtaca* es brachte Gnade der Vertheiler und ... yt. 24, 38. Westerg. verm. *bakhtica nivakhtica*; acc. *yazâi shôithrahê bakhtârem* yt. 8, 1.
bakhti (von *baz*) f. Austheilung, instr. *bakhtica*, yt. 24, 38 (s. das vor. Wort).
Vgl. *baodhôbakhti*.
bakhdhra (von *baz*) adj., Tribut zahlend? dat. *puthrô berethyât çairimananãm bakhedhrâi?* yt. 24, 52. plur. acc. n. *khshathra* ... *çtâi bakhdhra* Reiche welche viel Tribut zahlen, Spiegel: welche viele Speise besitzen, yt. 5, 130. 17, 7.
bakhsh (Fortbildung v. *baz* durch *sh*) 1) schenken, praes. 2. sg. *bakhshahi* y. 11, 5. 3. sg. *bakhshaiti* y. 10, 38. 9, 71. 3. plur. *bakhsheñti* yt. 6, 1. 7, 3. conj. praes. 3. pl. *bakhshâoñti* yt. 24, 34. 46. imper. 1. sg. *bakhshâni* yt. 10, 108. 14, 47. participialperf. 3. sg. *bakhstâ* er theilt mit y. 31, 10. causale imper. 2. pl. *bakhshayata* yt. 24, 8. 2) Theil nehmen, erlangen, praes. 3. sg. *bakhshaiti* er nimmt Theil y. 46, 5. *yãm nazdistãm gaêthãm dregvâo bakhshaiti* die diesseitige Welt, an welcher der Schlechte Theil hat y. 49, 3. med. *bakhshaitê* vd. 5, 173. 3. plur. *bakhsheñtê* vd. 8, 286.
— *â*, vertheilen, imper. med. 2. sg. *âbakhshôhvâ* y. 33, 10.
— *para*, austheilen, praes. 3. plur. *paraca âo nerebyô qarenô bakhshañti* so theilen sie den Menschen Glanz aus yt. 8, 1.
— *vi*, vertheilen, praes. 3. sg. *vîbakhshaiti* yt. 8, 34. 47.
Hzv. *bakhshîtan*, parsi *bakhisn* (Eintheilung), np. *bakhshîdan*, *bakhshûdan* (aus der durch *â* vermehrten Wurzel *bkhshâ*), afgh. *bashal*, armen. *bashkel*.
1. **bagha** (von *baz*) m. Gott, nom. *baghô hvâpâo* der kunstreiche Gott (Ormazd, vgl. Kuhn, Herabk. 121. Windischmann Z. St. 123) y. 10, 26. 27. ohne Flexion: *bagha asha vahista janât* yt. 13, 14. acc. *baghem* (vom Mond) yt. 7, 5. *tem baghem* (Ormazd) y. 69, 2. *yazâi apãmca baghemca* ich preise den Gott der Gewässer yt. 15, 1. 6. 10. 14. Spiegel: den Vertheiler [?], plur. gen. *baghanãm* yt. 10, 141.
Skr. *bhágha*, altp. *baga*, hzv. np. *bagh*, phryg. *βαγαῖος* (Zeus), armen. *bagin*.
Vgl. *hubagha*.
2. **bagha**, **bâgha** (von *baz*) m. f., Theil, Stück, nom. *bagha aêsha ahunahê vairyêhê* diese Theilung des ahû vairyô y. 19, 4. acc. *baghãm* y. 19, 9. 20, Schluss. 21, Schluss. 54, 23. *vohu baghem* ein gutes Theil yt. 16, 15. s. *bañh*; *bâgem aibîbairistem* y. 50, 1. (cit. y. 16, 7); pl. acc. *gâus bagâ* Stücke Fleisch, Fleisch in Stücken y. 32, 8. Die Trad. erklärt: „in der Grösse der Brust, in der Grösse des Arms" s. Windischmann Z. St. 27.
Skr. *bhâgá*. — Vgl. *çâiribagha*.
baghôdâta (von 1. *bagha* + 2. *d°*) adj., von den Göttern geschaffen, pl. gen. *çtârãm baghôdâtanãm* vd. 19, 78.
Hzv. *bagdât*, np. *baghdâd* (Bagdad).
baghôbakhta (von 1. *b°* + 2. *b°*) adj., von den Göttern geschenkt, nom. *°bakhtô* yt. 24, 25. neutr. *°bakhtemca* als etwas von den Göttern (obendrein) geschenktes vsp. 8, 15. acc. m. *yaonem °bakhtem* yt. 8, 35. 13, 54. vd. 21, 22.
Hzv. *bakbakht*.
bañh, n. Glanz, acc. *vohu bañhem* (Spiegel liest *baghem*) yt. 16, 15.
Skr. *bhás*. — Vgl. *avarethrabañh*.
bañha m. 1) Trunkenheit, 2) ein Narcoticum zum Ersticken des Foetus, acc. *bañhem* vd. 15, 44. vgl. *bañga*.
Skr. *bhañgâ* (Hanf), np. *bang* (daher spanisch *bango*), afgh. *bang*.
Vgl. *abañha*, *vîbañga*.
baj, reinigen; partic. perf. pass. *bakhta* rein, speciell: mit Hülsen verseh̄n (und dadurch vor Unreinheit geschützt?) s. besonders.
bajin (vom vor.) adj., reinigend, pl. acc. *urunya raêthwis bajina* die Schalen, welche das Unreine reinigen, worin diess gereinigt wird vd. 14, 30.
baz, vertheilen, geben, opfern, impf. 3. sg. *bazat* er gebe, opfre yt. 19, 7.
Skr. *bhaj*, *bhájati*, vgl. altp. *bâji*, np. *bâzh*, armen. *bazh*, *bazhanel*.
bañga (vergl. *bañha*) m. n. pr. des Daêva der Trunkenheit, vgl. den eddischen Zwerg Veigr (Völuspa 11), acc. *bañgem* vd. 19, 138. yt. 24, 26 (wo *bañhem*).
Vgl. *vîbañga*.
bañta adj., krank? dat. *dâthrîs bañtâi drvatâtem* welche geben Gesundheit dem Kranken yt. 13, 24. 40. Spiegel: Gesundheit zum Wirken (?). Windischmann Z. St. 318. Festigkeit dem Bande.
bañd, binden, praes. 1. sg. *bañdâmi* ich fessle yt. 4, 6. pass. partic. perf. *baçta* (s. besonders); causale praes. 3. sg. *bañdayêiti* vd. 5, 25. 31. 22, 19. imperat. 1. sg. *bañdayêni* yt. 9, 18. impf. 3. sg. *bandayat* y. 11, 21. yt. 19, 77. med. *upairi puçãm bañdayat* oben band sie sich den Kopfputz yt. 5, 128. impf. conj. *mâ thwâ haomô bañdayât* damit dich Haoma nicht binde y. 11, 21.
Skr. *bandh*, *badhnáti*, altp. *bañd*, hzv. parsi np. *baçtan*, buchar. *beçtan*, bal. *bandi* (er binde), zaza *biçt* (er band), armen. *bandel*, südoss. *batin*, dig. *battun*, tag. *bättün*.
bañda (vom vor.) m. Fessel, Band, acc. *bañdem* vd. 3, 142. *bañdemcit* das Freundesband vd. 22, 19.
Skr. *bandhá*, hzv. np. *band*, parsi *bañd*, kurd. *ben*, arm. *bant*, dig. *bud*, tag. *büd*, karisch *βάνδα* (Sieg).
bayana (von 1. *bî?*) m. n. pr. eines Berges, nom. *bayanaçca* yt. 19, 3.
1. **bar**, 1) tragen, bringen, hervorbringen, wegbringen, praes. 1. sg. med. *bairê* yt. 14, 57. 2. sg. *barahê* yt. 24, 50. act. 3. sg. *vâcim baraiti* er spricht vd. 18, 36. yt. 10, 85. *baraitî* y. 14, 3. 38, 2. 31,

12. 49, 6. *vâcem baraiti* vd. 3, 37. *baraiti* vd. 15, 51. 18, 2. yt. 14, 29. *çaçtîm baraiti* y. 61, 18. *vâtô baraiti* der Wind entführt (die Lanze) yt. 10, 21. *yêzi baraiti* wenn man bringt yt. 10, 137. *baraiti* bringt zu, macht zu yt. 10, 112. *yâ ... baraiti* was (uns) erhält (sing. neben dem neutr. plur.) yt. 14, 36. 3. dual. *baratô* beide brauchen (ihre Arme) yt. 8, 22. pot. 3. sg. med. *baraêta* man bringe vd. 12, 7. Fr. 9, 2. imper. 1. sg. *barâni* vd. 19, 41. yt. 5, 63. 15, 12. 5, 77 (lies *barâmi?*), 2. sg. *bara* yt. 5, 63. 3. sg. *baratu* man bringe vd. 13, 78. 1. plur. *barâma* vd. 6, 92. 3. plur. *bareñtu* yt. 13, 157. impf. 3. sg. *barat* vd. 8, 246. yt. 5, 127. 14, 2. 3. plur. *yatha mê baren* yt. 13, 1. impf. conj. 3. sg. *barât* vd. 15, 55. yt. 10, 92. *yêzi barât* vd. 3, 45. *barât vâcem* yt. 17, 61. *yat vâcim barât* yt. 10, 113. perf. 3. plur. *yôi hîs bavrare* welche sie (die Wasser) führten y. 64, 23. passiv. praes. 3. sg. *bairyêtêca* vd. 5, 127. 3. plur. *bairyêñtê* vd. 3, 95. conj. praes. 3. plur. *bairyâoñtê* y. 32, 15. partic. praes. act. *barañt* (s. besonders). med. *barana* (s. besonders), perf. pass. *bereta* (s. besonders). 2) dahin fahren, reiten, praes. 3. plur. (impersonell) *bareñti* es weht (ein starker Wind) vd. 8, 12. imper. 3. sg. *baratû* es komme y. 33, 9. impf. 3. sg. med. *barata* ritt yt. 19, 29. partic. med. *baremna* (s. besonders).

— *aiti*, zurückbringen, impf. conj. 3. plur. *aitibarãn* vd. 5, 128.

— *apa*, forttragen, wegnehmen, praes. 3. sg. *apabaraiti* vd. 5, 121. *apa ... baraiti* yt. 10, 22. pot. 2. sg. *apabarôis* vd. 17, 11. yt. 10, 23. 3. plur. *apa ... barayen* vd. 8, 235. 9, 179. imper. 1. sg. *apabarâni* yt. 10, 111. 9, 10. impf. 3. sg. *apabarat* vd. 9, 187. 3. plur. med.? *apa barenata* (lies *bareñta?*) yt. 2, 15.

— *ava*, 1) bringen, praes. 2. sg. *avabarahi* yt. 10, 23. 3. sg. *avabaraiti* y. 64, 10. 20. yt. 5, 2. 13, 5. 17, 2. *avi avabaraiti* vd. 3, 86. 3. plur. *avabareñti* vd. 16, 23. pot. 3. plur. *ava hê barayen* sie sollen ihm bringen vd. 8, 6. 13, 82. imper. 1. sg. *avabarâni* yt. 9, 9. partic. pass. nom. f. *naçus avabereta* (nicht ist dem Haoma) zugebrachte Leichenverunreinigung, er kann durch Leichen nicht verunreinigt werden (Spiegel °*beretô*, ebenfalls richtig, da *naçu* m. und f. ist) vd. 6, 87. pl. nom. m. *naçâum avabereta* mit einer Leiche in Berührung gebracht vd. 6, 84. neutr. *avabereta* vd. 7, 28. 2) herbeikommen praes. 3. plur. *avabareñti* yt. 5, 15 (die Wasser). yt. 8, 47.

— *avi*, bringen, praes. 1. sg. *avi dim avibarâmi* yt. 8, 25. 3. sg. *avi ... baraiti* yt. 10, 37. 101. imper. 2. sg. *avi mãm bara* bringe zu mir vd. 18, 44. perf. pot. 1. sg. *avi mãm avibawryãm* ich würde an mich gebracht haben yt. 8, 24. partic. perf. pass. dual. acc. *hâcana ... avibereta* vsp. 12, 11.

— *â*, 1) hinbringen, praes. 3. sg. *avi âtarem âbareñti* yt. 14, 55. pot. 2. sg. *âbarôis* bring hin (die Nägel und Haare) vd. 17, 14. aor. 3. sg.? *abare* yt. 14, 59. 2) besitzen, praes. 3. sg. *âbaraiti* yt. 14, 12.

— *âiti*, hinzubringen, pot. 2. sg. *âiti magha âitibarôis* vd. 9, 29.

— *upa*, bringen, praes. 3. sg. *upabaraiti* yt. 17, 58. *upa ... baraiti* vd. 3, 85. pot. 3. plur. *upâca hê gâtûm barayen* man bringe sie in seine Wohnung vd. 15, 117. imper. 2. sg. *upabara* vd. 2, 62. impf. 3. sg. *upabarat* vd. 2, 98. 9, 187. yt. 24, 38.

— *uç*, 1) heraustragen, wegbringen praes. 1. sg. *uç bî barâmi*, lies *uzbarâmahi*, 1. plur.? Fr. 7, 2. 3. pl. med. *uzbareñtê* vd. 8, 38. (wenn die Wasser) hervorfliessen yt. 13, 65. praes. conj. 2. sg. *uç ... barâhi* yt. 24, 50. pot. 3. sg. *uzbarôit* man trage heraus vd. 6, 58. 3. plur. *uç ... barayen* vd. 5, 126. imper. 1. sg. *uzbarâni* yt. 5, 26. impf. 3. sg. *uzbarat* yt. 19, 32. causale impf. 3. sg. *uzbârayat* vd. 19, 63. *yô ... uzbârayat* vd. 18, 25. 2) hervorbringen, praes. 1. sg. med. *uzbairê* yt. 5, 6. N. 4, 7. impf. 1. sg. *uzbarem* ich schuf vd. 20, 15. causale impf. 3. sg. *uzbarâyat* er recitiere? yt. 24, 28. 3. plur. *zaothrâo hê uzbârayen* yt. 8, 58.

— *nis*, 1) wegbringen, praes. 3. pl. *nizhbareñti* vd. 7, 62. impf. conj. 3. sg. *nizhbarât* wird wegbringen yt. 19, 93. partic. praes. *nizhbarañt* (s. besonders), pass. partic. perf. *nizhbereta* (s. besonders); partic. praes. med. *nizhbaremnô* wegbringend yt. 21, 7. 9. 11. 13. 15. causale impf. 3. pl. *nizhbârayen* vd. 6, 63. 68. 2) herauskommen, impf. 3. sg. *hãmca zaçtô nizhbarât* (bis) ihre Hand herauskommt vd. 5, 167.

— *paiti*, geben, bringen, praes. 3. sg. *paitibaraiti* vd. 18, 49. yt. 19, 34. *nemô paitibaraiti* die Schuld erstattet vd. 4, 1. *paitibaraiti* (lies °*barâiti*, conj.? Westerg. °*bairê*, die Hzv.-Uebers. hat das adj. verb.) man bringe vd. 7, 191. praes. conj. 2. sg. *paitibarâhi* y. 54, 18. impf. 3. sg. *paitibarat* yt. 19, 33. impf. conj. 3. sg. *yadhôit paiti âthrê barât* vd. 16, 40. partic. perf. pass. instr. neutr. *bareçmana paitibareta* mit dem (auf das Barçomdân) gelegten Barçom y. 3, 1. 22, 1.

— *pairi*, darbringen, praes. 1. plur. *pairibarâmaidê* (Spiegel: wir halten, d. h. er ist uns eigen) yt. 11, 7.

— *para*, tragen, bringen, nehmen, praes. 3. sg. *parabaraiti* er nimmt weg vd. 13, 28. med. *parabaraitê* er bringt (Sühne) vd. 4, 25. impf. conj. 1. sg.? *vîçpâo qareñtis parabarãn* alle Speisen will ich tragen vd. 3, 90.

— *fra*, bringen, vortragen, hervorbringen, praes. 3. sg. *frabaraiti* vd. 7, 195. 15, 44. 3. plur. *frabareñti* vd. 7, 65. yt. 5, 94. pot. 2. sg. *frabarôis* vd. 19, 71. 80. 134. y. 64, 39. impf. 1. sg. *frabarem* vd. 2, 17. 3. sg. *gâma frabarat* yt. 22, 15. *frâ tê barat* y. 9, 81. med. *frabarata* vd. 2, 42. conj. impf. 3. sg. *yô frabarât* vd. 16, 11. perf. 3. sg. *yahmâi rashnus ... frabavara manavaiñtîm* welchem Rashnu eine Wohnung hervorbrachte yt. 10, 79. partic. praes. nom. *frabarô* yt. 9, 3. causale impf. 3. plur. *frabârayen* vd. 9, 154.

— *vi*, wegtragen, auseinandertragen, praes. 3. sg. *vîbaraiti* verbreitet vd. 8, 248. pot. 3. sg. *vîca barôit* man breite aus einander vd. 8, 240. imper. 2. sg. *vî nô bara* entferne uns y. 9, 85. impf. 3. sg. *vîbaraṭ* er breitete (das Gesetz) aus vd. 2, 138. 3. pl. *vîbaren* trugen weg y. 10, 29.

— *hãm*, zusammentragen, herbeibringen, praes. 1. pl. *hãmbarâmahi* vd. 5, 122. pot. 3. plur. *hãm . . . barayen* vd. 8, 31. imper. 2. sg. *hãmbara* yt. 24, 39. med. *hãm . . . baraǹuha* yt. 10, 32. causale praes. 3. pl. *hãmbârayêiñti* yt. 6, 1. impf. 1. plur. *hãmberetha hãmbârayâma* (Hss. *bârayama*) vd. 19, 142. 3. plur. *hãm idha shaêtem hãmbârayen* vd. 4, 120. med. *hãmberetha hãmbârayañta* (was) werden zusammentragen vd. 19, 140. partic. perf. pass. *hãmbereta*, lies *hãmberetha* (s. diess) vd. 8, 259.

Skr. *bhar*, *bibhármi*, altp. *bar*, hzv. *burtan*, *anbâshtan* (mit *hãm*), parsi *burdan*, np. *burdan*, *anbârdan*, *anbâshtan*, *âvardan*, maz. *burdeh* (gieng), afgh. *vaṛal*, *wṛal*, bal. *burtan*, kurd. *berum*, *nebâ* (trage nicht), kurm. *bir* (tulit), zaza *berd* (tulit), armen. *berel*, *barhnal*, oss. *barun*, *amabarun*.

2. **bar**, schneiden, bohren.

— *pairi*, schneiden, praes. 3. pl. *pairibareneñti* vd. 17, 4. (Westerg. °*bareñti*) imper. 2. sg. med. *pairibarenaǹuha* vd. 17, 10.

Vgl. skr. *bhar*, *bhṛṇâti?* hzv. *burîtan*, parsi *brîn* (Ner. *chinna*), np. *burîdan*, *burrîdan*, buchar. *bürîden*, kurd. *debrim* (ich schneide), *berun*, kurm. *debérim*, zaza *biréna*, armen. *brel*, lykisch *prinafatu?*

bara (von 1. *bar*) m. Reise.

Vgl. *ayarebara*.

barajâya (von *barej*) adj., leuchtend? acc. n. *barajâimca kavaêm qarenô* yt. 24, 40.

barañṭ (partic. praes. v. 1. *bar*) 1) tragend, nom. *mâ eis barô aêvô yaṭ iriçtem* nicht (sei) ein einzelner Träger des Todten vd. 3, 44. *barô açpô vazô raçô* das tragende ist ein Ross, das fahrende ein Wagen (Glosse zu *baremnem vâ vazemnem vâ*) Cit. der Hzv.-Gl. zu vd. 5, 64. acc. (adv.) *bareñtem frajaçãn* sie bringen vd. 6, 97. *bareñtem frajaçâṭ* vd. 6, 98. fem. *bareñtîm* y. 51, 5. dat. m. *çuyamna vâcim bareñtê buyama* nützlich mögen wir sein dem redenden y. 69, 14. gen. f. *bareñtayâo* (Thema durch *a* erweitert) yt. 1, 11. 13, 136. plur. fem. *bareñtis* yt. 13, 45. welche enthalten yt. 8, 40. superlat. *bairista* (s. besonders). 2) reitend, pl. nom. *bareñtô* yt. 10, 20.

baraṭavareta (vom vor. + *av*°) adj., Reichthum bringend, acc. f. *çaokãmca baraṭavaretãm* yt. 13, 42.

baraṭâyapta (von *barañṭ* + *â*°) adj., Gnadengeschenke bringend, acc. f. *çaokãmca* °*âyaptãm* yt. 13, 42.

baraṭzaothra (von *barañṭ* + *z*°) adj., Zaothras bringend, acc. f. °*zaothrãm* yt. 10, 126. 16, 1.

baraṭdaǹhu (von *barañṭ* + *d*°) adj., Land tragend, nom. f. *gâus* °*daǹhus* Cit. der Hzv.-Gl. zu vd. 2, 32. (Westerg. vd. 2, 18).

barana (partic. praes. med. v. 1. *bar*) 1) bringend, tragend, plur. nom. *baranâ* (mögen sie sein Hülfe) bringend y. 30, 9. 2) m. n. pr. eines Berges, nom. *baranaçca* yt. 19, 6.

Vgl. *zaothrôbarana*, *hubarâna*.

barâz strahlen, praes. 3. sg. *barâzaiti* yt. 10, 143. *barâzeñti* yt. 5, 129.

Skr. *barh*, *balh*, *barháyati*, *balháyati?*

barâza (vom vor.) 1) adj., strahlend, blinkend, gen. f. *aravaṭeiṭ yatha çûkayâo barâzayâo barâzem* soweit als einer blinkenden Nadel Glanz ist yt. 14, 33. 16, 13. 2) n. Glanz, nom. *barâzem* yt. 14, 33. 16, 13.

barâç, taumeln, impf. 3. sg. *barâçaṭ* yt. 19, 34.

Skr. *bhraç*, *bhráçyati*.

barisahavañtô? *yôçarerê barisahavañtô* yt. 17, 10. lies *yô* (für *yôi*) *çarerê barezisha havañtô* welche dastehn mit Matten, gleichmässig?

barej, glänzen, schön sein.

Skr. *bhrâj*, *bhrâjate*.

1. **barez**, wachsen, partic. praes. *berezañṭ* hoch, nom. fem. *ashis berezaiti* yt. 17, 17. 10, 68. *berezaiti pâreñdica* yt. 8, 38. neutr.? *berezaṭ* yt. 24, 46. acc. m. *berezañtem* yt. 10, 7. 25. *berezañtem ahurem* (von Apãm napâo) y. 2, 21. 6, 13. *upa berezañtem ahurem* bei apãm napâo (eine Localität) yt. 5, 72. *haomem berezañtem* y. 10, Schluss. 41, 30. *tistrîm berezañtem* yt. 8, 4. *ratûm berezañtem yazamaidê yim ahurem mazdãm* y. 56, 1, 10. fem. *berezaitîm* y. 2, 57. 56, 1, 8. yt. 10, 13. 5, 15. 17, 1. 18, 3. S. 2, 25. instr. m. *berezata vaca* yt. 10, 89. dat. *berezaitê* vsp. 12, 19. y. 4, 4. gen. *berezatô* vsp. 10, 27. y. 1, 15. 46. 3, 29. yt. 8, 13. A. 1, 1. *rathwaçca berezatô* Fr. 7, 2. fem. *berezañtyâo* yt. 24, 56. loc. fem. *kaǹhaya berezañtya* yt. 5, 54. voc. m. *ratavô bereza* vsp. 24, 6. *bereza ahura* y. 64, 53. dual. nom. *berezañta* yt. 10, 113. N. 1, 7. acc. *berezañta* y. 2, 44. 6, 36. yt. 10, 145. dat. *berezeñbya* y. 1, 34. 3, 48. plur. nom. *berezañta* (es ist von 4 Rossen die Rede, und die Attribute stehen im plural; *berezañta* und *taurvayañta* könnten aber dennoch dual. sein, wenn man je 2 derselben zusammengefasst denkt) yt. 5, 13. *berezañtô* y. 10, 7. yt. 10, 14. 13, 9. fem. *berezaitis* yt. 13, 29. gen. m. *berezatãm* y. 26, 9. yt. 13, 82. 19, 0. partic. praes. med. pl. gen. *hvare barezistem barezimnãm* (Westerg. *barezimanãm*) die Sonne, das höchste unter den erhöhten vsp. 22, 6 *imâo raocâo barezistem barezimnãm* (Westerg. °*zimanãm*) diese Lichter (und?) das höchste der erhabnen (die Sonne) y. 57, 23. 36, 15. *imâo raocâo barezistem barezimanãm* (wachse) bis zu den Lichtern (und?) zu dem höchsten der erhabnen y. 67, 66. Vielleicht ist überall *barezimnanãm* zu lesen?

Skr. *barh*, *bṛháti*, vgl. altp. *Bardiya*, arm. *barthsanel*, vgl. *barthsr*, oss. *barzond*. — Vgl. *urvâz*.

2. **barez** (vom vor.) f. Höhe, nom. *haraiti barez* der Alborz yt. 19, 1. gen. *haraithyâo barezô* y. 41, 24.

Np. *burz*. — Vgl. *ârstyôbarez*.

bareza (von 1. *barez*) f. Höhe, gen. *haraithyô paiti barezayâo* y. 56, 8, 3. 56, 9, 3. 10, 28. plur. loc. *viçpâhu paiti barezâhu* yt. 10, 45.

barezaûh (von 1. *barez*) n. Höhe, acc. *hukairîm barezô* die Höhe, der Gipfel H. yt. 5, 96. *taêremca haraithyâo barezô yazamaidê* wir preisen den Berg Taêra an der Haraiti y. 41, 24. abl. *hukairyâṭ haca* *barezanhat* y. 64, 14. yt. 5, 22. *haraithyâț paiti barezanhat* auf der Höhe, dem Bergzug Haraiti yt. 10, 51. loc. *barezistê paiti barezahi* y. 56, 8, 3. 56, 9, 3. plur. gen. (local) *barezanhãm* auf Bergen vd. 3, 65.

Vgl. *nerebarezanh, çpâbareza, hvarebarezanh.*

barezis (v. 1. *barez*) n. Decke, Matte (ursprünglich wohl eine von Stroh oder Binsen geflochtne), nom. *barezisca* vd. 5, 166. acc. *barezis* yt. 5, 102. *barezisca* vd. 7, 26. 27. *ana barezis çayamnanãm* vd. 18, 53. *hãm vâ paiti barezis* oder zusammen auf der Matte vd. 5, 82. instr. *barezisha* yt. 17, 9. *gâtu gaini çtareta maț barezisha* (Westerg. *bsa*) vd. 14, 63.

Skr. *barhis*, vgl. hzv. *barushn;* armen. *barths.*

Vgl. *gâbarezis.*

barezista (superlat. zu *berezañț*) 1) sehr hoch, loc. m. *barezistê ruzâirê* vd. 13, 23. neutr. *barezistê paiti barezahi* auf der höchsten Höhe y. 56, 8, 3. 56, 9, 3. yt. 10, 88. 9, 17. plur. nom. masc. *urvaranãm* (fem.!) *yôi heñti . . . barezistaca* von Pflanzen, welche die höchsten sind (die Hzv.-Glosse nennt als solche Platane und Cypresse) vd. 2, 75. dat. *barezistaêibyô gairibyô* vd. 2, 51. loc. *barezistaêshvaca paiti gâtushva* vd. 6, 93. 2) n. Giebel.

Vgl. *uidhâtôbarezista.*

bareta s. *bereta.*

baretar (von 1. *bar*) m. Träger, fem. Mutter, Mutterleib, nom. *yâ barethri paraos çrîrahê* die Mutter der schönen Vielheit yt. 13, 9. *barethrica* (scheint Glosse zu dem seltnen *bânzdri* zu sein) vd. 15, 134. acc. *barethrîm* Mutter y. 10, 8. abl. *barethryâț haca* aus der Mutter vd. 18, 87. pl. loc. *barethrishva* im Mutterleib vd. 5, 105. yt. 13, 11. y. 23, 2. vgl. *beretar.*

barethra (von 1. *bar*) n. das Tragen, hzv. *barashn*, loc. (im Sinne des dat.) *barethrê paçvãmca* zum Tragen von Vieh vd. 2, 36.

barethrya (von *baretar*) n. die Ahnen, Gesammtheit der Vorfahren, abl. *barethryâț haca zâvishi* von deinen Ahnen ward ich angerufen vd. 19, 22.

barenata s. 1. *bar* + *apa.*

barenus s. *ârstyôbarez.*

bareman (von 1. *bar*) n. Last.

Vgl. skr. *bhârman.*

baremâyaona (vom vor. + *y°*) adj., seine Last beschützend, gen. *gêus urshnô baremâyaonahê* yt. 17, 55.

baremna (partic. praes. med. von 1. *bar*) 1) reitend, acc. (adv.) *baremnem frajaçãn* (wenn) sie geritten kommen vd. 6, 54. 8, 229. dat. *hvaçpâi nairê baremnâi* für einen mit einem guten Ross versehnen reitenden Mann y. 64, 18. yt. 5, 101. 2) m. n. pr., gen. *baremnahê* yt. 13, 121.

bareçman (von 1. *barez*) n. Name der Zweige von der Dattel, Granate oder Tamariske, welche unter bestimmten Ceremonien abgeschnitten und in ein Bündel zusammengebunden auf das Barçomdân gelegt, beim Beten in der linken Hand emporgehalten werden; Strabo erwähnt, dass die Magier mit einem Bündel ῥάβδων μυρικίνων λεπτῶν ihre Liturgie halten, vgl. Wilson 231. Spiegel Av. übers. II, LXVIII. Windischmann Z. St. 223. 276. nom. *imaț bareçma* vsp. 6, 7. *bareçmaca* vd. 14, 31. acc. *bareçma* vd. 12, 7. 19, 63. = yt. 24, 23. (wo *bareçmana*). y. 2, 6. 56, 2, 2. yt. 10, 138. 8. 58. 12, 3. 15, 55. *paçca bareçma* hinter dem B. yt. 10, 138. 17, 61. *imaț bareçma* vsp. 12, 13. *bareçmaca* vd. 5, 122. y. 24, 2. *ari bareçmâca* yt. 12, 3. statt des nom. (hinter dem praed.) vd. 3, 54. 5, 142. instr. *bareçmana* y. 2, 7. 3, 1. 22, 1. yt. 3, 18. *bareçmanaca* vsp. 2, 1. *ahmya zaothrê bareçmanaca* hier mit Zaothra und B. y. 2, 10. 15, 4. *hadha bareçmana* y. 2, 4. dat. *bareçmainê* vd. 7, 191. 14, 7. abl. *haca bareçman fraçtairyâț* vom B., welches in ein Bündel gebunden ist vd. 3, 56. 57. 5, 144. *fraçtaretâț paiti bareçman* vd. 9, 195. y. 56, 1, 2. yt. 10, 91. A. 3, 5. *anâhitâț parô bareçman* vor unbefleckten Opferreisern yt. 10, 88. gen. *bareçmanô* vsp. 11, 2. voc. *bareçma* y. 2, 2. 3. plur. gen. *bareçmanãmca* vsp. 14, 8. loc. *bareçmôhu* yt. 13, 27.

Skr. *brâhman* (Roth DMG. I, 66), hzv. parsi np. *barçum.*

Vgl. *çtaretôbareçman.*

bareçmanya (vom vor.) adj., das Barçum betreffend, acc. f. *imãm urvarãm bareçmanîm* diesen Barçumzweig vsp. 12, 17. y. 22, 8. 25, 9. plur. acc. f. *urvarâo paiti bareçmanyâo* Barçumpflanzen y. 2, 45. 6, 36. (Westerg. *urvarâhu p° bareçmanyâhu*), loc. *urvarâhu bareçmanyâhu* Barçumpflanzen yt. 10, 145.

bareçmôzaçta (von *bareçman* + *z°*) adj., Barçom in der (linken) Hand haltend, nom. *°zaçtô* vd. 3, 4. y. 61, 4. yt. 10, 91. fem. *°zaçta* yt. 5, 127. plur. nom. m. *°zaçta* yt. 5, 98.

baresh (für *barekhsh*, welches durch *sh* aus 1. *barez* fortgebildet ist) hoch sein.

baresha (vom vor.) m. Rückgrat, Rücken, plur. loc. *bareshaêshu paiti açpanãm* yt. 5, 53. 10, 11.

Vgl. *kaoarezôbaresha.*

bareshnu (von *baresh*) f. Höhe, Gipfel, nom. *bareshnus bipaitistânyâo* das Haupt der zweibeinigen (Welt, d. i. Zarathustra) yt. 13, 41. acc. *bareshnûm hê vaghdhanem* an die Höhe, an sein Haupt, an den obern Kopf vd. 8, 130. 9, 48. loc. Ardviçûra stürzt vom Hukairya *hazanrâi baresnu vîranãm* in einer Höhe von 1000 Männern (vgl. Bund. 22, 14: 1000 *gabnâ bâlâi*, d. h. wohl sie hat ein Gefäll wie die Höhe von 1000 Männern, bis sie in den See fällt) yt. 5, 96. 102. 12, 24. plur. nom. *viçpâo bareshnavô* yt. 18, 6. acc. *bareshnus paiti* auf den Gipfeln vd. 2, 54. y. 9, 82. 10, 6. *bareshnûsca ashahê yaț vahistahê* die höchsten Dinge (Spiegel: Spitzen) des Ashavahista G. 2, 7. *çrîrâo bareshnava* yt. 10, 13. *haca bareshnavô* von den Höhen vd. 5, 2. *ari bareshnavô* vd. 5, 4. *bareshnavô* yt. 13, 42. 14, 21. G. 2, 8. loc. *bareshnushva* y. 10, 53.

baresti (von *baresh?*) f. Höhe?

Vgl. *vourubaresti.*

barôithra (von 2. *bar*) n. Holzhauen, hzv. *burak.*

barôithrôtaêzha (vom vor. + *t°*) 1) m. Axt zum Holzhauen, acc. *barôithrôtaêzhem yta fraskuçaiti* *çraoshô* (s. *qtâ*) Cit. der Hzv.-Gl. zu vd. 18, 33. 2) adj., wie eine Holzhaueraxt beschaffen, scharf wie eine Axt, acc. n. *çnaithis* . . . *barôithrôtaêzhem* y. 56, 12, 4. plur. gen. f. *arstinãm barôithrôtaêzhanãm hukeretanãm* yt. 10, 130.

barôqarenaṅh (von *baraṅt* + *q*°) adj., Majestät tragend, acc. n. *verethraghnem ahuradhâtem barôqarenô mazdadhâtem* vd. 19, 125.

barôzaothra (von *baraṅt* + *z*°), adj., Spenden bringend, nom. °*zaothrô* yt. 10, 30. 56. 13, 24.

barôzusta (von *baraṅt* + *z*°) adj., Liebe tragend, acc. *arezôshamanem* °*zustem* yt. 19, 42.

barôbaodha (von *baraṅt* + *b*°) adj., den Geruch (der Menschen) bringend, nom. *vâtô* °*baodhô* yt. 13, 45.

barôçrayana (von *baraṅt* + *çrayan*) m. n. pr. eines Berges, nom. °*çrayanaçca* yt. 19, 6.

bav° s. *bâ*.

bavaremistem lies *baêvaremizhdem?* yt. 24, 45.

bavâo yt. 24, 8. scheint fehlerhaft für *bavâṭ* oder eine sonstige Form von *bâ* zu stehn.

bawraini (von 1. *bawri*) adj., vom Biber herrührend, plur. acc. *bawraini vaçtrâo* Biberkleider yt. 5, 129.

bawrare s. 1. *bar*.

1. **bawri** m. f. Biber, nom. *bawris çraêsta* yt. 5, 129. masc. *bawris upâpô* yt. 5, 129. plur. gen. *bawranãm* yt. 5, 129.

Vgl. skr. *babhrú*, hzv. *bufrak;* Bund. 30, 14 ist der *baorwrayi âvi* (mit Zendbuchstaben) eine der 10 Hundearten; Bund. 48, 4. heisst es: *bavara apîk* (*upâpô*) ist zur Bekämpfung der Dews im Wasser geschaffen; das np. *babr* scheint verwandt.

2. **bawri** f. n. pr. der Residenz des Dahâka, Babylon, gen. Dahâka opferte *bawrôis paiti daiñhaoyê* im District (Windischmann: Gestrüpp) von Babylon yt. 5, 29.

Auf den babylonischen Keilinschriften lautet der Name *Babilu* (Thor des Ilu), auf den altpers. *Bâbiru*.

bawryãm s. 1. *bar* + *avi*.

baçta (partic. perf. passs. von *baṅd*) gebunden, gefesselt, nom. *baçtô* yt. 15, 52. acc. *baçtem* vd. 5, 25. 31. 19, 94. yt. 2, 15. 9, 18.

Skr. *baddhá*, altp. *baçta*, hzv. *baçtak*, np. *baçtah*, bal. *baçto*.

baçtavairi (vom vor. + 1. *vairi*) einen geflochtenen Panzer (Kettenpanzer) tragend, m. n. pr. eines Sohnes des Vîstâçpa, gen. *baçtavarôis* yt. 13, 103.

basi m.? n. pr. eines Dämon, acc. (ohne Flexion) *basi janaṭ basi janaṭ* yt. 4, 2. statt dessen findet sich yt. 4, 4. *ghsi* (al. *gasi*).

Vgl. das slavische *bjes?*

1. **bâ,** glänzen.

Skr. *bhâ*, *bhâti*.

2. **bâ,** Versicherungspartikel, wahrlich vd. 3, 3. 5, 54. 17, 3. 18, 80. y. 35, 13. yt. 3, 2. 12, 2. *mânayen bâ* . . . *yatha* gleichsam wie vd. 5, 69.

Vgl. armen. *bd?*

bânzdri f. Trägerin, Mutter, nom. (statt acc.) *yô gadhwãm yãm aputhrãm thrayãm bânzdri barethrica* (ist dies Glosse?) *puthrâca paêmainica ayaptâca taêca*, *aêtadha* (Westerg. *aêtadhadhca*) *puthrem baraiti çûnãm bânzdri* wer eine trächtige Hündin (scil. schlägt) eine Trägerin, eine Alte (die Hzv.-Uebers. übers. zweimal *burtar tan*), eine schwangere, Milch habende, gegangen oder nicht (so die Trad.), und dann wirft Junge die Trägerin der Hunde vd. 15, 134.

bânu s. *bâ*.

bâoṅh, glänzen.

Skr. *bhâs*, *bhâsate*.

bâoṅha (vom vor.) m. n. pr., gen. *bâoṅhahê çâoṅhahê* des B. (des Sohnes) des Ç. yt. 13, 124.

bâkhdhi f. n. pr. der Stadt Baktra, wo Vistâçpa herrschte und Zarathustra seine Lehre verkündigte, weshalb sie zuweilen Stadt des Propheten Ibrahim (Abraham = Zarathustra) genannt wird (Hyde 28); nach der Sage wurde diese Stadt, deren Ruinen sich 8 Stunden im Umkreis ausdehnen, von Tahmuraf (*takhmô urupa*) erbaut; acc. *bâkhdhîm* vd. 1, 22.

Skr. *bâhlika* (Lassen, Z. K. d. M. II, 53), altp. *bâkhtris*, hzv. *bakhr*, später umgestellt *balkh*, np. arab. *balkh*, armen. *bahl*, *balh*.

bâga s. 2. *bagha*.

bâzu, m. f., Arm, nom. *bâzusca* als Arm (d. i. Stütze, Beistand) yt. 13, 99. *ughra bâzâus* der gewaltige Arm yt. 10, 75. instr. *bâzva* vd. 18, 139. yt. 10, 42. am Arm yt. 5, 65. *hâvôya bâzvô dashinaca* am linken Arm und rechts yt. 17, 22. vd. 19, 77. gen. *paitistâtêê ughrahê bâzâus* yt. 13, 136. dual. instr. *bâzubya* yt. 13, 107. *bâzuwê* yt. 10, 105. 13, 46. 16, 7. gen. *bâzvâo* yt. 10, 23. 63. 14, 29. plur. nom. *bâzava* yt. 10, 104. *bâzva* yt. 5, 7. acc. *bâzûs* yt. 13, 31. abl. *haca bâzubyô* yt. 10, 39.

Skr. *bâhú*, altp. vgl. Ἀρτάβαζος, hzv. *bâjâi*, np. afgh. *bâzâ*, kurd. *bazink* (maniglia), *bask* (braccio, Garzoni), kurm. zaza *bazin*, armen. *bazouk*.

Vgl. *aurushabâzu*, *asb°*, *uzb°*, *dareghôb°*, *frâb°*, *vîb°*, *qâvarebâzura*, *hãmtâeiṭbâzu*.

bâzuçtaoyâo (vom vor. + *çt°*) adj., an den Armen sehr kräftig, nom. fem. *bâzuçtaoyêhi* yt. 5, 7.

bâzuçtavaṅh (von *b°* + *çt°*) adj., armslang, acc. *açtem* °*çtaraṅhem* vd. 6, 41.

bâzusaojaṅh (von *bâzu* + *aoj°*) adj., Kraft in den Armen habend, acc. *mithrem bâzusaojaṅhem* yt. 10, 25. gen. *çraoshahê bâzusaojaṅhô* y. 56, 13, 3. yt. 11, 19.

bâṭ (die vollere Form von 2. *bâ*) Versicherungspartikel, wahrlich, immer vd. 18, 76. y. 10, 16. yt. 5, 126.

Skr. *bat*.

bâdha (vom vor.) Partikel, immer vd. 3, 89. y. 61, 3. fürwahr yt. 10, 53. 13, 52.

bâdhista (Superlativbildung vom vor.) der meiste, sicherste, acc. neutr. (adv.) *bâdhistem* (Westerg. *bâidh°*) vd. 6, 94.

bânu (von 1. *bâ*) m. Strahl, dual. instr. *âthraṭ haca bânuwê aêçmã fraçaocayâhi* vd. 8, 237. Hzv. übers. „an diesem Feuer zünde man Holz an", lässt also *bânuwê* unübersetzt, woraus zu schliessen steht, dass das Wort unecht ist; vielleicht bedeutet *b°* mit zwei noch glimmenden Stücken des durch Schlagen und Auseinanderlegen gedämpften Feuers? pl. dat. (statt instr.) *bânubyô raokhshnibyô* mit hellem Licht yt. 8, 2. abl. *bânubyô* aus den Strahlen yt. 17, 6.

Skr. *bhânú*, oss. *bon* (Tag).

bânumañt (vom vor.) adj., strahlend, nom. *bânumâo* yt. 13, 44. gen. neutr. *khshathrahê paiti bânumatô* für seine glänzende Herrschaft yt. 13, 135. voc. fem. *bânumaitê* yt. 17, 6.

Skr. *bhânumánt*.

bâbvare s. *bâ*.

bâma (von 1. *bâ*) m. Glanz.

Skr. *bhâma*, np. buchar. *bâm*. — Vgl. *viçpôbâma*.

bâminva (von 1. *bâ*) adj., glänzend, plur. acc. n. *vaçtrâoçca . . . bâminvâo* yt. 17, 14.

bâmya (von *bâ* 1) adj., strahlend, glänzend, nom. f. *bâmya* yt. 5, 64. 78. neutr. *bâmîm* yt. 10, 44. 5, 101. acc. fem. *bâmyãm* yt. 10, 50. 12, 23. neutr. *bâmîm* yt. 13. 59. *bareçma . . . bâmîm* yt. 15, 55. *qanirathem bâmîm* yt. 10, 67. plur. nom. f. *bâmyâo* yt. 13, 37. *bâmyâoçca* vd. 1, 81. acc. neutr. *dâmãn pouruca bâmyâca* yt. 19, 10. *hapta çravô* (lies *çravâo*?) *bâmya* die sieben glänzenden Worte vend. sade 489 (Westerg. vd. 19, 42). 2) f. die Morgenröthe, nom. *bâmya* vd. 19, 91.

Hzv. *bâmik*, np. *bâmî*.

Vgl. *viçpôbâmya*, *hub°*.

bâsha m. Gefängniss? Spiegel: Gefängnisswärter, loc. *fratbuyê bâshê buyêñtê* wenn sie fortgebracht werden in's Gefängniss yt. 15, 52.

bâshar (von *bakhsh*?) m. Ernährer, hzv. *bartar*, Ner. *netar*, acc. *bâshârem* y. 11, 7. Windischmann (Mithra 23) hält *sh* für Umwandlung von *rt* und setzt das Wort dem skr. *bhartar* (s. aber *beretar*) gleich; doch bliebe das *â* unerklärt.

bi = *dva* in Zusammensetzungen, wie im Latein.

biayara (vom vor. + *ayare*) n. zwei Tage, acc. *biayarem* yt. 10, 122.

bikhedhra (von *bi* + *kh°*) n. beide Hoden, acc. einen Stier *bikhedhrem dâityôkeretem* an beiden Hoden richtig beschaffen, die Trad. übers. „nicht verschnitten, richtig behandelt", vd. 19, 70.

bikhshapara (von *bi* + *khshapara*) n. zwei Nächte, acc. *bikhshaparem* vd. 5, 41. yt. 10, 122.

bizhvat (von 1. *bis*) adv., zweimal, *bizhvat ahunem vairîm fraçrâvayôit* zwei (hundert) Mal bete er den Ahuna vairya vd. 19, 74. *bizhvat* noch einmal so stark (tödtend) vd. 8, 250.

bizañgra (von *bi* + *z°*) adj., zweifüssig, nom. *ashemaoghô bizañgrô* vd. 5, 113. 12, 66. acc. *yaçca dim janat . . . vehrkem yim bizañgrem daêvayaçnem peshôtanvi* wer den zweifüssigen Wolf, den Anbeter der Devs auf seinen Sündenleib schlägt, Cit. der Hzv.-Gl. zu vd. 7, 136. plur. nom. *mashyâca bizañgra* yt. 5, 89. gen. *mairyanãm bizañgranãm* y. 9, 62. yt. 1, 10. *ashemaoghanãmca bizañgranãm* y. 9, 62. yt. 1, 10.

Hzv. *duzang*.

bizañgrôcithra (vom vor. + *c°*) adj., von den zweifüssigen Bösen stammend, nom. (ohne Flexion) *°cithra* yt. 3, 8. acc. (ohne Flexion) *°cithra* yt. 3, 11. 15. gen. f. *°cithrayâo drujô* yt. 13, 129. plur. gen. *°cithranãm* yt. 3, 13. superlat. acc. (ohne Flexion) *°cithra bizañgrôcithrôtema* yt. 3, 15.

bitaêgha (von *bi* + *t°*) adj., doppelt geschärft, plur. gen. *cakusanãm bitaêghanãm* yt. 10, 130.

bitya (von *bi*) adj. numer., der zweite, nom. *bityô* vd. 4, 7. 14, 34. 18, 88. y. 9, 21. yt. 19, 1. *bityô rãthwyô* zweitens bin ich der Versammler yt. 1, 7. neutr. *bitîm qarenô* zum zweiten Male (entwich) die Majestät yt. 19, 36. acc. m. *bitîm* vd. 5, 103. 18, 68. y. 9, 65. fem. *bityãm* yt. 17, 58. 22, 3. neutr. *bitîm* vd. 1. 4. adverbial vd. 3, 7. 7, 97. *âdhbitîm* zweimal (Westerg. *âtbitîm*, der Dental, der in *bitya* abfiel, ist erhalten) vd. 10, 9. instr. n. *bityâ* zum 2. Mal (Spiegel *bityâi*) vd. 16, 37. dat. m. *bityâi* vd. 18, 46. gen. *bityêhê* A. 1, 8. plur. acc. f. *bityâo* yt. 8, 16.

Skr. *dvitîya*, altp. *duvitiya*.

bid, trennen, spalten.

Skr. *bhid*, *bhinátti*, afgh. *bîlaval*?

bipaitistâna (von *bi* + *p°*) adj., zweibeinig, nom. f. *hâirishis bipaitistâna* die zweifüssige Mutterschaft d. h. die menschlichen Weiber vd. 15, 59. acc. m. *°paitistânem* yt. 5, 131. f. *pâreñdîm yãmca °paitistanãm* y. 14, 3. gen. m. *nars °paitistânahê* (Glosse: Gayômart) y. 19, 19. f. *bareshnus °paitistânyâo* yt. 13, 41. plur. gen. *ahmâkem °paitistanãm* von uns zweibeinigen (Menschen) yt. 11, 17.

Hzv. *dupatishtân*.

bipereçu (von *bi* + *p°*) n. zwei Rippen.

bipereçumaçaṅh (vom vor. + *m°*) adj., zwei Rippen gross, acc. m. *açtem °maçaṅhem* vd. 6, 36.

Hzv. *dupahrumaçâi*.

bifra m. Eigenschaft, Character, hzv. *khîm*.

Vgl. *astâbifra*.

2. **bifra** (von *bi* + *par*?) adj., zwiefach, zweifelhaft.

Vgl. *abifra*.

bibda (von *bi* + 1. *bda*) n. zwei Fesseln, plur. instr. *bibdâisca* yt. 8, 55.

bimâhya (von *bi* + *mâoṅh*) adj., zweimonatlich, acc. *bimâhîm* (eine Zeit) von 2 Monaten vd. 5, 136.

bivakaya? Die Hzv.-Gl. zu vd. 7, 117. sagt, vierzehn Arten des Lohnes für Aerzte seien aufgezählt: *bivakayêhê*.

bivañdaṅha (von *bi* + *vañdaṅh*) m. n. pr. des Vaters des Ashâvaṅhu, gen. *ashâvaṅhêus bivañdaṅhahê* yt. 13, 110.

biwivâo s. *bî*.

bishis s. *paitibishi*.

1. **bis** (von *bi*) adv. zweimal vd. 18, 97. 19, 75. *bis hapta* vierzehn vd. 14. 19. *bis aêtavatô* zweimal so viel vd. 13, 83. *ahâm bis* s. *aṅhu*.

Skr. *dvis*.

2. **bis** scheint eine verkürzte Form von *baêshaza*

oder gleichen Ursprungs damit zu sein (Windischmann Z. St. 166).

Vgl. *eredhwôbis*, *vîçpôbis*, *hubis*.

bisâmrûta (von 1. *bis* + *âmrûta*) adj., zweimal zu sprechen, von gewissen Gebeten, als dem Gebet *ahyâ yâçâ* (y. 28, 1) *humatanãm* (y. 35, 4) *ashahyâ âaṭ çairê* (y. 35, 22) *yathâ tû î* (y. 14, 13) *humâîm thwâ îzhem* (y. 41, 6) *thwôi çtaotaraçcâ* (y. 7, 59) *ustâ ahmâi yahmâi* (y. 42, 1) *çpeñtâ mainyû* (y. 46, 1) *vohû khshathrem* (y. 50, 1) *vahistâ îstis* (y. 52, 1); plur. nom. *bisâmrûta* vd. 9, 169. 10, 3. 7. 8.

1. **bî**, erschrecken, in Furcht jagen, praes. 3. pl. *aêshãm açpâoṅhô bayaiñti* ihre Rosse erschrecken (durch ihre Wildheit?) yt. 17, 12. *aêshãm ustrâoṅhô bayaiñti* (Westerg. °*tê*) yt. 17, 13. med. *byañtê* man schreckt uns y. 34, 8. partic. perf. nom. *biwivâo* furchtbar yt. 11, 5. *azhis biwivâo* (als) der Drache furchtbar (wurde, ihn erschreckte) yt. 19, 48. ähnlich *âtars biwivâo* yt. 19, 50. *biwivâo* sich fürchtend, bangend yt. 13, 41.

Skr. *bhî*, *bibhêti*, vgl. hzv. parsi np. *bîm*.

2. **bî**, *uç bî barâmi* Fr. 7, 2. s. 1. *bar* + *uç*.

bukhtâ Fr. 2, 2. s. *kurô*.

bukhti (von *buj*) f. Reinheit, nom. *bukhtis nãma ahmi* ich heisse Reinheit yt. 15, 47.

buj 1) wegthun, ablegen, causale partic. praes. med. nom. *aiwyâoṅhanem vâ bûjayamnô* den Kosti ablegend yt. 1, 17. 2) reinigen, praes. 3. pl. *buñjaiñti* yt. 14, 46. impf. 3. sg. *bûjaṭ* (subject im neutr. plur.) yt. 4, 3. impf. conj. 3. sg. *buñjayâṭ* vd. 7, 176.

Vgl. *ṭbuj*. Im Skr. dürfte *bhuj*, *bhujáti* zu vergleichen sein, da zwischen der Bedeutung beugen und wegthun wohl eine Vermittlung zu denken ist; hzv. parsi np. *bôkhtan*, vgl. armen. *bouzhel*.

buzya (von *bûza*) adj., die Ziege betreffend, plur. gen. n. *payaṅhãm buzyanãm* Ziegenmilch vd. 5, 152.

bud 1) riechen, duften, praes. 3. sg. med. *baodhaitê* es duftet (das Haus) yt. 17, 6. 2) wittern, bemerken, pot. 3. sg. med. *bûidhyaêta* er bemerke (beim Angang) y. 9, 70. 1. plur. *bûidhyôimaidhê* y. 9, 69. 70. partic. praes. plur. nom. *baodheñtô* merkend (werden sie sein) yt. 19, 69. 3) erwecken, causale praes. 3. sg. *nemô baodhayêiti* erweckt (verkündet) Preis yt. 10, 90.

— *â*, räuchern, causale pot. 3. sg. med. *âbaodhayaêta* er räuchere vd. 19, 81. man beräuchere (den unreinen) vd. 9, 130.

— *upa*, ausräuchern, causale impf. conj. 3. plur. *upabaodhayãn* sie sollen (die Kleider im Fenster) ausriechen (durch die Luft reinigen) lassen vd. 7, 35. 36. sie sollen (das Haus) ausräuchern vd. 8, 7.

— *fra*, erwachen, partic. praes. med. nom. *paçca yaṭ qafnâṭ frabûidhyamnô* dann wenn er erwacht ist vd. 18, 106.

— *ham*, wissen, bei Sinnen sein, partic. praes. med. *hãmbaodhemna* (s. besonders).

Skr. *budh*, *bódhati*, *búdhyate*.

budhra (vom vor.) m. Geruch, Witterung.

Vgl. *zaênibudhra*.

bun s. *bû*.

buna m. Grund, Boden, acc. *bunem aṅhéus temaṅhahê* vd. 19, 147. *bunem zrayaṅhô . . . bunê vairyanãm* zum Grunde des See's, auf den Grund der Vars yt. 19, 51. loc. *bunê* vend. sade 489 (Westerg. vd. 19, 42).

Skr. *budhná* (= *bradhná*?), hzv. np. *bun*, (vgl. hzv. *bundak*, parsi *buñda* vollkommen), kurd. *ben*, *beni*, armen. *boun*, südoss. *bin*, dig. *bun*, tag. *bilu*.

bunava (vom vor.) adj., das untere, nom. *bunavô* (ein Haar) vom Schweif yt. 14, 31. 16, 10.

bumya (von *bûmi*?) m. n. pr. eines Berges in der Nähe des Erezura, der mit ihm Bund. 21, 20. zu einem einzigen geworden ist und nach Bund. 23, 9. (wo indessen nur der Erezura genannt ist) an den Grenzen von Arûm oder Hrum (= *çairima*, Bund. 38 am Rand) liegt, und da hier auch die Raṅha fliesst, einen Berg an der Grenze von Asien und Europa — freilich noch ein weiter Spielraum — bezeichnen muss; vgl. Windischmann Z. St. 7. 14. nom. *bumyô* yt. 19, 2.

buy° s. *bû*.

bû, sein, werden, häufig als verbum perfectum gebraucht; praes. 3. sg. *bavaiti* vd. 4, 2. y. 10, 13. yt. 10, 28. wird sein yt. 18, 5. *yêzi-sê yâsâṭ bavaiti* wenn er ihn bittet yt. 10, 138. *yêzi aêm bavaiti yastô* wenn er angerufen wird yt. 8, 43. 3. plur. *bavaiñti* vd. 19, 89. 7, 71. yt. 10, 20. 39. *bavaiñtî* werden sein y. 33, 10. *bavaiñticâ* y. 44, 7. *taêciṭ yâo bavaiñti* die welche sind (einen Hund — einen Wolf — als Vater habend) vd. 13, 119. 122. *bavañti* yt. 5, 94. praes. conj. 2. sg. *bavâhi* yt. 23, 2. (das erste Mal könnte man *bavâṭ* lesen?) mit nom. und acc. des Subjects yt. 23, 3 ff. 3. plur. *kaṭ bavâoñti* yt. 8, 9. *bavâoñti* Fr. 4, 3. imperat. 1. sg. *bavâni* yt. 5, 34. 22. *yaṭ bavâni* wenn ich sein soll yt. 14, 34. *yêzi bavâni* yt. 19, 43. 2. dual. *haithîm ashavana bavatem* Cit. der Hzv.-Gl. zu vd. 7, 136. 1. plur. *yaṭ bavâma* yt. 5, 58. impf. 3. sg. *bavaṭ* vd. 2, 21. yt. 5, 98. 19, 29. entstand yt. 19, 56. *mê bêcṭ* möge mir sein y. 52, 4. 3. plur. *baon* yt. 5, 98. *bâun* wurden yt. 13, 38. sind gewesen yt. 19, 72. impf. conj. 2. sg. *bavâo* (gibt keinen Sinn, lies *bavãn*?) yt. 24, 8. 3. sg. *bavâṭ* vd. 3, 63. 64. 8, 124. y. 64, 35. 3. plur. *bavãn* y. 64, 37. yt. 24, 43. *yaṭ bavãn* vd. 15, 122. perf. 3. plur. *bâbvare* yt. 13, 150. aor. 1. sg. *paitipereçemnô bva* ich werde fragen vd. 18, 68. 3. sg. *bvaṭ* ist vd. 19, 69. möge sein vd. 2, 16. man ist vd. 5, 173. sie wird yt. 6, 2. 3. plur. *bun* (collectiv) vd. 19, 76. 82. *yaozhdâta bun nmâna yaozhdâta bun âtarem* vd. 11, 5. 12, 5. subject im plur. vd. 17, 29. werden sein yt. 19, 12. pot. 2. sg. *buyâo* y. 11, 4. 8. 12. 61, 2. yt. 10, 91. 5, 9. *cithrem buyâo* yt. 24, 9. *pôithwem buyâo* (lies *buyâṭ*?) *imaṭ nmânem* yt. 24, 9. 3. sg. *buyâṭ* y. 58, 8. 59, 4. 61, 3. yt. 13, 52. 10, 91. mit folgendem Subject im plur. yt. 16, 3. 1. plur. *buyama* y. 69, 14. yt. 10, 75. *buyamâ* y. 41, 10. 2. pl. *buyata* vd. 18, 41. 42.

vsp. 14, 13. y. 70, 51. yt. 13, 147. 3. pl. *buyãn* y. 54, 7. yt. 16, 3. med. *buyâres* N. 3, 11. yt. 24, 7. wo °*ris*. pass. praes. 1. sg. *buyê* ich will sein y. 61, 17. A. 1, 16. 17. 3. plur. *yaṭ baçtô aṅhaṭ râdhayamanô fraṭbuyê bûshê buyêñtê viṭbuyê garâfê buyêñtê* wenn einer fortgeführt wird, wenn sie (der numerus wechselt, weil von einer beliebigen Zahl Subjecte die Rede ist) zum hingehn in's Gefängniss (bestimmt) sind, wenn sie in den Kerker geworfen werden yt. 15, 52. imperat. 2. sg. (mit activer Endung, wie diess im passiv. reflex. einiger skr. Verba der Fall ist, Pâṇini III, 1, 90) *buyê* sei y. 61, 7. infin. *çarôi bûzhdyâi* damit in der Herrschaft seien y. 43, 17. partic. praes act. acc. *bavañtemca* welcher war vsp. 21, 5. y. 21. 7. fem. *bavaiñtîmca* y. 19, 22. dat. f. *bavãithyâica* y. 67, 64. 51, 2. partic. perf. pass. plur. nom. *bûta* entstanden, geschaffen vsp. 12, 23. partic. fut. acc. *heñtemca bavañtemca bûshyañtemca* den welcher ist, war und sein wird vsp. 21, 5. y. 21, 7. fem. *bûshyêiñtîmca* y. 19, 22. dat. f. *bûshyãithyâica* y. 51, 2. 67, 64. plur. gen. *bûshyañtãm* yt. 13, 21. fem. *bûshyêiñtinãmcâ* y. 13, 28.

— *avi*, zu etwas gelangen, partic. perf. pass. plur. nom. *kathra vâcô avibûta* wie sollen die Worte hinzugelangen y. 64, 36.

— *â*, 1) werden, entstehn, impf. 3. sg. *yâis â aṅhus paourayô bavaṭ* wodurch zuerst die Welt entstand y. 28, 11. yt. 1, 26. *abavaṭ* lebte y. 9, 47. *abavaṭ* ward es (dir lange) yt. 22, 17. impf. conj. 3. sg. *âbavâṭ* möge (euch sein) yt. 8, 29. 2) fortgehn, impf. 3. sg. *hithvaṭ abavaṭ* schnell ging er fort y. 19, 39. 3) zu etwas kommen, impf. 1. sg. *pairiabavem* ich erlangte yt. 19, 57. 60. 63. 3. sg. *pairiabavaṭ* yt. 19, 64.

— *pairi*, 1) umgeben, impf. conj. 3. plur. *yavaṭ nmâna pairi tacahi barãn* wenn sie die Wohnung im Lauf umgeben (um die Wohnung laufen) können vd. 15, 123. perf. 3. sg. *yatha imãm zãm âca pairica bavâca* (Spiegel *bavâṭ*) wie (der Himmel) die Erde rings umgiebt vd. 5, 73. *açmanem yô imãm zãm âca pairica bavâca* yt. 13, 2. 2) an etwas kommen, praes. 3. sg. *yôi gadhwãm pairibavaiti* (von den Thieren) welche an einer Hündin entstehn vd. 14, 71 (lies °*bavaiñti*?) 3) vor sich gehn, praes. 3. pl. *pairibavaiñti* vd. 19, 89.

— *fra*, 1) zu etwas werden, hervorkommen, praes. 3. plur. *frabavaiñti* vd. 8, 101. impf. conj. 3. sg. *yavaṭ aêsha âfshyârikhti frabavâṭ* vd. 14, 59. 2) fortgehn, praes. 3. sg. *frâ naçus narem bavaiti* die Naçus verlässt den Mann vd. 19, 119. infin. *fraṭbuyê* (*fraṭ* ist Nebenform von *fra*) *bûshê buyêñtê* yt. 15, 52.

— *vi*, *viṭ*, fortgehn, infin. *viṭbuyê garâfê buyêñtê* (wenn) sie zum fortgehn in den Kerker sind, in den Kerker geworfen werden yt. 15, 52.

— *hãm*, zusammen sein, praes. 3. sg. *hãmbavaiti* vd. 19, 111. 3. plur. *hãmbavaiñti* vd. 19, 110. sind vereinigt vd. 7, 145. 17. 6. *âoṅhãm hãmbavaiñti* mit ihnen sind zusammen vd. 13, 167.

Skr. *bhû*, *bhávati*, altp. *bu*, hzv. *bûtan*, parsi *bûdhan*, np. *bûdan*, *budan*, gil. *buren*, qal. *bibiê* (est), bal. *bi* (sis), *bîtha* (ward), kurd. *bûn*, kurm. *bibîm* (ero), *bu* (erat), zaza *bêna* (sum), *bî* (erant), oss. *faun*.

bûiti m. n. pr. eines Daêva, nom. *bûiti daêvô* (Westerg. *bûitid*°) vd. 19, 4. statt acc. vend. sade 490 (Westerg. vd. 19, 43).

Vgl. skr. *bhûta* (Dämon)? und Grimm Deutsche Mythologie 1854. p. 474. hzv. *bût*.

bûidhi m. n. pr. eines Daêva, acc. (ohne Flexion) *perenê bûidhi* vd. 11, 27.

bûidhizha (vom vor. + 1. *zan*?) m. n. pr. eines Daêva, acc. (ohne Flexion) *perenê bûidhizha* vd. 11, 27.

bûiri n. Fülle, Vollkommenheit, acc. *bûiricâ* y. 40, 1. *bûiri gaos* (lies *gâtus* wie vd. 5, 157?) *bûiri qaretha b° vaçtra b° anyaêibyô mazdayaçnaêibyô* yt. 24, 15. gen. Ormazd schuf Fülle und Unsterblichheit *bûrôis ashaqyâcâ* bis zur Vollkommenheit des Reinen, d. h. so dass der Reine Genügen findet y. 31, 21.

Vgl. *baêvare*; skr. *bhûri*, dig. *bieure* (viel, sehr)?

bûja (v. *buj*) m. Reinigung, acc. *kaçêus aênaṅhô bûjem* zur Reinigung einer kleinen Sünde (thut er eine grosse) y. 31, 13.

bûji m. n. pr. eines Daêva, acc. (ohne Flexion) *bûji janaṭ* yt. 4. 2. abl. (ohne Flexion) *haca bûji* yt. 4, 4.

bûjiçravaṅh (von *buj* + *çr*°?) m. n. pr. eines Sohnes des Vîstâçpa, gen. °*çravaṅhô* yt. 13, 101.

bûjra (v. *buj*?) m. n. pr. des Sohnes des Dâzgarâçpa, gen. *bûjrahê dâzgarâçpôis* yt. 13, 106.

bûzhdyâi s. *bû*.

bûza m., Bock, gen. *bûzahê kehrpa* unter der Gestalt eines Bockes (wie bei uns der Teufel, Grimm deutsche Mythol. 1854. 947) yt. 14, 25.

Vgl. skr. *bukka*; hzv. *bûj*, np. *buj*, *buz*, afgh. *vuz*, bal. *buz*, kurd. *bizin* (Ziege), soran. *bus* (Hammel, mit punctiertem Sâd), lorist. *biz*, kurm. *bizin*, zaza *bizyá*, arm. *bouds* (junges Lamm), vgl. einige tatarische Anklänge bei Klaproth, über die Sprache und Schrift der Uiguren 15.

bûta s. *bû*.

bûni (vgl. *buna*) f. das Innere, der Grund des Herzens, abl. *bûnôiṭ hakhtyâo* aus dem besessnen Innern heraus y. 52, 7.

bûmi (von *bû*) f. Land, Erde, acc. *bûmîmcâ* y. 5, 2. = 37, 2. 41, 25. *bûmîm . . . haptaithyãm* die siebentheilige Erde yt. 19, 26. gen. *bûmyâo haptaithê* auf der Siebenheit der Erde, d. h. auf allen 7 Karshvare y. 32, 3.

Skr. *bhûmi*, altp. *bumi*, hzv. np. *bûm*.

bûsh, in Bereitschaft setzen.

Skr. *bhûsh*, *bhûshati*, np. *bûshîdan*.

bûshyañṭ s. *bû*.

bûshyãçta (vom vor., Windischmann Mithra 45) f. n. pr. des weiblichen Dämons des Schlafes, insofern er als schädlich, die Thätigkeit und Recitation von Gebeten hindernd gedacht wird, Spiegel Av. übers. III, XLIX.; nom. *bûshyãçta* yt. 10, 97. *bushyãçta* yt. 22, 42. *aêsha vô dvaraiti bûshyãçta dareghôgava* gegen euch läuft die langhändige (sie drückt mit langen Händen die Augen zu) B. vd. 18, 38. statt des acc. *perenê bûshyãçta yâ zairina* ich bekämpfe die gelbe B. vd. 11, 28. *perenê bûshyãçta yâ dareghôgava* vd. 11, 29. *parsta bûshyãçta yâ zairina* vd. 11, 36. acc. (masc.) *bûshyãçtem zairinem* (gelb = krankhaft?) yt. 18, 2.

Hzv. *bûshâçp*, parsi *bûsyâçp*, np. *bûshâç*, *bûshâçp*.

bûsti (von *bûsh*) f. Bereitschaft, plur. acc. *hyaṭ â bûstîs* (Spiegel *âbûstîs*) *vaçaçî khshathrahyâ dayâ* (Westerg. *dyâi*) wenn ich mich bringe zur Bereitschaft in die Macht der Herrschaft (des Herrschers, nach der Trad. ist von dem zukünftigen Körper die Rede) y. 42, 8.

bezvañt (von *bãz?*) adj., fest, dauernd, hzv. *çtapar*, Ner. *sthûlatara*, dat. *dâidî nerãç . . . bezvaitê hakhemainê* lass die Männer dauernd befreundet sein y. 40, 8.

Vgl. skr. *bahú?*

berekhdha (partic. perf. pass. von *barej*) 1) adj., lustsam, erwünscht, acc. f. *berekhdhãm* yt. 22, 14. *istîm berekhdhãm hâitîm vañhéus manañhô* mein Gut, das ersehnte von Vohumanô y. 32, 9. *thwahyâ . . . berekhdhãm vîdushô* die von deinem Kenner ersehnte y. 34, 9. *berekhdhãm ârmaitîm* (Ner. *priyatara*) y. 43, 7. *berekhdhãm . . . kehrpém* y. 50, 17. plur. nom. f. *berekhdhâo avaretâo* yt. 17, 7. *berekhdhâoçca* vd. 1, 81. compar. acc. f. *berekhdhôtarãm* yt. 22, 14. 2) n. Sehnen, Verlangen, loc. *vañhéus manañhô berekhdhê* nach dem Verlangen des Vohumanô y. 47, 6.

bereghmya (von *barej*) adj., segensvoll, erwünscht.

bereghmyashaêta (v. vor. + 1. *sh°*) n. wünschenswerther Besitz, acc. *°shaêtem* yt. 10, 77.

bereja (von *barej*) m. Sehnsucht, Verlangen, hzv. *arjuk*, Ner. *abhîpsâ*, nom.? *ashahê berejô* (lies *°ja?*) A. 1, 4. instr. *ashahê bereja yaozhdâtãm* gereinigt im Verlangen nach Reinheit vd. 18, 63. y. 61, 30. N. 5, 7. *ashahê bereja vañhéus ashahê bereja daênayâo* aus Verlangen nach der guten Reinheit, aus Verlangen nach dem Gesetz der Reinheit vsp. 7, 4. y. 16, 3. *bereja vañhéus ashahê bereja daênayâo* G. 5, 6. *bereja* yt. 10, 92. *berejâ* y. 35, 3.

berejay (denom. verb. vom vor.) wünschen, segnen, preisen, praes. conj. 3. pl. *berejayãoñti-shê* es werden ihn preisen vd. 7, 134. impf. 1. sg. *berejaêm* ich will ihn preisen vd. 7, 135. 3. sg. *berejayaṭ* yt. 10, 90. 3. plur. *berejayen* yt. 10, 90. impf. conj. 3. pl. *berejayãn* y. 64, 43.

— *para*, segnen, *kahmâi âçnãmciṭ frazaiñtîm uça para berejayêni* (Westerg. verm. *uç parab°*) wem soll ich die von den Himmlischen geschenkte Nachkommenschaft gern segnen yt. 10, 108.

Vgl. hzv. *burjîtan*, parsi *burzîdan*.

1. **berejya** (von *bereja?*) m. n. pr. eines Genius, welcher das Getreide beschützt und mit Çraosha und Nmânya dem Gah Ushahina vorsteht, acc. *berejîm* y. 2, 27. G. 5, 6. dat. *berejyâi* y. 1, 21. 3, 35. G. 5, 1.

Hzv. *berjaê*, vergl. np. *birinj* (Reis), kurd. *brinje* armen. *brinths*.

2. **berejya** m. Kupfer?

Vgl. *parôberejya*.

berez (von *barez*) adj., hoch, acc. *ratûm berezem* vsp. 2, 31. gen. *ratéus berezô* vsp. 1, 29. fem. *harayâo berezô çrîrayâo* der hohen schönen Hara yt. 9, 3.

bereza (von *barez*) 1) adj. hoch, gross, nom. *berezô* vd. 19, 66. gross (an Gestalt) y. 56, 12, 2. yt. 12, 16. *rashnus berezô* yt. 10, 100. 17, 16. vom Kameel yt. 14, 12. ohne Flexion: *bereza nãma ahmi* yt. 1, 15. acc. *berezem vâcim* laut yt. 10, 113. *barezem* (lies *berezem?*) *vâcem* yt. 17, 61. 2) n. Höhe, abl. *yahmaṭ haca berezâṭ* von dieser Höhe aus yt. 8, 4.

berezaitîm s. das folg. Wort.

berezaidhi (von *bereza* + 2. *di*) adj., dessen Einsicht gross ist, hzv. *burand* (gross), nom. *berezaidhis* (von Vistâçpa, Spiegel fasst es zweifelnd als patronymicum) yt. 5, 108. 9, 29. acc. *çraoshem berezaidhîm* (Spiegel *berezaitîm*) y. 56, 5, 2.

berezañt s. *barez*.

berezi Nebenform von *bereza* in Zusammensetzungen.

berezigâthra (vom vor. + *g°*) adj., mit hoher Stimme sprechend, nom. *°gâthrô* yt. 10, 89. acc. *zaotârem °gâthrem* yt. 10, 89.

berezicakhra (von *b°* + 1. *c°*) adj., hochräderig, instr. *vâsha °cakhra* yt. 10, 67.

berezipâdha (von *b°* + *p°*) adj., hochfüssig, d. h. wohl in der Höhe wandelnd (von Vayu), nom. *°pâdhô* yt. 15, 54.

berezimita (von *b°* + *m°*) adj., hochgemessen, hochgeformt, acc. *nmânem °mitem* yt. 10, 30. gen. *°mitahê nmânahê* yt. 10, 28.

bereziyâçta (von *b°* + *y°*) adj., hoch aufgeschürzt, d. h. bereit zum Kampf oder zur Hülfe, nom. *°yâçtô* y. 56, 12, 2. plur. nom. f. *°yâçtâo* yt. 13, 29.

berezirâz (von *b°* + *râz*) adj., hoch wirkend, anordnend, vom Gesetz, acc. f. *°râzem* yt. 13, 100.

bereziçavañh (von *b°* + *ç°*) adj., von hohem Nutzen, Name des Feuers, welches in der Erde, den Bergen ist, vgl. dagegen Bund. 40, 1. und das von Windischmann (Z. St. 88) bemerkte; acc. *âtarem bereziçavañhem* y. 17, 63.

Hzv. *bereziçavâo* (Bund. 40, 1.) erklärt durch *burand çût* (y. 17, 63).

bereziçtûna (von *b°* + *çt°*) adj., auf hohen Säulen ruhend, acc. n. *nmânem °çtûnem* yt. 24, 9.

berezisnu (von *b°* + *çnu*) m. n. pr., gen. *berezisnaos arahê* des B. (des Sohnes) des A. yt. 13, 110.

berezyaogeṭ (von *berezi* + *aogeṭ*, der schwachen Form des partic. praes. von 1. *vac*) adj., hoch, laut sprechend.

berezyaogeṭvacañh (vom vor. + *vacañh*) m. laute Stimme, acc. *°vacô râzayãn* man erhebe hoch die Stimme vd. 8, 282.

berezyarsti (von *berezi* + 2. *arsti*) m. n. pr. eines Sohnes des Vîstâçpa, gen. *berezyarstôis* yt. 13, 101.

berezvañt (von *berez*) 1) adj., erhaben, mächtig,

gen. *berezvatô* yt. 13, 119. 2) m. n. pr. des Vaters des Frâcithra, gen. *frâcithrahê berezvatô* yt. 13, 124.

1. bereta (von 1. *bar*) getragen, gebracht, weggeführt, acc. *aêçmem ashaya beretem* (Westerg. *baretem*) y. 61, 24. plur. gen. *qarethanãm hê beretanãm* nachdem ihm die Speisen gebracht sind (ist das seine Speise, d. h. bringet ihm das, was seine Speise ist) yt. 22, 18.

Vgl. *makhshibereta*, *yaçôb°*, *vayôb°*, *râtôb°*, *vehrkôb°*, *çpôb°*, *hub°*.

2. bereta (verhält sich zu *beretar* wie 4. *dâta* zu 1. *dâtar*) m. Träger, nom. *aêtañhâo dañhêus añhaṭ beretô vâçtrem* dem Lande war ein Träger der Weide, d. h. Weide tragendes Land vd. 2, 57. acc. *beretem* vsp. 2, 34.

Vgl. *vâçtrôbereta*.

beretar (von 1. *bar*) m. Träger, nom. *meretô beretaca daênayâi* als Verkündiger und Träger für das Gesetz vd. 2, 8.

Vgl. *baretar*; skr. *bhartár*, hzv. *burtâr*, parsi np. *burdâr*.

bereti (von 1. *bar*) f. das Tragen.

Skr. *bhṛ́ti*. — Vgl. *ustabereti*, *gâmôb°*, *duzhb°*, *vañtab°*, *hub°*.

beretya? *tâm ahé* (lies *ahi?*) *beretyâṭ drâjô vanâne takhmô* yt. 24, 25. *âaṭ tâm puthrô berethyâṭ beuṭ* yt. 24, 31. *puthrô berethyâṭ çairimananãm bakhedhrâi* yt. 24, 52. lies *barethryâṭ?*

beretha (von 1. *bar*) n. 1) das Tragen, loc. *bâdha idha aêni berethê* immer will ich hieher kommen zum Tragen (die Erde spricht) vd. 3, 89. 2) Unabänderlichkeit (in dieser Bedeutung vielleicht von 2. *bar*), loc. *yimô açti berethê khshathrayâo* (Westerg. *khshathryâo*) Yima ist in Absolutheit der Herrschaft, d. h. was er gebietet geschieht, vgl. Spiegel I. St. III, 406; die Hzv.-Uebers. sagt: „welcher Jam war entscheidend (schneidend, *brîn*) das Königthum, d. h. sein Königthum so schön, durch diese Hülfsmittel (die *çufra* und *astra?*) mächtig gemacht war."

beredu (von 2. *bar*) adj., durchschneidend, plur. dat. *vayû beredubyô* zu den die Luft durchschneidenden (Dämonen?) y. 52, 6.

bêeṭ s. *bâ*.

bêñdva (von *bid?*) m. Vergänglichkeit, die vergängliche Welt, nom. *yavâ bêñdvô* so lange die vergängliche Welt (dauert) y. 48, 1. hzv. übers. so lange als diese sehr böse Zeit (*bêtum damân*) ist, Ner. *yâvat atra nikṛshṭatare yuge*; gen. (local) *ahyâ mâ bêñdvahyâ mânayêitî* an diese vergängliche Welt fesselt mich y. 48, 2. hzv. übers. „er macht durch seine Handlung meine Krankheit (*vîmârish*) deutlich, d. h. sie machen das Gesetz krank, das welches ich andern vorspreche".

Vgl. skr. *bhindú*.

bê interj. des Schmerzes, ach, vd. 19, 143.

bôiṭ (von 2. *bâ* + *îṭ*) Verstärkungspartikel, *cithrem bôiṭ* N. 3, 11. *narem bôiṭ ashavanem* vd. 13, 60. *bôiṭ tem* scheint yt. 5, 89. statt des sinnlosen *bavidhitem* hergestellt werden zu müssen.

bôiwra (von 1. *bî*) n.? Schreckniss.

Vgl. skr. *bhîrú*. — Vgl. *vîthwiçôbôiwra*.

bãz, vermehren, fördern, praes. 3. sg. *nôiṭ hê anyô urva haom urvânem paitiriçti bãzaiti* nicht kann eine andre Seele seiner Seele nach dem Tode Hülfe bringen, helfen vd. 13, 24. 25.

Vgl. *debãz*, skr. *bañh*, *báñhate*.

bãzañh (vom vor.) n. Grösse, Stärke, Tiefe, acc. *araiti bãzô* so gross in der Tiefe y. 10, 15. 70, 70. dass Jam die Welt um dreimal grösser machte, erhellt aus der Stelle *araiti* (Westergaard *arata*) *bãzô* Hzv.-Gl. zu vd. 2, 41. *aravaitya bãzaçca frathaçca* so weit der Tiefe und Breite nach y. 19, 15. 70, 69.

Vgl. *debãzañh*.

bãn, verunreinigen (so erklärt die Hzv.-Uebers., Ner. *âkroçayanti* schmähen), pot. 3. plur. *yâ bãnayen* womit sie verunreinigen wollten y. 30, 6.

bãshnu (von *bãz*) m. Tiefe, plur. dat. Schnee möchte fallen *bãshnubyô areduyâo* in den Tiefen (Schluchten?) der Ardvi vd. 2, 51.

Hzv. *bâsh*.

1. bda (von *bdâ*) m. Fessel.

Vgl. *thribda*, *bibda*, *viçpabda*.

2. bda (aus 2. *padha*, *pâdha*) m. Fuss.

Vgl. *abda*, *frabda*.

bdâ (Fortbildung von *bañd* durch *â*) binden.

— *â*, umgürten, partic. perf. pass. *abdâta* (s. besonders).

byañtê s. 1. *bî*.

byârikhti (von *bi* + *âr°*) f. doppelte Besprengung.

Vgl. *âfshyârikhti*.

byâre (von *bi* + *yâre*) n. zwei Jahre.

byâredrâjañh (vom vor. + *dr°*) n. die Dauer von 2 Jahren, acc. *°drâjô* zwei Jahre lang vd. 3, 131.

byârshan (von *bi* + 1. *arshan*) m. n. pr. des Sohnes des Kavi Uça, acc. *kavaêm byarshânem* yt. 19, 71. gen. *kavôis byârshânô* yt. 13, 132.

bravara adj., nagend, acc. n. *bravaremca uçadhaçca* (s. diess Wort) nagendes und fressendes (Gethier) vd. 1, 24.

brâtar (von 1. *bar*) m. Bruder, nom. *brâta* vd. 12, 17. yt. 17, 16. 24, 10. *brâtâ* y. 44, 11. acc. *brâtarem* vd. 12, 18. *brâthrem* yt. 24, 10. dat. *brâthrê* yt. 4, 10. 14, 46. gen. *brâthrô* yt. 15, 28. dual. acc. *añtare brâthra* yt. 10, 116. plur. nom. *brâthra* vd. 4, 118. (oder dual.?)

Skr. *bhrâtar*, altp. *brâtar*, hzv. *brât*, *brôr* (vd 12, 18), parsi *brâd*, np. *burâdar*, buchar. *birâder*, tâti *biruâr*, maz. *berâr*, tâlish *bâ*, afgh. *vrôr*, *rôr*, bal. *brâth*, kurd. *brâ*, kurm. *berá*, zaza *berá*, *berár*, armen. *eghbayr*, südoss. *ǽrvad* (Genosse), dig. *arvádæ* (Bruder), tag. *arvad* (Verwandter).

Vgl. *pourubrâthri*.

brâtûirya (vom vor.) m. f. Oheim, Muhme, nom.

m. *brâtûiryô* vd. 12, 43. fem. *brâtûirê* vd. 12, 43. vgl. Spiegel I. St. III, 450.

Vgl. skr. *bhrâtṛvyà*, afgh. *vrârah*, *vrîrah* (Neffe und Nichte).

brâtravañt (von *brâtar*) adj., dem Bruder gehörig? plur. fem. *bâdha idha histentâo brâtravaitîs*, *bâdha idha anyêhê dvarê çrayanô qarentîs pereçmanaêshuca* yt. 24, 36.

brvaṭ f. Braue, dual. dat. *añtarâṭ naêmâṭ brvaṭbyãm* zwischen die Brauen vd. 8, 133.

Skr. *bhrú* (von *ruh* + *abhi*), hzv. *brû*, np. *abrû*, buchar. *âbro*, afgh. *vrûtû*, *vrûzah*, brahvi (aus dem bal.?) *burvâk*, zaza *bereivi*, südoss. *arfig*, dig. *arfug*, tag. *arfüg*.

bva, bvaṭ s. *bû*.

M.

ma 1) Pronominalstamm der ersten Person, wovon *maibya*, *maibyô*, *mana*, *mâ*, *mârôya*, *mé*, *méñ*, *mê*, *môi*, *mãm* (s. bei *azem*) gebildet werden. 2) adj. pronom., der meinige, nom. *mé béeṭ us* mir möge Verstand sein (eigentl. Verstand möge der (das) meinige sein) y. 52, 4. *yé-mé çpashuthâ* wer mein Danker, d. h. mir dankbar ist y. 52, 6. *mé urvâ* y. 29, 5. 43, 8. fem. *mâ âthris* meine Strafe y. 45, 8. *mâ kamnafshvâ* geringes Besitzthum ist mein y. 45, 2. dat. n. *mahmâi avañhê* y. 49, 7. gen. m. *manyéus mahyâ* meines Geistes y. 32, 9. *mahyâ çâhîṭ* er lehre mir (das possess. statt des ungeschlechtl. pronom.) y. 49, 6. *hamaêçtrô . . . mahyâ* meines Feindes y. 47, 12. fem. *maqyâo ciçtôis* für meine Weisheit y. 43, 10. *maqyâo istôis* von meinen Gütern y. 45, 18. *maqyâo* y. 49, 9. loc. *mahmî manôi* in meinem Sinne y. 32, 1. plur. acc. *méñg perethâ* y. 47, 2. neutr. *hvô mâ nâ çravâo môreñdaṭ* der Mann tödtet meine Worte y. 32, 10.

maighê s. *magha*.

maiti (von *man*) f. Sinn, Denken.

Skr. *matí*, hzv. °*mat*, np. °*mîd*, armen. *mit*.

Vgl. *anumaiti*, *âgairim*°, *ârm*°, *tarôm*°, *tûsnâm*°, *pairim*°.

maidhya (von *maṭ*?) 1) adj., der mittlere, halbe. 2) m. die Mitte, nom. *â vîçpô maidhyô yaozaiti* y. 64, 15. acc. *yô histaitê maidhîm zrayañhô* welcher in der Mitte des Sees steht y. 41, 28. yt. 12, 17. *maidhîm zrayañhô* mitten in den See yt. 5, 42. 8, 32: *hâ hê maidhîm nyâzata* sie gürtete ihre Taille yt. 5, 127. statt des nom. (weil das Verb. *ah* zu ergänzen) *zimahê maidhîm* vd. 1, 11. dat. *maidhyâi* bis zur Mitte vd. 4, 126. loc. *maidhyôi paçushaçtaêshva* inmitten der Hürden vd. 15, 129. *maidhyôi nars* vd. 8, 19. *maidhyôi paitistânê* vd. 8, 19.

Skr. *mádhya*, hzv. *maç*, armen. *méch* (vgl. prakrit *majja*), südoss. *midag*, dig. *miedeg*, tag. *midäg*.

Vgl. *urvaêzômaidhya*, *vîmaidhya*.

maidhyâirya (vom vor. + *yâre*) adj., subst. m. n. pr. eines Gâhânbâr oder eines der sechs grossen Jahresfeste, welche zum Andenken der Schöpfung gefeiert werden. Maidhyâirya, an welchem die Schöpfung des Viehs gefeiert wird, fällt auf die Tage Mihr — Behram (16 — 20.) des Monats Bahman (Januar), vgl. Hyde 164. Vullers Fr. 24. Burnouf 325. Spiegel Av. übers. II, 4. acc. *maidhyâirîm* y. 2, 39. *maidhyâirîm çaredhem* den M., den jährlichen (? so die Trad.) vsp. 2, 1. dat °*yâiryâi* y. 1, 30. 3, 44. gen. °*yâiryêhê* A. 1, 2. 11. ist der Gâhânbâr des M.: A. 1 b, 11. °*yâiryêhê çaredhahê* vsp. 1, 6.

Hzv. *métyâria*, parsi *médyârém*.

maidhyôzaremaya (von *maidhya* + *zarema*) m. n. pr. eines Gâhânbâr oder eines der sechs grossen Jahresfeste, welche zum Andenken der Schöpfung gefeiert werden. Maidhyôzaremaya, an welchem die Schöpfung des Himmels gefeiert wird, fällt auf die Tage Khor — Daêpamihir (11. — 15.) des Monats Ardibehisht (April), vgl. Hyde 164. Vullers Fr. 23. Burnouf 302. Spiegel Av. übers. II, 4. acc. *maidhyôzaremaêm* y. 2, 35. A. 1, 3. °*zaremaêm payañhem* den M., der die Milch süss macht vsp. 2, 1. dat. °*zaremayâi* y. 1, 26. 3, 40. gen. °*zaremayêhê* A. 1, 2. 7. ist der Gâhânbâr M. A. 1 b, 7. °*zaremayêhê payañhô* vsp. 1, 2.

Hzv. *métôkzarmé* parsi *médyôzarm*.

maidhyôpaitistâna (von *maidhya* + *p*°) m. ein halber Fuss, plur. acc. Çraosha band das Bareçma zusammen *âshnûsca* °*paitistânãçca* bis an die Kniee, bis an die Mitte des Fusses y. 56, 2, 4.

maidhyômâoñha (von *maidhya* + *mâoñh*) m. n. pr. 1) des Sohnes des Arâçti und Vaters des Ashaçtu, gen. *maidhyômâoñhahê* yt. 13, 95. voc. *hvô taṭ nâ* °*mâoñhâ çpitamâ ahmâi dazdê* hier ist der Mann, o Çpitamide M., diesem gibt man (Lohn) y. 50, 19. 2) eines Nachkommen des vorigen? gen. °*mâoñhahê aparazâtahê* des nachgebornen M. yt. 13, 127.

Hzv. *maityômâh*.

maidhyômâoñhi (vom vor.) m. Sohn des Mediomâh, gen. *ashaçtvô* °*mâoñhôis* yt. 13, 106.

maidhyôshad (von *maidhya* + 1. *had*) adj., in der Mitte sitzend, acc. f. °*shâdhem* yt. 13, 100. 19, 86.

maidhyôshema (von *maidhya* + *shama*) m. n. pr. eines Gâhânbâr oder eines der sechs grossen Jahresfeste, welche zum Andenken der Schöpfung gefeiert werden. Maidhyôshema, an welchem die Schöpfung des Wassers gefeiert wird, fällt auf die

Tage Khor -- Daêpamihir (11. — 15) des Monats Tir (Juni), vgl. Hyde 164. Vullers Fr. 24. Burnouf 307. Spiegel Av. übers. II, 4. acc. *maidhyôshemem* vsp. 2, 1. y. 2, 36. dat. *°shemâi* y. 1, 27. 3, 41. gen. *°shemahê* vsp. 1, 3. *°shmahê* A. 1, 2. 8. ist der Gâhânbâr M.: A. 1 b, 8.

Hzv. *mêtôkshem*, parsi *mêdyôsham*.

maidhyâna (v. *maidhya*) n. Mitte, acc. *maidhyânem* die Mitte, das Centrum des Heeres yt. 10, 36. 13, 39. 14, 56. *â-maidhyânaçiṭ* (Thema *°yânaṅh?*) bis an die Mitte des Körpers vd. 6, 59.

Hzv. np. *miyân*, parsi *myân*, buchar. *miân*, bal. *mauñ*, zaza *myâni*, afgh. *mintś?*

maini (von *man*) f. Strafe, hzv. *venâçashn patfrâç*, Ner. *vinâçanigrhitar* (Strafer der Sünde), nom. *mainis* y. 43, 19. *yâ mainis* y. 31, 15.

mainimadica s. *man.*

mainimna (partic. praes. med. von *man*) denkend. Vgl. *amainimna.*

mainivaçâo s. *mainyavaçaṅh.*

mainivâo s. *mainyu.*

mainya (von *man*) adj., denkend, anrufend, dat. *nairê mainyâi* yt. 10, 137. 138. plur. nom. *aêshâm rañtâoṅhô tâ da mainyâoṅhô* (sic) *gâtus paiti âoṅhañti* ihre Freunde (Spiegel: geliebte Frauen) sitzen auf Thronen, indem sie jenes denken (die Worte folgen später: *kadha nô*) yt. 17, 10.

mainyava (von *mainyu*) adj., geistig, unsichtbar, himmlisch, nom. *mainyavô* yt. 10, 13. 106. ohne Flexion: *vaêcis mainyava yazata* yt. 6, 3. fem. *mainyaca çtis* Cit. der Hzv.-Gl. zu vd. 2, 41. acc. m. *mainyaom* vsp. 2, 4. yt. 10, 107. 140. *mainyaom yazatem* y. 17, 4. N. 1, 9. S. 2, 30. *ashavanem mainyaomca* zu dem reinen himmlischen (sprach er) y. 19, 56. fem. *mainyavîm drujem* yt. 11, 3. *mainyavîmcâ* y. 35, 2. abl. fem. *pairi mainyaoyâṭ drujaṭ* von der geistigen Drukhs yt. 1, 19. 13, 71. gen. m. *mainyêus mainyaoyêhê* des himmlischen Geistes y. 4, 12. 24, 29. fem *mainyaoyâo çtôis* vsp. 2, 5. plur. nom. *kô* (collectiv) . . . *mainyava daêva frabavaiñti* vd. 8, 101. *mainyava* yt. 10, 69. 97. *mainyavâoṅhô* yt. 6, 1. 10, 68. acc. *ratavô mainyava* vsp. 2, 1. *yazata* y. 17, 52. 70, 19. *mainyavaca* yt. 6, 4. dat. *mainyaoibyô* vd. 2, 42. *mainyaoibyaçcâ* y. 1, 49. 3, 67. 23, 8. gen. *mainyavanãm yazatanãm* yt. 19, 35. vd. 19, 101. *yazatanãm mainyavanãm gaêthyanãm* y. 3, 20. 22, 32. *daêvanãm mainyavanãm* vd. 8, 250. neutr. *dâmanãm mainyavanãm* vsp. 2, 5. *mainyavanãm* (scil. *dâmanãm*) vsp. 1, 1.

Vgl. *dusmainyava.*

mainyavaçaṅh, mainivaçaṅh (v. vor. + *vaçaṅh*, für *mainyavavaçaṅh?*) adj., himmlischem Willen gehorchend, nom. *tighris mainivaçâo* yt. 8, 6. statt des plural yt. 10, 128. plur. nom. *mainyavaçaṅhô* y. 56, 11, 2. *mainivaçaṅhô* yt. 10, 68.

mainyu (von *man*) 1) m. a) Himmel, gen. *ahyâ mainyêus* im Himmel y. 46, 3. statt des abl. *mainyêus hacâ* vom Himmel her y. 28, 11. b) Geist, nom. *mainyus çpênistô* der heiligste Geist y. 30, 5. *akaçcâ mainyus* (Ahriman) y. 32, 5. *yô mainyus çpeñtôtemô* der heiligste Geist y. 1, 4. *mainyus dregvatô* der Geist des Schlechten y. 52, 7. instr. *mainyu paiti açpacaṭ* (s. *pâiti*) yt. 10, 19. *mainyu vahistâo* die an Geist besten yt. 13, 42. *mainyû shyaothanâiscâ* durch Geist und Werke y. 31, 21. gen. *vaṅhêus mainyêus* des guten Geistes y. 44, 8. *mainyêuscâ vaṅhêus* des Vohumanô y. 34, 2. *mainyêus* y. 28, 1. *mainyêus mainyaoyêhê* dem himmlischen Geiste y. 4, 12. *mainyêus mahyâ* meines Geistes y. 32, 9. statt des abl. *mainyêus â vahistâṭ kayâ* y. 33, 6. *ahmâṭ mainyêus* y. 46, 4. voc. *mainyû* y. 36, 2. *mainyû çpênista* yt. 21, 1. *mainyô* vd. 2, 1. 9, 1. yt. 1, 1. 10, 74. In Verbindung mit *aṅra* n. pr. des Beherrschers der Bösen, des Teufels, welcher die reine Welt zu zerstören trachtet, aber am Ende der Welt von Ormazd getödtet wird, Spiegel Av. übers. III, XLV. nom. *aṅrô mainyus* vd. 19, 1. 20, 14. 22, 6. y. 9, 27. yt. 3, 14. 8, 39. 10, 97. 13, 13. 77. 15, 43. 17, 19. 19, 46. 96. Fr. 4, 2. statt des gen. yt. 3, 5. vd. 19, 28. (Westerg. verm. *aṅrômainyava*). acc. *aṅrem mainyûm* vd. 10, 11. 19, 16. yt. 15, 12. 18, 2. 19, 44. abl. *aṅrâṭ mainyaoṭ* yt. 13, 78. 1, 19. gen. *aṅrahê mainyêus* vd. 2, 86. y. 27, 2. 60, 5. yt. 1, 0. 10, 118. 13, 78. 20, 1. *manyêus* (scil. *aṅrahyâ*) y. 43, 11. welches ist das Geschöpf des heiligen Geistes, *viçpem paiti ushâoṅhem â hu rakhshaṭ hazanraja aṅrô mainyêus paitijaçaiti* (welches) bei jedem Frühlicht bei Sonnenaufgang als ein Tausendtödter des Ahriman herbeikommt vd. 13, 1. Westerg. liest *aṅrô mainyus*, was den Sinn ergeben würde: (gegen welches) Ahriman als Tausendtödter auszieht; die Hzv.-Uebers. verlangt aber die erstere Fassung und es dürfte *aṅrahê mainyêus* zu verbessern sein; ebenso steht vd. 13, 14. *çpeñtô mainyêus*, Westerg. *çpeñtô mainyus*, wo K 9 *çpeñtahê* hat; voc. *aṅra mainyô* vd. 19, 7. 32. 11, 32. statt des abl. *haca duzhda aṅra mainyô* (vielleicht: von (dir) o böser Ahriman?) vd. 19, 39. In Verbindung mit *çpeñta* n. pr. des Ahuramazda, nom. *çpeñtô mainyus* vd. 19, 33. y. 56, 7, 6. yt. 15, 43. 13, 28. 19, 46. *çpeñtaçca mainyus aṅraçca* yt. 19, 44. 24, 47. acc. *çpeñtem mainyûm* yt. 19, 44. instr. *çpeñtâ mainyû* y. 46. 1. dat. *çpeñtâi mainyavê* y. 57, 16. yt. 13, 13. abl. *çpeñtaṭ haca manyaoṭ* yt. 22, 40. gen. *çpeñtahê mainyêus* vd. 5, 109. 12, 64. vsp. 14, 11. y. 1, 45. yt. 6, 2. 8, 48. *çpeñtô mainyêus* (lies *çpeñtahê mainyêus?*) vd. 13, 14. voc. *çpeñtâ mainyû* y. 42, 6. 2) adj., geistig, himmlisch, unsichtbar, nom. *mainyus* y. 31, 9. yt. 1, 12. acc. *mainyûm* y. 33, 9. 42, 16. instr. n. *mainyû* in himmlischer Weise y. 31, 3. 7. gen. m. *mainyêus* y. 36, 7. voc. *mainyû* y. 33, 12. 42, 2. 43, 2. 7. dual. nom. *dva mainyû* die beiden himmlischen Mächte vd. 7, 132. (praedicat im sing.) *mainyû* yt. 13, 76. y. 14, 12. 30, 3. 56, 7, 6. (Ormazd und Ahriman). acc. *mainyû* y. 44, 2. gen. *ayâo manivâo* y. 30, 5. *vayâo mainivâo* yt. 13, 76. *mainivâo* vend. sade 489 (Westerg. vd. 19, 42). *manivâo* y. 9, 47. 19, 21. *mainivâo nivâitis* der Entscheidungskampf der beiden unsichtbaren (Ormazd und Ahriman) y. 10, 51. *mainivâo* (local) yt. 13, 13. plur. nom. n. *mainyû* . . . *maêthâ* y. 31, 12.

Skr. *manyú*, hzv. *minôi*, parsi *mainyô* (Himmel), np. *mînô*. — hzv. parsi *âharman*, np. *âhriman* (s. Vullers s. v.), armen. *haraman*, *arhmn*, bei den Alten Ἀρειμάνιος.

Vgl. *dusmainyu; aiñrômainyava, çpeñtômainyava.*

mainyutâsta (v. vor. + *t*°) adj., von den Himmlischen geschaffen, acc. *vâshem* °*tâstem* yt. 10, 143. neutr. °*tâstem* y. 9, 81. yt. 13, 3. instr. m. *hâvanu* . . . °*tâsta* yt. 10, 90. Hzv. übers. *minôiân tâsht*.

mainyushûta (v. *mainyu* + *sh*°) adj., vom Himmel herbeieilend, plur. fem. °*shûtâo* yt. 13, 42.

mainyusqaretha (von *mainyu* + 1. *q*°) adj., 1) himmlische Speise gewährend, plur. acc. f. (statt nom., nach *heñti*) °*qarethâoçea* y. 54, 3. 2) himmlische, d. h. keine Speise essend, pl. nom. m. °*qaretha* y. 10, 125.

Hzv. *minôikhvarashn*.

mainyuhãmtâsta (v. *mainyu* + *h*°) adj., von den Himmlischen gefertigt, instr. m. *vâsha* °*hãmtâsta* yt. 10, 67.

mainyûçâçta (von *mainyu* + 1. *çâçta*) adj., auf himmlischen Befehl gemacht, nom. *vîs* . . . °*çâçtô* yt. 13, 3.

mainyêtê s. *man*.

mairi (von *mâra*) adj., zur Schlange gehörig, hzv. *mârak*, acc. f. *astrãm mairîm kâshayêiti* er führt den Schlangenstachel vd. 18, 9.

mairista (superl. des partic. praes. von 2. *mar*) am meisten sich erinnernd, nom. *mazdâo çaqâré mairistô* Ormazd erinnert sich am meisten der Worte y. 29, 4. Die Trad. versteht dabei das Abrechnen der guten und bösen Thaten.

mairê s. *mairya* und 2. *mar*.

mairya (von 1. *mar*) adj., verderblich, tödtlich, hzv. *mar*, nom. *hô mairyô* dieser verderbliche (Drache) y. 9, 37. yt. 19, 40. *ashemaoghô mairyô* vd. 5, 113. 12, 66. *mairyô* (Ahriman) vd. 22, 5. 6. yt. 1, 29. *mairyô mithrôdrukhs* yt. 10, 2. *mairyô* (Afraçiab) yt. 5, 41. 19, 56. 19, 77. *mairyô* ein verderblicher yt. 8, 59. 60. fem. *mairê* . . . *bushyãçta* yt. 22, 42. acc. m. *mairîm* y. 11, 21. *mairîm tûirîm frañraçyânem* yt. 9, 18. 19, 77. gen. *mairyêhê qyaonahê arejataçpahê* yt. 9, 30. fem. *janyôis mairyayâo* (hzv. *marânik*) y. 10, 42. plur. gen. *mairyanãmca* y. 9, 62. yt. 1, 10.

Hzv. *mar*.

mairyâț s. 3. *mar*.

maê s. 3. *mâ*.

maêkañț adj., tröpfelnd? von der Feuchtigkeit in den Bäumen, Fruchtwasser, vgl. Bund. 53, 15. plur. acc. f. *âpô* . . . *maêkaiñtiseâ* y. 38, 7. (cit. vd. 11, 14).

maêgha (von *miz*) m. Wolke, acc. *maêghemca* y. 10, 6, yt. 8, 33. als Vehikel der Ardviçûra yt. 5, 120. dual. abl. *âçyañha maêghaêibya* schneller als Wolken y. 56, 11, 4. plur. nom. *maêgha* yt. 8, 40.

Skr. *meghá*, vgl. hzv. *miznia*, *miznak;* np. afgh. *mégh*, armen. *mêg*, südoss. *migh*, dig. *miegha*, tag. *miygh*.

maêghi s. *magha*.

maêghôkara (von *maêgha* + 1. *k*°) adj., wolkenbildend, plur. acc. *dunmãn* °*kara* yt. 8, 33.

maêza (von *miz*) n. Urin.

Skr. *méha*, hzv. *mêj*, parsi np. *mêz*, bal. *maizagh*, armen. *mêz*.

Vgl. *gaomaêza*.

maêtha (von 1. *miț*) n. 1) Paar, Vereinigung, instr. *qâthrâ maêthâ mayâ baretû* es komme Glanz im Verein mit Weisheit y. 33, 9. 2) Stätte, Wohnung, plur. nom. *mainyû pereçaitê yathrâ maêthâ* er fragt wo die himmlischen Wohnungen sind y. 31, 12. acc. *yathrâ ciçtis añhaț maêthâ* (wer hier folgsam ist) wo die Weisheit (ist) der wird sein in Wohnung (zu den Wohnungen kommen) y. 30, 9. *dâtâ ahyâ añhéus vîçpâ maêthâ* gebt mir alle Wohnungen dieses Orts (Trad. erklärt: mögen wir überall auf der Welt wohnen) y. 34, 6.

maêthana (von 1. *miț*) n. Wohnung, nom. *maêthanem* y. 10, 44. acc. *maêthanem* vd. 19, 107. y. 17, 53 (Spiegel *maêthmanem*). yt. 10, 50. 137. 13, 67. *ahê vîçê uta maêthanem* für diesen Clan und für diese Wohnung y. 10, 17. (nur der Bombayer Khordaavesta von 1841 hat *methanê*, lies *maêthanâi?*). *mâoñhemca maêthanemca myazdemca frâ yazamaidê* den Mond, sein Haus (collectiv?) den Myazd preisen wir yt. 8, 1. *maêthanahê* y. 17, 54. (Spiegel *maêthmanahê*) yt. 10, 80. plur. gen. *maêthananãmca* y. 1, 45. 3, 59.

Hzv. *mêân?* vgl. armen. *mtanel*.

maêthanya (von 1. *miț*) f. Wohnung, plur. nom. *maêthanyâo* yt. 10, 38. acc. *maêthanyâoçca* y. 2, 59.

maêthman (von 1. *miț*) m. Vereinigung, Begattung, acc. *yêzi vaçen jvôdakhstem maêthmanem* wenn sie einen läufigen Hund zur Begattung (bringen) wollen vd. 15, 127.

maêdha f. Weisheit?

Vgl. skr. *medhá*. — Vgl. *hamaçpathmaêdhaya*.

maênakha m. n. pr. eines Berges, nom. *maênakhaçca* yt. 19, 4.

Vgl. skr. *menakâ*, Name einer Nymphe und Gattin des Himâla.

maêçman (von *miz*) n. Urin, acc. *maêçma maêzayañta* vd. 8, 37. instr. *géus maêçmana* Ochsenurin (so die Trad.) vd. 5, 148. 8, 116. 126 (cit. yt. 24, 31). *maêçmana géus* vd. 7, 34. 16, 27. plur. nom. *cayô aêtê maêçma añhen* wie soll dieser Urin sein vd. 8, 32. acc. *aêtê maêçma* vd. 8, 31. Der Ochsenurin wird unter bestimmten Ceremonien geweiht, s. Spiegel Av. übers. II, XCIII.

maêsha m. f. Schaaf, nom. f. *maêshi* vd. 19, 109. yt. 24, 27. gen. m. *maêshahê kehrpa* in Gestalt eines Schaafbocks yt. 14, 23. (vgl. *meshá* von Indra Rgv. I, 51, 1. Sâmav. I, 4, 2, 4, 7.) *maêshahê yaț varshnôis* yt. 17, 56. plur. gen. f. *hazañrem maêshinãm* A. 1 b, 7.

Skr. *meshá* (von *mish*, *méshati*), hzv. np. kurm.

mêsh, parsi *mês*, afgh. *mêžhah* (a ewe), bal. *maish*, kurd. *mishim*, zaza *myêshna*. armen. *makhi*.

Vgl. *dauramaêshi*.

maêshini (vom vor.) adj., vom Schaaf kommend, pl. gen. n. *payañhãm maêshininãmca* vd. 5, 152.

maoiri m. Ameise, acc. (collectiv) *maoirîm dânô-karshem* vd. 16, 28. plur. gen. *maoirinãm* vd. 14, 14. 15. 18. 146.

Vergl. skr. *vamrî*; hzv. *môr*, np. *môr*, buchar. *mûrech* (deminut.), bal. *múrí*, kurd. *merú*, kurm. *miro*, armen. *mrchiun*, *mour* (aus dem pers.?), oss. *mäldsug*.

maodhana (von *mud*) n.? Lüsternheit.

maodhanôkara (vom vor. + 1. *k°*) adj., Lüsternheit erregend, dat. f. *jahikayâi °kairyâi* y. 9, 101.

makaçvi s. *kaçvi*.

maqyâo s. *ma*.

makhsh, eilen, kommen.

Skr. *mask*, *máskate*.

makhshi f. Mücke, Fliege, gen. *yatha makhshyâo parenem* wie der Flügel einer Mücke vd. 8, 219. Die Hzv.-Gl. zu vd. 8, 64. spricht am Ende vom Kommen der Seelen der Abgeschiednen an gewissen Tagen; „dass sie nicht (in den zehn Tagen) da sind, leuchtet mir mehr ein, als dass sie da sind, nach der Stelle *yatha makhshyâo perenem* (Westerg. *aperenem*) *yatha vâ aperenahê* (Westerg. *perenahê*).“ plur. gen. *makhshinãm* vd. 14, 17.

Skr. *mákshikâ*, hzv. *makhsh*, np. *magaç*, buchar. *mekeç*, afgh. *mac*, *mâshî*, bal. *makish*, kurd. *mish*, kurm. *mêsh*, zaza *meiyêç*, armen. *mzhghik*.

makhshikehrpa (vom vor. + *kehrp*) adj., Fliegengestalt habend, von der Drukhs Naçus, nom. f. *°kehrpa* vd. 7, 4. 8, 228.

makhshibereta (von *m°* + 1. *bereta*) adj., von Fliegen fortgetragen, nom. *°beretô naçus* vd. 5, 12. 20. plur. nom. *°bereta* vd. 5, 13. 21.

makhsti (von *makhsh*) f. Schnelligkeit.

Vgl. *açpôpadhômakhsti*, *payañhrôm°*.

maga (von 1. *maz*) n. Grösse, grosse That, dat. *magâi* zur Verherrlichung y. 50, 11. *mazôi magâi* zu hehrer Grösse y. 45, 14. *mazôi magâi â paiti zânatâ* ihr nehmt an zu grosser Grösse, d. h. so dass wir, von denen ihr annehmt, zu Grösse (in's Paradis) gelangen y. 29. 11. gen. *magahyâ khshathrâ* als Reich der Grösse, Macht y. 50, 16. *ahyâ magahyâ* für die grosse That y. 52, 7.

Skr. *maghá*, vgl. hzv. *makish*.

magavan (vom vor.) adj., 1) gross, erwachsen, gen. *yâ çruyê parê magaonô* wodurch ich Gehör finde bei dem grossen (Ormazd) y. 33, 7. (cit. vd. 17, 23), plur. abl. *hyaṭ* (Westerg. *yyaṭ*) *mîzhdem zarathustrô magavabyô côist parâ* welchen Lohn Zarathustra bei den grossen (den himmlischen, d. h. im Himmel) lehrte (nemlich dass Ormazd in Garôtman zuerst entgegenkomme) y. 50, 15. 2) zum Heirathen fähig, aber noch nicht verheirathet (ein ähnliches Verhältniss der Bedeutungen findet sich bei *apathra*, zum Gebären fähig (schwanger) und kinderlos, nom. sg. ich nenne den beweibten früher (stelle ihn höher) *yatha magavô fravâkhshôiṭ* als (den welcher) als unverheiratheter einhergeht vd. 4, 131. Hzv. übers. „als (den) welcher in Grösse [Erwachsenheit, *maghash*] hervorgegangen ist (man lese *çâtaunt*, Spiegel, briefl. Mitth.), d. h. kein Weib hat“.

Skr. *maghávan*, altp. *Βαγώας*; oss. *moi*, dig. *moyne* (Gatte, Mann; Spiegel schreibt mir vom 22. Dez. 1863: als Grundbedeutung nehme ich: mit Grösse begabt . . . *magavan* heisst wohl der Erwachsne, Heirathsfähige, kann also dann in dem einen Dialecte der Verheirathete, im andern der Nichtverheirathete sein).

magéus s. *moghu*.

magha m. Loch, acc. *nava upa maghem* an 9 Löchern vd. 5, 156. *paoirîm upa maghem nithwerecôis* grabe ein erstes Loch vd. 9, 13. *thris maghem* dreimal ein Loch, drei Löcher vd. 16, 26. *maghem* vd. 17, 13. gen. *maghahê* vd. 9, 120. loc. *maighê* Spiegel *maêghi*) vd. 13, 102. 15, 18. dual. acc. *dva magha* vd. 16, 27. plur. acc. *magha* vd. 9, 16. abl. *maghaêibyô* vd. 9, 22. 120. gen. *maghanãm* vd. 14, 18.

Hzv. *megh*, np. vgl. *meghâk*.

maghzh (die erweichte Form von *makhsh*) nahen, partic. praes. nom. *mimaghzhô* (Spiegel *mîm°*) nahend (möchte ich sein) y. 44, 10.

maghna adj., nackt, nom. *maghnô apaçpayaṭ vaçtrâo* nackt warf er ab die Kleider (d. h. so dass er nackt war) yt. 19, 56. 59. dual. nom. *maghna* vd. 8, 26.

Skr. *nagná*; altb. *maghna* durch Dissimilation entstanden?

mañhânô s. *man*.

1. **maz**, wachsen, gross sein.

Skr. *mañh*, *máñhate*.

2. **maz** (vom vor.) adj., gross, dat. *mazê avaqyâi* y. 57, 20. *mazôi magâi* y. 45, 14. 29, 11. gen. *parâ mazê yâoñhô* y. 30, 2. compar. nom. n. *mazyô* y. 31, 17. 64, 56. acc. n. *izyêiti zavavaṭ izyatica mazdyaçeiṭ* (lies *mazyaçeiṭ*) *vohu* er wünscht ein so grosses, ein noch grösseres Gut yt. 24, 30. plur. instr. *jyôtûm yôi dregvatô mazibîs cikôitares* welche das Leben des Bösen mit grösseren (d. h. höher) halten y. 32, 11. superl. *mazista* (s. besonders).

Vgl. 2. *maç*; skr. *máh*, kurd. *mazen*, kurm. *mezin*, armen. *meds*; vgl. kappadokisch *Mazaca*, phryg. *Μαζεύς*.

maza (von 1. *maz*) m., Grösse.

Skr. *máha*, *mahá* (gross).

Vgl. *aunmayômaza*, *açperenôm°*, *dañhum°*, *paçum°*, *vîrôm°*, *çtaorôm°*.

mazañh (von 1. *maz*) n. Grösse, acc. *avavañtem mazô* so viel vd. 7, 129.

Skr. *máhas*.

Vgl. *avaciñômazañh*, *açperenôm°*, *tanum°*.

mazañṭ (von 1. *maz*) adj., gross, nom. *maza* vsp. 18, 11. yt. 10, 64. *maza mereghô* yt. 14, 41. neutr. *mazaṭ* yt. 10, 44. acc. m. *mazâoñtem tem* (scil. *yânem*)

y. 64, 41. *khratûm paçcaêta maçita mazâoñtem* (gib) Verstand, der sich nachher vergrössert y. 61, 11.

Skr. *mahánt*, vgl. bal. *massán* (large).

mazibis s. 2. *maz*.

mazisisvâo m. n. pr. eines Berges, nom. *mazisisvâo* yt. 19, 2. Vielleicht ist der Mazin des Bundehesh (24, 8) derselbe; auf dem armen. Maçiç ruhte die Arche Noahs, in Lykien findet sich der *Μάσικυτος*.

mazista (superl. von 2. *maz*) der grösste, nom. *mazistô* y. 48, 1. 52, 8. yt. 17, 16. fem. *mazistâcâ* y. 13, 28. acc. m. *mazistem* yt. 1, 5. 3, 5. vsp. 13, 7. *ahurem mazdãm mazistem yazatem* y. 17, 2. *yatha îm vîçpanãm mazistem einaçti* wenn man sich ihm, dem grössten übergibt y. 19, 30. wir belehren *mazistem* mit dem grössten (d. h. Ormazd?) y. 28, 5. *vîçpanãm mazistem* y. 44, 6. fem. *mazistãm* vd. 19, 47. eine sehr grosse (Sünde) y. 31, 13. *mazistãmca* y. 26, 3. yt. 13, 80. instr. neutr. *mazista khshnaoma* vd. 3, 39. *aênañha* vd. 18, 123. dat. *mazistâi yâoñhãm paiti jamyâo* komm herbei zum grössten der Geschäfte (zur Herstellung der todten Leiber) y. 57, 19. gen. *mazistahê* vd. 6, 26. y. 1, 1. neutr. *mazistahêca* yt. 13, 91. voc. m. *mazista* N. 5, 4. plur. nom. *mazista* vd. 2, 71. fem. *mazistâo* yt. 13, 25. *mazistâoçca* y. 51, 10. neutr. *mazistâo nmânâo* yt. 10, 30. *mazistaca* vsp. 14, 10. acc. m. *mazista* G. 2, 7. vend. sade 68. *mazistã* y. 14, 9. *mazistê* vsp. 3, 28. instr. *mazistâis* y. 14, 7. voc. *mazista* y. 1, 60.

Altp. *mathista*, hzv. *mahest*, parsi *mahêçt* (gehen auf altb. *maçista* zurück).

Vgl. *vîçpêmazista*.

mazistayêiñti s. *aênañh*.

mazu adj., bissig, gen. fem. ich habe den Hund geschaffen *yat dim mazaos kehrpô târahê* mit bissigem Körper für den Feind vd. 13, 110. Die Hzv.-Uebers. hat: „welcher Zangenwaffen (*mâshak zênân*) am Leib (hat) gegen die Feinde, d. h. Sünder zurückhält, d. h. er macht kund, nemlich Feindlichkeit, Sündhaftigkeit [kündigt den Feind an]“; Spiegel schreibt mir: „ich habe *yat dim* genommen: als einen solchen; *mazaos kehrpô* von bissigem Körper (ähnliche Genitive yt. 8, 11. 14. y. 9, 24). Davon habe ich *târahê* gen. = dat. abhängen lassen. Rückert möchte bezüglich *mazaos* Roth [welcher dasselbe mit skr. *mañjú* zusammenstellt] Recht geben und *târa* als adj., rasch, gewaltig, fassen, wozu leider die andern Stellen, wo das Wort vorkommt, keinen Anhalt geben. Açpendiarji erklärt *mazaos* mit stark (*zôrâvar*) und sagt in der Glosse: der Türke ist ein Sünder, ihn hält er zurück.“

mazêna (von 1. *maz*) m. Macht, instr. *mazênâcâ* y. 5, 3. = 37, 3.

mazga f. Gehirn, Mark.

Skr. *majjâ*, hzv. *mazg*, np. *maghz*, afgh. *mâghzah*, kurd. *mezi*, oss. *maghz* (Roseu 393), *mazg* (Klaproth).

mazgavañt (vom vor.) adj., reich an Mark, nom. (statt acc.) fem. *mazgavaiti* vd. 21, 27.

Hzv. *mazgômand*.

mazdadhâta (von *mazdâo* + 2. *dâta*) adj., von Mazda geschaffen, vergl. *ahuradhâta* und Spiegel, Av. übers. III, IV. nom. *mazdadhâto* vd. 19, 45. y. 10, 52. fem. °*dhâta* vd. 22, 9. yt. 9, 5. 16, 7. neutr. *qarenaçca yat mazdadhâtem* yt. 13, 65. acc. masc. °*dhâtem* vd. 19, 125. y. 41, 24. yt. 1, 30. fem. °*dhâtãm* vd. 19, 96. yt. 2, 7. 9, 1. *apemca* °*dhâtãm* y. 2, 22. neutr. °*dhâtem* y. 2, 55. yt. 8, 2. instr. neutr. °*dhâta* yt. 10, 67. 15, 56. dat. m. °*dhâtâi* y. 10, 52. gen. °*dhâtahê* y. 1, 41. yt. 1, 30. N. 5, 5. *vîrahê* °*dhâtahê* yt. 14, 27. fem. °*dhâtayâo* vd. 19, 75. yt. 2, 2. 9, 0. *apaçca* °*dhâtayâo* y. 1, 15. 3, 29. yt. 2, 4. *rañhayâo* °*dhâtayâo* yt. 15, 27. neutr. °*dhâtahê* y. 1, 42. voc. fem. °*dhâtê* vd. 19, 62. *çaokê* °*dhâitê* yt. 1, 21. *eiçtê* °*dhâitê* yt. 16, 2. *râta vañhê* (Westerg. verm. *vañuhi*) *mazdadhâitê ashaonê* (Westerg. verm. °*ni*) yt. 24, 36. statt des instr. *hathra çaokê mazdadhâitê* yt. 12, 4. plur. acc. m. *garayô* °*dhâta* vsp. 2, 22. *garayô vîçpâo mazdadhâta* y. 2, 54. *haptôiriñga* °*dhâta* S. 1, 13. fem. *âpô* °*dhâtâo* y. 2, 49. 17, 21. neutr. °*dhâta* vd. 11, 3. 6. 19, 66. yt. 5, 89. y. 19, 3. 70, 21. gen. m. *yairinãm* °*dhâtanãm* vsp. 1, 20. y. 1, 41. *airyanãm qarenô* °*dhâtanãm* N. 5, 5. fem. *apãm* °*dhâtanãm* y. 1, 39. yt. 13, 53. *ghenanãm* vsp. 1, 15.

mazdayaçna (von *mazdâo* + *y*°) adj., subst. m. Verehrer des Ormazd, nom. *mazdayaçnô* vsp. 6, 7. Fr. 8, 1. y. 1, 65. 8, 6. 13, 1. yt. 13, 89. *yat mazdayaçnô kereñtât* wenn es ein Mazdaverehrer (ist, an welchem) er schneidet vd. 7, 97. 102. gen. °*yaçnahê* yt. 13, 121. vd. 16, 30. plur. nom. °*yaçna* vd. 3, 58. 7, 99. yt. 5, 98. 10, 119. acc. °*yaçna* vd. 3, 65. 7, 99. instr. °*yaçnâis* A. 1, 7. dat. °*yaçnaêibyô* vd. 5, 157. 7, 95. °*yaçnaêibyaçit* vd. 7, 96. abl. °*yaçnaêibyô* vd. 9, 133. gen. °*yaçnanãm* vd. 15, 55. vsp. 3, 25. y. 67. 38. yt. 10, 66. 13, 108. 157. loc. °*yaçnaêshva* y. 8, 6. voc. °*yaçna* vd. 8, 30. vsp 18, 1. A. 1, 3.

Hzv. *mazdyaçn*, parsi *mazdayaçn*, arm. *mazdêzn*.

mazdâiti (v. 2. *maz* + 2. *dâiti*) f. Heilighaltung, dat. *mazdâtayaêca* (Westerg. °*dâtaêca*) vsp. 18, 7.

mazdâo (v. 2. *maz* + 2. *dâo*) 1) f. grosse Weisheit, acc. *mazdãmca bûiriçâ* Weisheit und Fülle y. 40, 1. 2) adj., grosse Weisheit besitzend, a) adj., plur. voc. *mazdâoñhô* ihr weisen Amshaçpand y. 44, 1. b) n. pr. des höchsten Gottes Ormazd, s. *ahura*; nom. *mazdâo* y. 9, 81. 20, 8. 29, 4. 54, 15. yt. 3, 3. 13, 3. 28. 23, 2. *mazdâoçca* vd. 8, 60. y. 13, 19. 52, 3. *mazdâoçca ahurâoñhô* Mazda und die Herren (Amshaçpand) y. 30, 9. 31, 4. *mazdâo ahurô* y. 32, 2. 33, 5. 47, 6. statt des voc. *ashâ mazdâo ahurô* y. 45, 17. *mazdâo* y. 48, 5. acc. *mazdãmcâ* y. 41, 23. *mazdãmcâ ahurem* y. 28. 3. *mazdãm ahurem* y. 44, 8. *hyat* (Westerg. *yyat*) *mazdãm dvaidî feraçâobyô* da wir den M. um zweifelhaftes befragen y. 29, 5. dat. *mazdâi* y. 19, 23. 31, 1. 52, 2. *mazdâi ahurâi* y. 35, 15. abl. *hava dathushat mazdâo* yt. 5, 7. gen. *mazdâo* vsp. 10, 5. y. 10, 10. 19, 31. 28, 1. 30, 10. 50, 19. yt. 9, 9. *mazdâo ahurahê* vd. 8, 249. yt. 13, 146. 19, 47. *mazdâo ahurahyâ* y. 32, 4. 36, 9. voc. *mazda* y. 19, 34. 59, 19. yt. 1, 33. 24, 38.

mazdâ y. 28, 6. 42, 3. 47, 11. 31, 19. *mazdâ aṭ môi . . . vaocâ* o M., verkünde mir y. 34. 15. (ein *cathrusâmrûta* vd. 10, 22). *hvô nê mazdâ vastî ashâicâ* er verlangt uns von (dir) o Mazda und von Asha y. 29, 8. *mazdâ ahurâ* y. 7, 61. 14, 15. 28, 2. 57, 22. 32, 16. *yûzhem mazdâ* ihr (Amshaçpaud) o Mazda y. 29, 11. *mazdâ ashâicâ* (zu euch) o Mazda und zu Asha y. 32, 9. *urvathô brâtâ ptâ vâ mazdâ ahurâ* Freund, Bruder, Vater (bist du ihm) o Ormazd y. 44, 11. *kemnâ mazdâ dadâṭ* wen hat man, o M., gemacht y. 45, 7. *mazdâ çraotâ* man höre, o M. y. 48, 7. *mazdâ ashâ ahurâ* o Ormazd und Asha y. 49, 5.

Vgl. skr. *medhâs*; phryg. *Μάσδης*.

mazdâoukhta (vom vor. + *ukhta*) adj., von Ormazd gesprochen, nom. n. *aêtaṭca vacô mazdâoukhtem* y. 19, 44.

mazdâohurnthman (v. *mazdâo* + *h*°) n. ein gutes Gewächs des Ormazd, nom. *mazdâohuruthma vaoçê* du wuchsest als ein gutes Gewächs des Ormazd y. 10, 10. Die Trad. übers. als ein grosses Gewächs, wonach zu vermuthen steht, dass statt *mazdâo* ein adjectiv. von 1. *maz* im Texte stand.

mazdâtha (von 2. *maz* + 2. *d*°) n. Geschöpf des Grossen (Ormazd?), plur. acc. *tâ vakhshyâ . . . yâ mazdâthâ hyaṭcîṭ vidushê* das will ich verkünden was Geschöpfe des Grossen sind und was für den Klugen ist y. 30, 1. Die Trad. übers. was Mazda schuf für die Klugen, scheint also unser Wort für eine Abkürzung von *mazdadâtha* zu halten.

mazdâvara (von *mazdâo* + 3. *v*°) adj., dem M. erwünscht, plur. acc. n. *nâmênî mazdâvarâ* y. 5, 6. = 37, 6.

mazdôfraokhta (von *mazdâo* + *fr*°) adj., von M. gesprochen, plur. nom. *vaca °fraokhta* vd. 19. 30. acc. *vîçpaêca vaca °fraokhta* y. 70, 27.

mazdôfraçâçta (von *mazdâo* + *fr*°) adj., von M. gelehrt, plur. nom. oder acc. *yôi heñti . . . mazdôfraçâçta* yt. 1, 33.

mazdyaçciṭ }
mazyô } s. 2. *maz*.

mañtar (von *man*) m. Bildner, nom. *yaçtâ mañtâ pourayô* er kam als erster Bildner y. 31, 7. die Trad. übers. er kam zum Maass, zur Gestalt, und erklärt, früher habe er unsichtbar geschaffen [gewiss unrichtig]; *yâ verezidyâi mañtâ vâçtryâ* durch welchen Sinn du ein Bildner warst (bildetest) des Landes zum Bebauen y. 33, 6.

mañtâ s. *man*.

mañtu (v. *man*) m. 1) Bedenker, dual. voc. *dañgrâ mañtâ* ihr weisen Bedenker y. 45, 17. 2) Maass (von Getreide, Futter), hzv. *patmân*, Ner. *pramâṇa*, acc. *vâçtrâṭ acistem mañtûm* (ich verfluche) das schlechteste Maass an Futter y. 33, 4.

Vgl. skr. *mantú*.

mata (partic. perf. pass. von *man*) gedacht, plur. acc. n. *âca manô mata âca yazamaidê* wir preisen das im Geist gedachte vsp. 5, 1.

Skr. *matá*. — Vgl. *tarômata*, *dusm*°, *mithôm*°, *hum*°.

matafta s. *tafta*.

maṭ praepos. und postpos., mit, samt, nebst, a) c. instr., *maṭ aothranãm framukhti maṭ vaçtranãm nidhâiti* vd. 6, 56. *maṭ thriçãçayôaghrâis* vd. 14, 36. *maṭ airyamnâ* y. 32, 1. *maṭ tâis vîçpâis* y. 42, 14. *gâtu gaini çtaretu maṭ barezisa* vd. 14, 63. *ashâ maṭ* samt Asha y. 34, 11. 47, 11. *khshathrâ maṭ* samt dem Reiche y. 43, 7. *maṭ akana* vd. 14, 36. b) c. dat. *maṭ arabyô dakhstâbyô* vd. 13, 60. *maṭ vîçpâbyô fravashibyô* y. 23, 3. c) c. gen. *gêus maṭ garethanãm* nebst Fleischspeisen vd. 13, 78.

Vgl. skr. *smád*, bal. *math*.

maṭafçmana (vom vor. + *afçman*) adj., mit Metrum versehn, acc. *maṭafçmanem* Extr. 5. fem. *maṭafçmanãm* (scil. *gâthãm?*) vsp. 16, 1. vgl. Benfey DMG. XII, 575. vgl. 2. *miṭ*.

maṭâzaiñti (von *m*° + *âz*°) adj., mit dem Commentar versehn, acc. °*âzaiñtîm* Extr. 5. fem. °*âzaiñtîm* vsp. 16, 1. plur. acc. f. *gâthâo maṭâzaiñtîs* y. 56, 3, 3. Hzv. übers. *veratman shnâçish u zand* mit der Bedeutung (Verständniss) und Erklärung.

maṭgaoshâvara (von *m*° + *g*°) adj., mit Ohrschmuck versehn, nom. f. *maṭgaoshâvare* (lies °*vara?*) vd. 14, 66.

maṭgûtha (von *m*° + *g*°) adj., schmutzig, mit Unrath bedeckt, acc. f. *naçûm maṭgûthãm* vd. 7, 65.

maṭdâman (von *m*° + *d*°) adj., mit Schöpfungen versehn, gen. *añrahê mainyêus maṭdâmanô* y. 60, 5.

maṭpaitipereçva (von *m*° + *p*°) adj., mit Gegenfragen versehn, acc. *yaçnem haptañhâitîm °pereçum* Extr. 5. fem. °*pereçrîm* (*gâthãm?*) vsp. 16, 2.

maṭpaitifraça (v. *m*° + *p*°) adj., mit Strafen versehn (d. h. Strafen für die Bösen verkündend), pl. acc. *gâthâo maṭpaitifraçâo* y. 56, 3, 3. Die Hzv.-Uebers. erklärt es durch Hin- und Herfragen bei der Liturgie (Ceremonie, *veratman apâjpunçishnish î nîrang*).

maṭpereçva (von *m*° + *p*°) adj., mit Fragen versehn, acc. *yaçnem haptañhâitîm °pereçum* Extr. 5. fem. *maṭpereçvîm* (*gâthãm?*) vsp. 16, 2.

maṭfshu (v. *m*° + 3. *fshu*) adj., Vieh enthaltend, acc. n. *ganirathem . . . maṭfshûm* (lies *maṭfshu?*) yt. 21, 14.

maṭrathwa (von *m*° + *r*°) adj., mit Herrschaften versehn, acc. n. *ganirathem . . . maṭrathwem* yt. 21, 14. Spiegel liest *maṭhrathem* mit Wagen versehn.

maṭvacaçtasti (von *m*° + *v*°) adj., mit Texten versehn, acc. *yaçnem haptañhâitîm °vacaçtastîm* Extr. 5. fem. °*vacaçtastîm* (*gâthãm* oder ein Wort für Agende, Liturgie?) vsp. 16, 1.

maṭçaoca (von *m*° + *ç*°) m. immerwährender Brand, loc. *maṭçaocê buyê* sei immer in Brand y. 61, 7.

math wenden, drehen.

Skr. *math*, *mánthati*, *mathnâti*.

matha (v. vor.) adj., wendend (so Spiegel, brieflich), plur. nom. *frakhsî mathâ* (sie sind) wendend ihren Sinn y. 32, 4. Ner. *mathnâti* (!).

madahma s. *dahmôaçrâvayaṭgâtha*.

madrusta s. *drusta.*

mad, madh medeor.

— *vi*, ärztlich behandeln.

madha (vom vor.) m. Heilkunde, Weisheit, Wissenschaft, nom. *hô yô haomahê madhô* die Wissenschaft (Heilkunde) des Haoma y. 10, 19. yt. 17, 5. *tê madhô* y. 10, 60. acc. *madhem* Wissenschaft y. 9, 54. *madhemcit myazdanãm* ist wohl *madhememcit my°* zu lesen yt. 13, 64. dat. *madhâi* zur Weisheit y. 11, 26. gen. *mâthrem ahyâ madahyâ* y. 47, 10. plur. nom. *viçpê zî anyê madhâoñhô* alle andern Wissenschaften (die nicht von Haoma herrühren) y. 10, 18. yt. 17, 5. *frasha frayañtu tê madhô* (Thema *mad*) vorwärts gehn mögen deine Wissenschaften y. 10, 40.

Vgl. *vohûmad.*

madhaka m. f. n. pr. eines Hundes, gen. *khstãmicatca madhakahêca tûn* (s. *khstãmi*) vd. 1, 58. fem. *çûnô madhakayâoçca. aogazdaçtema baraiñti* sie sind dem Hunde M. am hülfreichsten vd. 7, 67.

Hzv. *madag.*

madhi (denom. von *madha*) lehren; imper. 2. sg. med. *aêta vaca madhayañha* durch diess Wort lehre vsp. 9, 1. Die Hzv.-Uebers. hat „vermittle", weshalb vielleicht *maidhyañha* (denom. von *maidhya*) zu lesen ist.

madhu n. Honig, acc. *madhu* vd. 5, 154. gen. *madhéus* (Hss. *madhus*, vgl. Westergaard, preface 9, n. 4. Spiegel Interpr. 26) vd. 14, 72. vgl. Windischmann Z. St. 295.

Skr. *mádhu* (nach Weber Beitr. I, 400 von *mad*, nach Kuhn, Herabk. 159 von *math*), hzv. *mâi*, parsi *maê*, np. *mai*, afgh. *mai*, kurd. *méi* (Wein), armen. *meghr* (Honig? Fr. Müller, Beitr. zur arm. Lautl. 27), oss. *müd*, dig. *mut* (Honig, Meth).

madhumañt (v. vor.) adj., mit Honig bestrichen, acc. *myazdem gaomeñtem madhumañtem* Myazd von Fleisch und mit Honig bestrichen vd. 8, 64.

Hzv. *mâiômand.*

madhema (Superlativ zu *maidhya*) adj., der mittelste, nom. *madhemô* G. 1, 6. statt des acc. *madhemô* im mittelsten Theil der Gegend vd. 2, 88. 90. acc. *madhemem* vd. 7, 107. 115. *çraoshem madhemem* yt. 11, 18. *madhemcit* (lies *madhememcit*) yt. 13, 64. instr. *yaçna madhemaca* yt. 11, 18. gen. *madhemahê* vd. 6, 21. loc. *madhemê thrishvê* im mittelsten Drittel (der Erde) y. 11, 21. neutr. *avi madhemê vâ vâçtrê vâ* inmitten des Grases vd. 15, 113. plur. acc. *nava vîtâra madhema* 9 Vitara in der Mitte vd. 14, 62.

Vgl. skr. *madhyamá.*

madhemônmâna (vom vor. + *nm°*) n. ein mittelstes Haus, gen. *°nmânahê* vd. 13, 58.

man 1) denken, praes. 1. sg. *azem manya* yt. 10, 106. *yatha îm mênâcâ* (Westerg. *mênâicâ* conjunct. med.) *vaocacâ* wie ich ihn (den Mãthra) denke und spreche y. 44, 3. 3. sg. med. *mainyêtê* yt. 10, 105. *tarô manyêtê . . . tarô . . . tarô* yt. 10, 139. *manyêtê* er meint yt. 10, 71. 1. plur. act. *mainimadicâ* y. 35, 8. med. *mainyâmaidê* vsp. 14, 9. 3. pl. act. *mainyêiñti* halten für etwas vd. 2, 133 (Westerg. *°tê*). *yâ davayañti mainyañti* durch welche (*ûna*) man betrügt, meint, d. h. zu betrügen meint y. 10, 43. med. *âthravanô daqyunãm mainyêiñtê ashahê vañhéus* die Priester der Gegenden bedenken (halten fest) die gute Reinheit yt. 13, 147. pot. 3. sg. med. *nmânem hô manyaêta paradathô* der glaube eine Wohnung damit zu schenken vd. 18, 65. conj. praes. 1. sg. med. *yavat manyâi* (Westerg. *manayâi*) so viel ich (vermag und) denke y. 42, 9. imperf. 3. pl. med. *mainyañtâ* y. 34, 8. *yôi îm tarém mainyañtâ* welche ihn verachten y. 44, 11 b. conj. impf. 3. sg. *yé hôi arém* (Westerg. *arem*) *mainyâtâ* y. 44, 11 c. perf. 3. dual. med. *mamanâitê* y. 14, 12. aor. 1. sg. med. *ménhî* ich halte (dich) y. 29, 10. 42, 5. 7. 9. dachte (dich) y. 31, 8. 2. sg. *méñhâcâ* du hast gedacht y. 14, 13. 39, 10. 3. sg. *mãçta* er dachte vd. 2, 93. conj. 1. sg. *méñghâi* ich dachte (dich) y. 42, 4. passiv. 3. sg. *mainyêtê* er wird gehalten für y. 43, 12. causale impf. 3. plur. *mãnayen* man machte glauben, wird immer in der Verbindung *mãnayen ahê yatha* „gleichwie" gebraucht vd. 2, 96. 5, 69. 7, 140. 8, 224. 9, 107. 112. 171. y. 70, 36. yt. 1, 19. 5, 89. 17, 20. Hzv. übers. *hamânâk narman* (*ân*) i. e. np. *hamânâ ân*; vgl. np. *mânand*, zaza *manénu* (es ist gleich); partic. praes. med. nom. *ashem mainimnô* das reine denkend vd. 7, 193. fem. *mainimna* yt. 5, 7. plur. nom. *mainimna* y. 69, 15. perf. nom. *añrô mainyus mamanus çtârãm . . . paitiçretéê* Ahriman, sinnend auf die Bekämpfung der Sterne yt. 8, 39. med. dat. *mamanâi* bedacht habend yt. 13, 88. aor. med. nom. *mañhânô* denkend yt. 19, 47. 49. perf. pass. *mata* (s. besonders). 2) ermessen, bilden (vgl. 1. *mâ*) impf. 3. sg. med. *mañtâ* er bildete y. 31, 19. 50, 16. 3) bleiben, causale praes. 3. sg. *ahyâ mâ bêñdvahyâ mãnayêitî* an diese vergängliche Welt fesselt mich y. 48, 2.

— *upa*, 1) zudenken, zumessen, causale impf. 3. pl. *cvat aêshãm upamãnayen* (Westerg. *°yãn*, conj.) wieviel (von den Gebeten) sollen sie ihnen zumessen vd. 12, 2. 2) warten, causale impf. 3. plur. *upamãnayen* sie sollen warten vd. 5, 129. 154. 8, 124.

— *fra*, 1) berathen, bedenken, praes. 3. pl. med. *framanyêiñtê* vd. 7, 142. y. 67, 40. impf. 3. sg. med. *framanyata* vend. sade 490 (Westerg. vd. 19, 43). 2) ausharren, praes. 3. pl. med. *nôit framanyêñtê* sie halten nicht aus, kommen nicht an's Ziel yt. 10, 20.

— *vi*, überlegen, impf. 3. sg. med. *vîmanyata* vend. sade 490 (Westerg. vd. 19, 43).

Skr. *man*, *mányate*, altp. *man*, hzv. *mântan* (bleiben), *minîtan* (denken), parsi *manîdan*, *mãt* (geblieben), np. *mândan* (udisch *mandesun* Schiefner 103), afgh. *manal* (to observe, follow), kurm. *deminim* (maneo), zaza *mend* (mansit), armen. *mnam.*

1. **mana** (v. vor.) 1) adj., geistig, gen. wir preisen die Fravashis *açtvatô manaqyâca* der bekörperten und der geistigen (Welt) y. 70, 8. plur. dat. *manaêibyô* den himmlischen y. 13, 9. 2) m. das Denken, loc. *ashem manayâ* im Denken des Reinen y. 35, 21. *mahmî manôi* y. 32, 1.

2. **mana** f. Pfeil? gen. *âçyañha hvaçtayâo añhê manayâo* schneller als sein wohlgeschossner Pfeil y. 56, 11, 4. Die Hzv.-Uebers. hat: „schneller als dieser wohlbekörperte (also fälschlich von 1. *açti*) kommen sie (*manayâo* nicht übersetzt)“, Ner. *çîghratarô yat etebhyô balavantô narebhya âgacchanti râçâh*, wonach *manayâo* Pfeil bedeutet.

manañh (von *man*) n. Sinn, Geist, Gesinnung, nom. *manô* y. 28, 0. 9, 101. yt. 13, 83. *verezvatca manô* ein dem Wunsch gemässer Sinn vd. 18, 60. acc. *manô* vd. 7, 130. 8, 283. y. 9, 85. 89. 47, 4. yt. 10, 109. 5, 50. *humatemca manô* den gutgedachten Gedanken vsp. 2, 9. *fraoretfrakhshni avi manô* vsp. 16, 13. *nî manô manô* (scil. *vaêpaya*) vernichte ganz und gar den Geist (den Geist jedermanns) y. 10, 34. *manaçca* yt. 13, 87. *mazistemca â* (scil. *baraiti*) *manañhem* sic) (das Kameel) besitzt den grössten Verstand yt. 14, 12. instr. *manañha* vsp. 25, 4. y. 1, 57. yt. 11, 4. A. 1, 17. *â manañha* mit Muth (Windischmann: mit Wuth) yt. 10, 71. *manañhâ* y. 12, 5. 30, 2. 46, 1. dat. *manañhê* y. 19, 31. 67, 9. gen. *manañhô* y. 28, 2. local yt. 10, 106. 109. *manañhaçcâ* y. 45, 18. 42, 3. *humatahê paiti manañhô* um gute Gedanken (zu erhalten?) yt. 16, 6. *manañhô pairivaênâṭ* vd. 19, 10. *humatahêca manañhô* vd. 18. 41. *thwahmâṭ âthraçcâ manañhaçcâ* y. 45, 7. *ahyâ añhéus açtvatô manañhaçcâ* für diese bekörperte Welt und die des Geistes y. 42, 3. Hzv.-Gl.: in 57 Jahren (stellt Çoçiosh die Auferstehung her); loc. *manahi* yt. 14, 28. *manahicâ* y. 30, 3. pl. nom. *manâo* y. 59, 17. *nâ manâo* y. 44, 2. (cit. y. 19, 42) acc. *manâo* y. 57, 16. yt. 13. 74. *hyaṭ hathrâ manâo baraṭ* wenn man mit (guten) Gedanken, d. h. folgsam Ner (*âdeçamano*) ist y. 30, 9. *âçnaca manâo* die himmlischen Geister vsp. 12, 16. instr. *manêbis* y. 13, 17. gen. *manañhãm* vsp. 8, 13. in Verbindung mit *aka* n. pr. eines Daêva (s. *aka*); in Verbindung mit *vañhu* a) guter Sinn, nom. *vohucâ manô* y. 29, 11. instr. *vohû manañhâ* y. 29, 7. gen. *vañhéus manañhô* N. 6, 2. *vañhéus manañhô zaothrâbyô* y. 67, 7. b) n. pr. der personificierten guten, frommen Gesinnung, der Amshaçpand Vohumanô, welcher für die lebenden Geschöpfe, besonders den Menschen Sorge trägt, der δημιουργὸς εὐνοίας des Plutarch, bei Neriosengh *uttamam manas*; statt *vañhu* steht auch zuweilen *vahista* und der Name ist noch so sehr appellativ, dass man an vielen Stellen zweifelhaft sein kann, ob guter Sinn oder Vohumanô zu übersetzen sei; nom. *manaçcâ vohû* y. 33, 11. *vohû aç manô* y. 34, 8. *vohu manô* vd. 19, 102. yt. 19, 96. 10, 92. *vohuca manô* yt. 13, 77. *manô vahistem* y. 50, 4. acc. *vohu manô* vd. 4, 134. y. 17, 13. *manô vohû* y. 41, 26. 48, 10. *vohuca manô* y. 54, 19. *vohucâ manô* y. 37, 12. *manaçcâ vohû* y. 28, 5. 11. 33, 11. *manaçcâ vahistem* y. 28, 9. statt des nom. (hinter dem verb.) *vohu manô* yt. 19, 46. instr. *vohu manañha* vsp. 14, 10. Fr. 1, 1. *vohû manañhâ* y. 67, 65. 28, 2. 43, 1. (cit. y. 69, 16). *vohû çraoshô jañtû manañhâ* Çraosha komme mit Vohumanô y. 43, 16 (cit. vd. 8, 58). *vohu manañha janaiti apemciṭ añrô mainyus* Cit. der Hzv.-Gl. zu vd. 18, 5. *manañhâ vohû* y. 30, 7. *vohucâ manañhâ* y. 43, 9. 49, 3. *vahistâcâ manañhâ* y. 49, 4. dat. *vañharê manañhê* y. 1, 5. yt. 2, 1. S. 1, 2. abl. *vañhaoṭ manañhaṭ* vsp. 12, 23. *vahistâaṭca manañhaṭ* yt. 22, 40. *vahistâṭ . . . manañhô* y. 32, 11. 49, 1. gen. *vañhéus manañhô* y. 10, 32. 53, 1. 69, 7. 30, 10. 31, 8. *vañhéus â manañhô* vsp. 10, 22. *manañhaçcâ vañhéus* y. 33, 14. im Sinne des abl. *vañhéus manañhô* y. 27, Schluss. 32, 4. *vañhéuscâ manañhô* y. 35, 26. voc. *manaçcâ vohû* y. 28, 3. c) der unter Vohumano's Fürsorge stehende gute Mensch, nom. *vohu manô* vd. 16, 69. instr. *vohû . . . manañhâ* y. 43, 8. gen. *vañhéus manañhô* y. 43, 4. *vîçpâi yavê vañhéus manañhô* für die ganze Dauer des menschlichen Geschlechts, der Welt y. 28, 8.

Skr. *mánas*, altp. Ἀριαμάνης, vgl. hzv. *minashn*, parsi *minesn*. — hzv. *vahuman*, parsi *vahman*, np. *bahman*.

Vergl. *aênômanañh*, *aradhwyôm°*, *arsm°*, *dusm°*, *drukhsm°*, *narem°*, *fram°*, *vîm°*, *vohumanôrâta*, *çnaodhômanañh*, *haomanañha*, *hamômanañh*, *hum°*.

manayâi liest Westerg. y. 42, 9. statt *manyâi* (s. *man*).

manavañṭ? acc. f. *yahmâi vashnus dareghâi hakhedhrâi frabarara manavaiñtim* welchem R. zu langer Freundschaft brachte . . . yt. 10, 79. 81. Spiegel verm. Wohnung (von *man* bleiben).

manaçpaoirya (von *manañh* + *p°*) adj., dem Verstand nach der erste, die Trad. erklärt es durch Gayômort (das erste vernünftige (menschliche) Wesen?) nom. *kaṭ humatem*, *ashavanem °paoiryô* was wird gut gedacht? der reine (lies *ashava!*) dem Verstand nach erste y. 19, 53. plur. acc. n. *dâmãn °paoirya ashavanô* (sic) *yazamaidê* vsp. 22, 5 dat. dat. *°paoiryaêibyô dâmabyô* y. 19, 29.

manahya (von *manañh*) adj., geistig, nom. *ahéca añhéus yô açtvatô yaçca açti manahyô* y. 56, 10, 5. = yt. 10, 93. acc. *manahim ahûm* y. 52, 6. *manahim avi ahûm* (vom Himmel:) yt. 22, 16. (von der Hölle:) yt. 22, 34. dat. *ahmâicâ ahuyê manaqyâicâ* (*h* ist zu *q* verhärtet) für diese Welt und die geistige (den Himmel) y. 7, 62. 40, 4. gen. *añhéus manahyêhêca* yt. 24, 32.

Vgl. *déasmanahya*.

manivâo s. *mainyu*.

manisti? *mâ thwâ añra mainyavô manistis âçtâraita* nicht beflecke dich ahrimanische Begierde? y. 24, 37.

manus (von *man*) m. n. pr. 1) eines Helden? Es steht zu vermuthen, dass die Eranier einen solchen gekannt haben, da z. B. auch die Phrygier und Paphlagonier, welche sich ihrer Sprache nach an den eranischen Stamm anschliessen, einen Manes hatten (s. Lassen DMG. X, 378), doch bleibt seine Existenz sehr zweifelhaft, da er weder in den alten Texten, noch in den spätern Schriften erwähnt wird, wenn man nicht *manuscithra* dafür anführen will; vielleicht könnte man in dem Meshia und der Meshianah den Manus und sein Weib suchen, und diese beiden finden sich nicht allein in den neuern Büchern, sondern das System der alten Religionsbücher setzt sie bestimmt voraus. 2) eines Berges; diese Bedeutung nehme ich an, weil der Berg *aredhômanusha* von *manus* gebildet ist und weil der Bundehesh (21, 1. 23, 1) einen Berg Manus erwähnt, der mit dem Zeredha identisch sein soll; ist der *aredhômanusha* der Manus des Bundehesh oder wenigstens diesem benachbart, so ist der Manus nach yt. 19, 1. dem Zeredha nahe und in der Gegend von Isfahan zu suchen.

manuscithra (vom vor. + c°) m. n. pr. eines Helden, dessen Abstammung der Bund. (78, 6) folgendermaassen angibt: „von Frétûn (Thraêtaona) wurden 3 Söhne gezeugt: Çarm, Tûc (Airic); Airic zeugte einen Sohn und ein Zwillingspaar; die beiden Söhne waren Vanitar und Anaçtokh mit Namen, die Tochter [die Zwillingsschwester des Anaçtokh] war Ganja. Çarm und Tûc tödteten den Airic und seine heiligen Kinder (Söhne) zusammen; die Tochter brachte Frétûn ins Verborgne; von ihr ein Zwillingspaar geboren ward. Sie [Çarm und Tûc] nahmen davon Kenntniss und tödteten die Mutter. Dieses Paar verbarg Frétûn bis auf 10 Glieder, da Manosh i Khvarshét mit Vinîk niederkam (vînîk bedeutet Nase); von Manoshkhvarshéd Vini's Schwester, Manoshkhvarnar, von Manoshkhvarnar Manocehr geboren ward, welcher Çarm und Tûc tödtete zur Rache für Airic." Das Alter Fréduns und seiner beiden Söhne ist hier übermenschlich hoch, wie sich dies öfter in Sagen findet; nachher zählt der Bundehesh die zwischen Airic und Manoscehr liegenden Glieder auf, im wesentlichen ebenso wie Tabari im Mujmil ut tewarikh (Journ. asiat. 1841. p. 169 ff.). Bei Firdosi ist Minocehr der Sohn der Tochter des Eraj. Uebrigens ist Manuscithra Vater des Fris, Nodar (*naotara*) und Durâçrô, von welchem Zarathustra abstammt. Bund. 30, 2. heisst es: Manushcihr einen Koreshk (Schaaf) zum Reiten hielt (*pann bârak*); gen. *manuscithrahê airyavahê* des M., des Nachkommen des Airyu (Eraj) yt. 13, 131.

Hzv. *manoshcehr*, np. *minôcihr* (als ob es von *mainyu*, Himmel, käme), in den Desatir (I, 164) *mîrôzâd*.

manô? *yô mãm mairyô nurem manô açpaêshu paiti peretata* welcher verderbliche (Franraçê) mich jetzt zu Ross bekämpft mit Pfeilen? vgl. 2. *mana?* yt. 5, 50. ohne *manô* wiederholt sich die Selle yt. 19, 77. *yat dim mairyô nurem açpaêshu paiti peretata.*

manôthri (von *manañh* + *thrâ?*) f. 1) Kopf (Anquetil: Hals) acc. *manôthrîm* vd. 13, 82. 102. *upatãm çrîrãm manôthrîm* yt. 5, 127. 2) caput, Hauptstück, plur. acc. *kê yâ* (neutr.) *manôthrîs vazdôñhvañtem arethahyâ* wer (schuf) den die Hauptstücke des Gesetzes bedenkenden y. 43, 5.

Vgl. *çtâimanôthri.*

maman° s. *man.*

maya (von 1. *mâ*) f. Weisheit, Kunst, instr. *mayâ* y. 33, 9. plur. acc. *mayâo frâvôit* er fördert die Künste yt. 19, 80. dat. (statt instr.) *mayâbyô* durch die Künste y. 10, 32.

Vgl. *mâya; çtryômaya, humaya.*

mayava (vom vor.) adj., gehaltvoll, räthlich.

Vgl. *amayava.*

1. **mar**, sterben, partic. perf. med. nom. *meretô* (von einem bösen Wesen) vd. 5, 115. 12, 65. plur. gen. *meretanãm* (von ausgetrockneten Leichen) vd. 8, 107.

— *ava*, sterben, von bösen Wesen, praes. 3. sg. *yat drvâo avamairyêiti* yt. 22, 19. conj. praes. 3. sg. med. *yat ava . . . mairyâitê* vd. 7, 97. impf. 2. sg. med. *avamairyañuha* yt. 22, 34. 24, 62. partic. perf. med. nom. *avameretô* yt. 22, 34.

— *upa*, sterben, von guten Wesen, partic. perf. med. nom. *upameretô* vd. 4, 135.

— *fra*, sterben, von guten Wesen, praes. 3. sg. med. *framairyêitê* vd. 3, 115.

Skr. *mar*, *mriyáte*, altp. *mar*, hzv. '*mûrtan*, 3. pl. *mîrand* (durch Umstellung aus *maryand*, Spiegel, Beitr. II, 474), parsi *mîret*, np. *murdan* (praes. *mîram*), afgh. *mral*, bal. *mirî* (stürben), *muḍtho* (mereta), kurd. *merum*, kurm. *demérim* (morior), zaza *meréna*, armen. *merhanim*, südoss. *malin*, dig. *malun* (sterben), *marun* (tödten), *mälün*, *märün*.

2. **mar**, 1) sich erinnern (3. Classe), partic. praes. plur. nom. *avê aipi hismareñtô* jener sich erinnernd, auf sie sinnend yt. 10, 45. partic. fut. pass. acc. neutr. *hismâirîm* y. 19, 27. 2) kennen, abrechnen, causale praes. 3. sg. *mârayêiti* er berechnet, kennt (jeden Fleck) yt. 14. 29. infin. *yêzî tâis hâtâ marânê ahurâ* wenn du, o Ahura, dann (bist) beim Abrechnen der offenbaren (Thaten, d. h. der Thaten, welche dann an's Licht gebracht werden) y. 32, 6. 3) recitieren, hersagen, praes. 3. pl. *mareñtî* (Westerg. °*tê*) y. 42, 14. conj. praes. 3. pl. *tem marâoñti* (so verm. Haug G. I, 223) Fr. 4, 1 (s. *ar*); pot. 3. sg. *mairyât* man sage her vd. 3, 111. imper. 2. sg. *tat mara?* yt. 12, 8. impf. conj. 2. sg. *marâo* yt. 4, 5. 3. sg. *yaçca marât* y. 19, 9. partic. praes. pl. nom. *mareñtô* y. 31, 1. med. sing. acc. *maremnem içemnô* einen Verkündiger (für das Gesetz) wünschend yt. 16, 17. plur. nom. *âthravanô maremna* recitierende Priester yt. 5, 86. *maremna* hersagend y. 54, 21.

— *aiwi*, beleidigen, schelten, partic. perf. pass. nom. *yat barâni aiwismaretô* wenn ich gescholten werde yt. 14, 34.

— *upa*, nennen, hersagen, praes. 1. sg. med. *upa thwâ azem mairê* dich nenne ich (s. Göttinger gel. Anzeigen 1863, p. 1890) yt. 1, 29. pot. 3. sg. med. *upa vâ mãthrem çpeñtem maraêta* er möge das heilige Wort recitieren vd. 4, 122.

— *paiti*, gedenken, nach etwas verlangen, praes. 3. plur. *paitismareñti* gedenken y. 23, 5. yt. 8, 5. 41. med. *paitismâreñtê* yt. 24, 52. partic. praes. acc. *paitismâreñtem* yt. 24, 52. med. nom. fem. *paitismaremna* yt. 5, 123. 10, 86. pl. nom. *paitismaremna* y. 54, 21.

— *fra*, aussprechen, praes. conj. 3. sg. *yô framarâiti* welcher preist A. 3, 5. partic. praes. nom. *frâ râ marô* oder hersagend y. 19, 9. med. plur. nom *framaremna* y. 54, 22. pass. *framaremna* (vgl. *hufr°*). perf. pass. *framareta* (vgl. *hufr°*).

Skr. *smar*, *smárati*, hzv. *ôshmartan* (mit *aiwi*), np. *shumurdan*, vergl. hzv. parsi np. *âmâr*, armen. *amar*, *hamar*.

1. **mara** (von 1. *mar*) m. Tod, acc. *yô vîkhrûmañtem maremanasâiti* (lies *marem nâshâiti*) welcher mit schwerem Tod erreichen (vernichten) wird? yt. 4, 9.

2. **mara** (von 2. *mar*) m. Wort.

Skr. *smará*.

marakaêca s. *mahrka*.

marâcara (von 2. *mara* + *car*) adj., auf das Wort gehend, vom Wagen, acc. die Rosse *marâcarem thañjayêiñti* schirren sich an den auf's Wort gehenden yt. 17, 12.

marânê s. 2. *mar*.

marekhtar (von *mareñc*) m. Verderber, pl. nom. *marekhtârô* y. 32, 13.

1. **marekhsh** (Fortbildung von *mareñc* durch *sh*) tödten, praes. 3. sg. med. *yé mâ nâ marekhshaitê* y. 50, 10. part. praes. *merekhshyañt* (s. besonders). med. nom. sg. *merekhshânô* zu tödten suchend yt. 19, 141.

2. **marekhsh** (Fortbildung von *marez* durch *sh*) sich erbarmen.

marekhstar (vom vor.) n. Erbarmer, plur. nom. *marekhstaraçca* yt. 19, 18.

maregh, herumstreifen, praes. 3. plur. *yim nôiṭ mereghenti aurô mainyus nôiṭ yâtavô* nach welchem (Tistrya) nicht ausziehen (können) Ahriman, die Zauberer yt. 8, 44. med. *khshayamna mereghentê* sie vermögen herumzustreifen vd. 18, 116. 121. *yâthwa gaêthâo ashahê mereghentê* (welche) mit Zauber die Welten der Reinheit durchstreifen (die Trad. übers. tödten) y. 8, 7. yt. 3, 17.

Skr. *marg*, *mṛ́gyati*.

maregha s. *meregha*.

mareja? Hzv.-Gl. zu vd. 18, 138: man bringe Zaothra zum Feuer mit dem Spruch *yaṭ añtare ceredhka mareja* (Westergaard *yaṭ añtare veredhka açma reja*, al. *yaṭ açma añtare aredhê areza*).

marezhdâ (von *marez* + 2 *dâ*) verzeihen, imper. 2. plur. *marezhdâtâ môi* y. 33, 11. cit. yt. 24, 31. wo *°dâta mê*.

marez 1) wischen, berührend vorbeifahren, praes. 3. sg. *marezaiti* er fegt, macht hell yt. 10, 95. impf. 3. sg. *marezaṭ* er berührt, fliegt vorbei yt. 14, 21. 2) an etwas machen, anbringen, imper. 2. sg. *mareza* vd. 2, 92. impf. 3. sg. *marezaṭ* vd. 2, 128. partic. perf. pass. *marsta* (s. besonders).

— *anu*, fegen, reinigend daherfahren, impf. 3. dual. *â-dim anumarezatem* yt. 8, 38.

— *â*, wegwischen, aufräumen, impf. 3. plur. *dva âmarezen* die beiden sollen aufräumen yt. 14, 45.

— *pairi*, streicheln, impf. 3. sg. *â-dim uçca pairimarezaṭ hâvôya bâzvô dashinaca* sie streichelte ihn mit dem linken Arm auf der rechten Seite yt. 17, 22.

— *fra*, verwischen, vertilgen, fortkehren, praes. 3. sg. *paiti framarezaiti* vd. 3, 149. (cit. von der Hzv.-Gl. zu vd. 7, 136). vd. 4, 14. 16. 18. 20. 22. pot. 3. sg. *framarezôiṭ* vd. 3, 149. impf. 3. pl. *dva framarezen* yt. 14, 45.

— *vi*, wegräumen, impf. 3. plur. *dva vîmarezen* yt. 14, 45.

Skr. *marj*, *mársht*i, hzv. *âmurjûtan*, np. *âmurzîdan*, vgl. hzv. *bnâ môçt* (Bund. 16, 11.), parsi *frâmôst*, np. *farâmush*; armen. *merzhem*.

mareza adj., gross, acc. *pârem marezem* eine grosse Sünde vd. 4, 153. Hzv. übers. unrichtig *frôttum marj* eine sehr tiefe (abwärtsgehende) Sünde, indem sie *marezem* mit 1. *merezu* verwechselt. fem. *drvâçpãm* . . . *marezãm* Spiegel: rein (von *marez*) yt. 9, 2.

mareñc (Fortbildung von 1. *mar* durch Antritt von *ac*) tödten, praes. 3. sg. *mereñcaiti* yt. 10, 2. med. *mereñcaitê* vd. 21, 2. 3. plur. act. *mereñcîñti* sie würden tödten yt. 6, 3. med. *mereñcañtê* vd. 18, 116. imper. 2. sg. med. *mereñcañuha* vd. 19, 3. fut. conj. 3. sg. *merãshyâṭ* er wird verwüsten y. 44, 1. partic. fut. pass. *mereñcanya* (s. besonders); infin. *mereñgedyâi* y. 45, 11. desider. praes. conj. 3. sg. med. *mimarekhshâitê* vd. 15, 47. imper. 2. sg. med. *aêtahmâṭ puthrâṭ mimarekhshañuha* suche das Kind zu tödten vd. 15, 46.

— *ni*, tödten, infin. fut. *nî hîm merãzhdyâi* y. 43, 14.

— *para*, tödten, praes. 3. sg. *paramereñcaiti* vd. 13, 7.

— *vi*, vernichten, praes. 3. sg. med. (collectiv) *aêibyô yôi* . . . *vîmareñcaitê* y. 31, 1. Haug fasst es als partic. praes., für die welche (gehören) dem Vernichtenden.

Hzv. *marôcinîtan*, parsi *marôcinîdan*, arm. *mrtsel*.

1. **mareta** (von 1. *mar*) adj., subst. m. ein Sterblicher, Mensch, plur. dat. *maretaêibyô* den Sterblichen (Trad. den wohlbedenkenden Herpats, Ner. *adhyayanakarebhyaḥ*) y. 29, 7. 44, 5 (hier hat die Trad. „Menschen"), loc. *maretaêshû* y. 45, 13. (Trad. Menschen).

Hzv. *mart*, np. bal. arm. *mard*, afgh. *mara*, vgl. skr. *martya*, altp. *martiya*.

2. **mareta** (partic. perf. pass. v. 2. *mar*) gelehrt. Vgl. *ratusmareta*.

maretan (von 1. *mar*) m. Mensch, plur. nom. *maretânô* y. 32, 12. *yâ bãnayen ahûm maretânô* mit welchem die Menschen die Welt verunreinigen wollen y. 30, 6. in Verbindung mit *gaya* n. pr. des ersten Menschen, der mit dem Urstier zusammen geschaffen, nach 30 Jahren von Ahriman getödtet ward; Saame von ihm fiel auf die Erde und nach 40 Jahren entstanden daraus zwei Reivasstauden, welche zu den Menschen Meshia und Meshianah wurden, von denen alles Menschengeschlecht abstammt; *gaya marętan* heisst auch *nara ashava* (im Bund. *gabnâ î âarûb*), vgl. Bund. 10, 14 ff. Mujmil ut tewarikh (Journ. asiat. 1841, p. 147). Spiegel Av. übers. III, LV. Ausführliche Erörterungen über den Urmenschen finden sich bei Windischmann, Mithra 73. Z. St. 212. abl. *haca gayâţ marathnaţ â çaoshyañtâţ verethraghnaţ* von Gayômart bis zum siegreichen Çaoshyãç (d. h. durch das ganze Menschengeschlecht) y. 26, 33. 58, 2. yt. 13, 145. gen. *gayêhê marathnô* y. 23, 4. yt. 13, 87. *gayêhê* (scil. *marathnô*) vsp. 24, 3. *gayêçyâcâ marathnô* y. 14, 18.

Hzv. *gayômart*, parsi *gayômard*, np. *kayûmars*.

mareti (von 2. *mar*) f. Lehre.

Skr. *smṛti*. — Vgl. *humareti*.

marethra (von 2. *mar*) n. das Behalten, Hersagen, acc. *marethremca* vsp. 12, 17. y. 25, 9. dat. *marethrâi* yt. 1, 31.

1. **mared**, beissen, nagen, partic. perf. pass. *marsta* (s. besonders).

Skr. *mard*, *mṛdnâti*.

2. **mared** (Fortbildung von 2. *mar* durch *d*) bedenken, praes. 3. sg. *maredaitê* (das Gesetz) bedenkt (die Thaten, damit über sie gerichtet werde) y. 50, 13.

maredha (vom vor.) f. Nachrede, hzv. *âmâr*, acc. *maredhãmca vîthushãmca* üble Nachrede vd. 1, 20.

mareni (von 2. *mar*) adj., subst. m. Berechner, nom. *khshvasduça hâta marenis* sechszehntens bin ich der Abwäger (Richter) der Thaten yt. 1, 8.

maremanasâiti s. 1. *mara*.

maresh (Fortbildung von 1. *mar* durch *sh*) sterben; partic. praes. *mereshyañţ* (s. besonders).

marzhdika (von *marezhdâ*) n. Barmherzigkeit, acc. *marzhdikem* vsp. 24, 8. yt. 2, 7. dat. *marzhdikâi* yt. 10, 5. 2, 2.

Vgl. *anamarezhdika*, *hvâm°*.

marzhdikavañţ (vom vor.) adj., mildthätig, gen. neutr. *hadishaçca marzhdikavatô* für die mildthätige Wohnung vsp. 10, 24. superl. voc. m. *marzhdikavaçtema* A. 1, 4.

marsha (von *maresh*) m. Tod.

marshaona (vom vor.) adj., tödtlich, nom. *kâ açti ithyêjâo marshaonô* durch wen wirkt der verderbliche tödtliche vd. 18, 21. neutr. *ithyêjô marshaonem* das tödtliche Verderben vd. 19, 4. *ithyêjô marshaonem zaurva duzhdã fedhrô kerenaoiti* die tödtliche Vergänglichkeit, das Alter, erzeugte die übelwissenden Väter (d. h. die Väter, Urheber des Bösen) vend. sade 490 (Westerg. vd. 19, 43); gen. *ithyêjañhô marshaonahê* yt. 6, 4. *ithyêjañhaçca marshaonahê* yt. 13, 130. Beide Worte scheinen eine ahrimanische Macht zu bezeichnen, welche bald als Abstractum, bald als wirklicher Daêva aufgefasst wird. Die Hzv.-Uebers. hat: das Verderben, welches heimlich kommt.

Vgl. den phryg. *Marsyas?*

marshôkara (von *marsha* + 1. *kara*) adj., Tod bewirkend, acc. *°karem* yt. 14, 28.

marshvi f. Bauch, gen. *haoyâo* (Westerg. *huyâo*) *marshuyâo* für deinen eignen Bauch, hzv. *zak nafshman mûrân râi*, Ner. *svîyâyâ dushţodarâyâ* y. 11, 6.

1. **marsta** (von *marez*) berührt, geschlagen.

Vgl. *zaçtâmarsta*.

2. **marsta** (von 1. *mared*) gebissen, benagt.

Vgl. *ahmarsta*.

mavaêtha (von *ma*) adj., meines Gleichen, acc. *hyaţ mîzhdem mavaêthem fradadâthâ* welchen Lohn du meinesgleichen gegeben hast y. 7, 61. 40, 3.

mavañţ (von *ma*) adj., meines Gleichen, für das ungeschlechtliche Pronomen gebraucht; dat. *mavaitê* für mich (Glosse der Hzv.-Uebers. für mich und meine Schüler) y. 45, 7. (cit. vd. 8, 52). *mazdâ fryâi thwâvãç çayyâţ mavaitê* o Mazda, deines Gleichen möge (d. h. du mögest) belehren mich, den Freund y. 43, 1.

maç (von *maz*) adj., weit, gross, acc. f. *zãm . . . maçîmca* yt. 13, 9. gen. *maçô râ âpô maçô râ thwaêshô* bei einem grossen Wasser, bei einem grossen Schrecken yt. 11, 4. plur. acc. n. *yatha azem maça khshathra vîcanâni* yt. 5, 130.

Hzv. *maç*, parsi np. *meh*.

maçañh (von *maz*) n. Grösse, acc. *maçô* yt. 5, 96. *maçaçca* yt. 24, 58. *avavaiti maçô* so an Grösse, so gross y. 64, 12. yt. 13, 6. *zafare tafçãn aya maçô hãmravêçyâoñhô çadayêiti* dadurch werden sie im Rachen heiss in der Grösse (so sehr dass) sie zerfliessen vd. 3, 110.

Vgl. *mazañh*, hzv. *maçâi*.

Vgl. *ĭstimaçañh*, *ãkhnôfrânôm°*, *katôm°*, *gairim°*, *gaoshôm°*, *zaçtôfrânôm°*, *zaçtôm°*, *dañhmm°*, *pereçum°*, *bipereçum°*, *mastim°*, *vîrôm°*, *çtaorôm°*, *çraonim°*, *havaţm°*, *hâthrôm°*.

maçaci s. *çaci*.

maçan (von *maz*) n. Grösse, instr. *maçana* vd. 5, 68. *maçanaca* yt. 19, 58. 21, 6. 22, 11. gen. *yêñhê maçânaçca varekeremahî* y. 57, 11. plur. nom. oder acc. *cithra vô buyâres maçãnâo* offenbar sind euch geworden Grössen N. 3, 11. = yt. 24, 7. (wo *buyâris*); *maçânâo* yt. 24, 8.

Vgl. skr. *mahân*, armen. *maçn?*

maçita (von *maz*) adj., gross, gewachsen, acc. f. *maçitãm* y. 64, 11. yt. 5, 3. 13, 6. instr. n.? *khratûm paçcaêta maçita mazdâoñtem* (gib) Verstand, welcher in grossem Maasse (?) gross ist, sich immer mehr vergrössert, y. 61, 11. plur. acc. *maçitô* (Thema *maçiţ?*) *gairîs* y. 14, 41. Neutr. *nmânâo maçitâo* yt. 10, 30.

maçtaréghan m., Gehirn, plur. acc. *maçtaréghanaçca* yt. 10, 72.

Vgl. skr. *masta*, *mástaka*.

maçti (von *maz*) f., Grösse, acc. *maçtîm* y. 9, 58. 73. 56, 8, 5. 61, 11. yt. 5, 86. 10, 33.

maçtri s. *çtri*.

maçya m., Fisch, nom. *karô maçyô* vend. sade 489 (Westerg. vd. 19, 42). yt. 14, 29. 16, 7.

Skr. *mátsya*, *maccha*, hzv. *mâhîk*, parsi np. buchar. bal. (brahvi) *mâhî*, afgh. *mahai*, kurd. *mahsi* (Klaproth), laghm. *makhh*.

maçyâo (comparat. von *maç*) grösser, nom. *maçyâo* vd. 5, 68. yt. 10, 107. fem. *maçyâo âfs . . . frâdavaiti* vd. 5, 71. neutr. *maçyô* vd. 7, 176. acc.

fem. *akhmâṭ maçyêhîm* grösser als das (Drittel) vd. 2, 37. neutr. *maçyô vâ akhmaṭcîṭ* vd. 4, 145. plur. fem. *maçyêhîs* yt. 13, 64.

Vgl. *çatémaçyâo*.

maçyôkhratu (von *maçyâo* + *khr°*) adj., mehr Verstand habend, plur. gen. *°khrathwãm* vd. 7, 148.

mash von *makhsh*) adv., sehr, y. 34, 9. *mas yazaitê* er opfert sehr, besonders y. 32, 2.

masha (von *makhsh*) adj., eilend, kommend (so Spiegel nach einer briefl. Mitth.), plur. nom. *kudâ . . . mâ mashâ* (wann (sind) zu mir eilend, hzv. *ô ra dâmtanunît*. Ner. *mahyaṃ prâpsyati*, y. 29, 11.

mashimârava s. *mâraran*.

mashya m. Mensch, nom. *mashyô* vd. 5, 63. 19, 76. yt. 2, 11. 10, 106. 15, 56. y. 9, 10. 64, 31. Mann: vd. 8, 106. *hun mashyô* vd. 19, 82. *mashyaçca* vd. 21, 2. acc. *mashîm* vd. 4, 140. y. 32, 5. yt. 1, 24. 10, 107. einen Mann vd. 8, 106. *ahûm mereñgedyâi mashîm* um dem Menschen (acc. der Beziehung) die Welt zu verderben y. 45, 11. dat. *mashyâi* vd. 5, 161. 10, 35. y. 47, 5. yt. 8, 49. 18, 4. *haca mashyâi drvatayâi çâçtayâi* von dem bösen tyrannischen Menschen (reinige er) yt. 4, 4. abl. *mashyâaṭca* yt. 13, 89. 142. *mashyâaṭcâ* y. 57, 4. gen. *mashyêhê* vd. 5, 3. 6, 16. 7, 122. 19, 90. y. 9, 97. yt. 8. 36. *mashyêhêca* y. 67, 26. plur. nom. *mashya* yt. 17, 59. *mashyâ* y. 32, 4. *mashyâca* vd. 2, 22. yt. 8, 5. *mashyâoṅhô* yt. 10, 80 acc. *mashyêñg* y. 32, 8. *mashyãçcâ* y. 44, 11. *mashyãçca* yt. 1, 6. instr. *mashyâiscâ* y. 29, 4. 47, 1. *mashyâisca paiti nidhâtem* an die Menschen gemacht vd. 2, 86. *para mashyâisca* vor den Menschen y. 19, 3. *daêvâiscâ khrafçtrâ mashyâiscâ* euch ihr verderbten mit (unter) Devs und Menschen y. 34, 5. gen. *mashyânãm* vd. 2, 21. 8, 106. 20, 1. y. 9, 60. yt. 10, 23. 19, 36. *mashyânãmca* y. 51, 6. yt. 10, 34. *qarenaṅhaçtemô zâtanãm hvaredarecô mashyânãm* yt. 15, 16. y. 9, 14. *kainînô yâo anupaêta mashyânãm* Mädchen, die noch keinen Mann erkannt haben yt. 15, 39. *kainîna anupaêta mashyânãm* yt. 17, 55. loc. *mashyaêshû* y. 42, 11. voc. *mashyâoṅhô* y. 30, 11. yt. 22, 42.

Hzv. *meshia*; Koss., Fr. Müller u. aa. vgl. skr. *mártya*, Lassen (indische Alterthumskunde 1, 520) verm. Ausfall eines Nasals (also Verwandtschaft mit skr. *manuja* und *manushya*), Pott (Antikaulen XVIII ist für Zusammenstellung mit *manushya*, Windischmann stellt es mit *mesha* zusammen.

Vgl. *amashya*.

mashyâka (v. vor.) m. Mensch, nom. *mashyâkô* yt. 17, 18. ohne Flexion *mashyâka* (s. *aoshaṅh*) vd. 17, 2. voc. *mashyâka* vd. 18, 40. pl. nom. *mashyâka* vd. 2, 96. 7, 141. 13, 3. 15, 5. yt. 8, 11. 10, 54. *paravô mashyâka* viele Menschen vd. 18, 1. dat. *mashyâkaêibyô* vd. 2, 43. yt. 10, 29. abl. *mashyâkaêibyô* yt. 19, 80. gen. *mashyâkanãm* y. 61, 2. yt. 10, 40. voc. *mashyâka* vd. 18, 37.

mashyôjata (von *mashya* + *j°*) adj., von Menschen geschlagen, plur. nom. *°jata* vd. 7, 5.

mashyôvaṅha (von *mashya* + 1. *vaṅh*) adj., bei den Menschen wohnend? d. h. Hausthier? gen. *ustrahê °vaṅhahê* yt. 14, 11.

mashyôçâçtar (von *mashya* + *ç°*) m. ein Bedrücker von Mensch, ein Tyrann, nom. *°çâçta* yt. 3, 7. statt des acc. *°çâçta* yt. 3, 10. superlat. acc. (ohne Flexion) *mashyôçâçta mashyôçâçtôtema* yt. 3, 14.

mas s. *mâravan* und *mash*.

mahi s. *ah*.

mahmâi, mahmî, mahyâ s. *ma*.

mahrka (von *mareñc*) m. 1) Tod, nom. *mahrkô* vd. 2, 16. 6, 86. ohne Flexion *mahrka* yt. 3, 7. acc. *mahrkem* vd. 9, 187. yt. 10, 110. *mahrkemca* yt. 14, 47. *mahrkem mahrkâi dârayaṭ* (welcher) den Tod zum Tode zurückhielt vd. 20, 8. ohne Flexion *mahrka* yt. 3, 10. statt des voc. (attrahiert) *mahrkem thwãm paitiçaṅhâmi* vd. 20, 19. dat. *mahrkâi* y. 9, 27. 61, 45. yt. 19, 50. abl. *mahrkâṭ* y. 56, 10, 6. yt. 10, 93. gen. *mahrkahê* vd. 20, 13. loc. *dusitâcâ mahrkaêcâ* (Westerg. *marakaêcâ*) y. 31, 18. plur. acc. *hâ aêtê mahrka* sie (die Drukhs, vermehrt) den Tod vd. 9, 176. 2) Todsünde, instr. *kem aojista mahrka* womit, als der grössten Todsünde vd. 17, 2.

Hzv. parsi, np. afgh. *marg*, kurd. *merg*, armen. *mah* (Fr. Müller, Beitr. zur armen. Lautl. I, 22), oss. *marg* (Gift).

Vgl. *amahrka*, *jainim°*, *pourum°*, *riçpôm°*.

mahrkatha (von *mareñc*) n. Tod, acc. *taurrayêiti mahrkathem daêum apaoshem* er überwindet zum Tode den Dev Ap. yt. 18, 2. dat. *mahrkathâi* yt. 8, 44. 19, 12.

mahrkus? *yaṭ mahrkûsô avamîryâitê* Fr. 8, 2.

mahrkôtema (Superlativbildung von *mahrka*) sehr tödtlich, acc. (ohne Flexion) *mahrkanãm mahrkôtema* yt. 3, 14.

1. **mâ**, messen, schaffen, partic. perf. pass. plur. nom. *mâta* geschaffen vsp. 12, 23. *mita* (s. besonders).

— *â*, sich versuchen, durch Versuch erlernen, praes. conj. 3. plur. med. *âmayâoñtê* vd. 7, 95. impf. 3. pl. med. *âmayañta* sie sollen sich versuchen vd. 7, 96. partic. perf. med. nom. *âmâtô* fähig vd. 7, 103. kundig yt. 10, 122. (vgl. *anâmâta*).

— *upa*, bleiben, warten, partic. fut. pass. *upamitya* (s. besonders).

— *fra*, zähmen, partic. perf. pass. acc. *yaṭ barâni aurem mainyûm framitem açpahê kehrpa* dass ich reite auf Ahriman in Gestalt eines Rosses, den gezähmten yt. 15, 12. 19, 29.

Skr. *mâ*, *mâti*, altp. vgl. *âmâta*, (Behiçtûn 1, 7. *âmâ* ist ergänzt), *framâna*, hzv. *âzmûtan*, *framûtan*, *pâtmûtan* (mit *paiti*), parsi *framûdhan*, *namûdan* (*ann*), np. *farmûdan*, *paimûdan*, *âmûdan*, *numûdan*, kurd. *pîvum*, kurm. *depîvim* (ich messe), vgl. lydisch *παραμήτης*. *μοῖρα*, armen. *hraman*, *hramayel*, südoss. *çamain* (bauen), dig. *nimáyun*, tag. *nùmáin* (rechnen).

2. **mâ**, blöcken, brüllen.

Skr. *mâ*, *mimâte*.

3. **mâ**, partic. prohibit. *μή*, a) c. pot. *mâ fratuyâo* y. 9, 90. *mâ aparaodhayaêta* vd. 13, 163. *mâ raocôiṭ* vd. 4, 129. *mâ-cis bâidhyaêta* y. 9, 70. *mâ*

yavê frazahit y. 59, 13. b) c. imper., *mâ mê dâma mercñcaùuha* vd. 19, 21. *mâ-cim* . . . *pârayañtu* yt. 13, 157. c) c. imperf., *mâ kârayen* vd. 6, 3. *mâ rimâdhayañta* vd. 7, 99. *apô mâ îstim apayañtâ* y. 32, 9. d) c. impf. conj., *mâ bañdayât* y. 11, 21. *mâ-cis fraùuharât* yt. 10, 122. *mâ pârayât* vd. 15, 33. *mâ* (scil. *aùhat?*) vd. 2, 80. yt. 5, 92 (wo *maê*).

Skr. *mâ*, altp. *mâ*, np. afgh. *mah*, parsi, bal. oss. etc. *ma*.

4. **mâ** (von 1. *mâ*) f. Maass, hzv. *patmânak*, acc. *yatha mãm* nach (vorgeschriebnem) Maasse yt. 5, 127. *avi mãm* (Westerg. *avimãm*) *harekê-harecayât* vd. 5, 170. 171.

mâoñh (von 1. *mâ*) m. 1) Mond, nom. *mâo* vd. 9, 161. y. 43, 3. yt. 7, 2. 13, 16. *mâoçca* vd. 2, 132. yt. 12, 25. acc. *mâoñhem* (kann auch von *mâoñha* abgeleitet werden) y. 2, 45. 17, 23. 17, 44. vd. 11, 8. yt. 7, 3. 10, 145. 12, 33. *mâoñhemca* yt. 6, 5. *mâoñhemca hvarecca* yt. 24, 43. statt des nom. (hinter d. Verb.) *mâoñhemca* vd. 7, 134. 11, 6. *raocinavañtem bavâhi yatha mâoñhem* yt. 23, 6. = 24, 4 (wo *çaokavañtem*), gen. *mâoñhô* y. 1, 45. 3, 59. yt. 13, 57. *çaredhahê mâoñhô* Fr. 8, 1. 2) Monat, plur. nom. *daça awathra mâoñhô zayana, dva hãmina; hapta heñti hãminô mâoñha pãnca zayana askare* 10 Monate sind dort winterliche, zwei sommerliche; (das folgende ist Glosse:) sieben sommerliche Monate, fünf winterliche (scil. sind jetzt, bei uns) vd. 1, 9. 10. *mâoñha* steht für *mâoñhô* oder ist plur. nom. von *mâoñha*; acc. *thris mâoñhô* drei Monate vd. 7, 35. *khshvas mâoñhô* vd. 7, 36.

Skr. *mâs*, vgl. altp. *mâha*, vgl. *Μαδάτας*, hzv. parsi np. buchar. bal. *mâh*, gil. *manughe*, afgh. *miyâsht* (vgl. russ. *mêsiatz*), kurd. *mâng*, bulb. *mahang*, armen. *amis*, südoss. *mêi*, dig. *mayye*, tag. *mây*.

Vgl. *aêvômâhya*, *añtaremâoñha*, *astamâhya*, *khshvasm°*, *cathrum°*, *thrim°*, *daçum°*, *navam°*, *pañcam°*, *percnômâoñha*, *bimâhya*, *maidhyômâoñha*, *haptamâhya*.

mâoñha (Nebenform des vor.) m. Mond, nom. *mâoñhô* yt. 10, 142. acc. *mâoñhem* (s. *mâoñh*), dat. *mâoñhâi* yt. 7, 1. gen. *mâoñhahê* yt. 7, 0. 4. S. 1, 12. *mâoñhahêca* y. 1, 35. 3, 49. voc. *mâoñha* vd. 21, 31.

Skr. *mâsá*.

mâzainya (von *mâzana*) adj., mâzenderanisch, Beiwort einer Gattung von Daêvas, welche sich in Mazenderân aufhalten, hzv. übers. *mâzanîân shêdâân*, im Parsi *dêw i mâzañdar*, Ner. *mâjandaradeçîyâḥ* oder *mâjandarâ devâḥ*; plur. acc. *paiti daêva mâzainyãn* vd. 17, 28. *viçpê daêva mâzainya* yt. 9, 4. dat. *mâzainyaêibyô hadha daêvaêibyô* y. 56, 7, 8. gen. *mâzainyanãm* vd. 9, 38. 10, 28. 17, 29. y. 27, 2. 56, 12, 5. yt. 5, 22. 13, 137. 15, 8.

mâzana (von 1. *maz?*) n. pr. des Landes Mazenderân; Windischmann (Z. St. 229) stellt das Wort zu altp. *Mâda*, Medien (vgl. 2. *urva*).

mâzdayaçni (von *mazdayaçna*) adj., mazdayaçnisch, den Mazdaverehrern gehörig, nom. fem. *daêna mâzdayaçnis* vd. 3, 142. 10, 36. yt. 10, 68. 113. acc. f. *daênãm mâzdayaçnîm* vd. 19, 5. 23. 42. vsp. 8, 11. y. 2, 53. 13, 27. dat. f. *viçpaya viçê mâzdayaçnê* y. 67, 43. abl. f. *viçat yat °yaçnôit* vd. 19, 40. gen. *daênayâo °yaçnôis* vsp. 7, 4. vd. 3, 97. 9, 6. loc. neutr. *ahmi nmânê yat °yaçnô* (Spiegel °*yaçnôis*) vd. 5, 135. 13, 80. 8, 11. 16, 1. voc. f. *daênê °yaçnê* y. 8, 5. *bakhtem daênê mâzdayaçnê* Schicksal (d. h. Untergang dir) o mazdayaçnisches Gesetz yt. 8, 23. *usta daênê °yaçnê* yt. 8, 29. statt des acc. *daêna °yaçnê* yt. 18, 8. plur. acc. f. *mâzdayaçnis avi viçô* vd. 18, 31. y. 13, 12. gen. °*yaçninãm viçãm* y. 13, 8.

Hzv. *mâzdyaçnân*.

mâzdrâjahya (von *mâoñh* + *drâjañh*) adj., einen Monat dauernd, acc. *mâzdrâjahîm* (eine Zeit) von einem Monat vd. 5, 41. 129.

mâta s. 1. *mâ*.

mâtar (von 1. *mâ*) f. Mutter, nom. *mâta* vd. 12, 1. 10. yt. 17, 16. acc. *mâtarem* vd. 12, 2. plur. acc. *apaçcâ* . . . *mâtarãçca* (hzv. schreibt *matarês*) die Wasser, die Mütter, nach den Glossen der menschliche Saame, y. 38, 13. *mâtarô jîtayô* die Wasser, das Leben, nach den Glossen die Milch y. 38, 15 (cit. vend. sade 545).

Skr. *mâtár*, hzv. *mâtar*, np. *mâdar*, buchar. *mâder*, maz. kurd. *mâr*, tâlish *mâ*, afgh. *mûr*, phryg. *materes*, armen. *mayr*, dig. *made*, tag. *mâd*.

mâtra (von 1. *mâ*) f. Heilerin, Aerztin, acc. *mâtrãm* yt. 24, 50.

mâdha (von 3. *mâ* + 2. *da?*) partic. prohibit., *μή*, *mâdha-cim anyãm dakhstanãm* (scil. *aùhat?*) vd. 2, 86. *mâdha yat* . . . *nivânât* damit nicht niederschlage yt. 10, 75. *mâdha* . . . *frâdhâiti* y. 64, 26. *mâ* . . . *mâdha* ne . . . neve vd. 2, 85. 86.

mânâ liest Westerg. y. 32, 10. für *mâ nâ* (s. *ma*).

mâmereñcainis s. *mereñcanya*.

mâya (von 1. *mâ*) f. Wissenschaft, plur. acc. *mâyâo* (Westerg. *mâyâ* neutr.) y. 42, 2.

Skr. *mâyâ*. — Vgl. *humâya*.

mâyava (vom vor.) m. n. pr. des Vaters des Aêta, gen. *aêtahê mâyavahê* yt. 13, 123.

mâyavañt adj.,? plur. abl. f. die Seele des Todten wird gefragt: wie kamst du *skitibyaçca haca gaomaitibyaçca vayaêibyaçca haca mâyavaitibyaçca* von den mit Heerden versehnen Wohnungen, von den klugen (?) Vögeln (weil die Seele durch den Luftraum in die andre Welt kommt) yt. 22, 16. 34. Anquetil übersetzt Fische, was wohl auf Verwechslung mit np. *mâhî* beruht. Bei meiner Vermuthung bleibt es räthselhaft, weshalb das fem. bei *vaya* steht.

mâyu? gen. *nairyôçañhaçca yô mayaos raçmôjatem vâdhem jaiñti* yt. 10, 52. Windischmann: Rufer? Spiegel: weise?

1. **mâra** (von 1. *mar*) m. Schlange.

Hzv. parsi, np. buchar. afgh. kurd. *mâr*.

2. **mâra** (von 1. *mar*) m. Tod.

mâravan (vom vor.) adj., verderbend, *âat ahê paityârem mas mâ raca* (Spiegel **mashimârava**) *shathãm haitim* darauf (machte) dagegen eine Opposition (eine Gegenschöpfung der Menschenverderber (von *mashya* + *m*⁰?, nemlich offenbares Tödten vd. 1, 4.

mâvôya s. *azem.*

mâhya von *mâonh* m. Monatsgenien, Genien der Monatsfeste, plur. acc. *mâhya* vend. sade 68. y. 2. 31. dat. *mâhyaêibyô* y. 1, 24. 3, 38. gen. *mâhyanãm* y. 1, 46. A. 1, 1.

Skr. *mâsya*, hzv. *mâhik*, np. *mâhî.*

mi. führen, impf. 2. sg. *yêñgç-tû* . . . *minas* welche du herbeiführst y. 45, 14.

Skr. *mî*, *minâti.*

mizhda m. Nagel, Pflock, hzv. *miç* oder *maç.*

Vgl. np. *mikh* (udisch *mikh* Schiefner 101), südoss. *mikh*, dig. *mickh*, tag. *miykh*; lettisch *medis?*

Vgl. *baêçaremizhda.*

miz, harnen, beträufeln, praes. 3. pl. *maêzañti* vd. 3, 20. causale impf. 3. plur. med. *maêçma maêzayañta* sie sollen harnen vd. 8, 37. partic. praes. nom. *nôiṭ him mizên vâçtrem frâdañhê* nicht (sei) ihnen beträufelnd Wasser, Regen spendend, o Asha) zur Förderung der Weide y. 43, 20. Die Trad. übers. „Lohn."

— *fra*, sich bepissen, praes. 3. sg. *framaêzaiti* vd. 18, 91.

Skr. *mih*, *méhati*, hzv. *mijitan*, np. *mîzîdan*, afgh. *mital*, armen. *mizem*, südoss. *mizin*, dig. *mézun*, tag. *miyzün.*

mita (partic. perf. pass. von 1. *mâ*) gemessen, gestaltet; *mita* scheint in der Composition aus *mâta* geschwächt zu sein, vgl. *framita* (bei 1. *mâ* + *fra*).

Vgl. *berezimita*, *vimiti.*

miti (von 1. *mâ*) f. Maass.

Vgl. *zaçtômiti.*

1. **miṭ**, verbinden, nahen, weilen, praes. 3. sg. *mithnâiti* er naht yt. 10, 39. imper. 3. sg. *mitayatu* er möge weilen y. 10, 2. *mithnatu* y. 10, 3. impf. 3. sg. *mithnâṭ* möge bleiben y. 17, 55. *idha mithnâṭ daêva aipijaitê aminê añhâi gañdayâi* hier beibt man in dem Hause für die Aehren, von welchem fortgeschlagen sind die Devs vd. 3. 109.

— *aiwi*, wohnen, impf. 3. sg. med. *aṭ is vohû hêm aibimôiçt manañhâ* dann wohnt mit ihnen zusammen durch Vohumanô y. 45, 12.

paiti, in sich gehn, bereuen, praes. 3. sg. *hêm paiti mithnâiti* er bereut vd. 3, 67. 9, 182.

Vgl. skr. *meth*, *méthati*, *méthi* (Pfosten).

2. **miṭ** (vgl. *maṭ*) adv., immerwährend, hzv. *hamêshak* (bei Spiegel II, 220, Z. 2. v. u. verdruckt), Westerg. liest *maṭ*; *aci miṭ zairigaonem gairyêiti ajyamnem* vd. 2, 67. 103. *miṭ çaocê buyê* y. 61, 7.

mith, betrügen, impf. 3. sg. *môithaṭ* er bringt ihn um die Herrschaft y. 45, 4. partic. praes. pass. gen. neutr. *aêshãmciṭ ithra vâ açni ithra vâ khshafnê maêthemnahê qâi pairi yêurvayêitê* er macht von diesen (geborgten Dingen bei Tag und Nacht zu seinem Eigenthum von dem betrognen (von dem, was er dem betrognen Manne abgeborgt hat vd. 4, 3.

— *hêm* um etwas bringen, pot. 3. sg. (2. Classe) *yê is hêmithyâṭ* welcher sie brächte (um Leben und freies Wandeln) y. 52, 9.

Skr. *mith*, *méthati.*

mitha (vom vor.) adj., falsch, gen. *yêhyâcâ hêmyâçaitê mithahyâ* dem was falsch ist mischt sich bei (das Wahre) y. 33, 1.

Hzv. *mît.*

mithaokhta (vom vor. + *ukhta*) 1) adj. falsch gesprochen, nom. *draoghô mithaokhtô* vd. 19, 146. *mithaokhtô vâkhs* (statt des acc.) yt. 19, 96. acc. *mithaokhtem vâcim* y. 59, 8. 2) n. falsches Wort, plur. gen. *mithaokhtanãmca* vsp. 23, 9.

Hzv. *mîtôkkht* (*k* ist Stütze des *ô*), im Bund. (1, 12. 67, 4) der von Ahriman zuerst geschaffne Erzdaêva der Lüge; parsi *mîdûkht.*

mithañh (von *mith*) n. Falschheit, Lüge.

mithahvacañh (vom vor. + *v*⁰) adj., Lügner, nom. *mithahvacâo* y. 31, 12.

mithômata (von *mitha* + *m*⁰) n. falscher Gedanke, plur. gen. ⁰*matanãmca* vsp. 23, 9.

mithôvarsta (von *mitha* + *v*⁰) n. falsches Handeln, plur. gen. ⁰*varstanãm* vsp. 23, 9.

mithra (von 1. *miṭ*) m. 1) n. pr. der Gottheit des Lichts, des Mittler's (*μεσίτης* bei Plutarch de Iside et Osir. 46) zwischen dem Urlicht und der Urfinsterniss, zwischen den Menschen und Ormazd; da die Luft das Medium ist, in welchem das Licht sich fortpflanzt, so erscheint Mithra meist mit der Gottheit der Luft verbunden; in ethischer Hinsicht schützt er die Treue und straft die Wortbrüchigkeit, daher der Schwur *μὰ τὸν Μίθρην* (Xenophon Cyrop. VII, 2, 53) und Mithras Richteramt an der Scheidungsbrücke. Wir besitzen über den Mithra des Avesta und über die Nachrichten von ihm bei den Alten die vortreffliche Abhandlung Windischmanns: Mithra, ein Beitrag zur Mythengeschichte des Orients. 1. Band der Abhandl. für die Kunde des Morgenlandes Leipzig 1859. Eine längere Arbeit, namentlich über den spätern, auch nach dem Abendland verbreiteten Mithradienst, veröffentlichte Layard in den Mémoires de l'institut des insriptt. et belles lettres T. XIV. vgl. ausserdem Roth DMG. VI, 72. Spiegel Av. übers. III, XXIV. nom. *mithrô* Glosse bei Ner. und in der Hzv.-Uebers. (welche *mitrôk* umschreibt) zu y. 9, 3. yt. 10, 2. 13, 95. 116. 8, 7. 24, 52. *mithrô yô vourugaoyaoitis* yt. 19, 35. *mithraçciṭ* yt. 10, 106. *mithraçca vourugaoyaoitis* yt. 17, 16. statt des voc. *tumciṭ mithrô* du o Mithra yt. 10, 105. acc. *mithrem* vd. 3, 5. 19, 52. vsp. 2, 26. y. 2, 15. 17, 27. yt. 6, 5. 10, 1. 45. 14, 47. 19, 35. N. 1, 6. 2, 6. G. 1, 7. *mithremciṭ* yt. 10, 107. statt des nom. *mithrem* vd. 19, 92. *tizhinarañtem bavâhi yatha mithrem* yt. 23, 6. instr. *mithra* yt. 13, 3. 47. 48. dat. *mithrâi* y. 67, 60. yt. 10, 42. *mithrâica* vsp. 12, 18. abl. *para mithrâṭ* ohne den M. yt. 10, 42. gen. *mithrahê* vsp. 1. 24. y. 1, 9. 35. 69. 10. yt. 10, 0. 45. 11, 16. 21. 13, 86. G. 1, 1. *mithrahêca* vd. 4, 155. voc. *mithra* y. 64, 49. yt. 10, 23. 29. 42. *âi mithra* yt. 10, 42. *akhshnâtahê mithra manô râmayêiti hukhshnûitîm paiti mithrahê* (dein) des unbefriedigten Gemüth, o Mithra, beschwichtigt sie (die Strafe) zur Zufriedenheit für (dich) den Mithra yt. 10, 109. dual. (dvandva) nom. *mithra ahura* yt. 10, 113. acc. *ahura mithra* y. 2, 44. dat. *ahuraêibya mithraêibya* y. 1, 34. 2) der nach Mithra benannte Monat, unser September, gen. (local) *mithrahê* A. 1 b, 10. 3) Vertrag, nom. *mithrô* vd. 4, 24. acc. *mithrem* vd. 4, 13. 36. plur. nom. *mithra* vd. 4, 4. abl. *mithrôibyô* aus den Verträgen (kundig) y. 45, 5.

Skr. *mitrá*, altp. *mithra*, bei den Alten *Μίθρας* (Herodots *Μίτρη* scheint die Anâhita zu sein, Windischmann Mithra 55), hzv. *mitu*, parsi np. *mihir*, (Ner. *mihira*) vgl. kappad. *μιθρί* (Juli), armen. *mihr* (vgl. die altarmen. Namen *Mithridates* u. aa.).

Vgl. *avimithri*.

mithrôaojaṅh (vom vor. + *aojaṅh*) adj., mithramächtig, mächtig wie es Mithra zukommt, plur. acc. *bâzava °aojaṅhô* yt. 10, 104.

mithrôzyâo (von *mithra* + *zyâ*) adj., dem M. schadend, acc. m. *°zyãm* yt. 10, 82. plur. gen. *°zyãmca* y. 60, 12.

mithrôdruj (von *mithra* + 1. *druj*) adj., den M. belügend, nom. *mithrôdrukhs* yt. 10, 2. 19. acc. *°drujem* yt. 10, 45. 82. plur. nom. *°drujô* yt. 10, 38. 45. gen. *°drujãm* y. 60, 12. yt. 10, 20. 23. 14, 63.

Hzv. *mitnôdarûj*, parsi *mihirãndrûzh*.

mithrôvaoja (von *mithra* + *vaoja*) adj., falschredend, plur. nom. *naêdhacit mithrôvaojâoṅhô* yt. 19, 95.

mithwa (von *mith*) m. Lüge.

Vgl. *amithwa*.

mithwañt (von 1. *mit*) n. Verbindung.

Vgl. *thrimithwañt*.

mithwan (von 1. *mit*) n. Verbindung, Paar, instr. *mithwana* paarweise vd. 2, 134. 13, 168. 18, 64.

Vgl. skr. *mithuná*.

mithwara (von 1. *mit*) n. Paar, dual. acc. *tê kerenava mithwairê ajyamnem* diese Paare mache zu etwas unversiegbarem, d. h. mache diese Dinge paarweise und unversiegbar vd. 2, 78. *tê kerenaot mithwairê ajyamnem* vd. 2, 114.

minas s. *mi*.

minu m. Geschmeid, Halsband, acc. *minum* yt. 5, 127. instr. *minuca* yt. 17, 10.

Vgl. skr. *maṇí*, np. *mangôsh* (Ohrschmuck), vgl. phryg. *μάνιxα*, armen. *maneak*.

Vgl. *zaranyômina*.

mimaghzha s. *maghzh*.

miv, fett werden.

— *ava*, abmagern, mager machen, praes. 1. plur. *vaêm avamivâmahi* vd. 18, 115. 120.

Skr. *miv*, *mívati*.

miçvâna (v. 2. *mit* + 2. *çu*) adj., immer nützend, in Verbindung mit *gâtu* der immernützende Ort, d. h. der Ort, wo die überzähligen Werke der Frommen aufbewahrt werden, um nöthigenfalls beim Gericht einer gläubigen Seele etwas zuzulegen, was noch gebricht, um die Zahl böser Werke aufzuwägen; dieser Schatz wird in einem Raume aufbewahrt, den der Minokhired und das Ardâivirâfnâmeh *hamêçtegãn* nennen und dieser Raum wird als *qadhâta* angerufen; in den neuern Parsenbüchern wird *miçvâna* durch *haméshah çûd* wiedergegeben; s. Spiegel Av. übers. II, CXXIV. III, XXXIX. Vullers Fr. 62. acc. *miçvânem gâtûm qadhâtem* S. 2, 30. gen. *miçvânahê gâtvahê qadhâtahê* vd. 19, 122. (hzv. *haméshak çût*) yt. 1, 1. S. 1, 30.

mishac (von 2. *mit* + *hac*) adj., immerwährender Begleiter, acc. fem. *mishâcim* y. 51, 4.

misti s. *mîsti*.

mîzha? adj., *parôdaçmahê dâstâghnôis mîzha mîzhayâo daṅhêus* des P., des Sohnes des Dâstâghna . . . (Spiegel verm.:) des Zerstörers der öden Gegend yt. 13, 125.

mîzhda n. Lohn, nom. *craṭ mîzhdem* welcher Lohn vd. 8, 252. *mîzhdem* y. 34, 13. *yô çtô mîzhdem* (kann auch acc. sein) yt. 1, 25. acc. *mîzhdem* y. 53, 1. *taṭ mîzhdem* y. 58, 10. 43, 18. *avaṭ mîzhdem* vd. 9, 166. vsp. 23, 3. *hyaṭ mîzhdem* y. 7, 61. 40, 3. gen. *mîzhdahê?* yt. 24, 30. loc. *mîzhdê* y. 61, 17. 48, 9.

Das Wort ist aus einer mit *mis* (skr. *mas*, *másyati* oder *mish*, *méshati*) und 2. *dâ* componierten Wurzel gebildet, vgl. Windischmann J. L. Z. 1834. p. 144. hzv. *mizd*, np. *mizd*, *mizhd*, kurd. vgl. *mesgin*, südoss. dig. *mizd*, tag. *müzd*.

Vgl. *ashômîzhda*, *asm°*, *hum°*.

mîzhdavan (vom vor.) adj., mit Lohn versehn, plur. acc. n. *hyaṭ dâo skyaothanâ mîzhdavãn* als du die Thaten mit Lohn versehen machtest, belohntest y. 42, 5.

mîr (eine Nebenform von 1. *mar*, wie im np. *mîr* imper. von *murdan?*) vergehn.

— *ava*, abnehmen, vergehn, erlöschen, praes. conj. 3. sg. *çaredhahê mâoṅhô avamîryâitê* Fr. 8, 1. *yaṭ mahrkûsô avamîryâitê* Fr. 8, 2. *avamîryaêsaêiti* Fr. 8, 1.

mîsti, misti (von *miz*) f. Herabgiessung, instr. *mîsti* yt. 5, 120. *misti* yt. 7, 4.

mu, beschädigen, partic. praes. pass. *muyamna* (vgl. *amuyamna*).

mugh, verwirren, schaden.

Skr. *muh*, *múhyati*.

muc, entlassen.

— *paiti*, anbinden, partic. perf. pass. nom. f. *paitismukhta* bekleidet (mit Schuhen) yt. 5, 64. plur. nom. m. *tê paraçafâoṅhô zaranaêna paitismukhta* die Vorderhufe sind mit Gold beschlagen yt. 10, 125.

— *fra*, ablegen.

Skr. *muc*, *muñcáti*, vgl. hzv. np. *âmôkhtan*.

mud, sich freuen, lüstern sein.

Skr. *mud*, *môdate*.

musti f. Faust.

Skr. *mushṭí*, hzv. *musht* (Bund. 48, 8 *muçt*), np. *musht* (udisch *mushti*), afgh. *mûk*.

mustimaçaṅh (vom vor. + *m°*) adj., faustgross, acc. *°maçaṅhem khrûm* yt. 14, 33. 16, 13.

mûiti (von *mu?*) n. pr. eines (weiblichen?) Daêva; *perenê mûiti* ich bekämpfe den M. vd. 11, 29.

mûthra n. Unreinigkeit, Schmutz, hzv. *mûtrashn*, acc. *mûthrem ahyâ madahyâ* (wann werden sie austreiben) den Schmutz dieser Weisheit, d. h. das was die Bösen Unwahres in diese Lehre bringen, y. 47, 10. plur. gen. *mûthrãm* vd. 6, 64. *mûthrãmca* vd. 6, 12. 13.

Skr. *mûtra*, (Urin), hzv. *mût?* vgl. afgh. *mutyâzî* (Urin), armen. *mouth* (Dunkelheit)?

mûrâo (von 1. *mar?*) adj., verderblich, nom. *mûrâoçca* yt. 5, 93. vgl. *mrûra?*

mûraka m. Spiegel: Eidechse; das Wort welches die Hzv.-Uebers. hat, wird von Ner. meist mit *manda* übersetzt, also wohl Schnecke? plur. nom. *mûrakâca* y. 11, 19.

mûs (von *mu?*) f. n. pr. einer Pairika, mit welcher vielleicht der Bund. 13, 2. 3. genannte Mushpar verwandt ist, Spiegel, Av. übers. III, LI. Windischmann Z. St. 258. gen. *avañhâo mûs avañhâo pairikayâo* (Hss. °*yâi*) *paitistâtayaêca* zur Abwendung dieser Peri Mûs y. 17, 46. 67, 23. Spiegel übers. *mûs* mit widerstrebend.

Hzv. *mûsh* (Ner. *muç*).

meñ s. *azem*.

meñdaidyâi (von *men*, einer räthselhaften Nebenform des Zahlworts *pañcan*, und *daidyâi*, infin. von 2. *dâ*) zur Fünfmachung y. 11, 24. (s. *uyê*). *meñdaidyâi yâ tôi âdistis* zur Verfünffachung (dessen) was deine Lehre ist y. 43, 8.

merekhti (von *moreñc*) f. das Sterben.

Vgl. *amerekhti*.

merekhshyañt (von 1. *marekhsh*) sterben.

Vgl. *amerekshyañt*.

meregha (von *maregh* (m. Vogel, nom. *mereghô* vd. 5, 8. 18, 52. yt. 14, 41. 22, 41. *nâ mereghô* (als ob) der Mann ein Vogel (wäre) yt. 13, 70. *mereghô yô parôdars* vd. 18, 34. nom. neutr. *â-tat mereghem azvazaitê* herbei fliegt das Gevögel? vd. 5, 2. acc. *mereghem* vd. 18, 51. gen. *mereghahê* vd. 18, 67. yt. 5, 61. 14, 19. 35. 19, 34. voc. *meregha* vd. 17, 26. 28. pl. nom. *meregha* y. 10, 29. *yaçca aêtê meregha mithwana çtrica nairyaçca ... paradathat* wer diese Vögel paarweise — ein Männlein und ein Fräulein (nom.) — gibt vd. 18, 64. Hzv. versteht Hühner (*parôdars*) darunter; *hathra mareghâo avaçtaya* dort sammle Vögel an vd, 2, 66. hzv. übers. *murû*; Haug (Göttinger gel. Anz. 1853. p. 1943) übers. Marken, vgl. dagegen Spiegel Av. übers. II, 210. gen. *mereghahê parenô mereghanãm* die Feder des Vogels der Vögel yt. 14, 36. Westergaard liest überall *mare*°, wo vom Vogel Ashôzusta (vd. 17, 26. 28.) oder Parôdars (vd. 18, 67. 51, 64.) die Rede ist, sowie an der Stelle vd. 2, 66.

Vgl. skr. *mrgá*, hzv. *mûrû*, parsi *muru*, *mûru*, *murû*, np. *murgh*, buchar. bal. *murg* (Hahn), afgh. *margha*, kurm. *mrishk* (Lerch II, 223), armen. *mari* (Huhn?), oss. *morgh*. — Vgl. *môuru*.

merezhdika (von *marezhdâ*) n. Mildthätigkeit. acc. *apa mãm apadhaidhya frâ mãm aiwiurvaêçayañuha merezhdikem* sich mich an, komm zu mir mit Mildthätigkeit (d. h. gib sie mir) yt. 17, 15. dat. *merezhdikâi* y. 50, 4. (Spiegel °*kâ*).

mereza (von *marez*) adj., verwischbar, vergänglich Vgl. *amereza*.

merezîshma m. n. pr. des Vaters des Frôhakatra.

merezîshmya (vom vor.) m. Sohn des Merezîshma, gen. *frôhakafrahê merezîshmyêhê çaênanãm* yt. 13, 126.

1. **merezu** (von *marez?* adj., was zu sühnen ist? sündlich; nom. f. *hâ drukhs aêiti merezvî* Fr. 8, 2. Hzv. *marj*, parsi *marzh*, *marz*.

2. **merezu** (von *marez?* vgl. arab. *majirrah*) m. Milchstrasse: nom. (statt acc., ohne Elexion) *nizbayêmi merezu pourvôgadhâtô* ich rufe an die Milchstrasse, welche (schon) früher herrschte vend. sade 489 (Westerg. vd. 19, 42). Für die Bedeutung dizses Wortes habe ich keine Beweise; die Hzv.-Uebers. fehlt, Spiegel (Av. übers. III, XL) gibt keine Auskunft; *merezu* könnte mit dem np. *marz* und dem skr. *mârga* verwandt sein und ursprünglich den Streifen, Pfad (vgl. den skr. *panthâ purâṇaḥ* im Vṛhadâraṇyaka, den *devayâna* des Indraloka, den deutschen *Iringeswec*) bezeichnen; es wäre auffallend, wenn die Milchstrasse in den Anrufungen fehlte, und das Beiwort *qadhâta* steht nur bei Gegenständen des Himmelsraumes.

3. **merezu** (von *marez*) n. Mark, acc. *yavata aêm nijaiñti merezuca çtûnô gayêhê merezuca khâo ustânahê* bis er niederschlägt das Mark (welches ist) die Grundsäule des Lebens, das Mark (welches ist) die Fundgrube der Lebenskraft yt. 10, 71.

Skr. *marjá*.

merezujiti (von 1. *m*° + *j*°) 1) f. sündhaftes Leben, acc. *merezujîtîm* vd. 19, 139. 2) adj., sündhaft lebend, acc. °*jîtîm* vd. 19, 86. 94. plur. nom. °*jîtayô* yt. 22, 42.

merezujva (von 1. *m*° + *jva*) adj., sündhaft lebend, plur. voc. °*jvâoñhô* yt. 22, 42.

merezyaomana? pl. f. *merezyaomanâo* yt. 17, 10.

mereñgeduyê (von *mareñc* + *duyê*, infin. von 3. *du*) zum Tödten, *anâis â manahîm ahûm mereñgeduyê* weil sie die geistige Welt tödten wollen y. 52, 6.

mereñcanya (partic. fut. pass. von *mareñc*) zu tödten, plur. nom. f. *apa drukhs vînaçê apâkhdhra apanaçyêhi nâ mereñcainis* (Westerg. *mâm*°) *gaêthâo açtvaitis ashahê* verschwinde, Drukhs, entschwinde nach Norden, nicht zu tödten sind die bekörperten Welten des Reinen vd. 8, 62. yt. 3, 17.

mereñcya (von *mareñc*) m. das Tödten, dat. *mereñcyâi* vd. 1, 57.

Vgl. *gaêthômereñcya*.

mereñcyâçtema (Superl. des partic. praes. von *mareñc*) sehr tödtlich, am tödtlichsten, plur. nom. *mereñcyâçtema* vd. 7, 145.

1. **mereta** (partic. perf. pass. von 1. *mar*: 1) adj., todt, nom. *haêcâ âthaiti ... çtakhrahê meretô zaya?* Fr. 8, 2. *meretô* (s. *nayu*) yt. 4, 8. 2) m. Tod.

Skr. *mṛtá*, oss. *mord*.

Vgl. *paramereta*, *paçcamereta*.

2. **mereta** (von 2. *mar*) m. Erinnerer, nom. *meretô* vd. 2, 8.

meretâț (von 1. *mar*) f. Sterblichkeit.
Vgl. *ameretâț*.

meretu (von 2. *mar*) m. das Denken.

meretha (von 1. *mar*) n. das Tödten.
Vgl. *hameretha*.

merethyu (von 1. *mar*) m. Tod, nom. *merethyus* y. 9, 18. yt. 15, 16. acc. *va zaurvãmca merethyãmca* yt. 9, 10. gen. *merethyâus mazistô* der grösste über dem Tod (der über den Tod Gewalt hat) y. 52, 8.
Skr. *mṛtyú*, oss. *malath*, tag. *mäläth*.

merethwañț (von *meretu*) adj., gedenkend, acc. m. *merethweñtem* yt. 13, 84.

merena (von 1. *mar*) n. Mord.
Vgl. *hamerena*.

merenâshañț? (von 1. *mar* und 2. *naç?*) n. das Erreichen des Todes, dat. *âthadhca merenâsâtaêca* da (ist sie reif) zum Erreichen des Todes yt. 19, 12. 90. Die Lesart ist verderbt; vgl. *mara*.

mereshyañț (von *maresh*) sterbend.
Vgl. *amereshyañt*.

merãshyâț s. *mareñc*.

mesha (von *maresh*) adj., todt., nom. *meshaçciț* vd. 5, 173.
Vgl. *amesha*.

mé s. *ma*.

méñhâcâ, méñhî, s. *man*.

méñ s. *azem*.

méñg s. *ma*.

méñghâi s. *man*.

méñdaidyâi s. *meñdº*.

ménâicâ, ménâcâ s. *man*.

méhmaidî s. *hmé*.

môiț (von 3. *mâ* + *iț*) partic. prohib., μή, *môiț ithra jaçaêma* (Hss. *môi tâ*) nicht mögen wir begegnen yt. 10, 69.

môiçț s. 1. *miț*.

môirôç? Fr. 8, 2.

môuru, m. n. pr. der (alten) Stadt Merv am Rande der Wüste, das Alexandria Margiana; nach der Sage gründete es *takhmô urupa* (Tahmûras). acc. *môurum* vd. 1, 18. yt. 10, 14.
Altp. *margu* (verwandt mit altb. *meregha*, wegen der Vögelscharen, die sich am Murghâb zusammenfinden, vergl. Spiegel Eran 134), hzv. *maruv*, parsi *marav*, *mrû*.

môghu, Westerg. **moghu** (vgl. *maghavan*) 1) adj., gross, gen. m. *ivîzayathâ mageus* strebet nach (diesem) grossen (Werke)? y. 52, 7. 2) m. Magier, Name eines medischen Stammes, welcher die heilige Lehre fortpflanzte und aus welchem höchst wahrscheinlich auch Zarathustra stammte; ein Theil der Magier wanderte in das östliche Eran ein; ihr Amtsname ist *âtharvan*, vgl. Ammianus Marcell. XXIII, 6, 32. Neumann, asiat. Studien 138. Spiegel Av. übers. II, VI.
Altp. *magu*, hzv. *magu*, np. *mugh*, armen. *mog*, heb. *rab mag* (Jerem. 39, 3), chinesisch *mu hu*.

môghuțbish (vom vor. + *țbish*) adj., den Magier peinigend, dat. *môghuțbishê* (Westerg. *moghuțbisê*) y. 64, 25.
Hzv. *maguibêsh*.

môreñd (Fortbildung von 1. *mar* durch *d* und Nasalierung) tödten, impf. 3. sg. *môreñdaț* y. 32, 9. *hvô mâ nâ çravâo môreñdaț* y. 32, 10. 3. plur. *yôi géus môreñden jyôtûm* y. 32, 12. impf. conj. 3. plur. *taêciț mâ môreñdãn* y. 32, 11.

môshu, moshu (von *makhsh*) adv. alsbald, sogleich, yt. 5, 63. 13, 145. vd. 2, 16. (Westerg. 2, 6), *moshu taț âç* gleich darauf war es vd. 22, 52. yt. 5, 65. *moshu jaidhyamnô* bald freiend y. 9, 74. *moshuca* y. 64, 58. *moshucâ* Fr. 8, 1. *moshucâ açtû* bald möge es geschehn y. 52, 8. *moshu paçcaêta* yt. 5, 98.
Skr. *makshú*.

moshukairya (vom vor. + *kº*) adj., bald wirkend, acc. f. *ºkairyãm* yt. 16, 1.

mãz = 1. *maz*.

mãza (vom vor.) adj., gross, plur. nom. n. *mãzâ khshathrâ* grosse Reiche (erlöschen durch ihre Bosheit) y. 48, 10.

mãzâra (von *mãz*) f. Fülle, Grösse, instr. *yô ashahê hacaitê mãzârayâ* welcher verbunden ist mit der Fülle der Reinheit vsp. 14, 4. y. 27, Schluss. *çraoshô ashî mãzârayâ hacimnô* Gehorsam, verbunden mit Segen und Fülle y. 42, 12.

mãzdâ (von *man* + 2. *dâ*, *z* euphonisch) beherzigen, imper. 2. plur. med. *mãzdazdûm* beherziget y. 52, 5.

mãzdra (vom vor.) adj., verständig, kenntnissreich (in heiligen Dingen), nom. *mãzdrô* yt. 5, 94. acc. *mãzdrem* vd. 18, 111.
Vgl. *humãzdra*.

mãzdrâvañhu (vom vor. + *vañhu*) m. n. pr., gen. *ºvañhéus* yt. 13, 118.

mãthra (von *man*) m. Wort; das heilige Wort, ein Wort, eine Stelle der heiligen Schriften, nom. *mãthrô çpeñtô* vd. 19, 48. 21, 23. 22, 6. y. 19, 54. yt. 11, 3. 12, 2. 13, 81. statt des voc. vd. 22, 7. acc. *mãthrem* vd. 3, 111. vsp. 2, 10. 15, 2. y. 20, 3. 31, 6. yt. 13, 91. *aêtem mãthrem* yt. 4, 10. *tém mãthrem* y. 29, 7. *mãthrem varesheñtî* nach dem Wort werden handeln y. 44, 3. *anu mãthrem* nach dem Wort yt. 5, 93. *mãthrem çpeñtem* vd. 4, 122. y. 2, 50. 17, 40. mit dem heil. Wort vd. 7, 120. ohne Flexion *mãthra çpeñta* yt. 18, 8. instr. *mãthrâ* y. 28, 5. *avâ mãthrâ* y. 43, 17. *mãthraca* yt. 3, 18. *mãthrâ skyâtô* der erfreut sich des Mãthra (d. h. hat Segen von ihm) y. 50, 8. *mãthraca çpeñta* yt. 13, 146. *yé mãthrâ vâcim baraitî* wer mit dem Mãthra die Stimme erhebt, d. h. es hersagt y. 49, 6. dat. *mãthrâi çpeñtâi* Extr. 1. gen. *mãthrahê* y. 9, 82. *mãthrahêca* y. 8, 3. yt. 17, 5. *mãthrahê çpeñtahê* vsp. 10, 29. 24, 3. yt. 1, 1. 11, 17. 22. 13, 86. voc. *mãthra* Extr. 4. plur. acc. *mãthrâ* y. 28, 7. *mãthra* G. 2, 7. *tôi mãthrâ* y. 42, 14. *mãthrãçcâ* y. 31, 18. *hvarstâo mãthrâo* die wohlvollzognen Worte vsp.

22, 6. y. 3, 18. instr. *mâthrâis* y. 43, 14. gen. *mâthranãm* yt. 3, 5. *aghanãm mâthranãm* yt. 10, 20.
Skr. *mántra*, hzv. *mânçar çpand*, np. *mânsar*.
Vgl. *tanumâthra*, *fshûshôm*°, *viçpemm*°, *hadham*°.

mâthran (vom vor.?) m. Vorleser, Verkündiger, dat. *mâthrânê* y. 49, 5. gen. *thwahyâ mâthrânô* y. 32, 13. voc. *mâthranaca* yt. 3, 1. plur. nom. *mâthranaçcâ* y. 7, 59. 41, 12.
Vgl. skr. *mantrín*.

mâthravâka (von *m*° + 1. *vac*) m. n. pr., gen. °*vâkahê çimaêzhôis* des M. (des Sohnes) des Çimaêzha yt. 13, 105. *rahmaêdâtahê* °*vâkahê* des V. (des Sohnes) des M. yt. 13, 115.

mâthrempereça, Westerg. **mâthrôpereça** (von *mâthra* + *pareç*) adj., einer welcher das Avesta studiert hat, nom. °*pereçô* vd. 9, 5.

mâthremçpeñtembaêshazya (v. *mâthra* + *çpeñta* und *b*°) adj., subst. m. ein mit dem heiligen Wort heilender Arzt, nom. °*baêshazyô* vd. 7, 120. yt. 3, 6. acc. *tem ithra heñjaçâoñtê yat* °*baêshazîm* sie mögen zu dem gehn (den consultieren), welcher mit dem heiligen Worte heilt vd. 7, 120.

mâthrôñhan (von *mâthra* + *han*) adj., im Mâthra befindlich, plur. acc. *mâthrôñhânô* yt. 13, 151.

mâthrôpereça s. *mâthrempereça*.

mâthrôbaêshaza (von *mâthra* + *b*°) m. ein mit Sprüchen heilender Arzt, nom. °*baêshazô* yt. 3, 6. plur. acc. (statt nom., weil hinter dem praedicat) °*baêshazêça* vd. 7, 119.

mâthrôhita (von *mâthra* + *h*°) adj., mit dem Mâthra verbunden, gen. *mâthrôhitahê tanvô* (tanu ist fem.) mit mâthraverbundnem Leib, d. h. im heil. Wort lebend (vgl. *tanumâthra*)? A. 3, 5.

mâthwa (von *man*) n. Gedanke, Rede, acc. *mâthwem* Cit. der Hzv.-Gl. vd. 2, 16. plur. dat. *mâthwôibyaçcâ* y. 12, 1. gen. *mâthwanãmca* vsp. 14, 8.
Vgl. *âmâthwa*.

mânayen s. *man*.

mânari (von *man*, bleiben?) f. Ausbreitung, gen. *kadâ mânarôis narô viçeñtê* wann unterziehen sich die Männer der Ausbreitung (des Gesetzes) y. 47, 10. Hzv.-Glosse: diese Zeit, wann kommt sie, dass meine Schüler sich vollkommen ausbreiten.

mâm s. *azem* und 4. *mâ*.

mâçta (von *man*) f. das Halten für, nom. *tarêm mâçtâ* Verachtung y. 44, 11.

mâçvac (von *man* + 2. *vac*?) m. gedachte (im Gedächtniss gehaltne) Worte, pl. acc. *añhâo daênayâo mâçvaca dathânahê* dessen welcher des Gesetzes Worte im Gedächtniss hat y. 9, 99. Nach der Trad. scheint *mâç* als Contraction von *manaç* (*manañh*) betrachtet zu werden.

myazda m. Opferfleisch, welches auf eines der Draona gelegt wird; heutzutage vertreten oft Früchte das Fleisch (Haug Essays 132;; vgl. Spiegel Av. übers. II, LXXII. acc. *myazdem* vd. 8, 64. y. 3, 2. 8, 4. 34, 3. yt. 8, 1. A. 1, 3. gen. *myazdahê* A. 1, 7. loc. *rathwaêca myazdaêca* vsp. 5, 5. 12, 20. plur. acc. *myazdâçca* y. 4, 2. 24, 2. *ima myazda* vsp. 12, 9. gen. *myazdanãm* yt. 13, 64. *uççfritinãm myazdanãm* vd. 18, 30. *çtaotanãm* . . . *ashahê myazdanãm* den Gebeten, welche die Myazdas der Reinheit sind vsp. 1, 10.
Hzv. *mijuk* (Fleisch), *myazd* (Myazda), np. *mîzd* (vgl. *mîzbân*), armen. *miç*.
Vgl. *neremyazdana*.

myazdavan (vom vor.) adj., mit Myazda versehn, nom. *myazdavâo* A. 1, 7.
Vgl. *amyazdavan*.

myazdôratufriti (von *myazda* + *r*°) f. Gebet mit Myazdaopfer, nom. *dâtô* (lies. *dâta*?) *hê* °*ratufritis* A. 1, 6. Spiegel: der Myazda, der ihn befriedigt zu rechter Zeit; also nicht componiert.

mrakhç (Fortbildung von *mareñc* durch *ç*) sterben, partic. praes. *mrakhçañt* (vgl. *amrakhçañt*).

mrava f. n. pr. eines weiblichen Dämonen, gen. *mravayâoçca* yt. 11, 15. al. *amuyamna*.

mruc, gehn, sich fort machen.
— *ni*, abfliessen.
— *para*, sich wegstehlen, partic. praes. nom. *paracâ mraocãç* y. 52, 7.
Skr. *mruc*, *mróeati*.

mrû, sprechen, nennen, reden (von guten Wesen), praes. 1. sg. *tâoçca tê mraomi jâthwôtara* diese, sage ich dir, sind eher zu tödten als vd. 18, 129. *mraomi* y. 70, 62. 52, 5. Fr. 4, 1. 3. sg. *mraoiti* yt. 10, 106. med. *mrûitê* man spreche y. 48, 6. conj. 3. sg. *yê* . . . *mravaitî* y. 50, 8. pot. 2. sg. *mruyâo* vd. 21, 5. *mâ dim mruyâo âthravanem* vd. 18, 4. 6, 8. 3. sg. *mruyât* y. 50, 8. imper. 2. sg. *mrûidhi* Cit. der Hzv.-Gl. zu vd. 2, 16. yt. 3, 2. Fr. 1, 2. als Zwischensätzchen, die, vd. 19, 112 (Hzv.-Uebers. lässt es aus). 3. sg. *mraotû* y. 31, 17. Fr. 2, 1. impf. 1. sg. *mraom* vd. 2, 7. 2. sg. *mraos* y. 34, 13. 42, 12. 3. sg. *mraot* vd. 1, 1. 5, 54. y. 32, 12. 44, 5. 50, 19. yt. 10, 1. *mravat* y. 44, 2. med. (passivisch) *mraotâ* y. 42, 11. aor. pass. 3. sg. *mraoî* (Spiegel *mraori*) y. 32, 14. partic. praes. plur. nom. *mrvatô* y. 69, 15.

— *añtare*, aufkündigen, aufsagen, praes. 1. sg. med. *añtarê viçpêñg dregvatô hakhmêñg añtarê mruyê* allen schlechten kündige ich die Freundschaft y. 48, 3.

— *â*, rufen, aussprechen, praes. 1. sg. med. *âmruyê* yt. 24, 39. y. 14, 1. 8. 1. pl. med. *âmrûmaidê* vsp. 3, 25. 28. pot. 3. sg. med. *âmrvîtâ* (s. bei — *vi*). impf. 1. sg. med. *âmravî* Fr. 9, 2. 3. sg. act. *frâ* . . . *âmraot* y. 19, 28. *paityâmraot* y. 21, 6. aor. 3. sg. med. *âmrûtâ* (als) er ihn aussprach y. 19, 39. partic. fut. pass. *âmrûta* (vgl. *cathrusâmrûta*, *thrisâmrûta*, *bisâmrûta*).

— *upa*, anrufen, praes. 1. sg. med. *thwâ mâvôya upamruyê tanuyê* ich rufe dich an für meinen Leib y. 9, 84.

— *ni*, anrufen, verkünden, praes. 1. sg. med. *nimruyê* yt. 24, 39. *nî tê madhem mruyê* ich rufe dich an um Weisheit y. 9, 54. 3. sg. med. *nimrûitê* rief, wünschte yt. 8, 23. 29. 1. plur. *âca nica mrûmaidê*

y. 67, 55. impf. 3. pl. med. *ustatâtem nimravaňta* verkündeten Heil yt. 13, 93. partic. praes. med. nom. sg. *nimraomnô* herbei wünsehend y. 70, 72. yt. 22, 2.

— *paiti*, antworten, praes. pot. 2. sg. *paitimruyâo* yt. 24, 25. imperat. 1. sg. act. *paitimravâni* yt. 5, 82. 2. sg. *paitimrûidhi* y. 70, 1. yt. 12, 1. impf. 3. sg. *paitimravaṭ* y. 29, 3. *paitimraoṭ* y. 32, 2.

— *fra*, sprechen, praes. 1. sg. *framraomi* yt. 4, 7. Fr. 4, 2. ich nenne vd. 4, 130. yt. 4, 3. spreche aus yt. 13, 18. *framraomi ashem vahistem* ich rufe zu Asha vahista yt. 3, 3. med. *fraca mruyê* y. 19, 24. 3. sg. med. *frâ mê mrûtê* er spreche mir vsp. 3, 30. pot. 2. sg. *framruyâo* vd. 17, 15. yt. 11, 6. 13, 20. med. *framrvisa* yt. 10, 119. 3. sg. act. *taṭ frô . . . mruyâṭ* y. 45, 5. imper. *framravâni* yt. 12, 2. 15, 56. 2. sg. *frôiṭ . . . framrûidhi* yt. 1, 5. *frâmrûidhi* y. 70, 66. mit Bindevocal: *framrva* vd. 9, 169. 11, 9. *imâo nâmênîs dreñjayô framrava* yt. 1, 11. *framrava* sprich aus yt. 13, 1. 3. sg. *frâ . . . mraotû* vsp. 3, Schluss. impf. 3. sg. *framraoṭ* vd. 19, 36. y. 19, 38. 56. 70, 65. conj. 2. sg. *yêdhi . . . framrvâo* wenn du sprichst y. 70, 67. perf. 3. sg.? *yaçca . . . imâo nâmênîs dreñjayô framrava* yt. 1, 16. *yêzi mê mãthrem framrava . . . frâ vâ mrava* yt. 4, 5. 3. plur. die Fravashis, welche grösser sind, *yatha vaca framravâirê* (al. *framrarare*) als es Worte sagen können yt. 13, 64. partic. praes. gen.? *framravâtô* Fr. 9, 1. partic. praes. med. nom. *framravânô framravâtô* Fr. 9, 1. passivisch: *aêshô zî vâkhs . . . erezhukhdhô framrvãnô â vacô ahunô vairyô fraokhtô amahêca verethraghnahê urunaca daênaca çpanvaňti* dieses wahrgesprochne Wort, das ausgesprochen werdende (und) dazu das Gebet ahû vairyô, wenn es hergesagt ist, fördern (uns, dich) an Seele und Selbst zu Stärke und Sieghaftigkeit yt. 21, 4.

— *vî*, absprechen, entsagen, praes. 1. sg. med. *vî daêvâis . . . çarem mruyê* ich spreche den Devs die Herrschaft ab y. 13, 14. *daêvâis çarem vîmruyê* y. 13, 22. pot. 3. sg. med. *daêvâis çarem vî âmruitâ* (gehört eigentlich zu *mrû* + *â*, doch die Bedeutung von *vî* ist stärker als die von *â*) er entsagt der Herrschaft der Devs y. 13, 20. impf. 3. sg. act. *vîmraoṭ* yt. 2, 14.

Skr. *brû*, *brûte*, *bravîti*.

mrûra (von 1. *mar*?) adj., hart, dick, nom. *mrûrô zyâo* dicker Schnee vd. 2, 48.

Vgl. armen. *mrour*.

mrvaṭô s. *mrû*.

Y.

ya Relativpronomen, welcher; es steht 1) rein relativ, nom. *yô* vd. 3, 84. y. 41, 28. vsp. 18, 10. *yé* vsp. 18, 5. y. 54, 16. 13, 23. 28, 2. 29, 2. *yaçca* vd. 19, 95. *yé zaotâ* der ich als Zaotar y. 33, 6. *daňhumazô yô daňharê huvakhshâi fradhemnahê* (der 6. Vertrag) ist eine Gegend werth, welcher (nemlich er) für das einer Gegend zum Wachsthum förderliche (abgeschlossen ist) vd. 4, 12 (der Satz mit *yô* ist eine Glosse). *yaçe-tê* welcher dir y. 10, 38. *yaçe-thwâ* y. 61, 3. *yaç-taṭ mîzhdem* wer den Lohn y. 43, 19. *yô baraiti* für den welcher bringt vd. 18, 62. y. 61, 30. *yaç-tê* der ich deinen (Çraosha anrufe) y. 33, 5. *yaç-têm* y. 45, 4. fem. *yâ* vd. 1, 36. 3, 79. y. 42, 12. neutr. *yaṭca uiti nâirivaitê* was den beweibten betrifft (Lassen und Westergaard *adhaca*) vd. 4, 130. *yaṭ aňhaṭ* welches (wo der trockenste Ort) ist vd. 3, 51. acc. m. *yim* y. 9, 35. *avaêshãm yim* yt. 10, 45. *yim* (statt *yãm*, Westerg. verm. *îm*) yt. 5, 98. *yim yava* welchen jemals (ich roch) yt. 22, 8. fem. *yãm* vd. 19, 18. y. 43, 9. *yãm hô mereghô* auf welchem (Baum) der Vogel (sitzt) vd. 5, 9. *yãm khshnûtem dâo* y. 31, 3. *yãm* (scil. *daênãm* oder dgl.) y. 44, 3. *yãm* (Westerg *yã*) y. 47, 3. neutr. *yaṭ* yt. 17, 22. 10, 51 (scil. *maêthanem*). *yaçe-thwâ* (für *yaṭ thwâ*) yt. 10, 33. *yaçca* (für *yaṭca*) yt. 15, 43. *yaçca* (scil. *dãma*) yt. 15, 43. instr. m. *yâ* y. 28, 1e. 31, 2. 33, 1. *tâ zaçtâ yâ* y. 42, 4. *aêshemem héñdvâreñtâ yâ bûnayen ahûm merctânô* die Menschen liefen mit Aêshma zusammen, mit welchem sie die Welt verunreinigen wollten y. 30, 6. fem. *yâ* y. 34, 13. 47, 10. *yâ* (scil. *ûna*) *davayaňti* durch welche man betrügt y. 10, 43. neutr. *yâ* y. 28, 6. (scil. *rafnaňhâ*). y. 31, 7 (scil. *gâthrâ*). 49, 5 (scil. *avaňhâ*) y. 29, 3. *vohû manaňhâ yâ . . . dâṭ* durch Vohumanô, durch den man schaffen kann y. 29, 10. *hvô nâ yâ* (glücklich ist) der Mann dadurch dass (du kommst) y. 36, 4. *ké yâ mâo ukhshyêitî* wer (bewirkte das) wodurch der Mond wächst y. 43, 3. *yâcâ* und wodurch y. 43, 20. *vaêdâ taṭ yâ ahmî* ich weiss das wodurch (dass) ich bin y. 45, 2. *yâ skyaothanâ . . . amcretâtem ashemcâ dâoňhâ mazdâ . . . aêshãm tôi ahurâ êhmâ paourutemâis daçtê* durch welche That (ich erlange) Unsterblichkeit und Reinheit, die gebe ich denen dort (d. h. euch), o Mazda; von ihnen (den Amshaçpand) wird es dir, o Ahura, von uns zuerst gegeben y. 34, 1. dat. m. *yahmâi* welchem zu Nutze vd. 1, 69. (Westerg. verm. *yahmya*). y. 45, 6. yt. 8, 45. zu welchem (auf sein Rufen sie kommen) y. 29, 3. *yahmâi khshnûtô* von welchem er befriedigt ist yt. 10, 87. neutr. *yahmâi naêmanãm* wo des Orts yt. 10, 19. abl. m. *yahmaṭ* yt. 10, 69 *yahmaṭ haca* yt. 10, 97. fem. *yêňhâdha* wo y. 56, 13, 7. yt. 11, 20. neutr. *hukairim barezô . . . yahmâṭ mê haca* von wo mir yt. 5, 96. gen. m.

yêñhê y. 13, 5. vd. 19, 48. 20, 21. vsp. 2, 11. yt. 17, 17. *yêhê* (al. *yêñhê*) yt. 13, 93. *yêhyâ* y. 7, 58. 50, 22 (cit. y. 16, 4. *yêñhê*). *yahê* (?) *cithrem* dessen Gesicht yt. 10, 64. fem. *yêñhâo* y. 64, 43. *yêñhâo vô aêshô ustrôçtânis añhaṭ* welcher von euch dieser Kameelstall gehört vd. 15, 68. neutr. *yêñhê* vsp. 12, 28. *yêñhê mê ashâṭ hacâ vahistem yêçnê paitî vaêdâ mazdâo ahurô yôi âoñhareccâ heñticâ* was (gen. partic.) von der Reinheit als das beste mir zukommt im Opfer, das kennt Ormazd und die welche waren und sind y. 16, 4. 5. *yêñhê nemañhô* y. 57, 3. *yêhyâ* y. 31, 4. loc. m. *yahmi* yt. 10, 64. 13, 91. *yahi* yt. 10, 64. neutr. *drvôashacithrahê yahmi* die Gesundheit, bei welcher, durch welche y. 17, 55. *qarenô* ... *yahmi paiti pareçâithê çpeñtaçca mainyus añraçca aêtahmi paiti aṭ aqarctê* die Majestät, um welche stritten Ormazd und Ahriman, nemlich um diese unverwüstliche yt. 19, 46. dual. nom. m. *yâ* y. 10, 6. 56, 1, 4. acc. neutr. *yâ* y. 30, 11. gen. m. *yayâo* y. 44, 2. 45, 7. Cit. der Hzv.-Gl. zu vd. 13, 25. neutr. *yayâo* y. 33, 9. plur. nom. m. *yôi* vd. 2, 71. 7, 67. 138. y. 9, 46. 32, 11. 44, 11b. yt. 13, 30. *yôi* . . . *airyâkhshayêiñti* vd. 1, 78. *yaêca* Cit. der Hzv.-Gl. zu vd. 7, 136. *imã vacô yôi* vd. 9, 118. er reinige sie *aeistaêibyô yôi yadhwãm pairibaraiti* von schlechten (Thieren), welche an Hunden entstehn vd. 14, 71. *çpeñtãmca ârmaitîm daretem yôi mãthrem çaoshyañtô* den welcher die Weisheit festhält (unter denen) welche die Nützlichen in Bezug auf das Mãthra sind vsp. 2, 10. *yaêcâ* y. 44, 1. 30, 5. 39, 3. fem. *yâo* vd. 5, 14. yt. 5, 15. 10, 78. *yâoçca* yt. 13, 68. vsp. 10, 22. *yâo* ... *yâoçcâ* y. 33, 10. 38, 2. neutr. *yâ* vd. 7, 28. vsp. 10, 7. y. 42, 13. 31, 5. 45, 8 (an den 3 letzten Stellen steht das praedicat im sing.) yt. 14, 36. *yâo* (*dâmãn*) vsp. 8, 17. *dãma asharu yâo heñti* yt. 6, 2. acc. m. *yêñg* y. 28, 10. 32, 15. 42, 3. *yêñgç-tû* welche du y. 45, 14. *vacô yã* y. 64, 36. *yã pathô âiti* yt. 8, 33. *avê çtrêus yã haptôiriñga* yt. 8, 12. fem. *yâo* vd. 18, 61. y. 31, 14. yt. 5, 93. 14, 12. *yâoçcâ* y. 31, 14. neutr. *yâo* vd. 4, 127. *parô draomêbyô yâo drâvayâṭ* vor den Anläufen welche er laufen lässt y. 56, 10, 7. *mithrô* ... *haomô âvistô* ... *yâo zaota aiwica vaêdhayâoñti* Mithra (ist der Erheber), der Hom ist angekündigt, welche (neutr. weil beide als Dinge aufgefasst werden, welche der Priester verkündet?) die Priester verkünden sollen yt. 10, 120. *yâ* vd. 15, 1. y. 43, 6. instr. m. *yâis* y. 43, 20. 32, 7b. neutr. *yâis* y. 13, 19. 28, 11. damit y. 49, 7. durch welche, in welchen liegt y. 50, 20. nach einem masc. und fem. yt. 1, 26. statt des acc. (vgl. jedoch Windischmann Mithra 26). *aêtaṭ ukhdhôtemem yâis yara fraca vaocê* diess ist das würdigste Gebet (von denen) welche ich je gesprochen habe y. 19, 24. dat. m. *yaêibyô* y. 43, 11. 28, 3. *yaêibyaçca* y. 39, 3. neutr. (statt instr.) *yaêibyô* vd. 8, 31. 14, 25. gen. m. *yaêshãm* y. 32, 7. yt. 13, 83. fem. *yâoñhãm* y. 21, 2. loc. m. *yaêshû* y. 33, 5. fem. *yâhu* y. 17, 43. *yâhva* yt. 10, 38. 13, 46. neutr. *yaêshû* y. 34, 8. Distributiver Gebrauch: plur. nom. *yaêcâ açanâṭ yaêcâ dûrâṭ* *ishathâ* y. 44, 1. Das demonstr. wird ausgelassen: nom. m. *yaṭ upañhacaṭ yô aradhâṭ frakhshayêiti* welcher (Glanz) dem zu Theil ward, welcher dort herrschest yt. 19, 66. gen. m. *khshayãç yêhyâ mâ âithisciṭ* du herrschest über den, dessen Schrecken mich (trifft) y. 32, 16. plur. acc. *yãçcâ* y. 45, 10. instr. *kê asharâ yâis pereçâ* wer ist rein unter denen, für die ich frage y. 43, 12. dat. *yaêibyaçcâ* y. 28, 8. Das relat. ya wird ausgelassen: nom. *ahunem vairîm tanum pâiti* den ahû vairyô, welcher (*yô*) den Leib schützt vd. 11, 8. fem. *vehrkãm* . . . *frapataiti* lupam quae (*yâ*) irrumpit vd. 18, 131. acc. m. *yêm* zu ergänzen y. 52, 3c. 4d. neutr. *katârêm asharâ vâ dregvâo vâ verenvaitê mazyô* welches ist grösser, was (*yaṭ*) der Reine oder was der Böse glaubt y. 31, 17. instr. n. *barezisca hãmverenâoñtê* die Decke, mit welcher (*yâ*) man zudeckt vd. 5, 166. dat. m. *daênâ ashem* . . . *dadâṭ* welchem (*yahmâi*) er durch das Gesetz Reinheit gab y. 50, 21. plur. nom. m. *narem ashavanem jaçeñti ahmya nmânê tarôpithwem daithyâṭ* (als ob er) einem reinen Manne, welcher (*yôi* collectiv) kommt hier in's Haus, schlechte Nahrung gäbe vd. 13, 60. instr. n. *kaṭ* . . . *skyaothna cikithwâo azaiti* welches sind die Handlungen, womit (*yâis*) der Schuldbewusste (die Strafe) forttreibt vd. 18, 135. gen. n. *tâcâ khshathrâ mazdâo dãmis ahurô* und die Reiche deren (*yaêshãm*) Schöpfer Ormazd ist y. 44, 7. Die Form des relat. stimmt nicht mit dem Worte, auf welches sich dasselbe bezieht, sondern es steht a) der nom. *yô*: *parageṭ* (Westerg. *peregeṭ*) *draêibya yô añhaṭ qaêtvadathaçca qaêtvadathisca* ausser zweien, welche sind ein Verwandter oder eine Verwandte vd. 8, 36. *aêtê raocâo yô âraocayêiti* vd. 2, 130. *varefshva yô kerenaoṭ* in den Varas, die er machte vd. 2, 130. *ughrem yô kavaêm qarenô* welches (Feuer) entzündete die gewaltige königliche Majestät (*yô* steht hier wie das np. keçrah i tussîfî) yt. 10, 127. *yô çtô* welche beide sind yt. 1, 25. *naêcis avaṭ yô çpeñtahê* (wie das np. keçrah i tussîfî) yt. 15, 3. ich preise dich *ana yaçna yaçe-thwâ yazata vîstâçpô* (für *yâ thwâ*) yt. 17, 61. wer sich zum Schutz nimmt *yô* (al. *yôi*) *hapta ameshâ çpeñtâ* yt. 2, 13. *yô* statt *yâ* (plur. neutr., verb. im sing.) yt. 4, 3. *yô hapta heñdu* (*yô* als Artikel) vd. 1, 73. b) der nom. neutr. *yaṭ*: *haraithyô paiti berezayâo yaṭ raocê* yt. 10, 88. *vîçpê haoma yaṭciṭ* . . . *yaṭciṭ* . . . *yaêciṭ* alle Haomapflanzen, welche y. 10, 53. *yaṭ kerenaoṭ* welcher machte (wie im Slawischen vgl. Koss. 46) y. 9, 53. *thraêtaonô yaṭ âç* Frêdûn welcher (oder: weil er) war yt. 19, 36. sie kleidete sich in Biberkleider *thriçatanãm bawranãm yaṭ açti bawris çraêsta* von 300 Bibern (von denen) welches der beste Biber ist, *yatha yaṭ açti gaonôtema* wie er auch der am schönsten gefärbte ist yt. 5, 129. c) der plur. nom. m., *urvaranãm* . . . *yôi* vd. 2, 75. 111. *dãma* . . . *yôi heñti* vd. 13, 1. *vîçpê tê ratavô* . . . *yôi* (al. *yô*) *aokhta* alle die Herrn, welche (Ormazd) bezeichnete vsp. 2, 3. *yôi* (Hss. *yô*) *hacahi* welche du begünstigst yt. 17, 8. d) das Geschlecht wechselt: *taêciṭ... yâ* (neutr., weil eine unbestimmte Menge gedacht ist) vd. 1, 57. 5, 13. 7, 59. *yâo* (Trad. v. *yâre*) vd. 13, 119. *taêciṭ yâ kaçnkhratus* die zu welchen (acc. neutr.) geringer Verstand gelangt ist vd. 7, 148. *yâbyô* (dat. statt instr. pl. fem., bezieht sich auf *baêshaza* und *zayanãm*) y. 10, 23. 24. *aêta humaya* (neutr.) *yã dathaṭ* vsp. 14, 9. *ârmaitîm çpeñtãm yazamaidê yêhê* (für *yêñhâo*) *dâthrê ashahêca* die heilige Weisheit preisen wir bei ihrem Schaffen (und bei dem Schaffen) des Asha vahista vsp. 22, 11. yt. 1, 32. Westerg. verm. *yâ ahi dâthri*, die du die Schöpferin bist; *avaṭ yâ aṭ hvarê avâcî* jenes (Gestirn) welches man Sonne genannt hat y. 57, 23 (cit. aus y. 36, 15. wo *yâṭ*); die Mãthras, *yâo* (neutr., statt *yã*) yt. 10, 20. wir preisen *âoñhãm . . . fravashîm*, *yaêshãm yasethwaṭca* (lies *yâoçe-thwaṭca?* Spiegel: opferwürdig, von *yaz*) *urvãnô zaoyâoçca fravashayô* ihre und deine (die von dir ausgehenden?) Seelen und starken Fravashis yt. 13, 148. *yâ* (statt *yô*) yt. 10, 122. *jahikayâi . . . yêñhê manô* y. 9, 101. *itê viçê . . . yahmaṭ haca imâo zaothrâo* für diesen Clan, aus welchem die Zaothras stammen y. 67, 42. *yêñhâo* (für *yêñhê*) yt. 10, 143. *yêñhê* für *yêñhâo* yt. 5, 13. 15. 101. *avaṭ qarenô yim* (für den nom. *yaṭ*) yt. 5, 42. e) der Numerus wechselt: *khrafçtra hãmbavaiñti yim aojaiti* vd. 17, 8. das subst. steht im dual., das relat. im plural., *yôi* (Hss. *yô*) yt. 10, 119. Hinter mehrern Subjecten oder plural. folgt das relat. im sing. y. 64, 37. *yém* y. 34, 13. *viçpé mazdayaçnanãm yãm* (lies *yaêshãm?*) *ashaonãm* yt. 10, 120. *yô* statt *yâo* (plur. nom. neutr.), verb. im sing., yt. 4, 3. Auf ein collectiv gedachtes subst. im sing. folgt das relat. im plural., *nmânâi yahva* (lies *yâhva*) yt. 10, 28. (hier also auch das Geschlecht verwechselt). f) das Verbum harmoniert nicht: *upaçtaomi yô géurvayêiti* ich preise, der ich (indem ich) ergreife y. 10, 4. Das Relativ steht für das Demonstrat., plur. gen. *yaêshãm* für sie vd. 13, 8. nom. acc. sg. *yé . . . yém* (s. *akhti*) y. 36, 3. acc. f. *môi yâo gaêthâo* diese meine Güter y. 45, 8. loc. m. *yahmi urvaêçê* qua in evolutione y. 42, 6. (später durch *ahmi* wieder aufgenommen); abl. n. *yahmaṭ haca berezâṭ huçravañhem* (den Tistrya) den von dieser Höhe aus berühmten yt. 8, 4. Wird das demonstrat. ausgelassen, so tritt das relat. in einen andern Casus, als der Satz verlangt: *kva açti dâityô gâtus* wo ist der gesetzliche Ort; *yô yujyêstîm* (Westerg. *°yaçtim*) *haca gaêthâbyô parâiti tâyus vehrkemca* der, wo (also für *hô yahmi*) der Wolf eine Yujyaçti weit anfallen kann, d. h. der eine Yujyaçti weit von dem Bereich entfernt ist, wo der Wolf und der Dieb herumstreicht vd. 13, 49. *yô naêcim içaitê* (bei dem Menschen ist der gesetzliche Ort) welcher keinen (Hund) verlangt (*yô* geht eigentl. auf *gâtus*, ist aber zu erklären durch *yahmi hô*) vd. 13, 54. *nôiṭ mâ khshnâus yâ verezênâ hêcâ* (für *yô tâ*) y. 45, 1. Hieher gehören einige Attractionsfälle: *yaêshãm nô ahurô mazdâo vañhô vaêdha aêshãm zarathustrô añhusca ratusca* was (für *yâ*) Ormazd als das beste kennt, dessen Herr und Meister ist Zarathustra vsp. 19, 7. *yâis upairi âya zemâ gaobîs skyañtî* damit sie mit dem Vieh auf dieser Erde wohnen (*yâis* für *yaṭ*, von *gaobîs* attrahiert) y. 13, 10. *yâis çrâvayêitê yêzî tâis* wenn mit dem was (für *yâ*) verkündet ist y. 32, 6. *yâ râoñhayen çravañhâ . . . maretânô* mit welcher Rede Menschen abhalten (denen verkündet) statt: welche Menschen abhalten durch die Rede y. 32, 12. *yâ añgrayâ* statt *yôi a°* y. 47, 10. *ustâ ahmâi yahmâi ustâ kahmâiciṭ* Heil ihm, der ein Heil ist für jeden (statt *yô*) y. 42, 1. *mazdâ yâo* (Westerg. *yâ*) *dâo*, *ashâ*, *mâyâo* (Westerg. *mâyâ*) o Mazda, der du schufst (statt *yô*, von *mâyâo* attrahiert), o reiner, die Güter y. 42, 2. *hyaṭ . . . yâo dâo ashîs dregvâitê ashâunaêcâ* als du (die) Segnungen schufst, welche für den Bösen und Reinen sind y. 42, 4. *khshathremcâ ahurâi â yim dregubyô dadaṭ vâçtârem* das Reich (gibt man) dem Ahura, wenn man den Armen Schutz verleiht y. 27, Schluss. Das demonstr. wird durch Zusatz des relat. selbst relativ (vgl. das gothische *sa* mit *ei*, hebr. *asher*, arab. *alazî*, np. *kih zabân-ash* Vullers, instit. II, 128): *tadha yôi* yt. 13, 37. *yaṭ ahmi* wo (auf der Erde) vd. 6, 1. Durch Zutritt von *kaciṭ* und *cica* wird das relat. indefinit: *yahmâṭ kahmâṭciṭ* nach welcher Seite auch vd. 8, 248. *ahmâi yahmâi ustâ kahmâiciṭ* dem, der ein Heil für jeden ist (statt *yô k°*) y. 21, 4. *yâ zî cîcâ vahistâ* was nur das beste ist y. 46, 5. 13, 5. *yâcica* (acc. neutr.) quaecunque vd. 3, 148. Das relat. hat adverbiale und conjunctionale Bedeutung: wodurch: *yâis* y. 28, 11c. weil, da: *yém â vaçemî* da ich ihn wünsche y. 29, 9. *yâ* (instr. n.) da, weil y. 28, 7. *yâo mâvôya paçca vazeñti khshvasçatâis hazañremca yâ nôiṭ haiti viçeñti daêvanãm haiti yaçna* welche (Zaothras) hinter mir her fahren, 600000, bringen sie weg, weil sie heimlich kommen, (die) mit Opfer der Devs offen (handelnden) yt. 5, 95. *yaṭ uzdâtem* weil erhoben ist vsp. 13, 1. (scil. *anhaṭ*); *yaṭ* yt. 10, 68. dadurch dass: *yâ* (instr. neutr.) *paitijamyâo* y. 36, 4. indem: *yahmi* y. 10, 5. wie, quomodo: *yâ* (instr. n.) vd. 2, 93. damit: *yâ* (instr. n.) y. 49, 4. 53, 2. 33, 8. 52, 4. *taṭ ahyâ yâ taṭ upâjamyâmâ* mögen wir also kommen y. 7, 63. *yaçtava* (für *yaṭ tava*) damit er dir yt. 5, 90. *yâis upairi âya zemâ gaobîs skyañti* (s. oben) yt. 13, 10. *yaṭ aiwiraocayâoñtê* vd. 19, 78. *yaçe-thwâ* (für *yaṭ thwâ*) *nôiṭ aiwidruzhâoñti* yt. 5, 90. wo: *yahmî* y. 67, 67. *yaṭ bâ paiti nâ frayaṭ* wo (oder wenn) ein reiner Mann geht vd. 3, 3. *yêñhâdha* (abl. fem.) wo y. 56, 13, 7. yt. 11, 20. als: *yaçe-taṭ nmânem âkerenem* vd. 22, 3. *paçca yaṭ frabûidhyamnô* nachdem er erwacht vd. 18, 106. *âaṭ yaṭ* yt. 10, 1. *yaṭ . . . daidhîtem* als die beiden schufen y. 56, 7, 6. obwohl: *yaṭciṭ* yt. 10, 21. weshalb: *yahmaṭ haaa* vd. 2, 48. bis das: *yahmâi* vd. 19, 18. *viçpem â ahmâṭ yaṭ hanô baraṭ* alles bis dass es ein Greis ist, alles ausser den Greisen vd. 3, 63. wenn: *tâoçca mê nãma zbayaêsa ahmi . . . yim* mit diesen Nameu rufe mich an dann, wann du yt. 15, 49 (vgl. yt. 10, 8) ähnlich steht *yaṭ* yt. 15, 50. 51. 52. *yôi* wenn man vd. 5, 82. 8, 38. *yôi hãmbarâmahi* wenn wir bringen vd. 5, 122. *yé* wenn man y. 43, 19. *yé-mé* wenn mir einer y. 52, 6. *yim mashyâka frâyazâoñtê verethraghnô dâtahê yim skyêiti dâityôtemô yaçnaçca . . . ashâṭ haca yaṭ vahistâṭ* wenn ihn die Menschen preisen — Behram (ist gemeint) — wenn von dem geschenkten bei ihm wohnt ein vollkommner Yaçna (oder *dâta hê* wenn ihm gegeben wird ein Yaçna, der bei ihm wohnt) yt. 14, 48. *yô . . . mairyô* als, wenn der verderbliche yt. 5, 50. *yô* lies *yôi? narô* wenn Männer vd. 5, 82. *yaçe-thwâ . . . pathãm jaçaiti* wenn einer (für *yô thwâ* oder *yaṭ thwâ*) auf dem Wege kommt yt. 13, 20. *yaṭ kerenaoiti* vd. 3, 24. *yaṭ* begleitet loc. absol. vd. 3, 123. *yaṭ aṅhaṭ* wenn es ist vd. 2, 53. *âaṭ yaṭ tûm hãmrâzayaṅuha* deshalb wenn du ordnest vd. 17, 10. *aêshô nâ yaṭ kerenaoiti* vd. 9, 162. *yaṭ hîs avi fratacaiti* wenn sie (ea) sie (illos) hat ausströmen lassen y. 64, 16. yt. 5, 4. *yaṭcit . . . yaṭ* wenn er . . . oder wenn er yt. 10, 85. *yaç-tava frabareñti* wenn sie dir bringen yt. 5, 94. *yaṭ hañjaçâoñtê* wenn zusammenkommen vd. 7, 118. *yaṭ frajaçãn* vd. 4, 118. *yaçe-taṭ* wenn dann vd. 13, 28. *yaṭ* (mit dem conj., futurisch) yt. 19, 92. *yaṭ dayâṭ* wenn es gibt vd. 3, 105. dass: *yaṭ uçzayata* y. 9, 13. *yaṭcit ahi* dass du bist (dafür preisen wir dich) yt. 12, 9. *yaṭ barâma* (gib) dass wir sind yt. 5, 58. oder: *thris vâ shâmãn yaṭ vâ khshvas* 3 oder 6 Tropfen vd. 5, 149. seitdem: *nôiṭ paçcaêta husqafna yaṭ* nicht schläft er mehr sanft, seit y. 56, 7, 6. nemlich: *aêtem zrvânem upâiti yaṭ çpânô* ihn übereilt das Alter, nemlich die Hunde vd. 13, 75. *yaṭ aêsha* nemlich dieses (Lob) vsp. 10, 25. ja: y. 9, 102. 103. Das Relat. steht ohne Verbum *yaêciṭ* y. 10, 53. *yé* y. 16, 8. *maṭ . . . fraraskibyô yâo* (plur. nom. f.) *irîrithushãm yâoçca jrañtãm* vsp. 12, 21. *yâo* (plur. nom. f.) y. 19, 51. Diese Fügung ist den beiden folgenden sehr ähnlich. Das Relat. stellt eine Abhängigkeitsverbindung her (np. keçrah i isâfî), *vîtaçtidrâjô yaṭ huskanãm* eine Vitaçt vom trocknen (Holz) vd. 7, 76. *aya aibigara aya aibijareta* (instr. f.) *yâ ameshanãm çpeñtanãm* vsp. 25, 1. *mâ cis barô aêvô yaṭ iriçtem* nicht sei ein einzelner Träger des Todten vd. 3, 44. Das abhängige Wort steht voran: *aidyunãm yaṭ urunô* die Seelen der Reiter yt. 13, 154. y. 39, 4. (wo *hyaṭ*). Das Relativum stellt eine Attributivverbindung her (np. keçrah i tûssîfî). a) das relat. stimmt mit dem Nomen überein: *yim* vd. 13, 3. *kharemca yim asharanem* den heiligen Esel y. 41, 28. *tûm yô ahurô mazdâo* vd. 5, 50. *hô yô aṅrô mainyus* vd. 19, 2. *avãm yãm mazistãm* vd. 19, 47. *janayô yâo drvaitis* vd. 20, 25. *gadhwãm yãm aputhrãm* vd. 15, 17. *raocêbîs . . . yâis ahurahê mazdâo* y. 57, 18. *daêum janem yim çpeñjaghrem* vd. 19, 135. *skyaothna yâ narôvaêpaya* vd. 1, 48. *vaêm yôi daêva* wir Daêvas vd. 18, 115. *aêsha drukhs yâ naçus* vd. 3, 47. *aêtê yôi mazdayaçna* vd. 3, 59. 5, 35. acc. m. *yém* (Westerg. *yim*) y. 28, 8. plur. instr. n. *yâis* y. 35, 10. *vîçpâis haca karshvãn yâis hapta* y. 60, 16. dual. nom. m. *yâ* y. 30, 3. *vâo . . . yéñg daêvéñg* y. 32, 5. *méñdâidyâi yâ tôi âdistis* deine fünffache Lehre y. 43, 8. plur. acc. *yâ* yt. 1, 24. 13, 60 (Hss. hier *yãm*). dual. acc. n. *î . . . yâ vohû* die beiden guten (Welten) y. 39, 10. sing. acc. n. *yaṭ yâre* vd. 2, 133. *dâmãn yâis* y. 70, 47. *atha zî né . . . îzhyôtaraca âoṅhâma, yâis çpeñtahê mainyéus dâmãn* (acc. plur. neutr.) vsp. 14, 11. nachgestellt: *humãzdrâ ashâ yêcâ* (acc. plur. neutr.) y. 30, 1. Ein demonstr. kann vorhergehn: *tã . . . yã ameshé çpeñté* y. 69, 1. *âaṭ yaṭ aêtê* (scil. *naçâvô*) *yâ çpôjata* wenn diese Leichen von Hunden geschlagen sind vd. 7, 5. plur. acc. n. *tâ . . . paourvîm yêcâ* das erste eurige, was euch zuerst gehörte y. 50, 2. *téñg . . . yéñg ashahyâ vazhdréñg* y. 45, 4. *aêtaêshãm yaṭ dakhmanãm* vd. 7, 129. b) der nom. *yô* steht für andre Formen: *naêcis avaṭ yô çpeñtahê* yt. 15, 3. (vgl. skr. *tasya yaḥ pûrvasya* Weber I. St. II, 219). c) der acc. *yim* steht für andre Formen: *yô aêtaêshãm çûnãm jaiñti yim paçushaurvãm* (für *yaêshãm*) vd. 13, 21. *yô çûnê pistrem jaiñti yim paçushaurvê* vd. 13, 26. *çûnê yim paçushaurvê* vd. 15, 10. d) der nom. neutr. *yaṭ* steht für andre Formen: *ahmi aṅhvô yaṭ açtvaiñti* vd. 5, 122. *ashahé yaṭ vahistahê* y. 1, 33. *zemô yaṭ pathanayâo* auf der breiten Erde vd. 19, 15. *kahmâi . . . apereçe . . . anyô mana yaṭ zarathustrâi* mit wem unterhieltest du dich ausser mir dem Z. vd. 2, 3. *ahmi nmânê yaṭ mâzdayaçnô* vd. 5, 135. *khshmâvôya yaṭ çaoshyañtaêibyô* y. 20, 6. *aêtaêshãm yaṭ dakhmanãm* vd. 7, 129. *urvaranãm yaṭ âtarecithranãm* vd. 8, 238. *yûshmâkem yaçnâica . . . yaṭ ameshanãm çpeñtanãm* vsp. 6, 3. Aus diesen Fügungen entsteht der Gebrauch des Relat. als Artikel. a) der Artikel harmoniert mit dem Nomen: nom. *yô* vd. 19, 24. *yé* y. 13, 22. *baraṭ aiwiranyâo yaçe takhmô kava vistâçpô* es überwand der starke Kavi V. yt. 19, 87. fem. *hâ yaozhdâo yâ daêna* das ist die Reinlichkeit: das Gesetz vd. 5, 66. 10, 36. *kâ yâ kainê* wie soll diess Mädchen sein vd. 14, 65. acc. masc. *yim* y. 56, 11, 5. *yimca* yt. 19, 71. *yém mazdãm ahurem* (er kennt) den Ormazd y. 44, 8. fem. *avi yãm açtvaitîm gaêthãm* y. 9, 27. 56, 10, 3. yt. 5, 34. *yãm ârmaitîm çpeñtãm yâoçca tê ghenâo* die Armaiti und deine Frauen vsp. 3, 21. instr. fem. *yâ dregvatô daênâ* durch das Gesetz des bösen y. 48, 4. gen. f. *berejayen yéṅhâo kehrpô* yt. 10, 90. pl. nom. m. *yaêca* yt. 10, 69. Fr. 1, 2. fem. *yâo âpô yâoçca urvarâo* yt. 1, 9. 10, 100. neutr. *yâ* vsp. 14, 10. acc. neutr. *yâ* y. 43, 5. *yâ çtaota yêçnya* vsp. 26, 3. *yâ vohû* das Gute y. 14, 13. *yâcâ ukhdhâ* y. 42, 5. *yâ karapôtâoçcâ kevîtâoçcâ* y. 32, 15. *pairi yâis hapta karshvãn* yt. 19, 82. instr. *yâis* (kann auch keçrah sein) y. 45, 15. gen. m. *vîçpê zaya . . . niçirinuyâṭ yaêshãm zayanãm athaurunê* alle Geräthschaften übergebe er von den Geräthen für den Priester vd. 14, 27. *yaêshãm* y. 48, 4. fem. *yâoṅhãm* y. 21, 3. neutr. *yaêshãm* vd. 3, 95. b) der Artikel harmoniert nicht mit dem Nomen: *yô hapta heñdu* vd. 1, 73. *yaêshãm yasethwaḍca urvãnô zaoyâoçca fravashayô* (s. oben) yt. 13, 148.

Skr. *yá*, hzv. parsi np. bal. *î*, vergl. armen. *yo* (quo).

yaêib°, yaêca, yaêciṭ s. *ya.*

yaêtus s. 1. *yaṭ.*

yaêtusgâo (vom vor. + 1. *gâo*) m. n. pr. des Sohnes des Vyâta, gen. *yaêtusgêus vyâtanahê* yt. 13, 123.

yaêthman (von 1. *yaṭ*) n. Hülfleistung, nom. *vê yaêthma* eure Hülfleistung (s. *uyê*) y. 11, 24. vgl. *yôitheman.*

yaêshu, yaêshãm s. *ya.*

yaêshê s. *yash.*

yaoiti (von 2. *yu*) f. Verbindung.

Skr. *yûti*, np. *juft?* kurm. *jôt.*

Vgl. *gaoyaoiti.*

yaokarsti s. *karesh* + *yao.*

yaokh° s. *yuj.*

yaokhdhra (von *yuj*) adj., stark, streitbar, nom. *yaokhdhrô* yt. 15, 54.

yaokhsti (von *yukhsh*) f. Kraft, Fähigkeit, Zauberkraft, plur. acc. *yaostayô* Mittel y. 67, 56. Fertigkeit y. 38, 4. dat. (statt instr.) *aiwyaçca yaokhstibyô* mit diesen Kräften yt. 10, 82. gen. *yaokhstinãm* yt. 10, 82. 8, 45.

Vgl. *pouruyaokhsti, hazañray°.*

yaokhstivañṭ (vom vor.) adj., mit Kraft versehn, nom. f. *yaokhstivaiti* (hzv. *kâmakômand* mit Wunsch versehn, d. h. was sie wünscht, kann sie bewirken) vd. 19, 99. neutr. *yaokhstivañtem* (Thema °*vañta* wie im prakrit) yt. 12, 1. acc. m. *yaokhstivañtem* yt. 10, 61. 7, 5. 8, 49. neutr. *yaokhstivañtem* yt. 19, 9. plur. nom. m. *yaokhstivañta* yt. 19, 72. *vâta yaokhstivañtô* yt. 8, 8. gen. *yaokhstivatãm* vd. 20, 3 (Hzv.-Gl.: wie Jamshét).

yaogeṭ, yaoj° s. *yuj.*

yaozhdath (von *yaos* + 2. *dath*) reinigen, praes. 1. sg. *yaozhdathâmi* (Westerg. °*dathâni*) vd. 11, 2. 12, 5. 3. plur. med. °*datheñtê* vd. 8, 286. pot. 2. sg. med. °*daithisa* vd. 10, 38. 3. pl. act. °*daithyãn* welche reinigen wollen vd. 9, 3. imper. 1. sg. °*dathâni* vd. 19, 41. N. 4, 8. impf. 2. sg. °*dathô* reinige vd. 9, 146.

— *pairi*, reinigen, pot. 3. sg. med. *pairiyaozhdaithita* man möge reinigen vd. 8, 116. 14, 71. partic. praes. acc. *pairiyaozhdatheñtem* y. 9, 2.

— *fra*, reinigen, imper. 1. sg. *frâ tê* … *yaozhdathâni* vd. 21, 25. yt. 24, 49.

yaozhdâ (von *yaos* + 2. *dâ*) reinigen, praes. 3. sg. *yaozhdâiti* vd. 5, 67. 10, 37. °*dadhâiti* vd. 7, 37. y. 64, 7. yt. 5, 2. aor. imper. 1. sg. °*dânê* y. 48, 9. perf. med. periphrast. (passivisch) *paiti avatha yaozhdayãn* (scil. *añhaṭ*) sie ist rein vd. 5, 156. scil. *añhen*, sie sind rein vd. 8, 116. °*dayãn añhen* sie sind rein vd. 6, 84. 85. 7, 28 (hier von einem neutr.). Das Subject steht hierbei im acc. (wegen des Hülfsverbi *ah*). vgl. *ayaozhdayãn añhen* vd. 7, 60. partic. perf. pass. nom. *bvaṭ yaozhdâtô* vd. 19, 69. acc. *yaozhdâtem* y. 70, 36. fem. °*dâtãm* y. 61, 30. yt. 10, 120. vd. 18, 63. plur. nom. °*dâta bun vohu manô*, °*dâta bun mashyô* vd. 19, 76. acc. °*dâta* vd. 19, 71. fem. °*dâtâo* y. 64, 39. dat. (statt instr.) f. °*dâtâbyô* yt. 5, 8. gen. m. °*dâtanãm* vd. 18, 44. fem. °*dâtanãm* vd. 14, 8. yt. 5, 63. (vgl. *ayaozhdâta*).

yaozhdâiti (vom vor.) f. Reinigung, acc. °*dâitîm* vd. 8, 284. instr. *paçca* °*dâiti* vd. 5, 160.

yaozhdâo (von *yaozhdâ*) f. Reinigkeit, nom. °*dâo* vd. 5, 66. 10, 35. y. 47, 5.

yaozhdâtar (von *yaozhdâ*) m. Reiniger, acc. °*dâtârem* yt. 10, 92.

yaozhdâtôzema (v. *yaozhdâta* + *zem*) adj., reine Erde habend, superl. nom. neutr. *yaozhdâtôzemôtemem* (scil. *açô?*) vd. 3, 52. acc. *fraêstem yaozhdâtôzemôtemem* (sie sollen die Frau bringen) an den am meisten reinerdigen Platz vd. 5, 139.

yaozhdâthra (von *yaozhdâ*) n. Reinigungsmittel, Reinigung, nom. °*dâthrem* vd. 3, 134. 8, 80. die Sonne *bvaṭ zãm* °*dâthrem* wird eine Reinigung der Erde, reinigt die Erde yt. 6, 2. acc. °*dâthrem* Reinigung yt. 8, 15. Reinigungsgebet vd. 11, 4. *kutha* °*dâthrem barâni* wie soll ich (der Frau) Reinigung bringen vd. 19, 41.

Hzv. *yôshdâçar*, parsi *yaozdâthra*, np. (in Parsischriften) *yôzdâṣar.*

yaozhdâthrya (vom vor.) m. der Reiniger, dessen Geschäft sowohl ein Priester als ein Laie ausüben kann, letztrer aber nur mit dem Beding, dass er das Reinigen von einem erprobten Reiniger gelernt habe; nom. °*dâthryô* vd. 9, 156. 19, 72. der sich reinigende, reine vd. 19, 108. abl. *yô nôiṭ apavatâitê daênayâo mâzdayaçnôis yaozhdâthryâṭ haca* welcher das Gesetz (d. h. die Vorschriften über die Reinigung?) nicht von einem (erprobten) Reiniger gelernt hat vd. 9, 172. *nazdistâṭ dañhâvô yaozhdâthryâṭ haca* vend. sade 489 (Westerg. vd. 19, 41).

yaozhdâna (von *yaozhdâ*) adj., reinigend, dual. acc. Werkzeuge *yaozhdâna* (Westergaard °*dâni*) welche (das Feuer) reinigen vd. 14, 21.

yaozhdi (v. *yaozhdâ*) f. Reinheit, instr. *yaozhdya* vd. 6, 71. *yaozhdya taciñti âpô* gereinigt fliessen die Wasser vd. 5, 58.

yaoz° s. *yuz.*

yaozda adj., rein?

Vgl. *hvâyaozda.*

yaona (von 2. *yu*) 1) m. Verbindung, Wohnung, *ashica nemañhana ukhshnê khrathwê yaonê* (Westerg. *yaonem*) *âçtê* mit Gebetverbundner Reinheit für das Wachsthum des Verstandes (damit, so dass) er in Verbindung (beständig) bleibe vd. 4, 125. 2) m. Luftraum, acc. *hãmyaêtâoñhô yaonemca avi zãmca, zãmca avi yaonemca* zieht die Luft zur Erde, die Erde zur Luft vd. 21, 16. 17. *yaonem* vd. 21, 19. *baghôbakhtem paiti yaonem* vd. 21, 22. yt. 8, 35. 13, 54. 56. 3) m. Kraft. 4) adj., abwehrend, pl. acc. n. *thwãm kainînô vadhrê yaona khshathra hvâhâo jaidhyâoñti* dich die Mädchen, die heirathsfähigen, um abwehrende Herrschaft (d. h. um Gatten, Eheherrn, welche sie schützen) schwesterlich bitten yt. 5, 87.

Vgl. skr. *yóni*.

Vergl. *ushâyaona*, *perethuy°*, *baremây°*, *raçôy°*, *huy°*, *hvây°*.

yaonibya s. *yêrin*.

yaonôqata (v. *yaona* + *qata*) adj., dessen Selbst, dessen Natur aus Kraft besteht, kräftig, gen. *raopâis °qatahê* vd. 13, 48.

yaom s. 2. *yava*.

yaos adv., rein, *kathâ môi yãm yaos daênãm yaozhdânê* wie soll ich mir das Gesetz rein erhalten y. 43, 9. *yê maibyâ yaos ahmâi açcît vahistâ . . . côishem* wer mir rein ist (lebt, *ahmâi* gehört zu *maibyâ*, mir hier) dem gebe ich das beste y. 45, 18.

Skr. *yós*.

yaosti s. *yuokhsti*.

yakhsti f. Zweig.

Skr. *yáshti*.

Vgl. *thryakhsti*, *navay°*, *pañcay°*, *haptay°*.

yaz, opfern, preisen, stets medial; praes. 1. sg. *yazê* yt. 8, 25. 3. sg. *yazaitê* yt. 10, 30. *mas yazaitê* y. 32, 3. *yô yazaitê* (lies *yazâitê?*) yt. 6, 4. 1. plur. *yazamaidê* vsp. 8, 1. y. 6, 1. 41, 28. 14, 14. 38, 1. yt. 15, 1. u. oft. *çtaomi zbayêmi ufyêmi yazamaidê* S. 2, 30. *yazamadaêca* y. 70, 54. 56. 3. pl. *yazeñtê* yt. 10, 8. 8, 11. 22, 14. conj. 1. sg. *yazâi* vd. 22, 9. y. 69, 1. 56, 1, 7. 49, 4. 64, 1. 50, 22. (cit. 16, 6.) yt. 15, 1. 10, 31. 8, 1. 12. *yazâi* yt. 10, 143 ist wohl in *yazatâi* zu verbessern; 3. sg. *kem yazâitê* womit kann verehren vd. 17, 2. *yô yazâitê* vd. 18, 24. *yaçca yazâitê* wer (durch Recitierung des ahû vairyô) preist y. 19, 9. *yavata yazâitê* so lange er opfert y. 64, 33. *yazâitê* yt. 10, 137. *kô mãm yazâitê* wer wird mir opfern yt. 10, 108. *yô yazâiti* (lies °*tê*) yt. 17, 2. 3. pl. *yazâoñtê* yt. 5, 85. pot. 2. sg. *yazaêsa* yt. 1, 9. 5, 1. 10, 119. 3. sg. *yazaêta* man preise vd. 12, 7. imper. 1. sg. *yazânê* vd. 19, 57. yt. 5, 90. impf. 3. sg. *yazata* opferte y. 56, 1, 3. yt. 10, 88. 14, 28. 5, 17. 17, 18. 61. pries y. 56, 8, 2. 3. pl. *yazeñta* yt. 5, 57. 15, 39. causale impf. *yazayañta* sie sollen opfern yt. 10, 119. *yêdhi yazayañta* yt. 8, 11. *yêdhi zi yazayañta* denn wenn sie opferten yt. 10, 55. partic. praes. nom. *yazânô* obwohl opfernd yt. 10, 138. 13, 24. *yazemnô* vd. 19, 65. passivisch yt. 19, 52. *yazemnaçcâ* y. 34, 6. acc. *yazemnem* yt. 5, 132. dat. *yazemnâi* y. 67, 37. yt. 5, 19. 9, 5. partic. praes. pass. plur. nom. *yêzimnâoñhô* y. 50, 20. partic. perf. pass. nom. *yastô khshnûtô* . . . *çraoshô* Çerosh, wenn gepriesen, ist zufrieden vd. 19, 133. *yêzi aêm bavaiti yastô* yt. 8, 43. *yêzi mãm yastô kerenavânê* (lies °*vâhê*) wenn du mich gepriesen machst (oder medial?) yt. 15, 56. plur. nom. f. *yastâo* Fr. 1, 2. (einmal statt des masc. *yasta*). acc. f. *paiti hîs yastâo vîçañuha* yt. 10, 32. partic. fut. pass. nom. *yêçnyô* y. 61, 2. yt. 10, 78. neutr. *yêçnîm vacô* y. 21, 1. 3. acc. f. *yêçnyãm* y. 64, 3. yt. 5, 1. 13, 4. neutr. *çtaotem vacô yêçnîm* Fr. 1, 1. pl. nom. fem. *yêçnyâo* yt. 13, 34. n. *yâ çtaota yêçnya* y. 54, 15. acc. n. *yâ çtaota yêçnya* vsp. 26, 3. *yêçnyâca* (kann auch nom. sein) yt. 13, 153. *yêçnyâcâ* Lobgebete y. 30, 1. *çtaota yêçnya* y. 54, 20. *yêçnyâca* vsp. 2, 3. y. 23, 8. gen. *çtaotanãm yêçnyanãm* der Opfergebete vsp. 1, 9. 4, 1. 10, 29. 14, 8. y. 54, 23. superlat. acc. m. *yêçnyôtemem* yt. 13, 152.

— *upa*, verwünschen, conj. praes. 1. sg. *yazâi apâ* y. 33, 4.

— *â*, preisen, praes. 1. plur. *âca manô mata âca yazamaidê* vsp. 5, 2. *âtaṭ qarenô yazamaidê* vsp. 22, 8.

— *fra*, preisen, praes. 1. sg. *frâyêzê* vsp. 7, 4. y. 16, 3. 1. plur. *frâ yazamaidê* yt. 8, 1. *aêtaṭ frâyazâmaidê* yt. 11, 7. 3. plur. *frâyazeñtê* yt. 10, 9. 16. 13, 47. conj. 3. sg. *frâyazâitê* yt. 14, 44. 8, 15. 10, 91. = 61, 3 (wo °*ti*, lies °*tê*). A. 3, 5. er bete vd. 18, 97. 3. pl. *fraca yazâoñtê* yt. 10, 120. *yim mashyâka frâyazâoñtê* yt. 14, 48. *yaṭ çraoshô frâyazâoñtê* wenn man den Çraosha preist vd. 9, 194. collectiv statt des sing. *frâyazâoñtê* vd. 13, 173. pot. 2. sg. *frayazaêsa* vd. 19, 135. yt. 5, 91. 3. sg. *frayazaêta* man preise vd. 19, 5. act. *kahê vô urva frâyêzyâṭ* wessen Seele wird euch preisen yt. 13, 50. imper. 1. sg. *frâyazânê* vd. 19, 57. yt. 5, 90. 15, 54. 17, 61. partic. fut. pass. *frâyazañta* (s. besonders). med. praes. plur. nom. *frâyazemna* y. 54. 22. gen. *frâyazemnanãm* vsp. 14, 16. y. 67, 38. partic. perf. pass. *frâyasta* (s. besonders).

Skr. *yaj*, *yájati*, altp. *yad* (*âyadana*, *bâgayâdis*, *âtriyâdiya*), hzv. *yashtan*, parsi *yastan*, np. *yashtan*, armen. *yazel*.

yazaois s. *yazu*.

yazata (partic. fut. pass. von *yaz*) verehrungswürdig, Beiwort verschiedner höherer Wesen; man unterscheidet himmlische oder unsichtbare Yazatas, an deren Spitze Ormazd, und irdische, an deren Spitze Zarathustra steht. Es gehören zu ihnen die göttlichen Wesen ausser den Amesha çpeñta, z. B. Mithra, Râma qâçtra, Dâmôis upamana, Çraosha, Tistrya, Nairyô çañha, Apãm napâo, Rashnu, Verethraghna, Arsti, die Erde, das Feuer, der Haoma, Ushidarena; ihre Zahl aber wird yt. 6, 1. auf 100000 angegeben: man vergl. Burnouf 218. 376. Spiegel Av. übers. III, XII. Herder, vom Geist der ebr. Poesie. 3. Aufl. p. 44. nom. *yazatô* yt. 10, 13. *napâô yazatô* (Apãm napâo) yt. 19, 52. acc. *yazatem* y. 41, 6. 2, 15. 6, 6. 17, 4. 70, 93. yt. 15, 1. 10, 6. 108. *dâmôis upamanem yazatem* vsp. 2, 28. S. 2, 30. *mazistem yazatem* (Ormazd) y. 17, 2. *nairyôçañhem yazatem* S. 2, 9. *ushidarenem yazatem* S. 2, 28. dat. *yazatâi* (Hss. *yazâi*) yt. 10, 143. gen. *yazatahê* vsp. 1, 26. y. 1, 9. 7, 52. 22, 33. 65, 6. 56, 13, 5. yt. 11, 19. *aokhtônâmanô yazatahê* (Zarathustra) y. 7, 53. *zemô hudhâoñhô yazatahê* S. 1, 28. dual. acc. Çraosha weht die Feinde zusammen *paiti thrâtâra yazata* gegen die beiden schützenden Y. (Mithra und Rashnu, welche sie dann tödten) yt. 10, 41. plur. nom. *yazatâoñhô* yt. 6, 1. *ciçpê yazatâoñhô* yt. 17, 19. *yazata* yt. 10, 41. Fr. 1, 2. *nacacis* . . . *yazata* (verb. im plur.) yt. 6, 3. statt des acc. mir (*mâ*) opfern die Menschen nicht *yatha anyê yazatâoñhô* . . . *yazeñtê* wie sie den andern Y. opfern yt. 10, 54. 8, 11. acc. *yazata* vend. sade 68. y. 15, 5. yt. 6, 4. *âtarseithréçca yazatê* vsp. 19, 2. dat. *yazataêibyô* vd. 2, 42. vsp. 10, 20. y. 1, 49. *hathra yazataêibyô* vsp. 9, 2. gen. *yazatanãm* vd. 19, 101. y. 3, 20. 22, 32. 56, 1, 7. yt. 10, 98. 11, 17. 21. 17, 16. 19, 22. voc. *vîçpê yazatâoñhô* y. 64, 54. *yazata* y. 64, 57. N. 3, 11. yt. 24, 7.

Skr. *yajatá*, altp. *Izates* (Tacitus Ann. 12, 14. Josephus Antiqu. Jud. 20, 3), vgl. die *Izatichae* des Ptolemaeus (erhalten in *Yezd*), hzv. *yaht* (? plur. *yihan*), auf den Inschriften *yazd* (göttlich, Mordtmann DMG. 18, 10), *yaztân* (plur.), parsi *yazd*, np. *yazdân* (Gott, eigentl. plur., wie hebr. *elôhîm*).

Vgl. *çûrôyazata*, *huy°*.

yazica yt. 24, 47. lies *yêzica?*

yazu adj., gross, erhaben, nom. f. *pouruçistâ* ... *yazvî* (Spiegel *yêzivî*) y. 52, 3. acc. *yazûm*, yt. 24, 26. *thwâ mêñhî* ... *yazûm çtôi manañhâ* dich dachte (erkannte) ich als den durch Geist erhabnen in der Schöpfung y. 31, 8. *khshathrem daidhîs, zarathustra, khshathrem apara daidhîs yazaoiscina* yt. 24, 48.?

Skr. *yahú* (s. Benfey, Orient und Occident I, 420).

yazemna (partic. praes. med. von *yaz*) preisend. Vgl. *ayazemna*.

yañti s. 2. *i*.

yatâra (von *ya*) pronom. relat., wer, welcher, nom. *yatârô* vd. 18, 55. 56. *yatârô frâyazâitê amô* wo man der Stärke (eigentl. wo sich die Stärke?) opfern lässt yt. 14, 44. plur. nom. *yatâra* wo man yt. 10, 9. 13, 47.

Skr. *yatará*.

yatô lies *iyatô* (s. *iyañt*).

1. **yaṭ**, sich anstrengen, eilen, fliessen, perf. 3. sg. *yayata dunma yayata* die Wolke geht, zieht (herab das Wasser, hinauf das Wasser) vd. 21, 3. *yêzi taṭ yayata* wenn er es vermag (eigentl. sich anstrengend vermag) A. 1, 3. partic. pl. acc. f. *imâo yaêtushîsca zaothrâo* diesses fliessende Weihwasser vsp. 12, 14. superl. acc. *yaêtustemem* am meisten herzukommend, hülfreich (hzv. *matârtum*, Ner. *samâgantṛtama*) y. 70, 9. dat. *âthrê* ... *yaêtustemâi* y. 1, 6. causale praes. 3. plur. *yâtayêiñti* sie befleissigen sich yt. 10, 78.

— *fra*, hervorstreben, causale praes. 3. pl. *frâyatayêiñti* sie eilen vorwärts y. 56, 11, 5. impf. 3. sg. *frâyatayaṭ* vd. 22, 52. yt. 5, 65.

Skr. *yat*, *yátate*.

2. **yaṭ** s. *ya*.

yatha (von *ya*) adv. und conjunct., wie, nemlich, wohin, als, damit, *yatha* wie yt. 22, 9. 5, 129. vd. 7, 4. 5, 54. 19, 23. 3, 149. y. 9, 8. *yatha mazdayaçnaêibyaçeiṭ* (früher) als an den Mazdaverehrern vd. 7, 96. *yatha* nemlich y. 21, 3. *yatha kathaca* wie nur immer vd. 2, 41. *yathâ* wie y. 13, 22. 14, 13. 29. 4. *yatha* weil yt. 10, 39. *yathaca* wenn vd. 7, 129. *yatha* damit vd. 8, 241. y. 51, 10. 59, 9. yt. 10, 34. 13, 1. *nî taṭ (mruyê)* ... *yatha gaêthâhva fracarânê* ich preise dich, damit ich in den Welten gehn kann y. 9, 59. *yathâ athâ* y. 39, 10. *avaṭ aipi yatha* nur soviel als vd. 6, 16. *yatha* als (nach dem comparat.) vd. 2, 37. 18, 129. yt. 13, 17. y. 10, 25. zuweilen in dieser Bedeutung nach dem positiv, der dann die Bedeutung des comparat. erhält: yt. 15, 54. die Majestät ist auf ihm soviel (scil. mehr) *yatha yaṭ* als yt. 19, 68. *pôurvô yaṭ* früher als vd. 7, 96, *havaṭmaçô yatha* y. 10, 35. *yatha frâ idha âmraoṭ* wenn man (wer ihn) ausspricht y. 19, 28. *yathâ* weil denn y. 34, 5. *yatha kavaca* wohin immer vd. 1, 55. *tê* ... *yatha raêvañtô arejahê* (Westerg. *itha*) von dir, da du von so hohem Werth bist y. 10, 55. *mãnayen ahê yatha* gleichwie vd. 2, 96. *yatha cathwârô erezvô* so lang als 4 Finger vd. 6, 88. *yathâca* so auch yt. 1, 26. *yaṭ kãmeiṭ vâ taokhmanãm parairithyêiti yatha anyôvarena* wenn einer in der Verwandtschaft stirbt, der andersgläubig ist (hier ist *yatha* ähnlich gebraucht wie *yaṭ* und das np. i tussîfî) vd. 12, 63. *yatha* ist usgelassen, aber aus dem correlat. *atha* zu schliessen vd. 13, 60. welcher Wolf ist tödtlicher, *yatha çpâ vehrkahê kerenaoiti, yatha yaṭ vehrkô çpâ*, der welchen ein Hund mit einem Wolf erzeugt, oder (eigentl. als) welchen ein Wolf mit einem Hund vd. 13, 115. vgl. 13, 116, wo *yatha* als, quam bedeutet. *yatha* wo y. 10, 9. yt. 19, 66. *yathâ* wann y. 31, 14. ob y. 31, 16. *yathâ* ... *ithâ* wie ... so y. 33, 1. *yathâ* im Anfang eines Satzes mit dem potentialis y. 43, 1b. *yathâ* bis y. 43, 1c. *yatha* bis yt. 2, 11. *yathâ îm* wie nemlich y. 44, 3. *yathâ* ... *vîdaṭ* damit er erlange y. 50, 5. *yatha kathaca hê zaoshô* wie auch immer sein Wunsch ist yt. 4, 8. *taṭ ayaos yatha paoirîm vîrem aviyâo bavaiti* von dem Alter wie der erste Mann (ein im ersten Mannesalter stehender) kommt er yt. 8, 14. *yatha yaṭ* so dass yt. 22, 11. *yatha vaêtheñti yatha aêtahmi añhvô yaṭ açtraiñti* wenn sie es in der Welt inne werden vd. 4, 143. *avavaṭ* ... *yatha* ... *barâni* so viel als ich trage (Haare auf dem Kopf) yt. 5, 77. *yatha* nemlich yt 10, 77. 143. *yatha* (Westerg. und Spiegel *yô*, hzv. *emat*) *hãmrâzayêitê* wenn man ordnet vd. 17, 4. (vorher geht *hâu*, der).

Skr. *yáthâ*, altp. *yathâ*, np. *tâ* (udisch *the*, Schiefner 95b), zig. *te* (Pott, die Zigeuner I, 310), arm. *ethê*, *thê*.

yathana (vom vor. + 2. *na*) adv. und conjunct., nemlich, damit, wie, *yathana* yt. 24, 30. *yathanâ* damit y. 35, 6. *vî anâ çarem mruyê yathanâ dregvâtâ rãkhshayañtâ* dem spreche ich ab die Herrschaft, nemlich dem was böse und fürchterlich ist y. 13, 17. *yathana kahmâicit hâtãm* für jedes der Wesen y. 19, 27. yt. 13, 152. *yathanâ vaêdemnâi manañhâ* nemlich dem wissenden durch seinen Geist y. 31, 22. *parstem zî thwâ yathanâ taṭ êmavañtãm* von dir ist gefragt wie von den mächtigen y. 42, 10. *athanâ yathanâ* yt. 16, 3. *itha itha yathana ahmâi* hieher, hieher, nemlich nach dieser (Seite) yt. 19, 57. *itha itha yathana ahmâi avatha itha yathana kahmâi* hieher, hieher, nemlich nach dieser (Seite), hieher, nemlich nach irgend einer (Seite) yt. 19, 60. *âvôya itha yathana ahmâi* yt. 19, 63. *yathanâ çtâitya* y. 20, 2.

yathâ ahû vairyô s. 2. *vairya*.

yathâ-âis-ithâm *hâitîm yazamaidé* wir preisen das mit *yathâ âis ithâ* beginnende (33.) Capitel des Yaçna y. 33, Schluss.

yathra (von *ya*) adv., wo y. 10, 7. yt. 10, 50. 101. 12, 33. wohin y. 10, 16. *yathrâ* wo y. 45, 11. 16. dort y. 30, 9. die Thaten und Lehren *yathrâ varenéñg vaçâo dâitê* wohin (zu denen) man seine Wünsche willig setzt y. 31, 11. *hathra . . . yathra* yt. 13, 48.
Skr. *yátra.*

yada lies *iyada.*

yadha (von *ya*) adv. wann, *yadâ* y. 30, 8. 31, 16. 49, 9.
Skr. *yadá.*

yadhâț (vollere Form des vor.) wenn yt. 19, 12.

yadhôiț (von *yadha* + *iț*) adv. dass, als, *vîçpem â ahmâț yadhôiț upajaçôiț* bis dass man hinzukommt vd. 6, 60, *yadhôiț* wo vd. 6, 94. *nôit vañhô ahmâț skyaothnem vereẓyêiti yadhôiț paçâț* er thut kein bessres Werk, als wenn er verbrennte vd. 16, 40.

yam, lenken, zwingen.
— *apa*, abweisen, partic. perf. pass. nom. *apayatô harâis dâtâis* abgewiesen (unverhört) von seinen Gerichten (Richtern) yt. 10, 84.
— *â*, seine Schritte lenken, praes. 3. sg. med. *ayamaitê* er begeht (eine Sünde) y. 31, 13.
— *upa*, subigere (puellam), partic. perf. pass. *upayata* (s. besonders).
Skr. *yam, yámati.*

yamanâm s. *yâma.*

yayata s. 1. *yaț.*

yayâo s. *ya.*

1. **yava** (scheint instr. von 3. *yu* zu sein) adv., jemals, so lange als, *yava* jemals vd. 18, 68. y. 19, 24. *yavâ* so lange als y. 48, 1. *yãm iț yava çraêstãm dâdareça* welche ich als die schönste je gesehn habe yt. 22, 10. *kadâ yavâ hvô anhaț* wie soll nun der sein (hzv. übers. *âkarji*) y. 29, 9. *nôiț dim yava* niemals yt. 11, 5. *yim yava* welchen jemals yt. 22, 8.

2. **yava** (von 2. *yu*, das in Garben zu bindende?) m., Feldfrucht, nach den entsprechenden Wörtern der Dialecte zu schliessen: Gerste; hzv. übers. *gurtak*, das parsische *gôrdâ*, etymologisch dasselbe wie *hordeum* und unser *Gerste;* nom. *yavô* Glosse zu vd. 3, 110. 3, 105. statt des acc. vd. 5, 63. acc. *yaom* vd. 5, 154. 3, 99. 17, 9. Speise von Feldfrucht vd. 16, 13. gen. *yavahê* vd. 3, 90. pl. nom. *tâ* (neutr., weil eine unbestimmte Menge gedacht ist) *yava* vd. 7, 83. gen. *yavanãm* vd. 3, 13. 7, 92. 19, 87. yt. 8, 29. loc. *yavôhva* vd. 17, 9. (Thema *yavan?*)
Skr. *yáva*, vgl. hzv. *jubar* (Getreidetragen, Glosse zu vd. 2, 41) np. *jav*, syrisch-zig. *jov*, afgh. bal. *jav*, tirhai *zav*, kurd. *jei* (Garzoni), *ca* (Lerch), assyrisch kurd. *cah*, zaza *jau*, kurm. *je* (alle Gerste bedeutend), armen. *thsauar* (Spelt), südoss. *év*, dig. *yau*, tag. *yev* (Hirse).

3. **yava** (von 2. *yu*) m.? ein Maass.
Hzv. *yôk.*

yavaêtâț (von *yavaê* (dat. von 3. *yu*) + *tâț*) f. Dauer, Ewigkeit, dat. *yavaêtâitê* für immer vd. 7, 188. y. 28, 11. yt. 1, 24. *yavaê yavaêtâtaêca* für immer und ewig vd. 3, 48. yt. 13, 50. *yavaêca tâitê* (s. *tâț*) für immer y. 61, 16.
Np. *jâvîd*, armen. *yauêt, yauitean.*

yavaêji (von *yavaê* (dat. von 3. *yu*) + 1. *ji*) adj., immer lebend, acc. *ahûm . . . yavaêjîm* yt. 19, 11. 89. plur. acc. *çpeñtêñg ameshêñg yavaêjyô yavaêçvô yazamaidê* y. 39, 8. dat. *yavaêjibyô* vsp. 10, 21. y. 4, 8. 24, 25. *avaêjibyô* vend. sade 530.

yavaêçu (von *yavaê* (dat. von 3. *yu*) + *çu*) adj., immer nützend, acc. *ahûm . . . yavaêçûm* yt. 19, 11. 89. plur. acc. *çpeñtêñg ameshêñg yavaêjyô yavaêçvô yazamaidê* y. 39, 8. dat. *yavaêçubyô* vsp. 10, 21. y. 4, 8. 24, 25. *avaêçubyô* vend. sade 530.

yavañț (von *ya*) pronom. adj., quantus, nom. f. *avaiti . . . yavaiti* y. 19, 15. neutr. (adverb.) *yavaț* wieviel vd. 5, 170. 6, 63. wann, wenn vd. 15, 123. so lange als y. 34, 9. 49, 11. so viel als y. 42, 9. dass y. 52, 7. *vîçpem â ahmâț . . . yavaț* so lange bis vd. 6, 67. *yavaț . . . avaț* wie lange . . . so lange y. 28, 4. yt. 19, 7. *cvaț yavaț erezatem* wie theuer, wenn er silbern ist vd. 14, 50. *yavaț â* so lange (ich) da (bin) y. 42, 8. *cvaț yavaț râidhîm* wie gross, wenn es ein Fluss ist, wie gross soll der Fluss sein vd. 14, 55. instr. neutr. *yavata khshayôiț yimô* so lange Yima herrschte y. 9, 20. *yavata yazâitê* so lange er opfert y. 64, 33. *yavata* bis yt. 10, 71. *yavata qaya jvâva* so lange wir beide (ich und mein Gatte) leben yt. 15, 40.
Skr. *yávant*, altp. *yâvâ.*

yavan (von 2. *yu*), m. Jüngling, junger Mensch, nom. *yava* y. 9, 33. acc. *yavânem* yt. 15, 40. G. 4, 8. vsp. 3, 18. (hier hat Westerg. *yvânem*, i. e. *yuvânem*), gen. *yûnô* yt. 22, 18. 36 (allgemein: Mensch, oder wird die Seele des Todten in Jünglingsgestalt gedacht?) yt. 24, 17. plur. gen. *yûnãm* y. 56, 6, 2.
Skr. *yúvan*, parsi *juãn, jvãn*, np. *javân*, buchar. *jûan*, afgh. *tsavân*, kurd. *joân*, kurm. *juân*, arm. *zor.*

yavâkem s. *tûm.*

yavôcarânî (v. 2. *yava* + *carâna*) m.? Getreidefeld, acc. ein Mann giesst Wasser *avi yavôcarânîm* auf ein Feld, hzv. „zur Bearbeitung der Feldfrucht" vd. 5, 15.

yavôfrathañh (von 3. *yava* + *fr°*) adj., von der Länge eines Yava, acc. n. *bareçma °frathô* vd. 19, 63.

1. **yaç**, kommen, praes. 3. sg. med. *mazdâ yêçtê . . . çpénistô* o Mazda, der der heiligste kommt (ist) y. 42, 16. impf. 3. sg. med. *yaçtâ* es gelange (zu den Devs) y. 44, 11. *yaçtâ mañtâ pouruyô* er kam als erster Bildner y. 31, 7.
— *apa*, wegbringen, vernichten, praes. 3. sg. med. *apayaçaitê* vd. 18, 126. conj. 2. sg. *apayaçâi* (aus *°yaçâhi*) vd. 19, 28. imper. 1. sg. med. *apayaçânê* vd. 19, 32.
Skr. *yam, yácchati* (altb. *yaç* verhält sich zu *yam*, wie *jaç* zu *jam*).

2. **yaç** (vom vor.) adj., kommend, plur. nom. *kuthrâ yaçô qyên ashem* wo gelangt man zu Asha y. 50, 4.

yaça (von *yaz*) m. Gebet, Opfergebet.

yaçatê s. *ya*.

yaçôbereta (von *yaça* + 1. *b°*) adj., unter Gebet dargebracht, plur. dat. (statt instr.) f. *°beretâbyô* yt. 1, 9. G. 3, 7.

yaçka (von 1. *ish?* Burnouf, Journ. asiat. 1846. Jan. 66) m. Krankheit, nom. (ohne Flexion) *yaçka* yt. 3, 7. acc. *yaçkem* vd. 9, 187. 20, 25. yt. 14, 47. *yaçkemca* yt. 10, 110. statt des voc. (attrahiert) *yaçkem thwãm paitiçañhâmi* Krankheit, dich verwünsche ich vd. 20, 19. ohne Flexion *yaçka* yt. 3, 10. dat. *yaçkem yaçkâi dârayaṭ* (welcher) die Krankheit zur Krankheit zurückhielt vd. 20, 8. 11. gen. *yaçkahê* vd. 20, 13. dual. nom. *dva yaçka* (verb. im sing.) vd. 7, 173. pl. acc. *aêtê yaçka* vd. 9, 176. Ahriman schuf *navaca yaçkê navaitisca navaca çata navaca hazañra navaçêçca baêvãn* 99999 Krankheiten vd. 22, 6. gen. *yaçkanãm* yt. 3, 14.

Vgl. skr. *yákshma* (Auszehrung), hzv. *yaçk*, Bund. 77, 16. n. pr. in Sohak's Stammtafel.

Vgl. *ayaçka*, *jainiy°*.

yaçkôtema (Superlativbildung vom vor.) am meisten Krankheit seiend, acc. (ohne Flexion) *yaçkanãm yaçkôtema* yt. 3, 14.

yaçtaṭ y. 43, 19. s. *taṭ*.

yaçtêm y. 45, 6. aus *yô têm*.

yaçna (von *yaz*) m. 1) Opfer, Opfergebet, Preis, nom. *yaçnô* y. 21, 3. *yaçnaçca* y. 67, 17. acc. *yaçnem* y. 33, 8. 12, 4. 56, 6, 2. vsp. 24, 1. yt. 1, 24. 10, 32. *yaçnemca* vsp. 13, 3. instr. *yaçna* vd. 19, 57. y. 56, 1, 7. yt. 10, 30. 13, 147. 5, 95. *paoiryâca yaçna upamaca madhemaca fratemaca* (s. Spiegel Av. übers. III, 105) yt. 11, 18. *yaçnâ* y. 34, 1. 35, 27. dat. *yaçnâi* vsp. 18, 5. *yaçnâica* vd. 16, 23. y. 5, 1. vsp. 5, 6. A. 1, 1. *çpeñtaçca mainyus añraçca hikhshatha hê kataraçcit urûtatahê keretahê yaçnâica* yt. 24, 47. abl. *yaçnâṭ* yt. 1, 24. gen. *yaçnahê* yt. 10, 32. local. yt. 13, 147. *paiti yaçnahê* bei jedem Opfer y. 21, 3. *yaṭ yaçnahê* in Bezug auf Preis y. 1, 59. *kaṭ vâ yaçnahyâ* was ist Sache des Opfers (concret: des opfernden) y. 34, 12. loc. *yêçnê paiti* im Opfer vsp. 19, 7. yt. 13, 148. *yêçnê paitî* y. 14, Schluss. *yêhyâ . . . yêçnê paitî* in wessen Opfer (das Beste, scil. liegt, mir kommt) y. 50, 22. (cit. y. 16, 4. wo *yêñhê yêçnê*). plur. acc. *yaçnãçca* y. 23, 5. 59, 10. Fr. 7, 2. *yaçnãçcâ* y. 52, 2. instr. *yaçnâis* y. 44, 10. 49, 9. abl. *yaçnâ thwâ yaçnôibyô* (wir preisen) dich mit Opfergebeten über (andern) Opfergebeten y. 35, 27. gen. *yaçnanãm paurvatâtâ* y. 37, 4. 2) der Yaçna, besonders der y. 35 — 41. enthaltne Yaçna haptañhâiti, nom. *yaçnaçca haptañhâitis* y. 56, 9, 5. acc. *yaçnem çûrem haptañhâitîm* vsp. 2, 19. gen. *yaçnahê haptañhâtôis* vsp. 1, 17. y. 41, 18.

Skr. *yajná*, hzv. *yaçn* (der Yaçna, Yasht), *yajashn* (das mit Gebet verbundne tägliche Opfer), parsi *yazisn* (Ner. *ijisni*), np. *izashn*.

Vgl. *âçnyaçna*, *daêvay°*, *mazday°*, *vîdusy°*.

yaçnôkereta (vom vor. + 1. *kereta*) adj., zum Yaçna gemacht, plur. gen. n. *baêvare paiti °keretanãm* für 10000 Dinge, die als Yaçna dargebracht werden, Darbringungen des Yaçna vd. 3, 104.

yaçnôkereti (von *yaçna* + *k°*) f. Machung des Yaçna, das was den Yaçna ausmacht, ein Stück, Theil desselben, plur. nom. *vîçpâoçca °keretayô* y. 56, 9, 6.

yaçnya (von *yaçna*) adj., aufs Opfer bezüglich, mit Opfergebeten zu verehren, nom. *yaçnyô* yt. 10, 5. 14, 54. *yaçnyaçca* yt. 8, 15. 13, 152. plur. nom. *yôi tê heñti yaçnyâca* (Westerg. *yaçnyâica*) y. 70, 49. 1, 49. 23, 8.

Skr. *yajníya*. — Vgl. *ayaçnya*.

yash, Bahn brechen, partic. praes. *yêshyañṭ* (s. besonders). perf. 3. sg. med. *yaêshê* er bahnte einen Weg yt. 13, 99. 19, 85.

Vgl. skr. *yaksh*, *yakshâyati?*

yasethwaṭ s. *ya*.

yasta (partic. perf. pass. von *yaz*) gepriesen, angerufen.

Vgl. *dareghôyasta*, *huy°*.

yastar (von *yaz*) m. Anbeter, Vollzieher des Opfergebetes, nom. *yasta* vsp. 6, 1. *yastâ* y. 13, 2. 15, 1. voc. *yastareca* yt. 3, 1.

Skr. *yashtár*.

yah, sich anstrengen, tapfer sein.

Skr. *yas*, *yásati*.

yahm° s. *ya*.

1. **yahmya** (von *ya*) adv., wo yt. 10, 14. 19, 6. wo auf ihr vd. 3, 30. 7, 138. wohin yt. 13, 27. für den dat. fem. von *ya:* yt. 5, 85.

2. **yahmya** adj., offenbar, plur. acc. *dâma . . . ashaoni ashavabyô*, *yahmyâca ashavabyô* die Geschöpfe, welche rein sind vor den Reinen, welche offenbar sind unter den Reinen y. 70, 24. Westerg. verm. statt *yahmyâca: yêçnyâca* [*yaçnyâca?*] *vahmyâca*, wonach man annehmen müsste, das erstere Wort sei abgekürzt gewesen, wie dies wohl vorkommt, s. Westergaard, Note zu G. 2, 8.

yahva s. *ya*.

yâ gehn, vgl. 2. *i*; pass. praes. 3. plur. *yêyañtê* werden vertrieben y. 56, 6, 4. Westerg. liest *yêiñti* (von 2. *i*).

— *aiwi*, beschreiten, praes. 3. sg. *aiwyâiti* (für *aiwi-y°*, oder, wenn von 2. *i*, für *aiwi-âiti*) yt. 10, 95.

— *â*, nahen, kommen, impf. 3. sg. *yaçtêm nôiṭ nâ . . . âyâṭ* welcher Mann diesem nicht naht y. 45, 6.

— *paiti*, entgegen kommen, partic. praes. nom. *paitiyãç nizhdvaraiti* yt. 8, 21 (kann auch von 2. *i* kommen).

Skr. *yâ*, *yâti*, np. *âyam*, (praes. von *âmadan*), bal. *niyân* (non eo), zaza *yêna* (venio).

yâiti (vom vor.) f. Wandel.

Vgl. *vaçêyâiti*.

yâirya (von *yâre*) 1) adj., jährlich, das Jahr

hindurch dauernd, acc. f. *yâiryãmca hushitîm* G. 4, 10. y. 2, 25. gen. *yâiryayâoçca hushitôis* y. 1, 18. 2) m. Jahresgenien, Genien der Jahresfeste, plur. acc. *yâirya* vsp. 2, 1. y. 2, 34. dat. *yâiryaêibyô* vsp. 1, 2. y. 1, 26. 3, 40. gen. *yâiryanãmca* y. 1, 46. A. 1. 1.

yâis s. *ya*.

1. **yâoṅh, yâh,** bereit machen, anlegen, partic. perf. pass. nom. *yâçtô* geschürzt, bereit yt. 13, 67. *rayus uçkâṭ yâçtô* yt. 15, 54. gen. f. *uçkâṭ yâçtayâo* yt. 5, 64. 13, 107.

— *aiwi*, umgürten, begleiten. praes. 3. sg. *aiwyâoṅhãm aiwyâçti* vd. 18, 23. causale imper. 2. sg. med. *aiwi vaçtra yâoṅhayaṅuha* zieh deine Kleider an vd. 18, 44. partic. perf. pass. nom. *aûhê aiwyâçtô* mit diesem (Gürtel) umgürtet y. 9, 82. acc. n. *aiwyâçtem* yt. 24, 23. plur. acc.? *aiwyâçta* yt. 24, 23.

Skr. *yas*, caus. *yâsayáti?*

2. **yâoṅh** (vom vor.) n., Geschäft, hzv. *kâr*, gen. *parâ mazê yâoṅhô* vor dem grossen Geschäft (d. i. die Belebung der Todten am jüngsten Tag) y. 30, 2. plur. gen. *yâoṅhãm* yt. 13, 41. *mazistâi yâoṅhãm* y. 57, 19. 36, 6.

Vgl. *ariyâo*.

yâoṅha (von 1. *yâoṅh*) m. Kleid.

yâoṅhaya (vom vor.) adj., auf Kleider bezüglich, plur. gen. fem. *yâoṅhayanãm ararctanãm* vd. 5, 168. 18, 81. (wo *yâoṅhuy°*).

yâoṅhãm s. 2. *yâoṅh* und *ya*.

yâgere? Hzv.-Gl. zu vd. 5, 146. citiert die beiden mir ganz unverständlichen Worte *geçô yâgere*.

yâcica s. *ya*.

yâta (von *yâ*) n. Wandel, Aufführung, acc. *yâtem* vd. 19, 96. A. 1, 11.

Skr. *yâtá*.

yâtayêiñti s. 1. *yaṭ*.

yâtu (von *yâ*) m. 1) Zaubrer, wie es scheint übermenschliche Wesen, wie die Völa der Edda (Völuspâ 26), welche den Menschen zu schaden suchen, s. Spiegel Av. übers. II, CXIII. III, LI. Nerios. übers. *çâkinî* (y. 9, 61) und *râkshasa*. nom. (ohne Flexion) *yâtu* yt. 2, 11. dat. *haca yâtâi* (falsche Form) yt. 4, 4. plur. nom. *yâtavô* yt. 1, 6. 8, 44. 15, 56. acc. *agha yâtava* böse Zauberer (Spiegel: Yâtusünden, ebenso die Hzv.-Uebers.) vd. 1, 52. *yâtavô* vd. 20, 25. yt. 1, 6. 15, 12. 19, 29. *yâtûs* yt. 11, 6. statt des instr.: *yâtus* y. 13, 16. gen. *yâtunãm* vd. 8, 250. yt. 6, 4. *yâthwãm* y. 9, 61. yt. 3, 5. 10, 34. 13, 135. S. 2, 13. 2) Zauberei, instr. *yâthwa* y. 8, 7. yt. 3, 17. Bei den Parsen gilt *yâtu* als eine Art Verwundung, nach Anquetil: si la plaie ne peut être guérie qu'au bout de 5 jours, c'est le Jâto, de 7 cens vingt tanks, vgl. Spiegel, Parsigr. 201.

Skr. *yâtú*, hzv. *yâtuk*, parsi *yâtû*, *yâdû*, np. *jâdû* (im Shâhnâmeh oft Bösewicht, Nichtswürdiger), Vullers Fr. 121. vgl. udisch *jadubaz* (Zaubrer Schiefner 90 a).

yâtughna (vom vor. + *ghna*) adj., durch Zauber mordend.

yâtughnya (vom vor.) n. Mord durch Zauber, acc. *yâtughnîm* vend. sade 148 (Westerg. vd. 3, 41).

yâtujata (von *yâtu* + *j°*) adj., durch Zauber, von Zaubrern geschlagen, plur. nom. *°jata* vd. 7, 5. Hzv. *yâtukzaṭ*.

yâtumañṭ (von *yâtu*) adj., 1) zauberisch, nom. *yâtumâo* y. 64, 30. yt. 15, 56. fem. *jahi yâtumaiti* yt. 3, 9. statt acc. *jahi yâtumaiti* yt. 3, 12. statt gen. *yâtumaiti jahi* vd. 21, 35. acc. m. *yatha kavaca jaçen zaoyêhê yâtumañtem adha heñti yâtumaçtema* wohin immer sie gehn (wo sie immer angreifen) an einen starken zum zauberischen (Thun, Schlagen), da sind sie durch ihren Zauber sehr kräftig (d. h. versetzen sie einem Starken ihre Zauberschläge, so nimmt ihre Kraft zu)? vd. 1, 55. 56. dat. f. *yâtumaityâi* y. 9, 101. plur. nom. *yâtumañta* vd. 18, 116. gen. *yâtumatãm* yt. 11, 6. *yâtumatãmca* y. 60, 11. superl. plur. nom. *yâtumaçtema* vd. 1, 56. 2) von Zaubrern besessen, plur. instr. *yâtumaṭbîs* y. 13, 16. 3) in gutem Sinne, zauberkräftig, hzv. übers. *bâhrômand*, reich, plur. gen. *yâtumatãm* (Hzv.-Glosse: wie Pâtçrûb) vd. 20, 4. 11. vgl. *asdâmôyâtumañṭ*.

yâtumana (von *yâtu*) m. Genosse der Zaubrer, gen. *aêtãm â yâtumanahê* zu diesem (Zustand) eines Zaubergenossen y. 8, 9.

yâṭ aus *yâ aṭ* quaecunque y. 32, 4. *avaṭ yâṭ hvarê avâcî* jenes (Licht) welches man die Sonne nennt y. 36, 16. cit. y. 57, 23, wo *yâ aṭ; upazbaya yâṭ* (lies *yaṭ?*) *pâtayaçca nipâtayâi mâoṅhemca* rufe an den Mond (und die Sonne) als Schützer und zum Schutz? yt. 24, 43.

yâna (von *yâ*) m. Mittel zum Vorwärtskommen, Glück, von den Gottheiten verliehener Segen, acc. *yânem* vd. 19, 23. y. 9, 64—69. 64, 41. yt. 17, 26. 24, 8. instr. *yâna* yt. 14, 3. abl. *yêzi-sê yânâṭ bavaiti* wenn er ihn um Segen bittet yt. 10, 138. gen. *avahêca paiti yânahê* (Zarathustra opfert) um die Gnadengabe yt. 16, 6. plur. instr. *anâis yânâis* wegen dieser Segnungen y. 28, 9.

Skr. *yâna*, altp. *yâna*, hzv. np. *yân*.

Vgl. *dâstayâna*, *vaçôy°*.

yânavañṭ (vom vor.) adj., reich an Gnadengeschenken, superl. nom. *yâna ahmi yânavaçtemô* yt. 14, 3.

yânya (von *yâna*) adj., glücklich, gut, Ner. *çobhana*, nom. n. *yânîm manô, vacô, skyaothnem* gut ist das Denken, Reden und Thun y. 28, 0.

yâbyô s. *ya*.

yâma m. Glas, plur. gen. *yavaṭ ahmâi yamanãm paitinãm çairinãm* vd. 8, 259. (Westerg. 8, 85).

Np. *jâm*. Vgl. thush, abchas. *zam*.

yâmôpacika (vom vor. + *p°*) adj., Glas brennend, abl. *khumbaṭ haca °pacikâṭ* vom Glasofen hinweg vd. 8, 254 (Westerg. 8, 85).

yâre (von *yâ*) n. Jahr, acc. *hazaûrem yârem* (lies *yâre?*) yt. 24, 5. *taêca ayare mainyêiñti yaṭ yâre* sie halten für einen Tag das Jahr vd. 2, 133. *tarô yâre* über ein Jahr vd. 5, 115. 12, 65. *nimatô* (Westerg. *nematô*) *tarô yâre* über ein Jahr altes Gesträuch vd. 9, 171.

Altp. °*yâra* (*dusiyâra*).

Vgl. *tarôyâra*, *duzhyâirya*, *byâre*, *maidhyâirya*, *vîçpôyâra* (s. *vîçpôayâra*), *çatayâre*, *huyâirya*.

yârecares (vom vor. + *c*°) m., Jahreskreis, plur. acc. *yârecareshô* yt. 8, 36.

yâredrâjanh (von *yâre* + *dr*°) n. Dauer eines Jahres, nom. °*drâjô* vd. 6, 90. acc. °*drâjô* ein Jahr lang vd. 5, 45, 6, 2. yt. 24, 45. *paçca* °*drâjô* vd. 6, 91. *naêmem* °*drâjô* ein halbes Jahr lang vd. 8, 123.

1. **yâvarena** (von *ya* + 1. *varena*) adj., von was für Glauben, nom. masc. fem. und plur. nom. fem. *yâvarenâo âpô . . . yavarenâcâ gâus hudhâo*, *yâvarenô ahurô mazdâo* (Westerg. *yâvarau*°) y. 13, 23. dual. nom. *yâvarenâ frashaostrâ jâmâçpâ* von welchem Glauben Fr. und. J. sind y. 13, 24.

2. **yâvarena** n. Handmühle, hzv. *gurtâ-ârd* (Getreidemühle), erklärt: *âçiâi pann yadman* (Mühle mit der Hand), nom. *yâvarenem uzgereçnôvaghdhanem* vd. 14, 47. Vielleicht ist 2. *yara* in *yâvarena* enthalten?

yâç, wünschen, verlangen, praes. 1. sg. *yâçâmi* ich verlange y. 28, 1. 64, 41. yt. 5, 130. *yâçâ* ich wünsche y. 53, 1. bitte y. 28, 8. 50, 21. 48, 8. 3. sg. *yâçaiti* er fordert auf vd. 18, 43. 1. plur. act. *yâçâmahi* yt. 10, 33. conj. 3. sg. *yâçâiti* y. 64, 44. impf. 3. sg. *yâçat* er verlange y. 32, 1. partic. praes. nom. *yâçãç* y. 48, 12.

—*apa*, verwünschen, conj. praes. 3. sg. *yô . . . apa vâ yâçâiti* wer (mir diesen Theil) verwünscht, verflucht y. 11, 17.

— *â*, sammeln, wünschen, praes. 1. sg. med. *âyêçê yêsti* ich wünsche herbei mit Lobpreis vsp. 2, 1. y. 2, 1. *drûjô âyêçê* ich verlange von der Drukhs y. 52, 6. imper. 2. sg. med. *â mãm yâçanuha* verlange mich y. 9, 7. *â aêçmã yâçanuha* sammle Holz vd. 18, 44.

— *ni*, festhalten, conj. praes. 2. sg. med. *nyâçâonhê* (wenn) du festhältst yt. 19, 48. 50. 3. sg. *nyâçâitê* er wird halten yt. 13, 95. Fr. 8, 1. partic. praes. med. nom. *anhen . . . nyâçemnô* vd. 19, 64.

— *ham*, sich vermischen; praes. 3. sg. wenn Sünden und gute Thaten gleich sind, so geht er in den Hamêçtegâu: *hãmyâçaiti* Cit. der Hzv.-Gl. zu vd. 7, 136. med. *hêmyâçaitê* y. 33, 1.

Bopp (I, 72) vgl. skr. *yaç* (wovon *yâças*); mir scheint *yâç* eine Spielart von 1. *iç* zu sein; np. *juçtan*.

yâçkeret (von 2. *yâonh* + 1. *kar*) adj., Geschäfte ausrichtend, thätig, plur. acc. f. *yâçkeretô* yt. 13, 75. compar. plur. f. *yâçkereçtarâo* yt. 13, 64. superl. nom. n. *yâçkereçtemem* yt. 1, 1. °*kereçtemeuca* yt. 1, 5. gen. m. °*kereçtemahê* yt. 13, 108. plur. nom. (od. acc., nach *heñti*). fem. °*kereçtemâo vayâo mainivâo dâmãn* die thätigsten Geschöpfe der beiden Unsichtbaren, d. h. die thätigsten unter allen, bösen und guten, Geschöpfen yt. 13, 76. acc. °*kereçtemâo* yt. 13, 75.

yâçta (partic. perf. pass. von 1. *yâonh*) gegürtet. Vgl. *bereziyâçta*.

yâ-skyaothanãm *hâitim yazamaidê* wir preisen das mit *yâ skyaothanâ* beginnende (34.) Capitel des Yaçna y. 34, Schluss.

yâh° s. *ya*.

yâhu (von *yah*) adj., tapfer, kriegerisch, nom *ahunô vairyô vacãm verethrajãçtemô arshukhdhô vâkhs yâhi verethrajãçtemô* der Ahû vairyô ist der Gebete sieghaftestes, ein wahrhaftes Gebet, tapfer und sehr sieghaft yt. 11, 3. *vîstâçpô yâhî* y. 45, 14. *ashâ yukhtâ yâhî dêjâmâçpâ* mit Reinheit verband es der kriegerische (Vîstâçpa) sammt dem weissen Jâmâçpa y. 48, 9.

yim s. *ya*.

yima, m. n. pr. eines Sohnes des Vîvanhvâo und Bruders des Takhma urupa (dem er in der Herrschaft folgte) und Çpityura; spätre Bücher geben ihm noch Narêi zum Bruder (Bund. 69, 6. 77, 5.), sowie Jimak zur Schwester (Bund. 77, 6. vgl. die indischen Yama und Yamî); mit dieser Schwester erzeugte er Mirak (die Mutter?) der Athwyaniden und Zayanak Zargeshm; nach dem Mujmil knüpft sich aber das Haus der Athwyaniden an Yimas und Maheng's Sohn Humayun, der noch einen Bruder Namens Betval hatte; von der Tochter des Königs von Zâbuliçtân, der Pericihreh, erhielt Yima einen Sohn Tûr, welcher der Ahn der Çâma ist. Yima begründete durch seine Herrschaft ein goldnes Zeitalter, während dessen die Menschen in seinem grossen Garten (*vara*) nicht starben, bis er durch eine Lüge (über welche spätre Schriften sich verschiedentlich auslassen) die Majestät verliert und der Drache Dahâka die Herrschaft ergreift, der den Yima tödtet. Vgl. Roth DMG. IV, 416. Spiegel Av. übers. III, LVII. und besonders Windischmann Z. St. 19. ff. 147 ff. nom. *yimô* vd. 2, 31. yt. 19, 34. *yimô khshaêtô* vd. 2, 43. y. 9, 13. yt. 5, 25. 9, 8. 15, 15. 17, 28. 23, 3. *aêshãm aênanhãm vîvanhushô çrâvî yimaçcit* auch Yima, der Sohn des Vîvanhvâo ward gehört d. h. sprach zu diesen Sündern y. 32, 8. acc. *yimem khshaêtem* yt. 19, 31. dat. *yimâi* vd 2, 20. 23. *yimâi khshaêtâi* vd. 19, 132. abl. *yimat haca* yt. 19, 35. *yimat haca khshaêtât* yt. 19, 35. gen. *yimahê* yt. 13, 130. 15, 16. y. 9, 17. Hzv.-Gl. zu vd. 2, 16. voc. *yima* vd. 2, 28.

Skr. *yamá*, hzv. *yam*, *yamshêt*, parsi *jâm*, *jim*, *jamsît*, np. *jamshêd*, in den Desatir *jamshâr*.

yimôkereñta (vom vor. + *karet*) adj., den Yima zerschneidend, Beiwort des Çpityura, welcher mit Dahâka den Yima zerschnitt, nach dem Mujmil (Journ. asiat. 1841. März 293) mittelst einer Säge aus einer Fischgräte; acc. (statt nom., hinter dem verb.) *çpityuremca yimôkereñtem* yt. 19, 46.

yim s. *ya*.

2. **yu** (verhält sich zu *ya*, wie *ku* zu *ka*) pronom.

relat., welcher, nom. neutr. *azem bâ tê ahmi yum humanô hvacô hushyaothana* ich bin deine guten Gedanken Worte und Werke yt. 22, 11. 24, 58. *tum mãm cakana yum humanô* das bat (veranlasste) mich: das gute Denken yt. 22, 12.

2. **yu**, verbinden, dauern.

- *fra*, mischen, in Verbindung bringen, causale pot. 2. sg. *mâ urvathem frâyavayôis çnathâi* führe den Freund nicht zur Schlagung, überlass ihn nicht dem Geschlagenwerden yt. 1, 24.

ham, verbinden, partic. perf. pass. plur. nom. n. *kat tâ vaçtra hãmyûta* wann sind die Kleider wieder passend, wann darf man sie anziehen vd. 5, 160. 7, 41.

3. **yu** (vom vor.) n. Dauer, Ewigkeit, instr. (adv.) *yava* (s. besonders); dat. *viçpâi yavê* für alle Ewigkeit y. 7, 64. 40, 6. 41, 3. für die ganze Dauer y. 28, 8. *yavôi viçpâi* für immer y. 45, 11. 48, 8. *yavôi viçpâi â* y. 52, 1. 4. *yavaêca yavaêtâtaêca* für immer und ewig vd. 5, 81. *mâ yavê* niemals y. 59, 13. gen. *daregahyâ yâus* des langen (ewigen) Lebens (Lohn) y. 42, 13.

Skr. vgl. *dvâ yû* (Çatapathabrâhm. III, 7, 4, 10).

yukhta (partic. perf. pass. von *yuj*) angespannt, verbündet, fest, plur. nom. *yûkhta* angespannt yt. 10, 136. gen. *raçmanãm yukhtanãm* der verbündeten Schlachtreihen yt. 14, 63. *yat viçpanãm yukhtanãm azem fratemem thãjayêni* dass ich bändige das Haupt aller Verbündeten yt. 5, 50.

Vgl. *cathruyukhta*.

yukhtaaçpa (von *y°* + *a°*) adj., starke Rosse habend, acc. *drvâçpãm °açpãm* yt. 9, 2.

yukhtavairi (vom vor. + 1. *v°*) einen festen Panzer tragend, m. n. pr. eines Sohnes des Vistâçpa, gen. *yukhtavarôis* yt. 13, 101.

yukhtâçpa (von *yukhta* + *açpa*) m. n. pr., gen. *yukhtâçpahê* yt. 13, 114.

yukhsh (Fortbildung von *yuj* durch *sh*) stark sein.

— *pairi*, befehlen, imper. 2. sg. *pairyaoghzhâ* befiehl (die Gruppe *khsh* ist erweicht wie in *ghzhan*, *maghzh*) y. 42, 12.

yuj, verbinden, sich verbinden, praes. 1. sg. *yaojâ* ich verbinde mich y. 49, 7. 3. sg. *yujyêiti* spannt an yt. 10, 52. 3. plur. med. *yaojañtê* vereinigen sich y. 30, 10. impf. 3. sg. *yaoget* (wer) hat verbunden y. 43, 4. 3. plur. *khshathrâis yûjên* zu Reichen haben sich verbunden y. 45, 11. *hyat daênâo vahistê yûjên mîzhdê* wenn man mit dem Gesetze die beste Belohnung verband y. 48, 9. participialperf. 3. sg. *ashâ yukhtâ* verband mit Reinheit y. 48, 9.

— *apa*, ablegen, partic. perf. pass. abl. *apayûkhtât paiti vazrât* mit weggelegter Keule vd. 18, 71.

— *fra*, ausspannen, einem etwas überlassen, praes. 1. pl. med. *avôi fraca yaokhmaidê* (ihm) gewähren wir diese yt. 4, 1. partic. perf. pass. pl. nom. *frâyukhta* yt. 10, 125. (s. auch besonders).

Skr. *yuj*, *yunákti*, hzv. *ayujîtan* (übers. das altb. *yu*), vgl. np. *jugh* (skr. *yugá*); armen. *ldsel*.

yujyaçti (vom vor.) f. ein Wegmaass, acc. *yujyaçtîm* (Spiegel *yujyêstîm*) eine Y. weit vd. 13, 50.

Vgl. skr. *yójana*; hzv. *yûjiçt*, Bund. 32, 7. *yôjiçt*.

yuz, sich bewegen, praes. 3. sg. *yaozaiti* bewegt sich, ist thätig, wirkt yt. 18, 5. 3. plur. *yaozeñti viçpê karanô raçmanô* es zittern alle Enden (Flügel) der Heersäule yt. 10, 36. *yaozeñti viçpê karanô zrayâ vourukashaya â*, *viçpô maidhyô yaozaiti* alle Enden im See Vourukasha wallen auf, die ganze Mitte wallt auf (wenn Ardviçûra hineinstürzt) y. 64, 15. yt. 5, 4. 38. 13, 7. vergl. Göttinger gel. Anzeigen 1863, p. 1890. partic. praes. pl. acc. f. *mithrô fradhât viçpâo fratematâtô daqyunãm yaozaiñtisca râmayêiti* Mithra wird fördern alle Herrschaften der Gegenden, die sich bewegenden (Länder, *dańhâvô*) beruhigt er yt. 13, 95. causale praes. 3. sg. *yaozayêiti* sie macht zittern, erschreckt yt. 10, 111. *yô raçmanô yaozayêiti* welcher die Heersäulen schwanken macht yt. 14, 62.

— *avi*, schwanken, causale praes. 3. sg. *avi raçmanô yaozayêiti* yt. 14, 62.

— *â*, wallen, causale praes. 3. sg. *âyaozayêiti* yt. 8, 31.

— *upa*, sich bewegen, praes. 3. pl. *upa yaozeñti karana* die Enden (des Sees) bewegen sich yt. 5, 38 (kleiner Zwischensatz); causale praes. 3. sg. *upâca tâo âpô yaozayêiti* yt. 8, 8.

— *vi*, wallen, causale praes. 3. sg. *vîvaozayêiti* yt. 8, 31.

yud, kämpfen, praes. 3. sg. *yûidhyêiti* y. 56, 7, 8. 3. dual. *yûidhyatô* yt. 8, 22. 3. plur. *yûidhyêiñti* yt. 13, 63. 67.

Skr. *yudh*, *yúdhyate*.

yuya (von 2. *yu* oder 2. *yava?*). Davon:

yuyôçemi (von *zem?*) f. Instrument zum Säen des Getreides, Egge, nom. *aêsha yuyôçemi* vd. 14, 43.

Vgl. afgh. *yivyî* (ploughing)?

yûiti (von 2. *yu*) f. Verbindung, loc. *yûtô gâtu* (Westerg. verm. *gâtva*) *yûtô qaretha yûtô vaçtra yûtô anyaêibyô mazdayaçnaêibyô* dass in Verbindung, d. h. wieder zu brauchen sind die Sitze, das Essen, die Kleider für die andern Mazdaverehrer vd. 5, 157.

Skr. *yûti*. vgl. *yaoiti*.

yûidhista (superl. eines adj. von *yud*) sehr, trefflich kämpfend, streitbar, nom. *yûidhistô* yt. 13, 107. statt des acc. *nizbayêmi merezu pourugaidhâtô yûidhistô* ich rufe an die Milchstrasse, die schon früher gewaltige, streitbare (nemlich gegen die bösen Sterne) vend. sade 489 (Westerg. vd. 19, 42).

yûkhta s. *yukhta* und das folg. Wort.

yûkhtar (von *yuj*) m. Anschirrer, nom. *yûkhta* y. 11, 8.

yûkhdha (erweicht aus *yûkhta*) adj., fest, stark, gen. *varûzahê yûkhdhahê* yt. 10, 127. 14, 15.

yûjên s. *yuj*.

yûzhem s. *tûm*.

yûtô s. *yûiti*.

yûnô, **yûnãm** s. *yavan*.

yûshm° s. *tûm*.

yûshmâka (vom plur. Stamm von *tûm*) pronom.

adj., der eurige, vgl. *khshmâka;* acc. *yûshmâkem* wird als gen. von *tûm* gebraucht (s. *tûm*); dat. *yûshmâkâi* y. 49, 5. gen. *yûshmâkahyâ* yt. 49, 7.

yûshmâvañt (vom plural. Stamm von *tûm*) pronom. adj., der eurige, tritt für das pronom. *tûm* ein; plur. gen. *čhmâ râtôis yûshmâvatãm* für unsre Darbringung an euch y. 29, 11.

1. **yûs** s. *tûm*.

2. **yûs** (scheint mit *yaos* identisch) adj., gut (Trad. Vereinigung); acc. *yâț yûscâ frahmî mathâ yâ mashyâ acistâ dañtô* die Böses wissenden Menschen wenden ihren Sinn (von dem) was zum guten (gereicht) y. 32, 4.

yûsta (von *yukhsh?*) m. n. pr. des Sohnes des Gâuri, gen. *yûstahê gâurvayanahê* yt. 13, 118.

yê, yêñg s. *ya*.

yêñgçtû = *yêñg tû*.

yêm s. *ya*.

yêma m. Zwilling, dual. nom. *yêmâ* (Ormazd und Ahriman) y. 30, 3.

Skr. *yamá* (s. *yima*), np. *jam* (pupilla oculi, s. Vullers s. v.).

yêvin (von 2. *yava*) m. Gefilde, dual. dat. *fshaonibya vâthwâbya açpenibya yaonibya* yt. 2, 3. S. 1, 7. plur. acc. *açpenâcâ yêvînô* die Gefilde für die Rosse y. 41, 22. *açpenâca yavînô* yt. 2, 8.

yêiñti s. 2. *i*.

yêńh° s. *ya*.

yêńhê hâtãm (s. *hañț*) Anfang des dritten der vornehmsten Gebete, welches oft recitiert wird; eine Erklärung findet sich y. 21. *yêńhê idha mazdâo yaçnem cinaçti yatha dâta ahurahê* mit „yêńhê" bringt er dem Mazda Preis, nach dem Gesetz des Ahura y. 21. 1. *hâtãm yaçnem cinaçti yatha hadhbîs jîjishãm* mit „hâtãm" bringt er Preis, nemlich den seienden unter den Lebendigen y. 21. 1. *yêńhê hâtãmca* das Gebet Yêńhê hâtãm (acc.) y. 60, 3. *yêńhê-hâtãm hufrâyastãm* vsp. 2, 15. gen. *yêńhê-hâtayâo hufrâyastayâo* des gut gepriesnen Gebetes *yêńhê hâtãm* vsp. 1, 13.

yêzi oder **yêdhi** (von *ya*) conjunct., 1) wenn, 1) c. ind. *yêzî irithyêiti* vd. 6, 17. *yêzi thwâ didhwaêsha* y. 1, 56. *yêzî* (scil. sein wird) y. 32, 6. *yêzi vîcîçê* vd. 2, 12. *yêzi vêńhaitî* (Westerg. *vêñńhaitî*) y. 47, 1. 2) c. pot., *yêdhi zî azem nôit daidhyãm* hätte ich nicht geschaffen vd. 1, 3. 3) c. imper. *yêzi bavâni perenâyu* wenn ich einmal erwachsen bin (einen Wunsch einschliessend) yt. 19, 43. 4) c. impf. *yêdhi zî . . . yazayañta* wenn sie opferten yt. 6, 3. 10, 55. 5) c. impf. conj., *yêzi añhaț* wenn ist vd. 3, 138. *yêdhi zî . . . framreâo* y. 70, 67. *yêzi tavãn* vd. 6, 105. *yêzi barâț* wenn einer trägt vd. 3, 45. 2) ob, *yêzî* y. 43, 6. 15. 47, 9. ob vielleicht y. 52, 1. *yazica* lies *yêzica?* yt. 24, 47. Folgt *zî* (denn), so wird *yêzi* Dissimilations halber zu *yêdhi* abgeplattet; oder sollte *yêzi* erst aus Contraction von *yêdhi zî* entstanden sein?

Skr. *yádi*, altp. *yadiy*, hzv. *at*.

yêzi-adãm *hâitîm yazamaidê* wir preisen das mit *yêzî adâis* beginnende (47.) Capitel des Yaçna y. 47, Schluss.

yêzimna s. *yaz*.

yêdhi s. *yêzi*.

yêyañtê s. *yâ*.

yêçtê s. *yaç*.

yêçnê s. *yaçna*.

yêçnya s. *yaz*.

yêçnyata (vom vor.) f. Anbetungswürdigkeit, instr. *avâoñtem yêçnyata* so gross an Anbetungswürdigkeit yt. 8, 50. 10, 1.

yêshyañț (partic. praes. v. *yash*) hervorbrechend, wallend, acc. fem. *yêshyañtîm âpem parâoñhâț* (so dass) er (der Drache) das wallende Wasser ausspritzte y. 9, 38. yt. 19, 40.

yêstî (von *yaz*) f. Preis, instr. *âyêçê yêsti* vsp. 2, 1. 11, 1. y. 2, 1. 22, 2.

Hzv. np. armen. *yasht*, parsi *yaçt*.

Vgl. *usyêsti*, *duzhy°*, *huy°*.

yêh°, yô, yôi s. *ya*.

yôithemau (von 1. *yaț*) n. Hülfleistung, nom. *yôi vê yôithemâ daçemê çtûtãm* welche euch eine Hülfleistung sind beim zehnten der Lobsänger, y. 28, 9. vgl. *uyê* und *yaêthman*.

yôithwau (von 1. *yaț*) adj., hülfreich, nom. masc. *yôithwâ açtâ* er sei hülfreich vsp. 14, 4.

yôista m. n. pr. eines Helden aus dem frommen turanischen Hause Fryâna, nom. *yôistô yô fryânanãm* yt. 5, 81. gen. *yôistahê fryânanãm* yt. 13, 120. Spiegel liest *yaçta*.

yôçarerê *barisahavañtô* lies *yô (yôi) çarerê barezisa havañtô* welche dastehn mit Matten, gleichmässig? yt. 17, 10.

yã° s. *ya*.

yyaț s. *hyaț*.

yvânem s. *yavan*.

R.

1. **raithya** s. *ratha*.

2. **raithya** (von *ratha*) m. Weg.

Skr. *ráthyâ*, hzv. *râç*, parsi, np. bal. *râh*, afgh. *lâr*, tâlish *rô*, kurd. *rch*, kurm. *rê*, *ri*, armen. *rêç* (*açparêç*).

Vgl. *hizvôraithya*.

1. **raêka** f. Linie, Geradheit.

Skr. *rekhâ* (von *likh*). — Vgl. *araêka*.

2. **raêka** (von 1. *ric*) m. Esse, nom. Zarathustra brennt mich, *mãnayen ahê yatha ayaokhshuçtem raêkô mê haca añhâo zemaț vañhô kerenaoiti* wie meine

Esse das Metall von diesen erdigen Bestandtheilen gut (d. i. rein) macht yt. 17, 20.

raêkhnaṅh n. Aufrichtigkeit, Fröhlichkeit, gen. *raêkhnaṅhô vaêdem* den Besitz der Fröhlichkeit, d. h. den fröhlichen Besitz y. 32, 11. plur. acc. *çêñghûs raêkhnâo* die Lehren, die Aufrichtigkeiten, d. h. die aufrichtigen, sichern Lehren y. 34, 7.

Vgl. skr. *rékṇas*.

raêtu (v. 2. *ri*) m. Flüssigkeit.

raêthw (denom. Verb. vom vor.) rühren, umrühren, mischen, impf. 3. pl. *yêûhê raocêbîs rôithwen qâthrâ* (er kam als erster Bildner) da mit seinen Lichtern (Sternen) Glanz sich mischte y. 31, 7. *yêûhê raocâo yêûhê raocêbîs rôithwen qâthrâ* welchem gehören die Lichter, mit dessen Lichtern Glanz sich mischte y. 13, 5. impf. conj. 3. sg. *nôiṭ para ahmâṭ yaṭ aêsha pâçnu raêthwâṭ* nicht früher als dieser Staub sich vermischt hat (d. h. bis der Leichnam zu Staub wird) vd. 7, 127. causale praes. 3. sg. *yâo raêthwayêiti* (die Körper) mit denen er sich umkleidet yt. 13, 81. *tistryô kehrpem raêthwayêiti . . . nars kehrpa pañcadaçaṅhô* T. umkleidet seinen Körper mit dem Körper eines fünfzehnjährigen Mannes (verwandelt sich in einen solchen Mann) yt. 8, 13.

— *upa*, verunreinigen, impf. conj. 3. sg. *upa vâ naçus raêthwâṭ* so verunreinigt ihn der Leichnam vd. 3, 46. causale praes. 3. sg. *uparaêthwayêiti* vd. 9, 168.

Vgl. skr. *rétas*, np. *rîdîdan*.

raêthwayana (von *raêtu* + *ayana*) adj., auf Befleckung ausgehend, acc f. *kãmciṭ vâ raêthwayanãm* yt. 4, 6.

raêthwis (von *raêtu*) n. Unreinigkeit, acc. *raêthwis bajina* vd. 14, 30.

raêthwiskare s. *rathwiskare*.

raêm s. *raya*, *râi*.

raêmana (von 1. *ri*) m. n. pr. eines Berges, nom. *raêmanaçca* yt. 19, 5.

raêvañt, raêva (von *râi*) 1) glänzend, nom. *raêvâo* yt. 8, 5. 10, 78. 19, 67. *ustrô çârô raêva* yt. 14, 12. *naêdha vîs raêva mashya* (lies *mashyô*) *jaiñti* yt. 14, 36. acc. *raêvañtem* vd. 1, 50. 19, 126. y. 2, 46. yt. 2, 6. 7, 5. 8, 22. *çtârem raêvañtem* y. 17, 24. 25, 12. neutr. *raêvaṭ cithrem âzâtayâo* mit glänzendem Angesicht, edel yt. 5, 64 dat. m. *raêvaitê* y. 13, 4. gen. *raêvatô* y. 1, 1. 35. 3, 49. 17, 12. yt. 1, 0. 23. 8, 56. *raêvatô vîrahê* yt. 14, 27. *raêvañtô* (lies *raêvatô*?) *arejahê* von hohem Werth y. 10, 55. *raêvahê* yt. 6, 0. 7. S. 1, 11. *hvarekhshaêtahê raêvahê* y. 22, 26. plur. gen. *raêvatãm* yt. 24, 37. vd. 20, 5. (Hzv.-Glosse: wie Zartusht); superl. nom. *raêvaçtemô* yt. 19, 79. acc. *raêvaçtemem* yt. 13, 152. gen. *raêvaçtemahêciṭ* y. 10, 35. 2) m. n. pr. eines Berges in Khoraçan, auf welchem das Feuer Adar burzîn sitzt; Bund. 22, 2 23, 10. nom. *raêvâoçca gairis* yt. 19, 6. acc. *raêvañtem* S. 2, 9. gen. *raêvañtahê* N. 5, 5. S. 1, 9.

Skr. *revánt*, hzv. *râyômand*, parsi *raêmañt*, vgl. armen. *bagrevand* (Ptolemäus Βαγγαυαυδρηνή).

raêvaṭaçpa (vom vor. + *a*°) adj., glänzende Rosse habend, acc. f. *khshôithnîm °açpãm* G. 5, 5.

raêvaçcithra (von *raêvañṭ* + *c*°) adj., glänzenden Angesichts, gen. f. *kainînô . . . âzâtayâo raêvaçcithrayâo* yt. 22, 9. = 24, 56. (wo *raêvaṭc*°).

1. **raêsha, raêshaṅh** (von *rish*) m., n., Wunde, Verwundung, acc. *raêshem* vd. 7, 101. 13, 87. yt. 24, 44. *raêshô* vd. 13, 30. yt. 24, 44. plur. acc. *raêshê* vd. 15, 39. 75.

Hzv. *rêsh*, parsi *rês*, np. *rêsh*.

Vgl. *uçnaêraêsha*.

2. **raêsha** m. Bart, loc. *raêshayaca* am Bart, vd. 17, 5

Hzv. np. buchar. bal. (brahvi) *rîsh*, kurd. *rih* (Klaproth), *rê* (Garzoni), kurm. *rê*, zaza *ri*, dig. *rekhe*, tag. *rikhi*.

rao (von *ru*?) adj., leicht, schnell, in Compos. mit *ratha*.

raoidhita (partic. perf. pass. caus. von 1. *rud*) 1) gross, hzv. erklärt *kebad;* Windischmann J. L. Z. 1834 146. vgl. skr. *róhita;* acc. *azhimca yim raoidhitem* vd. 1, 8. 2) m. n. pr. eines Berges (Windischmann „der bewachsne"), wohl identisch mit dem Bund. 24, 2. genannten *royashnômand*, nom. *raoidhitô* yt. 19, 2.

Hzv. *rôtik*, vgl. afgh. *lôi* (great)?

raokhshna (von *rukhsh*) 1) adj., glänzend, leuchtend, nom. *raokhshnô* yt. 13, 2. 81. acc. *raokhshnem* yt. 7, 3. 8, 2. *raokhshnem avâhi* (lies *bavâhi*) *yatha âthrem* yt. 24, 4. neutr. *raokhshnem garô nmânem* S. 2, 30. *nmânem raokhshnem* vd. 22, 3. instr. n. *haca raokhshna garô nmâna* yt. 19, 44 abl. *raokhshnâṭ paiti garô nmânâṭ* yt. 10, 123. gen. *raokhshnahê garô nmânahê* S. 1, 30. loc. *raokhshnê garô nmânê* yt. 12, 37. plur. nom. m. *raokhshna* y. 10, 60. 56, 11, 2. yt. 10, 68. *raokhshnâoṅhô* yt. 13, 84. 2) m. Glanz, acc. *raokhshnem kerenavâhi* leuchte vd. 21, 20. plur. acc. *yêzi nôiṭ nâirika âthrê raokhshnãn paitididhyâṭ* wo nicht, so könnte die Frau in die Flammen des Feuers (dat. = gen.) blicken vd. 16, 8.

Vgl. altp. Ῥωξάνη, hzv. np. buchar. afgh. *rôshan*, parsi *rôsan*, dig. *rokhç*, tag. *rukhç* (adj. *rukhçâg*).

Vgl. *qâraokhshna*, *hrâr*°.

raokhshni (von *rukhsh*) 1) adj, hell, acc. n. *raokhshni* yt. 19, 53. plur. dat. (statt instr.) m. *bânubyô raokhshnibyô* yt. 8, 2. 2) n. Licht, Helle, nom. *yaṭ hvare raokhshni tâpayêiti* wenn das Licht der Sonne leuchtet yt. 6, 1. *yaṭ mâoṅhahê raokhshni tâpayêiti* yt. 7, 4.

raokhshnaiwidhâta (vom vor. + *aiwidhâta*, partic. perf. pass. von 2. *dâ*) adj., mit Licht, Ruhm umgeben, plur. loc. *verethraghnyaêshu °aiwidhâtaêshu* in den ruhmvollen Siegeskämpfen yt. 13, 45.

raokhshnu (von *rukhsh*) m. Glanz, Licht, plur. loc. *raokhshnushva* yt. 8, 13. 46.

raokhshnemañṭ (von *raokhshna*) adj., glanzvoll, nom. *raokhshnemâo* yt. 13, 44.

raocaṅh (von *ruc*) n. 1) Glanz, loc. *raocahi* y. 61, 7. 2) im plur., die Lichter, d. i. Sterne, plur.

nom. *raocâo* vd. 2, 131. y. 13, 5. 49, 10. *aêtê raocâo yô* vd. 2, 130. acc. *raocâo* vd. 11, 3. 19, 119. y. 70, 45. yt. 3, 1. 10, 85. *raocâo â* bis zu den Sternen vd. 2, 31. *raocâo aiwivarena* vd. 6, 106. 7, 122. *fratarebyô raocâo* yt. 15, 55. *raocâoçcâ* y. 5, 2. 37, 2. 43, 5. *yaozhdâta (bun) anaghra raocâo* vd. 11, 6. *raocâo yazamaidê anaghra raocâo yazamaidê* wir preisen die Sterne, die anfangslosen Sterne G. 2, 6. *anaghra raocâo* y. 17, 41. yt. 12, 35. S. 2, 30. instr. *raocêbîs* y. 13, 5. 30, 1. 31, 7. 57, 18. abl. *raocêbyô* y. 19, 11. gen. *raocañhãm* vd. 19, 78. y. 1, 45. yt. 13, 57. S. 1, 30. 3) mit *anaghra* bedeutet der plur. *raocâo* das vierte Paradis, den Sitz des ewigen Lichtes, das *anaghr rôshan* der Parsenbücher, loc. *anaghraêshva raocôhva* yt. 22, 15. 24, 61. (wo *raocahva*).

Skr. vgl. *rocis*, altp. *raucah*, hzv. *rôj*, parsi *rôzh*, np. *rôz*, buchar. *rûz*, maz. *rûz*, *rû*, afgh. *vraz*, *vrats*, bal. *rosh*, kurd. *râzh*, bulb. *ruzh*, kurm. *rôz*, *rô*, armen. *loyç*.

Vgl. *ashem yêñhê raocâo*, *ashôraocañh*, *vareçmôr°*, *vohur°*, *hvarer°*.

raocañha (vom vor.) adj., leuchtend, nom. (statt gen.) *vahistahê añhêus raocañhô vîçpôqâthrô* S. 1, 27. acc. *raocañhem* vd. 19, 120. vsp. 8, 8. 26, 5. y. 9, 64. 17, 44. yt. 12, 36. 23, 8.

raocana (von *ruc*) n. 1) Tageshelle, acc. *hakaṭ raocanem fraghrâtô* vd. 18, 39. 52. 2) Fenster, acc. *raocanem* vd. 2, 92. 7, 35.

Vgl. skr. *rocanâ*; hzv. *rôcan*, np. *rôzan*.

Vgl. *çatôraocana*.

raocaçcaêshman (von *raocañh* + *c°*) m. n. pr. zweier Männer, gen. *°caêshmanô* yt. 13, 121. 128.

raocaçpairista (von *raocañh* + *p°*) adj., am Licht, an der Sonne getrocknet, acc. *aêçmem raocaçpairistem* vd. 18, 62. y. 61, 30.

raocahina (von *raocañh*) adj., lichthell, nom. *raocahinô* yt. 13, 3.

raocinavañṭ (von einem subst. *raocina*, von *ruc*) adj., glänzend, acc. *raocinavañtem barâhi yatha mâoñhem* yt. 23, 6. neutr. (Thema *°vañta*) *bareçma ayaçaêsa . . . fracinathwarc vîcinathwarc raocinavañtem* yt. 15, 55.

raocôñhvañṭ (von *raocañh*) adj., glänzend, acc. neutr. *hyaṭ raocôñhvaṭ* y. 5, 11. 37, 11.

raoghna m. Fett, Oel, gen. *zaremayêhê raoghnahê* von dem goldnen Oele yt. 22, 18. Die Seligen trinken als Nectar ein Oel. Der Minokhired lässt der abgeschiednen Seele „die besten Speisen des Maidyôzaremaya, des fetten“ bringen, s. Spiegel H. II, 140.

Hzv. *rôkan* (Bund. 65, 12), parsi *raogan*, np. *rôghan*.

raoghnavañṭ (vom vor.) adj., mit Oel versehn, nom. f. *raoghnavaiti* vd. 21, 27.

Hzv. *rôkanômand*.

raoghni (von *raoghna*) adj., oelig, plur. gen. f. *avi raoghnyãm varañhem âzûitîmca urvaranãm* bei der Gabe und dem Fett der oelbringenden Pflanzen yt. 12, 3.

raozha m. ein wildes Thier, nach der Hzv.-Uebers. vulpes (*rûpâa*); Spiegel übers. Panther; Anquetil: Wiesel, vergl. hzv. *râçu* Bund. 30, 15. acc. *raozhem* vd. 6, 103. statt des nom. (hinter dem praedic.) *raozhem* vd. 5, 18.

Vgl. hindust. *lûkṛî* (von der rothen Farbe), np. *rûç* (Fuchs).

raozhdya (scheint mit *uruzda* verwandt) adj., zu bewässern, oder n. pr.? gen. f. *gaomatô zavanôraozhdyêhê raozhdyayâo dañhêus* der G., des Sohnes des Z., in der zu bewässernden (in der raozhdischen) Gegend yt. 13, 125.

Vgl. *zavanôraozhdya*.

raodha (v. 1. *rud*) m. Wuchs, Ansehn; Gesicht, hzv. *burjuk* (Grösse), pl. loc. *raodhaêshva* an Körperwuchs (fünfzehnjährig) y. 9, 19. yt. 22, 9.

Skr. *róha*, hzv. *rât* (Gesicht Bund. 36, 9), np. *rûi*.

Vgl. *uparaodha*, *vîrôr°*, *hur°*, *hãmr°*.

raodhaya (von 4. *rud*) adj., bewässert, acc. f. *yêzi vaçen aêtê mazdayaçna zãm raodhayãm* wenn die Gläubigen das Land bewässern wollen, Cit. der Hzv.-Gl. zu vd. 5, 22. vd. 6, 10.

raonãm s. *ravan*.

raopi (von *rup*) m. eine Art Hund, vgl. *urupi*; gen. *raopâis* (Hss. *raopis*, s. Westergaard, preface 7, n. 4) *yaoñôqatahê* vd. 13, 48.

raoratha (von *rao* + *r°*) adj., auf leichtem Wagen fahrend, nom. f. *pâreñdica raoratha* yt. 8, 38. 10, 66. 24, 8. acc. *pâreñdîm °rathãm* S. 2, 25. gen. *pâreñdyâo °rathayâo* S. 1, 25.

raoçta s. 1. *rud*.

rakhç, beschädigen, benachtheiligen? impf. conj. 3. plur. *duzhzaotârô zî ahmâṭ afryôzaotârô narô paouru rakhçãm* (Westerg. verm. *rakhçãn*) denn die bösen und nicht freundlichen Zaotars viele Menschen benachtheiligen (insofern ihre Opfer keine Wirkung haben)? yt. 24. 12.

rag, springen, erheben.

Skr. *lañgh*, vgl. np. *afrâkhtan*.

ragha f. n. pr. der medischen Stadt Rai, deren Ruinen bei Teheran liegen (s. Ritter, Asien VIII, 1, 598. Brugsch I, 228 ff); nach der Hzv.-Gl. zu vd. 1, 60 liegt Ragha in Atropatene, welches Land daher früher weitere Grenzen als heute gehabt haben muss; zugleich bemerkt die Glosse, nach einigen sei Zarathustra hier geboren; diess bestätigt ausser den spätern morgenländischen Büchern auch y. 19, 52. wo Zarathustra der vierte Herr (nicht der fünfte, wie anderswo der Zarathustrôtema, denn einer der Herren, der *dañhupaiti*, fiel aus) in Ragha genannt wird, s. Windischmann Z. St. 48. nom. *ragha* y. 19, 51. acc. *raghãm thrizantûm* vd. 1, 60.

Altp. *ragâ*, bei den Alten und im Buch Tobit Ῥαγαί, hzv. *rak*, np. *rai*.

rañh, tönen, loben.

Skr. *ras*, *rásati*.

rañha (vom vor.) f. n. pr. des Jaxartes, der als äusserste Grenze des bekannten Landes angesehn wird; der Fluss heisst im Bund. Arg rût, Arg aber entstand aus Arang = Rang; bei Herodot. I, 202. ist der Ἀράξης der Jaxartes; die Hzv.-Uebers. von vd.

1, 77. übers. dagegen *rañha* durch Hrûm oder Arûm, wohl Europa (da z. B. *arûmak* Bund. 81, 19. von Alexander gebraucht wird; auch im armen. *hrhorm* Rom findet sich vorn ein *h*), und da auch Çarm (*çairima*) dasselbe wie Arûm sein soll (Bund. 38 am Rand), so ist wohl unter Europa alles das gemeint, was sich westlich und nordwestlich von den zur Zeit der Abfassung der alten Texte bekannten Ländern in unbestimmte Weiten ausdehnte, so dass auch gesagt werden konnte, der Jaxartes fliesse nach Europa; vgl. Bund. 18, 1. 28, 1. 43, 2. 49, 9. 59, 2. Haug DMG. XI, 533. Kiepert, Verhandl. der Berl. Akad. 1856. p. 647. Spiegel Eran 281. Windischmann Z. St. 187. acc. *avi âpem yãm rañhãm* yt. 5, 63. *rañhãm dûraêpârãm barâhi yatha yô vafrô* (Spiegel *vifrô*) *navâzô* mögest du kommen zur weituferigen R., wie Vafra navâza yt. 23, 4 = 24, 2. wo *arañhãm dûrêpaitinãm amavão yatha vafrô navâzô;* gen. *upa aodhaêshu rañhayão* an den Gewässern der R., vd. 1, 77. yt. 12, 18. hzv. übers. *meim pann odhâi arvaçtân i arûm* an den Gewässern (bloss Umschreibung des altb. *aodha?*) im Osten von Europa: *çanakê rañhayão* auf der Steppe der Rañha yt. 10, 104. 12, 19. *rañhayão* yt. 14, 29. 15, 27.

Vgl. skr. *rasá*, hzv. *arang*, *arg*.

rañhâo (von *rañh*) adj., heulend, weinend? nom. *rañhâoçca* yt. 5, 93.

raji (von 1. *arej?*) f. Reich, abl. *yâo anyâo rajôiṭ zarathustrôiṭ* (die Gegenden) welche ausser dem zarathustrischen Reiche sind (d. i. innerhalb des Reiches des Vîstâçpa?) y. 19, 51. vgl. Spiegel, Av. übers. II, 212.

raz verlassen.

Skr. *rah*, *râhati*.

razañh (vom vor.) n. Einsamkeit, plur. gen. *razañhãm* vd. 8, 271.

Skr. *râhas*, hzv. *râj*. np. *râz*.

razista (superl. v. 1. *erezu*) sehr gerade, richtig, gerecht, nom. *razistô* y. 67, 41. f. *razista ciçta* yt. 16, 7. acc. m. *razistem pañtãm* yt. 10, 3. f. *razistãm ciçtãm* y. 25, 17. yt. 10, 126. 16, 1. instr. m. *nastô razista* durch den gerechten vernichtet yt. 10, 105. gen. m. *razistahê pathô* y. 67, 41. fem. *razistayâo* vd. 19, 131. y. 22, 28. *razistayâo ciçtayâo* yt. 11, 16. 16, 0. 20. voc. f. *razistê ciçtê* yt. 16, 2. plur. acc. f. *yô dañhéus râkhshyãithyão para razistâo baraiti* welcher von dem gottlosen Lande hinweg bringt die richtigen (Pfade, *frayamão?*) yt. 10, 27. neutr. *skyaothanâ razistâ* y. 33, 1. gen. *razistanãm* yt. 13, 35. 17, 17. s. *rashnu*.

Skr. *râjishṭha*.

razura (von *raz?*) m. f. Wald, Dickicht, hzv. *rêshak*, acc. *yaṭ thãjayêni anu qaretãm* (yt 19, 77. *varetãm*) *yãm dareghãm nava frâthwereçâmi* (yt. 19, 77. *°çâma*) *razurem* dass ich einherlaufe auf der langen Rennbahn (Spiegel: dass ich dämpfe die lange Glanzlosigkeit, *anaqaretãm*) und nicht abschneide den Wald yt. 5, 50. 19, 77. loc. *yatha vehrkô rayôtaitê dramnê barezistê razûirê* (die sündige Seele geht in die andre Welt) wie ein Wolf in dem uralten (von ihm) durchstreiften hohen Wald vd. 13, 23. *razuraya* yt. 15, 32. plur. nom. *qâtavîna razura* yt. 16, 3. acc. (fem.) Aurvaçâra opfert *avi çpaêtinis razurâo, upa çpaêtitem razurem, upa vîmaidhîm razuraya* an den weissen Gebüschen, am weissen Gebüsch, an den Enden am Gebüsch yt. 15, 31. Es sind hier wohl n. pr. zu suchen; Bund. 58, 7. heisst der *urûç razur* (der weisse Wald) Herr der Wälder.

ratavôvîçpêmazista Benennung einer Tageszeit, an welcher die grossen Herren *ratavô vîçpêmazista* angerufen werden; *ratavôvîçpêmazista paiti ratûm* zur Zeit R. y. 15, 6.

ratu (von *ar*) m. 1) bestimmte Zeit, acc. *hâvanîm paiti ratûm* um die Zeit H. y. 2, 64. 15, 6. *thrizaremaêm ratûm* während der dreitheiligen Zeit (der Nacht) vd. 18, 23. *aêtem ratûmca* um diese Zeit A. 1, 3. dat. *rathwaêca* vsp. 12, 20. local vsp. 5, 5. gen. *açnyêhê paçcaêta anyêhê rathwô* nach der nächsten Abtheilung des Tages vd. 7, 6. gen. (local) *hâvanôis rathwô* y. 3, 1. plur. acc. *avi ratûs* zu rechter Zeit vsp. 5, 3. 2) Gesetz, Herrschaft, loc. *qahmi ratavô* nach eigner Herrschaft vsp. 16, 11. 3) Herr, Besitzer, nom. *ratus* vd. 2, 141. y. 29, 2. 33, 1. yt. 13, 41. *ahu ratusca* als Herr und Meister yt. 13, 91. *ratûs* (lies *ratus?* s. *thâtu*) yt. 24, 18. acc. *ratûm* y. 14, 1. 31, 2. 43, 16. yt. 5, 89. Anführer yt. 8, 44. *ashahê ratûm* vsp. 2, 1. y. 2, 13. yt. 11, 1. *ardrîm çûrâm . . . asharanem ashahê ratûm* N. 4, 9. *nmânôpathnîm asharanem ashahê ratûm* G. 4, 8. statt des nom. (hinter *açti*) *ratûmca* vsp. 2, 18. dat. *rathwê* y. 1, 7. *rathwaêca* vsp. 12, 19. gen. *rathwô* vsp. 1, 2. 10, 27. y. 1, 46. 65, 3. yt. 2, 3. *rathwô berezatô* A. 1, 1. *rathwaçca berezatô* Fr. 7, 2. *ratéus berezô* vsp. 1, 29. *ratéusca berezatô* vsp. 10, 27. voc. *ratavô* vsp. 24, 6. y. 1, 50. yt. 10, 115. Extr. 4. plur. nom. *ratavô* (kann auch acc. sein, nach *heñti*) y. 1, 33. 19, 50. acc. *ratûs* y. 14, 6. 8. vsp. 3, 25. die Führer (Ner. *guru*) y. 42, 6. *ratavô* vsp. 1, 1. 2, 1. y. 2, 12. G. 4, 5. *vîçpê tê ratavô* (daher der Name vispered) vsp. 2, 2. *yâ nôiṭ çtaotanãm yêçnyanãm âmâtô vîçpê ratavô* wenn er nicht kundig ist der Opferhymnen an alle Herrn yt. 10, 122. *daça paiti anyê ratavô* es ist gleich 10 andern Hauptgebeten y. 19, 8. dat. *ratubyô* vsp. 1, 2. y. 1, 7. yt. 4, 11. gen. *rathwãm* vsp. 1, 1. 15. 2, 8. y. 1, 45. 70, 2. A. 1, 1. *rathwãm gâthanãm* der Gâthas, der Herren y. 19, 7. voc. *ratavô* y. 1, 60. Jede Classe lebender Wesen hat einen Herrn, einen Anführer im Kampf gegen Ahriman; eine Aufzählung findet sich in der Glosse zu vsp. 1, 1 und Bund. 57, 4 ff. 4) der Ratu oder Raçpi, der dem Zaotar assistierende Geistliche; wie es scheint, ist ratu der allgemeine Name für die sieben unter dem Zaotar stehenden Geistlichen, da wenigstens später ihre Pflichten alle von dem an ihre Stelle getretnen einen Raçpi übernommen worden sind, vgl. etwas anders Spiegel Av. übers. II, XVIII nom. *ratus* vd. 5, 78. 8, 30. A. 1, 7. *aokhtô ratus aokhtô çraoshâvarezô cithãm frâthwereçaiti* der herbeigerufne

Raçpi, der Çraoshâvarezа (d. h. der Raçpi in der Function des Çr.?) nimmt die Strafe weg vd. 7, 180. gen. *ratêus* A. 1, 5.

Skr. *ṛtú*, hzv. *rat*, parsi np. *rad*.

Vgl. *aratu*, *eresr°*, *gravâr°*, *cathrur°*, *pañcar°*, *ıçer°*, *çtâtor°*.

ratukhshathra (vom vor. + *khsh°*) adj., 1) die Herrschaft über die Zeiten habend, dat. *°khshathrâi* (Ormazd) vsp. 12, 3. plur. acc. f. *gâthâo °khshathrâo* y. 53, Schluss. A. 2, 3. dat. f. *gâthâbyô °khshathrâbyô* vd. 19, 127. y. 54, 2. 70, 55. A. 2, 1. 2) die Herrschaft des Herrn (Ehemannes) anerkennend, dem Gatten gehorchend, acc. f. *nâirikãm °khshathrãm* vsp. 3, 20. G. 4, 9. dat. f. *°khshathrayâi* yt. 22, 18.

ratuthwa (von *ratu*) n. Meisterschaft, nom. *ratuthwem* yt. 24, 42. acc. *ratuthwem* yt. 8, 1. *ratuthwemca* yt. 8, 1.

ratunaya (von *ratu*) adj., mit einem Raçpi versehn, in Begleitung eines solchen kommend, nom. *ratunayô* A. 1, 13. acc. *ratunaêm* A. 1, 7.

ratufriti (von *r°* + *fr°*) f. Gebet zu rechter Zeit, das Gebet oder die Weihe, welche da stattfindet, wohin sie gehört und wo sie wirksam ist Ner. *gurvanujnâ*, erklärt *adṛçyarûpino naskanibandhâḥ* die himmlischen Commentare der Noçks; acc. *jaghmûshîmca °fritim* vsp. 12, 17. y. 25, 9. *jaghmûshîmca ashaonô ashahê rathwô °fritîm* das hülfreiche Gebet an den reinen Herrn der Reinheit vsp. 12, 17. *ratufritîmca* y. 3, 19. instr. *°friti* A. 3, 5. dat. *°fritayaêca* vsp. 5, 5. 12, 20. 13, 6. zur richtigen Vollbringung des Gebets vsp. 6, 4. gen. *jaghmûshyâo °fritôis* vsp. 10, 28. loc. *aya* (instr.) *ratufritâ* y. 54, 18. plur. gen. *vîçpanãm °fritinãm* vsp. 10, 30.

Vgl. *myazdôratufriti*, *hadhar°*.

ratumañt (von *ratu*) adj., mit dem Wort *ratu* versehn, vgl. *ahumañt*; acc. *ratumeñtem* vsp. 2, 18. neutr. *ratumaṭ* y. 19, 16. gen. *ratumatô* vsp. 1, 16.

ratusmareta (von *ratu* + 2. *m°*) adj., vom Herrn gelehrt, plur. nom. n. *ratusmareta* y. 19, 48.

ratha m., Wagen, Kriegswagen, nom. *haênyô rathô* yt. 8, 56. 14, 48. acc. *rathem* yt. 19, 43. loc. *raithê paiti vazaidhyâi* dass er am Wagen ziehen müsse yt. 15, 28. *aêshãm raithya açrû azânô histeñti* an ihrem Wagen stehen Thränen vergiessende (Gespanne) yt. 10, 38. *ashis vañuhi paitiçtayata raithya* die gute Ashi steigt auf den Wagen yt. 17, 17. plur. nom. *ratha* yt. 24, 48.

Skr. *rátha*, vgl. die Namen bei den Alten, wie Ἀριαράθης (α vor θ lang, Kappadok. König, Strabo XII, I, 534).

Vgl. *aghraêratha*, *dârayaṭr°*, *derezir°*, *frâyaṭr°*, *raor°*, *varetôr°*, *çkârayaṭr°*, *çraor°*.

rathaêstar (vom vor. (loc.) + *çtâ*, vgl. A. Weber in Kuhn Z. V, 235) m. Krieger, Bezeichnung des zweiten Standes im zarathustrischen Staat, nom. *rathaêstâo* (Thema *°stâo*) vd. 5, 88. 13, 131. y. 11, 18. 19, 46. yt. 13, 67. 89. *rathaêstârô* yt. 5, 53. acc. *rathaêstârem* vsp. 3, 16. y. 61, 23. yt. 2, 12. 5, 58. 24, 26 (al. *arathistârem*), *rathaêstãm* (Thema *°stâo*) yt. 10, 25. 102. 112. dat. *rathaêstâi* yt. 13, 88. 19, 7. *mashyâi rathaêstâi* vd. 5, 161. gen. *rathaêstârahê* (Thema *°stâra*) vd. 13, 125. yt. 24, 16. *thrâyô barâhi yatha rathaêstârahê* sei dreifach im Stand der Krieger (s. *thrâya*) yt. 23, 5. *rathaêstâo* y. 14, 6. *çraoshahê . . . rathaêstâo* Çraosha, der die Stärke eines Krieger's hat y. 56, 13, 3. yt 11, 19. voc. *rathaêstâra* N. 5, 6. S. 1, 9. plur. nom. *rathaêstârô* yt. 10, 11. acc. *rathaêstâoçcâ* y. 14, 9. *rathaêstârêçca* vsp. 3, 29.

Skr. *ratheshṭhá*, hzv. *artistâr* (vgl. ἀδρασταδαςαρσαλανην Procop de bello pers. I, 6, i. e. np. *artîshdârân çâlâr*, J. Müller 343), parsi *artistâr*, np. *artîshdâr*.

rathakairya (von *ratha* + *k°*) adj., wagenähnlich, acc. f. *puçãm °kairyãm* yt. 5, 128.

rathôishemna (von *ratha* + *aêshemna*, von 2. *ish*) adj., Streitwagen aussendend, acc. *rathôishemnem* gegen den Wagen aussendenden (Feind) yt. 15, 50.

rathôista (= *rathaêstar*) m. Krieger, dat. *rathôistê* (die Form setzt ein consonant. Thema voraus, oder der dat. ist durch loc. gegeben: es geht *athaurunê* voraus, es folgt *vâçtryô fshuyãç*) vd. 14, 32.

rathwa (von *ratu*) f. 1) Richtigkeit, acc. *rathwãmca* pünctliche Verrichtung des Gebets y. 3, 19. 2) Herrschaft.

Vgl. *maṭrathwa*.

rathwiskare, Spiegel **raêthwiskare** m. Titel des Mobed, welcher die verunreinigten Menschen und Opferinstrumente reinigt, Spiegel Av. übers. II, XVII. acc. *rathwiskarem* vsp. 3, 11. G. 3, 5. dat *rathwiskarê* vd. 5, 161. gen. *rathwiskarahê* (Thema *°kara*) yt. 24, 15.

Hzv. *ratpîshkar*; vgl. *raçpik* (der Raçpi).

rathwya (von *ratu*) adj., 1) rechtzeitig, acc. f. *rathwyãm âviçtîm* Benachrichtigung, wie sie zu rechter Zeit stattfindet vsp. 13, 3. neutr. *rathwîm paêma* y. 64, 10. yt. 5, 2. instr. m. *rathwya vaca* mit rechtzeitigem Gebet yt. 10, 30. 56. neutr. *varênê buyê rathwya manañha* ich sei siegend durch richtige Gedanken A. 1, 17. plur. acc. m. *avi ratûs avi rathwya* an den richtigen Zeitpuncten vsp. 5, 3. 2) herrschaftlich, instr. *rathwya cakhra* mit dem Rad der Herrschaft yt. 10, 67. 3) folgsam, plur. gen. *rathwyanãm* vsp. 18, 2.

rathwyaçnãm? s. *kurô*.

ran, sich freuen, aufgeregt sein; lärmen.

Vgl. parsi *râineṭ*, np. *rândan*.

Skr. *raṇ*, *ráṇati*.

1. **rap**, gehn; partic. perf. med. nom. *raptô pourvaêibya* er geht vorwärts, hzv. *raftâr*, vd. 13, 131. Spiegel *yatô*.

Skr. *sarp*, *sárpati*, hzv. parsi np. *raftan*, buchar. *reftan*, afgh. *rarândal*, *drumîdal*. *°rao* (gieng), bal. *rarân* (eo), *rauth* (ivit), kurd. *rarum*, *deroah*, kurm. *derêcim*, zaza *ramai* (fugit), tag. *ravâi* (komm Schiefner II, 18).

2. **rap**, erfreuen, pot. 2. sg. *rapôiscâ* y. 41. 11. partic. praes. acc. *rapeñtem* y. 69, 3. neutr. *taṭ* . . . *hyaṭ* (Westerg. *yyaṭ*) *rapén tarâ* was dich erfreuend ist y. 50, 18. plur. acc. m. *rapeñtô* y. 28, 2.
Vgl. skr. *rabh*, *rábhate?*

rapaka (v. vor.) m. Freude, nom. *rapakô* vd. 7, 143.

rapañṭ (partic. praes. von 2. *rap*) erfreuend.
Vgl. *çtérapañṭ*, *çtôir°*.

rapithwa (vgl. *arémpitu*) f. Mittag, Süden, acc. *rapithwãm* vd. 2, 31.

rapithwitara (vom vor.) adj., südlich, mittäglich, abl. n. *rapithwitarâṭ naêmâṭ* A. 3, 6. plur. abl. *rapithwitaraṭ haca naêmâṭ rapithwitaraêibyô haca naêmaêibyô* yt. 22, 7.
Hzv. *rapitîutar*.

rapithwina (von *rapithwa*) m. n. pr. der Tageszeit (des Gâh) von Mittag bis zum Eintritt der Dämmerung, und Genius desselben; mit diesem in Verbindung und als seine Schützer werden genannt Asha vahista (das Feuer), Frâdaṭfshu und Zañtuma, vgl. Hyde 166. acc. *rapithwinem* y. 2, 16. A. 3, 5. G. 2, 5. *â rapithwinem zrvânem* zur Mittagszeit y. 9, 36. yt. 8, 28. 19, 40. dat. *rapithwinâi* y. 1, 10. 3, 24. A. 3. 1. G. 2, 1. gen. *rapithwinahê* A. 3, 3. voc. *rapithwina ashâum* y. 1, 52.
Hzv. *rapitpin*, parsi *rapitvan*.

rafedhra (von 2. *rap*) n. Freude. acc. *rafedhrem* y. 50, 20. *rafedhrém* y. 45, 2. dat. *rafedhrâi* y. 28, 3. 45, 12. 33, 13. 53, 1. gen. *rafedhrahyâ* y. 28, 1.

rafnañh (von 2. *rap*) 1) n. Freude, Erfreuung, nom. *rafenô* y. 42, 14. 42, 8 (hier kann es acc. sein, bei *gyém*), acc. *rafenô* (gib) Freude y. 28, 6. *rafnaçca* yt. 13, 1. instr. *rafnañhâca* vsp. 7, 2. y. 16, 1. dat. *rafnañhê* yt. 10, 5. *rafnañhaêca* yt. 1, 9. *mazê rafenôgyâi* y. 57, 20. loc. *rafnahî* y. 41, 10. pl. acc. *rafnâoçca* yt. 4, 1. 2) m., concret, Erfreuer, pl. nom. *rafnañhô* y. 40, 9.
Vgl. *vourarafnañh*.

1. **ram**, ruhen, sich freuen, imper. 2. plur. med. *râmôidhwem* erfreut euch y. 64, 33. causale praes. 2. sg. med. *râmayêhê* du bringst zur Ruhe (die Drujas) yt. 4, 10. 3. sg. act. *râmayêiti* beruhigt yt. 10, 109. 13, 95. impf. 3. sg. *râmayaṭ* sie möge ruhen y. 10, 3.
— *â*, erfreuen, causale impf. 3. sg. *â dim tâ vaca râmayaṭ ahurô mazdâo zarathustrem* ihn, den Zarathustra, erfreute Ormazd mit diesem Wort vd. 5, 64.
Skr. *ram*, *rámate*, hzv. *râmeçtan*, *ramînîtan*, np. buchar. *ârâmîdan*, südoss. *uromin*, dig. *urómun*, tag. *urómün*.

2. **ram**, schlagen.
Skr. *ram*, *ramṇâti*, np. *ramîdan*.

raya (von 1. *ri*) adj., glänzend, nom. n. *raêm* yt. 6, 1. acc. n. *hvarekhshaêtem ameshem raêm aurvaṭaçpem yazamaidê* y. 25, 15. N. 1, 6. yt. 6, 1.

rayañṭ (partic. praes. von 2. *ri*) verunreinigend.
Vgl. *gâthrôrayañṭ*.

1. **rava** (von *rag*) adj., freundlich, leicht, frei.
Vgl. *revi*, *arava*.

2. **rava** s. *mâravan*.

ravañh (von *rag*) n. Weite; Weite des Herzens, Freude; hzv. *frâkh*, acc. *ravô* weiten Raum yt. 13, 107. weiten Weg yt. 13, 99. *revîm pâreñdîm yazamaidê revîm ravô manañhãm revîm ravô vacañhãm revîm ravô skyaothnanãm* die freundliche Pâreñdi preisen wir, freundlich in Freundlichkeit der Gedanken, Worte und Werke vsp. 8, 13. *ravaçca* Weite y. 8, 17. dat. *ravañhê* zur Freude yt. 10, 5. pl. loc. *ravôhu* in Freuden yt. 3, 4. *yaçca mê narem âzô avi avagereptem ravôhu paiti uzbârayaṭ* wer mir einen in die Enge (Sünde) gerathnen Mann in Freuden herausbringt vd. 18, 25.
Vgl. skr. *laghú* (Windischmann Mithra 19), vedisch *raghú*; W. Voc. „etwa ῥέα, ῥεῖα, ῥάων, ῥᾷστος, ῥᾴδιος (ῥηΐδιος), auch in der Form v. *révi*."

ravazdâo (vom vorigen + 5. *dâo*) adj., fröhlich machend, acc. m. *ravazdãm* vd. 18, 16.

ravañṭ (von 1. *ru?*) m. n. pr. des Vaters des Çtipti, gen. *çtiptôis ravatô* yt. 13, 123.

ravan (vgl. *ravañh*) m.? Ebene, Thal, hzv. *ruçtâk* (bebautes Land), plur. gen. *raonãm* vd. 2, 55. 5, 1. y. 10, 53. yt. 14, 21. 18, 6.

ravaçcarâṭ (von *ravañh* + *carañṭ*) adj., weitausschreitend, hzv. *frâkhraftar*, Beiwort einer Classe von Thieren, als deren Meister (*rat*) Bund. 57, 17. der braune Haase (*khargôsh bûr*) angegeben wird; acc. f. *gãm ravaçcarâtãmca* weitschreitendes Gethier y. 70, 46. plur. nom. neutr. (unbestimmte Menge) *yâca ravaçcarãn* yt. 8, 48. acc. °*carâtô* yt. 8, 36. *ratavô* °*carâta* vsp. 2, 1. gen. *ratavô* °*carâtãm* vsp. 1, 1. °*carâtãm* yt. 13, 74.

ravi s. *revi*.

ravôfraothman (von 1. *ravan* + *fr°*) adj., frei schnaubend, feurig sich bewegend, acc. *tistrîm °fraothmanem* yt. 8, 2. pl. nom. *açpâoñhô °fraothmanô* yt. 17, 12. fem. *°fraothmanô* (von den Fravashis) yt. 13, 29.

raça (spätre Form von *ratha*) m. Wagen, nom. *barô açpô*, *vazô raçô* das tragende ist ein Pferd, das fahrende ein Wagen, Glosse zu *baremnem vâ vazemnem vâ* vd. 6, 54.

raçâçtâṭ (vom partic. eines verb. *raz* = 1. *arez*, mit Uebergang des *z* in *ç* wie in *maçañh*, *yaçañh*) f. Geradheit, Genius derselben, gen. *raçâçtâtô* y. 1, 43. 3, 57. yt. 17, 0. 62. S. 1, 25.

raçman (von 1. *arez*, vgl. 1. *areza*) m. Heersäule, acc. *rastem raçma* yt. 14, 42, gen. *raçmanô* yt. 10, 36. 13, 39. dual. acc. *añtare râsta raçmana* yt. 14, 47. pl. acc. *raçmanô* yt. 10, 36. 41. 14, 62. dat. (statt instr.) *raçmôyô* in Heersäulen yt. 5, 68. *avi hãmyañta raçmaoyô* gegen die mit Heersäulen kommenden yt. 10, 9. 47. *añtare hãmyañta raçmaoyô* yt. 15, 49. gen. *raçmanãm* yt. 14, 63.
Np. afgh. *razm*, armen. *rhazm*.
Vgl. *karâraçman*.

raçmôjata (v. vor. + *jata*) adj., in der Schlachtreihe geschlagen, acc. *raçmôjatem vâdhem jaiñti* er schlägt ihn mit einem im Kampf der Massen geführten Schlag yt. 10, 52.

rash (vgl. *aresh*), verwunden, causale praes. 3. pl.

med. (collectiv) die Geschosse *nôiṭ râshayêñtê* yt. 10, 21. infin. *râshayaṅhê drukhs* zur Verwundung der Drukhs y. 48, 3. *râshayaṅhê dregvañtem* y. 50, 9. intens. praes. 3. plur. *râreshyañtî* man sucht zu schaden y. 46, 4. impf. conj. 3. plur. *yôi vahistâṭ . . . râreshyãn manaṅhô* welche den besten Geist verwunden wollen y. 32, 11. partic. praes. pl. nom. *râreshyañtô* yt. 11, 6.

rashaṅh (vom vor.) n. Verwundung, nom. *hyaṭcâ* (Westerg. *yyaṭcâ*) *dareghém dregvôdebyô rashô* was eine lange Verwundung für die Bösen ist y. 30, 11.

rashni (von 1. *arez*) f. Wahrheit, hzv. *rashn*, loc. *rashnâ javãç* y. 45, 5.

rashnu (v. 1. *arez*) m. n. pr. eines Yazata, welcher der Gerechtigkeit vorsteht und mit Mithra und Çraosha die abgeschiedne Seele richtet, wobei er dieselbe auf einer Wage wägt, Minokhired bei Spiegel II. II, 87. Av. übers. III, XXVII. nom. *rashnus* yt. 10, 41. 79. 100. 12, 6. 23, 7. *rashnusca* yt. 17, 16. *rashnusca razistô* yt. 24, 52. nicht die Brücke bewachenden Hunde sind ihr (der Seele freundlich), wenn der erhabne spricht, *yayâo açti anyô rashnus razistô*, von den beiden, deren einer Rashnu ist (demnach nur 2 Richter an der Brücke?) Hzv.-Gl. zu vd. 13, 25. statt des gen. oder dat. *rashnus* yt. 10, 79. *âtarscithrêçca yazatê yazamaidê, âtarscithrêçca rashnus yazamaidê* die Feuerentstammten Yazata, die Feuerentstammten (in der Wohnung) des Rashnu preisen wir (so die Trad.) vsp. 19, 2. acc. *rashnûm* yt. 12, 5. 9. 14, 47. *rashnûmca* yt. 10, 139. *rashnûm razistem* vsp. 8, 12. y. 2, 29. 17, 29. yt. 2, 10. G. 5, 7. instr. *rashnu* yt. 14, 47. *rashnuca* yt. 13, 3. dat. *rashnvaêca razistâi* vsp. 12, 18. gen. *rashnaos razistahê* y. 1, 23. 3, 37. 69, 10. yt. 2, 5. 11, 16. 21. 12, 0. 40. 13, 86. G. 5, 2. *rashnaosca* vd. 4, 155. voc. *rashnvô* yt. 12, 7. *rashnvô razista* y. 64, 51. yt. 12, 7. statt des nom. *rashnvô razistô* yt. 10, 126. statt des abl. den Namen der Haurvaṭ nenne ich *paoirîm . . . imaṭ rashnvô razista imaṭ ameshaêibyô çpeñtaêibyô* zuerst vor dem (des) R., vor den Amshaçpand yt. 4, 3.

Hzv. *rashn*, *rashn i râçtak*, parsi *rasn râçt*.

rashnya (von *rashni*) adj., aufrichtig, wahr, plur. acc. n. *rashnya ukhdha* yt. 12, 1.

rashvañṭ? plur. gen. *paiti tarôpithwem daithyâṭ yatha âthravu hãmônâfô rashvatãmca* yt. 24, 9. vgl. vend. 13, 60. wo *paiti tarôpithwem daithyâṭ atha âçtârayêiti*.

rasta s. *râz*.

1. **râ**, geben, bringen, conj. fut. 2. sg. *râoṅhâoṅhôi* schenke, gib y. 28, 8. partic. perf. pass. *râta* (s. besonders).

— *â*, herzubringen, praes. 3. pl. med. *yêzi arâoñtê* wenn sie (die Knochen in die Zähne) bringen vd. 15, 11.

— *fra*, geben, gewähren, aor. 1. sg. med. *frâ vê râhî* ich bringe euch y. 12, 4. fut. 1. sg. med. *frâ . . . râoṅhê* ich gewähre y. 13, 9.

Skr. *râ*, *râti*.

2. **râ**, abhalten, fut. pot. 3. plur. *yâ râoṅhayen çravaṅhâ vahistâṭ skyaothanâṭ marctânô* mit welcher Lehre die Menschen (d. h. welche Menschen mit ihrer Lehre) von gutem Handeln abhalten y. 32, 12.

Skr. *lâ*, *lâti?*

râi (von 1. *ri*) f. Glanz, acc. *raêm raêvaçtemô* an Glanz der glänzendste yt. 19, 79. instr. *raya* y. 56, 1, 5. yt. 5, 11. 89. 10, 4. 13, 2. plur. acc. *râyô* y. 42, 1. *raêsca* y. 67, 32 (cit. yt. 1, 33). y. 67, 56. yt. 10, 108. 24, 34. gen. *rayãmca* y. 59, 7.

Skr. *râi*, vgl. armen. *ir?*

râiti (v. 1. *râ*) 1) f. Darbringung, Freigebigkeit, nom. *râitis* Freigebigkeit y. 59, 8. instr. *râiti* yt. 18, 4. Fr. 9, 2. *râitî* y. 40, 1. *istém râitî* mit Darbringung des erwünschten y. 40, 11. *râiti hañkerethem* durch Darbringung (mit Anspielung auf die Worte *dregubyô dadaṭ vâçtârem*) ist der Schluss (endet das Gebet *yathâ ahû vairyô*) y. 19, 44. gen. *râtôis* y. 38, 14. partitiv y. 29, 11. plur. nom. *râtayô* y. 64, 37. acc. *râtayô* y. 33, 7. 2) m. Freund, plur. nom. *râtayô* yt. 10, 45.

Skr. *râti*, hzv. *râtish*, parsi *râdî*, np. *râd*.

Vgl. *arâiti*.

râoṅh° s. *râ*.

râz, 1) leuchten. 2) ordnen, causale praes. 3. pl. *râzayêiñti* ordnen yt. 10, 14. 14, 56. impf. conj. 3. pl. *berezyaoyeṭvacô râzayãn* man ordne (erhebe) laut die Stimme (Subject im collect. sing.) vd. 8, 282. partic. perf. pass. acc. m. *rastem raçma* zur geordneten Heersäule yt. 14, 43. n. adverbial *râstem* geraden Weges yt. 10, 137. dual. acc. m. *añtare râsta raçmana* yt. 14, 47.

— *ni*, glänzen? *bâdha thwãm taraçca âoṅhâdhô* (lies °*hânô*) *çaocayañta âiti nirâzayañti râta* yt. 24, 36.

— *vi*, ordnend umhergehn, praes. 3. sg. *virâzaiti* yt. 14, 47.

— *hãm* 1) leuchten, causale impf. 3. sg. med. *adhâṭ hê paçkâṭ hãmrâzayata âtars* das Feuer sprühte hinter ihm yt. 19, 49. *adhâṭ frasha hãmrâzayata* yt. 19, 47. 2) ordnen, causale praes. 3. pl. *hâu yatha vareçâoçca hãmrâzayêiñti* (Westerg. °*râzayêitê*) vd. 17, 4. imperf. 2. sg. med. *hãmrâzayaṅuha* vd. 17, 10.

Skr. *râj*, *râjati*, osset. *razün* (Schiefner I, 301), *arazin* (Rosen 401).

râza (vom vor.) m. Anordnung, hzv. *ârâishn*, pl. acc. *râzéñg* y. 49, 6.

râzare (von *râz*) n. Anordnung, Ceremonie, hzv. *virâishn*, nom. *râzaré* y. 34, 12. *çtaomâca râzareca* Preis und Anbetung (eigentl. Ritus) yt. 13, 157.

râta (partic. perf. pass. von 1. *râ*) 1) adj., dargebracht, plur. dat. (statt instr.) f. *âbyô râtâbyô zaothrâbyô* y. 17, 4. 2) n. f. Gabe, Darbringung, acc. *râtãm* als Gabe y. 33, 14. die Gabe y. 42, 9. plur. gen. *râtanãm* unter Gaben yt. 19, 53. 3) f. n. pr. eines Genius, welcher neben Ashi erscheint, Spiegel: Geschicklichkeit, nom. *ashis vaṅhi râtâca vourudôithra* yt. 24, 8. *râta?* yt. 24, 36. acc. *râtãm* yt. 2, 8. S. 2, 5. gen. *râtayâo* yt. 2, 3. S. 1, 5.

Vgl. *vohumanôrâta*.

râthema s. *râthma*.

râthni f., Elle.

Skr. *aratni* (pali *ratana*), hzv. *ârata*.

Vgl. *frârâthni*.

râthma (scheint mit *ratha* verwandt) m., Weg, nom. *râthemô* Spiegel: Pforte, Trad. Lohn, Geschenk y. 43, 17. *râthemô* Weg, hzv. *bahr*, Ner. *dvâram* y. 52, 6. instr. *ashahê râthma jistayamnô* er lebe auf dem Weg der Reinheit y. 8, 6. Die Trad. scheint das Wort auf 1. *râ* zurückzuführen.

râd. geben, bereiten, praes. 3. sg. *râçti* man bereitet (Pein) y. 52, 9. *râdhaiti* bereitet (Pfade) yt. 10, 68. 3. pl. *râdeñtî* sie geben y. 33, 2. impf. 3. sg. *râdaṭ* gibt y. 50, 6.

Skr. *râdh*, *râdhnóti*, altp. *râd* (Beschliessen), oss. *ratin* (geben), altp. *râçta*, hzv. parsi, np. buchar. bal. kurd. *râçt*, hzv. np. *ârâçtan*, np. *pairâçtan*, vgl. armen. *patraçt*.

râdañh (vom vor.) 1) n. Opfergabe, hzv. *rât*, instr. *râdañhâ* durch Gaben y. 45, 13. plur. acc. *yâ vê mâthrâ çrâvîmâ râdâo* weil wir euch Mâthras als Gaben hören lassen y. 28, 7. 2) m. Darbringer einer Opfergabe, plur. nom. *râdañhô* y. 7, 58. 44, 7. *vahmêñg râdañhô* ihr seid Darbringer des Preises y. 45. 17.

Skr. *râdhas*.

râdha (von *râd*) m. Eheherr, Herr, Trad. Geber, acc. *râdem* Herrn y. 29, 9. *râdhemca* y. 9, 74.

Vgl. den armen. Namen *Rhadamistus* (Tacitus Ann. XII, 44) np. *lâdah*, lyk. *lada* (Frau).

1. **râna** (von *ar*) m. Schenkel, acc. *hôim rânem* vd. 8, 192. *añtare âhitîm rânem* (wenn er kommt an der menstruierenden Frau) befleckten Schenkel vd. 16, 38 (Westerg. 16, 16. von der Hzv.-Uebers. ausgelassen).

Hzv. np. bal. kurd. *rân*, zaza *reh*, afgh. *urum* (Klaproth 59) armen. *erankh*, oss. *rom* (Gürtel, Schiefner II, 5, 2).

2. **râna** (von *ran*) m. Kämpfer, Streiter gegen Ahriman und das Böse, dual. dat. *rânôibyâ* für die Kämpfer (beider Parteien, der guten und bösen) y. 31. 3. 46, 6. 50, 9. plur. dat. *rânôibyô* y. 42, 12. vgl. *rêna*.

rânapâna (v. 1. *râna* + 1. *pâ*) m. Beinschienen, nom. *rânapânô* vd. 14, 40 (es könnte auch ein Thema °*pâna* angesetzt, und °*pânô* als plural. betrachtet werden).

Hzv. *rânpân*.

rânya (von *ran*) adj., erfreulich, huldreich.

rânyôçkereti (vom vorigen + *kereti*) f. Huldmachung, hzv. *râtishkantâr*, Ner. *dakshiṇâkarâ*, d. h. huldreiche Gabe, von der Kuh, acc. für wen schufst du die Kuh Azi *rânyôçkeretîm* als huldreiche Gabe y. 43, 6. *gãm rânyôçkeretîm* y. 46, 3. 49, 2.

1. **râma** (von 1. *ram*) f. Ruhe, Annehmlichkeit, acc. *hushetis râmãmcâ* y. 29, 10. *kôi . . . râmãm dâoñtê* wer wird Ruhe gebieten y. 47, 11.

Vgl. skr. *râmâ*, hzv. parsi np. *râm*, zaza *râ kuênu* (dormio).

2. **râma** (von 2. *ram*) 1) f. Verstümmelung, hzv. *armîshtashâkârish*, acc. *râmãmcâ* y. 52, 8. 2) m. n. pr. eines Daêva des Neides, hzv. *arishk*, acc. *yôi aêshemem careden râmemcâ* y. 48, 4.

râmainivâo (von *râman*) adj., erfreut, nom. *râmainivâo* yt. 8. 9.

râman (v. 1. *ram*) n. 1) Annehmlichkeit, acc. *râmâ* y. 46, 3. *râmâcâ* y. 35, 11. 2) n. pr. des Genius der Luft (*vayu*), welcher u. a. den Speisen Geschmack verleiht, Spiegel, Av. übers. II, XXXIV. acc. *râma qâçtrem* (das schmackhaft machende Vergnügen) vsp. 2. 26. y. 2, 15. 17, 32. 67, 46. *râmaca qâçtrem* vd. 3, 5. G. 1, 7. gen. *râmanô qâçtrahê* y. 1, 9. 3, 23. 65, 6. yt. 15, 0. 58. G. 1. 1. *râmanaçca qâçtrahê* y. 22, 25. yt. 10, 0. vsp. 1, 24. statt des nom. oder acc. *yatha râmanô qâçtrahê* yt. 23, 7.

Altp. vgl. *Ariyârâmna*, Ἀριαράμνης, hzv. *râmashn*, parsi *rãmesn*, der Name des Genius ist hzv. *râmashn khvarôm*, parsi *rãmesn qarôm*.

Vgl. *aojôrâman*.

râmashayana (v. vor. + *sh*°) adj., angenehmes Wohnen verleihend, acc. *mithrem* °*shayanem* yt. 10, 4. *tistrîm* yt. 8, 2.

râmôdâiti (von *râman* + 2. *d*°) f. Schöpfung der Anmuth, hzv. *râmashndahashnish*, acc. *açô* °*dâitîm* einen Ort (schuf ich) als eine anmuthige Schöpfung vd. 1, 2.

râmôshiti (v. *râman* + *sh*°) f. vergnügte Wohnung, instr. °*shiti* y. 67, 42.

râresha (von *rash*, desider.) adj., verwunden wollend, nom. *ashâṭ râreshô* welcher von der Reinheit hinweg (die Reinheit ausser Acht lassend) zu verwunden trachtet y. 48, 2.

râç, kommen, partic. praes. acc. f. *râçeñtîm* y. 51, 3. plur. acc. f. *râçeñtîs* y. 51, 9.

Altp. *raç*, hzv. *raçîtan*, np. *raçîdan?*

râshan (v. *râz*) n. Gebot, plur. gen. *yâ vê dâyâṭ ashis râshnãm* wodurch man macht (vollbringt) die Segnungen eurer Gebote y. 34, 12.

râsta s. *râz*.

râstar (von *râz*) m. Anordner.

râstarevaghañṭ (vom vor. + *v*°) m. n. pr. des Vaters des Avarethrabañh.

râstarevagheñti (vom vor.) m. Sohn des Râstarevaghañṭ, gen. *avarethrabañhô râstarevagheñtôis* yt. 13, 106.

râhi s. 1. *râ*.

1. **ri**, leuchten.

— *ri* + *â*, bescheinen, praes. 3. sg. med. *uçchista tu çyârayêitê mãm* erheb dich, (der Tag) bescheint mich? vd. 18, 54. Die Hzv.-Uebers. scheint das Wort nur umzuschreiben.

2. **ri** (vgl. 1. *iri*) beflecken; partic. praes. *rayañṭ* (s. besonders).

1. **ric**, ausgiessen, causale imper. 2. sg. *raêcaya* giess aus (eine Furth) yt. 5, 77. impf. 3. sg. *raêcayaṭ* yt. 5, 78.

— *paiti*, bespülen, causale praes. 3. sg. *âfs paitiraêcayêiti* das Wasser bespült ihn vd. 5, 26.

Hzv. parsi, np. *rêkhtan*.

2. **ric**, verlassen; scheint mit 1. *ric* identisch.

— *paiti*, verlassen, causale praes. 3. pl. *paiti* . . .

raêcayêiñti yt. 10, 41. gerund. *nôiṭ ahurô mazdâo yâoñhayanãm avaretanãm paitiricyâ daithê* nicht lasse ich Ormazd die Kleidungsstücke unbenutzt vd. 5, 168. *paitiricyâ daithê* y. 12, 3.

Skr. *ric*, *riṇákti*, vgl. np. *gurêkhtan* (mit *vi*), ostafgh. *légal*, westafgh. *léžhal*, (to send), oss. *lijin* (laufen).

riji f. Wunde, die Hzv.-Uebers. hat *raînînd*, was wohl in *rishînd* zu emendieren ist (Spiegel, Neriosengh 236), bei Ner. fehlt das Wort; plur. acc. *rijîs* y. 52, 9.

rish (vgl. *irish*) verwunden, impf. conj. 3. sg. *raêshayâṭ* (wenn) er beisst vd. 13, 86. yt. 24, 44. *mâ qatô garewem raêshayâṭ* nicht füge sie selbst ihrer Leibesfrucht einen Schaden zu vd. 15, 37. desider. conj. 3. sg. *yô* ... *irîrikhshâitê* (Westerg. °*ti*) welcher zu verletzen strebt y. 64, 27. 29.

Skr. *rish*, *réshati*, hzv. *réshîtan*, np. *réshîdan*.

rî (vgl. 2. *iri*) schreien.

— *ava*, jammern, impf. 3. sg. *yô bâdha* . . . *urvâzemnô avarôiṭ vâcem uityaojanô* welcher fürwahr die Stimme erhebend jammert, so sprechend yt. 10, 73.

Skr. *rî*, *riṇâti*.

ru, rufen, erklären, eröffnen; infin. *urvânê* (s. bes.). Skr. *ru*, *rãuti*.

rukhsh (Fortbildung von *ruc* durch *sh*) leuchten.

ruc, leuchten, partic. praes. abl. m. *raociñtâṭ paiti âthraṭ* A. 3, 5. causale praes. 3. sg. *raocayêiti* erleuchtet yt. 10, 142.

— *aiwi* beleuchten, anzünden, causale praes. 3. sg. *avi dim aiwiraocayêiti* er lässt es (das Holz) anzünden vd. 5, 10. praes. conj. 3. pl. med. *yaṭ aiwiraocayâoñtê* damit es beleuchten vd. 19, 78.

— *â*, leuchten, causale praes. 3. sg. (statt plur., collectiv) *aêtê raocâo* . . . *yô âraocayêiti* vd. 2, 130. *aora âraocayêiti* vd. 2, 131.

— *uç*, in die Höhe leuchten, causale praes. 3. sg. *vîuçaiti uçraocayêiti* (Spiegel *uçraocaiti*) *bâmya* (wenn) die Morgenröthe hervorstrahlt und aufleuchtet vd. 19, 91. *uçca uçraocayêiti* (Subject im pl. neutr.) vd. 2, 131. imper. 1. sg. *zafrê paiti uzraocayêni* ich werde dir im Rachen aufflammen yt. 19, 50.

— *paiti*, anbrennen, causale imper. 2. sg. *paiti mãm raocaya* vd. 18, 44.

Skr. *ruc*, *rócate*, vgl. kappadok. Ῥουσων; hzv. np. *afrôkhtan*, parsi *awarôzheṭ* (3. sg. praes.), armen. *loutsanel*.

1. **rud**, wachsen, praes. 2. sg. med. *raodhahê* y. 10, 9. 3. plur. act. *raodheñti* vd. 5, 60. impf. 2. sg. med. *raoçe* (Westerg. *raoçê*) y. 10, 10. 3. sg. *raoçta* er war emporgekommen y. 9, 75. perf. 2. sg. *urûrudhusa* du wuchsest y. 10, 7. aor. 3. sg. *urûrao* er wuchs empor y. 50, 12. passiv. impf. 3. sg. *karâ urûdûyatâ* die Blinden nahmen zu y. 43, 20.

— *apa*, fallen, causale praes. 3. sg. *aparaodhayêiti* er richtet zu Grund vd. 7, 193.

— *ava*, vermindern, fallen lassen, perf. 1. sg. *yêzi tê aiñhê avâurûraodha* wenn ich dich darin vernachlässigt habe y. 1, 59.

— *vi*, wachsen, praes. 2. sg. med. *vîraodhahê* y. 10, 31.

Skr. *ruh*, *róhati*, hzv. np. *ruçtan*, parsi *rôdeṭ* (praes.), *ruçt* (partic.), np. *ruyîdan*, afgh. *lâédal*.

2. **rud**, einschliessen, hindern.

— *apa*, abhalten, zurückhalten, caus. praes. 3. sg. *yaçca aparaodhayêiti* wer etwas zurückhält, d. h. beim Recitieren verstümmelt y. 19, 12. pot. 3. sg. *mâ aparaodhayaêta* man halte (die Hunde) nicht ab vd. 13, 163.

Skr. *rudh*, *ruṇáddhi*.

3. **rud**, weinen, impf. 3. sg. med. *raoçtâ* y. 29, 9. Skr. *rud*, *róditi*.

4. **rud**, fliessen, impf. 3. sg. *raodhaṭ* y. 9, 35. yt. 19, 40. partic. fut. pass. acc. f. *zãm karshyãm raodhyãm* die zu pflügende und zu bewässernde Erde vd. 14, 57.

— *ni*, ausfliessen (von der menstruierenden Frau), pot. 3. sg. *nâirika niruidhyâṭ* (Westerg. *niuruidhyâṭ* von *urud*) vd. 16, 17.

— *fra*, hervorfliessen, causale praes. 3. sg. med. *yaṭ nâ qaptô khshudrâo frâraodhayêitê* wenn ein Mann im Schlaf Saamen lässt vd. 18, 101.

Vgl. skr. *rudhirá*.

rup, rauben, anfallen, causale praes. 3. plur. *yâ añgrayâ karapanô urupayêiñti* durch welche Bosheit die Ungehorsamen (d. h. welche in Bosheit als Ungehorsame) rauben y. 47, 10.

Skr. *lup*, *lumpáti*, np. *ruftan*, *rubûdan* (letztres aus *rpâ*).

ruma (vgl. *rao*) m. Leichtigkeit, instr. *ruma vâshem vâshayêiñti* leicht ziehn sie den Wagen yt. 17, 12.

reja s. *mareja*.

reñj, leicht sein, praes. 3. sg. *reñjaiti* ist leicht y. 10, 20. partic. praes. *reñjañṭ* leicht.

— *fra*, leicht sein, causale praes. 3. sg. *frâ tanvô reñjayêiti* sie macht die Körper leicht vsp. 8, 13.

Vgl. skr. *laṅgh*, und altb. *rag?*

reñjaṭaçpa (v. *reñjañṭ* + *a*°) adj., leichte Rosse habend, acc. f. *ushâoñhem* °*açpãm* G. 5, 5.

reñjya (von *reñj*) adj., leicht, nom. *tê madhô reñjyô vazaitê* deine Wissenschaft fliegt schnell y. 10, 60. superl. nom. *reñjistô* yt. 14, 19. plur. nom. f. *reñjistâo* yt. 13, 26. acc. *reñjistâo* yt. 13, 75.

rema (von 2. *ram*) m. Schlag, Schrecken, Trad. Argwohn, der ohne Grund schlägt, nom. *remô* y. 29, 1.

Vgl. *paitirema*.

revi (von *rag*, mit Ausfall des *g* vor *vi*) adj., freundlich, acc. f. *revîm pâreñdîm* vsp. 8, 13. *revîm ravô manañhãm* freundlich an Freundlichkeit der Gedanken vsp. 8, 13. *ushâoñhem* . . . *revîm* G. 5, 5. plur. acc. f. *ravîs* (von den Fravashis) yt. 13, 75. Das Wort scheint das fem. von 1. *rava* zu sein.

réthi (von *ar*) f. Rechtschaffenheit, gen. *réthyâo* (Westerg. *erethyâo*) vsp. 10, 18.

rêna (von *ran*) adj., kämpfend, streitbar, gen. *bûzahê kehrpa rênahê* in Gestalt eines streitbaren Bockes (vgl. Horat. carm. II, 13, 3) yt. 14, 25. dual.

nom. *dva mainyû rêna araçtâoñhaṭ* nicht werden die beiden Unsichtbaren kämpfend dastehn vd. 7, 132. vgl. 2. *râna*.

rôithwen s. *raêthw*.

rākhshyaṅt (von *rakhç?* vgl. *rash*) fürchterlich, Trad. verwundend, instr. n. *rākhshyaṅtâ* y. 13, 17. gen. f. *daṅhêus rākhshyāithyāo* des gottlosen Landes yt. 10, 27. plur. acc. f. *yâo rākhshyêitîs daṅhârô* yt. 10, 78.

Vgl. skr. *rákshas*, *rakshás*.

rāna (v. *ran*) f. Kampf, gen. *rānayāo* y. 31, 19. Skr. *râṇa*.

rārema, **rārôman** (von 1. *ram?*) adj., vergnügt, plur. fem. *rāremāo* yt. 13, 40.

Vgl. *dareghôrārôman*.

V.

va s. *dva*.

vaiñti (von 1. *van*) f. siegreiches Schlagen.

Vgl. *kāmeaiñti*.

vaiñtya (von 2. *van*) adj., freudlich, pl. acc. ich weiss euch *vaiñtyâ çravâo* freundlich an Worten y. 28, 10.

vaidhi (von 1. *vad*) f. Bewässerung, acc. *ana tâ vaidhîm ayâo ana bitîm ana thritîm* er geht zu ihrer (der Felder, es geht *yavôcarânîm* vorher) Bewässerung, zum zweiten, zum dritten Male vd. 5, 16. *vaidhîm ayâo* ist eine periphrastische Redeweise statt des einfachen Verbi.

vainâuê s. *vaên*.

vainiṭ s. 1. *van*.

1. **vairi** (von 2. *var*) f. Harnisch.

Armen. *varh*.

Vgl. *zairivairi*, *baçtava*°, *yukhtav*°.

2. **vairi** (von 1. *var*) m. See, Abtheilung eines See's, Thal oder Becken eines See's wie das arab. *vâdi*, nom. *vairis* yt. 19, 56. 59. acc. *vairîm* yt. 8, 8. *caêcaçtem vairîm* S. 2, 9. *vairîm haoçravaṅhem* S. 2, 9. gen. *caêcaçtahê varôis mazdadhâtahê* N. 5, 5. *paçnê varôis caêcaçtahê* yt. 5, 49. *paçnê varôis piçanaṅhô* yt. 5, 37. *varôis haoçravaṅhahê* N. 5, 5. plur. nom. *jafra varayô* tiefe Seebecken yt. 10, 14. acc. *vairîscâ* y. 41, 21. *vîçpâoçca varayô* y. 70, 51. *vîçpê vairîs* yt. 8, 46. Die Vairis werden Bund. 55, 4 ff. aufgezählt.

Vgl. skr. *vâri*, hzv. *var*. — Vgl. *hazaṅrôvîra*.

1. **vairya** (vom vor.) m. Canal, plur. gen. *bunê jafranãm vairyanãm* auf dem Grund der tiefen Canäle vend. sade 489 (Westerg. vd. 19, 42) yt. 19, 51. *yêṅhê hazaṅrem vairyanãm* welcher (Vourukasha) 1000 Canäle hat y. 46, 17. von Ardviçûra: yt. 5, 101 (also *yêṅhê* für *yêṅhâo*); *vairyanãm* y. 64, 18.

2. **vairya** (von 2. *var*) adj., 1) wünschenswerth, acc. n. *vairîm mîzhdem* y. 53, 1. *taṭ vairîm* diesen Wunsch y. 34, 14. Fr. 9, 1. plur. acc. n. *vairyâo* y. 38, 3. *vairyâo çtôis* das wünschenswerthe der Schöpfung y. 42, 13. 2) einer dessen Wünsche Erfolg haben, unumschränkt, nom. *yathâ ahû vairyô athâ ratus ashâṭcîṭ hacâ, vaṅhêus dazdâ manaṅhô skyaothnanãm aṅhêus mazdâi, khshathremcâ ahurâi â yim dregubyô dadaṭ vâçtârem* wie es der Herr Willens ist, so ist er der Meister aus Reinheit (wegen seiner Reinheit); des Vohumanô Gaben (sind) für die dem Mazda in der Welt (vollzognen guten) Werke, und das Reich (ist) dem Ormazd, welches er den Armen als Schutz gibt y. 27, Schluss. Diese 3 Verse bilden das heiligste Gebet der Parsen, welches einst Ormazd recitierte und dadurch den Ahriman auf 3000 Jahre machtlos machte (Bund. 5, 1. vgl. y. 19, 39.); es gehört zu den *cathrusâmrûta* (vd. 10, 22) und wird sowohl bei der Liturgie wie auch im gewöhnlichen Leben überaus oft herzusagen vorgeschrieben (Spiegel, Av. übers. II, LXXXII); meist wird es mit den Anfangsworten *yathâ ahû vairyô* citiert und wenn es sonst genannt wird, sagt man *ahuna vairya* (s. *ahuna*); y. 19 enthält eine Art Commentar zu diesem Gebet nebst einer Einschärfung seiner Wichtigkeit. Die einzelnen Worte werden dabei citiert und erläutert, ganz wie dieses später, z. B. in den Rivayet wiederholt begegnet; vd. 9, 118 wird das Gebet mit noch andern Stellen vereinigt citiert, nemlich mit *kêm nâ mazdâ* (y. 45, 7) *kê verethrem* (y. 43, 16) und *pâta nô* bis *ashahê* (vd. 8, 60—62); Fr. 9, 1. steht unrichtig *yathâo ahû vairyô;* ebenfalls eine Anspielung auf das Gebet enthält *vairyô athâ ratus* er (Ormazd) ist dann unbeschränkter Herr (bei der Auferstehung, wo gleichsam die Erfüllung des ganzen Gebetes statt findet) yt. 19, 12. 90. nom. neutr. *kshathrem vairîm khshathra vairya* yt. 1, 25. s. bei *khshathra*. acc. n. *vohû khshathrem vairîm* das gute Reich, das unumschränkte y. 50. 1. cit. y. 16, 7. Fr. 9, 1. dat. *haca çtarâi vairyâi* (*vairya* steht hier statt *khshathra vairya*, Metall) mit metallnem Dolche yt. 4, 4.

Skr. *várya;* das Gebet *yathâ ahû vairyô* wird im hzv. *ahunvar* (zuweilen bloss ungeschrieben *yatâhûvaryô*), im parsi *ahunawar*, im np. (Rivayet) *ahunvar* oder *êçâ ahû vairyô* geschrieben, bei Anquetil *Honover*.

3. **vairya** s. *vâirya*.

vairyaçtâra adj., ἀριστερός, links, acc. *vairyaçtârem hê upa aredhem* ihm zur linken Seite yt. 10, 100.

vaêidhi (von 1. *vid*, caus.) m. Verkünder, nom. *yô paoiris vaêidhis* yt. 10, 142.

vaêkereta (von *vaê* = *bvê*, *bi* + 2. *kereta*) entzweigeschnitten, m. n. pr. des Flussgebietes des Kabul, hzv. *kâpâl;* acc. *vaêkeretem yim duzhakôshayanem* das Flussgebiet des Vaêkereta (Kabulstromes) in welchem die Stadt Duzhaka (Kabul) liegt vd. 1, 34. Als Plage dieses Landes wird die Pairika genannt, mit welcher Kereçâçpa sich abgab; diese Pairika spielt auch in den spätern Büchern eine Rolle in der Geschichte der Çâma, zu denen der genannte Held zählt; Zâl, der Sohn des Çâm, holt seine Braut Rudâba, die Tochter des Königs Mihrâb, aus Kabul; in Kabul liegt auch die Wüste Pêsyâçaî, in welcher Kereçâçpa schläft bis zur Auferstehung Bund. 70, 4. vgl. Spiegel Av. übers. III, LXIX. Eran 195. Münchener gel. Anzeigen April 1859. p. 364. Bréal Journ. asiat. V, 19, 490.

vaêgha (von *vij*) m. Schlag, Wucht, dat. *vaêghâi* yt. 10, 69. plur. gen. *vaêghanãm* yt. 10, 69.

Skr. *vegá*. — vgl. *fravaêgha*, *hrâr°*.

vaêjanh n. Ursprung, Quellenland, in Verbindung mit *airyana* das arische Quellenland, nemlich des Flusses Dâitya; es liegt „auf der Seite von Atropatene" (Bund. 70, 8) und da es das Geburtsland des Zarathustra sein soll, der nach andern Stellen aus Ragha stammt, so wird man die weite Strecke im Südwesten des kaspischen Meeres darunter verstehn; doch scheint man über die wahre Lage nicht im klaren zu sein, da im Minokhired gesagt wird, das im Osten liegende Kangdij (Kanha) grenze an *airyana vaêjanh;* Spiegel hält das Land für die Araxesebne, das Haran der Bibel (Münchener gel. Anzeigen 1859. p. 359. Eran 59. 262. 274). Es wird als ein herrliches Land geschildert, wo Yima mit Gott Unterredungen hatte (vd. 2, 42); acc. *airyanem vaêjô* vd. 1, 4. *airyanem vaêjô vanhuyâo dâityayâo* das arische Quellenland der guten Dâitya vd. 1, 6. loc. *airyênê vaêjahi* yt. 1, 21. *airyênê vaêjahi vanhuyâo dâityayâo* yt. 5, 17. 104. 15, 2. *çrûtô airyênê vaêjahi* berühmt in Eranvéj, von Ormazd vd. 2, 43. von Yima vd. 2, 42. von Zarathustra y. 9, 41. Windischmann (Z. St. 48) liest *çrûtôairyênê vaêjahi* in dem berühmten Eranvéj; dafür spricht die Hzv.-Uebers. *dar zaki namik érânvéj*, aber man erwartete in diesem Falle auch die Composition von *vaêjanh* mit den beiden vorderen Wörtern, also *çrûtôairyanavaêjahi*.

Vergl. skr. *vîja*, np. *bîj;* das Land lautet hzv. *érânvéj*, parsi *érânvézh*, np. *érânvézh*, *°gvézh*.

vaêjô? *vaêdhîm vaêjô yim vârethraghnîm* yt. 19, 92. Windischmann (Mithra 82) verm. *vaêdhô*, verkündend die siegreiche Kunde; Spiegel: der da reinigt das Wissen, das siegreiche (vgl. *vaêdhyôtememca* hzv. *pâktum* vd. 3, 65).

vaêza m. Schmutz.

Vgl. *avaêza*.

vaêti f. Weide, salix, vgl. Spiegel in Kuhn Z. V, 320., pl. acc. *nava vaêtayô baraṭ* er brachte 9 Weidenzweige vd. 22, 58.

Hzv. *vît*, parsi *bîṭ*, np. *bîd*.

vaêtha (von *vith*) adj., wissenswerth, plur. loc. fem. *para kahmâicit dahmanãm dahmâhu vaêthâhu dahmaca asharanaçca* ausser jedem der Gebete (welche aussprechen) die Frommen und Reinen unter den wissenswerthen Gebeten vd. 7, 177.

vaêd° s. 1. *vid*.

1. **vaêdha** (von 2. *vid*) m. 1) Erlangung, acc. *aêshemca vaêdhemca* den Wunsch und die Erlangung y. 67, 41. *apayêitî vaêkhnanhô vaêdem* y. 32, 11. 2) Erlanger, Besitzer, acc. *vaêdem* y. 29, 10. 3) Kolben, mit welchem man die Spaltkeile beim Holzhauen eintreibt, hzv. *kûtînak* (np. *kûdînah*), acc. *vaêdhem* vd. 14, 24. In dieser Bedeutung kann man das Wort auf skr. *vyadh* zurückführen, obwohl auch die Ableitung von 2. *vid* (treffen) ausreicht und ein dem skr. *vyadh* entsprechendes Wort im Altb. nicht zu belegen ist.

2. **vaêdha** (von 1. *vid*) m. Verkündiger, nom *vaêdhô* yt. 19, 92. s. *vaêjô*.

vaêdhanh (von 2. *vid*) n. Besitz? *vaêdhanhô nôiṭ uzôis dahâkâi* (das letzte Wort nur in K²) nicht zum Besitz des Drachen (*azhôis?*) Dahâka (gehörte Ragha)? Glosse zu vd. 1, 60 (Westerg. 1, 16).

vaêdhayanha m. Sohn des Vaêdhaya? gen. *nemôvanhêus vaêdhayanhahê* yt. 13, 109.

vaêdhayana (v. 1. *vid*) f. Warte, pl. loc. *vîçpâhu vaêdhayanâhu* yt. 10, 45.

Vgl. *perethuvaêdhayana*, *baêvarer°*.

vaêdhista (superl. zu *vîdhvâo*) sehr weise, nom. *vaêdistô* y. 32, 7. 45, 19. acc. *vaêdistemca* vd. 18, 19. voc. *rashnvô vaêdhista* yt. 12, 7.

vaêdhya (von 1. *vid*) 1) adj., wissend, acc. n. (adverb.) *vaêdhyôtememca* vd. 3, 65. Trad. und Spiegel: rein. 2) n. Weisheit, acc. *vaêdhîm* y. 22, 29. 25, 18. S. 1, 29. *vaêdhîm mãthrem çpeñtem* das Wissen des heiligen Wortes S. 2, 29. *vaêdhîm* die Kunde yt. 19, 92. instr. *vaêdhya* y. 10, 36. dat. *vaêdhyâica* y. 56, 10, 2. pl. instr. *mazistâis vaêdhyâis* y. 14, 7.

Vgl. *çpânôvaêdhya*.

vaêdhyâpaiti (vom vor. + 1. *p°*) m. Herr der Weisheit, voc. *vaêdhyâpaiti* y. 9, 83.

vaên, sehn, praes. 3. sg. *vaênaiti* yt. 10, 105. 14, 31. med. *vaênaitê* es scheint vd. 2, 132. *yâ mê vaênaitê* welcher (*tanu*) mir scheint y. 10, 41. 11, 25. conj. 3. sg. *yaṭ . . . vaênâiti* (Westerg. °*tê*) so dass man sah vd. 2, 60. imper. 1. sg. *nôiṭ vainânê* nicht will ich dich sehn? yt. 4, 6. (var. lect.) 2. plur. *vaênata* seht zu, merkt auf vd. 17, 142 (hzv. *vînak hanmanît* seid sehend, vgl. *nâuiti*). pot. 3. sg. *vaênôiṭ* y. 9, 91. impf. 3. plur. *vaênen* yt. 10, 92. conj. 3. sg. *vaênâṭ* er wird anschauen yt. 19, 94. infin. *vaênanhê* y. 32, 10. partic. praes. *vaênañṭ* (vgl. *urvaênañt*) gen. *vaênañtô* dem (die Felle) sehenden yt. 5, 129. med. nom. n. (pass.) *vaênemnem haca ahmaṭ qarenô mereghahê kehrpa frashûçaṭ* da wich die Majestät sichtbarlich von ihm in Gestalt eines Vogels yt. 19, 34. acc. (adverb.) *vaênemnem* sichtbarlich yt. 19, 80.

— *aivi*, ansehn, praes. 2. sg. *aibî ashâ aibî vaênahî* du siehst alles, o Reiner y. 31, 13. 3. sg. *aiwivaênaiti* yt. 14, 33. *çpâ . . . aiwiraênaiti* (bis) ein Hund anblickt (man führt dem Todten einen Hund vor, durch dessen Anblick die Drukhs Naçus verscheucht wird, ein Gebrauch, den man *çagdîd* nennt, vgl. Spiegel, Av. übers. II, XXXIII.) vend. sade 229 (Westerg. vd. 7, 3); conj. 3. sg. *anyô anyêhê urvânem aiwiraênâiti* einer kann dem andern in die Seele blicken yt. 13, 84. impf. 1. sg. *aiwivaênem* sehe ich an yt. 7, 3. 3. sg. *aiwirinaṭ* yt. 24, 10. conj. 3. sg. *yêzi vohunis aiwiraênâṭ* wenn sie Blut sieht vd. 16, 21. *nâirika âthrê aiwiraênâṭ* die Frau könnte (sonst) in's Feuer blicken vd. 16, 8.

— *â*, sehn, anselm, imper. 2. sg. *â îṭ âraênâ* sieh du darein y. 45, 2. 2. plur. *avaênata* seht y. 30, 2. impf. 3. sg. *pairiaraênaṭ* yt. 5, 68.

— *paiti*, anblicken, impf. 1. sg. *taṭ mâoṅhem paitivaênem taṭ mâoṅhem paitirîçem raokhshnem mâoṅhem aiwiraênem raokhshnem mâoṅhem aiwirîçem* wenn ich dann den Mond anblicke, zu dem Mond trete yt. 7, 3. conj. 3. sg. *paitiraênâṭ* er wird entgegenblicken yt. 19, 94.

— *pairi*, erblicken, praes. 1. sg. *pairiraênâmi* vd. 19, 8. 3. dual. med. (passiv.) *pairiraênôithê* yt. 13, 3. impf. conj. 3. sg. *manaṅhô pairiraênâṭ* er mochte im Geist sehn vd. 19, 10.

— *ham*, vorsehn, vorsorgen, praes. conj. 3. plur. *hãmvaênâoñtê* vd. 9, 2. pot. 1. pl. med. *hãmvaênôimaidê* wir wollen behüten y. 57, 18.

Skr. *ven, vénati*, altp. *vain*, hzv. *vîn*, 3. praes. *vînêt* (infin. *ditan*), parsi *vînet*, np. *bînad* (3. aor.), afgh. *vînî* (he sees), kurd. *binum*, zaza *viéna*, *auiéna*, kurm. *debînim*, südoss. *unin*, dig. *einun*, tag. *unûn*.

vaêna (vom vor.) adj., sichtbar, loc. *vaênaya* Cit. der Hzv.-Gl. zu y. 9, 35. s. *ârstyôbarez*.

vaêpaya (von *vip*) 1) adj., der Unzucht ergeben, nom. *arshadhaca* (Westerg. *arshaca*) *vaêpayô* Paederastie treibend vd. 8, 102. 2) m. n. pr. einer Classe von Dämonen, von den Parsi durch *ghulâmbâr*, erklärt; nom. (collect.) *vaêpayô* y. 50, 12.

1. **vaêm** s. *azem*.

2. **vaêm** s. *vaya*.

3. **vaêm** s. *dva*.

vaêma (von 1. *vî*) m. Schlinge, Spiegel: Falle; acc. *vaêmem* vd. 4, 150. loc. wenn der Hund fällt *vaêmê* in eine Schlinge (hier steht das Wort neben andern, welche Wasser bedeuten) vd. 13, 102. 15, 18. Hzv. *vêm*, vgl. np. *gum*.

vaêmôjata (vom vorigen + *jata*) adj., durch Schlingen getödtet, plur. nom. *°jata* vd. 7, 5.

vaêça (von 1. *viç*) m. Haus.

Skr. *véça*. — Vgl. *çataraêça*.

vaêçu (v. 2. *viç*) m. Dorfbewohner, Gewerbtreibender, nom. *vaêçô* (lies *vaêçus?*) vd. 13, 139. gen. *vaêçâus* vd. 13, 125. *vaêçêusca pairiaêtarêusca yaozhdathô* einen angesehnen Gewerbtreibenden reinige vd. 9, 152.

Hzv. *vêç*; vgl. skr. *vâiçya*.

vaêçaêpa (von *vaê* = *baê* + *ç°*) n. zwei Schläge, instr. *°çaêpâ* yt. 14, 37. Spiegel: mit beiden Klauen (?).

vaêçka m. n. pr. eines Landes, loc. *aurva hunavô vaêçkaya* die reisigen Hunus in Vaêçka yt. 5, 57.

vaêçman (von 1. *viç*) n. Haus, acc. *drujô vaêçmen-da azemnãm* die zum Haus der Drukhs getriebne (Kuh) yt. 10, 86.

Skr. *véçman*.

vaêshaṅh (= *draêshaṅh*) n. Leiden, Pein, acc. *vaêshô* y. 52, 9. *âea vaêshô* vd. 3, 120.

vaoiri (v. 2. *var*) m. Hülle, Hülse, Trad. *mîcah*. Skr. *varrí*. — Vgl. *uçraoiri*, *hãmv°*.

vaokushê, vaokh°, vaoc° s. 1. *vac*.

vaocim? *aêsemem vaocim aomem* (lies *haomem*) Fr. 9. 2.

vaoja adj., lügend.

Vgl. *mithrôvaoja*.

vaozira m. Vernichtung, acc. *athra paçcaêta vaozirem baodheñtô shudhem tarshnemca* (sie (die Bewohner der Gegend) würden Vernichtung inne werden, Hunger und Durst yt. 19, 69.

vaon° s. 1. *van*.

vaorâzatha (von *vraz*) n. Freundlichkeit, instr. *vaorâzathâ* y. 49, 5.

vaqyâo s. *vahyâo*.

vakhedhra (von 1. *vac*) n. Wort, Rede, gen. *vakhedhrahyâ* y. 29, 8. pl. *vakhedhrâoçca* yt. 24, 37. = yt. 23, 13. wo aber *varakhedhrâoçca*.

Vgl. skr. *vaktrá*.

vakhdhwa (von 1. *vac*) n. Wort, plur. dat. *vakhedhwôibyaçcâ* y. 12, 1. gen. *vakhedhwanãmca* vsp. 14, 8.

vakhsh, wachsen, praes. 1. sg. *ukhshyâ* y. 33, 10. 3. sg. *ukhshyêiti* y. 10, 13 *ukhshyêitî* y. 43, 3. cit. yt. 7, 2. (wo *°ti*), 3. dual. *vakhshayatô* y. 10, 6. 3. plur. med. *vakhsheñtê* wachsen auf, leben y. 32, 4. imper. 2. sg. *ukhshyâ* y. 67, 65. impf. 2. sg. *ukhshyô* du lässt wachsen y. 31, 7. 3. sg. *vakhshaṭ* es gedeiht y. 31, 6. wird wachsen lassen y. 47, 1. liess wachsen y. 47, 6. cit. vd. 11, 20. 17, 16. 3. plur. *ukhshin* yt. 13, 93. aor. 3. sg. *vakhst* (Westerg. *vakhist*) y. 34, 11. partic. praes. *ukhshyañt* (s. besonders); *vakhshañt* (vgl. *avakhshañṭ*); partic. perf. med. plur. acc. n. *vakhsta* vsp. 14, 10. partic. praes. caus. *vakhshayañṭ* (vgl. *ashaokhshayañṭ*).

— *â*, hervorwachsen, praes. 3. pl. med. *â varcshajis vakhshyêñtê* (so dass) die Knospen hervorwachsen yt. 8, 42.

— *uç*, herauswachsen, hervorkommen, praes. 3. sg. *uzukhshyêiti* erscheint yt. 7, 4. *yaṭ hvare uzukhshyêiti* wenn die Sonne aufgeht yt. 6, 2. 3. 3. plur. *uzukhshyêiñti* yt. 13, 10. imper. 1. sg. *uzukhshânê* ich werde emporwachsen (das Feuer spricht) yt. 19, 50. impf. conj. 3. pl. *uzukhshyãnca* yt. 13, 78. partic. praes. plur. gen. fem. *uzukhshyêitinãm* vd. 18, 126. med. nom. sg. *uzukhshyamanô* yt. 4, 9.

— *fra*, wachsen, praes. 3. pl. *fraokhshyêiñti* yt. 13, 56. pot. 3. sg. ich schätze den Beweibten höher *yatha magavô fravâkhshôiṭ* (lies *fravakhshyôiṭ?*) als (den) welcher unverheirathet lebt vd. 4, 131. impf. conj. 3. plur. *frâ . . . ukhshyãn* (bis die Pflanzen) wachsen vd. 5, 42. *fraokhshyãn* yt. 19, 2.

Skr. *vaksh, vákshati,* hzv. *vakhshîtan.*

1. **vakhsha** (vom vor.) n. Wachsthum, acc. *vakhshem* Zunehmen (des Mondes) vd. 21, 32. instr. *çûra . . vakhsha* mit starkem Wachsthum yt. 8, 42. abl. *â hû vakhshaṭ* (Westerg. *hur°*) beim Aufgang der Sonne vd. 13, 2. 14. Es ist die Zeit vom Gâh Hâvani bis Mittag (Spiegel, DMG. 17, 57). *haca hû vakhshâṭ* (Westerg. *hôvakhshtâṭ*) *â hû frâshmôdâtôiṭ* yt. 5, 91. loc. *vakhshaêca* vd. 21, 19. yt. 13, 93. *vakhshaṭ ahê nmânahê* zum Wachsen dieses Hauses vsp. 12, 25. plur. acc. *thrishâm urvaranãm vakhshâo apayaçaitê* ein Drittel der Pflanzen vernichtet er in Bezug auf ihr Wachsthum vd. 18, 126.

Vgl. *frashâvakhsha, hur°.*

2. **vakhsha** (von *vash*) n. Wort, acc. *vakhshem* (Spiegel *vâkhshem*) vd. 19, 50.

vakhshatha (von *vakhsh*) n. Wachsthum, nom. *vakhshathemca* vd. 9, 190. acc. *vakhshathemca* vd. 21, 24. loc. *vakhshathê* y. 61, 7.

Skr. *vakshátha*, vgl. hzv. *vakhshashn*, parsi *vakhsasn*, afgh. *vâshah* (Gras).

1. **vakhshya** (von *vakhsh*) n. Wachsthum.

Vgl. *frasharakhshya.*

2. **vakhshya** s. 1. *vac.*

vagh, gehn, partic. praes. *vaghaṇṭ.*

Skr. *vaṅgh, vaṅghate.*

vaghzh° s. 2. *vac.*

vaghdhana (von 2. *vac* + 1. *dâna*) n. Kopf (der guten Wesen) nom. *vaghdhanem* vd. 6, 46. acc. *vaghdhanem* vd. 5, 38. 8, 130. yt. 14, 13. *paçca hê vaghdhanem* hinten auf seinen Kopf vd. 8, 136. abl. *uçnê vaghdhanâṭ* auf dem Kopf yt. 22, 2. gen. *upamem paiti vaghdhanahê* das oberste des Kopfes vd. 8, 124.

Hzv. *vaghtân.* — Vgl. *uzyereçnôvaghdhana.*

vaṅuhaita s. 2. *vaṅh.*

vaṅuhi (fem. von *vaṅhu*) f. Güte, loc. *ashaya vaṅhuya* in Reinheit und Güte vd. 3, 118. yt. 17, 5. A. 1b, 7. *vaṅhuyâ* in Güte y. 33, 12.

1. **vaṅh,** wohnen, bleiben, praes. 3. sg. *vaṅhaiti* weilt, hält sich auf yt. 22, 1. 19. 24, 54. aor. 3. sg. *vaçta?* Fr. 9, 2.

Skr. *vas, vásati.*

2. **vaṅh,** kleiden, sich kleiden, praes. 3. sg. med. *yim mazdâo vaçtê vaṅhanem* yt. 13, 3. *vaçtê vaṅhanem* er bekleidet ihn vd. 4, 139. *yé khraozhdistéṅg açénô vaçtê* welcher sich die festen Himmel umkleidete (der Himmel ist Ormazds Kleid, die Trad. will: als Kleid um die Erde machte) y. 30, 5. imper. 3. sg. *vaṅhatu* vd. 3, 62. impf. 3. sg. med. *vaṅuhaita* (lies *vaṅhata?*) *çpaêta vaçtrâo* yt. 10, 126. *bawraini vaçtrâo vaṅhatu* yt. 5, 129.

— *vi*, bekleiden, imper. 3. sg. *vîvaṅhatâ* y. 52, 5.

Skr. *vas, váste.*

3. **vaṅh,** leuchten, partic. praes. acc. f. *aghrãm uçaitîm ushâoṅhem* bei der zuerst aufleuchtenden Morgenröthe, beim ersten Aufgang der M. yt. 14, 20.

— *vi*, aufleuchten, praes. 3. sg. *vîuçaiti uçraocayêiti bâmya* (wenn) die Morgenröthe aufleuchtet und erglänzt vd. 19, 91.

Skr. *vas, úcchati, ucchâti.*

vaṅhaoṭ s. *vaṅhu.*

vaṅhaṇtãm s. 1. *van.*

vaṅhathra (von 1. *vaṅh*) n. Güte, instr. *vaṅhathra* y. 67, 40.

vaṅhan (von 1. *vaṅh*) n. Güte, instr. *vaṅhanaca* vd. 5, 68. yt. 19, 58. 21, 6. 22, 11. gen. *yêṅhê . . . vaṅhânaçca carekeremahî* wessen Güte wir begehren y. 57, 11. plur. acc. *vaṅhãn* yt. 3, 1.

vaṅhana (von 2. *vaṅh*) n. Kleid, acc. *vaṅhanem* vd. 4, 139. yt. 13, 3. *odhkem vaṅhânem* yt. 5, 126.

Skr. *vásana.*

1. **vaṅhâu** s. *vaṅhu.*

2. **vaṅhâu** f. Entscheidung (des Kampfes), Ner. *virekti*, acc. *vaṅhâu* y. 31, 19. 46, 6. *maibyâcâ yãm vaṅhâu thwahmî â khshathrôi* und mir (gib) die Entscheidung in deinem Reiche (d. h. nachdem das Gute über das Böse siegte, lass mich in dein Reich kommen) y. 48, 8. Spiegel möchte an letztrer Stelle *vaṅhâu* als loc. von *vaṅhu* betrachten, in deinem guten Reiche; dann müste *yãm* auf *urvâzistâm* (Freundschaft) im ersten Verse gehn.

vaṅhâo? wenn seine Sünde um 3 Çraoshôcarana grösser ist als seine guten Thaten, so bleibt er bis zur Auferstehung in der Hölle *âtare vaṅhâo* (lies *vaṅhâu?*) *vanaṭ* Hzv.-Gl. zu vd. 7, 136.

vaṅhâpara m. Name einer Hundeart, der ἐχῖνος χέρσαιος des Plutarch, Ameisenigel, vgl. Windischmann Z. St. 282. acc. *vaṅhâparem* vd. 13, 10. statt des nom. (durch Attraction) *vaṅhâparem* vd. 13, 3.

vaṅhu (von 1. *vaṅh*) adj., gut, nom. *vaṅhus* vsp. 14, 4. y. 9, 49. 50. *yô vaṅhus çraoshô* yt. 10, 100. statt des gen. plur. *yaçnâi vaṅhus vaṅuhinãm* zum Preis für männliche und weibliche gute (Amshaçpand) y. 55, 5. fem. *vaṅuhî* y. 47, 2. *vaṅuhi* vd. 3, 151. yt. 10, 60. 13, 94. *vanhvi* (lies *vaṅuhi?* Westerg. verm. *vaṅhana*) yt. 5, 123. statt des acc. *çaoka vaṅuhi* vd. 22, 9. neutr. *vohû idha hvarstem skyaothnem verezimnem* gut ist es hier, wenn man gute Thaten thut vd. 3, 150. *ke açti vohu* was gut ist y. 67, 49. *yêṅhê vohu haoçravaṅhem* dessen Ruhm gut ist yt. 10, 60. *nemô vohû* yt. 11, 1. acc. m. *vohûm* y. 56, 11, 5. fem. *vaṅuhîm* vd. 19, 23. vsp. 2, 28. 5, 2. y. 32, 2. 38, 6. 48, 7. *vaṅhvim* yt. 16, 1. neutr. *vohuca* y. 70, 48. *vohû* y. 35, 17. *vohû vahistem* das beste Gut y. 20, 1. *vohu qarenô* yt. 13, 24. *vohu verezyâmi ahurahê mazdâo* ich führe aus das Gute des Ormazd yt. 15, 44. instr. n. *vohû ashâ* y. 36, 10. dat. m. *vaṅhavê* y. 13, 3. 42, 5. fem. *vaṅhuyâi* y. 50, 17. 52, 4. neutr. *vaṅhavê manaṅhê* y. 1, 5. abl. fem. *vaṅhuyâo* yt. 13, 58. neutr. *tê vaṅhaoṭ vaṅhô buyâṭ* dir möge das sein, was noch besser als das Gute ist y. 58, 8. gen. m. *vaṅhéus* y. 44, 8. fem. *vaṅhuyâo* vd. 19, 5. y. 36, 11. vsp. 1, 26. yt. 2, 3. 17, 0. *vaṅhuca vaṅhuyâoçca âfrînâmi* *viçpayâo ashaonô çtôis* ich segne die guten Männer und Frauen (so die Trad., lies *vaṅhâsca vaṅuhîsca*? Westerg. verm. *vaṅhâoçca*) y. 51, 1. neutr. *vaṅhéus* vsp. 7, 4. vd. 3, 81. N. 6, 2. *vaṅhéus gaêtéus* y. 39, 2. *vaṅhéus ashahyâ* y. 39, 13. *vaṅhéus takhmem* tüchtig im guten yt. 10, 140. *aêibyô urvebyô vaṅhéus yôi vô vaṅuhîs gufrâo . . . nôiṭ âzârayêiñti* für die Männer im guten, welche euch, die guten, schützenden, nicht beleidigen yt. 13, 30. *vîtî yâ vê vaṅhéus mazdâo nâmãn dadaṭ* und welche Namen des guten (gute Namen) Mazda euch gab y. 38, 7 cit. y. 67, 56. *vaṅhéus manaṅhô zaothrâbyô* mit den Opfern des guten Sinnes y. 67, 8. statt des abl. *vaṅhéusca khshathrâṭ* wegen der guten Herrschaft y. 35, 26. *vaṅhéus vahyô* y. 42, 3. loc. m. *vaṅuhi* vd. 19, 66. *yûzhem vaṅuhi aiçirinaota verethraghnemca* ihr übergebt dem guten den Sieg yt. 13, 34. neutr. *vaṅhâuca mîzhdê vaṅhâuca çravahi* y. 61, 17. *yôi zazeñtê vaṅhâo* (lies *vaṅhâu*) *çravahî* welche wachsen im guten Wort y. 30, 10. *vaṅhâu vâ côithaitê aṅtûm* oder im guten den Körper belehrt y. 33, 2. *vaṅhâo?* Cit. der Hzv.-Gl. zu vd. 7, 136. *vohuyâ* in Güte y. 50, 10. voc. m. *vaṅhu tû* o du guter (der Raçpi spricht zum Zaotar) y. 58, 8. fem. *vaṅhei* yt. 5, 130. *vaṅuhi* yt. 5. 18. 24, 22. = vd. 19, 62. dual. acc. n. *î . . yâ vohû* y. 39, 10. *vohû yaçnemca vahmemca* gutes Opfer und Gebet y. 59, 10. plur. nom. f. *vaṅuhîs* vsp. 24, 2. y. 59, 7. yt. 10, 3. 147. neutr. *yôi vohu* welche (selbst) Güter sind vsp. 12, 22. acc. m. *vaṅhûs* vsp. 7, 3. y. 16, 2. 23, 5. 59, 18. yt. 13, 151. Fr. 7, 2 (Hss. *vaṅhéus*); *vaṅhûscâ vaṅuhiscâ* y. 39, 7. *vaṅhûsca adhâo vaṅuhîsca ashayô* y. 51, 8. *vaṅharô* y. 17, 51. 57, 14. *vaṅharaçca vaṅuhîsca* y. 64, 47. *vaṅhuca* (lies *vaṅhûsca?*) y. 51, 1. fem. *vaṅuhîs* vd. 18, 24. 19, 5. y. 2, 25. 57, 14. yt. 13, 21. neutr. *vohû* das gute y. 8, 11. 43, 8. 69, 16. 17. 29, 1. *vîçpâca vohu mazdadhâta* alle von Mazda geschaffnen Güter vsp. 12, 17. *viçpa vohû mazdadhâta* yt. 21, 3. *vîçpâ vohû* y. 13, 3. 5, 2. 37, 2. *vîçpa vohu* y. 69, 3. *viçpa vohû* yt. 5, 89. y. 19, 3. vd. 11, 3. statt des nom. vd. 11, 6. *tâca vohû* yt. 13, 153. *vohu bairê nipâtârem* Güter bringe ich, welche Schützer sind yt. 14, 57. *dâmãn pourucа vohuca* yt. 19, 10. dat. m. *hathra vaṅhubyô yazataêibyô* vsp. 9, 2. fem. *vaṅuhibyô* vd. 12, 7. 14, 8. vsp. 12, 33. yt. 13. 46. Fr. 7, 1. gen. m. *vaṅhrãm* yt. 13, 111. fem. *vaṅuhinãm* vsp. 24, 1. y. 3, 10. neutr. *dâta vaṅhrãm* vd. 22, 2. 19, 8 (wo *dâtôvaṅhen*, *dâtô aṅhen?*). *vohunãm* y. 64, 47. vsp. 12, 22. *vohunãmca* Güter y. 55, 2. *vohunãm dâmanãm* y. 17, 3. *viçpanãm vohunãm* alles Guten yt. 21, 1. *yathanâ vohunãm mahî* damit wir der Güter (theilhaftig) sind y. 35, 6. loc. m. *vaṅhushu* yt. 11, 3. voc. m. *vaṅharaçca vaṅuhîsca* y. 8, 5. fem. *vaṅuhîs âpô* y. 67, 37. compar. nom. m. *vaçyâo* der beste y. 31, 2. n. *vaṅhô* yt. 24, 30. (einmal *vaṅhê*), y. 58, 8. vd. 5, 63. 68. *taṭ zî vaṅhô* das ist das beste y. 70, 62. *uvatha tê aṅhaṭ vaṅhô* so wird es dir sehr gut sein vd. 18, 20. *tê vaṅhaoṭ vaṅhô buyâṭ* dir sei das was besser als das Gute ist y. 58, 8. acc. m. *vaṅhaṅhem dadhâ* (neutr.) *aokhta* er bezeichnete ihn als ein bessres Wesen y. 10, 25. n. *vaṅhô* yt. 17, 20. y. 64, 41. das beste vsp. 19, 7. yt. 13, 148. *nôiṭ vaṅhô ahmâṭ skyaothnem verezyêiti yadhôiṭ* vd. 16, 40. *yatha* vd. 18, 10. *vahyô* y. 20, 3. 42, 3. 50, 19. 52, 9. *yé daṭ manô vahyô* wer den Sinn besser macht y. 47, 4. *hyaṭ* (Weserg. *yyaṭ*) *vahyô* welches gute y. 31, 5. *vaṅhéus vahyô* das Lessre als das gute (das beste) y. 42, 3 cit. 59, 1. *vahyô vaṅhéus* y. 50, 6. *vaṅhaçca* Güte yt. 24, 58. instr. fem. *vahêhyâ fravaocâmâ* wir sagen auf gute (Weise) her y. 35, 21. plur. acc. m. *vaṅhuca* lies *vaṅhâsca* (*vaṅhuyâoçca* (Westerg. verm. *vaṅhâoçca*) die guten und die besten y. 51, 1. fem. *vahêhis* y. 51, 9. *vahêhîs daênâo* y. 39, 5. yt. 13, 154. gen. n. *isti vaṅhaṅhãm* aus Verlangen nach den besten Dingen y. 59, 7. superl. *vahista* (s. besonders).

Skr. *vásu*, altp. *Vahuka* (*Ὠχος* Mordtmann DMG. 16, 7.), hzv. parsi *veh*. np. kurd. *bah* (georgisch *beh?*) vgl. dagegen Fr. Müller, np. L. 1, 10, der np. *bah* = skr. *bhadrá* setzt; armen. *veh?*

Vgl. *aipivaṅhu*, *av°*, *ashâv°*, *gaopiv°*, *javôv°*, *nemôv°*, *frâdaṭv°*, *mãzdrâv°*, *çrîrâv°*.

vaṅhuarshya (vom vor. + *a°*) m. n. pr., gen. *vaṅhéus arshyêhê* yt. 13, 108.

vaṅhutâṭ (vgl. *vohuni*) f. Abfluss von Blut, hzv. *damia tacashnish*, plur. gen. *vaṅhutâtãm* vd. 6, 64. *vaṅhutâtãmca* vd. 6, 12. 13.

vaṅhutãm vend. sade 538. lies *vaṅhañtãm* (s. 1. *van*).

vaṅhuthwa (von *vaṅhu*) n. gute That, plur. loc. *vaṅhuthwaêshu* yt. 13, 23.

1. **vaṅhudhâo** (von *vaṅhu* + 2. *dâo*) adj., gute Weisheit besitzend, hzv. *vehdînak*, plur. dat. *vaṅhudhâobyô* y. 1, 49. 3, 67. 23, 8.

2. **vaṅhudhâo** (von *vaṅhu* + 4. *dâo*) adj., Geber des guten, nom. *vaṅhudâo* y. 38, 11. voc. *vaṅhudâo* y. 57. 11. plur. nom. *vaṅhudhâoṅhô* y. 17, 52.

Skr. *vasudá*.

vaṅhudhâta (von *v°* + 2. *dâta*) m. n. pr. des Vaters des Uzya. gen. *vaṅhudhâtahé qadhâtahé* des V. (des Sohnes) des Q. yt. 13, 119.

vaṅhudhâtayana (vom vor.) m. Sohn des Vaṅhudhâta, gen. *uzyêhê vaṅhudhâtayanahé* yt. 13, 119.

vaṅhufedhri (von *v°* + *patar*) f. n. pr., gen. *kanyâo vaṅhufedhryô* yt. 13, 142.

vaṅhushan (von *vaṅhu* + *han*) adj., im guten befindlich, plur. acc. *vîçpâis vaṅhûs vaṅhushânô* die überhaupt guten, im guten sich befindenden yt. 13, 151.

vaṅhra (von 3. *vaṅh*) m. Frühling. Diess Wort findet sich nicht in den uns bekannten Texten, aber in dem von Anquetil bekannt gemachten Glossar in Zend und Pehlvi (*ceughré*).

Skr. vgl. *vasantá*, *vasira*, altp. *thura-vâhara?* hzv. *vahar*, np. *bihâr* (türk. *behâr*, albanes. *βεχάρ*), buchar. kurm. *buhâr*, afgh. *psarlai*, bal. *bahâr*, kurd. *bahr*, bulb. *buhar*.

vaṅhv° s. *vaṅhu*.

vaṅhaṅhem s. *vaṅhu*.

vañhazdâo (von *vañhô* (compar. v. *vañhu*) + 4. *dâo*) 1) adj. Geber des Besten, plur. nom. *vañhazdâo* (lies °*dâoñhô?*) y. 64, 54. G. 2, 6. Fr. 1, 2. 2) m. n. pr. eines Var, nom. *vairis yô vañhazdâo nãma* yt. 19, 59.

Vgl. altp. *Vahyazdâta*.

vañhâo, vañhô s. *vañhu*.

1. **vac**, reden, sprechen, praes. 1. sg. *vaocacâ* y. 44, 3. pot. 3. sg. *mâ vaocôiț* vd. 4, 129. 1. pl. *vaocôimâcâ* y. 35, 8. imper. 2. sg. *vaocâ* y. 31, 3. 34, 15. 43, 1 (cit. vd. 19, 36.) y. 47, 2. impf. 2. sg. *vaocaçcâ* y. 14, 13. 39, 10. 3. sg. *vaocaț* y. 31, 6. 34, 10. 44, 3. 29, 6. conj. impf. 3. sg. *vaocâț* vd. 8, 30. 15, 41. perfect. 3. sg. *vavaca* yt. 13, 90. med. (passiv.) *vaocê* heisst vd. 14, 8. yt. 10, 88. *yô nâo istaçca yaçnyaçca . . . vaocê* yt. 13, 152. *yâ vaocê hapereçi nãma* yt. 14, 55. 3. dual. act. *vaocâtarê* y. 14, 12. aor. med. 3. sg. *aokhta* vd. 2, 46. vsp. 2, 3. y. 9, 9. 10, 25. yt. 13, 99. 1, 5. *aogedâ* er sprach aus y. 32, 10. fut. 1. sg. *vakhshyâ* y. 30, 1. *aț zî tôi vakhshyâ mazdâ, vidushê zî nâ mruyâț* aber dir, o Mazda, will ich verkünden (dich will ich loben), denn der Manu spreche es dem wissenden y. 50, 8. causale impf. med. 3. sg. *aocayata* er liess sagen vd. 22, 22. pass. aor. 3. sg. *vâcî* (subject im plur. neutr.) y. 42, 13. infin. *frô mâ çîshâ thwahmâț vaocañhê* lehre mich deinerseits sagen y. 28, 11. partic. perf. act. dat. *vaokushê* yt. 13, 88. pass. nom. *aokhtô ratus* der herbeigerufene Ratu vd. 5, 74. *ukhdha* (s. besonders).

— *ava*, aurufen, impf. 1. sg. *âvaocâmâ . . . avâ* (scil. *vaocâmâ*) y. 38, 14.

— *â*, anrufen, impf. 1. pl. *âvaocâmâ* wir wollen anrufen y. 38, 14. aor. pass. 3. sg. *avâcî* y. 57, 23. 36, 16.

— *paiti*, zu jemand sprechen, antworten, aor. med. 3. sg. *paitiaokhta* sprach zu ihm yt. 22, 11. 24, 1. antwortete vd. 2, 9. y. 9, 5.

— *parê*, entsagen, absagen, perf. 1. plur. *parê vâo vîçpâis parê vaokhemâ* euch entsagen wir völlig y. 34, 5.

— *fra*, aussprechen, reden, praes. 1. sg. *fravaocâmi* yt. 24, 46. *fravaocâma fraca vaocâ* wir preisen, ich preise y. 69, 6. conj. 1. sg. med. *fravaocâi* yt. 24, 22. (an der Parallelstelle vd. 19, 61. steht *framru*); imper. 2. sg. *frâvaocâ* y. 34, 12. 45, 7. impf. 1. sg. *frâvaocim* y. 19, 4. *frâvaocem* yt. 17, 22. 2. sg. *frâvaocô* y. 19, 2. 3. sg. *fravaocaț* A. 3, 8. vd. 19, 103. er spreche vd. 19, 84. 1. plur. *fravaocâma* yt. 24, 13. 20. *fravaocâmâ* y. 35, 24. impf. conj. 3. sg. *fravaocâț* yt. 24, 20. *yaçca fravaocâț* yt. 11, 4. perf. 1. sg. *frâ vavaca* y. 19, 21. med. *fraca vaocê* y. 19, 16. *aêtaț ukhdhôtemem yâis yava fraca vaocê fraca vakhshyêitê* diess ist das heiligste Gebet, was ich je gesprochen habe und was je gesprochen werden wird y. 19, 24. 3. sg. *fravavaca* lehrte y. 64, 38. *yô frâvaocê yô fravakhshyêitê* wenn man ihn ausspricht, wenn er ausgesprochen werden wird vsp. 18, 10. *nô frâvaocê* hat er uns gelehrt y. 19, 27. fut. 1. sg. *fravakhshyâ* y. 44, 1. *yâ fravakhshyâ yêzî tâ athâ haithyâ* ob das was ich sagen will, wahr ist y. 43, 6. partic. perf. pass. *fraokhta* (s. besonders).

Skr. *vac*, *vákti*, kurm. *dcbêzim* (voco), arm. *gocel?*

2. **vac** (vom vor.) m. Wort, Rede, Gebet, nom. *hô vâkhs* diese Rede yt. 10, 89. 13, 3. *arshukhdhô vâkhs* y. 59, 8. yt. 10, 85. *aêshô vâkhs* yt. 21, 4. *erezhukhdhô vâkhs* yt. 19, 96. satt des acc. *mithaokhtô vâkhs* yt. 19, 96. acc. *vâcem . . . vîdôyûm* yt. 13, 90. *jarezîm vâcem* vd. 3, 37. *vâcim* vd. 18, 36. yt. 10, 85. 14, 21. y. 59, 8. 29, 9. *vâcim paiti* bei Stimme vd. 13, 112. *bitîm vâcim paitipereçemnô* eine zweite Frage fragend vd. 18, 68. *arshukhdhem vâcem* y. 7, 65. *vâcem* yt. 17, 17. *barezem barâț zaota vâcem* yt. 17, 61. *vâcim barentê* dem sprechenden y. 69, 14. *vâcim baraiti* loquitur y. 49, 6. *vâcim* durch das Wort y. 69, 13. instr. *vaca* y. 10, 4. vd. 19, 28. yt. 2, 18. 10, 30. 89. 137. *ana vaca* vd. 19, 32. y. 10, 61. *tâ vaca* vd. 5, 64. *aêta vaca* vsp. 9, 1. gen. *arshukhdhahê vâkhs* y. 8, 1. plur. nom. *vaca* vd. 19, 30. *aêtê vaca* vd. 10, 7. *vâcô* y. 64, 36. *aêtê vâcô* y. 70, 65. *imê heñti arshukhdha vâcô* y. 10, 57. *aêtaêca tê vâcô* yt. 14, 46. acc. *vaca* vd. 3, 5. 9, 169. vsp. 8, 1. *avaêtâç vacô* y. 31, 20. *imã vacô* vd. 9, 33. 118. 11, 9. 17, 15. y. 9, 8. 64, 40. *vârethraghnîs vacô framru* vd. 8, 49. *ahê vacô* des (Ormazd) Worte vd. 22, 38. *vacaçca* vsp. 15, 2. *vâca* y. 3, 16. 70, 79. *vîçpaêca vâcô* y. 70, 27. dat. *maț vaghzhebyaçca* (Westerg. °*byâca*) vsp. 16, 2. Extr. 2. statt des instr. *vâghzhibyô* yt. 3, 18. vsp. 7, 2. y. 17, 4. (Westerg. *vâkhshibyô*) abl. *anâhitaêibyô parô vaghzhebyô* vor (mit) unbefleckten Gebeten yt. 10, 88. gen. *vacãm* yt. 11, 3. *vacãmca* vsp. 18, 11. *aêshãm vacãm* yt. 2, 11. *vîçpanãmca aêtaêshãm vacãm* y. 70, 38.

Skr. *vâc*, vgl. hzv. *âfâj*, *vâj* (leises Gebet), parsi *bâzh*, np. buchar. *ûvâz*, parsi *vãg*, np. kurd. *bâng*, bal. *gvâkh*, kurm. *bâñ kir* (rief), zaza *vêng*, armen. *vang*.

Vgl. *draoghôvac*, *paitivac*, *pouruvac*, *mãçvac*.

vacañh (von 1. *vac*) n. Rede, Wort, nom. *vacô* vd. 4, 13. y. 19, 2. 21, 1. 3. (Westerg. hier *vaçô*, aber hzv. *gubashn*). 28, 0. yt. 13, 83. 21, 1. acc. *vacô* vd. 8, 282. 7, 130. *imaț vacô* vd. 19, 59. yt. 11, 4. *hâkhtemca vacô* vsp. 2, 9. *apêmem vacô* bis zum letzten Wort (Tod) y. 52, 7. *vacê* y. 44, 5. instr. *vacañha* vsp. 25, 4. yt. 11, 4. y. 1, 57. A. 1, 17. *vacañhâ* y. 33, 2. 34, 1. 46, 1. 47, 4. 12, 5. *ahâ skyaothanem vacañhâ* y. 32, 5. dat. *vacañhê* y. 67, 9. abl. *erezhukhdhâț paiti vacañhaț* yt. 5, 76. gen. *arshukhdhahê vacañhô* yt. 12, 0. *hûkhtahêca vacañhô* vd. 18, 41. *hâkhtahêca paiti vacañhô* yt. 16, 6. loc. *vacahi* yt. 14, 28. *vacahicâ* y. 30, 3. plur. acc. *vacâo* y. 57, 16. 31, 1. 33, 8. instr. *vacêbîs* y. 13, 17. yt. 5, 76. *vacêbîscâ* y. 36, 11. gen. *vacañhãm* vsp. 8, 13. 14, 8. 31, 19. die Drukhs wird unmächtig *kãmcit vacañhãm* bei jedem Wort vd. 9, 35.

Skr. *vacas*.

Vgl. *arathwyôvacañh*, *arsv°*, *ac°*, *âfrîv°*, *ukhdhôv°*, *ereshv°*, *dazhv°*, *pairigâv°*, *parstôv°*, *pâpôv°*, *mithahv°*, *gnaodhôv°*, *humôv°*, *huv°*.

vacaçtasti (vom vor. + *t*°. f. Text, Textstelle, acc. *vacaçtastimca* vsp. 15, 7. loc. °*tastâ* y. 57, 22. Hzv. *vacêçt*, parsi *gujaçt*, Ner. *gujasta*.
Vgl. *maṭravaçtasti*.

vacaçtastivañt vom vor.) adj., mit Texten versehn, acc. n. (adv.) *fraçrâvayaṭ gâthâo afçmanirãn vacaçtastivaṭ* (Westerg. °*stvaṭ*) er sang die Gâthas metrisch, nach dem Text (? richtig) y. 56, 3, 3.

vacahina (von *vacaṅh*) adj., mit dem Wort geschehend, nom. *paoiryô vacahinô* der erste (Vertrag) geschieht durch das blosse Wort vd. 4, 6. *mithrô aiwidrukhtô vacahinô* vd. 4, 24. acc. *vacahinem* vd. 4, 36.

vacahya (von *vacaṅh*) adj., preiswürdig, gen. *gêus vacahyêhêca* yt. 15, 1.

vacôurvaiti, überall wo er das Avesta (die Textstelle) *paititem* und *vacôurvaitis* spricht, Hzv.-Gl. zu vd. 7, 136.
Vgl. *avacôurvaiti*.

vazh° s. 1. *vaz*.

vazhâçpa (von 2. *vaz* + *açpa*?) m. n. pr. eines Sohnes des Vistâçpa, gen. *vazhâçpahê* yt. 13, 102.

vazhdra (von 2. *vaz*?) m. Vollbringer, nom. *vazhdris* der Thätige (Tistrya) yt. 8, 43. plur. acc. *têñg . . . yêñg ashahyâ vazhdrêñg pâṭ* die Vollbringer des Reinen hält er ab y. 45, 4.

1. **vaz** 1) führen, ziehn, praes. 1. sg. *vazâmi* vd. 5. 56. 3. sg. *fravâza vazaiti* er befördert vd. 3, 100. *vazaiti ciçtãm* er führt die Ciçta (Erkenntniss) yt. 10, 126. *vazaiti* treibt, führt yt. 8. 33. 3. plur. *vazeñti* (die Rosse) ziehen y. 56, 11, 2. yt. 10, 47. 68. bringen weg yt. 5, 95. conj. 2. sg. *vazâhi* pflegst du zu führen vd. 5, 52. 3. plur. *vazâoñti* yt. 10, 125. infin. *vazadhyâi* dass er ziehn muss (am Wagen) yt. 15, 28. partic. praes. nom. *vazô* vd. 6, 54. med. plur. nom. *vazemna* y. 56, 11, 5. pass. pl. nom. *uzyamana* sich lenken lassend yt. 17, 13. 2) heimführen, heirathen, partic. praes. pass. plur. dat. f. *vazyamnâbyô* den heirathsfähigen Mädchen y. 52, 5. 3) gehn, laufen, fahren, fliegen (von guten Wesen), praes. 3. sg. *vazaiti* fliegt vd. 5, 5. yt. 14, 20. 10, 20. 5, 42. fährt einher yt. 5, 11. 10, 16. 70. med. *vazaitê* y. 10, 60. 3. plur. *vazeñti* vehuntur yt. 10, 100. fliegen yt. 10, 128. conj. 3. sg. *yô . . . vazâiti* yt. 8, 6. impf. 3. sg. med. *vazata* fuhr yt. 10, 127. flog yt. 5, 62. infin. *tem âfs paurva vazaidhyâi paçca vîtakhti vafrahê abdaca idha yima aṅhê açtraitê çadhayâṭ* zu ihm das Wasser, voll zum Fliessen (in voller Strömung) nach Aufthauung des Schnees, und tief, o Yima, hier zur bekörperten Welt kommen wird (nach der Trad. ist vom Regen Malkôçân die Rede) vd. 2, 58. partic. praes. plur. nom. *vazeñtô* fahrend yt. 10, 20. gen. *yâo aojistâo vazeñtãm* yt. 13, 26. med. nom. *vazemnô* yt. 10, 86. 8, 13. 14, 2. fem. *vazemna* yt. 5, 11. acc. m. (adv.) *vazemnem* fahrend vd. 6, 51. 8, 229. plur. nom. *vazemna* fliegend yt. 10, 39. partic. perf. med. acc. *vâshem vavazânem* yt. 10, 124.

— *aiwi*, herbeifliegen, praes. 3. sg. *aiwica vazaiti* yt. 10, 118.

— *â* 1) bringen, impf. 3. sg. *zemargûza avazaṭ* er brachte unter die Erde yt. 19, 81. 2) herbeikommen, praes. conj. 3. sg. *yô avazâiti* y. 56, 12, 3.

— *upa*, hinfahren, hinfliegen, praes. 3. pl. *upavazeñti* yt. 13, 64. imper. 2. sg. med. *upavazaṅuha* vd. 22, 23. impf. 3. sg. med. *upavazata* vd. 22, 38. yt. 10, 127.

— *uç*, 1) hinaufführen, praes. 3. sg. med. *vayô vâ hê kerefsqârô avi uzvazaitê* vend. sade 229 (Westerg. vd. 7, 3); impf. 3. sg. *uzvazhaṭ* er nahm weg yt. 13, 100. 19, 86. 2) hinauffahren, praes. 3. sg. *mereghem uzvazaiti* Gevögel fliegt empor vd. 5, 2. *âfs uzvazaiti* das Wasser fliesst an ihm hinauf (d. h. von den Füssen zum Kopf des Todten?) vd. 5, 26.

— *ni*, 1) herabkommen, praes. 3. sg. *nivazaiti* vd. 14, 57. 2) hinwegführen, praes. 3. sg. *nivazaiti* vd. 5, 26.

— *para*, hinwegfegen, praes. 3. sg. *para kamerêdhâo vazaiti* yt. 10, 37.

— *fra*, 1) führen, praes. 3. sg. *frâ . . . vazaiti* yt. 8, 33. conj. *yô . . . fravazâiti* yt. 8, 35. 2) fahren, gehn, praes. 3. sg. *fravazaiti* (wenn) er losfährt yt. 10, 48. 99. med. *vâsha fravazaitê* yt. 10, 67. 3. pl. act. *fravazañti* fahren herbei yt. 13, 39. med. *fravazeñtê* die Gestirne wandeln yt. 13, 58. conj. *yôi fravazâoñtê* welche dahinfahren yt. 10, 119. partic. praes. med. plur. gen. *yâo veñjistâo fravazemanãm* yt. 13, 26.

— *hãm*, hinzufliegen, praes. 3. sg. *avi tem avi hãmvazaiti* yt. 19, 67.

Skr. *vah*, *vâhati*, hzv. *vajîtan*, np. *vazîdan*, afgh. *alvatal* (praes. *alvazam*), kurd. *bazinum*, kurm. *debêzim*, armen. *vazel*; vgl. oss. *bazir* (Flügel).

2. **vaz** stärken.

— *fra*, sich stärken, med. praes. conj. 3. pl. *yaṭ aêtê yôi mazdayaçna baêshazâi fravazâoñtê* wenn sich die Mazdaverehrer zur Heilkunde stärken, die Heilkunde ausüben wollen vd. 7, 94.

Skr. *vaj*, *vâjáyati*, hzv. *vazîtan*, dig. *bázun*, tag. *bäzün*.

vaza (vom vor.) m. Stärke; vgl. *vâza*.

vazagha f. Eidechse, nom. *vazaghaciṭ* vd. 5, 115. 12, 65. acc. *vazaghãm* vd. 18, 132. plur. gen. *vazaghanãm* vd. 14, 12.

Hzv. *vazag*, *vazagh*, parsi *vazag*, neup. *vazagh* (Frosch).

vazaṅh (von 2. *vaz*) n. Stärke?
Vgl. *daênâvazaṅh*, *frav°*.

vazana (von 1. *vaz*) n. Fortführung.
Skr. *vâhana*, *vâhana*. — Vgl. *âtarevazana*.

vazâreṭ (von *vaza* + *areṭ*) adj., mit Kraft andringend, plur. nom. f. *vazâretô* yt. 13, 23.

vazi (von 1. *vaz*) adj., Last ziehend, Beiwort der Kuh, gen. f. *gêus paiti vazyâo* für eine Kuh, welche Lasten zieht vd. 9, 152.

vazemnôaçti (von *vazemna* (1. *vaz*) + 1. *açti*) den Körper wegführend, Name eines Krankheitsdaemonen, acc. (ohne Flexion) *vazemnôaçti dârayaṭ* er hielt zurück den V., vd. 20, 9. 11. Westergaard liest *vazemnô açti* [?]; die Hzv.-Uebers. hat *vâzân astar* (Dolch tragend?), so dass sie *vazemnô astra* gelesen zu haben scheint.

vazôvâthwya (v. *vaza* + *vâthwa*) adj., in starken Banden umherstreichend, gen. *gadhahê °vâthwyêhê* yt. 11, 5.

1. **vazdaṅh** n. Bosheit, hzv. *apârân*, Ner. *avyâpâra*, instr. *vazdaṅhâ* y. 48, 10.
Vgl. *kereçavazda*.

2. **vazdaṅh** n. Stärke?
Vgl. *asharazdaṅh*, *vohv°*.

vazdvare (von 2. *vaz*) n. Gedeihen, Fülle, Beförderung, acc. man verspreche ihm *vazdvare vahistahê aṅhéus* die Fülle des Paradises vd. 9, 166. *tanvô vazdvare* Gedeihen des Leibes y. 67, 33. yt. 14, 29. 16, 7. *vaṅhéus vazdvarê manaṅhô* y. 31, 21. Hzv. *vazdvarish*.

vazya (von 1. *vaz*) n. Last, Ladung, plur. instr. *vazyâis* A. 1, 5. gen. *baêvare vazyanãm aêçmanãm* vd. 14, 5. *hazaṅrem vazyanãm aêçmanãm* vd. 18, 140.
Skr. *vâhya*.

vazyañt (von 2. *vaz*) adj., behende, schnell, comparat. plur. nom. *vazyãçtara* die behendesten (im Lügen) yt. 10, 20.

vazra (von 2. *vaz*) m. Keule, nom. *vazrô* vd. 14, 34. yt. 13, 72. acc. *vazrem* yt. 10, 96. 6, 5. statt des nom. (hinter dem praedic.) *aom vazrem çrîrem* yt. 10, 132. abl. *vazrâṭ* vd. 18, 71. plur. nom. *vazra* yt. 1, 18. *vazraciṭ* yt. 10, 40.
Skr. *vâjra*, vgl. altp. *vazraka* (parsi *guzurk*, np. *buzurg*, armen. *vzrouk*), hzv. *vazr*, np. *gurz*.

1. **vañta** f. Flechtwerk.
Vgl. *nemôvañta*.

2. **vañta** (von 2. *van*) 1) n. Freundschaft, instr. *vañtâ* y. 50, 22. (cit. 16, 6). 69, 1. *vañtâca* vsp. 7, 2. y. 16, 1. *vañtaca nemaṅhaca* in Freundschaft und mit Gebet yt. 10, 6. 2) m. Gatte, Gattin, plur. nom. *vañtâoṅhô* Gattinnen yt. 17, 10.

3. **vañta** s. *vam*.

vañtabereti (von 2. *vañta* + *b°*) f. freundliche Darbringung, acc. *°beretîmca* vend. sade 528. y. 59, 11. 61, 1. 20. instr. *vañtabereti* y. 67, 43. plur. acc. (instrumenti) *°beretîsca* Fr. 7, 2.

vañtar (von 1. *van*) m. Sieger, nom. *vañta* als Sieger yt. 5, 34. 9, 14. 15, 24.

vañtu (von 2. *van*) m. Geliebter, Gatte, dat. *yatha nâ fryô fryâi vañtavê çtareta gâtus çayamnô puthrem . . . avabaraiti* wie ein befreundeter Mann dem Freunde bringt sie (die Erde) dem Gatten einen Sohn, während er auf dem bedeckten Sitz (Lager) liegt vd. 3, 86.

vañd = 2. *vid*.

vañdake (vom vor.) m. Erlanger, nom. *vañdake nâma ahmi* yt. 15, 45.

vañdaṅh (von *vañd*) n. Erlangung, Begierde.
Vgl. *bivañdaṅha*.

vaṅdare (von *vañd*) n. Begierde, Gier.
Vgl. *asvaṅdara*.

vañdaremaini (von *vañdareman*) m. Sohn des Vandareman, nom. *vañdaremainis arejaṭaçpô* yt. 5, 116.

vañdareman (von *vañdare*) m. n. pr. eines Sohnes des Fraṅraçya, Vaters des Arejaṭaçpa.

vañdru (von *vañd*) adj., begehrend.
Vgl. *duzhvañdru*.

vaṭ, kennen, verstehn.

— *apa*, kennen, erkennen, praes. 2. sg. *usta tê apavatahi pourvacãm* heil dir, der du kundig bist vieler Reden y. 9, 79. 3. sg. *apivaiti* (lies *apavataiti?*) forseht aus yt. 10, 27. conj. 3. sg. *yô nôiṭ apavatâitê daênayâo* vd. 9, 172. *yô fraêstem apavatâitê daênayâo* vd. 9, 6. conj. impf. 3. sg. *apaca* (Westerg. *apaêcaṭ*) *aotâṭ* sie soll (das Gesetz) erkennen yt. 9, 26. (s. 2. *apa*). pass. aor. 3. sg. *hyaṭ* (Westerg. *yyaṭ*) *apavaitî haurvâtâ ameretâtâ* was mir zuerkannt ward durch H. und A. y. 43, 18.

— *fra*, kennen, causale praes. 1. pl. *fravâ vâtôyâmahî* wir lehren y. 35, 21. imper. 3. sg. *ahmâi fravâ vâtôyôtû* (Westerg. *vat°*) *îṭ* er lehre ihm diess y. 35, 17.
Skr. *vat* (nur mit *api*) vgl. Roth, Nir. Erl. p. 135.

vath, schwirren.

— *ni*, schwirren, impf. conj. 3. plur. *yaṭ . . . jyâo nivaithyãn* wenn die Sehnen schwirren yt. 10, 113.

1. **vad** (vgl. *ud*) gehn, fliessen (von Flüssen); im causale führen, heimführen (vgl. vedisch *vadhvàh nadyàh* Naigh. 1, 13) causale praes. 3. sg. *vâdhayêiti* er führt vd. 19, 94. imper. 1. sg. *yatha azem vâdhayêni* dass ich ihn (gefesselt) führe yt. 9, 18. partic. praes. med. *vademnô* ich der Bräutigam y. 52, 5. (die Hzv.-Uebers. hat *âkâçish*, scheint also *vaêdimnô* gelesen zu haben); causale nom. (passiv.) *baçtô aṅhaṭ vâdhayamnô* yt. 15, 52.

— *upa*, heirathen, caus. pot. 3. sg. med. *upa vâ nâirikãm vâdhayaêta* so möge der eine die Frau heirathen vd. 4, 121. *nâirithwana upavâdhayaêta* man verheirathe sie vd. 14, 66.

— *uç*, am Heirathen verhindern, caus. praes. 3. plur. *uzvâdhayêiñti* yt. 17, 59.

— *vi*, führen, caus. imper. 3. plur. *vîvâdhayañtu* sie sollen führen vd. 8, 42. *upa vî . . . vîvâdhayañtu* vd. 8, 45.
Vgl. skr. *vadhû*, afgh. *vâdah* (Heirath).

2. **vad** sich kleiden, partic. praes. nom. f. *fravadhemna* bekleidet yt. 5, 126.
Vgl. skr. *vaḍ*, *vâṇḍate?*

3. **vad**, schlagen.
Skr. *vadh*.

vadare (von 3. *vad*) n. Mittel, Waffe zum Schlagen, Tödten, acc. *vadare jaidhi* komm mit einem Mittel zum Schlagen (der Schlange) y. 9, 94. 96. *yaçcâ vadarê vôizhdaṭ ashâunê* wer das Mittel zum Schlagen (des Bösen, d. h. hier die Bebauung des Feldes) dem Reinen zurückhält, hindert y. 32, 10.

vadha = *vâdha?*

vadhaghna (vom vor. + *ghna*) m. n. pr. eines bösen Herrschers, dessen Macht Ahriman dem Zarathustra unter der Bedingung versprach, dass er das Gesetz verfluchen würde; nach der Trad. Dahâka; nom. *vadhaghnô* (Westerg. °*ghanô*) vd. 19, 23.

Hzv. *vaughan*, parsi *vadagân*, armen. *vahagn* Windischmann Anâhita 109. (Gosche 48).

vadhari (von 1. *vad*) adj., zur Karawane gehörig. nom. *ustrô vadhairis* yt. 14, 12. 39. gen. *ustrahê kehrpa vadharôis* yt. 14, 11. plur. acc. *vadharayô* yt. 17, 13.

vadhuṭ (von 1. *vad*) f. n. pr., gen. *kanyâo vadhûtô* yt. 13. 141.

vadhrya (von 1. *vad*) adj., nubilis, plur. nom. f. *vadhrê* yt. 5. 87.

1. **van,** schlagen, siegen, praes. 1. sg. *vanâmi* yt. 15, 44. 3. sg. *vanaiti* yt. 19, 96. 3. plur. *yaêshãm daênâo vanaiñti vâ vênhen vâ vaonare vâ* denen Gesetze sind, für welche sie kämpfen, gekämpft haben und kämpfen werden y. 39, 5. yt. 13, 154. conj. 2. sg. *vanâi* (für *vanâhi*) du willst schlagen vd. 19, 28. pot. 3. sg. *vainîṭ* er möge schlagen y. 59, 8. 1. plur. *vanaêma* sollen wir schlagen vd. 20, 21. *vanaêmâ* y. 31, 4. imper. 1. sg. *vanâni* vd. 19, 32. 1. plur. *yatha vanâma* yt. 10, 34. impf. 3. sg. *vanaṭ* yt. 1. 28. *yâtu . . . vanaṭ* die Zaubrer mögen schlagen yt. 2, 11. conj. 3. sg. *vanâṭ* er möchte tödten y. 9, 77. wird tödten yt. 19, 54. wenn die Sünden 3 Çraoshôcarana mehr sind als die guten Thaten, so bleibt er bis zur Auferstehung in der Hölle: *âtare vañhâo vanâṭ* . . . überwiegen die guten Thaten, so bleibt er im Paradis: *aiñhâo âtare vanâṭ* Hzv.-Gl. zu vd. 7, 136. perf. 3. plur. *yôi ashâi vaonare* welche für das Reine gekämpft haben y. 26, 12. 14. yt. 13, 155. *vaonare* y. 39, 5. yt. 13, 154. aor. 3. sg. *vênhaṭ* er soll schlagen y. 47, 2. 3. plur. *vênhen* (im Sinne des futur.) y. 39, 5. yt. 13, 154. fut. 3. sg. *vênhaiti* (Westerg. *vêñhaiti*) y. 48, 1. pass. praes. conj. 3. plur. *vanyâoñtê* yt. 14, 43. infin.? *vanâinê* yt. 24, 25. perf. *vavênê bayê* ich möge siegen A. 1, 17. partic. praes. *vanañṭ* (s. besonders); med. nom. *yô vananô kayadhahê* welcher schlägt den schlechten y. 56. 7, 2. acc. f. *vananãm* y. 43, 15. pass. *vanemna* (s. besonders); perf. act. nom. *vavanvâo* siegreich y. 56, 5, 3. A. 1, 16. plur. gen. *vaonushãm* vend. sade 538. yt. 13, 155. fut. plur. gen. *vañhañtãm* vend. sade 538. yt. 13, 155.

— *ni*, schlagen, niederschlagen, imper. 1. sg. *yatha nivanâni* yt. 14, 58. perf. pot. 3. sg. (collect.) *ni añtare zãm açmanemca drujô mainivâo vaonyâṭ* zwischen Erde und Himmel würden die Drujas über die beiden Himmlischen kämpfen (d. h. für Ahriman, gegen Ormazd) yt. 13. 13.

— *fra*, tödten, pot. 3. sg. (5. Classe), *fravanuyâṭ* er tödte vd. 18, 137.

Skr. *van*, *vanuté*, hzv. *vânitan*, parsi *vânôm* (eadem), np. *vâinôm* (ich zerschlage), armen. *vanem*.

2. **van,** schützen, lieben. partic. perf. *vâunus* (s. besonders).

— *ni*, bedecken, beschützen, praes. 3. pl. die Wolken *nivâneñti* bedecken (die Berge) yt. 14, 41. med. *nivâneñtê* welche beschützen yt. 13, 68. imper. 1. sg. act. *yatha azem . . . nivânâni* dass ich (Reiche) beherrschen möge yt. 5, 130. impf. conj. 3. sg. *mâdha yaṭ . . . nivânâṭ* noch dass uns umfasse (gefangen halte) yt. 10, 75.

Skr. *van*, *vánati*, np. vgl. *bân*, °*vân*.

vana f., Baum, nom. *maçyâo vana* vd. 5, 72. acc. *avi vanãm* vd. 5, 59. *upa tãm vanãm* vd. 5, 5. 8. *upa avãm vanãm* yt. 12, 17. plur. gen. *vanãm* vd. 5. 72.

Skr. *vána* (vgl. *vánaspáti*), hzv. *van*, parsi *van*, np. *bun* (*gulbun*), afgh. *van*, *vanah*, dig. °*bun*, tag. °*bün*.

vanaiti (fem. von *vanañṭ*) siegreicher Schlag. plur. acc. *vanatô vanaitîs* y. 56, 13, 4. yt. 11, 19.

vanaitivañṭ (vom vor.) adj., die Kraft zu siegreichem Schlage spendend, gen. *çraoshahê vanaitivatô* y. 56. 13, 4.

vanañṭ (partic. praes. von 1. *van*) 1) schlagend, siegend, acc. f. *vanaiñtîmca uparatâtem* vsp. 2, 24. y. 2, 25. 56, 13, 4. yt. 10, 33. 11, 19. gen. m. *vanatô vanaitîs* y. 56, 13, 4. yt. 11. 19. *vanatô avanemnahê* yt. 10, 109. fem. *vanaiñtyâoçca uparatâtô* vsp. 1, 22. y. 1, 19. plur. gen. *narãm . . . vanatãm* N. 3. 10. yt. 24, 6. *vanañtãm vañhañtãm vaonushãm daênôçâcãm* vend. sade 538. yt. 13, 155. 2) m. n. pr. eines Sternes, welcher den südlichen Sternhaufen anführt und speciell den Jupiter bekämpft. Bund. 7, 7. 12, 20. nach dem Minokhired (Spiegel H. II 107) ist er am Alburz aufgestellt; acc. *vanañtem çtârem* yt. 8, 12. 12, 26. N. 1, 8. S. 2. 13. gen. *vanañtô çtârô* yt. 20. 0. 2. S. 1. 13.

Der Stern heisst im hzv. *vanand*, parsi *vanañd*.

Vgl. *hathravanañṭ*.

vanaṭpeshana (vom vor. + *p*°) 1) n. siegreiche Schlacht, loc. *vanaṭpeshênê bayê* möge ich sein in siegreichem Kampf A. 1. 16. 2) adj., siegreiche Schlachten schlagend, nom. *vanaṭpeshanô* y. 9, 68. plur. acc. f. *vanaṭpeshanâo* yt. 13, 30.

vanâra (von 1. *van*?) m. n. pr. eines Sohnes des Vistâçpa, gen. *vanârahê* yt. 13. 101.

vanu (von 1. *van*) adj., siegend.

Vgl. *âtarevanu*.

vanemna partic. med. (passiv) von 1. *van* geschlagen werdend.

Vgl. *avanemna*.

vanôvañta (von *vanañṭ* + 2. *vañta*) adj., schlagende, siegende Freunde besitzend. dat. *nôiṭ paçcaêta vanôvañtâi upadayâṭ añrô mainyus çpeñtâi mainyavê* nicht würde nachher dem heiligen Geist, der siegreiche Freunde besitzt, Ahriman sich unterwerfen yt. 13, 13.

vanôviçpâo (von *vanañṭ* + *viçpa*) adj., alles schlagend, nom. *vanôviçpâo nâma ahmi* yt. 15, 44.

1. **vap** 1) weben partic. perf. pass. *ubda* (s. besonders). 2) aussinnen (Lobgesänge), preisen, praes. 1. sg. *ufyêmi*, hzv. übers. *khrêshînam* ich mache mir zu eigen) y. 26, 2. yt. 13. 21. S. 2. 30. *ufyâcâ* y. 42. 8. imper. 1. sg. *yê vâo ufyânî* der ich euch

preisen will y. 28, 3. impf. conj. 3. sg. *ufyât* (wer) wird preisen yt. 13, 50.

Skr. *rap*, *râpati*, np. *bâftan*, tag. *uafûn*.

2. **vap,** werfen, ausstreuen. Diese Wurzel erscheint in *vafra*, ist aber mit der vorigen identisch, da auch dem Weben der Begriff des Werfen's (nemlich des Weberschiffs) zu Grund liegt; ich führe sie deshalb besonders auf, weil sie in einer geschwächten Form *vip* erscheint, die ihre abgeschlossne Bedeutung hat.

vafus (von 2. *vap?*) n. Untergang, Ende, nom. *vafus* y. 47, 9. acc. *vîdrâo vafûs* y. 29, 6.

vafra (von 2. *vap*) m. 1) Schnee. instr. *kâçôtafedhra vafra* mit ewigem Schnee yt. 19, 3. gen. *vafrahê* vd. 2, 58. 2) n. pr. wie es scheint eines Vogels, der mit Thraêtaona in Verbindung steht; Westergaard (J. St. III, 421) versteht darunter den frisch gefallnen Schnee; Spiegel (Av. übers. III, 51) einen Helden, welcher sich über die Rañha gewagt hatte und den Rückweg nicht finden konnte; nom. *vafrô* (Spiegel *vifrô*) *narâzô* yt. 5, 61. 23, 4.

Hzv. parsi *vafr*, np. kurm. (brahvi) *barf*, buchar. *berf*, gebri *vabr*, afgh. *vâvrarah*, kurd. *bâfer*, feileh *befer*, bulb. *bafir*, zaza *vaûre*.

Vgl. *jaiwivafra*, *çnaodhôr°*.

vafrayâo (vom vor.) m. n. pr. eines Berges, der Vafrômand des Bundehesh (22, 3. 23, 18), welcher mit dem *çyâmaka* (çiakômand) von Kabul bis China reicht, also wohl die Hindukushkette; nom. *vafrayâoçca* yt. 19, 5.

vam, vomere.

— *avi*, bespeien, participialperfect 3. sg. *avi dim vaũta* ihn (den Baum) bespeit er vd. 5, 6.

Skr. *vam*, *vâmati*, hzv. *vâmitan*.

1. **vaya** (von 2. *vâ*) m. Luft, acc. *vaêm* yt. 15, 57. *aêm ashavanem* y. 25, 16. yt. 15, 5. 57. *tem vaêmciṭ yazamaidê* yt. 15, 1. *ughrem vaêm uparôkairîm* yt. 15, 5. vgl. *vayu*.

2. **vaya** (von *vî*) f. Zeitlänge, acc. *vayãm dareghôqadhâitîm* die lange herrschende Zeitlänge N. 1, 1.

Skr. vgl. *vâyas*.

3. **vaya** s. 2. *vi*.

vayañh (von *vî*) n. Liebe, nom. *têm aṭ vê vayô añhaiti* ihm wird zu euch Liebe sein y. 52, 7.

vayâo s. *dva*.

vayu (von 2. *vâ*) 1) n. Luft, acc. *vayû* y. 52, 6. 2) m. Luft, als Genius = Râman qâçtra, nom. *vayus* yt. 15, 43. 54. *vayus yô uparôkairyô* yt. 15, 4. als acc. erscheint *vaêm*, von 1. *vaya*; gen. *vayaos uparôkairyêhê* yt. 15, 0. 58. 24, 24. *vayaos* vd. 19, 44. y. 22, 27. voc. *vayô* y. 22, 27. 25, 16. yt. 15, 0. 58. *vayô yô uparôkairyô* yt. 15, 3. *vayô aurva yazamaidê vayô takhma yazamaidê* o starke Lust (dich) preisen wir yt. 15, 57.

Skr. *vâyú*, hzv. parsi *vâi*, syrisch zig. *vai*.

vayêiti s. *vî*.

vayô s. *vayu* und 2. *vi*.

vayôgaravana (von *vayô* (*dva*) + *g°*) adj., was zwei hält, hzv. *konâ dâ giriftar*, acc. *karanem vayôgaravanem* eine Fussbekleidung, welche beide Füsse bedeckt (es ist von einem Gewand die Rede, welches man über den Todten wirft) vd. 8, 68.

vayôtuta (von 2. *vaya* + *t°*) adj., stark an Alter, uralt? loc. *vayôtutê* . . . *vazâirê* im Urwald vd. 13, 23.

vayôdâra (von *vaya* (*dva*) + *d°*) adj., zweischneidig, plur. gen. *karetanãm °dâranãm* yt. 10, 131.

vayôbereta (von *vaya* (= 2. *vi*) + 1. *b°*) adj., von Vögeln fortgetragen, nom. *°beretô naçus* vd. 5, 12. 20. plur. nom. *°bereta* vd. 5, 13. 21.

1. **var,** wälzen, rollen.

Vgl. armen. *glel?*

2. **var,** 1) bedecken, beschützen, abhalten, partic. perf. pass. nom. *varatô* abgehalten, besiegt y. 8, 14. 2) wählen, wünschen, praes. 1. sg. med. *verenê* ich wünsche y. 45, 3. y. 13, 6. (Westerg. *varenê*). 3. plur. med. *vareñtê* wünschen y. 50, 18. impf. 3. sg. med. *hyaṭ* (Westerg. *yyaṭ*) *verenâtâ* als er gewählt hatte y. 30, 6. *varatâ* wählte y. 30, 5. *yâis gréhmâ ashâṭ varatâ* weil er (der Schlechte) Stücke (Bestechung) wählte vor der Reinheit (der Reinheit vorzog) y. 32, 12. 3) glauben, praes. 3. sg. med. *verenvaitê* y. 31, 17. pot. 1. plur. med. *vairîmaidê* y. 35, 7. 4) lieben, beschlafen, praes. 3. sg. med. *verenâitê* er beschläft vd. 18, 82. 3. plur. *verenvaiñtê* vd. 18, 77. activ: durch die Fravashis *hâirishîs puthrê verenvaiñti* besaamt man die Weiber mit Kindern yt. 13, 15. imper. 1. sg. *varânî* ich will lieben y. 52, 4. 5) lehren, praes. 1. plur. med. *varemaidê* wir lehren euch kennen (die Armaiti) y. 32, 2. causale praes. 1. sg. *yâ* . . . *vâurayâ* damit ich belehre y. 31, 3. med. 3. sg. *vâurâitê* (Westerg. *vârâitê*) sie belehrt y. 46, 6. 1. plur. act. *vâurôimaidê* y. 28, 5. das *u* scheint arbiträr durch *v* hervorgerufen worden zu sein; partic. praes. med. (passiv.) acc. *vâremnem çtaorem* ein zum Opfer passendes Thier A. 1, 10.

— *aiwi*, überdecken, praes. 3. sg. *yatha maçyâo vana kaçyañhãm vanãm aiwiverenvaiti* wie ein grösserer Baum einen kleinern überschattet vd. 5, 72.

— *apa*, abwehren, imper. 1. sg. *apavarânî* vd. 22, 21.

— *â*, wählen, partic. perf. med. nom. *akâ varanâ dregvâo hizvâ âvaretô* mit schlechter Wahl wählte der Böse mit der Zunge (Rede) y. 44, 1.

— *ni*, zurückhalten, pass. praes. 3. sg. *nivôiryêitê* vd. 8, 219.

— *paiti*, 1) empfangen, concipere, partic. perf. pass. plur. acc. *puthrê paitiveretê* y. 23, 2. yt. 13, 11. 2) hindern, caus. praes. 3. sg. *paiti* . . . *vârayêiti* yt. 10, 27.

— *pairi*, bedecken, verhüllen, praes. 3. sg. *avi imaṭ nmânem pairiverenvaiti* yt. 14, 41. imper. 2. sg. *pairi-shê uski verenûidhi* beschatte seinen Geist y. 9, 88. caus. praes. 3. sg. *pairi daêma vârayêiti* yt. 10, 48. imper. 2. plur. med. *pairi ushi vârayadhwem* yt. 1, 28.

— *fra*, 1) schützen, infin. *frâ varê vereñdyâi* um

das Vieh zu schützen vsp. 5, 4. 2) glauben, bekennen, praes. 1. sg. med. *frâ tê verenê* an dich glaube ich vsp. 6, 6. pot. 3. sg. med. *fraorenaêta* man möge verehren vd. 19, 5. imper. 1. sg. *fravarânê* ich bekenne mich y. 1, 65. 3, 68. 13, 1. 15, 7. yt. 2, 1. 10, 0. G. 1, 1. (das erste Wort des Glaubensbekenntnisses); impf. 3. sg. med. *yô . . . fraorenata* welcher sich bekannte yt. 13, 89. participialperf. 3. sg. *fravaretâ* sie wählte y. 31, 10. 3) liebenhuldreich sein, impf. 3. plur. med. *fraoreñta . . . frâ . . . frâ . . . vereñta* y. 56, 10, 3. yt. 10, 92.

— *hãm*, 1) zudecken, praes. conj. 3. pl. med. *hãmverenâoñtê* (womit) man zudeckt vd. 5, 166. partic. perf. pass. *hãmvareta* bedeckt, bewehrt (s. besonders). 2) beschlafen, praes. 3. plur. med. *arshânô ari khshudrê* (Spiegel °*drâo*) *khshathrishva hãmvereñvaiñtê* die Männer besaamen die Weiber vd. 18, 77. 82.

Skr. *var*, *vṛṇóti*, *vṛṇáti*, altp. *var*, hzv. *parvartan* (*pairi*), np. *parvardan*, *vâridan* (denomin.), armen. *hravirel* (*fra*), *parowrel*, *varhel*, *varhil*, oss. *bavarin*, *urnin* (glauben).

1. **vara** (von 2. *var*) m. Garten, von dem Bezirk, welchen Yima auf Geheiss Ormazds anlegte, bei den pers. und arab. Geographen *Varjemgerd* (der von Yima gemachte Garten), vgl. Bréal Journ. asiat. V, 19, 491. Pott, Anti-Kaulen p. 94. acc. *varem* vd. 2, 61. 92. pl. loc. *varefshva* vd. 2, 79. 91.

Hzv. parsi *var*, hzv. *varjamkant*, vgl. medisch *Οὔερα*, armen. *vir* (*Armavir*).

Vgl. *pañcâçadvara*.

2. **vara** (von 2. *var*) m. Brust.

Vgl. skr. *úras*, np. afgh. *bar*.

Vgl. *paitivara*, *perethu*°.

3. **vara** (von 2. *var*) 1) adj., erwünscht. 2) m. n. pr., acc. *varemca* yt. 5, 73.

Skr. *vára*. — Vgl. *mazdâvara*.

varaithya (von 1. *vareta*) adj., unrecht, irrig, acc. m. *varaithîm pañtãm* yt. 10, 38. *yaṭ varaithîm pañtãm azôiṭ* wenn den unrechten Weg geht vd. 3, 37.

varakaça m. n. pr. des Vaters des Vohuraocañh.

varakaçâna (vom vor.) m., Sohn des Varakaça, gen. *vohuraocañhô varakaçânahê* yt. 13, 113.

varakhedhra (von 3. *vara* + *kh*° ?) f. Bestechung (Spiegel), plur. acc. °*khedhrâoçca* yt. 22, 13. = 24, 37 (wo *vakhedhrâoçca*).

varañh (von 2. *var*) n. reiche Gabe, acc. *ari imaṭ varô uzdâtem* bei dieser erhobnen Gabe yt. 12, 3. *varañhem* yt. 12, 3.

varata s. 2. *var* und 1. *vareta*.

varatha (von 2. *var*) m. Schutzwehr, nom. *varathaçca* yt. 13, 71. plur. gen. *varethanãmca* yt. 13, 26.

Vgl. *avaretha*.

varana s. 1. *varena*.

varâza m. 1) Eber, gen. *varâzahê* yt. 10, 70. 127. 14, 15. 2) n. pr. a) des Vaters des Içvañt? gen. *içvatô varâzahê* yt. 13, 96. b) eines Sohnes des Vistâçpa, gen. *varâzahê* (Spiegel *vyârezahê*) yt. 13, 101.

Skr. *varâhá* (von *rah*, *rañh* + *ava*), altp. *Βαράζης*, *Οὐαράζης*, s. auch Buch Esther I, 10. hzv. *varâz*, np. *gurâz*, *varâz*, kurd. *barâz*, kurm. *berâz*, armen. *varaz*.

vare (von 2. *var*) adj., wünschenswerth, acc. n. *â vare nâo vîcithahyâ* um das uns wünschenswerthe zu entscheiden y. 30, 2.

varec glänzen.

Skr. *varc*, *várcate*.

vareca (vom vor.) adj., hell, offenbar, nom. f. *varecâ fradivâ* y. 32, 14.

varecañh (von *varec*) n. Glanz.

Skr. *várcas*, parsi *varj*. — Vgl. *avarecañh*.

varecôñhvañt (vom vor.) adj., glänzend, nom. neutr. *kaṭ açti mãthrahê çpeñtahê varecañhañtem* (Thema °*hañta*) yt. 12, 1. acc. m. *mâoñhem varecañhañtem* yt. 7, 5. *tistrîm* yt. 8, 49. neutr. *varecañhañtem* yt. 19, 9. plur. nom. *varecañhañta* yt. 19, 72. gen. *varecañhatãm* (Glosse der Hzv.-Uebers.: wie Kâuç) vd. 20, 2.

Vgl. hzv. *varjâvand*.

varez, wirken, thun, arbeiten, praes. 1. sg. *verezyâmi* yt. 15, 44. 3. sg. *verezyêiti* man thut vd. 3, 148. 15, 1. yt. 10, 20. 1. plur. *verezyâmahî* y. 35, 21. 3. pl. *vereziñti* vd. 15, 5. yt. 17, 59. pot. 3. sg. *vâçtrê verezyôiṭ* er bebaue das Feld vend. sade 489 (Westerg. vd. 19, 41). Cit. der Hzv.-Gl. zu vd. 8, 299. imper. 3. sg. *verezyôtûcâ* y. 35, 17. med. *verezyâtãm* man wirke y. 47, 5. 10, 65. *verezyatãmca* vsp. 18, 4. impf. conj. 3. sg. *yaṭ verezyâṭ* wenn man arbeitet vd. 3, 118. *yatha verezyâṭ* als ob er machte vd. 13, 62. *verezyâṭ* y. 46, 2. *frazaiñtîm* yt. 15, 40. 3. plur. *verezyãn* vd. 5, 34. 6, 11. 15, 48. y. 35, 18. fut. 1. sg. *vareshâ* y. 49, 10. 3. sg. *vareshaiti* y. 45, 19. med. *vareshaitê* y. 29, 4. 33, 1. 2. 3. plur. *varesheñtî* y. 44, 3. aor. 2. sg. *varescâ* y. 14, 13. 39, 10. 3. sg. med. *puthrem aêm narô varsta* dieser Mann zeugte das Kind vd. 15, 41. 1. plur. *varezemâcâ* wir wollen thun y. 35, 8. perf. 2. dual. *vâvarezâtarê* y. 14, 12. pot. *vâverezôiṭ* (Westerg. °*zôi*) y. 29, 4. infin. *verezidyâi* y. 33, 6. 42, 11. fut. *vareshânê* zur Bearbeitung y. 50, 1. partic. praes. acc. *vereziñtem* yt. 24, 52. *varôzhiñtem* yt. 22, 13. = 24, 37. (wo °*jinô*). 24, 59. (wo °*zheñtem*); gen. neutr. *verezyañtô* y. 44, 4. plur. nom. *verezyañtô* y. 69, 15. med. acc. *vohû idha hvarstêm skyaothnem verezimnem* gut ist hier für den, welcher gute Thaten thut vd. 3, 150. *astemem aêtaêshãm skyaothnanãm verezimnem* was den betrifft der zum achten Mal diese Thaten thut vd. 4, 142. pl. nom. *verezimna* y. 54, 21. perf act. dat. *vâvarezushê* yt. 13, 88. causale partic. praes. acc. *varezayañtem* am arbeitenden (Stiere) vd. 14, 48. pass. praes. pl. gen. neutr. *verezyamnanãmcâ* welche gethan werden y. 35, 5. perf. *varsta* (s. besonders), perf. plur. gen. neutr. *vâverezananãm* welche gethan worden sind y. 35, 5. fut. plur. acc. n. *vîçpaca hvarsta skyaothna yazamaidê varstaca varshyamnaca* (Westerg. *vareshyamnaca*) y. 56, 1, 12. 56, 2, 12. 69, 23. 70, 97.

— *aiwi*, bebauen, bearbeiten, praes. 2. sg. *aiwi*-

verezyêhi vd. 3, 88. 92. 3. sg. *aiwiverezyêiti* vd. 3, 84. partic. perf. pass. plur. gen. (absol.) *naçunãmca aiwivarstanãm dakhmanãmca aiwivarstanãm hikhranãmca aiwivarstanãm* bis die Leichen, Dakhmas, Unreinigkeiten bearbeitet, d. h. weggebracht sind vd. 5, 48.

— *uç*, büssen, sühnen, praes. 3. sg. *uzverezyêiti* vd. 13, 9. impf. conj. 3. sg. *uzverezyâț* wenn er sühnt vd. 4, 70. man sühne vd. 16, 30. yt. 24, 26. partic. perf. pass. nom. n. *uzvarstem hê manô aiňhaț* er hat gebüsst in Bezug auf Gedanken vd. 13, 20. *uzvarstem hê* es ist von ihm gesühnt vd. 7, 131.

— *ni*, behandeln, causale impf. 3. plur. *hazô nivarezayen* sie thaten Gewalt an yt. 19, 80.

— *fra*, sühnen, partic. perf. pass. plur. nom. n. *yêzi-shê fravarsta* wenn von ihm gesühnt sind vd. 3, 68. *nôiț fravarsta* nicht gesühnte (Sünden) vd. 5, 81. 9, 185.

Skr. *varh*, *vṛňhati*, hzv. *varjîtan*, parsi *varzîtan*, np. *varzîdan*, buchar. vgl. *kishâvarz* (agricola), arm. *gordsel*.

vareza (vom vor.) m. das Wirken, acc. *varezemca* vsp. 12, 17. y. 22, 8. 25, 9. 70, 74. dat. *para* (Westerg. *pairi*) *duzhvarstanãm skyaothnanãm varezâi* gegen das Wirken schlechter Thaten, d. h. zur Vermeidung derselben vsp. 18, 3.

1. **varezâna** (von *varez*) 1) n. Machung, loc. *yêzi taț frajaçâț aňtare çairê varezânê* wenn sie nun kommt in die Niedermachung, zur Niederkunft, in's Wochenbett vd. 15, 54. 61. 2) m. Nachbar, Schutzverwandter (vergl. *verezêna*) gen. *varezânahê* des Nachbars yt. 10, 80. dual. oder plur. acc. *aňtare varezâna* yt. 10, 116.

Vgl. *hvarezâna*.

varezâuôțbish (vom vorigen + *țbish*) adj., den Nachar peinigend, dat. °*țbishê* (Westerg. °*țbisê*) y. 64, 25.

varezi (von *varez*) adj., dienstbar, plur. acc. n. *khshathrâ varezî nâo dyâț* Reiche (imperia) mache er uns dienstbar y. 44, 9.

varezdavaňț (von *varezdâ*) adj., arbeitsam.

Vgl. *vîvarezdavaňț*.

varezdâ (von *varez* + 2. *dâ*) wirken.

vareta (von 2. *var*) 1) adj., a) gehindert, b) bewehrt. 2) f. der zu wehrende Weg, die Irre, acc. *varetãm* vd. 18, 31. *varatãm* vd. 5, 119. instr. *yâ vareta azemna* die in die Irre geführte (Kuh) yt. 10, 86.

Vgl. *drvôvareta*.

varetafshu (vom vor. + 2. *fshu*) adj., in der Arbeit gehindert, loc. *ayãn varetafshô varetôvîrê jaçeňti* an dem Tage, dessen Arbeit und Kraft gehindert ist, kommen sie, d. h. so dass die Arbeit und Kraft gehindert ist vd. 8, 12.

varetôratha (von *vareta* + *r*°) adj., bewehrten Wagen, Kriegswagen besitzend, acc. *drvâçpãm* °*rathãm* yt. 9, 2.

varetôvîra (von *vareta* + *v*°) adj., dessen Männer an ihrer Thätigkeit gehindert sind, loc. *ayãn varetafshô varetôvîrê jaçeňti* vd. 8, 12.

vareț, sich zu etwas hinwenden, praes. 1. sg. med. *hrô mainyûm zarathustrô verentê* ich Zarathustra wende mich zu den Himmlischen, befreunde mich mit ihnen y. 42, 16.

Skr. *vart*, *vártate*, hzv. *vartîtan*, parsi *vardînîdan*, np. *gardîdan*, buchar. *gerdânîdan*, afgh. *vârdal?*

varetha s. *varatha*.

varethra (von 2. *var*) n. Abhaltung.

Vgl. *avarethra*.

vared, fördern, praes. 3. sg. *veredhaitica* A. 3, 6. impf. 3. plur. *varedeu* y. 48, 4. partic. praes. nom. f. *varedaitî* y. 28, 3. dat. m. *varedheňtê* vd. 21, 1. med. gen. *varedhemnahê* vd. 4, 12. causale praes. 3. sg. *varedhayêiti* sie wird stärker vd. 9, 175. pot. 3. sg. med. *yê nâ varedayaêta* welcher Mann zu mehren sucht y. 49, 3. imper. 1. sg. *varedhayêni* ich werde fördern vd. 2, 15. 2. sg. *vareçdhaya* fördere vd. 2, 13. pass. *veredhyaiňha* (Spiegel *varedhayaňha*) wachse y. 10, 11.

Skr. *vardh*, *várdhate*, altp. vgl. *vardana* (Stadt), np. *abîvard*, *gard* (*dârâbgerd*), arm. *gerdel* (bauen); die Hzv.-Uebers. hat vd. 2, 13. *vârîn*, wo *d* ausgefallen scheint.

vareda (vom vor.) 1) adj., wachsend, plur. abl. f. *pairi urvarâbyaçca varedhâbyaçca aêçmaêibyô* entfernt von den Pflanzen, welche zu Brennholz wachsen vd. 16, 4. 25. Man könnte hier vielleicht (gegen die Trad.) übersetzen: von den Pflanzen, Blumen und Holzarten, indem man *varedha* (fem.) zu dem neuern *gul*, armen. (arab.) *vard*, chaldäisch *vrâd* stellte. 2) m. Wachsthum, Stärke, instr. *yêhyâ varedâ* durch dessen (meine) Stärke y. 31, 4. *yêñhê vareda* vd. 20, 21. plur. gen. *vîçpê varedhanãm* alles Wachsthum y. 9, 77.

Skr. *vardhá*, vergl. hzv. *gârtish*, np. *gard*, vergl. phryg. Γόρδιος Gosche 26.

varedaňț (partic. praes. von *vared*) fördernd.

varedațqarenaňh (v. vor. + *q*°) m. n. pr. gen. °*qarenaňhô* yt. 13, 128.

varedațgaêtha (von *varedaňț* + *g*°) adj., die Welt fördernd, acc. f. °*gaêthãm* vsp. 8, 11. y. 2, 30. yt. 10, 139. 13, 18. gen. f. °*gaêthayâo* y 1, 23. 3, 37. yt. 11, 16.

varedatha (von *vared*) n. Förderung, nom. *varedathemca* vd. 9, 190. acc. *varedathem* vd. 9, 187. y. 9, 57. vsp. 23, 5. instr. *varedatha* y. 54, 11. dat. *varedathâica* y. 67, 5.

varedema (von *vare* + *d*°) f. erwünschter Ort, acc. *varedemãm* y. 45, 16.

vareduçma (v. *varedva* + *zem*) m. weiche Erde, loc. *vareduçmê* vd. 8, 19. 17, 13.

varedva adj., weich, hzv. *narm*, gen. *varedvahê* vd. 13, 83. pl. gen. *varedvanãm* von den weichen (Holzarten, die Hzv.-Gl. nennt als eine solche *renâț*) vd. 5, 5. *aêçmanãm varedvanãm* vd. 7, 82. 14, 6.

Skr. vgl. *vradhu* (von *vrad* = *mrad*, Roth, Nir. 5, 16) Rigveda I, 54, 5.

varedhaka (von *vareda?*) m. n. pr. eines feindlichen Volkes (Kurden?), Spiegel vermuthet einen

Stamm im Norden; plur. gen. *varedhakanãmca* yt. 9. 31. 17, 51.

1. **varena** v. 2. *var* m. Wunsch, Wahl, Glaube, acc. *zarathustrahê varenemca* den zarathustrischen Glauben y. 17. 10. instr. *akâ varanâ . . . âraretô* mit schlechter Wahl wählte y. 44. 1. dat. *varenâi* Glauben y. 48, 3. plur. nom. *varanâ* y. 44, 2. cit. 19, 42. acc. *varenêñg* Wünsche y. 31, 11. *ahyâ . . . varenêñg* nach seinem Wunsch y. 47, 4.
Skr. *varaṇá*, parsi *varan*, vgl. *varôisn* (Glaube), armen. *ôrên?*
Vgl. *anyôvarena*, *târ°*, *duzhe°*, *yâe°*.

2. **varena** von 2. *var*. f. Bedeckung, nom. *yatha vathwya varena* wie die jährliche Bedeckung (der Erde) vd. 9, 171. plur. acc. *thrishãm çpeñtayâo ârmatôis varenâo apayaçâitê* ein Drittel der Erde vernichtet er in Bezug auf ihre Bedeckung, d. h. ein Drittel der Bedeckung der Erde vd. 18, 127. *varenô?* yt. 21. 50.
Vgl. *çpitavarenaũh*.

3. **varena** von 2. *var* m. n. pr. des Landes um den Demâvend, wo Thraêtaona geboren ist; ursprünglich ein mythisches Land (vgl. gr. *Οὐρανός*. skr. *váruṇa*), wurde es samt seiner Bevölkerung, Thraêtaona (skr. *tritá*) und Azhi dahâka (skr. *áhi*) in jener Gegend localisiert und der alte Name hat sich bis heute erhalten in dem des Dorfes Verek, welches auch Gosha heissen soll (d. i. *varena cathrugaosha*) vgl. Roth DMG. 2. 219. Westergaard I. St. III, 415. Schîr ed dîn ed. B. v. Dorn 11. 13. Spiegel Münchener gel. Anzeigen 1859, p. 367. acc. *varenem yim cathrugaoshem* das viereckige Varena vd. 1. 68. Die Hzv.-Glosse sagt: „der (am?) Gipfel (ist) der Patashvârgar; einige sagen, es sei Kirmân"; dieser Berg ist der altp. Patisuwaris, *Πατιοχορεῖς*, der Padasqargar des Minokhired, der heutige Alburz; acc. *upa varenem cathrugaoshem* yt. 9. 13. 15, 23. plur. loc. Thraêtaona opfert *upa varenaêshu cathrugaoshaêshu* yt. 5, 33.
Hzv. *vareni*.

varenaũh = 1. *varena?* plur. gen. *varenaũhãm* (al. *varenakãmca*) yt. 24, 37.

varenya (von 3. *varena*) adj., varenisch, taberiçtanisch, Beiwort einer Classe von bösen Geistern. abl. f. *pairi varenyayâtca druãithyât* vor der varenischen bösen (Drukhs) yt. 1, 19. 13, 71. pl. nom. *varenya drvañtô* yt. 10, 69. 97. acc. *varenya daêva* vd. 10, 24. gen. *varenyanãmca drvatãm* yt. 5, 22. 13, 137. 15. 8. *viçpanãm daêvanãm varenyanãmca drvatãm* y. 27, 2.
Hzv. *varnik*.

varenva (von 2. *var?*) m. Bedeckung, pl. instr. *varenvâisca* (die Bösen belügen) mit Bedeckungen (durch unreine Flüssigkeit?) yt. 5, 90.

varenvavîsha (vom vor. + *visha*) n. bedeckende Flüssigkeit. plur. instr. *°vîshâisca* yt. 5. 90.

varefshva s. 1. *vara*.

varemi (von 2. *var*) m. Schutz, nom. *hîs vaêrâo qarenaũhâo çpaêtinis varemis çiçpimnô nihighemnô paoiris vôighnâo* der glänzende, majestätische, helle Schutz, der starke, welcher abhält die alten Hemmnisse yt. 19, 67.

vareça m. Haar, nom. *vareçô* vd. 7, 145. acc. *açpaêm vareçem* ein Rosshaar yt. 14, 31. 16, 10. (vgl. Bund. 48, 12) instr. *vareça* vd. 6, 95. dat. *vareçâi* (Spiegel *varçâi*, Westerg. *varaçâi*) *haomôaũharezânâi* dem Haar, über welches der Haoma geschüttet wird vsp. 11, 2. plur. acc. *yat hê upamem paiti vaghdhanahê upemât vareça hisku barât* bis das oberste des Kopfes von oben an trocken in Bezug auf die Haare wird vd. 8, 124. *vareçêçca* yt. 10, 72. *vareçaôçca* vd. 8, 31. 17, 4. gen. *varsnãm* yt. 5, 77. *vareçãm* vd. 6, 64. *vareçãmca* vd. 6, 12. 13.
Hzv. armen. *varç*, zaza *gile*.
Vgl. *frâvareça*.

vareçôçtavaũh (vom vor. + *çt°*) adj., haarbreit. acc. der Fisch Kara bemerkt *vareçôçtavaũhem âpô urvaêçem* einen haarbreiten Fleck im Wasser yt. 14, 29. 16, 7. vgl. Bund. 43, 9.

vareçman (von *vared?*) 1) n. Wachsthum. 2) m. n. pr., gen. *vareçmô raocâo perethuafçmô* des Vareçmôraoca (?) (des Sohnes) des P.? Spiegel: des Vareçma-Raocâo mit weiten Maassen yt. 13, 126.

vareçmapa (vom vor. + 1. *pâ?*) m. n. pr. des Sohnes des Janara, gen. *°pahê janarahê* yt. 13. 115.

vareçmôraocaũh (von *vareçman* + *r°*) m. n. pr. eines Sohnes des Frânya, gen. *°raocaũhô frânyêhê* yt. 13, 97. s. *vareçman*.

varesh, beträufeln, besaamen.
Skr. *varsh*, *várshati*.

varesh° s. *varez*.

varesha m., Wald, hzv. *rêshak*, acc. *vareshem avi çpeñtôfraçnâo* vd. 22, 53.
Skr. *vṛkshá*, hzv. *rêshak*, np. *bêshah*.

vareshaji (vom vor. + 1. *ji?*) m. Knospe, plur. acc. *vîçpêçca paiti vereshajîs* an allen Knospen y. 10, 12. *vareshajis* yt. 8, 42. *vareshajîsca* Knospen y. 70, 41.

vareshava m. n. pr. eines Bösen, welchen Kereçâçpa erschlug, acc. *vareshaomca dânayanem* yt. 19, 41.

vareshna (von *varesh?*) m. n. pr. a) eines Sohnes des Haũhaurus, gen. *vareshnahê haũhaurushôis* yt. 13, 104. b) eines andern, gen. *varshnahê* yt. 13, 116.

vareshva (von *varez*) adj., bewirkend.
Vgl. *hudânûvareshva*.

varôzhiñtem s. *varez*.

varçaya (von *varez?*) ? vgl. *avsvarçaya*.

varshni (v. *varesh*) m. 1) Widder, gen. *maêshahê . . . yat varshnôis* eines männlichen Widders yt. 17, 56. 2) n. pr. des Sohnes des Vâgereza, gen. *varsnôis vâgerezahê* yt. 13, 115.
Skr. *vṛshṇí*, hzv. np. *gushan*. vgl. *arshan*.

varshniharsta (vom vorigen + *h°*) m. Spender männlicher Kraft (Ayâthrema) acc. *°harstemca* vsp. 2, 1. y. 2, 38. dat. *°harstâica* y. 1, 29. 3, 43. gen. *°harstahê* vsp. 1, 5.

varskyamna s. *varez*.

varsta (partic. perf. pass. von *varez* 1) gemacht, gethan, acc. *anyahmâi arshânâi varstem paithê upa-*

baraiti (die Buhlerin) bringt das von einem fremden Manne gezeugte (Kind) auf den Weg (setzt es aus) yt. 17, 58. pl. nom. n. *aêtahmâyus paiti varsta skyaothna* vd. 15, 35. *tâ skyaothna varsta* die Begehungssünden vd. 15, 1. *kaṭ aêtahê paiti varsta skyaothna* welches sind die dagegen zu thuenden Handlungen vd. 18, 135. acc. *varstaca (skyaothna)* y. 56, 1, 12. 2) n. That.

Vergl. *dazhvarsta*, *baodhôv°*, *mithôv°*, *vohv°*, *haithyâv°*, *hv°*.

varstavañṭ (vom vor.) adj., Thaten thuend.

Vgl. *anuvarstavañṭ*.

varsti (von *varez*) f. That.

Vgl. *anvarsti*.

varstva (von *varez*) n. Handlung, plur. dat. *varstvôibyaçcâ* y. 12, 1. gen. *varstvanãmca* vsp. 14, 8.

varsnañh (von *varez*) n. That.

Vgl. *dazhvarsnañh*.

vavazânê s. 1. *vaz*.

vavênê s. 1. *van*.

vawzhaka m. Geifer (Spiegel); vielleicht verwandt mit *dvafshañh?* plur. instr. *vawzhakâisca* yt. 5, 90.

vaç, wollen, wünschen, zufrieden sein, praes. 1. sg. *vaçemi* y. 29, 9. 42, 1. 43, 3. 2. sg. *vashi* y. 70, 71. *vashî* y. 34, 12. 42, 9. 43, 16 (cit. vd. 8, 59). *yêzi vashi . . . taurvayô* wenn du überwinden willst yt. 1, 10. 3. sg. *vastî* y. 29, 8. 45, 14. 1. dual. *uçvahî* wir sind (mit ihnen, *yêñg*) zufrieden y. 45, 16. 1. pl. *uçmahicâ* y. 7, 60. 41, 13. *uçemahi* y. 34, 4. *uçêmahî* y. 57, 6. pot. 3. sg. *uçyâṭ* y. 49, 2. impf. 3. sg. *yathâ hvô vaçaṭ* wie er will y. 29, 4. 3. pl. *vaçen* vd. 15, 127. *uçen* yt. 24, 42. partic. praes. *uçañṭ* (s. besonders). nom. fem. *uçaiti?* yt. 24, 34.

Skr. *vaç*, *váshṭi*.

vaçañh (vom vor.) 1) n. Gewalt, Wunsch, Wille, acc. (adv.) *vaçô* nach Wunsch y. 11, 3. *vaçô qarethâo añhen* vd. 6, 91. 7, 192. *vaçô paçcaêta mazdayaçna kârayen* nach Wunsch können die Mazdaverehrer dann bebauen (die Erde) vd. 6, 4. *vaçô aiwisqaretha* nach Belieben geniessbar (ist das Wasser) vd. 6, 71. *vaçô upâiti apãm* (die Wohnung) naht sich dem Wunsch der Wasser, kann vom Wasser befeuchtet werden vd. 12, 8. *khshayamnêñg vaçô* (die man nicht macht) zu nach Wunsch herrschenden y. 32, 15. *vaçê* nach Wunsch y. 49, 9. loc. *vaçaçê* (das zweite *ç* durch Assimilation hervorgerufen?) *khshathrahyâ dayâ* (Westerg. *dyâi*) ich will in die Gewalt des Herrschers bringen y. 42, 8. 2) m. concret, der wollende, nom. *yathrâ varenêñg vaçâo dâitê* wohin der (gutes) wünschende seine Wünsche richtet y. 31, 11.

Vgl. skr. *váça*, altp. hzv. parsi *vaç*, np. *baç*.

Vgl. *mainyavaçañh*, *hizvôv°*.

vaçatha (von *vaç*) n. freier Wille, Gewalt, instr. *hucithra vaçatha ahi* du bist glänzend an Gewalt yt. 17, 15.

vaçéiti (von *vaçañh* + *iti*) f. freies Umhergehn, gen. (statt abl.) *vaçéitôis* y. 52, 9.

vaçékhshayañṭ (von *vaçañh* + *khsh°*) adj., nach Wunsch herrschend, nom. *°khshayãç* y. 21, 5. 42. cit. yt. 22, 2. 24, 53.

vaçéyâiti (v. *vaçañh* + *y°*) f. Gang nach Wunsch, freier Gang, acc. *°yâitîm* y. 13, 9.

vaçéshéiti (von *vaçañh* + *sh°*) f. Freude nach Wunsch, hzv. *kâmak minashnân*, acc. *°shéitîm* y. 13, 9.

vaçôkhshathra (von *vaçañh* + *khsh°*) 1) adj., frei herrschend, acc. *ahûm °khshathrem* die frei herrschende Welt yt. 19, 11. 89. 2) m. unumschränkter Herrscher, nom. *°khshathrô* y. 9, 59. 78. 56, 10, 3. yt. 10, 113.

vaçôgaoyaoiti (von *vaçañh* + *g°*) adj., über Fluren schaltend, acc. *°yaoitîm* yt. 10, 60.

vaçôjãnnâirîm? yt. 24, 23.

vaçôyaona (von *vaçañh* + *y°*) adj., kräftig schützend, acc. *°yaonem ainitem* (Westerg. *vaçô yaonâi inatãm*) yt. 10, 60. plur. fem. *°yaonâo* yt. 13, 34.

vaçôyâna (v. *vaçañh* + *y°*) adj., schaltend über Gnadengaben, acc. *°yânem* yt. 10, 60.

vaçôvata (von *vaçañh* + *vaṭ?*) adj., acc. *°vatem* yt. 24, 23.

vaçta s. *paourvôvaçna*.

vaçtê s. 2. *vañh*.

vaçtra (von 2. *vañh*) n. Kleid, nom. oder acc. (nach *heñti*) *vaçtremca* y. 54, 4. acc. *vaçtrem* vd. 8, 65. 16, 38. abl. *vaçtrâṭ aiwyâoñhayaêta* mit dem Kleid gürte er sich vd. 9, 131. *uç tanûm çnayaêta uç vaçtrâṭ* sie wasche ihren Leib, den nackten (Spiegel); die Trad. übers. ihren Leib und ihre Kleider, daher wohl *vaçtrâo* zu lesen vd. 5, 156. gen. *vaçtrahê* vd. 5, 121. 4, 129. plur. nom. *vaçtra* vd. 5, 160. 7, 28. *yûtô vaçtra* vd. 5, 157. acc. *vaçtrâo* vd. 3, 62. 7, 32. 34. yt. 5, 129. 19, 56. *vaçtra* vd. 17, 9. *apa hê vaçtrâo* (Spiegel *vaçtrâṭ*) *barayen* sie sollen ihm die Kleider nehmen vd. 9, 179. *vaçtrâoçca* yt. 17, 14. dat. *vaçtraêibyô* vd. 3, 59. gen. *vaçtranãm* vd. 6, 56. 12, 6. loc. *vaçtrâhva* (sic) vd. 17, 9.

Skr. *vástra*, hzv. *vaçtar*, np. (in den Rivayet) *guçtar*, vgl. armen. *zgeçt*.

Vgl. *zaranyôvaçtra*, *vîrov°*, *hvâv°*.

vaçtravañṭ (vom vor.) adj. mit Kleidern versehn, instr. *gaomata zaçta vaçtravata* Fleisch und Kleider in der Hand yt. 13, 50.

vaçna (von *vaç*) m. Wunsch, Absicht, instr. *vaçna* mit Absicht y. 54, 22. nach Wunsch yt. 19, 11. *vaçnâ* nach dem Willen y. 45, 19. cit. y. 49, 11. 64, 61. N. 1, 2.

Altp. *vasna*, armen. *vaçn*.

Vgl. *paourvôvaçna*.

vaçnôpaurvata (vom vor. + *p°*) m. n. pr. einer Bergkette, plur. nom. *asta °paurvata* yt. 19, 3.

vaçma (von 1. *vaz*) m. Flug, instr. *hishra vaçma* mit sicherm Flug yt. 14, 20.

vash (für *vakhsh* aus 1. *vac* durch *sh* fortgebildet), sprechen, praes. 3. sg. med. *aoshaitê* er spricht (Westerg. *aoshêtê*) vd. 18, 53. 2. sg. *vashañhê* du sprichst vd. 5, 54. 64. conj. 3. sg. *aoshâitê* er spreche, wird sprechen (Westerg. *aoshêtê*) vd. 18, 108. 3. pl. *vashâoñtê* preisen, beten an yt. 14, 39. impf. 3. sg.

med. *vashata* betete an yt. 14, 39. pass. praes. 3. sg. *vashyêtê* Westerg. *vashêtê* y. 43, 11.

— *â*, sprechen, impf med. 3. sg. *avashata* vd. 22, 20. *paiti ahmâi avashata* entgegen sprach, entgegnete ihm vd. 19, 24.

— *fra*, sprechen, impf. med. 3. sg. *fravashata* yt. 11, 54. 17, 18.

Vgl. bal. *gvâshtan* (Masson 397).

vashi s. *vaç*.

vastar (von 1. *vaz*) m. Zugthier, pl. nom. *yêùhê* (statt *yêùhâo*) *catharârô vastâra* yt. 5, 13.

Skr. *vodhár*.

vasti s. *vaç*.

vahista (superl. von *vaùhu*) der beste, nom. *vahistô* vd. 19, 66. y. 9, 53. 19, 38. 21, 8. 70, 63. 45, 6. yt. 17, 16. *vahistaçca* yt. 10, 29. statt des neutr. plur. *vahistô* y. 59, 17. fem. *vahistâ* y. 42, 15. 47, 3. vd. 10. 35. *vahistâcâ* y. 13, 28. *vahistâ îstis* y. 52, 1. cit. vd. 10, 10 (daher der Name der Gâtha vahistôisti). neutr. *vahistem* y. 42, 2. 44, 5. 50, 22. (cit. 16, 4.) das beste y. 46, 2. *vahistem* das grösste Gute sei vsp. 26, 1. (der Kardeh ist der Gâtha vahistôisti geweiht). *manô vahistem* y. 50, 4. *vahistem manô* y. 30, 4. *nemô vahistem* yt. 11, 1. acc. m. *vahistem* y. 19, 58. 28, 8. 44, 4 *vahistem ahûm* das Paradis vd. 19, 120. 7, 133. y. 9, 64. yt. 3, 5. statt des plur. nom. *mana zaya açti vahistem* es sind meine besten Waffen vd. 19, 31. fem. *vahistãm* vd. 19, 47. vsp. 8, 9. 26, 4. y. 26, 3. *vahistãmca* yt. 13, 80. neutr. *vahistem* vd. 1, 5. y. 20, 1. 21, 8. 28, 9. *ahmâi aùhaṭ vahistem* dem gehe es am besten y. 31, 6. instr. m. *vahistâ* y. 44, 6. neutr. *vahistâciṭ* durch das beste y. 32, 16. *vahistâ manaùhâ* y. 31, 4. 32, 6. 46, 1. *hadâ ashâ vahistâcâ manaùhâ* y. 49, 1. dat. m. *vahistâi* vd. 21, 1. abl. *vahistâṭ* Paradis y. 33, 6. 19, 11. neutr. *vahistâṭ* y. 32, 12. vsp. 2, 3. *vahistâṭ . . . manaùhô* y. 32, 11. *vahistâaṭcâ manaùhô* y. 49, 1. *manaùhaṭ* yt. 22, 40. gen. m. *vahistahê* y. 1, 1. *vahistahê aùhêus* vd. 5, 173. 9. 166. 18, 17. 55. *aùhêus vahistahyâ* y. 43, 2. fem. *vahistayâo* yt. 13, 91. neutr. *vahistahêca* yt. 13, 91. loc. n. *vahistê* y. 48, 9. voc. n. *asha vahista* y. 59, 19. dual. nom. m. *vahista* yt. 13, 12. plur. nom. m. *vahista* vd. 2, 71. *aêtê vâcô vahistâ* y. 70, 65. fem. *vahistâo* yt. 13, 42. *vahistâoçca* y. 51, 10. neutr. *vahistâ* y. 35, 9. *vahistaca* vsp. 14, 10. acc. fem. *âpô vahistâo* y. 2, 49. 17, 70. 64, 26. 38, 11. neutr. *vahistâ* y. 13, 5. 30, 2. 34, 15. 28, 8. 45, 10. 18. *vahista vithra* vsp. 26, 2. dat. m. *vahistaêibyô* vd. 2, 43. fem. (statt instr.) *vahistâbyô zaothrâbyô* y. 67, 31. neutr. *vahistaêibyô* y. 19, 11. gen. n. *thrayãm vahistanãm* von den 3 besten Dingen (wendet euch nicht ab) vd. 18, 41. *vahistãm âdâ* die Gabe des besten (man könnte indessen *vahistãm* von *âdâ* im acc. abhängen lassen, wie zuweilen ähnliche Fälle vorkommen, und ein subst., etwa *baghãm*, ergänzen) y. 35, 23. voc. m. *vahistâ* y. 33, 7. superl. acc. m. *mãthranãm vahistem mãthranãm vahistôtemem* yt. 3, 5.

Skr. *vásishtha*, hzv. *vahist*, parsi *vahêst*, np. *bahisht*, kurd. *behesht*.

vahistanaç (vom vor. + 2. *naç*) adj., das beste erlangend, acc. m. *khratûm . . . °nâçem vahistahe aùhêus* den Verstand, welcher uns das beste des Paradises erlangen lässt vd. 18, 17.

vahistôisti adj., n. pr. der mit *vahistâ îstis* beginnenden Gâtha und des dieselbe enthaltenden 52. Capitels des Yaçna, acc. fem. *vahistôistîm hâitîm yazamaidê* y. 52, Schluss. *vahistôistîm gâthãm* vsp. 2, 27. A. 2, 3. G. 2, 5. *vahistôistîm* vsp. 23, 6. y. 52, Schluss. gen. *vahistôistôis gâthayâo* vd. 19, 128. vsp. 1, 25. y. 52, Schluss. A. 2, 1. yt. 24, 53.

Hzv. *vahistôyast*, in den jüngern Dialecten der letzte der 5 Schalttage.

vahêhya s. *vaùhu*.

vahma (von 1. *vaùh?*) m. Anrufung, von den Parsen durch *nyâyish* erklärt, nom. *vahmaçca* y. 67, 17. acc. *vahmem* y. 21, 3. 35, 20. *vohû yaçnemca vahmemca* y. 59, 10. *vahmemca* vsp. 13, 3. 24, 1. y. 12. 4. *aṭ tôi . . . vahmem vakhshaṭ* dann wird es (jenes Ereigniss) deine Anrufungen, dein Lob vermehren y. 47, 1. dat. *vahmâica* vd. 16, 23. vsp. 5, 6. y. 3, 69. A. 1, 1. *vahmâi* y. 45, 10. gen. *vahmahêca* in Bezug auf Anrufung y. 1, 59. *vahmahyâ* y. 49, 7. loc. *vahmê* y. 34, 2. zum Preise y. 44, 6. plur. acc. *vahma* yt. 5, 132. *vahmâ* y. 52, 2. *vahmêñg* y. 41, 1. 44, 8. 45, 17. *vahmãçca* y. 23, 5. 59, 10. Fr. 7. 2.

Vgl. *vîçpôvahma*.

vahmaêdâta (vom vor. + 2. *d°*) m. n. pr. des Sohnes des Mãthravâka, gen. *°dâtahê mãthravâkahê* yt. 13, 115.

vahmana (von *vahma*) adj., preiswürdig, acc. *çraotem vahmanem* vsp. 24, 9.

vahmôçeñdaùh (von *vahma* + *ç°*) adj., Spenden von Anrufungen habend, acc. *°çeñdaùhem* yt. 10, 25.

vahmya (von *vahma*) adj., würdig angerufen zu werden, nom. *vahmyô* y. 61, 2. yt. 10, 5. 78. 14, 54. *vahmyaçca* yt. 8, 15. 13, 152. acc. f. *vahmyãm* y. 64, 3. yt. 5, 1. 13, 4. plur. f. *vahmyâo* yt. 13, 34. acc. m. *vahmyâca* vsp. 2. 3. *yôi heñti vahmyâca* y. 1, 49. 23, 8. 70, 49. neutr. *vahmyâca* yt. 13, 153. superl. acc. m. *vahmyôtemem* yt. 13, 152.

Vgl. *avahmya*.

vahmyata (vom vor.) f. Verehrungswürdigkeit, instr. *aràoñtem vahmyata* so gross an Verehrungswürdigkeit yt. 8. 50. 10, 1.

vahyâo s. *vaùhu*.

1. vâ (von *u*) Partikel, 1) oder, aut, vd. 3, 14. 12, 1. y. 50, 11. *vâ . . . vâ . . . vâ* vd. 4, 119. mache Umkreise *tisharô vâ yaṭ vâ khshvas yaṭ vâ nava* vd. 17, 17. sondern, aber yt. 10, 18. 2) in der Frage, num, *âfs narem jaiñti vâ* schlägt das Wasser den Mann oder nicht (Antwort: nein) vd. 5, 23. wenn die Hündin niederkommt *avi madhemê vâ vâçtrê vâ* in Mitten des Grases (der Satz enthält eine Frage) vd. 15, 113. 3) eben, ohne merkbare Bedeutung vd. 3, 16. 4. 121. *êvâ vâ* y. 29, 7. *vâçtryâṭ vâ âitê yê vâ nôiṭ aùhaṭ vâçtryô* vom Thätigen geht aus auch wer selbst nicht thätig ist y. 31, 9. *vâ* und y. 44, 11c.

Skr. altp. *vâ*, vgl. hzv. *ayûf* (*atha vâ*) dig. *aviy*.

2. **vâ**, wehen, praes. 3. sg. *vâiti* yt. 22, 8. 3. pl. *vâtô vâoñti* yt. 13, 14. partic. praes. *vâñṭ*, *vâoñṭ* (vgl. *urvâñṭ*).

— *aiwi*, aufwärtsblasen, praes. 3. plur. *aiwica vâta vâoñti* die Winde blasen aufwärts (das Wasser) y. 8, 8.

— *fra*, wehen, hervorwehen, praes. 3. sg. *vâtô fravâiti* yt. 13, 45. 3. plur. *maêgha uç fravâoñti* yt. 8, 40.

— *vi*, fortblasen, praes. 3. sg. *vîvâiti* yt. 8, 40. partic. praes. pl. f. *vîvâitis* wegblasend (die Feinde) yt. 13, 40.

— *ham*, zusammenblasen, praes. 3. sg. *çraoshô ashyô . . . hãmvâiti* yt. 10, 141.

Skr. *vâ*, *vâti*.

vâiti (vom vor.) f. das Wehen, der Wind.

Skr. *vâti*.

vâitigaêça (vom vor. + *g°*) m. n. pr. eines Berges bei Herât, jetzt Bâdghîç genannt; nach Bund. 23, 12. scheint er von Bäumen (vielleicht Pappeln) den Namen zu haben, die auf ihm wachsen, vgl. Windischmann Z. St. 9. Spiegel Av. übers. III, 172. nom. *vâitigaêçô* yt. 19, 2.

vâidhi (von 1. *vad*) f. Fluss, acc. *vâidhîm* vd. 14, 54. *cvaṭ yavaṭ vâidhîm* wie gross, was den Fluss betrifft vd. 14, 55.

Hzv. *yâi*, np. *jûi*, phryg. *βεδύ*, armen. *get*, *vtak*.

vâirya (von 1. *vâra*) adj., vom Regen stammend, gen. f. *apô vâiryayâo* Regenwasser vd. 6, 104. pl. nom. *âpô vairyâoçca* yt. 8, 41. acc. *âpô vairyâoçca* y. 67, 15.

vâunus (partic. perf. act. v. 2. *van*) adj., indecl., günstig, acc. *ahurem yâçâ vâunus* den Herrn bitte ich günstig, dass er günstig sei y. 28, 8.

vâur° s. 2. *var*.

vâo s. *tûm*.

vâkhedhrakê m. n. pr. eines Berges, vgl. Windischmann Z. St. 9. 73. nom. *vâkhedhrakaêca* yt. 19, 4.

vâkhsha s. *vâsha*.

vâkhshaêsha (v. 2. *vac* + 2. *aêsha*) m. Wunsch der Lobpreisung, das was man durch Lob herbeizuführen beabsichtigt, nom. *vâkhshaêshô* y. 43, 17.

vâkhshibyô, vâkhs s. 2. *vac*.

vâgereza m. n. pr. des Vaters des Varshni, gen. *varsnôis vâgerezahê* yt. 13, 115.

vâghzh° s. 2. *vac*.

vâc° s. 1. 2. *vac*.

vâza (von 2. *vaz*) m. Kraft, instr. *hyaṭ* (Westerg. *yyaṭ*) *hôi îm carataçcâ aodereçcâ zôishenû vâzâ* als sie ihn anzugreifen kamen mit unreiner Kraft, d. h. mit Kraft, Gewalt, welche Unreine ausübten y. 50, 12.

Skr. *vâja*.

vâzista (Superlativbildung, von 2. *vaz* oder *vâza*) 1) sehr schnell, förderlich, nom. *vâzistô* der förderlichste y. 31, 22. gen. *vâzistahê aṇtôis vatûm âtarem* das Feuer, den Herrn des förderlichsten Körpers (des zukünftigen Lebens?) y. 14, 4. pl. nom. *vâzista açtayô* lebenskräftige Körper y. 69, 14. 2) m. n. pr. des Feuers, „welches sehr glänzend und Regen bringend weder isst noch trinkt" (Neriosenghs Glosse zu y. 17, 66), „welches in den Wolken gegen Çpinjarask schlägt" (Bund. 40, 5); es ist das Blitzfeuer (Ner. *vidyudrûpa*), welches nach Bund. 17, 9. Tistrya auf Apaosha und Çpeñjaghra wirft, worauf letztrer laut schreit s. Windischmann Z. St. 87; nom. neutr. *hyaṭ* (Westerg. *yyaṭ*) *vâ tôi nâmanãm vâzistem* da dir der Name V. ist y. 36, 8. acc. m. *âtarem vâzistem* vd. 19, 135. y. 17, 66.

Hzv. *vâzist*.

vâñṭ s. 2. *vâ*.

Vgl. *urvâñṭ*.

vâta (von 2. *vâ*) m. Wind, *vâtô* yt. 3, 9. 17. 8, 33. 10, 21. 50. 13, 45. 18, 5. 22, 7. vd. 2, 16. 19, 45. A. 3, 6. *vâtaçca* yt. 8, 34. collectiv: *vâtô vâoñti* yt. 13, 14. statt des acc. *vâtô* yt. 3, 12. 16. 18, 7. 24, 24. acc. *vâtem* vd. 5, 51. vsp. 8, 19. y. 17, 33. 41, 24. yt. 22, 8. *vâtemca* yt. 5, 120. *va garememca vâtem aotemca* yt. 9, 10. instr. *vâta* yt. 10, 9. *hathra vâta verethrâjana* yt. 13, 47. 12, 4 (wo *verethrâjanô*) gen. *vâtahê* y. 69, 11. yt. 11, 16. 21. 14, 2. S. 1, 22. *vâtahêca* y. 1, 45. 3, 59. dual. abl. *âçyaṅha vâtaêibya* schneller als die Winde (der Dual steht, weil beim Comparativ 2 Dinge verglichen sind) y. 56, 11, 4. plur. nom. *vâta* yt. 8, 8. acc. *vâtãm* (lies *vâtã*, *vâtãn?*) yt. 8, 33. instr. *vâtâis* y. 43, 4. abl. *vâtaêibyô* yt. 22, 7. 25.

Skr. *vâta*, hzv. *vât*, parsi *vâṭ*, np. buchar. *bâd*, afgh. tâlish *vô*, bal. *gwâth*, kurd. *bâ*, kurm. *bah*, bulb. *va* (wogulisch *uat* Luft), armen. *ôd*, südoss. *vâd*, dig. *vâde*, tag. *vâd*, *ôâd*.

vâtôdaêva (vom vor. + *d°*) m. der Daêva des Windes, nom. (statt acc.) *paitiperenê vâtôdaêvô* vd. 10, 24.

vâtôbereta (von *vâta* + 1. *b°*) adj., vom Wind fortgetragen, nom. *°beretô naçus* vd. 5, 12. 20. pl. nom. *°beretâ* vd. 5, 13. 21.

Hzv. *vâtburt* (Bund. 71, 7).

vâtôyôtû s. *vat*.

vâtôshûta (von *vâta* + *sh°*) adj., vom Wind getrieben, nom. n. *yatha awrem vâtôshûtem* y. 9, 101.

vâdha (von 3. *vad*) m. Schlagen, Tödtung, acc. *vâdhem* yt. 10, 52.

Skr. *bâdha*.

1. **vâdhay** (verb. denom. v. vor.) zurückschlagen, pot. 2. sg. *yê dregvôdibîs aêshemem vâdâyôiṭ* welcher den A. samt den Bösen zurückschlagen kann y. 29, 2

2. **vâdhay** s. 1. *vad*.

vân° s. 2. *van*.

vânôiṭ s. *nôiṭ*.

vâr (denom. von 1. *vâra*) regnen, praes. 3. pl. *vâreñti* es regnet vd. 8, 12. med. *vâreñtaêca* sie regnen yt. 5, 120. partic. gen. f. (local) *vâreñtyâo* regnerisch yt. 16, 10.

— *aiwi*, beregnen, partic. praes. *aiwivâreñṭ* (s. besonders).

— *vi*, herabregnen, praes. 3. plur. *rîvârenti* vd. 21, 12. causale praes. 1. sg. *rîvârayêmi* ich lasse herabregnen vd. 5, 61.

Hzv. *vârânîtan*, parsi *vârîdan*, np. *bârîdan* (afgh. *varêdal*).

1. **vâra** (von 1. *var*) m. Regen, acc. *vâremca* y. 10, 6. yt. 5, 120. 8. 33. dual. abl. *âçyañha vâraêibya* y. 56, 11, 4.

Vgl. skr. *vár*, *vári*, hzv. *vârân*, parsi *vârãn*, np. buchar. *bârân*, maz. *vârish*, kurd. *barish*, *baran*, kurm. *barán*, bulb. *baran*, lorist. *varan*, zaza *varán*, südoss. *varin*, dig. *várun*, tag. *barün*.

Vgl. *baêvarevâra*, *hazañrôvâiri*.

2. **vâra** (von 2. *var*) m. Wunsch, Gabe, acc. *khshmâkem vârem* y. 45, 18. *âçuem khratûm avabaraiti vârem* (Ashi) bringt die himmlische Weisheit als Gabe yt. 17, 2. dat. *vârâi* y. 33, 2. 50, 6.

Skr. *vára*.

3. **vâra** (von 2. *var*) m. Schweif, Schwanz.

Skr. *bâla* (vedisch *vára*).

vâraghna (vom vor. + *ghna*) mit dem Schwanz schlagend, m. Name eines Vogels, nach Dârâb der Rabe; gen. *mereghahê kehrpa vâraghnahê* yt. 14, 19. 19, 35.

Hzv. *varâgh* (Bund. 31, 11).

vârâitê s. 2. *var*.

vâreñjana (von 3. *vâra* + *jana*) m. Name eines Vogels (vgl. *vâraghna*), gen. *vâreñjanahê* yt. 11, 35.

vârethman (von 2. *var*) n. Panzer, nom. *drujô vârethma* ein Panzer gegen die Drukhs yt. 11, 2.

Vgl. skr. *vártman* (Augenlid).

Vgl. *zaranyôvârethman*, *dareghôv°*.

vârethraghni (von *verethraghna*) 1) adj., sieghaft, nom. *vârethraghnis* y. 56, 9, 6. *°ghnes* Fr. 9, 1. neutr. *nmânem vârethraghni* y. 56, 9, 2. acc. m. *mãthranãm vârethraghnîm* yt. 3, 5. fem. *raêdhîm vârethraghnîm* yt. 19, 92. plur. nom. m. *vârethraghnis* y. 10, 59. 61. fem. *vârethraghnîs* yt. 13, 40. acc. m. *vârethraghnîs vacô* vd. 8, 49. 17, 15. *imê vaca framrava vârethraghnis* vd. 10, 10. *vaca arshukhdha vârethraghnis* vsp. 23, 2. *imã vacô vârethraghnîs* yt. 13, 20. *vaca arshukhdha vârethraghnis baêshazis* yt. 18, 8. gen. *vârethraghninãm* vsp. 10, 3. 18, 11. yt. 13, 156. superl. nom. n. *vârethraghnyôtemem* yt. 1, 2. acc. m. *mãthranãm vârethraghnyôtemem* yt. 3, 5. plur. nom. oder acc. m. *imã vacô yôi añhen vârethraghnyôtemaca baêshazyôtemaca* (Hss. *°tememca*) vd. 9, 118. 2) f. Siegeswaffe, Mittel zum Siegen, plur. gen. *vârethraghninãm* von deinen Siegeswaffen y. 10, 24.

vâreman (von 2. *var*) n. 1) Hülle (der Seele), Leib, acc. *mâ mê yatha gaos drafshô âçitô vârema vairê* nicht komme schnell auf meinen Leib wie das Stierbanner (Frêdûn's auf Sohâk's Leib?) y. 10, 39. 2) Schutz, *upa çtaremaêshu vârema daidhê* ich gebe Schutz auf den Ebenen? yt. 5, 130.

Skr. *várman*.

vâvareshyi (von *varesh*) f. Geilheit? gen. *vâvareshyâoçca* yt. 13, 131.

vâverez° s. *varez*.

vâçi f., Fisch? acc. *vâçîmcâ yãm pañcâçadvarãm* y. 41, 27.

Hzv. *vâç*.

vâçtar (von 2. *vañh?*) m. Schutz, Schützer, nom. *vâçtâ* (Hss. *vâçtrâ*) y. 29, 1. acc. *vâçtârem* Schutz y. 27, Schluss (das letzte Wort des Gebetes *yathâ ahû vairyô*); *dregubyô vâçtârem cinaçti* er lehrt die Worte *dr° v°*, zugleich: er gibt den Armen Schutz y. 19, 35.

vâçtra (von *vakhsh*) n. 1) Wiese, Weide, nom. *aêshô vâçtris* vd. 15, 115. (*aêshô* scheint fälschlich aus den vorhergehenden Sätzen eingedrungen, ebenso die masc. Endung *is*). acc. *yô aêtem* (lies *aêtaṭ?*) *vâçtrem uzdaçta* wer die Wiese angelegt hat vd. 15, 115. *beretô vâçtrem* ein Träger der Weide, weidetragendes Land, vd. 2, 57. loc. *avi madhemê vâ vâçtrê vâ* mitten auf der Wiese vd. 15, 113. pl. acc. *vâçtrâ* y. 32, 10. gen. *vâçtranãm* yt. 8, 29. 2) Futter, nom. *frapithwô vâçtrem* vd. 3, 10. acc. *vâçtrem* vd. 5, 62. y. 43, 20. *vâçtremcâ* y. 35, 11. *vâçtrem* y. 10, 64. yt. 14, 61. instr. *hadâ vâçtrâ* nebst Futter y. 29, 2. abl. *vâçtrâṭ* von Futter (das Maass) y. 33, 4. gen. *vâçtrahê* dem Futter yt. 13. 100. *gêus vâçtrahê* yt. 19, 51. plur. nom. *tâ vâçtra* vd. 7, 83. acc. *vâçtrâ* y. 46, 3. gen. *vâçtranãm* vd. 3, 13. 3) Bebauung des Feldes, Thätigkeit, (hzv. *kâr*), instr. *hadâ vâçtrâcâ* mit Thätigkeit y. 57, 12. abl. *vâçtrâṭ* wegen ihrer Thätigkeit y. 50, 14. loc. *vâçtrê verezyôiṭ* Cit. der Hzv.-Gl. vd. 8, 299. vend. sade 489 (Westerg. vd. 19, 41). *vâçtrê* im Wirken, im Dienst y. 33, 3.

Hzv. *vâçtar*, vgl. afgh. *vatsah*, zaza *vash* (Gras).

Vgl. *avâçtra*, *içaṭv°*, *paçuvaçtra*, *pouruvâçtra*.

vâçtravañṭ (vom vor.) adj., mit Weide versehn, nom. f. *vâçtravaitî* y. 47, 11. acc. *vâçtravaitîm* y. 49, 2. gen. m. *vâçtravatô* vsp. 1, 31. 2, 34. neutr. *vaçtravatô* vsp. 10, 24.

vâçtrôdâtaênya (von *vâçtra* + *d°*) adj., Weiden gebend, acc. *maidhyôshemem °dâtaênîm* vsp. 2, 1. gen. *maidhyôshemahê °dâtaênyêhê* vsp. 1, 2.

vâçtrôbereta (v. *vâçtra* + 2. *bereta*) m. Fütterer, gen. *vâçtrôberetahêca garê hudhâoñhê* dessen, welcher die wohlgeschaffne Kuh füttert vsp. 1, 31. An der Parallelstelle vsp. 2, 34. steht *vâçtrem beretem* den Bringer des Futters.

vâçtry (verb. denom. von *vâçtrya*) 1) füttern, pot. 3. sg. med. *vâçtryaêta* vd. 14, 72. 2) thätig sein, impf. 3. sg. med. *vâçtryatha* (lies *vâçtryata?* s. 2. *khshi* + *â*) yt. 24, 11. partic. praes. dat. *gavê hudhâoñhê vâçtryañta* (lies *°tê?*) yt. 24, 41.

vâçtrya (von *vâçtra*) 1) adj., zum Feld gehörig, pl. acc. *môi çãçtâ vohû vâçtryâ* lehrt mich kennen das Gute, was zum Feldbau gehört, durch den Anbau erzeugt wird y. 29, 1. 2) subst., a) m. der Ackerbauer, mit dem Beisatz *fshuyañṭ* arbeitend, thätig; dieses Wort wird von der Hzv.-Uebers. stets ausgelassen, ausser vd. 18, 46 (*fshâ*), weshalb wahrscheinlich ist, dass es später eingeschoben wurde, um schon im Avesta den vierten Stand, den der Gewerbtreibenden (parsi *hutukhsãn*), vertreten zu lassen, vgl. Spiegel, Abhandl. der bair. Akad. VI, 41. 42. nom. *vâçtryô fshuyãç* vd. 5, 90. 13, 135. y. 11, 18. 19, 46. yt. 13, 89. *vâçtryô* y. 50, 5. statt des dat. *vâçtryô fshuyãç* vd. 14, 41. acc. *vâçtrîm fshuyañtem* vd. 18, 46. vsp. 3, 16. y. 31, 10. dat. *vâçtryâi fshuyañtê* vd. 5, 161. yt. 13, 88. 19, 7. *fshuyañtaêcâ vâçtryâicâ* y. 29, 6 (hzv. *fshûinîtar varjîtar* für den thätigen und wirkenden) abl. *vâçtryâṭ* y. 31, 9. gen. *vâçtryêhê fshuyañtô* vd. 13, 125. 14, 42. y. 14, 5. yt. 24, 16. *vâçtryêhyâ* y. 31, 15. *thrâyô barâhi yatha vâçtryêhê fshuyañtô* yt. 23, 5. voc. *fshuya vâçtrya* vd. 18, 46. plur. acc. *vâçtryãçca fshuyañtô* vsp. 3, 29. y. 14, 9. *vâçtryêñg* y. 40, 8. dat. *vâçtryaêibyô* y. 52, 4. b) f. Feldbau, acc. *vâçtryãm* vd. 3, 114 (Citat eines Mãthra). c) n. 1) Land, plur. acc. *vâçtryâ* das zu bebauende Land y. 33, 6. 2) Wirksamkeit, That, plur. acc. *verezyâtãm vohu vâçtrya* man thue gute Thaten vsp. 18, 4.

Hzv. *vâçtryôfshâ*, parsi *vâçtryôsãn*.

Vgl. *avâçtrya*, *garâçtrya*.

vâçtryâvareza (vom vor. + *varez*) adj., fleissig, nom. f. *°varezi* y. 23, 5. plur. gen. *°varezanãmca* y. 67, 39.

vâsha (von *vakhsh* = 1. *vaz*) m. Wagen, nom. *vâkhshô* yt. 13, 52. acc. *vâshem* yt. 10, 52. 68. 124. 19, 44. er heile ihn *vâshem cathruyûkhtem arejô* für einen vierspännigen Wagen als Preis vd. 7, 109. inst. *vâsha* yt. 10, 67. *yûkhta vâsha* angespannt an den Wagen yt. 10, 136. gen. *vâshahê* yt. 5, 11. 17, 21. am Wagen yt. 10, 128. loc. *vâshê* yt. 5, 11. 10, 125. plur. loc. *vâshâhu* yt. 5, 131.

Hzv. *vâsh*. — Vgl. *zaranyôrasha*.

vâshay (denom. vom vor.) einen Wagen ziehn, praes. 3. plur. *ruma vâshem vâshayêiñti* yt. 17, 12.

1. **vi** (von *dva*) adv., auseinander, fort, gegen; in Nominalzusammensetzungen und als Verbalpraefix gebraucht, *vîca* (scil. *shava*) vd. 3, 35. *vis apãm idha patañtû vî daêrâoñhô vî daêrayô* weg dann von hier sollen stürzen — weg die männlichen, die weiblichen Dévs y. 10, 1.

Skr. *vi*, hzv. *ve° gu°*, np. *gu°*.

2. **vi** (v. *av?*) m. Vogel, nom. *vis* vd. 2, 139. gen. *vayô vâ kerefsqarô* vd. 7, 75. dual. instr. *vayaêibya* (Thema *vaya*) mit einem Paar Vögel yt. 10, 119. abl. *âçyañha vayaêibya* y. 56, 11, 4. pl. nom. *vayô* vd. 5, 27. 31. 42. mit dem praedic. im sg. vd. 5, 25. *vayô vâ kerefsqarô* vd. 6, 94. abl. *vayaêibyaçca* yt. 22, 16. gen. *vayãm* vd. 2, 21. 3, 66. 9, 181. yt. 14, 19. 21. y. 41, 33. *vayanãmca* vd. 5, 48.

Skr. *vi*, hzv. parsi *vaê*; Bund. 31, 10 ist *Vey* eine Vogelart.

vigâthañh n. Spitze, acc. *vigâthô marezaṭ kaofanãm* er fegte dahin über die Spitze der Berge yt. 14, 21.

vicica m., Mörtel, hzv. *gacîn*, loc. *vicicaêshva* (Westerg. *vîc°*) vd. 6, 105.

Hzv. *gac*, np. *kaj*, *gac*.

vicinathware (von 1. *ci*) n. Auslese, acc. *tûm bareçma ayaçaêsha . . . fracinathware vicinathware* nimm das Barçom, eine Auswahl, eine Auslese yt. 15, 55.

vij, fallen machen, abtrennen.

— *ni*, herabschlagen, partic. perf. pass. *nivikhta* (vgl. *hunivikhta*).

Skr. *vij*, *vinákti*, parsi *vêkhtan* (fallen), vgl. np. *âvêkhtan*, *angêkhtan*.

viñd° s. 2. *vid*.

viñdaithya (v. *viñdatha*) adj., Erlangung bringend, plur. acc. *mazista viñdaithya* (Westerg. *vînd°*) *daênayâo* die grössten (Mãthras), welche erlangen lassen das Gesetz G. 2, 7.

viñdaqarena (v. 2. *vid* + *qarenañh*) adj., Glanz erlangend, nom. (ohne Flexion) *viñdaqarena nãma ahmi* yt. 15, 45.

viñdaṭçpâdha (von *viñdañṭ* (2. *vid*) + *çp°*) adj. ein Heer besitzend, acc. *mithrem °çpâdhem* yt. 10, 35.

viñdatha (von 2. *vid*) n. Erlangung.

viṭ verhält sich zu 1. *vi*, wie *fraṭ* zu *fra*.

viṭkaêvi m. Sohn des Viṭkaêva (vom vor. + *k°*), gen. *utayutôis viṭkaêvôis* yt. 13, 126.

viṭbuyê s. *bû* + *vi*.

vita (von 1. *vi*) adj., getrennt, plur. nom. *vita* vd. 9, 25. 26. 27.

Hzv. *gvit*, parsi *juṭ*, np. *judâ*, zaza *vet?*

vitâpa (von *vita* + 2. *ap*) adj., getrenntes Wasser habend, wasserlos? acc. *â taṭ qarenô frazgadhata avi vyãn* (lies *vyãm?*) *vitâpem* die Majestät wich zurück auf die wasserlosen Wege? Spiegel verm. ein n. pr., yt. 19, 82.

vith, wissen, gewahr werden, praes. 3. pl. *vaêtheñti* vd. 4, 143. imper. 2. sg. *vaêthâca taṭca kathaca mana khrathwâca yâis â añhus bavaṭ* wisse auch das wie es ist, nemlich: durch meinen Verstand, wodurch die Welt wurde yt. 1, 26.

1. **vid**, wissen, kennen, praes. 1. sg. *vaêdâ* y. 28, 10. 34, 7. 45, 2. 47, 9. 57, 15. 2. sg. *vôiçtâ* y. 28, 10. 45, 10. 32, 6. 3. sg. *vaêdha* vsp. 19, 7. *vaêdâ* y. 35, 16. 44, 4. 31, 2. 50, 22 (cit. y. 16, 5). pot. 3. sg. *vîdyâṭ* er wisse y. 47, 9. imper. 2. pl. med. *vaêdôdûm* lernet kennen y. 52, 5. infin. *vaêdyâi* y. 43, 8. *vaçemî vîduyê* ich will wissen y. 43, 3. *avaêshãm nôiṭ vîduyê* ihnen ist nicht das Wissen, ist nicht kund y. 29, 3. *vîduyê* (sage es) dass ich es wisse y. 31, 5. *vôizhdyâi* damit ich lehre y. 42, 13. *taṭ nê . . . vîdvanôi vaocâ* das verkünde zu unserm Wissen, dass wir es wissen y. 31, 3. partic. praes. nom. *vîdhvâo* vsp. 13, 3. yt. 12, 1. wissentlich vd. 15, 7. *vîdvâo* sapiens y. 31, 12. wissend 29, 6. ich bin wissend, kenne y. 43, 19. als Weiser y. 31, 6. fem. *hvôvi . . . vîthushi* yt. 16, 15. acc. f. *vîthushîm* vd. 18, 134. instr. m. *vîdusha* yt. 13, 146. dat. *vîdushê* y. 30, 1. 31, 17. 50, 8. gen. *vîdushô* y. 34, 9. plur. nom. *vîdhvâoñhô* y. 56, 11, 2. yt. 10, 68. dat. m. (statt instr. f.) *vîthushaêibyaçca zaothrâbyô* mit kundigen Zaothras, d. i. mit Kunde der Zaothras vsp. 7, 2. superl. *vaêdista* (s. besonders); med. nom. *vaêdimnô* mit Wissen y. 28, 5. *vâ vaêdemnô* ein weiser Mann y. 42, 14. dat. *vaêdemnâi* y. 31, 22.

vaêdemnâi vahistâ çâçnanãm für den wissenden ist das die beste der Lehren, d. h. das ist als die beste Lehre zu wissen y. 47, 3. plur. nom. (passiv.) *yôi vanhéus vaêdemnâ manaṅhô* welche bekannt sind dem Vohumanô y. 34, 7. perf. nom. *viçtô* bekannt y. 29, 8. 49, 1. *nôiṭ aêvâ ahû viçtô* nicht ist so ein Herr bekannt y. 29, 6. fem. *viçtâ* y. 47, 2.

— *aiwi*, verkündigen, partic. praes. med. nom. *vaêdemnô yê ahûm* . . . *aibî* der (das Gesetz) der Welt lehrt y. 50. 19. causale praes. conj. 3. pl. *yâo zaota aiwica vaêdhayâoñti* (*zaota* steht collectiv?) yt. 10, 120. partic. praes. med. (passiv.) plur. nom. *yôi heñti haoma* . . . *aiwiraêdhayana* welches die Haomas sind, die verkündet werden vsp. 10, 15. fut. pass. plur. nom. *aiwiraêdhayañta* (die Form ist nasaliert wie im Latein *amandus*) vsp. 10, 15. pass. partic. perf. nom. *haomô âvistô* (sic) *aiwiriçtô* yt. 10, 120.

— *â*, anzeigen, benachrichtigen, verkünden, causale praes. 1. sg. *âvaêdhayêmi* vd. 17, 27. 1. plur. *âvaêdhayamahî* vsp. 5, 5. 12, 1. 13, 2. y. 4, 3. 24, 1. *âvaêdhayamahî* y. 57, 22. *âca âvaêdayamahî* y. 41, 2. med. *âvaêdayâmaidê* y. 57, 5. impf. 3. sg. *âvaêdhayaṭ* vsp. 13, 2. pass. partic. perf. nom. *âvistô* (lies *âviçtô*) yt. 10, 120. neutr. *yaṭ âviçtem* da angekündigt ist vsp. 13, 1.

— *uç*, benachrichtigen, causale impf. 3. sg. *uzvaêdhayaṭ* vd. 19, 16.

— *ni*, kund geben, causale praes. 1. sg. *niraêdhayêmi* vsp. 1, 1. 2. y. 1, 1. *nî tê vaêdhayêmi* y. 1, 59. impf. 3. sg. *ahurô mazdâo niraêdhayaṭ* (wo sein Opfer) Ormazd verkündete yt. 5. 85.

— *paiti*, anzeigen, caus. praes. 1. sg. *paiti* . . . *vaêdhayêmi* vd. 17, 26. 3. plur. *paitiraêdhayêiñti* vd. 17, 29. impf. 1. sg. *paitiraêdhaêm* ich benachrichtigte vd. 2, 28.

— *fra*, kennen lernen, imper. 2. pl. med. *frô môi fravôizdûm* lehret mich kennen y. 33, 8. perf. 1. sg. med. *fravôividê* ich lernte (dich zuerst) kennen y. 43, 11. causale partic. praes. med. (passiv.) *fravaêdhayamnâi* dem, welchem (zuerst) verkündigt ward yt. 13, 88.

— *vi*, verkündigen, praes. 3. sg. *vîvaêdha* er verkündete (den Weg) yt. 13, 99. 19, 85. infin. *kahmâi vîvîduyê vashî* was willst du wissen (*kahmâi* ist von dem dativ *viv°* attrahiert) y. 42, 9.

Skr. *vid*, *vétti*, *véda*, hzv. vgl. *aivêdinîtan*, *ôzvayîtan* (mit *uç*), np. *nuvîd*, arm. *gitel*, *auêt* (nuncius).

2. **vid** 1) finden, erlangen, praes. 3. pl. *viñdeñti* vd. 2, 30. *vîdheñti* sie würden finden yt. 6, 3. conj. 2. sg. *viñdâi* erlange vd. 19, 23. 3. sg. *viñdâiti* soll kosten (meine Spenden) yt. 17, 54 (vgl. yt. 10, 122). *yêzi içimnô nôiṭ viñdâiti* wenn er (die Arzenei) nicht willig annimmt vd. 13, 100. pot. 3. sg. med. *yô viñdaêta* (Westergaard *vañdaêta*) y. 10, 21. imper. 1. plur. *kva viñdâma* wie sollen wir erlangen vd. 19. 144. *yaṭ viñdâma* yt. 15, 40. impf. 3. sg. *viñdaṭ* vd. 19, 23. yt. 17, 26. *yathâ vidaṭ* damit er erlange y. 50, 5. 3. plur. *viñden* vd. 2, 22. partic. praes. *viñdañt*, *vidañt*; med. nom. *viñdemnô* (Westergaard *vand°*) empfangen, erhalten habend vd. 19, 14. partic. perf. pass. plur. instr. *mané viçtâis maṭ viçpâis* mit allen meinen erworbnen (Gütern) y. 45, 19. 2) fördern (7. Classe) praes. 3. sg. *vînaçti* vd. 7, 193. *vînaçtî* y. 31, 15. perf. 3. dual. med. *aṭ mazdâ taibyô khshathrem vohû manaṅhâ vôivîdâitê* dann, o Mazda, dich Khshathra und Vohumanô (eigentl. nebst V.) fördern, helfen dir (wie es scheint bei der Bekämpfung der bösen Geister am jüngsten Tage) y. 30, 8.

— *fra*, erlangen, partic. perf. pass. nom. *fraviçtô* y. 67, 57.

Skr. *vindáti*, hzv. *vandîtan*, parsi *vañdâṭ* (*alabhanta*), armen. *gtanel*.

vidîdhvâo (von 1. *vid*) adj., gelehrig, nom. das Kameel, *yô histaiti vidîdhvâo yatha çâçta hamôkhshathrô* welches gelehrig stehn bleibt, wenn es der Herr befiehlt yt. 14, 13.

vidhcôista (von *viṭ* + 1. *ci*?) adj., auserlesen, voc. *vashuvô vidhcôista* yt. 12, 7.

vidhya (von 1. *vid*) f. Wissenschaft, instr. *yâ haca taêca ashâ vidhyaca* (lies *vaêdhya*?) *ashem frâdhatica ashahê gaêthâo* welches (Gesetz) bei ihnen durch Reinheit und Wissenschaft das Reine fördert und die Welten des Reinen yt. 24, 15.

Skr. *vidyá*.

vidhwana m. n. pr. einer Bergkette, plur. nom. *cathwârô vidhwana kaofô* yt. 19, 3.

vinaṭ s. *vaên*.

vip (vgl. 2. *vap*) werfen, entlassen (vom Saamen), praes. 3. sg. *yaṭ* . . . *vifyêiti vifyêitica* (lies *vaêpayêitica*?) vd. 8, 74. 77. partic. perf. pass. nom. *arshadhaca* (Westerg. *arshaca*) *viptô* einer, welcher Paederastie mit sich treiben lässt vd. 8, 102. acc. *yaçca dim janaṭ* . . . *yim viptem vâ* wenn er den schlägt, welcher zu Paederastie diente (dann ist es *paititem*) Cit. der Hzv.-Gl. zu vd. 7, 136.

— *apa*, sich begatten (von den Daêvas), praes. 3. plur. *apâca vaêpeñti* vd. 7, 140.

— *â*, entlassen machen? caus. impf. 1. sg. *avaêpaêm*? Cit. der Hzv.-Gl. zu vd. 1, 6.

— *ni*, hinwegwerfen, vernichten, causale imper. 2. sg. *nî manô* (scil. *vaêpaya*) y. 10, 34.

— *para*, vernichten, causale imper. 2. sg. *parâca vaêpaya manô* vernichte seinen Geist y. 10, 33.

Hzv. *viftak* (*vipta*).

vivaoja (von *yuj*) m. entreissend, nom. *vivaojô nâma ahmi* yt. 15, 47.

viçta s. 1. *vid*.

viçtauru m. n. pr. eines Helden aus dem Stamme Naotara's, angeblich eines Sohnes des Vistâçpa, nom. *viçtauruš* yt. 5, 76. gen. *viçtavaraos naotairyânahê* yt. 13, 102.

viçti (von 1. *vid*) f. das Wissen.

Vgl. *aviçti*.

1. **vish**, umfassen, besuchen, zur Schlacht gehn, partic. perf. med. plur. nom. *vistâoṅhô* Kämpfer yt. 14, 43. passiv. *yahmi gaêthê kesa vista* in welchem die Weltkreise umfasst sind yt. 12, 8.

Skr. *vish*, *veréshti*.

2. **vish**, benetzen, ausgiessen.
Skr. *vish*, *véshati*.
visha (von 2. *vish*) m. Gift, abl. *vîshâaṭcâ* (Westerg. *vîshâ adhcâ*) alte Glosse zu y. 48, 11d. *vishayâaṭca* (Speisen) aus Gift yt. 22, 36. (fem.?)
Skr. *vishá*, hzv. *vish*, vgl. arm. *rishap* (Schlange). Vgl. *varenvarîsha*.
vishagaiñti (v. vor. + g^0) adj., giftig stinkend, abl. bringt ihm Speisen *vishayâaṭca vishagaitayâaṭca* (sie) von Gift, von den giftig stinkenden? yt. 22, 36.
1. **vis** (von 2. *vish*) n. Gift, nom. *vis* y. 9, 35.
Skr. *vish*.
2. **vis** (von 2. *vî*) m. Kleid, nom. der Himmel geht um die Erde *mãnayen ahê yatha vis aêm* yt. 13, 3.
Vgl. kurd. *bir* (Gewebe)?
3. **vis** = 1. *vi*; *vis apãm idha patañtû* weg sollen von hier stürzen y. 10, 1.
visaçtare? Spiegel verm.: ein Reisender; *yavaṭ anu aipi âiti garayô visaçtare viçpem avaṭ aipi draonô bazhaṭ athaurunaêca* wenn nachgeht (verfolgt) ein Reisender den (aufgezählten) Bergen, dann immer gebe er ein Draona dem Priester? yt. 19, 7.
viskaripta s. *karshipta*.
viscithra (von 1. *vis* + c^0) n. Arzenei, acc. °*cithrem* vd. 20, 12.
vista s. 1. *vish*.
vispathan (von 2. *vi* + p^0) m. Weg der Vögel, von den höchsten Berggipfeln, wo der Hom wächst, loc.? *vispatha* auf dem Weg der Vögel y. 10, 11. plur. acc.? *avi paurâun vispatha* y. 10, 30.
vishaurva (von 2. *viç* + h^0) m. Name eines Hundes, Hofhund, *çag i khânah*, nom. *çpâ* °*haurvô* vd. 5, 94. 13, 164. statt des dat. *çpâ* °*haurvô dâityô gâtus* vd. 13, 51. acc. *çpânem yim vishaurum* vd. 13, 39. loc. (statt dat.) *çûnê yim vishaurvê* vd. 13, 31. plur. gen. °*haurvãm* vd. 13, 21. 117.
Hzv. *viçhaurv* (vgl. Bund. 30, 13), np. (in Parsenschriften) *vîshhûr*, *rishhûr*.
visharezana (von 2. *viç* + h^0) adj., reich an Häusern, Höfen, acc. *harôyâm yim visharezanem* vd. 1, 30. Hzv. übers. *vîsh shaykann* „mit Flüssigkeit besprengt“, also wohl: reich an Wasser (dann käme das Wort von 1. *vis* in der allgemeinen (ursprünglichen) Bedeutung „Flüssigkeit.“ Dazu lautet eine mir räthselhafte Glosse: „was seinen (Beinamen) *viç* (sie) *shaykann* betrifft, so werfen sie auf einmal weg, was wir neun Nächte und einen Monat halten.“
vishuska (von 1. *vis* + h^0) adj., dessen Gift (im Tode) vertrocknet ist, von der Kröte oder Eidechse, nom. °*huskô* vd. 5, 115. 12, 65.
Hzv. *vishhusk*.
1. **vî** 1) gehn, fliegen, praes. 1. sg. *avaṭ vayus bâ nãma ahmi yaṭ va dãma vyêmi yaçca dathaṭ çpeñtô mainyus yaçca dathaṭ añrô mainyus* deshalb heisse ich Vayu, weil ich zu beiderlei Geschöpfen gehe, zu denen die der heilige Geist und zu denen die Ahriman schuf (*vayu* wird hier von *vî* abgeleitet, obwohl die Ableitung von 2. *vâ* die richtige scheint) yt. 15, 43. 3. plur. *vyêiñti* sie eilen y. 56, 11, 5. causale praes. 3. sg. *vayêiti* macht gehn, verscheucht vd. 15, 17. partic. praes. act. und med. (passiv.) nom. *yâo avazbayatô vyãçca vayânaçca* welche (quas) beide anrufen, der scheuchende und der verscheuchte yt. 13, 35. *ryânô* yt. 13, 35. 2) lieben, partic. perf. pass. *vîta* (s. besonders).
— *apa*, hinwegscheuchen, praes. 3. sg. *apa dim vyêiti* yt. 8, 23. 29.
— *â*, herbeifliegen, causale praes. 3. plur. *âvayêiñti* yt. 13, 49. partic. praes. plur. gen. *âvayatãm* yt. 13, 84.
— *paurvâ*, zuvorkommen, caus. pot. 3. sg. *mâ apaêma paurvâvayôiṭ* nicht mögen wir dahin kommen, dass er uns zuvorkomme vsp. 25, 4.
Skr. *vî*, *véti*.
2. **vî**, weben.
Skr. *vâ*, *váyati*.
3. **vî** = 1. *vi*.
vîâpa (von 1. *vi* + 2. *ap*) adj., wasserlos, superl. nom. neutr. *vîâpôtemem* der wasserloseste Ort vd. 3, 51.
vîurvara (von 1. *vi* + urv^0) von Pflanzen entblösst, superl. nom. neutr. *vîurvarôtemem* der kahlste Ort vd. 3, 51.
vîurvisti (von *urviç*) f. Trennung, acc. *urvistrem pañtãm aivitem yaṭ açtaçca baodhañhaçca vîurvistîm* ihm der den schrecklichen Weg zurückgelegt hat, nemlich die Trennung des Leibes und der Seele yt. 22, 17. 35 (hier corrigiert Westerg. *vîurvistis*, aber das Wort ist Apposition von *pañtãm*, durch *yaṭ* eingeleitet) 24, 62. *paçca açtaçca baodhañhaçca vîurvistîm* vd. 8, 252. y. 54, 8.
vîurviçyâṭ s. *urviç*.
vîuçaiti s. 3. *vaêh*.
vîkañti (von 1. *kan*) f. Eingrabung, dat. *hakhshaêsa* (Westerg. hi^0) *kemciṭ aiñhéus açtratô actaêshva dakhmaêshva vîkañtéê* treibe jeden in der Welt an zur Eingrabung (Einebnung) der Dakhmas vd. 7, 128.
vîkuçra (von 1. *vi* + k^0) adj., weit (von Feuergeräthschaften), hzv. *yvîtkuçtak* (die Seiten getrennt habend), acc. *vîkuçrem adharâṭ naêmâṭ* unten weit vd. 14, 23.
vîkereṭustâna (von *vîkereṭ* (schwache Form des partic. praes. von 3. *kar* + *vi*) + *ustâna*) adj., die Lebenskraft beschädigend, acc. *çuathem* °*ustânem* vd. 5, 119. 13, 36.
vîkhrûmañṭ (von 1. *khru*) adj., schwer, furchtbar, acc. *vîkhrûmeñtem* vd. 3, 85. y. 56, 4, 2. yt. 4, 9.
vîcara (von *car*) adj., umhergehend, plur. fem. *vîcarâo* yt. 13, 40.
vîcarana (von *car*) f. das Auseinandergehn, plur. acc. *pathãmcâ vîcaranâo* y. 41, 20. *pathãm vâ paiti vîcaranâo* yt. 11, 4.
Vgl. np. *bâzâr*, armen. *vajarh* (Markt).
vîcica s. $vîc^0$.
vîcitha (von 1. *ci*) n. Entscheidung, nom. *vîcithem* y. 45, 18. (Spiegel °*threm*) das unterscheidende yt. 12, 1. gen. *â vare nâo vîcithahyâ* um das uns

wünschenswerthe zu entscheiden y. 30, 2. loc. *thwahmî vicithôi* (Spiegel °*thrôi*) *aipî* in deiner Entscheidung bin ich, d. h. es steht bei dir, ob du mich zu den Guten oder Bösen rechnen willst y. 32, 8.

vicidyâi s. 1. *ci.*

vicira (von 1. *ci*) adj., entscheidend, Entscheidung gebend, nom. *hvô vîcirô ahurô* Ahura ist entscheidend y. 29, 4. *vîcirô hãç taṭ frô gaêtarê mruyâṭ* er, indem er (selbst) entscheidend ist, bekennt sich damit zur Angehörigkeit (an die Gottheit) y. 45, 5.

Vgl. hzv. *vcîr*, np. *vajar*, armen. *vjirh.*

vîjaghnu (von *gam*) adj., hülfreich, superl. nom. neutr. *kaṭ viçpahê aṅhêus açtvatô mana açti vîjaghnistem* was ist in der bekörperten Welt mir am hülfreichsten yt. 1, 2.

vîzhiarsti (von *vij?* + 2. *arsti*) 1) f. fallende (schwere) Lanze (Spiegel: glänzende L.), nom. *vîzhiarstis nãma ahmi* ich heisse schwere Lanze yt. 15, 48. 2) adj., schwerlanzig, nom. (ohne Flexion) *vîzhiarsti nãma ahmi* ich heisse der mit schwerer Lanze yt. 15, 48.

vîzhyarsti (wie eben) m. n. pr. eines Sohnes des Vistaçpa, gen. *vîzhyarstôis* yt. 13, 101.

vîzhvañc (von *vîçpa* (erweichte Form) + *ac*) adj., überall hinfliegend, plur. nom. *mereghu vîzhvañca* y. 10, 29.

Skr. *viçvâñc.*

vîzaothra (von 1. *vi* + *z°*) adj., ungeweiht (vom Wasser), acc. f. *yô âpem naçumaitîm vîzaothrãm frabaraiti* wer Wasser, das durch Leichen verunreinigt ist, ungeweiht (ohne Reinigung) forttrügt vd. 7, 195.

vîzafâna (von 1. *vi* + *zafan*) adj., mit gähnendem Rachen, nom. *zairipãshnem yô apataṭ vîzafânô merekhshãnô gaêthâo* yt. 19, 41.

vîzaresha (von 1. *záresh*) m. n. pr. des Daêva, welcher die Seelen in die Hölle schleppt; Windischmann Z. St. 143. vermuthet, dass der Bund. 67, 15 genannte *Vejish*, welcher den Seelen der Abgeschiednen 3 Tage lang, während dieselben sich in der Nähe des Leichnams aufhalten (yt. 22, 2. 20), Todesschrecken einflösst, mit *vîzaresha* identisch sei; nom. *vîzareshô* vd. 19, 94.

Hzv. *vîzarsh.*

vîzu (von 2. *zu?* kraftlos) m. Name eines Hundes, Spiegel: der noch nicht zum Leben gekommen ist; die Hzv.-Uebers. erklärt: *jazhus, irizus, vîzus râ rôshanak* die Bedeutung von J., I., V. ist undeutlich; nom. *çpâ vîzus* vd. 5, 106. gen. *vîzâus* vd. 13, 48.

vîzôista (von 1. *vi* + *z°*) adj., rein, hzv. *pâktum*, plur. gen. m. *vîzôistãm* (Westerg. *vîzr°*) vd. 8, 25.

vîzbâris (von *zbar*) n. Verkrümmung, nom. *vîzbâris* (Westerg. °*res*) vd. 2, 83.

vîzvâo adj., rein? plur. loc. f. *uç iriçta paiti urâoñti vîzvâohu paiti tanushu* auferstehn werden die Todten mit reinen Leibern Fr. 4, 3.

vîzvâraṇṭ adj., rüstig, hzv. *takhshaktum*, erklärt *frâshtaktum*, plur. gen. *vîzvârcñtãm* vd. 8, 25.

vîzvôista s. *vîzôista.*

vîta (partic. perf. pass. von 1. *vî*) 1 ausgegangen, angeweht, gen. f. *aṅhâo dim vîtayâo* (Hss. *ztayâo*) *frêreñta çadhayêiti yâ haca daêna* zu ihr, die von ihm (dem Winde) angeweht ist, kommt ihr eignes Selbst yt. 22, 9. 2) geliebt, gut.

Vgl. *evîta.*

vîtakhti (von *tac*) f. Aufthauung, instr. *paçca vîtakhti rafrahê* vd. 2, 58. *paçca âpô vîtakhti* nach Aufthauung des Eiswassers vd. 6, 78.

vîtaṅhaiti (partic. praes. fem. von *taṅh* + *vi*) f. n. pr. eines Wassers; Viçtaurus opfert *upa âpem yãm vîtaṅhaitîm* yt. 5, 76. *huskem peshûm raêcaya tarô vaṅuhîm vîtaṅhaitîm* giess mir aus eine trockne Furth über die gute V. yt. 5, 77.

Vgl. skr. *vitasvat, vitasta.*

vîtacina (von 1. *vi* + *t°*) adj., auflösend (von Fötus erstickenden oder abtreibenden Pflanzen), pl. gen. f. *kãmciṭ vâ vîtacinanãm urvaranãm* vd. 15, 45.

vîtar (von 1. *vî*) m. Gänger, nom. *vîta nãma ahmi* ich heisse Gänger (vgl. Odhins Namen Gângrâdhr (Munch: Gagnrâdhr) Gângleri) yt. 1, 13. acc. *vîtârem paçkâṭ hamerethem* den Gänger hinter dem Feind, den Verfolger yt. 17, 12.

vîtara (Comparativbildung von 1. *vî*) weiter, acc. neutr. (adv.) *nôiṭ frasha pâdhaêibya nôiṭ zaçtaêibya vîtarem* nicht weiter als die Füsse und Hände (sollen die Katas sein) d. h. die Hand und der Fuss der Leiche soll gerade den Rand des Kata berühren (Hzv.-Gl.) vd. 5, 39. plur. dat. *vîtarebyô ushâoṅhem* yt. 15, 55.

vîtare s. *vîtarema.*

vîtareâzahya (von *vîtarâzaṅh*) adj., die Sünden vertreibend, fernhaltend, gen. *vîtareâzahyêhêca* y. 67, 40. yt. 8, 12.

vîtareta (von *tar* + *vi*) überschritten habend.

vîtaretôtanu (vom vor. + *t°*) adj., das Maass des Körpers überschreitend, dessen Körper verzerrt ist, nom. *paêçô yô °tanus* vd. 2. 85. yt. 5, 92.

vîtareṭbaêshaṅh (von *tar* + *vi* und *ṭb°*) n. Entfernung der Plagen, acc. °*ṭbaêshô* als (d. h. zur) Entfernung der Plagen vsp. 12, 26.

vîtareṭbaêshahya (vom vor.) adj., die Plagen entfernend, gen. °*ṭbaêshahyêhêca* yt. 8, 12. y. 67, 40.

vîtarema (von *tar*) adj., wegstürmend. dual. und plur. dat. *vîtaremaibyâ* . . . *vîtaremaibyaçca* yt. 2, 14, s. *âtare.*

vîtarâzaṅh (von *tar* + *vi* und *âzaṅh*) n. Entfernung der Sünden, acc. °*âzô ahê nmânahê* als (d. h. zur) Entfernung der Sünden dieses Hauses vsp. 12, 26.

vîtaçti (von *taṅh*) f. ein Maass, etwas über eine Spanne; nach Bund. 63, 5 ist der Mensch 8 Vitaçt gross; nehmen wir einen normal gebildeten Mann, so beträgt die Vîtaçti die Länge des Kopfes im Aufriss, weil der Kopf den achten Theil der Leibeslänge ausmacht: acc. *vîtaçtîm* vd. 17, 13.

Skr. *vitastí*, hzv. *vetaçt*, np. *bidaçt.*

Vgl. *fratarevîtaçti.*

vîtaçtidrâjaṅh (vom vor. + *drº*) n. Länge einer Vitaçt, acc. *ºdrâjô* eine V. lang vd. 7, 76.

vitâra (von *tar*) m. ein' Maass, hzv. übers. *vetaçt*, was aber zu gering erscheint; plur. acc. das Haus soll sein *dradaça vîtâra upema nava vîtâra madhema khshvas vîtâra nitema* oben 12, in der Mitte 9, unten 6 Vitara, d. h. 12 hoch, 9 lang, 6 breit? vd. 14, 62.

vîṭbaêshaṅh (von 1. *vi* + *ṭbº*) adj., ohne Leiden acc. *airyamanem vîṭbaêshaṅhem* y. 53, Schluss. G. 1, 6.

Vgl. hzv. *gvitbêsh*; parsi *jaṭbês* (Name eines wunderbaren Baumes Bund. 63, 16. Minokhired bei Spiegel Parsigr. 143, 25. Kuhn Herabk. 125. Windischmann Z. St. 169).

vîthisi f. Schlechtigkeit, instr. *yahmi çôirê mithrôdrujô aiPi vîthisi* (lies *vîthushi?*) *jata* in welchem (Sieg) danieder liegen die Mithralügner, wegen ihrer Schlechtigkeit geschlagen yt. 10, 80.

1. **vîthusha** (von 1. *tush*) f. Schaden, acc. *maredhãmca vîthushãmca* Nachrede und Schaden, d. i. schädliche Nachrede, Verleumdung, hzv. *âmâr dushakâmâr*, vd. 1, 20.

2 **vîthusha** (von 2. *tush*) f. Fröhlichkeit; Sprudeln, Sieden (vom Wasser).

vithushaêibyaçca s. 1. *vid.*

vîthushavaṅṭ (von 2. *rîthusha*) adj., siedend, acc. f. *âpem vîthushavaitîm* vd. 4, 155.

vîthus (von *vith*) adj., wissend, nom. *vîthus* wissentlich vd. 4, 155.

vîthwîça (von *thwish?*) adj., furchtbar.

vîthwîçôbôiwra (vom vor + *bº*) n. furchtbares Schrecknis, plur. gen. (partit.) *ºbôiwranãm* eines der furchtbaren Schrecknisse yt. 13, 20.

vîd (von 1. *vid*) adj., kennend, plur. nom. *taṭ khshathrem . . . vîdô* y. 50, 18.

vîdº s. 1. 2. *vid.*

vîdaêva (von 1. *vi* + *dº*) adj., antidaemoniacus, Gegner der Daêvas, nom. *vîdaêvô* vsp. 6, 7. y. 1, 65. 9, 43. 13, 1. yt. 13, 89. acc. m. *vâcem vîdôyûm* yt. 13, 90. fem. *vîdaêvãm* y. 64, 2. yt. 5, 1. 13, 4. n. *dâtem vîdôyûm* vd. 19, 57. y. 2, 51. 25, 18. *aêtem* (sic) *dâtem yim vîdôyûm* vd. 5, 68. 69. dat. n. *dâtâi vîdaêvâi* vend. sade 104. gen. m. (collectiv) *yô vîdaêvô vîdaêvahê* welches (heilige Wort) der (grösste) Gegner der Dêvs unter den Gegnern der Dêvs ist yt. 13, 146. neutr. *dâtahê vîdaêvahê* y. 1, 40. yt. 11, 17.

Vgl. hzv. *gvitdêvdât*, parsi *vêndêvdâd*, *jaddêvdât*, *vendîdâd.*

vîdaêvôkara (vom vor. + 1. *kara*) adj., als Gegner der Dêvs wirkend, nom. (Thema *ºkare*) *ºkare nãma ahmi* yt. 15, 46. voc. *ºkara* yt. 15, 53.

vîdaṭgâo (von *vîdaṅṭ* (2. *vid*) + 1. *gº*) adj., Rinder erlangend, ertheilend, dual. gen. *ashanemaṅhâo vîdaṭgavâo aṅhâo daṅhêus* der beiden (Zwillingsbrüder?) A., der Vertheiler der Kühe in dieser Gegend; besser vielleicht: des A., und des Vîdaṭgâo in dieser Gegend (als dvandva gefasst) yt. 13, 127.

vîdadhafshu (von 2. *dâ* + *vi* und 3. *fshu*) n. n. pr. des einen südlichen Karshvare, als dessen Gebieter Bund. 68, 6. Parêstyarô genannt wird; acc. *ºfshu* vd. 19, 129. yt. 10, 15. *tarô fradadhafshu vîdadhafshu* yt. 10, 133. *upa karshvare yaṭ vîdadhafshu* yt. 12, 12. plur. dat. (im Dvandva) *arezahêibyô çavahêibyô fradadhafshubyô vîdadhafshubyô* vsp. 11, 1. 12, 35.

Hzv. *vîdatfshu*, np. *vîdadâfsh.*

vîdâ, vidâiti s. 2. *dâ.*

vîdâitê s. 1. *dâ.*

vîdâtu (von 4. *dâ*) m. Zerbrechung (des Leibes), Tod, abl. *maṭ vîdâtaoṭ* samt dem Tod (persönlich) y. 56, 10, 7. yt. 10, 93. ich bewahre die Kinder *âdâtâṭ vîdâtaoṭ* bis zum herbeigebrachten Tode yt. 13, 11. 28.

Vgl. *vîdhôtu.*

vîdâṭ s. 1. *dâ.*

vîdâyâṭ s. 2. *dâ.*

vîdidhâra s. 2. *dar.*

vîdiçravaṅh (von 2. *vid* + *çrº*) m. n. pr. des Vaters des Ukhshan, gen. *ukhshânô ºçravaṅhô* yt. 13, 119.

vîduyê s. 1. *vid.*

vîdushi (von 3. *dush*) f. Schenken, instr. *vîdushyâcâ*, s. *frâvâiti.*

vîdushemna s. 2. *dush.*

vîdus (schwache indeclinable Form des partic. von 1. *vid*) wissend, nom. *vîdus* kennend y. 28, 4. 44, 8. plur. *yôi vîdus* yt. 10, 16.

vîdusasha (vom vor. + *asha*) adj., der Reinheit kundig, acc. *narem ashaonem vîdhusashem* yt. 24, 15.

vîdusgâtha (von *vîdus* + *gº*) adj., die Gâthas kennend, acc. *narem vîdusgâthem* vd. 18, 111.

vîdusyaçna (von *vîdus* + *yº*) adj., den Yaçna kennend, acc. *narem vîdusyaçnem* vd. 18, 111.

vîdôithra (von 1. *vi* + *dº*) n. das Sehen, loc. *vîdôithrê* im, zum Sehen yt. 10, 82.

vîdãm s. 2. *dâ.*

vîdruj (von 1. *vi* + 2. *drº*) adj., der Drukhs feindlich.

Vgl. *drukhsvîdruj.*

vîdrvâna (partic. praes. med. von 1. *dru* + *vi*) weglaufend, sich entfernend, gen. *ukhshnê khrathwê vîdrvânahê ashâṭ* für das Wachsthum des Verstandes, der noch von der Reinheit entfernt ist (*khrathwê* statt *khrathwô* ist von *ukhshnê* attrahiert) vd. 4, 124.

vîdvaêsha (von 1. *vi* + *dvaêshaṅh*) f. Entfernung der Plagen, acc. *mazdâ vîdvaêshãm thwôi ahî* o Mazda du bist zur Entfernung der Plagen in dir, d. h. in dir liegt die Macht, die Plagen fern zu halten? y. 34, 11.

vîdvaêstva (von 1. *vi* + *ºdv*) adj., ohne Leiden, nom. *vîdvaêstvô* vsp. 18, 11. *cathrudaçô imaṭ vîdvaêstvô* vierzehntens heisse ich (*imaṭ* geht auf *nãma*) der Leidlose yt. 1, 8.

vîdvanôi s. 1. *vid.*

vidhaêtar (von *di*) m. Durchschauer, nom. *vidhaêta* yt. 10, 46.

vîdhavi (von 1. *vi* + *davi*) adj., frei von Betrug d. h. nicht zu betrügen, nom. *vîdhavis nãma ahmi* yt. 1, 14.

vîdhâoñtê s. 2. *dâ*.

vidhâta s. 2. *dâ*.

vidheñti s. 2. *vid*.

vîdhôtu ist identisch mit *vîdâtu*, indem das *ô* durch ein unmittelbar auf *t* folgendes *u* erzeugt ist.

Vgl. *açtôvîdhôtu*.

vidhvâo s. 1. *vid*.

Vgl. *baodhôvîdhvâo*, *vîçpôr*°.

vinôiț liest Westergaard y. 9, 91. statt *vaênôiț*.

vînôimaidê liest Westergaard y. 57, 18. statt *vaên*°.

vibañga (von 1. *vi* + *b*°) adj., nicht trunken, n. pr. eines Daêva; die Hzv.-Gl. erklärt, er stelle sich betrunken, ohne Wein genossen zu haben, acc. *vibañgem* vd. 19, 138. yt. 24, 26. (wo *vîbañhem*).

vîbâzu (von 1. *vi* + *b*°) m. ein Maass, doppelt so gross als ein Frâbâzu; plur. acc. *nava vîbâzva drâjô* vd. 9, 8.

vîbâzudrâjañh (vom vor. + *dr*°) n. Länge eines Vibâzu, acc. °*drâjô* einen V. lang vd. 7, 90.

viberethwañț (von 1. *bar* + *vi*) adj., sich verbreitend, d. h. überall gebetet? acc. *ahunem vairîm viberethwañtem* y. 9, 44. yt. 19, 81.

Vgl. skr. *vibhṛtvan*.

vîmaidhya (von 1. *vi* + *m*°) m. die Nichtmitte, die Enden, Umkreis, acc. *yațciț vîmaidhîm zemô* die Enden der Erde yt. 10, 101. *yațciț ahi . . . upa vîmaidhîm añhâo zemô* yt. 12, 21. *upa vîmaidhîm vazuraya* an den Grenzen am Walde yt. 15, 31.

Vgl. parsi *vîmant*.

vîmanakara (von 1. *vi* + *vîmanañh* (eine Sylbe *vi* fiel aus wegen Kakophonie) + 1. *kara*) adj., gegen den Zweifel wirkend, voc. *vayô açpaêshu vîraêshu vîçpaêshu vîmanakara, vîçpaêshu vîdaêvô-kara* yt. 15, 53.

vîmanañh (von 1. *vi* + *m*°) n. Zweifel.

Hzv. np. *gumân*, parsi *gumãn*.

Vgl. *vîmanakara*.

vimanôhya (vom vor.) adj., zum Zweifel gehörig, acc. n. *aghemca vîmanôhîm* die Sünde des Zweifels vd. 1, 28.

Vgl. *uparôvîmanôhya*.

vîmareza (von *marez*) adj., reinigend, superl. nom. n. *kaț . . . añhrãm açti vîmarezistem* yt. 1, 2.

vîmâdhañh (von *mad* + *vi*) n. ärztliche Behandlung, acc. *vîmâdhaçciț* vd. 7, 99. 100.

vîmâdhay (verb. denom. vom vor.) die ärztliche Behandlung lernen, praes. conj. 3. pl. med. *yêzi vîmâdhaçciț vîmâdhayãoñtê* wenn sie durch Versuche die ärztliche Behandlung lernen wollen vd. 7, 100. impf. 3. plur. med. *mâca mazdayaçna vîmâdhaçciț vîmâdhayañta* nicht sollen die Mazdaverehrer weitre Versuche zum Erlernen der ärztlichen Behandlung machen vd. 7, 99.

vîmita (von 1. *vi* + *m*°) adj., maasslos.

vîmitôdañtan (vom. vor. + *d*°) adj., übermässige Zähne habend, pl. nom. °*dañtânô* vd. 2, 84. yt. 5, 93.

vîra (von 2. *var*) m. 1) Mann, Held, acc. *vîrem* yt. 8, 14. abl. *vîrâatçâ* y. 31, 15. gen. *vîrahê* yt. 14, 27. loc. *açpaêca paiti vîraêca* auf Ross und Reiter yt. 10, 101. dual. acc. *vaya açpa vîraca* beides Ross und Reiter yt. 10, 101. dat. *paçubya vîraêibya* vd. 6, 71. gen. *paçvâo vîrayâo* vsp. 8, 16. yt. 13, 10. plur. acc. *vîrêñg* y. 57, 16. 41, 9. gen. *vîranãm* yt. 5, 96. 12, 24. *vîranãmca* yt. 10, 28. loc. *vîraêshu* yt. 15, 53. 2) (männliche) Nachkommen, pl. gen. *vîranãm* vd. 18, 59. yt. 13, 52.

Skr. *vîrá*, hzv. *vîr*, np. *vîr* (obsolet).

Vgl. *dvvôvîra*, *paitir*°, *paçur*°, *perethur*°, *pouruçaredhôvîrôvãthwa*, *framenuarôvîra*, *frâdaț*°, *frâvîrâta*, *vaetôvîra*, *çatôr*°, *hazañrôr*°, *hv*°.

vîrajan (vom vor. + *jan*) adj., Helden tödtend, nom. *vîraja* yt. 13, 37.

Skr. *vîrahán*.

vîrâçpa (von *vîra* + *açpa*) m. n. pr. des Sohnes des Kareçna, gen. *vîrâçpahê kareçnayanahê* yt. 13, 108.

vîreñjan (von *vîra* (acc.) + *jan*) adj., Männer schlagend, gen. *gadhahê vîreñjanô* yt. 13, 136.

vîrôdraonañh (von *vîra* + *dr*°) adj., den Menschen nachlaufend, acc. °*draonañhem* vd. 13, 108.

vîrônyâoñc (von *vîra* + *nyâoñc*) adj., Männer niederschmetternd, acc. *vazrem* °*nyâoñcem* yt. 10, 96. statt des nom. *vazrem nyâoñcim* yt. 10, 132.

vîrômaza (von *vîra* + *maza*) adj., die Grösse, den Werth eines Mannes habend, nom. *pukhdhô vîrômazô* der fünfte Vergleich wird mit dem Werthe eines Mannes geschlossen vd. 4, 10. *vîrômazô* vd. 4, 20. 32. *hâu vîrômazô* er gilt so viel als ein Mann vd. 4, 136. Die Hzv.-Gl. sagt, es müsse ein Mann gegeben werden. acc. *mithrem yim vîrômazem* vd. 4, 48.

vîrômaçañh (von *vîra* + *m*°) n. Grösse, Werth eines Mannes, acc. °*maçô* vd. 4, 21.

vîrôraodha (von *vîra* + *r*°) adj., die Gestalt von Menschen habend, von den Daêvas, welche vor Zarathustra leibhaftig umherliefen, plur. nom. °*raodha* y. 9, 46.

vîrôvaçtra (von *vîra* + *v*°) n. Kleid eines Mannes, nom. oder acc. *yatha aoim* °*vaçtrem* vd. 8, 71.

Hzv. *vîrvaçtarg*.

vîrôvãthwa (von *vîra* + *v*°) adj., Schaaren von männlichen Nachkommen habend, plur. acc. f. °*vãthwâo* y. 2, 25. yt. 2, 10. *ghenâoçca* °*vãthwâo* G. 4, 10. gen. °*vãthwanãm* y. 1, 18. 3, 32. yt. 2, 5.

Vgl. *pouruçaredhôvîrôvãthwa*.

vîrya (von *vîra*) adj., männlich, acc. f. *vîryãm îstîm vîryãm vãthwãm* männliche Güter (Nachkommen), männlichen Anhang yt. 8, 15.

Skr. *vîryà*.

vîvaiti, *frâghmaț ushâoñhem çûrayâo vîvaitîm* er gieng hervor beim Zerfliessen der heiligen Morgenröthe yt. 5, 62. Nach dieser Fassung wäre *vivaitîm* (lies *vivâitîm*) acc. f. des partic. praes. von 2. *vâ* + *vî;* besser scheint Westergaards Vermuthung: *ushâoñhô ç*° *vyustîm* beim Aufleuchten des heiligen Frühlichts.

vîvaozayêiti s. *yuz* + *vi*.

vîvaṅhvañt (von 3. *vaṅh*) m. n. pr. des Sohnes des Haoshyaṅha; zwischen beiden liegen nach dem Mujmil und bei Hamza noch zwei Glieder, bei letzterm Huneahd und dessen Sohn Aiuneahd, im Mujmil Hurkehed und Aburkehed; Vîvaṅhvañts Kinder sind Takhmô urupan, Yima, Çpityura Aoshnara; vgl. Windischmann, Z. St. 19. 193. nom. *vîvaṅhâo* y. 9, 11. gen. *vîvaṅhatô* y. 9, 20.

Skr. *vivásvant*, hzv. und in neuern Schriften *vînghân*, im Mujmil *vîjhân*.

vîvaṅhana (vom vor.) m. Sohn des Vîvaṅhvañt, gen. *yimahê vîvaṅhanahê* Cit. der Hzv.-Gl. zu vd. 2, 16. yt. 13, 130. voc. *yima vîvaṅhana* vd. 2, 8. 28.

Vgl. altp. *Vivâna*, hzv. *vinghânân*, parsi *vîvaṅhanãn*.

vîvaṅhusha (von *vîvaṅhvañt*) m. Sohn des Vîvaṅhvañt, nom. *vîvaṅhushô yimaçcît* y. 32, 8. abl. *yimaṭ haca vîvaṅhushâṭ* yt. 19, 35.

vîvarezdavañt (von 1. *vi* + *v°*) adj., faul, gen. *vîvarezdavatô* y. 9, 95.

vîvaresha (von *varez*, desider.) adj., zu dienen suchend, nom. *vîvareshô* (scil. *qyêm*) ich will dienen y. 44, 8.

vîvareshvañt (von *varez*, desider.) m. n. pr. des Sohnes des Ainyava, gen. *vîvareshvatô ainyavahê* yt. 13, 122.

1. **vîvâp** (von 1. *vi* + 2. *ap*) n. Wassermangel, Oede, Verwüstung, acc. *vîvâpem* y. 13, 12. abl. *vîvâpaṭcâ* y. 13, 8. hzv. *vîâpânîsh*.

Hzv. *vyâvãn* (Bund. 31, 1), np. buchar. *biyâbân* (Wüste).

2. **vîvâp** (verb. denom. vom vor.) in Wüsten verwandeln, impf. 3. sg. *yaçcâ vâçtrâ vîvâpaṭ* welcher die Weiden in Wüsten verwandelt y. 32, 10.

Hzv. *vîâpâninîtan*.

vîvâra (von *vâr*) f. das Herabregnen, plur. loc. *vîvârâhu* vd. 21, 13.

vîvîduyê s. 1. *vîd*.

1. **vîç** 1) activ., kommen, erreichen, treffen, praes. 3. sg. *yaçca . . . imã vacô nôiṭ vîçaiti framrûitî* wer nicht mit Aussprechung dieser Worte kommt y. 8, 9. 3. plur. *vîçeñti* treffen yt. 1, 18. kommen yt. 5, 95. conj. praes. 2. sg. *vîçâi* (für *vîçâhi*) komm vd. 2, 13. 2) med., sich hingeben, unterwerfen, unterziehen, widmen; gehorchen, annehmen; praes. 1. sg. *vîçê* ich huldige vsp. 6, 1. 1. plur. *nemaṅhê vîçâmaidê* wir unterziehen uns dem Gebet y. 57, 7. *vîçâmadaêca* wir huldigen vend. sade 532. y. 7, 60. 41, 13. 3. plur. *vîçeñtê* unterziehen sich y. 47, 10. yt. 1, 19. 13, 71. *vîçeñtê . . . vîçeñtaêca* sie nehmen an yt. 13, 73. conj. praes. 1. sg. *azem vîçâi* vsp. 3, 2. *azem vîçâi . . . fraçraothremca* ich verpflichte mich zum Recitieren vsp. 4, 1. *vîçâi* y. 15, 1. imper. 1. sg. *azem tê vîçânê* ich will dir gehorchen vd. 2, 15. impf. 2. sg. *vîçaṅha mê* gehorche mir vd. 2, 8. 3. sg. *vîçata* unterwarf sich yt. 13, 99. 19, 85. *yêṅhê ahunô vairyô çnaithis vîçata* für welchen sich der Ahuna vairya als Waffe hingegeben hat y. 56, 9, 5. 3. plur. *hyaṭ vîçeñtâ* wenn sie annehmen y. 32, 14. perf. 2. sg. *yêzi mê nôiṭ vîvîçê* wenn du mir nicht gehorchst vd. 2, 12.

— *aiwi*, herbeikommen, impf. 1. sg. *raokshnem mâoṅhem aiwivîçem* (wenn) ich zu dem hellen Mond trete yt. 7, 3.

— *paiti*, 1) act., herzugehn, impf. 1. sg. *taṭ mâoṅhem paitivîçem* (wenn) ich zu dem Mond gehe yt. 7, 3. 2) med., annehmen, praes. 1. sg. *paitivîçê* yt. 5, 93. 3. plur. *paitivîçeñtê* yt. 5, 95. imper. 2. sg. *paiti nô zaothrâo vîçaṅuha* yt. 10, 32.

— *fra* 1) act., nahen, praes. 3. sg. *frâ aṅhê vîçaiti* er naht sich ihm yt. 10, 46. 2) med., sich widmen, unterwerfen, praes. 3. sg. *frâ âbyô tanubyô vîçaitê baêshazâi* er widmet sich der Heilung dieser Leiber (der Leiber dieser) y. 10, 22. conj. 1. sg. *frâ tê vîçâi* ich unterwerfe mich dir y. 10, 25.

Skr. *viç*, *viçáti*.

2. **vîç** (vom vor.) f. Haus, Familie, Dorf, Clan, nach Neriosengh (zu y. 14, 1) eine Gemeinschaft von 15 Männern und Frauen; vgl. Herodot 1, 125 ἐν τοῖσι καὶ Ἀχαιμενίδαι εἰσὶ φρήτρη; Spiegel, Ir. Stammv. 681. acc. *vîçem* vd. 8, 295. y. 61, 15. 31, 18. yt. 10, 18. instr. *haca vîça* aus dem Clansitz vd. 10, 11. dat. *vîçê* yt. 13, 66. *ahê vîçê* y. 10, 17. *itê vîçê* y. 67, 42. *aṅhâi vîçê* y. 59, 2. abl. *vîçâṭ* (al. *vîçâdha*) zum Clan yt. 13, 49. *haca aṅhâṭ vîçaṭ* y. 56, 6, 4. *haca avaṅhâṭ vîçaṭ* vd. 19, 40. *vîçaṭ* y. 59, 4. gen. *vîçô* vd. 7, 107. *vîçô puthrem* einen Knaben aus dem Dorf vd. 7, 114. *vîçô vîçpaitîm* vsp. 3, 17. *vîçô çûrayâo thraêtaonô* Thraêtaona (der Sohn) des Heldenhauses y. 9, 24. *vîçô puthrô âthwyânôis vîçô çûrayâo thraêtaonô* der Sohn des âthwyanischen Heldenhauses Thraêtaona yt. 5, 33. loc. *aṅhê vîçi* vsp. 14, 15. y. 9, 86. *vîçi vîçi* in jedem Dorf vd. 5, 36. plur. acc. *vîçô* vd. 18, 31. y. 13, 12. 113. *paiti avâo vîçô* vd. 13, 33. dat. *vîzhibyô* y. 52, 8. abl. *vîzhibyô* vd. 13, 33. 113. gen. *vîçãm* yt. 10, 18. y. 8, 15. 13, 8. local y. 23, 1. *vîçãmca* yt. 13, 150.

Skr. *viç*, altp. *vith*, hzv. *vîç*, vgl. np. *dâbrîh*, *çibârîh*, armen. *givgh*, *geôgh*, *gegh*.

Vgl. *erîça*.

vîçaiti (von *dva* + *daçan*) f. zwanzig, acc. *vîçaiti* vd. 8, 269. 12, 44. yt. 10, 122. *pañcâca vîçaitica* 25 vd. 12, 33.

Skr. *viṅçáti*, hzv. parsi zaza *vîçt*, np. kurd. (brahvi) *bîçt*, serg. *biziçtaze*, afgh. *shil* (?), bal. *giçt*, armen. *khçan*, dig. *inçcy*, tag. *gäds*.

vîçaitigâya (vom vor. + *g°*) n. zwanzig Schritt, acc. *°gâim* vd. 17, 12.

vîçaitivañt (von *vîçaiti*) adj., zwanzigfältig, nom. *vîçaitivâo* zwanzigfach (ist Mithra zwischen Freunden, d. h. durch zwanzigfältige Bande vereint er sie) yt. 10, 116.

vîçadha (von 2. *çad?*) m. n. pr., gen. *vîçadhahê* yt. 13, 110. Sollte Vîçadha der Vîçah sein, dessen Stammbaum im Mujmil angegeben wird: Vîçah, Pirân, Jarîrah (heirathet den Çiyâvash), Firûd?

Vgl. skr. *viçadá*.

vîçan (von 2. *vîç*) adj., einen Hausstand besitzend, dat. *vîçânê ahmâṭ yatha evîçâi* (ich ziehe vor) den

Besitzer eines Hausstandes dem, der keinen besitzt, vd. 4, 132.

viçôiric (von 2. *viç* + *iric*) adj., die Dörfer verwüstend, plur. nom. *mâ buyama shôithrôiricô . . . mâ viçôiricô* mögen wir nicht verwüsten deine Gegenden und Dörfer yt. 10, 75.

viçãçtaṅh (von *çaṅh*) n. Befolgung, Lernen, acc. (instrumenti) *viçãçtaçca imâo nâmênis parstaçca pairivâraçca viçeñtê* durch ihre Lernung (wenn man sie lernt) unterziehen (machen) sich diese Namen als Abwehr und Wall yt. 1, 19.

viçãçtema (von *viçaiti*) adj. numer., der zwanzigste, nom. *viçãçtemô ahmi yaṭ ahmi mazdâo nãma* zwanzigstens bin ich es, dem der Name Mazda ist yt. 1, 8.

Skr. *viṅçatitamá*, hzv. *viçtum*, np. *bîçtum*, afgh. *shilam*, armen. *kheanerord*, dig. *inçeymag*, tag. *çädsem*.

viçta s. 2. *vid*.

viçtôfraoreti (von *viçta* (partic. perf. pass. von 1. *vid*) + *fr°*) adj., einer der den Glauben kennt, acc. *°fraoretîm* vsp. 3, 23. G. 4, 9.

viçpa (von *çpi*) adj., ganz, all, nom. *viçpô aṅhus* die ganze Welt vd. 1, 4. 3, 115. *kô viçpô daêvô* wer ist ein ganzer Dev vd. 8, 101. *viçpô maidhyô* die ganze Mitte y. 64, 15. ohne Flexion *viçpa qâthravâo nãma ahmi* ich heisse der ganz glänzende yt. 1, 14. neutr. *viçpem* y. 19, 37. yt. 22, 2. ohne Flexion *viçpa qâthra nãmi ahma* ich heisse voller Glanz yt. 1, 14. acc. m. *viçpem* vd. 13, 2. 18, 39. y. 17, 4. *viçpem mãthrem* vsp. 15, 2. fem. *viçpãm* vd. 6, 50. 8, 128. y. 19, 22. yt. 5, 130. neutr. *viçpem* vd. 3, 67. y. 20, 2. das ganze vd. 8, 293. *viçpem â ahmâṭ* ganz so lange als, biss dass vd. 3, 63. 5, 42. 19, 79. 2, 79. 7, 144. 5, 48. 6, 67. 3, 63. *aêtâo vaçtrâo vaṅhata viçpem â ahmâṭ yaṭ hanô barâṭ* diese Kleider ziehe er an, so lange bis er alt ist vd. 3, 63. (vgl. Windischmann Z. St. 298). *taṭ viçpem* das alles vd. 20. 18. *viçpem imaṭ* yt. 10, 95. *viçpemca kerefs* (*kehrp* ist fem.!) y. 70, 11. *viçpemca dâtem* y. 70, 17. *viçpem â* für immer yt. 10, 5. *yavaṭ . . . viçpem avaṭ* wenn . . . dann immer yt. 19, 7. instr. neutr. *viçpâ ayarê* Tag für Tag y. 42, 2. *viçpa* gänzlich yt. 9, 30. dat. *viçpâi* y. 20, 2. fem. *viçpaya viçê* y. 67, 43. neutr. *viçpâi yarê* y. 7, 64. 28, 8. gen. m. *viçpahê* vd. 18, 73. y. 9, 4. *viçpahêca idha ashaonô* vsp. 19, 5. fem. *viçpayâo* vd. 10, 11. vsp. 5, 6. y. 51, 1. *viçpayâoçca* y. 54, 18. loc. n. *viçpaya* in allem y. 19, 47. überhaupt y. 23, 5. plur. nom. m. *viçpê* vd. 16, 41. yt. 10, 36. 51. 19. 72. scil. *âpô* (also statt *viçpâo*) y. 64, 15. *viçpâoṅhô* y. 32, 3. 50, 20. fem. *viçpâo* vd. 5, 60. yt. 5, 15. *viçpâoçca* y. 56, 9, 6. neutr. *viçpa* vd. 2, 131. 11, 3. *viçpâ* alle (Güter) y. 34, 2. *viçpâo* yt. 24, 51. *viçpâo . . . dâmãn* yt. 13, 93. *yim viçpâis paitismareñti yâis çpeñtahê mainyêus dâmanãm* dessen alle gedenken unter den Geschöpfen des heiligen Geistes yt. 8, 48. acc. m. *viçpêñg* y. 43, 11. 42, 15. *viçpê* y. 56, 11, 4. yt. 6, 4. 19, 77. A. 1, 17. *viçpê* yt. 8, 46. 10, 34. *viçpãçcâ* y. 41, 36. *viçpaêca* y. 70, 13. *viçpêçca* y. 10, 12. 70, 12. yt. 8, 46. *viçpê yâtavô pairikâoçca* vd. 20, 25. *viçpê tê ratavô* vsp. 2, 2. *viçpê zaya* vd. 14, 26. *viçpa avi nimata* vd. 3, 121. *viçpê âfrînâmi ke açti* für alle flehe ich, wer nur (gut) ist y. 67, 48. *viçpê daêra* yt. 1, 6. *viçpê hê upa aredhem* an allen Seiten yt. 10, 100. *viçpê mazdayaçnanãm* yt. 10, 120. *viçpâo garayô* S. 2, 28. *vâo viçpêñg* y. 31, 2. adverbial *ashâ viçpêñg skyaothnâ* die gänzlich reinen Thaten y. 28, 1. statt des fem. *viçpaêca . . . gâthâo* y. 70, 25. fem. *viçpâo* vd. 20, 25. vsp. 6, 5. yt. 13, 145. 79. *viçpâo fravashayô* vsp. 19, 6. *âpô* y. 2, 49. *viçpâoçca* y. 70, 20. neutr. *viçpa* y. 8, 11. 56, 1, 12. 19, 3. *viçpâ* y. 56, 1, 4. 50, 5. *viçpaca vohû* vsp. 12, 17. *viçpâca dâma* y. 70, 21. *viçpâ maêthâ* y. 34, 6. *viçpâo* yt. 10, 34. 72. 6, 3. adverb. ganz und gar y. 56, 13, 2. yt. 11, 18. in Beziehung mit masc. und fem. y. 17, 50—52. *viçpâo dâmãn* vd. 19, 125. *viçpâo baêshazâo* y. 51, 5. *ṭbaêshâo* y. 51, 6. *viçpâoçe-tâo dâmãn* yt. 8, 43. *viçpâis ayãnca khshafnaçca* y. 56, 7, 8. *viçpê dâmãn* yt. 19, 94. instr. m. *viçpâis* y. 42, 14. 45. 10. neutr. *viçpâis haca karshvãn* y. 60, 16. *viçpâis* in allem y. 34, 3. 5. yt. 13, 151. *viçpâis naênizhaiti çimâo* gänzlich yt. 8, 43. dat. m. *viçpaêibyô* y. 1, 33. *viçpaêibyô çaçtîm baraiti* y. 61, 18. *viçpôibyô hârô* Herr über alle y. 43, 2. fem. *maṭ viçpâbyô fravashibyô* vsp. 12, 21. y. 23, 3. 26, 20. abl. m. *viçpaêibyaçca* vd. 14, 71. *viçpaêibyô haca* y. 61, 20. neutr. *viçpaêibyô naêmaêibyô* von allen Seiten yt. 10, 41. gen. m. *viçpanãm* vd. 9, 39. y. 9, 60. yt. 14, 4. *viçpanãm arshnãm* yt. 5, 2. *narãm* vd. 2, 70. *viçpaêshãm yazatanãm* Fr. 5, 1. *viçpaêshãmca* y. 1, 41. vsp. 10, 30. S. 1, 28. fem. *viçpanãm* yt. 8, 17. 5, 2. *viçpanãm urvaranãm* vd. 2, 74. *ratufritinãm* vsp. 10, 30. *viçpanãmca apãm* y. 1, 39. neutr. *viçpanãm* y. 42, 2. yt. 10, 54. aller Dinge y. 43, 7. *viçpanãmca* yt. 13, 135. loc. m. *viçpaêshu* yt. 11, 3. 15, 53. 3, 5 (hier lies *°shãm?*) fem. *viçpâhu paiti barezâhu* yt. 10, 45. *viçpâhu karshvôhu* yt. 10, 16. neutr. *viçpaêshû* y. 13, 19. voc. m. *viçpê* y. 1, 60. 64, 54.

Skr. *viçva*, altp. *viça*, hzv. *harviçp* (mit *haurva*), parsi *harvêçp*, südoss. *çêpêtha* (plur., Rosen 371), dig. *çeppäth* vgl. Sjögren p. 243.

Vgl. *eviçpa*, *frâdaṭviçpãmhujyâiti*, *vanôviçpa*.

viçpaiti (von 2. *viç* + 1. *p°*) m. f. Herr einer Viç, Clanoberhaupt, nom. *viçô viçpaitis* yt. 10, 18. 84. acc. *viçô viçpaitîm* vd. 7, 107. vsp. 3, 17. *viçô viçpaitîm nâirikãm* vd. 7, 111. *mithrem . . . viçôpaitîm* (al. *viçpôp°*) yt. 10, 112. dat. *viçô viçpatêê* yt. 10, 17. gen. *viçô viçpatôis* yt. 24, 16. vd. 10, 11. y. 14, 1. voc. *viçpaiti* y. 9, 83. plur. acc. *viçãm viçpaitîs* yt. 10, 18.

Skr. *viçpáti*, hzv. *viçpat*.

viçpataurvan (von *viçpa* + *t°*) adj., alles überwindend, f. n. pr. der jungfräulichen Mutter des Açtvaṭereta oder Çoçiosh, welche auch Eredaṭfedhri heisst; nom. *viçpataurvairi* yt. 13, 142. *yâ viçpataurvairica nãma* yt. 13, 142. (der Name wird etymologisch erklärt), gen. *viçpôtaurvayâo puthrô* (Thema *°taurva*) yt. 19. 92.

Vgl. skr. *viçvatúr*.

vîçpataurvashi (von *vîçpa* + *taurv°*) f. n. pr. einer frommen Frau, gen. °*taurvashyô* yt. 13, 139.

vîçpatash (von *v°* + *tash*) adj., alles schaffend, nom. *vîçpatas nãma ahmi* yt. 1, 14.

vîçpana (von *vîçpa*) adj., gänzlich, nom. *vîçpanô açrustêê nâshâtanãm aojañha* Spiegel: so dass er gänzlich ungehorsam wird, durch die Kraft der zu vertreibenden yt. 2, 12.

vîçpabda (von *vîçpa* + 1. *bda*) n. alle Fesseln, plur. instr. *vîçpabdâisca* yt. 8, 55.

vîçpavana (von *v°* + 1. *van*) adj., alles schlagend, nom. (ohne Flexion) *vîçpavana nãma ahmi* yt. 1, 14.

vîçpâyu (von *vîçpa* + *âyu*, affixartig) adj., gänzlich, acc. f. *vîçpâyûmca ustatâtem* das gänzliche Wohlbefinden vsp. 21, 4.

Skr. *viçvâyu*.

vîçpemmãthra (von *vîçpa* + *m°*, uneigentliche Compos.) adj., den ganzen Mãthra kennend, dat. *paraçinaçti vîçpem mãthrem vîçpemmãthrâi* er übergibt den ganzen M. dem, welcher den ganzen M. kennt y. 20, 3. Glosse der Hzv.-Uebers.: welcher reine Werke durch das Avesta und den Avestacommentar offenbar macht.

vîçpômazista, vîçpêmazista (von *vîçpa* + *m°*) adj., der allergrösste, nom. *vîçpêmazistem çraoshem* y. 33, 5. plur. gen. *vîçpêmazistanãm* A. 1, 1.

vîçpôafçmana (von *vîçpa* + *afçman*) adj., mit allen Hauptstücken, acc. f. *daênãm* ... °*afçmanãm* yt. 24, 14.

vîçpôayâra (von *vîçpa* + *a°*) adj., allen helfend (Haug G. II, 105), das ganze Jahr hindurch dauernd (Spiegel), nom. n. *tem havâṭ verethrem vîçpôayârem amaênighnem tarôyârem* mit ihm einigt sich Sieghaftigkeit, die das ganze Jahr dauert, Schlagen mit Kraft, das über das Jahr hinaus dauert; es ist wohl *vîçpôyârem* zu lesen; yt. 19, 54.

vîçpôqarena (von *vîçpa* + *qarenañh*) adj., ganz glänzend, nom. °*qarenô* yt. 18, 4.

vîçpôqâthra (von *vîçpa* + *q°*) adj., ganz leuchtend, Beiwort des Paradises, nom. (statt gen.) °*qâthrô* S. 1, 27. acc. °*qâthrem* vd. 19, 120. vsp. 8, 8. 26, 5. y. 9, 64. yt. 12, 36. 28, 8.

vîçpôkhrathwa (von *vîçpa* + *khr°*) adj., ganz verständig, nom. °*khrathwô* yt. 18, 4.

vîçpôgaona (von *vîçpa* + *g°*) adj., von allen Arten.

Vgl. *haretôvîçpôgaona*.

vîçpôtaurva (von *vîçpa* + *taurv*) f. n. pr., gen. °*taurvayâo* yt. 19, 92. s. *vîçpataurvan*.

vîçpôtanu (von *vîçpa* + *t°*) adj., auf den ganzen Leib sich erstreckend, acc. n. *aojô* °*tanûm* (lies °*tanu?*) y. 9, 58.

vîçpôdruj (von *vîçpa* + 2. *dr°*) f. alle Drujas, acc. °*drujem* yt. 4, 10.

vîçpôpaiti (von *vîçpa* + 1. *p°*) f. n. pr. eines Wassers, nach den Glossen: Saamenwasser, die von den Bäumen stammen, plur. acc. *apô* ... °*paitis* y. 38, 14.

Hzv. *vîçpôpit*.

vîçpôpaêça (von *vîçpa* + *p°*) adj., 1) allgestaltig, aller Art, acc. f. °*paêçîm maçtîm* Grösse aller Art y. 56, 8, 5. 2) ganz geschmückt, nom. f. *vîçpôpaêça* yt. 5, 78.

vîçpôpaêçañh (von *vîçpa* + *p°*) adj., 1) allgestaltig, aller Art, acc. f. *maçtîm* °*paêçañhem* y. 9, 58. 2) ganz geschmückt, acc. *vâshem* °*paêçañhem* yt. 10, 124. *karetem frapikhstem* °*paêçañhem* yt. 14, 27. neutr. *yaṭ çrîrem karsti* °*paêçô* yt. 24, 33. 28 (hier aber *vîçpôpatha*).

vîçpôpathau (von *vîçpa* + *p°*) adj., überall zugänglich? acc. n. *yaṭ çrîrem karstu* °*patha* yt. 24, 28. 33 (wo aber °*paêçô*).

vîçpôbâma (von *vîçpa* + *b°*) adj., ganz glänzend, plur. nom. *açânaçca* °*bâma* yt. 10, 136.

vîçpôbâmya (von *vîçpa* + *b°*) adj., ganz glänzend, abl. n. °*bâmyâṭ* yt. 15, 15.

vîçpôbis (von *vîçpa* + 2. *bis*) adj., Beiwort des Baumes Harviçptokhma, Windischmann Z. St. 168. nom. f. *yâ hubis eredhwôbis yâ vaocê vîçpôbis nãma* welcher (Baum) Gutheil, Hochheil, Allheil heisst yt. 12, 17.

vîçpômahrka (von *vîçpa* + *m°*) adj., todvoll, abl. °*mahrkâaṭca pairi drvataṭ* yt. 1, 19. 13, 71.

vîçpôyâra (von *vîçpa* + *yâre*) adj., das ganze Jahr dauernd, nom. n. °*yârem* (s. *vîçpôayâra*).

vîçpôvahma (von *vîçpa* + *v°*) adj., jeden Preis verdienend, acc. n. *hukairîm barezô* °*vahmem* yt. 5, 96. 12, 24.

vîçpôvîdhvâo (von *vîçpa* + *v°*) adj., allwissend, nom. °*vîdhvâo* yt. 12, 1. 10, 24. acc. °*vîdhvâoñhem* vsp. 22, 3. yt. 10, 35. voc. °*vîdhvâo* vd. 19, 67.

vîçpôverezya (von *vîçpa* + *v°*) adj., alles wirkend, acc. f. *daênãm* . . . °*verezyãm* yt. 24, 14.

vîçpôverethra (von *vîçpa* + *v°*) adj., alles besiegend, nom. °*verethrô* yt. 18, 4.

vîçpôvãthwa (von *vîçpa* + *v°*) adj., mit allen Herden versehn, nom. °*vãthwô* yt. 18, 4.

vîçpôçaredha (von *vîçpa* + 2. *ç°*) adj., von allen Gattungen, plur. nom. f. *urvarâo* °*çaredhô* (lies °*çaredhâo?*) vd. 5, 60.

vîçpôhañkerethya (von *vîçpa* + *hañkeretha*) adj., ganz vollendet? acc. f. *daênãm* °*hañkerethyãm* yt. 24, 14.

vîçpôhujyâiti (von *vîçpa* + *h°*) adj., alle Mittel zum guten Leben besitzend, nom. °*hujyâitis* yt. 13, 90.

vîçpãmhujyâiti (von *vîçpa* + *h°*) f. alle Mittel zum guten Leben, nom. *frapithwô* °*hujyâitis* vd. 3, 10.

Vgl. *frâdaṭvîçpãmhujyâiti*.

vîçya (von 2. *vîç*) 1) adj., die Clane betreffend, plur. acc. f. *vîçyâo* y. 17, 72. 26, 2. yt. 13, 21. voc. m. *hâvana vîçyaca* vsp. 14, 14. 2) m. a) Clanfürst, nom. *vîçyô* y. 19, 50. *vîçyaçca* y. 19, 52. voc. *vîçya* (Mithra) yt. 10, 115. b) n. pr. eines die Clane beschützenden Genius, welcher mit Mithra und Çâvañhi dem Gâh Hâvani vorsteht, acc. *vîçîm* y. 2, 14. 6, 5. G. 1, 6. *çâvañhaêm vîçîmca paiti ratûm* um die Zeit des Ç. und V. (d. i. zur Zeit Hâvani)

y. 2, 64. dat. *vîçyâica* y. 1, 8. 67. 3, 22. 65, 5. G. 1, 1. gen. *vîçyêhê* G. 1, 7.

Altp. *vithiya*, hzv. *vîç*.

vîçrûta (partic. perf. pass. von *çru* + *vi*) m. n. pr., gen. *vîçrûtahê* yt. 13. 121.

vîçrûtar (von *çru* + *vi*) m. n. pr., gen. *vîçrûtârahê* (Thema °*târa*) yt. 13, 121.

vîshau (von 2. *vîç* + *han*) adj., in den Clanen befindlich, plur. acc. *vîshânô* yt. 13, 151.

vîshaptatha (von 1. *vi* + *khshap* + *tan*) adj. zerstreuend die Finsternis der Nacht? m. 1) eine Abtheilung von 5 Tagen, deren der Monat sechs enthält, plur. acc. *añtaremâoñhâoçca pereñômâoñhâoçca vîshaptathâoçca* während der Neumonde, Vollmonde und der Monatsabtheilungen yt. 7, 4. 2) n. pr. eines Genius, welcher den Monatsabtheilungen vorsteht; eine Glosse bei Neriosengh nennt ihn den besten Fünfer; acc. °*tathem* y. 2, 33. 6, 25. yt. 7, 4. dat. °*tathâica* y. 1, 25. 3, 39.

Hzv. *vîshaptaç* (Ner. *vîsaptatha*).

vîshavañt (von *visha*) adj., giftig, acc. *vîshavañtem* y. 9, 34. yt. 19, 40.

vîshôvaêpa (von *visha* + *vip*) adj., Gift fliessen lassend, gen. *azhôis vishôvaêpahê* y. 9, 93.

vîshyâtâ s. *skâ*.

vîstâçpa (von *vista* + *açpa?*) m. n. pr. des Sohnes des Aurvataçpa aus dem Hause Naotara's; sein Bruder ist Zairivairi, seine Gattin Hutaoça; von seinen vielen Söhnen werden, abgesehn von den bloss mit Namen angeführten, Peshôtanus und Çpeñtôdâta erwähnt, seine Tochter ist Huma. Unter seiner Regierung kam Zarathustra nach Bactrien; nom. *vîstâçpô* yt. 5, 98. 108. 9, 29. 17, 49. 61. 19, 87. *kavâ vîstâçpô* y. 13, 24. 45, 14. 50, 16. *kavacâ vîstâçpô* y. 52, 2. acc. *vîstâçpem* yt. 5, 105. *kavaêm vîstâçpem* yt. 19, 84. dat. *vîstâçpâi* y. 28, 7. *dañhêus vîstâçpâi* yt. 23, 2 = 24, 3 (wo *vañhîs vahistâo*) statt des gen.? *tûm ahi puthrô kava vîçtâçpâi* yt. 24, 22. ohne Flexion *kava vîstâçpa* yt. 24, 1. gen. *kavôis vîstâçpahê* y. 23, 4. 26, 16. yt. 5, 132. 13, 99. 15, 36. 23, 1. ohne Flexion: *tê puthra kava vîstâçpa* yt. 24, 19. *paitiaokhta zarathustra puthra kava vîstâçpa* (statt *p° zarathustrô puthrâi* (*puthrem*) *kavôis vîstâçpahê?*) yt. 24, 1. *paiti dim peregat puthrô kava vîstâçpa* yt. 24, 21. Nach dieser Erklärung würde der 24. Yasht nicht von Vîstâçpa handeln, wie seine Ueberschrift angibt, sondern von einem Sohne desselben; es scheint aber, als ob diese Ueberschrift nur durch das gleich Anfangs sich findende *vîstâçpa* veranlasst ist; voc. *vîstâçpa* yt. 24, 45.

Altp. *vistâçpa*, 'Υστάσπης, hzv. *kaivîstâçp*, parsi *vîstâçp*, *guçtâçp*, np. *gushtâçb*, Desatir *vîshtâd*.

vunâsâm vend. sade 538. lies *vaonushãm* (s. 1. *van*).

verez (von *varez*) f. Werk, plur. acc. *qanraitîs verezô* yt. 3, 1. vsp. 22, 7. *anaghra raocâo qadhâtâo yazamaidê qanraitîs ashahê verezô yazamaidê* die ewigen, nach eignen Gesetzen wandelnden Lichter, die glänzenden Werke des Asha (vahista) preisen wir y. 17, 42.

verezi (von *varez*) wirkend; scheint die im Compos. auftretende Form des partic. praes. zu sein, die wie im Slavischen gebildet ist, vgl. Miklosich, die nominale Zusammensetzung im Serbischen (Abhandl. der Wiener Akad. 1863) p. 14.

verezika (von *verezyañh*) adj., arbeitsam. Vgl. *everezika*.

verezicashman (von *verezi* + *c°*) adj., wirksame, muntre Augen habend, plur. nom. f. °*cashmanô* yt. 13, 29.

verezidôithra (von *v°* + *d°*) adj., munteren Blick habend, hzv. *kâmakdôçar*, erklärt: Gutes nach Wunsch machen sie. plur. gen. °*dôithranãm* y. 26, 8. yt. 13, 82. 19, 15.

verezimna s. *varez*.

vereziçaoka (von *v°* + 1. *ç°*) adj., Nutzen bewirkend, nom. (ohne Flexion) *vereziçaoka nãma ahmi* yt. 1, 15.

vereziçavañh (von *v°* + *ç°*) adj., Gewinn bewirkend, nom. °*çavâo nãma ahmi* yt. 1, 15.

verezêna (von *varez*) n. 1) Thun, Arbeiten, instr. *verezênâ* durch die Bedienung (des Feuers) y. 36, 1. cit. vend. sade 530. vd. 11, 12. *nôit mâ khshnâus yâ verezênâ hêcâ* nicht stellen mich die zufrieden, welche nach (eigner) Wirksamkeit (Willkür) sind y. 45, 1. dat. *yê verezênâi vañhîm dât fraçaçtîm* welcher zu meinem Dienste Lob spenden soll y. 48, 7. *yâ* (*hutaoça*) *varezânâi vañuhîm dât fraçaçtîm* yt. 9, 26. loc. *yôi zî gêus verezênê azyâo* welche (sind) in Arbeiten mit der ziehenden Kuh (*verezênê* kann indessen auch plur. nom. von *verezênya* sein, welche thätig sind mit der Kuh) y. 34, 14. *ashahyâ qairê ashahyâ verezênê* in der Herrschaft der Reinheit, im Wirken für die Reinheit y. 35, 22. cit. vd. 10, 10. plur. acc. *verezênâ* Wirksamkeit y. 34, 14. 2) das freiwillige Wirken im Dienst eines andern, in dessen Schutz der wirkende steht, daher Schutzverwandtschaft, Nachbarschaft, vgl. Spiegel DMG. XVII, 60. nom. *verezênem* die Schutzverwandten y. 32, 1. gen. *verezênahyâ* der Schutzverwandten y. 33, 4. plur. acc. *verezênâ* (scil. *qyât* oder *qyên*) Schutzverwandtschaft möge sein y. 40, 10. Sämmtliche Stellen gehören dem zweiten Theile des Yaçna an; in den andern Schriften lautet das Wort *varezãna*.

verezênya (vom vor.) adj., wirkend, nom. *at vâ verezênyô* oder sei es als wirkender (mit dem bei *verezêna* erwähnten Nebenbegriff) y. 33, 3. pl. nom. *verezênê* (kann auch loc. von *verezêna* sein y. 34, 14.

verezda (von *varezdâ*) adj., wirksam, plur. acc. f. *kehrpaçca yâo raêthwayêiti . . . verezdâo ameshanãm çpeñtanãm* die Körper, mit denen (Ormazd) sich vereinigt (sich umkleidet), die wirksamen der Amshaçpand yt. 13, 81. instr. m. *verezdâis çêñghâis* y. 45, 3.

verezy° s. *varez*.

verezya (von *varez*) adj., wirksam, plur. acc.

mazista verezya die grössten wirksamen (Mãthras) G. 2, 7.

Vgl. *vîçpôreresya, haithyâv°*.

verezyaṅh (von *varez*) n. das Thun.

Vgl. *acistâverezyaṅh*.

verezyaṅha (vom vor.) adj., thätig, wirksam, acc. f. *zãm . . . verezyaṅhãm* y. 10, 8. gen. m. *mãthrahê verezyaṅhahê* vsp. 24, 3. y. 1, 40. 3, 54. S. 1, 29. plur. nom. *verezyaṅhâoṅhô* y. 10, 40.

verezyañṭ s. *varez*.

verezyan (von *varez*) adj., thätig.

Vgl. *ererezyan*.

verezvañṭ (v. *varez*) adj., erwünscht, hzv. *kâmak*, nom. neutr. und fem. *upa thwâ verezvaṭca manô verezvatica hakhshôiṭ aṅuha* dir möge folgen ein dem Wunsch gemässer (freihandelnder?) Sinn, eine dem Wunsch gemässe Seele y. 61, 28. vd. 18, 60.

vereñtê s. *vareṭ* und 2. *var*.

verethra (von 2. *var*) n. 1) Abwehr, Trutzwaffe. 2) Sieg, Sieghaftigkeit, nom. *verethrem* yt. 19, 54. acc. *verethrem* y. 57, 1. 10, 63. yt. 14, 61. 13, 24. mit Sieg, siegreich y. 43, 16. cit. yt. 1, 20. *yûzhem taurvayata verethrem dânunãm* ihr machtet zu Nichte den Sieg der Dânus yt. 13, 38. *taurô verethrem* (gebt) dem Leib Sieghaftigkeit y. 67, 33. *verethremca* y. 70, 38. yt. 1, 22. instr. *verethra* yt. 11, 3. 14, 3. 44. 19, 54. 79. *yatha azem aratha verethra hacânê* dass ich so siegreich angreife yt. 5, 69. *verethra baodhô* Geruch nach Sieg yt. 13, 46. dat. *verethrâi* yt. 10, 26. A. 1, 14.

Die Verwandtschaft dieses Wortes mit skr. *vṛtrá* ist zufällig.

Vgl. *ayôverethra, vîçpôv°*.

verethraghna (vom vor. + *ghna*) m. 1) Sieg, Sieghaftigkeit, nom. *verethraghnô* yt. 14, 44. acc. *verethraghnem* vsp. 2, 24. 23, 5. y. 2, 25. 9, 55. yt. 10, 16. 27. 33. *verethraghnemca* yt. 5, 86. instr. *verethraghna* wegen seiner Sieghaftigkeit y. 56, 1. 6. 10, 2. 54, 9. *verethraghnaca* yt. 10, 67. dat. *verethraghnâi* yt. 24, 37. gen. *verethraghnahê* yt. 10, 117. vsp. 1, 22. y. 1, 19. 3, 33. vd. 18, 128. loc. *verethraghnê ashaonê* im (zum) Sieg für das Reine vsp. 18, 8. *verethraghnê* für den Sieg vsp. 12, 2. statt des dat. *verethraghnê frâdaṭyaêthâica* y. 67, 5. 2) n. pr. a) des Genius des Sieges, Spiegel, Av. übers. III, XXXII. nom. *verethraghnô* yt. 10, 70. 14, 1. acc. *verethraghnem* vd. 19, 125. y. 17, 31. yt. 14, 1. 5. *verethraghnemca* yt. 14, 45. statt des nom. *verethraghnem ahuradhâtem* yt. 23, 7. gen. *verethraghnahê* yt. 14, 0. 42. 49. b) des nach Verethraghna benannten zwanzigsten Tages im Monat, gen. (local) *verethraghnahê* am Tage Behram A. 1b, 11.

Hzv. *varahrân*, später *vâhrâm* (n. pr. eines Königs, der zur Zeit des Propheten Oshédar erscheinen wird), parsi *bihirãm* (Ner. *bahirâma*), np. *bahrâm*, *behrâm*, armen. *vram*, bei den Alten *Bararanes*, *Varanes*, indoscythisch *ordagno*.

verethraghnya (vom vor.) 1) adj., siegreich, plur. nom. *vaeô yôi verethraghnê âç* yt. 14, 46. 2) n. Sieg, dat. *verethraghnyâi* vsp. 10, 17. y. 9, 84. yt. 10, 5. *verethraghnyâica* vsp. 6, 4. pl. loc. *verethraghnyaêshu* bei Siegen, in siegreichen Schlachten yt. 13, 23. 27. 45.

verethrajan (von *varethra* + *jan*) adj., mit Sieg, siegreich schlagend, nom. *verethraja* vd. 19, 18. 133. vsp. 18, 11. yt. 11, 3. 24, 30. *çaoshyãç verethraja nãma* yt. 13, 129. *verethrajâo* y. 54, 16. 9, 52. 68. 56, 1, 9. 56, 6, 5. 56, 9, 5. yt. 5, 61. 23, 2. acc. *verethrâjanem* vsp. 19, 3. y. 2, 28. 53, Schluss. 56, 1, 1. 58, 3. yt. 11, 1. 14, 57. 19, 89. G. 1, 6. *verethrâjanem barâhi yatha çraoshem* yt. 23, 6. instr. *hathra vâta verethrâjana* yt. 10, 9. 12. 4. 13, 48 (Hss. °*janô*). 47. abl. *verethraghnaṭ* y. 26, 33. gen. *verethrâjanô* y. 1, 22. *verethraghnô* yt. 19, 95. plur. nom. *verethrâjanô* y. 69, 14. yt. 13, 38. compar. nom. *verethrajãçtarô* y. 10, 13. superlat. nom. *verethrajãçtemô* yt. 11, 3. Fr. 9, 1.

Vgl. *açverethrajan*.

verethrajãçta (vom vor.) f. Sieghaftigkeit, instr. *verethrajãçtaca* yt. 22, 11.

verethrataurvañṭ (von *verethra* + *t°*) adj., siegreich überwindend, nom. °*taurvâo* y. 10, 24.

verethravan (von *verethra*) adj., siegreich, nom. *verethravâo* yt. 10, 141. (einmal *verethavâo* Druckfehler?); *amava âç verethrava nãma*, *verethrava âç amava nãma* yt. 14, 59. pl. gen. *mashyânãm verethravanãm* yt. 19, 36. compar. (vom Stamme °*vañṭ*) plur. fem. *verethravaçtarâo* yt. 13, 64. superl. nom. *verethra verethravaçtemô* yt. 11, 3. 14, 8. 19, 79. *verethravaçtemô* yt. 19, 36. neutr. *verethravaçtemem* yt. 1, 1. acc. m. *verethravaçtemem* vd. 19, 52. *vazrem verethravaçtemem zaênãm* yt. 10, 96. statt des nom. *vazrem verethravaçtemem zayanãm* yt. 10, 132.

veredhâta (von *vared?*) n. Förderung, Vermehrung, loc. *fradhâtaêca veredhâtaêca* um zu fördern und zu vermehren yt. 13, 68.

veredhi? f. Wachsthum, Wohlstand, instr. *veredhyê*, hzv. *pann kâmak* y. 9, 76.

veredhka? man bringe die Zaothra zum Feuer mit dem Spruch: *yaṭ añtare veredhka marcja* (Westerg. *açma reja*) Hzv.-Glosse zu vd. 18, 138. Anquetil hat zend. *vérétké*, pehlvi *gourdéh* (Eichel der Thiere).

veredhyaṅuha s. *vared*.

verena (von 2. *var*) m. Schwangerschaft, hzv. *apuçish*, plur. acc. *hô mãm aratha verenãn nijaiñti* der schlägt mich so in Betreff meiner Schwangerschaft, d. h. meine Schw., Spiegel *verenãm* (acc. f.) vd. 18, 87.

vehrka (von *vrac*) m. Wolf, Ner. *vyâghra*, wohl weil er den Wolf, der nur bis Nepal hin vorkommt, nicht kannte; nom. *vehrkô* vd. 13, 23. 115. 18, 87. acc. *vehrkem* vd. 6, 103. y. 9, 69. statt des nom. (hinter dem praedicat) vd. 5., 18. fem. *yatha vâ vehrkãm* vd. 18, 131. abl. m. *vehrkâṭ* vd. 19, 109. yt. 24, 27. gen. *yatha çpâ vehrkahê kerenaoiti* wenn ihn der Hund mit dem Wolf erzeugt vd. 13, 115. dual. gen. *ayâo vehrkayâo* vd. 13, 115. plur. nom.

vehrka vd. 13, 114. 121. *vehrkâoñhô* vd. 18, 130. gen. *vehrkanãm* y. 9, 62. yt. 1, 10.

Skr. *vṛka*, hzv. parsi np. bal. kurd. *gurg*, maz. *varg*, tâlish *vâk*, kurm. *gur*, zaza *verg*, *velk*, armen. *gayl*, südoss. *biragh*, dig. *beragh*, tag. *birägh* (daher mordninisch *wirgas?*).

vehrkavañt (vom vor.) adj., von Wölfen bedroht, nom. f. *vehrkavaiti* vd. 19, 109. = yt. 24, 27.

vehrkâna (von *vehrka*) m. n. pr. der Stadt Hyrcania, des mittelalterlichen Gurgân, dessen Ruinen Fraser bei Pisserak zu finden glaubt, s. Spiegel, Münchener gel. Anzeigen 1859. p. 364.

Altp. *varkâna*, hzv. np. *gurgân*, armen. *vrkan*.

vehrkânôshayana (vom vor. + *sh°*) m. Sitz von Vehrkâna, acc. *khneñtem yim vehrkânôshayanem* das Flussgebiet des Khnenta, an welchem Vehrkâna liegt vd. 1, 42.

vehrkôcithra (von *vehrka* + *c°*) adj., wölfischer Abkunft, nom. (ohne Flexion) *°cithra* yt. 3, 8. acc. (ohne Flexion) *°cithra* yt. 3, 11. superl. acc. (ohne Flexion) *°cithra °cithrôtema* yt. 3, 15.

vehrkôjata (von *vehrka* + *j°*) adj., durch Wölfe geschlagen, plur. nom. *°jata* vd. 7, 5.

Hzv. *gurgzat*.

vehrkôbereta (von *vehrka* + 1. *b°*) adj., durch Wölfe verschleppt, nom. *°beretô naçus* vd. 5, 12. 20. plur. nom. *°bereta* vd. 5, 13. 21.

vê s. *tûm*.

vêñh° s. 1. *van*.

vô s. *tûm*.

vôi? die Trad. übers. Kenner, *âtars vôi mazdâo ahurahyâ ahî* Feuer, du bist ein Kenner des Ormazd y. 36, 7.

vôighna (von *vij*) f. Uebel, Hinderniss, nom. *vôighna* yt. 8, 56. 14, 48. plur. nom. *vôighnâo* y. 56, 6, 4. yt. 8, 61. acc. *vôighnâo* yt. 19, 67. abl. *pairi . . . vôighnâbyô* (Westerg. *°nâryô*) y. 67, 40. gen. *fraêstem vôighnanãm* vd. 1, 12.

Vgl. skr. *vighná*, hzv. *vôcik*.

vôizhdâ (von *vij* + 2. *dâ*) zurückhalten, hindern, impf. 3 sg. *yaçca vadarê vôizhdaṭ ashâunê* wer die Waffe (gegen den Bösen, d. i. hier die Bebauung des Feldes) zurückhält, hindert den Reinen y. 32, 10.

— *aiwi*, hindern, causale partic. praes. gen. *aiwivôizhdayañtahê* (Thema *°yañta*) y. 9, 97.

vôizhdyãi s. 1. *vid*.

vôividâitê s. 2. *vid*.

vôiçtâ s. 1. *vid*.

vouru (eine Nebenform von *uru*, vgl. skr. *urú*, compar. *vârîyaus*) adj., breit, weit; nur in Compositionen.

vouruasta (vom vorigen + 1. *asta*) adj., weiten Raum darbietend, nom. n. *maêthanem °astem* yt. 10, 44.

vourukasha (v. *vouru* + *k°*) m. n. pr. des kaspischen Meeres, von dessen Ausdehnung man aber eine grössere Vorstellung gehabt zu haben scheint; der Alburj liegt an seinem mittägigen Ufer (so verstehe ich Bund. 25, 12 *zraê ferâkhkant pann kuçt nîmrôj kenârak i arburj*, das Meer F. — auf seiner südlichen Seite ist der Rand des A.); der Var Huçrava, der in der Nähe des Caêcaçta liegt (Bund. 56, 6), ist ein Abfluss des Vourukasha (yt. 19, 56; vgl. Wilson 48. Diesen Bestimmungen widerspricht zwar die Angabe, dass der Argrut (Jaxartes) in den Vourukasha fliesse (Bund. 49, 19. es steht nur *zraê* da), nicht, wohl aber die, dass auch der Vehrut (Indus) diess thue; nach Bund. 51, 18 fliesst der Tigris in den *zraê*; nach Bund. 16, 1. entstand er dadurch, dass der himmlische Wind das Wasser einer grossen Fluth, in welcher die Khrafçtras vernichtet werden sollten, an die Enden der Erde blies, und nach Bund. 37, 17. trennt Vourukasha Qaniratha von den ringsum liegenden andern Keshvars; sonach ist klar, dass man an diesen Stellen den rings um die bewohnte Erde gehenden Okeanos anzunehmen hat, weshalb auch Neriosengh *phrâpakarda* durch *kshîrasamudra* erklärt; sein Praedicat *zrayañh*, das er stets in den Texten führt, widerspricht aber dieser Vorstellung, denn *zrayañh* bedeutet nur ein Binnenmeer, einen See, wie z. B. der Kãçava in Sejestan *zrayañh* genannt wird. Ebenso widerspricht der Vorstellung des Okeanos das was Bund. 44, 4. über den dreibeinigen Esel gesagt und dass häufig „die Mitte" des Vourukasha erwähnt wird; nom. *zrayô vourukashem* vd. 5, 69. 21, 15. yt. 19, 58. acc. *zrayô vourukashem* vd. 19, 117. vsp. 8, 19. y. 64, 14. 41, 29. yt. 5, 3. 116. 8, 6. 12, 16. 19, 51. abl. *zrayañhaṭ vourukashâṭ* vd. 5, 5. yt. 8, 23. 13, 65. 19, 57. gen. *zrayañhô vourukashahê* y. 41, 28. yt. 12, 17. 19, 56. loc. *zrayâ vourukashayâ* y. 64, 15. *zraya vourukashaya* yt. 8, 8. (Attribute folgen im gen.).

Hzv. *ferâkhkant* ist eine Uebersetzung von *vourukasha*; parsi *zreh i varkas*.

vourugaoyaoiti (von *vouru* + *g°*) adj., über die weiten Triften herrschend, Beiwort des Mithra, nom. *°gaoyaoitis* yt. 8, 7. 10, 3. acc. *°gaoyaoitîm* vd. 3, 5. 19, 52. vsp. 2, 26. yt. 10, 1. dat. *°gaoyaotêê* vsp. 12, 18. y. 67, 60. yt. 10, 42. gen. *°gaoyaoitôis* vsp. 1, 24. y. 1, 9. yt. 10, 0. voc. *°gaoyaoitê* y. 64, 49. yt. 10, 42.

Skr. *urúgavyûti*.

vourucashan (von *v°* + *c°*) n. das weithin Lehren, dat. *°cashânê* um weithin zu lehren (scheint eine Infinitivbildung zu sein) y. 33, 13.

vourujaresti (von *v°* + *j°*) n. n. pr. des einen nördlichen Karshvare, als dessen Gebieter Bund. 68, 8. Cakhravâk genannt wird; *vourujaresti* vd. 19, 128. yt. 10, 15. *tarô vourubaresti vourujaresti* yt. 10, 133. *upa karsheare yaṭ vourujaresti* yt. 12, 14. plur. dat. (im Dvandva) *arezahêibyô çavahêibyô fradadhafshubyô vîdadhafshubyô vourubarestibyô vourujarestibyô* vsp. 11, 1. 12, 35.

Hzv. *vorâjarst*, np. *vôrjarçt*.

vourudôithra (v. *vouru* + *d°*) adj., grossäugig, nom. f. *ashis vañuhi râtaca vourudôithra* yt. 24, 8.

acc. °*dôithrãm* vd. 19, 123. yt. 2, 7. 8. gen. °*dôithrayâo* yt. 2, 2. 3. S. 1, 3.

vourunemaṅh (von *v°* + 1. *n°*) m. n. pr., gen. °*nemaṅhô* yt. 13, 128.

vourubaresti (von *v°* + *b°*) n. n. pr. des einen nördlichen Karshvare, durch einen hohen Berg von dem andern, Vourujaresti, getrennt; als sein Gebieter wird Bund. 68, 7. Hu.. gaçp genannt; acc. *vourubaresti* vd. 19, 129. yt. 10, 15. *tarô vourubaresti vourujaresti* yt. 10, 133. *upa karshvare yaṭ vourubaresti* yt. 12, 13. plur. dat. (im Dvandva) *arezahêibyô çavahêibyô fradadhafshubyô vîdadhafshubyô vourubarestibyô* vsp. 11, 1. 12, 35.
Hzv. *vorûbarst*, np. *vôrbarçt*.

vourarafnaṅh (von *v°* + *r°*) adj., weithin erfreuend, acc. f. °*rafnahîm* yt. 24, 14. gen. m. °*rafnaṅhô* y. 1, 3. superl. voc. °*rafnôçtema* A. 1, 4.

vouruvâthwa (von *v°* + *v°*) adj., breite Herden (von Volk) weidend, gen. *yimahê* °*vâthwahê* yt. 13, 130.

vouruçaredha (von *v°* + 2. *ç°*) adj., vielartig, voc. f. °*çaredha* (von Ashi, dem personificierten Segen) yt. 17, 7.

vouruçavaṅh (von *v°* + *ç°*) m. n. pr., gen. °*çavaṅhô* yt. 13, 128.

vourusha m. n. pr. eines Berges, nom. *vourushaçca* yt. 19, 5.

voya 1) adj., krank, compar. nom. fem. *voyôtaraca* sehr krank (geht seine Seele (*urva* ist masc.!) in die andre Welt) vd. 13, 22. 2) n. Krankheit, Elend, instr. *voyaca* wegen ihres Elends vd. 13, 24.
Vgl. *âvoya*.

voyathra n. Fülle? *tavâ . . . thwahmî . . . khshathrôi â voyathrâ* das ist in deinem Reiche in Fülle y. 34, 10. Vgl. 3. *vayaṅh?* die Trad. übers. diese (nemlich Ahriman nebst Genossen) möge sie aus deinem Reiche treiben; Haug übers. und das (alles) bewegt sich (von 1. *vî*, Gänge, Dinge, Wesen) in deinem Reiche. Das Wort scheint wie *vaṅhathra* gebildet.

vohu s. *vaṅhu*.
Vgl. *frâyôvohu*.

vohuustra (von *v°* + *ustra*) m. n. pr. des Sohnes des Añkhnaṅha, gen. *vohuustrahê ãkhnaṅhahê* yt. 13, 122.

vohukhshathra adj. n. pr. der mit *vohû khshathrem* beginnenden Gâtha und des dieselbe enthaltenden 50. Capitels des Yaçna, acc. f. *vohukhshathrãm hâitîm yazamaidê* y. 50, Schluss. *vohukhshathrãm gâthãm* y. 50, Schluss. G. 2, 5. vsp. 2, 25. A. 2, 3. *yaṭ açti añtare vohukhshathrãm vahistôistîm* das was zwischen der Gâtha V. und V. ist (das 51. Capitel des Yaçna) vsp. 23, 6. gen. *vohukhshathrayâo gâthayâo* vd. 19, 128. A. 2, 1. y. 50, Schluss.
Hzv. *vehûkhshatr*, in den jüngern Dialecten der 4. Schalttag.

vohugaona (von *v°* + *g°*) 1) adj., wohlfarbig, acc. *paçûm vohugaonem* yt. 8, 58. 2) m. ein wohlriechendes Holz, Räuchermittel, gen. °*gaonahê* vd. 8, 7. 247. 14, 16. 18, 141. plur. gen. °*gaonanãm baoidhinãm* vd. 19, 80. 134.
Hzv. *vehûgûn*.

vohujîti (von *v°* + *j°*) adj., ein gutes Leben führend, voc. m. °*jîti* yt. 23, 1.

vohudâta (von *v°* + 2. *d°*) m. n. pr. des Sohnes des Kâta, gen. *vohudâtahê kâtahê* yt. 13, 124.

vohunazga (von *vohuni* + *zgâ*) m. Name eines Hundes, der abgerichtete Jagdhund, in einer Rivayet *çag i gharîb*, d. i. gelehriger Hund; nom. *çpâ vohunazgô* vd. 5, 96. statt des dat. *çpâ vohunazgô dâityô gâtus* vd. 13, 53. acc. *çpânem yim vohunazgem* vd. 13, 42. plur. gen. *vohunazgãmca* vd. 13, 21. 117.
Hzv. *vehûnazg*, parsi *vôhûnazg*.

vohunavaṅt (von *vohuni*) adj., femina sanguinem habens, nom. f. *nâirika vohunavaiti* vd. 16, 1. acc. *vohunavaitîm* vd. 15, 23. 16, 39. 18, 134. gen. *vohunavaityâo* vd. 16, 11.
Hzv. *khûnômand*.

vohuni f. Blut, acc. *vohunîm* yt. 14, 54. pl. acc. *vohunîs* vd. 16, 21. *vohunîsca* yt. 10, 72.
Vgl. skr. *vasâ;* hzv. parsi, np. buchar. (türkisch) bulb. tâlish *khûn*, afgh. *vînah*, kurd. *khiun*, *khun*, kurm. *khoîn*, zaza *gôén*. — Vgl. *vaṅhutâṭ*.
Vgl. *tacaṭvohuni*.

vohunemaṅh (von *v°* + 1. *n°*) m. n. pr. des Sohnes 1) des Avâraostri, gen. °*nemaṅhô avâraostrôis* yt. 13, 104. 2) des Katu, gen. °*nemaṅhô katéus* yt. 13, 114. 3) des Gaêvani, gen. °*nemaṅhô gaêvanôis* yt. 13, 115.

vohupereça (von *v°* + *pereç*) m. n. pr. des Sohnes des Ainyava, gen. °*pereçahê ainyavahê* yt. 13, 124.

vohufryâna (v. *v°* + *fry°*) m. n. pr. des Feuers, „welches im Leibe befindlich isst und trinkt" (Neriosenghs Glosse zu y. 17, 64) „welches im Leib der Menschen und Thiere ist" (Bund. 40, 3); vgl. Edal Daru bei Wilson p. 200. acc. *âtarem vohufryânem* y. 17, 64.
Hzv. *vehufryân*.

vohumanôrâta (von *vohu manô* + *râta*) n. Darbringung des guten Sinnes, plur. acc. *çrîrâoçca* °*râtaca* vd. 19, 66.

vohuraocaṅh (v. *v°* + *r°*) m. n. pr. des Sohnes 1) des Varakaça, gen. °*raocaṅhô varakaçânahê* yt. 13, 113. 2) des Frânya, gen. °*raocaṅhô frânyêhê* yt. 13, 97.

vohuvarez (v. *v°* + *varez*) adj., gutes wirkend, plur. gen. m. und f. *yaṭ vohuvarezãm ashaonãm yaṭ vohuvarezinãm ashaoninãm* vsp. 12, 30.

vohûkereti (von *vohu* + *k°*) f. ein Räuchermittel, gen. *vohûkeretôis* vd. 8, 7. 247. 14, 6. 18, 141.
Hzv. *vehûkart*.

vohûmad (von *vohu* + *madha*) adj., mit guter Wissenschaft, Weisheit versehn, dat. *vohûmaidê* y. 13, 3. cit. vend. sade 479.

vohvazdaṅh (von *vohu* + 2. *vazdaṅh*) m. n. pr.

eines Sohnes des Katu, gen. *vohvazdaṅhô katéus* yt. 13, 114.

vohvarsta (von *vohu* + *v°*) adj., Wohlthaten erweisend, nom. (ohne Flexion) *vohvarsta nāma ahmi* yt. 15, 44.

vohvaçti (von *vohu* + 1. *açti*) m. n. pr. des Sohnes 1) des Çnaoya, gen. *vohvaçtôis çnaoyêhê* yt. 13, 96. 2) des Pourudhâkhsti, gen. *vohvaçtôis pourudhâkhstayanahê* yt. 13, 112.

vohvâvañṭ (von *vohu* + 2. *avañṭ?*) adj., dem Guten freundlich? Spiegel: das Gute hervorbringend; acc. *mâoṅhem vohvâvañtem* yt. 7, 5.

vãthwa (von 2. *van*) f. Herde, nom. *géus vãthwa* eine Herde Vieh y. 61, 27. vd. 18, 58. yt. 13, 52. acc. *vîryãm vãthwãm* yt. 8, 15. dual. (dvandva) acc. *fshaoni vãthwa* Fettigkeit und Herden yt. 9, 9. *uyê fshaonîca vãthwâca* yt. 5, 26. *fshaoni vãthwa yazamaidê açpinâca yavinô yazamaidê* wir preisen Fett und Herden, wir preisen die Rossweiden yt. 2, 8. dat. *fshaonibya vãthwâbya açpinibya yaonibya* Fett und Herden und die Rossweide yt. 2, 3. S. 1, 7. plur. acc. *hazaṅrem vãthwâo* yt. 18, 5. *vãthwa* vsp. 22, 9. *géusca vãthwa* (lies *vãthwâo?*) yt. 10, 28. gen. *vãthwanãm* A. 1b, 11.
Vergl. *pouruvãthwa*, *pouruçaredhôrîrôv°*, *vazôvãthwya*, *vîrôvãthwa*, *vîçpôv°*, *vouruv°*, *hv°*.

vãthwôdâo (vom vor. + 4. *dâo*) adj., Herden gebend, nom. *vãthwôdâo* yt. 10, 65.

vãthwôfrâdhana (von *vãthwa* + *fr°*) adj., die Herden fördernd, acc. f. *°frâdhanãm* y. 64, 4. yt. 5, 1. 13, 4.

vãthwya (von *vãthwa*) m. Hirte, d. h. über die Herden der Erdvölker herrschend? nom. *bityô vãthwyô* zweitens heisse ich der Hirte yt. 1, 7.

vãç (von *vaç?*) m. Wunsch, hzv. *kâmak*, nom. *yaêshãm nôiṭ hvarstâis vãç duzhvarstâis* deren Wunsch nicht auf gute (sondern) auf böse Thaten gerichtet ist y. 48, 4.
Vielleicht ist skr. *vâñch*, *vâñchati* zu vergleichen.

vya (von 1. *vî*) f. Weg, acc. die ihr Erzieher seid *ashâ vyãm* auf den durch Asha (vorgeschriebenen) Weg? y. 47, 7. *avi vyãn* (lies *vyãm?*) *vitâpem* auf den wasserlosen Weg (entwich die Majestät, welche im Wasser ihren Sitz hat)? yt. 19, 82. pl. loc. *vyâhva* auf ihrem Bildungsgang yt. 13, 11.

vyaṅura (von 1. *gar* + *vî?*) adj, fressend? Spiegel: hässlich; plur. abl. *vyaṅuraêibyaçca* von hässlichen (Thieren reinige er) vd. 14, 71.

vyac, umfassen, vereinigen.
Skr. *vyac*, *vicáti*.

vyaretha (von 1. *vi* + *aretha*) f. 1) Entweihung, gen. *huzañtéus paiti aparayâo vyarethayâo vahistahê aṅhéus* für gute Genossenschaft gegen künftige Entweihung des besten Ortes? (Spiegel) yt. 13, 134. 2) entweihter Ort, plur. loc. *âhva vyarethâhva* an diesen entweihten Plätzen vd. 17, 6. 7.

vyarsvañṭ (von 1. *vi* + *arsvañṭ*) m. n. pr., gen. *vyarsvatô* yt. 13, 109.

vyâkhanya (von *vyâkhna*) adj., versammelnd, pl. nom. *vacô yôi ughra âç vyâkhainê âç* Worte, welche stark sind, versammelnd yt. 14, 46.

vyâkhamô s. *vyakhman*.

vyâkhna Westerg. **vyâkhana** (von *vyac*) 1) m. Versammler, hzv. *anjumanik*, nom. *nâ* ... *vyâkhnô vyâkhamô* der Versammler und der sich zur Versammlung begebende yt. 13, 16. *nairyôçaṅhô vyâkhnô* vd. 22, 38. *nâ vyâkhnô* yt. 13, 52. acc. *vyâkhnem* den vereinigenden yt. 10, 7. 25. 61. *vyâkhnem barâhi* yt. 23, 3. gen. *vyâkhnahê* (vom Feuer Urvâzista) yt. 13, 85. voc. *nairyôçaṅha vyâkhna* vd. 22, 22. 2) n. Versammlung, acc. *avaṭ vyâkhnemca hañjamanemca* G. 2, 8. pl. gen. *yô vyâkhnanãm vyâkhnô* yt. 10, 65. 3) adj., sich versammelnd, eine Versammlung bildend, acc. f. *frazaiñtîm vyâkhnãm* y. 61, 13. gen. f. *frazañtôis vyâkhnayâo* yt. 13, 134. plur. acc. m. *dânavô tûra vyâkhna* yt. 5, 73. gen. *narãm* . . . *vyâkhnanãm* N. 3, 10. yt. 24, 6. 4) m. n. pr. des Vaters des Arshya, gen. *arshyêhê vyâkhnahê* yt. 13, 108.

vyâkhman (von *vyac*) 1) m. der zur Versammlung sich begebende, nom. *nâ vyâkhnô vyâkhamô* (lies *°khemô?*) yt. 13, 16. 2) n. Versammlung, acc. *vyâkhma* in die Versammlung y. 56, 5, 4.

vyâkhmany (verb. denom. vom vor.) eine Versammlung berufen, in der Versammlung berathschlagen, praes. 3. sg. *vyâkhmanyêiti* yt. 8, 15. impf. 3. sg. med. *vyâkhmainyata* er betrachtete yt. 19, 43.

vyâta (von 2. *aṭ?*) m. n. pr. des Vaters des Yaêtusgâo.

vyâtana (vom vor.) m., Sohn des Vyâta, gen. *yaêtusgéus vyâtanahê* yt. 13, 123.

vyâda (von 1. *dâ*) f. Gabe, pl. acc. *paiti vyâdâo* beim Geben (sind) y. 38, 15.

vyâdaibi (von 1. *vi* + *âdaibi*, von *dab*) f. Betruglosigkeit, nom. *vyâdaibisca* y. 59, 2.

vyâdareçu s. *dareç* + *â*.

1. **vyâna** (von *yâ*) 1) adj., durchdringend, verständig, acc. *vyânem* yt. 10, 61. 2) m., Weisheit, loc. *vyânayâ* y. 29, 6.

2. **vyâna** s. 1. *vî*.

vyâni (v. *yâ*) n. Verständniss, Entscheidung, nom. *vyâni* yt. 10, 64.

vyâmbura adj., zerfleischend, Beiwort einer Classe von Daêvas, vgl. Spiegel Av. übers. III, XLVII., welcher skr. *ambhṛṇá* und gr. ὄμβριμος vergleicht; plur. nom. *vyâmbura daêva* yt. 14, 54. 55. 56.

vyâmrvîta s. *mrû*.

vyârayêiti s. 1. *ri*.

vyâreza m. n. pr., gen. *vyârezahê* (Westergaard *varâzahê*) yt. 13, 101.

vyâvañṭ (von *av* + *vi*) adj., kommend, umhergehend, acc. *tistrîm vyâvañtem* yt. 8, 2. *dûrâṭ vyâvañtem* yt. 8, 2. voc. f. *ashi* . . . *vyâvaitê bânubyô* o Ashi, die du aus den Strahlen kommst yt. 17, 6.

vyuça (von 3. *vaṅh*) m. Licht, plur. acc. *vyuçã* yt. 22, 7. 25. 24, 55.
Vgl. skr. *vyúsh*.

vyusti (von 3. *vañh*) f., das Aufleuchten, acc. *ushâoñhô çûrayâo vyustim* (Hss. *vîvaitim*) verm. Westerg. yt. 5, 62.

Skr. *vyùshṭi.*

vyêmi, vyãçca s. 1. *vi.*

vrac, zerreissen.

— *fra*, zerreissen, verwunden, impf. 3. pl. med. *nôiṭ mãm . . . yazatâoñhô . . . fraoreceñta* die Yazatas können mich nicht verwunden yt. 17, 19.

Skr. *vraçc, vṛçcáti.*

vraz, kommen, begünstigen.

Skr. *vraj, vrájati.*

Ç.

çairi (von *çar*) f. Ueberbleibsel beim Glasbrennen, pl. gen. *yavaṭ ahmâi yamanãm paitinãm çairinãm* wie viel einzelner Gläser Ueberbleibsel es gibt vd. 8, 259 (Westerg. 8, 85).

çairima adj., Bezeichnung eines Landes; Frêdûn theilte das Reich seinen 3 Söhnen: Çalm erhielt Syrien und die westlichen Provinzen, Tûr die Gegenden am Oxus und Eraj Khoraçân und den Kern des Reiches; unter Çairima sind also die westlichen Länderstrecken zu verstehn, und damit stimmt z. B. die Angabe des Bund. (51, 17), der Tigris komme von Çarmân und fliesse durch Khujiçtân in den Zraê, und die jene Gegenden noch weiter ausdehnende, Çarn's Länder, d. i. Arûm (Bund. 38 am Rand); dagegen beschränkt die Hzv.-Gl. zu vd. 1, 71. *çarmâi* auf Kirmân. Spiegel (Av. übers. III, 130. Eran 107) stimmt der Annahme bei, die Çairima seien die Sarmaten, Windischmann (Z. St. 229) hält sie für die Solymer; plur. *çairimanãm daqyunãm* yt. 13, 143. *puthrô berethyâṭ çairimanãm* yt. 24, 52.

çairihya (von *çairya?*) m. Unrath, hzv. *çarâçp*, abl. *çairihyaṭ* (Westerg. *çairêhyaṭ*) vd. 7, 83.

çairê s. 1. 2. *çara.*

çairya (v. *çar*) n. die liegen bleibenden Schlacken, gen. *aca hê yâtûm barayen âtryêhê vâ çairyêhê vâ* zu seinem Orte sollen sie bringen von der Asche und von den Schlacken vd. 8, 19.

çairyãs herrschend?

Vgl. *ashaçairyãs.*

çaurva (von *çar*) m. n. pr. eines Daêva, welcher von seinem Gegner Khshathra Vairya am Ende der Welt getödtet werden wird (Bund. 76, 7); acc. *çaurum* vd. 10, 17.

Vgl. skr. *çarvá*, hzv. *çavar, çaval.*

çaêna m. Adler, Greif, weise Vögel, deren verschiedne namhaft gemacht werden; der vornehmste unter ihnen, der als ihr Lehrer gilt, ist der yt. 13, 97 erwähnte Ahûmçtûṭ, der wohl mit dem auf dem Weltbaum im See Vourukasha sitzenden identisch ist; vgl. Bund. 29, 13. 31, 10. Spiegel, H. II, 114. Av. übers. III, LIV. Windischmann Z. St. 93. nom. *çaênô* Anquetil: Sînmorgh yt. 14, 41. gen. *upa avãm vanãm yãm çaênahahê* auf dem Baume des Çaêna (des Amru?) yt. 12, 17 vgl. den Minokhired in Spiegel Parsigr. 172. 198. *çaênahê ahûmçtûtô fravashîm yazamaidê* yt. 13, 97. *zighraos çaênahê* yt. 13, 126. pl. gen. *frôhakafrahê merezishmyêhê çaênanãm* des Fr. (des Sohnes) des M. unter den Çaênas yt. 13, 126. *tirônakathwahê uçpaêstanãm çaênanãm* des T. unter den ausgelernten Çaênas yt. 13, 126.

Skr. *çyená*, hzv. *çîn, çînmru* (Bund. 31, 10 neben einander genannt), parsi *çînamrû*, np. *çîmurgh* (uigurisch *simrukha*, Klaproth 15); vgl. lyk. *Senagorame* (s. *gairi*), tschetsch. *sermikh.*

Vgl. *upairiçaêna.*

1. **çaêni** f. Wipfel, plur. acc. *çaênis marezaṭ urvaranãm* die Wipfel der Bäume berührt er yt. 14, 21.

2. **çaêni** (von *çî*) niederstreckend? n. pr. eines Dämonen, acc. (ohne Flexion) *çaêni janaṭ* yt. 4, 2. instr. *haca çaêni* yt. 4, 4.

çaênya (von 1. *çaêni*) adj., hoch, erhaben.

çaênêkaofa (vom vorigen + *k°*) adj., mit hohen Höckern versehn, plur. nom. *ustrâoñhô °kaofa* yt. 17, 13.

Vgl. *aurvatôçaênêkaofa.*

çaêpa (v. *çif*) m. 1) Bearbeitung, Metallschmelze. 2) Schlag.

Vgl. skr. *çipi?* (Windischmann Voc.), Roth, Nir. Erl. 60.

Vgl. *ayôçaêpa*, *crezatôç°*, *zaranyôç°*, *vaêç°*, *haoçafnaênôç°.*

1. **çaoka** (von *çu*) 1) n. Nutzen, instr. *çaoka* yt. 14, 3. dat. *ahmâi çaokâi* yt. 16, 3. plur. acc. *uyê îstîsca çaokâca* beides Güter und Nutzen yt. 5, 26. 2) f. n. pr. eines Genius des Gedeihens, über dessen Beziehung zum Rind Çarçaok des Bundehesh Windischmann Z. St. 253 zu vgl. ist; acc. *çaokãm* vd. 19, 123. yt. 2, 7. *çaokãmca* yt. 13, 42. ohne Flexion: *yazâi çaoka vañuhi* vd. 22, 9. gen. *çaokayâo* yt. 2, 2. S. 1, 3. voc. *nemô çaokê mazdadhâitê* yt. 1, 21. statt des dat. oder instr. *hathra çaokê mazdadhâitê* yt. 12, 4.

Hzv. *çôk.* — Vgl. *qâçaoka*, *khshathrôç°*, *dâtôç°*, *verezic°.*

2. **çaoka** (von *çuc*) m. Brand, brennender Stoff.

Vgl. *âtareçaoka.*

çaokavañṭ (von 1. *çaoka*) adj., Nutzen bringend, acc. *mâoñhem çaokavañtem* yt. 7, 5. *çaokavañtem barâhi yatha mâoñhem* yt. 24, 4. superl. nom. *çaoka ahmi çaokavaçtemô* yt. 14, 3.

çaokeñta (von *çuc*) 1) adj. brennend. 2) m. n. pr. eines Berges, acc. *çaokeñtem gairîm mazdadhâtem* Fr. 5, 2. N. 1, 8. gen. *çaokeñtahé garôis mazdadhâtahé* Fr. 5, 1.

çaokeñtavañt (vom vor.) adj., heiss, acc. f. *âpem çaokeñtavaitîm* vd. 4, 155.

çaoca (von *çuc*) m. 1) Brand, loc. *çaocê buyê* sei in Brand y. 61, 7. 2) Brennen zum Zaubern, Sudkunst, *çaoca ?* yt. 4, 8. loc. *çaocayaca kerenavañtem* Sudkunst, Zauberei treibend yt. 22, 13. 24, 37.

Vgl. *ñatçaoca.*

çaoci (von *çuc*) m. Brand, Glanz, nom. *çaoci nãma ahmi* yt. 15, 47.

Vgl. skr. *çocis.*

çaocinavañt (vom vor.?) adj., brennend, acc. *çaocinavañtem bavâhi yatha âtarem* yt. 23, 6.

çaora (vgl. 2. *çûra*) m. Klinge.

Vgl. *zaranyôçaora.*

çaoçuuci ? *yaṭ ahmi ava* (Westerg. *yaṭ hama avi*) *nôiṭ aoshem nadhô çaoçuncayô* Cit. der Hzv.-Gl. zu vd. 8, 236. (Westerg. 8, 74).

çaoshya (von *çukhsh*) adj., leuchtend.

Vgl. *huçaoshya.*

çaoshyañt (partic. von *çush*) 1) adj., nützlich, nom. *çaoskyãç* (Trad. der nützliche Mensch) y. 47, 9. acc. *çaoshyañtem* yt. 24, 15. plur. nom. *çaoshyañtô daqyunãm* die der Gegend nützenden vsp. 12, 29. y. 69, 13. 47, 12. *yôi mãthrem çaoshyañtô* die dem heiligen Wort nützenden vsp. 2, 10. dat. *çaoshyañtaêibyô* (Thema °*yañta*) Westerg. °*taêbyô* y. 20, 6. gen. *çaoshyañtãm* y. 13, 24. *ahmâkem . . . yaṭ çaoshyañtãm ashaonãm* unsrer, der nützlichen reinen vsp. 6, 4. *ahmâkem çaoshyañtãm yaṭ bipaitistanãm ashaonãm* yt. 11, 17. 22. *çuyamnanãmca çaoshyañtãmca* für die, denen genützt wird und für die nützenden y. 54, 17. voc. *çaoshyañtô* y. 60, 16. 2) m. n. pr. des zukünftigen Heilandes, des Sohnes der jungfräulichen Eredaṭfedhri, welche von dem im See Kãçava aufbewahrten Saamen des Zarathustra befruchtet wird; er erscheint am Ende der Welt und hat die Bestimmung mit seinen Genossen, 15 Männern und 15 Frauen, die durch Sünde und Verwesung befleckte Welt neu und die Leiber der Todten lebendig zu machen, vgl. Spiegel Av. übers. III, LXXV. Renan, vie de Jésus 143. und die treffliche Abhandlung Windischmanns Mithra 78 ff. nom. *çaoshyãç* vd. 19, 18. yt. 24, 30. 13, 129. acc. *çaoshyañtem verethrâjanem* y. 58, 3. abl. *â çaoshyañtâṭ verethraghnaṭ* bis auf den siegreichen Ç. y. 26, 33. yt. 13, 145. plur. nom. *çaoshyañtô* die Genossen des Çôçiosh Fr. 4, 1. yt. 13, 38. *avi mãm çtaomainê çtûidhi yatha mâ aparaciṭ çaoshyañtô çtavãn* rufe mich an mit Lob, wie mich die künftigen Retter anrufen werden y. 9, 8. acc. *çaoskyañtô* y. 52, 2. *çaoshyañtaçca* vsp. 3, 26. *çaoshyañtaçcâ* y. 14, 8. *çaoshyañtô dêñg* zu den weisen Rettern (gelangt er) y. 44, 11. gen. *çaoshyañtãm* vsp. 12, 16. 21. y. 34, 13. 45, 3. yt. 13, 17. 74. 17, 2. 19, 22. *çaoshyañtãmca* vsp. 25, 1. *çaoshyañtãm* (lies *çaoshyañtem*, acc. sg.) yt. 19, 89.

Hzv. *çôçiôsh*, parsi *çaosyôs.*

çaq lehren, pot. (2. Classe) oder impf. conj. (4. Classe) 3. sg. *çaqyâṭ* möge (mich) belehren y. 43, 1.

— *paiti*, wiederholt, fortwährend aufs neue lehren, pot. oder conj. impf. 3. sg. *yãm hudânaos paitisçaqyâṭ khshathrahyâ* welches (Gesetz) man immer lehrt in dem weisen (in des Weisen) Reich y. 43, 9.

çaqâre (vom vor.) n. Wort, plur. acc. *mazdâo çaqâré mairistô* Mazda erinnert sich am meisten der Worte (die Trad. findet eine Anspielung auf das Abrechnen der guten und bösen Thaten) y. 29, 4.

çakhta (von 3. *çac ?*) bereitet, gerüstet? in *qaniçakhta;* Windischmann trennt dieses Wort in *qa* und *niçakhta* selbstbefestigt, Westerg. verm. *qainithakhtem*, was wohl am besten ist.

çakhsh (Fortbildung von 1. *çac* durch *sh*) lernen, praes. 2. pl. *cashathâ* lernet y. 30, 11. partic. praes. nom. *çakhshãç* (Westerg. *çaskãç*) y. 19, 26. acc. *çakhsheñtem* yt. 24, 52. med. pl. nom. *çakhshemna* lernend y. 51, 21.

— *â*, lernen, impf. 3. sg. *âçakhshaṭ çakhshãç* es lerne der lernende y. 19, 26.

çakhsha (vom vor.) adj., zu lernendes, acc. *çakhshemca* y. 19, 27.

1. **çañh**, sprechen, nennen, befehlen, praes. 3. sg. *çaçti* er befehligt y. 30, 8. med. *çaçté* gebietet y. 45, 12. *âthrava çañhaité* er nennt sich einen Athrava vd. 18, 3. pot. 2. sg. act. *çañhôis* vd. 22, 23. imper. 1. sg. *çañhâni* yt. 24, 13. impf. 3. sg. *çañhaṭ* vd. 22, 23. partic. perf. pass. *çaçta* (s. besonders), infin. *çazdyâi* (s. besonders).

— *aiwi*, schelten, anfahren, partic. perf. pass. nom. *yaṭ bavâni aiwiçaçtô* wenn ich gescholten, beleidigt werde yt. 14, 34.

— *paiti*, beschwören, verwünschen, praes. 1. sg. *paitiçañhâmi* ich verwünsche vd. 20, 19. pot. 2. sg. med. *paitiçañhaêsa* (mit der Feder) beschwöre yt. 14, 35.

— *fra*, belehren, partic. praes. acc. f. *âfraçañhaitîm* y. 51, 4.

Skr. *ças, çañsati*, altp. *thah.*

2. **çañh** (vom vor.) f. Lehre, gen. *çañhaçca paiti huçaçtayâo* für wohlgelehrte Lehren yt. 13, 133.

çañha (von 1. *çañh*) m. Wort, acc. *çañhemciṭ anu* dem Wort gemäss yt. 10, 138. dat. *yô narem ashavanem anyôcarenâi . . kaçyañhê çañhâi dadhâiti* wenn einer einen reinen Mann bei einem andersgläubigen verkleinert vd. 15, 6.

Skr. *çañsâ.*

Vgl. *çêñha, dusçañha, nairyôç°.*

çañhvañt (von 2. *çañh*) adj., lehrend, plur. fem. *gaêthâo . . . yâo ashahê çañuhaitîs* die Welten, welche Reinheit lehren yt. 19, 12.

1. **çac**, geben, lernen, imper. 3. plur. *hôi çcañtû* sie mögen von ihm lernen y. 52, 2. perf. partic. superl. voc. *çaçakustema* o gelehrtester (im Reinen) A. 1, 4. causale impf. 3. sg. *çâcayaṭ* (s. *çuc*); partic. *çâcayañt* (s. besonders), acc. *çâcayañtem* yt. 24, 52.

med. plur. nom. *çâcayamna* y. 54, 21. desider. partic. praes. *çikhshañt* (s. besonders).

— *aiwi*, geben, darbringen, pot. 3. plur. *aiwiçacyâres yaçnem* yt. 8, 56.

— *anu*, empfangen (von Frauen), partic. perf. med. acc. f. *anuçakhtãm* vd. 15, 26.

Skr. *çak, çaknóti*, hzv. parsi np. *çâkhtan*.

2. **çac**, vorübergehn, praes. conj. 3. sg. med. *çacâitê* vd. 6, 90. 3. plur. *vîçpem â ahmâț yaț nava khshafna çacâoñtê* bis dass 9 Nächte vorübergegangen sind vd. 19, 79. 9, 135. *yaț thrâyô khshafna çacâoñtê* vd. 16, 21.

— *fra*, vorübergehn, sterben, praes. 3. pl. med. *frâ hama caciñtê* die Sommer gehn vorüber vd. 5, 34. partic. perf. med. gen. *fraçakhtahê* mortui vd. 19, 90.

Hzv. *çâkhtan, çacîtan*.

3. **çac**, geziemen, praes. 3. sg. *tê çacaiti* es ziemt dir vd. 18, 40.

Vgl. hzv. *çajak*, parsi *çazhet, çazeț*, np. *çazîdan*, armen. *patshaj*.

çaci (von 1. *çac*, in der Bedeutung von *aiwi-çac*) adj., verleumderisch, nom. *mâ çacis* (Westerg. *maçacis*) yt. 5, 92.

çazdyâi (infinitiv. von 1. *çanh*) das Belehren, *ahmâi nê çazdyâi baodañtô paitî* zu unsrer Belehrung mögen da sein die es verstehn y. 30, 2. *athâ nê çazdyâi ustâ* auch uns — Heil uns! — möge man lehren y. 50, 16.

çata (von *daçan*) adj. numer., subst. n., hundert, das Hundert, sing. nom. *çatem* vd. 5, 84. yt. 10, 2. *histeñti yazatâonhô çatemca hazanremca* die Yazatas stehen zu hundert und tausend da yt. 6, 1. acc. *çatem* vd. 8, 261. zu hunderten yt. 14, 37. *çatem ashôçtûitinãm* ein Hundert reiner Gebete vd. 19, 73. *çatem paitistanãm* um hundert Stätten (mehrt er das Gesetz) vd. 3, 102. *çatem paiti gâthanãm* es gilt für 100 Gâthas y. 19, 7. *cithremca çatemca* yt. 19, 12. loc. *çatê aojô* hundertfach mit Kraft, d. h. mit hundert Kräften yt. 10, 106. *yazata çatêê* (dat. eines Thema *çaiti?*) *açpanãm hazanrê gavãm baêvare anumayanãm* er opferte mit 100 Rossen 1000 Rindern 10000 Stück Kleinvieh yt. 5, 21. 25. dual. nom. f. *duyaêca çaitê* yt. 19, 7. acc. *duyê çaitê* vd. 4, 69. 16, 28. plur. nom. *asta çata* 800 yt. 9, 30. acc. *tisharô çata* 300 vd. 2, 90. 4. 38. *cathwârô çata* 400 vd. 6, 44. *pañca çata* 500 vd. 3, 125. *khshvas çata* 600 vd. 2, 90. 4, 41. *hapta çata* 700 vd. 4, 44. 13, 41. *asta çata* 800 vd. 4, 47. 13, 38. *nava çata* 900 vd. 4, 50. *navaca çata* vd. 22, 6. yt. 13, 59. 60. instr. *çatâisca* vsp. 9, 3. *çatâis çatôtemôçata* yt. 24, 19. *thris çatâis* mit 300 (Strafen) vd. 4, 25. *khshvas çatâis* vd. 4, 27. *hapta çatâis* vd. 4, 29. *asta çatâis* vd. 4, 31. *nava çatâis* vd. 4, 33.

Skr. *çatá*, altp. vgl. *Σατάσπης*, hzv. *çat*, parsi *çaț*, np. buchar. *sad*, serg. *sezedtaze*, afgh. *çil*, bal. *çath*, kurd. *çád, çot*, zaza *çet, çe*, dig. *çade, çäde*.

Vgl. *khshvasçatôzima, thriçatôzima, navaçatôzima, pouruçata*.

çataghna (vom vor. + *ghna*) n. Tödtung von Hunderten, plur. instr. und sing. dat. *pañcaçaghnâi çataghnâisca çataghnâi hazanraghnâisca* vd. 7, 137. 139. yt. 5, 54. 58. 117. 10, 43. 13, 48. s. *ahãkhstaghna*.

çatafstâna (von *çata* + *fst°*) adj., mit hundert Knoten versehn; acc. *vazrem çatafstânem* yt. 10, 96. statt des nom. yt. 10, 132.

çatayâre (von *ç°* + *y°*) n. 100 Jahre, acc. *çatayâre* yt. 24, 45.

çatavaêça (von *çata* + *vaêça?*), m. n. pr. eines Sternes (Abendsternes?) welcher das westliche Sternheer anführt und speciell der Gegner des Planeten Anâhit (Venus) ist (Bund. 12, 20); er erscheint als Gehülfe des Tistrya beim Bewerkstelligen des Regens; nom. *çatavaêçô* yt. 8, 9. 32. 13, 44. ohne Flexion *çatavaêça* yt. 24, 38. acc. *çatavaêçem* S. 2, 13. *tâo harezañti çatavaêçem* yt. 13, 43. gen. *çatavaêçahê* yt. 8, 0. 62. S. 1, 13.

Hzv. *çatvêç* (auch Name eines Var Bund. 26, 17. 56, 7).

çatavañț (von *çata*) adj., hundertfältig, hundertartig, instr. *çatavata çatêvata utavata utêvata* hundertfach und darüber hinaus? yt. 2, 15. plur. gen. f. *çatavaitinãm* vd. 5, 60.

çatâyu (von *çata* + *âyu* affixartig) adj., hundertfach, nom. *çatâyus* yt. 10, 117.

Skr. vgl. *çatâyus*.

çatêmaçyâo (v. *çata* + *m°*) adj., 100 mal grösser, nom. *âçnô khratus çatêmaçyâo* der himmlische Verstand, welcher 100 mal grösser ist (als irdischer) yt. 10, 107.

çatôaêthrya (v. *çata* + *aê°*) adj., hundert Schüler habend, nom. *çaênahê ahûmçtûtô ... yô paoiryô çatôaêthryô frakhstata paiti âya zemâ* des Greifen Ahûmçtuț, welcher zuerst mit 100 Schülern auf der Erde einhergieng yt. 13, 97.

çatôkara (von *çata* + 1. *k°*) adj., hundertfach thätig, gen. *maêshahê . . . yaț varshnôis çatôkarahê* yt. 17, 56.

çatôzaya (v. *çata* + *zaya*) adj., mit hunderterlei Waffen versehn, plur. fem. *°zayâo* yt. 13, 37.

çatôtemôçata (von *çatôtema*, superlat. von *çata* + *ç°*) adj., zu hunderten und hundertmal hunderten? yt. 24, 19.

çatôdâra (von *çata* + *d°*) hundertschneidig, acc. *vazrem °dârem* yt. 10, 96. statt des nom. yt. 10, 132

Skr. *çatádhâra*.

çatôraocana (von *çata* + *r°*) adj., durch 100 Fenster erleuchtet, nom. n. *°raocanem* yt. 5, 101.

çatôvîra (von *çata* + *v°*) n. 100 Männer, nom. *°vîrem* vd. 4, 150.

çatôçtaranha (von *çata* + *çtare*) adj., mit 100 Sternchen verziert, acc. f. *puçãm çatôçtaranhãm* yt. 5, 128.

çatôçtûna (von *çata* + *çt°*) adj., auf 100 Säulen ruhend, acc. n. *°çtûnem* vd. 18, 66.

1. **çad**, 1) kommen, praes. 1. sg. *çadhayêmi* yt. 22, 12. 2. sg. *çadhayêhi* yt. 22, 11. 23, 1. 3. sg. *çadhayêiti* yt. 22, 7. 24, 55. *avaderenãu çadayêiti* er kommt zum Entreissen, entreisst vd. 18, 45. impersonell: *zafare tafçãu aya maçô hãmurriçyâonhô ça-*

dayêiti im Rachen werden sie warm dadurch (scil. *ghñda*) so gross (in dem Grade) dass sie zerfliessend kommen, gleichsam: dass es ihnen passiert, dass sie zerfliessen vd. 3, 110. impf. 2. sg. med. *çadayañha* komm (auf die Rede hin, hzv. übers. sei zufrieden) vsp. 9, 1. impf. conj. 3. sg. *çadhayâț* vd. 2, 59. 2) gehn, verlassen, fallen, praes. 3. sg. *naêdha cim ghenăm çadayêiti* keineswegs verlässt (endet) er das Morden yt. 10, 71. impf. 3. plur. *çaidhin* fallen yt. 14, 56.

— *ari*, bewerkstelligen, intens. impf. conj. 3. sg. *pairithnem arihiçidhyâț* sie würde wiederholt Kampf bewerkstelligen yt. 8, 54.

— *â*, anfallen, impf. 3. sg. *açadayaț* vd. 9, 187.

— *paiti*, fallen? *tê paiti çadhrê hamarathanăm çatâis çatôtemôçata* vor dir fallen die Feinde zu hunderten und hundertmal hunderten? yt. 24, 19.

Skr. *çad*, *çâdate*, altp. *thad*.

2. **çad**, auszeichnen, schmücken, spenden.

Skr. *çad* (Roth Nir. Erl. 83.).

çadha (v. 1. *çad*) m. Gang, loc. *bakereț irikhtahê çadhayaca* (Westerg. *çad°*) einmal im Hervorkommen und Gehen (erscheinen Mond und Sonne) vd. 2, 132.

çadhanañh m. n. pr. des Vaters des Ustra, gen. *ustrahê çadhanañhô* yt. 13, 115.

çan, zerstören.

Altp. *viçanâhy* (zerstöre, Behiçtân IV, 71).

çanaka (vom vor.) m. Steppe, loc. *çanakê* yt. 10, 104. 12, 19.

çanaț s. *çin*.

çafa m. 1) Horn, harte Erdart, acc. *çafem vâ . . . kămciț vâ khraozhdugmanăm*, hzv. übers. *khumb*, also Thon? vd. 9, 30. 2) Huf, pl. nom. *çafâoñhô* y. 56, 11, 3.

Skr. *çaphá*, hzv. bal. *çumb*, np. *çum*, *çunb*, buchar. *çümb*, afgh. *çrab*, armen. *çmbak*.

Vgl. *paraçafa*, *perethuç°*.

çam (vgl. *tham*), beruhigen.

Skr. *çam*, *çámyati*, vgl. afgh. *çamaral*.

çay° s. *çî*.

çar, hinwerfen, zerbrechen, verletzen; partic. perf. pass. *çareta* (s. besonders).

Skr. *çar*, *çrnăti*, altp. *açariyata* (interfectus est, Behiçtân III, 91).

1. **çara** (von *çri?*) m. 1) Haupt des Körpers, pl. loc. *çarahu* (Thema *çarañh*) yt. 10, 40. 2) Herrschaft, acc. *çarem* y. 13, 14. 41, 17. 48, 9. *tavacâ çarem* unter deine Herrschaft y. 7, 64. loc. *ashahyâ çairê* in der Herrschaft des Reinen y. 35. 22. *çarôi bâzhdyâi* damit in Herrschaft seien y. 43, 17. 3) Herrscher, nom. *qâpaithyâț khshathrahyâ çarô* der das Haupt seines Reiches ist y. 31, 21. acc. *çarêm* den Eheherrn y. 52, 3. *çarêm* als Herrn y. 48, 8.

Vgl. skr. *çíras*, hzv. *çar*, *çan°* (*çandâr*, np. *çardâr*), parsi np. afgh. bal. armen. dig. *çar*, tâlish *çâ*, *çeh*, maz. *çerreh*, buchar. zaza, bulb. kurm. *çer*, kurd. *çari*, tag. *çâr*.

Vgl. *çâra*, *ashaçara*, *urvîçara*.

2. **çara** (von *çar*) adj., liegend, der niedere; die Hzv.-Uebers. gibt es durch *shekabâniț*, der Minokhired durch *azêr* (np. *zîr*) wieder, vgl. Spiegel Interpr. 17. loc. neutr. *yaț bâ paiti fraêstem çairê nikañtê çpânaca iriçta* wo am meisten in Eingrabung (eingegraben sind) todte Hunde (*çairê* verstärkt *ni* in *nikañtê*) vd. 3, 27. vgl. vd. 3, 40. *ċvañtem drâjô zrvânem çairê mashyêhê iriçtahê zemê nidhâitê . . . zemô baraiñti* in wie langer Zeit ist bei Niederlegung eines todten Menschen in die Erde die Erde wieder rein vd. 7, 122. vgl. vd. 7, 126. *çairê . . . zemê nikañtê* vd. 7, 124. *yêzi taț frajaçâț añtare çairê varezânê* wenn nun (das Mädchen) in die Niedermachung (in die Wochen) kommt vd. 15, 54. 61. Im Deutschen ist es schwierig, das adjectivum genau zu übersetzen; der Gebrauch von skr. *ádhara* in der Stelle *índro yó dásyûñr ádharâñ avâtirat* Rigveda 1, 101, 5. ist ganz ähnlich.

çaraçc° s. *çraçc°*.

çare (vgl. 1. *çara*) n. Herrschaft, hzv. *çandârish*, acc. *vañhêus çarê izyâ manañhô* y. 48, 3.

çarejan (von 1. *çara?*) m. Herr, nom. *çarejâ* y. 29, 3.

1. **çareta** (von *çar*) adj., kalt, plur. nom. *çareta* vd. 1, 10.

Skr. vgl. *çiçirá*, hzv. *çart*, parsi *çarț*, np. *çard*, buchar. vgl. *çermâ*, afgh. *çâṛ*, *çâṛuk*, bal. *çâdth*, kurm. *çerd*, *çara*, kurm. *çâr*, arm. *tsourt*, oss. *çald*.

2. **çareta** (partic. perf. pass. von *çar*) verletzt.

Vgl. *açareta*.

çaredana f. Verbreitung, hzv. *guftâr*, plur. acc. *uzireidyâi azêm çaredanâo çêñhahyâ* will ich aufmuntern zur Verbreitung der Lehre y. 42, 14.

Vgl. skr. *çárdha*, *çárdhas?* (vgl. 2. *çaredha*).

1. **çaredha** (von *çar*) m. 1) Jahr, acc. *paçca pañcadaçîm çaredhem* vd. 14, 66. 18, 115. gen. *çaredhahê mâoñhô* des Jahres, des Monats? Fr. 8, 1. pl. acc. *hapta çaredha* vd. 15, 125. gen. *paçca pañcâçatem çaredhăm* vd. 7, 125. 2) Jahresgenius, Genien der Jahresfeste, acc. *maidhyâirîm çaredhem* vsp. 2, 1. gen. *maidhyâiryêhê çaredhahê* vsp. 1, 6. pl. acc. *çaredha* vsp. 2, 12. y. 2, 41. yt. 2, 8. 4, 0. dat. *çaredhaêibyô* vsp. 1, 11. y. 1. 32. 3, 46. yt. 2, 3. gen. *çaredhanăm* y. 1, 46. A. 1, 1.

Skr. *çarád* (vgl. Weber I. St. 1, 88), hzv. parsi np. bal. (brahvi) afgh. kurm. kurd. *çâl*, buchar. *âçl*, *çâl°*, zaza *çêr*, kurd. vgl. *imçâr* (heuer), lydisch *σάρδιν*, armen. *nava-çard* (Müller, Beitr. zur arm. Lautl. IV, 14), südoss. *çard*, dig, *çärdä*, tag. *çârd*.

2. **çaredha** m. Art, plur. nom. *çaredha* vd. 5, 60. gen. *çaredhanăm* yt. 13, 12. *vîçpanăm çaredhanăm* vd. 2, 72. *adha aêtaêshăm yôi gêus çaredhanăm* ebenso von den Arten der Thiere vd. 2, 135.

Skr. *çárdhas*, altpers. *tharda*, hzv. *çartak*, parsi *çarda*, np. (in den Rivayet) *çardah*, armen. *çerh*.

Vergl. *aêrôçaredhôfyaêsta*, *ashaçaredha*, *pouruç°*, *vîçpôç°*, *vouruç°*.

çaredhya (von 1. *çara*) adj., zur Herrschaft gehörig, herrschend, nom. *çaredhyô vâkhs* Fr. 9, 1. dual. gen. *aț tôi mazdâ têm mainyûm ashaokhshayañtâo çaredyayâo* möge dir, o Mazda, durch diesen himmlischen (Vohumanô) in beiden sehr wachsenden Herrschaften (neutr., nemlich über die geistige und bekörperte Schöpfung?) kommen (Glanz) y. 33, 9. Der Satz ist sehr schwierig; im Ganzen habe ich nach der Trad. übersetzt, habe jedoch den ersten mit dem zweiten Vers verbunden und aus diesem *baretâ* als Prädicat herbeigezogen.

çava (v. *çu*) n. Nutzen, loc. *çavôi* im, zum Nutzen y. 42, 12. plur. nom. *çavaçâ* (sie sind) ein Nutzen y. 30, 11. acc. *çava asharabyô yazamaidê* was den Reinen nützt, preisen wir vsp. 15, 3. *yêhyâ çavâ ishâoñti* dessen Nutzen sie verlangen y. 7, 58. *thwâ çavâ* in Bezug auf deinen Nutzen y. 43, 12. *çavâ* y. 44, 7. instr. *tâ . . . çavâis* dieses mit Nutzen y. 50, 15. *tôi çavâis vahmem* dein mit Nutzen (verbundnes) Lob y. 47, 1.

çavañh (von *çu*) n. Nutzen, nom. *çavô* y. 34, 3. nom. oder acc. (hinter dem Verbum) *çavaçça* y. 59, 2. acc. *çavô* y. 2, 57. 50, 20. gen. *çavañhô* y. 1, 43. 3, 57. 42, 3. yt. 17, 62. zum Nutzen vsp. 12, 25. N. 5, 5. von dem Nutzen (gib mir) y. 50, 2. *çavañhô . . . khshnaothra* yt. 17, 0. pl. gen. *çavañhãm* über das nützliche y. 28, 9.

Skr. (vedisch) *çávas*.

Vgl. *ashaçavañh*, *âtareç°*, *frathaçvañh*, *bereziçavañh*, *vereziç°*, *vouruç°*.

çavañhañt (vom vor.) adj., nützend, plur. acc. f. *vîçpâo dâmãn çavañhaitis* vd. 19, 124. vend. sade 489. superl. *çevista* (s. besonders).

çavañhava (von *çavañh*) adj., nützend, plur. acc. *çavañhavâca erenavâca* yt. 5, 34.

çavayô s. *çu*.

çavahê (Westerg. **çavahi**) (von *çavañh?*) n. n. pr. des östlichen Karshvare, als dessen Gebieter Bund. 68, 5. Haozarô dathafriânâ (vgl. *hvâzâra*) genannt wird, acc. *çavahê* vd. 19, 128. yt. 10, 15. *tarô arezahê çavahê* yt. 10, 133. *upa karshvare çavahê* yt. 12, 10. plur. dat. (im dvandva) *arezahêibyô çavahêibyô* vsp. 11, 1. 12, 35.

Hzv. parsi *çavahê*, np. *shaveh*.

çavôgaêtha (von *çavañh* + *g°*) adj., nützliche Welt habend, der Welt nützend, acc. f. *daênãm çavôgaêthãm* vsp. 8, 11. gen. *arstâtô çavôgaêthayâo* yt. 11, 16.

çaçakustema s. 1. *çac*.

çaçta (partic. perf. pass. v. 1. *çañh*) wohlgelehrt. Vgl. *huçaçta*.

çaçti (von 1. *çañh*) f. 1) Wort, acc. *çaçtîm baraiti* er spricht y. 61, 18. 2) Vorschrift, instr. *çaçtica* nach Vorschrift y. 16, 1. vsp. 7, 1.

Vgl. *dañhuçaçti*, *dusç°*.

çaçtra (von 1. *çañh*) n. Lob, dat. *çaçtrâi* yt. 10, 138. (persönlich gefasst: Lobpreiser).

çash s. *çakhsh*.

çaska (von *çakhsh*) m. Schüler, plur. acc. *yaêcâ hôi daben çaskãcâ daênayâo . . . vkhdhâ skyaothanâcâ* (das beste Heil) für die Schüler, welche ihn (den Ahriman) betrügen durch Wort und Werk nach dem Gesetz? y. 52, 1.

çâ schneiden, vernichten, aor. imper. 2. pl. med. *çâzdûm* vernichtet sie y. 31, 18.

— *ava*, beschädigen, vernichten, impf. conj. *yatha nôiṭ taṭ paiti karetô . . . avaçyâṭ* sodass ihn kein Messer vernichtet yt. 13, 72. *nôiṭ avaçyâṭ* nicht wird (ihn) beschädigen yt. 1, 18.

— *paiti*, 1) vertreiben, imper. 2. pl. med. *paitî . . . paitiçyôdûm* y. 47, 7. 2) zufrieden sein, wünschen (vgl. 1. *khshnu*) aor. 1. plur. *kaṭ sâiti paitiçâma* was sollen wir mit Freude wünschen yt. 17, 10.

— *fra*, treffen, impf. conj. 3. sg. *nôiṭ mâ âthris . . . frôçyâṭ* nicht wird ihn meine Strafe treffen y. 45, 8.

Skr. *çâ*, *çyáti*.

çâizhdri (von *çâyuzhdri*) m. Sohn des Çâyuzhdri, gen. *asharazdañhô* [*çâizhdrôis ashaonô fravashîm yazamaidê*] *thritahê çâizhdrôis ashaonô fravashîm yazamaidê* yt. 13, 113. Die Klammer ist von Westergaard ergänzt.

çâini adj., Name eines Landes, nach Anquetil des der Soanes, welche nach Strabo zwischen dem schwarzen und kaspischen Meer wohnen; Ptolemaeus erwähnt einen Fluss Soana in Albanien, der in das kaspische Meer fliesst. Besser ist wohl die Stadt Çân herbeizuziehen, welche nach den pers. Lexicographen in Bactrien oder Kabulistan liegt; Windischmann irrt, wenn er in Çâini den Namen der Chinesen erblickt (vgl. Göttinger gel. Anzeigen 1864. p. 114); pl. gen. f. *çâininãm daqyunãm* yt. 13, 144.

çâiribaogha (von *çairi?* + *buj*) adj., Schmutz reinigend, acc. *haomem °baoghem* yt. 14, 57. Spiegel liest *°baghem* (von 1. *çara* + 2. *b°*) und übers. den Haoma, den Hauptteil.

çâirivâo m. n. pr. eines Berges, nom. *çâirivâoçca* yt. 19, 4.

çâuru (von *çar*) m. n. pr. eines Daêva, nom. *çâuru daêvô* vend. sade 490 (Westerg. vd. 19, 43).

çâoñha (von *çâñh*) m. n. pr. des Vaters des Bâoñha, gen. *bâoñhahê çâoñhahê* yt. 13, 124.

çâqêni (von *çaq*) n. Wort, plur. acc. *çâqênî* y. 52, 5.

Vgl. hzv. parsi *çakhun*, np. *çukhun*.

çâñh (vgl. 1. *çañh* und *çêñgh*) lehren, praes. 3. sg. *çâçtî* lehrt y. 47, 3. pot. *çâhîṭ* y. 49, 6. imper. 3. sg. *frô mâ çâçtû* er belehre mich y. 44, 6. impf. 3. sg. med. *çâçta* yt. 14, 13. partic. perf. pass. *çâçta* (s. besonders).

— *fra*, lehren, partic. perf. pass. *fraçâçta* (s. besonders).

— *hãm*, befehlen, partic. perf. pass. *hãmçâçta* (s. besonders).

Skr. *çâs*, *çâsti*.

çâcayañt (partic. praes. caus. von 1. *çac*) lehrend. Vgl. *açâcayañt*.

çâtar (von *çâ*) m. Tyrann, feindliches Wesen, gen. *çâthraçciṭ . . . kameredhôjanô* ihm der des Tyrannen Schädel zerschlägt yt. 10, 109. plur. gen. *çâthrãm* y. 9, 61. yt. 1, 10. 5, 13. 10, 34. 13, 135.

çâdra (von 1. *çad*) 1) f. Beengung. Schwierigkeit, nom. *çâdrâ* vsp. 21, 4. *nerãç çâdrâ dregratô* eine Beengung der schlechten Menschen y. 44, 7. cit. G. 3, 6 (wo *nars*). *çâdrâ . . . zarazdâitis* dass eine Schwierigkeit ist die Verbreitung (des Gesetzes) y. 42, 11. 2) n., Leid, Wehe, nom. *çâdrem ahmâi nairê* Wehe dem Manne yt. 10, 138. *çâdrem mê* Wehe mir (ich bin verloren) yt. 8, 23. acc. *çâdrem urvistremca nimrûitê* yt. 8, 23. plur. acc. *açpêncîṭ çâdrâcîṭ* in Leid und Wehe (trotz L. und W.) y. 34, 7.

çâna (von *çâ*) m. Vernichtung, acc. *tem janâṭ* (lies *janaṭ?*) . . . *ava apanem gayêhê çânem ustânahê* er schlug ihn zur Zerstörung des Lebens, zur Vernichtung der Lebenskraft yt. 19, 44.

Das entsprechende Skr. *çâṇa* hat eine andre Bedeutung.

1. **çâma** (von *çam*) beruhigend, heilend, n. pr. eines von Yima stammenden Heldengeschlechtes, welches in Sejeçtân seinen Sitz hat und von dem im Avesta Thrita, Urvâkhshaya und Kereçâçpa genannt werden. Die spätern Bücher machen aus dem Geschlechtsnamen einen Eigennamen, und auf ihren Çâm werden die Sagen von Kereçâçpa zum Theil übertragen, z. B. Bund. 69, 10. Mujmil ut tevarikh im Journ. asiat. 1841. p. 154. Spiegel Parsigr. 196, 42. DMG. 3, 250. gen. *çâmahê kereçâçpahê* yt. 13, 61. 136. plur. gen. *çâmanãm* y. 9, 30.

Hzv. np. *çâm*, parsi *çâm*.

2. **çâma** adj., Spiegel: schwärzlich (*çyâma?*) gen. *açpahê kehrpa çâmahê* yt. 8, 21.

çâyuzhdri m. n. pr. des Vaters des Thrita und Ashavazdaṅh, gen. *çâyuzhdrôis* yt. 5, 72.

çâr (verb. denom. von *çâra*) herrschen, besitzen, praes. 3. plur. med. *çârentê* y. 50, 3. aor. 3. sg. med. *çârstâ* (welcher) besitzt y. 48, 5. partic. praes. med. nom. *çâremnô* y. 32, 2.

çâra (vgl. 1. *çara*) m. Haupt, acc. *peshemciṭ çârem buñjaiñti* yt. 14, 46. *avavaṭ yatha çârem varsnãm barâni* soviel als ich Haare am Haupt trage yt. 5, 77.

Vgl. *aurvaçâra, aç°, peshôç°, çtaêrôç°.*

çâraṅh (vgl. *çâra*) n. Kopf, acc. *ustrô . . . çârô raêva* das Kameel, hell am Kopf yt. 14, 12.

çârana (von *çar*) m. eine Krankheit, gen. *çâranahê* vd. 20, 14. statt des voc. vd. 20, 20.

çâravâra (von *çâra* + 2. *var*) m. Kopfbedeckung, Helm, hzv. *çârvâr*, erklärt *targ;* vgl. aber Pott DMG. XIII, 381. nom. *çâravârô* vd. 14, 39.

Armen. *çaghauart;* das von Pott a. a. O. besprochne Wort kurd. *sciáruál* (Garzoni) np. bal. *shalvâr*, welches in viele asiatische und europäische Sprachen eindrang und Hose bedeutet, ist wohl von *çâravâra* in seinem ersten Theil verschieden, indem dieser, wie Pott bemerkt, mit skr. *çróṇi* verwandt ist.

çâraçti f. das kalte Fieber, nom. *çâraçtisca* vd. 7, 145. gen. *çâraçtôisca* yt. 13, 131.

çâraçtya (vom vor.) m. eine Krankheit, gen. *çâraçtyêhê* vd. 20, 14. 20.

çârstâ s. *çâr.*

çâvaṅhi (von *çavaṅh?*) m. n. pr. eines die Herden des Viehs beschützenden Genius, welcher mit Mithra und Viçya dem Gâh Hâvani vorsteht, Glosse zu y. 1, 8; acc. *çâvaṅhaêm* (Thema °*haya*) y. 2, 14. 6, 5. G. 1, 6. *çâvaṅhaêm viçîmca paiti ratûm* zur Zeit Ç. und V. (d. i. am Morgen) y. 2. 61. 15, 6. dat. *çâvaṅhêê* y. 1, 8. 67. 3, 22. G. 1, 1. voc. *çâvaṅhê ashâum* y. 1, 51.

Hzv. *çavang.*

1. **çâçta** (von *çâṅh*) befohlen.

Vgl. *zaranôçâçta, mainyûç°.*

2. **çâçta** (Nebenform von *çâçtar*) m. Feind, Tyrann, dat. *haca narô çâçtayâi* (falsche Form) yt. 4, 4. *haca mashyâi drvatayâi çâçtayâi* yt. 4, 4. plur. nom. *mashya çâçta* feindliche Menschen yt. 17, 59.

çâçtar (von *çâṅh*) m. 1) Beherrscher, nom. *çâçta* yt. 13, 18. 69. 16, 19. *çâçta daṅhéus hamôkhshathrô* der herrschende König des Landes yt. 15, 50. plur. nom. *çâçtârô* yt. 10, 14. 2) Tyrann, plur. nom. *çâçtârô* y. 45, 1. gen. *çâçtranãm* (Thema °*çtra*) yt. 14, 37. 3) der Gottlose, nom. *çâçta* vd. 21. 2. y. 64, 31. acc. *mashîm drvañtem çâçtârem kameredhaêca peshanaiti* er bekämpft auf den Schädel (schlagend) den schlechten gottlosen Menschen vd. 4, 140. gen. *paiti mashyêhê drvatô çâçtars . . . kameredhem* y. 9, 87. *çâçtrahê* y. 17, 49. 60, 14. 67. 25.

Skr. *çâstár*, hzv. *çâçtâr.*

Vgl. *mashyôçâçtar.*

çâçtôkarsta (von 2. *çâçta* + 2. *k°*) adj., durch Tyrannen veranlasst, gen. n. °*karstahê ṭbaêshaṅhô* yt. 13, 135.

çâçna (v. *çâṅh*) f. Lehre, plur. acc. *çâçnâo* y. 29, 8. 48, 9. *çâçnâoçcâ* y. 31, 18. yt. 13, 87. gen. *çâçnanãm* y. 47, 3. yt. 24, 13.

Skr. vgl. *çâsana.*

çâçnôgush (vom vor. + 1. *gush*) adj., die Lehren hörend, Schüler, plur. gen. *paoiryanãm çâçnôgûshãm* y. 26, 10. yt. 13, 149.

çâçnya (von *çâçna*) n. Vorschrift, plur. acc. *hvô urushaêibyô çpeñtô çâçnyâ* er (schuf) für die Geniesser (der Milch), der heilige, Vorschriften (die in jenem Mãthra enthalten sind) y. 29, 7.

çikhshañṭ (desider. partic. praes. von 1. *çac*) lernend.

Vgl. *açikhshañṭ.*

çighûra? loc. *açânem cighûirê cithrem abare ahurô puthrô puthrâoṅhô baêvarepatayô* den Schleuderstein, den in der Menge (np. *çîgh?*) glänzenden brachten der Herr, der Sohn, die Söhne, die Fürsten? yt. 14, 59. *çîghûr* oder *çîfûr* ist eine Art Seide, daher vielleicht: den Schleuderstein, der in einer seidnen Tasche glänzte? Spiegel: „die Waffe, die von Çighûirê stammt, trug herbei der Sohn Ahuras. Die Söhne sind die Herren von 10000". In der Sprache der Mariandyner ist *σάγαρις* eine Art Geschoss.

çicidava m. n. pr. eines Berges in Kaṅha. im Bund. (24, 5) *çejdaê*, s. Windischmann Z. St. 14. nom. *çicidavaçca* yt. 19, 5.

çizhdara s. *çîzhdra.*

çidhi? nom. *çidhis nâma ahmi* (von Vayu) yt. 15, 47. Spiegel: Vollkommenheit [?].

çin, schweben, impf. 3. sg. *yim upairi çinat amô* über welchem Stärke schwebte, ruhte yt. 14, 7. 9. die Ushas *yâ çinaṭ* (Westerg. *çunaṭ*) *avi zãm* G. 5, 5.

çina (von *çi*) f. Niederlage, acc. *çinãm* y. 43, 14.

çif, bohren, durchbohren, impf. 3. sg. *çifaṭ* vd. 2, 33.

— *aiwi*, reiben, pot. 2. sg. *tanûm aiwiçifôis* (mit der Feder) reibe den Leib yt. 14, 35.

Vgl. *khship*, skr. *kship*, *kshipáti*, hzv. np. *çuftan*.

çima adj., 1) krumm, verkehrt, boshaft, gen. *azhôis çimahê* y. 9, 93. *gadhahê* yt. 13, 136. plur. gen. *çimanãm* yt. 13, 105. 2) f. a) der Theil des Joches, welcher um den Hals der Thiere geht, acc. *çimãmca* yt. 10, 125. b) Widerwärtigkeit, Schrecken plur. acc. *çimâo* yt. 8, 43.

Skr. *çímî* bedeutet Arbeit, Kraft; np. *çîm* (lignum in jugo, quod collum stringit).

çimaêzhi m. n. pr. des Vaters des Mãthravâka, gen. *mãthravâkahê çimaêzhôis* yt. 13, 105.

çimôithra (von *çima* + *thrâ*) f. der die beiden Halstheile des Joches verbindende Theil desselben, der mittlere Theil des Joches, der an der Deichsel befestigt wird, acc. *âaṭ tê viçpê frâyukhta hãmiçãmca çimãmca çimôithrãmca dereta hukereta upairiçpâtâ aka baçtãm khshathrem vairîm* dann sind sie alle angespannt an dieselbe Deichsel und an Halsstücke und das Mitteljoch, welche (*baçtãm* scheint auf alle drei acc. fem. zu gehn) mit einer gespaltnen wohlgemachten Klammer von Metall an die Deichselriemen befestigt sind yt. 10, 125.

çirinº s. *çri*.

çish übrig bleiben, verlassen werden.

Skr. *çish*, *çinášhṭi*.

çî, liegen, praes. 3. sg. *çâiti* yt. 19, 1 med. *çaêtê* vd. 18, 11. 3. plur. ? *yô çarerê* (skr. *çerate*?) *barezisa hawañtô* (s. *yôçarerê*) yt. 17, 10. *çôirê?* yt. 10, 80. impf. 3. sg. med. *çaêta* vd. 3, 79. partic. praes. med. nom. *çtareta gâtus çayamnô* vd. 3, 86. acc. *vareçem zemâṭ çayanem* yt. 14, 31. plur. gen. *çayamnanãm* vd. 18, 53.

Skr. *çî*, *çéte*.

çîzhdâ (von *çish* + 2. *dâ*) vertreiben, partic. praes. nom. *yaṭ imãm daênãm âçtaota dusmainyum çizhdyô daêvãn apa ashavãn* (lies *ashavabyô?*) als er das Gesetz pries (annahm), den Feind vertreibend, die Devs, von den Reinen yt. 19, 84. med. plur. nom. *çîzhdyamnâ* (von Vohumanô) abgefallen y. 32, 4.

çîzhdra adj., stachlicht, Stacheln tragend, acc. *çpânem çîzhdrem urviçarem yim vañhâparem* (vom Igel) vd. 13, 3. 10. plur. acc. *çizhdaraca* yt. 8, 36. vgl. Windischmann Z. St. 79. 282.

çîçpemna s. *çpi*.

çîçra (von *çri?*) f. Betragen? instr. *katha çîçraya ayaca tê dishânaya ṭbistâo heñti viçpâo . . . dâmãn?* yt. 24, 51.

çîsh (altes desiderat. von 1. *çac*) lehren, pot. 3. sg. *çîshôiṭ* y. 42, 3. imper. 2. sg. *çîshâ nâo* y. 34, 12.

— *fra*, lehren, imper. 2. sg. *frô mâ çîshâ* y. 28, 11. Skr. *çiksh*, *çikshati*.

çu 1) schnell sein, stark sein. 2) nützen, pass. partic. praes. gen. *çuyamnahê* zunehmend vd. 4, 12. plur. nom. *çuyamna* wachsend y. 69, 14. gen. *çuyamnanãmca* für die welchen genützt wird y. 54, 17. causale impf. conj. 3. sg. *avatha çaoshyãç yatha viçpem ahûm . . . çâvayâṭ* deshalb heisst er Çoçiosh, weil er der Welt Nutzen bringen wird yt. 13, 129. partic. praes. nom. *çâvayô ashavanem* y. 50, 9. infin. *çûidyâi* zum Nutzen y. 48, 3. *kâthê çûidyâi* wie ist dem zu nützen y. 43, 2.

Vgl. hzv. *afzûtan*, np. *afzûdan* (mit *aiwi*), hzv. *çût* (Nutzen), parsi *çûṭ*, np. afgh. *çûd*, südoss. *çavin* (wachsen).

çukuruna (von *çku*) adj., blind, von einem Hund, der noch nicht sieht, *çag i kôr* bei den neuern Parsen, nom. *çpâ çukurunô* vd. 5, 100. gen. *çukurunahê* (Westerg. *çukurenahê*) vd. 13, 48.

Vgl. np. *kôr*.

çukhra (von *çuc*) adj., roth, instr. *âthrâ çukhrâ* y. 31, 19. 50, 9. plur. gen. *çukhrãmca* vd. 2, 21. 24.

Skr. *çukrá*, *çuklá*, altp. *Thukhra*, hzv. *çukhr*, parsi *çuhar*, np. buchar. dig. *çurkh*, afgh. *çur*, *çurah*, bal. *çohar*, *çohr*, zaza, kurd. *çûr*, kurm. *çôr*, südoss. *çirkh*, tag. *çürkh*.

çukhsh (Fortbildung von *çuc*) brennen, leuchten.

çughdha (von *çuc*) m. n. pr. der Hauptstadt der Sogdier, bei den Alten Μαράκανδα, heute Samarkhand, acc. *gaomca çughdhem* nach dem Flussgebiete Gâu und nach Çughdha (hier kann auch der Sogdfluss, der Polytimetus der Alten, der heutige Zerafshan, gemeint sein) yt. 10, 14.

Altp. *çuguda*, vgl. tag. *çüghdäg* (rein, heilig).

çughdhôshayana (vom vor. + *shº*) m. der Sitz von Çughdha, acc. *gâum yim çughdhôshayanem* das Flussgebiet Gâu, in welchem Çughdha liegt vd. 1, 14.

çuc brennen, partic. praes. abl. *çaocañtaṭ* vd. 9, 195. plur. gen. *çaoceñtãm* vd. 2, 21. causale impf. 3. sg. *yê dûraoshem çaocayaṭ avô* wer die todentfernende Hülfe (nemlich das Feuer) ansteckt; hzv. übers. *guft*, scheint also *çâcayaṭ* gelesen zu haben, wer den Schutz lehrt (nemlich den falschen Schutz des Bösen, durch welchen die Kuh getödtet wurde) y. 32, 14.

— *upa*, anzünden, partic. perf. pass. *upaçukhtô* yt. 10, 127.

— *fra*, anzünden, conj. praes. 2. sg. *fraçaocayâhi* vd. 8, 237.

Skr. *çuc*, *çúcyati*, hzv. np. *çûkhtan*, parsi *çôzhâ* (partic.), afgh. *çival* (praes. *çizam*), bal. *çûtan*, kurd. *çozum* (ardeo), kurm. *deshaûutim* (ich brenne), südoss. *çujin*, dig. *çódsun*, tag. *çúdsün*.

çud, reinigen.

Skr. *çudh*, *çúdhyati*.

çudhu (vom vor.) m. Reinigung, Ausdreschung des Getreides, nom. *çudhus* vd. 3, 106.

çupti f. Schulter, acc. *çuptîm* vd. 9, 59. 62. *dashinem çuptîm* vd. 8, 148. *haoyãm çuptîm* vd. 8, 151.

Skr. *çúpti*, hzv. np. *çuft*.

çuptidareñga vom vor. + *d⁰* m. Schultermagen, Geschwisterkinder, plur. acc. *añtare hasha çuptidareñga* yt. 10, 116.

çufra von *çif*, f. Pflug, acc. *çufrãm* vd. 2, 18. instr. *çuwraya* vd. 2, 32. 91.

Vgl. skr. *çûpra*, np. *çûlî*.

çurun⁰ s. *çru*.

çurunvañt (von *çru*) adj., 1) hörbar, instr. *çurunvata yaçna* y. 56, 1, 7. yt. 10, 4. 4, 11. 2) hörig, gen. (collectiv) *çurunvataçcâ açurunvataçcâ* y. 35, 12.

çuwraya s. *çufra*.

çush (Fortbildung v. *çu* durch *sh*) nützen, praes. 3. pl. (collectiv? die andern Verba stehen im Sing.) *çaoshyañtica* (wie der Wind) nützt A. 3, 6. partic. praes. *çaoshyañt* (s. besonders).

çûiri (vgl. *çûirya*) adj., bewehrt.

Vgl. *açûiri*.

çûirya (von 2. *çûra*) adj., 1) mit einem Spiess versehn, bewehrt, acc. n. der Vogel ist *akhshafni khshafnîm içemnô açûiri çûirim içemnô* wünschend das Dunkel dunkellos, das Bewehrte wehrlos yt. 14, 20. 2) am Spiess befindlich, am Spiess bratend, acc. n. *yaêibyô aêm hãmpacaitê khshafnîmca çûirîmca* welchen das (Feuer) kocht Nachtessen, am Spiess bratendes y. 61, 19.

1. **çûka** (von *çuc*) 1) adj., leuchtend, plur. acc. n. *çrîra dadhâiti daêmâna dûrâț çûka dôithrâbyô* yt. 10, 107. 2) m. Erleuchtung, Sehkraft, acc. *çûkem* das Licht (Sehkraft) nimmst du den Augen yt. 10, 23. *aomca çûkem* jene Sehkraft yt. 14, 29. 31. 16, 7. dat. *çûkâi* zur Erleuchtung y. 67, 9. N. 6, 2.

Vgl. *dûraêçûka*.

2. **çûka** (von *çuc?*) f. Nadel, gen. *çûkayâo* yt. 14, 33. 16, 33. vgl. Bund. 43, 8.

Vgl. hzv. *çûzen*, np. *çûzan*.

çûca (von *çuc*) adj., klar, plur. acc. n. *çûcâ* das Klare y. 30, 2.

çûna (von *çu*) m. Mangel (eigentl. Aufgeblähtsein von Luft).

Vgl. skr. *çûnyá*. — Vgl. *açûna*.

çûni (vgl. 2. *çpâ*) m. f. Hund, nom. *çûnis* vd. 13, 166. plur. nom. *hazañrâis çûnîs çtrinâmanô hazañrâis çûnîs nairyônâmanô mithwana çtrica nairyaçca* zu tausenden (entstehn) weibliche und männliche Hunde, je ein Paar, Weibchen und Männchen vd. vd. 13, 168. *yô udrem jaiñti yim upâpem hazañrâis çûnîs çtrinâmanô hazanrâis çûnîs nairyônâmanô frazâbaodhañhem çnathem* (wer einen Wasserhund — zu tausenden entstehen die Wasserhunde?) weibliche und männliche — eine lebensgefährliche Wunde schlägt, vd. 14, 2. Das Wort *çûni* scheint das fem. von 2. *çpâ* zu sein, an der zuerst cit. Stelle vd. 13, 166. es ist aber entschieden masc.

çûra (von *çu*) adj., stark, hehr, heilig, nom. *çûrô* yt. 10, 15. 141. 13, 90. fem. *ardvi çûra anâhita* y. 64, 16. *çûra* yt. 9, 5. neutr. *amânem çûrem* yt. 5, 101. acc. m. *çraoshem çûrem* y. 56. 5, 2. *çûrem mithrem* yt. 10, 6. *môurum çûrem* vd. 1, 18. *cakhrem* vd. 1, 64. *yaçnem çûrem haptañhâitim* (vsp. 2, 19. *naogkerenem çûrem* yt. 1, 29. *airyamanem ishîm çûrem* yt. 2, 7. S. 2, 3. fem. *upa çûrãm frashôkeretîm* bei der hehren Auferstehung vd. 18, 110. bis zur hehren Auferstehung y. 61, 8. *ardrîm çûrãm anâhitãm* y. 64, 1. *drvâçpãm çûrãm* yt. 9, 1. *ashîm vañuhîm* yt. 17, 1. *upa ushâoñhem yãm çûrãm* beim heiligen Frühlicht vd. 18, 36. neutr. *çûrem* das Starke yt. 10, 142. *çûrem amânem* yt. 5, 38. instr. m. *çûra* yt. 13, 146. gen. *çûrahê* yt. 13, 78. 130. *gaokerenahê çûrahê* yt. 1, 29. *ashnô çûrahê* S. 1, 27. fem. *çûrayâo* yt. 9, 0. *vîçô çûrayâo* des Heldenhauses y. 9, 24. yt. 5, 33. *ushâoñhem* (lies *ushâoñhô?*) *çûrayâo* yt. 5, 62. statt des abl. *hadha çûrayâo vañhuyâo frashôkeretôiț* y. 61, 8. voc. m. *çûra* yt. 10, 31. plur. nom. (oder acc.) m. *çûra* vsp. 10, 13. fem. *çûrâo* yt. 10, 3. *jamyãn vañhîs çûrâo fravashayô* y. 59, 7. acc. f. *çûrâo* y. 2, 25. 17, 30. yt. 13, 21. 147. dat. f. *çûrâbyô* yt. 13, 46.

Skr. *çûra*, altp. *thura-vâhara?* bal. *çurai?* (Lassen 414), armen. *Çour* (Gosche 45).

Vgl. *açûra*, *qaçura*.

2. **çûra** m. Spiess, Lanze.

Skr. *çûlá*, altp. *σύρας μαχαίρας* (Hesych.), arm. *çour*.

Vgl. *gaoçûra*.

çûrâo (vgl. 1. *çûra*) adj., stark, nom. *çûrâo nãma ahmi* yt. 1, 15.

çûrôthwarsta (von 1. *çûra* + *thw⁰*) adj., hehr geschaffen, plur. gen. n. *raocañhãm çurôthwarstanãm* vd. 19, 78.

çûrôyazata (von 1. *çûra* + *y⁰*) m. n. pr., gen. *çûrôyazatahê* yt. 13, 118.

çeñga = *çéñha*.

Vgl. *açeñga*.

çeñda (von 2. *çad*) 1) adj., spendend, plur. nom. *garôi ârôis â çéñdâ* sie sind (nicht, aus dem vorhergehenden Verse zu ergänzen) verleihend Fülle der Kuh y. 50, 14. 2) f. Spende, plur. acc. *paiti çeñdâo* (sind) im Spenden, beim Spenden y. 38, 15.

Vgl. np. *paçand*, (Spiegel. briefl. Mitth.).

çeñdañh (von 2. *çad*) n. Spende.

Vgl. *rahmôçeñdañh*.

çeraosha s. *çraosha*.

çevi (von *çu*) adj., nützlich, nom. (ohne Flexion) *çevi nãma ahmi* yt. 1, 15.

çevista (Superl. von *çavañhañt*) der nützlichste, nom. *çevistô* y. 54, 16. 33, 11. (cit. vsp. 14, Schluss) vd. 10, 16. yt. 23, 2. 1, 8. 8, 43. 47. 10, 13. *çâmanãm çevistô* y. 9, 30. ohne Flex. *çevista nãma ahmi* yt. 1, 15. *çevistem* vsp. 12, 2. y. 17, 2. yt. 10, 6. dat. *çevistâi* yt. 8, 45. *ahurâi çevistâi . . . mazdâi* y. 28, 5. gen. *çevistahê* vsp. 18, 5. y. 17, 8. voc. *çevista* yt. 10, 31. fem. *çevistê* yt. 5, 18. plur. nom. *çevista* yt. 13, 38. die gesegnetsten (an Gütern) yt. 5, 98. fem. *çevistâo* yt. 13, 31. 78. acc. f. *çevistâo* yt. 13, 75. voc. f. *çevistâo* yt. 13. 147.

Skr. *çávishtha*.

çéñha, çéñgha (von *çéñgh*) m. Lehre, instr. *pôi çéñghâ* y. 43, 16. gen. *çéñhahyâ* y. 42. 14. 47, 12. *çéñghahyâ* y. 43, 14. loc. *çéñhê* in der Lehre y. 50, 7. plur. nom. *çéñghâ* y. 44, 2. cit. y. 19, 41 (wo *çéñhâ*). *çéñhâoñhô* y. 47, 3. acc. *çéñghâçcâ* y. 31, 11. instr. *çéñghâis* y. 45, 3. *çéñhâiscâ* y. 50, 14.

Vgl. *çañha*.

çéñhan (von *çéñgh*) n. Wort, loc. *yathrâ vé afshmânî çéñhânî nôiṭ anafshmãm* wo euch in den metrischen Worten nichts unmetrisches (sein wird) y. 45, 17.

çéñhana (von *çéñgh*) n. Lehre, plur. instr. *çéñhanâis* y. 32, 9.

çéñhu, çéñghu (von *çéñgh*) f. Lehre, loc. *yé îs çéñhô* wer bei ihnen in der Lehre ist y. 50, 14. *thwahmî vî mazdâ khshathrôi ashaêcâ çéñghô vîdãm* in deinem Reiche, o Mazda, und bei Asha will ich mir die Lehre angelegen sein lassen y. 32, 6. plur. acc. *çéñghûs* y. 34, 7.

çéñgh (vgl. *çañh*, *çâñh*) lehren, praes. 3. sg. *çéñghaitî* y. 42, 6. med. *çéñghaitê* y. 32, 7. 1. plur. *çéñhâmahî* y. 31, 1.

çôidhis (von *çu?*) n. Nutzen, hzv. *çût*, acc. *taṭ çôidhis* y. 57, 1. *ôi* ist Guṇa von *i*, daher dürfte man vielleicht *çaoidhis* verbessern, welches man von *çud* abzuleiten und Reinheit zu übersetzen hätte.

çôirê s. *çî*.

çâcaṭca, affixartiges pronom. indef., *vîçpayâoçâcaṭca ashaonô çtôis* der ganzen Schöpfung des Reinen y. 24, 12. vsp. 5, 6. 10, 31.

çâç (Fortbildung von *çañh* durch *ç?*) sagen, lehren, aor. 2. sg. *çâdrâ môi çâç mashyaêshû zarazdâitis* schwer, sprachst du, ist unter den Menschen die Folgsamkeit (gegen das Gesetz) y. 42, 11. *tâcîṭ môi çâç* das hast du mir gesagt y. 45, 19. 2. plur. *çâçtâ* lehret y. 29, 1.

— *â*, anreden, impf. 3. sg. *vakhshem mê açâçaṭ* Antwort gab mir vd. 19, 50.

çâçañh (vom vor.) n. Lobpreis, plur. gen. dass das Avesta zu sprechen sei, wird aus Paçorûm klar: *çrîra ukhdhavacâo çâçañhãm* die schönen Worte der Lobpreisungen Cit. der Hzv.-Gl. zu vd. 2, 32. vgl. Spiegel H. II, 83.

çâçtra (von *çâç*) n. Belehrung, dat. *maibyô thwâ çâçtrâi vereñê ahurâ* ich wähle mir dich zur Belehrung, o Ahura; Spiegel liest *çâçtrâ* (plur. acc.) deine Belehrungen y. 45, 3.

çkaiti f. Bremse, hzv. *kârk* (Käfer), acc. *çkaitîm pourumahrkem* vd. 1, 16. Die Wurzel ist vielleicht *çkâ* (*skâ*), skr. *châ*, *chyáti*.

çkairya (von *çkar*) m. Lagerplatz der Pferde, abl. *çkairyâṭ haca* vd. 8, 254 (Westerg. 8, 95).

çkañba s. *çkemba*.

çkar springen, abrunden, caus. partic. praes. *çkârayañṭ* springend?

Skr. *skhal*, *skhálati?*.

çkarena (von *çkar*) adj., rund, hzv. *gart*, gen. fem. *zemô yaṭ çkarenayâo* auf der runden Erde vd. 19, 15. der runden Erde y. 10, 95. ohne *zemô*: yt. 5, 38. statt des abl. *haca zemaṭ yaṭ çkarenayâo* yt. 17, 19.

çkârayaṭratha (von *çkârayañṭ* + r°) m. n. pr., gen. °*rathahê* yt. 13, 108.

çku (vgl. 2. *ku*) 1) schauen 2) neckisch peinigen 3) blind sein; vgl. Spiegel Beitr. II, 261.

Skr. *ku* (aus *sku*, in *kavi*) *khav* (aus *skav*), vgl. *kavatnú*, vgl. np. *kôr*.

çkutara (vom vor.) m. Peiniger, voc. *çkutara* vd. 19, 7.

çkeñd (vgl. *çciñd*) zerbrechen.

çkeñda (v. vor.) m. 1) Schlag, Bruch, Verderben, nom. *çkeñdô* das Verderben y. 30, 10. acc. *çkeñdem shê manô kereñûidhi* einen Schlag bringe seinem Geiste bei y. 9, 89. 2) Brechung des Magdthums nom. *çkeñdô* vd. 5, 165. 7, 46.

Vgl. *açkeñda*.

çkemb, stützen.

Skr. *skabh*, *skabhnóti*.

çkemba (vom vor.) m. Säule, Kata, acc. sie sollen die Leichen tragen *upa çkembem* (Westerg. *çkañbem*) zum Kata (hzv. *mcîm ô katak*) vd. 8, 26. vgl. Spiegel Av. übers. II, XXXIII.

Skr. *skambha*, hzv. *ashkanp* (vd. 2, 69)?

çcañtu s. 1. *çac*.

çcad, betrügen.

— *ava*, betrügen, partic. perf. pass. *avaçcaçta* (vgl. *avaçcaçtâfravashi*).

Skr. *chad*, *châdáyati*.

çcid, zerbrechen, praes. 2. sg. *çciñdayêhi* yt. 10, 76. 78. 3. sg. *çciñdayêiti* yt. 14, 62. 3. plur. *çciñdayêiñti* yt. 10, 42. 13, 31. imper. 2. sg. *çciñdaya* yt. 10, 76. 2. plur. *çciñdayadhwem* yt. 1, 28.

— *avi*, zerbrechen, praes. 3. sg. *avi raçmanô çciñdayêiti* yt. 14, 62.

— *upa*, zerstören, praes. 3. sg. *upaçciñdayêiti* yt. 10, 18. 28.

— *fra*, vernichten, praes. 3. sg. *fraçciñdayêiti* yt. 10, 87. *frâ . . . çciñdayêiti* yt. 10, 36. 3. plur. *fraçciñdayêiñti* yt. 13, 33.

Skr. *chid*, *chinátti*, hzv. *shkaçtan*, parsi *çkaçtan*, *çkañdan*, np. *shikaçtan*, kurd. *shkinum*, kurm. *dishkînim* (frango). Spiegel stellt diese mit *çkeñd* zu Skr. *skhad*, *skhádate*.

çcâthwa adj., zerfleischend, Spiegel: sich anhängend; ich denke an skr. *cham*, *chámati;* plur. nom. *çcâthwa vehrka* vd. 13, 114.

1. **çta, çtau** (von *çtâ*) m. 1) Stätte, loc. *çtôi* (s. besonders). plur. acc. *âkâ çtéñg mâ nishâçyâ* gib mir offenbare Wohnungen y. 49, 2. 2) Geschöpf (vgl. *çti*) plur. dat. *yãmca gayêhê yãmca çtaoyô ashâvaoyô* die Fravashi des Gayomart und die für die reinen Geschöpfe yt. 13, 86.

2. **çta** s. *ah*.

çtairis (von *çtar*) n. Lager, nom. *çtairisca* vd. 5, 166. acc. *cvaṭ aêtê çtairisca barezisca* auf wie viele von ihnen — auf Lager und Matte vd. 7, 26. *upama aêtê çtairisca* [*barezisca*] oben an sie — auf Lager [und Matte] vd. 7, 27.

Skr. vgl. *stará*, hzv. *vaçtarg* (syr. *bestarqô*, bei Castle: res quae a sponso ad sponsam mittuntur, Spiegel Av. übers. I, 279), parsi *vaçtarg*, np. *biçtar*, *piçtar*, buchar. *pister*.

Vgl. *gâçtairis*.

çtaêra m. Klippe, plur. acc. *avi çtaêra* y. 10, 30.

çtaêrôçâra (vom vor. + *ç°*) m. Spitze einer Klippe, plur. acc. *°çâra* y. 10, 30.

çtao° s. *çtu*.

çtaota (von *çtu*) n. 1) Lob, plur. nom. *çtaotaca* sei Lob vsp. 10, 25. acc. *vê çtaotâ* euer Lob y. 49, 11. dat. *çtaotôibyô aibî* über (alles andre) Lob y. 35, 27. 2) Lobgebet, Lobpreisung, acc. *çtaotem racô yêçnîm* Fr. 1, 1. plur. nom. *yâ çtaota yêçnya* die preiswerthen Gebete y. 51, 15. acc. *yâ çtaota yêçnya* den Çitûtyasht (y. 57—71) vsp. 26, 3. N. 4, 8. *çtaota yêçnya* y. 54, 20. 57, 24. 70, 27. *çtaotâcâ* y. 30, 1. instr. *çtaotâis* y. 35, 27. 44, 8. 48, 12. *çtaotâisca* y. 19, 55. gen. *çtaotanãm yêçnyanãm* vsp. 1, 9. 4, 1. yt. 10, 122. y. 54, 23. 57, 21. 70, 83. *çtaotanãmca yêçnyanãm* vsp. 14, 8. *heñdâta çtaotanãm yêçnyanãm* yt. 24, 28.

çtaotar (von *çtu*) m. 1) Lobbringer, Anbeter, nom. *çtaota* vsp. 6, 1. y. 10, 25. yt. 13, 91. *çtaotâ* y. 13, 2. 15, 1. *çtaotaca* er ist ein Lobpreiser vsp. 18, 13. acc. *çtaotârem* y. 10, 25. yt. 13, 92. 17, 12. voc. *çtaotareca* yt. 3, 1. plur. nom. *çtaotaraçcâ* y. 7, 59. 41, 12. 2) mit *vahista* u. pr., gen. *çtaothrô vahistahê ashyêhê frarashîm yazamaidê* yt. 13, 111. *ukhshyêiñtyâo nâiryâo çtaothrô vahistahê* der U., der Frau des Çtaotar-vahista yt. 13, 140.

Skr. *stotár*.

çtaothwa (von *çtu*) n. Gebet, acc. *çtaothwem* vsp. 2, 14. gen. *ashahê vahistahê çtaothwahê* des Gebetes Ashem vohu vsp. 1, 12.

çtaoman (von *çtu*) n. Lob, acc. *çtaçomâca* yt. 13, 157. dat. *avi mãm çtaomainê çtûidhi* lobe mich zum Lobe y. 9, 8.

Vgl. skr. *stóma*.

çtaomi (von *çtu*) f. Loblied, plur. nom. *imâo heñti çtaomâyô* diess sind (deine) Loblieder yt. 10, 56.

çtaomya (vom vor.) adj., auf das Lob bezüglich, plur. acc. n. *ima haomya ima çtaomya* vsp. 12, 9. *çtaomyâ vacâo* y. 33, 8.

Skr. *stómya*.

çtaoyâo (compar. von *çtûi*) grösser, mehr, plur. instr. *aêçmanãmcit . . . vazyâis tâisca çtaoyêbis ratêus umânem frânâshayata* er bringe Holz in Lasten und in noch grössern (Maassen) als diese in das Haus des Raçpi A. 1, 5.

Skr. *sthávîyaṅs*.

Vgl. *açpôçtaoyâo*, *bâzuçt°*,

çtaoyô s. *çta* (*çtau*).

çtaora m. das grössere Hausvieh, das Zugvieh, acc. *nitemem çtaorem arejô* (er heile ihn) für ein kleines Zugthier als Preis vd. 7, 106. 116. *madhememem çtaorem arejô* vd. 7, 107. 115. *vâremnem çtaorem* A. 1, 10. dual. instr. *çtaoraêibya* mit einem Paar Zugthieren yt. 10, 119. plur. nom. *çtaorâca* vd. 2, 22. 3, 17. yt. 8, 5. acc. *aêtê çtaorâca* vd. 9, 155. gen. *çtaoranãm* vd. 2, 21. *çtaorãm râ* vd. 8, 31. *çtaorãmca* vd. 8, 39.

Skr. vgl. *sthûrâ*, hzv. parsi *çtôr*, np. *çutôr*, südoss. *çtur*, tag. *çturthä* (plur.).

Vgl. *drvôçtaora*.

çtaorôpaya (vom vor. + *p°*) adj., Viehweide habend, abl. *pañtaṭ haca çtaorôpayâṭ* weg von dem Wege wo das Vieh weidet vd. 8, 254. (Westerg. 8, 94).

çtaorômaza (von *çtaora* + *m°*) adj., die Grösse, den Werth eines Zugthieres habend, nom. *tûiryô çtaorômazô* der vierte Vergleich wird mit dem Werth eines Zugthieres geschlossen vd. 4, 9. *çtaorômazô* vd. 4, 18. 30. *hâu çtaorômazô* er gilt so viel als ein Zugthier vd. 4, 136. Die Hzv.-Gl. sagt, es müsse ein Zugthier gegeben werden; acc. *mithrem yim çtaorômazem* vd. 4, 45.

çtaorômaçaṅh (von *çtaora* + *m°*) n. Grösse, Werth eines Zugthieres, acc. *°maçô* vd. 4, 19.

çtak, widerstehn.

Skr. *stak*, *stákati*.

çtakhra (vom vor.) adj., steif, fest, nom. *çtakhrô* Fr. 8, 2. *çtakhrô zyâo* steifer Frost vd. 2, 48. gen. *çtakhrahê* Fr. 8, 2.

Np. *çitakhr*, *içtakhar* (die bekannte Stadt), vgl. hzv. *çtahmak*, parsi *çtaham*, np. *çitam*.

çtauvô s. *pâdha*.

çtaman m. Maul, acc. *çtamanem* vd. 13, 83. 102. 15, 12.

Vgl. kurd. *ectev* (Chodzko 347)? armen. *çtom*.

çtay° s. *çtâ*.

çtar 1) streuen, hinlegen, hinwerfen, partic. perf. pass. *çtareta* (s. besonders) 2) zusammenbinden (von den Reisern des Bareçman), pot. 3. sg. med. *çterenaêta* man binde das Bareçman vd. 12, 7. 3 plur. act. *çterenayen* yt. 8, 58. partic. praes. med. nom. *çtarânô* obwohl er das Bareçman bindet yt. 10, 138.

— *aiwi*, bedecken.

— *â*, beflecken, partic. perf. pass. *âçtareta* befleckt (vgl. *anâçtareta*).

— *uç*, hinstrecken, partic. praes. pass. nom. *nâ qafnâdha uçtryamnô avaiñhabdemnô* der Mann, zum Schlaf einschlafend hingestreckt yt. 21, 11.

— *ni*, beflecken, partic. perf. pass. *nistareta* (s. besonders).

— *fra*, das Bareçman zusammenbinden, pot. 2. sg. *fraçtarenuyâo* yt. 12, 3. impf. 3. sg. med. *fraçterenata* y. 56, 2, 2. aor. pot. 3. sg. *baêvare fraçtaretanãm bareçmainê fraçtairyâṭ* 10000 Bündel binde man zum Barçom zusammen vd. 14, 7. partic. perf. pass. *fraçtareta* (s. besonders); partic. fut. pass. abl. n. *haca bareçman fraçtairyâṭ* von den zusammen zu bindenden Bareçmareisern vd. 3, 56. 57.

— *hãm*, ausbreiten, partic. perf. pass. acc. *hãmçtaretem aêkhem* yt. 18, 2. 6.

Skr. *star*, *stṛṇâti*, hzv. *veçtartan* (mit *vi*), np. *guçtardan*.

çtare (von *aṅh*) m. Stern, acc. *çtârem* y. 17, 24. yt. 8, 1. 12. 20, 1. *çtaremcâ* y. 43, 3. gen. *çtârô* y. 1, 35. 3, 49. yt. 8, 0. 62. 20, 0. 2. *yêñhâo* (lies *yêñhê*) *ainikô barâzaiti yatha tistryô çtârahê* (Thema *çtâra*) dessen Antlitz strahlt wie das des Sternes T. yt. 10, 143. plur. nom. *çtârô* vd. 9, 161. yt. 8.

1. 8. *çtaraçca* vd. 2, 132. yt. 12, 25. acc. *çtrêus* vd. 11, 3. yt. 8, 12. *çtrêusca* y. 2, 45. 70, 44. yt. 10, 145. G. 2, 6. *arê çtrêus* yt. 13, 60. S. 2, 13. *çtârô* S. 2, 13. *upa arê çtârô* yt. 12, 28. statt des nom. (hinter dem Verb.) *çtrêusca* vd. 7, 134. *çtrêus* vd. 11, 6. abl. *haca avaţbyô çtarebyô* yt. 5, 85. 132. gen. *çtârãm* vd. 19, 78. y. 1, 34. 3, 48. yt. 8, 39. S. 1, 13. *çtrãm* yt. 13, 57. voc. *çtâra* vd. 21, 33.

Skr. *stár* (vgl. Pictet, les origines Indoeuropéennes II, 210, wo die Ableitung von skr. *as* bestritten wird), hzv. *çtâr*, *çtârak*, parsi *çtâr*, *çtâra*, np. buchar. *çitârah*, tâlisch *âçtua*, maz. *çâreh*, afgh. *çtôri*, brahvi (aus dem bal.) *içtar*, kurd. zaza *açtár*, kurm. *içtêrik*, armen. *açtgh*, südoss. *çtal*, dig. *çtâlu*, tag. *çtâle*, tschetsch. *çiêda*.

Vgl. *çtehrpaêçanha*, *çatôçtaranha*.

çtara (v. *çtar*) m. der (niederstreckende?) Dolch, dat. *bûjaţ . . . haca çtarâi vairyâi* er reinige (rette) von dem metallnen Dolch yt. 4, 4.

çtareta (partic. perf. pass. von *çtar*) 1) bedeckt, verbunden, nom. *yahmya çtaretaçca gâtus* wo ein Thron (mit Sitzen) belegt ist yt. 17, 7. neutr. *çtaretem . . . barezis* yt. 5, 102. instr. m. *çtareta* vd. 14, 63. pl. acc. m. *çtareta gâtus çayamnô* auf den (mit Sitzen belegten) Thronen (Sesseln) ruhend vd. 3, 86. neutr. *ima çtareta* diese Decken vsp. 12, 9. loc. *tâo çtaretaêshu bareçmôhu* sie (finden sich ein) bei den gebundnen Bareçmareisern yt. 13, 27. 2) bestürzt (von bösen Wesen), nom. *çtaretô* vd. 19, 6. yt. 19, 34. (hier von dem gefallnen Yima).

Hzv. *çtart*, parsi *çtard* (Ner. *manda*).

Vgl. *açtareta*, *huçt°*.

çtaretaêshi (vom vor.) Korb, hzv. *çuptak*, plur. gen. man trage ihn *nemôvanṅtâhva kãmcit vâ çtaretaêshinãm* auf Bahren von Flechtwerk oder in andern Körben vd. 15, 117.

çtaretôbareçman (von *çtareta* + *b°*) adj., mit gebundnem Bareçman versehn, nom. m. *°bareçma* yt. 13, 94.

çtarema (von *çtar*) m. Ebene? plur. loc. *upa çtaremaêshu* yt. 5, 130.

çtav° s. *çtu*.

çtavanh (vgl. *çtâi*) n. Länge, Grösse.

Vgl. *erezuçtavanh*, *baêvarezuçt°*, *bâzuçt°*, *vareçôçt°*.

çtavanô s. *pâdha*.

çtawra (von *çtemb?*) adj., stark, plur. acc. f. *çtawrâo* yt. 10, 28.

Vgl. skr. *sthávira*, *sthâvará*, np. *uçtuvâr*, armen. *çtouar*, oss. *içtir*.

çtâ, 1) stehn, praes. 2. sg. *histahi* vd. 3, 93 (Spiegel *histahê*, med.). 3. sg. *histaiti* yt. 5, 123. 8, 9. 10, 128. 12, 17. y. 41, 28. (Westerg. *°tê*), med. *histaitê* yt. 5, 101. 1. plur. med. *histamaidê* (s. *hisc*); 3. plur. act. *histeñti* vd. 13, 76. yt. 5, 98. 6, 1. 13, 53. 17, 8. 9. aor. conj. 3. sg. *yâ çtâoṅhaţ* damit er stehe y. 49, 4. partic. praes. med. nom. *histemnô* yt. 17, 61. *histemanô* yt. 15, 52. act. plur. f. *bâdha idha histeñtâo tâm brâtravaitîs* yt. 24, 36. partic. fut. pass. *çtâhya* (s. besonders). causale, impf. 3. sg. *yaţ nôiţ çtayaţ* dass er nicht hemmen konnte yt. 13, 78. med. *çtayata* er stellte ihn an (als Zaotar) yt. 10, 89. 2) sein, auftreten, praes. 1. sg. *nôiţ âzyâonem . . . khstâ* nicht möge ich zum Schaden sein y. 13, 12. 3. sg. *histaiti* tritt auf als, erscheint als y. 10, 34. ist yt. 13, 3. 3. plur. *histeñti* sind vd. 5, 57. liegen (von Seen) yt. 10, 14. partic. perf. med. acc. f. *yô hîm çtâtãm hitãm haitîm uzvazhaţ haca hunâiwyô nî hîm daçta maidhyôshâdhem* welcher es (das Gesetz), welches gefesselt war, den Hunus entriss und es machte zum Mittelpunkt yt. 13, 100.

— *ava*, sich stellen, hingehn, pot. 2. sg. *avahistôis* stelle dich vd. 9, 32. imper. 2. sg. *avahista* stelle dich yt. 17, 57. impf. conj. 3. sg. *tâ* (neutr.) *nara yâ naçâum avahistâţ* die Männer welche bei einer Leiche gestanden sind vd. 8, 107; an der Parallelstelle vd. 8, 271. steht *°hista*; *avahistâţ* er darf hinzu gehn vd. 16, 11. *hañkeretis avahistâţ* die Einladung kommt (dir) zu yt. 15, 54. perf. 1. sg. *avahista* ich bin gestanden vd. 8, 283. aor. conj. 3. sg. (Subject im dual.) *nôiţ zî ahmi paiti nairi dva mainyû rêna avaçtâoṅhaţ* nicht wird wegen dieses Mannes das himmlische Paar sich kämpfend stellen, den Kampf erheben vd. 7, 132. causale imper. 2. sg. *avaçtaya* bringe hin vd. 2, 66. richte ein vd. 2, 68. impf. 3. sg. *avaçtayaţ* vd. 2, 102. 104.

— *â*, entstehn, impf. 3. sg. *akhstaţ* es entstand vd. 9, 190. *kuthra merezhdikâ akhstaţ* wo entstand Erbarmen (Westerg. *merezhdikâi* wo erhebt er sich zum Erbarmen, die Hzv.-Uebers. ist für Spiegels Lesart) y. 50, 4. causale (sich stellen, stellen machen, verlangen) praes. 1. sg. *âçtâya* ich verlange vsp. 3, 1. (hzv. unrichtig: tritt dein Amt an); *âçtâyâ* ich stelle mich y. 14, 8. *ratûs âçtâyâ* ich verlange die Herren y. 14, 8. 1. plur. med. *âçtâyamaidê* vsp. 3, 25. impf. 3. pl. med. *âçtayañta* sie sollen hinbringen vd. 3, 59. 5, 146.

— *upa*, herzutreten, imper. 2. sg. *upahista* yt. 17, 21. impf. 3. sg. *upahistaţ* yt. 17, 21.

— *uç*, sich erheben, aufstehn, praes. 3. sg. *uçehistaiti* er erhebt sich (zum Schlag) vd. 4, 54. steht auf vd. 18, 55. imper. 2. sg. *uçehista* vd. 18, 43. yt. 16, 2. 2. plur. *uçehistata* vd. 18, 37. impf. 3. sg. *uçehistaţ* vd. 19, 11. Cit. der Hzv.-Gl. zu vd. 2, 32. impf. conj. 3. sg. *paçca yaţ uçehistâţ* vd. 18, 96. *uç . . . histâţ* yt. 8, 32. 3. pl. *yaţ iriçta paiti uçehistãn* wenn die Todten auferstehen yt. 19, 11. partic. praes. nom. *framrava uç vâ histô nî vâ paidhyamnô, nî vâ paidhyamnô uç vâ histô* (wer) spricht aufstehend oder verweilend, verweilend oder aufstehend yt. 1, 17.

— *ni*, einsetzen, befehlen, causale praes. 3. sg. *yô nistayêiti keretê çraoshyãm* wer die Strafe zur Vollziehung bestimmt yt. 10, 109. partic. perf. pass. nom. f. *ishare hâ nistâta* schnell, wenn sie befohlen (wird sie ausgeführt) yt. 10, 109.

— *paiti*, stehn, widerstehn, praes. 3. sg. *arezê paitihistaiti* er steht (behauptet sich) auf dem Schlachtfeld yt. 10, 36. *uç paiti adhâţ histaiti* er erhebt sich yt. 8, 32. aor. 3. sg. *yatha paitistâţ* weil er widerstehn wird yt. 13, 129. partic. praes. med. nom. *paitihistemnô* sich behauptend yt. 10, 36. causale impf. 3. sg. med. *paitiçtayata raithya* sie stieg auf den Wagen yt. 17, 17.

— *fra*, sich erheben, vorwärts gehn, praes. conj. 3. sg. med. *frakhstâitê* (wenn) er hervorschreiten wird yt. 19, 92. er geht einher yt. 10, 98. collectiv: sie gehn vorwärts vd. 15, 124. imper. 1. sg. *frakhstânê* dass ich einher gehe y. 9, 67. impf. 3. sg. *frakhstata* hervortrat yt. 13, 97. perf. 3. sg. *frahista* erhebt sich yt. 10, 138.

— *hãm*, sich sammeln, bestehn, praes. 3. pl. *dunmãn hãmhistenti* Dünste sammeln sich yt. 8, 32. impf. 3. sg. *paoiryô gairis hãmhistaṭ . . . haraiti bares* als erstes Gebirge erhob sich (bestand) die Höhe Haraiti yt. 19, 1.

Skr. *sthâ*, *tíshṭhati*, altp. *çtâ*, hzv. *ôçtâtan*, parsi *éçtâdan*, *çtadan*, np. *uçtâdan*, *îçtâdan*, armen. *kal*, südoss. *çiçtin*.

çtâiti (vom vor.) f. Stand.
Skr. *sthiti*. — Vgl. *qâçtâiti*, *drvôçt°*.

çtâitya (vom vor.) adj., das zukommende, plur. nom. n. *yathanâ çtâitya* wie es jedem zukommt y. 20, 2.

çtâoñh° s. *çtâ*.

çtâta (partic. perf. med. pass. von *çtâ*) stehend, gestellt.

çtâtôratu (vom vor. + *ratu*) adj., einen Aufseher über sich gesetzt habend, acc. f. *kainînem çtâtôratûm vâ açtâtôratûm vâ* ein Mädchen welches noch oder auch nicht mehr unter Aufsicht (der Eltern) steht vd. 15, 31.
Vgl. *açtâtôratu*.

çtâna (von *çtâ*) m. Ort, Stall.
Skr. *sthâna*, altp. *çtâna*, hzv. np. *çtân*, bal. *thân*.
Vgl. *açpôçtâna*, *ustrôçt°*, *garôçt°*.

çtârahê s. *çtare*.

çtâvaêsta (superl. zu *çtûi*) der grösste, acc. n. *çtâvaêstem skyaothnem* die grösste (hier: die schlimmste) That yt. 17, 59.
Skr. *sthávishṭha*.

çtâhya (von *çtâ*) ein (hoch) zu stellender, geachteter, nom. *nâ çtâhyô vyâkhnô* yt. 13, 52. plur. gen. *narãm çtâhyanãm vyâkhnanãm* N. 3, 10. yt. 24, 6.

çti (von *çtâ*) f. 1) Schöpfung, Creatur, nom. *çtis* yt. 8, 48. *mainyava çtis* Cit. der Hzv.-Gl. zu vd. 2, 41. acc. *çtîm* vsp. 19, 4. 21, 2. y. 35, 2. G. 3, 7. *vîçpãm ashaonô çtîm* y. 19, 22. gen. *çtôis* vsp. 5, 6. y. 54, 18. 57, 10. 42, 13. 51, 1. yt. 11, 17. 22. 13, 89. *mainyaoyâo çtôis* vsp. 2, 5. *drvatô çtôis* der Schöpfung des Bösen y. 60, 17. *haca vîçpayâo ashaonô çtôis* vd. 10, 11. *vîçpayâo ashaonô çtôis haithyâica bavãithyâica bûshyãithyâica* (Preis) der ganzen Schöpfung des Reinen, der seienden, gewesenen und sein werdenden y. 67, 64. plur. acc. *â çtîs* (die Pfade) zu den Welten y. 42, 3. 2) Schaft.
Hzv. *çtî* (kann auch *gêtî* gelesen werden und entspricht dann dem altb. *gaêtha*), armen. *açtikh*.
Vgl. *vrrîçti*.

çtij f. Kampf, instr. *çtija* yt. 10, 71.
Hzv. *çtêj*, parsi *çtêzh*, np. *çitéz*.

çtidhâta (von *çti* + 3. *dâta*) adj., den Gesetzen der Creatur unterworfen, Gegensatz von *qadhâta*, plur. nom. n. *raocâo çtidhâta* die weltlichen Lichter (Gegensatz zum ewigen Licht, vgl. Bund. 1, 12, vd. 2, 131.
Hzv. *çtidhât* (blosse Umschreibung).

çtipti 1) adj., schlecht, plur. abl. er reinige achtzehn Hunde *çtiptibyaçca anâiritibyaçca vyañuraêibyaçca* von schlechten unreinen und verzehrenden (Thieren) vd. 14, 71. 2) m. n. pr. des Sohnes des Ravañt, gen. *çtiptôis ravatô fravashîm yazamaidê* yt. 13, 123.

çtivañt (von *çti*) m. n. pr. des Vaters des Frâdaṭvañhu, gen. *frâdaṭvañhéus çtivatô* yt. 13, 121.

çtîtâṭ (von *çti* + *tâṭ*) f. das Bestehen, gen. *çtîtâtaçca* vsp. 11, 3.

çtu, loben, ein Lobgebet sprechen, praes. 1. sg. *çtaomi* y. 10, 6. 26, 1. yt. 1, 0. 13, 21. S. 2, 30. med. *çtuyê* ich erflehe y. 13, 11. 3. sg. *çtaoiti* y. 10, 13. 58. yt. 21, 3. 7. impf. 3. sg. *çtaoṭ* yt. 13, 89. med. *çtaota* yt. 17, 18. impf. conj. 3. sg. *çtavâṭ* yt. 5, 8. 13, 50. 3. pl. *çtavãn* y. 9, 8. imper. 2. pl. *çtaota* vd. 18, 37. partic. praes. nom. *çtavaç ashâ* lobpreisend mit Reinheit y. 44, 6 (cit. y. 60, 17. 51, 14). *aṭ vâo yazâi çtavaç* so will ich euch preisend verehren y. 49, 4. med. (passiv.) nom. *çtavanô* gepriesen werdend y. 10, 13. partic. perf. pass. *çtuta* (s. besonders).

— *apa*, abschwören, verfluchen, imper. 1. sg. *nôiṭ apaçtavânê* vd. 19, 25. 2. sg. *apaçtavañuha* vd. 19, 23.

— *avi*, loben, imper. 2. sg. *avi mãm çtaomainê çtûidhi* y. 9, 8.

— *â*, preisen, praes. 1. sg. med. *âçtuyê* y. 13, 27. *â-tê añhê fraca çtuyê* ich preise dich dafür (zur Busse) y. 1, 59. 3. sg. act. *heñtem âçtaoiti* zu dem welcher ist (einer, der) preist y. 10, 61. impf. 3. sg. med. *âçtaota* yt. 19, 84.

— *upa*, preisen, beten (durch das Beten eines Gebetes lobpreist man dieses selbst), praes. 1. sg. *upaçtaomi* y. 10, 4. 53. 3. sg. *upaçtaoiti* man preist y. 10, 16. yt. 24, 39. pot. 3. sg. *upaçtrôiṭ* er bete vd. 19, 73. aor. pot. 3. sg. *yaṭ thris ashem upaçtuyâṭ* wenn er das Ashem vohu dreimal betet vd. 18, 97. partic. perf. pass. nom. f. *upaçtuta* yt. 17, 17.

— *uç*, durch Beten schützen, gleichsam herausbeten, praes. 1. sg. med. *uç gêus çtuyê tâyâaṭcâ uç mâzdayaçninãm vîçãm zyânayaêca* ich schütze durch Gebet das Vieh vor Diebstahl, die mazdayaçnischen Clane vor Schaden y. 13, 7.

— *paiti*, loben, partic. praes. nom. *paitiçtaraç ayênî* ich komme mit Lobpreis herbei y. 49, 9.

— *fra*, loben, praes. 1. sg. med. *fraçtuyê* y. 12, 1. yt. 1, 0. *â-tê añhê fraca çtuyê* y. 1, 59. 1. plur. *frâ tê çtaomaidê* Fr. 7, 2. partic. praes. nom. *fraçtavanô* yt. 21, 7.

Skr. *stu*, *staúti*, hzv. *çtâtan*, parsi *çtâêm* (ich lobe), neup. *çitâdan*, afgh. *çtâyal* (aus dem np.), südoss. *çtarin*, dig. *çtaun*.

çtuta (vom vor.) 1) adj., gelobt 2) m. Gebet, nom. *ashem çtutô* das Gebet Ashem vohu yt. 21, 2.
Vgl. *âçtuta*.

çtûi, adj., gross, acc. n. (adv.)? *khshathra . . . çtûi bakhdhra* Reiche (imperia) welche gross (viel) Tribut zahlen yt. 17, 7. 5, 130. *ushaonô çtûm* G. 3, 7. lies *ashahê ratûm*. compar. *çtaoyâo*, superl. *çtâvaêsta* (s. besonders).
Vgl. skr. *sthûrá*, *sthávîyaṅs*, *sthávishṭha*.

çtûiti (von *çtu*) f. Lob, nom. *çtûitis* y. 10, 14.
Skr. *stúti*, dig. *çtud*.
Vgl. *ashôçtûiti*.

çtûimanôthri (von *çtûi* + *m°*) adj., grossköpfig, plur. acc. *çtûimanôthrîs* yt. 9, 30.

çtûta (vgl. *çtuta*) n. Gebet.
Vgl. *ashôçtûta*.

çtûṭ (partic. aor. von *çtu* oder aus *çtavañṭ* contrahiert?) m. der Preiser, gen. *kaṭ vâ çtûtô* was ist Sache des Preisenden y. 34, 12. *ishudem çtûtô* y. 34, 15. *çtûtô* des Lobsängers y. 41, 1. plur. gen. *yôi vê yôithemâ daçemê çtûtãm* welche euch hülfreich sind beim zehnten der Lobsänger y. 28, 9. *pairî gaêthê khshmâratô rahmê yarôibîs çtûtãm* ich komme zu euerm Lob mit den Ehrfurchtsbezeigungen der Lobsänger y. 34, 2.

çtûna (von *çtâ*) m. f. Säule, nom. *merezuca çtûnô gayêhê* das Mark (acc.) welches die Grundsäule des Lebens ist yt. 10, 71. plur. nom. *amereza gayêhê çtûna* unvergänglich sind des Lebens Grundsäulen Cit. der Hzv.- und Skr.-Gl. zu y. 9, 4. acc. *çtunâo* die Säulen yt. 10, 28.
Skr. *sthûṇâ*, hzv. kurd. *çtûn*, np. buchar. afgh. *çutûn*, kurm. *uçtún*, armen. *çiun* (*κίων*)?
Vgl. *berezicçtûna*, *çatôçt°*, *hazañrôçt°*.

çtemb, stützen.
Skr. *stabh*, *stabhnóti*.

çtembana (vom vor.) m. Stütze, Pfeiler.
Skr. *stámbhana*. — Vgl. *ashaçtembana*.

çterethwañṭ (von *çtar*) adj., niederwerfend, instr. n. *çterethwata çnaithisha* y. 56, 4, 2. yt. 4, 9.

çtehrpaêça (von *çtare* + *paêça*) adj., sternengleich, nom. n. *nmânem çtehrpaêçem* y. 56, 9, 4.

çtehrpaêçaṅha (von *çtare* + *paêçaṅh*) adj., mit Sternen geschmückt, acc. *vâshem °paêçaṅhem* yt. 10, 143. neutr. *aiwyâoṅhanem °paêçaṅhem* y. 9, 81 (die Parsi verstehn hierunter das sadereh, Spiegel Av. übers. II, XLVIII). *vaṅhanem °paêçaṅhem* yt. 13, 3. instr. m. *°paêçaṅha* yt. 10, 90.

çtérapañṭ (von *çtôi* + *rapañṭ*) adj., beständig erfreuend, acc. *çtôirapañtem* dem der stets erfreut (das Feuer; die Trad. leitet *çtôi* von *çta* ab, welcher ist, steht zur Erfreuung) y. 34, 4. plur. gen. *narãm çtérapatãm* N. 3, 10. = yt. 24, 6 (wo *çtérapañtãm*, al. *çtôir°*).

çtô s. *ah*.

çtôi (adv. loc. von *çta*) adv., immer y. 31, 8. 33, 10. 44, 10. 45, 10. 48, 2. 49, 2. 6.

çtôirapañṭ s. *çtérapañṭ*.

çtraya (von *çtar*) m. Füllung.
Vgl. *urvarôçtraya*.

çtri f. Weib (sexual), nom. *yêzi çtri aṅhaṭ* vd. 8, 186. *çtrica nairyaçca* vd. 2, 134. 13, 168. 18, 64. *mâ çtrî* kein Weib, Westerg. *maçtri* yt. 5, 92.
Skr. *strî* (von *su*).

çtrinâmau (vom vor. + *n°*) adj., weiblichen Geschlechts, plur. nom. f. *°nâmanô* vd. 13, 168. 14, 2.

çtryômaya (von *çtri* + *m°*) adj., mit den Weibern verbunden, plur. acc. f. *çtryômayâo pârenîdîs* Schätze welche die Weiber bringen (als Mitgift?) A. 1, 4.

çtvikaofa (v. *çtûi* + *k°*) adj., grosshöckerig, nom. *ustrô . . . çtvikaofô* yt. 14, 12.

çna (von 2. *çnâ*) m. Sehne, Darm.
Vgl. skr. *snâyú*. — Vgl. *garaçna*.

çnaithis (von *çnath*) n. Waffe zum Schlagen, nom. *çnaithis* y. 56, 9, 5. *çnaithisca* yt. 13, 71. acc. *çnaithis* vd. 19, 53. y. 56, 12, 4. instr. *çnaithisha* y. 56, 4, 2. 56, 7, 5. yt. 4, 9. 17, 20. *çnaithishâ* y. 31, 18. dual. instr. *çnaithizhibya* y. 56, 11, 5. gen. *çnaithishãmca* yt. 13, 26.
Hzv. *çnâsh* (*çnahish*?). — Vgl. *nidhâçnaithis*.

çnaêzhana (von *çniz*) adj., schmeichelnd, nom. *çnaêzhanô* vd. 13, 159. plur. nom. *vehrka çnaêzhana* vd. 13, 114.
Vgl. skr. *snehan*.

çnaodha (v. *çnud*) adj., reichlich (Trad. Schnee [?]).

çnaodhômanaṅh (vom vor. + *m°*) adj., reichliche (gute) Gedanken habend? nom. *yô açti çnaodhômanâo*, *yô nôiṭ atha çnaodhôvacâo*, *yô nôiṭ atha çnaodhôsaothnâo* (lies *°skyaothnô*) yt. 24, 31.

çnaodhôvacaṅh (von *çnaodha* + *v°*) adj., reichliche (gute) Reden führend? nom. *°vacâo* yt. 24, 31.

çnaodhôvafra (v. *çnaodha* + *v°*) m. reichlicher Schneefall, plur. acc. (der Beziehung) *yahmaṭ haca paravô çnaodhôvafra çnaêzhâṭ* weshalb es mit vollem Schneefall schneien wird vd. 2, 50.

çnaodhôskyaothna (von *çnaodha* + *sky°*) adj., reichliche Thaten ausübend? nom. *çnaodhôsaothnâo* (lies *°skyaothnô*) yt. 24, 31.

çnaoya (vergl. *çnârya*) m. n. pr. des Vaters des Vohvaçti, gen. *vohvaçtôis çnaoyêhê* yt. 13, 96.

çnath, schlagen, tödten, praes. 3. plur. *dôiêçnatheñti?* Fr. 8, 2.
Skr. *çnath*, *çnáthati*.

çnatha (vom vor.) m. das Schlagen, der Schlag, nom. *çnathô* vd. 19, 144. acc. *nars çnathem* zum Schlagen eines Mannes vd. 4, 54. *frazâbaodhaṅhem çnathem* vd. 4, 106. *imê aêtê vaca yôi heñti aṅrahê mainyêus çnathem* diess sind die Worte, welche den Ahriman schlagen vd. 10, 26. instr. *aredusa çnatha* vd. 4, 79. dat. *çnathâi* vd. 9, 36. y. 27, 2. 56, 12, 5. 64, 45. yt. 1, 54. gen. *çnathahê* Fr. 8, 2.

1. **çnâ**, waschen.

— *uç*, waschen, pot. 3. sg. med. *uç tanûm çnayaêta* sie wasche sich den Körper vd. 5, 156.

— *fra*, waschen, conj. praes. 3. pl. med. *fraçnayâoñtê* vd. 8, 31. pot. 3. sg. *fraçnaêta* *fraçnayôiṭ* vd. 19, 75. imper. 1. sg. *fraçnayêni* vd. 21, 24. yt. 24, 49. *hâm fraçnayêni* vd. 21, 28. 2. sg. med. *frâ zaçta çnayañuha* vd. 18, 44. impf. 3. pl. med. *fraçnayañta* yt. 10, 122. partic. perf. pass. dual. nom. m. *fraçnâta zaçta* vd. 8, 128. 9, 44. instr. *fraçnâtaêibya zaçtaêibya* vd. 8, 129. yt. 10, 91. 18, 44. A. 3, 5.

Skr. *snâ*, *snâti*, vgl. zaza *cçnau kêna* (ich bade mich), dig. *akhçnu*, tag. *akhçûn?*

2. **çnâ** (Fortbildung von *tan* durch *â*) dehnen.

çnâthra (von 1. *çnâ*) n. Waschung.

Vgl. *hûsnâthra*.

çnâd Fortbildung von 1. *çnâ* durch *d*, v. 2. *dâ*) waschen, causale pot. 3. plur. *fraçnâdhayen* vd. 7, 34. 16. 19. *âpô fraçnâdhayen* sie sollen es mit Wasser waschen vd. 7, 35.

çnâvare (von *çnâ*) n. Sehne.

Vgl. *thanvare*, skr. *snâra*.

çnâvarebâzura (v. vor. + *bâzu*) adj. eine mit einer Sehne bespannte Armwaffe bildend, nom. f. *fradakhshana çnâvarebâzura* ein Wurfgeschoss welches eine mit einer Sehne bespannte vom Arm geschleuderte Waffe ist? vd. 14, 37. Hzv. „ein Hammer, ein Sehnen-armiger (lies *çnavar-bâjâi?*), Aprag sagt: von der Sehne vorwärts gemacht werden sie; Mitukmâh sagt: von der Spitze (*? dôjînak*) werden sie gemacht."

çnâvidhaka m. n. pr. eines von Kereçâçpa getödteten Feindes, einer Personification des hochmüthigen Geistes ohnmächtigen Begehrens (Westergaard I. St. III, 431), acc. *çnâvidhakem* yt. 19, 43.

çnâvya (vgl. *çnâvare*) adj., aus Sehnen, Därmen bestehend, instr. f. *çnâvya jya* von einer Sehne aus Därmen yt. 10, 125.

çnizh, schneien, praes. 3. pl. *çnaêzheñti* es schneit vd. 8, 12. med. *çnaêzhiñtaêca* yt. 5, 120. impf. conj. 3. sg. *vafra çnaêzhâṭ* vd. 2, 50. partic. praes. gen. f. *âpô yaṭ çnaêzhiñtyâoçca* vd. 6, 74. *khshafnô çnaêzhiñtyâo* yt. 16, 10.

çniz, lieben.

Skr. *snih*, *snihyati*.

çnu, fliessen.

Skr. *snu*, *snaúti*.

çnud (Fortbildung des vor. durch *d*, von 2. *dâ*) fliessen lassen, partic. praes. plur. acc. f. *âaṭ tâo çnaodheñtîs gerezânâo hazô nivarezayen daêva* dann thaten ihnen, den (Thränen) fliessen lassenden, weinenden, Gewalt an die Daêvas yt. 19, 80.

çpaiti (von 1. *çpâ*) f. Verwüstung? nom. *naêdha thwãm hãmpathyêiti drujô çpaiti* nicht fällt dich an die Verwüstung der Drukhs? yt. 24, 35.

çpaêta (von *çpiṭ*) adj., weiss, acc. *çpaêtem* vd. 8, 41. plur. nom. *çpaêta* yt. 5, 13. acc. n. *çpaêta vaçtrâo* yt. 10, 126.

Skr. *çvetá*, hzv. *çpêt*, np. *çipêd*, *içpêd*, buchar. *çifîd*, syrisch-zig. *çuffeid*, afgh. *çpîn* (hzv. *çpînak*), bal. *çafaith*, bei Masson *çifêt*, kurd. *çpi*, kurm. zaza *çepí*, armen. *çpitak*.

çpaêtita (partic. caus. von *çpiṭ*) adj., weiss, acc. *çpaêtitem* yt. 14, 13. 15, 31. *upa çpaêtitem razurem* yt. 15, 31. plur. nom. *aurvañtô çpaêtita* yt. 10, 125.

çpaêtini (v. *çpiṭ*) adj., hell, weisslich, nom. *çpaêtinis varemis* der helle Schutz yt. 19, 67. pl. acc. f. *upa çpaêtinis razurâo* an dem weisslichen Dickicht yt. 15, 31.

çpaka (von 2. *çpâ*) adj., hundartig, plur. gen. *baêvare azhinãm çpakanãm kahrpunanãm avajanyâṭ* er tödte 10000 hundartige Schlangen, Eidechsen vd. 14, 10.

çpakhsh (Fortbildung von 2. *çpaç* durch *sh*) unterdrücken.

çpakhsti (vom vor.) f. Unterdrückung.

Vgl. *pouruçpakhsti*.

çpac? mit *â*: impf. 3. sg. *naêdha mainyu paiti* (al. *pâiti*) *açpacaṭ* noch kehrt er zornig wieder zurück (Windischmann), und nicht sichert er sie durch himmlischen Schutz (Spiegel) yt. 10, 19.

çpacithra (von 2. *çpâ* + *c°*) adj., von Hunden stammend, plur. gen. *°cithranãm* vd. 13, 48.

çpazga (vgl. 2. *çpaç*) m. Grausamkeit, nom. (ohne Flexion) *çpazga* yt. 3, 8. acc. (ohne Flexion) *çpazga* yt. 3, 11. Superlativbildung acc. (ohne Flexion) *çpazga çpazgôtema* yt. 3, 15.

çpan (Fortbildung v. *çu*) fördern, wachsen. praes. 3. plur. *çpanvañti* man fördert yt. 21, 4.

çpanôñhvañṭ (von *çpânañh*) adj., mit Vermehrung begabt, nom. *aêvañdaçô çpanañhâo* elftens heisse ich vermehrend yt. 1, 8.

çpanyâo (comparat. zu *çpéñvañṭ*) sehr heilig, nom. *çpanyâo* der heiligste (Geist) y. 44, 2. *avatha tê añhaṭ vañhô avatha añhâo çpanyâo* dann wird dir das beste sein, du (wirst sein) heiliger in beiden Welten vd. 18, 133. *frâ mê çpanyâo manivâo vavaca* ich habe (den Ahuna vairyô) mir gesprochen als der heilige (der ich der heilige bin) von den beiden Unsichtbaren y. 19, 21. acc. *çpanyañhem* (Spiegel *çpanyâoñhem*) y. 10, 37.

çpay s. 1. *çpâ*.

çpaya (von 1. *çpâ*) m. Verbergung, Begrabung.

Vgl. *naçuçpaya*, *nistaretôçp°*.

çpayathra (v. 1. *çpa*) n. Vernichtung, gen. *çpayathrahyâ* y. 30, 10. cit. Fr. 8, 2. (wo *çpayathrahê*)

çpar, gehn, mit den Füssen treten, sich sträuben; pot. 3. sg. *çparôiṭ?* yt. 24, 35.

— *fra*, abschütteln, impf. 3. sg. *frãs ayañhô fraçparaṭ* (der Drache) schüttelte den eisernen Kessel ab y. 9, 38. yt. 19, 40. hzv. *faûj çparânt*, Ner. *avâkirat*.

— *vi*, auf etwas treten, imper. 2. sg. *vîçpara* tritt (auf die Erde) vd. 2, 95. impf. 3. sg. *vîçparat* vend. sade 133 (Westerg. vd. 2, 32).

Skr. *sphur*, *sphuráti*, hzv. *çpartan*, *afçpartan*, parsi *awaçpârcṭ* (übergibt), np. *çapardan*, afgh. *çpâral*.

çpareg, spriessen.

çparegha (vom vor.) m. Zacken, Auszweigung der Pfeilspitze, instr. *çparegha* yt. 10, 129.

Vgl. np. *açparag* (griech. ἀσπάραγος).

çparez, streben.

â, streben, impf. 3. sg. *ashâfradathâi açperezatâ* y. 31, 16.

Skr. *sparh*, *spṛháyati*.

çpared, nacheifern, imper. 1. sg. *çperedâni* (ihm) will ich nacheifern y. 52, 4.
Skr. *spardh*, *spárdhate*.

çparmaini (von *çpar*) adj.? nom. f. *çparmainî* (scil. *daêna*) yt. 24, 36.

1. **çpaç**, schauen, bewachen, praes. 1. sg. *çpaçyâ* ich will bewachen y. 43, 11. 3. sg. *çpaçyêiti* yt. 10, 82. (Spiegel scheint *çpayêiti* zu lesen), partic. praes. nom. *çpaçyô* bewachend yt. 11, 14. intens. partic. praes. acc. *hiçpôçeñtem* yt. 8, 36. med. plur. nom. *hiçpôçemna* yt. 10, 45.
— *ava*, erblicken, impf. 3. sg. *nôiṭ dim yava* . . . *drvâo* . . . *ashibya avaçpastivina avi avaçpashnaoṭ* nicht wird ihn je ein Schlechter mit den Augen erblicken yt. 11, 5.
Skr. *paç*, *páçyati*, armen. *çpaçel*.

2. **çpaç** unterdrücken.
— *avi*, angreifen, partic. perf. pass. nom. *âaṭ yaṭ bavaiti aviçpastô çâçta dañhéus* dann wenn der Beherrscher des Landes angegriffen ist yt. 13, 69.
Skr. *spaç*, *spáçati*.

3. **çpaç** (v. 1. *çpaç*) m. Späher, nom. *çpas* yt. 10, 46. acc. *çpaçem* yt. 10, 61. pl. nom. *çpaçô* yt. 10, 45.
Vgl. hzv. parsi *çpâç*, np. *çipâç* Spiegel DMG. VI, 417., armen. *çpaç*.

çpaçan (von 1. *çpaç*) m. Wächter, pl. acc. *parô çpaçânô* vor die wachenden (Hunde) vd. 13, 77..
Vgl. *baêvareçpaçana*.

çpaçtar (von 1. *çpaç*) m. Wächter, nom. *çpaçta nâma ahmi* yt. 1, 13.

çpashuthar (von 1. *çpaç?*) m. einer welcher in Acht nimmt, bemerkt, hzv. *pâçpân*, Ner. *praharakartar*, nom. *yé-mé çpashuthâ frâidîm* wer meine Wohlthat (dankbar) bemerkt y. 52, 6.

çpasiti (von 1. *çpaç*) f. Aufsicht, abl. *çpasitiêdhea* um zu beaufsichtigen yt. 19, 6.

1. **çpâ** fallen machen, hinwegnehmen, praes. 3. sg. *çpayêiti* vd. 3, 142. fut. 3. sg. *çpâoñhaiti* vd. 3, 140.
— *aipi*, auswerfen, praes. 3. sg. *yô kafem aipiçpayêiti* (das Kameel) welches Schaum auswirft (um den Mund) yt. 14, 13.
— *apa*, ausziehen, impf. 3. sg. *apaçpayaṭ vaçtrâo* yt. 19, 56.
— *ava*, wegwerfen? impf. 1. plur. *avaçpayama* yt. 24, 44.
— *avi*, hinwerfen, impf. conj. 3. sg. *avi tem çpayâṭ temô* man wird ihn in die Finsterniss werfen vd. 3, 119.
— *para*, wegfegen, praes. 3. sg. *para kameredhâo çpayêiti* yt. 10, 37.
— *fra*, wegfegen, praes. 3. sg. *fraçpayêiti* yt. 10, 43.

2. **çpâ** (von *çu*) m. Hund, hundartiges Thier; auch der Biber, Fuchs, Wiesel, Igel werden zum Hundegeschlecht gerechnet, vgl. Bund. 30, 12. nom. *çpâ* vd. 5, 92. 13, 80. collectiv: *frapithwô çpâ* Hunde in Ueberfluss vd. 3, 10. statt des dat. *çpâ paçushaurvô dâityô gâtus* vd. 13, 49. statt des instr. oder gen. *yatha yaṭ vehrkô çpâ* wie wenn ihn der Wolf mit dem Hund (erzeugt) vd. 13, 115. acc. *çpânem* vd. 6, 103. 8, 41. statt des nom. (attrahiert) *çpânem* vd. 13, 3. hinter dem verb. *çpânem* vd. 5, 18. 13, 3. dat. *çûnê* vd. 13, 26. 15, 10. gen. *çûnô* vd. 6, 16. 7, 67 (fem.). *çûnahê* vd. 13, 30. 79. yt. 24, 44. Cit. der Hzv.-Gl. zu vd. 13, 162. loc. *çpânaêca* vd. 3, 123. dual. nom. *çpâna* vd. 13, 25. plur. nom. *çpânaçca* vd. 6, 1. 3, 27. 40 (Westerg. °*naca*). *çpâna* vd. 13, 117. *çûnô vâ kerefsqarô* vd. 6, 94. *anya çpâ* (lies *çpâna?*) vd. 13, 120. acc. *çpânô* vd. 13, 75. *çpânaçca* (Westerg. °*naca*) *iriçta* vd. 8, 38. gen. *çûnãm* vd. 2, 21. 13, 21.
Skr. *çvàn*, medisch σπάκα (Vullers, instit. I, 32), parsi np. buchar. *çag*, tâlish *çipâ*, qal. *azbé*, afgh. *çpai*, *çpâ*, kurd. *çah*, kurm. *ça*, armen. *shoun*, südoss. *khuj*, dig. *khuy*, tag. *khuds*. — Vgl. *çûni*.

3. **çpâ** (von *çu?*) m. Fuss, hzv. *pâi*.
Vgl. afgh. *shpah*, westafgh. *pshah*.

çpâdha m. Heer, acc. *çpâdhem* yt. 5, 68. 14, 58. gen. *çpâdhahê* yt. 10, 36. dual. nom. *çpâdâ* die Heere (des Ormazd und Ahriman) y. 43, 15. plur. nom. *çpâdha* yt. 14, 43.
Altp. *çpâda* (*Takhmaçpâda*), Σπαρανδάτης, hzv. *çpâh*, np. kurd. afgh. türk. *çipâh*, bal. *çipai* (Soldat), armen. *çpah*, tag. *äfçâd*.
Vgl. *pouruçpâdha*, *viñdaṭçp°*, *çrûtôçpâdh*.

çpânañh (von *çpan*) n., Vermehrung, Heiligkeit, nom. *çpânô* yt. 1, 8. acc. *çpânô* y. 9, 73. *maçtîm çpânô* Grösse (und) Vermehrung y. 61, 11. *çpânemca* (Thema °*na*) yt. 5, 86. instr. *çpanañha* durch Heiligkeit y. 9, 83.

çpânavañt (von 2. *çpâ*) adj., von einem Hund begleitet, nom. f. *çpânavaiti* (eine Jungfrau kommt die Seele abzuholen, vgl. yt. 22, 9. Schiefner oss. II, 13) mit einem Hunde vd. 19, 99. Die Hzv.-Gl. sagt: zum Schutz; Haug Essays 216. erinnert an den Gebrauch des çagdîd; Pictet (les origines Indo-Européennes II, 523) denkt an einen der Hunde, welche die Brücke Cinvad bewachen.

çpânôvaêdhya (von *çpânañh* + *v°*) n. Wissenschaft des Heiligen, acc. °*vaêdhîmca* yt. 10, 33. Vielleicht ist zu lesen *maçtîm çpânô vaêdhîmca?*

çpâfratha (v. 3. *çpâ* + *frathañh*) n. Breite eines Fusses, acc. °*frathem* in der Breite eines Fusses vd. 14, 56.

çpâbareza (von 3. *çpâ* + *barezañh*) n. Tiefe eines Fusses, acc. °*barezem* in der Tiefe eines Fusses vd. 14, 56.

çpâma m. Nagel (am Finger oder an der Zehe) plur. gen. *çpâmãm* vd. 6, 64. *çpâmãmca* vd. 6, 12, 13.

çpâra (von *çpar*) m. Schild.
Np. *çipar*, armen. *açpar*.

çpârôdâsta (vom vor. + *d°*) adj., Schild tragend, nom. f. *ashis* . . . °*dâsta* yt. 19, 54. plur. f. °*dâstâo* yt. 13, 35.

çpi (Fortbildung von *çu*) wachsen, schwellen, partic. praes. med. nom. *vareçnis çiçpimnô* der starke Schutz yt. 19, 67. instr. n. *frâgaoshâvara çiçpemna* mit einem dicken Ohrschmuck yt. 5, 127. 17, 10.
Skr. *çvi*, *çváyati*.

çpiñjauruska (vgl. *çpeñjaghra*) m. n. pr. eines Bösen, acc. *çpiñjauruskem daêvayaçnem* yt. 9, 31. 17, 51.

Hzv. *çpenjarush* (y. 17, 66).

çpit, weiss sein, partic. perf. med. *çpaêta* (s. besonders). caus. partic. perf. pass. *çpaêtita* (s. besonders).

Skr. *çvit*, *çvêtate*.

çpita (vom vor.) adj., weiss.

çpitama, çpitâma (von *çpita?*) m. Çpitamide, Nachkomme des Çpitama; die genealogische Stellung dieses letztern zeigt der Bundehesh (79, 5 ff.) in folgender Reihe: Porshaçp (*pourushaçpa*), Çpêtâraçp, Haêcadaçp (*haêcaṭaçpa*), Câshnus (*câkhshni*). Paitâraçp, Harshn, Hardâre, Çpetâmân, Vîdasht, Ayazemn, Rajan, Durâçrun, Manoscehr (*manuscithra*); Burnouf und Spiegel übersetzen *çpitama* als Beiwort des Zarathustra durch très-excellent, heilig vgl. np. *içfantmân* und Spiegel Av. übers. III, LXXIII); nom. *çpitâmô* vd. 19, 21. y. 29, 8. yt. 13, 94. 17, 18. *yatha zarathustrô çpitâmô* yt. 23, 4. *çpitâmô frashaostraçcâ* der Çpitamide Frashaostra Trad. Zarathustra und Fr.) y. 52, 2. fem. *pourucictâ çpitâmî* y. 52, 3. acc. *çpitâmem* vsp. 2, 6. y. 69, 1. 45, 13. 50, 12. dat. *çpitamâi* vd. 19, 8. 1, 1. 22, 1. vsp. 14, 2. y. 50, 11. 19, 36. yt. 10, 1. gen. *çpitâmahê* vsp. 12, 21. 19, 5. y. 3, 6. 14, 19. 23, 4. 56, 3, 2. yt. 8, 2. 13, 62. 98. *çpitâmahyâ* y. 52, 1. voc. *çpitama* vd. 19, 58. y. 9, 7. 60, 15. yt. 5, 7. 89. 10, 1. 118. 119. 17, 22. *maidyômâoñhâ çpitamâ* y. 50, 19. plur. voc. *çpitamâoñhô* y. 45, 15.

Hzv. *çpîtâmân* (Ner. *spitâmaputra*, *spitamîya*, *spitamânaraya*) np. *içfantmân*, vgl. altp. Σπιτάμας, Σπιταμένης; in den Desâtir heisst Zarathustra Sohn des *Hereçfetmâd*.

çpitavarenañh (von *çpita* + 2. *varena*) mit weisser Schneedecke bedeckt, m. n. pr. eines Berges, nom. *çpitavarenâoçca* yt. 19, 6.

çpiti (von *çpiṭ*) 1) adj., weiss 2) m. n. pr. des Sohnes des Uçpãçnu, gen. *çpitôis uçpãçnaos* yt. 13, 121.

çpitigaona (vom vor. + *g°*) adj., weissfarbig, plur. acc. *ari çpitigaona* (Westerg. *çpita gaona*) *gairi* zu den weissfarbigen Bergen y. 10, 30.

çpitidôithra (von *çpiti* + *d°*) adj., 1) helläugig, gen. *°dôithrahê* yt. 8, 13. 14, 17. 2) rechtschaffen (vgl. np. *çipêdrû*) gen. f. *frazañtôis °dôithrayâo* yt. 13, 131; plur. acc. n. *taêca narô çpitidôithra cashmanaṭ haca nizhbareñti* diese Menschen entfernen vom Auge (machen verschwinden?) das rechtschaffne vd. 7, 62. hzv. *narmanshânei gabnâ zak çpêtdôçar min ayôman barâ dedarunashn* diesen Männern soll man das weisse Auge (den weissen Theil des Auges) aus dem Auge nehmen? (ähnlich übers. Anquetil).

çpityura (v. *çpiti* + *urañh*) m. n. pr. eines Sohnes des Vîvañhvañṭ, welcher mit Dahâka seinen Bruder Yima tödtete, Bund. 77, 9. acc. (statt nom. hinter dem praedic.) *çpityuremca yimôkereñtem* yt. 19, 46.

Hzv. *çpitur*.

çpis m. Laus, nom. (statt acc.) *yim mashyâka çpis nãma aojaiti* welche die Menschen Laus nennen vd. 17, 8.

Hzv. *çpish*, np. *shubiç*, *çupuç*, kurd. *çpeh*.

çpeñjaghra (vgl. *çpiñjauruska*) m. n. pr. eines Daêva, welcher der Gegner des Blitzfeuers Vâzista ist und von dessen Keule getroffen brüllt, Bund. 17, 8. acc. *âtarem vâzistem frâyazaêsa daêum janem yim çpeñjaghrem* vd. 19, 135.

Hzv. *çpôjgar*, parsi *çpôzgar* (vgl. parsi *çpôz*, *skhalana*, von skr. *çrañj*, *çrâjate*, unbelegt).

çpeñta (von *çpan*) 1) adj., vermehrend, heilig (zwei Bedeutungen, welche im parsischen Religionssystem identisch sind; der heilige ist der, welcher dem Ahriman Abbruch thut und die Macht des Ormazd vermehrt), nom. *çpeñtô* y. 42, 3. 47, 3. 29, 7. *çpeñtô mainyus* vd. 19, 33. *ahyâ manyêus . . . ahî çpeñtô* du bist der Heilige im Himmel y. 46, 3. fem. *çpeñta* (scil. *ârmaitis*) vd. 19, 45. *çpeñta ârmaitis* y. 56, 10, 4. neutr. *çpeñtem* heilig! vsp. 22, 1. (der Kardeh ist der Gâtha çpeñtâmainyu gewidmet). acc. m. *çpeñtem* y. 61, 23. 42, 4. fem. *çpeñtãm ârmaitîm* y. 32, 2. neutr. *hyaṭ çpeñtem ameshem* was heilig unsterblich ist y. 37, 10. = 5, 10. instr. m. *çpeñtâ mainyû* y. 46, 1. fem. *ârmaiticu çpeñtaya* yt. 1, 28. *çpeñtâ daênâ* y. 44, 11. dat. f. *çpeñtayâi ârmaitêê* vd. 18, 108. abl. m. *çpeñtâṭ* (scil. *manyêus*) y. 46, 4. gen. *çpeñtahê mainyêus* vsp. 14, 11. *çpeñtahyâ* y. 28, 1. *çpeñtaqyâcâ* y. 34, 2. fem. *çpeñtayâo ârmatôis* y. 69, 8. voc. m. *çpeñtâ* y. 43, 7. *çpeñta* N. 5, 6. *çpeñtâ mainyû çraotâ mazdâo ahurô* o heiliger Geist (d. i. Ormazd), es höre Ormazd y. 44, 6. fem. *çpeñta ârmaitê* vd. 18, 109. *çpeñtâ ârmaitê* y. 33, 13. plur. nom. m. *çpeñta* y. 56, 11, 2. yt. 10, 68. *ameshâ çpeñtâ* y. 28, 0. fem. *çpeñtâo* yt. 10, 3. *jamyãn vañuhîs çpeñtâo fravashayô* y. 59, 7. nom. oder acc. m. (nach *heñti*) *haoma çpeñta* vsp. 10, 13. acc. *ameshâ çpeñtâ* y. 2, 11. *ameshâo çpeñta* vd. 19, 43. *ameshê çpeñtê* vd. 19, 65. *çpeñtêng ameshêñg* y. 39, 8. *ameshã çpeñtã* y. 41, 36. fem. *çpeñtâo* vend. sade 68. y. 17, 30. 2, 25. yt. 13, 21. 75. A. 2, 3. dat. m. *ameshaêibyô çpeñtaêibyô* vd. 19. 84. fem. *gâthâbyô çpeñtâbyô* vd. 19, 127. y. 54, 2. 70, 55. A. 2, 1. *çpeñtâbyô* yt. 13, 46. abl. m. *ameshaêibyô çpeñtaêibyô* yt. 4. 3. gen. *ameshanãm çpeñtanãm* yt. 11, 17. voc. *amesha çpeñta* vsp. 6, 1. *ameshâ çpeñtâ* vsp. 6, 5. superl. nom. *çpeñtôtemô* y. 1, 4 44, 5. yt. 1, 12. plur. acc. n. *çpeñtôtemâ* y. 37, 6. = 5, 6. 2) m. n. pr. des Vaters des Avahya, gen. *avahyêhê çpeñtahê* yt. 13, 123.

Vgl. skr. *çâçvant*, *çvântâ* (Benfey Sâmav. v. *çvâtrâm*, Weber I. St. I, 324. 397), np. *açpand*, pamphylisch Ἀσπενδος.

çpeñtafradakhsta (vom vor. + *fr°*) adj., heilig gekennzeichnet, von Vögeln, plur. nom. *çpeñtafradakhsta* (Westerg. *çpeñta fr°*) als heilige gekennzeichnet y. 10, 28.

çpeñtâmainyu adj., n. pr. der mit *çpeñtâ mainyû* beginnenden, in y. 46–49. enthaltnen Gâtha und des ersten Capitels derselben, acc. f. *çpeñtâmainyûm hâitîm yazamaidê* y. 46, Schluss. *çpeñtâmainyûm gâthãm* y. 49, Schluss; A. 2, 3. G. 2, 5. vsp. 2, 23. gen. *çpeñtâmainyéus gâthayâo* vd. 19, 128. y. 49, Schluss. A. 2, 1. vsp. 1, 21.

Hzv. *çpeñdômat*, auch Name des dritten Schalttages.

çpeñtôkhratu (von *çpeñta* + *khr°*) m. n. pr., dual. gen. (dvandva) *zrayañhâo çpeñtôkhratavâo ashaonâo* des Zr. und (seines Bruders) Çp., der beiden reinen yt. 13, 115.

çpeñtôdâta (von *çpeñta* + 2. *d°*) 1) adj., vom heiligen (Ormazd) geschaffen, plur. nom. n. *°dâtâo dâmãn* yt. 13, 93. acc. n. *°dâtâis dâmãm ashavanô yazamaidê* vsp. 22, 4. 2) m. n. pr. a) eines Sohnes des Vîstâçpa, welcher den Arejaṭaçpa tödtet und auf Veranlassung seines Vaters im Kampf gegen Ruçtam erst seine beiden Söhne verliert und dann von diesem selbst erschlagen wird; seine Thaten sind durch v. Schacks Firdusi (II, 225 ff.) bekannt; dat. (statt nom.?) *çpeñtôdhâtâi* yt. 24, 25. gen. *takhmahê çpeñtôdâtahê* yt. 13, 103. b) eines Berges, vielleicht desjenigen, wo Içfendyâr (Çpeñtôdâta) von seinem Vater eingekerkert ward und welchen Firdôsi Kenbendan nennt; Bund. 23, 19. heisst es, er liege am See Rêvand (also in der Nähe des Raêvañṭ), vgl. Windischmann Z. St. 10. nom. *çpeñtôdâtaçca* yt. 19, 6.

Hzv. *çpendedâṭ* (Glosse zu vd. 20, 1), *çpeñdâṭ* (Bund. 81, 17), bei Firdôsi *içfendyâr*, in den Desâtîr *çipehnâd*; vgl. altp. Σφενδαδάτης.

çpeñtôfraçna (von *çpeñta* + *frashna*) n. heilige Fragen, heilige (zwischen Ormazd und Zarathustra) gepflogne Unterhaltung, plur. acc. *gairîm avi çpeñtôfraçnâo vareshem avi çpeñtôfraçnâo* (lies *°frashnâo?*) zu dem Berg, zu den heiligen Fragen, zu dem Hain, zu den heiligen Fragen, d. h. zu dem Berg, wo die heiligen Fragen geschehn, vd. 22, 53.

çpeñtômainyava (von *çpeñta mainyu*, als Compositum gefasst) adj., dem heiligen Geist gehörig, von ihm geschaffen, nom. neutr. *kaṭ taṭ dãma °mainyava* (Westerg. verm. *°mainyu*, ich: *°mainyaom*) welches ist das Geschöpf des heiligen Geistes vd. 13, 1. acc. m. *°mainyaom* yt. 15, 42. neutr. *aêtaṭ tê vayô yaṭ tê açti çpeñtômainyaom* (ich wünsche) das von dir, o Luft, was vom heiligen Geist abstammt y. 22, 27. 25, 16. yt. 15, 0. S. 1, 21. pl. nom. *upa avê çtârô yôi °mainyava* yt. 12, 32. gen. n. *°mainyavanãm* vd. 3, 66. 9, 181. 13, 48. y. 1, 34. 3, 48.

çperezvâo (von *çparez*) adj., subst. m. Nebenbuhler, Feind, hzv. *kashtar*, nom. *çperezvâo* y. 64, 30.

çpén (von *çpan*) n. Erfreulichkeit, hzv. *âçânish*, acc. *yé né uçén côreṭ çpéñcâ açpéñcâ* welcher uns dienstbar machte das Erfreuliche und Unerfreuliche (das Mehrende und nicht Mehrende) y. 44, 9.

Vgl. *açpén*.

çpénista (Superl. von *çpénvañṭ*) 1) sehr heilig, nom. *çpénistô* y. 42, 16. yt. 10, 126. *mainyus çpénistô* y. 30, 5. acc. *çpénistemca* vd. 18, 19. gen. *çpénistahyâ* y. 46, 2. *çpénistahê* yt. 11, 14. voc. *çpénistâ* y. 33, 12. 36, 2. 50, 7. 52, 3. *mainyô çpénista* vd. 2, 1. 9, 1. *çpénista* yt. 12, 7. plur. acc. f. *çpénistâo* yt. 13, 75. 2) m. Name des Feuers, welches vor Ormazd in der geistigen Welt ist, vgl. dagegen Bund. 40, 6. und das von Windischmann (Z. St. 88) bemerkte; nom. *çpénistô* y. 36, 8. acc. *âtarem çpénistem* y. 17, 67.

Hzv. *çpaênist*.

çpénvañṭ (von *çpén*) adj., heilig (vermehrend), acc. n. *ashem çpénvaṭ* heilige Reinheit y. 50, 21. compar. *çpanyâo*, superl. *çpénista* (s. besonders).

çpôjata (von 2. *çpâ* + *j°*) adj., von Hunden getödtet, plur. nom. *°jata* vd. 7, 5.

çpôbereta (von 2. *çpâ* + 1. *b°*) adj., von Hunden verschleppt, nom. *°beretô naçus* vd. 5, 12. 20. plur. nom. *°bereta* vd. 5, 13. 21.

çmarshna adj., stark (Spiegel)? nom. *ustrô çmarshnô* yt. 14, 12. Der erste Theil *çma* könnte mit skr. *çmán* identisch sein.

çya adj., lehrend, hzv. *pann âmôkhtashn*, Ner. *çikshâpanam*; nom. *yé ushuruyê çyaçciṭ dahmahyâ* welcher Verstand und Seele des guten belehrt y. 32, 16.

çyazjâ, in die Hände schlagen, verscheuchen, pot. 3. sg. *fraca çyazjayôiṭ* A. 1, 13.

çyazd, fliehn, verschwinden, impf. 3. sg. *aêibyô mash ashâ çyazdaṭ* denen flieht vieles mit (samt) der Reinheit y. 34, 9.

çyâmaka (vgl. *çyâva*) m. n. pr. eines Berges, der mit dem Vafrayâo von Kabul bis China reicht (Bund. 23, 18), wohl der Hindukush; Bund. 22, 3. heisst er *çyâk mumend*; nom. *çyâmakaçca* yt. 19, 5.

çyâva adj., schwarz.

Skr. *çyâva* (vergl. *çyâmá*), hzv. *çyâk*, np. *çiyâh*, buchar. *çiâh*, bal. *çiâh*, zaza *çiâ*, arm. *çeau*, oss. *çav*.

çyâvarshan, **çyâvarshâna** (vom vor. + 1. *arshan*) m. n. pr. eines Sohnes des Kava Uça, welcher von des letztern Gemahlin verleumdet, er habe ihr Gewalt anthun wollen, nach Turan entfloh, wo er Anfangs hochgeehrt wurde und Kañha gründete, später aber durch Mord fiel; seine Tochter heirathete den frommen Aghraêratha und beider Sohn ist Huçrava; bei Firdôsi wird die Sage etwas verschieden erzählt, vgl. Spiegel Av. übers. III, LXIV. nom. *yatha kava çyâvarsânô* yt. 23, 3. acc. *kavaêm çyâvarshânem* yt. 19, 71. gen. *kavôis çyâvarshânô* yt. 13, 132. *kava huçrava . . . puthrô kainê çyâvarshânahê* Kavi Huçrava, der Sohn der Tochter des Çyâvarshâna yt. 9, 18. 22. 17, 38. 19, 77.

Parsi *çyâwakhs*, np. *çiyâvush*, in den Desâtîr *hîrtâvûsh*; vgl. armen. *shauarsh?*

çyâvâçpi (von *çyâva* + *açpa*) m. n. pr., gen. *çyâvâçpôis* yt. 13, 114.

çraêsta (Superl. zu 2. *çrî*) der schönste, nom. f. *baoris çraêsta* yt. 5, 129. *çraêstâcâ* y. 13, 28. neutr. *çraêstemca* yt. 1, 5. acc. m. *çraêstem* y. 9, 4. 14, Schluss. yt. 17, 17. *mãthranãm çraêstem* yt. 3, 5. fem. *çraêstãm* vd. 19, 47. y. 26, 3. yt. 13, 80. 22, 10. *çraêstãm tôi kehrpém kehrpãm* den schönsten, deinen, Körper unter den Körpern y. 57, 22. 36, 14. neutr. *hyaṭ çraêstem* y. 37, 10. = 5, 10. instr. m. *çraêsta* vd. 2, 136. yt. 15, 40. gen. *çraêstahêca* y. 1, 1. neutr. *çraêstahêca* yt. 13, 91. *ashahê vahistahê çraêstahê* yt. 2, 2. voc. n. *asha çraêsta* y. 59, 19. plur. nom. m. *çraêstaca* vd. 2, 71. fem. *çraêstâoçca* y. 51, 10. neutr. *çraêstaca* vsp. 14, 10. *yathâ dâmãn çraêstâis* yt. 10, 143. 22, 9. acc. f. *çraêstâo* y. 38, 14. dat. (statt instr.) plur. f. *çraêstâbyô zaothrâbyô* y. 67, 31.

Skr. *çrêshṭha*.

çrao (von 1. *çru*) adj., berühmt, nur in Zusammensetzungen.

çraoê s. *çrva*.

çraogena (von *çrao* + 1. *ghena*) adj., berühmte Frauen habend, von schönen Frauen bewohnt, acc. n. *nmânem çraogenem* yt. 10, 30. plur. acc. n. *çraogenâo* yt. 10, 30.

çraota (von 1. *çru*) n. das Hören, acc. *çraotemca* vsp. 24, 8.

Vgl. afgh. *çarôd* (Gesang).

çraotagaosha s. *çrutgaosha*.

çraotanu (von *çrao* + *t*°) adj., berühmten, schönen Leibes, gen. f. *kaininô çraotanvô* yt. 22, 9. plur. f. °*tanvô* yt. 13, 40. 17, 11.

çraotar (von 1. *çru*) m. Erhörer, plur. nom. f. *çraothrîs* yt. 13, 29.

Skr. *çrotár*.

çraothra (v. 1. *çru*) n. das hören machen, Singen, acc. *çraothrem* yt. 24, 53. *gâthanãmca çraothrem* vsp. 12, 17. y. 3, 17. 25, 10.

Skr. *çrótra*.

çraoni (von 2. *çru*) f. Hüfte, acc. *dashinem çraonîm* vd. 8, 178. *hôyãm çraonîm* vd. 8, 181.

Skr. *çróṇi* (s. Weber in Kuhn Z. V, 233), armen. *çronukh*.

Vgl. *perethuçraoni*.

çraonimaçanh (vom vor. + *m*°) adj., so gross als eine Hüfte, acc. *açtem* °*maçañhem* vd. 6, 41.

çraoman (von 1. *çru*) n. Gehör, acc. *çraoma* yt. 10, 23. 16, 7.

çraoratha (von *çrao* + *r*°) adj., schöne Wagen besitzend, acc. n. °*rathem* yt. 10, 30. plur. acc. n. °*rathâo* yt. 10, 30.

çraosha (von *çrush*) m. 1) Gehorsam, nom. *çraoshô* y. 55, 1. 42, 12. *çraoshaçca* Gehör, Anhörung vsp. 18, 5. Recitieren vsp. 10, 31. acc. *çraoshem* y. 33, 14. *ukhdhaqyâca çraoshem* das Hören des Wortes yt. 13, 88. *çeraoshem* (Westerg. *çêraoshem*) y. 44, 5. instr. *çraoshâ* y. 45, 17. gen. *çraoshahê ahmi* ich gehöre dem Gehorsam, d. h. zu denen, welche dem Gesetz gehorchen y. 10, 49. 2) n. pr. eines Yazata, welcher zuerst das Gesetz lehrte und der besondre Gegner des Aêshma ist; als himmlischer Wächter der Welt wird er in der dritten Nachtwache vom Feuer aufgeweckt und weckt dann selbst den Hahn (*parôdars*), der durch sein Geschrei den Schlafdämon Bûshyãçta von den Menschen vertreibt; bei Firdôsi erscheint er als Bote der Himmlischen, vgl. Spiegel, Av. übers. III, XXVI. nom. *çraoshô* vd. 8, 58. 18, 51. 70. 19, 133. vsp. 14, 4 y. 59, 8. yt. 10, 41. 100. 11, 3. 17, 16. *çraoshaçca* yt. 10, 52. acc. *çraoshem* vd. 18, 48. 19, 53. vsp. 8, 2. 19, 3. y. 56, 1, 1. 56, 11, 5. 33, 5. yt. 11, 1. *gâtûmcâ ahurâi çevistâi çraoshem mazdâi* (wann werde ich sehn) den Ort für den nützlichsten Ahura Mazda (und) den Çraosha? die Trad. übers. den von Çraosha anzuzeigenden (Ort) y. 28, 5. *hukaodhem verethrâjanem barâhi yatha çraoshem ashîm* sei wohlgewachsen und sieghaft wie der heilige Çraosha yt. 23, 6, instr. *çraoshaca* yt. 13, 146. dat. *çraoshâica* vsp. 12, 18. y. 4, 4. abl. *çraoshâdha* y. 59, 9. *çraoshâṭ dâhista arsvacaçtema* wegen des Çr. (sprechend) o du weisester, wahrredendster A. 1, 4. gen. *çraoshahê* vd. 18, 33. y. 1, 22. 3, 61. 56, 1, 1. 69, 10. yt. 11, 0. 16. 13, 85. voc. *çraosha* vd. 18, 74. y. 64, 50. *âi çraosha* vd. 18, 48. y. 56, 10, 5.

Hzv. *çrôsh*, parsi *çrôs*, np. *çerôsh*.

Vgl. *açraosha*.

çraoshânê s. *çrush*.

çraoshâvareza (von *çraosha* + *varez*) m. Titel des Maupat, welcher die Beichte (den Patet) abhört, nom. °*varezô* vd. 5, 74. 7, 180. vom Parôdars vd. 18, 33. acc. °*varezem* vsp. 3, 13. G. 3, 5. dat. °*varezê* (Thema °*varez*) vd. 5, 161. gen. °*varezahê* yt. 24, 15.

Hzv. *çrôshvarj*.

çraoshôcarana (von *çraosha* + *c*°) f. Werkzeug des Gehorsams, Instrument zum Antreiben des Viehs, welches zugleich dazu dient, ahrimanische Thiere als Busse einer Sünde zu tödten; nach der neuern Trad. ist es eine Peitsche, vgl. Spiegel Av. übers. I, 294. III, 209. II. I, 181. instr. man schlage *pañca çata* °*caranaya* 500 mit der Çr. vd. 3, 125. *hazañrem* °*caranaya* vd. 3, 129. man übergebe *khrafçtraghnem* °*caranaya* den Khrafçtratödter samt der Çr. vd. 14, 29.

Hzv. *çrôshcarâm*.

çraoshôpâta (von *çraosha* + *p*°) adj., von Çerosh geschützt, pl. acc. n. *viçpa nmâna çraoshôpâta* y. 56, 13, 6. yt. 11, 20.

çraoshya (von *çraosha*) f. Strafe, acc. *çraoshyãm* yt. 10, 109. *yô nôiṭ jvô çraoshyãm uzverezyêiti* wenn er es nicht bei Lebzeiten mit Strafen abbüsst vd. 13, 9. pl. gen. *akatarem çraoshyanãm* den schlimmsten in Strafen (die er über die Strafbaren verhängt) yt. 10, 26.

çrayan (von 1. *çrî*) n. Schöne, instr. *çrayana* vd. 5, 68. *çrayanaca* yt. 19, 58. 21, 6. 22, 11. gen. *yêñhê . . . çrayanaçcâ carekeremahî* dessen Schönheit wir begehren y. 57, 11.

çrayâo (compar. von 2. *çrî*) schöner, sehr schön, nom. n. *çrayô* y. 64, 54. vd. 5, 61. 68. acc. *çrayaçca* yt. 24, 58 (in der Parallelstelle yt. 22, 11. steht *çrayanaca*).

çrar, bewahren.

— *uç*, schützen, causale impf. conj. 2. sg. dreimal am Tage *tanûm uçrârayâo gavê hudhâoñhê vâçtryañta* schütze der wohlgeschaffnen wirkenden Kuh den Leib yt. 24, 41.

— *ni*, bewahren, causale impf. conj. 2. sg. *niçrârayâo* vd. 18, 109.

Altp. *ţrar;* die Wurzel scheint mit *thrâ* verwandt zu sein.

çravaṅh (von 1. *çru*) n. Wort, Gebet, nom. *çravô* yt. 13, 91. instr. *çravaṅhâ* y. 32, 12. loc. *çravahi* y. 61, 17. *yôi zazeñtê vaṅhâo* (lies *vaṅhâu*) *çravahî* welche wachsen im guten Worte y. 30, 10. plur. acc. *çravâo* y. 32, 9. in Bezug auf Worte y. 28, 10. *vîçpa çravâo* y. 56, 1, 12. 69, 23. *tâo çravâo* vd. 4, 127. *zarathustrahê çravâo* y. 17, 8. *çravâoçcâ* y. 34, 15. *nizbayêmi hapta çravô* (lies *çravâo*) vend. sade 489 (Westerg. vd. 19, 42). instr. *çravâis* (Thema *çravu*) vd. 5, 68. gen. *çravaṅhãm* Gebete yt. 10, 33. Fr. 4, 1. *çravaṅhãmca* vsp. 14, 8. y. 53, Schluss.

Skr. *çrávas*, hzv. *çrûb*.

Vgl. *dêusçravâohacimna*, *paitiparstôçravaṅh*, *huçr°*.

çravaṅhu (von *çrva*) adj., mit Klauen versehn, plur. nom. *vehrkâoṅhô çravaṅharô* vd. 18, 130.

çraçka (von *çraçc*) m. Hagel, hzv. *çarjâ*, acc. *çraçkem* vd. 1, 32. Westerg. *çaraçkem*.

Hzv. *çrishk*, parsi *çriçk*, np. *çirishk* (Tropfen).

çraçc, Westerg. **çaraçc,** 1) tropfen, partic. praes. plur. nom. f. *çraçciñtis* (Westerg. *çaraçcañtis*) *qarethâo* tropfende, d. i. geringe (hzv. übers. *çatak*) Speisen, Almosen vd. 3, 94. 2) Gefrorenes regnen, hageln, praes. 3. pl. med. *çraçciñtaêca* yt. 5, 120. partic. praes. act. gen. f. *âpô yaţ çraçciñtyâica* (lies °*tyâoçca*) von Hagelwasser, hzv. *takrak*, vd. 6, 74. *khshafnô . . . çraçciñtyâo* in einer Nacht, wo es hagelt yt. 16, 10.

— *vi*, besprengen, pot. 3. pl. *âpô vîçraçcayen* sie sollen es mit Wasser besprengen vd. 7, 77.

Armen. *çrçkel*. Die Wurzel scheint eine Inchoativbildung von *çar* zu sein.

çrâvayañţ (von 1. *çru*) recitierend.

Vgl. *açrâvayañţ*.

çrâvi s. 1. *çru*.

çri, gehn, partic. praes. med. nom. *çrayanô* vd. 3, 93.

— *apa*, weggehn, partic. praes. med. plur. gen. *apaçrayamnanãm* yt. 13, 26. Westerg. °*çravayamnanãm*.

— *upa*, aufsteigen, imper. 2. sg. med. *upa mê çrayaṅuha vâshahê* steig auf meinen Wagen yt. 17, 21. impf. 3. sg. med. *upa hê çrayata vâshahê* yt. 17, 21.

— *ni*, übergeben, überantworten, praes. 1. sg. *niçirinaomi* vd. 18, 109. 3. sg. *niçirinaoiti* yt. 10, 27. praes. conj. 2. sg. *niçirinarâhi* yt. 5, 87. pot. 3. sg. *niçirinuyâţ* vd. 14, 5. 3, 66. 9, 181. 5, 177. impf. 2. pl. *niçirinaota* ihr übergabt, schafftet herbei yt. 13, 34. participialperfect 3. sg. *yêṅhê dâiti paiti vaṅhô niçrîta* (Spiegel °*çrîti*, Westerg. °*çrûta*) *anaiwidrukhti* in dessen Gebung man das beste übergibt mit Freiheit von Lüge (ohne durch Lüge geplagt zu sein) y. 64, 41. partic. perf. pass. abl. n. *niçritâţ* vd. 5, 77.

Skr. *çri*, *çráyati*, armen. *çranal*, *çlanal*.

çrifa m. Nüster, plur. nom. *açpanãm çrifa khshufçãn* yt. 10, 113.

Skr. *çípra*.

çrish (Fortbildung von *çri* durch *sh*) sich an etwas hängen, praes. 3. sg. *nôiţ hisku hiskrâi çraêshyêiti* nicht hängt sich Trocknes an Trocknes vd. 8, 109. conj. perf. periphrast. 3. sg. *yêzi hisku hiskrâi çraêshyañtîm âoṅhâţ* wenn sich Trocknes an Trocknes hienge vd. 8, 109. partic. praes. med. nom. *parâiti çraêshemnô tâyus vehrkemca* (wo) sich heranschleichend der Dieb und Wolf vorbeigeht vd. 13, 50.

1. **çrî,** schön sein.

Vgl. armen. *çirel*.

2. **çrî** (vom vor.) adj., schön, instr. f. *kehrpa avavatãm çraya* yt. 17, 11. gen. f. *kainînô . . . kehrpa avavatô çrayâo yatha dâmãn çraêstâis* yt. 22, 9. compar. *çrayâo*, superl. *çraêsta* (s. besonders).

çrîka (von 1. *çrî*) adj., schön.

Vgl. *dûraêçrîka*.

çrîra (von 1. *çrî*) adj., schön, nom. *çrîrô* yt. 8, 9. 13, 44. *haomô çrîrô* y. 56, 8, 2. yt. 10, 88. 9, 17. *yimô çrîrô* vd. 2, 9. fem. *çrîra* vd. 19, 45. 59. 98. yt. 13, 107. acc. m. *vâshem çrîrem* yt. 10, 124. *çrîrem kehrpem bavâhi* sei schön an Leib yt. 23, 3. statt des nom. *vazrem çrîrem* yt. 10, 132. fem. *çrîrãm* vd. 1, 22. 46. yt. 5, 127. 128. 22, 14. neutr. *taţ nmânem çrîrem* vd. 22, 3. instr. m. *çrîra zaosha* yt. 5, 7. fem. *çrîra dahma âfriti* vd. 22, 16. dat. m. *çrîrâi* vd. 2, 4. fem. *daênayâi çrîrayâi* yt. 10, 64. gen. m. *açpahê çrîrahê* yt. 8, 18. *vâtahê çrîrahê* yt. 14, 2. *gêus* yt. 14, 7. *maêshahê* yt. 14, 23. *bûzahê* yt. 14, 25. *vîrahê* yt. 14, 27. fem. *çrîrayâo* yt. 5, 64. 9, 3. 13, 107. neutr. *nmânahê çrîrahê* yt. 17, 60. *paraos çrîrahê* yt. 13, 9. voc. m. *çrîra* vd. 2, 28. *çrîrâ* (Ormazd) y. 35, 7. fem. *çrîra* yt. 17, 6. plur. nom. m. *çrîra vâ aṅhen bâzva* yt. 5, 7. neutr. *shôithrâoçca çrîrâoçca* vd. 1, 81. acc. m. *çrîra çûka* yt. 10, 107. *çrîrê* yt. 8, 46. fem. *çrîrâo* yt. 13, 55. 81. *çrîrâo bareshnava* yt. 10, 13. *çrîrâo pathô* yt. 13, 53. neutr. *çrîra* Cit. der Hzv.-Gl. zu vd. 2, 32. *çrîrâ?* yt. 24, 33. *dâmãn . . . pouruca çrîraca* yt. 19, 10. *çrîraoçca açôshôithrâoçca* yt. 8, 42. *çrîrâoçca vohumanôrâtaca* vd. 19, 66. instr. n. *çrîrâis nâmãn* vsp. 7, 3. y. 16, 2. gen. f. *urvaranãm çrîranãm* vd. 18, 126. yt. 18, 6. compar. acc. f. *çrîrôtarãm* yt. 22, 14.

Skr. *çrîlá*. — Vgl. *paitiçrîra*.

çrîraokhshan (vom vor. + 1. *ukhshan*) m. n. pr. eines Sohnes des Vîstâçpa, gen. *çrîraokhshnô* yt. 13, 101.

çrîrâvaṅhu (von *çrîra* + *v°*) m. n. pr., gen. °*vaṅhéus* yt. 13, 118.

1. **çru,** hören, praes. 3. sg. *çurunaoiti* yt. 22, 41. 10, 107. pot. 2. sg. *çurunuyâo* erhöre y. 67, 27. yt. 10, 32. imper. 3. sg. *çraotû* y. 44, 6. 48, 9. *mazdâ çraotû* man höre, o Mazda y. 48, 7. 2. pl. *çraotâ* y. 44, 1. 30, 2. 33, 11. cit. yt. 24, 31. (wo *çraota*); perf. 1. sg. med. *çuçruyê* yt. 17, 17. 1. plur. act. *çuçruma* yt. 13, 148. aor. pot. 1. plur. *çrêrîmâ* wir lassen hören y. 28, 7. causale praes. 3. sg. *çrâvayêiti* er singt vd. 18, 24. med. (passiv.) *yâis çrâva-*

yêitê yêzî tâis athâ hâtâ marânê ahurâ (der Sündhafte erlangt als Strafe) das was verkündet wird, wenn du, o Ahura, beim Abrechnen der Thaten sein wirst. (*yâis* für *yâ* von *tâis* attrahiert) y. 32, 6. pot. 2. sg. act. *çrâvayôis* recitiere vd. 11, 4. 3. sg. *çrâvayôiṭ* Fr. 7, 2. 1. plur. *çrâvayaêmâ* y. 48, 6. imper. 1. sg. *çrâvayêni* N. 4, 8. impf. 2. sg. *çrâvayô* recitiere y. 70, 72. impf. conj. *yaça . . . çrâvayâṭ* y. 19, 9. partic. praes. nom. *çrâvayô* yt. 22, 2. 13. acc. *çrâvayañtem* y. 9, 2. med. (passiv.) nom. f. *çrâvayamna* y. 19, 6. abl. m. *çrâvayamnâṭ paiti ahunâṭ vairyâṭ* A. 3, 5. yt. 10, 91. plur. gen. f. *çrâvayamnanãm* y. 19, 7. passiv. praes. *çruyê* ich finde Erhörung y. 33, 7. aor. 3. sg. *çrâvî* ward gehört y. 52, 1. 32, 7. 8. heisst y. 44, 10. partic. perf. *çrûta* (s. besonders); infin. *çrûidyâi* zum hören (sprich) y. 34, 12. zum hersagen y. 44, 5. causal. *çrâvayêidhyâi* yt. 24, 46. *çrâvayañhê* zum verkündigen y. 29, 8.

— *apa*, recitieren?, caus. partic. praes. med. plur. gen. *yâo afrakaraçtemâo apaçrâvayamnanãm* welche die am wenigsten zankenden sind für die Recitierenden (Spiegel liest *apaçrayamnanãm*, s. *çri*) yt. 13, 26.

— *â*, hören lassen, erzählen, aor. 3. dual. *açrâtem* liessen hören y. 30, 3. 2. plur. med. (passiv.) *yâis açrûdûm* durch welche ihr bekannt seid y. 32, 3.

— *fra*, recitieren, causale pot. 2. sg. *fraçrâvayôis* vd. 11, 25. 17, 18. 3. sg. *fraçrâvayôiṭ* vd. 19, 74. impf. 2. sg. *fraçrâvayô* y. 9, 44. 3. sg. *fraçrâvayaṭ* vd. 19, 5. y. 56, 3, 2. yt. 19, 81. partic. praes. nom. °*çrâvayô* vd. 18, 97 (Spiegel °*çrâvayôiṭ*), *yaçca çrâvayâṭ frâ vâ çrâvayô yazâitê* y. 19, 9. med. (passiv.) gen. *fraçrâvayamnahê* vsp. 14, 6. infin. *fraçrûidyâi* y. 45, 13. 14. partic. perf. pass. *fraçrûta* (s. besonders).

— *vi*, überall hören, pass. impf. 3. sg. *viçruyata* er ward bekannt als yt. 13, 91. partic. perf. *viçrûta* (s. besonders).

Skr. *çru*, *çṛṇóti*, hzv. *çrûtan*, *çrâyîtan*, parsi vgl. *shnavashn* (np. *shanûshn*), np. *çerâyîdan*, *shunûdan*, *ushnûdan*, *shanîdan*, maz. *beshnûççeh* (hörte), armen. *louel* (praes. *lçem* von *çrush*?).

2. **çru** (vgl. *thru*). gehn.

— *upa*, herbeischleichen, partic. praes. gen. *zimô* (Spiegel *zemô*) *upaçrvatô* des herbeischleichenden Winters vd. 7, 69.

Skr. *sru* (*çru*) *srávati*, vgl. hzv. *çrurashn* (Reise y. 64, 18), armen. *çor* (fluxus).

3. **çru** (vgl. *çrva*, was vielleicht dasselbe Wort) n. bleiernes Gefäss, Windischmann Voc.: Löffel, acc. *çrum* das bleierne Gefäss vd. 9, 41. in ein Gefäss vd. 9, 40. in einem Gefäss vd. 16, 14. *aom çrum* vd. 9, 42.

Vgl. hzv. *çrupîn*, np. *çurub*, *uçrub*.

çrutgaosha (von *çruṭ* (schwache Form des partic. praes. von 1. *çru*) + *g°*) adj., hörende Ohren habend, erhörend, nom. °*gaoshô* yt. 10, 107. 19, 35. acc. f. *daênãm . . . çraotagaoshãm* (lies *çrutg°*) yt. 24, 14. superl. nom. *çrutgaoshôtemô* yt. 19, 52.

Vgl. skr. *çrút-karṇa*.

çruyê s. *çrva*.

çrush (Fortbildung von 1. *çru* durch *sh*) hören, horchen, partic. praes. plur. f. *çravashemnâo* aufhorchend yt. 13, 40. perf. nom. *çuruçrushemnô* (die Sprache der Vögel) behorcht habend yt. 14, 21. pass. partic. perf. *çrusta* (vgl. *açrusta*); infin. *yâ . . . ûkâo aredrêñg demânê garô çraoshânê* damit ich (bringe, komme mit) offenbaren Darbringungen, die man hören soll im Garôtman y. 49, 4.

Armen. *lçel*.

çrusti (vom vor.) f. das Hören.

Vgl. *açrusti*.

çrûta (von 1. *çru*) gehört, berühmt, nom. *çrûtô* vd. 2, 42. 43.

Vgl. *gaoshôçrûta*, *zaranôçr°*, *dañhuçr°*, *dûraêçr°*.

çrûtaṭfedhri (von ? + *patar*) einen berühmten Vater habend? f. n. pr. eines Mädchens, gen. *kanyâo çrûtaṭfedhryô* yt. 13, 141.

çrûtôairyênêvaêjahi s. *vaêjanh*.

çrûtôçpâdh (von *çrûta* + *çpâdha*) m. n. pr. des Vaters des Arezva, gen. *arezvâo çrûtôçpâdhô* yt. 13, 115.

çrêvîmâ s. 1. *çru*.

çrva (von 2. *çru*?) f. Nagel, Horn, dat. *paiti çraoê* vd. 3, 47. 7, 70. 9, 159. *çruyê* yt. 14, 7. dual. instr. *çrvâbya* mit den Nägeln (beider Hände) vd. 17, 19. plur. acc. *tâo çrvâo* vd. 17, 29. *çrvaêca* (sic) *upathwereçeñti* vd. 17, 4. vgl. 3. *çru*.

Hzv. *çrûb*, np. *çurû*.

Vgl. *zarauyôçrva*, *tizhiçrva*, *nivaçtekôçrva*.

çrvaêna (von 3. *çru*) adj., bleiern, hzv. *çrûbîk*, plur nom. *çrvaêna* y. 56, 11, 3.

çrvara (von *çrva*) adj., hörnen, gehörnt, m. n. pr. einer Schlange, acc. *azhîm çrvarem* die Schlange Çruvara y. 9, 34. yt. 19, 40.

Hzv. *çrûbar*, parsi *mâr i çruvar*.

çrvîçti (von *çrva* + *çti*) adj., mit hörnenem Schaft versehn, plur. gen. *ishunãm çrvîçtayãm* yt. 10, 129.

çrvôjan (von *çrva* + *jan*) adj., mit den Klauen, Nägeln schlagend, acc. *çuâvidhakem yim çrvôjanem* yt. 19, 43.

çva (von *çu*) m. Nutzen, dat. *çuyê* y. 48, 9. plur. gen. *cuyãmca katarem ciṭ* yt. 15, 1.

SH.

1. **shaêta** (von 2. *khshit*) n. Geld, hzv. *khvâçtak*, acc. *shaêtem* vd. 4. 120. yt. 18, 1. vgl. *khshaêta*.
Vgl. *ashaêta*, *bereghmyash°*.

2. **shaêta** (von 3 *khshit*) m. ein Narcoticum zum Ersticken des Foetus, acc. *shaêtem* vd. 15, 44.
Skr. *shêt*.

shaêtavañt (von 1. *shaêta*) adj., reich. gen. (statt dat.) *shaêtavatô* (Westerg. verm. °*vaitê*) vd. 4, 133.

shaêtôcinañh (von 1. *shaêta* + *c°*) adj., begierig durch Geld zu sühnen; plur. nom. °*cinañhô* vd. 4, 119. 120.

shaêtôfrâdhana (v. 1. *shaêta* + *fr°*) adj., Reichthum fördernd, acc. f. °*frâdhanãm* y. 64, 5. yt. 5, 1. 13, 4.

shatha (von *khshan*) f. Schlagen, acc. *âat hê paityârem mashimârava shathãm haitîm* darauf (machte) dagegen eine Gegenschöpfung der Menschenmörder (Ahriman): offenbares Schlagen? vd. 1, 4.

1. **sham**, schlürfen.
Skr. vgl. *cam*, *cámati*, np. *âshâmîdan* (denom.).

2. **sham**, tragen, ertragen.
Skr. *ksham*, *kshámate*.

shama (vom vor.) f. Boden, Erde.
Skr. *kshmá*, *kshamā*.
Vgl. *arezôshamana*, *maidhyôshema*.

shamana (von 2. *sham*) n. Ziel.
Vgl. *ashemanôjan*, *ashemanôvîd*.

shayana (von 1. *khshi*) m. Wohnung, Sitz.
Vgl. *airyôshayana*, *gavash°*, *duzhakôsh°*, *râmash°*, *vehrkânôsh°*, *çughdhôsh°*, *hush°*.

shaç 1) beobachten, wissen, hzv. *nekîrîtan*. 2) wünschen, hzv. *bôyeanntan*, Ner. *ish*, impf. 3. sg. *hishaçat* wünscht y. 32, 13.

shâ (= 2. *skâ*) sich freuen, praes. 3. plur. med. *shâyañtê* sie freuen sich y. 17, 43. partic. perf. *shâta* erfreut (vgl. *ashâta*, *hushâta*).

— *â*, erfreuen, praes. 3. sg. *yatha vâtô vîçpem ahûm . . . çaoshyañtica aiwica ashâiti* wie der Wind die ganze Welt fördert und erfreut A. 3, 6.

— *upa*, sich freuen, imper. 2. plur. *aora vañuhîs upashaêta* freut euch hier unten, ihr guten yt. 13, 147.

— *paiti*, sich freuen, partic. praes. med. pl. nom. *paitishâna* (Westerg. °*sâna*) uns freuend (an den Gebeten) y. 54, 21. Die Ableitung von 1. *ish* + *paiti* ist ebenfalls möglich.
Vgl. np. *shâyiçtan*.

shâiti (vom vor.) f. Freude, Fröhlichkeit. acc. *shâitîm* vsp. 8, 16. instr. *shâiti* yt. 17, 6. *sâiti* yt. 17, 10. gen. *aravat shâtôis* so viel Fröhlichkeit yt. 22, 2.
Altp. *shiyâti*, hzv. *shâtish*, parsi *sât*, np. buchar. (udish) *shâd* (türk. *shâz*), afgh. *shâdî*, *shâdî*, bal. *shâthîja* (mit Freuden), kurd. *shâ*.
Vgl. 1. *ashâiti*.

shâitya (von *shâ*) adj., angenehm.
Vgl. *kudatshâitya*.

1. **shâo** (von *shâ*) adj., froh, nom. *shâo* vd. 3, 79. superl. nom. n. *shâistem* (was ist der Erde) das angenehmste vd. 3, 2. 7. 12. 16. 19.
Vgl. *ashâista*.

2. **shâo** s. 2. *ha*.

shâma (von 1. *sham*) m. Tropfe, plur. acc. *thris shâmãn* drei Tropfen vd. 7, 164. 5, 149.
Vgl. hzv. *apishmak*.

shi s. 1. *khshi*.

shiti (vom vor.) f. das Wohnen, die Wohnung, plur. nom. *shitayô* yt. 10, 38. abl. *skitibyaçca* yt. 22, 16.
Skr. *kshití*, tag. *akhston* (Nest).
Vgl. *upashiti*, *gavash°*, *dareghôsh°*, *râmôsh°*, *hush°*.

shu 1) gehn, praes. conj. 1. sg. med. *shavâi* damit ich wandle y. 33, 8. partic. perf. pass. und med. *shûta* (s. besonders). 2) gehn machen, fördern, praes. 3. sg. med. *yâ shavaitê* wodurch man fördert y. 29, 3.

— *aipi*, weggehn, partic. perf. pass. nom. f. *aipishûta* vernachlässigt, mit Auslassungen y. 19, 8. (vgl. *anapishûta*).

— *aiwi*, spalten, hzv. *çuftan*, impf. 3. sg. *aiwishvat* vd. 2, 32.

— *fra*, vorwärts gehn, imper. 2. sg. *fraca shava* geh hervor vd. 2, 35. perf. pot. 1. sg. *frâ . . . shushuyãm* ich würde vorwärts gehn yt. 8, 11. 10, 55. pass. partic. perf. dual. gen. *frashûtayâo* der beiden herbeigebrachten vsp. 14, 7. causale praes. 3. sg. *frashâvayêiti* führt vorwärts (die Schlacht) yt. 10, 36. giesst aus (die Wasser) yt. 8, 9. partic. praes. med. (passiv.) dual. gen. *hâvanayâoçca ashaya frashûtayâo frashâvayamnayâo* der beiden Mörser, welche in Reinheit herbeigebracht sind und herbeigebracht werden (bei diesen Worten nähert der Zaotar den Haoma den Mörsern und zieht ihn wieder zurück) vsp. 14, 7. y. 27, Schluss. voc. *frashâvayamna* ihr aufgerichteten (Mörser, s. *urviç* + *fra*) vsp. 14, 13.

— *vi*, auseinander gehn, imper. 2. sg. *vîca* (scil. *shava*) vd. 2, 35. causale praes. 3. pl. med. *vîshâvayêiñtê* (Spiegel °*yêiti*, collectiv) vd. 2, 96. pot. 3. sg. act. *vîca shâvayôit* man lasse (die Holzbrände) auseinandergehn vd. 8, 240. impf. 3. sg. *vîshâvayat* er liess auseinandergehn vd. 2, 37.

Vgl. *âçashu*; skr. *cyu*, *cyávate*, altp. *siyu*, parsi *sudan*, np. *shudan*, afgh. *shuval*, bal. *shutan*, kurd. *çûn*, kurm. *çû* (abiit), lorist. *decim* (praes.), leki *mâçîm*, zaza *shuênu* (eo), armen. *coucl*, südoss. *tzavin*, dig. tag. *tsaun*.

shud, hungern.
Skr. *kshudh*, *kshúdyati*.

shudha (vom vor.) m. 1) Hunger, nom. *shudhô* vd. 7, 173. acc. *shudhem* yt. 19, 69. *va shudhemca tarshnemca* yt. 9, 10. 2) Daêva des Hungers, der von Haurvatât erschlagen wird, acc. *va' shudhemca tarshnemca* yt. 19, 96.

Skr. *kshudh*, *kshudhâ*, hzv. *çôi*, *çûi*, parsi vergl. *açôisa* hzv. *asôisha* ohne Hunger), bal. *shudh*, armen. *çor*.

shuç (Fortbildung von *shu* durch *ç*) gehn, impf. 3. sg. *shûçat* gieng weg yt. 19, 35.

— *fra*, hervorgehn, hervorstürzen, praes. 3. sg. *frashuçaiti* vd. 5, 8. 4, 55. Cit. der Hzv.-Gl. zu vd. 18, 33. 3. plur. *frashûçeñti* yt. 13, 42. 65. imper. 1. sg. *frashûçâni* yt. 17, 57. 2. sg. *frashûça* geh hin yt. 17, 60. *frashûça haca demânât* yt. 16, 2. *frâ vâ shûça* geh heraus (conditional) yt. 1, 17. impf. 3. sg. *frashûçat* yt. 5, 7. vd. 2, 31. 19, 11. wich von ihm yt. 19, 34.

shûta (von *shu*) 1) medial, gekommen, herbeigeeilt, 2) passiv, getrieben, geworden.

Vgl. *arezôshûta*, *aremôsh°*, *mainyush°*, *vâtôsh°*.

shêiti (von *shâ*) f. Freude.

Vgl. *vaçêshêiti*.

shê s. 2. *ha*.

shôithra (von 1. *kshi*) n. Wohnort, hzv. *ruçtak* (rus. pagus, im Gegensatz zur Stadt) etwa von der Ausdehnung einer Zañtu (vgl. y. 31, 16. 45, 4); acc. *shôithrem* y. 31, 18. dat. *shôithrâêca* (lies *°râica*, Westergaard preface 10) vd. 9, 191. abl. *haca* . . . *shôithrâatca* von diesen Wohnplätzen vd. 9, 190. gen. *shôithrahê* yt. 8, 1. *shôithrahê paitîm* y. 2, 59. *shôithrahyâ* y. 31, 16. local y. 45, 4. loc. *shôithraêca* yt. 13, 67. plur. nom. *shôithrâoçca* vd. 1, 81. acc. *shôithrâo* yt. 8, 33. S. 1, 28. *shôithrâoçca* y. 2, 59. gen. *shôithranãm* vd. 1, 5. y. 1, 45. 3, 59. yt. 14, 63.

Skr. *kshêtra*, parsi *sihir*, np. (awarisch) *shahar*, buchar. maz. *shehr*, afgh. *shahar*, ostafgh. *shahar*, oss. *çakhar* (aus dem np.); das Wort findet sich in vielen nicht verwandten Sprachen, z. B. udisch *shähär*, s. Schiefner Versuch über die Sprache der Uden 91. Klaproth Sprachatlas XXXVI.

Vgl. *açôshôithra*.

shôithrapaiti (vom vor. + 1. *p°*) m. Herr eines Landstrichs, acc. *°paitîm yim ahurem mazdãm* vend. sade 531.

shôithrapân (v. *shôithra* + 1. *pâ*) m. Beschützer des Landstrichs, plur. nom. *shôithrapânô* yt. 10, 75.

Vgl. altp. *khsatrapavan* (von *khsatra* altb. *khshathra*), chald. *akhashdarpnîm*, auf griech. Inschriften ἐξαιθραπευοντες; neup. *çitrab* ist aus dem griech. σατράπης zurückentlehnt.

shôithrôiric (von *shôithra* + *i°*) adj., die Landschaft verderbend, plur. nom. *mâ buyama tê shôithrôiricô* mögen wir nicht deine Landschaften verwüsten yt. 10, 75.

shôithrôbakhta (von *shôithra* + 2. *b°*) adj., den (einzelnen) Landschaften zugetheilt, (plur. acc. f. *°bakhtâo* yt. 8, 34.

shôithrya (von *shôithra*) adj., zur Landschaft gehörig, plur. acc. n. (die Subst. sind weiblich) *shôithrya* vsp. 19, 8.

Skr. *kshetriyá*.

S.

sanami f. Glied, pl. acc. *sanamayô* in die Glieder (Spiegel) yt. 10, 24. Windischmann fasst das Wort als nom. sg. von *sanamaya* und übers. Wurf.

saota s. *snaothna*.

sâiti s. *shâiti*.

sê s. 2. *ha*.

skata (von 1. *skâ*) m. Schlucht, plur. acc. *uri skata* (Westerg. *skyata*), hzv. *meim ô shkaft*, zu den Schluchten (des Harparçîn?) y. 10, 29. vgl. *âiskata*.

1. **skâ**, schneiden, trennen.

— *vi*, entscheiden, wählen, participialperf. 3. pl. med. *vîskyâtâ* (Westerg. *vîshyâtâ*) entschieden y. 30, 3. wählten y. 30, 6.

Skr. *chá*, *chyáti*.

2. **skâ** (= *shâ*) sich freuen, praes. 3. sg. *skyêiti* er erfreut sich yt. 14, 47. impf. 1. plur. *uemahî skyâmâ* im Gebet freuen wir uns y. 57, 6. partic. praes. nom. *skyãç* y. 43, 9. plur. dat. f. *skyêitibyô vîzhibyô* den befreundeten Clanen y. 52, 8. partic. perf. med. nom. *hvô zî mãthrâ skyâtô* denn der erfreut sich am Mãthra y. 50, 8. statt des neutr. pl. *yatha nô âoñhãm skyâtô* (Westerg. *skâtô*) *manâo* damit froh sei unser Sinn y. 59, 17.

ski s. 1. *kshi*.

skiti s. *shiti*.

skyata s. *skata*.

skyaothna (von *skyu* = *shu*) 1) n. That, Handlung, nom. *skyaothnem* y. 28, 0. yt. 13, 83. acc. *skyaothnem* vd. 3, 146. in Bezug auf Thaten vd. 7, 130. 8, 283. *skyaothanem* y. 32, 5. instr. *skyaothna* vsp. 25, 4. y. 1, 57. yt. 11, 4. A. 1, 17. *skyaothnâ* y. 12, 5. *skyaothnaca* yt. 3, 18. *skyaothanâ* y. 34, 1. 50, 21. *skyaothanâcâ* y. 31, 21. 46, 1. 47, 4. dat. *skyaothanâi* für das Handeln y. 34, 5. abl. *skyaothanât* y. 32, 12. gen. *skyaothnahê* vd. 8, 286. 18, 41. 15, 48. *vañhêus skyaothnahê zaothrâbyô* y. 67, 9. *hvarstahê paiti skyaothnahê* um gute Werke (üben zu können) yt. 16, 6. *skyaothanahyâ* y. 33, 14. 44, 8. loc. *skyaothnê* yt. 11, 28. *skyaothanôi* y. 45, 9. *skyaothanôicâ* y. 30, 3. pl. nom. *skyaothanâ* y. 44, 2. (cit. y. 19, 42). *tâ skyaothna varsta* die Begehungssünden vd. 15, 1 *agha skyaothna* vd. 3, 68. 70. acc.

skyaothna vd. 3, 141. 148. y. 56, 1, 12. *agha skyaothna* vd. 1, 41. *skyaothanâ* y. 34, 14. 33, 1. 42, 5. 57, 16. *skyaothnâ* y. 28, 1. *skyaothanâcâ* y. 31, 11. *aṭ yâ vareshâ yâcâ pairî âis skyaothanâ* ich thue die (Thaten) welche Thaten früher (gethan sind) y. 49, 10. instr. *skyaothnâis* y. 13, 17. 9, 99. vsp. 2, 11. vd. 5, 177. *skyaothanâis* y. 30, 5. *skyaothanâiscâ* y. 31, 21. 36, 11. gen. *skyaothnanãm* Cit. der Hzv.-Gl. vd. 7, 136. vd. 4, 67. 142. 13, 55. vsp. 18, 2. 13. y. 28, 4. *skyaothananãm* y. 35, 9. *aêtavaitya îm kârayêiti skyaothnanãm* ebenso macht er ihn (zum Lehrer des Geistes) mit dem Wort *skyaothnanãm* (aus dem Gebet *yathâ ahû vairyô*, zugleich mit dem Nebensinn: er bewirkt gute Thaten) y. 19, 32. loc. *skyaothanaêshû* y. 31, 8. 2) m. concret, handelnd, nom. *yadâ hvô aṅhaṭ yâ skyaothnaçcâ* wenn er (dir ähnlich) ist als handelnder y. 31, 16.

Skr. *cyâutná.*

Vergl. *arathwyôskyaothna*, *arshsky°*, *ashasky°*, *dussky°*, *pisky°*, *çnaodhôsky°*, *hâmôsky°*, *kusky°*.

skyaothnâvareza (vom vor. + *varez*) m. Sünder, acc. *yatha skyaothnâvarezem verezyâṭ skyaothnem* als ob er ihn zum Sünder machte (*skyaothnem* ist von *skyaothnâvarezem* abhängig) vd. 13, 62. plur. nom. *°vareza* vd. 13, 105. 15, 3.

skyaothnôtâṭ (von *skyaothna* + *tâṭ*) f. Art, Vorbild des Handelns, instr. *skyaothnôtâitya skyaothnanãm aṅhéus mazdâi* (ich sprach den Ahuna vairya aus) durch das Vorbild (um ein Vorbild zu geben) für die Thaten in der Welt (meiner) des Mazda y. 19, 23.

skyaoma (v. *skyu* = *shu*) f. Fortgang, Wachsen, acc. *skyaomãm aipî daibitânâ* im Wachsen (sind eure) Betrügereien y. 32, 3.

snaothna? *parvô vaçta snaothna tanûm perečâoñtê* yt. 24, 40. *paourvô vaçta saotu tanûm uzverezyâṭ* yt. 24, 26. vgl. *paourvôvaçna skyaothna tanûm irithyâṭ* vd. 16, 33.

H.

1. **ha**, 1) Pronominalstamm, von welchem nom. masc. und fem. zu *ta* gebildet werden, s. *ta;* 2) vorderes Glied in Zusammensetzungen, mit, zugleich, ganz.

Skr. *sa.*

2. **ha, hi** pronom. demonstr., meist enclitisch gebraucht; er, dieser, oft reflexiv, mich, dich, sich; der nom. und zuweilen der acc. haben eine Flexion für sich, für die andern Casus scheinen mehrere gemeinsame Affixe zu bestehn; nom. *his?* yt. 8, 35. (s. *usyâṭ*); *his* ille yt. 19, 67. fem. *hî* (die Armaiti) y. 31, 10 (Trad. dual.) *hîcâ* y. 32, 14. acc. m. *avâo hîm paiti mithnâiti* dieser bereut für sich vd. 3, 67. 9, 182. *frâ hîmciṭ nidarezayen* sie sollen ihn fesseln vd. 13, 85. *hyaṭ* (Westerg. *yyaṭ*) *hîm* … *hémfrastâ* wenn du dich befragt hast y. 46, 3. *hîm* für sich, sich yt. 2, 13. *hê pairidvaraṭ* lief um ihn herum vd. 19, 4. *berejayâoñti-sê* vd. 7, 134. *yêzi-sê barâṭ aêvô yaṭ iriçtem* wenn ein einzelner ihn trägt, den todten vd. 3, 45. fem. *hîm* sie y. 60, 16. 43, 14. 49, 2. yt. 13, 100. ihr, der Kuh y. 29, 2. *hîm* . . . *yãm* yt. 5, 1. *hîm* auf sie, die Erde yt. 5, 120. neutr. *paiti-sê aokhta* darauf erwiderte yt. 21, 2. instr. m. *yêzica hê fravarsta* wenn von ihm gesühnt sind vd. 3, 68. *yêzi-sê fravarsta* vd. 3, 70. dat. *hê* vd. 2, 21. *nôiṭ hê aoshô pairivaênâmi* nicht sehe ich an ihm den Tod vd. 19, 8. *nôiṭ hê apaçtavânê daênãm* nicht will ich mir (dat. ethicus) das Gesetz verfluchen (die Trad. ergänzt Ormazd zu *hê*) vd. 19, 25. *haêca?* Fr. 8, 2. *hôi* y. 29, 2. 31, 6. 42, 8. 52, 5. *hôi hudemem dyâi* y. 29, 8. *hôi* . . . *ahmâi yahmâi* demjenigen . . . ihm, welchem y. 43, 16. *yêzi-sê zaothrâo baraiti* yt. 10, 137. fem. *hê* vd. 7, 172. 15, 32. *hôi* (der Kuh) y. 46, 3. abl. m. *hôi çcañtû* so mögen von ihm lernen y. 52, 2. *hê apadvaraṭ* vd. 19, 6. gen. *hê* vd. 13, 24. *açti-sê* vd. 13, 125. *hê zaoshô* sein (des Thieres oder Menschen) Wille vd. 2, 41. *pairi-shê uski verenâidhi* y. 9, 88. *hê pâdhavê* aus dessen Füssen y. 9, 87. *avi-sê maêthanem* zu seiner Wohnung yt. 10, 137. *hê* (des Ahriman) yt. 13, 78. fem. *hê* yt. 17, 21. neutr. *kâ hê açti citha* was ist dafür die Strafe vd. 3, 124. dual. acc. n. *hî* dieses beides y. 30, 3. 43, 18. plur. nom. m. *âaṭ yaṭ hîs frâ vayô patãn* dann wenn sie, die Vögel, auffliegen vd. 5, 44. acc. *hîs* vd. 19, 39. y. 64, 16. *hîm* eos (d. h. iis nach 1. *dâ*) y. 43, 20. fem. *hîs* y. 33, 10. yt. 10, 27. neutr. *hîs* vsp. 14, 12. y. 54, 15. dat. m. *aêtadha hê aêtê mazdayaçna* (dat. ethicus) dann diese Mazdayaçnas vd. 6, 12. *nôiṭ hîm gâtavô viñden paçvaçca* nicht finden für sich Raum die Thiere vd. 2, 25. *â hîm vaêdhayamahi* ihnen thun wir es kund vsp. 5, 5. fem. *hîm* für sich yt. 15, 40. gen. m. *âaṭ hê apara erezataêna* ihre hintern (Hufe) sind silbern yt. 10, 125.

Skr. *siṃ*, *si* (Pâṇini gaṇa *ca*) *sîm*, altp. *°sa*, *°si*, *°sis*, *°saiy*, hzv. np. etc. *°sh.*

hait° s. *hañṭ.*

haithya (von *hañṭ*) adj., offenbar, wirklich, nom. *haithyô* y. 42, 8. 57, 11. acc. *haithîm râdhemca bakhshaiti* er macht ihnen einen Ehemann offenbar, gibt ihnen einen Gatten y. 9, 74. *haithîm* y. 31, 8. *haithyém ahûm* den offenbaren Ort y. 34, 15. neutr. (adv.) *haithîm* wirklich, offenbar y. 31, 6. 34, 6. 35, 16. 50, 13. yt. 10, 38. *haithîmca* y. 10, 11. *haithîm* *asharana baratem* Cit. der Hzv.-Gl. zu vd. 7, 136. *haithîm asharanô* offenbar reine (Wesen) y. 11, 1. *ashâț haithîm hacâ* (wer) aus Reinheit offenbar (wirkt) y. 45, 19. dual. nom. n. *î haithyâ* beides ist offenbar y. 52, 6. pl. nom. m. *haithyâ aĩhen açtayô* vd. 8, 310. 14, 75. neutr. *haithyâ* y. 43, 6. 48, 11. acc. m. *haithyêñg* y. 42. 3. instr. n. *haithyâis* y. 30, 5. Skr. *satyá*. — Vgl. *aĩhaithya, nâoĩh°*.

haithyâvarez (vom vor. + *v°*) adj., offenbar wirkend, acc. *°varezem* G. 3, 7. plur. gen. *°varezãm* yt. 13, 24. fem. *yaț haithyâvarezãm ashaonãm yaț haithyâvarezinãm ashaoninãm* vsp. 12, 31.

haithyâvarsta (von *haithya* + *v°*) adj., offenbar, aufrichtig handelnd, plur. gen. *°varstãm* y. 49, 11. cit. y. 64, 60. yt. 1, 0. N. 1, 2.

haithyâverezya (von *haithya* + *v°*) adj., offenbares bewirkend, plur. acc. *mazista haithyâverezya* die grössten offenbares bewirkenden (Mâthras) G. 2, 7.

haithyôayana (von *haithya* + *ay°*) adj., offen umhergehend, acc. f. *drujem °ayanãm* yt. 4, 6.

haithyôdâta (von *haithya* + 3. *d°*) adj., offenbar gesetzlich, superl. nom. f. *daêna mâzdayaçnis . . . haithyôdâtema* (für *°dâtatema?*) yt. 11, 3.

1. **haurva** adj., all, ganz, nom. n. *haurum* y. 19, 37. 20, 7. acc. f. *haurvãm* vd. 6, 50. 57, 21. *haurvãm taraçca khshapanem* vd. 18, 11. instr. n. *tisra haurva paoirya yazamaidê tisranãm haurva paoiryanãm yazamaidê* wir preisen die allerersten (Gebete) unter den drei allerersten vsp. 15, 6. Man kann hier *haurva* mit dem folgenden Worte auch componiert sein lassen; plur. acc. *drvâ haurvâ ashiraĩtô* y. 57, 17.

Skr. *sárva*, altp. *haruva*, hzv. *har-viçp*, parsi np. *har*, buchar. kurm. zaza maz. *her*, armen. *hariur* (hundert), dig. *ali*, tag. *yul*, udisch *har* (aus dem np.), tschetsch. *hâr*.

2. **haurva** (von *har*) adj., beschützend.

Vgl. *paçushaurva, vish°*.

haurvatâț, haurvaț (von 1. *haurva* + *tâț*, die zweite Form scheint eine Verkürzung der erstern zu sein) f. 1) Fülle, Ganzheit, gen. *haurvatâtô* y. 34, 1. *mâthrem yim haurvatâtô* y. 31, 6. pl. acc. *haurvatô ameretâtaçcâ* Fülle und Unsterblichkeit y. 31, 21. 2) n. pr. eines weiblichen Amesha çpeñta, welcher das Wasser beschützt und Wohlstand verleiht, bei Plutarch δημιουργὸς πλούτου; ihr Gegner, den sie am Ende der Welt tödtet, ist *tairica* (*tauru*) Bund. 76, 8.; auch besiegt sie den Hunger, wie Ameretâț den Durst; nom. *haurvatâç* y. 56, 10, 4. = yt. 10, 92 (wo *haurvata*), acc. *haurvatâtem* yt. 4, 0. 11. 2, 8. y. 17, 17. 70, 57. G. 1, 5. instr. *haurvâtâ ameretâtâ* y. 43, 18. gen. *haurvatâtô* yt. 4, 0. 1. 2, 3. dual. nom. *haurvâtâ ameretâtâ* Khordad und Amerdad y. 44, 5. 10. *haurvata ameretâta* yt. 1, 25. *haurvâoçca ameretâoçca* (verb. im sing.) yt. 19, 96. *aț tôi ubê haurvâoçcâ qarethâi â ameretatâoçcâ* dann dienen dir beide zur Nahrung, Khordad und Amerdad y. 34, 11. acc. *haurvatâoçca ameretâtâoçca* yt. 4, 1. *çarôi bûzhdyâi haurvâtâ ameretâtâ* (acc. beim infin.) y. 43, 17. *haurvâtâo ameretâtâo* y. 57, 20. *haurvâtâ ameretâtâ* y. 46, 1. dat. *haurvatathya ameretațbya* y. 1, 5. yt. 21, 7. gen. *haurvatâoçca nô ameretâtâo* für unsre Khordad und Amerdad vsp. 10, 23. *haurvatâo ameretâtâo* y. 69, 8. *ameretâtâoçcâ utayûiti haurvatâo draonô* (die Worte welche geschaffen sind) als Hülfe für A., als Lob für Kh. y. 33, 8. 3) das von Haurvatâț beschützte Wasser, dual. (dvandva) acc. *haurvata ameretâta* Wasser und Holz y. 3, 2. 7, 1. 52.

Skr. *sarvátâti;* hzv. *khôrdat*, parsi *qurdâț*, np. *khordad*.

haurvafshu (v. 1. *haurva* + 3. *fshu*) m. das ganze Vieh, plur. acc. *haurvafshavô* y. 57, 17.

haêcaĩh (von 2. *hic*) n. Trockenheit, hzv. *husk*, acc. *haêcô* vd. 13, 169. gen. *haêcaĩhô* vd. 7, 68. gen. *haêcaĩhaçca* yt. 13, 130.

haêcațaçpa (von *haêcaĩț*, part. praes. von 1. *hic* + *açpa*) sprengende Rosse habend? m. n. pr. des Grossvaters des Pourushâçpa (s. *çpitama*), im pl. Nachkommen des Haêcațaçpa, voc. *°açpâ* y. 45, 15. Hzv. *haêcadaçp*.

haêcațaçpâna (vom vorigen) adj., von Hecedaçp stammend, nom. f. *pouruciçtâ haêcațaçpânâ* y. 52, 3.

haêtu (von 1. *hi*) m. Brücke, Weg, loc. *haêtô* vd. 19, 101.

Skr. *sétu*, dig. *khet*, tag. *khûl*.

haêtumaĩț (vom vor.) 1) m. n. pr. des Flussgebietes des Etymandros, des heutigen Hindmend, welcher auf dem Koh i Bâbâ bei Kabul entspringt und in den Zarehsee fliesst, Bund. 52, am Rand; acc. *haêtumeĩtem* vd. 1, 50. 19, 130. 2) adj., im Flussgebiet des Haêtumaț liegend, nom. n. *yatha zrayô yaț kãçûm haêtumatem* (lies *°maț?*) wie der See Kãçava, in welchen der Fluss Hindmend fliesst yt. 19, 66.

Hzv. *hêtômand*, np. *hilmend*.

haêtha adj., schrecklich (Trad.), gen. m. *drûjô hvô dâmãn haêthahyâ* (Spiegel *haêthyahyâ*) *gâț* der geht über zu den Geschöpfen der schrecklichen Drukhs (als masc. = Ahriman) y. 45, 6.

haêthyêjaĩha? adj., acc. n. *haêthyêjaĩhem vacãm fraçpâyares* Spiegel: gegen die mehr offenbare (vgl. *haithya*) Austreibung der Worte yt. 2, 14.

haêna (von 1. *hi*) f. Heerschaar der Bösen, nom. *haêna* yt. 8, 56. 14, 48. mit dem praedicat im plur. yt. 8, 61. acc. *hazaĩrôaçpãm haênãm* vd. 18, 31. *hatarem haênem* (? al. *hitarem hûnãm*) var. lect. zu yt. 4, 6. gen. *haênayâo* yt. 5, 131. 10, 8. 47. 15, 49. 19, 93. *haênayâoçca* y. 9, 63. 67, 40. yt. 1, 11. 13, 136. *haca haênayâo perethuaînikayâo* yt. 4, 4. plur. abl. *pairi dreaitibyô haênêbyô . . . zâvare dayâo* verleih Kraft gegen die bösen Heerschaaren y. 56. 10, 6 = yt. 10, 93 (aber ohne *zâvare*); gen. *yêĩhê* (lies *yêĩhâo?*) *avaraț haênanãm navaçatâis hazaĩremca* welche soviel (Kraft hat wie) neunhunderttausend Heere der Bösen? yt. 5, 120.

Skr. *sénâ*, altp. *hainâ*, hzv. *hên*, armen. *hên*.

haênya (vom vor.) adj., feindlichen Heerschaaren gehörig, nom. *haênyô rathô* yt. 8, 56. 14, 48.
Skr. *sâinyà*, *sênya.*

haêbavañt s. *hêbvañt.*

haêm pronom., ein solcher, nom. m. *açti-sê haêm yatha athaurunê* ihm ist ein solcher (Character) wie einem Priester vd. 13, 124. Spiegel liest *aêm; haêm* wäre aus dem pronom. *ha* und *ya* zusammengesetzt und würde wohl zu *hya* gehören.

haêva s. *harya.*

haozâthwa (von *huzañtu*) n. Zustand eines gute Genossenschaft besitzenden, instr. *haozâthwaca* y. 56, 10, 2. abl. *vañhêus ashâ haozâthwâţ â manañhô* (so dass die Männer zunehmen) an guter Genossenschaft durch die Reinheit guten Sinnes y. 44, 9.

haom s. *hava.*

haoma (von 2. *hu*) m. 1) Name einer in Gilân, Mazenderân, Shirvân und Yezd wachsenden Pflanze mit gelben Blüthen, deren knotige Stengel unter Ceremonien abgeschnitten, getrocknet und in einem Mörser zerstossen werden; durch Aufguss von Wasser entsteht dann ein, wie Haug, der ihn versuchte, versichert, übel schmeckender heiliger Trank, der beim Celebrieren des Yaçna vom Zaotar getrunken wird, vgl. Windischmann Abhandl. der bairischen Acad. IV, 125. Spiegel Av. übers. II, LXXIII. Haug Essays 239. nom. *haomô* y. 9, 49. vd. 6, 86. yt. 10, 120. *haomaçca* y. 11, 2. vd. 19, 66. acc. *haomem* y. 3, 5. yt. 14, 57. *aomem* Fr. 9, 2. *imem haomem* vsp. 12, 15. y. 22, 2. *haomemcâ* y. 41, 30. *haomem zâirîm berezañtem* S. 2, 30. instr. *haoma yô gava* mit Hom nebst Fleisch yt. 10, 6. 3, 18. abl. *haomâţ* vd. 9, 195. *uzdâtâţ paiti haomâţ* beim erhobnen Haoma (das Emporheben der Opfergegenstände ist eine Ceremonie) yt. 10, 91. A. 3, 5. gen. *haomahê hutahê* vd. 18, 29. yt. 21, 9. voc. *haoma* y. 9, 10. 10, 7. *haoma zâirê* vsp. 12, 11. 12. pl. nom. *haomaca* vd. 19, 30. *haoma* vsp. 10, 13. acc. *haomaca* vd. 5, 122. *kaţ tâ* (neutr., weil eine unbestimmte Menge gedacht wird) *haoma yaozhdayân añhen* vd. 6, 84. *haomân* yt. 10, 90. y. 3, 9. *haomâ . . . yaţ uzdâtem* vsp. 12, 1. *imâ haomâ* vsp. 12, 7. *haomâçca* y. 4, 2. 24, 2, *ashaya dadhâmi haoma* y. 7, 4. *viçpê haoma* alle Haomapflanzen y. 10, 53. *haomâ* (s. *haomôhunvañţ*) vsp. 14, 7. gen. *haomanâm* vsp. 10, 1. *haomanâm hareshyamnanâm* wenn die Homstengel zerstampft werden vsp. 14, 1. 2) der weisse Haoma, welcher im See Vourukasha wächst und dessen Genuss unsterblich macht; er führt auch den Namen Gaokerena; sicher weiss ich diese Bedeutung in den Texten nicht zu belegen, aber es ist wahrscheinlich, dass der weisse Hom einmal durch das Praedicat *frâshmi*, der fördernde (wohl weil er das ewige Leben verleiht, vgl. *frashôkereti*), und ferner durch *dûraosha* bezeichnet wird, welches Bund. 64, 4. vom weissen Hom gebraucht wird; acc. *haomem frâshmîm yazamaidê, haomem dûraoshem yazamaidê* y. 10, Schl. S. 2, 30. *haomem frâshmîm frâdaţgaêthem . . . dûraoshem* y. 41, 31. 3) n. pr. des Genius der Haomapflanze, sowohl der gelben als der weissen; diese persönliche Bedeutung ist oft schwer von der appellativen zu trennen, wie das auch beim vedischen Sóma der Fall ist; nom. *haomô* y. 56, 8, 2. 9, 1. 5. 71. 11, 21. yt. 10, 88. 8, 33. 9, 17. 17, 37. acc. *haomem* y. 10, 21. 43. dat. *haomâi* yt. 17, 5. y. 9, 9. 11, 26. *tañjistâi haomâi* y. 11, 20. gen. *haomahê* y. 10, 3. *haomahêca* y. 8, 3. yt. 17, 5. voc. *haoma* y. 9, 78.
Skr. *sóma*, hzv. *hôm*, parsi *hûm* (Ner. *hûma*).
Vgl. *parahaoma.*

haomacina (vom vorigen + *cinañh*) m. Haomasammler, acc. *mâthra çpeñta daêna mâzdayaçnê haomacinem yazamaidê* das heilige Wort, das Gesetz, den Haomasammler preisen wir yt. 18, 8. Die Ableitung von *cinañh* gibt eine Glosse an die Hand, welche am Rand steht: *shaêtôcinañhô khratucinañhô vâ* (aus vd. 4, 119).

haomanañha (von *humanañh*) n. gute Gesinnung, acc. *haomanañhemca* y. 70, 74.
Vgl. skr. *sâumanasá.*

haomanañh (denom. verb. vom vor.) Wohlwollen ausüben, partic. praes. med. plur. nom. *haomanañhamna* yt. 10, 34.

haomavañţ (v. *haoma*) adj., mit Haoma versehn, nom. f. *haomavaiti* y. 67, 3. acc. f. *haomavaitîm* y. 65, 1. plur. acc. *zaothrâo haomavaitîs* vsp. 12, 17. y. 22, 5. dat. (statt instr.) *haomavaitibyô zaothrâbyô* yt. 5, 8. gen. *zaothranâm haomavaitinâm* vd. 14, 8. 18, 143. yt. 5, 63.
Skr. *sómavant*, hzv. *hômônand.*

haomôañharezâna (von *haoma* + *harezâna*) adj., vom Hom überschüttet, dat. *varçâi haomôañharezânâi* dem (Kuh-)Haar, über welches der Hom gegossen wird (welches man in den Hom legt, um ihn dadurch rein zu halten, hzv. übers. *hômôn pâlâi*) vsp. 11, 2. 12, 35.

haomôañharsta (von *haoma* + *harsta*) adj., vom Hom benetzt, gen. *haomôañharstahê hizvô* mit Hombenetzter Zunge A. 3, 5.

haomôqarenañh (von *haoma* + *q*°) m. n. pr., gen. °*qarenañhô* yt. 13, 116.

haomôgaona (von *haoma* + *g*°) adj., homfarbig, i. e. gelb, acc. *paçûm* °*gaonem* yt. 8, 58.

haomôhunvañţ (von *haoma* + *h*°) adj., Hom auspressend, dual. gen. *hâvanayâoçca* °*hunvañtayâo* der beiden Mörser, in welchen der Hom zerstossen wird vsp. 14, 7. Westerg. liest *haomâ h*°.

haomya (von *haoma*) adj., zum Hom gehörig, acc. f. *imâm âpem haomyâm* vsp. 12, 13. y. 3, 11. 7, 5. plur. nom. n. *tasta haomya* vd. 14, 31. acc. *ima haomya* diese Homdinge, d. i. der Becher, in welchen der Hom gegossen wird vsp. 12, 8.
Skr. *somyá.*

haoy° s. *hava.*

haoçafna m. Kupfer, Trad. aber *çang* (Stein).

haoçafnaêna (vom vor.) adj., von Kupfer, nom *yêzi añhaţ haoçafnaênis* (vgl. *ayañhaêna*) vend. sade 252. (Westerg. vd. 7, 75), plur. gen. *haoçafnaênanâm* (Westerg. °*fnaêninâm*) yt. 10, 130.

haoçafnaênôçaêpa (vom vor + *ç*°) adj., zur Kupferschmelze gehörig, abl. *piçraţ haca* °*çaêpâţ* von der Kupferwerkstatt hinweg vd. 8, 254. (Westerg. vd. 8, 90).

haoçravaňha (von *huçravaňh*) 1) n. guter Ruhm nom. *yêňhê vohu haoçravaňhem* dessen Ruhm gut ist yt. 10, 60. acc. *haoçravaňhem* yt. 10, 33. dat. *haoçravaňhâi* yt. 24, 32. loc. *haoçravaňhê* y. 67, 5. 2) m. n. pr. (vgl. *huçravaňh*) a) des Kavi Huçravaňh, acc. *kavaêm haoçravaňhem* S. 2, 9. gen. *kavôis haoçravaňhahê* N. 5, 5. S. 1, 9. *kavôis haoçravaňhô* (lies *huçr°?*) yt. 13, 132. b) des Var Huçravaňh, acc. *vairîm haoçravaňhem* S. 2, 9. gen. *varôis haoçravaňhahê* N. 5, 5. S. 1, 9.

haoçravaňhana (vom vor.) m. Abkömmling des Haoçravaňh, gen. *âkhrûrahê haoçravaňhanahê* des A. (des Sohnes) des Huçravaňh yt. 13, 137. plur. nom. *haoçravaňhanô* (Thema °*han*) die Nachkommen des H., yt. 14, 39.

haoshâta (von *hushâta*) n. Erfreuung, loc. *haoshâtaêca* yt. 13, 66.

haoshemna (partic. praes. med. von *hush*) vertrocknend.

Vgl. *aňhaoshemna*.

haoshyaňha m. n. pr. des Sohnes des Fravâk, des Sohnes Çiamak's, des Sohnes Meshia's, des Sohnes Gayomart's (*gaya maretan*) Bund. 77, 4. vgl. 38, 1. Er ist ein Vorfahr des Vivaňhvañt und richtete zuerst ein staatliches Wesen ein (Glosse der Hzv.-Uebers. zu vd. 20, 7), nach dem Shahnameh (ed. Mohl I, 38, 1 ff.) erfand er das Erzeugen des Feuers durch Reibung zweier Steine. Die mit ihm beginnende Dynastie ist die der Pêshdâdier, so benannt von seinem Beiwort *paradhâta*; vgl. Abulfeda ed. Fleischer 66. Windischmann Anâhita 113. Z. St. 190. Spiegel Av. übers. III, LVI. nom. *haoshyaňhô paradhâtô* yt. 5, 21. 9, 3. 15, 7. 17, 24. acc. *haoshyaňhem paradhâtem* yt. 19, 26. gen. *haoshyaňhahê takhmahê* yt. 13, 137.

Hzv. *hôshhang*, im Mujmil *Ôshhanj*, *Hôshang*, bei Abulfeda *Ushhenj*, in den Desatir *Hûrshâd*.

haoshyañta s. 2. *hu*.

haosra?

haosrôgaona (vom vor. + *g°*) adj., ? loc. (statt dat.) °*gaonê* yt. 4, 10.

hakaṭ (von *hac*) adv., zugleich vd. 18, 115. auf einmal yt. 10, 72. 19, 68. in einem fort yt. 13, 78. *hakaṭ nigereptaêibya añgustaêibya uzgereptaêibya pâshnaêibya* indem man zugleich die grossen Zehen niederstemmt und die Fersen in die Höhe hebt vd. 8, 220. *hakaṭ raocanem fraghrâtô* zugleich beim Licht erwacht vd. 18, 39. 52. wie hzv. *kouâ* vor Zahlen: *hakaṭ hazaňrem açpanãm* im Ganzen 1000 Pferde vd. 22, 8.

hakafra?

Vgl. *frôhakafra*.

hakereṭ (von 1. *ha* + 1. *kar*) adv., einmal vd. 7, 77. 186. 14, 49. yt. 14, 37. *hakereṭ irikhtahê çadayaca vaênaitê çtaraçca mâoçca hvareca* nur einmal im Hervorkommen und im Weggang sieht man Sonne, Mond und Sterne (nemlich ein Jahr ist wie ein Tag) vd. 2, 132.

Skr. *sakṛt*.

hakereṭjan (vom vor. + *jan*) adj., mit Einem Stoss tödtend, gen. *varâzahê °janô* yt. 10, 70. 127. 14, 15.

hakha (von *hac?*) m. Sohle, acc. *dashinem hakhem* vd. 8, 221. *adhairi hakhem* vd. 8, 219.

Hzv. *hakh*, armen. *akh* (Fuss).

hakhi (von *hac?*) m. Genosse, nom. *hakha* y. 61, 22. vd. 18, 53. dat. *hasha* vd. 18, 53. *hashê* y. 61, 22. plur. nom. *hakhaya* vd. 4, 118. yt. 24, 10? *hakhayô* yt. 19, 95. acc. *hakhaya çraoshahê* (scil. *yazamaidê*) yt. 11, 16. *hakhayô* die Genossen (des Çaosbyañṭ, deren 15 Männer und 15 Frauen sind, von denen der Bundehesh (68, 19—69, 10) folgende nennt: Peshôtanu, Aghraêratha, Khumbya, Urvataṭnara, Aoshnara, Tuça, Giv (Sohn des Godarzâ) Ashavazdaňh) yt. 19, 89. *añtare hasha* yt. 10, 116. gen. *hashãnca* y. 67, 38.

Skr. *sákhi*, altp. *Hakhâmanis*, armen. *Hayk*.

Vgl. *hushakhi*.

hakhedhra (von *hac*) n. Genossenschaft, acc. *thwâ paiti zî hakhedhrem daidhê vahistem* denn zu dir hat er den besten Genossen (concret) gesetzt yt. 10, 80. *hakhedhremca* die Genossenschaft (der Sonne und des Mondes) yt. 6, 5. instr. *yô hakhedhra havara* (al. *hvare*) *yim aňvivinaṭ* (lies. °*vaênaṭ?*) yt. 24, 10. dat. *dareghâi hakhedhrâi* zu langer Genossenschaft yt. 10, 79. 81. 17, 6. *yô hakhedhrâi hanairê* yt. 24, 34. loc. *yô hakhedhrê hanairê* yt. 24, 31. *bavaṭ yô hakhedhrê hanairyâi* yt. 24, 43. (Mond und Sonne werden vorher erwähnt); pl. dat. *dareghaêibyô hakhedhraêibyô* für lange (langjährige) Genossen yt. 13, 30. gen. *hakhedhranãm* yt. 6, 5.

Vgl. *dareghôhakhedhrayana*.

hakhti (von *hac*) f. die Verbindung der beiden Schenkel, Unterleib, instr. *hakhti hê . . . upadvãçaiti* auf den Unterleib springt sie vd. 8, 184.

Skr. *sákthi*, hzv. *hakhti* (bloss umgeschrieben).

hakhtyâo s. *hac*.

hakhma (von *hac*) m. Freund, Freundschaft, pl. acc. (statt nom.) *hakhêmã* (*qyâṭ*) Freundschaft (möge sein) y. 40, 10. *añtare viçpêñg dregvatô hakhmêñg añtare mruyê* ich kündige auf allen Freunden des Bösen (Ahriman) y. 48, 3.

hakhman (von *hac*) n., Freundschaft, acc. *paiti hakhma* bei der Freundschaft y. 59, 15. *hamem thwâ hakhma* (mögen wir kommen) zu deiner vollkommnen Freundschaft y. 59, 20. *jamyâmâ tavacâ hakhemâ ashaqyâcâ* mögen wir kommen in deine und Asha's Freundschaft y. 40, 6. (vgl. y. 7, 64, wo *çarem* für *hakhemâ*); dat. *hakhmainê* y. 40, 8.

Vgl. *hushakhman*.

hakhsh (Fortbildung von *hac* durch *sh*), antreiben, aufmuntern, praes. 1. sg. *hakhshya* (Spiegel *hakhshaya*) ich fordre auf y. 8, 15. 2. plur. *hikhshatha* yt. 24, 47. conj. praes. 1. sg. med. *hakhshâi* y. 45, 10. pot. 2. sg. med. *hakhshaêsa* (Westerg. *hikhsh°*) vd. 7, 128. 19, 88. *hakhshaêsa* (Westerg. *hi°*) *kemciṭ*

. . . *dakhmaêshva vîkañtêê* treibe jeden an, unter den Dakhmas einzuebnen vd. 7, 128. imper. 1. sg. med. *hakhshânê* (Westerg. *hi°*) soll ich aufmuntern vd. 19, 86.

— *upa*, sich erheben, pot. 2. sg. med. *upa thwâ hikhshaêsa* yt. 24, 45. 3. sg. act. *upa thwâ hakhshôiț* bei dir möge sich erheben, entstehn vd. 18, 58. 60. y. 61, 27. 28. yt. 24, 38.

Hzv. *hakhcitan* (Spiegel *akh*)?

haghdhañhu m. Sättigung, hzv. *çêr*, acc. (der Beziehung) *ahmâi âtars âfrînâț khshnûtô ațbistô haghdhañhum* ihn wird das Feuer segnen, zufrieden, ohne Hass, mit Sättigung vd. 18, 57. = yt. 24, 38 (wo *haghdhañhem*), ähnlich y. 61, 26 (Westerg. *haghdhañhem*).

Vgl. skr. *sághdhi*.

hañuharena n. Spiegel: das Essen (von 1. *qar*); loc. *uç mê pita haomâi draonô frêrenaoț ahurô mazdâo ashava hañuharenê mat hizvô hôyûmca dôithrem* y. 11, 16. (ähnlich 17); hzv. übers. mir brachte der Vater als Draona des Hom, der reine Ormazd das *êrvârak* und mit der Zunge das linke Auge; *êrvârak* soll nach Anquetil dasselbe bedeuten, wie parsi *ke açt har câz*, aber es scheint „linkes Ohr" zu bedeuten, vgl. Bund. 35, 10: *akhar pann* 1000 *yôm shapân nar gôçpandê mat hanmand gafr çpêt êrvâr* dann nach 1000 Tagen und Nächten kamen sie zu einem Schaafbock, einem fetten, weiss am linken Ohr; und Bund. 57, 10: *mêsh i gafr i çpêt êrvâr* der Schaafbock, der fette, der mit weissem linken Ohr; danach würde die Stelle lauten: der Vater brachte mir, dem Haoma, er der reine Ormazd, bei (nebst) dem linken Ohr mit der Zunge das linke Auge; Spiegel: der reine Vater Ahura Mazda hat mir, dem Haoma, zum Essen ein Theil gegeben: samt der Zunge das linke Auge. Haug (G. 1, 202) leitet es von 2. *har* ab und übers. zum Bewachen.

hañhaurushi (von *hañhaurus*) m., Sohn des Hañhaurus, gen. *vareshnahê hañhaurushôis* yt. 13, 104.

hañhaurus (von 2. *har*?) m. n. pr. des Sohnes des Jâmâçpa, gen. *hañhaurushô jâmâçpanahê* yt. 13, 104.

hañhaunstema s. *han*.

hañhu adj., vollkommen, nom. *hañhus mê bêcț us* ein Verstand sei mir als vollkommnes y. 52, 4. gen. die verderbliche Schlange, so lange sie lebt, *narem ashavanem hañhêus qarethahêca vaçtrahêca . . . apabaraiti, nôiț avatha meretô* bringt den Mann fort von vollkommner Nahrung und Kleidung, hzv. übers. *hañhêus* durch *açarish* (vgl. Bund. 71, 3 *pann açarish shant* in vielen vielen Jahren), also eigentlich: von der Vollkommenheits- (eigentl. Endlosigkeits-) Speise, vd. 5, 121. Deçtur Dârâb hat für *hañhêus khânak* (Haus), er liest also *añhêus*.

hac, folgen, angreifen, erlangen, praes. 2. sg. *yôi hacahi hubaoidhis* an denen du hängst (die du begünstigst) als wohlriechende yt. 17, 6. *yim hacahi* (Heil ihm) den du begünstigst yt. 17, 7. *yôi hacahi ashis vañuhi* welche du gute Ashi begünstigst yt. 17, 8. 3. sg. *yim hacaiti* mit welchem verbunden ist yt. 10, 66. 107. *hacaiti* es einigt sich, folgt ihm yt. 16, 68. med. *hacaitê* ist verbunden vsp. 14, 4. y. 10, 19. 34, 2. 47, 4. *varethra hacaitê* er ist verbunden mit Sieg yt. 14, 44. 3. plur. med. *hacaiñtê* vereinigen sich, passen zusammen y. 44, 2. cit. y. 19, 43 (Westerg. *°tî*). *hacañtê* hängen zusammen mit y. 10, 18. 33, 9. conj. 3. plur. med. *yôi khshnûm hacâoñtê* welche an der Weisheit hangen y. 47, 12. *yaț mê çtârô . . . hacâoñtê* damit meine Sterne sich einigen yt. 8, 1. imper. 1. sg. med. *yatha azem . . . verethra hacânê* dass ich siegreich angreife yt. 5, 69. 3. sg. *hacatu* es sei gnädig? yt. 24, 8. impf. conj. 3. sg. *hacâț* sie schenkt yt. 18, 4. *tem hacâț* dem wird anhaften yt. 19, 54. partic. praes med. instr. n. *ashâ . . . hacêmnâ* mit folgender, immerwährender Reinheit, d. h. stets mit Reinheit y. 43, 10. *nôiț ashahyâ âdivyêiñtî hacêmnâ* (welche) nicht dem Reinen folgen, wenn sie ihn bemerken y. 43, 13. pass. nom. *tû . . . ârmaitî hacimnô* du, der du mit Weisheit verbunden bist y. 42, 10. *rathwya cakhra hacimnô* versehn mit dem Rad der Herrschaft yt. 10, 67. *zaêna hacimnô* mit der Waffe versehn yt. 10, 141. *hacimnô mithra* von M. begleitet yt. 13, 3. *hacimnô* begleitet, begünstigt von? Fr. 1, 1. *ava verethra hacimnô* versehn mit Wehrhaftigkeit yt. 19, 54. dat. *hacimnâica* anhänglich yt. 5, 8. plur. fem. *ashôis baêshaza hacimnâo* yt. 13, 32. y. 59, 7. neutr. *hacimna* y. 19, 47. gen. m. *baêshaza hacimnanãm* mit Heilkräften versehn vsp. 10, 4. partic. perf. pass. gen. (statt abl.) f. *bûnôiț hakhtyâo* aus dem besessenen Innern heraus y. 52, 7. causale imper. 1. sg. *yatha azem hacayêni* dass ich gewinne für yt. 9, 26. dass ich mich einige mit yt. 5, 18. 105. *kahmâi azem hacayêni* wem soll ich mich anschliessen yt. 5, 8. impf. conj. 3. sg. *hacayâț* yt. 24, 47.

— *ava*, festhalten, praes. 3. sg. med. *yô daênayâo ava hacaitê* welcher am Gesetz festhält yt. 10, 117.

— *â*, sich an etwas hängen, praes. 3. sg. *â dim â hishakhti* an den hängt er sich, hzv. ihn verunreinigt er, vd. 5, 112.

— *upa*, sich anhängen, erlangen, praes. 3. sg. *upañhacaiti* klebt an, haftet vd. 7, 144. imper. 2. sg. *mãm upañhaca* begünstige mich yt. 17, 7. impf. 3. sg. *upañhacaț* hieng sich an vd. 1, 36. ward zu Theil yt. 19, 26. *yatha tâ upañhacaț yô dadhwâo* wie es erlangte der Schöpfer (Ormazd) yt. 9, 13. 15, 4. partic. perf. med. nom. *hamerethâț upashakhtô* nachdem er sich auf den Feind gehängt hat yt. 10, 71. causale imper. 1. sg. *kahmâi upañhacayêni* wem soll ich mich anschliessen yt. 5, 8.

Skr. *sac*, *sácate*.

haca (vom vor.) 1) adv., sofort, zugleich, *uç haca baodhô ayâț* vd. 7, 3. 2) prae- und postpos., a) c. acc., für, weg von, von aus, *brâta haca qañharem* der Bruder für die Schwester vd. 12, 18. *anâperetha haca skyaothna* für unsühnbare Thaten (gibt es keine Busse) vd. 3, 136. *haca bareshnaoô* von den

Höhen vd. 5, 2. *haca karshvare yaṭ arezahi* vom Keshvar A. yt. 10, 67. *haca narem* weg vom Manne vd. 11, 32. *haca naçûm* von der Naçus yt. 4, 4. *haca taêca* (nom. statt acc.) bei ihnen? yt. 24, 15. b) c. instr., weg von, nach, aus, *haca nmâna* vd. 10, 11. *fratare haca nmâna* etwas höher als die Wohnung vd. 16, 6, *peshana haca* yt. 14, 57. *haca iriçta* vom Todten aus vd. 9, 168. *vereзênâ hêcâ* nach Willkür y. 45, 1. *haca raokhshna garô nmâna* yt. 19, 44. c) c. abl., in Folge, aus, von, wegen, in, inde ab, *ahmaṭ haca* in Folge davon, deshalb vd. 13, 103. 15, 13. *nâoṅhanaṭ haca* vd. 3, 46. *zrayaṅhaṭ haca* vd. 5, 51. *haca maghaêibyô* vd. 9, 22. *uç haca naçâvô apaṭ haca nizhbârayen* sie sollen heraus aus dem Wasser die Leichen tragen vd. 6, 68. *tûthruyaçcîṭ haca khshafnô* yt. 14, 31. *hacâ ashâṭ* aus der Reinheit (stammend) y. 46, 1. *haca ahmâṭ nmânâṭ* yt. 13, 157. *aṅhaṭ haca* nachher vd. 15, 8. *adhâṭ haca vaṅhauṭ manaṅhaṭ* nach dem Vohumanô vsp. 12, 23. *yahmâṭ mê haca* von wo mir yt. 5, 96. *ashâṭ hacâ* von der Reinheit y. 16, 4. *ashâaṭcâ hacâ* wegen der Reinheit y. 35, 26. *haca gayâṭ marathnaṭ* von Gayômart an y. 26, 33. *haca vô* (beim passiv.) yt. 23, 5. d) c. gen., mit, weg von, für, wegen, *haca jahikayâo* wegen der Buhlerin yt. 17, 57. *drûjô hacâ* y. 52, 6. *gêus hacâ* mit dem Vieh zusammen y. 5, 5. = 37, 5. ich bekämpfe Ahriman *haca harayâoçe-tanvô* . . . *haca nâ paitiriçtô* (nom. statt gen.) . . . *haca nmânahê nmânôpatôis* vd. 10, 11. *dâthranãm haca* für (als Vergeltung für) die Gerichte y. 31, 14. *yatha azem uzayêni haca kavôis huçravaṅha* dass ich (siegreich) hervorgehe vom Kavi H. yt. 15, 32. e) c. loc., von her, *haca gâtvô zaranyôkeretô* von seinem goldnen Throne vd. 19, 102.

Skr. *sácâ*, altp. *hacâ*, hzv. *aj*, parsi *aj*, *az*, *ezh*, np. *az*, maz. *ez*, bal. *aj*, kurm. *ze*, kurd. *ez*, armen. *z°?*

hacañṭ (partic. praes. von *hac*) gewährend, erlangend.

hacaṭaêsha (vom vor. + 2. *aêsha*) adj., den Wunsch gewährend? acc. f. *daênãm °aêshãm* yt. 24, 14.

hacaṭpaêmainya (von *hacañṭ* + *paêman*) adj., reich an Milch, acc. f. *°paêmainyãm* vd. 21, 26. yt. 24, 13. 49.

hacaṭputhra (von *hacañṭ* + *p°*) adj., reich an Kindern, acc. f. *°puthrãm* vd. 21, 26. yt. 24, 13. 49. plur. nom. f. *yaṭ bavaiñti hacaṭputhrâo* (durch ihren Glanz geschieht es) dass sie kinderreich sind yt. 13, 15.

haciuua s. *hac*.

haz, tragen, stark sein.

Skr. *sah*, *sáhate*.

hazaosha (von 1. *ha* + *z°*) adj., denselben Willen habend, nom. *ashâ hazaoshô* im Einverständnis mit Asha y. 29, 7. acc. *yêm* (Westerg. *yîm*) *ashâ vahistâ hazaoshem* dich der du gleichen Willen hast mit Asha vahista y. 28, 8. plur. nom. *vê hazaoshâoṅhô* ihr willfährigen y. 50, 20.

Vgl. *hvarehazaosha*.

hazaṅra adj. numer., subst. n., tausend, ein Tausend, nom. *hazaṅrem* y. 64, 17. yt. 10, 69. 1, 19. *histeñti yazatâoṅhô çatemca hazaṅremca* yt. 6, 1. acc. *hazaṅrem* y. 67, 50. yt. 5, 63. 10, 82. 8, 45. neben instr. vd. 4, 35. *hazaṅrem narãm nâirinãmca taokhma* 1000 Saamen von Männern und Frauen, d. i. Saamen von 1000 Männern und Frauen vd. 2, 89. *aom hazaṅrem* yt. 10, 128. *hazaṅrem paitidaranãm* um 1000 Schutzleistungen vd. 3, 103. *hazaṅrem upâzananãm* vd. 3, 129. 4, 53. *hazaṅrem* tausendfach vd. 21, 28. *khshvasçatâis hazaṅremca* 600000 yt. 5, 95. *hazaṅrem açpâo bavaiti hazaṅrem vâthwâo bavaiti* er kommt zu, ist versehn mit 1000 Rossen, mit 1000 Heerden yt. 18, 5. *hazaṅrem yârem* 1000 Jahre yt. 24, 5. dat. *hazaṅrâi* yt. 8, 49. *hazaṅrâi baresna* yt. 5, 96. *yaçca mê aêtaêshãm yaṭ azhicithranãm yô janaṭ aêshãm daêvanãm hazaṅrâi hazaṅrô pairi baêvarâi baêvanô paiti yaçka jaiñti* welcher (Asha vahista) von dieser Schlangenbrut schlägt, welcher von diesen Dêvs (schlägt) tausend mal tausend, 10000 mal 10000, der schlägt die Krankheit yt. 3, 10. vgl. yt. 3, 13. *yô aêshãm daêvanãm hazaṅrâi hazaṅrô paitis baêvarâi baêvanô hapañkhstâi hapãkhstayô* (lies *ahãkhst°*) *paitis nâmêni ameshanãm çpeñtanãm haurvatâtô zbayôiṭ* wer gegen diese Devs, die 1000 mal 1000, die 10000 mal 10000, die unzählige mal unzähligen die Namen der Amshaçpand (besonders) der Haurvatâṭ anruft yt. 4, 2. *hazaṅrâi hazaṅrôtemôhazaṅra* zu 1000 und 1000 mal 1000 yt. 24, 19. loc. *hazaṅrê gavãm* mit 1000 Rindern yt. 5, 21. 9, 3. dual. nom. f. *duyaêca hazaṅrê* yt. 19, 7. acc. *duyê hazaṅrê* 2000 vd. 18, 144—146. plur. acc. masc. *navaca hazaṅra* 9000 vd. 22, 6. yt. 13, 60. instr. *hazaṅrâis* vd. 13, 168. 14, 2. yt. 10, 117. *hazaṅrâisca* vsp. 9, 3.

Skr. *sahásra*, hzv. *hajâr*, parsi np. buchar. syrisch-zig., kurm. kâfir (entlehnt) *hazâr*, maz. *hezâr*, zaza *henzâr*, afgh. *zir*, *ẓir*, armen. *hazar*; das Wort drang in viele nicht verwandte Sprachen, z. B. türk. *hezâr* (neben *biṅ*), ungarisch *ezer*, awarisch *azargo*, udisch *hazar*, tschetsch. *ezir*.

Vgl. *pouruhazaṅra*.

hazaṅragaosha (vom vor. + *g°*) adj., tausendohrig, nom. *°gaoshô* yt. 17, 16. *hazaṅrâgaoshô* yt. 10, 141. acc. *hazaṅragaoshem* y. 2, 15. 6, 6. yt. 10, 7. dat. *hazaṅrôgaoshâi* yt. 10, 91. gen. *hazaṅrôgaoshahê* y. 1, 9. 3, 23. 4, 15. 65, 6. yt. 10, 0. 146.

Hzv. *hajârgôsh*.

hazaṅraghna (von *hazaṅra* + *ghna*) n. Tödtung von tausenden, instr. *°ghna paitijaçaiti âtars* vd. 8, 249 (lies *hazaṅraja?*) plur. instr. und sing. dat. *çataghnâi hazaṅraghnâisca hazaṅraghnâi baêvareghnâisca* (s. *ahãkhstaghna*) vd. 7, 137. 139. yt. 5, 54. 58. 117. 10, 43. 13, 48.

hazaṅraghnya (vom vor.) n. das Tödten von 1000, dat. *°ghnyâi* y. 10, 14. yt. 13, 45.

hazaṅrajan (von *h°* + *jan*) adj., subst. m. Tausendtödter, nom. *°ja* vd. 13, 2. 14.

hazaṅrayaokhsti (von *h°* + *y°*) adj., tausendkräftig, nom. *°yaokhstis* yt. 10, 107. 19, 35. acc.

°*yaokhstîm* y. 9, 25. yt. 5, 34. 10, 35. °*yaokhstyô* (sic) *bavâhi yatha azhôis dahâkâi* yt. 23, 3.

hazañravañt (von *hazañra*) adj., tausendartig, plur. gen. f. *hazañravaitinãm* vd. 5, 60.

hazañrâgaosha s. *hazañrag°*.

hazañrâyu (von *hazañra* + *âyu*, letztres affixartig) adj., tausendfach, nom. *hazañrâyus* (Hss. *hazañrâis*) yt. 10, 117.

hazañrôaçpa (von *hazañra* + *a°*) adj., mit 1000 Rossen (Reitern), acc. f. °*açpãm haênãm* vd. 18, 31.

hazañrôgaosha s. *hazañrag*.

hazañrôzima (von *hazañra* + *z°*) n. ein Wintertausend, gen. *paoiryêhê paçcaêta* °*zimahê thwarçô* nach dem Abschnitt des ersten Wintertausends Cit. der Hzv.-Gl. zu vd. 2, 41. (Westerg. vd. 2, 20).

hazañrôtemañh (von *hazañra* + *t°*) n., tausendfache Finsterniss, plur. loc. °*temahvaca* yt. 15, 53.

hazañrôtemôhazañra (vom superl. von *hazañra* + *h°*) 1000 mal 1000, *hazañrâi* °*hazañra* zu 1000 und 1000 mal 1000 yt. 24, 19.

hazañrôfraçciñbana (von *hazañra* + *fr°*) adj., auf 1000 Balken ruhend, acc. n. *umanêm* °*fraçciñbanem* vd. 18, 66.

hazañrôvâiri (von *hazañra* + *vâra*) f. tausendfältiger Regen, plur. nom. *yayata dunma . . .* °*vârayô* (s. Westergaard preface 24) *baêvarevâraçcit* es geht die Wolke als tausendfache Regenschauer, als zehntausendfacher Regen vd. 21, 5.

hazañrôvîra (v. *hazañra* + *v°*) adj., 1000 Männer tief, gen. f. *rañhayâo* °*vîrayâo* yt. 14, 29. 16, 7. Westerg. verm. °*vairyâo* [°*vairyayâo?* von 2. *vairya*] 1000 Var's habend.

hazañrôçtûna (v. *hazañra*+*çt°*) adj., auf 1000 Säulen ruhend, nom. n. *umânem* °*çtûnem* y. 56, 9, 2. yt. 5, 101.

Skr. *sahásrasthûṇa*, hzv. *hajârçtûn*, np. *hazâr çutûn* (Persepolis).

hazañrôhuna (von *hazañra* + 2. *hu*) adj., 1000 Junge werfend, acc. f. *vazaghãm* °*hunãm* vd. 18, 132.

hazañh (von *haz*) n. Gewalt, Raub, nom. *hazé* (concret) ein Räuber, hzv. *çtahmak*, Ner. *haṭin*, y. 42, 4. *hazaçcâ* Raub y. 29, 1. acc. *hazô* Kraft y. 33, 12. mit Gewalt yt. 19, 80. instr. *hazañha* vd. 4, 2. abl. *hazañhatçâ* von Raub y. 13, 7.

Skr. *sáhas*.

hazañhan (vom vor.) m. Räuber, nom. *hazañha* y. 64, 29. acc. *hazañhanemca* yt. 12, 8. plur. gen. *hazaçnãmca* y. 60, 10. yt. 6, 4.

Vgl. skr. *sâhasin*.

hazd (Fortb. v. *haz* durch *d*, v. 2. *dâ*) rauben. — *ni*, Gewalt ausüben, pot. 3. sg. (collectiv) *nî añtare zãm açmanemca drujô mainivâo hazdyât* die Drujas würden zwischen Himmel und Erde bei den beiden unsichtbaren Gewalt ausüben (nemlich im Kampf für Ahriman, gegen Ormazd) yt. 13, 13.

hãn s. *ham*.

hañkana (von 1. *kan* + *hañ*) m. Grube, Hinterhalt, loc. Frañraçya opfert *hañkainê paiti añhâo zemô* in einer Grube der Erde yt. 5, 41.

Np. im Shahnâmeh *hang i afrâçiâb* bei der Stadt Bardağ (Spiegel, Av. übers. III, LXV).

hañkuçra (von *hañ* + *k°*) adj., eng (von Feuergeräthschaften), hzv. *hamkuçtak* (die Seiten zusammen habend), acc. *hañkuçrem uparât naêmât* oben eng vd. 14, 23.

hañkereti (von 1. *kar* + *hañ*) f. Abschliessung, Vollendung, nom. *kat açti gâthanãm hañkeretis* worin liegt der Schluss der Gâthas y. 70, 2. *kana thwâ yaçna paiti hañkeretis avahistât* durch welchen Yaçna kommt dir Vollendung (deines Wunsches, d. h. bist du befriedigt) yt. 15, 54. loc. *hañkeretâ* y. 31, 14.

hañkeretha (von 1. *kar*) 1) adj., beschliessend, plur. acc. *vâca hañkeretha yazamaidê* y. 70, 79. 2) n. Schluss, nom. *vâiti hañkerethem* (s. *vâiti*) y. 19, 44.

hãnkerema (von 1. *kar*) adj., zusammenbringend, vereinigend, nom. *arsha airyanãm daqyunãm khshathrâi hañkeremô huçrava* der mannhafte Vereiniger der arischen Lande zu einem Reiche, Huçrava, yt. 5, 49. 9, 21. 15, 32.

hañjaghmana (von *gam* + *hañ*) n., Zusammenkunft (von guten Wesen) nom. *apô hañjaghmanem* vd. 21, 15.

hañjamana (von *jam* + *hañ*) n. Zusammenkunft (von guten Wesen) acc. *hañjamanem* vd. 2, 42. *hañjamanemca* G. 2, 8. loc. *hañjamainê* y. 11, 10. plur. acc. *hañjamanâo* das Zusammentreffen der Wege y. 41, 20. instr. *hañjamanâis* bei, in den Versammlungen yt. 11, 4. loc. *hañjamanaêshû* y. 13, 19. Das Wort scheint mit dem vor. identisch, indem *gh* ausfiel.

Skr. vgl. *saṅgamá*, hzv. *hanjuman*.

hañtacina (von *ham* + *t°*) n. das Herumlaufen, plur. acc. *gaodhanem avi hañtacinâo* Reichthum an Vieh zum Herumlaufen vd. 21, 29. yt. 24, 49 (wo *avi idha h°*).

hañt (partic. praes. von *ah*) seiend, existierend, wirklich, nom. *hãç* y. 45, 4. 5. 46, 4. 50, 5. *açtvâo hã* bekörpert seiend yt. 13, 129. acc. *heñtemca* welcher ist vsp. 21, 5. y. 21, 7. *heñtem* y. 61, 23. yt. 24, 26. *heñtem âçtaoiti* zu dem welcher ist lobend y. 10, 61. fem. *hâitîm* y. 32, 9. 1. *haitîm* yt. 13, 100. 22, 14. *shathãm haitîm* vd. 1, 4. *haitîmca* y. 19, 22. neutr. *athâ hat vohû* so mögen sie, wenn es gut ist (es aussprechen) y. 35, 17. instr. f. (adv.) *nôit haiti vîçeñti daêvanãm haiti yaçna* nicht offenbar (heimlich) kommen sie, die offen den Devs Opfer (bringen, *yaçna* instr.) yt. 5, 95. dat. f. *haithyâi* y. 67, 64. 51, 2. gen. n. *gêus . . . vaçtrahê hatô* für ein Vieh, für ein existierendes Kleid, d. h. wenn es ein Kleid ist vd. 4, 129. plur. nom. m. *heñtô* y. 59, 18. acc. *nô ãzahicit hatô* uns wenn wir in Angst sind yt. 13, 146. fem. *fravashayô . . . hâitîs hâtãm* die Fravashis. welche sind (Fravashis) der lebenden yt. 13, 21. neutr. *hâta marenis* Berechner, Abwäger der geschehenden (Thaten) yt. 1, 8. *hâtâ marânê* y. 32, 6. instr. (statt dat.) m. *hadhbîs* den seienden y. 21, 2. gen. *aêshãm añhunãm hâtãm* yt. 13, 152. 24, 30. *hâtãmca* y. 64, 22. *yêñhê hâtãm âat yêçnê paitî vañhô mazdâo ahurô vaêthâ ashât hacâ yâoñhãmcâ tãçcâ tâoçcâ yazamaidê* welchem (männlichen

Wesen, collectiv) unter den Lebenden nun Ormazd das aus Reinheit beste im Opfer lehrte, und welchen (weiblichen Wesen er lehrte), diese (hos et has) preisen wir y. 4, Schluss. Diese Worte bilden das dritte der vornehmsten Gebete, welches sehr oft mit den Anfangsworten *yênhê hâtãm* citiert wird, z. B. vd. 18, 97. vgl. Burnouf 108–116. s. auch besonders. fem. *haitinãm* y. 13, 28. yt. 13, 91. (scil. *daênanãm*); neutr. *hâtãm* den lebenden Wesen vsp. 14, 10. der Wesen y. 13, 15. 19, 27. 35, 9. 43, 10. yt. 13, 152. superl. plur. acc. *haçtemã ashahê amã* die beste Kraft der Reinheit (Trad. schnell) y. 14, 6.

Skr. *sánt*.

hañdarakhta s. *draj*.

hañdarezan (von *darez*) n. Zusammenbefestigtes, Bündel, hzv. *hambaçt*, acc. *yatha tadha paoirîm hañdareza zemê aêtat paiti nidaithita* welches dann das erste Bündel ist, das soll man auf die Erde legen vd. 8, 242. *hañdarezacit hañdarezayen* mit Fesselung sollen sie ihn fesseln vd. 9, 178.

Vergl. neup. *darzî*, armen. *handerths* (Kleid), oss. *daräs*.

hañdareman (von 2. *dar*) n. das Zusammenhalten, instr. *yat âjaçât kereçaçca gadhôtûsca daêvéçca hañdaremana* wenn kommen Peiniger, Diebsbanden, Devs im Verein yt. 11, 6. *âjaçât* statt impersonell, wenn es kommt mit Peinigern u. s. w.

hañdâiti (von 2. *dâ*) Zusammensetzung, acc. *hañdâitîm* yt. 24, 29. *haurvãm hañdâitîm* die ganze Zusammensetzung (des Çtûtyasht preisen wir) y. 57, 20. 70, 83.

hañdâta s. 2. *dâ* + *han*.

hañdâma (von 2. *dâ*) m. Glied, plur. acc. *vîçpê hañdâma râzayêiñti* sie ordnen alle Schlachtglieder yt. 14, 56.

Np. *andâm*.

hañdvarena (von *dvar*) m. Zusammenkunft (von bösen Wesen), hzv. *hamdubârashn*, nom. *daêvanãm hañdvarenô* vd. 7, 137. plur. instr. *hañdvarenâis* bei den Zusammenkünften yt. 11, 4.

hatar? acc. *hatarem haênem* var. lect. zu yt. 4, 6. al. *hitarem hûnãm*; lies *âtarãm haênãm?*

hatô s. *hañt*.

hathra (von 1. *ha*) 1) adv., a) hier y. 10, 15. vd. 2, 68. 9, 193. 13, 173. dorthin vd. 2, 62. 5, 53. da yt. 10, 101. *vîçpê hathra daêva* alle Devs hier (auf Erden) yt. 8, 44. b) sogleich yt. 13, 48. 2) praepos. und postpos., mit, a) c. acc. *hathra râtem* vd. 5, 51. *hathrâ manâo* y. 30, 9. b) c. instr. *vohû ... hathrâ manañhâ* y. 28, 4. *hathra jaiti* yt. 10, 110. *hathra ana gâthwya vaca* y. 10, 61. 64, 59. *hathra vâta* yt. 10, 9. 12, 4. *ghenâbîs hathrâ* y. 38, 1. *hathra nairyaya hãmvereti* yt. 10, 71. c) c. dat. (statt instr.?) *hathra . . . yazataêibyô* vd. 2, 42. vsp. 9, 2.

Skr. *satrá*.

hathra f.? acc. *hathrãm* Fr. 9, 2.

hathrayen? s. *kâ*.

hathravata (von *hathra* + 1. *van*) n. Niederschlagen, gen. *hathravatahêca paiti hamerethanãm* für das Niederschlagen der Feinde yt. 13, 133. 15, 1.

hathravana (von *hathra* + 1. *van*) adj., hier schlagend, nom. (ohne Flexion) *hathravana nãma ahmi* yt. 1, 4. 15, 46.

hathravanañt (von *h°* + *v°*) adj., hier schlagend oder einmal schlagend. plur. gen. *narãm hathravanatãm* N. 3, 10. = yt. 24, 6 (wo *vanatãm*).

hathrâka (v. *hathra* + *ac*) m. Versammler, nom. *yaçca hathrâkô* yt. 10, 66.

hathrânivâiti (v. *hathra* + *n°*) f. sofortige Vernichtung, acc. *°nivâitîm* y. 56, 10, 10. yt. 10, 11. 94. 24, 25.

hathwan n. Reichthum? acc. *fsuyãn hathwaca* Gedeihen und Kraft? yt. 24, 46. = 24, 31 (wo aber *frayãhathwadhca*).

Skr. *sátvan?*

1. **had**, sitzen.

— *apa*, sich hinwegsetzen, impf. 3. sg. *tat qarenô apahidhat* die Majestät setzte sich abseits yt. 19, 56.

— *nis*, sich setzen, praes. 3. sg. *nishidhaiti* versitzt, lässt durch Unachtsamkeit verloren gehen y. 10, 44. sitzt yt. 22, 2. *nisañhaçti* er verweilt y. 56, 12, 2. pot. 2. sg. *nishidhôis* du pflegtest dich zu setzen yt. 22, 13. 3. sg. *nishidhôit* vd. 9, 120. med. *nishidhaêta* (collectiv) vd. 8, 29. 9, 133. conj. impf. 3. sg. *yat nishidhât* vd. 16, 1. causale pot. 2. sg. *nishâdhayôis* mache mich sitzen yt. 22, 14. = 24, 60 (wo *nish°*). impf. 3. sg. *apakhshathrem nishâdhayat* er warf nieder den Afterkönig y. 9, 75. partic. perf. pass. nom. f. *paoiryâ nishaçta* wenn sie zum ersten Male beschlafen ist vd. 16, 36.

Skr. *sad*, *sîdâti*, altp. *niyasâdayam* (impf.), parsi *nisaçtan*, np. *nishaçtan*, maz. *nîshten*, bal. *nishtan*, armen. *nçtim*.

2. **had**, tödten, impf. 3. plur. *hadha hô çaidhin nôit hadhen* die Tödter fallen hier, tödten nicht (mehr)? yt. 14, 56.

Skr. *sâdh*, *sádhati*, *sâdhnóti*.

hadêma (von 1. *ha* + *d°*) n. gleiche Wohnung, loc. *hadêmôi* zur gleichen Wohnung (führst) y. 45, 14. *hadêmôi ashâ vohucâ skyãç manañhâ* der du mit Vohumanô gleiche Wohnung bewohnst y. 43, 9.

1. **hadha** (von 1. *ha*) 1) adv., immer yt. 5, 19. *hadâ* y. 45, 17. 2) praepos., mit, nebst a) c. instr. *hadâ ashâcâ* y. 57, 12. *hadâ vâçtrâ* nebst Futter y. 29, 2. *hadâ ashâ* samt Asha y. 49, 4. *hadha mithra* yt. 14, 47. *hadha thris çatâis* mit 300 (Strafen) vd. 4, 25. b) c. dat. (statt instr.?) *mâzainyaêibyô hadha daêvaêibyô* y. 56, 7, 8. c) c. abl. *hadha çûrayâo frashôkeretôit* nebst der hehren Auferstehung, d. h. selbst im andern Leben (soll das Feuer brennen) y. 61, 8.

Skr. *sahá*, vgl. *sádâ*, altp. *hadâ*, zaza *lict*, oss. *äd*.

2. **hadha** (von 2. *had*) m. Tödter, plur. nom. *hadha* yt. 14, 56.

hadhaaiwyâoñhana (von 1. *h°* + *aiwy°*) adj., mit Umbindung versehn, acc. n. *bareçma °aiwyâoñhanem* vsp. 6, 7. y. 2, 9. 3, 15. 58, 4. G. 4, 5.

hadhaaêçma (von 1. *h*° + *aêçma*) adj., Holz tragend, plur. gen. °*aêçmanãm* vsp. 14, 16.

hadhaokhta (v. 1. *hadha* + *ukhta*) m. n. pr. eines Theiles des Avesta, des 21. Noçk, zu welchem yt. 11. zu gehören scheint, acc. *fshûshômãthrem hadhaokhtem* y. 58, 13. *ratûm berezem hadhaokhtem* vsp. 2, 31. gen. *ratéus berezô hadhaokhtahê* vsp. 1, 29. Hzv. *hadôkt*.

hadhazaothra (von 1. *h*° + *z*°) adj., mit Zaothra versehn, acc. n. *bareçma hadhazaothrem* y. 2, 8. 58, 4. G. 4, 5. °*zaothrem bareçma* vsp. 6, 7. statt des voc.? *bareçma hadhazaothrem* (Spiegel °*zaothra*) *âyêçê yêsti* y. 2, 5. instr. *bareçmana* °*zaothra* y. 3, 1. 22, 1.

hadhadâta (von 1. *h*° + 1. *d*°) adj., hier, für die Welt gegeben, acc. n. *dâtem hadhadâtem* vend. sade 68. Extr. 2. dat. *dâtâi hadhadâtâi* vend. sade 68. 104. Extr. 1. gen. *dâtahê hadhadâtahê* Extr. 3. voc. *dâta hadhadâta* Extr. 4.

hadhana (von 1. *hadha* + 2. *na*?) *yatcit ahi* ... *upa hadhana hadhanâ tanaçus*? yt. 12, 38. *ahmi arethê yahmi gaêthê kesa vista hadha nara tat mara hadha nâ tanaçus* yt. 12, 8.

hadhabaoidhi (von 1. *hadha* + *b*°) adj., Wohlgerüche tragend, plur. gen. m. °*baoidhinãm* vsp. 14, 16.

hadhamãthra (von 1. *h*° + *m*°) adj., mit dem Mãthra versehn, acc. *zarathustrem* °*mãthrem* vsp. 15, 2. Extr. 2. dat. °*mãthrâi* Extr. 1. gen. °*mãthrahê* Extr. 3. voc. °*mãthra* Extr. 4.

hadharatufriti (von 1. *h*° + *r*°) adj., rechtzeitige Gebete verrichtend, plur. gen. °*ratufritinãm* vsp. 14, 16.

hadhahunara (von 1. *h*° + *h*°) adj., tugendhaft, nom. °*hunarô* yt. 5, 91. acc. °*hunarem* vd. 18, 111.

hadhânaêpata f. n. pr. einer wohlriechenden Pflanze, von welcher Zweige mit den Homstengeln zerstossen werden; nach dem Gebrauch der jetzt lebenden Parsi ist es der Granatbaum (*anâr*), Haug G. II, XV. Essays 132. Spiegel DMG. 17, 74. nom. *aêtayâo urvarayâo yâ vaocê hadhânaêpata* vd. 14, 8. acc. *hadhânaêpatãm* y. 61, 24. *urvarãm* °*naêpatãm* vsp. 12, 17. y. 3, 13. 22, 4. gen. °*naêpatayâo* vd. 8, 7. 247. 14, 6. 18, 141.
Hzv. *hadnapâk*.

hadhânaêpatavañt (vom vor.) adj., mit Hadhânaêpata-Wohlgerüchen versehn, nom. f. *hadhânaêpatavaiti* y. 67, 3. acc. f. *zaothrãm hadhânaêpatavaitîm* y. 65, 1. plur. acc. f. *zaothrâo hadhânaêpatavaitîs* vsp. 12, 17. y. 22, 5.
Hzv. *hadnapâkômand*.

hadhis (von 1. *had*) n. Sitz, Wohnsitz, acc. *hadhis vâçtravatô* der Wohnung des Weidebesitzers vsp. 2, 34. gen. *hadhishaçca vâçtravatô* der mit Weiden versehnen Wohnung vsp. 10, 24. *hadhishahê* (Thema *hadhisha*) *vâçtravatô* dem Wohnsitz des Weidebesitzers vsp. 1, 31. Westerg. hat überall *d* statt *dh*.
Skr. *sádas*, altp. *hadis*.

hadhôgaêtha (von 1. *hadha* + *g*°) m. denselben Besitz habend, Hausgenosse, plur. acc. vierzigfach ist Mithra *añtare hadhôgaêtha* unter Hausgenossen yt. 10, 116.

hadhôzâta (von 1. *hadha* + *z*°) adj., leiblich, dat. *brâthrê hadhôzâtâi* yt. 4, 10. 14, 46.

hadhbîs s. *hañt*.

han 1) würdig sein, pot. 2. sg. med. *hvârôya yat zaothrê hanaêsa* weil du dich selbst zum Zaotar eignest y. 58, 9. 1. plur. act. *hanaêmâcâ* mögen wir uns würdig bezeigen y. 41, 9. imper. 1. sg. *kathâ tat mîzhdem hanânî* wie verdiene ich den Lohn y. 43, 18. perf. periphrast 3. sg. *tû tâm tat mîzhdem yat zaota hanayamnô âoṅha* du (erhalte) den Lohn, welchen der Zaotar verdient hat y. 58, 10. partic. praes. dat. *haneñtê* dem würdigen y. 43, 19. 2) würdig finden, gewähren, praes. 3. plur. *ahmâi haneñtî* dem gewährt man y. 45, 19. impf. conj. 3. sg. *hanât* möge spenden y. 53, 1. partic. perf. act. dat. *haṅhanushê* yt. 13, 88. superl. acc. *haṅhanustemem* der am meisten geruhet hat (sich der Menschen anzunehmen) y. 70, 9. pass. dat. *paoiryâi haṅhananâi paoiryâi haṅhanushê* dem zuerst gewürdigten, dem der zuerst gewürdigt hat yt. 13, 88. infin. *yôi dîm haṅhânê* die ihr dessen zu würdigen (seid) y. 8, 4. 3) einen Ort für sich nehmen, sich befinden.
Skr. *san*, *sánati*, *sanóti*.

hana (von *han*?) m. f. Greis, nom. *hanô* vd. 3, 63. 64. fem. *aêsha hana* vd. 15, 44. *hanâca* vd. 15, 48. yt. 24, 28. acc. f. *hanãm aêtaêshãm jijishaṅuha* suche dich zu befreunden mit einem alten Weib unter ihnen vd. 15, 42. *aêtadha aêsha yâ kainê hanãm aêtaêshãm jijishâitê* (Westerg. °*ti*) vd. 15, 43. plur. nom. *hanâoṅhô* (al. *hao*°) vend. sade 489 (Westerg. vd. 19, 42).
Skr. vgl. *sanát*, hzv. *hân*, armen. *hin*, *hani*.

hanare n. kleines Stück, Kleinigkeit, acc. *hanare* ein wenig y. 31, 15. *hanare thwahmât zaoshât dregvâo bakhshaitî* (woran) der Schlechte infolge deines Willens wenig Theil hat y. 46, 5. dat.? *hakhedhrê hanairê* yt. 24, 31. *hanairyâi* yt. 24, 43.

hap, schützen, befördern, praes. 2. sg. *hafshî* y. 42, 4. (Trad. übers. proprius, vgl. Spiegel Beitr. II, 231). 3. sg. *haptî* y. 31, 22. partic. fut. pass. abl. *frâyô haptyât* var. lect. yt. 1, 24.
Skr. *sap*, *sápati*.

hapãkhsta lies *ahãkhsta*.

hapereçi f. n. pr. einer Pflanze, nom. *aêtayâo urvarayâo yâ vaocê hapereçi* yt. 14, 55.

haptaithivañt (v. *haptâiti*) adj., siebzigfach, nom. *haptaithivâo* yt. 10, 116.

haptaithya (v. *haptatha*) adj., siebenfach getheilt, acc. f. *bûmîm paiti haptaithyãm* yt. 19, 26.

haptaṅhâiti (von *haptan* + *hâiti*) adj., aus sieben Capiteln bestehend, Name eines Theiles des zweiten (ältern) Yaçna (y. 35—41); nom. *yaçnaçca haptaṅhâitis* y. 56, 9, 5. acc. *yaçnem çûrem* °*hâitîm* vsp. 2, 19. y. 70, 60. 41, 17. Extr. 5. *aparem yaçnem çûrem* °*hâitîm* zum andern, zweiten Male (preisen wir) den hehren Yaçna H. vsp. 23, 10. gen. *yaçnahê haptaṅhaitôis* vsp. 1, 17. 18, 7. yt. 41, 18. Hzv. *haftlâit.*

haptatha (von *haptan*) adj. numer., der siebente, nom. *haptathô* vd. 14, 38. yt. 19, 2. *haptathô khratumâo* siebentens heisse ich verständig yt. 1, 7. *haptathô* zum siebenten Male yt. 14, 19. acc. *haptathem* vd. 5, 93. neutr. *haptathem* vd. 1, 33. adv. vd. 4, 66. loc. n. *bûmyâo haptaithê* auf der Siebenheit der Erde, auf der in 7 Karshvare getheilten Erde y. 32, 3.

Skr. *saptátha.*

haptadaça (v. *haptadaçan*) adj. numer., der siebzehnte, nom. (ohne Flexion) *haptadaça viçpa hishaç* siebzehntens heisse ich alles beobachtend yt. 1, 8.

Skr. *saptadaçá*, hzv. np. *haftdahum*, afgh. *ôvahlaçum.*

haptadaçan (v. *haptan* + 2. *d°*) numer., siebzehn.

Skr. *sáptadaçan*, hzv. *haftdah*, np. *haftdah, hafdah*, afgh. *ôvahlaç*, bal. *habdah* (brahvi *harda*), kurd. *haftdah*, armen. *euthneutaçn*, dig. *avteç*, tag. *avdäç.*

haptan, numer., sieben, nom. *hapta* vd. 1, 10. yt. 13, 83. *hapta khshafna* vd. 16, 22. acc. *bis hapta âthrô dakhstem* 14 Feuerwerkzeuge vd. 14, 19. *hapta çaredha* vd. 15, 125. *hapta ameshâ çpeñtâ* yt. 2, 13. *viçpâis avi karshvãn yâis hapta* y. 64, 19. yt. 10, 64. *viçpâis haca karshvãn yâis hapta* y. 60, 16.

Skr. *saptán*, hzv. parsi np. kurm. *haft*, buchar. *heft*, serg. *hezeftaze*, syrisch-zig. *haut*, türkisch-zig. *eftá*, afgh. *ôvah*, bal. *hapt*, kurd. *hävt* (Chodzko), zaza *haut*, armen. *euthn*, dig. *aft*, tag. *avd.*

haptamâhya (vom vor. + *mâoṅh*) adj., siebenmonatlich, acc. *haptamâhîm* (eine Zeit) von 7 Monaten vd. 5, 136.

haptayakhsti (v. *haptan* + *y°*) f. sieben Zweige (aus welchen das Barçom für die Fravashis und Gâhânbâr besteht), plur. acc. *yô pouiryô bareçma fraçterenata thryakhstîsca pañcayakhstîsca haptayakhstîsca* y. 56, 2, 3.

haptâiti (von *haptan*) f. siebzig, acc. *haptâitîm* vd. 4, 65. 8, 264. *pañcâca haptâitîm* am 75. Tage A. 1b, 9. 12.

Skr. *saptatí*, hzv. *haftât*, parsi *haftâṭ*, np. *haftâd*, afgh. *avyâ*, kurd. *hafté.*

haptâzhdyâi (von *haptan* + *dyâi*, infin. von 2. *dâ*) sie sollen versiebenfältigen y. 11, 24. s. *uyê.*

haptôiriñga (von *haptan* + *i°*) m. n. pr. des Sternbildes des Wagens, des Bären, welches als der Heerführer des nördlichen Sternenheeres und speciell als Gegner des Planeten Bahram (Mars) gilt und das Thor der Hölle umkreist, Bund. 7, 7. 12, 19. plur. acc. *yazâi avê çtrêus yã haptôiriñga* yt. 8, 12. *upa avê çtârô yôi haptôiriñga* yt. 12, 28. *avê çtrêus yã* (Hss. *yãm*) *haptôiriñgê* yt. 13, 60. S. 2, 13 (wo *yôi hapta haptôiriñga*); *avê çtârô yôi haptôiriñga mazdadhâta qarenaṅhañta baêshazya* S. 1, 13.

Vgl. skr. *saptárshayaḥ* (Pânini II, 1, 50. Kuhn in Höfer I, 159); hzv. *haftôkiriñg*, parsi *haftôirañg*, np. *haftôrank.*

haptôkarshvare (von *haptan* + *k°*) 1) n. die sieben Karshvare, pl. loc. *haptôkarshvôhva* (Thema *°shvan*) yt. 6, 3. 2) adj., aus 7 Karshvare bestehend, acc. f. *avi haptôkarshvairîm zãm* vd. 19. 43. y. 56, 10, 2. yt 11, 14. G. 5, 5. ohne *zãm* yt. 8, 9.

haba Versammlung?

Skr. *sabhá?*

habâçpa (vom vor. + *açpa*) m. n. pr. eines Sohnes des Vîstâçpa, gen. *habâçpahê* yt. 13, 102.

ham, hãm, vor dentalen **hañ** (von 1. *ha*) adv., vereint mit, zusammen, *yô narô hâmôyâtrô nipaidhyeîñtê hãm vâ paiti çtairis hãm vâ paiti barezis paitica hê . . . çatem vâ hãm nâirinãm* wenn Männer an demselben Platz sich befinden auf derselben Decke oder Matte gegenüber, (befinden sich 50) oder 100 samt den Frauen (*hãm* nimmt hier das *hâmô* in *hâmôyâtrô* wieder auf) vd. 5, 84. Oft als Verbalpraefix gebraucht: *viçpem â ahmâṭ yaṭ hãmca zaçtô nizhbarâṭ* vd. 5, 167.

Skr. *sám*, hzv. parsi np. afgh. bal. armen. *ham.*

1. **hama** (von 1. *ha*) adj., derselbe, der gleiche, der ganze, nom. f. *hama* ganz yt. 19, 1. neutr. *hamem* alles y. 32, 16. *hamem* gleich yt. 13, 83. acc. n. *hamem thwâ hakhma* (mögen wir kommen) zu deiner vollkommnen Freundschaft y. 59, 20. gen. n. f. *âthritîm hamahê ayãn hamayâo vâ khshapô* dreimal an jedem Tag und in jeder Nacht y. 56, 12, 3. *hamahê ayãn hamayâo khshapô* yt. 8, 54. loc. m. *hamê gâtvô* yt. 13, 57. *hamya gâtrô* yt. 13, 53. 55.

Skr. *samá*, altp. parsi *hama*, hzv. *hamâk*, neup. afgh. *hamah*, bal. *hame*, kurm. *hem*, zaza *heme*, armen. *hamak.*

2. **hama** m. indeclinabile, Sommer, nom. *hama* vd. 5, 34. gen. *hamô* vd. 9, 13. loc. *aiwiyâmê itha hama* im Winter wie im Sommer vd. 15, 124. *yaṭ vâ hama . . . yaṭ vâ aêtê zaêna* vd. 16, 28. 29. *hama* y. 17, 55. vd. 5, 129.

Skr. *samâ* (Jahr), arm. *am* (Jahr), *amarh* (Sommer).

hamaêñijan (von 1. *hama* + *n°*) adj., alle niederschlagend, pl. f. *°nijanô* (al. *amaên°*) yt. 13, 33.

hamaêçtar (von 1. *miṭ*) m. Feind (eigentl. der Verschworene), acc. *hamaêçtârem* yt. 10, 26. 11, 5. 18, 1. statt des nom. nach *heñti* vd. 10, 30. gen. *hamaêçtrô* y. 47, 12. pl. acc. *hamaêçtâra* yt. 11, 15.

Altp. *hamitriya*, hzv. *haméçtâr*, parsi *haméstâr.*

hamagaona (von 1. *h°* + *g°*) adj., gleichfarbig, plur. nom. *hamagaonâoṅhô* yt. 5, 13. 10, 125.

hamañkuna (von *ham* + *añku?*) m. n. pr. einer Bergkette, dual. nom. *dva hamañkuna paurvata* yt. 19, 3.

hamatha (von 1. *hama*) adv., immer, gleicherweise, *hamatha* immer y. 64, 20. gleicherweise yt. 10, 101. augenblicklich yt. 8, 61. *hamatha yatha paraciṭ* ganz wie vorher vd. 6, 71. 8, 64. yt. 5, 65.

hamanâfaêna (von *hâmônâfa*) adj., von Einer Zucht, plur. nom. *hamanâfaênê* (lies *°na?*) yt. 5. 13.

hamaçpaṭ (von 1. *hama* + *çpaṭ*, von *çu*, vergl. skr. *çáçvant*) adj., beständig nützend.

hamaçpaṭmaêdhaya (v. vor. + *maêdha*) adj., subst. m. n. pr. eines Gâhânbâr oder eines der sechs grossen Jahresfeste, welche zum Andenken der Schöpfung gefeiert werden. Hamaçpaṭmaêdhaya, an welchem die Schöpfung des Menschen gefeiert wird, fällt auf die 5 Schalttage am Ende des letzten Monats Çpendârmat (Februar) vgl. Hyde 164. Vullers Fr. 24. Burnouf 332. Spiegel Av. übers. II, 4. acc. *hamaçpaṭmaêdhaêm* vsp. 2, 1. y. 2, 40. °*maêdhaêm paiti ratûm* zur Zeit des II., d. h. in den 5 letzten Tagen des Jahres yt. 13, 49. dat.°*maêdhayâi* y. 1, 31. 3, 45. gen. °*maêdhayêhê* vsp. 1, 7. A. 1, 2. 12. ist der Gâhânbâr des H.: A. 1b, 12. Westerg. hat °*maêdya*. Hzv. *hamaçpatmêdîm*, parsi *hamaçpêtmêdêm*.

hamid f. Spiegel: Versammlung; vgl. skr. *samidh?*

hamidhpaiti (vom vor. + 1. *p*°) m. Herr der Versammlung, Anquetil: mobed; gen. *hamidhpatôis* yt. 13, 105.

hamiçti (von 1. *miṭ*) f. Widerstand, das Widerstehn, dat. *hamiçtêê* y. 60, 17. 51, 13. *hamiçtayaêca* y. 60, 5. loc. *yatô hamiçtô nizhberetô haca . . . dâmabyô* weggegangen im Widerstand (den Widerstand aufgebend), weggebracht von den Geschöpfen (möge der Böse sein) y. 8, 14.

hameretha (von 1. *ha* + *m*°) m. Feind, acc. *hamerethem paiti* yt. 13, 107. *hamerethem* yt. 14, 35. 17, 12. dat. *hamerethâi* yt. 10, 69. abl. *hamerethâṭ* yt. 10, 71. loc. *hamerethê* auf, gegen den Feind yt. 13, 33. plur. acc. *tê hamerethê* die Kämpfer yt. 10, 48. *hamerethé* yt. 10, 71. N. 3, 10. = yt. 24, 6 (wo *hamareté*). gen. *hamerethanãm* y. 56, 10, 10. yt. 10, 11. 13, 133. 15, 1. *hamarathanãm* yt. 24, 19. *hamerethanãmcîṭ* yt. 2, 13. al. *hunarethanãmcîṭ* (das tugendhafte, Spiegel).

hamerena (von 1. *ha* + *m*°) n. Schlacht, abl. *yâo upairi hamerenâṭ bâzus çcindayêiñti* welche von oben her in der Schlacht die Arme (der Feinde) zerschmettern yt. 13, 31.

Skr. *samárana*, altp. *hamarana*, vgl. phryg. ἀρμάν?

hamôiçtri (v. 1. *miṭ*) f. Widerstehung (eigentlich: Verschwörung), loc. *âzôis hamôiçtra* im Widerstand, zum Widerstand gegen Azi y. 17, 46. 67, 22.

hamôkhshathra (von 1. *hama* + *khsh*°) m. Allherrscher, König, nom. °*khshathrô* yt. 13, 18. 69. 14, 13. *dańhéus* °*khshathrô* yt. 15, 50. gen. *gâthraçcîṭ hamôkhshathrahê* des tyrannischen Königs yt. 10, 109.

hamôkhshathrôkhshayamna (vom vor. + *khsh*°) adj., als König herrschend, plur. nom. f. °*khshayamnâo* yt. 15, 54.

hamômanańh (von 1. *hama* + *m*°) adj., gleichen Sinnes, plur. nom. °*manańhô* yt. 13, 83.

hamôvacańh (von 1. *hama* + *v*°) adj., gleiche Reden führend, plur. nom. °*vacańhô* yt. 13, 83.

hamôskyaothna (v. 1. *hama* + *sky*°) adj., gleiche Thaten thuend, pl. nom. °*skyaothnaońhô* yt. 13, 83.

haya s. *haêm*.

1. **har**, gehn.

— *ni*, (siegreich) hervorgehn, siegen, praes. 3. sg. med. *ni . . . haraitê* y. 19, 26.

Skr. *sar*, *sárati*; vgl. kurd. *hereh* (imper. zu *cûn*)?

2. **har** beschützen, partic. perf. pass. *hareta* (s. besonders).

— *nis*, beschützen, praes. 3. sg. *nishaurvaiti* y. 56, 7, 4. yt. 10, 103. imper. 3. sg. *nisańharatû* y. 57, 12.

hara f. Berg, Gebirge, n. pr. des grossen Gebirges, welches wie das Gebirge Qâf der Muhamedaner um die ganze Erde herumgeht; der mittelste Gipfel desselben ist der Taêra, vgl. Bund. 13, 5. 22, 7. Es ist der mythische Alborz, den man nicht mit dem wirklichen Alborz, welcher in den Parsenschriften Patasqargar, altp. Patisuvaris heisst, verwechseln darf; acc. *tarô harãm berezaitîm* über die hohe Hara yt. 10, 13. *taraçca harãm berezaitîm* yt. 10, 118. vd. 19, 100. 21, 20. *upairi harãm berezaitîm* yt. 10, 50. *upa harãm berezaitîm* yt. 12, 23. gen. *harayâo* yt. 5, 21. 9, 3. 15, 7. 17, 24.

Vgl. altp. *ara* (*arakadris*), hzv. *har*, *harburj*, parsi *harburz*, np. *alburz*, vgl. lydisch ἄριμα (Gebirge); dass *hara* semitisch sei, ist zu bezweifeln, da das Aramäische das Wort *har* nur höchst selten anwendet, während die Lehnwörter gerade häufig gebraucht zu sein pflegen, und da *har* im Semit. keine sichere Wurzel hat, vgl. Mordtmann Sitzungsberichte der Münchener Akad. 1860. I. 2. Windischmann Mithra 24.

haraiti (vom vor.) f. n. pr. = *hara*, Alborz, nom. *haraiti bares* yt. 19, 1. abl. *haraithyâṭ paiti barezańhaṭ* von der hohen Haraiti herab yt. 10, 51. gen. *haraithyô paiti barezayâo* (Ner. *meror upari*) y. 10, 28. 56, 8, 3. 56, 9, 3. yt. 9, 17. 10, 50. 88. 12, 23. *taêremca haraithyâo barezô* y. 41, 24. *upa taêrem haraithyâo barezô* yt. 12, 25.

Vergl. armen. *ararat* (Berg der Arier), Spiegel Eran 288.

haraêva m. n. pr. des Flussgebietes des Haré, Heri; dieser Fluss entspringt in Ghuristan, fliesst von Herât an nordwärts und verliert sich als Tejend im Sand. Auf den ältern Karten (z. B. bei Malcolm) ist der Lauf ungenau gezeichnet; acc. *harôyûm* vd. 1, 30. yt. 10, 14.

Vgl. skr. *sarâyû*; altp. *haraiva*, hzv. *haré*, *harôirut* Bund. 50, 17. 52, 3. np. (Firdosi) *haré*, jetzt *herâṭ*.

haraqaiti f. n. pr. des Flussgebietes des Arachotus, der Gegend von Qandahâr, acc. *haraqaitîm* vd. 1, 46.

Skr. *sárasvatî*, altp. *harauvati*, hzv. *harâmand*, im Mittelalter *Arôkhaj*.

hareka (von *harec*) m. Abwerfung, plur. acc. *harekê harecayâṭ* vd. 5, 170. 171.

harec, werfen.

— *avi* abwerfen, causale impf. 3. sg. *yavaṭ aêsha carâitika avi mãm harekê harecayâṭ* (Westerg. *harekê-har*°) so viel ein Haspel an Maass abwirft vd. 5, 170. *yêzi aêtê mazdayaçna upairi aêtem iriçtem avi mãm harekê harecayâṭ* lies *iriçtem harezayâṭ* oder (mit Lassen) *harezayãn*, vgl. Fr. Müller Zendst. II, 7.

— *fra*, schleudern, causale impf. 3. sg. *adhâṭ aêtê frańharecayaṭ âçistê kataraçcîṭ . . . çpeñtô mainyus astem frańharecayaṭ* darauf schleuderte ein jeder von beiden die zwei schnellen Geschosse . . . der heilige Geist schleuderte sein Geschoss yt. 19, 46.

Vgl. skr. *sṛkâ* (nach den ind. Grammat. von *sar*)? armen. *harkanel*.

harez, los lassen, hinwerfen, praes. 3. pl. *tâo harezañti çataraêçem* sie schicken aus den Çatavaêça yt. 13, 43. causale impf. 3. sg. *harezayen* sollen ausgiessen vd. 6, 3. sie sollen zurücklassen vd. 8, 6 (Spiegel und Westerg. *herezayen*), impf. conj. 3. sg. (collectiv) *yêzica aêtê mazdayaçna upairi aêtem iriçtem harezayâṭ* (Hss. *avi mãm harekê harecayôṭ*, Lassen verm. *harezayãn*) *yaraṭ aêsha caraitika avi mãm harekê harecayâṭ* wenn die Mazdaverehrer über den Todten soviel hinwerfen, als ein Haspel an Maass abwirft vd. 5, 171. pass. partic. perf. *harsta* (s. besonders).

— *ava*, zurückweisen, praes. 1. sg. *avaṅharezâmi* y. 10, 42.

— *upa*, hinwerfen, besprengen, praes. 3. sg. *upaṅharezaiti* er wirft hin (einen Knochen auf die Erde) vd. 6, 16. ein Kleid über den Todten vd. 8, 65. pot. 3. sg. med. *upaṅharezaêta* sie besprengt vd. 5, 150.

— *pairi*, aussuchen, prüfen, partic. perf. pass. *pairiṅharsta* (s. besonders).

— *fra*, 1) loslassen? impf. 3. sg. *ahmi dim paiti fraṅharezaṭ* da liess er ihn los (Windischmann) Cit. der Hzv.-Gl. zu vd. 2, 16. 2) semen injicere, praes. 3. sg. *khshudrâo avi fraṅharezaiti* vd. 15, 23. 16, 39. *yaṭ mashyô mashîm khshudrâo avi fraṅharezaiti* wenn ein Mann Paederastie treibt vd. 8, 106. partic. praes. plur. gen. *arshnãm fraṅharezañtãm* unter den männlichen Thieren yt. 14, 12. partic. perf. pass. *fraṅharsta*.

Skr. *sarj*, *srjâti*, parsi *hêlañt* (praes.), np. *hishtan*, praes. *hilam*, kurd. *deirum* (praes.), armen. *heghoul*.

harezâna (vom vor.) n. Ausgiessung.

Skr. *sárjana*. — Vergl. *vîsharezana*, *haomôaṅharezôna*.

hareta (von 2. *har*) genährt.

haretôviçpôgaona (vom vor. + *v°*) adj., genährt und von allen Gattungen, plur. gen. *anumayanãm °viçpôgaonanãm* vd. 22, 14.

haretar (v. 2. *har*) m. Ernährer, Beschützer, nom. *hareta* y. 56, 7, 3. *haretaca* yt. 10, 103. *haretâca* vd. 2, 13. 15. acc. *haretârem* yt. 10, 103.

haretô s. *haretha*.

haretha (von 2. *har*) m. (der abzuwehrende?) Feind, nom. *haretô* yt. 5, 92. plur. acc. *viçpê harethê* yt. 10, 34.

harethra (von 2. *har*) n. Schutz, Nahrung acc. *harethrem* Nahrung vd. 15, 51. *dâitîm harethrem kerenayâṭ* er lasse richtigen Schutz angedeihen vd. 14, 70. *kahmâṭ harethrem barâṭ* von wem soll sie Nahrung erhalten vd. 15, 55. dat. *harethrâi* vd. 13, 108. y. 54, 17. 57, 5. 70, 54. yt. 5, 6. loc. *perenâyus harethrê buyâo* sei vollständig in Nahrung y. 61, 6.

Vgl. *adâityôaṅharethra*.

harethravañṭ (vom vor.) adj., schützend, herrschend, plur. acc. (statt des nom., nach *heñti*) f. *harethravaitîsca* y. 54, 3.

haredhaçpa (von 2. *har* + *açpa*, für *haraṭaçpa*?) m. n. pr., gen. *haredhaçpahê* yt. 13, 117.

haredhi (v. 2. *har*? vgl. *harethra*) f. Feindschaft, Verletzung, nom. *haredhis* vd. 2, 82.

haresh (Fortbildung von *harec* durch *sh*) zerstampfen, pass. praes. 3. pl. *yôi hareshyêñtê* vsp. 14, 1. partic. praes. plur. gen. (absol.) *haomanãm hareshyamnanãm* wenn die Homstengel zerstampft werden vsp. 14. 1.

— *pairi*, zerstampfen, pass. praes. 3. pl. *haoma pairiharshyañtê* y. 27, Schluss.

harsta (partic. perf. pass. von *harez*) ausgegossen.

Vgl. *carshniharsta*, *haomôaṅh°*.

hava (Nebenform von *qa*) adj., der eigne, mein, dein, sein, nom. *havô*? Fr. 8, 1. *havô urva* seine Seele vd. 13, 22. yt. 22, 1. fem. *yâ hava daêna* yt. 22, 9. 11. acc. m. *havom urvânem* y. 58, 5. yt. 6, 1. unsre Seele y. 70, 84. *hê . . . havom urvânem* seine Seele vd. 13, 24. *haom tanûm* (*tanu* ist fem.) yt. 4, 5. fem. *havãm fravashîm* unsern Frohar y. 70, 85. N. 1, 9. *havãm* yt. 24, 39. instr. n. *hava khrathwa* vd. 15, 7. dat. m. *havâi* yt. 13, 66. *havâi urunê* für seine Seele vd. 19, 89. für meine Seele y. 70, 56. *havâi kâmâica* nach Wunsch yt. 13, 33. fem. *havayâi* yt. 13, 66. gen. m. *havahê urunô* der eignen Seele vsp. 12, 6. y. 1, 47. 23, 6. fem. *hava havayâoçe tanvô* weg vom eignen Leib vd. 10, 11. *havayâoçe tanvô* an seinem Leib (wasche man das Kind) vd. 16, 20. *havayâo erezvô daênayâo* des eignen Selbst, o Wahrhafter vd. 10, 38. loc. n. *havê açahê* yt. 13, 67. dual. instr. m. *havaêibya* vd. 6, 95. yt. 13, 107. plur. instr. n. *havâis dâtâis* von seinen Richtern yt. 10, 84. gen. n. *havanãm dâmanãm* y. 8, 10. Fr. 4, 2.

havaṅha (von 2. *hu*) n. Vorbereitung, nom. *dâtem tê . . . urunaêca dareghem havaṅhem* yt. 17, 22. acc. *havaṅhem mê buyata* möget ihr mir zur Vorbereitung dienen y. 70, 54. instr. *havaṅha* y. 54, 12. dat. *havaṅhâica* vsp. 6, 4. 13, 6. *dareghâi havaṅhâi* zu langer Vorbereitung, Heiligung yt. 24, 32. *havaṅhâi* y. 11, 26. 15, 2. 67, 10. yt. 10, 5. loc. *havaṅhê* y. 67, 5. *dareghê havaṅhê* y. 61, 17.

havaṅhu (von 1. *ha* + *v°*?) m. Heil, Spiegel: Sättigung, acc. *havaṅhum* yt. 10, 33.

havaṅhôdâo (von *havaṅha* + 4. *d°*) adj., Vorbereitung gebend, nom. *°dâo* yt. 10, 65. acc. *°dãm* (den Verstand) welcher Vorbereitung gibt (für das Gericht an der Brücke Cinvaṭ) vd. 18, 16.

havañṭ (von 1. *ha*) adj., gleichmässig, plur. nom. ihre Sitze stehn *hukereta barezisha havañtô zaranyapakhasta pâdhâoṅhô* wohlgemacht mit einem Teppich, gleichmässig sind ihre mit Gold bestickten Füsse yt. 17, 9. *yôçarerê barisaharañtô* lies *yô* (*yôi*) *çarerê barezisa havañtô*? yt. 17, 10.

Hzv. *hâvand*.

havaṭmaçaṅh (vom vor. + *m°*) adj., von gleicher Grösse, acc. n. *kerenaoiti drighaos* (Westerg. *dareghaos*) *havaṭmaçô manô yatha raêvaçtemahêcit* er macht den Geist des Armen von gleicher Grösse wie den des Reichsten y. 10, 35.

Hzv. *hâvandmaç.*

havana (von 2. *hu*) n. Zeit des Frühopfers? Morgenröthe, hzv. *hâvan* (womit auch *hâvani* übersetzt wird), acc. *frataremcit havanem* um die erste Morgenzeit y. 10, 4. *uparemcit havanem* bei fortschreitender Morgenzeit y. 10, 5.

Skr. *sávana.*

havapañha (von *hava* + 1. *pâ?*) n. Gewalt, hzv. *hupânakish*, Ner. *surakshâ*, plur. instr. *ahyâ khshathrâcâ mazênâcâ havapañhâiscâ* (wir preisen ihn) wegen seiner Herrschaft, Grösse und Gewalt y. 5, 3 = 37, 3.

havara al. *hvare* yt. 24, 10. s. *hakhedhra;* yt. 24. 31. steht *hakhadhrê hauairê;* ist *v* statt *u* zu lesen? Beide Zeichen sind in der Hzv.-Schrift gleich.

havya adj., link, acc. *hôim gaoshem* vd. 8. 145. 13, 89. *hôyûmca* (scil. *karanem*, Thema *haêva*) den linken Flügel yt. 5, 131. fem. *hôyãm* vd. 8, 151. 181. neutr. *hôyûmca dôithrem* y. 11, 16. plur. acc. m. *hôyã* vd. 8, 227.

Vgl. *hâvôya;* skr. *savyá*, hzv. *hôi*, armen. *aheak.*

haçta (von 1. *had*) m. Hürde.

Vgl. *paçushaçta.*

haçtema s. *hañt.*

hasha s. *hakhi.*

hashitbish (von *hakhi* + *tbish*) adj., den Freund peinigend, dat. *hashitbishê* (Westerg. *hasêtbisê*) y. 64, 25.

hashidava (v. *hakhi* + 2. *dav*) adj., den Freund betrügend, Name eines Dämonen, gen. °*davahê* yt. 13, 137.

hashê, hashãm s. *hakhi.*

hasi m. n. pr. eines Dev, acc. (ohne Flexion) *hasi janat* (al. *hisi*), abl. (ohne Flexion) er reinige ihn *haca hasi* yt. 4, 4.

hahya 1) n. Getreide. 2) adj., auf das Getreide bezüglich, acc. *paitishahîm hahîm* vsp. 2, 1. gen. *paitishahyêhê hahyêhê* dem Peteshem, dem Geber des Getreides vsp. 1, 4.

Skr. *sasyá.* — Vgl. *paitishahya.*

1. **hâ**, fertig machen, abschliessen.

Skr. *sâ, syáti.*

2. **hâ** s. *ta.*

3. **hâ** vd. 7, 142. fasst Spiegel (nach einer briefl. Mitth. vom 22. Dez. 1863) als Interjection; s. *nâuiti.*

hâit° s. s. *hañt.*

hâiti (von 1. *hâ*) f. Abschnitt, Capitel, Hâ, acc. *hâitîm* y. 28—34, Schluss. 42—50, Schluss. *fraoretîm hâitîm* den Hâ Fraoreti (y. 13. Westerg. 14. wegen des Wortes *fravarânê* im Anfang) y. 14, Schluss. plur. acc. *hâitîsca* vsp. 16, 7.

Skr. *sâti*, vgl. skr. *avasâna;* hzv. *hât*, np. *hâ.*

Vgl. *haptañhâiti.*

hâidhista (Superl. eines adj. von 2. *had*) am meisten tödtend, voc. *hâidhista* yt. 12, 8. Spiegel: bewaffnet.

hâirishi (von 2. *har*) f. Mutter, Weib, nom. *viçpâ hâirishis* die ganze Mutterschaft, alle weiblichen Wesen hzv. *mâtakân* vd. 15, 59. pl. nom. *hâirishîs* yt. 13, 15. *viçpâo hâirishîs* y. 64, 9. yt. 5, 2. gen. *hâirishinãm* y. 64, 10. yt. 5, 2. 24, 50. die Ardviçûra *yâ viçpanãm hâirishinãm zãthâi garewãn yaozhdadhâiti* welche den Mutterleib aller Mütter zur Geburt reinigt; Hzv. glossiert: wenn die Frau zum zweiten Male trägt, geschieht es durch die Macht der Ardviçûra (durch eine Geburt wird das Weib unrein, weshalb es vor einer zweiten erst gereinigt werden muss) y. 64, 8. yt. 5, 2. 13, 5.

hâu Pronomen, dieser, nom. *hâu*, vd. 4, 134. 17, 3. 19, 144. *hâu açti daêvô* diese (Dakhmaanhäufung ist es, wo) der Dev ist vd. 7, 139. *hâu mâo* vd. 9, 161. *hâu merezhô* yt. 14, 41. *hâo* (lies *hâu?*) *apazhzhârô* yt. 19, 56. *hâ* (lies *hâu*) *vañhus çraoshô* vsp. 14, 4. fem. *hâu* yt. 21, 7. scil. *citha* vd. 13, 48. *hâu çrîra* vd. 19, 98. *hâo* (lies *hâu?*) *pairika* yt. 8, 54.

Skr. *asâú*, altp. *hauv.*

hâkurena (von 1. *ha* + *kar*) 1) n. Machung, acc. *ârôi hâkurenem* y. 33, 9. 2) Helfer, plur. acc. *at nê fryâ dazdyâi hâkurenâ* dann mögen uns ertheilt werden freundliche Helfer y. 43, 1.

hâget (von *hac*) adv., vereint mit, hzv. *hamragishnish* (leitet es von 1. *ha* + *gam* ab?), *nemê hucithrem ashis hâget ârmaitis hâget* das gutsaamige Gebet (mit welchem) Segen und Weisheit in Verbindung (steht) y. 57, 2. *viçpaêca aêtê ashis hâget ârmaitis hâget yazamadaêca* wir preisen alle diese (mit welchen) Segen und Weisheit in Verbindung (steht) y. 70, 54.

hâtãm s. *hañt.*

hâthra (v. 1. *hâ*) m. ein Wegmaass, 1000 Schritte länger als eine Parasange (Bund. 63, 2); acc. *paoirîm hâthrem* vd. 8, 280. *bitîm* vd. 8, 287. *thritîm* vd. 8, 291.

Hzv. *hâçar.* — Vgl. *navahâthra.*

hâthrômaçañh (vom vor. + *m°*) adj., einen Hâthra lang, acc. °*maçañhem adhwanem* yt. 8, 23. vgl. Bund. 16, 18. *âpem frâtatcaya hâthrômaçañhem adhwanem* sammle das Wasser in der Strecke eines Hâthra vd. 2, 65.

Hzv. *hâçarmaçâi.*

hâdrôyan adj., offenbar, hzv. *rôshan*, Ner. *parisphutatara*, nom. *aêshãm aênañhãm naêcit vîdvâo âjôi hâdrôyâ* von diesen Frevlern keiner etwas weiss in Bezug auf das Schlagen (welches doch) offenbar (ist); nach den Glossen: er weiss nicht wie gross die Strafe für die Seele sei, y. 32, 7.

hâma (vgl. *hama*) adj., gleich, vollständig, nom. *hâmô* (vorher geht als nom. f. *hama*) yt. 13, 83. 19, 1. *hâmô yaozaiti tistrîm* gleichermaassen bewegt sich Tistrya (der Wind und die Majestät, *tistrîm* steht im acc., weil nach dem praedicat) yt. 18, 5. *vahistô hâmô kârayat* der beste (Ormazd) hat gleichmässig gemacht (vollständig hergesagt den Ahuna vairya) y. 19, 38. *yê â nûremcit ahurâ hâmô* der du, o Ahura, immer derselbe bist y. 31, 7.

hâmôgâtu (vom vor. + *g°*) m. dasselbe Haus, loc. °*gâtvô* vd. 5, 82. 7, 7.

Hzv. *hamgâç.*

hâmôtakhma (von *hâma* + *t°*) adj., gleich fest, stark, acc. *vâshem hâmôtakhmem* yt. 10, 124.

hâmôdaêna (von *hâma* + 1. *d°*) adj., gleiches Gesetz befolgend, plur. nom. *narô hâmôdaêna* vd. 4, 118.

Hzv. *hamdên*.

hâmônâfa (von *hâma* + *nâfaṅh*) adj., aus demselben Geschlecht stammend, nom. *âthrava hâmônâfô* yt. 24, 9. *hâmônâfô* yt. 24, 37.

hâmôskyaothna (von *hâma* + *sky°*) adj., ausgeglichne Thaten habend, plur. nom. *hâmôskyaothna tê baraiñti* ihre Thaten sind ausgeglichen vd. 4, 115.

hâra (von 2. *har*) m. Beschützer, Herr, hzv. *çandâr*, nom. *hârô* y. 31, 13. *vîçpôibyô hârô* y. 43, 2.

hâva (v. 2. *ha*) adj., opfernd, im superl. Schüler, der die Opferhandlungen versehn kann, plur. acc. *añtare hâvista* zwischen Schülern yt. 10, 116. gen. *hâvistanãmca* y. 67, 38.

Hzv. np. *hâvisht*.

hâvañt (vgl. *havañt*) adj., gleichmässig, pl. nom. *hâvañta aêtahê skyaothnahê verezyãn* sie handeln gleich in Bezug auf diese That (d. h. alle drei machen sich desselben Vergehens schuldig) vd. 15, 48.

hâvana (von 2. *hu*) m. Mörser, in welchem der Hom zerstampft wird, der ὅλμος des Plutarch, instr. *yô . . . hâvana haomãn uzdaçta* welcher im Mörser den Hom emporhob yt. 10, 90. dual. nom. *hâvana* vd. 14, 31. *hâvanaca* vd. 19, 30. *açmana hâvana* zwei steinerne Mörser (als Geräthe des Ackerbauers) vd. 14, 46. acc. *hâvana* y. 22, 6. G. 4, 5. *hâvanaca* vd. 5, 122. instr. *fraçnâtaêibya hâvanaêibya* A. 3, 5. dat. *hâvanaêibya* vsp. 11, 2. 12, 35. yt. 10, 91. gen. *hâvanayâoçca* vsp. 14, 7. voc. *hâvana* vsp. 14, 13.

Vgl. skr. *sâvana*, hzv. np. *hâvan*, arm. *havan*.

hâvanan (vom vor.) m. Titel des Mobed, welcher den Hom im Mörser zerstösst, Spiegel Av. übers. II, XVII. acc. *hâvanânem* vsp. 3, 1. G. 3, 5. dat. *hâvanânê* vd. 5, 161. gen. *hâvanânô* yt. 24, 15.

Hzv. *hâvanân*.

hâvani (von *havana*) m. Name eines Gâh oder Tagesabschnittes, von Sonnenaufgang bis Mittag; der Beschützer desselben ist Mithra unter Mitwirkung des Çâvaṅhi und Vîçya, vgl. Bund. 60, 13. Hyde 166. Haug Ess. 151. Spiegel Av. übers. III, XLI. acc. *hâvanîm* y. 2, 13. 6, 4. G. 1, 5. *hâvanîm paiti ratûm* um die Zeit II. y. 2, 61. 15, 6. A. 1, 1. *hâvanîm â ratûm â* y. 9, 1. dat. *hâvanê* y. 1, 7. 66. 3, 21. 15, 8. G. 1, 1. gen. *hâvanôis* y. 1, 46. *hâvanôis rathwô* zur Zeit H. y. 3, 1. 22, 13. voc. *hâvanê* y. 1, 50.

Hzv. parsi *hâvan*. — Vgl. *pairiskâvani*.

hâvanôzaçta (von *hâvana* + *z°*) adj., den Mörser in der Hand haltend, nom. *°zaçtô* vd. 3, 4. y. 61, 4. yt. 10, 91.

hâvôya (vgl. *harya*) adj., link, instr. *hâvôya bâzvô* mit dem linken Arme vd. 19, 77. 3, 84. yt. 17, 22. *hê hâvôya aredhê* zu seiner linken Seite yt. 10, 126. neutr. (adv.) *hâvaya* links vd. 3, 84. 19. 77. yt. 17, 22.

1. **hi**, binden, partic. perf. pass. *hita* (s. bes.). Skr. *si*, *sinóti*; vgl. armen. *himn*.

2. **hi** s. *pakhrustaṅh*.

hikarana (von 2. *hic*) adj., trocknend, acc. Geräthe, welche *hikaranem* trocknen (das Feuerholz) vd. 14, 22.

hiku (von 2. *hic*) adj., trocken, plur. acc. *yô aêçmem baraiti hikûs* (der plural neben dem collectiven sing.) wer trockne Holzscheite bringt y. 61, 30. cit. vd. 18, 62.

hikvâo (von 2. *hic*) adj., trocken, hzv. *hushk*. acc. *pañtãm . . . hikvâoṅhem* vd. 3, 37.

hikhti (von 1. *hic*) f., das Begiessen, dat. *hikhtayaêca* vd. 6, 10.

hikhra (von 1. *hic*) n. Flüssigkeit; Unreinigkeit, wie Haare, Nägel, acc. *hikhrem* vd. 5, 52. pl. gen. *hikhranãm* vd. 5, 48.

Hzv. *hihar*, parsi *hihir*.

hikhshâuê s. *hakhsh*.

hig, schlagen.

— *ni*, abhalten, partic. praes. nom. *nihighemnô vôighnâo* yt. 19, 67.

Skr. *sagh*, *saghnóti?*

highnu (von 2. *hic*) adj., trocken, nom. f. *yat highnvi pãçnu barât* bis dass der Staub trocken ist vd. 9, 125.

1. **hic**, benetzen, befeuchten, praes. 3. sg. *hiñcaiti* er giesst aus vd. 5, 15.

— *paiti*, besprengen, zur Reinigung, praes. 3. sg. *paitihiñcaiti* vd. 9, 189. pot. 2. sg. *paitihiñcôis* vd. 8, 130. 186. 226. 227. 9. 41. 3. sg. *yêzi paitihiñcôit* vd. 9, 172.

— *para*, ausgiessen, pot. 3. pl. *aêhâo âpô parahiñcayen* von diesem Wasser sollen sie ausgiessen vd. 6, 69.

— *fra*, vergiessen, übergiessen, praes. 3. plur. *frashaêkem frashiñcañti* vergiessen Blutströme yt. 14, 54. partic. perf. pass. *frahikhta* übergossen (s. besonders).

Skr. *sic*, *siñcáti*, hzv. *âshanjîtan*.

2. **hic**, trocknen.

— *uç*, austrocknen, causale impf. conj. 3. sg. *uç vâtô zãm haêcayât* bis der Wind die Erde trocknet vd. 5, 43.

Vgl. skr. *sikatâ*.

hiz s. *khiz*.

hizaokhdha (von *hizu* + *ukhdha*) adj., mit der Zunge (gut) redend, weise sprechend, nom. *hizaokhdhô* yt. 15, 40.

hizu (von 1. *zu?* anders Windischmann Jen. Liter. Zeitung. 1834, p. 134) m. Zunge, gen. *mat hizvô* y. 11, 16. 17. *qâis skyaothanâis hizvaçcâ* durch ihre Thaten und (die Reden) ihrer Zunge y. 50, 13. *hizvô* A. 3, 5. plur. instr. *qâis hizubis* y. 48, 4. vgl. *hizuma*, *hizva*, *hizvaṅh*.

hizudrâjaṅh (vom vor. + *dr°*) n. Länge der Zunge, acc. der Hund ist *hizudrâjô yatha aperenâyus* mit Zungenlänge (versehn) wie ein Kind (d. h. er streckt die Zunge aus, wenn man ihm etwas gibt?) vd. 13, 160. 2) adj., die Länge einer Zunge habend, nom. *dvayâo hizudrâjâo* für zwei (ist ein Segensspruch) zungenlang (dunkle Stelle) vd. 18, 28.

hizuma (vgl. *hizu*) m. Zunge, abl. *hizumaṭ haca* vd. 3, 46. 9, 158.

hizva (vgl. *hizu*) f. Zunge, nom. *hizva* yt. 19, 95. acc. *hizvãm* vd. 15, 12. yt. 1, 31. *khshviwrem* (Westerg. *khshvaiwrem*) *hizvãm* Geläufigkeit im Reden y. 61, 11. instr. *hizvâ* y. 31, 3. 44, 1. 28, 5. *hizvâ ukhdhâis* durch die Gebete mit der Zunge (d. h. gesprochne, laute Gebete) y. 46, 2. *hva hizva* vd. 2, 16 (Westerg. 2, 6).

Skr. *jihvâ*, altp. *izâva*, hzv. *huzvân*, parsi *hizvãn*, np. *zabân*, buchar. *zebân*, gebri *izvân*, afgh. *zhabah*, bal. *zawãn*, kurd. *azmân*, kurm. *zemâñ*, zaza *zuâñ*, armen. *lezou*, südoss. *evzag*, dig. *arzag*, tag. *ävzag*.

hizvañh (vgl. *hizu*) n. Zunge, acc. *vaêm avamivâmahi hizvaçca pivaçca* wir magern ihn ab an Zunge und Fett vd. 18, 115.

Vgl. *hitôhizvañh*.

hizvôdañhañh (von *hizva* + *d°*) adj., Weisheit für die Zunge (Rede) gebend, instr. *°dañhañha mãthra* yt. 3, 18. 5, 17. 9, 25.

hizvôraithya (von *hizva* + 2. *r°*) m. Weg der Zunge, acc. *dâtâ khratéus hizvôraithîm çtôi* er mache den Weg der Zunge (Rede) zu dem des Verstandes beständig y. 49, 6.

hizvôvaçañh (von *hizva* + *v°*) n. Gewalt der Zunge, acc. *khshayamnô hizvôvaçô* er besitzt Gewalt der Zunge, d. h. er spricht und es geschieht y. 31, 19.

hiñdu m. n. pr. Indien, acc. und instr. *haca ushaçtara hiñdva avi daoshatarem hiñdûm* vom östlichen Indien bis zum westlichen Indien (d. i. Assyrien, Nighna) Cit. der Hzv.-Gl. zu vd. 1, 73. (Westerg. vd. 1, 19); loc. *ushaçtairê hiñdvô* y. 56, 11, 6. yt. 10, 104. plur. acc. *yô hapta hiñdu* Ostkabulistan vd. 1, 73.

Skr. *sindhu*, *saptá síndhavaḥ*, altp. *hiñdu*, (hebr. *hoddu*), hzv. *hinduhân*, up. *hind*.

hiñdva m. n. pr. eines Berges im See Vourukasha; nach Bund. 26, 3. ist auf dem Alborz (Hara) ein Var, in welches Ardviçûra einströmt; von hier fliesst dieses Wasser weiter auf den Berg Hôçindum (diess ist die vielleicht aus einem Missverständnis der Stelle yt. 8, 32. entstandne Form des Namens) und von da in den See Ferakhkant. abl. *uç hindvaṭ paiti garôiṭ* herauf am Berge Hindva (sammeln sich die Dünste) yt. 8, 32.

hita (partic. perf. pass. von 1. *hi*) 1) gebunden, gezäumt, acc. fem. *hitãm* yt. 13, 100. 19, 86. gen. m. *hitahê* yt. 14, 13. 2) m. Gespann von Rossen, plur. acc. *hita* y. 9, 71. dat. *zârare hitaêibyô* y. 56, 10, 8. yt. 5, 53. 10, 11. 94.

Vgl. *mãthrôhita*.

hitâçpa (vom vor. + *açpa*) m. n. pr. des Mörders des Urvâkhshaya, welcher von dessen Bruder Kereçâçpa erlegt wurde; Spiegel (Av. übers. III, 155) hält ihn für identisch mit dem Gañdarewa; vgl. Westergaard I. St. III, 430. acc. *hitâçpem* yt. 15, 28. 19, 41.

Skr. *sitâçva*.

hitôhizvañh (von *hita* + *h°*) adj., gebundne Zunge habend, nom. *hitôhizvâo* y. 64, 35.

hitha (von 1. *hi*) f. Wohnung, acc. *hithãm ashahyâ* die Wohnung der Reinheit (Armaiti) y. 34, 10.

hithu (vgl. *hitha*) m. Wohnung, gen. (local) *yêhyâ hithaos nâ çpeñtô* (durch Asha zur Weisheit) in dessen Wohnung der heilige Mann (sein wird) y. 47, 7.

hithwañṭ adj., schnell, hzv. *têj*, Ner. *jhaṭiti*, acc. n. (adv.) *hithwaṭ* y. 19, 39.

hidhainis (v. 1. *had*) n. Sitz; Bund. 79, 10 heisst es, Zartusht sei erzeugt von Pôrshaçp *nar dargâ hidainis* am Wohnsitz an der Dargâ; *hidainis* (mit Zendbuchstaben geschrieben) scheint ein altbactr. Wort zu sein, vgl. Windischmann Z. St. 160.

hiçidhyâṭ s. 1. *çad* + *avi*.

hiçpôç° s. 1. *çpaç*.

hishaç (von *shaç*) adj., beobachtend, hzv. *nekîrîtâr*, nom. *viçpâ hishaç ahurô* y. 44, 4. *haptaduça viçpa hishaç* siebzehntens heisse ich alles beobachtend yt. 1, 8.

hishâra (von 2. *har*) adj., zu beschützen wünschend, nom. *hishârô* y. 56, 7, 7.

hishva adj., sicher, plur. acc. *hishva vaçma* mit sicherm Fluge yt. 14, 20.

his s. 2. *ha*.

hisku (von 2. *hic*) adj., trocknen, nom. f. *hiskvi* vd. 9, 125. neutr. *hisku* vd. 8, 109. 124. dat n. *hiskvâi* vd. 8, 109.

hiskupãçnu (vom vor. + *p°*) f. trockner Staub, nom. *hiskupãçnu* vd. 16, 5.

hisc, sich erheben, die Hzv.-Uebers. gibt es ebenso wieder wie *hakhsh*, praes. 1. plur. med. *hiscamaidê* (Westerg. verm. *hist°* von *çtâ*) y. 40, 11.

hist° s. *çtâ*.

hismareñtô, hismâirîm s. 2. *mar*.

hî, hîm, hîs s. 2. *ha*.

1. **hu** (verkürzt aus *vañhu*) adv. εὖ, yt. 16, 3. *hû* y. 43, 13.

Skr. *sú*, altp. *u*, *uv*, hzv. *hu*, parsi *hû*.

2. **hu** 1) erzeugen, bereiten, praes. 1. sg. *hunâmi* ich gebäre vd. 18, 75. 2. sg. *hunahi* gebierst du vd. 18, 73. 3. sg. *yatha aêshãm vacãm haonuoiti* wenn man diese Worte hervorbringt yt. 2, 11. conj. praes. 3. sg. *yê dregvâitê khshathrem hunâiti* welcher dem Bösen das Reich zubereitet y. 31, 15. 2) auskochen, auspressen, den Haoma zubereiten impf. 3. sg. med. *hunûta* y. 9, 10. aor. pot. 3. (statt der 2.) plur. *huyâres* vd. 7, 141. partic. praes. *hunvañṭ* s. *haomôhunvañṭ*, med. (passiv.) und partic. fut. pass. plur. acc. *yôi heñti haoma hunvana . . . haoshyañta* welches die Haomas sind, welche zubereitet werden und werden sollen vsp. 10, 16. partic. perf. pass. nom. *haomô hutô* vd. 6, 86. (vgl. Bund. 58, 10), gen. *haomahê hutahê* vd. 18, 29. yt. 21, 9. plur. gen. *hutanãm* vsp. 14, 8. causale praes. 3. sg. das Feuer *hâvayêiti* kocht aus (das Holz) y. 70, 37.

impf. conj. 3. plur. *naçûm hârayãn* (wo) man etwas Todtes auskocht vd. 8, 231.

— *aiwi*, zubereiten (vom Haoma), partic. perf. pass. acc. *aiwiskutem dârayêhi* du hältst mich, den zubereiteten (d. h. meine Zubereitung) zurück y. 11, 13.

— *fra*, den Hom zubereiten, imper. 2. sg. med. *frâ mãm hunrañuha* y. 9, 7.

Skr. *su*, *sárati*, *sunóti*, hzv. *hunîtan*.

3. **hu** (vom vor.) m. Sau, nach der Ansicht der Parsi ein reines Thier, dessen Fleisch man aber nur dann essen darf, wenn man ihm ein Jahr lang Vegetabilien zu fressen gegeben hat, weil es sonst Khrafçtras frisst, vgl. die Stelle einer Rivayet bei Spiegel Av. übers. II, XLIII. gen. Verethraghna kommt *hû kehrpa varâzahê* in der Gestalt eines Eberschweines yt. 10, 70. 127. 14, 15.

Skr. vgl. *sûkara*, np. buchar. *khûk*, bal. *hikh*, oss. *khuy*.

huaiwitacina (von 1. *hu* + *aiwit°*) adj., schnell herbeieilend, acc. f. *viçtãm* . . . *daênãm huaiwitacinãm* yt. 16, 1.

huirikhta (von 1. *hu* + *i°*) m. gutes Hervorkommen, acc. *huirikhtem* . . . *irinakhti* yt. 10, 68.

hukairya (von 1. *hu* + *k°*) n. n. pr. eines Berggipfels der Hara, von welchem die Quelle Ardviçûra herabströmt, vgl. Bund. 22, 10. 26, 3. Windischmann Z. St. 1, 171. nom. *hukairîm* yt. 10, 88. acc. *hukairîm barezô* yt. 5. 96. 12, 24. abl. *hukairyât haca berezañhat* y. 64, 14. yt. 5, 3. 25. 9, 8. 13, 6. 15, 15.

Hzv. *hukar*, *hugar*.

hukereta (von 1. *hu* + 1. *k°*) adj., gut geschaffen, wohlgemacht, nom. *°keretô* yt. 17, 22. neutr. *nmânem hukeretem* yt. 5, 101. instr. m. *°kereta* yt. 10, 125. plur. nom. *°kereta* yt. 17, 9. *kana zaya hukeretâoñhô mana dãma* mit welcher Waffe (werden schlagen) die Gutgeschaffnen (Frommen) meine Geschöpfe vd. 19, 28. gen. *°keretanãm* yt. 10, 128.

Skr. *súkṛta*, hzv. *hukant*.

hukerepta (von 1. *hu* + *k°*) adj., schöngeformt, acc. f. *puçãm hukereptãm* yt. 5, 128. dual. nom. *fstâna hukerepta* yt. 5, 127. superl. acc. f. *hukerepteṁãm* vd. 19, 47. y. 26, 5. yt. 13, 80. gen. m. *hukereptemahê* (von Ormazd) y. 1, 2.

hukehrp (von 1. *hu* + *k°*) adj., schönen Leibes, nom. *hukerefs* y. 9, 51. *hukehrpa* lies *hû* (3. *hu*) *kehrpa*.

Hzv. *hukarp*.

hukhratu (von 1. *hu* + *khr°*) adj., sehr verständig, nom. *°khratus* y. 50, 5. 9, 74. 34, 10. voc. *°khratavô* y. 10, 4.

Skr. *sukrátu*, hzv. *hukhart*.

hukhshathra (von 1. *hu* + *khsh°*) adj., gut herrschend, subst. m. guter Herrscher, nom. *hukhshathraç-tâ* y. 42, 4. dat. *°khshathrâi* vsp. 12, 3. plur. nom. *°khshathrâ* vd. 19, 34. y. 43, 20. 47, 5. acc. *°khshathrâ* vend. sade 68.' y. 2, 11. *°khshathrê* y. 69, 1. instr. *°khshathrâis* y. 52, 8. dat. *°khshathraêibyô* vsp. 9. 2. 10, 21. y. 4, 8. 24, 25. gen. *°khshathranãm* y. 55, 5. voc. *°khshathrâ* vsp. 6, 5. superl. nom. *khshathrem hukhshathrôtemô* der in Herrschaft beste Herrscher yt. 19, 79. acc. *°khshathrôtemem* yt. 13, 152. dat. *°khshathrôtemâi* A. 1, 6. y. 35, 13. cit. vd. 10, 16. 18, 97. vsp. 9, 4. 5. gen. *°khshathrôtemahê* vend. sade 533. voc. *°khshathrôtema* A. 1, 4.

Skr. *sukshatra*, altp. *Ὀξάθρης*.

hukhshnaothra (von 1. *hu* + *khshn°*) 1) adj., zufrieden, nom. *°khshnaothrô yatha âthrava* (der Hund ist) zufrieden wie ein Priester vd. 13, 127. 2) n. Zufriedenheit, loc. das Kameel wirft Schaum aus dem Mund *hukhshnaothrê* in seiner Zufriedenheit (während es wiederkäut) yt. 14, 13.

Hzv. *hushnôhar*.

hukhshnuta (von 1. *hu* + *khshn°*) adj. wohlgeschärft, gen. f. *arstôis hukhshnutayâo* yt. 10, 24. plur. nom. *°khshnuta* yt. 10, 39.

hukhshnûiti (von 1. *hu* + *khshn°*) f., gute Befriedigung, acc. *°khshnûitîm paiti* zur guten Befriedigung yt. 10, 109.

hugâo (von 1. *hu* + 1. *g°*) m. n. pr., gen. *hugêus* yt. 13, 118.

hugûshayaṭukhdha (von 1. *hu* + *g°* (von *gush*) und *u°*) adj., das Gesprochne wohl hörend, nom. *°ukhdhô* yt. 13, 16.

hucithra (von 1. *hu* + *c°*) 1) adj., guten Saamen habend, von guter Abstammung, nom. f. *hucithra* von guter Abstammung yt. 17, 15. acc. n. *nemé* (Westerg. *nemê*) *hucithrem* y. 57, 1. 2) f. n. pr., gen. *kanyâo hucithrayâo* yt. 13, 141.

huciçti (von 1. *hu* + *c°*) f., gutes Wissen, acc *°ciçtîm* y. 34. 14. gen. *°ciçtôis* y. 45, 4.

hujîti (von 1. *hu* + *j°*) f. Lebensgenuss, plur. acc. *°jîtîs* y. 19, 31. *°jîtayô* vsp. 6, 5. y. 14, 11. 33, 10.

hujyâiti (von 1. *hu* + 1. *jy°*) f. Mittel zum guten Leben, acc. *°jyâitîm* yt. 5, 130. gen. *°jyâtôis* y. 32, 5. statt des abl. y. 45, 8.

Vgl. *frâdaṭvîçpãmhujyâiti*, *vîçpôh°*, *vîçpãmh°*.

huzaêna (von 1. *hu* + 2. *z°*) adj., gute Waffen führend, acc. *mithrem huzaênem* vd. 19, 52. statt des nom. (hinter dem Verbum) *mithrem huzaênem* (Westerg. *uzaênem*) vd. 19, 92.

Hzv. *huzîn*.

huzañtu (von 1. *hu* + *z°*) f. gute Genossenschaft, gen. *huzañtêus* yt. 13, 134.

huzarsta (von 1. *hu* + *z°*) adj., schön gewachsen, schlank, gen. f. *kainînô* . . . *huzarstayâo* yt. 22, 9.

huzâmi (von 1. *hu* + *z°*) f. leichte Geburt, acc. *°zâmîm* yt. 5, 87.

huzâmiti (von 1. *hu* + *z°*) f. leichtes Gebären, loc. *yâ vîçpâo hâirishîs huzâmitô dadhâiti* welche alle Weiber leicht gebären lässt y. 64, 9. yt. 5, 2. 13, 5. *huzâmitô zîzanañti* sie gebären leicht yt. 13, 15.

huzeñtu (von 1. *hu* + *z°*) adj., weise, kundig. nom. *°zeñtus* y. 42, 3. 45, 5. 48, 5.

huzbâta (von 1. *hu* + *zb°*) adj., wohl angerufen. plur. fem. *°zbâtâo* yt. 13, 42.

huzvârena (von 1. *hu* + *zvârec?*) n. gute Kraft.

instr. *yãm azem yô ahurô mazdâo huzvârena uzbairê* yt. 5, 6.

Vgl. das Wort *huzvâresh* Spiegel H. I, 193.

huta (partic. perf. pass. von 2. *hu*) zubereitet.

Vgl. *ahuta*.

hutaoça f. n. pr. der Frau des Vîstâçpa, nom. *hutaoça* yt. 15, 35. acc. *hutaoçãm* yt. 9, 26. 17, 46. gen. *hutaoçayâo* yt. 13, 139.

Hzv. *hutôç*.

hutasta, hutâsta (von 1. *hu* + *tâsta*) adj., wohl gebildet, nom. *amô hutâstô* yt. 14, 7. 44. acc. °*tâstem* yt. 10, 7. °*tastem* y. 2, 25. 6, 17. yt. 2, 10. 13, 42. G. 4, 10. instr. *zaêna hutâsta* yt. 10, 141. gen. *amahêca hutâstahê* y. 1, 19. 3, 33. 4, 24. 7, 25.

Hzv. *hutâsht*.

huthakhta (von 1. *hu* + *th*°) adj., wohlgespannt, abl. *huthakhtaṭ haca thanvanâṭ* yt. 10, 39.

hudaêna (von 1. *hu* + 1. *d*°) adj., gläubig, nom. °*daênô* yt. 4, 10. acc. °*daênem* vsp. 3, 18. G. 4, 8. gen. °*daênahê* yt. 22, 18. plur. nom. °*daêna* yt. 19, 95. neutr. °*daêna* deine gläubigen Werke yt. 22, 11.

Hzv. parsi *hudîn*.

hudânu (von 1. *hu* + 2. *d*°) adj., weise, nom. °*dânus* y. 31, 16. gen. °*dânâus* y. 49, 9. *hudânaos khshathrahyâ* y. 43, 9. superl. nom. *hudhânus nãma ahmi, hadhânustemô nãma ahmi* yt. 1, 15.

Hzv. *hudânâk*.

hudânuvareshva (das erste *r* ist mit dem Zeichen des inlautenden *v* geschrieben; vom vor. + *v*°) adj., weise bewirkend, nom. *pouruciçtâ hudânuvareshvâ* y. 52, 3.

hudâçtema s. 2. *hudhâo*.

hudema m. Geschicktheit, acc. *hyaṭ hôi hudemem dyâi vakhedhrahyâ* ich will ihm geben Geschicktheit im Reden y. 29, 8.

hudôithra (von 1. *hu* + *d*°) adj., mit guten Augen versehn, plur. nom. f. °*dôithrîs* yt. 13, 29.

1. **hudhâo** (von 1. *hu* + 1. *dâo*) adj., wohlgeschaffen, nom. f. *gâus hudhâo* die wohlgeschaffne Kuh y. 13, 23. statt des acc. y. 3, 2. *vâtem hudhâoṅhem* yt. 17, 33. fem. *gãm hudhâoṅhem* vd. 13, 132. vsp. 12, 15. *gãmca hudhâoṅhem* Fleisch von der wohlgeschaffnen Kuh y. 4, 2. *zãm hudhâoṅhem* y. 17, 39. dat. f. *gavê hudhâoṅhê* vd. 5, 62. vsp. 1, 31. 2, 34. abl. *yaoṭca hudhâoṅhaṭ* vsp. 8, 18. gen. m. *vâtahê hudhâoṅhô* S. 1, 22. fem. *hudhâoṅhô* y. 14, 18. *tava gêus hudhâoṅhô urunê* Fr. 6, 1. *gêus hudhâoṅhô urvânem* die Seele des wohlgeschaffnen Rindes y. 17, 25. *zemô hudhâoṅhô yazatahê* S. 1, 28. voc. m. *hudhâo* N. 5, 4. f. *gaos hudhâo* vd. 21, 1.

Hzv. *hudâk*.

2. **hudhâo** (von 1. *hu* + 2. *dâo*) adj., weise, nom. *hudâo* y. 47, 3. *yê hudâo* dem der weise ist y. 44, 6. cit. y. 60, 17. acc. *hudhâoṅhem* yt. 10, 60. y. 17, 2. *hudhâoṅhem bavâhi* yt. 23, 3. dat. *hudâoṅhê* y. 31, 22. plur. nom. *hudhâoṅhô* vd. 19, 34. *hudâoṅhô* y. 30, 3. 34, 3. acc. *hudhâoṅhô* vend. sade 68. y. 2, 11. 69, 1. dat. *hudhâobyô* vsp. 10, 21. 9, 2. y. 4, 8. 24, 25 (Westerg. *hudhâbyô*), *hudâobyô* y. 34, 13. gen. *hudhâoṅhãm* y. 55, 5. voc. *hudhâoṅhô* vsp. 6, 5. superl. acc. *hudhâçtemem* yt. 13, 152. voc. *hudâçtemâ* y. 41, 5. 8.

hudhâoṅha (vom vor.) n. Weisheit, hzv. *hudâkish*, instr. *tâ hudhâoṅha . . . uzjamyãn* sie mögen hervorkommen mit Weisheit y. 54, 13.

hudhâoman (von 1. *hu* + *dâoman*) adj., sehr weise, gen. *hudhâomanô* y. 1, 3.

hudhâta (von 1. *hu* + 2. *dâta*) adj., wohlgeschaffen, nom. *hudhâtô* y. 9, 49. yt. 10, 142. fem. *hudhâta* yt. 17, 15. neutr. *nmânem . . . hudhâtem* yt. 5, 101. plur. nom. n. *nmânâo hudhâtâo histeñti* yt. 17, 8.

hudhânu s. *hudânu*.

hun° s. 2. *hu*.

hunairyâoñc (von *hunara* + *ac*) adj., gewandt, acc. *hunairyâoñcim* yt. 10, 102. gen. *hunairyâoñcô* yt. 8, 13.

hunara (von 1. *hu* + *nara*) m. Tugend, gute Eigenschaft, instr. *thwâ hunarâ* durch deine Tugend y. 42, 5. plur. gen. *hunaranãm* um der Abrichtung willen vd. 13, 54.

Vgl. skr. *sûnárî*; hzv. np. *hunar*, pars *qanar* (vgl. Procops *Χαναράγγης* J. Müller 343), armen *hnarkh*, vgl. *hounarakert* (Mose Choren. II, 7), tschetsch. *huner* (Held).

Vgl. *ashahunara, drakhtôh*°, *hudhah*°.

hunaravañṭ (vom vor.) adj., tugendhaft, nom. f. *hunaravaiti* vd. 19, 99. acc. *hunaravaitîm* yt. 16, 1.

Hzv. *hunarômand*.

hunaretâṭ (von *hunara* + *tâṭ*) f. Tugend, instr. *hunaretâtâ* mit den Tugenden (des Vohumanô) y. 49, 8.

Vgl. skr. *sûnṛ́ta*.

hunarethanãmcîṭ die tugendhafte (acc. f.) scheint Spiegel yt. 2, 13. statt *hamerethanãmcît* zu lesen.

hunivikhta (v. 1. *hu* + *n*°, v. *vij*) adj., gut herabgeschlagen, nom. *vazrô hunivikhtô* yt. 13, 72. acc. *vazrem hunivikhtem* yt. 6, 5. statt des nom. (hinter dem praed.) yt. 10, 132. plur. nom. *vazraciṭ . . . hunivikhta* yt. 10, 40.

Hzv. *huvikht* (Name der Keule, mit welcher nach dem Vajarkart Ahriman gestraft wird, wenn er die Seelen in der Hölle mehr quält, als Ormazd befohlen hat, Spiegel Eran 383).

hunu (von 2. *hu*) 1) Sohn (böser Wesen), plur. nom. *hunavô* yt. 10, 113. acc. *yô janaṭ hunavô yaṭ pathanya nava, hunavaçca nivikahê hunavaçca dâstayânôis* welcher (Kereçâçpa) schlug die Söhne der 9 Räuber, die Söhne des N., des D. yt. 19, 41. 2) n. pr. eines feindlichen Stammes in Vaêçka; Haug Essays 192. hält sie für die weissen Hunnen, allein diese drängen erst in den letzten Jahrhunderten vor Christi Geburt die nordische Steppenbevölkerung nach Süden, können also keine Rolle in der alten Heldensage spielen; plur. nom. *aurva hunavô vaêçkaya* die reisigen Hunus in Vaêçka yt. 5, 57. acc. *yaṭ bavâni aiwiranyâo aurva hunavô vaêçkaya* yt. 5, 54. abl. *haca hunâiwyô* yt. 13, 100. 19, 86.

Skr. *sûnú*.

hunusta m. n. pr. einer Classe von Drujas, plur. nom. *hrô dâmôis drûjô hunustâ duzhdâo yôi heñti* der ist von der Schöpfung der Drukhs (des Ahriman), böses wissend (unter denen) welche Hunustas sind y. 50, 10. Hzv. schreibt den Namen *hunusk*, Ner. *hunoçah*.

hunvañt (partic. praes. von 2. *hu*) s. *haomô-hunvañt*.

hupaitistâna (von 1. *hu* + *p°*) m. das gute Stehen, das sich wohlbefinden, loc. das Kameel wirft Schaum aus dem Mund *hukhshnaothrê hupaitistânê* in seiner Zufriedenheit, bei seinem Wohlbefinden yt. 14, 13.

hupairiçpâo (von 1. *hu* und 1. *çpâ* + *pairi*) adj. wohl ringsum kehrend, nom. *hupairiçpâo nãma ahmi* yt. 15, 46.

hupairista (von 1. *hu* + *p°*) adj., wohlgetrocknet. acc. *aêçmem hupairistem* y. 70, 36.

hupaurva (von 1. *hu* + *p°*) adj., der gute frühere, plur. acc. f. *ashayô hupaurvâo* y. 51, 9.

hupatareta (von 1. *hu* + *patara*) adj., mit guten Flügeln versehn, dual. abl. *âçyañha vayaêibya hupataretaêibya* schneller als wohlgeflügelte Vögel (der dual. steht, weil der comparat. zwei verglichene Gegenstände voraussetzt) y. 56, 11, 4.

hupathmainya (von 1. *hu* + *p°*) f. gute Kost, guter Vorrath, acc. *°pathmainyãm* yt. 16, 1.

hupabusta adj., Spiegel verm. wohlgekleidet; in *pa* scheint ein verkürztes Verbalpraefix vorzuliegen; *busta* könnte partic. von *bûsh* sein; plur. nom. *aêshãm gâtava histeñti huçtareta hupabusta hukereta* yt. 17, 9.

huparetâo (von 1. *hu* + *paret*) adj., gut streitend, nom. *huparetâo nãma ahmi* yt. 15, 46.

hupâta (von 1. *hu* + *p°*) adj., wohl beschützt, acc. *°pâtem* yt. 24, 42. superl. plur. nom. f. *hupâtôtemâo* yt. 14, 12.

huputhri (von 1. *hu* + *puthra*) f. schöne Kinder, acc. *°puthrîm* y. 10, 44.
Hzv. *hupuçish*.

hueretu (von 1. *hu* + *p°*) adj., mit guter Furth versehn, nom. f. *huperethwi âfs* yt. 16, 3. plur. acc. f. *huperethwâoçcâ* y. 38, 8.

huperena (von 1. *hu* + 2. *p°*) adj., wohlbeflügelt, nom. *°perenô* yt. 13, 70.

hufedhri (von 1. *hu* + *patar*) adj., von guten Eltern stammend, plur. acc. f. *ghenâo ... hufedhrîs* vsp. 2, 17.
Hzv. *hupât*, vgl. lyk. *Ofeeta*, (f. n. pr. Fellows an account of discoveries in Lycia 1840. Tafel 36, nr. 7).

hufraourvaêça (von 1. *hu* + *fr°*) adj., gut vorwärtslaufend, nom. *°fraourvaêçô* yt. 5, 131.

hufrañharsta (von 1. *hu* + *fr°*, partic. perf. pass. von *harez*) adj., wohlgezückt, nom. *karetô hufrañharstô* yt. 13, 92.

hufrabereti (von 1. *hu* + *fr°*) f. gute Darbringung, instr. *°fraberetiwa* y. 67, 29. yt. 10, 77.

huframareta (von 1. *hu* + *fr°*, von 2. *mar*) adj., gut recitiert, acc. *yaçnem haptañhâitîm ... huframaretem framaremnem* den siebentheiligen Yaçna, welcher gut ausgesprochen wird Extr. 5. fem. *huframaretãm huframaremnãm* (scil. *gâthãm?*) vsp 16, 3.

huframaremna (von 1. *hu* + *fr°*, von 2. *mar*) adj., gut recitiert werdend, acc. f. *huframaremnãm* vsp. 16, 3.

huframareti (von 1. *hu* + *fr°*) f. gute Aussprechung, dat. *huframaretayaêca* vsp. 10, 12.

hufravac (von 1. *hu* und 1. *vac* + *fra*) m. n. pr., gen. *hufravâkhs kahrkanañãm* des H. aus dem Hause der K., yt. 13, 127.

hufrâyazañta (von 1. *hu* + *fr°*) adj., der gut zu preisende, acc. f. *hufrâyastãm hufrâyazeñtãm* (scil. *gâthãm?*) vsp. 16, 5. 6.

hufrâyasta (von *hu* + *fr°*) adj., wohl gepriesen, acc. *yaçnem haptañhâitîm hufrâyastem frâyazeñtem* den Yaçna H., den wohl gepriesnen, zu preisenden Extr. 5. fem. *°frâyastãm* y. 60. 3. vsp. 2, 15. *°frâyastãm hufrâyazeñtãm* vsp. 16, 5. 6. *baghãm yêñhê hâtãm hufrâyastãm* y. 21, Schluss. gen. f. *°frâyastayâo* vsp. 1, 13. plur. gen. n. *°frâyastanãm* vsp. 1, 9.

hufrâyasti (von 1. *hu* + *fr°*) f. das gute Preisen, instr. *°frâyastica* yt. 10, 77. dat. *°frâyastayaêca* vsp. 10, 12.

hufrâyukhta (von 1. *hu* + *fr°*) adj., wohlzugerichtet, plur. nom. *karetacit hufrâyukhta* yt. 10, 40.

hufrîna (von 1. *hu* + *fr°*) m. gutes Lobgebet, abl. *frarâkâi uta framainyâi hu hufrînât* zur Verkündigung und zum Gedenken in gutem Lobgesang yt. 16, 3.

hufshî liest Spiegel y. 42, 4. statt *hafshî* (s. *hap*).

hubaoidhi (von 1. *hu* + *b°*) adj., schön duftend, nom. *°baoidhis* y. 10, 9. yt. 22, 7. fem. *°baoidhis* yt. 17, 6. plur. acc. n. *khshathra ... hubaoidhi* yt. 5, 130. 17, 7. compar. nom. *vâtô hubaoidhitarô anyaêibyô vâtaêibyô* yt. 22, 7. plur. nom. *urvaranãm ... yôi heñti hubaoidhitema* (Hzv.-Gl. nennt als solche Rose und Jasmin) vd. 2, 75. ebenso nach *garethanãm* (Hzv.-Gl. nennt als solche Quitte und Pomeranze) vd. 2, 77. gen. f. *urvaranãm hubaoidhitemanãm* vd. 8, 7. 247. 14, 6. 18, 141.
Hzv. parsi *hubôi*.

hubaoidhita (von 1. *hu* + *baoidhi*) f. Wohlgeruch, instr *°baoidhitaca* yt. 22, 11.

hubaoidhya (von 1. *hu* + *baoidhi*) adj., wohlriechend, nom. neutr. *hubaoidhîm barezis* yt. 5, 102.

hubagha (von 1. *hu* + 1. *b°*) f. gute Göttin (Trad. übers. glücklich, wonach es = skr. *subhâga* wäre), plur. acc. *hubaghâo* vsp. 2, 17.

hubarana (von 1. *hu* + *b°*) adj., gut tragend, plur. nom. *açpa hubarâna* yt. 24, 48.

hubâmya (von 1. *hu* + *b°*) n. schöner Glanz, Spiegel: Sonnenglanz (*hû h°?*), instr. *hubâmya* yt. 10, 143.

hubis (von 1. *hu* + 2. *bis*) adj., Beiwort des Baumes Harviçptokhma, Windischmann Z. St. 168. nom. f. *yâ hubis eredhwôbis yâ vaocê vîçpôbis nãma* 'utheil, Hochheil, Allheil heisst

hu + 1. *b°*) adj., wohl gepflegt, n. *huberetô* yt. 10, 112. acc. *hube-*3, 18. fem. *yô nô huberetãm barâț* ge (Mädchen sprechen) yt. 15, 40. *hîs huberetâo barâț* yt. 13, 18. p. *ubarta*.

1. *hu* + *b°*) f. gute Darbringung, id. sade 528. y. 59, 11. 61, 1. 20. *°bereti* y. 67, 43. plur. acc. *°bere-*

') f. n. pr. der Tochter Vîstâçpas, țaçpa gefangen, von ihrem Bru-cñtôdâta) befreit wurde, s. Vullers iann Z. St. 150. gen. *humayâo* yt.

hu + *m°*) 1) n. gut Gedachtes, iom. *humatem* y. 19, 45. acc. *hu-*5. plur. acc. *humataca* vsp. 20, 1. 2, 2. instr. *°matâis* y. 69, 15. *°ma-*nt. *humatôibyaçcâ* y. 12, 1. yt. 1, a vsp. 23, 7. *°matanãm* y. 35, 4. 13, 84. 2) adj., gute Gedanken a. *humatemca manô* vsp. 2, 9. *hu-*, 27. gen. masc. (collectiv) *huma-*öre zu den gut denkenden y. 10, *hêca manañhô* vd. 18, 41. plur. *ata* y. 3, 16. 3) n. n. pr. des Paradises, loc. *humatê* yt. 22, 15. ra) *aêta humata aêta hûkhta aêta* Paradise) Humata, Hûkhta und

r. *humat*, parsi *hûmata*.
a.

1. *hu* + *m°*) 1) n. das gute *umanô* yt. 22, 11. 2) adj., gut *anañhem* vsp. 3, 18. G. 4, 8. dat. 5, 8. gen. *°manañhô* yt. 22, 18. *hô* yt. 10, 34. 19, 95.
izv. *huminashn*; vgl. altp. *Umani*,

ya (von 1. *hu* + *mqya*, *mâya*, elbe Wort zu sein scheinen) 1) f. , instr. *yatha fraourvaêçayêni hu-*ãmca *qyaonyêhêca dañhâvô* dass gute Wissenschaft zu den Ge-id des qyaonischen (Arejațaçpa) gute Wissenschaft habend, heil-bereitwillig, acc. *humâim* vsp. 3, . *humâim izhem* das bereitwillige 6. cit. vd. 10, 10, gen. *humâyêhê* 17. plur. nom. *humaya nô buyata* vsp. 14, 13. acc. n. *humaya aêta* Dinge (es folgt *yã*) vsp. 14, 9. , 12. *humaya upañhâo cishmaidê* ilsamen Anbetungen vsp. 14, 5. . m. *humâyôtaraca* mit Heilmitteln versehn vsp. 14, 11. neutr. *atha zî nê humâyôtara añhen* mögen sie uns nun sehr heilsam sein vsp. 14, 9.

humuyâka (vom vor.) adj., mit guter Weisheit versehn, acc. *°mayâkem* yt. 5, 113.

humareti (von 1. *hu* + *m°*) f. Lehre, nach der Trad. das Avesta, gen. *humaretôis* y. 31, 10.

humâya s. *humaya*.

humizhda (von 1. *hu* + *m°*) adj., guten Lohn bringend (für das Recitieren) plur. nom. od. acc. (nach *buyãn*) f. *°mîzhdâo*, Westerg. *°mizhdâo* y. 54, 7.

humãzdra (von 1. *hu* + *m°*) adj., wohl bedacht, plur. acc. n. *çtaotâcâ . . . yêçnyâcâ . . . humãzdrâ ashâ* y. 30, 1.

humna m., acc. *aomem* (lies *haomem*) . . . *daçva-rem* (lies *daçvarc?*) . . . *âmravî humnem* den Haoma bat ich um Gesundheit in einem Hymnus? Fr. 9, 2.

Vgl. skr. *sumná?* oder lies *humanem* für *hu-manañhem?*

humbiț? Cit. der Hzv.-Gl. zu vd. 1, 24; es scheint ein hzv. Wort zu sein.

humbya s. *khuñbya*.

huyaona (von 1. *hu* + *y°*) adj., wohl abwehrend, plur. nom. f. *°yaonâo* yt. 13, 29.

huyazata (von 1. *hu* + *y°*) 1) adj., wohl zu verehren, acc. f. *ashîm rañuhîm . . . huyazatãm* yt. 17, 1. 2) m. n. pr., gen. *°yazatahê* yt. 13, 117.

huyasta (von 1. *hu* + *y°*) adj., wohl gepriesen, instr. *°yasta yaçna* mit wohlvollbrachtem Opferpreis yt. 5, 9. N. 4, 9. compar. nom. f. *huyastatara* yt. 5, 9. N. 4, 9.

huyâirya (von 1. *hu* + *yâre*) adj., guten Jahresertrag habend, fruchtbar, acc. f. *huyâiryãm* (Name, mit dem böse Menschen die Pairika des Misswachses benennen) yt. 8, 51. dat. f. *huyâiryâica* (lies *°yâir-yayâica?*) *dañhavê* yt. 8, 36. plur. nom. f. *°yairyâo* yt. 8, 9. acc. *huyâiryâo avi dañhus* yt. 8, 9. *huyâir-yâo âpô* yt. 8, 40.

huyâo s. *hva*.

huyâghna, adj., gut opfernd (Spiegel), subst. m. Eheleute (Windischmann Mithra 48); plur. acc. *uñ-tare huyâghna* yt. 10, 116.

huyâres s. 2. *hu*.

huyêsti (von 1. *hu* + *y°*) f. gutes Opfer, instr. *huyêsti* yt. 10, 108. *huyêsti âfrînâmi* ich bete um gutes Opfer y. 67, 45. *huyêstica* wegen der guten Opfer y. 67, 29.

hura (von 2. *hu*) f. Getränk, gen. *hurayâo* vd. 14. 72. *hurayâoçeiț* A. 1, 4.

Skr. *súrâ*, hzv. *hur*.

huraithya (von 1. *hu* + *ratha*) adj., auf schönem Wagen fahrend, nom. *huraithyô* yt. 10, 76.

huraodha (von 1. *hu* + *r°*) adj., 1) schön gestaltet, nom. *°raodhô* vd. 19, 133. *amô* ... *huraodhô* yt. 14, 7. 44. fem. *°raodha* vd. 19, 98. y. 10, 41. 11, 25. yt. 10, 90. 13, 107. acc. m. *°raodhem* vd. 19, 53. y. 2, 25. 56, 1, 1. 56, 1, 8. yt. 11, 1. fem. *°raodhãm* y. 2, 57. yt. 5, 15. 9, 2. 17, 1. *huraodhem barâhi yatha çraoshem* yt. 23, 6. gen. m. *°raodhahê*

y. 1, 19. 3, 33. yt. 1, 27. 8, 8. fem. °*raodhayâo* yt. 5, 64. 22, 9. voc. m. *huraodha* vd. 18, 48. 74. y. 56, 10, 5. 2) schwanger, hzv. *huruçt*, nom. *idha carâiti huraodha yâ daregha aputhra aêiti* hier ist die Frau mit Kindern gesegnet, die lange kinderlos gieng vd. 3, 82.

huraodhâo (Nebenform des vor.) adj., schön gestaltet, plur. acc. f. *huraodhâoṅhô* (Spiegel °*raodhaṅhô*, Thema °*raodhaṅh*) vsp. 2, 17.

huruthman (von 1. *hu* + *u*°) n. schönes Gewächs Vgl. *mazdâohuruthman*.

hurunya (von 1. *hu* + *urvan*) n. Wohlbefinden der Seele, acc. *hurunîmca* yt. 10, 33. dat. *hurunyâica* vsp. 6, 4. 13, 6. y. 67, 5.

Hzv. *hurûbânish*.

huvakhsha (von 1. *hu* + 1. *v*°) n., gutes Wachsthum, dat. *huvakhshâi* vd. 4, 12. Ein andres *huvakhsha* s. bei 1. *vakhsha*.

Hzv. *huvakhsh*.

huvacaṅh (von 1. *hu* + *v*°) 1) n. das gute Reden, nom. *huvacô* yt. 22, 11. 2) adj., gut redend, nom. *huvacâo* y. 56, 8, 4. acc. *huvacaṅhem* vsp. 3, 18. G. 4, 8. gen. *hvacaṅhô* (lies *huv*°) yt. 22, 18. plur. nom. *hvacaṅhô* (zu lesen *huv*°) yt. 19, 95.

huçaoshya (von 1. *hu* + *ç*°) adj., wohl leuchtend, abl. *huçaoshyâṭ*, Westerg. *his usyâṭ* (s. diess) yt. 8, 35.

huçaçta (von 1. *hu* + *ç*°) adj., wohl gelehrt, gen. f. *çaṅhaçca paiti huçaçtayâo* yt. 13, 133.

huçtareta (von 1. *hu* + *çt*°) adj., wohl (mit Teppichen) belegt, plur. nom. *aêshãm gâtava histeñti huçtareta* yt. 17, 9.

huçravaṅh (von 1. *hu* + *çr*°) 1) adj., berühmt, acc. wir preisen den Tistrya *yahmaṭ haca berezâṭ huçravaṅhem* den von dieser Höhe aus berühmten yt. 8, 4. 2) m. n. pr. a) des Sohnes des Aghraêratha und der Tochter des Çyâvarshâna, welcher für den an seinem Grossvater begangnen Mord den Fraṅraçya tödtete; nach spätern Ueberlieferungen ist er der Sohn des Çyâvarshâna und der Ferengîç, der Tochter des Fraṅraçya; nom. *huçrava* yt. 5, 49. 9, 21. 15, 32. 17, 41. *kava huçrava* yt. 9, 18. 17, 38. 23, 7. 24, 2. acc. *kavaêm huçravaṅhem* yt. 19, 74. instr. *haca kavôis huçravaṅha* yt. 15, 32. gen. *kavôis huçravaṅhô* yt. 9, 18. 17, 38. 13, 132 (wo *haoçravaṅhô*). voc. *kava huçrava* yt. 19, 77. b) eines Var, welcher nach Bund. 56, 6. fünfzig Parasangen vom Caêcaçta entfernt ist und dadurch entstand, dass die Wasser, in welchen die königliche Majestät verborgen lag, aus dem See Vourukasha flüchteten, um jene dem Huçrava, dem sie Fraṅraçya entreissen wollte, zu bewahren, und den Var Huçrava bildeten; Windischmann (Z. St. 101) vermuthet, es sei der See Thospites gemeint; nom. *vairis yô huçravâo nãma* yt. 19, 56. vgl. *haoçravaṅha*.

Skr. *suçrávas*, hzv. *khôçrûb*, parsi *qaçraw*, np. *khuçrav*, bei den Alten *Ὀσρόης*, *Χοσρόης*, armen. *koçrov*, in den Desâtir *kailâçrav*.

huçrvan (von 1. *hu* + *çru*) n. schönes Hersagen, loc. *ashemca vahistem huçrvâni* (ich will beten) das Gebet *ashem vohû* in schöner Hersagung N. 4, 8.

hush, trocknen, partic. praes. med. *haoshemna* (s. besonders).

Skr. *çush*, *çúshyati*, hzv. *khôshînîtan*, np. *koshîdan*.

hushata (von 1. *hu* + *khshata*, von *khshan*) adj., wohlbehauen, plur. gen. *aêçmanãm hushatanãm* vd. 14, 5. 18, 140. A. 1, 5.

hushayana (von 1. *hu* + *sh*°) adj., guten Sitz, gutes Wohnen verleihend, acc. *mithrem hushayanem* yt. 10, 4. *tistrîm* yt. 8, 2.

hushâta (von 1. *hu* + *shâta*, von *shâ*) adj., wohlerfreut; vgl. *haoshâta*.

hushiti (von 1. *hu* + *sh*°) f. das gute Wohnen, nom. *hushitis* (als Genius) y. 47, 11. acc. *hushitîm* yt. 10, 77. *yâiryãm hushitîm* das jährliche gute Wohnen, nach der Hzv.-Gl. wenn man innerhalb des Jahres mit Rechtschaffenheit gut zu wohnen vermag, y. 2, 25. yt. 4, 0. *yâiryãmca hushitîm* G. 4, 10. instr. *hushiti* y. 67, 42. gen. *â hushitôis* zur Wohnung y. 30, 10. *yâiryayâo hushitôis* yt. 2, 3. 4, 0. *yâiryayâoçca hushitôis* y. 1, 18. 3, 32. G. 4, 2. plur. acc. *hushitîs* y. 29, 10.

Vgl. skr. *sukshití*.

hushêna (= *hushayana*) n. gute Wohnung, hzv. *humânashn*, nom. *taṭ zî hôi hushênem aṅhaṭ* denn das wird ihr (nach den Glossen der Hutaoça) zur guten Wohnung (zum Glück?) gereichen y. 52, 5.

huska (von *hush*) adj., trocken, acc. *huskem aêçmem* y. 70, 36. *peshûm* yt. 5, 77. 78. loc. f. *huskê zemê* vd. 6, 63. 68. plur. gen. *aêçmanãm huskanãm* vd. 7, 76. *naçunãm* vd. 8, 107.

Skr. *çúshka*, altp. *uska*, hzv. np. buchar. *khushk*, parsi *khusk*, kurd. *heshk*, südoss. *khus*, tag. *khusk*.

Vgl. *vishuska*.

huskôzema (vom vor. + *zem*) adj., trockenerdig, plur. gen. f. *huskôzemanãm pãçnunãm* vd. 8, 20. superl. nom. neutr. °*zemôtemem* (scil. *açô*) vd. 3, 52. acc. °*zemôtemem* vd. 5, 140.

Hzv. *khushkdamîk*.

huskyaothna (von 1. *hu* + *sky*°) 1) n., gute That, plur. nom. *huskyaothana* yt. 22, 11. 2) adj., gute Thaten vollbringend, nom. fem. *huskyaothanâ* y. 44, 4. acc. m. °*skyaothnem* vsp. 3, 18. G. 4, 8. gen. °*skyaothnahê* yt. 22, 18. 24, 17. plur. nom. °*skyaothnâoṅhô* yt. 19, 95. 3) m. n. pr. a) eines Sohnes des Vîstâçpa, gen. °*skyaothnahê* yt. 13, 103. b) eines Nachkommen des Frashaostra, gen. °*skyaothnahê* yt. 13, 104.

husqafan (v. 1. *hu* + *qap*) adj., sanft schlafend, nom. *husqafa* y. 56, 7, 6.

hushakhi (von 1. *hu* + *h*°) adj., wohlbefreundet, nom. *ashâ hushakhâ* der mit Asha wohlbefreundete y. 32, 2. acc. *hushakhâim* y. 45, 13.

hushakhman (von 1. *hu* + *h*°) adj., gute Freundschaft pflegend, plur. f. *hushakhmanô* yt. 13, 30.

hushâmbereṭ (von 1. *hu* und 1. *bar* + *hãm*) adj.

wohlerworben, acc. n. *hushãmberetem khrathwem* yt. 18, 1. abl. n. *hushãmberetaṭ haca khshaêtâṭ* wegen wohlgesammelten Reichthums yt. 13, 67.

hushãmçâçta (von 1. *hu* + *h*°) adj., gehorsam, dem Gatten unterwürfig, acc. f. °*hãmçâçtãm* vsp. 3, 20. G. 4, 9. dat. f. °*hãmçâçtayâi* yt. 22, 18.

hû s. 1. *hu* und *hvare*.

1. **hûiti** (von 2. *hu*) f. Zubereitung des Haoma, nom. *hûitis* y. 10, 14.

2. **hûiti** m. der Gewerbtreibende, hzv. *hutukhsh* Ner. *prakṛtikarman* (im Minokhired aber *suryavasâyin*), vgl. *vaêçu*, nom. *hûitis* y. 19, 46.

hûisti (von 1. *hu* + *isti*) f. Verlangen, Wunsch, acc. *hvãm hûistîm* nach Wunsch yt. 4, 8.

hûkhta (v. 1. *hu* + *ukhta*) 1) n. gut Gesprochnes, gute Reden, nom. *hûkhtem* y. 19, 45. acc. *hûkhtem* yt. 10, 106. plur. acc. *hûkhtaca* vsp. 20, 1. *hûkhtâca* y. 4, 1. 12, 2. instr. *hûkhtâis* y. 69, 15. *hûkhtâisca* vd. 5, 67. dat. *hûkhtôibyaçcâ* y. 12, 1. yt. 1, 0. gen. *hûkhtanãm* y. 35, 4. *hûkhtanãmca* vsp. 23, 7. loc. *hûkhtaêshu* yt. 13, 84. 2) adj., gute Reden enthaltend, führend, acc. n. *hûkhtemca vacô* vsp. 2, 9. *hûkhtem vacô* y. 13, 27. gen. m. (collectiv) *hûkhtahê ahmi* ich gehöre zu den gutes redenden y. 10, 47. neutr. *hûkhtahêca vacaṅhô* vd. 18, 41. plur. acc. m. *vâca hûkhta* y. 3, 16. 3) n. n. pr. des zweiten Paradieses, loc. *hûkhtê* yt. 22, 15. 24, 54. plur. acc. (dvandva) *aêta humata aêta hûkhta aêta hvarsta* in diese Paradiese Humata, Hûkhta und Hvarsta yt. 22, 14.

Skr. *sûktá*. hzv. *hukht*, parsi *hûkhta*, vgl. np. *Gang i dizh hûkht* (Shahnameh ed. Mohl I, 99, 342. Mohl Journ. asiat. 1841. mars 284. Spiegel in Höfer I, 73).

Vgl. *frâyôhûkhta*.

hûfrâshmôdâiti s. *frâshmôdâiti*.

hûrô s. *hvare*.

hûsnâthra (von 1. *hu* + *çnâthra*) adj., gut reinigend. Beiwort einer Art von Wasser, plur. acc. f. *hûsnâthrâoçcâ* y. 38, 9. Die Trad. scheint *hûshnaothrâoçca* (von *khshnaothra*) gelesen oder verlesen zu haben.

heñgata s. *gam*.

heñti, heñtu s. *ah*.

heñtu? acc. f. *kãmciṭ thwãmca drujemca haithyôayanãm heñtûm . . . janâni* ich will dich: jede Drukhs, welche offen umherlaufend ist, tödten yt. 4, 6. al *heñtem, hatarem haênem*. Vielleicht stammt *heñtu* von *hañṭ* und bedeutet seiend, existierend?

heñtem, heñtô s. *hañṭ*.

hen s. *ah*.

hé s. *ta*.

héca s. *ta* und *haca*.

héñgrabem s. *garew*.

hébvañṭ adj., fliessend? Beiwort einer Art von Wasser, nach der Hzv.-Glosse das von den Bergen strömende, plur. acc. f. *apô . . . hébvañtiscâ* (Spiegel *haêbavañtiscâ*) y. 38, 7. cit. vd. 11, 14. vgl. *haba?*

hémithyâṭ s. *mith*.

hémparsti (von *pareç*) f. Unterredung, gen. *hémparstôiscâ* (diese sind erwünscht) zur Unterredung y. 33, 6.

hémyañtê s. 2. *i* + *ham*.

hê s. 2. *ha*.

hô s. *ta*.

hôi s. 2. *ha*.

hôithwaṅh (vgl. *hithwañṭ?*) n. wichtige Dinge, hzv. *maçâi*, Ner. *mahattram*, loc. *â hôithwô* (Spiegel *â hôi thwôi*, Westergaard *â hôi thwô*) in wichtigen Dingen (bestechlich)? y. 32, 14.

hôis scheint conj. aor. 2. sg. von *ah* zu sein in der dunkeln Stelle *hôis pithâ tanvô parâ* sei, o Tod, fern von dem Körper y. 52, 6.

hôy° s. *havya*.

hôvakhsha s. 1. *vakhsha*.

hã s. *hañṭ*.

hãm s. *ham*.

hãmin (von 2. *hama*) 1) adj., sommerlich, dual. nom. *dva hâmina* zwei Sommermonate vd. 1, 9. plur. nom. *hapta hãminô* vd. 1, 10. 2) m. Sommer, acc. *hãminemca zayanemca* im Sommer und Winter y. 64, 20. yt. 13, 8.

Hzv. parsi *hâmîn*, kurd. *havin*, zaza *amnâni* (im Sommer).

hãmiça (von *hãm* + *i*°) f. dieselbe Deichsel, acc. *hãmiçãmca* an dieselbe Deichsel (sind alle vier gespannt) yt. 10, 125.

hãmurvîçya (von *hãm* + *urviç*) adj., zerfliessend, plur. nom. *hãmurvîçyâoṅhô* vd. 3, 110.

hãmônâfa s. *hãmônâfa*.

hãmtaptin (von *tap*) adj., kochend, siedend, pl. dat. (statt instr.) f. *hãmtaptibyô airyô câkhrare nerebyô zarathustra* mit siedender Flüssigkeit machten sie es für die Menschen vd. 4, 128. Westergaard trennt diese Worte von den vorhergehenden, sie scheinen aber zusammen zu gehören; es heisst: alle die Worte, welche die früheren Hérpat gesprochen haben, welche sie machten (d. h. zur Geltung brachten?) für die Menschen mit siedenden Flüssigkeiten; die Hzv.-Uebers. nennt den Namen Atunpât Mâñçpandân und scheint damit anzuspielen auf eine Legende, wie sie von Aderbât Mahreçpand erzählt wird, der, um die Wahrheit des Glaubens zu erweisen, siedendes Metall auf seinen Leib goss, ohne sich zu schaden, vgl. Spiegel Av. übers. I, 41. 100.

hãmtâciṭbâzu (von *hãmtâciṭ* (von *tac*) + *b*°) adj., in die Arme laufend, entgegen stürzend, nom. Apaosha läuft *hãmtâciṭbâzus* (dem Tistrya) in die Arme (um mit ihm zu ringen) yt. 8, 21.

hãmtâsta s. *tash* + *ham*.

Vgl. *mainyuhãmtâsta*.

hãmnaçu (von *hãm* + *n*°) adj., mit Leichenunreinigkeit befleckt, acc. m. *hãmnaçûm* vd. 9, 3.

hãmpatana (von *paṭ* + *ham*) m. Zusammenrottung, nom. *daêvanãm hãmpatanô* vd. 7, 137.

hãmbaodhemna (von *badh* + *hãm*) partic., adj., mit Besinnung.

Vgl. *ahãmbaodhemna*.

hãmbaretar (von 1. *bar*) m., Zusammenbringer, gen. *hãmbarethrô vaṅhrãm takhmahê fravashîm yazamaidê* wir preisen die Fravashi des starken Versammlers der Guten yt. 13, 111.

hãmberetha (von 1. *bar*) n. das Zusammentragen, instr. *cim hãmberetha hãmbârayañta* was werden zusammentragen vd. 19, 140. *hãmberetha* (Hss. °*ta*) *dâitîm gâtûm avi avabaraiti* vd. 8, 259. (Westerg. 8, 85. Hzv.-Uebers. lässt *hãmb*° aus).

Vgl. oss. *ambird* (Versammlung).

hãmberethwa (von 1. *bar*) f. Zusammentragung, hzv. *hambarashnish*. acc. (modi) *vîçpâo qarenãis paravarãn hãmberethwãm* vd. 3, 90.

hãmyaêta (von 1. *yat*) adj., ziehend, plur. nom. (constr. ad sensum) *uçchista hãmyaêtâoṅhô yaonemca avi zãmca* erheb dich (o Wolke), seid (ihr Wolken) ziehend die Luft zur Erde vd. 21, 16.

hãmyañta s. 2. *i*.

hãmraêthwa (v. *raêta*) m., unmittelbare Verunreinigung, durch directe Berührung von etwas Unreinem verursacht, vgl. *paitiraêthwa*, acc. *hãmraêthwem* vd. 10, 12. 19, 40.

Hzv. *hamrêt*.

hãmraêthwi (denom. verb. vom vor.) 1) sich unmittelbar verunreinigen, praes. 3. sg. *hãmraêthwayêti* vd. 12, 64. 19, 69. 2) vermischen, sich versehn, praes. 3. sg. *yô açtêçca . . . hãmraêthwayêiti* welcher die Knochen vermischt (mit der Erde) yt. 10, 72. imper. 1. sg. *hãmraêthwayêni* ich will mich versehn mit yt. 19, 58.

hãmraodha (von *hãm* + *r*°) adj., heranwachsend, acc. f. *hãmraodhãm* y. 61, 14.

hãmvaiñti (von *hãm* + *v*°) adj., siegreich, acc. f. *âkhstîm hãmvaiñtîm* vsp. 8, 3, yt. 2, 6. gen. *âkhstôis hãmvaiñtyâo* yt. 2, 1. S. 1, 2. plur. dat. *âkhstibyaçca hãmvaiñtibyô* vsp. 12, 34.

Hzv. *hamvandish*.

hãmvaoiri (von *hãm* + *v*°) f. grosse Frucht, plur. gen. sie esse *hãmvaoirinãm uçvaoirinãm* grosse und kleine Früchte vd. 5, 153.

hãmvareta (partic. perf. pass. von 2. *var*) bewehrt.

Vgl. *frashãmvareta*.

hãmvareti (von 2. *var*) f. Kraft, Wehrkraft, nom. das Gebet ist *hãmvaretis* yt. 11, 2. *yâ ughra nairê hãmvaretis* yt. 19, 39. *aghraca nairê hãmvaretis* yt. 10, 66. acc. *nairyãm hãmvaretîm* vsp. 8, 14. y. 61, 11. yt. 19, 39. S. 2, 22. instr. *hathra nairyaya hãmvareti* yt. 10, 71. abl. *nairyayâț parô hãmvaretôiț* yt. 19, 38. gen. *nairyayâo hãmvaretôis* S. 1, 22.

Vgl. *nairyãmhãmvaretivañț*.

hãmvaretivañț (vom vor.) adj., wehrhaft, gen. *çraoshahê hãmvaretivatô* y. 56, 13, 3. yt. 11, 19. pl. f. *hãmvaretivaitis* yt. 13, 33.

hãmçâçta (partic. perf. pass. von *çâṅh*) sich befehlen lassend.

Vgl. *dushãmçâçta*, *hushãmçâçta*.

hãmçtâiti (von *çtâ*) f. Beistand, Spiegel: Zusammentreffen, dat. *hãmçtâtêê* yt. 13, 39.

Skr. *saṅsthiti*.

hãmsista (v. *çtâ*?) m. Beistand? nom. *çparmaini zi hãmsistô vîçpahê aṅhêus* (das Gesetz) ... ist dir ein Beistand in der ganzen Welt yt. 24, 36.

1. **hãç** s. *hañț*.

2. **hãç** (Fortbildung von *han* durch *ç*) spenden, gewähren.

— *ni*, geben, imper. 2. sg. *âkâ çtêñg mâ nishãçya* gib mir offenbare Wohnstätten y. 49, 2.

hmê (nach Spiegels mir brieflich mitgetheilter Vermuthung eine Spielart von 2. *mar*, welches ursprünglich *hmar* lautete), denken, halten für, hzv. übers. *mînîtan*, Ner. *dhyâyâmi*, praes. 1. plur. med. *mêhmaidê* (umgestellt aus *hmêmaidê*) y. 45, 13.

— *â*, denken, praes. 1. plur. med. *ahmêmaidê*. Westerg. *amêhmaidê* (die Gruppe *hm* war ursprünglich wohl mit dem Zeichen des aspirierten *m* geschrieben, welches dann entweder zu *hm* oder *mh* wurde, s. Lepsius 365).

1. **hya**, der durch *h* (1. *ha*) verstärkte Relativstamm; vielleicht soll das *h* nur eine stärkere Aussprache des *y* andeuten, wie denn die alte Kopenhagener Hs. *yya* (mit dem anlaut. und inlaut. *y*) schreibt; auch Westergaard schreibt meist *yya*; es findet sich nur das neutr. *hyaț*, dessen Gebrauch mit dem von *yaț* übereinstimmt; 1) relativ, nom. *hyaț* (Westerg. *yy*°) was y. 43, 18. *hyaț* (Westerg. *yy*°) *vahyô* y. 31, 5. acc. *hyaț* das was y. 64, 61. *hyaț çraêstem* was das schönste ist (preisen wir) y. 5, 10. = 37, 10. *hyaț vîçpâ vohû* alles was das beste ist y. 5, 11. = 37, 11. *hyaț mîzhdem* y. 7, 61. 40, 3. *avaț* ... *hyaț* y. 48, 12. statt andrer Formen: nom. *hyaçcâ* (Westerg. *yy*°) quae y. 43, 17. qui, welcher y. 44, 10. quae (plur. acc. n.) y. 38, 11. 2) *hyaț* steht als adv. oder conjunction, sowie, als, wenn, so lange als, *hyaçcâ* (Westerg. *yy*°) so wie auch y. 33, 1. *çraoshô açtû hyaț paourvîm taț açtememcîț* Gehör möge hier sein wie am Anfang so am Ende (mit gleicher Andacht) vsp. 10, 31. y. 16, 8. 55, 1. *uțcâ hyaț* als y. 30, 4. *yathâ* ... *hyaț* wann y. 31, 14. *hyaț* (Westerg. *yy*°) wenn y. 32, 5. 67, 2 (Westerg. *yaț*). wie auch y. 30, 6a. damit y. 29, 2. als y. 31, 8. 34, 8 (Westerg. *yy*°). 42, 4. 50, 12 (Westerg. *yy*°). *avaț khshathrem* ... *hyaț* (Westerg. *yy*° *vakhshaț* soweit gehört ihm das Reich, als es gedeiht y. 31, 6. *hyaț* ... *hêm* ... *jaçaêtem* y. 30, 4. *hyaț* (Westerg. *yy*°) so lange als (dauert) y. 45, 6. ohne genau zu bestimmende Bedeutung *hyaț* y. 35, 15. *hyaçîț* y. 30, 1. 3) wie das np. keçrah i isâfî: *ahvâo açtvataçcâ hyaçcâ manaṅhô* für beide Welten, die bekörperte und die des Geistes y. 28, 2. *aidyânãm hyaț urunô* die Seelen der Reiter y. 39, 4. = yt. 13, 154 (wo *yaț*). 4) wie das neup. keçrah i tûssîfî: *hyaț ashâi vahistâi ashem* (Worte aus dem Gebet *ashem vohû*) y. 20, 3. *vere-*

threm dademaidê hyaṭ nemê hucithrem wir geben den Sieg, nemlich das gutsaamige Gebet y. 57, 1. *manaçcâ hyaṭ vahistem* Vohumanô y. 28, 9. verwandt damit ist der Gebrauch von *hyaṭ* zur Einleitung directer Rede, wie griech. ὅτι, *hyaṭ* (Westerg. *yy*°) y. 30, Gb. 29, 8. 5) *hyaṭ* steht demonstrativ oder als Artikel: *hyaṭ î mainimadicâ* diess wollen wir denken y. 35, 8. *hyaṭ* (Westerg. *yyaṭ*) *yûshmâkâi mãthrânê* y. 49, 5. 6) *hyaṭ* macht andre pronomina relativ: *akmaṭ hyaṭ* weshalb y. 35, 13. *ahyâ çpénistô ahî hyaṭ* (Westerg. *yyaṭ*) *vâ tôi nâmanãm vâzistem* der du bist das heiligste davon (vom Feuer), du, welchem Vâzista unter den Namen (der Name Vâzista) ist, vgl. das gothische *thuzei*, y. 36, 8.

2. **hya** (von *hi*) m. Binden, Anschirrung.

Vgl. *avahya*, *pañcôhya*.

hyâre, hyãn s. *ah*.

hraç erschrecken.

Vgl. np. *hirâç*.

hva (vgl. *qa*, *hava*) pronom. 1) suus, nom. *hvô urva* seine Seele yt. 24, 53. fem. *hva daêna* yt. 24, 56 (lies *hava d*°?). acc. f. *hvãm fravashîm* y. 58, 5. *hvãm anu ustîm* nach ihrem (der Thiere) Willen vd. 2, 41. *hvãm tanûm* ihren Leib vd. 8, 116. *hvãm daênãm* sein Selbst, sich selbst vd. 10, 37. 39. *hvãm añhvãm* vd. 5, 67. instr. f. *hva hizva* mit seiner Zunge Cit. der Hzv.-Gl. zu vd. 2, 16. dat. f. *haoyâi* yt. 13, 66. gen. f. *haoyâo* (Westerg. *huyâo*) y. 11, 6. dual. acc. m. *hva paçu vîra* yt. 10, 113. 2) ipse, nom. *avavaṭciṭ yatha hvô pereçahê* gerade so wie du selbst fragst Cit. der Hzv.-Gl. zu vd. 7, 136. *hâtãm hvô aojistô* y. 29, 3. *ahyâ hvô nê dâidî* den gib du uns y. 7, 62. 40, 4. *hvô ashava zarathustrô* y. 70, 61. *hvô . . . zarathustrô* ich Z. y. 42, 16. *hvô taṭ nâ . . . ahmâi dazdê* y. 50, 19. *hvô* er y. 52, 8. 29, 4. du y. 43, 2. der ich hier als Zaotar y. 33, 6. dat. *hvâvôya yaṭ zaothrê hanaêsa* da du dich selbst zum Zaotar eignest y. 58, 9.

hvañhvi (von 1. *hu* + 1. *añhva*) f. Heil der Seele, acc. *hvañhvîm* y. 52, 1. Die Trad. glossiert: beim letzten Körper (am jüngsten Tag) gibt er Muth.

hvacañh s. *huvacañh*.

hvazâna (von 1. *hu* + 2. *az*) adj., mit guten Lenkern versehn, pl. nom. *ratha hvazâna* yt. 24, 48.

hvañta (v. 1. *hu* + *añta*) adj., schön gerändert, mit schönen Borten geschmückt, nom. n. *barezis hvañtem* yt. 5, 102.

hvañṭ (vergl. *havañṭ*) pronom. adj., selbst, nom. *kô hvãç daêvô* wer ist selbst ein Dev vd. 8, 100. acc. n. *hvaṭ zemô bavaiñti* die Erde kommt zu dem ihr eignen (Zustand, d. h. wird rein, hzv. *pâk*) vd. 7, 124.

hvapañh (von 1. *hu* + 1. *âpa?*) adj., wohlthätig, nom. (Thema *hvapa*) *ahurô mazdâo hvapô* yt. 5, 85. *nipâta . . . hvapô* yt. 10, 54. voc. *viçpê tê ahurô mazdâo hvapô vañuhîs dâmãn* alle deine, o wohlthätiger Ormazd, guten Geschöpfe y. 70, 47. plur. acc. f. *apô hvapañhâo* y. 38, 8.

hvare (von *hvar* = 2. *qar*) n. Sonne, nom. *hvareca* vd. 2, 132. yt. 12, 25. *avaṭ hvare* vd. 9, 161. *hvarê* y. 57, 23. 36, 16. *hvare* yt. 10, 90. acc. *hvare* vd. 11, 3. y. 2, 45. vsp. 22, 6. 70, 44. yt. 6, 5. *hvarecâ* y. 32, 10. *aurvaṭaçpem bavâhi yatha hvare* yt. 23, 6. statt des nom. (nach dem praedic.) *hvare* vd. 7, 134. 11, 6. statt des gen. *hvare raokhshni* yt. 6, 1. 7, 4. gen. *hûrô* y. 1, 45. 3, 59. yt. 13, 57. *hû* vd. 2, 31. y. 19, 20. yt. 10, 13. 12, 3. *paçca hû frâshmôdâitîm* nach Mitternacht vd. 7, 147. *haca hû vakhshâṭ* vom Steigen der Sonne an yt. 5, 91.

Skr. *svàr*, np. *khvar*, *khôr*, maz. *khûr*, kurd. *khor*, dig. *khor*, südoss. tag. *khur*.

hvarekhshaêta (vom vor. + *khsh*°, uneigentliche Composition) n. Sonne, nom. *hvarekhshaêtem* vd. 19, 93. yt. 10, 118. acc. °*khshaêtem* yt. 5, 90. 6, 1. 12, 34. 13, 81. N. 1, 6. y. 17, 22. 25, 15. dat. °*khshaêtâi* y. 67, 61. N. 1, 1. gen. °*khshaêtahê* y. 22, 26. yt. 6, 0. S. 1, 11. *hvareca khshaêtahê* (vgl. *yavaêca tâitê*) y. 1, 35. 3, 49. voc. *hvarekhshaêta* vd. 21, 20.

Hzv. *khvarshêt*, *khvarâshêt* (y. 49, 10), parsi *qarsêṭ*, *qursêṭ*, np. *khvarshêd*, taberistani *varshî*.

hvarecaêshman (v. *hvare* + *c*°) m. n. pr. zweier frommen Männer, gen. °*caêshmanô* yt. 13, 121. 127.

hvarecithra (v. *hvare* + *c*°) m. n. pr. des zweiten Sohnes Zarathustras; er gilt als Haupt der Krieger Bund. 79, 18. gen. °*cithrahê zarathustrôis* yt. 13, 98.

Hzv. *khvarshêtcihar*.

hvarez (von 1. *hu* + *varez*) 1) adj., gutes wirkend, nom. *hvares* y. 9, 51. 2) m. n. pr. des Bruders des Añkaça, dual. gen. *hvarezâo añkaçayâo ashaonâo* der beiden reinen (Brüder) Hvarez und Añkaça yt. 13, 124.

Vgl. altp. Οὐάριζος, oss. *khoarz*.

hvarezâna (v. 1. *hu* + *var*°) adj., gut wirkend, plur. f. *hvarezânâo* yt. 13, 30.

hvaredareça (von *hvare* + *dareç*) adj., in die Sonne sehen könnend, Beiwort des Yima, welcher ohne Blendung die Sonne ansehen konnte, nom. *hvaredareçô* y. 9, 14. yt. 15, 16.

Skr. *svardṛ́ç*.

hvaredareçya (von *hvare* + *d*°) adj., der Sonne ausgesetzt, acc. *aêtem kehrpem hvaredareçîm* (sic) vd. 5, 45. plur. acc. neutr. *hvaredareçya* zum Gesehnwerden von der Sonne (sollen sie ihn hinlegen) vd. 6, 106. 7, 122.

hvaredhi (von 1. *hu* + *vared*) f. n. pr., gen. *kanyâo hvaredhyâo* yt. 13, 141.

hvarebarezañh (von *hvare* + *b*°) n. Höhe der Sonne, instr. °*barezañha* nach der Höhe der Sonne y. 59, 7. yt. 13, 32.

hvareraocañh (von *hvare* + *r*°) n. Sonnenlicht, acc. °*raocô* vsp. 22, 6. yt. 6, 1.

hvarehazaosha (von *hvare* + *h*°) adj., einträchtig mit der Sonne, plur. nom. °*hazaosha* yt. 10, 51. 13, 92. acc. °*hazaoshâo* N. 1, 1.

hvarépishyañṭ (v. *hvare* + *p*°) m. Sonnenkreis, Jahr? hzv. Glanzschutz (*khrûrish-pânakish*) pl. loc. *erezhjîs ashâ pourushû hvarépishyaçû* für die in Reinheit lebenden viele Jahre lang? y. 49, 2.

hvarsta (von 1. *hu* + *varsta*) 1) n. gut Gethanes, gute Werke, nom. *hvarstem* y. 19, 45. acc. *hvarstem* yt. 10, 106. plur. acc. *hvarstaca* vsp. 20, 1. *hvarstâca* y. 4, 1. 12, 2. instr. *hvarstâis* y. 69, 15. 48. 4. *hvarstâisca* vd. 5, 67. dat. *hvarstôibyaçcâ* y. 12, 1. yt. 1, 0. gen. *hvarstanãm* y. 35, 4. loc. *hvarstaêshu* yt. 13, 84. 2) adj., gute Werke enthaltend, wirkend, acc. n. *hvarstem skyaothnem* vsp. 2, 9. vd. 3, 150. y. 13. 27. gen. masc. (collectiv) *hvarstahê ahmi* ich gehöre zu den gutes wirkenden y. 10, 48. neutr. *hvarstahêca skyaothnahê* vd. 18, 41. plur. acc. m. *hvarestâo mãthrâo* vsp. 22, 6. y. 3, 18. *vâca hvarsta* y. 3, 16. neutr. *hvarsta skyaothna* y. 70, 97. 56, 1, 12. gen. *hvarstanãm skyaothnanãm* vsp. 18, 2. *hvarstanãmca sky°* vsp. 14, 8. 3) n. n. pr. des dritten Paradises, loc. *hvarstê* yt. 22, 15. 24, 54. plur. acc. (dvandva) *aêta humata aêta hûkhta aêta hvarsta* in diese Paradise Humata, Hûkhta und Hvarsta yt. 22, 14.

Hzv. *huvarst*, parsi *hvarsta*.

Vgl. *frâyôhvarsta*.

hvarstâvarez (vom vor. + *v°*) adj., gute Werke verrichtend, plur. gen. m. f. *yaṭ hvarstâvarezãm ashaonãm yaṭ hvarstâvarezinãm ashaoninãm* vsp. 12, 32.

hvaçeva (von 1. *hu* + *açeu*) adj., mit schönen Waden versehn, nom. *hvaçeô* (von Zarathustra) yt. 17, 22.

hvaçta (von 1. *hu* + *açta*, partic. perf. pass. von *añh*) adj., gut geschleudert, wohlgezielt, acc. n. *hyaṭciṭ hvaçtem añhayêiti* wenn er auch gut gezielt schiesst yt. 10, 21. gen. f. *hvaçtayâo añhê manayâo* y. 56, 11, 4.

hvaçpa (von 1. *hu* + *açpa*) 1) adj., mit gutem Ross versehn, wohlberitten, nom. *hvaçpô* yt. 10, 76. fem. *hvaçpaca* yt. 19, 67. dat. *hvaçpâi* y. 64, 18. yt. 5, 101. 2) m. n. pr. a) eines Frommen, gen. *hvaçpahê* yt. 13, 122. b) eines Flusses? acc. *yaṭciṭ vazaiti hvaçpem* wenn (der Vogel) fliegt an den Choaspes? yt. 14, 20.

Skr. *svâçva*, altp. *uvaçpa*, hzv. *huaçp*.

hvâiwyâçta (von 1. *hu* + *aiwyâçta*) adj., wohl bekleidet, nom. *arstis hvâiwyâçtô* eine wohl (mit Erz) umkleidete Lanze yt. 13, 72.

hvâkhsta (von *hva* + *çtâ*) adj., von selbst, kräftig stehend, acc. *hvâkhstem* yt. 14, 28.

Skr. *svastha*.

hvâzâta (von 1. *hu* + *âzâta*) adj., sehr edel, nom. f. *hvâzâta* yt. 5, 127. gen. m. *puthrahê hvâzâtahê* vd. 16, 40.

hvâzâra (v. 1. *hu* + *âzâra*) adj., geduldig, nom. der Hund ist *hvâzârô yatha âthrava* geduldig wie ein Priester vd. 13, 128.

Hzv. *huâzâr*.

hvâpa (von 1. *hu* + 3. *âpa*) f. n. pr. eines der beiden wunderbaren Bäume im See Vourukasha, welcher im Bundehesh Harviçptokhma heisst und von dem alle Pflanzen durch die Thätigkeit des Amru und Camru ihre Keime erhalten, s. Windischmann Z. St. 167. Glosse zu vd. 5, 58 (wo ihm 3 Wurzeln, wie der eddischen Esche Yggdrasil, zugeschrieben werden), acc. *hvâpãm* vd. 5, 58.

hvâpâo (von 1. *hu* + 1. *âpa*) adj., geschickt, kunstvoll, nom. *hvâpâo* y. 43, 5. yt. 10, 92. *baghô hvâpâo* der kunstreiche (Ner. *kshamâluḥ*) Gott, d. i. Ormazd y. 10, 26. acc. f. *frazaiñtîm hvâpãm* geschickte Kinder y. 61, 14.

Vergl. skr. *svâpas*, hzv. *khvap*, parsi neup. buchar. *khûb*.

hvâfrita (von *hva* + *frita*) adj., nach eignem Gefallen, nom. *°fritô* yt. 5, 130. Windischmann Voc.: „*hv-â-frita*".

hvâmarezhdika (v. *hva* + *m°*) adj., von selbst verzeihend, acc. *°marezhdikem* yt. 10, 140.

hvâyaozda (von *hva* + *y°*) adj., von selbst rein? acc. f. *ciçtãm . . . daênãm hvâyaozdãm* (al. *harâ ayaoçaokãm*, *huyôsukãm*) yt. 16, 1.

hvâyaona (von *hva* + *y°*) 1) adj., von selbst (gut) geschützt, nom. n. *garô nmânem ahurahê hvâyaonem* yt. 3, 4. acc. m. *verethraghnem hvâyaonem* yt. 14, 28. f. *ciçtãm . . . daênãm hvâyaonãm* yt. 16, 1. pl. nom. *hvâyaonâoñhô* yt. 16, 3. 2) adj., subst. m. Hülfespender, acc. *âaṭ ameshanãm çpeñtanãm hvâyaonem yim pâiti mazdâo* so rufe ich ihn als der Amshaçpand Hülfespender, welchen schützt Mazda yt. 3, 3.

hvâraokhshna (von *hva* + *r°*) adj., von selbst (trefflich) leuchtend, nom. *yatha mâoñhô hvâraokhshnô* yt. 10. 142.

hvâreṭ (v. *hva* + *areṭ*) adj., von selbst (kräftig) andringend, plur. nom. f. *hvâretô* yt. 13, 23.

hvâvaêgha (v. *hva* + *v°*) adj., von selbst schlagend, acc. n. *çnaithis hvâvaêghem* y. 56, 12, 4.

hvâvañṭ (von *hva* + 2. *avañṭ*) adj., von selbst freundlich, acc. *hvâvañtem* yt. 13, 146.

hvâvayañh (v. *hva* + *avaya*, *aoya?*) adj., schirmend, instr. f. *aya ratufritâ* (loc.!) *hvâvayañha* mit diesem schirmenden Gebete y. 54, 18.

hvâvaçtra (von *hva* + *v°*) adj., seine eigne (natürliche) Bekleidung habend (vom Hund), acc. *hvâvaçtrem* vd. 13, 106.

hvâvôya s. *hva*.

hvâha (vgl. *qañhar*) adj., schwesterlich, pl. nom. *hvâhâo* yt. 5, 87.

hvîra (von 1. *hu* + *vîra*) adj., mannhaft, heldenreich, acc. f. *hvîrãm* y. 61, 14. gen. *frazañtôis hvîrayâo* yt. 13, 134. plur. nom. *hvîra* yt. 13, 38.

Skr. *suvîra*, hzv. *huvîr*.

hvô (Fortbildung v. 1. *hu*) adv. wohl, hzv. übers. *khvap*; *hvô aiwishâcim* y. 51, 4.

hvôgva, **hvôva** adj., n. pr. einer Familie, aus welcher Khuñbya, Jâmâçpa, Avâraostri, Hvôvi, Hañhaurus, Qâdaêna, Huskyaothna, Vohunemañh, Vareshna und Gaêvani genannt werden; nom. *hvôvô* yt. 5, 98. *frashaostrô hvôgvô* y. 50, 17. instr. *dêjâmâçpâ hvôgvâ* yt. 45, 17. gen. *frashaostrahê hvôvahê* yt. 13, 103. *jâmâçpahê hvôvahê* yt. 13, 103. voc. *hvôgvâ* y. 45, 16. plur. nom. *hvôvâoñhô* yt. 5, 98.

In Betreff der Bildung von *hvôgva* vgl. skr. *udvayva*, *dâçagva*.

hvôghzhathra (von *hva* + *khshathra ?*) adj., Beiwort einer Art von Wasser, hzv. über. *hudâkish arç*, Ner. *sudânatânâmnî*, erklärt, *vîryâṇi;* pl. acc. f. *hvôghzhathrâoçcâ* (Westerg. °*ghzhathâoçcâ*) y. 38, 9.

hvôvi (fem. v. *hvôgva*, *hvôva*) f. n. pr. der Tochter Jâmâçpas, der Gattin des Zarathustra; dieser nahte sich ihr nach Bund. 80, 6. dreimal und der Saame fiel dreimal zur Erde, wurde aber von Nairyôçaṅha der Anâhita zur Aufbewahrung gegeben; er ist im See Kãçava verborgen und eine hier badende Jungfrau Eredaṭfedhri wird von ihm am Ende der Tage befruchtet den Çaoshyañṭ gebären, vergl. Windischmann Mithra 80. 82. Spiegel Av. übers. II, XI. nom. *hvôiwi* (lies *hvôvi?*) yt. 16, 15. gen. *hvôvyâo* yt. 13, 139.

hvãthwa (von 1. *hu* + *v*°) 1) f. gute Heerde, gute Versammlung. 2) adj., mit einer guten Versammlung von Menschen versehn, ποιμὴν λαῶν, nom. *yimô hvãthwô* vd. 2, 43. y. 9, 13. 20. yt. 5, 25. 9, 8. 19, 34. acc. *yimem hvãthwem* yt. 19, 31. dat. *yimâi hvãthwâi* vd. 2, 4. 19, 132.

hvãthwavañṭ (vom vor.) adj., mit guter Heerde versehn, acc. n. *hvãthwavaṭ* vd. 3, 9.

hvãn (Fortbildung v. 2. *hu ?*) darbringen, praes. 1. plur. *hvãnmahicâ* y. 35, 14. A. 1, 6.

VOCABULARIUM

latino-bactricum.

A apa, avi, pairi.
abduco tan+pairi, nî, par, fru+fra.
abductor upaêtar.
abeo iz, urviç, jaç+apa, par, mruc.
abitus apagaiti.
abscindo thwareç.
abscissio upathwereça.
absentia apana.
absolvo kar+hañ.
absumo qar+fra.
abundans pourumañt.
abundantia pourutâț, frapitu.
accedo car+â, vîç.
acceptio zañta.
accessus paitiajãthra.
accipio garew+fra, zan+paiti, dârst, vid, vîç +paiti.
accurro tac+â.
accursus paititi.
acer tizhinavañț, darshi.
acies (anâkhrûidhadôithra), taêgha, dâra, raçman.
acquiesco khshnu.
acquiro khshi+â.
actio kâra, vareza, varstva.
actor zaotar.
actum skyaothna.
actuosus yâçkereț.
actus âda, kerethana.
acumen naêza.
acuo khshnu.
acus çûka.
acutus tighra, tizhin.
ad aiwi, ava, avi, â, âi, âiti, âis, upa.
additio upaçayana.
adduco nî+upa.
adedo ghnij.
ademptio avaderena.
adeptio apayati, zazi, paitiaçti.
adhaereo dâ+avi.
adhaeresco çrish.
adipiscor ap, âf, ênakhsh, bakhsh, bû+pairi.
adjumentum fravâza, yaosti.
adjutor hâkurena.
adjutorium hâkurena.
adjuvans aiwyâma.
adorior paț+fra.
adoro knãth.
adrepo çru+upa.
adultus erezvâo, hãmraodha.
adveho zâ+fra.
advenio urviç+aiwi, gam+aiwi, car+para, jaç+â.
adventus aiwigaiti, ayana, frêreti.
adversus tarô, paiti.
aemulor çpared.
aeneus paitiayañh.
aer yaona, vaya, vayu.
aestas hama.
aestivus hãmin.
aestuo ghzhar, ghzrad.
aestuosus tafnôñhvañț.
aestus khshaodhañh, tafnu.
aetas âyu.
aeternitas yavaêtâț, yu.
aeternus aithyêjañha, anaghra.
aether thwâsha.
affero zu+fra, tarep, bar+ava, çtâ+â.
affigo darez.
aggredior urviç+ava.
agilis kâravañț, zaçtavañț.
ago az, zâ+uç, takhsh, varez; par.
agricola karshivañț, vâçtrya.
ajo aoj.
albico arez.
albus aurusha, çpaêta.
alias ainidhaț.
alimentum thrima, dâyañh.
aliubi anyadha.
alius anya.
allatio âbereta.
alo thrush.
alter anya.
altitudo uzûithya, niçma, bareza, barezañh, bãzañh.
altus apana, abda, uçka, fratara, bereza, berezañț.

ambo ubu.
ambrosia gaokerena.
amicitia vañta.
amiculum adhka.
amica frita, vaiñtya, vañtu.
amicus avañt, asta, urvatha, zevistaya.
amita brâtûirya.
amo zush, zevish.
amor uzema, urvâdañh, cinañh, ciumau.
amotio nizhbereti.
amoveo nâsh.
amplificatio çpânañh.
amplitudo ravañh.
amplus vouru.
amputo nath.
Anaïtis anâhita.
ango khrud.
anguinus mairya.
angulus kuçra, gaosha.
angustiae âzañh, darena, çâdra.
angustus çâdra.
anhelo fraoth.
animadverto kaç, zan, dîv + â, bud, vith.
animus añhva, urvan, ustâna, baodhañh.
annus aiwigâma, yâre, çaredha.
annuus yâirya.
ante pairi, pairieithiț, para.
antea para.
antecessio paurvatâț.
antequam para hyaț.
anterior pôurva.
anticus paurvanaêma, fratara.
anus hana.
anxifer âiniva.
anxius khraoçya.
aper varâza.
apertus âvîshya.
appareo paț + uç.
appello vac.
aprilis asha vahista.
aptus rathwya.
apud â, paiti.
aqua ageni, azi, ap, armaêsta, ahurâni, zaothra, nira, vîçpôpaiti.
aquarius (frâpa).
aquaticus upâpa.
aquatio avôqarena.
aquosus âfañț.
Arachosia haraqaiti.
aratio karsti.
aratrum çufra.
Araxes dâitya.
arbor vana.
arceo draj, râ, rud, var.
arcesso dvãn + uç.
arcus thanvana, thanvare, thanvareti.
ardeo id, çuc.
arefacio hic.
argentarius erezatôçaêpa.
argenteus erezataêna.
argentum erezata.
Aria airya.
aridus anâpa, pairista, highu.
aries maêsha, varshni.
Arimanius añra mainyu.
Arius haraêva.
arma zaêna, zaya, druc, parsta.
armatus urviverethra, zaênôñhvañț.
ars âpa, maya.
articulus țbishis, pikha.
artifex mañtar.
arundo grava.
ascia tasha.
asilus çkaiti.
asina kathwadaênu.
asinus kathwa.
Asmodaeus aêshma.
Aspathines açpacina.
aspergo harez.
aspersio ârikhti.
aspicio dî + paiti.
assequor arej.
asservo çrar.
Atropates âtarepâta.
attendo mãzdâ.
audeo daresh.
audibilis çurunvañț.
audio gush, çru.
auditus çraota.
aufero apay, zâ, bar, çpâ.
augeo gu, debãz, bãz, vakhsh.
augmentum îzha.
aula fravâra.
auratus zaranyôpaêça.
aureolus zaranuman, zaremaya.
aureus zaranaêna, zaranya, zaranyâvañț, zarenumaini.
aurifer zairigaona.
aurifluus zarenumañț.
auriger zaranyôçrva.
auris karena, gaosha.
aurora usha, ushañh.
aurum zaranya.
ausculto çrush.
aut vâ.
auxilium aogañh, upaçta, dãçtva.
avaritia arâiti.
avarus arâitivâo.
aversatio apâvaya.
aversio pairikereta.
avia nyâkê.
avis perenin, meregha, vi; amru, ashôzusta, ahûmçtuț, karshiptan, camru.
avus nyâka.

Babylon bawri.
Bactra bâkhdhi.
ballista caku, fradakhshana.
barba raêsha.
bellicosus yâhin.

bellum pairithna.
bene hu, hvô.
benedico frî + â.
benedictio âfrîna.
beneficium âyapta, frâidi.
bestia diçu.
bestiola khrafçtra.
biennium byâre.
bipennis vayôdâra.
bipes bipaitistâna.
bis bizhvaṭ, bis.
blandus çnaêzhana.
bonitas vaṅhan.
bonum avareta, vohu.
bonus dahmâyu, vaṅhu.
bos azi, gâo.
bovillus gaoya, gâvya.
braca karana.
brachium arema, bâzu.

Caco gu, zad.
cacumen pawran, çaêni.
cadaver naçu.
cado paṭ.
caducus ithya, ithyêjaṅh.
caecitas kevîtaṅh.
caecus añdâo, kavan.
caedes âja, nighniñti, nijatha.
caedo qaṅh, khshan, ghzhan, jan, nam, van.
caelebs magavan.
caesor jâthwan.
calamitas duzhyâirya.
calathus çtaretaêshi.
calceo thwareç + paiti, muc + paiti.
calceus aothra.
calcitro zgath + uç.
calco khad.
calesco tafç.
calidus garema.
caliginosus tãthra, tãthravañṭ.
caligo tãthra.
calor garema.
calx pâshna.
calx vicica.
camelus ustra.
caminus raêka.
campus carâna, daya.
canalis vairya.
caninus çpaka.
canis çûnis, çpâ; aiwizu, udra, urupi, gadhwa, jazhu, tauruna, duzhaka, paçushaurva, vaṅhâpara, vishaurva, vîzu, çukuruna.
cano gâ.
canor gâthra.
cantamen fragâthra.
canto gar.
caper bûza.
capitalis aghrava, aghrya.
capito urvîçara.
caprinus buzya.
caput kameredha, manôthri, vaghdhana, çara; naçka, hâiti.
carcer garâfa.
caritas fritha.
carmen gâtha, pada.
carnivorus kerefsqar.
caro kehrp, gâo, myazda.
carus fritha, frya.
caseus payôfshuta.
cassis kaodha, frashna.
castor bawri.
castus anupaêta, anupayata.
casus ava, aipya.
caterva ûra, kharedha.
catuliens jvôdakhsta.
Caucasus kakahyu.
cauda duma.
caurinus aparôapâkhtara.
ce ciṭ.
celebratus yasta.
celebro barej, yaz, vap.
celer aurva, âçita, âçu, khshôiwra, takhma.
celeripes khshviwivâza.
celeritas açîsti, ishare, ishareçtâṭ, takathra.
cella avakañta, avakana.
Centaurus gañdarewa.
centum çata.
centuplex çatavañṭ.
cerebrum maçtaregban.
certamen rêna.
certus abifra.
cervix grîva.
chirurgus karetôbaêshaza.
Chorasmia qâirizem.
chors gaêtha.
Chosroes huçravaṅh.
cibarius îzhya.
cibus qareti, qaretha, qâsha, pitu.
cincinnus una.
cingo az.
cingulum aiwyâoṅha, kamara.
cinis âtrya, âtryôpaitiiriçta.
circulus cares.
circum aiwitô, pairi.
circumdo qaj, dâ + aiwi.
circumeo jaç + pairi.
circumductio aiwiniti.
circumvallatio pairidaêza.
circumvallo diz + pairi.
circus karsha, kesha, pairikara.
citus thwâsha.
clades çina.
clam apaitibuçti.
clamator apakhraoçaka.
clamo khruç, gu.
clava gadha, vazra.
claviger gadhavara.
clipeatus çpârôdâsta.
clunis çraoni.
coelestis âçna, mainyava.

coelum açan, açman, ashan, gairya, mainyu.
coemeterium dakhma.
coena frañuhareti.
coeo vip.
cogito du, man.
cognatio nâfya.
coitus maêthmana.
collatio hãmberetha.
collectio hañjaghmana, heñdvarena.
colligo çtar.
colligo ci.
colloquor pareç + â.
collustro tap + â.
colo varez.
color gaona.
columna fraçkemba, çtûna.
comburo pae.
comes mishae; zañtupaiti.
comis urvâkhs, urvâza, qañdrakara, revi.
comitas âgairimaiti, vaorâzatha.
commemoro dar + vi.
committo yam + â.
commoror miț, vañh.
compes fshañh.
complano kan + vi.
compositio tasti, hañdâiti.
concamero kamar.
concedo ared, dâ + anu.
concilio ji.
concumbo var.
concursatio hãmçtâiti.
confectio kereti.
confector keretar.
confessor âçtavana, fravareta.
conficio fshâ.
confusus çtareta.
congregatio vyâkhman.
congregator vyâkhna.
congressus hãmpatana.
conjunctio uzdareza, maêtha.
conjunctus maêtha.
conjungo irith + hãm.
consanguineus nabânazdista.
consanguinitas jâma, nap, naptya.
conscius vîthus.
consecratio uçefriti.
consecro frî + uç.
consensus paithyâçti.
consequor țbuj + aipi.
conservatio qâbairya, darethra.
conservator nidâra.
conservo thru, dar + vi.
conspectus avaçpasti, dareça, darsti.
conspergo ric + paiti.
conspicio dareç, vaên + paiti.
conspicuus dareçata.
conspuo vam.
constituo çtâ + ni.
consumptor urusha.
contemno nad.
contemptim tarém.
contemptio tarôidîta, tarômaiti, tarômata.
contemptor nâidhyâo.
contendo thrak.
contingo jim + â.
contra pairi.
convenio i + hãm, jaç + hañ.
copia îzha, paurvatâț, mãzâra.
copiosus paurva.
coquo qâsh, pae.
cor zarezdan, zaredhaya.
coram para.
corporalis tanva.
corporeus açtvañț.
corpus açti, açtu, açteñtâț, kehrp, tanu, tanus, tashan.
corruptela gréhma.
costa pereçu.
crates vañta, haçta.
creatio dadus, dâo, dâta, dâna, dâmi, dâhi.
creator tarshvâo, thwarekhstar, thwôrestar, dadhvâo, dâtar, dãmi.
creatura dadhañh, dâtha, dâman, çti.
creber qâçtâiti.
creditor nemôbara.
credo var.
crematio naçuspaeya.
creo kar + fra, thwareç, dâ, bar + uç.
crepito zrâd.
cresco ared, uruth, urvâz, maç, rud, vakhsh.
cricetus zairimyañura.
crimen erekhta.
crinis vareça.
cruciabilis țbaêshôiriçta.
cruciator țbaêshavañț, țbaêshôñhvañț daibishvañț.
cruciatus țbaêsha, țbaêshañh.
crucio țbish, daibish, dvish.
crudelitas çpazga.
crus râna.
cubile çkairya.
culpa pâra.
culter kareta.
cultor pairijathan.
cultus upañhañh.
cum pairi, maț, haca, hathra, hadha.
cuneus vaêdha.
cunque caț, cina.
cupiditas kâmya.
cupido âzhu, âzi.
cupidus cinvañț.
cupio shaç.
cuprum haoçafna.
cura çpasiti.
curator paitidaya.
currens taka.
curro tak, tac, dru, dvar, paț.
currus ratha, raça.
cursus taka, tac, tacañh, tacaro, draonañh
curvor zbar.
custodio çpaç.

custos pavâo, çpaç, çpaçta, çpaçan.

Daemon daêva; aêshma, aêshmôvared, aoiwra, aka manaṅh, akatasha, apaosha, ayêhya, arâiti, arezûra, açtôvidhôtu, ashemaogha, âzhu, âzi, iñdra, ithyêjaṅh marshaona, ishusqâtakhta, uçij, kuñda, kuñdizha, gaêthômereñcya, ghsi, jahi, jãnaya, zairica, zairimyaṅura, zemaka, tairica, tayru, daiwi, druj, nâoṅhaithya, paitisa, bañga, basi, bûiti, bûidhizha, bûji, bûshyãçta, mûiti, râma, vaêpaya, vazemnôaçti, varenya, vareshava, vîzaresha, vîdâtu, vibañga, vyâmbura, çaurva, çaêni, çura, çpiñjauruska, çpityura, çpeñjaghra, hunusta.

daemonicola daêvayaçna.
daemoniacus daêvavañt.
Dahae dâhi.
damnum afsha.
datio dadaiti.
dator dathra, dâtar.
de pairi.
dea ghena.
debitio nemaṅh.
debitor erenava.
debitum ishud.
decedo nam + apa.
decem daçan.
december dadhvâo.
deceo çac.
decimus daçema.
decursus thwarçaṅh.
defendo har.
defensio aiwyâvaṅh, nipâiti.
defensor nipâtar.
defluxus apaghzhâra, nimraoka..
defraudo mith.
degredior urviç + ni.
dejectio zazâiti.
dejicio tar, çpâ + avi.
delecto ram.
deleo cap, zâ + ava, nij.
deletio paitiçcapti, frajãthwa, çâna.
delibero pareç + hãm, man + fra.
deminutio nerefçãçtâț.
demitto nam.
dens dañtan, dâta.
denticulus kaozhda.
denuntio ciț + â.
deorsum aora, çairê.
depono dath + ni, dâ + ni, buj.
depositio framukhti.
deprimo garew + ni.
depso (athreñț).
desideratio apa.
desponso dâ + para.
destituo yam + apa.
destructor marekhtar.
destruo çâ.
desum û.
detestabilis ajaçta.
detestor zu, zbâ + ni, frî + â.
deus ahura mazdâo, bagha, yazata.
devius vareta.
devoro gar.
dexter dashina.
dexteritas daṅhaṅh, dâkhsti.
diabolicus aṅrômainyava.
diabolus daêva, aṅra mainyu.
diadema kashma, puça.
dico dreñj, mrû, çãç.
dictio ukhti, fraokhti.
dictum ukhdha.
dictus fraokhta.
dies azan, ayare, arezaṅh.
digitus añgusta, erezu.
dignor han.
dignus aiwinaçañț.
dijudicatio vîcitha.
dilato pinv.
diluculum hû frâshmôdâiti.
dimico arezay.
dimidius naêma.
dimitto garew + apa.
dis vi.
discedo qîç, jaç + vi, shu + vi.
disceptatio beretha.
discerno ci + vi.
discipulus aêthrya, âfrastar, çaska, hâvista.
disco çakhsh.
discordia anâkhsta, anâkhsti.
discus cakusa.
dispositio râzare.
dissemino dâ + vi.
distribuo car + añtare.
distributor bakhtar.
diurnus ayara, açnya.
dives shaêtavañț.
divitiae isti, dana, shaêta
divulgator vaêidhi.
do dath, dâ.
doceo khçâ, cash, ciț, cish, dakhsh, daṅh, diç, vaț, çaq, çâṅh, çish.
doctor aêthrapaiti, âfrastar, cashâna.
doctrina afraçaṅh, çâçna, çêñgha, çãçtra.
dolo tash.
dolor dâzhu.
domesticus nmânya.
domicilium maêtha, maêthana, shiti.
dominatus aṅhuthwa, ratuthwa, çara.
dominicus rathwya.
dominus aṅhu, ahura, paiti, fraçâçtar, ratu, hâra.
domitor zaranumañț.
domo thañj.
domus asta, kata, khshaya, demâna, nmâna, vaêçman.
donatio dâna.
donum âda, dazda, dâiti, dâta, dâtha, dâthra.
dormio qap, qafç.
draco azhi.
draconigena azhicithra.

dubius dvaidi.
ducenti duyê çaitê.
duco nî, vaz, vad.
dulcis qarezu.
dum tu.
dumtaxat yaṭ.
duo dva.
duodecim dvadaçan.
duodecimus dvadaça.
durus khraozhda, khraozhdva.

Ebrietas bañga.
edax asqare, uçadhaṅh.
edo ad, aç, qar, gaṅh, cash.
educator crethri, didraghzh.
effero bar, raz.
efficax verezyaṅha.
efficio dâ + vi.
effundo zâ + fra.
ego azem.
elatus credhwa, barezimana.
elevo dath + uç, dâ + uç.
eligo var.
elinguis avacaṅh.
eminus dûrâṭ.
enim côiṭ, zî.
ens hañṭ.
eo ar, i, gam, gâ, car, zgath, zgad, zgâ, thwi, paṭ, pad, frâ, yâ, vî, çri.
ephippium zaini.
equa açpadaêna.
eques aidyu, nithakhtar.
equile açpôçtâna.
equinus açpena, açpya.
equito bar.
equus aurvañṭ, açpa, crenava.
Erebus arezûra.
ereptio nizhdare.
ereptor zinake.
erigo dâ + uç, diz + uç.
eripio zi.
error draosha.
eruditio âkhçaṅh, âdisti.
escarius âoṅuharena.
esculentus qairyan.
et uta, ca.
Etymander haêtumañṭ.
evenio jam + uç, jaç + uç.
everto yaç + apa.
ex haca.
exanimis uzustâna, uzbaodha.
excellens aredu.
excellentia raêkhnaṅh.
excipio garew + para.
excisio çtraya.
exercitus çpâdha.
exhilarator urvâçman.
exhilaro rap.
exiguitas kaçvi.
exiguus kamna, kaçvika, dawra.
eximius aurva, qaêna.
exlex adhâitya.
exoptatus içôyan, ishatha, berekhdha.
exorior ir, iric.
exortus irikhta.
expergefacio bud.
expergiscor gar, ghriç.
expiatio uzvarsti.
expio par + aipi.
expulsio apanasta, paititareti, fraçpâvares.
exsecror çaṅh + paiti.
exsomnis aqafnya, anavaṅhabdemna.
exspectatus ishya, ista.
exspecto nman, man + upa.
exstinctio zakhshathra.
exstinguo zah, fru.
extendo nam + vi, par.
extensor avitanya.
extensus tanya.
exter uzdaqyu.
extimus añtema, apema, nistara.
extollo uz.
extra nikhsta, nistare, nistarenaêmâṭ.
extractio hûiti.
extraho hu.

Fabricator tashan.
fabrico kar + â, tash.
facies cithra, daêman.
facio kar, dath, dâ, du.
factio karana, dâiti, verezêna.
factus kereta.
facultas khshviwra.
falco crezifya.
fames shudha.
familia jaiti, nmâna.
famosus nâmêni.
fascis fraçtareta, bareçman, hañdareza.
fastigium barezista.
fatum bakhta.
fautor aoya.
faux zafare.
fea pairika, mûs.
febris tafnu.
februarius (çpeñta ârmaiti).
felicitas usta, ustatâṭ.
felix ustavañṭ.
femina carâiti, jêni, daênu, nâirika, çtri.
femineus çtrinâman.
fenestra raocana.
ferio jan.
fero bar.
ferramentum ayaṅh.
ferreus ayaṅhaêna.
ferrum ayaṅh.
fertilis huyâirya.
ferus auruna.
fervens çaokeñtavañṭ.
ferveo gar, ghzhar + aipi.
fervor tafnaṅh.

festino zu, thwakhsh, yat + fra.
festinus thwakhsha.
fibulo aka, ãgama.
fidelis fraoreṭ.
fides fraoreti.
figlinus zemainipacika, zemaênya.
figura paêçaṅh.
filia dughdhar.
filius puthra, hunu.
finis añta, urvaêça, karana, thraosta, nivâiti, vîmaidhya, hañkeretha.
finitimus açana.
fio bû.
firmitas ãuman.
firmitudo utayûiti.
firmo darez.
firmus aiwideresta, ânushac, qâpara, tañcista, tañjista, darezista, derezra, drva, pakhruma, çtawra.
fixus thwarsta, upathwarsta.
flagellum gavâz.
flavus zairi, zâiri.
flebilis jarezya.
flecto nam.
fleo uruth, jarez, rud.
fletus gereza.
flo dam.
fluens nâva.
fluentum thraota.
fluidus takhairya, thâta.
flumen urud (nyâpa, paityâpa).
flumineus thraotôçtâṭ.
fluo khshar, ghzhar, zhgar, rud.
fluvius tacaṭap, dânu.
focus dista.
fodio kan, thwareç + ni.
foedus zara.
foetidus paoshista.
foetor gaiñti.
foetus garewa.
folliculosus bakhta.
fons avôqarena, kha, thâtairi.
fontanus khañya.
foras tarô.
formica maoiri.
formo karep, mâ.
fornax khumba, tanûra.
fors erethya.
fortis naremanaṅh, çûra.
fortuito bakhta.
fortuna îra, vazdvare.
fossa hañkana.
fractio çkeñda.
fractus aiwidrukhta.
fragilitas béñdva.
frango darez + apãç, çcid; druj + aiwi.
frater brâtar.
fraudatio daoithri.
fraudator daibitar, daozhâo, dafshnya, dvafsha.
fraudo cad, dab, dav, div, diwzh.
fraudulentus daozhaṅha.
fraus daiwi, diwzha, mitha.
fremo khshufç.
frenum ãkhna.
frigidus aota, çareta.
frigus aota.
frons ainika.
fructifer qarethôbairya, qawrîra.
fructus fshûsha.
fruticetum razura.
frux yava, vaoiri.
fugator nivayaka.
fugo jan.
fulcrum dénaba.
fulgens barâza.
fulgeo tap.
fulgor uzraoca, barâza.
fundo îr, ric, hic.
fundus buna.
fur tavi, tâyu.
furtum tâya.
fusio upaṅharsti, parahikhti, hikhti.
futurus bûshyañṭ.

Gaesum gaêçu.
galea çâravâra.
galeatus urvikhaodha.
gallus kahrkatâç, parôdars.
gaudeo shâ, skâ.
gaudium ravaṅh, çpén, shâiti.
gavisus paitishâo.
geminus yéma.
gemma vareshaji.
gener zâmâtar.
genitale hakhti.
genitor zãthar.
genius fravashi.
gens vîç.
gentilicius vîçya.
genu zhnu.
genus gaona, nâfa.
germen taokhman.
gigno zan, tuc.
glacies içi.
gracilis urvaêzômaidhya.
gradus gâya.
gramen nimata.
grandinat çraçc.
grando fyaṅhu.
granum dâna.
gratia yâna.
gratus çpashuthar, shâista.
graviditas upaçputhri, verena.
gravido zâmay.
gravidus aputhra.
gravitas gar, garaṅh.
gressus âthravana, gâma.
grex vãthwa.
gryps çaêna.
gubernator nisharetar.

gula garaṅh.
gusto eash.
gutta shâma.
guttur garemau.

Habilitas hudema.
habitatio upashiti, shôithra.
habito khshi.
hasta aṅhva, arezazhi, dâuru.
hastatus gaêçu.
herbarius urvarôbaêshaza.
heros arshan, khstâvi, nara, vîra.
hic aêm, aêsha, ada.
hic ahmya, iñja, idha, idhaṭca, idhâṭ, iyadha, îdadha.
hiemalis zayana.
hiems aiwigâma, zaêna, zayana, zima, zyâo.
hilaritas rafedhra, rafnaṅh.
hio gap, jap, jab, zaf.
homicida mashimâravan.
homo nara, mashya, mashyâka, vîra.
honoro dar.
Horae çaredhya.
hordeum yava.
horreum pathma.
horribilis eregbañṭ, khrûra.
hortus vara.
hostis tura, tûra, paityârena, hamaretha.
humatio naçuçpaya.
humator naçuçpâo.
humerus ãkhma, çupti.
humidus napta.
humor aiwinapti.
humus zemvareta, dâdru.
Hyrcania khneñta, vehrkâna.
Hystaspes vîstâçpa.

Ibi athra, tiñja.
ictus vaêgha.
idem hama, hâma.
igneus âtareeares.
igniarius âtarecarana.
ignifer âtarecithra, âthravañṭ.
ignigena âtaredâta.
ignipotens asha vahista.
ignis âtar; urvâzista, bereziçavaṅh, vâzista, vohûfryâna, çpénista.
ignosco marezhdâ.
illaesus adhaoya, anaiwidrukhta, amuyamna, açareta.
ille ava.
illic avathra, avadha, avadhâṭ.
illicitus arathwya.
illico hathra.
illumino ruc.
illustris qarenôṅhvañṭ.
immisericors anamarezhdika.
immitis afrya.
immobilis afrashîmañṭ.
immortalis anaosha, amahrka, ameresbyañṭ, amesha.
immortalitas amerekhti, ameretâṭ.
immunditas uruzda.
immundus zôizhdista, zôishnu.
impedimentum vôighna.
impedio vôizhdâ.
impello hakhsh.
imperitus anâmâta.
imperium daṅhuçaçti.
impetratio âpana.
impetus âgerepta.
impius adahma, çâçtar.
impleo path, par.
impletor parenôṅhvañṭ.
imploro zbâ.
impono dath + aiwi, dâ + â.
impotens akhshayañṭ.
improbus rãkhshyañṭ.
impuritas akhti, ayaozhdi.
impurus anashavan, anâirita.
in añtare, ana, avi, â, paiti.
in (privat.) a, an, ana, e, ã.
inauditus agusta, açrusta.
inauris gaoshâvare.
incestus kayadha.
incido garew + ava.
incito kan.
inclutus fraçrûta.
incogitabilis anâmãthwa.
incolumis airîrica.
incommodum aiwistâra, açtarema.
inconsumptus afrithyañṭ.
incontaminatus anâçtareta, anâçtravana, anâhita.
incredulus vîmanôhya.
incrementum urutha, uruthman, fshuya, vakhsha, vakhshatha, varedha.
incubo qafna.
incursus draoman.
inde ab haca.
indelebilis aqareta, afrakadhavañṭ.
Indi hiñdu.
indigena âdaqyu.
indoles bifra.
indubius advâo, fraçpâyaokhedhra.
induo yâoṅh.
induro khraozhdâ.
industria thwakhshaṅh.
industrius vâçtryâvareza.
inermis açûiri.
iners apishman.
inexpiabilis anâperetha.
infamia maredha.
infans aperenâyu.
inferus adhara, nitema.
infero dâ + vi.
infinitus akarana.
infra adharanaêmâṭ, pâreñtare.
ingenuus âzâta.
inhibeo çtâ.
inhumanus anamarezhdika.
inimicitia hamiçti, haredhi.

inimicus aurvatha, dusmainyu, çperezvâo, hamaêçtar.
injucunditas ashâiti.
injucundus arapa, ashâista.
injustus anaretha.
innumerabilis ahãkhsta.
inoffensus tarôtbaêsha.
inopia vîvâpa.
inops açûra.
inquinatus paitiiriçta.
inscientia éviçti.
inscius evîdhvâo.
insons eviçtôkayadha.
inspectio aiwyakhsthra.
inspector aiwyâkhstar.
instituo çtâ.
institutio aiwisti, paitiparsti.
instructus yûkhta.
instrumentum carana, carekarethra, zaya.
intellectus añha.
intelligibilis âmãthwa.
intempestivus arathwya.
inter añtare, pairi.
intercedo av + pairi.
interfectio ghna, mereñcya.
interfector avajana, ghna, jañtar.
interficio kush, jau, marec, môreñd.
interitus çpayathra.
interlunium añtaremâoñha.
internus añtara.
interrogo pareç.
intimus bûni.
intra añtarât naêmât, añtare.
intrepidus açtareta.
intro tar.
intus añtarenaêmât.
invidia araçka.
invisibilis mainyava.
invitus anuçañh.
invocatio zavana, zevya, vahma.
invoco zu, mrû + â.
ipse hva.
iracundus tafta.
irascor gram.
irreligiosus daêvayaçna, daêvayâza.
is ta, tu, da, hâu.
ita avatha, uiti.
itaque avathât, zî.
iter adhwan, ayarebara; yujyaçti.
itio ita, iti.

Jaceo irith + ava, çî.
jacio añh, ish, vap, harec, harez.
januarius (vohu manañh).
Jaxartes rañha.
jejunus aqar.
jubar raocañh.
jucundus çpén.
judex daênôdiça.
judicium dâta.
jugum ayazhana.
julius (ameretât).
jumentum vastar.
jungo zar, yu, yuj, bac, hi.
junius tistrya.
jurandum upamana.
jurisconsultus daênôçac.
jussum frãsta.
justitia rashnu.
justus erez, erezi, erezu, dâitya, rashnya.
juvenilis naotara.
juvenis yavan.

Labefacio zemb.
laboriosus ashithwôzga.
laboro fshu.
lac khshîra, khshuis, khshvipta, paêman, payañh.
lacer darezista.
lacerta kahrpuna.
lacrima açru.
lactans paêmaini.
lacteus paemavañt, khshviptavañt. **via lactea** merezu.
lacto pâ.
lacus zrayañh; kãçava, pûitika, vourukasha.
laedo druj.
laetitia raêkhnañh.
laetus shâo.
laevus vairyaçtâra.
lamina çaora.
lancea gaoçûra.
lapideus açmana, zarstvaêna.
lapis açan, açman, zarstva.
lapsus avapaçti.
laqueus vaêma.
lar nmânya.
later istya, zemôistva.
latro hazañhan.
latus uru, pathana, perethu.
latus aredha, karana, pâra.
laudabilis arena, frâyasta.
laudatio âçtûiti, upaçtûiti, frâyasti, frîna.
laudator aibijaretar, âçtuta, zbâtar, çtaotar.
laudo frî, çtu.
laus âçtaothwana, fraçaçti, çtaota, çtûiti.
lavatio uçnâiti, frava, fraçnana, fraçnâiti.
lavo çuâ, çnâd.
lector mãthran.
lectus çtairis.
legatus açta.
legio haêna.
legislator daênôdiça.
letalis frazâbaodhañha.
levis khshvaêwa.
levis reñjya.
levo reñj.
lex urvâiti, urvâta, daêna, dâta, ratu.
libenter uça.
liberalis marzhdikavañt.
liberalitas râiti.

lignum aêçma, dâuru, dru, nemeçka.
ligo kasb, paç.
lingua hizu, hizuma, hizva.
linquo ric, harez.
liqueo ud.
liquor uthra.
liquor irith.
loculus kata.
locus añhu, açañh, gâtu.
longaevus dareghemjîti.
longimanus dareghôgava, dareghôbâzu.
longitudo drâjañh, frathañh.
longus daregha.
loquela vakhedhra.
loquor du, mrû, vac, vash, çañh.
lorica kuiriç, zrâdha, vairi, vârethman.
luceo qar, barâz, ruc.
lucidus khshaêta, bâminva, bâmya.
lucifer cithra, çûca.
lucrum jaya, vaêdha.
ludificatio avaêtâṭ.
lumbus aosta.
luna mâoñh.
luo varez + uç.
lupus vehrka.
luteus fravâkhshaêna.
lutra udra.
lutum aiwiereti.
lux raocañh, çûka.

Macer kereça, khshaêna.
macero miv + ava.
macula khru.
maestitia ashâiti, khshãuman.
maestus ashâta.
magister aêthrapaiti, afraçâoñhâo, ciçta.
magnitudo debãzañh, maga, maza, maçañh, maçti, çtavañh.
magnus maz, mazañṭ, bereza, raoidhita.
magus môghu.
majestas qarenañh.
majus (haurvaṭ).
maleficus duzhvarstâvarez.
malevolus dusmainyava.
malignitas khruzdi.
malignus kaqeredha, khruzhdra.
malitia dushita.
malus agha, avañhu, duzhava, dregvañṭ, drvañṭ.
mamma fstâna.
mammata eredvafshu.
mandatum aiwidhâiti, fraçaçti, râshan.
mane hâvani.
manifestus âka, cithra, haithya.
mano zish.
mansuetudo ainiti.
manus gâo, zaçta, dumna.
Margiana môuru.
maritus nâirivañṭ, râdha.
martius (fravashi).
mas arshan, nairya, nara, vîra.

masculinus nairyôñãman.
mater barethri, mâtar, hâirishi.
maturus paourva.
maximus fraêsta, çtâvaêsta.
medela thamanañh.
medeor tham.
medicamentum baêshaza, baêshazya.
medicina baêshaza.
medico baêshaz.
medicus thamanôñhvañṭ, baêshaza.
meditor du.
medius maidhya, maidhyãna.
medulla mazga, merezu.
medullosus mazgavañṭ.
mel madhu.
memini mared.
memor dareta, mairista.
mendacium aiwidrukhti, âdrukhti, draogha, mithôkhta.
mendax avimithri, draogha.
mens manañh.
mensis mâoñh.
menstruans cithravañṭ, dakhstavañṭ.
menstruus mâhya.
mensura mañtu, ma; dakhsta; aêsha, danare, disti, vîtaçti, hâthra.
mentior druj.
merces mîzhda.
mereo arej, han.
meretrix jahika.
meridianus rapithwina.
meridies arémpitu, rapithwa.
metallum ayôkhshuçta, khshathra vairya.
metior mâ.
metricus afçmana.
metuo thwish.
metus thwya.
meus ma, mavaêtha, mavañṭ.
miles rathaêstar.
mille hazañra; **decem millia** baêvare.
millies hazañrâyus; **decies millies** baêvarâyus
mingo miz.
minimus nitema.
minuo narefç.
minutus kutaka.
misceo raêtu.
miser voya.
miseria voya.
misericordia marzhdika, merezhdika.
Mithres mithra.
mitis afrakavañh.
mola yâvarena.
molestus gouru.
mollis khshuçta, varedva.
monile minu.
monoceros khara.
mons gairi, paurvata; hara.
monstro diç.
montanus gairishac.
morbus yaçka; aêkha, aghûiri, aghôçti, aghra,

azbana, azhahva, azhivâka, apagadha, açtairya, ashiri, kurugha, gadha, duruka, vîzbâres, çârana, çâraçti, çâraçtya.
mordax dadāçi.
mordeo jan + ava, daç.
morior irith, mar, çac + fra.
mors aoshañh, avamereti, paitiiriçti, mahrka, merethyu; açtôvidhôtu.
mortalis aoshôñhvañt, mareta, maretan.
mortalitas irithyāçtâț.
mortarium hâvana.
mortifer ghnya, jôya, jāthwa, pourumahrka, mairya.
mortuus avamereta, iriçta, mesha.
mos țkaêsha, yâta.
moveo yuz.
mox moshu.
mucro aku.
mulier khshathri.
multigeneris pouruçaredha.
multitudo fréna.
multus paru, pouru.
mundus erezvañț.
mundus añhu, gaêtha.
munimen varatha.
musca makhshi.
mutilo rud + apa.
mutus avacañh.

Nam na, zî.
nanciscor naç.
narcoticum ghnâna, fraçpâta, bañha, shaêta.
naris çrifa.
Narses nairyôçañha.
nascor jaç + uç, zan.
nasus nâoñha.
naturalis tanukereta.
natus zâta.
ne mâ, mâdha, môiț.
nebula dunma.
nebulosus aiwiawra.
nec naêdha, navâț.
necatio jaiñti, jaiti, framerethwa, vâdha.
neco jan.
nefas duzhvarsta.
negotiosus gavâçtryavarez.
negotium gavâçtrya, pistra, yāoñh.
nepos napa.
neptis napti.
Neptunus apām napâț.
nequam apayañtama, çtipti.
nequitia pairimaiti.
nervus gavaçna, jya, çna.
niger kaurva, çyâva.
nigricans kadrva.
ningit çnizh.
Ninive nighna.
Nisaea niçaya.
nisi ava.
nitidus raêvañț.
nitor ivîzi.
nivosus jaiwivafra.
nix vafra.
nobilis çtâhya; vîçpaiti.
noceo zyâ.
nocturnus khshafnya, nakhturu.
nomen nāman.
nominatim nâmêni.
non na, nava, nôiț.
nonagies navaitivañț.
nonaginta navaiti.
nonus naoma, nâuma.
nosco zâ.
noster ahmâka, na.
novem navan.
november (âtar).
novemplex naomya, nava.
novies nâumayaciț.
novus nava, navata.
nox khshap.
noxa âzyâona, zyâna.
nubes awra, maêgha.
nubilis vadhrya.
nubilus aipidvānara.
nudus anaiwivaçtra, maghna.
nullus naêci, navaci.
num cithena, vâ.
nunc itha, ithra, nurem, nû.
nunciatio âviçti.
nuncio vid + â.
nuncius fravaêdha.
nuptiae nâirithwana.
nutrimen harethra.
nutritor bâshar, haretar.

O âi.
obdormio qabdâ.
obduco urviç + pairi.
obductus frahikhta.
obediens manâo.
obedientia airyaman.
obedio vîç.
obitus apagaya, frajyâiti.
oblatio aredra, upâçti, frabereti, râiti, râta, varañh.
oblator aredra.
oblectatio khshnaoma.
obscuritas duzhâthra.
observans zarazdâ.
observantia zarañh, zarazdâiti.
obstinatus khraozhdațurvan.
obtemperatio çraosha.
occidens daosha.
occiduus daoshatara.
occulo guz, gup.
occultus añhaithya, gufra, gûzra, taya.
occursus avahisti.
ocrea râuapâna.
octangulus astakaozhda.
octavus astema.
octingenti astaçata.

octo astan.
october (apãm).
octodecim astadaçan, duyê navaiti.
octogies astaithivañt.
octoginta astâiti.
oculus ashi, cashman, dôithra.
odium aêshma.
odor baoidhi, baodha.
odoratus hadhabaoidhi, hubaoidhi.
offendo dvish.
offensio deres, drîta.
offero cish, baj, râ, râd, hvãn.
officina piçra, çaêpa.
officium verezêna.
oleo bud.
oleum* raoghna.
olla khumba.
omniformis vîçpôpaêçaṅh.
omnino vîçpaya.
omnis vîçpa.
omniscius vîçpôvîdhvâo.
onager khara.
onus vazya.
operimentum upadarana, varena.
operio khud, var.
opifex vaêçu, hûiti.
opportunus thwarsta.
oppositio paityâra.
oppressio âzâra, khrûnya.
oppressor ãçtar, zareta.
optabilis ista, vairya.
optatio aêsha, ishaça, isti, îsh, kâtha, kâma, bereja, varena, vâra.
optimus vahista.
opto iz, iç, ish, kam, kâ, cag, frî + â, var.
opulentia fshêñghi.
opus verez.
oratio fravakhshya.
orator framaretar.
orbis karshvare; qaniratha.
orcus anaghra temaṅh, duzhaṅh.
ordino râz.
orichalcum parôberejya.
oriens upaoshaṅuhva.
orientalis ushaçtara.
origo vaêjaṅh.
orior vakhsh + uç.
oro dreñj.
Orontes aurvañt.
ortus uzayara.
os âoṅh, é, zafra, çtaman.
os açti.
osseus açti.
ossifragus açtôbid.
ovillus maêshini.
ovis maêshi.

Pabulum yêvin, vâçtra, vâçtrôbereta.
pacificus âkhsta.
pactio mithra.
pactum urvaiti.
paedicatio narôvaêpaya.
paedico vip.
pagus vîç.
palam âvish.
palpo marez + pairi.
pando bar + vi.
panis draonaṅh.
pannus paitidâna.
par mithwan.
paradisus aṅhu vahista, anaghra raocâo, garô nmâna, humata, hûkhta, hvarsta.
paragraphus ţkaêsha.
paratus thakhta.
pario hu.
pariter hamatha.
paro dath, hu.
pars afçman, ãça, draonaṅh, bagha, hañdâta.
partus aputhrya, zâmiti, zãtha.
Paruetae pouruta.
parvus kaçu.
pascor car.
pascuum gaoyaoiti.
patefactio cithra.
patella tasta.
pater patar.
patera gaoidhi.
paterfamilias kati, nmânôpaiti.
patiens asbereţ.
patruus brâtuirya.
paulum hanare.
pauper ashaêta, drighu.
pax âkhsti.
peccator tanuperetha.
peccatum aredus, avaoirista.
pectus paitivara.
pecuarius gaodaya, gaodâyu.
pecunia shaêta.
pecus anumaya, paçu, paçuka, çtaora.
pecus garebus.
pedes daidika.
pedestris oratio anafshma.
pediculus çpis.
pelliceus izaêna.
pellis careman.
pello ish + fra, dwaozh, naç.
penis fravâkhsh.
penna parena.
pennatus hupatareta.
penso dâ + vi.
penuria ainisti, ûna.
per tarô, pairi.
peractio âkereti, âçkiti.
peractor kerethwan.
percontator paitifrakhstar.
percoquo hu.
perditus khrafçtra.
perdo naç, fru + uç.
perennis tarôyâra.
pereo naç.

perfectio âri.
perfectus âra, frakhshuena, haňhu.
perforo çif.
peritia râta.
peritus dâhista.
perlustro marez.
permaneo man + fra.
pernicies âithi.
pnrniciosus âithivañt, dahaka, dahakc, dahâka, naçista.
perpetuus ajyamna, afraourvîçvañt, âithya.
persecutor nipaçnaka.
persolvo ci.
persona qâdaêna.
pervenio jah.
pes âthravana, zañga, zañgra, zbaretha, dvarethra, paidhya, pâdha, frabda.
pessundo dah.
pestifer ithyêjôňhvañt.
pestis ithyêjaňh.
Phriapites fraûraçyan.
piger afshuyañt, avâçtrya, evcrezika, everezyan, vîvarezdavañt.
pingue pivaňh.
pinguis anupôithwa, pôithwa.
pinguitudo âzûiti, uthôtât, ûtha, fshaoni.
pinso haresh.
piscis kara, maçya, vâçi.
pius âdra, dahma, mazdayaçna.
placabilis âperetha.
placamen âpereti.
placatio khshnaothra, khshnûiti, khshnûman, khshnvaiti.
placatus khshnûta.
placenta tâyûra.
placo khshnush.
plaga pistra.
planities pathana.
planta urvara; **pedis** hakha.
plenitudo perena.
plenus perena.
plumbeus çrvaêna.
plumbum çru.
pluo vâr.
plures frâyaňh.
plurimus fraêsta, bâdhista.
pluvia vâra, vîvâra.
pluvius vairya.
podex zadhaňh, frashumaka.
poena âthri, kaêna, citha, cithi, maini; upâzana.
poeniteo mit.
pollens aiwideresta.
pollex ârstya.
polluo âçtâri, iri, zizhdâ, vap.
pollutio âçtâra, âçtravana, paitiraêthwa, hâmraêthwa.
Polytimetus gâu.
pondus açperena.
pone paçné.
pono âh + uç, dâ.
pons peretu, peshu, haêtu; cinvatperetu.
pontifex maximus zarathustrôtema.
porro utavañt, fratara, frasha.
porta dvara.
portabilis upaberethwa.
possessio gaêtha, daçan.
possessor aiwishayana, vaêda.
possideo path.
possum khshi, tu, yat.
post paçkât, paçcaêta.
postea adhât, apãm, paçkât, paçca; **postea quam** yat.
posterus apara.
posthac apâtha.
posticus paççãithya.
postumus aparazâta.
potens aiwithûra, yazu.
potentia tâya, tevîshi, mazéna, havapaňhaňh.
potestas vaçaňh.
potio hura.
potis khshaya, khshayamna, zaoya, tavan.
potor qâshar.
praeceptor narepi, fradakhstar.
praeceptum gru.
praedico zbâ.
praedo gadha.
praeparatio havaňh.
praeparo cish + vi.
praepotens aiwiaojaňh.
praescribo diç.
praesertim frâkhshnenê.
praestantia ukhdhata.
praeter para, paraget.
praetereo çac.
praeterquam anyâtha.
pratum vâçtra.
pravitas añgra.
pravus aka, aňra, âtara, dava.
precatio âfriti, âfrivana, dahma, çtaothwa.
precor yâç.
prehendo iç, gar, garez, gared, garefsh, garew.
prehensio aibigara, gareba.
prehensor gerezdar.
premo in.
pretium arejaňh, pereçka.
prex avajaçti, ashôçtûiti, frî, ratufriti.
primarius paourvya.
primum paoirîm, paourvîm.
primus aghra, paoirya, fratema.
princeps daňhupaiti.
principatus fratematât.
prior paurva.
pro uç, paiti, parô, frãs, haca.
probitas erethé, fréreti.
probus erethwa, hunaravañt.
procedo aç, tan + fra, pat + uç.
procerus huraodha.
processus açgat, frâiti.
procreo dâ + fra.
procul mash.

procurro tac+fra.
prodeo urviç+fra, gam+fra.
proelium areza, hâmerena.
profanatio vyaretha.
professio paititi.
professus paitita.
proficiscor rap, vaz, shu, shuç.
profluo zu+uç, zgad.
profunditas jãfnu, bãshnu.
profundus gufra, jaiwi, jafra.
progenies frazaiñti.
progredior car+fra, fru+fra.
progressio ukhshyãçtâṭ.
progressus ukshan, frôreti.
prohibitio paitidra.
promotor eredhwan, frâshmi.
promoveo frâd.
promulgatio cayañh, fravâka.
promulgator naênaêçtar.
pronunciatio framereti.
propheta çaoshyañṭ.
propinquitas qaêtu.
propinquus qaêtu.
propior nazdyâo.
propitius ista.
proprie qiti.
proprietas qaêtâṭ, qîta.
proprius qa, qaêta, qaêpaithya, qâpaithya.
propter arem, paiti.
propugnaculum dâresta.
proruo dar+ni.
proruptio frakhshaoçtra.
prosilio çpar.
prosum dash, vared, çu.
proveho zâ.
provideo dî, vaên+hãm.
proximitas aiwiti.
proximus aiwitara, nazdista.
prudens khratumañṭ, cazdôñhvañṭ, dãhista, mãzdra.
prudentia ârmaiti, khratu, khrathwa.
pruina taozhya.
pubes aviama.
pudor fsharema.
puella kainin.
puer aperenâyûka.
puerperium varezâna.
pugio astra, çtara.
pugna peshana, çtij.
pugnator râna.
pugnax yaokhdhra, réna.
pugno par, pareq, pareṭ, paresh, pesh.
pugnus musti.
pulcer qaini, qaêu, çri, çrîra.
pulcritudo çrayan.
pulso pazdâ.
pulverulentus pãçnvâo.
pulvis pãçnu.
punitor acaêtar.
purgo âr.
purificator baokhtar, yaozhdâthrya.
purifico dav, buj, yaozhdath, yaozhdâ.
puritas ashi, ashavaçta, ashi, baoshna.
purus asha, ashavan, ashivañṭ, ashya.
puteo pû.
puteus câṭ.
puto ciṭ, man.
putredo paviti.
putrefio frith.

Quadraginta cathwareçata.
quadrans cathrushu.
quadratus cathrugaosha.
quadriga cathruyukhta.
quadrilaterus cathrukarana.
quadrimestris cathrumâhya.
quadrupes cathwarezañga, çathwarepaitistâna.
quadruplex tûra.
quaero ish, ci.
quaestio fraça, frashna.
qualis cvañṭ.
quam yatha.
quamdiu yava, yavata.
quamvis yaṭciṭ.
quando kadha, yatha, yadâ.
quantus cvañṭ, yavaṭ.
quartus tûirya.
quater catura, cathrus.
quatuor cathware.
quatuordecim cathrudaçan.
que ca.
queror garez.
qui ya, yatâra, yu.
quia yaṭ, yatha.
quicunque çãcaṭca.
quidam ca.
quidem iṭ, î, îṭ, îm, diṭ, nû, bâ.
quies râman.
quiesco ram.
quilibet nana.
quincuplex meñdaidya.
quintus pukhdha.
quis ka, kana, ku, ci, cina.
quisquam kaciṭ.
quisque hama.
quo katha, kuthra.
quocunque yatha kavaca.
quomodo katha, kutha, cu.
quot caiti.
quum yaṭ, yatha.

Radius açan, bânu.
Ragae ragha.
ramus fravâkhsh, fraçparegha.
rana vazagha.
rapidus zazva.
ratio uç, ushi, marâna.
recedo tac+apa.
recitatio fraçraothra, fraçrûiti.
recito mar, çru.
recordor mar.

rectitudo raçãçtât.
rectus razista.
regalis khshathrya.
regimen cakhra.
regio daqyu, dañhu, naêma, pâda, raji.
regius kâvaya.
regnum khshathra.
rego khshi.
rejiciendus apayañtama.
religio varena.
remotus dûra.
remunerator mîzhdavan.
renuntio mrû+vi, vac+para.
reperio vid.
repeto day.
repudio harez+ava.
repugnatio paitista, paitistâiti.
respondeo du+paiti, mru+paiti.
responsio paitivâka.
restis aghana.
restitutio caêsha.
resurgo çtâ+uç.
resurrectio frashôkereti.
retinens dâri.
retineo dar+pairi.
retro apasha, apãs, parãs.
reverentia gara, garañh.
rex kavan, khshaeta, khshaêtar, khshathra.
rhombus carâitika.
rigidus çtakhra.
rigo ukhsh.
ripa pédvaêpa.
rixa frakava.
rixator apakava.
robur aojañh, ama, vareda, hãmvareti.
robustus aojañha, aojôñhvañt, ama, amavañt, ashama, âyaoja.
rodo ghnij.
rogo jad.
rogus dista.
ros tarshu.
rota cakhra.
rotundus çkarena.
ruber crezra, çukhra.
ruina urvistra.

Sacerdos âtharvan; âtarevakhsha, âbereț, âçnâtar, zaotar, zarathustrôtema, zbâtar, dañhâurvaêça, frabaretar, ratu, rathwiskare, çraoshâvareza, hâvanan.
sacrificans frârañha.
sarificium zaothra, yaçna, yêsti.
sacrifico yaz.
sacrificulus yastar.
sacrificus zaothrôbara.
saga jaini.
sagitta ishu, tighri, mana.
sagus zañda, yâtu.
salio dvãç.
saliva kafa, vawzhaka.
salix vaêti.
saltator apaçkaraka.
saltus varesha.
sanctus tanumãthra, çpeñta, çpénvañț.
sane bâdha.
sanguinolentus tacațvohuni.
sanguis vañhutâț, vohuni.
sanitas daçvare, drvatâț.
sanus açkeñda, ayaçka, drva, dâçmaini.
sapidus qâçtra.
sapiens khshnu, ciçtivañț, dañgra, dâo, dâoñha, dânu, dâmidâta; mazdâo.
sapientia khshnu, khshnûț, ciçta, ciçti, dâoman, dâmi, vyâna.
Sariphi crezifya.
satietas bûiri.
satio thrãf.
satisfacio khshnvish.
satrapes shôithrapaiti.
saturitas thrãfañh, thrãfedhañh, haghdhañha.
saucio irish.
scabellum fraçpâiti.
scabies pâman.
scapus ãçus.
sceleratus uçagha, pesha.
scientia âzaiñti, âda, zeñtu, madha, vaêdhya.
scilicet yaț.
scindo thwareç+avi, shu+aiwi.
scio khshnâ, ciț, dâ, vaț, vid.
scitus zhnâtar, zhnôista.
scopulus çtaêra.
scopus shamana.
scrobs magha.
scutella urunya.
scutum çpâra.
seco kar, kareț, dar, dâ.
seculum çatayâre.
secundum anu.
secundus daibitya, bitya.
securis taêzha.
sedecim khshvasdaçan.
sedeo âh, had.
sedes shayana, hadis.
sejungo urviç+vi.
sella gâtu.
semel hakereț.
semen khshudra, cithra.
seminatio yuyôçemi.
semper baț, bâdha, miț, çtôi, hadha.
senectus zaurva.
senesco zar, zaresh.
senex zaorura, hana.
sensus budhra.
sentina mûthra.
separatio vîurvisti.
separatus vita.
septem haptan.
september mithra.
septentrionalis apâkhtara.
septimus haptatha.

septuaginta haptâiti.
septum pairivâra.
sequor ah+paiti, hac.
sermo mãthwa.
serpo thrãç.
servus varezya.
sex khshvas.
sexagies khshvastivañt.
sexaginta khshvasti.
sexcenti khshvasçata.
sexies khshvazhaya.
sextilis khshathra vairya.
sextus khstva.
si yatha, yêzi, yêdhi.
sic aêva, itha.
siccitas haêcañh.
siccus hisku, huska.
sicut mãnayen ahê yatha.
sidus çtare; tistrya, vanañt, çatavaêça, haptôiriñga.
signum dakhshâra, dakhsta.
silva varesha.
similitudo upamana.
simul hakaṭ.
sinceritas arstâṭ, arsti.
singulus paiti.
sinister havya.
Sirius tistrya.
sitio taresh.
sitis tarshna.
sobrius abañha.
socer qaçura.
socialis zañtava, zañtuma.
societas zañtu; hakhedhra, hakhman.
socius hakhi.
Sogdiana çughdha.
sol qéñg, hvare, hvarekhshaêta.
solitudo airima, razañh.
solutio tafedhra, vîtakhti.
somnium daêça.
somnus qafna; bûshyãçta.
sordes airimaiti, naêza, çairibya, hikhra.
sordidus nyuruzda.
soror qañhar.
sors bâga.
sparsio pairiçpâiti.
sparus arsti.
species çaredha.
spectatio paitidîti.
specula vaêdhayana.
specus geredha.
spelunca kushi.
Sphinx akhtya.
spica guñda.
spiritalis mana.
spiritus mainyu.
spiro dam.
spithama vîtaçti.
splendeo qan, tish, râz.
splendidus qanvañt, qâthravañt, khshôithni, thwiçra, raokhshna, varecôñhvañt.
splendor ushôithman, qâthra, raocañh, râi.
sponsus vademna.
sponte qatô.
sputum aiwivañti.
squalidus âhita, âhitya.
squalor âhiti.
stabilis drvôçtâiti.
stabulum gavaithi, gavôçtâna, gâvayana, çtâna.
stadium caretu.
stagnum armaêsta.
stagnosus zrayana.
stannum aonya.
stapia akana.
statura raodha.
stellatus çtehrpaêçañha.
stercus gûtha.
sterno çtar.
stigma dagha.
stillo çraçc.
stimulus astra.
sto çtâ.
stragulus upaçtarena.
stratus çtareta.
strepo jar.
strideo kahv, qan.
studeo yaṭ.
studiosus ahvañt, jira.
studium upayana.
subeo vîç.
subflavus zairina.
subito hithwañt.
subjicio dâ+upa.
sublimitas uparatât.
subter adhairi.
subterraneus adhairizema.
subverto urviç+fra.
succinctus yâçta.
succus parahaoma.
sudor arethna.
suffimen urvâçna.
sugo dâ.
sulcus karsha, pairikarsha.
sum ah, âh.
summitas bareshnu.
summus upama.
super aiti, uparanaêmâṭ, upa, upairi.
superans tara.
superbia nâoñhaithya, pairimata.
supercilium brvaṭ.
superior upara.
supernus taradhâta.
supero ji, taurv.
superterrenus upairizema.
supra upairi, uparanaêmâṭ.
sura açcu.
surditas karapôtañh.
surdus karapan.
surgo khiz, nud, çtâ+uç.

sus hu.
susurro dreñj.
suus qa, hava, hva.

Tabes khshi.
tabesco zgath+aipi.
talis avacina, avañt, iyañt.
tamarix hadhânaêpata.
tamquam yadhôit.
tantus aêtavañt, avavañt.
tapes tûtuc.
tartarus dusmata.
taurus ukhshan.
teges barezis.
tegimen aiwivarena, çtareta.
tellus zem, bûmi.
telum asta, zaraçta.
temo iça.
tempus zrvan, ratu.
tendo arez, thañj.
tendo derewda.
tenebrae temañh.
tenebricosus temôñhvañt.
tenebrio tãthrôcina.
tenebrosus temañha, temañhaêna.
teneo dar, darez, draj.
tener tauruna.
ter âthritîm, thrizhvat, thris.
tergeminus thrimithwañt.
tergum parsti, baresha.
terminus zrûâyu.
terra ârmaiti, zem.
terreo thwi, bî.
terrester gaêthya.
terribilis thwayañhañt, rãkhshyañt.
terror thwaêsha.
tertius thritya.
tesca çanaka.
testudo kaçyapa.
textilis ubdaêna.
thesaurus nidhâta.
timeo bî.
tintinnabulum kãçtra.
titio âtareçaoka.
tollo garew+uç, dâ+uç.
tondeo tush, bar.
totus vîçpa, haurva.
trabs fraçciñbana.
trado cit, civish, dâ, çri+ni.
traho karesh, kash, zaresh.
tranquillitas tûsnâmaiti.
tranquillus tûsna, tûsnishad.
trans tarô.
tredecim thridaçan.
tremendus dareshata, duzhita.
tremo tareç.
tremor tarsti.
tres thri.
tribuo bakhsh.
triceps thrikameredha.
tricesimus thriçata.
triduum thriayara.
triens thrizhat, thrishva.
trifaux thrizafan.
triginta thriçata, thriçãç.
trimestris thrimâhya.
tripartitus thrizañtu.
triplex thrâya, thrâyava, thrivañt.
tristis ashâta.
Triton thrita.
tritura çudhu.
tu tûm.
tueor av, pâ, van.
tum aêtadha, at, atha, âat, âthadhca, tadha, paçcaêta.
tumulus uzdaêza, uzdâna.
tunc adha.
tundo aresh.
turanicus anairya, tûirya.
Turci tûirya, tûra.
tussio tuç.
tutela avañh, thrâthra, dârana, nipâoñha, nisañhareti, pâiti, pâthra.
tutor thrâ.
tutor gufra, thrâtar, pâtar, pâyu, vâçtar.
tuus thwa.
tyrannus çâçtar.

Ubi ku, kva, yat, yathra, yahmya.
ulna frârâthni.
ultimus uçtema.
ultio aênañh.
ulula pesha.
ululo gared.
uncus añku, çparegha.
undecim aêvadaçan.
undecimus aêvañdaça.
undosus urvâpa.
unguis çpâma, çrva.
ungula cañra, çafa.
unigena aêvôdâta.
unquam kudô, yava.
unus aêva.
urina maêza, maêçman.
uro ush, tap, daz.
usquam kudat.
usque vîçpem â ahmât yat.
usurpator apakhshathra.
usus cîcashâna.
ut yat, yatha.
uter katâra.
uterus garewa.
utilis frashôtema, fshéñghya, çaokavañt, çevista.
utilitas aretha, erethi, çaoka, çavañh.

Vacca gavadaênu.
vacillo barâç.
vacuefacio marez+â.
vadum peshu.
vae âvôya, bê.

vagor maregh.
valde ash.
valeo iç, daç.
validus içvañț, takhma, tûma.
vallis ravan, vairi.
vas khavza.
vehemens ughra.
vehiculum vâsha.
veho aog, vaz.
velox khshviwi, vâzista.
venator azrôdadha.
venatus azra.
venenifer garemañț.
venenum gara, vis.
veneratio nemañh.
veneror nemaqy.
venia apañharsti.
venio av, i, gaêth, gam+â, ghim, jañh, jam, jaç, jim, frâ, yaç, râç, çad.
venter udara, marshvi.
ventus vâta.
verbalis vacahina.
verber çnatha.
verbum mãthra, vakhedhwa, vac, vacañh, çravañh.
veridicus arshvacañh, eresvacañh.
vermis kaêta, kerema, nurtu.
versutia rema.
vertor av, nam.
verus ereshya, ereshva.
vesper uzirañh.
vespillo iriçtôkasha.
vester khshmâka, khshmâvañț, yûshmâka.
vestimentum vañhana.
vestio vañh.
vestis yâoñha, vaçtra.
vetus pôurusha.
vexatio bishis, vaêshañh.
vexator zazarana, zarnumana, çkutara.
vexillum drafsha.
vexo zar, țbish.
via pathan, frayana, râthma.
vicenarius vîçaitivañț.
victor vañtar, vavanvâo.
victoria verethra.
victoriosus vârethraghni, verethrajan.
victus qarena, hupathmainya.
video akhsh, cash, dî, vaên.
vigesimus vîçãçtema.
vigil zaêni.
vigilans jaghâuru.
vigilantia zaênañh, zaêman.
vigilo zi.
viginti vîçaiti.
vigor zâvare, huzvârena.
vincio bañd.
vinco ji, jish, har+ni; **clamando vinco** du+avifra.
vinculum dereza, derezva, bañda.
violatio jénara.
violentia hazañh.
violo khru, mu, hazdâ.
vir nara.
virgo kainika, kanya.
viridis zairita.
viriditas zaremaya.
virilis nairya.
virtus hunara.
vis zura, yaokhsti.
visibilis frâdereçra, vaênemna.
visus daêmâna.
vita âdhu, gaya, jîti, jîsti, jyâiti, jyâtu.
vitalis âdhufrâdhana.
vitrarius yâmôpacika.
vitrum yâma.
vivo gi, ji, jish, jîv, ju.
vivus javara, jijish, jîvya, jva.
vocatus zava.
volatus frafraothra, vaçma.
volo vaz, vî.
volo vaç.
voluntas uçañh, usti, zaosha.
voluptas râman.
vomo vam.
vorago gafya.
vulneratio khrûnera, rashañh.
vulnero rash, rish.
vulnificus erekhsha.
vulnus qara, raêshañh, riji.
vulpes raozha.
vultur kahrkâça.
vulva upaçta.

Zoroastres zarathustra.

GRAMMATIK.

Schrift und Aussprache.

1. Nach einer Notiz bei Mas'udi schrieb der Stifter der Parsenreligion die ihm von Gott offenbarten Bücher mit sechzig Zeichen nieder. Diese Bemerkung hat, wie Lepsius gezeigt hat, ihre Richtigkeit, sobald man auf die ursprüngliche Anordnung des Alphabets zurückgeht, welche sich aus einigen uns erhaltnen alten Zendalphabeten ergibt. Das aus unsern Handschriften sich ergebende Alphabet ist jedoch auf weniger Zeichen zusammengeschmolzen und die Transscription muss sich mit noch wenigern begnügen, weil der Lautwerth mehrerer Zeichen ursprünglich zwar verwandt, aber doch so gut als die Zeichen verschieden, für identisch angesehn wird und deshalb eine beständige Verwechselung der Zeichen stattfindet. Besonders empfindlich ist der Mangel an Genauigkeit bei Unterscheidung des *ĕ*, welches in den alten Alphabeten ein doppeltes Zeichen, für die Kürze und Länge, hat; die Kürze desselben scheint nur als zweites Element von Diphthongen gedient zu haben, und ohne diese seine Geltung im Auge zu haben, wird man stets eine unrichtige Vorstellung von der Natur dieser Diphthonge hegen. Es sind aber nicht nur ursprünglich verschiedene Buchstaben in unsern Handschriften zusammengefallen, es sind auch einige gänzlich verschwunden, welche wir nur noch in den alten Alphabeten bemerken, so das aspirierte *g*, das aspirierte *ṅ* und das *l* nebst seiner Aspirata.

2. Die ursprüngliche Aussprache der Zeichen war von der heutigen verschieden, wie diess in einer Tabelle bei Lepsius ersichtlich ist. Hier sei noch eine Eigenheit bemerkt, welche das inlautende *y* und *v* angeht. Stehn diese Zeichen, welche aus doppeltem *i* und *u* gebildet sind, im Anlaut, so sind sie *iy* und *uv* zu lesen: *iyañṭ* (daher auch *aniyadha*) *uvaĉibya*; auch im Inlaut haben sie oft diese Geltung: *aiwyâoṅha* l. *aiwiy*°, *thryakhsti* l. *thriyakhsti*, *paityĉiñti* l. *paitiyĉiñti*, *frya* l. *friya*, *byâre* l. *biyâre*, *vyâna* l. *viyâna*; *açtvañṭ* l. *açtuvañṭ*, *urvaĉnañṭ* l. *uruvaĉnañt*, *urvâñṭ* l. *uruvâñṭ*, *ḍrva* l. *druva*, *vohvazdaṅh* l. *vohuvazdaṅh*, *vohvarsta* l. *vohuvarsta*, *çrvara* l. *çruvara*, *hvarez* l. *huvarez*, *hvarezâna* l. *huvarezâna*, *hvaredhi* l. *huvaredhi*, *hvarsta* l. *huvarsta*.

Lautlehre.

I. Vocale.

3. Die einfachen Vocale sind *a â i î u û ere e é ê o ô âo*. Das Zeichen für das vocalisirte *r* ist verschwunden und daher durch *ere* umschrieben. Diess *ere* wird zu *ir* im passiv. von *kar*: *kiryêtê*; es ist aus *ara* geschwächt: *kameredha*. Das *e* steht häufig als Schwa und kann in dieser Eigenschaft mit *i* wechseln: *aibijaretareca*, *aiwivarena*, *aṅhâoçe tanvô*, *imâoçe tê*, *aêshemô*, *aretha*, *awezhdâṅâoṅhô*, *uzâreshrâ*, *urvâzeman*, *uçefriti*, *eredatfedhri*, *khrûnera*, *çeraoshem*, im plur. des potent. auf *ayen*; zwischen Vocalen: *éeâ*; hinter *é*: *béeṭ*. Das *é* steht für *ay* (Guna) in der Endung *éê*: *aiwishûtéê aiwishûtayaêca*.

4. Die einfachen Vocale ausser *e é ê o ô âo* können gesteigert werden durch den sog. Guna und die Vriddhi.

Einfache Vocale	*a*	*â*	*i, î*	*u, û*	*ere*
Guna	*a*		*aê*	*ao, éu*	*are*
Vriddhi	*â*		*âi*	*âu*	*âre*

In *airimaiti* scheint *ai* Guna von *i* zu sein. Eine Steigerung des *i* zu *âo* findet sich in *frashâopayêiti*; man muss wohl Uebergang des *i* in *a* und des letztern Dehnung zu *âo* annehmen. Die Steigerung des *u* zu *éu* findet sich z. B. in *déusmanahya* (von *dusmanaṅh*), *déusçravaṅh*, im gen. sg. der nomina in *u*: *aṅhéus* (*aṅhavaçea*), in *géus* (*gaos*), in *géusha*; als Guna *ist éu* auch in *neréus* aufzufassen, da in der Nähe eines *r* oder *ṛ* oft *u* für *a* eintritt, vgl. skr. *pitus*, goth. *brothruns*. Der Guna von *ere* wechselt zuweilen mit dem einfachen Vocal: *marzhdika merezhdika*, *maregha meregha*, *nars neres*, *neremyazdana* (von *nare*). *âi* scheint zu *aêi* gesteigert zu sein in *aêitha*. Das umgelautete *au* (aus *a*) wird zu *aou* gesteigert: *aourvata* (*aurva*) *paourva* (*paurva*) *baourva*. Vriddhi von *ere* findet sich z. B. in *kâra*, *vârethraghni*, *vâreman*.

5. Der Guna wird umgedreht: *yaçka* (von *ish*) *nmânya* (*nmânê*) *urvadha* (von *rud*) *âçtravana* (von *çtar*) *thrâyôdrighu* (*thrâyôdareghutema*) *drighu* (*dareghus*) *dregubyô*, *drûta* (von *dar*) *dreçvau*, *paitifraça frath* (*perethu*) *feraçâo*, *mrakhç* (aus *marec-ç*) *mrûra* (von *mar*); die Vriddhi umgedreht: *pairifrâça*.

6. Beim Zusammenstossen von Vocalen entsteht Hiatus, z. B. *avaasnaoiti nãmaazbâiti*, *hadhaiwyâoñhana*, *aparairithyañṭ aithyêjañha aiuita airista airîrica*, *aurvatha âpaurvairê*, *daêum dûraêurvaêça*, *baêerezu*, *cithrâavañh*, *âiniva*, *frâuruzda*, *qâaothra*, *frââpa*, *mazdâoukhta*, *paitiapayaṭ aviama tizhiarsti* (*tizhyarsti*), *khshviwiishu*, *îeyiñ*, *âçuaçpa perethuarsti* (*perethwarsti*), *zañtuiric*, *dâuruupadarana*, *perethuainika*, *pouruaênañh*, *hûisti vîtarcãzahya* (*vîtarãzañh*), *vaçéiti*, *béeṭ* (s. 3), *écâ* (s. 3), *aparôapâkhtara*, *zaranyôaiwidâna*, *zaranyôaothra*, *zavôâda*, *credhwôâoñhana*, *ashôîsh*, *arôurvaiti ashôurvatha*.

7. Zur Vermeidung des Hiatus tritt ein 1) Liquidation: *i* wird *y*: *aipyayana yañti nyu berezyarsti vîzhyarsti* (*vîzhiarsti*) *paityâpa dyu uityaojanô* (*uiti aojanô*) *berezyaogeṭ âfryêidyâi kaoyãm nyâoñe nyâka*; *u* wird *v*: *arvâpa kerenvañti qaêtva tanva mainivâo vohvaçti çtvikaofa aurushabâzrô hvañta*; *ere* wird *r*: *aghru zighru dru gavrîra dadrâna bawrare paitidra*; *aê* wird *ay*: *aiwishayana* °*patayô upayana*; *aê* wird *oy ôy*: *oyum ôyum* (aus *aêvem*); *ao* wird *av*: *aiwiçravana akavô aghravô apakava*; *ao* wird *ev*: *zevya*; *âi* wird *ây*: *thrâya*; *âu* wird *âv*: *zâvare dâvôi*. — Hinter den liquidirten Vocalen findet Dehnung statt: *aiwyâkhstar aiwyâkhshayêiñti nyâzata byârshan vyâravañṭ hvâiwyâçta vohvâvañt aipyûkhdha*. — Oft steht Hiatus neben Liquidation: *tizhiarsti tizhyarsti*, *vîzhiarsti vîzhyarsti*.

8. 2) Krasis: *a*+*a* wird *a*: *frapayêmi upayana upaçma qafnâ* (von *qa*+*ap?*) *parshvanika* (von *parshva* + *a*°, anders im Wörterbuch) *çyâvarshan*; *â*: *aurushâçpa avâzôiṭ upâzôiṭ frâshnaoiti ashâhura ughrâreṭ khshôiwrâçpa yukhtâçpa* (*yukhtaaçpa*); *âo*: *parâoñhâṭ âoñha*; *aê*: *naêma* (aus *nanama* mit Ausfall des *n?*); *a* + *er*, *ar* wird *ér*: *frérenaoṭ frérenãta fréreti*; *ôr*: *frôreti*; *a* + *ao* wird *ao*: *apaosha dûraosha*; *a* + *aê* wird *ôi*: *rathôishemna*; *âi*: *upâiti* (*upa aêiti*); *a* + *â* wird *â*: *açpâyaodha*; *a* + *i* wird *ê*: *imê tê*; *aê*: *taêca*; *ôi*: *tôi*; *a* + *u* wird *ao*: *aravaostra avaoirista upaoshañuhva kereçuokhshan frashaostra mithaokhta fraokhshyãn hadhaokhta*; *ô*: *avôiriçyâṭ*; *âu*: *arâuruçta*; *â* + *a* wird *âo*: *pâoñtô vâoñti*; *â* + *i* wird *âi*: *âidhi*; *i* + *i* wird *i*: *aiwiti aiwitem paitishata paitita paititi* 2. *paitisa pairista*; *i* + *î* wird *î*: *nîrê*; *i* + *î* wird *î*: *zîṭ*. *u* + *u* wird *u*: *anukhti pourusti* (?) *huruthman hurunya*; *ao*: *hizaokhdha*; *u* + *a* (*e*) wird *u*: *jum* (aus *ju*=*jva* + *em*); *û*: *jûmca erezhûca* (aus *erezu-aca*) *uzûithyâoçca* (aus *uz-zu-aithy*°); *aê* + *â* wird *aê*: *aêni* (aus *ay* (*aê*)-*âni*); *aê* + *i* wird *âi*: *âis* (aus *aêibis*); *aê* + *aê* wird *aê*: *khshaêsa* (aus *khshay* (*khshaê*)-*aêsa*); *au* + *e* wird *âu*: *erenâum dâuñta nâuma*; *ao* + *a* wird *éu*: *géus*; *ao*: *gaos*.

9. 3) Elision: *frahmi* (von *hmé* und Aff. *i*).

10. 4) Einschub von Consonanten a) *y*: *çpaya*, *ahuyê âmruyê daduyê duyê fraṭbuyé viṭbuyê çtuyê*, *añhuyaṭ*, *uruyâpa*, *âyapta dâyañh*, *kayâ*, *iyañṭ* b) *d*: *keredushâ* c) *v*: *qaêtaovê* (*qaêtavê*), *pivañh*, *vîvâp* d) *n*: *açpanãm* e) *sh*, *s*: *pourushaçpa* (*pouruaçpa*) *bâzusaojañh* f) *zh*: *yûzhem*.

Sonstige Lautgesetze.

11. Dehnung. 1) In den metrischen Stücken des Avesta werden alle auslautenden kurzen Vocale gedehnt, ebenso *i* vor auslautendem *ṭ* und *s*: *cîṭ*, *âbîs*, einmal *u* vor *s*: *vafûs*. 2) Ueberhaupt findet Dehnung statt von *a*: vor enclitischen Wörtchen: *aêtâciṭ aorâca apâca* (aber auch *âçnaca khshudraca*); in *añhâiti* (*añhaiti*) *anâpa anyâtha ashâvaoyô âkhrâre âtarathra âthadhca âfañṭ âfsbyârikhti âya* (*aya*) *ârém âç* (*aç*) *âçanaêca* (*açana*) *kâthé*, *qâ*° *zaranyâvañṭ tâsta* (*tasta*) *frâuruçta frâghmaṭ frâyêiñti mashyâka mâya* (*maya*) *mâvaya mâvôya vañhânem verethrâjanem* (*verethraja*) *hâiti* (*haiti*) *hâma* (*hama*) *hâvañṭ* (*havañṭ*) *hutâstem* (*hutastem*), in den § 400, 2. genannten Wörtern; von *i*: *aibîjaretârô aibîbairista açîsti îzha îsh îshan kainînô* (*kainina*) *kerîtañh kevîdha kevîna khshnvîshâ cîm* (*cim*) *frashimañt mîsti* (*misti*) *varenoavîsha vîurvîçyâṭ çîçpemna* (*çiçpimna*), in der Endung des plur. instr. *bîs*; von *u*: *aidyûnãm* (*aidyunãm*) *ahûm khshûiçtê* (*khshuçtâ*) *gûnaoiti gûshatâ yûkhta* (*yukhta*) *vafûs shûçuṭ* (*frashuçaiti*), in den Compos. *âdhûfrâdhana mainyûçâçta dusmainyûjayañṭ hûisti hûsnâthra*; statt der Gunirung: *aiwithûra urûdhayañṭ urûdhu kerenûishi*; von *e*: *airyémâ ayém mané éhmâ apémâ ayaré avémîra utévaṭa émavañṭ qénvaṭ khshãnméné gréhma jénara réna véñhaṭ vâtéyâmahî hécâ* (in diesen Beispielen gieng ein ursprüngl. *a* in *e* über, welches zu *é* gedehnt ward) *hémyañtê* (*ém* statt des Anusvâra *ã ãm*).

12. Kürzung. 1) *â*: *aiwyaçca abyaçca* (*âbyô*) *apemca* (*âpem*, wegen *ca*) *apaçca* (*âpô apô*) *astaithivañṭ* (*astâiti*) *âçnatârem* (*âçnâtar*) *khrapaiti upañhañh* (von *âh?*) *upamana qaçta tavi* 1. *paiti paitiajãthra patar pavâo çpaiti aiwivaraiti skata azbâiti afraçañh afraçâoñhâo açaya açista* (*âçista*) *açyaṭ açtairya ahmaṭ añhaṭ acaêtar akerenaoṭ ashayêiti agata çpaka athaurunem* (*âthravanem*) *adâhû adhâo adaçtê adâuñta adarata fraçnana bipaitistanãm abaraṭ* (*âbarâṭ*) *pairiabaom abdâta marekhstaraçca* (*marekhtârô*) *yamanãm* (*yâma*) *çtarencâ* (*çtârem*) *mairi* (von *mâra*) *ayamaitê arâoñtê rasta* (*râsta*) *araênata pairiavaênaṭ açtarema rakhshaṭ* (*rakhshâṭ*) *raghdhana arâcî avazaṭ avazâiti avashata vairyâoçca* (*vâiryayâo*) *açadayaṭ açâçaṭ akhstaṭ açpacaṭ çpacithra açperezatâ çpanañha* (*çpânañh*) *açvâtem açrâdâm ashâiti ahmémaidê*, im nom. der Themen in *tar: aibijarcta;* tritt an *â* ein Vocal mittelst *y* an, so wird *â* zu *a: anumaya fraya frayana kayâ gaodaya* 1. *vaya çpayathra;* 2) *î: âfritis eviçpôqafna frita* (*dunmôfrîta*) *ainisti* (*îsti*) *aiwiniti.* 3) *û: âhurôis.* 4) *âo: mazdadhâta mazdayaçna.*

13. Distraction. *â* wird *âa: açnâaṭca apâaṭca ashâaṭcâ ashnâaṭca âaṭ urvarayâaṭca khshafnâaṭca zemâoṭca tâyâaṭca daêvâaṭca vahistâaṭca vîshâaṭca vîçpômahrkâaṭca shôithrâaṭca; ao* wird *ava: çravashemnâo; aê* wird *aya:* im sing. loc. der Themen in *a: vourukashaya;* in *ayañhâ* (von *i*) *ayaçôis* (aus *â, a* + *içôis*, was zunächst *aêçôis* wird nach § 8) *uzayara* (*ir*) *kaya* (aus *kôi*=*kaê*) *cakhrayô* (*ô* für *a*, skr. *cakré*); *arc* zu *ara: araçka barajâya varata* (*varcta*) *varana* (*varena*).

14. Abfall. *a: açnaca açnâaṭca âkhtûirîm ârmaiti urvîkhshna karsiptan qawrîra khçâ khshafnya zrvan dadrâna* (*dadarâna*) *dru paitidra paçcâṭ ptarém ptâ frathaçvañh fshañh fshu fstâna bawrarc* 2. *bda verethraghnaṭ varsnãm çeañtû çtô* (*ah*); *â: avaçyâṭ zdî huzvârena; u: khshmâka khshmâvañṭ khshmâ; i: armaêshad* (*airima*).

15. Einschub. *a: arshnavañṭ khshviwiishvatema agemaṭ frâghmaṭ zaranaêma zaranya zaranyapakhasta tizhinavañṭ daibish* (mit Umlaut) *viçtavaraos* (*viçtaurus*) *skyaothanâ hava* (*hva qa*) *barâz barâç;* vor *h*, welches *ñ* vor sich nimmt: *airimêañhadh* (*armaêshad*) *nisañhareti nisañharcthrîm* (*nisharetar*) *pairiañharsta* (*pairiñharsta*) *haomôañharezâna haomôañharsta nisañhaçti nisañharatû, ryañura* (*ñ* ist als aspirirt anzusehn, oder die Aspiration ruht in *r*): *â* in den Compos. *îshâkhshathra khshapâyaona* (oder für *khshapan-y°?*); *i, î: urvikhaodha urviverethra urvîkhshna urviçara* (man kann hier auch einen Stamm *urvi* annehmen, für welchen *urryâpa* zu sprechen scheint) *khrvighni khrvîdru; u: nakhturu* (s. §. 17) *ô:* §. 405, 3.

16. Assimilation. (Umlaut) a) zurückschreitend 1) bewirkt durch *i, î: gaiñtii, aiti aiwidhâiti ameretâitî aiwivaraiti aurvaiti astâiti yaoiti khshnûiti azûiti, zbaurvaithina daoithri, tarôidîta, berezaidhi vaidhi, ainika ainidhaṭ ainisti ainîm* (*anya*) *ãnmainî mainivâo* (*manivâo*), *aipi aipi* (von *ap*), *aibî aêibis âfrivanaêibis, avaoirista avamereiti gairi tâyûirinãm, aiwi.* 2) bewirkt durch *u: auruna aurusha athaurunem nuruyô* (aus *neruyô*=*nerevyô*) *pouru vouru çâuru.* 3) bewirkt durch *ê: açtvaitê daêvôfradâitê mazdadhâitê* (*°dhâtê*), *daithê, daidhê* (*dadê*), *airyamainê ãnmainê, ushaçtairê bairê pâirê dûirê, gaoshaiwê;* geht *ê* in *aê* über, so tritt Rückumlaut ein: *aoyemadaêca dûraê°.* 4) bewirkt durch *éé: zazâitéé frâdaṭvîçpãmhujyâitéé.* 5) bewirkt durch *y: aêtavaitya, aoshañhaithyâoçc amavaithyâo açtvaithyâi uzûithya daithyâres daiçâithyâo pataithyâo bavâithyâica, aidyu âfryêidyâi urvâidyâo, anyaidhya vazaidhyâi, ainyava* (*anya*) *framainya mainyaoibyô mainyêtê* (*manyêtê*), *aipya, °aêibyô* (plur. dat.) *aibyaçciṭ* (*âbyô*) *maibyô urvôibyô, airya âhûirya tûirya duzhyâirya paoirya hismâirya nivôiryêitê, aiwyaçca.* Statt *ai* findet sich *é* in *méñhî ménâcâ* (*manya*), *aê* in *khstâvaênya.* 6) bewirkt durch *v: aurva aourvata jigaurva zaurva paurva, gêurvayêiti.* Statt *au* findet sich *ô: aojôñhvaṭ* (*aojañhaitis*).

17. Zuweilen wird eine Consonantengruppe durch einen Vocal getrennt, welcher dem folgenden assimilirt ist: a) *i: niçirinaomi* b) *u: çukuruna çurunaoiti çuruçrushemnô* c) *y: zairimya* d) *v: upaoshañuhva.*

18. Verwandt damit ist, dass an zweiter Stelle stehende *i u* vorgeschlagen werden: *iri irikhta iric irith* (?) *irish, uruth urud urupan urupi urvadha urviç fraoraoçtra* (für *fra-uraoçtra* von *rud?*) *urupayêiñtî.*

19. b) fortschreitend. Durch *u v* wird folgendes *e â* zu *u âu* assimilirt: *çukuruna* (von *çku* und Aff. *rena*) *vâurayâ* (von 2. *var*).

20. c) durch einen vorhergehenden und folgenden Laut erzeugt; durch unmittelbar vorhergehendes *y* wird *a* und *â* zu *ê*, sobald in der folgenden Sylbe *i ê y* steht: *ayêni airyênê ishyêhê yêñhê aghryêhê ayênê âfryêidyâi* (aus *âfrî-a-dyâi*) *yêiñti* (*yañtî*) *uzayêirina upaçayênê afraokhshayêiñtîs kayêidhyâoçca kayêidhinãmca khrvîshyêitis khshayêtê gayêhyâ; tistryêni aojyêhîs °yêmi* (1. sing. praes.) *açpôçtaoyêhîs yêçtê yêçnê yêçnya* (lies *yêçniya?*) *yêshyañṭ.* Diese Assimilation ist arbiträr, man sagt auch *skyañti bayaiñti mainyañti* (*mainyêiñti*) *frayâzyâṭ anyaidhya.*

21. Somit ergeben sich als assimilirte Vocale: *ai au aoi aou aêi aê âi âu i u ûi ci é éi éur ê êi ou ô ôi ãi.*

22. Die Halbvocale *y v* werden zu *i u: mainivâo* (aus *mainyu-âo*); *aredujâo* (aus *aredvi-âo*) *paouruyô pouruyô marshuyâo;* geht *a* vorher, so wird *av* zu *ao: ashâvaoyô aoi aothra ashaonê kaoyãm yûshmaoyô daoithri daoya dañhaoyu raçmaoyô* (auch *raçmôyô*) *vaoiri vaorâzatha yaonibya.*

23. Eine Gruppe von Halbvocalen und Vocalen geht in einen Vocal über. 1) *aêvy* wird *ôi: ôyâ.* 2) *aya aye* wird *é: shéiti khshéñtãm khshéñtâ hushéna;* zu *î: qîta qîti;* zu *aê: eikaên nizbaêm yaêshê* (aus *yayashê*) *raêsca vaêm apaêtar kavaêm naçuçpaêm nistaretôçpaêm yaêthman upashaêta; âi: aibigâim frâ gêurvâin niçâim.* 3) *ayê* wird *aê: aêni* (*ayêni*). 4) *av* wird *u: yuya* (?); *âu: ashâunê; ao: ashaonê.* 5) *ava ave* wird *u: kuñda* (*kavañda*); *û: yûnô; ao: aoderes aonya aora aosta* (?) *aomana aom ashaokhshayañṭ daomnô debaoma naotara fraokhshyañṭ raonãm vaonushãm fraoreti baon mainyaoyâṭ vaocâ fraorenaêta frazdânaom; éc: béeṭ; âu: vâunus crenâum dâuñta nâuma* (*naoma*); *âo: avâoñtem.* 6) *avye* wird *ôi: hôim hôyãm* 7) *âya âye* wird *âi: aêvôgâim upâiṭ.* 8) *ew* wird *u: aghru gru.* 9) *ya ye* wird *i: azareshiñtem ainim* (*airîm anyêm*) *areshiñtem irishiñti parairithiñti îm* (aus *i-yem iim*) *evereziribyô* (aus *everezyan-byô*) *jaidhimnâo zaranim paidhimna* (*paidhyamna*) *aidhim ainidhaṭ istimaçanh mashimârava; î: aêvômâhîm aghrîm añhaithîm ainîm* (*ainim anyém*) *ukhshîn haithîm* (*haithyêm*); *aê: açpaêm karaêm; ê: aêm* (*ayém*) *ahê airê aurvatôçaênê-kaofa âhûirê kavê qaêpaithê gaoshaiwê naçê frañraçê*, im sing. gen. der Themen in *a: açpahê.* 10) *yâ* wird *î: frazahîṭ; i: mainimadicâ* (*mainyâmaidê*). 11) *yâo* wird *ê: kainê vadhrê.* 12) *yu* wird *î: ôim oim.* 13) *ca ve* wird *u: ôyum oyum añhushãmca âoñhushãm athaurunem irîrithushãm ukhta ukhti* 2. *ukhshan ukhshyañṭ ughra ubda urañh uru urunya urunaca uç uçañh khraozhduçma catura jum zaurura* (von *zaurva*) *zazustema tanuyâoçca daêum uyê duyê paourum paourayâo parshuyâo* (aus *parshvayâo*, anders im Wörterb.) *paçushaurum ukhshyêmi ufyêmi varedaçma uçrahî hurunya; û: ûra crezhûca khstûm tûirya* (aus *ca-thwarya*) *vîdôyûm harôyûm hôyûm âidûm* (von *î*) *jûmca;* 14) *va vâ* wird *ao: aodha aoshañṭ aokhta aotâṭ* (*vaṭ*) *haoyâi haoyâo* (Westerg. *huyâo*) *aota* (von *vâ*).

Bem. Statt zu *i* zu werden bleibt *ya ye: anyém areshyañtãm naçyañtô.*

24. Durch Ausfall eines Consonanten entstehn Diphthongen: *jaêkarsta côreṭ naêma* (s. §. 8) *avajaçâi* (praes. conj. 2. sg.)

25. Anusvâra. Die von Lepsius besprochnen alten Zendalphabete deuten auf ein ausgebildetes Anusvârasystem hin, aber in unsern Handschriften ist nur der Anusvâra von *a*, der zuweilen auch für den von *â* gilt, erhalten. Der häufige Wechsel zwischen Verbindungen der Vocale mit einem Nasal und zwischen nichtnasalirten Vocalen wie er z. B. in der Flexion der Adjectiva in *añṭ* erscheint, scheint auf eine in Verwirrung gerathene Bezeichnung des Anusvâra hinzudeuten. Das Zeichen für das anusvarirte *a* ist *ã*, welches im Auslaut und vor *kh g j z th n f m r ç s h* auftritt; 1) im Auslaut: *imã ameshã* (*ameshâ* °*shâo* °*shê* °*shêça* °*shêñg* °*shãçca*) 2) vor *kh: ãkhma ãkhna.* 3) vor *g: ãgama* 4) vor *j: thãjayêni* (*thañjayêiñti*). 5) vor *z: ãzañh.* 6) vor *th: jãthwa zãtha zãthar zãthwa vãthwa*, mit Umlaut: *dawãithyâo.* 7) vor *n:* a) für anusvar. *a: rãna ãnman khshãnman ghenãnãm;* der Nasal ist hier nochmals durch *n* ausgedrückt; ohne diess *n: ãithya* (von *a*, *an* + *ithya*); b) für anusvar. *â: ucãn* (*urân urâon*) *urvãnem* (*urvânem*) *nuotairyãnô âthweyãnô kukhshnvãna hyãn* (*hyâre qyên*). 8) vor *f: jãfnu.* 9) vor *m:* a) für anusvar. *a: nãmya;* ohne Bezeichnung des *m: rãrema* (für *ramr*°?) b) für anusvar. *â: mãm* (*mâ*) *dãma* (*dâma*) *hãminô* (*hâmina*) *khstãmi nãmãn ghenãnãm.* 10) vor *r: rãrema rãrôman.* 11) vor *ç: ãçu ãçus ãçta aêwinaçãçtema açverethrajãçtema.* 12) vor *s: frãs* (*frazhdâta frazdânava fraskãmvareta*). 13) vor *h: dãhista* (*dâhista*) *tãhyumna.*

26. Der Anusvâra darf nicht in zwei unmittelbar folgenden Sylben stehen: *dâmãn* (*dãman*) *nâmãn* (*nãman*).

27. Der Anusvâra geht in den einfachen Vocal über: *frâshmi* (*frãs*) *apasha* (*apãs*) *frasha* (*frãs*), im dual. dat. in °*bya*, im plur. acc. der Themen in *a: aêçma;* tritt in letzterm Falle *ca* an, so geht das aus *ã* entstandene *a* oft in *é* über und ein *ç* wird eingeschoben: *âtarsci̇thrêçca*, wie auch sonst *é* für *ã* steht, z. B. *qyên* (*hyãn hyâre*).

28. In der Wurzel *çãç* und deren Aorist steht *ã* für *añh*, indem *çãç* aus *çañh* durch Antritt von *ç* erweitert ist.

29. Für *a* + *an* steht *ã* in *nãmyãçus.*

30. Im Anlaut finden sich folgende Vocale: *a â i î u û e é ô ã* (*cre ure âre*) *ai âi ui oi ãi âa au aê aêi aêu ao aoi âo îê êcâ êcâo.*

31. Im Auslaut finden sich folgende Vocale: *a â i î u û êê e é ê ô ôi âi âo ã: a* wird oft zu *ô: apô frô maibyô* (*maibyâcâ mâvayacit mâvayaca mâvôya*).

32. Bemerkungen über einzelne Vocale. A. Vocale vor einem sylbenschliessenden Consonanten. 1) Hinter *a* pflegen einzelne Consonanten im Sylbenauslaut auszufallen, worauf der Vocal in verschiedner Gestalt erscheint. Es fällt ab a) *s* und *a* bleibt *a: azhaya ashavana açpa* (plur. nom.); das gewöhnlichere ist, dass *as* zu *ô* wird: *ashavanô* b) *s* und *a* wird *ô: kô* (*kaçtê kaçthwãm*) *tarô* (*taraçca*) *mashyô* (nom. sing. der Themen in *a*) c) *s* und *a* wird *î* (Ausnahmsfall): *khshvîdhem* d) *r* und *a* wird *é: kmé* e) *ñh* und *a* wird *é: ãkhmôfrânômaçêbîs raocêbyô aêcêbîs vaçêiti* f) *ñh* und *a* wird *ô: raoôfraothman voururaf nôçtema* (*ç* eingeschoben) g) *n* und *a* wird *a*) *â: astâiti astâbifra âyu karâraçman qâthra zâta baremâyaona β*) *ô: uroôñhan barô*° *dâmôhu* (*dâmahva*) *garemôhva raoôcañta arshôkara açmôqanvañṭ cerezyô karapôtañh khshapôhva jôya zrvôdâta daamôfrâta nãmôkhshathra pañcôhya bareçmôzaçta magavô raçmôjata râmôshiti* (aber *râmashayana apishmagara asharadkarsta khshata*) 2) hinter *ao* fällt *s* ab und *ao* wird *ô: añhuyaos añhvô* (dual. loc.). 3) hinter *â* fällt *s* ab und *â* wird *âo:* im gen. sg. der fem. in *a: urvarayâo*, in acc. plur. *urvarâo*, im plur. neutr. der Themen in *añh: manâo* (*manâoçca*).

33. B. Folgende Vocalwechsel sind bemerkenswerth: *a* wird 1) *o: aipivohûm pouru pourva mouru* (altp. *margu*) *vohum vohu* (*vañhu*). 2) *ô: aojôñhvañtem* (s. §. 16, 6) *akôyan añhvô* (*añhva*) *uzêmôhi akhtôyô gûshôdûm vâtôyôtû* (für *vâtayatû*) *thwarôzhdûm thwôrestar dôrest mâvôya* (*mâvaya*) *môghuṭbish* (*magéus*) *rafenôqyâi nicôiryêitê;* in den §. 352, 4a genannten; in der Compos. nehmen die Themen in *a* ein *ô* zum Auslaut, sobald sie das vordere Glied bilden, mit Ausnahme der § 400 genannten, z. B. *airyôshayana, hadhôzâta* (*hadhadâta hadhânaêpata*). 3) *ao: paoiri paoirya.* 4) *ou: pouru vouru* (Umlaut von *o*) 5) *é:* in den § 11 von *airyêmâ* an genannten. 6) *e: azen avaretha* (*varatha*) *açpena ashemaogha ashemanôjan astema ahumeñtem afeñtem upema* (*upama*) *eviñdan kerîtañh kevidha khesha qarecṭâṭ zeñtu nemôi nistarenaêma fratarebyô frataremikhma fratarecitaçti framenaara maidhyôshema cehrka çevi* 7) *ê: kê* (*kã*) *kainikê qaêca* 8) *i: tiñja diçu* 9) *î: khshîra vîra* 10) *u: hâkurena* 11) *û: brâtûirya* (doch vgl. skr. *bhrâtṛrya*).

34. *â* wird 1) *u û: çtûna* 2. *khshnu* 2. 3. *du* 2) *i:*

upamitya thrima °*mita* (*mâta*) *pitar* 3) *é*: 1. *dé agénô* (*agânô*) *qyém qyén* (*hyâre hyãn*) *zazé* (?) *fréna verezéna haênébyô* 4) *ô*: *jyôtûm* (*jyâtéus*) *agtôvîdhôtus* (*vîdâtaoṭ*) *kudô* (*kudâ*, hier ist *ô* wohl aus dem verkürzten *a* entstanden) 5) *âo*: *avâon* (*avân acãn*) *âzyâona ghzhâonvamna dâoṅhôiṭ* (*dâhîm*) *âoṅharena âoṅha âoṅhãm*.

35. *i* wird 1) *a*: *khshathra baevanãm* (letztres wohl unorganisch wie altp. *anâhata*) 2) *u*: *katu* (*kati*) *kanuka* (*kainika*) *patu* (*paiti*) *gufra* (*gip*) 3) *e*: *aiwiereti apairithentô erekhta zemaka vârethraghnes* 4) *é*: *yém* (*yim*) *énakhsh bẽñdva* 5) *âo*: *frashâopayéiti*. *î* wird *é*: *fréni*.

36. *u* wird *é*: *fgératu*.

37. *e* wird 1) *i*: *aiwishâcim ashaṅhâcim mereñciñti mishâcim taciñti taciñtãm apatacin hãmtâciṭ hunairyâoñcim raociñtâṭ frâvaocim vâcim vîrôṅyâoñcim* (°*âoñcem*), *drazhimna* (°*zhemna*) *unaêzhiñtyâo drujiñtem* (*druzheñtem*), *pairithna vaêdimna* (°*demna*) *gigpimna* (*gîgpemna*); für *e* als Schwa: *uginemaṅh everezinibyô* (für *everezyan-byô*) *vîzhibyô gnaithizhibya dregrôdibîs* (°*debîs*) *vâghzhibyô* 2) *é*: *akém ajén* (*azen*) *azém anyém avaré âtaré uzémôhî évigti mazéna réthi hacémna* 3) *ô*: *varôzhiñtem*.

38. *é* wird *ôi*: *thwôi* (*thwé*, aus *thwê*).

39. *é* wird 1) *é*: *nemageté mazé* 2) *ôi*: *môi* (*mé*) *âyôi avâzôiṭ avôi* (*avê*) *khshôithna khshôiwra garôibîs pôithwa yôitheman yôithwan gimôithra*. 3) *aê*: °*madaêca* (°*maidê*, 1. plur. praes. med.), in mehreren §. 404 genannten; aber °*ahêca* (gen. sg. der Themen in *a*, weil hier *ê* Umlaut von *a*).

40. *aê* wird 1) *oi*: *oim oyum* 2) *ôi*: *ôim ôyum vîdôyûm* 3) *î*: *vairîmaidê nâshîma*.

41. *ôi* wird 1) *î*: *vainîṭ*. 2) *é*: *gtérapañṭ* (*gtôirap*°).

42. *ô* wird 1) *é*: *né* (*nô*) *ké* (*kô*) *qé hé héca* (*hô*) *nemé* (*nemô*) *mé mazé* 2) *âo*: *nâo* (*nô*) *peretâo* (*peretô*).

43. *ao* wird 1) *é*: *magtarégham* (*raoghna*) 2) *ô*: *ragmôyô* (*ragmaoyô*) *avôirigyâṭ* 3) *âu*: *bâun* (*baon*) *ashâum gâuzagta* (*gaoz*°) *nâuma* (*naoma*) *kerenâun* (*kerenaon*) *daṅhâurvaêga* 4) *âo*: *gâo*.

44. *âo* wird 1) *a*: *mazdadhâta* (s. §. 12, 3) 2) *â*: *mazdâvara yâgkereṭ* 3) *é*: *é* 1. *dé* 4) *ô*: *mazdôfraokhta*.

45. *ã* wird 1) *e* (d. h. *a* verliert den Anusvâra und geht in *e* über): *bezvañṭ* 2) *é*: *ameshé hémyañtê narés* (*nerãs*).

46. Es ergeben sich folgende Vocale und Vocalverbindungen: *a*, *ai êi é ê aê au*, *ai aai au ua*; *â*, *âi âu*; *âa âi âu âao âou ââ*; *e*, *ei*, *eã*; *é éé éu*, *éi éu*, *éc éeâ éi*; *ê*, *êi*; *i*, *iu ii*; *î*, *îê*; *o*, *ou*; *ô*, *ôi*, *ôi ôu*, *ôî ôi ôâ ôa ôai ôu âao ôâo*; *u*, *au u ui*, *uu ua uai ui uaê*; *û*, *ûi*; *ere*; *âo*, *âoi*; *ã*, *ãi*; *ao*, *aoi aou*; *aê*, *aêi aêu*, *aêu aêe*, *ar*; *âu*; *âi*; *âr*.

Bem. Die mehrmals aufgeführten Vocale oder Vocalverbindungen haben mehrfachen etymologischen Werth.

II. Consonanten.

47. *k* erscheint nur vor Vocalen und *v*, welches daher wohl *uv* zu lesen ist.

48. *q* ist der aspirirte Laut von *v*, gleich dem goth. *hv* (*w*); zuweilen erscheint noch *hv* statt *q*: *qéñg hvare*, *qaṅhar hvâha*, *qa hva* (*hava* durch Einschub von *a*), *haraqaiti* (von **haraṅh* mit Aff. *vañṭ*). Tritt *a â* vor *q*, so bleibt das ursprüngliche *hv* erhalten, *h* nimmt *ṅ* vor sich und das *v* tritt als *u* zwischen beide Consonanten: *aṅhareçtâta âoṅharena fraṅharaiti*; zuweilen schwindet *u*: *fraṅharetar*. Auf dieser Verwandschaft des *q* mit *h* beruht die Erscheinung, dass *h* allein zuweilen *q* wird (§ 74). Vor *r* bleibt zwar *ṅ* und *u*, aber *h* fällt aus, wohl weil *ṅ* ursprünglich aspirirt war: *zairimyaṅura*.

49. *kh* entsteht immer aus *k* (welches selbst aus verschiednen andern Lauten entstanden sein kann); in wenigen Wörtern steht *kh* statt *k* ohne mir erkennbare Ursache: *aêkha aêzhakha kha* (von *kan*, skr. *khan*) *khaodha khad* (skr. *khad*) *khara* (skr. *khard*) *kharedha khavza khiz khir* (skr. *kshir*) *khumba takhairya* (durch *r* aspirirt?) *hakhi* (skr. *sákhi*).

50. *gh* verhält sich zu *g* wie *kh* zu *k* und findet sich vor Vocalen ebenfalls nur vereinzelt: *aoighimatagtîra*.

51. *ṅ* kann entstehn vor dem aus uraltem *s* hervorgegangnen *h* hinter *a* und *â*, welches in *âo* übergeht. Den Wechsel von *h* und *ṅh* in demselben Worte, wie in *ahûm* und *aṅhu* erklärt Lepsius 380 daher, dass die Sylbe vor *ṅh* acuirt, die vor *h* tonlos ist, also *ahǘm áṅhu*, *manáṅhô manahí* (Lepsius *mánahi*), *aipiváṅhu aipivohǘm*, *usháṅh ushahína*; in einem Fall entsteht *ṅ* aus *ñk*: *pañtaṅha*; vor *r* erscheint *ṅ* für *ṅh* (vgl. §. 48), doch findet sich auch *payaṅhra*, wo das *h*, welches schon in *ṅ* d. h. ursprünglichem aspirirten *ṅ* enthalten ist, nochmals bezeichnet ist. Wenn *y* oder *i* auf *ṅ* folgt oder ursprünglich folgte, so wird *ṅ* palatal und mit dem Zeichen

52. *ń* geschrieben: *ańhâi* (skr. *asyâi*) *ańhâṭ ańhê* (*ahyâ*) *avańhâṭ kańhê kańhâogeiṭ dańhu* (*daqyu*) *méńhî* (skr. *ámansi*), aber *méṅhâcâ*; *vańhâo* (*vahyâo*); ohne erkennbare Ursache steht *ń* für *ṅ*: *frâdańhê* (für ursprüngl. °*dasyê?*) *mainyâoṅhô gravańharô haomanańhamna haogravańhâi* (scheint falsche Lesart yt. 24, 32). Andern Theils steht *ṅ* für *ń*: *dâoṅhâ pâoṅhê véṅhaitî* (Westergaard *vẽñhaitî*) *vaṅhañtãm*; das ursprüngliche *y* dieser Futurformen scheint so früh geschwunden zu sein, dass mit der Zeit auch sein Einfluss auf das *ṅ*, der es sonst überdauert, vernichtet wurde.

53. *ñ* war ursprünglich der anusvarirte *â*-Laut, ist aber zum consonantischen Nasal geworden und steht vor *k g c j t d b*; zuweilen steht *ñ* vor *ṅh*, welches dann in *g* übergeht: *añgra* (*aṅra*) *bañga* (*baṅha*); vor *b* wechselt es mit *m*: *khumba khuñbya*.

54. *ṭ* hat ursprünglich zwiefachen Werth, aber die Zeichen für die beiden Laute werden in den Handschriften vermischt. Es ist einmal weich und aus *d* entstanden, zweitens hart und aus *t* entstanden, beidemal ein assibilirter Dental. In manchen Fällen kann man ziemlich sicher bestimmen, ob *ṭ* hart oder weich ist; weich ist es wohl in *amavaṭbyô ameretaṭbya ṭbish* (*daibish*) *maṭ* (*maidhya*) *ukhshyaṭurvara ukhshyaṭereta* (vgl. *haredhaçpa*) im abl. sing. *qafnâṭ* (*qafnâdha*); hart in *iṭ* (*itha*) *ciṭ* (*aipiciṭhîṭ cithenâ pairiciṭhîṭ*) *miṭ* (*maêtha maêthana*) *khshiṭ* (*aiwikhshôitan*). Jeder auslautende Dental geht in *ṭ* über: *amavaṭ taṭ;* vor angetretnen Enclitica kann *ṭ* stehn: *aiwidhaṭca aṭca khstãmicaṭca*, es können aber auch phonetische Umwandlungen eintreten: *aiwitaêdhca frâyêbîscadhca*.

55. *th* verhält sich zu *t* wie *kh* zu *k*; zuweilen entspricht es altem *th*: *qyâthâ* (neben *qyâtâ*). Vor Vocalen findet es sich in *thaurva uithakhtar ratha*, wo es nicht mehr Aspirata, sondern bereits assibilirt ist und in vielen Fällen *ç* neben sich hat: *çaurva raça*.

56. *n* steht zuweilen wie im Pehlvi für *r*: *hyãn* (*hyâre qyên*) *uruthwãn* (von *uruthware*) *karshvan* (*karshvare*) *qan* (*qar*) *khshapan* (°*khshapara*) *pouru-baêvanô* (°*baêvare*), in der 3. plur. perf. °*are* (?).

57. *f* verhält sich zu *p* wie *kh* zu *k*; zuweilen findet es sich ohne deutlichen Grund aus *p* entstanden: *âfañṭ* (von *ap*, vielleicht wie im gr. σοφός aus *p* + *v*?) *kaofa* (auch altp. *kaufa*, der einzige Fall, wo *f* zwischen Vocalen steht) *vafus* (durch *u* entstanden?); zuweilen geht *f* in *p* zurück: *çif çaêpa*.

58. *r*, der Halbvocal des *r*-vocals (*ere*): *aghru* (von *garew*); das aspirirte *r* nimmt in der Schrift ein *h* vor sich, weil das Zeichen für dasselbe mit dem für das nichtaspirirte zusammengefallen ist: *kahrkana kehrpem* (aber *kerefs*, wo *r* die Aspiration verloren hat wohl weil die Gruppe *fs* folgt) *hukehrp* (*hukerefs*) *mahrka vehrka*. Auch das in den Handschriften verlorne *l* wird durch *r* ausgedrückt, nur ist schwer zu sagen, wo *l* gestanden hat; in *raêka* entspricht *r* dem skr. *r* (*rekhâ*), neben welchem aber in *likh* das *l* erscheint; *rag* entspricht dem skr. *lañgh*, 2. *râ* dem skr. *lâ*.

59. *s* ist nur eine schärfere Art von *sh*, besonders vor Consonanten: *airista* (von *rish*); beide wechseln häufig: *aêtê-sê pairi-shê*, *avaasnaoiti frâshnaoiti*, 2. *paitisa* (von *ish*) *varsnôis varshnôis*.

60. Einige ungewöhnlichere Consonantenverbindungen: *khshnv*: *asharakhshnvaiti kukhshnvâna*, *khst*: *airyâkhstar*, *khsthr*: *airyâkhsthra*, *ghny*: *jaghnyãm*, *ghry*: *aghrya*, *zhdy*: *ayaozhdya*, *zrv*: *zrvâna*, *ñgh*: *cyañghaṭ jêñghaiticâ*, *ñby*: *tbishyañbyô*, *ṭk*: *ṭkaêsha*, *ṭṭb*: *paityaogeṭṭbaêshañh*, *ṭb*: *ṭbish*, *thry*: *aêthrya*, *thwy*: *âthwya*, *drv*: *drva* (lies *druva*) *drvaêna*, *pt*: *aiwinapti*, *fdhr*: *nafedhrem*, *fçtr*: *khrafçtra*, *fshv*: *varefshva*, *fst*: *fstâna*, *rdv*: *ardvi*, *rshky*: *arshkyaothna*, *rsc*: *âtarscithra*, *rst*: *karsti*, *wd*: *derewda*, *çtr*: *vaçtra*, *çny*: *açnya*, *skhr*: *askhrâqanu*, *skhsh*: *khshvaskhshapara duskhshathra*, *sç*: *dusçaçti*, *ssky*: *dusskyaothna*, *hmy*: *avahmya*.

61. Der Unterschied von harten und weichen (dumpfen und tönenden) Consonanten hat auf die Lautgesetze geringern Einfluss als im Sanskrit, es finden sich die Gruppen *dhk* (*adhka*) *çg* (*açgaṭ*) *dhc* (*frâyêbîscadhca*) *sd* (*khratusdôithra*) *khdh* (*ukhdha*) *sb* (*asbaonrva*); dagegen wird *ç* + *g* zu *zg* (*uzgerepta*) *sh* oder *s* + *g* zu *zhg* (*duzhgaiñti*) *ç* + *j* zu *zj* (*uzjaçaṭ*) *sh* + *j* zu *zhj* (*duzhjyâiti*) *f* + *zh* zu *wzh* (*awzhdâna*) *sh* + *z* zu *zhz* (*duzhzaotar*) *j* + *t* zu *kht* (*aiwidrukhta*) *z* + *t* zu *st* (*dôrest*) *c* + *dh* zu *ghdh* (*raghdhana*) *p* + *d* zu *bd* (*frabda*) *ç* + *d* zu *zhd* (*thwarôzhdûm*) *sh* oder *s* + *d* zu *zhd* (*duzhdâo*) *c* + *n* zu *ghn* (*highnu*) *ç sh s* + *b* zu *zhb* (*vîzhibyô çnaithizhibya*. Man vgl. auch die folg. §§.

62. Zusammenstoss von Consonanten A. im Satze finden die Sandhigesetze nur höchst beschränkte Anwendung, da sie sich nur auf die Verbindungen mit den enclitischen Wörtchen beschränken. So wird *ṭ* zu *th* vor *u*: *cithenâ*, zu *dh* vor *c*: *aiwitaêdhca frâyêbîscadhca* (auch *khstãmicaṭca*), zu *ç* vor *c*: *anyaçciṭ âthraçca tãthrayaçciṭ yaçca*, vor *t th*: *yaçethwâ* (*yaṭ thwâ*) *yaçetaṭ yaçtara*, *s* (*h*) wird *ç* vor *c*: *akaçca airyamnaçca aiwithûrâoçca aiwyâkhstaraçca aêtayâoçciṭ*, vor *t*: *dâoçtû* (aber *aiwidhâitîsca kaçêusciṭ* nach *i u*); *u* wird *ñ* vor *c*: *açpêñciṭ*. Das einzige Beispiel von Sandhi zwischen zwei nicht verbundenen Wörtern ist *mêñ gairîm*.

63. B. in der Mitte des Wortes und in der Affixbildung. 1) vor *k* wird *ṭ* zu *dh*: *adhka* oder bleibt *ṭ*: *uemeṭka*, *n* zu *ñ*: *añku*.

64. 2) vor *c* wird *n* zu *ñ*: *tañcista*.

65. 3) vor *j* wird *n* zu *ñ*: *tañjista*.

66. 4) vor *zh* wird *j* zu *gh*: *draghzh*, *z* zu *gh*: *didereghzhô* (*zh* aus *sh* erweicht), *p* (*f*) zu *w*: *awzhdâta awzhdâna*.

67. 5) vor *t* wird *c* zu *kh*: *âkhtûirîm irikhta ukhta marekhtar hikhti*, *j* zu *kh*: *aiwidrukhta akhti thakhta* 1. *bakhta*, *z* 1) zu *kh*: 2. *bakhta*, 2) zu *s*: *aiwideresta apañharsti jaresti dista marsta yasta*, *t* zu *ç*: *amavaçtara avapaçti ashavaçtema ashavaçta açkhravaçtema qareçtâṭ frâkereçta* (aber *frakarsta karsta* wegen der Sperrung durch *r*), *t* ausgestossen: *kereñta kereñtê*; *ṭ* zu *ç*: *hamaêçtar*, *th* zu *ç*: *iriçta uruçta*, *d* zu *ç*: *aiwiviçti aiwishaçtar avajaçti avaçaçta âraçti khshuçta daçti paitibuçti baçta âviçti*, aber *marsta* (wegen der Sperrung durch *r*), *d* ausgestossen: *âtar* (? von *ad* + *tar*), *p* zu *f*: *tafta* (aber *kerepta qapta khshripta âyapta çupti*), *m* zu *n*: *aiwivañti grañta vañta*, *ç* zu *s*: *antaresta* (*çtâ*) *apanasta* 2. *asta armaêsta avaoirista avaçpasti avahisti astra âdisti âfrastar paitista pairinvaêstem uçpaêsta rasti çpasiti* (aber *açta uruçta uçtema çpaçtar*), *sh* zu *ç*: *qaçta qâçtra vâçtra* (von *vash* = *vakhsh*) *sh* zu *s* (nach *i u r*) *isti îsti usta yaostayô* (*yaokhsti*) *arsti* 3. *karsta karsti zarsta baresti drasta*, *h* zu *ç*: *afrakavaçtema ashaojaçtara ushaçtara âfrivavaçtema fraçaçta fraçaçti vaçtar açta açti açtu upâçti paityâçtar paityâçti yâçta*, zu *s*: *asta* (von *ah*).

68. 6) vor *ṭ* wird *c* zu *g*: *hâgeṭ*.

69. 7) vor *th* wird *d* ausgestossen: *uthra*.

70. 8) vor *d dh* wird *c* zu *g gh*: *mereñgedyâi çughdha*, *j* zu *kh*: *berekhdha*, *z* zu *zh*: *âzhdyâi gerezhdâ marezhdâ*, *th* zu *z*: *dazda*, *d* 1) zu *zh*: *vôizhdyâi*. 2) zu *z*: *uruzd pazdâ fravôizdûm dazdî*, *d* ausgestossen: *vaêdyâi*, *n* zu *ñ*: *añdâo*, *p* 1) zu *f*: *eredaṭfedhri fedhrô nafedhrem*. 2) zu *b*: *frabda upabda ubda* (hier ist *d* aus *t* erweicht), *ç* zu *zh*: *thwarôzhdûm*, *sh* 1) zu *zh*: *cîzhdi merãzhdyâi*, 2) zu *z*: *cazd*, *h* zu *z*: *çazdyâi*.

71. 9) vor *n* wird *c* zu *gh*: *ighnu*, *j* zu *gh*: *ghna ghnâna ghnita avaghnâṭ verethraghnaṭ*, *z* 1) zu *gh*: *ghena*. 2) zu *zh*: *zhnâtar*, 3) zu *ç*: *açni açnya uzgereçna urvâçna yaçna*. 4) zu *sh*: *bãshnu rashni rashnu* und mit *kh* verstärkt *khshnâ* (aus *zan* + *â*), *t* zu *th*: *aiwikhshôithnê*, *khshôithna*, *p* zu *f*: *karafnãmca qafna tafnu*, *ç* 1) zu *s*: *berezisnu varsnãm husnâthra* (wohl durch den Einfluss eines vorhergehenden *i u r*) 2) zu *sh*: 2. *frashna avaçpashnaoṭ ashnaoiti*, *sh* zu *zh*: *tizhizhnûta upadarezhnvañti*, *h* zu *ç*: *hazaçnãmca*.

72. 10) vor *b* wird *t* 1) zu *ṭ*: *ameretaṭbya amavaṭbyô*. 2) zu *d* (*dh*): *cazdôṅhvadebyô*, *n* zu *ñ*: *ṭbishyañbyô*, *ç* zu *zh*: *vîzhibyô*, *s* zu *zh*: *çnaithizhibya*.

73. 11) vor *m* wird *k* zu *kh*: *takhma*, *g* zu *gh*: *jaghmyãm*, *c* zu *kh*: *vaokhemâ taokhman*, *j* zu *gh*: *bereghmya*, *z* zu *ç*: *urvâçman* (*urvâzeman*) *khraozhduçma vareduçma niçma bareçman maêçman vaçma raçman*, *t* zu *th*: *yaêthman*, *th* zu *ç*: *daçman*, *d* zu *ç*: *aêçma*.

74. 12) vor *y* wird *k kh* zu *sh* (wohl nach Uebergang des *k* in *c*): *ashyâo tãshyâo*; mit Ausfall des *y*: *hasha hashê hashãm*, mit *i* für *y*: *hashiṭbish hashidava*; *z* 1) zu *sh*: *ereshyâ*. 2) zu *ç*: *maçyâo*, *t* zu *th*: *aoshaṅhaithyâoçe amavaithyâo avakerethyâṭ paithya varaithya aṅhaithya drvãithyâṭ açtvaithyâo erezvaithyâo jaçôithyâo dawãithyâo patãithyâo râkhshyãithyâo urvaithya* (aber *avakhshaityâo ashavakhshnvaityâi ahunavaityâo berezañtya pûityâo dakhstavaityâo drvaityâoçca fyaṅhvañtyâo fravaityâo berezañtyâo vanaiñtyâoçca vâreñtyâo vohunavaityâo yâtumaityâi paity° çnaêzhiñtyâo kudaṭshâitya cithravaityâo aêtavaitya akhtya urvaitya thritya dâitya*), *ṭ* zu *d dh*: *urvâidyâo*, *maidhya*, *p* zu *f*: *gafya erezifya*, *b* 1) zu *w*: *aiwyaçca* (*âbyô*) *hunûiwyô aiwyô* (mit Ausfall eines *p* vor *w*) *bâzuwê gaoshaiwê* (*ê* = *ya*). 2) zu *v*: *gaêthâvyô*, *w* zu *b*: *uzgerembyô*, *sh* zu *zh*: *taozhya*, *h* zu *q* (Lepsius 368): *aqyâi* (*aṅhâi*) *aqyâcâ* (*ahyâ ahê aṅhê*) *qyêm qyên* (*hyãn*) *qaqyâi qaqyâo zaqya daqyu* (*daṅhu*) *manaqyâica vaqyâo* (*vahyâo vaṅhâo*) *nemaqyâmahi* (aber *hyaṭ*, niemals *qyaṭ*).

75. 13) vor *r* wird *g* zu *gh*: *aghra aghru*, *c* zu *kh*: *çukhra hikhra*, *j* zu *gh*: *tighra*, *zh* zu *z*: *ghzrad* (aus *ghzhar* + *d*), *z* zu *gh*: *ughra*, *t* zu *th* im gen. sg. der in §. 215 genannten (aber *âtryô âçtravana hamaêçtrô* Aff. °*tra*), *d* beibehalten: *aredra udra khruzhdra*, *p* (*f*) zu *w*: *khshôiwra khshviwra pawrau* aus *paparau*) *çuwraya* (*çufrãm*), *b* zu *w*: *aoiwra qawrîra dawra bawrare çtawra*, *sh* zu *ç*: *kuçra thwiçra piçra*.

76. 14) vor *v* wird *c* zu *k*: *hikvâo*, *z* zu *sh*: *vareshva ereshvâ*, *t* zu *th*, welches *v* in *w* umwandelt: *perethwô*, Aff. °*thwa*, *s* zu *zh*: *thrizhvaṭ bizhvaṭ*.

77. 15) vor *ç* wird *p* zu *f*: *afç qafç*, *h* zu *kh*: *khstâ akhstaṭ frakhstâitê nikhsta* (alle von *çtâ*).

78. 16) vor *sh* wird *c* zu *kh*: 2. *frakhsh vakhshyâ khçâ* (von *cash* mit Uebergang des *sh* in *ç*), *z* zu *kh*: 2. *marekhsh*, *p* zu *f*: *fshaṅh fshu*, *y* zu *kh*: *khshmâ khshmâka khshmâvaṭ*, *w* zu *f*: *garefsh*, *ç* zu *kh*: 1. *frakhsh*, *sh* zu *kh*: *irîrikhshâitê* (von *rish*), *h* zu *kh*: *zakhsh*.

79. 17) vor *s* wird *c* zu *kh*: *ânushakhs ahumerekhs*, *j* zu *kh*: *uçikhsca*, *p* zu *f*: *âfs*.

80. 18) vor *h* wird *s* zu *ñg* (*ṅ*): *mêñghâi*.

81. 19) hinter *ṭ* wird *v* zu *b*: *ṭbi* (*dvaêtha*) *ṭbish* (*dvaêsha*), hinter *th* wird *v* zu *w*: *uruthware erethwa mithwa cikithwâo*, Aff. °*thwa*, hinter *dh* wird *v* zu *w*: *adhwan eredhwa* (*eredva*) *gadhwa* (aber *evîdhvâo*), hinter *ç* wird *v* zu *p*: *açpa* 2. *çpâ hamaçpaṭ*, hinter *f* wird *ç* zu *sh*: *fshaṅh fshu*, hinter *kh* wird *sh* zu *ç*: *khçâ*, hinter *f* wird *sh* zu *ç*: *fçêratu*.

82. 20) *t* + *s* wird *ç*: *ameretâç dregvaçû*, *d* + *s* wird *ç*: *daçva maçya raoçe*, *m* + *sy* wird *ñgh*: *jêñghaiticâ*, *z* + *sy* wird *sh*: *vareshâ*, *ç* + *sy* wird *sh*: *dareshaṭcâ dîshâ nâshâiti*, *ç* + *h* wird *sh*: *vashi*, *sh* + *s* wird *s*: *côis*.

83. C. In der Zusammensetzung. 1) vor *k* wird *sh* zu *s*: *duskereta*. 2) vor *kh* wird *sh* zu *s*: *duskhrathwa*. 3) vor *q* wird *sh* zu *s*: *dusqaretha*. 4) vor *g* wird *sh* zu *zh*: *duzhgaiñti*, *s* zu *zh*: *nizhgaṅheñti* (aber *khshvasgâya*), einmal zu *r*: *zemargûz*. 5) vor *c* wird *sh* zu *s*: *duscithra*, *h* zu *ç*: *raocaçcaêshman*. 6) vor *j* wird *z* zu *zh*: *erezhji*, *ç* zu *z*: *uzjaçaṭ* (aber *uçjîti*) *sh* zu *zh*: *duzhjyâiti*. 7) vor *z* wird *z* (aus *ç*) ausgestossen: *uzava uzûithyâoçca* (aber *uçzayêitê*), *sh* zu *zh*: *duzhzaotar*. 8) vor *t* wird *m* zu *ñ*: *hañtacaiti* (*hãmtâciṭ*), *h* zu *ç*: *vacaçtasti*. 9) vor *d* wird *c* zu *gh*: *vaghdhana*, *j* zu *zh*: *vôizhdâ*, *p* zu *b*: *qabdâ*, *sh* zu *zh*: *duzhdaêna khraozhdâ duzhdâo*, *s* 1) zu *zh*: *frazhdâta yaozhdâ* (*khshvasdaçan*) 2) zu *z*: *frazdânava*, *h* zu *z*: *aogazdâo*. 10) vor *n* wird *sh* zu *zh*: *duzhnidhâta*. 11) vor *p* wird *h* zu *ç*: *manaçpaoirya raocaçpairista*. 12) vor *b* wird *sh* zu *zh*: *duzhbereti*. 13) vor *m* wird *m* ausgestossen: *hamaêçtar hamiçti*, *sh* zu *s*: *dusmainyava*. 14) vor *y* wird *sh* zu *zh*: *duzhyâirya*. 15) vor *r* wird *z* zu *s*: *eresratu*. 16) vor *v* wird *z* zu *s*: *eresvacaṅh* (*ereshvacaṅh*), *ç* zu *z*: *uzvazhaṭ* (*uçvaoiri*), *sh* 1) zu *zh*: *duzhvacaṅh* 2) zu *ç*: *açverethrajan*. 17) vor *w* wird *p* ausgestossen: *awra* (aus *ap* + *bar*). 18) vor *ç* wird *ç* ausgestossen: *uçnâiti uçtryamna*, *sh* zu *s*: *dusçaṅha*, *s* behalten: *khshvasçata*. 19) vor *s* wird *sh* zu *s*: *dusskyaothna*. 20) vor *h* wird *ç* zu *s*: *vishaurva*, *sh* zu *s*: *dushãmçâçta*.

84. Hinter *ṭ* wird *c* zu *k*: *ṭkaêsha*, hinter *gh* wird *d* zu *dh*: *vaghdhana*.

85. *t* + *ç* wird *ç*: *miçrâna*, *ṭ* + *h* wird *sh*: *mi-*

shac. *ç* + *z* wird *zj*: *uzjên*. *ç* + *h* wird *sh*: *vîshan* *s* + *h* wird 1) *sh*: *nishidhaiti*. 2) *sh*: *nishâdayaṭ*.

86. Besondre Gesetze. A. Aspiration. Folgende Consonanten aspiriren einen vorhergehenden Consonanten: 1) *k*: *adhka*. 2) *c*: *aiwitaêdhca frâyêbîscadhca*. 3) *t*: *aiwidrukhta akhti thakhta âkhtûirîm irikhta ukhta marekhtar hikhti tafta* 1. 2. *bakhta*. 4) *dh*: *berekhdha çughdha raghdhana ukhdha eredaṭfedhri daghdhar*. 5) *n*: *gafna khshôithna ghena ghn*° *cithenâ highnu*. 6) *m*: *takhma jaghmyãm bereghmya yaêthman*. 7) *y*: *añhaithya* (auch *añhaithîm*) *qaêpaithya* (auch °*paithê*) *gafya paithya maidhya varaithya*. 8) *r*: *aokhedhra aghra aghru ughra thri brâthrô çukhra hikhra* (nicht aspirirt wird *d*: *thrayôdrighu thrâyôdareghutema*) *aredra udra khruzhdra*). 9) *v*: *thwâ* Aff. °*thwa perethwô rathwô* (aber *fçêratrô qaêtra*). 10) *ç*: *afç khçâ*. 11) *sh*: 2. *frakhsh marekhsh vakhsh*. 12) *s*: *ahunerekhs âushakhs âfs uçikhscâ*.

87. Hieher gehört der Uebergang von *b* in *w*: *aowra qawrîra dawra bawrare çtawra aiwyaçca gaoshaiwê bâzuwê*, *garewa jaiwi daiwi*.

88. Oft liegt zwischen den beiden Consonanten ein Vocal: *aiwithûra astawthwañt âtharvan thanvana*.

89. Ohne deutlichen Grund findet Aspiration statt in *côithaitê* (*cikôitares*) *zãthar* (skr. *janitár*) *aipicithîṭ itha urvatha pairicithîṭ maêtha maêthama zbaurvaithina*, *qafnâdha temañhâdha haredhaçpa ainidhaṭ airimêañhadhô aiwidhâiti adhâiti vîdhaêtar adhaoya adhaoyamna adhairi adhâitya aêshmôcaredhãmca aodha avadha açtôbidhem ahuradhâta qadhâta* (aber *adâityôañharethra aêvôdâta azrôdaidhîm*), *âfañṭ kaofa cafus*.

90. In den Stücken in sog. Gâthadialect finden sich keine weichen Aspiraten, man sagt *dugedâ* (*dughdha*) *aibî* (*aiwi*), doch findet sich auch *rafedhrahyâ diwzhaidyâi aoghzhâ*. Auch yt. 10, 30 findet sich statt *gh* ein *g* in *çraogena*.

91. B. Gutturale entstehn aus Palatalen 1) *k* aus *c*: *aka akana aku añku uruzdapâka kaêta kaêna aimraoka raêka hakaṭ*. 2) *gh* aus *j*: *aipiṭbaoghe ashavagha taêgha draogha vaêgha*.

92. C. Gutturale entstehn aus Zischern: *aog* (verwandt mit *vaz*) *maga dagha daregha bagha maêgha añgrêñg* (vgl. *gêñg* = *hvare* skr. *svàr*).

93. D. Palatale entstehn aus Gutturalen: *acista cûṭ fraççiñbana* (*fraçkemba*), in der Reduplicationssylbe: *cikôitares cakushê* (von *kâ*).

94. E. Palatale entstehn aus Zischern: *aojañh* (*vaz*) *ajên* (*azen*) *uzjên* (von *zan*).

95. F. Zischer entstehn aus Gutturalen: *azhi âzañh tãshyâo*.

96. G. Zischer entstehn aus Palatalen: *apãç parãç taêzha tizhin drazhahi druzheñti*.

97. H. Zischer entstehn aus Dentalen: *çaurva* (*thaurva*) *çam* (*tham*) *ârish* (*rid*) vgl. §. 67. §. 70. §. 73.

98. I. Zischer entstehn aus Gutturalen + Zischern: *asha ashi* (Spiegel aber von *ars*) 1. *ashi urvâshaṭ* (*urvâkhshaṭ*) *aiwishayamna* (*khshayamna*) *baoshna* (*baokhshna*) *râshem* (*râkhshô*) *shaêta hushata yaostayô aiwishôithnê* 2. *kash dîdareshatâ draosha merãshyâṭ baresh*.

99. K. Verhärtung. 1) *ñ* zu *ñg*; hiebei wird *h* a) ausgestossen: *bañga* (*bañha*) *dañgra* (*dañra*) *añgra* (*añra*). b) beibehalten: *çêñgha çêñghu* (*çêñha çêñhu*). 2) *j* zu *c*? *baoca*. 3) *v* in *b*: *bi ṭbi ṭbish*. 4) *z* a) zu *sh*: *râshan* b) zu *s*: *aghâvares bares* c) zu *ç*: *maç maçita maçañh yaça*. 5) *dh* zu *th*: *crethwa crethwôdrafshayâo dathushaṭ vîthushi*. 6) *hç* zu *khs*: *khstâ*° *nikhsta* (*niçta*).

100. L. Erweichung 1) *khsh* zu *ghzh*: *ghzhan ghzhar pairyaoghzhâ maghzh dîdereghzhô*. 2) *c* zu *j*: *tañjista* (*tañcista*). 3) *t* zu *d dh*: *apâkhdhraêibyô ukhdha eredaṭfedhri gerezdar da daghdhar nafedhraṭ berekhdha yûkhdha* (*yûkhta*) *aogedâ vazdañh azda azdêbis ubda gerezhdâ dazdi dazdê*. 4) *ṭ* zu *d* (*dh*): *urvâdañh cagedô*. 5) *th* zu *dh*: *fraçpâyaokhedhra vakhdhwa vakhedhra*, Aff. °*dhra*. 6) *p* a) zu *v*: *arôqarena vîzhvañc* b) zu *w*: *khshwaêwa khshiwi*. 7) *b* zu *v*: *mâvôya mâvayâcâ gadhavara dav* (*dab*) *frabavara bavâra vaêkereta vaêçaêpa gaêthâvyô*. 8) *ç* a) zu *zh*: *vîzhvañc* b) zu *z*: *azdêbis* (?) *uzâoñhaṭ uzayêni azda* (aber *uçagha*). 9) *sh* zu *zh*: *tizhizhnûta îzha*. 10) *s* in *zh*: *thrizhaṭ*.

101. M. Umstellung 1) *khsh* (aus *k* + *sh*) wird *sk çk*: *araçka* (v. *aresh* = **arekhsh*) *skyêiti çaska âçkiti yaçka* (von *ish* = **ikhsh*) *pereçka* (von **paresh* aus *pareç*?) *varskyamna skyaothna* (*shu* = **khshu*) *skâ* (= *shâ*, 4. Classe) *skitibyaçca uski* (*ushi* = **ukhshi*) *bûskyãçta çaoskyãç*. 2) *c-sh* wird *sk*: *hisku*. 3) *gz* (aus *khsh*) wird *zg*: *çpazga* (von *çpakhsh*). 4) *ñhu* wird *ñuh* (§. 48) *vañhu vañuhi vañhvim vañuhîm añhu añuhê urvâkhsañhva urvâkhsañuha*. 5) *înâ* wird *yãn*: *fryãnmahî* (*frînâmahi*); ähnlich scheint *hvãnmahicâ* aus *hunâm*° umgestellt zu sein. 6) *ur* wird *ru*: *cathru*°. 7) *vr* wird *urv*: *urvaṭ urvâz*. 8) *ifr* wird *rif*: *çrifa*. 9) *hmê* wird *mêh*: *mêhmaidê* (*ahmêmaidê*). 10) *pth* wird *thw*: *âthwya*. 11) vgl. §. 5.

102. N. Einschub 1) *g*: *dregvañṭ* (*drvañṭ*). 2) *ñ ñg*: *fshêñghi*. 3) *zh*: *awzhdâta awzhdâna yûzhem bûzhdyâi haptâzhdyâi*. 4) *z*: *mãzdazdûm*. 5) *d* vgl. §. 10. 6) *n ñ*: *açteñtâṭ* (?) *bêñdva dunman frâyazañta khãnya* (scriptio plena des anusvarirten *a*) 7) *f*: *varefshva*. 8) *b*: *kambista*. 9) *m*: *uzgerembyô* 10) *y* vgl. §. 10. 11) *r*: *tarshvâo*. 12) *v*: *nishaurvaiti* (?) vergl. §. 10. 13) *ç*: *aêçmãçca ameshêçca upaçputhri uruthwãçca garemôçkarena fraçtanvañti paitiçcapti yêñgçtâ rânyôçkereti vouruvafnôçtema haomãçca parakaviçtema paraçkhrathwa pouruçpakhsta mãçta*. 14) *sh*: *pourushaçpa vâkhshaêsha*. 15) *s*: *aiwisqaretha aiwishiti apaitisqarethâo âfsbyârikhti âtarscithra kerefsqar khratusdôithra paitisqarena paitisharesa paitismukhta paçusqaretha ratusmareta vispathau husqafan hushakhi hushakhman hushãmbereṭ âushac zazustema drukhsmanañh drukhsvîdruj naçuspacya pourusqâthra fstâna* (aus *tan* + *apa*) *bâzusaojañh mainyusqaretha aiwismareta paitismareñti hudhâustema*.

103. O. Ausfall. 1) *k*: *açti* (von *kah*, auch im Sanskrit) 2) *g gh*: *druri* (aus *drighri*) *môuru* (altp. *margu*) *rava ravañh revi hañjamana hvôva* 3) *z*: *nãman* (von *zan*) 4) *t*: *qañhar* (auch im Sanskrit) *qâshar pañcaçaghna* 5) *ṭ*: *bareçman* (abl.) 6) *d*: *uçru* (auch im Sanskrit) *uyê dâm* (aus *dadâm*, von 2. *dâ*) *ådaré* (für *âdadare*) *va buna vaêshañh* 7) *n*: *kutya kâvaya jaidhi zemana tizhiarsti daêmajira nara*° *paitijaiti pairimaiti maiti râmashayana vîshaptatha skatha hathravata khshata jata* 8) *p*: *pâzinañh* (von *zi* + *apa*)? 9) *m*: *apayata upayata gata bva* (aor. 1. sg.), in dem Affix des instr. dat. abl. dual. °*bya* (aber *brvaṭbyãm*) 10) *y*: *khshaêsa* (für *khshayaêsa*, vgl. §. 8) *dañhu dãoñhâ pâoñhê* (§. 52) *fradâhîsa* (optat. fut.) *mênâcâ* (*manya*) *merãzhdyâi* (infin. fut.) 11) *r*: *bâkhdhi* (für *bâkhdhri* altp. *bâkhtris*) *mashya mesha kesha* 12) *v*: *arshan avaoirista fraoiriçya arôiriçyâṭ khshôirra jyâiti jyâtu* (für *jivâiti jivâtu*) *tura tûra tish* (*thwiçra*) *dâra nuruyô*, in den Adj. auf °*ôñhvañṭ* (Flexion). 13) *ç*: *dañtan dãthra nâvaya* (von *çnâ*) *paitipaçti* (von *çpaç*, Spiegel von *paṭ*) 14) *h*: *mahi* (von *ah*) 2. *mar* 1. *mared zraya* (für *zrayahi*) *avajaçâi vindâi* (conj. praes. 2. sg.) *jaĉkarsta* (§. 24).

104. P. Wechsel der Nasale: *ashavazañh* (von *zan*) *ashâum âthraom* (aus °*vu*).

105. Q. Einzelne Uebergänge 1) *z* wird *zh*: *erezhukhdha âzhu kuñdizha* (?) *jazhu daozhañh dazhaiti dâzhu duzhañh bazhaṭ bûidhizha* (?) *varôzhiñtem çnaêzhana* 2) *ñb* wechselt mit *mb*: *khuñbya khumba* 3) *yy* wechselt mit *hy* (wohl nur graphisch verschieden als Bezeichnung einer starken Aussprache des *y*): *hyaṭ yyaṭ* (vgl. Spiegel Avesta II, Vorrede p. 5) 4) *h* (altes *s*) wird *r*: aff. °*are* = aff. °*añh* 5) *sh* wird *r*: *îra*? 6) *h* wird *ñh* (vgl. §. 51): *añhus añhéus añhaoṭ añhvô añhva añhô añhâo añhuyaos añhvãm añhunãm* (?) *añhuyaṭ avañhé âzañhê dâoñhôiṭ vañhu âoñhãm añhu añhaithya* 7) *h* wird *ñh*: *añhâi* (§. 52) 8) *h* bleibt *h*: *ahû ahûm ahmâi ahmâṭ ahê ahuyê ahubyâ ahvâo ahvôhû âzahi ãzahu kahê kahyâ jahi dâhîm vohu* 8) *rt* wird *sh* (?) *peshu* (*peretu*) *fravashi*.

106. R. Assimilation: *vîvaoja* (von *yuj*) *vîvaozayêiti* (von *yuz*) *vaçaçî* (für *vaçahi*).

107. S. Dissimilation *maghna* (Skr. *nagnâ*) *uzvazhaṭ* (?).

108. T. Consonanten werden Vocale: *urusha* (von *qar*, *q* ist ursprünglich aspirirtes *v*) vgl. §. 28.

109. U. Verhalten von Consonanten nach gewissen Vocalen. 1) *zh* nach *û* wird *sh* vor Consonanten: *âshnûsca* (Westergaard *âkhshnû*°) 2) *z* nach *a* wird *ç* vor Consonanten: *açgaṭ* 3) *sh* nach *i* wird *zh* vor *n*: *tizhizhnûta* 4) *s* wird *sh* nach *aê*: *aêshãm aêshu aêshva aêsha*, nach *u*: *aredushãm*, nach *r* vor *u*: *arshukhdha*, vor *s*: *arshskyaothna*, nach *i*: *nidhâtôçnaithishem* 5) *h* wird *ñh* nach *a*: *añhaithya apañharsti ashañhac astrañhad nmânañhan avañharezâmi upañharezaiti frañhâd haptañhâiti*, nach *ô*: *ashôñhan urvoñhan* (aber *mãthrôhita*), nach *i*: *pairiñharsta* (auch *pairiañharsta*); wird *añh* (*a* eingeschoben) nach *ê*: *airimêañhad* (aber *armaêshad*), nach *ô*: *adâityôañharethra*; wird *sh* nach *a*: *frashuêka frashiñcañti* (aber *frahikhta*) nach *i*: *aiwishaçtar aiwishac gairishac tusnishad*, nach *u*: *zañtushan*, nach *ô*: *maidhyôshad*. 6) Das Affix des loc. plur. wechselt je nach dem vorhergehenden Laut zwischen *h* und *sh*.

110. V. Abstumpfung a) zur Vermeidung einer Kakophonie: *maidhyâirya* (für *maidhyayâirya*) *mainyavaçañh mainivaçañh* (für *mainyavavaçañh*) *vîmanakara* (für *vîvîm*°) *haithyôdâtema* (für °*dâtatema*) *huyâiryâica* (für °*yâiryayâica*) *âçtayañta* (für *âçtayayañta*) *gavâçtrya* (für *gavavâçtrya*) b) aus nicht deutlichen Gründen: *vîkereñṭ* (für °*kereteñṭ*) *kavâraçmô* (für °*raçmanô*) *kâçôtafedhra* (für *kâçavôt*°) *tûirya* (für *catûirya*, vgl. *âkhtûirîm*) *rapithwa* (vgl. *arêmpitu*).

111. W. Auslaut. Dieser duldet von Consonanten nur Zischer und Nasale; zu jenen wird auch *ṭ* als dentaler Sibilant gerechnet; nur ausnahmsweise und stets unmittelbar nach *ç s* findet sich *t*: *aibîmôiçt urûraoçt côist tâst daêdôist dôrest nâiçtdaêva vakhst*. Daher: *ameretâç kahrkatâç mraocâç hishaç*; *z sh* und *ç* werden zu *s*: *hvares aghâvares bares*, *vîçpatas, us; açpem, ameshã* (§. 31) *añhaoṭ*; *r gh k* nehmen *e* hinter sich: *aipicare, aipiṭbaoghe, zinake*.

Wurzeln.

Verzeichniss der Wurzeln.

Bem. Die eingeklammerten Wurzeln sind in den Texten nicht durch verbale Flexionsformen belegbar.

112. A. Einfache Wurzeln: *kâ* 1. *gâ* 2. *gâ jyâ* 1. *zâ* 2. *zâ* (*zgâ*) *zbâ zyâ* (*tâ*) *thrâ* 1. *dâ* 2. *dâ* 3. *dâ* (4. *dâ*) (5. *dâ*) *drâ* 1. *pâ* 2. *pâ* (3. *pâ*) (*fyâ*) (*fshâ*) (*bâ*) 1. *mâ* (2. *mâ*) *yâ* 1. *râ* 2. *râ vâ çâ çtâ* 1. *çnâ çpâ shâ* 1. *skâ* 2. *skâ* = *shâ* (*hâ*); *i* 1. *iri* 2. *iri* 1. *khshi* 2. *khshi* 3. *khshi gi* 1. *ci* 2. *ci* 1. *ji* 2. *ji* 3. *ji zi* (*zri*) (*tbi*) 1. *thwi* 2. *thwi pi mi* 1. *ri* 2. *ri çpi çri hi*; *dî nî frî bî rî* 1. *vî* (2. *vî*) *çî* (*çrî*); *khru* 1. *khshnu* (2. *khshnu*) (1. *gu*) 2. *gu* (3. *gu*) 1. *ju* 1. *zu* 2. *zu tu thru* 1. *du* 2. *du* 3. *du* (4. *du*) *dru fru fshu mu yu* (*ru*) *çu* (*çku*) *çtu* (*çnu*) 1. *çru* 2. *çru shu hu*; *û bû mrû*; *hmé*; (*tak*) *thrak* (*çtak*); *çaq*? *aog areg cag* (*dug*) (*rag*) (*çpareg*) *hig*; (*añgh*) (*drigh*) *maregh* (*mugh*) *ragh*; (*ac*) *iric tac* (*tuc*) *pac muc mruc* 1. *ric* 2. *ric ruc vac* (*varec*) (*vyac*) 1. *çac* 2. *çac* 3. *çac çuc çpac çraçc hac harec* 1. *hic* 2. *hic* hisc (?); aoj (añj) 1. arej 2. arej yaj (tij) thañj draj druj dreñj baj buj yuj reñj vij; draozh nizh maghzh çnizh; 1. az 2. az (3. az) (1. arez) (2. arez) iz uz urvâz khiz 1. garez 2. garez guz jarez daz darez diz (duz) naz baz barâz barez (mãz) marez miz yaz yuz (raz) râz 1. raz 2. raz varez (vraz) (çniz) çparez (haz) harez; (añț) (aț) urvaț kareț ciț paț miț yaț raț vareț çpiț; 1. uruth 2. uruth khnãth gaêth zgath nath path fraoth (frath) frith (math) mith rath rith nath; ud 1. ared (2. ared) (id) urud = rud (kad) khad (khad) khrud khshud 1. gared (2. gared) cad jad (zad) zgad (zrâd) did nad nud pad bañd (bid) bud (mad) 1. mared (mud) yud râd 1. rud 2. rud 3. rud 4. rud 1. vad 2. vad (3. vad) vared 1. vid 2. vid 1. çad (2. çad) (çud) (çkeñd) çcad çcid çpared çyazd (shud) 1. hud 2. hud; (an) in 1. kan 2. kan 1. qan 2. qan khshan = ghzhan jan 1. zan 2. zan tan drãn bãn man (ran) vaên 1. van 2. van (çan) çin han hvãn (s. §. 101); ap karep (kup) gap (khshap) khshvip (gap) (gup) (cap) (jap) tap turep nap 1. rap 2. rap rup 1. vap (2. vap) vip hap; âf (zaf) thrãf çif; (ub) (khshub) (jab) zemb dab (çkemb) (çtemb); (am) (kam) gam gram ghim jam jim (tam) (tham) (dam) nam yam 1. ram (2. ram) vam (çam) (1. sham) (2. sham); day; ar âr ir îr (kamar) 1. kar 2. kar 3. kar 1. qar (2. qar) (3. qar) (khshar) 1. gar 2. gar 3. gar (4. gar) (5. gar) ghar ghzhar car (jar) zhgar (1. zar) 2. zar (3. zar) zbar tar 1. dar 2. dar 3. dar par 1. bar 2. bar 1. mar 2. mar mîr (1. var) 2. var çar çkar çtar çpar çrar 1. har 2. har; av kahv (khiv) (jîv) tauru 1. dav 2. dav div dîv miv; garew (darew); 1. aç (2. aç) 1. iç 2. iç urviç (kareç) kaç qîç khruç jaç tareç taç thuaç (thrãç) thwareç dareç (1. daç) (2. daç) diç drãç nareç 1. naç 2. naç pareç paç piç fraç barâç yaç yâç rakhç râç raç rîç 1. çpaç 2. çpaç shaç (hvaç); akhsh aresh irish 1. ish 2. ish (ukhsh) ush karesh 1. kash (2. kash) kush qâsh gush (1. cash) (2. cash) cish zush (taresh) tash (tish) 1. tush (2. tush) țbish thwakhsh daibish dakhsh daresh (dush) (1. dush) drish (2. paresh) pish pesh (bûsh) (makhsh) yash rash rish vakhsh (varesh) 1. vish (2. vish) (çish) çîsh hush; añh ah âh (kah) kâoñh qañh gañh (grah) (cañh) (1. jañh) 2. jañh jah zah (tañh) dañh (dah) (bâoñh) (yah) yâoñh (rañh) 1. rañh 2. rañh 3. rañh çañh çâñh çêñgh.

113. B. **F o r t g e b i l d e t e W u r z e l n** 1) durch Antritt a) von â: khçâ khshnâ frâ bdâ (2. çnâ) b) von u: (khshu) debu c) von q: pareq d) von j: ubj ghnij e) von zh: diwzh (draghzh f) von th: irith pareth g) von ț: (1. khshiț) (2. khshiț) (3. khshiț) pareț h) von d: (uruzd) ghzrad (cazd) 2. mared môreñd çnâd çnud hazd i) von n: khrûn dãn çpan k) von ç: (afç) qafç (khrafç) khshufç ghriç tafç mrakhç çãç shuç hãç l) von sh: urvâkhsh (khrush) khshnush garefsh (1. jish) 2. jish (zakhsh) 1. zaresh 2. zaresh zish takhsh thrush (thwarekhsh) (thwish) 2. dush (drukhsh) pakhsh 1. paresh pikhsh (1. frakhsh) bakhsh baresh 1. marekhsh (2. marekhsh) maresh yukhsh (rukhsh) vash (aus vac + sh) çakhsh (çukhsh) çush (çpakhsh) çrish çrush hakhsh haresh.

114. 2) durch Vocaleinschub: khrvish khsharish civish zerish dvar (aus dru).

115. 3) durch Umstellung: dvar (aus dru mit eingeschobenem a).

116. 4) durch Fixirung der praesentischen Reduplication: 1. dath 2. dath.

117. C. **Z u s a m m e n g e s e t z t e W u r z e l n:** 1) aus zwei Wurzeln: gabdâ khraozhdâ khruzhdâ (zizhdâ) pazdâ marezhdâ mãzdâ yaozhdâ (varezdâ) vôizhdâ çizhdâ, frâd; yaozhdath; marenc (aus 1. mar + ac); çyazjâ; 2. frakhsh (aus ac-sh + fra) 2) aus Subst. und Wurzel: ãçashu 3) aus Verbalpraefix und Wurzel: țbuj debãz uman.

Wortbildung.

I. Nomen.

A. **B i l d u n g d u r c h A f f i x e.** I. durch primäre Affixe.

118. 1. **A f f i x 0 I) o h n e A e n d e r u n g d e r W u r z e l** a) subst. α) masc. aosta âoñh 1. âda âdhu é khru khshnu çush çru druj (masc. fem.) niçpâo paiviga fraçpâo 2. fshu 2. bis (?) 1. bdu vareshaji çta çna 3. hu β) fem. ap 2. âda (fem. neutr.) upaçta urud urvâkhs kehrp 4. khshi jya 1. dâo 2. dâo paitista 2. frî 4. mâ yaozhdâo rîç verez ryâda çtij γ) neutr. aoderes âfri uç kameredha gar deres dyu mîzhda yâoñh yu 1. vis çru b) adject. airizu añtaresta arâo açtôbid ashadruj ashaçtu ashethrôzga ashemanôvid ahumerec ahãkhsta (**S p i e g e l** vgl. skr. asamkhya) âkhsta erezhji erez ãzôbuj kaçyapa khru khshnu gayadha jîjish (vom desiderat.) zarazdâ zaranôçu daêrôțbi dañhuiric 3. dâo 4. dâo 5. dâo 1. dé naçuçpâo naçkôfraçâoñh nâfyôțbish nista nmânôiric paitishâo framru berez berezirâz berezisnu mithrôzyâo môghuțbish varezânôțbish varecmapa vîzu vîçôiric verezda rohunazga çimaêzhi çrî shâo hashițbish huqairiçpâo hrâkhsta; in passivem Sinne: aghru kuñdizha? bûidhizha?

119. II) **m i t S t e i g e r u n g d e r W u r z e l** a) subst. α) masc. aiwicare aipițbaoghe garûz gâu parôdarsh fracare vac çpaç β) fem. khshap barez vâi çañh γ) neutr. uzhdare fraçpâvarez bañh çare hvare (gêñg). b) adject. aêshmôvared aqar aghâvarez ashavajan asharazañh ashafrâd ashemanôjan asqare ânushac kameredhôjan kerefsqar garâçtryavarez ghzhar zôizhda tauru tac dañhushan dareç ujan nmânañhan mazmaç mãthrôñhan yaç vaoº vare vîvajan vîrpatash *verethrajan vohuvarez grao° çrvôjan hakeretjan hazañrajan hufravac.*

120. III) mit Nasalirung der Wurzel a) subst. *vãç* b) adject. *urvañt paurvañc parãç vîzhvañc frãç* (adverb.)

121. IV) mit Dehnung der Wurzel a) subst. α) masc. *îsh* (masc. und fem.) *daênôçâc fraqâkhsh* β) neutr. *çpén* b) adject. *aiwishâc ashanâç astrañhâd ahunâç gairishâc cañrañhâc zemaryâz nyâoñc frañhâd vahistanâç vîd çâçnôgâsh hunairyâoñc.* Es lässt sich zweifeln, ob die Dehnung nicht auf Flexionsgesetzen beruht; von *cañrañhâc* lautet der nom. °*hâkhs*, *â* ist also auch im Thema als lang anzunehmen, denn von dem II, b genannten *ânushac* lautet derselbe Casus *ânushakhs;* von den andern Wörtern finden sich keine Nominative.

122. V) mit Verkürzung der Wurzel a) subst. α) masc. *âja* β) fem. *kha* b) adject. *ashavagha narâza.*

123. VI) mit Umstellung: subst. masc. *khra.*

124. VII) mit Reduplication a) subst. masc. *hizu hãmsista* b) adj. *jazhu hishaç.*

125. VIII) in Compositionen mit dem vordern Glied im Casus a) subst. fem. *pâreñdi? çimôithra* b) adj. *airimêañhad ahûmmereñc zarzdista dûraêdareç vîreñjan.*

126. IX) in Compositionen mit gedehntem Auslaut des vordern Gliedes a) subst. neutr. *gaoshâvare* b) adj. *aghâvarez duzhvarstâvarez haithyâvarez hvarstâvarez.*

127. 2. Affix *a* I) ohne Aenderung der Wurzel a) subst. α) masc. *anumaya upathwereça âça kurugha? kereça khumba guñda* (masc. fem.) *gudha* 1. *geredha zrâdha tura tuça daênôdiça daya diwzha uema paitiraêthwa* 2. *paitisa* (n. pr.) *paya pikha piça* 2. *pesha fraya fraçkemba bereja meregha yâoñha yima râza râdha* 2. *râna rema* 1. *vaya vâgereza* (n. pr.) *vicica visha vehrka vyuça çêñha çêñgha çkeñda çkemba çpaya çra shudha hãmraêthwa hya* β) fem. *aiwyâoñha iça urazda usha* 2. *kereta gereza thwya dema dereza puça pereçka* (§. 101, 1) *fradiva maya rãna* 1. *vîthusha* 2. *vîthusha vîrâra vya çima çrva* γ) neutr. *urutha* 2. *kesha jima déma nira nya barâza bereza* b) adj. *añkaça* (?) *apadiça avêmîra udarôthrãça urvâza erekhsha karshôrâza kukhsharisa* (vom desiderat.) *kereça gaodaya geredhikhiva* 2. *geredha cikhshusha* (vom desiderat.) *jima jva taya dâtôrâza* 1. *pesha frâdha barâza bâoñha* (n. pr.) *bereza mitha mereza mesha mãza mãthrempereça rârésha* (vom desiderat.) *virarésha* (vom desiderat.) *viçpa vohupereça* (n. pr.) *vyâmbura çâoñha* (n. pr.) *çima çpita çya.*

128. II) mit Steigerung des Wurzelvocals a) subst. α) masc. *aêsha apa apaosha apakara ama araçka* (§. 101) *areza aredha arakana âtarevakhsha âyaodha uzayara uzava uzdaêza udara urvaêça erenava* (vom Praesensthema) *kaêta kaofa kaosha kafa* 2. *kara* 3. *kara* 1. *kareta* 1. *karsha* 2. *karsha* 1. *kasha* 2. *kasha* (?) *qara khaodha khara kharedha* (?) *khavza khshaêta* (masc. neutr.) 1. *khshaya* 2. *khshaya gaêça gaosha* 1. *gadha* (masc. fem.) 2. *gadha gaya* 1. *gara* 2. *gara garewa garsta* (n. pr.) *grava caêsha jaya jareza zaosha zañga zañda zaya zara zara tasha tkaêsha tbaêsha thwaêsha daêva daêça dañhâurvaêça dareça dênaba draogha draosha dvaêsha dvafsha naêza naçukasha nimraoka niçaya paitidaya paitidara paitifraça paitivañha* (n. pr.) *paitiçañha pairikara pairikarsha pairidaêza paêça* 1. *padha* 2. *padha fraourvaêça frakadha frakara frakava frañhareza frapata* 1. *frava* 2. *frava* (n. pr.) *fravaêdha fraçparegha frashaêka frâyôdha* (besser wohl von *frâyâo* + 2. *dâ* mit Aff. 0) *baêshaza* (masc. neutr.) *baourva baodha* 1. *bagha* 2. *bagha* (masc. fem.) *bañha bañda bara baresha maêgha maêsha* (masc. fem.) *magha maza madha* 1. *mana* 1. *mara* 2. *mara marsha mahrka* 2. *yara* 3. *yara yaça yaçka* 2. *raêka raozha raodha vaêgha vaêza* 1. *vaêdha* 2. *vaêdha vaêça vaza* 1. *vara* 2. *vara vareza vareda vîzaresha* 2. *çaoka çaoca çaora çañha çadha çafa* 1. *çara* 2. *caredha çaska çtara çnatha çpazga çparegha çraosha çraoshâvareza çraçka* 2. *shaêta skyaothnâvareza hakha hañkana* 2. *hadha hana* (masc. fem.) 2. *hama harcka* β) fem. *aibigara añha açu açaya uzraoca kañha kamara gareba daosha datha dareja bareza maêdha mazga maredha mrava* 1. *raêka ragha rañha vana* 2. *vaya shama haba hara* γ) neutr. *asha* (Spiegel von *ars* mit secund. Aff. *a*) *uzdareza uzvareza taka dvara fradatha fraça maêza maêtha maga* 1. *vakhsha* 2. *vakhsha çava* 1. *shaêta.* b) adject. *aêsha aêshaça akatasha agha anamana apishmagara ama amara ara* (n. pr.) *awaêna avajana açpôgara ashemaogha âtara âyaoja iriçtôkasha udrajana upañhareza urvadha erezhûca kaurva kaêta kayadha* 1. *kara kaça gañdrakara gâpara khshaêta* 1. *khshaya khshvaêwa gadhavara geredyôkhadha gêusha ghana jana jara jaça zaothrôbara zaya taka tara tkaêsha thwakhsha daregha dava draogha drujemvana naêza naregara* 1. *nara nemôbara paitishareza peshôcañha* (n. pr.) *frârañha baêshaza baoca matha* 1. *mana marâcara mareza masha mashyôvañha raya vaêtha vaêna vaoja vañhâpara* 3. *vara vareca vareda vaçôvata vâçtryâvareza vivaoja vîcara vîmareza vîçpavana vîçpôtaurva vîshôvaêpa çakhsha* 2. *çara çâiribaogha çnaodha çpaêta hathravana hashidava hvaredareça.*

129. III) mit nasalirter Wurzel a) subst. α) masc. *urvañta* (Westergaard *urvata*) *nivañda* β) fem. 1. *vañta çeñda* b) adj. *dareñga yimôkereñta çeñda.*

130. IV) mit gedehntem oder vriddhirtem Wurzelvocal a) subst. α) masc. *aiwigâma aiwighzhâra aiwistâra apaghzhâra âzâra* 1. *âpa âçtâra kahrkâça kâma kâra garâfa* 1. *târa dâha nidâra nyâka* (masc. fem.) *paityâra parifrâça pairirâra pâdha pâra fravâkhsha frarâza frarâra fstâna bâgha* (masc. fem.) *bâsha bûja bûza* 1. *mâra* 2. *mâra yéma* 2. *râna varâza vâza vâdha* 1. *vâra* 2. *vâra* 3. *vâra vâsha vîtâra vîra vyâta çâra çâravâra* 1. *çûka* 2. *çûra çpâra shâma hathrâka hâra* β) fem. *îzha* (fem. neutr.) *qâsha nâoñha* 1. *râma* 2. *râma* 2. *çûka* γ) neutr. 2. *âpa âra fra urvâta* 1. *thwâsha demâna nmâna pâda frarâka* b) adject. *aiwithûra âra uparâza uruzdapâka uçtâna uçnâka* (n. pr.) *khshviwirâza zairimyâka* 2. *thwâsha daêvayâza naçupâka pâirirâza frâka mîzha mãthrarâka* (n. pr.) *vîna vîthwiça çâma* (n. pr.) 1. *çûka çûca hâra.*

131. V) mit Elision des Wurzelvocals a) subst. α) masc. *aoiwra* β) fem. *awra* (fem. neutr.) *ghena ghna paitidra* γ) neutr. 1. *nighna* b) adject. *âdra ghna zairimyañura* 2. *bifra.*

132. VI) mit Reduplication a) subst. α) masc. *irîrica ishaça cakhra* 1. *bifra* β) fem. *çîgra hizva* γ) neutr. *naêma* b) adj. *azrôdadha zazva fradhidaya* (n. pr.) *vârema vîjaghma çpeñjaghra bishâra* (mit desiderativer Bedeutung) *hishra* (?) *hãmyaêta.*

133. 3. Affix *ainis* subst. neutr. *hidhainis.*

134. 4. Affix *ainya* adj. *dûdhmainya duzhainya.*

135. 5. Affix *airya* adj. *âonhairya* (partic. fut. pass.) *takhairya.*

136. 6. Affix *aona* n. pr. *arejaona gyaona pitaona.*

137. 7. Affix *aka* a) subst. masc. *apakhraoçaka apaçkaraka* 1. *duzhaka* 2. *duzhaka nipaçnaka* (*n* ist Praesensverstärkung?) *nivayaka madhaka* (masc. fem.) *mûraka rapaka vaezhaka çanaka* b) adj. *kutaka dahaka dahâka.*

138. 8. Affix *ake* subst. mask. *zinake* (*n* Praesensverstärkung) *dahake vañdake.*

139. 9. Affix *akha* (mit n⁰ 7 identisch?) *maênakha* (n. pr.).

140. 10. Affix *añh* subst. a) ohne Aenderung der Wurzel: α) masc. *aênañh* (auch adjectivisch, im Wörterbuch ist *aênañhâo*, der nom. masc., unrichtig als besondres Wort aufgeführt) *qarenañh* (hiervon gilt dasselbe wie von *aênañh*) 1. *zrayañh daozhañh draêshañh* (masc. neutr.) *payañh* (masc. neutr.) *pâzinañh* (von *zi?*) *râdañh* (masc. neutr.) β) fem. *ushañh* γ) neutr. *airyârañh aêzañh aênañh aogañh aorañh aojañh aoshañh afraçañh ayañh arejañh arezañh arañh açañh âkhçañh azirañh upañhañh urañh urvâdañh uçañh uçadhañh ãzañh khshaodañh* 1. *garañh* 2. *garañh cazdañh cayañh cinañh* (mit *n* des Praesens) *zadhañh zarañh* 2. *zrayañh tarañh tafnañh* (mit praesent. *n*) *temañh thaêshañh thrãfañh thwakhshañh thwarçañh dañhañh dabaêshañh dâyañh duzhañh debãzañh drâjañh dvaêshañh drafshañh nâidhyañh nâfañh* 1. *nemañh* 2. *nemañh paitizbarañh paêçañh payañh pirañh frathañh frâdañh fshañh baodhañh barezañh bãzañh mazañh manañh macañh mithañh raêshañh raocañh razañh rashañh raêjañh raêdhañh raêshañh rarañh razañh vañdañh rayañh varañh varecañh raçañh vigâthañh* (?) *vîmâdhañh verezyañh çarañh çârañh çãçañh çtarañh çpânañh çrarañh haêcañh hazañh.* b) mit nasalirter Wurzel: *çeñdañh* c) mit Reduplication: *dadhañh dîdraghzhañh hizvañh.*

141. 11. Affix *añha* subst. neutr. *harañha havapañha* (von *pâ?*).

142. 12. Affix *azhi* subst. fem. *arezazhi.*

143. 13. Affix *añt.* A. partic. praes. 1) vom Praesensstamm: *aiwinaçañt aiwirârcñt aoshañt apayañt ayañt arenañt avajaçañt avañt âzizanañt âskyañt irishyañt içañt ishañt ishaçañt ishyant ukhshyañt uzavañt uzukhshyañt uzjaçañt uzyôirañt upaçrrañt uruthañt urûdhayañt* (n. pr.) *urvatañt uçañt ereghañt eredañt erenvañt kerenavañt kereñtañt ganañt ganrañt garañt khraozhdañt khraoçañt khrrañt khrrishyañt khshayañt khshraêwayañt ghzhaurvañt carañt cinvañt jaidhyañt jayañt jarañt jaçañt jvañt zareshyañt zizanañt zbayañt zbarañt taurvañt tacañt tacyañt thishyañt thwayañhañt thwyañt daidhyañt daibishyañt dañt* (3 *dâ*) *dadañt dawañt drujañt druzhyañt dreghvañt drvañt nadañt naçyañt nizhbarañt nemaçañt nemañhañt paitiyañt paitiçtavañt paitishañt paitishyañt paitismarañt pairiyaozhdathañt patañt parairithyañt paracarañt paradathañt parshañt pâoñt pishañt puyañt pereçañt fyañhrañt fraokhshyañt fraothañt frañharezañt fracinañt frabarañt framravañt fravañt frâtatcarañt frâdañt frâyañt frithyañt fshuyañt baodhañt barañt barañt berezañt maêkañt* (?) *mazañt marañt mimaghzhañt merekhshyañt mereshyañt mraorañt mrakhçañt mvrañt yaozañt yâçañt yêshyañt raocañt rapañt rayañt ravañt* (n. pr.) *reñjañt rãkhshyañt raênañt rakhshañt rañhañt vazañt vazyañt vanañt varedañt yâoñt vârañt vâçtryañt viñdañt vîjaçañt vîzvârañt vîtañhañt vîdañt* (von *vid*) *verezyañt vyañt vyârañt caocañt çaoshyañt çakhshañt çikhshañt çizhdyañt çtarañt çnaêzhañt çpaçyañt çraçcañt skyañt hacañt hañt hanañt histañt hismarañt hunrañt hãmtâcyañt hãmyañt.* 2) vom Futurstamm: *bûshyañt.* 3) vom Aoriststamm: *dañt vîdañt.* 4) vom Causalstamm: *gâshayañt ghzhârayañt jaghârayañt taurvayañt dârayañt dreñjayañt fraçrâvayañt rakhshayañt varezayañt vîghzhârayañt çâcayañt çkârayañt çrâvayañt.* 5) vom Intensivstamm: *vâreshyañt hiçpôçañt.* B. Subst. masc. *pishyañt* (?). C. Adject. *athrañt.*

144. 14. Affix *ata* 1) subst. neutr. *erezata.* 2) adj. und partic. fut. pass. *dareçata dareshata nâshâta paêshata,* (n. pr.) *yazata;* mit Nasalirung: *aiwiraêdhayañta frâyazañta haoshyañta.*

145. 15. Affix *atañh: paêshatañh* (masc. n. pr.)

146. 16. Affix *at* 1) subst. m. *napat.* 2) adj. *hamaçpat hakat* (adv.).

147. 17. Affix *atha* subst. a) masc. *azatha daçatha mahrkatha çaratha* b) neutr. *ishatha vaorâzatha* (mit Reduplic.) *yakhshatha varedatha raçatha viñdatha.*

148. 18. Affix *athni* subst. f. *râthni* (skr. *aratni,* von *ar,* Benfey von *ara* + *tan*).

149. 19. Affix *athra* s. *thra.*

150. 20. Affix *adhan: uçadhan* m. n. pr.).

151. 21. Affix *an* I) ohne Aenderung der Wurzel a) subst. α) masc. 1. *ukhshan* 2. *ukhshan arapan urvan uçan* 2. *çpan* (im Wörterbuch *çpâ*) 3. *çpan* (im Wörterb. *çpâ*) *shôithrapân* β) neutr. *zrvan nâoñhan pereçan haçvan* b) adj. *taurvan peshupân verezyan* (*y* Praesenscharacter?)

152. II) mit Steigerung oder Nasalirung

des **Wurzelvocals** a) subst. α) masc. *azan arshan* 1. *açan* 2. *açan ashan karapan* 1. *karan* 2. *karan gafçan tashan pathan* (masc. fem.) *yavan çpaçan* β) fem. *khshapan* γ) neutr. *aiwikhshôitan ãnman cashan zafan* 1. *daçan frakhshan maçan vaṅhan çrayan hañdarezan* b) adj. *eviñdan gairyan* (*y* passivisch?) *tavan fraṅraçyan* (*y* Praesenscharacter?) *husgafan*.

153. III) **mit Dehnung des Wurzelvocals** a) subst. neutr. *râman çéṅhan* b) adj. *îshan*.

154. IV) **mit Elision des Wurzelvocals** a) subst. masc. *çtan* b) adj. *karsiptan* (n. pr.)

155. V) **mit Reduplication** a) subst. m. *zazaran pairan* b) adj. *rãrôman*.

156. 22. **Affix** *ana*. I) **Der Wurzelvocal bleibt** a) subst. α) masc. *fraççiñbana çtembana* β) fem. *peshana* (fem. neutr.) *frayana* γ) neutr. *aiwiyâoṅhana frâdhana* b) adj. und partic. praes. med. *âoṅhana hunvana*.

157. II) **mit Steigerung des Wurzelvocals** a) subst. α) masc. *aiwishayana azhana upaçayana* 1. *karana kahrkana garavana zayana zavana thanvana* (mit *v* des Praesensstammes) *fradakhshana shayana hãmpatana* β) fem. *ayana upayana vaêdhayana* (vom Causalstamm) *vîcarana çaredana* γ) neutr. *akana aghana upadarana upâzana* 2. *karana* 3. *karana carana maêthana maodhana vaṅhana vazana shamana hañjaghmana hañjamana havana* b) adj. und partic. med. *aiwivaêdhayana* (auch passiv.) *aiwiçravana aojana açana âdarana* (n. pr.) *âçtavana zayana fraçtavana bayana* (n. pr.) *barana* (auch n. pr.) *vanana çayana çtavana çnaêzhana çrayana*.

158. III) **mit Dehnung oder Vriddhi** subst. a) masc. *âpana mâzana çârana hâvana* b) neutr. *dârana vîdvanôi* (loc. infin.) *çêṅhana*.

159. IV) **mit Reduplication** partic. perf. med. *mamana* (für *mamanana*) *haṅhanana*.

160. 23. **Affix** *anaṅh piçanaṅh* (m. n. pr.)

161. 24. **Affix** *anya* a) subst. fem. *maêthanya* (oder secund. *ya* von *maêthana?*) b) partic. fut. pass. *mereñcanya*.

162. 25. **Affix** *ama* subst. m. *ãgama*.

163. 26. **Affix** *amana amna* partic. med. praes. fut. und perf. 1) das *a* vor *m* bleibt: *aiwyâoṅhayamna apaçrayamna uzukhshyamna uzdâçyamna uzyamana* (passiv.) *uçtryamna uyamna khshayamna ghzhâonvamna jaidhyamna jîstayamna jyamna zureshyamna* (passiv.) *zãhyamna* (fut.) *daoyamna* (pass.) *dirumna dramna paidhyamna peretamana frajyamna franudhyamna frabûidhyamna fravaêdhayamna fraçrâvayamna frashâvayamna frâdhayamna bûjayamna muyamna vazyamna varshyamna vâdhayamna* (pass.) *verezyamna* (pass.) *çayamna çîzhdyamna çuyamna* (pass.) *çrâvayamna* (pass.) *hmomanaṅhamna hareshyamna* (pass.) 2) *a* fällt aus: *pereçmana* 3) *a* geht in *e* über: *aipipâremna aojemna azemna içemna urvâzemna garemna khrathwemna khshnaoshemna caêshemna zîshnâoṅhemna zbaremna daomna* (aus *davemna*) *drazhimna* (§. 37) *drazhemna nâshemna nizhbaremna nimraomna nihighemna nyâçemna paitipereçemna paitismaremna paitihistemna paithimna* (§. 23, 9) *paidhimna fraoriçimna framaremna* (auch passiv.) *fravazemna fravadhemna frâdhemna frâyazemna frînemna barezimna baremna mainimna maêthemna* (pass.) *maremna yazemna vaêdimna vaêdemna* (auch pass.) *vaênemna vazemna vademna vanemna varedhemna vâremna* (pass.) *viñdemna vîdidhâremna* (perf.) *vîdushemna verezimna çakhshemna çiçpimna çîçpemna çuruçrushemna* (perf.) *çraêshemna çravashemna haoshemna haeimna* (pass.) *hacêmna hañgerefshemna hiçpôçemna* (intens.) *histemana histemna hãmbaodhemna*.

164. 27. **Affix** *aya* a) subst. α) masc. *apârnaya* (?) *urrâkhshaya* (n. pr.) *jãnaya* (n. pr.) *çtraya* β) neutr. *zaredhaya* b) adj. *zevîstaya nâvaya barajâya* (?) *raodhaya vaêpaya* (auch n. pr.) *varçaya* (?).

165. 28. **Affix** *ar* (aus *tar* entstanden) subst. a) masc. *qâshar nar bâshar rathaêstar* b) fem. *qaṅhar*.

166. 29. **Affix** *ara* 1) subst. a) masc. *nara* b) fem. *urvara jénara thanvara* (*v* Praesenscharacter) *dvãnara mãzâra* c) neutr. *dakhshâra* (?) *patara* 2) adj. *janara* (n. pr.) *javara bravara vanâra* (n. pr.)

167. 30. **Affix** *arana*: adj. *hikarana*.

168. 31. **Affix** *ari* 1) subst. fem. *mãnari* 2) adj. *vadhari*.

169. 32. **Affix** *are* (= *aṅh*) subst. neutr. *aogare ayare* (im Wörterb. wohl unrichtig von *ir?*) *avare ishare zafare zâvare tacare thanvare danare râzare vañdare vadare çaqâre hanare*.

170. 33. **Affix** *ava* s. *va*.

171. 34. **Affix** *ahva* subst. m. *azhahva*.

172. 35. **Affix** *âta* 1) subst. neutr. *veredhâta* 2) m. n. pr. *taurvâta*.

173. 36. **Affix** *âna* (scheint mit *ana* identisch) I) **die Wurzel bleibt unverändert** a) subst. α) masc. *ghnâna verezéna* (§. 33, 3) β) neutr. *zrvâna* b) adj. oder partic. med. *avaghnâna içâna urvâna gerezâna derezâna paitiderezâna* (pass.) *paitishâna fryâna maṅhâna merekhshâna miçvâna vyâna* (weniger gut *vayâna*, pass.) *vîdrvâna*.

174. II) **Die Wurzel wird gesteigert oder gedehnt** a) subst. α) masc. *carâna cashâna râna varezâna* β) fem. *ayazhâna* (**Spiegel** *ayawâna*) γ) neutr. *harezâna* b) infinitive (loc.) *marânê vanânê vareshânê çraoshânê haṅhânê* c) adj. oder partic. med. *azâna dathâna pairishanâna framravãna* (auch pass.) *yazâna çtarâna hvazâna*.

175. III) **Die Wurzel wird reduplicirt** a) subst. α) masc. *zazarâna* β) fem. *cîcushâna* γ) neutr. *pâperetâna* b) adj. oder partic. med. *kukhshnvâna dadarâna vavazâna vâverezâna*.

176. 37. **Affix** *âni kereçâni* (m. n. pr.).

177. 38. **Affix** *i* 1) subst. a) masc. *aiwiçti* (masc. fem.) *azhi âzi içi urupi kaqazhi kushi gairi ghsi câkhshni* (n. pr.) *zaini daiwi* (m. und f. n. pr.) *davi narepi* (?) *frârâzi* (n. pr.) *basi* (n. pr.) *bûji* (n. pr.) *raopi* 2. *vairi vaêidhi* 2. *vi çaoci* (wohl besser ein Adjectivthema *çaocin* anzusetzen) *hakhi hasi* (n. pr.). **Mit Reduplication:** *bawri* (masc. fem.) *vaoiri* b) fem. 1. *azi* 2. *azi avahisti* 2. *ushi* (**Spiegel** von *ars* durch secund. *i*) *âithi âkhsti urvaiti urvâiti kar-shi qâiri khruzhdi gaiñti jaini jahi jêni* 2. *di nabi fravashi fravi frâidhi baoidhi maini makhshi manôthri yaozhdi raji riji vaidhi* 1. *vairi vaêti vâidhi vâçi vî-dushi veredhi çairi çidhi* (?) *çti*. Mit Reduplic. *vâ-vareshi* (im Wörterb. °*shyi*) c) neutr.) 1. *ashi ushi uski frahmi*. Mit Reduplic. *zazi*.

178. 2) adj. *âgairi urvaiti erezi kaquzhi* (n. pr.) *kavi qaini khrvighni* (n. pr.) *khshviwi jaiwi zairi darshi derezi* 2. *paiti paoiri berezi vazi varezi verezi çaci çevi çtûi çpiti* (auch n. pr.). Mit Reduplic. *dadâçi*.

179. 39. Affix *ika* 1) subst. a) masc. *ainika daidika nivika* b) fem. *pairika* c) neutr. *marzhdika merezhdika* 2) adj. *pacika verezika*.

180. 40. Affix *ij*: *uçij* (n. pr.).

181. 41. Affix *ita* s. *ta*.

182. 42. Affix *idha* 1) subst. neutr. *khshvîdha* 2) adj.? *khrûidha anâkhrûidha?*

183. 43. Affix *in* 1) subst. fem. *kainin* 2) adj. *gaopin tacin tizhin yâhin çaocin* (im Wörterb. *çaoci* subst.).

184. 44. Affix *ina* 1) m. n. pr. *piçina* 2) adj. *aiwitacina zairina* (im Wörterb. secundär von *zairi*) *dashina bajina* (im Wörterb. unrichtig *bajin*).

185. 45. Affix *ima* subst. neutr. *airima*.

186. 46. Affix *ira* subst. masc. *vaozira* (aus *vavaz*°?).

187. 47. Affix *iva* subst. masc. *âiniva*.

188. 48. Affix *iç* subst. masc. *kuiriç*.

189. 49. Affix *iça kaoiriça* (m. n. pr.)?

190. 50. Affix *is* subst. neutr. *khshuis ṭbishis nidaithis paêsis barezis vîzbâris çôidhis çtairis çnaithis hadhis*.

191. 51. Affix *îra* adj. *qawrîra*.

192. 52. Affix *u* 1) subst. a) masc. *aku añku açcu âzhu âhushu ishu urûdhu* (n. pr.) 2. *erezu gaêçu caku zhnu tarshu dâzhu diçu dãçu nayu? naru* (n. pr.) *naçu* (masc. fem.) *paçu pereçu baoçu bâzu* (masc. fem.) *minu* 2. *merezu môuru moghu vaêçu çâuru* (n. pr.) *çudhu hiñdu* b) fem. *tanu çêñhu çêñghu* c) neutr. *dâuru* 2. *dru madhu* 3. *merezu* 2) adj. *aredu âçu uru* 1. *erezu kaçu qanu gaêthu? gouru jaghâuru zighru drighu paouru paru perethu pouru mazu* 1. *merezu moshu* (adv.) *yazu vañhu vanu vouru hañhu hiku*.

193. 53. Affix *uṭ vadhuṭ* (f. n. pr.).

194. 54. Affix *uthar* subst. masc. *çpashuthar*.

195. 55. Affix *ud* subst. fem. *ishud*.

196. 56. Affix *una* 1) subst. masc. *kahrpuna vohuna* (*vohunavaiti*) 2) adj. *tauruna*.

197. 57. Affix *us* 1) subst. a) masc. *manus* (n. pr.) *hañhaurus* (n. pr.) b) neutr. *aredus âçus garebus tanus vafus* 2) adj. *dadus vâunus vîthus vidus*.

198. 58. Affix *usa uska* subst. m. *cakusa çpi-ñjauruska* (n. pr.).

199. 59. Affix *usta* subst. m. *añgusta hunusta* (n. pr.).

200. 60. Affix *ûra* subst. *aghûiri* (mit secund. *i* des fem.) *arezûra* (m. n. pr.) *razura* (masc. fem.) *çighûra*.

201. 61. Affix *en* (scheint aus *añṭ* abgestumpft) adj. *uçên paitieren mizên rapên* (?).

202. 62. Affix *ê* infinitiv. *içê nijênê zaozîzuyê* (pass.) *daduyê duyê nâshê fraṭbuyê viṭbuyê vîduyê vîvîduyê*.

203. 63. Affix *ô*: *tarô* (adv.).

204. 64. Affix *ôi* (= *ê*) infinitiv. *dâvôi*.

205. 65. Affix *âo* 1) subst. masc. *azôbâo ufra-çâoñhâo zyâo paititavâo* 2) adj. *añdâo feraçâo mû-râo vañhâo vîzvâo huparetâo*.

206. 66. Affix *âu* subst. fem. *vañhâu*.

207. 67. Affix *ka* 1) subst. a) m. *adhka vaêçka* (n. pr.) b) 1. *çaoka* (neutr. und f. n. pr.) 2) adj. *çrîka huska*.

208. 68. Affix *zu* adj. *qarezu*.

209. 69. Affix *ta* I) ursprünglich. 1) subst. a) masc. *aiwigâta aêta añta avakañta açta âbereta âyûta* (n. pr.) *irikhta urviçta ãçta kata khneñta* (n. pr.) *khshnûta ghnita caêcaçta? zañta zaçtu thraota dista* (masc. fem.) *dûta drîta pãçta fraçaçta fra-çpâta* 1. *mareta yôista* (n. pr.) 2. *vañta* (m. n.) *vâta çtuta skata haçta*, nasalirt: *frêreñta* b) fem. *aibi-jareta avareta qareta qîta careta ciçta dakhsta* (fem. neutr.) 5. *dâta* (Spiegel setzt es = *dañtan* skr. *dânta*, mit Ausfall des *n* und Ersatzdehnung) *dâ-resta dîta paitidâresta mãçta râta* c) neutr. *apanasta asta âyapta ita crekhta khshnûta khshvipta tasta thraosta* 3. *dâta pairikereta pairimata fradhâta* 2. *bakhta yâta çtaota çtâta çraota hathravata*.

210. 2) adj. oder partic. perf. med. und pass. a) ohne Bindevocal: *aipiirita aipijata aipishûta aiwi-kareta aiwighnikhta aiwita aiwideresta aiwidrukhta aiwidhâta aiwivarsta aiwiviçta aiwiçaçta aiwismareta aiwisiuta aiwyâçta aokhta aota agata anuçakhta apayata apayûkhta abdâta areta avabereta avame-reta avaçcaçta avâuruçta acibûta avibereta aviçpasta âgerepta âzareta âdâta âdrukhta âfrita âmâta âva-reta âviçta âçtareta âhita inita iriçta ista ukhta uzgaçta uzdâta uzdista uzvarsta upaêta upaṭbista upathwarsta upamereta upayata upaçukhta upaçtuta upasiakhta uruçta uçkañta uçpaêsta usta ereta ãçashuta* 2. *kareta* 3. *kareta karsta kâta kereta kerepta qapta qareta qaçta khrûta khçâta khshata khshuçta khshnuta gata ge-repta grañta jata jaçta zarsta zâta zusta zûta zôista zbâta tafta tarsta tasta tâta tâsta tuta ṭbista thakhta thraosta thrakhta thwarsta dapta dereta* (1. *dar*) *dereta* (2. *dar*) *dereta* (3. *dar*) *dâta* (1. *dâ*) *dâta drakhta drûta napta nasta nijata nizhbereta nidâta nidhâta nirikhta niçrita nishaçta nistareta nistâta paitiirita paitiiriçta paitiereta paitizañta paitita paitithwarsta paitidâta paitibereta paitivareta paiti-smukhta pairiñharsta pairitakhta pairisqakhta pairista pakhsta parairiçta paradâta* 1. *parsta pâta puta pereta fraokhta fraota frakarsta fraghrôta fra-ñharsta frazarsta frazusta frathwarsta fradakhsta fradhâta frapikhsta framareta framita fraraṛsta fraviçta fraçakhta fraçâçta fraçtareta fraçnâta fra-çrûta frashûta frahikhta frâkereçta frâta friyata* *frâyasta frâyukhta frita frîta frûsta fshuta* 1. *bakhta* 2. *bakhta bañta* (?) *baçta bereta bûta mata* 2. *mareta* 1. *marsta mâta mita mereta yaozhdâta yasta yâçta yukhta yûsta* (n. pr.) *rapta rasta râta râsta vakhsta varsta vipta viçta vista vîta vîtareta vîdâta vîdâta vîçta vîçrûta* (n. pr.) *çakhta* 1. *çareta* 2. *çareta çaçta çâçta çtareta çtâta çtuta çpaêtita* (vom Causalstamm) *çpeñta çrusta çrûta shâta shûta skyâta hakhta hañdarakhta hañdâta* (2. *dâ*) *hareta harsta hita huta hãmiriçta hãmtasta hãmparsta hãmyûta hãmvareta hãmçâçta hãmçtareta* b) mit Bindevocal *a: ghimata varata* c) mit Bindevocal *i: zairita nashita paitighnita frêrita maçita raoidhita* (Causalstamm?)

211. 3) partic. fut. pass. (vgl. *ata*)*: âmrûta.*

Bem. *ta* kann erweicht werden zu *da* (§. 251).

212. II) für ursprüngliches *tar* 1) subst. masc. 1. *ciçta zareta darsta* 4. *dâta dâsta drusta fravareta* 2. *bereta* 2. *mereta* 2. *çâçta* 2) adj. 2. *ista garsta* (n. pr.) *thrâta dareta dâsta* 2. *dereta.*

213. 70. Affix *tañh* subst. neutr. *âçtañh pakhrustañh parstañh* 1. *vazdañh* (*t* erweicht §. 100,4) 2. *vazdañh vîçâçtañh.*

214. 71. Affix *tan* subst. m. *dañtan* (für *dâçtan?*) *maretan.*

215. 72. Affix *tar* subst. agent. masc. 1) mit unverändertem Wurzelvocal: *âfrîtar âçnâtar âçtar keretar zhnâtar zbâtar thrâtar* 1. *dâtar* 2. *dâtar deretar nipâtar patar pâtar pitar fraçâçtar beretar yaozhdâtar râstar vîtar çâtar çâçtar çtri* (fem. mit secund. *i*) *mâtar* (fem.) 2) mit gesteigertem oder gedehntem Wurzelvocal: *aibijaretar aiwishaçtar aiwyâkhstar acaêtar apaêtar âtar âfrastar khshaêtar caretar jañtar* 1. *zaotar* 2. *zaotar zãthar thwarekhstar thwôrestar nithakhtar nivakhtar nisharetar paitifrakhstar paityâçtar fradakhstar frabaretar framaretar fravaretar fraçrûtar baokhtar bakhtar baretar brâtar* (§. 5) *mañtar marekhtar marekhstar yastar yûkhtar vañtar vaçtar vastar vîdhaêtar vîçrûtar* (n. pr.) *çtaotar çtare çpaçtar çraotar hamaêçtar haretar hãmbaretar* 3) mit Reduplication *naênaêçtar* 4) durch *i* angeknüpft: *daibitar.*

216. 73. Affix *tara* (aus *tar* entstanden) subst. masc. *akhtara* (von *añj?*) *jatara? çkutara.*

217. 74. Affix *tâṭ* subst. fem. *meretâṭ?*

218. 75. Affix *tâna* subst. n. *daibitâna.*

219. 76. Affix *târa* (= *tara*) 1) subst. m. *fraçrûtâra vîçrûtâra çtâra* 2) pronom. adj. *atâra katâra.*

220. 77. Affix *ti* I) subst. 1) masc. 2. *arsti* (m. f.) 1. *açti ârâçti* (n. pr.) *jîsti* (n. pr.) 1. *paiti bûiti* (n. pr.) *mûiti* (n. pr.) 2. *jyâiti râiti* (m. f.) 2. *hâiti* 2) fem. a) mit unverändertem Wurzelvocal: *aiwiereti aiwigaiti aiwiti aiwidrukhti aiwidhâiti aiwiniti aiwiviçti aiwishuti akhti azbâiti apagaiti avamereiti âkereti âdisti âdrukhti âpereti âfriti ârikhti âviçti âçkiti iti isti ukhti upairiçpâiti upaçnâiti upashiti uçnâiti kereti ciçti* 1. *jaiti* 2. *jaiti zâmiti* (vom Causalstamm) *thrâiti* 1. *dâiti* 2. *dâiti disti nizhbereti nidhâiti nipâiti nivâiti paitiiriçti paitiereti paitijaiti paitiditi paitibuçti paitistâiti pairimaiti pairiçpâiti parairiçti parahikhti pâiti pûiti frajyâiti frabereti framukhti framereti framrûiti fraçnâiti frâiti frârâiti friti bukhti bûsti bereti maiti miti misti musti merekhti yaozhdâiti yâiti vâiti viçti vîurvisti vyusti çupti 'çkaiti çtâiti çpaiti çrusti shâiti shiti hañkereti hañdâiti hamiçti hâiti hikhti hãmçtâiti* b) mit gesteigertem oder gedehntem Wurzelvocal: *aibijareti aiwinapti aiwivañti anavaurukhti* (?) *apañharsti avajaçti avapaçti avaçpaçti âzaiñti âzûiti âçtûiti îsti uzvarsti upañharsti upaçtûiti upâçti karsti qareti khshnûiti jaiñti jaresti jîti jîsti tarsti tasti darsti dâkhsti napti niçtûiti nisañhareti paitizañti paititareti paitiparsti paitipaçti* (Spiegel von *paṭ*) *paitiçcapti paityâçti parakañti* 1. *parsti* 2. *parsti fraokhti fraoreti frakhsti frañhareti frazaiñti fraçaçti fraçrûiti frasti frâyasti frêreti frôreti frâsti bakhti baresti makhsti mareti maçti mîsti yaoiti yaokhsti yakhsti yûiti yêsti vaiñti varsti vîkañti vîtakhti vîtaçti çaçti çtûiti çpakhsti hakhti* 1. *hûiti hêmparsti* c) mit Nasalirung: *qareñti ghzhareñti nighniñti* d) mit Reduplic. *zazâiti dadaiti* e) mit einem Vocal angeknüpft: *aiwivaraiti apayati âcikaiti* (?) *initi* (Westergaard *iñti*) *khshnvaiti* 1. *jyâiti* (§. 103, 12) *dushiti nâuiti* (?) *pavaiti vanaiti çpasiti* (*i* scheint schwa). II) adj. *çtipti.*

221. 78. Affix *tin* adj. *hãmtaptin* (besser durch secund. *in* von **hãmtapta?*)

222. 79. Affix *tu* subst. 1) masc. *açtu khratu gâtu caretu zañtu zeñtu patu pitu peretu* (*peshu* §. 105, 8) *mañtu meretu yâtu raêtu ratu vañtu vîdâtu haêtu* 2) fem. *jyâtu* 3) neutr. *nurtu.*

223. 80. Affix *teka* adj. *nivaçteka.*

224. 81. Affix *tya* partic. fut. pass. *istya upamitya kaitya frakhstya vaiñtya shâitya haptya.*

225. 82. Affix *tra* I) subst. a) masc. *urvistra khrafçtra* 1. *pistra* 2. *pistra fraourvaêstra fraoraoçtra* (n. pr.) *frakhshaoçtra vaçtra çaçtra çâçtra* b) fem. *astra mâtra* c) neutr. *âmôyaçtra? kâçtra dâçtra* II) adj. *qâçtra khrafçtra.*

226. 83. Affix *tri* subst. fem. *hamôiçtri.*

227. 84. Affix *trya: tistrya* (m. n. pr.).

228. 85. Affix *tva* I) subst. 1) masc. *zarstva varstva* 2) fem. *dâçtva* 3) neutr. *dvaêstva* II) adj. *frâyastwa.*

229. 86. Affix *ṭ* I) subst. 1) masc. *câṭ thriṭ fratemadhâṭ* (passivisch) 2) fem. *açgaṭ khshmûṭ tâṭ brvaṭ* II) adj. *areṭ asbereṭ ahûmçtuṭ âbereṭ kahrkatâṭ* (im Wörterb. °*tâç*, nom.) *khratugâṭ jiṭ thraotôçtâṭ duzhbereṭ paityaogeṭ fraoreṭ fraçpâṭ yâçkereṭ çtûṭ hakereṭ hâgeṭ* (adv.) *hushãmbereṭ* (besser °*bereta?*) Mit Reduplicat. *pairivavañṭ.*

230. 87. Affix *tha* I) subst. 1) masc. *âtha gâtha zâtha zbaretha* 1. *dâtha* 2. *dâtha drâtha peretha ratha vîshaptatha haretha* 2) fem. *gaêtha gâtha citha dvaêtha pitha* (?) *shatha hitha* 3) neutr. *aretha kâtha* 1. *qaretha* 2. *qaretha nijatha fritha beretha meretha vîcitha hañkeretha hãmberetha* II) adj. *khshaotha fritha haêtha hañkeretha.*

231. 88. Affix *than* subst. m. *pairijathan.*

232. 89. Affix *thana* subst. n. *kerethana*.

233. 90. Affix *thi* subst. f. *cithi réthi*.

234. 91. Affix *thu* subst. m. *hithu*.

235. 92. Affix *thé* subst. f. *erethé*.

236. 93. Affix *thna* subst. 1) m. *arethna* 2) n. *skyaothna*.

237. 94. Affix *thma* subst. m. *râthma*.

238. 95. Affix *thman* subst. n. *vârethman*.

239. 96. Affix *thya* 1) subst. n. *uzûithya crethya* 2) adj. *ithya*.

240. 97. Affix *thyu* subst. m. *merethyu*.

241. 98. Affix *thra* I) subst. 1) masc. *puthra mãthra hâthra* 2) fem. *zaothra* 2. *hathra* (?) 3) neutr. *aiwiçrûthra airyâkhsthra aêthra uthra* (§. 69) *khshathra khshnaothra yâthra tãthra thrâthra darethra* 1. *dâthra* 2. *dâthra dôithra* (im dual. plur. fem.) *dãthra dvarethra paitiajãthra pâthra fragâthra fraoraothra framarethra fraçraothra barethra marethra mûthra yaozhdâthra varethra verethra çnâthra çraothra shôithra harethra*; mit Reduplic. *carekarethra*; durch Bindevocal angeknüpft: *zakhshathra takathra barôithra vañhathra voyathra* (?) *çpayathra* II) adj. *tãthra*.

242. 99. Affix *thri* subst. f. *âthri* (aus *at-thri* oder *at-ri?*) *erethri daoithri*.

243. 100. Affix *thwa* I) subst. 1) fem. *vãthwa hãmberethwa* 2) neutr. *ashethwa khrathwa zãthwa fracarethwa frajãthwa framerethwa mãthwa çtaothwa*. II) adj. *upaberethwa khshnaothwa jãthwa çcãthwa*.

244. 101. Affix *thwañh* subst. n. *hôithwañh*.

245. 102. Affix *thwañt* adj. *viberethwañt çterethwañt hithwañt*.

246. 103. Affix *thwan* subst. 1) m. *kerethwan jâthwan* 2) neutr. *hathwan?*

247. 104. Affix *thwana* subst. neutr. *âçtaothwana*.

248. 105. Affix *thware* subst. n. *fracinathware vicinathware* (vom Praesensstamm).

249. 106. Affix *thwya* partic. fut. pass. *gâthwya*.

250. 107. Affix *d* (= *t*) adj. *caged jaghrud* (n. pr. fem.).

251. 108. Affix *da dha* (aus *ta* erweicht) I) subst. 1) m. *derewda kaozhda zeredha mizhda ñmyazda* 1. *çaredha çughdha çpâdha* 2) f. *thrãfedha* 3) neutr. *ukhdha dazda* II) adj. *kayeredha ukhdha ubda nazda berekhdha yaozda*.

252. 109. Affix *dañh* (aus *tañh* erweicht) subst. n. *thrãfedhañh* (oder von **thrãfed* (aus *thrãf* + *d*) durch *añh?*).

253. 110. Affix *dan* subst. n. *zarezdan*.

254. 111. Affix *dar* (erweicht aus *tar*) subst. 1) m. *yerezdar* 2) f. *dughdhar*.

255. 112. Affix *dhi* subst. 1) m. *bûidhi* (n. pr.) 2) f. *karedhi*; *bâkhdhi* (aus *bâkhdhri bâkhtri*).

256. 113. Affix *du* (aus *tu* erweicht) 1) subst. m. *pazdu* 2) adj. *beredu*.

257. 114. Affix *dyâi* Infinitive (als adj. verbalia geltend) *âzhdyâi uzireidyâi vîcidyâi jaidyâi jidyâi* 1. *thrãyôidyâi* 2. *thrâyôidyâi deredyâi dazdyâi daidyâi* *dyâi* (1. *dâ*) *dazdyâi daidyâi* (2. *dâ*) *bûzhdyâi* (das eingeschobene *zh* gehört ursprünglich zur Endung) *merẽñgedyâi merãzhdyâi vereñdyâi verezidyâi vaêdyâi* (§. 70) *vôizhdyâi çazdyâi çûidyâi çrûidyâi fraçrûidyâi*; mit einem Vocal angeknüpft: *âfryêidyâi* (§. 20) *diwzhaidyâi vazaidhyâi çrâvayêidhyâi*.

258. 115. Affix *dra dhra* I) subst. 1) m. *iñdra vazhdra* 2) neutr. (aus *thra* erweicht) *aokhedhra tafedhra rufedhra vakhedhra hakhedhra* II) adj. *bakhdhra yaokhdhra*.

259. 116. Affix *dvare* (aus *thware* erweicht) subst. n. *vazdvare*.

260. 117. Affix *dhvâo* adj. *vîdîdhvâo*.

261. 118. Affix *dhwa* (aus *thwa* erweicht) subst. neutr. *vakhdhwa*.

262. 119. Affix *na* I) subst. 1) m. *avaderena âzyâona âfrîna uzdâna upamana urvâçna karena kashna kâna kerena qafna gaona* 1. *zaêna zyâna tarshna* 4. *dâna paitidâna paitistâna pairithna parena* (m. und n.) *pâshna pouruçaredhôrarshna* (?) *fraçâna* 1. *frashna* (?) 2. *frashna frâna frîna fshâna buna mazêna yaona yaçna yâna raokhshna raoghna rânapâna* 1. *varena* 3. *varena vareshna* (n. pr.) *vaçna verena vyâkhna* (masc. neutr. und m. n. pr.) 1. *vyâna çaêna çâna çûna çtâna çtûna hañdvarena*. 2) fem. *una ûna ãkhna kaêna cîcarena* (1. *vîc°*) 1. *daêna* 2. *daêna darena* 2. *dâna perena* (f. und n.) *baoshna* 2. *mana* (?) 2. *varena rôighna çâçna çina haêna*. 3) neutr. *aiwidâna aiwivarena upaçtarena qarena* 2. *zaêna dana* 1. *dâna* 3. *dâna paitisqarena fraçnana frêna merena huñharena hâkurena*. II) adj. *arena âoñuharena ûna kamna karaçna* (n. pr.) *qafnâ* (adv.) *khshaêna khshôithna tûsna* 2. *durena fraçparena frîna* (partic. perf. in *frînâçpa*)? *naghna* (partic. perf.) *yaozhdâna vyâkhna* 1. *vyâna çkarena hazañrôhuna*.

263. 120. Affix *nañh* subst. n. *qarenañh* 1. *zaênañh* 2. *zaênañh thamanañh* 1. *draonañh* 2. *draonañh parenañh frênañh raêkhnañh rafnañh varenañh varsnañh*.

264. 121. Affix *nare* (= *nañh*) subst. n. *danare*.

265. 122. Affix *nâo* adj. *karenâo*.

266. 123. Affix *ni* I) subst. a) masc. *mareni varshni* (auch n. pr.) b) fem. *ageni zyâni frêni* (n. pr.) *bâni* (oder von *buna* durch secund. *i?*) *rashni* 1. *çaêni çraoni* c) neutr. *fshaoni raokhshni çâyéni*. II) adj., *zaêni nârshni* (?) *fshaoni raokhshni* 2. *çaêni* (n. pr.) *çpaêtini* (mit Bindevocal).

267. 124. Affix *nu* I) subst. 1) masc. *garenu zaranu zarenu tafnu* 3. *dânu* (n. pr.) *parenu bânu bãshnu raokhshnu rashnu* (n. pr.) *hunu*. 2) fem. *jãfnu daênu pãçnu bareshnu*. 3) neutr. 1. *dânu* II) adj. *zaênu zôishnu* 2. *dânu highnu*.

268. 125. Affix *nya* I) subst. 1) m. *dafshnya frânya* (n. pr.). 2) fem. *urunya*. 3) neutr. *zaranya* II) adj. *zaranya yêçnya* (partic. fut. pass.).

269. 126. Affix *nva* subst. n. *varenva* (vom Praesensstamm?).

270. 127. Affix *pa* 1) adj., *pâpa*. 2) s. *va*.

271. 128. Affix *m* I) subst. 1) m. *zim.* 2) f. *zem* II) adj. *tarém* (adv.)

272. 129. Affix *ma* I) subst. 1) m. *aêçma aêshma arema açtarema açma uzema ãkhma kerema gâma grêhma zarema zima thrima dakhma duma pathma fsharema bâma yâma ruma vaêma vaçma vahma çtarema çpâma haoma hakhma hañdâma hizuma.* 2) fem. *dahma skyaoma huma* (n. pr.). 3) neutr. *khshnaoma garema jâma* (besser *jâman*). II) adj. *aiwyâma khrûma takhma tûma pakhruma vîtarema* 2. *çâma* (?) *hañkerema* 1. *hama hâma.*

273. 130. Affix *maini* adj. *dâçmaini çparmaini.*

274. 131. Affix *mañț* adj. *vîkhrûmañț.*

275. 132. Affix *man* subst. 1) mit unverändertem Wurzelvocal a) masc. *uruthman urvâzeman urvâçman dãman* (m. f. n.) b) neutr. *khshãnman cinman* (*n* Praesenscharacter) *dâoman dunman dvãnman nãman pâman pishman.* 2) mit Steigerung oder Dehnung des Wurzelvocals a) masc. *afçman açman duçman maêthman raçman* (m. und n.) *vareçman* (m. n. pr. und n.) *vyâkhman* (m. und n) *çtaman* b) neutr. *khshnûman gareman caêshman careman cashman zaêman taokhman daêman draoman paêman paçman fraothman bareman bareçman vacçman vâreman çtaoman çraoman hakhman hañdareman* 3) mit Reduplication, neutr. *yaêthman yôitheman* (§. 23, 2).

276. 133. Affix *mana* 1) subst. m. *zemana raêmana* (n. pr.) 2) s. §. 163. 2.

277. 134. Affix *mâna* subst. neutr. *daêmâna.*

278. 135. Affix *mi* I) subst. a) masc. *dãmi varemi* b) fem. *uruthmi zâmi* 1. *dâmi* 2. *dâmi bûmi çtaomi sanami* c) neutr. *khstãmi* II) adj. *uruthmi.*

279. 136. Affix *mu* subst. m. *garemu.*

280. 137. Affix *mna* subst. m. *dumna humna.*

281. 138. Affix *mya* (aus *ma* und secund. *ya*?) adj. *bereghmya* 2. *yahmya* (?).

282. 139. Affix *ya* I) subst. 1) masc. *açtairya uzya khrûnya gairya gaodhya gafya zevya taozhya tanya* 2. *tâya* 2. *thrûya pacya fraoiriçya framainya frya fshuya mashya* (für *mareshya*?) *mereñcya yêhya* (in *ayêhya*) 1. *vairya çkairya* 2) fem. *kanya* 1. *tâya mâya vidhya*. 3) neutr. *aipya aojya gâya diçya fraçya vaêdhya vakhshya vazya voya* (?) *çairya hahya* II) adj. *airya aiwizâzuya aoya aritanya ishya urvaithya kairya karshya karya khraoçya jîvya jôya zaoya zaqya zevîstaya daoya dareçya nãmya paoirya fraoiriçya fraçtairya frya bairya mainya hairya raozhdya rânya raodhya reñjya* 2. *vairya verezya çaoshya çtâhya harya hâvôya* (*ô* eingeschoben) *himnâirya hãmurvîçya.* III) Gerundia *aibigairyâ aghrishya paitiricyâ.*

283. 140. Affix *yañha: haoshyañha* (m. n. pr.)?

284. 141. Affix *yu* I) subst. 1) masc. *aidyu airyu kakahyu* 1. *tâyu paitipâyu pâyu mainyu mâyu? vayu* 2) fem. *daqyu dañhu* 3) neutr. *âyu* 2. *tâyu* II) adj. *gaodâyu mainyu.*

285. 142. Affix *yâo* adj. *aiwivanyâo urvâidyâo.*

286. 143. Affix *yãs* adj. *zairyãs* (n. pr.) *çairyãs.*

287. 144. Affix *ra* I) subst. 1) masc. *uredra udra kuçra khedhra cañra zañgra zura taêra tîra piçra budhra bûjra mithra vañhra vazra vafra çtaêra çtaora çrifa* (§. 101, 8.) 2) fem. 2. *aghra azra añgra khrûnera dâdara dâra çâdra* (fem. neutr.) *çufra hura* 3) neutr. *âthra* (oder *at-thra*?) *khshudra khshviwra cithra zafra dathra bôiwra* (*w* eingeschoben?) *hikhra* II) adj. 1. *aghra añra erezra khruzhdra khrûra khshôiwra gufra gûzra cithra jafra jira tighra thwiçra dañgra daura dûra derezra frâdereçra mãzdra mrûra vîcira çîzhdra çukhra* 1. *çûra çtakhra çtaura çrîra.*

288. 145. Affix *ri* subst. 1) masc. *gâuri* (n. pr.) *tighri maoiri* 2) fem. *âthri* (oder *at-thri*?) 3) neutr. *bûiri* (wohl besser Compos.).

289. 146. Affix *ru* I) subst. 1) m. *amru camru dâdru* 2) neutr. *açru* II) adj. *vañdru.*

290. 147. Affix *re* subst. n. *yâre.*

291. 148. Affix *rena* adj. *çukuruna* (§. 19.)

292. 149. Affix *rya* (wohl aus *ra* + secund. *ya*) adj. *vadhrya.*

293. 150. Affix *va* I) subst. 1) masc. *açpa* (§. 81.) *kaêva* (?) *grîva bêñdva mithwa çaurva hiñdva* 2) fem. 2. *añhva gadhwa zaurva* II) adj. *aurva upavâva credhwa khraozhdva thaurva drva paurva paourva parshva rava varedva vareshva çyâva* 1. *haurva* 2. *haurva*; mit *a* angeknüpft: *duzhava.*

294. 151. Affix *vañh* subst. n. *ravañh.*

295. 152. Affix *vañț* I) subst. m. *aurvañț daibishvañț* II) adj. *aurvañț ahvañț içvañț* (n. pr.) *erezvañț khstâvañț zbaurvañț* (n. pr.) *parapathwañț fraourvîçvañț bezvañț rashvañț varezdavañț vîvañhvañț* (n. pr.) *vîvareshvañț* (n. pr., vom desiderat.) *verezvañț çañhvanț çurunvañț hêbvañț.*

296. 153. Affix *van* I) subst. 1) m. *adhwan credhwan derezvan ravan* 2) f. *karshvan* 3) n. *mithwan.* II) adj. *içvan kereçvan* (?) *dreçvan yôithwan.*

297. 154. Affix *vana* subst. 1) m. *khstâvana vidhwana* (? n. pr.) 2) neutr. *âfrivana âçtravana.*

298. 155. Affix *vara* subst. n. *mithwara.*

299. 156. Affix *vare* subst. n. *uruthware karshvare daçvare çnâvare.*

300. 157. Affix *vâo* I) subst. m. *pavâo* II) adj. *erezvâo cagvâo tarshvâo nãçvâo çperezvâo hikvâo* III) partic. perf. act. *añhvâo âoñhvâo irîrithwâo keredhvâo cakhvâo cikithwâo* (*avacikithushi* fem.) *jaghâurvâo jaghnvâo jaghmvâo jâgerebvâo zîzivâo dadhvâo nijaghnvâo pipivâo biwivâo mamanvâo yaêtvâo vaokhvâo vavanvâo vâvarezvâo vîdhvâo çaçakhvâo hañhanvâo.*

301. 158. Affix *vâna* adj. *erezvâna.*

302. 159. Affix *vi* I) subst. 1) m. *khstâvi tavi* 2) fem. *driwi marshvi* II) adj. *revi* (besser *rava* mit secund. *i*).

303. 160. Affix *ç* adj. *kahrkatâç* (s. jedoch §. 229, II).

304. 161. Affix *çya* subst. m. *maçya* (aus *mad-çya*).

305. 162. Affix *sha* I) subst. masc. 1. *kesha* (aus *karsha*) *drafsha fshûsha varesha* (von **varekhsh* aus **varez* = *barez*) II) adj. *urusha fshûsha.*

306. 163. Affix *shi* subst. fem. *ughishi* (oder secund. ?) *ereshi tevîshi vîthisi* (?) *vîçpataurvashi* (n. pr.) *hâirishi*.

307. 164. Affix *shu* adj. *hishu* (§. 101, 1).

308. 165. Affix *s* I) subst. 1) m. *cares* 2. *vis çpis* 2) fem. *mûs*(?) II) adj. *cares yaos* (adv.) *yûs*.

309. 166. Affix *h* (= *s*) subst. m. *mâoṅh*.

310. 167. Affix *ha* (= *sha* ?) I) subst. m. *nipâoṅha mâoṅha* II) adj. *dâoṅha*.

311. 168. Affix *hi* subst. 1) f. *dâhi* 2) neutr. *fshêñghi*.

312. 169. Affix *hu* subst. m. *fyaṅhu*.

313. 170. Affix *hê* infinitive *frâdaṅhê râshayaṅhê vaênaṅhê raocaṅhê*.

II. durch secundäre Affixe.

314. 1. Affix 0 1) mit Steigerung: adj. *khshâudra zâiri* 2) ohne Steigerung a) subst. m. 3. *ara* b) adj. numer. *aêvadaça astadaça khshvasdaça cathrudaça thridaça dvadaça navadaça pañcadaça haptadaça*. c) Samâsânta mit Steigerung: *dêusçravaṅh çâizhdri haoshâta*.

315. 2. Affix *a* 1) von einfachen Wörtern a) subst. *α*) masc. *ayaṅha kathwa* (?) *daṅhava* 1. *vairya çâraçtya β*) fem. 1. *aṅhva urva pathana rathwa rapithwa γ*) neutr. *qaêtra naptya* (auch m. u. pr.) *paithya* b) adj. *aêitha aojaṅha akhtya* (n. pr.) *añtara afçmana ayara açmana âçna âhitya uruthmya urvaithya ereshva kudrva kâçava* (u. pr.) *qarenaṅha catura câta zañtava tanva temaṅha* 1. *thrâya thwa daozhaṅha daṅhava pathana parshañta* (n. pr.) *pôithwa frasha fshêñghya mainyava raocaṅha rashnya verezyaṅha çuênya çaokeñta* (n. pr.) *çtaomya çtâitya* (besser prim. *tya* von *çtâ*) c) patronymica *ainyava airyava ûrâçtaya ûkhnaṅha narava* 2) Samâsânta a) subst. *α*) m. *açtvaṭithyêjaṅha khraozhduçma niçma pâitirâka* (im Wörterb. primär) *baêvareçpaçana varedaçma haoçafna β*) f. *kamnafshva paitidvaêshayaṅta γ*) n. *khvaskhshapara thrayara thrikhshapara dâityôpithwa* ‘*narakhshapara perenômâoṅha biayara bikhshapara haozâthwa haomanaṅha haoçravaṅha hudhâoṅha* b) adj. *aithyêjaṅha aṅhareçtâta aṅrômainyava adhairizema apasha açpôkehrpa eviça qâtaeina tacaṭâpa tarôyâra thwarstôkehrpa dareghuarstaya dareghôgava drvôpaçva nyâpa pouruqarenaṅha pâçtôfrathaṅha fraṭâpa makhshikehrpa maṭafçmana maṭgaoshâvara yaozhdâtôzema vitâpa vîâpa vîzafâna vîtacina vîçpôafçmana vîçpôyâra çtehrpaêçaṅha çpeñtômainyava hañtacina hubaoidhya huskôzema hvaçeva hrâha* (mit Abfall des *ar* von *qanhar*) c) n. pr. und patronym. *añkupaçmana aredhômanusha frazdânava barôçrayana bivañdaṅha maidhyômâoṅha haoçravaṅha hvôgva*.

316. 3. Affix *aini* adj. *bawraini*.

317. 4. Affix *aêna* adj. *ayaṅhaêna izaêna ubdaêna erezataêna zaranaêna zarstvaêna zemaêna temaṅhaêna drvaêna fravâkhshaêna çtvaêna haoçafnaêna hamanâfaêna*.

318. 5. Affix *aênya* adj. *dâtaênya*.

319. 6. Affix *aona* 1) adj. *marshaona* 2) n. pr. *thraêtaona*.

320. 7. Affix *aṅh* 1) adj. *pañcadaçaṅh hvârayaṅh* 2) n. pr. *çadhanaṅh çpitavarenaṅh*.

321. 8. ‘Affix *añṭ* (aus *vañṭ* entstanden) adj. *aoshaṅhañṭ* (*aoshôṅhvaṭ*) *anupôithwanṭ afnaṅhañṭ urvjaṅhañṭ askhrathwañṭ âfañṭ thamanaṅhañṭ* (*thamanaṅuhatãm*) *merethwañṭ çavaṅhañṭ*.

322. 9. Affix *an* 1) subst. a) m. *puthran mãthran hazaṅhan hâvanan* b) n. *avaṅhan* (oder ist *avaṅhânê* infinit. von *han* + *ava*?) 2) adj. *vîçan*.

323. 10. Affix *ana* 1) subst. a) m. *vehrkâna* b) n. *maidhyãna* 2) adj. *nemaṅhana* 3) patronym. *âthwyâna khshôiwrâçpana gaêthômereñcyâna gayadhâçtayana jîstayana tûmâçpana naotairyãna pourudhâkhstayana varakaçâna vîvaṅhana haêcaṭaçpâna haoçravaṅhana*.

324. 11. Affix *anu paêçaṅhanu* (f. n. pr.)

325. 12. Affix *anya* 1) subst. f. *pathmainya* 2) adj. *paurvanya paourvanya*.

326. 13. Affix *ayana* 1) subst. n. *gâvayana* 2) adj. *dareghôhakhedhrayana*. 3) patronym. *kareçnayana gâurvayana dânayana frashaostrayana vaṅhudhâtayana*.

327. 14. Affix *ava* (aus *a* und *va*?) adj. *çavaṅhava*.

328. 15. Affix *âo* 1) adj. *nâidhyâo pãçnvâo fraeurethwâo* 2) samâsânta: *vanôvîçpâo huraodhâo*.

329. 16. Affix *âni* 1) adj. (durch secund. *i* aus *ana*?) *paoiryêni* (auch subst. f.) *tistryêni ahurâni* 2) patronym. *gaêvani*.

330. 17. Affix *i* I) an einfachen Wörtern 1) subst. a) masc. *kati çâvaṅhi çûni* (? masc. fem.) *hâvani* b) fem. *açîsti âhiti kaçvi thâtairi* (?) *frashi bâni* (§. 226 I, b) *vohuni* 2) adj. *aoji âhûiri zarathustri dâhi paêmaini nmiri raoghni çûiri adhairi* (adv.) 3) patronym. *avâraostri âthwyâni taurvâti dâzgarâçpi dâstayâni maidhyômâoṅhi râstareveghêñti vañdaremaini viṭkaêvi çâyuzhdri* (?) *çyâvâçpi haṅhaurushi* II) samâsânta 1) subst. a) m. *avimithri* b) fem. *âthravôputhri âçnaçpi upaçputhri khshaêtôputhri yuyôçemi hazaṅrôvâiri huputhri hvaṅhvi* 2) adj. *akhshafni mâzdayaçni vârethraghni* III) movirend 1) subst. *qaêtvadathi khshathri carâiti thrâthri thriti daêvi dâthri napti nâiri nipâthri nisaṅharethri nmânôpathni barethri bâuzdri* (*d* aus *th* erweicht) *çtri* (§. 215.) 2) adj. und participia *azîzanaiti azrôdaidhi aputhrôjani amavaiti ardvi açpeni ashaoni uzukhshyêiti upaçtâbairi uçaiti ereghaiti kaqeredhi kayêidhi* (*kayadha*) *qanvaiti qyaoni khrûmi khrvîshyêiti khshâudri khshôithni khstvi jaçaiti jvi zaranaêni zaranyôpaêçi zîzanaiti taurvayêiti tâyûiri temaṅhaêni dakhstavaiti dareghôgadhâiti dawaiti dahmi drvaiti nemaqaiti paouiri pataiti puçavaiti perethwi frazaiñtivaiti bareñti baraiñti berezaiti mainyavi maêkaiñti maodhanôkairi mazgavaiti maṭpaitipereçvi maṭpereçvi maçi mâyavaiti merezvi yaokhstivaiti yaozaiñti yazvi yaêtushi yaraiti yâtumaiti yêshyañti raoghnavaiti râkhshyaiti vaṅuhi vanaiñti varedaiti vâreñti vâçtravaiti vâçtryâvarezi vîthusha* *vaiti vîçpôpaêçi verezvati vehrkavaiti vouruŕafnahi vohunavaiti vohuvarezi vyâvaiti çnokeñtavaiti çañuhaiti çatavaiti çavaňhaiti çâini çpânavaiti çpitâmi çraçciñti skyêiti haithyâvarezi haomavaiti hakhti* (von *hakhta*) *hazaňravaiti haiti hâiti hadhânaêpatavaiti haptôkarshvairi harethravaiti highwi hiskvi hudôithri hunaravaiti huperethwi hufedhri hêbvañti hãmvaretivaiti hvarstâvarezi.* 3) von compar. in *yâo*: *aojyêhi açpôçtaoyêhi khraozhdyêhi frâyahi bâzuçtaoyêhi maçyêhi vahêhi* 4) vom partic. perf. act. *avacicithushi jaghmûshi pipiyûshi yaêtushi vîthushi* 5) nom. pr. *ukhshyêiñti eredatfedhri pourubrâthri vaňhufedhri vîtaňuhaiti vîçpataurvairi çrûtatfedhri haraqaiti hvaredhi hvôvi.*

331. 18. Affix *ita* adj. *âçita.*

332. 19. Affix *in* adj. *perenin yevin hãmin.*

333. 20. Affix *ina* 1) adj. *raocahina rapithwina vacahina* 2) samâsânta adj. *qâpaithina* 3) n. pr. *uzayêirina ushahina zbaurvaithina.*

334. 21. Affix *is* subst. n. *raêthwis.*

335. 22. Affix *ista* (die ursprünglichen Affixe werden abgeworfen) adj. 1) von subst. *gavâzista* 2) superlativ des adj. und partic. *aibîbairista aêshista aojista aojôrâmista aeista açista* (*âçista*) *ashaojista uparaodhista urvâzista kambista kaçista qarezista khraozhdista khrathwista jaghnista zhnôista zôizhdista tañcista tañjista thwakhshista darezista dâhista dãhista draqista drâjista nazdista namarazista naçista nijaghnista nizhbairista nãmista paitivacista paoshista fyaêsta fraêsta fraoiriçista bairista barezista bâdhista mairista mazista yûidhista razista reñjista vaêdhista vahista vâzista vidhcôista vîjaghmista vîmarezista çevista çtâvaêsta çpênista çraêsta shâista hâidhista hâvista.*

336. 23. Affix *u* 1) subst. m. *katu* (differenz. aus *kati*) 2) adj. *qaêu.*

337. 24. Affix *ê* n. pr. neutr. *arezahê çavahê.*

338. 25. Affix *ka* 1) subst. a) m. *aperenâyûka duruka drafshaka nemetka*(?) *paguka frashumaka mashyâka* b) f. *kainika* = *kanuka carâitika jahika nâirika* c) n. *driwika* (im Wörterb. primär) 2) adj. *âka* (?) *ugka kaçvika çpaka humayâka* 3) n. pr. *zemaka darsinika*(?) *pûitika* (neutr.) *varedhaka çnâvidhaka çyâmaka.*

339. 26. Affix *c* subst. n. *druc* (von 2. *dru*)?

340. 27. Affix *ca* subst. m. *zairica* (n. pr.) *vicica.*

341. 28. Affix *ci*: *zairici* (f. n. pr.).

342. 29. Affix *zi*: *âthwyôzi* (? oder primär von *zan*) m. n. pr.

343. 30. Affix *ta* 1) subst. a) m. *paurvata* (m. und f.) b) f. *aourvata ashavaçta ukhdhata khshathrata khshnaothwata frâvîrâta yêçnyata vahmyata verethrajãçta* c) n. *qata* 2) adj. *upata*(?) *quêta navata peteretа vita hupatareta* 3) n. pr. *kavâta thrita pouruta bûshyãçta* (fem.) 4) samâsânta *hubaoidhita* (fem.).

344. 31. Affix *taňh* subst. n. *karapôtaňh kevîtaňh.*

345. 32. Affix *taňha* subst. m. *pañtaňha.*

346. 33. Affix *tar* subst. m. *zâmâtar*?

347. 34. Affix *tara* 1) adj. a) von subst. *ushaçtara daoshatara rapithwitara* b) von adv. *aiwitara nistara fratara vîtara* 2) superl. der adj. a) an die Adjectivaffixe tretend, wobei *a* oft zu *ô*, *n* aber abgeworfen wird: *akatara amavaçtara ashaojaçtara îzhyôtara upaberethwôtara khraoçyôtara yaêthôjatara jâgerebustara ciçtivaçtara jãthwôtara duzhitôtara duzhgaiñtitara naotara paurvatara parôarejaçtara fratarôtara frithôtara baêshazyôtara berekhdhôtara yâçkereçtara vazyãçtara verethrajãçtara verethravaçtara voyôtara çrîrôtara hubaoidhitara humâyôtara huyastatara* b) nach Abfall der Adjectivaffixe antretend: *aoshôtara* (von *aoshôňhvañt*) c) mit Dehnung des *a*: *vairyaçtâra.*

348. 35. Affix *tare*: *pâreñtare* (adv.).

349. 36. Affix *tât* (urspr. Composition) subst. fem., s. das Wörterb. p. 133., wo noch hinzuzufügen: *açteñtât irithyãçtât vaňhutât çtitât skyaothnôtât.*

350. 37. Affix *ti* subst. f. *airimaiti* (?) 1. *arsti astâiti qaêti qîti khshvasti thanvareti* 1. *navaiti* 2. *navaiti yujyaçti* (von *yujyañt*?) *çâraçti haptâiti haraiti* (n. pr.).

351. 38. Affix *tu* subst. *qaêtu* (m. n.) *gadhôtu* (m.).

352. 39. Affix *tema* superlat. 1) von Subst. *ukhdhôtema gaotema* (n. pr.) *gaonôtema zarathustrôtema tafnôtema* (von *tafnu* mit Abfall des *u* und Einschub von *ô*?) *daêvôtema paityârôtema mashyôçãçtôtema* (von °*çãçtar*) *mahrkôtema yaçkôtema çpazgôtema* 2) von Zahlwörtern: *vîçâçtema hazaňrôtema* 3) von adv. *uçtema nitema fratema* 4) von adj. und partic. a) mit Verwandlung des auslaut. *a* in *ô*: *aurvôtema azhicithrôtema apanôtema abdôtema ahãkhstôtema âçnaçpôtema ughrôtema khshathryôtema khshnaothwôtema zayôtema takhmôtema thrâtôtema darezistôtema dâityôtema duzhdôithrôtema nãmôkhshathrôtema nyuruzdôtema pâthmainyôtema fraçaçtôtema baêshazyôtema bizañgrôcithrôtema yaozhdâtôzemôtema yêçnyôtema vaêdhyôtema vahistôtema vahmyôtema vîâpôtema vîurvarôtema vehrkôcithrôtema çpeñtôtema* (auch n. pr.) *çrutgaoshôtema hukhshathrôtema hupâtôtema huskôzemôtema* b) die Affixe bleiben: *aiwinaçãçtema aiwyâmatema aogazdaçtema anuvarstavaçtema upairivavaçtema afrakavaçtema amavaçtema arsvacaçtema acaňhutema uçverethrajãçtema ashaojaçtema asharuçtema ashethwôzgatema asqaretema askhrâqanutema askhrathwastema âthravaçtema âfrivacaçtema qarenaňhaçtema gavâçtryavarstema jaghmûstema zarazdâtema tbaêshôtaurvayaçtema thrâyôdareghutema thwyãçtema duzhgaiñtitema dûraêdarstema pourudarstema* (von *pourudareç*?) *pourutema marzhdikavaçtema mereñcyãçtema yaêtustema yâtumaçtema yânavaçtema yâçkereçtema raêvaçtema verethrajãçtema verethravaçtema çaokavaçtema çaçakustema haithyôdâtema haçtema haňhanustema hudhâçtema hubaoidhitema* c) vor *tema* wird eingeschoben *a*: *khshvîwiishvatema*, *ô*: *vârethraghnyôtema*, ein Zischer: *parakaviçtema vourafnôçtema hudhânustema.*

353. 40. Affix *tô* (ablat.) *aiwitô qatô* (adv.)

354. 41. Affix *tva* adj. numer. *khstva.*

355. 42. Affix *tha* 1) adj. numer. *haptatha* 2) adv. *aêvatha anyâtha apâtha avatha hamatha.*

356. 43. Affix *thana* adj. *hunarethana* (Spiegel).

357. 44. Affix *thi* subst. f. *garaithi.*

358. 45. Affix *thya* 1) patronym. *âthwya* (§. 101, 10) 2) adj. *paçnâithya aiwithyô* (adv.).

359. 46. Affix *thra*: *avathra âtarathra* (adv.).

360. 47. Affix *thwa* 1) subst. neutr. *aṅhuthwa fratemathwa ratuthwa vaṅhuthwa* 2) adj. numer. *thriçatathwa.*

361. 48. Affix *thwana* subst. n. *nâirithwana.*

362. 49. Affix *dha* 1) adj. *kevîdha pukhdha* (für *pañkta* ved. *pañcátha*) 2) adv. *aêtadha adha anyadha avadha idadha dîdadha bâdha.*

363. 50. Affix *di dhi* 1) subst. n. *dvaidi* 2) adv. *yêdhi* (*yêzi* aus *yêdhi zî?*).

364. 51. Affix *dhya* (aus *dha + ya?*) adj. *çaredhya.*

365. 52. Affix *na* 1) subst. a) m. 3. *ahuna paityârena* b) f. *uçna* c) n. *apana* 2) adj. *airyana apana açpana kevîna qaêna zrayana frâkhshnena* (von *frakhshan*, im Wörterb. unrichtig) *vahmana viçpana* 3) n. pr. und patronym. *arezôshamana* 1. *ahuna jâmâçpana neremyazdana frâyazañtana vyâtana hamañkuna* 4) samâsânta a) m. *avimithrana* b) n. *huzvârena* (von *zâvare*).

366. 53. Affix *naya* adj. *ratunaya.*

367. 54. Affix *ni* adj. *maêshini.*

368. 55. Affix *fya* subst. m. *erezifya.*

369. 56. Affix *bis* subst. m. *azdêbis?*

370. 57. Affix *ma* 1) subst. m. *gaoma* 2) adj. *añtema apayañtama apema upama zañtuma daqyuma çairima*, mit Superlativbedeutung: *fraourvaêstrema madhema hukereptema* 3) adj. numer. *astema daçema nâuma* (*naoma*) 4) n. pr. *aiwiçrûthrema çpitama* (*çpitâma*).

371. 58. Affix *maini* adj. *zarenumaini.*

372. 59. Affix *mañt* adj. *arethamañt ahumañt qaêtumañt khratumañt yaomañt garemañt zaranumañt zarenumañt naçumañt pourumañt frashîmañt fshûmañt* (im Wörterb. *fshûmâo*, nom.) *bâmumañt madhumañt yâtumañt raokhshnemañt ratumañt haêtumañt.*

373. 60. Affix *man* 1) subst. a) m. *airyaman* b) n. *frâshman* 2) adj. *zaranuman vañdareman* (n. pr.).

374. 61. Affix *mana* subst. m. *zarnumana yâtumana.*

375. 62. Affix *mi* adj. *frâshmi.*

376. 63. Affix *ya* 1) subst. a) m. *aêthrya aonya âtrya ârstya cithrâya* 2. *tûirya* (m. f.) *daṅhaoya pathanya* 2. *berejya* (?) *brâtûirya* (m. f. doch vgl. skr. *bhrâtṛvya*) *yaozhdâthrya yuya* (aus *yava + ya?*) *raithya vâçtrya* (m. f. n.) b) f. *aṅhuya paidhya bâmya çraoshya* c) n. *apathrya asharaghnya kâmya zaradhaghnya zaremaya nâfya baêshazya barethrya yâtughnya verethraghnya çâçnya hazaṅraghnya.* 2) adj. *aidhya aqafnya aghrya anyaidhya arezya aviwithranaya açnya açpya ashya âvîshya âhûirya izhya ereshya* 1. *karaya* 2. *kâraya gyaonya khẫnya* 1. *khshathrya* 2. *khshathrya khshafnya gaoya gâvya ghnya jarezya zaremaya* 1. *tûirya* (adj. numer.) 3. *tûirya dâitya nairya nmânya paourvya pañcadaçya pâthmainya pourvya fradakhshanya baêshazya bareçmanya bâmya* (im Wörterb. unrichtig primär) *buzya manahya mâzainya mâhya yaçnya yâirya yâoṅhaya yânya rathwya vaeahya varaithya varenya vahmya vâirya vâçtrya viñdaithya vîtareazahya vîtarethbaêshahya vîmanôhya vîrya vîçya verezênya verethraghnya râthwya ryâkhanya çûirya çnâvya shôithrya haithya haênya haomya haptaithya* 3) samâsânta: *aêvômâhya azaremya astamâhya khshvasmâhya cathrumâhya thrizaremaya thrimâhya daçamâhya duzhyâirya dâusmanahya navamâhya pañcamâhya pourufraourvaêçya bimâhya mâzdrâjahya vazôvâthwya vîçpôhañkerethya hacatpaêmainya haptamâhya huyâirya huraithya huruuya* (subst. n.) 4) n. pr. und patronym. *arshya udrya khuñbya khstâvaênya* (von *khstâvana* §. 16, 5) *dâitya* (fem.) *naotairya frâçya bumya* 1. *berejya maidhyâirya maidhyôzaremaya merezîshmya çnaoya hamaçpatmaêdhaya.*

377. 64. Affix *yan* adj. *akôyan içôyan* (im Wörterb. unrichtig von *iç*) *gâthrôyan gavayan* (n. pr.) *hâdrôyan.*

378. 65. Affix *yâo* 1) m. n. pr. *frâpayâo vafrayâo* 2) comparativ der adj., nach Abwerfung der Affixe antretend: *aojyâo açpôçtaoyâo* 1. *ashyâo* 2. *ashyâo âçyâo kaçyâo khraozhdyâo tâshyâo nazdyâo frâyâo mazyâo maçyâo vaqyâo vahyâo vaṅhâo çtaoyâo çpanyâo çrayâo.*

379. 66. Affix *yu aṅhuyu* (m. n. pr.)

380. 67. Affix *ra* 1) subst. m. *ahura erezura* (n. pr.) 2) adj. *aora adhara apara upara zaurura tâyûra nura payaṅhra çuâvarebâzura çrvara* (n. pr.) 3) numer. *hazaṅra.*

381. 68. Affix *ru* adj. *aêtaru nakhturu.*

382. 69. Affix *va* 1) subst. fem. *upaoshaṅhva* 2) adj. *aghrava erethwa* (?) 2. *erenava bâminva* (im Wörterb. unrichtig primär) *bunava mayava raêva* 3) n. pr. *mâyraa vareshava haraêva.*

383. 70. Affix *vaêtha* adj. pronom. *mavaêtha.*

384. 71. Affix *vañt* 1) adj. *aithyêjôṅhvañt aêtavañt aojôṅhvañt agharavañt azinavañt afrakadhavañt amavañt arshnavañt arevañt* (n. pr.) *avañt avavañt açtvañt açnavañt asharavañt ashivañt astaithivañt ahunavañt âithivañt âthravañt ithyêjôṅhvañt îstivañt utavañt êmavañt karshivañt kâravañt garenôṅhvañt qâthravañt qâçtravañt khshmâvañt khshvastivañt khshviptavañt gaomavañt cazdôṅhvañt cithravañt ciçtivañt zaênôṅhvañt zarunyâvañt zaçtavañt tafnôṅhvañt thizhinavañt* (a eingeschoben) *temôṅhvañt tâthravañt ṭbaêshavañt ṭbaêshôṅhvañt thamanôṅhvañt thrivañt thwâvañt daêvavañt dakhstavañt daçathavañt drafshakavañt navaitivañt nâirivañt nivavañt nmânavañt pairikavañt paêmavañt parenôṅhvañt pâthravañt puthravañt puçavañt frazaiñtivañt baodhôṅhvañt bizhvaṭ berezvañt brâtravañt mazgavañt manavañt marzhdikavañt mavañt mâyavañt yaokhstivañt yavañt yânavañt yushmâvañt raêvañt* auch n. pr.) *raocinavañt raocôṅhvañt vacaçtastivañt vanaitivañt varecôṅhvañt varstavañt vaçtravañt vâçtravañt vîthushavañt vîçaitivañt vîshavañt vehrkavañt vohu-*

navañt çaokavañt çaokeñtavañt çaocinavañt çatavañt çtivañt (n. pr.) *çpânôñhvañt çpânavañt çpénvañt shaêtavañt haomavañt hazañravañt hadhânaêpatavañt haptaithivañt haraqaiti* (f. n. pr. mit secundär. *i*) *harethravañt havañt hâvañt hunaravañt hãmvaretivañt hvãthwavañt* 2) samâsânta: *nairyãmhãmvaretivañt.*

385. 72. Affix *van* 1) subst. m. *âtharvan* 2) adj. *ashavan thrâyavan magavan mâravan mîzhdavan myazdavan verethravan.*

386. 73. Affix *vana* 1) subst. f. *âthravana?* 2) adj. *qâthravana.*

387. 74. Affix *vâo* 1) adj. (durch *i* angeknüpft) *afçmainivâo râmainivâo* 2) n. pr. *arezvâo draoshisvâo çâirivâo* 3) die adj. numer., welche im Wörterbuch auf *°vâo* angegeben sind, scheinen wie die übrigen *vañt* als Affix zu haben (*cathwareçathwâo pañcaçathwâo*).

388. 75. Affix *çka* (=*sha*) adj. *drujaçka.*

389. 76. Affix *sha* 1) adj. *pourusha* 2) n. pr. *erezisha vourusha.*

390. 77. Affix *shi* subst. f. *aghishi* (oder primär von *añgh?*) *çturetaêshi.*

391. 78. Affix *shva* subst. m. *cathrushva* (im Wörterb. *°shu*) *thrishva* (besser wohl durch secund. *va* von *cathrus thris*).

392. 79. Affix *s* Zahladv. *cathrus thris bis.*

393. 80. Affix *ha* 1) n. pr. *vaêdhayañha* 2) samâsânta: *çatôçtarañha.*

394. 81. Affix *hu* 1) adj. *çravañhu* 2) subst. m. *haghdhañhu.*

395. 82. Affix *hya* subst. m. *çairihya.*

B. Bildung durch Zusammensetzung.

Die Compositionsfähigkeit des Altbactrischen ist bedeutend; die verschiednen aus der Sanskritgrammatik bekannten Arten finden sich sämmtlich ausser dem Avyayîbhâva, der doch in den persischen Keilinschriften vorkommt.

396. Allgemeine Bemerkungen. I. Es können zwei dem Sinne nach zusammengehörige Wörter bei der Anfügung eines Affixes oder in der Zusammensetzung als Composition betrachtet werden: *añrômainyava avacôurvaiti nairyãmhãmvaretivañt navaçatôzima mãthremçpeñtembaêshazya vohumanôrâta çpeñtômainyava;* ebenso können Wörter eines Satzes durch Aneinanderfügung ein einziges Wort bilden: *aṭtâvakhshyãm hâitîm, aṭfravakhshyãm hâitîm, aṭmâyavãm hâitîm, ahyâçãm hâitîm, kaṭmôiurvãm h°, kamnamaêzãm h°, kimãm vacô, khshmâvyagéusurvãm hâitîm, taṭthwâpereçãm hâitîm, tâvéurvâtãm h°, yathââisithãm h°, yâskyaothanãm h°, yêñhêhâtãm, yêziadãm hâitîm, ratavôvîçpémazista, vahistôisti, vohukhshathra, çpeñtâmainyu;* ähnlich gebildet sind die drei Eigennamen: *ashem yahmâi ustu, ashem yêñhê raocâo, ashem yêñhê vareza.*

397. II. Uneigentliche, aus Zusammenrückung entstandne Composita: *ayôkhshuçta ishusqâthakhta, gaoçpeñta zemvareta vîçpemmãthra hvarekhshaêta.*

398. III. Trennbare Composita: *khshathrônaptar nairyôçañha paoiryôṭkaêsha paçuvîra fshûshômãthra.*

399. IV. Composita mit umgedrehten Gliedern: *açeñgôgâo* (oder aufzulösen: Kühe des Fluches habend, d. h. Kühe verfluchend?) *thrâyôdrighu*, die §. 453 genannten.

400. Der Auslaut der Wörter auf *a* wird im vordern Glied in *ô* verwandelt ausser in folg. Compositis: 1) *a* bleibt: *aurushabâzu aurvaçâra aêthrapaiti aêvadaçan* (*aêvôd°*) *adharanaêma anâkhrûidhadôithra anyajaça aparazâta ashaqâthra ashakhrathwa ashañhac ashacithra* (*ashôcithra*) *ashacinañh °druj °naç °nemañh °paoirya °pâta °vazdañh °çairyãs °çara °çaredha °çavañh °çtu °çtembana °skyaothna °hunara ashemaogha* (*a* ward zu *e*) *ahuraṭkaêsha* (*ahurôṭk°*) *ukhdhavacañh* (karmadhâraya, aber *ukhdhôv°* bahuvrîhi) *ughrazaosha udrajana uparadâta uparanaêma kathwadaênu gadhavara gayadha gavadaênu gavadâta gavaçna °shayana °shiti gavâçtrya* (aber *gavôçtâna*) *cañrañhac jyajata zaothravac daêvayaçna daêvayâza dareghaarstaya dâstayâna drvafshu nmânañhan paurvanaêma fratemadhâṭ frashavakhshya baêshazakesha °dhâo baçtavairi berezaidhi mãthravâka yukhtaaçpa °vairi rathakairya rânapâna vañtabereti varakaça °khedhra varetafshu vareshaji vahistanaç vishagaiñti vîrajan viçpataurvan °taurvashi °tash °bda °vana verethraghna verethrajan °taurvañt çataghna °fstâna °yâre °vaêça çpeñtafradakhsta shôithrapaiti °pân haurvafshu haomacina hazañragaosha* (*hazañrâg° hazañrôg°*) *hazañraghna °jan °yaokhsti. hathravatu °vana °vanañt hadhaaiwyâoñhana °aêçma °zaothra °dâta °baoidhi °mãthra °ratufriti °hunara hamagaona °çpaṭ havapañha* 2) *a* wird gedehnt: *upaçtâbara kamnânar gaoshâvare gravâratu cithrâavañh zaçtâista zaçtâmarsta daênâvazañh dâstâghna duzhvarstâvarez navâza pairigâvacañh pairistâkhshudra frashâvakhsha marâcara mãzdrâvañhu vaêdhyâpaiti vâçtryâvareza çraoshâvareza çrîrâvañhu skyaothnâvareza haithyâvarez °varsta °verezya hazañrâguosha* (*hazañrag° hazañrôg°*) *hvâkhsta hvâfrita °marezhdika °yaozda °yaona °raokhshna °vaêgha °vaçtra* 3) *a* verschmilzt mit einem anlaut. Vocal: *aurushâçpa ashaokhshayañt ughrâreṭ erezrâçpa khshôiwrâçpa gayadhâçti gavâz zaoyâreṭ takhmâreṭ tûmâçpa daregâyu dahmâyu dûraosha drvâçpa frashaostra yukhtâçpa vazâreṭ eitâpa viçpâyu vîstâçpa çatâyu çyâvarshan* (§. 8) *çrîraokhshan hazañrâyu.*

401. Der Auslaut *u* wird gedehnt: *dusmainyûjayañt vohûkereti vohûmad.*

402. Der Auslaut *ya* wird *ê*: *aurvatôçaênêkaofa.*

403. Der Auslaut *an* wird *ô*: *arshôkara dumôfrita*, oder *a*: *ashavajan* u. s. w.

404. Im vordern Glied steht ein Casuszeichen: *airimêañhad* (tatpurusha) *aêtahmâya ughraêratha* (bahuvrîhi) *amaênighna amaênijan armaêshad armaêsta* (tatp.) *açnaêraêsha* (bhvr.) *ahûmmereñc zarzdista* (anomaler loc.) *zemargûz* (§. 83, 4) (tatp.)

zemaçcithra dareghemjiti (bahuvr.) *dûraêurvaêça* (karmadh.) *dûraêkarana* °*pâra* °*çûka* (bhvr.) *drujemrana nabânazdista pâirirâza* (archaist. loc.) *pârenti* (?) *baêshataçtîra* (?) *mãthremperega* (Westergaard *mãthrôp*°) *yavaêji yavaêçu vahmaêdâta vârenjana vîrenjan* (tatp.) *vîçpãmhujyâiti* (karm., *vîçpãm* adverbial?) *çatêmaçyâo çimaêzhi çimôithra hamaênijan hunairyãoñc* (tatp.).

405. Zwischen die Compositionsglieder wird eingeschoben 1) *a*: *airimêañhad* u. aa. (§. 15) 2) *â*: *ishâkhshathra khshapâyaona* 3) *ô*: *aurvatôdrezitaka aurvatôçaêñêkaofa arôgarena geredyôkhadha* (neben *geredikhiva*) *vîçôirie çtryômaya*. 4) *n* zwischen dem *a* privat. und vocalischem Anlaut: *ainisti anairya*; doch fehlt *n* öfter, z. B. *aithyêjañha ainita ainiti*. 5) Zischlaute: s. §. 102.

406. Eine Reihe von Wörtern erscheint in der Composition in einem andern Thema. Ich schliesse die einfachen Themen in Klammern: *aṭbaêsha ashavaṭbaêsha tarôṭbaêsha* (*ṭbaêshañh*) *advâo bi*° *baê*° *vaê*° (*dva*) *advaêsha vîdvaêsha* (*dvaêshañh*) *anafshma thriafçma* (*afçman*) *anarata* (*areta*) *apaitisqarethâo* (*qaretha*) *afrakavañh* (*frakava*) *açpacina tâthrôcina haomacina* (*cinañh*) *uzbaodha* (*baodhañh*) *upaçma* (*açman*) *upâpa* (s. im Wörterb. p. 22b) (*ap*) *âyamôpaidhis* (*paidhya*) *karsiptan* (*karsha*) *kereçavazda* (*vazdañh*) *qaêpaithya* (*qa*, auch in der Affixbildung erscheint *qaê*) *qâdraona* (*draonañh*) *cathrucashma* (*cashman*) *cathwareçata thriçata pañcâçata* (*daçan*) *zainiparsta ṭbaêshôparsta* (*parstañh*) *zaradhaghna zeredhôkereta* (*zaredhaya*) *zaranyômina* (*minu*) *zaranyôvasha* (*vâsha*) *zemainipaêka* (*zemaênya*) *taradhâta* (*tarô*) *tusnâmaiti tusnishad* (*tûsna*) *dûraosha* (*aoshañh*) *parôdaçma* (*daçman*) *yavôcarâni* (*carâna*) *ravaçcarâṭ* (*carañṭ*) *vâkhshaêsha* (*vac*) *viñdagarena vîçpôqarena* (*qarenañh*) *vîskaurva vîsharezana* (*vîç*) *vîmanakara* (*vîmanañh*) *vohunazga* (*vohuni*, auch in der Affixbildung) *vohûmad* (*madha*) *çâiribaogha* (*çairi*) *çtehrpaêça* °*paêçañha* (*çtare*) *çtêrapañṭ* (*çtôi*) *çtrikaofa* (*çtâi*) *çpâfratha* (*frathañh*) *çpâbareza* (*barezañh*) *çpityura* (*urañh*) *çrûtôçpâdh* (*çpâdha*) *çreiçti* (*çrva*) *hâmônâfa* (*nâfañh*) *hvapañh* (*âpa*).

407. Verzeichniss der Composita. I. Copulative Composita (dvandva). a) wirklich componirt: *açôshôithra âpaurvairê* (beide Glieder im Dual) *paçuvîra* (auch getrennt) b) nicht componiert aber kenntlich an der mehrheitlichen Flexion beider Glieder; dieselben stehn 1) im dual: *aêthrya aêthrapaiti, haurvâta ameretâta, açpa vîraca, fshaonibya vãthwâbya açpenibya yaonibya, ahura mithra, tacaṭâpa ukhshyaṭurvara, utayûiti tevîshî, zâmâtara qaçura, pâyû* (*pâyûcâ*) *thwôrestâra, mithra ahura, zrayañhâo çpeñtôkhratavaô, fratirâo baêshataçtîrâo, parshaṭgavâo dâzgarôgavâo, hvarezâo añkaçayâo* 2) im plur. *arezahêibyô çavahêibyô fradadhafshubyô vîdadhafshubyô vourubarestibyô vourujarestibyô, humata hûkhta hvarsta*.

408. II. Attributive Composita (karmadhâraya). 1. Subst. + subst. *âthravôputhri* (mit secund. *i*) *açpôdaênu kathwadaênu gavadaênu daêrôdruj mashyôçâçtar* und die aus synonymen Wörtern componirten *ćeâoñh zrûâyu*.

409. 2. subst. + adj. oder partic. praes. *açmôqanvañṭ rathakairya* (vergleichend) *hamôkhshathrôkhshayamna*.

410. 3. Subst. + particip. perf. pass. *naçukereta yaçnôkereta*.

411. 4. adj. + subst. *ashôurvatha* (n. pr.) *khraozhdaçma cithrôdakhsta cithrôpaitidaya dûraêurvaêça dûraêçûka drvôvîra fshûshômãthra maidhyôpaitistâna rañhmarshya* (n. pr.) *vareduçma çuaodhôvafra hamôkhshathra, kamnafshva drvôgaêtha pouruvãthwa varedema, adâityôañharethra adharanaêma arshkyaothna ashôçtûta uparanaêma urvîkhshna dareghôkhshathra dareghôfratemathwa dâityôpithwa paurvanaêma perenômâoñha fratemônmâna frashavakhshya bereghmyashaêta madhemônmâna vîthwîçôbôiwra vîçpabda çpeñtôfraçna, aghôçti ashavafrazaiñti ashôçtûiti ârmaiti khshaêtôputhri* (mit secund. *i*) *tizhiarsti tûsnâmaiti dareyôjyâiti dareghôjîti dareghôshiti perethuarsti pouruâzaiñti pouruîsti pouruçpakhsti fratareeitaçti frashôkereti mazdâiti merezujiti rânyôçkereti vîçpãmhujyâiti, eresratu kaçukhratu kaçupatu dareghôbâzu drvafshu haurvafshu hâmôgâtu, peshôtanu hiskupãçnu, daregâyu, mazdâo, afryôzaotar frashôcaretar, aeistâverezyañh arshmanañh avaeinômazañh ukhdharavañh eresvaeañh berezyaogeṭvavañh, pourupathan çyâvarshan* (n. pr.), *nairyônãman vourucashan, ashaçairyãs* (n. pr.) *draoghôvac pourunar pouruvac, vîçpôdruj*.

412. 5. adj. + adj. *anyajaça aparôapâkhtara açtvaṭereta* (n. pr.) *açtvaṭithyêjañha ashavajaça ahãkhstôtemôahãkhstu âçukairya âçukhshvaêwa uparôkairya uparôvîmanôhya khshayamnôiçâna tizhizhnûta darshikara dûraêkaêta dûraêdarsta dûraêçrîka drvôashacithra paoiryôṭkaêsha perethufrâka pourujîra pouruclarstu pourvôapâkhtara pourvôqadhâta merezujva vîdaêvôkara vîçpémazista vîçpôbâmya rohufryâna çûrôyazata haithyâverezya haretôvîçpôyaona hûmôtakhma hudânuvareshva humãzdra huyaona, yaopivañhu jarôvañhu frâyôrohu mãzdrâvañhu çrîrâvañhu, takhmôtãshyâo, dareghôrãrônan*.

413. 6. adj. + partic. praes. *eredhwôâoñhana, ughrâreṭ zaoyâreṭ takhmâreṭ berezyaogeṭ, urvaênañṭ urvâñṭ*.

414. 7. adj. + partic. perf. pass. med. *adharadâta aparazâta arshukhdha arsdâta ashavadâta ashavafrathwarsta ashavafrâyasta uparadâta erezhukhdha dareghôyasta dahmôkereta dâityâpairista dûraêfradhâta dûraêçrûta drvôvareta paoiryôdâta paoiryôfrathwarsta pouruçpakhsta frashôkareta berezimita bereziyâçta mithaokhta mithômata mithôvarsta vañhudhâta çûrôthwarsta çpeñtafradakhsta*.

415. 8. adj. pronom. + indeclinabile *ainidhaṭ kudaṭ*.

416. 9. adj. + Zahlwort: *pouruçata pouruhazañra, pourubaêvare*.

417. 10. adj. + Wurzel: *khshviwiwâza geredikhiva geredyôkhadha havapañha* (?), *erezhji khrvighni be-*

rezisnu, ithyêjanh (?), *tusnishad dûraêdareç paurvañc fratemadhâţ bereziraz haithyâvarez.*

418. 11. pronom. + subst. *qaçura tâvarena*, 1. *qâdaêna*, *qâzaêna qâdraona*, *kunâiri*, *qâbarezis qâçtairis.*

419. 12. pronom. + adj. *qawrîra qâtacina qâthakhta qâbairya qâraokhshna hvâyaozda hvâraokhshna*, *hvâvayanh* (?), *hvâreţ.*

420. 13. pronom. + partic. praes. *hvâvañţ.*

421. 14. pronom. + Wurzel: *hvâkhsta.*

422. 15. Zahlwort + subst. *baêvarerâra baêvareçpaçana*, *navanapti byârikhti hazanrôvâiri*, *hazanrôtemanh.*

423. 16. Zahlwort + adj. *çatôkara.*

424. 17. Zahlwort + partic. perf. pass. *aêvôdâta cathruyukhta.*

425. 18. Zahlwort + infinit. 2. *thrâyôidyâi mêñdaidyâi haptâzhdyâi.*

426. 19. Zahlwort + Wurzel: 2. *bifra?*

427. 20. partic. praes. + subst. *ukhshyaţurvara*, *vanaţpeshana*, *fraoreţfrakhshan*, *paityaogeţţbaêshanh*, *tacaţap.*

428. 21. Wurzel (im Sinne des partic. praes.) + subst. *vîzhiarsti* (?), *mereñgeduyê*, *frathaçvanh* (*a* eingeschoben), *mãçvac.*

429. 22. indecl. + subst. *apakhshathra apagadha apayaya duzhrvarena duskhshathra nizañga paitipereçva paitirema paitivara paruçafa frabda frôhakafra* (n. pr.) *maţçaoca huirikhta hudema* (?) *hupaitistâna hufrîna*, *frâvîrâta hupathmainya hubaoidhita hubagha humaya hãmiça*, *añtaremâonha upairinaêma tarôpithwa duzhâthra duzhdôithra* 1. *dusqaretha duskhrathwa dusskyaothna frâgaoshâvara vîdôithra hadêma hukhshnaothra huzrâvena hubâmya hurunya huvakhsha hushêna huskyaothna*, *añtareukhti anukhti anumaiti anvarsti asfrabereti asfrâyasti asyêsti utayûiti uçvaoiri tarômaiti duzhjyâiti duzhbereti duzhyêsti dusçaçti hathrânivâiti hukhshnûiti huciçti hujîti hujyâiti huzâmi huzâmiti huputhri* (secund. *i*) *hufrâyasti hubereti humareti huyêsti hushiti hûisti hãmvaoiri hvanhvi*, *parôaçti*, *parâhu parôdusmainyu frapitu frashnu*, *huzañtu*, *frafshu*, *parôparâo paçcaparâo*, *duzhzaotar*, *qanhar*, *apazadhanh vîmananh humananh huvacanh*, *huruthman huçrvan*, *paitivac.*

430. 23. indecl. + subst. *anaqareta* (als subst. fem. gebraucht) *anupôithwa asaka asvañdara âzâta upairikairya uçagha kudaţshâitya kudhôzâta tarômata duzhdâonha dusmainyava nâonhaithya* (n. pr.) *paitiçrîra parôaçna parôkatarstema parôkevîdha frâcithra* (n. pr.) *miçvâna moshukairya vîzôista vîtacina hañtacina huaiwitacina hukairya hupaurva huçaoshya*, *parakavi*, *aipivanhu pairiaêtaru duzhvañdru hudânu*, *duzhazôbâo duzhdâo*, *açverethrajan parôdreçvan*, *anuvarstuvañţ paitiarsvañţ vîvarezdavañţ vyarsvañţ hushãmbereţ.*

431. 24. indecl. + partic. praes. *huframaremna* (passiv.) *hubarana*, *parôdruzhyañţ frâtaţcarañţ frãstacañţ çtêrupañţ hathravanañţ hugâshayañţ* (in *hugâshayaţukhdha*).

432. 25. indecl. + partic. perf. und fut. pass. *cathrusâmrûta turadhâta thrisâmrûta duzhûkhta duzhnidhâta duzhvarstu duskereta dusmata dushãmçâçta frazhdâta frashãmvareta bisâmrûta hadhaokhta hadhadâta hadhôzâta hukereta hukerepta hukhshnuta huzarsta huzbâta hutasta hutâsta huthakhta hudhâta huniyikhta hupairista hupabusta hupâta hufranharsta huframareta hufrâyazañta hufrâyasta hufrâyukhta hubereta humata huyazata huyastu huçaçtu huçtareta hushata hushâta hushãmçâçta hûkhta hvarsta hvaçtu hvâinyâçta hvâzûta.*

433. 26. indecl. + Wurzel: *hâkurena hathravata*, *huçrvan*, *anamana avaêna* (*a* privat.) *nikhsta hathravana hathrâka*, *hupairiçpâo huparetâo*, *eviñdan hakereţjan husqafan*, *asqare duzhbereţ parôdursh* (n. pr.) *parãs mishac hakereţ humaçpaţ hufravac* (n. pr.) *hvarez.*

434. 27. *a* privat. + subst. *aurvatha azaosha atanuperetha adaêvayaçna adâtha aperena* (?) *afrakadha afsha ayêhya*, *aqâshu* 2. *anâkhstu afrapata*, *ainiti ainisti akhshnûiti ajyâiti anaiwidrukhti anâkhsti anâdrukhti apaitibuçti afrevaiti amerekhti ayaozhdâiti ayaozhdi arâiti açrusti ushâiti êviçti*, *ameretâţ*, *açpên.*

435. 28. *a* privat. + adj. partic. *ainita airista airîrica akayadha akarsta akhshaêna akhshayamna aqareta aqaçta agusta aghzhâonvamna anhaithya anhaoshemna ajaidhyamna ajaçta ajyamna azâta atanumãthra aţbista adahma* 1. *adereta* 2. *adereta adhâitya anaipipâremna anairya anaiwighnikhta anaiwidrukhta anaiwivaçtra anaiwiçravana anaiwisqaretha anaiwyâçta anapishûta anupyûkhdha anabdâta anarata anavanhabdemna anasha anashita* 1. *anâkhsta anâzareta anâdrukhta anâmãthwa anâçtaretu anâçtuta anâhita anizhbereta anuzvarsta anupaêta anupayata anuçkañta apaitiereta apaitizañta apairiâthra apatita aparadâta afrakatacya* (?) *afrajyamna afrya abakhta abifra amainimna amayava amuyamna amereza amesha ayaçnya avanemna avaçôkhshathra avahmya açareta* 1. *açûra açtareta açrusta ashâista ashâta ahãmbaodhemna ahmarsta âkhrûra* (?) *evîta evereziku ãithya*, *afrâtaţkushi açâiri*, *aperetôtanu aperenâyu avanhu açtâtôratu*, *apipirâo* (*apipyûshi*) *evîdhrâo*, *anasharan amyazdavan ashemanôjan everezyan*, *akhshayañţ aqarañţ azareshyañţ ataurvayañţ adañţ anaiwivâreñţ anuçañţ apairivarañţ aparairithyañţ apuyañt afraourviçvanţ afraokhshyañţ afrashîmañţ afrithyañţ afshuyañţ amerekhshyañţ ameresheyañţ amrakhçañţ avakhshuñţ açâcuyañţ açikhshañţ açurunvañţ açrâvayañţ*, *ashemanôvid*, *ayaozhdayãn.*

436. 29. *a* privat. + infinit. *anâshê.*

437. 30. *a* privat. + Wurzel: *amara*, *aghru*, *arâo*, *aqar.*

438. 31. *a* privat. + indecl. 2. *anyadha.*

439. III. Abhängigkeitscomposita (tatpurusha). 1. subst. + subst. *airyôshayana azhirâka* (?) *ayarebara ayôaghra açpâyaodha açpôçtâna ashâhura* (n. pr.) *âtureçaoka urvarôbaêshaza urvarôçtraya uçmânara* (n. pr.) *ãkhnôfrâna karetôbaêshaza* *gaokerena garaçna garashayana garôçtâna jainimahrka jainiyaçka zaçtôfrâna zemôistra tîrônakathra* (?) *dâtôbaêshaza duzhakôshayana* (im Wörterb. bahuvr.) *naçuçpaya naçuspacya paçushaçta baêshazakesha barôithrôtaêzha mãthrôbaêshaza raçôkhshathra raçnôpaurvata* (n. pr.) *râkhshaêsha rûtôdaêra râçtrôbereta vehrkânôshayana çughdhôshayana çtaêrôçâra hizrôraithya, açpôkehrpa gaoçûra geredhôkereta zeredhôkereta nemôvañta varakhedhra* (?) *çraoshôcarana. amaênighna khratusdôithra khshathrôkâmya gaodhana gaomaêza garâçtrya ṭbaêshôparsta dañhupâperetâna dâuruupadarana nimatôaiwivarena paçuraçtra paçusqaretha mazdâtha* 2. *yâvarena raghdhana varenavarîsha viscithra vîrôvaçtra çpânôraêdhya çpâfratha çpâbareza. aêthrapaiti gafyôpaiti zañtupaiti dañhupaiti nmânôpaiti yavôcarâni vaêdhyâpaiti vîçpaiti shôithrapaiti hamidhpaiti, urvâkhsukhti gaoyaoiti garashiti gâofrôreti gâmôbereti zarazdâiti dañhuçaçti puthrôisti frâshmôdâiti baodhôbakhti myazdôratufriti yaçnôkereti ratufriti râmôdâiti râmôshiti vacaçtasti vacôurvaiti vañtabereti vaçéiti vaçéyâiti vaçéshéiti, açtôvîdhôtu gravâratu* (n. pr.) *fçératu, aênômanañh açperenômazañh istimaçañh gairimaçañh caretudrâjañh zaçtômaçañh zemfrathañh dañhumaçañh dânudrâjañh nerebarezañh paçumaçañh frabdôdrâjañh frâbâzudrâjañh frârâṭnidrâjañh byâredrâjañh yâredrâjañh vîtaçtidrâjañh vîbâzudrâjañh vîrômaçañh çtaorômaçañh hizudrâjañh hizrôvaçañh hvarebarezañh hvareraocañh, kuçrôpathan maçtaréghan* (vgl. *raoghna?*) *vispathan, mazdâohuruthman, zaothravac tanudruj* (masc. fem.) *yârecares hvarépishyañṭ, ârstyôbarez qâirizem.*

440. 2. subst. + adj. a) das compos. bleibt adj. *arshôkara ashapaoirya ashemmereñca* (verdächtiges Wort) *ashôpaoirya âdhûfrâdhana ârmaitipaoirya qarethôbairya zarathustra* (?) *zaradhaghna zavanôraozhdya* (n. pr.) *ṭbaêshôtara daênajîra dâstâghna* (n. pr.) *narôraêpaya paçushaurva* (n. pr.) *maêghôkara maodhanôkara mazdâvara manaçpaoirya marshôkara mithrôruoja yâtughna yâmôpacika vadhaghna* (n. pr.) *vaçôyaona vâraghna* (n. pr.) *vâreñjana* (n. pr.) *vâçtrôdâtaênya vishaurva* (n. pr.) *vishuska çpûrôdâsta hvaredareçya hvarehazaosha, ashâvañhu* (n. pr.) *âtarevanu* (n. pr.) *nemôvañhu* (n. pr.), *aogazdâo akôdâo adhutavâo* (n. pr.) *asharaçtôdâo ashâdâo âzûitidâo qarenazdâo qarenôdâo khshathrôdâo gayôdâo puthrôdâo frakhstidâo baêshazadhâo varazdâo* 2. *vañhudhâo cûthwôdâo barañhôdâo, açpôçtaoyâo bâzuçtaoyâo, amaênijan mashimâravan, afstacin, âtarecares drukhsrîdruj vîrônyâoñc* b) das compos. wird subst. *nabânazdista payôfshuta verethraghna çuptidareñga, âtryôpaitiiriçta khrafçtraghna.*

441. 3. subst. + partic. praes. *zaothrôbarana rathôishemna, baodhôvîdhrâo, vavaçvarâṭ, vazâreṭ, ashaokhshayañṭ gâthrôvayañṭ zairimyâvañṭ ṭbaêshôtaurvañṭ ṭbaêshôtaurvayañṭ dusmainyûjayañṭ râstarevaghañṭ* (n. pr.) *vaçékhshayañṭ verethrataurvañṭ haomôhunvañṭ.*

442. 4. subst. + partic. perf. pass. med. *aêshmôkarsta aêshmôdrûta azhikarsta amôjata arezôshûta aremôshûta awzhdâta ashapâta asharakaresta ashôzusta ahuradhâta âtaredâta âzôjata khratukâta khshathrôkereta gaoshôçrûta gadhôkarsta garadâta gûthôvareta jaêkarsta jyajata zarathustrôfraokhta zaranyapakhasta zaranyôkereta zaranôçâçta zaranôçrûta zaçtâista zaçtâmarsta zurôjata zrvôdâta tanukereta ṭbaêshôiriçta ṭbaêshôjata daêvôkarsta daêvôghnita daêvôjata daêvôzusta daêvôdâta daêvôfrakarsta daêvôfradâta dañhuçrûta dahmôpairiñharsta dahmôpairista dahmôyaozhdâta dâmidâta dunmôfrîta nâfyôkarsta frapterejâta baodhôvarsta baghôdâta baghôbakhta mainyutâsta mainyushûta mainyuhãmtâsta mainyûçâçta makhshibereta mazdadhâta mazdâoukhta mazdôfraokhta mazdôfraçâçta mashyôjata mãthrôhita yaçôbereta yâtujata raokhshnaiwidhâta raocaçpairista ratusmareta raçmôjata raêmôjata vayôtuta vayôbereta vahmaêdâta vâtôbereta vâtôshûta vehrkôjata vehrkôbereta çâçtôkarsta çtidhâta çpeñtôdâta çpôjata çpôbereta çraoshôpâta shôithrôbakhta haomôañharsta.*

443. 5. subst. + Wurzel: a) das compos. ist adj. *akatasha azrôdadha añkaçu* (? n. pr.) *armaêsta açpôgara ashethwôzga ashemaogha udarôthrûça udrajana uruzdapâka uçnâka* (? n. pr.) *kayadha* (?) *karshôrâza gañdrakara gêñgdareçu gaodaya gayadha zairimyañura* (n. pr.) *zairimyâku* (n. pr.) *zaothrôbara zarzdista dâtôrâza drujemvana naregara naçupâka pâirirâza peshôcañha* (n. pr.) *bûidhizha* (? n. pr.) *marâcara mashyôrañha mãthravâka* (n. pr.) *mãthrempereça yimôkereñta vañhâpara* (?) *vareçmapa* (n. pr.) *vaçôrata vâçtryâvareza vîçparana vîçpôtaurva* (n. pr. fem.) *vîshôraêpa vohunazga çâiribaogha çpiñjauruska* (n. pr.) *çpenjaghra* (n. pr.) *hashidara hvaredareça, yavaêji daêvôṭbi* (n. pr.) *çimaêzhi* (? n. pr.), *ashaçtu* (n. pr.) *gaodâyu zaranuçu yavaêçu, zarazdâo* (im Wörterb. °dâ) *naçuçpâo mithrôzyâo, ashôñhan kameredhôjan karsiptan* (n. pr.) *gaêthôjan gaojan zañtushan dañhushan nmânañhan frapterejan mãthrôñhan vîrajan vîreñjan vîshan verethrajan çravôjan, airimêañhad aghâvarez armaêshad açtôbid ashañhac ashadruj ashanaç ashâfrâd astrañhad ahunaç ahumerec ahûmmereñc ahûmçtuṭ* (n. pr.) *âzôbuj kerefsqar khratugûṭ gairishac gavâçtryavarez cañrañhac zañtuiric zemargûz thraotôçtâṭ dañhuiric duzhvarstâvarez naçkôfraçâoñh nâfyôṭbish nmânôiric fraçpâvarez* (?) *maidhyôshad mithrôdruj môghuṭbish yâçkereṭ varezânôṭbish vîçôiric çâçnôgush shôithrôiric hashiṭbish hunairyâoñc hvarstâvarez.* b) das compos. ist subst. *âtarevakhsha kaçyapa kahrkâça daênôdiça daêvayâza dañhâurvaêça naçukasha nemôbara vânapâna çâravâra çraoshâvareza skyaothnâvareza, aevra* (fem. neutr.) *gaoidhya razagha çimôithra, kameredha, vareshaji, pâreñdi* (n. pr.) *manôthri, rathaêstar, kahrkatâṭ* (im Wörterbuch °tâç) *gavâz daênôçac rathwiskare shôithrapân, gaoshâvare.*

444. 6. adj. + subst. *peshôçâra, ahãkhstaghna, vîçpôpaiti, ghzhareghzhareñti.*

445. 7. adj. + adj. *zemainipacika frashôkara vîçpôverezya, vañhazdâo, vîçpataurvan hamaênijan.*

446. 8. adj. + partic. praes. *vîçpôvîdhrâo, rohvâvañt.*

447. 9. adj. + Wurzel: *apishmaqara iriçtôkasha vîçpavana vîçpôtaurva rohupereça, vîçpataurvashi, aputhrôjan asharajan vanhushan, vahistanaç vîzhvañc vîçpatash rohuvarez.*

448. 10. pronom. + Wurzel: *qafnâ*(?).

449. 11. Zahlwort + subst. *pañcaçaghna baêvareghna çataghna hazanraghna, baêvarepaiti.*

450. 12. Zahlwort + adj. *çatêmaçyâo.*

451. 13. Zahlwort + partic. praes. *caturezîzanañt.*

452. 14. Zahlwort + Wurzel: *hazanrôhuna, hazanrajan.*

453. 15. Partic. praes. + subst.; das Compos. ist adj. *arenaṭcaêsha açrâvayaṭgâtha içaṭvâçtra* (n. pr.) *urvataṭnara* (n. pr.) *dârayaṭratha* (n. pr.) *nâiçtdaêva* (subst.) *frâdaṭgaêtha frâdaṭnara frâdaṭvîra baraṭavareta baraṭâyapta baruṭzaothra barôzaothra barôzusta barôçrayana varedaṭgaêtha viñdaṭçpâdha vikereṭustâna vîdusasha vîdusgâtha vîdusyaçna vereziçaoka çkârayaṭratha* (im Würterb. bahuvr., n. pr.) *hacaṭaêsha hacaṭpaêmainya hacaṭputhra haredhaçpa*(?), *frâdaṭviçpãmhujyâiti vazemnôaçti, frâdaṭfshu frâdaṭvanhu baraṭdanhu hãmtâciṭbâzu, parshaṭgâo vanôviçpâo vîdaṭgâo, frâdaṭqarenanh barôqarenanh varedaṭqarenanh vereziçavanh, khraozhdaṭurvan.*

454. 16. partic. perf. pass. + subst., das compos. ist adject.: *airitôpañtan*(?).

455. 17. indecl. + subst., a) das compos. ist adj. *aipidvãnara aibigaya aiwisqaretha añtarekanha* (n. pr.) *adhairizema avahya* (n. pr.) *aviama âperetha âmãthwa âçtuta upairizema upairiçaêna* (n. pr.) *upaçma upâpa tarôṭbaêsha tarôyâra nyâpa* 1. *paitiiriçta paityâpa pairistîra* (? n. pr.) *paramereta paçcamereta frââpa frâpa frâvareça vîdaêva, paitibishi pairishâvani frâdaṭkushi, aipidaqyu aiwidaqyu añtaredaqyu añtaredanhu* (n. pr.) *adhairidaqyu âdaqyu uzdaqyu upairidaqyu pairidaqyu, aviyâo* (die Trad. und Spiegel von *yâre*, zu Jahren gekommen), *vîdruj.* b) das compos. ist subst. *avimithrana upabda niçma paitishahya parahaoma vîmaidhya, âvôya upaoshanuhva paitidvaêshayañta vîdvaêsha vyaretha, avimithri, upaçputhri* (durch secund. *i* gebildet) *frâvâthni vyâdaibi, frâbâzu vîbâzu, vîvâp.*

456a. 18. indecl. + adj. partic. a) das compos. ist adj. *vîmita* b) das compos. ist subst. *havanhu*(?).

456b. 19. Wurzel + subst. (mit n° 14 verwandt), a) das compos. ist adj. *içekhshathra framennara framennarôvîra vazhâçpa* (n. pr.) *viñdaqarena, fradadhafshu* (n. pr.) *vîdadhafshu* (n. pr.), *frazâbaodhanh bûjiçravanh* (n. pr., *i* wie im Slavischen ?) *vîdiçravanh* (n. pr.), *nidhâçnaithis* b) das compos. ist subst. *gañdarewa*(?), *vîtareṭbaêshanh vîtarãzanh.*

457. IV. Relative Composita (bahuvrîhi). Die Composition ist stets adjectivisch. 1. subst + subst. *aêçmôzaçta aghraêratha* (n. pr.) *azhicithra añkupaçmana anumayômaza afscithra ayanhôzaya ayanhôzaçta ayanhôduma ayanhôpaitisqarena ayanhôpâdha ayôkhaodha ayôzaya ayôvarethra ayôçaêpa aredhômanusha* (n. pr.) *avôqarena* (im fem. als subst. gebraucht) *açtôkâna* (n. pr.) *açpacina açperenômaza ashacithra ashaçara ashôbaêshaza ahuraṭkaêsha âtarecarana âtarecithra âtarevazana îshâkhshathra urvarôcithra urvâkhsanhva erezifyôparena kahrkâçôparena qâthrôdiçya khshathrôçaoka* (n. pr.) *khshapâyaona gaêthôfrâdhana gaêthômereñcya gaocithra gaozaçta gaoçâra garemôçkarana gâuzaçta gâtuçata jâmâçpa* (n. pr.) *zainiparsta zarôâda zemaçcithra tanuperetha tanumãthra temaçcithra tãthrôcina daêvayaçna daêvôcithra danhufrâdhana danhumaza dânôkarsha dâstayâna nairyôçanha neremyazdana nãmôkhshathra paçumaza peshôparena pãçtôfrathanha baremâyaona bareçmôzaçta makhshikehrpa mazdayaçna manuscithra* (n. pr.) *mâzdrâjahya yaonôqata raêthwayana ratukhshathra râmashayana vazôrãthwya varakaça* (? n. pr.) *varshniharsta* (*harsta* = **harstar*?) *vaçôkhshathra vaçôyâna vâitigaêça* (? n. pr.) *visharezana vîrômaza vîrôraodha vîrôvãthwa vehrkôcithra vãthwôfrâdhana çarôgaêtha çtaorôpaya çtaorômaza çtehrpaêça çtehrpaêçanha çtryômaya çnâvarebâzura çpâcithra shaêtôfrâdhana haomacina haomôanharezâna haomôgaona habâçpa hâvanôzaçta hizaokhdha hvarecithra, ayôaçti avôurvaiti khrapaiti zaçtômiti yuyôçemi* (als subst. fem. gebraucht, mit *i* §. 330, II, 1b) *vaçôgaoyaoiti vishagaiñti çrvîçti, âtarezañtu âtaredaqyu âtaredanhu* (alle drei n. pr.) *karetôdãçu* 2. *peshôtanu* (n. pr.), *avaregâo* (n. pr.), *khshathrônaptar, ashacinanh ashavazdanh* (n. pr.) *âtareqarenanh* (n. pr.) *âtareçavanh* (n. pr.) *âfrivacanh erezuçtavanh ãkhmôfrânômaçanh katômaçanh khratucinanh khshathrôcinanh gaoshômaçanh zaçtôfrânômaçanh zânudrâjanh zemfrathanh tanumazanh daênâvazanh* (n. pr.) *danhufrâdanh* (n. pr.) *drukhsmananh naremananh nâiricinanh pairigâvacanh pereçumaçanh baêrezufrathanh baêrezuçtavanh bâzuçtavanh bâzusaojanh bipereçumaçanh mithahvacanh mithrôaojanh mustimaçanh yavôfrathanh vareçôçtavanh vareçmôraocanh* (n. pr.) *vahmôçeñdanh vîrôdraonanh çraonimaçanh shaêtôcinanh haomôqarenanh hâthrômaçanh hizudrâjanh hizvôdanhanh, aojôrâman kavâraçman* (n. pr.) *zairimyafçman raocaçcaêshman* (n. pr.) *ravôfraothman çtrinãman hvarecaêshman* (n. pr.), *ashôîsh ãgamôpaidhis.*

458. 2. adj. + subst. *aurushâçpa aurvaṭaçpa aurvaçâra* (n. pr.) *aghadaêna adâityôanharethra aderetôṭkaêsha anâkhrûidhadôithra anyôṭkaêsha anyôvarena arathwyôskyaothna aretôkerethana arsṭkaêsha arsvarçaya* (?) *açnaêraêsha ashaqâthra ashavaṭkaêsha ashaçaredha* (n. pr.) *ashaçtembana* (n. pr.) *ashahunara ashâyaona ashôṭkaêsha ashômîzhda âçuaçpa âçuyaçna ughrazaosha uzgereçnôvaghdhana uparômmâna uruyâpa urvaêza* (?) *urvaêzômaidhya urvikhaodha urviveretho urvîçara uçtânazaçta erezatôfrashna erezatôçaêpa erezrâçpa* (n. pr.) *eredhwôzañga eredhwôdrafsha evîtôkharedha kaourvôgaosha kaourvôdûma kaourvôbaresha kadrvôaçpa* (n. pr.) *kaçupâshna kereçavazda kereçâçpa* (n. pr.) *kãçôtafedhra qaniratha* (n. pr.) *khshôiwrâçpa* (n. pr.) *gouruzaothra jaiwivafra jvôdakhsta zairigaona zairigaosha zairidôithra* zairipâshna zaênibudhra zaranyôaiwidâna zaranyôaiwyâoṅha zaranyôaothra zaranyôurrîkhshna zaranyôkhaodha zaranyôcakhra zaranyôzaya zaranyôpaêça zaranyôpiça zaranyôpuça zaranyômina zaranyôraçtra zaranyôrasha zaranyôçaêpa zaranyôçaora zaranyôçrva tizhiaçûra tizhidâta tizhidâra tizhidãthra tizhidãçtra tizhiçrva tûmâçpa (n. pr.) dareghaarstaya dareghôañgusta dareghôupaçta dareghôgadhâta dareghôgara dareghôhakhedhrayana dâzyarâçpa (n. pr.) dûraêkarana dûraêpâra dûraêçûka dûraosha derezânôperetha derezitakathra dereziratha drvâçpa (n. pr. fem.) drvôaperenâyuka drvôurvatha drvôpaçra drvôçtaora uivaçtekôçrva paourvôraçua parshvanika perethuainika perethudrafsha perethuyaona perethuvaêdhayana perethuvara perethuvîra perethuçafa pouruaçpa pourugâthra pourucicta (n. pr. fem.) pourunara pourufraourvaêça pourufraourvaêçya pourubaokhshna pourubaṅha pourumahrka pouruvâçtra pouruçaredha pouruçaredhôvîrôrãthra pouruçpâdha pourushaçpa (n. pr.) pourusgâthra frataremkhma (?) fracpâyaokhedhra (?) frashaostra (n. pr.) frashâvakhsha (n. pr.) frâyôdusmata frâyôhumata frâyôhûkhta frâyôhvarsta fshûshômãthra bizañgrôcithra berezigâthra berezipâdha bereziçtâna maidhyâirya (n. pr.) maidhyôzaremaya (n. pr.) maidhyômâoṅha (n. pr.) maidhyôshema (n. pr.) mainyusgaretha merezîshma (n. pr.) raoratha vitâpa vîçpôafçmana vîçpôayâra vîçpôgarena vîçpôgâthra vîçpôkhrathwa vîçpôgaona vîçpôpaêça vîçpôbâma vîçpômahrka vîçpôyâra vîçpôvahma vîçpôverethra vîçpôrãthwa vîçpôçaredha vîçpôhañkerethya vouruasta vourukasha (n. pr.) vourudôithra vouruvãthwa vouruçaredha vohuustra (n. pr.) vohugaona vohvarsta çaênêkaofa çtvikaofa çnaodhôskyaothna çpitigaona çpitidôithra çpityura (n. pr.) çpeñtômainyava çraogena çraoratha haithyâvarsta haithyôayana haithyôdâta haoçafnaênôçaêpa haosrôgaona hamagaona hamaçpaṭmaêdhaya hamôskyaothna hâmôdaêna hâmônâfa hâmôskyaothna huskôzema, ashavakhshnvaiti âgairimaiti gayadhâçti (n. pr.) zairivairi (n. pr.) tizhiarsti tizhyarsti (n. pr.) tusnâmaiti thaurvôaçti (n. pr.) dareghemjîti dawramaêshi (n. pr.) drvôçtâiti nanârâçti (n. pr.) payaṅhrômakhsti perethuarsti perethuçraoni perethwarsti (n. pr.) pourudhâkhsti (n. pr.) pourubrâthri (n. pr. fem.) pouruyaokhsti pouruçpakhsti pourusti (pouru + usti? n. pr.) berezaidhi berezyarsti (n. pr.) merezujîti vaṅhufedhri (n. pr. fem.) vîçpôhujyâiti vourugaoyaoiti vourujaresti (n. pr. neutr.) vourubaresti (n. pr. neutr.) vohujîti vohûkereti vohvaçti çtûimanôthri çyâvâçpi (n. pr.), aurushabâzu adhâityôkhratu âçitôgâtu eredvafshu kaçudânu khrvîdru khshviwiishu jarôdaṅhu (n. pr.) dareghôbâzu darshidru dahmâyu peretôtanu perenâyu 1. peshôtanu maçyôkhratu viçpâyu vîçpôtanu çpeñtôkhratu (n. pr.) çraotanu, dâzgarôgâo (n. pr.) pourugâo mazdâo (n. pr.) yaêtusgâo 1. vaṅhudhâo, aêshôdrâjaṅh arathwyômanaṅh arathwyôvacaṅh ararethrabaṅh (n. pr.) ashavaṭbaêshaṅh ashôraocaṅh (n. pr.) ukhdhôvacaṅh ereshvacaṅh garemôvaraṅh cithrâvaṅh dregudâyaṅh pouruaênaṅh pâpôracaṅh perethuzrayaṅh pouruyarenaṅh frâurvazdapayaṅh berezicavaṅh mainyavaçaṅh mainivaçaṅh vîçpôpaêçaṅh vourunemaṅh vourwrafnaṅh vouruçaraṅh (n. pr.) vohunemaṅh (n. pr.) vohuraocaṅh (n. pr.) vohvazdaṅh (n. pr.) çnaodhômanaṅh çnaodhôvacaṅh çpitavarenaṅh (n. pr.) hamômanaṅh hamôvacaṅh havaṭmaçaṅh, uçnôurvan kereçaokhshan (n. pr.) zaranyôrârethman dareghôrârethman drvôcashman nairyônãman perethuafçman (n. pr.) vîmitôdañtan vîçpôpathan çrîraokhshan (n. pr.), eredhwôbis kamnânar zaranyôzafare nãmyãçus vîçpôbis vohûmad.

459. 3. adj. + adj. ashâvairya ukhshyaṭereta (? n. pr.).

460. 4. pronom. + subst. kavañda (n. pr.) qaêpaithya qadhâta qâaothra qâkhshathra qâdaêna qâpaithina qâpaithya qâçaoka târarena 1. yâvarena hrâvaêgha hrâçtra hrôgra (n. pr.) hrôghzhathra, qâçtâiti, aêtahmâyu, qafrîrâo (?)

461. 5. pronom. + partic. perf. pass. (als neutr. subst.) hvâfrita.

462. 6. Zahlwort + subst. astakaozhda astamâhya khshvasmâhya cathrukarana cathrugaosha cathrucashma cathrupistra cathrumâhya cathwaraçpa cathwarezañgra cathwarepaitistâna thriafçma thrikamereḍha thrizaremaya thrimâhya daçamâhya navanimata navapadha navapikha navamâhya navahâthra pañcaṭkaêsha pañcamâhya pañcâçadvara (n. pr. fem.) pañcôhya baêvarefraçkemba baêvaremizhda baêvarevaêdhayana bizañgra bitaêgha bipaitistâna bimâhya birañdaṅha vaêkereta (n. pr.) vayôgaravana vayôdâru çatafstâna çatavaêça (n. pr.) çatôaêthrya çatôzaya çatôdâra çatôraocana çatôçtaraṅha çatôçtûna hazaṅragaosha (hazaṅrôgº) hazaṅrôaçpa hazaṅrôfraçciñbana hazaṅrôvîra hazaṅrôçtûna haptamâhya, khshvasashi hazaṅrayaokhsti haptaṅhâiti, cathruratu thrizañtu pañcaratu baêvarâyu çatâyu hazaṅrâyu, thrimithwañṭ, thrizafan thryafçman baêvarecashman byârshan (die Kraft von zwei Männern habend?), haptôkarshvare.

463. 7. partic. praes. + subst. ukhshyaṭurvara qanaṭcakhra khshvaêwayaṭastra tacaṭâpa fraothaṭaçpa frâyaṭratha (n. pr.) raêvaṭaçpa raêvaçcithra reñjaṭaçpa vanaṭpeshana vanôvañta verezidôithra çruṭgaosha haêcaṭaçpa (n. pr.), eredaṭfedhri (n. pr. f.) tacaṭrohini çrûtaṭfedhri (n. pr. f.), ukhshyaṭnemaṅh (n. pr.), verezicashman.

464. 8. partic. perf. pass. + subst. uzgereptôdrafsha gatôareza thwarstôkehrpa dâtôçaoka drakhtôhunara nastazemana nidhâtôbarezista nistaretôçpaya pairistâkhshudra frakereçtôfraçâna frînâçpa (n. pr. §. 262, II) yaozhdâtôzema yukhtaaçpa yukhtâçpa (n. pr.) varetôratha varetôvîra vîstâçpa (n. pr.) hitâçpa (n. pr.), aiwidâtôtarsti avaçcaçtôfravashi baçtavairi (n. pr.) yukhtavairi (n. pr.) rîçtôfraoreti, nidhâtôpitu varetafshu viçtauru (? n. pr.) vitaretôtanu çtâtôratu, paitiparstôçravaṅh parstôvacaṅh hitôhizvaṅh, aokhtônãman çtaretôbareçman, çrûtôçpâdh (n. pr.).

465. 9. indecl. + subst. aiwiawra aiwivaçtra añtarenaêma anuqaretha anazãtha anamarezhdika apakhshîra apâkhtara ashama aspairika asbaourva asmîzhda uzustâna uzbaodha uparaodha kudadhaya

(besser Spiegel: *kudaṭ aêm vâtô vâiti*) *duzhâpa duzhita duzhdaêna duzhyâirya* 2. *dusqarctha dusci-thra dusçanha dusskyaothna nyuruzda paitiputhra paitivîra pairiâthra paradakhsta paradhâta parô-daçma parôberejya fraorepa* (? n. pr.) *frazaosha fra-zdânava* (n. pr.) *fratîra* (n. pr.) *fraṭâpa fravaêgha frâuruzda maṭafçmana maṭgaoshâvara maṭgâtha maṭpaitipereçva maṭpaitifraça maṭpereçva maṭrathwa vîâpa vîurvara vîkuçra vîzaothra vîzafâna vîdvaêstva vîbañga* (n. pr.) *hazaosha hañkuçra hadhaaiwyâo-nhana hadhaaêçma hadhazaothra hadhanâthra ha-dhahunara hadhânaêpata hadhôgaêtha hameretha hamerena hukhshathra hukhshnaothra hucithra hu-zaêna hutaoça* (n. pr. f.) *hudaêna hudôithra hunara hupatareta huperena hufraourvaêça hubaoidhya hu-maya humîzhda huyâirya huyâghna* (?) *huraithya huraodha hushayana huskyaothna hûsnâthra hãm-raodha hvañta hvarezâna hvaçeva hvaçpa hvâpa hvîra hvãthwa, utayûiti ugjîti duzhgaiñti duserethri dusçaçti fradhâkhsti maṭâzaiñti maṭvacaçtasti vîdhavi hadha-baoidhi hadharatufriti haperegi* (?) *hufedhri* (durch secund. *i* abgeleitet) *hubaoidhi huskakhi hãmvaiñti, asdânu asbâzu uzbâzu uçpâçnu dusmainyu frânaçu maṭfshu hukhratu huzeñtu huperetu hãmnaçu, hugâo* 1. *hudhâo* 2. *hudhâo huraodhâo hvâpâo, aiwiaojanh aiwiqarenanh apaçtananh* (n. pr.) *ashaojanh asqa-renanh asvarecanh uçinemanh* (n. pr.) *duzhvacanh duzhvarsnanh dusqarenanh dusmananh paitiayanh parôarejanh fravazanh citbaêshanh humananh huva-canh huçravanh* (n. pr.) *hvapanh, askhrathwañt, duzhdâman maṭdâman hudhâoman huskakhman, hu-kehrp hubis.*

466. 10. indecl. + partic. perf. pass. (als neutr. subst.) *humata hûkhta hvarsta.*

467. 11. *a* privat. + subst. *aithyêjanha aka aka-rana aqafna aqâthra anuhareçtâta azaremya aṭbaê-sha adâenaba anaêsha anaghra anafshma anaretha anahuna anâpa anâçtravana aputhra afranhareza a-banha abda amashya amahrka amithra ayaçka araêka* (?) *avaêza avaretha avarethra avâçtra açâra açûna açeñga açkeñda açraosha ashaêta aviça, akhsha-fni adhavi anâiriti afrazaiñti avaeôurvaiti, abareshnu aratu, anuçanh anãzanh afrakavanh avaeanh, api-shman, anap.*

468. 12. Wurzel (= partic. praes.) + subst. *vî-zhiarsti vîzhyarsti* (n. pr.).

469. V. Collectivcomposita (dvigu). Die Composita sind neutral, nur wenige weiblich; nur *haptôiriñga* ist ein männlicher plural, ganz wie skr. *saptárshayaḥ.*

470. 1. masc. *haptôiriñga.*

471. 2. fem. *thryakhsti navayakhsti pañcayakhsti haptayakhsti.*

472. 3. neutr. *aêvôgâya aêvôpâdha astâbifra khshvas-khshapara khshvasgâya khshvasçatôzima thriayara thrikarsha thrikhshapara thrigâya thripadha thribda thriçatagâya thriçatôzima thriçãçayôaghra thriçãçfra-dakhshainya daçagâya navakarsha navakhshapara navagâya navapadha navaçatôzima pañcadaçagâya pañcaçatagâya biayara bikhedhra bikhshapara bibda vaêçaêpa vîçaitigâya çatôvîra hazanrôzima, baêrezu bipereçu, byâre çatayâre haptôkarshvare.*

473. Die Decomposita sind meist unter den einfachen aufgeführt; die wenigen noch nicht an-geführten sind folgende. I. karmadhâraya: adj. *a-vaçôkhshathra*, subst. m. *eviçpô-qafna.* II. Tat-purusha adj. *aêvôçaredhô-fyaêsta* (n. pr.) *açrâ-vayaṭ-gâtha dahmô-açrâvayaṭgâtha framen-narôvîra vî-manakara* (§. 110) *hugûshayaṭ-ukhdha, as-khrâ-qanu, frâdaṭ-vîçpãmhujyâiti, (as-dâmôyâtumañṭ)*, subst. m. *pouruçaredhô-varshna vî-shaptatha*, fem. *âfs-byârikhti*, neutr. *vohumanô-râta.* III. Bahu-vrîhi adj. *aurvatôderezi-taka aurvatôçaênô-kaofa eviçtô-kayadha pouruçaredhôvîrô-vãthwa, açpôpadhô-makhsti, apaitis-qarethâo.*

II. Verbum.

1. Bildung der Praesensstämme.

474. 1. Classe. Die Wurzel wird gunirt (*a* Guna von *a*) und durch *a* erweitert; hieher gehören fol-gende Verba a) active: *anh ad ap* 1. *arej* 2. *arej ared ir urvaṭ urvâkhs urviç* (+ *para*) *karesh kaç kahv* 2. *qan qafç qîç khad khnâth khraozhdâ khrud khruç ganh garew* (in *heñgrabem*) *guz eag* 2. *janh jah zhgar* 2. *zan* 1. *zaresh zah* (?) 2. *zâ* (*zayâṭ*) 1. *zu* 2. *zu tac tafç tu thnaç* 2. *thwi daibish dakhsh daz dab day* 2. *dar* (*nidâraṭ*) *dareç* 1. *dav* 2. *dav* (*davañṭ*) *dûd debu debãz druj dvãç dwaozh nî paṭ paç* 1. *pâ* (nur in *nipayêmi*) *fraoth fraç frâ bañd barâz buraç bî bû bãz bãn marez mith môreñd mrakhç* (*mrakhçañṭ*) *mruc* (*mraocãç*) *mrû yukhsh yuz rakhç rap râz râd râç* (*râçañṭ*) 1. *ri* 2. *ri* (*rayañṭ*) *ruc* 4. *rud reñj vagh* (*vagheñṭ*) 1. *vanh* 2. *vanh* 1. *van vared vith vip vôizhdâ çakhsh* 3. *çac çuc* (*çaocañṭ*) *çãç çnath çnud* (*çnaodhañṭ*) *çpac çpar çpâ çyazjâ çyazd shâ* 2. *had* 2. *har* b) mediale: *âf* 2. *ish* (*aêshemnâo*) *urvâz qabdâ* (oder *qabd?*) *khiz gaêth* 2. *jish jyâ* 1. *zan zgath thwakhsh thwareç* (*thwarôzhdûm*) *pareq bud* 1. *marekhsh marezhdâ* 2. *mared* 1. *mâ yaz yam ram* 2. *vaz* 2. *vad* (*fravadhemna*) *vash vrac* 2. *çac çri çrish* (*çraêshemna*) *çrush* (*çravashemnâo*) 1. *har hush* (*haoshemna*) c) activ und medial: *awj* 1. *az* 2. *az ar* (*arâoñti frârcñtê*) *av kan kereṭ kâ kâonh* 1. *qar* 2. *khshi khshnush car* 1. *ci cish* (*caêshemna fracaêshaêtem*) *jan* (*janaêta janayen*) *juç* 1. *ji zgad zbar zbâ takhsh tash* 1. *dath* 2. *dath div du* (im act. nur *avifrâdavaiti*) *draj dvar* 2. *naç pac pazdâ frâd bakhsh baz* 1. *bar* 2. *mar miz yaozhdath yuç* (+ *apa*) *yâç yuj* 1. *rud vaên vakhsh* 1. *vaz vaṭ* 2. *van* 2 *var çanh çêñgh* 1. *çnâ çnâd çnizh çraçc* 1. *çru shu hakhsh hac han harez.*

Bem. Statt des Guna kann auch Nasalirung eintreten, in den act. *buj* 1. *hic* und in dem act. und med. 2. *vid.*

475. 2. Classe. Die Wurzel bleibt ungeändert. Hierher gehören folgende Verba: a) active: *ared* (*eredaṭ°*) *ah* 2. *ish* (*aêshyãn*) *uz karesh* (*karsti*) 1. *khshnu khshnush* (*khshnâus*) *gam* (*gemen âgemaṭ frâghmaṭ*) 1. *gared garew* (in *uzgerewyât*, was auch impf. conj. nach Classe 4 sein kann) 1. *gâ ghar jan zah(?)* 2. *zâ* (*zdî*) *tash* (*hãmtâshaṭ* impf. conj.) *thwareç* 1. *dath* (*paradaithyâṭ fradaithyâo*) 1. *dar dî did* (*paitididhyâṭ*) *dãn frâ* (*frafrâo*) *mar* (*mairyâṭ*) *miṭ mith yaozhdâ yaz* (*frayêzyâṭ?*) *yâ yâoṅh râd ri* 4. *rud vaç vâ çaq* (ich habe diese Wurzel wegen *caqâre* und *çâqeni* aufgestellt, man kann die Formen derselben auch unter *çaṅh* stellen) 2. *çru* (*upaçreatô*) *shâ* (+ *â*) *shu* (+ *aiwi*) *hazd had* (*nisaṅhaçti*) *hap hvãn* b) mediale: *ar* (*ercté*) *âr* 1. *kar kereshvâ*) *khçâ garefsh thrâ diz bî yaç* 1. *râ* 1. *rud* 3. *rud* 2. *caṅh hmé* c) active und mediale: *âh i kan kareṭ* 1. *khshi* 2. *garez ciṭ cish jam* 2. *dath aiwidaithîta uzdaithyãn nidaithîta nidaithyãn paradaithyâṭ*) 1. *dâ* (*dâiti dâitê dyâṭ vîdâitê*) 2. *dâ* (*dâhî dâitê daiñtî dâoñtê dyãm dyâṭ vîdâiti vîdhâoñtê*) 1. *pâ nrû yaozhdath yaj* 1. *vid çaṅh* 1. *çuc çâṅh çî çtu.*

476. 3. Classe. Die Wurzel wird reduplicirt. Die Reduplication setzt für die Gutturale der Wurzel die entsprechenden Palatale ein, lautet dagegen die Wurzel mit einem Palatal an, so geht dieser in den Guttural über, z. B. *cikvên* (von 2. *ci*) *nijaghneñti* (*jan*), wo *gh* schon wegen des *n* stehen muss; ein *h* der Wurzel wird zu *sh* und durch *h* reduplicirt; auch 2. *mar*, welches ursprünglich ein *h* vor *m* hegte (skr. *smar*), wird durch *h* reduplicirt und das ursprüngliche *h* der Wurzel erscheint als *s*: *hismareñtô*. *sh* wird durch *h* reduplicirt, *ç* ebenfalls durch *h*, wenn es auf uraltes *s* zurückgeht, z. B. *histâmi* (von *çtâ*, skr. *sthâ*), aber *çiçpimna* (von *çpi*, skr. *çvi*). Zur 3. Classe gehören folgende Verba: a) active: 2. *ci jan* (*nijaghneñti*) 1. *zan* 1. *zu dî maghzh* (*mimaghzhô*) 2. *mar* (*hismareñtô*) *shaç hac* (+ *â*) b) mediale: *gi mãzdâ çpi* (*çiçpimna*) c) active und mediale: *gam* 1. *garez* 1. *zâ* 1. *dâ* 2. *dâ yaozhdâ çtâ.*

477. 4. Classe. Die Wurzel wird durch *ya* erweitert. Hierher gehören folgende Verba: a) active: *aresh iz irith irish khrvish garew* (*uzgerewyâṭ*, was auch pot. nach 2. Classe sein kann, *uzgerembyô*) *car* (*cairê*) 2. *zaresh tarep ṭbish daibish* (*daibishyañtê*) *div druj* (*druzhyañṭ*) *uman pû pesh frith fshu* (*fshuyañṭ*) 1. *marekhsh* (*merekhshyañṭ*) *maresh* (*mereshyañṭ*) *yash* (*yêshyañṭ*) *yuj yud vath* 1. *vap vip* 1. *çad* (in *çaidhin*) *çush* (zugleich mit Guna) 2. *skâ hakhsh* (*hakhshya*) *hãç* b) mediale: *ubj û* 1. *zan nud barez* (*berezimna*) *bud mîr* c) active und mediale: 1. *ish* 2. *ish* (*fraêshyêiti*) *urviç* (zugleich mit Guna in den meisten Formen) *jad diç* 1. *naç path pad man* 1. *mar vakhsh varez çâ çîzhdâ* (*çîzhdyô çizhdyamna*).

478. 5. Classe. Die Wurzel wird durch *nu* erweitert. Hierher gehören folgende Verba: a) active: 3. *kar* 2. *gu* 1. *ci* (*cinvañt*) *daresh par* (+ *fra*) *pi çtar* (*fraçtereuuyâo*) 1. *çpaç çri* b) mediale: *âh dab* c) active und mediale: *ar* (*erenvañtê erenâvi frêrenaoṭ frêrenavaiñti*) 1. *aç* 1. *kar* 2. *var* 1. *çru hu.*

479. 6. Classe. Die Wurzel wird durch *a* erweitert. Hierher gehören folgende Verba: a) active: *areç* (*ereghañṭ*) *ir* (*uzira*) *irith* (*avôiritheñtem*) 1. *urath urviç* (*fraoiriçaiti*) *kush khshufç khshnvish jim ju taurv tareç tuç narefç pish* (*pishañṭ*) *barez* (*berezañṭ*) *miv yuj* 3. *vaṅh vared* (*veredhatica*) 2. *vid çiu çif çish çpared shuç* b) mediale: 2. *gar guz gush ghriç ṭbish darez* (*derezâna*) 2. *dash* 2. *var* (*frâ vereñta*) *vareṭ* (mit Nasalirung) *çparez hig* (*nihighenuô*) *hisc* (scheint = *hikhsh hakhsh* zu sein) c) active und mediale: 1. *iç* 2. *iç* 1. *ish îr* 2. *uruth khru* 1. *garez thwareç nam pareṭ pareç maregh mareñc* 1. *vî riç* 1. *had.*

480. 7. Classe. Die Wurzel fügt ein *n* oder *na* ein. Hierher gehören folgende Verba: a) active: *iric cish* 2. *vid* b) active und mediale: *ciṭ.*

481. 8. Classe. Die Wurzel fügt *u* an. Alle hierher gehörigen Wurzeln lauten in *n* aus; die Wurzel *ghzhar* bildet im partic. *aipighzhaurvatãm*; man kann diese Form indessen für ein adj., durch Affix *vañṭ* abgeleitet, ansehen. a) active: *in* 1. *qan ghzhar* (s. oben) *tan* (*pairitanuya fraçtanvañti*, sonst mit Antritt von *a*) 1. *van* (*fravanuyâṭ*) *çpan* b) mediale: *ghzhan* (*ghzhâonvamna*).

482. 9. Classe. Die Wurzel fügt *na* an. Hierher gehören folgende Verba: a) active: *garew* 1. *ci zi pesh frî mi miṭ hu* b) mediale: 2. *var* c) active und mediale: 3. *kar* 2. *zar* (zugleich nach der 1. Classe, *zaranaêma*) *par* 2. *bar çtar* (zugleich nach der 1. Classe.

483. 10. Classe. Die Wurzel fügt *i* an, welches gunirt wird und auch in den generellen tempora bleibt. Hierher gehören folgende Verba: a) active: *qaṅh thañj miṭ* b) active und mediale: *vakhsh* 1. *çad çcid* (mit Nasalirung); ausserdem viele Causal- und Denominativstämme.

484. Von vielen Verba lässt sich nicht entscheiden, welcher der 10 Classen sie angehören, weil die betreffenden Formen in unsern Texten fehlen; es sind folgende: 1. *iri ush âçashu* 2. *kan* 2. *kar karep* 1. *kash qaj qap qâsh khshan* 3. *khshi khshud khshnâ khshvip* 1. *gar* 2. *gâ gram ghzrad ghnij cad civish* 2. *ji* 1. *jish zish zush zemb zyâ tap tar* 1. *tush thrak thru thrush* 1. *thwi daṅh* 3. *dar* 3. *dâ dãozh* 2. *du* 3. *du drâ dru dreñj dvish* (wohl wie *ṭbish?*) *dvãn naz nath nad nap nizh pakhsh paresh* 2. *pâ pikhsh piç baj bdâ* 1. *mared mu muc yaṭ yu* 1. *rap rash* 2. *râ* 1. *ric* 2. *ric rish* 2. *rud rup* 1. *vad vam vij* 1. *vish çar çkar çcad* 2. *çpaç çpiṭ çrar* 1. *skâ harec haresh hi* 2. *hic.*

485. Wie in den meisten verwandten Sprachen greift auch im Altb. die Stammbildung durch *a* weiter um sich. Dieser Process kann so weit fortgeschritten sein, dass viele Formen der Stämme ohne *a* dieses *a* annehmen, also in andere Classen übergehen, er kann aber auch dabei stehen geblieben sein, dass das *a* zu dem Classencharacteristicum hinzutritt, der Stamm im Ganzen aber noch zu seiner ursprünglichen Classe gerechnet werden darf. Letzteres ist der Fall bei folg. Verbis. 1) nach der 2. Classe: *çtu* (*upaçtvôiṭ*) 2) nach der 3. Classe: *gi* (*jigaêsa* für *jigayaêsa*)

1. *zâ* (*zazayãn*) *dî* (*upadaidhya avadidhaêm*) *vac* 3) nach der 5. Classe: *kar* (*kerenava*) *ci* (*vîcinôiṭ*) *var* (*verenvaitê*) *hu* (*hunvaṅuha*; hier könnte indessen *a* phonetischer Einschub sein §. 15) 4) nach der 7. Classe: 2. *ciṭ* (*cinathâmaidê*, was indessen conjunct. sein könnte) 5) nach der 8. Classe: *tan* (*tanva*) 6) nach der 9. Classe: *ci* (*vîcinôiṭ vîcinaêta*) 2. *zar* (*zaranaêma*) 2. *var* (*fraorenaêta*) *çtar*. — In *niurvaêçyâni çaoshyañtica çraêshyêiti* finden sich die Merkmale der 1. und 4. Classe, in *haonaoiti* die der 1. und 5. Classe zugleich.

2. Bildung des Causalstammes.

486. *i* wird an die Wurzel angefügt, welche in die 10. Classe tritt; dabei wird der Vocal der Wurzel I) verstärkt 1) durch Steigerung: *aṅh ap urviç garew gush taurv* 1. *tush ṭbish dakhsh darez dav diz diç paṭ frâdh bakhsh bañd bud miz yaz yaṭ yu yuz* 1. *ric* 2. *ric rish ruc* 1. *rud*. 2. *rud* 4. *rud varez vared* 1. *vid vip* 1. *vî çuc çpiṭ* (*çpaêtita*) *hac harec harez* 2. *hic* 2) durch Dehnung oder Vriddhi: *akhsh kan* 1. *kar* 3. *kar* 1. *kash* 1. *khshnu* 1. *gar* 3. *gar ghzhar ghzrad jam tac tap tareç* (mit umgedrehter Vriddhi, wobei *ç* (aus uraltem *s*) in *ṅh* übergeht) 2. *dath dab* 2. *dar debu dru nath nam* 1. *naç* 2. *naç par fra-bar buj man* 2. *mar yaṭ ram rash vaṭ* 1. *vad* 2. *vac* 1. *çac çu çkar çrar* 1. *çru shu* 1. *had hu* 3) durch Antritt von *p*: 3. *khshi* (*frashâopayêiti*) II) nicht verändert: *kareṭ kâ qabdâ zâ zemb thrâ thwareç* 2. *dâ dreñj drãn* 1. *pâ yâoṅh raêthw râz rup reñj vâr vôizhdâ çtâ*. — Die Wurzel *khruç* wirft das *a* des Guna von *i* aus: *khraoçyêiti*, die Wurzeln *vac ṭar* haben vorn Reduplication; die Bildungssylbe *aya* fällt ab in *uçjâmôiṭ vâurâitê vâurôimaidê* (neben *vâuraya*).

3. Bildung des Passivstammes.

487. Sie geschieht durch Anfügung von *y* an die Wurzel und findet sich von folgenden Wurzeln: 1. *kar* 1. *qar civish jan* 1. *zu daṅh* (*dîdaṅhê?*) 2. *dar* 2. *dâ* (+*ni*) *par pareç* 1. *bar bâ man mu* (*muyamna*) *mrû yaozhdâ yâ* 1. *rud vac* 1. *vaz vaṭ* 1. *van* 2. *var* (+ *ni*) *vared vash çu* (*çuyamna*) *çtar* (*uçtryamnô*) 1. *çru haresh hu* (*haoshyañta*). Zuweilen tritt wie im Griech. das Medium für das Pass. ein, z. B. bei 1. *dâ* (*dazdê*) *naç* (*nâshemnâi*) *mrû* (*mraotâ*) 1. *çru* (+ *â*).

488. Desiderativstämme finden sich von: *ênakhsh khshnâ* 1. *ji* 3. *ji darez dareç marcñc rish çikhsh* (*çikhshañṭ*).

489. Intensivstämme finden sich von 1. *kar tar nizh par rash* 1. *çad* 1. *çpaç*.

490. Ein Inchoativstamm findet sich von 1. *ish* (*ishaç°*), wovon auch das adj. *aêshaça*.

491. Verba denominativa: *aiwyâoṅhi aêtênôis aênaṅhaiti aṅhuyâiti apay arzay arâçtry âfryêidyâi âçtâri iwîzi ishâoṅhâêta ishudy khrathw khshraêway jîstay zâmay dârst nemayy nemaṅh paitiraêthwi pairistay pereçany fyaṅhu fraçciñbi fshaony fshânay baêshaz berejay madhi raêthw vâdhay vâr vâçtry vâshay vîmâdhay vîvâp vyâkhmany çâr haomanaṅh hãmraêthwi*.

III. Zahlwörter.

492. 1. Cardinalzahlwörter *aêva*, *uyê dva bi°*, *thri*, *cathware*, *pañcan*, *khshvas*, *haptan*, *astan*, *navan*, *daçan*, (*aêvadaçan*), *dvadaçan*, (*thridaçan*, *cathrudaçan*), *pañcadaçan*, (*khshvasdaçan*, *haptadaçan*, *astadaçan*, *navadaçan*), *vîçaiti*, *thriçata thriçãç*, *cathwareçata*, *pañcâçata*, *khshvasti*, *haptâiti*, *astâiti*, *navaiti*, *çata*, *duyê çaitê*, *tisharô çata*, *cathwârô çata*, *pañca çata*, *khshvas çata*, *hapta çata*, *astaçata asta çata*, *nava çata*, *hazaṅra* (1000) *baêvare* (10000).

493. 2. Ordinalzahlwörter *paoirya*, *daibitya bitya*, *thritya*, *tûirya*, *pukhdha*, *khstva*, *haptatha*, *astema*, *nâuma naoma*, *daçema*, *aêvadaça*, *dvadaça*, *thridaça*, *cathrudaça*, *pañcadaça pañcadaçya*, *khshvasdaça*, *haptadaça*, *astadaça*, *navadaça*, *vîçãçtema*, *thriçata*.

494. 3. Zahladjectiva: *thrâya thrivañṭ*, *catura tûra*, *haptaithya*, *thriçatathwa*.

495. 4. Multiplicativa: *khshvîdem*, *vîçaitivañṭ*, *thriçathwâo*, *cathwareçathwâo*, *pañcaçathwâo*, *haptaithivañṭ*, *astaithivañṭ*, *navaitivañṭ*, *çatôtemôçata*, *hazaṅrôtemôhazaṅra*, *baêvarebaêvare*.

496. 5. Zahlsubstantiva (Brüche): *thrizhaṭ thrishva*, *cathrushva*, *pañtaṅha*, *navaça*.

497. 6. Zahladverbia: *bizhvaṭ bis*, *thrizhvaṭ thris*, *cathrus*, *khshvazhaya*, *naomayâciṭ*.

IV. Pronomina.

498. 1. Stämme a) der ersten Person: *azêm ma na* b) der 2. Person: *tu yu va* c) demonstrative: *a aêva aêsha atâra ada ana ava i itê ima u ta tu da di ha hi haêm hâu* d) relative: *ya yu hya* e) interrogative: *ka kana ku ci cina cu* f) reflexiver: *qa* g) indefinite: *kaciṭ*, *ca*, *ya ka*, *ya cica*, *çûcaṭca*.

499. 2. Pronominaladjectiva a) der 1. Person: *ahma ahmâka* 3. *na ma mavaêtha mavañṭ* b) der 2. Person: *khshmâka khshmâvañṭ thwa thwâvañṭ yûshmâka yûshmâvañṭ* c) der 3. Person: *aêtavañṭ avacina avañṭ avavañṭ iyañṭ qa naêci nana navaci kava hva hvañṭ* d) relative: *yatâra yavañṭ* c) interrogative: *katâra cvañṭ*.

500. 3. Pronominaladverbia a) demonstrative: *aêtadha aêva aêvatha aṭ aṭca aṭciṭ atha athana athra adha adhâṭ anyadha anyâtha avatha avathâṭ avathra avadha avadhâṭ âaṭ* (*âṭ*) *âthadhva âdha iñja iṭ itha ithra idha idhaṭca idhâṭ iyadha î îṭ îdadha îm uiti uta tadha tiñja* 2. *tu da daṭ diṭ dîdadha vâ* 1. *ha* b) relative: *yatha yathana yathra yadha yadhôiṭ yava yahmya* (*yâṭ*) *yêzi yêdhi* c) interrogative: *katha kadha kûthê ku kutha kuthra kudaṭ kudâ kudô kva caiti caṭ* (verallgemeinernde Partikel) *ciṭ* (ebenso) *cithenâ cu côiṭ* d) reflexive: *qatô qafnâ*.

501. Nach ihrer Flexion gehören zu den Pronomina noch die von den Indern sarvanâmâni genannten adj. *aêva anya vîçpa*.

V. Indeclinabilia.

502. 1. Adverbia: 2. *a aipicithît aora apasha apâtha apãm arem ash ahmya* 2. *âis ârish gaț geț tarém tarô* 3. *dush* 1. *na naêdha* 2. *vara navâț nikhsta nû nôiț* 1. *paitisa pairicithîț parageț parôiț parãs paçkâț pârenĩtare frasha frôiț frãs bâ bâț bâdha bôiț mash miț moshu yaos çtôi hakaț hakereț hathra hadhana hamatha hâgeț hu hrô;* ausserdem die in §. 497. 500. genannten und die meisten in §. 503a verzeichneten.

503. 2. Partikeln a) Praefixe. Prä- und Postpositionen: *aiti aipi aibi (aiwi) añtare adhairi ana anu apa ava ori â* 2. *âi* 3. *âi âiti upa upairi uç* 2. *dé ni nis* 3. *paiti paitis pairi pairis para paré parô paçca paçcaêta paçnê fra fraca fraț frâtaț frô frôiț maț vi vis viț haca (héca)* 1. *hadha ham (hãm hañ)* b) conjunctiones: *ca zî (zîț)* 2. *na* 3. *mâ mâdha môiț vâ* c) interject.: 1. *âi bê* 3. *hâ* (nach Spiegel).

Flexion.

504. Im folgenden stelle ich Flexionstabellen auf, immer aus mehreren Wörtern zusammengesetzt, da man von keinem Worte alle Formen in den Texten belegen kann. Diejenigen Wörter, welche einer bestimmten Flexionsart folgen, halte ich für unnöthig aufzuzählen, da man die Nomina in den Verzeichnissen der Affixe und der Composita, wo die nach Einer Flexionsart sich richtenden Wörter immer von einem Komma zum andern gehn, die Verba in den §§. 474 ff. leicht aufsuchen kann.

I. Nomen.

505. Vorbemerkungen. 1. Viele Wörter wenden bei der Flexion verschiedene Themen oder Stämme an. A. Wörter der 1. Decl. gehen über in die zweite: *arakana açpôçtâna uzdaêza kareta kuñda paçushaçta bareçmanya* (acc. fem.), die in §. 317 genannten; in die dritte: *çrva;* in die achte: *kaqeredha* (nom. f.) *karana* (plur. nom.) *yava* (plur. loc.) *çara* (plur. loc.) *haoçravañhana* (plur. nom.): in die neunte: *maidhyãna* (acc.); in die zwölfte: *açâra âtarevakhsha* (dat.) *kereça* (plur. acc.) *taradhâta* (gen.) *madha* (plur. nom.) *maçita* (plur. acc.) *vidaêrôkara* (nom.) *çraoshâvareza* (dat.).

506. B. Wörter der 2. Decl. gehen über in die erste: *açti* (im gen. sogar *açtaçca* wie nach der 12.) *vi* (dual. dat.) *vîçpataurvairi* (gen.) *çûrañhi* (acc.).

507. C. Wörter der 3. Decl. gehen über in die erste: *gâtu* (gen.) *drighu* (*dareghem*) *hisku* (dat.); in die zweite: *tauru;* in die achte: *zaranôçu* (nom.).

508. D. Wörter der 4. Decl. gehen über in die erste: 2. *gâo* (dual.) *duzhdâo* (acc.).

509. E. Wörter der 6. Decl. gehen über in die erste: *vidhrâo* (plur. dat.).

510. F. Wörter der 7. Decl. gehen über in die erste: 1. *zaotar* (nom. sg. plur.) *çâçtar* (gen. sg. plur.) *rathaêstar* (auch in die 4.).

511. G. Wörter der 8. Decl gehen über in die erste: *arshan* (dat.) *açan* (plur. loc.) *açman ashavan* (dual. dat.) *âtharvan* (dat.) *kuçrôpathan* (abl. *cashman* (plur. acc.) *zrvan baêravaccashman* (nom.) *maçan* (acc. plur.) *çyâvarshan;* in die zweite: *nãman* (*nâméni?*); in die dritte: *adhwan* (plur. nom.); in die elfte: *qairyan* (dual.).

512. H. Wörter der 9. Decl. gehen über in die erste: *aoshañh* (acc.) *?rshvacañh* (nom.) *âzañh* (plur. abl.) *draonañh* (abl.) *nemañh* (nom.) *pouruqarenañh çpânañh* (acc.) *çravañh* (plur. instr.) *hvapañh* (nom., plur. acc. f.). mehrere neutra in *añh*, die statt dessen *aqya ahya* annehmen: *avañh* (*avaqyâi*) *paityaogețțbaêshañh* (*°shahyâi*) *rafnañh* (*rafenôqyâi*).

513. I. Wörter der 10. Decl. gehn über in die erste: *hadhis* (gen.).

514. K. Wörter der 11. Decl. gehn über in die erste: *airirôizhdayañț apayañț urvathañț khreishyañț jaidhyañț thamanañhañț dañț* (3. *dâ*) *frâtaț-carañț barañț yaokhstivañț raocañț raocinavañț ravavañhañț çaoshyañț haomôhunvañț.*

515. L. Wörter der 12. Decl. gehn über in die erste: *ap* (in Compos.) *zem* (loc.) *parôdarsh* (gen.) *fravâkhsh* (acc. plur.) *rathwiskare vavaçcarâț* (acc. f.) *hushãmbereț* (acc. neutr.); in die zweite: *isharestâț skyaothnôtâț* (instr.); in die vierte: *zem* (nom. acc.); in die achte: die Subst. in *are* (§. 581).

516. M. Ausserdem finden sich folgende Wörter mit verschiednen Themen: *aezhdâna aezhdânva*, 1. *karsha*, *jaini* (*jaiyôis* von *jaiyi*), *tâthra* (*tãthryãm* von *tãthrya*) *napaț nap ñapa napan napâț naptar*, *pathan pañtan patha path*, 1. *padha pad pâdha*, *vac* (*vâghzh-ibyô*), *çpan çpâna çûna*, *haurvatâț haurvaț*, *hakhi*, *havya* (*hôyûm* von *haêva*, umgestellt).

517. 2. Die Casus werden umgetauscht. A. Der nom. steht für den acc. *imê aêçmô aêtê pathâo anyê yazatâoñhô tâyus tistryô uyâkê uyâkô avê açpâyaodhô zairivairis urupa* (?) *ahurô thaurvô ashava daêvô* (statt acc. plur.) *daêvayaçnô drukhs karômaçyô kerefs dairis dareghôgava naçus napti zaranyôkeretô* (statt acc. plur.) *paêmaini parôdars puthrô pourvôqadhâtô frazaiñtivaiti bâuzdri bûshyãçta madhemô yâtumaiti yûidhistô vañuhi vâkhs vâtô* *çaoka çpis* 1. *hudhâo;* für den dat. *nairyôçaṅhô paçushaurvô rashnus vishaurvô vohunazgô çpâ;* für den abl. *nâirika paitiiriçtê paitiiriçtô;* für den gen. *thwaêshô drukhs yâtumaiti raocaṅhô riçpôyâthrô;* für den loc. *zaranyôkeretô;* für den voc. *ashemcâ ashis âtars zairiguonô mazdâo mashyâoṅhô mithrô;* für den nom plur. *aremôshûtô vahistô vahistem;* vgl. noch das Wörterb. s. 238 b.

518. B. der acc. steht für den gen. *kvare;* für den instr. plur. *avaṅhâs yâtus.*

519. C. der instr. steht für den dat. *khrûrâis âzizanâitibis dregvôdebîs paitidîti hadhbîs.*

520. D. der dat. steht für den instr. *arethaêibyô gaomavaitibyô dôithrâbyô aiwyô yaoçûrâbyô zaothrâbyô zaçtaêibyô dahmôpairiṅharstâbyô bânubyô mayâbyô yaokhstibyô yaozhdâtâbyô yaçôberetâbyô raokhshnibyô raçmôyô rathubyô vahistâbyô vîthushaêibyaçca haomavaitibyô.*

521. E. der gen. steht für den abl. *khshafnô* (*tâthrayaçcit*), (*zemat' yat*) *pathanayâo, paçéus* (*vîrâatcâ*), *mainyéus.* (*vahistât*) *manaṅhô, vaṅhéus* (*khshathrât*), *raçéitôis, çkarenayâo, hakhtyâo, hujyâtôis;* für den voc. *azhanahê azhirâkahê açtairyêhê kurughahê durukahê.*

522. F. der loc. steht für den dat. *khshvîdhaêca fradathê verethraghnê haosrôgwnê.*

523. G. der voc. steht für den nom. *rashnvô;* für den acc. *mâzdayaçnê;* für den instr. *mazdadhâitê çaokê;* für den abl. *rashnvô.*

524. 3. Unrichtige, aus dem Verfall der Flexion zu erklärende Bildungen sind: *drafshayâo drvatayâi nairyônâmanâo yâtâi varaṅhem râçtris çâçtayâi.*

525. Einzelne Casus. Der acc. von *vaêçman* lautet *vaêçmen-da* (*οἶκόνδε*). Der instr. von *ahu* lautet einmal *ahûm bîs* (Westergaard *ahûbîs*), von *gush* (*gaosha*) *géus âis.* Es gibt mehrere Formen auf *âis*, welche nicht instrumental sein können, sondern im Sinne von nom. oder acc. stehen: *adhairizemâisca upairizemâisca kâis pistrâis riçpâis çpeñtôdâtâis çraêstâis.*

526. Ganz oder zum Theil unflectirt erscheinen: *aghadaêna azhicithra anakhrâidhadôithra anâkhsta aparôapâkhtara ayêhyê aranemna asha, asha vahista, ashavan ashemaogha astudaça ahura âiniva âthravaçtema âfrîn aghra arrâkhshaya ke* (für *kat*) *kaquzhi keredharisa qarenaṅha qarenaṅhaçtema qâthra qéñg* 1. *khshathrya khshvasdaça jahi zhnûista zarathustra tauru tafna tafnôtema tarômatu tizhiarsti* 1. *tûirya daêva dâzhu* 4. *dâta duzhdôithra dûraêdarstema duraêdarsta dûraêçâka draojista navadaça nemetka paityâra paityârôtema pairimata pañcadaça pukhdha puthra perenâyu pouruqâthra pourudarsta pourvôapâkhtara frakhstya frashaostra fshûshômãthra baêshazya baoca* 1. *bagha basi bizañgrôcithra bâiti bâidhi bâidhizha bûji bereza mainyava mashyâka mashyôçâçtôtema mahrka mahrkôtema mûiti* 2. *merezu mãthra yaçka yaçkôtema yâtu vaṅhâu vazemnôaçti vâunus viñdaqarena vizhiarsti vîdus vîçpa vîçparana vîstâçpa vereziçaoka vehrkôcithra vohvarsta* 2. *çaêni çatavaêça çâuru çevi çevista çpazga çpazgôtema hathravana* 2. *hama hasi* 3. *hu.*

527. Erste Declination A. subst. a) masc.

sing. nom. *aredrô mashyaçca*
acc. *urvaêçem dâthém ammaêm graom erenâum akhtîm çaurum*
instr. *ahura zaçtâ yaoshacit*
dat. *aredrâi*
abl. *urvaêçât qafnâdha tûyâatçâ aonyat*
gen. *ahurahê ahurahyâ gayêhê gayêhyâ aredruqyâcâ*
loc. *urvaêçê açpaêca frakairé ayêné âjôi grîvaya manayâ raêshayaca raithya*
voc. *ahura ahurâ râçtrya*
dual. nom. *ahura yémâ hâvanaca*
acc. *açpa aêthrya zaçtê* (*zaçta*) *vîraca*
instr. *zaçtaêibya zaçtôibya gaoshaiwê*
dat. *ahuraêibya râṅôibya pâdhavê gaoshaiwê*
abl. *açpaêibya*
gen. *vîrayâo hâvanayâoçca*
loc. *zaçtayô*
voc. *hâvana*
plur. nom. *mashya mashyâ mashyâoṅhô airê*
acc. *aêçma aêçmã aêçmãçca aredréñg avaderenãn gaonaca açtéçca daêvéçca adhâo zaçté puthrãs yaçkê vareçâoçca çaskãca*
instr. *aredrâis mashyâisca garôibîs*
dat. *zaçtaêibyô râṅôibyô*
abl. *daêvaêibyô mithrôibyô*
gen. *aredranãm zañdãm mashyânãm varsnãm*
loc. *açpaêshu frashnaêshû avakañtaêshva vareshva vâshâhu* (fem.?)
voc. *mashyâka daêvâ.*

528. Bemerkung. 1) Die Endung *âdha* des abl. findet sich noch in *çraoshâdha*, die Endung *âatca* s. §. 13; die Endung *at* in: *diwzhat piçrat frashumakat yimat çairihyat hizumat hiñdvat.* 2) im loc. enden in *aya: zaçtaya razuraya vaêçkaya çadhayaca.* 3) im plur. acc. enden in *ã ãn: amã daêvãn fshuyãn raokhshnãn vyuçã shâmãn haomãn haomã kakhémã*, in *ãs ãçca: maidhyôpaitistânãçca mashyãçca mãthrãçca myazdãçca yaçnãçca vahmãçca râçtryãçca çéñghãçcâ haomãçca*, in *éñg éçca: urvarôbaêshazéçca daêvéñg navaçéçca mashyéñg rathaêstâréçca râzéñg vazhdréñg varenéñg vareçéçca vahméñg vâçtryéñg vîréñg çtéñg hakhméñg*, in *é: puthré fravâkhshé fraçpareghé fshûshé raêshé haptôiringé hamerethé harekê harethé*, in *ê: hamerethê*, in *âo: mãthrâo.* 4) im plur. gen. tritt die Endung *ãm* unmittelbar an in: *açtãm geredhãm zyânãm vareçãm garedhãm çtaorãm çpâmãm; varsnãm* steht für *vareçanãm.*

529. b) fem.

sing. nom. *astra kainê kainikê anyaidhya daênâ*
acc. *astrãm*
instr. *daêna daênâ daênaya añgrayâ zaothrê*
dat. *gaêthayâi*
abl. *urvarayât urvarayâatca aiñhuyât aiñhuyat*

gen. *urvarayâo daênayâoçca kanyâo kainé* §. 23, 11).
loc. *kaṅhaya darejya aṅhuya*
voc. *urvairê viçtê zaothra*
dual. nom. *âpaurvairê*
acc. *âpaurvairê ukhshyaṭurvara rãthwâca*
instr. *nâoṅhâbya*
dat. *rãthwâbya*
plur. nom. *astrâo urvarâoçca*
acc. *aredrâo qîtâoçca*
instr. *genâbis*
dat. *gaêthâbyô gaêthâryô zaothrâbyaçca*
abl. *gaêthâbyô urvarâbyaçca haênébyô*
gen. *urvaranãm ghenãnãm ranãm*
loc. *urvarâhu adâhâ nmâhva*
voc. *zaothrâoçca.*

Bem. 1) im nom. sg. haben *ê: apereuâyûkê zaothrê tarûiditê nâirikê* (und °*ka*) *nyâkê*, abgesehen von *yaoidhê brâtûirê*, wo *ê=ya; ya* wird nicht *ê: tûirya bâmya.* 2) im instr. haben bloss *a â: aibigara tâyâ derezâ nayâ vareta hizvâ hizva hunaya;* dagegen *aya: aṅhayâ aṅhâyâ açaya astraya nâoṅhaya mãzâraya çîçraya çuwraya çraoshôcaranaya.* 3) im voc. haben *ê: zaothrê daênê.* 4) im acc. dual. haben *a: gadhwa rãthwa.* 5) im gen. plur. tritt *ãm* unmittelbar an in *gadhwãm nâirikãm.*

530. c) neutr.

sing. nom. *ashem dusqarethém zaremaêm zaranim*
acc. *ashem ârém zaredhaêm zaranim raêdhîm*
instr. *asha ashâ ashâca khshudraca raêdhya*
dat. *ashâi asharaghnyâi*
abl. *ashâṭ ashâaṭca nmânaṭ*
gen. *ashahê ashahêca ashayyâcâ arethahyâ*
loc. *nmânê nmânya ashaêcâ ashaya skyaothanôi hanjamainê nidhâitê*
voc. *asha ashâ*
dual. acc. *arethâ khshvidha astê mithwairê*
abl. *naêmaêibya*
plur. nom. *khshnaothra tastaca ukhdhâ shôithrâo shôithrâoçca*
acc. *vaçtra vaçtrâo vaçtrâoçca tastaca ashâ çâdrâciṭ*
instr. *ukhdhâis raêdhyâis âfrivanaêibis*
dat. *arethaêibyô mãthwôibyaçcâ*
abl. *naêmaêibyô duzhûkhtaêibyaçca ukhdhôibyô*
gen. *âyaptanãm zaênãm mâthrãm*
loc. *amânaêshu nmânâhu aojyaêshâ vaçtrâhva ?).*

Bem. 1) im abl. haben *aṭ: airaṭ nmânaṭ rakhshaṭ* 2) im loc. haben *ôi: ârôi uzâithyôi vîcithôi garôi hadêmôi* 3) im acc. plur. haben *âo: âyaptâo rakhshâo nmânâo pereuômâoiṅhâoçca hañjamanâo* 4) im dat. haben *ôibyô: rakhedhwôibyaçcâ çtaotôibyô hunatôibyaçcâ.*

531. B. Adjectiv. a) masc.

sing. nom. *akô akaçca naotairê ashyô paouruyô*
acc. *ashem aurém aghrîm aibigâim aidhîm açpaêm arsvarçaêm jum jâm mainyaom haithyém hôim*
instr. *aka akâ paoiryâca urvâkhsaṅuha*
dat. *akâi*
abl. *aotâṭ ashyâdha aparaṭ vîçpômahrkâaṭca*
gen. *ashahê ashahyâ manaqyâca açnyêhê mainyaoyêhê paouruyêhyâ*
loc. *anuçkañtê ushaçtairê rayôtuitê thwarstôkehrpaya hamya*
voc. *aurva ashâ paurvatare (?)*
dual. nom. *aurusha yâvarenâ paouruyê*
acc. *aithyêjaṅha açunaca paouruyê*
instr. *uzgereptaêibya*
dat. *aithyêjaṅhaêibya ubôibyâ*
abl. *pauvraêibya*
gen. *frashûtayâo fratîrâo*
loc. *ubôyâ*
voc. *frashâvayaana ayaṅhaênaca*
plur. nom. *asha aurunâ aurvâoṅhô ameshâo paouruyê âhûirê*
acc. *afsçithra gaêthya gaêthyâca ameshâ ameshâo amã khshathryãn ameshãçca dãhistê ishyêñg vîçpêçca baêshazis*
instr. *mazistâis*
dat. *acistaêibyô gaêthyaêibyaçca vîçpôibyô fratarebyô mainyaoibyô mainyaoibyaçca*
abl. *anâhitaêibyô*
gen. *aghanãm vohunazgãm*
loc. *cathrugaoshaêshu.*
voc. *amesha ameshâ afsçithrâoṅhô merezujrâoṅhô.*

Bem. 1) im acc. haben *um* (aus *rem*): *paçushaurum pourum maṭpaitipereçum maṭpereçum* 2) im abl. haben *aṭ: nazdistaṭ huthakhtaṭ* 3) im plur. acc. haben *âo: ashaqâthrâo âkâo pouruqâthrâo, ã ãn ãçca: airyâmatemã dãhistã paoiryãn fratemã mazistã mâzainyãn vîçpãçca çpeñtã hôyã, ê êñg êçca: ameshê ameshêçca añgrêñg mazistê yazatê paitiveretê vîçpêñg vîçpê çpeñtê çpeñtêñg çrîrê haithyêñg hukhshathrê.* 4) im gen. haben *ãm: anahunãm asharaṭbaêshãm uzdâqyamnãm paçushaurvãm fraptarejâtãm bipaitistanãm vishaurvãm çukhrãmca.*

532. b) fem.

sing. nom. *âçna duzhyâirya gaêpaithê paouruyê varecâ*
acc. *âçnãm açpyãm hôyãm*
instr. *agha çpeñtâ nairyaya urvâzayâ*
dat. *duzhûkhtayâi vîçpaya* (pronominal ?)
abl. *anâhitayâṭ kãçaoyâṭ tãthrayaçciṭ vareuyayâṭca*
gen. *gaêthyayâo âçuyayâoçca ushârairyaôçca* (für *ushârairyayâoçca*) *tanuyâoçca paouruyâo mainyaoyâo bipaitistânyâo*
loc. *apanôtemaya gaêpaithê huskê âkâo*
voc. *drvâçpa aqâthrê*
dual. nom. *ubê aṅhaoshemnê*
acc. *aṅhaoshemnê*
plur. nom. *aghâo bâmyâoçca gaêthya vadhrê*
acc. *âçnâo*
instr. *tâiryâbis*
dat. *airyâbyô*
abl. *airyâbyô varedhâbyaçca*

gen. *airyanãm*
loc. *ughrâhu aêithâhuca*
voc. *çevistâo.*

Bem. 1) im nom. haben *ya*: *frya bâmya*, aber *ê* (aus *ya*): *nairê mairê* 2) im instr. haben *aya*: *çpeñtaya*, *a*: *fritha çnâvya çrîra* 3) im loc. hat *ê*: *khshâiçtê* 4) im voc. haben *ê*: *everezikê mazdadhâtê °dhâitê çevistê*.

533. c) neutr.
sing. nom. *cithrem arém kâraêm paoirîm haurum kãçûm* (§. 23, 5)
acc. *ashem ârém kâraêm barajâimca dâitîm paourum hôyûm*
instr. *aka akâ paoirya paoiryâ*
dat. *aurvataçpâi*
abl. *akâț vahistâaţca apâkhtaraţ*
gen. *aurvataçpahê kârayêhê acistahyâ*
loc. *aqaretê çairê ârôi airyênê vîçpaya vourukashayâ*
voc. *vahista*
dual. nom. *ajyamna cithrâ*
acc. *agustâ âçistê*
gen. *çaredyayâo*
plur. nom. *agha ashâ qadhâtaca gaêthê hudhâtâo*
acc. *agha acistâ bâmyâca gaethê arathwya qadhâtâo vairyâo*
instr. *akâis paouruyâis*
dat. *dareghaêibyô dâtôibyaçca*
gen. *acistanãm*
loc. *ashôcithraêshu anaghraêshva.*

Bem. Im abl. hat *aț*: *rapithwitaraț* (neben *°râț*).

534. Zweite Declination. A. Subst. a) masc.
sing. nom. *açtis paiti* (lies *paitis* ?)
acc. *açtîm*
instr. *açti*
dat. *zañtupatêê*
abl. *garôiț*
gen. *açtôis urupâis rayô*
loc. *gara*
voc. *azhi nmânôpaitê* (neben *°ti*)
dual. acc. *aêthrapaiti*
plur. nom. *açtayô azhaya çûnis*
acc. *garayô gairîs gairi hakhaya* (neben *°yô*)
dat. *gairibyô*
gen. *gairinãm rayãm kaoyãm.*

Bem. 1) im gen. hat *âis*: *raopâis* 2) im voc. haben *ê*: *çâvaihê hâranê* 3) im pl. nom. hat *aya*: *hakhaya* (neben *°yô*) 4) im acc. haben *i*: *dañhupaiti*, *îs*: *zañtupaitîs vairîsca vairîs vareshajîs.*

535. b) fem.
sing. nom. *ashis nâiri nâirî*
acc. *ashîm*
instr. *âfriti azî ashica yaozhdya vîdushyâcâ veredhyê ?*
dat. *ârmatêê aiwiviçtayaêca karstayê*
abl. *âfritôiț aiwitaêdhca âkhstaêdha çpasitiêdhca haraithyâț barethryâț*
gen. *ashôis azyâo khshayaçca*
loc. *ayaozhdâta utayûtâ upairiçpâtâ dushitâcâ yûtô*
voc. *ârmaitê ashi*
dual. nom. *utayûitî*
acc. *utayûitî navaiti*
plur. nom. *ashayô çtaomâyô arstayaçca carâitis çûnîs nâiryaçca*
acc. *ârmatayô akhtôyô âkhstisca ârmaitîs agenyâo tistryênyô fravashê ?*
dat. *fravashibyô âkhstibyaçca*
abl. *fravashibyô skitibyaçca*
gen. *uçefritinãm*
loc. *khshathrishu khshathrishva barethrishva*
voc. *jênayô.*

Bem. 1) im nom. haben *i*, *î*: *âfsbyârikhti yuyôçemi carâiti* (und *°tis*) *thrâthri daêvi napti pâreñdica barethri çtri çtrica çtrî haraiti fraçaçti* 2) im instr. haben *ya*: *ayaozhdya qaêthyâcâ qarethyâ khruzhdya* 3) im gen. haben *yâo*: *aghishyâo âhityâo zoiricyâo thrityâo driwyâo nâiryâo nmânôpathnyâo pâreñdyâo pûityâo frényâo bâmyâo makhshyâo réthyâo vâvareshyâoçca hamithyâo* (neben *°thyô*) *hvôvyâo* 4) im loc. haben *ô*: *hamiçtô huzâmitô* 5) im plur. nom. haben *îs*: *âithîsciț dâthrîs hâirishîs* 6) im acc. haben *is îs*: *azîscâ ahurânis âzûitisca tevîshîsca baoidhisca rijîs rañtaberetîsca vohunîs çtîs hâitîsca hujîtîs huberetîsca hushitîs fravashîs fraçaçtisca bâstîs*, *yô*: *tistryênyaçca thâtairyô, fryô* (von *frî*).

536. c) neutr.
sing. nom. *raokhshni*
acc. *ushi draidî bûiricâ*
instr. *ushyâ*
gen. *bûrôis*
loc. *zazé ?*
dual. acc. *ashi fshaonîca*
instr. *ashibya ashibyâ*
plur. acc. *fshéñghî çâqéni.*

537. B. Adjectiv. a) masc.
sing. nom. *âhûiris adhavîs paitibiscs*
acc. *âhûirîm avaeôurvaitim*
instr. *qaini*
dat. *vourugaoyaoitêê erezhijyôi ashavakhshnvaityâi*
gen. *âhurôis*
voc. *uçjîti zâiré vourugaoyaoitê*
plur. nom. *zarathustrayô paitibishis vârethraghnis*
acc. *vadharayô erezhjîs vârethraghnis yavaêjyô*
dat. *yavaêjibyô*
abl. *anâiritibyaçca*
gen. *paitinãm çraiçtayãm*
voc. *zarathustrayô.*

Bem. Im nom. hat *îs*: *vîdhavîs*, *es*: *vârethraghnes.*

538. b) fem.
sing. nom. *âhûiris pouruhrâthri ardvî*
acc. *âhûirîm vañhrim vañuhîm açtvaitîm yêshyañtîm bareñtîm*
instr. *haiti khrapaitî çraya zaranaênya vahêhyâ*

dat. *ashaonyâi mâzdayaçnê vaṅhuyâi*
abl. *zarathustrôiṭ khshôithnyâṭ*
gen. *âhurôis aputhrôjanyâo çrayâo jayô*
loc. *asharanaya berezañtya*
voc. *mâzdayaçnê ashaoni*
dual. dat. *fshaonibya*
plur. nom. *afrâtaṭkushîs zîzanâitis khshviwyô*
acc. *mâzdayaçnîs pawiris*
instr. *âzîzanâitibis*
dat. *hãmvaiñtibyô vaṅuhibyô*
abl. *ashaonibyô gaomaitibyaçca*
gen. *mâzdayaçninãm raoghnyãm*
voc. *vaṅuhîs.*

Bem. 1) im nom. haben *î*: *varedaitî amavaitî* nebst allen andern, deren masc. in *añṭ* ausgeht, *ashaoni crezica paêmaini merezrî yazrî vaṅuhi* 2) im instr. haben *ya*: *aêtavaitya ereghaitya* 3) im gen. haben *yô*: *eredaṭfedhryô vaṅhufedhryô vîçpataurvashyô*, *yâo*: *areduyâo vaṅhuyâo vaṅhuyâoçca amavaithyâo* nebst allen andern, deren masc. in *añṭ* ausgeht, wobei §. 74 zu beachten ist 4) im voc. haben *i*: *ardvi vaṅhvi vaṅuhi.*

539. c) neutr.

sing. nom. *zarathustri*
acc. *zarathustri*
gen. *crezôis*
loc. *mâzdayaçnô*
plur. acc. *hubaoidhi varezi zarathustra*
dat. *vourubarestibyô*
gen. *zarathustrinãm maêshininãmca*

540. Dritte Declination. A. Subst. a) masc.

sing. nom. *aṅhus ahu ahû aperenâyu*
acc. *ahûm minum garemâum*
instr. *yâtu açtû bâzva bâzvô*
dat. *aṅhê ahuyê zañtavê rathwê rathwaêca*
abl. *aṅhaoṭ*
gen. *aṅhéus diçaos aṅhuyaos khrathwô yaêçâus*
loc. *aṅhvô aṅhva aṅhô pithwi âhushuyâ khratâo ratavô*
voc. *mainyô vashwô ratavô tafnu mainyû*
dual. acc. *erezu pâyû pâyûcâ*
instr. *paçubya bâzwê*
dat. *ahubya ahubyâ*
gen. *ahvâo aṅhâo*
loc. *aṅhuyaos aṅhvô (?)*
voc. *mañtû*
plur. nom. *ahavô ishavaçca bâzva bâzava paçvaçca aperenâyô (?) naçâvô*
acc. *aidyûs yâtus açtavô yâtava paçvô naçâvô vibâzva aremipithwâ hiñdu*
instr. *hizubîs ahûbîs* (Spiegel *ahûm bîs* §. 525)
dat. *yâtubyô â-zhnubyaçciṭ*
abl. *bâzubyô hunûiwyô*
gen. *aidyunãm aidyûnãm aṅhvãm*
loc. *yâtushva ahvâhû*
voc. *ratavô*

Bem. 1) im acc. haben *um*: *fyaṅhumca môurum çrum haghdhaṅhum haraṅhum*, *âum*: *pereçâum* 2) im instr. haben *va*: *yâthwa hiñdva* 3) im dat. haben *avê*: *mainyavê rañtavê*, *vê*: *khrathwê rashnvaêca* 4) im gen. haben *aos*: *urûdhaos tûyaos frashnaos rashnaos rayaos hithaos*, *âus*: *jazhâus bâzâus merethyâus vaêçâus*, *vô*: *frapithwô rathwô rathwaçca hizvô hizvaçcâ* 5) im loc. haben *ô*: *tafnô haêtô* 6) im plur. nom. hat *ava*: *gâtava* 7) im acc. haben *us*: *tafnus yâtus*, *ava*: *yâtava*, *avô*: *ishavô gâtavô paçavô peshavô yâtavô ratavô haurvafshavô hunavô hunavaçca* 8) im gen. haben *vãm*: *paçvãm yâthwãm rathwãm.*

541. b) fem.

sing. nom. *tanus pâçnu bâzâus*
acc. *tanûm daṅhaom naçâum tanvém*
instr. *daṅhu*
dat. *tanvê tanuyê daṅhavê*
abl. *tanaoṭ tanvaṭ*
gen. *jyâitéus tanvô tanvaçciṭ aṅhavaçcâ paêçaṅhauca*
loc. *peshôtanvi daṅhvô naçâvô peretô peretâo baresma*
dual. acc. *daqyu*
plur. nom. *jâfnavô daṅhâvô*
acc. *jâfnavô daṅhâvô tanvô tanvaçca bareshnava daṅhus peretûs*
dat. *tanubyô*
abl. *daṅhubyô*
gen. *tanunãm*
loc. *jâfnushva tanushu*
voc. *daṅhavô.*

Bem. 1) im nom. haben *u*: *°daênu hiskupâçnu* 2) im gen. hat *vô*: *fçératvô* 4) im loc. haben *ô*: *çéṅhô çéñghô* 4) im plur. acc. haben *vô*: *perethwô*, *us*: *bareshnus*, *ûs*: *bareshnûsca çéñghûs.*

542. c) neutr.

sing. nom. *frafshu*
acc. *dâuru vayû merezuca*
instr. *âyû yava*
dat. *yavê yavaêca yavôi qaêtavê*
gen. *qaêtéus ayaos draosca yâus*
plur. acc. *açrû*
gen. *frâyôvohunãm*

543. B. Adjectiv. a) masc.

sing. nom. *vaṅhus asbâzâus*
acc. *vohûm dusmainyum frâdaṭfshâum* oder *°fshaom*
instr. *zôishenû khrvîdrva* oder *°drvô*
dat. *vaṅhavê*
abl. *dusmainyaoṭ*
gen. *vaṅhéus khrvîdraos crezâus*
loc. *vaṅuhi gaodâyô*
voc. *vaṅhu mainyû erezvô hakhratavô*
dual. nom. *mainyû*
acc. *mainyû*
gen. *manivâo mainivâo çpeñtôkhratavâo*
plur. nom. *paravô abareshnva pouru pourûs dusmainyus*
acc. *vaṅhavô vaṅhavaçca yavaêçvô vaṅhûs dratusca*

dat. *vañhubyô*
gen. *âçunãm vañhvãm maçyôkhrathwãm*
loc. *vañhushu pourushû*
voc. *vañhavaçca*

Bem. 1) im gen. haben *aos*: *âtarevanaos darshidraos drighaos berezisnaos viçtavaraos*, *âus*: *vîzâus hudânâus* 2) im loc. hat *ô*: *varetafshô* 3) im plur. nom. hat *va*: *peshôtanva* 4) im acc. haben *ûs*: *crezûs dusmainyûs hikûs*.

544. b) fem.
sing. nom. *paourus*
acc. *çtâtôratûm viçpâyûmca*
dat. *zðishnuyê*
gen. *çpeñtâmainyéus mazaos* (?) *aurushabâzvô çraotanvô*
loc. *perethwa*
plur. nom. *aghravô çraotanvô*
acc. *aghravô hupererethwâoçca* (Thema °*thwa*?)
gen. *asdâmunãm*.

545. c) neutr.
sing. nom. *perethu vohû*
acc. *âçu vohuca vohû*
instr. *qaêu vohû*
dat. *vañhavê* (*thrâyôdrigaovê*, s. §. 585)
abl. *âçaot*
gen. *kaçéus hudânaos*
loc. *vohuyâ âçuyâca vañhâu vañhâuca*
dual. acc. *vohû*
plur. nom. *vohu mainyû crezvâ*
acc. *vohu vohû vohuca*
dat. *fradadhafshubyô*
gen. *vohunãm vañhvãm*
loc. *nakhturushu*

546. Vierte Declination. A. Subst. a) masc.
sing. nom. *isavaêca, gâus, paoâo zyâoçcit*
acc. *gaom gâum gãm, gaum gaomca*
instr. *ê êcâ, gava gavaca*
dat. *gavê*
abl. *gaot*
gen. *géus géusca gaos gâus, arezvâo*
dual. acc. *gava*
plur. acc. *gavô*
instr. *gaobîs*
gen. *gavãm*

547. b) fem.
sing. nom. *gâus*
acc. *gãm*
instr. *gavâ*
dat. *gavê gavôi*
abl. *gaotca*
gen. *géus, dâo*
voc. *gaos*
plur. acc. *gâo* (?)
gen. *gavãm*

548. B. Adjectiv. a) masc.
sing. nom. *mazdâo mazdâoçca*
acc. *mazdãm tarshvâoñhem açeñgôgâum*
dat. *mazdâi hudâoñhê*
abl. (*mazdâo*)
gen. *mazdâo hudhâoñhô hugéus*
voc. *mazda mazdâ vañhudâo*
dual. gen. *parshatgavâo*
plur. nom. *mazdâoñhô zarazdâo*
acc. *hudhâoñhô, déñg* (nach §. 531)
instr. *akôdâobîs* (Westergaard °*dâbis*)
dat. *vañhudhâobyô*
gen. *mithrôzyãmca hudhâoñhãm*
voc. *mazdâoñhô*

Bem. 1) im acc. haben *âoñhem*: *pãçnvâoñhem hikvâoñhem hudhâoñhem* 2) im voc. haben *âo*: *ashâdâo hudhâo*.

549. b) fem.
sing. nom. *hudhâo*
acc. *hudhâoñhem hvâpãm*
dat. *hudhâoñhê*
abl. *hudhâoñhat*
gen. *hudhâoñhô*
voc. *hudhâo*
plur. acc. *huraodhâoñhô*
loc. *vîzvâohu*

550. c) neutr.
sing. acc. *arezahê*
abl. *arezahê*
plur. dat. *arezahêibyô*

551. Fünfte Declination. Comparativ in *yâo*. a) masc.
sing. nom. *vaçyâo*
acc. *vañhañhem*
dat. *kaçyañhê*
dual. nom. *âçyañha*
plur. acc. *vañhâoçca*
instr. *frâyêbîsca çtaoyêbîs*

552. b) fem.
sing. nom. *âçyâo* (Hss. *âçyayâo*)
plur. gen. *kaçyañhãm*

Bem. Das fem. wird sonst meist movirt, vgl. §. 330. III 3.

553. c) neutr.
sing. nom. *vañhô*
acc. *vañhô vañhaçca vahyô*
plur. inst. *mazibîs*
gen. *vañhañhãm*

554. Sechste Declination. Partic. perf. act.
sing. nom. *dadhvâo mamanus* (?)
acc. *dadhvâoñhem*
instr. *vîdusha*
dat. *vaokushê*
abl. *dathushat zîziyusatca*
gen. *dathushô vîdushô*
voc. *vîçpôvîdhvâo*
plur. nom. *vîdhvâoñhô keredushâ*
gen. *vaonushãm añhushãmca*

Bem. Das fem. wird movirt, s. §. 330, III 4.

555. Siebente Declination A. Subst. a) masc.
sing. nom. *ãçta ãçtâ çtaotara âtars, nâ nâca, pita pata patâ pataca ptâ*
acc. *dâtârem âçnatârem çtârem çtaremcâ âtarem âtarém nafedhrem, narem,*

pitarem patarem ptarĕm brâtarem brâthrem
instr. *âthra, nara*
dat. *âçnâthrê âthrê âthraêca, nairê narôi, brâthrê*
abl. *âthraṭ âthraçcâ nafedhraṭ*
gen. *âçnâthrô hamaêçtrô çâthraçciṭ çtârô khshathrônafedhrô âthrô âthraçca çâçtars frabaretas, neres nars, brâthrô*
loc. *nairi*
voc. *dâtare aibijaretareca âtare âtarĕ, nare.*
dual. nom. *nara, pithĕ* (?)
acc. *thrâtâra thwôrestârâ, zâmâtara brâthra*
abl. *nerebya*
gen. *narâo*
plur. nom. *dâtârô dâtaraçca rastâra, naraçca, patarô ptarô*
acc. *dâtârô âtarô hamaêçtâra çtârô çtrĕus, nerĕus narĕs nerăs, fedhrô*
dat. *âtarebyô, nerebyô nerebyaçca nurnyô*
abl. *çtarebyô, nerebyô*
gen. *çâthrăm çtârăm çtrăm, narăm*
loc. *nâshû* (?)
voc. *çtâra, narô*

556. b) fem.
sing. nom. *qanha mâta dughdha dugedâ*
acc. *qanharem mâtarem dughdharem*
loc. *dughdhairi*
plur. nom. *mâtarô mâtaraçca*
gen. *dugedrăm.*

557. B. Adjectiv, masc.
sing. nom. *kamnânâ*
plur. gen. *frashôcarethrăm.*

558. Achte Declination A. Subst. a) masc.
sing. nom. *airyama airyĕmâ franraçê ryâkhamô*
acc. *airyamanem adrânem arshnem athaurunem urvănem hazanhanemca, hăminemca*
instr. *airyamnâ urunaca urvâçmana*
dat. *airyamainê puthrânê tashnê*
abl. *marathnaṭ açnâaṭca arshadhaca*
gen. *airyamanô airyamanaçcâ arshnô ukhshânô karâraçmô*
loc. *açni vispatha*
voc. *airyama âthraom măthranaca*
dual. acc. *airyamana*
dat. *yaonibya* (von *yĕrin*)
plur. nom. *karapanô măthranaçcâ açnaca urvănô urvânô*
acc. *karapanô maçtarĕghanaçca açĕnô urvănô urvânô urunô urunaçcâ arshâna derezvăn vispatha, yĕvînô*
dat. *urvôibyô çtaoyô raçmaoyô raçmôyô*
gen. *açnăm athaurunănca karafnămca raonăm yûnăm hazaçnămca raçmanăm.*

Bem. 1) im acc. haben *ânem: arshânem tashânemcâ hâranânem franraçyânem yavânem* 2) im dat. haben *ânê: măthrânê hâranânê, nê: athaurunê* (aus °*rvnê*) *ukhshnê* 3) im gen. haben *ânô: uçadhânô măthrânô hâvanânô, nô: athaurunô urunô* (aus °*rvnô*) *urunaçca yûnô* (aus *yavnô*) *tashnô marathnô, ô: vareçmô.* 4) im plur. nom. haben *ânô: arshânô açânô açânaçca maretânô* 5) im acc. haben *âna: paurâna, ânô: çpaçânô.*

559. b) fem.
sing. nom. *khshapa, kainica*
acc. *khshapanem, kaininem*
abl. *khshafnâaṭca*
gen. *khshafnô, kainînô*
loc. *khshafnê*
plur. nom. *khshafna, kainina kaininô*
acc. *khshafnô khshafnaçca khshapanô dâmăn dâma dăma, kaininô*
dat. *kainibyô*
gen. *khshafnăm dâmanăm*
loc. *khshapôhva*

560. c) neutr.
sing. nom. *dăma năma bareçmaca yôithemâ*
acc. *năma ănmâ bareçmaca bareçmâca*
instr. *bareçmana maçanaca*
dat. *ănmainê khshănmĕnê cinmânê aiwikhshôithnê*
abl. *cashmanaṭ bareçman*
gen. *bareçmanô râmanaçca maçânaçca raŭhânaçca*
loc. *ănmainî cinmani cinmânî frakhshni*
voc. *vareçma*
dual. acc. *dăma*
gen. *cashmanâo*
plur. nom. *dâmăn maêçma nâmĕni nâmĕnîs* (§. 511)
acc. *nâmăn năma maêçma cashmăm nâmĕni nâmĕnî nâmĕnîs*
instr. *dâmĕbîs nâmăn karsheăn namĕnis*
dat. *dâmabyô drăumaibyaçcâ*
abl. *dâmabyô draomĕbyô*
gen. *dâmanăm râshnăm dâmăn*
loc. *dâmôhu dâmahva yaremôhva.*

Bem. 1) im dat. haben *nê: frakhshnê zrûnê* (aus *zrvnê*) 2) im loc. haben *ni: fraoreṭfrakhshni zruni, âni: çĕnhâni hvçrvâni*

561. B. Adjectiv. a) masc.
sing. nom. *ashava ashavâ magavô thrizafâo, yâhi yâhî*
acc. *ashavanem byarshânem*
instr. *aokhtônâmana*
dat. *baêvarecashmainê riçânê ashaonê ashaonaêca ashâunê, pereninê*
abl. *ashaonaṭ verethraghnaṭ*
gen. *aokhtônâmanô kereçaokhshnô ashaonô ashaonaçca byâreshânô perethuafçmô*
voc. *ashâum thrizafem*
dual. nom. *hămina*
acc. *ashavana*
gen. *ashaonâo*
plur. nom. *ashavanô ashavanaçca parôdreçvânô vimitôdañtânô thrâyaonô, pereninô hăminô*
dat. *ashavabyô ashâvaoyô*
abl. *magavabyô*
gen. *verethravanăm ashaonăm ashâunăm*

Bem. 1) im nom. haben *ô: duzhdâmô*, *âo: myazdarâo verethrajâo verethravâo* 2) im gen. haben *nô: verethraghnô çrîraokhshnô.*

562. b) fem.

sing. acc. *dareghôvârethmanem*
plur. nom. *amaênijanô âçnônvrãnô*
acc. *dareghôvârethmanô*
dat. *hãmtaptibyô*

563. c) neutr.

sing. nom. *ashava*
acc. *ashava qairyãn* (?)
dat. *ashaonê*
gen. *ashaonô*
loc. *afshmânî*
plur. nom. *fraptarejãn*
acc. *mîzhdavãn ashaoni.*

564. Neunte Declination. A. Subst. a) masc.

sing. nom. *daozhâo*
acc. *aênanhem*
dat. *aênanhê*
gen. *aênanhô*
dual. gen. *zrayanhâo*
plur. nom. *rafnanhô*
gen. *aênanhãm*

565. b) fem.

sing. acc. *ushâonhem*
plur. acc. *ushâo*
gen. *ushanhãm*
loc. *ushahva*

566. c) neutr.

sing. nom. *zrayô parstaçca nemê hazê*
acc. *zrayô aojaçca nemê vacê*
instr. *aojanha aojanhâ rafnanhâca*
dat. *aênanhê avanhaêca* (vgl. §. 512)
abl. *zrayanhat hazanhatca temanhâdha*
gen. *aênanhô qarenanhaçca*
loc. *açahi ãzahicit nemahî vaçaçî* (§. 106) *zraya zrayâ* (§. 103, 14).
voc. *manaçcâ*
plur. nom. *raocâo açâoçca*
acc. *raoçâo raocâoçca*
instr. *avêbîs açêbis*
abl. *raocêbyô*
gen. *raocanhãm*
loc. *raocôhva vavôhu arezahva hazanrôtemahvaca ãzahu ãzahû*

567. B. Adjectiv a) masc.

sing. nom. *aiwiaojâo çpitavarenâoçca huçrava ashavazdaçca*
acc. *arathwyômananhem*
instr. *huçravanha*
dat. *duzhvacanhê humananhaêca*
gen. *aiwiqarenanhô*
voc. *arsvacô huçrava*
dual. nom. *anaocanhâ*
gen. *ashanemanhâo*
plur. nom. *âfrivacanhô framananhaçca*
acc. *ashacinanhô*
gen. *arathwyômananhãm*

568. b) fem.

sing. nom. *zânudrâjâo*
acc. *perethuzrayanhem*
instr. *hvâvayanha*
gen. *ashaojanhô*
plur. acc. *fvamzanhô dregudâyanhô*

569. c) neutr.

sing. nom. *anãzô*
acc. *anuçô barôqarenô*
plur. instr. *ãkhmôfrânômaçêbîs*

570a. Zehnte Declination. A. Subst. a) masc.

sing. nom. *çpis vîs*
gen. *hanhaurushô*
plur. acc. *azdêbîs*
instr. *azdêbîs*

570b. b) fem.

sing. nom. *paêsisô*

571. c) neutr.

sing. gen. *thishis barezisca, aredus*
acc. *barezis khshnisca, ãçus vafûs* (§. 11, 1)
instr. *barezisha çnaithishâ, aredusha*
gen. *hadhishaçca*
loc. *tanushicâ*
dual. instr. *çnaithizhibya*
plur. gen. *çnaithishãmca, aredushãm.*

572. B. Adject. a) masc.

sing. nom. *nãmyãçus*
plur. acc. *dadushô*
gen. *jîjishãm*

573. b) fem.

sing. nom. *hubis*
acc. *nidhâçnaithishem*
plur. nom. *ãgamôpaidhisa*

574. c) neutr.

plur. instr. *dadâzhbîs*

575. Elfte Declination. A. Subst. Hier findet sich nur das undeutliche *hvarêpishyant*, dessen plur. loc. *°pishyaçû* lautet; ausserdem werden dual. nom. acc. (*aurvañta*) und plur. gen. (*aurvatãm*) des adj. *aurvañt* als Subst. gebraucht.

576. B. adj. a) masc.

sing. nom. *mraocaç vyãçca çtavaç dã amrakhçãn amavâo jaçô jva*
acc. *aurvañtem anuçañtem aojôñhvañtem aithyêjanhvañtem areshiñtem mazâoñtem*
instr. *berezata qarenanhvañta dregvâtâ*
dat. *drvaitê drvataêca dregvâitê dregvataêcâ fshuyañtê bareñtê*
abl. *drvatat thishyañtat ithyêjanhatat*
gen. *berezatô çurunvataçca framravâtô fshuyañtô khshayañtaçca irishiñtô*
loc. *açtvaiti açtvaiñti*
voc. *gaoma drvô arethamat*
dual. nom. *berezañta amereshiñta*
acc. *berezañta amereshiñta*
dat. *berezeñbya*
gen. *ashaokhshayañtâo*
plur. nom. *drvañtô êmavañtaçcâ âfeñtô dakhstavañta*

acc. *drvañtô çaoshyañtaçca rapeñtô dregratô qarenañhañta*
instr. *daêvavaṭbîs hadhbis dregrôdebîs dregrôdibis*
dat. *amaraṭbyô dregrôdebyô ṭbishyañbyô*
abl. *avaṭbyô ṭbishyañbyô*
gen. *çtéraṗatãm hâtãm varecaiñhatãm çaoshyañtãm çaocañtãm irishiñtãm*
loc. *dregraçû*
voc. *dregvañtô*

Bem. 1) im sing. nom. haben *ã: hã, âo: aoshañhâo açtrâo ayâo taurvâo dregrâo drvâo drvâoçca hâmumâo yâtumâo ravrâoçca raokhshnemâo vîvañhâo verethrataurvâo çpânañhâo, ô: atanrvayô afrityô açâcayô açikhshô içô taurvayô paradathô dreñjayô pereçô frãstacô frabarô barô mimaghzhô rayô çizhdyô uç...histô çpaçyô çrâvayô, aç: fracinaç, a: maza vaêca* 2) im acc. haben *eñtem: ahumeñtem uzyôireñtem bareñtem merethreñtem pairiyaozhdatheñtem ratumeñtem rapeñtem vîkhrûmeñtem çakhsheñtem çtôirapeñtem hiçpôçeñtem haêtumeñtem heñtem, iñtem: azareshiñtem, uñtem: zaênañhuñtem perenañhuñtem* 3) im dat. haben *eñtê: nemañheñtê frâdheñtê varedheñtê haneñtê* 4) im abl. haben *añtaṭ: çaoshyañtaṭ çaocañtaṭ* 5) im gen. haben *añtô: adrujyañtô qarenañhañtô vaênañtô ranañtô* 6) im plur. nom. haben *eñtô: bareñtô hismareñtô vazeñtô, añta; yâtumañta hâvañta* 7) im acc. haben *atô: uvvatô tbishyatô hatô, añta: hâmyañta* 8) im gen. haben *añtãm: areshyañtãm émavañtãm ṭbishyañtãm bûshyañtãm vañhañtãm ranañtãm frañharezañtãm, eñtãm: athreñtãm paracareñtãm razeñtãm vîzvâreñtãm.*

577. b) fem.
sing. gen. *urâdhayañtô*
plur. acc. *frâtaṭcaretô frâtaṭcaretaçca*

578. c) neutr.
sing. nom. *açtvaṭ*
acc. *amaraṭ*
instr. *qanvata qénvâtâ dregvâtâ vãkhshyañtâ*
dat. *dreaitê dregvâitê*
gen. *vâçtravatô*
loc. *pourumaiti*
dual. nom. *qairyañti*
plur. acc. *hâta hâtâ*
abl. *ghzhâravayaṭbyô*
gen. *ghzhaurvaṭãm hâtãm.*

579. Zwölfte Declination. A. Subst. a) masc.
sing. nom. *vâkhs parôdars çpas kahrkatâç uçikhsâ aipivare zinake aipiṭbaoghe*
acc. *vâcem vâcim çpaçem âberetem*
instr. *vaca*
dat. *âberetê*
abl. *fravâkhshaṭ*
gen. *vâkhs fravâkhshaçca zairyãs*
loc. *vâiti*
plur. nom. *vâcô vaca çpaçô yarâzô*
acc. *vacô vacaçca vâcô vaca vâca yârevareshô*
instr. *padebîs, géus* (?)
dat. *vaghzhebyaçca vâghzhibyô*
abl. *vâghzhebyô*
gen. *vacãm daênôçãcãm*
loc. *nafshucâ.*

580. b) fem.
sing. nom. *âfs kerefs drukhs, ameretâç açteñtâoçca*
acc. *âpem apemca kehrpem kehrpém qâirizemca ameretâtem*
instr. *apâca kehrpa zemâ vîça ârstyôbareza, ameretâta*
dat. *drujê viçê, yavaêtâitê yavaêtâtaêca*
abl. *apaṭ apâaṭca zemaṭ zemâṭ zemâaṭca vîçaṭ vîçâṭ, irithyãçtâtaṭ*
gen. *âpô apô apaçca kehrpô drujô drûjô vîçô jaghrûdhô, ameretâtô ameretâtaçcâ*
loc. *aipi aipya apaya zemi vîçi urâidhi, ameretâiti*
voc. *drukhs*
dual. nom. *âpa* (in *âpaurvairê*), *ameretâta ameretâtâ ameretâtâoçcâ*
acc. *âpa* (in *âpaurvairê*) *taeaṭâpa, ameretâta ameretâtâ ameretâtâo ameretâtâoçcâ*
dat. *brvaṭbyãm, ameretaṭbya*
gen. *ameretâtâo ameretâtâoçcâ*
plur. nom. *âpô apaçca druja ishudô, ukhshyãçtâtô ukhshyãçtâtaçciṭ*
acc. *âpô apô apaçca kehrpaçca ishudô khshapâca, fratematâtô ameretâtaçcâ*
dat. *aiwyô vîzhibyô*
abl. *vîzhibyô*
gen. *apãm kehrpãm vîçãm, vañhutâtãm*
loc. *tûtukhshva*
voc. *âpô.*

581. c) neutr.
sing. nom. *dereçcâ qéñg, daçvare hvaré râzareca*
acc. *fraçpâvares qéñg açpéñciṭ, karshvare çaré*
instr. *druca, daçvara ayaré*
dat. *hanairê daçvare*
gen. *garô, karshvare ayãn* (§. 56) *hûrô hû*
loc. *fraçpâiti, ayãn*
plur. acc. *çaqâré ayãn uruthwãn uruthwãçca*
gen. *yâoñhãm*
loc. *haptôkarshvôhva uruthwôhva*

582. B. Adjectiv a) masc.
sing. nom. *ahumerekhs hufravâkhs hishaç aghâvares dareçca*
acc. *ashadrujem ashañhâcim ashanâçem*
instr. *ashanâça*
dat. *armaêshâidhê mazê mazôi*
gen. *ashâfrâdô hunairyâoñcô mazê ashañhâcâ*
dual. gen. *hvarezâo*
plur. nom. *aqarô zemargûzô ashemanôvîdhô*
acc. *zemargûzô zemargûza cañrañhâca cañrañhâcaçca raraçcarâta*
gen. *adrujãm aêshmôvaredhãmca çâçnôgâshãm cañrañhâcãm zaranyôzafrãm.*

583. b) fem.
sing. nom. *ashañhâkhs âtarecares*

	acc.	*anâpem aiwishâcim*
	gen.	*ahûmmereñcô*
	loc.	*taci*
plur.	nom.	*airimêañhadhô vghrûrctô*
	acc.	*thraotôçtâtaçca*
	gen.	*ghzhârãm*

584. c) neutr.

sing.	acc.	*vare yâscâ*
	instr.	*paurvañca*
plur.	nom.	*ravaçcarãu*
	acc.	*maça*

585. Einige adj. sind generis communis: *açpôkchrpa* (?) *thrâyôdrighu pourumahrka dashina* (theilweise).

586. Einige adj. haben eine auffallende Femininbildung: *kâidhyêhê kayêidhyâoçca* (gen. fem. von *kayadha*) *carâiti* (fem. von *carañt?*) *drîvayâoçca* (von *drighu*) *mereñcainîs* (plur. nom. fem. von *mereñcanya*) *vîçpataurvairi* (von °*taurvan*, vgl. skr. *yájvarî* von *yájvan*).

II. Pronomen.

587. Die Flexion der Pronomina bedarf keiner tabellarischen Uebersicht, da die Stämme §. 498, und die sämmtlichen Formen unter den betreffenden Artikeln des Wörterbuches aufgeführt sind.

588. Es bleibt noch zu bemerken dass die §. 501 genannten adj. nach der ersten Nominaldeclination flectirt werden bis auf folgende nach der Pronominalflexion sich richtende Formen: gen. fem. *aêvañhâo*, loc. neutr. *aêvahmi;* nom. neutr. *anyaṭ*, acc. n. *anyaçeiṭ*, dat. m. *anyahmâi*, plur. nom. m. *anyê* (neben *anya*), acc. m. *anyê* (neben *anya*), gen. m. f. *anyaêshãm* (neben *anyãm*); plur. nom. m. *vîçpê* (neben *vîçpâoñhô*), acc. m. *vîçpê vîçpaêca* (neben *vîçpêñg* etc.), gen. m. *vîçpaêshãm* (neben *vîçpanãm*), voc. m. *vîçpê*.

III. Zahlwörter.

589. Auch hier gilt dasselbe was §. 587 über die Pronomina bemerkt wurde.

IV. Verbum.

590. A. Specialformen. 1. Classe.

	Activ		Medium
	Praesens indicativ.		
sing. 1.	*avâmi nipayêmi zbayâ frafrâ âzbaya tavâca*	sing. 1.	*yazê frâyêzê bairê*
2.	*bakhshahi khshayêhi khshayêhî*	2.	*barahê vashañhê*
3.	*baraiti nayêiti pazdayêiti çêñghaiti uzyôraiti frâdhatica, hiñcaiti*	3.	*yazaitê khshayêtê zânaitê*
dual. 3.	*baratô avazbayatô caratacçâ*	dual. 3.	*pareçâithê fracarôithê hêm … jamaêtê*
plur. 1.	*hãmbarâmahi zbayamahi zbayêmahi* (?) *çêñhâmahî*	plur. 1.	*yazamaidê frâyazâmaidê yazamadaêca*
2.	*çashathâ qarata zânatâ*		
3.	*bareñti nayêinti bavaiñti bavaiñtî bavaiñticâ bavañti taciñti, buñjaiñti viñdeñti frashiñcañṭi*	3.	*yazeñtê aiwinâçeñtê çnaêzhiñtaêca shâyañtê haeaiñtê*
	Praesens conjunctiv.		
sing. 2.	*bavâhi zbayêhi vanâi, viñdâi*	sing. 1.	*yazâi zbayâi*
3.	*avâiti, viñdâiti*	3.	*yazâitê*
dual. 3.	*paitijaçâtô*		
plur. 3.	*bavâoñti*	plur. 3.	*yazâoñtê fraçnayâoñtê*
	Praesens potential.		
sing. 2.	*barôis rapôiscâ, paitihiñcôis*	sing. 2.	*yazaêsa zbayaêsa*
3.	*azôiṭ zbayôiṭ, paitihiñcôiṭ*	3.	*yazaêta çnayaêta, viñdaêta*
dual. 3.	*jaçaêtem*		
plur. 1.	*jaçaêma vanaêmâ hanaêmâcâ*	plur. 1.	*hãmvaênôimaidê*
		2.	*râmôidhwem*
3.	*pacayen, parahiñcayen*		
	Praesens imperativ.		
sing. 1.	*barâni avanayêni fraçnayêni carânî*	sing. 1.	*yazânê*
2.	*bara apa … dvâra âvaênâ vaêthâca*	2.	*upavazañuha çnayañuha âbakhshôhvâ*
3.	*baratu baratû*		
dual. 3.	*bavatem*		
plur. 1.	*barâma cagemâ, viñdâma*		
2.	*qarata upashaêta çraotâ*		
3.	*bareñtu*	plur. 3.	*jaçeñtãm khshêñtãm*
	Imperfectum indicativ.		
sing. 1.	*dathem pairiabaom nizhbaêm*		
2.	*jaçô*		
3.	*baraṭ frayaṭ bêcṭ nidâraṭ, nâçaṭ viñdaṭ*	sing. 3.	*barata varatâ*
		plur. 2.	*thwarôzhdûm*
		3.	*yazeñtâ hêñdvareñtâ khshêñtâ dâuñta*

dual. 3. *pairiaraêtem*
plur. 1. *adebaomâ*
3. *baren ajên baon bâun apatacin, viñden*

Imperfectum conjunctiv.

sing. 1. *parabarãn ?*
2. *marâo*
3. *barâṭ uzyarâṭ zayâṭ*
plur. 3. *arãn avân avâon frayãn*

591. 2. Classe.

Activ

Praesens indicativ.

sing. 1. *mraomi vaçemî, ahmi ahmî*
2. *vashi vashî hafshî nipâhi dâhî, ahi ahî*
3. *mraoiti vasti aêiti âiti yaokarsti jaiñti dâitî çâiti, açti açtica açtî*
dual. 1. *uçvahî*
3. *çtô*
plur. 1. *uçmahicâ uçemahî uçémahî uzémôhî cîshmahicâ cîshmahî, mahi mahî*
2. *çtâ*
3. *skyêiñti skyañti skyañtî daiñtî vâoñti, heñti heñtica heñtî*

Medium

sing. 1. *mrayê nighnê âyôi*
3. *mrûtê mrûitê âitê cretê âçtê dâitê çaêtê*
plur. 1. *âmrûmaidê çtaomaidê yaokhmaidê cîshmaide*
3. *byañtê hémyañtê*

Praesens conjunctiv.

sing. 3. *janaiti mravaitî*

sing. 1. *khçâi*
plur. 3. *dâoñtê*

Praesens potential.

sing. 1. *dyãm, qyém*
2. *mrayâo nipayâo janyâo, qyâo*
3. *mrayâṭ dyâṭ janyâṭ çâhîṭ frazahîṭ, qyâṭ hyâṭ*
plur. 1. *jamyâma, qyâmâ*
2. *qyâtha qyâtâ*
3. *jamyãn aêshyãn qyên hyãn hyâre*

sing. 2. *framrvîsa âhisa*
3. *âmrvîta aiwidaithîta nidaithita*
plur. 3. *jamyâris aiwiçacyâres*

Praesens imperativ.

sing. 1. *aêni ayênî janâni*
2. *idî âidhi yaidi cîzhdî zdî mrûidhi*
3. *jañtu mraotû, açtu açtû*
plur. 1. *janâma*
2. *etaota*
3. *yañtu çcañtû heñtû.*

sing. 1. *hañgerefshânê*
2. *kereshvâ uzâreshvâ*
plur. 2. *âidûm thrâzdûm çâzdûm*

Imperfectum indicativ.

sing. 1. *mraom côishem*
2. *mraos côis frafrâo*
3. *mraoṭ côist avarôiṭ pâṭ yaogeṭ aiwishaṭ* (*a* eingeschoben) *aç âç açcîṭ*
plur. 3. *uçen gemen.*

sing. 1. *âmravî*
2. *raoçe*
3. *mraota ciçtâ çaêta pâta raoçta*

Imperfectum conjunctiv.

sing. 2. *framrvâo, aiîhô*
3. *côithaṭ araghnâṭ, aiîhaṭ*
plur. 3. *ayãn, aiîhen hen.*

sing. 2. *ayaiîhâ*

592. Zur 2. Classe gehört auch 1. *vid;* dieses Verbum hat im Praesens Perfectendungen: praes. 1. *vaêdâ*, 2. *vôiçtâ*, 3. *vaêdha vîvaêdha* (*vî* Praefix) *vaêdâ;* pot. *vîdyâṭ;* imperat. plur. 2. *vaêdôdûm fravôizdûm.*

593. 3. Classe.

Activ

Praesens indicativ.

sing. 1. *dadhãmi zazâmi zaozaomî khstâ*
2. *dadhâhi zazâhi* (im Wörterb. conj.) *histahi hishtakhti*
3. *dadhâiti dadâitî daçti dazdî zazâiti histaiti*
plur. 1. *dademahi dademahicâ dademahî*
3. *nijaghneñti açzazeñti histeñti*

Medium

sing. 1. *dadê daidhê*
3. *daçtê dazdê histaitê*
dual. 3. *dazdê*
plur. 1. *dademaidê*
3. *dadeñtê zazeñtê*

Praesens conjunctiv.

Medium: sing. 3. *frakhstâitê*

Praesens potential.

Activ:
sing. 1. *jaghmyãm daidhyãm*
2. *daidhîs avahistôis*
3. *daidîț daidyaț*
dual. 3. *daidhîtem*

Medium:
sing. 2. *fradaidhîsa*
3. *daidîta daidyata*
plur. 2. *daidhîta*

Praesens imperativ.

Activ:
sing. 2. *dazdi avahista*
3. *dadâtû*
plur. 2. *daçta uçehistata*

Medium:
sing. 1. *frakhstânê*
2. *daçvâ nî . . . daçva*
plur. 2. *mãzdazdûm*

Imperfectum indicativ.

Activ:
sing. 1. *dadhãm avadidhaêm*
2. *dadâo*
3. *dadhâț dadâț dadaț uçehistaț akhstaț*
plur. 3. *daden cikaên*

Medium:
sing. 3. *uzdaçta frakhstata gerezhdâ*

Imperfectum conjunctiv.

sing. 3. *cikayaț avahistâț*
plur. 3. *uçehistãn*

594. 4. Classe.

Praesens indicativ.

Activ:
sing. 1. *verezyâmi jaidhyêmi ufyêmi manya mênâcâ ukhshyâ ufyâcâ*
2. *jaidhyêhi*
3. *irithyêiti ukhshyêiti ukhshyêitî puyêiti izyatica*
dual. 3. *yûidhyatô*
plur. 1. *fraêshyâmahi verezyâmahî mainimadicâ*
3. *paitijaidhyêiñti izyêñti mainyañti vereziñti âdîvyêintî*

Medium:
sing. 3. *fraoiriçyêitê uç . . . zayêitê mainyêtê manyêtê*
plur. 1. *mainyâmaidê*
3. *nipaidhyêiñtê uçzayêiñtê framanyêñtê fraoiriçiñtê*

Praesens conjunctiv.

Activ:
sing. 1. *jaidhyâmi*
2. *apanaçyêhi*
3. *paithyâiti*
plur. 3. *jaidhyâoñti*

Medium:
sing. 1. *manyâi*
3. *ava . . . mairyâitê*
plur. 3. *paithyâoñte zayâoñtê*

Praesens potential.

Activ:
sing. 1. *jaidhyã*
2. *jaidhyôis*
3. *verezyôiț fraoiriçyôiț*

Medium:
sing. 3. *manyaêta bûidhyaêta*
plur. 1. *bûidhyôimaidê*

Praesens imperativ.

Activ:
sing. 1. *ufyânî niurvaêçyâni* (§. 485)
2. *cairê naçê nmânya ukhshyâ nishãçyâ*
3. *diçyatu verezyôtûcâ*
plur. 2. *diçyata*

Medium:
sing. 2. *nipaidhyañuha*
3. *verezyâtãm*
plur. 2. *paitiçyôdûm*

Imperfectum indicativ.

Activ:
sing. 2. *parairithyô ukhshyô*
3. *jaidhyaț*
plur. 1. *skyâmâ*
3. *jaidhyen ukhshin çaidhin*

Medium:
sing. 2. *aramairyañuha uçzayañha*
3. *jaidhyata framanyata uçzayata*
dual. 3. *uçzayôithê*
plur. 3. *mainyañtâ*

Imperfectum conjunctiv.

Activ:
sing. 3. *irithyât avôiriçyâț viurviçyâț ufyâț avaçyâț*
plur. 3. *irishyãn fra . . . ukhshyãn uzukhshyãnca*

Medium:
sing. 3. *mainyâtâ*

595. 5. Classe.

Praesens indicativ.

Activ:
sing. 1. *kerenaomi niçirinaomi*
2. *kerenûishi*
3. *kerenaoiti niçirinaoiti çurunaoiti frapinaoiti çûnaoiti*
plur. 3. *kerenvaiñti verenvañti*

Medium:
sing. 3. *verenûitê*
plur. 3. *verenvaiñtê crenvañtê*

Praesens conjunctiv.

sing. 2. *kerenavâhi niçirinavâhi*	sing. 2. *kerenavâhê* (?)

Praesens potential.

sing. 2. *fraçtarenuyâo çurunuyâo*	
3. *kerenuyâṭ niçirinuyâṭ*	

Praesens imperativ.

sing. 1. *kerenavâni*	sing. 1. *kerenavânê*
2. *kerenûidhi*	2. *hunvañuha*

Imperfectum indicativ.

sing. 2. *âkerenavô*	sing. 3. *debenaotâ hunûta*
3. *kerenaoṭ*	
plur. 2. *niçirinaota*	
3. *kerenâun kerenaon*	

Imperfectum conjunctiv.

sing. 3. *kerenavâṭ frashnavâṭ frashnvâṭ*	
plur. 3. *kerenavãn*	

596. 6. Classe.

Praesens indicativ.

Activ	Medium
sing. 1. *frâthwereçâmi vyêmi pereçâ*	sing. 1. *pereçê vereñtê gerezôi*
2. *pereçahi*	2. *pereçahê*
3. *para . . . pereçaiti frawiriçaiti jvaiti vinçaiti nishidhaiti veredhaitica nereſçaitî*	3. *pereçaitê içaitê*
dual. 3. *thwereçatô*	plur. 1. *viçâmaidê viçâmadaêca hiscamaidê*
plur. 1. *avamirâmahi jvâmahi*	3. *hãmpereçeñtê viçeñtaêca mereñcañtê*
3. *viçeñti jvaiñti vyêiñti mereñciñti isheñti*	

Praesens conjunctiv.

sing. 2. *jvâhi viçâi*	sing. 1. *viçâi içâicâ*
plur. 3. *ishâoñti*	2. *pereçâoñhê*
	3. *pereçâitê*
	plur. 3. *pairishâoñtê*

Praesens potential.

sing. 2. *nithwereçôis nishidhôis*	sing. 2. *ishaêsa*
3. *içôiṭ nishidhôiṭ*	3. *içaêta nishidhaêta*
plur. 3. *upôiçayen*	dual. 3. *içôithê*

Praesens imperativ.

sing. 1. *frashûçâni çperedâni*	sing. 1. *viçânê*
2. *uzira jva çîshâ pereçâcâ*	2. *pereçañuha gûshahvâ*
3. *iratû*	plur. 2. *gûshôdûm*
plur. 1. *frathwereçâma* (oder imperf.)	
2. *paitishata*	
3. *upa . . . içeñtu*	

Imperfectum indicativ.

sing. 1. *frâthwereçem aiwiviçem*	sing. 1. *apereçê nemôi*
2. *frâthwereçô pereçô*	2. *apereçe viçañha*
3. *frâthwereçaṭ içaṭ vidhaṭ apahidhaṭ*	3. *viçata gûshatâ açperezatâ*
dual. 1. *jvâva*	plur. 3. *urutheñta viçeñtâ*
plur. 1. *frâthwereçâma* oder imper.)	
3. *tuçen yûjên*	

Imperfectum conjunctiv.

sing. 3. *pereçâṭ nishidhâṭ*	
plur. 3. *fratereçãn paitishãn*	

597. 7. Classe.

Praesens indicativ.

Activ	Medium
sing. 1. *cinahmi*	plur. 1. *cinathâmaidê*
3. *irinakhti cinaçti vînaçti vînaçti*	

598. 8. Classe.

Praesens indicativ.

Activ	Medium
sing. 3. *inaoiti*	
plur. 3. *çpanrañti apaqanraiñti*	

Praesens potential.

Activ	Medium
sing. 3. *fraranuyâț*	sing. 1. *pairitanuya*

599. 9. Classe.

Praesens indicativ.

Activ	Medium
sing. 1. *âfrînâmi*	sing. 1. *verenê*
2. *hunahi*	plur. 3. *kereneñtê*
3. *â frînaiti mithnâiti*	
plur. 1. *frînâmahi fryãnmahî* (§. 101, 5)	
3. *âfrineñti pairibareneñti*	

Praesens conjunctiv

Activ	Medium
ing. 3. *hunâitî*	sing. 1. *frînâi*
	3. *perenâitê*
	plur. 3. *hãmrerenâoñtê*

Praesens imperativ.

Activ	Medium
sing. 1. *âfrînâni*	sing. 1. *perenânê*
2. *perenâ*	2. *pairibarenañuha*
3. *mithnatu*	
plur. 3. *âfrîneñtu*	

Imperfectum indicativ

Activ	Medium
sing. 1. *âkerenem*	sing. 3. *fraorenata*
2. *minas einaç* (med.?)	

Imperfectum conjunctiv.

Activ	Medium
sing. 3. *frînâț*	sing. 3. *verenâtâ*
plur. 3. *uç gerewnãn*	

600. 10. Classe (Causale).

Praesens indicativ.

Activ	Medium
sing. 1. *çadhayêmi, nâiçîmi apaya âçtâya âçtâyâ vâurayâ vî...nâçâ*	sing. 2. *râmayêhê*
2. *çadhayêhi, dârayêhi*	3. *frâraodhayêitê frânâmaitê*
3. *çadhayêiti, añhayêiti dâbayêiti*	plur. 1. *âvaêdayâmaidê âçtâyamaidê*
dual. 3. *vakhshayatô*	3. *nipârayêiñtê râshayêñtê*
plur. 1. *âvaêdhayamahi âvaêdhayamahî râtêyâmahî*	
2. *taurvayata*	
3. *thañjayêiñti, pârayêiñti davayañti*	

Praesens conjunctiv.

Activ	Medium
sing. 1. *frafrârayâmi? frazayayâmi?*	sing. 2. *frapârayâoñhê*
2. *fraçaocayâhi*	3. *frânâmâitê vâurâitê?*
3. *fraourraêçayâiti*	plur. 3. *nidarezayâoñtê*
plur. 3. *thañjayâoñti, aiwica vaêdhayâoñti*	

Praesens potential.

Activ	Medium
sing. 2. *fradaêçayôis*	sing. 3. *âbaodhayaêta*
3. *gêurvayôiț uzjâmôiț frâvôiț*	plur. 1. *vâurôimaidê?*
dual. 3. *urvaêçayaêtem*	
plur. 1. *çrâvayaêmâ*	
3. *frâ...gêurvâin*	

Praesens imperativ.

Activ	Medium
sing. 1. *thañjayêni, pârayêni*	sing. 2. *aiwiurvaêçayañuha, madhayañha*
2. *çaiñdaya, avi apaya fradakhshayâ*	plur. 2. *çaiñdayadhwem, nidarezayadhwem*
3. *mitayatu, aiwyâkhshayatâ vâtôyôtâ*	
plur. 1. *taurvayama*	
2. *uzgêurvayata irîzayathâ*	
3. *pârayañtu*	

Imperfectum indicativ.

sing. 1. *frâdaêçaêm*
2. *daêçayô*
3. *açadayaṭ, gêurrayaṭ*
dual. 3. *taurrayatem*
plur. 1. *hãmbârayâma*
3. *nidarezayen*

sing. 2. *çadayañha*
3. *urraêçayata*
plur. 3. *nipârayañta apayañtâ*

Imperfectum conjunctiv.

sing. 2. *uçrârayâo*
3. *çadhayâṭ, pârayâṭ*
plur. 1. *taurrayâmâ*
3. *aragêurrayãn*

601. B. Allgemeine Formen. 1 Aorist.

Activ — Medium

Indicativ.

Activ:

I. sing. 2. *raresçâ çãç*

II. sing. 3. *rêñhaṭ naêshaṭ*
plur. 3. *rêñhen*

III.

IV. sing. 1. *âdãm rîdãm*
2. *dâo dâoçcâ*
3. *dâṭ rîdâṭ âdâṭ fradhâṭ paitistâṭ abare*
dual. 3. *açrûtem*
plur. 1. *dâmâ nidâmâ*
2. *dâtâ dâtâca*
3. *dãn*

V. sing. 1. *bra*
3. *braṭ*
plur. 3. *bun*

VI. sing. 3. *uzjên rakhst*
plur. 1. *varezemâcâ*
2. *istâ*

VII. sing. 3. *tatashaṭ urûraoçt daêdôist côreṭ dôrest*

Medium:

I. sing. 1. *mêñhî frâ ... râhî*
2. *mêñhâcâ*
3. *mãçta*

III. sing. 1. *zârishî* (passive)

IV. sing. 3. *dâtâ*
plur. 2. *dûm açrûdûm* (passive)
3. *dâtâ*

VI. sing. 1. *uojî*
3. *varsta vaçta gusta gûstâ aokhta aoyeḍâ*

602.

Conjunctiv.

sing. 1. *rîdâ*
2. *dâis*
3. *çtâoñhaṭ avaçtâoñhaṭ*

sing. 1. *mêñghâi*

603.

Potentialis (precativ).

sing. 2. *buyâo dayâo dâyâo dôis!*
3. *buyâṭ dayâṭ dâyâṭ rîdâyâṭ avakerethyâṭ*
plur. 1. *buyama buyamâ çrêrîmâ*
2. *buyata dâyata*
3. *buyãn*

plur. 3. *buyâres*

604.

Imperativ.

sing. 2. *dâidî*

sing. 1. *yaozhdânê*
2. *dâhvâ hêm ... ferashvâ*
plur. 2. *çãzdûm*

605. 2. Perfectum I.

Activ — Medium

Indicativ.

Activ:

sing. 1. *tatashâ dâdareça frâ ... varaca âdidhaya arâurûraodha arahista didhraêsha*
2. *frâdadâthâ*
3. *frabavara pairica barâra cakana jigaurva*

Medium:

sing. 1. *çuçruyê frarôirîdê fraca raocê*
2. *rîrîçê urûrudhusa* (oder aorist?)
3. *dadrê cakhçê daidhê cakhrayô tuthruyê frâraocê*

tatasha tâtava dadâtha didhâra vîdidhâra âoṅha framrava (?) *dadha dadhâ frahista fravavaca yayata*, periphrastisch: *hanayamnô âoṅha*
dual. 3. *vâvarezâtaré vaocâtaré*
plur. 1. *çuçruma didvîshma paré... vaokhemâ*
3. *aêurus* (?) *bawrare bâbrare câkhnaré vaonare âoṅhare âoṅharé âoṅharecâ îêyiñ cikôitares dâdhare âdaré irîrithare câkhrare.*

dual. 3. *mamanâitê vôivîdâitê*
plur. 3. *âoṅhâirê framravâirê nighnâirê* (?)

Conjunctiv.

sing. 3. *âoṅhâṭ*, periphrastisch: *çraêshyañtîm âoṅhâṭ, âçtârayêiñtîm âoṅhâṭ*
dual. 3. *âoṅhâtem*
plur. 1. *âoṅhâma âoṅhâmâ*
3. *âoṅhãn* (?)

Potential.

sing. 1. *avibawryãm frâ... shushuyãm*
2. *aivoitûtuyâo*
3. *nî... vaonyâṭ vâverezôiṭ*

Imperativ.

sing. 2. *cîcîthwâ*

606. 3. Perfectum II (participialperfect).

Medium
sing. 2. *parsta thraostâ hêmfrastâ*
3. *irita paitita vañta niçrîta derestâ parstâ bakhstâ yukhtâ fravaretâ*

607. 4. Futurum.

Activ

Indicativ.

sing. 1. *vakhshyâ dâoṅhâ dîshâ vareshâ*, periphrastisch: *paitiperecemnô bva*
3. *çpâoṅhaiti vêṅhaitî jêñghaiticâ vareshaitî*
plur. 3. *varesheñtî*

Medium
sing. 1. *pâoṅhê frâ... râoṅhê*
2. *dâoṅhê*
3. *vareshaitê*

Conjunctiv.

sing. 3. *nâshâiti*

sing. 2. *râoṅhâoṅhôi*
3. *nâshâitê*

Potential.

sing. 3. *dishyâṭ merãshyâṭ*
plur. 1. *nâshîma*
3. *râoṅhayen*

sing. 2. *fradâhîsa*

Imperativ.

plur. 1. *nîsnâshâma nîsnâshâmâ*

608. 5. Conditionalis.

sing. 3. *dareshaṭcâ*

609. Passivum.

Praesens indicativ.

sing. 1. *çruyê buyê didaṅhê*
3. *kiryêtê qairyêtê vashyêtê mainyêtê quiryêitê dârayêitê pairyêitê nivôiryêitê bairyêtêca*
plur. 3. *kiryêiñtê bairyêiñtê buyêñtê yêyañtê*

Praesens conjunctiv.

plur. 3. *janyâoñtê bairyâoñtê vanyâoñtê*

Praesens imperativ.

sing. 2. *buyê*

sing. 2. *veredhyaṅuha*
3. *nîdyâtãm*

Imperfectum indicativ.

sing. 3. *urûdûyatâ cevistâ*

Aorist.

sing. 3. *jaini apavaitî mraoî frashî civîshî vâcî avâcî*

610. **Inchoativum.**

praes. 1. sg. *ishaçâ*
pot. 3. sg. *ishaçôiṭ*

611. **Intensivum.**

praes. sing. 3. *naênizhaiti*
plur. 1. *carekeremahî*
3. *râreshyañtî*
conj. 3. sing. *hãmpâfrâiti*
imper. 2. sg. *pafré*
impf. indic. 3. sg. *titaraṭ*
impf. conj. 3 sg. *avihiçidhyâṭ*
3. plur. *râreshyãn*

612. **Desiderativum.**

indic. 3. plur. *jîjisheñtî*

sing. 2. *dîdereghzhô*

Futurum.

sing. 3. *fravakhshyêitê*

Praesens.

conj. 3. sg. *jîjishâitê irîrikhshâitê mimarekhshâitê*

Imperfectum.

sing. 3. *énakhstâ dîdareshatâ*

613. Folgende Wörter sind grammatisch lexicalisch oder etymologisch noch theilweise oder ganz dunkel: *aoighimataçtîra aoshnara anazarakhtema arâityaotô arémpitu açabana açperena ashiri askare ahémuçta âtare-vîtaremaibyâ âthaiti âdu irîza isarê urunyôrâidhkê urutâta urvaêza urvâkhra ushaom akapaçti karesnaz karstu kurô keredharisa kririñta qâthrônahya qtâ khayu khshôithra geeô ghanânâo jainyâraraṭ jôis zamere zaraçta taêca tanaçu tarewani tîra tudhaçkê thâtu daitê dadhaôis darâja davôça dâzgara dishâna dacithra dôiêçnatheñti nakathra nanhusmâo nadhô nanâra namarazista navâzâna nâuiti nâshâ nikhma nivakhtar nivaçteka pâyaoja piskyaothna puçâonhô pédvaêpa pôi frâvañku barisahavañtô bukhtâ beretya mazisisvâo manavañṭ manisti manô mareja mahrkûsô mâyâ merezyaomana merenâshañṭ môirôç yâgere yôçarerê rashvañṭ vaêjô vaocim vañhâo vaçôjãnnâirîm vâkhedhrakê visaçtare veredhka vôi çaoçuci çighûra çicidaca çmarshna haêthyêjanha hakafra hatar hathra hamid havara humbiṭ heñtu hôis hvarêpishyañṭ.*

CHRESTOMATHIE.

Chrestomathie.

I.

Yaçna I.

1. 1. nivaêdhayêmi hañkârayêmi dathushô ahu-
rahê mazdâo raêvatô qarenañhatô mazistahêca
2. vahistahêca çraêstahêca khraozhdistahêca khra-
thwistahêca hukereptemahêca ashât apanôtema-
3. 4. hêca hudhâomanô vourarafnañhô, yô nô
dadha, yô tatasha, yô tuthruyê, yô mainyus
çpeñtôtemô.
5. 2. nivaêdhayêmi hañkârayêmi vañhavê ma-
nañhê, ashâi vahistâi, khshathrâi vairyâi,
çpeñtayâi ârmatêê, haurvatbya ameretatbya;
6. gêus tashnê, gêus urunê; âthrê ahurahê mazdâo
yaêtustemâi ameshanâm çpeñtanãm.
7. 3. nivaêdhayêmi hañkârayêmi açnyaêibyô
ashahê ratubyô, hâvanêê ashaonê ashahê
8. rathwê; nivaêdhayêmi hañkârayêmi çâvañhêê
9. vîçyâica ashaonê ashahê rathwê; nivaêdhayêmi
hañkârayêmi mithrahê vourugaoyaoitôis ha-
zañrôgaoshahê baêvarecashmanô aokhtônâmanô
yazatahê, râmanô qâçtrahê.
10. 4. nivaêdhayêmi hañkârayêmi rapithwinâi
11. ashaonê ashahê rathwê; nivaêdhayêmi hañkâ-
rayêmi frâdatfshavê zañtumâica ashaonê ashahê
12. rathwê; nivaêdhayêmi hañkârayêmi ashahê
vahistahê âthraçca ahurahê mazdâo.
13. 5. nivaêdhayêmi hañkârayêmi uzayêirinâi
14. ashaonê ashahê rathwê; nivaêdhayêmi hañkâ-
rayêmi frâdatvîrâi daqyumâica ashaonê ashahê
15. rathwê; nivaêdhayêmi hañkârayêmi berezatô
ahurahê nafedhrô apãm apaçca mazdadhâtayâo.
16. 6. nivaêdhayêmi hañkârayêmi aiwiçrûthremâi
17. aibigayâi ashaonê ashahê rathwê; nivaêdha-
yêmi hañkârayêmi frâdatvîçpãmhujyâitêê zara-
18. thustrôtemâica ashaonê ashahê rathwê; nivaê-
dhayêmi hañkârayêmi ashaonãm fravashinãm
ghenãnãmca vîrôvâthwanãm yâiryayâoçca hu-
19. shitôis, amahêca hutâstahê huraodhahê vere-
thraghnahêca ahuradhâtahê vanaiñtyâoçca upa-
ratâtô.
20. 7. nivaêdhayêmi hañkârayêmi ushahinâi asha-
21. onê ashahê rathwê; nivaêdhayêmi hañkârayêmi
berejyâi nmânyâica ashaonê ashahê rathwê;
22. nivaêdhayêmi hañkârayêmi çraoshahê ashyêhê
ashivatô verethrâjanô frâdatgaêthahê, rashnaos 23.
razistahê arstâtaçca frâdatgaêthayâo varedat-
gaêthayâo.
8. nivaêdhayêmi hañkârayêmi mâhyaêibyô 24.
ashahê ratubyô, añtaremâoñhâi ashaonê ashahê
rathwê; nivaêdhayêmi hañkârayêmi perenô- 25.
mâoñhâi vîshaptathâica ashaonê ashahê rathwê.
9. nivaêdhayêmi hañkârayêmi yâiryaêibyô 26.
ashahê ratubyô, maidhyôzaremayâi ashaonê
ashahê rathwê; nivaêdhayêmi hañkârayêmi mai- 27.
dhyôshemâi ashaonê ashahê rathwê; nivaêdha- 28.
yêmi hañkârayêmi paitishahyâi ashaonê ashahê
rathwê; nivaêdhayêmi hañkârayêmi ayâthre- 29.
mâi fraourvaêstremâi varshniharstâica ashaonê
ashahê rathwê; nivaêdhayêmi hañkârayêmi 30.
maidhyâiryâi ashaonê ashahê rathwê; nivaê- 31.
dhayêmi hañkârayêmi hamaçpathmaêdhayâi
ashaonê ashahê rathwê; nivaêdhayêmi hañkâ- 32.
rayêmi çaredhaêibyô ashahê ratubyô.
10. nivaêdhayêmi hañkârayêmi vîçpaêibyô 33.
aêibyô ratubyô yôi heñti ashahê ratavô thryaçca
thriçâçca nazdista pairishâvanayô, yôi heñti
ashahê yat vahistahê mazdôfraçâçta zara-
thustrôfraokhta.
11. nivaêdhayêmi hañkârayêmi ahuraêibya 34.
mithraêibya berezeñbya aithyêjañhaêibya asha-
vanaêibya çtârãmca çpeñtômainyavanãm dâma-
nãm, tistryêhêca çtârô raêvatô qarenañhatô 35.
mâoñhahêca gaocithrahê hvareca khshaêtahê
aurvataçpahê dôithrahê ahurahê mazdâo, mi-
thrahê daqyunãm dañhupatôis; nivaêdhayêmi 36.
hañkârayêmi ahurahê mazdâo raêvatô qarena-
ñhatô; nivaêdhayêmi hañkârayêmi ashaonãm 37.
fravashinãm.
12. nivaêdhayêmi hañkârayêmi tava âthrô 38.
ahurahê mazdâo puthra mat vîçpaêibyô âtare-
byô; nivaêdhayêmi hañkârayêmi aiwyô vañuhi- 39.
byô vîçpanãmca apãm mazdadhâtanãm vîçpa-
nãmca urvaranãm mazdadhâtanãm.
13. nivaêdhayêmi hañkârayêmi mâthrahê 40.
çpeñtahê ashaonô verezyañhahê dâtahê vîdaê-
vahê dâtahê zarathustrôis, dareghayâo upaya-
nayâo daênayâo vañhuyâo mâzdayaçnôis.
14. nivaêdhayêmi hañkârayêmi garôis uski- 41.
darenahê mazdadhâtahê ashaqâthrahê vîçpaê-
shãmca gairinãm ashaqâthranãm pouruqâthra-

42. nãm mazdadhâtanãm, kâvayêhêca qarenaṅhô
mazdadhâtahê aqaretahêca qarenaṅhô mazda-
43. dhâtahê; nivaêdhayêmi hañkârayêmi ashôis
vaṅhuyâo, ciçtôis vaṅhuyâo, erethé vaṅhuyâo,
raçãçtâtô vaṅhuyâo, qarenaṅhô çavaṅhô mazda-
dhâtahê.
44. 15. nivaêdhayêmi hañkârayêmi dahmayâo
vaṅhuyâo âfritôis dahmahêca nars ashaonô
ughrahêca takhmahê dâmôis upamanahê ya-
zatahê.
45. 16. nivaêdhayêmi hañkârayêmi âoṅhãm aça-
ṅhãmca shôithranãmca gaoyaoitinãmca maêtha-
nanãmca avôqarenanãmca apãmca zemãmca
urvaranãmca aṅhâoçca zemô avaṅhêca ashnô
vâtahêca ashaonô çtrãm mâoṅhô hûrô anaghra-
nãm raocaṅhãm qadhâtanãm viçpanãmca çpeñ-
tahê mainyéus dâmanãm ashaonãm ashaoni-
nãmca ashahê rathwãm.
46. 17 nivaêdhayêmi hañkârayêmi rathwô bere-
zatô yô ashahê, rathwãm ayaranãmca açnya-
nãmca mâhyanãmca yâiryanãmca çaredhanãmca
yôi heñti ashahê ratavô hâvanôis rathwô.
47. 18. nivaêdhayêmi hañkârayêmi ashaonãm fra-
vashinãm ughranãm aiwithûranãm, paoiryôṭkaê-
shanãm fravashinãm, nabânazdistanãm frava-
shinãm, havahê urunô fravashéê.
48. 19. nivaêdhayêmi hañkârayêmi viçpaêibyô
49. ashahê ratubyô; nivaêdhayêmi hañkârayêmi
viçpaêibyô vaṅhudhâobyô yazataêibyô mai-
nyaoibyaçca gaêthyaêibyaçca yôi heñti ya-
çuyâca vahmyâca ashâṭ haca yaṭ vahistâṭ.
50. 51. 20. hâvanê ashâum ashahê ratavô, çâ-
52. vaṅhê ashâum ashahê ratavô, rapithwina ashâum
53. ashahê ratavô, uzayêirina ashâum ashahê ratavô,
54. aiwiçrûthrema aibigaya ashâum ashahê ratavô
55. ushahina ashâum ashahê ratavô.
56. 57. 21. yêzi thwâ didvaêsha yêzi manaṅha
58. yêzi vacaṅha yêzi skyaothna yêzi zaosha yêz
59. azaosha, â tê aṅhê fraca çtuyê nî tê vaêdha
yêmi, yêzi tê aṅhê avâurûraodha yaṭ yaçna-
hêca vahmahêca.
60. 22. ratavô viçpê mazista ashâum ashahê ra-
61. 62. tavô, yêzi vô didvaêsha yêzi manaṅha yêzi
63. vacaṅha yêzi skyaothna yêzi zaosha yêzi azao-
64. sha, â vô aṅhê fraca çtuyê nî vô vaêdhayêmi,
yêzi vô aṅhê avâurûraodha yaṭ yaçnahêca vah-
mahêca.
65. 23. fravarânê mazdayaçnô zarathustris vîdaêvô
66. ahuraṭkaêshô hâvanéê ashaonê ashahê rathwê
yaçnâica vahmâica khshnaothrâica fraçaçta-
67. yaêca, çâvaṅhéê viçyâica ashaonê ashahê rathwê
yaçnâica vahmâica khshnaothrâica fraçaçta-
68. yaêca, rathwãm ayaranãmca açnyanãmca mâ-
hyanãmca yâiryanãmca çaredhanãmca yaçnâica
vahmâica khshnaothrâica fraçaçtayaêca.

II.

Mihir Yasht.

Khshnaothra ahurahê mazdâo. ashem vohû. 0.
fravarânê mazdayaçnô zarathustris vîdaêvô ahu-
raṭkaêshô hâvanéê ashaonê ashahê rathwê ya-
çnâica vahmâica khshnaothrâica fraçaçtayaêca
çâvaṅhéê viçyâica ashaonê ashahê rathwê ya-
çnâica vahmâica khshnaothrâica fraçaçtayaêca,
mithrahê vourugaoyaoitôis hazaṅrôgaoshahê
baêvarecashmanô aokhtônâmanô yazatahê râ-
manaçca qâçtrahê khshnaothra yaçnâica vah-
mâica khshnaothrâica fraçaçtayaêca.

yathâ ahû vairyô athâ ratus ashâṭciṭ hacâ
vaṅhéus dazdâ manaṅhô skyaothnanãm
aṅhéus mazdâi
khshathremcâ ahurâi â yim dregubyô dadaṭ
vâçtârem.

I. Mraoṭ ahurô mazdâo çpitamâi zarathustrâi: 1.
âaṭ yaṭ mithrem yim vourugaoyaoitîm frâda-
dhãm azem çpitama, âaṭ dim dadhãm avâoñtem
yêçnyata avâoñtem vahmyata yatha mãmciṭ
yim ahurem mazdãm. mereñcaiti viçpãm da- 2.
ṅhaom mairyô mithrôdrukhs çpitama, yatha
çatem kayadhanãm avavaṭ ashava jaaṭ. mi-
threm mâ janyâo çpitama, mâ yim drvataṭ pe-
reçâoṅhê, mâ yim qâdaênâṭ ashaonaṭ. uvayâo
zî açti mithrô drvataêca ashaonaêca. âçuaçpîm 3.
dadhâiti mithrô yô vourugaoyaoitis yôi mi-
threm nôiṭ aiwidruzheñti; razistem pañtãm da-
dhâiti âtars mazdâo ahurahê yôi mithrem nôiṭ
aiwidruzheñti; ashaonãm vaṅuhis çûrâo çpeñ-
tâo fravashayô dadhâiti âçnãm frazaiñtim yôi
mithrem nôiṭ aiwidruzheñti. ahê raya qarena- 4.
ṅhaca tem yazâi çurunvata yaçna mithrem vou-
rugaoyaoitîm zaothrâbyô, mithrem vourugao-
yaoitim yazamaidê râmashayanem hushayanem
airyâbyô daṅhubyô. âca nô jamyâṭ avaṅhê, 5.
âca nô jamyâṭ ravaṅhê, âca nô jamyâṭ rafna-
ṅhê, âca nô jamyâṭ marzhdikâi, âca nô jamyâṭ
baêshazyâi, âca nô jamyâṭ verethraghnyâi, âca
nô jamyâṭ havaṅhâi, âca nô jamyâṭ ashavaçtâi
ughrô aiwithûrô yaçnyô vahmyô anaiwidrukhtô
viçpem â aṅuhê açtvaitê mithrô yô vourugao-
yaoitis. tem amavañtem yazatem çûrem dâ- 6.
môhu çevistem mithrem yazâi zaothrâbyô, tem
pairijaçâi vañtaca nemaṅhaca, tem yazâi çurun-
vata yaçna mithrem vourugaoyaoitîm. haoma
yô gava bareçmana hizvôdaṅhaṅha mãthraca
vacaca skyaothnaca zaothrâbyaçca arshukhdha-
êibyaçca vâghzhibyô. yêṅhê hâtãm âaṭ yêçnê
paitî vaṅhô mazdâo ahurô vaêthâ ashâṭ hacâ
yâoṅhãmcâ tãçcâ tâoçcâ yazamaidê.

II. Mithrem vourugaoyaoitîm yazamaidê ars- 7.
vacaṅhem vyâkhnem hazaṅragaoshem hutâstem
baêvarecashmanem berezañtem perethuvaêdha-
yanem çûrem aqafnem jaghâurvâoṅhem. yim 8.
yazeñta daṅhupatayô arezahi avajaçeñtô avi
haênayâo khrvîshyêitîs avi hãmyañta raçmaoyô
añtare daṅhupâperetânê. yatâra vâ dim paurva 9.

frâyazeñtê fraoreṭfrakhshni avi manô zarazdâ-
tôiṭ aṅhuyaṭ haca, âtarathra fraoiriçyêitê mi-
thrô yô vourugaoyaoitis hathra vâta verethrâ-
jana[1] hathra dâmôis upamana[2]. ahê. raya . . .
10. III. Mithrem vourugaoyaoitîm ta jaghâur-
11. vâoṅhem. yim yazeñtê rathaêstârô bareshaêshu
paiti açpanãm zâvare jaidhyañtô hitaêibyô
drvatâtem tanubyô pouruçpakhstîm ṭbishyañtãm
paitijaitîm dusmainyavanãm hathrânivâitîm ha-
merethanãm aurvathanãm ṭbishyañtãm. ahê ra-
ya . . .
12. IV. Mithrem vourugaoyaoitîm ta jaghâurvâo-
13. ṅhem. yô paoiryô mainyavô yazatô tarô harãm
âçnaoiti paurvanaêmâṭ ameshahê hû yaṭ aurvaṭa-
çpahê, yô paoiryô zaranyôpiçô çrîrâo bareshnavô
14. gerewnâiti, adhâṭ vîçpem âdidhâiti airyôshayanem
çevistô. yahmya çâçtârô aurva paoirîs ârâo râza-
yêiñti, yahmya garayô berezañtô pouruvâçtrâo-
ṅhô âfeñtô thâtairyô gavê frâdhayen, yahmya
jafra varayô urvâpâoṅhô histeñti, yahmya âpô nâ-
vayâo perethwîs khshaodhaṅha thwakhsheñtê â
iskatem pourutemca môurum harôyûm gaomca
15. çughdhem qâirizemca. avi arezahê çavahê avi
fradadhafshu vîdadhafshu avi vourubaresti vou-
rujaresti avi imaṭ karshvare yaṭ qanirathem
bâmîm gavashayanem gavashitîmca baêshazyãm
16. mithrô çûrô âdidhâiti. yô vîçpâhu karshvôhu
mainyavô yazatô vazaiti qarenôdâo, yô vîçpâhu
karshvôhu mainyavô yazatô vazaiti khshathrô-
dâo, aêshãm gûnaoiti verethraghnem yôi dim
dahma vîdus asha zaothrâbyô frâyazeñtê. ahê
raya . . .
17. V. Mithrem vourugaoyaoitîm ta jaghâurvâo-
ṅhem. yô nôiṭ kahmâi aiwidrukhtô nôiṭ nmâ-
nahê nmânôpatêê nôiṭ vîçô vîçpatêê nôiṭ zañ-
18. têus zañtupatêê nôiṭ daṅhêus daṅhupatêê. yezi
vâ dim aiwidruzhaiti nmânahê vâ nmânôpaitis
vîçô vâ vîçpaitis zañtêus vâ zañtupaitis daṅ-
hêus vâ daṅhupaitis, frasha upaççiñdayêiti
mithrô grañtô upaṭbistô uta nmânem uta vîçem
uta zañtûm uta daqyûm uta nmânanãm nmâ-
nôpaitîs uta vîçãm vîçpaitîs uta zañtunãm
zañtupaitîs uta daqyunãm daṅhupaitîs uta da-
19. qyunãm fratemadhâtô. ahmâi naêmâi uzjaçâiti
mithrô grañtô upaṭbistô yahmâi naêmanãm mi-
20. thrôdrukhs, naêdha mainyu paiti açpacaṭ. yôi
mithrôdrujãm vazyãçtara bavaiñti, taciñtô nôiṭ
apayêiñti, bareñtô nôiṭ fraçtanvañti, vazeñtô
nôiṭ framanyêñtê; apasha vazaiti arstis yãm
aṅhayêiti avimithris fréna aghanãm mãthranãm
21. yâo verezyêiti avimithris. yaṭciṭ hvaçtem aṅha-
yêiti, yaṭciṭ tanûm apayêiti, aṭciṭ dim nôiṭ râ-
shayêñtê fréna aghanãm mãthranãm yâo vere-
zyêiti avimithris; vâtô tãm arstîm baraiti yãm
aṅhayêiti avimithris fréna aghanãm mãthranãm
yâo verezyêiti avimithris. ahê raya . . .
22. VI. Mithrem vourugaoyaoitîm ta jaghâurvâo-

1) Hss. verethrâjanô. 2) Hss. upamanô.

ṅhem. yô narem anaiwidrukhtô apa ãzaṅhaṭ ba-
raiti apa ithyêjaṅhaṭ baraiti. apa nô haca ãzaṅhaṭ 23.
apa haca ãzaṅhaêibyô mithra barôis anâdru-
khtô; tûm ana mithrôdrujãm mashyânãm avi
qaêpaithyâoçe tanvô thwyãm avabarahi, apa
aêshãm bâzvâo aojô tûm grañtô khshayamnô
barahi, apa pâdhayâo zâvare, apa cashmanâo
çûkem, apa gaoshayâo çraoma. nôiṭ dim arstôis 24.
hukhshnutayâo nôiṭ ishaos parapathwatô ava-
asnaoiti sanamayô, yahmâi frakhshni avi manô
mithrô jaçaiti avaṅhê yô baêvareçpaçanô çûrô
vîçpôvîdhvâo adhaoyamnô. ahê raya . . .
VII. Mithrem vourugaoyaoitîm ta jaghâurvâo- 25.
ṅhem. ahurem gufrem amavañtem dâtôçaokem
vyâkhnem vahmôçeñdaṅhem berezañtem asha-
hunarem tanumãthrem bâzusaojaṅhem rathaê-
stãm. kameredhôjanem daêvanãm akatarem 26.
çraoshyanãm acaêtârem mithrôdrujãm mashyâ-
nãm hamaêçtârem pairikanãm, yô daṅhaom an-
âdrukhtô uparâi amâi dadhâiti, yô daṅhaom
anâdrukhtô uparâi verethrâi dadhâiti; yô daṅ- 27.
hêus rãkhshyãithyâo para razistâo baraiti, paiti
qarenâo vârayêiti, apa verethraghnem baraiti,
avarethâo hîs apavataiti[1], baêvare ghenãnãm
niçirinaoiti, yô baêvareçpaçanô çûrô vîçpôvî-
dhvâo adhaoyamnô. ahê raya . . .
VIII. Mithrem vourugaoyaoitîm ta jaghâur- 28.
vâoṅhem; yô çtunâo vîdhârayêiti berezimitahê
nmânahê, çtawrâo ãithyâo kerenaoiti, âaṭ ahmâi
nmânâi dadhâiti gêusca vãthwa vîranãmca, yâh-
va[2] khshnûtô bavaiti; upa anyâo çciñdayêiti
yâhva ṭbistô bavaiti. tûm akô vahistaçca mithra 29.
ahi daṅhubyô, tûm akô vahistaçca mithra ahi
mashyâkaêibyô, tûm âkhstôis anâkhstôisca mi-
thra khshayêhi daqyunãm. tûm çraogenâo çrao- 30.
rathâo nistaretôçpayâo nidhâtôbarezistâo nmâ-
nâo maçitâo dadhâhi, tûm çraogenem çraora-
them nistaretôçpaêm nidhâtôbarezistem nmânem
dadhâhi berezimitem, yaçe thwâ aokhtônâmana
yaçna rathwya vaca yazaitê barôzaothrô asha-
va. aokhtônâmana thwâ yaçna rathwya vaca 31.
çûra mithra yazâi zaothrâbyô, aokhtônâmana
thwâ yaçna rathwya vaca çevista mithra yazâi
zaothrâbyô, aokhtônâmana thwâ yaçna rathwya
vaca adhaoyamna mithra yazâi zaothrâbyô, çu- 32.
runuyâo nô mithra yaçnahê, khshnuyâo nô mi-
thra yaçnahê, upa nô yaçnem âhisa, paiti nô
zaothrâo vîçaṅuha, paiti hîs yastâo vîçaṅuha,
hãm hîs ciumânê baraṅuha, nî hîs daçva garô
nmânê. dazdi ahmâkem taṭ âyaptem yaçe thwâ 33.
yâçâmahi çûra urvaiti dâtanãm çravaṅhãm
îstîm amem verethraghnemca havaṅhum asha-
vaçtemca haoçravaṅhem hurunîmca maçtîm
çpânôvaêidîmca verethraghnemca ahuradhâtem
vanaiñtîmca uparatâtem yãm ashahê vahistahê
paitiparstîmca mãthrahê çpeñtahê. yatha vaêm 34.
humanaṅhô framanaṅhaçca urvâzemna haoma-

1) Hss. apivaiti. 2) Hss. yahva.

naȧhamna vanâma vîçpé harethé, yatha vaêm humanaȧhô framanaȧhaçca urvâzemna haomanaȧhamna vanâma vîçpé dusmainyûs, yatha vaêm humanaȧhô framanaȧhaçca urvâzemna haomanaȧhamna vanâma vîçpâo ṭbaêshâo, taurvayama daêvanãm mashyânãmca yâthwãm pairikanãmca çâthrãm kaoyãm karafnãmca. ahê raya . . .
35. IX. Mithrem vourugaoyaoitîm tâ jaghâurvâoȧhem; arenaṭcaêshem viñdaṭçpâdhem hazaȧrayaokhstîm khshayañtem khshayamnem vîçpôvî-
36. dhvâoȧhem; yô arezem frashâvayêiti, yô arezê paiti histaiti, yô arezê paiti histemanô frâ raçmanô
çaiñdayêiti, yaozeñti viçpê karanô raçmanô arezô-
shûtahê, frâ maidhyãnem thrâoȧhayêiti çpâdha-
37. hê khrvîshyañtahê. avi dîs aêm khshayamnô âithîm baraiti thwyãmca, para kameredhâo çpayêiti mithrôdrujãm mashyânãm, para kameredhâo va-
38. zaiti mithrôdrujãm mashyânãm. khrûmâo shitayô frazaiñti anashitâo maêthanyâo, yâhva mithrôdrujô skyêiñti haithîm ashavajanaçca drvañtô; khrûmîm gâus yâ caȧraȧhâkhs varaithîm pañtãm azaiti yâ darenâhu mithrôdrujãm mashyânãm frazarsta, aêshãm raithya açrû azânô hi-
39. steñti anu zafanô takahê. ishavaçciṭ aêshãm erezifyôparena huthakhtaṭ haca thanvanâṭ jyajataoȧhô vazemna asemanôvîdhô bavaiñti, yatha grañtô upaṭbistô apaitizañtô mithnâiti mithrô yô vourugaoyaoitis; arstayaçciṭ aêshãm hukhshnuta tighra dareghaarstaya vazemna haca bâzubyô ashemanôvîdhô bavaiñti, yatha grañtô upaṭbistô apaitizañtô mithnâiti mithrô yô vou-
40. rugaoyaoitis. karetaciṭ aêshãm hufrâyukhta yôi nighnâirê[1]) çarahu mashyâkanãm ashemanôjanô bavaiñti, yatha grañtô upaṭbistô apaitizañtô mithnâiti mithrô yô vourugaoyaoitis; vazraciṭ aêshãm hunivikhta yôi nighnâirê[1]) çarahu mashyâkanãm ashemanôjanô bavaiñti, yatha grañtô upaṭbistô apaitizañtô mithnâiti mithrô yô vou-
41. rugaoyaoitis. mithrô avithrâoȧhayêitê, rashnus paitithrâoȧhayêitê, çraoshô ashyô vîçpaêibyô naêmaêibyô hãmvâiti paiti thrâtâra yazata; tê raçmanô raêcayêiñti, yatha grañtô upaṭbistô apaitizañtô mithnâiti mithrô yô vourugaoyaoitis.
42. uityaojanâo mithrâi vourugaoyaoitêê: âi mithra vourugaoyaoitê, imê nô aurvañtô açpa para mithrâṭ nayêiñti, imê nô ughra bâzva kareta
43. mithra çaiñdayêiñti. paçcaêta dîs fraçpayêiti mithrô yô vourugaoyaoitis pañcaçaghnâi çataghnâisca çataghnâi hazaȧraghnâisca hazaȧraghnâi baêvareghnâisca baêvareghnâi ahâkhstaghnâisca, yatha grañtô upaṭbistô mithrô yô vourugaoyaoitis. ahê raya . . .
44. X. Mithrem vourugaoyaoitîm tâ jaghâurvâoȧhem; yêȧhê zemfrathô maêthanem vîdhâtem açtvaiñti aȧhvô mazaṭ anãzô bâmim perethu
45. aipi vouruastem; yêȧhê asta râtayô vîçpâhu paiti barezâhu viçpâhu vaêdhayanâhu çpaçô

âoȧhâirê mithrahê mithrôdrujem hiçpôçemna, avê aipi daidhyañtô, avê aipi hismareñtô, yôi paurva mithrem druzheñti, avaêshãmca pathô pâoñtô, yim içeñti mithrôdrujô haithîm ashavajanaçca drvañtô. avâo pavâo paçcapavâo parô- 46.
pavâo çpas vîdhaêta adhaoyamnô frâ aȧhê vîçaiti mithrô yô vourugaoyaoitis, yahmâi frakhshni avi manô mithrô jaçaiti avaȧhê, yô baêvareçpaçanô çûrô vîçpôvîdhvâo adhaoyamnô. ahê raya . . .
XI. Mithrem vourugaoyaoitîm tâ jaghâur- 47.
vâoȧhem; yim fraçrûtem zaranumanem perethuçafâoȧhô vazeñti avi haênayâo khrvîshyêitîs, avi hãmyañta raçmaoyô añtare daȧhupâperetânê. âaṭ yaṭ mithrô fravazaiti avi haênayâo 48.
khrvîshyêitîs, avi hãmyañta raçmaoyô añtare daȧhupâperetânê, athra narãm mithrôdrujãm apãs gavô darezayêiti, pairi daêma vârayêiti, apa gaosha gaoshayêiti, nôiṭ pâdha vîdhârayêiti, nôiṭ paititavâo bavaiti tâ daȧhâvô tê hamarethê, yatha duzhbereñtô baraiti mithrô yô vourugaoyaoitis. ahê raya . . .
XII. Mithrem vourugaoyaoitîm tâ jaghâur- 49.
vâoȧhem; yahmâi maêthanem frâthwereçaṭ yô 50.
dadhvâo ahurô mazdâo upairi harãm berezaitîm pourufraourvaêçyãm bãmyãm, yathra nôiṭ khshapa nôiṭ temâo nôiṭ aotô vâtô nôiṭ garemô nôiṭ akhtis pourumahrkô nôiṭ âhitis daêvôdâta naêdha dunmãn uzjaçaiti haraithyô paiti barezayâo; yaṭ kerenâun ameshâo çpeñta vîçpê 51.
hvarehazaosha fraoreṭfrakhshni avi manô zarazdâtôiṭ aȧhuyaṭ haca; yô vîçpem ahûm açtvañtem âdidhâiti haraithyâṭ paiti barezaȧhaṭ. âaṭ yaṭ duzhdâo fradvaraiti yô aghâ- 52.
vares, thwâsha gâma thwâshem yujyêiti vâshem mithrô yô vourugaoyaoitis çraoshaçca ashyô çûrô nairyôçaȧhaçca yô mâyaos raçmôjatem vâdhem jaiñti amôjatem vâ. ahê raya . . .
XIII. Mithrem vourugaoyaoitîm tâ jaghâur- 53.
vâoȧhem; yô bâdha uçtânazaçtô gerezaiti ahurâi mazdâi uiti aojanô: azem vîçpanãm dâma- 54.
nãm nipâta ahmi hvapô, azem vîçpanãm dâmanãm nisȟareta ahmi hvapô; âaṭ mâ nôiṭ mashyâka aokhtônâmana yaçna yazeñtê yatha anyê yazatâoȧhô aokhtônâmana yaçna yazeñtê.
yêdhi zî mâ mashyâka aokhtônâmana yaçna 55.
yazayañta yatha anyê yazatâoȧhô aokhtônâmana yaçna yazeñtê, frâ nuruyô ashâvaoyô thwarstahê zrûâyu shushuyãm qahê gayêhê qanvatô ameshahê upathwarstahê jaghmyãm.
aokhtônâmana thwâ yaçna rathwya vâca 56—59.
yazaitê barôzaothrô ashava[1]). aokhtônâmana thwâ yaçna rathwya vaca çûra mithra yazâi tâ karafnãmca[2]). ahê raya . . .
XIV. Mithrem vourugaoyaoitîm tâ jaghâur- 60.
vâoȧhem; yêȧhê vohu haoçravaȧhem vaȧhi kerefs vaȧhuhi fraçaçta, vaçôyânem vaçôgaoyaoitîm, ataurvayô idha fshuyañtem vâçtrîm

1) Hss. nighrâirê.

1) cf. 30. 2) cf. 31—34.

vaçôyaonem ainitem hudhâoṅhem, yô baêvare-
çpaçânô çûrô vîçpôvîdhvâo adhaoyamnô. ahê
raya . . .
61. XV. Mithrem vourugaoyaoitîm tâ jaghâur-
vâoṅhem; eredhwôzañgem zaênaṅhuñṭem çpa-
çem takhmem vyâkhnem fraṭâpem zavanôçrû-
tem tacaṭâpem ukhshyaṭurvarem karshôrâ-
zaṅhem vyânem yaokhstivañtem adhaoyamnem
62. pouruyaokhstîm dâmidâtem; yô nôiṭ kahmâi
mithrôdrujãm mashyânãm aojô dadhâiti nôiṭ
zâvare, yô nôiṭ kahmâi mithrôdrujãm mashyâ-
63. nãm qarenô dadhâiti nôiṭ mîzhdem. apa aêshãm
bâzvâo aojô tûm grañtô tâ adhaoyamnô [1]. ahê
raya . . .
64. XVI. Mithrem vourugaoyaoitîm tâ jaghâur-
vâoṅhem; yahmi vyâni daênayâi çrîrayâi pe-
rethufrâkayâi maza amava nidhâtem, yahê paiti
cithrem vîdhâtem vîçpâis avi karshvãn yâis
65. hapta; yô âçunãm âçus, yô aredranãm aredrô,
yô takhmanãm takhmô, yô vyâkhnanãm vyâ-
khnô, yô frakhstidâo, yô âzûitidâo, yô vãthwô-
dâo, yô khshathrôdâo, yô puthrôdâo, yô gayôdâo,
66. yô havaṅhôdâo, yô ashavaçtôdâo; yim hacaiti
ashis vaṅuhi pârendica raoratha ughraca nairê
hãmvaretis ughremca kavaêm qarenô ughremca
thwâshem qadhâtem ughraçca dâmôis upamanô
ughrâoçca ashaonãm fravashayô yaçca pourunãm
hathrâkô ashaonãm mazdayaçnanãm. ahê raya . . .
67. XVII. Mithrem vourugaoyaoitîm tâ jaghâur-
vâoṅhem; yô vâsha mainyuhãmtâsta berezi-
cakhra fravazaitê haca karshvare yaṭ arezahê
upa karshvare yaṭ qanirathem bâmîm rathwya
cakhra hacimnô qarenaṅhaca mazdadhâta vere-
68. thraghnaca ahuradhâta; yêṅhê vâshem hañge-
rewnâiti ashis vaṅuhi yâ berezaiti, yêṅhê daêna
mâzdayaçnis qîti pathô râdhaiti, yim aurvañtô
mainyavâoṅhô aurusha raokhshna frâdereçra
çpeñta vîdhvâoṅhô açaya mainivaçaṅhô vazeñti,
yaṭ dim dâmôis upamanô huirikhtem bâdha
69. irinakhti; yahmaṭ haca fratereçeñti vîçpê mai-
nyava daêva yaêca varenya drvañtô. môiṭ ithra
ahurahê grañtahê vaêghâi jaçaêma, yêṅhê ha-
zaṅrem vaêghanãm paiti hamerethâi jaçaiti, yô
baêvareçpaçânô çûrô vîçpôvîdhvâo adhaoyamnô.
ahê raya . . .
70. XVIII. Mithrem vourugaoyaoitîm tâ jaghâur-
vâoṅhem; yêṅhê paurvanaêmâṭ vazaiti vere-
thraghnô ahuradhâtô hû kehrpa varâzahê pai-
tierenô tizhidãçtrahê arshnô tizhiaçûrahê ha-
kereṭjanô varâzahê anupôithwahê grañtahê
parshvanikahê takhmahê ayaṅhôpâdhahê aya-
ṅhôzaçtahê ayaṅhôzayêhê ayaṅhôdumahê aya-
71. ṅhôpaitisqarenahê; yô frãstacô hamerethâṭ upa-
shakhtô â manaṅha hathra nairyaya hãmvareti
çtija nijaiñti hamerethé naêdha manyêtê ja-
ghnvâo naêdha cim ghenãm çadayêiti, yavata
aêm nijaiñti merezuca çtûnô gayêhê mere-
72. zuca khâo ustânahê. hakaṭ vîçpâo aipikereñ-
taiti yô hakaṭ açtéçca vareçéçca maçtarégha-
naçca vohunîsca zemâṭ hãmraêthwayêiti mithrô-
drujãm mashyânãm. ahê raya . . .
XIX. Mithrem vourugaoyaoitîm tâ jaghâur- 73.
vâoṅhem; yô bâdha uçtânazaçtô urvâzemnô
avarôiṭ vâcem uityaojanô: ahura mazda mainyô 74.
çpénista dâtare gaêthanãm açtvaitinãm ashâum,
yêdhi zî mâ mashyâka aokhtônâmana yaçna
yazayañta yatha anyê yazatâoṅhô aokhtônâ-
mana yaçna yazeñtê, frâ nuruyô ashâvaoyô
thwarstahê zrûâyu shushuyãm qahê gayêhê
qanvatô ameshahê upathwarstahê jaghmyãm.
buyama tê shôithrôpânô, mâ buyama tê shôi- 75.
thrôiricô, mâ nmânôiricô, mâ vîçôiricô, mâ zañ-
tuiricô, mâ daṅhuiricô, mâdha yaṭ nô ughra
bâzâus nivânâṭ parô ṭbishyañbyô. tûm aêshãm 76.
ṭbishyatãm, tûm aêshãm ṭbaêshaṅuhatãm ṭbaê-
shâo çciñdayêhi, çciñdaya ashavajanô; hvaçpô
ahi huraithyô, zavanôçva ahi çûrô. âca thwâ 77.
zbayâi avaṅhê asfrâyastica zaothranãm hufrâ-
yastica asfraberetica zaothranãm hufraberetica,
yatha thwâ aiwishayamna daregha aiwishayana
hushitîm bereghmyashaêtem. tûm tâo daṅhâvô 78.
nipâhi yâo huberetîm yâtayêiñti mithrahê vou-
rugaoyaoitôis; tûm tâo fraçciñdayêhi, yâo
rãkhshyêitis daṅhâvô; âca thwâ zbayâi avaṅhê;
âca nô jamyâṭ avi avaqyâi ughrô aiwithûrô
yêçnyô vahmyô mithrô raêvâo daṅhupaitis.
ahê raya . . .
XX. Mithrem vourugaoyaoitîm tâ jaghâur- 79.
vâoṅhem; yô rashnus daidhê maêthanem, yah-
mâi rashnus dareghâi hakhedhrâi frabavara
manavaiñtîm. tûm maêthanahê pâta nipâta 80.
ahi adrujãm, tûm varezânahê paiti nishareta
adrujãm, thwâ paiti zî hakhedhrem daidhê
vahistem verethraghnemca ahuradhâtem, yahmi
çôirê mithrôdrujô aipi vîthisi jata paurva ma-
shyâkâoṅhô. ahê raya . . .
XXI. Mithrem vourugaoyaoitîm tâ jaghâur- 81.
vâoṅhem; yô rashnus daidhê maêthanem; yah-
mâi rashnus dareghâi hakhedhrâi frabavara
manavaiñtîm; yêṅhê hazaṅrem yaokhstinãm 82.
fradathaṭ ahurô mazdâo, baêvare dôithranãm
vîdôithrê. âaṭ âbyô dôithrâbyô aiwyaçca
yaokhstibyô çpaçyêiti mithrôzyãm mithrôdru-
jemca. âaṭ âbyô dôithrâbyô aiwyaçca yaokhsti-
byô adhaoyô açti mithrô yô baêvareçpaçanô
çûrô vîçpôvîdhvâo adhaoyamnô. ahê raya . . .
XXII. Mithrem vourugaoyaoitîm tâ jaghâur- 83.
vâoṅhem; yim daṅhéus daṅhupaitis bâdha uçtâ-
nazaçtô zbayêiti avaṅhê, yim zañtéus zañtu-
paitis bâdha uçtânazaçtô zbayêiti avaṅhê; yim 84.
vîçô vîçpaitis bâdha uçtânazaçtô zbayêiti
avaṅhê, yim nmânahê nmânôpaitis bâdha
uçtânazaçtô zbayêiti avaṅhê, yim dvâcina pithê
hacimna bâdha uçtânazaçtô zbayêiti avaṅhê,
yim dareghusciṭ ashôṭkaêshô apayatô havâis
dâtâis bâdha uçtânazaçtô zbayéiti avaṅhê;
yêṅhê vâkhs gerezânahê uç ava raocâo 85.
ashnaoiti, ava pairi imãm zãm jaçaiti, vî hapta

1) cf. 23—24.

karshvãu jaçaiti, yaṭciṭ uemaùha vâcim baraiti
86. yaṭ gaoshaciṭ. yâ vareta azemna bâdha uçtâ-
nazaçtô zbayêiti avañhê gavaithîm pàitisma-
remna: kapô nô arsha gavaithîm apayâṭ
paçkâṭ vazemnô mithrô yô vourugaoyaoitis,
kadha nô fraourvaêçayâiti ashahê paiti pañ-
87. tãm drujô vaêçmenda azemnãm. âaṭ yahmâi
khshnûtô bavaiti mithrô yô vourugaoyaoitis,
ahmâi jaçaiti avañhê; âaṭ yahmâi ṭbistô bavaiti
mithrô yô vourugaoyaoitis, ahmâi fraçciñda-
yêiti nmânemca vîçemca zañtûmca daqyûmca
dañhuçaçtîmca. ahê raya . . .
88. XXIII. Mithrem vourugaoyaoitîm tâ jaghâur-
vâoñhem; yim yazata haomô frâshmis baêsha-
zyô çrîrô khshathryô zairidôithrô barezistê
paiti barezahi haraithyô paiti barezayâo yaṭ
vaocê hukairîm nãma, anâhitem anâhitô anâhi-
tâṭ parô bareçman, anâhitayâṭ parô zaothrayâṭ,
89. anâhitaêibyô parô vaghzhebyô; yim zaotârem
uçtayata ahurô mazdâo ashava âçnyaçnem
berezigâthrem. yazata zaota âçuyaçnô berezi-
gâthrô berezata vaca, zaota ahurâi mazdâi,
zaota ameshanãm çpeñtanãm. hô vâkhs uç
ava raocâo ashnaoṭ, ava pairi imãm zãm jaçaṭ,
90. vîjaçâṭ vîçpâis avi karshvãn yâis hapta. yô
paoiryô hâvana haomãn uzdaçta çtehrpaêçañha
mainyutâsta haraithyô paiti barezayâo; bere-
jayaṭ ahurô mazdâo, berejayen ameshâo çpeñta
yêñhâo kehrpô huraodhayâo, yahmâi hvare
91. aurvaṭaçpem dûrâṭ nemô baodhayêiti. nemô
mithrâi vourugaoyaoitêê hazañrôgaoshâi baê-
varecashmainê; yêçnyô ahi vahmyô, yêçnyô
buyâo vahmyô nmânâhu mashyâkanãm; usta
buyâṭ ahmâi nairê yaçe thwâ bâdha frâyazâitê
aêçmôzaçtô bareçmôzaçtô gaozaçtô hâvanô-
zaçtô fraçnâtaêibya zaçtaêibya fraçnâtaêibya
hâvanaêibya fraçtaretâṭ paiti bareçman uzdâ-
tâṭ paiti haomâṭ çrâvayamnâṭ paiti ahunâṭ
92. vairyâṭ. aya daênaya fraoreñta ahurô mazdâo
ashava, frâ vohu manô, frâ ashem vahistem,
frâ khshathrem vairîm, fra çpeñta ârmaitis [1],
frâ haurvata ameretâta, frâ hê ameshâo çpeñta
bereja vereñta daênayâo, frâ hê mazdâo hvâ-
pâo ratuthwem barâṭ gaêthanãm, yôi thwâ
vaênen dâmôhu ahûm ratûmca gaêthanãm,
yaozhdâtârem âoñhãm dâmanãm vahistem.
93. adha uvaêibya ahubya, uvaêibya nô ahubya
nipayâo, âi mithra vourugaoyaoitê, ahêca
añhêus yô açtvatô yaçca açti manahyô, pairi
drvataṭ mahrkâṭ, pairi drvataṭ aêshmâṭ, pairi
drvaitibyô haênébyô, yâo uç khrûrem drafshem
gerewnãn, aêshmahê parô draomébyô, yâo
aêshmô duzhdâo drâvayâṭ maṭ vîdâtaoṭ daêvô-
94. dâtâṭ. adha nô tûm mithra vourugaoyaoitê
zâvare dayâo hitaêibyô, drvatâtem tanubyô,
pouruçpakhstîm ṭbishyañtãm, paitijaitîm dus-
mainyavanãm, hathrânivâitîm hamerethanãm
aurvathanãm ṭbishyañtãm. ahê raya . . .

1) Hss. ârmaiti, ârmaitê.

XXIV. Mithrem vourugaoyaoitîm tâ jaghâur- 95.
vaoñhem; yô zemfrathâo aiwyâiti paçca hû
frâshmôdâitîm, marezaiti uva karana añhâo
zemô yaṭ pathanayâo çkarenayâo dûraêpâ-
rayâo, vîçpem imaṭ âdidhâiti yaṭ añtare zãm
açmanemca; vazrem zaçtaya drazhemnô ça- 96.
tafstânem çatôdârem fravaêghem vîrônyâoñcem
zarôis ayañhô frahikhtem amavatô zaranyêhê
amavaçtemem zaênãm verethravaçtemem zaê-
nãm; yahmaṭ haca fratereçaiti añrô mainyus 97.
pourumahrkô, yahmaṭ haca fratereçaiti aêshmô
duzhdâo peshôtanus, yahmaṭ haca fratereçaiti
bûshyãçta dareghôgava, yahmaṭ haca fratere-
çeñti vîçpê mainyava daêva yaêca varenya
drvañtô. mâ mithrahê vourugaoyaoitôis grañ- 98.
tahê vaêghâi jaçaêma, mâ nô grañtô aipija-
nyâṭ mithrô yô vourugaoyaoitis, yô aojistô
yazatanãm, yô tãcistô yazatanãm, yô thwa-
khshistô yazatanãm, yô âçistô yazatanãm, yô
açverethrajãçtemô yazatanãm frakhstâitê paiti
âya zemâ mithrô yô vourugaoyaoitis. ahê
raya . . .
XXV. Mithrem vourugaoyaoitîm tâ jaghâur- 99.
vâoñhem; yahmaṭ haca fratereçeñti vîçpê
mainyava daêva yaêca varenya drvañtô; fra-
vazaiti dañhupaitis mithrô yô vourugaoyaoitis
dashinem upa karanem añhâo zemô yaṭ pa-
thanayâo çkarenayâo dûraêpârayâo. dashinem 100.
hê upa aredhem vazaiti yô vañhus çraoshô
ashyô; vairyaçtârem hê upa aredhem vazaiti
rashnus berezô yô amavâo; vîçpê hê upa
aredhem vazeñti yâo âpô yâoçca urvarâo
yâoçca ashaonãm fravashayô. avi dîs aêm 101.
khshayamnô hamatha baraiti ishavô erezifyô-
parena; âaṭ yaṭ athra parajaçaiti vazemnô,
yathra dañhâvô avimithranayâo, hô paoiryô
gadhãm uijaiñti açpaêca paiti vîraêca, hathra
tarsta thrâoñhayêiti uvaya açpa vîraca. ahê
raya . . .
XXVI. Mithrem vourugaoyaoitîm tâ jaghâur- 102.
vâoñhem; aurushâçpem tizhiarstîm daregha-
arstaêm khshviwiishûm parôkevîdhem hunai-
ryâoñcim rathaêstãm; yim haretâremca aiwyâ- 103.
khstâremca fradathaṭ ahurô mazdâo vîçpayâo
fravôis gaêthayâo, yô haretaca aiwyâkhstaca
vîçpayâo fravôis gaêthayâo, yô anavañhab-
demnô zaênañha nipâiti mazdâo dâmãn, yô
anavañhabdemnô zaênañha nishaurvaiti maz-
dâo dâmãn. ahê raya . . .
XXVII. Mithrem vourugaoyaoitîm tâ jaghâ- 104.
urvâoñhem; yêñhê dareghâciṭ bâzava fragere-
weñti mithrôaojañhô, yaṭciṭ ushaçtairê hiñdvô
âgéurvayêiti, yaṭciṭ daoshatairê nighnê, yaṭciṭ
çanakê rañhayâo, yaṭciṭ vîmaidhîm añhâo
zemô. tumciṭ mithrô hañgerefshemnô pairi 105.
apaya bâzuwé: dusqarenâo nastô razista
ashâtô açti añuhya; itha mainyêtê dusqare-
nâo: nôiṭ imaṭ vîçpem duzhvarstem, nôiṭ
vîçpem aiwidrukhtem mithrô vaênaiti apishma.
âaṭ azem manya manañhô: nôiṭ mashyô gaê- 106.

thyô çatê aojô mainyêtê dusmatem, yatha
mithraçciț mainyavô aojô mainyêtê humatem;
nôiț mashyô gaêthyô çatê aojô mraoiti duzhû-
khtem, yatha mithraçciț mainyavô aojô mraoiti
hûkhtem; nôiț mashyô gaêthyô çatê aojô ve-
rezyêiti duzhvarstem, yatha mithraçciț mai-
107. nyavô aojô verezyêiti hvarstem. nôiț mashîm
gaêthîm çatê maçyâo hacaiti âçnô khratus,
yatha mithremciț mainyaom hacaiti âçnaçciț
khratus; nôiț mashyô gaêthyô çatê aojô çuru-
naoiti gaoshaiwê, yatha mithraçciț mainyavô
çruțgaoshô hazañrayaokhstis vîçpem vaênaiti
drujiñtem, amava mithrô frakhstâitê, ughra va-
zaiti khshathrahê, çrîra dadhâiti daêmâna dûrâț
108. çûka dôithrâbyô. kô mãm yazâitê, kô druzhâț,
kô huyêsti, kô duzhyêsti mãm zî mainyêtê yaza-
tem; kahmâi raêsca qarenaçca, kahmâi tanvô
drvatâtem azem bakhshâni khshayamnô, kahmâi
îstîm pourusqâthrãm azem bakhshâni khsha-
yamnô, kahmâi âçnãmciț frazaiñtîm uça para
109. berejayêni. kahmâi azem ughrem khshathrem
qaniçakhtem pouruçpâdhem amainimnahê ma-
nañhô paitidathâni vahistem çâthraçciț hamô-
khshathrahê kameredhôjanô aurvahê vanatô
avanemnahê, yô nistayêiti keretêê çraoshyãm;
ishare hâ nistâta kiryêtê, yêzi grañtô nista-
yêiti țbistahêciț akhshnûtahê mithra manô
110. râmayêiti hukhshnûitîm paiti mithrahê. ka-
hmâi yaçkemca mahrkemca, kahmâi ainistîm
ducithrem azem bakhshâni khshayamnô, kahmâi
âçnãmciț frazaiñtîm hathra jaiti nijanâni;
111. kahmâi azem ughrem khshathrem qaniça-
khtem pouruçpâdhem amainimnahê manañhô
apabarâni vahistem çâthraçciț hamôkhsha-
thrahê kameredhôjanô aurvahê vanatô avane-
mnahê, yô nistayêiti keretêê çraoshyãm; ishare
hâ nistâta kiryêtê, yêzi grañtô nistayêiti khshnû-
tahêciț ațbistahê mithra manô yaozayêiti
akhshnûitîm paiti mithrahê. ahê raya . . .
112. XXVIII. Mithrem vourugaoyaoitîm tâ jaghâ-
urvâoñhem; erezatôfrashnem zaranyôvârethma-
nem astrañhâdhem amavañtem takhmem vîçô-
paitîm rathaêstãm; cithrâo mithrahê frayanâo
yaçe tãm daqyûm âcaraiti, yatha huberetô
113. baraiti pathanâo jafrâo gaoyaotêê. âaț hva
paçuvîra vaçôkhshathrô fracaraitê; taț nô
jamyâț avañhê mithra ahura berezañta, yaț
berezem barâț astra vâcim açpanãmca çrifa
khshufçãn, astrâo kahvâu, jyâo nivaithyãn
tighrâoñhô açtayô; tadha hunavô gouruzao-
114. thranãm jata paithyâoñti frâvareça. adha nô
tûm mithra tâ țbishyañtãm[1]. ahê raya . . .
115. XXIX. Mithrem vourugaoyaoitîm tâ jaghâur-
vâoñhem. âi mithra vourugaoyaoitê nmânya
ratavô vîçya zañtuma daqyuma zarathustrô-
116. tema. vîçaitivâo açti mithrô añtare hasha
çuptidareñga, thriçathwâo añtare varezâna,
cathwareçathwâo añtare hadhôgaêtha, pañca-

1) cf. 94.

çathwâo añtare huyâghna, khshvastivâo añtare
hâvista, haptaithivâo añtare aêthrya aêthra-
paiti, astaithivâo añtare zâmâtara qaçura,
navaitivâo añtare brâthra. çatâyus añtare 117.
pitarem puthremca, hazañrâyus[2] añtare daqyu,
baêvarâyus[3] açti mithrô yô daênayâo mâ-
zdayaçnôis ava hacaitê amahê ayãn atha aû-
hâiti verethraghnahê. nemañha adharadâta 118.
âjaçâni uparadâta; yatha avaț hvarekhshaêtem
taraçca harãm berezaitîm fraca âiti aiwica
vazaiti, avatha azemciț çpitama nemañha
adharadâta âjaçâni uparadâta taraçca aûrahê
mainyêus drvatô zaoshã. ahê raya . . .
XXX. Mithrem vourugaoyaoitîm tâ jaghâur- 119.
vâoñhem. mithrem yazaêsa çpitama framrvisa
aêthryanãm. yazayañta thwãm mazdayaçna
paçubya çtaoraêibya vayaêibya pateretaêibya,
yôi pereñinô fravazâoñtê. mithrô vîçpê 120.
mazdayaçnanãm yãm ashaonãm eredhwâca
kerethwâca, haomô âviçtô[4] aiwiviçtô yâo
zaota aiwica vaêdhayâoñti fraca yazâoñtê.
nâ ashava yaozhdâtãm zaothrãm frañuharâț,
yô kerenavâț, yim yazaitê mithrem yim vou-
rugaoyaoitîm, khshnûtô ațbistô hyâț. paiti 121.
dim pereçaț zarathustrô: kutha ahura mazda
nâ ashava yaozhdâtãm zaothrãm frañuharâț,
yô kerenavâț, yim yazaitê mithrem yim vou-
rugaoyaoitîm khshnûtô ațbistô hyâț. âaț 122.
mraoț ahurô mazdâo: thriayarem thrikhshapa-
rem tanûm fraçnayañta, thriçatem upâzananãm
pairiâkayayañta mithrahê vourugaoyaoitôis
yaçnâica vahmâica; biayarem bikhshaparem
tanûm fraçnayañta, vîçaiti upâzananãm pairiâ-
kayayañta mithrahê vourugaoyaoitôis yaçnâica
vahmâica. mâ cis mê âoñhãm zaothranãm
frañuharâț yâ nôiț çtaotanãm yêçnyanãm âmâtô
vîçpê ratavô. ahê raya . . .
XXXI. Mithrem vourugaoyaoitîm tâ ja- 123.
ghâurvâoñhem; yim yazata ahurô mazdâo
raokhshnâț paiti garô nmânâț. uzbâzus paiti 124.
amerekhtîm fravazaiti mithrô yô vourugaoyaoitis
haca raokhshnâț garô nmânâț vâshem çrîrem
vavazânem hâmôtakhmem vîçpôpaêçañhem
zaranaênem. ahmya vâshê vazeñti cathwârô 125.
aurvañtô çpaêtita hamagaonâoñhô mainyus-
qaretha anaoshâoñhô, tê paraçafâoñhô zara-
naêna paitismukhta, âaț hê apara erezataêna;
âaț tê vîçpê frâyukhta hãmiçãmca çimãnca
çimôithrãmca dereta hukereta upairiçpâtâ aka
baçtãm khshathrem vairîm. dashinem hê 126.
aredhê vazaiti rashnvô razistô çpênistô upara-
odhistô; âaț hê hâvôya aredhê vazaiti razistãm
ciçtãm barațzaothrãm ashaonîm çpaêta vaçtrâo
vañuhaita, çpaêta — daênayâo mâzdayaçnôis
upamanem. upavazata takhmô dâmôis upamanô 127.
hû kehrpa varâzahê paitiereno tizhidãçtrahê
arshnô tizhiaçûrahê hakeretjanô varâzahê

2) Hss. hazañrâis. 3) Hss. baêvarôis. 4) Hss. âvistô.

anupôithwahê grañtahê parshvanikahê ta-
khmahê yûkhdhahê pâirivâzahê; nikhsta ahmâţ
vazata âtars yô upaçukhtô, ughrem yô kavaêm
128. qarenô. histaiti aom vâshahê mithrahê vouru-
gaoyaoitôis hazańrem thanvaretinãm açtiyô
gavaçnahê çnâvya jya hukeretanãm; mainya-
vaçâo vazeñti, mainyavaçâo pateñti kameredhê
129. paiti daêvanãm. histaiti aom vâshahê mithrahê
vourugaoyaoitôis hazańrem ishunãm kahrkâçô-
parenanãm zaranyôzafrãm çrvîçtayãm açti
ayańhaêna çparegha hukeretanãm; mainyava-
çâo vazeñti, mainyavaçâo pateñti kameredhê
130. paiti daêvanãm. histaiti aom vâshahê mithrahê
vourugaoyaoitôis hazańrem arstinãm barôithrô-
taêzhanãm hukeretanãm; mainyavaçâo vazeñti,
mainyavaçâo pateñti kameredhê paiti daêvanãm.
histaiti aom vâshahê mithrahê vourugaoyaoi-
tôis hazańrem cakusanãm haoçafnaênanãm bi-
taêghanãm hukeretanãm; mainyavaçâo vazeñti,
mainyavaçâo pateñti kameredhê paiti daêva-
131. nãm. histaiti aom vâshahê mithrahê vouru-
gaoyaoitôis hazańrem karetanãm uvayôdâra-
nãm hukeretanãm; mainyavaçâo vazeñti, mai-
nyavaçâo pateñti kameredhê paiti daêvanãm.
histaiti aom vâshahê mithrahê vourugaoyaoi-
tôis hazańrem gadhanãm ayańhaênanãm huke-
retanãm; mainyavaçâo vazeñti, mainyavaçâo
132. pateñti kameredhê paiti daêvanãm. histaiti
aom vâshahê mithrahê vourugaoyaoitôis va-
zrem çrîrem huniviklitem çatafstânem çatôdâ-
rem fravaêghem vîrônyâoñcem zarôis ayańhô
frahikhtem amavatô zaranyêhê amavaçtemem
zayanãm, verethravaçtemem zayanãm; mai-
nyavaçâo vazeñti, mainyavaçâo pateñti kame-
133. redhê paiti daêvanãm. paçca jaiñti daêvanãm,
paçca nighniñti mithrôdrujãm mashyânãm
fravazaiti mithrô yô vourugaoyaoitis tarô
arezahê çavahê, tarô fradadhafshu vîdadhafshu,
tarô vourubaresti vourujaresti, tarô imaţ kar-
134. shvare yaţ qanirathem bâmîm. avi bâdha
fratereçaiti ańrô mainyus pourumahrkô, avi
bâdha fratereçaiti aêshmô duzhdâo peshôtanus,
avi bâdha fratereçaiti bûshyãçta dareghôgava,
avi bâdha frateręçeñti vîçpê mainyava daêva
135. yaêca varenya drvañtô. mâ mithrahê . . .[1]) ahê
raya . . .
136. XXXII. Mithrem vourugaoyaoitîm tâ jaghâ-
urvâońhem; yahmâi aurusha aurvañta yûkhta
vâsha thañjayâoñti aêva cakhra zaranaêna
137. açânaçca vîçpôbâma. yêzi sê zaothrâo baraiti
avi sê maêthanem, usta ahmâi nairê mainyâi,
uiti mraoţ ahurô mazdâo, âi ashâum zara-
thustra, yahmâi zaota ashava ańhêus dahmô
tanumãthrô fraçtaretâţ paiti bareçman mithrahê
vaca yazâitê; râstem ahmâi nairê mainyâi
138. mithrô maêthanem âcaraiti. yêzi sê yânâţ
bavaiti çańhemciţ anu çaçtrâi, çańhemciţ anu
mainyâi; çâdrem ahmâi nairê mainyâi, uiti
mraoţ ahurô mazdâo, âi ashâum zarathustra,
yahmâi zaota anashava adahmô atanumãthrô
paçca bareçma frahista perenemca bareçma
çtarânô dareghemca yaçnem yazânô. nôiţ 139.
khshnâvayêiti ahurem mazdãm, nôiţ anyê ame-
shâo çpeñta, nôiţ mithrem yim vourugaoyaoi-
tîm; yô mazdãm tarô manyêtê, tarô anyê
ameshâo çpeñta, tarô mithrem yim vourugao-
yaoitîm, tarô dâtemca rashnûmca arstâtemca
frâdaţgaêthãm varedaţgaêthãm. ahê raya . . .
XXXII. Mithrem vourugaoyaoitîm tâ jaghâ- 140.
urvâońhem. yazâi mithrem çpitama vańhêus
takhmem mainyaom aghrîm hvâmarezhdikem
amithwem uparônmânem aojańhem takhmem
rathaêstãm. verethravâo zaêna hacimnô hu- 141.
tâsta, temańhâdha jaghâurûm adhaoyamnem;
aojistanãm açti aojistô, tañcistanãm açti tañ-
cistô, baghanãm açti askhrathwaçtemô, vere-
thravâo qarena hacimnô, hazańrâgaoshô baê-
varecashmanô yô baêvareçpaçânô çûrô vîçpô-
vîdhvâo adhaoyamnô. ahê raya . . .
XXXIV. Mithrem vourugaoyaoitîm tâ ja- 142.
ghâurvâońhem; yô paoiris vaêidhis çûrem frâ-
dhâiti çpeñtahê mainyêus dâmãn hudhâtô ma-
zistô yazatô, yatha tanûm raocayêiti yatha
mâońhô hvâraokhshnô. yêńhê[2]) ainikô barâ- 143.
zaiti yatha tistryô çtârahê, yêńhê vâshem bañ-
gerewnâiti adhavis paoiris çpitama, yatha dâ-
mãn çraêstâis hubâmya khshaêtâi; yazâi hãm-
tastem yô dadhvâo çpeñtô mainyus, çtehrpaê-
çańhem mainyutâstem yô baêvareçpaçânô çûrô
vîçpôvîdhvâo adhaoyamnô. ahê raya . . .
XXXV. Mithrem vourugaoyaoitîm tâ ja- 144.
ghâurvâońhem. mithrem aiwidaqyûm yazamai-
dê, mithrem añtaredaqyûm yazamaidê, mi-
threm âdaqyûm yazamaidê, mithrem upairi-
daqyûm yazamaidê, mithrem adhairidaqyûm
yazamaidê, mithrem pairidaqyûm yazamaidê,
mithrem aipidaqyûm yazamaidê. mithra ahura 145.
berezañta aithyêjańha ashavana yazamaidê,
çtrêusca mâońhemca hvarcca urvarâhu paiti
bareçmanyâhu mithrem vîçpanãm daqyunãm
dańhupaitîm yazamaidê. ahê raya . . .
yathâ ahû vairyô . . . yaçnemca vahmemca 146.
aojaçca zavareca âfrînâmi mithrahê vourugao-
yaoitôis hazańrôgaoshahê baêvarecashmanô
aokhtônâmanô yazatahê râmanaçca qâçtrahê.
ashem vohû vahistem açtî; ustâ açtî, ustâ
ahmâi hyaţ ashâi vahistâi ashem. ahmâi raê-
sca qarenaçca, ahmâi tanvô drvatâtem, ahmâi
tanvô vazdvare, ahmâi tanvô verethrem, ahmâi
îstîm pourusqâthrãm, ahmâi âçnãmciţ frazaiñ-
tîm, ahmâi dareghãm dareghôjîtîm, ahmâi
vahistem ahûm ashaonãm raocańhem vîçpô-
qâthrem.

---

1) cf. 98.

2) Hss yêńhâo.

III.

Hom Yasht (Yaçna IX).

1. 1. Hâvanîm â ratûm â haomô upâiṭ zara-
2. thustrem âtarem pairiyaozhdatheñtem gâthâoçca
3. çrâvayañtem. âdim pereçaṭ zarathustrô: kô
4. nare ahi, yim azem vîçpahê aṅhéus açtvatô
çraêstem dâdareça qahê gayêhê qanvatô ame-
5. shahê. 2. âaṭ mê aêm paitiaokhta haomô
6. ashava dûraoshô: azem ahmi zarathustra hao-
7. mô ashava dûraoshô; â mãm yâçaṅuha çpi-
8. tama, frâ mãm hunvaṅuha qaretêê, avi mãm
çtaomainê çtûidhi, yatha mâ aparaciṭ çao-
shyañtô çtavãn.
9. 3. âaṭ aokhta zarathustrô: nemô haomâi.
10. kaçe thwãm paoiryô haoma mashyô açtvai-
thyâi hunûta gaêthayâi, kâ ahmâi ashis ere-
11. nâvi, ciṭ ahmâi jaçaṭ âyaptem. 4. âaṭ mê aêm
12. paitiaokhta haomô ashava dûraoshô: vîvaṅhâo
mãm paoiryô mashyô açtvaithyâi hunûta gaê-
thayâi; hâ ahmâi ashis erenâvi, taṭ ahmâi
13. jaçaṭ âyaptem, yaṭ hê puthrô uçzayata yô
14. yimô khshaêtô hvâthwô qarenaṅhaçtemô zâta-
15. nãm hvaredareçô mashyânãm, yaṭ kerenaoṭ
aṅhê khshathrâṭ amereshiñta paçuvîra, aṅhao-
16. shemnê âpaurvairê, qairyãn qarethem ajyam-
17. nem. 5. yimahê khshathrê aurvahê nôiṭ aotem
18. âoṅha nôiṭ garemem, nôiṭ zaurva âoṅha nôiṭ
19. merethyus, nôiṭ araçkô daêvôdâtô; pañcadaça
fracarôithê pita puthraçca raodhaêshva kata-
20. raççiṭ, yavata khshayôiṭ hvâthwô yimô vîva-
ṅhatô puthrô.
21. 6. kaçe thwãm bityô haoma mashyô açtvai-
thyâi hunûta gaêthayâi, kâ ahmâi ashis ere-
22. nâvi, ciṭ ahmâi jaçaṭ âyaptem. 7. âaṭ mê aêm
23. paitiaokhta haomô ashava dûraoshô: âthwyô
mãm bityô mashyô açtvaithyâi hunûta gaê-
thayâi; hâ ahmâi ashis erenâvi, taṭ ahmâi jaçaṭ
24. âyaptem, yaṭ hê puthrô uçzayata vîçô çûrayâo
25. thraêtaonô; 8. yô janaṭ azhîm dahâkem thri-
zafanem thrikameredhem khshvasashîm hazaṅ-
26. rayaokhstîm ashaojaṅhem daêvîm drujem,
27. aghem gaêthâvyô drvañtem, yãm ashaojaçte-
mãm drujem fraca kereñtaṭ aṅrô mainyus avi
yãm açtvaitîm gaêthãm mahrkâi ashahê gaê-
thanãm.
28. 9. kaçe thwãm thrityô haoma mashyô açtvai-
thyâi hunûta gaêthayâi, kâ ahmâi ashis ere-
29. nâvi, ciṭ ahmâi jaçaṭ âyaptem. 10. âaṭ mê
30. aêm paitiaokhta haomô ashava dûraoshô: thritô
çâmanãm çevistô thrityô mãm mashyô açtvai-
thyâi hunûta gaêthayâi; hâ ahmâi ashis ere-
31. nâvi, taṭ ahmâi jaçaṭ âyaptem, yaṭ hê puthra
32. uçzayôithê urvâkhshayô kereçâçpaçca, ṭkaêshô
33. anyô dâtôrâzô, âaṭ anyô uparôkairyô yava
34. gaêçus gadhavarô; 11. yô janaṭ azhîm çrvarem
yim açpôgarem naregarem, yim vîshavañtem
35. zairitem, yim upairi vis raodhaṭ ârstyôbareza
36. zairitem; yim upairi kereçâçpô ayaṅha pitûm
pacata; â rapithwinem zrvânem tafçaṭca hô 37.
mairyô qîçaṭca, frãs ayaṅhô fraçparaṭ, yêshyañ- 38.
tîm âpem paraoṅhâṭ, parãs tarstô apatacaṭ 39.
naremanâo kereçâçpô.
12. kaçe thwãm tûiryô haoma mashyô 40.
açtvaithyâi hunûta gaêthayâi, kâ ahmâi ashis
erenâvi, ciṭ ahmâi jaçaṭ âyaptem. 13. âaṭ mê 41.
aêm paitiaokhta haomô ashava dûraoshô:
pourushaçpô mãm tûiryô mashyô açtvaithyâi 42.
hunûta gaêthayâi; hâ ahmâi ashis erenâvi, taṭ
ahmâi jaçaṭ âyaptem, yaṭ hê tûm uçzayaṅha, 43.
tûm erezvô zarathustra nmânahê pourushaçpahê
vîdaêvô ahuraṭkaêshô. 14. çrûtô airyênê vaê- 44.
jahi tûm paoiryô zarathustra ahunem vairîm
fraçrâvayô viberethwañtem âkhtûirîm, aparem 45.
khraozhdyêhya fraçrûiti. 15. tûm zemargûzô 46.
âkerenavô vîçpê daêva zarathustra, yôi para
ahmâṭ vîrôraodha apatayen paiti âya zemâ,
yô aojistô yô taṅjistô yô thwakhshistô yô 47.
âçistô yô açvarethrajãçtemô abavaṭ manivâo
dãmãn.
16. âaṭ aokhta zarathustrô: nemô haomâi. 48.
vaṅhus haomô hudhâtô haomô arsdâtô, vaṅhus 49. 50.
dâtô baêshazyô, hukerefs hvares verethrajâo 51. 52.
zairigaonô nãmyâçus, yatha qareñtê vahistô 53.
urunaêca pâthmainyôtemô. 17. nî tê zâirê 54.
madhem mruyê, nî amem, nî verethraghnem, 55.
nî daçvare, nî baêshazem, nî fradathem, nî 56. 57.
varedathem, nî aojô vîçpôtanu[1], nî maçtîm 58.
vîçpôpaêçaṅhem, nî taṭ yatha gaêthâhva vaçô- 59.
khshathrô fracarânê ṭbaêshôtaurvâo drujemvanô;
18. nî taṭ yatha taurvayêni vîçpanãm ṭbaêsha- 60.
vatãm ṭbaêshâo daêvanãm mashyânãmca yâ- 61.
thwãm pairikanãmca çâthrãm kaoyãm kara-
fnãmca mairyanãmca bizañgranãm ashemao- 62.
ghanãmca bizañgranãm vehrkanãmca cathware-
zañgranãm haênayâoçca perethuainikayâo da- 63.
vâithyâo patâithyâo. 19. imem thwãm paoirîm 64.
yânem haoma jaidhyêmi dûraosha: vahistem
ahûm ashaonãm raocaṅhem vîçpôqâthrem. 65.
imem thwãm bitîm yânem haoma jaidhyêmi
dûraosha: drvatâtem aṅhâoçe tanvô. imem 66.
thwãm thritîm yânem haoma jaidhyêmi dû-
raosha: dareghôjîtîm ustânahê. 20. imem thwãm 67.
tûirîm yânem haoma jaidhyêmi dûraosha: yatha
aêshô amavâo thrãfdhô frakhstânê zemâ paiti
ṭbaêshôtaurvâo drujemvanô. imem thwãm 68.
pukhdhem yânem haoma jaidhyêmi dûraosha:
yatha verethrajâo vanaṭpeshanô frakhstânê
zemâ paiti ṭbaêshôtaurvâo drujemvanô. 21. imem 69.
thwãm khstûm yânem haoma jaidhyêmi dû-
raosha: paurva tâyûm, paurva gadhem, paurva
vehrkem bûidhyôimaidhê, mâcis pôurvô bûi- 70.
dhyaêta nô, vîçpê paurva bûidhyôimaidhê.
22. haomô aêibis yôi aurvañtô hita takhsheñti 71.
erenâum zâvare aojâoçca bakhshaiti. haomô 72.
âzîzanâitibis dadhâiti khshaêtôputhrîm uta
ashavafrazaiñtîm. haomô taêciṭ yôi katayô 73.

1) Hss. vî çpôtanûm.

naçkôfraçâoṅhô âoṅheñti çpânô maçtîmca
74. bakhshaiti. 23. haomô tâoçcit yâo kainînô
âoṅharc dareghem aghravô haithîm râdhemca
bakhshaiti moshu jaidhyamnô hukhratus.
75. 24. haomô temcit yim kereçânîm apakhsha-
threm nishâdhayaṭ, yô raoçta khshathrôkâmya,
76. yô davata: nôiṭ mê apãm âthrava aiwistis
77. veredhyê daṅhava carâṭ; hô vîçpê varedha-
nãm vanâṭ, nî vîçpê varedhanãm janâṭ.

78. 25. usta tê yô qâ aojaṅha vaçôkhshathrô
79. ahi haoma, usta tê apavatahi pouruvacãm
80. erezhûkhdhanãm, usta tê nôiṭ pairi frâça
81. erezhukhdhem pereçahi vâcem. 26. frâ tê
mazdâo baraṭ paurvanîm aiwyâoṅhanem çtehr-
paêçaṅhem mainyutâstem, vaṅuhîm daênãm
82. mâzdayaçnîm: âaṭ aṅhê ahi aiwyâçtô ba-
reshnus paiti gairinãm drâjaṅhê aiwidhâitîsca
83. grûsca mãthrahê. 27. haoma nmânôpaiti
vîçpaiti zañtupaiti daṅhupaiti çpanaṅha vaê-
84. dhyâpaiti, amâica thwâ verethraghnyâica mâ-
vôya upamruyê tanuyê thrimâica yaṭ pouru-
85. baokhshnahê. 28. vî nô ṭbaêshavatãm ṭbaê-
86. shébîs, vî manô bara garemañtãm. yô cisca
ahmi nmânê, yô aṅhê vîçi, yô ahmi zañtvô,
87. yô aṅhê daṅhvô aênaṅhâo açti mashyô, géur-
88. vaya hê pâdhavê zâvare, pairi shê uski vere-
89. nûidhi, çkeñdem shê manô kerenûidhi. 29. mâ
zbarethaêibya fratuyâo, mâ gavaêibya aiwitû-
90. 91. tuyâo, mâ zãm vaênôiṭ ashibya, mâ gãm vaê-
92. nôiṭ ashibya, yô aênaṅhaiti nô manô, yô
aênaṅhaiti nô kehrpem.

93. 30. paiti azhôis zairitahê çimahê vîshôvaê-
94. pahê kehrpem nâshemnâi ashaonê haoma zâirê
95. vadare jaidhi. paiti gadhahê vîvarezdavatô
96. khrvîshyatô zazarânô kehrpem nâshemnâi
97. ashaonê haoma zâirê vadare jaidhi. 31. paiti
mashyêhê drvatô çâçtars aiwivôizhdayañtahê
98. kameredhem kehrpem nâshemnâi ashaonê
99. haoma zâirê vadare jaidhi. paiti ashemao-
ghahê anashaonô ahûmmereñcô aṅhâo daêna-
yâo mãçvaca dathânahê nôiṭ skyaothnâis apa-
100. yañtahê kehrpem nâshemnâi ashaonê haoma
101. zâirê vadare jaidhi. 32. paiti jahikayâi yâtu-
maityâi maodhanôkairyâi upastâbairyâi, yêṅhê
frafravaiti manô yatha awrem vâtôshûtem,
102. kekrpem nâshemnâi ashaonê haoma zâirê va-
103. dare jaidhi, yaṭ hê kehrpem nâshemnâi ashaonê
haoma zâirê vadare jaidhi.

IV.

Vendidâd XIX.

1. 1. Apâkhtaraṭ haca naêmâṭ, apâkhtaraêibyô
haca naêmaêibyô fradvaraṭ aṅrô mainyus
2. pourumahrkô daêvanãm daêvô. uiti davata
hô yô duzhdâo aṅrô mainyus pourumahrkô:
3. drukhs upadvâra mereñcaṅuha ashâum zara-
4. thustra. drukhs hê pairidvaraṭ, bûitidaêvô
ithyêjô marshaonem daozhâo. 2. zarathustrô 5.
ahunem vairîm fraçrâvayaṭ:

yathâ ahû vairyô athâ ratus ashâṭcîṭ hacâ
vaṅhéus dazdâ manaṅhô skyaothnanãm
aṅhéus mazdâi
khshathremcâ ahurâi â yim dregubyô da-
daṭ vâçtârem.

âpô vaṅuhîs frâyazaêsa vaṅhuyâo dâityayâo;
daênãm mâzdayaçnîm fraorenaêta. drukhs hê 6.
çtaretô apadvaraṭ, bûitidaêvô ithyêjô marshao-
nem daozhâo. 3. drukhs hê paitidavata: çkutara 7.
aṅra mainyô, nôiṭ hê aoshô pairivaênâmi çpita- 8.
mâi zarathustrâi, pouruqarenaṅhô ashava zara- 9.
thustrô. zarathustrô manaṅhô pairivaênâṭ: daêva 10.
mê drvañtô duzhdâoṅhô aoshô hãmpereçeñtê.
4. uçehistaṭ zarathustrô, frashuçaṭ zarathustrô, 11.
açaretô aka manaṅha khruzhdya ṭbaêshôparsta- 12.
nãm, açânô zaçta drazhimnô, katômaçaṅhô 13.
heñti, ashava zarathustrô, viñdemnô dathushô 14.
ahurâi mazdâi; kva hê drazhahi aṅhâo zemô 15.
yaṭ pathanayâo çkarenayâo dûraêpârayâo da-
rejya paitizbarahi nmânahê pourushaçpahê.
5. uzvaêdhayaṭ zarathustrô aṅrem mainyûm: 16.
duzhda aṅra mainyô, janâni dãma daêvôdâtem, 17.
janâni naçus daêvôdâtem, janâni pairikãm yãm 18.
khnãthaiti, yahmâi uçzayâitê çaoshyãç vere-
thraja haca apaṭ kãçaoyâṭ ushaçtaraṭ haca 19.
naêmâṭ, ushaçtaraêibyô haca naêmaêibyô. 6. paiti 20.
ahmâi adavata duzhdâmô aṅrô mainyus: mâ 21.
mê dãma mereñcaṅuha ashâum zarathustra;
tûm ahi pourushaçpahê puthrô, barethryâṭ haca 22.
zâvishî; apaçtavaṅuha vaṅuhîm daênãm mâzda- 23.
yaçnîm, viñdâi yânem yatha viñdaṭ vadhaghnô
daṅhupaitis. 7. paiti ahmâi avashata yô çpitâmô 24.
zarathustrô: nôiṭ hê apaçtavânê vaṅuhîm daê- 25.
nãm mâzdayaçnîm, nôiṭ açtaca nôiṭ ustânemca 26.
nôiṭ baodhaçca vîurvîçyâṭ. 8. paiti ahmâi ada- 27.
vata duzhdâmô aṅrô mainyus: kahê vaca vanâi, 28.
kahê vaca apayaçâi, kana zaya hukeretâoṅhô
mana dãma aṅrômainyava [1]). 9. paiti ahmâi 29.
avashata yô çpitâmô zarathustrô: hâvanaca 30.
tastaca haomaca vaca mazdôfraokhta mana 31.
zaya açti vahistem, ana vaca vanâni, ana vaca 32.
apayaçânê, ana zaya hukeretâoṅhô âi duzhda
aṅra mainyô; dathaṭ çpeñtô mainyus, dathaṭ 33.
zruni akaranê, fradathen ameshâo çpeñta hu- 34.
khshathrâ hudhâoṅhô. zarathustrô ahunem vai- 35.
rîm fraçrâvayaṭ: yathâ ahû vairyô u vâçtârem;
frâmraoṭ ashava zarathustrô: taṭ thwâ pereçâ, 36.
eres môi vaocâ ahurâ.

11. pereçaṭ zarathustrô ahurem mazdãm: 37.
ahura mazda mainyô çpénista dâtare gaêthanãm
açtvaitinãm ashâum, darejya paitizbarahi [2])
ahurâi mazdâi vaṅhavê vohûmaidhê âoṅhânô,
ashâi vahistâi, khshathrâi vairyâi, çpeñtayâi 38.
ârmatéê. 12. kutha hîs azem kerenavâni haca 39.
avaṅhâṭ drujaṭ, haca duzhda aṅra mainyô;
kutha hãmraêthwem, kutha paitiraêthwem, kutha 40.

---

1) Hss. aṅrô mainyus. 2) Hss. paitizbarahê.

naçus apayaçânê haca avaṅhâṭ vîçaṭ yaṭ mâ-
41. zdayaçnôiṭ; kutha narem ashavanem yaozhda-
thâni, kutha nâirikãm ashaonîm yaozhdâthrem
42. barâni. 13. âaṭ mraoṭ ahurô mazdâo: nizba-
yaṅuha tû zarathustra vaṅuhîm daênãm mâzda-
43. yaçnîm, nizbayaṅuha tû zarathustra avâon
ameshâo çpeñta avi haptôkarshvairîm zãm,
44. nizbayaṅuha tû zarathustra thwâshahê qadhâ-
tahê, zrvânahê akaranahê, vayaos uparôkai-
45. ryêhê, nizbayaṅuha tû zarathustra vâtô takhmô
mazdadhâtô, çpeñta çrîra dughdha ahurahê
46. mazdâo; 14. nizbayaṅuha tû zarathustra fra-
47. vashîm mana yaṭ ahurahê mazdâo, avãm yãm
mazistãmca vahistãmca çraêstãmca khraozhdi-
stãmca khrathwistãmca hukereptemãmca ashâṭ
48. apanôtemãmca, yêṅhê urva mãthrô çpeñtô.
49. qatô nizbayaṅuha zarathustra imaṭ dãma yaṭ
50. ahurahê mazdâo. 15. vakhshem mê açãçaṭ za-
51. rathustrô: nizbayêmi ahurô mazdâo ashava
52. dãma dâtem, nizbayêmi mithrem vourugaoyaoi-
tîm huzaênem qarenaṅhaçtemem zayanãm vere-
53. thravaçtemem zayanãm, nizbayêmi çraoshem
ashîm huraodhem çnaithis zaçtayô drazhimnem
54. kameredhê paiti daêvanãm; 16. nizbayêmi
55. mãthrô çpeñtô yô asqarenâo, nizbayêmi thwâ-
shahê qadhâtahê, zrvânahê akaranahê, vayaos
56. uparôkairyêhê, nizbayêmi vâtô takhmô mazda-
dhâtô, çpeñta çrîra dughdha ahurahê mazdâo,
57. nizbayêmi vaṅuhîm daênãm mâzdayaçnîm, dâ-
tem vîdôyûm zarathustri.

58. 17. pereçaṭ zarathustrô ahurem mazdãm:
59. dâtô aṅhen ahura mazda, kana yaçna yazânê,
kana yaçna frâyazânê imaṭ dãma yaṭ ahurahê
60. mazdâo. 18. âaṭ mraoṭ ahurô mazdâo: urvara-
nãm uruthmyanãm avajaçâi çpitama zarathustra
61. çrîra uruçta amavaiti, imaṭ vacô framru:
62. nemô urvairê vaṅuhi mazdadhâtê ashaonê.
63. ashem vohû. 19. bareçma hê uzbârayaṭ aêshô-
64. drâjô yavôfrathô; mâ hê bareçma pairikeretem
pairikereñtis narô aṅhen ashavanô hâvôya
65. zaçta nyâçemnô, yazemnô ahurem mazdãm,
66. yazemnô ameshê çpeñtê, haomaçca zâiris be-
rezô çrîrâoçca vohumanôrâtaca vaṅuhi mazda-
dhâta, ashaonê vahistô.

67. 20. pereçaṭ zarathustrô ahurem mazdãm:
68. vîçpôvîdhvâo ahura mazda, aqafnô ahi abaṅhô
69. tûm yô ahurô mazdâo. vohu manô hãmraê-
thwayêiti, vohu manô paitiraêthwayêiti haca
avaṅhaṭ tanvaṭ yaṭ daêvôjatayâṭ daêva hãm-
70. raêthwayêiti; bvaṭ vohu manô yaozhdâtô. 21. âaṭ
mraoṭ ahurô mazdâo: gaomaêzem ayaçôis za-
rathustra gaom pairi ukhshânem bikhedhrem
71. dâityôkeretem, yaozhdâta frabarôis zãm paiti
72. ahuradhâtãm, pairikarshem pairikarshôiṭ aêshô
73. nâ yô yaozhdâthryô. 22. çatem ashôçtûitinãm
upaçtvôiṭ: ashem vohû vahistem açtî, ustâ açtî
74. ustâ ahmâi hyaṭ ashâi vahistâi ashem; bizhvaṭ
ahunem vairîm fraçrâvayôiṭ: yathâ ahû vairyô
75. tâ vâçtârem; catura fraçnana fraçnayôiṭ gao-
maêzem gavadâtayâo, bis âpem mazdadhâtayâo.

23. yaozhdâta bun vohu manô, yaozhdâta bun 76.
mashyô; uzgéurvayâṭ vohu manô hâvôya bâzvô 77.
dashinaca dashina bâzvô hâvayaca. âaṭ vohu 78.
manô nidhaithis çûrôthwarstanãm raocaṅhãm,
yaṭ hê çtârãm baghôdâtanãm aiwiraocayâoñtê,
vîçpem â ahmâṭ yaṭ hê nava khshafna çacâ- 79.
oñtê. 24. âaṭ paçca navakhshaparâṭ âthrê 80.
zaothrâo frabarôis, khruzhdranãm aêçmanãm
âthrê frabarôis, vohugaonanãm baoidhinãm
âthrê frabarôis, vohu manô âbaodhayaêta. 81.
25. yaozhdâta bun vohu manô, yaozhdâta bun 82.
mashyô, uzgéurvayâṭ vohu manô hâvôya 83.
bâzvô dashinaca dashina bâzvô hâvayaca;
fravaocaṭ vohu manô: nemô ahurâi mazdâi, 84.
nemô ameshaêibyô çpeñtaêibyô, nemô anyaê-
shãm ashaonãm.

26. pereçaṭ zarathustrô ahurem mazdãm: 85.
vîçpôvîdhvâo ahura mazda, hakhshânê narem 86.
ashavanem, hakhshânê nâirikãm ashaonîm,
hakhshânê drvatãm daêvayaçnanãm merezujî-
tîm mashyânãm; zãm ahuradhâtãm nipâ- 87.
rayañta, âpem tacañtãm, yavanãm uruthmanãm,
anyãm hê avaretanãm nipârayañta. âaṭ mraoṭ 88.
ahurô mazdâo: hakhshaêsa ashâum zara-
thustra.

27. dâtare gaêthanãm açtvaitinãm ashâum. 89.
kva tâ dâthra bavaiñti, kva tâ dâthra pâra-
yêiñti, kva tâ dâthra pairibavaiñti, kva tâ
dâthra paiti hañjaçâoñtê, mashyô açtvaiti
aṅhvô havâi urunê paradaithyâṭ. 28. âaṭ mraoṭ
ahurô mazdâo: paçca parairiçtahê mashyêhê, 90.
paçca fraçakhtahê mashyêhê, paçca pairi-
thnem kereneñtê daêva drvañtô duzhdâoṅhô.
thrityâo khshapô vîuçaiti uçraocayêiti bâmya, 91.
gairinãm ashaqâthranãm âçnaoiti mithrem hu- 92.
zaênem, hvarekhshaêtem uzyôraiti. 29. vîza- 93.
reshô daêvô nãma çpitama zarathustra ur- 94.
vânem baçtem vâdhayêiti drvatãm daêvaya-
çnanãm merezujitîm mashyânãm; pathãm 95.
zrvôdâtanãm jaçaiti yaçca drvaitê yaçca
ashaonê; cinvaṭperetûm mazdadhâtãm ashao- 96.
nîm baodhaçca urvânemca yâtem gaêthanãm
paitijaidhyêiñti dâtem açtvaiti aṅhvô. 30. hâu 97. 98.
çrîra kereta takhma huraodha jaçaiti çpânavaiti
uivavaiti puçavaiti yaokhstivaiti hunaravaiti; 99.
hâ drvatãm aghem urvânem temôhva nizare- 100.
shaiti; hâ ashâunãm urvânô taraçca harãm
berezaitîm âçnaoiti; tarô cinvaṭperetûm vî- 101.
dhârayêiti haêtô mainyavanãm yazatanãm. 31.
uçchistaṭ vohu manô haca gâtvô zaranyôkeretô, 102.
fravaocaṭ vohu manô: kadha nô idha ashâum 103.
agatô ithyêjaṅhataṭ haca aṅhaoṭ aithyêjaṅhem 104.
ahûm â. 32. khshnûtô ashâunãm urvânô pâ- 105.
rayêiñti avi ahurahê mazdâo, avi amesha- 106.
nãm çpeñtanãm avi gâtvô zaranyôkeretô, avi 107.
garô nmânem maêthanem ahurahê mazdâo,
maêthanem ameshanãm çpeñtanãm, maêtha-
nem anyaêshãm ashaonãm. 33. yaozhdâthryô 108.
ashava, paçca parairiçtîm daêva drvañtô du-

109. zhdâoṅhô baodhem avatha fratereçeñti yatha
maêshi vehrkavaiti vehrkaṭ haca fratereçaiti.
110. 111. 34. narô ashavanô hãmbavaiñti nairyôçaṅhô
112. hãmbavaiti, açtô mazdâo ahurahê mrûidhi
113. nairyôçaṅhô. qatô nizbayaṅuha zarathustra
114. imaṭ dãma yaṭ ahurahê mazdâo. 35. vakhshem
115. mê açãçaṭ zarathustrô: nizbayêmi ahurô mazdâo
116. ashava dãma dâtem, nizbayêmi zãm ahuradhâ-
tãm, âpem mazdadhâtãm, urvarãm ashaonîm,
117. 118. nizbayêmi zrayô vourukashem, nizbayêmi aç-
119. manem qanvañtem, nizbayêmi anaghra raocâo
120. qadhâtâo; 36. nizbayêmi vahistem ahûm
121. ashaonãm raocaṅhem vîçpôqâthrem, nizbayêmi
garô nmânem maêthanem ahurahê mazdâo,
maêthanem ameshanãm çpeñtanãm, maêtha-
122. nem anyaêshãm ashaonãm, nizbayêmi miçvâ-
nahê gâtvahê qadhâtahê, cinvaṭperetûm mazda-
123. dhâtãm; 37. nizbayêmi çaokãm vaṅuhîm vou-
124. rudôithrãm, nizbayêmi ughrâo ashâunãm fra-
125. vashayô, vîçpâo dâmãn çavaṅhaitis, nizbayêmi
verethraghnem ahuradhâtem barôqarenô ma-
126. zdadhâtem, nizbayêmi tistrîm çtârem raê-
vañtem qarenaṅheñtem gêus kehrpa zaranyô-
127. çrvahê; 38. nizbayêmi gâthâbyô çpeñtâbyô
128. ratukhshathrâbyô ashaonibyô, nizbayêmi
ahunavaityâo gâthayâo, nizbayêmi ustavaityâo
gâthayâo, nizbayêmi çpeñtâmainyêus gâtha-
yâo, nizbayêmi vohukhshathrayâo gâthayâo,
129. nizbayêmi vahistôistôis gâthayâo; 39. ni-
zbayêmi avaṭ karshvare yaṭ arezahê çavahê,
nizbayêmi avaṭ karshvare yaṭ fradadhafshu
vîdadhafshu, nizbayêmi avaṭ karshvare yaṭ
vourubaresti vourujaresti, nizbayêmi imaṭ
130. karshvare yaṭ qanirathem bâmîm, nizbayêmi
131. haêtumañtem raêvañtem qarenaṅheñtem, niz-
bayêmi ashôis vaṅhuyâo, nizbayêmi ciçtôis
vaṅhuyâo, nizbayêmi razistayâo ciçtayâo,
132. nizbayêmi qarenô airyanãm daqyunãm, niz-
bayêmi qarenô yimâi khshaêtâi hvâthwâi.
133. 40. yastô khshnûtô frithô paitizañtô çraoshô
ashyô, huraodhô verethraja çraoshô ashyô.
134. âthrê zaothrâo frabarôis, khruzhdranãm aêç-
manãm âthrê frabarôis, vohugaonanãm baoi-
135. dhinãm âthrê frabarôis. âtarem vâzistem
frâyazaêsa daêum janem çpeñjaghrem. qâ-
136. çta qarethâo frabarôis perenãm vîghzhâ-
137. rayêiñtîm. 41. çraoshem ashîm frâyazaêsa.
138. çraoshô ashyô daêum kuñdem bañgem vibañ-
139. gem avajanyâṭ; drujaçkanãm hãmpataiti
drvatãm daêvayaçnanãm merezujîtîm mashyâ-
140. nãm. nazdistâṭ daṅhâvô yaozhdâthryâṭ haca
frakairê frakerenaoṭ vâçtrê verezyôiṭ paçus-
qarethem gavê qarethem. 42. nizbayêmi karô
maçyô upâpô bunê jafranãm vairyanãm, niz-
bayêmi merezu pourvôqadhâtô yûidhistô mai-
nivâo dâmãn, nizbayêmi hapta çravâo[1])
bâmya hanâoṅhô puthrâoṅhô puçâoṅhô ba-
vaiñti.

1) Hss. çravô.

43. fradavata vidavata framanyata vîma-
nyata aṅrô mainyus pourumahrkô daêvanãm
daêvô, iñdrô daêvô, çâuru daêvô, nâoṅhaithîm
daêvô, taurvi zairica, aêshmem khrvîdrûm,
akatashem daêum, zyãm daêvôdâtem, ithyêjô
marshaonem, zaurva duzhdã fedhrô kerenaoiti,
bûiti daêvô, driwis daêvô, daiwis daêvô,
kaçvis daêvô, paitisô daêvô daêvanãm daêvô-
temô. 44. daêvô uiti davata hô yô duzhdâo
aṅrô mainyus pourumahrkô: cim hãmberetha
hãmbârayañta daêva drvañtô duzhdâoṅhô
arezûrahê paiti kameredhem. 45. advareñta 141.
adâuñta daêva drvañtô duzhdâoṅhô; urutheñta
adâuñta daêva drvañtô duzhdâoṅhô, aghãm 142.
daoithrîm dâuñta daêva drvañtô duzhdâoṅhô;
imem nô hãmberetha hãmbârayama arezûrahê
paiti kameredhem. 46. zâtô bê yô ashava 143.
zarathustrô nmânahê pourushaçpahê. kva bê 144.
aoshô viñdáma. hâu daêvanãm çnathô. hâu
daêvanãm paityârô, hâu drukhsvîdrukhs. 145.
nyâoñcô daêvayâzô, naçus daêvôdâtô, draoghô 146.
mithaokhtô. 47. adâuñta advareñta daêva 147.
drvañtô duzhdâoṅhô bunem aṅhêus temaṅhahê
yaṭ ereghatô daozhaṅhahê. ashem vohû.

V.

Vendidâd I.

1. Mraoṭ ahurô mazdâo çpitamâi zarathustrâi: 1.
azem dadhãm çpitama zarathustra açô râmô- 2.
dâitîm nôiṭ kudaṭshâitîm. yêdhi zî azem nôiṭ 3.
daidhyãm çpitama zarathustra açô râmôdâitîm
nôiṭ kudaṭshâitîm, vîçpô aṅhus açtvâo airya- 4.
nem vaêjô frâshnvâṭ. 2. açô râmôdâitîm nôiṭ
aojôrâmistãm, paoirîm bitîm. âaṭ ahê paityâ-
rem mashimârava: shathãm haitîm.

3. paoirîm açaṅhãmca shôithranãmca vahi- 5.
stem frâthwereçem azem yô ahurô mazdâo: 6.
airyanem vaêjô vaṅhuyâo dâityayâo. âaṭ ahê 7.
paityârem frâkereñtaṭ aṅrô mainyus pouru-
mahrkô: azhimca yim raoidhitem zyãmca daê- 8.
vôdâtem. 4. daça avatha mâoṅhô zayana, dva 9.
hãmina. hapta heñti hãminô mâoṅha, pañca 10.
zayana askare. taêca heñti çareta âpô, çareta
zemô, çareta urvarayâo. adha zimahê maidhîm, 11.
adha zimahê zaredhaêm, adha zyâoçciṭ pairi- 12
pataiti, adha fraêstem vôighnanãm.

5. bitîm açaṅhãmca shôithranãmca vahistem 13.
frâthwereçem azem yô ahurô mazdâo: gâum 14.
yim çughdhôshayanem. âaṭ ahê paityârem frâ- 15.
kereñtaṭ aṅrô mainyus pourumahrkô: çkaitîm 16.
yãm gavaca dayaca pourumahrkem.

6. thritîm açaṅhãmca shôithranãmca vahistem 17.
frâthwereçem azem yô ahurô mazdâo: môurum 18.
çûrem ashavanem. âaṭ ahê paityârem frâkereñ- 19.
taṭ aṅrô mainyus pourumahrkô: maredhãmca 20.
vîthushãmca.

7. tûirîm açaṅhãmca shôithranãmca vahistem 21.
frâthwereçem azem yô ahurô mazdâo: bâkhdhîm 22.

23. çrîrãm credhwôdrafshãm. âaț ahê paityârem
24. frâkereñtaț aṅrô mainyus pourumahrkô: bra-
varemca uçadhaçca nurtu.
25. 8. pukhdhem açaṅhãmca shôithranãmca va-
histem frâthwereçem azem yô ahurô mazdâo:
26. niçâim yim añtare môurumca bâkhdhîmca.
27. âaț ahê paityârem frâkereñtaț aṅrô mainyus
28. pourumahrkô: aghemca vîmanôhîm.
29. 9. khstûm açaṅhãmca shôithranãmca vahi-
30. stem frâthwereçem azem yô ahurô mazdâo: ha-
31. rôyûm yim visharezanem. âaț ahê paityârem
32. frâkereñtaț aṅrô mainyus pourumahrkô: çra-
çkemca driwikâca.
33. 10. haptathem açaṅhãmca shôithranãmca va-
histem frâthwereçem azem yô ahurô mazdâo:
34. 35. vaêkeretem yim duzhakôshayanem. âaț ahê
paityârem frâkereñtaț aṅrô mainyus pouru-
36. mahrkô: pairikãm yãm khnãthaiti, yâ upa-
ṅhacaț kereçâçpem.
37. 11. astemem açaṅhãmca shôithranãmca va-
histem frâthwereçem azem yô ahurô mazdâo:
38. 39. urvãm vouruvâçtrãm. âaț ahê paityârem frâ-
40. kereñtaț aṅrô mainyus pourumahrkô: agha
aiwistâra.
41. 12. nâumem açaṅhãmca shôithranãmca vahi-
stem frâthwereçem azem yô ahurô mazdâo:
42. 43. khneñtem yim vehrkânôshayanem. âaț ahê
paityârem frâkereñtaț aṅrô mainyus pourumah-
44. rkô: agha anâperetha skyaothna yâ narô-
vaêpaya.
45. 13. daçemem açaṅhãmca shôithranãmca va-
histem frâthwereçem azem yô ahurô mazdâo:
46. 47. haraqaitîm çrîrãm. âaț ahê paityârem frâ-
48. kereñtaț aṅrô mainyus pourumahrkô: agha
anâperetha skyaothna yâ naçuçpaya.
49. 14. aêvôdaçem açaṅhãmca shôithranãmca va-
histem frâthwereçem azem yô ahurô mazdâo:
50. 51. haêtumeñtem raêvañtem qarenaṅhañtem. âaț
ahê paityârem frâkereñtaț aṅrô mainyus pou-
52. 53. rumahrkô: agha yâtava. 15. aêmca ahê ci-
54. 55. thrôdakhstô aṅhaț, aêm cithrôpaitidayô: yatha
56. kavaca jaçen zaoyêhê yâtumañtem, adha heñti
57. yâtumaçtema; adha taêciț uzjaçeñti yâ mereñ-
58. cyâica zaradhaghnyâica, khstãmicațca madha-
khahêca tûn.
59. 16. dvadaçem açaṅhãmca shôithranãmca va-
histem frâthwereçem azem yô ahurô mazdâo:
60. raghãm thrizañtûm. vaêdhaṅhô nôiț azhôis[1])
61. dahâkâi. âaț ahê paityârem frâkereñtaț aṅrô
62. mainyus pourumahrkô: aghemca uparôvîma-
nôhîm.
63. 17. thridaçem açaṅhãmca shôithranãmca frâ-
64. thwereçem azem yô ahurô mazdâo: cakhrem
65. çûrem ashavanem âaț ahê paityârem frâkereñ-
66. taț aṅrô mainyus pourumahrkô: agha anâpe-
retha skyaothna yâ naçuspacya.
67. 18. cathrudaçem açaṅhãmca shôithranãmca
68. frâthwereçem azem yô ahurô mazdâo: varenem

1) Hss. uzôis.

yim cathrugaoshem, yahmâi zayata thraêtaonô 69.
jañta azhôis dahâkâi. âaț ahê paityârem frâ- 70.
kereñtaț aṅrô mainyus pourumahrkô: ara- 71.
thwyâca dakhsta anairyâca daṅhéus aiwistâra.
19. pañcadaçem açaṅhãmca shôithranãmca 72.
vahistem frâthwereçem azem yô ahurô mazdâo:
yô hapta hiñdu. haca ushaçtara hiñdva avi 73. 74.
daoshatarem hiñdûm. âaț ahê paityârem frâ 75.
kereñtaț aṅrô mainyus pourumahrkô: arathwyâ- 76.
ca dakhsta arathwîmca garemâum.
20. khshvasdaçem açaṅhãmca shôithranãmca 77.
vahistem frâthwereçem azem yô ahurô mazdâo
upa aodhaêshu raṅhayâo, yôi açârô aiwyâ- 78. 79.
khshayêiñti. âaț ahê paityârem frâkereñtaț 80.
aṅrô mainyus pourumahrkô: zyãmca daêvô- 81.
dâtem taozhyâca daṅhéus aiwistâra.
21. heñti anyâoçciț açâoçca shôithrâoçca çrî- 82.
râoçca gufrâoçca berekhdhâoçca frashâoçca
bâmyâoçca. ashem vohû.

Yasht XXII.

Pereçaț zarathustrô ahurem mazdãm: ahura 1.
mazda mainyû çpénista dâtare gaêthanãm a-
çtvaitinãm ashâum. yaț ashava parairithyêiti,
kva aêtãm khshapanem havô urva vaṅhaiti.
âaț mraoț ahurô mazdâo: açnê vaghdhanâț ni- 2.
shidhaiti ustavaitîm gâthãm çrâvayô ustatâtem
nimraomnô: ustâ ahmâi yahmâi ustâ kahmâiciț;
vaçékhshayãç mazdâo dâyâț ahurô.
upa aêtãm khshapanem avavaț shâtôis urva
ishaiti, yatha vîçpem imaț yaț juyô aṅhus. yãm 3.
bityãm kva aêtãm khshapanem havô urva va-
ṅhaiti. âaț mraoț ahurô mazdâo tâ upa aêtãmciț 4
khshapanem avavaț shâtôis tâ car. yãm thrityãm 5.
kva khshapanem havô urva vaṅhaiti. âaț mraoț 6
ahurô mazdâo tâ upâca aêtãmciț khshapanem
avavaț shâtôis tâ car. thrityâo khshapô thraosta 7.
vyuçâ çadhayêiti yô nars ashaonô urva urva-
râhuca paiti baoidhisca vîdidhâremnô çadha-
yêiti, âdim vâtô upavâvô çadhayêiti rapithwi-
taraț haca naêmâț rapithwitaraêibyô haca naê-
maêibyô hubaoidhis hubaoidhitarô anyaêibyô
vâtaêibyô. âaț tem vâtem nâoṅhaya uzgere- 8.
mbyô çadhayêiti yô nars ashaonô urva: kuda-
dhaêm[1]) vâtô vâiti, yim yava vâtem nâoṅhâbya
hubaoidhitemem jigaurva. aṅhâo dim vîtayâo[2]) 9.
frêreñta çadhayêiti yâ hava daêna kainînô
kehrpa çrîrayâo khshôithnyâo aurushabâzvô
amayâo huraodhayâo huzarstayâo eredva-
fshnyâo çraotanvô âzâtayâo raêvaçcithrayâo
pañcadaçayâo raodhaêshva kehrpa avavatô çra-
yâo yatha dâmãn çraêstâis. âaț hîm aokhta 10.
pereçô yô nars ashaonô urva: cisca carâitis
ahi, yãm iț yava carâitinãm kehrpa çraêstãm
dâdareça. âaț hê paitiaokhta yâ hava daêna: 11.
azem bâ tê ahmi yum humanô hvacô huskyao-

1. kudaț aêm (Spiegel). 2. Hss. ztayâo.

thana hudaêna yâ hava daêna qaêpaithê tanvô.
ciseca thwãm cakana ava maçanaca vañhanaca
çrayanaca hubaoidhitaca verethrajãçtaca paiti-
12. dvaêshayañtaca. yatha yaṭ mê çadhayêhi. tum
mãm cakana yum humanô hvacô huskyaothana
hudaêna ava maçaçca gh°[1]) yatha yaṭ tê ça-
13. dhayêmi. yaṭ tum aidhim aêtênôis çaocayaca
kerenavañtem baoçavaçca varakhedhrâoçca va-
rôzhiñtem urvarôçtrayãçca kerenavañtem, âaṭ
[tũm] tum nisĥidhôis gâthâoçca çrâvayô apaçca
vañuhîs yazemnô âtaremca ahurahê mazdâo
naremca ashavanem kukhshnvãnô açnâaṭca ja-
14. çeñtem dûrâaṭca. âaṭ mãm frithãm haitîm fri-
thôtarãm, çrîrãm haitîm çrîrôtarãm, berekhdhãm
haitîm berekhdhôtarãm, fratairê gâtvô âoñhu-
nãm fratarôtarê gâtvô nishâdhayôis, aêta hu-
mata aêta hûkhta aêta hvarsta. âaṭ mãm narô
paçkâṭ yazeñtê ahurem mazdãm dareghôya-
15. stemca hãmparstemca. paoirîm gâma frabaraṭ
yô nars ashaonô urva, humatê paiti nidadhâṭ;
bitîm gâma frabaraṭ yô nars ashaonô urva,
hûkhtê paiti nidadhâṭ; thritîm gâma frabaraṭ
yô nars ashaonô urva, hvarstê paiti nidadhâṭ;
tûirîm gâma frabaraṭ yô nars ashaonô urva,
16. anaghraêshva raocôhva nidadhâṭ. âdim aokhta
pereçô pourvô ashava parairithyô: katha a-
shâum parairithyô, katha ashâum apajaçô ski-
tibyaçca haca gaomaitibyaçca vayaêibyaçca
haca mâyavaitibyaçca, açtvataṭ haca añhaoṭ
manahîm avi ahûm, ithyêjañuhataṭ haca añhaoṭ
aithyêjañhuñtem avi ahûm; katha tê dareghem
17. usta ahavaṭ. âaṭ mraoṭ ahurô mazdâo: mâ dem
pereçô yim pereçahi, yim khrvañtem âithivañ-
tem urvistrem pañtãm aiwitem yaṭ açtaçca
18. baodhañhaçca vîurvistîm. qarethanãm hê bere-
tanãm zaremayêhê raoghnahê, taṭ açti yûnô
humanañhô hvacañhô huskyaothnahê hudaê-
nahê qarethem paçca parairiçtîm, taṭ nâiri-
kayâi frâyôhumatayâi frâyôhûkhtayâi frâyô-
hvarstayâi husĥãmçâçtayâi ratukhshathrayâi
ashaonyâi qarethem paçca parairiçtîm.
19. pereçaṭ zarathustrô [ta] ashâum. yaṭ drvâo ava-
mairyêitê, kva aêtãm khshapanem havô urva
20. vañhaiti. âaṭ mraoṭ ahurô mazdâo: avadha bâ
ashâum zarathustra açnê kameredhâṭ hañdvaraiti
kimãm gâthwyãm vacô çrâvayô: kãm nemê zãm
ahura mazda kuthra nemê ayêni. upa aêtãm
khshapanem avavaṭ ashâtôis urva ishaiti yatha
21. vîçpem imaṭ yaṭ juyô añhus. yãm bityãm. yãm
25. thrityãm[2]). thrityâo khshapô thraosta ashâum
zarathustra vyuçã çadhayêiti yô nars drvatô
urva aêithâhuca paiti gaiñtisca vîdidhâremnô
çadhayêiti. âdim vâtô upavâvô çadhayêiti apâ-
khtaraṭ haca naêmâṭ apâkhtaraêibyô haca naê-
maêibyô duzhgaiñtis duzhgaiñtitarô anyaêibyô
26. vâtaêibyô. âaṭ tem vâtem nâoñhaya uzgerem-
byô çadhayêiti yô nars drvatô urva: kuda-
dhaêm[3]) vâtô vâiti yim yava vâtem nâoñhâbya

1. Abbreviatur, cf. 11, 2, cf. 3. 6. 3. kudaṭ
aêm (Spiegel).

duzhgaiñtitemem jigaurva. tûirîm gâma fraba- 27—33.
raṭ yô nars drvatô urva, anaghraêshva temôhva
nidadhâṭ. âdim aokhta pereçô pourvô drvâo 34.
avameretô: katha drvô avamairyañuha, katha
drujô[1]) apajaçô skitibyaçca haca gaomaiti-
byaçca, vayaêibyaçca haca mâyavaitibyaçca,
açtvataṭ haca añhaoṭ manahîm avi ahûm, ithyê-
jañuhataṭ haca añhaoṭ aithyêjañhuñtem avi
ahûm; katha tê dareghem âvôya añhaṭ. ada- 35.
vata añrô mainyus: mâ dem pereçô yim pere-
çahi, yim khrvañtem âithivañtem urvistrem
pañtãm aiwitem yaṭ açtaçca baodhañhaçca vî-
urvistîm. qarethanãm hê beretanãm vîshayâaṭca 36.
vishagaitayâaṭca, taṭ açti yûnô dusmanañhô
duzhvacañhô dusskyaothnahê duzhdaênahê qa-
rethem paçca avamereitîm; taṭ jahikayâi frâyô-
dusmatayâi duzhûkhtayâi duzhvarstayâi du-
sĥãmçâçtayâi aratukhshathrayâi drvaityâi qa-
rethem paçca avamereitîm.

ahê nars ashaonô fravashîm yazamaidê, yô 37.
açmôqanvâo nâma. adhâṭ anyaêshãm ashaonãm
frakhsti yazâi fravareta. ushi ahurahê mazdâo 38.
yazamaidê, darethrâi mãthrahê çpeñtahê, khra-
tûm ahurahê mazdâo yazamaidê, marethrâi mã-
thrahê çpeñtahê, hizvãm ahurahê mazdâo ya-
zamaidê, fravâkâi mãthrahê çpeñtahê; aom gai-
rîm yazamaidê yim ushidãm ushidarenem, paiti
açni paiti khshafnê yaçôberetâbyô zaothrâbyô.

VI.

Gâtha Ahunavaiti (Yaçna 28—34).

1. Yaçna 28.

Yânîm manô yânîm vacô yânîm skyaothnem
ashaonô zarathustrahê: frâ ameshâ çpeñtâ gâthâo
gêurvâin. nemô vê gâthâo ashaonîs.

1. ahyâ yâçâ nemañhâ uçtânazaçtô rafedhrahyâ
manyêus mazdâo paourvîm çpeñtahyâ ashâ vî-
çpêñg skyaothnâ
vañhêus khratûm manañhô, yâ khshnvîshâ gêuscâ
urvânem.
2. yê vâo mazdâ ahurâ pairijaçâi vohû manañhâ,
maibyô dâvôi ahvâo açtvataçcâ hyaṭcâ manañhô
âyaptâ ashâṭ hacâ, yâis rapeñtô daidîṭ qâthrê.
3. yê vâo ashâ ufyânî manaçcâ vohû paourvîm
mazdãmcâ ahurem yaêibyô khshathremcâ aghzhâo-
nvamnem
varedaitî ârmaitis â mõi rafedhrâi zavêñg jaçatâ.
4. yê urvãnem mêñ gairîm vohû dadê hathrâ
manañhâ
ashîscâ skyaothananãm vîdus mazdâo ahurahyâ,
yavaṭ içâi tavâcâ avaṭ khçâi aêshê ashahyâ.
5. ashâ kaṭ thwâ dareçânî manaçcâ vohû vaêdimnô
gâtûmcâ ahurâi çevistâi çraoshem mazdâi
anâ mãthrâ mazistem vâurôimaidê khrafçtrâ hizvâ.

1. drvô ? (Westergaard).

6. vohû gaidî manaṅhâ dâidî ashâdâo daregâyû
ereshvâis tû ukhdhâis mazdâ zarathustrâi aojôṅhvaṭ rafenô
ahmaibyâcâ ahurâ yâ daibishvatô dabaêshâo taurvayâmâ.
7. dâidî ashâ tãm ashîm vaṅhéus âyaptâ manaṅhô
dâidî tû ârmaitê vîstâçpâi aêshem maibyâcâ
dâoçtû mazdâ khshayâcâ yâ vé mãthrâ çrévîmâ râdâo.
8. vahistem thwâ vahistâ yém ashâ vahistâ hazaoshem
ahurem yâçâ vâunus narôi frashaostrâi maibyâcâ
yaêibyaçcâ îṭ râoṅhâoṅhôi vîçpâi yavê vaṅhéus manaṅhô.
9. anâis vâo nôiṭ ahura mazdâ ashemcâ yânâis zaranaêmâ
manaçcâ hyaṭ vahistem, yôi vé yôithemâ daçemê çtûtãm,
yûzhem zevîstayâoṅhô aêshô khshathremcâ çavaṅhãm.
10. aṭ yéñg ashâaṭcâ vôiçtâ vaṅhéuscâ dâthéñg manaṅhô
erethwéñg mazdâ ahurâ, aêibyô perenâ âpanâis kâmem,
aṭ vé khshmaibyâ açûnâ vaêdâ qarethyâ vaiñtyâ çravâo.
11. yé âis ashem nipâoṅhê manaçcâ vohû yavaêtâitê,
tvém mazdâ ahurâ frô mâ çîshâ thwahmâṭ vaocaṅhê
manyéus hacâ thwâ éeâoṅhâ yâis â aṅhus paouruyô bavaṭ.
ahyâ yâçâ [1]) . . . yathâ ahû vairyô. ashem vohû.
ahyâçãm hâitîm yazamaidê. yéṅhê hâtãm.

2. Yaçna 29.

1. Khshmaibyâ géus urvâ gerezhdâ: kahmâi mâ thwarôzhdûm, ké mâ tashaṭ.
â mâ aêshemô hazaççâ remô âhushuyâ derescâ taviscâ,
nôiṭ môi vâçtâ [2]) khshmaṭ anyô, athâ môi çãçta vohû vâçtryâ.
2. adâ tashâ géus pereçaṭ ashem: kathâ tôi gavôi ratus,
hyaṭ hîm dâtâ khshayañtô hadâ vâçtrâ gaodâyô thwakhshô,
kém hôi ustâahurem, yé dregvôdibis aêshemem vâdâyôiṭ.
3. ahmâi ashâ nôiṭ çarejâ advaêshô gavôi paitimravaṭ,
avaêshãm nôiṭ vîduyê yâ shavaitê âdréñg ereshvâoṅhô,
hâtãm hvô aojistô, yahmâi zavéñg jimâ keredushâ.
4. mazdâo çaqâré mairistô yâ zi vâverezôi pairicithîṭ,
daêvâiscâ mashyâiscâ yâcâ vareshaitê aipicithîṭ,
hvô vîcirô ahurô; athâ né aṅhaṭ yathâ hvô vaçaṭ.

1) cf. 1. 2) Hss. vâçtrâ.

5. aṭ vâo uçtânâis ahvâo zaçtâis frénemnâ ahurâi â
mé urvâ géuscâ azyâo hyaṭ mazdãm dvaidî feraçâobyô,
nôiṭ erezhijyôi frajyâitis, nôiṭ fshuyañtê dregvaçû pairî.
6. aṭ é vaocaṭ ahurô mazdâo vîdvâo vafûs vyânayâ:
nôiṭ aêvâ ahû viçtô naêdâ ratus ashâṭcîṭ hacâ,
aṭ zî thwâ fshuyañtaêcâ vâçtryâicâ thwôrestâ tatashâ.
7. tém âzûtôis ahurô mãthrem tashaṭ ashâ hazaoshô,
mazdâo gavôi khshvîdemca, hvô urushaêibyô çpeñtô çâçnyâ,
kaçté vohû manaṅhâ yé î dâyâṭ éeâ vâ maretaêibyô.
8. aêm môi idâ viçtô yé né aêvô çâçnâo gûshatâ:
zarathustrô çpitâmô, hvô né mazdâ vastî ashâicâ
carekarethrâ çrâvayaṅhê, hyaṭ hôi hudemem dyâi vakhedhrahyâ.
9. aṭcâ géus urvâ raoçta yé anaêshem khshãnmênê râdem,
vâcim neres açûrahyâ yém â vaçemî îshâkhshathrem,
kadâ yavâ hvô aṅhaṭ yé hôi dadaṭ zaçtavaṭ avô.
10. yûzhem aêibyô ahurâ aogô dâtâ ashâ khshathremcâ,
avaṭ vohû manaṅhâ yâ hushitîs râmãmcâ dâṭ,
azemcîṭ ahyâ mazdâ thwãm méṅhî paourvîm vaêdem.
11. kudâ ashem vohucâ manô khshathremcâ aṭ mâ mashâ,
yûzhem mazdâ frâkhshnenê mazôi magâi â paitî zânatâ;
ahurâ nû nâo avaré, éhmâ râtôis yûshmâvatãm.
ahyâ yâçâ [1]) . . . yathâ ahû vairyô. ashem vohû.
khshmâvyagéusurvãm hâitîm yazamaidê. yéṅhê hâtãm.

3. Yaçna 30.

1. Aṭ tâ vakhshyâ isheñtô yâ mazdâthâ hyaṭcîṭ vidushê
çtaotâcâ ahurâi yêçnyâcâ vaṅhéus manaṅhô
humãzdrâ ashâ yêcâ yâ raoéébîs dareçatâ urvâzâ.
2. çraotâ géus âis vahistâ avaênatâ çûcâ manaṅhô,
â vare nâo vîcithahyâ narém narem qaqyâi tanuyê,
parâ mazé yâoṅhô ahmâi né çazdyôi baodañtô paitî.
3. aṭ tâ mainyû paouruyê yâ yémâ qafnâ açrvâtem
manahicâ vacahicâ skyaothanôi hî vahyô akemcâ
âoçcâ hudâoṅhô eres vîshyâtâ nôiṭ duzhdâoṅhô.
4. aṭcâ hyaṭ tâ hém mainyû jaçaêtem paourvîm dazdê
gaêmcâ ajyâitîmcâ yathâcâ aṅhaṭ apemem aṅhus
acistô dregvatãm aṭ ashaonê vahistem manô.
5. ayâo mainivâo varatô yé dregvâo acistâverezyô
ashem mainyus çpénistô yé khraozhdistéñg açénô vaçtê
yaêcâ khshnaoshen ahurem haithyâis skyaothanâis fraoreṭ mazdãm.

1) cf. y. 28. 1.

6. ayâo nôiṭ eres vîshyâtâ daêvâcinâ hyaṭ îs âdebaomâ
pereçmanéñg upâjaçaṭ hyaṭ verenâtâ acistem manô
aṭ aêshemem héñdvareñtâ yâ bãnayen ahûm maretânô.

7. ahmâicâ khshathrâ jaçaṭ manaṅhâ vohû ashâcâ,
aṭ kehrpem utayûitis dadâṭ ârmaitis ãnmâ
aêshãm tôi â aṅhaṭ yathâ ayaṅhâ âdânâis paouruyô.

8. aṭcâ yadâ aêshãm kaênâ jamaitî aênaṅhãm,
aṭ mazdâ taibyô khshathrem vohû manaṅhâ vôividâitê
aêibyô çaçtî ahurâ yôi ashâ daden zaçtayô drujem.

9. aṭcâ tôi vaêm qyâmâ yôi îm frashém kerenaon ahûm,
mazdâoçcâ ahurâoṅhô âmôyaçtrâ baranâ ashâcâ
hyaṭ hathrâ manâo bavaṭ yathrâ ciçti aṅhaṭ maêthâ.

10. adâ zi avâ drûjô avô bavaitî çkeñdô çpayathrahyâ
aṭ açistâ yaojañtê â hushitôis vaṅhéus manaṅhô
mazdâo ashaqyâcâ yôi zazeñtê vaṅhâo çravahi.

11. hyaṭ tâ urvâtâ çashathâ yâ mazdâo dadâṭ mashyâoṅhô
qîticâ éneitî hyaṭcâ daregém dregvôdebyô rashô
çavacâ ashavabyô aṭ aipî tâis aṅhaitî ustâ.
ahyâ yâçâ [1]) . . . yathâ ahû vairyô. ashem vohû.
aṭtâvakhshyãm hâitîm yazamaidê. yêṅhê hâtãm.

4. Yaçna 31.

1. Tâ vé urvâtâ mareñtô agustâ vacâo çéṅhâmahî
aêibyô yôi urvâtâis drûjô ashahyâ gaêthâo vîmareñcaitê,
aṭcîṭ aêibyô vahistâ yôi zarazdâo aṅhen mazdâi.

2. yêzî âis uôiṭ urvânê advâo aibîderestâ vaqyâo,
aṭ vâo vîçpéñg âyôi yathâ ratûm ahurô vaêdâ
mazdâo ayâo ãçâyâo yâ ashâṭ hacâ jvâmahî.

3. yãm dâo mainyû âthrâcâ ashâcâ côis rânôibyâ khshnûtem,
hyaṭ urvañtem cazdôṅhvadebyô taṭ né mazdâ vîdvanôi vaocâ
hizvâ thwahyâ âoṅhô yâ jvañtô vîçpéñg vâurayâ.

4. yadâ ashem zevîm aṅhen mazdâoçcâ ahurâoṅhô
ashicâ ârmaitî vahistâ ishaçâ manaṅhâ
maibyô khshathrem aojôṅhvaṭ yêhyâ vareḍâ vanaêmâ drujem.

5. taṭ môi vîcidyâi vaocâ hyaṭ môi ashâ dâtâ vahyô
vîduyê vohû manaṅhâ méñcâ daidyâi yêhyâ mâ ereshis
tâcîṭ mazdâ ahurâ yâ nôiṭ vâ aṅhaṭ aṅhaitî vâ.

6. ahmâi aṅhaṭ vahistem yé môi vîdvâo vaocaṭ haithîm
mãthrem yim haurvatâtô ashahyâ ameretâtaçcâ
mazdâi avaṭ khshathrem hyaṭ hôi vohû vakhshaṭ manaṅhâ.

7. yaçtâ mañtâ pouruyô raocébîs rôithwen qâthrâ
hvô khrathwâ dãmis ashem yâ dârayaṭ vahistem manô
tâ mazdâ mainyû ukhshyô yé â nûr meiṭ ahurâ hâmô.

8. aṭ thwâ méṅhî paourvîm mazdâ yazûm çtôi manaṅhâ
vaṅhéus patarém manaṅhô hyaṭ thwâ hém cashmaini héñgrabem
haithîm ashahyâ dãmîm aṅhéus ahurem skyaothanaêshû.

9. thwôi aç ârmaitîs thwé â géus tashâ aç khratus
mainyus mazdâ ahurâ hyaṭ aqyâi dadâo pathãm
vâçtryâṭ vâ âitê yé vâ nôiṭ aṅhaṭ vâçtryô.

10. aṭ hî ayâo fravaretâ vâçtrîm aqyâi fshuyañtem
ahurem ashavanem vaṅhéus fshéñghî manaṅhô,
nôiṭ mazdâ avâçtryô davãçcinâ humaretôis bakhstâ.

11. hyaṭ né mazdâ paourvîm gaêthâoçcâ tashô daênâoçcâ
thwâ manaṅhâ khratûscâ hyaṭ açtvañtem dadâo ustanem
hyaṭ skyaothanâcâ çéñghãçcâ yathrâ vareuéñg vaçâo dâitê.

12. athrâ vâcem baraitî mithahvacâo vâ ereshvacâo vâ
vîdvâo vâ evîdvâo vâ ahyâ zarezdâcâ manaṅhâcâ
ânushakhs ârmaitîs mainyû pereçaitê yathrâ maêthâ.

13. yâ fraçâ âvîshyâ yâ vâ mazdâ pereçaitê tayâ
yé vâ kaçéus aênaṅhô â mazistãm ayamaitê bûjem
tâ cashmêñg thwiçrâ hârô aibî ashâ aibî vaênahî vîçpâ.

14. tâ thwâ pereçâ ahurâ yâ zî âitî jéñghaticâ
yâo ishudô dadeñtê dâthranãm hacâ ashaonô
yâoçcâ mazdâ dregvôdebyô yathâ tâo aṅhen hañkeretâ hyaṭ.

15. pereçâ avaṭ yâ mainis yé dregvâitê khshathrem hunâitî
dusskyaothanâi ahurâ yé nôiṭ jyôtûm hanare vînaçtî
vâçtryêhyâ aênaṅhô paçéus vîrâaṭcâ adrujyañtô.

16. pereçâ avaṭ yathâ hvô yé hudânus demânahyâ khshathrem
shôithrahyâ vâ daqyéus vâ ashâfradathâi açperezatâ,
thwâvãç mazdâ ahurâ yadâ hvô aṅhaṭ yâ skyaothanaçcâ.

17. katârém ashavâ vâ dregvâo vâ vereuvaitê mazyô,
vîdvâo vîdushê mraotû mâ evîdvâo aipidébâvayaṭ,
zdî né mazdâ ahurâ vaṅhéus fradakhstâ manaṅhô.

18. mâ cis aṭ vé dregvatô mãthrãçcâ gûstâ çâçnâoçcâ,
âzî demânem vîçem vâ shôithrem vâ daqyûm vâ âdâṭ
dushitâcâ mahrkaêcâ athâ îs çâzdûm çnaithishâ.

19. gûstâ yé mañtâ ashem ahûm bîs vîdvâo ahurâ
erezhukhdhâi vacaṅhãm khshayamanô hizvôvaçô
thwâ âthrâ çukhrâ mazdâ vaṅhâu vîdâtâ rãnayâo.

20. yé âyaṭ ashavanem divamnem hôi aparem khshayô
daregém âyû temaṅhô dusqarethém avaêtâç vacô
tém vâo ahûm dregvañtô skyaothanâis qâis daênâ naêshaṭ.

21. mazdâo dadâṭ ahurô haurvatô ameretâtaçcâ
bûrôis â ashaqyâcâ qâpaithyâṭ khshathrahyâ çarô
vaṅhéus vazdvaré manaṅhô yé hôi mainyû skyaothanâiscâ urvathô.

1) cf. y. 28. 1.

22. cithrâ î hudâoṅhô yathanâ vaêdemnâi manaṅhâ
vohû hvô khshathrâ ashem vacaṅhâ skyaothanâcâ hapti
hvô tôi mazdâ ahurâ vâzistô aṅhaitî açtis.
ahyâ yâçâ[1]) . . . yathâ ahû vairyô. ashem vohû.
tâvêurvâtãm hâitîm yazamaidê. yêṅhê hâtãm.

5. Yaçna 32.

1. aqyâcâ qaêtus yâçat̰ ahyâ verezênem mat̰ airyamnâ
ahyâ daêvâ mahmî manôi ahurahyâ urvâzemâ mazdâo
thwôi dûtâoṅhô âoṅhâmâ, têñg dârayô yôi vâo daibisheñtî.
2. aêibyô mazdâo ahurô çâremnô vohû manaṅhâ
khshathrât̰ hacâ paitimraot̰ ashâ hushakhâ qênvâtâ,
çpeñtãm vê ârmaitîm vaṅuhim varemaîdê, hâ nê aṅhat̰.
3. at̰ yûs daêvâ vîçpâoṅhô akât̰ manaṅhô çtâ cithrem
yaçcâ vâo mas yazaitê drûjaçcâ pairimatôiscâ
skyaomãm aipî daibitânâ yâis açrûdûm bûmyâo haptaithê.
4. yât̰ yûscâ frahmî mathâ yâ mashyâ acistâ dañtô
vakhsheñtê daêvôzustâ vaṅhêus çîzhdyamnâ manaṅhô
mazdâo ahurahyâ khratêus naçyañtô ashâatcâ.
5. tâ debnaotâ mashîm hujyâtôis ameretâtaçcâ
hyat̰ vâo akâ manaṅhâ yêñg daêvêñg akaçcâ mainyus
akâ skyaothnem vacaṅhâ yâ fracinaç dregvañtem khshayô.
6. paourvaênâo ênâkhstâ yâis çrâvayêitê yêzî tâis athâ
hâtâ marânê ahurâ vahistâ vôiçtâ manaṅhâ
thwahmî vî mazdâ khshathrôi ashaêcâ çêñghô vîdãm.
7. aêshãm aênaṅhãm naêcît̰ vîdvâo âjôi hâdrôyâ
yâ jôyâ çêñghaitê yâis çrâvî qaênâ ayaṅhâ
yaêshãm tû ahurâ êrekhtem mazdâ vaêdistô ahî.
8. aêshãm aênaṅhãm vîvaṅhushô çrâvî yimaçcît̰
yê mashyêñg cikhshnushô ahmâkêñg gâus bagâ qarêmnô
aêshãmcît̰ â ahmi thwahmî mazdâ vîcithôi aipî.
9. dusçaçtis çravâo môreñdat̰ hvô jyâtêus çêñhanâis khratûm
apô mâ îstîm apayañtâ berekhdhãm hâitîm vaṅhêus manaṅhô
tâ ukhdhâ mainyêus mahyâ mazdâ ashâicâ yûshmaibyâ gerezê.
10. hvô mâ nâ çravâo môreñdat̰ yê acistem vaênaṅhê aogedâ
gãm ashibyâ hvarecâ yaçcâ dâthêñg dregvatô dadât̰
yaçcâ vâçtrâ vîvâpat̰ yaçcâ vadarê vôizhdat̰ ashâunê.
11. taêcît̰ mâ môreñdãn jyôtûm yôi dregvatô mazibîs cikôitares
aṅhêuscâ aṅhavaçcâ apayêitî raêkhnaṅhô vaêdem
yôi vahistât̰ ashaonô mazdâ rârêshyãn manaṅhô.

1) cf. y. 28, 1.

12. yâ râoṅhayen çravaṅhâ vahistât̰ skyaothanât̰ maretânô
aêibyô mazdâo akâ mraot̰ yôi gêus môreñden urvâkhshukhtî jyôtûm
yâis grêhmâ ashât̰ varatâ karapâ khshathremcâ îshanãm drujem.
13. yâ khshathrâ grêhmô hîshaçat̰ acistahyâ demânê manaṅhô
aṅhêus marekhtârô ahyâ yaêcâ mazdâ jîgerezat̰ kâmê
thwahyâ mãthrânô dûtêm yê îs pât̰ dareçât̰ ashahyâ.
14. ahyâ grêhmô â hôithwô nî kâvayaçcît̰ khratus nî dadat̰
varecâ hîcâ fradivâ hyât̰ vîçeñtâ dregvañtem avô
hyatcâ gâus jaidyâi mraoî yê dûraoshem çaocayat̰ avô.
15. anâis â vî nê nâçâ yâ karapôtâoçcâ kevîtâoçcâ
avâis aipî yêñg daiñtî nôit̰ jyâtêus khshayamnêñg vaçô
tôi âbyâ bairyâoñtê vaṅhêus â demânê manaṅhô.
16. hamêm tat̰ vahistâcît̰ yê ushuruyê çyaçcît̰ dahmahyâ
khshayãç mazdâ ahurâ yêhyâ mâ âithiscît̰ dvaêthâ
hyat̰ aênaṅhê dregvatô êcâ nû ishyêñg aṅhayâ.
ahyâ yâçâ[1]) . . . yathâ ahû vairyô. ashem vohû.
qaêtumaithyêm hâitîm yazamaidê. yêṅhê hâtãm.

6. Yaçna 33.

1. yathâ âis ithâ vareshaitê yâ dâtâ aṅhêus paouruyêhyâ
ratûs skyaothanâ razistâ dregvataêcâ hyatcâ ashaonê
yêhyâcâ hêmyâçaitê mithahyâ yâcâ hôi â erezvâ.
2. ât̰ yê akem dregvâitê vacaṅhâ vâ at̰ vâ manaṅhâ
zaçtôibyâ vâ vareshaitî vaṅhâu vâ côithaitê açtîm
tôi vârâi râdeñtî ahurahyâ zaoshê mazdâo.
3. yê ashâunê vahistô qaêtû vâ at̰ vâ verezênyô
airyamnâ vâ ahurâ vîdãç vâ thwakhshaṅhâ gavôi
at̰ hvô ashahyâ aṅhat̰ vaṅhêuscâ vâçtrê manaṅhô.
4. yê thwat̰ mazdâ açrustîm akemcâ manô yazâi apâ
qaêtêuscâ tarêmaitîm verezênahyâcâ nazdistãm drujem
airyamanaçcâ nadeñtô gêuscâ vâçtrât̰ acistem mañtûm.
5. yaçtê vîçpêmazistem çraoshem zbayâ avaṅhânê
apâ nô dareghôjyâitîm â khshathrem vaṅhêus manaṅhô
ashât̰ â erezûs pathô yaêshû mazdâo ahurô shaêtî.
6. yê zaotâ ashâ erezus hvô mainyêus â vahistât̰ kayâ
ahmât̰ avâ manaṅhâ yâ verezidyâi mañtâ vâçtryâ
tâ tôi izyâ ahurâ mazdâ darstôiscâ hêmparstôiscâ.
7. â mâ âidûm vahistâ â qaêthyâcâ mazdâ dareshatcâ
ashâ vohû manaṅhâ yâ çruyê parê magaonô,
âvis nâo añtarê heñtû nemaqaitîs cithrâo râtayô.

1) cf. y. 28, 1.

 Chrestomathie.

8. frô môi fravôizdûm arethâ tâ yâ vohû shavâi manaṅhâ
yaçnem mazdâ khshmâvatô aṭ vâ ashâ çtaomyâ vacâo
dâtâ vê ameretâtaçcâ utayûitî haurvatâo draonô.
9. aṭ tôi mazdâ tém mainyûm ashaokhshayañtâo çaredyayâo
qâthrâ maêthâ mayâ vahistâ baretû manaṅhâ
ayâo ârôi hâkurenem yayâo hacaiñtê urvãnô.
10. vîçpâo çtôi hujitayô yâo zî âoṅhare yâoçcâ heñtî
yâoçcâ mazdâ bavaiñtî, thwahmî hîs zaoshê âbakhshôhvâ
vohû ukhshyâ manaṅhâ khshathrâ ashâcâ ustâ tanûm.
11. yé çevistô ahurô mazdâoçcâ ârmaitiscâ
ashemcâ frâdaṭgaêthem manaçcâ vohû khshathremcâ
çraotâ môi marezhdâtâ môi âdâi kahyâicîṭ paitî.
12. uç môi uzâreshvâ ahurâ ârmaitî tevîshîm daçvâ
çpénistâ mainyû mazdâ vaṅhuyâ zavôâdâ
ashâ hazô émavaṭ vohû manaṅhâ fçeratûm.
13. rafedhrâi vouruca-shânê dôishî môi yâ vé abifrâ
tâ khshathrahyâ ahurâ yô vaṅhéus ashis manaṅhô
frô çpeñtâ ârmaitê ashâ daênâo fradakhshayâ.
14. aṭ râtãm zarathustrô tanvaçcîṭ qaqyâo ustanem
dadâitî paurvatâtem manaṅhaçcâ vaṅhéus mazdâ
skyaothanahyâ ashâ yâcâ ukhdhaqyâcâ çraoshem khshathremcâ.
ahyâ yâçâ[1]) ... yathâ ahû vairyô. ashem vohû.
yathâânisithãm hâitim yazamaidé. yéṅhê hâtãm.

7. Yaçna 34.

1. yâ skyaothanâ yâ vacaṅhâ yâ yaçnâ ameretâtem
ashemcâ taêibyô dâoṅhâ mazdâ khshathremcâ haurvatâtô
aêshãm tôi ahurâ éhmâ paourutemâis daçtê.
2. aṭcâ î tôi manaṅhâ mainyéuscâ vaṅhéus vîçpâ dâtâ
çpeñtaqyâcâ neres skyaothanâ yêhyâ urvâ ashâ hacaitê
pairî gaêthê khshmâvatô vahmê mazdâ garôibis çtûtãm.
3. aṭ tôi myazdem ahurâ nemaṅhâ ashâicâ dâmâ
gaêthâo vîçpâo â khshathrôi yâo vohû thraostâ manaṅhâ
ârôi zî hudâoṅhô vîçpâis mazdâ khshmâvaçû çavô.
4. aṭ tôi âtarém ahurâ aojôṅhvañtem ashâ uçemahî
açistem émavañtem çtôirapeñtem cithrâavaṅhem
aṭ mazdâ daibishyañtê zaçtâistâis derestâ aênaṅhem.
5. kaṭ vé khshathrem kâ îstis skyaothanâis mazdâ yathâ vâo ahmî
ashâ vohû manaṅhâ thrâyôidyâi drigûm yûshmâkem
paré vâo vîçpâis paré vaokhemâ daêvâiscâ khrafçtrâ mashyâiscâ.

1) cf. y. 28, 1.

6. yêzî athâ çtâ haithîm mazdâ ashâ vohû manaṅhâ,
aṭ taṭ môi dakhstem dâtâ ahyâ aṅhéus vîçpâ maêthâ
yathâ vâo yazemnaçcâ urvâidyâo çtavaç ayênî paitî.
7. kuthrâ tôi aredrâ mazdâ yôi vaṅhéus vaêdemnâ manaṅhô
çéñghûs raêkhnâo açpéñcîṭ çâdrâcîṭ cakhrayô usheurû
naêcîm tém anyém yûshmaṭ vaêdâ ashâ, athâ nâo thrâzdûm.
8. tâis zî nâo skyaothanâis byañtê yaêshû aç pairî pourubyô ithyéjô
hyaṭ aç aojâo nâidyâoṅhem thwahyâ mazdâ âçtâ urvâtahyâ
yôi nôiṭ ashem mainyañtâ aêibyô dûirê vohû açmanô.
9. yôi çpeñtãm ârmaitîm thwahyâ mazdâ berekhdhãm vîdushô
dusskyaothanâ avazazaṭ vaṅhéus évîçtî manaṅhô
aêibyô mash ashâ çyazdaṭ yavaṭ ahmaṭ aurunâ khrafçtrâ.
10. ahyâ vaṅhéus manaṅhô skyaothanâ vaocaṭ garebãm hukhratus
çpeñtãmcâ ârmaitîm dãmîm vîdvâo hithãm ashahyâ
tâcâ vîçpâ ahurâ thwahmî mazdâ khshathrôi â voyathrâ.
11. aṭ tôi ubê haurvâoçcâ qarethâi â ameretâtâoçcâ
vaṅhéus khshathrâ manaṅhô ashâ maṭ ârmaitis vakhst
utayûitî tevîshî tâis â mazdâ vîdvaêshãm thwôi ahî.
12. kaṭ tôi râzaré kaṭ vashi kaṭ vâ çtûtô kaṭ vâ yaçnahyâ
çrûidyâi mazdâ frâvaocâ yâ vé dâyâṭ ashîs râshnãm
çishâ nâo ashâ pathô vaṅhéus qaêtéñg manaṅhô.
13. tém advânem ahurâ yém môi mraos vaṅhéus manaṅhô
daênâo çaoshyañtãm yâ hû keretâ ashâṭcîṭ urvâkhshaṭ
hyaṭ cevistâ hudâobyô mîzhdem mazdâ yêhyâ tû dathrem.
14. taṭ zî mazdâ vairîm açtvaitê ustâuâi dâtâ
vaṅhéus skyaothanâ manaṅhô yôi zî géus verezéné azyâo
khshmâkãm huciçtîm ahurâ khratéus ashâ frâdô verezénâ.
15. mazdâ aṭ môi vahistâ çravâoçcâ skyaothanâcâ vaocâ
tâ tû vohû manaṅhâ ashâcâ ishudem çtûtô
khshmâkâ khshathrâ ahurâ frashém vaçnâ haithyém dâo ahûm.
ahyâ yâçâ[1]) ... yathâ ahû vairyô. ashem vohû.
yâskyaothanãm hâitîm yazamaidé. ahunavaitîm
gâthãm ashaonîm ashahê ratûm yazamaidê. ahunavaithyâo gâthayâo hañdâtâ yazamaidê. yéṅhê hâtãm.

1) cf. y. 28, 1.

Nachträge (zum Wörterbuch).

S. 6a Z. 22 fehlt *aêtarat̰*.

S. 18b ist vor *adhari* einzufügen: **adharanaêma** (von *adhara* + *n°*) n. die untere Seite, abl. *adharanaêmâţ* unten yt. 14, 19.

S. 18b ist vor *anairya* einzufügen: **anaipipâremna** (von 2*a* + *aipip°*, von *par*) adj., nicht sühnend, dat. *anaipipâremnâi* vd. 8, 309. 14, 74.

S. 27b ist hinter *ayaozhdayãn* einzufügen: **ayaozhdâiti** (von 2*a* + *y°*) f. Unreinheit, loc. *ayaozhdâta kerenaoiti* er macht in Unreinheit, verunreinigt, vd. 8, 128. 9, 45.

S. 78a ist hinter *kameredha* einzufügen: **kameredhôjan** (vom vor. + *jan*) adj., den Schädel schlagend, zerbrechend, acc. *°janem* yt. 10, 26. gen. *°janô* yt. 10, 109. *çraoshahê kameredhôjanô daêvanãm* y. 56, 13, 3. = yt. 11, 19.

S. 99b ist hinter *gaona* einzufügen: **gaonôtema** (Superlativbildung vom vor.) adj., die beste Farbe habend, nom. f. *gaonôtema bawris* yt. 5, 129.

S. 104b ist hinter *gâtu* einzufügen: **gâtuçata** (vom vor. + *ç°*) adj., hundertfach mit Thronen, mit 100 Thronen versehen, loc. n. *umânê gâtuçaitê* yt. 5, 102.

S. 158b ist hinter *dushiti* einzufügen: **duserethri** (von 3. *dush* + *er°*) adj., schlecht erzogen, hzv. *dushnekîrash î aharmandk câsht*, Ner. *dushṭadhartâ âharmanah̩*, plur. acc. *°erethrîs* y. 48, 1.

S. 168a ist hinter *naru* einzufügen: **naregara** (von *nar* + 1. *gar*) adj., Menschen verschlingend, acc. *naregarem* y. 9, 34. = yt. 19, 40.

S. 188a ist hinter *paçuvîra* einzufügen: **paçusqaretha** (von *paçu* + 1. *q°*) n., Speise für das Vieh, acc. *°qarethem* vend. sade 489 (Westerg. vd. 19, 41).

S. 190b ist skr. (vedisch) *pañcátha* mit altb. *pukhdha* zu vergleichen.

Druckfehler und Verbesserungen.

S. 1a Z. 21. v. u. *açéjômand*.
S. 4a Z. 1. v. u. 1. *çru*.
S. 7a Z. 20. v. u. muss *aiwyaçca* zum fem. gestellt werden.
S. 11b Z. 25. **akôyan.**
S. 14a Z. 19. *aiñhuyaos*.
S. 15a Z. 22. *azemnãm*. 29. *upâzôiţ*.
S. 21a Z. 6. *°upaêtâo*. 15. v. u. *anuçô*.
S. 22b Z. 22. 24. ist *âpô* plur. acc.
S. 24a Z. 25. lies: zum 2. Male den Yaçna II.
S. 28b Z. 12. *añhâo*.
S. 29a Z. 3. *khaodha*. 11. v. u. *arahê*.
S. 30b Z. 26. v. u. *arethâhyâ*.
S. 32b Z. 20. v. u. *arañhêca*.
S. 33a Z. 23. v. u. *avakañtaêshva*.
S. 35b Z. 21. v. u. ist conj. aor. 3. sg. zu streichen.
S. 37b Z. 6. ist *gaêthâo açtvaitîs* plur. nom. vd. 8, 62. yt. 3, 17.
S. 38a Z. 22. v. u. lies: in (trotz) Leid und Kummer (vgl. *çpéñ*).
S. 40b Z. 4. lies: *jan* für *gha*.
S. 41a Z. 19. *ashâum*.
S. 41b Z. 9. v. u. *frâdh*.
S. 44a Z. 23. *astrañhâdhem*. 33. *°yâtumatãm*.
S. 47b s. v. **âithi** enthält die erste Stelle den acc.
S. 48a Z. 14. v. u. **âkhtûirya.**
S. 54b Z. 15. v. u. *âhushnyâ*.
S. 56a Z. 12: vd. 19, 104. Z. 30 lies: praes. 3. sg. statt: —*paiti*, bedrängen.
S. 58a Z. 1. v. u. pot.
S. 64b Z. 11. **upashaêta.** Z. 14. **upashakhta.**
S. 65b Z. 3. **uruthman** ... n.
S. 68b Z. 19. lies dual. statt: plur.
S. 73a Z. 6. *erezûs*.
S. 75a Z. 8. **ãgamôpaidhis.** Z. 26. *ãzôbûjem*.
S. 79a Z. 3. ist med. zu streichen.
S. 80a Z. 21. v. u. pot.
S. 86a Z. 15. v. u. lies *qaêtumaitîm* (Westerg. *°maithyêm*).
S. 89a Z. 22. v. u. *qâkhshathrahê*.

S. 91a Z. 33. **khedhra.** 48. **khnāth.** S. 91b Z. 23. *khrâzhdiçm°*.
S. 95a Z. 4. *âskyãç*.
S. 96b Z. 24. v. u. **khshmāka.**
S. 97a Z. 11. v. u. lies n.
S. 102a Z. 23. v. u. aor. statt: impf.
S. 103a Z. 1. lies: 2. Classe. 103b Z 9. lies f.
S. 114a Z. 10. v. u. *nijatô*.
S. 116b Z. 4. **jâmau**, Z. 5. ist plur. zu streichen. Z. 32. *urvatjaêm*.
S. 119a Z. 4. *zairidôithrô*.
S. 126b Z. 1. **zemaêna.**
S. 127b Z. 32. *zi* statt: *hi*.
S. 135b Z. 29. *tumcit*.
S. 138a Z. 27. v. u. 1. *açti*.
S. 141b Z. 14. v. u. plur. statt: dual.
S. 145a Z. 5. *daqyunãm*.
S. 152a Z. 9. *dazdyâi*.
S. 155b Z. 10. v. u. *nidaithyãn*.
S. 156a Z. 6. v. u. **dista.**
S. 157a Z. 10. v. u. lies: m., Sitz von Duzhaka.
S. 158a Z. 23. *duzhcañdravô*.
S. 160a Z. 20. **derezânôperetha.**
S. 162b Z. 24. *drâjaçca*.
S. 167. Z. 21. v. u. *nâmayêiñti*.
S. 169a Z. 2. lies: n.
S. 178b Z. 34. **paitistâna.**
S. 184b Z. 4. v. u. *pîmpanîr*.
S. 186a Z. 7. praes. 3. dual.
S. 189a Z. 20. v. u. *airyaêibyô*.
S. 193b Z. 33. **pourudhâkhsti.**
S 196a Z. 19. v. u. *fra*.
S. 199b Z. 10. *frâ*.
S. 204a Z. 12. v. u. **frâyôdusmata.**
S. 209b Z. 22. **bajina** ... nom. fem. Z. 17. v. u. *bañdayata*.
S. 210b Z. 19. *uzbârayaț*.
S. 212a Z. 13. *°su*.
S. 214a Z. 8. **bânumañț.**
S. 228b Z. 21. pot.
S. 231b Z. 9. v. u. *mâyaos*.
S. 232a Z. 18. v. u. ist med. zu streichen.
S. 235b Z. 3. v. u. *mãthra*.
S. 243b Z. 5. *yatha* statt: *yaț*.
S. 253b Z. 37. *ratu*.
S. 254b Z. 33. *ravaňh*. Z. 22. v. u. pot. statt: imper. Z. 15. v. u. m. n.
S. 255b Z. 28. acc. n.
S. 264a Z. 27. v. u. *vazaidhyâi*.
S. 266a Z. 8. v. u. 8. Classe.
S. 267a Z. 24. v. u. *raêm*.
S. 268b Z. 22 v. u. perf. 3. dual.
S. 274a Z. 3. v. u. **vâvareshi.**
S. 276. Z. 20. *âraêdhayamahi*.
S. 281a Z. 27. f. statt: n.
S. 283a Z. 1. *taurv*.
S. 286a Z. 4. v. u. lies: n. n. pr.
S. 303a Z. 1. *çperedâni*.
S. 304b Z. 19. v. u. *çpeñtêñg*.
S. 308a Z. 2. v. u. lies: m.
S. 317a Z. 6. v. u. **hañ.**
S. 324a Z. 15. *hu*.
S. 329b Z. 3. **humayâka.**

Druck von G. Kreysing in Leipzig

www.ingramcontent.com/pod-product-compliance
Lightning Source LLC
Chambersburg PA
CBHW022145300426
44115CB00006B/360
* 9 7 8 3 7 4 1 1 6 6 2 8 0 *